ESV ERICH SCHMIDT VERLAG

Berliner Kommentare

WEG

Gesetz über das Wohnungseigentum und das Dauerwohnrecht

mit weiterführenden Vorschriften

Kommentar

Von

Thomas Spielbauer
Vizepräsident des Landgerichts München I a.D.,

Michael Then
Rechtsanwalt und Fachanwalt für Verwaltungsrecht, München

und

Christian Spielbauer
Rechtsanwalt und Fachanwalt für Miet-
und Wohnungseigentumsrecht, München

3., neu bearbeitete und erweiterte Auflage

ERICH SCHMIDT VERLAG

Bibliografische Information der Deutschen Nationalbibliothek
Die Deutsche Nationalbibliothek verzeichnet diese Publikation
in der Deutschen Nationalbibliografie; detaillierte bibliografische Daten
sind im Internet über http://dnb.d-nb.de abrufbar.

Weitere Informationen zu diesem Titel finden Sie im Internet unter
ESV.info/978 3 503 17082 1

Zitiervorschlag:
Spielbauer/Then, WEG, § ... Rn. ...

1. Auflage 2008
2. Auflage 2012
3. Auflage 2017

ISBN 978 3 503 17082 1

Alle Rechte vorbehalten
© Erich Schmidt Verlag GmbH & Co. KG, Berlin 2017
www.ESV.info

Dieses Papier erfüllt die Frankfurter Forderungen
der Deutschen Nationalbibliothek und der Gesellschaft
für das Buch bezüglich der Alterungsbeständigkeit und
entspricht sowohl den strengen Bestimmungen der
US Norm Ansi/Niso Z 39.48-1992 als auch der ISO Norm 9706.

Gesetzt aus 8,5/9,5 Candida.

Satz: multitext, Berlin
Druck und Bindung: Hubert & Co., Göttingen

Vorwort

Seit dem Erscheinen der zweiten Auflage des Kommentars Anfang 2012 hat es zwar kaum gesetzliche Änderungen gegeben. Das Wohnungseigentumsrecht hat sich in dieser Zeit aber wiederum einer lebhaften Rechtsprechung erfreut. So sind etwa 1000 wohnungseigentumsrechtliche Entscheidungen der Instanzgerichte veröffentlicht. Der BGH hat in weit über 100 Entscheidungen das Wohnungseigentumsrecht fortentwickelt. Er hat beispielsweise im verfahrensrechtlichen Bereich geklärt, dass eine Anfechtungsklage nicht gegen die Mitglieder der Untergemeinschaft, sondern immer gegen alle Eigentümer der Gesamtgemeinschaft zu erheben ist. Gegebenenfalls muss das Gericht bei einer Anfechtungsklage dem Verwalter aufgeben, eine Eigentümerliste vorzulegen. Zudem hat der V. Senat etwa seine Rechtsprechung zur „Demnächst-Zustellung" der Rechtsprechung des VII. Senats angepasst. Geklärt ist auch, dass die Gemeinschaft bei gemeinschaftsbezogenen Pflichten passiv prozessführungsbefugt ist. Im materiell-rechtlichen Bereich wurde vom BGH beispielsweise festgestellt, dass der Anspruch auf ordnungsgemäße Verwaltung nicht verjährt. Ein Eigentümer kann aber keinen Schadensersatzanspruch wegen verzögerter Instandsetzung geltend machen, wenn er vorherige Beschlüsse über das Zurückstellen der Maßnahme nicht angefochten hat. Andererseits können sich Eigentümer, die einer dringenden Sanierung nicht zustimmen, schadensersatzpflichtig machen. Führt ein Eigentümer eigenmächtig eine Sanierung durch, ist die Kostenerstattung möglicherweise eingeschränkt. Das Verbot, Eigentümern durch Beschluss neue Pflichten aufzuerlegen, gilt auch bei einer Öffnungsklausel in der Gemeinschaftsordnung. Geklärt ist auch, dass die Gemeinschaft, die regelmäßig als Verbraucher zu behandeln ist, einen Kredit aufnehmen kann, wobei aber strenge Anforderungen an den Beschluss gestellt werden. Der BGH hat sich mit der Abgrenzung von baulichen Veränderungen, Modernisierungen und modernisierender Instandhaltung befasst und die Beschlusskompetenz zur Anschaffung von Rauchwarnmeldern bejaht. Wenn Ansprüche wegen Störung des Gemeinschaftseigentums vergemeinschaftet sind, können sie nicht mehr von einzelnen Eigentümern geltend gemacht werden. Obgleich der BGH seine Rechtsprechung zum Wirtschaftsplan und zur Jahresabrechnung, etwa die Darstellung von periodenfremden Zahlungen, weitergeführt hat, bestehen nach wie vor große Unsicherheiten in diesem Bereich.

Die dritte Auflage des Kommentars berücksichtigt diese Entwicklung der Rechtsprechung zum WEG-Recht. Umfassend werden alle Fragen zu Jahresabrechnung und Wirtschaftsplan anhand der aktuellen Rechtsprechung insbesondere des BGH behandelt. Der Kommentar enthält hilfreiche Muster für Wirtschaftspläne und Jahresabrechnungen, die ausführlich erläutert werden. Dabei werden auch praxisrelevante und schwierige Vorgänge (wie etwa die Finanzierung einer großen Sanierungsmaßnahme teilweise aus Sonderumlage, teilweise aus Rücklagenauflösung und teilweise über den laufenden Haushalt) dargestellt.

Vorwort

Um allen, die bereits mit der zweiten Auflage vertraut sind, die Arbeit mit der dritten Auflage zu erleichtern, wurden der Aufbau und die Struktur der Kommentierung sowie die jeweiligen Randnummern weitestgehend nicht verändert. Die dritte Auflage soll Notaren, Rechtsanwälten, Richtern, Verwaltern sowie interessierten Verwaltungsbeiräten und Eigentümern wiederum eine aktuelle und zuverlässige Unterstützung bei der Anwendung des Gesetzes bieten. Wir hoffen, dass uns dies gelungen ist. Der Kommentar befindet sich im Wesentlichen auf dem Stand Anfang Mai 2016. Die Autoren, in deren Team Rechtsanwalt Christian Spielbauer, Fachanwalt für Miet- und Wohnungseigentumsrecht sowie für Strafrecht, neu aufgenommen wurde, sind für sachdienliche Kritik und Anregungen dankbar.

München, September 2016　　　　　　　　　　　Thomas Spielbauer
　　　　　　　　　　　　　　　　　　　　　　　　　　Michael Then
　　　　　　　　　　　　　　　　　　　　　　　Christian Spielbauer

Inhaltsverzeichnis

Vorwort	5
Abkürzungsverzeichnis	9
Literaturverzeichnis	15

A. Gesetz über das Wohnungseigentum und das Dauerwohnrecht (Wohnungseigentumsgesetz) ... 17

B. Kommentar zum Wohnungseigentumsgesetz ... 43

I. Teil Wohnungseigentum ... 43
§ 1 Begriffsbestimmungen ... 43

1. Abschnitt Begründung des Wohnungseigentums ... 55
§ 2 Arten der Begründung ... 55
§ 3 Vertragliche Einräumung von Sondereigentum ... 65
§ 4 Formvorschriften ... 86
§ 5 Gegenstand und Inhalt des Sondereigentums ... 93
§ 6 Unselbständigkeit des Sondereigentums ... 119
§ 7 Grundbuchvorschriften ... 126
§ 8 Teilung durch den Eigentümer ... 140
§ 9 Schließung der Wohnungsgrundbücher ... 150

2. Abschnitt Gemeinschaft der Wohnungseigentümer ... 155
§ 10 Allgemeine Grundsätze ... 155
§ 11 Unauflöslichkeit der Gemeinschaft ... 218
§ 12 Veräußerungsbeschränkung ... 222
§ 13 Rechte des Wohnungseigentümers ... 235
§ 14 Pflichten des Wohnungseigentümers ... 275
§ 15 Gebrauchsregelung ... 339
§ 16 Nutzungen, Lasten und Kosten ... 374
§ 17 Anteil bei Aufhebung der Gemeinschaft ... 446
§ 18 Entziehung des Wohnungseigentums ... 449
§ 19 Wirkung des Urteils ... 460

3. Abschnitt Verwaltung ... 466
§ 20 Gliederung der Verwaltung ... 466
§ 21 Verwaltung durch die Wohnungseigentümer ... 472
§ 22 Besondere Aufwendungen, Wiederaufbau ... 564
§ 23 Wohnungseigentümerversammlung ... 607
§ 24 Einberufung, Vorsitz, Niederschrift ... 655
§ 25 Mehrheitsbeschluss ... 718
§ 26 Bestellung und Abberufung des Verwalters ... 741
§ 27 Aufgaben und Befugnisse des Verwalters ... 791
§ 28 Wirtschaftsplan, Rechnungslegung ... 837
§ 29 Verwaltungsbeirat ... 1002

4. Abschnitt Wohnungserbbaurecht ... 1019
§ 30 Wohnungserbbaurecht ... 1019

Inhaltsverzeichnis

II. Teil Dauerwohn- und Dauernutzungsrecht 1025
§ 31 Begriffsbestimmungen 1025
§ 32 Voraussetzungen der Eintragung 1031
§ 33 Inhalt des Dauerwohnrechts 1035
§ 34 Ansprüche des Eigentümers und der Dauerwohnberechtigten . 1040
§ 35 Veräußerungsbeschränkung 1043
§ 36 Heimfallanspruch 1045
§ 37 Vermietung 1049
§ 38 Eintritt in das Rechtsverhältnis 1051
§ 39 Zwangsversteigerung 1053
§ 40 Haftung des Entgelts 1056
§ 41 Besondere Vorschriften für langfristige Dauerwohnrechte . 1059
§ 42 Belastung eines Erbbaurechts 1062

III. Teil Verfahrensvorschriften 1065
Vor § 43 1065
§ 43 Zuständigkeit 1092
§ 44 Bezeichnung der Wohnungseigentümer in der Klageschrift .. 1124
§ 45 Zustellung 1132
§ 46 Anfechtungsklage 1144
§ 47 Prozessverbindung 1174
§ 48 Beiladung, Wirkung des Urteils 1179
§ 49 Kostenentscheidung 1191
§ 50 Kostenerstattung 1202
§§ 51 bis 58, § 59 1207

IV. Teil Ergänzende Bestimmungen 1209
§ 60 Ehewohnung 1209
§ 61 Veräußerung von Wohnungseigentum ohne gemäß
     § 12 erforderliche Zustimmung 1209
§ 62 Übergangsvorschrift 1211
§ 63 Überleitung bestehender Rechtsverhältnisse 1218
§ 64 Inkrafttreten 1218

C. Weiterführende Vorschriften 1219
§ 49a GKG Wohnungseigentumssachen 1219
§ 10 ZVG   Rangordnung der Rechte 1237
§ 45 ZVG   Feststellung des geringsten Gebotes 1246
§ 52 ZVG   Bestehenbleibende Rechte 1248
§ 156 ZVG Öffentliche Lasten; Verteilungstermin 1249
          Änderung des Vergütungsverzeichnisses RVG-VV 1250

D. Anhänge 1253

Stichwortverzeichnis 1271

Abkürzungsverzeichnis

a.A.	anderer Ansicht
a.a.O.	am angegebenen Ort
a.E.	am Ende
a.F.	alte Fassung
abl.	ablehnend
Abs.	Absatz
abw.	abweichend
AG	Amtsgericht
AGB	Allgemeine Geschäftsbedingungen
AktG	Aktiengesetz
allg.	allgemein
Alt.	Alternative
Anh.	Anhang
Anl.	Anlage
Anm.	Anmerkung
AnwBl	Anwaltsblatt
Art.	Artikel
Aufl.	Auflage
Az.	Aktenzeichen
BAnz.	Bundesanzeiger
BauGB	Baugesetzbuch
BauR	Zeitschrift für das gesamte öffentliche und zivile Baurecht
BayObLG	Bayerisches Oberstes Landesgericht
BayObLGZ	Entscheidungen des Bayerischen Obersten Landesgerichts in Zivilsachen
BayVBl	Bayerische Verwaltungsblätter
BayVGH	Bayerischer Verwaltungsgerichtshof
BB	Betriebsberater
Bd.	Band
Bek.	Bekanntmachung
betr.	betreffend
BGB	Bürgerliches Gesetzbuch
BGBl.	Bundesgesetzblatt
BGH	Bundesgerichtshof
BGHZ	Entscheidungen des Bundesgerichtshofs in Zivilsachen
BlGBW	Blätter für Grundstücks-, Bau- und Wohnungsrecht
BR-Drucks.	Bundesrats-Drucksache
BT-Drucks.	Bundestags-Drucksache
BVerfG	Bundesverfassungsgericht
BVerfGE	Entscheidungen des Bundesverfassungsgerichts
BVerwG	Bundesverwaltungsgericht
BVerwGE	Entscheidungen des Bundesverwaltungsgerichts
bzw.	beziehungsweise

Abkürzungsverzeichnis

ca.	circa
DB	Der Betrieb
d.h.	das heißt
DNotZ	Deutsche Notarzeitschrift
DRiZ	Deutsche Richterzeitung
DW	Die Wohnungswirtschaft
DWE	Der Wohnungseigentümer
DWW	Deutsche Wohnungswirtschaft
EGBGB	Einführungsgesetz zum Bürgerlichen Gesetzbuch
Einl.	Einleitung
EnEG	Gesetz zur Einsparung von Energie in Gebäuden
entspr.	entsprechend
ErbbauRG	Gesetz über das Erbbaurecht
ErbbauVO	Verordnung über das Erbbaurecht
Erl.	Erläuterungen
f.	folgend
FamFG	Gesetz über das Verfahren in Familiensachen und in den Angelegenheiten der freiwilligen Gerichtsbarkeit
ff.	folgende
FG	Finanzgericht
FGG	Gesetz über die Angelegenheiten der freiwilligen Gerichtsbarkeit
FGPrax	Praxis der freiwilligen Gerichtsbarkeit
Fn.	Fußnote
FS	Festschrift
G	Gesetz
GB	Grundbuch
GBl.	Gesetzblatt
GbVfg	Grundbuchverfügung
GE	Das Grundeigentum
gem.	gemäß
GewO	Gewerbeordnung
GG	Grundgesetz
ggf.	gegebenenfalls
GKG	Gerichtskostengesetz
GmbH	Gesellschaft mit beschränkter Haftung
GmbHG	Gesetz betreffend die Gesellschaften mit beschränkter Haftung
GVG	Gerichtsverfassungsgesetz
h.M.	herrschende Meinung
HS. (Hs.)	Halbsatz
HeimG	Heimgesetz

Abkürzungsverzeichnis

HeizkV	Verordnung über die verbrauchsabhängige Abrechnung der Heiz- und Warmwasserkosten (Heizkostenverordnung)
HGB	Handelsgesetzbuch
i.d.F.	in der Fassung
i.d.R.	in der Regel
i.E.	im Einzelnen
i.H.v.	in Höhe von
InsO	Insolvenzordnung
i.S.v.	im Sinne von
i.Ü.	im Übrigen
i.V.m.	in Verbindung mit
inkl.	inklusive
JR	Juristische Rundschau
JurBüro	Das Juristische Büro
JZ	Juristenzeitung
KG	Kammergericht
LS. (Ls.)	Leitsatz
LG	Landgericht
LM	Nachschlagewerk des Bundesgerichtshofs, herausgegeben von Lindenmaier/Möhring u.a.
m.E.	meines Erachtens
m.w.N.	mit weiteren Nachweisen
MaBV	Makler- und Bauträgerverordnung
MDR	Monatsschrift für Deutsches Recht
MHG	Gesetz zur Regelung der Miethöhe
MietRÄndG	Mietrechtsänderungsgesetz
MietWo	Miet- und Wohnungsrecht
MittBayNot	Mitteilungen des Bayerischen Notarvereins
MittRhNotk	Mitteilung der Rheinischen Notarkammer (s. RNotZ)
MSchG	Mieterschutzgesetz
MünchKomm	Münchener Kommentar zum Bürgerlichen Gesetzbuch
MM	Mietermagazin
ModEnG	Gesetz zur Förderung der Modernisierung und von Maßnahmen zur Einsparung von Heizenergie (Modernisierungs- und Energieeinsparungsgesetz)
MRVerbG	Gesetz zur Verbesserung des Mietrechts und zur Begrenzung des Mietanstiegs sowie zur Regelung von Ingenieur- und Architektenleistungen
MwSt	Mehrwertsteuer
n.F.	neue Fassung
NJW	Neue Juristische Wochenschrift
NJW-RR	NJW-Rechtsprechungsreport Zivilrecht
NJWE-MietR	NJW-Entscheidungsdienst Miet- und Wohnungsrecht

Abkürzungsverzeichnis

NMV	Verordnung über die Ermittlung der zulässigen Miete für preisgebundene Wohnungen (Neubaumietenverordnung)
Nr.	Nummer
NZM	Neue Zeitschrift für Mietrecht
o.	oben
o.Ä.	oder Ähnliches
o.g.	oben genannt(e)
OLG	Oberlandesgericht
OLGZ	Entscheidungen der Oberlandesgerichte in Zivilsachen
OLGR	OLG-Report
OVG	Oberverwaltungsgericht
PartGG	Partnergesellschaftsgesetz
Rn.	Randnummer
RES	Sammlung der Rechtsentscheide in Wohnraummietsachen
RG	Reichsgericht
RGRK	Das Bürgerliche Gesetzbuch mit besonderer Berücksichtigung der Rechtsprechung des Reichsgerichts und des Bundesgerichtshofs
RGZ	Entscheidungen des Reichsgerichts in Zivilsachen
RNotZ	Rheinische Notar-Zeitschrift (s. MittRhNoK)
Rpfleger	Der Deutsche Rechtspfleger
RPflG	Rechtspflegergesetz
Rspr.	Rechtsprechung
RVG	Rechtsanwaltsvergütungsgesetz
S.	Seite
s.a.	siehe auch
s.o.	siehe oben
st.	ständig(e)
StGB	Strafgesetzbuch
st. Rspr.	ständige Rechtsprechung
str.	streitig
s.u.	siehe unten
u.	und
u.a.	unter anderem
u.U.	unter Umständen
Urt.	Urteil
UStG	Umsatzsteuergesetz
usw.	und so weiter
UWG	Gesetz gegen den unlauteren Wettbewerb
v.	vom, von
VDI	Verein Deutscher Ingenieure
VersR	Versicherungsrecht

Abkürzungsverzeichnis

VG	Verwaltungsgericht
VGH	Verwaltungsgerichtshof
vgl.	vergleiche
VO	Verordnung
Vorbem.	Vorbemerkung
VwGO	Verwaltungsgerichtsordnung
WärmeschutzV	Verordnung über einen energiesparenden Wärmeschutz bei Gebäuden (Wärmeschutzverordnung)
WE	Wohnungseigentum
WEG	Gesetz über das Wohnungseigentum und das Dauerwohnrecht (Wohnungseigentumsgesetz)
WGG	Gesetz über die Gemeinnützigkeit im Wohnungswesen (Wohnungsgemeinnützigkeitsgesetz)
WKSchG	Zweites Wohnraumkündigungsschutzgesetz
WM	Wertpapiermitteilungen
WoBauErlG	Gesetz zur Erleichterung des Wohnungsbaus im Planungs- und Baurecht sowie zur Änderung mietrechtlicher Vorschriften
II. WobauG	Zweites Wohnungsbaugesetz (Wohnungsbau- und Familienheimgesetz)
WoBindG	Gesetz zur Sicherung der Zweckbestimmung von Sozialwohnungen (Wohnungsbindungsgesetz)
WoVermG	Gesetz zur Regelung der Wohnungsvermittlung
WuM	Wohnungswirtschaft und Mietrecht
z.B.	zum Beispiel
ZfIR	Zeitschrift für Immobilienrecht
Ziff.	Ziffer
zit.	zitiert
ZK	Zivilkammer
ZMR	Zeitschrift für Miet- und Raumrecht
ZNotP	Zeitschritt für die Notarpraxis
ZPO	Zivilprozessordnung
ZRP	Zeitschrift für Rechtspolitik
z.T.	zum Teil
ZVG	Gesetz über die Zwangsversteigerung und die Zwangsverwaltung (Zwangsversteigerungsgesetz)
ZWE	Zeitschrift für Wohnungseigentum

Literaturverzeichnis

Bärmann-Bearbeiter	Wohnungseigentumsgesetz, 13. Aufl., 2015
Bamberger/Roth-Bearbeiter	BGB, Kommentar, 3. Aufl., 2012 (inkl. WEG)
Bauer/von Oefele	Grundbuchordnung, 3. Aufl., 2013
Battis/Krautzberger/Löhr	BauGB, 13. Aufl., 2016
Demharter	GBO, 30. Aufl., 2016
Greiner	Wohnungseigentumsrecht, 3. Aufl., 2014
Hartmann	KostG, 46. Aufl., 2016
Hügel/Elzer	Das neue WEG-Recht, 2007
Hügel/Elzer	Wohnungseigentumsgesetz, 1. Aufl., 2015
Hügel/Scheel-Bearbeiter	Rechtshandbuch Wohnungseigentum, 3. Aufl., 2011
Jennißen-Bearbeiter	WEG, 4. Aufl., 2015
KK-WEG-Bearbeiter	Kompaktkommentar WEG, 2006
Köhler	Das neue WEG, 2007
Müller	Praktische Fragen des Wohnungseigentums, 4. Aufl., 2004 und 6. Aufl., 2015
MünchKomm-Bearbeiter	Münchener Kommentar zum BGB, Band 6, 5. Aufl., 2009
MünchKomm-ZPO-Bearbeiter	Münchener Kommentar zur Zivilprozessordnung, 4. Aufl., 2012
Niedenführ/Kümmel/Vandenhouten	WEG, 11. Aufl., 2015
Palandt-Bearbeiter	BGB, 75. Aufl., 2016
Riecke/Schmid	WEG, Kommentar, 7. Aufl., 2014
Schmid/Kahlen	WEG, Kommentar, 2007
Schmidt-Futterer	Mietrecht, 12. Aufl., 2015
Schneider/Wolf	Anwaltkommentar RVG, 7. Aufl., 2014
Schreiber-Bearbeiter	Handbuch Immobilienrecht, 3. Aufl., 2011
Stöber	ZVG, 21. Aufl., 2016
Soergel-Stürner	Kommentar zum BGB, 13./12. Aufl., (Band 6 inkl. WEG), 1990 (in der 13. Aufl. ist das WEG nicht enthalten)

Literaturverzeichnis

Staudinger-Bearbeiter	Kommentar zum Bürgerlichen Gesetzbuch mit Einführungsgesetzen und Nebengesetzen, Gesetz über das Wohnungseigentum und das Dauerwohnrecht, 13. Bearbeitung, 2005
Thomas/Putzo-Bearbeiter	ZPO, 37. Aufl., 2016
Weitnauer/Bearbeiter	WEG-Kommentar, 9. Aufl., 2004
Zöller-Bearbeiter	ZPO, 31. Aufl., 2016

A. Gesetz über das Wohnungseigentum und das Dauerwohnrecht (Wohnungseigentumsgesetz)

in der im Bundesgesetzblatt Teil III,
Gliederungsnummer 403-1, veröffentlichten bereinigten Fassung,
zuletzt geändert durch Artikel 4 des Gesetzes vom 5. Dezember 2014
(BGBl. I S. 1962)

I. TEIL
Wohnungseigentum

§ 1
Begriffsbestimmungen

(1) Nach Maßgabe dieses Gesetzes kann an Wohnungen das Wohnungseigentum, an nicht zu Wohnzwecken dienenden Räumen eines Gebäudes das Teileigentum begründet werden.

(2) Wohnungseigentum ist das Sondereigentum an einer Wohnung in Verbindung mit dem Miteigentumsanteil an dem gemeinschaftlichen Eigentum, zu dem es gehört.

(3) Teileigentum ist das Sondereigentum an nicht zu Wohnzwecken dienenden Räumen eines Gebäudes in Verbindung mit dem Miteigentumsanteil an dem gemeinschaftlichen Eigentum, zu dem es gehört.

(4) Wohnungseigentum und Teileigentum können nicht in der Weise begründet werden, dass das Sondereigentum mit Miteigentum an mehreren Grundstücken verbunden wird.

(5) Gemeinschaftliches Eigentum im Sinne dieses Gesetzes sind das Grundstück sowie die Teile, Anlagen und Einrichtungen des Gebäudes, die nicht im Sondereigentum oder im Eigentum eines Dritten stehen.

(6) Für das Teileigentum gelten die Vorschriften über das Wohnungseigentum entsprechend.

1. Abschnitt
Begründung des Wohnungseigentums

§ 2
Arten der Begründung

Wohnungseigentum wird durch die vertragliche Einräumung von Sondereigentum (§ 3) oder durch Teilung (§ 8) begründet.

§ 3
Vertragliche Einräumung von Sondereigentum

(1) Das Miteigentum (§ 1008 des Bürgerlichen Gesetzbuchs) an einem Grundstück kann durch Vertrag der Miteigentümer in der Weise beschränkt werden, dass jedem der Miteigentümer abweichend von § 93 des Bürgerlichen Gesetzbuchs das Sondereigentum an einer bestimmten Wohnung oder an nicht zu Wohnzwecken dienenden bestimmten Räumen in einem auf dem Grundstück errichteten oder zu errichtenden Gebäude eingeräumt wird.

(2) [1]Sondereigentum soll nur eingeräumt werden, wenn die Wohnungen oder sonstigen Räume in sich abgeschlossen sind. [2]Garagenstellplätze gelten als abgeschlossene Räume, wenn ihre Flächen durch dauerhafte Markierungen ersichtlich sind.

(3) (weggefallen)

§ 4
Formvorschriften

(1) Zur Einräumung und zur Aufhebung des Sondereigentums ist die Einigung der Beteiligten über den Eintritt der Rechtsänderung und die Eintragung in das Grundbuch erforderlich.

(2) [1]Die Einigung bedarf der für die Auflassung vorgeschriebenen Form. [2]Sondereigentum kann nicht unter einer Bedingung oder Zeitbestimmung eingeräumt oder aufgehoben werden.

(3) Für einen Vertrag, durch den sich ein Teil verpflichtet, Sondereigentum einzuräumen, zu erwerben oder aufzuheben, gilt § 311b Abs. 1 des Bürgerlichen Gesetzbuchs entsprechend.

§ 5
Gegenstand und Inhalt des Sondereigentums

(1) Gegenstand des Sondereigentums sind die gemäß § 3 Abs. 1 bestimmten Räume sowie die zu diesen Räumen gehörenden Bestandteile des Gebäudes, die verändert, beseitigt oder eingefügt werden können, ohne dass dadurch das gemeinschaftliche Eigentum oder ein auf Sondereigentum beruhendes Recht eines anderen Wohnungseigentümers über das nach § 14 zulässige Maß hinaus beeinträchtigt oder die äußere Gestaltung des Gebäudes verändert wird.

(2) Teile des Gebäudes, die für dessen Bestand oder Sicherheit erforderlich sind, sowie Anlagen und Einrichtungen, die dem gemeinschaftlichen Gebrauch der Wohnungseigentümer dienen, sind nicht Gegenstand des Sondereigentums, selbst wenn sie sich im Bereich der im Sondereigentum stehenden Räume befinden.

(3) Die Wohnungseigentümer können vereinbaren, dass Bestandteile des Gebäudes, die Gegenstand des Sondereigentums sein können, zum gemeinschaftlichen Eigentum gehören.

(4) [1]Vereinbarungen über das Verhältnis der Wohnungseigentümer untereinander können nach den Vorschriften des 2. und 3. Abschnitts zum Inhalt

des Sondereigentums gemacht werden. ²Ist das Wohnungseigentum mit der Hypothek, Grund- oder Rentenschuld oder der Reallast eines Dritten belastet, so ist dessen nach anderen Rechtsvorschriften notwendige Zustimmung zu der Vereinbarung nur erforderlich, wenn ein Sondernutzungsrecht begründet oder ein mit dem Wohnungseigentum verbundenes Sondernutzungsrecht aufgehoben, geändert oder übertragen wird. ³Bei der Begründung eines Sondernutzungsrechts ist die Zustimmung des Dritten nicht erforderlich, wenn durch die Vereinbarung gleichzeitig das zu seinen Gunsten belastete Wohnungseigentum mit einem Sondernutzungsrecht verbunden wird.

§ 6
Unselbständigkeit des Sondereigentums

(1) Das Sondereigentum kann ohne den Miteigentumsanteil, zu dem es gehört, nicht veräußert oder belastet werden.

(2) Rechte an dem Miteigentumsanteil erstrecken sich auf das zu ihm gehörende Sondereigentum.

§ 7
Grundbuchvorschriften

(1) ¹Im Falle des § 3 Abs. 1 wird für jeden Miteigentumsanteil von Amts wegen ein besonderes Grundbuchblatt (Wohnungsgrundbuch, Teileigentumsgrundbuch) angelegt. ²Auf diesem ist das zu dem Miteigentumsanteil gehörende Sondereigentum und als Beschränkung des Miteigentums die Einräumung der zu den anderen Miteigentumsanteilen gehörenden Sondereigentumsrechte einzutragen. ³Das Grundbuchblatt des Grundstücks wird von Amts wegen geschlossen.

(2) (weggefallen)

(3) Zur näheren Bezeichnung des Gegenstands und des Inhalts des Sondereigentums kann auf die Eintragungsbewilligung Bezug genommen werden.

(4) ¹Der Eintragungsbewilligung sind als Anlagen beizufügen:

1. eine von der Baubehörde mit Unterschrift und Siegel oder Stempel versehene Bauzeichnung, aus der die Aufteilung des Gebäudes sowie die Lage und Größe der im Sondereigentum und der im gemeinschaftlichen Eigentum stehenden Gebäudeteile ersichtlich ist (Aufteilungsplan); alle zu demselben Wohnungseigentum gehörenden Einzelräume sind mit der jeweils gleichen Nummer zu kennzeichnen;

2. eine Bescheinigung der Baubehörde, dass die Voraussetzungen des § 3 Abs. 2 vorliegen.

²Wenn in der Eintragungsbewilligung für die einzelnen Sondereigentumsrechte Nummern angegeben werden, sollen sie mit denen des Aufteilungsplans übereinstimmen. ³Die Landesregierungen können durch Rechtsverordnung bestimmen, dass und in welchen Fällen der Aufteilungsplan (Satz 1 Nr. 1) und die Abgeschlossenheit (Satz 1 Nr. 2) von einem öffentlich bestellten oder anerkannten Sachverständigen für das Bauwesen statt von der Baubehörde ausgefertigt und bescheinigt werden. ⁴Werden diese Aufgaben

von dem Sachverständigen wahrgenommen, so gelten die Bestimmungen der Allgemeinen Verwaltungsvorschrift für die Ausstellung von Bescheinigungen gemäß § 7 Abs. 4 Nr. 2 und § 32 Abs. 2 Nr. 2 des Wohnungseigentumsgesetzes vom 19. März 1974 (BAnz. Nr. 58 vom 23. März 1974) entsprechend. [5]In diesem Fall bedürfen die Anlagen nicht der Form des § 29 der Grundbuchordnung. [6]Die Landesregierungen können die Ermächtigung durch Rechtsverordnung auf die Landesbauverwaltungen übertragen.

(5) Für Teileigentumsgrundbücher gelten die Vorschriften über Wohnungsgrundbücher entsprechend.

§ 8
Teilung durch den Eigentümer

(1) Der Eigentümer eines Grundstücks kann durch Erklärung gegenüber dem Grundbuchamt das Eigentum an dem Grundstück in Miteigentumsanteile in der Weise teilen, dass mit jedem Anteil das Sondereigentum an einer bestimmten Wohnung oder an nicht zu Wohnzwecken dienenden bestimmten Räumen in einem auf dem Grundstück errichteten oder zu errichtenden Gebäude verbunden ist.

(2) [1]Im Falle des Absatzes 1 gelten die Vorschriften des § 3 Abs. 2 und der §§ 5, 6, § 7 Abs. 1, 3 bis 5 entsprechend. [2]Die Teilung wird mit der Anlegung der Wohnungsgrundbücher wirksam.

§ 9
Schließung der Wohnungsgrundbücher

(1) Die Wohnungsgrundbücher werden geschlossen:

1. von Amts wegen, wenn die Sondereigentumsrechte gemäß § 4 aufgehoben werden;

2. auf Antrag sämtlicher Wohnungseigentümer, wenn alle Sondereigentumsrechte durch völlige Zerstörung des Gebäudes gegenstandslos geworden sind und der Nachweis hierfür durch eine Bescheinigung der Baubehörde erbracht ist;

3. auf Antrag des Eigentümers, wenn sich sämtliche Wohnungseigentumsrechte in einer Person vereinigen.

(2) Ist ein Wohnungseigentum selbständig mit dem Recht eines Dritten belastet, so werden die allgemeinen Vorschriften, nach denen zur Aufhebung des Sondereigentums die Zustimmung des Dritten erforderlich ist, durch Absatz 1 nicht berührt.

(3) Werden die Wohnungsgrundbücher geschlossen, so wird für das Grundstück ein Grundbuchblatt nach den allgemeinen Vorschriften angelegt; die Sondereigentumsrechte erlöschen, soweit sie nicht bereits aufgehoben sind, mit der Anlegung des Grundbuchblatts.

2. Abschnitt
Gemeinschaft der Wohnungseigentümer

§ 10
Allgemeine Grundsätze

(1) Inhaber der Rechte und Pflichten nach den Vorschriften dieses Gesetzes, insbesondere des Sondereigentums und des gemeinschaftlichen Eigentums, sind die Wohnungseigentümer, soweit nicht etwas anderes ausdrücklich bestimmt ist.

(2) [1]Das Verhältnis der Wohnungseigentümer untereinander bestimmt sich nach den Vorschriften dieses Gesetzes und, soweit dieses Gesetz keine besonderen Bestimmungen enthält, nach den Vorschriften des Bürgerlichen Gesetzbuchs über die Gemeinschaft. [2]Die Wohnungseigentümer können von den Vorschriften dieses Gesetzes abweichende Vereinbarungen treffen, soweit nicht etwas anderes ausdrücklich bestimmt ist. [3]Jeder Wohnungseigentümer kann eine vom Gesetz abweichende Vereinbarung oder die Anpassung einer Vereinbarung verlangen, soweit ein Festhalten an der geltenden Regelung aus schwerwiegenden Gründen unter Berücksichtigung aller Umstände des Einzelfalles, insbesondere der Rechte und Interessen der anderen Wohnungseigentümer, unbillig erscheint.

(3) Vereinbarungen, durch die die Wohnungseigentümer ihr Verhältnis untereinander in Ergänzung oder Abweichung von Vorschriften dieses Gesetzes regeln, sowie die Abänderung oder Aufhebung solcher Vereinbarungen wirken gegen den Sondernachfolger eines Wohnungseigentümers nur, wenn sie als Inhalt des Sondereigentums im Grundbuch eingetragen sind.

(4) [1]Beschlüsse der Wohnungseigentümer gemäß § 23 und gerichtliche Entscheidungen in einem Rechtsstreit gemäß § 43 bedürfen zu ihrer Wirksamkeit gegen den Sondernachfolger eines Wohnungseigentümers nicht der Eintragung in das Grundbuch. [2]Dies gilt auch für die gemäß § 23 Abs. 1 aufgrund einer Vereinbarung gefassten Beschlüsse, die vom Gesetz abweichen oder eine Vereinbarung ändern.

(5) Rechtshandlungen in Angelegenheiten, über die nach diesem Gesetz oder nach einer Vereinbarung der Wohnungseigentümer durch Stimmenmehrheit beschlossen werden kann, wirken, wenn sie auf Grund eines mit solcher Mehrheit gefassten Beschlusses vorgenommen werden, auch für und gegen die Wohnungseigentümer, die gegen den Beschluss gestimmt oder an der Beschlussfassung nicht mitgewirkt haben.

(6) [1]Die Gemeinschaft der Wohnungseigentümer kann im Rahmen der gesamten Verwaltung des gemeinschaftlichen Eigentums gegenüber Dritten und Wohnungseigentümern selbst Rechte erwerben und Pflichten eingehen. [2]Sie ist Inhaberin der als Gemeinschaft gesetzlich begründeten und rechtsgeschäftlich erworbenen Rechte und Pflichten. [3]Sie übt die gemeinschaftsbezogenen Rechte der Wohnungseigentümer aus und nimmt die gemeinschaftsbezogenen Pflichten der Wohnungseigentümer wahr, ebenso sonstige Rechte und Pflichten der Wohnungseigentümer, soweit diese gemeinschaftlich geltend gemacht werden können oder zu erfüllen sind. [4]Die Gemeinschaft muss die Bezeichnung „Wohnungseigentümergemeinschaft" gefolgt

von der bestimmten Angabe des gemeinschaftlichen Grundstücks führen. ⁵Sie kann vor Gericht klagen und verklagt werden.

(7) ¹Das Verwaltungsvermögen gehört der Gemeinschaft der Wohnungseigentümer. ²Es besteht aus den im Rahmen der gesamten Verwaltung des gemeinschaftlichen Eigentums gesetzlich begründeten und rechtsgeschäftlich erworbenen Sachen und Rechten sowie den entstandenen Verbindlichkeiten. ³Zu dem Verwaltungsvermögen gehören insbesondere die Ansprüche und Befugnisse aus Rechtsverhältnissen mit Dritten und mit Wohnungseigentümern sowie die eingenommenen Gelder. ⁴Vereinigen sich sämtliche Wohnungseigentumsrechte in einer Person, geht das Verwaltungsvermögen auf den Eigentümer des Grundstücks über.

(8) ¹Jeder Wohnungseigentümer haftet einem Gläubiger nach dem Verhältnis seines Miteigentumsanteils (§ 16 Abs. 1 Satz 2) für Verbindlichkeiten der Gemeinschaft der Wohnungseigentümer, die während seiner Zugehörigkeit zur Gemeinschaft entstanden oder während dieses Zeitraums fällig geworden sind; für die Haftung nach Veräußerung des Wohnungseigentums ist § 160 des Handelsgesetzbuches entsprechend anzuwenden. ²Er kann gegenüber einem Gläubiger neben den in seiner Person begründeten auch die der Gemeinschaft zustehenden Einwendungen und Einreden geltend machen, nicht aber seine Einwendungen und Einreden gegenüber der Gemeinschaft. ³Für die Einrede der Anfechtbarkeit und Aufrechenbarkeit ist § 770 des Bürgerlichen Gesetzbuches entsprechend anzuwenden. ⁴Die Haftung eines Wohnungseigentümers gegenüber der Gemeinschaft wegen nicht ordnungsmäßiger Verwaltung bestimmt sich nach Satz 1.

§ 11
Unauflöslichkeit der Gemeinschaft

(1) ¹Kein Wohnungseigentümer kann die Aufhebung der Gemeinschaft verlangen. ²Dies gilt auch für eine Aufhebung aus wichtigem Grund. ³Eine abweichende Vereinbarung ist nur für den Fall zulässig, dass das Gebäude ganz oder teilweise zerstört wird und eine Verpflichtung zum Wiederaufbau nicht besteht.

(2) Das Recht eines Pfändungsgläubigers (§ 751 des Bürgerlichen Gesetzbuchs) sowie das im Insolvenzverfahren bestehende Recht (§ 84 Abs. 2 der Insolvenzordnung), die Aufhebung der Gemeinschaft zu verlangen, ist ausgeschlossen.

(3) Ein Insolvenzverfahren über das Verwaltungsvermögen der Gemeinschaft findet nicht statt.

§ 12
Veräußerungsbeschränkung

(1) Als Inhalt des Sondereigentums kann vereinbart werden, dass ein Wohnungseigentümer zur Veräußerung seines Wohnungseigentums der Zustimmung anderer Wohnungseigentümer oder eines Dritten bedarf.

(2) ¹Die Zustimmung darf nur aus einem wichtigen Grund versagt werden. ²Durch Vereinbarung gemäß Absatz 1 kann dem Wohnungseigentümer da-

rüber hinaus für bestimmte Fälle ein Anspruch auf Erteilung der Zustimmung eingeräumt werden.

(3) ¹Ist eine Vereinbarung gemäß Absatz 1 getroffen, so ist eine Veräußerung des Wohnungseigentums und ein Vertrag, durch den sich der Wohnungseigentümer zu einer solchen Veräußerung verpflichtet, unwirksam, solange nicht die erforderliche Zustimmung erteilt ist. ²Einer rechtsgeschäftlichen Veräußerung steht eine Veräußerung im Wege der Zwangsvollstreckung oder durch den Insolvenzverwalter gleich.

(4) ¹Die Wohnungseigentümer können durch Stimmenmehrheit beschließen, dass eine Veräußerungsbeschränkung gemäß Absatz 1 aufgehoben wird. ²Diese Befugnis kann durch Vereinbarung der Wohnungseigentümer nicht eingeschränkt oder ausgeschlossen werden. ³Ist ein Beschluss gemäß Satz 1 gefasst, kann die Veräußerungsbeschränkung im Grundbuch gelöscht werden. ⁴Der Bewilligung gemäß § 19 der Grundbuchordnung bedarf es nicht, wenn der Beschluss gemäß Satz 1 nachgewiesen wird. ⁵Für diesen Nachweis ist § 26 Abs. 3 entsprechend anzuwenden.

§ 13
Rechte des Wohnungseigentümers

(1) Jeder Wohnungseigentümer kann, soweit nicht das Gesetz oder Rechte Dritter entgegenstehen, mit den im Sondereigentum stehenden Gebäudeteilen nach Belieben verfahren, insbesondere diese bewohnen, vermieten, verpachten oder in sonstiger Weise nutzen, und andere von Einwirkungen ausschließen.

(2) ¹Jeder Wohnungseigentümer ist zum Mitgebrauch des gemeinschaftlichen Eigentums nach Maßgabe der §§ 14, 15 berechtigt. ²An den sonstigen Nutzungen des gemeinschaftlichen Eigentums gebührt jedem Wohnungseigentümer ein Anteil nach Maßgabe des § 16.

§ 14
Pflichten des Wohnungseigentümers

Jeder Wohnungseigentümer ist verpflichtet:

1. die im Sondereigentum stehenden Gebäudeteile so instand zu halten und von diesen sowie von dem gemeinschaftlichen Eigentum nur in solcher Weise Gebrauch zu machen, dass dadurch keinem der anderen Wohnungseigentümer über das bei einem geordneten Zusammenleben unvermeidliche Maß hinaus ein Nachteil erwächst;

2. für die Einhaltung der in Nummer 1 bezeichneten Pflichten durch Personen zu sorgen, die seinem Hausstand oder Geschäftsbetrieb angehören oder denen er sonst die Benutzung der im Sonder- oder Miteigentum stehenden Grundstücks- oder Gebäudeteile überläßt;

3. Einwirkungen auf die im Sondereigentum stehenden Gebäudeteile und das gemeinschaftliche Eigentum zu dulden, soweit sie auf einem nach Nummer 1, 2 zulässigen Gebrauch beruhen;

4. das Betreten und die Benutzung der im Sondereigentum stehenden Gebäudeteile zu gestatten, soweit dies zur Instandhaltung und Instandset-

zung des gemeinschaftlichen Eigentums erforderlich ist; der hierdurch entstehende Schaden ist zu ersetzen.

§ 15
Gebrauchsregelung

(1) Die Wohnungseigentümer können den Gebrauch des Sondereigentums und des gemeinschaftlichen Eigentums durch Vereinbarung regeln.

(2) Soweit nicht eine Vereinbarung nach Absatz 1 entgegensteht, können die Wohnungseigentümer durch Stimmenmehrheit einen der Beschaffenheit der im Sondereigentum stehenden Gebäudeteile und des gemeinschaftlichen Eigentums entsprechenden ordnungsmäßigen Gebrauch beschließen.

(3) Jeder Wohnungseigentümer kann einen Gebrauch der im Sondereigentum stehenden Gebäudeteile und des gemeinschaftlichen Eigentums verlangen, der dem Gesetz, den Vereinbarungen und Beschlüssen und, soweit sich die Regelung hieraus nicht ergibt, dem Interesse der Gesamtheit der Wohnungseigentümer nach billigem Ermessen entspricht.

§ 16
Nutzungen, Lasten und Kosten

(1) [1]Jedem Wohnungseigentümer gebührt ein seinem Anteil entsprechender Bruchteil der Nutzungen des gemeinschaftlichen Eigentums. [2]Der Anteil bestimmt sich nach dem gemäß § 47 der Grundbuchordnung im Grundbuch eingetragenen Verhältnis der Miteigentumsanteile.

(2) Jeder Wohnungseigentümer ist den anderen Wohnungseigentümern gegenüber verpflichtet, die Lasten des gemeinschaftlichen Eigentums sowie die Kosten der Instandhaltung, Instandsetzung, sonstigen Verwaltung und eines gemeinschaftlichen Gebrauchs des gemeinschaftlichen Eigentums nach dem Verhältnis seines Anteils (Absatz 1 Satz 2) zu tragen.

(3) Die Wohnungseigentümer können abweichend von Absatz 2 durch Stimmenmehrheit beschließen, dass die Betriebskosten des gemeinschaftlichen Eigentums oder des Sondereigentums im Sinne des § 556 Abs. 1 des Bürgerlichen Gesetzbuches, die nicht unmittelbar gegenüber Dritten abgerechnet werden, und die Kosten der Verwaltung nach Verbrauch oder Verursachung erfasst und nach diesem oder nach einem anderen Maßstab verteilt werden, soweit dies ordnungsmäßiger Verwaltung entspricht.

(4) [1]Die Wohnungseigentümer können im Einzelfall zur Instandhaltung oder Instandsetzung im Sinne des § 21 Abs. 5 Nr. 2 oder zu baulichen Veränderungen oder Aufwendungen im Sinne des § 22 Abs. 1 und 2 durch Beschluss die Kostenverteilung abweichend von Absatz 2 regeln, wenn der abweichende Maßstab dem Gebrauch oder der Möglichkeit des Gebrauchs durch die Wohnungseigentümer Rechnung trägt. [2]Der Beschluss zur Regelung der Kostenverteilung nach Satz 1 bedarf einer Mehrheit von drei Viertel aller stimmberechtigten Wohnungseigentümer im Sinne des § 25 Abs. 2 und mehr als der Hälfte aller Miteigentumsanteile.

(5) Die Befugnisse im Sinne der Absätze 3 und 4 können durch Vereinbarung der Wohnungseigentümer nicht eingeschränkt oder ausgeschlossen werden.

Gemeinschaft der Wohnungseigentümer WEG

(6) ¹Ein Wohnungseigentümer, der einer Maßnahme nach § 22 Abs. 1 nicht zugestimmt hat, ist nicht berechtigt, einen Anteil an Nutzungen, die auf einer solchen Maßnahme beruhen, zu beanspruchen; er ist nicht verpflichtet, Kosten, die durch eine solche Maßnahme verursacht sind, zu tragen. ²Satz 1 ist bei einer Kostenverteilung gemäß Absatz 4 nicht anzuwenden.

(7) Zu den Kosten der Verwaltung im Sinne des Absatzes 2 gehören insbesondere Kosten eines Rechtsstreits gemäß § 18 und der Ersatz des Schadens im Falle des § 14 Nr. 4.

(8) Kosten eines Rechtsstreits gemäß § 43 gehören nur dann zu den Kosten der Verwaltung im Sinne des Absatzes 2, wenn es sich um Mehrkosten gegenüber der gesetzlichen Vergütung eines Rechtsanwalts aufgrund einer Vereinbarung über die Vergütung (§ 27 Abs. 2 Nr. 4, Abs. 3 Nr. 6) handelt.

§ 17
Anteil bei Aufhebung der Gemeinschaft

¹Im Falle der Aufhebung der Gemeinschaft bestimmt sich der Anteil der Miteigentümer nach dem Verhältnis des Wertes ihrer Wohnungseigentumsrechte zur Zeit der Aufhebung der Gemeinschaft. ²Hat sich der Wert eines Miteigentumsanteils durch Maßnahmen verändert, deren Kosten der Wohnungseigentümer nicht getragen hat, so bleibt eine solche Veränderung bei der Berechnung des Wertes dieses Anteils außer Betracht.

§ 18
Entziehung des Wohnungseigentums

(1) ¹Hat ein Wohnungseigentümer sich einer so schweren Verletzung der ihm gegenüber anderen Wohnungseigentümern obliegenden Verpflichtungen schuldig gemacht, dass diesen die Fortsetzung der Gemeinschaft mit ihm nicht mehr zugemutet werden kann, so können die anderen Wohnungseigentümer von ihm die Veräußerung seines Wohnungseigentums verlangen. ²Die Ausübung des Entziehungsrechts steht der Gemeinschaft der Wohnungseigentümer zu, soweit es sich nicht um eine Gemeinschaft handelt, die nur aus zwei Wohnungseigentümern besteht.

(2) Die Voraussetzungen des Absatzes 1 liegen insbesondere vor, wenn

1. der Wohnungseigentümer trotz Abmahnung wiederholt gröblich gegen die ihm nach § 14 obliegenden Pflichten verstößt;

2. der Wohnungseigentümer sich mit der Erfüllung seiner Verpflichtungen zur Lasten- und Kostentragung (§ 16 Abs. 2) in Höhe eines Betrags, der drei vom Hundert des Einheitswerts seines Wohnungseigentums übersteigt, länger als drei Monate in Verzug befindet; in diesem Fall steht § 30 der Abgabenordnung einer Mitteilung des Einheitswerts an die Gemeinschaft der Wohnungseigentümer oder, soweit die Gemeinschaft nur aus zwei Wohnungseigentümern besteht, an den anderen Wohnungseigentümer nicht entgegen.

(3) ¹Über das Verlangen nach Absatz 1 beschließen die Wohnungseigentümer durch Stimmenmehrheit. ²Der Beschluss bedarf einer Mehrheit von mehr als der Hälfte der stimmberechtigten Wohnungseigentümer. ³Die Vorschriften des § 25 Abs. 3, 4 sind in diesem Fall nicht anzuwenden.

(4) Der in Absatz 1 bestimmte Anspruch kann durch Vereinbarung der Wohnungseigentümer nicht eingeschränkt oder ausgeschlossen werden.

§ 19
Wirkung des Urteils

(1) [1]Das Urteil, durch das ein Wohnungseigentümer zur Veräußerung seines Wohnungseigentums verurteilt wird, berechtigt jeden Miteigentümer zur Zwangsvollstreckung entsprechend den Vorschriften des Ersten Abschnitts des Gesetzes über die Zwangsversteigerung und die Zwangsverwaltung. [2]Die Ausübung dieses Rechts steht der Gemeinschaft der Wohnungseigentümer zu, soweit es sich nicht um eine Gemeinschaft handelt, die nur aus zwei Wohnungseigentümern besteht.

(2) Der Wohnungseigentümer kann im Falle des § 18 Abs. 2 Nr. 2 bis zur Erteilung des Zuschlags die in Absatz 1 bezeichnete Wirkung des Urteils dadurch abwenden, dass er die Verpflichtungen, wegen deren Nichterfüllung er verurteilt ist, einschließlich der Verpflichtung zum Ersatz der durch den Rechtsstreit und das Versteigerungsverfahren entstandenen Kosten sowie die fälligen weiteren Verpflichtungen zur Lasten- und Kostentragung erfüllt.

(3) Ein gerichtlicher oder vor einer Gütestelle geschlossener Vergleich, durch den sich der Wohnungseigentümer zur Veräußerung seines Wohnungseigentums verpflichtet, steht dem in Absatz 1 bezeichneten Urteil gleich.

3. Abschnitt
Verwaltung

§ 20
Gliederung der Verwaltung

(1) Die Verwaltung des gemeinschaftlichen Eigentums obliegt den Wohnungseigentümern nach Maßgabe der §§ 21 bis 25 und dem Verwalter nach Maßgabe der §§ 26 bis 28, im Falle der Bestellung eines Verwaltungsbeirats auch diesem nach Maßgabe des § 29.

(2) Die Bestellung eines Verwalters kann nicht ausgeschlossen werden.

§ 21
Verwaltung durch die Wohnungseigentümer

(1) Soweit nicht in diesem Gesetz oder durch Vereinbarung der Wohnungseigentümer etwas anderes bestimmt ist, steht die Verwaltung des gemeinschaftlichen Eigentums den Wohnungseigentümern gemeinschaftlich zu.

(2) Jeder Wohnungseigentümer ist berechtigt, ohne Zustimmung der anderen Wohnungseigentümer die Maßnahmen zu treffen, die zur Abwendung eines dem gemeinschaftlichen Eigentum unmittelbar drohenden Schadens notwendig sind.

(3) Soweit die Verwaltung des gemeinschaftlichen Eigentums nicht durch Vereinbarung der Wohnungseigentümer geregelt ist, können die Wohnungseigentümer eine der Beschaffenheit des gemeinschaftlichen Eigentums entsprechende ordnungsmäßige Verwaltung durch Stimmenmehrheit beschließen.

(4) Jeder Wohnungseigentümer kann eine Verwaltung verlangen, die den Vereinbarungen und Beschlüssen und, soweit solche nicht bestehen, dem Interesse der Gesamtheit der Wohnungseigentümer nach billigem Ermessen entspricht.

(5) Zu einer ordnungsmäßigen, dem Interesse der Gesamtheit der Wohnungseigentümer entsprechenden Verwaltung gehört insbesondere:

1. die Aufstellung einer Hausordnung;
2. die ordnungsmäßige Instandhaltung und Instandsetzung des gemeinschaftlichen Eigentums;
3. die Feuerversicherung des gemeinschaftlichen Eigentums zum Neuwert sowie die angemessene Versicherung der Wohnungseigentümer gegen Haus- und Grundbesitzerhaftpflicht;
4. die Ansammlung einer angemessenen Instandhaltungsrückstellung;
5. die Aufstellung eines Wirtschaftsplans (§ 28);
6. die Duldung aller Maßnahmen, die zur Herstellung einer Fernsprechteilnehmereinrichtung, einer Rundfunkempfangsanlage oder eines Energieversorgungsanschlusses zugunsten eines Wohnungseigentümers erforderlich sind.

(6) Der Wohnungseigentümer, zu dessen Gunsten eine Maßnahme der in Absatz 5 Nr. 6 bezeichneten Art getroffen wird, ist zum Ersatz des hierdurch entstehenden Schadens verpflichtet.

(7) Die Wohnungseigentümer können die Regelung der Art und Weise von Zahlungen, der Fälligkeit und der Folgen des Verzugs sowie der Kosten für eine besondere Nutzung des gemeinschaftlichen Eigentums oder für einen besonderen Verwaltungsaufwand mit Stimmenmehrheit beschließen.

(8) Treffen die Wohnungseigentümer eine nach dem Gesetz erforderliche Maßnahme nicht, so kann an ihrer Stelle das Gericht in einem Rechtsstreit gemäß § 43 nach billigem Ermessen entscheiden, soweit sich die Maßnahme nicht aus dem Gesetz, einer Vereinbarung oder einem Beschluss der Wohnungseigentümer ergibt.

§ 22
Besondere Aufwendungen, Wiederaufbau

(1) [1]Bauliche Veränderungen und Aufwendungen, die über die ordnungsmäßige Instandhaltung oder Instandsetzung des gemeinschaftlichen Eigentums hinausgehen, können beschlossen oder verlangt werden, wenn jeder Wohnungseigentümer zustimmt, dessen Rechte durch die Maßnahmen über das in § 14 Nr. 1 bestimmte Maß hinaus beeinträchtigt werden. [2]Die Zustimmung ist nicht erforderlich, soweit die Rechte eines Wohnungseigentümers nicht in der in Satz 1 bezeichneten Weise beeinträchtigt werden.

(2) [1]Maßnahmen gemäß Absatz 1 Satz 1, die der Modernisierung entsprechend § 555b Nummer 1 bis 5 des Bürgerlichen Gesetzbuches oder der Anpassung des gemeinschaftlichen Eigentums an den Stand der Technik dienen, die Eigenart der Wohnanlage nicht ändern und keinen Wohnungseigentümer gegenüber anderen unbillig beeinträchtigen, können abwei-

chend von Absatz 1 durch eine Mehrheit von drei Viertel aller stimmberechtigten Wohnungseigentümer im Sinne des § 25 Abs. 2 und mehr als der Hälfte aller Miteigentumsanteile beschlossen werden. [2]Die Befugnis im Sinne des Satzes 1 kann durch Vereinbarung der Wohnungseigentümer nicht eingeschränkt oder ausgeschlossen werden.

(3) Für Maßnahmen der modernisierenden Instandsetzung im Sinne des § 21 Abs. 5 Nr. 2 verbleibt es bei den Vorschriften des § 21 Abs. 3 und 4.

(4) Ist das Gebäude zu mehr als der Hälfte seines Wertes zerstört und ist der Schaden nicht durch eine Versicherung oder in anderer Weise gedeckt, so kann der Wiederaufbau nicht gemäß § 21 Abs. 3 beschlossen oder gemäß § 21 Abs. 4 verlangt werden.

§ 23
Wohnungseigentümerversammlung

(1) Angelegenheiten, über die nach diesem Gesetz oder nach einer Vereinbarung der Wohnungseigentümer die Wohnungseigentümer durch Beschluss entscheiden können, werden durch Beschlussfassung in einer Versammlung der Wohnungseigentümer geordnet.

(2) Zur Gültigkeit eines Beschlusses ist erforderlich, dass der Gegenstand bei der Einberufung bezeichnet ist.

(3) Auch ohne Versammlung ist ein Beschluss gültig, wenn alle Wohnungseigentümer ihre Zustimmung zu diesem Beschluss schriftlich erklären.

(4) [1]Ein Beschluss, der gegen eine Rechtsvorschrift verstößt, auf deren Einhaltung rechtswirksam nicht verzichtet werden kann, ist nichtig. [2]Im Übrigen ist ein Beschluss gültig, solange er nicht durch rechtskräftiges Urteil für ungültig erklärt ist.

§ 24
Einberufung, Vorsitz, Niederschrift

(1) Die Versammlung der Wohnungseigentümer wird von dem Verwalter mindestens einmal im Jahr einberufen.

(2) Die Versammlung der Wohnungseigentümer muss von dem Verwalter in den durch Vereinbarung der Wohnungseigentümer bestimmten Fällen, im Übrigen dann einberufen werden, wenn dies schriftlich unter Angabe des Zweckes und der Gründe von mehr als einem Viertel der Wohnungseigentümer verlangt wird.

(3) Fehlt ein Verwalter oder weigert er sich pflichtwidrig, die Versammlung der Wohnungseigentümer einzuberufen, so kann die Versammlung auch, falls ein Verwaltungsbeirat bestellt ist, von dessen Vorsitzenden oder seinem Vertreter einberufen werden.

(4) [1]Die Einberufung erfolgt in Textform. [2]Die Frist der Einberufung soll, sofern nicht ein Fall besonderer Dringlichkeit vorliegt, mindestens zwei Wochen betragen.

(5) Den Vorsitz in der Wohnungseigentümerversammlung führt, sofern diese nichts anderes beschließt, der Verwalter.

Verwaltung **WEG**

(6) [1]Über die in der Versammlung gefassten Beschlüsse ist eine Niederschrift aufzunehmen. [2]Die Niederschrift ist von dem Vorsitzenden und einem Wohnungseigentümer und, falls ein Verwaltungsbeirat bestellt ist, auch von dessen Vorsitzenden oder seinem Vertreter zu unterschreiben. [3]Jeder Wohnungseigentümer ist berechtigt, die Niederschriften einzusehen.

(7) [1]Es ist eine Beschluss-Sammlung zu führen. [2]Die Beschluss-Sammlung enthält nur den Wortlaut

1. der in der Versammlung der Wohnungseigentümer verkündeten Beschlüsse mit Angabe von Ort und Datum der Versammlung,

2. der schriftlichen Beschlüsse mit Angabe von Ort und Datum der Verkündung und

3. der Urteilsformeln der gerichtlichen Entscheidungen in einem Rechtsstreit gemäß § 43 mit Angabe ihres Datums, des Gerichts und der Parteien,

soweit diese Beschlüsse und gerichtlichen Entscheidungen nach dem 1. Juli 2007 ergangen sind. [3]Die Beschlüsse und gerichtlichen Entscheidungen sind fortlaufend einzutragen und zu nummerieren. [4]Sind sie angefochten oder aufgehoben worden, so ist dies anzumerken. [5]Im Falle einer Aufhebung kann von einer Anmerkung abgesehen und die Eintragung gelöscht werden. [6]Eine Eintragung kann auch gelöscht werden, wenn sie aus einem anderen Grund für die Wohnungseigentümer keine Bedeutung mehr hat. [7]Die Eintragungen, Vermerke und Löschungen gemäß den Sätzen 3 bis 6 sind unverzüglich zu erledigen und mit Datum zu versehen. [8]Einem Wohnungseigentümer oder einem Dritten, den ein Wohnungseigentümer ermächtigt hat, ist auf sein Verlangen Einsicht in die Beschluss-Sammlung zu geben.

(8) [1]Die Beschluss-Sammlung ist von dem Verwalter zu führen. [2]Fehlt ein Verwalter, so ist der Vorsitzende der Wohnungseigentümerversammlung verpflichtet, die Beschluss-Sammlung zu führen, sofern die Wohnungseigentümer durch Stimmenmehrheit keinen anderen für diese Aufgabe bestellt haben.

§ 25
Mehrheitsbeschluss

(1) Für die Beschlussfassung in Angelegenheiten, über die die Wohnungseigentümer durch Stimmenmehrheit beschließen, gelten die Vorschriften der Absätze 2 bis 5.

(2) [1]Jeder Wohnungseigentümer hat eine Stimme. [2]Steht ein Wohnungseigentum mehreren gemeinschaftlich zu, so können sie das Stimmrecht nur einheitlich ausüben.

(3) Die Versammlung ist nur beschlussfähig, wenn die erschienenen stimmberechtigten Wohnungseigentümer mehr als die Hälfte der Miteigentumsanteile, berechnet nach der im Grundbuch eingetragenen Größe dieser Anteile, vertreten.

(4) [1]Ist eine Versammlung nicht gemäß Absatz 3 beschlussfähig, so beruft der Verwalter eine neue Versammlung mit dem gleichen Gegenstand ein. [2]Diese Versammlung ist ohne Rücksicht auf die Höhe der vertretenen Anteile beschlussfähig; hierauf ist bei der Einberufung hinzuweisen.

(5) Ein Wohnungseigentümer ist nicht stimmberechtigt, wenn die Beschlussfassung die Vornahme eines auf die Verwaltung des gemeinschaftlichen Eigentums bezüglichen Rechtsgeschäfts mit ihm oder die Einleitung oder Erledigung eines Rechtsstreits der anderen Wohnungseigentümer gegen ihn betrifft oder wenn er nach § 18 rechtskräftig verurteilt ist.

§ 26
Bestellung und Abberufung des Verwalters

(1) [1]Über die Bestellung und Abberufung des Verwalters beschließen die Wohnungseigentümer mit Stimmenmehrheit. [2]Die Bestellung darf auf höchstens fünf Jahre vorgenommen werden, im Falle der ersten Bestellung nach der Begründung von Wohnungseigentum aber auf höchstens drei Jahre. [3]Die Abberufung des Verwalters kann auf das Vorliegen eines wichtigen Grundes beschränkt werden. [4]Ein wichtiger Grund liegt regelmäßig vor, wenn der Verwalter die Beschluss-Sammlung nicht ordnungsmäßig führt. [5]Andere Beschränkungen der Bestellung oder Abberufung des Verwalters sind nicht zulässig.

(2) Die wiederholte Bestellung ist zulässig; sie bedarf eines erneuten Beschlusses der Wohnungseigentümer, der frühestens ein Jahr vor Ablauf der Bestellungszeit gefasst werden kann.

(3) Soweit die Verwaltereigenschaft durch eine öffentlich beglaubigte Urkunde nachgewiesen werden muss, genügt die Vorlage einer Niederschrift über den Bestellungsbeschluss, bei der die Unterschriften der in § 24 Abs. 6 bezeichneten Personen öffentlich beglaubigt sind.

§ 27
Aufgaben und Befugnisse des Verwalters

(1) Der Verwalter ist gegenüber den Wohnungseigentümern und gegenüber der Gemeinschaft der Wohnungseigentümer berechtigt und verpflichtet,

1. Beschlüsse der Wohnungseigentümer durchzuführen und für die Durchführung der Hausordnung zu sorgen;
2. die für die ordnungsmäßige Instandhaltung und Instandsetzung des gemeinschaftlichen Eigentums erforderlichen Maßnahmen zu treffen;
3. in dringenden Fällen sonstige zur Erhaltung des gemeinschaftlichen Eigentums erforderliche Maßnahmen zu treffen;
4. Lasten- und Kostenbeiträge, Tilgungsbeträge und Hypothekenzinsen anzufordern, in Empfang zu nehmen und abzuführen, soweit es sich um gemeinschaftliche Angelegenheiten der Wohnungseigentümer handelt;
5. alle Zahlungen und Leistungen zu bewirken und entgegenzunehmen, die mit der laufenden Verwaltung des gemeinschaftlichen Eigentums zusammenhängen;
6. eingenommene Gelder zu verwalten;
7. die Wohnungseigentümer unverzüglich darüber zu unterrichten, dass ein Rechtsstreit gemäß § 43 anhängig ist;

8. die Erklärungen abzugeben, die zur Vornahme der in § 21 Abs. 5 Nr. 6 bezeichneten Maßnahmen erforderlich sind.

(2) Der Verwalter ist berechtigt, im Namen aller Wohnungseigentümer und mit Wirkung für und gegen sie

1. Willenserklärungen und Zustellungen entgegenzunehmen, soweit sie an alle Wohnungseigentümer in dieser Eigenschaft gerichtet sind;

2. Maßnahmen zu treffen, die zur Wahrung einer Frist oder zur Abwendung eines sonstigen Rechtsnachteils erforderlich sind, insbesondere einen gegen die Wohnungseigentümer gerichteten Rechtsstreit gemäß § 43 Nr. 1, Nr. 4 oder Nr. 5 im Erkenntnis- und Vollstreckungsverfahren zu führen;

3. Ansprüche gerichtlich und außergerichtlich geltend zu machen, sofern er hierzu durch Vereinbarung oder Beschluss mit Stimmenmehrheit der Wohnungseigentümer ermächtigt ist;

4. mit einem Rechtsanwalt wegen eines Rechtsstreits gemäß § 43 Nr. 1, Nr. 4 oder Nr. 5 zu vereinbaren, dass sich die Gebühren nach einem höheren als dem gesetzlichen Streitwert, höchstens nach einem gemäß § 49a Abs. 1 Satz 1 des Gerichtskostengesetzes bestimmten Streitwert bemessen.

(3) [1]Der Verwalter ist berechtigt, im Namen der Gemeinschaft der Wohnungseigentümer und mit Wirkung für und gegen sie

1. Willenserklärungen und Zustellungen entgegenzunehmen;

2. Maßnahmen zu treffen, die zur Wahrung einer Frist oder zur Abwendung eines sonstigen Rechtsnachteils erforderlich sind, insbesondere einen gegen die Gemeinschaft gerichteten Rechtsstreit gemäß § 43 Nr. 2 oder Nr. 5 im Erkenntnis- und Vollstreckungsverfahren zu führen;

3. die laufenden Maßnahmen der erforderlichen ordnungsmäßigen Instandhaltung und Instandsetzung gemäß Absatz 1 Nr. 2 zu treffen;

4. die Maßnahmen gemäß Absatz 1 Nr. 3 bis 5 und 8 zu treffen;

5. im Rahmen der Verwaltung der eingenommenen Gelder gemäß Absatz 1 Nr. 6 Konten zu führen;

6. mit einem Rechtsanwalt wegen eines Rechtsstreits gemäß § 43 Nr. 2 oder Nr. 5 eine Vergütung gemäß Absatz 2 Nr. 4 zu vereinbaren;

7. sonstige Rechtsgeschäfte und Rechtshandlungen vorzunehmen, soweit er hierzu durch Vereinbarung oder Beschluss der Wohnungseigentümer mit Stimmenmehrheit ermächtigt ist.

[2]Fehlt ein Verwalter oder ist er zur Vertretung nicht berechtigt, so vertreten alle Wohnungseigentümer die Gemeinschaft. [3]Die Wohnungseigentümer können durch Beschluss mit Stimmenmehrheit einen oder mehrere Wohnungseigentümer zur Vertretung ermächtigen.

(4) Die dem Verwalter nach den Absätzen 1 bis 3 zustehenden Aufgaben und Befugnisse können durch Vereinbarung der Wohnungseigentümer nicht eingeschränkt oder ausgeschlossen werden.

(5) ¹Der Verwalter ist verpflichtet, eingenommene Gelder von seinem Vermögen gesondert zu halten. ²Die Verfügung über solche Gelder kann durch Vereinbarung oder Beschluss der Wohnungseigentümer mit Stimmenmehrheit von der Zustimmung eines Wohnungseigentümers oder eines Dritten abhängig gemacht werden.

(6) Der Verwalter kann von den Wohnungseigentümern die Ausstellung einer Vollmachts- und Ermächtigungsurkunde verlangen, aus der der Umfang seiner Vertretungsmacht ersichtlich ist.

§ 28
Wirtschaftsplan, Rechnungslegung

(1) ¹Der Verwalter hat jeweils für ein Kalenderjahr einen Wirtschaftsplan aufzustellen. ²Der Wirtschaftsplan enthält:

1. die voraussichtlichen Einnahmen und Ausgaben bei der Verwaltung des gemeinschaftlichen Eigentums;
2. die anteilmäßige Verpflichtung der Wohnungseigentümer zur Lasten- und Kostentragung;
3. die Beitragsleistung der Wohnungseigentümer zu der in § 21 Abs. 5 Nr. 4 vorgesehenen Instandhaltungsrückstellung.

(2) Die Wohnungseigentümer sind verpflichtet, nach Abruf durch den Verwalter dem beschlossenen Wirtschaftsplan entsprechende Vorschüsse zu leisten.

(3) Der Verwalter hat nach Ablauf des Kalenderjahrs eine Abrechnung aufzustellen.

(4) Die Wohnungseigentümer können durch Mehrheitsbeschluss jederzeit von dem Verwalter Rechnungslegung verlangen.

(5) Über den Wirtschaftsplan, die Abrechnung und die Rechnungslegung des Verwalters beschließen die Wohnungseigentümer durch Stimmenmehrheit.

§ 29
Verwaltungsbeirat

(1) ¹Die Wohnungseigentümer können durch Stimmenmehrheit die Bestellung eines Verwaltungsbeirats beschließen. ²Der Verwaltungsbeirat besteht aus einem Wohnungseigentümer als Vorsitzenden und zwei weiteren Wohnungseigentümern als Beisitzern.

(2) Der Verwaltungsbeirat unterstützt den Verwalter bei der Durchführung seiner Aufgaben.

(3) Der Wirtschaftsplan, die Abrechnung über den Wirtschaftsplan, Rechnungslegungen und Kostenanschläge sollen, bevor über sie die Wohnungseigentümerversammlung beschließt, vom Verwaltungsbeirat geprüft und mit dessen Stellungnahme versehen werden.

(4) Der Verwaltungsbeirat wird von dem Vorsitzenden nach Bedarf einberufen.

4. Abschnitt
Wohnungserbbaurecht

§ 30
[Wohnungserbbaurecht]

(1) Steht ein Erbbaurecht mehreren gemeinschaftlich nach Bruchteilen zu, so können die Anteile in der Weise beschränkt werden, dass jedem der Mitberechtigten das Sondereigentum an einer bestimmten Wohnung oder an nicht zu Wohnzwecken dienenden bestimmten Räumen in einem auf Grund des Erbbaurechts errichteten oder zu errichtenden Gebäude eingeräumt wird (Wohnungserbbaurecht, Teilerbbaurecht).

(2) Ein Erbbauberechtigter kann das Erbbaurecht in entsprechender Anwendung des § 8 teilen.

(3) [1]Für jeden Anteil wird von Amts wegen ein besonderes Erbbaugrundbuchblatt angelegt (Wohnungserbbaugrundbuch, Teilerbbaugrundbuch). [2]Im übrigen gelten für das Wohnungserbbaurecht (Teilerbbaurecht) die Vorschriften über das Wohnungseigentum (Teileigentum) entsprechend.

II. TEIL
Dauerwohnrecht

§ 31
Begriffsbestimmungen

(1) [1]Ein Grundstück kann in der Weise belastet werden, dass derjenige, zu dessen Gunsten die Belastung erfolgt, berechtigt ist, unter Ausschluß des Eigentümers eine bestimmte Wohnung in einem auf dem Grundstück errichteten oder zu errichtenden Gebäude zu bewohnen oder in anderer Weise zu nutzen (Dauerwohnrecht). [2]Das Dauerwohnrecht kann auf einen außerhalb des Gebäudes liegenden Teil des Grundstücks erstreckt werden, sofern die Wohnung wirtschaftlich die Hauptsache bleibt.

(2) Ein Grundstück kann in der Weise belastet werden, dass derjenige, zu dessen Gunsten die Belastung erfolgt, berechtigt ist, unter Ausschluß des Eigentümers nicht zu Wohnzwecken dienende bestimmte Räume in einem auf dem Grundstück errichteten oder zu errichtenden Gebäude zu nutzen (Dauernutzungsrecht).

(3) Für das Dauernutzungsrecht gelten die Vorschriften über das Dauerwohnrecht entsprechend.

§ 32
Voraussetzungen der Eintragung

(1) Das Dauerwohnrecht soll nur bestellt werden, wenn die Wohnung in sich abgeschlossen ist.

(2) [1]Zur näheren Bezeichnung des Gegenstands und des Inhalts des Dauerwohnrechts kann auf die Eintragungsbewilligung Bezug genommen werden. [2]Der Eintragungsbewilligung sind als Anlagen beizufügen:

1. eine von der Baubehörde mit Unterschrift und Siegel oder Stempel versehene Bauzeichnung, aus der die Aufteilung des Gebäudes sowie die Lage und Größe der dem Dauerwohnrecht unterliegenden Gebäude- und Grundstücksteile ersichtlich ist (Aufteilungsplan); alle zu demselben Dauerwohnrecht gehörenden Einzelräume sind mit der jeweils gleichen Nummer zu kennzeichnen;
2. eine Bescheinigung der Baubehörde, dass die Voraussetzungen des Absatzes 1 vorliegen.

[3]Wenn in der Eintragungsbewilligung für die einzelnen Dauerwohnrechte Nummern angegeben werden, sollen sie mit denen des Aufteilungsplans übereinstimmen. [4]Die Landesregierungen können durch Rechtsverordnung bestimmen, dass und in welchen Fällen der Aufteilungsplan (Satz 2 Nr. 1) und die Abgeschlossenheit (Satz 2 Nr. 2) von einem öffentlich bestellten oder anerkannten Sachverständigen für das Bauwesen statt von der Baubehörde ausgefertigt und bescheinigt werden. [5]Werden diese Aufgaben von dem Sachverständigen wahrgenommen, so gelten die Bestimmungen der Allgemeinen Verwaltungsvorschrift für die Ausstellung von Bescheinigungen gemäß § 7 Abs. 4 Nr. 2 und § 32 Abs. 2 Nr. 2 des Wohnungseigentumsgesetzes vom 19. März 1974 (BAnz. Nr. 58 vom 23. März 1974) entsprechend. [6]In diesem Fall bedürfen die Anlagen nicht der Form des § 29 der Grundbuchordnung. [7]Die Landesregierungen können die Ermächtigung durch Rechtsverordnung auf die Landesbauverwaltungen übertragen.

(3) Das Grundbuchamt soll die Eintragung des Dauerwohnrechts ablehnen, wenn über die in § 33 Abs. 4 Nr. 1 bis 4 bezeichneten Angelegenheiten, über die Voraussetzungen des Heimfallanspruchs (§ 36 Abs. 1) und über die Entschädigung beim Heimfall (§ 36 Abs. 4) keine Vereinbarungen getroffen sind.

§ 33
Inhalt des Dauerwohnrechts

(1) [1]Das Dauerwohnrecht ist veräußerlich und vererblich. [2]Es kann nicht unter einer Bedingung bestellt werden.

(2) Auf das Dauerwohnrecht sind, soweit nicht etwas anderes vereinbart ist, die Vorschriften des § 14 entsprechend anzuwenden.

(3) Der Berechtigte kann die zum gemeinschaftlichen Gebrauch bestimmten Teile, Anlagen und Einrichtungen des Gebäudes und Grundstücks mitbenutzen, soweit nichts anderes vereinbart ist.

(4) Als Inhalt des Dauerwohnrechts können Vereinbarungen getroffen werden über:
1. Art und Umfang der Nutzungen;
2. Instandhaltung und Instandsetzung der dem Dauerwohnrecht unterliegenden Gebäudeteile;
3. die Pflicht des Berechtigten zur Tragung öffentlicher oder privatrechtlicher Lasten des Grundstücks;

4. die Versicherung des Gebäudes und seinen Wiederaufbau im Falle der Zerstörung;
5. das Recht des Eigentümers, bei Vorliegen bestimmter Voraussetzungen Sicherheitsleistung zu verlangen.

§ 34
Ansprüche des Eigentümers und der Dauerwohnberechtigten

(1) Auf die Ersatzansprüche des Eigentümers wegen Veränderungen oder Verschlechterungen sowie auf die Ansprüche der Dauerwohnberechtigten auf Ersatz von Verwendungen oder auf Gestattung der Wegnahme einer Einrichtung sind die §§ 1049, 1057 des Bürgerlichen Gesetzbuchs entsprechend anzuwenden.

(2) Wird das Dauerwohnrecht beeinträchtigt, so sind auf die Ansprüche des Berechtigten die für die Ansprüche aus dem Eigentum geltenden Vorschriften entsprechend anzuwenden.

§ 35
Veräußerungsbeschränkung

[1]Als Inhalt des Dauerwohnrechts kann vereinbart werden, dass der Berechtigte zur Veräußerung des Dauerwohnrechts der Zustimmung des Eigentümers oder eines Dritten bedarf. [2]Die Vorschriften des § 12 gelten in diesem Fall entsprechend.

§ 36
Heimfallanspruch

(1) [1]Als Inhalt des Dauerwohnrechts kann vereinbart werden, dass der Berechtigte verpflichtet ist, das Dauerwohnrecht beim Eintritt bestimmter Voraussetzungen auf den Grundstückseigentümer oder einen von diesem zu bezeichnenden Dritten zu übertragen (Heimfallanspruch). [2]Der Heimfallanspruch kann nicht von dem Eigentum an dem Grundstück getrennt werden.

(2) Bezieht sich das Dauerwohnrecht auf Räume, die dem Mieterschutz unterliegen, so kann der Eigentümer von dem Heimfallanspruch nur Gebrauch machen, wenn ein Grund vorliegt, aus dem ein Vermieter die Aufhebung des Mietverhältnisses verlangen oder kündigen kann.

(3) Der Heimfallanspruch verjährt in sechs Monaten von dem Zeitpunkt an, in dem der Eigentümer von dem Eintritt der Voraussetzungen Kenntnis erlangt, ohne Rücksicht auf diese Kenntnis in zwei Jahren von dem Eintritt der Voraussetzungen an.

(4) [1]Als Inhalt des Dauerwohnrechts kann vereinbart werden, dass der Eigentümer dem Berechtigten eine Entschädigung zu gewähren hat, wenn er von dem Heimfallanspruch Gebrauch macht. [2]Als Inhalt des Dauerwohnrechts können Vereinbarungen über die Berechnung oder Höhe der Entschädigung oder die Art ihrer Zahlung getroffen werden.

§ 37
Vermietung

(1) Hat der Dauerwohnberechtigte die dem Dauerwohnrecht unterliegenden Gebäude- oder Grundstücksteile vermietet oder verpachtet, so erlischt das Miet- oder Pachtverhältnis, wenn das Dauerwohnrecht erlischt.

(2) Macht der Eigentümer von seinem Heimfallanspruch Gebrauch, so tritt er oder derjenige, auf den das Dauerwohnrecht zu übertragen ist, in das Miet- oder Pachtverhältnis ein; die Vorschriften der §§ 566 bis 566e des Bürgerlichen Gesetzbuchs gelten entsprechend.

(3) ¹Absatz 2 gilt entsprechend, wenn das Dauerwohnrecht veräußert wird. ²Wird das Dauerwohnrecht im Wege der Zwangsvollstreckung veräußert, so steht dem Erwerber ein Kündigungsrecht in entsprechender Anwendung des § 57a des Gesetzes über die Zwangsversteigerung und die Zwangsverwaltung zu.

§ 38
Eintritt in das Rechtsverhältnis

(1) Wird das Dauerwohnrecht veräußert, so tritt der Erwerber an Stelle des Veräußerers in die sich während der Dauer seiner Berechtigung aus dem Rechtsverhältnis zu dem Eigentümer ergebenden Verpflichtungen ein.

(2) ¹Wird das Grundstück veräußert, so tritt der Erwerber an Stelle des Veräußerers in die sich während der Dauer seines Eigentums aus dem Rechtsverhältnis zu dem Dauerwohnberechtigten ergebenden Rechte ein. ²Das gleiche gilt für den Erwerb auf Grund Zuschlages in der Zwangsversteigerung, wenn das Dauerwohnrecht durch den Zuschlag nicht erlischt.

§ 39
Zwangsversteigerung

(1) Als Inhalt des Dauerwohnrechts kann vereinbart werden, dass das Dauerwohnrecht im Falle der Zwangsversteigerung des Grundstücks abweichend von § 44 des Gesetzes über die Zwangsversteigerung und die Zwangsverwaltung auch dann bestehen bleiben soll, wenn der Gläubiger einer dem Dauerwohnrecht im Range vorgehenden oder gleichstehenden Hypothek, Grundschuld, Rentenschuld oder Reallast die Zwangsversteigerung in das Grundstück betreibt.

(2) Eine Vereinbarung gemäß Absatz 1 bedarf zu ihrer Wirksamkeit der Zustimmung derjenigen, denen eine dem Dauerwohnrecht im Range vorgehende oder gleichstehende Hypothek, Grundschuld, Rentenschuld oder Reallast zusteht.

(3) Eine Vereinbarung gemäß Absatz 1 ist nur wirksam für den Fall, dass der Dauerwohnberechtigte im Zeitpunkt der Feststellung der Versteigerungsbedingungen seine fälligen Zahlungsverpflichtungen gegenüber dem Eigentümer erfüllt hat; in Ergänzung einer Vereinbarung nach Absatz 1 kann vereinbart werden, dass das Fortbestehen des Dauerwohnrechts vom Vorliegen weiterer Voraussetzungen abhängig ist.

§ 40
Haftung des Entgelts

(1) ¹Hypotheken, Grundschulden, Rentenschulden und Reallasten, die dem Dauerwohnrecht im Range vorgehen oder gleichstehen, sowie öffentliche Lasten, die in wiederkehrenden Leistungen bestehen, erstrecken sich auf den Anspruch auf das Entgelt für das Dauerwohnrecht in gleicher Weise wie auf eine Mietforderung, soweit nicht in Absatz 2 etwas Abweichendes bestimmt ist. ²Im übrigen sind die für Mietforderungen geltenden Vorschriften nicht entsprechend anzuwenden.

(2) ¹Als Inhalt des Dauerwohnrechts kann vereinbart werden, dass Verfügungen über den Anspruch auf das Entgelt, wenn es in wiederkehrenden Leistungen ausbedungen ist, gegenüber dem Gläubiger einer dem Dauerwohnrecht im Range vorgehenden oder gleichstehenden Hypothek, Grundschuld, Rentenschuld oder Reallast wirksam sind. ²Für eine solche Vereinbarung gilt § 39 Abs. 2 entsprechend.

§ 41
Besondere Vorschriften für langfristige Dauerwohnrechte

(1) Für Dauerwohnrechte, die zeitlich unbegrenzt oder für einen Zeitraum von mehr als zehn Jahren eingeräumt sind, gelten die besonderen Vorschriften der Absätze 2 und 3.

(2) Der Eigentümer ist, sofern nicht etwas anderes vereinbart ist, dem Dauerwohnberechtigten gegenüber verpflichtet, eine dem Dauerwohnrecht im Range vorgehende oder gleichstehende Hypothek löschen zu lassen für den Fall, dass sie sich mit dem Eigentum in einer Person vereinigt, und die Eintragung einer entsprechenden Löschungsvormerkung in das Grundbuch zu bewilligen.

(3) Der Eigentümer ist verpflichtet, dem Dauerwohnberechtigten eine angemessene Entschädigung zu gewähren, wenn er von dem Heimfallanspruch Gebrauch macht.

§ 42
Belastung eines Erbbaurechts

(1) Die Vorschriften der §§ 31 bis 41 gelten für die Belastung eines Erbbaurechts mit einem Dauerwohnrecht entsprechend.

(2) Beim Heimfall des Erbbaurechts bleibt das Dauerwohnrecht bestehen.

III. TEIL
Verfahrensvorschriften

§ 43
Zuständigkeit

Das Gericht, in dessen Bezirk das Grundstück liegt, ist ausschließlich zuständig für

1. Streitigkeiten über die sich aus der Gemeinschaft der Wohnungseigentümer und aus der Verwaltung des gemeinschaftlichen Eigentums ergebenden Rechte und Pflichten der Wohnungseigentümer untereinander;
2. Streitigkeiten über die Rechte und Pflichten zwischen der Gemeinschaft der Wohnungseigentümer und Wohnungseigentümern;
3. Streitigkeiten über die Rechte und Pflichten des Verwalters bei der Verwaltung des gemeinschaftlichen Eigentums;
4. Streitigkeiten über die Gültigkeit von Beschlüssen der Wohnungseigentümer;
5. Klagen Dritter, die sich gegen die Gemeinschaft der Wohnungseigentümer oder gegen Wohnungseigentümer richten und sich auf das gemeinschaftliche Eigentum, seine Verwaltung oder das Sondereigentum beziehen;
6. Mahnverfahren, wenn die Gemeinschaft der Wohnungseigentümer Antragstellerin ist. Insoweit ist § 689 Abs. 2 der Zivilprozessordnung nicht anzuwenden.

§ 44
Bezeichnung der Wohnungseigentümer in der Klageschrift

(1) ¹Wird die Klage durch oder gegen alle Wohnungseigentümer mit Ausnahme des Gegners erhoben, so genügt für ihre nähere Bezeichnung in der Klageschrift die bestimmte Angabe des gemeinschaftlichen Grundstücks; wenn die Wohnungseigentümer Beklagte sind, sind in der Klageschrift außerdem der Verwalter und der gemäß § 45 Abs. 2 Satz 1 bestellte Ersatzzustellungsvertreter zu bezeichnen. ²Die namentliche Bezeichnung der Wohnungseigentümer hat spätestens bis zum Schluss der mündlichen Verhandlung zu erfolgen.

(2) ¹Sind an dem Rechtsstreit nicht alle Wohnungseigentümer als Partei beteiligt, so sind die übrigen Wohnungseigentümer entsprechend Absatz 1 von dem Kläger zu bezeichnen. ²Der namentlichen Bezeichnung der übrigen Wohnungseigentümer bedarf es nicht, wenn das Gericht von ihrer Beiladung gemäß § 48 Abs. 1 Satz 1 absieht.

§ 45
Zustellung

(1) Der Verwalter ist Zustellungsvertreter der Wohnungseigentümer, wenn diese Beklagte oder gemäß § 48 Abs. 1 Satz 1 beizuladen sind, es sei denn, dass er als Gegner der Wohnungseigentümer an dem Verfahren beteiligt ist oder aufgrund des Streitgegenstandes die Gefahr besteht, der Verwalter werde die Wohnungseigentümer nicht sachgerecht unterrichten.

(2) ¹Die Wohnungseigentümer haben für den Fall, dass der Verwalter als Zustellungsvertreter ausgeschlossen ist, durch Beschluss mit Stimmenmehrheit einen Ersatzzustellungsvertreter sowie dessen Vertreter zu bestellen, auch wenn ein Rechtsstreit noch nicht anhängig ist. ²Der Ersatzzustellungsvertreter tritt in die dem Verwalter als Zustellungsvertreter der Wohnungs-

eigentümer zustehenden Aufgaben und Befugnisse ein, sofern das Gericht die Zustellung an ihn anordnet; Absatz 1 gilt entsprechend.

(3) Haben die Wohnungseigentümer entgegen Absatz 2 Satz 1 keinen Ersatzzustellungsvertreter bestellt oder ist die Zustellung nach den Absätzen 1 und 2 aus sonstigen Gründen nicht ausführbar, kann das Gericht einen Ersatzzustellungsvertreter bestellen.

§ 46
Anfechtungsklage

(1) ¹Die Klage eines oder mehrerer Wohnungseigentümer auf Erklärung der Ungültigkeit eines Beschlusses der Wohnungseigentümer ist gegen die übrigen Wohnungseigentümer und die Klage des Verwalters ist gegen die Wohnungseigentümer zu richten. ²Sie muss innerhalb eines Monats nach der Beschlussfassung erhoben und innerhalb zweier Monate nach der Beschlussfassung begründet werden. ³Die §§ 233 bis 238 der Zivilprozessordnung gelten entsprechend.

(2) Hat der Kläger erkennbar eine Tatsache übersehen, aus der sich ergibt, dass der Beschluss nichtig ist, so hat das Gericht darauf hinzuweisen.

§ 47
Prozessverbindung

¹Mehrere Prozesse, in denen Klagen auf Erklärung oder Feststellung der Ungültigkeit desselben Beschlusses der Wohnungseigentümer erhoben werden, sind zur gleichzeitigen Verhandlung und Entscheidung zu verbinden. ²Die Verbindung bewirkt, dass die Kläger der vorher selbständigen Prozesse als Streitgenossen anzusehen sind.

§ 48
Beiladung, Wirkung des Urteils

(1) ¹Richtet sich die Klage eines Wohnungseigentümers, der in einem Rechtsstreit gemäß § 43 Nr. 1 oder Nr. 3 einen ihm allein zustehenden Anspruch geltend macht, nur gegen einen oder einzelne Wohnungseigentümer oder nur gegen den Verwalter, so sind die übrigen Wohnungseigentümer beizuladen, es sei denn, dass ihre rechtlichen Interessen erkennbar nicht betroffen sind. ²Soweit in einem Rechtsstreit gemäß § 43 Nr. 3 oder Nr. 4 der Verwalter nicht Partei ist, ist er ebenfalls beizuladen.

(2) ¹Die Beiladung erfolgt durch Zustellung der Klageschrift, der die Verfügungen des Vorsitzenden beizufügen sind. ²Die Beigeladenen können der einen oder anderen Partei zu deren Unterstützung beitreten. ³Veräußert ein beigeladener Wohnungseigentümer während des Prozesses sein Wohnungseigentum, ist § 265 Abs. 2 der Zivilprozessordnung entsprechend anzuwenden.

(3) Über die in § 325 der Zivilprozessordnung angeordneten Wirkungen hinaus wirkt das rechtskräftige Urteil auch für und gegen alle beigeladenen Wohnungseigentümer und ihre Rechtsnachfolger sowie den beigeladenen Verwalter.

(4) Wird durch das Urteil eine Anfechtungsklage als unbegründet abgewiesen, so kann auch nicht mehr geltend gemacht werden, der Beschluss sei nichtig.

§ 49
Kostenentscheidung

(1) Wird gemäß § 21 Abs. 8 nach billigem Ermessen entschieden, so können auch die Prozesskosten nach billigem Ermessen verteilt werden.

(2) Dem Verwalter können Prozesskosten auferlegt werden, soweit die Tätigkeit des Gerichts durch ihn veranlasst wurde und ihn ein grobes Verschulden trifft, auch wenn er nicht Partei des Rechtsstreits ist.

§ 50
Kostenerstattung

Den Wohnungseigentümern sind als zur zweckentsprechenden Rechtsverfolgung oder Rechtsverteidigung notwendige Kosten nur die Kosten eines bevollmächtigten Rechtsanwalts zu erstatten, wenn nicht aus Gründen, die mit dem Gegenstand des Rechtsstreits zusammenhängen, eine Vertretung durch mehrere bevollmächtigte Rechtsanwälte geboten war.

§§ 51 und 52
(weggefallen)

§§ 53 bis 58
(weggefallen)

IV. TEIL
Ergänzende Bestimmungen

§ 59
(weggefallen)

§ 60
(weggefallen)

§ 61
[Fehlende Zustimmung]

[1]Fehlt eine nach § 12 erforderliche Zustimmung, so sind die Veräußerung und das zugrundeliegende Verpflichtungsgeschäft unbeschadet der sonstigen Voraussetzungen wirksam, wenn die Eintragung der Veräußerung oder einer Auflassungsvormerkung in das Grundbuch vor dem 15. Januar 1994 erfolgt ist und es sich um die erstmalige Veräußerung dieses Wohnungseigentums nach seiner Begründung handelt, es sei denn, dass eine rechtskräftige gerichtliche Entscheidung entgegensteht. [2]Das Fehlen der Zustimmung steht in diesen Fällen dem Eintritt der Rechtsfolgen des § 878 Bürgerlichen Gesetzbuchs nicht entgegen. [3]Die Sätze 1 und 2 gelten entsprechend in den Fällen der §§ 30 und 35 des Wohnungseigentumsgesetzes.

§ 62
Übergangsvorschrift

(1) Für die am 1. Juli 2007 bei Gericht anhängigen Verfahren in Wohnungseigentums- oder in Zwangsversteigerungssachen oder für die bei einem Notar beantragten freiwilligen Versteigerungen sind die durch die Artikel 1 und 2 des Gesetzes vom 26. März 2007 (BGBl. I S. 370) geänderten Vorschriften des III. Teils dieses Gesetzes sowie die des Gesetzes über die Zwangsversteigerung und die Zwangsverwaltung in ihrer bis dahin geltenden Fassung weiter anzuwenden.

(2) In Wohnungseigentumssachen nach § 43 Nr. 1 bis 4 finden die Bestimmungen über die Nichtzulassungsbeschwerde (§ 543 Abs. 1 Nr. 2, § 544 der Zivilprozessordnung) keine Anwendung, soweit die anzufechtende Entscheidung vor dem 31. Dezember 2015 verkündet worden ist.

§ 63
Überleitung bestehender Rechtsverhältnisse

(1) Werden Rechtsverhältnisse, mit denen ein Rechtserfolg bezweckt wird, der den durch dieses Gesetz geschaffenen Rechtsformen entspricht, in solche Rechtsformen umgewandelt, so ist als Geschäftswert für die Berechnung der hierdurch veranlaßten Gebühren der Gerichte und Notare im Falle des Wohnungseigentums ein Fünfundzwanzigstel des Einheitswerts des Grundstücks, im Falle des Dauerwohnrechts ein Fünfundzwanzigstel des Wertes des Rechts anzunehmen.

(2) (gegenstandslos)

(3) Durch Landesgesetz können Vorschriften zur Überleitung bestehender, auf Landesrecht beruhender Rechtsverhältnisse in die durch dieses Gesetz geschaffenen Rechtsformen getroffen werden.

§ 64
Inkrafttreten

Dieses Gesetz tritt am Tage nach seiner Verkündung in Kraft.

B. Kommentar zum Wohnungseigentumsgesetz

I. TEIL
Wohnungseigentum

§ 1
Begriffsbestimmungen

(1) Nach Maßgabe dieses Gesetzes kann an Wohnungen das Wohnungseigentum, an nicht zu Wohnzwecken dienenden Räumen eines Gebäudes das Teileigentum begründet werden.

(2) Wohnungseigentum ist das Sondereigentum an einer Wohnung in Verbindung mit dem Miteigentumsanteil an dem gemeinschaftlichen Eigentum, zu dem es gehört.

(3) Teileigentum ist das Sondereigentum an nicht zu Wohnzwecken dienenden Räumen eines Gebäudes in Verbindung mit dem Miteigentumsanteil an dem gemeinschaftlichen Eigentum, zu dem es gehört.

(4) Wohnungseigentum und Teileigentum können nicht in der Weise begründet werden, dass das Sondereigentum mit Miteigentum an mehreren Grundstücken verbunden wird.

(5) Gemeinschaftliches Eigentum im Sinne dieses Gesetzes sind das Grundstück sowie die Teile, Anlagen und Einrichtungen des Gebäudes, die nicht im Sondereigentum oder im Eigentum eines Dritten stehen.

(6) Für das Teileigentum gelten die Vorschriften über das Wohnungseigentum entsprechend.

Inhalt:

		Rn.			Rn.
I.	Allgemeines	1	III.	**Absatz 2:** Definition von Wohnungseigentum	7
II.	**Absatz 1:** Begriffsbestimmungen	3	IV.	**Absatz 3:** Definition des Teileigentums	8
	1. Nach Maßgabe dieses Gesetzes	3	V.	**Absatz 4:** Beschränkung auf ein Grundstück	9
	2. Wohnung als Wohnungseigentum	4	VI.	**Absatz 5:** Gemeinschaftliches Eigentum	11
	3. Nicht zu Wohnzwecken dienende Räume des Teileigentums	5	VII.	**Absatz 6:** Teileigentum	12
	4. Begründung	6			

I. Allgemeines

1 Das BGB hat das im 19. Jahrhundert vorhandene Stockwerkseigentum nicht übernommen.[1] Bestandteile einer Sache, die voneinander nicht getrennt werden können, ohne dass der eine oder andere zerstört oder in seinem Wesen verändert wird, können nach § 93 BGB nicht Gegenstand besonderer Rechte sein. Dies schließt die Begründung von Wohnungseigentum, dessen wesentlicher Bestandteil das Sondereigentum und die mitgliedschaftliche Verbundenheit (gemäß § 1008 BGB) am gemeinschaftlichen Eigentum ist, nach dem BGB aus. Zum wesentlichen Bestandteil eines Grundstückes gehören die mit dem Grund und Boden fest verbundenen Sachen, insbesondere das Gebäude einschließlich die zur Herstellung des Gebäudes eingefügten Sachen, § 94 Abs. 1 Satz 1, Abs. 2 BGB.[2]

2 Das Wohnungseigentumsgesetz weicht von diesen Regelungen des Bürgerlichen Gesetzbuches ab und ermöglicht Wohnungseigentum, um einem Bedürfnis in der Bevölkerung, auch mit weniger Eigenkapital und finanziellen Mitteln Eigentum zu erwerben, nachzukommen. Der Wohnungsbau insbesondere in Innenstädten, die Möglichkeit der Altersvorsorge, das Anlegen von Geldern (Sparmotiv) sind heute die wichtigsten Argumente für das Wohnungseigentum. In § 1 finden sich die Wesensmerkmale des Wohnungseigentums, die für sich nicht abgeändert werden können, da Wohnungseigentum nur „nach Maßgabe dieses Gesetzes" begründet werden kann.[3] Durch die leichtere Veräußerlichkeit und die (relative) Selbständigkeit des Wohnungseigentümers ist Wohnungseigentum gegenüber der Bruchteilsmiteigentums-Regelung gemäß §§ 1008, 1010, 746, 751 BGB wirtschaftlich sicherer und weitreichender als ein Wohnungsrecht nach § 1093 BGB.

Wohnungseigentum ist Eigentum gemäß § 903 BGB[4]; es ist kein grundstücksgleiches Recht, sondern besonders ausgestaltetes Miteigentum am Grundstück; der Eigentumsschutz gilt für Wohnungseigentum, Art. 13 GG[5]. Deshalb sind für die Veräußerung alle Regeln der §§ 925, 925a BGB anwendbar. Verträge zum Verkauf von Wohnungseigentum bedürfen der notariellen Beurkundung gemäß § 311b Abs. 1 BGB sowohl für die fertiggestellte Eigentumswohnung wie auch für noch zu errichtende oder fertig zu stellende Eigentumswohnungen. Mit dem Miteigentum am gemeinschaftlichen Eigentum ist das Sondereigentum und damit das Alleineigentum an bestimmten Räumen und an nach § 5 Abs. 1 sondereigentumsfähigen Be-

---

1 Vgl. EGBGB § 182.
2 Zur ursprünglichen Aufteilung, ebenso wenn sämtliche Einheiten neu aufgeteilt werden sollen, bedarf es auch etwaiger gemeindlicher Genehmigungen: OLG München v. 26. 8. 2015 – 34 Wx 188/15.
3 Für alle: *Niedenführ/Kümmel/Vandenhouten*, § 1 Rn. 2.
4 Dies gilt auch für das öffentliche Recht, so dass einem Wohnungseigentümer grundsätzlich eine abwehrfähige öffentlich-rechtliche Rechtsposition zusteht: BVerwG, B v. 20. 8. 1992 – 4 B 92/92; OVG für das Land Nordrhein-Westfalen v. 20. 11. 2013 – 7 A 2341/11; VGH München, B. v 22. 3. 2010 – 15 CS 10.355.
5 BGH v. 16. 5. 2013 – VII ZB 61/12, wonach zur Wohnung auch Außentreppen, Fahrradkeller und Tiefgarage gehören, weshalb § 144 ZPO hierauf keine Anwendung finden kann.

standteilen des Gebäudes verbunden.[6] Das Wohnungseigentum ist planvoll geschaffen; es ist im Innenverhältnis unter Einschluss der Wirtschaftsführung organisiert (§§ 20 ff., 28) und, um dem einzelnen Wohnungseigentümer eine gesicherte Rechtsstellung zu vermitteln, unauflöslich, § 11 Abs. 1.[7] Rechtlich steht beim Wohnungseigentum das Miteigentum im Vordergrund, wirtschaftlich indes das Sondereigentum (das nach der gesetzlichen Dogmatik den Miteigentumsanteil begrenzt[8]); auch das Sondereigentum ist zivilrechtliches Eigentum gemäß § 903 BGB.[9] Das Wohnungseigentum kann mehreren Berechtigten nach Bruchteilen (§§ 741 ff. BGB) zustehen; um eine Veräußerung, die der Auflassung bedarf, handelt es sich, wenn sich eine BGB-Gesellschaft, der mehrere Wohnungseigentumsrechte gehören, in personengleiche Gesellschaften in der Weise aufteilt, dass jeder neuen Gesellschaft ein Wohnungseigentum zugewiesen wird.[10]

Das Wohnungseigentum kann wie ein Grundstück grundsätzlich mit einer Dienstbarkeit belastet werden, sofern sich deren Ausübungsbereich auf das Sondereigentum bezieht.[11] Zugunsten des jeweiligen Berechtigten eines Wohnungseigentums kann eine Grunddienstbarkeit oder ein sonstiges subjektiv dingliches Recht bestellt werden. Allerdings kann als Inhalt des Sondereigentums ein Vorkaufsrecht nicht in das Grundbuch eingetragen werden, da wegen der Möglichkeit der Bezugnahme auf die Eintragungsbewilligung gemäß § 7 Abs. 3 das eingeräumte Vorkaufsrecht nicht aus dem Grundbuchblatt selbst ersichtlich wäre. Ein schuldrechtliches Vorkaufsrecht gemäß §§ 463 ff. BGB kann im Grundbuch mit einer Vormerkung gesichert werden; die Einräumung eines dinglichen Vorkaufsrechts gemäß §§ 1094 ff. BGB ist zulässig.[12]

Das einzelne Wohnungseigentum kann selbständig mit Hypotheken, Grund- oder Rentenschulden und Reallasten belastet werden; die Belastung mit einem Nießbrauch ist zulässig.[13] Das Sondernutzungsrecht eines Wohnungseigentümers am gemeinschaftlichen Eigentum kann allerdings nicht Gegenstand einer Dienstbarkeit am Wohnungseigentum sein.[14]

---

6 BayObLG v. 23. 7. 1993 – 2Z BR 69/93, BayObLGZ 1993, 297; BGH v. 6. 3. 1986 – VII ZR 1/85, NJW 1986, 1811 = MittBayNot 1986, 123.
7 BGH v. 7. 3. 2002 – V ZB 24/01, BGHZ 150, 109.
8 BGH v. 7. 3. 2002 – V ZB 24/01, BGHZ 150, 109.
9 BGH v. 19. 12. 1991 – V ZB 27/90, BGHZ 116, 392 = NJW 1992, 978.
10 BayObLG v. 3. 10. 1980 – BReg. 2 Z 69/79, BayObLGZ 1980, 299.
11 BGH v. 19. 5. 1989 – V ZR 182/87, BGHZ 107, 289; BayObLG v. 30. 11. 1989 – BReg. 2 Z 82/89, MittBayNot 1990, 110/111.
12 LG Bremen v. 25. 5. 1977 – 1 W 18/77(a), Rpfleger 1977, 313; BayObLG v. 16. 11. 1972 – BReg. 2Z 68/72, BayObLGZ 1972, 348/358 = NJW 1973, 152; *Armbrüster*, in: Bärmann, § 1 Rn. 162.
13 BGH v. 19. 5. 1989 – V ZR 182/87, BGHZ 107, 289; BayObLG v. 30. 11. 1989 – BReg. 2 Z 82/89, MittBayNot 1990, 110/111.
14 OLG Düsseldorf v. 16. 4. 1986 – 3 Wx 109/86, OLGZ 1986, 413 = DNotZ 1988, 31; BayObLG v. 24. 10. 1978 – BReg. 2 Z 51/74, BayObLGZ 1974, 396.

II. Absatz 1: Begriffsbestimmung

1. Nach Maßgabe dieses Gesetzes

3 An Wohnungen kann „nach Maßgabe dieses Gesetzes" das Wohnungseigentum, an nicht zu Wohnzwecken dienenden Räumen das Teileigentum begründet werden.

Das bürgerliche Gesetzbuch lässt Stockwerkseigentum oder Wohnungseigentum nicht zu, weil Gebäude und die mit dem Grund und Boden fest verbundenen Sachen gemäß § 94 Abs. 1 Satz 1, Abs. 2 BGB **wesentlicher Bestandteil** eines Grundstückes sind und damit grundsätzlich eigentumsrechtlich dem Grundstück zugeordnet sind. An diesem Eigentum können zwar Rechte (z.B. ein Wohnungsrecht nach § 1093 BGB) begründet werden. Einzelne Bestandteile sind jedoch selbst nicht verkehrsfähig. Die durch das Wohnungseigentumsgesetz hiervon vorgesehenen Abweichungen sind abschließend; Sondereigentum an Räumen kann nur und ausschließlich nach Maßgabe dieses Gesetzes begründet werden, und zwar nur in Verbindung mit dem Miteigentumsanteil am Grundstück und am übrigen Gebäude. Die Ausschließlichkeit dieser Abweichung vom bürgerlichen Gesetzbuch wird durch die §§ 6 (Unselbständigkeit des Sondereigentums) und 11 (Unauflöslichkeit der Wohnungseigentümergemeinschaft) gesichert.

Das Gesetz legt die dingliche Grundstruktur der Wohnungseigentumsgemeinschaft fest; die im **dinglichen Begründungsakt** (Teilungsvereinbarung, Teilungserklärung) vorgenommene Aufteilung in Gemeinschaftseigentum und Sondereigentum kann nicht mehr durch Mehrheitsbeschluss geändert werden.[15]

§ 1 Abs. 1 bezieht sich auf alle Räume; soweit Wohnräume betroffen sind, spricht es von Wohnungseigentum, soweit alle anderen Räume betroffen sind, was durch eine negative Abgrenzung zu Wohnräumen geschieht (durch alle „nicht zu Wohnzwecken dienenden Räume"), wird Teileigentum begründet.

2. Wohnung als Wohnungseigentum

4 An Räumen, die Wohnzwecken dienen, kann Wohnungseigentum begründet werden.

Das WEG selbst definiert nicht, was eine „Wohnung" i.S.d. § 1 Abs. 1 ist. Die Definition findet sich über einen Umweg: Nach § 7 Abs. 4 Nr. 2 muss zur Begründung von Wohnungseigentum ein besonderes Grundbuchblatt angelegt werden. Mit der Eintragungsbewilligung ist als Anlage auch die Abgeschlossenheitsbescheinigung gemäß § 3 Abs. 2 vorzulegen; diese erteilt die Baubehörde[16], wenn durch Rechtsverordnung der Landesregierung bestimmt, auch öffentlich bestellte oder anerkannte Sachverständige für das Bauwesen; diese haben zur Feststellung, ob eine Wohnung besteht und abgeschlossen ist, die „Allgemeine Verwaltungsvorschrift für die Ausstellung

---

15 BayObLG v. 5.1.2000 – 2Z BR 163/99, BayObLGZ 2000, 1; BayObLG v. 24.7.1997 – 2Z BR 49/97, BayObLGZ 1997, 233; OLG Saarbrücken v. 28.9.2004 – 5 W 173/04, NZM 2005, 423; siehe: § 10 Rn. 17.
16 Nach § 7 Abs. 4 Satz 3.

von Bescheinigung gemäß § 7 Abs. 2 Nr. 2 und § 32 Abs. 2 Nr. 2 des Wohnungseigentumsgesetzes vom 19. März 1974"[17] anzuwenden. Danach ist eine Wohnung die Summe der Räume, welche die Führung eines Haushalts ermöglichen kann. Zur Mindestausstattung gehören stets eine Kochgelegenheit sowie Wasserversorgung, Ausguss und WC.[18] Nur an Räumen, die diesen Mindestvoraussetzungen entsprechen kann Wohnungseigentum begründet werden; an allen anderen nicht zu Wohnzwecken dienenden Räumen kann Teileigentum begründet werden. Allerdings kann auch an Räumen, die geeignet sind, zu Wohnzwecken zu dienen, Teileigentum begründet werden. Entscheidend ist der Nutzungszweck, der sich aus der Teilungsvereinbarung gemäß § 3 Abs. 1 oder aus der Teilungserklärung gemäß § 8 Abs. 1 ergibt. Die baulichen Voraussetzungen müssen für den beabsichtigten Nutzungszweck geeignet sein.[19] Deshalb kann an einem einzelnen Hotelzimmer kein Wohnungseigentum gebildet werden.[20] Auch Appartements in hotelähnlichen Ferienhäusern dienen nicht dem dauernden Wohnen, sind also nicht zur dauernden Führung eines Haushalts bestimmt; an ihnen kann Wohnungseigentum nicht begründet werden.[21] Dies gilt auch für Studenten- oder Seniorenwohnheime, die keine Kochgelegenheit aufweisen. An einem einzelnen Hobbyraum kann Wohnungseigentum nicht begründet werden[22]: Es handelt sich um Teileigentum. Wohnungseigentum kann an sämtlichen Räumen eines von mehreren auf demselben Grundstück befindlichen Gebäude bestellt werden[23]; Allerdings ist § 5 Abs. 2 zu beachten: Das Sondereigentum kann sich nicht auf die konstruktiven Teile des Gebäudes erstrecken[24]: Geschossdecken einer Tiefgarage sind zwingend Teil des Gemeinschaftseigentums einschließlich der aus Brandschutzgründen erforderlichen Betonüberdeckung über der Bewehrung. Wird an einer der Höfeordnung unterliegenden Hofstelle Wohnungseigentum begründet, entfällt die Hofeigenschaft.[25] „Schwimmende Häuser" können Gebäude i.S.d. WEG sein (Schleswig-Holsteinisches OLG v. 19.4. 2016 – 2 Wx 12/16).

3. Nicht zu Wohnzwecken dienende Räume des Teileigentums

An allen Räumen, die nicht Wohnzwecken dienen, kann Teileigentum (für die die Vorschriften über das Wohnungseigentum entsprechend ohne Abweichungen gelten) gebildet werden.

Teileigentum benötigt mithin keine Küche, keine WC-Anlage, ohne dass deren Vorhandensein die Entstehung von Teileigentum hindert. Ausreichend ist, wenn die Räume in der Teilungserklärung als nicht zum Wohnen benannt

---

17 BAnz. 1974 Nr. 58 v. 23.3.1974 – siehe Anhang I.
18 Vgl. im Einzelnen § 3 Rn. 26.
19 BayObLG v. 4.1.1973 – BReg. 2 Z 73/72, BayObLGZ 1973, 1 = Rpfleger 1973, 139.
20 OVG Lüneburg v. 30.6.1983 – 14 A 69/82, BauR 1984, 280 = DNotZ 1984, 390.
21 *Staudinger-Rapp*, § 12 Rn. 4; *Röll*, Rpfleger 1983, 380/381; *Niedenführ/Kümmel/Vandenhouten*, § 1 Rn. 12 – allerdings Teileigentum.
22 BayObLG v. 13.2.1998 – 2Z BR 158/97, BayObLGZ 1998, 39 = NJW-RR 1998, 735.
23 BGH v. 3.4.1968 – V ZB 14/67, BGHZ 50, 56.
24 OLG München v. 13.8.2007 – 34 Wx 75/07, ZMR 2008, 232.
25 OLG Köln v. 26.9.2006 – 23 WLw 003/06, DNotZ 2007, 636; OLG Oldenburg v. 15.10.1992 – 10 W 14/92, NJW-RR 1993, 1235 = Rpfleger 1993, 149.

sind.[26] Entscheidend ist die Bezeichnung in der Teilungsvereinbarung, nicht die tatsächliche Nutzung[27]; eine von der Teilungserklärung abweichende Nutzung kann von den anderen Wohnungseigentümern gegebenenfalls unterbunden werden. Teileigentum ist alles, was nicht Wohnung ist, insbesondere also Gewerberäume für Läden, Büros, Arzt- und Zahnarztpraxen, Rechtsanwaltskanzleien, auch Schwimmhallen. An Kellerräumen, die abgeschlossen sind, kann Teileigentum begründet werden.[28] An Räumen, die zwingend Wohnzwecken zuzuordnen sind, kann nicht selbständig Teileigentum begründet werden.[29]

4. Begründung

6 Die Begründung erfolgt gemäß § 3 Abs. 1 durch Vertrag unter den Miteigentümern, der die Formvorschriften des § 4 zu beachten hat. Begründet ein Alleineigentümer Wohnungs- oder Teileigentum, geschieht dies gemäß § 8 Abs. 1 durch Erklärung gegenüber dem Grundbuchamt.

III. Absatz 2: Definition von Wohnungseigentum

7 § 1 Abs. 2 erklärt, was Wohnungseigentum rechtlich ist: Es ist das Sondereigentum an einer Wohnung in Verbindung mit dem Miteigentumsanteil an dem gemeinschaftlichen Eigentum, zu dem es gehört. Die in sich abgeschlossenen Räume, die eine Wohnung bilden, §§ 3 Abs. 2, 7 Abs. 4, sind eigentumsrechtlich mit dem Miteigentumsanteil am gemeinschaftlichen Eigentum verbunden. Rechtlich steht der Miteigentumsanteil im Vordergrund, wirtschaftlich natürlich das Sondereigentum an der dem Miteigentümer zugeordneten **Wohnung**. Hinzu kommt die gemeinschaftliche Verwaltung des Miteigentums (vgl. § 5). Den Gegenstand des Sondereigentums im Einzelnen bestimmt § 5, nämlich die dem Miteigentumsanteil zugeordneten bestimmten Räume, sowie die zu diesen Räumen gehörenden Bestandteile des Gebäudes, die verändert, beseitigt oder eingefügt werden können, ohne dass dadurch das gemeinschaftliche Eigentum oder ein auf das Sondereigentum beruhendes Recht eines anderen Wohnungseigentümers über das nach § 14 zulässige Maß beeinträchtigt oder die äußere Gestaltung des Gebäudes verändert wird, § 5 Abs. 1. Unter keinen Umständen können Teile des Gebäudes, die für dessen **Bestand oder Sicherheit** erforderlich sind, sowie Anlagen und Einrichtungen, die dem gemeinschaftlichen Gebrauch der Wohnungseigentümer dienen, Gegenstand des Sondereigentums sein, § 5 Abs. 2. Allerdings können Wohnungseigentümer vereinbaren, dass Bestand-

---

26 Niedenführ/Kümmel/Vandenhouten, § 1 Rn. 18; BayObLG v. 4.1.1973 – BReg. 2 Z 73/72, Rpfleger 1973, 139.
27 Für alle: Staudinger-Rapp, § 1 Rn. 3. Innerhalb der Zweckbestimmung kann die Gemeinschaftsordnung den Gebrauch eingrenzen. Hierzu: OLG München v. 26.8.2014 – 34 Wx 247/14.
28 Und mit dem Sondernutzungsrecht an einer Wohnung verbunden werden: Gem. Senat der Ob. Gerichte des Bundes v. 30.6.1992 – GmS-OGB – OGB 1/91, BGHZ 119, 42 = BVerwGE 90, 382 = NJW 1992, 3292; BayObLG v. 7.11.1991 – BReg. 2 Z 137/91, BayObLGZ 1991, 375 = NJW 1992, 700.
29 Wie z.B. bei Toiletten: OLG Düsseldorf v. 4.2.1976 – 3 W 315/75, NJW 1976, 1458; OLG Hamm v. 11.6.1986 – 15 W 452/85, OLGZ 1986, 415.

teile des Gebäudes, die Gegenstand des Sondereigentums sein können, zum Gemeinschaftseigentum gehören, § 5 Abs. 3. Hier ist im Einzelnen auf die Kommentierung zu § 5 zu verweisen. Zulässig ist, den Keller als Teileigentum zu bestimmen und mit dem Sondernutzungsrecht an einer Wohnung, die im Gemeinschaftseigentum steht, zu verbinden.[30]

Das Sondereigentum steht dem Wohnungseigentümer zum alleinigen eigentumsrechtlich geschützten Gebrauch zu. Es ist immer **unauflöslich** mit dem Miteigentumsanteil verbunden, § 6 Abs. 1. Inhalt des Sondereigentums ist die alleinige Eigentümerstellung, also die Möglichkeit, damit im Rahmen der Gesetze und der Gemeinschaftsordnung nach Belieben zu verfahren, selbst zu nutzen, zu vermieten, verpachten; § 13 Abs. 1 sieht das ausdrücklich vor. Insoweit stehen dem Wohnungseigentümer die allgemeinen Rechte der §§ 903ff. BGB[31] zu.

IV. Absatz 3: Definition des Teileigentums

Die Definition des Teileigentums findet sich in § 1 Abs. 3: Teileigentum ist das Sondereigentum an nicht zu Wohnzwecken dienenden Räumen eines Gebäudes in Verbindung mit dem Miteigentumsanteil an dem gemeinschaftlichen Eigentum, zu dem es gehört. Die Struktur des Teileigentums ist, sieht man davon ab, dass es sich nicht auf Wohnungen bezieht, identisch mit dem Wohnungseigentum gemäß § 1 Abs. 2. Dies hat der Gesetzgeber in § 1 Abs. 6 ausdrücklich bestimmt, da er für das Teileigentum die Vorschriften über das Wohnungseigentum entsprechend anwendet. Es handelt sich um eine negative Umschreibung zur Abgrenzung zu § 1 Abs. 2 (Wohnungseigentum). Teileigentum kann alles das werden, was in der Teilungsvereinbarung gemäß § 3 Abs. 1 oder in der Teilungserklärung gemäß § 8 Abs. 1 als nicht zu Wohnzwecken dienend erklärt worden ist[32], es sei denn, es sind Räume (WC), die in einem Gebäude, in dem auch Wohnungseigentum gebildet wird, zwingend zum Bestandteil einer Wohnung gehören.[33]

An **Kellerräumen** kann Teileigentum begründet werden; zulässig ist es, mit diesem Teileigentum das Sondernutzungsrecht an einer im gemeinschaftlichen Eigentum stehenden Wohnung zu verbinden.[34]

Zulässig ist die Verbindung von Wohnungseigentum und Teileigentum.[35] So kann in einer abgeschlossenen Raumeinheit ein Ladengeschäft, aber auch

---

30 GemSenat der Obersten Gerichtshöfe des Bundes vom 30.6.1992 – GmS-OGB 1/91, BGHZ 119, 41 = BVerwGE 90, 382; insbesondere BayObLG v. 7.11.1991 – BReg. 2 Z 137/91, BayObLGZ 1991, 375.
31 Siehe im Einzelnen: § 13 Rn. 16.
32 KG Berlin v. 22.12.2006 – 24 W 126/05, NZM 2007, 604 = ZMR 2007, 299: Ein Raum, der als „nicht zu Wohnzwecken dienend" in der Teilungserklärung bezeichnet ist, kann zu jedem anderen Zweck im Rahmen des § 15 genutzt werden.
33 OLG Düsseldorf v. 4.2.1976 – 3 W 315/75, NJW 1976, 1458; OLG Hamm v. 11.6.1986 – 15 W 452/85, OLGZ 1986, 415.
34 GemSenat der Obersten Gerichtshöfe des Bundes vom 30.6.1992 – GmS-OGB 1/91, BGHZ 119, 41 = BVerwGE 90, 382; insbesondere BayObLG v. 7.11.1991 – BReg. 2 Z 137/91, BayObLGZ 1991, 375.
35 BayObLG v. 28.6.1960 – BReg. 2 Z 20/60, NJW 1960, 2100 = DNotZ 1960, 596.

die dazugehörige Wohnung zusammengefasst werden. Im Grundbuchblatt wird diese Einheit dort eingetragen, wo der Schwerpunkt liegt. Es kann nicht nur in einem Gebäude Wohnungs- und Teileigentum bestehen, sondern auch innerhalb einer abgeschlossenen Einheit Wohnungseigentum und Teileigentum begründet werden[36]. Ist der Schwerpunkt der Nutzung (Wohnzwecke oder andere Zwecke) nicht ersichtlich, ist das Grundbuch als Wohnungs- und Teileigentumsgrundbuch zu bezeichnen, § 2 Satz 2 WGV. Zulässig ist es, eine Bestimmung der Nutzungsart in der Teilungserklärung zu unterlassen.[37]

Wohnungseigentum kann, soweit die baulichen Voraussetzungen vorliegen, in Teileigentum und umgekehrt umgewandelt werden. Voraussetzung ist, dass alle Wohnungseigentümer mitwirken und die Teilungsvereinbarung entsprechend ändern.[38] Die Änderung ist im Grundbuch einzutragen.[39]

V. Absatz 4: Beschränkung auf ein Grundstück

9   Wohnungseigentum oder Teileigentum an einem Gebäude kann nicht in der Weise begründet werden, dass das Sondereigentum mit Miteigentum an mehreren Grundstücken verbunden wird. Der Gesetzgeber hat nach der bereits die Streitfrage beendenden Entscheidung des Bayerischen Obersten Landesgerichts[40] geregelt, dass Wohnungseigentum an einem Gebäude, das auf zwei Grundstücken errichtet werden soll, nicht in der Weise begründet werden kann, dass das Sondereigentum an der jeweiligen Raumeinheit sowohl mit dem Miteigentumsanteil an dem einen, als auch mit dem Miteigentumsanteil an dem **anderen Grundstück** verbunden wird, selbst wenn beide Grundstücke im Miteigentum derselben Personen stehen.[41]

Soll für ein bestehendes, auf mehreren Grundstücken liegendes Gebäude Wohnungseigentum gebildet werden, muss ein einheitliches Grundstück gebildet werden, sei es durch Vereinigung nach § 890 Abs. 1 BGB, sei es

---

36 Nach OLG Hamm v. 22. 2. 2007 – 15 W 322/06, ZMR 2008, 60 umfasst der Begriff „Wohnungseigentümer" in einer Teilungserklärung auch die Teileigentümer, wenn es nach der Teilungserklärung nur eine Eigentümergemeinschaft gibt, die allerdings aus Wohnungen und Gewerberäumen gebildet wird.
37 KG Berlin v. 3. 12. 2007 – 24 W 71/07, KG Berlin v. 3. 12. 2007 – 24 W 71/07, WuM 2008, 165 = MittBayNot 2008, 209: „Gewerbewohnung" lässt sowohl gewerbliche wie Wohnnutzung zu. Der teilende Eigentümer kann sich vorbehalten, die nachträgliche Zuordnung, z.B. eines Sondernutzungsrechts an PKW-Stellplätzen, auch zugunsten des Teileigentums durchzuführen: OLG München v. 17. 5. 2011 – 34 Wx 6/11, ZWE 2011, 265.
38 OLG Frankfurt/Main v. 31. 7. 2014 – 20 W 111/14; *Niedenführ/Kümmel/Vandenhouten*, § 1 Rn. 20; *Staudinger-Rapp*, § 1 Rn. 11.
39 BGH v. 26. 9. 2003 – V ZR 217/02, NJW 2004, 364; BayObLG v. 10. 11. 2004 – 2Z BR 169/04, NZM 2005, 263 = FGPrax 2005, 11; BGH v. 21. 12. 2000 – V ZB 45/00, BGHZ 146, 241.
40 BayObLG v. 20. 7. 1970 – BReg. 2 Z 21/70, BayObLGZ 1970, 163.
41 Art. 3 § 1 Gesetz zur Änderung des Wohnungseigentumsgesetzes und der Verordnung über das Erbbaurecht vom 30. 7. 1973, BGBl. I 1973, 910 Art. 1 Nr. 1 – auch zu Übergangsvorschriften!

durch Bestandteilszuschreibung gemäß § 890 Abs. 2 BGB.[42] Erst dann kann Wohnungseigentum begründet werden.[43] Das Wohnungseigentum muss an der gesamten Grundstücksfläche gebildet werden, nicht nur an Teilflächen. Nicht betroffene Flächen müssten vorher abgetrennt werden. Selbst wenn im Zeitpunkt der Begründung von Wohnungseigentum die Grundstücke demselben Eigentümer gehören, müssen die Grundstücke vorher vereinigt werden.[44] Allerdings kann ein Grundstück gemäß § 890 Abs. 2 BGB einem Wohnungseigentum, das auf einem anderen Grundstück liegt, als Bestandteil zugeschrieben werden. Das Grundstück wird dadurch ein nicht wesentlicher Bestandteil des Wohnungseigentums[45]: Durch die Zuschreibung wird das Sondereigentum nicht mit dem Eigentum an mehreren Grundstücken verbunden; Wohnungseigentum und zugeschriebenes Grundstück können jederzeit wieder rechtlich getrennt werden.[46]

Für den Überbau ist zu unterscheiden: Ist der **Überbau** durch den Nachbarn geduldet und steht deshalb der Überbau gemäß § 912 Abs. 1 im Eigentum des Grundstücks, auf dem Wohnungseigentum entsteht, wird der Überbau als Scheinbestandteil des überbauten Grundstücks wesentlicher Bestandteil des Grundstücks, von dem aus übergebaut wird.[47] Der Eigentümer des überbauenden Grundstücks ist Eigentümer des ganzen Gebäudes einschließlich etwaiger Kellermauerreste auf dem Nachbargrundstück.[48] Steht das Grundstück, auf das übergebaut wird, auch im Eigentum des Überbauers (Eigengrenzüberbau), ist der Wille des Überbauers, welches Grundstück Stammgrundstück sein soll, soweit die wirtschaftliche Interessenlage und die Zweckbestimmung des übergebauten Gebäudes und die räumliche Erschließung dies erlauben, entscheidend.[49] Die Sicherung des Überbaus durch eine Grunddienstbarkeit ist empfehlenswert, nicht aber zwingend erforderlich.[50]

10

---

42 BayObLG v. 23.7.1993 – 2Z BR 69/92, BayObLGZ 1993, 297.
43 OLG München v. 20.9.2011 – 34 Wx 373/11 [juris]; vgl. im Einzelnen *Röll*, DNotZ 1968, 528ff.
44 BayObLG v. 20.7.1970 – BReg. 2 Z 21/70, BayObLGZ 1970, 163; *Niedenführ/Kümmel/Vandenhouten*, § 1 Rn. 23.
45 Vgl. die Folgen der teilweisen Vereinigung der Grundstücke für Grunddienstbarkeiten: BGH v. 21.10.1977 – V ZR 121/75, DNotZ 1978, 156.
46 BayObLG v. 23.7.1993 – 2Z BR 69/92, BayObLGZ 1993, 297 = MittBayNot 1994, 37. Zur Abtrennung und Veräußerung einer Teilfläche eines Wohnungseigentumsgrundstück siehe: KG Berlin v. 25.10.2011 – 1 W 479-480/11.
47 OLG Stuttgart v. 5.7.2011 – 8 W 229/11 [juris]; die Größe und die wirtschaftliche Bedeutung des übergebauten Gebäudeteils im Verhältnis zu dem auf dem Grundstück des Erbauers liegenden „Stammteils" sind unerheblich; BGH v. 23.2.1990 – V ZR 231/88, BGHZ 110, 298 = NJW 1990, 1791; *Armbrüster*, in: Bärmann, § 1 Rn. 58.
48 BGH v. 23.2.1990 – V ZR 231/88, BGHZ 110, 298 = NJW 1990, 1791; OLG Karlsruhe v. 9.1.1986 – 11 W 67/85, DNotZ 1986, 753.
49 Wie die wirtschaftliche Interessenlage, die Zweckbestimmung des übergebauten Gebäudes und die räumliche Erschließung durch einen Zugang: BGH v. 20.6.1975 – V ZR 206/74, BGHZ 64, 334; BGH v. 23.2.1990 – V ZR 231/88, BGHZ 110, 298.
50 OLG Hamm v. 28.11.1983 – 15 W 172/83, OLGZ 1984, 54 = MittBayNot 1984, 34.

Ist der Überbau nicht zu dulden und kann der Nachbar die Beseitigung des Überbaus verlangen[51], wird der übergebaute Gebäudeteil Eigentum des Nachbarn[52]; da das Wohnungseigentum dann an mehreren Grundstücken entstehen würde, ist die Gesamtgründung gescheitert[53]; da der übergebaute Gebäudeteil nicht wesentlicher Bestandteil des Stammgrundstücks ist oder diesem zugeordnet ist, kann wegen § 1 Abs. 4 Wohnungseigentum nicht entstehen. Es entsteht dann eine reine Bruchteilsgemeinschaft.[54] Auch ein gutgläubiger Erwerb ist ausgeschlossen.[55] Bei einem sogenannten überhängenden Überbau, etwa durch Erker oder Balkon, ist die rechtliche Zuordnung zum Stammgrundstück unabhängig davon gegeben, ob der Grenzüberbau rechtmäßig oder entschuldigt ist; Wohnungseigentum kann begründet werden.[56]

Will eine Wohnungseigentümergemeinschaft ein Grundstück erwerben, an dem ebenfalls Wohnungseigentum besteht, so muss die vertragliche **Vereinigung** beider Grundstücke gemäß § 3 Abs. 1 herbeigeführt werden und die Teilungserklärung der neuen Situation angepasst werden; im Anschluss kann die Wohnungseigentümergemeinschaft Gebrauchsregelungen treffen.[57] Das rechtlich selbständige Verwaltungsvermögen der Wohnungseigentümergemeinschaft kann Wohnungseigentum erwerben[58]; vgl. § 6 Rn. 7; § 10 Rn. 50. Unzulässig ist es, den Verwalter von Wohnungseigentum durch Mehrheitsbeschluss zu ermächtigen, einem im Gemeinschaftseigentum stehende Fläche einem Dritten zu überlassen.[59]

VI. Absatz 5: Gemeinschaftliches Eigentum

11 Absatz 5 des § 1 definiert das „gemeinschaftliche Eigentum". Das gemeinschaftliche Eigentum wird vom Sondereigentum (Wohnung/Räume) abgegrenzt. Zum Umfang des **gemeinschaftlichen Eigentums** gehören zumindest das Grundstück sowie die Teile, Anlagen und Einrichtungen des Gebäudes, die nicht im Sondereigentum oder im Eigentum eines Dritten stehen. Alles,

---

51 Vgl. hierzu: *Palandt-Bassenge*, § 912 Rn. 17.
52 BGH v. 2. 6. 1989 – V ZR 167, 88, MDR 1989, 1089 = BauR 1989, 631.
53 *Niedenführ/Kümmel/Vandenhouten*, § 1 Rn. 28 unter Berücksichtigung von § 139 BGB; *Palandt-Bassenge*, § 1 Rn. 8;.
54 Vgl. *Palandt-Bassenge*, BGB; § 3 Rn 4.
55 MünchKomm-*Röll*, § 1 Rn 18d; *Ludwig*, DNotZ 1983, 411, 423; a.A. *Demharter*, Rpfleger 1983, 133, 136.
56 KG Berlin v. 23. 7. 2015 – 1 W 759/15: Ragen Teile eines Gebäudes nur in den Luftraum über den Nachbargrundstück, besteht keine Bodenverbindung mit diesem Grundstück, weshalb der vorspringende Teil gemäß § 94 BGB dem Eigentümer des Stammgrundstücks gehört; so auch: OLG Karlsruhe v. 23. 10. 2012 – 14 Wx 7/11; fehlerhaft LG Leipzig v. 2. 11. 1998 – 01 T 8106/98; s. auch *Armbrüster*, in: Bärmann, § 1, Rn. 62.
57 OLG Frankfurt/Main v. 12. 12. 2005 – 20 W 304/05,OLGR 2006, 522.
58 OLG Celle v. 26. 2. 2008 – 4 W 213/07, NJW 2008, 1537.
59 OLG München v. 22. 1. 2010 – 34 Wx 125/09, NJW 2010, 1467: Da es sich um Verfügung über das Gemeinschaftseigentum der Wohnungseigentümer handelte, das diesen im Gegensatz zum Verwaltungsvermögen zwingend persönlich und zwar in Bruchteilsgemeinschaft zusteht, kann der Verwalter auch nicht gemäß § 27 Abs. 3 hierzu bevollmächtigt sein.

was nicht Sondereigentum ist oder nicht Sondereigentum sein kann[60] und nicht im Eigentum eines Dritten steht, ist damit gemeinschaftliches Eigentum.[61]

Zum Grundstück gehören die überbauten, aber auch die außerhalb vom Gebäude liegenden Flächen, wie z.b. ein seitenoffener Carport[62], ebenso eine Einfriedungsmauer und Terrassen. Auch wenn alle Sondereigentumsanteile in der Hand eines Wohnungseigentümers verbleiben, bleibt das gemeinschaftliche Eigentum unverändert bestehen.[63]

Gemeinschaftliches Eigentum sind des Weiteren die Teile, Anlagen und Einrichtungen des Gebäudes, die nicht im Sondereigentum oder im Eigentum eines Dritten stehen können. Nach § 5 Abs. 2 sind dies die Teile, die für den Bestand oder die Sicherheit des Gebäudes erforderlich sind, also die konstruktiven Gebäudeteile wie Fundamente und Brandmauern und die tragenden Innenwände[64], aber auch Dach, Schornsteine sowie Geschoßdecken.[65] Hierzu zählt auch Dämmmaterial.[66]

Im Einzelnen ist auf die Kommentierung zu § 5 Abs. 2[67] zu verweisen; hier sind zu erwähnen: Gärten, Fundamente, tragendes Mauerwerk, Treppenhaus, Aufzug, Dachaußenputz, Heizanlagen; tragende Teile von Balkonen, Außengitter und Bodenplatten, Plattenbelag, Außenfenster, Balkontür, schwimmender Estrich. Nicht wesentliche Bestandteile des Grundstückes[68] können z.B. auch ein Gastank[69] oder eine Kegelbahn[70] sein.

Soweit Räume **Einrichtungen** i.S.v. § 5 Abs. 2 sind, sind sie gemeinschaftliches Eigentum. Soweit an anderen Räumen kein Sondereigentum eingeräumt wurde, sind sie ebenfalls gemeinschaftliches Eigentum; es besteht eine gesetzliche Vermutung, dass Räume gemeinschaftlichem Eigentum zu-

---

60 Siehe hierzu § 5 Abs. 1.
61 Entscheidend ist immer der Ausweis im Grundbuch, nicht die tatsächliche Nutzung: OLG Celle v. 4.6.2007 – 4 W 108/07 –, OLGR Celle 2007, 756.
62 BayObLG2 v. 6.2.1986 – BReg. 2Z 70/85, BayObLGZ 1986, 29; OLG Hamm v. 2.10.1974 – 15 Wx 172/74, Rpfleger 1975, 27.
63 BGH v. 3.4.1968 – V ZB 14/67, BGHZ 50, 56: Auch bei Mehrhausanlagen, bei denen ein Sondereigentum an sämtlichen Räumen eines von mehreren auf dem selben Grundstück befindlichen Gebäudes bestellt wurde, erstreckt sich das Sondereigentum nicht auf die konstruktiven Teile des Gebäudes.
64 BayObLG v. 2.2.1995 – 2Z BR 71/94, DNotZ 1995, 620 = NJW-RR 1995, 649.
65 OLG Hamm v. 13.8.1996 – 15 W 115/96, ZMR 1997, 193; einschließlich der aus Brandschutzgründen erforderlichen Betonüberdeckung über der Bewehrung von Geschossdecken: OLG München v. 31.8.2007 – 34 Wx 75/07, ZMR 2008, 232; *Niedenführ/Kümmel/Vandenhouten*, § 5 Rn. 27.
66 BayObLG v. 27.4.2000 – 2Z BR 7/00, NJW-RR 2001, 305 = NZM 2000, 867; OLG Frankfurt/Main v. 28.6.2004 – 20 W 95/01, NZM 2005, 68.
67 Vgl. § 5 Rn. 8–14.
68 *Staudinger-Rapp*, § 1 Rn. 43.
69 LG Gießen v. 14.4.1999 – 1 S 3/99, NJW-RR 1999, 1538.
70 BGH v. 8.4.1954 – IV ZR 22/54; 23/54, LM § 93 BGB Nr. 2; vgl. im Einzelnen *Palandt-Heinrich*, § 93, Rn. 5–8.

gehören; alles andere muss derjenige, der Sondereigentum behauptet, beweisen.[71]

Nicht zum gemeinschaftlichen Eigentum gehört das **Verwaltungsvermögen**.[72] Denn das Verwaltungsvermögen gehört der Gemeinschaft der Wohnungseigentümer, § 10 Abs. 7 Satz 1. Die rechtsfähige Gemeinschaft ist Trägerin des Verwaltungsvermögens, also Inhaberin aller Sachen und Rechte und folgerichtig Verpflichtete hinsichtlich der Verbindlichkeiten. Zum Verwaltungsvermögen zählen Sachen, Rechte, Ansprüche, Befugnisse und insbesondere eingenommene Gelder (Instandhaltungsrücklagen). Ich verweise auf die Kommentierung zu § 10 Rn. 49 bis 55.

VII. Absatz 6: Teileigentum

12 Für das Teileigentum gelten die Vorschriften über das Wohnungseigentum entsprechend. Der Gesetzgeber behandelt Wohnungseigentum und Teileigentum gleich. Unterschiede gibt es nicht. Sie unterscheiden sich ausschließlich durch die unterschiedlichen in der Teilungsvereinbarung oder -erklärung bestimmten Nutzungszwecke.

---

71 BGH v. 30. 6. 1995 – V ZR 118/94, BGHZ 130, 159; BayObLG v. 9. 10. 1973 – BReg. 2 Z 48/73, BayObLGZ 1973, 267, *Armbrüster*, in: Bärmann, § 1 Rn. 53.
72 Das erstmals durch die WEG-Novelle (Gesetz zur Änderung des Wohnungseigentumsgesetzes und anderer Gesetze vom 26. 3. 2007, BGBl. I 2007, S. 370) in § 10 Abs. 1 erwähnt ist.

1. Abschnitt
Begründung des Wohnungseigentums

§ 2
Arten der Begründung

Wohnungseigentum wird durch die vertragliche Einräumung von Sondereigentum (§ 3) oder durch Teilung (§ 8) begründet.

Inhalt:

	Rn.		Rn.
I. Allgemeines	1	2. Störungen bei der Errichtung des Gebäudes	6
II. Vertragliche Einräumung von Sondereigentum, § 3	2	V. Öffentlicher Glaube und gutgläubiger Erwerb	7
III. Teilung durch Eigentümer, § 8	4	1. Gutgläubiger Erwerb	7
IV. Anwartschaftsrechte	5	2. Fehlerhafte, faktische Wohnungseigentümergemeinschaft	10
1. Anwartschaft auf Sondereigentum bei einem zu errichtenden Gebäude	5		

I. Allgemeines

Das Gesetz sieht zwei Möglichkeiten der Begründung von Wohnungseigentum vor: durch die vertragliche Einräumung von Sondereigentum durch Miteigentümer eines Grundstücks gemäß § 3 und zum anderen durch Teilung eines Grundstückes durch den Alleineigentümer gemäß § 8 (sogenannte Vorratsteilung). Damit sind andere Begründungswege grundsätzlich ausgeschlossen. Möglich ist jedoch, beide Begründungsarten miteinander zu verbinden: Wenn z.B. mehrere Sondereigentumsrechte mit einem einzigen Miteigentumsanteil verbunden sind.[1] 1

II. Vertragliche Einräumung von Sondereigentum, § 3

Das Gesetz begründet Wohnungseigentum durch die **vertragliche Einräumung** von Sondereigentum. Voraussetzung zur vertraglichen Einräumung von Sondereigentum ist, dass das Grundstück im Miteigentum mehrerer natürlicher oder juristischer Personen gemäß § 1008 BGB steht. Die Miteigentümer fassen Räume in Sondereigentum zusammen. Die vertragliche Einräumung ist ein dinglicher Vertrag, er bedarf der Auflassung gemäß § 925 BGB, wie § 4 Abs. 2 festlegt.[2] 2

Die vertragliche Einräumung von Sondereigentum schließt aus, dass durch letztwillige Verfügung unmittelbar Wohnungseigentum gebildet wird; die

---

1 BayObLG v. 9.3.1971 – BReg. 2 Z 15/71, BayObLGZ 1971, S. 102 ff.; *Armbrüster*, in: Bärmann, § 2 Rn. 12 mit einem Beispiel; siehe auch *Weitnauer/Briesemeister*, § 2 Rn. 3.

2 Für die ursprüngliche Aufteilung, ebenso wenn sämtliche Einheiten neu aufgeteilt werden sollen, bedarf es auch etwaiger gemeindlicher Genehmigungen: OLG München v. 26.8.2015 – 34 Wx 188/15.

Neubegründung von Wohnungseigentum kann auch nicht gemäß § 209 FamFG, § 1568a BGB erfolgen. Die Wohnungseigentümergemeinschaft entsteht im Falle des § 3, wenn mindestens zwei Miteigentümer den Vertrag über die Einräumung von Sondereigentum abschließen, das Wohnungsgrundbuchblatt angelegt und die Grundbucheintragung erfolgt ist[3] (anders im Falle des § 8: Es entsteht Wohnungseigentum erst durch Eintragung eines **Ersterwerbers** im Grundbuch; sind zwei verschiedene Eigentümer im Grundbuch zumindest vorgemerkt, spricht man von einer werdenden Eigentümergemeinschaft[4], mit Eintragung ist die Eigentümergemeinschaft entstanden[5]). Bis zur Eintragung im Grundbuch gelten die Vorschriften der §§ 741 ff. BGB für die werdende Eigentümergemeinschaft, wenn nicht bereits die Anwendung der künftigen Gemeinschaftsordnung im Innenverhältnis bis zur Grundbucheintragung vereinbart ist; diese Vereinbarung kann auch konkludent geschlossen werden[6]; hiervon wird in der Regel auszugehen sein.

3 Da das Wohnungseigentum nur durch vertragliche Einräumung oder durch Teilung begründet werden kann, kann es nicht durch eine Verfügung von Todes wegen mit Eintritt des **Erbfalls** in dinglicher Weise entstehen. Hat der Erblasser für ein im Nachlass stehendes Gebäude angeordnet, dass Wohnungseigentum zu begründen ist, haben die Erben die Auseinandersetzungsanordnung zu befolgen und Wohnungseigentum zu begründen. Besteht Streit zwischen den Erben über den Inhalt der Gemeinschaftsordnung, hat der Richter (nach der alten Fassung des § 43 Abs. 1 Nr. 1, 2) „nach billigem Ermessen" über die zwingend notwendigen Regelungen zu entscheiden[7]; im Rahmen eines Erbschaftsprozesses kann auch das Prozessgericht die Entscheidung treffen. Vorab muss die Erbengemeinschaft Bruchteilseigentum bilden, dann kann diesen Miteigentumsanteilen Sondereigentum verbunden werden.[8] Genehmigungserfordernisse prüft das Grundbuchamt von Amts wegen[9]: hierzu gehören z.B. § 22 Abs. 1 Satz 1 BauGB oder in Sanierungs- und Stadtentwicklungsgebieten gemäß § 124 Abs. 2 Nr. 5 BauGB; auch auf § 51 BauGB für das Umlegungsverfahren oder auf § 2 GrundstücksverkehrsG sei hier verwiesen, ebenso auf die für die Beteiligung von Minderjährigen geltenden allgemeinen Regelungen der Zustimmung des gesetzlichen Vertreters und des Vormundschaftsgerichts.[10]

---

3 BayObLG v. 11.4.1990 – BReg. 2 Z 7/90, BayObLGZ 1990, 101 = NJW 1990, 3216; OLG Stuttgart v. 6.10.1978 – 8 W 480/77, OLGZ 1979, 21.
4 *Staudinger-Rapp,* § 3 Rn. 41.
5 OLG München v. 9.1.2006 – 34 Wx 89/05, FGPrax 2006, 63 = Rpfleger 2006, 317 = ZMR 2006, 308.
6 BayObLG v. 20.3.2002 – 2Z BR 109/01, BayObLGZ 2002, 82 = NJW-RR 2002, 1022.
7 BGH v. 17.4.2002 – IV ZR 226/00, NJW 2002, 2712 = DNotZ 2003, 5.
8 *Staudinger-Rapp,* § 2 Rn. 3.
9 *Armbrüster,* in: Bärmann, § 2 Rn. 16
10 Vgl. *Armbrüster,* in: Bärmann, § 2 Rn. 29; nach BGH v. 30.9.2010 – V ZB 206/10, NJW 2010, 3643 ist der Erwerb einer Eigentumswohnung nicht lediglich rechtlich vorteilhaft.

III. Teilung durch Eigentümer, § 8

Der Alleineigentümer kann durch Erklärung gegenüber dem Grundbuchamt das Eigentum an dem Grundstück in Miteigentumsanteile in der Weise aufteilen, dass mit jedem Anteil das Sondereigentum an einer bestimmten Wohnung oder nicht zu Wohnzwecken dienenden bestimmten Räumen in einem auf dem Grundstück errichteten oder zu errichtenden Gebäude verbunden ist, § 8 Abs. 1. Die Aufteilung des Grundstückes ist nur gleichzeitig mit der jeweiligen Einräumung von Sondereigentum möglich. Es handelt sich um eine einseitige amtsempfangsbedürftige Willenserklärung, die gegenüber dem Grundbuchamt abzugeben ist.

4

Die Teilung gemäß § 8 wird rechtlich wirksam mit **Vollzug im Grundbuch**, also mit der Anlegung der Wohnungsgrundbücher, § 8 Abs. 2 Satz 2; eine werdende Eigentumsgemeinschaft entsteht frühestens mit der Eintragung einer Vormerkung für den Ersterwerber im Wohnungsgrundbuch. Die teilende natürliche oder juristische Person wird nach Aufteilung Eigentümer jedes entstandenen Wohnungs- oder Teileigentumsrechts.[11] Gleiches gilt bei der Teilung durch Kapitalgesellschaften. Eine Aufteilung durch eine Erbengemeinschaft oder durch eine Personengesellschaft kommt nur in Betracht, wenn die Personengesellschaft auch Alleineigentümerin aller entstehenden Wohnungs- und Teileigentumsrechte wird.[12] Anderenfalls muss die Erbauseinandersetzung erfolgen, Miteigentum gebildet werden, das durch Sondereigentum beschränkt wird; jedem Mitglied der Erbengemeinschaft müssen Wohnungs- und Gemeinschaftseigentumsrechte zugewiesen werden.[13] Die **Vorratsteilung** wird zwar mit Eintragung in das Wohnungsgrundbuch wirksam, die Wohnungseigentümergemeinschaft ist jedoch rechtlich erst dann in Vollzug gesetzt, wenn mindestens zwei Wohnungseigentümer im Wohnungsgrundbuch eingetragen sind[14]; nach der Konzeption des Gesetzes gibt es keine Ein-Personen-Gemeinschaft, § 10 Abs. 7 Satz 4. Vor rechtlicher Invollzugsetzung handelt es sich um eine **werdende Wohnungseigentümergemeinschaft** (faktische Wohnungseigentümergemeinschaft)[15], auf die allerdings die Vorschriften des Wohnungseigentumsgesetzes angewandt werden und zwar frühestens nach Eintragung einer Auflassungsvormerkung des Ersterwerbers und Übergabe des Besitzes an der erworbenen Wohnung.[16]

---

11 Vorsorglich ist eine etwaige Gewerbesteuerpflicht zu prüfen.
12 MünchKomm-*Commichau*, § 3 Rn. 10.
13 Vertragliche Teilung gemäß § 3.
14 BayObLG v. 11.4.1990 – BReg. 2 Z 7/90, BayObLGZ 1990, 101 = NJW 1990, 3216; BayObLG v. 20.2.2003 – 2Z BR 1/03, NJW-RR 2003, 874, 875.
15 BayObLG v. 11.4.1990 – BReg. 2 Z 7/90, BayObLGZ 1990, 101; nach Auffassung von OLG Saarbrücken vom 7.5.2002 – 5 W 368/01, NJW-RR 2002, 1236 = NZM 2002, 610 ist allein mit der Anlage der Wohnungsgrundbücher die Wohnungseigentümergemeinschaft in der Person des teilenden Alleineigentümers entstanden.
16 BGH v. 5.6.2008 – V ZB 85/07, BGHZ 177, 53; OLG München v. 9.1.2006 – 34 Wx 89/05, FGPrax 2006, 63 = Rpfleger 2006, 317 = ZMR 2006, 308; BayObLG v. 20.2.2003 – 2Z BR 1/03, DNotZ 2003, 931 = NJW-RR 2003, 874; a.A. OLG Saarbrücken v. 7.5.2002 – 5 W 368/01, NZM 2002, 610; OLG Saarbrücken v. 27.2.1998 – 5 W 252/97, NJW 1998, 1094; OLG Brandenburg v. 9.1.2006 – 13 Wx 17/05, ZWE 1006, 447.

Dabei müssen die Wohnungsgrundbücher noch gar nicht angelegt sein, der Anspruch auf Übereignung einer Wohnung kann schon vorher durch Eintragung einer Vormerkung im Grundbuch des ungeteilten Grundstücks gesichert werden.[17] Der Erwerber wird also, zumindest im Innenverhältnis, wie ein Mitglied der Wohnungseigentümergemeinschaft behandelt.[18]

IV. Anwartschaftsrechte

1. Anwartschaft auf Sondereigentum bei einem zu errichtenden Gebäude

5 Sowohl bei vertraglicher Begründung gemäß § 3 wie auch bei Vorratsteilung gemäß § 8 kann das Sondereigentum mit einem noch zu errichtenden Gebäude verbunden werden. Da faktisch Sondereigentum erst mit Errichtung des Gebäudes (jeder einzelnen Wohnung) entsteht, hat der Wohnungseigentümer ein **Anwartschaftsrecht** auf seinen Anteil am künftigen Gemeinschaftseigentum und am künftigen Sondereigentum nach dem Aufteilungsplan.[19] Das den Miteigentumsanteilen am Grundstück jeweils zugeordnete Sondereigentum an einer Wohnung entsteht erst mit der Fertigstellung, wenn vor Errichtung des Gebäudes durch Teilungserklärung Wohnungseigentum gebildet worden ist. Dinglich vollzogen wird die Teilungserklärung durch Eintragung in die Wohnungsgrundbücher (§ 8 Abs. 2, § 7 Abs. 1), obwohl zu diesem Zeitpunkt dasjenige Wohnungseigentum, das sich auf eine Wohnung im erst noch zu errichtenden Gebäude erstreckt, tatsächlich nur ein Miteigentumsanteil am Grundstück ist. Die Eintragung verschafft dem Grundstückseigentümer als nunmehrigem Inhaber aller Miteigentumsanteile und damit auch dem späteren Erwerber eines Anteils die **gesicherte Rechtsposition**, dass dem Anteil am Grundstück im Fall der Bebauung Sondereigentum zuwächst; diese „Anwartschaft" auf Erlangung von Sondereigentum – sowie von Miteigentum an den gemeinschaftlichen Gebäudeteilen – besteht unabhängig, ob das Gebäude überhaupt errichtet wird und nach öffentlichem Baurecht errichtet werden darf.[20] Damit kann Sondereigentum auch stufenweise entstehen, zunächst also beschränkt auf die plangemäß fertiggestellten Raumeinheiten.[21] Solange der zu Sondereigentum bestimmte Raum noch nicht gebaut und damit noch nicht vorhanden ist, befindet sich das Sondereigentum in einem Zustand, der dem einer Anwartschaft ähnelt. Mit der Veräußerung des Sondereigentums durch den teilenden Eigentümer entsteht im Falle des § 8 ein Anwartschaftsrecht des Erwerbers gegenüber dem Ver-

---

17 BGH v. 5.6.2008 – V ZB 85/07, BGHZ 177, 53; BGH v. 2.4.1993 – V ZR 14/92, NJW-RR 1993, 840; BayObLG v. 27.5.1977 – BReg. 2 Z 20/77, BayObLGZ 1977, 155; OLG Köln v. 7.11.1984 – 2 Wx 34/84, DNotZ 1985, 450; der gesicherte Anspruch muss allerdings auf Erlangung von Wohnungseigentum gerichtet sein.
18 Sie schulden dann z.B. die gemäß § 16 Abs. 2 von der Gemeinschaft beschlossenen Beiträge: BGH v. 5.6.2008 – V ZB 85/07, BGHZ 177, 53
19 BGH v. 22.12.1989 – V ZR 339/97, BGHZ 110, 36 = NJW 1990, 1111; OLG Hamm v. 3.2.1987 – 15 W 456/85, OLGZ 1987, 389 = DNotZ 1988, 32 = NJW-RR 1987, 842; *Staudinger-Rapp*, § 5 Rn. 49; *MünchKomm-Commichau*, vor § 1 Rn. 51.
20 BGH v. 22.12.1989 – V ZR 339/87, BGHZ 110, 36/39; *Demharter*, GBO, Anhang zu § 3 Rn. 10.
21 BGH v. 6.6.1986 – V ZR 264/84, NJW 1986, 2759/2761 a.E. = MittBayNot 1986, 251/252.

äußerer auf Herstellung der Substanz des Sondereigentums.[22] Mit Anlegung des Wohnungsgrundbuchs i.S.d. § 3 Abs. 2 Satz 2 wird die Teilung wirksam; dies bedeutet, dass der Miteigentumsanteil zunächst mit einem **Anwartschaftsrecht auf Erwerb** zugeordneten Sondereigentums[23] belastet ist. Eine dingliche Bauverpflichtung, die sich aus dem Anwartschaftsrecht ergeben sollte, ist zu verneinen.[24] Ist das Wohnungseigentum mit Anlegung des Wohnungseigentumsgrundbuchs einmal wirksam entstanden, dann wohnt ihm das Recht zur Herstellung des in der Teilungserklärung vorgesehenen Raumes (Gebäudes) unabdingbar inne, auch dann, wenn die Herstellung des Gebäudes unmöglich ist, etwa aus Gründen des öffentlichen Baurechts[25]: Steht nach vielen Jahren fest, dass (zumindest teilweise) Sondereigentum nicht mehr errichtet wird, kann ein schuldrechtlicher Anspruch nach § 242 BGB bestehen, dass der betroffene Miteigentumsanteil unter Aufhebung des Sondereigentums den anderen Wohnungseigentümern anteilig zugeschlagen wird; ist z.B. nach 30 Jahren das Sondereigentum (Tiefgarage) noch immer nicht errichtet und fordert niemand die Errichtung des Sondereigentums (Tiefgarage)[26], besteht der Anspruch auf Aufhebung; das Anwartschaftsrecht entfällt; mit ihm entfällt auch ein Stimmrecht in der Miteigentümerversammlung.[27] Ein Teileigentümer kann noch nach längerem Zeitablauf nach wirksamem Entstehen des Teileigentums die Errichtung ursprünglich vorgesehener Garagen einfordern.[28]

2. Störungen bei der Errichtung des Gebäudes

Wird der Bau ganz oder teilweise gar nicht begonnen oder bleibt im Stadium der Errichtung stecken, war es auch nach der alten Gesetzeslage herrschende Meinung, dass ein Rechtsanspruch der Vertragschließenden auf die Fortführung des Baus besteht. Die Haftung besteht auch nach altem Recht nur **anteilig** im Verhältnis des Miteigentumsanteils.[29] Selbst bei Insolvenz des Bauträgers können die Wohnungseigentümer mit Mehrheit über die Fertigstellung eines steckengebliebenen Baus beschließen, wenn die Wohnanlage weitgehend, jedenfalls zu deutlich mehr als der Hälfte ihres endgültigen Wertes hergestellt ist.[30] Die bereits an den Bauträger geleisteten Zahlungen werden nur insoweit berücksichtigt, als sie dem Bau zugute

6

---

22 OLG Hamburg v. 25.2.2002 – 2 Wx 94/01, NZM 2003, 109 = ZMR 2002, 372.
23 OLG Hamm v. 14.8.1990 – 15 W 87/89, OLGZ 1991, 27 = DNotZ 1992, 492.
24 LG Hamburg v. 25.4.2012 – 318 S 138/11; aus dem Anwartschaftsrecht lässt sich eine Bauverpflichtung nur herleiten, wenn dies von dem Inhalt der Vereinbarung vorgegeben ist; ebenso: OLG Hamm v. 4.7.2005 – 15 W 256/04; so auch: *Staudinger-Rapp*, § 5 Rn. 49; § 3 Rn. 37; unabhängig davon besteht gegebenenfalls ein schuldrechtlicher Anspruch.
25 OLG Hamm v. 4.7.2005 – 15 W 256/04, NZM 2006, 142 = ZMR 2006, 60; BGH v. 22.12.1989 – V ZR 339/87, BGHZ 110, 36, NJW 1990, 1111.
26 BayObLG v. 7.11.2001 – 2Z BR 10/01, BayObLGZ 2001, 328/331.
27 OLG Hamm v. 4.7.2005 – 15 W 256/04, NZM 2006, 142 = ZMR 2006, 60.
28 OLG Hamm v. 3.2.1987 – 15 W 456/85, OLGZ 1987, 389.
29 BGH v. 21.1.2002 – II ZR 2/00, BGHZ 150, 1 = NJW 2002, 1642.
30 BayObLG v. 20.11.2002 – 2Z BR 144/01, NJW 2003, 2323 = NZM 2003, 66 = BauR 2003, 936.

gekommen sind.[31] Allerdings bleibt das Wohnungseigentum erst einmal in dem Zustand bestehen, in dem es sich bei Grundbucheintragung befand; bis entschieden ist, ob der Bau weitergeführt wird und keine anderweitige Regelung vereinbart ist, verbleibt es also bei dem Miteigentumsanteil am Grundstück, verbunden mit dem Anwartschaftsrecht auf Erlangung von Sondereigentum.[32] Nicht gleich gesetzt werden kann der Fall des nicht fertiggestellten Gebäudes mit der Zerstörung eines Gebäudes gemäß § 9 Abs. 1 Nr. 2 (wonach das Grundbuch auf Antrag der Eigentümer in diesen Fällen geschlossen werden kann). Es ist nicht Aufgabe der Baubehörde, festzustellen, wann ein teilweise errichtetes Gebäude einer „völligen Zerstörung des Gebäudes" gleichzusetzen ist und Sondereigentumsrechte letztlich gegenstandslos geworden sind oder sie über ein Anwartschaftsrecht hinaus noch nicht entstanden sind, siehe auch § 9 Rn. 3.[33]

V. Öffentlicher Glaube und gutgläubiger Erwerb

1. Gutgläubiger Erwerb

7   An den öffentlichen Glauben des Grundbuchs schließt sich der gutgläubige Erwerb grundsätzlich an zulässige Eintragungen an, §§ 891 ff. BGB. Ein etwaiger Mangel des Gründungsvertrages kann durch gutgläubigen Erwerb auch nur eines Wohnungseigentums insgesamt geheilt werden.[34] Dabei kommt es nicht darauf an, ob tatsächlich der Bau entsprechend der Eintragung im Grundbuch errichtet worden ist (und Sondereigentum vorhanden ist), denn das Grundbuchamt fordert den formellen Nachweis einer grundbuchmäßigen Errichtung des Gebäudes entsprechend dem Aufteilungsplan und der Abgeschlossenheitsbescheinigung nicht. Es ist für den **gutgläubigen Erwerb** an § 892 BGB, nicht an § 893 BGB anzuknüpfen.[35] Damit scheidet der gutgläubige Erwerb eines Dritten auf der Grundlage der tatsächlichen Bauausführung aus.[36] Vorab ist durch Auslegung der „objektive" Sinn der Eintragung im Grundbuch zu ermitteln.[37]

Der öffentliche Glaube des Grundbuchs kann allenfalls an einen fehlerhaften Eintrag, nicht jedoch an einen nichtigen Eintrag (wie z.B. eine Unterteilung eines Sondereigentums, das zu Gemeinschaftseigentum führt) anknüpfen.[38] Eine nichtige Unterteilung, die im Grundbuch vollzogen ist, führt zu

---

31 OLG Hamburg v. 17.4.1990 – 2 Wx 32/90, OLGZ 1990, 308.
32 OLG Hamm v. 4.7.2005 – 15 W 256/04, NZM 2006, 142.
33 *Niedenführ/Kümmel/Vandenhouten*, § 9 Rn. 5; *Armbrüster* in *Bärmann*, § 9 Rn. 18; *Dreyer*, DNotZ 2007, 294 ff. Die abweichende Bauausführung ist sowieso kein Fall des § 9 Abs. 1 Nr. 2.
34 BGH v. 3.11.1989 – V ZR 143/87, BGHZ 109, 179 = NJW 1990, 447; BayObLG v. 5.2.1998 – 2Z BR 127/97, NJW-RR 1998, 946 = NZM 1998, 525.
35 Wie viele: z.B. *Armbrüster* in *Bärmann*, § 3 Rn. 46.
36 KG Berlin v. 18.7.2001 – 24 W 7365/00, ZMR 2001, 849 = NZM 2001, 1127.
37 Hierfür maßgebend sind, was Wortlaut und Sinn für einen vernünftigen und unbefangenen Dritten als nächstliegende Bedeutung des Eintrags und der darin zulässigerweise in Bezug genommenen Unterlagen ergeben: OLG Zweibrücken v. 9.6.2011 – 4 U 153/10 [juris].
38 BGH v. 4.12.2014 – V ZB 7/13; OLG München v. 3.4.2007 – 32 Wx 33/07, Rpfleger 2007, 459

einer inhaltlich unzulässigen Grundbucheintragung.[39] Wegen eines im Grundbuch verlauteten Rechtszustandes, den es gar nicht geben kann, ist ein Amtswiderspruch gemäß § 53 GBO einzutragen[40]; ein gutgläubiger Erwerb ist ausgeschlossen. Eine offensichtlich fehlerhafte Aufteilung, bei der z.b. mehr Miteigentumsanteile als verfügbar gebildet worden sind, also z.b. 1100/1000 Miteigentumsanteile, kann einen gutgläubigen Erwerb nur dann ermöglichen, wenn eine den Fehler heilende Auslegung durch Verringerung der Miteigentumsanteile möglich ist.[41] Anderenfalls scheidet wegen der sich selbst widersprechenden Eintragungen im Grundbuch ein öffentlicher Glaube aus.[42] Stehen die Eintragung im Grundbuch und die dort in Bezug genommene Eintragungsbewilligung nicht im Einklang, scheidet ebenfalls ein gutgläubiger Erwerb aus.[43]

Der **Schutz des guten Glaubens** beim Erwerb eines Wohnungseigentums erstreckt sich auch auf Bestand und Umfang eines Sondernutzungsrechts[44], da das im Grundbuch eingetragene Sondernutzungsrecht Inhalt des jeweiligen Sondereigentums ist, § 5 Abs. 4, § 8 Abs. 2 Satz 1, § 10 Abs. 2, und da Sondereigentum wiederum wesentlicher Bestandteil des Wohnungseigentumsrechts ist. Umgekehrt erstreckt sich der Schutz des guten Glaubens eines Sonderrechtsnachfolgers darauf, dass Vereinbarungen mit Wirksamkeit gegenüber dem Sonderrechtsnachfolger über den im Grundbuch ausgewiesenen Bestand hinaus nicht getroffen sind.[45] Allerdings erstreckt sich der öffentliche Glaube des Grundbuchs nicht auf Vereinbarungen der Wohnungseigentümer über ihr Verhältnis untereinander, soweit die Vereinbarungen nicht im Grundbuch eintragungspflichtig sind.[46]

8

---

39 OLG Frankfurt/Main v. 31.7.2014 – 20 W 111/14: Die Änderung der Teilungserklärung mit Änderung der Zweckbestimmung des Sondereigentums bedarf der Zustimmung aller übrigen Eigentümer; sonst ist eine Grundbucheintragung unzulässig; hierzu: *Ott*, MittBayNot. 2015, 476
40 OLG München v. 4.10.2013 – 34 Wx 174/13, Rn. 10; OLG München v. 3.4.2007 – 32 Wx 33/07, OLGR München 2007, 551 = Rpfleger 2007, 459; BayObLG v. 10.11. 1987 – BReg. 2 Z 75/86, BayObLGZ 1987, 390 = DNotZ 1988, 316/319; *Dreyer*, DNotZ 2007, 594/609; BGH v. 1.10.2004 – V ZR 210/03, NZM 2004, 876 = NJW-RR 2005, 10.
41 *Staudinger-Rapp*, § 3 Rn. 47a.
42 OLG Karlsruhe v. 1.7.1993 – 9 U 352/91, NJW-RR 1993, 1294; BayObLG v. 10.11. 1987 – BReg. 2 Z 75/86, BayObLGZ 1987, 390; insofern folgend: *Staudinger-Rapp*, § 6 Rn. 4b.
43 OLG Zweibrücken v. 5.11.2012 – 3 W 127/12: alles, was in der Eintragungsbewilligung enthalten ist, wird durch die Bezugnahme zum Inhalt des Wohnungsgrundbuchs und nimmt am öffentlichen Glauben teil; dieser besteht nicht bei einem Widerspruch; OLG Zweibrücken v. 11.2.2011 – 3 W 8/11 [juris].
44 OLG München v. 8.2.2013 – 34 Wx 305/12; OLG Zweibrücken v. 5.11.2012 – 3 W 127/12; BayObLG v. 30.6.1989 – BReg. 2 Z 47/89, DNotZ 1990, 381; OLG Stuttgart v. 4.12.1985 – 8 W 481/84, OLGZ 1986, 35; zurückhaltend aber jetzt: OLG München v. 31.7.2007 – 34 Wx 59/07, DNotZ 2008, 289; ablehnend: *Weitnauer-Lüke*, § 15 Rn. 35; vgl. § 13 Rn. 38.
45 OLG Hamm v. 29.3.1993 – 15 W 391/92, OLGZ 1994, 1 = NJW-RR 1993, 1295.
46 *Demharter*, GBO, Anh. zu § 3 Rn. 27.

Gründungsmiteigentümer können in der **Gründungsphase** Wohnungseigentum nicht gutgläubig erwerben[47]; die Gründungsmiteigentümer sind untereinander auf Nichterfüllungs- und Schadensersatzansprüche angewiesen.

Ein zur Unwirksamkeit des Teilungsvertrags führender Gründungsmangel wird durch den gutgläubigen Erwerb auch nur eines Wohnungseigentums insgesamt geheilt[48]. Allerdings scheidet ein gutgläubiger Erwerb aus, wenn die wörtliche Beschreibung des Gegenstands des Sondereigentums mit der Teilungserklärung und die Angaben im Aufteilungsplan nicht übereinstimmen, und deshalb der Inhalt des Sondereigentums nicht bestimmbar ist.[49] Sondereigentum ist mangels sachenrechtlicher Bestimmtheit nicht entstanden; der Grundbucheintrag ist inhaltlich unzulässig und ohne materielle Wirkung; die Eintragung kann daher nicht Grundlage für einen gutgläubigen Erwerb nach § 892 BGB sein.[50]

Fehlt es an einem Sondereigentum insgesamt[51] oder fehlt es überhaupt an einer ausreichenden dinglichen Bestimmtheit[52], scheidet der Gutglaubenserwerb aus.

9 Im Rahmen des Wohnungseigentumsrechts ist der gutgläubige Erwerb eines sondereigentumslosen (also **isolierten**) **Miteigentumsanteils** unmöglich.[53] Die Miteigentümer müssen den plan- und gesetzwidrigen isolierten Miteigentumsanteil beseitigen[54]; eine Anwachsung freier Miteigentumsanteile gemäß § 738 BGB erfolgt nicht. Deshalb hat die Rechtsprechung pragmatisch eine „gesetzliche Übertragungsverpflichtung" entwickelt: Im Rahmen einer Vereinbarung muss eine Vereinigung oder Zuschreibung des „freien" Miteigentumsanteils an ein Sondereigentum erfolgen. Hierdurch können Ansprüche auf Wertsatz des betroffenen Miteigentümers (dessen Wohnungsgrundbuch zu schließen ist) entstehen, für den der objektive Verkehrswert gemäß § 818 Abs. 2 BGB maßgeblich ist.[55] In Betracht kommt auch ein Anspruch gegen die anderen Miteigentümer auf Übernahme des isolierten Miteigentumsanteils.[56] Der Inhaber eines sondereigentumslosen Miteigentumsanteils ist hinsichtlich seiner Gemeinschaftsrechte und Gemeinschaftspflichten entsprechend der Figur der faktischen Eigentümerge-

---

47 Beispiele: bei *Staudinger/Rapp*, § 3 Rn. 65.
48 BGH v. 3.11.1989 – V ZR 143/87, BGHZ 109, 179 = NJW 1990, 447; BayObLG v. 5.2.1998 – 2Z BR 127/97, NJW-RR 1998, 946 = MittBayNot 1998, 254.
49 BGH v. 30.6.1995 – V ZR 118/94, BGHZ 130, 159.
50 BGH v. 30.6.1995 – V ZR 118/94, BGHZ 130, 159; OLG Hamm v. 20.5.1976 – 15 W 255/72, OLGZ 1977, 264; BayObLG v. 10.11.1987 – BReg. 2 Z 75/86, BayObLGZ 1987, 390 = DNotZ 1988, 316/319.
51 BGH v. 18.1.1979 – VII ZB 19/78, BGHZ 73, 196.
52 BGH v. 30.6.1995 – V ZR 118/94, BGHZ 130, 159.
53 Vgl. zum isoliertem Miteigentumsanteil § 3 Rn. 20.
54 BGH v. 22.2.1979 – V ZR 14/77, BGHZ 73, 302; BayObLG v. 31.8.2000 – 2 Z BR 21/00, BayObLG 2000, 243; BGH v. 3.11.1989 – V ZR 143/87, BGHZ 109, 179; BGH v. 5.12.2003 – V ZR 447/01, NJW 2004, 1798; BGH v. 30.6.1995 – V ZR 118/94, BGHZ 130, 159.
55 BGH v. 3.11.1989 – V ZR 143/87, BGHZ 109, 179.
56 OLG Hamm v. 18.9.2006 – 15 W 259/05, Rpfleger 2007, 137 = NZM 2007, 448.

meinschaft zu behandeln; bis zur Übertragung des Anteils auf andere Miteigentümer unterliegt er den Regeln des Wohnungseigentumsgesetzes.[57]

2. Fehlerhafte, faktische Wohnungseigentümergemeinschaft

Ist die Gründung gemäß § 3 Abs. 1 durch Vertrag der Miteigentümer anfechtbar oder nichtig, jedoch die Wohnungseigentümergemeinschaft durch Teilnahme an Rechtsgeschäften bereits faktisch in Vollzug gesetzt und liegt eine Heilung durch gutgläubigen Dritterwerb (noch) nicht vor[58], werden auf diese fehlerhafte Wohnungseigentümergemeinschaft allgemein die Grundsätze der fehlerhaften Gesellschaft angewendet.[59] Die Wohnungseigentümergemeinschaft wird im **Außenverhältnis** so behandelt, als ob sie wirksam entstanden wäre.[60] Im **Innenverhältnis** ist die Gemeinschaft solange nach den Regeln des Wohnungseigentumsgesetzes zu behandeln, bis die Nichtigkeit von einem Beteiligten tatsächlich geltend gemacht wird.[61]

10

Entstehen Mängel bei der Teilung durch den Eigentümer gemäß § 8, entsteht Wohnungseigentum nicht, bis die Veräußerung mindestens eines der mit Sondereigentum verbundenen Miteigentumsanteile zumindest im Grundbuch vorgemerkt ist.[62] Eine **werdende Wohnungseigentümergemeinschaft**, auf die die Vorschriften des Wohnungseigentumsgesetzes entsprechend anwendbar sind[63], kann im Falle des § 8 Abs. 1 erst angenommen werden, wenn zwischen dem aufteilenden Eigentümer und mindestens einem Erwerber einzelner Einheiten dessen Anspruch auf Übereignung durch Vormerkung gesichert ist; hierzu müssen die Wohnungsgrundbücher angelegt sein, die Gemeinschaft muss durch Inbesitznahme, Übergang der Nutzen, der Lasten und der Gefahr auf den (Erst-) Erwerber gebildet sein.[64] Eine faktische Wohnungseigentümergemeinschaft besteht nur, wenn sich die Eigentümer vor Eintragung im Grundbuch wie Wohnungseigentumserwerber verhalten. Aber auch hierzu ist ein gültiger Erwerbsvertrag und die Vormerkung im Grundbuch Voraussetzung.[65] Auch der Rechtsweg zu den

---

57 OLG Hamm v. 18.9.2006 – 15 W 259/05, Rpfleger 2007, 137 = NZM 2007, 448; wohl auch: BGH v. 5.12.2003 – V ZR 447/01, NJW 2004, 1798.
58 BGH v. 3.11.1989 – V ZR 143/87, BGHZ 109, 179; BayObLG v. 5.2.1998 – 2Z BR 127/97, NJW-RR 1998, 946.
59 *Staudinger-Rapp*, § 3 Rn. 54 ff.
60 *Niedenführ/Kümmel/Vandenhouten*, § 3 Rn. 38; OLG Hamm v. 18.9.2006 – 5 W 259/05, NZM 2007, 448 = Rpfleger 2007, 137.
61 *Staudinger-Rapp*, § 3 Rn. 61; strittig, ob auch § 11 nach Berufung auf die Nichtigkeit anwendbar ist: Dafür: *Palandt-Bassenge*, § 2 Rn. 3; § 11 Rn. 4 bei Inhaltsmängeln, nicht bei Willensmängeln.
62 OLG München v. 9.1.2006 – 34 Wx 89/05, Rpfleger 2006, 317 = FG-Prax 2006, 63.
63 BGH v. 5.6.2008 – V ZB 85/07, BGHZ 177, 53; BayObLG v. 11.4.1990 – BReg. 2 Z 7/90, BayObLGZ 1990, 101/103.
64 BGH v. 5.6.2008 – V ZB 85/07, BGHZ 177, 53; OLG Karlsruhe v. 12.11.2001 – 14 Wx 37/01, ZMR 2003, 374.
65 BGH v. 5.6.2008 – V ZB 85/07, BGHZ 177, 53. Die Vormerkung muss auf den Erwerb von Wohnungseigentum gerichtet sein.

WEG § 2 Begründung des Wohnungseigentums

Wohnungseigentumsgerichten ist damit eröffnet.[66] Mit Eintragung der Wohnungseigentümer im Grundbuch gehen fließend die Rechte der faktischen Wohnungseigentümergemeinschaft auf die entstandene über.[67]

---

66 BayObLG v. 11.4.1990 – BReg. 2 Z 7/90, BayObLGZ 1990, 101/103; BayObLG v. 23.1.1992 – AR 2 Z 110/91, NJW-RR 1992, 592 = DNotZ 1993, 338: Eine werdende Wohnungseigentümergemeinschaft entsteht grundsätzlich nur bei einer Teilung des Grundstücks nach § 8 durch den Alleineigentümer; *Staudinger-Rapp*, § 8 Rn. 25; OLG Hamm v. 19.10.1999 – 15 W 217/99, DNotZ 2000, 215 = FGPrax 2000, 11.
67 *Staudinger-Rapp*, § 8 Rn. 26a.

§ 3
Vertragliche Einräumung von Sondereigentum

(1) Das Miteigentum (§ 1008 des Bürgerlichen Gesetzbuchs) an einem Grundstück kann durch Vertrag der Miteigentümer in der Weise beschränkt werden, dass jedem der Miteigentümer abweichend von § 93 des Bürgerlichen Gesetzbuchs das Sondereigentum an einer bestimmten Wohnung oder an nicht zu Wohnzwecken dienenden bestimmten Räumen in einem auf dem Grundstück errichteten oder zu errichtenden Gebäude eingeräumt wird.

(2) Sondereigentum soll nur eingeräumt werden, wenn die Wohnungen oder sonstigen Räume in sich abgeschlossen sind. Garagenstellplätze gelten als abgeschlossene Räume, wenn ihre Flächen durch dauerhafte Markierungen ersichtlich sind.

Inhalt:

		Rn.			Rn.
I.	Allgemeines	1	5.	Einräumung des Sondereigentums	24
II.	**Absatz 1:** Vertragliche Einräumung von Sondereigentum	2	a)	An einer bestimmten Wohnung	25
1.	Miteigentum	2	b)	Andere Räume	26
2.	An einem Grundstück	3	c)	Zweckbestimmung der Räume	27
3.	Durch Vertrag der Miteigentümer beschränkt	4	6.	Grundstücksbezug	28
a)	Teilungsvereinbarung	4	III.	**Absatz 2:** Abgeschlossenheit des Sondereigentums	29
b)	Inhalt der Vereinbarung	5	1.	Allgemeines	29
c)	Änderung der Teilungsvereinbarung	8	2.	Einzelmerkmale der Abgeschlossenheit	30
d)	Zustimmung dinglich Berechtigter	9	a)	Räumliche Abgeschlossenheit	30
e)	Mängel bei der Bildung von Sondereigentum	10	b)	Zugang	31
aa)	Abschlussmängel	10	c)	Mindestausstattung	32
bb)	Inhaltsmängel	11	3.	**Absatz 2** Satz 2: Garagenstellplätze als abgeschlossene Räume	33
cc)	Bauabweichungen	12			
dd)	Isoliertes Miteigentum	20			
ee)	Isoliertes Sondereigentum	22	4.	Nachträgliche Änderungen der Abgeschlossenheit	34
4.	Abweichung von § 93 BGB	23			

I. Allgemeines

Wohnungseigentum ist gemäß § 1 das Sondereigentum an einer Wohnung in Verbindung mit dem Miteigentumsanteil an dem gemeinschaftlichen Eigentum. Die Arten der Begründung durch vertragliche Einräumung von Sondereigentum oder durch Teilung des Grundstücks regelt § 2. Die Voraussetzungen der vertraglichen Einräumung des Sondereigentums finden sich in § 3. Der Gesetzgeber bezieht sich auf das Miteigentum an Sachen gemäß § 1008 BGB, wonach das Eigentum an einer Sache mehreren nach Bruchteilen zustehen kann; das Miteigentum ist Voraussetzung für die Bildung des das Miteigentum anderer beschränkende Sondereigentum. Diesem Bruchteil an einem Grundstück kann durch Vertrag der Miteigentümer (abweichend von § 93 BGB) das Sondereigentum an einer bestimmten Wohnung oder an nicht zu Wohnzwecken dienenden bestimmten Räumen (Teileigentum) in einem auf dem Grundstück errichteten oder zu errichtenden Gebäude zugeordnet werden. In der Praxis kommt die Teilung eines Grundstücks durch den Eigentümer gemäß § 8 (sog. Vorratsteilung) häufiger vor als die vertragliche Schaffung von Wohnungseigentum gemäß § 3. Beispiele für letzteres sind z.B. die Aufteilung bei Zweifamilienhäusern oder auch die nachträgliche Umwandlung eines Altbaus in Eigentumswohnungen durch Miteigentümer. Steuerrechtliche Vorschriften sind oft ausschlaggebend für die Entscheidung, ob der Eigentümer eines Grundstücks gemäß § 8 (Vorratsteilung: Bauträgermodelle) teilt oder den Weg des § 3 wählt (Bauherrengemeinschaft). Die WEG-Novelle[1] hat § 3 Abs. 3 aufgehoben. Die Bestimmung hat mit Ablauf des 31.12.1996 ihre Wirkung verloren. Sie lautete wie folgt:

(3) [1)]Unbeschadet der im übrigen Bundesgebiet bestehenden Rechtslage wird die Abgeschlossenheit von Wohnungen oder sonstigen Räumen, die vor dem 3.10.1990 bauordnungsrechtlich genehmigt worden sind, in dem in Artikel 3 des Einigungsvertrages bezeichneten Gebiet nicht dadurch ausgeschlossen, dass die Wohnungstrennwände und Wohnungstrenndecken oder die entsprechenden Wände oder Decken bei sonstigen Räumen nicht den bauordnungsrechtlichen Anforderungen entsprechen, die im Zeitpunkt der Erteilung der Bescheinigung nach § 7 Abs. 4 Nr. 2 gelten. [(2)]Diese Regelung gilt bis zum 31.12.1996.

II. Absatz 1: Vertragliche Einräumung von Sondereigentum

1. Miteigentum

2 Voraussetzung der Bildung von Sondereigentum ist das Bestehen eines Miteigentumsanteils gemäß § 1008 BGB. **Miteigentumsanteile** gemäß § 1008 BGB entstehen durch Veräußerung eines Grundstücksanteils vom Alleineigentümer mindestens an einen weiteren Miteigentümer; ein Gesamthandeigentum (Erbengemeinschaft) muss in Bruchteilseigentum umgewandelt werden.[2] Ein Bruchteil kann im Gesamthandeigentum verbleiben (Erbengemeinschaft, BGB-Gesellschaft, Gesamtgut der Gütergemeinschaft).[3] Zulässig ist, mit Einräumung von Sondereigentum gleichzeitig den Miteigentumsanteil zu bilden. Die zeitlich vorausgehende Bildung von Miteigentumsanteilen und deren grundbuchmäßiger Vollzug ist für die Beschränkung des Miteigentumsanteils durch Sondereigentum nicht erforderlich.[4]

---

1 Gesetz zur Änderung des Wohnungseigentumsgesetz und anderer Gesetze vom 26.3.2007, BGBl. I 2007, S. 370, Art. 1 Nr. 1.
2 Soweit nicht die Vorratsteilung nach § 8 mit Bildung von Wohnungseigentumsanteilen erfolgt.
3 *Bauer/von Oefele*, 3. Aufl. 2013, AT V, Kap. V Rn. 20.
4 Landgericht Bielefeld v. 4.1.1985 – 3 T 1210/84, Rpfleger 1985, 189; *Niedenführ/Kümmel/Vandenhouten*, § 3 Rn. 4 a.E.; dieser Miteigentumsanteil ist unselbständig, sobald er mit Sondereigentum verbunden ist, § 6 Abs. 2. Rechte an dem Miteigentumsanteil erstrecken sich dann auf das zu ihm gehörende Sondereigentum;

2. An einem Grundstück

Wohnungseigentum kann nur **an einem Grundstück** begründet werden, § 1 Abs. 4. Die Begründung an mehreren Grundstücken ist unwirksam; die Grundstücke müssen grundbuchrechtlich vereinigt werden[5], § 890 Abs. 1, 2 BGB, §§ 5, 6 GBO. Auch an einer Teilfläche eines Grundstücks kann Wohnungseigentum nicht begründet werden. Es muss ein selbständiges Grundstück gebildet werden. Vorher ist weder der Vollzug der Teilungsvereinbarung im Grundbuch noch die Anlage eines neuen Wohnungsgrundbuchblattes möglich. Eine Teilveräußerung des Grundstücks ist dann nicht mehr möglich, § 6; wenn dies von den Wohnungseigentümern gewünscht würde, müsste vorher die Teilungsvereinbarung geändert werden, das Grundstück geteilt werden, um damit eine Teilveräußerung zu ermöglichen.[6]

3. Durch Vertrag der Miteigentümer beschränkt

a) Teilungsvereinbarung

Haben sich die Vertragschließenden über die Miteigentumsbildung geeinigt, müssen sie zur Begründung von Wohnungseigentum das Recht am Miteigentum durch Bildung von Sondereigentum an bestimmten Räumen (Wohnung) beschränken. Die Sonderrechtsfähigkeit entsteht erst durch die Vereinbarung von Sondereigentum an abgeschlossenen Räumen. Für einen Vertrag zur Einräumung von Sondereigentum bedarf es eines **Teilungsvertrages** als dingliches Verfügungsgeschäft und der Eintragung im Grundbuch (§ 4 Abs. 1 Satz 2). Dieser Vertrag (Teilungsvereinbarung/Teilungserklärung) muss bestimmen, was Sondereigentum sein soll und was gemeinschaftliches Eigentum bleibt. Die Gemeinschaftsordnung dagegen regelt die internen Rechte und Pflichten der Miteigentümer. Zum Inhalt der Gemeinschaftsordnung siehe die Kommentierung zu § 10. Die Gemeinschaftsordnung ist nicht Voraussetzung des Entstehens von Sondereigentum.[7] Es empfiehlt sich die Eintragung der Gemeinschaftsordnung im Grundbuch, damit sie gegen Rechtsnachfolger dingliche Wirkung entfaltet, § 10 Abs. 2. Fehlt eine Gemeinschaftsordnung, gilt für das Verhältnis der Miteigentümer untereinander ausschließlich das Gesetz, §§ 10 ff.

Sondereigentum muss an einer bestimmten Wohnung oder an nicht zu Wohnzwecken dienenden bestimmten Räumen gebildet werden. Ohne Sondereigentum entsteht kein Wohnungs(Teil-)eigentum. Das Sondereigentum muss klar abgegrenzt vom Gemeinschaftseigentum sein; hierzu ist der Aufteilungsplan, auf den im Grundbuch Bezug genommen wird, heranzuziehen – er nimmt am öffentlichen Glauben des Grundbuchs teil.[8] Die Abgrenzung

---

das Sondereigentum selbst kann ohne den Miteigentumsanteil nicht veräußert oder belastet werden, § 6 Abs. 1.
5 BayObLG v. 20.7.1970 – (2. ZS) BReg. 2 Z 21/70, BayObLGZ 1970, 163 = DNotZ 1970, 602.
6 BayObLG v. 7.3.2002 – 2Z BR 166/01, NJW-RR 2002, 884 = DNotZ 2002, 784: Eine Vormerkung nur an einem einzelnen Wohnungseigentum ist zu löschen.
7 *Niedenführ/Kümmel/Vandenhouten-Kümmel*, § 10 Rn. 19; *Armbrüster*, in: Bärmann, § 3 Rn. 50.
8 BayObLG v. 28.9.1981 – BReg. 2 Z 68/81, DNotZ 1982, 244 = Rpfleger 1982, 21; OLG Saarbrücken v. 9.6.2011 – 4 U 153/10 [juris]

ergibt sich aus dem Aufteilungsplan.[9] Sondereigentum kann nur in den Grenzen des Aufteilungsplanes entstehen.[10]

b) Inhalt der Vereinbarung

5   Der Miteigentumsanteil muss mit einem Sondereigentumsanteil verbunden werden. Dabei können die Miteigentümer eines Grundstücks durch einen dinglichen Vertrag Wohnungseigentum begründen derart, dass sie sowohl die Zahl der (früher bestehenden) Miteigentumsanteile **verändern** (zusammenlegen/trennen), als auch diesen (neuen) Anteilen jeweils das Sondereigentum an einer Wohnung zuordnen.[11] Die **Unterteilung** von Miteigentumsanteilen ist zulässig: Die früher bestehenden Bruchteilsanteile werden abgespalten in einzelne Miteigentumsanteile und dann den früheren Bruchteilseigentümern als Miteigentumsanteil jedes Sondereigentum an einer Wohnung zugeordnet.[12] Immer muss Sondereigentum an Räumen begründet werden, unabhängig davon, welche Größe oder Nutzungsbestimmung sie haben (Garagen, Hallen)[13].

6   Ein **Mitsondereigentum** an Räumen und Gebäudeteilen scheidet grundsätzlich aus.[14] Deshalb kann eine Liftanlage[15] oder ein Heizungsraum oder eine Abwasserhebeanlage[16] grundsätzlich nur Gemeinschaftseigentum sein, weil diese allen Eigentümern zur Verfügung stehen müssen. Indes gibt es hier Abgrenzungsschwierigkeiten: So hatte der BGH[17] gemeinsames Sondereigentum an einer nichttragenden Wand zwischen zwei zu verschiedenen Sondereigentumseinheiten gehörenden Räumen angenommen; dabei spricht der BGH nicht (mehr) von „Mitsondereigentum", das im Wohnungseigentumsgesetz dinglich nicht vorgesehen ist, sondern von „allenfalls vertikal" („lotrecht") geteilten Sondereigentum, wie es dem Eigentum an einer Grenzanlage i.S.d. §§ 921, 922 BGB entspricht[18]; der BGH diskutiert auf jeden Fall, ob die Anerkennung eines solchen „Nachbareigentums" auch in der Zukunft erfolgen darf, löst das Problem jedoch hier, weil im entschiedenen Fall bei einer erstmaligen plangerechten Herstellung auch „nicht tragende Trenn-

---

9   BayObLG v. 15.10.1989 – BReg. 2 Z 130/89, BayObLGZ 1989, 470 = NJW-RR 1990, 332: Maßgeblich ist der Aufteilungsplan, dessen Durchsetzung jeder Wohnungseigentümer fordern kann.
10 BGH v. 20.11.2015 – V ZR 284/14.
11 BGH v. 10.2.1983 – V ZB 18/82, BGHZ 86, 393 = NJW 1983, 1672.
12 BayObLG v. 29.11.1974 – BReg. 2 Z 54/74, BayObLGZ 1974, 466; LG Düsseldorf v. 9.5.1985 – 2 T 258/85, MittRhNotK 1987, 163.
13 *Armbrüster*, in: Bärmann, § 3 Rn. 22; Sondereigentum kann nicht auf Grundstücksflächen ohne Gebäude entstehen.
14 *Staudinger-Rapp*, § 3 Rn. 105; *Niedenführ/Kümmel/Vandenhouten*, § 3 Rn. 7; *Jennißen-Dickersbach*, § 5 Rn. 42; *Armbrüster*, in: Bärmann, § 3 Rn. 29.
15 BGH v. 30.6.1995 – V ZR 118/94, BGHZ 130, 168 = NJW 1995, 2851 = DNotZ 1996, 289.
16 OLG Schleswig v. 29.9.2006 – 2 W 108/06, DNotZ 2007, 620; *Staudinger-Rapp*, § 3 Rn. 105; *Niedenführ/Kümmel/Vandenhouten*, § 3 Rn. 7.
17 BGH v. 21.12.2000 – V ZB 45/00, BGHZ 146, 241/248 = NJW 2001, 1212 = DNotZ 2002, 127.
18 BGH v. 20.11.2015 – V ZR 284/14, Rn. 19; BGH v. 27.3.2015 – V ZR 216/13, BGHZ 204, 364, Rn. 8

wände zwischen zwei Sondereigentumseinheiten wie gemeinschaftliches Eigentum zu behandeln" sind.[19] Das OLG Zweibrücken bejahte dies auch für darin verlaufende gemeinschaftliche Abwasserleitungen.[20] *Staudinger-Rapp*[21] betonen, dass an sondereigentumsfähigen Gegenständen Miteigentum von Wohnungseigentümern bestehen könne. In solchen Konstellationen ist allerdings richtigerweise § 922 BGB im Rahmen des § 14 entsprechend heranzuziehen, wenn die Gemeinschaftsordnung keine Regelung hierfür enthält.[22] Entsprechend den Regelungen zu „Grenzanlagen" ist die gemeinschaftliche Benutzung einschließlich der Kostentragung zu regeln[23]; sinnvoll ist von Gemeinschaftseigentum auszugehen.

Ist bereits vertraglich Wohnungseigentum begründet worden und besteht eine Einheit aus mehreren in sich wiederum abgeschlossenen **Raumeinheiten**, so hat dieser Wohnungseigentümer das Recht, gemäß § 8 eine Unterteilung vorzunehmen, d.h. aus seinem Wohnungseigentum mehrere selbständige abgeschlossene Einheiten zu bilden[24]; die Zweckbestimmung der Räume darf nicht geändert werden.[25] Der Zustimmung der anderen Wohnungseigentümer bedarf es hierzu nicht, ebenso wenig bei gleichzeitiger Teilveräußerung des Wohnungseigentums.[26] Dies gilt auch, wenn das mit einem Miteigentumsanteil verbundene Sondereigentum mit mehreren, in ihrer Gesamtheit allerdings nicht in sich abgeschlossenen Wohnungen verbunden werden soll, wenn nur diese jeweils in sich abgeschlossen und vom gemeinschaftlichen Eigentum und vom Sondereigentum der anderen Wohnungseigentümer abgetrennt sind[27]; allerdings kann Sondereigentum nicht derart aufgehoben und in Gemeinschaftseigentum überführt werden, dass ein isolierter Miteigentumsanteil entsteht[28].

Die Höhe **(Quote)** des Miteigentumsanteils kann frei festgelegt werden. Das Gesetz sieht ein bestimmtes Verhältnis zwischen Sondereigentum und Miteigentumsanteil nicht vor.[29] Bei Abschluss des Vertrages kann demnach der Aufteilungsmaßstab frei gewählt werden. Empfehlenswert ist, eine zumindest annähernde Gleichwertigkeit der Sonder- und Miteigentumsanteile zu erreichen. Bei gleichartiger Nutzung ist die Wohnfläche ein sinnvoller

7

---

19 BGH v. 20.11.2015 – V ZR 284/14, Rn.20.
20 OLG Saarbrücken v. 7.11.1986 – 3 W 152/86, NJW-RR 1987, 332.
21 *Staudinger-Rapp*, § 3 Rn. 10.
22 OLG München v. 13.9.2005 – 32 Wx 71/05, NJW-RR 2006, 297 = ZMR 2006, 300 = NZM 2006, 344; a.A. *Armbrüster*, in: Bärmann, § 3 Rn. 30
23 Da Abgrenzungseinrichtungen nicht sondereigentumsfähig sind (a.A. BGH v. 21.12.2000 – V ZR 45/00, BGHZ 146,241), sondern gemeinschaftseigentum (§ 5), wäre hier sinnvollerweise von Gemeinschaftseigentum auszugehen.
24 BGH v. 17.1.1968 – V ZB 69/67, BGHZ 49, 250: zu etwaigen Auswirkungen auf das Stimmrecht: vgl. § 25 Rn. 8; OLG München v. 30.7.2008 – 34 Wx 49/08, NZM 2009, 402
25 Also z.B. von „Kellerraum" in „Wohnraum", BGH v. 4.12.2014 – V ZB 7/13.
26 BGH v. 17.1.1968 – V ZB 69/67, BGHZ 49, 250/254; *Staudinger-Rapp*, § 2 Rn. 4.
27 BayObLG v. 9.3.1971 – (2. ZS) BReg. 2 Z 50/71, BayObLGZ 1971, 102.
28 OLG München v. 6.7.2010 – 34 Wx 43/10, NJW-RR 2010, 1525.
29 BGH v. 6.6.1986 – V ZR 264/84, DNotZ 1987, 208 = NJW 1986, 2759; BayObLG v. 24.1.1985 – BReg. 2 Z 63/84, BayObLGZ 1985, 47/50; BayObLG v. 12.8.1999 – 2Z BR 80/99, NZM 2000, 301.

WEG § 3 Begründung des Wohnungseigentums

Schlüssel. Bei erheblichen Wertabweichungen sollte die Abweichung und Festlegung der Anteile sich am Wert orientieren[30]; gegebenenfalls bietet sich auch ein Verteilungsschlüssel nach dem Verhältnis der Sondernutzungsfläche zur Gesamtfläche an.[31] Einvernehmlich können Miteigentumsanteile und Quote auch nachträglich verändert werden, insbesondere, wenn z.B. durch Ausbau eines zum Gemeinschaftseigentum gehörigen Speichers, der einem Sondereigentum zugewiesen werden soll, neues Miteigentum (oder größeres) entsteht. Die Grenze der Festlegung der Quoten gebietet § 242 BGB[32]; bei einer grob unbilligen Quotenverteilung hat der einzelne Wohnungseigentümer einen Anspruch auf Quotenberichtigung[33]: Dies ist allerdings noch nicht der Fall, wenn z.B. die Flächen der Terrasse voll und nicht nur ½ in die Miteigentumsquoten miteinbezogen werden[34], oder eine Abweichung von ca. 17 % vorliegt. Eine Wertdifferenz, die zu einer zusätzlichen Lastentragung von 15 % führt, reicht erst recht noch nicht[35]; der BGH geht von einem Schwellenwert von ca. 25 % aus[36].

Mehrere Wohnungseigentumsrechte können in einer Hand **vereinigt** werden. Im Rahmen der vertraglichen Einräumung von Sondereigentum kann ein Eigentümer mehrere Einheiten behalten; er kann auch eine einzelne oder mehrere Einheiten in neue Einheiten aufteilen[37]. Natürlich kann auch bezüglich eines Wohnungseigentums Bruchteilsmiteigentum gebildet werden; so können z.B. Ehegatten Miteigentümer zu ½ einer Eigentumswohnung sein. Unzulässig ist allerdings die Verbindung eines Sondereigentums mit mehreren Miteigentumsanteilen[38]; es würde Mitsondereigentum an Räumen und/oder Gebäudeteilen entstehen.[39] Eine Ausnahme wird bei einer Trennwand, die im „gemeinsamen Sondereigentum zweier Wohnungseigentümer steht"[40], zugelassen. Immer ist die Verbindung eines Sondereigentumsanteils mit den Miteigentumsanteilen an mehreren rechtlich selbständigen Grundstücken ausgeschlossen[41] (vgl. § 1 Abs. 4). Andererseits können mehrere abgeschlossene Wohnungen zu einem Miteigentumsanteil

---

30 Der auch im Falle des § 17 entscheidend ist.
31 *Bauer/von Oefele*, AT V Rn. 17.
32 BayObLG v. 27.8.1998 – 2Z BR 35/98, BayObLGZ 1998, 199 = NJW-RR 1999, 523; BayObLG v. 12.8.1999 – 2 Z BR 80/99, MittBayNot 2000, 39 = NZM 2000, 301; ggfs. Anspruch auf Quotenänderung: BayObLG v. 24.1.1985 – BReg. 2 Z 63/84, BayObLGZ 1985, 47.
33 BayObLG v. 24.1.1985 – BReg. 2 Z 63/84, BayObLGZ 1985, 47; BGH v. 18.6.1976 – V ZR 156/75, WM 1976, 1120 = ZMR 1977, 81 = NJW 1976, 1976/1977.
34 BayObLG v. 24.1.1985 – BReg. 2 Z 63/84, BayObLGZ 1985, 47/51.
35 Vgl. OLG München vom 9.3.2007 – 34 Wx 4/07, ZMR 2007, 991: Zum Anspruch auf Abänderung des Kostenverteilungsschlüssels für die Instandhaltung und Instandsetzung der Tiefgarage; siehe im Einzelnen § 16 Rn. 14.
36 BGH v. 11.6.2010 – V ZR 174/09, BGHZ 186, 34.
37 OLG München vom 27.5.2011 – 34 Wx 161/10, [juris]; es muss jedoch dann für jede Wohnung eine Abgeschlossenheitsbescheinigung vorliegen.
38 BGH v. 10.2.1983 – V ZB 18/82, BGHZ 86, 393 = NJW 1983, 1683.
39 BGH v. 30.6.1995 – V ZR 118/94, BGHZ 130, 159.
40 OLG München v. 13.9.2005 – 32 Wx 71/05, NJW-RR 2006, 297; BGH v. 21.12.2000 – V ZB 45/00, BGHZ 146, 241; man spricht auch von „Nachbareigentum", vgl. *Armbrüster*, in: Bärmann, § 3 Rn. 30, *Staudinger-Rapp*, § 3 Rn. 10.
41 BayObLG v. 20.7.1970 – (2. ZS) BReg. 2 Z 21/70, BayObLGZ 1970, 163.

verbunden werden⁴², auch wenn dadurch der Grundsatz der Abgeschlossenheit des einheitlichen Sondereigentums aufgegeben ist. Die nachträgliche Trennung abgeschlossener Einheiten ist möglich.

c) Änderung der Teilungsvereinbarung

Die nachträgliche **Änderung** der Teilungsvereinbarung zwischen den Miteigentümern kann notwendig werden, wenn z. b. weiteres Sondereigentum gebildet werden, oder wenn Sondereigentum anders zugeteilt werden soll oder wenn die Miteigentumsanteile (Quoten) verändert werden sollen. Grundsätzlich bedarf es hierzu immer der Zustimmung aller Miteigentümer. § 4 gilt auch für die Änderung der Zuordnung des Sondereigentums. Es ist die Einigung der Beteiligten über den Eintritt der Rechtsänderung und die Eintragung in das Grundbuch erforderlich. So bedarf die Umwandlung eines Teileigentums in ein Wohnungseigentum oder umgekehrt der Mitwirkung aller Wohnungs- und Teileigentümer und der Eintragung in das Grundbuch, soweit sie nicht sowieso durch (zulässige) Vereinbarung oder vereinbarungsersetzende Regelung i. S. v. § 5 Abs. 4, § 8 Abs. 2, § 10 Abs. 1 Satz 2 und Abs. 2 ausgeschlossen ist.⁴³ Wenn bei der Unterteilung eines Sondereigentums neues Gemeinschaftseigentum entsteht, bedarf es der Mitwirkung aller im Grundbuch eingetragener Wohnungseigentümer.⁴⁴ Eine Verpflichtung von Miteigentümern, Teileigentum in Wohnungseigentum oder umgekehrt umzuwandeln, besteht grundsätzlich nicht⁴⁵; damit ist die Umwandlung durch Mehrheitsbeschluss der Miteigentümer nicht möglich.⁴⁶ Immer bedarf es einer Vereinbarung und anschließend der Grundbucheintragung gemäß § 7; ein selbst mit Vollmacht aller anderen Wohnungseigentümer gefasster Eigentümerbeschluss ist nicht ausreichend.⁴⁷ Der schuldrechtliche Vertrag ist formpflichtig; er bedarf der für die Auflassung vorgeschriebenen Form, § 925 BGB, also notarieller Beurkundung, § 4 Abs. 2 Satz 1.

Soll die Teilungsvereinbarung **vor Vollzug** im Grundbuch geändert werden, muss die notarielle Beurkundung gemäß § 4 Abs. 3 i. V. m. § 311b Abs. 1 BGB beachtet werden; alle Miteigentümer, die am Abschluss der Teilungsvereinbarung mitgewirkt hatten, (oder deren Rechtsnachfolger) müssen zustimmen. Dies gilt für alle Fälle der Änderung der Leistungspflichten (nicht nur der Leistungsmodalitäten).⁴⁸ Soll also Sondereigentum geändert werden, bedarf es der Beurkundung⁴⁹; der BGH hat auch die Änderung der Gemeinschaftsordnung der Formvorschrift des § 311b Abs. 1 BGB unterwor-

---

42 BGH v. 21. 12. 2000 – V ZB 47/00, BGHZ 146, 241 = NJW 2001, 1212; BayObLG v. 9. 3. 1971 – (2. ZS) BReg. 2 Z 15/71, BayObLGZ 1971, 102; vgl. *Armbrüster*, in: Bärmann, § 3 Rn. 20.
43 BayObLG v. 24. 7. 1997 – 2Z BR 49/97, BayObLGZ 1997, 233; die Zustimmung der Grundpfandgläubiger ist zu prüfen vgl. hierzu: LG München I v. 19. 5. 2009 – 34 Wx 36/09, MittBayNot 2009, 372.
44 OLG München v. 3. 4. 2007 – 32 Wx 33/07, OLGR München 2007, 559.
45 OLG Bremen v. 8. 12. 1995 – 3 W 53/95, WuM 1996, 168.
46 OLG Köln v. 5. 3. 1997 – 16 Wx 279/96, NJW-RR 1997, 1442.
47 BayObLG v. 31. 10. 1986 – BReg. 2 Z 83/86, BayObLGZ 1986, 444 = MDR 1987, 326.
48 *Bauer/von Oefele*, AT V Rn. 198.
49 BGH v. 6. 6. 1986 – V ZR 764/84, NJW 1986, 2759 = MittBayNot 1986, 251.

fen[50], wenn gleichzeitig das formbedürftige Verpflichtungsgeschäft geändert wird[51]; im Übrigen, soweit nur die beiderseitigen Rechtsverhältnisse gemäß § 10 Abs. 2 geregelt werden, kann dies formfrei geschehen.[52] Ob bei einer nachträglichen Änderung der Teilungsvereinbarung vor Eintragung im Grundbuch die Zustimmung dinglich Berechtigter erforderlich ist, regelt sich nach den Grundsätzen zu Rn. 9. Sollen nach Eintragung im Grundbuch die Miteigentumsquote oder die dem Sondereigentum zugeordneten Räume geändert werden, ist eine Auflassung notwendig. Sind bereits die Eintragungsanträge gestellt, empfiehlt sich im Hinblick auf § 17 GBO die Rücknahme der bisher gestellten Anträge und die Stellung des Antrags in der geänderten Form.

Die Änderung der Teilungsvereinbarung nach Entstehung des Wohnungseigentums bedarf grundsätzlich der Vereinbarung aller Wohnungseigentümer gemäß § 4 Abs. 1. Soweit im Rahmen der Teilungsvereinbarung eine Änderungsvollmacht erteilt ist, muss diese, werden die Rechte des Vollmachtgebers beeinträchtigt, inhaltlich konkret bestimmt sein.[53]

d) Zustimmung dinglich Berechtigter

9 Die Zustimmung der dinglich Berechtigten für die Bildung von Wohnungseigentum richtet sich danach, ob das dingliche Recht am gesamten Grundstück bestellt ist und dieses belastet oder nur ein oder mehrere Miteigentumsanteile:

Ist das gesamte Grundstück an allen Miteigentumsanteilen belastet, dann bedarf es der Zustimmung dinglicher Berechtigter und Gesamtberechtigter für die Bildung von Wohnungseigentum nicht. Auf dem ganzen Grundstück ruhende **Globalbelastungen** werden von der Aufteilung grundsätzlich nicht betroffen; sie setzen sich an allen Miteigentumsanteilen einschließlich der Sondereigentumsanteile fort.[54] Die Grundpfandrechte werden zu Gesamtrechten, so dass der Grundpfandrechtsgläubiger nicht in seinen Rechten eingeschränkt wird.[55] Die Zustimmung des Berechtigten ist allerdings bei einer Einzelbelastung erforderlich[56]: Die Grundschuld beschränkt sich auf den Miteigentumsanteil, für dessen Verbindlichkeit sie bestellt wurde. Ein Wohnungsrecht nach § 1093 BGB beschränkt sich nach Aufteilung nur noch auf eine Eigentumswohnung. Da das Recht eines Pfandgläubigers an einem Miteigentumsanteil auf Aufhebung der Gemeinschaft (§ 751 S. 2 BGB) durch § 11 ausgeschlossen wird[57], muss er der Beschränkung des Miteigentumsanteils durch Sondereigentum zustimmen. Gleiches gilt für ein dingliches Vorkaufsrecht an einem einzelnen Miteigentumsanteil. In diesen Fällen

---

50 BGH v. 21. 10. 1983 – V ZR 121/82, NJW 1984, 612 = MittBayNot 1984, 21.
51 BGH v. 21. 10. 1983 – V ZR 121/82, NJW 1984, 612 = MittBayNot 1984, 21.
52 BGH v. 21. 10. 1983 – V ZR 121/82, NJW 1984, 612 = MittBayNot 1984, 21.
53 BayObLG v. 18. 10. 1994 – 2Z BR 55/94, BayObLGZ 1995, 302: für den Bauträgervertrag; vgl. auch *Bauer/von Oefele*, AT V Rn. 202.
54 BayObLG v. 14. 10. 1958 – (2. ZS) BReg. 2 Z 119-127/58, BayObLGZ 1958, 273 = NJW 1958, 2016.
55 BGH v. 17. 1. 1968 – 5 ZB 90/67, BGHZ 49, 250.
56 BGH v. 20. 3. 2002 – IV ZR 93/01, NJW 2002, 2710 = DNotZ 2002, 853.
57 Vgl. *Staudinger/Rapp*, § 3 Rn. 24.

kommt es zu einer Inhaltsänderung, der gemäß §§ 876, 877 BGB der Berechtigte zustimmen muss.[58] Immer wenn die Gefahr der Beeinträchtigung der Wertminderung für den Pfandrechtsgläubiger besteht, bedarf es der Zustimmung.[59]

e) *Mängel bei der Bildung von Sondereigentum*

Zu Fragen der fehlerhaften Wohnungseigentümergemeinschaft vgl. § 2 Rn. 10; zu Fragen des Gutglaubensschutzes vgl. § 2 Rn. 7 f.

aa) Abschlussmängel

Das Verfügungsgeschäft kann nach den allgemeinen Regelungen nichtig sein, z.b. formnichtig bei Verstoß gemäß § 4 Abs. 2 Satz 1, § 925 BGB.[60] Ist das dingliche (Verfügungs-) Geschäft nichtig, ist Wohnungseigentum nicht entstanden. Der schenkweise Erwerb einer Eigentumswohnung durch einen Minderjährigen ist nicht lediglich rechtlich vorteilhaft und bedarf deshalb der Genehmigung des gesetzlichen Vertreters nach § 107 BGB[61]. Allerdings wird, soweit eine Eintragung im Grundbuch erfolgt ist und von einem Dritten (Ersterwerber) eine Wohnungseinheit gutgläubig erworben ist, die Nichtigkeit geheilt.[62] Dies gilt auch bei Geschäftsunfähigkeit.[63] Die Heilung gilt dann für alle Wohnungseigentümer.[64] Auch wenn der Nichtigkeitsgrund nur einen Beteiligten im Rahmen des Gründungsgeschäfts betrifft, erfolgt die Heilung für alle; Voraussetzung ist gutgläubiger Dritterwerb.[65] Bis zur Geltendmachung der Nichtigkeit oder bis zum gutgläubigen Erwerb wird die Wohnungseigentumsgemeinschaft wie eine „werdende bzw. faktische Wohnungseigentümergemeinschaft" behandelt.[66]

10

bb) Inhaltsmängel

Wird ein Raum zum Sondereigentum erklärt, obwohl dies rechtlich unzulässig ist (z.B. eine Heizungsanlage, die im Gemeinschaftseigentum stehen muss, § 5 Abs. 2), handelt es sich um **Inhaltsmängel**, die das Grundbuchamt

11

---

58 OLG Frankfurt/Main v. 5.12.1986 – 2 B 410/86, OLGZ 1987, 266; MünchKomm-*Commichau*, WEG, § 3 Rn. 12.
59 BayObLG v. 5.9.1991 – BReg. 2 Z 98/91, BayObLGZ 1991, 313 = NJW-RR 1992, 2081; OLG München v. 27.7.2010 – 34 Wx 70/10, RPfleger 2011, 77 für den Fall, dass ein aufzuhebendes Erbbaurecht in Wohnungserbbaurechte aufgeteilt ist, an denen jeweils Verwertungsrechte bestellt sind.
60 BGH v. 3.11.1989 – V ZR 143/87, BGHZ 109, 179.
61 BGH v. 30.9.2010 – V ZB 206/10, BGHZ 187, 119.
62 *Armbrüster*, in: *Bärmann*, § 2 Rn. 57; BGH v. 3.11.1989 – V ZR 143/87, BGHZ 109, 179 = NJW 1990, 447.
63 *Niedenführ/Kümmel/Vandenhouten*, § 3 Rn. 36.
64 BGH v. 3.11.1989 – V ZR 143/87, BGHZ 109, 179.
65 BGH v. 3.11.1989 – V ZR 143/87, BGHZ 109, 179 = NJW 1990, 447; BayObLG v. 5.2.1998 – 2Z BR 127/97, NJW-RR 1998, 946 =NZM 1998, 200; *Dreyer*, DNotZ 2007, 594/609.
66 Vgl. OLG Hamm v. 18.9.2006 – 15 W 259/05, NZM 2007, 448 = Rpfleger 2007, 137.

prüft; beispielhaft zählen hierzu die Abweichung der Teilungserklärung vom Aufteilungsplan[67], die fehlende Bestimmbarkeit oder andere Unklarheiten zwischen Teilungserklärung und Aufteilungsplan, aber auch, wenn ein Sondereigentum sich auf ein anderes Grundstück bezieht.[68] In diesen Fällen ist das Grundbuch unrichtig; da die Eintragung unzulässig ist, scheidet ein gutgläubiger rechtsgeschäftlicher Erwerb auch im Rahmen der Zwangsversteigerung aus.[69] Ergibt sich eine „Hyperaufteilung" dadurch, dass aufgrund eines Rechenfehlers mehr Miteigentumsanteile festgelegt sind als möglich, müssen sich die Beteiligten neu über die Festlegung der Quoten der Miteigentumsanteile einigen.[70] Allerdings kann ein „gefangener Raum", in einem Teilungsplan mit einer Nummer versehen, zum Sondereigentum werden, trotz fehlender Zugangsmöglichkeit vom Gemeinschaftseigentum aus[71].

cc) Bauabweichungen

12 Es kommt nicht selten vor, dass die Bauausführung vom **Aufteilungsplan** (Gründungsakt) **abweicht**. Die Rechtsprechung löst die Konflikte, indem sie dem Aufteilungsplan/Teilungserklärungen den Vorrang vor der tatsächlichen Bauausführung gibt.[72] Abweichungen der Bauausführung von dem Aufteilungsplan berühren das Entstehen des Sondereigentums solange nicht, wie die Abgrenzung des Sondereigentums gegen das Gemeinschaftseigentum und das weitere Sondereigentum in dem Gebäude nicht unmöglich ist[73]. Allein die Außengrenzen der im Aufteilungsplan vorgesehenen Trennwand begrenzen das Sondereigentum gegen das Gemeinschaftseigentum bzw. das – vom BGH zugelassene – Mitsondereigentum, selbst wenn die Trennwand nicht errichtet wurde[74]. Voraussetzung ist jedoch, dass der Bestimmtheitsgrundsatz gewahrt ist.

13 Wird innerhalb eines Sondereigentums allein die **Raumaufteilung** verändert, ohne dass dies Auswirkung auf anderes Sondereigentum hat, ist dies irrele-

---

67 OLG München v. 24.9.2010 – 34 Wx 115/10, MittBayNot 2011, 228: Stimmen Aufteilungsplan und Eintragungsbewilligung nicht überein, ist Sondereigentum nicht entstanden: BGH v. 30.6.1995 – V ZR 118,94, BGHZ 130, 159.
68 Vgl. hierzu: *Niedenführ/Kümmel/Vandenhouten*, § 3 Rn. 37.
69 BGH v. 1.10.2004 – V ZRf 210/03, NJW-RR 2005, 10 = MittBayNot 2005, 140 = NZM 2004, 876; BayObLG v. 9.10.1973 – (2. ZS) BReg. 2 Z 48/73, BayObLGZ 1973, 267: Mängel der Teilungserklärung führen zur Entstehung gemeinschaftlichen Eigentums.
70 *Staudinger/Rapp*, § 3 Rn. 12.
71 OLG München v. 2.6.2008 – 32 Wx 44/08 [juris]: Der Sondereigentümer des Raumes hat ein Notwegerecht entsprechend § 917 BGB.
72 BayObLG v. 9.5.1996 – 2 Z BReg 18/96, WuM 1996, 491 = WE 1997, 73 = BayObLGR 1996, 49 (bezogen auf die Abweichung zweier Sondereigentumseinheiten vom Aufteilungsplan); OLG Zweibrücken v. 8.3.2006 – 3 W 246/05, FGPrax 2006, 103.
73 BGH v. 18.7.2008 – V ZR 97/07, BGHZ 177, 338; BGH v. 5.12.2003 – V ZR 447/01, NJW 2004, 1798; OLG Düsseldorf v. 17.6.2016 – 3 Wx 282/15.
74 BGH v. 21.12.2000 – V ZB 45/00, BGHZ 146, 241.

vant[75]; dies gilt auch, wenn entgegen dem Aufteilungsplan zwei Wohnungen zu einer zusammengefasst werden.[76]

Werden statt einer Wohnung zwei Wohnungen geschaffen und sind diese in einem Miteigentumsanteil verbunden, können durch Unterteilung dieses Miteigentumsanteils zwei selbständige Wohnungseigentumseinheiten geschaffen werden.[77] Eine Abweichung der Bauausführungen hindert nicht die Entstehung des Sondereigentums, wenn gleichwohl aufgrund des Aufteilungsplans die Identifizierung des Gemeinschaftseigentums und des Sondereigentums möglich ist. Solange die Identität der einzelnen Wohnungen sichergestellt ist, sind die Gegenstände des Sondereigentums und damit der einzelnen Wohnungseigentumsrechte sowie des Gemeinschaftseigentums hinreichend bestimmt. Es kommt deshalb nicht darauf an, ob sich die tatsächliche Bauausführung innerhalb der Wohnungen mit der im Aufteilungsplan vorgesehenen deckt.[78] Das Herausbrechen einer (nichttragenden) Zwischenwand in einem Zimmer ist insofern ohne Bedeutung. Eine Verletzung des Bestimmtheitsgrundsatzes liegt nicht vor. 14

Weicht die Bauausführung in der Abgrenzung des Sondereigentums vom Gemeinschaftseigentum vom Teilungsplan ab, so gilt vorrangig der Aufteilungsplan; es besteht ein Anspruch dahingehend, dass das Sondereigentum entsprechend des Aufteilungsplans auch umgesetzt wird[79]. Die Rechtsprechung vermeidet, die Unwirksamkeit des Gründungsaktes festzustellen.[80] Dies gilt auch, wenn ein Sondereigentumsanteil nach Bauausführung Teile eines anderen Sondereigentums einbezieht.[81] Der BGH hat die Auffassung, dass dann, wenn die Bauausführung nur unwesentlich vom Aufteilungsplan abweicht, der Aufteilungsplan zu berichtigen ist[82], abgelehnt: Das Sondereigentum kann nur in den Grenzen entstehen, die sich aus dem zur Eintragung in das Grundbuch vorgelegten Aufteilungsplan ergeben.[83] Erst dann, wenn die planerische Darstellung an Ort und Stelle nicht mehr mit der nötigen Sicherheit festzustellen ist, ist kein Sondereigentum entstanden, viel- 15

---

75 BayObLG v. 1.10.1981 – BReg 2 Z 84/80, BayObLGZ 1981, 332; dies gilt auch, wenn entgegen dem Aufteilungsplan zwei Wohnungen zu einer zusammengefasst werden.
76 BayObLG v. 1.10.1981 – BReg 2 Z 84/80, BayObLGZ 1981, 332.
77 OLG Düsseldorf v. 18.6.1969 – 3 W 33/69 – Rpfleger 1970, 36/27.
78 BayObLG v. 1.10.1981 – BReg. 2 Z 84/80, BayObLGZ 1981, 332/336; OLG Düsseldorf v. 18.6.1969 – 2 W 33/69, DNotZ 1970, 42/43.
79 BGH v. 20.11.2015 – V ZR 284/14, Rn. 10.
80 Vgl. ausführlich hierzu: *Dreyer*, DNotZ 2007, 594/607 f.
81 BayObLG v. 30.7.1998 – 2 Z BReg 9/98, DNotZ 1999, 212 = NZM 1998, 973 = Mitt-BayNot 1998, 440.
82 So: BayObLG v. 6.8.1985 – BReg. 2 Z 118/84, ZMR 1986, 21;OLG Celle v. 15.6.1979 – 4 U 30/79, OLGZ 1981, 106; a.A.: BayObLG v. 5.5.1993 – 2Z BR 115/93, DNotZ 1993, 741: Räume im gemeinschaftlichen Eigentum, die baulich in eine Wohnung einbezogen werden, werden nicht kraft Gesetzes Sondereigentum.
83 BGH v. 20.11.2015 – V ZR 284/14, Rn. 13: Eine andere Frage ist, ob eine geringfügige Abweichung einen Anspruch auf Herstellung eines plangerechten Zustands bzw. auf Anpassung der Teilungserklärung und des Aufteilungsplans begründen kann.

WEG § 3 Begründung des Wohnungseigentums

mehr gemeinschaftliches Eigentum.[84] Aufgrund des Gemeinschaftsverhältnisses kann eine **Anpassung** an die veränderte Lage von den Miteigentümern gefordert werden[85]: Ist ein „isolierter Miteigentumsanteil" (siehe Rn. 20 ff.) entstanden, müssen die Miteigentümer den Teilungsvertrag, Aufteilungsplan anpassen; gegebenenfalls müssen Ausgleichszahlungen geleistet werden.[86] Nachträgliche Grundrissänderungen ändern die Eigentumsverhältnisse nicht.[87] Werden weniger Sondereigentumseinheiten gebaut, als im Aufteilungsplan vorgesehen (z.B. bei Bauen in mehreren Bauabschnitten bei Mehrhausanlagen), entsteht für das errichtete Sondereigentum volles Eigentum. Im Übrigen besteht ein Anwartschaftsrecht auf Erlangung von Sondereigentum[88]; besteht von keinem Wohnungseigentümer mehr Interesse an der Erstellung des fehlenden Sondereigentums, ist nach Treu und Glauben der bestehende Zustand zu bereinigen.[89]

16 Ändert sich die Lage des Gebäudes auf dem Grundstück, entsteht Wohnungseigentum mit Sondereigentum in diesem Gebäude, wenn Gemeinschaftseigentum und Sondereigentum zweifelsfrei abgrenzbar sind.[90] Anderenfalls ist zu prüfen, ob ein Ausgleichsanspruch eines gegebenenfalls benachteiligten Wohnungseigentümers besteht.

17 Besteht ein **Widerspruch** zwischen Aufteilungsplan, Abgeschlossenheitsbescheinigung und Teilungserklärung, der nicht geklärt werden kann, so entsteht insoweit Gemeinschaftseigentum.[91] Soweit dadurch ein isolierter Miteigentumsanteil entsteht,[92] müssen sich die Beteiligten um die Beseitigung kümmern.[93]

18 Ein Verstoß gegen das Abgeschlossenheitserfordernis des § 3 Abs. 2 führt nicht zur Nichtigkeit des Sondereigentums; § 3 Abs. 2 ist eine Soll-Vorschrift.

---

84 BGH v. 5.12.2003 – V ZR 447/01, NJW 2004, 1798 = NZM 2004, 103 = DNotZ 2004, 371; BayObLG v. 30.7.1998 – 2Z BR 9/98, DNotZ 1999, 212 = NZM 1998, 973; OLG Düsseldorf v. 15.11.1976 – 9 U 58/76, OLGZ 1977, 467.
85 BayObLG v. 30.7.1998, 2Z BR 9/98, DNotZ 1999, 212 = NZM 1998, 973 = MittBayNot 1998, 440; *Niedenführ/Kümmel/Vandenhouten*, § 7 Rn. 38; a.A. *Bauer/von Oefele*, AT V Rn. 265.
86 BGH v. 5.12.2003 – V ZR 447/01, NJW 2004, 1798 = NZM 2004, 103 = DNotZ 2004, 371.
87 BayObLG v. 5.5.1993 – 2Z BR 115/93; DNotZ 1993, 741 = MittBayNot 1993, 287; BayObLG v. 14.3.1990 – BReg. 1b Z 7/89, NJW-RR 1990, 657.
88 BGH v. 5.12.2003 – V ZR 447/01, NJW 2004, 1798; BayObLG v. 12.6.2001 – 2Z BR 94/01, BayObLGR 2001, 83.
89 BayObLG v. 7.11.2001 – 2Z BR 10/01, BayObLGZ 2001, 328.
90 BGH v. 5.12.2003 – V ZR 447/01, NJW 2004, 1798 = NZM 2004, 103BayObLG v. 15.12.1989 – BReg. 2 Z 130/89 = BayObLGZ 1989, 470 = NJW-RR 1990, 332 = MittBayNot 1990, 170; *Armbrüster*, in: *Bärmann*, § 2 Rn. 71.
91 OLG München v. 24.9.2010 – 34 Wx 115/10, MittBayNot 2011, 228.
92 BGH v. 5.12.2003 – V ZR 447/01, NJW 2004, 1798 = NZM 2004, 103; BGH v. 3.11.1989 – V ZR 143/87, BGHZ 109, 179; BGH v. 30.6.1995 – V ZR 118/94, BGZH 130, 159 = NJW 1995, 2851 = MittBayNot 1995, 379.
93 BayObLG v. 31.8.2000 – 2Z BR 21/00, BayObLGZ 2000, 243 = NZM 2000, 1234.

Wird ein nicht sondereigentumsfähiger Raum (z.b. gemeinsamer Heizraum; Treppenhaus) einem Sondereigentum zugeschlagen, entsteht wiederum gegebenenfalls ein **isolierter Miteigentumsanteil**, weil der Raum wegen § 5 Abs. 2 Gemeinschaftseigentum wird. Die Begründung des Sondereigentums ist nichtig; es besteht die Verpflichtung zur Anpassung.[94]

Kommt es zu Verzögerungen bei der Errichtung einer Wohnungseigentumsanlage oder wird nur ein Teil des Bauvorhabens umgesetzt, im Übrigen der Bau eingestellt, ist dies für das Entstehen von Wohnungseigentum grundsätzlich unbeachtlich.[95] Wird allerdings bei der Bauausführung einer Wohnungseigentumsanlage vom Aufteilungsplan so abgewichen, dass die im Aufteilungsplan ausgewiesene Raumeinheit gar nicht errichtet werden kann, entsteht insoweit kein Sondereigentum, sondern gemeinschaftliches Eigentum. Die Miteigentümer sind verpflichtet, den Teilungsvertrag nebst Aufteilungsplan der tatsächlichen Bebauung anzupassen; gegebenenfalls werden Ausgleichszahlungen fällig.[96]

19

Selbst wenn ein Wohnungseigentümer einen Anbau, den er zu Wohnzwecken nutzt, an seinem Sondereigentum errichtet, führt dies nicht dazu, dass er an diesen Räumen Sondereigentum erwirbt.[97]

dd) Isoliertes Miteigentum

Die Vorschrift des § 3 Abs. 1 schließt die vertragliche Begründung isolierten Miteigentums, also ein Miteigentum, das nicht durch ein Sondereigentum begrenzt wird, aus. Jeder Miteigentumsanteil muss einem Sondereigentumsanteil zugeordnet sein. Sondereigentumslose Miteigentumsanteile dürfen nicht entstehen. Es haben sich jedoch Konstellationen gezeigt, die zu einem isolierten Miteigentumsanteil führten: In diesen Fällen entsteht die Verpflichtung der Miteigentümer auf **Anpassung** der dinglichen Rechtslage zumindest gemäß § 242 BGB, um den fehlgeschlagenen Vereinbarungen einen rechtlich zulässigen Inhalt zu geben. Da eine Anwachsung gemäß § 738 Abs. 1 BGB zugunsten der anderen Miteigentümer ausgeschlossen ist, auch ein Bruchteilseigentum gemäß § 1 Abs. 2 nicht gebildet werden kann, hat die Rechtsprechung eine Heilungsverpflichtung gegen den deutlichen Widerstand der Rechtslehre angenommen.[98]

20

Beispiele aus der Rechtsprechung: Ein Miteigentumsanteil wurde bei Begründung von Wohnungseigentum nicht mit Sondereigentum verbunden.[99]

21

---

94 BGH v. 3.11.1989 – V ZR 143/87, BGHZ 109, 179 = NJW 1990, 447; BGH v. 30.6. 1995 – V ZR 118/95, BGHZ 130, 159 = NJW 1995, 2851 = MittBayNot 1995, 379.
95 BayObLG v. 19.3.1987 – BReg. 2 Z 13/87, NJW-RR 1987, 1100 = MittBayNot 1991, 167.
96 BGH v. 5.12.2003 – V ZR 447/01, NJW 2004, 1798 = DNotZ 2004, 371; siehe sogleich: isoliertes Miteigentum.
97 OLG Celle v. 28.5.2008 – 4 W 33/08, ZWE 2009, 128; *Armbrüster*, in: *Bärmann*, § 2 Rn. 83.
98 BGH v. 3.11.1989 – V ZR 143/87, BGHZ 109/179 = NJW 1990, 447 = DNotZ 1990, 377; BGH v. 5.12.2003 – V ZR 447/01, NJW 2004, 1798 = DNotZ 2004, 371; a.A. *Weitnauer-Briesemeister*, § 3 Rn. 24 ff.; früher: BayObLG v. 10.11.1987 – BReg. 2 Z 75/86, BayObLGZ 1987, 390 = DNotZ 1988, 316.
99 BayObLG v. 10.11.1987 – 2 Z 75/86, BayObLGZ 1987, 390 = DNotZ 1988, 316.

Ein Sondereigentumsgegenstand ist nicht sondereigentumsfähig: eine Heizungsanlage für die Wohnungsanlage kann nicht als Sondereigentum ausgewiesen werden.[100] Die Teilungserklärung und der Aufteilungsplan passen unter keinem Gesichtspunkt zusammen[101]; die Einigung auf ein Sondereigentum ist zu unbestimmt.[102] Das errichtete Gebäude weicht wesentlich von der Teilungserklärung und dem Aufteilungsplan ab, so dass sondereigentumslose Miteigentumsanteile entstehen.[103] Im Grundbuch kann weder der isolierte Miteigentumsanteil[104], erst recht nicht die Verbindung mit dem nicht bestehenden Sondereigentum eingetragen werden.[105] Sind die Wohnungseigentümer ihrer Pflicht zur Korrektur nachgekommen, ist im Wohnungsgrundbuch die Berichtigung durchzuführen (und sind gegebenenfalls Voreintragungen zu löschen).[106] Sondereigentum kann auch nicht aufgehoben werden, wenn in diesem Fall ein isolierter Miteigentumsanteil entstünde.[107]

Der Wohnungseigentümer ist bereits während der Entstehung des Wohnungseigentums in der Gemeinschaft **stimmberechtigt**; sein Stimmrecht entfällt jedoch, wenn sich herausstellt, dass bei der Bauausführung von dem Bauaufteilungsplan in einer Weise abgewichen worden ist, die es unmöglich macht, die errichteten Räume einer in dem Aufteilungsplan ausgewiesenen Raumeinheit zuzuordnen; diesem Miteigentum ist kein Sondereigentum zugeordnet; der Miteigentümer ist nicht stimmberechtigt.[108] Gleiches gilt, wenn feststeht, dass das Gebäude, in dem sich das Sondereigentum befinden soll, nicht errichtet werden kann.

Für alle Fälle der Entstehung isolierter Miteigentumsanteile haben der BGH und das BayObLG entschieden, dass die Miteigentümer verpflichtet sind, den gesetzeswidrigen Zustand zu **heilen**; so ist der isolierte Miteigentumsanteil gegebenenfalls anteilig durch Vereinigung oder Zuschreibung, § 890 BGB, auf die anderen Anteile rechtsgeschäftlich zu übertragen.[109] Die Miteigentümer sind verpflichtet, die Teilungsvereinbarung und den Aufteilungsplan zu ändern; es können z.B. Sondernutzungsrechte eingeräumt werden, wenn der betroffene Miteigentümer weiteres Wohnungseigentum

---

100 BGH v. 2.2.1979 – V ZR 14/77, BGHZ 73, 302 = NJW 1979, 2391; BGH v. 3.11.1989 – V ZR 143/87, BGHZ 109, 179 = NJW 1990, 497.
101 BGH v. 5.12.2003 – V ZR 447/01, NJW 2004, 1798 = DNotZ 2004, 371 = NZM 2004, 103.
102 BGH v. 30.6.1995 – V ZR 118/94, BGHZ 130, 159 = NJW 1995, 2851; OLG München v. 14.7.2008 – 34 Wx 37/08, NZM 2008, 810.
103 BayObLG v. 31.8.2000 – 2Z BR 21/00, BayObLGZ 2000, 243 = NZM 2000, 1234 = NJW-RR 2001, 373.
104 So OLG Hamm v. 14.8.1990 – 15 W 87/89, OLGZ 1991, 27: a.A. *Demharter*, NZM 2000, 1696.
105 BGH v. 5.12.2003 – V ZR 447/01, DNotZ 2004, 371.
106 *Demharter*, GBO, Anhang zu § 3 Rn. 12: auch zur Beseitigung des isolierten Miteigentumsanteils.
107 OLG München v. 6.7.2010 – 34 Wx 43/10, NJW-RR 2010, 1525.
108 Offen gelassen: OLG Frankfurt/Main v. 24.8.2006 – 20 W 214/06; 20 W 215/06, ZWE 2007, 84; OLG Hamm v. 4.7.2005 – 15 W 256/04, NZM 2006, 142 bejaht das Stimmrecht, wenn das Sondereigentum noch errichtet werden kann.
109 BGH v. 2.2.1979 – V ZR 14/77, BGHZ 73, 302.

innehat. Ein Wertausgleich steht im Raum[110], insbesondere, wenn die Heilung nur durch Übertragung oder durch Änderung des Aufteilungsplans zugunsten eines Miteigentümers erfolgen kann[111]; bevorzugte Miteigentümer haben deshalb **Ausgleichzahlungen** zu leisten[112], wenn der isolierte Miteigentumsanteil nicht anderweitig mit Sondereigentum verbunden werden kann und die Übertragung durch Änderung des Aufteilungsplanes auf einen Miteigentümer notwendig ist.[113]

ee) Isoliertes Sondereigentum

Ein isoliertes Sondereigentum kann nicht entstehen: Ein Sondereigentum ohne Miteigentum ist unzulässig. Ist ein Raum nicht mit einem Miteigentumsanteil verbunden, entsteht gemäß § 5 Abs. 1, § 1 Abs. 5 gemeinschaftliches Eigentum. Soweit ein Raum nicht einem Sondereigentum zugewiesen ist, ist er Gemeinschaftseigentum. Eine Grundbucheintragung, die ein isoliertes Sondereigentum beinhalten soll, ist inhaltlich unzulässig.[114] Eine nachträgliche Unterteilung von Wohnungseigentum, die zum isolierten Sondereigentum führen würde, ist deshalb nichtig; eine Heilungsverpflichtung ist ebenso wie beim isolierten Miteigentum zu fordern. Entsteht bei der Unterteilung eines Sondereigentums neues Gemeinschaftseigentum, bedarf es zur Wirksamkeit der Unterteilung der Mitwirkung aller im Grundbuch eingetragenen Wohnungseigentümer.[115]

22

4. Abweichung von § 93 BGB

Nach § 93 BGB können Bestandteile einer Sache, die voneinander nicht getrennt werden können, ohne dass der eine oder andere zerstört oder in seinem Wesen verändert wird, nicht Gegenstand besonderer Rechte sein. Um Wohnungseigentum begründen zu können, muss von dieser Regelung abgewichen werden, da grundsätzlich zum wesentlichen Bestandteil eines Grundstücks die mit dem Grund und Boden fest verbundenen Sachen, insbesondere die Gebäude einschließlich der zur Herstellung des Gebäudes eingefügten Sachen gehören, § 94 Abs. 1 Satz 1, Abs. 2 BGB. Mit Einräumung des Sondereigentums wird hiervon abgewichen. Dass der Gesetzgeber dies will, stellt der Hinweis auf § 93 BGB klar. Insofern werden Gebäudeteile sonderrechtsfähig (aber nur im Rahmen des Wohnungseigentumsrechts).

23

---

110 BayObLG v. 31.8.2000 – 2Z BR 21/00, BayObLGZ 2000, 243 = NZM 2000, 1234.
111 OLG Hamm v. 14.8.1990 – 15 W 87/89, OLGZ 1991, 27 = NJW-RR 1991, 335 = DNotZ 1992, 492.
112 OLG Hamm v. 14.8.1990 – 15 W 87/89, OLGZ 1991, 27 = NJW-RR 1991, 335 = DNotZ 1992, 492.
113 BGH v. 2.2.1979 – V ZR 14/77, BGHZ 73, 302; BGH v. 3.11.1989 – V ZR 143/87, BGHZ 109, 179 = NJW 1990, 497 = DNotZ 1990, 377; OLG Schleswig v. 6.3.2006 – 2 W 13/06, ZMR 2006, 886; BGH v. 5.12.2003 – V ZR 447/01, NJW 2004, 1798 = DNotZ 2004, 371.
114 BayObLG v. 7.12.1995 – 2Z BR. 90/95, BayObLGZ 1995, 399: auch für den Fall der Unterteilung; OLG München v. 6.7.2010 – 34 Wx 43/10, NJW-RR 2010, 1525.
115 OLG München v. 3.4.2007 – 32 Wx 33/07, OLGR München 2007, 551.

5. Einräumung des Sondereigentums

24 Sondereigentum kann nur an Räumen[116], sei es zu Wohnzwecken, sei es nicht zu Wohnzwecken dienend, eingeräumt werden.

a) An einer bestimmten Wohnung

25 Wohnungseigentum kann an Räumen, die zum Wohnen bestimmt sind, eingeräumt werden. Diese Räume müssen im Aufteilungsplan gemäß der Eintragungsbewilligung für das Grundbuch gemäß § 7 Abs. 4 Nr. 1 zugeordnet werden und in sich abgeschlossen sein, § 3 Abs. 2, § 7 Abs. 4 Nr. 2. Eine Wohnung benötigt zumindest die räumliche Abgeschlossenheit, den Zugang und eine Mindestausstattung, wie sie im Einzelnen unten in Rn. 30–32 kommentiert sind. Hierauf ist zu verweisen.

b) Andere Räume

26 Entscheidend ist die **Zweckbestimmung** im Rahmen der Teilungsvereinbarung, ob Räume zu Wohnzwecken zu dienen bestimmt sind oder nicht. Räume, die zwar als Wohnungen genutzt werden können, können im Rahmen der vertraglichen Einräumung als sonstige Räume (Teileigentum) bestimmt werden. Diese Räume benötigen allerdings keine Küche, keine WC-Anlage, ohne dass das Vorhandensein die Entstehung von Teileigentum hindert. Zu verweisen ist auf die Kommentierung zu § 1 Rn. 5 und § 5 Rn. 2.

c) Zweckbestimmung der Räume

27 Räume sind der umbaute, also von Fußboden, Decke und Wänden umschlossene „lichte Raum". Ein Raum ist ein kubisches, also nach Länge, Breite und Höhe abgrenzbares Gebilde. Allerdings kann dann, wenn die Begrenzung des Sondereigentums nach dem Aufteilungsplan und der Bauausführung eindeutig ist, das Sondereigentum an einem Raum auch dann entstehen, wenn es an einer tatsächlichen Abgrenzung des Raumes gegen fremdes Sondereigentum fehlt[117]. Im Übrigen ist auf § 5 Rn. 3 zu verweisen.

6. Grundstücksbezug

28 Ein Gebäude ist ein „zugänglicher Raum mit allseitigem Abschluss durch das Gebäude nach außen".[118] Es muss sich um ein „Bauwerk, das durch räumliche Umfriedung gegen äußere Einflüsse Schutz gewährt und den Eintritt von Menschen gestattet", handeln.[119] Damit sind keine Räume z.B. Grundstücksflächen außerhalb des Gebäudes (Gärten) oder Terrassen ohne

---

116 Hierzu gehören Bestandteile des Gebäudes, die verändert, beseitigt oder eingefügt werden können, ohne dass dadurch das Gemeinschaftseigentum oder ein auf dem Sondereigentum beruhendes Recht, über das nach § 14 zulässige Maß hinaus beeinträchtigt wird, § 5 Abs. 1. Voraussetzung ist also sowohl ein funktionaler als auch ein räumlicher Zusammenhang mit der Sondereigentumseinheit; LG München I v. 8.11.2010 – 1 S 10608/10, ZMR 2011, 326; in Einzelfällen auch von nach oben offener Innenhof: OLG Hamm v. 5.1.2016 – 15 W 398/15.
117 BGH v. 18.7.2008 – V ZR 97/07, BGHZ 177, 338.
118 LG Frankfurt/Main v. 14.12.1970 – 2/9 T 835/70, NJW 1971, 759.
119 BGH v. 22.9.1972 – V ZR 8/71; BGH v. 3.12.1954 – V ZR 93/53, LM § 912 BGB Nr. 1.

vertikale Begrenzung.[120] Auch einseitig offene, ebenerdige Garagen[121] sind keine Gebäude und können nicht Gegenstand des Sondereigentums sein. Das Gebäude muss zum Miteigentumsanteil am Grundstück gehören; es muss mit diesem fest verbunden sein (§ 94 BGB).

Ausreichend ist ein „zu errichtendes" Gebäude; bis zur Herstellung des Sondereigentums entsteht ein Anwartschaftsrecht auf Erlangung von Sondereigentum;[122] siehe § 2 Rn. 5. Die Bauabsicht ist zur Begründung von Wohnungseigentum ausreichend.[123] Voraussetzung ist, dass im Aufteilungsplan Räume und Gebäudeteile als Sondereigentum ausgewiesen sind.[124] Stehen auf dem Grundstück mehrere Gebäude (oder sollen mehrere Gebäude errichtet werden), handelt es sich also um sogenannte „Mehrhausanlagen", ist Wohnungseigentum begründbar; es muss das Sondereigentum jedoch im Aufteilungsplan genau bezeichnet sein.[125] Ein **Überbau** hindert nicht, soweit das Gebäude wesentlicher Bestandteil des Grundstücks, auf dem Wohnungseigentum begründet werden soll, bleibt[126] und der Nachbar den Überbau zu dulden hat[127], ein sog. überhängender Überbau auch nicht[128].

III. Absatz 2: Abgeschlossenheit des Sondereigentums

1. Allgemeines

Sondereigentum soll gemäß § 3 Abs. 2 nur eingeräumt werden, wenn die Wohnungen oder sonstigen Räume in sich abgeschlossen sind. Die Abgeschlossenheit ist gemäß § 7 Abs. 4 von der Baubehörde oder öffentlich bestellten und vereidigten Sachverständigen zu bestätigen. Als Ordnungsvorschrift[129] ist die Bescheinigung, so groß ihre Bedeutung für die Rechtssicherheit und den Rechtsverkehr ist, allerdings nicht Voraussetzung für die Entstehung oder den Fortbestand von Wohnungseigentum im Falle der fehlenden Abgeschlossenheit oder der nachträglichen Aufhebung.[130] Die **Ab-**

29

---

120 OLG Köln v. 21. 4. 1982 – 2 Wx 13/82, OLGZ 1982, 413 = DNotZ 1982, 753.
121 BayObLG v. 6. 2. 1986 – BReg. 2 Z 70/85, BayObLGZ 1986, 29.
122 BGH v. 5. 12. 2003 – V ZR 447/01, NJW 2004, 1798; kritisch: *Armbrüster*, in: Bärmann, § 3 Rn. 35.
123 Auch nach langer Zeit besteht der Anspruch auf Errichtung z. B. von Garagen, da dem entstandenen Teileigentum das Recht zur Herstellung des vorgesehenen Gebäudes unabdingbar inne wohnt, OLG Hamm v. 3. 2. 1987 – 15 W 456/85, OLGZ 1987, 385.
124 BayObLG v. 6. 2. 1986 – BReg. 2 Z 70/85, BayObLGZ 1986, 26 (Kfz-Stellplätze im Freien).
125 Vgl. *Niedenführ/Kümmel/Vandenhouten*, § 3 Rn. 14.
126 BGH v. 25. 2. 1983 – V ZR 299/81, NJW 1983, 2022/2024; OLG Hamm v. 28. 11. 1983 – 15 W 172/83, OLGZ 1984, 54 = MittBayNot 1984, 34.
127 BGH v. 25. 2. 1983 – V ZR 299/81, NJW 1983, 2022/2024; LG Leipzig v. 2. 11. 1998 – 1 T 8106/98, NZM 2000, 393.
128 KG Berlin v. 23. 7. 2015 – 1 W 759/15.
129 OLG Köln v. 10. 1. 1994 – 2 Wx 51/93, NJW-RR 1994, 717 = DNotZ 1995, 79.
130 BayObLG v. 15. 1. 1998 – 2Z BR 30/97, BayObLGZ 1998, 2/6; BayObLG v. 24. 11. 1998 – 2 Z BReg. 152/98, NZM 1999, 277 = DNotZ 1999, 674; BayObLG v. 6. 2. 1991 – BReg. 2 Z 148/90, BayObLGZ 1991, 78 = NJW-RR 1991, 721 = DNotZ 1991, 895, OLG Frankfurt v. 5. 12. 2011 – 20 W 70/11.

geschlossenheitsbescheinigung für eine Wohnung ist erforderlich, um die Eigentums- und Benutzungsverhältnisse innerhalb des Gebäudes klarzustellen und Streitigkeiten vorzubeugen, die sich aus einer Unklarheit dieser Beziehungen ergeben können.[131]

Abgeschlossen i.S.d. § 3 Abs. 2 ist das Sondereigentum nach der Entscheidung des gemeinsamen Senats der Obersten Gerichtshöfe vom 30.6. 1992[132], wenn drei Voraussetzungen zutreffen, nämlich (1) die räumliche Abgeschlossenheit, (2) ein eigener abschließbarer Zugang unmittelbar vom Freien, von einem Treppenhaus oder von einem Vorraum aus und (3) eine Mindestausstattung. Die Abgeschlossenheit muss gegenüber sonstigen Sonder- oder Gemeinschaftseigentum vorliegen. Auf die Bauvorschriften, auch die „Allgemeinen Verwaltungsvorschriften" für die Ausstellung von Bescheinigungen gemäß § 7 Abs. 4 Nr. 2 und § 32 Abs. 2 Nr. 2[133], kommt es nicht an. Allerdings binden die allgemeinen Verwaltungsvorschriften die Baubehörde, die die Abgeschlossenheitsbescheinigungen zu erteilen haben – in Zukunft auch den selbständigen Sachverständigen. Es ist deshalb tunlich, darauf zu achten, diese Bestimmungen einzuhalten, wovon § 7 Abs. 4 ausgeht (siehe im Einzelnen § 7 Rn. 17). Die Bauverwaltung kann grundsätzlich verlangen, dass bei Umwandlung eines bestehenden Gebäudes in Wohnungseigentum Aufteilungsplan und Baubestand übereinstimmen.[134]

2. Einzelmerkmale der Abgeschlossenheit

a) Räumliche Abgeschlossenheit

30 Die Abgeschlossenheit i.S.d. § 3 Abs. 2 bezieht sich auf die Abgrenzung gegenüber fremden Wohnungen und Räumen. Eigentums- und Benutzungsverhältnisse bei Wohnungs- und Teileigentum sind klarzustellen. Diesen Anforderungen genügt ein Aufteilungsplan, der im Grundriss eine Linie um alle zum Sondereigentum gehörenden Räume ausweist, in der sich kein fremdes Sondereigentum oder Gemeinschaftseigentum befindet.[135]

Die Abgeschlossenheit liegt bei **Wohnungen** vor, die baulich vollkommen von fremden Wohnungen und Räumen abgeschlossen sind, z.B. durch Wände und Decken. Ausreichend ist dabei, dass das Sondereigentum mit mehreren, als Gesamtheit nicht in sich abgeschlossenen Wohnungen verbunden wird, wenn diese jeweils in sich abgeschlossen, vom gemeinschaftlichen Eigentum und vom Sondereigentum der anderen Wohnungseigentümer abgetrennt sind, sowie vom gemeinschaftlichen Eigentum aus (Treppenhaus, Treppe, Flur) frei zugänglich sind, soweit keine Verwirrung für die grundbuchmäßige Behandlung entsteht.[136]

---

131 BGH v. 21.12.2005 – V 2 B 45/00, BGHZ 146, 241. Auch bei Umwandlung von Teil- in Wohnungseigentum ist eine Abgeschlossenheitsbescheinigung dem Grundbuchamt vorzulegen: KG Berlin v. 23.4.2013 – 1 W 343/12.
132 GemSOBG v. 30.6.1992 – GmS-OGB 1/91, BGHZ 119, 42 = BVerwGE 90, 382 = NJW 1992, 3290.
133 V. 19.3.1974, BAnz. Nr. 58 v. 23.3.1974 s. Anhang D 1.
134 VGH München v. 20.11.1997 – 2 B 94.3258, NZM 1999, 260.
135 *Staudinger-Rapp*, § 3, Rn. 15; *Bauer/von Oefele* AT V Rn. 42.
136 BayObLG v. 9.3.1971 – (2. ZS), BReg. 2 Z 15/71, BayObLGZ 1971, 102; zu Hotelzimmern siehe einerseits OVG Lüneburg v. 30.6.1983 – 14 A 69/82, BauR 1984,

b) Zugang

Notwendig ist ein eigener abschließbarer **Zugang** unmittelbar vom Freien, von einem Treppenhaus oder von einem Vorraum aus. Aus Rechtsgründen ist es nicht zwingend erforderlich, dass der Zugang vom gemeinschaftlichen Eigentum erfolgt. Die Sicherstellung der Nutzbarkeit des Zugangs muss allerdings für den Sondereigentümer z.b. durch eine Grunddienstbarkeit zu Gunsten aller jeweiligen Wohnungseigentümer sichergestellt sein.[137] Deshalb reicht es aus, dass bei zwei Doppelhaushälften von jeder Seite ein Zugang zum gemeinsamen Heizkeller besteht.[138] Der Abgeschlossenheit einer Wohnung steht nicht entgegen, dass den übrigen Eigentümern durch Gebrauchsregelungen das Recht zum Betreten der Wohnung eingeräumt wird; zu prüfen ist allerdings, ob dies mit § 5 Abs. 2 vereinbar sein kann.[139] Auch Räume außerhalb der Wohnung selbst, soweit sie verschließbar sind, hindern die Abgeschlossenheit insgesamt nicht. 31

c) Mindestausstattung

Eine Wohnung muss zur Führung eines selbständigen Haushalts – also mit Küche, Wasser und Abwasser (Toilette) und Stromanschluss – ausgestattet sein. Für die **Mindestausstattung** einer Wohnung ist auf die „Allgemeine Verwaltungsvorschrift Nr. 4" vom 19.3.1974[140] zurückzugreifen: Danach ist eine Wohnung die Summe der Räume, welche die Führung eines Haushaltes ermöglichen; dazu gehören stets eine Küche oder ein Raum mit Kochgelegenheit sowie Wasserversorgung, Ausguss und WC. Räume, die zu Wohnzwecken bestimmt sind, aber die genannten Voraussetzungen nicht erfüllen, sind keine Wohnungen i.S.d. § 3 Abs. 2 (VV Nr. 4, 2. Abs.). Die Unterscheidung zwischen Wohnung und nicht zu Wohnzwecken dienenden Räumen muss sich aus der vorweggenommenen Zweckbestimmung der Räume ergeben, wie sie die Teilungsvereinbarung, die der Abgeschlossenheitsbescheinigung zugrunde liegt, enthält. 32

Zulässig ist auch ein Einzelraum, wenn er allen diesen Anforderungen entspricht, ebenso mehrere in sich abgeschlossene Raumeinheiten, selbst wenn sie nicht als Gesamtheit (nur jeder für sich) in sich abgeschlossen sind.[141] So

---

120 = DNotZ 1984, 390, andererseits OLG Naumburg v. 14.3.2005 – 9 Wx 5/04 [juris]) und *Armbrüster*, in: Bärmann, § 3 Rn. 73–76. Eintragungsfähig ist die Möglichkeit, einen Treppenaufgang zum Dachgeschoß mit einem Sondernutzungsrecht für den Wohnungseigentümer der Dachgeschoßwohnung zu versehen, das berechtigt, den „Treppenaufgang in den abgeschlossenen Bereich seiner Wohnung einzubeziehen": OLG München 31.3.2014 – 34 Wx 3/14.
137 OLG Düsseldorf vom 29.10.1986 – 3 Wx 391/86, OLGZ 1987, 51 = DNotZ 1987, 235; OLG Zweibrücken v. 5.10.1993 – 3 W 222/92, MittBayNot 1993, 86; kritisch: *Demharter*, GBO, Anhang zu § 3 Rn. 4.
138 LG Landau v. 25.6.1985 – 4 T 52/82, Rpfleger 1985, 437.
139 BayObLG v. 20.10.1988 – BReg. 2 Z 94/88, Rpfleger 1989, 99 = DNotZ 1989, 433.
140 BAnz. 1974 Nr. 58 vom 23.3.1974 – siehe Anhang D 1.
141 BayObLG v. 8.9.2000 – 2Z BR 8/00, BayObLGZ 2000, 252 (Vorlagebeschluss)= NZM 2000, 1232; hierzu: BGH v. 21.12.2000 – V ZB 45/00, BGHZ 146, 241 = NJW 2001, 1212; OLG Nürnberg v. 14.5.2012 – 10 W 1797/11: Abgeschlossen ist eine Wohnung auch dann, wenn sich außerhalb des Wohnungsabschlusses ein verschließbarer Raum mit zusätzlichem WC befindet.

können z.B. Keller- und Speicherräume außerhalb der Wohnung liegen, trotzdem dem Sondereigentum „zugeschlagen sein". Bei Verbindung mehrerer Sondereigentumsrechte mit einem Miteigentumsanteil muss jede Wohnung abgeschlossen sein und vom gemeinschaftlichen Eigentum aus frei zugänglich sein.[142]

3. Absatz 2, Satz 2: Garagenstellplätze als abgeschlossene Räume

33 Für Garagenstellplätze fingiert § 3 Abs. 2 Satz 2 die Abgeschlossenheit: Ausreichend ist, wenn die Flächen durch dauerhafte Markierungen nach Nr. 6 der Allgemeinen Vorschrift vom 19.3.1974[143] ersichtlich sind: Dauerhafte Markierungen können Wände aus Stein oder Metall, festverankerte Geländer oder Begrenzungseinrichtungen aus Stein oder Metall, fest verankerte Begrenzungswälle aus Stein oder Metall, in den Fußboden eingelassene Markierungssteine oder andere Maßnahmen, die den vorgenannten gleichzusetzen sind, sein. Voraussetzung ist immer, dass sich die Garagenstellplätze in einem abgeschlossenen Raum befinden[144]; deshalb sind Stellflächen auf freier Grundstücksfläche[145] oder ein seitenoffener Carport[146] nicht durch § 3 Abs. 2 S. 2 begünstigt. Eine tatsächliche Abgrenzung (z.B. mit einem Drahtgitter) kann in der Gemeinschaftsordnung geregelt werden.[147]

Doppelstockgaragen (Duplex-Stellplätze) sind nicht sondereigentumsfähig[148] (siehe auch § 5 Rn. 3), es sei denn, sie werden von einer eigenständigen Hebeanlage, mit der keine weiteren Garageneinheiten versorgt werden, betrieben[149].

4. Nachträgliche Änderungen der Abgeschlossenheit

34 Da das Erfordernis der Abgeschlossenheit gemäß § 3 Abs. 2 eine „Sollvorschrift" ist, ist die Abgeschlossenheit nicht Voraussetzung für die Entstehung des Wohnungseigentums. Weder wird die Wirksamkeit der Begründung des Wohnungseigentums in Frage gestellt, noch das Grundbuch

---

142 BayObLG v. 9.3.1971 – (2. ZS) BReg. 2 Z 15/71, BayObLGZ 1971, 102.
143 Allgemeine Verwaltungsvorschrift für die Ausstellung von Bescheinigungen gemäß § 7 Abs. 4 Nr. 2 und § 32 Abs. 2 Nr. 2 des Wohnungseigentumsgesetzes vom 19.3.1974, BAnz. Nr. 58 v. 23.3.1974 s. Anhang D.
144 *Staudinger-Rapp*, § 3 Rn. 20; BayObLG v. 6.2.1986 – BReg. 2 Z 70/85, BayObLGZ 1986, 29; KG Berlin v. 8.9.1995 – 24 W 5943/94, NJW-RR 1996, 586; a.A.: OLG Hamm v. 26.1.1998 – 15 W 502/97, NJW-RR 1998, 516.
145 OLG Hamm v. 22.5.2003 – 15 W 98/03, Rpfleger 2003, 574 = DNotZ 2003, 945. Nach a.A. ist ausreichend, wenn diese Fläche einem Gebäude räumlich zuzuordnen ist, *Armbrüster*, in: Bärmann, § 3 Rn. 89 m.w.N.
146 A.A. OLG Frankfurt/Main v. 17.10.1983 – 20 W 648/82, OLGZ 1984, 32.
147 BayObLG v. 4.4.2001 – 2 Z BR 141/00, NZM 2001, 893 = WuM 2001, 400.
148 BayObLG v. 29.11.1974 – BReg. 2 Z 54/74, BayObLGZ 1974, 466; BayObLG v. 9.2.1995 – 2Z BR 4/95, BayObLGZ 1995, 53 = DNotZ 1995, 622; LG Dresden v. 24.6.2010 – 2 T 715/08 [juris]; a.A. *Staudinger-Rapp*, § 3 Rn. 20.
149 BGH v. 21.10.2011 – V ZR 75/1; sie bilden auch einen „Raum" i.S.d. § 3 Abs. 1 bzw. Abs. 2.

unrichtig.[150] Das Grundbuchamt überprüft allerdings die Übereinstimmung zwischen Aufteilungsplan und Teilungsplan und auch, ob Bauzeichnung und Aufteilungsplan widerspruchsfrei sind.[151] Die nachträgliche Aufhebung der Abgeschlossenheit, z.b. durch bauliche Veränderungen, lässt den Bestand des Wohnungseigentums und den Umfang des durch die Teilungserklärung ausgestalteten Wohnungseigentums unberührt; das Grundbuch wird nicht unrichtig.[152]

---

150 BGH v. 21.12.2000 – V ZB 45/00, BGHZ 146, 241; BayObLG v. 15.1.1998 – 2Z BR 30/97, BayObLGZ 1998, 2 = DNotZ 1999, 210.
151 BayObLG v. 17.12.1992 – 2Z BR 29/92, Rpfleger 1993, 335; BayObLG v. 12.12.2002 – 2Z BR 112/02, BayObLGZ 2002, 397; BayObLG v. 9.3.1971 – BReg. 2 Z 15/71, BayObLGZ 1971, 102.
152 BGH v. 18.7.2008 – V ZR 97/07, BGHZ 177, 338 = NZM 2008, 688; BGH v. 21.12.2000 – V ZB 45/00, BGHZ 146, 241 = NJW 2001, 1212; BayObLG v. 23.3.2000 – 2Z BR 167/99, NZM 2000, 1232 = MittBayNot 2000, 319.

§ 4
Formvorschriften

(1) Zur Einräumung und zur Aufhebung des Sondereigentums ist die Einigung der Beteiligten über den Eintritt der Rechtsänderung und die Eintragung in das Grundbuch erforderlich.

(2) Die Einigung bedarf der für die Auflassung vorgeschriebenen Form. Sondereigentum kann nicht unter einer Bedingung oder Zeitbestimmung eingeräumt oder aufgehoben werden.

(3) Für einen Vertrag, durch den sich ein Teil verpflichtet, Sondereigentum einzuräumen, zu erwerben oder aufzuheben, gilt § 311b Abs. 1 des Bürgerlichen Gesetzbuchs entsprechend.

Inhalt:

	Rn.			Rn.
I. Allgemeines	1	III.	Absatz 2: Vorgeschriebene Form/Bedingungen/Befristungen	8
II. Absatz 1: Dingliche Einigung	3		1. Auflassung	8
1. Einräumung und Aufhebung des Sondereigentums	3		2. Absatz 2 Satz 2: Bedingungen/Zeitbestimmung	9
2. Einigung der Beteiligten	6		3. Vormerkung	10
3. Aufhebung des Sondereigentums	7	IV.	Absatz 3: Anwendung des § 311b Abs. 1 BGB	11

I. Allgemeines

1 Die Formvorschriften des § 4 beziehen sich auf die vertragliche Einräumung (und Aufhebung) des Sondereigentums gemäß § 3. Sie betreffen nicht die Übertragung eines Wohnungseigentums an Dritte. Sie gelten auch nicht für die Teilung durch den Eigentümer gemäß § 8 (Vorratsteilung); § 8 Abs. 2 verweist nicht auf § 4.

2 Voraussetzung für die Eintragung im Grundbuch gem. § 4 ist, dass bereits Miteigentum (Bruchteilseigentum) besteht.[1] Für dessen Einräumung gelten §§ 873ff. BGB, §§ 925, 1008 BGB. § 4 Abs. 1 regelt den dinglichen Vertrag, § 4 Abs. 3 den schuldrechtlichen Vertrag, der die notarielle Beurkundung gemäß § 311b BGB als Wirksamkeitsvoraussetzung vorsieht.

Mit der Einräumung oder der Aufhebung des Sondereigentums ist unmittelbar der Erwerb eines Miteigentumsanteils an dem gemeinschaftlichen Eigentum verbunden, § 1 Abs. 2. Deshalb sind für die Einräumung und die Aufhebung des Sondereigentums, das selbst Grundstückseigentum ist, grundsätzlich die Regeln des BGB zu Erwerb von Rechten an Grundstücken durch Einigung und Eintragung, § 873 ff. BGB anwendbar, jedoch modifiziert.

---

1 *Demharter*, GBO, Anh. zu § 3, Rn. 14: Die Verträge zur Teilungsordnung können aber schon abgeschlossen werden; *Armbrüster*, in: Bärmann, § 4 Rn. 4.

II. Absatz 1: Dingliche Einigung

1. Einräumung und Aufhebung des Sondereigentums

Wie in § 873 BGB fordert das Wohnungseigentumsgesetz für die **Einräumung** und die **Aufhebung** des Sondereigentums die Einigung der Beteiligten und die Eintragung in das Grundbuch. Wenn bei Einräumung oder Aufhebung des Sondereigentums der Bruchteil am Miteigentum sich nicht ändert, soll keine Eigentumsübertragung vorliegen, sondern lediglich eine Inhaltsänderung des Eigentums.[2]

3

Für die Wirksamkeit der dinglichen Einigung (Auflassung) gelten die allgemeinen Vorschriften, einschließlich der Genehmigungspflichten: So ist das Erfüllungsgeschäft bei fehlender Geschäftsfähigkeit nichtig. Auch die Anfechtung bei arglistiger Täuschung betrifft das Erfüllungsgeschäft, ebenso die Nichtigkeitsgründe gemäß § 134 BGB, gegebenenfalls auch gemäß § 138 BGB.[3] Durch Einräumung von Sondereigentum und Eintragung im Grundbuch entsteht Wohnungseigentum gemäß § 1 Abs. 2. Voraussetzung ist, dass das Wohnungsgrundbuchblatt angelegt ist.

4

§ 4 Abs. 1 ist auch auf die Fälle anzuwenden, bei denen nur ein Teil des mit einem Miteigentumsanteil verbundenen Sondereigentums aufgehoben wird, z.B. bei **Umwandlung** eines im gemeinschaftlichen Eigentum stehenden Raums in Sondereigentum.[4] Ebenso fällt die nachträgliche Änderung des Gegenstands des Sondereigentums unter § 4. Die nachträgliche Umwandlung von Gemeinschaftseigentum in Sondereigentum betrifft das sachenrechtliche Grundverhältnis gemäß § 4.[5] Entsteht bei der Unterteilung eines Sondereigentums neues Gemeinschaftseigentum, bedarf es zur Wirksamkeit der Unterteilung der Eintragung im Grundbuch und der Mitwirkung aller im Grundbuch eingetragener Wohnungseigentümer.[6] Die Änderung der Miteigentumsanteile bedarf der Vereinbarung aller Miteigentümer nur, wenn sie hiervon mitbetroffen sind; dies ist z.B. der Fall, wenn eine Änderung der Anteile sich zu Lasten eines Miteigentümers auswirkt. Geprüft werden muss dabei auch, ob durch die Verschiebung der Anteile zugunsten eines anderen Miteigentümers z.B. ein liquider Schuldner von Kosten befreit wird und an seine Stelle ein zahlungsunfähiger „Großanteils"-Inhaber

5

---

2 MünchKomm-*Commichau*, § 4 Rn. 4; *Weitnauer*, § 4 Rn. 2; a.A. *Staudinger-Rapp*, § 4 Rn. 3: unter Verweis auf die Notwendigkeit der Auflassung in der Form des § 925 BGB.
3 Hierzu: *Palandt-Ellenberger*, Überbl. v. § 104 Rn. 23.
4 BGH v. 5.10.1998 – 2 ZR 182/97, BGHZ 139, 352 = DNotZ 1999, 665; BayObLG v. 5.9.1991 – BReg. 2 Z 95/91, BayObLGZ 1991, 313 = NJW-RR 1992, 208; KG Berlin v. 25.10.2011 – 1 W 479/480/11: Bei einer Abtrennung einer Teilfläche eines Wohnungseigentumsgrundstücks müssen nicht sämtliche Sondereigentumsrechte, sondern nur die betroffenen aufgehoben, aber gleichzeitig mit einem oder mehreren anderen Miteigentumsanteilen verbunden werden.
5 BGH v. 4.4.2003 – V ZR 322/02, NJW 2003, 2165 = DNotZ 2003, 536.
6 OLG München v. 3.4.2007 – 32 Wx 33/07, DNotZ 2007, 946. Die Bewilligung des Berechtigten eines gegen einen Wohnungseigentümer ergangenen gerichtlichen Verfügungsverbots ist erforderlich: KG Berlin v. 17.2.2015 – 1 W 370-379/14.

tritt.[7] Auch für die Änderung von Sondernutzungsrechten gilt § 4[8], ebenso für den Tausch von Sondereigentum (wie z.B. von Kellerräumen oder Kfz-Stellplätzen)[9].

2. Einigung der Beteiligten

6   Zur vertraglichen Einräumung von Sondereigentum müssen sich alle Beteiligten, also alle Miteigentümer in der Form der Auflassung einigen. Da jedem Miteigentümer Sondereigentum eingeräumt werden muss, müssen sich auch alle Miteigentümer über die Einräumung des Sondereigentums einigen. Für die Wirksamkeit der Einigung kommt es auf den Zeitpunkt der Eintragung im Grundbuch an. Zulässig ist, die Bildung von Bruchteilsgemeinschaften (Miteigentumsanteilen) und die Einigung über die Einräumung von Sondereigentum zu erklären und dem Grundbuchamt gleichzeitig vorzulegen.[10] Besteht eine Belastung nur an einem Miteigentumsanteil, müssen die daran dinglich Berechtigten zustimmen, §§ 877, 876 BGB.[11] Die Einräumung von Sondereigentum unter Beteiligung von Minderjährigen oder unter Betreuung Stehenden bedarf der Genehmigung nach § 1821 Abs. 1 Nr. 1, § 1643 Abs. 1 BGB. Die Begründung von Sondereigentum führt zu einer Rechtsänderung am Grundstück; diese ist wie eine Verfügung über ein Grundstück zu behandeln.[12] Einer Zustimmung durch Ehegatten gemäß § 1365 BGB bedarf es nicht. Nach Aufhebung des § 19 BauGB besteht gegebenenfalls die Genehmigungspflicht zur Begründung von Wohnungseigentum nur noch gemäß § 22 Abs. 1 Satz 1 BauGB: Durch Bebauungsplan oder sonstige Satzung können Gemeinden bestimmen, dass zur Sicherung der Zweckbestimmung von Gebieten mit Fremdenverkehrsfunktionen die Begründung oder Teilung von Wohnungseigentum oder Teileigentum der Genehmigung unterliegt; dies gilt auch für die §§ 30 und 31 bei der Begründung von Wohnungserbbau- und Dauerwohnrechten. Im Rahmen einer

---

7   BGH v. 18.6.1976 – V ZR 156/75, NJW 1976, 1976 = ZMR 1977, 81; OLG Zweibrücken v. 23.2.2001 – 3 W 39/01, MittBayNot 2001, 318 = ZMR 2001, 663 (auch zur Frage der Abgeschlossenheit); OLG Köln v. 31.7.2006 – 16 Wx 98/06, FGPrax 2007, 19 = ZMR 2007, 555; BayObLG v. 23.3.2000 – 2Z BR 167/99, MittBayNot 2000, 319 = NZM 2000, 1232.
8   BayObLG v. 5.10.2000 – 2 Z BR 42/00; MittBayNot 2000, 551; OLG München v. 3.10.2014 – 34 Wx 3/14: Wird an Gemeinschaftseigentum ein Sondernutzungsrecht begründet, das – z.B. – einen Treppenaufgang im Sondereigentum (Wohnung) einbezieht, ist dies eintragungsfähig.
9   *Armbrüster,* in: Bärmann, § 4 Rn. 14; nicht jedoch die von einem Wohnungseigentümer, dem zwei Wohnungen gehören, durchgeführte Neuzuordnung der einzelnen Räume: OLG München v. 30.7.2008 – 34 Wx 49/08, Rpfleger 2009, 20 = NZM 2009, 402.
10 *Bauer/von Oefele,* AT V Rn. 182; LG Bielefeld v. 4.1.1985 – 3 T 1210/84, Rpfleger 1985, 189.
11 Anders bei der Global-Belastung; vgl. § 3 Rn. 9. Zur Änderung eines Sondernutzungsrechts bedarf es der Zustimmung dinglich Berechtigter: BayObLG v. 9.2.2002 – 2Z BR 30/02, BayObLGZ 2002, 107. Wird die Aufhebung des Wohnungseigentums im Grundbuch eingetragen, erlischt eine Grunddienstbarkeit für ein Sondereigentum; bei Neubegründung lebt sie nicht wieder auf, OLG Hamm v. 22.3.2016 – 15 W 357/15.
12 *Staudinger-Rapp,* § 4 Rn. 22; MünchKomm-*Commichau* § 4 Rn. 18.

Erhaltungssatzung bedarf die Begründung von Wohnungseigentum gemäß § 172 BauGB, soweit eine Rechtsverordnung nach § 172 Abs. 1 Satz 4 BauGB erlassen ist, der Genehmigung.[13] Zu den Folgen des Scheiterns der Einräumung von Sondereigentum und zu Gründungsmängeln vgl. § 3 Rn. 10ff.

3. Aufhebung von Sondereigentum

Für die Aufhebung von Sondereigentum bestimmt § 4 Abs. 1 die gleichen Voraussetzungen wie für die Begründung. Erforderlich ist also die Einigung aller Wohnungseigentümer, die wiederum unbedingt und unbefristet sein muss, in der Form des § 925 BGB[14]. Die Aufhebung des Sondereigentums wird im Grundbuch eingetragen; mit Aufhebung werden gemäß § 9 Abs. 1 Nr. 1 die Wohnungsgrundbücher geschlossen. Im Wohnungsgrundbuch kann eine Vormerkung für den Anspruch auf Aufhebung eingetragen werden.[15]

7

Der Verzicht auf das Sondereigentum (Wohnungseigentum) ist unzulässig.[16] Bei Aufhebung sämtlicher Sondereigentumsrechte entsteht Miteigentum gemäß §§ 1008ff., 741ff. BGB; vgl. hierzu § 9.

III. Absatz 2: Vorgeschriebene Form/ Bedingungen/Befristungen

1. Auflassung

Die Einigung gemäß § 4 Abs. 1 bedarf der für die Auflassung vorgeschriebenen Form, also der Form des § 925 BGB, § 4 Abs. 2 Satz 1. Das Zustandekommen der Einigung nach § 4 Abs. 1 prüft das Grundbuchamt nicht nach; § 20 GBO gilt nur für die Bildung des Miteigentums, nicht aber für die Umgestaltung des normalen Miteigentums in Miteigentum mit verbundenem Sondereigentum.[17] § 4 Abs. 2 verweist auf die Form der Auflassung, nicht aber auf die grundbuchmäßige Behandlung.[18]

8

Zur dinglichen Einigung zur notariellen Urkunde muss der Aufteilungsplan vorgelegt werden; der Vorlage einer Abgeschlossenheitsbescheinigung be-

---

13 Zu den Einzelheiten: *Battis-Krautzberger-Löhr*, § 22 Rn. 1–24; § 172 Rn. 11 ff.
14 Eine Vereinbarung, nur das Sondereigentum an einer Garage aufzuheben ohne Verbindung mit einem anderen Sondereigentum ist unzulässig, da ein isolierter Miteigentumsanteil entstehen würde, OLG München v. 6. 7. 2010 – 34 Wx 43/10, NJW-RR 2010, 1525.
15 BayObLG v. 10. 12. 1979 – BReg. 2 Z 23/78, BayObLGZ 1979, 414.
16 BGH v. 14. 6. 2007 – V ZB 18/07, BGHZ 173, 338; BayObLG v. 14. 2. 1991 – BReg. 2 Z 16/91, BayObLGZ 1991, 90 = NJW 1991, 1962; a.A. OLG Düsseldorf v. 6. 2. 2007 – I-3 Wx 5/07, NZM 2007, 219 (nach Vorlage an BGH durch B. v. 14. 6. 2007 – V ZB 18/07 aufgehoben).
17 OLG Zweibrücken v. 12. 11. 1981 – 3 W 96/81, OLGZ 1982, 263/265; *Demharter*, GBO, Anh. zu § 3 Rn. 16; *Weitnauer-Briesemeister*, § 4 Rn. 5; offen: BayObLG v. 4. 8. 1988 – BReg. 2 Z 57/88, MittBayNot 1988, 236 = DNotZ 1990, 37.
18 *Niedenführ/Kümmel/Vandenhouten*, § 4 Rn. 5; a.A.: *Staudinger-Rapp*, § 4 Rn. 4; *Armbrüster*, in: *Bärmann*/§ 4 Rn. 24; *MünchKomm-Commichau*, § 4 Rn. 13.

darf es nicht zwingend.[19] Zur Bestimmtheit gehört auch die Festlegung des Bruchteils des Miteigentumsanteils.[20] Ausreichend ist eine noch zu vermessende Teilfläche, soweit sie zumindest planmäßig bestimmt ist. Auf jeden Fall muss sie den Berechtigten (bei mehreren Berechtigten auch deren Beteiligungsverhältnisse) unmittelbar mit Namen, Stand, Wohnort, bzw. Firma und Firmensitz bezeichnen. Eine **Bezugnahme** auf die Eintragungsbewilligung ist insoweit unzulässig. Die Eintragungsbewilligung kann auf Urkunden verweisen, die in der Form des § 29 GBO vorliegen müssen.[21]

2. Absatz 2, Satz 2: Bedingungen/Zeitbestimmung

9 Sondereigentum kann nicht unter einer **Bedingung** oder **Zeitbestimmung** (§ 163 BGB) eingeräumt oder aufgehoben werden; die Auflassung ist also wie in § 925 Abs. 2 BGB bedingungsfeindlich: So kann dinglich nicht vereinbart werden, dass das jeweilige Sondereigentum zu einem bestimmten Zeitpunkt oder bei Vorliegen bestimmter Voraussetzungen aufgehoben wird[22]. Sonst würde gewöhnliches Miteigentum entstehen, dessen Auflösung nach § 749 BGB jederzeit verlangt werden könnte; dies widerspricht auch § 11, der die Unauflöslichkeit der Gemeinschaft selbst normiert.[23] Jede andere Regelung führt zum immer unzulässigen isolierten Miteigentumsanteil[24], der umgehend zu beseitigen wäre. Rechtsbedingungen, wie z.B. die Genehmigung vom Nichtberechtigten oder von vollmachtlosen Vertretern oder die Genehmigung des Vormundschaftsgerichts stehen § 4 Abs. 2 nicht entgegen. Wechselndes Eigentum in zeitlichen Intervallen ist ebenfalls unzulässig (Time-Sharing). Beim Dauerwohn- bzw. Dauernutzungsrecht ist dies zulässig.[25]

3. Vormerkung

10 Der Anspruch auf Einräumung von Sondereigentum kann im Grundbuch durch eine **Vormerkung** gemäß § 883 BGB gesichert werden. Die Vormerkung schützt den schuldrechtlichen Anspruch auf dingliche Rechtsänderung. Voraussetzung für die Eintragung ist, dass eine schuldrechtliche Vereinbarung mit einem bestimmbaren Inhalt vorliegt, mindestens also ein „allseits anerkannter Plan, aus dem die Beschaffenheit eines, gegebenenfalls künftig zu errichtenden, Gebäudes und die Zahl der darin befindlichen

---

19 BayObLG v. 6.2.1991 – BReg. 2 Z 148/90, BayObLGZ 1991, 78 = NJW-RR 1991, 721.
20 LG Hannover v. 5.11.1974 – 16 T 153, 74; zitiert in: Rpfleger 1975, 284; LG Hamburg v. 30.4.1982 – 71 T 21/82, Rpfleger 1982, 272: auch zur Eintragung einer Auflassungsvormerkung.
21 BayObLG v. 7.1.1975 – BReg. 2 Z 60/74, MittBayNot 1975, 93.
22 Möglich ist jedoch, entweder die dingliche Einigung erst nach Eintritt der erwarteten Bedingung/Zeitbestimmung zu erklären oder schuldrechtlich zu vereinbaren, dass der Antrag beim Grundbuchamt erst nach Eintritt der gewünschten Bedingung erfolgen soll: Hierzu: *Armbrüster,* in: Bärmann, § 4 Rn. 39.
23 BayObLG v. 10.12.1979 – BReg. 2 Z 23/78, BayObLGZ 1979, 414 = Rpfleger 1980, 110.
24 Vgl. § 3 Rn. 20/21.
25 Vgl. § 31 Rn. 4.

Wohnungen ersichtlich ist".[26] Der Anspruch auf Vormerkung der Einräumung von Sondereigentum muss sich gegen den im Grundbuch eingetragenen Verpflichteten richten. Deshalb ist insbesondere der Anspruch auf Einräumung, Aufhebung oder Inhaltsänderung des Sondereigentums (§ 3), dessen Erfüllung gemäß §§ 4, 5 Abs. 4, 10 Abs. 2 die Eintragung im Grundbuch erfordert, grundsätzlich vormerkungsfähig.[27] Völlig unbestimmt ist dagegen z.B. die Vormerkung eines Anspruchs auf Einräumung eines Sondereigentums an einem „mit einem Hochbau gleich welcher Art" bebauten Grundstück[28].

IV. Absatz 3: Anwendung des § 311b Abs. 1 BGB

Für den schuldrechtlichen Vertrag zur Begründung, Änderung oder Aufhebung von Rechten bezogen auf das Sondereigentum gelten die Formvorschriften des § 311b Abs. 1 BGB entsprechend; der Vertrag bedarf der notariellen Beurkundung. Die fehlende notarielle Beurkundung wird geheilt, wenn die Auflassung und die Eintragung in das Grundbuch erfolgen, § 311b Abs. 1 Satz 2 BGB. Besteht Wohnungseigentum bereits und soll dieses übertragen werden, gelten gemäß § 6 die allgemeinen Bestimmungen, § 311b Abs. 1 BGB also unmittelbar. Auch Vorverträge zum Erwerb einer Eigentumswohnung (nach Entstehung des Wohnungseigentums)[29], Anwartschaftsverträge, die die Verpflichtung zur Eigentumsverschaffung beinhalten[30], unterfallen der Beurkundungspflicht. Zu beurkunden sind alle wesentlichen Bestimmungen, einschließlich der Nebenabreden[31]. Das Vorliegen einer Gemeinschaftsordnung ist nicht zwingend erforderlich, allerdings die Teilungserklärung, die bei Beurkundung des Kaufvertrags mitverlesen und mitgenehmigt werden muss.[32] Wird eine Teilungserklärung nachträglich geändert, bedarf sie der für das Veräußerungsgeschäft geltenden Beurkundungspflicht[33]; dies gilt insbesondere für Änderungen am Sondereigentum[34], soweit nicht nur die Änderung der Leistungsmodalität, wie z.B. eine Kaufpreisstundung oder die Verlängerung einer vertraglichen Frist für die Ausübung eines Wiederkaufsrechts in Frage steht. Wenn das Gebäude erst errichtet werden soll, ist eine Bauverpflichtung mit zu beurkunden; sind mehrere

11

---

26 BayObLG v. 13.3.1974 – BReg. 2 Z 12/74, BayObLGZ 1974, 118 = DNotZ 1975, 36.
27 BayObLG v. 13.3.1974 – BReg. 2 Z 12/74, BayObLGZ 1974, 118 = DNotZ 1975, 36/38.
28 Ausreichend ist die Bezeichnung „nach Maßgabe der künftigen baurechtlichen Genehmigung" ein Gebäude zu errichten: BayObLG v. 13.2.1992 – 2Z BR 3/92, BayObLGZ 1992, 40 in Aufgabe der Entscheidung BayObLG v. 13.3.1974 – BReg. 2 Z 12/74, BayObLG 1974, 118.
29 Beispiel: BGH v. 2.2.1973 – V ZR 45/71, NJW 1973, 517 = WM 1973, 288.
30 BGH v. 21.4.1972 – V ZR 42/70, NJW 1972, 1189 = WM 1972, 685.
31 Vgl. BFH v. 23.11.2011 – II R 64/09; zur Frage der Beurkundungspflicht der gesamten Beitrittsvereinbarung und – bei Fehlen – den Auswirkungen auf die Grunderwerbsteuer.
32 BGH v. 27.4.1979 – V ZR 175/77, NJW 1979, 1498 = DNotZ 1979, 479.
33 BGH v. 27.4.1979 – V ZR 175/77, NJW 1979, 1498 = DNotZ 1979, 479; BGH v. 21.10.1983, V ZR 121/82, NJW 1984, 612 = DNotZ 1984, 238.
34 BGH v. 6.6.1986 – 5 ZR 264/84, NJW 1986, 2759 = DNotZ 1987, 208; BGH v. 21.10.1983 – 5 ZR 121/82, NJW 1984, 612.

Standorte des Gebäudes auf dem Grundstück möglich, so muss der Standort schon festgelegt werden.[35]

Eine Heilung des Formmangels kommt gemäß § 311b Abs. 1 Satz 2 BGB in Betracht, wenn die Auflassung und die Eintragung im Grundbuch erfolgt sind, also die Wohnungsgrundbücher vollständig angelegt sind und die Vertragschließenden als Miteigentümer nach Bruchteilen eingetragen sind. § 13 Abs. 1 BeurkG fordert die Einbeziehung der Planunterlagen.

---

35 OLG Hamm v. 20.5.1976 – 15 W 255/72, OLGZ 1977, 264 = DNotZ 1977, 308.

§ 5
Gegenstand und Inhalt des Sondereigentums

(1) Gegenstand des Sondereigentums sind die gemäß § 3 Abs. 1 bestimmten Räume sowie die zu diesen Räumen gehörenden Bestandteile des Gebäudes, die verändert, beseitigt oder eingefügt werden können, ohne dass dadurch das gemeinschaftliche Eigentum oder ein auf Sondereigentum beruhendes Recht eines anderen Wohnungseigentümers über das nach § 14 zulässige Maß hinaus beeinträchtigt oder die äußere Gestaltung des Gebäudes verändert wird.

(2) Teile des Gebäudes, die für dessen Bestand oder Sicherheit erforderlich sind, sowie Anlagen und Einrichtungen, die dem gemeinschaftlichen Gebrauch der Wohnungseigentümer dienen, sind nicht Gegenstand des Sondereigentums, selbst wenn sie sich im Bereich der im Sondereigentum stehenden Räume befinden.

(3) Die Wohnungseigentümer können vereinbaren, dass Bestandteile des Gebäudes, die Gegenstand des Sondereigentums sein können, zum gemeinschaftlichen Eigentum gehören.

(4) Vereinbarungen über das Verhältnis der Wohnungseigentümer untereinander können nach den Vorschriften des 2. und 3.Abschnitts zum Inhalt des Sondereigentums gemacht werden. Ist das Wohnungseigentum mit der Hypothek, Grund- oder Rentenschuld oder der Reallast eines Dritten belastet, so ist dessen nach anderen Rechtsvorschriften notwendige Zustimmung zu der Vereinbarung nur erforderlich, wenn ein Sondernutzungsrecht begründet oder ein mit dem Wohnungseigentum verbundenes Sondernutzungsrecht aufgehoben, geändert oder übertragen wird. Bei der Begründung eines Sondernutzungsrechts ist die Zustimmung des Dritten nicht erforderlich, wenn durch die Vereinbarung gleichzeitig das zu seinen Gunsten belastete Wohnungseigentum mit einem Sondernutzungsrecht verbunden wird.

Inhalt:

	Rn.
I. **Allgemeines**	1
II. **Absatz 1:** Gegenstand des Sondereigentums	2
1. Die gemäß § 3 Abs. 1 bestimmten Räume......	2
2. Die zu diesen Räumen gehörenden Bestandteile des Gebäudes	4
3. Veränderung/Beseitigung/ Einfügung	5
a) Ohne Beeinträchtigung des gemeinschaftlichen Eigentums oder eines auf Sondereigentum beruhenden Rechts............	5

	Rn.
b) Über das nach § 14 zulässige Maß hinaus ...	6
c) Ohne Veränderung der äußeren Gestaltung des Gebäudes	7
III. **Absatz 2:** Gegenstand des Gemeinschaftseigentums...	8
1. Für den Bestand erforderliche Teile des Gebäudes	9
2. Für die Sicherheit erforderliche Teile des Gebäudes	10
3. Anlagen und Einrichtungen	11
4. Zum gemeinschaftlichen Gebrauch dienend	13
5. Selbst wenn sie sich im Bereich von im Sonder-	

WEG § 5 Begründung des Wohnungseigentums

      eigentum stehenden
      Räumen befinden 14
IV. **Absatz 3:** Vereinbarung von sondereigentumsfähigen Gebäudeteilen als gemeinschaftliches Eigentum 15
V. **Absatz 4:** Vereinbarungen untereinander (Gemeinschaftsordnung) 16
  1. Satz 1: Vereinbarungen über das Verhältnis der Wohnungseigentümer untereinander; Inhalt des Sondereigentums 16
  2. Satz 2: Zustimmung von Dritten 17
    a) Belastung mit Hypothek, Grund- und Rentenschulden oder Reallast....... 18
    b) Begründung von Sondernutzungsrechten 19
    c) Aufhebung, Änderung, Übertragung des Sondernutzungsrechtes........ 20
  3. Satz 3: Entbehrlichkeit der Zustimmung eines Dritten bei Begründung eines Sondernutzungsrechts... 21

I. Allgemeines

1 Während in § 1 Abs. 2, § 1 Abs. 5 das Gesetz die Abgrenzung zwischen Sondereigentum und Gemeinschaftseigentum trifft, regelt § 5 Gegenstand und Inhalt des Sondereigentums und des Gemeinschaftseigentums. Das Gesetz legt abschließend fest, welche Räume sowie die zu diesen Räumen gehörenden Bestandteile des Gebäudes Gegenstand des Sondereigentums sein können, die der Eigentümer im Rahmen der §§ 13 ff. unter Ausschluss der anderen Wohnungseigentümer nutzen kann. Während die Bestimmung des § 5 Abs. 2 abschließend ist und deshalb Bestandteile eines Gebäudes, die von Gesetzes wegen gemeinschaftliches Eigentum sind, nicht als Sondereigentum bestimmt werden können, können umgekehrt die Wohnungseigentümer vereinbaren, dass Bestandteile des Gebäudes, die Gegenstand des Sondereigentums sein können, zum gemeinschaftlichen Eigentum gehören, § 5 Abs. 3. Das Gesetz regelt darüber hinaus, dass schuldrechtliche Vereinbarungen über das Verhältnis der Wohnungseigentümer untereinander zum Inhalt des Sondereigentums gemacht werden können, § 5 Abs. 4; sie werden dann als Inhalt des Grundbuches verdinglicht. § 5 legt damit auch fest, wem etwaige Abwehransprüche zustehen, wer für die Instandhaltung und Instandsetzung für die entsprechenden Gebäudeteile zuständig ist und die Kosten zu tragen hat.

Die WEG-Novelle[1] hat in § 5 Abs. 4 die Sätze 2 und 3 angefügt: Beschränkt wird das Zustimmungsrecht der Hypotheken-, Grund- oder Rentenschuldgläubiger oder eines Gläubigers einer Reallast bei Änderungen von Vereinbarungen über das Verhältnis der Wohnungseigentümer untereinander, es sei denn es wird ein Sondernutzungsrecht begründet, aufgehoben, geändert oder übertragen. Das Erfordernis der Zustimmung des Gläubigers (Dritten) entfällt, wenn zu seinen Gunsten das belastete Wohnungseigentum mit einem Sondernutzungsrecht verbunden wird.

---

1 Gesetz zur Änderung des Wohnungseigentumsgesetzes und anderer Gesetze v. 26. 3. 2007, BGBl. I 2007, 370, Art. 1 Nr. 2.

II. Absatz 1: Gegenstand des Sondereigentums

1. Die gemäß § 3 Abs. 1 bestimmten Räume

Sondereigentum muss an einer bestimmten Wohnung oder nicht zu Wohnzwecken dienenden bestimmten Räumen gebildet werden; das Sondereigentum muss vom Gemeinschaftseigentum klar abgegrenzt sein: Der Aufteilungsplan, auf den im Grundbuch Bezug genommen wird und der auch am öffentlichen Glauben des Grundbuchs teilnimmt[2], ist maßgeblich. Seine Durchsetzung kann jeder Wohnungseigentümer fordern.[3] Für den Gegenstand und den Inhalt des Sondereigentums kann bei der Eintragung in das Grundbuch auf die Eintragungsbewilligung Bezug genommen werden, § 7 Abs. 3; dieser sind der Aufteilungsplan und die Abgeschlossenheitsbescheinigung beizufügen, § 7 Abs. 4. Enthält die Aufteilung allerdings eine Abgrenzung zwischen Sondereigentum und Gemeinschaftseigentum, die § 5 widerspricht, darf das Grundbuchamt die Eintragung nicht vornehmen. Zum Sondereigentum können (nicht müssen, wie § 5 Abs. 1 Satz 1 vom Wortlaut her meinen lässt) die gemäß § 3 Abs. 1 bestimmten Räume, die dazu gehörenden Bestandteile des Gebäudes, die ohne das gemeinschaftliche Eigentum zu beeinträchtigen, durch den Sondereigentümer verändert, beseitigt oder eingefügt werden, bestimmt werden. Räume sind der umbaute, also von Fußboden, Decke und Wänden umschlossene „lichte Raum"[4]; nur auf Dauer eingebrachte, stabile Wände führen zu einem abgeschlossenen Raum; Schiebewände, Vorhänge oder verstellbare Raumteiler erfüllen die Voraussetzung nicht[5]. Voraussetzung ist, dass der Eigentümer mit dem Aufteilungsplan in der Lage ist, seinen Herrschaftsbereich von demjenigen anderer abzugrenzen; damit soll das Sondereigentum der Privatsphäre schützen und von Einwirkungen durch Dritte abgrenzen[6]. Es kann auch unterschiedliches Sondereigentum an Teilen eines Raumes bestehen; die Außengrenzen der im Aufteilungsplan vorgesehenen Trennwand begrenzen dabei das Sondereigentum gegen das Gemeinschaftseigentum bzw. das Mitsondereigentum an der nicht errichteten Trennwand[7]. Fehlt es an der Raumeigenschaft, ist zu prüfen, ob es sich um „zu diesen Räumen

---

2 BayObLG v. 28. 9. 1981 – BReg. 2 Z 68/81, DNotZ 1982, 244 = Rpfleger 1982, 21.
3 BayObLG v. 15. 10. 1989 – BReg. 2 Z 130/89, BayObLGZ 1989, 470 = NJW-RR 1990, 332.
4 BayObLG v. 6. 2. 1986 – BReg. 2 Z 70/85, BayObLGZ 1986, 29; OLG Frankfurt/Main v. 17. 10. 1983 – 20 W 648/83, OLGZ 1984, 32; OLG Hamm v. 2. 10. 1974 – 15 Wx 172/74, Rpfleger 1975, 27; *Grziwotz*, in: Jennißen, § 5 Rn. 9 kritisiert die Verbindung der Begriffe Abgeschlossenheit und Raum in der Rechtslehre.
5 Vgl. *Staudinger-Rapp*, § 5 Rn. 5; das Sondereigentum schützt die Privatsphäre und grenzt von Einwirkungen durch Dritte ab.
6 *Staudinger-Rapp*, § 5 Rn. 5; für *Armbrüster*, in: Bärmann ist entscheidend, ob über den im Aufteilungsplan bestimmten Bereich „Herrschaftsmacht" ausgeübt werden kann, § 5 Rn. 14
7 BGH v. 18. 7. 2008 – V ZR 97/07, BGHZ 177, 338: Der Aufteilungsplan tritt an die Stelle der Vermessung und katastermäßigen Erfassung; er ist der Eintragungsbewilligung beizufügen und sichert so die sachenrechtlich notwendige Bestimmtheit; siehe auch BayObLG v. 12. 12. 2002 – 2Z BR 112/02, BayObLGZ 2002, 397 = FGPrax 2003, 57.

gehörende Bestandteile des Gebäudes", die sondereigentumsfähig sind, handelt (siehe Rn. 22).

3   Die Rechtsprechung hat z. B. folgende Situationen unter „gemäß § 3 Abs. 1 bestimmte Räume" eingeordnet (in alphabetischer Reihenfolge):

- Dachspeicher[8]
- Doppelstockgaragen insgesamt[9], nicht aber an jedem der beiden Einzel-Stellplätze[10]
- Fertiggaragen[11]
- Gewächshaus[12]
- Innenhof[13]
- Nebenräume wie Keller, Bodenräume, Garagen, Nebengebäude, Lagerhallen, Werkstätten[14]
- Sauna[15]
- Schwimmbad[16]
- Stellplatz auf dem Dach eines Garagengebäudes (in der Rechtsprechung bejaht, aber abzulehnen)[17];

---

8   OLG Zweibrücken v. 5. 1. 1993 – 3 W 222/92, MittBayNot 1993, 86.
9   OLG Jena v. 20. 12. 2004 – 9 W 654/03, NotBZ 2005, 219 = Rpfleger 2005, 309; Niedenführ/Kümme/Vandenhoutenl-Kümmel, § 5 Rn. 13.
10 Aber nicht für einen einzelnen Stellplatz in einer Duplexgarage: BayObLG v. 29. 11. 1974 – BReg. 2 Z 54/74, BayObLGZ 1974, 466; BayObLG v. 21. 7. 1994 – 2Z BR 56/94, BayObLGZ 1994, 195; OLG Düsseldorf v. 22. 3. 1999 – 3 Wx 14/99, MittBayNot 2000, 110; BayObLG v. 9. 2. 1995 – 2Z BR 4/95, BayObLGZ 1995, 53 = NJW-RR 1995, 783; Staudinger-Rapp, § 5 Rn. 8; Armbrüster. in: Bärmann, § 5 Rn. 17.
11 BayObLG v. 15. 12. 1989 – BReg. 2 Z 130/89, BayObLGZ 1989, 470.
12 BGH v. 16. 11. 1973 – V ZR 1/72, MDR 1974, 298 = WM 1974, 126.
13 OLG Hamm v. 5. 1. 2016 – 15 W 398/15.
14 BGH v. 10. 10. 1980 – V ZR 47/79, BGHZ 78, 225 = NJW 1981, 455: Die Anlage oder Einrichtung muss nach ihrer Zweckbestimmung so auf die gemeinsamen Bedürfnisse der Wohnungseigentümer zugeschnitten sein, dass eine Vorenthaltung der gemeinschaftlichen Verfügungsbefugnis durch Bildung von Sondereigentum ihren schutzwürdigen Belangen zuwider laufen würde; bei einem Schwimmbad (mit Sauna) ist dies nicht der Fall.
15 BGH v. 10. 10. 1980 – V ZR 47/79, BGHZ 78, 225.
16 BGH v. 10. 10. 1980 – V ZR 47/79, BGHZ 78, 225.
17 PKW-Abstellplätze auf einem ebenerdig gelegenen und von der Umgebung nicht abgegrenzten Dach einer Tiefgarage sind nicht sonderrechtsfähig: OLG Frankfurt/Main v. 17. 10. 1983 – 20 W 648/83, OLGZ 1984, 32/33; eine solche Fläche muss einer unbebauten und auch bei dauerhafter Markierung nicht sondereigentumsfähigen Grundstücksfläche gleich behandelt werden. Das OLG Karlsruhe – Az.: 17 W 17/79 (zitiert bei OLG Frankfurt/Main v. 17. 10. 1983 – 20 W 648/83, OLGZ 1984, 32/33) hat es als notwendigen Abschluss und als Abgrenzung ausreichen lassen, wenn die Dachfläche das Niveau der umgebenden Erdoberfläche um 50 cm überragt, eine seitliche Umwehrung von 90 cm besitzt und nur über eine Rampe zu befahren ist. Das OLG Hamm stellt die Raumeigenschaft in seiner Entscheidung v. 16. 1. 1998 – 15 W 502/97, NJW-RR 1998, 516 = DNotZ 1999, 216 nicht in Frage, wenn an PKW-Abstellplätzen an dem nicht überdachten Oberdeck eines Parkhauses Teileigentum begründet werden soll; nach einer weiteren Entscheidung des OLG Hamm v. 22. 5. 2003 – 15 W 98/03, FGPrax 2003, 208 = Rpfleger 2003, 574 kann Sondereigentum an einer nicht bebauten Grundstücksfläche (Stellflächen

Gegenstand und Inhalt des Sondereigentums § 5 WEG

– Wohnungen einschließlich Nebenräumen und Nebenanlagen wie Garagen, Kellerräume, Abstellräume, Hobbyräume, Dachspeicherräume, Boden- und Speicherräume, Sammelgaragen[18]

Im „**Tiefgaragenmodell**" oder „**Kellermodell**" werden Kellerräume oder Tiefgaragen in Sondereigentum aufgeteilt (soweit sie abgeschlossen sind) und an diesem Sondereigentum das Sondernutzungsrecht an einzelnen Wohnungen eingeräumt.[19]

2. Die zu diesen Räumen gehörenden Bestandteile des Gebäudes

Zum Sondereigentum gehören die **Gebäudebestandteile**, die zu den oben erwähnten Räumen gehören; sie werden kraft Gesetzes dem Sondereigentum zugewiesen; sie können allerdings gemäß § 5 Abs. 3 durch Vereinbarung Gegenstand des gemeinschaftlichen Eigentums werden.[20] Es ist einhellige Meinung, dass nur Gebäudebestandteile, die wesentlicher Bestandteil gemäß §§ 93, 94 BGB sind, von § 5 Abs. 1 umfasst sind, also Sachen, die mit dem Grund und Boden eines Grundstücks fest verbunden sind und nicht mehr abgetrennt werden können, ohne dass sie zerstört oder in ihrem Wesen verändert werden; ein räumlicher und ein funktionaler Zusammenhang muss bestehen[21]. Entscheidend ist im Rahmen des § 94 Abs. 2 BGB die Zweckbestimmung, nicht ausschließlich die Art der Verbindung.[22] Können nach § 3 Abs. 1 nur die wesentlichen Bestandteile des Grundstücks oder des Gebäudes im Sondereigentum stehen, sind notwendigerweise die nicht wesentlichen Bestandteile eines Gebäudes nicht sonderrechtsfähig[23]; sie stehen im Eigentum eines Wohnungseigentümers; die Bestimmungen

4

---

statt Garagengebäude) nicht gebildet werden, ebenso KG Berlin v. 8.9.1985 – 24 W 4943/94, NJW-RR 1996, 586; *Niedenführ/Kümmel/Vandenhouten*, § 5 Rn. 14. Das OLG Köln hat im Beschluss v. 18.7.1984 – 2 Wx 11/84, Rpfleger 1984, 464 = DNotZ 1984, 700 auf einem nicht überdachten Oberdeck eines Garagengebäudes Stellplätze als sondereigentumsfähig betrachtet, „wenn das Oberdeck über das umgebende Gelände hinausragt und von innen her durch eine mit Rollgitter versehene Zufahrt zu erreichen ist"; das LG Braunschweig v. 10.3.1981 – 18 T 89/81, Rpfleger 1981, 298 lässt die Kraftfahrzeugstellplätze auf einem nicht überdachten Oberdeck eines Garagengebäudes als Gegenstand von Sondereigentum zu. Da § 3 Abs. 3 Garagenstellplätze als abgeschlossene Räume fingiert, wenn ihre Flächen durch dauerhafte Markierungen ersichtlich sind, könnten Garagenstellplätze außerhalb von umschlossenen Räumen nicht als Räume i.S.d. § 5 Abs. 1 angesehen werden: vgl. § 3 Rn. 27. *Staudinger-Rapp*, § 5 Rn. 8.
18 *Armbrüster*, in: Bärmann, § 5 Rn. 17
19 Für zulässig erachten dieses Modell: BayObLG v. 7.11.1991 – BReg. 2 Z 137/91, BayObLGZ 1991, 375; OLG Hamm v. 23.3.1993 – 15 W 362/92, NJW-RR 1993, 123. Als unzulässiges Umgehungsmodell verwerfen es: *Staudinger-Rapp*, § 5 Rn. 18; LG Hagen v. 5.10.1992 – 3 T 679/92, NJW-RR 1993, 402; LG Braunschweig v. 15.1.1991 – 8 T 785/90, Rpfleger 1991, 201.
20 *Niedenführ/Kümmel/Vandenhouten*, § 5 Rn. 15.
21 *Armbrüster*, in: Bärmann, § 5 Rn. 22; *Staudinger-Rapp*, § 5 Rn. 22.
22 BGH v. 10.2.1978 – V ZR 33/76, NJW 1978, 1311.
23 BGH v. 18.10.1974 – V ZR 120/73, NJW 1975, 688 = WM 1975, 179; BGH v. 5.7.1991 – 5 ZR 222/90, NJW 1991, 2909, BayObLG v. 24.2.2000 – 2Z BR 155/99, NJW-RR 2000, 1032.

des Wohnungseigentumsgesetzes finden hierauf keine Anwendung.[24] Zu den zu diesen Räumen gehörenden wesentlichen Bestandteilen zählen (und sind damit sondereigentumsfähig) z.B. (in alphabetischer Reihenfolge):

- Abwasser-Hebeanlage im Bereich des Gemeinschaftseigentums, die nur einer Wohnung dient[25]
- Ausstattung wie: eingebauter Wandschrank, Einbauküche, Bad/WC-Ausstattung[26]
- Balkon, Dachterrasse[27] : Fußbodenbelag, wie Plattenbelag[28]
- Bodenbeläge von Balkonen[29]
- Bodenbelag, Parkett oder Teppichboden[30]
- Etagenheizung für einzelne Sondereigentumseinheiten; Gastherme für zwei Einheiten[31]
- Fliesen innerhalb der zum Sondereigentum erklärten Räumen[32]
- Sprechstelle einer Gegensprechanlage steht im Sondereigentum[33]
- Heizkörper, Heizleitung, Heizschlange der Fußbodenheizung, soweit für die Sondereigentumseinheit bestimmt[34]
- Heizungsanlage, wenn sie in Form des Wärmecontractings betrieben wird[35]

---

24 OLG Düsseldorf v. 1.7.1994 – 3 Wx 334/94, NJW-RR 1995, 206.
25 OLG Düsseldorf v. 30.10.2000 – 3 Wx 276/00, NZM 2001, 752 = FGPrax 2001, 16.
26 BayObLG v. 10.3.1994 – 2Z BR 13/94, NJW-RR 1994, 718: für Eckventile am Waschbecken im Badezimmer.
27 LG Schwerin v. 24.7.2008 – 5 T 165/05, ZMR 2009, 401; OLG Düsseldorf v. 3.4.2009 – 3 Wx 52-69/09, NJW-RR 2009, 1095; LG Wuppertag v. 28.10.2008 – 6 T 223/08, RNotZ 2009, 48 [juris]; zum Balkon: OLG München v. 23.9.2011 – 34 Wx 247/11 [juris].
28 OLG Düsseldorf v. 27.2.2002 – 3 Wx 348/01, NJW-RR 2002, 805 = FGPrax 2002, 108; nicht jedoch der Estrich: BayObLG v. 20.11.2002 – 2Z BR 45/02, ZMR 2003, 366.
29 OLG München v. 30.1.2007 – 34 Wx 116/06, DNotZ 2007, 690 = NZM 2007, 369: allerdings sind Brüstungen, Decken und Türen, auch die Bodenplatte und die Isolierschicht sowie die Abdichtungsanschlüsse zum Gebäude zwingend Gemeinschaftseigentum.
30 BayObLG v. 16.12 1993 – 2Z BR 113/93, NJW-RR 1994, 598: Der Bodenbelag ist sondereigentumsfähig; dagegen gehört die darunter liegende Trittschalldämmung (Estrich) zum gemeinschaftlichen Eigentum.
31 BayObLG v. 24.2.2000 – 2Z BR 155/99, NJW-RR 2000, 1032 = MittBayNot 2000, 558.
32 BayObLG v. 19.3.1998 – 2Z BR 18/98, WuM 1998, 369.
33 OLG Köln v. 26.8.2002 – 16 Wx 126/02, NZM 2002, 865; *Niedenführ/Kümmel/Vandenhouten*, § 5 Rn. 24
34 BGH v. 8.7.2011 – V ZR 176/10 [juris]; OLG Zweibrücken v. 7.11.1986 – 3 W 152/86, ZMR 1987, 102; ein Mitsondereigentum für Abwasserleitungen, die in der Trennwand zwischen zwei Eigentumswohnungen liegen, gibt es nicht: BayObLG v. 8.9.1988 – BReg. 2 Z 55/87, WuM 1989, 35; ; *Grziwotz*, in: Jennißen, § 5 Rn. 63
35 Wärmecontracting liegt vor, wenn sich die Wohnungseigentümergemeinschaft von Dritten mit Energie beliefern lässt; die Heizanlage wird dann gegebenenfalls nicht wesentlicher Bestandteil, sondern bleibt Scheinbestandteil gemäß § 95 BGB. Damit unterliegt diese Heizungsanlage nicht § 5: *Jennißen-Dickersbach*, § 5 Rn. 29; auch: *Schmid*, CuR 2004, 45.

- Holzverkleidung an Innenwänden und Decken[36]
- Innenfenster bei echten Doppelfenstern (gegebenenfalls auch Kastenfenster)[37]
- Innentüren[38]
- nicht tragende Innenwand,
- Lüftungsanlage, soweit sie nicht im Gemeinschaftseigentum steht[39]
- Markisen, wenn sie die äußere Gestaltung des Gebäudes nicht prägen
- Öfen, Herde, offener Kamin[40]
- Tapeten und Innenanstrich[41]
- Ventil an Waschbecken[42]
- Veranden, Loggien, Balkone und Dachterrassen, wenn sie mit dem Sondereigentumsräumen durch einen einzigen Zugang tatsächlich verbunden sind[43], (konstruktive Balkonbestandteile sind gemäß § 5 Abs. 2 Gemeinschaftseigentum)
- Ver- und Entsorgungsleitungen, Wasser, Abwasser, Gas, Strom, Telefon, Klingel, Antennenleitungen in der Wohnung, soweit sie nur der Wohnung und deren Versorgung dienen; Leitungen gehören zum Gemeinschaftseigentum bis zu den ersten für die Handhabung durch den Sondereigentümer vorgesehenen Absperrmöglichkeiten.[44]
- nicht tragende Zwischenwände.

---

[36] *Niedenführ/Kümmel/Vandenhouten*, § 5 Rn. 24.
[37] BayObLG v. 21.12.1999 – 2Z BR 115/99, ZMR 2000, 241.
[38] BayObLG v. 21.12.1999 – 2Z BR 115/99, ZMR 2000, 241; nicht aber auch Türen (Wohnungseingangstüren/Kelleraußentüren): BGH v. 26.11.2013 – V ZR 46/13; BGH v. 25.10.2013 – V ZR 212/12 Rn. 10.
[39] Soweit sie sich in der Wohnung befinden, sind sie Sondereigentum, Grziwotz-*Jennißen*, § 5 Rn. 63.
[40] BayObLG v. 7.8.1997 – 2Z BR 62/97, NZM 1998, 310: Der Anschluss eines Holzofens an den durch die Eigentumswohnung führenden Notkamin selbst ist zulässig, wenn die Miteigentümer nicht beeinträchtigt werden; er steht also im Eigentum des Wohnungseigentümers; BayObLG v. 20.8.1998 – 2Z BR 44/98, NZM 1999, 28: Ein vom Erdgeschoß durch die oberen Stockwerke führender Kamin ist Gemeinschaftseigentum, auch wenn er nur für das Teileigentum im Erdgeschoß genutzt wird.
[41] *Staudinger-Rapp*, § 5 Rn. 25.
[42] BayObLG v. 10.3.1994 – 2Z BR 13/94, NJW-RR 1994, 718: für Eckventile am Waschbecken im Badezimmer.
[43] OLG Frankfurt/Main v. 3.4.1997 – 20 W 90/97, ZflR 1997, 417 = FGPrax 1997, 139; *Palandt-Bassenge*, § 5 Rn. 3; OLG Düsseldorf v. 20.6.1979 – 3 W 134/79, WE 1979, 128; *Niedenführ/Kümmel/Vandenhouten*, § 5 Rn. 13.
[44] So BGH vom 26.10.2012 – V ZR 57/12. Würde das Entfernen einer Leitung Auswirkungen auf die gemeinschaftliche Einrichtung haben, ist sie Gemeinschaftseigentum: *Jennißen-Grziwotz*, § 5 Rn 63; BayObLG v. 8.9.1988 – BReg. 2 Z 55/87 WuM 1989, 35: Ver- und Entsorgungsleitungen gehören bis zum Anschluss an die gemeinschaftliche Leitung zum Sondereigentum des Wohnungseigentums unabhängig davon, ob sie auch durch das Sondereigentum (Keller) eines anderen Wohnungseigentümers führen.

3. Veränderung/Beseitigung/Einfügung

a) Ohne Beeinträchtigung des gemeinschaftlichen Eigentums oder eines auf Sondereigentum beruhenden Rechtes

5 Eine **Veränderung** von Gebäudebestandteilen, die das gemeinschaftliche Eigentum nicht beeinträchtigt, ist z.B. die Veränderung einer nichttragenden Innenwand und die Veränderung des Zuschnitts des Sondereigentums; auch die Veränderung von Innentüren, die Veränderung von Deckenverkleidungen aller Art oder des Fußbodenbelags (Parkett statt Linoleum).[45] Der Austausch von Waschbecken, die Umgestaltung der Badewannen und/ oder Duschwannen können sich nicht auf das gemeinschaftliche Eigentum auswirken.[46]

Beeinträchtigt wird dagegen das Gemeinschaftseigentum bei Änderungen von z.B. (alphabetisch):

– Abdichtungen, Unterkonstruktionen des Bodenbelags
– Veränderung von Abgasrohren (äußere Gestaltung des Gebäudes)
– Aufzügen
– Brandmauern[47]
– Doppelkastenfenster älterer Bauart
– Fenster[48] und Fensterrahmen[49]
– Fensterläden und Rolläden[50]
– Isolierglasfenster[51]
– Lichtkuppeln
– Schaufenster

b) Über das nach § 14 zulässige Maß hinaus

6 Zur Bestimmung der Frage, ob eine Beeinträchtigung vorliegen kann, kann auf die Rechtsprechung zum „Nachteil" gemäß § 22 Abs. 1 Satz 2, § 14 Nr. 1 auch in § 5 Abs. 1 abgestellt werden: Jede objektiv nachteilige Veränderung des optischen Gesamteindrucks eines Wohnungseigentums, einer Woh-

---

45 OLG Düsseldorf v. 4.7.2001 – 3 Wx 120/01, NJW-RR 2001, 1594 = FGPrax 2001, 227: dabei darf sich die Trittschallbelästigung in der darunterliegenden Wohnung nicht so verschlechtern, dass eine Beeinträchtigung über § 14 Nr. 1 hinaus entsteht.
46 Vgl. *Niedenführ/Kümmel/Vandenhouten*, § 5 Rn. 24.
47 BayObLG v. 19.8.1971 – BReg. 2 Z 99/70, BayObLGZ 1971, 273.
48 BayObLG v. 3.8.2000 – 2Z BR 184/99, NZM 2001, 1081: Isolierglasfenster sind grundsätzlich Gemeinschaftseigentum; OLG München v. 23.8.2006 – 34 Wx 90/06, ZMR 2006, 952 = OLGR München 2006, 729: Instandsetzungskosten für Fenster im Bereich des Sondereigentums trägt die Gemeinschaft; AG Hannover v. 25.11.2003 – 71 II 203/03, ZMR 2004, 383: keine Differenzierung zwischen Außenseite eines Fensters und Innenseite; Fenster sind insgesamt Gemeinschaftseigentum.
49 OLG Hamm v. 22.8.1991 – 15 W 166/91, OLGZ 1992, 174: Außenfenster können nicht dem Sondereigentumsbereich zugeordnet werden; BayObLG v. 28.10.1994 – 2Z BR 77/94, BayObLGZ 1995, 326 (Parabolantenne).
50 OLG Saarbrücken v. 4.10.1996 – 5 W 286/95, ZMR 1997, 31.
51 BayObLG v. 3.8.2000 – 2Z BR 184/99, NZM 2001, 1081: Isolierglasfenster sind grundsätzlich Gemeinschaftseigentum.

nungseigentumsanlage auf das äußere Bild verhindert die Begründung von Sondereigentum.[52]

c) Ohne Veränderung der äußeren Gestaltung des Gebäudes

Die Sondereigentumsfähigkeit scheidet bei Bestandteilen des Gebäudes aus, die Auswirkungen auf die äußere Gestaltung des Gebäudes haben. Immer wenn die **äußere Gestaltung** des Gebäudes durch Veränderung, Beseitigung oder Einfügung von zu Räumen gehörenden Bestandteilen beeinträchtigt werden kann, liegt zwingend Gemeinschaftseigentum vor mit der Folge, dass Eingriffe in das äußere Erscheinungsbild wie z. B. das Anbringen einer Mauer an einer Terrasse der Zustimmung der Wohnungseigentümergemeinschaft bedürfen.[53] Die **Veränderung** (oder die Beseitigung) eines Wintergartens verändert das äußere Erscheinungsbild des Gebäudes; der Wintergarten gehört deshalb – wie Außenwände – zum Gemeinschaftseigentum.[54] Verglasungen für Loggias[55], Verglasungen von Terrassen verändern das äußere Erscheinungsbild des Gebäudes; diese Teile sind deshalb nicht sondereigentumsfähig.[56] Markisen verändern in der Regel die äußere Gestaltung des Gebäudes; ebenso Anbauten von Balkonen oder Veranden und erst recht die Anbringung eines Wintergartens; diese Teile des Anbaus können nicht sondereigentumsfähig sein.[57] Damit ist auch die Anbringung eines eigenen Farbanstriches[58] im Bereich des eigenen Sondereigentums oder die Anbringung weiterer Schilder unzulässig. Der Anstrich z. B. eines Balkongeländers ist Gemeinschaftsaufgabe[59]; wohnungseigentumsrechtlich unzulässig ist damit die Forderung von Friedensreich Hundertwasser, dass zumindest dem Wohnungseigentümer gestattet sein muss, mit einem langen Pinsel, soweit er reichen kann, alles rosa zu bemalen[60]; im Wohnungseigentumsrecht ist das nicht durchsetzbar.

Die Bestimmung sollte allerdings, wenn allein das Tatbestandsmerkmal der „Veränderung der äußeren Gestaltung" vorliegt, auch im Rahmen des § 22 Abs. 1 Satz 2 eng ausgelegt werden[61]; so sollten z. B. Rolläden, die nur zeit-

---

52 BGH v. 19.12.1991 – V ZB 27/90, BGHZ 116, 392 = NJW 1992, 978.
53 BayObLG v. 15.2.1984 – 2Z BR 111/83, WuM 1985, 31: Die Mauer wird Gemeinschaftseigentum; die Wohnungseigentümergemeinschaft kann die Beseitigung verlangen.
54 OLG Düsseldorf v. 4.11.2005 – I 3 Wx 92/05, NZM 2006, 109 = OLGR Düsseldorf 2006, 67.
55 Ob eine Loggia-Verglasung zu einer nachteiligen Veränderung des optischen Gesamteindrucks einer Wohnungsanlage führt, ist Tatfrage, BGH v. 18.1.1979 – VII ZB 19/78, BGHZ 73, 169; BayObLG v. 30.6.1983 – 2Z BR 76/82, Der Wohnungseigentümer 1983, 123.
56 *Jennißen-Grziwotz*, § 5 Rn. 65; *Armbrüster*, in: Bärmann, § 5 Rn. 91.
57 OLG Düsseldorf v. 20.1.1995 – 3 Wx 483/94, ZMR 1995, 267 = FGPrax 1995, 102; OLG Zweibrücken v. 21.9.1999 – 3 W 141/99, FGPrax 1999, 220 = NZM 2000, 294.
58 OLG Düsseldorf v. 23.5.2007 – 3 Wx 21/07, NZM 2007, 528.
59 MünchKomm-*Commichau*, § 5 Rn. 3; BayObLG v. 30.6.1983 – 2Z 76/82, Der Wohnungseigentümer 1983, 123.
60 Vgl. *Friedensreich Hundertwasser*, „Verschimmelungsmanifest 1958"; auch: *Bullinger/Garbers-von Boehm*, GRUR 2008, 24–30.
61 Und damit *Friedensreich Hundertwassers* Konzept wieder näher kommend.

weise geschlossen sind und nachträglich angebracht werden, sondereigentumsfähig sein.[62]

III. Absatz 2: Gegenstand des Gemeinschaftseigentums

8   Da der Wohnungseigentümer mit dem seinem Miteigentumsanteil zugeordneten Sondereigentum in den Grenzen des § 14 frei verfahren kann und alle anderen Miteigentümer von der Einflussnahme auf den Gebrauch seines Wohnungseigentums (im Rahmen der ordnungsgemäßen Benutzung) ausschließen kann, müssen die Gebäudebestandteile, die für dessen Bestand und Sicherheit erforderlich sind, **Gemeinschaftseigentum** bleiben, ebenso Anlagen und Einrichtungen, die dem gemeinschaftlichen Gebrauch dienen; in § 5 Abs. 2 i.V.m. § 1 Abs. 5 wird zwingend festgelegt, was Inhalt des Gemeinschaftseigentums ist und auch nicht durch Vereinbarung der Miteigentümer zum Sondereigentum erklärt werden kann.[63] Ein Verstoß gegen diese Bestimmung führt zur Unrichtigkeit des Grundbuches, § 894 BGB.

1. Für den Bestand erforderliche Teile des Gebäudes

9   Alle konstruktiven Gebäudeteile können auch nicht durch Vereinbarung Gegenstand des Sondereigentums werden, selbst wenn sie sich in Räumen des Sondereigentums befinden (wie z.B. tragende Innenwände). Im Gemeinschaftseigentum steht das ganze Gebäude einschließlich der konstruktiven Teile.[64] Hierzu zählen z.B. (alphabetisch):

– Abdichtungsanschluss zwischen Gebäude und Balkon[65]
– Anlagen im Untergrund
– Außenfenster (Glas, Rahmen, Leibung) einschließlich Innenseite auch bei Doppelglas[66]

---

62 MünchKomm-*Commichau*, § 5 Rn. 126; LG Memmingen v. 29.12.1977 – 4 T 1048/77, Rpfleger 1978, 101; a.A. herrschende Meinung, KG Berlin v. 19.6.1985 – 24 W 4020/84, ZMR 1985, 43; *Staudinger-Rapp*, § 5 Rn. 25; verneint man für Außenjalousien die Sondereigentumsfähigkeit, muss dies auch für Rollläden und Rollladenkästen gelten: BayObLG v. 14.11.1991 – BReg. 2 Z 123/91, WuM 1992, 88; BGH v. 18.1.1979 – VII ZB 19/78, BGHZ 73, 196. KG Berlin v. 19.6.1985 – 24 W 4020/84, ZMR 1985, 344; OLG Köln v. 30.7.1980 – 16 Wx 67/80, NJW 1981, 585: für Veränderung der Fensterrahmen durch Art des Materials und Farbgebung im Rahmen der Thermopan-Verglasung.
63 Hierzu: BGH v. 3.4.1968 – V ZB 14/67, BGHZ 50, 56: Sondereigentum kann an mehreren auf demselben Grundstück befindlichen Gebäuden bestellt werden; seine Erstreckung auf die konstruktiven Teile des Gebäudes ist jedoch ausgeschlossen; BayObLG v. 15.12.1981 – BReg. 2 Z 89/81, BayObLGZ 1981, 407/410; die Bildung von Mitsondereigentum am Treppenhaus ist unzulässig; Sondereigentum an sämtlichen Räumen eines von mehreren auf demselben Grundstück befindlichen Gebäude ist zulässig, soweit die Erstreckung auf konstruktive Teile des Gebäudes ausgeschlossen ist, OLG Düsseldorf v. 22.3.1999 – 3 Wx 14/99, NZM 1999, 571 = MittBayNot 2000, 110: anteilig Kostentragung bei Sanierung der Hebebühnen von Doppelstockgaragen.
64 OLG Düsseldorf v. 21.12.1998 –3 Wx 418/98, NZM 1999, 507 = FGPrax 1999, 52.
65 Vgl. BayObLG v. 27.4.2000 – 2Z BR 7/00, NJW-RR 2001, 305.
66 BayObLG v. 23.2.1995 – 2Z BR 129/94 = NJW-RR 96, 140.

Gegenstand und Inhalt des Sondereigentums § 5 WEG

- Außenmauern, Außenfenster samt Innenseiten auch bei Doppelglas[67]
- Außenmauern, Außentüren[68]
- Außenwände, tragende Mauern[69]
- Balkon[70]
- Balkonaußenwände[71]
- Balkonbrüstung[72]
- Balkongeländer[73]
- Balkonisolierung[74]
- Balkonplatte[75]
- Balkonstützen[76]
- Balkontüren[77]
- Bodenplatte des nicht unterkellerten Kellergeschoßes[78]

---

[67] BayObLG v. 3.8.2000 – 2Z BR 184/99, NZM 2001, 1081: Isolierglasfenster sind grundsätzlich Gemeinschaftseigentum; OLG München v. 23.8.2006 – 34 Wx 90/06, ZMR 2006, 952 = OLGR München 2006, 729: Instandsetzungskosten für Fenster im Bereich des Sondereigentums trägt die Gemeinschaft.
[68] BGH v. 26.11.2013 – V ZR 46/13; BGH v. 25.10.2013 – V ZR 212/12 Rn. 10: Wohnungseingangstüren, die das Sondereigentum vom Treppenhaus trennen, stehen räumlich und funktional in einem Zusammenhang sowohl mit dem Sonder-, also auch dem Gemeinschaftseigentum. Erst durch ihre Einfügung wird die Abgeschlossenheit der dem Sondereigentum zugewiesenen Räume hergestellt. Somit dienen sie stets der räumlichen Abgrenzung von Gemeinschafts- und Sondereigentum und gehören damit räumlich und funktional zu dem Gemeinschaftseigentum. Dies gilt auch für Kelleraußentüren.
[69] BayObLG v. 19.8.1971 – BReg. 2 Z 99/70, BayObLGZ 1971, 273/279: Brandmauern gehören zum gemeinschaftlichen Eigentum.
[70] BGH v. 25.1.2001 – VII ZR 193/99, NJW-RR 2001, 800. Unabhängig davon kann in der Teilungserklärung wirksam vereinbart werden, dass die Kosten der Instandsetzung und der Instandhaltung für Balkone, die zum ausschließlichen Gebrauch durch einen Wohnungseigentümer bestimmt sind, auch die Kosten umfassen, die die im Gemeinschaftseigentum stehenden Balkonteile betreffen, BGH v. 16.11.2012 – V ZR 9/12.
[71] BayObLG v. 4.9.2003 – 2Z BR 114/03, NJW-RR 2004, 375, NZM 2004, 106; Jennißen-Grziwotz, § 5 Rn. 17.
[72] BayObLG v. 1.10.1998 – 2Z BR 144/98, NZM 1999, 27 = MittBayNot 1999, 288; LG Itzehoe v. 29.9.2009 – 11 S 11/09, ZMR 2010, 149.
[73] BayObLG v. 1.10.1998 – 2Z BR 144/98, NZM 1999, 27 = MittBayNot 1999, 288; BayObLG v. 18.12.2003 – 2Z BR 218/03, WuM 2004, 117 = BayObLGR 2004, 208; = juris (Entscheidung vollständig aufgenommen).
[74] BayObLG v. 19.3.1998 – 2Z BR 18/98: Feuchtigkeitsisolierung und Wärmedämmung gehören zum Gemeinschaftseigentum; die darauf verlegten Fliesen nicht; OLG Düsseldorf v. 27.2.2002 – 3 Wx 348/01, NJW-RR 2002, 805; BayObLG v. 8.3.1984 – BReg. 2 Z 51/83, WuM 1985, 30/31.
[75] OLG München v. 30.1.2007 – 34 Wx 116/06, DNotZ 2007, 690 = NZM 2007, 369; Isolierschicht und Abdichtungsanschlüsse gehören zur tragenden Konstruktion; OLG Frankfurt/Main v. 4.7.1989 – 20 W 411/88: Platten und Innenbrüstung sind allerdings sondereigentumsfähig. AG Köln v. 8.5.2015 – 215 C 133/14.
[76] BayObLG v. 13.2.1986 – BReg. 2 Z 87/85 = NJW-RR 1986, 762.
[77] BayObLG v. 25.9.1986 – 2Z BR 79/96, WuM 1997, 188; OLG Karlsruhe v. 5.5.2001 – 11 Wx 71/99, NZM 2002, 220.
[78] OLG Düsseldorf v. 7.6.1999 – 3 Wx 131/99, FGPrax 1999, 216 (Trittschallmatte im Fußbodenaufbau).

WEG § 5 Begründung des Wohnungseigentums

- Brandmauern
- Brüstung, Geländer, Bodenplatte und Decke von Balkon[79]
- Dächer, Schornsteine
- Dichtungsanschluss der Dachterrasse an das Gebäude[80]
- Eingangshallen[81]
- Estrich (in der Regel)[82]
- fassadengestaltende Markise[83]
- Fenster, Rolladen und -kasten[84]
- Fundamente[85]
- Garagendach[86]
- Geschoßdecken[87],
- tragende Innenwände[88]
- Kellerausgang[89]
- Kellerdecken
- Laubengang[90]
- Loggia, Dachterrasse[91]
- Rauchwarnmelder, die aufgrund eines Beschlusses der Wohnungseigentümer eingebracht worden sind[92]

---

[79] BayObLG v. 30.3.1990 – BReg. 2 Z 31/90, NJW-RR 1990, 784; BayObLG v. 1.10.1998 – 2Z BR 144/98, MittBayNot 19991, 288 = NZM 1999, 27; OLG Düsseldorf v. 21.12.1998 – 3 Wx 418/98, FGPrax 1999, 92 = NZM 1999, 507; BGH v. 25.1.2001 – VII ZR 193/99, NJW-RR 2001, 800.

[80] BayObLG v. 27.4.2000 – 2Z BR 7/00, NJW-RR 2001, 305 = NZM 2000, 867.

[81] BayObLG v. 1.10.1990 – BReg. 2 Z 43/79, MDR 1981, 145; OLG Köln v. 5.2.1996 – 2 Wx 92/95, MittRhNotK 1996, 61.

[82] OLG München v. 4.9.2009 – 32 Wx 44/09 [juris];OLG Hamm v. 20.11.2006 – 15 W 166/06, ZMR 2007, 296: *Palandt-Bassenge*, § 5 Rn. 6.

[83] OLG Frankfurt/Main v. 17.8.2006 – 20 W 205/05, NJW-RR 2007, 807.

[84] OLG Saarbrücken v. 4.10.1996 – 5 W 286/95, ZMR 1997, 31 = FGPrax 1997, 56; LG Bamberg v. 17.3.2015 – 11 S 18/14 WEG: Glasbausteine sind Fenster, wenn sie in erster Linie der Lichtzufuhr dienen.

[85] BayObLG v. 19.8.1971 – BReg. 2 Z 799/70, BayObLGZ 1971, 273/275.

[86] OLG Düsseldorf v. 5.11.2003 – I-3 Wx 235/03, DNotZ 2004, 630.

[87] OLG Hamm v. 13.8.1996 – 15 W 119/96, ZMR 1997, 193; OLG Köln v. 21.9.2001 – 16 Wx 153/01, NZM 2002, 125 = ZMR 2002, 377; OLG München v. 13.8.2007 – 34 Wx 75/07, OLGR München 2007, 973 = NZM 2008, 493.

[88] BayObLG v. 2.2.1995 – 2Z BR 71/94, DNotZ 1995, 620 = MittBayNot 1995, 281 = NJW-RR 1995, 649.

[89] BayObLG v. 7.8.1980 – BReg. 2 Z 46/79, DNotZ 1981, 123 = MittBayNot 1980, 212: ein Kellerraum, der dem Wohnungseigentümer als Zugang zum Kellerausgang dient, steht im gemeinschaftlichen Eigentum.

[90] BGH v. 6.6.1991 – VII ZR 372/89, BGHZ 114, 383; OLG Düsseldorf v. 25.11.2005 – 22 U 71/05, BauR 2007, 1890.

[91] BayObLG v. 17.12.1993 – 2Z BR 105/93 WuM 1994, 152: OLG München v. 30.1.2007 – 34 Wx 116/06, DNotZ 2007, 690 = NZM 2007, 369 bei einem Balkon sind zwingend in Gemeinschaftseigentum: Brüstungen, Decken und Türen, auch die Bodenplatte und Isolierschicht sowie die Abdichtungsanschlüsse zum Gebäude.

[92] BGH v. 8.2.2013 – V ZR 238/11, Rn. 15; der Sicherheit des Gebäudes dienen auch Bestandteile, die Leib und Leben im Gebäude befindlicher Personen schützen, also nicht nur Rettungstreppe und Rettungsleiter, sondern auch Rauchwarnmelder, die vor den Folgen giftiger Gase zu schützen vermögen; s.a. LG Braunschweig v. 7.2.2014 – 6 S 449/13.

Gegenstand und Inhalt des Sondereigentums § 5 WEG

- Rettungstreppe/Rettungsleiter[93]
- Schichten zur Isolierung gegen Feuchtigkeit
- ein Ständerbalkon vor mehreren Wohnungen, selbst wenn er unterteilt ist[94]
- für die statischen Verhältnisse des Gebäudes erforderliche Balken
- Trägerkonstruktionen
- Trennwand zwischen zwei Balkonen[95]
- Trittschall[96]
- tragende Innenwand[97]
- Wände, die zwei Sondereigentumseinheiten abgrenzen oder die Abgrenzung zum Gemeinschaftseigentum vornehmen[98]
- Wärmedämmung[99] – mit Schutzwirkung für Gemeinschaftseigentum[100]
- Wohnungseingangstüren[101]

2. Für die Sicherheit erforderliche Teile des Gebäudes

Für die **Sicherheit erforderliche Teile** des Gebäudes können – und sind es in der Regel auch – die **konstruktiven Gebäudeteile** in Betracht kommen. 10

---

93 BGH v. 8. 2. 2013 – V ZR 238/11, Rn. 16; *Jennißen-Grziwotz*, § 5 Rn. 25.
94 BayObLG v. 1. 2. 2001 – 2Z BR 68/00, Grundeigentum 2001, 775: Ständerbalkone, die sich über eine Fläche vor mehreren Wohnungen erstrecken, stehen im gemeinschaftlichen Eigentum, auch wenn eine Unterteilung zwischen den Wohnungen erfolgt ist.
95 BayObLG v. 1. 2. 2001 – 2Z BR 68/00, Grundeigentum 2001, 775.
96 BGH v. 6. 6. 1991 – VII ZR 372/89, BGHZ 114, 383 = NJW 1991, 2480.
97 BayObLG v. 2. 2. 1995 – 2Z BR 71/94 = NJW-RR 1995, 649.
98 OLG Hamm v. 14. 11. 1989 – 15 W 347/89, OLGZ 1990, 159; einschließlich Isolierschicht an gemeinschaftlichen Wänden: BayObLG v. 30. 4. 1982 – BReg. 2 Z 67/81, BayObLGZ 1982, 203; BGH v. 21. 2. 1985 – VII ZR 72/84, BauR 1985, 314 = NJW 1995, 1551.
99 BayObLG v. 17. 12. 1993 – 2Z BR 105/93 WuM 1994, 152; zwingend Gemeinschaftseigentum sind Abdichtung und Isolierung; BayObLG v. 27. 4. 2000 – 2Z BR 7/00, NJW-RR 2001, 305 = NZM 2000, 867; OLG Köln v. 21. 9. 2001 – 16 Wx 153/01, NZM 2002, 125; OLG Düsseldorf v. 7. 6. 1999 – 3 Wx 131/99, ZMR 1999, 726; LG Karlsruhe v. 16. 12. 2014 – 11 S 14/14.
100 BayObLG v. 11. 8. 2004 – 2Z BR 81/04, BayObLGR 2004, 404 = ZMR 2004, 928: zulässig ist ein Eigentümerbeschluss, der den Verwalter ermächtigt, für den Fall, dass beim Einbau von im Teileigentum stehenden Tiefgaragenboxen im Falle der Beschädigung des Gemeinschaftseigentums gerichtlich vorzugehen ist.
101 BGH v. 26. 11. 2013 – V ZR 46/13; BGH v. 25. 10. 2013 – V ZR 212/12 Rn. 10: Wohnungseingangstüren, die das Sondereigentum vom Treppenhaus trennen, stehen räumlich und funktional in einem Zusammenhang sowohl mit dem Sonder-, also auch dem Gemeinschaftseigentum. Erst durch ihre Einfügung wird die Abgeschlossenheit der dem Sondereigentum zugewiesenen Räume hergestellt. Somit dienen sie stets der räumlichen Abgrenzung von Gemeinschafts- und Sondereigentum und gehören damit räumlich und funktional zu dem Gemeinschaftseigentum. Dies gilt auch für Kelleraußentüren. OLG München v. 23. 5. 2007 – 32 Wx 30/07, NJW 2007, 2418 = NZM 2007, 487: Die Wohnungseingangstür steht zwingend im Gemeinschaftseigentum; zulässig ist jedoch, die Pflicht zur Instandhaltung und das Recht, unter Wahrung des einheitlichen Bildes selbst die Art der Wohnungseingangstür zu bestimmen, in der Teilungsvereinbarung den Sondereigentümern einzuräumen.

Then

Nach dem Wortlaut des Gesetzes müssen konstruktive Teile nicht gleichzeitig für die Sicherheit erforderlich sein („oder"); erforderlich sind all die Anlagen, für die zwingende öffentlich-rechtliche Pflichten zu beachten sind[102]. Überschneidungen ergeben sich, wie z.B. bei den Außenmauern und den tragenden Mauern einschließlich der Brandmauern[103] oder den Abdichtungsanschlüssen zwischen Balkonen und Gebäuden.[104] Es handelt sich z.B. des Weiteren um

– Anlagen im Untergrund
– Geschoßdecken[105]
– für die statischen Verhältnisse des Gebäudes erforderliche Balken
– Trägerkonstruktionen
– Untermauerungen (Schamottegrund), um Absinken zu verhindern

Eine Dachterrasse, die zugleich das Dach für die darunter liegenden Wohnungen und Loggien bildet, ist für die Sicherheit des Gebäudes erforderlich und steht im Gemeinschaftseigentum.[106]

3. Anlagen und Einrichtungen

11 Anlagen und Einrichtungen, die nach ihrer Art, Funktion und Bedeutung so auf die gemeinsamen Bedürfnisse der Wohnungseigentümer zugeschnitten sind, dass eine Vorenthaltung der gemeinschaftlichen Verfügungsbefugnis durch Bildung von Sondereigentum ihren **schutzwürdigen Belangen** zuwider laufen würden[107], sind notwendigerweise Gemeinschaftseigentum; sie sind nicht sondereigentumsfähig. Dabei handelt es sich z.B. um technische Ausstattungen, soweit sie für die Funktion der Gesamtanlage notwendig sind. Einrichtungen sind in der Regel Räume.

12 Beispiele (alphabetisch):

– Abwasserhebeanlagen[108]
– Abwasserleitungen[109]

---

102 OLG München vom 13.8.2007 – 34 W 75/07, OLGR München 2007, 973 = NZM 2008, 493; *Armbrüster*, in: Bärmann, § 5 Rn. 34.
103 BayObLG v. 19.8.1971 – BReg. 2 Z 99/70, BayObLGZ 1971, 273/279: Brandmauern gehören zum gemeinschaftlichen Eigentum.
104 OLG München v. 30.1.2007 – 34 Wx 116/06, DNotZ 2007, 690 = NZM 2007, 369.
105 OLG Hamm v. 13.8.1996 – 15 W 119/96, ZMR 1997, 193; OLG Köln v. 21.9.2001 – 16 Wx 153/01, NZM 2002, 125 = ZMR 2002, 377; OLG München v. 13.8.2007 – 34 Wx 75/07, OLGR München 2007, 973 = NZM 2008, 493): Geschoßdecken einschließlich der aus Brandschutzgründen erforderlichen Betonüberdeckung über der Bewehrung.
106 OLG Köln v. 9.1.1976 – 16 Wx 155/75, OLGZ 1976, 142/144.
107 BGH v. 1.10.1980 – V ZR 47/79, NJW 1981, 455; *Niedenführ/Kümmel/Vandenhouten*, § 5 Rn. 33.
108 OLG Düsseldorf v. 30.10.2000 – 3 Wx 276/00, NZM 2001, 752 = FGPrax 2001, 16: Eine Abwasserhebeanlage, die nur einem Sondereigentum dient, kann sondereigentumsfähig sein, auch wenn sie sich im gemeinschaftseigenen Heizungskeller befindet.
109 BayObLG v. 8.9.1988 – BReg. 2 Z 55/87, WuM 1989, 35. Der Anschluss bis zum Fallrohr kann im Sondereigentum stehen. Nach BGH v. 26.10.2012 – V ZR 57/12 – gehören die Leitungen zum Gemeinschaftseigentum bis zu den ersten für die

Gegenstand und Inhalt des Sondereigentums § 5 WEG

- Antennenanlagen[110]
- Duplex-Garagen (Hebebühnen)[111]
- Eingangshallen[112]
- Fahrstühle[113] – allgemein zugänglich
- Flure, Kellerräume, die den einzigen Zugang zur gemeinschaftlichen Heizungsanlage gewähren[114]
- gemeinschaftlicher Geräteraum[115]
- Heizkörper, Heizschlangen (Fußbodenheizung): wenn ein Eingriff in die Anlage insgesamt dazu führen könnte, dass der Heizkreislauf beeinträchtigt wird oder die Energiebedarfsberechnung unstimmig wird[116]

Handhabung durch den Sondereigentümer vorgesehenen Absperrmöglichkeiten. *Jennißen-Grziwotz*, § 5 Rn. 63: Erst wenn sie ihre Zugehörigkeit zum gesamten Netz verlieren, können sie Sondereigentum werden.

110 Sie werden wie Heizungsanlagen behandelt: *Niedenführ/Kümmel/Vandenhouten*, § 5 Rn. 45; Rn. 38; BayObLG v. 24. 2. 2000 – 2Z BR 155/99, NJW-RR 2000, 1032 = MittBayNot 2000, 558.

111 Der BGH hat am 21. 10. 2011 – V ZR 75/11 – entschieden, dass das an einer Doppelstockgarage gebildete Sondereigentum sich auf die dazugehörige Hebeanlage erstreckt, wenn durch diese keine weitere Garageneinheit betrieben wird (Rn. 8); anders ist es jedoch, wenn eine Hebevorrichtung mehrere Einheiten betreibt (BGH a.a.O. Rn. 9; AG Rosenheim v. 29. 5. 2008 – 9 C 446/08). Wird durch die Hebevorrichtung ausschließlich eine Doppelstockgarage betrieben, an der Sondereigentum besteht (gegebenenfalls in Bruchteilen) und die Hebeanlage notwendiger Bestandteil der Doppelstockgarage ist, ändert sich nichts (siehe § 3 Abs. 1), soweit eine unabhängige Einzelhydraulik vorliegt. Der BGH hat sich damit auch mit OLG Celle v. 19. 8. 2005 – 4 W 162/05, NJW-RR 2005, 1682 = NZM 2005, 871 – auseinandergesetzt; er verwirft die Meinung des OLG Celle; vgl. BayObLG v. 24. 2. 2000 – 2Z BR 155/99, NJW-RR 2000, 1032; soweit jedoch die gesamte Garagenanlage für alle Duplex-Stellplätze eine einheitliche Hydraulik auf weist, stehen die Hebebühnen zwingend im Gemeinschaftseigentum (vgl. auch OLG Düsseldorf v. 22. 3. 1999 – 3 Wx 14/99, MittBayNot 2000, 110 = NZM 1999, 571; auch KG Berlin v. 7. 2. 2005 – 24 W 81/03, ZMR 2005, 569) und zwar unabhängig davon, ob der Raum, in dem die Doppelstockgarage eingegliedert ist, sondereigentumsfähig ist; LG Dresden v. 24. 6. 2010 – 2 T 715/08, ZMR 2010, 979. Das BayObLG v. 9. 2. 1995 – 2Z BR 4/95, BayObLGZ 1995, 53 = NJW-RR 1995, 783 dehnt die Sondervorschrift des § 3 Abs. 2 Satz 1 für Garagenstellplätze nicht auf Duplexgaragen aus; deshalb sei die Sondereigentumsfähigkeit ausgeschlossen, es entstehe zwingend Gemeinschaftseigentum. Dagegen kann Sondereigentum bestehen an einem zur Hebebühne einer Doppelstockgarage gehörenden Fahrblech, soweit es entfernt werden kann, ohne die Funktionsfähigkeit der Hebeanlage im Übrigen zu beeinträchtigen: So LG München I v. 5. 11. 2012 – 1 S 1504/12 WEG; aA LG Stuttgart v. 19. 11. 2014 – 10 S 4/14.

112 BayObLG v. 15. 11. 1984 – BReg 2 Z 16/84, WuM 1985, 232 = ZMR 1985, 63 (LS).

113 KG Berlin v. 7. 2. 2005 – 24 W 81/03, ZMR 2005, 569.

114 OLG Düsseldorf v. 12. 3. 1999 – 3 Wx 72/99, FGPrax 1999, 136 = NZM 1999, 772; OLG Schleswig v. 6. 3. 2006 – 2 W 13/06, MittBayNot 2008, 45 = ZMR 2006, 887.

115 BayObLG v. 15. 2. 1995 – 2Z BR 12/95, NJW-RR 1996, 12: auch ein Kellerraum, der den einzigen Zugang zu einem im gemeinschaftlichen Eigentum stehenden Geräteraum bildet, kann nicht im Sondereigentum stehen.

116 BGH v. 8. 7. 2011 – V ZR 176/10, NJW 2011, 2958; OLG München v. 24. 9. 2009 – 32 Wx 44/09 [juris]; *Jennißen-Grziwotz*, § 5 Rn. 85 mit dem Verweis auf die Energie
(Fortsetzung auf Seite 108)

WEG § 5 Begründung des Wohnungseigentums

- Heizungsanlage, soweit sie die Gesamtanlage versorgt[117]
- Heizungsanlage für das Gemeinschaftsgebäude einschließlich des hierfür zur Verfügung stehenden Aufstellungsraums[118]
- Leitungen für Strom, Gas oder Wasser, insbesondere die Hauptleitungen; für die abzweigenden Leitungen kommt es darauf an, ob ein Eingriff nach der Abzweigung Auswirkungen auf die Hauptleitungen hat[119]
- Schließanlagen mit Schlüssel für Gemeinschaftseigentum[120]
- Speicherraum (Spitzbogen)[121]
- Steckdosen[122]
- Thermostat-Ventile, soweit sie der Funktion der Gesamtanlage dienen[123]; anderenfalls können sie Sondereigentum sein[124]

---

einsparverordung v. 16. 11. 2001 (i.d.F. BGBl. I 2004, 3142), wonach unter dem Begriff „heizungstechnische Anlage" auch die Heizkörper umfasst sind; *Staudinger-Rapp*, § 5 Rn. 25; die Neufassung der EnEV 2007 durch F. v. 24. 7. 2007, BGBl. I 2007, 1519, gültig ab 1. 10. 2007, hat daran (z.B. § 14 Abs. 2 EnEV 2007) nichts geändert.

117 *Niedenführ/Kümmel/Vandenhouten*, § 5 Rn. 39; soweit sie mehr als eine Sondereinheit versorgt: das BayObLG sieht allerdings eine Heizungsanlage für zwei Wohnungseigentümer als sondereigentumsfähig an: BayObLG v. 24. 2. 2000 – 2Z BR 155/99, NJW-RR 2000, 1032 = MittBayNot 2000, 558: eine Gastherme war nicht dem Gebrauch aller Wohnungseigentümer in ihrer Gesamtheit zu dienen bestimmt, sondern nur für zwei benachbarte Wohnungseigentümer.

118 BGH v. 2. 2. 1979 – V ZR 14/77, BGHZ 73, 302 = NJW 1979, 2391; *Staudinger/Rapp*, § 5 Rn. 28.

119 Nach BGH v. 26. 10. 2012 bleiben Versorgungsleitungen, die wesentliche Bestandteile des Gebäudes sind, zwingend im Gemeinschaftseigentum, soweit sie im räumlichen Bereich des Gemeinschaftseigentums verlaufen und zwar auch dann, wenn der Leitungsstrang ausschließlich der Versorgung einer einzelnen Wohnung dient. Sie bilden ein in der Bewirtschaftung und Versorgung des Gebäudes dienendes Leitungsnetz; dies sei auch pragmatisch sinnvoll, weil die Verfügungsbefugnis bei der Gemeinschaft verbleibt und die Durchführung von Instandsetzungsarbeiten etc. sich erleichtere. Dabei gehören die Leitungen auf jeden Fall zum Gemeinschaftseigentum bis zur der „ersten für die Handhabung durch den Sondereigentümer vorgesehene Absperrmöglichkeit." (BGH, a.a.O. Rn. 21). BayObLG v. 12. 11. 1992 – 2Z BR 96/92, WuM 1993, 79: Energiezuleitungsrohre, die im Treppenhaus von der Steigleitung abzweigen und durch die Mauer des Treppenhauses zu einer Eigentumswohnung geführt werden, stehen im Gemeinschaftseigentum, weil sie nur durch einen Eingriff in das Gemeinschaftseigentum (neue Mauerdurchbrüche) anders verlegt werden können; LG München I v. 8. 11. 2010 – 1 S 10608/10, ZMR 2011, 326, (selbst dann nicht, wenn sie vom gemeinschaftlichen Zählerraum ausschließlich der Stromversorgung einer Sondereigentumseinheit dient). Leitungen, die der Ver- und Entsorgung nur eines Wohnungseigentümers dienen, gehören bis zum Anschluss an die gemeinschaftliche Leitung zum Sondereigentum dieses Wohnungseigentums; auch: BayOLG v. 8. 9. 1988 – BReg. 2 Z 55/87, WuM 1989, 35.

120 LG Hamburg v. 10. 3. 2016 – 318 S 79/15; OLG Hamm v. 28. 10. 2003 – 15 W 203/02, NJW-RR 2004, 1310 = NZM 2005, 185.

121 Siehe BayObLG v. 27. 4. 1995 – 2Z BR 125/94, NJW-RR 1995, 908 = MittBayNot 1995, 206; BayObLG v. 8. 9. 1991 – BReg. 2 Z 33/91, BayObLGZ 1991, 165.

122 *Staudinger-Rapp*, § 5 Rn. 25.

123 OLG Hamm v. 6. 3. 2001 – 15 W 320/00, NJW-RR 2002, 156 = FGPrax 2001, 140; OLG München v. 20. 3. 2008 – 34 Wx 46/07 OLGR München 2008, 362; OLG Stutt-

- Treppenhäuser[125]
- Verbrauchserfassungsgeräte (Wasserzähler, Heizkostenverteiler)[126]
- Ver-/Entsorgungsanlage[127]
- Vorflure, die den einzigen Zugang zu zwei Wohnungen bilden[128]; besteht bereits zu einem Raum des Gemeinschaftseigentums Zugang über gemeinschaftliches Eigentum, können andere Zugänge im Sondereigentum stehen; auch der Zugang zu einem einzigen Sondereigentum kann in (gleichem) Sondereigentum stehen[129]
- Raum mit Zähl-, Schalt- und Sicherungseinrichtungen[130]
- Zugang zu den zentralen Versorgungsanlagen des Hauses[131]; Sondereigentum ist jedoch nach der Rechtsprechung dann zulässig, wenn nur ein gelegentlicher Zugang notwendig ist[132]

---

gart v. 13.11.2007 – 8 W 404/07, ZMR 2008, 243; nicht nur Thermostat-Ventile, sondern auch für die übrigen Regelungsteile der Heizungsanlage, die entsprechend der Energieeinsparverordnung zur selbsttätig wirkenden Verringerung und Abschaltung der Wärmezufuhr sowie zur Ein- und Ausschaltung elektrischer Antriebe in Abhängigkeit von Außentemperatur oder einen anderen geeigneten Größe und der Zeit dienen (auch bei automatischer Regelung der Fußbodenheizung); *Palandt-Bassenge*, § 5 Rn. 9; kritisch: *Jennißen-Grziwotz*, § 5 Rn. 85.
124 BGH v. 8.7.2011 – V ZR 176/10 [juris].
125 BayObLG v. 6.2.1986 – BReg. 2 Z 12/85, BayObLGZ 1986, 26.
126 LG Hamburg v. 16.6.2009 – 321 T 24/09, Rpfleger 2009, 563; OLG Hamburg v. 30.12.2003 – 2 Wx 73/01, ZMR 2004, 291 = WuM 2004, 360: Im Rahmen einer verbrauchsabhängigen Abrechnung benötigte Wasserzähler sind zwingend Gemeinschaftseigentum; OLG Hamm v. 22.4.1999 – 2 Wx 39/99, ZMR 1999, 502: Ein Heizkörper, der mit einem Wärmeverbrauchsmesser ausgestattet ist, darf nicht ohne Zustimmung der Gemeinschaft durch einen Convektor ohne Verbrauchserfassungsmöglichkeit ersetzt werden; siehe AG Dresden v. 17.9.2008 – 150 C 6108/08 [juris].
127 BGH v. 2.2.1979 – V ZR 14/77, BGHZ 73, 302 (Heizungsanlage), BGH v. 5.7.1991 – V ZR 222/90, NJW 1991, 2909 = MittBayNot 1992, 41 (der einzige Zugang zur gemeinschaftlichen Heizanlage und zu den zentralen Versorgungseinrichtungen kann nicht Gegenstand des Sondereigentums sein).
128 OLG Hamm v. 11.6.1986 – 15 W 452/85, OLGZ 1986, 415 = NJW-RR 1986, 1275; BGH v. 2.10.1991 – V ZB 9/91, NJW 1992, 182 = BGHZ 115, 253.
129 OLG Hamm v. 22.6.1992 – 15 W 292/91, OLGZ 1993, 43: Ein zusätzlicher Treppenabgang zu einem von der Gemeinschaft genutzten Keller kann in der Teilungserklärung zum Sondereigentum gemacht werden.
130 BGH v. 2.2.1979 – V ZR 14/77, BGHZ 73, 302 (Heizungsanlage), BGH v. 5.7.1991 – V ZR 222/90, NJW 1991, 2909 = MittBayNot 1992, 41 (der einzige Zugang zur gemeinschaftlichen Heizanlage und zu den zentralen Versorgungseinrichtungen kann nicht Gegenstand des Sondereigentums sein).
131 BGH v. 5.7.1991 – V ZR 222/90, NJW 1991, 2909; BayObLG v. 25.3.1992 – 2Z BR 1/92, DNotZ 1992, 490 = MittBayNot 1992, 331.
132 Zurecht: BayObLG v. 14.2.2001 – 2Z BR 37/01, BayObLGZ 2001, 25; BayObLG v. 27.4.1995 – 2Z BR 125/94, NJW-RR 1995, 908 = DNotZ 1996, 27; OLG Hamm v. 27.10.2000 – 15 W 210/00, Rpfleger 2001, 126 = NZM 2001, 239; kritisch: *Staudinger-Rapp*, § 5 Rn. 27b, der darauf hinweist, dass die Abgrenzung, ob nur ein gelegentlicher Zugang notwendig ist – z.B. für den Kaminkehrer – nicht immer objektivierbar sei und somit eine weit über § 14 Nr. 4 oder § 15 Abs. 1 hinausgehende Verpflichtung des Sondereigentümers, den Zugang zu dulden, bestehen könne; dies sei zur Sicherung der Gemeinschaftsinteressen nicht ausreichend.

- zuganggewährende Einrichtungen: Treppen (auch wenn sie nur den Zugang für zwei Wohnungen bilden)[133]
- einziger Zugangsraum zum Kellerausgang[134]
- Zugangsraum zu mehreren Sondereigentumseinheiten[135]

4. Zum gemeinschaftlichen Gebrauch dienend

13 Nur dann, wenn die Anlage oder Einrichtung auf die gemeinsamen Bedürfnisse der Wohnungseigentümer zugeschnitten ist und die Vorenthaltung durch die Bildung von Sondereigentum den schutzwürdigen Belangen der anderen Wohnungseigentümer zuwider laufen würde, dient eine Anlage oder Einrichtung dem gemeinschaftlichen Gebrauch.[136] Ist eine Anlage, wie ein Schwimmbad oder eine Sauna, zwar allgemein nützlich und bietet sich auch die gemeinsame Nutzung an, so führt dies allein jedoch nicht zwingend zum Gemeinschaftseigentum.[137] Der **Zweck** muss immer darauf abzielen, sämtlichen Wohnungseigentümern den ungestörten Gebrauch ihrer Wohnungen und der Gemeinschaftsräume zu ermöglichen und zu erhalten.[138]

5. Selbst wenn sie sich im Bereich von im Sondereigentum stehenden Räumen befinden

14 Unabhängig davon, ob sich Anlagen und Einrichtungen im Bereich der im Sondereigentum stehenden Räume befinden, sind sie dennoch Gemeinschaftseigentum, wenn sie dem gemeinschaftlichen Gebrauch der Wohnungseigentümer **dienen**. Die tragenden Teile eines Gebäudes, die sogenannten konstruktiven Teile, befinden sich oft wie z.B. die notwendigen Pfeiler, die tragenden Mauern auch im Bereich des Sondereigentums.

Dies gilt auch bei Mehrhausanlagen für die konstruktiven Teile der einzelnen Gebäude, unabhängig davon, in welchem Gebäude das Sondereigentum für einen Wohnungseigentümer besteht.[139] Eine im Sondereigentum stehende zwei Wohnungen abgrenzende, tragende Wand ist Gemeinschaftseigentum; ein Mitsondereigentum an dieser Wand zwischen den beiden Nachbarn besteht nicht.

---

133 BayObLG v. 15.12.1981 – BReg. 2 Z 89/81, BayObLGZ 1982, 407 = DNotZ 1982, 246 (die Bildung von Mitsondereigentum scheidet aus).
134 BGH v. 5.7.1991 – V ZR 222/90, NJW 1991, 2909; BayObLG v. 25.3.1992 – 2Z BR 1/92, DNotZ 1992, 490 = MittBayNot 1992, 331; BayObLG v. 16.3.1995 – 2Z BR 12/95, NJW-RR 1996, 112 = DNotZ 1995, 631.
135 BayObLG v. 19.2.1998 – 2Z BR 135/97, NJW-RR 1998, 875 = NZM 1998, 336: das Anbringen einer Garderobe im Treppenhaus als Inanspruchnahme des Gemeinschaftseigentums bedarf der Zustimmung sämtlicher Wohnungseigentümer.
136 Grundsätzlich kritisch: *Jennißen-Grziwotz* § 5 Rn. 30.
137 BGH v. 10.10.1980 – V ZR 47/79, BGHZ 78, 125 = NJW 1981, 455.
138 BGH v. 10.10.1980 – V ZR 47/79, BGHZ 78, 125 = NJW 1981, 455.
139 LG Koblenz v. 10.3.2014 – 2 S 49/13; *Staudinger-Rapp*, § 5 Rn. 30; BayObLG v. 1.10.1998 – 2Z BR 144/98, NZM 1999, 27 = MittBayNot 1999, 288/289: Einzelne Räume der Wohnung können zwingend dem gemeinschaftlichen Eigentum zuzuordnende Bestandteile, wie z.B. tragende Zwischenwände, enthalten; *Niedenführ/Kümmel/Vandenhouten*, § 5 Rn. 48.

Anlagen und Einrichtungen, die sich im Bereich der im Sondereigentum stehenden Räume befinden, aber Gemeinschaftseigentum sind, können z.b. Installationen aller Art, ein Kamin[140], Müll-Schächte, Staubsaugeranlagen, Entwässerungsanlagen sein, aber auch Rauchwarnmelder, die für die Sicherheit des Gebäudes erforderlich sind[141].

Gibt es Instandhaltungs- oder Reparaturbedarf von in Räumen des Sondereigentum sich befindendem Gemeinschaftseigentum (z.b. Kamin, Heizungsanlagen, Leitungen), ist der Eigentümer gemäß § 14 Nr. 4 verpflichtet, die Betretung und Benutzung zuzulassen; die dadurch entstehenden Kosten und Aufwendungen sind ihm zu erstatten.[142]

IV. Absatz 3: Vereinbarung von sondereigentumsfähigen Gebäudeteilen als gemeinschaftliches Eigentum

§ 5 Abs. 3 ermöglicht es, dass in einer Teilungsvereinbarung[143] Bestandteile des Gebäudes, die gemäß § 5 Abs. 1 Gegenstand des Sondereigentums sein können, dem **gemeinschaftlichen Eigentum verbleiben**. Bei Begründung des Wohnungseigentums[144] können die Miteigentümer festlegen, dass sonderrechtsfähige Gebäudeteile allen Miteigentümern zur gemeinschaftlichen Nutzung zur Verfügung stehen. § 5 Abs. 3 bestimmt damit zum einen im Umkehrschluss, dass die Teile des Gebäudes, die zwingend dem gemeinschaftlichen Gebrauch der Wohnungseigentümer dienen, nicht in Sondereigentum umgewandelt werden können[145]; dies würde auch der Vorschrift des § 1 Abs. 5 widersprechen. Klargestellt wird des Weiteren, dass außerhalb des § 5 Abs. 2 die Wohnungseigentümer den Umfang des gemeinschaftlichen Eigentums und des Sondereigentums selbst bestimmen können. Für Räume gilt § 5 Abs. 3 nicht: Jeder Raum, der nicht durch die Teilungsvereinbarung oder die Teilungserklärung als Sondereigentum ausgewiesen ist, ist von Gesetzes wegen Gemeinschaftseigentum[146]; in der Gemeinschaftsordnung kann darüber nicht befunden werden. Ist über den Bestandteil des Gebäudes, der Gegenstand des Sondereigentums sein könnte, keine Vereinbarung getroffen, steht er im gemeinschaftlichen Eigentum: Im Zwei-

15

---

140 BayObLG v. 20.8.1998 – 2Z BR 44/98, ZMR 1999, 50.
141 OLG Frankfurt v. 10.7.2008 – 20 W 325/06, ZMR 2009, 864; AG Kiel v. 15.9.2010 – 118 C 175/10 [juris], offen gelassen: LG Hamburg v. 2.3.2011 – 318 S 193/10, ZMR 2011, 387 mit der Begründung, es handele sich nicht um sondereigentumsfähige Gebäudeteile; sie sind somit gemäß § 94 Abs. 2, 95 BGB lediglich sonderrechtsfähig. Für uneingeschränkt sondereigentumsfähig werden Rauchwarnmeldeanlagen gehalten: AG Hamburg-Wandsbek v. 21.6.2010 – 740 C 31/10, ZMR 2010, 809.
142 Vgl. im Einzelnen § 14 Rn. 62–75.
143 Dies gilt auch für die Teilungserklärung gemäß § 8.
144 Auch durch nachträgliche Änderung der Teilungsvereinbarung, bei der dann allerdings alle Beteiligten in der Form des § 4 zustimmen müssen: vgl. *Niedenführ/Kümmel/Vandenhouten*, § 5 Rn. 50.
145 *Bärmann/Pick*, § 5 Rn. 23; *Niedenführ/Kümmel/Vandenhouten*, § 5 Rn. 51.
146 Hausmeisterwohnungen stehen regelmäßig im Gemeinschaftseigentum.

fel ist immer gemeinschaftliches Eigentum anzunehmen[147]; soll nachträglich eine Änderung vorgenommen werden, muss die Teilungsvereinbarung/Teilungserklärung durch Vereinbarung aller Wohnungseigentümer geändert werden.[148]

So können Wohnungsabschlusstüren, die im Gemeinschaftseigentum stehen, nicht durch Vereinbarung Sondereigentum werden[149]; auch bei doppelverglasten Fenstern mit einfachem Rahmen gehört die Verglasung zwingend zum gemeinschaftlichen Eigentum; sie kann vertraglich nicht dem Sondereigentum zugeordnet werden[150]; eine Spaltung von Innen- und Außenfenstern ist nicht sachgerecht.

Andererseits dürfen z.B. nichttragende Wände, die im Sondereigentum stehen können, vertraglich dem Gemeinschaftseigentum zugeordnet werden; dies gilt erst recht für Heizkörper[151], soweit sie nicht Einfluss auf die Gesamtanlage haben.[152] Werden Bestandteile des Gebäudes, die sich ausschließlich im Bereich des Sondereigentums befinden, zum gemeinschaftlichen Eigentum erklärt, muss der Wohnungseigentümer gemäß § 14 Nr. 4 die Instandhaltung und Instandsetzung durch die Wohnungseigentümergemeinschaft dulden.[153]

V. Absatz 4: Vereinbarungen untereinander (Gemeinschaftsordnung)

1. Satz 1: Vereinbarungen über das Verhältnis der Wohnungseigentümer untereinander; Inhalt des Sondereigentums

16 Die Teilungsvereinbarung (§ 3) oder die Teilungserklärung (§ 8) beinhalten die sachenrechtlichen Voraussetzungen für die Entstehung der Wohnungseigentümergemeinschaft, also die Beschränkung des Miteigentumsanteils durch Sondereigentum an in sich abgeschlossenen Räumen, § 3 Abs. 2. Das schuldrechtliche Verhältnis der Wohnungseigentümer untereinander regeln im I. Teil des Gesetzes die Abschnitte 2 und 3 (§§ 10–29). Die Wohnungseigentümer können nach § 5 Abs. 4 Satz 1 diese **schuldrechtlichen Vereinbarungen** untereinander zum Inhalt des Sondereigentums machen und „verdinglicht" im Grundbuch eintragen lassen. § 10 Abs. 3 enthält die dies-

---

147 BGH v. 30. 6. 1995 – V ZR 118/94, BGHZ 130, 159; BayObLG v. 15. 10. 1991 – BReg. 2Z 122/91, ZMR 1992, 65; OLG Köln v. 17. 9. 1992 – 2 Wx 35/92, NJW-RR 1993, 204; OLG Frankfurt/Main v. 3. 4. 1997 – 20 W 90/97, FGPrax 1997, 139 = ZMR 1997, 367.
148 Im Einzelnen: § 3 Rn. 6, § 4 Rn. 7, § 6 Rn. 5.
149 Strittig; bejahend zu Recht: OLG Stuttgart v. 20. 1. 2005 – 2 U 133/04, BauR 2005, 1490 = IBR 2005, 546; *Jennißen-Dickersbach*, § 5 Rn. 24; a.A. zu Unrecht: OLG Düsseldorf v. 4. 1. 2002 – 3 Wx 293/01, NZM 2002, 571 = ZMR 2002, 445.
150 BayObLG v. 23. 2. 1995 – 2Z BR 128/94, NJW-RR 1996, 140.
151 Siehe Fn. 34: OLG Zweibrücken v. 7. 11. 1986 – 3 W 152/86, ZMR 1987, 102; vgl. Fn. 105 und hierzu auch BayObLG v. 24. 2. 2000 – 2Z BR 155/99, NJW-RR 2000, 1032.
152 *Bärmann/Pick*, § 5 Rn. 23: dann sind sie sowieso Gemeinschaftseigentum.
153 OLG Düsseldorf v. 25. 5. 1998 – 3 Wx 29/98, NJW-RR 1999, 94 = NZM 1998, 864; *Palandt-Bassenge*, § 5 Rn. 10.

bezüglichen Bestimmungen; mit Eintragung im Grundbuch erhalten sie Bindungswirkung für den rechtsgeschäftlichen Erwerber.[154]

Die schuldrechtlichen Regelungen der Wohnungseigentümer untereinander finden sich in der Gemeinschaftsordnung gemäß § 10 Abs. 2[155]; vgl. im Einzelnen: § 10 Rn. 5–26. Die Wohnungseigentümer können gemäß § 10 Abs. 2 über die gesetzlichen Regelungen hinaus abweichende und ergänzende Vereinbarungen treffen, die gegenüber Sonderrechtsnachfolgern wirken, wenn der Inhalt des Sondereigentums im Grundbuch eingetragen ist, § 10 Abs. 3; vgl. im Einzelnen § 10 Rn. 6-16; Rn. 27–30.[156] Die Gemeinschaftsordnung als Gesamtheit der bestehenden Vereinbarungen über das Verhältnis der Wohnungseigentümer untereinander kann die sich aus § 13 ergebenden Rechte einschränken oder Pflichten aus § 14 erweitern; die Vermietung des Sondereigentums von der Zustimmung des Verwalters abhängig zu machen ist ebenso zulässig wie z.B. eine Gebrauchsregelung für „betreutes Wohnen"; siehe im Einzelnen: § 10 Rn. 12[157]. Zulässig sind Öffnungsklauseln, soweit sie nicht in die dingliche Grundstruktur der Gemeinschaft durch Mehrheitsbeschluss eingreifen; im Einzelnen: § 10 Rn. 15 ff.[158]. Die Gemeinschaftsordnung kann Regelungen über den Gebrauch, über die Begründung von Sondernutzungsrechten, ebenso über eine von § 16 Abs. 2 abweichende Lasten- und Kostentragung enthalten, ebenso Verfügungsbeschränkungen (Zustimmungsverpflichtungen gemäß § 12) vereinbaren.

Unzulässig ist dagegen eine Vereinbarung, die einen Wohnungseigentümer ermächtigt, Gemeinschaftseigentum in Sondereigentum umzuwandeln.[159] Eine Änderung des in der Teilungsvereinbarung/Teilungserklärung niedergelegten dinglichen Begründungsakts und die sich darin spiegelnde Grundstruktur der Gemeinschaft kann nicht Gegenstand von Vereinbarungen der Wohnungseigentümer i.S.v. § 5 Abs. 4 sein, da sie nicht das darauf aufbauende Gemeinschaftsverhältnis betreffen.[160] Mit Eintragung der Gemeinschaftsordnung im Grundbuch gemäß § 5 Abs. 4 werden sie „Inhalt des Sondereigentums" und wirken unmittelbar dinglich auch zwischen den Einzelnachfolgern. Anderenfalls müssen bei Übertragung des Wohnungseigentums die Vertragschließenden alle Vereinbarungen der Gemeinschaftsordnung, wie auch die durch die Wohnungseigentümergemeinschaft gefassten

---

154 *Jennißen-Grziwotz*, § 5 Rn. 36.
155 Regelmäßig werden Teilungserklärung und Gemeinschaftsordnung, die rein sachenrechtlichen Grundlagen des Wohnungseigentums und die Ordnung des Gemeinschaftsverhältnisses untereinander, miteinander verbunden.
156 Eine Änderung des Kostenverteilungsschlüssels ist dagegen nur zulässig, wenn der „Schwellenwert", wenn also die Wohn- oder Nutzfläche von dem für die Kostenverteilung maßgeblichen Miteigentumsanteil um etwa 25 v.H. abweicht: BGH v. 11.6.2010 – V ZR 174/09, BGHZ 186, 34.
157 BGH v. 13.10.2006 – V ZR 289/05, NJW 2007, 213.
158 BGH v. 7.6.1985 – VII ZB 21/84, NJW 1985, 2832.
159 BayObLG v. 5.1.2000 – 2Z BR 163/99, BayObLGZ 2000, 1; BayObLG v. 24.7.1997 – 2Z BR 49/97, BayObLGZ 1997, 233; dies gilt auch für die Umwandlung von Sondereigentum in Gemeinschaftseigentum: KG Berlin v. 16.9.1998 – 24 W 8886/97, NZM 1999, 258.
160 *Staudinger-Rapp*, § 5 Rn. 56.

Beschlüsse zum Gegenstand ihres Kaufvertrages machen.[161] Die schuldrechtliche Vereinbarung würde insgesamt hinfällig, wenn Sonderrechtsnachfolger nicht in die schuldrechtliche Vereinbarung der Wohnungseigentümer im Erwerbsvertrag mit den Rechtsvorgängern eintreten könnten.[162]

Vereinbarungen nach § 5 Abs. 4 Satz 1, die im Grundbuch eingetragen werden, um als Inhalt des Sondereigentums dinglich zu wirken, benötigen bei Änderung gemäß §§ 877, 876 BGB wiederum der Zustimmung aller Wohnungseigentümer. Grundsätzlich muss eine spätere Änderung der Gemeinschaftsordnung, die zum Inhalt des Sondereigentums werden soll, von allen Wohnungseigentümern beschlossen werden und wirkt dann mit Eintragung im Grundbuch gegen alle Sondereigentümer und deren Rechtsnachfolger.[163] Allerdings kann der teilende Eigentümer sich in der Teilungserklärung ermächtigen lassen, bei Verkauf der Wohnungseigentumseinheiten dem jeweiligen Erwerber ein Sondernutzungsrecht an bestimmten Flächen einzuräumen und dessen Inhalt näher zu bestimmen.[164] Die spätere Abänderung muss von allen Wohnungseigentümern beschlossen werden. Es wird nur wenige Einzelfälle geben, in denen auf Dauer ausgeschlossen ist, dass ein Wohnungseigentümer von einer Änderung nicht betroffen werden kann und deshalb seine Zustimmung im Rahmen der Abänderung der Vereinbarung nach §§ 877, 876 BGB i.V.m. § 19 GBO nicht notwendig ist.[165]

2. Satz 2: Zustimmung von Dritten

17 Die Neuregelung **verzichtet** teilweise auf die Zustimmung dinglich Berechtigter zu Vereinbarungen in der Gemeinschaftsordnung; die Zustimmung wird nach Änderung des § 5 vielfach entbehrlich.[166] Der Gesetzgeber hat die bestehende Rechtslage, nach der die Zustimmung des Inhabers dinglicher Rechte an einzelnen Wohnungen bei Änderungen der Gemeinschaftsordnung eingeholt werden muss, es sei denn, dass jede rechtliche Beeinträchtigung ausgeschlossen ist[167], als Überdehnung des notwendigen Schutzes der Inhaber dinglicher Rechte angesehen.[168] Die nachträgliche Einräumung z.B. eines Sondernutzungsrechts für KFZ-Stellplätze bedurfte der Zustimmung aller Grundpfandgläubiger; dies war mit einem unnötigen Arbeitsaufwand und vermeidbar hohen Kosten verbunden, weil z.B. eine Vielzahl von finanzierenden Banken als Grundpfandgläubiger zustimmen mussten. Mit der Neuregelung des § 5 Abs. 4 Satz 2 wird die Zustimmungspflicht für die aus-

---

161 OLG Hamm v. 10.9.1996 – 15 W 236/96, FGPrax 1997, 15.
162 Hierzu: *Kreutzer*, MittBayNot 1997, 136.
163 *Staudinger-Rapp*, § 5 Rn. 59.
164 BGH v. 2.12.2011 – ZR 74/11.
165 BayObLG v. 6.3.1986 – BReg. 2 Z 76/85, DNotZ 1988, 30 = Rpfleger 1986, 257: Zu Lasten einer Sondernutzungsfläche werden weitere Sondernutzungsrechte eingeräumt; vgl. auch BayObLG v. 4.4.1985 – BReg. 2 Z 50/84, BayObLGZ 1985, 124.
166 BT-Drucksache 16/887, S. 11.
167 BGH v. 14.6.1984 – V ZB 32/82, BGHZ 91, 343 = NJW 1984, 2409. Die Zustimmungspflicht bestand immer, soweit eine Vereinbarung der Wohnungseigentümer zu einer Beeinträchtigung der Verwertungsmöglichkeit der Gläubiger unter „gebotener wirtschaftlicher Betrachtungsweise" möglich war: BT-Drucksache 16/887, S. 15.
168 BT-Drucksache 16/887, S. 14.

drücklich im Gesetz genannten Rechte, also bei einer Hypothek, Grund- oder Rentenschuld oder Reallast eingeschränkt. Auf die Umwandlung von Teileigentum in Wohnungseigentum, bei der das Verhältnis der Wohnungseigentümer untereinander geregelt wird, findet § 5 Abs. 4 Satz 2 Anwendung[169]. Bei allen anderen Rechten verbleibt es bei der bisherigen Rechtslage, insbesondere also bei allen Dienstbarkeiten, beschränkt persönlichen Dienstbarkeiten wie Nießbrauch, beim Wohnungsrecht, beim Dauerwohn- oder Dauernutzungsrecht; unberührt bleiben auch die Rechte eines Vorkaufsberechtigten. Offen lässt der Gesetzgeber ausdrücklich, ob ein Vormerkungsberechtigter zu berücksichtigen ist.[170] Da eine Vormerkung Rechte rangwahrend vermerkt, sollte ein Vormerkungsberechtigter so behandelt werden, wie der Rechtsinhaber selbst.[171]

Erstmals findet sich im Gesetz der Begriff „Sondernutzungsrecht", den die Rechtspraxis entwickelt hat. Der Gesetzgeber übernimmt ihn, ohne ihn selbst zu definieren.[172]

a) Belastung mit Hypothek, Grund- und Rentenschuld oder Reallast

Das grundsätzliche Zustimmungserfordernis bei Belastung des Wohnungseigentums wird zu Lasten von Hypotheken, Grund- oder Rentenschuldgläubigern oder dem Gläubiger einer Reallast **eingeschränkt**, es sei denn, es soll ein Sondernutzungsrecht begründet, aufgehoben, geändert oder übertragen werden. Eine nachträgliche Änderung einer Kostentragungsregelung bedarf nicht der Zustimmung[173], obwohl sie die Rechte dieser Berechtigten durchaus beeinträchtigen kann. Die Einräumung eines Gebrauchsrechts für eine Photovoltaik-Anlage auf einer Dachfläche der Wohnanlage bedarf keiner Zustimmung der Grundpfandrechtsgläubiger[174].

18

Ist das Sondereigentum anderweitig dinglich belastet, ist weiterhin – wie in der Vergangenheit auch – die Zustimmung begünstigter Dritter notwendig, es sei denn, es ist unter keinen tatsächlichen und rechtlichen Gesichtspunkten eine Beeinträchtigung deren Rechte möglich.[175] Der Begünstigte von Grunddienstbarkeiten, beschränkt persönlichen Dienstbarkeiten, Nießbrauch oder der Inhaber eines Wohnungsrechts, eines Dauerwohn- oder Dauernutzungsrechts hat bei der Begründung, Aufhebung, Änderung oder Übertragung eines Sondernutzungsrechts zuzustimmen. Auch wenn Dienstbarkeiten kein Verwertungsrecht einräumen, können sie im Rahmen der Nutzung durch eine Vereinbarung nach § 5 Abs. 4 Satz 1 beeinträchtigt werden.[176] Die Berechtigung aus der vereinbarten Dienstbarkeit könnte

---

169 KG Berlin v. 29.11.2010 – 1 W 325/10, NJW-RR 2011, 517.
170 BT-Drucksache 16/887, S. 16 re. Sp.: er überlässt diese Frage der Rechtsprechung.
171 Ebenso: *Armbrüster*, in: Bärmann, § 5 Rn. 144.
172 BT-Drucksache 16/887, S. 16.
173 Zur Kritik siehe: *Hügel/Elzer*, § 5 Rn. 51, der z.B. auf das Beispiel der nachträglichen Änderung einer Kostentragungsregelung verweist, die der Zustimmung von Hypotheken-, Grund-, Rentenschuld- oder Reallastgläubigern nicht mehr bedarf und deren Rechte durchaus betreffen kann.
174 OLG Saarbrücken v. 10.5.2010 – 5 W 94/10, NJW-RR 2011, 519.
175 BayObLG v. 9.4.2002 – 2Z BR 30/02, BayObLGZ 2002, 107.
176 Hierzu: *Jennißen-Grziwotz*, § 5 Rn. 40.

durch Vereinbarung der Wohnungseigentümer selbst eingeschränkt werden.[177]

Ob die Eintragung einer Vormerkung das Zustimmungserfordernis auslöst, hat der Gesetzgeber zur Entscheidung durch die Rechtsprechung offen gelassen. Nach der Rechtsprechung zu § 876 BGB gilt die Eintragung einer Vormerkung als eine Belastung mit Reallasten, Grundpfandrechten und Dauerwohnrechten, mit Nießbrauch und Pfändungspfandrechten die Eintragung einer Vormerkung.[178] Ist eine Vormerkung zur Sicherung eines Übertragungsanspruchs eingetragen, bedarf es bei dinglicher Änderung der Zustimmung auch des Vormerkungsberechtigten.[179]

b) Begründung von Sondernutzungsrechten

19 Den Begriff des „Sondernutzungsrechts" hat die Rechtsprechung geprägt. Das **Sondernutzungsrecht** gibt einem einzelnen Wohnungseigentümer das unbefristete Recht, gemeinschaftliches Eigentum alleine zu nutzen.[180] Es enthält zwei Komponenten: Dem Eigentümer einer bestimmten Wohnung wird (positiv) die Befugnis zum Gebrauch des gemeinschaftlichen Eigentums eingeräumt; alle übrigen Wohnungseigentümer werden (negativ) von der ihnen kraft Gesetzes (§ 3 Abs. 2 Satz 1) an sich zustehenden Befugnis zum Mitgebrauch ausgeschlossen[181]; der teilende Eigentümer, § 8, kann sich vorbehalten, nachträglich Sondernutzungsrechte an Kellerräumen zugunsten einzelner Wohnungseigentumseinheiten zuzuordnen[182]:

Gegenstand des Sondernutzungsrechts können alle Teile des gemeinschaftlichen Eigentums, also z.B. auch das Dach eines Hauses, Mauern und tragende Wände sein.[183] Keine Einräumung eines Sondernutzungsrechts ist die Vermietung oder Verpachtung gemeinschaftlichen Eigentums, da hier keine Überlassung auf Dauer eintritt.[184] Allerdings ist die Abgrenzung zwischen Gebrauchsregelung und Einräumung eines Sondernutzungsrechts nicht immer einfach.[185] Kritik hat die Entscheidung des Oberlandesgerichts Hamm[186] hervorgerufen, bei der die Aufteilung einer gemeinschaftlichen Gartenfläche und die Zuweisung von Teilflächen jeweils einer Gruppe von Miteigentümern zur ausschließlichen Benutzung als Gebrauchsregelung angesehen wurde und nicht als Begründung eines Sondernutzungsrechts.[187]

---

177 BayObLG v. 9.4.2002 – 2Z BR 30/02, BayObLGZ 2002, 107: Die Bewilligung eines anderweitigen Berechtigten an einer Sondernutzungsfläche ist nicht erforderlich, wenn sich die Berechtigung auf eine andere Fläche des Grundstücks beschränkt.
178 *Palandt-Bassenge*, § 876 Rn. 2.
179 BayObLG v. 11.12.1986 – BReg. 2 Z 86/86, Rpfleger 1987, 156/157; kritisch: *Hügel/Elzer*, § 5 Rn. 56.
180 Vgl. § 13 Rn. 27 ff.
181 BGH v. 20.9.2000 – V ZB 58/99, BGHZ 145, 158 = NJW 2000, 3500; OLG Frankfurt/Main v. 16.4.2007 – 20 W 290/05, NotBZ 2007, 330; vgl. § 13 Rn. 27 ff.
182 OLG München v. 27.4.2011 – 34 Wx 149/10 [juris]: Inhalt und Umfang der Befugnis sind gegebenenfalls durch Auslegung der Teilungserklärung zu bestimmen.
183 BayObLG v. 2.3.2001 – 2Z BR 29/97 juris.
184 Vgl. § 13 Rn. 29.
185 Zur Kritik der gesetzlichen Neuregelung. vgl. *Hügel/Elzer*, § 5 Rn. 51.
186 OLG Hamm v. 11.11.2004 – 15 W 351/04, ZMR 2005, 400.
187 Z.B.: *Hügel/Elzer*, § 5 Rn. 51.

Wird also das im Gesetz nun erwähnte, von der Rechtsprechung herausgebildete Sondernutzungsrecht begründet, geändert, aufgehoben oder übertragen, besteht die Verpflichtung, die Zustimmung des Dritten einzuholen, es sei denn, es wird gemäß § 5 Abs. 4 Satz 3 im Gegenzug ein Sondernutzungsrecht eingeräumt; dies gilt auch zugunsten der Gläubiger von Hypotheken, Grund- und Rentenschulden oder einer Reallast.

c) Aufhebung, Änderung, Übertragung des Sondernutzungsrechtes

Dingliche Rechtsakte sind der Erwerb (§ 873 BGB), die Aufhebung (§ 875 BGB), die Rechtsänderung (§ 877 BGB) und die Übertragung eines dinglichen Rechts.

20

Das Zustimmungserfordernis besteht grundsätzlich bei allen dinglichen Veränderungen eines Sondernutzungsrechts.

3. Satz 3: Entbehrlichkeit der Zustimmung eines Dritten bei Begründung eines Sondernutzungsrechts

Die Begründung eines Sondernutzungsrechts bedarf der Zustimmung eines Dritten nicht, wenn durch die Vereinbarung gleichzeitig das zu seinen Gunsten belastete Wohnungseigentum mit einem Sondernutzungsrecht verbunden wird. Ist mit der Neubegründung zugleich die Aufhebung, Änderung oder Übertragung von Sondernutzungsrechten verbunden, findet Satz 3 keine Anwendung[188].

21

Die Zustimmung des Dritten ist bei Begründung eines Sondernutzungsrechts immer erforderlich, es sei denn, am Belastungsgegenstand wird gleichzeitig ein Sondernutzungsrecht eingeräumt[189]; der Gesetzgeber ist der Auffassung, dass damit die Beeinträchtigung des Rechts der dinglich gesicherten Gläubiger durch die Begründung eines Sondernutzungsrechts „ausgeglichen" werde. Die wirtschaftliche Situation bliebe gleich, wenn im Gegenzug für die Einräumung eines Rechts zugunsten eines Dritten, zugunsten des belasteten Wohnungseigentums ebenfalls ein Sondernutzungsrecht bestellt wird. Es ist Rechtsprechung des BGH, dass in dem Fall, in dem ein rechtlicher Nachteil durch die Begründung eines Sondernutzungsrechts nicht entstehen konnte, die Zustimmung des dinglich Berechtigten **nicht erforderlich** ist.[190]

Die Regelung lässt Fragen offen: Denn zum einen gilt die Entbehrlichkeit der Zustimmung eines Dritten nur bei Begründung eines Sondernutzungsrechts; bei der Änderung eines bestehenden Rechts unter gleichzeitiger Einräumung eines weitergehenden (zusätzlichen) Sondernutzungsrecht, bleibt es bei dem Zustimmungserfordernis[191]. Darüber hinaus fordert das Gesetz, dass bei Begründung des Sondernutzungsrechts gleichzeitig zugunsten des belasteten Wohnungseigentums ebenfalls ein Sondernutzungsrecht verbun-

---

188 OLG München v. 4. 2. 2014 – 34 Wx 434/13; v. 19. 5. 2005 – 34 Wx 36/09; *Armbrüster*, in: Bärmann, § 5 Rn. 145
189 *Jennißen-Grziwotz*, § 5 Rn. 43.
190 BGH v. 14. 6. 1984 – V ZB 32/82, BGHZ 91, 343.
191 OLG München v. 19. 5. 2009 – 34 Wx 36/09, MittBayNot 2009, 372 = ZMR 2009, 870; *Armbrüster*, in: Bärmann, § 5 Rn. 145.

den wird. Das Gesetz stellt formal auf den zeitlichen Zusammenhang ab, nicht auf den wirtschaftlichen. Wird das Sondernutzungsrecht im Grundbuch eingetragen, muss zugunsten des belasteten Wohnungseigentums gleichzeitig im Grundbuch ein eigenes Sondernutzungsrecht bestellt werden. Mit dem Gesetzeswortlaut ist ein wirtschaftlicher Ausgleich nicht sichergestellt[192] und bietet – wie *Hügel/Elzer*[193] meinen – die Möglichkeit „Umgehungsstrategien" zu entwerfen. Die wirtschaftlichen Interessen der dinglich gesicherten Gläubiger werden möglicherweise durch eine völlig andersartige und wirtschaftliche Ungleichgewichtigkeit unmittelbar betroffen.[194] Nach dem Sinn der Gesetzesregelung, der den Schutz der Hypotheken-, Grundschuld- oder Rentenschuldgläubiger, ebenso der Reallastgläubiger nicht aus den Augen lässt, liegt eine solche Auslegung nahe.[195] Einen Missbrauch wird die Rechtsprechung bei Beachtung des Gesetzeswortlautes allerdings nur in Ausnahmefällen verhindern können

Wird ein Sondernutzungsrecht geändert oder übertragen, entfällt das Zustimmungserfordernis auch dann nicht, wenn auch das zugunsten des belasteten Wohnungseigentums verbundene Sondernutzungsrecht z.B. erweitert wird. Es gilt dann § 5 Abs. 4 Satz 2. In diesen Fällen kommt es also zu den befürchteten „Umgehungsstrategien"[196] nicht. Dagegen bedarf es der Zustimmung, wenn Gemeinschaftseigentum in Sondereigentumseinheiten umgewandelt werden soll[197].

---

[192] Auch nach OLG München vom 1.2.2013 – 34 Wx 453/12 – kommt es auf die Gleichwertigkeit der Rechte nicht an; ausreichend ist die Einräumung gleichartiger Sondernutzungsrechte. Beispiel bei *Hügel/Elzer*: Im Gegenzug zur Einräumung eines Sondernutzungsrechts für einen Stellplatz wird ein Sondernutzungsrecht an einem Klingelknopf an einer gemeinsamen Klingelanlage begründet: *Hügel/Elzer*, § 5 Rn. 54.
[193] *Hügel/Elzer* § 5 Rn. 54; *Demharter*, NZM 2006, 489 (490).
[194] *Palandt-Bassenge*, § 5 Rn. 12; *Niedenführ/Kümmel/Vandenhouten*, § 5 Rn. 62.
[195] Auch: *Niedenführ/Kümmel/Vandenhouten*, § 5 Rn. 62.
[196] *Hügel/Elzer*, § 5 Rn. 52.
[197] LG Düsseldorf v. 17.12.2009 – I-3 W 225/09, WuM 2010, 312 = ZWE 2010, 93: Für die Änderung der Teilungserklärung, dass die gemeinschaftliche Heizungsanlage nun, nach Änderungen einzelner Heizungsanlagen als Sondereigentum zu den jeweiligen Wohnungen gehören sollen, ist die Zustimmung der dinglich Berechtigten an dem betroffenen Wohnungs- und Teileigentumsrechten erforderlich.

§ 6
Unselbständigkeit des Sondereigentums

(1) Das Sondereigentum kann ohne den Miteigentumsanteil, zu dem es gehört, nicht veräußert oder belastet werden.

(2) Rechte an dem Miteigentumsanteil erstrecken sich auf das zu ihm gehörende Sondereigentum.

Inhalt:

		Rn.			Rn.
I.	Allgemeines	1	3.	Änderung von Gemeinschaftseigentum in Sondereigentum	5
II.	Absatz 1: Akzessorietät des Sondereigentums zum Miteigentumsanteil	2	4.	Unterteilung von Wohnungseigentum	6
	1. Änderung von Miteigentumsanteilen	2	5.	Vereinigung/Bestandsteilzuschreibung	7
	2. Änderung von Sondereigentum zu Sondereigentum	4	6.	Teilung des Grundstücks	8
			III.	Absatz 2: Erstreckung von Rechten auf Sondereigentum	9

I. Allgemeines

Durch § 6 Abs. 1 soll verhindert werden, dass Sondereigentum und Miteigentum auseinanderfallen, indem neue Personen zu der Wohnungseigentümergemeinschaft stoßen, denen nur ein Element des Wohnungseigentums zukommt.[1] Anderenfalls wäre die Rechtsfigur des Wohnungseigentums nicht gesichert.

Unter keinen Umständen soll das Sondereigentum vom Miteigentumsanteil gelöst werden, weder bei Veräußerung noch bei Belastung.[2] Deshalb erstrecken sich auch die Rechte an dem Miteigentumsanteil gemäß Abs. 2 immer auf das zu ihm gehörende Sondereigentum. Isoliertes Miteigentum und isoliertes Sondereigentum sind rechtlich unzulässig; sie dürfen nicht entstehen. Sondereigentum und Miteigentum, aber auch die Stellung in der Gemeinschaft, sind folgerichtig sonderrechtsunfähig. Die Elemente sind untereinander akzessorisch[3], getrennte Verfügungen über das gesamte Sondereigentum und/oder über den Miteigentumsanteil insgesamt sind unzulässig.[4] Unabhängig davon können durch Vereinbarungen das Sondereigentum wie das Miteigentum geändert werden, solange keines rechtlich selbständig

---

1 BayObLG v. 2.2.1984 – BReg. 2 Z 125/83, BayObLGZ 1984, 10 = DNotZ 1984, 381.
2 Dabei entsteht Sondereigentum nur in den Grenzen, die sich aus dem zur Eintragung in das Grundbuch gelangten Aufteilungsplan ergeben, BGH v. 20.11.2015 – V ZR 284/14; andere Ansichten könnten zur Entstehung eines isolierten Sondereigentumsanteils folgen.
3 *Bauer/von Oefele*, AT V Rn. 315.
4 *Staudinger-Rapp*, § 6 Rn. 2.

wird[5]. Während § 11 grundsätzlich die Unauflösbarkeit der Wohnungseigentümergemeinschaft regelt, bestimmt § 6 die Untrennbarkeit von Sonder- und Miteigentum; die beiden Vorschriften ergänzen sich mithin[6].

II. Absatz 1: Akzessorietät des Sondereigentums zum Miteigentumsanteil

1. Änderung von Miteigentumsanteilen

2 Das Sondereigentum kann nicht ohne den Miteigentumsanteil veräußert oder belastet werden, § 6 Abs. 1; die Bestimmung will das Entstehen eines isolierten Miteigentumsanteils vermeiden[7]; entsteht ein **isolierter Miteigentumsanteil** muss diese Situation durch Vereinbarung bereinigt werden. Die Teilung von Alleineigentum an einem Grundstück zum Zwecke der Belastung nur eines Miteigentumsanteils (Quotenbelastung) ist ohne Bildung von Wohnungseigentum grundsätzlich unzulässig. Zwar gestattet § 8 die Vorratsteilung des im Alleineigentum stehenden Grundstücks, um die rechtliche Verselbständigung der hierdurch entstehenden Miteigentumsanteile mit real abgegrenztem Sondereigentum (als unabdingbare Voraussetzung der eventuellen anschließenden Veräußerung von Wohnungseigentum durch den Alleineigentümer) zu erreichen, jedoch kann die Belastung nur einer Quote des Alleineigentums nicht erfolgen.[8]

Durch vertragliche Vereinbarung können die in der Teilungserklärung festgelegten Miteigentumsanteile **(Quoten)** durch die Wohnungseigentümer geändert werden; die Änderung des Sondereigentums selbst muss damit nicht zwangsläufig verbunden sein.[9] Es können auch Miteigentumsanteile abgetrennt und mit einem neuen Miteigentumsanteil vereinigt werden, wenn mit diesem gleichzeitig neues Sondereigentum verbunden ist und damit ein neues Wohnungseigentumsrecht (Teileigentumsrecht) entsteht.[10] Allerdings hat ein Wohnungseigentümer bei dadurch entstehenden grob unbilligen Quotenverhältnissen einen Anspruch auf Quotenberichtigung[11], um zu vermeiden, dass sich gegebenenfalls die Haftungsverhältnisse treuwidrig ver-

---

5 Deshalb können zwei Wohnungseigentümer untereinander das Sondereigentum auch vollständig tauschen, wenn der jeweilige Miteigentumsanteil beibehalten wird, BayObLG v. 15.12.1981 – BReg. 2 Z 125/83, BayObLGZ 1984, 10 = DNotZ 1984, 381; BGH v. 24.11.1978 – V ZB 11/77, BGHZ 73, 145.
6 *Armbrüster*, in: Bärmann, § 6, Rn. 21.
7 Vgl. § 3 Rn. 20–21; siehe auch: BGH v. 20.11.2015 – V ZR 284/14, Rn. 29.
8 BayObLG v. 29.11.1974 – BReg. 2 Z 54/74, BayObLGZ 1974, 466 = NJW 1975, 740; siehe auch Rn. 3 a.E.; Fn. 16.
9 BayObLG v. 26.9.1958 – BReg. 2 Z 104/58, NJW 1958, 2116; BGH v. 18.6.1976 – V ZR 156/75, DNotZ 1976, 741 = MDR 1977, 41 = WM 1976, 1120; BayObLG v. 25.8.1976 – BReg. 2 Z 28/76, DNotZ 1976, 743.
10 BayObLG v. 23.3.2000 – 2Z BR 167/99, NZM 2000, 1232; BayObLG v. 25.8.1976 – BReg. 2 Z 28/76, DNotZ 1976, 743; OLG Köln v. 31.7.2006 – 16 Wx 98/06, FGPrax 2007, 19; OLG Zweibrücken v. 23.2.2001 – 3 W 39/01, FG-Prax 2001, 105 = Mitt-BayNot 2001, 318.
11 Auch wenn grundsätzlich die Bemessung der Miteigentumsanteile im Rahmen der Begründung oder Aufteilung freisteht, OLG München v. 12.3 2014 – 34 Wx 467/13; BayObLG v. 24.1.1985 – BReg. 2 Z 63/84, BayObLGZ 1985, 47.

ändern.[12] Für die Veräußerung von Miteigentumsanteilen bei Bildung von neuen Miteigentumsanteilen oder Verbindung mit einem anderen Sondereigentumsanteil ist die Auflassung erforderlich[13]; die Veränderung der Größe der Miteigentumsanteile sämtlicher Wohnungseigentumsrechte benötigt vertragliche Vereinbarungen und Auflassungserklärungen aller Wohnungseigentümer.[14]

Wohnungseigentümer können untereinander Miteigentumsanteile verändern; zwei Miteigentümer können das jeweilige Sondereigentum „austauschen", da keine Verselbständigung des Sondereigentums erfolgt und das Sondereigentum als (rechtliches) „Anhängsel" des Miteigentumsanteils angesehen wird.[15] Auch die Abtrennung von Teilen eines Sondereigentums, um sie mit einem anderen Miteigentumsanteil zu verbinden, verbietet § 6 nicht[16]: Überträgt z.B. ein Wohnungseigentümer einen Raum, der Teil seines Sondereigentums ist, an einen Wohnungseigentümer, der über ihm Sondereigentum hat und wird dieser durch einen Durchbruch der im Gemeinschaftseigentum stehenden Decke verbunden, ist dies zulässig.[17] Ein Wohnungseigentümer kann sein Wohnungseigentum auch ohne Zustimmung anderer Wohnungseigentümer aufteilen, selbst wenn mit der Aufteilung des Wohnungseigentums eine festgelegte **Zweckbestimmung** geändert würde.[18] Immer müssen Sondereigentumsanteile mit den Miteigentumsanteilen des Wohnungseigentums verbunden bleiben. Miteigentümer können die Größe ihrer Miteigentumsanteile ohne Änderung des damit verbundenen Sondereigentums ändern.[19] So kann die Zubuchung eines Miteigentumsanteils an ein anderes Sondereigentum zulässig sein (§ 3 Abs. 4–5 GBO).[20] Werden alle Miteigentumsrechte hiervon berührt, bedarf es auf jeden Fall der Zustimmung aller Miteigentümer. Unzulässig ist die Belastung des ideellen Bruchteils eines Wohnungseigentums, solange der Bruchteil nicht in dem Anteil eines Miteigentümers besteht. Quotenbelastung ist erst

3

---

12 Ein zahlungsfähiger Schuldner der Wohnungseigentümergemeinschaft mit einem großen Miteigentumsanteil überträgt diesen auf einen zahlungsunfähigen Wohnungseigentümer vgl. § 10 Rn. 13.
13 BayObLG v. 16.4.1993 – 2Z BR 34/93, BayObLGZ 1993, 166 = NJW-RR 1993, 1043.
14 Bei Vergrößerung des Miteigentumsanteils erstrecken sich die auf dem Wohnungseigentum lastenden dinglichen Rechte auch auf die hinzukommenden Miteigentumsanteile, OLG Karlsruhe v. 18.9.2012 – 11 Wx 4/12.
15 BayObLG v. 2.2.1984 – BReg. 2 Z 125/83, BayObLGZ 1984, 10 = DNotZ 1984, 381; BGH v. 3.4.1968 – V ZB 14/67, BGHZ 50, 56/60; unbeschadet der wirtschaftlichen Vorrangigkeit des Sondereigentums steht rechtlich das Miteigentum im Vordergrund und bildet das Sondereigentum nur ein Anhängsel.
16 BayObLG v. 15.12.1981 – BReg. 2 Z 89/81, BayObLGZ 1981, 407/412 (vgl. § 3 Rn. 8); BayObLG v. 15.1.1998 – 2Z BR 30/97; BayObLGZ 1998, 2 (gegebenenfalls ist allerdings die Zustimmung dinglich Berechtigter erforderlich).
17 BayObLG v. 15.1.1998 – 2Z BR 20/97, BayObLGZ 1998, 2.
18 BayObLG v. 6.3.2003 – 2Z BR 90/02, NJW-RR 2003, 950 = NZM 2003, 481; BayObLG v. 25.8.1976 – BReg. 2 Z 28/76, BayObLGZ 1976, 227; BGH v. 24.1.1978 – V ZB 2/78, BGHZ 73, 150 = NJW 1979, 870.
19 BGH v. 18.6.1976 – V ZR 156/75, Rpfleger 1976; 352; BGH v. 24.11.1978 – V ZB 2/78, BGHZ 1973, 150.
20 BayObLG v. 29.11.1974 – BReg. 2 Z 54/74, BayObLGZ 1974, 466 = NJW 1975, 740.

bei Bestehen einer Gemeinschaft mehrerer Personen, denen das Eigentum anteilsmäßig zusteht, zulässig.[21]

2. Änderung von Sondereigentum zu Sondereigentum

4   Nur wenn das Sondereigentum einem Miteigentumsanteil zugeordnet ist, kann es veräußert werden. Das Sondereigentum kann allerdings ohne Änderung des damit verbundenen Miteigentumsanteils im Umfang erweitert werden.[22] Damit müssen sich die Miteigentumsanteile der Quote nach nicht ändern. Folgende Konstellationen kommen z.b. in Betracht:

Tausch von in Sondereigentum stehenden Kellern[23]; Veräußerung von Einzelgaragen; von Tiefgaragen-Stellplätzen; gegebenenfalls die Veräußerung eines innen liegenden Raums der Wohnung zur angrenzenden Wohnung (z.b. bei Bauabweichung gegenüber dem Aufteilungsplan: siehe hierzu: § 3 Rn. 12 ff.). Soll eine Mitberechtigung an einem Kinderspielplatz gemäß § 10 Abs. 2 in ein Sondernutzungsrecht als Kfz-Stellplatz geändert werden, bedarf es der vertraglichen Vereinbarung aller Betroffenen.[24]

Die neue Zuordnung ist im Grundbuch einzutragen; es bedarf der dinglichen Einigung und eines schuldrechtlichen Grundgeschäfts. Die Mitwirkung dinglich Berechtigter bezogen auf das zu veräußernde Wohnungseigentum ist notwendig[25], da sich gemäß § 6 Abs. 2 die Rechte geänderten Wohnungseigentums auf das weitere Sondereigentum erstrecken. Dagegen ist ein Aufgebotsverfahren hinsichtlich einzelner Räume in einer Wohnungseigentumsanlage (wie z.B. eines Kellerabteils), die im Aufteilungsplan falsch gekennzeichnet waren, unzulässig[26]. Da ein Teileigentum nur dadurch aufgehoben werden kann, dass das Sondereigentum in gemeinschaftliches Eigentum und der Miteigentumsanteil einem bestehenden Wohnungseigentum zugeschlagen wird, dies zu einer Inhaltsänderung der übrigen Wohnungseigentumsrechte führt, ist hierfür die Einigung aller Wohnungseigentümer in der Form der Auflassung und die Eintragung in das Grundbuch aufgrund Bewilligung aller Wohnungseigentümer erforderlich, § 4 Abs. 1 und 2[27].

---

21 BayObLG v. 29.11.1974 – BReg. 2 Z 54/74, BayObLGZ 1974, 466/468 = NJW 1975, 740; siehe Rn. 2.
22 BGH v. 6.6.1986 – V ZR 264/84, NJW 1986, 2759 = DNotZ 1987, 208.
23 BayObLG v. 2.2.1984 – BReg. 2 Z 125/83, BayObLGZ 1984, 10 = DNotZ 1984, 381.
24 BayObLG v. 9.4.2002 – 2Z BR 30/02, BayObLGZ 2002, 107 = MittBayNot 2002, 397.
25 BayObLG v. 2.2.1984 – BReg. 2 Z 125/83, BayObLGZ 1984, 10 = DNotZ 1984, 381; OLG Celle v. 29.3.1974 – 4 Wx 2/74, Rpfleger 1974, 267.
26 OLG München v. 29.7.2010 – 34 Wx 33/10, FGPrax 2010, 263, das auch darauf hinweist, dass dann, wenn ein nicht auflösbarer Widerspruch zwischen Aufteilungsplan und Teilungserklärung bezogen auf einen betroffenen Raum vorliegt, Gemeinschaftseigentum entsteht, nicht „isoliertes Sondereigentum"; auch: BGH v. 5.12.2003 – V ZR 447/01, NJW 2004, 1798.
27 OLG München v. 6.7.2010 – 34 Wx 43/10, NJW-RR 2010, 1525: Die isolierte Aufhebung von Sondereigentum mit der Folge, dass ein isolierter Miteigentumsanteil entstünde, ist unzulässig.

3. Änderung von Gemeinschaftseigentum in Sondereigentum

Die **nachträgliche** Einräumung von Sondereigentum ist gemäß § 4 Abs. 1 zulässig; sie muss auch nicht mit der Erweiterung des Miteigentumsanteils verbunden sein.[28] Beispiele:

Eine zum Gemeinschaftseigentum gehörende Hausmeisterwohnung wird der angrenzenden Wohnung zugeschlagen; aus einem gemeinschaftlichen Flur wird eine Fläche einer angrenzenden Wohnung eingegliedert; der gemeinschaftliche Waschraum wird in mehrere Sondereigentumskeller umgewandelt. Der Ausbau eines in gemeinschaftlichem Eigentum stehenden Speichers in eine Wohnung, die in Sondereigentum übergehen soll, fällt ebenfalls hierunter.[29] Es müssen alle Wohnungseigentümer gemäß § 4 Abs. 1, 2 beteiligt sein.[30] Die Auflassung ist gemäß §§ 823, 925 BGB, § 20 GBO erforderlich.[31] Darüber hinaus muss eine ergänzende Abgeschlossenheitsbescheinigung gemäß § 7 Abs. 2 vorgelegt werden, der ein aktueller Aufteilungsplan zugrunde liegt.[32] Bei der Umwandlung von Sondereigentum in Gemeinschaftseigentum gilt das Gleiche.[33]

4. Unterteilung von Wohnungseigentum

Ein Wohnungseigentümer kann sein Wohnungseigentum jederzeit durch reale Teilung des Sondereigentums und ideelle Teilung des Miteigentumsanteils am Grundstück teilen.[34] Voraussetzung dafür ist, dass die neuen Einheiten wiederum in sich abgeschlossen sind.[35] Die Teilverfügung über eine Einheit derart, dass das Sondereigentum allein veräußert oder eigenständig belastet wird, ist dagegen unzulässig. Soll ein Teil der bisher sondereigentumsfähigen Räume und Gebäudeteile in gemeinschaftliches Eigentum überführt werden, müssen alle Miteigentümer mitwirken.[36] Entsteht bei der **Unterteilung** eines Sondereigentums neues Gemeinschaftseigentum, bedarf es zur Wirksamkeit der Unterteilung der Auflassung des neuen Gemeinschaftseigentums und der Mitwirkung aller im Grundbuch eingetragenen Eigentümer und der Eintragung in das Grundbuch[37, 38].

---

28 *Bauer/von Oefele*, AT V Rn. 351.
29 BayObLG v. 5.9.1991 – BReg. 2 Z 95/91, BayObLGZ 1991, 313 = NJW-RR 1992, 208.
30 BayObLG v. 9.10.1973 – BReg. 2 Z 48/73, BayObLGZ 1973, 267; BayObLG v. 4.8. 1988 – BReg. 2 Z 57/88, MittBayNot 1988, 236: Die dinglich Berechtigten müssen zustimmen.
31 BayObLG v. 5.9.1991 – BReg. 2 Z 95/91, BayObLGZ 1991, 313 = NJW-RR 1992, 208.
32 BayObLG v. 24.2.1994 – 2Z BR 122/93, NJW-RR 1994, 716 = DNotZ 1995, 59.
33 BGH v. 5.10.1998 – II ZR 182/97, BGHZ 139, 352; BayObLG v. 7.12.1995 – 2Z BR 90/95, BayObLGZ 1995, 399.
34 BayObLG v. 24.2.1994 – 2Z BR 122/93, NJW-RR 1994, 716 = DNotZ 1995, 59.
35 BGH v. 17.1.1968 – V ZB 69/67, BGHZ 49, 250/254.
36 BGH v. 5.10.1998 – II ZR 182/97, BGHZ 139, 352 = NJW 1998, 3711.
37 OLG München v. 3.4.2007 – 32 Wx 33/07, BauR 2007, 1288 = OLGR München 2007, 551.
38 Zur Auswirkung auf das Stimmrecht in der Wohnungseigentümerversammlung vgl.: BayObLG v. 12.1.1977 – BReg. 2 Z 32/76, BayObLGZ 1977, 1; BGH v. 24.11.1978 – V ZB 2/78, BGHZ 73, 150; KG Berlin v. 18.11.1998 – 24 W 4180/97, FGPrax 1999, 90 = NZM 1999, 850, OLG Hamm v. 12.3.2002 – 15 W 358/01, NZM 2003, 123 = ZMR 2002, 859: Eine Stimmrechtsvermehrung erfolgt nach Unterteilung nicht.

5. Vereinigung/Bestandsteilzuschreibung

7 Mehrere Wohnungseigentumsrechte an einem Grundstück können in entsprechender Anwendung des § 890 Abs. 1 BGB vereinigt werden, wenn sie einem Inhaber zustehen und die von ihnen umfassten Räume insgesamt in sich abgeschlossen sind.[39] Die Abgeschlossenheit der von nunmehr einheitlichem Wohnungseigentum umfassten Raumgesamtheit als solcher muss nicht bescheinigt sein.[40] Vereinigt ein Wohnungseigentümer zwei ihm zustehende Eigentumsrechte (Miteigentumsanteile und im Sondereigentum stehende Räume) zu einem neuen Wohnungseigentum, bedarf es der Zustimmung der übrigen Wohnungseigentümer nicht[41]; das zusammengelegte Wohnungseigentum muss nicht in sich abgeschlossen sein.[42] Allerdings können zwei Wohnungseinheiten auf verschiedenen Grundstücken wegen § 3 Abs. 1 und § 1 Abs. 4 nicht miteinander verbunden werden. Nebeneinander liegende Sondereigentumseinheiten können durch einen Durchbruch selbst durch eine tragende Grenzwand ohne Zustimmung aller Wohnungseigentümer verbunden werden, selbst wenn sie dadurch die Abgeschlossenheit verlieren.[43]

Für die **Zu- und Abschreibungen** eines Teilgrundstücks des Wohnungseigentums ist die jeweilige Vereinigung des Grundstücks gemäß § 890 Abs. 1 BGB, § 5 GBO und die Auflassung der Erwerbsfläche an alle Wohnungseigentümer entsprechend der Quote des Miteigentumsanteils Voraussetzung.[44] Werden bebaute Grundstücksflächen hinzuerworben, wird das Gebäude Gemeinschaftseigentum, so weit es nicht aufgeteilt ist und ein mit dem vorhandenen Grundstück einheitlicher Aufteilungsplan vorgelegt wird.

Im Streit stand, ob die Gemeinschaft der Wohnungseigentümer selbst für das Verwaltungsvermögen Wohnungseigentum (etwa für eine Hausmeisterwohnung) oder selbst Grundstückseigentum (z.B. ein Nachbargrundstück) erwerben kann[45]; der BGH hat die Gemeinschaft insoweit als grundbuchfähig angesehen, als für sie beschränkt dingliche Rechte ins Grundbuch eingetragen werden können.[46] Allerdings wird damit die Abgrenzung der Rechte und Pflichten der Wohnungseigentümer einerseits und der rechts-

---

39 OLG Hamburg v. 25.6.1965 – 2 W 77/65, DNotZ 1976, 176; KG Berlin v. 27.6.1989 – 1 W 2309/89, OLGZ 1989, 385 = NJW-RR 1989, 1360.
40 KG Berlin v. 27.6.1989 – 1 W 2309/89, OLGZ 1989, 385; hierzu auch: BGH v. 21.12.2000 – V ZB 45/00, BGHZ 146, 241 = NJW 2001, 1212. Bei einer Bestandsteilzuschreibung von Sondereigentumsrechten muss auch eine Verfügung über den Miteigentumsanteils erfolgen, OLG München v. 2.2.2015 – 34 Wx 408/14.
41 BayObLG v. 24.11.1998 – 2Z BR 152/98, DNotZ 1999, 674 = MittBayNot 1999, 179 = NZM 1999, 277.
42 LG Ravensburg v. 1.4.1976 – 1 T 48/76, MittBayNot 1976, 173.
43 BGH v. 21.12.2000 – V ZB 45/00, BGHZ 146, 241 = NJW 2001, 1212; BayObLG v. 8.9.2000 – 2Z BR 8/00, BayObLGZ 2000, 252, anders früher: BayObLG v. 17.7.1996 – 2Z BR 58/96, MittBayNot 1997, 366 (2. ZS) BReg. 2 Z 89/81, BayObLGZ 1981, 407/412.
44 BayObLG v. 31.1.1973 – BReg. 2 Z 2/73, BayObLGZ 1973, 30 = NJW 1973, 1378.
45 OLG Celle v. 26.2.2008 – 4 W 213/07, NJW 2008, 1537.
46 BGH v. 2.6.2005 – V ZB 32/05, BGHZ 163, 154 = NJW 2005, 2061 = NZM 2005, 543/547; Niedenführ/KümmelVandenhouten-Kümmel, § 10 Rn. 104.

fähigen Gemeinschaft andererseits aufgegeben[47]; siehe insbesondere auch § 10 Rn. 50.

6. Teilung des Grundstücks

Die **Teilung** des Wohnungseigentumsgrundstücks ist vor allem bei Mehrhausanlagen denkbar; die Aufteilung der Mehrhausanlage bedarf der Zustimmung aller Wohnungseigentümer. Es muss das Grundstück geteilt werden; das Sondereigentum muss gemäß § 4 Abs. 1 aufgehoben werden; etwaige dinglich Berechtigte haben zuzustimmen. Für die Bildung neuen Wohnungseigentums an dem neu entstandenen Grundstück muss eine eigene Teilungsvereinbarung und eine eigene Gemeinschaftsordnung vereinbart werden.[48]

8

III. Absatz 2: Erstreckung von Rechten auf Sondereigentum

Da die Verbindung des Sondereigentums mit dem Miteigentumsanteil Wesensbestandteil des Wohnungseigentumsrechts ist, erstrecken sich auch die Rechte am Miteigentumsanteil auf das zu ihm gehörende Sondereigentum. Belastungen des Miteigentums belasten auch das Sondereigentum.

9

Besteht z.B. ein Vorkaufsrecht an einem Miteigentumsanteil, erstreckt sich dieses auf das dazugehörige Sondereigentum. Gleiches gilt für Grundpfandrechte, Dienstbarkeiten[49], Reallasten, Nießbrauch, deren Ausübungsbereich sich nicht auf Sondernutzungsrechte beschränken darf.[50] Verbindliche Wohnungseigentumsbeschlüsse binden bei Veräußerung den neuen Eigentümer (verdinglichte Mitgliedschaftsrechte). Die Beschluss-Sammlung gemäß § 24 Abs. 7 gibt dem Veräußerer und dem Erwerber insoweit in der Zukunft Sicherheit. Sind Gebrauchsregelungen nach §§ 15 Abs. 1, 5 Abs. 4, 10 Abs. 2 durch Eintragung im Grundbuch zum Inhalt des Sondereigentums geworden, können solchermaßen eingetragene Sondernutzungsrechte ohne das Sondereigentum, dem sie zugeordnet sind, nur auf ein Mitglied der Wohnungseigentümergemeinschaft übertragen werden, weil ihrer isolierten Übertragung auf einen außenstehenden Dritten der in § 6 niedergelegte Grundsatz der zwingenden Verbindung des Sondereigentums mit einem Miteigentumsanteil entgegenstünde. Dies gilt für sämtliche Gebrauchsregelungen, die zum Inhalt des Sondereigentums gehören[51].

---

47 § 10 Rn. 50; siehe BT-Drucks. 16/887, S. 60.
48 OLG Frankfurt/Main v. 16.1.1990 – 20 W 501/89, OLGZ 1990, 253 = DNotZ 1991, 604.
49 BGH v. 19.5.1989 – V ZR 182/87, BGHZ 107, 289: Eine Dienstbarkeit, ein Fenster ständig geschlossen zu halten, ist zulässig.
50 OLG Zweibrücken v. 22.12.1989 – 3 W 232/98, NJW-RR 1999, 1389 = FGPrax 1999, 44: Die Dienstbarkeit, deren Ausübungsbereich ein Sondernutzungsrecht am gemeinschaftlichen Eigentum sein soll, ist unzulässig. Für Garagen: BayObLG v. 30.11.1989 – BReg. 2 Z 82/89, MittBayNot 1990, 110 = DNotZ 1990, 496: Kraftfahrzeugabstellplatz.
51 BGH v. 3.7.2008 – V ZR 20/07, NZM 2008, 732.

Then

§ 7
Grundbuchvorschriften

(1) Im Falle des § 3 Abs. 1 wird für jeden Miteigentumsanteil von Amts wegen ein besonderes Grundbuchblatt (Wohnungsgrundbuch, Teileigentumsgrundbuch) angelegt. Auf diesem ist das zu dem Miteigentumsanteil gehörende Sondereigentum und als Beschränkung des Miteigentums die Einräumung der zu den anderen Miteigentumsanteilen gehörenden Sondereigentumsrechte einzutragen. Das Grundbuchblatt des Grundstücks wird von Amts wegen geschlossen.

(2) [aufgehoben][1]

(3) Zur näheren Bezeichnung des Gegenstands und des Inhalts des Sondereigentums kann auf die Eintragungsbewilligung Bezug genommen werden.

(4) Der Eintragungsbewilligung sind als Anlagen beizufügen:

1. eine von der Baubehörde mit Unterschrift und Siegel oder Stempel versehene Bauzeichnung, aus der die Aufteilung des Gebäudes sowie die Lage und Größe der im Sondereigentum und der im gemeinschaftlichen Eigentum stehenden Gebäudeteile ersichtlich ist (Aufteilungsplan); alle zu demselben Wohnungseigentum gehörenden Einzelräume sind mit der jeweils gleichen Nummer zu kennzeichnen;

2. eine Bescheinigung der Baubehörde, dass die Voraussetzungen des § 3 Abs. 2 vorliegen.

Wenn in der Eintragungsbewilligung für die einzelnen Sondereigentumsrechte Nummern angegeben werden, sollen sie mit denen des Aufteilungsplans übereinstimmen. Die Landesregierungen können durch Rechtsverordnung bestimmen, dass und in welchen Fällen der Aufteilungsplan (Satz 1 Nr. 1) und die Abgeschlossenheit (Satz 1 Nr. 2) von einem öffentlich bestellten oder anerkannten Sachverständigen für das Bauwesen statt von der Baubehörde ausgefertigt und bescheinigt werden. Werden diese Aufgaben von dem Sachverständigen wahrgenommen, so gelten die Bestimmungen der allgemeinen Verwaltungsvorschrift für die Ausstellung von Bescheinigungen gemäß § 7 Absatz 4 Nr. 2 und § 32 Abs. 2 Nr. 2 des Wohnungseigentumsgesetzes vom 19.3.1974 (BAnz. Nr. 58 vom 23.3.1974) entsprechend. In diesem Fall bedürfen die Anlagen nicht der Form des § 29 der Grundbuchordnung. Die Landesregierungen können die Ermächtigung durch Rechtsverordnung auf die Landesbauverwaltung übertragen.

(5) Für Teileigentumsgrundbücher gelten die Vorschriften über Wohnungsgrundbücher entsprechend.

---

[1] Der Gesetzgeber hat mit dem Gesetz zur Einführung eines Datenbankgrundbuches (DaBaGG) v. 1.10.2013 – BGBl. I 3719 gemäß Art. 4 Abs. 6 die Vorschrift des § 7 Abs. 2 aufgehoben.

# Grundbuchvorschriften § 7 WEG

Inhalt:

		Rn.			Rn.
I.	Allgemeines	1	V.	**Absatz 4:** Notwendige Anlagen der Eintragungsbewilligung	9
II.	**Absatz 1:** Besonderes Grundbuchblatt	2		1. Satz 1 Nr. 1: Aufteilungsplan	9
	1. Satz 1: Wohnungsgrundbuchblatt/Teileigentumsgrundbuchblatt	2		2. Satz 1 Nr. 2: Abgeschlossenheitsbescheinigung	10
	2. Satz 2: Mindestinhalt der Eintragung	3		3. Satz 2: Übereinstimmung der Bezeichnung mit dem Aufteilungsplan	13
	3. Satz 3: Schließung des Grundbuchblattes des Grundstücks	4		4. Satz 3: Zuständigkeit für die Bescheinigung	14
III.	**Absatz 2:** Gemeinschaftliches Wohnungsgrundbuch	7	VI.	**Absatz 5:** Teileigentumsgrundbuch	15
IV.	**Absatz 3:** Bezugnahme auf die Eintragungsbewilligung	8	VII.	Prüfungsmaßstab des Grundbuchamts	16
	Auslegung der Teilungserklärung/Auslegungsgrundsätze	8a	VIII.	Verstoß gegen § 7 Abs. 4	17

I. Allgemeines

Für das Wohnungseigentum gelten die besonderen Grundbuchbestimmungen des § 7 Abs. 1 bis 5. Ergänzt wird die Vorschrift von der **Grundbuchverfügung** zum WEG (WGV).[2] Grundsätzlich wird für jeden Miteigentumsanteil ein eigenes Grundbuchblatt angelegt, wenn die vertragliche Einräumung von Sondereigentum vereinbart ist, § 3 Abs. 1. Auch im Falle der Vorratsteilung durch den Eigentümer gemäß § 8 ist ein Wohnungseigentumsgrundbuchblatt anzulegen; § 8 Abs. 2 verweist ausdrücklich auf § 3 Abs. 1. Tritt Verwirrung im Grundbuch nicht auf, kann bei vertraglicher Einräumung von Sondereigentum auf ein eigenes Grundbuchblatt verzichtet werden. Im Übrigen regelt § 7 die Bezugnahme auf die Eintragungsbewilligung und knüpft an die Vorschrift des § 874 BGB an. Anlagen der Eintragungsbewilligung sind der Aufteilungsplan und die Abgeschlossenheitsbescheinigung, § 3 Abs. 2. Wie schon § 1 Abs. 6 bestimmt, gelten auch für die Teileigentumsgrundbücher die Vorschriften über die Wohnungsgrundbücher entsprechend, § 7 Abs. 1.

1

Die WEG-Novelle[3] schafft den Landesregierungen die Möglichkeit, durch Rechtsverordnung die Zuständigkeit, Abgeschlossenheitsbescheinigungen zu erteilen, auf öffentlich bestellte und anerkannte Sachverständige zu

---

2 Verordnung über die Anlegung und Führung der Wohnungs- und Teileigentumsgrundbücher (Wohnungsgrundbuchverfügung-WGV) v. 24.1.1995 (BGBl. I S. 134) – Anhang II.
3 Gesetz zur Änderung des Wohnungseigentumsgesetzes und anderer Gesetze v. 26.3.2007, BGBl. I 2007, 370, Art. 1 Nr. 3.

Then

übertragen; die Landesregierungen können dies durch Rechtsverordnung bestimmen.[4]

II. Absatz 1: Besonderes Grundbuchblatt

1. Satz 1: Wohnungsgrundbuchblatt/Teileigentumsgrundbuchblatt

2 Von Amts wegen wird ein besonderes Grundbuchblatt (Wohnungsgrundbuch, Teileigentumsgrundbuch) angelegt, wenn ein Miteigentumsanteil durch einen Sondereigentumsanteil gemäß § 3 Abs. 1 beschränkt und die Eintragung im Grundbuch beantragt wird; es werden die Wohnungs- und Teileigentumsrechte eingetragen, und zwar neben den Miteigentumsanteilen zugleich das zugehörige Sondereigentum Die neuen Grundbücher sind als Wohnungsgrundbuch oder Teileigentumsgrundbuch zu bezeichnen, bzw. als „Wohnungs- und Teileigentumsgrundbuch", wenn mit den Miteigentumsanteilen sowohl Sondereigentum an einer Wohnung als auch an nicht Wohnzwecken dienenden Räumen verbunden wird und nicht einer dieser Zwecke offensichtlich überwiegt, § 2 Satz 2 WGV.

Im **Bestandsverzeichnis** des Grundbuchblattes ist das zum Miteigentumsanteil gehörende Sondereigentum und als Beschränkung des Miteigentums die Einräumung der zu den anderen Miteigentumsanteilen gehörenden Sondereigentumsrechte einzutragen[5]; der Gegenstand des Gemeinschaftseigentums selbst ergibt sich aus der Grundbucheintragung nicht.

In Spalte 3 findet sich der in einem zahlenmäßigen Bruchteil ausgedrückte Miteigentumsanteil an dem Grundstück, die Bezeichnung des Grundstücks nach den allgemeinen Vorschriften, gegebenenfalls unter Beachtung des § 2 Abs. 2 GBO, und die Bezeichnung des mit dem Miteigentumsanteil verbundenen Sondereigentums an bestimmten Räumen sowie die Beschränkung des anderen Miteigentumsanteils unter Angabe der Grundbuchblätter auch der übrigen Miteigentumsanteile, § 3 Abs. 1 a–c WGV. Bezüglich der Beschreibung aller Räume ist auf den Aufteilungsplan und die Eintragungsbewilligung zu verweisen. Wird das Sondereigentum geändert, ist die Eintragung in die Spalte 6 des Bestandverzeichnisses vorzunehmen.[6] Notwendig ist die Identifizierbarkeit der Räume im Zusammenhang mit Bewilligung und Aufteilungsplan. Zu Einzelheiten ist auf § 4 WGV zu verweisen; die Größe des im Miteigentum stehenden Grundstücks ist anzugeben (Spalte 4) sowie Veränderungen, die den Bestand des Grundstücks, Größe des Miteigentumsanteils oder den Gegenstand, der sich auf den Inhalt des Sondereigentums bezieht, betreffen (Spalten 6 und 8). Veräußerungsbeschränkungen gemäß § 12 sind mit dem wesentlichen Inhalt einzutragen, § 3 Abs. 2 WGV, also z.B. die Zustimmung durch den Verwalter oder vereinbarte Ausnahmen[7] von einer grundsätzlichen Zustimmungspflicht. Empfohlen wird, auch

---

4 Diese sind derzeit nicht absehbar.
5 Ein Klarstellungsvermerk im Bestandsverzeichnis des Teileigentumsgrundbuchs (z.B. „Laden" statt „Gewerberäume") ist zulässig: OLG München v. 26.8.2014 – 34 Wx 247/14.
6 OLG Celle vom 29.3.1974 – 4 Wx 2/74, DNotZ 1975, 42/44: Bei Veräußerung nur einer zum Sondereigentum gehörenden Garage.
7 LG Mannheim v. 21.5.1962 – 4 T 40/62, Rpfleger 1963, 301.

„wesentliche Sondernutzungsrechte" positiv – nicht nur durch Bezugnahme auf die Teilungserklärung – zu vermerken.[8] Erforderlich ist ein ausdrücklicher Antrag an das Grundbuchamt. Nach § 3 Abs. 7 WGV sind Vermerke über Rechte, die dem jeweiligen Eigentümer des Grundstücks zustehen, in den Spalten 1, 3 und 4 des Bestandsverzeichnisses sämtlicher für Miteigentumsanteile an dem herrschenden Grundstück angelegten Grundbücher einzutragen. Ein Verweis in Spalte 6 hat zu erfolgen. An dieser Stelle sei noch auf § 4 WGV hingewiesen, wonach z.b. Wegerechte in Spalte 3 der 2. Abteilung einzutragen sind derart, dass die Belastung des ganzen Grundstücks erkennbar ist; dies gilt für alle Rechte, die ihrer Natur nach nicht an dem Wohnungseigentum als solchem bestehen können. Bei der Bildung von Hypotheken, Grundschuld und Rentenschuldbriefen ist darüber hinaus kenntlich zu machen, dass der belastete Gegenstand ein Wohnungseigentum ist, § 5 WGV.

2. Satz 2: Mindestinhalt der Eintragung

Auf dem Grundbuchblatt ist zumindest das zu dem Miteigentumsanteil gehörende Sondereigentum und als Beschränkung des Miteigentums die Einräumung der zu den anderen Miteigentumsanteilen gehörenden Sondereigentumsrechte einzutragen. Die Eintragung erfolgt im **Bestandsverzeichnis**, in dem zwingend die Beschränkung des Miteigentums vermerkt ist. Auch sind für alle anderen Wohnungseigentumsrechte deren Grundbuchstellen nebst Band und Blatt anzugeben.[9] Mit dieser Eintragung entsteht das Wohnungseigentum. Die Eintragung der Teilungsvereinbarung vor Errichtung des Gebäudes ist inhaltlich zulässig, selbst wenn zu diesem Zeitpunkt nach öffentlichem Recht ein Bauverbot für das Grundstück besteht[10].Bezüglich der weiteren Abteilungen des Grundbuchs (Abt. 2 Belastungen, Abt. 3 Grundpfandrechte) gelten keine Besonderheiten. Was zum Inhalt des Gemeinschaftseigentums zählt, ergibt sich im Einzelnen aus den Verträgen und Bauzeichnungen[11]. Der Inhalt des Sondereigentums ergibt sich aus dem Gesetz, den Eintragungen sowie aus etwaigen Beschlüssen[12] und dem Beschlussbuch[13].

3

3. Satz 3: Schließung des Grundbuchblattes des Grundstücks

Nach § 7 Abs. 1 Satz 3 wird das Grundbuchblatt des Grundstücks von Amts wegen geschlossen; es wird durch das Wohnungsgrundbuchblatt ersetzt. Das Verfahren erfolgt nach den §§ 34–36 der allgemeinen Grundbuchverfügung. Eine Ausnahme besteht nur dann, wenn nach § 4 Abs. 1 GBO (vgl. die parallele Vorschrift des § 7 Abs. 2) auf dem Blatt des betroffenen Grundstücks noch weitere Grundstücke verzeichnet sind. Indes besteht dann nach § 4 Abs. 1 GBO die Gefahr der **Verwirrung** und ist ein eigenes Grund-

4

---

8 OLG Hamm v. 27.9.1984 – 15 W 34/83, OLGZ 1985, 19; kritisch: *Staudinger-Rapp*, § 7 Rn. 9.
9 *Staudinger-Rapp*, § 7 Rn. 7.
10 BGH v. 22.12.1989 – V ZR 339/87, BGHZ 110, 36.
11 *Armbrüster*, in: Bärmann, § 7 Rn. 14.
12 Vgl. § 10 Rn. 9 ff.
13 Vgl. auch *Armbrüster*, in: Bärmann, § 7 Rn. 19.

stücksblatt für das weitere Grundstück anzulegen. Die Schließung wird in Spalte 7 und 8 des Bestandverzeichnisses vermerkt, § 6 WGV. Voraussetzung für die Schließung ist nicht, dass bereits die Auflassung im Wohnungsgrundbuch eingetragen ist, sie muss allerdings erklärt sein.

5 Rechtlich besteht trotz **Schließung des Grundbuchblattes** das Grundstück fort; das herrschende Grundstück kann für die Eintragung subjektiver dinglicher Rechte bestehen bleiben. Ein solcher Anspruch, der das gemeinschaftliche Grundstück insgesamt betrifft, ist dann in allen Wohnungsgrundbüchern einzutragen, § 4 WGV. Eine Eintragung (Vormerkung) nur an einem Miteigentumsanteil, obwohl das gemeinschaftliche Grundstück als ganzes betroffen ist, ist unzulässig; in diesem Fall erfolgt die Löschung von Amts wegen gemäß § 53 Abs. 1 Satz 2 GBO.[14]

Etwaige Belastungen bestehen entweder am neu gebildeten Wohnungseigentumsgrundstück fort oder beziehen sich auf jeden eigenen Miteigentumsanteil; deshalb ist für die Beschränkung des Miteigentums durch Sondereigentum – außer bei Globalbelastungen – die Zustimmung der dinglich Berechtigten erforderlich.[15] Ist z.B. das im gemeinschaftlichen Eigentum der Wohnungseigentümer stehende Grundstück mit einem Wegerecht belastet, muss die Grunddienstbarkeit in die 2. Abteilung sämtlicher Wohnungsgrundbücher in der Weise eingetragen werden, dass die Belastung des ganzen Grundstücks erkennbar ist[16]: Ein gutgläubiger Erwerb scheidet aus.

Soll ein Grundstück **geteilt** werden, muss unterschieden werden, ob auf dem abzutrennenden Grundstück Sondereigentum eingeräumt ist oder nicht, damit kein „isoliertes Sondereigentum" entsteht; soweit eine neue Zuordnung von Sondereigentum zum Miteigentumsanteil erfolgt, ist dies Inhaltsänderung und bedarf der Vereinbarung aller Eigentümer. Im Übrigen gilt § 1 Abs. 4: Es muss eine neue Zuteilung des aufgehobenen Sondereigentumsanteils mit einem anderen Miteigentumsanteil oder einem anderen Sondereigentumsanteil erfolgen, soweit nicht sowieso alle Miteigentumsanteile auf beiden Grundstücksteilen mit Sondereigentum verbunden bleiben. Ob es einen finanziellen Ausgleich für einen etwaigen Wertverlust gibt, bestimmt der Einzelfall.

6 Problematisch ist die **Zuschreibung** eines Grundstücks, für das kein Wohnungseigentum gebildet ist. Nach § 890 BGB dürfte dies grundsätzlich zwar möglich sein, wenn gleichzeitig an dem zugeschriebenen Grundstück Wohnungseigentum eingeräumt wird.[17] Da nach § 1 Abs. 4 Wohnungseigentum ohne Bildung von Sondereigentum nicht möglich ist, ist bei der Zuschreibung von Grundstücken (auch katastermäßig) eine Zuschreibungs- und Vereinigungserklärung aller Eigentümer erforderlich[18]: Die Umwandlung er-

---

14 BayObLG v. 7.2.2002 – 2 Z BR 166/01, NJW-RR 2002, 884 = DNotZ 2002, 784 = MittBayNot 2002, 189; a.A. *Hoffmann*, MittBayNot 2002, 155.
15 Vgl. § 3 Rn. 9.
16 BayObLG v. 27.4.1995 – 2Z BR 31/95, MittBayNot 1995, 288 = Rpfleger 1995, 455.
17 OLG Frankfurt/Main v. 23.3.1993 – 20 W 14/93, OLGZ 1993, 419 = DNotZ 1993, 612.
18 So: *Palandt-Bassenge*, § 7 Rn 9; a.A. OLG Zweibrücken v. 8.2.1990 – 3 W 163/89, NJW-RR 1990, 782 = DNotZ 1991, 605. Die Umwandlung erfolgt durch Abschluss eines entsprechenden dinglichen Vertrages gemäß § 3 Abs. 1, § 4.

folgt durch Abschluss eines entsprechenden dinglichen Vertrages gemäß §§ 3 Abs. 1, 4.[19]

Zulässig ist die Zuschreibung eines Grundstücks an ein Wohnungseigentum als dessen Bestandteil.[20]

III. Absatz 2: Gemeinschaftliches Wohnungsgrundbuch

Diese Vorschrift ist gegenstandslos geworden, da sie durch das Gesetz zur Einführung eines Datenbankgrundbuches (DaBaGG) vom 1.10.2013 – BGBl I. 3719 – Art. 4 Abs. 6 aufgehoben ist, so dass gemeinschaftliche Grundbuchblätter nicht mehr angelegt werden können. Gleichzeitig wurde § 7 WGV aufgehoben, Art. 3 Nr. 1 DaBaGG. Der Gesetzgeber zieht daraus zum einen die Konsequenz, dass die Vorschrift in der Vergangenheit keine Bedeutung hatte, zum anderen berücksichtigt er die der Datenbank fehlenden Strukturierungsmöglichkeiten. 7

Ein tatsächlich noch bestehendes gemeinschaftliches Grundbuch wird gemäß § 10 Abs. 4 WGV mit dem nächsten Eintrag oder bei der Anlegung des Datenbankgrundbuches geschlossen.[21] Früher konnte von der Anlegung besonderer Grundbuchblätter abgesehen werden, wenn hiervon Verwirrung nicht zu besorgen war. In diesem Falle war das Grundbuchblatt als gemeinschaftliches Wohnungsgrundbuch zu bezeichnen, § 7 Abs. 2 Satz 2; vgl. § 7 WGV.

Die Vorschrift war vergleichbar mit § 4 GBO a.F. Sie fand bei der Vorratsteilung gemäß § 8 keine Anwendung, § 8 Abs. 1 Satz 2. Sie hatte **Ausnahmecharakter**. Eine Verwirrung dürfte z.B. dann vermeidbar sein, wenn – wie oftmals auf einer Hofstelle – wenige Eigentümer vorhanden sind, nur wenige Räume aufgeteilt und keine hindernden Belastungen vorliegen.[22] Verwirrung war zu besorgen, wenn das Grundbuch rechtlich (nicht tatsächlich)[23] unübersichtlich wird; dies richtete sich nach den Umständen des Einzelfalls. Auf jeden Fall war Verwirrung zu besorgen, wenn einem mit Grundpfandrechten belasteten Hausgrundstück ein ebenfalls mit solchen Rechten belastetes Zuflurstück als Bestandteil zugeschrieben wird und die beiden Flächen katastermäßig zu einem einheitlichen Flurstück verschmolzen.[24] War Verwirrung nicht zu besorgen, hatte das Grundbuch die Aufschrift „gemeinschaftliches Wohnungsgrundbuch oder/gemeinschaftliches Wohnungs- und Teileigentumsgrundbuch".

---

19 OLG Frankfurt/Main v. 23.3.1993 – 20 W 14/93, OLGZ 1993, 419 = DNotZ 1993, 612.
20 BayObLG v. 25.7.1993 – 2Z BR 69/93, BayObLGZ 1993, 297.
21 *Krause*, in: Jennißen, § 7 Rn. 13; *Armbrüster*, in: Bärmann, § 7 Rn. 70.
22 Vgl. zum alten Recht: *Staudinger-Rapp*, § 7 Rn. 11.
23 KG Berlin v. 27.6.1989 – 1 W 2309/89, OLGZ 1989, 385 = NJW-RR 1989, 1360; auch zur zulässigen Vereinigung mehrerer zum selben Stammgrundstück gehörenden Wohnungseigentumsrechte des Eigentümers, hierzu: BayObLG v. 7.7.1973 – BReg. 2 Z 82/71, BayObLGZ 1971, 246.
24 BayObLG v. 4.5.1977 – (2. ZS) BReg. 2 Z 35/76, BayObLGZ 1977, 119 = Rpfleger 1977, 251: für einen Fall des § 890 Abs. 2 BGB.

Then

IV. Absatz 3: Bezugnahme auf die Eintragungsbewilligung

8 Zur näheren Bezeichnung des Gegenstands und des Inhalts des Sondereigentums kann auf die **Eintragungsbewilligung** Bezug genommen werden. Gegenstand des Sondereigentums sind die Räume, Gebäudebestandteile, Einrichtungen und Anlagen. Sein Inhalt ist in der Gemeinschaftsordnung gemäß §§ 10 Abs. 2, 5 Abs. 4 geregelt. Gemeint sind also die einzelnen Regelungen zwischen Wohnungseigentümern untereinander in Ergänzung oder Abweichung der gesetzlichen Vorschriften. Wird für ein Sondernutzungsrecht auf die Teilungsvereinbarung Bezug genommen, muss es nicht mehr im Grundbuch selbst eingetragen sein.[25] Das Sondernutzungsrecht muss noch nicht einem Sondereigentum zugeordnet sein, wenn zumindest die Zuordnung als aufschiebende Bedingung durch spätere Zuweisungserklärung vereinbart ist.[26] Alles, was zulässigerweise in der Eintragungsbewilligung enthalten ist, wird zum Inhalt des Grundbuches[27]; es muss deshalb mitbeurkundet sein.[28] Dieser Inhalt nimmt am öffentlichen Glauben des Grundbuchs teil[29] (siehe im Einzelnen § 2 Rn. 7–10). Da der Eintragungsbewilligung gemäß § 7 Abs. 4 als Anlagen der Aufteilungsplan und die Abgeschlossenheitsbescheinigung beizulegen sind, müssen auch diese inhaltlich bestimmt sein.[30] Die Anlagen müssen spätestens bei der Eintragung dem Grundbuchamt vorliegen.[31] Auf § 29 GBO ist zu verweisen[32]. Die Grund-

---

25 OLG München v. 12.9.2006 – 32 Wx 133/06, FGPrax 2006, 245; die nachträgliche vertragliche Änderung ist nur noch im Grundbuchblatt des betroffenen Grundstücks einzutragen: OLG Frankfurt/Main v. 16.4.2007 – 20 W 290/05, NZM 2008, 214. Bei Änderung der Teilungserklärung genügt für die Grundbucheintragung eine schlagwortartige Bezeichnung der Änderung: OLG München v. 9.10.2015 – 34 Wx 184/15. Betrifft die Eintragung ein Sondernutzungsrecht steht es im pflichtgemäßen Ermessen des Grundbuchamts das Recht im Eintragungsvermerk zu bezeichnen.
26 KG Berlin v. 4.12.2006 – 24 W 201/05, WuM 2007, 41.
27 OLG Frankfurt/Main v. 15.3.2005 – 20 W 471/02, NZM 2005, 947; *Demharter*, GBO, Anhang zu § 3 Rn. 27.
28 *Armbrüster*, in: Bärmann; § 7 Rn. 58.
29 BayObLG v. 3.4.1980 – 2 Z 73/79, Rpfleger 1980, 294 = DNotZ 1980, 745, OLG Zweibrücken v. 11.2.2011 – 3 W 8/11 [juris]: Stehen Eintrag im Grundbuch und die in Bezug genommene Eintragungsbewilligung nicht im Einklang, ist ein gutgläubiger Erwerb ausgeschlossen.
30 BayObLG v. 31.7.1980 – BReg. 2 Z 54/79, BayObLGZ 1980, 226 = DNotZ 1980, 747; Bei Einräumung von Sondernutzungsrechten müssen im Falle der Vorratsteilung mit der Möglichkeit einer späteren Zuordnungserklärung bereits in der zu den Grundakten gelangten Teilungserklärung oder in den beigelegten Plänen die Sondernutzungsrechte hinreichend bestimmt bezeichnet sein: OLG München v. 28.9.2015 – 34 Wx 84/14; *Armbrüster*, in: Bärmann, § 7 Rn. 94. Auch muss bei Umwandlung von Teileigentum in Wohnungseigentum die erforderliche Bewilligung in erkennbarem Zusammenhang mit einer neuen Abgeschlossenheitsbescheinigung stehen: KG Berlin v. 2.7.2015 – 1 W 558/14; KG Berlin v. 23.4.2003 – 1 W 343/12.
31 BayObLG v. 12.12.2002 – 2Z BR112/02, BayObLGZ 2002, 397. Für einen Fall der Amtshaftung ist zu verweisen auf BGH v. 12.11.1993 – V ZR 174/92, BGHZ 124, 100 = NJW 1994, 650.
32 *Armbrüster*, in: Bärmann, § 7 Rn. 75.

bucheintragung ist allein maßgeblich für die Abgrenzung von Gemeinschafts- und Sondereigentum; in Bezug genommen werden die Eintragungsunterlagen (also Teilungserklärung und Aufteilungsplan)[33].

Bei Widersprüchen zwischen Grundbucheintragung bzw. fehlender Übereinstimmung von Teilungserklärung und Aufteilungsplan gelten folgende **Auslegung**sgrundsätze: Bei der Auslegung einer in das Grundbuch eingetragenen Teilungserklärung/Gemeinschaftsordnung ist auf den Wortlaut und Sinn abzustellen, wie er sich aus unbefangener Sicht als nächstliegende Bedeutung der Eintragung ergibt; Umstände außerhalb der Eintragung können dabei nur berücksichtigt werden, wenn sie nach den besonderen Verhältnissen des Einzelfalls für jedermann ohne Weiteres erkennbar sind[34] (vgl. hierzu auch § 14 Rn. 17). Bei der **Auslegung der Teilungserklärung** ist von deren Wortlaut auszugehen; Angaben im Aufteilungsplan kommen allenfalls nachrangige Bedeutung zu, da dieser die Aufteilung des Gebäudes sowie die Lage und Größe des Sondereigentums und der im gemeinschaftlichen Eigentum stehenden Gebäudeteile ersichtlich machen soll und nicht die Rechte der Wohnungs- und Teileigentümer erweitern oder beschränken soll[35]. Eintragung des planenden Architekten in Baugenehmigungspläne, die Grundlage der Aufteilung des Gebäudes sind, sind deshalb grundsätzlich nicht maßgebend[36]. Bei Widersprüchen zwischen Teilungserklärung einerseits und Gemeinschaftsordnung andererseits geht grundsätzlich die Gemeinschaftsordnung vor[37]. Decken sich der Inhalt des Teilungsvertrags (Teilungserklärung) und die Darstellung im Aufteilungsplan nicht und lässt sich der Widerspruch nicht durch Auslegung ausräumen, dann ist, da weder die Eintragungsbewilligung noch der Aufteilungsplan, die am öffentlichen Glauben des Grundbuchs teilnehmen, für die Auslegung der Grundbucheintragung vorrangig sind, Sondereigentum nicht entstanden[38], sondern Gemeinschaftseigentum. Dagegen kommt der Bezeichnung von Räumlichkeiten im Aufteilungsplan selbst nicht die Bedeutung einer Zweckbestimmung mit Vereinbarungscharakter zu (vgl. § 14 Rn. 18)[39].

8a

---

33 BGH v. 18.7.2008 – V ZR 97/07, BGHZ 177, 338; s.a. OLG Düsseldorf v. 17.6.2016 – 3 Wx 282/15.
34 BGH v. 30.3.2006 – V ZB 17/06, NZM 2006, 465, st. Rspr.
35 BGH. v. 15.1.2010 – V ZR 14/09, NJW-RR 2010, 667 = NZM 2010, 407.
36 BGH. v. 15.1.2010 – V ZR 14/09, NJW-RR 2010, 667 = NZM 2010, 407; OLG Schleswig v. 7.10.1998 – 2 W 165/98, NZM 1999, 79.
37 BayObLG v. 28.10.1997 – 2 Z BR 88/97, ZMR 1998, 184; BayObLG v. 9.2.2005 – 2 Z BR 227/04, ZWE 2005, 345.
38 BGH v. 30.6.1995 – V ZR 118/94, BGHZ 130, 159, 167; OLG München v. 24.9.2010 – 34 Wx 115/10, MittBayNot 2011, 228.
39 BayObLG v. 15.4.2004 – 2 Z BR 24/04, WuM 2004, 357; eine offenbare Unrichtigkeit im Wohnungsgrundbuch (Sondernutzungsrecht statt Sondereigentum) kann unter Bezugnahme auf die Eintragungsbewilligung immer richtig gestellt werden: OLG München v. 17.7.2013 – 34 Wx 10/13.

V. Absatz 4: Notwendige Anlagen der Eintragungsbewilligung

1. Satz 1 Nr. 1: Aufteilungsplan

9 Der **Aufteilungsplan** ist Voraussetzung der Bestimmtheit des Grundbuchs. Ohne Aufteilungsplan kann der Umfang des Sondereigentums und des gemeinschaftlichen Eigentums nicht festgestellt werden. Der Aufteilungsplan dient der Abgrenzung des Sondereigentums von der gemeinschaftlichen Berechtigung der Miteigentümer; er tritt also an die Stelle der Vermessung und katastermäßigen Erfassung[40]; er dient dazu, die Aufteilung des Gebäudes sowie die Lage und Größe der im Sondereigentum und der im gemeinschaftlichen Eigentum stehenden Gebäudeteile ersichtlich zu machen, nicht dazu, die Rechte der Wohnungs- und Teileigentümer über die Bestimmung der Grenzen des jeweiigen Eigentums zu erweitern oder zu beschränken.[41] Der Aufteilungsplan muss das gesamte Gebäude umfassen, also Schnitte, Aufrisse und Grundrisse beinhalten[42]; bildet ein selbständiges Garagenbauwerk gemeinschaftliches Eigentum bedarf es allerdings Ansicht und Schnitte nicht, wenn sich aus der Zeichnung Lage und Größe der Garage ersehen lässt[43]; soll dagegen Sondereigentum an Garagen gebildet werden, ist die zeichnerische Abgrenzung zwingend erforderlich. Die AVA[44] fordert eine Bauzeichnung in zweifacher Ausfertigung im Maßstab mindestens 1:100. Für bestehende Gebäude fordert sie eine Baubestandszeichnung, bei zu errichtenden Gebäuden die Einhaltung aller bauaufsichtlichen (baupolizeilichen) Vorschriften. Der Bauzustand muss zutreffend wiedergegeben werden.[45] Abweichungen zwischen Aufteilungsplan und Bauzustand können die Versagung der Abgeschlossenheitsbescheinigung rechtfertigen, selbst wenn die Abgeschlossenheit i. S. d. § 3 Abs. 2 Satz 1 nicht in Frage gestellt ist.[46] Nicht abgeschlossen ist eine erdgeschossige Treppe mit Außentreppe, die zum Gemeinschaftseigentum hin keine eindeutige Abgrenzung aufweist. Es entsteht kein Sondereigentum, wenn die wörtliche Beschreibung des Gegenstands von Sondereigentum in der Teilungserklärung und die Angaben im Aufteilungsplan nicht in Einklang zu bringen sind. Die Bauzeichnungen haben Lage und Größe der im Sondereigentum stehenden Räume zu beschreiben.[47] Dies gilt auch für das gemeinschaftliche Eigentum. Zumindest bei der Neuerrichtung mehrerer Bauwerke muss der Standort der Gebäude im Aufteilungsplan eindeutig bestimmbar sein.[48] Neben der

---

40 BGH v. 18. 7. 2008 – V ZR 97/07, BGHZ 177, 338; OLG Zweibrücken v. 9. 6. 2011 – 4 U 153710 [juris].
41 BGH v. 16. 11. 2012 – V ZR 246/11; BGH v. 15. 1. 2010 – V ZR 40/09; deshalb sind Angaben des Architekten im Aufteilungsplan zur Nutzung ohne Bedeutung.
42 BayObLG v. 31. 7. 1980 – BReg. 2 Z 54/79, BayObLGZ 1980, 226 = OLGZ 1981, 159 = DNotZ 1980, 747.
43 BayObLG v. 23. 4. 1993 – 2 Z BR 35/93, NJW-RR 1993, 1040 = MittBayNot 1993, 215.
44 Allgemeine Verwaltungsvorschrift für die Ausstellung von Bescheinigungen gemäß § 7 Abs. 4 Nr. 2 und § 32 Abs. 2 Nr. 2 des Wohnungseigentumsgesetzes v. 19. 3. 1974, BAnz Nr. 58: siehe Anhang I.
45 BayVGH v. 20. 11. 1997 – 2 B 94.3258, NZM 1999, 260 = NVwZ 1999, 559.
46 BayVGH v. 20. 11. 1997 – 2 B 94.3258, NZM 1999, 260 = NVwZ 1999, 559.
47 BGH v. 30. 6. 1995 – V ZR 118/94, BGHZ 130, 159 = NJW 1995, 2851.
48 OLG Bremen v. 13. 11. 1979 – 1 W 39/79, Rpfleger 1980, 68.

zeichnerischen Darstellung sind die Einzelräume, die zu einem Wohnungseigentum gehören, immer mit der gleichen Nummer des Aufteilungsplanes zu kennzeichnen. Nur so ist eine eindeutige, dem Bestimmtheitsgrundsatz genügende Zuordnung zu erreichen. Dabei reicht es aus, dass die zusammengehörenden Räume des Sondereigentums farbig umrandet und mit einer Nummer versehen werden.[49] Nur wenn die Zuordnung zeichnerisch nicht eindeutig ist, soll jeder Raum mit der entsprechenden Nummer gekennzeichnet werden. Rechtlich zulässig und empfehlenswert ist z.b., einen Abstellplatz, der im Rahmen des Sondernutzungsrechtes einem Wohnungseigentümer zugeordnet ist, mit der gleichen Nummer zu bezeichnen wie das Sondereigentum. Ist die Bezeichnung nicht eindeutig, kann der Eintrag zurückgewiesen werden.[50] Ist ein Raum im Aufteilungsplan nicht mit Nummer und/oder Farbe gekennzeichnet, steht er im gemeinschaftlichen Eigentum.[51] Für die Bestimmung von Flächen für Sondernutzungsrechte reicht die Bezugnahme auf einen Lageplan, der nicht der Aufteilungsplan sein muss, aus.[52] Es empfiehlt sich, einen amtlichen Lageplan mit einzureichen[53]. Ordnen Wohnungseigentümer einzelne Räume (z.B. durch den Tausch von Kellerräumen oder Garagen) einem anderen Sondereigentum zu, bedarf es eines neuerlichen Aufteilungsplans mit entsprechender Neunummerierung[54].

Der Aufteilungsplan ist von der Baubehörde mit Unterschrift und Siegel oder Stempel zu versehen, die sich eindeutig auf die Bauzeichnung erstrecken müssen.[55]

2. Satz 1 Nr. 2: Abgeschlossenheitsbescheinigung

Der Eintragungsbewilligung ist als Anlage eine Bescheinigung der Baubehörde, dass die Voraussetzung des § 3 Abs. 2 vorliegen, beizufügen; dies erleichtert dem Grundbuchamt die Prüfung der Voraussetzungen des § 3

10

---

49 BayObLG v. 28.9.1981 – 2 Z 68/81, DNotZ 1982, 244 = Rpfleger 1982, 21; *Armbrüster*, in: Bärmann, § 7 Rn. 83, der grundsätzlich keine Ausnahme der Zuordnung der Einzelräume zu einer Einheit mit der gleichen Nummer anerkennt; dies gelte auch für Sondernutzungsrechte. Weicht ein im Lageplan eingezeichnetes Sondernutzungsrecht vom Aufteilungsplan ab, ist dieses nicht von vorneherein unwirksam, OLG München v. 4.2.2016 – 34 Wx 396/15.
50 BayObLG v. 1.8.1991 – BReg. 2 Z 100/91, Rpfleger 1991, 414; OLG Düsseldorf v. 28.6.2010 – 3 Wx 54/10, Rpfleger 2010, 656: Aufteilungsplan und Abgeschlossenheitsbescheinigung können mit der Teilungserklärung beurkunde werden; es bedarf dann zum Grundbucheintrag nicht des weiteren Nachweises durch öffentliche Urkunden.
51 Schon: BayObLG v. 9.10.1973, BReg. 2 Z 48/73, BayObLGZ 1973, 267; LG Wuppertal v. 28.10.2008 – 6 T 223/08 [juris].
52 OLG Frankfurt/Main v. 5.9.2006 – 20 W 83/04, ZWE 2007, 108; hier zitiert nach: juris. Ein nicht im Rahmen des Verkaufs der letzten Einheit zugeordnetes Sondernutzungsrecht kann nicht nachträglich im Wege der Grundbuchberichtigung eingetragen werden: OLG Frankfurt v. 25.6.2015 – 20 W 54/15.
53 *Armbrüster*, in: Bärmann, § 7 Rn. 89; OLG Bremen v. 13.11.1979 – 5 T 342/79, DNotZ 1980, 489; strittig.
54 OLG München v. 13.8.2010 – 34 Wx 105/10, NJW-RR 2010, 1598 = MittbayNot 2011, 229; OLG München v. 6.7.2010 – 34 Wx 43/10, NJW-RR 2010, 1523.
55 BayObLG v. 31.7.1980 – BReg. 2 Z 54/79, BayObLGZ 1980, 226 = DNotZ 1980, 747.

Abs. 2. Nach § 3 Abs. 2 soll Sondereigentum nur eingeräumt werden, wenn die Wohnungen oder sonstigen Räume in sich abgeschlossen sind; für einen Garagenstellplatz reicht die Angabe einer dauerhaften Markierung; auch bei Aufteilung eines Wohnungseigentums in mehrere selbständige Einheiten ist dem Grundbuchamt neben dem aktualisierten Unterteilungsplan eine Abgeschlossenheitsbescheinigung vorzulegen und zwar für jede der neu gebildeten Einheiten[56].

11 Zur Frage der **Abgeschlossenheit** des Sondereigentums ist auf die Kommentierung zu § 3 Abs. 2, Rn. 29–32, zu verweisen.

12 Der Inhalt der Abgeschlossenheitsbescheinigung ist über § 59 (Ausführungsbestimmungen für die Baubehörden) in der „Richtlinie für die Baubehörden über die Bescheinigung gemäß §§ 7 Abs. 4 Nr. 4, § 32 Abs. 2 Nr. 2" geregelt.[57] Die Bescheinigung muss zur Eintragung vorliegen; liegt sie nicht vor, kann die Eintragung zurückgewiesen werden.[58] Eine Eintragung ist jedoch nicht unwirksam. Das Grundbuchamt ist an eine Bescheinigung der Baubehörde oder des selbständigen Sachverständigen nicht gebunden[59]; die Voraussetzungen der Abgeschlossenheit können anhand des Aufteilungsplanes nachgeprüft werden. Das Prüfungsrecht (bzw. die Prüfungspflicht[60]) kann sich nur auf die Frage der Abgeschlossenheit im Sinne des Wohnungseigentumsgesetzes beziehen. Eine baurechtliche Überprüfung erfolgt grundsätzlich nicht.[61] Eine Abgeschlossenheitserklärung kann durch die zuständige Behörde für kraftlos erklärt werden[62], z.B. wenn nachträglich der Aufteilungsplan mit dem baulichen Zustand nicht übereinstimmt. Das Grundbuchamt hat eine Kraftloserklärung nur zu beachten, wenn sich aus ihr in Verbindung mit den übrigen Eintragungsunterlagen ergibt, dass eine Abgeschlossenheit in räumlichem Sinn nach § 3 Abs. 2 nicht gegeben ist.[63]

Das Verfahren gegenüber der Baubehörde ist öffentlich-rechtlich[64]; erteilt die Baubehörde die Abgeschlossenheitsbescheinigung nicht, ist der Rechtsweg zum Verwaltungsgericht eröffnet. Die Baubehörden bescheinigen nur die Abgeschlossenheit, nicht jedoch, ob im Übrigen das Bauvorhaben allen

---

56 OLG München v. 27.5.2011 – 34 Wx 161/10, ZWE 2011, 267.
57 Siehe Anhang I – letzte Änderung gemäß Art. 90 der siebenten Zuständigkeitsanpassungsverordnung v. 29.10.2001 – BGBl. I S. 2785/2803.
58 Z.B. BayObLG v. 17.12.1992 – 2 Z BR 29/92, Rpfleger 1993, 335; BayObLGZ v. 19.6.1984 – BReg. 2 Z 32/84, BayObLGZ 1984, 136; auch GemSenat Ob. Gerichtshöfe d. Bundes v. 30.6.1992 – GemS-OGB 1/91, NJW 1992, 3290/3292.
59 BayObLG v. 17.12.1992 – 2 Z BR 29/92, Rpfleger 1993, 335; BayObLG v. 9.3.1971 – BReg 2 Z 15/71, DNotZ 1971, 473. Für den Erwerb: OLG Celle v. 26.2.2008 – 4 W 213/07, NJW 2008, 1537 = NZM 2008, 370; vgl. insbesondere: § 10 Rn. 50.
60 OLG Düsseldorf, v. 15.9.1997 – 3 Wx 313/97, FGPrax 1998, 12.
61 GemSenat Ob. Gerichtshöfe d. Bundes v. 30.6.1992 – GmS-OGB 1/91, BGHZ 119, 42 = BVerwGE 90, 382.
62 BVerwG v. 8.12.1995 – 8 C 37/93, BVerwGE 100, 83 = NJW 1997, 71.
63 BayObLG v. 20.6.1990 – BReg. 2 Z 37/90, BayObLGZ 1990, 168.
64 Die Abgeschlossenheitsbescheinigung ist kein Verwaltungsakt, BVerwG v. 11.12.1987 – 8 C 55/85, DNotZ 1988, 702 = Rpfleger 1988, 256; BVerwG v. 8.12.1995 – 8 C 37/93, BVerwGE 100, 83 = NJW 1997, 71.

öffentlich-rechtlichen Vorschriften entspricht, insbesondere nicht den Umfang der baurechtlich zulässigen Nutzung eines Sondereigentums.[65]

3. Satz 2: Übereinstimmung der Bezeichnung mit dem Aufteilungsplan

§ 7 Abs. 4 Satz 2 bestimmt, dass dann, wenn in der Eintragungsbewilligung für die einzelnen Sondereigentumsrechte Nummern angegeben werden, diese mit denen des Aufteilungsplans übereinstimmen sollen. Es handelt sich nicht um eine Muss-Vorschrift; lässt sich die Zuordnung anderweitig eindeutig vornehmen, bedarf es der einheitlichen Nummerierung nicht. Fehlen diese Voraussetzungen, kann jedoch das Grundbuchamt die Eintragung zurückweisen. Sind die als Aufteilungsplan vorgelegten Bauzeichnungen widersprüchlich, so können Wohnungsgrundbücher nicht angelegt werden.[66]

13

4. Satz 3: Zuständigkeit für die Bescheinigung

Die WEG-Novelle[67] ermöglicht der Landesregierung durch Rechtsverordnung zu bestimmen, dass statt der Baubehörde öffentlich bestellte oder anerkannte Sachverständige für das Bauwesen die Aufteilungspläne und die Abgeschlossenheitsbescheinigungen erteilen, ausfertigen und bescheinigen. In diesem Fall ist die allgemeine Verwaltungsvorschrift für die Ausstellung von Baubescheinigung gemäß § 7 Abs. 4 Nr. 2 und § 32 Abs. 2 Nr. 2 vom 19. 3. 1974[68] anwendbar. Derzeit ist mit einem baldigen Erlass entsprechender Rechtsverordnungen durch die Landesregierungen nicht zu rechnen, damit auch nicht die Übertragung der Ermächtigung auf die Landesbauverwaltungen.

14

VI. Absatz 5: Teileigentumsgrundbuch

Nach § 7 Abs. 5 gelten die Vorschriften über Wohnungsgrundbücher für die Teileigentumsgrundbücher entsprechend. Besonderheiten ergeben sich hier nicht.

15

VII. Prüfungsmaßstab des Grundbuchamts

Das Grundbuchamt prüft die Eintragungsvoraussetzungen und damit auch, ob etwaige Inhaltsmängel vorliegen. Es prüft neben den formellen Voraussetzungen die Übereinstimmung zwischen Aufteilungsplan und Teilungsvereinbarung. Es muss die Widerspruchsfreiheit von Bauzeichnungen, die

16

---

65 BayVGH v. 4. 12. 1985 – 5 B 85 A. 221, NVwZ 1986, 766 = NJW-RR 1986, 812 = MittBayNot 1986, 213; BVerwG v. 11. 12. 1987 – 8 C 55/85, DNotZ 1988, 702; BVerwG v. 8. 12. 1995 – 8 C 37/93, BVerwGE 100, 83 = NJW 1997, 71.
66 BayObLG v. 17. 12. 1992 – 2Z BR 39/92, Rpfleger 1993, 335.
67 Gesetz zur Änderung des Wohnungseigentumsgesetzes und anderer Gesetze v. 26. 3. 2007, BGBl. I 2007, 370, Art. 1 Nr. 3.
68 BAnz Nr. 58 v. 23. 3. 1974, § 59 zuletzt geändert durch G v. 29. 10. 2001 – BGBl. I, S. 2785/2803; siehe Anhang I.

als Aufteilungsplan vorgelegt sind, überprüfen.[69] Das Grundbuchamt kann die Abgeschlossenheitsbescheinigung eigenständig prüfen[70].

Das **Grundbuchamt prüft** neben den formellen Voraussetzungen den materiellen Inhalt der Willenserklärung (Teilungserklärung/Gemeinschaftsordnung); als Prüfungsmaßstab kommen insbesondere die §§ 134, 138 BGB sowie § 242 BGB in Betracht. Natürlich sind alle unabdingbaren Vorschriften des Wohnungseigentumsgesetzes Prüfungsmaßstab.[71] Allerdings darf das Grundbuchamt die Eintragung nur dann ablehnen, wenn zweifelsfrei feststeht, dass das Grundbuch durch die Eintragung unrichtig würde; das Grundbuchamt darf nicht sehenden Auges gegen geltendes Recht verstoßen[72], selbst wenn ein Verstoß gegen die Soll-Vorschrift des § 3 Abs. 2 Satz 1 nicht unmittelbar zur Unwirksamkeit der Eintragung führt. Bloße Zweifel genügen nicht[73]; eine wertende Beurteilung darf das Grundbuchamt nicht vornehmen; bei einem Streit unter Miteigentümern im Verfahren nach § 43 ist die Inhaltskontrolle der Gemeinschaftsordnung zumindest anhand des § 242 BGB vorzunehmen.[74] Ob eine Inhaltskontrolle auch an den Vorschriften der §§ 307 ff. BGB (früher: § 9 ff. AGBG) erfolgen kann, hat der BGH offengelassen, weil in den von ihm zur Entscheidung anstehenden Sachverhalten jeweils unter Berücksichtigung von Treu und Glauben gemäß § 242 BGB die Unwirksamkeit der Vereinbarung schon feststand.[75] Das Grundbuchamt ist nicht berechtigt, zur Feststellung von Tatsachen eigenständige Ermittlungen durchzuführen; hierzu kann es sich der Zwischenverfügung bedienen.[76]

VIII. Verstoß gegen § 7 Abs. 4

17 Erfolgt eine Eintragung, ohne dass ein Aufteilungsplan oder die Abgeschlossenheitsbescheinigung vorliegt, entsteht das Wohnungseigentum[77].

---

69 BayObLG v. 17.12.1992 – 2Z BR 29/92, Rpfleger 1993, 335 = WuM 1993, 205; BayObLG v. 12.12.2002 – 2 Z BR 112/02, BayObLGZ 2002, 397; das Grundbuchamt muss nicht jedes Mal die gesamten Grundbuchakten auf etwaige Bedenken gegen die aktuelle Eintragung durchsehen: OLG Koblenz v. 6.9.2012 – 1 U 1097/11; auch zur Amtshaftung.
70 Siehe Rn. 12; und insbesondere Fn. 40 sowie BVerwG v. 11.12.1987 – 8 C 55/85, DNotZ 1988, 702.
71 BayObLG v. 18.12.1979 – BReg. 2 Z 11/79, BayObLGZ 1979, 434 = Rpfleger1980, 357; DNotZ 1997, 970; *Armbrüster,* in: Bärmann, § 7 Rn. 125.
72 OLG München v. 27.5.2011 – 34 Wx 164/10, ZWE 2011, 267.
73 BayObLG v. 2.4.1997 – 2 Z BR 36/97, BayObLGZ 1997, 139 = NJW-RR 1997, 1305 = DNotZ 1997, 970.
74 BayObLG v. 23.9.1988 – BReg. 2 Z 97/87, BayObLGZ 1988, 287.
75 BGH v. 13.10.2006 – V ZR 289/05, NJW 2007, 213 = DNotZ 2007, 39; BGH v. 20.6.2006 – V ZB 39/01, BGHZ 151, 164; gegen eine Inhaltskontrolle: OLG Frankfurt/Main v. 2.3.1998 – 2 W 54/98, NJW-RR 1998, 1707; BayObLG v. 11.4.1991 – BReg. 2 Z 28/91, NJW-RR 1992, 83 = WuM 1991, 365; BayObLG v. 2.4.1997 – 2 Z BR 36/97, BayObLGZ 1997, 139 = NJW-RR 1997, 1305 = DNotZ 1997, 970.
76 BayObLG v. 9.7.1980 – BReg. 2 Z 39/80, DNotZ 1981, 567/568.
77 Ist der Aufteilungsplan nur formell nicht ordnungsgemäß (z.B. fehlen die Originalunterschriften der Baubehörde auf einer Bauzeichnung) entsteht Wohnungseigentum, wenn der Aufteilungsplan im Übrigen den gesetzlichen Anforderungen genügt: OLG München v. 04.10.2013 – 34 Wx 174/13.

Soweit aus einem Aufteilungsplan das Sondereigentum nicht eindeutig bestimmbar ist, besteht der Anspruch gegenüber allen Miteigentümern auf **Berichtigung**.[78] Durch die Bezugnahme im Grundbuch auf die Eintragungsbewilligung und den Aufteilungsplan wird dieser Inhalt des Grundbuchs und nimmt an dessen öffentlichen Glauben teil; durch nachfolgenden gutgläubigen Erwerb wird ein Gründungsmangel geheilt.[79] Gibt ein Aufteilungsplan die tatsächlichen Grenzen nicht zutreffend wieder, kann ein Grundbuchberichtigungsanspruch nach § 894 BGB gegeben sein[80]. Besteht ein unauflöslicher Widerspruch, welche Räume Sondereigentum sind, bleiben diese Gemeinschaftseigentum[81]; gegebenenfalls muss eine Anpassung unter Mitwirkung aller Betroffenen erfolgen.[82] Der Inhalt der Teilungsvereinbarung ist durch Auslegung zu ermitteln; dabei besteht ein Vorrang der Teilungsvereinbarung vor dem Aufteilungsplan oder umgekehrt nicht.[83]

Zu Gründungsmängeln ist auf § 3 Rn. 10–22 zu verweisen.

---

78 Zur Beseitigung eines „isolierten Miteigentumsanteils", vgl. § 3 Rn. 22.
79 OLG Karlsruhe v. 1.7.1993 – 9 U 351/91, NJW-RR 1993, 1294; BayObLG v. 3.4.1980 – 2 Z 73/79, Rpfleger 1980, 294 = DNotZ 1980, 745.
80 KG Berlin v. 1.2.2010 – 8 W 6/10, ZMR 2010, 705.
81 OLG München v. 27.6.2012 – 34 Wx 71/12; auch: *Bauer/von Oefele*, AT V Rn. 217; OLG Karlsruhe v. 1.7.1993 – 9 U 351/91, NJW-RR 1993, 1294.
82 Hierzu auch: *Bauer/von Oefele*, AT V Rn. 220. Bei einem unauflöslichem Widerspruch zwischen Grundbucheintrag und der in Bezug genommenen Urkunde fehlt eine wirksame Eintragung; ein gutgläubiger Erwerb ist ausgeschlossen: OLG Zweibrücken v. 5.11.2012 – 3 W 127/12.
83 BGH v. 30.6.1995 – V ZR 118/94, BGHZ 130, 159.

§ 8
Teilung durch den Eigentümer

(1) Der Eigentümer eines Grundstücks kann durch Erklärung gegenüber dem Grundbuchamt das Eigentum an dem Grundstück in Miteigentumsanteile in der Weise teilen, dass mit jedem Anteil das Sondereigentum an einer bestimmten Wohnung oder an nicht zu Wohnzwecken dienenden bestimmten Räumen in einem auf dem Grundstück errichteten oder zu errichtenden Gebäude verbunden ist.

(2) Im Falle des Absatzes 1 gelten die Vorschriften des § 3 Abs. 2 und der §§ 5, 6, § 7 Abs. 1, 3 bis 5 entsprechend. Die Teilung wird mit der Anlegung der Wohnungsgrundbücher wirksam.

Inhalt:

	Rn.			Rn.
I.	Allgemeines	1	III. **Absatz 2** Satz 1: Anwendbare Vorschriften	7
II.	**Absatz 1:** Teilungserklärung des Eigentümers	2	1. § 3 Abs. 2	7
	1. Eigentümer	2	2. §§ 5, 6, 7 Abs. 1, 3 bis 5	8
	2. Grundstück	3	IV. **Absatz 2** Satz 2:	12
	3. Erklärung gegenüber Grundbuchamt	4	1. Wirksamwerden der Teilung	12
	4. Teilung in Miteigentumsanteile	5	2. Entstehen des Wohnungseigentums	13
	5. Verbindung mit Sondereigentum	6		

I. Allgemeines

1 Steht das Grundstück im Alleineigentum eines Eigentümers, bedarf es der vertraglichen Einräumung von Sondereigentum gemäß § 3 nicht. Vielmehr kann der Eigentümer selbst das Eigentum an dem Grundstück in Miteigentumsanteile in gleicher Weise (unter gleichzeitiger Einräumung von Sondereigentum) teilen wie Miteigentümer dies vereinbaren können. Die Unterteilung von Wohnungseigentum ist ebenfalls gemäß § 8 möglich; dabei wird die gesamte Wohnung in neue Einheiten aufgeteilt, für die jeweils Abgeschlossenheitsbescheinigungen vorgelegt werden müssen[1]. Für das Wohnungseigentum weicht der Gesetzgeber vom Grundsatz ab, dass (Miteigentums-)Bruchteile grundsätzlich in der Hand verschiedener Rechtsinhaber sein müssen[2] und ein Grundstück nicht ohne Anteilsübertragung geteilt werden kann.[3] Mit jedem Anteil muss das Sondereigentum an einer bestimmten

---

1 OLG München v. 27.5.2011 – 34 Wx 161/10, ZWE 2011, 267; BGH v. 17.1.1968 – V ZB 9/67, BGHZ 49, 250; vgl. zur Abgrenzung der Beteiligung aller Miteigentümer: BGH v. 5.10.1998 – II ZR 182/97, BGHZ 139, 352.
2 *Palandt-Bassenge*, § 1008 Rn. 2.
3 BGH v. 17.1.1968 – V ZB 9/67, BGHZ 49, 250; BayObLG v. 29.11.1974 – BReg. 2 Z 54/74, BayObLGZ 1974, 466 = NJW 1975, 470: Die Vorratsteilung von Alleineigentum an einem Grundstück (Wohnungseigentum oder Teileigentum) zum Zwecke der Quotenbelastung ist grundsätzlich unmöglich.

Wohnung oder an nicht zu Wohnzwecken dienenden bestimmten Räumen (Teileigentum) in einem auf dem Grundstück errichteten oder zu errichtenden Gebäude verbunden werden. Das Gesetz verweist auf die Vorschriften des § 3 Abs. 2 (Abgeschlossenheit des Sondereigentums), § 5 (Gegenstand und Inhalt des Sondereigentums), § 6 (Unselbständigkeit des Sondereigentums) und die Grundbuchvorschriften des § 7 Abs. 1, 3 bis 5. Ein gemeinschaftliches Wohnungsgrundbuch (Teileigentumsgrundbuch) gemäß § 7 Abs. 2 ist nicht vorgesehen.

II. Absatz 1: Teilungserklärung des Eigentümers

1. Eigentümer

Die **Vorratsteilung** gemäß § 8 kann nur erfolgen, wenn das Grundstück im Alleineigentum steht. § 8 spricht vom Alleineigentümer, denn Miteigentümer benötigen zur Beschränkung der Miteigentumsanteile durch Sondereigentum der vertraglichen Vereinbarung gemäß § 4 Abs. 1. Alleineigentümer kann auch eine juristische Person, eine Gesellschaft des bürgerlichen Rechts, auch eine OHG oder KG sein[4], ebenso eine Gesamthandsgemeinschaft, also z.B. eine Erbengemeinschaft oder eine Gütergemeinschaft. Dieser Eigentümer kann gemäß § 8 Abs. 1 das Grundstück teilen und Wohnungseigentum begründen. Unzulässig ist die Aufteilung eines beschlagnahmten Grundstücks in Wohnungseigentumseinheiten. Dies würde gegen das Veräußerungsverbot des § 23 Abs. 1 ZVG verstoßen[5] 2

2. Grundstück

Auch im Falle des § 8 kann nur an einem Grundstück Wohnungseigentum begründet werden[6], nicht gleichzeitig an mehreren, § 1 Abs. 4. Soll Wohnungseigentum sich auf mehrere Grundstücke erstrecken, muss, sei es durch Vereinigung nach § 890 Abs. 1 BGB, sei es durch Bestandsteilzuschreibung gemäß § 890 Abs. 2 BGB, ein einheitliches Grundstück gebildet werden.[7] 3

3. Erklärung gegenüber dem Grundbuchamt

Der Eigentümer kann gegenüber dem Grundbuchamt unter Nachweis der Abgeschlossenheit (§ 3 Abs. 2) die Teilung erklären. Jedoch bedarf es zur Eintragung im Grundbuch der Form des § 29 GBO. Die Erklärung gegenüber dem Grundbuchamt ist eine einseitige Erklärung, weshalb es der Auflassung nicht bedarf; deshalb verweist § 8 Abs. 2 nicht auf § 4; notwendig ist natürlich ein Antrag des Eigentümers sowie die Eintragungsbewilligung 4

---

4 *Niedenführ/Kümmel/Vandenhouten*, § 8 Rn. 11; *Armbrüster*, in: Bärmann, § 8 Rn. 15, *Jennißen-Krause*, § 8 Rn. 3.
5 BGH v. 29.3.2012 – V ZB 103/11
6 Ein „überhängender Überbau" (Erker, Balkon) steht der Begründung von Wohnungseigentum nicht entgegen, KG Berlin v. 23.7.2015 – 1 W 759/15; ein Überbau muss zugunsten des betroffenen Gebäudes rechtlich geklärt sein, OLG Karlsruhe v. 23.10.2012 – 14 Wx 7/11.
7 Vgl. im Einzelnen *Röll*, DNotZ 1968, 528 ff.; zum Überbau vgl. § 1 Rn. 10; BGH v. 23.2.1990 – V ZR 231/88, BGHZ 110, 298; BGH v. 22.2.1974 – V ZR 103/73, BGHZ 62, 141.

nach § 19 GBO[8], die allerdings auch in der Teilungserklärung, die mit dem Antrag auf Eintragung vorzulegen ist, gesehen werden kann.[9] Die Teilung wird mit Eintragung im Wohnungsgrundbuch wirksam, § 8 Abs. 2 Satz 2. Wie bei der Vereinbarung nach § 3 Abs. 1 sind auch bei der Teilung nach § 8 Miteigentumsanteile nach Bruchteilen zu bilden und mit Sondereigentum zu verbinden; Abweichungen zu den Regelungen in § 3 finden sich hier nicht.

Dem Grundbuchamt muss die Zustimmung von **dinglich Berechtigten** nachgewiesen werden, wenn sich die Belastung nicht mehr an allen Wohnungseigentumsanteilen fortsetzen soll. Auf dem ganzen Grundstück ruhende Globalbelastungen werden von der Aufteilung grundsätzlich nicht betroffen; sie setzen sich an allen Miteigentumsanteilen einschließlich der Sondereigentumsanteile fort.[10] Der BGH[11] hat den Streit der Oberlandesgerichte geklärt, wonach auch nach Einführung des Rangklassenprivilegs für Wohngeldansprüche gemäß § 10 Abs. 1 Nr. 2 ZVG die Begründung von Wohnungseigentum nicht der Zustimmung der Gläubiger, deren Grundpfandrechte auf dem ganzen Grundstück lasten, benötigt wirdn[12]. Eine etwaige Genehmigung nach § 172 Abs. 1 BauGB muss vorliegen.[13]

Der Alleineigentümer legt auch die Miteigentumsanteile fest. Sie müssen nicht dem Anteil des Sondereigentums am Gesamtgebäude entsprechen. Die einseitige Erklärung unterliegt allerdings einer Inhaltskontrolle zumindest gemäß § 242 BGB.[14] Die Gestaltungsfreiheit des Alleineigentümers endet dort, wo die personenrechtliche Gemeinschaftsstellung der Wohnungseigentümer oder ihre Rechtsstellung als Miteigentümer zu stark ausgehöhlt

---

8 *Staudinger-Rapp*, § 8 Rn. 5; a.A.: OLG Zweibrücken vom 12.11.1981 – 3 W 96/81, OLGZ 1982, 263/266: Man mag in der Teilungserklärung, die mit dem Antrag auf Eintragung vorgelegt wird, die Eintragungsbewilligung sehen.
9 OLG Zweibrücken vom 12.11.1981 – 3 W 96/81, OLGZ 1982, 263/266; OLG Hamm v. 27.9.1984 – 15 W 34/83, OLGZ 1985, 19; *Niedenführ/Kümmel/Vandenhouten*, § 8 Rn. 15.
10 BayObLG v. 14.10.1958 – BReg. 2 Z 119-127/58, BayObLGZ 1958, 273; vgl. § 3 Rn. 7.
11 BGH v. 9.2.2012 – V ZB 95/11; für nicht erforderlich: OLG München v. 17.5.2011 – 34 Wx 6/11 [juris]; OLG Hamm v. 21.10.2008 – 15 Wx 140/08, DNotZ 2009, 383; dies gilt auch für Kellerräume: LG München I v. 27.4.2011 – 34 Wx 149/10 [juris]; *Jennißen-Krause*, § 8 Rn. 18e; a.A. OLG Frankfurt v. 11.4.2011 – 20 W 69/11 [juris].
12 So auch: OLG München v. 18.5.2011 – 34 Wx 220/11 [juris]; KG Berlin v. 30.11.2010 – 1 W 155/10, Rpfleger 2011, 202; OLG Oldenburg v. 5.1.2011 – 12 W 296/10, Rpfleger 2011, 318 = ZMR 2011, 492; OLG Celle vom 4.5.2012 – 4 W 82/12, a.A. waren OLG Frankfurt v. 11.4.2011 – 20 W 69/11; *Kesseler*, ZNotP 2010, 335; *Timme/Kesseler*, § 3 Rn. 30.
13 KG Berlin v. 8.12.2015 – 1 W 518/15; KG Berlin v. 5.1.2016 – 1 W 1032/15; vgl. auch OLG München v. 26.8.2015 – 3 Wx 188/15 zu kommunalen Erhaltungssatzungen. Einer gerichtlichen Genehmigung nach § 1821 Abs. 1 Nr. 1 BGB bedarf es zur Teilung nicht, KG Berlin v. 6.1.2015 – 1 W 369/14. Vgl. auch KG Berlin v. 26.5.2016 – 1 W 170/16. Zur Entstehung eines Verkaufsrechts für den Mieter BGH v. 6.4.2016 – V ZR 143/15.
14 BayObLG v. 14.6.1995 – 2Z BR 53/95, NJW-RR 1996, 1037 = DNotZ 1996, 37; *Riecke/Schmid-Elzer/Schneider*, § 8 Rn. 10.

wird.[15] Eine Gebrauchsregelung, die die Nutzung des Wohnungseigentums zur Verpachtung an eine Betriebsgesellschaft vorschreibt, ist zulässig.[16]

4. Teilung in Miteigentumsanteile

Der Alleineigentümer kann bei Begründung von Wohnungseigentum die Teilungserklärung und die Gemeinschaftsordnung nach **seinen Bedürfnissen** ausrichten. Die Teilungserklärung kann die zukünftige Nutzung der Wohnungen im Sinne des „betreuten Wohnens" festlegen.[17] Im Falle der Vermietung des Wohnungseigentums kann die Verwaltung des Sondereigentums dem Wohnungseigentumsverwalter übertragen werden. Sowohl der Inhalt der Teilungserklärung wie auch der Gemeinschaftsordnung unterliegen zumindest der Kontrolle anhand des § 242 BGB[18]: So ist die Verpflichtung der Wohnungseigentümer, die die Wohnungen nur im Rahmen des „betreuten Wohnens" nutzen können, auch einen Betreuungsvertrag mit einer zeitlichen Bindung von mehr als zwei Jahren abzuschließen, unwirksam.[19] Zulässig ist, dass sich der teilende Eigentümer vorbehält, nachträglich Sondernutzungsrechte an PKW-Stellplätzen neu zuzuordnen[20].

Der Alleineigentümer kann die Teilungserklärung bis zur Eintragung ins Grundbuch ohne Weiteres **ändern**. Er hat ein freies Widerrufs- und Änderungsrecht. Eine (Selbst-)Bindung nach § 873 Abs. 2 BGB ist noch nicht entstanden. Der teilende Eigentümer verliert seine alleinige Normsetzungsbefugnis erst, wenn die Käufer eine rechtlich verfestigte Erwerbsposition besitzen; das ist der Fall, wenn ein wirksamer, auf die Übereignung von Wohnungseigentum gerichteter Erwerbsvertrag vorliegt, der Übereignungsanspruch durch eine Auflassungsvormerkung gesichert ist und der Besitz an der Wohnung auf den Erwerber übergegangen ist[21]. Mit Anlegung der Wohnungsgrundbücher und der Eintragung der Vormerkung für den ersten Käu-

---

15 BayObLG v. 14.6.1995 – 2Z BR 53/95, NJW-RR 1996, 1037 = DNotZ 1996, 37; BayObLG v. 23.9.1988 – BReg. 2 Z 97/87, BayObLGZ 1988, 287/291.
16 BayObLG v. 23.9.1993 – 2Z BR 77/93, WuM 1994, 156.
17 BGH v. 13.10.2006 – V ZR 289/05, NJW 2007, 213 = DNotZ 2007, 39; OLG Hamburg v. 14.2.1996 – 2 Wx 16/94, FGPrax 1996, 132 = ZMR 1996, 443; BayObLG v. 14.6.1995 – 2Z BR 53/95, NJW-RR 1996, 1037; siehe auch § 10 Rn. 14.
18 BayObLG v. 14.6.1995 – 2Z BR 53/95, NJW-RR 1996, 1037 = DNotZ 1996, 37; BGH v. 13.10.2006 – V ZR 289/05, NJW 2007, 213 = DNotZ 2007, 39.
19 BGH v. 13.10.2006 – V ZR 289/05, NJW 2007, 213 = NZM 2007, 90.
20 OLG München v. 17.5.2011 – 34 Wx 6/11 [juris]; OLG Hamm v. 21.10.2008 – 15 Wx 140/08, DNotZ 2009, 383; dies gilt auch für Kellerräume: LG München I v. 27.4.2011 – 34 Wx 149/10 [juris].
21 BGH v. 5.6.2008 – V ZB 85/07, MittBayNot 2009, 132; und zwar unabhängig davon, ob die Wohnungsgrundbücher bereits angelegt sind; vgl. auch: BayObLG v. 11.4.1990 – BReg. 2 Z 7/90, BayObLGZ 1990, 101; BayObLG v. 4.7.1974 – BReg. 2 Z 16/74, BayOLGZ 1974, 275 = DNotZ 1975, 97 = MittBayNot 1974, 208; sind sämtliche Miteigentumsanteile veräußert, fehlt dem teilenden Eigentümer die Bewilligungsbefugnis nach § 19 GBO zur Eintragung von Sondernutzungsrechten, OLG Zweibrücken v. 1.7.2013 – 3 W 22/13; OLG München vom 18.3.2013 – 34 Wx 363/12.

fer entsteht eine **faktische** Wohnungseigentumsgemeinschaft.[22] Ab diesem Zeitpunkt bedarf der Eigentümer des Grundstücks zur Abänderung einer in der Teilungserklärung enthaltenen Bestimmung über das Verhältnis der Wohnungseigentümer untereinander der Zustimmung des im Wohnungsgrundbuch vorgemerkten Auflassungsempfängers.[23] Selbst wenn bereits mit der Anlegung der Wohnungsgrundbücher eine Auflassungsvormerkung eingetragen wird, bleiben Bestimmungen, die der teilende Eigentümer getroffen hat, Inhalt des Sondereigentums.[24] Der Erstkäufer muss sich deshalb im Einzelnen über die bestehende aktuelle Teilungserklärung und Gemeinschaftsordnung erkundigen; eine frühest mögliche Sicherung des Anspruchs durch Auflassungsvormerkung ist zu empfehlen.[25] Nur dann, wenn eine wirksame uneingeschränkte **Vollmacht** zur Änderung der Teilungserklärung durch den Käufer (und Vormerkungsberechtigten) vorliegt, kann der Alleineigentümer im Rahmen des Vollmachtsverhältnisses auch nach Eintragung der Vormerkung einseitig Änderungen durchführen.[26] Die Vollmacht muss den grundbuchrechtlichen Bestimmtheitsgrundsatz erfüllen; anderenfalls ist sie unwirksam. Eine geltungserhaltende Reduktion der Vollmacht kommt nicht in Betracht.[27] Nach Entstehung des Wohnungseigentums und Eintragung zumindest einer Auflassungsvormerkung für einen Ersterwerber kann die Teilungserklärung nur noch durch Vertrag mit allen Wohnungseigentümern geändert werden, § 4 Abs. 1.[28]

Der Alleineigentümer kann auch eine weitere Unterteilung eines Miteigentumsanteils gemäß § 8 vornehmen.[29] Die **Unterteilung** eines Sondereigentums ist grundsätzlich zulässig[30]; die neu gebildete Einheit kann, wenn sie

---

22 BayObLG v. 11.4.1990 – BReg. 2 Z 7/90, BayObLGZ 1990, 101; BayObLG v. 8.5.1974 – BReg. 2 Z 17/74, BayObLGZ 1974, 217 = DNotZ 1975, 31; BayObLG v. 19.10.1995 – 2 Z BR 99/95, MittBayNot 1996, 27= DNotZ 1996, 297 = WuM 1996, 489; *Armbruster,* in: Bärmann, § 8 Rn. 29.
23 BayObLG v. 29.10.1998 – 2Z BR 148/98, BayObLGZ 1998, 275 = NJW-RR 1999, 76; BayObLG v. 8.5.1974 – BReg. 2 Z 17/74, BayObLGZ 1974, 217/219; BayObLG v. 24.6.1993 – 2Z BR 56/93, BayObLGZ 1993, 259/261.
24 BayObLG v. 29.10.1998 – 2Z BR 148/98, BayObLGZ 1998, 275 = NJW-RR 1999, 76.
25 BayObLG v. 24.6.1993 – 2Z BR 56/93, BayObLGZ 1993, 259 = NJW-RR 1993, 1362.
26 Hierzu: *Bauer/von Oefele,* AT V Rn. 202; BayObLG v. 18.10.1994 – 2Z BR 55/94, BayObLGZ 1995, 302 = DNotZ 1995, 612.
27 BayObLG v. 18.10.1994 – 2Z BR 55/94, BayObLGZ 1995, 203; BayObLG v 24.6.1993 – 2Z BR 96/93, DNotZ 1994, 233.
28 BayObLG v. 15.10.1998 – 2Z BR 42/98, BayObLGZ 1998, 255 = DNotZ 1999, 667: Das Grundbuch wird ohne Zustimmung des durch eine Auflassungsvormerkung gesicherten Erwerbers absolut unrichtig. Der Antrag auf Erlass einer einstweiligen Verfügung ist zulässig, soweit die Vereinbarungen ausreichend bestimmt sind: OLG Düsseldorf v. 21.12.1994 – 9 U 208/94, NJW-RR 1995, 718 = DNotZ 1996, 39.
29 OLG München v. 30.7.2008 – 34 Wx 89/08, Rpfleger 2009, 20 : NZM 2009, 402: Dabei können auch ohne Mitwirkung der anderen Wohnungseigentümer Räume des einen Sondereigentums dem anderen Sondereigentum zugeordnet werden. BGH v. 17.1.1968 – V ZB 9/67, BGHZ 49, 250; BayObLG v. 25.8.1976 – BReg. 2 Z 28/76, Rpfleger 1976, 403 = MDR 1977, 53.
30 BGH v. 24.1.1978 – V ZB 2/78; BGHZ 73, 150 = NJW 1979, 870: Die Veräußerung von Wohnungseigentum, das durch Unterteilung bereits bestehenden Eigentums entstanden ist, bedarf nach dem Gesetz nicht der Zustimmung der anderen Wohnungseigentümer oder eines Dritten.

abgeschlossen ist, veräußert werden. Die Zweckbestimmung der Räume darf nicht geändert werden[31] und die Rechte der übrigen Wohnungseigentümer nicht eingeschränkt werden.[32] Die Unterteilung darf die Stimmrechte nicht verändern.[33] Hat der Alleineigentümer Wohnungseigentumseinheiten noch nicht veräußert, kann er durch Änderung der Teilungserklärung bei Unterteilung der neu gebildeten Einheit ein eigenes Stimmrecht zuweisen.[34]

5. Verbindung mit Sondereigentum an einer bestimmten Wohnung

In der Teilungserklärung wird mit jedem Miteigentumsanteil das Sondereigentum an einer bestimmten Wohnung oder an nicht zu Wohnzwecken dienenden bestimmten Räumen (Teileigentum) verbunden. Das Gebäude muss noch nicht errichtet sein; es muss jedoch konkret geplant sein und im Aufteilungsplan und der Abgeschlossenheitsbescheinigung dargestellt sein, § 8 Abs. 2 i.V.m. § 3 Abs. 2. Nur durch die Verbindung des Miteigentumsanteils mit Sondereigentum entsteht Wohnungseigentum und kann eine wirksame Teilung des Grundstücks in Miteigentumsanteile gemäß § 8 Abs. 1 durch den Alleineigentümer erfolgen. Ausreichend ist die Begrenzung des Sondereigentums nach dem Aufteilungsplan, so dass Sondereigentum an einem Raum auch dann entstehen kann, wenn es an einer tatsächlichen Abgrenzung des Raumes gegen fremdes Sondereigentum fehlt[35].

6

III. Absatz 2 Satz 1 : Anwendbare Vorschriften

1. § 3 Abs. 2: Abgeschlossenheit des Sondereigentums

§ 8 Abs. 2 Satz 1 wendet auf die Vorratsteilung die Vorschriften der § 3 Abs. 2 entsprechend an. Nach § 3 Abs. 2 soll Sondereigentum nur eingeräumt werden, wenn Wohnungen oder sonstige Räume in sich abgeschlossen sind. Garagenstellplätze gelten als **abgeschlossene** Räume, wenn ihre Flächen durch dauerhafte Markierungen ersichtlich sind.

7

---

31 BGH v. 4.12.2014 – V ZB 7/13, was in OLG München vom 2.2.2015 – 34 Wx 408/14 nicht berücksichtigt ist.
32 BayObLG v. 17.1.1991 – BReg. 2 Z 161/90, NJW-RR 1991, 910: Unterteilung des Miteigentumsanteils in mehrere selbständige Wohnungseigentumsrechte, wenn der Status der übrigen Wohnungseigentümer nicht verändert wird; BGH v. 7.10.2004 – V ZB 22/04, BGHZ 160, 354 = NJW 2004, 3413: Bei Vereinbarung eines Objektstimmrechts führt die Unterteilung einer Wohnungseigentumseinheit auch im Fall der Veräußerung nicht zu einer Stimmrechtsvermehrung. Zum vereinbarten Kopfstimmrecht: KG Berlin v. 10.1.1994 – 24 W 481/93, OLGZ 1994, 389 = NJW-RR 1994, 525: Selbst bei wirtschaftlicher Ungleichheit der Stimmrechte und Gefahr der Majorisierung besteht kein Anspruch eines Wohnungseigentümers auf Änderung des in der Teilungserklärung festgelegten Objektstimmrechts; anders für den Kostenverteilungsschlüssel: KG Berlin v. 14.6.2004 – 24 W 32/04, FGPrax 2004, 225 = NZM 2004, 549. Nach OLG Düsseldorf v. 3.2.2004 – 3 Wx 364/03, NZM 2004, 234 = NJW-RR 2204, 589 entsteht bei Unterteilung ein weiteres Stimmrecht.
33 BayObLG v. 6.3.2003 – 2 Z BR 90/02, NJW-RR 2003, 950 = NZM 2003, 481; BGH v. 7.10.2004 – V ZB 22/04, BGHZ 160, 354 = NJW 2004, 3413.
34 OLG Köln v. 3.9.2004 – 16 Wx 167/04, NZM 2005, 148.
35 BGH v. 18.7.2008 – V ZR 97/07, BGHZ 177, 388; a.A.: OLG Düsseldorf v. 23.12.1987 – 9 U 126/87, NJW-RR 1988, 590; BayObLG v. 30.7.1998 –2Z BR 9/98, DNotZ 1999, 212; OLG Zweibrücken v. 8.3.2006 – 3 W 246/09, FG Prax, 2006, 100.

Die Abgeschlossenheit wird gemäß § 7 Abs. 4 Nr. 2 durch die Abgeschlossenheitsbescheinigung der Baubehörde oder eines vereidigten Sachverständigen nachgewiesen. Gegenüber der vertraglichen Einräumung von Wohnungseigentum gibt es hier keine Besonderheiten. Es ist deshalb auf die Kommentierung zu § 3 Rn. 29 bis 34 zu verweisen und zur Frage der Zuständigkeit für die Bestätigung der Abgeschlossenheit auf die Kommentierung zu § 7 Rn. 10 bis 14.

2. §§ 5 und 6, § 7 Abs. 1, 3 bis 5

8 Auf das durch Vorratsteilung begründete Wohnungseigentum sind die Vorschriften zu Gegenstand und Inhalt des Sondereigentums gemäß § 5 uneingeschränkt anwendbar. Was Gegenstand des Sondereigentums sein kann, regelt sich nach § 5 Abs. 1 bis 3; den Inhalt des Sondereigentums bestimmt § 5 Abs. 4. Die Festlegung des Eigentümers in der Teilungserklärung gilt als Vereinbarung gemäß §§ 5 Abs. 4, 10 Abs. 1 Satz 2, Abs. 2.[36] Hier gibt es keine weiteren Besonderheiten; auf die entsprechenden Kommentierungen zu § 5 und § 10 ist zu verweisen.

9 Gemäß § 8 Abs. 2 findet auch § 6 Anwendung. Nach § 6 kann Sondereigentum ohne Miteigentumsanteil, zu dem es gehört, nicht veräußert oder belastet werden. Die Rechte an dem Miteigentumsanteil erstrecken sich auf das zu ihm gehörende Sondereigentum. Diese, das Wesen des Wohnungseigentums ausmachende und auch für die Zukunft sichernde Vorschrift gilt bei Vorratsteilung durch den Eigentümer ohne Einschränkungen.

Anwendbarkeit des § 7 Abs. 1, 3 bis 5

10 Die Grundbuchvorschriften des § 7 Abs. 1,[37] 3 bis 5 finden uneingeschränkt Anwendung. Keine Anwendung findet § 7 Abs. 2, wonach von der Anlegung eines besonderen Grundbuchblattes abgesehen werden kann, wenn hiervon Verwirrung nicht zu besorgen ist.

Im Übrigen ist an dieser Stelle für die Anwendbarkeit der Grundbuchvorschriften auf die Kommentierung zu § 7 verwiesen. Der Verweis in § 8 Abs. 2 auf § 7 Abs. 3, wonach zur näheren Bezeichnung des Gegenstands und des Inhalts des Sondereigentums auf die Eintragungsbewilligung Bezug genommen werden kann, ist ein Argument dafür, dass eine Eintragungsbewilligung erforderlich ist[38]; allerdings kann in der Teilungserklärung, die mit dem Antrag auf Bildung von Wohnungseigentum dem Grundbuchamt vorgelegt wird, regelmäßig die Eintragungsbewilligung gesehen werden.[39] Der Eintragungsbewilligung sind gemäß § 7 Abs. 4 sowohl der Aufteilungsplan wie die Abgeschlossenheitsbescheinigung beizulegen.

---

36 *Staudinger-Rapp*, § 8 Rn. 16; hierzu auch BGH v. 2.12.2011 – V ZR 74/11.
37 Zur Bildung von Sondernutzungsrechten und deren Eintragung im Grundbuch siehe: KG Berlin v. 4.12.2006 – 24 W 201/05, WuM 2007, 41; OLG München v. 13.6.2013 – 34 Wx 158/13.
38 OLG Hamm v. 27.9.1984 – 15 W 34/83, OLGZ 1985, 19 = DNotZ 1985, 552.
39 OLG Zweibrücken v. 12.11.1981 – 3 W 96/81, OLGZ 1982, 263/266.

Anwendung des § 4 Abs. 2 Satz 2?

§ 8 Abs. 2 verweist nicht auf die Vorschrift des § 4 Abs. 2 Satz 2, wonach Sondereigentum nicht unter einer Bedingung oder Zeitbestimmung eingeräumt oder aufgehoben werden kann. Zur Entstehung des Wohnungseigentums bei Teilung durch den Eigentümer ist dies auch nicht erforderlich, weil der Alleineigentümer bis zur Eintragung einer Auflassungsvormerkung für den Erstkäufer jederzeit die Teilung rückgängig machen könnte. Ein bedingtes oder befristetes Sondereigentum darf allerdings auch im Rahmen des § 8 Abs. 1 nicht gebildet werden, weil, würde Sondereigentum nicht mehr entstehen, ein isolierter Miteigentumsanteil bei Eintritt der Bedingung oder der Befristung übrig bleibt; deshalb ist auch die Teilung gemäß § 8 bedingungs- und befristungsfeindlich.[40]

11

IV. Absatz 2 Satz 2: Wirksamwerden der Teilung

1. Wirksamwerden der Teilung

Die Teilung des Grundstücks in Miteigentumsanteile mit dem jeweils an einer bestimmten Wohnung verbundenen Sondereigentum wird mit Anlegung der Wohnungsgrundbücher wirksam, § 8 Abs. 2 Satz 2.

12

Erst wenn ein Wohnungsgrundbuchblatt angelegt ist, kann ein Erwerber durch Eintragung einer Vormerkung gesichert werden.[41] Deshalb kann auch vor Anlegung des Wohnungsgrundbuchs ein noch nicht gebildetes Wohnungseigentum nicht mit einem Grundpfandrecht belastet werden; die **Umdeutung** zu Lasten des eingetragenen Miteigentumsanteils ist unzulässig[42]; gleichzeitig mit der Anlegung des Wohnungsgrundbuchs kann eine Vormerkung für einen Käufer eingetragen werden.[43] Der Alleineigentümer kann den Antrag auf Bildung von Wohnungseigentum gemäß § 8 Abs. 1 jederzeit zurücknehmen, bis das Wohnungsgrundbuch angelegt ist. Er selbst kann, solange nicht eine Auflassungsvormerkung für einen Ersterwerber eingetragen ist, selbst das Wohnungsgrundbuch wieder schließen lassen, § 9 Abs. 3. Dies gilt auch, wenn er die bereits veräußerten Wohnungseigentumsrechte zurückerwirbt und sich alle Wohnungseigentumsrechte wieder in seiner Person vereinigen, § 9 Abs. 1 Nr. 3. Die Teilung bleibt auch dann wirksam, wenn das Gebäude nicht erstellt wird oder auch nicht mehr baurechtlich erstellt werden darf[44]; ist bereits eine Auflassungsvormerkung für einen Ersterwerber eingetragen, wird die Gemeinschaft nach den Vorschriften des Wohnungseigentumsgesetzes behandelt[45].

2. Entstehung des Wohnungseigentums

Mit Eintragung der ersten **Auflassungsvormerkung** im Grundbuch entsteht eine werdende Eigentümergemeinschaft[46]. Voraussetzung ist, dass der Käu-

13

---

40 Vgl. *Staudinger-Rapp*, § 8 Rn. 14, § 4 Rn. 9.
41 *Staudinger-Rapp*, § 8 Rn. 23.
42 OLG Hamm v. 30.5.1983 – 15 W 101/83, OLGZ 1983, 286 = Rpfleger 1983, 395.
43 BayObLG v. 29.10.1998 – 2Z BR 148/98, BayObLGZ 1998, 275 = NJW-RR 1999, 76.
44 BGH v. 22.12.1989 – V ZR 339/87, BGHZ 110, 36/39.
45 *Staudinger-Rapp*, § 8 Rn. 23.
46 OLG München v. 9.1.2006 – 34 Wx 89/05, FGPrax 2006, 63 = ZMR 2006, 308.

fer eine rechtlich verfestigte Erwerbsposition besitzt und in Folge des vertraglich vereinbarten Übergangs von Lasten und Nutzung der Wohnung ein berechtigtes Interesse daran hat, die mit dem Wohnungseigentum verbundenen Mitwirkungsrechte an der Verwaltung der Wohnungsanlage vorzeitig auszuüben: Dies ist der Fall, wenn ein wirksamer, auf die Übereignung von Wohnungseigentum gerichteter Erwerbsvertrag vorliegt, der Übereignungsanspruch durch eine Auflassungsvormerkung gesichert ist und der Besitz an der Wohnung durch Übergabe auf den Erwerber übergegangen ist, wie der BGH jetzt nochmals festgestellt hat[47]. Der teilende Eigentümer verliert seine alleinige Normsetzungsbefugnis, sobald mindestens für einen Erwerber von Wohnungseigentum eine Auflassungsvormerkung im Grundbuch eingetragen ist[48]. Nach diesem Zeitpunkt bedarf der Eigentümer des Grundstücks zur Abänderung einer in der Teilungserklärung enthaltenen Bestimmung über das Verhältnis der Wohnungseigentümer untereinander der Zustimmung des vorgemerkten Auflassungsempfängers.[49] Wird mit der Anlegung der Wohnungsgrundbücher die Auflassungsvormerkung für den ersten Käufer eingetragen, bleiben die Bestimmungen, die der teilende Grundstückseigentümer auch zwischen Eintragung der Auflassungsvormerkung und dem Abschluss des Kaufvertrages gemäß §§ 5 Abs. 4, 8 Abs. 2 Satz 1, 10 Abs. 1 Satz 2 zum Inhalt des Sondereigentums bestimmt hat, bestehen.[50] Die Eigentümergemeinschaft selbst entsteht mit Eintragung der Auflassung.[51]

14 Auch wenn die Teilung, und damit die Entstehung von Wohnungseigentum erst mit Anlegen der Wohnungsgrundbücher wirksam ist, kann eine schuldrechtliche Verpflichtung auf Auflassung und Eintragung (Veräußerung eines Wohnungsanteils) bereits eingegangen werden. Der werdende Wohnungseigentümer kann seine Einheit unter Abtretung des vorgemerkten Übereignungsanspruchs und Besitzübertragung veräußern; er bleibt jedoch werdender Wohnungseigentümer und Mitglied des Verbands, der Erwerber ist in diesem Stadium nicht als werdender Wohnungseigentümer anzusehen[52]. Auch ist eine entsprechende Klage des Käufers auf Auflassung und Eintragungsbewilligung zulässig, soweit dem Grundbuchamt die gemäß § 3 Abs. 2 erforderliche Abgeschlossenheitsbescheinigung, ebenso die Teilungserklä-

---

47 BGH v. 11.12.2015 – V ZR 80/15; BGH v. 5.6.2008 – V ZB 85/07, MittBayNot 2009, 132/133; und zwar unabhängig davon, ob die Wohnungsgrundbücher bereits angelegt sind.
48 Vor Anlegen des Wohnungsgrundbuchs kommt eine Vormerkung zur Sicherung des Anspruchs auf Einräumung schlichten Miteigentums in Betracht: BGH v. 5.6.2008 – V ZB 85/07, MittBayNot 2009, 132/133; OLG Düsseldorf v. 21.12.1994 – 9 U 208/94, NJW-RR 1995, 718 = DNotZ 1996, 29; *Armbrüster*, in: Bärmann, § 8 Rn. 35.
49 BayObLG v. 8.5.1974 – BReg. 2 Z 17/74, BayObLGZ 1974, 217; BayObLG v. 24.6.1993 – 2Z BR 56/93, BayObLGZ 1993, 259/261.
50 BayObLG v. 29.10.1998 – 2Z BR 148/98, BayObLGZ 1998, 275 = NJW-RR 1999, 380.
51 OLG München v. 9.1.2006 – 34 Wx 89/05, Rpfleger 2006, 317 = FG-Prax 2006, 63; vgl. hierzu: *Meffert*, ZMR 2007, 155.
52 BGH v. 24.7.2015 – V ZR 275/14; unter Aufgabe von BGH v. 14.6.1965 – VII ZR 160/63; siehe auch § 10 Rn. 3; § 27 Rn. 15.

rung mit Aufteilungsplan vorliegen.[53] Auch ein Antrag auf **Erlass einer einstweiligen Verfügung** zur Eintragung einer Vormerkung ist in diesem Stadium zulässig.[54] Die Bestimmbarkeit des Sondereigentums unter Bezugnahme auf Bau- und Aufteilungspläne reicht aus[55], ebenso eine eindeutige wörtliche Beschreibung.[56] Die Abgeschlossenheitsbescheinigung sollte zwar vorgelegt werden, ist aber nicht Voraussetzung für die Entstehung. Es genügt vielmehr, dass die Wohnung in der Eintragungsbewilligung so beschrieben ist, dass sie aufgrund der Beschreibungen der Örtlichkeit zweifelsfrei festgestellt werden kann[57] (vgl. § 7 Rn. 3).

Zum Anwartschaftsrecht vergleiche § 2 Rn. 5–6.

---

53 BGH v. 2.4.1993 – V ZR 14/92, BGH v. 24.4.1987 – V ZR 228/85, NJW 1988, 415.
54 OLG Düsseldorf v. 21.12.1994 – 9 U 208/94, NJW-RR 1995, 718 = DNotZ 1996, 39: soweit die Vereinbarung schon ausreichend bestimmt ist; BayObLG v. 27.5.1977 – BReg. 2 Z 20/77, BayObLGZ 1977, 155 = DNotZ 1977, 544.
55 BayObLG v. 13.2.1992 – 2Z BR 3/92, BayObLGZ 1992, 40 = NJW-RR 1992, 663.
56 BayObLG v. 27.5.1977 – BReg. 2 Z 20/77, BayObLGZ 1977, 155.
57 BayObLG v. 27.5.1977 – BReg. 2 Z 20/77, BayObLGZ 1977, 155 = DNotZ 1977, 544.

§ 9
Schließung der Wohnungsgrundbücher

(1) Die Wohnungsgrundbücher werden geschlossen:
1. von Amts wegen, wenn die Sondereigentumsrechte gemäß § 4 aufgehoben werden;
2. auf Antrag sämtlicher Wohnungseigentümer, wenn alle Sondereigentumsrechte durch völlige Zerstörung des Gebäudes gegenstandslos geworden sind und der Nachweis hierfür durch eine Bescheinigung der Baubehörde erbracht ist;
3. auf Antrag des Eigentümers, wenn sich sämtliche Wohnungseigentumsrechte in einer Person vereinigen.

(2) Ist ein Wohnungseigentum selbständig mit dem Recht eines Dritten belastet, so werden die allgemeinen Vorschriften, nach denen zur Aufhebung des Sondereigentums die Zustimmung des Dritten erforderlich ist, durch Absatz 1 nicht berührt.

(3) Werden die Wohnungsgrundbücher geschlossen, so wird für das Grundstück ein Grundbuchblatt nach den allgemeinen Vorschriften angelegt; die Sondereigentumsrechte erlöschen, soweit sie nicht bereits aufgehoben sind, mit der Anlegung des Grundbuchblatts.

Inhalt:

	Rn.		Rn.
I. Allgemeines	1	3. Nr. 3: Vereinigung aller Wohnungseigentumsrechte	4
II. **Absatz 1:** Schließung der Wohnungsgrundbücher	2	III. **Absatz 2:** Beteiligung betroffener Dritter	5
1. Nr. 1: Aufhebung der Sondereigentumsrechte gemäß § 4	2	IV. **Absatz 3:** Grundbuchvorschriften	6
2. Nr. 2: Zerstörung des Gebäudes	3	1. Grundbuch	6
		2. Rechtsfolgen der Schließung	7

I. Allgemeines

1 Zur Aufhebung des Sondereigentums ist gemäß § 4 Abs. 1 die Einigung der Beteiligten und die Eintragung in das Grundbuch erforderlich. § 9 zieht die Konsequenzen einer Aufhebung der Sondereigentumsrechte gemäß § 4: Die Wohnungsgrundbücher werden geschlossen; § 9 ist damit das Pendant zu § 7 Abs. 1, der die Anlage des Wohnungsgrundbuches regelt. Die Wohnungsgrundbücher werden auch auf Antrag sämtlicher Wohnungseigentümer nach Zerstörung des Gebäudes oder, wenn sich alle Wohnungseigentumsrechte in einer Person vereinigen, auf Antrag dieses Eigentümers geschlossen. Etwaige dingliche Rechte Dritter sind zu beachten; grundbuchrechtlich werden die Wohnungsgrundbücher geschlossen und das Grundstück wird wieder in einem „normalen" Grundbuchblatt geführt.

II. Absatz 1: Schließung der Wohnungsgrundbücher

1. Nr. 1: Aufhebung der Sondereigentumsrechte gemäß § 4

Haben die Eigentümer gegenüber dem Grundbuchamt beantragt, die Aufhebung des Sondereigentums einzutragen, kann es nach Eintragung der Aufhebung das Wohnungsgrundbuch schließen. Durch den Verweis auf § 4 kann das Grundbuchamt, hat es von vertraglichen Vereinbarungen über die Aufhebung des Sondereigentums Kenntnis, nicht von sich aus das Wohnungsgrundbuch schließen[1]. Voraussetzung ist, dass ein **Antrag** gemäß § 13 Abs. 1 Satz 1 GBO zur Eintragung der Aufhebung des Sondereigentums dem Grundbuchamt vorliegt. Die Eintragung im Grundbuch ist konstitutiv. Nach § 311b Abs. 2 BGB heilt die Eintragung der Aufhebung des Sondereigentums etwaige Mängel des schuldrechtlichen Vertrages. Die Zustimmung der dinglich Berechtigten ist erforderlich, es sei denn, deren Recht lastet am ganzen Grundstück oder an allen Wohnungseigentumsrechten.[2]

2

Soll eine Teilfläche des Grundstückes veräußert werden, müssen die Miteigentümer die Teilfläche abtrennen und die Teilungserklärung ändern, gegebenenfalls die Miteigentumsanteile berichtigen. Insoweit wird das Wohnungseigentum an der zu veräußernden Fläche aufgehoben; die rechtliche Behandlung erfolgt so, wie wenn ein Grundstück zum Bestandteil des bestehenden Wohnungseigentums zugeschrieben wird. Das Grundbuch ist zu berichtigen; zu einer Schließung führt dieser Vorgang allerdings nicht. Zulässig ist die genaue Zuschreibung eines Grundstücks zum Bestandteil des bestehenden Wohnungseigentums.[3] Bei der Vereinigung zweier Grundstücke, von denen eines bereits Zwecken des Wohnungseigentums dient, bedarf die Umwandlung des gewöhnlichen Miteigentums in Wohnungseigentum der Vereinbarung der Wohnungseigentümer gemäß § 3 Abs. 1, § 4.[4]

2. Nr. 2: Zerstörung des Gebäudes

Alle Wohnungseigentümer können die Schließung der Wohnungsgrundbücher beantragen, wenn das Gebäude **völlig** zerstört[5] ist und damit die Sondereigentumsrechte gegenstandslos geworden sind. Ob eine Wiederaufbauverpflichtung besteht, ist, da der Antrag von allen Wohnungseigentümern zu stellen ist, vom Grundbuchamt nicht zu prüfen. Der Nachweis der Zerstörung erfolgt durch eine Bescheinigung der Baubehörde (die eine etwaige Wiederaufbauverpflichtung nach § 22 Abs. 2 nicht zu prüfen hat). Da sämtliche Wohnungseigentümer nur dann einen Antrag einvernehmlich stellen werden, wenn sie sich schuldrechtlich einig sind, reicht die Form des § 29 GBO für die entsprechende Erklärung gegenüber dem Grundbuchamt. Die

3

---

1 Deshalb ist zunächst immer die Aufhebung einzutragen, bevor das Grundbuch geschlossen werden kann: *Armbrüster*, in: Bärmann, § 9 Rn. 9; *Staudinger-Rapp*, § 9 Rn. 2; *Riecke/Schmid/Schneider*, § 9 Rn. 4.
2 OLG Zweibrücken v. 8.11.1985 – 3 W 210/85, Rpfleger 1986, 92; OLG Frankfurt/Main v. 16.1.1990 – 20 W 501/89, OLGZ 1990, 253 = NJW-RR 1990, 1042.
3 BayObLG v. 23.7.1993 – 2Z BR 69/93, BayObLGZ 1993, 297 = DNotZ 1995, 51.
4 OLG Zweibrücken v. 8.2.1990 – 3 W 163/89, DNotZ 1991, 605 = NJW-RR 1990, 782.
5 Dies soll bereits dann der Fall sein, wenn eine Wiederherstellung kostspieliger ist als ein Abriss einer noch bestehenden Gebäudesubstanz mit anschließender Neuerrichtung: *Armbrüster*, in: Bärmann, § 9, Rn. 13.

Voraussetzungen des § 4 müssen nicht in der Form des § 311b BGB nachgewiesen werden.[6] Für den Fall des nicht fertiggestellten Gebäudes kann § 9 Abs. 1 Nr. 2 nicht gelten, da es nicht Aufgabe der Baubehörde ist, festzustellen, wann ein teilweise errichtetes Gebäude einer „völligen Zerstörung des Gebäudes" gleichzusetzen ist und Sondereigentumsrechte letztlich gegenstandslos geworden sind oder sie über ein Anwartschaftsrecht hinaus noch nicht entstanden sind. In diesen Fällen muss ein Aufhebungsvertrag geschlossen werden, § 4; im Anschluss an die Eintragung der Aufhebung erfolgt die Schließung des Wohnungsgrundbuchs nach § 9 Abs. 1 Nr. 1. Bei abweichender Bauausführung ist Wohnungseigentum entstanden, ein Fall des § 9 Abs. 1 liegt sowieso nicht vor.[7]

3. Nr. 3: Vereinigung aller Wohnungseigentumsrechte

4 Gehören alle Wohnungseigentumsrechte einem Alleineigentümer, kann dieser beantragen, die Wohnungsgrundbücher zu schließen[8]. Da der Eigentümer eines Grundstückes nach § 8 durch Erklärung gegenüber dem Grundbuchamt Wohnungseigentum begründen kann, so kann er dieses, wenn noch (oder wieder) alle Wohnungseigentumsrechte sich in seiner Person vereinigen, aufheben mit der Folge der Schließung des Wohnungsgrundbuches[9]. Dies ist auch der Fall, wenn alle Wohnungseigentumsrechte einer Gesamthand, z.B. einer BGB-Gesellschaft, oder einer Erbengemeinschaft gehören. Es handelt sich immer um eine „Person" i.S.d. § 9 Abs. 1 Nr. 3.[10] Dies gilt nicht, wenn die gleichen Personen in unterschiedlicher Rechtsnatur an allen Eigentumswohnungen beteiligt sind, nämlich teils in Bruchteilsgemeinschaft, teils in Erbengemeinschaft. Dann wird eine vertragliche Aufhebung nach § 4 Abs. 1 gefordert.

III. Absatz 2: Beteiligung betroffener Dritter

5 Durch die Schließung der Wohnungsgrundbücher darf nicht in Rechte Dritter eingegriffen werden. Klarstellend bestimmt deshalb § 9 Abs. 2, dass dann, wenn ein Wohnungseigentum selbständig mit Rechten Dritter belastet ist, zur Aufhebung des Sondereigentums deren **Zustimmung** erforderlich ist. Zwar setzt sich mit Schließung der Wohnungsgrundbücher die Belastung am Gesamtgrundstück fort, jedoch ist im Hinblick auf die Gesamtbelastung des Grundstücks dann offen, ob eine wirtschaftlich gleichrangige Sicherheit verbleibt. Deshalb hat der Dritte, der an einem Wohnungseigentum selbständige Rechte hat, der Schließung der Wohnungsgrundbücher zuzustim-

---

6 *Staudinger-Rapp*, § 9 Rn. 5.
7 *Niedenführ/Kümmel/Vandenhouten*, § 9 Rn. 5; *Armbrüster*, in: Bärmann, § 9 Rn. 18; Dreyer, DNotZ 2007, 294/604.
8 Wird die Aufteilung vollständig neu geplant (z.B. von 2 Wohneinheiten in 15 Wohnungs- und 1 Teileigentumseinheit), dann bedarf es wieder einer eventuellen gemeindlichen Genehmigung (gem. § 172 Nr. 1 BauGB): OLG München v. 26.8.2015 – 34 Wx 188/15.
9 MünchKomm-*Commichau*, § 9 Rn. 5; OLG München v. 26.8.2015 – 34 Wx 188/15.
10 Vergleichbar: OLG Köln v. 21.3.1997 – 16 Wx 297/96, NJW-RR 1997, 1443.

men.[11] Belastungen, die am gesamten Grundstück bestehen, bleiben durch die Schließung der Wohnungsgrundbücher unberührt; sie setzen sich am ungeteilten Grundstück fort. Bei einer Einzelbelastung wird der Haftungsgegenstand geändert; dies erfordert die Zustimmung des Berechtigten.[12] Die Rechtslage ist spiegelbildlich wie bei der Bildung von Wohnungseigentum.

IV. Absatz 3: Grundbuchvorschriften

1. Grundbuch

Werden die Wohnungsgrundbücher geschlossen, so wird für das Grundstück wieder das Grundbuchblatt angelegt[13]. Spätestens zu diesem Zeitpunkt **erlöschen** die Sondereigentumsrechte, § 9 Abs. 3. Im Fall des § 7 Abs. 2, in dem ein Wohnungsgrundbuch nicht angelegt ist, weil Verwirrung nicht zu besorgen ist, wird das Grundbuchblatt, das als „gemeinschaftliches Wohnungsgrundbuch" (Teileigentumsgrundbuch) bezeichnet war, berichtigt. Der Zusatz wird gelöscht.[14] Durch Aufhebung des § 7 Abs. 2 stellen sich die Fragen nicht mehr.[15]

Wird das Sondereigentum nur vorübergehend zum Zwecke der Veräußerung eines Grundstücksteiles aufgehoben, ist die Schließung der Wohnungsgrundbücher entbehrlich.[16]

2. Rechtsfolgen der Schließung

Mit Aufhebung des Sondereigentums und Schließung der Grundbücher entsteht **Bruchteilsgemeinschaft** gemäß §§ 741 ff., §§ 1008 ff. BGB in den Fällen des § 9 Abs. 1 Nr. 1 und Nr. 2. Für den Eigentümer, in dessen Person sich sämtliche Wohnungseigentumsrechte vereinigten (§ 9 Abs. 1 Nr. 3), entsteht Alleineigentum. Das frühere Wohnungseigentum ist nun nicht mehr sonderrechtsfähig; es ist wieder Bestandteil des Grundstücks, §§ 93 ff. BGB. Der Inhalt der Gemeinschaftsordnung wird nicht zu Benutzungsregelungen gemäß §§ 745, 1010 Abs. 1 BGB; auch Sondernutzungsrechte erlöschen.[17] Die Grundpfandrechte werden mit Zustimmung der Gläubiger Einheitsgrundpfandrechte.[18] Einheitsgrundpfandrechte werden gleichrangig zusammengefasst; es handelt sich um eine Inhaltsänderung gemäß § 877 BGB[19]. Belas-

---

11 OLG Frankfurt/Main v. 16.1.1990 – 2 W 501/89, OLGZ 1990, 253/256 = NJW-RR 1990, 1042.
12 OLG München v. 27.7.2010 – 34 Wx 70/10 = Rpfleger 2011, 77: und zwar auch für solche Grundpfandrechte, die an einem Miteigentumsanteil nach Bruchteilen bestehen können, da durch den Inhalt des Belastungsgegenstands verändert, OLG Düsseldorf v. 18.6.1969 – 3 W 33/69, OLGZ 1970, 72.
13 Auch eine Berichtigung in den Wohnungs-Teileigentumsgrundbuchblättern kommt nicht mehr in Betracht, da das Grundbuchblatt seine bisherige materiell-rechtliche Bedeutung verloren hat: KG Berlin v. 15.11.2011 – 1 W 464/10.
14 *Niedenführ/Kümmel/Vandenhouten*, § 9 Rn. 15.
15 Durch Art. 4 Abs. 6 des Gesetzes zur Einführung des Datenbankgrundbuches (DaBGB) v. 1.10.2013 (BGBl I S. 3719).
16 BayObLG v. 13.3.1974 – BReg. 2 Z 12/74, BayObLGZ 1974, 118.
17 *Staudinger-Rapp*, § 9 Rn. 12; *Armbrüster*, in: Bärmann, § 9 Rn. 38.
18 OLG Schleswig v. 25.10.1990 – 2 W 20/90, NJW-RR 1991, 848.
19 OLG München v. 27.7.2010 – 34 Wx 70/10, Rpfleger 2011, 77.

tungen des Wohnungseigentums, die ihrer Art nach in einem gewöhnlichen Miteigentumsanteil nicht bestehen können, gehen unter[20], z.B.: Verpflichtung, Fenster geschlossen zu halten[21], ebenso ein Wettbewerbsverbot oder ein dingliches Wohnungsrecht. Im Übrigen ist auf § 5 der WGV einschließlich Anlagen 3–8 der Grundbuchverfügung zu verweisen.

---

20 *Demharter,* GBO, Anhang zu § 3 Rn. 102.
21 BGH v. 19.5.1989 – V ZR 182/87, BGHZ 107, 209.

2. Abschnitt
Gemeinschaft der Wohnungseigentümer

§ 10
Allgemeine Grundsätze

(1) Inhaber der Rechte und Pflichten nach den Vorschriften dieses Gesetzes, insbesondere des Sondereigentums und des gemeinschaftlichen Eigentums, sind die Wohnungseigentümer, soweit nicht etwas anderes ausdrücklich bestimmt ist.

(2) Das Verhältnis der Wohnungseigentümer untereinander bestimmt sich nach den Vorschriften dieses Gesetzes und, soweit dieses Gesetz keine besonderen Bestimmungen enthält, nach den Vorschriften des Bürgerlichen Gesetzbuchs über die Gemeinschaft. Die Wohnungseigentümer können von den Vorschriften dieses Gesetzes abweichende Vereinbarungen treffen, soweit nicht etwas anderes ausdrücklich bestimmt ist. Jeder Wohnungseigentümer kann eine vom Gesetz abweichende Vereinbarung oder die Anpassung einer Vereinbarung verlangen, soweit ein Festhalten an der geltenden Regelung aus schwerwiegenden Gründen unter Berücksichtigung aller Umstände des Einzelfalles, insbesondere der Rechte und Interessen der anderen Wohnungseigentümer, unbillig erscheint.

(3) Vereinbarungen, durch die die Wohnungseigentümer ihr Verhältnis untereinander in Ergänzung oder Abweichung von Vorschriften dieses Gesetzes regeln, sowie die Abänderung oder Aufhebung solcher Vereinbarungen wirken gegen den Sondernachfolger eines Wohnungseigentümers nur, wenn sie als Inhalt des Sondereigentums im Grundbuch eingetragen sind.

(4) Beschlüsse der Wohnungseigentümer gemäß § 23 und gerichtliche Entscheidungen in einem Rechtsstreit gemäß § 43 bedürfen zu ihrer Wirksamkeit gegen den Sondernachfolger eines Wohnungseigentümers nicht der Eintragung in das Grundbuch. Dies gilt auch für die gemäß § 23 Abs. 1 aufgrund einer Vereinbarung gefassten Beschlüsse, die vom Gesetz abweichen oder eine Vereinbarung ändern.

(5) Rechtshandlungen in Angelegenheiten, über die nach diesem Gesetz oder nach einer Vereinbarung der Wohnungseigentümer durch Stimmenmehrheit beschlossen werden kann, wirken, wenn sie auf Grund eines mit solcher Mehrheit gefassten Beschlusses vorgenommen werden, auch für und gegen die Wohnungseigentümer, die gegen den Beschluss gestimmt oder an der Beschlussfassung nicht mitgewirkt haben.

(6) Die Gemeinschaft der Wohnungseigentümer kann im Rahmen der gesamten Verwaltung des gemeinschaftlichen Eigentums gegenüber Dritten und Wohnungseigentümern selbst Rechte erwerben und Pflichten eingehen. Sie ist Inhaberin der als Gemeinschaft gesetzlich begründeten und rechtsgeschäftlich erworbenen Rechte und Pflichten. Sie übt die gemeinschaftsbezogenen Rechte der Wohnungseigentümer aus und nimmt die gemeinschaftsbezogenen Pflichten der Wohnungseigentümer wahr, ebenso sonstige Rechte und Pflichten der Wohnungseigentümer, soweit diese gemeinschaftlich geltend gemacht werden können oder zu erfüllen sind. Die

WEG § 10 Gemeinschaft der Wohnungseigentümer

Gemeinschaft muss die Bezeichnung „Wohnungseigentümergemeinschaft" gefolgt von der bestimmten Angabe des gemeinschaftlichen Grundstücks führen. Sie kann vor Gericht klagen und verklagt werden.

(7) Das Verwaltungsvermögen gehört der Gemeinschaft der Wohnungseigentümer. Es besteht aus den im Rahmen der gesamten Verwaltung des gemeinschaftlichen Eigentums gesetzlich begründeten und rechtsgeschäftlich erworbenen Sachen und Rechten sowie den entstandenen Verbindlichkeiten. Zu dem Verwaltungsvermögen gehören insbesondere die Ansprüche und Befugnisse aus Rechtsverhältnissen mit Dritten und mit Wohnungseigentümern sowie die eingenommenen Gelder. Vereinigen sich sämtliche Wohnungseigentumsrechte in einer Person, geht das Verwaltungsvermögen auf den Eigentümer des Grundstücks über.

(8) Jeder Wohnungseigentümer haftet einem Gläubiger nach dem Verhältnis seines Miteigentumsanteils (§ 16 Abs. 1 Satz 2) für Verbindlichkeiten der Gemeinschaft der Wohnungseigentümer, die während seiner Zugehörigkeit zur Gemeinschaft entstanden oder während dieses Zeitraums fällig geworden sind; für die Haftung nach Veräußerung des Wohnungseigentums ist § 160 des Handelsgesetzbuches entsprechend anzuwenden. Er kann gegenüber einem Gläubiger neben den in seiner Person begründeten auch die der Gemeinschaft zustehenden Einwendungen und Einreden geltend machen, nicht aber seine Einwendungen und Einreden gegenüber der Gemeinschaft. Für die Einrede der Anfechtbarkeit und Aufrechenbarkeit ist § 770 des Bürgerlichen Gesetzbuches entsprechend anzuwenden. Die Haftung eines Wohnungseigentümers gegenüber der Gemeinschaft wegen nicht ordnungsmäßiger Verwaltung bestimmt sich nach Satz 1.

Inhalt:

	Rn.
I. Allgemeines	1
II. **Absatz 1: Rechtsstellung der Wohnungseigentümer**	2
1. Intention des Gesetzgebers	2
2. Wohnungseigentümer	3
3. Inhaber der Rechte und Pflichten, soweit nichts anderes bestimmt ist	4
III. **Absatz 2: Verhältnis der Wohnungseigentümer untereinander**	5
1. Überblick	5
2. Regelung des Verhältnisses der Wohnungseigentümer untereinander (Satz 1 und Satz 2)	6
a) Verhältnis	6
b) Regelungen durch das Wohnungseigentumsgesetz	7
c) Regelungen des BGB über die Gemeinschaft	8
d) Vereinbarungen	9
aa) Begriff und Zustandekommen	9
bb) Bindungswirkung ohne Grundbucheintrag	11
cc) Vom Gesetz abweichender Inhalt	12
dd) Änderung	15
3. Anspruch auf Abschluss oder Änderung einer Vereinbarung (Satz 3)	18
a) Rechtslage bis zur WEG-Novelle	18
b) Festhalten an bestehender Regelung aus schwerwiegenden Gründen unbillig	19
c) Wohnungseigentümer kann verlangen	22

d) Abschluss einer vom Gesetz abweichenden Vereinbarung oder Anpassung einer Vereinbarung	23
e) Klagemöglichkeit nach § 43 Nr. 1	24
IV. **Absatz 3:** Wirkung der im Grundbuch eingetragenen Vereinbarungen	27
1. Allgemeines	27
2. Eintragung im Grundbuch als Inhalt des Sondereigentums	28
3. Bindung des Sondernachfolgers	29
4. Gutglaubensschutz des Sondernachfolgers	30
V. **Absatz 4:** Wirkung von Beschlüssen und Gerichtsentscheidungen gegen Sondernachfolger	31
1. Überblick	31
2. Beschlüsse...........	32
a) Beschlüsse aufgrund gesetzlicher Beschlusskompetenz	32
b) Gesetzes- und vereinbarungsändernde Beschlüsse aufgrund Öffnungsklausel	33
3. Gerichtliche Entscheidungen	34
VI. **Absatz 5:** Außenwirkung von auf Mehrheitsbeschlüssen beruhenden Rechtshandlungen	35
VII. **Absatz 6:** Rechte und Pflichten der (teil-)rechtsfähigen Gemeinschaft	36
1. Überblick	36
2. Satz 1: (Teil-) Rechtsfähigkeit der Gemeinschaft	37
a) Gemeinschaft der Wohnungseigentümer ..	37
b) Selbst Rechte erwerben und Pflichten eingehen .	38
c) Gegenüber Dritten und Wohnungseigentümern .	39
d) Im Rahmen der gesamten Verwaltung des gemeinschaftlichen Eigentums .	40
3. Satz 2: Gemeinschaft als Inhaber von Rechten und Pflichten	42
4. Satz 3: Ausübung von Rechten und Pflichten der einzelnen Wohnungseigentümer..........	43
a) Gemeinschaftsbezogene Rechte und Pflichten der Wohnungseigentümer (Halbsatz 1)	43
b) Sonstige Rechte, soweit sie ... (Hs. 2)	44
c) Ausübung der Rechte durch die Gemeinschaft	45
5. Satz 4: Bezeichnung der Gemeinschaft.........	46
6. Satz 5: Parteifähigkeit im Gerichtsverfahren	47
VIII. **Absatz 7:** Verwaltungsvermögen..................	48
1. Satz 1: Träger des Verwaltungsvermögens ...	48
2. Sätze 2 und 3: Gegenstand des Verwaltungsvermögens	49
a) Im Rahmen der gesamten Verwaltung des gemeinschaftlichen Eigentums .	49
b) Sachen, Rechte, Ansprüche, Befugnisse, eingenommene Gelder......	50
c) Gesetzlich begründet . .	52
d) Rechtsgeschäftlich erworben, insbesondere aus Rechtsgeschäften mit Dritten und Wohnungseigentümern	53
e) Verbindlichkeiten entstanden.............	54
f) Beispiele.............	55
3. Satz 4: Übergang des Verwaltungsvermögens bei nur mehr einem Wohnungseigentümer..	56
IX. **Absatz 8:** Außenhaftung der Wohnungseigentümer .	57
1. Anlass der Neuregelung	57
2. Satz 1: Begrenzte unmittelbare Außenhaftung der Wohnungseigentümer für Verbindlichkeiten der rechtsfähigen Gemeinschaft.........	58

T. Spielbauer

a)	Verbindlichkeiten der Gemeinschaft............	58	
b)	Die während Zugehörigkeit zur Gemeinschaft entstanden oder fällig geworden sind.........	59	
c)	Haftungsbegrenzung des Veräußerers entsprechend § 160 HGB......	60	
d)	(Unmittelbare) Haftung der Wohnungseigentümer...............	61	
e)	Nach dem Verhältnis der Miteigentumsanteile	62	
3.	Sätze 2 und 3: Einwendungen und Einreden des Eigentümers.......	63	

a)	In seiner Person begründet.................	64	
b)	Der Gemeinschaft zustehend...............	65	
aa)	Allgemeines..........	65	
bb)	Einrede der Anfechtbarkeit und Aufrechenbarkeit.................	66	
c)	Keine Einwendungen aus dem Innenverhältnis	67	
4.	Satz 4: Haftung im Innenverhältnis............	68	
a)	Haftung gegenüber der Gemeinschaft.........	68	
b)	Rückgriff des Wohnungseigentümers..........	70	

I. Allgemeines

1 Durch die WEG-Novelle[1] ist § 10 in wesentlichen Bereichen verändert worden.

Ziel der Neuregelung war insbesondere, die vom BGH mit Beschluss vom 2.6.2005[2] anerkannte Teilrechtsfähigkeit der Wohnungseigentümergemeinschaft zu normieren und Folgefragen zu lösen, die mit dem Beschluss aufgeworfen wurden. So waren insbesondere die Stellung des Wohnungseigentümers als Einzelperson, seine Stellung als Teilhaber der Bruchteilsgemeinschaft der nicht rechtsfähigen Gesamtheit der Wohnungseigentümer und die Stellung der Gemeinschaft der Wohnungseigentümer als Rechtssubjekt („Gemeinschaft"; nachfolgend auch als „Verband" bezeichnet) voneinander abzugrenzen.[3] Hierzu wurden die **neuen Absätze** 1 (Rechtsstellung des Eigentümers), 6 (Rechtsfähigkeit der Gemeinschaft), 7 (Verwaltungsvermögen) und 8 (Haftung des Eigentümers) eingefügt. Die bisherigen Absätze 1 bis 4 wurden zu den Absätzen 2 bis 5 (neu). In Absatz 2 (Verhältnis der Eigentümer untereinander) wurde ein **weiterer Satz** angefügt, um Änderungen von bestehenden Vereinbarungen zu erleichtern. Absatz 3 (Vereinbarungswirkung gegenüber Sondernachfolger) wurde inhaltlich nicht geändert. Absatz 4 (Beschlusswirkung gegenüber Sondernachfolger) wurde lediglich redaktionell angepasst. Absatz 5 (Beschlusswirkung im Außenverhältnis) blieb inhaltlich unverändert.

II. Absatz 1: Rechtsstellung der Wohnungseigentümer

1. Intention des Gesetzgebers

2 Nach dem Willen des Gesetzgebers soll mit dem 1. Hs. verdeutlicht werden, dass den Wohnungseigentümern als **Einzelperson** oder in ihrer Gesamtheit

---

1 Gesetz zur Änderung des Wohnungseigentumsgesetzes und anderer Gesetze v. 26.3.2007, BGBl. I 2007, S. 370.
2 BGH v. 2.5.2005 – V ZB 32/05, NJW 2005, 2061.
3 BT-Drucks. 16/887, S. 60.

als nicht rechtsfähige **Bruchteilsgemeinschaft** die maßgebliche Stellung im Wohnungseigentumsrecht zukommt.[4] Die Gemeinschaft als Rechtssubjekt (der **Verband**) soll dagegen (nur) das Gemeinschaftseigentum (Verwaltungsvermögen[5]) verwalten.

2. Wohnungseigentümer

Wie auch aus § 1 Abs. 6 zu ersehen ist, gelten für das Teileigentum[6] die Vorschriften über das Wohnungseigentum entsprechend, so dass auch **Teileigentümer** als Wohnungseigentümer i.S.d. § 10 anzusehen sind. Wohnungseigentümer ist dabei nur, wer nach **materiellem Recht** (§§ 873, 925 BGB) das Wohnungs- oder Teileigentum wirksam erworben hat. Dies ist in der Regel derjenige, der zu Recht im **Wohnungsgrundbuch** eingetragen ist.[7] Daher ist auch der Käufer (Erwerber als so genannter **Zweiterwerber**)[8], dem zwar schon im Kaufvertrag alle Rechte und Pflichten eingeräumt wurden und der auch die Wohnung nach Eintragung einer Auflassungsvormerkung im Grundbuch schon in Besitz genommen hat, kein Wohnungseigentümer i.S.d. Abs. 1. Vielmehr ist der Veräußerer einer Eigentumswohnung bis zur Eigentumsumschreibung im Grundbuch weiterhin rechtlich Mitglied der Wohnungseigentümergemeinschaft.[9] Etwas anderes gilt allerdings in einer so genannten **„werdenden"** oder „faktischen" **Wohnungseigentümergemeinschaft** (siehe dazu auch § 8 Rn. 13). Dort wird der **(Erst-)Erwerber** behandelt wie ein Eigentümer, wenn ein wirksamer, auf die Übereignung von Wohnungseigentum gerichteter **Erwerbsvertrag** vorliegt, der Übereignungsanspruch durch eine **Auflassungsvormerkung** gesichert ist und der **Besitz** an der Wohnung durch **Übergabe** auf den Erwerber übergegangen ist.[10] Ein werdender Wohnungseigentümer bleibt auch dann Mitglied des Verbands, wenn er die Einheit unter Abtretung des vorgemerkten Übereignungsanspruchs und Besitzübertragung veräußert; der Erwerber ist nicht als werdender Wohnungseigentümer anzusehen.[11]

3

Kein Wohnungseigentümer im Sinne des Gesetzes ist auch der bloße **Bucheigentümer**, der zwar im Grundbuch eingetragen ist, der aber beispielsweise aufgrund einer fehlenden oder wirksam angefochtenen dinglichen Einigung nicht Eigentümer wurde.[12] Ein Wohnungseigentümer bleibt aber Eigentümer

---

4 BT-Drucks. 16/887, S. 60.
5 Siehe dazu genauer unten Rn. 41, 42 und 48ff.
6 Siehe dazu § 1 Rn. 8.
7 OLG Brandenburg v. 9.1.2006 – 13 Wx 17/05, ZWE 2006, 447; BFH v. 27.8.2003 – II R 27/01, BFHReport 2003, 379.
8 Zum so genannten „Ersterwerber" im Zusammenhang mit einer werdenden Wohnungseientümergemeinschaft siehe § 8 Rn. 13.
9 BGH v. 1.12.1988 – V ZB 6/88, NJW 1989, 1087; BGH v. 5.6.2008 – V ZB 85/07, ZWE 2008, 378 (anders nur für den dort entschiedenen Fall der werdenden Wohnungseigentümergemeinschaft); so auch zum Zwangsvollstreckungsrecht: BGH v. 23.9.2009 – V ZB 19/09, ZWE 2010, 215.
10 BGH v. 11.12.2015 – V ZR 80/15, ZWE 2016, 169.
11 BGH v. 24.7.2015 – V ZR 275/14, ZWE 2015, 406 (unter Aufgabe von BGH v. 14.6.1965 – VII ZR 160/63).
12 BGH v. 6.10.1994 – V ZB 2/94, NJW 1994, 3352; OLG Stuttgart v. 13.7.2005 – 8 W 170/05, ZMR 2005, 983 (jeweils ergangen zu Wohngeldforderungen).

und damit auch Mitglied der Wohnungseigentümergemeinschaft, wenn der Kaufvertrag über den Erwerb seines Wohneigentums wegen sittenwidriger Überhöhung des Kaufpreises nichtig ist und wegen arglistiger Täuschung angefochten wurde. Denn hiervon wird das **dingliche Erfüllungsgeschäft**, welches die Eigentümerstellung begründet, nicht erfasst.[13] Wurde das Eigentum wirksam außerhalb des Grundbuches erworben, etwa im Wege der Gesamtrechtsnachfolge gemäß § 1922 BGB im **Erbfall** durch den Erben[14] oder durch Zuschlag bei einer **Zwangsversteigerung** gemäß § 90 Abs. 1 ZVG durch den Ersteigerer,[15] ist Wohnungseigentümer ebenfalls nicht der im Grundbuch Eingetragene, sondern der wahre Berechtigte. Steht das Wohnungseigentum mehreren Eigentümern gemeinschaftlich zu, ist jeder Miteigentümer als Wohnungseigentümer anzusehen. So ist etwa bei einer ungeteilten **Erbengemeinschaft** jeder Miterbe,[16] bei einer **Bruchteilsgemeinschaft** jeder Bruchteilseigentümer[17] und bei einer **Gütergemeinschaft** jeder Ehegatte[18] Wohnungseigentümer.

Bis zur Entscheidung des BGH zur Rechtsfähigkeit im Außenverhältnis galt dies auch für die **Gesellschaft bürgerlichen Rechts**.[19] Die Rechtsprechung des BGH kann jedoch nur dann Anwendung finden, wenn die Auslegung des Grundbuchs ergibt, dass tatsächlich die Gemeinschaft als solche Eigentümerin ist. Ist eine **Personenhandelsgesellschaft** (OHG, KG) im Grundbuch als Wohnungseigentümerin eingetragen, ist diese Wohnungseigentümerin, nicht dagegen der Gesellschafter.[20]

Nicht möglich ist es dagegen, eine einmal erworbene Stellung als Wohnungseigentümer durch einen bloßen **Verzicht** auf das Wohnungs- oder Teileigentum zu verlieren. Aufgrund der Wertungen des WEG kann kein Eigentümer außer durch Übertragung seines Eigentums einseitig aus der Eigentümergemeinschaft ausscheiden.[21]

Zum Sonderfall der Mitgliedschaft in einer so genannten „werdenden" oder „faktischen" **Wohnungseigentümergemeinschaft** siehe § 8 Rn. 13.

---

13 LG Frankfurt v. 12. 6. 2013 – 2-13 S 175/10, ZWE 2013, 451.
14 LG Dortmund v. 1. 7. 2008 – 9 T 267/08, MittBayNot 2009, 43; BayObLG v. 18. 3. 1993 – 2Z BR 5/93, WuM 1993, 487.
15 OLG Celle v. 5. 1. 2004 – 4 W 217/03, ZMR 2004, 525; BayObLG v. 4. 3. 2004 – 2Z BR 232/03, ZMR 2004, 524.
16 LG Dortmund v. 1. 7. 2008 – 9 T 267/08, MittBayNot 2009, 43; BayObLG v. 18. 3. 1993 – 2Z BR 5/93, WuM 1993, 487.
17 OLG Frankfurt/Main v. 20. 9. 2006 – 20 W 241/05, ZMR 2007, 291.
18 BayObLG v. 15. 10. 1992 – 2Z BR 75/92, WuM 1992, 709.
19 BGH v. 29. 1. 2001 – II ZR 331/00, NZM 2001, 299.
20 BayObLG v. 24. 11. 1988 – BReg 2 Z 114/88, Grundeigentum 1989, 361; LG Hamburg v. 27. 2. 2002 – 318 T 182/01, ZMR 2002, 870 (wo allerdings die Zuständigkeit für eine Wohngeldklage gegen einen Gesellschafter anders gesehen wird).
21 BGH v. 14. 6. 2007 – V ZB 18/07, ZMR 2007, 795 (auf Vorlage des OLG Düsseldorf v. 6. 2. 2007 – 3 Wx 5/07, NZM 2007, 219, das einen Verzicht als möglich angesehen hat, aber von Entscheidungen des BayObLG und anderer OLGs abweichen wollte).

3. Inhaber der Rechte und Pflichten, soweit nichts anderes bestimmt ist

Durch die Neuregelung ist nunmehr auch gesetzlich klar gestellt, dass grundsätzlich – von ausdrücklich bestimmten Ausnahmen abgesehen – **alle vom WEG vorgesehenen Rechte und Pflichten** die jeweiligen Wohnungseigentümer und nicht die Gemeinschaft als Verband betreffen. Dies betrifft zunächst alle schuldrechtlichen Beziehungen.[22] So kann etwa bereits aus § 10 entnommen werden, dass § 14 den einzelnen Wohnungseigentümer verpflichtet und die Nutzungsrechte aus § 13 oder das Verwaltungsrecht aus § 20 dem einzelnen Wohnungseigentümer zustehen. Bei diesen Ansprüchen handelt es sich um **Individualansprüche** (siehe dazu auch § 15 Rn. 20, 24 und 31 ff.). Von der Frage, wer Rechtsinhaber ist, muss jedoch die Frage unterschieden werden, ob nur der Wohnungseigentümer oder aber aufgrund eines Mehrheitsbeschlusses auch die Gemeinschaft die Ansprüche **durchsetzen** kann. Auch insoweit wird auf die genannten Kommentierungen bei § 15 Bezug genommen.

4

Die Klarstellung erstreckt sich aber nach dem eindeutigen Wortlaut der Vorschrift auch auf die sachenrechtlichen Grundlagen. So wurden beispielhaft das **Sondereigentum**[23] und das **Gemeinschaftseigentum**[24] aufgeführt, um Missverständnissen dahingehend vorzubeugen, die Eigentumsrechte, die den Eigentümern zustehen, könnten Teil des Vermögens der rechtsfähigen Gemeinschaft sein.[25]

Ausdrücklich etwas **anderes bestimmt** ist in Abs. 6 und 7. Nach **Abs. 6** ist die rechtsfähige Gemeinschaft in den dort genannten Fällen Inhaber der Rechte und Pflichten.[26] Nach **Abs. 7** gehört das Verwaltungsvermögen der Gemeinschaft.[27]

III. Absatz 2: Verhältnis der Wohnungseigentümer untereinander

1. Überblick

Die Sätze 1 und 2 befassen sich mit den Regelungen, die das Verhältnis der Wohnungseigentümer zueinander bestimmen und mit der **Rangfolge** dieser Regelungen. Maßgeblich nach Satz 2 ist zunächst zwingendes Recht. Greift solches nicht ein, haben nach Satz 2 Vereinbarungen sodann den Vorrang. Soweit keine Vereinbarungen vorliegen, sind nach Satz 1 die (sonstigen, nicht zwingenden) Vorschriften des WEG heranzuziehen, wozu auch Beschlüsse nach § 21 Abs. 3[28] und gerichtliche Entscheidungen nach §§ 43 ff. gehören. Letztendlich sind die Vorschriften des BGB über die Gemeinschaft heranzuziehen.

5

---

22 Siehe dazu Rn. 9 ff.
23 Siehe dazu die Kommentierungen zu und § 5 Rn. 2 ff.
24 Siehe dazu § 1 Rn. 11 sowie § 5 Rn. 8 ff.
25 BT-Drucks. 16/887, S. 60.
26 Siehe Rn. 42.
27 Siehe Rn. 48.
28 Siehe dazu § 21 Rn. 20 ff.; zu bestandskräftigen vereinbarungswidrigen Beschlüssen siehe § 15 Rn. 16 und § 23 Rn. 33 ff.

Der neu eingefügte Satz 3 begründet unter den dort genannten Voraussetzungen einen Anspruch auf Abschluss oder Änderung einer Vereinbarung.

2. Regelung des Verhältnisses der Wohnungseigentümer untereinander (Satz 1 und Satz 2)

a) Verhältnis

6 Die Wohnungseigentümer sind in dem gesetzlichen Schuldverhältnis der **Bruchteilsgemeinschaft** miteinander verbunden.[29] Aus dieser schuldrechtlichen Sonderverbindung können **Treue- und Rücksichtnahmepflichten** i.S.d. § 241 Abs. 2 BGB entstehen.[30] Daneben ergeben sich Pflichten zur gegenseitigen Rücksichtnahme aus dem zwischen den Wohnungseigentümern bestehenden Schuldverhältnis. Der Inhalt der Pflichten ergibt sich insoweit insbesondere aus § 14 und § 242 BGB und kann daher nur unter Berücksichtigung der Umstände des Einzelfalls und der Interessenlage der Wohnungseigentümer bestimmt werden.

Zur Rangfolge der Regelungen siehe oben Rn. 5. Die nachfolgende Kommentierung hält sich an den Aufbau der Vorschrift.

b) Regelungen durch das Wohnungseigentumsgesetz

7 Nach Satz 1 bestimmt sich das Verhältnis nach den Vorschriften des WEG. Soweit im WEG **zwingendes Recht** enthalten ist, kann hiervon auch durch Vereinbarung nicht abgewichen werden. Ob im Einzelfall eine zwingende Regelung vorliegt, ist bei den jeweiligen Vorschriften kommentiert.[31] Zum zwingenden Recht gehören, obgleich der Wortlaut der Vorschrift dies nicht erwähnt, auch die zwingenden Vorschriften des BGB, da selbstverständlich etwa keine nach § 138 BGB sittenwidrigen oder gemäß § 134 BGB gegen ein gesetzliches Verbot verstoßenden Regelungen möglich sind. Ebenso zwingend ist auch der in § 242 BGB verankerte Grundsatz von Treu und Glauben oder die Begrenzung der einseitigen Leistungsbestimmung in § 315 BGB durch das billige Ermessen.[32] Die sonstigen Vorschriften des WEG, etwa §§ 10ff. über die Gemeinschaft oder §§ 20ff. über die Verwaltung, greifen nur dann ein, wenn keine vorrangigen Vereinbarung vorliegen.[33] Zur Regelung bindender (vereinbarungswidriger) Beschlüsse und gerichtlicher Entscheidungen siehe die Verweisungen oben in Fußnote 25.

Ergänzend wird zu Vereinbarungen, die gegen zwingendes Recht verstoßen, auf Rn. 13 Bezug genommen.

c) Regelungen des BGB über die Gemeinschaft

8 Soweit das WEG keine Regelungen enthält (und keine Vereinbarungen vorliegen[34]), greifen nach Satz 1 die Vorschriften des BGB über die **Gemein-**

---

29 OLG München v. 22.1.2010 – 34 Wx 125/09, NZM 2010, 247; OLG Frankfurt/Main v. 20.9.2006 – 20 W 241/05, ZMR 2007, 291.
30 BGH v. 10.11.2006 – V ZR 62/06, NJW 2007, 292.
31 Siehe etwa § 5 Rn. 16ff., § 6 Rn. 1, § 18 Rn. 15.
32 BGH v. 24.2.1994 – V ZB 43/93, ZMR 1994, 271.
33 Siehe dazu oben Rn. 5 und unten Rn. 9ff.
34 Siehe zur Rangfolge oben Rn. 5.

schaft ein. Damit sind subsidiär[35] die Vorschriften der §§ 741 ff. BGB und, da eine Bruchteilsgemeinschaft vorliegt, der §§ 1008 ff. BGB heranzuziehen. Meist findet sich jedoch hinsichtlich der §§ 741 ff. BGB eine spezielle oder inhaltsgleiche Regelung im WEG, so dass ein Rückgriff auf diese Vorschriften des BGB hier nur ausnahmsweise notwendig wird.[36]

d) Vereinbarungen

aa) Begriff und Zustandekommen

Vereinbarungen sind mehrseitige schuldrechtliche **Verträge**.[37] Sie kommen zu Stande, wenn alle Wohnungseigentümer daran mitgewirkt und übereinstimmende Willenserklärungen abgegeben haben. Auf diese Willenserklärungen sind die allgemeinen Vorschriften des BGB, also etwa die §§ 116 ff. BGB anzuwenden. Eine bestimmte Form (§§ 126 ff. BGB) ist für die Willenserklärungen nicht vorgeschrieben, so dass sie formfrei abgegeben werden können.[38] Vereinbarungen können auch **konkludent** zustande kommen.[39] Jedoch sind an das wirksame Zustandekommen einer Änderung der Gemeinschaftsordnung durch konkludentes oder stillschweigendes Verhalten **besondere Anforderungen** zu stellen. Es genügt insoweit nicht jede allseitige Übereinkunft der Wohnungseigentümer. Den Wohnungseigentümern muss vielmehr **bewusst** sein, dass sie durch ihr Verhalten eine dauerhafte Regelung schaffen, die auch für die Zukunft gilt und die grundsätzlich nicht mehr abänderbar ist.[40] Der BGH hat in einer neueren Entscheidung darauf hingewiesen, dass bei einer stillschweigenden Willenskundgabe die Eigentümer in der Regel über den **Gegenstand** der Vereinbarung **beraten** und die **Rechtsfolgen** für die Zukunft **erörtert** haben müssen.[41] Die Wirkung derartiger formlos geschlossener Vereinbarungen beschränkt sich aber auf die vertragsschließenden Personen, so dass **Rechtsnachfolger** grundsätzlich nicht gebunden sind (siehe dazu Rn. 11). Formlose Vereinbarungen bergen alleine schon deshalb erhebliche Gefahren, weil im Streitfall regelmäßig Beweisschwierigkeiten auftreten.

Die (rein) **schuldrechtlichen Vereinbarungen** sind nach §§ 133, 157 BGB nach den allgemeinen Auslegungsgrundsätzen für empfangsbedürftige Willenserklärungen und Verträge auszulegen. Bei der **Auslegung** sind daher der Wortlaut der Vereinbarung, die Begleitumstände und die Interessenlage zu berücksichtigen. Verträge sind zudem nach Treu und Glauben unter Berücksichtigung der Verkehrssitte auszulegen.[42] Auch eine ergänzende Ver-

---

35 Ebenso: *Riecke/Schmid-Elzer*, § 10 Rn. 48.
36 Ebenso: *Bärmann-Suilmann*, § 10 Rn. 55 ff.
37 BayObLG v. 13.6.2002 – 2Z BR 1/02, NZM 2002, 747.
38 OLG Frankfurt/Main v. 1.2.2006 – 20 W 291/03, ZWE 2006, 392; BayObLG v. 13.6. 2002 – 2Z BR 1/02, NZM 2002, 747.
39 LG Dortmund v. 19.11.2013 – 1 S 296/12, ZWE 2014, 127; BayObLG v. 2.2.2005 – 2Z BR 222/04, FGPrax 2005, 106.
40 OLG Hamburg v. 28.11.2005 – 2 Wx 112/04, ZMR 2006, 298.
41 BGH v. 10.7.2015 – V ZR 169/14, ZWE 2015, 402.
42 Vergleiche: *Palandt-Ellenberger*, BGB, § 133 Rn. 14 ff.

tragsauslegung ist danach grundsätzlich möglich.[43] Eine ergänzende Auslegung kommt selbst bei einer im Grundbuch eingetragenen Vereinbarung in Betracht.[44]

Zur Auslegung der im **Grundbuch** eingetragenen Vereinbarungen siehe unten **Rn. 29.**

Im Wege der Auslegung ist auch zu ermitteln, ob bei einstimmig (allstimmig) getroffenen Regelungen eine Vereinbarung oder ein Beschluss vorliegt. Auf die **Bezeichnung** oder die äußere Form kommt es bei der Feststellung, ob ein **einstimmiger Beschluss** oder eine **Vereinbarung** vorliegt, nicht an.[45] Maßgeblich für die Bewertung ist dabei vielmehr der Inhalt der Regelung, wobei es nicht entscheidend auf den Wortlaut ankommt.[46] Ein Beschluss im technischen Sinn ist nur dann anzunehmen, wenn ein Gegenstand geregelt wird, der einem Mehrheitsbeschluss zugänglich ist.[47] Eine Vereinbarung ist dann anzunehmen, wenn eine Regelung des betreffenden Gegenstandes durch Mehrheitsbeschluss gegen den Willen des betroffenen Wohnungseigentümers nicht möglich wäre.[48] Nach der überwiegenden Meinung in Literatur und Rechtsprechung ist allein auf den **Regelungsinhalt** abzustellen, so dass eine Beschlussfassung dann vorliegt, wenn der Regelungsgegenstand die laufende Verwaltung betrifft, dagegen eine Vereinbarung, wenn die Wohnungseigentümer das Grundverhältnis der Gemeinschaft abweichend von den gesetzlichen Vorschriften oder in Ergänzung der Gemeinschaftsordnung regeln wollen.[49] Der BGH hat bei einem allstimmig gefassten Beschluss nicht eine Auslegung vorgenommen sondern eine **Umdeutung** gemäß § 140 BGB angesprochen. Dabei hat er ausdrücklich offengelassen, ob ein allstimmiger Beschluss überhaupt in eine Vereinbarung umgedeutet werden kann, da im konkreten Fall kein entsprechender mutmaßlicher Wille der Wohnungseigentümer feststellbar war.[50] Gegen eine Umdeutung spricht sich das OLG Köln aus, da Beschlüsse auf gleichgerichteten Willenserklärungen beruhen, während Vereinbarungen gegenseitige, also korrespondierende Verpflichtungen zum Gegenstand haben.[51]

10 Neben den nachträglich (nach Begründung des Wohnungseigentums) zu Stande gekommenen Vereinbarungen haben in der Praxis erhebliche Bedeutung die Regelungen, die in den Teilungserklärungen/Gemeinschaftsordnungen enthalten sind. Dabei bildet die **Gemeinschaftsordnung** als die Gesamtheit der (zunächst) bestehenden Vereinbarungen die **„Satzung"** der

---

43 Siehe dazu: *Palandt-Ellenberger,* BGB, BGB § 157 Rn. 2 ff.; nach BT-Drucks. 16/887, S. 19, wollte der Gesetzgeber durch die Einführung von Abs. 2 Satz 3 nicht die Möglichkeit nehmen, eine ergänzende Auslegung vorzunehmen.
44 BGH v. 7.10.2004 – V ZB 22/04, ZWE 2005, 72; siehe dazu auch unten Rn. 29.
45 LG Karlsruhe v. 26.3.2010 – 11 S 140/09, ZMR 2010, 640.
46 OLG Hamburg v. 26.8.1999 – 10 U 41/98, WE 2000, 246; OLG Zweibrücken v. 11.6.2001 – 3 W 218/00, ZMR 2001, 734.
47 BayObLG v. 23.5.1990 – BReg 2 Z 46/90, NJW-RR 1990, 1102.
48 BayObLG v. 2.8.1989 – BReg 2 Z 39/89, WuM 1989, 528.
49 LG München I v. 23.1.2014 – 36 S 5934/13, ZWE 2015, 128.
50 BGH v. 20.6.2002 – V ZB 39/01, NZM 2002, 788.
51 OLG Köln v. 27.9.1991 – 16 Wx 60/91, NJW-RR 1992, 598.

Wohnungseigentümer, die nach § 10 Abs. 2 Satz 2 die Rechte und Pflichten der Mitglieder inhaltlich gestalten kann. Dies geht über die bloße Gemeinschaft nach § 741 ff. BGB hinaus und nähert die Wohnungseigentümergemeinschaft dem Verein an.[52] Die Wohnungseigentümer können ihre Verhältnisse untereinander durch Vereinbarung grundsätzlich frei gestalten.[53] Auch in der **Teilungserklärung** nach § 8[54] oder der Teilungsvereinbarung nach § 3[55], die an sich (nur) die sachenrechtlichen Regelungen enthalten[56], sind üblicherweise in Verbindung mit dem Aufteilungsplan Regelungen zur zulässigen Nutzung von einzelnen Räumen oder der gesamten Anlage enthalten, die eine **Zweckbestimmung mit Vereinbarungscharakter** darstellen.[57] Die Teilungserklärung enthält dann nicht nur die eigentumsmäßige Aufteilung, sondern legt auch zugleich die zukünftige Gemeinschaftsordnung als Grundlage für die Verhältnisse der Wohnungseigentümer untereinander fest.[58] In der Praxis werden häufig die Regelungen der Teilungserklärung und der Gemeinschaftsordnung in einer Urkunde zusammengefasst, wobei eine strenge Trennung der einzelnen Teile nicht immer erfolgt.[59]

Zur Auslegung und zur Bindungswirkung für Rechtsnachfolger siehe unten Rn. 29.

Wie schon erwähnt, sind wegen §§ 8 Abs. 2 Satz 1, 5 Abs. 4 auch **Teilungserklärungen**[60] den Vereinbarungen i.S.d. § 10 Abs. 2 gleichgestellt, obgleich nur der teilende Alleineigentümer die Teilungserklärung errichtet hat und damit streng genommen kein Vertrag vorliegt.[61] Zulässig ist es, dass in der Teilungserklärung des Alleineigentümers auch die Bestimmungen der künftigen Gemeinschaftsordnung aufgenommen und damit einseitig die Grundlagen für die Verhältnisse der Wohnungseigentümer untereinander festgelegt werden.[62]

Zu beachten ist jedoch, dass die Bereiche der Teilungserklärungen (oder Teilungsvereinbarungen), die sich auf die **dingliche Grundstruktur** und die **sachenrechtliche Zuordnung** von Flächen, Gebäudeteilen und Räumen beziehen, nicht die schuldrechtlichen Beziehungen der Eigentümer zueinander regeln und daher **nicht** zu den **Vereinbarungen** i.S.d. § 10 gehören (siehe auch unten Rn. 17 und § 13 Rn. 34).[63] Daher kann beispielsweise die **Umwandlung** von **Gemeinschafts- in Sondereigentum** (und umgekehrt)

---

52 BGH v. 2.6.2005, V ZB 32/05, ZMR 2005, 547 (= NJW 2005, 2061).
53 BGH v. 24.2.1994 – V ZB 43/93, ZMR 1994, 271.
54 Siehe dazu auch § 8 Rn. 2 ff.
55 Siehe dazu auch § 3 Rn. 4 f.
56 *Riecke/Schmid-Abramenko*, § 15 Rn. 5.
57 OLG Hamm v. 13.2.2006 – 15 W 163/05, NZM 2007, 294; zur Zweckbestimmungen mit Vereinbarungscharakter siehe auch § 13 Rn. 17 und § 15 Rn. 5; § 14 Rn. 17 ff.
58 BGH v. 24.2.1994 – V ZB 43/93, ZMR 1994, 271.
59 *Schreiber-Ruge/Röll*, S. 928, Rn. 17 und S. 963, Rn. 100.
60 Siehe dazu auch § 8 Rn. 2 ff.
61 *Niedenführ/Kümmel/Vandenhouten-Kümmel*, § 10 Rn. 20.
62 BGH v. 24.2.1994 – V ZB 43/93, ZMR 1994, 271.
63 BGH v. 11.5.2012 – V ZR 189/11, ZWE 2012, 361.

T. Spielbauer

nicht Gegenstand einer Vereinbarung i.S.d. § 10 sein.[64] In diesen Fällen muss etwa durch einen **Nachtrag** zur **Teilungserklärung** der Gründungsakt geändert werden, worauf nach § 242 BGB ein Anspruch bestehen kann.[65]

Keine Änderung der dinglichen Grundstruktur und der sachenrechtlichen Zuordnung stellt aber die Einräumung eines **Sondernutzungsrechts** dar (siehe auch unten Rn. 17). Ein Sondernutzungsrecht kann daher durch Vereinbarung begründet werden.[66]

Zur **Auslegung** der ins Grundbuch eingetragenen Teilungserklärung/Teilungsvereinbarung/Gemeinschaftsordnung siehe unten Rn. 29.

In der gerichtlichen Praxis wurden auch in der Vergangenheit im Verfahren der freiwilligen Gerichtsbarkeit Rechtsstreitigkeiten im Hinblick auf Teilungserklärungen/Gemeinschaftsordnungen teilweise durch einen Prozessvergleich beendet. **Prozessvergleiche** haben nach allgemeiner Meinung eine so genannte Doppelnatur, beinhalten also sowohl eine Prozesshandlung, die zur Beendigung des gerichtlichen Verfahrens führt, als auch ein materielles Rechtsgeschäft.[67] Wenn an dem Verfahren alle Wohnungseigentümer beteiligt waren, wie etwa bei Beschlussanfechtungen, beinhaltet der abgeschlossene Vergleich eine Vereinbarung i.S.d. § 10 Abs. 2 Satz 2[68], falls er eine Regelung des Verhältnisses der Wohnungseigentümer abweichend von den gesetzlichen Vorschriften enthält.[69]

Zur Bindungswirkung eines Prozessvergleichs siehe Rn. 11 und Rn. 34.

Zum Prozessvergleich siehe allgemein vor § 43 Rn. 18.

bb) Bindungswirkung ohne Grundbucheintragung

11 Als schuldrechtliche Rechtsgeschäfte binden Vereinbarungen, zu denen nach Rn. 10 auch Prozessvergleiche zu zählen sind, grundsätzlich nur die an der Vereinbarung beteiligten Personen, so dass etwa bei der Veräußerung einer Wohnungseigentumseinheit der Sondernachfolger nicht an sie gebunden ist.[70] **Sondernachfolger** ist jeder, der das Eigentum rechtsgeschäftlich und nicht im Wege der Gesamtrechtsnachfolge (etwa als Erbe) erwirbt.[71]

Eine nicht eingetragene Vereinbarung wirkt grundsätzlich **für** den Sondernachfolger des begünstigten Wohnungseigentümers, da dieser sich auf die für ihn günstige Vereinbarung auch ohne Eintragung ins Grundbuch beru-

---

64 BayObLG v. 5.1.2000 – 2Z BR 163/99, NZM 2000, 668; OLG Saarbrücken v. 28.9.2004 – 5 W 173/04, NZM 2005, 423.
65 BGH v. 5.12.2003 – V ZR 447/01, NZM 2004, 103.
66 Siehe zum Sondernutzungsrecht § 13 Rn. 27ff.
67 OLG Frankfurt/Main v. 30.9.2008 – 20 W 398/05 (zitiert nach juris).
68 OLG Köln v. 12.2.2003 – 16 Wx 204/02, ZMR 2004, 59; BayObLG v. 29.1.1990 – 1 b Z 4/89, NJW-RR 1990, 594.
69 Siehe dazu unten Rn. 12ff.
70 BGH v. 10.7.2015 – V ZR 169/14, ZWE 2015, 402; a.A. noch OLG Zweibrücken v. 11.6.2001 – 3 W 218/00, ZMR 2001, 734 (Bindung auch des Sonderrechtsnachfolgers an den Vergleich, da Nachfolger keine weiteren Rechte erwerben kann als Veräußerer).
71 So auch: *Staudinger-Kreuzer*, § 10 WEG Rn. 15.

fen kann.[72] **Gegen** den Sondernachfolger eines ausgeschlossenen oder sonst in seinen Rechten beschränkten Wohnungseigentümers wirkt die nicht eingetragene Vereinbarung nur durch entsprechende Schuldübernahme.[73] Ist demnach ein Sondernachfolger an ein seinen Mitgebrauch beeinträchtigendes nur schuldrechtlich begründetes **Sondernutzungsrecht**[74] nicht gebunden, so erlischt das Sondernutzungsrecht.[75]

Eine die Gemeinschaftsordnung ändernde **Vereinbarung** der Wohnungseigentümer, die eine nur für alle Wohnungseigentümer einheitlich zu beurteilende Regelung zum Gegenstand hat, wird bei fehlender Bindung eines Sondernachfolgers **hinfällig**. In diesem Fall erlangt die sich aus dem Gesetz oder der Gemeinschaftsordnung ergebende Regelung wieder Wirksamkeit.[76]

§ 10 Abs. 2 kann nicht in der Weise durch eine (im Grundbuch eingetragene) Vereinbarung abbedungen werden, dass jegliche schuldrechtliche Vereinbarung auch ohne Eintragung im Grundbuch gegenüber einem Sondernachfolger wirksam sein soll.[77]

Zur Bindung von im Grundbuch als Inhalt des Sondereigentums eingetragenen Vereinbarungen nach Abs. 3 siehe unten Rn. 29.

Zur Bindung an Prozessvergleiche, die als Vereinbarung im Grundbuch eingetragen sind oder die durch Eigentümerbeschluss herbeigeführt wurden, siehe unten Rn. 34.

cc) Vom Gesetz abweichender Inhalt

Nach Satz 2 können Vereinbarungen getroffen werden, die von den Vorschriften „dieses Gesetzes" abweichen. Wie sich aus dem Zusammenhang mit Satz 1 ergibt, kann daher grundsätzlich nicht nur von den Regelungen des WEG sondern auch von den ebenfalls anwendbaren Vorschriften des BGB abgewichen werden.

12

Das WEG räumt den Wohnungseigentümern aufgrund ihres Selbstorganisationsrechts einen weiten **Gestaltungsspielraum** dahingehend ein, wie sie ihr Verhältnis untereinander ordnen wollen.[78] Da an der Vereinbarung alle Eigentümer beteiligt sind und damit die Vereinbarung dem Willen aller entspricht, können etwa die sich aus § 13 ergebenden Rechte eingeschränkt oder die Pflichten aus § 14 WEG erweitert werden. So ist es beispielsweise zulässig, dass die **Vermietung** des Sondereigentums von der Zustimmung

---

72 BayObLG v. 10.1.2002 – 2Z BR 180/01, NZM 2003, 321.
73 OLG Köln v. 2.4.2001 – 16 Wx 7/01, NZM 2001, 1135 (zum Erlöschen eines Sondernutzungsrechts bei fehlender Eintragung und Sonderrechtsnachfolge); OLG Hamburg v. 26.8.1999 – 10 U 41/98, WE 2000, 246; a.A. für einen Prozessvergleich: OLG Zweibrücken v. 11.6.2001 – 3 W 218/00, ZMR 2001, 734.
74 Siehe dazu § 13 Rn. 32.
75 BayObLG 2.2.2005 – 2Z BR 222/04, FGPrax 2005, 106; OLG Köln v. 2.4.2001 – 16 Wx 7/01, NZM 2001, 1135.
76 BayObLG v. 10.1.2002 – 2Z BR 180/01, NZM 2003, 321.
77 OLG Hamm v. 19.9.2007 – 15 W 444/06, WuM 2008, 50.
78 BGH v. 10.6.2011 – V ZR 2/10, WuM 2011, 480.

des Verwalters abhängig gemacht wird.[79] Wirksam ist auch eine zwar im WEG nicht vorgesehene aber in der Teilungserklärung verfügte **Erwerberhaftung** für Wohngeldrückstände des Voreigentümers.[80] In der Teilungserklärung kann auch eine Gebrauchsregelung vorgegeben werden, wonach Wohnungen nur im Sinne **betreuten Wohnens**[81] **oder als Seniorenresidenz**[82] genutzt werden dürfen.

Zu möglichen weiteren Inhalten von Gebrauchsregelungen siehe auch § 15 Rn. 6 ff.

Zur Begründung von Sondernutzungsrechten siehe § 13 Rn. 27ff.

Zu den Möglichkeiten und Grenzen einer **Kompetenzverlagerung** (Delegation) von an sich den Eigentümern zustehenden Befugnissen im Verwaltervertrag auf den Verwalter siehe § 26 Rn. 40.

13 Ausgeschlossen ist ein Abweichen nach dem Gesetzeswortlaut aber dann, wenn etwas anderes ausdrücklich bestimmt ist. Dies ist sowohl im WEG als auch im BGB bei den Vorschriften der Fall, die **zwingendes Recht** enthalten.

Insoweit wird zunächst auf Rn. 7 und die dortigen Verweisungen Bezug genommen. Daher unterliegt beispielsweise auch eine Gemeinschaftsordnung[83] der Inhaltskontrolle nach § 242 BGB.[84]

Die Wohnungseigentümer haben daher grundsätzlich etwa die Möglichkeit, in Abweichung von dem Mehrheitsprinzip ein **Einstimmigkeitsprinzip** zu vereinbaren. Hiervon ausgenommen sind nur die Fälle, in denen nach dem Gesetz das Mehrheitsprinzip nicht ausgeschlossen werden kann.[85] Wo im Einzelfall das Mehrheitsprinzip nicht abdingbar ist, wird bei den jeweiligen Vorschriften kommentiert.

Unzulässig sind vereinbarte Regelungen aber dann, wenn sie gegen die allgemeinen Gesetze verstoßen. Dies ist etwa dann der Fall, wenn sie gegen ein **gesetzliches Verbot** (§ 134 BGB) oder gegen die **guten Sitten** (§ 138 Abs. 1 BGB) verstoßen. Alleine der Umstand, dass der **Kernbereich**[86] des Wohnungseigentums berührt wird, führt jedoch nicht dazu, dass eine Vereinbarung unzulässig wird. Dies folgt bereits daraus, dass bei einer Vereinbarung auch der beeinträchtigte Wohnungseigentümer (oder sein Rechtsvorgänger[87]) mitgewirkt hat. Da es sich um Individualrechte der Wohnungseigentümer handelt, ergibt sich schon aus Art. 2 Abs. 1 GG, dass der Rechtsinhaber auf die Ausübung seines Rechts verzichten kann.[88] Nur in extremen Ausnahmefällen, bei denen aber wohl auch ein Verstoß gegen die guten Sitten bejaht werden

---

[79] BGH v. 15.6.1962 – V ZB 2/62, WM 1962, 822; OLG Frankfurt/Main v. 28.1.2004 – 20 W 124/03, 20 W 180/03, NZM 2004, 231.
[80] BGH v. 24.2.1994 – V ZB 43/93, ZMR 1994, 271.
[81] BGH v. 13.10.2006 – V ZR 289/05, NJW 2007, 213.
[82] OLG Stuttgart v. 9.2.2000 – 3 U 169/99, OLGR Stuttgart 2000, 189.
[83] Siehe dazu oben Rn. 10.
[84] BGH v. 24.2.1994 – V ZB 43/93, ZMR 1994, 271.
[85] OLG Hamm v. 19.8.2008 – 15 Wx 89/08, ZWE 2008, 465.
[86] Siehe zum Kernbereich und einem Mehrheitsbeschluss § 15 Rn. 11.
[87] Siehe § 15 Rn. 4.
[88] BGH v. 22.1.2004 – V ZB 51/03, NJW 2004, 937.

wird, kann ein solcher Verzicht ausgeschlossen sein.[89] Die Gestaltungsfreiheit für Gemeinschaftsordnungen und sonstige Vereinbarungen endet aber dort, wo die personenrechtliche Gemeinschaftsstellung der Wohnungseigentümer derart ausgehöhlt wird, dass dies dem mitgliedschaftsrechtlichen Element des Wohnungseigentums widerspricht. So stellen etwa der allgemeine Ausschluss eines Wohnungseigentümers von der Versammlung der Wohnungseigentümer verbunden mit dem Ausschluss des Stimmrechts einen schwerwiegenden Eingriff in den Kernbereich **elementarer Mitgliedschaftsrechte** dar.[90]

Noch nicht abschließend geklärt ist, ob die Bestimmungen einer Teilungserklärung/Gemeinschaftsordnung einer Inhaltskontrolle nach den Vorschriften über **Allgemeine Geschäftsbedingungen** nach § 305 ff. BGB[91] unterliegen. Der BGH hat diese Frage bisher offen gelassen.[92] Das BayObLG[93] und das OLG Frankfurt/Main[94] haben sich gegen eine Inhaltskontrolle nach § 305 ff. BGB ausgesprochen. Nach dieser Auffassung können daher in einer Teilungserklärung/Gemeinschaftsordnung Regelungen getroffen werden, die zwar gegen die Vorschriften der §§ 305 ff. BGB verstoßen, die aber einer Inhaltskontrolle nach § 242 BGB standhalten.

14

dd) Änderung

Eine Vereinbarung kann grundsätzlich nur durch eine **Vereinbarung** wieder geändert oder aufgehoben werden.[95] Dies kann zwar auch durch eine konkludente Vereinbarung erfolgen (siehe dazu oben Rn. 9), jedoch reicht dafür eine schlichte **Duldung** keinesfalls aus.[96]

15

Ein vereinbarungsändernder Mehrheitsbeschluss ist (grundsätzlich) aufgrund der fehlenden **Beschlusskompetenz** nichtig.[97] Ein **vereinbarungsändernder Beschluss**[98] liegt nur dann vor, wenn die beschlossene Regelung auf eine generelle künftige Abweichung von der Vereinbarung abzielt.[99] Hält sich der Beschluss dagegen innerhalb der grundsätzlich gegebenen Kompetenz der Wohnungseigentümer (etwa: Wahl von Verwaltungsbeiratsmitgliedern) und enthält nur eine im konkreten Fall von der Gemeinschaftsordnung abweichende Regelung (etwa: Wahl von zwei Mitgliedern, obwohl

---

89 Offen gelassen zur Frage, ob dies bei einem generellen Verzicht auf die Ausübung des Stimmrechts in der Wohnungseigentümerversammlung gilt: OLG Frankfurt/ Main v. 24.8.2006 – 20 W 214/06, 20 W 215/06, ZWE 2007, 84–92.
90 BGH v. 10.12.2010 – V ZR 60/10, WuM 2011, 125 (= NJW 2011, 679); siehe genauer dazu § 23 Rn. 28, 30, 37.
91 Früher: AGBG.
92 BGH v. 2.12.2011 – V ZR 74/11, BeckRS 2012, 01718; BGH v. 10.12.2010 – V ZR 60/10, WuM 2011, 125 (= NJW 2011, 679); BGH v. 13.10.2006 – V ZR 289/05, NJW 2007, 213; BGH v. 20.6.2002 – V ZB 39/01, NZM 2002, 788; BGH v. 1.11.1986 – V ZB 1/86, BGHZ 99, 90.
93 BayObLG v. 11.4.1991 – 2 Z 28/91, WuM 1991, 365.
94 OLG Frankfurt/Main v. 2.3.1998 – 20 W 54/98, WuM 1998, 303.
95 BGH v. 25.9.2003 – V ZB 21/03, ZMR 2003, 937.
96 BGH v. 10.7.2015 – V ZR 169/14, ZWE 2015, 402.
97 BGH v. 20.9.2000 – ZB 58/99, NJW 2000, 3500; BGH v. 22.1.2004 – V ZB 51/03, NJW 2004, 937; OLG München v. 21.2.2007 – 34 Wx 22/07, NZM 2007, 447.
98 Siehe dazu auch § 15 Rn. 9 und 10.
99 OLG München v. 13.11.2009 – 34 Wx 100/09, ZWE 2010, 128.

in der Gemeinschaftsordnung drei Mitglieder vorgesehen sind), liegt lediglich ein **vereinbarungswidriger Beschluss** vor, der zwar rechtsfehlerhaft und damit anfechtbar, nicht aber nichtig ist.[100] Siehe zu gesetzes- und vereinbarungsändernden Beschlüssen auch § 15 Rn. 9 und Rn. 10 sowie § 23 Rn. 29.

Da für vereinbarungsändernde Beschlüsse den Wohnungseigentümern die Beschlusskompetenz fehlt, kann ein Eigentümer, der eine Änderung einer Vereinbarung erreichen möchte, in Ausnahme zu dem allgemeinen Grundsatz nicht darauf verwiesen werden, dass es einer **Vorbefassung** der Wohnungseigentümerversammlung bedürfte. Eine **Leistungsklage** auf **Zustimmung** zu einer **Änderung** einer **Vereinbarung** ist daher **unmittelbar** und ohne vorherige Befassung der Eigentümerversammlung zulässig.[101]

Um die Willensbildung der Wohnungseigentümer zu erleichtern, sieht das WEG in seiner neuen Fassung ausdrücklich auch Ausnahmen von diesem Grundsatz einer Vereinbarungsänderung nur durch Vereinbarung vor und lässt eine **Änderung oder Aufhebung** einer Vereinbarung auch durch (teilweise qualifizierten) **Mehrheitsbeschluss** zu.[102]

So kann etwa durch Beschluss
- eine Veräußerungsbeschränkung nach § 12 Abs. 4 aufgehoben werden[103];
- nach § 16 Abs. 3 in bestimmten Fällen eine von § 16 Abs. 2 abweichende Verteilung von Betriebs- und Verwaltungskosten erfolgen[104];
- nach § 16 Abs. 4 im Einzelfall eine von § 16 Abs. 2 abweichende Verteilung von Instandhaltungskosten und Kosten für bauliche Veränderungen erfolgen[105];
- nach § 21 Abs. 7 eine Regelung bestimmter Geldangelegenheiten vorgenommen werden[106];
- nach § 22 Ab. 2 eine Willensbildung zu bestimmten baulichen Veränderungen erfolgen.[107]

Siehe zur Beschlusskompetenz allgemein § 23 Rn. 2ff.

16 Eine weitere Ausnahme, die im Gesetz nicht genannt ist, kann sich aus der Teilungserklärung/Gemeinschaftsordnung oder einer nachträglichen Vereinbarung ergeben, wenn darin eine so genannte **Öffnungsklausel** vorgesehen ist. In diesem Fall fehlt den Wohnungseigentümern nicht die Beschlusskompetenz, vielmehr ist aufgrund der Öffnungsklausel ein **vereinbarungsändernder Mehrheitsbeschluss** jedenfalls grundsätzlich möglich. Voraussetzung ist jedoch auch bei einer Öffnungsklausel, dass für die Änderung

---

100 BGH v. 5.2.2010 – V ZR 126/09, ZWE 2010, 215 (zu einem gesetzeswidrigen Beschluss).
101 BGH v. 15.1.2010 – V ZR 114/09, ZWE 2010, 174.
102 BT-Drucks. 16/887, S. 11.
103 Siehe dazu § 12 Rn. 12.
104 Siehe dazu § 16 Rn. 20ff.
105 Siehe dazu § 16 Rn. 55ff.
106 Siehe dazu § 21 Rn. 75ff.
107 Siehe dazu § 22 Rn. 15ff.

sachliche Gründe vorliegen und einzelne Wohnungseigentümer aufgrund der Neuregelung gegenüber der bisherigen Regelung **nicht unangemessen benachteiligt** werden.[108] Der BGH hat aber zwischenzeitlich in mehreren Entscheidungen zum Begriff der **sachlichen Gründe** klargestellt, dass bei den gesetzlichen Öffnungsklauseln (etwa bei § 16 Abs. 3 und 4) dies nur noch bedeutet, dass sowohl das „Ob" als auch das „Wie" der Änderung **nicht willkürlich** sein dürfen; es handelt sich hierbei um einen rechtlichen Gesichtspunkt, der bei der Beantwortung der Frage zu berücksichtigen ist, ob die beschlossene Änderung den Grundsätzen einer **ordnungsgemäßen Verwaltung** entspricht.[109] Da die vorgenannten gesetzlichen Öffnungsklauseln auch bei der Änderung von Verteilungsschlüsseln anwendbar sind, die vor dem Inkrafttreten der gesetzlichen Regelungen getroffen worden sind (§ 16 Abs. 5; vgl. auch BGH, Urteil v. 9.7.2010 – V ZR 202/09, NJW 2010, 2654; Urteil v. 16.7.2010 – V ZR 221/09, NJW 2010, 3298), strahlt die von dem Gesetzgeber intendierte Erweiterung des Gestaltungsspielraums auch auf Öffnungsklauseln aus, die unter der Geltung des früheren Rechts **vereinbart** oder in eine **Teilungserklärung** aufgenommen worden sind.[110]

Nur unter diesen Voraussetzungen kann daher trotz Öffnungsklausel die Veränderung des in der Gemeinschaftsordnung festgelegten Verteilungsschlüssels beschlossen werden.[111]

Zur speziellen Kostenverteilungsänderung nach § 16 Abs. 3 und 4 siehe oben Rn. 15 und die dortigen Verweise auf § 16 Rn. 20ff. und Rn. 55ff.

In der Rechtsprechung werden zum einen **allgemeine Öffnungsklauseln**, wie etwa „zur Änderung dieser Teilungserklärung bedarf es der Zustimmung von mindestens $^9/_{10}$ aller Miteigentümer", als zulässig angesehen.[112] In diesem Fall besteht eine umfassende Beschlusskompetenz, die sich nicht auf einzelne Punkte der Teilungserklärung beschränkt. Wird in einem derartigen Fall ein fehlerhafter Beschluss gefasst, ist dieser nicht nichtig, sondern kann vielmehr nur auf Anfechtung gemäß § 46 hin für ungültig erklärt werden.[113] Im Anfechtungsverfahren wird dann bei der Begründetheit der Klage geprüft, ob der Beschluss tatsächlich fehlerhaft war. Dies kann etwa sein, weil keine sachlichen Gründe für die Änderung vorliegen oder weil ein Eigentümer unangemessen benachteiligt wird (siehe dazu Rn. 16). Auch die Frage, ob die in der Öffnungsklausel vorgesehene Mehrheit (das so genannte **Quorum**) erreicht wurde, wird bei der Begründetheit geprüft. Ein Wohnungseigentümerbeschluss, der das nach einer Öffnungsklausel erfor-

17

---

108 So schon grundlegend: BGH v. 7.6.1985 – VII ZB 21/84, NJW 1985, 2832.
109 BGH v. 10.6.2011 – V ZR 2/10, WuM 2011, 480; BGH v. 1.4.2011 – V ZR 162/10, NJW 2011, 2202.
110 BGH v. 10.6.2011 – V ZR 2/10, WuM 2011, 480; BGH v. 9.7.2010 – V ZR 202/09, NJW 2010, 2654; BGH v. 25.9.2009 – V ZR 33/09, NZM 2009, 866.
111 OLG München v. 22.12.2006 – 32 Wx 165/06, NZM 2007, 364; OLG Hamm v. 22.12.2005 – 15 W 375/04, ZMR 2006, 630; OLG Düsseldorf v. 21.10.2005 – I-3 Wx 164/05, ZMR 2006, 296; siehe dazu auch § 16 Rn. 9.
112 OLG München v. 22.12.2006 – 32 Wx 165/06, NZM 2007, 364.
113 LG München I v. 10.3.2006 – 1 T 18368/05 (nicht veröffentlicht).

derliche Quorum nicht erreicht, ist nicht **nichtig**, sondern lediglich **anfechtbar**.[114]

Bei der **Auslegung** von Öffnungsklauseln, bei denen ein bestimmter Bruchteil „der" oder „aller" Miteigentümer zustimmen muss, ist im Zweifel davon auszugehen, dass der entsprechende Bruchteil der Gesamtheit der Wohnungseigentümer und nicht nur ein Bruchteil der anwesenden Eigentümer zustimmen muss. Hierfür spricht, dass durch ein Quorum ein gewisser Bestandsschutz sichergestellt werden soll, so dass nicht eine Minderheit weitreichende Änderungen beschießen kann.

Trotz einer allgemeinen Öffnungsklausel ist ein Beschluss aber dann nichtig, wenn er die **dingliche Grundstruktur** der Gemeinschaft verändert.[115] So kann die im dinglichen Begründungsakt (Teilungserklärung, Teilungsvereinbarung) festgelegte Aufteilung in Gemeinschaftseigentum und Sondereigentum nicht durch (unangefochtenen) Beschluss geändert werden.[116] Die vorweggenommene Zustimmung oder die Ermächtigung, Sondereigentum in gemeinschaftliches Eigentum umzuwandeln oder umgekehrt, kann nicht mit einer die Sondernachfolger bindenden Wirkung als „Inhalt des Sondereigentums" vereinbart werden.[117] Obgleich eine allgemeine Öffnungsklausel vorliegt, kann durch Mehrheitsbeschluss wegen des Eingriffs in den **Kernbereich** des Eigentums ein **Sondernutzungsrecht** nicht begründet werden.[118] Im Kernbereich des Wohnungseigentums[119] werden jedoch Änderungen grundsätzlich nur einstimmig für möglich gehalten, so dass **Öffnungsklauseln** sich nicht auf diesen Bereich beziehen können.[120]

Liegt eine sachlich begrenzte, so genannte **konkrete,** auf eine auf bestimmte Fallkonstellationen **beschränkte Öffnungsklausel**[121] vor (etwa: bauliche Veränderungen am Gemeinschaftsweg sind mit einfacher Mehrheit möglich; oder: Änderung des Kostenverteilungsschlüssels mit Mehrheitsbeschluss[122]), gelten die Ausführungen zur allgemeinen Öffnungsklausel grundsätzlich ebenfalls. Wird aber bei einer konkreten Öffnungsklausel ein Beschluss gefasst, der nicht mehr den begrenzten **Regelungsbereich** betrifft (etwa: Errichtung einer das gesamte Grundstück umfassenden Mauer bei vorgenannter Klausel), so ist dieser Beschluss mangels Beschlusskompetenz nichtig.[123]

---

114 LG München I v. 13.1.2014 – 1 S 1817/13, ZWE 2014, 186; LG München I v. 3.11.2010 – 36 S 12740/10, ZWE 2011, 140; LG Köln v. 15.10.2009 – 29 S 102/09, ZWE 2010, 283; LG München I v. 3.12.2007 – 1 T 14033/06, ZMR 2008, 915.
115 Siehe dazu auch oben Rn. 10 und § 13 Rn. 34.
116 BayObLG v. 5.1.2000 – 2Z BR 163/99, NZM 2000, 668; OLG Saarbrücken v. 28.9.2004 – 5 W 173/04, NZM 2005, 423.
117 BayObLG v. 24.7.1997 – 2Z BR 49/97, WuM 1997, 512.
118 Siehe hierzu genauer § 13 Rn. 34 ff.
119 Siehe zum Begriff des Kernbereichs § 15 Rn. 11.
120 BayObLG v. 11.4.2001 – 2Z BR 121/00, FGPrax 2001, 148.
121 Vergleiche: LG München I v. 1.6.2015 – 1 S 13261/14, Grundeigentum 2015, 1106.
122 OLG Hamm v. 30.6.2003 – 15 W 151/03, NZM 2003, 803.
123 Ebenso: *Niedenführ/Kümmel/Vandenhouten-Kümmel*, § 10 Rn. 46.

3. Anspruch auf Abschluss oder Änderung einer Vereinbarung (Satz 3)

a) Rechtslage bis zur WEG-Novelle

Obgleich vor der WEG-Novelle[124] der Gesetzeswortlaut ein Änderungsverlangen nicht vorsah, war in der Rechtsprechung allgemein anerkannt, dass ein Anspruch eines Wohnungseigentümers auf Zustimmung zur Änderung einer Vereinbarung dann bestand, wenn außergewöhnliche Umstände ein Festhalten an der geltenden Regelung als grob unbillig und damit als Verstoß gegen Treu und Glauben nach § 242 BGB erscheinen ließ.[125] Hierbei wurden jedoch von der Rechtsprechung insbesondere bei einer verlangten Änderung des **Kostenverteilungsschlüssels** strenge Anforderungen gestellt.[126] Der BGH hat im Jahr 2004 eine Abweichung der Kosten von 58 % noch nicht als Verstoß gegen § 242 BGB angesehen.[127] Diese strengen Anforderungen wurden auch bis zum Inkrafttreten der Gesetzesänderung aufrechterhalten.[128] So wurde etwa eine anteilmäßige Beteiligung an den Kosten für das im Gemeinschaftseigentum stehende Treppenhaus nicht als grob unbillig angesehen, auch wenn das Treppenhaus für den Sondereigentümer bzw. seinen Mieter nicht von Nutzen ist.[129]

18

Durch den mit der Novelle neu eingefügten Satz 3 in § 10 Abs. 2 wollte der Gesetzgeber Vereinbarungsänderungen erleichtern und insbesondere die Rechtsprechung veranlassen, die bisher sehr hohe „Eingriffsschwelle" zu senken.[130] Satz 3 betrifft dabei nur **schuldrechtliche Vereinbarungen**, nicht auch die **sachenrechtliche Zuordnung**.[131] Neben den in der Praxis im Vordergrund stehenden Änderungen von Kostenverteilungsschlüsseln, die nunmehr nach § 16 Abs. 4 für bestimmte Einzelfälle und nach § 16 Abs. 3 auch für künftige Fälle bei Betriebs- und Verwaltungskosten durch Mehrheitsbeschluss geändert werden können[132], sind aber auch Änderungen in Bezug auf bestehende **Sondernutzungsrechte**[133] und Vereinbarungen zum Aufstellen von **Parabolantennen**[134] von praktischer Bedeutung.

---

124 Gesetz zur Änderung des Wohnungseigentumsgesetzes und anderer Gesetze v. 26. 3. 2007, BGBl. I 2007, S. 370.
125 BGH v. 25. 9. 2003 – V ZB 21/03, NJW 2003, 3476.
126 Eine Übersicht zur Rechtsprechung gibt BT-Drucks. 16/887, S. 18.
127 BGH v. 7. 10. 2004 – V ZB 22/04, ZWE 2005, 72.
128 OLG München v. 9. 3. 2007 – 34 Wx 4/07, WuM 2007, 349; OLG Hamm v. 23. 2. 2006 – 15 W 135/05, DNotZ 2006, 692; OLG Frankfurt/Main v. 19. 5. 2005 – 20 W 414/02, OLGR Frankfurt 2006, 136.
129 OLG Hamburg v. 29. 11. 2005 – 2 Wx 46/05, ZMR 2006, 220.
130 BT-Drucks. 16/887, S. 18 und 19.
131 BT-Drucks. 16/887, S. 19.
132 Siehe § 16 Rn. 20 ff. (zu Absatz 3) und § 16 Rn. 55 ff. (zu Absatz 4).
133 OLG Hamburg v. 31. 1. 2003 – 2 Wx 121/00, ZMR 2003, 442; OLG Hamburg v. 5. 11. 2004 – 2 Wx 31/03, ZMR 2005, 390; zu Sondernutzungsrechten allgemein siehe auch § 13 Rn. 27 ff.
134 BGH v. 22. 1. 2004 – V ZB 51/03, NJW 2004, 937; zu Parabolantennen siehe allgemein auch § 14 Rn. 28 ff.

b) Festhalten an bestehender Regelung aus schwerwiegenden Gründen unbillig

19 Die für die Eigentümer maßgebliche **bestehende Regelung** kann sich entweder aus einer Vereinbarung[135] oder, falls eine solche fehlt, aus den gesetzlichen Vorschriften[136] ergeben. Nach Satz 3 muss ein **Festhalten** an dieser Regelung **aus schwerwiegenden Gründen unbillig** erscheinen, wobei alle **Umstände des Einzelfalls** und insbesondere auch die **Rechte und Interessen** der anderen Wohnungseigentümer zu berücksichtigen sind. Es bedarf also einer Abwägung der gesamten Umstände des Einzelfalls.[137] Um sicher zu stellen, dass dem Einzelnen mehrheitsfeste (verzichtbare) Rechte nur unter eng begrenzten Voraussetzungen entzogen werden können, hat das Gesetz hohe Hürden für den Änderungsanspruch aufgestellt. An das Vorliegen der Änderungsvoraussetzungen ist trotz der Senkung der Schwelle ein **strenger Maßstab** anzulegen, nachdem jeder Wohnungseigentümer grundsätzlich darauf vertrauen darf, dass Vereinbarungen nicht ohne seine Zustimmung geändert werden dürfen.[138] Auf die Frage, ob die Unbilligkeit aufgrund veränderter Umstände eingetreten ist oder ob sie von Anfang an (etwa aufgrund einer unzweckmäßigen Gemeinschaftsordnung) vorgelegen hat, stellt das Gesetz nicht ab.[139] Bei der **Gesamtabwägung** der Umstände des Einzelfalls und bei der Berücksichtigung der Rechte und Interessen der anderen Wohnungseigentümer kann dieser Umstand aber dennoch Bedeutung erlangen. Dabei ist die Frage, inwieweit die Ursache etwa einer Kostenmehrbelastung dem Risikobereich des einzelnen Miteigentümers zuzuordnen ist, nur einer unter mehreren Gesichtspunkten. Gegen einen Änderungsanspruch kann daher sprechen, dass die Auswirkung einer unbilligen Regelung bei Erwerb des Wohnungseigentums erkennbar waren.[140] Dies ist etwa der Fall, wenn eine Teilungserklärung eine Regelung enthält, nach der die Kosten für die Instandhaltung des Gemeinschaftseigentums von der Gemeinschaft getragen werden; das Festhalten an dieser Regelung stellt daher keine Unbilligkeit dar, da dem Wohnungseigentümer diese Regelung beim Erwerb des Wohnungseigentums erkennbar war.[141]

Auch aus der **langjährigen** unbeanstandeten **Nutzung** der nach Umwandlung von Gemeinschaftseigentum in Sondereigentum geschaffenen Wohnungen folgt aber **keine Pflicht**, den geduldeten Zustand grundbuchrechtlich zu vollziehen und die **Teilungserklärung** unter Verzicht auf Teile des Gemeinschaftseigentums zu ändern.[142]

Ausgangspunkt für die Prüfung der **Unbilligkeit** einer Kostenverteilungsregelung muss der Vergleich zwischen der Kostenbelastung des betroffenen Wohnungseigentümers bei dem bestehenden Kostenverteilungsschlüssel

---

135 Siehe oben Rn. 9 ff.
136 Siehe oben Rn. 5 ff.
137 BGH v. 17. 12. 2010 – V ZR 131/10, ZWE 2011, 170.
138 BGH v. 13. 5. 2016 – V ZR 152/15 (zitiert nach juris). LG München I v. 13. 6. 2013 – 36 S 10305/12, ZWE 2014, 174.
139 BT-Drucks. 16/887, S. 19.
140 LG München I v. 8. 6. 2010 – 36 S 19150/09, ZMR 2010, 992.
141 LG Köln v. 28. 5. 2009 – 9 S 135/08, ZWE 2010, 222.
142 BGH v. 11. 5. 2012 – V ZR 189/11, ZWE 2012, 361.

und der Kostenbelastung bei der erstrebten Änderung sein. Der Eigentümer kann dabei die Verteilung bestimmter Kostenpositionen nach einem anderen Maßstab oder seine gänzliche Befreiung von diesen Kosten begehren.[143] Für die Unbilligkeit ist allein die **Kostenmehrbelastung** desjenigen Wohnungseigentümers maßgebend, der die Änderung des Kostenverteilungsschlüssels verlangt. Der Zweck des Anspruchs aus § 10 Abs. 2 Satz 3 ist nicht die Vermeidung der durch den bisherigen Kostenverteilungsschlüssel bei einem anderen Wohnungseigentümer entstehenden Vorteile, sondern die Beseitigung unbilliger Härten bei dem die Änderung **verlangenden Wohnungseigentümer**, die diesem bei einem Festhalten an dem bisherigen Kostenverteilungsschlüssel entstünden.[144]

Damit entspricht die Neuregelung im Kern der schon bisher von der Rechtsprechung vertretenen Auffassung.[145] So hat auch nach altem Recht die Rechtsprechung bei den in der Praxis auftretenden Streitigkeiten über die Änderung von Kostenverteilungsschlüsseln die **Umstände des Einzelfalles** in den Vordergrund gestellt und geprüft, ob danach eine (damals noch „grobe") Unbilligkeit vorliegt. So hat etwa das OLG München[146] beispielhaft in einer Entscheidung ausgeführt: „Von Bedeutung kann etwa sein, ob die beanstandete Regelung für alle oder nur für einen Teil der gemeinschaftlichen Lasten und Kosten gilt. Wenn die Regelung nur auf einzelne Kostenpositionen Anwendung findet, kann es auf das Verhältnis der hierdurch bedingten Mehrkosten zu den einen Wohnungseigentümer insgesamt treffenden Gemeinschaftskosten ankommen. Möglich ist ferner, eine grobe Unbilligkeit deshalb zu verneinen, weil bei einer gebotenen längerfristigen Betrachtungsweise zu erwarten ist, dass es zu einem wirtschaftlichen Ausgleich einer einmaligen Kostenmehrbelastung kommen wird. Zudem kann der Annahme grober Unbilligkeit entgegenstehen, wenn die Ursache einer Kostenmehrbelastung ausschließlich dem Risikobereich des betroffenen Wohnungseigentümers zuzuordnen ist oder wenn die Auswirkungen einer nicht sachgerechten Kostenverteilungsregelung bereits beim Erwerb des Wohnungseigentums absehbar waren." 20

Wie bereits bei Rn. 18 erwähnt, wollte der Gesetzgeber durch die Neuformulierung die strengen Anforderungen der Rechtsprechung senken. So sollte durch das Merkmal „**schwerwiegende Gründe**" deutlich gemacht werden, dass diese Gründe eher vorliegen als „außergewöhnliche Umstände". Auch sollte nicht mehr eine „grobe Unbilligkeit" erforderlich sein, sondern es reicht aus, dass die Regelung „unbillig" ist.[147] Es kann zwar erwartet werden, dass die Rechtsprechung diesen Gedanken, der durch die Aufnahme der unbestimmten Rechtsbegriffe im Gesetz auch Anklang gefunden hat, dem Grunde nach aufgreifen wird. Es bleibt aber abzuwarten, wie stark konkret die Eingriffsschwelle bei den jeweiligen Einzelfällen abgesenkt wird. Dies gilt insbesondere für die in der Praxis im Vordergrund stehenden Fälle der Veränderung von Kostenverteilungsschlüsseln. Der in 21

---

143 LG Hamburg v. 12.5.2010 – 318 S 190/09, Wohnungseigentümer 2010, 147.
144 BGH v. 11.6.2010 – V ZR 174/09, ZWE 2010, 330.
145 BT-Drucks. 16/887, S. 18.
146 OLG München v. 9.3.2007 – 34 Wx 4/07, WuM 2007, 349.
147 BT-Drucks. 16/887, S. 19.

den Gesetzesmaterialien enthaltene Hinweis[148], es könne sich eine Orientierung an der Entscheidung des KG Berlin[149] empfehlen, wonach bei einer **Abweichung**[150] von **mehr als 25 %** zwischen Wohn- und Nutzfläche sowie dem für die Verteilung maßgeblichen Miteigentumsanteil die Grenze überschritten sei, kann dem Gesetzeswortlaut jedenfalls nicht entnommen werden.

Jedenfalls für den Bereich der Änderung von **Kostenverteilungsschlüsseln** hat die neuere Rechtsprechung diesen Hinweis im Grundsatz aufgenommen, wobei aber, wie schon bei Rn. 19 und Rn. 20 angesprochen, eine Gesamtbetrachtung der Umstände des Einzelfalls durchgeführt wird. So hat etwa der BGH festgestellt, dass der vom Gesetzgeber genannte Schwellenwert von 25 % zwar keine feste Grenze darstellt, dass er aber als Orientierungsgröße dienen kann.[151] Die unterschiedlichen Kostenverteilungsschlüssel müssen also zu einer erheblich (grundsätzlich mindestens um 25 %) **höheren Belastung** führen.[152] Die Landgerichte Nürnberg-Fürth und Hamburg sahen es als sachgerecht an, als Voraussetzung eines Änderungsanspruchs eine Abweichung der Wohn- oder Nutzfläche von dem für die Kostenverteilung maßgeblichen Miteigentumsanteil um mehr als 25 % zu verlangen.[153]

Hinzuweisen ist nochmals, dass alleine eine höhere Belastung von mehr als 25 % aber nicht ausreichend für einen Änderungsanspruch ist. Bei Rn. 19 wurde bereits darauf hingewiesen, dass es in jedem Fall (also auch bei Überschreiten der 25 %-Grenze) einer **Abwägung** der gesamten Umstände des **Einzelfalls** bedarf.[154] Einem Teileigentümer steht daher eine Änderung des Kostenverteilungsschlüssels in der gemischt genutzten Wohnungseigentumsanlage nicht bereits deshalb zu, weil die Kostenverteilung nach Miteigentumsanteilen zu einer erheblich (grundsätzlich mindestens um den 25 %igen **„Schwellenwert")** höheren Belastung als eine Verteilung der Kosten nach der anteiligen Nutzfläche führt. Bei der Abwägung der gesamten Umstände ist das Maß der Belastung nicht das alleinige Kriterium für die Beurteilung der Unbilligkeit des Festhaltens an dem vereinbarten Kostenverteilungsschlüssel. Ein Teileigentümer kann auch nicht deshalb eine Änderung des Verteilungsschlüssels verlangen, weil er sein Teileigentum – von der Teilungserklärung abweichend – zu Wohnzwecken nutzt. Die Voraussetzungen eines Anspruchs nach § 10 Abs. 2 Satz 3 auf Änderung des Kostenverteilungsschlüssels bestimmen sich nicht nach der tatsächlich ausgeübten, sondern nach der rechtlich **zulässigen Nutzung**.[155]

---

148 BT-Drucks. 16/887, S. 19.
149 KG Berlin v. 14. 6. 2004 – 24 W 32/04, NZM 2004, 549.
150 Siehe zu den bisher gebilligten Abweichungen oben Rn. 18.
151 BGH v. 11. 6. 2010 – V ZR 174/09, ZWE 2010, 330; BGH v. 17. 12. 2010 – V ZR 131/10, ZWE 2011, 170.
152 BGH v. 17. 12. 2010 – V ZR 131/10, ZWE 2011, 170.
153 LG Hamburg v. 12. 5. 2010 – 318 S 190/09, Wohnungseigentümer 2010, 147; LG Nürnberg-Fürth v. 26. 8. 2009 – 14 S 3582/09, ZWE 2010, 145; OLG Köln v. 16. 11 2007 – 16 Wx 154/07, ZMR 2008, 989.
154 BGH v. 17. 12. 2010 – V ZR 131/10, ZWE 2011, 170.
155 BGH v. 17. 12. 2010 – V ZR 131/10, ZWE 2011, 170.

Fraglich ist, auf welchen Wert abzustellen ist, wenn mehrere oder alle restlichen Eigentümer von einem Eigentümer die Zustimmung zu einer Änderung eines Verteilungsschlüssels verlangen (so genannter „umgekehrter" Fall). Denkbar wäre hier, die Werte aller Eigentümer, die eine Änderung verlangen, zusammenzuzählen, so dass verhältnismäßig schnell der maßgebliche Schwellenwert erreicht sein würde. Nach der hier vertretenen Meinung sollte eine Addition allerdings nicht erfolgen. Da auch beim Verlangen durch mehrere Eigentümer letztlich nur mehrere individuelle Ansprüche geltend gemacht werden, muss bei jedem einzelnen Eigentümer gesondert die unbillige Benachteiligung geprüft werden (siehe dazu oben Rn. 19). Liegt diese unbillige Benachteiligung bei einem Eigentümer vor, besteht sein Anspruch gegen einen anderen Eigentümer, der seine Zustimmung zu der verlangten Änderung bisher verweigert hat. Haben in diesem Fall etwa alle restlichen Eigentümer Klage auf Zustimmung erhoben, kommt die Änderung im Ergebnis zustande, da die Klage des einen unbillig Benachteiligten begründet ist; die Klagen der nicht (ausreichend) benachteiligten Eigentümer wird dagegen abgewiesen.

c) Wohnungseigentümer kann verlangen

Die Vorschrift begründet unter den genannten Voraussetzungen einen **(Individual-)Anspruch** jedes Wohnungs- oder Teileigentümers auf Abschluss einer Änderungsvereinbarung.[156]

22

Zum Begriff des **Wohnungseigentümers** wird auf die obige Rn. 3 verwiesen. Der Anspruch richtet sich nicht gegen die Gemeinschaft als rechtsfähiger Verband. **Anspruchsgegner** sind vielmehr die übrigen Wohnungseigentümer, da eine Vereinbarung entweder neu abgeschlossen[157] oder eine solche abgeändert[158] werden soll, was grundsätzlich nur durch Mitwirkung (Zustimmung) aller Wohnungseigentümer möglich ist.[159]

Zur Frage, ob der einzelne Wohnungseigentümer sein Änderungsverlangen (wie bei Beschlussanträgen üblich) in einer Eigentümerversammlung vorbringen muss, siehe unten Rn. 24.

d) Abschluss einer vom Gesetz abweichenden Vereinbarung oder Anpassung einer Vereinbarung

Der Anspruch des einzelnen Wohnungseigentümers geht dahin, dass er von den übrigen Eigentümern den Abschluss einer Vereinbarung oder, wenn eine solche schon besteht, deren Anpassung verlangen kann. Damit wird eine generelle Regelung geschaffen, die für die Zukunft wirkt.[160] Der neu eingefügte Satz 3 bezieht sich auf **schuldrechtliche Vereinbarungen** i.S.d. Satzes 2.[161] Abzugrenzen hiervon ist ein möglicher Anspruch eines Eigentümers auf Änderung der **dinglichen Grundstruktur** und die **sachenrecht-**

23

---

156 BGH v. 17.12.2010 – V ZR 131/10, ZWE 2011, 170.
157 Siehe oben Rn. 9.
158 Siehe oben Rn. 15.
159 BGH v. 17.12.2010 – V ZR 131/10, ZWE 2011, 170.
160 Anders als etwa ein Beschluss nach § 16 Absatz 4, der nur eine Einzelfallregelung ermöglicht; siehe dazu § 16 Rn. 55 ff.
161 Siehe dazu oben Rn. 9 ff.

liche Zuordnung.[162] Für einen derartigen Anspruch greifen nicht die Erleichterungen des § 10, sondern die allgemeinen Vorschriften, wie etwa § 242 BGB, ein.

Welchen **Inhalt** genau die Vereinbarung oder Anpassung haben muss, ist dem Gesetzeswortlaut nicht zu entnehmen. So kann zwar davon ausgegangen werden, dass die bei Rn. 19 ff. dargestellte Unbilligkeit beseitigt werden soll. Nicht geregelt ist aber, was an die Stelle der Unbilligkeit zu treten hat. Die praktische Erfahrung zeigt, dass regelmäßig mehrere Gestaltungsmöglichkeiten zur Regelung des konkreten Problems offenstehen. So hat etwa der BGH in seiner „Kaltwasserentscheidung"[163] dargelegt, dass den Wohnungseigentümern auch bei der Entscheidung über eine verbrauchsabhängige Abrechnung derartiger Kosten, obgleich die Entscheidung grundsätzlich ordnungsgemäßer Verwaltung entspricht, ein **Ermessensspielraum** zusteht. Dieser Ermessensspielraum, welcher den Eigentümern jedenfalls bei der Frage eingeräumt wird, ob ein Beschluss ordnungsgemäßer Verwaltung entspricht[164], muss jedoch auch bei einer Änderung nach § 10 Abs. 2 Satz 3 den Eigentümern zugebilligt werden. Dies ergibt sich für § 16 Abs. 3 schon daraus, dass auch dort auf eine ordnungsgemäße Verwaltung abgestellt wird. Der Grundsatz des Ermessensspielraums gilt bei allen Entscheidungen, die nicht von vorneherein nur eine einzige Lösung zulassen.

Der Inhalt des Anspruchs aus § 10 Abs. 2 Satz 3 kann daher nur darin bestehen, dass der einzelne Wohnungseigentümer einen Anspruch darauf hat, dass eine Vereinbarung zustande kommt, die innerhalb des bestehenden Ermessensbereiches liegt und welche jedenfalls nicht mehr unbillig ist. Siehe zur Entscheidung des Gerichts, durch die eine Vereinbarung ersetzt wird, § 21 Rn. 87.

Der einzelne Eigentümer kann nach Abs. 2 Satz 3 jedoch keine **Beschlussfassung** verlangen. Dies bedeutet aber nicht, dass bei einem – sich etwa aus § 16 Abs. 4 ergebenden Anspruch auf Beschlussfassung – § 10 Abs. 2 Satz 3 keinerlei Bedeutung hätte. Hierzu und zum klageweisen Vorgehen bei Bestehen eines Anspruchs auf Beschlussfassung siehe unten Rn. 25 und Rn. 26.

Zum Verhältnis einer Anpassung nach § 10 Abs. 2 Satz 3 zu einer **ergänzenden Auslegung** einer bereits bestehenden Vereinbarung (meist der Gemeinschaftsordnung) führte der BGH im LS. 2 seiner Entscheidung vom 11.6.2010 aus, dass es in der Regel beispielsweise an einer durch ergänzende Auslegung der Gemeinschaftsordnung zu schließenden Regelungslücke zur Anpassung des Kostenverteilungsschlüssels an veränderte Verhältnisse fehlt, weil – abweichend zur früheren Rechtslage – der gesetzliche Anspruch jedes Wohnungseigentümers auf Änderung des vereinbarten Kostenschlüssels nach § 10 Abs. 2 Satz 3 eine angemessene und interessengerechte Regelung für diese Fälle bereitstellt.[165] Nunmehr hat der BGH, ohne

---

[162] Siehe dazu oben Rn. 10.
[163] BGH v. 25.9.2003 – V ZB 21/03, NZM 2003, 952.
[164] OLG Frankfurt/Main v. 20.3.2006 – 20 W 430/04, NJW-RR 2007, 377; BayObLG v. 17.11.2004 – 2Z BR 172/04, WuM 2005, 482; OLG Hamburg v. 4.8.2003 – 2 Wx 30/03, ZMR 2003, 866.
[165] BGH v. 11.6.2010 – V ZR 174/09, ZWE 2010, 330.

auf den vorgenannten LS. seiner Entscheidung aus dem Jahr 2010 einzugehen, in einer weiteren LS.-Entscheidung dagegen festgestellt, dass die (ggf. ergänzende) Auslegung der Gemeinschaftsordnung **Vorrang** vor einer Anpassung gem. § 10 Abs. 2 Satz 3 hat.[165a] Der Anwendungsbereich des § 10 Abs. 2 Satz 3 dürfte daher künftig deutlich eingeschränkt sein auf die Fälle, in denen eine – auch ergänzende – Auslegung der Gemeinschaftsordnung nicht möglich ist.

Siehe zur ergänzenden Auslegung einer im Grundbuch eingetragenen Vereinbarung auch unten Rn. 29 sowie Rn. 32 (mit weiteren Verweisen).

e) Klagemöglichkeit nach § 43 Nr. 1

Bei einer Klage nach § 43 Nr. 1 trägt der Eigentümer, der die Änderung einer Vereinbarung nach § 10 Abs. 2 Satz 3 verlangt, die **Behauptungs-** und **Beweislast**, muss also die Voraussetzungen des Anspruchs vortragen und Beweis dafür anbieten.[166]   24

Des Weiteren stellt sich die Frage, ob ein Wohnungseigentümer, der einen Anspruch aus Satz 3 geltend machen möchte, unmittelbar Klage nach § 43 Nr. 1 erheben kann oder ob dieser Klage wegen einer fehlenden Vorbefassung der Eigentümerversammlung das **Rechtsschutzbedürfnis** fehlt.

Hier dürfte zu **differenzieren** sein.

Ist eine **Änderung** der Rechtslage **nur durch** eine **Vereinbarung möglich**, ist ein Rechtsschutzbedürfnis für eine Klage bereits dann gegeben, wenn der Eigentümer darlegt, dass die nunmehr verklagten Eigentümer sich geweigert haben, einer Vereinbarung zuzustimmen. Diese Weigerung muss auch nicht in einer Eigentümerversammlung erfolgt sein, da kein Beschluss, sondern eine Vereinbarung(sänderung) begehrt wird. Eine **Vorbefassung** der Eigentümerversammlung ist nicht erforderlich, da die Wohnungseigentümer für eine derartige Beschlussfassung keine **Beschlusskompetenz** haben.[167] Stellt sich im gerichtlichen Verfahren dann heraus, dass die Zustimmung nicht verweigert wurde und dass alle oder einzelne Eigentümer keinen Anlass zur Klage gegeben haben, werden dem Kläger bei einem sofortigen Anerkenntnis gemäß § 93 ZPO die Kosten aufzuerlegen sein. Erfolgt kein Anerkenntnis, fehlt der Klage aber dennoch nicht das Rechtsschutzbedürfnis, so dass über die Begründetheit und die Kosten nach den allgemeinen Vorschriften zu entscheiden sein wird.

Die Klage auf Zustimmung zu einer Vereinbarung(sänderung) wird erfolgreich sein, wenn die Zustimmung zu einer Vereinbarung(sänderung) verlangt wird, die innerhalb des bei Rn. 23 dargestellten **Ermessensspielraums** der Eigentümer liegt. Siehe zur Entscheidung des Gerichts nach § 21 Abs. 8 auch § 21 Rn. 87.

165a BGH v. 13.5.2016 – V ZR 152/15 (zitiert nach juris).
166   BGH v. 17.12.2010 – V ZR 131/10, ZWE 2011, 170.
167   BGH v. 15.1.2010 – V ZR 114/09, ZWE 2010, 174.

25 Problematisch erscheinen aber die Fälle, in denen entweder aufgrund gesetzlicher Regelung[168] oder aufgrund einer Öffnungsklausel[169] die begehrte Änderung auch aufgrund eines **Mehrheitsbeschlusses möglich** wäre. So könnte etwa ein Eigentümer, der eine Änderung des Verteilungsschlüssels für bestimmte Instandhaltungskosten erreichen möchte, statt seinen (vermeintlichen) Anspruch aus § 10 Abs. 2 Satz 3 durch Klage nach § 43 Nr. 1 geltend zu machen auch stattdessen oder gleichzeitig einen Antrag in der Eigentümerversammlung zur Abstimmung stellen, Beschluss nach § 16 Abs. 3 zu fassen.[170]

Fraglich ist daher, ob einer Klage nach § 43 Nr. 1 das **Rechtsschutzbedürfnis** fehlt, wenn der Eigentümer von der Möglichkeit, einen Beschluss herbeizuführen (und gegebenenfalls die Ablehnung des Beschlussantrags anzugreifen), keinen Gebrauch gemacht hat.

Für ein bestehendes Rechtsschutzbedürfnis könnte hier sprechen, dass das WEG jedenfalls ausdrücklich keine Regelung enthält, die ein Erfordernis der vorherigen Beschlussfassung ergibt. Auch die Materialien zur WEG-Novelle deuten darauf hin, dass der Gesetzgeber wohl von einer uneingeschränkten Klagemöglichkeit ausgegangen ist.[171] Dieser Meinung hat sich das LG Hamburg angeschlossen und ausgeführt, dass die Vorschriften über die Änderung des Kostenverteilungsschlüssels für Betriebskosten (§ 16 Abs. 3) und für Instandhaltungs- und Instandsetzungskosten (§ 16 Abs. 4) per Beschluss nicht lex specialis gegenüber dem Anspruch aus § 10 Abs. 2 Satz 3 sind.[172]

Der **BGH** hat nunmehr das **Verhältnis** von § 10 Abs. 2 Satz 3 und § 16 Abs. 3 (Betriebskosten generell) und Abs. 4 (Instandhaltungskosten u.a. im Einzelfall) geklärt.

Der BGH führt aus, dass die Regelung in **§ 16 Abs. 4** zur Änderung eines Kostenverteilungsschlüssels im **Einzelfall** die Geltendmachung des auch denselben Einzelfall betreffenden Anspruchs auf Zustimmung zur **generellen Änderung** der Kostenverteilung nach **§ 10 Abs. 2 Satz 3** nicht ausschließt. Daher kann ein Wohnungseigentümer auch dann, wenn er für einen konkreten Fall eine Änderung des Kostenverteilungsschlüssels erreichen will, einen Anspruch nach § 10 Abs. 2 Satz 3 geltend machen. Hat er damit Erfolg, gilt der geänderte Schlüssel nicht nur für künftige Fälle, sondern auch bereits für den Fall, der Anlass zu dem Änderungsverlangen gegeben hat. Beide Möglichkeiten haben verschiedene Regelungsgegenstände und stehen **alternativ nebeneinander**. Deshalb ist ein Änderungsanspruch eines Wohnungseigentümers in beiden Fällen (Vereinbarung oder Beschluss) nur dann gegeben, wenn ein Festhalten an der geltenden Regelung aus schwerwiegenden Gründen unter Berücksichtigung aller Umstände des Einzelfalls, insbesondere der Rechte und Interessen der anderen Wohnungseigentümer, unbillig erscheint.[173]

---

168 Siehe oben Rn. 15.
169 Siehe oben Rn. 16.
170 Siehe dazu § 16 Rn. 22.
171 BT-Drucks. 16/887, S. 19, 20.
172 LG Hamburg v. 10.3.2010 – 318 S 84/09, ZMR 2010, 635.
173 BGH v. 15.1.2010 – V ZR 114/09, ZWE 2010, 174.

Siehe genauer zur Kostenverteilung nach § 16 Abs. 4 die Kommentierungen zu § 16 Rn. 55 ff.

Anders stellt sich nach dem BGH die Rechtslage bei einer Änderung des Verteilungsschlüssels bei **Betriebskosten (§ 16 Abs. 3) dar.**

Der BGH hat hier ausdrücklich festgestellt, dass eine abändernde **Vereinbarung** nur insoweit **erforderlich** ist, als es um Kosten geht, für deren geänderte Umlage der Gemeinschaft die Beschlusskompetenz fehlt (Instandhaltungskosten). Soweit die erstrebte Änderung des Verteilungsschlüssels die Betriebskosten betrifft, ist der ablehnende Beschluss anzufechten und eine Entscheidung nach § 21 Abs. 8 zu beantragen.[174] Auch insoweit kann eine Änderung des Verteilungsschlüssels aber ebenfalls nur unter den Voraussetzungen des § 10 Absatz 2 Satz 3 verlangt werden.[175]

Aus den Ausführungen des BGH muss gefolgert werden, dass aufgrund der bestehenden Beschlusskompetenz für eine Änderung von Betriebskosten einer Klage auf Zustimmung zu einer (Änderungs-)**Vereinbarung** das **Rechtsschutzbedürfnis** fehlt.

Aber auch einer unmittelbaren Klage auf eine Beschlussfassung gemäß § 16 Absatz 3 würde das Rechtsschutzbedürfnis fehlen. Die **Vorbefassung** der Eigentümerversammlung mit einem auf deren Mitwirkung an einer ordnungsgemäßen Verwaltung gerichteten Antrag ist **Zulässigkeitsvoraussetzung** der **Gestaltungsklage** nach § 21 Abs. 8 (siehe dazu § 21 Rn. 86 ff.). Denn primär zuständig für die Beschlussfassung ist die Versammlung der Wohnungseigentümer. Soweit es um die Mitwirkung der übrigen Wohnungseigentümer an einer ordnungsmäßigen Verwaltung geht, muss sich der Kläger vor der Anrufung des Gerichts um die Beschlussfassung der Versammlung bemühen, weil seiner Klage sonst das Rechtsschutzbedürfnis fehlt.[176]

Der BGH hatte bisher, wie bei Rn. 24 und Rn. 25 dargestellt, nur zu den neuen Beschlusskompetenzen gemäß § 16 Abs. 3 und 4 zu entscheiden.

Nach der hier vertretenen Meinung sind die vom BGH entwickelten Grundsätze auch auf die bei Rn. 15 genannten sonstigen Beschlusskompetenzen und insbesondere auch für die bei Rn. 16 genannten Öffnungsklauseln anwendbar. Dies bedeutet, dass in diesen Fällen von den Beschlusskompetenzen Gebrauch gemacht werden muss, so dass ein **Rechtsschutzbedürfnis** für eine unmittelbare Klage in derartigen Fällen nicht bejaht werden kann. Dabei kann offen bleiben, ob die Vorschriften, die eine Änderungsmöglichkeit im Beschlussweg[177] geben, jeweils als lex specialis gegenüber § 10 Abs. 2 Satz 3 anzusehen sind. Ausschlaggebend dürfte die Überlegung sein, dass Satz 3 zwar einen Änderungsanspruch gibt, diesen inhaltlich nicht näher bestimmt und dass bei Umgehung der möglichen Beschlussfassung allgemeine wohnungseigentumsrechtliche Grundsätze unterlaufen würden. Könnte ein

26

---

174 BGH v. 17.12.2010 – V ZR 131/10, ZWE 2011, 170.
175 LG Stuttgart v. 23.12.2009 – 19 S 53/09, WuM 2010, 589.
176 BGH v. 11.6.2010 – V ZR 174/09, ZWE 2010, 330; LG Hamburg v. 12.5.2010 – 318 S 190/09, Wohnungseigentümer 2010, 147.
177 Siehe oben Rn. 15.

Eigentümer die mögliche Beschlussfassung der Wohnungseigentümer umgehen und unmittelbar eine Entscheidung des Gerichts über einen von ihm gestellten Klageantrag herbeiführen, würde letztendlich den Eigentümern der ihnen zustehende Ermessensspielraum genommen und durch eine Ermessensentscheidung des Gerichts ersetzt. Das Gericht hat jedoch Ermessensentscheidungen der Eigentümer nur auf einen Ermessensfehlgebrauch hin zu überprüfen; dem Gericht steht dagegen kein eigenes Gestaltungsermessen zu.[178]

IV. Absatz 3: Wirkung der im Grundbuch eingetragenen Vereinbarungen

1. Allgemeines

27 Absatz 3 betrifft alle oben unter Rn. 9–17 beschriebenen **Vereinbarungen**, also auch solche, die in Teilungserklärungen, Gemeinschaftsordnungen oder Prozessvergleichen enthalten sind. Von Bedeutung ist Abs. 3 aber nur dann, wenn die Vereinbarungen sich nicht nur in einer Wiederholung des Gesetzes erschöpfen, sondern wenn sie im Ergebnis das **Verhältnis der Wohnungseigentümer**[179] **anders regeln**, als dies die ansonsten maßgeblichen gesetzlichen Regelungen[180] tun würden („in Ergänzung oder Abweichung von Vorschriften dieses Gesetzes"). Unerheblich ist insoweit, ob die Vereinbarung vom Gesetz abweicht oder ob sie dieses nur ergänzt. Erfasst ist auch die **Abänderung** oder **Aufhebung** einer solchen Vereinbarung.[181]

2. Eintragung im Grundbuch als Inhalt des Sondereigentums

28 Vereinbarungen können, wenn sie von den gesetzlichen Vorschriften abweichen[182], zum **Inhalt des Sondereigentums** gemacht werden und damit den gesetzlich vorgesehenen Inhalt des Sondereigentums gemäß § 5 Abs. 4 abändern. Derartige Vereinbarungen, wie etwa auch die Umwandlung von Teileigentum in Wohnungseigentum[183], können unter den in § 5 Abs. 4 genannten Voraussetzungen auch in das Grundbuch **eingetragen** werden. Auch die Eintragung eines Sondernutzungsrechts als Inhalt des Sondereigentums ist möglich (siehe zum Sondernutzungsrecht genauer § 13 Rn. 27 ff. – insbesondere Rn. 33).

Wegen der näheren Einzelheiten wird insoweit auf § 5 Rn. 16 ff. Bezug genommen.

3. Bindung des Sondernachfolgers

29 Wie bei Rn. 11 dargestellt, binden Vereinbarungen als schuldrechtliche Rechtsgeschäfte grundsätzlich nur die Beteiligten.[184] Gegen einen Sonder-

---

178 Ebenso trotz Bejahung des Rechtsschutzbedürfnisses: *Niedenführ/Kümmel/Vandenhouten-Kümmel*, § 10 Rn. 47.
179 Siehe oben Rn. 6.
180 Siehe oben Rn. 7–8.
181 Siehe oben Rn. 15 ff.
182 Siehe oben Rn. 9 ff.
183 BayObLG v. 6.12.2000 – 2Z BR 89/00, NZM 2002, 24.
184 Zur Auslegung rein schuldrechtlicher Vereinbarungen siehe oben Rn. 9.

nachfolger wirken sie daher nur, wenn der Nachfolger eine Schuldübernahme erklärt. Wenn aber die Vereinbarung als Inhalt des Sondereigentums im **Grundbuch** tatsächlich eingetragen ist, wirken die Vereinbarungen nach dem Gesetzeswortlaut auch **gegen** den **Sondernachfolger.** Es tritt also kraft Gesetzes eine Bindung des Nachfolgers ein, ohne dass es dazu einer Kenntnis des Nachfolgers oder einer Schuldübernahme bedürfte. Dies gilt auch dann, wenn der teilende Alleineigentümer die Teilungserklärung/Gemeinschaftsordnung errichtet hat und damit streng genommen kein Vertrag vorliegt.[185]

Der Inhalt der im Grundbuch eingetragenen Vereinbarung ist durch **Auslegung** zu ermitteln. Abweichend von den oben bei Rn. 9 dargestellten allgemeinen Auslegungsgrundsätzen ist, wie stets bei Auslegung einer **Grundbucheintragung, objektiv-normativ auszulegen.**[186] Maßgebend sind dabei der **Wortlaut** der Eintragung und der **Sinn,** wie er sich aus unbefangener Sicht als nächstliegende Bedeutung des Wortlauts ergibt; Umstände außerhalb der Eintragung und der dort zulässig in Bezug genommenen Unterlagen, insbesondere also der Teilungserklärung und der Gemeinschaftsordnung, dürfen nur herangezogen werden, wenn sie nach den besonderen Verhältnissen des Einzelfalles für jedermann ohne weiteres erkennbar sind.[187] Die Eigentümer können aber nicht durch Beschluss eine **verbindliche Auslegung** der Teilungserklärung/Gemeinschaftsordnung vornehmen. Siehe hierzu und zur eingeschränkten Möglichkeit einer Feststellungsklage **§ 23 Rn. 3.**

Der das Grundbuchrecht beherrschende **Bestimmtheitsgrundsatz** erfordert es, dass eine von der gesetzlichen Regelung abweichende Vorschrift klar und **eindeutig** ihrem Inhalt nach feststellbar ist.[188] Eine vom Gesetz abweichende Regelung ist als **Ausnahmeregelung eng** auszulegen.[189] Ist die vom Gesetz oder der Gemeinschaftsordnung abweichende Regelung **nicht eindeutig** und verbleiben **Zweifel,** verbleibt es bei der **gesetzlichen Regelung.**[190]

Auch eine **ergänzende Auslegung** einer im Grundbuch eingetragenen Vereinbarung (in der Praxis häufigster Fall: Gemeinschaftsordnung) ist nicht ausgeschlossen. Die ergänzende Auslegung kommt aber nur in Betracht,

---

185 BGH v. 10.12.2010 – V ZR 60/10, WuM 2011, 125 (= NJW 2011, 679).
186 OLG Düsseldorf v. 29.9.2006 – 3 Wx 70/06, NJW-RR 2007, 1169; BayObLG v. 28.2. 2002 – 2Z BR 141/01, NZM 2002, 492; BGH v. 10.9.1998 – V ZB 11/98, NZM 1998, 955; BGH v. 23.8.2001 – V ZB 10/01, NZM 2001, 961.
187 BGH v. 18.1.2013 – V ZR 88/12, ZWE 2013, 131; BGH v. 7.10.2004 – V ZB 22/04, ZWE 2005, 72; BGH v. 10.9.1998 – V ZB 11/98, NJW 1998, 3713; OLG Hamm v. 11.11.2004 – 15 W 351/04, ZMR 2005, 400.
188 LG München I v. 18.3.2010 – 36 S 4706/09, ZWE 2010, 232; OLG Hamburg v. 3.3.2004 – 2 Wx 104/01, ZMR 2004, 614.
189 LG München I v. 5.10.2015 – 1 S 460/15 (noch nicht veröffentlicht); ebenso (zu Änderung eines Kostenverteilungsschlüssels): KG Berlin v. 22.9.2008 – 24 W 83/07, ZMR 2009, 135; LG Stuttgart v. 16.9.2009 – 10 S 10/09, Wohnungseigentümer 2009, 146.
190 LG Bremen v. 6.6.2005 – 3 W 5/05, ZMR 2007, 633; OLG Celle v. 28.11.2006 – 4 W 241/06, NZM 2007, 217; OLG Köln v. 16.11.2001 – 16 Wx 221/01, ZMR 2002, 779.

wenn der hypothetische Parteiwille aus den berücksichtigungsfähigen Unterlagen ermittelt werden kann. Bei einer hiernach möglichen ergänzenden Auslegung ist darauf zu achten, dass sie zu einem Ergebnis führt, das sich aus Sicht eines unbefangenen Betrachters als das Nächstliegende darstellt.[191]

Eine in der Teilungserklärung getroffene Regelung, wonach **Balkone**, die zum ausschließlichen Gebrauch durch einen Wohnungseigentümer bestimmt sind, auf dessen Kosten instand zu setzen und in standzuhalten sind, ist **nicht einschränkend** dahin auszulegen, dass hiervon Kosten ausgenommen sind, die die im **Gemeinschaftseigentum** stehenden Balkonteile betreffen.[192]

Die **Zweckbestimmung** des Sondereigentums als Wohnung durch die Teilungserklärung wird durch die Bezeichnung der einzelnen Räume in dem in Bezug genommenen Aufteilungsplan nicht auf die so umrissene konkrete Nutzungsart beschränkt. Der Wohnungseigentümer ist deshalb berechtigt, im Rahmen der Wohnnutzung die Art der Nutzung der einzelnen Räume zu verändern, so dass auch die Verlegung der Küchennutzung eines Raums in einen anderen Raum grundsätzlich zulässig ist.[193] Bei der Bezeichnung „**Ladengeschäft**" im Aufteilungsplan handelt es sich nicht um eine Zweckbestimmung mit Vereinbarungscharakter. Wird in der Gemeinschaftsordnung auf den **Aufteilungsplan** nur hinsichtlich des Sondereigentums und der Sondernutzungsrechte Bezug genommen, sind dessen Angaben zum übrigen Gemeinschaftseigentum grundsätzlich nur als unverbindliche Nutzungsvorschläge zu verstehen.[194] Eintragungen des planenden Architekten in den **Genehmigungsplänen** kommt in der Regel nicht dadurch die Bedeutung einer Zweckbestimmung mit Vereinbarungscharakter zu, dass diese Pläne für den Aufteilungsplan genutzt werden.[195]

Ansprüche aus einer Gebrauchsregelung können jedenfalls dann nicht mehr nach schuldrechtlichen Grundsätzen übertragen werden, wenn die **Gebrauchsregelung** nach §§ 15, 10 Abs. 2 durch die Eintragung im Grundbuch zum Inhalt des Sondereigentums geworden ist und damit dingliche Wirkung erlangt hat.[196] Siehe zur Übertragung eines im Grundbuch eingetragenen **Sondernutzungsrechts** § 13 Rn. 38.

4. Gutglaubensschutz des Sondernachfolgers

30 Von der bei Rn. 29 angesprochenen Bindungswirkung gegen den Sondernachfolger ist die Frage zu unterscheiden, ob sich dieser zu seinen Gunsten auf die Gutglaubensvorschriften des BGB, hier insbesondere **§ 892 BGB**, berufen kann. Die Rechtsprechung lässt im Hinblick darauf, dass die eingetragene Vereinbarung den Inhalt des **Sondereigentums** bestimmt, ein Berufen

---

191 BGH v. 11.6.2010 – V ZR 174/09, ZWE 2010, 330 (wo im konkreten Fall aber eine Regelungslücke verneint wurde; BGH v. 7.10.2004 – V ZB 22/04, ZWE 2005, 72.
192 BGH v. 16.11.2012 – V ZR 9/12, ZWE 2013, 29.
193 OLG Frankfurt/Main v. 10.4.2008 – 20 W 119/06, ZWE 2008, 433.
194 LG Hamburg v. 14.4.2010 – 318 S 183/09, ZMR 2010, 788.
195 BGH v. 15.1.2010 – V ZR 40/09, ZWE 2010, 178.
196 BGH v. 3.7.2008 – V ZR 20/07, NZM 2008, 732.

auf die allgemeinen Gutglaubensvorschriften grundsätzlich zu. Besteht daher ein im Grundbuch eingetragenes **Sondernutzungsrecht** nicht oder nicht in dem eingetragenen Umfang, so kann sich der begünstigte Wohnungseigentumserwerber auf den eingetragenen Bestand und Umfang des Sondernutzungsrechts berufen.[197] Es kommt auch ein gutgläubiger Erwerb von Sondereigentumsräumen entsprechend der bei der Grundbucheintragung in Bezug genommenen Zuordnung der **Räume** in dem Aufteilungsplan zu einem bestimmten Miteigentumsanteil in Betracht.[198] Der Gutglaubensschutz des § 892 BGB erstreckt sich für den Sondernachfolger auch darauf, dass bei dem Wohnungs- bzw. Teileigentum Vereinbarungen mit Wirksamkeit gegenüber dem Sondernachfolger über den im Grundbuch ausgewiesenen Bestand hinaus nicht getroffen sind.[199] Zur Problematik des gutgläubigen Erwerbs eines **Sondernutzungsrechts** siehe auch § 13 Rn. 38.

Kein Gutglaubensschutz ist jedoch möglich, wenn das Eigentum durch Zuschlag in der Zwangsversteigerung und damit nicht durch Rechtsgeschäft i.S.d. § 892 BGB erworben wird.[200] Ein Gutglaubensschutz ist ebenfalls nicht möglich, bei Vereinbarungen, die aus inhaltlichen Gründen (etwa Verstoß gegen §§ 134, 138, 242 BGB) nichtig sind. Gleiches gilt für inhaltlich unzulässige Grundbucheintragungen.[201]

V. Absatz 4: Wirkung von Beschlüssen und Gerichtsentscheidungen gegen Sondernachfolger

1. Überblick

Durch die WEG-Novelle[202] wurde Abs. 4 Satz 1 nur redaktionell angepasst[203] und Satz 2 neu eingefügt.

31

Nach allgemeiner Auffassung handelt es sich bei einem **Beschluss** der Wohnungseigentümer um ein mehrseitiges Rechtsgeschäft eigener Art, einen so genannten **Gesamtakt**, durch welchen mehrere gleichgerichtete Willenserklärungen der Wohnungseigentümer gebündelt werden.[204] Die von den Wohnungseigentümern abgegebenen **Einzelstimmen** sind hiernach **empfangsbedürftige Willenserklärungen** gegenüber dem Versammlungsleiter.

---

197 LG München I v. 14.2.2011 – 1 S 15864/10, ZWE 2011, 232; LG Nürnberg-Fürth v. 29.7.2009 – 14 S 1895/09, NJW 2009, 3442; OLG Hamm v. 21.10.2008 – 15 Wx 140/08, ZWE 2009, 169; wohl auch in diesem Sinne: OLG München v. 4.7.2014 – 34 Wx 153/14, ZWE 2014, 401; BayObLG v. 30.6.1989 – 2Z BR 47/89, DNotZ 1990, 381; OLG Stuttgart v. 4.12.1985 – 8 W 481/84, OLGZ Stuttgart 1986, 35.
198 OLG Zweibrücken v. 9.6.2011 – 4 U 153/10 (zitiert nach juris).
199 OLG Hamm v. 29.3.1993 – 15 W 391/92, NJW-RR 1993, 1295; OLG Hamburg v. 26.8.1999 – 10 U 41/98, WE 2000, 246.
200 BayObLG v. 16.12.1993 – 2Z BR 112/93, WuM 1994, 149.
201 BGH v. 1.10.2004 – V ZR 210/03, ZMR 2005, 59 (zu einer fehlgeschlagenen Unterteilung eines Mehrfamilienhauses).
202 Gesetz zur Änderung des Wohnungseigentumsgesetzes und anderer Gesetze v. 26.3.2007, BGBl. I 2007, S. 370.
203 BT-Drucks. 16/887, S. 60 und BT-Drucks. 16/3843, S. 46.
204 BGH v. 19.9.2002 – V ZB 30/02, NJW 2002, 3704; BGH v. 10.9.1998 – V ZB 11/98, NZM 1998, 955.

Auf sie finden die allgemeinen zivilrechtlichen Regeln einschließlich der zur Anfechtbarkeit wegen Willensmängeln (§§ 119 ff. BGB) Anwendung. Auch eine Auslegung der Stimmabgabe nach § 133 BGB ist hiernach eröffnet.[205] Dass Beschlüsse, wie auch schuldrechtliche Vereinbarungen, alle Eigentümer der Wohnungseigentümergemeinschaft (auch die „überstimmten" oder nicht an der Abstimmung teilnehmenden Eigentümer – siehe dazu auch unten Rn. 35) binden, ergibt sich schon aus den allgemeinen Rechtsgrundsätzen und der Rechtsnatur von Beschlüssen, mit denen das Mehrheitsprinzip im Innenverhältnis der Gemeinschaft umgesetzt wird.[206] Anders als Vereinbarungen, die ohne Eintragung im Grundbuch[207] nicht gegen Sondernachfolger wirken[208], wirken Beschlüsse, die Regelungen enthalten, welche auch für Sondernachfolger gelten sollen, nach § 23 Abs. 4 Satz 1 auch **ohne Eintragung** gegen den Sondernachfolger. Dass derartige Beschlüsse zur Wirkung gegen Sondernachfolger keiner Eintragung ins Grundbuch bedürfen, war schon nach § 10 Abs. 3 a.F. einhellige Meinung.[209] Dies wurde damit begründet, dass Vereinbarungen die grundlegenden Rechte und Pflichten der Eigentümer untereinander festlegen, Beschlüsse dagegen nur nachrangige Maßnahmen von meist auch vorübergehender Art betreffen. Aus diesem Grund und um das Grundbuch übersichtlich zu halten, wurden (und werden) Beschlüsse als **nicht eintragungsfähig** angesehen. Hieran hat auch die Neufassung von Abs. 4 nichts geändert. Durch den neu aufgenommenen Satz 2 sollte jedoch die streitig gewordene Frage geklärt werden, ob auch weiterhin so genannte gesetzes- oder vereinbarungsändernde Beschlüsse nicht einzutragen sind (siehe dazu auch unten Rn. 33).[210]

2. Beschlüsse

a) Beschlüsse aufgrund gesetzlicher Beschlusskompetenz

32 Nach Satz 1 erfasst durch den Verweis auf § 23 die Bindungswirkung zunächst die Mehrheitsbeschlüsse, die aufgrund der vom Gesetz eingeräumten **Beschlusskompetenz**[211] zustande gekommen sind. So können etwa unter den Voraussetzungen von § 15 Abs. 2 Gebrauchsregelungen mit Mehrheitsbeschluss getroffen werden.[212] Auch für die bei Rn. 15 genannten vereinbarungsändernden Beschlüsse liegt aufgrund der dort jeweils genannten gesetzlichen Regelungen eine vom Gesetz eingeräumte Beschlusskompetenz vor. Wegen der weiteren Einzelheiten zu den Beschlüssen nach § 23 Abs. 1 wird auf die dortigen Kommentierungen § 23 Rn. 2 ff. verwiesen.

Um festzustellen, ob der Beschluss Regelungen enthält, die auch einen etwaigen Sondernachfolger binden sollen, muss der Inhalt des Beschlusses durch **Auslegung** ermittelt werden. Dazu ist der Beschluss nach den für eine

---

205 BGH v. 19. 9. 2002 – V ZB 37/02, NJW 2002, 3629.
206 BGH v. 10. 9. 1998 – V ZB 11/98, NZM 1998, 955.
207 Siehe zu eingetragenen Vereinbarungen oben Rn. 27 ff.
208 Siehe dazu oben Rn. 11.
209 Statt aller: BGH v. 10. 9. 1998 – V ZB 11/98, NZM 1998, 955; BGH v. 23. 8. 2001 – V ZB 10/01, NZM 2001, 961.
210 BT-Drucks. 16/887, S. 20.
211 Siehe dazu § 23 Rn. 2 ff.
212 Siehe dazu § 15 Rn. 9 ff.

Grundbucheintragung geltenden Regeln **objektiv-normativ** auszulegen.[213] Maßgebend sind dabei der sich aus dem **Protokoll** der Eigentümerversammlung ergebende Wortlaut des Beschlusses und der Sinn, wie er sich aus unbefangener Sicht als nächstliegende Bedeutung des Wortlauts ergibt; Umstände außerhalb der Eintragung dürfen nur herangezogen werden, wenn sie nach den besonderen Verhältnissen des Einzelfalles für **jedermann** ohne weiteres **erkennbar** sind.[214] Dabei ist auch der Grundsatz der **interessengerechten** Auslegung zu berücksichtigen.[215] Auf die subjektiven Vorstellungen der Abstimmenden kommt es nicht an (siehe dazu auch § 16 Rn. 22a, § 23 Rn. 26, § 24 Rn. 48, 51). Der **Bestimmtheitsgrundsatz** verbietet es aber nicht, dass der Beschluss nur durch ein Dokument, auf das er **Bezug nimmt**, ausgelegt werden kann. In diesem Fall muss aber das Dokument, auf das Bezug genommen wird, zweifelsfrei bestimmt sein.[215a] Zur Frage, ob das Dokument, auf das Bezug genommen wurde, als **Anlage** zum Protokoll oder zur Beschlusssammlung genommen werden muss, auch dies keine konstitutive Wirkung für das Zustandekommen des Beschlusses hat, siehe § 24 Rn. 34 (zum Protokoll) und Rn. 59 (zur Beschlusssammlung). Zum Bestimmtheitsgrundsatz und zur ergänzenden Auslegung siehe auch oben Rn. 29.

Die näheren Einzelheiten zu den Beschlüssen (wie etwa: Zustandekommen, Nichtigkeit, Anfechtbarkeit) können der Kommentierung zu § 23 Rn. 19ff. entnommen werden.

b) Gesetzes- und vereinbarungsändernde Beschlüsse aufgrund Öffnungsklausel

Aufgrund Satz 2 wird nunmehr klargestellt, dass die Ausführungen bei Rn. 32 auch für Beschlüsse gelten, die aufgrund einer in einer Vereinbarung enthaltenen **Öffnungsklausel**[216] gefasst wurden und die vom Gesetz abweichen oder eine Vereinbarung ändern. Der Gesetzgeber hat sich zu dieser Klarstellung veranlasst gesehen, da in der Literatur gefordert wurde, zum Schutz von Sondernachfolgern derartige Beschlüsse in das Grundbuch einzutragen.[217] Das OLG München hat ausdrücklich festgestellt, dass Beschlüsse, die aufgrund einer Öffnungsklausel gesetzliche oder vereinbarte Regelungen durch eine andere Regelung ersetzen, also von ihr normativ und nicht nur tatsächlich „abweichen", im Grundbuch weder **eintragungsbedürftig** noch **eintragungsfähig** sind.[218] Im Hinblick auf die in § 24 Abs. 7

33

---

213 BGH v. 7. 10. 2004 – V ZB 22/04, ZWE 2005, 72 (zur im Grundbuch eingetragenen Vereinbarung); 233; BGH v. 10. 9. 1998 – V ZB 11/98, NZM 1998, 955; BGH v. 23. 8. 2001 – V ZB 10/01, NZM 2001, 961; LG München I v. 13. 1. 2014 – 1 S 1817/13, ZWE 2014, 186; LG München I v. 20. 12. 2010 – 1 S 4319/10, ZWE 2011; OLG Düsseldorf v. 29. 9. 2006 – 3 Wx 70/06, NJW-RR 2007, 1169; BayObLG v. 28. 2. 2002 – 2Z BR 141/01, NZM 2002, 492.
214 BGH v. 10. 9. 1998 – V ZB 11/98, NJW 1998, 3713; LG München I v. 9. 5. 2011 – 1 S 22360/10, ZWE 2011, 282; OLG Hamm v. 11. 11. 2004 – 15 W 351/04, ZMR 2005, 400.
215 BGH v. 28. 5. 2009 – VII ZR 206/07, ZWE 2009, 303.
215a BGH v. 8. 4. 2016 – V ZR 104/15, ZWE 2016, 325.
216 Siehe dazu unten Rn. 16ff.
217 BT-Drucks. 16/887, S. 20.
218 OLG München v. 13. 11. 2009 – 34 Wx 100/09, ZWE 2010, 128.

und 8 vorgesehene Beschluss-Sammlung und den Umstand, dass die üblicherweise in der Gemeinschaftsordnung enthaltene Öffnungsklausel einen Erwerber „vorwarnt", dürfte zumindest für künftige Fälle regelmäßig dem Informationsinteresse des Erwerbers Genüge getan sein. Um einigermaßen sicher zu gehen, wird ein Erwerber daher wohl alle Versammlungsprotokolle im Hinblick auf derartige Beschlüsse durchsehen müssen. Soweit in Einzelfällen, also insbesondere bei Beschlüssen vor Geltung der WEG-Novelle[219] und bei nicht ordnungsgemäß geführten Beschluss-Sammlungen oder bei fehlenden oder fehlerhaften Versammlungsprotokollen, Nachteile für einen Erwerber entstehen, wird dieser wohl auf Schadensersatzansprüche zu verweisen sein (gegen den Veräußerer und – möglicherweise aus abgetretenem Recht – gegen den Verwalter).

Zur **Auslegung** gesetzes- und vereinbarungsändernder Beschlüsse siehe Rn. 32.

3. Gerichtliche Entscheidungen

34 Nach Satz 1 wirken auch die in einem Rechtsstreit gemäß § 43 ergangenen gerichtlichen Entscheidungen[220] ohne eine (wie beim Beschluss nicht mögliche) Grundbucheintragung gegen den Sondernachfolger. Insoweit gibt Satz 1 die sich aus § 325 Abs. 1 ZPO ergebende Rechtsfolge wieder. Nach § 325 Abs. 1 ZPO wirkt das rechtskräftige Urteil für und gegen die **Parteien** und die Personen, die nach Eintritt der Rechtshängigkeit **Rechtsnachfolger** der Parteien geworden sind. § 325 Abs. 1 ZPO greift auch dann ein, wenn die Rechtsnachfolge erst nach Rechtskraft des Urteils eintritt.[221] Durch die Verpflichtung des Verwalters nach § 24 Abs. 7 Satz 1 Nr. 3, die Urteilsformel in die Beschluss-Sammlung aufzunehmen[222], ist zumindest im Regelfall dem Informationsbedürfnis des Rechtsnachfolgers entsprochen.

Keine gerichtlichen Entscheidungen i.S.d. Satzes 1 sind dagegen **Prozessvergleiche**. Zum Begriff des Prozessvergleichs siehe zunächst oben Rn. 10. Prozessvergleiche, die auch nicht in die Beschluss-Sammlung aufgenommen werden[223], **binden** daher (als materielle Rechtsgeschäfte) **nur** die am Vergleich **Beteiligten**. Rechtsnachfolger werden nur dann gebunden, wenn die im Vergleich enthaltene Vereinbarung im Grundbuch eingetragen wird oder wenn ein inhaltsgleicher Eigentümerbeschluss (der regelmäßig zum Abschluss erforderlich sein wird) herbeigeführt wird.[224] Der Gegenmeinung des OLG Zweibrücken[225], das von ihrer Bindung ausgeht, ist nicht zu folgen. Die Argumentation, dass ein Käufer keine weitergehenden Rechte erwerben kann, als sie dem Verkäufer zuletzt zustanden, würde nicht nur bei gerichtlichen Vergleichen, sondern auch bei allen anderen Vereinbarungen durchgreifen.

---

219 Gesetz zur Änderung des Wohnungseigentumsgesetzes und anderer Gesetze v. 26.3.2007, BGBl. I 2007, Seite 370.
220 Siehe dazu im Einzelnen die Kommentierungen zu § 43.
221 BGH v. 17.2.1983 – III ZR 184/81, NJW 1983, 2032.
222 Siehe dazu § 24 Rn. 61ff.
223 Siehe § 24 Rn. 64.
224 BayObLG v. 29.1.1990 – BReg 1 b Z 4/89, NJW-RR 1990, 594.
225 OLG Zweibrücken v. 11.6.2001 – 3 W 218/00, ZMR 2001, 734.

VI. Absatz 5: Außenwirkung von auf Mehrheitsbeschlüssen beruhenden Rechtshandlungen

Absatz 5 betrifft nicht das Innenverhältnis und die Bindungswirkung unter den Wohnungseigentümern[226], sondern regelt die Wirkung von Rechtshandlungen im **Außenverhältnis**.[227] Voraussetzung für die Rechtshandlungen sind Mehrheitsbeschlüsse, wobei hinsichtlich der Kompetenzzuweisung durch Gesetz oder Vereinbarung auf die Rn. 32 und 33 Bezug genommen wird.

35

Unter **Rechtshandlung** ist jedes rechtlich erhebliche Verhalten zu verstehen. Rechtshandlungen können daher Rechtsgeschäfte, rechtsgeschäftsähnliche Handlungen und auch Prozesshandlungen sein. So kann etwa auf einen Mehrheitsbeschluss hin ein Eigentümer mit dem Verwalter einen Verwaltervertrag abschließen[228] oder es kann durch den Verwalter ein Anwalt beauftragt werden, einen Anspruch gerichtlich geltend zu machen[229], wofür auch Prozessvollmacht erteilt wird.[230]

Wenn das Gesetz davon spricht, dass die Rechtshandlungen für und gegen die genannten Eigentümer „wirken", bedeutet dies, dass die Rechtshandlungen den Eigentümern und nicht dem Handelnden zugerechnet werden und daher auch die Eigentümer und nicht den Handelnden die Rechtsfolgen treffen. Da in der Praxis die Beschlüsse im Allgemeinen durch den Verwalter durchgeführt werden und § 27 insoweit ausdrücklich die Befugnisse und damit auch die Vertretungsmacht des Verwalters in Bezug auf die Wohnungseigentümer regelt, kommt § 10 Abs. 5 weitgehend nur mehr eine klarstellende Funktion zu. Soweit der Gemeinschaft als rechtsfähigem Verband die Rechtshandlungen zugerechnet werden[231], kommt Abs. 5 nicht zur Anwendung. Insoweit hat sich durch die Teilrechtsfähigkeit der Wohnungseigentümergemeinschaft die Rechtslage geändert.[232]

Die **Wirkung** der Rechtshandlungen trifft nach dem Gesetzeswortlaut auch die Wohnungseigentümer, die gegen den Beschluss gestimmt haben (also überstimmt wurden) oder die an der Beschlussfassung nicht mitgewirkt haben (weil sie abwesend waren oder nicht abgestimmt haben).[233] Dies betrifft grundsätzlich nur die Eigentümer, die auch im **Zeitpunkt** der Rechtshandlung noch Eigentümer waren. So haften etwa Erwerber, die erst nach einer Darlehensaufnahme für die Wohnungseigentümer[234] das Eigentum erwor-

---

226 Siehe dazu oben Rn. 31.
227 Wie hier: *Palandt-Bassenge*, § 10 WEG, Rn. 25; a.A.: *Bärmann-Suilmann*, § 10 Rn. 196 ff. (mit Darstellung des Meinungsstandes).
228 OLG Frankfurt/Main v. 3.12.1996 – 20 W 572/95, Wohnungseigentümer 1997, 165.
229 OLG Düsseldorf v. 9.8.1999 – 3 Wx 200/99, WuM 1999, 711.
230 OLG München v. 11.2.2002 – 17 U 4845/01, NJW-RR 2002, 1454.
231 Siehe dazu die Kommentierungen zu Abs. 6 und 7 Rn. 36 ff. und zu § 27 Rn. 29 ff.
232 Zur Haftung des Wohnungseigentümers für Gemeinschaftsschulden siehe unten Rn. 57 ff.
233 BGH v. 10.9.1998 – V ZB 11/98, NZM 1998, 955.
234 Siehe vorstehender Absatz: nach neuem Recht nicht einschlägig bei Darlehen der Gemeinschaft als Verband.

ben haben, nicht für die Kreditrückzahlung.[235] Bei **Dauerschuldverhältnissen**, wie etwa dem Verwaltervertrag, treten neu hinzukommende Eigentümer zwar in den (laufenden) Vertrag ein, haften aber nicht für vorher entstandene Verbindlichkeiten aus dem Vertrag.[236]

VII. Absatz 6: Rechte und Pflichten der (teil-)rechtsfähigen Gemeinschaft

1. Überblick

36 Durch Abs. 6 (ergänzt durch die Regelungen in Abs. 7 und 8) wird die vom BGH im Jahr 2005[237] festgestellte (Teil-) Rechtsfähigkeit der Wohnungseigentümergemeinschaft gesetzlich normiert. Dabei regeln Satz 1 und Satz 2, auf welche Bereiche die Rechtsfähigkeit beschränkt ist und welche Rechte und Pflichten erfasst sind. Der Gesetzgeber wollte, dass sich die Rechtsnatur der Gemeinschaft unmittelbar aus dem Gesetz ergibt.[238] Satz 3 befasst sich mit der Ausübung von Rechten und Pflichten, deren Inhaber nicht die Gemeinschaft, sondern die (einzelnen) Wohnungseigentümer sind. Satz 4 bestimmt die Bezeichnung, unter der die rechtsfähige Gemeinschaft im Rechtsverkehr auftritt. In Satz 5 ist klargestellt, dass die rechtsfähige Gemeinschaft auch parteifähig ist.

2. Satz 1: (Teil-)Rechtsfähigkeit der Gemeinschaft

a) Gemeinschaft der Wohnungseigentümer

37 Wie bereits oben bei Rn. 6 dargestellt, sind die einzelnen Wohnungseigentümer in dem gesetzlichen Schuldverhältnis der **Bruchteilsgemeinschaft** miteinander verbunden. In diesem Bereich tritt der Verwalter nicht als Organ, sondern als rechtsgeschäftlicher Vertreter auf. Diese Bruchteilsgemeinschaft ist in Abs. 6 Satz 1 nicht angesprochen.

Unter **Gemeinschaft der Wohnungseigentümer** versteht das Gesetz vielmehr hier den (wenn auch nur in Teilbereichen) **rechtsfähigen** Verband, der durch den Verwalter in seiner Funktion als Organ der Gemeinschaft vertreten wird. Eine Wohnungseigentümergemeinschaft bildet immer nur einen **einheitlichen Verband**.

Untergemeinschaften, wie sie häufig bei **Mehrhausanlagen** in der Gemeinschaftsordnung vorgesehen sind, sind als solche **nicht rechtsfähig**.[239] Rechtsgeschäftlich nach außen auftreten kann daher, auch wenn beispielsweise von einer in Auftrag gegebenen Umbaumaßnahme nur eine bestimmte Hausge-

---

235 OLG Oldenburg v. 9.4.1993 – 14 U 5/92, WE 1994, 218.
236 OLG Frankfurt/Main v. 3.12.1996 – 20 W 572/95, Wohnungseigentümer 1997, 165; BayObLG v. 6.10.1986 – BReg 2 Z 88/85, NJW-RR 1987, 80.
237 BGH v. 2.6.2005 – V ZB 32/05, ZMR 2005, 547.
238 BT-Drucks. 16/887, S. 57.
239 LG München I v. 20.12.2010 – 1 S 8436/10, ZWE 2011, 184; OLG Koblenz v. 18.10.2010 – 5 U 934/10, ZWE 2011, 91; LG Düsseldorf v. 22.10.2009 – 19 S 40/09, NZM 2010, 288; siehe zur Untergemeinschaft auch § 28 Rn. 43, § 23 Rn. 6 und BayObLG v. 21.8.2003 – 2Z BR 52/03, ZMR 2004, 598.

meinschaft tatsächlich[240] und aufgrund der Kostentragungsregelung[241] auch wirtschaftlich betroffen ist, immer nur die Gesamtgemeinschaft. Auch ist Eigentümer (Forderungsinhaber) einer Instandhaltungsrücklage rechtlich immer nur die Gesamtgemeinschaft, auch wenn nach der Gemeinschaftsordnung für die Untergemeinschaften eigene Instandhaltungsrücklagen gebildet werden sollen.[242]

Eine teilrechtsfähige Wohnungseigentümergemeinschaft ist jedenfalls dann als Verband ein **Verbraucher** i.S.d. § 13 BGB, wenn ihr auch nur ein Verbraucher angehört und an ihr nicht ausschließlich Unternehmer beteiligt sind. Dabei handelt die Wohnungseigentümergemeinschaft beim Abschluss von Rechtsgeschäften mit Dritten – wie etwa einem Energielieferungsvertrag zur Deckung des eigenen Bedarfs – in der Regel zum **Zwecke der privaten Vermögensverwaltung** ihrer Mitglieder und damit nicht zu gewerblichen Zwecken.[243] In der Praxis werden daher die meisten Gemeinschaften Verbraucher sein mit der Folge, dass bei den vom Verband abgeschlossenen Rechtsgeschäften auch die **Verbraucherschutzvorschriften** eingreifen. Dazu gehören beispielsweise die **AGB-Vorschriften** der §§ 305 ff. BGB (siehe auch § 310 Abs. 3 BGB), bei der Kreditaufnahme (siehe dazu auch § 21 Rn. 23) die §§ 491 ff. BGB (**Verbraucherdarlehensvorschriften**), bei Kauf die §§ 474 ff. BGB (**Verbrauchsgüterkaufvorschriften**) und bei **Fernabsatzverträgen** § 312d BGB (Widerrufs- und Rückgaberecht) und §§ 312c und e BGB (Informationspflicht des Unternehmers).

Überträgt eine Wohnungseigentümergemeinschaft über Satellit ausgestrahlte und mit einer **Gemeinschaftsantenne** der Wohnanlage empfangene Fernseh- oder Hörfunksignale zeitgleich, unverändert und vollständig durch ein Kabelnetz an die angeschlossenen Empfangsgeräte der einzelnen Wohnungseigentümer weiter, handelt es sich **nicht** um eine **öffentliche Wiedergabe** i.S.v. § 15 Abs. 3 UrhG so dass weder **GEMA-Gebühren** noch Schadensersatzansprüche entstehen.[244]

b) Selbst Rechte erwerben und Pflichten eingehen

Die eigenständige Stellung der Gemeinschaft als **rechtsfähiger Verband** wird im Gesetzeswortlaut auch dadurch hervorgehoben, dass sie „selbst" berechtigt oder verpflichtet sein kann, also selbst Rechte erwerben und selbst Pflichten durch ihr Organ eingehen kann. Zur Beschränkung der eigenständigen Rechtsstellung siehe unten Rn. 40.

38

Bei einem Vertrag ist Vertragspartner nunmehr in der Regel das teilrechtsfähige Subjekt, der Verband. Er haftet mit seinem Verwaltungsvermögen.

---

240 Siehe zu Nutzungsbeschränkungen bei Mehrhausanlagen auch § 13 Rn. 20.
241 Siehe dazu § 16 Rn. 53.
242 BGH v. 17.4.2015 – V ZR 12/14, ZWE 2015, 335; siehe zum Verwaltungsvermögen unten Rn. 48 ff., zu Untergemeinschaften auch § 23 Rn. 6 und zum Wirtschaftsplan und zur Jahresabrechnung beim Bestehen von Untergemeinschaften § 28 Rn. 43, 56 und 73.
243 BGH v. 25.3.2015, Az. VIII ZR 243/13, ZWE 2015, 322; OLG München v. 25.9.2008 – 32 Wx 118/08, NJW 2008, 3574; siehe zum Verwalftervertrag § 26 Rn. 40.
244 BGH v. 17.9.2015 – I ZR 228/14, NJW 2016, 807.

Daneben kommt eine akzessorische gesamtschuldnerische Haftung der Wohnungseigentümer nur in Betracht, wenn diese sich neben dem Verband klar und eindeutig auch persönlich verpflichtet haben.[245] Bei der Forderung aus einem Werkvertrag mit dem Verband handelt es sich um eine so genannte **Verwaltungsschuld**, die aus dem **Verwaltungsvermögen** der Wohnungseigentümergemeinschaft beglichen werden muss. Materiell-rechtlich ist allein die WEG zur Bezahlung der Vergütung verpflichtet. Eine akzessorische gesamtschuldnerische Haftung der Wohnungseigentümer für diese Verbindlichkeit besteht nicht. Sie käme nur in Betracht, wenn sich die Wohnungseigentümer neben dem Verband klar und eindeutig auch persönlich verpflichtet hätten.[246]

Wohnungseigentümergemeinschaften waren auch schon vor dem Inkrafttreten der Änderung des WEG im Jahr 2007 und der Entscheidung des BGH aus dem Jahr 2005[247] (teil-)rechtsfähig und § 10 Abs. 6 ist auf sie anwendbar. Die Vorschrift gehört zum materiellen Recht, für das eine § 62 Abs. 1 entsprechende **Übergangsvorschrift** fehlt.[248]

c) Gegenüber Dritten und Wohnungseigentümern

39 Der Gesetzeswortlaut greift auch hier die Entscheidung des BGH[249] auf, der feststellte, dass die Teilnahme der Gemeinschaft am Rechtsverkehr zwar insbesondere das **Außenverhältnis** betrifft, da die Verwaltung des gemeinschaftlichen Eigentums regelmäßig Rechtsgeschäfte und Rechtshandlungen mit Dritten, also Nichteigentümern, veranlassen wird.[250] Möglich ist aber auch ein rechtsgeschäftliches Tätigwerden im **Innenverhältnis**, wenn etwa gemeinschaftliche Beitragsansprüche gegen Wohnungseigentümer verfolgt werden.[251]

d) Im Rahmen der gesamten Verwaltung des gemeinschaftlichen Eigentums

40 Das Gesetz gibt keine eigenständige Definition der Teilrechtsfähigkeit, sondern schränkt den möglichen Erwerb von Rechten und Pflichten lediglich dahingehend ein, dass dieser nur „im Rahmen der gesamten Verwaltung des gemeinschaftlichen Eigentums" erfolgen kann. Diese Formulierung entspricht (mit Ausnahme des Wortes „gesamten") derjenigen des BGH.[252] Die Erweiterung um das Wort „gesamten" soll klar stellen, dass die gesamte **Geschäftsführung** zugunsten der Wohnungseigentümer in Bezug auf das **gemeinschaftliche Eigentum** erfasst wird und nicht nur die in den §§ 20 bis 29 genannten Maßnahmen.[253] Aufgrund der auslegungsbedürftigen Gesetzesformulierung und der wenig weiterführenden Erläuterungen in der Gesetzesbegründung sind insbesondere zu Absatz 6 Satz 3 noch viele Fragen

---

245 BGH v. 20. 1. 2010 – VIII ZR 329/08, NJW 2010, 932.
246 BGH v. 10. 3. 2011 – VII ZR 54/10, ZWE 2011, 215.
247 BGH v. 2. 6. 2005 – V ZB 32/05, ZMR 2005, 547.
248 BGH v. 18. 6. 2009 – VII ZR 196/08, ZWE 2009, 373.
249 BGH v. 2. 6. 2005 – V ZB 32/05, ZMR 2005, 547.
250 BT-Drucks. 16/887, S. 60.
251 Siehe dazu im Einzelnen unten Rn. 53.
252 BGH v. 2. 6. 2005 – V ZB 32/05, ZMR 2005, 547.
253 BT-Drucks. 16/887, S. 60.

offen und werden in der Literatur uneinheitlich gesehen.²⁵⁴ Die Rechtsprechung konnte bisher nur in Teilbereichen zu Klärung beitragen (siehe dazu unten Rn. 43 ff.). Es muss daher weiterhin mit einer regional unterschiedlichen Rechtsprechung insbesondere für den Bereich außerhalb der §§ 20 bis 29 gerechnet werden.

Irreführend ist der Hinweis in der Gesetzesbegründung, nach der genannten BGH-Entscheidung würde auf jeden Fall zu den der Gemeinschaft zuzuordnenden Angelegenheiten etwa die Verfolgung von Schadensersatzansprüchen wegen Beschädigung des gemeinschaftlichen Eigentums gehören. Zudem sei beim „Gebrauch" des gemeinschaftlichen Eigentums an die Geltendmachung eines Anspruchs aus § 1004 BGB auf Unterlassung einer Störung zu denken.²⁵⁵ Dieser Hinweis ist nur zutreffend, soweit tatsächlich Eigentum betroffen ist, das zum **Verwaltungsvermögen**²⁵⁶ gehört; ansonsten sind diese Ansprüche unter Satz 3 einzuordnen.²⁵⁷ Das gemeinschaftliche Eigentum am Grundstück und am Gebäude i.S.d. § 1 Abs. 5 (in der Gesetzesbegründung: Haustüre) steht sowohl nach der Entscheidung des BGH²⁵⁸ als auch nach § 10 Abs. 1 den Wohnungseigentümern zu und ist nicht Teil des Verbandsvermögens. Der Verband ist auch nicht Miteigentümer des **Grundstücks** der Wohnanlage.²⁵⁹ Bei den aus dem Eigentum abgeleiteten Schadensersatzansprüchen nach § 823 BGB und den Unterlassungsansprüchen nach § 1004 BGB handelt es sich um **Individualansprüche**, welche den einzelnen Wohnungseigentümern zustehen.²⁶⁰ Zur Geltendmachung der Ansprüche durch den Verband siehe Rn. 43 und Rn. 44. Siehe zu den Individualansprüchen allgemein § 15 Rn. 17 ff. (insbesondere Rn. 20) und § 13 Rn. 23 ff. 41

3. Satz 2: Gemeinschaft als Inhaber von Rechten und Pflichten

Während in Satz 1 die Teilrechtsfähigkeit mit der Bestimmung normiert wurde, dass die Gemeinschaft Rechte erwerben und Pflichten eingehen „kann", legt Satz 2 fest, dass die Gemeinschaft Inhaber bestimmter Rechte „ist". Soweit also für die Gemeinschaft Rechte oder Pflichten entstehen, egal ob sie **gesetzlich begründet** oder **rechtsgeschäftlich erworben** wurden, ist die Gemeinschaft die Inhaberin. Satz 2 wird durch (den fast wortgleichen) Absatz 7 ergänzt, in dem das **Verwaltungsvermögen** behandelt ist. Wegen der näheren Einzelheiten und hinsichtlich des Umfangs der Rechte und Pflichten wird daher auf die Kommentierung zu Abs. 7, **Rn. 48 ff.**, Bezug genommen. 42

Zur Anbringung von **Rauchwarnmeldern** siehe unten Rn. 43.

---

254 Siehe etwa *Bärmann-Suilmann*, § 10 Rn. 221 ff.
255 BT-Drucks. 16/887, S. 60.
256 Siehe dazu unten Rn. 48 ff.
257 Siehe dazu unten Rn. 43 ff.
258 BGH v. 2. 6. 2005 – V ZB 32/05, ZMR 2005, 547.
259 BGH v. 12. 12. 2006 – I ZB 83/06, NJW 2007, 518.
260 BGH v. 5. 12. 2014 – V ZR 5/14, ZWE 2015, 122; BGH v. 30. 3. 2006 – V ZB 17/06, NZM 2006, 465; BayObLG v. 13. 7. 1995 – 2Z BR 15/95, ZMR 1995, 495.

4. Satz 3: Ausübung von Rechten und Pflichten der einzelnen Wohnungseigentümer

a) Gemeinschaftsbezogene Rechte und Pflichten der Wohnungseigentümer (Hs. 1)

43 Satz 3 erfasst nur Rechte und Pflichten, deren **Inhaber** der einzelne **Wohnungseigentümer** ist, die aber einen Bezug zur rechtsfähigen Gemeinschaft haben. Daher erfasst Satz 3 auf der einen Seite **nicht** Rechte und Pflichten aus dem **Sondereigentum**[261] und auch nicht Rechte und Pflichten, deren Inhaber die **rechtsfähige Gemeinschaft** unmittelbar ist.[262]

Der Gesetzeswortlaut nennt „gemeinschaftsbezogene" Rechte und Pflichten, die ausgeübt oder wahrgenommen werden (Hs. 1) und „sonstige" Rechte und Pflichten, bei denen hinzukommen muss, dass sie gemeinschaftlich geltend gemacht werden können oder zu erfüllen sind (Hs. 2).

Pflichten sind gemeinschaftsbezogen mit der Folge, dass eine „**geborene**" Wahrnehmungsberechtigung des Verbandes gemäß **Hs. 1** gegeben ist, wenn die Verpflichtung im **Außenverhältnis alle** Wohnungseigentümer gleichermaßen trifft, jedoch nach der Interessenlage ein **gemeinschaftliches Vorgehen erfordert**.[263]

Bei gemeinschaftsbezogenen **Rechten** der Wohnungseigentümer kann ebenfalls eine so genannte geborene Ausübungsbefugnis des Verbandes nach Hs. 1 bestehen.[264] Rechte sind aber nur dann i.S.d. Hs. 1 **gemeinschaftsbezogen**, wenn sie im Interesse der Wohnungseigentümer oder aus Gründen des Schuldnerschutzes eine **einheitliche Rechtsverfolgung erfordern**. Bei der Annahme der Erforderlichkeit ist **Zurückhaltung** geboten, da der Entzug der materiellen Ausübungsbefugnis mit der Folge des Verlusts auch der Prozessführungsbefugnis jedenfalls bei vertraglich begründeten Individualrechten einen gravierenden Eingriff in die Privatautonomie (Art. 2 Abs. 1 GG) darstellt. Dies kann nur bejaht werden, wenn **schutzwürdige Belange** der Wohnungseigentümer oder des Schuldners an einer einheitlichen Rechtsverfolgung das grundsätzlich vorrangige Interesse des Rechtsinhabers, seine Rechte selbst und eigenverantwortlich auszuüben und prozessual durchzusetzen, **deutlich überwiegen**. Dabei ist mit Blick auf die Erfordernisse der Rechtsklarheit und der Sicherheit des Rechtsverkehrs eine typisierende Betrachtung geboten, so dass Minderung und sog. kleiner Schadensersatz jedenfalls dann **nicht** in den Anwendungsbereich des Abs. 6 Satz 3 Hs. 1 fallen, wenn eine gebrauchte Eigentumswohnung unter Ausschluss der Haftung für Sachmängel verkauft und eine Beschaffenheitsgarantie nicht vereinbart worden ist.[265]

In der neueren Rechtsprechung wurde vom **BGH** beispielsweise in folgenden Fällen von einem gemeinschaftsbezogenen **Recht** oder einer gemein-

---
261 Siehe dazu § 13 Rn. 3 ff.
262 Siehe dazu Rn. 48 ff.
263 BGH v. 8.2.2013 – V ZR 238/11, ZWE 2013, 358.
264 BGH v. 17.12.2010 – V ZR 125/10, ZWE 2011, 123.
265 BGH v. 24.7.2015 – V ZR 167/14, ZWE 2015, 358; BGH v. 23.2.2006 – VII ZR 84/05, NJW 2006, 2254.

schaftsbezogenen **Pflicht** ausgegangen, so dass insoweit eine **geborene Ausübungsbefugnis** vorliegt:

- gesamtschuldnerisch zu tragende **Abgabenschuld** der Miteigentümer des gemeinschaftlichen Grundstücks[266]
- **Duldungs- und Gestattungsansprüche** aus § 14 Nr. 3 u. 4[267]
- **Entschädigungsanspruchs** nach § 14 Nr. 4 Hs. 2[268]
- Antrag auf **gerichtliche Feststellung**, dass kein **Anschluss- und Benutzungszwang** (Heizanlage) besteht[269]
- **Minderung** und „kleiner" **Schadensersatz** jedenfalls bei Erwerb nach Werkvertragsrecht vom Bauträger[270]
- Bei **Beseitigungsansprüchen gegen** die Miteigentümer wegen unberechtigter Einfriedung des Grundstücks besteht eine **passive Prozessführungsbefugnis** des Verbandes[271]
- **Schadensersatzansprüche**, die auf die Verletzung des **Gemeinschaftseigentums** gestützt werden (im Gegensatz zu Ansprüchen aus § 1004 – siehe dazu § 15 Rn. 18ff.)[272]
- Einhaltung der **Verkehrssicherungspflichten**[273]

Zur gesondert gelagerten Problematik der **Anspruchskonkurrenz** (wenn also der Anspruch des Eigentümers sich etwa sowohl aus § 15 Abs. 3 i. V. m. § 1004 BGB als auch aus den Vorschriften über Schadensersatz in Form der Naturalrestitution ergeben kann), siehe genauer § 15 **Rn. 20**.

Wie soeben dargestellt, ist nunmehr auch vom BGH bestätigt worden, dass die **Verkehrssicherungspflichten** im Innenverhältnis der Wohnungseigentümer nicht der einzelne Eigentümer, sondern der Verband sicherzustellen hat. Der BGH hat aber ausdrücklich die Frage offengelassen, ob im **Außenverhältnis auch** eine **Haftung** der einzelnen **Wohnungseigentümer** eintreten kann.[274] Nach der hier vertretenen Meinung sind beim gemeinschaftlichen Eigentum im Außenverhältnis jedenfalls auch die Miteigentümer verkehrssicherungspflichtig. Sie können diese Pflicht auch durch einen Vertrag auf einen Dritten (etwa den Verwalter) übertragen.[275] Unabhängig von einer vertraglichen Übertragung ist zu berücksichtigen, dass der einzelne Eigentümer, jedenfalls wenn er in der Anlage wohnt, einige erforderliche Handlungen (wie etwa Streuen bei Eisglätte) unproblematisch selbst vornehmen kann. Eine Gefahrenquelle kann sich aber auch aus dem Gemeinschaftseigentum selbst, etwa aufgrund baulicher Mängel, ergeben. Der BGH hat in

---

266 BGH v. 14. 2. 2014 – V ZR 100/13, ZWE 2014, 165.
267 BGH v. 10. 7. 2015 – V ZR 194/14, ZWE 2015, 376.
268 BGH v. 25. 9. 2015 – V ZR 246/14, NZM 2016, 169.
269 BGH v. 19. 7. 2013 – V ZR 109/12, ZWE 2014, 25
270 BGH v. 24. 7. 2015 – V ZR 145/14, ZWE 2015, 405.
271 BGH v. 11. 12. 2015 – V ZR 180/14, WuM 2016, 244.
272 BGH v. 7. 2. 2014, V ZR 25/13, NJW 2014, 1090; ebenso: BVerfG v. 28. 7. 2014 – 1 BvR 1925/13 (juris Rn. 14).
273 BGH v. 8. 2. 2013 – V ZR 238/11, ZWE 2013, 358; BGH v. 9. 3. 2012 – V ZR 161/11, NJW 2012, 1724.
274 BGH v. 9. 3. 2012 – V ZR 161/11, NJW 2012, 1724.
275 *Palandt-Sprau*, § 823 BGB Rn. 50.

diesem Zusammenhang – allerdings nicht zur Verkehrssicherungspflicht – ausgeführt, dass die gemeinschaftliche Verantwortung der Wohnungseigentümer, das Gemeinschaftseigentum in einen ordnungsgemäßen Zustand zu überführen und es in diesem zu erhalten, unabhängig davon besteht, wie vielen Wohnungseigentümern Ansprüche auf Herstellung eines vertragsgerechten Zustandes zustehen. Das zeigt sich auch daran, dass Mangelbeseitigungsarbeiten am Gemeinschaftseigentum – sieht man von den Fällen der Notgeschäftsführung (§ 21 Abs. 2) ab – nur mit Zustimmung der Wohnungseigentümer vorgenommen werden dürfen und eigenmächtig durchgeführte Maßnahmen auf Verlangen wieder rückgängig gemacht werden müssen. Es ist Sache der Wohnungseigentümer darüber zu befinden, auf welche Weise Mängel am Gemeinschaftseigentum zu beseitigen sind.[276]

Im Außenverhältnis erlischt aber, ähnlich wie bei einer Übertragung der Verkehrssicherungspflicht, die Pflicht des einzelnen Eigentümers durch die Zuständigkeit des Verbandes nicht vollständig, sondern sie beschränkt sich grundsätzlich auf eine **Kontroll- und Überwachungspflicht**. Eine unmittelbare **Tätigkeitspflicht** würde sich dann für den einzelnen Eigentümer nur mehr in **Ausnahmefällen** ergeben. Dies könnte etwa der Fall sein, wenn der Eigentümer bei Glatteis feststellt, dass die Verwaltung nicht rechtzeitig streut. Hier wird der Eigentümer ohne Zögern auf die Verwaltung einwirken und, falls dies nicht zum Erfolg führt, auch selbst streuen müssen.

Eine **Sonderstellung** nimmt die Pflicht zur Anbringung von Rauchwarnmeldern ein. Wenn nach den landesrechtlichen Vorschriften eine öffentlich-rechtliche Pflicht zur Installation und Wartung von **Rauchwarnmeldern** besteht, kann es sich (soweit nicht Satz 2 einschlägig ist) um eine gemeinschaftsbezogene (Hs. 1) oder eine sonstige Pflicht (Hs. 2) handeln, da Normadressat der Landesbauordnungen in der Regel der Bauherr bzw. der Gebäudeeigentümer ist. Eigentümer des Gebäudes sind die Wohnungseigentümer und nicht die Wohnungseigentümergemeinschaft.

Der **BGH** hat eine Differenzierung nach dem **Adressaten** der öffentlich-rechtlichen Verpflichtung vorgenommen:[277]

– Wenn Adressat der **Verband** ist, liegt eine Verpflichtung nach **Satz 2** vor.
– Ist Adressat die **Gesamtheit der Eigentümer**, greift **Satz 3 Hs. 1**, so dass eine **geborene** Pflicht vorliegt.
– Ist Adressat der **einzelne Eigentümer**, ist nochmals zu differenzieren:
  – Trifft die Verpflichtung **alle Eigentümer**, liegt eine **geborene** Pflicht nach Satz 3 Halbsatz 1 vor.
  – Sind **nicht alle Eigentümer** verpflichtet (z.B., weil die Pflicht nur für Wohnungseinheiten besteht und in der Gemeinschaft auch Teileigentumseinheiten vorhanden sind), liegt eine **gekorene** Pflicht nach Satz 3 Hs. 2 vor, wenn die Pflichterfüllung durch den Verband förderlich ist (siehe dazu genauer Rn. 44).

Ergänzend sei hier auch noch darauf hingewiesen, dass der BGH zudem klargestellt hat, dass der Einbau von Rauchwarnmeldern **keinen** unzulässi-

---
276 BGH v. 15.1.2010 – V ZR 80/09, ZWE 2010, 133.
277 BGH v. 8.2.2013 – V ZR 238/11, ZWE 2013, 358.

gen **Eingriff** in das Sondereigentum der Wohnungseigentümer darstellt. An den aufgrund eines Beschlusses angebrachten Rauchwarnmeldern entsteht auch **kein Sondereigentum**. Die **Beschlusskompetenz** umfasst auch die regelmäßige **Kontrolle** und **Wartung**.

Zur Frage, wann Beschlüsse hinsichtlich Rauchwarnmelder auch **ordnungsgemäßer Verwaltung** entsprechen, wird auf § 21 Rn. 23 verwiesen.

Der BGH hat offengelassen, ob eine Beschlusskompetenz für Rauchwarnmelder auch dann besteht, wenn, wenn **keine** (landes-) **gesetzliche verpflichtende Regelung** vorliegt. Nach der hier vertretenen Meinung ist aber eine **Beschlusskompetenz** auch in diesem Falle gegeben. Hier ist zu berücksichtigen, dass die Rauchwarnmelder -wenn auch nur mittelbar- dem **Schutz des Lebens** dienen. Die Lage erscheint zumindest vergleichbar mit den Fällen der Verkehrssicherungspflicht, bei der der BGH eine geborene Pflicht bejaht hat. Selbst wenn dem nicht gefolgt würde, sollte zumindest eine gekorene Pflicht nach Rn. 44 angenommen werden. Auch der BGH hat anerkannt, dass die Wohnungseigentümergemeinschaft unter bestimmten Voraussetzungen die Rechte der Wohnungseigentümer ausübt, ohne dass insoweit zwischen geborener und gekorener Ausübungsbefugnis differenziert werden müsste.[278]

Erhebliche praktische Unterschiede dürften sich wohl kaum ergeben, da in beiden Fällen ein Tätigwerden mittels Beschluss erforderlich wird. Soweit bei der gekorenen Pflicht ein **Zugriffsermessen** besteht (siehe dazu unten Rn. 44), muss die Entscheidung **ordnungsgemäßer Verwaltung** entsprechen. Siehe hierzu näher § 21 **Rn. 23**.

b) Sonstige Rechte und Pflichten, soweit sie ... (Hs. 2)

Für sonstige **Rechte** mit gemeinsamer Empfangszuständigkeit, die die Wohnungseigentümer gemeinschaftlich geltend machen können, kommt nur eine **"gekorene"** Ausübungsbefugnis in Betracht, bei der lediglich ein Zugriffsermessen besteht. Bei der Abgrenzung ist nach allgemeiner Auffassung eine wertende Betrachtung geboten. Während die geborene Ausübungsbefugnis voraussetzt, dass nach der Interessenlage ein gemeinschaftliches Vorgehen erforderlich ist, ist für das Bestehen der gekorenen Wahrnehmungsbefugnis notwendige weitere **Voraussetzung**, dass die Pflichtenerfüllung durch den Verband **förderlich** ist.[279] Eine **Vergemeinschaftung** unter Berücksichtigung der Besonderheiten des Einzelfalles kommt in Betracht, wenn eine gemeinschaftliche Rechtsverfolgung zwar **sinnvoll**, aber nicht zwingend erforderlich ist. Es besteht hier nur ein **Zugriffsermessen** der Wohnungseigentümer im Rahmen ordnungsmäßiger Verwaltung. Im Unterschied zu den gemeinschaftsbezogenen Ansprüchen kann die Wohnungseigentümergemeinschaft diese Rechte nur ausüben, wenn sie die Rechtsverfolgung durch Vereinbarung oder **Mehrheitsbeschluss an sich gezogen** hat.[280]

44

---

278 BGH v. 5.12.2014 – V ZR 5/14, ZWE 2015, 122.
279 BGH v. 8.2.2013 – V ZR 238/11, ZWE 2013, 358; BGH v. 17.12.2010 – V ZR 125/10, ZWE 2011, 123.
280 BGH v. 24.7.2015 – V ZR 167/14, ZWE 2015, 358.

Zur Frage, wann ein Ansichziehen-Beschluss **ordnungsgemäßer Verwaltung** entspricht bzw. ob der einzelne Eigentümer einen Anspruch auf einen **Vergemeinschaftungsbeschluss** hat, siehe § 21 Rn. 23.

Ein Ansichziehens-Beschluss muss auch hinreichend **bestimmt** sein. Dies ist gegeben, wenn er **erkennen** lässt, **welche** tatsächlichen oder vermeintlichen **Ansprüche** die Wohnungseigentümer vergemeinschaften wollen.[281]

Zu den **sonstigen Rechten** im Sinne der Vorschrift gehören die Individualansprüche, die der einzelne Wohnungseigentümer zwar ohne Ermächtigung durch die übrigen Eigentümer geltend machen kann, die ihm aber letztlich nicht alleine zustehen. Dies sind vor allem die Ansprüche auf **Unterlassung** und **Beseitigung** von Störungen und **Wiederherstellung** des ursprünglichen Zustandes nach § 1004 BGB.[282]

Der BGH hat auch klargestellt, dass die Gemeinschaft **Erfüllungs-, Nacherfüllungs-** und primäre **Mängelrechte** der Wohnungseigentümer gegen den Bauträger bezogen auf das Gemeinschaftseigentum **an sich ziehen** kann, wenn diese Ansprüche jeweils in vollem Umfang auf Beseitigung der Mängel am Gemeinschaftseigentum und damit auf das gleiche Ziel gerichtet sind.[283] Dies gilt selbst dann, wenn nur **einem Mitglied** der Gemeinschaft ein Anspruch auf ordnungsgemäße Herstellung oder Instandsetzung des Gemeinschaftseigentums zusteht.[284]

Soweit das Gesetz auch **sonstige Pflichten** anspricht, dürften wohl in erster Linie öffentlich-rechtliche Verpflichtungen in Betracht kommen. Der BGH hat bei **Rauchwarnmeldern** diese Möglichkeit aufgezeigt, wenn nicht alle Eigentümer von der Verpflichtung betroffen sind. Insoweit wird auf die Darstellung oben bei Rn. 43 Bezug genommen.

c) *Ausübung der Rechte durch die Gemeinschaft*

45 Die WEG-Novelle[285] hat an der bisherigen Rechtslage insoweit nichts geändert, als die **Anspruchsinhaber** auch weiterhin die einzelnen **Wohnungseigentümer** sind. Durch die Formulierung in Satz 3, „sie übt ... aus", wird aber nunmehr die **Ausübungsbefugnis**, die früher der (nicht rechtsfähigen) Gesamtheit der Wohnungseigentümer zustand, der Gemeinschaft als rechtsfähigem **Verband** zugewiesen.[286] Zwar wurde in der Begründung des Gesetzes davon ausgegangen, dass die nach altem Recht zulässige **Konkurrenz** der Verfolgung von Individual- und gemeinschaftlichen Ansprüchen unbe-

---

281 BGH v. 4. 7. 2014 – V ZR 183/13, NJW 2014, 2861.
282 BGH v. 22. 1. 2016 – V ZR 116/15, ZWE 2016, 176; BGH v. 10. 7. 2015 – V ZR 194/14, ZWE 2015, 376; BGH v. 10. 7. 2015 – V ZR 169/14, ZWE 2015, 402; BGH v. 4. 7. 2014 – V ZR 183/13, NJW 2014, 2861; siehe dazu auch § 15 Rn. 17 ff. und zum Schadensersatzanspruch oben Rn. 43.
283 BGH v. 25. 2. 2016 – VII ZR 156/13 (zitiert nach juris).
284 BGH v. 15. 1. 2010 – V ZR 80/09, ZWE 2010, 133.
285 Gesetz zur Änderung des Wohnungseigentumsgesetzes und anderer Gesetze v. 26. 3. 2007, BGBl. I 2007, S. 370.
286 Zur Ermächtigung des Verbandes vor Inkrafttreten der WEG-Novelle: BGH v. 30. 3. 2006 – V ZB 17/06, NZM 2006, 465.

rührt bleibt[287]. Dem kann aber nicht gefolgt werden. Schon aufgrund der Entscheidungen des OLG München[288] und des BGH[289] war davon auszugehen, dass dann, wenn die Gemeinschaft die Durchsetzung des Individualanspruchs zulässigerweise an sich zieht und ein gemeinschaftliches Vorgehen auch erforderlich war, dies ihre **alleinige Zuständigkeit** für die Anspruchsdurchsetzung begründet. Die Ausübungsbefugnis der Wohnungseigentümergemeinschaft **überlagert** die **individuelle Rechtsverfolgungskompetenz** des Einzelnen.[290] Zur gesondert gelagerten Problematik der **Anspruchskonkurrenz** (wenn also der Anspruch des Eigentümers sich etwa sowohl aus § 15 Abs. 3 i. V. m. § 1004 BGB als auch aus den Vorschriften über Schadensersatz in Form der Naturalrestitution ergeben kann), siehe genauer **§ 15 Rn. 20**.

Materielrechtlich bedeutet dies, dass etwa der Erwerber von Wohnungseigentum zwar grundsätzlich berechtigt ist, seine individuellen Ansprüche aus dem Vertrag mit dem Veräußerer selbständig zu verfolgen, solange durch sein Vorgehen gemeinschaftsbezogene Interessen der Wohnungseigentümer oder schützenswerte Interessen des Veräußerers nicht beeinträchtigt sind. Eine **Mängelbeseitigungsaufforderung** des einzelnen Wohnungseigentümers kann daher unwirksam sein, wenn die Gemeinschaft diese nicht zulässt, weil sie eine weitere Klärung der gebotenen Mängelbeseitigungsmaßnahmen für erforderlich hält.[291]

Zieht die Wohnungseigentümergemeinschaft die Durchsetzung von Ansprüchen durch Mehrheitsbeschluss an sich (Vergemeinschaftungsbeschluss), so begründet sie **prozessual** damit ihre alleinige Zuständigkeit für die gerichtliche Geltendmachung mit der Folge, dass die einzelnen **Wohnungseigentümer nicht** mehr **prozessführungsbefugt** sind.[292] Der BGH hat dabei auch das Problem gesehen, dass der Verband (nur) eine **Vergemeinschaftung** vornehmen, dann aber untätig bleiben und somit die Geltendmachung der Rechte **verschleppen** kann. Dem steht nach dem BGH aber gegenüber, dass es jedem **Wohnungseigentümer** offensteht, seinen Anspruch auf ordnungsmäßige Verwaltung **durchzusetzen**. Auch ist der **Verwalter** verpflichtet, die Beschlüsse der Wohnungseigentümer durchzuführen (§ 27 Abs. 1 Nr. 1); er kann sich **schadensersatzpflichtig** machen, wenn er dies unterlässt.[293]

Klagen die Wohnungseigentümer, obwohl (jedenfalls nunmehr) eine alleinige Ausübungsbefugnis des Verbands besteht, kann die Klage dadurch zulässig werden, dass der Verband im Wege des gewillkürten **Parteiwechsels** in den Prozess eintritt; der Parteiwechsel ist als sachdienlich anzusehen und kann noch in der Revisionsinstanz erfolgen.[294]

---

287 BT-Drucks. 16/887, S. 62.
288 OLG München v. 12. 12. 2005 – 34 Wx 83/05, ZMR 2006, 304.
289 BGH v. 12. 4. 2007 – VII ZR 236/05, ZMR 2007, 628.
290 BGH v. 15. 1. 2010 – V ZR 80/09, ZWE 2010, 133.
291 BGH v. 6. 3. 2014 – VII ZR 266/13, NJW 2014, 1377.
292 BGH v. 10. 7. 2015 – V ZR 169/14, ZWE 2015, 402; BGH v. 5. 12. 2014 – V ZR 85/14, ZWE 2015, 122; BGH v. 5. 12. 2014 – V ZR 5/14, ZWE 2015, 122.
293 BGH v. 5. 12. 2014 – V ZR 5/14, ZWE 2015, 122; BGH v. 3. 2. 2012 – V ZR 83/11, ZWE 2012, 218.
294 BGH v. 10. 7. 2015 – V ZR 169/14, ZWE 2015, 402.

Sachgerechte Lösungen können nach der vom BGH vertretenen alleinigen Zuständigkeit des Verbandes für die Anspruchsdurchsetzung erzielt werden.

Übt die Gemeinschaft die ihr nach den vorstehenden Ausführungen zustehende Ausübungsbefugnis nicht aus, kann dies der einzelne Wohnungseigentümer durchsetzen und ggf. auch Schadensersatz verlangen, wie vom BGH aufgezeigt.

Übt die Gemeinschaft aber die Ausübungsbefugnis aus, tritt sie im Gerichtsverfahren als gesetzlicher **Prozessstandschafter** auf.[295] Prozessstandschaft bedeutet die Befugnis, im eigenen Namen über ein fremdes Recht einen Prozess zu führen. Daraus folgt, dass die **Prozessführungsbefugnis** für das Prozessrecht dem entspricht, was die Verfügungsbefugnis für das bürgerliche Recht bedeutet.[296] Bei der Bestimmung des **Umfangs** der **Rechtsmacht** des als Prozessstandschafter auftretenden Verbandes (Gemeinschaft) ist zu berücksichtigen, dass dieser ab der **Vergemeinschaftung** des Anspruchs eine **gesetzliche Treuhandschaft** ausübt.[297] Wie jeder gesetzliche Treuhänder ist auch der Verband dann aus eigenem Recht befugt, über Rechte und Pflichten der Wohnungseigentümer zu verfügen. Dies bedeutet auch, dass der klagende Verband ggf. auch die für eine **Prozessbeendigung** erforderlichen Erklärungen (etwa: Klagerücknahme, Erledigterklärung, Anerkenntnis) abgeben und insbesondere auch **Prozessvergleiche** abschließen kann. Das LG München I hat die Befugnis zum Abschluss eines Prozessvergleichs auch in einem Fall bejaht, in dem die Gemeinschaft die Ausübungsbefugnis für einen Anspruch auf **Beseitigung** einer **baulichen Veränderung** gemäß § 1004 BGB an sich gezogen hatte. Das Gericht hat u.a. darauf hingewiesen, dass die Gegenmeinung (Prozessvergleich nur mit Zustimmung aller gemäß § 22 erforderlicher Eigentümer) die Vergemeinschaftungsbeschlüsse praktisch entwerten, die Prozessführungsbefugnis des Verbandes in weiten Teilen aushöhlen und es ermöglichen würde, dass eine Minderheit der Mehrheit die Fortführung eines mit massiven Risiken behafteten und damit möglicherweise nicht (mehr) ordnungsgemäßer Verwaltung entsprechenden Prozesses aufzwingen könnte. Die Ausführungen des Landgerichts überzeugen. Ihnen kann insbesondere nicht entgegengehalten werden, dass damit eine an sich nicht bestehende Mehrheitsbeschlusskompetenz eingeführt würde. Verfahrensgegenstand beim Beseitigungsanspruch ist nur dieser, nicht aber die Frage, ob eine bauliche Veränderung genehmigt wird, was unzweifelhaft nur unter den Voraussetzungen des § 22 geschehen könnte.

Wird also nur ein Vergleich über den **streitgegenständlichen Beseitigungsanspruch** abgeschlossen, ist nur zu überprüfen, ob dieser Vergleich (oder auch eine eventuelle Klagerücknahme etc.) ordnungsgemäßer Verwaltung entspricht. Werden in den Vergleich **weitere Ansprüche** der Gemeinschaft mit einbezogen, was nach den allgemeinen Grundsätzen möglich ist,[298] ist dies nur möglich, wenn diese ebenfalls der Gemeinschaft zustehen (originär

---
295 BGH v. 15.1.2010 – V ZR 80/09, ZWE 2010, 133.
296 *Thomas/Putzo-Hüßtege*, § 51 ZPO Rn. 21.
297 LG München I v. 31.3.2011 – 36 S 1580/11 (nicht veröffentlicht).
298 *Thomas/Putzo-Seiler*, § 794 ZPO Rn. 14.

oder nach den vorstehenden Ausführungen). Nicht zulässig wäre es deshalb, einen Vergleich mit dem Inhalt abzuschließen, dass die bauliche Veränderung genehmigt wird. Die Genehmigung einer baulichen Veränderung kann nur mit den in § 22 vorgeschriebenen Mehrheiten erfolgen.

Bei einem ordnungsgemäßen Verhalten beim Vergleichsabschluss kommt es auch nicht zu einer Verkürzung der Rechte einzelner Eigentümer. Der **Prozessvergleich** wird sinnvollerweise **widerruflich** abgeschlossen werden, damit die Eigentümer über die Annahme des Vergleichs beschließen können. Der **Annahmebeschluss** sollte zudem die Weisung an den Verwalter enthalten, bei Anfechtung des Beschlusses den Vergleich zu widerrufen, da ansonsten der Prozess (unabhängig vom Ausgang des Anfechtungsverfahrens) beendet wäre. Wird der Annahmebeschluss gerichtlich angefochten, kann in diesem Verfahren geklärt werden, ob der Inhalt (etwa: Nichtdurchsetzung des Beseitigungsanspruchs – nicht: Genehmigung der Baumaßnahme! –) **ordnungsgemäßer Verwaltung** entspricht (siehe dazu § 21 Rn. 23).

Bei der Durchsetzung der Ansprüche durch den Verband kann zwar nicht das Wissen der Eigentümer, wohl aber das **Wissen** des Verwalters den einzelnen Mitgliedern einer Wohnungseigentümergemeinschaft im Hinblick auf eine **Verjährung** zugerechnet werden. Bei der **Zurechnung** des **Verwalterwissens** ist nach dem BGH wie folgt zu unterscheiden:[299]

– Bei **geborenen** Gemeinschaftsangelegenheiten erfolgt Zurechnung gem. Absatz 6 Satz 3 Fall 1, da hier ist die Durchsetzung der Individualansprüche eine Gemeinschaftsaufgabe ist.

– Bei **gekorenen** Gemeinschaftsangelegenheiten erfolgt eine Zurechnung erst, wenn
  – die Gemeinschaft durch Beschluss die Durchsetzung an sich zieht (**Vergemeinschaftung**)
  – und es wird nur die **Kenntnis**, die der Verwalter **bei Vergemeinschaftung** hat oder **später** erlangt, zugerechnet; wenn Verwalter vorher Kenntnis erlangte, gibt es **keine Rückwirkung**.

Hat ein Verwalter, welcher mehrere Gemeinschaften betreute, Gelder **veruntreut** und zur Verschleierung zum Nachteil einer Gemeinschaft ohne Rechtsgrund Gelder auf die andere Gemeinschaft übertragen, hat die geschädigte Gemeinschaft gegen die begünstigte Gemeinschaft einen **Bereicherungsanspruch** nach § 812 Abs. 1 Satz 1 Alt. 2 BGB (Nichtleistungskondiktion). In diesem Falle wird das **Wissen** des Verwalters **nicht** der **geschädigten Gemeinschaft** zugerechnet. Eine entsprechend § 166 Abs. 1 BGB erfolgende Zurechnung des Wissens eines Vertreters des Gläubigers von den anspruchsbegründenden Umständen i.S.v. § 199 Abs. 1 Nr. 2 BGB kommt auch dann nicht in Betracht, wenn sich der Anspruch zwar nicht gegen den Vertreter selbst richtet, jedoch mit einem gegen ihn gerichteten Anspruch in einem so engen Zusammenhang steht, dass auch hier die Befürchtung besteht, der Vertreter werde nicht zu einer sachgerechten Verfolgung des Anspruchs beitragen.[300]

---

299 BGH v. 4.7.2014 – V ZR 183/13, NJW 2014, 2861.
300 BGH v. 23.1.2014 – III ZR 436/12, NZM 2014, 355.

5. Satz 4: Bezeichnung der Gemeinschaft

46 Satz 4 verlangt, wie § 44 Abs. 1 für die Klageschrift, dass die Gemeinschaft im Rechtsverkehr aus Gründen der Rechtssicherheit die Bezeichnung „Wohnungseigentümergemeinschaft" gefolgt von der bestimmten Angabe des gemeinschaftlichen Grundstücks führen muss. Die Angabe des Grundstücks kann dabei durch die postalische Anschrift oder durch die Angabe der Grundbucheintragung erfolgen.

Zulässig sind daher beispielsweise die Bezeichnungen:

„Wohnungseigentümergemeinschaft X-Straße 10–12 in 81247 München"

oder

„Wohnungseigentümergemeinschaft der im Grundbuch des Amtsgericht München, Bezirk Schwabing, Band X, Blatt Y eingetragenen Wohnungseigentumsanlage".

Zu den näheren Einzelheiten der Bezeichnung in der Klageschrift siehe § 44 Rn. 2 ff.

6. Satz 5: Parteifähigkeit im Gerichtsverfahren

47 Satz 5 stellt nach der Normierung der Teilrechtsfähigkeit in Satz 1 letztlich nur noch klar, dass die Gemeinschaft („sie") vor Gericht klagen und verklagt werden kann, also parteifähig gemäß § 50 Abs. 1 ZPO ist. Die Gemeinschaft (der Verband) kann daher sowohl Aktiv- als auch Passivprozesse führen. Wegen der weiteren prozessualen Einzelheiten wird auf die Kommentierungen zu §§ 43 ff. und hinsichtlich der Vertretungsmacht des Verwalters in gerichtlichen Verfahren auf § 27 Rn. 29 ff. verwiesen.

VIII. Absatz 7: Verwaltungsvermögen

1. Satz 1: Träger des Verwaltungsvermögens

48 Wenn Satz 1 bestimmt, dass das Verwaltungsvermögen der Gemeinschaft der Wohnungseigentümer „gehört", stellt dies letztlich in bloßer **Ergänzung** zu **Abs. 6 Satz 1 und 2** die Zuordnung des Verwaltungsvermögens zur Gemeinschaft als rechtsfähigem Verband klar.[301] Die **rechtsfähige Gemeinschaft** (Verband) ist Trägerin des **Verwaltungsvermögens**, also Inhaberin aller Sachen und Rechte und Verpflichtete hinsichtlich der Verbindlichkeiten. Bei Rn. 37 wurde bereits dargestellt, dass immer nur die **Gesamtgemeinschaft** Trägerin des Verwaltungsvermögens sein kann und dass dies auch gilt, wenn **Untergemeinschaften** gebildet worden sind und für diese etwa gesonderte Instandhaltungsrücklagen ausgewiesen werden. Auf die Kommentierungen bei Rn. 37 wird verwiesen.

Vor Inkrafttreten der WEG-Novelle bestanden auch nach der Entscheidung des BGH zur Teilrechtsfähigkeit Unsicherheiten im Hinblick auf mehrere Fragen. So war etwa nicht abschließend geklärt, ob den Miteigentümern der Bruchteilsgemeinschaft ein Anteil an dem Verwaltungsvermögen zustand, ob ein derartiger Anteil bei rechtsgeschäftlicher Veräußerung des Woh-

---

301 BT-Drucks. 16/887, S. 63.

nungseigentums oder im Falle einer Zwangsversteigerung ohne weiteres auf den Rechtsnachfolger überging oder ob es eines gesonderten Übertragungsaktes bedurfte.[302] Mit der Neuregelung sind diese Unsicherheiten beseitigt worden.

Da das Verwaltungsvermögen der rechtsfähigen Gemeinschaft als eigenem Rechtssubjekt zugewiesen wurde, kann den einzelnen **Wohnungseigentümern kein Anteil** daran zustehen. Dies gilt auch für die **Instandhaltungsrücklage**.[303] Es liegt weder gemeinschaftliches Eigentum i.S.d. § 1 Abs. 5 noch Bruchteilseigentum nach §§ 741 ff. BGB vor. Damit ändert sich an dieser Zuweisung nichts, wenn ein Eigentümerwechsel eintritt. Inhaber eines Rechts oder Verpflichteter einer Verbindlichkeit bleibt immer der rechtsfähige **Verband**. Auch im Wege der **Zwangsvollstreckung** kann nur dann auf das Verwaltungsvermögen zugegriffen werden, wenn ein Titel gegen die rechtsfähige Gemeinschaft vorliegt.[304] Da die Gemeinschaft nach § 11 unauflöslich ist, kann weder ein Eigentümer noch ein Vollstreckungsgläubiger eines Eigentümers die Auseinandersetzung der Gemeinschaft verlangen, um auf diesem Wege Zugriff auf das Verwaltungsvermögen zu erhalten.[305]

Die **Verwaltung** des Verwaltungsvermögens obliegt den **Wohnungseigentümer**, da das Verwaltungsvermögen zum gemeinschaftlichen Eigentum i.S.d. § 21 Abs. 1 gehört.[306]

2. Sätze 2 und 3: Gegenstand des Verwaltungsvermögens

a) Im Rahmen der gesamten Verwaltung des gemeinschaftlichen Eigentums

Die Formulierung hinsichtlich „der gesamten Verwaltung des gemeinschaftlichen Eigentums" entspricht der in Abs. 6 Satz 1. Insoweit kann, auch wegen der bestehenden Unklarheiten bezüglich des über §§ 20 bis 29 hinausgehenden Anwendungsbereichs auf die Rn. 40 und 41 verwiesen werden. 49

b) Sachen, Rechte, Ansprüche, Befugnisse, eingenommene Gelder

Satz 2 nennt als Gegenstand des Verwaltungsvermögens zunächst Sachen und Rechte. In Satz 3 werden dann als spezielle Beispiele Ansprüche und Befugnisse und eingenommene Gelder aufgeführt. 50

Sachen sind nach § 90 BGB körperliche Gegenstände.[307] Daher können etwa Gartengeräte, Reinigungsmaschinen, Putzmittel, zum Verwaltungsvermögen gehören. Die Beschluss-Sammlung[308] gehört, wenn sie in Papierform geführt wird[309], ebenfalls unproblematisch zum Verwaltungsvermögen.[310]

---

302 BT-Drucks. 16/887, S. 62.
303 LG Darmstadt v. 3.12.2014 – 5 S 130/14, ZWE 2015, 261.
304 Siehe zur Abgabe der eidesstattlichen Versicherung durch den Verwalter für den Verband § 27 Rn. 34.
305 Ebenso: BT-Drucks. 16/887, S. 63; *Bärmann-Suilmann*, § 10 Rn. 283.
306 BGH v. 18.3.2016 – V ZR 75/15 (zitiert nach juris); siehe dazu auch § 21 Rn. 2.
307 Siehe dazu etwa: *Palandt-Ellenberger* § 90 BGB Rn. 1–2 und Überblick vor § 90 Rn. 1–3.
308 Siehe dazu genauer § 24 Rn. 49 ff.
309 Zur Führung in elektronischer Form siehe unten Rn. 51.
310 Ebenso: *Palandt-Bassenge*, WEG § 24 Rn. 26.

Nicht mehr zum Verwaltungsvermögen gehören die beweglichen Sachen, die beispielsweise nach §§ 946, 94 BGB wesentlicher Bestandteil des Grundstücks geworden sind und die daher im Miteigentum aller Wohnungseigentümer stehen (etwa: ein von der Gemeinschaft gekaufter Baum wird auf dem gemeinschaftlichen Grund gepflanzt).[311]

Der Begriff Sachen umfasst nach dem BGB auch **unbewegliche Sachen**. Aufgrund der Teilrechtsfähigkeit der Wohnungseigentümergemeinschaft bestehen gegen den Erwerb **fremder Grundstücke** keine Bedenken. Der BGH hat nunmehr klargestellt, dass es an der erforderlichen Beschlusskompetenz nur dann fehlt, wenn es sich beim Erwerb offenkundig nicht um eine Verwaltungsmaßnahme handelt. Wenn aber das zu erwerbende Grundstück in das Verwaltungsvermögen des Verbandes übergehen soll, kommt es nicht zu einer Begründung von Gemeinschaftseigentum und daher auch nicht zu einer Änderung der **sachenrechtlichen Grundlagen** der Gemeinschaft, welche nur durch einen Nachtrag zur Teilungserklärung vorgenommen werden könnte (siehe dazu oben Rn. 10 und Rn. 18). Der **Erwerb** eines **Grundstücks** durch die Gemeinschaft entspricht aber jedenfalls dann in aller Regel ordnungsmäßiger Verwaltung, wenn das Grundstück für die Wohnungstumsanlage von Beginn an eine dienende und auf Dauer angelegte Funktion hatte und diese mit dem Erwerb aufrechterhalten werden soll, wie dies etwa beim Erwerb zur Nutzung als Kfz-Stellplätze der Fall ist.[312] Zur möglichen Verteilung der Kosten des Grunderwerbs siehe § 21 Rn. 83.

Gegen den Erwerb eines **Wohnungs-** oder **Teileigentums** in der **eigenen Wohnanlage** durch die Gemeinschaft könnte die Regelung des § 1 Abs. 5 sprechen, dass jedenfalls das aufgeteilte Grundstück und das Gebäude, soweit nicht Sondereigentum gebildet wurde, zwingend gemeinschaftliches Eigentum ist und damit nicht als Verwaltungsvermögen Eigentum der rechtsfähigen Gemeinschaft sein kann.[313] Nach der Entscheidung des BGH[314], wonach die Gemeinschaft zumindest insoweit grundbuchfähig ist, als für sie beschränkt dingliche Rechte, wie etwa Grundschulden oder (Sicherungs-) Hypotheken, ins Grundbuch eingetragen werden können, hat die obergerichtliche Rechtsprechung nunmehr auch allgemein die Möglichkeit **bejaht**, Eigentum in der eigenen Wohnanlage zu erwerben.[315]

Dieser Meinung kann grundsätzlich zugestimmt werden. Allerdings muss, was aber von der Rechtsprechung nicht in Abrede gestellt wird, ein entsprechender Beschluss der Eigentümer auch **ordnungsgemäßer Verwaltung** entsprechen. Dies wird etwa regelmäßig der Fall sein, wenn die Gemeinschaft eine Wohnung als **Hausmeisterwohnung** erwirbt.[316] Bei dieser Prüfung werden die bisher als Argumente gegen einen Erwerb vorgebrachten Gründe mit in die Abwägung einfließen müssen. Wird etwa der Erwerb damit be-

---
311 Ebenso: *Bärmann-Suilmann*, § 10 Rn. 288.
312 BGH v. 18.3.2016 – V ZR 75/15 (zitiert nach juris).
313 Siehe dazu auch oben Rn. 4.
314 BGH v. 2.6.2005 – V ZB 32/05, ZMR 2005, 547.
315 OLG Hamm v. 12.8.2010 – 15 Wx 63/10, ZWE 2010, 454; OLG Hamm v. 20.10.2009 – 15 Wx 81/09, ZWE 2009, 452; LG Deggendorf v. 19.5.2008 – 1 T 59/08, ZMR 2008, 909; OLG Celle v. 26.2.2008 – 4 W 213/07, NJW 2008, 1537.
316 OLG Frankfurt/Main v. 28.4.2014 – 20 W 32/14 (zitiert nach juris).

gründet, es liege wegen der Zahlungsunfähigkeit eines Eigentümers im Interesse der Gemeinschaft, durch den Erwerb der Einheit die Zahlung des **Wohngeldes** sicherzustellen, wird mit zu bedenken sein, dass das Wohngeld an die Gemeinschaft dabei von der Gemeinschaft zu zahlen wäre.[317] Zu bedenken wird auch sein, dass es im Einzelfall bei dem Erwerb durch die Gemeinschaft zu (in kleineren Wohnanlagen durchaus recht deutlichen) **Stimmkraftverschiebungen** (siehe dazu § 25 Rn. 8 ff.) und zu Veränderungen in der **Außenhaftung** nach Absatz 8 (siehe dazu unten Rn. 58 ff.) mit möglichen Gläubigerbenachteiligungen (ein anteilig persönlich haftender Eigentümer fällt weg) kommen könnte. Wohl nicht mehr ordnungsgemäß wäre der Extremfall, wenn ein Eigentümer den oder die übrigen Eigentümer veranlasst, sein oder ihr Eigentum (als Verwaltungsvermögen) an die teilrechtsfähige Gemeinschaft zu übertragen, so dass formal noch zwei Eigentümer im Grundbuch erscheinen würden, tatsächlich aber eine faktische **Ein-Mann-Wohnungseigentümergemeinschaft** entstünde.

Ansprüche sind nach der Legaldefinition des § 194 Abs. 1 BGB ein Unterfall der Rechte. Ein Anspruch gibt danach das Recht, von einem anderen ein Tun oder Unterlassen zu verlangen. So kann etwa aus einem Wirtschaftsplan die Gemeinschaft von den einzelnen Wohnungseigentümern die Zahlung des monatlichen Hausgeldes verlangen.[318] Zu den **Rechten** gehören aber auch die absoluten dinglichen Rechte[319], wie etwa das gegenüber jedermann wirkende Eigentum an einer beweglichen Sache (zur unbeweglichen Sache siehe Rn. 50) nach §§ 903 ff. BGB. Wird die Beschluss-Sammlung[320] in elektronischer Form geführt, gehört zum Verwaltungsvermögen der Anspruch der Gemeinschaft auf Ausdruck der Sammlung auf Papier und, wenn ein Verwalterwechsel stattgefunden hat, der Anspruch auf Datentransfer an den neuen Verwalter.[321]

51

Der Begriff der **Befugnisse** ist zur Klarstellung in das Gesetz eingeführt worden, um zu verdeutlichen, dass die in Abs. 6 Satz 3 festgelegte Ausübungsbefugnis hinsichtlich der den einzelnen Wohnungseigentümern zustehenden Rechte (und Pflichten)[322] zum Verwaltungsvermögen gehört.[323]

Ebenfalls zur Klarstellung wurden die **eingenommenen Gelder** ausdrücklich als zum Verwaltungsvermögen gehörend bezeichnet.[324] Auch dies würde sich bereits aus Satz 2 ergeben, da hier entweder Geldscheine (Sachen) oder ein Bankguthaben (Rechte) im Rahmen der Verwaltung erworben werden.

c) Gesetzlich begründet

Wenig praktische Relevanz dürfte die Alternative zeigen, wonach **Sachen** gesetzlich begründet Teil des Verwaltungsvermögens werden. Zumindest

52

---

317 OLG Hamm v. 12. 8. 2010 – 15 Wx 63/10, ZWE 2010, 454.
318 Siehe zum Wirtschaftsplan näher § 28 Rn. 3 ff.
319 Siehe dazu: *Palandt-Bassenge*, Einleitung vor § 854 BGB Rn. 2 ff.
320 Siehe dazu genauer § 24 Rn. 49 ff.
321 Siehe dazu genauer: § 26 Rn. 53.
322 Siehe dazu oben Rn. 43–45.
323 BT-Drucks. 16/887, S. 63.
324 BT-Drucks. 16/887, S. 63.

denkbar erscheint, dass etwa durch **Ersitzung** nach §§ 937 ff. BGB Eigentum an beweglichen Gegenständen erworben wird. Dies könnte etwa der Fall sein bei einem Rasenmäher, der über 10 Jahre hinweg als vermeintliches Verwaltungsvermögen genutzt wird, bei dem aber ein Eigentumserwerb an § 935 Abs. 1 BGB gescheitert ist, da die Sache vom Dieb erworben wurde. Gleiches könnte wohl auch für die ansonsten im 3. Titel des 3. Buches des BGB aufgeführten Erwerbsmöglichkeiten **(Verbindung, Erzeugnisse, Aneignung, Fund)** gelten.

Dagegen können gesetzlich begründete **Rechte** durchaus in der Praxis vorkommen. So kommen etwa, wenn eingenommene Geldscheine entwendet werden, die allgemeinen **gesetzlichen Ansprüche** gegen den Dieb aus den §§ 985, 823, 812, 859 BGB für die Gemeinschaft in Betracht. Ob auch ein Schadensersatzanspruch aus § 280 BGB gegen Wohnungseigentümer, welche die Gemeinschaft nicht mit den erforderlichen Finanzmitteln ausstatten, unter die gesetzlich begründeten Rechte fällt, kann dahinstehen, da auch eine Zuordnung zu den rechtsgeschäftlich erworbenen Rechten keine praktische Auswirkung hätte.

d) Rechtsgeschäftlich erworben, insbesondere aus Rechtsgeschäften mit Dritten und mit Wohnungseigentümern

53 Im Regelfall werden in der Praxis Rechte und insbesondere Ansprüche von der Gemeinschaft rechtsgeschäftlich erworben.

Im **Außenverhältnis** erwirbt die Gemeinschaft aus Rechtsgeschäften insbesondere vertragliche Ansprüche, wenn der Verwalter als Organ der Gemeinschaft im Rahmen des § 27 Abs. 3 beispielsweise Kauf- oder sonstige **Verträge** mit Dritten abschließt (etwa beim Kauf von Heizöl, beim Werkvertrag mit einem Handwerker). Dies ist auch bei der **Vermietung von Gemeinschaftseigentum** gegeben, da das Verwaltungsvermögen zum gemeinschaftlichen Eigentum i.S.d. § 21 Abs. 1 gehört.[325] Auch das eingenommene Geld gehört nach Satz 3 zum Verwaltungsvermögen (siehe auch oben Rn. 51).

Im **Innenverhältnis** kann die Gemeinschaft Rechte gegen einzelne Wohnungseigentümer rechtsgeschäftlich aufgrund von Vereinbarungen (siehe dazu oben Rn. 9 ff.) oder Beschlüssen (siehe dazu oben Rn. 31 ff.) erwerben. Dazu gehört trotz des insoweit missverständlichen Wortlauts des § 16 Abs. 2 („ist den anderen Wohnungseigentümern gegenüber verpflichtet") der **Anspruch** auf Zahlung der **Beiträge** zu den **Lasten** und **Kosten** des gemeinschaftlichen Eigentums.[326] Der konkrete Zahlungsanspruch für die Gemeinschaft ergibt sich aber nicht aus § 16 Abs. 2 sondern aus dem Beschluss über den **Wirtschaftsplan**, in dem die meist monatliche Zahlung des Hausgeldes festgelegt wird, aus einer beschlossenen **Sonderumlage** oder aus der beschlossenen **Jahresabrechnung**, die einen Fehlbetrag des Eigentümers aufweist.[327]

---

325 BGH v. 18.3.2016 – V ZR 75/15 (zitiert nach juris); siehe dazu auch § 21 Rn. 2.
326 BT-Drucks. 16/3843, S. 46, in Klarstellung zu BT-Drucks. 16/887, S. 61.
327 Siehe dazu im Einzelnen § 28 Rn. 20 ff., 82 f.

Durch die Formulierung, dass das Verwaltungsvermögen aus den im Rahmen der gesamten Verwaltung erworbenen Sachen und Rechte besteht, hat der Gesetzgeber auch in **zeitlicher Hinsicht** Klarheit geschaffen. Zum Verwaltungsvermögen der Gemeinschaft gehört nicht nur seit der Anerkennung der Rechtsfähigkeit der Gemeinschaft erworbenes Vermögen, sondern auch bereits vorhandenes, früher erworbenes Verwaltungsvermögen[328].

e) Verbindlichkeiten entstanden

Durch das ausdrückliche Erwähnen der Verbindlichkeiten hat der Gesetzgeber deutlich gemacht, dass das Verwaltungsvermögen nicht nur aus Aktiva, sondern auch aus Passiva besteht.[329] Die Ausführungen oben Rn. 50 ff. zum Entstehen von Rechten gelten für das **Entstehen** von Verbindlichkeiten der Gemeinschaft sinngemäß. In der Praxis werden Verbindlichkeiten regelmäßig durch Verträge, die der Verwalter als Organ für die Gemeinschaft abschließt, entstehen (etwa: Zahlungspflicht aus Gaslieferungsvertrag[330]). Verbindlichkeiten gegenüber Wohnungseigentümern werden sich ebenfalls meist aus beschlossenen Jahresabrechnungen (die eine Überzahlung des Eigentümers ausweisen) ergeben. Denkbar wäre aber grundsätzlich auch ein Bereicherungsanspruch eines Eigentümers. Dabei ist aber immer auch auf den **Vorrang** des **Innenausgleiches** zu achten (siehe dazu § 28 Rn. 20, 29, 83 und § 21 Rn. 17, 18, 39).

54

Die Verpflichtung einer kleineren WEG wegen eines **Benutzungszwangs** (Heizanlage) kann sich nur aus der eigenen Gemeinschaftsordnung oder aus einem von der WEG geschlossenen Versorgungsvertrag ergeben.[331]

f) Beispiele

aa) zum **Verwaltungsvermögen** gehören (siehe dazu auch oben zu den geborenen und gekorenen Rechten und Pflichten Rn. 43 ff.)

- Verpflichtung aus **Aufopferungsanspruch** nach § 14 Nr. 4[332]
- Ausübung des **Entziehungsrechts**[333]
- Gesamte **Instandhaltungsrückstellung**,[334] auch wenn bei Mehrhausanlagen in der Gemeinschaftsordnung vorgesehen ist, **buchungstechnisch getrennte** Rücklagen zu bilden[335]

55

---

328 BT-Drucks. 16/887, S. 63.
329 BT-Drucks. 16/887, S. 63.
330 BGH v. 7. 3. 2007 – VIII ZR 125/06, NZM 2007, 363.
331 BGH v. 19. 7. 2013 – V ZR 109/12, ZWE 2014, 25; siehe zur negativen Feststellungsklage oben Rn. 43.
332 Siehe § 14 Rn. 75.
333 Siehe § 18 Rn. 8.
334 BFH v. 9. 12. 2008 – IX B 124/08, ZMR 2009, 380; AG Aachen v. 24. 3. 2010 – 118 C 1/10, ZWE 2010, 285; OLG München v. 2. 2. 2006 – 32 Wx 143/05, NZM 2006, 382; siehe dazu auch § 21 Rn. 59.
335 BGH v. 17. 10. 2014 – V ZR 9/14, NZM 2015, 53; siehe zur Instandhaltungsrücklage von Mehrhausanlagen auch § 21 Rn. 60.

- Ansprüche sowohl der Gemeinschaft als auch der Wohnungseigentümer aus **Jahresabrechnung, Wirtschaftsplan, Sonderumlage**[336] (siehe auch Wohngeld)
- Ansprüche und Verpflichtungen aus **Kauf-, Werk- oder anderen Verträgen**, die der Verwalter als Organ abgeschlossen hat[337]
- **Schadensersatzansprüche** nach § 823 BGB hinsichtlich **Sachen**, die zum Verwaltungsvermögen gehören[338]
- **Schadensersatzansprüche** gegen den **Verwalter** wegen Verletzung des Verwaltervertrags[339]
- **Schadensersatzansprüche** gemäß § 280 BGB gegen **Wohnungseigentümer**[340]
- **Verfahrenskosten** für gerichtliche Verfahren[341]
- **Wohngeld**[342]

bb) **Nicht** dazu gehören
- **Individualansprüche** der Wohnungseigentümer (solange die Gemeinschaft die Ausübungsbefugnis **nicht** nach Satz 3 durch Beschluss **an sich gezogen** hat)[343], wie etwa Schadensersatzansprüche wegen Schäden im Sondereigentum[344].

3. Satz 4: Übergang des Verwaltungsvermögens bei nur mehr einem Wohnungseigentümer

56 Satz 4 befasst sich mit dem Fall, dass sich – aus welchem Grunde auch immer (etwa aufgrund Kauf und Übereignung oder Erbfall) – sämtliche Wohnungseigentumsrechte in einer Person vereinigen, also tatsächlich nur noch ein Wohnungseigentümer in der gesamten Anlage vorhanden ist. In diesem Fall geht das gesamte Verwaltungsvermögen kraft Gesetzes auf den Eigentümer des Grundstücks, der ja nunmehr der einzige Wohnungseigentümer ist, über. Zumindest faktisch ist damit die rechtsfähige Gemeinschaft beendet, da ab dem Übergang des Verwaltungsvermögens keine Aktiva und Passiva mehr vorhanden sind. Obgleich das Gesetz nicht ausdrücklich auf die (rechtliche) Beendigung der Gemeinschaft eingeht, wird wohl im Gleichlauf zur Gründung der Gemeinschaft[345] davon auszugehen sein, dass sie mit

---

336 KG Berlin v. 31.10.2005 – 24 W 195/01, ZMR 2006, 223 (zu Jahresabrechnung und Sonderumlage).
337 Siehe Rn. 53 und BGH v. 7.3.2007 – VIII ZR 125/06, NZM 2007, 363.
338 Siehe Rn. 52.
339 KG Berlin v. 28.1.2010 – 24 W 43/09, ZWE 2010, 183.
340 BGH v. 2.6.2005 – V ZB 32/05, ZMR 2005, 547; siehe allgemein zu dem Anspruch unten Rn. 68, 69.
341 OLG Frankfurt/Main v. 20.12.2004 – 20 W 337/01, OLGR Frankfurt 2005, 932; KG Berlin v. 19.6.1989 – 24 W 2985/89, WuM 1989, 468.
342 LG Saarbrücken v. 30.7.2009 – 5 T 349/09, ZWE 2009, 412; OLG München v. 13.7.2005 – 34 Wx 061/05, NZM 2005, 673; OLG Frankfurt/Main v. 30.3.2006 – 20 W 189/05, NZM 2007, 367.
343 Siehe Rn. 43 ff.
344 BGH v. 11.12.1992 – V ZR 118/91, WuM 1993, 143.
345 Siehe zur werdenden oder faktischen Wohnungseigentümergemeinschaft § 8 Rn. 13.

dem Ausscheiden des vorletzten Wohnungseigentümers auch im Rechtssinne aufgelöst ist.[346] Das Gesetz regelt den Fall, dass nach dem Übergang des Verwaltungsvermögens auf den Grundstückseigentümer dieser später wieder eine Wohnungseinheit veräußert, nicht. Die Gesetzesbegründung geht davon aus, dass dann die Gemeinschaft wieder entsteht und ihr das Verwaltungsvermögen entsprechend den Sätzen 1 und 2 wieder zusteht[347]. Da sich hierfür im Gesetzeswortlaut aber keine Anhaltspunkte finden, kann nicht erwartet werden, dass die Rechtsprechung dieser Meinung folgen wird. Es wird vielmehr eine rechtsgeschäftliche Übertragung des (neu zu schaffenden) Verwaltungsvermögens erforderlich werden.[348]

IX. Absatz 8: Außenhaftung der Wohnungseigentümer

1. Anlass der Neuregelung

Anlass für die neue Haftungsregelung in Abs. 8 war die Entscheidung des BGH zur Teilrechtsfähigkeit.[349] Hier hatte der BGH zwar ausgeführt, dass neben der Haftung der teilrechtsfähigen Wohnungseigentümergemeinschaft eine akzessorische gesamtschuldnerische Haftung der Wohnungseigentümer nur in Betracht komme, wenn diese sich neben dem Verband klar und eindeutig auch persönlich verpflichtet haben; ansonsten sei den Wohnungseigentümern eine gesamtschuldnerische Haftung nicht zumutbar. Der BGH machte jedoch auch deutlich, dass ein Gläubiger auch den Anspruch der Gemeinschaft gegen die Wohnungseigentümer pfänden könne, die ihrer Pflicht schuldhaft nicht nachkommen, der Gemeinschaft ausreichende finanzielle Mittel zur Verfügung zu stellen. Der Gesetzgeber sah hierin zum einen Probleme für einen Gläubiger, der seinen Anspruch im Vollstreckungsweg durchsetzen muss. Dieser müsste nach der Lösung des BGH zunächst einen Titel gegen die Gemeinschaft erwirken und dann aber noch einen Schadensersatzanspruch der Gemeinschaft gegen einen zahlungsfähigen Wohnungseigentümer pfänden. Zum anderen sah der Gesetzgeber die Gefahr, dass damit letztlich die (nach altem Recht gegebene) gesamtschuldnerische Außenhaftung der einzelnen Wohnungseigentümer durch eine (ebenso belastende) gesamtschuldnerische Innenhaftung ersetzt würde. Eine interessengerechte Lösung sollte in einer zwar unmittelbaren, aber dem Umfang nach begrenzten Außenhaftung der Wohnungseigentümer gefunden werden.[350]

---

346 Ebenso: BT-Drucks. 16/887, S. 63; *Bärmann-Suilmann*, § 10 Rn. 294; *Palandt-Bassenge*, WEG § 10 Rn. 40.
347 BT-Drucks. 16/887, S. 63.
348 Ebenso: *Bärmann-Suilmann*, § 10 Rn. 297; *Palandt-Bassenge*, § 10 Rn. 40.
349 BGH v. 2. 6. 2005 – V ZB 32/05, ZMR 2005, 547.
350 BT-Drucks. 16/887, S. 64–66.

2. Satz 1: Begrenzte unmittelbare Außenhaftung der Wohnungseigentümer für Verbindlichkeiten der rechtsfähigen Gemeinschaft

a) Verbindlichkeiten der Gemeinschaft

58 Abs. 8 betrifft nur die **Haftung** der Wohnungseigentümer **gegenüber Dritten, nicht** jedoch Ansprüche der einzelnen **Wohnungseigentümer untereinander**.[351] Eine Haftung setzt zunächst eine Verbindlichkeit der Gemeinschaft i. S. v. Abs. 6 und 7 voraus. Insoweit wird auf die Kommentierungen oben Rn. 36 ff. (insbesondere 53–54) verwiesen. Nach einer Entscheidung des KG Berlin v. 12. 2. 2008 (27 U 36/07, ZMR 2008, 557) fallen unter Abs. 8 auch Verbindlichkeiten, die vor dem 1. 7. 2007 begründet worden sind.

Auch bei öffentlich-rechtlichen Verbindlichkeiten greift Absatz 8 nur ein, wenn nach den öffentlich-rechtlichen Vorschriften die Gemeinschaft Schuldnerin ist.[352] Wenn dagegen nach den öffentlich-rechtlichen Vorschriften eine Haftung des Wohnungseigentümers als Gesamtschuldner mit der Gemeinschaft vorgesehen ist, ist nach Ansicht des KG Berlin[353] auf diese Vorschriften abzustellen.[354] Auch der BGH hat klargestellt, dass einer durch Landesgesetz angeordneten gesamtschuldnerischen persönlichen Haftung der Wohnungseigentümer in ihrer Eigenschaft als Miteigentümer des Grundstücks für die Entgelte für Abfallentsorgung und Straßenreinigung § 10 Abs. 8 nicht entgegen steht.[355]

Ist die Verbindlichkeit nicht entstanden oder ganz oder teilweise wieder erloschen, entfällt im entsprechenden Umfang auch die Haftung der Eigentümer (siehe auch unten Rn. 65).

§ 10 Abs. 8 gilt auch für die bereits vor ihrem Inkrafttreten entstandenen Wohnungseigentümergemeinschaften und auch für Verbindlichkeiten, die vor dem 1. 7. 2007 begründet wurden. Die Vorschrift gehört zum materiellen Recht, für das eine § 62 Abs. 1 entsprechende **Übergangsvorschrift** fehlt.[356]

b) Die während Zugehörigkeit zur Gemeinschaft entstanden oder fällig geworden sind

59 Die **Verbindlichkeit** der Gemeinschaft muss in einem Zeitraum entstanden oder fällig geworden sein, in dem der Eigentümer[357] Mitglied der Wohnungseigentümergemeinschaft war. Wann eine Verbindlichkeit entstanden oder fällig geworden ist, richtet sich nach den allgemeinen Vorschriften. So

---

351 LG Frankfurt v. 2. 6. 2015 – 2-13 S 2/15, ZWE 2015, 379; OLG München v. 15. 1. 2008 – 32 Wx 129/07, ZWE 2008, 384.
352 BayVGH v. 22. 11. 2006 – 8 BV 05.1918, WuM 2007, 150 (für eine Sondernutzungsgebühr nach Art. 18 ff. BayStrWG).
353 KG Berlin v. 29. 9. 2006 – 7 U 251/05, NZM 2007, 216 (für Berliner Landesrecht bei Be- und Entwässerungskosten).
354 Ebenso: VG Gelsenkirchen v. 11. 2. 2014 – 13 K 1109/13, ZWE 2014, 294; VG Gera v. 23. 3. 2010 – 2 E 121/10, ZWE 2010, 294; OVG für das Land Nordrhein-Westfalen v. 25. 11. 2009 – 9 A 2420/09 (zitiert nach juris).
355 BGH v. 18. 6. 2009 – VII ZR 196/08, ZWE 2009, 373.
356 BGH v. 18. 6. 2009 – VII ZR 196/08, ZWE 2009, 373; KG Berlin v. 12. 2. 2008 – 27 U 36/07, ZWE 2008, 234.
357 Siehe dazu unten Rn. 61 und Rn. 3.

bestimmt § 271 Abs. 1 BGB, dass eine Leistung im Regelfall mit Vertragsschluss entsteht und gleichzeitig erfüllbar und fällig ist.[358] Teilweise ergibt sich aus den vertraglichen Bestimmungen (etwa bei Fernwärmelieferung: monatliche oder vierteljährliche Abschlagszahlungen, Fälligkeit der Abschlusszahlung erst nach Jahresabrechnung) oder den gesetzlichen Vorschriften (etwa bei Miete § 556b BGB, bei Werkvertrag § 641 BGB) eine andere **Fälligkeit**, die dann maßgeblich ist. Scheidet etwa ein Eigentümer bei einer größeren Dachsanierung nach Abschluss des Werkvertrages aber noch vor Abnahme des Werkes aus der Gemeinschaft aus, haften sowohl der ausscheidende (Veräußerer) als auch der neu eintretende Eigentümer (Erwerber) als Gesamtschuldner (in Höhe ihres Anteils[359]). Dies erscheint auch sachgerecht, da der frühere Wohnungseigentümer für die während seiner Zeit entstandene Forderung einzustehen hat und dem neuen Eigentümer die Leistung zugutekommt.[360] Zur zeitlichen Begrenzung der Haftung des ausscheidenden Eigentümers siehe sogleich Rn. 60.

c) Haftungsbegrenzung des Veräußerers entsprechend § 160 HGB

Die Haftung des veräußernden Eigentümers ist in entsprechender Anwendung des § 160 HGB zeitlich begrenzt. Ein ausgeschiedener Wohnungseigentümer haftet daher für entstanden Verbindlichkeiten nur dann, wenn diese vor Ablauf von fünf Jahren nach dem Ausscheiden fällig und daraus Ansprüche gegen ihn in einer in § 197 Abs. 1 Nr. 3 bis 5 des BGB bezeichneten Art festgestellt[361] sind oder eine gerichtliche oder behördliche Vollstreckungshandlung vorgenommen oder beantragt wird, sofern der Anspruch nicht schriftlich anerkannt wurde. Dabei sind die Verjährungsvorschriften der §§ 204, 206, 210, 211 und 212 Abs. 2 und 3 des BGB anzuwenden.

60

d) (Unmittelbare) Haftung der Wohnungseigentümer

In den vorgenannten Grenzen haftet jeder Wohnungseigentümer. Zum Begriff des Wohnungseigentümers wird auf oben Rn. 3 verwiesen.

61

Materiell-rechtlich ist allein die Wohnungseigentümergemeinschaft zur Bezahlung der Vergütung verpflichtet. Eine akzessorische **gesamtschuldnerische Haftung** der Wohnungseigentümer für diese Verbindlichkeit besteht nicht. Sie käme nur in Betracht, wenn sich die Wohnungseigentümer neben dem Verband klar und eindeutig auch **persönlich verpflichtet** hätten.[362] Die Haftung ist zwar der Höhe nach auf einen Betrag begrenzt (siehe Rn. 62). Da aber der Eigentümer mit seinem gesamten übrigen Vermögen haftet, ist der (schenkweise) Erwerb einer Eigentumswohnung für einen **Minderjährigen** nicht lediglich rechtlich vorteilhaft und bedarf deshalb der Genehmigung des

---

358 Vergleiche: *Palandt-Grüneberg*, BGB § 271 Rn. 1–2 und *Palandt-Weidenkaff*, BGB § 433 Rn. 41.
359 Siehe dazu unten Rn. 62.
360 BT-Drucks. 16/3843, S. 47–48.
361 Nr. 3: rechtskräftig festgestellte Ansprüche; Nr. 4: Ansprüche aus vollstreckbaren Vergleichen oder vollstreckbaren Urkunden; Nr. 5: Ansprüche, die durch die im Insolvenzverfahren erfolgte Feststellung vollstreckbar geworden sind.
362 BGH v. 10. 3. 2011 – VII ZR 54/10, ZWE 2011, 215; BGH v. 20. 1. 2010 – VIII ZR 329/08, NJW 2010, 932.

gesetzlichen Vertreters nach § 107 BGB.[363] Erwirbt ein Minderjähriger gemeinsam mit anderen eine Eigentumswohnung, bedarf das Rechtsgeschäft der Genehmigung gem. § 1822 Nr. 10 BGB, wenn der Minderjährige für die Verbindlichkeiten gem. §§ 10 Abs. 8, 16 Abs. 2 gesamtschuldnerisch auf den vollen Betrag haftet.[364]

Das Gesetz ordnet keine subsidiäre Haftung des Wohnungseigentümers an. Es liegt daher eine **unmittelbare Außenhaftung** vor. Der Wohnungseigentümer kann daher gleichzeitig mit dem Verband oder auch anstatt des Verbandes in Anspruch genommen werden.[365]

Durch die Anordnung der unmittelbaren Außenhaftung wollte der Gesetzgeber auch deutlich machen, dass ein **Bauhandwerker** in die Grundbücher der einzelnen Wohnungseigentümer eine Sicherungshypothek gemäß § 648 BGB in Höhe des anteiligen Haftungsbetrages eintragen lassen kann, obgleich Besteller die Gemeinschaft ist.[366]

Nicht nur ein Bauhandwerker, sondern jeder Gläubiger, der unmittelbar gegen einen Wohnungseigentümer vorgehen möchte, bedarf dazu eines vollstreckbaren Titels gegen den Eigentümer. Ein Titel gegen die Gemeinschaft reicht für eine **Vollstreckung** gegen den Wohnungseigentümer nicht aus.[367]

e) *Nach dem Verhältnis der Miteigentumsanteile*

62 Die Haftungshöhe des einzelnen Wohnungseigentümers richtet sich aufgrund der Bezugnahme auf § 16 Abs. 1 Satz 2 nach dem Verhältnis seines im Grundbuch eingetragenen Miteigentumsanteils. Ist daher im Grundbuch für einen Wohnungseigentümer ein Miteigentumsanteil von $1/10$ eingetragen, haftet er für eine Verbindlichkeit der Gemeinschaft von 10.000,00 € in Höhe von 1.000,00 €. Unerheblich ist insoweit, ob diese **Haftungsquote** derjenigen entspricht, die nach der Gemeinschaftsordnung für die interne Kostenverteilung (in der Jahresabrechnung) maßgeblich ist.[368] Die Wohnungseigentümer können die Haftungsquote auch nicht mit Wirkung gegenüber einem Gläubiger ändern. Aufgrund der Vertragsfreiheit ist dies zwar grundsätzlich möglich, doch wäre eine derartige Änderung nur dann wirksam, wenn alle Wohnungseigentümer und der Gläubiger zugestimmt haben.[369]

Kommt es nach Entstehen der Verbindlichkeit zu einer **Änderung** der **Miteigentumsanteile**[370], ist aus Gründen der Rechtssicherheit der Miteigentumsanteil maßgeblich, der zum Zeitpunkt des Entstehens der Verbindlichkeit im Grundbuch eingetragen war. Würde man auf den Zeitpunkt der Fälligkeit abstellen, könnte dies zu einer nicht gerechtfertigten Benachteili-

---

363 BGH v. 30.9.2010 – V ZB 206/10, ZWE 2011, 32.
364 OLG Köln v. 6.3.2015 – I-2 Wx 44/15, ZWE 2015, 318.
365 BT-Drucks. 16/887, S. 65; Hessisches Landessozialgericht v. 5.12.2013 – L 1 KR 180/12, ZWE 2014, 144.
366 BT-Drucks. 16/887, S. 66.
367 BT-Drucks. 16/887, S. 67.
368 Siehe zu den möglichen Abweichungen von Außen- und Innenhaftung auch unten Rn. 68 ff.
369 Ebenso: *Niedenführ/Kümme/Vandenhoutenl-Kümmel*, § 10 Rn. 125.
370 Siehe dazu § 3 Rn. 5 und § 6 Rn. 2.

gung des Gläubigers führen. Der Gläubiger hat zum einen keine Möglichkeit, sich von seinen vertraglichen Pflichten zu lösen, verliert aber andererseits aufgrund der Verschiebung ohne seine Mitwirkung weitgehend den unmittelbaren Zugriff auf das Vermögen einzelner solventer Eigentümer (deren Miteigentumsanteil verringert wurde).

3. Sätze 2 und 3: Einwendungen und Einreden des Eigentümers

Die möglichen **Einwendungen** (im Prozess von Amts wegen zu beachten) und **Einreden** (im Prozess nur auf Einrede hin zu beachten) des Wohnungseigentümers gegen den Gläubiger werden in Satz 2 und 3 behandelt. Obgleich ausdrücklich nur § 770 BGB erwähnt ist, ist das System der Einwendungen und Einreden dem Vorbild der **Bürgenhaftung** nachgebildet.[371]

63

a) In seiner Person begründet

Der Wohnungseigentümer kann nach Satz 2 zunächst dem Gläubiger gegenüber Einwendungen und Einreden geltend machen, die in seiner eigenen Person begründet sind. Da der Wohnungseigentümer nicht Vertragspartner des Gläubigers im Hinblick auf die zu Grunde liegende Forderung ist, liegt der Rechtsgrund für seine Gegenrechte auch nicht in diesem Vertragsverhältnis, sondern ergibt sich aus dem Gesetz oder einer anderen rechtsgeschäftlichen Beziehung.

64

So wäre eine denkbare eigene Einwendung etwa der **Erfüllungseinwand** gemäß § 362 Abs. 1 BGB, wenn der Eigentümer die Forderung des Gläubigers an diesen bereits durch Zahlung auf dessen Konto beglichen hat. Hat der Wohnungseigentümer etwa aus einem (sonstigen privaten) Mietverhältnis gegen den Gläubiger Mietansprüche, kann er nach den allgemeinen Vorschriften der §§ 387 ff. BGB **aufrechnen** (kein Fall des Satz 3, siehe unten Rn. 66). Auch in diesem Fall erlischt gemäß § 389 BGB die Forderung des Gläubigers, so dass auch hier der Eigentümer Erfüllung einwenden kann.

Als denkbare Einrede kommt auch die **Stundungseinrede** in Betracht. Vereinbaren etwa der Gläubiger und der Wohnungseigentümer[372], dass der Eigentümer seinen Haftungsbetrag erst zum 1.1. des nächsten Jahres bezahlen muss, ist dadurch die Fälligkeit der Forderung des Gläubigers gegen den Wohnungseigentümer gemäß § 271 Absatz 2 BGB auf diesen Zeitpunkt hinausgeschoben worden.

b) Der Gemeinschaft zustehend

aa) Allgemeines

Neben den bei a) genannten Rechten kann der Wohnungseigentümer dem Gläubiger gegenüber auch diejenigen Einwendungen und Einreden geltend machen, die der Gemeinschaft, die ja Vertragspartner des Gläubigers ist, zustehen. Hat die Gemeinschaft die vertragliche Verpflichtung durch Zahlung erfüllt, ist die Forderung gegen die Gemeinschaft gemäß § 362 Abs. 1 BGB erloschen. Neben der Gemeinschaft kann auch der in Anspruch genommene einzelne Wohnungseigentümer den **Erfüllungseinwand** erheben, so

65

---

371 BT-Drucks. 16/887, S. 66.
372 Zur Stundungsvereinbarung der Gemeinschaft siehe Rn. 65.

dass seine Haftung entfällt. Ist beispielsweise bei dem Anspruch gegen die Gemeinschaft **Verwirkung**[373] eingetreten, steht diese Einwendung auch dem Wohnungseigentümer zu.

Als **Einreden** gegen die Verbindlichkeit der Gemeinschaft, welche auch der einzelne Eigentümer gegen den Haftungsanspruch geltend machen könnte, kommen etwa eine **Stundungseinrede** aufgrund einer Vereinbarung zwischen Gläubiger und Gemeinschaft[374] in Betracht. Gleiches gilt auch für sonstige Einreden der Gemeinschaft, also etwa die Einrede der **Verjährung** gemäß § 214 BGB oder die Geltendmachung eines **Zurückbehaltungsrechts** nach § 273 BGB oder die **Arglisteinrede** nach § 242 BGB.

bb) Einrede der Anfechtbarkeit und Aufrechenbarkeit

66 Satz 3 nennt zwei Einreden ausdrücklich und ordnet für diese Einreden der **Anfechtbarkeit** und **Aufrechenbarkeit** die entsprechende Anwendung von § 770 BGB an. Anders als bei dem bei Rn. 64 genannten Beispiel, bei dem der Wohnungseigentümer seine Haftungsverbindlichkeit durch Aufrechnung mit einer ihm persönlich zustehenden Forderung zum Erlöschen bringen kann, stünden ihm derartige Rechte aus dem Vertrag nicht zu, da Vertragspartei nur die Gemeinschaft und der Gläubiger sind und daher nur zwischen ihnen die von § 387 BGB geforderte **Gegenseitigkeit** der Forderungen gegeben ist. Nur die Gemeinschaft, vertreten durch den Verwalter, könnte eine mögliche Anfechtung des Vertrags gemäß §§ 119 ff. BGB durchführen.

Durch den Verweis auf § 770 BGB ist im Hinblick auf dessen Abs. 1 nun klargestellt, dass der Eigentümer so lange die Zahlung auf seine Haftungsverpflichtung verweigern kann, als der Gemeinschaft das Recht zusteht, das zugrundeliegende Rechtsgeschäft anzufechten. Es muss also insbesondere für die Gemeinschaft ein Anfechtungsgrund vorliegen (etwa Irrtum gemäß § 119 Abs. 1 BGB oder arglistige Täuschung gemäß § 123 Abs. 1 BGB) und die Anfechtungsfrist (§ 121 BGB oder § 124 BGB) darf noch nicht abgelaufen sein.

Entsprechend § 770 Abs. 2 BGB kann der Eigentümer die Zahlung so lange verweigern, wie der Gläubiger die Möglichkeit hat, sich durch eine Aufrechnung gegen eine fällige Forderung der Gemeinschaft zu befriedigen. Steht dem Gläubiger diese Möglichkeit nicht mehr zu, entfällt für den Eigentümer die Einrede. Aufgrund seiner unmittelbaren Haftung und weil Satz 3 nicht auch auf § 771 BGB verweist, steht dem Eigentümer auch nicht die **Einrede** der **Vorausklage** zu.[375]

c) *Keine Einwendungen aus dem Innenverhältnis*

67 Nach Satz 2, 2. Hs. ist es dem Eigentümer jedoch verwehrt, sich dem Gläubiger gegenüber auf Einwendungen oder Einreden zu berufen, die ihm **gegen** die **Gemeinschaft** zustehen. Der Grund für diese Regelung ist darin zu sehen, dass sich der Gläubiger nicht mit Fragen aus dem Innenverhältnis

---

373 Siehe zur Verwirkung § 15 Rn. 27 ff.
374 Zur Stundungsvereinbarung des Wohnungseigentümers siehe Rn. 64.
375 Ebenso: *Bärmann-Suilmann*, § 10 Rn. 326.

zwischen Wohnungseigentümer und Gemeinschaft belasten muss.[376] So kann der Eigentümer etwa nicht geltend machen, er habe alle seine Verpflichtungen, also alle Wohngelder, Sonderumlagen und Nachzahlungsbeträge aus Jahresabrechnungen, gegenüber der Gemeinschaft erfüllt.[377] Auch in diesem Fall, oder wenn der Eigentümer eine Stundung der Sonderumlage von der Gemeinschaft erreichen konnte, muss der Eigentümer daher den auf ihn entfallenden Haftungsbetrag an den Gläubiger zahlen.

4. Satz 4: Haftung im Innenverhältnis

a) Haftung gegenüber der Gemeinschaft

Nach Satz 4 bestimmt sich die Haftung des Wohnungseigentümers gegenüber der Gemeinschaft wegen nicht ordnungsgemäßer Verwaltung nach Satz 1. Satz 4 betrifft demnach nur die Haftung im Innenverhältnis, nicht aber die allgemeine Pflicht zur Zahlung der Beiträge zu den Lasten und Kosten des gemeinschaftlichen Eigentums.[378] So bleiben die Pflichten des Eigentümers zur Zahlung der Wohngelder oder auch einer Sonderumlage, um aufgetretene Finanzierungslücken zu schließen, von der Haftungsregelung des Satz 4 unberührt.[379]

68

Ziel von Satz 4 ist es vielmehr, den **Gleichlauf der Haftung** der Wohnungseigentümer gegenüber der Gemeinschaft mit der gegenüber Gläubigern der Gemeinschaft herzustellen.[380] Die Haftungsregelung bezieht sich auf eine nicht ordnungsgemäße Verwaltung. Nach der Entscheidung des BGH aus dem Jahr 2005[381] besteht für die Wohnungseigentümer die Pflicht, die Gemeinschaft durch entsprechende Beschlussfassung zur ordnungsgemäßen Verwaltung die finanzielle Grundlage zur Begleichung der laufenden Verpflichtungen zu verschaffen.

Unterlassen die Wohnungseigentümer entsprechende **Beschlüsse**, entspricht dies nicht ordnungsgemäßer Verwaltung. Nach §§ 280 Abs. 1, 281 BGB hat in einem solchen Fall die Gemeinschaft einen Schadensersatzanspruch gegen die Wohnungseigentümer, die ihre Pflichten verletzt haben. Die Wohnungseigentümer haften dabei nach der Entscheidung des BGH als Gesamtschuldner. Da ein Gläubiger diesen Anspruch der Gemeinschaft auf Schadensersatz pfänden könnte, würde ein einzelner Wohnungseigentümer trotz der begrenzten Außenhaftung letztendlich über diesen Haftungsanteil hinaus in Anspruch genommen werden können.

69

Durch den Verweis auf Satz 1 wird nun aber auch die Haftung gegenüber der Gemeinschaft auf den Anteil nach dem Verhältnis des eingetragenen Miteigentumsanteils beschränkt. So wird sichergestellt, dass der Eigentümer auch dann, wenn der Gläubiger den Schadensersatzanspruch der Gemeinschaft pfändet, nur anteilig haftet.

---

376 BT-Drucks. 18/887, S. 66.
377 Ebenso: *Bärmann-Suilmann*, § 10 Rn. 331.
378 BT-Drucks. 16/3843, S. 47.
379 Siehe dazu nur im Einzelnen die Kommentierungen zu § 16.
380 BT-Drucks. 16/887, S. 66.
381 BGH v. 2. 6. 2005 – V ZB 32/05, ZMR 2005, 547.

WEG § 10 Gemeinschaft der Wohnungseigentümer

Wenn der Eigentümer seinen Haftungsanteil durch Zahlung an den Gläubiger getragen hat, kann die Gemeinschaft nicht nochmals Zahlung des Haftungsbetrages aufgrund des vorgenannten Schadensersatzanspruchs verlangen. Dies kann damit begründet werden, dass bei der Gemeinschaft insoweit kein Schaden mehr besteht, da durch die Zahlung des Haftungsbetrages durch den Eigentümer die Verbindlichkeit der Gemeinschaft um den entsprechenden Anteil verringert wird (gemäß §§ 267, 362 Abs. 1 BGB). Damit kann aber auch ein Gläubiger den nicht (mehr) bestehenden Schadensersatzanspruch nicht pfänden.

b) Rückgriff des Wohnungseigentümers

70 Wie bereits bei Rn. 67 ausgeführt, kann ein Eigentümer einem Gläubiger gegenüber nicht einredeweise geltend machen, er habe seine Pflicht gegenüber der Gemeinschaft im Hinblick auf die Finanzierungslücke bereits durch Zahlung der Sonderumlage erfüllt. Ein Eigentümer, der beispielsweise seine Sonderumlage für eine bestimmte Baumaßnahme bezahlt hat und der später vom Gläubiger in Anspruch genommen wird, muss daher zusätzlich seinen **Haftungsanteil** an den Gläubiger bezahlen.

Diese Fälle erscheinen problematisch in der weiteren Abwicklung.

Nach den Vorstellungen des Gesetzgebers[382] kann der Eigentümer den an die Gemeinschaft gezahlten Betrag **von** den **anderen Wohnungseigentümern** zurückverlangen. Dieser Meinung kann nicht gefolgt werden. Der Eigentümer kann nicht von den anderen Eigentümern seinen an die Gemeinschaft bezahlten Betrag zurückverlangen, da hierfür **keine Anspruchsgrundlage** ersichtlich ist.[383] Die Zahlung des Eigentümers an die Gemeinschaft erfolgte aufgrund des Wirtschaftsplanes oder einer Sonderumlage.

Nach der hier vertretenen Ansicht kann der entsprechend seiner Außenhaftungsquote in Anspruch genommene Eigentümer **bei** der **Gemeinschaft Rückgriff** nehmen.

Der zweimal in Anspruch genommene Eigentümer kann daher nur von der Gemeinschaft etwas zurückverlangen. Dies ist aber nicht der Betrag, den der Eigentümer aufgrund seiner Verpflichtung (Wirtschaftsplan/Sonderumlage) an die Gemeinschaft bezahlt hat. Die Gemeinschaft ist vielmehr durch die Zahlung des Eigentümers an den Gläubiger in Höhe dieses Betrages bereichert, da ihre Verbindlichkeit durch die (nicht von ihr geleistete) Zahlung teilweise erloschen ist. Diesen Betrag kann der zahlende Eigentümer entweder nach den Grundsätzen der Geschäftsführung ohne Auftrag nach §§ 683, 670 BGB (falls von der Rechtsprechung ein Fremdgeschäftsführungswille bei der Bezahlung der – eigenen – Haftungsverbindlichkeit anerkannt wird) oder nach Bereicherungsrecht gemäß §§ 812 ff. BGB von der Gemeinschaft zurückverlangen.[384]

---

[382] BT-Drucks. 16/3843, S. 47.
[383] Ebenso: *Bärmann-Suilmann*, § 10 Rn. 338.
[384] Im Ergebnis ebenso: *Bärmann-Suilmann*, § 10 Rn. 336 (Anspruchsgrundlage: § 774 Abs. 1 BGB und § 110 HGB je entsprechend).

Dies bedeutet, dass der Eigentümer in der (nächsten) Eigentümerversammlung einen Antrag stellen kann, dass ein entsprechender Beschluss gefasst wird. Nach der hier vertretenen Meinung würde einer **unmittelbaren Zahlungsklage** ohne **Vorbefassung** der Eigentümerversammlung das Rechtsschutzbedürfnis fehlen.[385] Ist absehbar, dass die Gemeinschaft nicht über ein ausreichendes Verwaltungsvermögen verfügt, kann auch ein (weiterer) Sonderumlagebeschluss gefordert werden. Nach § 21 Abs. 4 hat der Eigentümer auch Anspruch auf eine derartige Beschlussfassung.[386] Wird der Beschluss nicht gefasst, kann der Eigentümer diesen Negativbeschluss gemäß § 46 gerichtlich anfechten.[387] Nicht ratsam erscheint es aber, dass die Verwaltung von sich aus den Anspruch des Eigentümers anerkennt und begleicht. Da die Zahlung dann in der nächsten Jahresabrechnung erscheinen muss, würden die Streitigkeiten lediglich auf die Beschlussfassung über die Jahresabrechnung und auf mögliche Schadensersatzansprüche gegen den Verwalter verlagert. Zur freiwilligen Zahlung des Verwalters siehe auch § 27 Rn. 11; zur Beschlussfassung einer freiwilligen Erfüllung siehe auch § 21 Rn. 30.

---

385 Siehe dazu genauer: § 21 Rn. 18.
386 Siehe zu § 21 Abs. 4 allgemein: § 21 Rn. 28 ff.
387 Zur Anfechtung von Negativbeschlüssen siehe § 21 Rn. 19, 39, 42 und § 46 Rn. 12.

§ 11
Unauflöslichkeit der Gemeinschaft

(1) Kein Wohnungseigentümer kann die Aufhebung der Gemeinschaft verlangen. Dies gilt auch für eine Aufhebung aus wichtigem Grund. Eine abweichende Vereinbarung ist nur für den Fall zulässig, dass das Gebäude ganz oder teilweise zerstört wird und eine Verpflichtung zum Wiederaufbau nicht besteht.

(2) Das Recht eines Pfändungsgläubigers (§ 751 des Bürgerlichen Gesetzbuchs) sowie das im Insolvenzverfahren bestehende Recht (§ 84 Abs. 2 der Insolvenzordnung), die Aufhebung der Gemeinschaft zu verlangen, ist ausgeschlossen.

(3) Ein Insolvenzverfahren über das Verwaltungsvermögen der Gemeinschaft findet nicht statt.

Inhalt:

	Rn.			Rn.
I. Allgemeines	1		3. Satz 3: Abweichende Vereinbarung im Falle der Zerstörung des Gebäudes	4
II. **Absatz 1:** Ausschluss der Aufhebung der Gemeinschaft	2			
1. Satz 1: Grundsatz	2	III.	**Absatz 2:** Zwangsvollstreckung	5
2. Satz 2: Wichtiger Grund	3	IV.	**Absatz 3:** Fehlende Insolvenzfähigkeit	6

I. Allgemeines

1 Während § 6 die **Untrennbarkeit** der begrifflichen Bestandteile von Miteigentums-, Sondereigentums- und verdinglichten Rechten regelt, stellt § 11 die Unlösbarkeit der Gemeinschaft fest: Kein Wohnungseigentümer kann die Aufhebung der Gemeinschaft, auch nicht aus wichtigem Grunde, verlangen, es sei denn, es ist bereits in der Teilungsordnung vereinbart, dass im Falle der ganzen oder teilweisen Zerstörung der Gebäude, die Gemeinschaft aufgelöst wird. Folgerichtig kann auch kein Pfändungsgläubiger im Rahmen der Zwangsvollstreckung die Aufhebung der Gemeinschaft fordern. Das Insolvenzverfahren, dies stellt die WEG-Novelle[1] fest, findet über das Verwaltungsvermögen der Gemeinschaft nicht statt. Hier wird auf die vom BGH begründete und vom Gesetzgeber normierte Teilrechtsfähigkeit der Wohnungseigentumsgemeinschaft reagiert. Die Rechtsordnung anerkennt die Existenzberechtigung der Wohnungseigentümergemeinschaft auch dann, wenn sie ihre Ziele und Aufgaben nicht aus eigener Kraft, also mit eigenen Mitteln verfolgen kann[2]. Deshalb kann ihr zur Durchsetzung von Wohngeldansprüchen Prozesskostenhilfe gewährt werden; die Unauflöslichkeit und Insolvenzunfähigkeit unterscheidet die Wohnungseigen-

---

1 Gesetz zur Änderung des Wohnungseigentumsgesetzes und anderer Gesetze v. 26.3.2007, BGBl. 2007 I, S. 370, Art. 1 Nr. 5.
2 Siehe: BGH v. 17.6.2010 – V ZB 26/10, NJW 2010, 2814 = NZM 2010, 586.

tümergemeinschaft von anderen juristischen Personen und anderen parteifähigen Vereinigungen.

II. Absatz 1: Ausschluss der Aufhebung der Gemeinschaft

1. Satz 1: Grundsatz

Wohnungseigentum ist, sobald es vertraglich oder durch Vorratsteilung errichtet ist, nicht durch einseitige Rechtshandlungen auflösbar. Voraussetzung für eine Aufhebung ist eine vertragliche Vereinbarung gemäß §§ 4, 9 Abs. 1 Nr. 1. Erreicht wird dies durch Ausschluss der Vorschriften der §§ 749 ff. BGB mit dem kurzen Satz: „Kein Wohnungseigentümer kann die Aufhebung der Gemeinschaft verlangen". Diese Vorschrift ist unabänderlich.[3] Damit wird die Wohnungseigentumsgemeinschaft auch nicht entsprechend § 750 BGB spätestens mit dem Tod eines Eigentümers beendet; die Wohnungseigentümergemeinschaft besteht in diesem Falle fort; eine Teilungsversteigerung des Grundstücks gemäß §§ 180 ff. ZVG ist nicht möglich. Auch bei Vorliegen eines wichtigen Grundes, selbst wenn die Wohnungseigentümergemeinschaft noch so zerstritten ist, bleibt der Grundsatz der **Unauflöslichkeit der Gemeinschaft** bestehen. Es muss der Weg des § 18 (Entziehung des Wohnungseigentums) gegangen werden oder der eigene Miteigentumsanteil nebst Sondereigentum veräußert werden. Ein Verzicht auf das Wohnungseigentum gemäß § 928 BGB ist unzulässig.[4] Auch das Gemeinschaftsvermögen kann nicht von Miteigentum und Sondereigentum gelöst werden; erst nach Auflösung der Gemeinschaft und Verteilung eines Überschusses an die einzelnen Wohnungseigentümer ist die Vollstreckung in das Guthaben möglich.[5]

2

2. Satz 2: Wichtiger Grund

Die Unauflöslichkeit der Gemeinschaft besteht auch bei Vorliegen eines wichtigen Grundes, also insbesondere bei **völliger Zerstrittenheit** der Gemeinschaft. Dies gilt auch dann, wenn die Wohnungseigentümergemeinschaft klein ist und nur aus zwei Personen (z.B. Eigentümer eines Doppelhauses) besteht. Ein einseitiges Verlangen auf Auflösung bei Vorliegen eines wichtigen Grundes ist unzulässig; eine vertragliche Aufhebung gemäß §§ 4, 9 Abs. 1 Nr. 2 ist der einzige Weg. Ein Mehrheitsbeschluss auch bei größeren Gemeinschaften ist nichtig.

3

---

3 BayObLG v. 10.12.1979 – BReg. 2 Z 23/78, BayObLGZ 1979, 414 = Rpfleger 1980, 110: Allerdings ist eine Vereinbarung, wonach die Wohnungseigentümer in der notariell beurkundeten Form sich verpflichten, das aus zwei Einfamilienhäusern bestehende Wohnungseigentum aufzuteilen und die Realteilung vorzunehmen, wirksam; hierzu auch: *Niedenführ/Kümmel/Vandenhouten,* § 11 Rn. 6.
4 BGH v. 14.6.2007 – V ZB 18/07 (auf Vorlage des OLG Düsseldorf v. 6.2.2007 – I-3 Wx 5/07, NZM 2007, 219), BGHZ 172, 338; BayObLG v. 14.2.1991 – BReg. 2 Z 16/91, BayObLGZ 1991, 90 = NJW 1991, 1962.
5 Strittig: *Palandt-Bassenge,* § 11 Rn. 2.

3. Satz 3: Abweichende Vereinbarung im Falle der Zerstörung des Gebäudes

4 Das Gesetz ermöglicht dagegen bei einer ganz oder teilweisen Zerstörung des Gebäudes, wenn in der Gemeinschaftsordnung die Aufhebung der Gemeinschaft für diesen Fall vereinbart ist, die Beendigung der Wohnungseigentumsgemeinschaft. Die Verpflichtung zum **Wiederaufbau** besteht, wenn das Gebäude zu weniger als zur Hälfte seines Wertes zerstört ist und der Schaden nicht durch eine Versicherung oder in anderer Weise gedeckt ist, § 22 Abs. 4. Auch in der Gemeinschaftsordnung kann die Pflicht zum Wiederaufbau weiter eingeschränkt oder auch ausgeschlossen werden, § 10 Abs. 2 Satz 2; die Voraussetzungen der Wiederaufbauverpflichtung können im Grundbuch eingetragen werden, § 10 Abs. 2.[6]

Darüber hinaus ist ein Rechtsanspruch auf Aufhebung der Gemeinschaft im Falle der Zerstörung ohne Wiederaufbauverpflichtung zu prüfen auch für die Fälle, in denen eine Vereinbarung nicht vorliegt: niemand sollte zum Wiederaufbau verpflichtet werden, wenn das Sondereigentum bereits ein „Nullum" ist.[7] Gleiches sollte gelten, wenn wegen Baubeschränkungen ein Gebäude nach Anlage der Wohnungsgrundbücher gar nicht (mehr) errichtet werden kann oder eine Bauverpflichtung aus Rechtsgründen nicht besteht;[8] dies gilt jedoch nicht für den fehlenden Willen zur Fertigstellung.

III. Absatz 2: Zwangsvollstreckung

5 Das Gesetz schließt auch das Recht eines Pfandgläubigers (§ 751 BGB) sowie das im Insolvenzverfahren bestehende Recht (§ 84 Abs. 2 InsO) aus, die Aufhebung der Gemeinschaft zu verlangen. Ein Pfändungsgläubiger kann also nicht die Gemeinschaft auflösen und damit von nichtbeteiligten Wohnungseigentümern die Zwangsverwertung deren Wohnungen erzwingen. Der uneingeschränkten Immobiliarvollstreckung unterliegt jedoch jedes Wohnungseigentum (Eigentumswohnung) selbst; jede Wohnung kann zwangsversteigert werden, ohne dass dies auf die Gemeinschaft Einfluss hat.[9] Allerdings soll nach Auffassung in der Rechtslehre dann, wenn eine Vereinbarung nach § 11 Satz 1 Satz 3 zugunsten von Pfändungs- und Insolvenzschuldnern besteht, von ihnen die Gemeinschaft aufgelöst werden können.[10] Der Anspruch nach § 11 Abs. 1 Satz 2 auf Aufhebung der Gemeinschaft im Falle der Zerstörung des Gebäudes ohne Wiederaufbauverpflichtung ist allerdings pfändbar[11].

---

6 BayObLG v. 10.12.1979 – BReg. 2 Z 23/78, BayObLGZ 1979, 414 = Rpfleger 1980, 110.
7 *Niedenführ/Kümmel/Vandenhouten-Kümmel*, § 11 Rn. 6; MünchKomm-*Commichau*, § 11 Rn. 6; *Staudinger-Kreuzer*, § 11 Rn. 13.
8 *Niedenführ/Kümmel/Vandenhouten-Kümmel*, § 11 Rn. 7; *Suilmann*, in: Bärmann, § 11 Rn. 24.
9 Hierzu: *Niedenführ/Kümmel/Vandenhouten-Kümmel* § 11 Rn. 12; *Suilmann*, in: Bärmann, § 11 Rn. 27.
10 So *Niedenführ/Kümmel/Vandenhouten-Kümmel*, § 11 Rn. 13; *Staudinger-Kreuzer*, § 11 Rn. 16; *Weitnauer/Lüke*, § 11 Rn. 10.
11 *Suilmann*, in: Bärmann, § 11 Rn. 28.

IV. Absatz 3: Fehlende Insolvenzfähigkeit

Nach der Entscheidung des BGH vom 2.6.2005[12] hat der Gesetzgeber in der WEG-Novelle[13] durch § 10 Abs. 7 das Verwaltungsvermögen der Gemeinschaft der Wohnungseigentümer zugeordnet; es ist damit teilrechtsfähig. Um eine Trennung des Verwaltungsvermögens von dem Wohnungseigentum zu verhindern, schließt § 11 Abs. 3 ein Insolvenzverfahren über das Verwaltungsvermögen der Gemeinschaft aus. Der Rechtsausschuss des Deutschen Bundestags war hierzu der Auffassung, dass Aufwand und Kosten eines solchen Verfahrens nicht in einem angemessenen Verhältnis zu den Vorteilen stünden. Auch werden Schwierigkeiten, zu denen es in der Praxis wegen der sich zum Teil überschneidenden Tätigkeiten des Insolvenzverwalters und des Wohnungseigentumsverwalters kommen könne, vermieden. Damit ist der Streit in der Rechtsprechung zur **Insolvenzfähigkeit** der Wohnungseigentümergemeinschaft erledigt.[14] Das Vermögen der Wohnungseigentümer ist also kein insolvenzfähiges Sondervermögen.[15]

6

---

12 BGH v. 2.6.2005 – V ZB 32/05, BGHZ 163, 154 = NJW 2005, 2001 = DNotZ 2005, 776.
13 Gesetz zur Änderung des Wohnungseigentumsgesetzes und anderer Gesetze v. 26.3.2007, BGBl. 2007 I, S. 370/371, Art. 1 Nr. 5.
14 Für Insolvenzfähigkeit: AG Mönchengladbach v. 24.2.2006 – 32 IN 26/06, NJW 2006, 1071 = NZM 2006, 227; a.A. LG Dresden v. 15.5.2006 – V T 105/06, NJW 2006, 2710 = NZM 2006, 513.
15 Eine Pflicht zur Zahlung der Insolvenzgeldumlage für einen Hausmeister, der zur ordnungsgemäß Instandhaltung und Instandsetzung des gemeinschaftlichen Eigentums beschäftigt wird, besteht nicht: BSG v. 23.10.2014 – B 11 AL 6/14R.

§ 12
Veräußerungsbeschränkung

(1) Als Inhalt des Sondereigentums kann vereinbart werden, dass ein Wohnungseigentümer zur Veräußerung seines Wohnungseigentums der Zustimmung anderer Wohnungseigentümer oder eines Dritten bedarf.

(2) Die Zustimmung darf nur aus einem wichtigen Grund versagt werden. Durch Vereinbarung gemäß Absatz 1 kann dem Wohnungseigentümer darüber hinaus für bestimmte Fälle ein Anspruch auf Erteilung der Zustimmung eingeräumt werden.

(3) Ist eine Vereinbarung gemäß Absatz 1 getroffen, so ist eine Veräußerung des Wohnungseigentums und ein Vertrag, durch den sich der Wohnungseigentümer zu einer solchen Veräußerung verpflichtet, unwirksam, solange nicht die erforderliche Zustimmung erteilt ist. Einer rechtsgeschäftlichen Veräußerung steht eine Veräußerung im Wege der Zwangsvollstreckung oder durch den Insolvenzverwalter gleich.

(4) Die Wohnungseigentümer können durch Stimmenmehrheit beschließen, dass eine Veräußerungsbeschränkung gemäß Absatz 1 aufgehoben wird. Diese Befugnis kann durch Vereinbarung der Wohnungseigentümer nicht eingeschränkt oder ausgeschlossen werden. Ist ein Beschluss gemäß Satz 1 gefasst, kann die Veräußerungsbeschränkung im Grundbuch gelöscht werden. Der Bewilligung gemäß § 19 der Grundbuchordnung bedarf es nicht, wenn der Beschluss gemäß Satz 1 nachgewiesen ist. Für diesen Nachweis ist § 26 Abs. 3 entsprechend anzuwenden.

Inhalt:

		Rn.
I.	Allgemeines	1
II.	**Absatz 1: Inhalt der Vereinbarung**	2
	1. Vereinbarungen in der Teilungserklärung	2
	2. Veräußerung	3
	a) Zustimmungspflicht	3
	b) Zustimmungsfreie Veräußerung	5
	3. Person des Zustimmungsberechtigten	6
	a) Wohnungseigentümer	6
	b) Dritte	7
	c) Form der Zustimmung	8
III.	**Absatz 2: Anspruch auf Zustimmung**	9
IV.	**Absatz 3: Folgen der fehlenden Zustimmung**	10

		Rn.
	1. Schwebende Unwirksamkeit	10
	2. Veräußerung im Wege der Zwangsvollstreckung	11
V.	**Absatz 4: Aufhebung der Zustimmungsvereinbarung**	12
	1. Beschluss durch Stimmenmehrheit	12
	2. Aufhebung der Veräußerungsbeschränkung	13
	3. Satz 2: Unabdingbarkeit	14
	4 Satz 3: Löschung im Grundbuch	15
	5. Keine Bewilligung gemäß § 19 GBO	16
	6. Entsprechende Anwendung des § 26 Abs. 3	17

I. Allgemeines

In der Teilungserklärung kann als Inhalt des Sondereigentums auch vereinbart werden, dass ein Wohnungseigentümer zur Veräußerung seines Wohnungseigentums der Zustimmung anderer Wohnungseigentümer oder eines Dritten bedarf; die Zustimmung darf nur aus wichtigem Grunde versagt werden. Eine Änderung dieser Vereinbarung war bis zur WEG-Novelle[1] ausschließlich durch Vertrag möglich.[2] Die Neuregelung ermöglicht, eine ursprünglich vereinbarte Veräußerungsbeschränkung durch Stimmenmehrheit der Wohnungseigentümer aufzuheben. Es wird dadurch der Schutz kleiner und/oder Familienwohnungseigentumsanlagen aufgegeben. Für die Regelung spricht, dass das bei Begründung der Wohnungseigentümergemeinschaft vor allem von Bauträgern oder einem Alleineigentümer vorgesehene Zustimmungserfordernis einer späteren Entwicklung einfacher angepasst werden kann. In der Vergangenheit war bei mittleren und großen Wohnungseigentumsanlagen die Praxis davon abgekommen, Veräußerungsbeschränkungen gemäß § 12 Abs. 1 zu begründen.[3] Die Neuregelung ist unabänderlich und gilt auch für bestehende Veräußerungsbeschränkungen. Hat die Wohnungseigentümergemeinschaft eine Aufhebung der Beschränkung beschlossen, kann sie im Grundbuch gelöscht werden.

1

II. Absatz 1: Inhalt der Vereinbarung

1. Vereinbarungen in der Teilungserklärung

In der Teilungserklärung kann die Zustimmung eines Dritten zur Veräußerung des Wohnungseigentums vereinbart werden. Beschränkt eine solche Vereinbarung Rechte von Realgläubigern am Wohnungseigentum, ist deren Zustimmung erforderlich, § 877 BGB, soweit nicht das Grundstück als Gesamtes belastet ist.[4] Es handelt sich um den **dinglichen Inhalt**, der im Wohnungsgrundbuch als Voraussetzung des Entstehens der Veräußerungsbeschränkung einzutragen ist[5]; die Bezugnahme gemäß § 7 Abs. 3 ist wegen

2

---

1 Gesetz zur Änderung des Wohnungseigentumsgesetzes und anderer Gesetze v. 26.3.2007, BGBl. I 2007, S. 370 Art. 1 Nr. 6.
2 BGH v. 20.9.2000 – V ZB 58/99, BGHZ 145, 158 (für die Einräumung von Sondernutzungsrechten).
3 BT-Drucks. 16/887, S. 21.
4 OLG Frankfurt/Main v. 26.4.1996 – 20 W 45/96, NJW-RR 1996, 918; *Jennißen-Grziwotz*, § 12 Rn. 1; a.A. *Suilmann*, in: Bärmann, § 12 Rn. 7: da die Veräußerungsbeschränkung gemäß Abs. 3 Satz 2 auch für die Veräußerung im Wege der Zwangsvollstreckung gilt, müssen alle dinglich Berechtigten, insbesondere Gläubiger von Grundpfandrechten zustimmen; ebenso: *Riecke/Schmidt/Schneider*, § 12 Rn. 6; *Stöber*, ZVG, 19. Aufl. § 15 Rn. 45.5, und zwar unabhängig davon, ob die Veräußerungsbeschränkung bei Begründung des Wohnungseigentums oder nachträglich vereinbart wird.
5 Es handelt sich um eine Beschränkung des Rechtsinhalts des Wohnungseigentums, nicht um eine Verfügungsbeschränkung: OLG Düsseldorf v. 11.5.2011 – 3 Wx 70/11 [juris]; *Suilmann*, in: Bärmann, § 12 Rn. 5; a.A. OLG Hamm v. 12.5.2010 – 15 W 139/10, NJW-RR 2010, 1524 = MittBayNot. 2010, 469.

§ 3 Abs. 2 WGV nicht ausreichend.[6] Auch für den Fall der Zwangsversteigerung des Wohnungseigentums kann ein Zustimmungserfordernis gemäß § 12 vereinbart werden.

Die Voraussetzungen zur **Zustimmung zur Veräußerung** können frei festgelegt werden[7], z.B. auf einzelne Veräußerungsfälle beschränkt[8] oder umgekehrt von einem Zustimmungserfordernis befreien, z.B. für den Fall der ersten Veräußerung oder für eine Veräußerung an bestimmte Personen (Angehörige).[9] Die Voraussetzungen können nicht erweitert, jedoch beschränkt werden. Zulässig kann z.B. ein außergerichtliches Vorschaltverfahren sein, sollte die Zustimmung der zustimmungsberechtigten Person nicht erteilt werden[10]. War früher die Änderung oder Aufhebung durch Vereinbarung und Eintragung im Grundbuch erforderlich und eine Aufhebung durch Mehrheitsbeschluss nichtig, ist diese Einschränkung durch § 12 Abs. 4 i.d.F. ab 1.7.2007 weggefallen. Regelungen der Teilungserklärung, welche die Veräußerung von Wohnungseigentum (z.B.) von der Zustimmung des Verwalters abhängig machen, verschaffen dem Verwalter in aller Regel keine originäre eigene Kompetenz, die nur er allein wahrnehmen könnte. Der Verwalter wird bei der Entscheidung über die Zustimmung zur Veräußerung vielmehr als Treuhänder und mittelbarer Stellvertreter der Wohnungseigentümer tätig.[11]

2. Veräußerung

a) Zustimmungspflicht

3 Die Beschränkung, die grundsätzlich eng auszulegen ist, da sie eine Ausnahme von § 137 Abs. 1 BGB ist[12], gilt nur für den Fall der Veräußerung, also für die vollständige oder teilweise Übertragung von Wohnungseigentum **durch Rechtsgeschäft** unter Lebenden; sie gilt bei Übergang des Wohnungseigentums auf den neuen Rechtsinhaber in der Zwangsversteigerung.

---

6 LG Mannheim v. 21.5.1962 – 4 T 40/62, Rpfleger 1963, 301; *Staudinger-Rapp*, § 7 Rn. 8, *Staudinger-Kreuzer*, § 12 Rn. 10; *Niedenführ/Kümmel/Vandenhouten-Kümmel*, § 7 Rn. 48; *Jennißen-Grziwotz*, § 12, Rn. 3; a.A. *Weitnauer/Mansel*, § 12 Rn. 8.
7 Ist die Zustimmung der „Mehrheit der übrigen Wohnungseigentümer" erforderlich, ist zustimmungsberechtigt die Eigentümerversammlung, die im Rahmen ordnungsgemäßer Verwaltung mit der dafür in der Gemeinschaftsordnung vorgesehenen Mehrheit zu entscheiden hat, OLG Hamm v. 16.7.2015 – 15 W 294/15.
8 Beschränkt sich die Zustimmungspflicht auf Verkäufe, bedarf eine Schenkung nicht der Zustimmung: KG Berlin v. 17.8.2010 – 1 W 97/10, NJW-RR 2010, 1523 = NZM 2010, 708; ist nur die Erstveräußerung zustimmungsfrei, ist diese „verbraucht", wenn die Teil-Eigentümerin eine Gesellschaft bürgerlichen Rechts ist und die Wohnungseigentumsrechte auf ihre Gesellschafter überträgt. Die weitere Veräußerung ist zustimmungspflichtig: KG Berlin v. 26.5.2014 – 1 W 55/14.
9 OLG München vom 12.4.2007 – 32 Wx 64/07, NJW 2007, 1536: Die Privilegierung umfasst nicht eine Gesellschaft bürgerlichen Rechts, deren Mitglieder alle persönlich privilegiert wären.
10 OLG Hamburg v. 29.9.1992 – 15 W 199/92, OLGZ 1993, 295; OLG Zweibrücken v. 18.2.1994 – 3 W 200/93, ZMR 1994, 419; *Suilmann*, in: Bärmann, § 12 Rn. 13.
11 BGH v. 13.5.2011 – V ZR 166/10, WuM 2011, 437; BGH v. 26.9.1990 – IV ZR 226/89, BGHZ 112, 240, 246.
12 BayObLZ v. 12.8.1991 – BReg. 2 Z 107/91, DNotZ 1992, 229.

Auch wenn ein Gemeinschaftsmitglied weiteres Wohnungseigentum der Anlage erwerben möchte, gilt das Zustimmungserfordernis.[13] Eine vereinbarte Zustimmung ist bei der Veräußerung eines ideellen Miteigentumsanteils am Wohnungseigentum erforderlich[14], z.B. bei Erfüllung eines Vermächtnisses durch die Erbengemeinschaft.[15] Die Quotenänderungen am Gemeinschaftseigentum unter verschiedenen Wohnungseigentümern bedarf grundsätzlich der Zustimmung. Ist nach Vorratsteilung gemäß § 8 die Wohnungseigentümergemeinschaft entstanden, bedarf es auch bei Veräußerung durch den teilenden Eigentümer der in der Teilungserklärung vorgesehenen Zustimmung[16], vorher nicht.[17] Bei durch Vertrag begründeten Wohnungseigentums (§ 3) bedarf in der Regel auch die Erstveräußerung der vereinbarten Zustimmung des Verwalters[18]; ebenso, wenn eine GmbH & Co. KG das Wohnungseigentum auf ihre beiden alleinigen Kommanditisten überträgt.[19] Die Ausübung eines Vorkaufsrechts[20] ist zustimmungspflichtig.

Im Streit steht, ob die **Rückabwicklung** fehlgeschlagener Veräußerungen der Zustimmung bedarf.[21] Wegen § 29 GBO wird nach Eintragung der Veräußerung im Grundbuch nach Wandlung und Durchsetzung von Rücktrittsrechten die Zustimmung wiederum erforderlich; hierauf besteht in diesen Fällen allerdings grundsätzlich ein Anspruch[22]; bei unwirksamer Eigentumsübertragung (Nichtigkeit) liegt sowieso kein Fall der Veräußerung vor, so dass die Zustimmungspflicht nicht ausgelöst wird. Der rechtsgeschäftli-

4

---

13 KG Berlin v. 20.6.1978 – 1 W 31/78, OLGZ 1978, 296 = Rpfleger 1978, 382.
14 KG Berlin v. 1.3.2011 – 1 W 57/11 [juris]; tritt bei einer Zweipersonengesellschaft bürgerlichen Rechts, die Wohnungseigentümerin ist, ein Gesellschafter aus, und verbleibt damit das Wohnungseigentum durch Anwachsung bei dem übrig gebliebenen Gesellschafter, bedarf dies keiner Zustimmung: AG Bremerhaven v. 26.10.2010 – 55 C 2239/09, WuM 2011, 181; OLG Celle v. 2.7.1974 – 4 Wx 10/74, Rpfleger 1974, 438.
15 OLG Nürnberg v. 31.8.2015 – 15 W 788/15; OLG Karlsruhe v. 25.6.2012 – 14 Wx 30/11; BayObLG v. 29.1.1982 – BReg. 2 Z 50/81, BayObLGZ 1982, 46; KG Berlin v. 7.6.1988 – 1 W 6649/87, OLGZ 1988, 400.
16 BGH v. 21.2.1991 – V ZB 13/90, BGHZ 113, 374; KG Berlin v. 7.6.1988 – 1 W 6649/87, OLGZ 1988, 400; anders noch: BayObLG v. 3.9.1987 – BReg. 2 Z 99/87, DNotZ 1988, 312; BayObLG v. 12.4.1983 – BReg. 2 Z 107/82, MittBayNot 1983, 173 = Rpfleger 1983, 350; OLG Frankfurt/Main v. 12.12.1988 – 20 W 402/88, OLGZ 1989, 44.
17 OLG Hamm v. 7.4.1994 – 15 W 26/94, OLGZ 1994, 515.
18 BayObLG v. 9.10.1986 – BReg. 2 Z 121/85, BayObLGZ 1986, 380 = MittBayNot 1987, 25 = NJW-RR 1978, 270.
19 OLG Hamm v. 28.8.2006 – 15 W 15/06, FGPrax 2007, 10; nicht jedoch bei Wechsel eines Gesellschafters einer GbR, wenn die GbR Miteigentümerin ist, OLG Celle v. 29.3.2011 – 4 W 23/11, ZfIR 2011, 341 [juris].
20 *Niedenführ/Kümmel/Vandenhouten-Kümmel*, § 12 Rn. 6; *Staudinger/Kreuzer*, § 12 Rn. 18.
21 Bejahend: BayObLG v. 22.12.1976 – BReg. 2 Z 20/76, BayObLGZ 1976, 328; OLG Hamm v. 6.7.2010 – 15 Wx 355/09, NJW-RR 2011, 232 = NZM 2011, 157; *Niedenführ/Kümmel/Vandenhouten-Kümmel*, § 12 Rn. 6.
22 KG Berlin v. 7.6.1988 – 1 W 6649/87, OLGZ 1988, 400.

b) Zustimmungsfreie Veräußerung

5 Keiner Zustimmung bedarf die Unterteilung eines Wohnungseigentums.[24] Die Veräußerung eines unterteilten Wohnungseigentums bedarf jedoch einer vereinbarten Zustimmung.[25] Die Zustimmungspflicht entfällt bei Gesamtrechtsnachfolge oder einem gesetzlichen Eigentumsübergang (im Wege der Erbfolge[26]), soweit nichts anderes ausdrücklich vereinbart ist. Nicht bedarf der Zustimmung die Belastung mit Grundpfandrechten oder die Einräumung eines Vorkaufsrechts am Miteigentumsanteil (aber die Ausübung). Der **Schutzzweck** für die vereinbarte Zustimmung entfällt, wenn alle Wohnungseigentümer gleichzeitig veräußern oder wenn eine Gesamthandgemeinschaft das Wohnungseigentum ausschließlich auf die sie bildenden einzelnen Personen überträgt.[27] Die Gesamtrechtsnachfolge infolge Verschmelzung bzw. Ausgliederung nach §§ 20 bzw. 131 UmwG stellt keine Veräußerung i.S.v. § 12 dar.[28] Die Eintragung im Grundbuch ist eine reine Grundbuchberichtigung.[29] Auch für die Begründung von Veräußerungsbeschränkungen ist eine vereinbarte Zustimmung nicht erforderlich. Wird eine Gütergemeinschaft vereinbart, ist dies keine Veräußerung i.S.d. § 12.

Nicht unter die Veräußerung, für die die Zustimmung gemäß § 12 vereinbart werden kann, fallen Vermietung, Verpachtung oder die Begründung eines Dauerwohnrechts; auch für eine Auflassungsvormerkung bedarf es einer eventuell vereinbarten Zustimmung nicht.[30] Allerdings können diese Fragen über Gebrauchsregelungen gemäß § 10 Abs. 2 geregelt werden.[31]

3. Person des Zustimmungsberechtigten

a) Wohnungseigentümer

6 Die Veräußerungsbeschränkung kann an die Zustimmung und zwar an einen einzelnen, eine bestimmte oder eine qualifizierte Zahl von Wohnungseigen-

---

23 OLG Hamm v. 19.10.2011 – 15 Wx 348/11; zur Abgrenzung: OLG Hamm v. 6.7.2010 – 15 Wx 355/09.
24 Hierzu: BGH v. 24.1.1978 – V ZB 2/78, BGHZ 73, 150 = NJW 1979, 870.
25 Dadurch werden jedoch die Stimmrechtsverhältnisse, solange keine Vereinbarung zwischen allen Miteigentümern vorliegt, nicht verändert, BGH v. 27.4.2012 – V ZR 211/11.
26 BayObLG v. 29.1.1982 – BReg. 2 Z 50/81, BayObLG/1982, 46; bei der Erfüllung von Vermächtnissen ist die Zustimmung erforderlich, nicht allerdings bei der Übertragung von der Erbengemeinschaft auf sämtliche Miterben zu Bruchteilen: OLG Karlsruhe v. 25.6.2012 – 14 Wx 30/11.
27 LG Lübeck v. 20.12.1990 – 7 T 774/90, Rpfleger 1991, 201, auch für das Wohnungserbbaurecht; a.A. KG Berlin v. 14.6.2016 – 1 W 166/16.
28 Thüringer Oberlandesgericht vom 5.7.2013 – 9 W 287/13.
29 LG Darmstadt v. 24.9.2007 – 26 T 9/07, Rpfleger 2008, 21.
30 *Niedenführ/Kümmel/Vandenhouten-Kümmel*, § 12, Rn. 7.
31 BGH v. 15.6.1962 – V ZB 2/62, BGHZ 37, 203; BayObLG v. 23.1.1962 – BReg. 2 Z 203/61, Rpfleger 1962, 137; *Suilmann*, in: Bärmann, § 12 Rn. 20 bis 22; vgl. hierzu die Kommentierung zu §§ 13 Abs. 1, 15 Abs. 1.

tümern gebunden werden; im Zweifel ist die Zustimmung aller erforderlich. Eine Vereinbarung, die auf einen Mehrheitsbeschluss abstellt, ist zulässig. Grundsätzlich kommt es für den Zeitpunkt der Zustimmung auf die Vollendung der zustimmungsbedürftigen Veräußerung durch Grundbucheintrag an. Veräußert der Zustimmungsberechtigte vor Wirksamkeit der Veräußerung selbst sein Wohnungseigentum, wird seine Zustimmung zur Veräußerung obsolet[32], die Zustimmungsberechtigung, -verpflichtung geht regelmäßig auf den neuen Wohnungseigentümer über.

b) Dritte

Grundsätzlich ist die Auswahl eines **Dritten**, der nicht Wohnungseigentümer ist, unbeschränkt; in der Regel kommt der Verwalter in Betracht[33]. Ungeklärt ist, ob auch ein Hypothekengläubiger ausgewählt werden kann.[34] Der BGH hat die Zustimmung des Verwalters als Treuhänder zugelassen.[35] Allerdings muss der Verwalter in Zweifelsfällen die Zustimmung der Wohnungseigentümergemeinschaft einholen.[36] Ist der Zustimmungsverpflichtete selbst Miteigentümer, kann er bei Veräußerung seines Wohnungseigentums die Zustimmung selbst erteilen.[37] Gleiches gilt, wenn der Verwalter Erwerber ist.[38] Ist die Zustimmung des Verwalters vereinbart, ein Verwalter gar nicht bestellt, kann die Gemeinschaft die Zustimmung ersetzen.[39] Auch ein Verwaltungsbeirat kann Zustimmungsberechtigter sein. 7

c) Form der Zustimmung

Da die Zustimmung dem Grundbuchamt nachzuweisen ist, muss die Form des § 29 GBO gewahrt sein.[40] Ist der Zustimmungsberechtigte Wohnungs- 8

---

32 OLG Celle v. 19.1.2005 – 4 W 14/05, NZM 2005, 260.
33 Die von einem früheren Verwalter während seiner Amtszeit erteilte Zustimmung wird nicht wirkungslos, wenn dessen Bestellung vor dem in § 878 BGB bestimmten Zeitpunkt endet, BGH v. 11.10.2012 – V ZB 2/12; zum Nachweis seiner Bestellung: OLG München v. 30.5.2016 – 34 Wx 17/16.
34 Wegen § 1136 BGB zulässig: *Suilmann*, in: Bärmann, § 12 Rn 28; *Palandt-Bassenge*, § 12 Rz. 6; a.A. wohl überwiegende Meinung: z.B.; *Staudinger/Kreuzer*, § 12 Rn. 20.
35 BGH v. 6.9.1990 – IV ZR 226/89, BGHZ 112, 240 – ein Maklerlohn fällt allerdings nicht an, BayObLG v. 12.4.1983 – BReg 2 Z 107/82, DNotZ 1984, 559. Ist die Bestellung zum Verwalter nichtig, ist auch die Zustimmung unwirksam und das Grundbuch falsch, BGH v. 20.7.2012 – V ZR 241/11; KG Berlin v. 15.3.2016 – 1 W 79/16.
36 OLG Köln v. 6.8.2009 – 16 Wx 133/08, NZM 2010, 557; OLG Düsseldorf v. 10.5. 2005 – 3 Wx 321/04, NJW-RR 2005, 1254: anderenfalls haftet der Verwalter für einen Verzögerungsschaden; KG Berlin v. 26.11.1993 – 24 W 4675/93, ZMR 1994, 124 – die Einholung eines Mehrheitsbeschlusses ist pflichtgemäß, BGH v. 26.9.1990 – IV ZR 226/89, BGHZ 112, 240.
37 OLG Hamm v. 5.9.2013 – 15 W 303/13; BayObLG v. 26.6.1986 – BReg. 2 Z 54/85, MittBayNot. 1986, 180; OLG Düsseldorf v. 22.8.1994 – 3 W 256/84, NJW 1985, 390.
38 KG Berlin v. 3.2.2004 – 1 W 244/03, NZM 2004, 588 = NJW-RR 2004, 1116: § 181 BGB steht dem nicht entgegen.
39 LG Frankfurt/Main v. 14.11.1995 – 2/14 O 101/95, NJW-RR 1996, 1080.
40 OLG Hamm v. 3.2.1992 – 15 W 63/91, OLGZ 1992, 295; sind sie Wohnungseigentümer, so ist der Nachweis der Zustimmung durch das Protokoll der Eigentümerversammlung mit öffentlicher Beglaubigung der gemäß § 24 Abs. 2 erforderlichen Unterschriften zu führen.

eigentümer, so ist der Nachweis der Zustimmung durch das Protokoll der Eigentümerversammlung mit öffentlicher Beglaubigung der gemäß § 24 Abs. 2 erforderlichen Unterschriften zu führen[41].
Die Zustimmung darf nicht eingeschränkt (unter einer Bedingung) erteilt sein. Der **Inhalt** der Voraussetzungen des Zustimmungserfordernisses muss für das Grundbuchamt hinreichend erkennbar sein.[42] Ist eine Verwaltungsgesellschaft zustimmungsverpflichtet, muss sie eine Umwandlung dem Grundbuchamt gemäß § 29 GBO nachweisen.[43] Die Zustimmung ist gegenüber dem Veräußerer oder Erwerber zu erteilen; ob dies vor Abschluss des Vertrages oder danach erfolgt, ist für die Wirksamkeit nicht entscheidend.[44] Die Zustimmung hat auch unverzüglich – regelmäßig also binnen zwei Wochen – zu erfolgen. Ein Widerruf der Zustimmungserklärung ist unwirksam, wenn die Auflassungserklärung bindend geworden ist, also der Eintragungsantrag gestellt ist.[45]

III. Absatz 2: Anspruch auf Zustimmung

9 Der Zustimmungsberechtigte darf die Zustimmung nur aus wichtigem Grund versagen; er muss die Voraussetzungen der Zustimmung oder deren Verweigerung umgehend prüfen; er ist darlegungs- und beweispflichtig für das Vorliegen eines wichtigen Grundes[46]. In der Vereinbarung über die Veräußerungsbeschränkung kann der Rechtsanspruch auf Erteilung der Zustimmung für bestimmte Fälle eingeräumt werden, § 12 Abs. 2 Satz 2. Mit dieser Regelung sollen der Eigentümergemeinschaft einerseits unerwünschte Personen ferngehalten werden, andererseits die Verkehrsfähigkeit gewahrt bleiben. Ein **wichtiger Grund** muss in der Person des Erwerbers oder in der von ihm beabsichtigten Nutzung liegen.[47] Die Übertragung des Wohnungseigentums auf den Erwerber muss für die übrigen Miteigentümer eine gemeinschaftswidrige Gefahr mit sich bringen. Die Voraussetzungen für die Versagung der Zustimmung zur Veräußerung eines Wohnungseigentums sind grundsätzlich geringer als die für die Entziehung des Wohnungseigentums[48], liegen damit immer vor, wenn in der Person des Erwerbers ein Ausschlussgrund gemäß

---

41 BayObLG v. 3.7.1964 – 2 ZS – BReg. 2 Z 90/64, BayObLGZ 1964, 237/239.
42 Siehe BGH v. 13.6.2013 – V ZB 94/12: Hat ein Verwalter die Erklärung im eigenen Namen abgegeben, kommte es nicht auf eine versehentliche Mitteilung eines Notars (Verwalter ist Mitglied einer GbR) an, da sie nicht Inhalt gemäß § 29 GBO wird.
43 OLG Köln v. 9.2.2006 – 2 Wx 5/06, DNotZ 2006, 690.
44 BayObLG v. 12.8.1991 – BReg. 2 Z 107/91, DNotZ 1992, 229 = WuM 1991, 612. Die Zustimmung für einen bereits geschlossenen Vertrag ist endgültig wirksam, soweit sie gegenüber dem mit dem Vollzug beauftragten Notar erklärt worden ist; eine Veränderung der Rechtsstellung des Zustimmenden danach ist bedeutungslos: KG Berlin v. 28.2.2012 – 1 W 41/12; OLG München v. 27.6.2011 – 34 Wx 135/11.
45 Hierzu: *Palandt-Bassenge*, § 12 Rn. 10; OLG Hamm v. 8.3.2001 – 15 W 55/01, NJW-RR 2001, 1525 = FGPrax 2001, 98; OLG München v. 27.6.2011 – 34 Wx 135/11 [juris].
46 OLG Brandenburg v. 12.1.2008 – 5 Wx 49/07, NZM 2009, 623.
47 OLG Frankfurt/Main v. 27.7.2005 – 20 W 493/04, NZM 2006, 380.
48 LG Köln v. 19.3.2009 – 29 S 45/08, ZMR 2009, 552.

§ 18 Nr. 1 vorliegt.[49] Die Versagung ist gerechtfertigt, wenn der Erwerber (z.B. als Mieter) durch provozierendes, beleidigendes und lärmendes Verhalten immer wieder für Streit mit anderen Wohnungseigentümern gesorgt hat.[50] Die Verweigerung der Zustimmung ist dann begründet, wenn die Veräußerung des Wohnungseigentums eine **gemeinschaftswidrige Gefahr** für die Gemeinschaft der übrigen Wohnungseigentümer bedeutet, die ihren Grund in der Person des Interessenten hat[51]. Nur nachhaltige Gründe, die in der Person des Erwerbers liegen, wie persönliche oder finanzielle Unzuverlässigkeit[52], sind anzuerkennen; ist der neue Eigentümer namentlich gar nicht bekannt, weil eine „Briefkastenfirma" Erwerberin sein soll, ist die Zustimmungsverweigerung rechtens[53]. Spekulationen reichen nicht aus; abzustellen ist auf die tatsächlichen Verhältnisse zum Zeitpunkt der Beschlussfassung der Eigentümerversammlung.[54] Diese Gründe müssen zum Zeitpunkt der letzten mündlichen Verhandlung immer noch vorliegen. Eine unberechtigte schuldhafte Verweigerung der Zustimmung (auch durch den Verwalter) führt zur Schadensersatzpflicht.[55] Wie oft eine Zustimmungsverweigerung auf **sachwidrigen Gründen** beruht, belegen z.B. nachfolgende Beispiele aus der Rechtsprechung: der Gesichtspunkt der Nützlichkeit ist unzulässig; die Zustimmung an die Bezahlung von Wohngeldrückständen des Veräußerers zu binden, ist unzulässig.[56] Unzulässig ist auch die Verhinderung eines unerwünschten, aber nicht unzulässigen Gebrauchs im Rahmen des § 15: Konkurrenzschutzerwägungen sind in der Regel kein wichtiger Grund zur Versagung der Veräußerungszustimmung.[57] Die Beendigung eines lang geduldeten Gebrauchs kann über die Zustimmungsverweigerung nicht er-

---

49 BayObLG v. 31.10.2001 – 2Z BR 37/01, NJW-RR 2002, 659; LG Köln v. 19.3.2009 – 29 S 45/08, ZMR 2009, 552.
50 BayObLG v. 31.10.2001 – 2Z BR 37/01, NJW-RR 2002, 659; hat der Erwerber rechtswidrig bauliche Veränderungen vorgenommen und schuldet er jegliches Wohngeld, liegt ein Versagungsgrund vor: LG Köln v. 19.3.2009 – 29 S 45/08, ZMR 2009, 552; nicht jedoch einfache Meinungsverschiedenheiten: BayObLG v. 4.1.1995 – 2Z BR 114/94, WuM 1995, 328 = BayObLGR 1995, 27.
51 OLG Zweibrücken v. 18.2.1994 – 3 W 200/93, NJW-RR 1994, 1103; BayObLG v. 16.11.1972 – BReg. 2 Z 68/72, NJW 1973, 152.
52 OLG Hamm v. 29.9.1992 – 15 W 199/92, NJW-RR 1993, 279, OLG Düsseldorf v. 10.5.2005 – I-3 Wx 321/04, NJW-RR 2005, 1254; OLG Köln v. 15.3.1996 – 19 U 139/95, NJW-RR 1996, 1296: Erwerber ist Besitzer der Wohnung und hat Mietrückstände. Oder: betrügerisches Verhalten, Vorliegen rechtswidriger baulicher Veränderung: AG Siegburg v. 2.5.2008 – 150 C 36/07, ZMR 2009, 240, bestätigt durch: LG Köln v. 19.3.2009 – 29 S 45/08, ZMR 2009, 552: eine mangelnde Sicherheit für die Erfüllung der Beitrags- und Finanzierungsverpflichtungen, LG Köln v. 8.9.2014 – 29 T 96/14.
53 *Suilmann*, in: Bärmann, § 12 Rn. 39; *Niedenführ/Kümmel/Vandenhouten-Kümmel*, § 12 Rn. 53.
54 OLG Hamm v. 29.9.1992 – 15 W 199/92, NJW-RR 1993, 279 = OLGZ 1993, 295.
55 BayObLG v. 22.10.1992 – 2Z BR 80/92, NJW-RR 1993, 280.
56 BayObLG v. 22.10.1992 – 2Z BR 80/92, NJW-RR 1993, 280; BayObLG v. 9.3.1977 – BRey 2Z 79/76, BayObLGZ 1977, 40; OLG Brandenburg v. 12.1.2008 – 5 Wx 49/07, NZM 2009, 623.
57 OLG Frankfurt/Main v. 1.2.2007 – 20 W 8/06, ZWE 370.

zwungen werden.[58] Auch die Erzwingung von Instandsetzungsmaßnahmen am Gemeinschaftseigentum im Rahmen des Zustimmungsverfahrens ist unzulässig.[59] Die Haftungsbeschränkung einer GmbH ist kein Grund zur Zustimmungsverweigerung.[60] Eine Antipathie gegenüber dem Erwerber reicht nicht aus[61]; auch der Erwerb für studentische Wohngemeinschaften oder kinderreiche Familien kann über § 12 Abs. 2 zurecht nicht verhindert werden. Die Befürchtung einer Majorisierung durch den Erwerber ist ebenfalls kein Versagensgrund[62].

Zur Vorbereitung der Entscheidung über die Zustimmung hat der Veräußerer die Pflicht, gegebenenfalls den Erwerber zur Selbstauskunft zu veranlassen[63]. Der Veräußerer hat sämtliche ihm mögliche Informationen über den Erwerber auf Aufforderung hin zu erteilen[64]. Hierfür besteht ein **Auskunftsanspruch**. Beabsichtigt der Erwerber, den Bestimmungszweck entgegen der Gemeinschaftsordnung zu verändern (Nutzung zu gewerblichen Zwecken statt zu Wohnzwecken), ist die Zustimmungsverweigerung rechtens.[65] Ein wichtiger Grund zur Versagung liegt vor, wenn die Person des Erwerbers persönlich oder wirtschaftlich unzuverlässig ist.[66]

Wird die Zustimmung nicht erteilt, ist der Zustimmungsberechtigte, also z.B. der Verwalter, ein Dritter, der Verwaltungsbeirat zu verklagen[67], da Schuldner des Zustimmungsanspruchs derjenige ist, von dessen Zustimmung die Veräußerung der Eigentumswohnung nach der Teilungserklärung abhängt. Hat jedoch der Verwalter die Zustimmung aufgrund eines entsprechenden Beschlusses der Wohnungseigentümer verweigert oder nicht erteilt, dann richtet sich der Anspruch gegen die übrigen Wohnungseigentümer[68]. Der Verwalter wäre nur passivlegitimiert, solange die Wohnungseigentümer die Zustimmung nicht verweigert oder Vorgaben für ihre Erteilung getroffen haben. Beschließen die Wohnungseigentümer nur einige Vorgaben, lassen im Übrigen dem Verwalter aber freie Hand, ist dieser passivlegitimiert[69]. Die

---

58 BayObLG v. 14.3.1990 – BReg. 1b Z 7/89, NJW-RR 1990, 657; BayObLG v. 3.4.1986 – BReg. 2 Z 116/85 (soweit ersichtlich nicht veröffentlicht).
59 BayObLG v. 22.10.1992 – 2Z BR. 80/92, NJW-RR 1993, 280.
60 BayObLG v. 29.6.1988 – BReg. 2 Z 164/87, NJW-RR 1988, 1425 = BB 1988, 1772.
61 OLG Köln v. 6.8.2009 – 16 Wx 133/08, NZM 2010, 557.
62 LG Braunschweig vom 21.9.2010 – 6 S 113710, ZMR 2011, 158.
63 OLG Köln v. 15.3.1996 – 19 U 139/95, NJW-RR 1996, 1296; BayObLG v. 5.7.1982 – 2 Z 63/81, (DeWEer 1983, 26).
64 Also auch etwaige nachbeurkundete kaufvertragliche Vereinbarungen: OLG Celle v. 11.8.2008 – 4 W 102/08, ZMR 2009, 545: erst dann ist der Zustimmungsanspruch fällig.
65 OLG Düsseldorf v. 2.10.1996 – 3 Wx 240/96, NJW-RR 1997, 268 = FGPrax 1997, 17.
66 OLG Frankfurt/Main v. 25.10.1982 – 20 W 209/82, DeWEer 1983, 61.
67 BayObLG v. 29.6.1988 – BReg 2 Z 164/87, NJW-RR 1988, 1425 = BB 1988, 1772; gegebenenfalls sind die weiteren Wohnungseigentümer zum Verfahren beizuziehen, BayObLG v. 25.4.1991 – BReg. 2 Z 22/91, WuM 1991, 612; hat die Eigentümergemeinschaft die Erklärungskompetenz an sich gezogen, sind richtig Beklagte die Wohnungseigentümer.
68 BGH v. 13.5.2011 – V ZR 166/10, WuM 2011, 437.
69 BGH v. 21.12.1995 – V ZB 4/94, BGHZ 131/346, 352.

vorherige Anrufung der Eigentümerversammlung ist nicht erforderlich[70]; ein Beschluss der Eigentümerversammlung, die zu Unrecht die Zustimmung verweigert, ist nicht nichtig, nur anfechtbar[71]. Den Anspruch auf Erteilung der Zustimmung zur Veräußerung hat der Veräußerer, nicht der Erwerber[72].

IV. Absatz 3: Folgen der fehlenden Zustimmung

1. Schwebende Unwirksamkeit

Ein Vertrag ohne die nach § 12 Abs. 1 erforderliche Zustimmung ist **schwebend unwirksam** und zwar sowohl der schuldrechtliche als auch der dingliche Vertrag.[73]

Es gelten die allgemeinen Vorschriften der §§ 182 ff. BGB. Die Genehmigung wirkt rückwirkend, § 184 Abs. 1 BGB. Der Vertrag wird endgültig unwirksam, wenn rechtskräftig ein Antrag auf Zustimmung abgewiesen ist.[74] Eine zulässigerweise[75] eingetragene Vormerkung ist dann zu löschen. Da die allgemeinen Bestimmungen für die Zustimmung gelten, ist eine Zustimmung bedingungsfeindlich aber widerruflich. Natürlich bezieht sie sich regelmäßig nur auf einen konkreten Vertrag.[76]

Wird die Zustimmung bestandskräftig verweigert, ist der Vertrag absolut unwirksam.[77] Eine etwa erfolgte Eintragung im Grundbuch ist von Amts wegen zu löschen. Ein gutgläubiger Erwerb scheidet aus, § 878 BGB.[78] Einen Berichtigungsanspruch nach § 894 BGB kann allerdings nur der Veräußerer selbst geltend machen.[79] Die Wohnungseigentümergemeinschaft kann indes gemäß § 21 Abs. 4 den Veräußerer hierzu zwingen.[80] Für Altfälle sah § 61 vor, dass bei erstmaliger Veräußerung eine Heilung schon bei Eintragung der Auflassungsvormerkung in das Grundbuch vor dem 15.1.1994 möglich ist.

10

---

70 *Suilmann*, in: Bärmann, § 12 Rn. 42.
71 A.A. BGH v. 20.7.2012 – V ZR 241/11, Rn. 17; nichtig könnte er dann sein, wenn er auf ersichtlich sachfremden Erwägungen beruht, die offenkundig keinen wichtigen Grund darstellen, was im Regelfall nicht anzunehmen ist; LG Braunschweig v. 21.9.2010 – 6 S 113/10, ZMR 2011, 158.
72 LG Köln v. 22.12.2008 – 29 S 34/08, ZMR 2009, 317.
73 OLG Köln v. 15.3.1996 – 19 U 139/95, NJW-RR 1996, 1296; BGH v. 8.7.1960 – V ZB 18/59, BGHZ 33, 76; BayObLG v. 29.1.1982 – BReg. 2 Z 50/81, BayObLGZ 1982, 46; BayObLG v. 12.4.1983 – BReg 2 Z 107/82, Rpfleger 1983, 350 = DNotZ 1984, 559.
74 OLG Celle v. 19.1.2005 – 4 W 14/05, NZM 2005, 260.
75 BayObLG v. 3.7.1964 – BReg. 2 Z 90/64, DNotZ 1964, 722.
76 BayObLG v. 12.8.1991 – BReg 2 Z 107/91, DNotZ 92, 229.
77 BGH v. 20.7.2012 – V ZR 241/11.
78 OLG Hamm v. 7.4.1994 – 15 W 26/94, NJW-RR 94, 975; nach Wirksamwerden durch die rechtliche Invollzugsetzung der Wohnungseigentümergemeinschaft. Auf die werdende Eigentümergemeinschaft ist § 12 nicht anwendbar.
79 OLG Frankfurt/Main v. 20.5.2003 – 20 W 169/03, NJW-RR 2004, 524; OLG Hamm v. 8.3.2001 – 15 W 55/01, NJW-RR 2001, 1525.
80 OLG Hamm v. 8.3.2001 – 15 W 55/01, NJW-RR 2001, 1525; KG Berlin v. 12.11.1987 – 16 U 14650/87, OLGZ 1988, 355; OLG Hamm v. 14.8.2001 – 15 W 268/00, NJW-RR 2001, 1527.

2. Veräußerung im Wege der Zwangsvollstreckung

11 Eine Veräußerung im Wege der Zwangsvollstreckung oder durch den Insolvenzverwalter löst die Zustimmungsverpflichtung ebenfalls aus, § 12 Abs. 3 Satz 2. Die Zustimmung muss beim Zuschlag vorliegen.[81] Auch Vollstreckungsgläubiger oder Insolvenzverwalter haben das Recht, die Zustimmung gegebenenfalls gerichtlich einzufordern.[82]

V. Absatz 4: Aufhebung der Zustimmungsvereinbarung

1. Beschluss durch Stimmenmehrheit

12 Zur Aufhebung der Veräußerungsbeschränkung bedarf es nach ordnungsgemäßer Einberufung der Eigentümerversammlung der Stimmenmehrheit. Bis zur WEG-Novelle mit Wirkung zum 1.7.2007 konnte nur durch Vereinbarung aller Wohnungseigentümer die Veräußerungsbeschränkung wieder aufgehoben werden.[83] Die Stimmenmehrheit meint die Mehrheit der Stimmenzahl; damit gilt nach unserer Auffassung die einfache Stimmenmehrheit (50 + 1) und zwar nach dem Kopfprinzip und nicht nach dem Anteilsprinzip[84]; dies gilt auch dann, wenn in der Gemeinschaftsordnung für die Beschlussfassung hinsichtlich der Mehrheit andere Bestimmungen getroffen sind[85]. Vereinbarungen von Veräußerungsbeschränkungen bleiben aber auch nach dem 1.7.2007 zulässig. Die Kompetenz zur Aufhebung von vorhandenen Veräußerungsbeschränkungen ist unabdingbar, § 12 Abs. 4 Satz 2.[86] Weder in der Gemeinschaftsordnung noch durch einfache oder qualifizierte Mehrheit kann von dieser Regelung abgewichen werden. Eine **Majorisierung** ist damit ausgeschlossen. Eine Veräußerungsbeschränkung kann auch nicht durch ein „Sonderrecht" gemäß §§ 14, 15 vereinbart werden; dies würde § 12 Abs. 4 umgehen. Da – wie es der Gesetzgeber formuliert – Gemeinschaftsordnung häufig einseitig und ohne Gestaltungsmöglichkeiten der einzelnen Wohnungseigentümer festgelegt werden, wird jetzt die Privatautonomie der hinzukommenden Wohnungseigentümer gestärkt (vgl. § 16 Abs. 5, § 22 Abs. 2 Satz 2 n.F.).

2. Aufhebung der Veräußerungsbeschränkung

13 Mit Stimmenmehrheit kann die Veräußerungsbeschränkung **aufgehoben** werden. Eine Änderung des Inhalts der Veräußerungsbeschränkung lässt der Wortlaut nicht zu; es fragt sich jedoch, ob dann, wenn schon die Veräußerungsbeschränkung ganz aufgehoben wird, eine Inhaltsänderung, soweit sie nicht zu einer Verschärfung führt, nicht durch Stimmenmehrheit be-

---

81 Nach LG Frankenthal (v. 27.1.1984 – 1 T 20/04, Rpfleger 1984, 183) soll das Grundbuchamt den Ersteher einer Teilungsversteigerung ohne Nachweis der Veräußerungszustimmung im Grundbuch eintragen.
82 BGH v. 21.11.2013 – V ZR 269/12.
83 Gesetz zur Änderung des Wohnungseigentumsgesetzes und anderer Gesetze v. 26.3.2007 – BGBl. I 2007, S. 370 Art. 1 Nr. 6.
84 *Suilmann*, in: Bärmann, § 12 Rn. 52; a.A.; *Drasdo* RNotZ 2007, 464/465; *Häublein*, FS Bub 2007, S. 113; *Deckert*, ZMR 2008, 585 (590).
85 Diesen Vorrang sehen *Jennißen-Grziwotz*, § 12 Rn. 43; ebenso *Suilmann*, in: Bärmann, § 12 Rn. 52.
86 Hierzu: *Hügel*, Das neue Wohnungseigentumsrecht, DNotZ 2007, 326/352ff.

schlossen werden kann[87], in dem z.B. bestimmte Veräußerungsfälle vom Zustimmungserfordernis herausgenommen werden.

Der Beschluss in der Eigentümerversammlung muss jedoch immer ordnungsgemäßer Verwaltung entsprechen[88]. Eine Majorisierung darf schutzwürdige Interessen der Minderheiten nicht beeinträchtigen. Es bedarf immer sachlicher Gründe.[89]

Diskutiert wird, ob die Aufhebung des Zustimmungserfordernisses durch einfachen Beschluss der Mitgliederversammlung wieder rückgängig gemacht werden kann.[90] Da § 12 Abs. 4 Satz 1 die Majorisierung verhindern will, könnte diese auf diesem Weg wieder eingeführt werden. Deshalb ist, ist nach § 12 Abs. 4 die Veräußerungsbeschränkung aufgehoben, für die Neubegründung eine vertragliche Vereinbarung gemäß § 3 Abs. 1 notwendig.[91] Mit Fassung des Aufhebungsbeschlusses ist die Veräußerungsbeschränkung aufgehoben, unabhängig davon, ob sie im Grundbuch gelöscht ist oder nicht. Das Gesetz spricht davon, dass die Veräußerungsbeschränkung im Grundbuch gelöscht werden kann. Die Eintragung ist damit nicht konstitutiv, sondern das Vorliegen eines entsprechenden Beschlusses.[92]

3. Satz 2: Unabdingbarkeit

§ 12 Abs. 4 Satz 1 ist unabdingbares Recht; die Befugnis zur Aufhebung der Veräußerungsbeschränkung durch Stimmenmehrheit kann durch Vereinbarung der Wohnungseigentümer weder eingeschränkt noch ausgeschlossen werden; eine teilweise Aufhebung ist zulässig[93].   14

4. Satz 3: Löschung im Grundbuch

Die Veräußerungsbeschränkung kann im Grundbuch gelöscht werden, wenn ein Beschluss der Wohnungseigentümer durch Stimmenmehrheit gefasst ist; das Grundbuch ist unrichtig geworden, es kann nun nach einer außerhalb des Grundbuchs erfolgten Veränderung berichtigt werden. Eine Zustimmung von dinglich Berechtigten ist nicht erforderlich[94]. Die Löschung im Grundbuch muss nicht erfolgen, so dass auch eine Löschung von Amts wegen nicht in Betracht kommen kann. Antragsberechtigt sind der Erwerber, der Veräußerer und der Verwalter sowie jeder Wohnungseigentümer[95]. Ist die Löschung im Grundbuch bereits erfolgt, kann ein gutgläubiger Er-   15

---

87 So auch: *Suilmann* in *Bärmann*, § 12 Rn. 50.
88 BT-Drucks. 16/887, S. 22.
89 LG Frankfurt/Oder v. 13.4.2015 – 16 S 133/14; es besteht ein weiter Beurteilungsspielraum
90 Hierzu: *Hügel*, Das neue Wohnungseigentumsrecht, DNotZ 2007, 326/353 ff.
91 OLG München v. 4.4.2014 – 34 Wx 62/14; *Hügel/Elzer*, § 12 Rn. 79; *Suilmann*, in: Bärmann, § 12 Rn. 47; *Jennißen-Grziwotz*, § 12 Rn. 44: bei Bestehen einer entsprechenden Öffnungsklausel auch durch Beschlussfassung.
92 *Hügel/Elzer*, § 12 Rn. 82.
93 *Suilmann*, in: Bärmann, § 12 Rn. 50.
94 *Suilmann*, in: Bärmann, § 12 Rn. 55; *Riecke/Schmidt/Schneider*, § 12 Rn. 69; *Jennißen-Grziwotz*, § 12 Rn. 42.
95 *Suilmann*, in: Bärmann, § 12 Rn. 56.

werb erfolgen, selbst wenn die Veräußerungsbeschränkung wieder vereinbart ist[96].

5. Keine Bewilligung gemäß § 19 GBO

16 Dem Grundbuchamt muss der Unrichtigkeitsnachweis durch Vorlage des Beschlusses der Wohnungseigentümergemeinschaft, mit dem die Veräußerungsbeschränkung aufgehoben worden ist, nachgewiesen werden, wodurch die Berichtigungsbewilligung selbst ersetzt wird, was sich – ohne Satz 4 – schon aus § 22 Abs. 1 Satz 1 GBO ergibt.[97]

6. Entsprechende Anwendung des § 26 Abs. 3

17 Der Nachweis für die Aufhebung des Zustimmungserfordernisses kann nach Satz 5 entsprechend § 26 Abs. 3 geführt werden:

Dem Grundbuchamt muss also mit dem Antrag auf Löschung nur der Aufhebungsbeschluss (Niederschrift) vorgelegt werden. Die Unterschriften des Versammlungsvorsitzenden und eines Wohnungseigentümers, gegebenenfalls auch des Verwaltungsbeirats und dessen Stellvertreter, müssen öffentlich beglaubigt sein. Mit einem solchen Beschluss kann die im Grundbuch einzutragende Veräußerungsbeschränkung gelöscht werden. Ist dieser Beschluss öffentlich beglaubigt und in öffentlich beglaubigter Urkunde nachgewiesen, ersetzt dies die Bewilligung gemäß § 19 GBO (öffentliche Beglaubigung).

---

96 *Jennißen-Grziwotz*, § 12 Rn. 44: Eine Grundbuchberichtigung scheidet aus; im Wege der Vereinbarung haben die Wohnungs- und Teileigentümer einer Neueintragung zuzustimmen.
97 OLG München v. 9. 8. 2011 – 34 Wx 248/11 [juris].

§ 13
Rechte des Wohnungseigentümers

(1) Jeder Wohnungseigentümer kann, soweit nicht das Gesetz oder Rechte Dritter entgegenstehen, mit den im Sondereigentum stehenden Gebäudeteilen nach Belieben verfahren, insbesondere diese bewohnen, vermieten, verpachten oder in sonstiger Weise nutzen, und andere von der Einwirkung ausschließen.

(2) Jeder Wohnungseigentümer ist zum Mitgebrauch des gemeinschaftlichen Eigentums nach Maßgabe der §§ 14, 15 berechtigt. An den sonstigen Nutzungen des gemeinschaftlichen Eigentums gebührt jedem Wohnungseigentümer ein Anteil nach Maßgabe des § 16.

Inhalt:

		Rn.
I.	Allgemeines	1
II.	**Absatz 1: Rechte aus dem Sondereigentum**	2
	1. Gegenstand des Sondereigentums	2
	2. Positive Rechte	3
	a) Umfassende Rechte des Alleineigentümers	3
	b) Bewohnen	4
	c) Vermieten	6
	d) Verpachten	11
	e) Sonstige Nutzung	12
	3. Negative Rechte	13
	a) Eigentumsschutz	13
	b) Besitzschutz	14
	c) Nachbarrechte (nach öffentlichem Recht)	15
	4. Beschränkung der Rechte	16
	a) Durch Gesetz	16
	b) Durch Rechte Dritter	17
III.	**Absatz 2: Rechte aus dem gemeinschaftlichen Eigentum**	18
	1. Mitgebrauchsrechte (Abs. 2 Satz 1)	18
	a) Allgemeines	18
	b) Mehrhausanlagen	20
	c) Beschränkungen nach § 14 WEG	21
	d) Beschränkungen nach § 15 WEG	22
	e) Eigentumsschutz	23
	f) Besitzschutz	24
	g) Nachbarrechte (nach öffentlichem Recht)	25
	2. Sonstige Nutzung nach § 16 WEG (Abs. 2 Satz 2)	26
IV.	**Sondernutzungsrechte**	27
	1. Begriff	27
	2. Begründung	30
	a) In Teilungserklärung	30
	b) Durch nachträgliche Vereinbarung	32
	aa) Schuldrechtliches Sondernutzungsrecht	32
	bb) „Dingliches" Sondernutzungsrecht	33
	c) Durch Mehrheitsbeschluss bei Öffnungsklausel	34
	3. Übertragung	38
	4. Aufhebung/Erlöschen	39
	5. Inhalt, Inhaltsänderung, Gebrauchsregelung	40
	6. Ansprüche bei Störungen	44
	7. Beispiele aus der Rechtsprechung	45

I. Allgemeines

§ 13 wurde durch das Gesetz zur Änderung des Wohnungseigentumsgesetzes und anderer Gesetze vom 26. 3. 2007[1] nicht geändert.

1

---

1 BGBl. I 2007, S. 370.

Absatz 1 der Vorschrift ist im Kern der Formulierung an § 903 BGB angelehnt. Er macht deutlich, dass das Wohnungseigentum „echtes" **Eigentum** i.S.d. **§ 903 BGB und des Art. 14 GG** ist[2] und der Eigentümer auch grundsätzlich die „uneingeschränkte Raumherrschaft" über das ihm unterliegende Sondereigentum ausüben kann.[3] Da der Eigentümer aber in einer Wohnanlage mit anderen wohnt, sind seine Rechte teilweise eingeschränkt[4] (siehe dazu unten Rn. 16 f.). Das Wohnungseigentum genießt sowohl den Schutz des § 1004 BGB[5] als auch den Schutz des Art. 14 GG.[6] Die Eigentumsrechte stehen einem Wohnungseigentümer nicht nur gegenüber einem außenstehenden Dritten, sondern auch gegenüber den anderen Miteigentümern zu[7] und können nach Erschöpfung des Rechtswegs letztendlich auch mit einer Verfassungsbeschwerde geltend gemacht werden.[8]

II. Absatz 1: Rechte aus dem Sondereigentum

1. Gegenstand des Sondereigentums

2 § 13 regelt nicht, wie Sondereigentum eines **Wohnungseigentümers**[9] begründet wird und welche Teile des Gebäudes im Sondereigentum eines Einzelnen stehen können. Insoweit ist zunächst auf § 2 zu verweisen, wonach **Sondereigentum** an bestimmten Räumen (§ 13 Abs. 1: **„Gebäudeteilen"**) entweder durch vertragliche Einräumung nach § 3 oder durch Teilung nach § 8 geschaffen werden kann. Regelungen über den Gegenstand und den Inhalt des Sondereigentums, also beispielsweise welche Gebäudeteile überhaupt im Sondereigentum stehen können bzw. welche Teile zwingend Gemeinschaftseigentum sind, enthält § 5. Wegen der näheren Einzelheiten hierzu wird auf die Anmerkungen zu diesen Vorschriften verwiesen.[10]

Kein Sondereigentum i.S.d. Abs. 1 ist das so genannte **Sondernutzungsrecht**. Das Sondernutzungsrecht stellt eine besondere Ausgestaltung des (weitgehend alleinigen) Gebrauchs des gemeinschaftlichen Eigentums i.S.d. Abs. 2 dar und wird näher unten bei Rn. 27 ff. dargestellt.

---

2 BGH v. 17.1.1968 – V ZB 9/67, BGHZ 49, 250; BT-Drucks. 16/887, S. 62.
3 BGH v. 14.2.1991 – V ZB 12/90, NJW 1991, 1611.
4 *Schreiber-Ruge/Röll*, S. 928 Rn. 20.
5 BGH v. 12.11.2010 – V ZR 78/10, ZWE 2011, 78 (= ZMR 2011, 396); OLG Stuttgart v. 23.9.1969 – 8 W 147/69, NJW 1970, 102; BayObLG v. 14.5.1975 – BReg 2 Z 23/75, MDR 1975, 844.
6 BVerfG v. 6.10.2009 – 2 BvR 693/09, WuM 2009, 757 (= NJW 2010, 220).
7 BVerfG v. 6.10.2009 – 2 BvR 693/09, WuM 2009, 757 (= NJW 2010, 220).
8 BVerfG v. 22.12.2004 – 1 BvR 1806/04, NZM 2005, 182 (zur Beseitigung eines Wintergartens); BVerfG v. 13.3.1995 – 1 BvR 1107/92, NJW 1995, 16655 (zur Abwägung der Grundrechte aus Art. 14 GG und Art. 5 GG bei einem Beseitigungsverlangen hinsichtlich einer Parabolantenne); Verfassungsgerichtshof des Landes Berlin v. 6.12.2002 – Az. 188/01, ZMR 2003, 207 (zur Abwehrmöglichkeit eines Wohnungseigentümers bei Vermietung einer gewerblichen Einheit zum Betrieb eines Sex-Shops).
9 Siehe zum Begriff des Wohnungseigentümers § 10 Rn. 3.
10 Siehe dazu § 2 Rn. 2ff. und § 5 Rn. 8ff.

Andere Formen als Sondereigentum und Gemeinschaftseigentum gibt es nicht.[11]

2. Positive Rechte

a) Umfassende Rechte des Alleineigentümers

Nach § 13 Absatz 1 kann der Wohnungseigentümer mit den im **Sondereigentum** stehenden Gebäudeteilen (siehe dazu Rn. 2 mit weiteren Verweisen) **"nach Belieben verfahren"**, soweit nicht seine Rechte beschränkt sind (siehe zu den Beschränkungen unten Rn. 16 f.). Dem Grundeigentümer steht nach Art. 14 Absatz 1 GG insbesondere auch die Befugnis zu, die Nutzung seines Eigentums aufgrund eigenverantwortlicher Entscheidung selbst zu bestimmen. Für das Sondereigentum begründet § 13 Abs. 1 eine umfassende Verfügungs- und Nutzungsbefugnis des Wohnungseigentümers. Er kann die in seinem Sondereigentum stehenden Gebäudeteile grundsätzlich nach Belieben nutzen und andere von Einwirkungen ausschließen.[12] Die im Gesetz ausdrücklich aufgeführten Rechte (bewohnen, vermieten, verpachten oder in sonstiger Weise nutzen) stellen nur wichtige Beispiele der in der Praxis möglichen Nutzungsarten dar. Die grundsätzlich umfassende Rechtsstellung ist die Konsequenz des in Rn. 1 dargestellten „echten" Eigentums, wobei hinsichtlich des Sondereigentums **Alleineigentum** vorliegt.[13] So ist das Wohnungseigentum (Sondereigentum in Verbindung mit dem Miteigentumsanteil – siehe § 1 Abs. 1 und 2 –) grundsätzlich frei veräußerlich[14] und es kann ebenso wie ein Grundstück dinglich etwa mit Grundschulden belastet werden. Der Eigentümer kann sein Eigentum **nutzen**, muss es aber nicht. Er kann seine Wohnung auch leer stehen lassen und darf sein Sondereigentum sogar vernachlässigen, wenn den anderen Wohnungseigentümern an ihrem Sondereigentum oder auch am gemeinschaftlichen Eigentum dadurch kein Nachteil entsteht (etwa optische Verwahrlosung der Anlage, Feuchtigkeitsschäden am Gemeinschaftseigentum wegen fehlender Isolierung).[15] Ein Wohnungseigentümer ist nicht gehindert, ein Fenster innerhalb seines Sondereigentums ständig geschlossen zu halten oder abzudunkeln.[16] Er kann innerhalb der Wohnung die Art der Nutzung der einzelnen Räume ändern und etwa die Küche mit den vorhandenen Sanitäreinrichtungen in einen anderen Raum verlegen.[17] Auch eine Nutzungsänderung der bisher als Wohnung genutzten Räume zu gewerblichen Zwecken (etwa als Patentanwaltsbüro) ist grundsätzlich zulässig[18]; hier greifen jedoch häufig die Einschränkungen des § 14 ein (siehe dazu unten Rn. 16). **Öffentlich rechtliche Vorschriften**, die eine entsprechende Nutzungsänderung untersagen (etwa aufgrund der landesrechtlichen Bauordnung), muss sich ein Eigentümer nur

---

11 Wie hier: *Jennißen-Grziwotz*, § 5 Rn. 48; wohl auch in diesem Sinne (wenn auch nicht abschließend geklärt): BGH v. 20.11.2015 – V ZR 284/14, NJW 2016, 473.
12 BVerfG v. 6.10.2009 – 2 BvR 679/09, WuM 2009, 757 (= NJW 2010, 220).
13 BGH v. 4.4.2003 – V ZR 322/02, NZM 2003, 480 (= NJW 2003, 2165) (zur Umwandlung von Gemeinschafts- in Sondereigentum); *Schreiber-Ruge/Röll*, S. 920 Rn. 2.
14 Siehe zu einer Veräußerungsbeschränkung § 12.
15 BayObLG v. 27.3.1990 – BReg 1 b Z 17/89, NJW-RR 1990, 854.
16 BayObLG v. 30.5.1996 – 2Z BR 9/96, FG Prax 1996, 142.
17 OLG Hamm v. 13.2.2006 – 15 W 163/05, ZMR 2006, 634.
18 OLG Köln v. 15.2.2002 – 16 Wx 232/01, NZM 2002, 258.

dann von einem anderen Eigentümer der Anlage entgegenhalten lassen, wenn die Vorschriften drittschützende Wirkung haben und jedenfalls auch den Schutz des anderen Eigentümers bezwecken.[19] **Bauliche Veränderungen**, die ausschließlich das Sondereigentum betreffen (etwa Durchbruch einer nicht tragenden Wand innerhalb der Wohnung oder Zumauern einer derartigen Öffnung) kann der Eigentümer ohne Zustimmung der übrigen Eigentümer vornehmen[20]. Zu den baulichen Veränderungen, die auch das Gemeinschaftseigentum oder aber den optischen Gesamteindruck der Anlage beeinträchtigen siehe näher § 14 Rn. 10 ff. und 46 f.

b) Bewohnen

4 Wenn in § 13 Abs. 1 als erstes Beispiel für eine zulässige Nutzung der im Sondereigentum stehenden Gebäudeteile „bewohnen" genannt wird, bezieht sich dies zunächst nur auf eine Nutzung der in § 1 Abs. 2 und § 3 Abs. 1 genannten Wohnungen[21] und nicht auf die nicht zu Wohnzwecken dienenden Räume. Eine **Wohnnutzung** liegt unproblematisch dann vor, wenn die Räume zum Mittelpunkt der Lebensführung einer Person oder einer Familie gemacht werden. Das Kammergericht Berlin hat „Wohnen" umschrieben als die Gesamtheit der mit der Führung des häuslichen Lebens und des Haushalts verbundenen Tätigkeiten, wobei der Wohnraum zur privaten Nutzung bestimmt sein muss.[22] Der BGH hat den Begriff des Wohnens nunmehr im Zusammenhang mit der Frage der Vermietung an wechselnde **Feriengäste** erweitert (siehe dazu unten Rn. 6). Von Wohnen im Sinne des Gesetzes zu unterscheiden ist das gelegentliche, auf einen kürzeren Zeitraum beschränkte Übernachten von **Gästen** oder **Besuchern**, wie es für ein Gästezimmer üblich ist. Dies bedeutet, dass der Wohnungseigentümer auch Räume, die Teileigentum sind und nicht zu Wohnzwecken dienen, kurzfristig und nicht gewerblich für Übernachtungen von Besuchern, also auch zu „Schlafzwecken" nutzen kann (etwa einen Hobbyraum).[23] Zur dauerhaften Nutzung eines Kellerraumes zu Wohnzwecken siehe unten Rn. 6.

5 Das Nutzungsrecht des Eigentümers, der seine Wohnung selbst bewohnt, wird nur durch das Gesetz oder die Rechte Dritter beschränkt (zu den Schranken siehe unten Rn. 16 f.). Allgemein kann jedoch gesagt werden, dass jedenfalls ohne entgegenstehende Regelungen in der Teilungserklärung/Gemeinschaftsordnung bzw. ohne entgegenstehende Vereinbarungen oder bindende Beschlüsse (zur Beschlusskompetenz in diesem Bereich siehe § 15 Rn. 9) der Eigentümer die Nutzungsrechte des einzelnen Eigentümers

---

19 OLG Hamm v. 9.1.2009 – 15 Wx 142/08, Wohnungseigentümer 2009, 66; BayObLG v. 23.11.1995 – 2Z BR 116/95, Wohnungseigentümer 1996, 37.
20 BayObLG v. 20.11.1987 – BReg 2 Z 91/87, NJW-RR 1988, 587 (zu einem Schwimmbecken im Bereich des Sondereigentums); OLG Düsseldorf v. 27.2.2002 – 3 Wx 348/01, NJW-RR 2002, 805 (zur zulässigen Änderung des im Sondereigentums stehenden Bodenbelags eines Balkons und der fehlenden Beschlusskompetenz der Gemeinschaft hinsichtlich eines Veränderungsverbots); ebenso: OLG Köln v. 5.12.2000 – 16 Wx 121/00, ZMR 2001, 568.
21 BayObLG v. 28.12.1995 – 2Z BR 95/95, FGPrax 1996, 57.
22 KG Berlin v. 17.5.1990 – 2 Ss 107/90 – 5 We (B) 130/90, Grundeigentum 1990, 755.
23 BayObLG v. 28.12.1995 – 2Z BR 95/95, FGPrax 1996, 57.

nicht hinter denen eines Mieters zurückstehen müssen. Der Eigentümer darf daher grundsätzlich in seiner Wohnung beispielsweise die gängigen Haushaltsgeräte, wie etwa Waschmaschinen, benutzen, (im Rahmen der Hausordnung) Musizieren und Tiere (zumindest Kleintiere) halten.[24] Zu möglichen Regelungen im Rahmen des **ordnungsgemäßen Gebrauchs** siehe § 15 Nr. 14.

c) Vermieten

Die Vermietung stellt neben der Eigennutzung als Wohnung die wohl häufigste Nutzungsart von Wohnungs- oder Teileigentum dar. Ohne eine entsprechende Vereinbarung ist eine Vermietung grundsätzlich uneingeschränkt (zur Zweckbestimmung siehe sogleich unten sowie Rn. 17) zulässig.[25] Der Mietvertrag nach § 535 BGB ist ein zweiseitig verpflichtender schuldrechtlicher Vertrag. Durch ihn wird ein Dauerschuldverhältnis begründet, das auf entgeltliche Gebrauchsüberlassung von hier unbeweglichen Sachen (Räumen) gerichtet ist.[26] Die **Mietsache**, also die genauen Räumlichkeiten, die Gegenstand des Mietverhältnisses sind, ist durch eine Auslegung des Mietvertrages nach §§ 133, 157 BGB zu ermitteln. Ohne eine besondere Abrede muss der Vermieter neben den so ermittelten und in den Mietverträgen meist auch im Einzelnen genau bezeichneten Räumen seines Sondereigentums dem Mieter grundsätzlich nur den Gebrauch derjenigen Grundstücks- und Gebäudeteile gewähren, die zum Gebrauch oder zum **Zugang** der Mieträume notwendig sind. Dies sind etwa der Hausflur, der Hof, die Durchfahrt, Treppen oder Lifte. Wenn in einem Wohnhaus **Gemeinschaftseinrichtungen** (etwa: Wasch- und Trockenräume, Kinderspielplatz, Fahrradkeller) vorhanden sind, kann der Mieter berechtigt werden, diese Einrichtungen mit zu benutzen, er muss es aber nicht. Fehlen im Mietvertrag ausdrückliche Regelungen zur Mitbenutzung von Gemeinschaftseinrichtungen, wird in der Regel eine Auslegung ergeben, dass der Mieter auch diese Gemeinschaftseinrichtungen mit benutzen darf.[27] Der Mieter darf daher auch die Gemeinschaftsflächen in üblicher Weise benutzen.[28] Die gleichen Rechte haben auch **Besucher** und **Lieferanten** des Mieters.[29] Obgleich der Mieter vertragliche Beziehungen nur zum vermietenden Wohnungseigentümer hat, kann ihm der Vermieter hier das Recht zum Mitgebrauch des Gemeinschaftseigentums einräumen. Dies ergibt sich zwar nicht unmittelbar alleine aus § 13 Abs. 1, wohl aber unter Berücksichtigung des dem Sondereigentümer in § 13 Abs. 2 eingeräumten Rechts zum Mitgebrauch des gemeinschaftlichen Eigentums (siehe dazu unten Rn. 18 ff.).

6

---

24 Zum vertragsgemäßen Gebrauch einer Mietwohnung siehe etwa: *Palandt-Weidenkaff*, § 535 BGB, Rn. 20 ff.
25 Zum Ausschluss oder zur Beschränkung der Vermietbarkeit durch Vereinbarung siehe § 15 Rn. 14.
26 BGH v. 4.5.1970 – VIII ZR 179/68, MDR 1970, 1004; BGH v. 8.7.1993 – III ZR 146/92, NJW 1993, 3131.
27 Vergleiche zum Mietrecht: *Palandt-Weidenkaff*, § 535 BGB, Rn. 16.
28 BGH v. 10.11.2006 – V ZR 46/06, NZM 2007, 37 (wo als Beispiele das Spielen der Kinder im Hof und das Abstellen eines Kinderwagens oder Rollstuhls im Hausflur aufgeführt sind).
29 BGH v. 10.11.2006 – V ZR 46/06, NZM 2007, 37.

WEG § 13 Gemeinschaft der Wohnungseigentümer

Auch bei der Vermietung ist aber eine in der Gemeinschaftsordnung für die Einheit vorgesehene Zweckbestimmung zu beachten. Durch eine vereinbarte **Zweckbestimmung** wird das Recht des Eigentümers, mit den in seinem Sondereigentum stehenden Gebäudeteilen in dem durch § 13 Abs. 1, § 14 Nr. 1 vorgegebenen Rahmen nach Belieben zu verfahren, eingeschränkt. Inhalt und Reichweite der Zweckbestimmung sind dabei nach den für die Auslegung von Grundbucheintragungen geltenden Grundsätzen nach Wortlaut und Sinn, wie sich dieser für einen unbefangenen Betrachter als nächstliegende Bedeutung des Eingetragenen ergibt, zu ermitteln.[30]

Teileigentum darf daher grundsätzlich zu keinem anderen als in der Teilungserklärung festgelegten Zweck genutzt werden.[31] Daher ist die Vermietung von Gewerberäumen grundsätzlich nur zur gewerblichen Zwecken, nicht aber zu Wohnzwecken zulässig. So darf auch nicht etwa ein Kellerraum ununterbrochen zu Wohnzwecken vermietet werden (zur kurzfristigen Nutzung für etwa Gäste siehe oben Rn. 4).[32]

Andererseits dürfen danach **Wohnräume** nur zur Wohnnutzung und nicht zur gewerblichen Nutzung vermietet werden.[33] Die Obergerichte haben daher vor nicht allzu langer Zeit noch entschieden, dass etwa eine in der Teilungserklärung als Wohnung bezeichnete Wohneinheit nicht zu „Boarding-House"-Zwecken **(Hotelnutzung)** vermietet werden dürfe.[34] Es erscheint zweifelhaft, ob diese Meinung nach den jüngsten Entscheidungen des BGH zur Vermietung an Feriengäste noch aufrechterhalten werden kann.

Der **BGH** führt insoweit in einer Entscheidung aus, dass unter Wohnnutzung zwar in erster Linie die Nutzung der Wohnung als Lebensmittelpunkt zu verstehen ist. Darauf beschränkt sich der Wohnzweck indessen nicht. Teil der zulässigen Wohnnutzung ist danach auch die Vermietung einer Eigentumswohnung an täglich oder wöchentlich wechselnde **Feriengäste**, wenn die Teilungsklärung nichts anderes bestimmt und die Wohnungseigentümer **nichts** anderes **vereinbart** haben.[35] In einer weiteren Entscheidung führt der BGH diese Rechtsprechung fort und stellt klar, dass die Wohnungseigentümergemeinschaft selbst dann, wenn die kurzfristige Vermietung einer Wohnung an Feriengäste zu Beeinträchtigungen führt, die über das bei einem geordneten Zusammenleben unvermeidliche Maß hinausgehen, keinen Anspruch auf **Unterlassung** hat. Die Beeinträchtigungen führen dann nur dazu, dass der betroffene Wohnungseigentümer nach § 15 Abs. 3 WEG, § 1004 Abs. 1 BGB von jedem anderen Wohnungseigentümer darauf in Anspruch

---

30 LG München I v. 4.4.2011 – 1 S 16861/09, ZWE 2011, 275.
31 LG Karlsruhe v. 20.9.2010 – 11 S 200/09, ZWE 2011, 99; LG Hamburg v. 14.4.2010 – 318 S 183/09, ZMR 2010, 788 (je zur Nutzung einer Teileigentumseinheit).
32 LG Saarbrücken v. 24.10.2008 – 5 T 48/08 (zitiert nach juris).
33 OLG Zweibrücken v. 30.1.2009 – 3 W 182/08, Mietrecht kompakt 2009, 78; OLG Hamburg v. 14.3.2005 – 2 Wx 19/05, ZMR 2005, 644; OLG Frankfurt/Main v. 7.6.2004 – 20 W 59/03, NZM 2004, 950 (je zur Vermietung einer Wohnung an Prostituierte).
34 OLG Saarbrücken v. 3.2.2006 – W 115/05, NZM 2006, 588; OLG Saarbrücken v. 3.2.2006 – 5 W 125/05, NZM 2006, 590.
35 BGH v. 15.1.2010 – V ZR 72/09, ZWE 2010, 130 (= NJW 2010, 3093); ebenso: OLG Saarbrücken v 24.5.2012 – 8 U 183/11, (zitiert nach juris).

genommen werden kann, die konkrete Ausgestaltung der Vermietung zu ändern und die **Beeinträchtigungen** abzustellen.[36] Im Anschluss an die Rechtsprechung des BGH hat das LG München I ausgeführt, dass für die wohnungseigentumsrechtliche Einordnung der Nutzung einer Wohnung nur darauf abzustellen ist, welche Nutzung in der Wohnung selbst stattfindet. Wenn die Teilungserklärung nichts anderes bestimmt und die Wohnungseigentümer nichts anderes vereinbart haben, ist die Vermietung einer Eigentumswohnung an wechselnde Mieter auch für jeweils unter drei Monaten, z.B. an sog. „**Medizintouristen**", Teil der zulässigen Wohnnutzung. Wird ein **Unterlassungsanspruch** nicht gegen einen störenden Mieter, sondern gegen den Wohnungseigentümer als **Vermieter** geltend gemacht, so kann bei **Kurzzeitvermietungen** unter drei Monaten eine zurechenbare **Wiederholungsgefahr** i.S.d. § 1004 BGB nur angenommen werden, wenn mindestens zwei Beeinträchtigungen durch unterschiedliche Mietparteien vorliegen oder besondere Umstände, die von dem Fehlverhalten einer Mietpartei auf ein solches auch durch künftige Mietparteien schließen lassen. Zudem bedarf es für eine aktuell bestehende Wiederholungsgefahr zeitnaher Vorfälle.[37]

Siehe allgemein zur **zweckbestimmungswidrigen Nutzung** unten Rn. 12 sowie die Kommentierungen zu § 14 Rn. 17ff. und zu den möglichen Ansprüchen gegen den vermietenden Eigentümer und den Mieter § 15 Rn. 17ff. (insbesondere auch Rn. 19, 21 und Rn. 22).

Der vermietende Eigentümer kann selbstverständlich dem Mieter nicht mit Wirkung gegen die anderen Miteigentümer oder die teilrechtsfähige Gemeinschaft Rechte einräumen, die er als Eigentümer selbst nicht hat.[38] Der Eigentümer ist schuldrechtlich nicht in der Lage, einen **Vertrag zu Lasten Dritter** abzuschließen; dies wäre mit dem Grundsatz der Privatautonomie unvereinbar.[39] Der Mietvertrag kann den Mieter aber auch nicht gegenüber dinglichen Ansprüchen der übrigen Eigentümer schützen. Wenn demnach ein Eigentümer Räume vermietet, die im Sondereigentum eines anderen Wohnungseigentümers stehen, kann der Andere nach § 985 BGB vom Mieter Herausgabe verlangen, wenn der Vermieter nicht zur Vermietung durch den wahren Eigentümer berechtigt wurde (§ 986 Abs. 1 BGB). Gleiches gilt aber auch für den mit dem Vindikationsanspruch des § 985 BGB eng verwandten Eigentumsstörungsanspruch aus § 1004 BGB. Ein Anspruch eines oder mehrerer anderer Miteigentümer aus § 1004 BGB gegen den vermietenden Eigentümer beschränkt demnach auch das Recht des Mieters am ungestörten Besitz der Wohnung. Der BGH hat daher in einem Fall, in dem der vermietende Eigentümer zunächst unberechtigterweise einen **Balkon** in einen **Wintergarten** umgebaut und sodann die Wohnung in diesem Zustand vermietet hat, den Mieter als verpflichtet angesehen, die Beseitigung der Wintergartenverglasung zu dulden, nachdem der Vermieter durch rechts-

---

36 BGH v. 12.11.2010 – V ZR 78/10, ZWE 2011, 78 (= ZMR 2011, 396).
37 LG München I v. 8.2.2016 – 1 S 21019/14 (zur Veröffentlichung gegeben).
38 *Riecke/Schmid-Riecke*, Anhang zu § 15, Rn. 36
39 *Palandt/Grüneberg*, BGB, Vor § 328 Rn. 10 – m.w.N. zur Rechtsprechung.

kräftigen Gerichtsbeschluss zum Rückbau verpflichtet worden war.[40] Von dieser **Duldungsverpflichtung** unberührt bleibt aber der Anspruch des Mieters gegenüber seinem Vermieter aus dem Mietvertrag auf Überlassung auch des Wintergartens. Dem Mieter stehen daher, wenn die Beseitigung der Verglasung durchgeführt wurde, gegen seinen Vermieter die mietvertraglichen Rechte zu, wenn die sonstigen Voraussetzungen vorliegen (etwa: Mietminderung nach § 536 BGB, Schadensersatz nach § 536a BGB).

Allgemein zu den Fragen der baulichen Veränderungen am Gemeinschaftseigentum und den Beseitigungs- bzw. Duldungsansprüchen in diesem Zusammenhang siehe § 22 Rn. 2 ff. und § 15 Rn. 17 ff.

Zum nachbarrechtlichen Ausgleichsanspruch gemäß § 906 Abs. 2 Satz 2 BGB bei einer vermieteten Eigentumswohnung siehe unten Rn. 16.

8 Probleme für den vermietenden Eigentümer können sich daraus ergeben, dass sowohl die gesetzlichen Bestimmungen als auch die Rechtsprechung im Mietrecht und im Wohnungseigentumsrecht in wesentlichen Punkten nicht identisch sind. Rechte und Pflichten aus einem Mietvertrag können sich schon bei Mietvertragsabschluss nicht mit den Rechten und Pflichten des Eigentümers decken, die sich aus dem Wohnungseigentumsgesetz, aus der Teilungserklärung/Gemeinschaftsordnung oder aus Vereinbarungen oder den bestandskräftigen Beschlüssen der Wohnungseigentümer ergeben. Ein Unterschied in der Rechtslage kann sich aber auch erst später ergeben, wenn in der Gemeinschaft ändernde Vereinbarungen getroffen oder Beschlüsse gefasst werden. Wie bereits bei Rn. 7 dargestellt wurde, können sich aus dem schuldrechtlichen Mietvertrag für den Eigentümer durchaus Verpflichtungen ergeben, die er aufgrund der dinglichen Rechtslage (zum Beispiel Vermietung fremder Räume) nicht in der Lage ist, zu erfüllen. Gleiches gilt, wenn der Vermieter dem Mieter im Mietvertrag Rechte einräumt, die dem Eigentümer innerhalb der Gemeinschaft nicht zustehen (so etwa: Gestattung, Räumlichkeiten zu gewerblichen Zwecken zu nutzen, obwohl nach der Teilungserklärung nur eine Wohnnutzung zulässig ist[41]).

Der vermietende Eigentümer sollte daher etwa in den Mietvertrag ausdrücklich aufnehmen, welche Fassung der Hausordnung[42] gegenüber dem Mieter Geltung haben soll. Nicht unstreitig ist im Mietrecht die Frage, ob der Vermieter berechtigt ist, bei einer Änderung der **Hausordnung** durch die Wohnungseigentümergemeinschaft die geänderte Fassung einseitig zum **Inhalt** des **Mietvertrages** zu machen und ob dies in einem Formularmietvertrag vereinbart werden kann.[43] Um Probleme mit einer Überprüfung derartiger Klauseln von allgemeinen Geschäftsbedingungen nach §§ 305 ff. BGB zu vermeiden, sollte nach der hier vertretenen Meinung nach Möglichkeit eine Bindung des Mieters an die jeweils gültige Hausordnung im Wege einer Individualvereinbarung erfolgen.

---

40 BGH v. 1.12.2006 – V ZR 112/06, NJW 2007, 432.
41 Siehe dazu auch § 14 Rn. 20 ff.
42 Siehe dazu § 21 Rn. 48.
43 Ablehnend zur dynamischen Verweisung ebenfalls: *Jennißen-Schultzky*, § 13 Rn. 35; bei *Bärmann-Suilmann*, § 13 Rn. 63 wird eine dynamische Verweisungsklausel als grundsätzlich möglich angesehen.

Eine ähnliche Problematik kann sich für den vermietenden Eigentümer 9
auch dann ergeben, wenn die Gemeinschaft durch eine Vereinbarung (welcher dann allerdings auch der Vermieter zugestimmt hat) oder durch einen bestandskräftigen Beschluss (möglicherweise gegen den Willen des Vermieters) Änderungen im zulässigen Gebrauch des Gemeinschafts- oder auch des Sondereigentums vornimmt. So wird sich der vermietende Eigentümer möglicherweise mit einer Minderung seines Mieters abfinden müssen, wenn er nach dem Mietvertrag eine Mitbenutzung einer gemeinsamen Waschmaschine und eines Trockenraumes schuldet, die Gemeinschaft aber später bindend beschließt, die kaputte Waschmaschine nicht mehr zu ersetzen und den bisherigen Trockenraum anderweitig zu nutzen, etwa zu vermieten. Der Vermieter sollte daher im Mietvertrag im Wege der Individualvereinbarung Regelungen aufnehmen, die den Mietvertrag an die geänderte Beschlusslage in der Gemeinschaft anpassen.

Ein häufiges Problem in der Praxis ergibt sich für vermietende Eigentümer 10
bei der Umlage und Abrechnung von **Betriebskosten**. Während im Mietrecht bei einer Umlage der Betriebskosten auf den Mieter die §§ 556 ff. BGB zu beachten sind, erfolgt im Wohnungseigentumsrecht im Rahmen der Jahresabrechnung die bloße Erfassung der tatsächlichen Einnahmen und Ausgaben und die Verteilung entsprechend der Teilungserklärung/Gemeinschaftsordnung.[44] Der Verwalter ist auch nicht verpflichtet, eine Aufteilung nach (mietrechtlich) umlagefähigen und nicht umlagefähigen Kosten vorzunehmen. Es genügt grundsätzlich, dass die Jahresabrechnung eine geordnete und übersichtliche, inhaltlich zutreffende Aufstellung sämtlicher Einnahmen und Ausgaben für das betreffende Wirtschaftsjahr enthält. Sie muss für einen Wohnungseigentümer auch ohne Hinzuziehung eines Buchprüfers oder sonstigen Sachverständigen verständlich sein.[45] Er ist nach Rechtsprechung des BGH – von den Heizkosten abgesehen- auch nicht berechtigt, eine Abgrenzung der Kosten (wie im Mietrecht bisher erforderlich) vorzunehmen.[46] Der Vermieter ist daher derzeit in der Praxis meist gezwungen, Einsicht in die Belege zu nehmen[47] und daraufhin selbst eine Abrechnung zu erstellen, welche den mietrechtlichen Vorschriften genügt. Wenn sich der Verwalter bereit erklärt, diese Arbeit zu übernehmen und – neben der Abrechnung gemäß § 28 – eine mietrechtliche Betriebskostenabrechnung zu erstellen, fällt dies jedenfalls nicht unter seine Verpflichtung nach § 27. Es ist auch nicht Aufgabe der Gemeinschaft, für etwaige Mehrkosten einer solchen Abrechnung aufzukommen. Sollte der Verwalter hierfür eine gesonderte Vergütung wünschen, wird er eine entsprechende Sondervereinbarung mit den jeweils begünstigten vermietenden Wohnungseigentümern treffen müssen. Diese Tätigkeit wird dann durch den Verwalter aufgrund dieser schuldrechtlichen Sonderbeziehungen, nicht aber im Rahmen der Verwaltertätigkeit, durchgeführt. Für diesen Fall sollte festgelegt werden,

---

44 Siehe dazu im Einzelnen § 28 Rn. 32 ff.
45 OLG Frankfurt/Main v. 8. 2. 2005 – 20 W 231/01, OLGR Frankfurt 2005, 783; BayObLG v. 17. 6. 2003 – 2Z BR 110/02, ZMR 2003, 761; OLG Celle v. 17. 11. 1999 – 4 W 263/99, OLGR Celle 2000, 137.
46 Siehe zu dieser Problematik im Einzelnen § 28 Rn. 32, 38, 46 ff.
47 Siehe dazu § 28 Rn. 80.

wie genau die Aufteilung erfolgen soll (nach den allgemeinen Bestimmungen des Mietrechts oder nach den konkreten Mietverträgen, die dem Verwalter dann aber bekannt sein müssen).

In den letzten Jahren sind in der Praxis immer häufiger Probleme bei vermieteten Eigentumswohnungen im Zusammenhang mit der Umstellung der Wärmeversorgung auf so genanntes **„Wärmecontracting"** aufgetreten, da in den Mietverträgen hierzu keine Regelungen enthalten waren. Die Mieter haben sich (erfolgreich) gegen die Heizkostenabrechnung wegen höherer Kosten zur Wehr gesetzt. Nach der nunmehr als gefestigt anzusehenden obergerichtlichen Rechtsprechung bedarf im laufenden Mietverhältnis die Umstellung des Betriebs der vorhandenen Heizungsanlage auf Wärmecontracting der Zustimmung des Mieters, wenn eine Regelung im Mietvertrag für die Umstellung fehlt und dem Mieter dadurch zusätzliche Kosten auferlegt werden sollen.[48] Es wird sich daher künftig empfehlen, auch insoweit individualrechtliche Regelungen in die Mietverträge aufzunehmen.

Wegen der bei den Jahresabrechnungen und beim Wirtschaftsplan auftretenden Probleme innerhalb der Wohnungseigentümergemeinschaft bei Umstellung auf Wärmecontracting vergleiche § 28 Rn. 75. Zu den Voraussetzungen für den Abschluss eines Wärmecontractingvertrages siehe § 21 Rn. 26.

d) Verpachten

11 Der Eigentümer kann sein Wohnungs- oder Teileigentum[49] auch verpachten. Nach § 581 BGB hat der Verpächter den **Gebrauch** des verpachteten Gegenstandes (hier der Räume) und (anders als bei der Miete) den **Genuss** der **Früchte** gegen Entgelt zu gewähren. Ein Pachtverhältnis setzt daher im Regelfall voraus, dass die überlassenen Räume baulich geeignet und auch so eingerichtet und ausgestattet sind, dass sie ohne weiteres für einen einschlägigen Betrieb Früchte i. S. d. § 99 BGB abwerfen können und damit jederzeit die Aufnahme einer gewerblichen oder freiberuflichen Tätigkeit ermöglichen. Im Normalfall ist daher ein Pachtverhältnis dadurch gekennzeichnet, dass gleichzeitig mit den Räumen auch das Inventar mit überlassen wird. Ausreichend und beim Gaststättenpachtvertrag durchaus üblich ist es jedoch auch, wenn der eine Vertragspartner dem anderen nicht nur die Überlassung und Instandhaltung von für den Betrieb eines Gewerbes (z.B. einer Gaststätte) baulich geeigneten Räumen, sondern darüber hinaus Leistungen schuldet, die den Gewerbebetrieb dauerhaft fördern (etwa: Darlehenszusage der verpachtenden Brauerei zur Anschaffung des betrieblichen Inventars.[50]

Auch bei der Verpachtung von Wohnungs- oder Teileigentum stellen sich die oben bei Rn. 8 bis 10 dargestellten Probleme, wenn die Rechte und

---

48 BGH v. 6.4.2005 – VIII ZR 54/04, NJW 2005, 1776; BGH v. 15.3.2006 – VIII ZR 153/05, WuM 2006, 256; BGH v. 13.6.2006 – VIII ZR 146/05, Grundeigentum 2006, 908.
49 Siehe dazu § 1 Abs. 2 und 3 mit den jeweiligen Anmerkungen.
50 Vergleiche zur Abgrenzung Mietvertrag und Pachtvertrag etwa: *Palandt-Weidenkaff*, Einf. v. § 535 BGB, Rn. 16.

Pflichten der Parteien des Pachtvertrages nicht mit der Rechtslage in der Wohnungseigentumsanlage übereinstimmen. Auch hier wird der verpachtende Eigentümer entsprechende Lösungen im Wege von Individualvereinbarungen im Rahmen des Pachtvertrages suchen müssen.

Häufig werden hier auch spezielle Probleme im Zusammenhang mit baulichen Veränderungen im Gemeinschaftseigentum (etwa beim Gaststättenbetrieb: Errichtung einer erforderlichen Zu- und Abluftanlage) auftreten. Insoweit wird auf die Ausführungen bei § 22 Rn. 2ff. verwiesen.

e) Sonstige Nutzung

Der Eigentümer kann seine im Sondereigentum stehenden Räume innerhalb der unten bei Rn. 16ff. beschriebenen Beschränkungen auch in jeder sonstigen Weise nutzen. Bei Rn. 3 wurde bereits darauf hingewiesen, dass dies auch das Recht des Eigentümers umfasst, von einer Nutzung abzusehen und die Räume leer stehen zu lassen. Grundsätzlich denkbar wäre auch eine Nutzung der Wohn- oder sonstigen Räume alleine zur Lagerung von Gegenständen des Eigentümers. Denkbar ist auch, in einem Kellerraum eine Trockensauna zur privaten Nutzung zu errichten, wenn dadurch die Miteigentümer nicht über das in § 14 Nr. 1 genannte Maß hinaus beeinträchtigt werden.[51]

12

Die in der Praxis wohl häufigste Nutzung in sonstiger Weise dürfte aber die Nutzung zu **gewerblichen** oder **freiberuflichen** Zwecken sein.[52] Dies gilt sowohl für Räume, die nicht zu Wohnzwecken i.S.d. § 1 Abs. 3 dienen[53], als auch für Wohnungen i.S.d. § 1 Abs. 2.[54] Insbesondere bei der gewerblichen Nutzung von Wohnungen ist jeweils im Einzelfall zu überprüfen, ob durch die konkrete Nutzung (Beispiel: Ausübung der Prostitution in einer Wohnung[55]) den anderen Eigentümern ein nicht hinzunehmender **Nachteil** i.S.d. § 14 Nr. 1 entsteht (siehe dazu § 14 Rn. 5ff. insbesondere Rn. 17ff.).

3. Negative Rechte

a) Eigentumsschutz

Der Sondereigentümer kann nach dem Gesetzeswortlaut „andere von Einwirkungen ausschließen". Da das Sondereigentum „echtes" Alleineigentum ist (siehe oben Rn. 1 und 3), stehen dem Wohnungseigentümer auch die Ansprüche aus dem Eigentum gemäß §§ 985ff. BGB zu.[56] So kann der Eigen-

13

---

51 OLG Frankfurt/Main v. 2.11.2005 – 20 W 378/03, NZM 2006, 747.
52 Vergleiche auch *Staudinger-Kreutzer*, WEG § 13 Rn. 2.
53 OLG Zweibrücken v. 15.8.1986 – 3 W 134/86, Wohnungseigentümer 1987, 54 (bei vorgesehener Nutzung zu gewerblichen Zwecken auch Betrieb eines Cafes zulässig).
54 BayObLG v. 11.11.1988 – BReg 2 Z 100/88, NJW-RR 1989, 273 (Nutzung einer Eigentumswohnung als Zahnarztpraxis); KG Berlin v. 8.6.1994 – 24 W 5760/93, NJW-RR 1995, 333 (Nutzung einer Wohnung als Architekturbüro oder Steuerberaterpraxis).
55 OLG Zweibrücken v. 30.1.2009 – 3 W 182/08, Mietrecht kompakt 2009, 78; OLG Hamburg v. 14.3.2005 – 2 Wx 19/05, ZMR 2005, 644; OLG Frankfurt/Main v. 7.6.2004 – 20 W 59/03, NZM 2004, 950.
56 LG Saarbrücken v. 8.2.2008 – 10 S 33/08, ZMR 2008, 974 (wo aber der Anspruch wegen eines Besitzrechtes gem. § 986 BGB verneint wurde).

tümer etwa Herausgabe der Räume vom Untermieter verlangen, wenn der Hauptmietvertrag wirksam beendet wurde und der Untermieter damit gegenüber dem Eigentümer nicht mehr i.S.d. § 986 BGB zum Besitz berechtigt ist.[57] Der Eigentümer kann auch gemäß § 1004 BGB Beseitigung und Unterlassung von Eigentumsbeeinträchtigungen[58] sowie Schadensersatz nach § 823 ff. BGB bei Eigentumsverletzungen[59] verlangen. Wie sich aus § 1004 Abs. 2 BGB ergibt, ist ein Beseitigungs- oder Unterlassungsanspruch jedoch ausgeschlossen, wenn der Wohnungseigentümer zur Duldung, etwa aufgrund § 906 BGB (Zuführung unwägbarer Stoffe), verpflichtet ist (siehe dazu unten Rn. 16).

b) *Besitzschutz*

14 Der Sondereigentümer selbst bewohnter oder sonst genutzter Räume ist unmittelbarer Besitzer der Räume i.S.d. § 854 Abs. 1 BGB. Sind die Räume vermietet oder verpachtet, ist der Eigentümer nach § 868 BGB mittelbarer Besitzer.[60] Nach § 865 BGB gelten daher die §§ 858 bis 864 BGB auch zugunsten des Wohnungs- oder Teileigentümers. Daher kann der Sondereigentümer etwa einen Anspruch wegen Besitzstörung nach § 862 BGB sowohl gegenüber Dritten als auch gegenüber einem anderen Wohnungseigentümer geltend machen.[61]

c) *Nachbarrechte (nach öffentlichem Recht)*

15 Im öffentlichen Recht kann ein Wohnungseigentümer gegenüber Dritten baurechtliche Nachbarrechte wegen Beeinträchtigung seines Sondereigentums in vollem Umfang und aus eigenem Recht geltend machen.[62]

Das Sondereigentum nach dem Wohnungseigentumsgesetz schließt öffentlich-rechtliche Nachbarschutzansprüche innerhalb der Gemeinschaft der Miteigentümer desselben Grundstücks aus. Dies gilt auch gegenüber Störungen, die ein nicht zur Eigentümergemeinschaft gehörender Dritter bei der baulichen Nutzung des gemeinschaftlichen Grundstücks verursacht.[63] Siehe dazu auch unten Rn. 16.

4. Beschränkung der Rechte („soweit nicht")
a) *Durch Gesetz*

16 Da das Sondereigentum an Wohnungs- und Teileigentum „echtes" Eigentum i.S.d. § 903 BGB ist (siehe oben Rn. 1), greifen zunächst auch die ein-

---

57 Vergleiche dazu auch: *Palandt-Bassenge*, § 986 BGB, Rn. 4.
58 BGH v. 12.11.2010 – V ZR 78/10, ZWE 2011, 78 (= ZMR 2011, 396); OLG Hamm v. 12.3.1999 – 15 W 17/99, Wohnungseigentümer 1999, 170); OLG Stuttgart v. 23.9.1969 – 8 W 147/69, NJW 1970, 102; BayObLG v. 14.5.1975 – BReg 2 Z 23/75, MDR 1975, 844.
59 OLG München v. 18.2.2009 – 32 Wx 120/08, NZM 2009, 402.
60 OLG Karlsruhe v. 22.10.2004 – 11 Wx 81/03, NZM 2005, 305.
61 BayObLG v. 5.2.1998 – 2Z BR 140/97, WuM 1998, 561.
62 Bayerischer Verwaltungsgerichtshof München v. 2.10.2003 – 1 CS 03.1785, NZM 2004, 235; VG Augsburg v. 12.5.2010 – Au 4 S 10.299 (zitiert nach juris).
63 BVerfG v. 7.2.2006 – 1 BvR 2304/05, NZM 2006, 510; BVerwG v. 12.3.1998 – 4 C 3/97, Grundeigentum 1998, 1469.

schränkenden Vorschriften der §§ 904 ff. BGB, so dass beispielsweise ein Wohnungseigentümer unter den Voraussetzungen des § 906 BGB die Zuführung unwägbarer Stoffe nicht verhindern kann. Dies gilt nach § 906 **Abs. 1** BGB sowohl bei **unwesentlichen** Beeinträchtigungen als auch nach **Abs. 2** bei **wesentlichen** Beeinträchtigungen, wenn diese ortsüblich sind. Der Entzug von Luft und Licht (etwa durch Bäume) stellt aber keine Einwirkung i.S.v. § 906 BGB dar.[64] In einer neueren Entscheidung hat der BGH die Frage der ortsüblichen Benutzung des störenden Grundstücks klargestellt. Danach ist bei der Beurteilung der Frage, ob von einem anderen Grundstück ausgehende Einwirkungen die ortsübliche Benutzung des davon betroffenen Grundstücks über das zumutbare Maß hinaus beeinträchtigen, grundsätzlich derselbe Maßstab gültig wie bei der Beurteilung, ob diese Einwirkungen zu einer wesentlichen Beeinträchtigung der Grundstücksnutzung i.S.d. § 906 Abs. 1 Satz 1 BGB führen.[65] § 906 **Abs. 1 Satz 1** BGB ist in entsprechender Anwendung auch im Verhältnis zwischen **Wohnungseigentümern** anwendbar.[66]

Jedenfalls im Verhältnis zwischen **Grundstücksnachbarn** und Wohnungseigentümern ist grundsätzlich auch § 906 **Abs. 2 Satz 2** BGB anwendbar, so dass etwa gegenüber einem störenden Wohnungseigentümer ein verschuldensunabhängiger **nachbarrechtlicher Ausgleichsanspruch** in Betracht kommt. Bei einer vermieteten Eigentumswohnung kann der Eigentümer als mittelbarer Handlungsstörer für **Störungshandlungen** seines **Mieters** nur dann verantwortlich gemacht werden, wenn er dem Mieter den Gebrauch der Sache mit der Erlaubnis zu den störenden Handlungen überlassen hat oder, wenn er es unterlässt, den Mieter von dem nach dem Mietvertrag unerlaubten, fremdes Eigentum beeinträchtigenden Gebrauch der Mietsache abzuhalten.[67]

Die Frage, ob die Grundsätze des verschuldensunabhängigen nachbarrechtlichen Ausgleichsanspruchs nach § 906 **Abs. 2 Satz 2** BGB (analog) auch im Verhältnis der **Wohnungseigentümer untereinander** anzuwenden sind, ist nun vom **BGH** geklärt worden.

Der BGH hat sich mit dem Verhältnis von Sondereigentum und Gemeinschaftseigentum befasst und klargestellt, dass dem Sondereigentümer **kein** nachbarrechtlicher Ausgleichs**anspruch** in entsprechender Anwendung von § 906 Abs. 2 Satz 2 BGB zusteht, wenn die Nutzung des Sondereigentums durch einen **Mangel** am **Gemeinschaftseigentum** beeinträchtigt wird.[68]

---

64 BGH v. 10.7.2015 – V ZR 229/14, NZM 2015, 793.
65 BGH v. 27.10.2006 – V ZR 2/06, WuM 2007, 147 (wo nach Umbau einer Eisenbahnbrücke erhöhte Lärmbelästigungen auftraten, die der Wohnungseigentümer jedoch zu dulden hatte; der BGH hat nur eine angemessene Entschädigung in Geld gemäß § 906 Abs. 2 Satz 2 BGB bejaht).
66 LG Hamburg v. 10.9.2010 – 318 S 24/09, ZMR 2011, 226.
67 BGH v. 27.1.2006 – V ZR 26/05, ZMR 2006, 357 (wo ein Anspruch wegen eines Brandschadens verneint wurde, da nicht aufklärbar war, ob der Brand aufgrund eines technischen Defekts oder wegen eines Fehlverhaltens des Mieters ausgebrochen war und in der ersten Alternative der Eigentümer kein Störer wäre).
68 BGH v. 21.5.2010 – V ZR 10/10, WuM 2010, 442 (= NJW 2010, 2347); der BGH hat die vorangehende Entscheidung des LG München I v. 14.12.2009 – 1 S 9716/09, ZMR 2011, 62 bestätigt.

Dagegen hat der BGH einen nachbarrechtlichen Ausgleichsanspruch in entsprechender Anwendung von § 906 Abs. 2 Satz 2 BGB als möglich angesehen, wenn die Nutzung des Sondereigentums durch rechtswidrige Einwirkungen beeinträchtigt wird, die von im **Sondereigentum** eines **anderen Wohnungseigentümers** stehenden Räumen ausgehen. Das gilt auch im Verhältnis von Mietern solcher Räume.[69] Der vom BGH und in der Vorauflage dargestellte Streit ist damit entschieden.

Selbstverständlich sind auch die Vorschriften des WEG zu beachten, soweit sie die **Rechte** des Sondereigentümers **beschränken**, wie etwa die Pflichten aus § 14 oder die Gebrauchsregelungen i.S.d. § 15[70] (auch wenn ausdrücklich nur § 13 Abs. 2 auf §§ 14 und 15 Bezug nimmt[71]). Die oben bei Rn. 3 dargestellte weitgehende Freiheit des Wohnungseigentümers zur Verfügung und Nutzung seines Wohnungseigentums findet eine einfachrechtliche Grenze in § 14, der als Grundnorm des innergemeinschaftlichen Nachbarrechts eine notwendige **Schranke** zu § 13 bildet.[72]

Neben den Vorschriften des Privatrechts sind jedoch auch **öffentlich-rechtliche Vorschriften**, wie etwa Bauordnungsrecht oder Denkmalschutz, grundsätzlich zu beachten.[73]

Dabei ist jedoch zu **differenzieren**.

Im Verhältnis zu einem **Nachbargrundstück** sind etwa nachbarschützende Vorschriften der landesrechtlichen Bauordnungen, wie beispielsweise die Vorschriften über Abstandsflächen zu berücksichtigen.[74] Der Nachbar, der sich im verwaltungsgerichtlichen Rechtsweg gegen die Verwirklichung eines Bauvorhabens zur Wehr setzt, kann grundsätzlich keine Rücksichtnahme verlangen, die über den Schutz des Abstandsflächenrechts hinausgeht.[75]

Dagegen sind öffentlich-rechtliche Nachbarschutzansprüche **innerhalb der Gemeinschaft** der Miteigentümer desselben Grundstückes ausgeschlossen.[76] Das BVerfG hat bestätigt, dass Abwehrrechte gegen ein Vorhaben anderer Miteigentümer ausschließlich im Wege einer gegen diese gerichteten Klage vor den Wohnungseigentumsgerichten geltend zu machen (§ 43 Abs. 1 Nr. 1) sind. Es fehlt deshalb den Miteigentümern für eine verwaltungsgerichtliche Anfechtungsklage gegen die einem anderen Miteigentümer erteilte **Baugenehmigung** an der Klagebefugnis gemäß § 42 Abs. 2 VwGO. Wann und in welchem Umfang materielle Abwehrrechte gegen baurechtlich unzulässige Baumaßnahmen auf dem gemeinschaftlichen Grundstück bestehen, ergibt sich aus § 15 Abs. 3. Damit geht § 15 Abs. 3 vom **Vorrang** des privaten Rechts vor dem disponiblen Gesetzesrecht aus.

---
69 BGH v. 25.10.2013 – V ZR 230/12, NJW 2014, 458.
70 Siehe zu §§ 14, 15 sogleich Rn. 18 ff. und die Anmerkungen zu diesen Paragraphen.
71 OLG Düsseldorf v. 15.6.2004 – 3 Wx 97/04, NJW-RR 2005, 163.
72 BVerfG v. 6.10.2009 – 2 BvR 693/09, WuM 2009, 757 (= NJW 2010, 220).
73 Hanseatisches Oberlandesgericht Hamburg v. 30.12.2003 – 2 Wx 73/01, WuM 2004, 360.
74 BayObLG v. 21.2.2001 – 2Z BR 104/00, ZMR 2001, 563.
75 BVerwG v. 6.12.1996 – 4 B 215/96, ZfIR 1997, 227.
76 BVerwG v. 3.12.1998 – 4 C 3/97, NVwZ 1998, 954.

Im Rahmen der gesetzlichen Regelungen bestimmen sich die gegenseitigen Rechte und Pflichten aus dem Sondereigentum in erster Linie nach den getroffenen **Vereinbarungen** und **Beschlüssen**. Soweit keine speziellen vertraglichen Regelungen bestehen, gelten ergänzend auch die Normen des öffentlichen Baurechts, und zwar unabhängig davon, ob sie ihrerseits unmittelbar nachbarschützend sind oder nicht.[77] Dies bedeutet jedoch nicht, dass die öffentlich-rechtlichen Normen im Verhältnis der Wohnungseigentümer zueinander unmittelbar und uneingeschränkt Anwendung finden.[78] Die **öffentlich-rechtlichen** Normen finden vielmehr im Rahmen der WEG-Vorschriften lediglich eine **wertende** Berücksichtigung.[79] So ist im Gemeinschaftsverhältnis der Wohnungseigentümer das aus § 14 Nr. 1 fließende Rücksichtnahmegebot die Grundlage für die Interessenabwägung der Beteiligten im Hinblick darauf, welche Abstände Anpflanzungen zur Grenze einer Sondernutzungsfläche einzuhalten haben. Im Rahmen dieser Abwägung können die Vorschriften des landesrechtlichen Nachbarrechtsgesetzes im Sinne einer Mindestvorgabe wertend einbezogen werden.[80]

Zur Anwendung nachbarrechtlicher Vorschriften im Verhältnis zweier **Sondernutzungsberechtigter** siehe unten Rn. 41.

b) Durch Rechte Dritter

Diese Alternative der Beschränkungen ergänzt lediglich die Schranken durch ein Gesetz, da in der Regel auch bei den in Rn. 16 genannten Vorschriften Rechte Dritter geschützt werden. Geschützte Dritte i.S.v. § 13 Abs. 1 sind auch die übrigen Eigentümer der Wohnungseigentumsgemeinschaft.

17

Eine besondere Bedeutung erlangen in diesem Zusammenhang die Teilungserklärung und die Gemeinschaftsordnung. In der **Teilungserklärung/ Gemeinschaftsordnung** werden in der Praxis häufig Bestimmungen hinsichtlich der zulässigen Nutzung von einzelnen Räumen oder auch der gesamten Anlage getroffen. Derartige Bestimmungen stellen **Zweckbestimmungen mit Vereinbarungscharakter** dar, die das Recht des Eigentümers, mit den in seinem Sondereigentum stehenden Gebäudeteilen nach Belieben zu verfahren, einschränken. In der näheren Bezeichnung eines Sondereigentums oder von Gemeinschaftseigentum in der Teilungserklärung liegt in der Regel, jedenfalls sofern die Gemeinschaftsordnung keine hiervon abweichende Benutzungsregelungen enthält, eine die Nutzung einschränkende Zweckbestimmung mit Vereinbarungscharakter gemäß den §§ 5 Abs. 4, 15 Abs. 1 und 10 Abs. 2.[81] Inhalt und Reichweite der Zweckbestimmung sind dabei nach den für die **Auslegung** von Grundbucheintragungen

---

77 BVerfG v. 7.2.2006 – 1 BvR 2304/05, NZM 2006, 510 (= NJW-RR 2006, 726).
78 So aber etwa (zur Maßgeblichkeit einer in der Baugenehmigung vorgesehenen Nutzung): VG München v. 10.1.2011 – M 8 K 10.3187, ZWE 2011, 294; aus der Entscheidung schließt auf eine umfassende Geltung des Verwaltungsrechts auch *Klimesch* in seinem Werkstatt-Beitrag (Einstellungsdatum 2.5.2011) bei ibr-online: IMR-Beitrag.
79 Wie hier: *Jenißen-Schultzky*, WEG § 13 Rn. 16.
80 OLG Hamm v. 21.10.2002 – 15 W 77/02, NZM 2003, 156.
81 OLG Frankfurt/Main v. 10.4.2008 – 20 W 119/06, ZWE 2008, 433.

geltenden Grundsätzen nach Wortlaut und Sinn, wie sich dieser für einen unbefangenen Betrachter als nächstliegende Bedeutung des Eingetragenen ergibt, zu ermitteln.[82] So ist es etwa möglich, dass bereits in der Teilungserklärung bestimmt wird, dass das gesamte Gebäude ausschließlich zu **Wohnzwecken** dient[83], dass die Nutzung der Wohnungen zu **gewerblichen** Zwecken der Zustimmung der übrigen Wohnungseigentümer bedarf[84] oder dass die Wohnungen in der Anlage nur im Sinne **betreuten Wohnens** genutzt werden dürfen.[85] Die Zweckbestimmung „Wohnung" beschränkt aber durch die Bezeichnung einzelner Räume in dem Bezug genommenen **Aufteilungsplan** die Nutzung dieser einzelnen Räume nicht auf die so umrissene Nutzung (etwa als „Küche", „Kinderzimmer", „Wohnzimmer"). Der Wohnungseigentümer ist vielmehr berechtigt, im Rahmen der Wohnnutzung die Art der Nutzung der **einzelnen Räume** zu verändern.[86] Dabei kann er grundsätzlich auch die Sanitäreinrichtungen in einen anderen Raum verlegen.[87] Zum Sonderfall der Vermietung von Wohnraum an Feriengäste siehe oben Rn. 6.

Eintragungen des planenden Architekten in den **Genehmigungsplänen** kommt in der Regel aber nicht dadurch die Bedeutung einer Zweckbestimmung mit Vereinbarungscharakter zu, dass diese Pläne für den Aufteilungsplan genutzt werden.[88]

Dem jeweiligen Sondereigentümer kann eine von der vereinbarten Zweckbestimmung abweichende Nutzung dann nicht untersagt werden, wenn die andere Nutzung nicht mehr stört als die vorgegebene.[89] Siehe allgemein zur **zweckbestimmungswidrigen Nutzung** die Kommentierungen zu § 14 Rn. 17ff.

Ähnliche Bindungen können auch **Gebrauchsregelungen** i.S.d. § 15 entfalten. Diese kommen durch nachträglich getroffene Vereinbarungen (an denen dann auch der betroffene Sondereigentümer oder sein Rechtsvorgänger mitgewirkt hat) oder durch Beschlüsse, denen allerdings nicht das Gesetz, die Teilungserklärung/Gemeinschaftsordnung oder eine Vereinbarung entgegenstehen dürfen, zu Stande.[90] Allgemein unterliegt das Recht eines Sondereigentümers **immanenten Schranken**, die sich aus dem **Gemeinschaftsverhältnis** und den sich daraus ableitenden **Fürsorge- und Treuepflichten** der Wohnungseigentümer und Teileigentümer ergeben.[91]

---

[82] LG München I v. 4.4.2011 – 1 S 16861/09, ZWE 2011, 275.
[83] OLG Frankfurt/Main v. 10.11.2005 – ZWE 2006, 202 (Leitsatz).
[84] OLG Köln v. 15.2.2002 – 16 Wx 232/01, NZM 2002, 258.
[85] BGH v. 13.10.2006 – V ZR 289/05, NZM 2007, 90.
[86] OLG Frankfurt/Main v. 10.4.2008 – 20 W 119/06, ZWE 2008, 433.
[87] OLG Hamm v. 13.2.2006 – 15 W 163/05, NZM 2007, 294.
[88] BGH v. 15.1.2010 – V ZR 40/09, MDR 2010, 434 (= NJW-RR 2010, 667).
[89] Schleswig-Holsteinisches Oberlandesgericht v. 17.5.2006 – 2 W 198/05, FGPrax 2006, 207; BayObLG v. 6.3.2003 – 2Z BR 9/03, GuT 2004, 28.
[90] Vergleiche dazu im Einzelnen § 10 Rn. 9ff., 31ff. und § 15 Rn. 9ff.
[91] OLG Frankfurt/Main v. 27.9.2004 – 20 W 111/04, OLGR Frankfurt 2005, 199; wohl auch in diesem Sinne (wenn auch nicht abschließend geklärt) BGH v. 20.11.2015 – V ZR 284/14, NJW 2016, 473.

III. Absatz 2: Rechte aus dem gemeinschaftlichen Eigentum

1. Mitgebrauchsrechte (Absatz 2 Satz 1)

a) Allgemeines

Nach § 1 Abs. 5 sind das Grundstück sowie die Teile, Anlagen und Einrichtungen des Gebäudes, die nicht im Sondereigentum oder im Eigentum Dritter stehen, **gemeinschaftliches Eigentum**. Wegen der Abgrenzung zum Sondereigentum wird auf die Anmerkungen zu § 1 Rn. 11 f. mit den dortigen Verweisungen Bezug genommen. Es sei nochmals darauf hingewiesen, dass es andere Formen als Sondereigentum und gemeinschaftliches Eigentum nicht gibt.[92] Auch das unten unter Rn. 27 ff. dargestellte **Sondernutzungsrecht** ist keine eigene Eigentumsform, sondern betrifft die Nutzung von gemeinschaftlichem Eigentum.

18

Nach § 13 Abs. 2 steht jedem **Wohnungseigentümer**[93] der Mitgebrauch des (gesamten) gemeinschaftlichen Eigentums nach Maßgabe der §§ 14 und 15 in gleichem Umfang zu (**„berechtigt"**). Dieses im Gesetz vorgesehene Mitgebrauchsrecht kann bei der Begründung des Wohnungseigentums gemäß § 3 Abs. 1, § 5 Abs. 4, § 8 Abs. 2 Satz 1, § 10 Abs. 1 Satz 2, später nur noch durch Vereinbarung sämtlicher Wohnungseigentümer (§ 10 Abs. 1 Satz 2, § 15 Abs. 1) geändert werden.[94]

Das Recht zum **Mitgebrauch des gemeinschaftlichen Eigentums** steht jedem Wohnungseigentümer unabhängig von der Größe seines Miteigentumsanteils und seiner Wohnung in gleichem Umfang zu[95]. Jeder Wohnungseigentümer darf also **persönliche Gebrauchsvorteile** aus der gemeinschaftlichen Sache ziehen, d.h. an dieser den Mitbesitz i.S.d. § 866 BGB ausüben[96]. So ist jeder Miteigentümer beispielsweise berechtigt, den Zufahrtsweg zu befahren, auf vorgegebenen Flächen sein Fahrzeug zu parken und den Zugang zu den Müllcontainern zu benutzen.[97] Zulässig ist es auch, wenn auf einer Pkw-Zufahrt gelegentlich **Kinder spielen**. Es entspricht der im Rahmen eines geordneten Zusammenlebens in der Gemeinschaft gebotenen Rücksichtnahme, spielende Kinder anderer Wohnungseigentümer auf Gemeinschaftsflächen zu dulden, den durch das Kinderspiel verursachten Lärm innerhalb der sozial üblichen Grenzen hinzunehmen und bei der Benutzung von Kraftfahrzeugen oder des ferngesteuerten Tores auf spielende Kinder Rücksicht zu nehmen.[98]

Die Wohnungseigentümergemeinschaft kann jedoch, wenn ein entsprechendes Bedürfnis besteht, die persönliche Nutzung des gemeinschaftlichen Eigentums auch durch Beschluss näher regeln, also etwa festlegen, auf wel-

19

---

92 *Jennißen-Grziwotz*, § 5 Rn. 48.
93 Siehe zum Begriff des Wohnungseigentümers § 10 Rn. 3.
94 BayObLG v. 17. 8. 1995 – 2Z BR 19/95, WuM 1996, 486.
95 BayObLG v. 21. 3. 1972 – BReg 2 Z 58/71, BayObLGZ 1972, 109 (zum Mitgebrauch des gemeinschaftlichen Gartens).
96 OLG Hamm v. 27. 10. 2000 – 15 W 210/00, NZM 2001, 239.
97 OLG Hamburg v. 20. 1. 1993 – 2 Wx 41/91, ZMR 1993, 425.
98 KG Berlin v. 29. 4. 1998 – 24 W 1107/98, NZM 1998, 633.

chen Teilen der gemeinschaftlichen Verkehrsfläche die einzelnen Eigentümer ihre Fahrzeuge parken dürfen.[99]

Die Wohnungseigentümergemeinschaft kann hinsichtlich des gemeinschaftlichen Eigentums durch Beschluss eine **Regelung des Mitgebrauchs** dahingehend treffen, dass bestimmte Grundstücksflächen oder Räume vermietet werden. An die Stelle des sonst möglichen unmittelbaren Gebrauchs (beispielsweise eines Kellerraumes) tritt bei der Vermietung der **Anteil** an den **Mieteinnahmen**.[100] Diese Meinung des BayObLG hat der BGH ausdrücklich bestätigt und eine Gebrauchsregelung bei **Vermietung** von Gemeinschaftseigentum durch Mehrheitsbeschluss zugelassen, soweit nicht eine Vereinbarung entgegensteht und den Wohnungseigentümern kein Nachteil erwächst.[101] So können etwa auf dem Gemeinschaftseigentum befindliche Parkflächen auch an Miteigentümer vermietet werden.[102] Die Mieteinnahmen stellen Nutzungen i.S.d. § 16 Abs. 1 dar und sind daher auch nach dieser Vorschrift aufzuteilen.[103]

Siehe allgemein zu **Gebrauchsregelungen** durch Beschluss § 15 Rn. 9ff.

b) Mehrhausanlagen

20 Eine Besonderheit bei der Mitbenutzung des gemeinschaftlichen Eigentums ergibt sich bei den so genannten Mehrhausanlagen. So sind teilweise schon in den Teilungserklärungen derartiger Mehrhausanlagen Bestimmungen enthalten, dass die Nutzung von Anlagen und Einrichtungen des gemeinschaftlichen Eigentums, die erkennbar einzelnen Gebäuden zu dienen bestimmt sind (z.B. u.a. Müllräume und Abstellräume) nur den Bewohnern der entsprechenden Gebäude zustehen sollen. Derartige Bestimmungen sind wirksam, **beschränken** das Recht zum **Mitgebrauch** und schließen die Bewohner der anderen Gebäude von der Nutzung aus.[104] Auch ohne eine Regelung in der Teilungserklärung oder ohne Vereinbarung der Wohnungseigentümer kann bei einer Mehrhausanlage der Mitgebrauch des gemeinschaftlichen Eigentums durch eine naturgemäße Bestimmung eingeschränkt sein.[105] So dient der Flur eines Einzelhauses einer Mehrhausanlage „seiner Natur nach" im Allgemeinen nur der Benutzung der jeweiligen Hausbewohner.[106] Befindet sich in einer Mehrhausanlage auf dem Dachboden nur eines der Häuser ein im Gemeinschaftseigentum stehender „Speicher", dessen Zweckbestimmung nicht näher geregelt ist, so kann der Grundsatz von Treu und Glauben (§ 242 BGB) dazu führen, dass sich das Mitgebrauchsrecht auf die Wohnungseigentümer des Hauses beschränkt, in dem sich der

---

99 OLG Hamburg v. 20.1.1993 – 2 Wx 41/91, ZMR 1993, 425.
100 BayObLG v. 14.10.1999 – 2Z BR 108/99, NZM 2000, 41; BGH v. 29.6.2000 – V ZB 46/99, NJW 2000, 3211.
101 BGH v. 29.6.2000 – V ZB 46/99, NJW 2000, 3211.
102 OLG Köln v. 13.10.2008 – 16 Wx 85/08, ZMR 2009, 388.
103 Siehe dazu unten Rn. 26.
104 OLG Düsseldorf v. 21.8.2002 – 3 Wx 388/01, NZM 2002, 867.
105 OLG Frankfurt/Main v. 17.7.1997 – 20 W 278/96, ZMR 1997, 606.
106 OLG Düsseldorf v. 24.8.1994 – 3 Wx 254/94, WuM 1994, 711.

"Speicher" befindet, wofür jedoch ein angemessener finanzieller Ausgleich zu zahlen ist.[107]

Zu sonstigen Kommentierungen der Mehrhausanlagen siehe zu diesem Begriff im Stichwortverzeichnis.

c) *Beschränkungen nach § 14 („nach Maßgabe")*

Der Mitgebrauch des gemeinschaftlichen Eigentums ist dahingehend beschränkt, dass er sich im Rahmen des § 14 halten muss. Jeder Wohnungseigentümer ist nur nach Maßgabe auch des § 14 berechtigt. Nach § 14 Nr. 1 darf durch die Nutzung des Gemeinschaftseigentums kein (anderer) Miteigentümer über das bei einem geordneten Zusammenleben unvermeidliche Maß hinaus beeinträchtigt werden. Eine derartige Beeinträchtigung liegt etwa dann vor, wenn ein Eigentümer einen im Gemeinschaftseigentum stehenden Wasch- und Trockenraum alleine und unter **Ausschluss** der übrigen Eigentümer nutzt, ohne dass er durch Vereinbarung oder Beschluss hierzu ermächtigt wurde.[108] Eine nicht hinzunehmende Beeinträchtigung der übrigen Miteigentümer liegt etwa dann vor, wenn ein Eigentümer von seiner Wohnung aus eine gezielte **Videoüberwachung** des gemeinschaftlichen Weges und des Hofes vornimmt, selbst wenn er dadurch etwaige Sachbeschädigungen an seinem geparkten Pkw dokumentieren möchte.[109] Zur Videoüberwachung siehe auch § 14 Rn. 50.

21

Wegen weiterer Einzelheiten zu **Gebrauchsbeschränkungen** für das Gemeinschaftseigentum aufgrund § 14 wird auf die dortigen Anmerkungen Rn. 45 ff. Bezug genommen.

Zur Frage, ob und wie Hunde- oder **Tierhaltung** sowie das **Freilaufenlassen** von **Hunden** zulässig ist siehe § 14 Rn. 44 und § 15 Rn. 11.

d) *Beschränkungen nach § 15 („nach Maßgabe")*

Der Mitgebrauch des gemeinschaftlichen Eigentums muss sich des Weiteren nach § 15 im Rahmen der von den Eigentümern getroffenen Vereinbarungen oder Beschlüsse halten.

22

Für den Mitgebrauch maßgebliche Vereinbarungen können auch in der Teilungserklärung oder der Gemeinschaftsordnung enthalten sein. So stellt etwa eine Regelung in einer Teilungserklärung, dass das gesamte Gebäude ausschließlich Wohnzwecken dienen soll, eine **Zweckbestimmung mit Vereinbarungscharakter** dahingehend dar, dass die im Sondereigentum stehenden Räume nur zu Wohnzwecken genutzt werden dürfen. Damit ist grundsätzlich – zunächst unabhängig von einer weiteren Regelung in der Teilungserklärung – eine Nutzung zu einem anderen Zweck verboten, die andere Wohnungseigentümer mehr stört oder beeinträchtigt als eine Nutzung als Wohnung.[110] Ebenso wie beim Sondereigentum (siehe dazu oben Rn. 17) sind Inhalt und Reichweite der Zweckbestimmung auch beim Gemein-

---

107 OLG Hamm v. 29. 8. 1984 – 15 W 298/82, MDR 1985, 324.
108 BayObLG v. 15. 1. 2004 – 2 Z BR 225/03, NZM 2004, 344.
109 OLG Düsseldorf v. 5. 1. 2007 – I-3 Wx 199/06, NZM 2007, 166.
110 OLG Frankfurt/Main v. 10. 11. 2005 – 20 W 36/03, ZWE 2006, 202 (Leitsatz).

schaftseigentum nach den für die **Auslegung** von Grundbucheintragungen geltenden Grundsätzen nach Wortlaut und Sinn, wie sich dieser für einen unbefangenen Betrachter als nächstliegende Bedeutung des Eingetragenen ergibt, zu ermitteln.[111] Siehe näher zu den vereinbarten Zweckbestimmungen mit Vereinbarungscharakter § 10 Rn. 12 und insbesondere § 15 Rn. 2 ff.

Die Wohnungseigentümer können den Gebrauch des gemeinschaftlichen Eigentums auch durch **Mehrheitsbeschluss** regeln. Dies kann etwa für einen Wasch- und Trockenraum in der Weise geschehen, dass jedem Wohnungseigentümer der Raum an kalendermäßig bestimmten Tagen zur ausschließlichen Nutzung zur Verfügung steht (**"Turnusnutzung"**).[112] Durch Mehrheitsbeschluss kann auch eine im Gemeinschaftseigentum stehende **Freifläche** verpachtet werden.[113]

Siehe näher zu **Gebrauchsregelungen** durch Mehrheitsbeschluss § 15 Rn. 9 ff.

e) Eigentumsschutz

23 Der Miteigentumsanteil ist ebenfalls „echtes" Eigentum (siehe oben Rn. 1), auf den neben den §§ 741 ff. BGB und §§ 1008 ff. BGB alle **Vorschriften** über das **Alleineigentum** anwendbar sind.[114] Der BGH hat ausgeführt, dass Miteigentum nach Bruchteilen seinem Wesen nach dem Alleineigentum gleichartig ist. Es ist Eigentum und ein selbständiges Recht wie das ganze Recht. Die Vorschriften über das Eigentum sind demgemäß auch auf das Miteigentum nach Bruchteilen anzuwenden. Die Anwendbarkeit ist jedoch ausgeschlossen, wenn sich aus dem Gesetz oder aus dem Sinn und Zweck der anzuwendenden Norm etwas anderes ergibt.[115]

Durch die Neufassung des § 10 Abs. 1[116] hat der Gesetzgeber klargestellt, dass Inhaber der Rechte und Pflichten (auch) hinsichtlich des gemeinschaftlichen Eigentums die **Wohnungseigentümer** sind. Dies entspricht auch der bisherigen Rechtsprechung, wonach die Ansprüche aufgrund einer Beeinträchtigung des Gemeinschaftseigentums als **Individualansprüche** angesehen wurden.[117] Daher kann jeder Miteigentümer – ohne vorher einen Beschluss in der Eigentümerversammlung herbeiführen zu müssen – von einem anderen Eigentümer, der unberechtigterweise einen Gemeinschafts-

---

111 LG München I v. 4.4.2011 – 1 S 16861/09, ZWE 2011, 275.
112 BayObLG v. 24.8.1990 – BReg 2 Z 87/90, WuM 1991, 301.
113 BayObLG v. 28.3.2002 – 2 Z BR 182/01, NZM 2002, 568 (wobei das BayObLG im konkreten Fall den Beschluss aufhob, da die Verpachtung zum Betrieb einer Freischankfläche erfolgte und wegen der Beeinträchtigungen der Miteigentümer kein ordnungsgemäßer Gebrauch vorlag).
114 *Palandt-Bassenge*, BGB, § 1008 BGB Rn. 1.
115 BGH v. 10.5.2007 – V ZB 6/07, NZM 2007, 535 (= NJW 2007, 2254).
116 BGBl. I 2007, S. 370.
117 BayObLG v. 15.1.2004 – 2 Z BR 225/03, NZM 2004, 144; OLG Frankfurt/Main v. 3.11.2003 – 20 W 506/01, ZMR 2004, 290; OLG Düsseldorf v. 19.1.2007 – 3 Wx 186/06, WuM 2007, 159 und 162 (je Leitsatz – wo jedoch dem Anspruch aus § 1004 BGB aufgrund des Rechtsgedankens des § 275 Abs. 2 BGB nicht stattgegeben wurde).

raum unter Ausschluss der anderen alleine nutzt, **Herausgabe** an die Eigentümergemeinschaft und ggf. Beseitigung eingebrachter Gegenstände verlangen.[118] **Nicht** zutreffend wäre es aber, wenn in einem solchen Fall eine Klage auf „**Räumung**" erhoben würde.[119] Eine Räumung bedeutet, dass zum einen dem Anspruchsteller der unmittelbare Besitz eingeräumt wird und dass zum anderen der Anspruchsgegner einen kompletten Besitzverlust erleidet. Ein Räumungsurteil wäre nach § 885 Abs. 1 ZPO dahingehend zu vollstrecken, dass der Gerichtsvollzieher den zu Unrecht allein nutzenden Eigentümer „aus dem Besitz zu setzen" hätte. Dies wäre aber ein Verstoß gegen § 13 Abs. 2 Satz 1, der jedem Wohnungseigentümer ein Mitgebrauchsrecht gewährt. Das subjektive Recht eines Wohnungseigentümers auf Mitgebrauch des gemeinsamen Eigentums nach § 13 Abs. 2 Satz 1 kann nur durch eine Vereinbarung beeinträchtigt werden.[120] Auch der BGH unterscheidet zwischen **Räumungs-** und **Herausgabevollstreckung**, wobei im ersten Fall eine Bestimmung der Grundstücksgrenzen in Natur erforderlich ist, im zweiten Fall dagegen nicht zwingend.[121]

Ein Miteigentümer kann auch als Einzelner von einem anderen Eigentümer, der zu Unrecht eine bauliche Veränderung (zum Beispiel eine Balkonverglasung) vorgenommen hat, Beseitigung der Störung (hier: Rückbau der Balkonverglasung) verlangen.[122] Dieser **Beseitigungsanspruch** kann vom einzelnen Miteigentümer auch dann alleine geltend gemacht werden, wenn er wegen rechtswidrigen und schuldhaften Eingriffs in das gemeinschaftliche Eigentum aus § 823 Abs. 1 BGB verlangt wird.[123]

Der Eigentumsschutz besteht auch gegenüber Dritten. Hier ist jedoch zu beachten, dass ein Schadensersatzanspruch wegen Beeinträchtigung des gemeinschaftlichen Eigentums allen Wohnungseigentümern gemeinsam zusteht. Da die Verwaltung des gemeinschaftlichen Eigentums nach § 21 Abs. 1 den Wohnungseigentümern gemeinsam zusteht, darf ein einzelner Wohnungseigentümer den **Schadensersatzanspruch** gegen Dritte grundsätzlich nur nach einem ermächtigenden **Beschluss** der Eigentümer geltend machen.[124]

Siehe genauer zu Schadensersatz- und sonstigen Ansprüchen in Bezug auf das gemeinschaftliche Eigentum und die Frage, wer den Anspruch geltend machen kann § 14 Nr. 76, oben Rn. 13, § 15 Rn. 17 ff. und § 10 Rn. 43 ff. (Vergemeinschaftung).

---

118 BayObLG v. 15.1.2004 – 2 Z BR 225/03, NZM 2004, 344.
119 So aber ausdrücklich: BayObLG v. 15.1.2004 – 2 Z BR 225/03, NZM 2004, 344.
120 OLG München v. 21.2.2007 – 34 Wx 22/07, NZM 2007, 447 (wo eine Beeinträchtigung durch einen Mehrheitsbeschluss, der eine Gebrauchsregelung darstellen sollte, als unzulässig angesehen wurde – siehe auch unten Rn. 29).
121 BGH v. 4.12.2008 – I ZB 120/05, WM 2009, 902 (= NJW-RR 2009, 445).
122 OLG Frankfurt/Main v. 3.11.2003 – 20 W 506/01, ZMR 2004, 290.
123 BayObLG v. 13.7.1995 – 2Z BR 15/95, ZMR 1995, 495; siehe zu den **Individualansprüchen** auch § 15 Rn. 17 ff. (insbesondere Rn. 20), § 14 Rn. 76 und § 10 Rn. 41.
124 BGH v. 11.12.1992 – V ZR 118/91, BGHZ 121, 22 (in ständiger Rechtsprechung); BT-Drucks. 16/887, S. 61.

f) Besitzschutz

24 Der einzelne Miteigentümer kann auch die Besitzschutzansprüche geltend machen (siehe dazu oben Rn. 14). Zu beachten ist jedoch § 866 BGB, wonach im Verhältnis zu den **übrigen Miteigentümern** Besitzschutz insoweit nicht stattfindet, als es um die Grenzen des dem Einzelnen zustehenden Gebrauchs geht. So findet wegen § 866 BGB auch § 862 BGB keine Anwendung, wenn einzelne Wohnungseigentümer über die Zulässigkeit einer baulichen Veränderung streiten, weil Gegenstand eines solchen Streits die Grenzen des dem einzelnen Wohnungseigentümer zustehenden Gebrauchs des gemeinschaftlichen Eigentums sind.[125] Keine Anwendung findet die Einschränkung des § 866 BGB aber dann, wenn es nicht um die Grenzen des zulässigen Gebrauchs sondern um eine vollständige Entziehung des Besitzes geht.[126] Zum Herausgabeanspruch gegen einen Eigentümer, der zu Unrecht den Alleinbesitz an Gemeinschaftseigentum ausübt, siehe oben Rn. 23.

g) Nachbarrechte (nach öffentlichem Recht)

25 Ein einzelner Wohnungseigentümer ist aufgrund seines ideellen Anteils am gemeinschaftlichen Eigentum nicht berechtigt, wegen Beeinträchtigung des gemeinschaftlichen Eigentums im eigenen Namen Abwehrrechte gegen ein **Bauvorhaben** auf einem **Nachbargrundstück** geltend zu machen. Er kann solche Abwehrrechte nur in den engen Grenzen der Notgeschäftsführung und nur namens der teilrechtsfähigen Wohnungseigentümergemeinschaft geltend machen.[127]

Siehe zur Anwendbarkeit des öffentlichen Rechts auch oben Rn. 16.

2. Sonstige Nutzung nach § 16 (Abs. 2 Satz 2)

26 § 13 Abs. 2 Satz 2 regelt die „sonstigen" Nutzungen, also solche, die nicht den Mitgebrauch des gemeinschaftlichen Eigentums betreffen. Durch die Regelung, dass jedem Wohnungseigentümer an diesen sonstigen Nutzungen ein **Anteil** nach **Maßgabe des § 16 gebührt**, verweist Abs. 2 auf § 16. Nutzungen im Sinne dieser Vorschrift sind nach der Definition des § 100 BGB nur die Früchte des gemeinschaftlichen Eigentums i.S.d. § 99 BGB[128]. Unmittelbare Früchte i.S.d. § 99 Abs. 1 BGB sind die Erzeugnisse, also etwa Obst von den Bäumen, Beeren von Stauden, Blumen oder Gemüse. Mittelbare Früchte sind nach § 99 Abs. 3 BGB die Erträge, also beispielsweise die eingenommene Miete bei der Vermietung von Freiflächen (etwa Parkplätze) oder Gemeinschaftsräumen (etwa Kellerabteile).

Ergänzend wird hierzu auf die Anmerkungen zu § 16 (insbesondere Rn. 72) verwiesen.

---

125 OLG Schleswig v. 12.2.2003 – 2 W 217/02, NZM 2003, 558 (zur Beseitigung einer Parabolantenne).
126 *Palandt-Bassenge*, § 866 BGB Rn. 4.
127 Bayerischer Verwaltungsgerichtshof München v. 12.9.2005 – 1 ZB 05.42, BayVBl 2006, 374.
128 *Palandt-Bassenge*, BGB, WEG § 13 Rn. 5; *Niedenführ/Kümmel/Kümmel*, § 13 Rn. 22.

IV. Sondernutzungsrecht

1. Begriff

Der Begriff des Sondernutzungsrechts wird in der Neufassung des Wohnungseigentumsgesetzes nur bei § 5 Abs. 4 im Zusammenhang mit dem Erfordernis einer Zustimmung von dinglich Berechtigten zu dort genannten Vereinbarungen verwendet.[129] Der Gesetzgeber hat es nicht als erforderlich angesehen, den Begriff im Gesetz zu definieren, da sich der von der Rechtsprechung geschaffene Begriff in der Praxis bewährt hat.[130] Das Sondernutzungsrecht gibt dabei regelmäßig einem einzelnen Wohnungseigentümer das unbefristete Recht, **gemeinschaftliches Eigentum alleine** zu **nutzen**. Sondernutzungsrechte können nur an gemeinschaftlichem Eigentum bestehen.[131] Nach der Definition des BGH sind Sondernutzungsrechte dadurch gekennzeichnet, dass einem oder mehreren **Wohnungseigentümern** unter **Ausschluss** der übrigen **(negative Komponente)** das **Recht** zur **Nutzung** von Teilen des Gemeinschaftseigentums zugewiesen wird **(positive Komponente)**.[132] Durch ein Sondernutzungsrecht soll der begünstigte Eigentümer in seinem Nutzungsrecht weitgehend einem Sondereigentümer gleichgestellt werden, jedoch mit der Einschränkung, dass die vom Sondernutzungsrecht betroffene Fläche gemeinschaftliches Eigentum bleibt.[133] Zugunsten eines **Dritten**, der nicht Miteigentümer ist, kann ein Sondernutzungsrecht aber, wie sich aus den vorstehenden Ausführungen bereits ergibt, nicht bestellt werden; Sondernutzungs**berechtigter** muss immer ein **Eigentümer** sein.[134] Dies gilt sowohl für ein rein schuldrechtliches Sondernutzungsrecht (siehe Rn. 32),[135] als auch für ein so genanntes dingliches Sondernutzungsrecht (siehe Rn. 33)[136].

27

Von dem vorgenannten Regelfall gibt es aber durchaus auch Ausnahmen. So kann etwa ein Sondernutzungsrecht von vornherein in einem **beschränkten Umfang** eingeräumt werden. Auch die Begründung **gemeinschaftlicher Sondernutzungsrechte** zugunsten von zwei oder mehreren Sondereigentümern ist möglich, sofern die mit dem Sondernutzungsrecht belegten Gemeinschaftsflächen von diesen gemeinsam genutzt werden sollen.[137] Ein Sondernutzungsrecht kann auch einem **Miteigentumsanteil** an einer **Wohnungs-** oder **Teileigentum**seinheit zugeordnet werden.[138]

---

129 Siehe näher dazu § 5 Rn. 16 ff.
130 BT-Drucks. 16/887, S. 16.
131 BGH v. 20. 2. 2014 – V ZB 116/13, NJW 2014, 1879; OLG München v. 23. 9. 2011 – 34 Wx 247/11, ZWE 2012, 37; BT-Drucks. 16/887, S. 16.
132 BGH v. 2. 12. 2011 – V ZR 74/11, NJW 2012, 676; BGH v. 20. 9. 2000 – V ZB 58/99, NJW 2000, 3500; OLG Saarbrücken v. 10. 5. 2010 – 5 W 94/10, ZWE 2011, 82.
133 BayObLG v. 5. 3. 1987 – 2Z 50/86, NJW-RR 1987, 847.
134 BGH v. 2. 12. 2011– V ZR 74/11, NJW 2012, 676; BGH v. 24. 11. 1978 – V ZR 11/77, NJW 1979, 548; OLG Hamm v. 16. 1. 1992 – 5 U 214/91, OLGR Hamm 1992, 179.
135 BGH v. 2. 12. 2011 – V ZR 74/11, NJW 2012, 676; OLG München v. 11. 5. 2012 – 34 Wx 137/12, ZWE 2012, 367.
136 BGH v. 2. 12. 2011 – V ZR 74/11, NJW 2012, 676; BGH v. 3. 7. 2008 – V ZR 20/07, NZM 2008, 732; BGH v. 24. 11. 1978, V ZB 11/77, NJW 1979, 548.
137 OLG München v. 9. 10. 2015 – 34 Wx 184/15, ZWE 2016, 51; OLG Düsseldorf v. 28. 6. 2010 – 3 Wx 54/10, ZWE 2010, 368.
138 BGH v. 10. 5. 2012 – V ZB 279/11, ZWE 2012, 359.

Zu **Schranken** des Sondernutzungsrechts und Sondernutzungsrechte betreffenden **Gebrauchsregelungen** siehe unten Rn. 40 ff.

Gegenstand eines Sondernutzungsrechts können grundsätzlich **alle Teile** des gemeinschaftlichen Eigentums, also auch das Dach des Hauses, Mauern und tragende Wände sein.[139]

28 Bei einer so genannten **faktischen Sondernutzung** liegt mangels wirksamer Begründung[140] kein Sondernutzungsrecht im rechtlichen Sinne vor.[141] Eine nur faktische Ausübung einer Sondernutzung gemeinschaftlichen Eigentums liegt etwa dann vor, wenn ein Eigentümer sich einer gemeinschaftlichen Gartenfläche dadurch bemächtigt, dass er um einen Teil eine Mauer errichtet oder eine durchgehende Hecke anpflanzt, so dass nur mehr er von seiner Wohnung aus Zugang zu dem Gartenteil hat.[142] Gleiches gilt auch, wenn ein Eigentümer durch die Errichtung eines Gartenhauses auf einer Gemeinschaftsfläche eine sondernutzungsähnliche faktische Nutzung herbeigeführt.[143] Sollten die Eigentümer später diese bauliche Veränderung durch nicht angegriffenen **Mehrheitsbeschluss** billigen, ist dieser Beschluss ebenfalls mangels **Beschlusskompetenz** nichtig,[144] da damit jedenfalls auch der faktische Ausschluss der übrigen Eigentümer gebilligt und damit letztlich ein Sondernutzungsrecht eingeräumt werden soll.[145] Eine faktische Sondernutzung liegt auch vor, wenn ein Eigentümer im Treppenhaus eine Garderobe anbringt und so den Alleingebrauch an Teilen des Gemeinschaftseigentums in Anspruch nimmt.[146] Gleiches gilt aber auch, wenn in einer Gemeinschaft ein Sondernutzungsrecht mit Mehrheitsbeschluss eingeräumt wurde, da dieser Beschluss mangels Beschlusskompetenz nichtig ist; dies gilt auch für Beschlüsse vor der Entscheidung des BGH im Jahr 2000.[147]

Eine faktische Sondernutzung stellt eine **vereinbarungswidrige** Nutzung gemeinschaftlichen Eigentums dar. Hiergegen stehen jedem anderen Wohnungseigentümer die **Abwehransprüche** aus § 15 Abs. 3 WEG, § 1004 BGB[148] und auch der **Herausgabeanspruch** aus § 985 BGB[149] zu. Da in diesen Fällen auch gegen die Verpflichtung aus § 14 Nr. 1 WEG verstoßen und der Mitbesitz vollständig entzogen wird, kommen zudem **Besitzschutzrechte**[150] sowie **Schadensersatzansprüche**[151] in Betracht.

---

139 OLG Saarbrücken v. 10.5.2010 – 5 W 94/10, ZWE 2011, 82 (für eine Dachfläche); BayObLG v. 2.3.2001 – 2Z BR 29/97 (zitiert nach juris).
140 Siehe dazu unten Rn. 30, 31.
141 So nunmehr auch: KG Berlin v. 9.7.2007 – 24 W 28/07, ZWE 2007, 447.
142 OLG München v. 9.5.2007 – 32 Wx 31/07, ZMR 2008, 560.
143 OLG Hamburg v. 21.5.2007 – 2 Wx 38/03, ZMR 2007, 635.
144 Siehe dazu unten Rn. 32.
145 OLG München v. 9.5.2007 – 32 Wx 31/07, ZMR 2008, 560.
146 OLG München v. 15.3.2006 – 34 Wx 160/05, ZMR 2006, 712.
147 BGH v. 20.9.2000 – ZB 58/99, NJW 2000, 3500; siehe zur Beschlusskompetenz allgemein § 15 Rn. 9.
148 Siehe dazu § 15 Rn. 17 ff.
149 Siehe dazu oben Rn. 23 und § 15 Rn. 31 f.
150 Siehe oben Rn. 24.
151 Siehe dazu § 14 Rn. 76.

Abzugrenzen ist die Einräumung eines Sondernutzungsrechts jedoch von einer **Vermietung** oder **Verpachtung** gemeinschaftlichen Eigentums. Zwar wird auch hier Gemeinschaftseigentum zur alleinigen Nutzung überlassen, doch fehlt es in diesen Fällen an der Überlassung auf Dauer und es tritt hier an die Stelle des unmittelbaren Eigengebrauchs der mittelbare Fremdgebrauch, wobei die Eigentümer einen Anteil an den Miet- oder Pachteinnahmen erhalten. Eine Vermietung und Verpachtung stellt eine **Gebrauchsregelung** i.S.d. § 15 Abs. 2 dar und kann mit Mehrheit beschlossen werden.[152] Obergerichtlich noch nicht abschließend geklärt ist die Frage, wann bei langfristigen Vermietungen oder Verpachtungen die Grenze des ordnungsgemäßen Gebrauchs des gemeinschaftlichen Eigentums überschritten wird. Zwar hat das OLG Hamburg[153] in einem Sonderfall eine Verpachtung einer Gartenfläche für eine Dauer von 30 Jahren noch als zulässig angesehen. Im Anschluss hieran hat das LG Hamburg einen Mietvertrag über 20 Jahre als zulässig angesehen.[154] Dies wird, trotz der mietrechtlichen Vorschrift des § 544 BGB wohl nicht auf alle derart lange bindenden Verträge übertragen werden können. Im Regelfall, wenn also keine besonderen Umstände vorliegen, wird eine kritische Grenze wohl bei einer Vertragslaufzeit von etwa 10 bis 15 Jahren liegen. Mietverträge, die etwa auf Lebenszeit eines Mieters abgeschlossen werden, entsprechen sicher nicht mehr dem ordnungsgemäßen Gebrauch. Es erscheint konsequent, in derartigen Fällen von der Einräumung einer faktischen Sondernutzung auszugehen, so dass der Eigentümerbeschluss jedenfalls dann nichtig ist, wenn keine Umdeutung nach § 140 BGB in einen unbefristeten Mietvertrag möglich ist, bei dem Kündigung für eine bestimmte Zeit ausgeschlossen sein kann.

Keine faktische Sondernutzung, sondern ein Beschluss, der den ordnungsgemäßen Gebrauch des Gemeinschaftseigentums regelt, liegt dann vor, wenn die Eigentümer wegen bestehender Parkplatznot vorhandene Kfz-Stellplätze im **Losverfahren** oder in einem **Turnusverfahren** regeln.[155] Ziel derartiger Regelungen ist es, eine gleichberechtigte Mitbenutzung der Miteigentümer zu gewährleisten. In Fällen einer Mangelverwaltung, wie etwa, wenn zu wenige Parkplätze für alle Eigentümer zur Verfügung stehen, kann dieses Ziel meist nur durch räumliche und zeitliche Abgrenzung der Mitbenutzungsrechte erreicht werden. Anders ist es aber, wenn ohne eine solche Sachlage Gegenstände des Gemeinschaftseigentums an einzelne Wohnungseigentümer zur alleinigen Nutzung zugewiesen werden. Sind im Bereich des gemeinschaftlichen Gartens an verschiedenen Stellen ausreichend Wasserhähne vorhanden und werden dennoch die Wasserhähne an einzelne Eigentümer unter Ausschluss der übrigen Eigentümer zugewiesen, beinhaltet dies materiell die Begründung von Sondernutzungsrechten, so dass insoweit schon die Beschlusskompetenz fehlt.[156] Bedenken bestehen daher gegen eine Entscheidung des OLG Hamm, nach der eine **Gebrauchsrege-**

29

---

152 Siehe dazu § 15 Rn. 15.
153 OLG Hamburg v. 1.9.2003 – 2 Wx 20/03, ZMR 2003, 957.
154 LG Hamburg v. 28.10.2015 – 318 S 9/15, ZMR 2016, 57.
155 Siehe dazu § 15 Rn. 15.
156 OLG München v. 21.2.2007 – 34 Wx 103/05, NZM 2007, 447.

lung[157] auch dann vorliegt, wenn eine gemeinschaftliche Gartenfläche räumlich aufgeteilt und die gebildeten Teilflächen jeweils einer Gruppe von Miteigentümern zur ausschließlichen Benutzung zugewiesen wird[158]. Zwar geht auch das OLG Hamm von den vorgenannten Grundsätzen aus und legt dar, dass ein vollständiger Gebrauchsentzug nicht mehr als Konkretisierung des gemeinschaftlichen Gebrauchs verstanden werden kann. Es führt aber weiter aus, die Regelung gehe von der gleichrangigen Nutzungsberechtigung aller Miteigentümer an der Gesamtfläche aus und beschränke sich auf eine räumliche Abgrenzung der Nutzungsberechtigung, die in dem gleichen Maße, in dem sie bestimmte Miteigentümer von der Nutzung einer Teilfläche ausschließe, diesen hinsichtlich des ihnen zugewiesenen Teilstücks zugutekomme. Ohne einen sachlichen Grund, wie etwa den Versuch, trotz eines vorhandenen Mangels eine gleichmäßige Mitbenutzung (von Parkplätzen, Wäscheleinen etc.) sicherzustellen, dürfte ein Unterschied zwischen einer zulässigen Gebrauchsregelung und einer unzulässigen Sondernutzungseinräumung, schwer festzustellen sein. Mit der Begründung des OLG Hamm könnte beispielsweise in den meisten Wohnanlagen durch bloßen Mehrheitsbeschluss ein bestimmter Teil des gemeinschaftlichen Gartengrundstücks zur alleinigen Nutzung zugewiesen werden. Als erkennbarer Unterschied könnte wohl allenfalls angesehen werden, dass eine Gebrauchsregelung wieder durch Mehrheitsbeschluss aufgehoben werden kann, was bei einem Sondernutzungsrecht nicht der Fall wäre (siehe zur Aufhebung eines Sondernutzungsrechts unten Rn. 39).

2. Begründung

a) In Teilungserklärung

30 Wegen des Entzugs der Befugnis zum Mitgebrauch nach § 13 Abs. 2 kann ein Sondernutzungsrecht **nur** durch **Vereinbarung** (§ 10 Abs. 2 Satz 2) **oder** durch den **teilenden Eigentümer** nach § 8 Abs. 2, § 5 Abs. 4 i.V.m. § 10 Abs. 2 **begründet** oder **geändert** werden.[159] Es besteht daher **keine Beschlusskompetenz,** da die Begründung eines Sondernutzungsrechts einer Beschlussfassung von vorneherein entzogen ist (siehe zur Öffnungsklausel unten Rn. 34 ff).[160] In der Praxis sind Sondernutzungsrechte im Regelfall bereits in der **Teilungserklärung** vorgesehen. Teilweise werden sie auch durch **Nachträge** zur Teilungserklärungen begründet. Dies ist unbedenklich, wenn alle Eigentümer (etwa alle Erwerber und der Bauträger hinsichtlich der noch nicht verkauften Wohnungen) mitwirken. Auch in diesen Fällen ist der Vorgabe des BGH Rechnung getragen, dass Sondernutzungsrechte nur durch Vereinbarung aller Eigentümer begründet werden können.[161] Der teilende Eigentümer kann sich auch vorbehalten, nachträglich Sondernutzungsrechte etwa an Kellerräumen oder an Pkw-Stellplätzen zugunsten einzelner

---

157 Siehe zu Gebrauchsregelungen auch oben Rn. 27 und § 15 Nr. 15.
158 OLG Hamm v. 11.11.2004 – 15 W 351/04, ZMR 2005, 400.
159 BGH v. 2.12.2011 – V ZR 74/11, NJW 2012, 676; BGH v. 20.9.2000 – V ZB 58/99, NJW 2000, 3500.
160 BGH v. 11.5.2012 – V ZR 189/11, ZWE 2012, 361.
161 BGH v. 20.9.2000 – ZB 58/99, NJW 2000, 3500.

Wohnungseigentumseinheiten zuzuordnen (so genannte **Vorratsteilung**[162]). Inhalt und Umfang der Befugnis sind durch **Auslegung** der Teilungserklärung zu bestimmen. Dabei sind die für Grundbucherklärungen geltenden Grundsätze anzuwenden, es ist auf den Wortlaut und Sinn der Teilungserklärung abzustellen, wie er sich für einen unbefangenen Betrachter als nächstliegende Bedeutung ergibt. Die Auslegung muss im Übrigen zu einem zweifelsfreien und eindeutigen Ergebnis führen.[163] Keine Bedenken bestehen auch, wenn etwa in der Teilungserklärung vorgesehen ist, dass der **Bauträger** an den in der Tiefgarage vorgesehenen Stellplätzen Sondernutzungsrechte für interessierte Wohnungskäufer begründen kann.[164] In derartigen Fällen lässt sich meist der teilende Bauträger in den einzelnen Kaufverträgen von den Erwerbern der Wohn- oder Teileigentumseinheiten bis zum Verkauf der letzten Einheit unter Befreiung vom Selbstkontrahierungsverbot des § 181 BGB zu der Änderung der Teilungserklärung bevollmächtigen. Dies ist – unabhängig von möglicherweise erforderlichen **Zustimmungen** von **dinglich Berechtigten**[165] – üblich und grundsätzlich rechtlich möglich.[166] Derartige Vollmachten sind im Außenverhältnis unbeschränkt und das Grundbuchamt muss auch Vollmachtsbeschränkungen im Innenverhältnis grundsätzlich nicht beachten. Etwas anderes gilt nur dann, wenn der **Vollmachtsmissbrauch** für das Grundbuchamt evident ist. Das OLG München[167] hat einen derartigen evidenten Vollmachtsmissbrauch in einem Fall angenommen, in dem nach der Teilungserklärung der Bauträger an den im Aufteilungsplan als „Keller" bezeichneten Räumen Sondernutzungsrechte begründen durfte, er dann aber ein Sondernutzungsrecht an einem als gemeinschaftlichen Fahrradraum und einem als Wasch- und Trockenraum vorgesehenen Raum begründete. In einem solchen Fall ist für das Grundbuchamt evident, dass hier die anderen Erwerber der Wohnungen wirtschaftlich geschädigt werden, da ihnen das Mitgebrauchsrecht an Räumen entzogen wird, die als gemeinschaftlich zu nutzende Räume vorgesehen waren.

Die Begründung eines Sondernutzungsrechts mit Wirkung auch **gegen Sondernachfolger** aufgrund einer Teilungserklärung erfordert – wie auch bei einer nachträglichen Vereinbarung[168] – zum einen die nähere **Bestimmung** des Teils des gemeinschaftlichen Eigentums, an dem das Sondernutzungsrecht eingeräumt werden soll, zum anderen grundsätzlich die **Zuordnung** zu einem bestimmten Sondereigentum (wobei ein Miteigentumsanteil genügt –

31

---

162 Siehe dazu auch § 8 Rn. 2 und Rn. 7 ff.
163 OLG München v. 17. 5. 2011 – 34 Wx 6/11, ZWE 2011, 265; OLG München v. 27. 4. 2011 – 34 Wx 149/10, ZWE 2011, 264.
164 Zu den Einzelheiten und zu ggf. notwendigen Zustimmungen der dinglich Berechtigten siehe § 5 Rn. 17 ff.
165 BayObLG v. 27. 10. 2004 – 2Z BR 150/04, NJW 2005, 444 – siehe allgemein zu ggf. notwendigen Zustimmungen der dinglich Berechtigten § 5 Rn. 17 ff.
166 BayObLG v. 18. 7. 2001 – 2Z BR 25/01, NZM 2001, 1131; OLG München v. 31. 7. 2007 – 34 Wx 59/07 DNotZ 2008, 289.
167 OLG München v. 13. 6. 2006 – 32 Wx 79/06, NZM 2006, 867.
168 Siehe dazu unten Rn. 33.

siehe oben Rn. 27)[169] und schließlich die **Eintragung** des Sondernutzungsrechts ins Grundbuch.[170]

Wegen des sachenrechtlichen **Bestimmtheitsgebots** muss das Sondernutzungsrecht hinreichend bestimmt sein.[171] Der Bestimmtheitsgrundsatz ist auch einzuhalten, wenn sich der teilende Eigentümer in der Teilungserklärung vorbehält, an Flächen des Gemeinschaftseigentums nachträglich Sondernutzungsrechte zu begründen.[172] Dies gilt sowohl für den Gegenstand des Sondernutzungsrechts als auch für **Art** und **Umfang** der Berechtigung.[173] Eine weite und umfassende Berechtigung berührt das Bestimmtheitserfordernis nicht.[174] Die Begründung eines dinglichen Sondernutzungsrechts am Gemeinschaftseigentum, das **alle Zugangsmöglichkeiten** zur Eigentumswohnung eines anderen Wohnungseigentümers erfasst, ist aber unwirksam, weil es in den unantastbaren **Kernbereich** des Sondereigentums eingreift. Der Schutz des Zugangs zu einer im Sondereigentum stehenden Wohnung kann nicht auf die durch die Gemeinschaftsverhaftung dem Sondernutzungsrecht vermittelten Schranken reduziert werden.[175] Dabei ist das Sondernutzungsrecht an einer Grundstücksfläche hinreichend bestimmt, wenn in der im Grundbuch durch Bezugnahme eingetragenen **Teilungserklärung** mit Gemeinschaftsordnung auf einen beigefügten **Lageplan** verwiesen wird, der sich als Ablichtung des Katasterplans darstellt und in dem die Sondernutzungsfläche farblich angelegt ist.[176] Dem **Eintragungserfordernis** kann dadurch genügt werden, dass entsprechend § 7 Abs. 3[177] auf die in der Vereinbarung oder Teilungserklärung enthaltene und das jeweilige Sondernutzungsrecht betreffende **Eintragungsbewilligung** Bezug genommen wird.[178] Zur Bestimmung der einem Sondernutzungsrecht unterfallenden Fläche des Gemeinschaftseigentums genügt (auch bei der Vorratsteilung -siehe oben Rn. 30) die Bezugnahme in der Teilungserklärung auf einen Lageplan, der nicht der Aufteilungsplan nach § 7 Abs. 4 Nr. 1 sein muss.[179] Wird eine zeichnerische Darstellung verwandt, muss sie nicht notwendig maßstabsgerecht sein, aber eine Bestimmung von Größe, Lage und Zuschnitt der Sondernutzungsfläche ermöglichen. In diesem Fall wird die Klärung regelmäßig nur durch ein **Sachverständigengutachten** zu erreichen sein.

---

169 Wobei die konkrete Zuordnung zunächst offenbleiben und erst später erfolgen kann.
170 KG Berlin v. 4.12.2006 – 24 W 201/05, ZMR 2007, 384.
171 BGH v. 20.1.2012 – V ZR 215/11, ZWE 2012, 258; BGH v. 2.12.2011 – V ZR 74/11, NJW 2012, 676.
172 BGH v. 20.1.2012 – V ZR 125/11, ZWE 2012, 258; siehe zur so genannten Vorratsteilung auch oben Rn. 30 und die dortigen Verweise auf § 8.
173 LG Hamburg v. 16.10.2009 – 318 T 64/07, ZMR 2010, 146.
174 LG München I v. 25.6.2015 – 36 S 8340/14, ZMR 2016, 139.
175 LG München I v. 1.6.2015 – 1 S 13261/14, Grundeigentum 2015, 1106.
176 BayObLG v. 25.2.2005 – 2Z BR 184/04, BayObLGR 2005, 365.
177 Zu § 7 Abs. 3 und 4 siehe allgemein § 7 Rn. 8 ff.
178 KG Berlin v. 4.12.2006 – 24 W 201/05, ZMR 2007, 384.
179 OLG München v. 4.2.2016 – 34 Wx 396/15, IBRRS 2016, 0842; OLG München v. 28.9.2015 – 34 Wx 84/14, ZWE 2016, 19; OLG Frankfurt/Main v. 5.9.2006 – 20 W 83/04, DNotZ 2007, 470.

Ist im Grundbuch ein Sondernutzungsrecht als Inhalt des Sondereigentums an einer Wohnung bereits wirksam durch eine Bezugnahme auf die Teilungserklärung eingetragen, besteht kein Anspruch der Berechtigten mehr auf ausdrückliche Verlautbarung des Sondernutzungsrechts im Grundbuch.[180] Lassen sich der Text der **Eintragungsbewilligung** und die Angaben im **Aufteilungsplan** hinsichtlich des Sondernutzungsrechts auch nicht durch Auslegung in Einklang bringen und verbleibt somit ein nicht ausräumbarer **Widerspruch**, ist ein Sondernutzungsrecht nicht entstanden.[181] Nicht entstanden sind Sondernutzungsrechte auch dann, wenn die **Abgrenzung** zweier Sondernutzungsflächen nicht möglich ist, so dass die Flächen weiterhin dem Gebrauch aller Wohnungseigentümer offen stehen.[182] Lässt sich in einem derartigen Fall aber aus dem in Bezug genommenen Lageplan erkennen, dass die gesamte Gartenfläche der Anlage in Sondernutzungsflächen aufgeteilt werden soll, so kann aufgrund des Gemeinschaftsverhältnisses der Wohnungseigentümer ein **Anspruch** auf Mitwirkung an einer **Änderung der Teilungserklärung** bestehen, die dann nachträglich zur Entstehung der Sondernutzungsrechte führt. Dieser Anspruch kann auch der Geltendmachung eines Anspruchs entgegengehalten werden, der den nach dem Grundbuchinhalt bestehenden gemeinschaftlichen Gebrauch an dieser Fläche zur Grundlage hat.[183] Ein Sonderfall liegt vor, wenn ein Sondernutzungsrecht zugunsten von zwei oder mehreren Sondereigentümern begründet und die belegten Gemeinschaftsflächen von diesen gemeinsam genutzt werden sollen. In diesem Fall bezieht sich das Erfordernis der Bestimmtheit des Umfangs und des Inhalts der einzutragenden Rechts nur auf die erforderliche **Abgrenzung** zum übrigen Gemeinschaftseigentum und zum **Sonder- bzw. Teileigentum** der übrigen Eigentümer, nicht aber auf etwaige schuldrechtliche Nutzungsvereinbarungen unter den Sondernutzungsberechtigten für die Handhabung des Sondernutzungsrechts.[184]

Siehe zum „**dinglichen** Sondernutzungsrecht" auch unten Rn. 33.

b) Durch nachträgliche Vereinbarung

aa) Schuldrechtliches Sondernutzungsrecht

Auch die nachträgliche Begründung eines (nur) schuldrechtlichen Sondernutzungsrechts setzt eine **Vereinbarung** aller Eigentümer voraus (siehe auch oben Rn. 30).[185] Ein Sondernutzungsrecht kann nicht durch einen bestandskräftig gewordenen Mehrheitsbeschluss begründet werden. Der Wohnungseigentümerversammlung fehlt hierzu die absolute **Beschlusskompe-**

32

---

180 OLG München v. 12. 9. 2006 – 32 Wx 133/06, FGPrax 2006, 245.
181 LG Hamburg v. 16. 10. 2009 – 318 T 64/07, ZMR 2010, 146; BayObLG v. 24. 1. 2005 – 2Z BR 225/04, NotBZ 2005, 2005, 263; OLG Frankfurt/Main v. 23. 1. 2006 – 20 W 195/03, OLGR Frankfurt 2006, 664.
182 OLG Hamburg v. 6. 2. 2006 – 2 Wx 118/02, ZMR 2006, 468.
183 OLG Hamm v. 13. 3. 2000 – 15 W 454/99, NZM 2000, 659.
184 OLG Düsseldorf v. 28. 6. 2010 – 3 Wx 54/10, ZWE 2010, 368.
185 BGH v. 2. 12. 2011 – V ZR 74/11, NJW 2012, 676; BGH v. 20. 9. 2000 – V ZB 58/99, NJW 2000, 3500.

tenz, so dass ein solcher Beschluss **nichtig** ist.[186] Auch für die **Vergrößerung** einer Sondernutzungsfläche fehlt die Beschlusskompetenz, da dies auf die Neubegründung bzw. Änderung eines Sondernutzungsrechts hinausliefe.[187] Eine Vereinbarung[188] stellt einen schuldrechtlichen Vertrag dar, der keiner Form bedarf und der auch **konkludent** abgeschlossen werden kann.[189] Da die rein schuldrechtliche Vereinbarung die dingliche Stellung der Gläubiger nicht berührt, bedarf die Begründung auch **keiner Zustimmung** der Grundpfandgläubiger.[190] Alleine durch eine jahrelange tatsächliche Nutzung eines Eigentümers und durch jahrelanges bloßes Schweigen der übrigen Eigentümer kommt jedoch keine konkludente Vereinbarung zustande.[191] Die Wohnungseigentümer haben nach § 13 Abs. 2 nur das Recht zum Mitgebrauch am Gemeinschaftseigentum, nicht aber auch die Pflicht zur Ausübung des Mitgebrauchs. Voraussetzung für eine konkludente Vereinbarung ist daher, dass die übrigen Wohnungseigentümer die Nutzung in dem **Bewusstsein** hinnehmen, sich dadurch auch für die **Zukunft** dahingehend **binden** zu wollen, dass sie unwiderruflich und auf Dauer von der Mitbenutzung **ausgeschlossen** sind, unabhängig davon, wie sich die Verhältnisse in der Gemeinschaft entwickeln.[192]

Zur so genannten **faktischen Sondernutzung** siehe auch oben Rn. 28. Auch wenn eine im gemeinschaftlichen Eigentum stehende Fläche nur über ein Sondereigentum erreicht werden kann, besteht **im Zweifel** kein Sondernutzungsrecht des betreffenden Sondereigentümers an dieser Fläche.[193]

Ein schuldrechtlicher Vertrag entfaltet **Wirkungen** nur zwischen den **Beteiligten**, bindet also grundsätzlich nicht einen Sondernachfolger.[194] Ein derartiges Sondernutzungsrecht **erlischt** vielmehr, wenn ein **neuer** (nicht begünstigter) **Wohnungseigentümer** in die Gemeinschaft eintritt (im Wege der **Sonderrechtsnachfolge**) und der bisherigen schuldrechtlichen Vereinbarung nicht beitritt.[195] Dies gilt auch dann, wenn der Veräußerer als nunmehriger Nießbraucher in den Besitz der Sondernutzungsfläche kommt.[196] Ein **Beitritt** kann durch rechtsgeschäftlichen Eintritt des Erwerbers in die mit seinem

---

186 BGH v. 11.5.2012 – V ZR 189/11, ZWE 2012, 361; BGH v. 20.9.2000 – ZB 58/99, NJW 2000, 3500; OLG München v. 21.2.2007 – 34 Wx 103/05, NZM 2007, 447; OLG Köln v. 4.7.2006 – 16 Wx 51/06, OLGR Köln 2006, 783.
187 LG Frankfurt v. 13.10.2010 – 2/13 S 27/09 (zitiert nach juris).
188 Siehe allgemein zu Vereinbarungen auch § 15 Rn. 4f., § 10 Rn. 9ff. und § 5 Rn. 15ff.
189 BayObLG v. 22.4.2002 – 2Z BR 129/01, WuM 2002, 503; OLG Düsseldorf v. 26.6.2003 – 3 Wx 121/03, WuM 2003, 584.
190 OLG Hamm v. 28.5.1998 – 15 W 4/98, FGPrax 1998, 175.
191 OLG München v. 28.3.2007 – 34 Wx 133/05, NJW-RR 2006, 1022; OLG Düsseldorf v. 25.7.2003 – 3 Wx 133/03, NZM 2003, 767.
192 LG Hamburg v. 9.12.2009 – 318 S 69/09, ZMR 2010, 311; siehe allgemein zu konkludenten Vereinbarungen § 10 Rn. 9.
193 OLG München v. 22.2.2006 – 34 Wx 119/06, MDR 2007, 827.
194 OLG Frankfurt v. 1.2.2006 – 20 W 291/03, ZWE 2006, 392.
195 BGH v. 17.5.2002 – V ZR 149/01, NJW 2002, 2863; LG München I v. 4.3.2013 – 1 S 8972/12, ZMR 2013, 562; BayObLG 2.3.2005 – 2Z BR 222/04, FGPrax 2005, 106; OLG Köln v. 2.4.2001 – 16 Wx 7/01, NZM 2001, 1135.
196 LG München I v. 4.3.2013 – 1 S 8972/12, ZMR 2013, 562.

Rechtsvorgänger getroffene Vereinbarung geschehen. Voraussetzung für eine solche Schuldübernahme ist die positive Kenntnis des Erwerbers vom Bestehen der Vereinbarung.[197]

Ausnahmsweise kann auch die schuldrechtliche **Verpflichtung** zur Einräumung eines Sondernutzungsrechts die Verpflichtung zur Mitwirkung bei der **Eintragung** der Vereinbarung in den Wohnungsgrundbüchern enthalten. Dies kann etwa die Auslegung eines Vertrages ergeben, in dem Sondernutzungsrechte zum Zweck der Errichtung von Garagen begründet werden sollen.[198]

bb) „Dingliches" Sondernutzungsrecht

Ein durch Vereinbarung begründetes Sondernutzungsrecht wirkt nach § 10 Abs. 2 gegen einen **Sondernachfolger** eines Wohnungseigentümers nur, wenn die Vereinbarung als Inhalt des Sondereigentums im **Grundbuch eingetragen** ist. Ein im Grundbuch eingetragenes Sondernutzungsrecht ist weder ein dingliches noch ein grundstücksgleiches Recht, sondern ein schuldrechtliches Gebrauchsrecht. Mit der Eintragung im Grundbuch kann es aber dem **Sondereigentum** gleichgestellt werden und bewirkt eine **Inhaltsbestimmung**/Inhaltsänderung aller Wohnungseigentumsrechte.[199] Daher ist für die Eintragung gemäß § 877 BGB in entsprechender Anwendung des § 873 BGB die **dingliche Einigung** aller Wohnungseigentümer erforderlich ist.[200]

33

Wegen der weiteren Einzelheiten hinsichtlich Zuordnung, Bestimmtheitsgebot, Eintragung, nicht ausräumbarem Widerspruch und Abgrenzungsproblemen wird auf oben **Rn. 31** Bezug genommen.

Zur Möglichkeit eines gutgläubigen Erwerbs eines im Grundbuch eingetragenen Sondernutzungsrechts siehe unten **Rn. 38**.

c) *Durch Mehrheitsbeschluss bei Öffnungsklausel*

Wie bereits bei Rn. 30 dargestellt, kann durch einen Mehrheitsbeschluss ein Sondernutzungsrecht nicht begründet werden, da dieser Beschluss wegen der fehlenden absoluten **Beschlusskompetenz** nichtig ist.[201] Gleiches gilt auch für die Veränderung (etwa Vergrößerung) der Sondernutzungsfläche.[202]

34

Überwiegend wird im Schrifttum die Meinung vertreten, durch Mehrheitsbeschluss könne dann ein Sondernutzungsrecht begründet werden, wenn

---

197 OLG Zweibrücken v. 21.1.2005 – 3 W 198/04, NZM 2005, 343; OLG Schleswig v. 12.9.2001 – 4 U 110/00, OLGR Schleswig 2002, 185.
198 BayObLG v. 2.6.2004 – 2Z BR 10/04, ZMR 2005, 382.
199 BGH v. 25.10.2013 – V ZR 230/12, NJW 2014, 458; OLG Hamm v. 21.10.2008 – 15 Wx 140/08, ZWE 2009, 169.
200 BayObLG v. 28.3.2001 – 2Z BR 138/00, NJW-RR 2001, 1164.
201 BGH v. 11.5.2012 – V ZR 189/11, ZWE 2012, 361; BGH v. 2.12.2011 – V ZR 74/11, NJW 2012, 676; BGH v. 20.9.2000 – V ZB 58/99, NJW 2000, 3500.
202 LG Frankfurt v. 13.10.2010 – 2/13 S 27/09 (zitiert nach juris).

sich in der Gemeinschaftsordnung eine entsprechende **Öffnungsklausel** befindet.[203]

35 Dieser Meinung sollte nicht gefolgt werden.[204] Zwar ist es richtig, dass der BGH in seiner grundlegenden Entscheidung aus dem Jahr 2000 in den Gründen ausführte, dass sich die Nichtigkeit ergibt aus „der gesetzlichen Kompetenzzuweisung – ohne dahingehende Öffnungsklausel in der Teilungserklärung/Gemeinschaftsordnung –".[205] Der BGH konnte seine Entscheidung „jedenfalls" auf die fehlende Beschlusskompetenz stützen, da im entschiedenen Fall keine Öffnungsklausel vorhanden war. Daher konnte der BGH auch ausdrücklich offen lassen, ob nicht bereits aus der von ihm entwickelten **Kernbereichstheorie** ein Mehrheitsbeschluss ausscheidet, da bei einer Kernbereichsverletzung die Beschlusskompetenz fehlt.[206] Der Kernbereich ist dann berührt, wenn es um den **wesentlichen Inhalt** der **Nutzung** des Wohnungseigentums geht.[207] Nach zutreffender Meinung gehört der Mitgebrauch am gemeinschaftlichen Eigentum zum dinglichen Kernbereich des Wohnungseigentums, der seiner Natur nach nur einvernehmlich vertraglich neu geregelt werden kann[208] und der keinem Wohnungseigentümer gegen seinen Willen entzogen werden kann.[209] Auch der BGH hat in einer neueren Entscheidung ausdrücklich klargestellt, dass der Herausgabeanspruch zum Kernbereich des Eigentums gehört und eine Verneinung des Herausgabeanspruchs wirtschaftlich eine Enteignung darstellt.[210] Auch wenn diese Entscheidung nicht zum WEG ergangen ist, kann sie auf den Herausgabeanspruch eines Wohnungseigentümers, der sich auf Einräumung des Mitbesitzes richtet, angewandt werden.[211] Für die hier vertretene Meinung kann wohl auch eine Entscheidung des BGH aus dem Jahr 2014 herangezogen werden.[212] Hier hat der BGH ausgeführt, dass die durch eine Öffnungsklausel legitimierte **Mehrheitsmacht** auch durch **Individualrechte begrenzt** wird, die zwar ebenfalls zu den **unentziehbaren Mitgliedschaftsrechten** gehören, die aber **verzichtbar** sind. Ein in solche Rechte eingreifender Beschluss ist nur dann wirksam, wenn die hiervon nachteilig betroffenen Wohnungseigentümer zustimmen.

---

203 *Niedenführ/Kümmel/-Kümmel*, § 13 Rn. 43; *Palandt-Bassenge*, WEG § 13 Rn. 10; *Bärmann-Suilmann*, § 13 Rn. 81; *Kral*, in: Beckscher-Online-Kommentar, III. Inhalt der Teilungserklärung, 6. Sondernutzungsrechte, Rn. 53; *Müller*, Praktische Fragen des Wohnungseigentumsrechts, 2. Teil, Rn. 36.
204 Ebenso: LG Bonn v. 8.12.2004 – 8 T 176/03, ZMR 2005, 911; Riecke/Schmid–*Abramenko*, § 13 Rn. 32.
205 BGH v. 20.9.2000 – ZB 58/99, NJW 2000, 3500 (hier: S. 3502).
206 BGH v. 10.9.1998 – V ZB 11/98, NJW 1998, 3713; siehe zum Kernbereich auch § 15 Rn. 11.
207 BGH v. 22.1.2004 – VZB 51/03, NJW 2004, 937.
208 OLG Köln v. 10.12.1997 – 16 Wx 250/97, ZMR 1998, 373; a.A.: *Bärmann-Suilmann*, § 13 Rn. 81 und § 10 Rn. 97, wonach der Kernbereich die Privatautonomie begrenze.
209 OLG Köln v. 4.7.2006 – 16 Wx 51/06, OLGR Köln 2006, 783; OLG München v. 28.3.2007 – 34 Wx 119/06, MDR 2007, 827.
210 BGH v. 16.3.2007 – V ZR 190/06, NJW 2007, 2183.
211 Siehe dazu näher § 15 Rn. 32.
212 BGH v. 10.10.2014 – V ZR 315/13, NJW 2015, 549.

Die Entscheidung ist zwar zum Belastungsverbot –Auferlegung neuer Leistungspflichten- ergangen. Zu den vorgenannten Individualrechten dürfte aber auch ein bestehender Mitgebrauch (Freiflächen, Parkplätze) am Gemeinschaftseigentum und der Bestand eines – wohl bezahlten- Sondernutzungsrechts zählen, wenn nicht wie oben vertreten, schon ein Eingriff in den Kernbereich bejaht wird. Zur Problematik der in der BGH-Entscheidung als zulässig angesehenen **schwebend unwirksamen Beschlüsse** wird auf § 23 Rn. 19 verwiesen. Gerade hier aber zeigt sich, dass bei Zulassung einer Begründung durch Öffnungsklausel eine praktisch nicht mehr überschaubare Rechtslage entsteht. Das Sondernutzungsrecht kann nicht dem Grundbuch entnommen werden. Aus den Versammlungsprotokollen kann nur ersehen werden, dass ein Beschluss gefasst wurde. Ob es sich dabei um einen schwebend unwirksamen Beschluss handelt, ob der Schwebezustand beendet und ggf. wie beendet ist (Sondernutzungsrecht entstanden oder Beschluss endgültig nichtig), kann aber auch hier nicht ersehen werden. Siehe zur Öffnungsklausel auch § **10 Rn. 16** und **Rn. 17** sowie dazu, dass bei einem Sondernutzungsrecht die sachenrechtliche Zuordnung nicht verändert wird § **10 Rn. 10**.

Würde man die Begründung eines Sondernutzungsrechts aufgrund einer Öffnungsklausel zulassen, wäre es nur konsequent, auch die **Aufhebung** durch Mehrheitsbeschluss zuzulassen, wenn eine Öffnungsklausel auch dies vorsieht. Es erscheint aber aus den vorgenannten Gründen nicht hinnehmbar, wenn einem Wohnungseigentümer, dem beispielsweise in einer Teilungserklärung ein Sondernutzungsrecht an einer Gartenfläche eingeräumt wurde[213], diese (in der Regel auch geldwerte) Rechtsposition gegen seinen Willen allein durch Mehrheitsbeschluss wieder entzogen wird, nur weil der Eigentümer aufgrund der Öffnungsklausel von Anfang an mit einem derartigen Vorgehen der Mehrheit rechnen musste. Eine Aufhebung kann vielmehr nur durch Vereinbarung -und damit auch mit seiner Zustimmung- erfolgen.[214] 36

Nicht ganz außer Acht gelassen werden sollte auch die Gefahr, dass bei nur beschlossenen Sondernutzungsrechten die **Gefahr** der Benachteiligung von **dinglich Berechtigten** besteht. Bisher war eine Zustimmung von dinglich Berechtigten zur Eintragung eines Sondernutzungsrechts im Grundbuch nur dann entbehrlich, wenn bereits in der Gemeinschaftsordnung genau festgelegt war, an welchen Flächen die Wohnungseigentümer vom Mitgebrauch ausgeschlossen sind.[215] Zumindest nach dem Wortlaut des § 5 Abs. 4 müssten dinglich Berechtigte grundsätzlich nur bei Vereinbarungen, nicht aber bei Beschlüssen eine Zustimmung erteilen.[216] Beschlüsse sind nach § 24 Abs. 7 zwar in die Beschluss-Sammlung aufzunehmen, sie sind aber nicht in das Grundbuch einzutragen.[217] Es entfiele damit eine Kontrolle durch das 37

---

213 Wofür der Eigentümer in der Praxis einen entsprechend höheren Kaufpreis für die Wohnung bezahlen muss.
214 Siehe dazu unten Rn. 39.
215 BayObLG v. 27.10.2004 – 2Z BR 150/04, NJW 2005, 444.
216 A.A. *Riecke/Schmid-Abramenko*, § 13 Rn. 32b; *Bärmann-Suilmann*, § 13 Rn. 93 (wonach § 5 Abs. 4 die §§ 877, 876 BGB nicht verdränge).
217 BT-Drucks. 16/887, S. 20.

Grundbuchamt. Es wäre auch nicht sichergestellt, dass ein dinglich Berechtigter (zeitnah) von einer entsprechenden Beschlussfassung erfährt, obgleich sich seine Risikolage möglicherweise durch den Wegfall des Mitgebrauchsrechts der Eigentümer nicht unbeträchtlich verändert hat. Einem Missbrauch wäre hier Tür und Tor geöffnet.[218]

3. Übertragung

38 Ein lediglich **schuldrechtlich** begründetes (und nicht ins Grundbuch eingetragenes) Sondernutzungsrecht kann, wie jedes andere Recht, nach § 398 BGB **abgetreten** und damit auf einen neuen Berechtigten übertragen werden. Da jedoch, wie oben bei Rn. 27 dargestellt, Berechtigter eines Sondernutzungsrechts immer nur ein Eigentümer der Wohnanlage sein kann, kann die Abtretung auch nur auf einen **Eigentümer** erfolgen. Einer **Zustimmung** der übrigen Wohnungseigentümer oder der Grundpfandgläubiger bedarf es zur Übertragung nicht, da deren Rechte durch den bloßen Wechsel des Berechtigten nicht beeinträchtigt sind und der Mitgebrauch bereits durch die Begründung entzogen wurde.[219] Tritt ein **neuer** (nicht berechtigter) **Eigentümer** in die Gemeinschaft ein, **erlischt** das rein schuldrechtliche Sondernutzungsrecht (siehe dazu oben Rn. 32).

Ein in das **Grundbuch** eingetragenes „dingliches" Sondernutzungsrecht kann „**isoliert**" (also ohne das Sondereigentum) übertragen werden. Ab der Eintragung im Grundbuch kann dies jedoch nicht mehr nach schuldrechtlichen Grundsätzen durch Abtretung gem. § 398 BGB erfolgen.[220] Erforderlich sind neben dem **schuldrechtlichen** Grundgeschäft, das etwa ein Tausch bestehender Sondernutzungsrechte, ein Kauf oder eine Schenkung sein kann, für die Übertragung gem. **§ 873 BGB** die **dingliche Einigung** des Übertragenden und des Erwerbers und die **Eintragung** im Grundbuch.[221] Die Übertragung muss dabei, um die Wirkungen des § 10 Absatz 3 (= § 10 Abs. 2 WEG a.F.) herbeizuführen, nur noch im Grundbuchblatt des betroffenen Wohnungseigentums eingetragen werden.[222] Auch hier ist die **Zustimmung** der übrigen **Wohnungseigentümer** nicht erforderlich.[223] Nach § 5 Abs. 4 Satz 2 ist aber zur Übertragung die Zustimmung der **dinglich Berechtigten** erforderlich.[224] Für die Übertragung eines im Grundbuch eingetragenen Sondernutzungsrechts hat der BGH ausdrücklich klargestellt, dass die Übertragung auf einen außenstehenden **Dritten** der in § 6 niedergelegte Grundsatz der zwingenden Verbindung des Sondereigentums mit einem Miteigentumsanteil entgegensteht.[225]

---

218 Siehe dazu auch § 5 Rn. 21, 22.
219 OLG München v. 4.7.2014 – 34 Wx 153/14, ZWE 2014, 401.
220 BGH v. 3.7.2008 – V ZR 20/07, NZM 2008, 732.
221 BGH v. 13.9.2000 – V ZB 14/00, NJW 2000, 3643; BGH v. 24.11.1978, V ZB 11/77, NJW 1979, 548; OLG München v. 1.2.2013 – 34 Wx 453/12, ZWE 2013, 216.
222 OLG Frankfurt/Main v. 16.4.2007 – 20 W 290/05 NZM 2008, 214.
223 BGH v. 13.9.2000 – V ZB 14/00, NJW 2000, 3643; BGH v. 24.11.1978, V ZB 11/77, NJW 1979, 548.
224 Siehe dazu auch § 5 Rn. 17 ff., insbesondere Rn. 21.
225 BGH v. 3.7.2008 – V ZR 20/07, NZM 2008, 732.

Bei **Übertragung** des **begünstigten Sondereigentums** gem. § 873 BGB geht das Sondernutzungsrecht, das **Inhalt** des veräußerten Eigentums ist (siehe oben Rn. 33), **automatisch** mit auf den Erwerber über. Der Erwerber wird Mitglied der Gemeinschaft, so dass sich die Problematik „außenstehender Dritter" nicht stellt.

Ein **gutgläubiger Erwerb** eines (rein) schuldrechtlichen Sondernutzungsrechts ist nicht möglich.

Nach der wohl herrschenden Rechtsprechung kann ein im Grundbuch eingetragenes (**dingliches**) Sondernutzungsrecht **gutgläubig erworben** werden.[226] Dieser Meinung hat sich das Landgericht München I angeschlossen und ausgeführt, dass ein auf eine unwirksame Vereinbarung zurückgehendes, gleichwohl aber im Grundbuch eingetragenes Sondernutzungsrecht von dem Gutglaubensschutz des § 892 BGB erfasst wird und deshalb grundsätzlich von dem Erwerber des Miteigentumsanteils, dem das vermeintliche Sondernutzungsrecht zugewiesen wurde, gutgläubig erworben werden kann. Denn entscheidend für die Anwendbarkeit des § 892 BGB ist grundsätzlich, dass die Eintragung des betreffenden Rechts zulässig ist, das Recht also eintragungsfähig ist. Denn dann nimmt das Recht, einmal eingetragen, am öffentlichen Glauben des Grundbuchs gemäß § 891 BGB teil. Dagegen ist es für die Anwendbarkeit des § 892 BGB ohne Belang, dass die Eintragung für das Entstehen des Rechtes nicht konstitutiv ist. § 892 BGB unterscheidet nicht zwischen notwendiger und nur möglicher Eintragung. Der öffentliche Glaube des Grundbuchs gemäß § 891 als Grundlage des redlichen Erwerbs nach § 892 BGB wird vielmehr auch für nicht konstitutive Grundbucheintragungen, die rechtlich zulässig sind, ausgelöst.[227]

Ein gutgläubiger Erwerb **scheidet** aber bei einer inhaltlich **unzulässigen Eintragung**, wenn also ein Rechtszustand verlautbart wird, den es nicht geben kann, **aus**. Dies gilt insbesondere, wenn die Eintragung **widersprüchlich** und deshalb unzulässig ist.[228] Gleiches gilt beim **Ersterwerb** vom **Aufteilenden**.[229]

4. Aufhebung/Erlöschen

Ein Sondernutzungsrecht kann nicht durch einseitigen Verzicht, sondern im Wege eines „actus contrarius" zu seiner Begründung nur durch **Vereinba-**

39

---

226 So schon: OLG Stuttgart v. 4.12.1985 – 8 W 481/84 NJW-RR 1986, 318; Bayerisches Oberstes Landesgericht v. 30.6.1989 – BReg 2 Z 47/89, DNotZ 1990, 381; LG Stuttgart v. 4.8.1993 – 10 T 51/93, WE 1994, 119; **offengelassen**: OLG Zweibrücken v. 5.11.2012 – 3 W 127/12, ZWE 2013, 85; BayObLG v. 16.12.1993 – 2Z BR 112/93, WuM 1994, 149; OLG München v. 31.7.2007 – 34 Wx 59/07 (nicht veröffentlicht); **verneint**: LG Köln v. 15.5.2002 – 28 O 631/01, MDR 2002, 1186.
227 LG München I v. 14.2.2011 – 1 S 15864/10, ZWE 2011, 232; ebenso: LG Nürnberg-Fürth v. 29.7.2009 – 14 S 1895/09, NJW 2009, 3442; OLG Hamm v. 21.10.2008 – 15 Wx 140/08, ZWE 2009, 169; wohl auch in diesem Sinne: OLG München v. 4.7.2014 – 34 Wx 153/14, ZWE 2014, 401.
228 BGH v. 1.10.2004 – V ZR 210/03, ZWE 2005, 64; OLG Rostock v. 15.4.2014 – 3 W 76/11, FGPrax 2014, 246; OLG Zweibrücken v. 5.11.2012 – 3 W 127/12, ZWE 2013, 85; OLG Frankfurt v. 18.3.2010 – 20 W 360/09, zitiert nach juris.
229 LG München I v. 25.6.2015 – 36 S 8340/14, ZMR 2016, 139.

rung gemäß § 10 Abs. 2 WEG aufgehoben werden.[230] Eine Entziehung durch Mehrheitsbeschluss ist nicht möglich[231]; dies gilt auch bei einer entsprechenden Öffnungsklausel.[232] Von der **Löschung** eines Sondernutzungsrechts in dem Wohnungsgrundbuch ist nur der begünstigte Eigentümer betroffen. Die Löschung bedarf auch sachenrechtlich nicht der Zustimmung der anderen Wohnungseigentümer.[233] Würde durch die Umsetzung eines Eigentümerbeschlusses einem Sondernutzungsberechtigten sein Sondernutzungsrecht faktisch entzogen, entspricht nach Auffassung des BayObLG ein derartiger Beschluss nicht ordnungsgemäßer Verwaltung[234], so dass er auf Anfechtung hin aufzuheben ist. Auch wenn ein derartiger Beschluss nicht angefochten wird, muss er aber nach der hier vertretenen Meinung als nichtig behandelt werden, da auch für die Aufhebung die absolute Beschlusskompetenz fehlt.[235]

Wie schon bei Rn. 32 ausgeführt, erlischt jedoch ein lediglich **schuldrechtliches** und nicht im Grundbuch eingetragenes Sondernutzungsrecht dann, wenn ein neuer Eigentümer im Wege der Sonderrechtsnachfolge in die Gemeinschaft eintritt und er der bisherigen schuldrechtlichen Vereinbarung nicht beitritt.[236]

5. Inhalt, Inhaltsänderung, Gebrauchsregelung

40 Der **Inhalt** eines lediglich schuldrechtlich begründeten Sondernutzungsrechts ist wie bei jeder anderen vertraglichen Regelung durch **Auslegung** nach den § 133, 157 BGB zu ermitteln.

41 Bei dem in der Praxis bedeutsamen „dinglichen" Sondernutzungsrecht, das im Grundbuch eingetragen ist und damit auch gegen Sonderrechtsnachfolger wirkt, ist der **Umfang** des Sondernutzungsrechts zwar auch durch **objektiv-normative Auslegung** zu ermitteln. Dabei ist auf den Wortlaut und den Sinn der in Bezug genommenen Eintragungsbewilligung, wie er sich für einen unbefangenen Betrachter als nächstliegende Bedeutung ergibt, abzustellen. Bei der Auslegung ist auch der übrige Inhalt der in Bezug genommenen Teilungserklärung oder Gemeinschaftsordnung zu berücksichtigen. Umstände außerhalb der Grundbucheintragung sind zur Ermittlung von Inhalt und Umfang eines Sondernutzungsrechts insoweit heranzuziehen, als sie nach den besonderen Verhältnissen des Einzelfalls für jedermann ohne weiteres erkennbar sind.[237]

---

230 BGH v. 13. 9. 2000 – V ZB 14/00, NJW 2000, 3643; OLG Köln v. 8. 1. 1997 – 16 Wx 319/96, WuM 1997, 637 (zu der Aufhebung eines konkludent eingeräumten schuldrechtlichen Sondernutzungsrechts).
231 OLG Düsseldorf v. 26. 6. 2003 – 3 Wx 121/03, WuM 2003, 584.
232 Siehe dazu oben Rn. 34–37.
233 BGH v. 13. 9. 2000 – V ZB 14/00, NJW 2000, 3643.
234 BayObLG v. 23. 6. 2004 – 2Z BR 20/04, ZMR 2005, 383.
235 Siehe oben Rn. 32 zur Begründung.
236 BayObLG 2. 2. 2005 – 2Z BR 222/04, FGPrax 2005, 106; OLG Köln v. 2. 4. 2001 – 16 Wx 7/01, NZM 2001, 1135.
237 BayObLG v. 8. 9. 2004 – 2Z BR 136/04, BayObLGR 2005, 45; ähnlich: KG Berlin v. 18. 2. 2004 – 24 W 226/02, ZMR 2005, 147.

Soweit die Auslegung zu keinem oder keinem abschließenden Ergebnis führt, gelten – wie oben bei Rn. 21–22 dargestellt – die **allgemeinen Vorschriften** der §§ 14 und 15. Da der Sondernutzungsberechtigte gemeinschaftliches Eigentum (wenn auch unter Ausschluss der anderen Eigentümer) nutzt[238], darf den übrigen Eigentümern durch die Nutzung kein über das Maß des § 14 Nr. 1 WEG hinausgehender Nachteil entstehen.[239] Wie bei § 14 Rn. 45 ff. dargestellt, darf der Sondernutzungsberechtigte daher ohne die erforderliche Zustimmung der anderen grundsätzlich keine **baulichen Veränderungen** vornehmen. Siehe hierzu und zu Ausnahmefällen auch § 22 Rn. 2 und § 14 Rn. 46. Er ist auch an die in der Teilungserklärung/Gemeinschaftsordnung enthaltene **Zweckbestimmung** mit Vereinbarungscharakter[240] gebunden und darf das Gemeinschaftseigentum (ohne entsprechende Regelung) nicht zweckbestimmungswidrig nutzen.[241] Auch zu Maßnahmen, die eine **optische Beeinträchtigung** des Gesamtbildes darstellen, liegt keine Berechtigung vor.[242] Das Sondernutzungsrecht an einer Gartenfläche umfasst aber auch die übliche **gärtnerische Pflege** (Rückschnitt, Entfernung von Pflanzen und Neuanpflanzung).[243] Allerdings ist zu beachten, dass bei Streitigkeiten zwischen Wohnungseigentümern über die Bepflanzung unmittelbar benachbarter Gartenteile, an denen jeweils einem der Eigentümer ein Sondernutzungsrecht zusteht, eine ähnliche Interessenlage wie zwischen Grundstücksnachbarn besteht und daher **nachbarrechtliche Vorschriften** entsprechende Anwendung finden.[244]

Ohne eine entsprechende Sonderregelung gilt für die **Kosten** des Sondernutzungsrechts die Vorschrift des § 16 Abs. 2.[245] Zu Kostentragungsregelungen bei Duplex-Garagen siehe § 16 Rn. 13, 53, 62.

Wie bereits oben ausgeführt, ist die Begründung eines Sondernutzungsrechts nicht durch Mehrheitsbeschluss möglich.[246] Dies gilt entsprechend für eine **Inhaltsänderung** des Sondernutzungsrechts. Möglich sind jedoch bei einem bestehenden Sondernutzungsrecht Beschlüsse der Wohnungseigentümer, die lediglich eine **Gebrauchsregelung** im Rahmen des § 15 Abs. 2 enthalten.[247] So kann etwa die Ein- und Ausfahrt zu Stellplätzen, die für einen Laden genutzt werden, grundsätzlich beschränkt werden.[248] Die Grenze einer zulässigen Gebrauchsregelung ist aber dann erreicht, wenn in den **Kernbereich** des Sondernutzungsrechts eingegriffen wird oder wenn

42

---

238 Siehe oben Rn. 27.
239 Siehe dazu § 14 Rn. 5–6.
240 Siehe § 14 Rn. 17–19.
241 Siehe § 14 Rn. 48.
242 Siehe § 14 Rn. 49 und Rn. 26 ff.
243 LG Hamburg v. 10. 9. 2010 – 318 S 24/09, ZMR 2011, 226.
244 BGH v. 28. 9. 2007 – V ZR 276/06, Grundeigentum 2007, 1560 (= NJW 2007, 3636).
245 BayObLG v. 2. 3. 2001 – 2Z BR 29/97 (nicht veröffentlicht); KG Berlin v. 7. 2. 2005 – 24 W 81/03, ZMR 2005, 569.
246 Siehe oben Rn. 30 ff.
247 OLG München v. 3. 4. 2007 – 34 Wx 25/07, BauR 2007, 933; OLG Frankfurt/Main v. 22. 6. 2006 – 20 W 152/04, NJW-RR 2007, 889.
248 OLG München v. 3. 4. 2007 – 34 Wx 25/07, BauR 2007, 933.

der Beschluss Beschränkungen enthält, die eine **gesetzesändernde** oder eine **vereinbarungsändernde** Regelung darstellen.[249] Wegen der weiteren Einzelheiten wird auf § 15 Rn. 9ff. Bezug genommen.

43 Das Sondernutzungsrecht unterliegt zudem **immanenten Schranken**, die sich aus dem Gemeinschaftsverhältnis der Wohnungs- und Teileigentümer ergeben und die für das Gemeinschaftseigentum aus anderen Gründen, insbesondere auf Grund des Rechts zum Mitgebrauch, bestehen.[250] Es ist insbesondere auch zulässig, die immanenten Schranken des Sondernutzungsrechtes, die sich aus den für das Gemeinschaftseigentum bestehenden Bindungen ergeben, **ausdrücklich** zum Inhalt des Sondernutzungsrechtes zu machen.[251] Auch wenn eine ausdrückliche Bestimmung fehlt, kann das Recht des Sondernutzungsberechtigten durch diejenigen Bindungen eingeschränkt sein, die für das gemeinschaftliche Eigentum aus anderen Gründen, insbesondere aufgrund eines erforderlichen **Rechts zum Mitgebrauch**, bestehen. So kann das Sondernutzungsrecht an einer rückwärtigen Gartenfläche mit dem Recht der übrigen Eigentümer auf Benutzung eines über diese Fläche führenden Weges zu dem rückwärtigen gemeinschaftlichen **Kellereingang** belastet sein.[252] Ein Sondernutzungsberechtigter kann auch verpflichtet sein, dem benachbarten Miteigentümer, der keinen äußeren Zugang zu seiner ebenfalls im Sondernutzungsrecht stehenden **Gartenfläche** hat, zu deren ordnungsgemäßer Bewirtschaftung zu bestimmten Zeiten **Durchgang** zu gewähren.[253] Deshalb unterlägen Nutzungsarten, die eine **Zufahrt** zu einer Garage unmöglich machen würden (etwa: Zuparken der einzigen Zufahrt), einem Beseitigungsanspruch aus § 1004 BGB.[254]Die von einem Sondernutzungsrecht erfasste Fläche bleibt Gemeinschaftseigentum und damit grundsätzlich der Gemeinschaft und ihren Schranken verhaftet. Aus dem Gemeinschaftsverhältnis der Wohnungseigentümer ergibt sich deshalb, dass der Sondernutzungsberechtigte dem Eigentümer der Garage die Zufahrt über die seinem Sondernutzungsrecht unterliegende Fläche ausnahmsweise zu gewähren hat, wenn dies zugleich die einzige Möglichkeit ist, um den Raum der Zweckvereinbarung entsprechend zu nutzen.[255]

Zur Unwirksamkeit eines Sondernutzungsrechts durch das **alle Zugangsmöglichkeiten** zur Eigentumswohnung eines anderen Wohnungseigentümers verhindert wird, siehe oben Rn. 31.

Eine Beschränkung des Sondernutzungsrechts kann sich auch durch einen nachträglichen Mehrheitsbeschluss ergeben, der eine **Gebrauchsregelung** i.S.d. § 15 Abs. 2 enthält (siehe dazu auch oben Rn. 29 und § 15 Rn. 15). Durch eine derartige Regelung kann etwa im Einzelfall bestimmt werden,

---

249 OLG Frankfurt/Main v. 22.6.2006 – 20 W 152/04, NJW-RR 2007, 889; OLG Düsseldorf v. 16.7.2003 – 3 Wx 149/03, NZM 2003, 805.
250 OLG Frankfurt/Main v. 23.11.2005 – 20 W 432/03, OLGR Frankfurt 2006, 524.
251 LG Wuppertal v. 24.3.1998 – 6 T 239/98, MittRhNotK 1998, 327.
252 KG Berlin v. 20.12.1989 – 24 W 3084/89, ZMR 1990, 151.
253 OLG Stuttgart v. 20.2.2001 – 8 W 555/00, WuM 2001, 293.
254 OLG Zweibrücken v. 17.1.2011 – 3 W 196/10, ZWE 2011, 179.
255 OLG Frankfurt v. 2.7.2003 – 20 W 154/03, GuT 2003, 235.

dass eine Sondernutzungsfläche im Notfall als **Fluchtweg** genutzt werden darf.[256]

6. Ansprüche bei Störungen

Die allgemeinen Vorschriften gelten sowohl in dem Fall, dass ein Sondernutzungsberechtigter in seinem Recht verletzt wird als auch bei der Fallgestaltung, dass der Sondernutzungsberechtigte seine Rechte überschreitet. Es wird daher auf die obigen Rn. 23–24, Rn. 43 (Beseitigungsanspruch) und auf § 14 Rn. 76 sowie § 15 Rn. 18 ff. verwiesen.

44

7. Beispiele aus der Rechtsprechung

– Bei der Befugnis zur gärtnerischen **Bepflanzung** eines Gartenteils sind zur Inhaltsbestimmung des Sondernutzungsrechts die **nachbarrechtlichen Vorschriften** (im Fall: der Art. 47 ff. AGBGB Bayern) heranzuziehen.[257]

45

– Zur uneingeschränkten gewerblichen Betätigung und damit zum Inhalt eines für eine **Bootsmotorenwerkstatt** eingeräumten Sondernutzungsrechts an einem Wassergrundstück, das an einer Bundeswasserstraße liegt, gehört die ortsübliche Nutzung einer Bootssteganlage als Zugang für Publikums- und Kundenverkehr.[258]

– Die auf einer gemeinschaftlichen **Dachterrasse** zur Abgrenzung einzelner Sondernutzungsrechte aufgestellten **Pflanztröge** sind gemeinschaftliches Eigentum, wobei jedoch die Sondernutzungsberechtigten dafür zu sorgen haben, dass die Dachentwässerung nicht durch Blätter der Pflanzen verstopft wird.[259]

– Das Sondernutzungsrecht an einer **Gartenfläche** umfasst auch die übliche gärtnerische Pflege (Rückschnitt, Entfernung von Pflanzen und Neuanpflanzung).[260]

– Die Errichtung eines **Gartenhauses** auf einer Gartensondernutzungsfläche ist unzulässig, wenn in der Gemeinschaftsordnung bestimmt ist, dass der Garten nur als Ziergarten genutzt werden darf.[261]

– Die Veränderung einer **Gartenfläche** in eine **Garage** ist als eine bauliche Veränderung und daher nur unter den Voraussetzungen des § 22 Absatz 1 zulässig.[262]

– Auch wenn nach der Teilungserklärung bestimmt ist, dass der Sondernutzungsberechtigte die „**Instandhaltungs-** und **Instandsetzungskosten**" zu tragen hat, gehören dazu nicht die Kosten für die Beseitigung eines störenden Baumes.[263]

– Verpflichtet die Teilungserklärung den Sondernutzungsberechtigten, die entsprechenden Gebäudeteile instand zu halten und instand zu setzen,

---

256 OLG Hamm v. 3. 8. 2009 – 15 Wx 288/08, NZM 2010, 481.
257 BayObLG v. 5. 3. 1987 – 2Z BR 50/86, NJW-RR 1987, 846.
258 KG Berlin v. 18. 2. 2004 – 24 W 226/02, ZMR 2005, 147.
259 BayObLG v. 4. 6. 1998 – 2Z BR 170/97, NZM 1998, 818.
260 LG Hamburg v. 10. 9. 2010 – 318 S 24/09, ZMR 2011, 226.
261 BayObLG v. 20. 11. 2003 – 2 Z BR 134/03, WuM 2004, 170.
262 LG Hamburg v. 20. 10. 2010 – 318 S 24/10, ZMR 2011, 161.
263 OLG Düsseldorf v. 17. 10. 2003 – 3 Wx 227/03, WuM 2004, 227.

kann die Durchführung einer **Instandhaltungsmaßnahme** nicht mehr durch die Gemeinschaft mehrheitlich beschlossen werden.[264]
- Die Errichtung einer aus Pflanzsteinen samt Bepflanzung mit Thujen bestehenden **Mauer** zwischen zwei Sondernutzungsflächen stellt eine bauliche Veränderung nach §§ 22 Abs. 1 Satz 1, 14 Nr. 1 dar.[265]
- Ein Sondernutzungsrecht, wonach auf dem vor einem Laden befindlichen Gehweg **Verkaufseinrichtungen** aufgestellt werden dürfen, umfasst nicht das Recht, auf dem Gehweg auch **Tische** aufzustellen und Gäste zu bewirten.[266]
- Die Zuweisung von **Wasseranschlüssen** über Gemeinschaftsflächen zur alleinigen Nutzung stellt keine Gebrauchsregelung, sondern eine Begründung eines Sondernutzungsrechts dar und kann nicht durch Mehrheitsbeschluss erfolgen.[267]
- Im Verhältnis der Gartenflächen Sondernutzungsberechtigter untereinander besteht bei überwachsenden **Zweigen** das **Selbsthilferecht** der Grundstücksnachbarn nach § 910 BGB.[268]

---

264 BayObLG v. 4.3.2004 – 2Z BR 244/03, WuM 2004, 425.
265 OLG Frankfurt v. 6.4.2010 – 20 W 78/08, MDR 2010, 1108.
266 BayObLG v. 8.3.2005 – 2Z BR 239/04, BayObLGR 2005, 451.
267 OLG München v. 21.2.2007 – 34 Wx 103/05, NZM 2007, 447.
268 KG Berlin v. 13.6.2005 – 24 W 115/04, NZM 2005, 745.

§ 14
Pflichten des Wohnungseigentümers

Jeder Wohnungseigentümer ist verpflichtet:

1. die im Sondereigentum stehenden Gebäudeteile so instand zu halten und von diesen sowie von dem gemeinschaftlichen Eigentum nur in solcher Weise Gebrauch zu machen, dass dadurch keinem der anderen Wohnungseigentümer über das bei einem geordneten Zusammenleben unvermeidliche Maß hinaus ein Nachteil erwächst;

2. für die Einhaltung der in Nummer 1 bezeichneten Pflichten durch Personen zu sorgen, die seinem Hausstand oder Geschäftsbetrieb angehören oder denen er sonst die Benutzung der in Sonder- oder Miteigentum stehenden Grundstücks- oder Gebäudeteile überlässt;

3. Einwirkungen auf die im Sondereigentum stehenden Gebäudeteile und das gemeinschaftliche Eigentum zu dulden, soweit sie auf einem nach Nummer 1, 2 zulässigen Gebrauch beruhen;

4. das Betreten und die Benutzung der im Sondereigentum stehenden Gebäudeteile zu gestatten, soweit dies zur Instandhaltung und Instandsetzung des gemeinschaftlichen Eigentums erforderlich ist; der hierdurch entstehende Schaden ist zu ersetzen.

Inhalt:

		Rn.			Rn.
I.	Allgemeines	1		bb) Wohnungseigentum	20
II.	Instandhaltungspflicht für Sondereigentum (Nr. 1, 1. Alt.)	2		cc) Teileigentum	23
				d) Optische Beeinträchtigungen	26
	1. Gegenstand der Verpflichtung des Wohnungseigentümers: Sondereigentum	2		aa) Allgemein	26
				bb) Parabolantennen	28
				cc) Weitere Beispiele aus der Rechtsprechung	43
	2. Begriff: Instandhaltung	4		e) Sonstiger Gebrauch	44
	3. Unvermeidlicher Nachteil	5		3. Für Gemeinschaftseigentum	45
	a) Nachteil	5		a) Bauliche Veränderungen	46
	b) Unvermeidlich	6		b) Zweckbestimmungswidrige Nutzung	48
	4. Beispiele aus der Rechtsprechung	7		c) Optische Beeinträchtigung	49
III.	Gebrauchsbeschränkung (Nr. 1, 2. Alt.)	8		d) Sonstiger Gebrauch	50
	1. Eingeschränkter Gebrauch	8	IV.	Haftung für sonstige Personen (Nr. 2)	51
	2. Für Sondereigentum	9		1. Betroffener Personenkreis	51
	a) Sondereigentum	9			
	b) Bauliche Veränderungen	10		2. Einzuhaltende Pflichten	53
	aa) Allgemein	10		3. Erforderliche Maßnahmen („zu sorgen")	54
	bb) Schallschutz	12	V.	Duldungspflichten (nach Nr. 3)	56
	c) Zweckbestimmungswidrige Nutzung	17			
	aa) Allgemein	17		1. Einwirkungen	56

2. Auf Sonder- und Gemeinschaftseigentum	57	3. Im Sondereigentum stehende Gebäudeteile.	64
3. Bei zulässigem Gebrauch	58	4. Gestatten	65
4. Dulden...............	60	5. Instandhaltung und Instandsetzung des gemeinschaftlichen Eigentums	66
5. § 21 Absatz 5 Nr. 6	61		
VI. Betreten und Benutzung gestatten (Nr. 4)	62		
		6. Erforderlich	68
1. Betreten.............	62	7. Schadensersatz	72
2. Benutzung............	63	VII. Folgen bei Pflichtverletzung	76

I. Allgemeines

1 § 14 wurde durch die WEG-Novelle[1] nicht geändert.

§ 14 beschränkt die Rechte des Wohnungseigentümers sowohl im Hinblick auf das Sondereigentum als auch hinsichtlich seines Mitgebrauchs am gemeinschaftlichen Eigentum. Wegen der näheren Einzelheiten zu den Rechten aus dem Eigentum und allgemein zu den Beschränkungen der Rechte wird zunächst auf die **Anmerkungen zu § 13** verwiesen.[2] Wie dort ausgeführt, sind für die **Beschränkungen der Eigentumsrechte** neben § 14 insbesondere auch die Regelungen in der Teilungserklärung/Gemeinschaftsordnung[3], getroffene Vereinbarungen[4] und wirksame Eigentümerbeschlüsse[5] von Bedeutung. Aufgrund der rechtlichen und wirtschaftlichen Beziehungen innerhalb einer Wohnungseigentumsgemeinschaft müssen jeweils bei der Ausübung von Rechten aus dem eigenen Eigentum auch die Rechte der anderen Miteigentümer berücksichtigt werden. So stehen sich regelmäßig verfassungsrechtlich geschützte Rechte gegenüber, sei es nun aus dem jeweiligen Eigentum **(Art. 14 GG)** oder auch beispielsweise aus **Art. 2 GG** (allgemeine Handlungsfreiheit). Dies führt ganz allgemein dazu, dass die Eigentumsrechte nur in einem Umfang ausgeübt werden dürfen, welcher die anderen Eigentümer nicht über Gebühr beeinträchtigt.[6] Zwischen den Mitgliedern einer Wohnungseigentümergemeinschaft besteht eine **schuldrechtliche Sonderverbindung**, aus der **Treue- und Rücksichtnahmepflichten** i.S.v. § 241 Abs. 2 BGB entspringen können.[7]

---

1 Gesetz zur Änderung des Wohnungseigentumsgesetzes und anderer Gesetze v. 26.3.2007, BGBl. I 2007, S. 370.
2 Zum Sondereigentum: § 13 Rn. 2ff. (Beschränkungen: Rn. 16f.); zum gemeinschaftlichen Eigentum: § 13 Rn. 18ff. (Beschränkungen: Rn. 21f.).
3 Siehe § 10 Rn. 10.
4 Siehe § 10 Rn. 9f. und § 15 Rn. 4f.
5 Siehe § 15 Rn. 9ff.
6 Siehe dazu im Einzelnen unten Rn. 5f.
7 BGH v. 10.11.2006 – V ZR 62/06, NJW 2007, 292.

II. Instandhaltungspflicht für Sondereigentum (Nr. 1, 1. Alt.)

1. Gegenstand der Verpflichtung des Wohnungseigentümers: Sondereigentum

Nach dem gesetzlichen Wortlaut trifft jeden **Wohnungseigentümer**[8] eine Verpflichtung („ist **verpflichtet**"), lediglich die im Sondereigentum stehenden **Gebäudeteile** instand zu halten, nicht aber das gemeinschaftliche Eigentum.[9] Welche Gebäudeteile im **Sondereigentum** eines Wohnungseigentümers stehen, richtet sich nach der Regelung im Teilungsvertrag (§ 3), der Teilungserklärung (§ 8) oder der gesetzlichen Regelung in § 5.[10] Über den Gesetzeswortlaut hinaus ist aber auch solches Sondereigentum erfasst, das nicht **Bestandteil** des Gebäudes geworden ist. Vom Sinn der gesetzlichen Regelung her (Beschränkung der Rechte aus dem Sondereigentum) kann es beispielsweise nicht von Bedeutung sein, ob bei einer im Sondereigentum stehenden freistehenden Garage etwa ein darin eingemauerter Öltank nach § 94 Abs. 2 BGB wesentlicher Bestandteil der Garage wurde oder ob der Tank nur zu vorübergehenden Zwecken eingebaut und daher nach § 95 Abs. 2 BGB nicht Bestandteil des Gebäudes wurde.[11] Wenn der Tank durchgerostet ist und das Öl eine Gefahr für das im gemeinschaftlichen Eigentum stehende Grundstück darstellt, trifft den Sondereigentümer in dem einen wie in dem anderen Fall die Instandhaltungspflicht des § 14 Nr. 1, 1. Alt.

2

Eine besondere Problematik ergibt sich im Bereich eines **Sondernutzungsrechts**.[12] Die Grundstücks- oder Gebäudeteile, an denen ein Sondernutzungsrecht besteht, stehen im gemeinschaftlichen Eigentum. Die Instandhaltung des gemeinschaftlichen Eigentums ist Angelegenheit aller Wohnungseigentümer (§ 21 Abs. 5 Nr. 2).[13]

3

Stehen daher die bei Rn. 2 genannte Garage und der Öltank zwar im gemeinschaftlichen Eigentum, befinden sich aber in einem Bereich des Grundstücks, an dem einem Eigentümer ein Sondernutzungsrecht eingeräumt wurde, greift § 14 Nr. 1, 1. Alt. nicht ein, so dass den Sondernutzungsberechtigten grundsätzlich insoweit nicht die Instandhaltungspflicht trifft (zu Ausnahmen insoweit siehe § 13 Rn. 45).

Befindet sich die im Gemeinschaftseigentum stehende Garage im Bereich des Sondernutzungsrechts, stehet jedoch der Öltank im Sondereigentum des Sondernutzungsberechtigten, so ist § 14 Nr. 1, 1. Alt. hier aufgrund seines Schutzzweckes ebenfalls entsprechend anzuwenden. Es wäre nicht verständlich, wenn hier etwa wegen der Regelung in der Teilungserklärung

---

8 Siehe zum Begriff des Wohnungseigentümers § 10 Rn. 3.
9 Siehe zur Instandhaltung des gemeinschaftlichen Eigentums § 21 Abs. 5 Nr. 2 (dort Rn. 50 ff.).
10 Siehe dazu die Kommentierungen zu den genannten Vorschriften.
11 Im Ergebnis ebenso: OLG Köln v. 8.8.1997 – 16 Wx 144/97, WuM 1998, 47 (wo allerdings aufgrund einer besonderen Konstellation das Eigentum einem anderen Wohnungseigentümer zustand, der Alleineigentümer der mit dem Öltank versorgten Heizungsanlage für seine Wohneinheit war).
12 Zum Begriff siehe § 13 Rn. 27 ff.
13 Siehe zur Instandhaltung des gemeinschaftlichen Eigentums: § 21 Rn. 50 ff.

T. Spielbauer

(möglicherweise in Verbindung mit § 95 Abs. 1 BGB) weder die Gesamtheit der Wohnungseigentümer tätig werden dürfte (der Öltank gehört im Beispiel nicht zum gemeinschaftlichen Eigentum) noch der Sondereigentümer der Verpflichtung des § 14 Nr. 1, 1. Alt. unterworfen wäre. Auch hier kann die Instandhaltungspflicht hinsichtlich des Sondereigentums nicht deshalb entfallen, weil das Sondereigentum sachenrechtlich nicht ein Gebäudebestandteil wurde (siehe dazu auch oben Rn. 2 am Ende).

Zum regelmäßig nicht bestehenden **Bereicherungsausgleich** für den Fall, dass die **Gemeinschaft** (bzw. der Verwalter für die Gemeinschaft) im irrigen Glauben, es handele sich um Gemeinschaftseigentum, **Sondereigentum** gegen den Willen des Sondereigentümers **instand setzt** siehe § 21 Rn. 17.

2. Begriff: Instandhaltung

4 Unter **Instandhaltung** ist die Erhaltung des bestehenden ordnungsgemäßen Zustandes zu verstehen.[14] **Instandsetzung** bedeutet hingegen die Wiederherstellung eines einmal vorhanden gewesenen ordnungsgemäßen Zustandes.[15] Obgleich § 14 Nr. 1 nur die Instandhaltung des Sondereigentums erwähnt, ist von dieser Vorschrift auch die Instandsetzung erfasst.[16] Dies ergibt sich aus dem bei Rn. 1 angesprochenen Zweck der Vorschrift, die Rechte der Sondereigentümer aus § 13 unter Berücksichtigung der schützenswerten Interessen der Miteigentümer einzuschränken. Der Sondereigentümer hat im Hinblick auf die anderen Wohnungseigentümer nicht das Recht, sein Sondereigentum beliebig zu **vernachlässigen**.[17] Würde nur die Instandhaltung von § 14 Nr. 1 erfasst, wäre der Wohnungseigentümer nur verpflichtet, für die Erhaltung und Pflege seines Sondereigentums zu sorgen. Wenn er dieser Verpflichtung nicht nachgekommen ist, könnten die anderen Eigentümer nur über § 280 BGB die Beseitigung der ihnen entstandenen Schäden verlangen[18], nicht aber die Beseitigung des Schadens am Sondereigentum des Schädigers unsd damit die Wiederherstellung eines ordnungsgemäßen Zustandes. Ein derartiger **Schadensersatzanspruch** setzt zudem Verschulden voraus. So hat das BayObLG einen Schadensersatzspruch nach dem Bruch eines im Sondereigentum stehenden Eckventils am Waschbecken mangels Verschulden verneint, da den Sondereigentümer keine Pflicht zur regelmäßigen Überprüfung der Wasserinstallation durch einen Fachmann traf.[19] Würde man eine Instandsetzungspflicht aus § 14 Nr. 1 verneinen, könnten die übrigen Wohnungseigentümer zumindest nicht ohne weiteres (etwa bei Vorliegen der Voraussetzungen des § 1004 BGB) die

---

14 BayObLG v. 11.12.1980 – 2 Z 74/79, ZMR 1981, 285; siehe dazu auch § 21 Rn. 51.
15 OLG Hamm v. 18.9.2006 – 15 W 88/06, FGPrax 2007, 69; BayObLG v. 11.12.1980 – 2 Z 74/79, ZMR 1981, 285; siehe dazu auch § 21 Rn. 52.
16 Wie hier: *Bärmann-Suilmann*, § 14 Rn. 26; *Niedenführ/Kümmel/Vandenhouten-Kümmel*, § 14 Rn. 8; a.A. *Staudinger- Kreuzer*, BGB, Einleitung zum WEG, § 14 WEG Rn. 8, der von geringeren Pflichten des Sondereigentümers ausgeht und eine Instandsetzungspflicht verneint.
17 So auch: *Bärmann-Suilmann*, § 14 Rn. 26 (vernachlässigen nur, soweit anderen Eigentümern kein Nachteil entsteht).
18 Siehe auch unten Rn. 76.
19 BayObLG v. 10.3.1994 – 2Z BR 13/94, ZMR 1994, 277.

Reparatur des Eckventils verlangen. Es erscheint daher sachgerecht, unmittelbar aus § 14 Nr. 1 auch eine Verpflichtung zur Instandsetzung, also zur Wiederherstellung des beschädigten Sondereigentums, zu entnehmen. Der BGH hat in einer – allerdings zu § 21 Abs. 5 Nr. 2 ergangenen – Entscheidung ausdrücklich bestätigt, dass einer **begrifflichen Unterscheidung** zwischen ordnungsgemäßer Instandhaltung und Instandsetzung keine praktische Bedeutung zukommt.[20] Auch das OLG Düsseldorf hat sich zumindest im Ergebnis der hier vertretenen Meinung angeschlossen. So hat es in einer auf die Instandhaltungspflicht nach § 14 Nr. 1 gestützten Entscheidung zwei Wohnungseigentümer verpflichtet, ihr mangelhaftes Sondereigentum in einen ordnungsgemäßen Zustand zu bringen, um weitere Schäden am Gemeinschaftseigentum zu verhindern.[21]

Zur ordnungsmäßigen Instandhaltung (und Instandsetzung) gehört auch die **erstmalige Herstellung** eines ordnungsmäßigen Zustands, wie etwa die Beseitigung von Baumängeln.[22]

Siehe ergänzend zu Instandhaltung und Instandsetzung auch § 21 Rn. 51ff.

3. Unvermeidlicher Nachteil

a) Nachteil

Als Nachteil für einen anderen Wohnungseigentümer ist jede nach objektiven Kriterien gegebene, **nicht ganz unerhebliche Beeinträchtigung** zu verstehen.[23] Die Beeinträchtigung muss **konkret** und **objektiv** sein. Entscheidend ist, ob sich nach der **Verkehrsanschauung** ein Wohnungseigentümer in der entsprechenden Lage **verständlicherweise** beeinträchtigt fühlen kann.[24] Nur ganz **geringfügige Beeinträchtigungen** bleiben außer Betracht.[25] Wenn danach ein Nachteil bejaht wurde, entfällt dieser Nachteil nicht aufgrund einer von einem Eigentümer angebotenen **Kompensation** (etwa: Kostenübernahme, Zahlung an Gemeinschaft). Die Kompensation kann nur als Mittel dienen, um die anderen Wohnungseigentümer zu der Erteilung der erforderlichen Zustimmung zu bewegen.[26]

5

---

20 BGH 5. Zivilsenat v. 22.4.1999 – V ZB 28/98, NJW 1999, 2108.
21 OLG Düsseldorf v. 30.1.1995 – 3 Wx 310/93, ZMR 1995, 493 (aufgrund eines mangelhaften Oberbelages und einer mangelhaften Abdichtung einer Terrasse konnte Wasser nicht ablaufen und drang in Gemeinschaftseigentum ein).
22 BGH v. 12.4.2007 – VII ZR 236/05, NJW 2007, 1952; BayObLG v. 4.3.2004 – 2 Z BR 232/03, ZMR 2004, 524; BayObLG v. 20.3.1991 – BReg 2 Z 8/91, WuM 1991, 412; BayObLG v. 1.7.1980 – 2 Z 23/79, ZMR 1980, 381; BayObLG v. 27.7.1989 – BReg 2 Z 68/89, Grundeigentum 1989, 1161; BayObLG v. 29.2.1996 – 2Z BR 142/95, ZMR 1996, 394.
23 BVerfG v. 6.10.2009 – 2 BvR 693/09, ZWE 2009, 438; BVerfG v. 22.12.2004 – 1 BvR 1806/04, NZM 2005, 182; BGH v. 8.4.2011 – V ZR 210/10, ZWE 2011, 259; BGH v. 19.12.1991 – V ZB 27/90, BGHZ 116, 392; BayObLG v. 9.3.1989 – BReg 2 Z 2/89, BReg 2 Z 132/88, Grundeigentum 1989, 617.
24 BGH v. 7.2.2014 – V ZR 25/13, NJW 2014, 1090; BGH v. 14.12.2012 – V ZR 224/11, NJW 2013, 1439; BGH v. 19.12.1991 – V ZB 27/90, BGHZ 116, 392; BayObLG v. 4.12.1986 – BReg 2 Z 40/86, ZMR 1987, 190.
25 BGH v. 24.1.2014 – V ZR 48/13, NJW 2014, 1233.
26 BGH v. 7.2.2014 – V ZR 25/13, NJW 2014, 1090.

Eine nicht unerhebliche Beeinträchtigung kann dabei darin liegen, dass sich die unterlassene Instandhaltung negativ auf das **Sondereigentum** des anderen Wohnungseigentümers und/oder auf das **Gemeinschaftseigentum** auswirkt (zum Beispiel: Wasser aus defektem Eckventil beschädigt die im Gemeinschaftseigentum stehende Decke und die im Sondereigentum stehenden nicht tragenden Wände in der darunterliegenden Wohnung). Es reicht aber auch aus, dass lediglich die **Gefahr** vorliegt, dass durch eine Maßnahme entweder einem **Eigentümer** oder der **Gemeinschaft** ein **Schaden** entsteht oder dass Schäden am Gemeinschaftseigentum nicht mehr oder nur noch unter Schwierigkeiten festgestellt werden können.[27] Hierfür ist aber nicht jede irgendwie theoretische Möglichkeit ausreichend. Eine Gefahr liegt erst vor, wenn eine Beeinträchtigung eines anderen Wohnungseigentümers hinreichend wahrscheinlich ist.[28] Dies ist bei Errichtung einer **Mobilfunksendeanlage** wegen des Streits um die von ihr ausgehenden Gefahren der Fall, da die ernsthafte Möglichkeit einer **Wertminderung** der Eigentumswohnung bei Vermietung oder Verkauf besteht.[29] Ebenso reicht die Gefahr der **erhöhten Wartungs-** und **Reparaturanfälligkeit**.[30]

Erheblich kann aber auch eine **optische Beeinträchtigung** sein (Beispiel: Verwahrlosung eines im Sondereigentum stehenden Schuppens). Noch keine optisch relevante Beeinträchtigung ist aber gegeben, wenn in einem Kellerraum, der von einer Vielzahl von Rohren durchzogen ist, ein weiteres Rohr verlegt wird.[31]

Eine erhebliche Beeinträchtigung liegt etwa vor, wenn aufgrund einer (baulichen) Maßnahme eines anderen Eigentümers ein **Wertverlust** des Sondereigentums oder des gemeinschaftlichen Eigentums eintritt.[32] Bei **baulichen Maßnahmen** können aber die **Kosten** der Maßnahme und eine mögliche **Haftung** im Außenverhältnis **nicht** berücksichtigt werden.[33]

Zu den von der Rechtsprechung entschiedenen Fällen siehe unten Rn. 7.

Prozessual ist Folgendes zu beachten:

Bei einer **Anfechtungsklage** gegen einen Beschluss, der etwa einem Eigentümer eine bauliche Veränderung genehmigt, welche aber andere Eigentümer optisch beeinträchtigt, muss der beeinträchtigte anfechtende Eigentümer innerhalb der Klagebegründungsfrist den **Nachteil** zumindest **im Kern bezeichnen**.[34]

Er muss demnach innerhalb der Begründungsfrist des § 46 Abs. 1 Satz 2 Hs. 2 die Gründe vortragen, auf die er die Anfechtung stützt; ein **Nachschie-**

---

27 OLG Bremen v. 20. 2. 1998 – 3 W 24/97, OLGR Bremen 1998, 352.
28 BGH v. 8. 4. 2011 – V ZR 210/10, ZWE 2011, 259 (so zur Videoanlage im Klingeltableau – siehe dazu auch Rn. 50).
29 BGH v. 24. 1. 2014 – V ZR 48/13, NJW 2014, 1233; LG Frankfurt v. 21. 8. 2014 – 2-9 S 27/13, ZWE 2015, 217.
30 LG Hamburg v. 25. 9. 2013 – 318 S 111/12, ZWE 2014, 360.
31 LG Itzehohe v. 13. 4. 2010 – 11 S 46/09, ZMR 2010, 640.
32 OLG Düsseldorf v. 28. 11. 2006 – 3 Wx 197/06, ZMR 2007, 206.
33 BGH v. 14. 12. 2012 – V ZR 224/11, NJW 2013, 1439; BGH v. 11. 11. 2011 – V ZR 65/11, NJW 2012, 603; BGH v. 19. 12. 1991 – V ZB 27/90, NJW 1992, 978.
34 Siehe zur Anfechtungsklage genauer: § 46 Rn. 2 ff.

ben von neuen Gründen ist ausgeschlossen. Dabei muss sich der Lebenssachverhalt, aus dem sich Anfechtungsgründe ergeben sollen, zumindest in seinem wesentlichen Kern aus den innerhalb der Frist eingegangenen **Schriftsätzen** selbst ergeben; dass er sich nur aus **Anlagen** ergibt, genügt nicht.[35] Wurde etwa eine Rampe genehmigt, muss der Anfechtungskläger diese und die sich ergebende Beeinträchtigung beschreiben, wobei es sinnvoll ist, ergänzend (nicht stattdessen) auch Lage- und Baupläne oder -skizzen einzureichen, um es dem Gericht zu ermöglichen, sich eine Überzeugung von dem Ausmaß der Rampe und den von ihr (möglicherweise) ausgehenden Nachteilen zu verschaffen.[36]

Ob der Gebrauch des Sondereigentums bei einem anderen Wohnungseigentümer einen **Nachteil** i.S.v. § 14 Nr. 1 hervorruft, den dieser nicht hinzunehmen braucht, ist in erster Linie eine Frage **tatrichterlicher Würdigung**, die revisionsrechtlich nur eingeschränkt überprüfbar ist.[37] Ob ein Nachteil vorliegt, überprüft das **Revisionsgericht** nur im Hinblick darauf, ob das Berufungsgericht den Rechtsbegriff zutreffend erfasst und ausgelegt, alle für die Beurteilung wesentlichen Umstände berücksichtigt sowie die Denkgesetze und Erfahrungssätze beachtet hat.[38]

b) Unvermeidlich

Ein anderer Wohnungseigentümer muss einen Nachteil dann nicht hinnehmen, wenn dieser über das **„bei einem geordneten Zusammenleben unvermeidliche Maß"** hinausgeht. Damit scheint allgemein eine sehr niedrige „Duldungsschwelle" für die anderen Eigentümer gesetzt worden zu sein, da regelmäßig der Nachteil durch eine Änderung des Verhaltens („Gebrauch") des Wohnungseigentümers oder durch eine Instandhaltungsmaßnahme am Sondereigentum verringert oder ganz vermieden werden kann. Nach dem Wortlaut der Vorschrift wird insoweit nicht zwischen der Instandhaltung des Sondereigentums, dem Gebrauch des Sondereigentums und dem Gebrauch des gemeinschaftlichen Eigentums unterschieden. Im Ergebnis ergibt sich aber eine Unterscheidung daraus, dass die vom Gesetz gewählte Generalklausel Raum für eine die betroffenen Grundrechte berücksichtigende Auslegung gibt. Da sich in einer Wohnungseigentümergemeinschaft die Grundrechte aus Art. 14 GG der einzelnen Wohnungseigentümer gegenüberstehen, ist regelmäßig eine fallbezogene **Abwägung** der beiderseits **grundrechtlich geschützten Interessen** erforderlich.[39] Bei der Auslegung und Anwendung des Nachteilsbegriffs des § 14 Nr. 1 sind die Gerichte gehalten, die widerstreitenden grundrechtlich geschützten Rechtspositionen der Vertragsparteien zu einem angemessenen Ausgleich zu bringen. Ein Konflikt zwischen den Wohnungseigentümern muss im konkreten Einzelfall nach dem Grundsatz der

6

---

35 BGH v. 16.1.2009 – V ZR 74/08, NJW 2009, 999.
36 LG Hamburg v. 29.12.2010 – 318 S 206/09, ZWE 2011, 133.
37 BGH v. 1.6.2012 – V ZR 195/11, ZWE 2012, 319.
38 BGH v. 27.2.2015 – V ZR 73/14, ZWE 2015, 212.
39 BVerfG v. 6.10.2009 – 2 BvR 693/09, ZWE 2009, 438; BVerfG v. 22.12.2004 – 1 BvR 1806/04, NZM 2005, 182 (zur Eigentumsbeeinträchtigung eines anderen Eigentümers bei Errichtung eines Wintergartens – auf einer Sondernutzungsfläche); OLG München v. 2.6.2005 – 32 Wx 024/05 (bisher nicht veröffentlicht: zu einer im Sondereigentum stehenden Schwimmbadabdeckung).

praktischen **Konkordanz** fallbezogen gelöst werden. Dabei kann nicht eine der widerstreitenden Rechtspositionen bevorzugt und maximal behauptet werden. Vielmehr haben alle betroffenen Rechte einen möglichst schonenden Ausgleich zu erfahren.[40] Bei dieser Abwägung müssen daher die Unterschiede zwischen (bloßen) Gebrauchsbeschränkungen hinsichtlich Sonder- oder Gemeinschaftseigentum (siehe dazu unten Rn. 8 ff.) einerseits und andererseits der Verpflichtung berücksichtigt werden, positiv Maßnahmen im Hinblick auf sein Sondereigentum zu ergreifen. Regelmäßig wird sich daher die Verpflichtung zur Reparaturmaßnahme nur dann ergeben, wenn die Beeinträchtigung eines anderen Wohnungseigentümers das Interesse am Nichttätigwerden des Sondereigentümers überwiegt. Dies ist insbesondere dann gegeben, wenn dem Sondereigentum eines Anderen oder dem Gemeinschaftseigentum Beschädigungen drohen oder wenn etwa die optische Beeinträchtigung nicht mehr zumutbar ist. Stört etwa der Besucher eines Wohnungseigentümers durch Verursachung von Lärm, kann einfachrechtlich der Anspruch aus § 1004 BGB nur auf **Unterlassung** der **Störung** und nicht auf das Verbot und Gebot bestimmten Verhaltens gerichtet sein. Dem Störer muss grundsätzlich selbst überlassen bleiben, welche Mittel er einsetzt, um den Anspruch zu erfüllen (kein Hausverbot eines Besuchers, auch wenn dieser Lärm verursacht).[41]

Die eigenmächtige **Zerstörung** oder **Beseitigung** von **Gemeinschaftseigentum** durch einen Eigentümer stellt dabei schon deshalb einen die Duldungsschwelle überschreitenden **Nachteil** dar.[42] Hieran ändert auch nichts, dass die Mehrheit der Eigentümer mit der Beseitigung einverstanden ist. Die Zerstörung könnte, da es sich um eine bauliche Maßnahme handelt, nicht mit Mehrheit beschlossen werden. Dies kann nicht dadurch unterlaufen werden, dass ein Eigentümer die Zerstörung ohne einen Beschluss, der auf die Anfechtung auch nur eines anderen Eigentümers hin aufgehoben würde, vornimmt. Dies gilt umso mehr, wenn durch die Zerstörung den anderen Eigentümern auch noch die Möglichkeit genommen wird, das Gemeinschaftseigentum in irgend einer Weise für **gemeinsame Zwecke** zu **nutzen** (etwa einen Kamin nicht als Rauchabzug, sondern zur Verlegung von Versorgungsleitungen oder Kabeln).[43]

Ob die durch eine **Parabolantenne** ausgelöste **optische Beeinträchtigung** einen über das unvermeidliche Maß hinausgehenden Nachteil i.S.d. § 14 Nr. 1 darstellt, ist durch Abwägung aller Umstände des Einzelfalls, unter Berücksichtigung der sich gegenüberstehenden Grundrechtspositionen zu ermitteln. Dabei wird dem **Informationsinteresse** der klagenden Wohnungseigentümer durch die Möglichkeit, über Breitbandkabel sieben Fernsehsender in ihrer Heimatsprache zu empfangen und sich weitere Nachrichten über Internet und Radio zu beschaffen, regelmäßig ausreichend Genüge getan (siehe dazu genauer unten Rn. 28 ff.).[44]

---

40 BVerfG v. 6.10.2009 – 2 BvR 693/09, ZWE 2009, 438.
41 BVerfG v. 6.10.2009 – 2 BvR 693/09, ZWE 2009, 438.
42 LG München I v. 9.12.2015 – 1 S 5882/14 (noch nicht veröffentlicht).
43 LG München I v. 25.2.2011 – 36 T 20381/08 (nicht veröffentlicht); OLG Köln v. 7.4.2000 – 16 Wx 32/00, ZWE 2000, 378.
44 LG München I v. 15.2.2010 – 1 S 15854/09, ZWE 2010, 413.

Zur Grundrechtsabwägung bei Maßnahmen, die das gemeinschaftliche Eigentum betreffen und die dazu dienen, eine Benachteiligung **Behinderter** zu vermeiden (etwa: barrierefreier Zugang), siehe unten Rn. 46 und § 22 Rn. 12. Die Bedeutung des Grundrechts auf **Informationsfreiheit** ist beispielhaft bei Rn. 28 bis 42 dargestellt, wo gezeigt wird, unter welchen Voraussetzungen Parabolantennen errichtet werden dürfen.

Ob bei einer Verschlechterung des **Trittschalls** aufgrund der **normalen Verschleißerscheinungen** des Originalbodenbelages eine Pflicht besteht, den Belag auszutauschen und den einmal vorhanden gewesenen Standard wiederherzustellen, ist – soweit erkennbar – obergerichtlich bisher noch nicht entschieden. Die bisherige Rechtsprechung hat sich nur mit Fällen befasst, in denen es nach entsprechenden Änderungsmaßnahmen zu einer Verschlechterung des Trittschallschutzes gekommen ist (diese Rechtsprechung ist unten bei Rn. 12ff. dargestellt). Im Hinblick auf die vorzunehmende Grundrechtsabwägung wird eine **Pflicht** zum **Austausch** des **Bodenbelages** nur ausnahmsweise bejaht werden können, da die übliche Abnutzung unvermeidbar ist und die daraus folgenden Nachteile das hinzunehmende Maß nicht überschreiten. Nur in Ausnahmefällen, etwa wenn die normale Lebensdauer eines Bodenbelages bereits überschritten und die Trittschallbeeinträchtigung dadurch ganz erheblich gestiegen ist, dürfte richtiger Weise eine Verpflichtung bestehen, einen neuen Bodenbelag verlegen zu lassen.

Allgemein zu den von der Rechtsprechung entschiedenen Fällen siehe unten Rn. 43 f.

4. Beispiele aus der Rechtsprechung

– Der Wohnungseigentümer ist auch im Rahmen der Verpflichtung zur Instandhaltung des Sondereigentums nicht verpflichtet, die in seinem Sondereigentum liegende **Wasserinstallation** regelmäßig von einem Fachmann überprüfen zu lassen.[45] Ebenso wenig muss ohne einen Anlass ein **Heizkörper** in regelmäßigen Abständen von einem Fachmann überprüft werden.[46] Bei Anzeichen für einen drohenden Schaden oder bei einem bereits eingetretenen Schaden muss der Eigentümer aber sein Eigentum warten beziehungsweise reparieren lassen.

– Der im Sondereigentum stehende mangelhafte Oberbelag und die mangelhafte Abdichtung einer **Terrasse** (oder eines **Balkons**) müssen zur Vermeidung von Feuchtigkeitsschäden am Gemeinschaftseigentum in Ordnung gebracht (repariert) werden.[47]

– Der Eigentümer von im Keller gelegenen Gaststättenräumen ist verpflichtet, eine (Fäkalien-) **Hebeanlage** als Gegenstand des Sondereigentums einbauen zu lassen, wenn die Baubehörde einen Einbau verlangt.[48]

---

45 BayObLG v. 10.3.1994 – 2Z BR 13/94, ZMR 1994, 277; LG Berlin v. 4.8.2000 – 85 T 81/00 WEG, ZMR 2001, 390.
46 OLG Frankfurt/Main v. 9.5.2005 – 20 W 281/03, OLGR Frankfurt 2005, 852.
47 OLG Düsseldorf v. 30.1.1995 – 3 Wx 310/93, ZMR 1995, 493.
48 BayObLG v. 22.10.1991 – BReg 2 Z 114/91, WuM 1991, 706.

- Die Beseitigung von **Baumängeln** am Sondereigentum dient der erstmaligen Herstellung eines ordnungsgemäßen Zustandes und ist daher vom Eigentümer zu veranlassen.[49]
- Wenn im Sondereigentum stehende Bauteile (etwa eine Mauer, ein Schuppen, eine Garage) derart verwahrlost sind, dass sie unansehnlich geworden sind und eine **optische Beeinträchtigung** darstellen, müssen sie instandgehalten oder instandgesetzt werden[50] (zu optischen Beeinträchtigungen siehe insbesondere unten Rn. 26 ff.).

III. Gebrauchsbeschränkung (Nr. 1, 2. Alt.)

1. Eingeschränkter Gebrauch

8 Nach § 14 Nr. 1, 2. Alt. darf der Wohnungseigentümer von seinem **Sondereigentum** (**„von diesem"**) und von dem **gemeinschaftlichen Eigentum** nur in solcher Weise Gebrauch machen, dass keinem **anderen Wohnungseigentümer** ein Nachteil entsteht, der über das bei einem **geordneten Zusammenleben** unvermeidliche Maß **hinausgeht**. Negativ ausgedrückt bedeutet dies, dass jeder Wohnungseigentümer einen Gebrauch unterlassen muss, wenn dadurch andere Wohnungseigentümer nicht nur ganz unerheblich beeinträchtigt werden und das unvermeidliche Maß überschritten ist. Was unter **Gebrauch** zu verstehen ist, ergibt sich hinsichtlich des **Sondereigentums** aus § 13 Abs. 1[51] und hinsichtlich des **gemeinschaftlichen Eigentums** aus § 13 Abs. 2.[52] Zu den Begriffen **Nachteil** und **unvermeidliches Maß** wird zunächst auf die Ausführungen oben bei Rn. 5 und 6 Bezug genommen. § 14 Nr. 1 normiert für den Gebrauch des Eigentums ganz allgemein das **Gebot** der **gegenseitigen Rücksichtnahme**.[53] Bei der entscheidenden Frage, welche Beeinträchtigungen andere Wohnungseigentümer hinzunehmen haben, steht die fallbezogene **Abwägung** der beiderseitigen grundrechtlich geschützten Interessen im Vordergrund.[54] Grundsätzlich ist dabei die **„Duldungsschwelle"** der Miteigentümer beim Gebrauch des gemeinschaftlichen Eigentums niedriger anzusetzen als beim Gebrauch des Sondereigentums, da den Miteigentümern beim gemeinschaftlichen Eigentum ein Mitgebrauch in gleichem Umfang zusteht[55], den ein einzelner Eigentümer nicht eigenmächtig über Gebühr durch seinen Gebrauch beschränken darf.

---

49 BayObLG v. 27. 7. 1989 – BReg 2 Z 68/89, Grundeigentum 1989, 1161; BayObLG v. 29. 2. 1996 – 2Z BR 142/95, ZMR 1996, 394.
50 BayObLG v. 4. 3. 2004 – 2Z BR 244/03, WuM 2004, 425.
51 Siehe § 13 Rn. 3–12.
52 Siehe § 13 Rn. 18–20.
53 KG Berlin v. 16. 2. 2000 – 24 W 3925/98, ZMR 2000, 402.
54 BVerfG v. 6. 10. 2009 – 2 BvR 693/09, ZWE 2009, 438; BVerfG v. 22. 12. 2004 – 1 BvR 1806/04, NZM 2005, 182, BGH v. 22. 1. 2004 – V ZB 51/03, NJW 2004, 937; OLG München v. 2. 6. 2005 – 32 Wx 024/05 (siehe auch oben Rn. 6).
55 Siehe § 13 Rn. 18.

2. Des Sondereigentums

a) Sondereigentum

Zum Gegenstand des Sondereigentums wird auf die Ausführungen oben zu Rn. 2 Bezug genommen, die auch im Rahmen der Gebrauchsbeschränkung sinngemäß gelten. Auch wenn **Sondernutzungsrechte** an Teilen des gemeinschaftlichen Eigentums eingeräumt werden, können sie bei der Frage von Gebrauchsbeschränkungen in einigen Bereichen wie Sondereigentum behandelt werden. Dies gilt etwa da, wo es um Beeinträchtigungen anderer Eigentümer durch den ganzen oder teilweisen Ausschluss des Mitgebrauchs geht. Ansonsten, insbesondere bei möglichen baulichen Veränderungen, bleibt es dabei, dass Sondernutzungsrechte den Gebrauch von Gemeinschaftseigentum betreffen.[56]

9

b) Bauliche Veränderungen

aa) Allgemein

Da hinsichtlich des Sondereigentums Alleineigentum vorliegt[57] und der Wohnungseigentümer nach § 13 Abs. 1 mit seinem Sondereigentum nach Belieben verfahren kann, darf er es grundsätzlich auch baulich nach seinem Belieben verändern. Unter einer baulichen Veränderung ist dabei, wie bei § 22 bezüglich des gemeinschaftlichen Eigentums, jeder auf **Dauer** angelegte gegenständliche **Eingriff** in die **Substanz** des Sondereigentums zu verstehen, durch den dauerhaft andere **Funktionalitäten** oder eine abgeänderte **Optik** geschaffen werden.[58] Dies sind demnach insbesondere Anbauten, Umbauten, Ausbauten oder ähnliche Einwirkungen auf das Sondereigentum. Wie bereits bei § 13 Rn. 3 dargelegt, kann der Sondereigentümer etwa eine im Sondereigentum stehende nicht tragende Wand innerhalb seiner Wohnung durchbrechen oder eine vorhandene Öffnung in der Mauer wieder schließen[59] oder im Sondereigentum stehende Sanitäreinrichtungen in einen anderen Raum verlegen.[60]

10

Die baulichen Umgestaltungen des Sondereigentums dürfen jedoch, wie bereits oben bei Rn. 8 dargestellt, die anderen Miteigentümer nicht über das **unvermeidliche Maß** hinaus **beeinträchtigen**. Daher sind Baumaßnahmen im Sondereigentum unzulässig, wenn etwa das Gemeinschaftseigentum oder das Sondereigentum anderer **gefährdet** wird. So darf etwa ein Sondereigentümer keinen Wanddurchbruch schaffen, wenn dadurch etwa die **Statik** des Gebäudes oder die **Brandsicherheit** beeinträchtigt werden.[61] Unzu-

11

---

56 Siehe dazu unten Rn. 45 ff.
57 Siehe § 13 Rn. 3.
58 Ebenso: *Riecke/Schmid-Drabek*, § 22 Rn. 1 und 6; zur Definition hinsichtlich baulicher Veränderungen des gemeinschaftlichen Eigentums: OLG Düsseldorf v. 28.11. 2006 – 3 Wx 197/06, ZMR 2007, 206.
59 Siehe auch Rechtsprechungsnachweise bei § 13 Rn. 3 zu einem Schwimmbecken und zu einem Bodenbelag eines Balkons.
60 OLG Hamm v. 13.2.2006 – 15 W 163/05, ZMR 2006, 634.
61 BGH v. 21.12.2000 – V ZB 45/00, NZM 2001, 196 (zu einem Wanddurchbruch zwischen zwei Wohnungen); BayObLG v. 14.2.2002 – 2Z BR 187/01, Wohnungseigentümer 2002, 61 (zu einem Durchbruch einer tragenden Betonwand zwischen Loggien).

lässig ist auch die Errichtung einer **Pergola** auf einer im Sondereigentum stehenden Dachterrasse, da durch eine dauerhaft **überdachte Terrassen**konstruktion typischerweise eine **intensivere** und damit „störendere" **Nutzung** ermöglicht wird als durch eine nicht überdachte Terrasse.[62] Dies gilt auch für eine **mobile Holzterrasse**, da diese den optischen Gesamteindruck des Gartens verändert und zudem eine intensivere Nutzung der Sondernutzungsfläche erlaubt.[63]

Eine über das bei einem geordneten Zusammenleben unvermeidliche Maß hinausgehende Beeinträchtigung kann bei größeren Bauvorhaben eines Wohnungseigentümers auch in den mit der Durchführung der Baumaßnahme verbundenen Beeinträchtigungen, z.b. durch **Lärm** und **Schmutz**, liegen.[64] Auch soweit **Versorgungsleitungen** im Sondereigentum stehen können (siehe dazu § 5 Rn. 12), darf der Sondereigentümer nicht ohne Weiteres mit diesen Leitungen nach Belieben verfahren, etwa die Leitungen abtrennen. Wenn eine zur Versorgung aller Wohnungen einer Wohnanlage ausgelegte Einrichtung, z.B. die **Heizung**, für den Fall nicht mehr wirtschaftlich sinnvoll betrieben werden kann, dass nicht alle Wohnungen angeschlossen bleiben, kann dies einen Anspruch gegen einen Wohnungseigentümer begründen, den Anschluss an die Anlage aufrecht zu erhalten.[65] Hieran dürfte sich auch durch die Entscheidung des BGH vom 8.7.2011 nichts grundlegend geändert haben, da der BGH sich in erster Linie mit der Frage auseinandersetzte, ob Heizkörper sondereigentumsfähig sind.[66] Der BGH hat aber nunmehr auch festgestellt, das für den Fall, dass die Gemeinschaft die Heizungsanlage erneuern möchte und ein Eigentümer seine alten im Sondereigentum stehenden Heizkörper behalten möchte, dies die Erneuerung der Heizungsanlage nicht verhindern kann. In diesem Fall muss dem Wohnungseigentümer eine angemessene Zeit zur Umstellung seiner Heizkörper und Anschlussleitungen gegeben werden. Danach kann der Eigentümer von der erneuerten Heizungsanlage abgetrennt werden, wenn die alten Geräte mit der neuen Anlage nicht (mehr) kompatibel sind.

Bauliche Veränderungen können auch dann unzulässig sein, wenn sich dadurch **optische Beeinträchtigungen** für die übrigen Eigentümer ergeben. Wegen der näheren Einzelheiten siehe hierzu unten Rn. 26 ff.

bb) Schallschutz

12 Oben Rn. 6 wurde bereits darauf hingewiesen, dass die Frage, ob bei **normalem Verschleiß** eine Pflicht des Eigentümers zum Austausch des Bodenbelags besteht, in der obergerichtlichen Praxis bisher noch keine Bedeutung erlangt hat. In der Praxis treten aber häufig Probleme auf, wenn ein Wohnungseigentümer bauliche Veränderungen in seinem Sondereigentum vornimmt und sich andere Wohnungseigentümer daraufhin stärkeren Lärmbelästigungen wegen eines aus ihrer Sicht schlechteren Schallschutzes ausgesetzt sehen. Dies ist

---

[62] BGH v. 7.2.2014 – V ZR 25/13, NJW 2014, 1090; OLG München v. 10.7.2006 – 34 Wx 033/06, ZMR 2006, 800.
[63] LG München I v. 6.7.2015 – 1 S 22070/14, ZWE 2016, 95.
[64] BayObLG v. 10.5.1990 – BReg 2 Z 26/90, WuM 1990, 608.
[65] BayObLG v. 31.10.2001 – 2Z BR 68/01, OLGR München 2002, 140.
[66] BGH v. 8.7.2011 – V ZR 176/10, NJW 2011, 2958.

insbesondere dann der Fall, wenn **Bodenbeläge** ausgetauscht werden (etwa Parkett statt Teppichboden) und dadurch eine Verschlechterung des **Trittschallschutzes** eintritt oder wenn Sanitärinstallationsleitungen neu verlegt werden und aufgrund einer mangelhaften Dämmung so genannte **Schallbrücken** entstehen. Zwar kann in diesen Fällen im Gerichtsverfahren durch Sachverständigengutachten geklärt werden, welcher Schallschutz tatsächlich vorhanden ist und ob dieser Schutz beispielsweise den aktuellen oder früheren DIN-Vorschriften entspricht. Entscheidend ist jedoch die Frage, welcher **Schallschutzstandard** in dem jeweiligen Fall eingehalten werden muss.

Im **Mietrecht** hat sich zu der Frage, ob ein Mangel der Mietsache vorliegt, eine Rechtsprechung dahingehend herausgebildet, dass in erster Linie die vertragliche Vereinbarung der Parteien maßgeblich ist. Fehlt eine derartige Vereinbarung, ist regelmäßig auf die Einhaltung der maßgeblichen technischen Normen (etwa: DIN-Normen) abzustellen, die bei Errichtung des Gebäudes gegolten haben. Nur bei wesentlichen baulichen Veränderungen (im Fall: die Aufstockung eines Wohnhauses um ein Stockwerk) kann die Einhaltung der zur Zeit des Umbaus geltenden DIN-Normen gefordert werden.[67] So hat der für Mietrecht zuständige VIII. Senat im Jahr 2009 in teilweiser Abgrenzung zu seiner früheren Rechtsprechung festgestellt, dass eine Mietwohnung in einem älteren Gebäude, wenn nicht vertraglich etwas anderes vereinbart ist, in schallschutztechnischer Hinsicht keinen Mangel aufweist, sofern der Trittschallschutz den zur Zeit der Errichtung des Gebäudes geltenden DIN-Normen entspricht. Das gilt auch dann, wenn während der Mietzeit in der Wohnung darüber der Fußbodenbelag ausgetauscht wird und sich dadurch der Schallschutz gegenüber dem Zustand bei Anmietung der Wohnung verschlechtert.[68] Nimmt aber der Vermieter bauliche Veränderungen an einem älteren Gebäude vor, so kann der Mieter, sofern nicht etwas anderes vereinbart ist, nur dann erwarten, dass der Tritt- und Luftschallschutz anschließend den höheren Anforderungen der zur Zeit der baulichen Veränderungen geltenden DIN-Normen genügt, wenn die Maßnahmen von der Intensität des Eingriffs in die Gebäudesubstanz her mit einem Neubau oder einer grundlegenden Veränderung des Gebäudes vergleichbar sind.[69]

13

Die obergerichtliche **WEG-Rechtsprechung** zu der Frage, welche **Standards** beim Schallschutz im Anwendungsbereich des Wohnungseigentumsgesetzes einzuhalten sind, war dagegen sehr uneinheitlich.

14

Teilweise wurde bei einem Altbau auf den Zustand bei der **Aufteilung** abgestellt.[70] Andere stellten auf die Einhaltung der **DIN-Norm** ab, die bei **Errichtung** des Gebäudes maßgeblich war.[71] Zum Teil wurden die DIN-Nor-

---

67 BGH v. 6.10.2004 – VIII ZR 355/03, WuM 2004, 715; ein Überblick zur Rechtsprechung im Mietrecht zu Baumängeln und DIN-Normen wird bei *Schmidt/Futterer-Eisenschmid*, § 536 Rn. 29 ff. gegeben.
68 BGH v. 17.6.2009 – VIII ZR 131/08, NJW 2009, 2441.
69 BGH v. 5.6.2013 – VIII ZR 287/12, NJW 2013, 2417.
70 LG Halle v. 11.8.2009 – 2 T 31/09, ZWE 2010, 48; OLG Saarbrücken v. 10.4.2006 – 5 W 253/05 – 76, 5 W 253/05, ZMR 2006, 802; OLG Stuttgart v. 5.5.1994 – 8 W 315/93, Grundeigentum 1994, 875.
71 OLG Düsseldorf v. 22.10.2007 – 3 Wx 54/07 NZM 2007, 930.

men als maßgebend angesehen, die bei Vornahme der **Umbauarbeiten** gelten.[72] Einige OLGs stellten auf das **Gepräge** ab, das zum Zeitpunkt der Erstellung oder des Umbaus vorhanden war.[73] Schließlich wurde auch die **Lästigkeit** der Geräusche in den Vordergrund gestellt.[74]

15 Der **BGH** hat nunmehr die streitigen Fragen in wesentlichen Punkten geklärt, so dass die vorgenannte abweichende Rechtsprechung überholt ist.

Wird der in einer Eigentumswohnung vorhandene Bodenbelag (im Fall: Teppichboden) durch einen anderen (im Fall: Parkett) ersetzt, richtet sich der zu gewährende Schallschutz grundsätzlich nach der zur Zeit der **Errichtung des Gebäudes** geltenden Ausgabe der **DIN 4109**. Ein höheres einzuhaltendes Schallschutzniveau kann sich zwar aus der **Gemeinschaftsordnung** ergeben, **nicht** aber aus einem besonderen **Gepräge** der Wohnanlage oder der **Lästigkeit** der Geräusche. Im Ausgangspunkt geht es bei dem seitens der einzelnen Wohnungseigentümer einzuhaltenden Schallschutzniveau ausschließlich um die Gestaltung des Sondereigentums. Der **Bodenbelag** ist von wesentlicher Bedeutung für den optischen Eindruck der Wohnung; seine Auswahl steht gemäß § 13 Abs. 1 im Belieben des Sondereigentümers, sofern die Gemeinschaftsordnung nichts Gegenteiliges vorsieht. Der Schallschutz muss **in erster Linie** durch die im **Gemeinschaftseigentum** stehenden Bauteile gewährleistet werden. Die bei der Gebäudeerrichtung erstellte **Baubeschreibung** erweist sich in mehrfacher Hinsicht als ungeeignet für die Bestimmung des Schallschutzniveaus. Zunächst entfaltet diese keine Wirkungen im Verhältnis der Wohnungseigentümer untereinander, sondern betrifft deren Vertragsverhältnis zu dem Bauträger. Erst recht gilt sie nicht im Verhältnis zu späteren Erwerbern. Im Hinblick auf die Ausstattung bei der Errichtung sind Abweichungen aufgrund von Sonderwünschen zudem gängige Praxis.[75] Es gibt auch **keinen** allgemeinen **Anspruch** auf **Beibehaltung** eines **vorhandenen**, die Mindestanforderungen überschreitenden Trittschallschutzes. Es gibt nur einen Anspruch darauf, dass sich der Trittschall im Rahmen der schallschutztechnischen **Mindestanforderungen** hält.[76]

Der Rechtsprechung des BGH haben sich ausdrücklich das LG Itzehoe, das LG Berlin und das LG Lüneburg angeschlossen und stellen auf die DIN ab, die zur Zeit der Errichtung des betreffenden Gebäudes galt.[77]

---

72 OLG Frankfurt/Main v. 28.6.2004 – 20 W 95/01, NZM 2005, 68.
73 Brandenburgisches OLG v. 20.5.2010 – 5 Wx 20/09, ZWE 2010, 272; OLG Hamm v. 18.8.2009 – 15 Wx 357/08, ZWE 2009, 445; OLG Düsseldorf v. 13.11.2007 – 3 Wx 115/07, ZMR 2008, 223; OLG Saarbrücken v. 10.4.2006 – 5 W 253/05 – 76, 5 W 253/05, ZMR 2006, 802; OLG München v. 9.1.2008 – 34 Wx 114/07 NZM 2008, 133; OLG München v. 10.4.2006 – 34 Wx 21/06, 34 Wx 021/06, ZMR 2006, 643; OLG München v. 9.5.2005 – 32 Wx 30/05, NZM 2005, 509; OLG München v. 18.7.2005 – 34 Wx 063/05, 34 Wx 63/05, OLGR München 2005, 645; OLG München v. 25.6.2007 – 34 Wx 20/07 NZM 2008, 133.
74 OLG Köln v. 20.2.2004 – 6 Wx 240/03, ZMR 2004, 462.
75 BGH v. 27.2.2015 – V ZR 73/14, ZWE 2015, 212.
76 BGH v. 1.6.2012 – V ZR 195/11, ZWE 2012, 319 (insoweit noch anders zum „Gepräge").
77 LG Itzehoe v. 18.3.2014 – 11 S 101/12, ZWE 2014, 319; LG Berlin v. 25.9.2013 – 85 S 57/12, ZWE 2014, 270; LG Lüneburg v. 20.6.2013 – 9 S 103/12, ZWE 2014, 49.

Sachgerecht erscheint nach der hier vertretenen Meinung, die nunmehr 16
auch vom BGH bestätigt wurde, daher folgende **Prüfungsreihenfolge:**

- Zunächst ist festzustellen, ob eine Festlegung in der **Teilungserklärung/ Gemeinschaftsordnung** getroffen wurde, da dann diese „verdinglichte" Regelung für alle verbindlich ist.

- Fehlt eine derartige Regelung, ist auf die bei **Errichtung des Gebäudes** geltende **DIN-Norm** abzustellen (DIN 4109 „Schallschutz bei Hochbau", Ausgabe 1962 oder 1989). Nur bei sehr erheblichen und wesentlichen Umbauten im Sondereigentum, zu denen der bloße Austausch des Bodenbelages nicht zählt, ist ausnahmsweise auf die zum Zeitpunkt des **Umbaus** geltende DIN-Norm abzustellen.

- Bei **Altbauten**, die vor 1962 errichtet wurden, ist mangels einer DIN-Norm auf den **tatsächlichen Zustand bei Errichtung** abzustellen. Diese Konstellation hat der BGH bisher noch nicht entschieden. Es ist zu erwarten, dass insoweit regelmäßig für den Kläger erhebliche Beweisschwierigkeiten bestehen werden. Ob und wie diese Schwierigkeiten künftig behoben werden können, erscheint offen. Ein denkbarer Lösungsansatz wäre, dass bei Nichtaufklärbarkeit des tatsächlichen Errichtungszustands über einen Sachverständigen ermittelt wird, wie zum Zeitpunkt der Errichtung der **Stand der Technik** für derartige Gebäude war. An diesem Stand der Technik, aus dem möglicherweise nur eine gewisse Bandbreite für den sich daraus ergebenden Schallschutz abgeleitet werden kann, müssen sich die Wohnungseigentümer dann festhalten lassen.

c) Zweckbestimmungswidrige Nutzung

aa) Allgemein

Die Nutzung des Sondereigentums darf auch nicht, wie bereits bei § 13 17
Rn. 17 dargestellt, einer in der Teilungserklärung/Gemeinschaftsordnung vorgegebenen Nutzungsbestimmung widersprechen. Bestimmungen in der Teilungserklärung/Gemeinschaftsordnung, welche die zulässige Nutzung einzelner Räume oder auch der gesamten Anlage regeln, stellen **Zweckbestimmungen mit Vereinbarungscharakter** dar.[78] Der Inhalt der Zweckbestimmung ist durch Auslegung zu ermitteln. Bei der **Auslegung** einer in das Grundbuch eingetragenen Teilungserklärung/Gemeinschaftsordnung ist
– wie bei der Auslegung von Grundbucheintragungen allgemein – auf den Wortlaut und Sinn abzustellen, wie er sich aus unbefangener Sicht als nächstliegende Bedeutung der Eintragung ergibt. Umstände außerhalb der Eintragung können nur herangezogen werden, wenn sie nach den besonderen Verhältnissen des Einzelfalles für jedermann ohne weiteres erkennbar

---

78 BayObLG v. 6.3.2003 – 2Z BR 6/03, GuT 2004, 27; Schleswig-Holsteinisches Oberlandesgericht v. 17.5.2006 – 2 W 198/05, FGPrax 2006, 207; OLG München v. 25.5.2005 – 34 Wx 024/05, FGPrax 2005, 147; siehe zu Zweckbestimmungen mit Vereinbarungscharakter auch § 10 Rn. 10, § 13 Rn. 17 und § 15 Rn. 5.

sind.[79] Auf den Willen der Verfasser der Teilungserklärung/Gemeinschaftsordnung kommt es dabei nicht an.[80] Ohne Bedeutung ist auch, wie die Räume tatsächlich in der Vergangenheit genutzt worden sind.[81] Siehe genauer zur **objektiv-normativen** Auslegung § 10 Rn. 29. Zur **Zweckbestimmung** siehe auch § 10 Rn. 10 und Rn. 29.

18 Sollten sich bei der Auslegung **Widersprüche** zwischen Teilungserklärung einerseits und Gemeinschaftsordnung andererseits ergeben, geht grundsätzlich die Regelung in der Gemeinschaftsordnung vor.[82] Dagegen kommt der Bezeichnung von Räumlichkeiten im Aufteilungsplan in der Regel, anders als bei der Bezeichnung in der Teilungserklärung, nicht die Bedeutung einer Zweckbestimmung mit Vereinbarungscharakter zu.[83] Die Bezeichnung einzelner Räume im Aufteilungsplan etwa als „Gang" oder „Teeküche" stellt daher die in der Teilungserklärung vorgenommene Zweckbestimmung als „Laden" nicht in Frage.[84] Auch bei einer in der Teilungserklärung als „Wohnung" bezeichneten Einheit wird diese Zweckbestimmung nicht durch die Bezeichnung einzelner Räume im Aufteilungsplan (etwa als Küche, Bad, Kinderzimmer) für diese Räume auf die so umrissene konkrete Nutzungsart beschränkt.[85]

19 Ausnahmsweise ist aber auch eine von der ermittelten Zweckbestimmung abweichende Nutzung des Wohnungs- oder des Teileigentums zulässig. Dies setzt jedoch voraus, dass die Räume nur in einer Weise genutzt werden, die **nicht mehr stört** als die nach der Zweckbestimmung zulässige Nutzung.

Dabei gilt nach herrschender Meinung eine **typisierende** bzw. **generalisierende** – also nicht auf die Beeinträchtigungen im konkreten Fall abgestellte – **Betrachtungsweise**.[86] Diese typisierende Betrachtungsweise hat nunmehr auch der BGH in einer Entscheidung verwendet, in der er die Vermietung einer Eigentumswohnung an täglich oder wöchentlich wechselnde Feriengäste als Teil der zulässigen Wohnnutzung ansah, da sich diese Form

---

79 BGH v. 30.3.2006 – V ZB 17/06, NZM 2006, 465 (unter Hinweis auf die ständige Rechtsprechung des Senats, BGHZ 113, 374, 378; 121, 236, 239; 139, 288, 292; 156, 192, 197; 160, 354, 362); OLG Zweibrücken v. 11.8.2005 – 3 W 21/05, NJW-RR 2005, 1540; OLG München v. 27.3.2007 – 32 Wx 179/06 MDR 2007, 1250.
80 OLG München v. 18.7.2006 – 32 Wx 90/06, 32 Wx 090/06, ZMR 2006, 948.
81 OLG Köln v. 30.9.2005 – 16 Wx 37/05, FGPrax 2006, 12.
82 BayObLG v. 28.10.1997 – 2 Z BR 88/97, ZMR 1998, 184; OLG Düsseldorf v. 19.3.2004 – 3 Wx 249/02, 3 Wx 249/02, ZMR 2004, 448; BayObLG v. 9.2.2005 – 2 Z BR 227/04, ZWE 2005, 345 (Leitsatz).
83 BayObLG v. 15.4.2004 – 2Z BR 024/04, 2Z BR 24/04, WuM 2004, 357.
84 BayObLG v. 6.3.2003 – 2Z BR 6/03, GuT 2004, 27.
85 OLG Hamm v. 13.2.2006 – 15 W 163/05, NZM 2007, 294.
86 LG München I v. 4.4.2011 – 1 S 16861/09, ZWE 2011, 275; LG Hamburg v. 20.10.2010 – 318 S 42/10, ZMR 2011, 161; LG Itzehohe v. 28.4.2009 – 11 S 27/08, ZWE 2010, 57; KG Berlin v. 13.2.2007 – 24 W 347/06, BauR 2007, 933; OLG München v. 6.11.2006 – 34 Wx 105/06, ZMR 2007, 302; OLG Schleswig v. 17.5.2006 – 2 W 198/05, FGPrax 2006, 207; OLG Frankfurt/Main 20. Zivilsenat v. 6.1.2006 – 20 W 202/04, ZWE 2006, 250 (Leitsatz); BayObLG v. 10.4.2004 – 2 Z BR 169/04, NZM 2005, 263; OLG Frankfurt/Main v. 21.7.2005 – 20 W 284/03, NZM 2006, 144.

der Wohnnutzung bei typisierender Betrachtung heute nicht mehr signifikant von der längerfristigen Vermietung einer Wohnung unterscheidet (siehe auch Rn. 21).[87] Die in der gerichtlichen Praxis häufig angebotenen Beweise über angeblich in der Vergangenheit aufgetretene **konkrete Beeinträchtigungen** brauchen daher regelmäßig nicht erhoben zu werden.[88] Bei der typisierenden Betrachtung des konkreten Einzelfalls ist der beabsichtigte zweckbestimmungswidrige Gebrauch nach seiner **Art** und **Durchführung** sowie den damit verbundenen **Folgen** (z.B. Besucherfrequenz, Art der Besucher, Begleitkriminalität) zu konkretisieren und auf die **örtlichen Gegebenheiten** (z.B. Umfeld, Charakter der Anlage und die prägenden Verhältnisse, Lage im Gebäude) und **zeitlichen Verhältnisse** (etwa Öffnungszeiten) zu beziehen.[89] Die gebotene typisierende Betrachtungsweise bedeutet nämlich nicht, dass die konkreten Umstände des Einzelfalls für die Beurteilung des Vorliegens einer Mehrbelastung gänzlich außer Betracht zu bleiben haben.[90] So ist etwa bei der Nutzung einer Wohnung als Werkstatt im Rahmen des Betriebs eines Elektrogeschäfts die danach zu erwartende Anzahl und Frequenz an Waren- und Personalverkehr zu konkretisieren und auf die örtlichen (Umfeld, Lage im Gebäude) und zeitlichen (etwa Öffnungszeiten) Verhältnisse zu beziehen.[91] Die Nutzung eines Teileigentums „Lokal" als **Spielhalle** stellt eine grundsätzlich nicht zu duldende zweckbestimmungswidrige Nutzung dar. Für die Behauptung, dass eine zweckbestimmungswidrige Nutzung generell nicht mehr stört als die zweckbestimmungsgemäße Nutzung, trägt der Eigentümer der betroffenen Einheit die **Beweislast**.[92]

Einen allgemeinen Erfahrungssatz, dass Wohnen nicht mehr stört als eine gewerbliche Nutzung, gibt es nicht. **Wohnen** stört vielmehr **anders** als eine **gewerbliche Nutzung**.[93]

bb) Wohnungseigentum

Wenn eine Zweckbestimmung vorliegt, die eine Nutzung der Räume als 20 Wohnung vorsieht, bedeutet dies, dass die Summe der Räume die Führung eines Haushalts ermöglichen soll. Deshalb gehört dazu eine Kochgelegenheit sowie Wasserversorgung, Abfluss und WC. Eine **Wohnung** dient dem Menschen dazu, seinen Lebensmittelpunkt zu gestalten.[94] Wie bereits bei Rn. 18 dargestellt, wird diese Zweckbestimmung nicht durch die Bezeich-

---

87 BGH v. 15.1.2010 – V ZR 72/09, ZWE 2010, 130.
88 OLG Frankfurt/Main v. 21.7.2005 – 20 W 284/03, NZM 2006, 144.
89 LG München I v. 4.4.2011 – 1 S 16861/09, ZWE 2011, 275.
90 OLG Frankfurt/Main v. 21.7.2005 – 20 W 284/03, NZM 2006, 144; BayObLG v. 10.4.2004 – 2 Z BR 169/04, NZM 2005, 263.
91 OLG Frankfurt/Main v. 10.11.2005 – 20 W 36/03, 20 W 36/2003, ZWE 2006, 202 (Leitsatz).
92 LG München I v. 2.1.2012 – 1 S 21470/09, ZMR 2012, 482; siehe auch unten Rn. 24 und Rn. 25.
93 LG München I v. 18.1.2016 – 1 S 11225/15 (noch nicht veröffentlicht); LG München I v. 5.8.2015 – 1 S 1605/15 (nicht veröffentlicht; auf Hinweis des Gerichts wurde die Berufung zurückgenommen).
94 BayObLG v. 10.4.2004 – 2 Z BR 169/04, NZM 2005, 263, OLG Frankfurt/Main v. 2.11.2005 – 20 W 378/03, NZM 2006, 747.

nung einzelner Räume im Aufteilungsplan (etwa als Küche, Bad, Kinderzimmer) für diese Räume auf die so umrissene konkrete Nutzungsart beschränkt, mit der Folge, dass dann der bezeichnete Raum nicht anders (etwa als Wohn- oder Schlafzimmer) genutzt werden dürfte.[95]

Eine umfangreiche Rechtsprechung hat sich jedoch zu der Frage entwickelt, welche anderweitige Nutzung von Wohnräumen bei der gebotenen **typisierenden Betrachtungsweise** nicht störender und daher zulässig ist (siehe Rn. 19).

21 Folgende Nutzungen von Wohnraum wurden als **zulässig** erachtet:

- Eine **Arztpraxis** (Humanmedizin) kann in den Räumlichkeiten betrieben werden, wenn sie einen Zuschnitt aufweist, der typischerweise nicht mehr stört als Wohnen; dabei ist insbesondere von Bedeutung, ob sie etwa als Einzel- oder Gemeinschaftspraxis oder als Bestellpraxis betrieben wird.[96] Unzulässig ist jedoch eine Nutzung als Tierarztpraxis (siehe unten Rn. 22)

- Ähnliches gilt für die Nutzung als **Architektenbüro** und **Steuerberaterpraxis**.[97]

- **Betreutes Wohnen** kann in einer Teilungserklärung als ausschließliche Nutzungsmöglichkeit für Wohnungen vorgesehen werden.[98] Die Wohnungsnutzer (Eigentümer oder Mieter) müssen daher ein bestimmtes Mindestalter erreicht haben oder betreuungsbedürftig sein. Zum betreuten Wohnen siehe auch § 10 Rn. 12.

- Bereits nach der bisherigen Rechtsprechung wurde die Vermietung einer Wohnung an **Feriengäste** zumindest in einem Fremdenverkehrsort als zulässig angesehen.[99] Dagegen wurde ansonsten ohne eine Zweckbestimmung als **Ferienwohnung** oder **Ferienappartement** die Nutzung einer Wohnung durch wechselnde Gäste als als unzulässig angesehen. Der BGH hat sich nunmehr gegen diese Meinung ausgesprochen und dargelegt, dass die Vermietung einer Eigentumswohnung an täglich oder wöchentlich wechselnde Feriengäste als Teil der zulässigen Wohnnutzung anzusehen ist, da sich diese Form der Wohnnutzung bei typisierender Betrachtung heute nicht mehr signifikant von der längerfristigen Vermietung einer Wohnung unterscheidet.[100]

- Eine Nutzung für **freiberufliche** Tätigkeit (etwa Architekturbüro oder Steuerberaterpraxis) ist zulässig.[101]

- Die Nutzung einer Wohnung für Aufgaben der sozialen **Daseinsfürsorge** stellt grundsätzlich keine gewerbliche Nutzung dar und ist damit grund-

---

95 OLG Hamm v. 13.2.2006 – 15 W 163/05, NZM 2007, 294.
96 OLG Frankfurt/Main v. 21.7.2005 – 20 W 284/03, NZM 2006, 144.
97 KG Berlin v. 8.6.1994 – 24 W 5760/93, NJW-RR 1995, 333.
98 BGH v. 13.10.2006 – V ZR 289/05, NZM 2007, 90 (wobei der BGH gleichzeitig eine Verpflichtung, einen Betreuungsvertrag mit einer Bindung von mehr als zwei Jahren abzuschließen, als unwirksam ansah).
99 BayObLG v. 10.10.1978 – BReg 2 Z 61/77, MDR 1979, 232.
100 BGH v. 15.1.2010 – V ZR 72/09, ZWE 2010, 130.
101 KG Berlin v. 8.6.1994 – 24 W 5760/93, NJW-RR 1995, 333.

sätzlich zulässig.[102] Das kann etwa bei Vermietung eines **Betreuungsvereins** an aus einer Anstalt entlassene Suchtkranke der Fall sein.[103] Eine zulässige Wohnnutzung und keine gewerbliche Nutzung liegt auch dann vor, wenn Kinder und Jugendliche zusammen mit Erziehern oder Erziehungspaaren in familienähnlichen **Wohngruppen** untergebracht werden.[104]

(Zu einer – unzulässigen – heimartigen Unterbringung siehe unten Rn. 22).

Folgende Nutzungen von Wohnraum wurde als **unzulässig** angesehen: 22

– Eine Nutzung als **Boarding-House** geht über die Nutzung zu Wohnzwecken hinaus, da sie wegen des ständigen Wechsels der Benutzer einer **Pensions-** oder **Hotelnutzung** gleichzusetzen ist.[105] Ob sich diese Meinung im Hinblick auf die so genannte Ferienwohnungsentscheidung des BGH[106] mit dieser Begründung noch aufrechterhalten lässt, erscheint zweifelhaft.

– Ein **Bordell** oder ein bordellartiger Betriebe ist mit der Zweckbestimmung von Wohnungs- und Teileigentum nicht zu vereinbaren; Hanseatisches Oberlandesgericht Hamburg NJW-RR 2000, 1253 (zum **Sex-Shop**); Hanseatisches Oberlandesgericht Hamburg Info M 2009, 21 (zur „**Massagepraxis** zu sexuellen Entspannung"); BayObLG ZMR 2000, 689 **(Swinger-Club)**; OLG Karlsruhe ZMR 2002, 218 und OLG Köln ZMR 2009, 387 (Beherbergung von **Prostituierten** und **Rauschgifthändlern**).[107] Lediglich wenn ausschließlich das sittliche Empfinden anderer Eigentümer verletzt wird, die Bordellnutzung von außen also nicht wahrnehmbar ist (also keinerlei Belästigungen etwa durch Lärm, Verhalten der Freier etc.), kann gegen eine derartige Nutzung nichts unternommen werden.[108]

– Eine Nutzung einer Eigentumswohnung als **Heilpraktiker-** bzw. **Naturheilpraxis** ist im Rahmen der gebotenen „typisierenden Betrachtungsweise" unzulässig.[109]

– Eine **heimartige** Nutzung ist nicht mehr mit einer Nutzung durch eine Familie oder Partnerschaft vergleichbar. Sie stellt keine Nutzung zu Wohnzwecken dar und ist nicht zulässig, da sie mehr stört.[110] Dies gilt auch dann, wenn durch die Unterbringung Aufgaben der sozialen Daseinsfürsorge wahrgenommen werden (siehe oben Rn. 21).

– **Hotelnutzung** siehe oben „Boarding-House".

---

102 OLG Hamm v. 18. 2. 1999 – 15 W 234/98, ZMR 1999, 504.
103 KG Berlin v. 13. 12. 2004 – 24 Wx 51/04, WuM 2005, 207.
104 KG Berlin v. 28. 2. 2001 – 24 W 2632/00, NZM 2001, 531.
105 KG Berlin v. 2. 7. 2007 – 24 W 34/07, ZMR 2007, 803; OLG Saarbrücken v. 3. 2. 2006 – 5 W 115/05 –, ZMR 2006, 554; OLG Saarbrücken v. 3. 2. 2006 – 5 W 125/05, NZM 2006, 590.
106 BGH v. 15. 1. 2010 – V ZR 72/09, ZWE 2010, 130.
107 KG Berlin v. 20. 3. 2002 – 24 W 56/01, NZM 2002, 568.
108 BGH v. 12. 7. 1985 – V ZR 172/84, NJW 1985, 2823.
109 LG München I v. 26. 1. 2015 – 1 S 9962/14, ZWE 2016, 85.
110 BayObLG v. 9. 2. 1994 – 2Z BR 7/94, WuM 1994, 393; OLG Hamm v. 18. 2. 1999 – 15 W 234/98, ZMR 1999, 504.

- Unzulässig ist die Ausübung der **Prostitution**. Daran hat das Prostitutionsgesetz vom 20. 12. 2001 nichts geändert.[111] Lediglich wenn ausschließlich das sittliche Empfinden anderer Eigentümer verletzt wird, die Prostitutionsausübung von außen also nicht wahrnehmbar ist (also keinerlei Belästigungen etwa durch Lärm, Verhalten der Freier etc.), kann gegen eine derartige Nutzung nichts unternommen werden.[112]

- Nach der bisherigen Rechtsprechung störte eine Nutzung einer Wohnung als **Seminar**- oder **Veranstaltungsraum** jedoch bei typisierender Betrachtung grundsätzlich mehr, da schon die Nutzung der Gemeinschaftseinrichtungen, wie etwa des Treppenhauses, regelmäßig intensiver ist.[113] Ob die so genannte Ferienwohnungsentscheidung des BGH[114] an dieser Rechtsprechung etwas ändern wird, erscheint zweifelhaft.

- Eine **Tagespflegestelle** für **Kleinkinder** in einer vermieteten Eigentumswohnung ist unzulässig. Zwar gehört zum Wohnen auch die Möglichkeit, in der Familie neben den eigenen Kindern fremde Kinder zu betreuen, etwa bei regelmäßigen Besuchen von Freunden der Kinder oder im Wege der Nachbarschaftshilfe. Hiervon zu unterscheiden ist jedoch die Erbringung von Betreuungsdienstleistungen gegenüber Dritten, bei der der Erwerbscharakter im Vordergrund steht. Eine solche teilgewerbliche Nutzung der Wohnung wird vom Wohnzweck nicht mehr getragen.[115]

- Eine Nutzung als **Tierarztpraxis** ist nicht zulässig.[116]

- Das Betreiben einer **Werkstatt** im Rahmen des Betriebs eines Elektrogeschäfts ist nicht zulässig.[117]

cc) Teileigentum

23 In der Bezeichnung eines Raumes in der Teilungserklärung als „nicht Wohnzwecken dienender Raum" liegt eine **Zweckbestimmung mit Vereinbarungscharakter** des Inhalts, dass der Raum zwar nicht zu Wohnzwecken, aber grundsätzlich zu jedem anderen beliebigen Zweck genutzt werden darf.[118]

24 Folgende Nutzungen von Teileigentum wurden als **zulässig** angesehen:

- Der Betrieb einer **Begegnungsstätte für Senioren** durch einen gemeinnützigen Verein überschreitet nicht den mit der Zweckbestimmung „**Gewerbeeinheit**" für das Teileigentum eröffneten Nutzungsrahmen.[119]

- Ein **Büro** kann als Zahnarzt- oder psychologische **Praxis** genutzt werden, wenn nach dem Zuschnitt der Arzttätigkeit als Einzel- und Bestellpraxis

---

111 OLG Frankfurt/Main v. 7. 6. 2004 – 20 W 59/03, NZM 2004, 950.
112 BGH v. 12. 7. 1985 – V ZR 172/84, NJW 1985, 2823 (zur Nutzung als Bordell).
113 BayObLG v. 2. 6. 2004 – 2Z BR 29/04, BayObLGR 2004, 390.
114 BGH v. 15. 1. 2010 – V ZR 72/09, ZWE 2010, 130.
115 BGH v. 13. 7. 2012 – V ZR 204/11, ZWE 2012, 366.
116 OLG München v. 25. 5. 2005 – 34 Wx 024/05, ZMR 2005, 727.
117 OLG Frankfurt/Main v. 10. 11. 2005 – 20 W 36/03, 20 W 36/2003, ZWE 2006, 202 (Leitsatz).
118 KG Berlin v. 22. 12. 2006 – 24 W 126/05, ZMR 2007, 299.
119 OLG Düsseldorf v. 6. 5. 2008 – 3 Wx 162/07, NJW 2008, 2194.

keine größere Beeinträchtigung durch Publikumsverkehr zu erwarten sind, als sie auch von einem Bürobetrieb ausgehen können.[120] Dies kann etwa dann der Fall sein, wenn der Praxisbetrieb auf die Zeit von montags bis freitags zwischen 8.30 Uhr und 18.30 Uhr begrenzt ist.[121]

- Wenn die Teilungserklärung eine Nutzung zu **beliebigen gewerblichen Zwecken** zulässt und der Aufteilungsplan für die Räume ein bestimmtes Gewerbe vorsieht, stellt die Teilungserklärung durch die Bezugnahme auf den Aufteilungsplan lediglich klar, dass die dortige Bezeichnung der Gewerbeeinheit nicht verbindlich ist, sondern auch andere Gewerbe als das im Aufteilungsplan angegebene in den jeweiligen Räumen betrieben werden können. Dies gilt jedoch nur, soweit dies bei den vorhandenen baulichen Voraussetzungen möglich ist. Darüber hinaus ergibt sich aber **keine** Ermächtigung zu jeglichen **baulichen Veränderungen**, die ein etwaiges Gewerbe erfordert.[122]

- Ist ein **Einkaufszentrum** so konzipiert, dass Geschäfte und eine Gaststätte zu einer gemeinsamen Fläche hin geöffnet sind, wird der Betrieb der Gaststätte (Pizzeria) nicht dadurch unzulässig, dass bei den übrigen Geschäften Geruchsbelästigungen auftreten, die nur auf einen bestimmungsgemäßen Gebrauch der Gaststätte zurückzuführen sind.[123]

- **Geschäftsräume** dürfen grundsätzlich auch zum Betrieb eines **Speiselokals** benutz werden.[124]

- In **Gewerberäumen** kann auch eine **Tagesstätte** für **psychisch Kranke** betrieben werden.[125] Insoweit sind die oben zur psychologischen Praxis erwähnten Ausführungen sinngemäß anwendbar.

- **Hobbyräume** dürfen nicht zu Wohnzwecken genutzt werden.[126]

- Ein **Keller** kann als **Trockensauna** genutzt werden, wenn die üblicherweise zu erwartenden Geruchs- und Geräuschbelästigungen sowie die Frequentierung des Kellerraumes nicht höher ist als bei einer Nutzung als Lagerraum.[127]

- Unter **Laden** sind grundsätzlich Geschäftsräume zu verstehen, bei denen der Charakter einer Verkaufsstätte im Vordergrund steht, in der sich also Personal aufhält, während der Öffnungszeiten Kunden ein- und ausgehen und gelegentlich Waren angeliefert werden.[128] In einem Laden, der als Boutique genutzt wird, darf während der üblichen Öffnungszeiten auch ein **Bistro/Café** betrieben werden.[129]

---

120 OLG Hamm v. 23. 10. 2003 – 15 W 372/02, FGPrax 2004, 12.
121 OLG Düsseldorf v. 7. 1. 1998 – 3 Wx 500/97, ZMR 1998, 247.
122 OLG München v. 18. 7. 2006 – 32 Wx 90/06, 32 Wx 090/06, ZMR 2006, 948.
123 OLG München v. 9. 10. 2006 – 32 Wx 116/06, ZMR 2007, 215.
124 BayObLG v. 11. 1. 1982 – BReg 2 Z 96/80, MDR 1982, 496.
125 OLG Zweibrücken v. 11. 8. 2005 – 3 W 21/05, NJW-RR 2005, 1540.
126 LG Frankfurt v. 25. 6. 2014 – 2-13 S 18/13, ZWE 2014, 358; OLG München v. 6. 11. 2006 – 34 Wx 105/06, ZMR 2007, 302.
127 OLG Frankfurt/Main v. 2. 11. 2005- 20 W 378/03, NZM 2006, 747.
128 OLG Düsseldorf v. 9. 9. 2002 – 3 Wx 64/02, NZM 2003, 979; BayObLG v. 6. 3. 1996 – 2Z BR 2/96, ZMR 1996, 334.
129 OLG Hamburg v. 26. 2. 2002 – 2 Wx 10/01, GuT 2002, 91.

– Ist in der Gemeinschaftsordnung eine bestimmte **Nutzungsart** genannt, liegt darin kein **Konkurrenzverbot** zugunsten anderer Teileigentümer.[130]
– Lässt die Teilungserklärung für die Gewerbeeinheiten den Betrieb eines Gewerbes uneingeschränkt zu, verstößt der Betrieb einer **Spielothek** nicht gegen die Zweckbestimmung der Teilungserklärung.[131] Ebenso ist der Betrieb einer **Spielhalle** zwar nicht von der Zweckbestimmung „Restaurant" gedeckt, kann aber im Einzelfall zu dulden sein, wenn bei typisierender Betrachtung nicht mehr Störungen als beim Restaurantbetrieb zu erwarten sind.[132] (zu Spielhallen in „sensiblen Bereichen" siehe unten Rn. 25 und oben Rn. 19).

– Die in der Teilungserklärung für einen Raum enthaltene Zweckbestimmung **„Teileigentum"** bedeutet nicht, dass generell nur gewerbliche oder freiberufliche Nutzung möglich wäre. Es kann sich hier auch um einen zwar zu einer Wohnung gehörenden Raum handeln, der aber nicht zum dauerhaften Aufenthalt von Menschen bestimmt ist. Ein solcher Raum kann für bestimmte Zwecke dienen, die mit der Wohnnutzung in Zusammenhang stehen, dieser aber untergeordnet sind. Dies kann etwa bei einer Nutzung als Abstellraum, Hobbyraum oder Werkstatt der Fall sein.[133]

25 Folgende Nutzungen von Teileigentum wurden als **unzulässig** angesehen:

– Ein **Bordell** oder ein bordellartiger Betrieb ist mit der Zweckbestimmung von Wohnungs- und Teileigentum nicht zu vereinbaren (Hanseatisches Oberlandesgericht Hamburg NJW-RR 2000, 1253 (zum **Sex-Shop**[134]); BayObLG ZMR 2000, 689 **(Swinger-Club)**; OLG Karlsruhe ZMR 2002, 218 (Beherbergung von **Prostituierten** und **Rauschgifthändlern**).[135]

– Mit einer Nutzung als **Café mit Schnellimbiss** ist es jedenfalls nicht vereinbar, in den Räumen über 21.00 Uhr hinaus die Versammlungsstätte eines ausländischen **Kulturvereins** mit Getränkeausschank und Speisenzubereitung zu betreiben.[136]

– Eine **Dachterrasse** für eine im Sondereigentum stehende Fläche rechtfertigt es nicht, diese Fläche als auf einer aufgeschütteten Erdoberfläche intensiv begrünten **Dachgarten** zu nutzen.[137]

– Die Bebauung der **Gartenfläche** mit einer **Garage**, da ein baulicher Gebrauch des Grundstücks eine intensivere Nutzung als dessen gärtnerischer Gebrauch darstellt.[138]

---

130 BayObLG v. 14. 3. 1996 – 2Z BR 6/96, WuM 1996, 359.
131 LG Karlsruhe v. 20. 9. 2010 – 11 S 200/09, ZWE 2011, 99.
132 LG München I v. 2. 3. 2015 – 1 S 5273/13, ZWE 2016, 172.
133 KG Berlin v. 22. 12. 2006 – 24 W 126/05, ZMR 2007, 299.
134 Siehe dazu auch: Verfassungsgerichtshof des Landes Berlin v. 6. 12. 2002 – Az. 188/01, ZMR 2003, 207.
135 KG Berlin v. 20. 3. 2002 – 24 W 56/01, NZM 2002, 568.
136 BayObLG v. 15. 5. 2003 – 2Z BR 41/03, BayObLGR 2003, 335 (Leitsatz).
137 OLG Köln v. 10. 1. 2005 – 16 Wx 217/04, NZM 2005, 508.
138 LG Hamburg v. 20. 10. 2010 – 318 S 42/10, ZMR 2011, 161 (zu einer möglichen optischen Beeinträchtigung siehe Rn. 26 ff.).

– In **Geschäftsräumen** darf ein **Nachtlokal** mit Musikveranstaltungen jedenfalls dann nicht betrieben werden, wenn eine solche gewerbliche Nutzung dem Charakter der Wohnanlage nicht entspricht.[139]

– Nicht zulässig ist es, wenn eine **Gewerbeeinheit**, die Teil einer Wohnanlage ist, in Wohnappartements umgebaut wird und ein Träger der sozialen **Daseinsfürsorge** (siehe dazu auch oben Rn. 21) wohnsitzlose psychisch erkrankte Personen für längere Zeit unterbringen möchte. Die Nutzung als **Wohnheim** ist eine unzulässige Wohnnutzung, die infolge der mit ihr in der Regel verbundenen intensiveren Nutzung von Gemeinschaftsflächen mehr stört als eine gewerbliche Nutzung.[140]

– Es gibt keinen Erfahrungssatz, dass ein in einer **Gewerbeeinheit** angemessen betriebenes **Restaurant** grundsätzlich mit einer übermäßigen Belästigung einhergeht und damit typischerweise mehr stört als ein sonstiger Gewerbebetrieb.[141]

– **Hobbyräume** dürfen nur gelegentlich, nicht aber dauernd zu **Wohnzwecken** genutzt werden. Ist jedoch in der Gemeinschaftsordnung bestimmt, dass Hobbyräume ausgebaut und mit den Wohnungen verbunden werden dürfen, liegt darin in der Regel eine Vereinbarung, dass die Hobbyräume nach Ausbau dauernd zu Wohnzwecken genutzt werden dürfen.[142]

– Ein **Keller** darf nur gelegentlich, nicht aber dauerhaft zu **Wohn- oder Schlafzwecken** genutzt werden.[143] Dauerhaft ist nur eine Nutzung zulässig, die nicht mehr stört als eine Nutzung als Lager- und Abstellraum.[144]

– Unter **Laden** sind grundsätzlich Geschäftsräume zu verstehen, bei denen der Charakter einer Verkaufsstätte im Vordergrund steht, in der sich also Personal aufhält, während der Öffnungszeiten Kunden ein- und ausgehen und gelegentlich Waren angeliefert werden.[145]

– Die Nutzung eines **Lokals** als **Spielhalle** stellt eine grundsätzlich nicht zu duldende zweckbestimmungswidrige Nutzung dar.[146]

– Ein Laden darf nicht als **Schnell-Imbiss** genutzt werden. Die typisch mit einem Schnell-Imbiss verbundenen Störungen sind größer als bei einer Ladennutzung. Davon ist schon auf Grund der auch in die Abend- und Nachtstunden verlängerten Öffnungszeiten bei einem Imbiss gegenüber

---

139 BayObLG v. 13. 7. 1984 – BReg 2 Z 22/84, WuM 1985, 298; KG Berlin v. 16. 9. 1988 – 24 W 1240/88 (nicht veröffentlicht).
140 BayObLG v. 10. 11. c2004 – 2 Z BR 169/04, NZM 2005, 263.
141 LG Itzehohe v. 28. 4. 2009 – 11 S 27/08, ZWE 2010, 57.
142 OLG München v. 6. 11. 2006 – 34 Wx 105/06, ZMR 2007, 302.
143 OLG Düsseldorf v. 24. 3. 1997 – 3 Wx 426/95, NJW-RR 1997, 907; OLG Zweibrücken v. 14. 12. 2005 – 3 W 196/05, ZMR 2006, 316.
144 OLG Schleswig v. 17. 5. 2006 – 2 W 198/05, ZMR 2006, 891.
145 BGH v. 10. 7. 2015 – V ZR 169/14, ZWE 2015, 402; OLG Düsseldorf v. 9. 9. 2002 – 3 Wx 64/02, NZM 2003, 979.
146 LG München I v. 2. 1. 2012 – 1 S 21470/09, ZMR 2012, 482; siehe auch oben Rn. 19 und Rn. 24.

einem Laden und den zusätzlich auftretenden Gerüchen bei der Zubereitung der Speisen auszugehen.[147]

- Die mit einer Nutzung als Laden typischerweise verbundenen Beeinträchtigungen müssen nur während der üblichen Ladenöffnungszeiten hingenommen werden.[148] Daher ist eine Nutzung als **Gaststätte** nicht von der Zweckbestimmung gedeckt.[149]

- Nicht zulässig ist auch der Betrieb einer **chemischen Reinigung** unter Einsatz von Reinigungsmaschinen.[150]

- Dies gilt auch für ein Automaten-**Sonnenstudio**, das außerhalb der gesetzlichen Ladenöffnungszeiten unbeaufsichtigt durch Personal des Betreibers betreten werden kann.[151]

- Auch der Betrieb eines (Fisch-) **Großhandels** ist von der Zweckbestimmung nicht gedeckt.[152]

- Ein Laden darf auch nicht als „**Begegnungsstätte** für Menschen" genutzt werden, da bei typisierender Betrachtung davon auszugehen ist, dass von der Begegnungsstätte Geräuschemissionen ausgehen, die andere Eigentümer stärker beeinträchtigen als dies bei einer Ladennutzung der Fall wäre.[153]

- Ein **Ladenkeller** lässt nur eine Nutzung als zum Laden gehörender Keller, nicht aber den Betrieb eines selbständigen Ladens im Keller zu.[154]

- Ein **Speicherraum** darf auch dann nicht zu Wohnzwecken benutzt werden, wenn in der Teilungserklärung aufgeführt ist, dass zu der Wohnung auch ein Speicher gehört.[155] Allein das Sondernutzungsrecht am Speicher berechtigt nicht zur Nutzung zu Wohnzwecken.[156]

- Der Betrieb einer **Spielhalle** führt jedenfalls an „sensiblen Standorten" (wie allgemeines Wohngebiet mit Schule, Kindergarten, Kirche und Geschäften im näheren Umfeld) mit hoher Wahrscheinlichkeit zu einer intensiveren Kriminalitätsbelastung und zu einer Beeinträchtigung des Sicherheitsgefühls der Anwohner und stört daher regelmäßig mehr als der Betrieb einer Gaststätte oder eines Imbisses.[157]

---

147 OLG Frankfurt/Main v. 6.1.2006 – 20 W 202/04 ZWE 2006, 250 (Leitsatz), BayObLG v. 12.1.2005 – 2Z BR 202/04, Wohnungseigentümer 2005, 23 (red. Leitsatz); BayObLG v. 6.3.1996 – 2Z BR 2/96, ZMR 1996, 334.
148 BayObLG v. 6.3.2003 – 2Z BR 6/03, GuT 2004, 27.
149 BGH v. 10.7.2015 – V ZR 169/14, ZWE 2015, 402; BayObLG v. 23.5.1997 – 2Z BR 44/97, WE 1998, 76.
150 BayObLG v. 31.7.1997 – 2Z BR 34/97, WE 1998, 194.
151 BayObLG v. 6.3.1996 – 2Z BR 2/96, ZMR 1996, 334.
152 OLG München v. 8.12.2006 – 34 Wx 111/06, MDR 2007, 513.
153 KG Berlin v. 13.2.2007 – 24 W 347/06, BauR 2007, 933.
154 OLG München v. 5.7.2006 – 34 Wx 63/06, NZM 2006, 933.
155 BayObLG v. 2.9.1993 – 2Z BR 73/93, NJW-RR 1994, 82.
156 LG München I v. 18.7.2013 – 36 S 20429/12, ZWE 2014, 189.
157 LG München I v. 4.4.2011 – 1 S 16861/09, ZWE 2011, 275; möglicherweise anders: LG Karlsruhe v. 20.9.2010 – 11 S 200/09, ZWE 2011, 99 (für eine „Spielothek", wenn in der Gemeinschaftsordnung uneingeschränkt Gewerbe zugelassen ist).

d) *Optische Beeinträchtigungen*
aa) Allgemein

Die übrigen Eigentümer müssen es nicht dulden, dass ein Sondereigentümer die **Optik** der Anlage eigenmächtig nachteilig verändert. Ein solcher Eingriff wird zwar häufig durch bauliche Veränderungen geschehen, kann aber auch durch sonstige Maßnahmen erfolgen, die nicht unter den Begriff einer baulichen Veränderung[158] fallen. Unerheblich ist in diesem Zusammenhang auch, ob die optische Beeinträchtigung vom **Sondereigentum**, dem Bereich eines **Sondernutzungsrechts**[159] oder vom **gemeinschaftlichen Eigentum**, in das eingegriffen wurde, ausgeht.[160] In den nachfolgenden Ausführungen werden daher diese Bereiche zusammengefasst behandelt.

26

Zwar wird bei baulichen Veränderungen am gemeinschaftlichen Eigentum vereinzelt vertreten, dass es der Schutz der Wohnungseigentümergemeinschaft erfordere, Veränderungen am optischen Gesamteindruck von der Zustimmung aller Eigentümer abhängig zu machen[161]. Diese Auffassung, die zudem (zutreffend) auch davon ausgeht, dass nicht auf das Empfinden einzelner Eigentümer, sondern auf objektive Kriterien abzustellen sei, kann in dieser Weite nicht überzeugen.

Auszugehen ist vielmehr davon, dass unter Nachteil i.S.d. § 14 jede nicht ganz unerhebliche Beeinträchtigung zu verstehen ist.[162] Dies wird regelmäßig gegeben sein, wenn eine **wesentliche** Umgestaltung des **äußeren Bestandes** vorliegt.[163] Ein Nachteil kann etwa der Anblick eines verwahrlosten Schuppens sein. Aber nicht jede **Veränderung**, etwa des **optisch-architektonischen Erscheinungsbilds**, stellt bereits eine das Maß des § 14 Nr. 1 übersteigende Beeinträchtigung dar.[164] Entscheidend ist, ob sich nach der **Verkehrsanschauung** ein Wohnungseigentümer in einer entsprechenden Lage verständlicherweise **beeinträchtigt** fühlen kann.[165] Die Feststellung, ob diese Voraussetzungen objektiv vorliegen, obliegt in erster Linie tatrichterlicher Würdigung.[166] Wenn ein **Fassadenneuanstrich** das Gesamterscheinungsbild des Gebäudes verändert (neue orangefarbenen Akzentstreifen), liegt aber eine beeinträchtigende Änderung vor.[167]

27

Ist eine erhebliche optische Veränderung der Wohnungseigentumsanlage weder als modernisierende Instandsetzung noch als Modernisierungsmaßnahme einzuordnen, bedarf sie als nachteilige bauliche Maßnahme der Zu-

---

158 Siehe dazu oben Rn. 10 ff.
159 Siehe dazu § 13 Rn. 27 ff.
160 BGH v. 22.1.2004 – V ZB 51/03, NJW 2004, 937; BayObLG v. 29.10.1998 – 2Z BR 81/98, ZMR 1999, 118.
161 OLG Zweibrücken v. 15.6.1999 – 3 W 69/99, OLGR Koblenz 2000, 53 = Wohnungseigentümer 1999, 151 (red. Leitsatz); KG Berlin v. 13.2.2007 – 24 W 347/06, BauR 2007, 933 (Leitsatz).
162 Siehe oben Rn. 5.
163 Siehe dazu § 22 Rn. 21.
164 BayObLG v. 30.1.2003 – 2Z BR 121/02, ZMR 2003, 514.
165 BGH v. 19.12.1991 – V ZB 27/90, BGHZ 116, 392; OLG Hamburg v. 4.3.2003 – 2 Wx 102/99, ZMR 2003, 524.
166 OLG München v. 10.7.2006 – 34 Wx 033/06, ZMR 2006, 800.
167 LG München I v. 20.9.2012 – 36 S 1982/12, ZWE 2013, 226.

stimmung aller Wohnungseigentümer. Ob eine erhebliche optische Veränderung des Gebäudes ein Vor- oder ein Nachteil ist, können im Regelfall auch verständige Wohnungseigentümer unterschiedlich bewerten, selbst wenn die Maßnahme dem gängigen **Zeitgeschmack** entspricht. Die Minderheit muss sich dem **Geschmack** der Mehrheit **nicht fügen**, es sei denn, die Entscheidung ist nach dem Gesetz der Mehrheitsmacht unterworfen, wie etwa bei § 22 Abs. 2.[168]

Bei einer **Fassadenänderung** oder beim Aufstellen eines **Gartenhauses** durch einen Sondereigentümer kommt es nicht darauf an, ob die bauliche Veränderung von der Wohnung des widersprechenden Wohnungseigentümers aus **sichtbar** ist. Es liegt gerade im Wesen einer Fassadenänderung, dass sie die äußere Gestalt der Fassade und nicht den Ausblick von einer Wohnung betrifft.[169] Eine Beeinträchtigung des optischen Gesamteindrucks der Wohnanlage kann aber dann keinen Nachteil i.S.d. § 14 Nr. 1 darstellen, wenn etwa das auf einer Dachterrasse aufgestellte Bauwerk (im Fall: ein Schuppen) infolge des Aufstellens oder Anpflanzens von immergrünen Pflanzen von außen nicht mehr sichtbar ist.[170] Von außen sichtbar ist die bauliche Veränderung dann, wenn sie von dem für alle Eigentümer zugänglichen **Gemeinschaftseigentum** oder von **öffentlichen Flächen** (etwa der Straße) oder von den (sonstigen) **Sondereigentumsflächen** aus zu sehen ist.[171]

bb) Parabolantennen

28 Das Anbringen einer Parabolantenne führt in aller Regel zu einer nachteiligen **Veränderung** des optischen **Gesamteindrucks** eines Hauses.[172] Das vermehrte Anbringen der immer preisgünstiger werdenden Parabolantennen **(TV-Satellitenschüsseln)** durch Eigentümer oder Mieter[173] hat in der Vergangenheit zunehmend die Gerichte beschäftigt. Im WEG-Bereich sind dabei an grundrechtlich geschützten Interessen nicht nur die Eigentumsrechte aller Wohnungseigentümer aus Art. 14 GG zu berücksichtigen, sondern auch das Grundrecht auf Informationsfreiheit des aufstellenden Eigentümers (oder seines Mieters) aus Art. 5 Abs. 1 GG. Die **Grundrechtsabwägung** ist nicht von der **Staatsangehörigkeit** des Miteigentümers abhängig.[174] Nachfolgend wird der Stand der derzeitigen obergerichtlichen Rechtsprechung dargestellt. Auch hier ist eine Unterscheidung hinsichtlich Sondereigentum, Sondernutzungsrecht und gemeinschaftlichem Eigentum nicht erforderlich (siehe oben Rn. 26). Da regelmäßig eine **optische Beeinträchtigung** im Raume steht, bedarf es auch keiner Festlegung, ob eine bauliche Veränderung vorliegt. Nur wenn eine optische Beeinträchtigung verneint wird, ist

---

168 BGH v. 14. 12. 2012 – V ZR 224/11, NJW 2013, 1439.
169 BayObLG v. 9. 6. 2004 – 2Z BR 044/04 (nicht veröffentlicht).
170 BayObLG v. 29. 10. 1998 – 2Z BR 81/98, NZM 1999, 672.
171 BGH v. 14. 10. 2011 – V ZR 56/11, NJW 2012, 72; LG München I v. 15. 2. 2010 – 1 S 15854/09, ZWE 2010, 413; LG München I v. 16. 2. 2009 – 1 S 20283/08, ZWE 2009, 173; AG München v. 23. 7. 2009 – 483 C 1500/08 (zitiert nach juris).
172 LG Frankfurt v. 21. 5. 2013 – 2-13 S 75/12, ZWE 2013, 459.
173 Eine Übersicht zur Rechtsprechung im Mietrecht gibt *Schmidt/Futterer-Eisenschmid*, § 568 Rn. 419 ff.
174 BGH v. 13. 11. 2009 – V ZR 10/09, ZWE 2010, 29.

weiter zu prüfen, ob sich eine Beeinträchtigung der übrigen Miteigentümer etwa aufgrund einer **baulichen Veränderung** im Bereich des gemeinschaftlichen Eigentums (z.B. Befestigung an der im gemeinschaftlichen Eigentum stehenden Außenmauer des Hauses[175]) oder durch eine sonst unzulässige Nutzung des gemeinschaftlichen Eigentums (z.b. Aufstellen einer mobilen Parabolantenne auf einer Gemeinschaftsfläche[176]) ergibt.

Für die Klärung der Frage, ob eine – eigenmächtig – von einem Eigentümer (oder dessen Mieter) errichtete Parabolantenne auf Verlangen entfernt werden muss[177] oder ob eine noch zu errichtende Parabolantenne zulässig ist, empfiehlt sich folgende **Prüfungsreihenfolge**:

bb1)

In der Vergangenheit wurde von den Obergerichten die Meinung vertreten, dass die Beseitigung einer eigenmächtig errichteten Parabolantenne ohne weitere inhaltliche Prüfung dann zu erfolgen habe, wenn ein wirksamer und bestandskräftiger **Beseitigungsbeschluss** für den konkreten Fall vorliege, da dann bereits dieser Beschluss die Rechtsgrundlage für den Beseitigungsanspruch darstelle.[178] 29

Dieser Meinung kann nun nicht mehr gefolgt werden (siehe Rn. 30).

Schon nach der bei Rn. 29 dargestellten bisherigen Meinung war ein Beschluss, in dem das Anbringen von Parabolantennen generell verboten wurde, aufgrund der fehlenden **Beschlusskompetenz**[179] (§ 10 Abs. 3, § 23 Abs. 1) dann nichtig, wenn in der Teilungserklärung/Gemeinschaftsordnung eine Regelung zur Installation von Parabolantennen enthalten war und der Beschluss davon abwich, da er dann vereinbarungsändernd war.[180] Der BGH hatte schon damals klargestellt, dass, selbst wenn die Teilungserklärung/Gemeinschaftsordnung keine Regelung enthält, ein genereller Verbotsbeschluss wegen eines Eingriffs in den **Kernbereich des Wohnungseigentums** schwebend unwirksam wäre.[181] 30

Nach der neuesten Rechtsprechung des BGH kann aber ein (auch nicht angefochtener) Beseitigungsbeschluss keine Anspruchsgrundlage für ein Beseitigungsverlangen mehr darstellen. Der BGH hat festgelegt, dass eine **Leistungspflicht** gegen den Willen des Schuldners durch einen weder im Gesetz noch in der Gemeinschaftsordnung vorgesehenen Mehrheitsbe-

---

175 Siehe dazu auch unten Rn. 46 f.
176 Siehe dazu auch unten Rn. 40.
177 Zur Anspruchsgrundlage § 1004 BGB siehe unten Rn. 76.
178 OLG Köln v. 30. 6. 2004 – 16 Wx 135/04, ZMR 2004, 939; BayObLG v. 15. 4. 2004 – 2 Z BR 71/04, NZM 2004, 834.
179 Siehe zur Beschlusskompetenz allgemein § 23 Rn. 2 ff.
180 BGH v. 22. 1. 2004 – V ZB 51/03, NJW 2004, 937.
181 BGH v. 22. 1. 2004 – V ZB 51/03, NJW 2004, 937; ebenso: LG Hamburg v. 9. 4. 2014 – 318 S 111/13, ZWE 2014, 408; anders aber nunmehr: LG Hamburg v. 5. 8. 2015 – 318 S 145/14, ZMR 2016, 131–134 (Leitsatz).

schluss der Wohnungseigentümer **nicht konstitutiv begründet** werden kann, da ein entsprechender Beschluss mangels **Beschlusskompetenz** nichtig wäre.[182] Siehe zur Problematik von **schwebend unwirksamen Beschlüssen** § 23 Rn. 19.

bb2)

31 Eine Berechtigung oder (in der Praxis häufiger) eine Beschränkung der Rechte auf Installation von Parabolantennen kann sich aufgrund einer Regelung in der **Teilungserklärung/Gemeinschaftsordnung** oder einer **Vereinbarung**[183] ergeben.[184] Eine **Beschränkung** der Rechte ist dabei als grundsätzlich zulässiger (teilweiser) Verzicht auf den Anspruch aus der grundrechtlich geschützten Informationsfreiheit zu bewerten.[185] Die Regelungen in der Teilungserklärung/Gemeinschaftsordnung oder die Vereinbarung unterliegt jedoch einer Inhaltskontrolle nach **Treu und Glauben** gemäß § 242 BGB.[186] So kann ein Festhalten an einem generellen Verbot von Parabolantennen treuwidrig sein, wenn das optische Erscheinungsbild der Wohnanlage nicht beeinträchtigt und auch sonstige berechtigte Interessen der Wohnungseigentümer nicht berührt sind. Ein Anspruch auf Änderung der Teilungserklärung kann sich nach den allgemeinen Grundsätzen auch bei nachträglicher Änderung der Umstände ergeben.[187]

32 Im Hinblick auf den Umstand, dass meist auch eine bauliche Veränderung am gemeinschaftlichen Eigentum vorliegt (z.B. Befestigung an Hausaußenmauer), ist in Teilungserklärungen/Gemeinschaftsordnungen häufig vorgesehen, dass eine Parabolantenne nur mit Zustimmung des Verwalters errichtet werden darf. In derartigen Fällen ist davon auszugehen, dass die **Verwalterzustimmung** nur als zusätzliches Erfordernis (zu § 22 Abs. 1) vorgesehen ist und dass die Zustimmung zu erteilen ist, wenn die Voraussetzungen des § 14 Nr. 1 vorliegen (siehe dazu Rn. 33 ff.). Wenn die Voraussetzungen des § 14 Nr. 1 eingehalten sind, können sich die anderen Wohnungseigentümer bei ihrem Beseitigungsanspruch nach Treu und Glauben (§ 242 BGB) nicht auf das (bloß formelle) Fehlen der Zustimmung berufen.[188]

bb3)

33 Wenn keine bindende Regelung entsprechend den vorstehenden Ausführungen vorliegt, ist die Frage, ob der mit der Installation einer Parabolantenne verbundene Nachteil das in § 14 Nr. 1 bestimmte Maß übersteigt, auf

---

182 BGH v. 18.6.2010 – V ZR 193/09, ZWE 2010, 359; BGH v. 15.1.2010 – V ZR 72/09, ZWE 2010, 130.
183 Siehe dazu § 10 Rn. 9 ff.
184 Weitergehend: LG Lüneburg v. 13.1.2010 – 5 S 87/09, NZM 2010, 870 (wonach ein „weicher" Verbotsbeschluss nach § 15 Abs. 2 zulässig sein soll).
185 BGH v. 22.1.2004 – V ZB 51/03, NJW 2004, 937.
186 BGH v. 22.1.2004 – V ZB 51/03, NJW 2004, 937.
187 Siehe dazu auch § 10 Rn. 18 ff.
188 OLG Schleswig v. 2.9.2004 – 2 W 94/04, ZMR 2005, 816; BGH v. 22.1.2004 – V ZB 51/03, NJW 2004, 937.

Grund einer fallbezogenen **Abwägung** der beiderseits **grundrechtlich** geschützten Interessen (je **Eigentumsrecht** Art. 14 Abs. 1 Satz 1 GG und **Informationsfreiheit** Art. 5 Abs. 1 Satz 1 GG) zu beantworten[189]. Da die Interessenlage eines Vermieters mit der eines Wohnungseigentümers vergleichbar ist, können die für eine verfassungsmäßige Interessenabwägung im Mietrecht entwickelten Grundsätze auf das Wohnungseigentumsrecht übertragen werden.[190] Die Informationsfreiheit wird sich immer dann durchsetzen, wenn keine oder nur eine unerhebliche Beeinträchtigung der Eigentumsrechte der übrigen Eigentümer vorliegt. Dies ist etwa der Fall bei einer auf dem Balkon mobil aufgestellten Parabolantenne, die von „von außen" nicht sichtbar ist, etwa, weil sie über die gemauerte Balkonbrüstung nicht hinausragt.[191] Dabei ist maßgeblich, ob die Antenne vom Standort eines Miteigentümers, etwa aus dessen Wohnbereich[192], oder eines unbefangenen Dritten, etwa von der Straße aus, zu sehen ist. Die Antenne bleibt „nicht sichtbar", wenn sie nur aus ganz ungewöhnlichen Perspektiven, wie etwa aus der Luft oder von einer für Wohnungseigentümer und Dritte gewöhnlich nicht zugänglichen Dachfläche aus zu sehen ist.[193] Ein Wohnungseigentümer kann aber auf eine vorhandene gemeinschaftliche Satellitenanlage verwiesen werden, so dass eine auf dem Balkon zwar lediglich aufgestellte Parabolantenne mit rotem Anstrich, die die weiße Balkonbrüstung deutlich überragt, nicht zulässig ist.[194]

Die gleichen Grundsätze gelten auch für eine fest installierte Parabolantenne. Wenn durch die Befestigung in **Gemeinschaftseigentum eingegriffen** wird (z. B. Dübel und Schrauben in Außenmauer), muss weiter geprüft werden, ob die Nutzung des Gemeinschaftseigentums das Maß des § 14 Nr. 1 überschreitet (etwa: nicht fachgerechte Installation mit Gefahr einer Beschädigung oder erhöhten Reparaturanfälligkeit des Gemeinschaftseigentums[195] – siehe dazu auch oben Rn. 28 a.E. mit weiteren Hinweisen).

Ist dagegen die Parabolantenne sichtbar und beeinträchtigt den optischen Gesamteindruck der Wohnanlage nicht nur unerheblich, stellt sich bei der **Grundrechtsabwägung** regelmäßig die Frage, ob ein Eigentümer (oder sein Mieter) auf das **Informationsangebot** verwiesen werden kann, das ihm durch die heute praktisch in jeder Wohnanlage vorhandene **Gemeinschaftsantennenanlage** oder über einen (Breitband-)**Kabelanschluss** oder durch das **Internet** zur Verfügung gestellt wird. 34

In der **Vergangenheit** wurde dabei zwischen deutschen und ausländischen Staatsangehörigen unterschieden (zur Aufgabe dieser Differenzierung durch den BGH siehe unten Rn. 37). Im Jahr 2004 ist der BGH davon aus-

---

189 BGH v. 22.1.2004 – V ZB 51/03, NJW 2004, 937; BVerfG v. 13.3.1995 – 1 BvR 1107/92, NJW 1995, 1665; (grundlegend für das Mietrecht:) BVerfG v. 9.2.1994 – 1 BvR 1687/92, NJW 1994, 1147.
190 BVerfG v. 13.3.1995 – 1 BvR 1107/92, NJW 1995, 1665.
191 OLG München v. 12.12.2005 – 34 Wx 083/05, Wohnungseigentümer 2006, 30.
192 LG Berlin v. 28.1.2000 – 85 T 91/00 WEG, ZMR 2001, 575; BayObLG v. 26.6.1986 – BReg 2 Z 84/85, WuM 1986, 287.
193 BayObLG v. 29.10.1998 – 2Z BR 81/98, ZMR 1999, 118.
194 LG Hamburg v. 15.7.2009 – 318 S 151/08, ZMR 2010, 61.
195 BGH v. 22.1.2004 – V ZB 51/03, NJW 2004.

gegangen, dass ein Eigentümer in aller Regel zwar auf einen bestehenden **Kabelanschluss** verwiesen werden kann, nicht aber auf herkömmliche Antennenanlagen, da bei einem Empfang terrestrisch ausgestrahlter Rundfunkprogramme eine erhebliche Informationseinbuße vorliegt.[196]

35 Der BGH hat weiter festgestellt, dass trotz bestehenden Kabelanschlusses ausnahmsweise ein besonderes Informationsinteresse die Installation einer Parabolantenne rechtfertigen kann. Dies trifft nach dem BGH insbesondere auf Wohnungseigentümer mit ausländischer Staatsangehörigkeit zu, deren Heimatprogramme nicht oder nur in geringer Zahl in das deutsche Netz eingespeist werden. Gleiches gilt, wenn nur der Ehe- oder Lebenspartner ein ausländischer Staatsangehöriger ist.[197]

Nicht abschließend geklärt hat der BGH die Frage, welche **Anzahl** von **(Heimat-)Programmen** mindestens empfangen werden müssen. Unter Hinweis auf BVerfG NJW 1995, 1665 hat der BGH lediglich ausgeführt, dass (nur) ein polnischer Sender hierfür nicht ausreicht. In der Entscheidung aus dem Jahr 2009 hat der BGH auch zwei (polnische) Sender als nicht ausreichend angesehen.[198] Das OLG München[199] hat entschieden, dass es bei türkischen Staatsangehörigen ausreichend ist, wenn sechs türkische Sender über Kabel empfangen werden können. Dabei ist es auch zumutbar, dass der Eigentümer **Zusatzkosten** in Kauf nimmt (im entschiedenen Fall ca. 250 € für eine digitale „Set-Top-Box" mit Freischaltung und monatlichen Gebühren von ca. 6 €). Die Entscheidung entspricht auch der obergerichtlichen Rechtsprechung zum Mietrecht, die vom BVerfG bestätigt wurde[200].

Das LG München I hat die Möglichkeit, über Breitbandkabel sieben Fernsehsender in ihrer Heimatsprache zu empfangen und sich weitere Nachrichten über Internet und Radio zu beschaffen, als regelmäßig ausreichend angesehen.[201]

36 Nach der durch die Kommentatoren vorgenommenen Einschätzung dürfte daher als gesichert anzusehen sein, dass bei der Grundrechtsabwägung das Informationsinteresse jedenfalls dann nicht überwiegt, wenn sechs Heimatsender empfangen werden können und Mehrkosten nur in dem vorgenannten Rahmen entstehen. Die Mehrkosten können zwar im Einzelfall auch noch höher liegen, dürfen aber nicht so hoch sein, dass sie nutzungswillige Interessenten typischerweise davon abhalten, angebotene kostenpflichtige Programmpakete zu beziehen.[202] Die **Mindestanzahl** der zu empfangenden Heimatprogramme kann nur einzelfallbezogen bestimmt werden. Bei der

---

196 BGH v. 22. 1. 2004 – V ZB 51/03, NJW 2004, 937.
197 OLG Hamm v. 1. 10. 2001 – 15 W 166/01, NZM 2002, 445 (zum Mietrecht).
198 BGH v. 13. 11. 2009 – V ZR 10/09, ZWE 2010, 29.
199 OLG München v. 9. 1. 2006 – 34 Wx 101/05, ZMR 2006, 253, ebenso: OLG Celle v. 10. 7. 2006 – 4 W 89/06, OLGR Celle 2006, 698.
200 BVerfG v. 24. 1. 2005 – 1 BvR 1953/00, NJW-RR 2005, 661 (wo Zusatzkosten für den Erwerb eines Digital-Receivers mit frei geschalteter Smart-Card und monatliche Kosten von 8 € als zumutbar und der Empfang von sechs türkischen Sendern als ausreichend angesehen wurden).
201 LG München I v. 15. 2. 2010 – 1 S 15854/09, ZWE 2010, 413.
202 So auch: BVerfG v. 24. 1. 2005 – 1 BvR 1953/00, NJW-RR 2005, 661.

Bestimmung der Mindestanzahl wird u.a. auch von Bedeutung sein, wie viele Sender in dem Staat ausgestrahlt werden und um welche Anzahl der Empfang über eine Parabolantenne gesteigert werden kann. Im Regelfall wird es aber wohl ausreichend sein, wenn etwa drei bis vier staatliche oder private Sender über Kabel empfangen werden können.

In jüngster Zeit taucht auch die Frage auf, ob Eigentümer (oder deren Mieter) nicht nur auf das Kabel, sondern auch auf einen Fernseh- und Rundfunkempfang über das **Internet** verwiesen werden können. Dies dürfte grundsätzlich zwar möglich sein, wobei hinsichtlich Mehrkosten und Anzahl empfangener Sender die vorgenannten Ausführungen zum Kabelempfang sinngemäß gelten. In einem konkreten Fall wird dies aber voraussetzen, dass der auf Beseitigung klagende Eigentümer (oder bei einer Vergemeinschaftung die Gemeinschaft[203]) darlegen und gegebenenfalls beweisen, dass in der Wohnung ein DSL-Anschluss möglich ist, da nur mit einer derart „schnellen" Verbindung ein ausreichender Fernsehempfang möglich ist. Dies wird derzeit zumindest in den Ballungsgebieten wohl regelmäßig der Fall sein. Ob dies im Hinblick auf die Bemühungen der Politik, schnelles Internet flächendeckend einzuführen, künftig praktisch überall der Fall sein wird, muss die tatsächliche weitere Entwicklung zeigen. Weiterhin muss nachgewiesen werden, dass die für den Eigentümer entstehenden Zusatzkosten (etwa für den Erwerb eines Computers, die Einrichtung eines DSL-Anschlusses und die Kosten für eine so genannte Flatrate) sich in dem oben dargestellten Rahmen bewegen.

Nach Ansicht des OLG Frankfurt ist der ausländische Mieter einer Eigentumswohnung (die über Breitbandkabelanschluss verfügt, über den aber nur 2 Heimatsender des Mieters zur Verfügung stehen), der ungenehmigt auf dem Balkon der Wohnung eine Parabolantenne zwecks Empfangs von Heimatsendern angebracht hat, im Streit um deren Beseitigung darlegungs- und beweispflichtig dafür, dass ihm die Nutzung der sog. Streaming-Angebote, also von **Web-Radio** und **Web-TV**, nicht möglich sein soll.[204]

Das besondere Informationsinteresse ist in der Vergangenheit von der Rechtsprechung – anders als bei ausländischen Staatsangehörigen – bei **deutschen** Staatsangehörigen nur ausnahmsweise bejaht worden. Dies war etwa dann der Fall, wenn der Wohnungseigentümer den Empfang ausländischer Sender zur Ausübung seines Berufes benötigte, so dass bei der Abwägung auch die durch Art. 12 GG geschützte ungehinderte Berufsausübung beachtet werden mussten.[205] Andererseits wurde es nicht als ausreichend angesehen, dass ein Wohnungseigentümer sich dem angelsächsischen Kulturkreis besonders zugezogen fühlte und bestimmte nur über eine Satellitenantenne empfangbare englischsprachige Sender zur privaten Vermögensverwaltung heranziehen wollte.[206]

37

---

203 Siehe dazu § 10 Rn. 43ff. und § 21 Rn. 23.
204 OLG Frankfurt v. 28. 5. 2010 – 2/9 S 47/08, ZMR 2010, 965.
205 BayObLG v. 4. 8. 1998 – 2Z BR 103/98, NZM 1998, 965.
206 BayObLG v. 30. 11. 2000 – 2Z BR 92/00, Wohnungseigentümer 2001, 36.

Von dieser restriktiven Rechtsprechung ist das OLG Zweibrücken (zumindest teilweise) abgewichen.[207] Es ging davon aus, dass einem deutschen Wohnungsnutzer ein Informationsgrundrecht im Hinblick auf fremdsprachige Programme nicht ohne weiteres versagt werden kann, selbst wenn er daran kein berufliches Interesse hat wie etwa ein Übersetzer und Dolmetscher, sondern diese privat nutzen will. Im Hinblick auf das Zusammenwachsen Europas, den zunehmenden internationalen Austausch und die Globalisierung der Arbeitsmärkte könnte es genügen, wenn ein deutscher Wohnungsnutzer die Programme ausländischer Sender etwa aufgrund eines abstrakten Fortbildungsinteresses oder zur Verbreiterung seiner Kommunikationsfähigkeiten empfangen will.

Nunmehr hat der **BGH** ausdrücklich festgestellt, dass die Verpflichtung der Wohnungseigentümer, die Anbringung einer Parabolantenne an dem gemeinschaftlichen Haus zu dulden, **nicht von** der **Staatsangehörigkeit** des Miteigentümers **abhängig** ist, der die Antenne angebracht hat. Auch schränkt der Umstand, dass ein Eigentümer und seine Familienangehörigen ihre (polnische) Staatsangehörigkeit aufgegeben und die deutsche Staatsangehörigkeit angenommen haben, den Schutz des Informationsinteresses durch Art. 5 Absatz 1 GG nicht ein. Das gilt auch für die Wirkungen der Grundrechte im Privatrecht.[208]

38 Nach Auffassung der Kommentatoren sind kaum mehr Fälle denkbar, in denen einem deutschen Staatsangehörigen alleine mit dem Hinweis, sein Wunsch nach bestimmten ausländischen Sendern sei schon nicht vom Grundrecht der **Informationsfreiheit** nach Art. 5 Abs. 1 Satz 1 GG umfasst, ein grundsätzlicher Anspruch auf eine Parabolantenne aberkannt werden kann. Nach der hier vertretenen Meinung dürfte sich aber auch weiterhin bei der **einzelfallbezogenen Grundrechtsabwägung** zumindest eine gewisse Differenzierung ergeben. Während bei einem ausländischen Staatsangehörigen das Interesse an Heimatsendern (nicht aber an Sendern aus sonstigen Ländern) offensichtlich ist und bei der Abwägung daher regelmäßig deutlich ins Gewicht fällt, bedarf es bei deutschen Staatsangehörigen zum einen einer nachvollziehbaren (und ggf. auch bewiesenen) Begründung für das tatsächlich bestehende Interesse an dem ausländischen Sender. Auch wenn praktisch jedes Interesse in den Anwendungsbereich des Grundrechts der Informationsfreiheit fällt, spielt der Grad des Interesses (etwa: ursprüngliche Staatsangehörigkeit und Geburtsland, berufliche Erfordernisse – etwa bei Dolmetschern und Übersetzern –, allgemeines Interesse an Land, Sprache, Kultur etc.) eine gewichtige Rolle.

Es gilt jedenfalls möglichen Missbrauch dahingehend zu vermeiden, dass es ausreichen würde, durch eine bloße Behauptung, ein Fortbildungs- oder sonstiges Interesse an einer Sprache zu haben, von der man weiß, dass sie im vorhandenen Kabel nicht eingespeist wird, gegen die Interessen der anderen Eigentümer einen Anspruch auf eine optisch störende Parabolantenne durchzusetzen.

---

207 OLG Zweibrücken v. 25. 9. 2006 – 3 W 213/05, NZM 2006, 937.
208 BGH v. 13. 11. 2009 – V ZR 10/09, ZWE 2010, 29.

bb4)

Wenn nach den vorstehenden Ausführungen das **Informationsinteresse** bei der Grundrechtsabwägung **überwiegt** und die übrigen Wohnungseigentümer grundsätzlich eine Parabolantenne hinzunehmen haben, muss in einem weiteren Schritt geprüft werden, ob die anderen Wohnungseigentümer nicht durch die **konkrete Installation** über das unvermeidliche Maß hinaus beeinträchtigt werden.[209]

39

Die Antenne darf nur an einem zum Empfang geeigneten Ort installiert werden, an dem sie den optischen Gesamteindruck des Gebäudes möglichst wenig stört. Bei der Auswahl zwischen mehreren geeigneten **Standorten** steht den übrigen Wohnungseigentümern ein **Mitbestimmungsrecht** zu.[210]

40

Auch bei einer grundsätzlich bestehenden Duldungspflicht der Miteigentümer darf der Berechtigte daher nicht eigenmächtig an einer von ihm bestimmten Stelle die Antenne anbringen. Voraussetzung dafür, eine Antenne anbringen lassen zu dürfen, ist die **Zustimmung** der **Wohnungseigentümergemeinschaft**. Dieser steht das Recht zu, den **konkreten Ort** der Anbringung zu bestimmen.[211]

Wenn also, wie regelmäßig, mehrere geeignete Standorte in Betracht kommen (z.B. an verschiedenen Stellen des Balkons, vor einem Fenster an der Außenmauer, auf dem Dach des Anwesens), muss der Wohnungseigentümer vor Installation einen entsprechenden Eigentümerbeschluss herbeiführen. Tut er dies nicht und errichtet die Antenne **eigenmächtig**, ist sie alleine aufgrund dieser Rechtsverletzung der übrigen Eigentümer (zunächst) zu **entfernen**.[212]

Nicht zulässig wäre es, wenn das Gericht in dem Rechtsstreit über die Beseitigung überprüft, ob der von dem Eigentümer eigenmächtig gewählte Ort tatsächlich derjenige ist, an dem der optische Gesamteindruck am wenigsten gestört wird. Das Recht der Wohnungseigentümer zur eigenverantwortlichen Gestaltung ihrer Rechtsbeziehungen würde durch eine gerichtliche Entscheidung ohne **Vorbefassung** der Wohnungseigentümerversammlung mit dem Entscheidungsgegenstand unterlaufen.[213] So wäre es etwa auch denkbar, dass auf Beschluss der Eigentümerversammlung eine **Gemeinschaftsparabolantenne** errichtet wird und interessierte Eigentümer hierauf verwiesen werden.[214] Zulässig wäre auch ein Beschluss, wonach Antennen nur auf dem Dach installiert werden dürfen, selbst wenn dadurch auf den interessierten Eigentümer Installationskosten von ca. 2.600,00 € zukommen.[215]

---

209 BayObLG v. 8.4.2004 – 2Z BR 51/04, WuM 2004, 358.
210 OLG München v. 16.10.2007 – 32 Wx 128/07 (nicht veröffentlicht); BayObLG v. 8.4.2004 – 2Z BR 51/04, WuM 2004, 358.
211 BGH v. 13.11.2009 – V ZR 10/09, ZWE 2010, 29; OLG Frankfurt v. 28.5.2010 – 2/9 S 47/08, ZMR 2010, 965.
212 OLG München v. 16.10.2007 – 32 Wx 128/07 (nicht veröffentlicht); OLG München v. 6.7.2005 – 34 Wx 42/05 (nicht veröffentlicht).
213 OLG Celle v. 10.7.2006 – 4 W 89/06, OLGR Celle 2006, 698.
214 BayObLG v. 8.4.2004 – 2Z BR 51/04, WuM 2004, 358.
215 OLG Frankfurt/Main v. 2.12.2004 – 20 W 186/03 NZM 2005, 427.

Haben die Wohnungseigentümer durch **Beschluss** in der Eigentümerversammlung eine **Standortbestimmung** vorgenommen, und ficht der Eigentümer, der die Parabolantenne errichten möchte diesen Beschluss, für den Beschlusskompetenz besteht, nicht an, wird dieser Beschluss bindend. Der Eigentümer wird daher später im Beseitigungsprozess mit dem Einwand, dass der im bestandskräftigen Mehrheitsbeschluss vorgesehene Standort der Parabolantenne unterhalb der Balkonbrüstung im Einzelfall ungeeignet sei, nicht mehr gehört.[216]

41 Wie bereits bei Rn. 33 dargestellt, muss die Antenne auch **fachgerecht installiert** werden, wozu auch die Einhaltung von bau- und ggf. auch denkmalschutzrechtlichen Vorschriften sowie der Ausschluss einer Gefahr der Beschädigung oder erhöhten Reparaturanfälligkeit des Gemeinschaftseigentums gehört.[217] Die übrigen Wohnungseigentümer müssen auch von allen **Kosten** und **Folgekosten** (einschließlich der späteren Entfernung der Anlage) **freigestellt** sein.[218] In der Praxis werden daher häufig entsprechende Klauseln in die Beschlüsse aufgenommen, in denen die Installation an einem konkreten Ort gebilligt wird. Häufig wird auch hinsichtlich der zu erwartenden Kosten etwa für die Beseitigung der an Gemeinschaftseigentum angebrachten Antenne eine **Sicherheitsleistung** von dem Eigentümer verlangt.[219] Dies kann etwa durch Beibringung einer Versicherung geschehen, welche die Rückbaukosten abdeckt.[220]

Ob derartige Bedingungen uneingeschränkt zulässig sind, erscheint zweifelhaft. Insoweit wird auf die Kommentierung zu § 22 Rn. 7 und Rn. 8 sowie § 16 Rn. 71 verwiesen.

bb5)

42 Ein auf Beseitigung einer zu Unrecht errichteten Parabolantenne in Anspruch genommener Eigentümer konnte sich, da es keine Gleichbehandlung im Unrecht gibt, nach der bisherigen Rechtsprechung nicht auf eine Verletzung des **Gleichheitsgrundsatzes** berufen, wenn auch andere unerlaubte Parabolantennen in der Anlage vorhanden waren und gegen die anderen Eigentümer nicht vorgegangen wurde.[221]

Das BVerfG hat in einer neueren Entscheidung zum **Mietrecht** ausgeführt, dass es verfassungsrechtlich nicht zu beanstanden ist, wenn die Zivilgerichte bei der Frage, ob der Vermieter eine Zustimmung zur Anbringung einer Parabolantenne verweigern darf, berücksichtigen, inwieweit der Vermieter den anderen Mietern die Anbringung von Parabolantennen unter-

---

216 OLG Frankfurt v. 28. 10. 2010 – 20 W 122/07 (zitiert nach juris).
217 BGH v. 22. 1. 2004 – V ZB 51/03, NJW 2004; OLG Schleswig v. 2. 9. 2004 – 2 W 94/04, ZMR 2005, 816.
218 OLG München v. 16. 10. 2007 – 32 Wx 128/07 (nicht veröffentlicht); so auch schon in dem zum Mietrecht ergangenen Rechtsentscheid: OLG Frankfurt/Main v. 22. 7. 1992 – 20 REMiet 1/91, WuM 1992, 458.
219 OLG München v. 16. 10. 2007 – 32 Wx 128/07 (nicht veröffentlicht); OLG Celle v. 19. 5. 1994 – 4 W 350/93, NJW-RR 1994, 977.
220 BGH v. 16. 9. 2009 – VIII ZR 67/08, NJW 2010, 436 (zum Mietrecht).
221 OLG Schleswig v. 2. 9. 2004 – 2 W 94/04, ZMR 2005, 816.

sagt und er dieses Verbot auch durchsetzt.[222] Es bleibt abzuwarten, ob die Wohnungseigentumsgerichte diese Entscheidung zum Anlass nehmen werden, ihrerseits den vom LG Köln[223] vertretenen Gedanken aufzugreifen und die bisherige Rechtsprechung zum Gleichheitssatz zu ändern.

Nach Auffassung der Kommentatoren kann die Entscheidung nicht auf das Wohnungseigentumsrecht übertragen werden, mit der Folge, dass ein „Antennenwald" entstehen könnte, wenn die Eigentümer es übersehen, rechtzeitig gegen die ersten Parabolantennen vorzugehen. Der sachgerechte Weg ist weiterhin, dass die nicht zu duldende Antenne zu entfernen ist. Dem betroffenen Eigentümer steht es frei, hinsichtlich anderer vorhandener Antennen die Beseitigung zu verlangen und das Verlangen, wenn es berechtigt ist, gegebenenfalls durchzusetzen. Da es sich insoweit um einen **Individualanspruch** handelt, ist zur Durchsetzung des Anspruchs kein Eigentümer auf andere angewiesen.[224]

cc) Weitere Beispiele aus der Rechtsprechung

- Das Auswechseln vorhandener **Blumentröge** gegen andersfarbige Tröge stört die einheitliche Gestaltung der Anlage und kann daher nicht eigenmächtig vorgenommen werden.[225]

- Es stellt keinen Nachteil i.S.d. § 14 Nr. 1 dar, wenn etwa das auf einer **Dachterrasse** aufgestellte Bauwerk (im Fall: ein Schuppen) infolge des Aufstellens oder Anpflanzens von immergrünen Pflanzen von außen nicht mehr sichtbar ist.[226]

- Eine **Fassadenänderung** ist (zwingend) von außen sichtbar.[227]

- Eine **Fassadenbegrünung** (z.B. mit wildem Wein oder Efeu) bestimmt die Optik eines Gebäudes mit. Sie darf daher weder eigenmächtig angebracht noch später ohne Zustimmung der anderen Eigentümer gänzlich wieder entfernt werden. Bei vorhandener Begrünung ist lediglich ein Rückschnitt als Pflegemaßnahme (nicht aber zur endgültigen Beseitigung) zulässig.[228]

- Der Umbau eines **Fensters** in eine **Terrassentür** beeinträchtigt grundsätzlich das äußere Erscheinungsbild des Gebäudes.[229] Dies gilt jedoch dann nicht, wenn das Fenster im Bereich eines Aufbaus auf einem Flachdach liegt und daher das Bild vom Straßenraum aus nicht nennenswert beeinträchtigt.[230]

- Durch die Errichtung eines **Gartenhauses** oder eines **Geräteschuppens** wird üblicherweise die Optik der gesamten Wohnanlage berührt, so dass

---

222 BVerfG v. 27.10.2006 – 1 BvR 1320/04, NZM 2007, 125.
223 LG Köln v. 12.5.2004 – 10 S 38/04 (nicht veröffentlicht).
224 Siehe zum Beseitigungsanspruch unten Rn. 76 und § 15 Rn. 18 ff.
225 BayObLG v. 12.9.2002 – 2Z BR 21/02, ZMR 2002, 949.
226 BayObLG v. 29.10.1998 – 2Z BR 81/98, NZM 1999, 672.
227 LG München I v. 16.2.2009 – 1 S 20283/08, ZWE 2009, 173; AG München v. 23.7.2009 – 483 C 1500/08 (zitiert nach juris).
228 OLG Düsseldorf v. 17.12.2004 – 3 Wx 298/04, ZMR 2005, 304.
229 LG Hamburg v. 11.1.2012 – 318 S 32/11, ZMR 2012, 810.
230 OLG Düsseldorf v. 2.11.1998 – 3 Wx 364/98, NZM 1999, 264.

eine Zustimmung aller Eigentümer erforderlich ist.[231] Das Gartenhaus ist von außen sichtbar, wenn es von dem für alle Eigentümer zugänglichen Gemeinschaftseigentum oder von öffentlichen Flächen (etwa der Straße) oder von den (sonstigen) Sondereigentumsflächen aus zu sehen ist.[232]

– Der Rückschnitt einer im Gemeinschaftseigentum stehenden „mannshohen" **Hecke** auf weniger als die Hälfte der bisherigen Höhe stellt einen Nachteil dar, wenn die Sichtschutzfunktion der Hecke beseitigt und eine nachteilige Veränderung des optischen Gesamteindrucks der Wohnanlage herbeigeführt wird.[233]

– Ein **Katzennetz** vor einem Balkon verunstaltet die Fassade und muss entfernt werden.[234]

– Das Anbringen eines 6 mal 9 cm großen weißen **Kunststoffkanals** auf einer weiß verputzten Außenwand stört nicht erheblich und bedarf nicht der Zustimmung aller Eigentümer.[235]

– **Leuchtreklame**: siehe unten „Werbeanlagen"

– Eine **Markise, Pergola** oder ein ca. 15 cm vorstehender **Rollladenkasten** beeinträchtigen das äußere Erscheinungsbild und bedürfen daher der Zustimmung aller Eigentümer.[236] Ausnahmsweise können unauffällige **(Außen-) Jalousien** und die Jalousien-Kästen an der Rückseite des Gebäudes zulässig sein.[237]

– Die Errichtung von **Sandkasten** und **Schaukel** ist ein Nachteil.[238]

– Der Ausbau eines **Stellplatzes** zu einer **Holzterrasse** muss nicht hingenommen werden.[239]

– Eigenmächtige **Verglasungen** an **Balkonen** an einem Hochhaus, dessen Gesamteindruck wesentlich von der Struktur und Linienführung der Fensteranlagen geprägt wird, müssen selbst dann beseitigt werden, wenn teilweise in der Vergangenheit nicht genehmigte Fensteranlagen hingenommen worden sind.[240]

---

231 LG Hamburg v. 1. 6. 2012 – 318 S 115/11, ZWE 2013, 133; OLG München v. 26. 7. 2006 – 34 Wx 83/06, OLGR München 2006, 847.
232 LG München I v. 16. 2. 2009 – 1 S 20283/08, ZWE 2009, 173; AG München v. 23. 7. 2009 – 483 C 1500/08 (zitiert nach juris).
233 LG Hamburg v. 30. 6. 2010 – 318 S 105/09, ZMR 2010, 983.
234 BayObLG v. 3. 4. 2003 – 2Z BR 38/03, Grundeigentum 2003, 819.
235 OLG Düsseldorf v. 28. 11. 2006 – 3 Wx 197/06, ZMR 2007, 206.
236 LG München I v. 16. 4. 2012 – 1 S 11654/11, ZMR 2013, 748; LG Düsseldorf v. 26. 5. 2014 – 25 S 125/13, ZWE 2015, 412; LG Frankfurt v. 30. 4. 2014 – 2-13 S 38/13, ZMR 2014, 821; OLG München v. 10. 7. 2006 – 34 Wx 33/06, ZMR 2006, 800; OLG Köln v. 31. 5. 2006 – 16 Wx 11/06, NZM 2007, 92; OLG Düsseldorf v. 10. 7. 1995 – 3 Wx 99/95, NJW-RR 1995, 1418; OLG Zweibrücken v. 2. 2. 2004 – 3 W 251/03, NZM 2004, 428.
237 LG Aurich v. 18. 12. 2015 – 4 S 188/15, ZMR 2016, 219.
238 LG Frankfurt v. 12. 6. 2014 – 2-9 S 79/13, ZWE 2015, 183.
239 BGH v. 22. 6. 2012 – V ZR 73/11, ZWE 2012, 377.
240 OLG Köln v. 3. 7. 2008 – 16 Wx 51/08, WuM 2008, 744.

– Bei einer zulässigen gewerblichen Nutzung des Teileigentums muss von den übrigen Eigentümern das Anbringen von **Werbeanlagen** zur ortsüblichen und angemessenen Werbung für das betriebene Gewerbe oder Ladengeschäft geduldet werden.[241] Aus einer Abwägung der verfassungsrechtlich geschützten Bedürfnisse der Gewerbetreibenden und der Grundrechte der Eigentümer ergibt sich, dass regelmäßig flächenmäßig nicht erheblich ins Gewicht fallende **Hinweisschilder, Reklametafeln** oder auch **Leuchtreklamen** in einer gewerblich geprägten Umgebung angemessen und ortsüblich sind, so dass eine Zustimmung der übrigen Eigentümer für das Anbringen nicht erforderlich ist.[242]

Die Rechtsprechung kann aber nicht dahingehend verstanden werden, dass der angemessene und ortsübliche Umfang, der von den Miteigentümern ohne weiteres geduldet werden muss, sich ausschließlich an der in der näheren Umgebung vorhandenen Werbung orientiert. Die Ortsüblichkeit stellt vielmehr die Obergrenze dessen dar, was zu dulden ist. Bei der Angemessenheit ist demgegenüber maßgeblich auf das Gebäude und die hier zulässige Nutzung sowie auf die grundrechtlich geschützten Interessen des Gewerbetreibenden und der übrigen Eigentümer abzustellen.[243]

– **Wintergarten**
Siehe dazu unten Rn. 50. Der Einbau einer in Farbe und Gestaltung von den anderen Türen abweichenden **Wohnungseingangstür** beeinträchtigt das einheitliche optische Gesamtbild der Wohnanlage und muss auf Verlangen rückgängig gemacht werden.[244]

e) Sonstiger Gebrauch

– **Dachterrasse** 44
Eine im Sondereigentum stehende und in der Teilungserklärung als Dachterrasse bezeichnete Fläche rechtfertigt es nicht, diese Fläche mit Erde aufzuschütten, intensiv zu begrünen und als Dachgarten zu nutzen.[245] Ein auf der Dachterrasse aufgestelltes Holzhaus stellt eine unzulässige bauliche Veränderung dar.[246] Zur besonderen Problematik, wenn die bauliche Veränderung von außen nicht sichtbar ist, siehe oben Rn. 27.

---

241 BayObLG v. 6. 10. 2000 – 2Z BR 74/00, WuM 2000, 686; KG Berlin v. 12. 4. 1994 – 2 U 189/93, NJW-RR 1995, 33; OLG Frankfurt/Main v. 12. 10. 1981 – 20 W 151/81, Rechtspfleger 1982, 64.
242 LG Dortmund v. 30. 8. 1990 – 17 S 164/90, NJW-RR 1991, 16 (Schild: Größe 30 mal 42 cm); OLG Hamm v. 15. 2. 1980 – 15 W 131/79, OLGZ 1980, 274 (Leuchtreklame 60 mal 60 cm); BayObLG v. 6. 10. 2000 – 2Z BR 74/00, WuM 2000, 686 (Leuchtreklame 2 m breit und mindestens 1 m von der Hauswand vorspringend); KG Berlin v. 8. 6. 1994 – 24 W 5760/93, NJW-RR 1995, 333 (Praxisschild am Hauseingang und an der Wohnungstür).
243 LG München I v. 5. 1. 2006 – 1 T 15993/95 (nicht veröffentlicht).
244 OLG München v. 31. 3. 2006 – 34 Wx 111/05, ZMR 2006, 797 (wo es aufgrund einer Regelung in der Gemeinschaftsordnung, wonach eigenmächtige Änderungen untersagt waren, im Ergebnis nicht auf das Maß der Beeinträchtigung ankam).
245 OLG Köln v. 10. 1. 2005 – 16 Wx 217/04, NZM 2005, 508.
246 OLG Celle v. 14. 1. 2004 – 4 W 221/03, ZMR 2004, 363.

– **Gefährdung/Schädigung**
Ein Sondereigentümer muss dafür sorgen, dass seine Wohnung so ausreichend beheizt ist, dass weder Wasser- noch sonstige **Leitungen einfrieren**.[247]
Im Übrigen siehe dazu auch oben Rn. 5 zu „Wertverlust", „Gefahr" und „Schaden".

– **Geruchsbelästigung**
Die Frage, ob das Abbrennen einer **Duftkerze** auf dem Balkon eines Wohnungseigentümers eine bestimmungswidrige Benutzung des Sondereigentums darstellt, kann generell weder bejaht noch verneint werden, hängt vielmehr von den in ihrer Gesamtheit zu würdigenden Gegebenheiten (Geruchsintensität, Häufigkeit, schikanöse Begleitumstände etc.) ab.[248]

Es lässt sich nicht vermeiden, dass **Küchengerüche** auch außerhalb der Küche auftreten. Wenn bei einer Entlüftung über das Fenster die Geruchsbeeinträchtigung der anderen Wohnungseigentümer aber ein zumutbares Maß überschreitet, ist der Wohnungseigentümer zum Einbau einer Dunstabzugshaube mit Kohlefilter selbst dann verpflichtet, wenn die Beeinträchtigung nach dem Nachbarrecht als „ortsüblich" anzusehen wäre.[249]

Eine nicht mehr hinzunehmende Einwirkung des Geruchs von **Weihrauch**, ähnlichen **Räucherduftstoffen**, **Shisha-** oder **Pfeifenrauch** aus einer Wohnung liegt jedenfalls dann vor, wenn im Hausflur die Intensität so hoch ist, dass sich verständlicherweise Mitbewohner belästigt fühlen, insbesondere dann, wenn die Gerüche sogar zum Hustenreiz führen.[250]

Siehe auch unter „Grillen" und „Rauchen".

– **Gießen** von **Balkonblumen**
Aus dem Rücksichtnahmegebot folgt die Verpflichtung, mit dem Gießen von Blumen in an der Außenseite befestigten Blumenkästen zuzuwarten, wenn sich erkennbar Personen auf dem darunterliegenden Bereich befinden.[251]

– **Grillen**
Auch beim Grillen stehen die Geruchsbelästigungen im Vordergrund, so dass hier nicht unterschieden werden muss, ob etwa auf einem im Sondereigentum stehenden Balkon, im Garten, an dem ein Sondernutzungsrecht eingeräumt ist oder auf einer Gemeinschaftsfläche der Anlage gegrillt wird.

---

247 LG Berlin v. 4.8.2000 – 85 T 81/00 WEG, ZMR 2001, 390 (wo der Eigentümer für einen nicht heizenden Mieter einstehen musste).
248 OLG Düsseldorf v. 16.5.2003 – 3 Wx 98/03, 3 Wx 98/03, WuM 2003, 515.
249 BayObLG v. 12.4.2000 – 2Z BR 151/99, Wohnungseigentümer 2000, 161; OLG Köln v. 12.5.1997 – 16 Wx 67/97, ZMR 1998, 46.
250 LG München I v. 8.2.2016 – 1 S 21019/14 (zur Veröffentlichung gegeben).
251 LG München I v. 15.9.2014 – 1 S 1836/13, ZWE 2015, 265.

Eine allgemein gültige Aussage, ob und wie oft im Jahr gegrillt werden darf, kann nicht gemacht werden. Soweit in der Rechtsprechung eine bestimmte Anzahl genannt wird, handelt es sich um Entscheidungen der konkreten Einzelfälle.[252]

Ob das Grillen auf Holzkohlenfeuer uneingeschränkt zu verbieten, zeitlich und/oder örtlich begrenzt zu erlauben oder ohne Einschränkung zu gestatten ist, hängt von den Gegebenheiten des Einzelfalls ab. Maßgebend für die Entscheidung sind insbesondere Lage und Größe des Gartens, die Häufigkeit des Grillens und das verwendete Grillgerät. Welche Entscheidung zu treffen ist, obliegt in erster Linie der Beurteilung durch den Tatrichter.[253]

Das sich aus dem Gemeinschaftsverhältnis der Wohnungseigentümer ergebende Gebot der gegenseitigen Rücksichtnahme kann den Anspruch eines Wohnungseigentümers auf Beseitigung eines Grillkamins direkt vor seinem Schlafzimmerfenster begründen.[254]

Siehe zum Grillverbot in einer Hausordnung auch § 21 Rn. 47.

– **Hausordnung**
Sind in einer Hausordnung **Ruhezeiten** festgelegt, in denen jedes unnötige und störende Geräusch zu vermeiden und die Ruhe beeinträchtigende Tätigkeiten zu unterlassen sind, genügt diese Regelung aber mangels Objektivierbarkeit unnötiger und störender Geräusche nicht dem Bestimmtheitserfordernis und ist deshalb unwirksam.[255]

– **Installationsgeräusche**
Wie bereits bei Rn. 14 oben ausgeführt, lässt sich nach einer Entscheidung des OLG München[256] die für Verschlechterungen des Trittschallschutzes entwickelte Rechtsprechung auch auf den Schutz vor Installationsgeräuschen übertragen, deren Veränderung durch nachträgliche Verlegearbeiten eines Wohnungseigentümers bewirkt wurden. Wegen der weiteren Einzelheiten wird auf die Ausführungen Rn. 10 bis 16 Bezug genommen.

– **Lärm/Kinderlärm**
Der Betrieb einer **Klimaanlage** oder anderer technischer **Geräte** ist jedenfalls dann unzulässig, wenn der von ihnen ausgehende Lärm die zulässigen Lärmimmissionsrichtwerte nach der TA Lärm deutlich überschreiten.[257] Dies gilt insbesondere, wenn die Werte in der Nacht wesentlich (im

---

252 Etwa: LG Stuttgart v. 14. 8. 1996 – 10 T 359/96, ZMR 1996, 624 (dreimal im Jahr zulässig); BayObLG v. 18. 3. 1999 – 2Z BR 6/99, NJW-RR 1999, 957 (fünfmal im Jahr zulässig).
253 OLG Frankfurt v. 10. 4. 2008 – 20 W 119/06, ZWE 2008, 433; BayObLG v. 18. 3. 1999 – 2Z BR 6/99, NJW-RR 1999, 957.
254 BayObLG v. 20. 3. 2002 – 2Z BR 16/02, ZMR 2002, 686.
255 OLG Düsseldorf v. 19. 8. 2009 – 3 Wx 233/08, ZWE 2009, 389.
256 OLG München v. 10. 4. 2006 – 34 Wx 21/06, 34 Wx 021/06, ZMR 2006, 643.
257 OLG Düsseldorf v. 28. 11. 2006 – 3 Wx 197/06, ZMR 2007, 206 (wo trotz Überschreitens der in einem reinen Wohngebiet nachts zulässigen 35 dB(A) wegen eines erklärten Einverständnisses der Betrieb der Klimaanlage als zulässig angesehen wurde).

Fall: über 6 dB (A)) überschritten werden.[258] Wegen des erhöhten Ruhebedürfnisses kann in einer Seniorenwohnanlage der Betrieb stationärer Klimageräte mit Mehrheitsbeschluss untersagt werden.[259]

Eine Geräuschentfachung wie **Geschrei, Springen** und **Trampeln** in der häuslichen Wohnung sowie **Möbelrücken, Türenknallen** o.Ä. ist grundsätzlich zu unterlassen, wenn hierdurch den anderen Wohnungseigentümern über das bei einem geordneten Zusammenleben ein Nachteil erwächst.

Beachte zum Lärm aber auch die Kommentierung oben bei Rn. 6 (insbesondere BVerfG zur praktischen Konkordanz). Daher ist **Kinderlärm** im üblichen Rahmen hinzunehmen. Bei der Interessenabwägung sollte künftig auch mitberücksichtigt werden, dass der Bundesgesetzgeber mit Wirkung ab 28. 7. 2011 in § 22 Bundes-Immissionsschutzgesetz einen Abs. 1a eingefügt hat, wonach bei Kindertageseinrichtungen o.ä. durch Kinder hervorgerufene Geräusche im Regelfall keine schädlichen Umwelteinwirkungen darstellen und bei der Beurteilung derartiger Geräuscheinwirkungen Immissionsgrenzwerte und Immissionsrichtwerte nicht herangezogen werden dürfen. Seit März 2011 bestimmt § 3 Abs. 2 des Landes-Immissionsschutzgesetzes von Rheinland-Pfalz, dass Kinderlärm keine schädliche Umwelteinwirkung darstellt und in der Regel als sozialadäquat zumutbar ist. Diese Regelungen, die zwar im Rahmen des § 14 keine unmittelbare Anwendung finden, zeigen eine (möglicherweise geänderte) gesellschaftliche Bewertung von Kinderlärm. Diese grundsätzliche Bewertung muss nach der hier vertretenen Meinung auch bei der Auslegung des § 14 beachtet werden. Für eine Ausstrahlung der privilegierenden Regelung des § 22 Abs. 1a BImSchG auf das Miet- und Wohnungseigentumsrecht hat sich nunmehr auch der für das Wohnraummietrecht zuständige VIII. Senat des BGH ausgesprochen.[260] Das VG München hat in einer neueren Entscheidung darauf hingewiesen, dass Kinderlärm, soweit er Folge der natürlichen Lebensäußerung von Kindern ist, ortsüblich und sozialadäquat ist.[261]

Mangels näherer Präzisierbarkeit einzelner unzulässiger Einwirkungen sind im **gerichtlichen** Verfahren **Anträge**, allgemein Geräusche bestimmter Art zu unterlassen, statthaft, wobei hinzunehmen ist, dass der **Streit** über die Wesentlichkeit von Lärmimmissionen im Rechtssinne gegebenenfalls im **Vollstreckungsverfahren** erneut entschieden werden muss.[262]

Zu in einer Hausordnung festgesetzten Ruhezeiten siehe oben „Hausordnung".

---

258 OLG Düsseldorf v. 16. 11. 2009 – 3 Wx 179/09, ZWE 2010, 92.
259 BayObLG v. 20. 3. 2001 – 2Z BR 45/01, NZM 2002, 493.
260 BGH v. 29. 4. 2015 – VIII ZR 197/14, NJW 2015, 2177.
261 VG München v. 22. 6. 2015 – M 8 K 14.4864 (zitiert nach juris).
262 LG München I v. 8. 2. 2016 – 1 S 21019/14 (zur Veröffentlichung gegeben); OLG Düsseldorf v. 19. 8. 2009 – 3 Wx 233/08, ZWE 2009, 389; siehe dazu auch § 15 Rn. 19 und allgemein zur Bestimmtheit des Klageantrags § 21 Rn. 40 und Rn. 41.

– **Musizieren**
Das Musizieren innerhalb der eigenen Wohnung ist Bestandteil eines sozial üblichen Verhaltens und Element der Zweckbestimmung der Wohnanlage. Es darf zwar auf bestimmte Zeiten und einen bestimmten Umfang beschränkt, nicht jedoch insgesamt verboten werden.[263] Zu einer Hausordnung, in der Ruhezeiten festgesetzt werden, siehe oben „Hausordnung". Musizieren, das außerhalb der eigenen Wohnung nicht zu hören ist, kann grundsätzlich auch nicht durch Gebrauchsregelungen beschränkt werden, weil durch ein solches Musizieren kein anderer Wohnungseigentümer beeinträchtigt wird.[264] Andererseits ist eine Wohnungseigentümergemeinschaft nicht gehindert, einen isolierten Beschluss über die Zeiten eines absoluten Musizierverbots (unabhängig davon, ob die Musikausübung andere stört oder nicht) zu fassen.[265] Durch Eigentümerbeschluss kann auch ein zeitliches Höchstmaß für das tägliche Musizieren festgelegt werden, das auch von Berufsmusikern nicht überschritten werden darf.[266] Erlaubt jedoch die Gemeinschaftsordnung einer großen im Innenstadtbereich gelegenen Wohnanlage die Nutzung von Wohnungs- und Teileigentum ohne Benutzungsbeschränkung und insbesondere auch zur beliebigen gewerblichen Nutzung und zur Ausübung eines freien Berufes, so entspricht eine Beschränkung des Musizierens in der Hausordnung, die keine Ausnahme für berufsbedingt musizierende Bewohner vorsieht, nicht ordnungsmäßiger Verwaltung.[267]

– **Rauchen**
Da beim Rauchen in der Wohnung und auf Balkonen (aber auch etwa im Hausflur) neben einer befürchteten Gesundheitsbeeinträchtigung meist auch eine Geruchsbelästigung im Raume steht, wird zunächst auf die Ausführungen oben zu „Geruchsbelästigung" Bezug genommen. Spezielle Rechtsprechung zum WEG liegt insoweit kaum vor.

Das LG Frankfurt hat ausgeführt, dass das Rauchen Ausdruck des allgemeinen Persönlichkeitsrechts nach Art. 2 GG ist. Dennoch ist anerkannt, dass das Rauchen nicht uneingeschränkt zulässig ist. Daher erfordert gerade auch das Zusammenleben im Rahmen einer Wohnungseigentümergemeinschaft eine **Einzelfallabwägung** zwischen den verschiedenen Interessen und Belangen.[268] Das LG München I hat klargestellt, dass die zulässige Grenze überschritten ist, wenn sich verständlicherweise Mitbewohner belästigt fühlen, insbesondere dann, wenn die Gerüche sogar zum Hustenreiz führen.[269]

---

263 BGH v. 10. 9. 1998 – V ZB 11/98, WuM 1998, 738.
264 BayObLG v. 23. 8. 2001 – 2Z BR 96/01, MDR 2001, 1345.
265 OLG Hamburg v. 7. 9. 1998 – 2 Wx 48/95, WuM 1999, 230 (wo ein Verbot zwischen 13.00 und 15.00 Uhr sowie zwischen 22.00 und 7.00 Uhr als zulässig angesehen wurde).
266 BayObLG v. 28. 3. 1985 – BReg 2 Z 8/85, Grundeigentum 1986, 275 (wo jedenfalls eine Beschränkung auf drei Stunden täglich als hinnehmbar bezeichnet wurde).
267 BayObLG v. 28. 2. 2002 – 2Z BR 141/01, NZM 2002, 492.
268 LG Frankfurt v. 28. 1. 2014 – 2-09 S 71/13, ZWE 2014, 171.
269 LG München I v. 8. 2. 2016 – 1 S 21019/14 (zur Veröffentlichung gegeben).

Das Amtsgericht München hat dargelegt, dass ein **grundsätzliches Verbot** des Rauchens auf dem Balkon oder in einer Wohnung die Handlungsfreiheit des rauchenden Miteigentümers **unzulässig** einschränken würde. Ein Raucher hat aber **geeignete Maßnahmen** zu treffen, um zu verhindern, dass aus seiner Eigentumswohnung sowie von dem zu dieser Wohnung gehörenden Balkon Zigarettenrauch in die Wohnung der darüber wohnenden Eigentümer dringt, und zwar zu folgenden Zeiten: 23:00–07:00 Uhr, 11:00–13:00 Uhr und 17:00–19:00 Uhr.[270]

Der für Wohnungseigentumssachen zuständige V. Senat des **BGH** hat in einer Entscheidung, welche Ansprüche zweier Mietparteien gegeneinander betraf, grundlegend ausgeführt, dass angesichts der Nichtrauchergesetze von Bund und Ländern die Annahme, durch Rauchen erzeugte Immissionen seien als sozialadäquat einzustufen und damit stets unwesentlich i.S.v. § 906 Abs. 1 BGB, heute nicht mehr in Betracht kommt. Deutlich **(intensiv) wahrnehmbarer Rauch** ist vielmehr grundsätzlich als eine wesentliche Beeinträchtigung anzusehen. Hier müssen die grundrechtlich geschützten Eigentumsrechte i.S.d. Art. 14 Abs. 1 Satz 1 GG mit dem ebenfalls betroffenen Grundrecht des Rauchers aus Art. 2 Abs. 1 GG in einen angemessenen Ausgleich gebracht werden. Fehlt es an für beide Teile verbindlichen vertraglichen Regelungen in einer **Hausordnung**, bestimmen sich die Grenzen des zulässigen Gebrauchs und der hinzunehmenden Beeinträchtigungen nach dem **Gebot** der **gegenseitigen Rücksichtnahme**. Bei Beeinträchtigungen durch Tabakrauch führt das Gebot der gegenseitigen Rücksichtnahme – wenn eine Verständigung der Parteien untereinander nicht möglich ist – im Allgemeinen zu einer **Gebrauchsregelung für** die **Zeiten**, in denen beide an einer Nutzung ihrer Balkone interessiert sind. Dem einen sind Zeiträume freizuhalten, in denen er seinen Balkon unbeeinträchtigt von Rauchbelästigungen nutzen kann, während dem anderen Zeiten einzuräumen sind, in denen er auf dem Balkon rauchen darf. **Gesundheitsschädliche** Immissionen durch Tabakrauch sind wesentliche Beeinträchtigungen und müssen nicht geduldet werden.[271]

– **Tierhaltung**
Zu den Pflichten der Eigentümer i.S.d. § 14 Nr. 1 gehört auch eine die Belange der Miteigentümer wahrende schonende Tierhaltung.[272]

Durch das Halten von **Kleintieren**, wie etwa Zierfischen im Aquarium, Kanarienvögeln oder Schildkröten werden die übrigen Eigentümer nicht beeinträchtigt. Nicht störende Kleintiere dürfen gehalten werden.[273]

---

270 AG München v. 28.4.2014 – 485 C 28018/13, ZWE 2014, 363 unter Bezugnahme auf einen Beschluss des LG München vom 31.7.2008 – 1 S 1925/08 (nicht veröffentlicht).
271 BGH v. 16.1.2015 – V ZR 110/14, ZWE 2015, 331.
272 BGH v. 10.12.2009 – V ZB 67/09, ZWE 2010, 84.
273 BGH v. 20.1.1993 – VIII ZR 10/9, WuM 1993, 109 (zum Mietrecht); so für Kleintiere im Grundsatz zutreffend: OLG Saarbrücken v. 2.11.2006 – 5 W 154/06, NZM 2007, 168.

Das OLG Saarbrücken[274] hat einen unangefochtenen Mehrheitsbeschluss, mit dem das Halten von Haustieren einschränkungslos verboten wurde, wegen Verstoßes gegen § 134 BGB in Verbindung mit § 13 Abs. herrschenden Meinung im Mietrecht entspricht, wonach entsprechende Klauseln in Mietverträgen wegen Verstoßes gegen § 307 BGB als unwirksam angesehen werden[275], kann ihr so nicht gefolgt werden.[276] Zutreffend ist, dass ein einschränkungsloser Beschluss auf Anfechtung hin aufzuheben wäre. Ein unangefochten gebliebener Beschluss ist jedoch wirksam und sollte lediglich einschränkend dahingehend ausgelegt werden, dass aus ihm keine Ansprüche auf Beseitigung von nicht störenden Kleintieren abgeleitet werden können. Eine Nichtigkeit nach § 134 BGB erscheint dagegen als zu weitgehend, da letztendlich nur die Frage im Raum steht, ob eine Gebrauchsregelung nach § 15 Abs. 2 die Grenzen des § 14 Nr. 1 einhält. Wenn dies nicht der Fall ist, liegt zwar – wie ansonsten auch – ein fehlerhafter aber eben kein nichtiger Beschluss vor.

Dagegen gehört die Möglichkeit der **Hunde**haltung nicht zum wesentlichen Inhalt der Nutzung von Wohnungseigentum. Demgemäß ist eine **Vereinbarung** der Eigentümer über ein generelles Verbot der Hundehaltung zulässig, da sich im Regelfall Beeinträchtigungen der übrigen Wohnungseigentümer (Verschmutzung der Gemeinschaftsanlagen, Lärmbelästigung) nie ausschließen lassen.[277] Auch ein nicht angefochtener Beschluss der Eigentümerversammlung, durch den ein umfassendes Hundehaltungsverbot angeordnet worden ist, ist wirksam.[278] Eine von den Wohnungseigentümern mehrheitlich beschlossene oder in einer Hausordnung enthaltene Beschränkung der Haustierhaltung (etwa: 1 Hund oder 3 Katzen je Wohnung) stellt keine willkürliche und das Sondereigentum unangemessen beeinträchtigende Gebrauchsregelung dar.[279] Die Wohnungseigentümer sind auch berechtigt, durch **Mehrheitsbeschluss** Regeln zu setzen, die geeignet sind, die bei der Hundehaltung möglicherweise zu erwartenden Belästigungen und Beeinträchtigungen auszuschließen oder zu mindern.[280]

Bei einer an sich zulässigen **nachträglichen** Beschränkung der Tierhaltung wird es sich jedoch wegen des in § 242 BGB enthaltenen **Vertrauensgrundsatzes** regelmäßig empfehlen, in die Regelung einen Bestands-

---

274 OLG Saarbrücken v. 2.11.2006 – 5 W 154/06, NZM 2007, 168.
275 Zum Mietrecht siehe: *Schmidt/Futterer-Eisenschmid*, § 535 Rn. 551ff.
276 Offengelassen insoweit: OLG Frankfurt v. 17.1.2011 – 20 W 500/08 (zitiert nach juris).
277 BGH v. 4.5.1995 – V ZB 5/95, NJW 1995, 2036.
278 OLG Frankfurt v. 17.1.2011 – 20 W 500/08 (zitiert nach juris); LG Nürnberg-Fürth v. 31.7.2009 – 19 S 2183/09, ZWE 2010, 26; OLG Hamm v. 24.2.2005 – 15 W 507/04, ZMR 2005, 897; OLG Frankfurt/Main v. 13.9.2005 – 20 W 87/03, NZM 2006, 265; OLG Düsseldorf v. 10.12.2004 – 3 Wx 311/04, ZMR 2005, 303; KG Berlin v. 23.6.2003 – 24 W 38/03, WuM 2003, 583 (zu Kampfhunden).
279 LG Lüneburg v. 15.5.2012 – 9 S 73/11, ZMR 2012, 728; KG Berlin v. 8.4.1998 – 24 W 1012/97, ZMR 1998, 658; OLG Schleswig v. 27.11.2003 – 2 W 165/03, WuM 2004, 561.
280 OLG Köln v. 28.7.2008 – 16 Wx 116/08, ZMR 2009, 310.

schutz[281] hinsichtlich der bereits vorhandenen Haustiere aufzunehmen oder zumindest angemessene Übergangsfristen vorzusehen.

Trotz eines grundsätzlich zulässigen Hundehalteverbots kann jedoch die **Durchsetzung** des Verbots ausnahmsweise unzulässig sein. So kann das Verbot bei einem behinderten Wohnungseigentümer etwa im Hinblick auf Art. 3 Abs. 3 Satz 2 GG, § 242 BGB dann nicht durchgesetzt werden, wenn dieser den Hund als Blindenhund benötigt.[282]

(Wegen des Freilaufenlassens eines Rottweilers im gemeinschaftlichen siehe unten Rn. 50 „Hofnutzung")

Die **übermäßige Haustierhaltung** in einer Eigentumswohnung stellt auch dann, wenn die Teilungserklärung keine Beschränkung vorsieht, eine unzumutbare Belastung der Wohnungseigentümer dar und ist damit unbillig. Dabei kommt es auf konkrete Geruchs- oder Geräuschbelästigungen einzelner Wohnungseigentümer nicht an; es genügt bereits die Besorgnis der Belästigung. Der Miteigentümer einer Wohnungseigentumsanlage muss ebenso wenig wie ein sonstiger Nachbar die mit der Haltung mehrerer Hunde (hier: 4 Schäferhunde), insbesondere mit einer Hundezucht, verbundenen Belästigungen hinnehmen.[283]

Die Haltung **giftiger Schlangen** und **Frösche** in einer Eigentumswohnung stellt keinen ordnungsgemäßen Gebrauch des Sondereigentums dar und ist daher unzulässig.[284] Dies gilt allgemein für Tiere, von denen eine **Gefahr** für andere Eigentümer ausgehen kann.

Bei einem ca. 1 Zentner schweren **Schwein** handelt es sich um kein Haustier. Die Haltung eines solchen Tieres kann mit Mehrheitsbeschluss untersagt werden, da das bei den Miteigentümern nachvollziehbar vorhandene Unbehagen über diese Tierhaltung ausreicht, um eine Störung des gemeinschaftlichen Zusammenlebens in einem Wohngebäude festzustellen.[285]

– **Überbelegung**
Wie viele Personen in einer Eigentumswohnung leben dürfen, kann nicht allgemein festgelegt werden. Maßgeblich ist, ob die Belegung nach der Beschaffenheit und Größe der Wohnung noch im Rahmen des Üblichen liegt.[286] Das BayObLG hat bei einer Belegung einer Wohnung mit Aussiedlern den zulässigen Rahmen als eingehalten angesehen, wenn in etwa ein Richtwert von zwei Personen je Zimmer eingehalten wird und für jede mindestens sechs Jahre alte Person eine Wohnfläche von mindestens 10 qm vorhanden ist.[287] Ähnlich hat das Kammergericht Berlin entschie-

---

281 So im Fall des OLG Hamm v. 24. 2. 2005 – 15 W 507/04, ZMR 2005, 897.
282 BayObLG v. 25. 10. 2001 – 2Z BR 81/01, NZM 2002, 26; BGH v. 4. 5. 1995 – V ZB 5/95, NJW 1995, 2036.
283 OLG Zweibrücken v. 24. 8. 1999 – 3 W 164/99, ZMR 1999, 853.
284 OLG Karlsruhe v. 29. 12. 2003 – 14 Wx 51/03, WuM 2004, 226.
285 LG Stuttgart v. 19. 12. 2011 – 2 S 21/11, ZWE 2012, 290.
286 BayObLG v. 9. 2. 1994 – 2Z BR 7/94, NJW 1994, 1662.
287 BayObLG v. 9. 2. 1994 – 2Z BR 7/94, NJW 1994, 1662.

den, das eine Mindestfläche von 9 qm je Person und von 6 qm je Kind unter sechs Jahren als ausreichend ansah.[288] Auch bei einer Vermietung an **Feriengäste** kann, die Nutzung, z.B. durch Überbelegung, in einem Ausmaß erfolgen, die die übrigen Wohnungseigentümer in einem nach § 14 Nr. 1 nicht hinzunehmendem Maß beeinträchtigen.[289]

- **Videoüberwachung**
Soweit sich eine Videoüberwachung auf den Bereich des eigenen Sondereigentums und des eigenen Sondernutzungsrechts beschränkt, ist eine Videoüberwachung unbedenklich (wegen Überwachung des gemeinschaftlichen Eigentums siehe unten Rn. 50).[290]

3. Für Gemeinschaftseigentum

Der Begriff des gemeinschaftlichen Eigentums ist in § 1 Absatz 5 legal definiert. Gemeinschaftliches Eigentum ist danach alles, was nicht Sondereigentum ist oder nicht Sondereigentum sein kann[291] und nicht im Eigentum eines Dritten steht.[292] Da die Wohnungseigentümergemeinschaft als Verband insoweit Dritter ist, gehört das **Verwaltungsvermögen** nach dem Gesetzeswortlaut nicht zum gemeinschaftlichen Eigentum.[293]

45

Wie bereits bei § 13 Rn. 18 ff. dargestellt, steht allen Wohnungseigentümern der Mitgebrauch des gesamten gemeinschaftlichen Eigentums nach Maßgabe u. a. des § 14 in gleichem Umfang zu. Hieraus wird schon ersichtlich, dass bei der Nutzung des Gemeinschaftseigentums in starkem Maße auf die zur umfangmäßig gleichen Nutzung berechtigten anderen Eigentümer Rücksicht zu nehmen ist (siehe insbesondere auch § 13 Rn. 21) und dass die **„Duldungsschwelle"** der Miteigentümer hier niedriger anzusetzen ist als beim Gebrauch des Sondereigentums (siehe dazu oben Rn. 8).

Daraus folgt zunächst ganz allgemein, dass eine nicht hinzunehmende vermeidbare Beeinträchtigung anderer jedenfalls immer dann vorliegt, wenn auch bei einer entsprechenden Nutzung des Sondereigentums die Duldungsschwelle der Miteigentümer überschritten wäre. Daher kann hier zunächst auf die Ausführungen zum Sondereigentum **Rn. 10 bis 44** Bezug genommen werden.

Hinsichtlich der Mitbenutzung des Gemeinschaftseigentums ergeben sich aber folgende **Besonderheiten**:

a) Bauliche Veränderungen

Unter einer baulichen Veränderung ist jeder auf **Dauer** angelegte gegenständliche Eingriff in die **Substanz** des gemeinschaftlichen Eigentums (Gebäude oder Grundstück) zu verstehen, durch den dauerhaft andere Funk-

46

---

288 KG Berlin v. 10. 7. 1992 – 24 W 3030/92, WuM 1992, 554.
289 BGH v. 15. 1. 2010 – V ZR 72/09, ZWE 2010, 130.
290 OLG Düsseldorf v. 5. 1. 2007 – 3 Wx 199/06, NZM 2007, 166.
291 Siehe hierzu § 5 Abs. 1.
292 Siehe allgemein dazu auch § 1 Rn. 11.
293 Siehe auch: § 1 Rn. 11 und § 10 Rn. 48–55.

tionalitäten oder eine abgeänderte **Optik** geschaffen werden.[294] Dies sind demnach insbesondere Anbauten, Umbauten, Ausbauten oder ähnliche Einwirkungen auf das gemeinschaftliche Eigentum (Beispiele siehe bei § 22 Rn. 5). Dabei darf der Eingriff in die Substanz nicht zu eng gesehen werden. Ein ausreichender Substanzeingriff liegt etwa auch vor, wenn die **Fassade** neu gestrichen wird und durch eine neue Farbgebung die Optik des Gebäudes verändert wird.[295] Gleiches gilt auch, wenn eine Fassadenbegrünung (etwa mit wildem Wein oder Efeu) vorgenommen wird.[296]

Bei baulichen Veränderungen ist zunächst davon auszugehen, dass sie grundsätzlich der **Wohnungseigentümergemeinschaft** und nicht einem einzelnen Eigentümer zustehen. Über bauliche Veränderungen entscheiden die Wohnungseigentümer durch Beschluss, wobei die jeweils erforderliche Stimmenzahl von der Art der baulichen Maßnahme abhängt. So bedarf es bei Instandhaltungs- und Instandsetzungsmaßnahmen einer einfachen Mehrheit, bei bestimmten Modernisierungsmaßnahmen einer qualifizierten Mehrheit und sonstigen baulichen Veränderungen müssen alle **beeinträchtigten** Wohnungseigentümer zustimmen. Der Abriss des **Müllplatzes** der Wohnungseigentumsanlage und dessen Neuerrichtung an anderer Stelle stellt eine bauliche Veränderung dar, die unzulässig ist, wenn sie zu Lärm- und Geruchsbelästigungen von Wohnungseigentümern in der Nähe des neuen Standorts führt, die ihre Zustimmung zur Verlegung des Müllplatzes nicht erteilt haben.[297]

Näheres kann hierzu der Kommentierung bei § 22 Rn. 1 bis 13 sowie den dortigen weiteren Verweisen entnommen werden.

Nicht zulässig ist es, dass Eigentümer **eigenmächtig** eine Veränderung am Gemeinschaftseigentum vornehmen. Probleme ergeben sich in diesem Zusammenhang insbesondere, wenn **Behinderte** bauliche Maßnahmen begehren, um etwa einen barrierefreien Zugang zu ihrer Wohnung zu erhalten und die übrigen Wohnungseigentümer mehrheitlich nicht bereit sind, die erforderliche bauliche Maßnahme auf Kosten der Gemeinschaft durchführen zu lassen. Bei § 22 Rn. 12 wird die insoweit gebotene Grundrechtsabwägung (etwa beim rollstuhlgerechten Zugang) im Einzelnen dargestellt.

Bereiche, an denen ein **Sondernutzungsrecht** (siehe dazu § 13 Rn. 27 ff.) eingeräumt worden ist, sind ebenfalls gemeinschaftliches Eigentum, in das durch bauliche Veränderungen eingegriffen wird. So stellt etwa eine **Terrassenvergrößerung** aufgrund der möglichen intensiveren Nutzung grundsätz-

---

[294] OLG Frankfurt v. 6.4.2010 – 20 W 78/08, MDR 2010, 1108; LG Hamburg v. 16.12.2009 – 318 S 49/09, ZWE 2010, 374; OLG München v. 28.3.2007 – 34 Wx 119/06, MDR 2007, 827; OLG Düsseldorf v. 28.11.2006 – 3 Wx 197/06, ZMR 2007, 206; ebenso: *Riecke/Schmid-Drabek*, § 22 Rn. 6; *Bärmann-Merle*, § 22 Rn. 7 und (wo jedoch zusätzlich auf eine Umgestaltung gegenüber dem Zustand bei Fertigstellung abgestellt wird).
[295] OLG Hamburg v. 17.1.2005 – 2 Wx 103/04, WuM 2005, (357); OLG Celle v. 7.2.2003 – 4 W 208/02 (nicht veröffentlicht); ebenso: *Jennißen-Hogenschurz*, § 22 Rn. 3 f.
[296] OLG Düsseldorf v. 17.12.2004 – 3 Wx 298/04, ZMR 2005, 304.
[297] LG Berlin v. 11.4.2008 – 85 T 295/07, Grundeigentum 2008, 1573.

lich einen für die Miteigentümer nicht hinzunehmenden Nachteil dar.[298] Gleiches gilt für die Errichtung von (im Fall: 10-fach) größeren **Balkonen**.[299] Miteigentümer müssen es auch nicht dulden, wenn ein Eigentümer seinen **Ofen** an den gemeinschaftlichen Schornstein (**Kamin**) anschließt und dadurch keine anderen Öfen mehr angeschlossen werden können.[300] Eine Beeinträchtigung stellt auch die Errichtung eines **Außenkamins** oder eines **Balkons** dar.[301] Gleiches gilt für die Errichtung einer massiven **Steinwand** im Garten (Sondernutzung).[302] Ebenfalls eine Beeinträchtigung stellt die Errichtung eines **Außenaufzugs** dar.[303]

Siehe zu baulichen Veränderungen im Bereich von Sondernutzungsrechten auch § 13 Rn. 41 und § 22 Rn. 1.

Wegen der Errichtung eines Wintergartens siehe unten Rn. 50.

Ein Sonderfall liegt dann vor, wenn in einer **Gemeinschaftsordnung** vorgesehen ist, dass bauliche Veränderungen nur dann zulässig sind, wenn ein **einstimmiger Beschluss** der Eigentümerversammlung vorliegt. Für die Zulässigkeit einer Maßnahme kommt es dann nicht mehr darauf an, ob die übrigen Wohnungseigentümer über das in § 14 Nr. 1 genannte unvermeidliche Maß hinaus beeinträchtigt sind.[304] Die Veränderung ist daher alleine aufgrund des fehlenden einstimmigen Beschlusses rückgängig zu machen. 47

Ebenfalls einen Sonderfall hat das OLG Düsseldorf entschieden. Dort hat ein Eigentümer eigenmächtig und ohne die nach der Teilungserklärung erforderliche Zustimmung aller Wohnungseigentümer einzuholen in einem gemeinschaftseigenen Vorgarten die **Holzpalisaden** durch **Betonpflanztröge** ersetzt. Eine Beseitigungsverpflichtung wurde in diesem Fall aber dennoch verneint, weil der Eigentümer mit seiner Maßnahme einen Zustand geschaffen hat, der dem entsprach, was auch die übrigen Eigentümer erklärtermaßen erreichen wollten.[305]

b) Zweckbestimmungswidrige Nutzung

Im Gemeinschaftseigentum stehende **Keller-**, **Hobby-** oder **Fahrradräume** dürfen auch dann nicht zu Wohnzwecken genutzt werden, wenn an diesen Räumen ein Sondernutzungsrecht besteht.[306] 48

Ein unter dem Dach befindlicher **Spitzboden** wird üblicherweise zu Speicherzwecken für selten oder gar nicht mehr benötigte Gegenstände benutzt. Wenn an dem Spitzboden nicht in der Teilungserklärung oder aufgrund einer Vereinbarung ein Sondernutzungsrecht (siehe dazu genauer § 13 Rn. 27 ff.)

---

298 OLG Hamburg v. 11.1.2006 – 2 Wx 28/08, ZMR 2006, 465.
299 LG Hamburg v. 10.8.2010 – 318 T 4/08, ZMR 2011, 410.
300 LG München I v. 26.5.2008 – 1 T 22910/07, ZMR 2009, 482; OLG Frankfurt/Main v. 29.7.2005 – 20 W 234/03, MietRB 2006, 129.
301 LG Karlsruhe v. 9.1.2012 – 11 S 61/09; LG Hamburg v. 29.2.2012 – 318 S 16/11, ZWE 2012, 287.
302 LG Frankfurt v. 18.12.2013 – 2-13 S 82/12, ZWE 2014, 221.
303 LG München I v. 23.6.2014 – 1 S 13821/13, ZMR 2014, 920.
304 BayObLG v. 5.4.2005 – 32 Wx 19/05, NZM 2005, 622.
305 OLG Düsseldorf v. 19.1.2007 – 3 Wx 186/06, OLGR Düsseldorf 1007, 241.
306 OLG Frankfurt/Main v. 8.9.2004 – 20 W 516/01, OLGR Frankfurt 2005, 58.

begründet wurde, lässt sich ein solches auch nicht aus der Natur der Sache mit der Begründung herleiten, der Spitzboden sei nur über eine bestimmte Eigentumswohnung zugänglich.[307] Vielmehr wird in derartigen Fällen der Mitgebrauch der übrigen Eigentümer dahingehend beschränkt, dass der durch den Zugang betroffene Eigentümer nur ein **gelegentliches Betreten** zur Wartung oder Reparatur von Gemeinschaftseinrichtungen gestatten muss.[308] Ist der Spitzboden nur durch das Wohnzimmer eines Wohnungseigentümers erreichbar, kommt wegen der massiven Störung der Privatsphäre ein zeitlich begrenztes Mitbenutzungsrecht am Spitzboden grundsätzlich nicht in Betracht.[309] Aus der Zweckbestimmung „Spitzboden" in der Teilungserklärung folgt jedoch, dass jedenfalls eine Wohnnutzung unzulässig ist. Dies gilt selbst dann, wenn der entsprechende Ausbau schon bei Errichtung des Gebäudes vorhanden war und ein Zugang nur durch die darunterliegende Wohnung möglich ist.[310]

Eine im Aufteilungsplan als **Kinderspielplatz** bezeichnete Grundstücksfläche ist grundsätzlich zur Nutzung als Spielmöglichkeit für die in der Anlage wohnenden Kinder bestimmt. Die Nutzung durch eine größere Anzahl von Kindern, die in einem Teileigentum gegen Entgelt betreut werden, wird von dieser Zweckbestimmung nicht gedeckt.[311]

Eine **Garten-** und **Terrassennutzung** geht üblicherweise mit einer stärkeren Belastung einher als dies bei der typischen Nutzung einer Fläche als **Stellplatz** der Fall ist, wobei Holzterrassen ein besonderes Störungspotential haben.[312]

c) *Optische Beeinträchtigung*

49 Da insoweit eine Unterscheidung zwischen Sondereigentum und gemeinschaftlichem Eigentum nicht erforderlich ist, wird auf die Kommentierung bei Rn. 26 ff. Bezug genommen.

d) *Sonstiger Gebrauch*

50 – **Alleinnutzung** von Gemeinschaftseigentum
Unzulässig ist es, wenn ein Eigentümer einen im Gemeinschaftseigentum stehenden **Wasch-** und **Trockenraum** alleine und unter Ausschluss der übrigen Eigentümer nutzt, ohne dass er durch Vereinbarung oder Beschluss hierzu ermächtigt wurde.[313]

– Durch eine **Balkonverglasung** wird der optische Zustand der Anlage erheblich verändert.

War eine bauliche Veränderung (hier: Balkonverglasung) lediglich geduldet, besteht kein Anspruch des Sondereigentümers auf deren Wiederan-

---

307 OLG Hamburg v. 18.7.2001 – 2 Wx 44/97, WuM 2001, 618.
308 BayObLG v. 14.2.2001 – 2Z BR 3/01, NZM 2001, 384.
309 OLG Hamburg v. 18.7.2001 – 2 Wx 44/97, WuM 2001, 618.
310 OLG Celle v. 4.6.2007 – 4 Wx 108/07, OLGR Celle 2007, 756.
311 BayObLG v. 9.10.1997 – 2Z BR 90/97, MDR 1998, 182.
312 BGH v. 22.6.2012 – V ZR 73/11, ZWE 2012, 377; BGH v. 14.10.2011 – V ZR 56/11, NJW 2012, 72.
313 BayObLG v. 15.1.2004 – 2 Z BR 225/03, NZM 2004, 344.

bringung/Neuaufbau nach einer Entfernung im Zuge von (Balkon-)Sanierungsmaßnahmen.[314]
Siehe auch unten „Wintergarten".

- **Bewegungsmelder**
Der an einer Doppelhaushälfte angebrachte Bewegungsmelder, der auch vor dem Eingangsbereich der anderen Haushälfte die Bewegungen meldet, darf keine außerhalb der Wohnung des Betreibers wahrnehmbaren Signale bewirken und ist tagsüber außer Betrieb zu setzen. Seine Inbetriebnahme ist auch bei Einhalten dieser Voraussetzungen nur nach Sonnenuntergang bis spätestens 7.00 Uhr zulässig.[315] Das LG Köln hat die Installation eines Bewegungsmelders als grundsätzlich zulässig angesehen.[316] Das AG Tempelhof-Kreuzberg sieht hierin gar eine modernisierende Instandhaltung.[317]

- **Funkantenne**
Obgleich Funkantennen regelmäßig bauliche Veränderungen darstellen, da sie fest am Gebäude angebracht werden, wird üblicherweise die Frage einer optischen Beeinträchtigung im Vordergrund stehen. Ob eine solche vorliegt, hat der Tatrichter festzustellen. Grundsätzlich liegt aber bei gut sichtbaren Funkantennen eine Beeinträchtigung vor.[318] Es kann ein Augenschein aber auch ergeben, dass selbst eine Funkantenne, welche die Fernsehantenne um 4 Meter überragt, das Gesamtbild nicht wesentlich beeinträchtigt, weil auch andere Funkantennen vorhanden sind und sich die Antenne in dieses Bild einfügt.[319]

- Die Interessen der übrigen Miteigentümer werden nur dann in hinreichender Weise gewahrt, wenn die Regelung der Hundehaltung auch geeignet ist, den **Garten** als **Gemeinschaftsfläche** vor einer etwaigen Verunreinigung zu schützen.[320]

- **Gefährdung/Schädigung**
Siehe dazu oben Rn. 5 zu „Wertverlust", „Gefahr" und „Schaden".

- **Geruchsbelästigung**
Insoweit gelten zunächst die oben bei Rn. 44 zum Sondereigentum gemachten Ausführungen sinngemäß. Nicht hingenommen werden muss etwa auch, dass ein Wohnungseigentümer eigenmächtig Parfüm oder sonstige Geruchsstoffe im gemeinschaftlichen Treppenhaus versprüht, da insoweit eine bestimmungswidrige Nutzung des Gemeinschaftseigentums vorliegt.[321]

- **Hofnutzung**
Auch bei einer grundsätzlich zulässiger Hundehaltung darf ein Eigen-

---

314 LG Lüneburg v. 12. 2. 2008 – 9 S 77/07, ZMR 2008, 486.
315 OLG Hamm v. 24. 8. 1989 – 15 W 292/89, WuM 1991, 127.
316 LG Köln v. 11. 2. 2008 – 29 T 205/06, ZMR 2008, 993.
317 AG Tempelhof-Kreuzberg v. 11. 12. 2009 – 72 C 143/09, ZMR 2010, 651.
318 OLG München v. 27. 7. 2005 – 34 Wx 69/05, NJW 2005, 3006.
319 BayObLG v. 30. 5. 1990 – BReg 2 Z 57/90, WuM 1990, 611.
320 OLG Köln v. 28. 7. 2008 – 16 Wx 116/08, ZMR 2009, 310.
321 OLG Düsseldorf v. 16. 5. 2003 – 3 Wx 98/03, WuM 2003, 515.

tümer einen **Rottweiler** auf dem gemeinschaftlich genutzten Hof nicht unangeleint und ohne Maulkorb umherlaufen lassen, wenn die Miteigentümer aus Furcht den Hof nicht mehr nutzen können und sie daher erheblich im Mitgebrauch gestört und beeinträchtigt sind.[322]
Siehe zur **Hundehaltung** auch oben bei „Garten".

- **Kinderlärm**
Die Ausführungen bei Rn. 44 zu „Lärm/Kinderlärm" gelten hier sinngemäß.

- **Kinderspielplatz**
(siehe auch unten: Parken)

- **Leuchtreklame**
(siehe oben Rn. 43 „Werbeanlagen")

- **Maueraufbruch**
Wenn zur Verlegung von Leitungen ein Aufbruch des dortigen Mauerwerks erforderlich ist, stellt dieser eine mehr als unerhebliche optisch nachteilige Veränderung des Gemeinschaftseigentums dar.[323]

- **Mobilfunkanlagen**
(siehe § 22 Rn. 5)

- **Parken**
Jeder Miteigentümer ist berechtigt, den **Zufahrtsweg** zu befahren, auf vorgegebenen Flächen sein Fahrzeug zu parken und den Zugang zu den Müllcontainern zu benutzen.[324] Zulässig ist es auch, wenn auf einer Pkw-Zufahrt gelegentlich **Kinder spielen**. Es entspricht der im Rahmen eines geordneten Zusammenlebens in der Gemeinschaft geboten Rücksichtnahme, spielende Kinder anderer Wohnungseigentümer auf Gemeinschaftsflächen zu dulden, den durch das Kinderspiel verursachten **Lärm** innerhalb der sozial üblichen Grenzen hinzunehmen (siehe dazu auch Rn. 44 „Lärm/Kinderlärm") und bei der Benutzung von Kraftfahrzeugen oder des ferngesteuerten Tores auf spielende Kinder Rücksicht zu nehmen.[325] Nicht zulässig ist es, für den Fall der Nichtvermietung von gemeinschaftlichen **Parkflächen** ein Halten oder Parken von Fahrzeugen auf den Flächen gänzlich zu untersagen.[326]

- **Sondernutzungsrecht**
Auch auf Sondernutzungsflächen darf ein Wohnungseigentümer grundsätzlich keine eigenmächtigen baulichen Veränderungen, insbesondere, wenn sich auch optische Beeinträchtigungen ergeben, vornehmen. Ausnahmsweise kann aber der Neubau einer **Doppelgarage** auf einer Sondernutzungsfläche bei entsprechend großzügigem Grundstückszuschnitt im Einzelfall die Folgerung rechtfertigen, dass die Maßnahme nicht der Zu-

---
322 OLG Düsseldorf v. 23. 8. 2006 – 3 Wx 64/06, WuM 2006, 582.
323 LG München I v. 8. 11. 2010 – 1 S 10608/10, ZWE 2011, 186.
324 OLG Hamburg v. 20. 1. 1993 – 2 Wx 41/91, ZMR 1993, 425.
325 KG Berlin v. 29. 4. 1998 – 24 W 1107/98, NZM 1998, 633.
326 OLG Köln v. 13. 10. 2008 – 16 Wx 85/08, ZMR 2009, 388.

stimmung sämtlicher Wohnungseigentümer bedarf.[327] Die Wohnungseigentümer können im Einzelfall durch Stimmenmehrheit eine Gebrauchsregelung treffen, nach der eine im Sondernutzungsrecht eines einzelnen Wohnungseigentümers stehende Gemeinschaftsfläche im Notfall als **Fluchtweg** genutzt werden kann.[328] Die Errichtung einer aus **Pflanzsteinen** samt Bepflanzung mit **Thujen** bestehenden Mauer zwischen zwei Sondernutzungsflächen stellt eine bauliche Veränderung nach §§ 22 Abs. 1 Satz 1, 14 Nr. 1 dar.[329]

- **Spruchbänder**
  Ein Wohnungseigentümer ist nicht berechtigt, Spruchbänder mit politischen Parolen an der Außenfassade des Gebäudes anzubringen.[330]

- **Stellplatznutzung**
  Ein Stellplatz darf nicht zur dauerhaften Lagerung von Gegenständen genutzt werden, die nicht im Zusammenhang mit der Fahrzeugnutzung stehen.[331]

- **Videoüberwachung**
  Eine nicht hinzunehmende Beeinträchtigung der übrigen Miteigentümer liegt aber auch dann vor, wenn ein Eigentümer von seiner Wohnung aus eine gezielte Videoüberwachung des **gemeinschaftlichen Weges** und des **Hofes** vornimmt, selbst wenn er dadurch etwaige Sachbeschädigungen an seinem geparkten Pkw dokumentieren möchte.[332] Alleine die objektiv bestehende Möglichkeit der dauernden Beobachtung und Weiterverwendung der gespeicherten Bilder gibt bei der Güter- und Interessenabwägung dem Allgemeinen Persönlichkeitsrecht den Vorrang.[333] Daher liegt (jedenfalls unter diesem Gesichtspunkt) eine Beeinträchtigung nicht vor, wenn es sich um eine funktionsuntüchtige **Attrappe** handelt.[334]

Dagegen stellt der nachträgliche Einbau einer Videoanlage im gemeinschaftlichen **Klingeltableau** keine Beeinträchtigung dar, wenn die Kamera nur durch Betätigung der Klingel aktiviert wird, eine Bildübertragung allein in die Wohnung erfolgt, bei der geklingelt wurde, die Bildübertragung nach spätestens einer Minute unterbrochen wird und die Anlage nicht das dauerhafte Aufzeichnen von Bildern ermöglicht. Die theoretische Möglichkeit einer manipulativen Veränderung der Anlage rechtfertigt nicht die Annahme einer über das Maß des § 14 Nr. 1 hinausgehenden Beeinträchtigung. Ein Nachteil liegt erst vor, wenn eine **Manipulation** aufgrund der konkreten Umstände hinreichend **wahrscheinlich** ist.[335]

Siehe zur Videoüberwachung auch § 13 Rn. 21 und § 21 Rn. 26, 27.

---

327 BayObLG v. 30.1.2003 – 2Z BR 121/02, ZMR 2003, 514.
328 OLG Hamm v. 3.8.2009 – 15 Wx 288/08, ZWE 2009, 402.
329 OLG Frankfurt v. 6.4.2010 – 20 W 78/08, MDR 2010, 1108.
330 KG Berlin v. 15.2.1988 – 24 W 4716/87, NJW-RR 1988, 846.
331 LG Hamburg v. 12.11.2014 – 318 S 107/13, ZWE 2015, 452.
332 OLG Düsseldorf v. 5.1.2007 – 3 Wx 199/06, NZM 2007, 166.
333 Ebenso: OLG München v. 11.3.2005 – 32 Wx 2/05, NZM 2005, 668; BayObLG v. 27.10.2004 – 2Z BR 124/04, NZM 2005, 107.
334 LG Frankfurt v. 11.11.2013 – 2-13 S 24/13, ZWE 2014, 98.
335 BGH v. 8.4.2011 – V ZR 210/10, ZWE 2011, 259.

– **Werbeschilder**
Insoweit kann auf die Ausführungen oben bei Rn. 43 Bezug genommen werden.

– **Wintergarten**
Durch die Errichtung eines Wintergartens auf der Terrassenfläche, an der ein Sondernutzungsrecht besteht, werden die übrigen Wohnungseigentümer über das zulässige Maß hinaus in ihren Rechten in der Regel schon dadurch beeinträchtigt, dass durch den Wintergarten eine intensivere Nutzung der Terrassenfläche ermöglicht wird.[336]

Aufgrund der Entscheidung des BVerfG vom 22.12.2004[337] ist davon auszugehen, dass Wintergärten **regelmäßig** das Eigentumsrecht der übrigen Eigentümer beeinträchtigen und daher ohne Zustimmung der übrigen Eigentümer nicht errichtet werden dürfen. Das BVerfG hat unter Hinweis auf die in der Rechtsprechung üblicherweise eher niedrig angesetzte „**Beeinträchtigungsschwelle**" die Feststellungen des Tatsachengerichts, die Grundlage der Überprüfung einer optischen Beeinträchtigung waren, als nicht ausreichend angesehen.[338]

Wurde ein bestehender Wintergarten wegen Sanierungsarbeiten **beseitigt** und soll später in gleicher Form erneut ein Wintergarten **errichtet** werden, stellt dies eine bauliche Veränderung dar, die der Zustimmung nach § 14 Beeinträchtigten bedarf. Der Umstand, dass die Beseitigung (nur) wegen der Sanierungsmaßnahmen erforderlich war, nimmt den Wohnungseigentümern nicht die Beschlusskompetenz.[339]

Siehe auch oben „Balkonverglasung".

IV. Haftung für sonstige Personen (Nr. 2)

1. Betroffener Personenkreis

51 Der Wohnungseigentümer kann sich seinen oben dargestellten Pflichten nicht dadurch entziehen und dadurch eine unzulässige Beeinträchtigung der übrigen Eigentümer herbeiführen, dass er den Gebrauch seines Sondereigentums bzw. den Mitgebrauch des Gemeinschaftseigentums anderen Personen überlässt. Nach § 14 Nr. 2 muss er vielmehr für die Einhaltung der Pflichten auch durch Andere sorgen. Um den Schutz der übrigen Eigentümer zu gewährleisten, hat der Wohnungseigentümer für alle Personen einzustehen, denen er die (Mit-)Benutzung gestattet. Nur für Personen, die ohne oder gegen den Willen des Eigentümers die Wohnung nutzen (etwa Hausbesetzer, von der Ordnungsbehörde eingewiesene Personen[340]), hat er nicht einzustehen. Eine genaue Abgrenzung der einzelnen Nutzungsformen (Hausstand, Geschäftsbetrieb, sonstige) ist in der Praxis nicht erforderlich,

---

336 BayObLG v. 9.3.2004 – 2Z BR 213/03, NZM 2004, 836.
337 BVerfG v. 22.12.2004 – 1 BvR 1806/04, NJW-RR 2005, 455.
338 Zu einer abschließenden Entscheidung kam es dann nicht mehr, da der Rechtsstreit durch einen Vergleich beigelegt wurde.
339 LG München I v. 28.5.2009 – 36 S 17062/08, ZMR 2009, 875.
340 *Riecke/Schmid-Abramenko*, § 14 Rn. 28.

da bei einer bewussten Überlassung jedenfalls die Alternative „denen er sonst ... überlässt" eingreift.

a) Der Eigentümer hat daher für die zu seinem **Hausstand** gehörenden Personen einzustehen. Zum Hausstand gehören zunächst alle **Familienangehörigen** (z.B. Ehegatte, Kinder,[341] sonstige Verwandte), die dort ihren Wohnsitz haben oder sich dauerhaft oder zumindest vorübergehend mit dem Einverständnis des Eigentümers in der Wohnung aufhalten. Ebenfalls unter diese Alternative fallen nach Ansicht der Kommentatoren die Haushaltsgehilfen, Pflegepersonen, eingetragene Lebenspartner, nichteheliche Lebenspartner und Mitglieder von Wohngemeinschaften.   52

b) Unter Nr. 2 fallen auch die zum **Gewerbebetrieb** gehörenden Personen. Dies sind alle Arbeiter und Angestellten des Betriebes, also auch etwa das leitende Personal.

c) Ausreichend für Nr. 2 ist aber jede (sonstige) **bewusste Überlassung**. Auf den rechtlichen Grund der Überlassung kommt es dabei nicht an. Auch wenn der Hauptanwendungsfall in der gerichtlichen Praxis die Überlassung an einen **Mieter** oder **Pächter** ist, reicht aber auch eine **Leihe**, eine sonstige Vereinbarung oder eine bloße **Gefälligkeit** aus. So haftet etwa auch der Wohnungseigentümer für den **Käufer**, dem er die Wohnung schon vor der Grundbucheintragung aufgrund des Kaufvertrages überlassen hat.[342] Die Haftung besteht auch bei einer Besitzübertragung aufgrund eines **Nießbrauchs**.[343]

2. Einzuhaltende Pflichten

Die von § 14 Nr. 2 erfassten Personen müssen alle Pflichten des Eigentümers, die sich aus § 14 Nr. 1 ergeben, einhalten. Wegen der näheren Einzelheiten hierzu wird auf die Ausführungen oben Rn. 8 ff. Bezug genommen. Die Instandhaltungspflicht am Sondereigentum trifft aber zunächst nur den Eigentümer (siehe oben Rn. 4). Ein Mieter oder eine sonstige Person wird gegenüber dem Eigentümer nur dann diese Pflicht selbst erfüllen müssen, wenn sie ihm vertraglich übertragen worden ist.   53

3. Erforderliche Maßnahmen („zu sorgen")

Der Eigentümer hat dafür „zu sorgen", dass die oben dargestellten Pflichten eingehalten werden. Das Gesetz schreibt dabei nicht vor, wie dies zu geschehen hat.   54

Bei der **Vermietung** ist es zunächst schon erforderlich, dass der Eigentümer einen Mieter auswählt, von dem zu erwarten ist, dass er seinen Verpflichtungen auch nachkommt. Durch eine entsprechende Regelung im Mietvertrag ist auch sicher zu stellen, dass im Mietverhältnis dem Mieter keine wei-

---

341 OLG Düsseldorf v. 19. 8. 2009 – 3 Wx 233/08, ZWE 2009, 389.
342 KG Berlin v. 19. 4. 2000 – 24 W 1808/00, WuM 2000, 368 (wo auch darauf hingewiesen wird, dass kein Widerspruch zur Entscheidung des BGH v. 10. 7. 1998 – V ZR 60/97, NJW 1998, 3273 vorliegt, da dort kein Verkauf eines Wohnungseigentums Gegenstand war, bei dem der Käufer – anders als im Normalfall – die Verpflichtung aus § 14 WEG bei vorzeitiger Nutzungsüberlassung mit übernimmt).
343 BGH v. 16. 5. 2014 – V ZR 131/13, ZWE 2014, 356.

tergehenden Rechte eingeräumt werden, als dem Eigentümer selbst (gegenüber den übrigen Eigentümern) zustehen.[344] Verletzt der Eigentümer eine dieser Pflichten schuldhaft, liegt bei einem Schadensersatzanspruch (siehe dazu im Einzelnen unten Rn. 76) schon eigenes Verschulden vor, so dass es auf ein Verschulden des Mieters nicht mehr ankommt (der dann möglicherweise nur Rechte aus seinem Mietvertrag wahrnimmt).

55 Verletzt ein Mieter oder Pächter (trotz ordentlicher Auswahl und sachgerechter Vertragsgestaltung) dennoch eine Pflicht aus § 14 Nr. 1, kann von ihm – gegebenenfalls auch unter Inanspruchnahme der Gerichte – Unterlassung verlangt werden. Denkbar ist auch, dass der vermietende Eigentümer das Mietverhältnis kündigt und notfalls auch auf Räumung klagt. Bei Gewerbetreibenden kommt etwa in Betracht, einen störenden Arbeitnehmer zu ermahnen, ihn abzumahnen oder ihm auch zu kündigen.

Zu beachten ist dabei jedoch, dass es dem **Eigentümer** selbst **überlassen** bleibt, auf welche Weise er den geschuldeten Erfolg (Unterlassung der Störung durch Dritte) erreicht. Der Eigentümer kann daher vom Gericht nicht zu einer bestimmten Handlung (etwa Kündigung des Vertragsverhältnisses, Erhebung der Räumungsklage) verpflichtet werden.[345] Bleibt der Eigentümer untätig oder unternimmt er jedenfalls nicht die erforderlichen Maßnahmen, macht er sich gegebenenfalls aus eigenem Verschulden **schadensersatzpflichtig**[346] (siehe dazu auch unten Rn. 76).

Da sich der vermietende Eigentümer zur Erfüllung seiner Pflichten aus § 14 Nr. 1 seines Mieters „bedient", handelt dieser insoweit als **Erfüllungsgehilfe** und der Eigentümer hat in diesem Umfang gemäß § 278 BGB für das Verschulden des Mieters einzustehen[347], so dass auch in diesem Fall ein Schadensersatzanspruch gegen den Eigentümer in Betracht kommt[348] (siehe dazu unten Rn. 76).

Zu einem direkten Unterlassungs- und Störungsbeseitigungsanspruch der Wohnungseigentümergemeinschaft gegen einen Mieter siehe § 15 Rn. 22.[349]

V. Duldungspflichten (nach Nr. 3)

1. Einwirkungen

56 Unter Einwirkungen i.S.d. Nr. 3 sind grundsätzlich alle denkbaren Beeinträchtigungen zu verstehen. Dies sind insbesondere Immissionen (etwa Gerüche, Lärm, Licht), bauliche Veränderungen[350] oder Nutzungsbeschränkungen (etwa eine Regelung, wie auf einer gemeinschaftlichen Verkehrsflä-

---

344 OLG Düsseldorf v. 7. 4. 1995 – 3 Wx 472/94, NJW-RR 1995, 1165; siehe zur Problematik der Hausordnung im Mietrecht: *Schmidt-Futterer-Eisenschmid*, § 535 Rn. 375 ff.
345 BayObLG v. 2. 9. 1993 – 2Z BR 63/93, ZMR 1994, 25.
346 BayObLG v. 23. 5. 1997 – 2Z BR 44/97, WE 1998, 76.
347 BGH v. 5. 3. 2014 – VIII ZR 205/13, ZWE 2014, 208; OLG Düsseldorf v. 7. 4. 1995 – 3 Wx 472/94, NJW-RR 1995, 1165; KG Berlin v. 15. 7. 2002 – 24 W 21/02, NZM 2002, 869.
348 BayObLG v. 23. 5. 1997 – 2Z BR 44/97, WE 1998, 76.
349 KG Berlin v. 15. 7. 2002 – 24 W 21/02, NZM 2002, 869.
350 Siehe dazu oben Rn. 10 ff.

che geparkt werden darf[351]). Wegen der weiteren Einzelheiten wird auf die Rn. 58 und die dortigen Verweise Bezug genommen.

2. Auf Sonder- und Gemeinschaftseigentum

Wenn die Voraussetzungen der Nr. 3 vorliegen, muss jeder Eigentümer nach dem Wortlaut der Vorschrift Einwirkungen sowohl auf sein Sondereigentum[352] als auch auf das gemeinschaftliche Eigentum[353] dulden. Gleiches gilt auch für Einwirkungen auf Bereiche eines Sondernutzungsrechts[354], da auch insoweit gemeinschaftliches Eigentum vorliegt. 57

3. Bei zulässigem Gebrauch

§ 14 Nr. 3 erfasst nur solche Beeinträchtigungen, die Folge eines zulässigen Gebrauchs sowohl des Sondereigentums als auch des Mitgebrauchs des gemeinschaftlichen Eigentums sind. Welcher Gebrauch zulässig ist, ergibt sich für die Eigentümer aus § 14 Nr. 1 und für die sonstigen Nutzer aus § 14 Nr. 1 in Verbindung mit Nr. 2. Insoweit wird daher zunächst auf die Kommentierungen Rn. 2 bis Rn. 55 Bezug genommen. 58

Ergänzend sei noch auf folgende Beispiele aus der Rechtsprechung hingewiesen:

Ist etwa ein Ladeneigentümer berechtigt, eine **Reklametafel** anzubringen (siehe dazu auch oben Rn. 43 „Werbeanlagen") müssen die übrigen Eigentümer einen kaum merklichen Lichteinfall und eine unerhebliche Einschränkung der Aussicht hinnehmen.[355] Ein Sondernutzungsrecht[356] an einem **Garten** berechtigt auch, die Fläche gärtnerisch zu gestalten. Pflanzt daher der Sondernutzungsberechtigte (unter Beachtung von nachbarrechtlichen Vorschriften) einen Baum, muss es der Sondernutzungsberechtigte der daneben liegenden Gartenfläche dulden, dass durch den Baum Schatten in seinen Garten fallen.[357] Ist in einer Teilungserklärung dem Eigentümer einer Dachgeschosswohnung gestattet, in die Dachschrägen Fenster einzubauen, müssen es die Miteigentümer hinnehmen, dass der Eigentümer auch **Dachgauben** einbaut, um das notwendige Licht den auszubauenden Räumen zuzuführen.[358]

In folgenden Fällen hat die Rechtsprechung eine Duldungspflicht verneint, da die Grenzen des § 14 Nr. 1 und 2 überschritten waren. 59

So müssen es die übrigen Eigentümer nicht dulden, dass ein Sondernutzungsberechtigter an einer Gartenfläche eigenmächtig sichtbar eine kniehohe Betoneinfassungs**mauer** errichtet.[359] Auch braucht es ein Wohnungseigentümer nicht hinzunehmen, dass ein anderer in das **Abwassersystem** der

---

351 OLG Hamburg v. 20. 1. 1993 – 2 Wx 41/91, ZMR 1993, 425.
352 Siehe dazu oben Rn. 2–3.
353 Siehe dazu oben Rn. 45 und die dortigen Verweise.
354 Siehe dazu § 13 Rn. 27 ff.
355 OLG Köln v. 31. 5. 2006 – 16 Wx 11/06, NZM 2007, 92.
356 Siehe dazu § 13 Rn. 27 ff.
357 BayObLG v. 5. 3. 1987 – 2 Z 50/86, NJW-RR 1987, 846.
358 OLG München v. 27. 3. 2007 – 32 Wx 179/06, WuM 2007, 289.
359 KG Berlin v. 10. 1. 1994 – 24 W 3851/93, WuM 1994, 225.

Eigentumsanlage durch die Verlegung eines Abflussrohres in den Abwasserkanal eingreift.[360] Nicht dulden müssen die Eigentümer auch die Montage eines **Schutzgitters** durch einen Eigentümer einer Erdgeschosswohnung, wenn dadurch zwar die Einbruchsgefahr im Erdgeschoss verringert wird, sie aber im ersten Stock steigt, weil das Gitter als Kletterhilfe genutzt werden kann.[361]

4. Dulden

60 Wenn Einwirkungen nach § 14 Nr. 3 zu dulden sind, bedeutet dies, dass die betroffenen **Eigentümer** nichts gegen diese Einwirkungen unternehmen können. Sie können daher weder Abwehransprüche (etwa aus Eigentumsbeeinträchtigung nach § 1004 BGB, Besitzstörung nach §§ 859 ff. BGB) noch Schadensersatzansprüche (etwa aus § 823 BGB, §§ 280 ff. BGB) geltend machen. Die Regelung rechtfertigt kein Vorgehen gegen **Fremdnutzer**, da sie gemeinschaftsbezogene Rechtsbeziehungen voraussetzt, die aber zwischen Fremdnutzern und Wohnungseigentümern bzw. dem Verband nicht bestehen.[362]

5. § 21 Absatz 5 Nr. 6

61 Wenn die Herstellung einer **Fernsprech**teilnehmereinrichtung, einer **Rundfunk**empfangsanlage oder eines **Energieversorgungsanschlusses** zugunsten eines Wohnungseigentümers erfolgen soll, ist die Spezialregelung des § 21 Abs. 5 Nr. 6 zu beachten. Da § 21 die Verwaltung des gemeinschaftlichen Eigentums regelt, ergeben sich die erweiterten Duldungspflichten hinsichtlich der Einwirkungen auf das Gemeinschaftseigentum aus dieser Vorschrift.[363] § 14 Nr. 3 ist insoweit nicht anzuwenden, so dass es insoweit auch nicht auf die Einhaltung der Grenzen des § 14 Nr. 1 und Nr. 2 ankommt.[364] Umstritten ist die Frage, ob sich auch die Duldung der Einwirkungen auf das **Sondereigentum** nach § 21 richtet. Nach der wohl herrschenden Meinung, der aufgrund der Systematik des Gesetzes zuzustimmen ist, greift bei Einwirkungen auf das Sondereigentum nicht § 21 ein. Die Duldungspflichten ergeben sich hier aus § 14 Nr. 3.[365]

VI. Betreten und Benutzung gestatten (Nr. 4)

1. Betreten

62 Nach der ersten Alternative der Nr. 4 muss (nur) das Betreten gestattet werden. Dies bedeutet, dass die berechtigten Personen[366] in oder durch die Räume des Sondereigentums[367] gehen und sich gegebenenfalls auch für

---

360 OLG Bremen v. 20. 2. 1998 – 3 W 24/97, OLGR Bremen 1998, 352.
361 OLG Zweibrücken v. 2. 2. 2000 – 3 W 12/00, FGPrax 2000, 96.
362 BGH v. 10. 7. 2015 – V ZR 194/14, ZWE 2015, 376.
363 Siehe dazu § 21 Rn. 67 ff.
364 BayObLG v. 26. 9. 2001 – 2Z BR 79/01, WuM 2002, 160; OLG Hamburg v. 13. 11. 1991 – 2 Wx 64/90, WuM 1992, 87.
365 *Riecke/Schmid-Drabek*, § 21 Rn. 276.
366 Siehe dazu unten Rn. 68 ff.
367 Siehe dazu unten Rn. 64.

eine bestimmte Zeit darin aufhalten dürfen. So kann etwa der Verwalter und ein von ihm beigezogener Handwerker oder Sachverständiger durch die Wohnung eines Eigentümers gehen, um bei der Besichtigung eines nur so zugänglichen Dachraumes festzustellen, ob eine Reparatur des Daches erforderlich ist.[368] Wenn die Handwerker Arbeiten am Gemeinschaftseigentum nur in der Wohnung eines Eigentümers durchführen können, wie etwa den Austausch eines undichten Fensters, können sich die Handwerker auch während der hierfür erforderlichen Zeit in der Wohnung aufhalten.[369]

2. Benutzung

Neben dem bloßen Betreten muss nach der zweiten Alternative der Nr. 4 auch die Benutzung des Sondereigentums hingenommen werden. Unter Benutzung kann dabei grundsätzlich jede denkbare **Inanspruchnahme** des Sondereigentums fallen. So kann etwa der Verwalter in dem bei Rn. 62 genannten Beispiel in der Wohnung eines Eigentümers wenn nötig eine Leiter aufstellen, um in den Dachraum zu gelangen. Die in dem weiteren Beispiel genannten Handwerker können das für den Fensteraustausch benötigte Baumaterial vorübergehend (zumindest tageweise) in der Wohnung lagern. Es können auch, etwa zur Überprüfung der Luftfeuchtigkeit, Messgeräte und zur Beseitigung einer Mauerdurchfeuchtung Trocknungsgeräte aufgestellt[370] und Absperrvorrichtungen zur Durchführung einer Versorgungssperre[371] angebracht werden. Denkbar ist es aber auch, dass im Bereich eines Sondernutzungsrechts ein Baugerüst oder etwa ein Lastenaufzug aufgestellt wird.[372] Falls es erforderlich ist[373], muss der Eigentümer aber auch **Eingriffe** in die Substanz seines Sondereigentums, also **Beschädigungen**, hinnehmen. So kann etwa ein **Sachverständiger** den im Sondereigentum stehenden Bodenbelag einer Terrasse aufbohren, um festzustellen, ob in dem darunterliegenden Bereich Feuchtigkeitsschäden vorliegen.[374] Wenn aufgrund eines Hausschwammes Sanierungsarbeiten durchgeführt werden müssen, bei denen raumweise Zwischendecken entfernt, Balkone abgebrochen, Wandputz abgeschlagen, Teppichböden entfernt und Heizkörper demontiert werden, müssen die betroffenen Eigentümer derartige Beschädigungen hinnehmen.[375]

63

3. Im Sondereigentum stehende Gebäudeteile

Nach dem Wortlaut bezieht sich die Nr. 4 nur auf die im Sondereigentum stehenden Gebäudebestandteile. Zum Gegenstand des Sondereigentums kann zunächst auf die Kommentierung oben zu Rn. 2 Bezug genommen werden. Wie oben bei Rn. 3 und 9 dargestellt, stehen Gebäude- oder Grund-

64

---

368 OLG München v. 22. 2. 2006 – 34 Wx 133/05, ZMR 2006, 388.
369 OLG Frankfurt/Main v. 17. 1. 2006 – 20 W 362/04, NJW-RR 2007, 233; OLG Celle v. 4. 12. 2001 – 4 W 313/01, ZMR 2002, 293.
370 *Riecke/Schmid-Abramenko*, § 14 Rn. 35.
371 Siehe dazu auch unten Rn. 67.
372 OLG Düsseldorf v. 22. 11. 2005 – 3 Wx 140/05, ZMR 2006, 459.
373 Siehe dazu unten Rn. 68 ff.
374 BayObLG v. 26. 2. 2004 – 2Z BR 2/04, WuM 2004, 420.
375 BGH v. 11. 12. 2002 – IV ZR 226/01, ZMR 2003, 209.

stücksteile, an denen ein **Sondernutzungsrecht**[376] besteht, in gemeinschaftlichem Eigentum. Dennoch sind sie bei § 14 Nr. 4, soweit es um das Betreten und die Benutzung geht[377], wie Sondereigentum zu behandeln. Obgleich das Sondernutzungsrecht grundsätzlich den ganzen oder teilweisen Ausschluss des Mitgebrauchs der anderen Eigentümer gewährleistet, muss eine teilweise Beeinträchtigung dieses Rechts, wie beim Sondereigentum, hingenommen werden. Wie bereits bei Rn. 63 dargestellt, kann es etwa erforderlich sein, im Rahmen notwendiger Sanierungsarbeiten am Gemeinschaftseigentum auf einer zur Sondernutzung zugewiesenen Vorgartenfläche ein Baugerüst oder einen Lastenaufzug aufzustellen.

4. Gestatten

65 Der **Wohnungseigentümer** muss das Betreten und die Benutzung gestatten, also die Beeinträchtigungen seines Eigentums dulden. Er ist dagegen nicht verpflichtet, selbst aktiv tätig zu werden und (Vor-)Arbeiten zur Erleichterung der Instandhaltungsmaßnahmen durchzuführen. So muss der Eigentümer beispielsweise nicht selbst Blumentröge versetzen[378] oder eine Schrankwand abbauen; er muss auch insoweit nur dulden, dass diese Arbeiten durch die Gemeinschaft durchgeführt werden.[379] Die Regelung rechtfertigt kein Vorgehen gegen **Fremdnutzer**, da sie gemeinschaftsbezogene Rechtsbeziehungen voraussetzt, die aber zwischen Fremdnutzern und Wohnungseigentümern bzw. dem Verband nicht bestehen.[380]

5. Instandhaltung und Instandsetzung des gemeinschaftlichen Eigentums

66 Der Grund für das Betreten oder die Benutzung des Sondereigentums muss es nach dem Gesetzeswortlaut sein, gemeinschaftliches Eigentum[381] instand zu halten oder instand zu setzen.[382] Ausreichend ist es insoweit aber auch, dass erst festgestellt werden soll, ob eine Instandhaltungs- oder Instandsetzungsmaßnahme in Betracht kommt.[383] In diesem Fall sind jedoch besondere Feststellungen dahingehend zu treffen, dass die Maßnahme tatsächlich erforderlich ist.[384]

67 Die Rechtsprechung hat jedoch über den Wortlaut hinaus auch eine **analoge Anwendung** dieser Vorschrift zugelassen.

So kann etwa in einem Notfall ein Wohnungseigentümer verpflichtet sein, einen Zugang durch sein Sondereigentum zu dulden. Gleiches gilt, wenn ein anderer zur Wartung seines im Sondereigentum stehenden Tankraums den Zugang benötigt.[385]

---

376 Siehe dazu im Einzelnen § 13 Rn. 27 ff.
377 Zum Schadensersatz insoweit unten Rn. 74.
378 BayObLG v. 12. 10. 1995 – 2Z BR 66/95, WuM 1995, 728.
379 Zur Wiederherstellung des ursprünglichen Zustandes siehe unten Rn. 72.
380 BGH v. 10. 7. 2015 – V ZR 194/14, ZWE 2015, 376.
381 Siehe dazu die Kommentierung zur § 1 Rn. 11.
382 Siehe dazu oben Rn. 4 und § 21 Rn. 50 ff.
383 OLG München v. 22. 2. 2006 – 34 Wx 133/05, ZMR 2006, 388.
384 Siehe dazu unten Rn. 68 ff.
385 OLG Frankfurt/Main v. 27. 9 2004 – 20 W 111/2004, OLGR Frankfurt 2005, 199.

Eine analoge Anwendung liegt aber auch beim Betreten zum Anbringen einer Absperrvorrichtung vor, mit der eine beschlossene **Versorgungssperre** durchgesetzt werden soll.[386] Mit der Versorgungssperre wird wegen der bestehenden Wohngeldrückstände eines Eigentümers ein Zurückbehaltungsrecht der Gemeinschaft geltend gemacht, dessen Voraussetzungen das Gericht aber nach Auffassung des OLG München[387] bei der Entscheidung über die Duldung des Betretens zu überprüfen hat. Eine analoge Anwendung kommt aber nur gegenüber einem Eigentümer in Betracht. Ein Betretungsrecht kann daher trotz bestehender Wohngeldrückstände nicht gegenüber einem Mieter des säumigen Eigentümers aus § 14 Nr. 4 abgeleitet werden.[388]

6. Erforderlich

Das Betreten oder die Benutzung muss für die oben dargestellte Instandhaltung oder Instandsetzung des gemeinschaftlichen Eigentums auch erforderlich sein. Schon im Hinblick auf den besonderen Schutz der Wohnung durch Art. 13 GG ist hierbei ein strenger Maßstab anzulegen und der Grundsatz der **Verhältnismäßigkeit** zu beachten.[389]

Eine Eigentumsbeeinträchtigung ohne **sachlichen Grund** muss ein Wohnungseigentümer auch dann nicht hinnehmen, wenn in der Anlage eine entsprechende Regelung getroffen wurde. So ist etwa eine Regelung, wonach zur bloßen Kontrolle, ob Instandhaltungs- oder Instandsetzungsmaßnahmen erforderlich sind, ein Betretungsrecht des Verwalters für einen oder zwei Termine pro Jahr vorgesehen ist, nicht zulässig.[390]

Zwar ist der Verwalter verpflichtet, bei einem Schadensfall allen in Betracht kommenden Schadensursachen nachzugehen. Erforderlich ist das Betreten einer Wohnung zur Abklärung dieser Frage aber nur dann, wenn ausreichende **Anhaltspunkte** dafür vorliegen, dass eine Schadensursache im Bereich der Wohnung ist.[391] Ausreichende Anhaltspunkte liegen etwa dann vor, wenn ein Sachverständiger aufgrund seiner Untersuchungen von Korrosionsschäden an Heizungsrohren in anderen Wohnungen zu dem Schluss kommt, dass auch in der fraglichen Wohnung mit an Sicherheit grenzender Wahrscheinlichkeit ebenfalls Korrosionsvorgänge ablaufen und die Gefahr besteht, dass in absehbarer Zeit ebenfalls ein Wasserschaden auftritt.[392]

Ob ein sachlicher Grund für das Betreten oder das Benutzen vorliegt und damit dem Verhältnismäßigkeitsgrundsatz Rechnung getragen wurde, kann nur anhand der Prüfung des konkreten **Einzelfalls** beantwortet werden. Ob

---

386 OLG München v. 23. 2. 2005 – 34 Wx 005/05, ZMR 2005, 311.
387 OLG München v. 23. 2. 2005 – 34 Wx 005/05, ZMR 2005, 311 in Abgrenzung zu BayObLG v. 31. 3. 2004 – 2Z BR 224/03, NZM 2004, 556.
388 KG Berlin v. 26. 1. 2006 – 8 U 208/05, WuM 2006, 165.
389 Allgemeine Meinung: statt aller: OLG München v. 23. 2. 2005 – 34 Wx 005/05, ZMR 2005, 311; BayObLG v. 21. 1. 1999 – 2Z BR 156/98, Grundeigentum 1999, 779; BayObLG v. 27. 6. 1996 – 2Z BR 16/96, WuM 1996, 584.
390 OLG Zweibrücken v. 24. 11. 2000 – 3 W 184/00, NZM 2001, 289.
391 OLG Hamburg v. 14. 3. 2000 – 2 Wx 31/98, ZMR 2000, 479.
392 BayObLG v. 21. 1. 1999 – 2Z BR 156/98, Grundeigentum 1999, 779; OLG München v. 22. 2. 2006 – 34 Wx 133/05, ZMR 2006, 388.

etwa das Betreten einer Wohnung durch Handwerker geduldet werden muss, um der Gemeinschaft die Kosten für das Aufstellen eines Gerüstes zu ersparen, kann nur nach einer **Abwägung** der konkreten Beeinträchtigungen des Wohnungseigentümers und der Höhe der ersparten Kosten beantwortet werden. So muss etwa regelmäßig das Betreten der Wohnung zur Durchführung von Malerarbeiten am Balkon geduldet werden, wenn dadurch Gerüstkosten in beträchtlicher Höhe gespart werden können. Die Abwägung fällt aber zu Ungunsten der Gemeinschaft aus, wenn zwar beträchtliche Gerüstkosten anfallen, andererseits aber der Eigentümer für eine Terrassensanierung etwa an drei bis vier Arbeitstagen den Zugang zu seiner Wohnung und den Abtransport von 20 Schubkarrenladungen Schutt dulden müsste.[393]

71 Der Verhältnismäßigkeitsgrundsatz ist aber nicht nur bei der Frage, ob eine Maßnahme überhaupt erforderlich ist zu beachten, sondern auch bei der konkreten **Durchführung** dieser Maßnahme. Ist demnach ein Betreten durch den Verwalter grundsätzlich erforderlich, muss der Verwalter – abgesehen von Notmaßnahmen – sein Kommen **ankündigen** und mit dem Eigentümer einen Termin vereinbaren.[394] Stehen mehrere Möglichkeiten zur Verfügung, um eine Maßnahme durchzuführen (etwa Kontrolle eines Abwasserrohres mittels **Kamerafahrt** ab dem Waschbecken in der Wohnung oder **Aufschlitzen** der Wand zur Überprüfung von Korrosionsschäden), muss grundsätzlich die den Wohnungseigentümer weniger beeinträchtigende gewählt werden.

7. Schadensersatz

72 Nach § 14 Nr. 4, 2. Hs. ist bei einer bestehenden Duldungspflicht dem Wohnungseigentümer der durch das Betreten oder die Benutzung entstehende Schaden zu ersetzen. Ersatzpflichtig sind nach dieser Norm indes nur die Schäden, die **infolge** der Beseitigung des Mangels am Gemeinschaftseigentum entstehen.[395]

Bei diesem Anspruch handelt es sich um einen verschuldensunabhängigen Schadensersatzanspruch aus **aufopferungsähnlichem** Grundgedanken, bei dem nach den Grundsätzen der §§ 249 ff. BGB sämtliche Schäden zu ersetzen sind.[396] Nach § 249 Abs. 1 BGB kann daher der geschädigte Eigentümer grundsätzlich die ordnungsgemäße Wiederherstellung des ursprünglichen Zustandes verlangen.[397] Wenn demnach bei den zu duldenden Maßnahmen Beschädigungen am Sondereigentum vorgenommen wurden, kann im Rahmen der so genannten **Naturalrestitution** etwa das Zumauern einer Wand, das Ersetzen der zerschlagenen Fliesen und das erforderliche Streichen der

---

[393] BayObLG v. 12. 10. 1995 – 2Z BR 66/95, WuM 1995, 728.
[394] OLG Hamburg v. 14. 3. 2000 – 2 Wx 31/98, ZMR 2000, 479.
[395] LG München I v. 14. 12. 2009 – 1 S 9716/09, ZMR 2011, 62; LG Itzehohe v. 1. 6. 2010 – 11 S 70/09, ZWE 2010, 329; OLG Frankfurt v. 4. 9. 2008 – 20 W 347/05, ZWE 2009, 123.
[396] BGH v. 11. 12. 2002 – IV ZR 226/01, ZMR 2003, 209; OLG München v. 13. 8. 2007 – 34 Wx 144/06, NZM 2008, 211; KG Berlin v. 28. 7. 1999 – 24 W 9125/97, WuM 2000, 85; BayObLG v. 19. 5. 1994 – 2Z BR 135/93, ZMR 1994, 420.
[397] OLG Schleswig v. 13. 7. 2006 – 2 W 32/06, NZM 2007, 46.

beschädigten Wände verlangt werden.[398] Gleiches gilt für erforderlich gewesene Vorarbeiten, als etwa das Wiederaufstellen einer vor den Sanierungsarbeiten entfernten Schrankwand[399] oder bei Beschädigungen, die bei den vorbereitenden Arbeiten aufgetreten sind.[400] Der Anspruch aus § 14 Nr. 4 kann **neben** einem Anspruch auf **Schadensersatz** wegen Verletzung der Pflicht zur ordnungsgemäßen Instandsetzung des Gemeinschaftseigentums nach **§ 21 Abs. 4 und Abs. 5 Nr. 2** bestehen. Beide Ansprüche können in einem einheitlichen Rechtsstreit im Wege der **Anspruchshäufung** (§ 260 ZPO) geltend gemacht werden. Sie stellen aber zwei prozessual selbständige Ansprüche mit unterschiedlichen Streitgegenständen dar, die auch gesondert eingeklagt werden können.[401]

Unter den in §§ 249 ff. BGB genannten Voraussetzungen kann der geschädigte Eigentümer auch Schadensersatz in **Geld** verlangen. Da etwa nach § 252 BGB ein entgangener Gewinn zu ersetzten ist, kann der beeinträchtigte Sondereigentümer auch einen Mietausfallschaden geltend machen[402], der ihm dadurch entstanden ist, dass sich die **Miete** seines Mieters nach § 536 BGB wegen der Gebrauchsbeeinträchtigung der Wohnung kraft Gesetzes **gemindert** hat.[403] Musste der Wohnungseigentümer etwa für eine gewisse Zeit seine Wohnung verlassen, sind ihm auch entstandene **Mietkosten** und erforderlich gewordene Kosten für einen **Möbeltransport** zu ersetzen.[404] Der geschädigte Eigentümer muss jedoch beachten, dass er im Ergebnis nicht den gesamten Schadensbetrag erstattet bekommt. Da sein Schadensersatzanspruch zu den Verwaltungskosten der Gemeinschaft gehört[405], deren Mitglied er selbst auch ist, muss er letztendlich den nach dem allgemeinen **Kostenverteilungsschlüssel** auf ihn entfallenden Anteil am Schaden selbst tragen.[406] Bei einer **Klage** muss der Eigentümer seit der Anerkennung der (Teil-) Rechtsfähigkeit der Gemeinschaft in § 10 Abs. 6[407] diesen Anteil vom Schadensbetrag nicht mehr abziehen. Er kann vielmehr den gesamten Schaden einklagen, da der Schadensersatz nach § 16 Abs. 7 zu den Kosten der Verwaltung i. S. d. § 16 Abs. 2 gehört.

73

Dagegen kann der betroffene Eigentümer nach § 14 Nr. 4 nicht die Erstattung der Kosten eines **selbständigen Beweisverfahrens** zur Feststellung von Baumängeln verlangen, da dieses Verfahren nicht der Abwendung eines unmittelbar drohenden Schadens dient.[408] Ebenfalls kein Schadensersatz kann dann verlangt werden, wenn es dem Wohnungseigentümer **zumutbar**

---

398 BGH v. 11. 12. 2002 – IV ZR 226/01, ZMR 2003, 209.
399 Siehe dazu auch oben Rn. 65.
400 OLG Frankfurt/Main v. 17. 1. 2006 – 20 W 362/04, NJW-RR 2007, 233.
401 BGH v. 13. 7. 2012 – V ZR 94/11, NJW 2012, 2955.
402 OLG Frankfurt/Main v. 17. 1. 2006 – 20 W 362/04, NJW-RR 2007, 233.
403 Siehe zur Berechnung der Minderung: *Schmidt/Futterer-Eisenschmid*, § 536 Rn. 389 ff.
404 BGH v. 11. 12. 2002 – IV ZR 226/01, ZMR 2003, 209.
405 Siehe unten Rn. 75.
406 Siehe dazu § 16 Rn. 77.
407 Siehe dazu § 10 Rn. 37 ff.
408 BayObLG v. 12. 10. 1995 – 2Z BR 66/95, WuM 1995, 728.

war, den Schaden durch geeignete Maßnahmen **abzuwenden**[409] oder wenn der Eigentümer durch unentgeltliche oder Kosten sparende Maßnahmen ausreichend **Vorsorge** zur Bewachung seines Eigentums treffen konnte.[410]

74 Die Rechtsprechung hat auch eine **analoge** Anwendung des § 14 Nr. 4 zugelassen. So kann ein Eigentümer auch den Schaden ersetzt verlangen, der nicht an seinem Sondereigentum, sondern am **Gemeinschaftseigentum** entstanden ist, wenn dem Wohnungseigentümer in der Teilungserklärung die Instandhaltung und Instandsetzung (im Fall: für die Fenster mit Fensterrahmen) auferlegt worden ist[411]. Wenn durch eine Maßnahme auf einer im Gemeinschaftseigentum stehenden **Sondernutzungsfläche** (im Fall: Aufstellen eines Baugerüstes im Vorgarten) Pflanzen beschädigt werden, kann der Sondernutzungsberechtigte auch hierfür eine Entschädigung verlangen.[412]

Entsteht dagegen aufgrund eines **Mangels am Gemeinschaftseigentum** (also nicht infolge einer Instandhaltungsmaßnahme) ein Schaden am Sondereigentum, kann § 14 Nr. 4 nicht analog angewendet werden.[413] In diesem Fall steht dem Sondereigentümer **kein nachbarrechtlicher Ausgleichsanspruch** in entsprechender Anwendung von § 906 Abs. 2 Satz 2 BGB zu.[414]

75 Der **Entschädigungsanspruch** (Schadensersatzanspruch) aus § 14 Nr. 4 gehört nach § 16 Abs. 7 zu den Kosten der Verwaltung i.S.d. § 16 Abs. 2 und richtet sich **gegen** die Wohnungseigentümergemeinschaft als (teilrechtsfähiger) **Verband**.[415]

Dieser Schadensersatzanspruch unterliegt dem grundsätzlichen **Aufrechnungsverbot** gegen Gemeinschaftsforderungen.[416] So kann ein Eigentümer nicht mit seinem behaupteten Schadensersatzanspruch aus § 14 Nr. 4 gegen eine Forderung aus einem Sonderumlagenbeschluss aufrechnen, selbst wenn die Sonderumlage für diejenige Maßnahme beschlossen wurde, aus der nunmehr der Schadensersatzanspruch hergeleitet wird.[417] Der Gegenmeinung[418], die hierin einen Verstoß gegen § 242 BGB sieht, ist nicht zu folgen, da eine ordnungsgemäße Verwaltung nicht gewährleistet wäre, wenn sich Eigentümer durch zunächst nur behauptete Schadensersatzforderungen zumindest bis zum Abschluss des Gerichtsverfahrens ihrer Zahlungspflicht

---

409 OLG Schleswig v. 13.7.2006 – 2 W 32/06, NZM 2007, 46 (für entbehrliche Nachbesserungsarbeiten, nachdem vorher vom Eigentümer ein Austausch eines Fensterelementes verweigert worden war).
410 KG Berlin v. 28.7.1999 – 24 W 9125/97, WuM 2000, 85.
411 OLG Schleswig v. 13.7.2006 – 2 W 32/06, NZM 2007, 46.
412 OLG Düsseldorf v. 22.11.2005 – 3 Wx 140/05, ZMR 2006, 459.
413 LG München I v. 14.12.2009 – 1 S 9716/09, ZMR 2011, 62; LG Itzehohe v. 1.6.2010 – 11 S 70/09, ZWE 2010, 329.
414 BGH v. 21.5.2010 – V ZR 10/10, ZWE 2010, 327.
415 BGH v. 25.9.2015 – V ZR 246/14, NZM 2016, 169; BGH v. 11.12.2002 – IV ZR 226/01, ZMR 2003, 209; OLG Frankfurt v. 4.9.2008 – 20 W 347/05, ZWE 2009, 123; LG Hamburg v. 6.3.2009 – 318 T 99/08, ZMR 2009, 714; OLG Schleswig v. 13.7.2006 – 2 W 32/06, NZM 2007, 46.
416 Siehe zum Aufrechnungsverbot auch: § 21 Rn. 77, § 26 Rn. 42, § 28 Rn. 23.
417 OLG München v. 30.1.2007 – 34 Wx 128/06, WuM 2007, 213.
418 LG Frankfurt/Main v. 16.11.1987 – 2/9 T 846/87, ZMR 1989, 271.

entziehen und so die Finanzierung der beschlossenen Maßnahme gefährden könnten; einem Missbrauch wäre Tür und Tor geöffnet.

Der Anspruch aus § 14 Nr. 4 Hs. 2 ist ein Schadensersatzanspruch i.S.v. § 1 Ziff. 1 der Allgemeinen Versicherungsbedingungen für die Haftpflichtversicherung (AHB). Der Risikoausschluss für „Schäden am Gemeinschafts-, Sonder- und Teileigentum" nimmt nur die unmittelbaren Sachschäden von der Leistungspflicht aus; die Versicherung hat daher für die eingetretenen Folgeschäden einzustehen.[419]

VII. Folgen bei Pflichtverletzung

Verletzt ein Eigentümer seine Pflichten aus § 14 Nr. 1 bis 4, können den dadurch beeinträchtigten anderen Eigentümern nach den allgemeinen Vorschriften verschiedene Ansprüche zustehen, auf die an dieser Stelle nur kurz hingewiesen werden soll. 76

So können gegen einen Eigentümer als Handlungsstörer **Beseitigungs-** und **Unterlassungsansprüche** bzw. als Zustandsstörer **Duldungsansprüche** nach § 1004 BGB geltend gemacht werden. Unabhängig davon, ob Ansprüche im Hinblick auf das Sondereigentum oder das gemeinschaftliche Eigentum geltend gemacht werden, sind Inhaber des **Individualanspruchs** jeweils die Wohnungseigentümer als Einzelpersonen, wobei sie zur Geltendmachung des Anspruchs keiner **Ermächtigung** der übrigen Eigentümer bedürfen.[420] Insoweit wird insbesondere auf die Kommentierung § 15 Rn. 18 ff. Bezug genommen. Zum **Eigentumsschutz** allgemein, aus dem sich auch Schadensersatzansprüche nach §§ 823 ff. BGB ergeben können, siehe § 13 Rn. 13 und 23.

Schadensersatzansprüche können sich auch nach §§ 280 ff. BGB ergeben. Insoweit sind die Personen nach § 14 Nr. 2 Erfüllungsgehilfen, deren Verschulden dem Eigentümer nach § 278 BGB zuzurechnen ist (siehe oben Rn. 55). Zu beachten ist jedoch, dass bei einem durch eine Gebäudeversicherung abgedeckten (Wasser-) Schaden sich aus dem allgemeinen **Rücksichtnahmegebot** (siehe oben Rn. 1 am Ende) eine Sperrwirkung ergeben kann. So ist etwa ein geschädigter Miteigentümer verpflichtet, **nicht** den schädigenden **Miteigentümer** auf Schadensausgleich in Anspruch zu nehmen, wenn der geltend gemachte Schaden Bestandteil des versicherten Interesses ist, der **Gebäudeversicherer** nicht Rückgriff nehmen könnte und nicht besondere Umstände vorliegen, die ausnahmsweise eine Inanspruchnahme des Schädigers rechtfertigen würden.[421]

Auch wenn ein Wohnungseigentümer seine Instandhaltungspflicht verletzt, sind die übrigen Wohnungseigentümer nicht ohne weiteres berechtigt, die erforderlichen Instandsetzungsmaßnahmen eigenmächtig im Wege der **Ersatzvornahme** durchzuführen. Die Kosten einer eigenmächtigen Ersatzvor-

---
419 BGH v. 11.12.2002 – IV ZR 226/01, ZMR 2003, 209.
420 OLG München v. 27.7.2005, – 34 Wx 69/05, NZM 2005, 672; BayObLG v. 11.4.2005 – 2Z BR 240/04, BayObLGR 2005, 610; BayObLG v. 15.1.2004 – 2 Z BR 225/03, NZM 2004, 344.
421 BGH v. 10.11.2006 – V ZR 62/06, NJW 2007, 292.

nahme können weder über einen **Schadensersatzanspruch**, noch über einen **Bereicherungsanspruch** oder nach den Grundsätzen einer **Geschäftsführung ohne Auftrag** von dem säumigen Eigentümer verlangt werden.[422] Denkbar sind auch **Besitzschutzansprüche** nach §§ 858 ff. BGB. Auf Rn. 14 und Rn. 24 zu § 13 wird hingewiesen.

Zu der Frage, ob auch **nachbarrechtliche Ausgleichsansprüche** nach § 906 Abs. 2 Satz 2 BGB zwischen den Eigentümern einer Wohnanlage bestehen können, wird auf die Kommentierung zu § 13 Rn. 16 verwiesen.

Bei schwerwiegenden Verstößen kommt als letzte Möglichkeit auch ein Anspruch auf **Veräußerung des Wohnungseigentums** in Betracht. Zu den Voraussetzungen dieses Anspruchs wird auf die Kommentierung zu § 18 Bezug genommen.

---

422 BayObLG v. 26. 5. 2004 – 2Z BR 63/04, ZMR 2004, 841.

§ 15
Gebrauchsregelung

(1) Die Wohnungseigentümer können den Gebrauch des Sondereigentums und des gemeinschaftlichen Eigentums durch Vereinbarung regeln.

(2) Soweit nicht eine Vereinbarung nach Absatz 1 entgegensteht, können die Wohnungseigentümer durch Stimmenmehrheit einen der Beschaffenheit der im Sondereigentum stehenden Gebäudeteile und des gemeinschaftlichen Eigentums entsprechenden ordnungsgemäßen Gebrauch beschließen.

(3) Jeder Wohnungseigentümer kann einen Gebrauch der im Sondereigentum stehenden Gebäudeteile und des gemeinschaftlichen Eigentums verlangen, der dem Gesetz, den Vereinbarungen und Beschlüssen und, soweit sich die Regelung hieraus nicht ergibt, dem Interesse der Gesamtheit der Wohnungseigentümer nach billigem Ermessen entspricht.

Inhalt:

	Rn.		Rn.
I. Allgemeines	1	2. Abwehransprüche aus	
II. **Absatz 1:** Gebrauchsregelung		§ 15 Abs. 3 WEG,	
durch Vereinbarung	2	§ 1004 BGB	18
1. Wohnungseigentümer	2	a) Unterlassungs-, Beseiti-	
2. Gebrauch des Sonder-		gungs- und Wieder-	
eigentums und des		herstellungsanspruch	19
gemeinschaftlichen		aa) Anspruchsinhalt	19
Eigentums	3	bb) Anspruchsinhaber	20
3. Durch Vereinbarung	4	cc) Anspruchsgegner	21
4. Regeln	6	b) Duldungsanspruch	23
III. **Absatz 2:** Gebrauchsregelung		aa) Anspruchsinhalt	23
durch Mehrheitsbeschluss	9	bb) Anspruchsinhaber	23
1. Keine entgegenstehende		cc) Anspruchsgegner	25
Vereinbarung	9	c) Verjährung	26
2. Mehrheitsbeschluss	12	d) Verwirkung	27
3. Ordnungsgemäßer		e) Sonstiger Ausschluss	
Gebrauch	13	der Ansprüche	30
a) Allgemeines	13	3. Herausgabeanspruch	
b) Regelung für das Son-		nach § 985 BGB	31
dereigentum	14	4. Anspruch auf ordnungs-	
c) Regelung für das		gemäßen Gebrauch	33
Gemeinschaftseigentum	15	5. Anfechtung von Eigen-	
4. Fehlerhafte Beschlüsse	16	tümerbeschlüssen	34
IV. **Absatz 3:** Ansprüche der		6. Anspruch bei fehlender	
Wohnungseigentümer	17	Regelung (insbesondere	
1. Allgemeines	17	auf Gebrauchsregelung)	35

I. Allgemeines

1 § 15 wurde durch das Gesetz zur Änderung des Wohnungseigentumsgesetzes und anderer Gesetze vom 26.3.2007[1] nicht geändert.

Die Vorschrift befasst sich in den drei Absätzen mit unterschiedlichen Arten wie Gebrauchsregelungen zustande kommen können. Absatz 1 betrifft (anfängliche und nachträgliche) Vereinbarungen, Abs. 2 Mehrheitsbeschlüsse und in Abs. 3 werden Ansprüche im Zusammenhang mit dem Gebrauch geregelt. § 15 ist in Zusammenhang mit insbesondere § 13 und auch mit § 10 Abs. 2 und § 14 zu sehen. Gebrauchsregelungen hinsichtlich des Sondereigentums können als entgegenstehende „Rechte Dritter" nach § 13 Abs. 1 eine Nutzungsbeschränkung für das Sondereigentum darstellen.[2] Zum Mitgebrauch des gemeinschaftlichen Eigentums ist ein Wohnungseigentümer nach § 13 Abs. 2 nur nach der Maßgabe des § 15 berechtigt.[3]

Für eine Gebrauchsregelung ist § 15 die **spezielle** Vorschrift, auch wenn möglicherweise **Verwaltungsvorschriften**[4] nach §§ 20 ff. in Betracht kommen könnten.[5]

II. Absatz 1: Gebrauchsregelung durch Vereinbarung

1. Wohnungseigentümer

2 Das Recht zur Gebrauchsregelung steht den Wohnungseigentümern in ihrer Gesamtheit zu. Es betrifft nicht den rechtsfähigen Verband, da es bei einer derartigen Regelung um die Ausübung des **Selbstorganisationsrechts** der Wohnungseigentümer und nicht darum geht, gemeinschaftsbezogene Rechte zu erwerben und auszuüben oder gemeinschaftsbezogene Pflichten einzugehen oder zu erfüllen.[6] Wohnungseigentümer i.S.d. § 15 ist derjenige, der zu Recht im Wohnungsgrundbuch als solcher eingetragen ist oder der das Eigentum außerhalb des Wohnungsgrundbuchs wirksam erworben hat (etwa durch Erbschaft oder Zwangsversteigerung), nicht aber der bloße Buchberechtigte (Bucheigentümer).[7]

2. Gebrauch des Sondereigentums und des gemeinschaftlichen Eigentums

3 Zu den **Begriffen** und zum Inhalt des Sondereigentums und des gemeinschaftlichen Eigentums wird zunächst auf die Kommentierungen zu § 1 (dort Rn. 11) und § 5 (dort Rn. 2 ff.) Bezug genommen. Zum Sondernutzungsrecht siehe § 13 Rn. 27 ff. Zur Sonderproblematik der Gebrauchsregelung mehrerer Bruchteilseigentümer siehe unten Rn. 8.

Das WEG definiert den Begriff des **Gebrauchs** nicht. Unter Gebrauch ist die tatsächliche oder die mögliche Nutzung des Sonder- und Gemeinschafts-

---

1 BGBl. I 2007, S. 370.
2 Siehe dazu § 13 Rn. 17.
3 Siehe dazu § 13 Rn. 18 ff.
4 Siehe dazu etwa § 20 Rn. 1, § 21 Rn. 2.
5 BGH v. 29.6.2000 – V ZB 46/99, NJW 2000, 3211.
6 Siehe dazu im Einzelnen § 10 Rn. 43 ff.
7 Siehe dazu genauer: § 10 Rn. 3.

eigentums zu verstehen. Aus § 13 Abs. 1 ergibt sich für das Sondereigentum, dass der Wohnungseigentümer mit diesem „nach Belieben verfahren" kann, da insoweit Alleineigentum vorliegt. Zum Umfang der umfassenden Nutzungsrechte bezüglich des **Sondereigentums** wird auf die Kommentierung zu § 13 Rn. 3–17 und hinsichtlich möglicher Beschränkungen nach § 14 auf die Kommentierungen zu § 14 Rn. 8–44 Bezug genommen. Das grundsätzliche Recht zum Mitgebrauch beim **gemeinschaftlichen Eigentum** ergibt sich aus § 13 Abs. 2. Zum Umfang des Mitgebrauchs und möglichen Einschränkungen wird auf § 13 Rn. 18 ff. verwiesen.

3. Durch Vereinbarung

Vereinbarungen sind mehrseitige schuldrechtliche Verträge.[8] Sie kommen zu Stande, wenn **alle Wohnungseigentümer** daran mitgewirkt und übereinstimmende Willenserklärungen abgegeben haben. Auf diese Willenserklärungen sind die §§ 116 ff. BGB anzuwenden. Eine bestimmte Form (§§ 126 ff. BGB) ist für die Willenserklärung nicht vorgeschrieben, so dass sie **formfrei** abgegeben werden können.[9] Vereinbarungen können auch konkludent zustande kommen.[10] Formlos geschlossene Vereinbarungen bergen jedoch alleine schon deshalb erhebliche Gefahren, weil im Streitfall regelmäßig Beweisschwierigkeiten auftreten.

4

Als schuldrechtliche Rechtsgeschäfte binden Vereinbarungen grundsätzlich nur die an der Vereinbarung beteiligten Personen, so dass etwa bei der Veräußerung einer Wohnungseigentumseinheit der **Sondernachfolger** nicht an sie gebunden ist.

Eine nicht eingetragene Vereinbarung wirkt für und gegen den Sondernachfolger des begünstigten Wohnungseigentümers nur durch Abtretung und gegen den Sondernachfolger eines ausgeschlossenen oder sonst in seinen Rechten beschränkten Wohnungseigentümers nur durch entsprechende Schuldübernahme.[11]

Nach § 5 Abs. 4 können Vereinbarung (unter den dort genannten Voraussetzungen) auch zum Inhalt des Sondereigentums gemacht werden.[12] Wenn Vereinbarungen im **Grundbuch** eingetragen sind, wirken sie gemäß § 10 Abs. 3 auch gegen den Sondernachfolger des Wohnungseigentümers.[13]

Siehe zum **Begriff** der Vereinbarungen näher § 10 Rn. 9 ff.

Neben den nachträglich (nach Begründung des Wohnungseigentums) zu Stande gekommenen Vereinbarungen haben in der Praxis erhebliche Bedeutung die Regelungen, die in den im Grundbuch eingetragenen Teilungs-

5

---

8 Zum Beschluss siehe unten Rn. 9 ff.
9 OLG Frankfurt/Main v. 1. 2. 2006 – 20 W 291/03, ZWE 2006, 392; BayObLG v. 13. 6. 2002 – 2Z BR 1/02, NZM 2002, 747.
10 BayObLG v. 2. 2. 2005 – 2Z BR 222/04, FGPrax 2005, 106.
11 OLG Köln v. 2. 4. 2001 – 16 Wx 7/01, NZM 2001, 1135 (zum Erlöschen eines Sondernutzungsrechts bei fehlender Eintragung und Sonderrechtsnachfolge); OLG Hamburg v. 26. 8. 1999 – 10 U 41/98, WE 2000, 246.
12 Siehe dazu im Einzelnen § 5 Rn. 2 ff.
13 Siehe dazu im Einzelnen § 10 Rn. 27 ff.

erklärungen/Gemeinschaftsordnungen enthalten sind. Dabei bildet die **Gemeinschaftsordnung** als die Gesamtheit der (zunächst) bestehenden Vereinbarungen die „Satzung" der Wohnungseigentümer, die nach § 10 Abs. 2 Satz 2 die Rechte und Pflichten der Mitglieder inhaltlich gestalten kann. Dies geht über die bloße Gemeinschaft nach § 741 ff. BGB hinaus und nähert die Wohnungseigentümergemeinschaft dem Verein an.[14] Auch in der **Teilungserklärung**, die an sich (nur) die sachenrechtlichen Regelungen enthält[15], sind üblicherweise in Verbindung mit dem Aufteilungsplan Regelungen zur zulässigen Nutzung von einzelnen Räumen oder der gesamten Anlage enthalten, die eine **Zweckbestimmung mit Vereinbarungscharakter** darstellen.[16] Auch diese Regelungen binden alle Wohnungseigentümer und auch die Sondernachfolger. Dies gilt auch dann, wenn der teilende Alleineigentümer die Teilungserklärung/Gemeinschaftsordnung errichtet hat und damit streng genommen kein Vertrag vorliegt.[17] In der Praxis werden häufig die Regelungen der Teilungserklärung und der Gemeinschaftsordnung in einer Urkunde zusammengefasst, wobei eine strenge Trennung der einzelnen Teile nicht immer erfolgt.[18]

Wegen weiterer Einzelheiten zu Zweckbestimmungen mit Vereinbarungscharakter wird auf **§ 13 Rn. 17** Bezug genommen. Zur zweckbestimmungswidrigen Nutzung siehe **§ 14 Rn. 17–25** hinsichtlich Sondereigentum und **§ 14 Rn. 48** hinsichtlich Gemeinschaftseigentum. Zur Lösung bei **Widersprüchen** zwischen Teilungserklärung und Gemeinschaftsordnung bzw. Aufteilungsplan siehe **§ 14 Rn. 18**.

4. Regeln

6 Die Eigentümer können den Eigentumsgebrauch regeln, indem sie Bestimmungen dahingehend treffen, wie das Sonder- oder Gemeinschaftseigentum genutzt werden darf oder muss. Da an einer Vereinbarung alle Eigentümer mitwirken, sind die Eigentümer hinsichtlich des **Regelungsinhalts** weitgehend frei. Sie sind also insbesondere nicht darauf beschränkt, nur den ordnungsgemäßen Gebrauch i.S.d. § 14 näher zu regeln, sondern können auch einen Gebrauch zulassen, bei dem anderen Eigentümern Nachteile erwachsen, die über das unvermeidliche Maß[19] hinausgehen. Im Wege der Vereinbarungen können aber auch die Rechte eines Eigentümers aus § 13 beschnitten werden.[20]

Unzulässig sind vereinbarte Regelungen aber dann, wenn sie gegen die allgemeinen **Gesetze** verstoßen. Dies ist etwa dann der Fall, wenn sie gegen ein gesetzliches Verbot (§ 134 BGB) oder gegen die guten Sitten (§ 138 Abs. 1

---

14 BGH v. 2.6.2005, V ZB 32/05, ZMR 2005, 547 (= NJW 2005, 2061); siehe zur Gemeinschaftsordnung insbesondere auch § 10 Rn. 10.
15 Siehe dazu § 3 Rn. 4.
16 OLG Frankfurt/Main v. 10.4.2008 – 20 W 119/06, ZWE 2008, 433; OLG Hamm v. 13.2.2006 – 15 W 163/05, NZM 2007, 294.
17 BGH v. 10.12.2010 – V ZR 60/10, WuM 2011, 125 (= NJW 2011, 679).
18 *Schreiber-Ruge/Röll*, Kap. 9, S. 928, Rn. 17 und S. 963, Rn. 100.
19 Siehe dazu § 14 Rn. 5 f.
20 Siehe dazu § 10 Rn. 12.

BGB) verstoßen. Alleine der Umstand, dass der **Kernbereich**[21] des Wohnungseigentums berührt wird, führt jedoch nicht dazu, dass eine Vereinbarung unzulässig wird. Dies folgt bereits daraus, dass bei einer Vereinbarung auch der beeinträchtigte Wohnungseigentümer (oder sein Rechtsvorgänger[22]) mitgewirkt hat. Da es sich um **Individualrechte** der Wohnungseigentümer handelt, ergibt sich schon aus Art. 2 Abs. 1 GG, dass der Rechtsinhaber auf die Ausübung seines Rechts **verzichten** kann.[23] Nur in extremen Ausnahmefällen, bei denen aber wohl auch ein Verstoß gegen die guten Sitten bejaht werden wird, kann ein solcher Verzicht ausgeschlossen sein.[24] Die Gestaltungsfreiheit für Gemeinschaftsordnungen und sonstige Vereinbarungen endet aber dort, wo die personenrechtliche Gemeinschaftsstellung der Wohnungseigentümer derart ausgehöhlt wird, dass dies dem mitgliedschaftsrechtlichen Element des Wohnungseigentums widerspricht. So stellen etwa der allgemeine Ausschluss eines Wohnungseigentümers vom Stimmrecht und der Ausschluss von der Versammlung der Wohnungseigentümer einen schwerwiegenden Eingriff in den Kernbereich **elementarer Mitgliedschaftsrechte** dar.[25] Gerade durch den Versammlungsausschluss wird dem Eigentümer die Befugnis abgeschnitten, auf die Willensbildung der Gemeinschaft durch Rede und Gegenrede Einfluss zu nehmen. Ein Eingriff in das Teilnahmerecht ist nur statthaft, wenn auf andere Weise die geordnete Durchführung einer Versammlung nicht gewährleistet werden kann, so etwa, wenn ein Wohnungseigentümer nachhaltig und trotz Androhung des Ausschlusses die Versammlung weiterhin in erheblicher Weise stört.[26]

Wie bereits bei Rn. 5 erwähnt, kann Inhalt einer zulässigen Regelung etwa die in der Teilungserklärung enthaltene Zweckbestimmung mit Vereinbarungscharakter für bestimmter Räume sein (beispielsweise: Wohnung, Laden, Keller). Denkbar sind aber auch **Nutzungsbeschränkungen** aller Art. Hierunter fallen etwa die **Sondernutzungsrechte**.[27] Auch kann beispielsweise die Hundehaltung in einer Wohnanlage gänzlich untersagt oder auf eine bestimmte Anzahl von **Tieren** beschränkt werden.[28] Im Hinblick auf einen **Konkurrentenschutz** kann bestimmt werden, dass neben einem bereits vorhandenen Lebensmittelgeschäft die weiteren Ladenräume des Gebäudes nicht zum Betrieb eines Lebensmittelgeschäfts genutzt werden dürfen.[29] Obgleich ein Eigentümer grundsätzlich nicht verpflichtet ist, sein

7

---

21 Siehe zum Kernbereich und einem Mehrheitsbeschluss unten Rn. 11; zum Kernbereich allgemein siehe § 10 Rn. 13 und 17 sowie § 23 Rn. 17, 28, 30 und 36.
22 Siehe oben Rn. 4.
23 BGH v. 22.1.2004 – V ZB 51/03, NJW 2004, 937; siehe zu Beschlüssen, die in verzichtbare Individualrechte eingreifen: § 23 Rn. 19.
24 Offen gelassen zur Frage, ob dies bei einem generellen Verzicht auf die Ausübung des Stimmrechts in der Wohnungseigentümerversammlung gilt: OLG Frankfurt/Main v. 24.8.2006 – 20 W 214/06, 20 W 215/06, ZWE 2007, 84–92.
25 BGH v. 10.12.2010 – V ZR 60/10, WuM 2011, 125 (= NJW 2011, 679).
26 BGH v. 10.12.2010 – V ZR 60/10, WuM 2011, 125 (= NJW 2011, 679).
27 Siehe dazu § 13 Rn. 27 ff.
28 BGH v. 4.5.1995 – V ZB 5/95, NJW 1995, 2036; OLG Frankfurt/Main v. 13.9.2005 – 20 W 87/03, NZM 2006, 265; siehe allgemein zur Tierhaltung § 14 Rn. 44.
29 BayObLG v. 14.3.1996 – 2Z BR 6/96, WuM 1996, 359; BayObLG v. 7.5.1997 – 2Z BR 32/97, ZMR 1997, 428; OLG Köln v. 12.3.1993 – 2 Wx 4/93, WE 1994, 86.

Wohnungseigentum zu nutzen[30], kann durch eine Vereinbarung eine **Gebrauchspflicht** begründet werden. Dies kann etwa sinnvoll sein, wenn in einem Einkaufszentrum vermieden werden soll, dass durch leerstehende Geschäfte Kunden abgeschreckt und die übrigen Ladenbetreiber geschädigt werden oder wenn eine Umsatzmiete vereinbart ist.[31]

Wegen **weiterer Beispiele** von (nur) durch Vereinbarung zulässigen Regelungen siehe auch unten Rn. 15 und § 10 Rn. 12.

7a In den Gemeinschaftsordnungen ist häufig vorgesehen, dass für bauliche Veränderungen[32], zweckbestimmungswidrige Nutzungen[33], Vermietungen[34] etc., eine **Verwalterzustimmung**[35] erforderlich ist und diese nur aus wichtigem Grund verweigert werden darf.[36] Derartige Regelungen sind zulässig. Sie sind aber, da sie die Rechte der Wohnungseigentümer erheblich einschränken, eng auszulegen, so dass etwa für eine unentgeltliche Nutzungsüberlassung keine Verwalterzustimmung erforderlich ist, wenn die Gemeinschaftsordnung eine Zustimmung (nur) zur Vermietung vorsieht.[37] Wenn schon nach dem Gesetz, wie etwa bei baulichen Veränderungen nach § 22 Abs. 1, die Zustimmung von beeinträchtigten Wohnungseigentümern erforderlich ist, ersetzt die Verwalterzustimmung nicht die Zustimmung der Eigentümer; die Verwalterzustimmung muss in diesen Fällen vielmehr **zusätzlich** beigebracht werden.[38] Die Einwilligung des Verwalters ist eine **formelle Voraussetzung**. Die Prüfung und Entscheidung der materiell-rechtlichen Frage, ob die Voraussetzungen für die Einwilligung gegeben sind, wird zunächst in die Hand des Verwalters gelegt. Dies gilt auch dann, wenn für eine Nutzungsänderung aufgrund einer „Öffnungsklausel"[39] alleine die Zustimmung des Verwalters ausreicht.[40] Die Entscheidung des Verwalters unterliegt jedoch einer **Kontrolle** durch die **Wohnungseigentümer** sowie einer Überprüfung durch das Gericht.[41] Die Eigentümer können also sowohl auf Antrag hin über die Entscheidung des Verwalters Beschluss fassen und diese gegebenenfalls abändern oder auch sofort anstelle des Verwalters entscheiden.

---

30 Siehe dazu § 13 Rn. 3.
31 Eine obergerichtliche Rechtsprechung zum WEG liegt insoweit noch nicht vor; es besteht aber kein Grund, diesen im Miet- und Pachtrecht anerkannten Grundsatz im WEG-Recht nicht eingreifen zu lassen; siehe zum Mietrecht etwa: *Schreiber-Schildt*, Kap. 12, S. 1185, Rn. 175; *Palandt-Weidenkaff*, § 535 BGB, Rn. 84.
32 Siehe dazu genauer § 22 Rn. 3.
33 Siehe dazu § 14 Rn. 17 ff. und Rn. 48.
34 OLG Frankfurt/Main v. 28.1.2004 – 20 W 124/03, 20 W 180/03, NZM 2004, 231.
35 Zur Verwalterzustimmung bei Veräußerung des Wohnungseigentums siehe § 12 Rn. 2 ff.
36 BayObLG v. 25.9.2003 – 2Z BR 137/03, ZMR 2004, 133.
37 OLG München v. 9.2.2010 – 32 Wx 114/09, WuM 2010, 317.
38 BayObLG v. 25.9.2003 – 2Z BR 137/03, ZMR 2004, 133; OLG Frankfurt/Main v. 24.4.2006 – 20 W 294/03, ZWE 2006, 409.
39 Siehe zur Öffnungsklausel § 10 Rn. 16 ff. und § 23 Rn. 4.
40 OLG Köln v. 29.10.2001 – 16 Wx 180/01, NZM 2002, 29.
41 BayObLG v. 31.8.2000 – 2Z BR 39/00, WuM 2000, 684; BayObLG v. 24.2.1997 – 2Z BR 89/96 WE 1997, 319.

Ein wichtiger Grund für eine Verweigerung kann etwa sein, dass durch die Vermietung einer Wohnung zur Ausübung der Prostitution die anderen Wohnungseigentümer unzumutbar beeinträchtigt werden.[42] Liegt dagegen kein wichtiger Grund für die Verweigerung vor, kann einem auf das formelle Fehlen gestützten Beseitigungs- oder Unterlassungsanspruch entgegengehalten werden, dass ein fälliger und durchsetzbarer materiell-rechtlicher Anspruch auf Erteilung der Zustimmung besteht.[43]

In der Praxis sind im Zusammenhang mit so genannten **Duplex-Garagen** (Doppelstock-Garagen, Tiefgaragenboxen) Regelungsprobleme entstanden. Nach der herrschenden Meinung in der Rechtsprechung kann an den einzelnen Duplex- Standplätzen kein Sondereigentum entstehen.[44] Daher wurde teilweise der Weg gewählt, dass an der gesamten Duplex-Einheit Bruchteilssondereigentum für die Miteigentümer der Sondereigentumseinheit begründet wurde. In diesem Falle kann für die einzelnen Stellplätze kein Sondernutzungsrecht begründet werden, da dies nur bei Gemeinschaftseigentum möglich wäre.[45] Steht eine Doppelstockgarage im **Bruchteilssondereigentum** mehrerer Personen, können die Bruchteilseigentümer die **Nutzung** der einzelnen Stellplätze gemäß **§ 745 Abs. 1, § 1010 BGB** regeln; zulässig ist aber auch eine Zuweisung der Stellplätze mittels **Gebrauchsregelung** durch Vereinbarung aller Wohnungs- und Teileigentümer gemäß § 15 Abs. 1.[46] Diese Benutzungsregelungen können daher auch ins Grundbuch eingetragen werden und binden dann nach § 10 Abs. 3 auch die Sonderrechtsnachfolger.[47]

8

Zur Regelung des konkreten Gebrauchs auch einer Tiefgaragenbox durch Mehrheitsbeschluss siehe unten Rn. 14. Zu Kostentragungsregelungen siehe § 16 Rn. 53.

III. Absatz 2: Gebrauchsregelung durch Mehrheitsbeschluss

1. Keine entgegenstehende Vereinbarung

Eine Gebrauchsregelung durch Mehrheitsbeschluss ist nach dem Gesetzeswortlaut nur dann zulässig, wenn dem Beschluss keine Vereinbarung nach Absatz 1 der Vorschrift entgegensteht. Den Wohnungseigentümern steht daher insoweit keine **Beschlusskompetenz** zu, als eine Regelung bereits in einer Vereinbarung getroffen wurde.[48] Ein vereinbarungsändernder Be-

9

---

42 OLG Hamburg v. 14.3.2005 – 2 Wx 19/05, ZMR 2005, 644; OLG Köln v. 25.8.2008 – 16 Wx 117/08, ZMR 2009, 387; zur Prostitution siehe auch § 14 Rn. 22 und 25 („Bordell").
43 BayObLG v. 21.7.2004 – 2Z BR 39/04 (zitiert nach juris).
44 Siehe dazu § 5 Rn. 3, § 16 Rn. 13.
45 Siehe dazu genauer § 13 Rn. 27.
46 BGH v. 20.2.2014 –- V ZB 116/13, NJW 2014, 1879.
47 Siehe hierzu im Einzelnen: § 10 Rn. 27 ff.
48 Siehe dazu auch § 10 Rn. 15.

schluss ist wegen der fehlenden Beschlusskompetenz nichtig[49], weshalb auch die vor der Entscheidung des BGH üblich gewesenen „Zitterbeschlüsse"[50] keine Wirkung entfalten konnten. Ebenfalls nichtig wegen fehlender Beschlusskompetenz ist ein Beschluss, mit dem ein **Sondernutzungsrecht** begründet wird.[51] Eine Anfechtung eines nichtigen Beschlusses nach § 46 ist nicht erforderlich, doch kann gerichtlich im Wege der Feststellungsklage die Nichtigkeit festgestellt werden.[52]

Etwas anderes gilt aber (teilweise) dann, wenn in der Gemeinschaftsordnung (oder in einer nachträglichen Vereinbarung) eine so genannte „**Öffnungsklausel**"[53] enthalten ist. In diesem Fall fehlt den Wohnungseigentümern nicht die Beschlusskompetenz, vielmehr ist aufgrund der Öffnungsklausel ein vereinbarungsändernder Mehrheitsbeschluss jedenfalls grundsätzlich möglich. Ein derartiger Beschluss ist, wenn die erforderliche Mehrheit nicht erreicht wurde, der Verwalter aber dennoch das Zustandekommen des Beschlusses verkündete, nicht nichtig, sondern kann allenfalls auf Anfechtung gemäß § 46 hin für ungültig erklärt werden.[54]

Ein Sonderfall liegt dann vor, wenn in einer Gemeinschaftsordnung eine **Hausordnung**[55] enthalten ist. Die Hausordnung ist in diesem Fall nur formeller Bestandteil der Gemeinschaftsordnung. Ihr kommt jedoch auch in diesem Falle nur die Rechtsnatur eines Mehrheitsbeschlusses zu, der grundsätzlich durch Mehrheitsbeschluss wieder abgeändert werden kann.[56]

10 Zur Klärung der Frage, ob ein **vereinbarungsändernder Beschluss**[57] vorliegt, muss zunächst geprüft werden, ob in der Gemeinschaftsordnung, der Teilungserklärung (Zweckbestimmung mit Vereinbarungscharakter) oder in einer nachträglichen Vereinbarung eine Gebrauchsregelung getroffen wurde[58] und keine Öffnungsklausel vorliegt.

---

49 BGH v. 18.6.2010 – V ZR 193/09, WuM 2010, 526 (= NJW 2010, 2801); BGH v. 20.9. 2000 – ZB 58/99, NJW 2000, 3500; BGH v. 22.1.2004 – V ZB 51/03, NJW 2004, 937; LG München I v. 4.4.2011 – 1 S 16861/09, ZWE 2011, 275; OLG München v. 21.2. 2007 – 34 Wx 22/07, NZM 2007, 447.
50 Da nach früherer Auffassung auch vereinbarungsändernde Beschlüsse in Bestandskraft erwachsen konnten, haben viele Gemeinschaften in Kenntnis der entgegenstehenden Gemeinschaftsordnung Mehrheitsbeschlüsse gefasst, bei denen sie bis zum Ablauf der Anfechtungsfrist „zittern" mussten, ob eine Anfechtung erfolgte. Erfolgte keine Anfechtung, hatte die Gemeinschaft ohne eine Vereinbarung und nur mit Mehrheitsbeschluss die Teilungserklärung/Gemeinschaftsordnung abgeändert.
51 OLG München v. 21.2.2007 – 34 Wx 22/07, OLGR München 2007, 329; zum Sondernutzungsrecht siehe auch § 13 Rn. 27 ff.
52 Siehe hierzu § 23 Nr. 32, 36, 39; § 43 Rn. 26.
53 Siehe zur Öffnungsklausel § 10 Rn. 16 ff. und § 23 Rn. 4 und zum Sondernutzungsrecht § 13 Rn. 27 ff.
54 LG München I v. 3.12.2007 – 1 T 14033/06, ZMR 2008, 915.
55 Siehe zur Hausordnung § 21 Rn. 45 ff.
56 BayObLG v. 20.11.1997 – 2Z BR 93/97, NJW-RR 1998, 443.
57 Zum bloß vereinbarungswidrigen Beschluss, der aber nicht (für die Zukunft) die Vereinbarung abändern soll, siehe unten Rn. 13.
58 Siehe dazu oben Rn. 4–8.

Sodann muss durch **Auslegung** des Beschlusses ermittelt werden, ob der Beschluss Regelungen enthält, die zukünftig gelten und auch einen etwaigen Sonderrechtsnachfolger binden sollen, ob also eine generell-abstrakte Regelung gewollt ist.[59] Dazu ist der Beschluss nach den für eine Grundbucheintragung geltenden Regeln **objektiv-normativ** auszulegen.[60] Maßgebend sind dabei der sich aus dem Protokoll der Eigentümerversammlung ergebende Wortlaut des Beschlusses und der Sinn, wie er sich aus unbefangener Sicht als nächstliegende Bedeutung des Wortlauts ergibt;[61] Umstände außerhalb der Eintragung dürfen nur herangezogen werden, wenn sie nach den besonderen Verhältnissen des Einzelfalles für jedermann ohne weiteres erkennbar sind, etwa weil sie sich aus dem übrigen Versammlungsprotokoll ergeben.[62] Nach dem OLG Schleswig liegt kein endgültig eine Vereinbarung ändernder Beschluss dann vor, wenn entgegen einer Zweckbestimmung in der Teilungserklärung (im Fall: Hausmeisterwohnung) für eine vorübergehende Zeit ein abweichender Gebrauch beschlossen wird, wenn dieser Gebrauch ansonsten ordnungsgemäßer Verwaltung entspricht.[63]

Über den Wortlaut der Vorschrift hinaus ist wegen fehlender Beschlusskompetenz ein Mehrheitsbeschluss auch dann nichtig, wenn durch ihn der **Kernbereich des Eigentums** verletzt wird.[64] Der Kernbereich ist dann verletzt, wenn durch den Beschluss der wesentliche Inhalt der Nutzung des Wohnungseigentums eingeschränkt wird.[65] Zum Kernbereich gehört etwa das **Musizieren** in einer Wohnung, da Musizieren innerhalb der eigenen Wohnung Bestandteil eines sozial üblichen Verhaltens und Element der Zweckbestimmung der Wohnanlage ist.[66] Zum Kernbereich des Wohnungseigentums gehört auch die Teilnahme an der **Eigentümerversammlung** und die Ausübung des Stimmrechts in der Wohnungseigentümerversammlung[67], die **Änderung** eines **Miteigentumsanteils**[68] und das Recht, sich in der Wohnung durch **Rundfunk** und Fernsehen zu informieren.[69]

11

---

59 OLG Saarbrücken v. 3.2.2006 – 5 W 115/05 – 31, ZMR 2006, 554.
60 BayObLG v. 28.2.2002 – 2Z BR 141/01, NZM 2002, 492 (siehe zur Auslegung genauer insbesondere auch § 16 Rn. 22a, § 23 Rn. 26 und § 24 Rn. 48, 51).
61 BGH v. 25.9.2009 – V ZR 33/09, Grundeigentum 2009, 1437 (= NJW-RR 2010, 227).
62 BGH v. 10.9.1998 – V ZB 11/98, NJW 1998, 3713; OLG Hamm v. 11.11.2004 – 15 W 351/04, ZMR 2005, 400; LG Hamburg v. 27.7.2010 – 318 S 79/10, ZMR 2010, 986.
63 OLG Schleswig v. 3.9.2004 – 2 W 90/03, WuM 2005, 266.
64 BGH v. 27.3.2009 – V ZR 196/08, WuM 2009, 373 (= NJW 2009, 2132); zu den weitergehenden Einschränkungsmöglichkeiten durch Vereinbarung siehe oben Rn. 6; ergänzend siehe zur Nichtigkeit von Beschlüssen auch § 23 Rn.19 ff. (insbesondere auch Rn.28 und 30).
65 BGH v. 22.1.2004 – V ZB 51/03, NJW 2004, 937.
66 BGH v. 10.9.1998 – V ZB 11/98, NJW 1998, 3713; zum Musizieren siehe auch § 14 Rn. 44.
67 BGH v. 10.12.2010 – V ZR 60/10, WuM 2011, 125 (= NJW 2011, 679); OLG Frankfurt/Main v. 24.8.2006 – 20 W 214/06, 20 W 215/06, ZWE 2007, 84 (offengelassen, ob ein genereller Verzicht hierauf möglich wäre).
68 BayObLG v. 27.9.1996 – 2Z BR 80/96, WE 1997, 158.
69 BGH v. 22.1.2004 – V ZB 51/03, NJW 2004, 937; allgemein zum Aufstellen von Parabolantennen siehe § 14 Rn. 28–42.

Die Möglichkeit der **Hundehaltung** gehört dagegen **nicht** zum wesentlichen Inhalt der Nutzung von Wohnungseigentum, was nicht zuletzt daraus folgt, dass in der überwiegenden Zahl von Wohnungen keine Hunde gehalten werden.[70] Daher kann, wenn im konkreten Einzelfall keine ausdrückliche Regelung der Hundehaltung in der Gemeinschaftsordnung vorhanden ist, die Hundehaltung auch durch Mehrheitsbeschluss eingeschränkt (etwa Verbot, Kampfhunde zu halten[71]) oder auch gänzlich untersagt werden.[72] Auch das Recht, einen Hund unangeleint auf Gemeinschaftsflächen laufen zu lassen, gehört nicht zum Kernbereich.[73] Zu weitgehend meint das AG München, dass ein **Leinenzwang** auch dann bestehe, wenn weder in der Gemeinschaftsordnung eine Regelung enthalten noch ein entsprechender Beschluss gefasst wurde.[74] Dem Gesetz kann eine derartige Pflicht eines Eigentümers nicht entnommen werden. Ein genereller Zwang unabhängig davon, ob eine Beeinträchtigung i.S.d. § 14 Nr. 1 vorliegt, dürfte das Eigentumsrecht des Einzelnen zu sehr einschränken. Der BGH hat diese Frage nicht entschieden. Er hat aber klargestellt, dass ein Beschluss, durch den es erlaubt wird, Hunde auch unangeleint auf einer Rasenfläche des Gemeinschaftseigentums spielen zu lassen, einem ordnungsgemäßen Gebrauch entsprechen kann; ob dies der Fall ist, kann nämlich nicht generell bejaht oder verneint werden, sondern beurteilt sich anhand der **konkreten Umstände** des **Einzelfalles**. Für die Frage, ob etwaige Beeinträchtigungen durch unangeleintes Laufenlassen für die anderen Miteigentümer zumutbar sind, können unter anderem die örtlichen Verhältnisse der Wohnungseigentumsanlage, die Zusammensetzung der Wohnungseigentümergemeinschaft, die Anzahl der Hunde einschließlich ihres Verhaltens gegenüber Dritten sowie das Freizeitverhalten der Wohnungseigentümer bedeutsam sein. In diesem Zusammenhang kann auch die grundsätzliche Angst oder Besorgnis einzelner Eigentümer, ein Hund könnte sie anspringen oder sonst belästigen und der Hundehalter oder Hundeführer könne seinen Hund mangels Leine nicht mehr zurückhalten, der Mehrheit der Wohnungseigentümer Veranlassung geben, im Rahmen einer Gebrauchsregelung eine generelle Anleinpflicht anzuordnen.[75]

Zur Tierhaltung allgemein siehe auch § 14 Rn. 44 und zu Regelungen in der Hausordnung § 21 Rn. 49.

Zur Begründung eines Sondernutzungsrechts siehe § 13 Rn. 34.

---

70 BGH v. 4.5.1995 – V ZB 5/95, NJW 1995, 2036; OLG Frankfurt/Main v. 17.1.2011 – 20 W 500/08 (zitiert nach juris).
71 KG Berlin v. 23.6.2003 – 24 W 38/03, WuM 2003, 583.
72 OLG Düsseldorf v. 10.12.2004 – 3 Wx 311/04, ZMR 2005, 303; OLG Frankfurt/Main v. 13.9.2005 – 20 W 87/03, NZM 2006, 265.
73 LG Frankfurt v. 14.7.2015 – 2-9 S 11/15, ZWE 2015, 413.
74 AG München v. 19.9.2011 – 485 C 1864/11, ZMR 2012, 307.
75 BGH v. 8.5.2015 – V ZR 163/14, ZWE 2015, 328; siehe auch: LG Itzehoe v. 28.5.2014 – 11 S 58/13, ZWE 2015, 32; LG Lüneburg v. 15.5.2012 – 9 S 73/11, ZMR 2012, 728; OLG Düsseldorf v. 23.8.2006 – 3 Wx 64/06, WuM 2006, 582.

2. Mehrheitsbeschluss

Soweit nach den oben unter Rn. 9–11 dargestellten Grundsätzen eine Beschlusskompetenz gegeben ist, können die Wohnungseigentümer Gebrauchsregelungen durch Mehrheitsbeschluss treffen. Ausreichend ist insoweit ein mit einfacher Stimmenmehrheit gefasster Beschluss. Siehe zum Zustandekommen eines Beschlusses § 23 Rn. 19 ff. und zum Mehrheitsbeschluss insbesondere § 23 Rn. 23.

12

3. Ordnungsgemäßer Gebrauch

a) Allgemeines

Anders als bei einer Regelung durch Vereinbarung[76] ist die Regelungsbefugnis der Wohnungseigentümer mittels Mehrheitsbeschluss auch bei grundsätzlich bestehender Beschlusskompetenz[77] deutlich eingeschränkt. Nach dem Gesetzeswortlaut können durch Beschluss nur solche Regelungen getroffen werden, die einem **ordnungsgemäßen Gebrauch** entsprechen. Dies bedeutet, dass durch Beschluss nur ein nach § 14 zulässiger Gebrauch konkretisiert werden kann.[78] Ordnungsgemäß ist der Gebrauch, den § 14 gestattet und der nicht gegen gesetzliche Vorschriften verstößt. Die Einzelheiten sind anhand der konkreten Umstände des Einzelfalles unter Berücksichtigung der Beschaffenheit und Zweckbestimmung des Eigentums bei Beachtung des Gebots der allgemeinen Rücksichtnahme in **Abwägung der allseitigen Interessen** zu ermitteln.[79] Ein Gebrauch des Sonder- oder des Gemeinschaftseigentums, der einem oder mehreren Wohnungseigentümern einen vermeidbaren Nachteil i.S.d. § 14 Nr. 1 zufügt, stellt deshalb keinen ordnungsgemäßen Gebrauch dar[80]. Insoweit kann zunächst hier auf die Kommentierungen zu § 14 Rn. 5 ff. Bezug genommen werden (siehe ergänzend hierzu Rn. 14 ff.).

13

Zur Klarstellung sei hier auch darauf hingewiesen, dass ein Beschluss, der zwar eine Vereinbarung nicht für die Zukunft abändert, der aber eine konkrete Regelung für einen Einzelfall trifft und dabei einer Vereinbarung widerspricht (so genannter **vereinbarungswidriger Beschluss**[81]), dem nicht ordnungsgemäßen Gebrauch des Eigentums entspricht. Wenn etwa in einer Gemeinschaftsordnung festgelegt ist, dass wegen des optischen Gesamtbildes der Anlage auf den Sondernutzungsrechtsflächen keine Gartenhäuser errichtet werden dürfen, entspricht ein Mehrheitsbeschluss, wonach ein von einem Eigentümer eigenmächtig errichtetes Gartenhaus „genehmigt" wird, nicht dem ordnungsgemäßen Gebrauch des Gemeinschaftseigentums[82] und

---

76 Siehe dazu oben Rn. 4 ff.
77 Siehe dazu oben Rn. 9 ff.
78 *Niedenführ/Kümmel/Vandenhouten-Kümmel*, § 15 Rn. 14.
79 BGH v. 29. 6. 2000 – V ZB 46/99, NJW 2000, 321; OLG Düsseldorf v. 21. 8. 2002 – 3 Wx 388/01, NZM 2002, 867.
80 OLG Hamm v. 3. 8. 2009 – 15 Wx 288/08, ZWE 2009, 402; BayObLG v. 9. 6. 1988 – BReg 2 Z 102/87, WuM 1988, 320.
81 BGH v. 20. 9. 2000 – ZB 58/99, NJW 2000, 3500.
82 OLG München v. 26. 7. 2006 – 34 Wx 83/06, OLGR München 2006, 847.

ist daher auf Anfechtung hin aufzuheben.[83] Zur Bestandskraft fehlerhafter Beschlüsse siehe unten Rn. 16.

b) Regelung für das Sondereigentum

14 Die Rechtsprechung hat bezüglich der Gebrauchsregelungen für das Sondereigentum nachfolgende beispielhaft aufgezählte Fälle entschieden (siehe ansonsten auch § 14 Rn. 9ff.):

– Eine nach der Teilungserklärung grundsätzlich unbeschränkt zulässige **gewerbliche Nutzung** des Teileigentums kann nicht durch Mehrheitsbeschluss beschränkt werden.[84]

– Hat ein Eigentümer eigenmächtig einen **Heizkörper** entfernt, der mit einem Wärmeverbrauchsmesser ausgestattet war, kann er mit Mehrheitsbeschluss verpflichtet werden, diesen Heizkörper wieder anzubringen.[85] Dies gilt jedenfalls dann, wenn dadurch die Funktion der **Heizungsanlage** oder das gemeinschaftliche Verbrauchserfassungssystem sichergestellt werden soll.[86] In diesem Fall kann auch im Rahmen der Gesamtsanierung der Heizungsanlage der Austausch defekter Heizkörper beschlossen werden, auch wenn die Heizkörper im Sondereigentum stehen.[87] Entsteht durch die Nichtbeheizung einer Wohnung den anderen Eigentümern ein nach § 14 WEG nicht hinzunehmender Nachteil, kann der Eigentümer durch Beschluss auch zur Beheizung der Räume verpflichtet werden. Nicht möglich ist es aber, eine **Mindestbeheizung** dadurch zu erzwingen, dass einem Eigentümer bei der Jahresabrechnung ein Mindestverbrauch von 75 % des Durchschnittsverbrauchs angerechnet wird.[88]

– Ein Beschluss, wonach der Verwalter bei vermieteten Wohnungen berechtigt ist, die **Miete** für die Sondereigentümer einzuziehen und hiervon einen Teil an die Gemeinschaft abzuführen, ist wegen Eingriffs in den Kernbereich[89] des Sondereigentums nichtig[90] (siehe auch unten Vermietungsbeschränkung).

– Durch Eigentümerbeschluss können grundsätzlich auch **Ruhezeiten** in einer Wohnanlage etwa für die Zeit von 20.00 bis 8.00 Uhr und 12.00 bis 14.00 Uhr festgelegt werden.[91]

– Ist in der Teilungserklärung bestimmt, dass die Wohnanlage als betreute **Seniorenresidenz** zu nutzen ist, kann durch Mehrheitsbeschluss ein Vertragsangebot eines Betreuungsträgers für die Erbringung von Pflegeleistungen angenommen werden.[92] Wenn in der Teilungserklärung vorgesehen ist, dass sich die Wohnungseigentümer verpflichten, ihre Wohnung an

---

[83] Siehe dazu unten Rn. 34.
[84] OLG Düsseldorf v. 16.7.2003 – 3 Wx 149/03, NZM 2003, 805.
[85] OLG Hamburg v. 22.4.1999 – 2 Wx 39/99, ZMR 1999, 502.
[86] OLG Hamm v. 31.3.2005 – 15 W 298/04, ZMR 2006, 148.
[87] OLG München v. 20.3.2008 – 34 Wx 46/07, ZWE 2009, 27.
[88] OLG Hamm v. 31.3.2005 – 15 W 298/04, ZMR 2006, 148.
[89] Siehe oben Rn. 11.
[90] OLG Düsseldorf v. 10.1.2001 – 3 Wx 419/00, NZM 2001, 238.
[91] BGH v. 10.9.1998 – V ZB 11/98, NJW 1998, 3713.
[92] OLG Stuttgart v. 9.2.2000 – 3 U 169/99, OLGR Stuttgart 2000, 189.

einen Betreiber des Seniorenstifts zu vermieten, stellt dies eine ausreichende Gebrauchsregelung i. S. d. § 15 Abs. 1 und 2 dar, so dass der Verwalter gemäß § 21 Abs. 1 dann auch einen Mietvertrag für die im Sondereigentum stehenden Wohnungen abschließen kann.[93] Wegen des erhöhten Ruhebedürfnisses kann in einer Seniorenwohnanlage der Betrieb stationärer **Klimageräte** mit Mehrheitsbeschluss untersagt werden.[94]

– Die **(Haus-)Tierhaltung** gehört nicht zum wesentlichen Inhalt der Nutzung von Wohnungseigentum und kann daher mit Mehrheitsbeschluss eingeschränkt oder ganz verboten werden.[95] So kann auch der freie Auslauf von Hunden in den Außenanlagen untersagt werden.[96]

Zur Tierhaltung allgemein siehe § 14 Rn. 44 sowie § 21 Rn. 49. Zum Leinenzwang siehe oben Rn. 11.

– Sieht eine Gemeinschaftsordnung eine **Vermietungsbeschränkung** nicht vor, kann eine solche auch nicht durch Mehrheitsbeschluss eingeführt werden.[97] Wegen des Eingriffs in den Kernbereich siehe allgemein oben Rn. 11.

– Beschlüsse, die eine **zweckbestimmungswidrige Nutzung** von Wohn- oder Teileigentum genehmigen wollen, sind aufgrund fehlender Beschlusskompetenz nichtig.[98] Zu Beispielen aus der Rechtsprechung bezüglich unzulässiger Wohnraumnutzung siehe § 14 Rn. 22 und bezüglich Teileigentumsnutzung § 14 Rn. 25.

c) Regelungen für das Gemeinschaftseigentum

Zu den Regelungsmöglichkeiten für das Gemeinschaftseigentum hat die Rechtsprechung die nachfolgenden beispielhaften Fälle entschieden (vergleiche ansonsten auch § 14 Rn. 45ff.):

15

– Die faktische Stilllegung eines **Aufzugs** kann nicht durch einen Mehrheitsbeschluss erreicht werden, durch den die Reparatur des in der Teilungserklärung vorgesehenen Aufzugs abgelehnt wird.[99]

– Ein Mehrheitsbeschluss zum Verbot, **Tiere** im **Aufzug** zu befördern, ist möglich.[100]

– Durch Mehrheitsbeschluss kann im Hinblick auf die einheitliche Gestaltung des Gesamtgrundstücks untersagt werden, vor den **Balkongeländern**

---

93 OLG Karlsruhe v. 13. 11. 2003 – 11 U 9/03, OLGR Karlsruhe 2004, 214.
94 BayObLG v. 20. 3. 2001 – 2Z BR 45/01, NZM 2002, 493.
95 OLG Frankfurt/Main v. 13. 9. 2005 – 20 W 87/03, NZM 2006, 265; OLG Hamm v. 24. 2. 2005 – 15 W 507/04, ZMR 2005, 897; OLG Düsseldorf v. 10. 12. 2004 – 3 Wx 311/04, ZMR 2005, 303; KG Berlin v. 23. 6. 2003 – 24 W 38/03, WuM 2003, 583 (zu Kampfhunden); a. A. zum einschränkungslosen Verbot: OLG Saarbrücken v. 2. 11. 2006 – 5 W 154/06, NZM 2007, 168 (siehe dazu genauer § 14 Rn. 44).
96 BayObLG v. 25. 5. 1998 – 2Z BR 21/98, NJW-RR 1998, 961; ebenso: BayObLG v. 2. 6. 2004 – 2Z BR 99/04, ZMR 2004, 769.
97 OLG Celle v. 4. 11. 2004 – 4 W 176/04, NZM 2005, 184.
98 Siehe oben Rn. 9.
99 OLG Saarbrücken v. 29. 11. 2006 – 5 W 104/06, WuM 2007, 154.
100 LG Karlsruhe v. 12. 12. 2013 – 5 S 43/13, ZWE 2014, 172.

- Pflanztröge[101] oder an der Brüstung der **Dachterrasse** Blumenkästen anzubringen.[102]
- Ein **Dachboden** kann mangels Beschlusskompetenz nicht durch Mehrheitsbeschluss zu Wohnzwecken umgewidmet werden.[103]
- Zu den Voraussetzungen, unter denen eine Gemeinschaft den Anschluss an die **Fernwärmeversorgung** erreichen bzw. einen **Wärmecontractingvertrag** abschließen kann, siehe § 21 Rn. 26. Wenn dagegen bereits eine Fernwärmeversorgung besteht, kann durch Mehrheit die Verpflichtung eines Miteigentümers zum Anschluss hieran beschlossen werden.[104]
- Mit Mehrheitsbeschluss kann die Errichtung eines **Hausmeisterraumes** auf einer Gemeinschaftsfläche beschlossen werden.[105]
- Zur **Hausordnung** siehe § 21 Rn. 44ff.
- Die im **Aufteilungsplan** für einen **Kellerraum** enthaltene Nutzungsangabe „allg. Kinderwagen" stellt keine Zweckbestimmung mit Vereinbarungscharakter dar. Daher kann mit Mehrheit beschlossen werden, den Kellerraum als Wasch- und Trockenraum zu nutzen.[106]
- Die Gemeinschaft der Wohnungseigentümer kann im Rahmen ordnungsgemäßer Verwaltung mit Mehrheit beschließen, dass ein der Gemeinschaft gehörender **Kfz-Stellplatz (Parkplatz)**, an dem kein Sondernutzungsrecht bestellt ist, am Abend vor und am Tag der Müllentleerung für das Aufstellen von Müllcontainern freizuhalten ist.[107]
- Ebenso überschreitet ein Beschluss, der die Nutzung einer in Gemeinschaftseigentum stehenden Grundstücksfläche als **Parkplatz** so regelt, dass nicht alle Wohnungseigentümer auch während der Zeit von 18.00 Uhr bis 8.00 Uhr dort ein Fahrzeug abstellen dürfen, nicht die Grenze einer Gebrauchsregelung nach § 15 Abs. 2 und führt nicht zur Begründung eines Sondernutzungsrechts.[108]
- Bei einer starken Nachfrage können die Stellplätze im **Losverfahren** und nur an Wohnungseigentümer vergeben werden. Bestimmt werden kann auch, abgeschlossene Mietverträge nach einer bestimmten Zeit zu kündigen, um auch anderen Wohnungseigentümern die Möglichkeit zu eröffnen, einen Stellplatz zu bekommen.[109] Zulässig ist daher auch etwa ein jährlich zu wiederholendes Losverfahren oder ein **Turnusverfahren** für die Nutzung von **Wasch- oder Trockenplätzen**.[110]

---

101 OLG München v. 6.3.2006 – 34 Wx 128/05 (nicht veröffentlicht).
102 BayObLG v. 22.3.2001 – 2Z BR 20/01, NZM 2002, 259.
103 KG Berlin v. 24.5.2004 – 24 W 83/03, NZM 2004, 624.
104 OLG Karlsruhe v. 12.8.1996 – 11 Wx 62/95, WE 1996, 466.
105 OLG Düsseldorf v. 21.8.2002 – 3 Wx 388/01, NZM 2002, 867.
106 OLG Schleswig v. 30.10.2002 – 2 W 39/02, ZMR 2004, 68.
107 OLG Hamm v. 9.5.2000 – 15 W 342/99, ZMR 2000, 634.
108 OLG Frankfurt/Main v. 19.6.2007 – 20 W 403/05, ZWE 2007, 461.
109 BayObLG v. 8.1.1992 – BReg 2 Z 160/91, NJW-RR 1992, 599.
110 KG Berlin v. 27.4.1994 – 24 W 7352/93, NJW-RR 1994, 912.

Gebrauchsregelung § 15 WEG

– Die Verpflichtung einzelner Miteigentümer zur **tätigen Mithilfe** (etwa: Schneeräumarbeiten, Reinigung des Treppenhauses) bei der Verwaltung des gemeinschaftlichen Eigentums durch einen Mehrheitsbeschluss ist unzulässig, da Leistungspflichten gegen den Willen des Schuldners, die weder durch das Gesetz noch durch eine Vereinbarung dem Mehrheitsprinzip unterworfen sind, nur durch Vereinbarung begründet werden können.[111] Siehe zur fehlenden Beschlusskompetenz insoweit genauer § 23 Rn. 4a.

– Mit Mehrheit kann die Verlegung des Standortes der **Müllbehälter** beschlossen werden, da einer Einzeichnung im Aufteilungsplan keine verbindliche Wirkung zukommt.[112]

– Ein **Müllschlucker** kann nicht durch Mehrheitsbeschluss stillgelegt werden, da der Gebrauch des Gemeinschaftseigentums hier nicht nur geregelt, sondern dem Eigentümer gänzlich entzogen wird.[113]

– Eine Zweckbestimmung als **Rasenfläche** steht einem Mehrheitsbeschluss nicht entgegen, die Fläche als **Kinderspielplatz** zu nutzen.[114] Obgleich auch eine Bezeichnung als Garagenhof in der Teilungserklärung einer Nutzung als Kinderspielplatz grundsätzlich nicht entgegensteht, kann die Nutzung als **Bolzplatz** jedenfalls dann untersagt werden, wenn den Jugendlichen die Nutzung eines in der Nähe gelegenen öffentlichen Spielplatzes zugemutet werden kann.[115]

– Zur Möglichkeit der Begründung eines **Sondernutzungsrechts** und der insoweit fehlenden Beschlusskompetenz siehe oben Rn. 9 und § 13 Rn. 27ff. Der konkrete Gebrauch eines Sondernutzungsrechts unterliegt aber der Regelungskompetenz der Wohnungseigentümer.[116]

– Durch Mehrheitsbeschluss kann auch die **Vermietung** oder **Verpachtung** von im Gemeinschaftseigentum stehenden Flächen (etwa: Garten oder sonstige Außenfläche[117]) oder Räumen (etwa Kellerraum) geregelt werden.[118] Anders als bei der Einräumung eines Sondernutzungsrechts wird bei einer Vermietung oder Verpachtung nur die Möglichkeit des unmittelbaren Eigengebrauchs durch die des mittelbaren Fremdgebrauchs ersetzt und es tritt an die Stelle des unmittelbaren Gebrauchs der Anteil an den

---

111 BGH v. 9.3.2012 – V ZR 161/11, NJW 2012, 1724; BGH v. 18.2.2011 – V ZR 82/10, NJW 2011, 1220; BGH v. 18.6.2010 – V ZR 193/09, ZWE 2010, 359 (= NJW 2010, 2801); BGH v. 15.1.2010 – V ZR 72/09, ZWE 2010, 130 (= NJW 2010, 3093); die in der Vorauflage zitierte entgegenstehende frühere Rechtsprechung der Instanzgerichte ist damit überholt.
112 BayObLG v. 3.11.2004 – 2Z BR 73/04, WuM 2005, 482.
113 OLG Frankfurt/Main v. 30.8.2004 – 20 W 440/01, NZM 2004, 910.
114 OLG Frankfurt/Main v. 17.5.1991 – 20 W 362/90, ZMR 1991, 353.
115 BayObLG v. 27.9.1989 – 2Z BR 67/89, WuM 1989, 653.
116 OLG München v. 3.4.2007 – 34 Wx 25/07, BauR 2007, 933 (zur Beschränkung der Ein- und Ausfahrt zu Stellplätzen ab 21.00 Uhr).
117 OLG Hamburg v. 10.3.2004 – 2 Wx 144/01, ZMR 2004, 615.
118 LG Dortmund v. 3.5.2013 – 17 S 208/12, Wohnungseigentümer 2014, 37.

Miet- oder Pachteinnahmen.[119] Das OLG Hamburg[120] hat in einem Sonderfall, in dem eine Gartenfläche nur über eine im Sondereigentum stehende Eigentumseinheit zugänglich war, auch eine Verpachtung für eine Dauer von 30 Jahren noch als zulässig angesehen. Dies erscheint aufgrund der besonderen Situation noch hinnehmbar. Ansonsten wird bei derart langen Miet- oder Pachtzeiten wohl schon von einer Einräumung einer (faktischen) Sondernutzung auszugehen sein.[121]

– Bei erheblichen Wohngeldrückständen kann durch Mehrheitsbeschluss eine **Versorgungssperre** hinsichtlich **Heizung, Strom** und **Wasser** gegen den säumigen Wohnungseigentümer und seinen Mieter bis zum Ausgleich des Rückstands verhängt werden.[122] Wegen der Schwere des Eingriffs müssen die Ansprüche der Wohnungseigentümergemeinschaft allerdings fällig sein und zweifelsfrei bestehen.[123] Bei einem Rückstand in Höhe von mehr als sechs Monaten widerspricht eine Versorgungssperre nach vorheriger Abmahnung nicht der ordnungsmäßigen Verwaltung.[124] Durch bloße Teilzahlungen in Höhe der auf die Versorgungsleistungen entfallenden Beträge kann das Zurückbehaltungsrecht der Wohnungseigentümergemeinschaft nicht abgewendet werden.[125] Trotz eines bestandskräftigen Beschlusses, der die Verwaltung ermächtigt, eine Versorgungssperre zu verhängen und diese Maßnahme einschließlich des Betretens der Wohnung gerichtlich durchzusetzen, muss der Tatrichter, der über die Duldung des Betretens der Wohnung zu entscheiden hat, die tatsächlichen Voraussetzungen des Zurückbehaltungsrechts und der Verhältnismäßigkeit der begehrten Maßnahmen überprüfen.[126]

– Zulässig ist ein Beschluss, (Warm- und Kalt-) **Wasserzähler** zu verplomben.[127] Ebenso kann beschlossen werden, den **Zugang** zu einem Raum, in dem sich **Zählereinrichtungen** für Strom und Gas befinden, nur dem Hausmeister und den Verwaltungsbeiräten zu ermöglichen.[128]

4. Fehlerhafte Beschlüsse

16 Wie bereits bei Rn. 9 ausgeführt sind Beschlüsse nichtig, für die den Wohnungseigentümern die **Beschlusskompetenz** fehlt. Die Feststellung der Nichtigkeit von Beschlüssen kann durch das Gericht aufgrund einer **Feststellungsklage** getroffen werden. Wurde eine **Anfechtungsklage** erhoben,

---

119 BGH v. 29.6.2000 – V ZB 46/99, NJW 2000, 3211; BayObLG v. 28.3.2002 – 2Z BR 182/01, NZM 2002, 568.
120 OLG Hamburg v. 1.9.2003 – 2 Wx 20/03, ZMR 2003, 957.
121 Zum Sondernutzungsrecht siehe § 13 Rn. 27 ff.
122 BGH v. 10.6.2005 – V ZR 235/04, NZM 2005, 626; KG Berlin v. 21.5.2001 – 24 W 94/01, NZM 2001, 761; a.A. OLG Köln v. 15.3.2000 – 2 U 74/99, NZM 2000, 1026; siehe zur Versorgungssperre auch: § 14 Rn. 63 und 67; § 21 Rn. 26.
123 OLG Frankfurt/Main v. 21.2.2006 – 20 W 56/06, NZM 2006, 869.
124 LG München I v. 8.11.2010 – 1 S 10608/10, ZWE 2011, 186.
125 KG Berlin v. 30.6.2009 – 27 U 19/08 WEG, Grundeigentum 2010, 483; KG Berlin v. 8.8.2005 – 24 W 112/04, NZM 2006, 30.
126 OLG München v. 23.2.2005 – 34 Wx 005/05, ZMR 2005, 311.
127 KG Berlin v. 24.5.2004 – 24 W 83/03, NZM 2004, 624.
128 BayObLG v. 19.12.2001 – 2Z BR 167/01, NZM 2002, 256.

kann das Gericht nach einem entsprechenden Hinweis auch die Nichtigkeit des Beschlusses feststellen. Es liegt hier auch **keine Klageänderung** vor, da die auf denselben Lebenssachverhalt gestützten Anfechtungs- und Nichtigkeitsgründe keine unterschiedlichen Streitgegenstände betreffen, weil Anfechtungs- und Nichtigkeitsklage materiell dasselbe Ziel verfolgen.[129] Sind die Fristen des § 46 Abs. 1 Satz 2 gewahrt, ist lediglich zu prüfen, ob ein Rechtsfehler vorliegt, der den Bestand des angegriffenen Beschlusses berührt; zwischen Anfechtungs- und Nichtigkeitsgründen braucht dann nicht unterschieden zu werden. Ob der geltend gemachte Rechtsfehler als Nichtigkeits- oder als Anfechtungsgrund zu qualifizieren ist, spielt in diesem Fall dann keine Rolle.[130]

Ist dagegen die Beschlusskompetenz gegeben, entspricht der Beschluss aber nicht der Regelung eines ordnungsgemäßen Gebrauchs, muss der fehlerhafte Beschluss durch eine Anfechtungsklage nach § 46 angegriffen werden. Geschieht dies form- und fristgerecht, wird der Beschluss durch Urteil für unwirksam erklärt.[131] Wird ein fehlerhafter aber nicht nichtiger Beschluss jedoch nicht angefochten oder (möglicherweise auch fehlerhaft) trotz Anfechtung nicht für unwirksam erklärt, erwächst er – wie ein ordnungsgemäßer Beschluss – in **Bestandskraft** und ist für die Wohnungseigentümer bindend. Dies ergibt sich bereits aus der Regelung des § 23 Abs. 4.[132]

IV. Absatz 3: Ansprüche der Wohnungseigentümer

1. Allgemeines

§ 15 Abs. 3 stellt eine **Anspruchsgrundlage** dar und ist i.V. m. § 43 Nr. 1 und Nr. 4 zu sehen. Liegt eine über § 14 Nr. 1 hinausgehende Beeinträchtigung vor (siehe dazu § 14 Rn. 1ff.), kann jeder nachteilig betroffene Wohnungseigentümer **sowohl nach § 15 Abs. 3 als auch nach § 1004 Abs. 1 BGB** die Unterlassung oder Beseitigung der Beeinträchtigung verlangen.[133] Teil 1 dieses Absatzes befasst sich mit den Rechten des einzelnen Wohnungseigentümers in all den Fällen, in denen sich eine Gebrauchsregelung aus dem Gesetz, einer Vereinbarung (insbesondere Teilungserklärung/Gemeinschaftsordnung) oder einem wirksamen Beschluss ergibt. Bei dem Verlangen des Wohnungseigentümers handelt es sich um ein **Individualrecht**, wobei aber zum einen die Gemeinschaft die Ausübung der Rechte **an sich ziehen** kann und zum anderen sich bei einem Duldungsanspruch, welcher das Gemeinschaftseigentum betrifft, das Recht darauf beschränkt, dass die Gemeinschaft einen Beschluss fasst, der **ordnungsgemäßer Verwaltung** entspricht. Der zweite Teil des Absatzes gibt bei einer fehlenden Gebrauchsregelung dem Einzelnen die vorgenannten Ansprüche im Rahmen des billigen Ermes-

17

---

129 BGH v. 2.10.2009 – V ZR 235/08, WuM 2009, 686 (= NJW 2009, 3655); BGH v. 2.10.2003 – V ZB 34/03, ZMR 2003, 943 (= NJW 2003, 3550).
130 BGH v. 2.10.2009 – V ZR 235/08, WuM 2009, 686 (= NJW 2009, 3655); BGH v. 2.10.2003 – V ZB 34/03, ZMR 2003, 943 (= NJW 2003, 3550).
131 Siehe näher dazu § 23 Rn. 34.
132 Siehe dazu auch § 23 Rn. 34f.
133 BGH v. 27.2.2015 – V ZR 73/14, ZWE 2015, 212; BGH v. 1.6.2012 – V ZR 195/11, ZWE 2012, 319; BGH v. 21.10.2011 – V ZR 265/10, ZWE 2012, 83.

sens und darüber hinaus einen Anspruch auf Regelung durch die Gemeinschaft. Wird eine erforderliche **Regelung** von der Gemeinschaft verweigert, kann das Gericht eine Regelung treffen.

Zu möglichen **Schadensersatzansprüchen** und **Besitzschutzansprüchen** des einzelnen Wohnungseigentümers siehe § 13 Rn. 23 und 24.

Zu den einzelnen **Tatbestandsmerkmalen** ist auszuführen:

a) „Jeder Wohnungseigentümer" (siehe dazu oben Rn. 2 und ergänzend unten Rn. 20 und Rn. 23) „kann verlangen", ist also Inhaber eines Individualanspruchs.

b) Gegenstand des Verlangens ist ein „Gebrauch der im Sondereigentum stehenden Gebäudeteile und des gemeinschaftlichen Eigentums". Insoweit wird auf oben Rn. 3 und Rn. 13–14 Bezug genommen.

c) Dieser Gebrauch muss dem „Gesetz" (also insbesondere den §§ 13 und 14 – siehe dazu auch § 13 Rn. 16), den „Vereinbarungen" (siehe dazu oben Rn. 4 und 5) und den (wirksamen) „Beschlüssen" (siehe dazu oben Rn. 9 ff.) „entsprechen",

d) Bzw., „soweit sich die Regelung hieraus nicht ergibt, dem Interesse der Gesamtheit der Wohnungseigentümer nach billigem Ermessen" (siehe dazu die hier nachfolgenden Rn. 18 ff. sowie allgemein § 21 Rn. 89 und Rn. 91).

2. Abwehransprüche aus § 15 Absatz 3 WEG, § 1004 BGB

18 Bei einem Gebrauch sowohl des Sondereigentums als auch des gemeinschaftlichen Eigentums, welcher dem Gesetz (also insbesondere den §§ 13 und 14), den Vereinbarungen[134] oder den (wirksamen) Beschlüssen[135] widerspricht, kann jeder **beeinträchtigte Wohnungseigentümer** (siehe auch § 22 Rn. 1f.) verlangen, dass dieser unzulässige Gebrauch beendet wird. Welchen Inhalt dieser Anspruch hat und gegen wen er sich richtet, hängt grundsätzlich jedoch davon ab, ob gegen den so genannten **Handlungsstörer** – nachfolgend a) – oder gegen den **Zustandsstörer** – nachfolgend b) – vorgegangen werden soll.[136]

a) Unterlassungs-, Beseitigungs- und Wiederherstellungsanspruch

aa) Anspruchsinhalt

19 Der Inhalt des Abwehranspruchs ist abhängig von der Art des **unzulässigen Gebrauchs**. So kann alternativ oder auch kumulativ verlangt werden, dass der störende Gebrauch künftig **unterlassen** wird, dass die durch die störende Handlung eingetretene Veränderung (etwa bauliche Veränderung) **beseitigt** und der ursprüngliche Zustand **wiederhergestellt** wird. Betreibt etwa ein Wohnungseigentümer technische Geräte[137], deren Lärmimmissionswerte über der TA Lärm liegen oder musiziert er während der in der Hausordnung

---

[134] Siehe dazu oben Rn. 4 ff.
[135] Siehe dazu oben Rn. 12 ff.
[136] Bei einem Besitzentzug siehe unten zum Herausgabeanspruch Rn. 31 f.
[137] Siehe § 14 Rn. 44 „Lärm".

wirksam festgelegten Ruhezeiten[138], kann bei einer entsprechenden Wiederholungsgefahr die **Unterlassung** der störenden Handlung verlangt werden.[139] Im gerichtlichen Verfahren kann der Klageantrag insoweit teilweise unbestimmt sein und muss nur die Art der störenden Geräusche angeben.[140] Zu den Besonderheiten bei der Vermietung von Wohnungen an täglich wechselnde **Feriengäste** oder so genannte **Medizintouristen** siehe § 13 Rn. 6. Gleiches gilt, wenn eine teilungserklärungswidrige (zweckbestimmungswidrige) Nutzung[141] unterbunden werden soll.[142] Beabsichtigt ein Wohnungseigentümer, auf einer ihm als Sondernutzungsfläche zugewiesenen Gartenfläche eine Garage zu errichten, ohne dass er hierzu berechtigt ist, kann auch eine vorbeugende Unterlassungsklage mit Erfolg erhoben werden.[143] Eine bloße Unterlassung wäre aber bei bereits durchgeführten baulichen Veränderungen nicht ausreichend. Hat ein Wohnungseigentümer etwa in seinem Sondereigentum den Bodenbelag ausgewechselt und ist dadurch eine nicht hinzunehmende Verschlechterung des Trittschallschutzes eingetreten[144] oder hat er eigenmächtig etwa im gemeinschaftlichen Garten einen Gartenteich angelegt[145], kann nicht nur die **Beseitigung**[146], sondern auch die anschließende **Wiederherstellung** des ursprünglichen Zustandes gefordert werden.[147] So kann also im Ergebnis verlangt werden, dass der neue Bodenbelag, der einen verschlechterten Trittschallschutz bietet, beseitigt und ein solcher in der Wohnung verlegt wird, welcher den ursprünglichen Trittschallschutz gewährleistet.[148] Ebenso kann nicht nur die Entfernung des Teiches sondern auch das Wiederauffüllen der Ausgrabung, das Ansäen des Rasens und das Anpflanzen ehemals vorhandener Büsche gefordert werden. Der Anspruch kann aber gerichtlich nur dann durchgesetzt werden, wenn der ursprüngliche, vor der Veränderung gegebene Zustand, hinreichend sicher festgestellt werden kann. Nur dieser Zustand ist wiederherzustellen. Ein anderer Zustand wäre seinerseits wieder ein rechtswidriger Zustand, zu dessen

---

138 Siehe § 14 Rn. 44 „Musizieren".
139 BVerfG v. 6.10.2009 – 2 BvR 693/09, ZWE 2009, 438 (= NJW 2010, 220) – zum Unterlassungsanspruch gegen einen Wohnungseigentümer oder einen Dritten, der das Sondereigentum störend nutzt.
140 Siehe dazu § 14 Rn. 44 und allgemein zur Bestimmtheit des Klageantrags § 21 Rn. 40, 41.
141 Siehe § 14 Rn. 17 ff. für das Sondereigentum und § 14 Rn. 48 für das Gemeinschaftseigentum.
142 BGH v. 13.7.2012 – V ZR 204/11, ZWE 2012, 366; BayObLG v. 11.4.1005 – 2Z BR 240/04, BayObLGR 2005, 610; OLG Zweibrücken v. 30.1.2009 – 3 W 182/08, Mietrecht kompakt 2009, 78 (zur Prostitutionsausübung in einer Wohnung).
143 LG Hamburg v. 20.10.2010 – 318 S 42/10, ZMR 2011, 161.
144 Siehe zu baulichen Veränderungen allgemein und zum Schallschutz im Einzelnen § 14 Rn. 10 ff., insbesondere 12 ff.
145 Zu den baulichen Veränderungen im Gemeinschaftseigentum siehe § 22 Rn. 2 ff.
146 KG Berlin v. 26.11.2001 – 24 W 20/01, WuM 2002, 106 (zu einer Rohrverlegung, die zu einer Verkleinerung eines Pkw-Stellplatzes führte).
147 OLG München v. 19.12.2005 – 34 Wx 6/05 (zitiert nach juris).
148 Brandenburgisches Oberlandesgericht v. 20.5.2010 – 5 Wx 20/09, ZWE 2010, 272.

Herstellung der Störer nicht verpflichtet werden kann.[149] Ein weiteres Problem stellt sich, wenn der Störer einen bereits früher von einem anderen veränderten Zustand erneut verändert. Dazu wird teilweise vertreten, dass **Vergleichszustand** für den Wiederherstellungsanspruch der **Sollzustand** bei der Entstehung des Wohnungseigentums nach Maßgabe der **Teilungserklärung** und des dort in Bezug genommenen Aufteilungsplans oder **rechtmäßig** erfolgte **spätere Änderungen**, nicht aber rechtswidrig veränderte Zustände sein könnten.[150] Dem sollte jedoch nicht gefolgt werden.[151] Bezugspunkt des Störungsbeseitigungsanspruchs kann nur der Zustand vor der vorgenommenen baulichen Veränderung als „Beeinträchtigung" i.S.d. § 1004 BGB sein, soweit den Störer im Einzelfall nicht aus besonderen Umständen eine Verantwortung darüber hinaus für den vorherigen rechtswidrigen Zustand trifft. Dies kann nicht davon abhängen, ob der frühere Zustand Folge einer zulässigen oder einer unzulässigen baulichen Veränderung war. Würde auf den Sollzustand nach Teilungserklärung abgestellt, so müsste, wenn (was in der Praxis durchaus häufiger vorkommt) eine **ordnungsgemäße Ersthestellung** noch niemals stattgefunden hat, der jetzige Störer das Bauwerk erstmals plangerecht herstellen. Die erstmalige plangerechte Herstellung obliegt aber nicht einem einzelnen Eigentümer, sondern ist Sache **aller** Wohnungseigentümer.[152] Wenn durch die Gemeinschaft erstmals ein plangerechter Zustand herzustellen ist, kann von dem Störer auch nicht als „Minus" verlangt werden, dass er nur seine unzulässige bauliche Veränderung beseitigt, da aus dem Anspruch auf Erstellung **nicht einzelne Schritte** herausgetrennt werden können. Ansonsten könnte es etwa dazu kommen, dass der Störer eine veränderte Außenwand beseitigen muss, die Eigentümer aber noch gar nicht beschlossen haben, die erforderlichen weiteren Arbeiten in Auftrag zu geben. Dies könnte zu unerträglichen Zuständen führen.

Dem Anspruch kann nicht entgegengehalten werden, dass bei der **Beseitigung** beziehungsweise **Wiederherstellung** erneut in Gemeinschaftseigentum eingegriffen werden müsse; dieser **Eingriff** ist durch § 15 Abs. 3 WEG, § 1004 BGB **gedeckt**.[153] Kommen zum Erreichen des Zwecks (insbesondere bei der Unterlassung künftiger Störungen) verschiedene Maßnahmen in Betracht, muss die **Auswahl** unter den geeigneten Abwehrmaßnahmen grundsätzlich dem Anspruchsgegner überlassen bleiben.[154] Erst im **Vollstreckungsverfah-**

---

149 LG München I v. 14.3.2016 – 1 S 13932/15 (nicht veröffentlicht); LG München I v. 26.2.2016 – 1 S 818/16 (Hinweisbeschluss, nicht veröffentlicht).
150 OLG Celle v. 10.11.2003 – 4 W 184/03, ZMR 2004, 361; BayObLG v. 26.7.2001 – 2Z BR 73/01, NZM 2001, 956; *Niedenführ/Kümmel/Vandenhouten-Vandenhouten*, § 22 Rn. 11.
151 LG München I v. 21.3.2016 – 1 S 7418/15 (nicht veröffentlicht).
152 BGH v. 20.2.2014 – V ZB 116/13, NJW 2014, 1879; siehe dazu genauer § 21 Rn. 30ff.
153 OLG Düsseldorf v. 9.4.2008 – 3 Wx 3/08, ZWE 2008, 290 – wo bei einem Zustandsstörer davon ausgegangen wird, dass die Duldungspflicht die einheitliche Wiederherstellung des ordnungsgemäßen Zustandes umfasst.
154 KG Berlin v. 19.3.2007 – 24 W 317/06, ZMR 2007, 639.

ren nach § 890 ZPO ist dann zu prüfen, ob der Störer alles zur Erfüllung seiner Verpflichtung getan hat, die unzulässige Nutzung zu unterbinden.[155]

Zum Inhalt eines Anspruchs gegen einen Eigentümer, der nach **§ 14 Nr. 2** verpflichtet werden soll, dafür zu sorgen, dass der Mieter die Gebrauchspflichten nach § 14 Nr. 1 einhält, siehe § 14 Rn. 55.

Siehe zur Beseitigung einer eigenmächtigen **baulichen Veränderung** bei der das Fehlen einer Beeinträchtigung geltend gemacht wird auch § 22 Rn. 1 ff. (insbesondere Rn. 7).

Ein Beseitigungsverlangen kann aber **rechtsmissbräuchlich** sein, wenn es auf eine Leistung zielt, die alsbald zurückzugewähren wäre, weil der Wohnungseigentümer **Anspruch** auf einen **Gestattungsbeschluss** nach § 22 Abs. 1 Satz 1 zur Vornahme der Maßnahme hat.[156]

bb) Anspruchsinhaber

Da sich der Anspruch des § 15 Abs. 3 WEG, § 1004 BGB aus dem Eigentum ableitet, ist Anspruchsinhaber nicht der teilrechtsfähige Verband, der nicht (Mit-) Eigentümer oder Mitglied der Eigentümergemeinschaft ist.[157] Unabhängig davon, ob Ansprüche im Hinblick auf das Sondereigentum oder das gemeinschaftliche Eigentum geltend gemacht werden, sind Inhaber des **Individualanspruchs** jeweils die Wohnungseigentümer als Einzelpersonen, wobei sie zur Geltendmachung des Anspruchs **keiner Ermächtigung** der übrigen Eigentümer bedürfen.[158]

20

Wenn aber eine **"geborene"** Ausübungsbefugnis der Gemeinschaft vorliegt (siehe dazu § 10 Rn. 43) oder bei einer **"gekorenen"** Ausübungsbefugnis die Gemeinschaft die Ausübung der Rechte durch Beschluss **vergemeinschaftet** hat (siehe dazu § 10 Rn. 44), ist **nur** noch die **Gemeinschaft** zur Geltendmachung der Rechte **befugt** und nicht mehr der einzelne Eigentümer (sieh hierzu genauer § 10 Rn. 45).

Das Landgericht Hamburg hat angenommen, dass (auch ohne einen Vergemeinschaftungsbeschluss) ein **Wiederherstellungsanspruch** gemäß § 1004 BGB auch dann nur von der Gemeinschaft durchgesetzt werden kann, wenn dieser in **Konkurrenz** mit einem Wiederherstellungsanspruch aus § 823 BGB i. V. m. § 249 BGB (Naturalrestitution) treten kann.[159] Dieser Meinung kann **nicht gefolgt** werden. Sie widerspricht schon dem im Zivilrecht geltenden Grundsatz, dass Ansprüche selbständig nebeneinanderstehen und dass die **Ansprüche** nach Voraussetzungen und Rechtsfolgen **eigenständig** zu beurteilen sind.[160] Dies gilt grundsätzlich auch bei einem identischen Ziel der

---

155 *Staudinger-Kreuzer*, BGB – 13. Bearbeitung 2005, § 15 WEG Rn. 58.
156 BGH v. 21. 10. 2011 – V ZR 265/10, ZWE 2012, 83; zum Anspruch auf Zustimmung zu einer baulichen Maßnahme siehe § 22 Rn. 7.
157 BGH v. 30. 3. 2006 – V ZB 17/06, NZM 2006, 465.
158 OLG München v. 27. 7. 2005, – 34 Wx 69/05, NZM 2005, 672; BayObLG v. 11. 4. 2005 2Z BR 240/04, BayObLGR 2005, 610; BayObLG v. 15. 1. 2004 – 2 Z BR 225/03, NZM 2004, 344.
159 LG Hamburg v. 25. 2. 2015 – 318 S 110/14, ZMR 2015, 334.
160 Vgl. etwa: *Palandt-Sprau*, vor § 823 BGB Rn. 8.

Ansprüche.[161] Die vom Landgericht Hamburg vorgenommene Bezugnahme auf eine Entscheidung des BGH zu einer eigenmächtigen Terrassenüberdachung trifft im Kern gerade nicht zu. Es ist zwar richtig, dass der **BGH** in der Entscheidung ausgeführt hat: „... es besteht – **anders als bei Ansprüchen gemäß § 1004 BGB** – eine geborene Ausübungsbefugnis der Wohnungseigentümergemeinschaft, und zwar auch **für Wiederherstellungsansprüche gemäß § 823 Abs. 1 i. V. m. § 249 Abs. 1 BGB".**[162] Diese Aussage ist aber zu dem vom klagenden Eigentümer als 2. Antrag geltend gemachten Feststellungsantrag erfolgt, dass mögliche Schäden an der Außenwand des Gebäudes zu beseitigen seien. Der BGH hat dagegen dem Klageantrag 1 des **einzelnen Eigentümers** stattgegeben, wonach dieser die **Beseitigung** der Terrassenüberdachung **nach § 1004 BGB** verlangen kann. Wäre der Individualanspruch aus § 1004 BGB ausgeschlossen, weil die Beseitigung auch im Wege des Schadensersatzes verlangt werden kann, hätte der BGH den Antrag abgewiesen.[163] Die hier vertretene Meinung wird auch durch eine weitere Entscheidung des BGH bestätigt. Hier hat der BGH ausdrücklich bei Rn. 7 ausgeführt, dass der einzelne Eigentümer **solange** befugt ist, die **auf § 1004 Abs. 1 BGB gestützten Ansprüche** auf Beseitigung von Baumaßnahmen im Gemeinschaftseigentum **alleine geltend zu machen**, wie die Gemeinschaft die Rechtsausübung **nicht an sich gezogen** hat.[164]

Die Entscheidung darüber, ob die Wohnungseigentümergemeinschaft den Störer auf Beseitigung in Anspruch nimmt und damit die Durchsetzung des Anspruchs an sich zieht, liegt im (Verwaltungs-) **Ermessen** der Gemeinschaft. Lehnt die Gemeinschaft dies ab, besteht kein Rechtsschutzbedürfnis für eine **Klage** gegen die anderen Wohnungseigentümer auf entsprechende Beschlussfassung, da der einzelne Wohnungseigentümer seinen Individualanspruch ohne die Gemeinschaft durchsetzen kann.[165]

Siehe zu der Frage, wann ein **Vergemeinschaftungsbeschluss** ordnungsgemäßer Verwaltung entspricht und ob ein Anspruch eines Einzelnen auf Vergemeinschaftung besteht § 21 Rn. 23.

cc) Anspruchsgegner

21 Anspruchsgegner des Unterlassungs-, Beseitigungs- oder Wiederherstellungsanspruchs ist der **Handlungsstörer**. Handlungsstörer ist derjenige, der die Eigentumsbeeinträchtigung durch sein Verhalten, d.h. durch positives Tun oder pflichtwidriges Unterlassen, adäquat verursacht hat.[166]

Der BGH hat klargestellt, dass ausnahmsweise auch der **Zustandsstörer** zur Beseitigung und nicht nur zur Duldung (siehe dazu unten Rn. 23 ff.) einer ihm zurechenbaren Störung verpflichtet sein kann. Dies setzt allerdings voraus, dass er nicht nur tatsächlich und rechtlich in der Lage ist, die Störung

---

161 Staudinger/Peters-Jacoby, § 195 BGB Rn. 30 ff.
162 BGH v. 7. 2. 2014 – V ZR 25/13, NJW 2014, 1090.
163 So im Ergebnis auch: LG München I v. 15. 7. 2015 – 1 S 5882/14 (noch nicht veröffentlicht).
164 BGH v. 14. 11. 2014 – V ZR 118/13, NJW 2015, 2027.
165 Siehe auch: OLG Frankfurt/Main v. 3. 11. 2003 – 20 W 506/01, ZMR 2004, 290.
166 BGH v. 1. 12. 2006 – V ZR 112/06, ZMR 2007, 188.

zu beseitigen, sondern zudem, dass die Störung bei der gebotenen **wertenden Betrachtung** durch seinen maßgebenden Willen zumindest aufrechterhalten wird".[167] Es ist daher davon auszugehen, dass ein Zustandsstörer in der Regel dann auf Beseitigung haftet, wenn er allein für den rechtswidrigen Zustand verantwortlich ist. Haftet dagegen neben ihm auch noch ein Handlungsstörer, ist regelmäßig nur dieser zur Beseitigung verpflichtet; der Zustandsstörer haftet daneben grundsätzlich nur auf Duldung der Beseitigung durch den Handlungsstörer.[168]

Als **Handlungsstörer** kommen damit zunächst einzelne **Wohnungseigentümer** in Betracht. Nimmt etwa ein Wohnungseigentümer am Gemeinschaftseigentum eine bauliche Veränderung[169] vor, welche zu einer die Grenze des § 14 Nr. 1 übersteigenden Beeinträchtigung führt, ist er Handlungsstörer, gegen den sich der Anspruch aus §§ 15 Abs. 3 WEG, 1004 BGB richtet.[170] Hat der frühere Eigentümer die störende Handlung (insbesondere: bauliche Veränderung) vorgenommen, ist nur dieser Handlungsstörer.[171] Bei einem Eigentumsübergang ist der **Sondernachfolger** nur Zustandsstörer.[172] Bei einer vermieteten Eigentumswohnung ist bei einem störenden Verhalten des Mieters der Eigentümer **mittelbarer Handlungsstörer**, wenn er es entweder unterlässt, den Mieter von dem beeinträchtigenden Gebrauch abzuhalten[173] oder aber er dem Mieter den Gebrauch mit der Erlaubnis zur störenden Handlung überlassen hat.[174] Ebenso kann ein Wohnungseigentümer, der an seinem Wohnungseigentum einen Nießbrauch bestellt hat, grundsätzlich als mittelbarer Handlungsstörer von den übrigen Wohnungseigentümern auf Unterlassung in Anspruch genommen werden, wenn der Nießbraucher das Wohnungseigentum in einer Weise nutzt, die mit dem in der Teilungserklärung vereinbarten Zweck unvereinbar ist. Auch hier hat der Eigentümer die **Beeinträchtigung** durch einen anderen in **adäquater Weise durch** seine **Willensbetätigung** verursacht, wobei er auch in der **Lage** ist, die unmittelbar auftretenden **Störungen zu verhindern**.[175]

Wenn ein **Mieter** (siehe zur Vermietung auch § 13 Rn. 6) einen störenden Gebrauch ausübt, ist (auch) dieser Handlungsstörer. Da ein vermietender Eigentümer dem Mieter nicht mehr Rechte vermitteln kann, als dem Eigentümer selbst zustehen, ist hierbei ohne Bedeutung, ob der störende Gebrauch 22

---

167 BGH v. 4.3.2010 – V ZB 130/09, WuM 2010, 254 (= NJW-RR 2010, 807) unter Bezugnahme auf BGH v. 30.3.2007 – V ZR 179/06, NJW 2007, 2182 und BGH v. 29.2.2008, V ZR 31/07, NJW-RR 2008, 827.
168 LG München I v. 14.6.2010 – 1 S 25652/09, ZWE 2010, 411.
169 Siehe zur baulichen Veränderung am Gemeinschaftseigentum § 22 Rn. 3 ff.
170 KG Berlin v. 19.3.2007 – 24 W 317/06, ZMR 2007, 639.
171 OLG Düsseldorf v. 9.4.2008 – 3 Wx 3/08, ZWE 2008, 290 – wo bei einem Zustandsstörer davon ausgegangen wird, dass die Duldungspflicht die einheitliche Wiederherstellung des ordnungsgemäßen Zustandes umfasst.
172 Siehe dazu unten Rn. 25.
173 LG Hamburg v. 6.1.2016 – 318 S 40/15, ZMR 2016, 308; OLG Schleswig v. 27.11.2003 – 2 W 165/03, WuM 2004, 561; siehe dazu auch Rn. 19 (am Ende) und § 14 Rn. 55.
174 BGH v. 27.1.2006 – V ZR 26/05, WuM 2006, 216; OLG Düsseldorf v. 6.12.2000 – 3 Wx 400/00, ZMR 2001, 374.
175 BGH v. 16.5.2014 –V ZR 131/13, ZWE 2014, 356.

vom Vermieter (pflichtwidrig) im Mietvertrag gestattet wurde.[176] Die beeinträchtigten Wohnungseigentümer können daher unmittelbar auch gegen den Mieter vorgehen und Unterlassung und Beseitigung der Störung gemäß § 1004 BGB verlangen.[177] Der BGH hat die Frage, ob Ansprüche aus § 1004 Abs. 1 BGB gegen den Fremdnutzer in Betracht kommen, zwar offen gelassen, hat aber darauf hingewiesen, dass er zu dieser Auffassung neigt.[178] Handlungsstörer kann schließlich auch der **Verwalter** sein. Dies ist etwa dann der Fall, wenn der Verwalter die Befugnisse des § 27 überschreitet und beispielsweise das Sondereigentum eines Eigentümers dadurch beeinträchtigt, dass er die gemeinschaftlichen Mülltonnen auf dem Tiefgaragenstellplatz des Eigentümers aufstellt.[179] Gleiches würde auch gelten, wenn der Verwalter eine bauliche Maßnahme am Gemeinschaftseigentum durchführen lässt, ohne dass ein entsprechender Beschluss durch die Eigentümer gefasst wurde und ohne dass eine so genannte Notmaßnahme vorlag.[180]

b) *Duldungsanspruch*

aa) Anspruchsinhalt

23 Der Duldungsanspruch führt dazu, dass es der Anspruchsgegner hinnehmen muss, dass der Antragsteller bestimmte Handlungen durchführt. In der gerichtlichen Praxis kommen Duldungsansprüche regelmäßig im Zusammenhang mit baulichen Veränderungen vor, die aber nicht von dem Antragsgegner vorgenommen wurden. Da es keine Rechtsnachfolge in Beseitigungs- und Wiederherstellungsansprüche gibt[181], kann beispielsweise bei einem ungenehmigten Anbringen einer Dachgaube im Bereich des Sondereigentums durch den Voreigentümer der jetzige Eigentümer grundsätzlich nicht als Handlungsstörer[182] in Anspruch genommen werden. Der jetzige Eigentümer kann sich aber nicht dagegen zur Wehr setzen, dass die Gemeinschaft die Dachgaube beseitigt und die ursprüngliche Dacheindeckung wiederherstellt.

Der Duldungsanspruch ist im gerichtlichen Verfahren ein anderer Verfahrensgegenstand als der Beseitigungsanspruch.[183]

Steht der Gemeinschaft wegen der baulichen Veränderung an sich ein **Herausgabeanspruch** nach § 985 BGB zu[184], kann sie als **minus** hierzu auch die Duldung der Beseitigung der besitzstörenden Bebauung verlangen.[185] Glei-

---

176 BGH v. 1.12.2006 – V ZR 112/06, ZMR 2007, 188.
177 BGH v. 29.11.1995 – XII ZR 230/94, WuM 1996, 105; LG Frankfurt v. 28.5.2010 – 2/9 S 47/08, ZMR 2010, 965; OLG Karlsruhe v. 22.9.1993 – 6 U 49/93, NJW-RR 1994, 146.
178 BGH v. 10.7.2015 – V ZR 194/14, ZWE 2015, 376.
179 OLG Hamm v. 12.3.1999 – 15 W 17/99, ZMR 1999, 507.
180 KG Berlin v. 26.11.2001 – 24 W 20/01, ZWE 2002, 226; zu den Befugnissen des Verwalters allgemein siehe § 27.
181 KG Berlin v. 19.3.2007 – 24 W 317/06, ZMR 2007, 639.
182 Siehe dazu und auch zur neueren Rechtsprechung des BGH hinsichtlich etwaiger Ausnahmen oben Rn. 21.
183 KG Berlin v. 19.3.2007 – 24 W 317/06, ZMR 2007, 639; siehe zu der Entscheidung auch Rn. 24.
184 Siehe dazu unten Rn. 31ff.
185 OLG München v. 16.11.2007 – 32 Wx 111/07, NJW-RR 2008, 247.

ches muss aber auch gelten, wenn die Gemeinschaft statt eines **Beseitigungsanspruchs** (etwa weil der Nachweis der Handlungsstörereigenschaft zweifelhaft ist oder weil die Beseitigung nicht dem störenden Wohnungseigentümer überlassen werden soll) nur einen **Duldungsanspruch** geltend macht (siehe dazu auch unten Rn. 25).

bb) Anspruchsinhaber

Da sich auch der Duldungsanspruch aus dem Eigentum ableitet, ist zunächst davon auszugehen, dass es sich auch hier um einen **Individualanspruch** handelt, der den Wohnungseigentümern als Einzelpersonen zusteht.[186]

Die Ausübungsbefugnis des einzelnen Eigentümers ist dabei völlig unproblematisch, wenn eine bauliche Maßnahme ausschließlich im Sondereigentum eines Eigentümers vorgenommen wurde und sich die Beeinträchtigung nur auf das Sondereigentum eines anderen Eigentümers erstreckt. Ein solcher Fall würde etwa vorliegen, wenn ein Wohnungs(-vor-)eigentümer (ausschließlich) den in seinem Sondereigentum befindlichen Bodenbelag ausgetauscht hat, der neue Bodenbelag zu Trittschallbeeinträchtigungen in der darunter liegenden Wohnung führt und dieser Eigentümer auf seine Kosten in der Wohnung des Rechtsnachfolgers der darüber liegenden Wohnung den ursprünglich vorhandenen Bodenbelag verlegen lassen möchte.

Wenn durch die zu duldende Maßnahme auch in Gemeinschaftseigentum eingegriffen würde, wie etwa in dem bei Rn. 23 genannten Beispiel der Dachgaubenbeseitigung, steht dem einzelnen Eigentümer die Ausübungsbefugnis nicht zu, wobei letztlich dahingestellt bleiben kann, ob eine geborene oder eine gekorene Ausübungsbefugnis des Verbandes gegeben ist.[187] Bauliche Maßnahmen im Gemeinschaftseigentum darf ohne einen genehmigenden Beschluss der Einzelne nicht durchführen.[188] Da die zu duldenden baulichen Maßnahmen im Gemeinschaftseigentum und gegebenenfalls auch im Sondereigentum aber durch die Gemeinschaft und auf deren Kosten erfolgen müssen, kann der Anspruch nur dann geltend gemacht werden, wenn die Wohnungseigentümer einen entsprechenden **Beschluss** gefasst haben. Der einzelne Wohnungseigentümer, der die Maßnahme durchgeführt haben möchte, kann dabei nur eine dem Interesse der Gesamtheit der Wohnungseigentümer entsprechende Verwaltung verlangen, die sich unter anderem auf die ordnungsgemäße Instandhaltung und Instandsetzung des gemeinschaftlichen Eigentums richtet.[189] Anders als bei dem oben bei Rn. 20 genannten Beseitigungsanspruch ist hier ein entsprechender Beschluss erforderlich, so dass die Geltendmachung des Individualanspruchs durch einen Eigentümer daher ausgeschlossen ist. Die Wohnungseigentümergemeinschaft erhebt hier als **Verband** die Klage und tritt dabei als gesetzlicher **Prozessstandschafter** der einzelnen Wohnungseigentümer auf.[190]

Erhebt bei einem Duldungsanspruch im vorgenannten Sinne ein einzelner Wohnungseigentümer eine Klage auf Duldung der Maßnahme gegen den

---

186 Siehe dazu oben Rn. 20.
187 Siehe zur Unterscheidung geborene und gekorene Ausübungsbefugnis § 10 Rn. 43 ff.
188 Siehe dazu § 22 Abs. 1 und die Kommentierungen hierzu.
189 KG Berlin v. 19. 3. 2007 – 24 W 317/06, ZMR 2007, 639.
190 Siehe zu der Problematik der Anspruchskonkurrenz auch: § 10 Rn. 45.

anderen, dürfte diese Klage mangels **Rechtsschutzbedürfnis** bereits unzulässig sein. Der Beklagte muss sich in einem derartigen Fall nicht mit einer Klage überziehen lassen, solange noch nicht feststeht, ob die Gemeinschaft den Anspruch überhaupt durchsetzen will.

cc) Anspruchsgegner

25 Anspruchsgegner ist grundsätzlich der so genannte **Zustandsstörer**.[191] Zustandsstörer ist derjenige, der die Beeinträchtigung zwar nicht verursacht hat, durch dessen maßgebenden Willen der beeinträchtigende Zustand aber aufrechterhalten wird.[192] Der Zustandsstörer muss zunächst die Quelle der Störung beherrschen, also die **Möglichkeit** der **Beseitigung** haben. Darüber hinaus muss ihm die **Beeinträchtigung zurechenbar** sein, wofür alleine aber das Eigentum oder der Besitz der Sache nicht ausreicht. Erforderlich ist insoweit, dass die Beeinträchtigung wenigstens mittelbar auf den **Willen** des Eigentümers oder Besitzers der störenden Sache zurückgeht.[193] Eine Zustandsstörung kommt nur in Betracht, wenn auch **Sondereigentum** oder (zumindest faktische) **Sondernutzungsrechte**[194] betroffen sind.

Wenn nur **gemeinschaftliches Eigentum** betroffen ist, muss kein einzelner Wohnungseigentümer gesondert die nicht beschlossene Maßnahme dulden. So könnte etwa ein Busch, den ein ehemaliger Wohnungseigentümer in den gemeinschaftlichen Garten gepflanzt hat, an dem kein Sondernutzungsrecht besteht, durch die Gemeinschaft beseitigt werden, ohne dass es einer Duldung des Sondernachfolgers des pflanzenden Eigentümers bedürfte.

Ist aber von der Maßnahme auch Sondereigentum oder ein Sondernutzungsrecht betroffen, sind die oben genannten Voraussetzungen bei dem jetzigen Eigentümer als Sondernachfolger des Handlungsstörers gegeben.[195] Er könnte als Wohnungsinhaber die Störung beseitigen und ihm ist die Störung auch zuzurechnen, da er die Beeinträchtigung willentlich aufrechterhält, so dass er Zustandsstörer ist. Nach dem BGH beruht jedoch die Aufrechterhaltung der von einer auf einer Sondernutzungsfläche immer weiterwachsenden **Hecke** ausgehenden Störung allein auf dem maßgebenden Willen des Rechtsnachfolgers des pflanzenden Eigentümers, so dass dieser nicht nur tatsächlich, sondern auch rechtlich zur Beseitigung der Störung in der Lage und daher ausnahmsweise hierzu auch verpflichtet ist.[196]

Zustandsstörer ist aber auch ein **Mieter**, wenn dieser sich weigert, eine vom vermietenden Eigentümer vorgenommene bauliche Veränderung (Umbau

---

191 Zur ausnahmsweisen Geltendmachung des Duldungsanspruchs gegen den Handlungsstörer siehe oben Rn. 23; zur ausnahmsweisen Beseitigungspflicht des Zustandsstörers siehe oben Rn. 21.
192 BGH v. 1.12.2006 – VZR 112/06, ZMR 2007, 188.
193 BGH v. 1.12.2006 – VZR 112/06, ZMR 2007, 188 (mit Hinweisen auf die ständige Rechtsprechung).
194 Siehe zu den Sondernutzungsrechten § 13 Rn. 27 ff.
195 BayObLG v. 15.9.2004 – 2Z BR 120/04, WuM 2004, 728; KG Berlin v. 19.3.2007 – 24 W 317/06, ZMR 2007, 639; a.A. OLG Hamburg v. 24.1.2006 – 2 Wx 10/05, ZMR 2006, 377.
196 BGH v. 4.3.2010 – V ZB 130/09, WuM 2010, 254 (= NJW-RR 2010, 807) – siehe dazu auch oben Rn. 21.

eines Balkons zum Wintergarten) durch die Gemeinschaft wieder beseitigen zu lassen.[197] Denkbar ist aber auch, dass der **Handlungsstörer** zur **Duldung** verpflichtet ist (siehe dazu auch oben Rn. 23 a.E.). Hat etwa ein Eigentümer auf dem Gemeinschaftsgrundstück unberechtigt eine Garage errichtet, kann auch die Gemeinschaft beschließen, dass – etwa wenn der Nachweis der Handlungsstörereigenschaft schwierig ist – die Gemeinschaft im Rahmen ihrer **ordnungsgemäßen Verwaltung** selbst die Garage entfernt. Eine derartige Entscheidung kann sich im Rahmen des den Eigentümern zustehenden Ermessens halten. Gleiches gilt aber auch, wenn etwa die **Beseitigungsansprüche** der anderen Eigentümer bereits **verjährt** sind. Üben die Eigentümer das **Ermessen** dahingehend aus, dass die Gemeinschaft auf ihre Kosten die Beseitigung vornimmt, muss auch der Handlungsstörer die Durchführung des Beschlusses dulden. Die Verjährung der Individualansprüche hat keinen Einfluss auf ordnungsgemäße Verwaltung, zumal der Anspruch hierauf nicht verjährt.[198]

c) Verjährung

Die Ansprüche aus § 15 Abs. 3 WEG, § 1004 BGB verjähren nach den allgemeinen Vorschriften. Nach § 195 BGB beträgt die regelmäßige Verjährungsfrist drei Jahre.[199] Der Verjährungsbeginn richtet sich nach § 199 Abs. 1 Nr. 1 und 2 BGB[200] und setzt daher voraus, dass der Anspruch entstanden ist und der Gläubiger Kenntnis von den maßgeblichen Umständen hat oder ihm insoweit grobe Fahrlässigkeit vorzuhalten ist.[201] Nach § 199 Abs. 4 BGB verjähren Ansprüche, die keine Schadensersatzansprüche sind, ohne Rücksicht auf die Kenntnis oder grob fahrlässige Unkenntnis in zehn Jahren von ihrem Entstehen an. Bei abgeschlossenen Störungshandlungen beginnt die Verjährung, auch wenn sie tatsächlich noch später Wirkungen entfalten[202], grundsätzlich mit Beendigung der Störungshandlung.[203] Ein späterer Eigen-

26

---

197 BGH v. 1.12.2006 – VZR 112/06, ZMR 2007, 188 (Bestätigung von KG Berlin v. 19.3.2007 – 24 W 317/06, ZMR 2007, 639); ebenso: KG Berlin v. 21.3.2006 – 4 U 97/05, DWE 2006, 138.
198 LG Itzehoe v. 2.6.2015 – 11 S 100/12, ZWE 2016, 40.
199 BGH v. 12.12.2003 – V ZR 98/03, NZM 2004, 312 (mit Hinweise auf die ständige Rechtsprechung zur Verjährung nach BGB a.F.); LG Hamburg v. 5.8.2015 – 318 S 55/14, ZMR 2016, 129.
200 LG Frankfurt v. 28.5.2010 – 2/9 S 47/08, ZMR 2010, 965; OLG Hamm v. 4.12.2008 – 15 Wx 198/08, ZMR 2009, 386; zur Verjährung bei Überleitungsfällen nach altem Recht siehe BGH v. 23.1.2007 – XI ZR 44/06, WM 2007, 639 (= NJW 2007, 1584).
201 Zu den Höchstfristen, die nicht von der Kenntnis abhängen siehe § 199 Abs. 2–4 BGB.
202 Beispielsweise beeinträchtigt die eigenmächtig angebrachte Pergola auch nach abgeschlossener Montage das Erscheinungsbild der Wohnanlage, siehe dazu auch § 14 Rn. 43. Zur Errichtung einer Funkantenne siehe OLG Düsseldorf v. 26.6.2008 – 3 Wx 217/07, NZM 2009, 442.
203 OLG Hamm v. 4.12.2008 – 15 Wx 198/08, ZMR 2009, 386 (das ist bei Bau eines Gartenhauses regelmäßig der Zeitpunkt der Errichtung, wenn der gestörte Eigentümer selbst in dem Anwesen wohnt und daher vom Bau auch Kenntnis nehmen konnte).

tumswechsel ist insoweit ohne Bedeutung.[204] Ist dagegen die Störungshandlung selbst noch nicht abgeschlossen[205], läuft die Verjährung noch nicht.[206] Daher verjährt der Unterlassungsanspruch der übrigen Wohnungseigentümer bei einer **zweckwidrigen Nutzung** einer Teileigentumseinheit als Wohnraum nicht, solange diese Nutzung anhält; dies gilt unabhängig davon, ob der Sondereigentümer selbst oder dessen Mieter Nutzer ist.[207] Wiederholt sich die Störung[208], beginnt die Verjährung jeweils neu.[209] Für Unterlassungsansprüche regelt dies ausdrücklich § 199 Abs. 5 BGB. Dies gilt etwa bei wiederholtem Überfahren eines fremden Grundstücks (oder einer Sondernutzungsfläche) oder bei wiederholter Nichteinhaltung von Ladenschlusszeiten.[210] Die Verjährung wird im Prozess nur auf **Einrede** hin berücksichtigt.

§ 902 BGB ist nach der Rechtsprechung des BGH[211] auf Ansprüche aus § 1004 BGB nicht anwendbar, so dass diese Ansprüche nicht unverjährbar sind. Die im Schrifttum teilweise vertretene Gegenmeinung[212] hat sich in der obergerichtlichen Rechtsprechung nicht durchgesetzt.[213] Der BGH hat vielmehr erneut bekräftigt, dass die Ansprüche aus §§ 1004 BGB, 15 Abs. 3 WEG der Verjährung unterliegen.[214] Eine sachgerechte Lösung dürfte aber aufgrund einer neueren Entscheidung des BGH zum (konkurrierenden) Herausgabeanspruch nach § 985 BGB möglich sein; siehe dazu unten Rn. 31.

d) Verwirkung

27 Als Sonderfall der – von Amts wegen als **Einwendung** im gerichtlichen Verfahren zu berücksichtigenden – unzulässigen Rechtsausübung kann aus Gründen des Vertrauensschutzes die Ausübung der Rechte aus § 15 WEG, § 1004 BGB begrenzt sein[215] und damit einer Durchsetzung des Anspruchs entgegenstehen.

Die Verwirkung eines Unterlassungsanspruchs wegen der zweckwidrigen Nutzung einer Teileigentumseinheit **schützt** deren Eigentümer davor, dass

---

204 OLG Hamm v. 4.12.2008 – 15 Wx 198/08, ZMR 2009, 386.
205 Etwa fortdauernde Überbelegung der Wohnung, siehe § 14 Rn. 44.
206 KG Berlin v. 6.4.2009 – 24 W 163/07, MietRB 2010, 334.
207 BGH v. 8.5.2015 – V ZR 178/14, ZWE 2015, 262.
208 Beispielsweise: tägliches Laufen lassen eines Rottweilers im Hof, siehe dazu § 14 Rn. 50.
209 Ebenso: *Palandt-Ellenberger*, BGB, § 199 Rn. 34.
210 OLG München v. 10.2.2009 – 19 U 5448/08 (zitiert nach juris).
211 BGH v. 16.3.2007 – V ZR 190/06, NJW 2007, 2183; BGH v. 23.2.1973 – V ZR 109/71, WM 1973, 412.
212 *Staudinger-Gursky*, BGB, § 902 Rn. 9 – mit umfangreicher Begründung; Münch-Komm-*Baldus*, BGB, § 1004 Rn. 256.
213 Im Ergebnis angeschlossen für eigenmächtige Änderungen der im Grundbuch erfassten Zuordnungen wie etwa Sondernutzungsrechte: LG München I v. 22.3.2007 – 1 T 4703/06 (nicht veröffentlicht); im Ergebnis ebenso (für Anspruch auf erstmalige Herstellung): OLG Braunschweig v. 8.2.2010 – 3 W 1/10, ZWE 2010, 422; ausdrücklich offengelassen: OLG München v. 16.11.2007 – 32 Wx 111/07, NJW-RR 2008, 247.
214 BGH v. 4.7.2014 – V ZR 183/13, NJW 2014, 2861.
215 KG Berlin v. 22.12.2006 – 24 W 126/05, ZMR 2007, 299.

er das bislang **geduldete Verhalten** ändern oder aufgeben muss, vermittelt ihm jedoch **nicht** allgemein die Rechtsposition, die er innehätte, wenn die **Nutzung** von der Teilungserklärung **gedeckt** wäre.[216] Dies bedeutet etwa, dass der Unterlassungsanspruch gegen einen unrechtmäßig vermietenden Eigentümer nicht mehr durchgesetzt werden kann, so lange das bisherige Mietverhältnis fortbesteht und keine wesentlichen Änderungen bei den Gesamtumständen eintreten. Der Eigentümer darf aber nicht nach Beendigung des zu duldenden Mietverhältnisses die Einheit neu zweckbestimmungswidrig vermieten. Der Anspruch der Wohnungseigentümer auf Unterlassung der langjährigen **zweckwidrigen Nutzung** einer Teileigentumseinheit als Wohnraum ist nämlich in der Regel jedenfalls dann **nicht verwirkt**, wenn in jüngerer Zeit eine **Neuvermietung** zu Wohnzwecken erfolgt ist.[217]

Ein Recht ist verwirkt, wenn der Berechtigte es über längere Zeit nicht geltend gemacht hat **(Zeitmoment)** und sich der Verpflichtete darauf eingerichtet hat und nach dem gesamten Verhalten des Berechtigten auch darauf einrichten durfte, dass dieser das Recht auch in Zukunft nicht geltend machen wird **(Umstandsmoment)**, wobei der Verstoß gegen Treu und Glauben in der illoyalen Verspätung der Rechtsausübung liegt und die Geltendmachung des Rechts als treuwidrig erscheint.[218] Zwischen dem Zeitmoment und dem Umstandsmoment besteht eine **Wechselwirkung** insofern, als der Zeitablauf umso kürzer sein kann, je gravierender die sonstigen Umstände sind, und dass umgekehrt an diese Umstände desto geringere Anforderungen gestellt werden, je länger der abgelaufene Zeitraum ist.[219] Da somit immer eine Entscheidung unter Berücksichtigung der Umstände des konkreten Einzelfalls zu treffen ist, kann auch – im Gegensatz zur Verjährung – keine allgemein gültige Angabe gemacht werden, nach wie vielen Jahren eine Verwirkung eintritt. In der jüngeren wohnungseigentumsrechtlichen Rechtsprechung wurden bei Vorliegen eines Umstandsmoments Verwirkung regelmäßig nach einer Zeitdauer von 8 bis 10 Jahren angenommen.[220] Bei entsprechend gewichtigem Umstandsmoment wurden aber auch kürzere Zeiten für ausreichend angesehen.[221] Bei sehr langen Zeiträumen von etwa 20 Jahren und

---

216 BGH v. 10.7.2015 – V ZR 169/14, ZWE 2015, 402.
217 BGH v. 8.5.2015 – V ZR 178/14, ZWE 2015, 262.
218 BGH v. 25.3.2010 – V ZR 159/09, ZWE 2010, 266; BGH v. 21.3.2007 – XII ZR 176/04, WuM 2007, 271; BGH v. 16.3.2007 – V ZR 190/06, NJW 2007, 2183; BGH v. 21.10.2005 – V ZR 169/04, NZM 2006l, 192; OLG München v. 27.5.2005 – 34 Wx 69/05, NJW 2005, 3006.
219 BGH v. 19.10.2005 – XII ZR 224/03, NJW 2006, 219.
220 OLG Düsseldorf v. 28.3.2003 – 3 Wx 50/03, FGPrax 2003, 153 (10 Jahre bei zweckbestimmungswidriger Nutzung als Pizzeria); OLG Köln v. 24.4.2006 – 16 Wx 35/06, OLGR Köln 2006, 752 (8–10 Jahre bei Baumbeseitigung); OLG Hamburg v. 11.1.2006 – 2 Wx 28/04, ZMR 2006, 465 (10 Jahre bei Terrassenerweiterung); OLG Frankfurt/Main v. 10.10.2005 – 20 Wx 258/03, BauR 2006, 1032 (Frist von 10 Jahren letztlich offen gelassen bei Nutzung Speicherraum).
221 BayObLG v. 15.12.2004 – 2Z BR 183/04, WuM 2005, 148 (3, 5 Jahre bei nicht umgesetzten Beseitigungsbeschluss); das OLG Köln v. 30.9.2005 – 16 WX 37/05, FGPrax 2006, 12 hat bei einer zweckbestimmungswidrigen Nutzung eines Kellers 6 Jahre als grundsätzlich wohl ausreichend angesehen, eine Verwirkung aber mangels Kenntnis verneint s.u. Rn. 28; OLG Frankfurt/Main v. 10.7.2009 – 20 W 243/07, ZMR 2010, 703 (offen gelassen bei einer Terrassennutzung von 4–6 Jahren).

mehr reichen auch nicht sonderlich gewichtige sonstige Umstände für eine Verwirkung aus.²²² Ein Anspruch auf die Unterlassung einer der Teilungserklärung widersprechenden Gaststättennutzung ist aufgrund Verwirkung nicht durchsetzbar, wenn die Wohnungseigentümer jahrzehntelang mit der praktizierten Nutzung einverstanden waren und der Nutzer der Teileigentumseinheit sich hierauf eingerichtet hat.²²³ Bei wiederholten, gleichartigen Störungshandlungen, die zeitlich unterbrochen auftreten, löst jede neue Einwirkung einen neuen Anspruch aus, wobei die für die Verwirkung maßgebliche Frist jeweils neu zu laufen beginnt.²²⁴

28 Eine Verwirkung setzt nicht voraus, dass die **Verjährung** des Anspruchs bereits begonnen hat; sie kann vielmehr bei Vorliegen der Voraussetzungen auch dann schon vorliegen, wenn der Anspruch noch nicht verjährt ist.²²⁵

Problematisch erscheint, ob eine Verwirkung auch dann eintreten kann, wenn der Berechtigte von seinem Recht keine **Kenntnis** hat.²²⁶ Soweit erkennbar, ist diese Frage obergerichtlich im Bereich des Wohnungseigentums nur vom OLG Köln entschieden. Das OLG Köln hat bei einem Unterlassungsanspruch ausgeführt, dass bei einer Verwirkung der Anspruchsinhaber das Bewusstsein gehabt haben musste, dass die Nutzung unerlaubt war und dass deren Unterlassen verlangt werden kann.²²⁷ Das OLG Köln hat im entschiedenen Fall das Umstandsmoment verneint, da der Anspruch erst nach einer Auslegung der Teilungserklärung und damit erst nach Klärung einer diffizilen Rechtsfrage erkennbar war. Dem hat sich wohl auch das LG Saarbrücken angeschlossen.²²⁸

Der BGH hat in mehreren Entscheidungen, die allerdings nicht zum Wohnungseigentumsrecht ergangen sind, in den Gründen festgestellt, dass eine Kenntnis nicht zwingend erforderlich ist.²²⁹ Die Kenntnis war in den entschiedenen Fällen jedoch nicht streitentscheidend. Darüber hinaus hat der BGH deutlich gemacht, dass entscheidend die konkreten Umstände des Einzelfalls sind.

Unabhängig von der allgemeinen Frage, ob eine Verwirkung auch ohne Kenntnis des Anspruchs eintreten kann, erscheint es zumindest für die Unterlassungs-, Duldungs- und Beseitigungsansprüche im Bereich des WEG sachgerecht, Verwirkung nicht ohne (mögliche) Kenntnis des Berechtigten eintreten zu lassen. Eine illoyale Verspätung der Rechtsausübung und damit

---

222 BGH v. 25. 3. 2010 – VZR 159/09, ZWE 2010, 266; OLG Düsseldorf v. 28. 11. 2003 – 3 Wx 252/03, ZMR 2004, 610 (25 Jahre bei Wohnnutzung eines Speichers).
223 BGH v. 25. 3. 2010 – V ZR 159/09, ZWE 2010, 266.
224 BGH v. 21. 10. 2005 – V ZR 169/04, NZM 2006, 192.
225 BGH v. 29. 2. 1984 – VIII ZR 310/82, NJW 1984, 1684.
226 So: *Palandt-Grüneberg*, BGB, § 242 Rn. 92 und 94 unter Hinweis auf BGH v. 27. 6. 1957 – II ZR 15/56, BGHZ 25, 47 = NJW 1957, 1358 (wo ein entsprechender Hinweis in einem obiter dictum enthalten ist).
227 OLG Köln v. 30. 9. 2005 – 16 Wx 37/05, FGPrax 2006, 12.
228 LG Saarbrücken v. 24. 10. 2008 – 5 T 48/08 (zitiert nach juris): wo allerdings auch schon Verjährung bejaht wurde.
229 BGH v. 16. 3. 2007 – V ZR 190/06, NJW 2007, 2183; BGH v. 27. 6. 1957 – II ZR 15/56, BGHZ 25, 47 = NJW 1957, 1358.

ein Verstoß gegen Treu und Glauben können zumindest in Fällen der unverschuldeten Unkenntnis des Anspruchs nicht vorliegen.

Haben etwa vor der Entscheidung des BGH im Jahr 2000 zu den so genannten „Zitterbeschlüssen"[230] die Eigentümer mit unangegriffenem Mehrheitsbeschluss eine zweckbestimmungswidrige Nutzung eines Kellerraumes als Wohnraum gebilligt, mussten die Eigentümer nach der damals einhelligen Rechtsprechung von der Bestandskraft des Beschlusses ausgehen, so dass ein Unterlassungsanspruch wegen dieses Beschlusses keine Aussicht auf Erfolg gehabt hätte. Auch wenn nunmehr aufgrund der Entscheidung des BGH feststeht, dass der damalige Beschluss nichtig war und damit seit möglicherweise vielen Jahren ein Unterlassungsanspruch bestanden hätte, kann jedenfalls vor der BGH-Entscheidung eine Verwirkung nicht eingetreten sein, da in der Nichtgeltendmachung des nach damaliger Meinung nicht bestehenden Anspruchs keine illoyal verspätete Geltendmachung des Anspruchs gesehen werden kann, auch wenn der Anspruch objektiv bestanden hat. Nach der BGH-Entscheidung im Jahr 2000 wäre, auch wenn in der Praxis ein Laie die Entwicklung in der Rechtsprechung wohl kaum verfolgt haben dürfte, eine Kenntnis zumindest möglich gewesen, wenn ein Rechtsrat eingeholt worden wäre. Bei der Abwägung der konkreten Umstände des Einzelfalls mag dies dazu führen, dass Verwirkung schon nach relativ kurzer Zeit ab möglicher Kenntnis bejaht werden kann.

Ist eine Verwirkung eingetreten, ist auch der **Sondernachfolger** daran **gebunden**, auch wenn die Verwirkung nicht aus dem Grundbuch ersichtlich ist.[231] Der **Vertrauensschutz** bei der Verwirkung geht jedoch nur so weit, dass bei gleichbleibenden Umständen die bisherige Nutzung in dem bisherigen Umfang fortgesetzt werden kann; **nicht** erfasst sind aber **andersartige** oder **intensivere Nutzungen**.[232]

Die Verwirkung war bis zum Schuldrechtsmodernisierungsgesetz aus dem Jahr 2001 von erheblicher Bedeutung, da die Regelverjährung nach § 195 BGB a.F. dreißig Jahre betrug.[233] Wegen der nunmehr kurzen Verjährungsfrist von drei Jahren[234], wird die praktische Bedeutung der Verwirkung – abgesehen von den Fällen einer bereits nach altem Recht eingetretenen Verwirkung und einer Bindung des Sondernachfolgers – künftig weitgehend entfallen, da in der Regel schon das Zeitmoment bei weitem nicht erfüllt sein wird.

29

Dies gilt auch für die Fälle, in denen sich die Störungen dauernd gleichartig wiederholen. Wie oben gezeigt, beginnt sowohl die Verjährungsfrist als auch die Frist für die Verwirkung für jeden Anspruch neu zu laufen.[235]

---

230 BGH v. 20.9.2000 – ZB 58/99, NJW 2000, 3500.
231 OLG Celle v. 22.8.2006 – 4 W 101/06, NJW-RR 2007, 234; BayObLG v. 19.7.1990 – 2Z BR 61/90, NJW-RR 1991, 1041.
232 KG Berlin v. 22.12.2006 – 24 W 126/05, ZMR 2007, 299; BGH v. 8.11.1999 – II ZR 197/98, NJW 2000, 505.
233 Siehe etwa: OLG Düsseldorf v. 28.3.2003 – 3 Wx 50/03, FGPrax 2003, 153; BayObLG v. 29.12.2004 – 2 Z BR 204/04, BayObLGR 2005, 267; OLG Köln v. 30.9.2005 16 Wx 37/05, FGPrax 2006, 12.
234 Siehe Rn. 26.
235 BGH v. 21.10.2005 – V ZR 169/04, NZM 2006, 192.

Praktische Bedeutung wird daher wohl zukünftig die Verwirkung nur in den oben dargestellten Fällen behalten, bei denen die Störungshandlung selbst noch nicht abgeschlossen ist und die Verjährung daher noch nicht läuft.[236]

e) Sonstiger Ausschluss der Ansprüche

30 Ein Anspruch aus § 15 Abs. 3 WEG, § 1004 BGB kann darüber hinaus auch nach den sonstigen allgemeinen gesetzlichen Vorschriften ausgeschlossen sein. So kann etwa ein Anspruch auf Verkleinerung einer zu Unrecht vergrößerten Terrasse auf einer Sondernutzungsfläche nach **§ 242 BGB** wegen Verstoßes gegen Treu und Glauben ausgeschlossen sein, wenn im Einzelfall keine konkrete Beeinträchtigung des Anspruchsinhabers festgestellt werden kann.[237] Gleiches gilt für ein Beseitigungsverlangen hinsichtlich einer baulichen Veränderung, wenn durch die Beseitigung wiederum ein Zustand entstünde, bei dem ein sofortiger neuer Reparaturbedarf bestünde.[238] Ein an sich bestehender Anspruch auf Beseitigung einer unzulässigen baulichen Veränderung kann auch nach **§ 275 Abs. 2 BGB** ausgeschlossen sein. Dies ist etwa dann der Fall, wenn die Beseitigung einen unverhältnismäßigen Aufwand erfordern würde, die bauliche Veränderung eine grundsätzlich befriedigende Lösung darstellt und der Anspruchsinhaber lediglich erreichen möchte, dass die gleichen Arbeiten durch eine Fachfirma ausgeführt werden.[239] Wenn bei einer erteilten Baugenehmigung die gesetzte Frist für den Baubeginn abgelaufen ist, kann nicht mehr davon ausgegangen werden, dass die für einen **vorbeugenden Unterlassungsanspruch** unerlässliche ernsthafte (konkrete) **Besorgnis** fortbesteht, es werde zu einer von der Teilungserklärung nicht gedeckten baulichen Veränderung kommen; der Anspruch ist damit **erloschen.**[240]

Einem bestehenden Anspruch kann jedoch nicht entgegengehalten werden, dass ein anderer Wohnungseigentümer ebenfalls einen störenden Gebrauch ausübt. Es gibt weder einen Grundsatz, dass nur ein sich **selbst rechtstreu** Verhaltender Rechte geltend machen kann noch findet eine „**Aufrechnung**" **unzulässiger Nutzungen** statt.[241] Rechtsverstöße führen nur ausnahmsweise zu einem Wegfall des Gläubigeranspruchs.[242]

3. Herausgabeanspruch nach § 985 BGB

31 In der Vergangenheit wurden Fälle, in denen den übrigen Miteigentümern der Mitbesitz am gemeinschaftlichen Eigentum durch einzelne Wohnungseigentümer entzogen wurden, in der Rechtsprechung regelmäßig über die Ansprüche aus § 15 Abs. 3 WEG, § 1004 BGB gelöst.[243] Durch die Verkürzung der Verjährung dieser Ansprüche treten in jüngster Zeit Probleme auf,

---

236 Siehe oben Rn. 28 und zur Verjährung Rn. 26.
237 BayObLG v. 23. 6. 2004 – 2Z BR 173/03, BayObLGR 2005, 25.
238 KG Berlin v. 26. 11. 2001 – 24 W 20/01, WuM 2002, 106.
239 OLG Düsseldorf v. 19. 1. 2007 – 3 Wx 186/06, NJW-RR 2007, 1024.
240 BGH v. 18. 1. 2013 – V ZR 88/12, ZWE 2013, 131.
241 KG Berlin v. 22. 12. 2006 – 24 W 126/05, ZMR 2007, 299.
242 BGH v. 26. 11. 2004 – V ZR 90/04, NJW-RR 2005, 743; OLG München v. 22. 8. 2007 – 34 Wx 88/07, ZMR 2007, 884.
243 Siehe dazu oben Rn. 18 ff.

da hierdurch bereits nach verhältnismäßig kurzer Zeit ein dauernder Ausschluss der Berechtigten eintreten kann. Dies ist etwa dann der Fall, wenn ein Eigentümer – für alle erkennbar – sich einen im Gemeinschaftseigentum stehenden Kellerraum zur alleinigen Nutzung „aneignet", indem er ihn mit einem Schloss versperrt. Ebenso kann es vorkommen, dass ein Eigentümer sein Sondernutzungsrecht an einer Gartenfläche faktisch dadurch vergrößert, dass er ohne Berechtigung einen weiteren Teil des Vorgartens mit einer Mauer umgibt und so nur er Zugang zu der Fläche hat. Würden die Eigentümer hier mit Mehrheit beschließen, dass die Sondernutzungsrechte entsprechend begründet oder erweitert werden sollen, wäre dieser Beschluss mangels Beschlusskompetenz nichtig.[244] Bleiben die anderen Eigentümer aber länger als drei Jahre untätig, sind die Ansprüche aus § 1004 BGB verjährt.[245]

Eine Lösung dieses Problems könnte sich aufgrund einer Entscheidung des BGH[246] ergeben, die allerdings nicht zum WEG ergangen ist. 32

Ein Eigentümer kann gegenüber den anderen Miteigentümern sein Anteilsrecht am gemeinschaftlichen Eigentum geltend machen, also insbesondere seinen Anspruch aus § 985 BGB auf **Einräumung des Mitbesitzes**.[247] Dieser Anspruch (hier: § 15 Abs. 3 WEG, § 985 BGB) der im Grundbuch eingetragenen Miteigentümer unterliegt gemäß § 902 Abs. 1 BGB **nicht der Verjährung**.[248] Das OLG München hat unter Hinweis auf eine Entscheidung des BGH[249] entsprechend der hier vertretenen Auffassung ausgesprochen, dass in den besonderen Fällen, wo eine weitergehende Beeinträchtigung des gemeinschaftlichen Eigentums als das bloße Vorenthalten des Besitzes vorliegt, die Abwehransprüche aus § 985 BGB und § 1004 BGB nebeneinander gegeben sind.[250] Im vom OLG München entschiedenen Fall hatte ein Wohnungseigentümer einen wintergartenähnlichen Ausbau zur Erweiterung seiner Wohnung auf einem Bereich des gemeinschaftlichen Eigentums vorgenommen, an dem ihm kein Sondernutzungsrecht zustand. Einen Anspruch nach § 985 BGB hat das LG Berlin in einem Fall bejaht, in dem ein Eigentümer einen in der Teilungserklärung als Trockenraum bezeichneten Raum als nur von ihm zu benützenden Kellerraum gebraucht hat.[251]

Zwar ist eine **Verwirkung**[252] dieses Anspruchs grundsätzlich möglich.[253] Entscheidend sind dabei die Umstände des Einzelfalls. Bei der Abwägung ist zu berücksichtigen, dass der Herausgabeanspruch ein Kernbestandteil des Eigentums ist und eine Verneinung des Herausgabeanspruchs wirtschaftlich eine **Enteignung** des Eigentümers bedeutet. Eine Verwirkung des

---

244 Siehe oben Rn. 9.
245 Siehe oben Rn. 26.
246 BGH v. 16.3.2007 – V ZR 190/06, NJW 2007, 2183.
247 Ebenso: *Palandt-Bassenge*, BGB, § 1011 Rn. 1.
248 BGH v. 16.3.2007 – V ZR 190/06, NJW 2007, 2183.
249 BGH v. 17.9.1954 – V ZR 35/54, LM Nr. 14 zu § 1004 BGB.
250 OLG München v. 16.11.2007 – 32 Wx 111/07, NJW-RR 2008, 247.
251 LG Berlin v. 28.9.2010 – 85 S 63/10 WEG (zitiert nach juris).
252 Siehe zur Verwirkung auch oben Rn. 27 f.
253 A.A. für Herausgabeansprüche: LG Berlin v. 28.9.2010 – 85 S 63/10 WEG (zitiert nach juris).

Herausgabeanspruchs ist daher nur dann möglich, wenn die Herausgabe für den Besitzer **schlechthin unerträglich** ist.[254] Eine Verwirkung des Herausgabeanspruchs nach § 985 BGB dürfte daher nur in extremen Ausnahmefällen, zu denen die bei Rn. 30 genannten Beispiele nicht zählen, in Betracht kommen.

4. Anspruch auf ordnungsgemäßen Gebrauch

33 Jeder Wohnungseigentümer kann einen ordnungsgemäßen Gebrauch des Sondereigentums und des gemeinschaftlichen Eigentums verlangen. Er hat daher einen Anspruch darauf, dass ein Gebrauch erfolgt, der dem Gesetz, den Vereinbarungen und den (wirksamen) Beschlüssen entspricht. So kann ein Eigentümer etwa Klage nach § 43 Nr. 1 gegen den Verwalter erheben, wenn dieser einen gefassten Beschluss nicht umsetzt (etwa eine beschlossene Waschmaschine für den Waschraum nicht anschafft; die beschlossene Vermietung von Gemeinschaftsräumen unterläuft, indem er mit den Mietinteressenten keinen Mietvertrag abschließt). Bedarf ein Sondereigentümer nach der Gemeinschaftsordnung für die Vermietung seiner Wohnung einer Zustimmung des Verwalters oder der anderen Eigentümer, kann er bei einer Verweigerung auf entsprechende Zustimmung klagen.[255]

5. Anfechtung von Eigentümerbeschlüssen

34 Wenn ein Eigentümer der Auffassung ist, ein nach § 15 Abs. 2 gefasster Mehrheitsbeschluss entspreche nicht dem ordnungsgemäßen Gebrauch, kann er nach § 46 gegen diesen Beschluss Anfechtungsklage erheben.

Anfechtungsberechtigt ist auch ein Miteigentümer, der dem Beschluss in der Eigentümerversammlung **zugestimmt** hat.[256] Der anfechtende Eigentümer nimmt nämlich nicht nur seine persönlichen, sondern auch die Interessen der Gemeinschaft an einer ordnungsgemäßen Verwaltung wahr.[257] Der ursprünglich zustimmende Eigentümer kann auch eine **Nichtigkeitsfeststellungsklage** [258] erheben.

Wegen der näheren Einzelheiten hierzu siehe die Anmerkungen zu § 46 (insbesondere Rn. 11).

6. Anspruch bei fehlender Regelung (insbesondere auf Gebrauchsregelung)

35 Ergibt sich bei einem tatsächlichen oder beabsichtigten bzw. gewünschten Gebrauch, dass eine Gebrauchsregelung insoweit weder dem Gesetz, noch einer Vereinbarung oder einem Beschluss entnommen werden kann, oder aber dass die vorhandene Regelung unzureichend ist, kann dennoch jeder Wohnungseigentümer einen Gebrauch verlangen, der dem Interesse der Gesamtheit der Wohnungseigentümer nach billigem Ermessen entspricht. Bereits aus dem Gesetzeswortlaut (billigem Ermessen) wird ersichtlich, dass

---

254 BGH v. 16.3.2007 – V ZR 190/06, NJW 2007, 2183.
255 Siehe dazu näher oben Rn. 7.
256 LG Dortmund v. 21.10.2014 – 1 S 371/13, ZWE 2015, 182.
257 LG Dortmund v. 28.2.2013 – 11 S 232/12, ZMR 2013, 555.
258 BGH v. 1.6.2012 – V ZR 225/11, NJW 2012, 2578.

den Wohnungseigentümern bei der Gebrauchsregelung ein weiter **Ermessensspielraum** zusteht. Daher ist es auch erforderlich, dass der Eigentümer, der eine entsprechende Gebrauchsregelung wünscht, zunächst eine Entscheidung der Eigentümer herbeiführt, wobei üblicherweise ein Beschluss über den Umfang des zulässigen Gebrauchs gefasst werden wird. Erst wenn ein entsprechender Beschluss oder eine erforderliche Vereinbarung aufgrund der Weigerung anderer Eigentümer nicht zu Stande gekommen ist oder ein Antrag in der Eigentümerversammlung abgelehnt worden ist, kann der vorläufig gescheiterte Eigentümer das Gericht gemäß § 15 Abs. 3 i.V.m. § 21 Abs. 8 anrufen.[259] Die vorherige Befassung der **Versammlung** der Wohnungseigentümer (**„Vorbefassung"**) mit einem auf deren Mitwirkung an einer ordnungsgemäßen Verwaltung gerichteten Antrag ist Zulässigkeitsvoraussetzung der **Gestaltungsklage** nach § 21 Abs. 8.[260] Aus § 21 Abs. 8 ergibt sich aber, dass die gewünschte Maßnahme auch tatsächlich erforderlich sein muss. Diese **Erforderlichkeit** ist aber nicht schon dann gegeben, wenn ein einzelner Eigentümer eine entsprechende Regelung wünscht. So muss etwa nicht der Gebrauch einer im Gemeinschaftseigentum befindlichen Grünfläche näher geregelt werden, da sich das Mitgebrauchsrecht regelmäßig bereits ausreichend aus § 13 Abs. 2 entnehmen lässt.[261] Wenn dies aber etwa wegen einer bestehenden Mangellage (beispielsweise: vorhandene Wäscheleinen, Fahrradabstell- oder Parkplätze reichen nicht für alle Eigentümer aus) zu erheblichen Problemen führt, reicht die gesetzliche Regelung nicht aus. In diesem Fall wird ein Anspruch auf eine Regelung durch die Gemeinschaft bestehen. Wird diese nicht getroffen, wird das Gericht nach § 21 Abs. 8 eine Regelung nach **billigem Ermessen** treffen.

Siehe im Einzelnen zur Ermessensentscheidung des Gerichts nach § 21 Abs. 8 die Kommentierungen zur **§ 21 Rn. 86ff.**

---

259 LG Hamburg v. 11.1.2012 – 318 S 268/10, ZMR 2012, 470.
260 BGH v. 15.1.2010 – V ZR 114/09, ZWE 2010, 174 (= NJW 2010, 2129).
261 Siehe dazu § 13 Rn. 18ff.

§ 16
Nutzungen, Lasten und Kosten

(1) Jedem Wohnungseigentümer gebührt ein seinem Anteil entsprechender Bruchteil der Nutzungen des gemeinschaftlichen Eigentums. Der Anteil bestimmt sich nach dem gemäß § 47 der Grundbuchordnung im Grundbuch eingetragenen Verhältnis der Miteigentumsanteile.

(2) Jeder Wohnungseigentümer ist den anderen Wohnungseigentümern gegenüber verpflichtet, die Lasten des gemeinschaftlichen Eigentums sowie die Kosten der Instandhaltung, Instandsetzung, sonstigen Verwaltung und eines gemeinschaftlichen Gebrauchs des gemeinschaftlichen Eigentums nach dem Verhältnis seines Anteils (Absatz 1 Satz 2) zu tragen.

(3) Die Wohnungseigentümer können abweichend von Absatz 2 durch Stimmenmehrheit beschließen, dass die Betriebskosten des gemeinschaftlichen Eigentums oder des Sondereigentums im Sinne des § 556 Abs. 1 des Bürgerlichen Gesetzbuches, die nicht unmittelbar gegenüber Dritten abgerechnet werden, und die Kosten der Verwaltung nach Verbrauch oder Verursachung erfasst und nach diesem oder nach einem anderen Maßstab verteilt werden, soweit dies ordnungsmäßiger Verwaltung entspricht.

(4) Die Wohnungseigentümer können im Einzelfall zur Instandhaltung oder Instandsetzung im Sinne des § 21 Abs. 5 Nr. 2 oder zu baulichen Veränderungen oder Aufwendungen im Sinne des § 22 Abs. 1 und 2 durch Beschluss die Kostenverteilung abweichend von Absatz 2 regeln, wenn der abweichende Maßstab dem Gebrauch oder der Möglichkeit des Gebrauchs durch die Wohnungseigentümer Rechnung trägt. Der Beschluss zur Regelung der Kostenverteilung nach Satz 1 bedarf einer Mehrheit von drei Viertel aller stimmberechtigten Wohnungseigentümer im Sinne des § 25 Abs. 2 und mehr als der Hälfte aller Miteigentumsanteile.

(5) Die Befugnisse im Sinne der Absätze 3 und 4 können durch Vereinbarung der Wohnungseigentümer nicht eingeschränkt oder ausgeschlossen werden.

(6) Ein Wohnungseigentümer, der einer Maßnahme nach § 22 Abs. 1 nicht zugestimmt hat, ist nicht berechtigt, einen Anteil an Nutzungen, die auf einer solchen Maßnahme beruhen, zu beanspruchen; er ist nicht verpflichtet, Kosten, die durch eine solche Maßnahme verursacht sind, zu tragen. Satz 1 ist bei einer Kostenverteilung gemäß Absatz 4 nicht anzuwenden.

(7) Zu den Kosten der Verwaltung im Sinne des Absatzes 2 gehören insbesondere Kosten eines Rechtsstreits gemäß § 18 und der Ersatz des Schadens im Falle des § 14 Nr. 4.

(8) Kosten eines Rechtsstreits gemäß § 43 gehören nur dann zu den Kosten der Verwaltung im Sinne des Absatzes 2, wenn es sich um Mehrkosten gegenüber der gesetzlichen Vergütung eines Rechtsanwalts aufgrund einer Vereinbarung über die Vergütung (§ 27 Abs. 2 Nr. 4, Abs. 3 Nr. 6) handelt.

Inhalt:

		Rn.
I.	Allgemeines	1
II.	**Absatz 1: Anteilige Nutzungen des gemeinschaftlichen Eigentums**	2
	1. Wohnungseigentümer	2
	2. Gemeinschaftliches Eigentum	3
	3. Nutzungen	4
	4. Bruchteilsbeteiligung	7
	5. Beteiligungsverhältnis (Satz 1 i.V.m. Satz 2)	8
III.	**Absatz 2: Anteilige Lasten- und Kostentragung**	10
	1. Wohnungseigentümer	10
	2. Berechtigte (Anspruchsinhaber)	11
	3. Verteilungsschlüssel (Umlageschlüssel)	12
	a) Gesetzlicher Verteilungsschlüssel	12
	b) Abweichende Regelung	13
	c) Anspruch auf Änderung des Verteilungsschlüssels	14
	4. Gemeinschaftliches Eigentum	15
	5. Lasten	16
	6. Kosten der Instandhaltung, Instandsetzung	17
	7. Kosten sonstiger Verwaltung	18
	8. Kosten eines gemeinschaftlichen Gebrauchs	19
IV.	**Absatz 3: Änderung des Verteilungsschlüssels bei Betriebskosten**	20
	1. Überblick	20
	2. Wohnungseigentümer	21
	3. Mehrheitsbeschluss in Abweichung von Absatz 2	22
	4. (Hinsichtlich) gemeinschaftlichen Eigentums oder des Sondereigentums	23
	5. Betriebskosten	24
	a) Im Sinne des § 556 Absatz 1 BGB	24
	aa) Öffentliche Lasten des Grundstücks	27
	bb) Kosten der Wasserversorgung	28
	cc) Kosten der Entwässerung	29

		Rn.
	dd) Kosten für zentrale Heizungsanlagen, zentrale Brennstoffversorgungsanlage, Lieferung von Wärme und Reinigung und Wartung von Etagenheizungen und Gaseinzelfeuerstätten	30
	ee) Kosten der Warmwasserversorgung	31
	ff) Kosten verbundener Heizungs- und Warmwasserversorgungsanlage	32
	gg) Aufzugskosten	33
	hh) Kosten für Straßenreinigung und Müllbeseitigung	34
	ii) Kosten für Gebäudereinigung und Ungezieferbekämpfung	35
	jj) Kosten der Gartenpflege	36
	kk) Kosten der Beleuchtung	37
	ll) Kosten der Schornsteinreinigung	38
	mm) Kosten der Sach- und Haftpflichtversicherung	39
	nn) Kosten für den Hauswart	40
	oo) Betriebskosten für Gemeinschafts-Antennenanlage oder Breitbandkabelnetz	41
	pp) Betriebskosten für Einrichtungen der Wäschepflege	42
	qq) Sonstige Betriebskosten	43
	b) Keine unmittelbare Abrechnung gegenüber Dritten	44
	6. Kosten der Verwaltung	45
	7. Nach Verbrauch oder Verursachung erfasst	46
	8. Verteilung nach Verbrauch oder Verursachung	47
	9. Nach anderem Maßstab verteilt	48
	10. Ordnungsgemäße Verwaltung	49

a) Grundsatz	49	
b) Verbrauchs- und/oder Verursachungserfassung ordnungsgemäß	50	
c) Verteilung nach Verbrauch oder Verursachung ordnungsgemäß	51	
d) Verteilung nach anderem Maßstab ordnungsgemäß	54	

V. **Absatz 4:** Verteilung der Kosten für Instandhaltungs- und Instandsetzungsmaßnahmen sowie für bauliche Veränderungen oder Aufwendungen gemäß § 22 Absatz 1 und 2 55
  1. Überblick 55
  2. Satz 1: Kostenverteilung im Einzelfall 56
     a) Wohnungseigentümer .. 56
     b) Mehrheitsbeschluss in Abweichung von Absatz 2 57
     c) Im Einzelfall 58
     d) Instandhaltung und Instandsetzung i.S.v. § 21 Absatz 5 Nr. 2 59
     e) Bauliche Veränderungen und Aufwendungen i.S.d. § 22 Absatz 1 60
     f) Bauliche Veränderungen und Aufwendungen i.S.d. § 22 Absatz 2 61
     g) Wenn abweichender Maßstab dem Gebrauch oder der Möglichkeit des Gebrauchs Rechnung trägt 62
  3. Satz 2: Qualifizierter Mehrheitsbeschluss 63
     a) Allgemeines 63
     b) Beschluss nach Satz 1 .. 64
     c) Bedarf 65
     d) Mehrheit von drei Viertel aller stimmberechtigten Miteigentümer i.S.d. § 25 Absatz 2 66
     e) Mehrheit von mehr als der Hälfte aller Miteigentumsanteile 67

VI. **Absatz 5:** Beschlusskompetenz nach Absatz 3 und 4 nicht einschränkbar oder ausschließbar 68

VII. **Absatz 6:** Bauliche Maßnahmen und besondere Aufwendungen i.S.d. § 22 Absatz 1 69
  1. Satz 1: Anteil an Nutzungen und Kostentragung 69
     a) Wohnungseigentümer . 69
     b) Nichtzustimmung zu einer Maßnahme nach § 22 Absatz 1 70
     c) Kein Anspruch auf Anteil an Nutzungen... 72
     d) Keine Verpflichtung zur Kostentragung 73
  2. Satz 2: Vorrang von Absatz 4 74

VIII. **Absatz 7:** (beispielhafte) Kosten der Verwaltung.... 75
  1. Verwaltungskosten i.S.d. Absatzes 2 75
  2. Kosten eines Rechtsstreits nach § 18 76
  3. Ersatz des Schadens im Falle des § 14 Nr. 4 77

IX. **Absatz 8:** (Mehr-) Kosten eines Rechtsstreits gemäß § 43 78
  1. Rechtsstreit nach § 43 .. 78
  2. Mehrkosten eines Rechtsanwalts aufgrund Vergütungsvereinbarung .. 79
  3. Mehrkosten als Kosten der Verwaltung i.S.d. Absatzes 2 80
  4. Kostenverteilung, soweit keine Verwaltungskosten vorliegen.. 81

I. Allgemeines

§ 16 wurde durch die WEG-Novelle[1] in wesentlichen Bereichen verändert. Gleich geblieben sind Abs. 1, in dem die anteilige Nutzung des Gemeinschaftseigentums geregelt ist, und Abs. 2, der sich mit der Verpflichtung zur Lasten- und Kostentragung befasst. In dem neu gefassten Abs. 3 wird eine Beschlusskompetenz für bestimmte Betriebs- und Verwaltungskosten begründet. Die Neufassung von Abs. 4 enthält eine Beschusskompetenz für Einzelfallregelungen bei Kosten für Instandhaltungen oder Instandsetzungen sowie bei baulichen Veränderungen i.S.d. § 21 Abs. 1 und 2. Absatz 5 (neu) verbietet eine Einschränkung oder einen Ausschluss der Befugnisse nach Abs. 3 und 4 (nicht dagegen eine Erweiterung). Absatz 6 entspricht in Satz 1 dem Abs. 3 der alten Fassung. Satz 2 schließt jedoch Abs. 4 vom Anwendungsbereich des Abs. 6 aus. Absätze 7 und 8 befassen sich mit bestimmten Kosten der Verwaltung i.S.d. Abs. 2. Absatz 7 entspricht dem Abs. 4 in der alten Fassung. Absatz 8 regelt dagegen die Kosten eines Rechtsstreits abweichend von der Bestimmung des Abs. 5 in der alten Fassung.

§ 16 ist – mit Ausnahme der Abs. 3 und 4 – **dispositiv**, so dass durch die Gemeinschaftsordnung oder durch nachträgliche Vereinbarungen abweichende Regelungen getroffen werden können, die dann vorrangig sind.[2] Von den Abs. 3 und 4 darf dagegen nur insoweit abgewichen werden, als die dortigen Befugnisse erweitert werden.[3]

Im Gegensatz zu § 16, der die Kosten- und Lastentragung im **Innenverhältnis** der Wohnungseigentümer regelt, befasst sich § 10 Abs. 8 mit der Haftung der Wohnungseigentümer im **Außenverhältnis**.[4] Zwar befasst sich § 10 Abs. 8 Satz 4 mit der **Haftung** der Wohnungseigentümer im Innenverhältnis, lässt aber die Kostentragungspflichten aus § 16 unberührt. Wegen der Probleme, die entstehen, wenn ein nach § 10 Abs. 8 in Anspruch genommener Wohnungseigentümer im Innenverhältnis **Rückgriff** nehmen möchte, wird auf die Kommentierungen zu § 10 Rn. 70 und das dort empfohlene Vorgehen Bezug genommen.

Absatz 2 stellt **keine Anspruchsgrundlage** für einen Zahlungsanspruch der Wohnungseigentümergemeinschaft gegen einen Wohnungseigentümer hinsichtlich der dort genannten Kosten und Lasten dar. Siehe hierzu und zu einer Besonderheit bei einer Zweier-Gemeinschaft unten Rn. 11.

---

1 Gesetz zur Änderung des Wohnungseigentumsgesetzes und anderer Gesetze v. 26.3.2007, BGBl. I 2007, S. 370.
2 LG München I v. 3.4.2014 – 36 S 5269/13, ZMR 2014, 826 (zu Abs. 6).
3 Siehe dazu näher unten Rn. 68.
4 Siehe dazu § 10 Rn. 57 ff.

II. Absatz 1: Anteilige Nutzungen des gemeinschaftlichen Eigentums

1. Wohnungseigentümer

2 Nach Abs. 1 gebührt jedem Wohnungseigentümer ein Bruchteil der Nutzungen des gemeinschaftlichen Eigentums. Eigentümer in diesem Sinne ist dabei grundsätzlich nur, wer nach materiellem Recht (§§ 873, 925 BGB) das Wohnungs- oder Teileigentum wirksam erworben hat. Dies ist in der Regel derjenige, der zu Recht im Wohnungsgrundbuch eingetragen ist.[5] Jedoch ist auf den so genannten „werdenden Eigentümer"[6] § 16 ebenfalls anzuwenden.[7] Wegen der weiteren Einzelheiten zum Begriff des Eigentümers wird auf § 10 Rn. 3 Bezug genommen.

2. Gemeinschaftliches Eigentum

3 § 16 verwendet den Begriff des gemeinschaftlichen Eigentums, der in § 1 Abs. 5 legal definiert ist. Gemeinschaftliches Eigentum ist danach alles, was nicht Sondereigentum ist oder nicht Sondereigentum sein kann[8] und nicht im Eigentum eines Dritten steht.[9] Da die WEG als Verband insoweit Dritter ist, gehört das **Verwaltungsvermögen** nach dem Gesetzeswortlaut nicht zum gemeinschaftlichen Eigentum.[10] Jedoch ist § 16 über den Wortlaut hinaus auch auf das Verwaltungsvermögen insoweit entsprechend anzuwenden, als im Rahmen der Verwaltung Einnahmen und Ausgaben anfallen, über die gemäß § 28 abzurechnen ist.[11] Nach § 16 sind die Kosten und Erträge der Wohnungseigentümergemeinschaft aufzuteilen, soweit diese aus dem Gemeinschaftseigentum unmittelbar, aus der Erhaltung und dem Gebrauch und auch aus der Verwaltung desselben entstehen. Da in der Praxis meist nur hinsichtlich einiger Kosten in der Gemeinschaftsordnung eine ausdrückliche Festlegung eines Verteilungsschlüssels zu finden ist, würde ansonsten bei den Jahreseinzelabrechnungen[12] für einen erheblichen Teil der tatsächlichen Einnahmen und Ausgaben, die dem Verwaltungsvermögen zuzurechnen sind[13], eine Regelungslücke entstehen. Zum Verwaltungsvermögen gehören auch die Kosten des Erwerbs eines Grundstücks durch die Gemeinschaft, wenn das Grundstück zum Verwaltungsvermögen gehört, etwa, weil es für Stellplätze benötigt wird (siehe dazu auch § 21 Rn. 83 und § 10 Rn. 50).[14]

---

5 OLG Brandenburg v. 9.1.2006 – 13 Wx 17/05, ZWE 2006, 447; siehe dazu auch § 10 Rn. 3.
6 Siehe dazu § 8 Rn. 13.
7 OLG Frankfurt/Main v. 25.4.1997 – 20 W 433/96, ZMR 1997, 609; OLG Karlsruhe v. 25.2.2004 – 11 Wx 66/03, OLGR Karlsruhe 2004, 263; ebenso: *Schmid/Kahlen*, WEG, § 16 Rn. 3.
8 Siehe hierzu § 5 Abs. 1.
9 Siehe allgemein dazu auch § 1 Rn. 11.
10 Siehe auch: § 1 Rn. 11 und § 10 Rn. 48–55; a.A.: *Schmid/Kahlen*, WEG, § 16 Rn. 9.
11 Zu einer Einschränkung hinsichtlich Zinseinnahmen siehe unten Rn. 7.
12 Siehe dazu § 28 Rn. 62 ff.
13 Siehe dazu § 10 Rn. 48 ff. (insbesondere auch Rn. 55).
14 BGH v. 18.3.2016 – V ZR 75/15, WuM 2016, 306.

Bei der vorgenommenen einheitlichen **Verpachtung** einer **gesamten Wohnanlage**, also des gemeinschaftlichen Eigentums und aller Sondereigentumsrechte, ergibt sich aus § 16 Abs. 1 und § 743 Abs. 1 BGB, dass für die Verteilung des Gesamtpachtzinses auf die einzelnen Wohnungseigentümer die Größe der Miteigentumsanteile maßgebend ist.[15]

Zum gemeinschaftlichen Eigentum gehören auch die Grundstücks- und Gebäudeteile, an denen ein **Sondernutzungsrecht**[16] begründet worden ist. Zu den Besonderheiten insoweit siehe unten Rn. 6 und Rn. 13.

3. Nutzungen

Der Begriff der Nutzungen in § 16 ist im Zusammenhang mit § 13 Abs. 2 zu sehen. 4

§ 13 Abs. 2 unterscheidet in Satz 1 und 2 zwischen dem „Mitgebrauch" des gemeinschaftlichen Eigentums und den „sonstigen" Nutzungen, also solchen, die nicht den Mitgebrauch des gemeinschaftlichen Eigentums betreffen und verweist insoweit auf § 16. Nutzungen i.S.d. § 16 Abs. 1 sind nach der Definition des § 100 BGB nur die **Früchte** des gemeinschaftlichen Eigentums i.S.d. § 99 BGB.[17] Unmittelbare Früchte i.S.d. § 99 Abs. 1 BGB sind die Erzeugnisse, also etwa Obst von den Bäumen, Beeren von Stauden, Blumen oder Gemüse. Mittelbare Früchte sind nach § 99 Abs. 3 BGB die Erträge, also beispielsweise die eingenommene Miete bei der Vermietung von Freiflächen (etwa Parkplätze) oder Gemeinschaftsräumen (etwa Kellerabteile).[18]

Die Entscheidung darüber, ob Nutzungen (Früchte) aus dem gemeinschaftlichen Eigentum gezogen werden und in welcher Art und Weise dies zu geschehen hat, gehört zur Verwaltung, welche nach § 21 Abs. 1 den Wohnungseigentümern gemeinschaftlich zusteht.[19] Die Wohnungseigentümer können daher mit Mehrheitsbeschluss beschließen, dass im Gemeinschaftseigentum stehende Kellerräume an Miteigentümer oder auch an Fremde zu einer bestimmten Miete vermietet werden.[20] Soweit Nutzungen aus dem **Verwaltungsvermögen**[21] gezogen werden, handelt für die Gemeinschaft als rechtsfähigen Verband der Verwalter nach § 27 Abs. 3 Nr. 4 i.V.m. Abs. 1 Nr. 5 grundsätzlich eigenständig. Er ist jedoch auch insoweit verpflichtet, Beschlüsse der Wohnungseigentümer nach § 27 Abs. 1 Nr. 1 durchzuführen. Wenn also der Verwalter die Instandhaltungsrücklage[22] auf einem Festgeldkonto oder Sparkonto anlegt, ist er zunächst dazu berechtigt. Beschließen die Wohnungseigentümer später, die Instandhaltungsrücklage in bestimmten festverzinslichen Wertpapieren anzulegen, ist der Verwalter verpflichtet, diesen Beschluss umzusetzen. 5

---

15 BayObLG v. 26.6.1991 – BReg 2 Z 57/91, WuM 1991, 442.
16 Siehe zum Sondernutzungsrecht § 13 Rn. 27ff.
17 *Palandt-Bassenge*, BGB, WEG § 13 Rn. 5; *Bärmann-Becker*, § 16 Rn. 9ff.
18 BGH v. 29.6.2000 – V ZB 46/99, NJW 2000, 3211.
19 Ebenso: *Bärmann-Becker*, § 16 Rn. 11; *Schmid/Kahlen*, WEG, § 16 Rn. 12; siehe näher dazu auch § 21 Rn. 2ff.
20 BGH v. 29.6.2000 – V ZB 46/99, NJW 2000, 3211.
21 Siehe dazu näher § 10 Rn. 48ff.
22 Siehe zur Behandlung der Instandhaltungsrücklage in der Jahresabrechnung § 28 Rn. 39ff.

6 Anders verhält es sich jedoch, wenn **Sondernutzungsrechte**[23] an Teilen des gemeinschaftlichen Eigentums eingeräumt wurden. Durch ein Sondernutzungsrecht soll der begünstigte Eigentümer in seinem Nutzungsrecht weitgehend einem Sondereigentümer gleichgestellt werden, jedoch mit der Einschränkung, dass die vom Sondernutzungsrecht betroffene Fläche gemeinschaftliches Eigentum bleibt.[24]

Ist etwa für einen Wohnungseigentümer ein Sondernutzungsrecht an einer Gartenfläche begründet worden, gehört ein für die Übertragung der Ausübung auf den Mieter der Wohnung vereinbartes zusätzliches Entgelt nicht zu den allen Miteigentümern anteilig gebührenden Rechtsfrüchten des Gemeinschaftseigentums, sondern steht alleine dem vermietenden Wohnungseigentümer zu.[25]

4. Bruchteilsbeteiligung

7 Da dem Wohnungseigentümer ein Bruchteil der gezogenen Nutzungen gebührt, steht ihm grundsätzlich ein **Anspruch** darauf zu, dass er im Rahmen der Jahreseinzelabrechnung[26] an den erzielten Einnahmen beteiligt wird. Dieser Anspruch kann den Eigentümern nicht durch **Mehrheitsbeschluss** entzogen werden. Wenn etwa eine Durchfahrt unter dem Haus zu Garagen im Hof von Fremden genutzt wird, die hierfür ein Nutzungsentgelt bezahlen, kann nicht mehrheitlich beschlossen werden, dass das Nutzungsentgelt alleine den Inhabern der Garagen zusteht. Dies gilt auch dann, wenn die Garageneigentümer nach der Teilungserklärung auch die Instandhaltungskosten für die Durchfahrt (Tor mit Elektromotor) alleine zu tragen haben. Ein dennoch erfolgter Beschluss ist wegen der fehlenden Beschlusskompetenz nichtig, da den übrigen Eigentümern die ihnen gebührenden Früchte des Miteigentums entzogen werden.[27]

Zulässig ist jedoch die in der Praxis übliche Handhabung, die **Zinseinnahmen** auf dem für die Instandhaltungsrücklage angelegten Konto nicht auszuschütten, sondern sie bei der Instandhaltungsrücklage zu belassen. Hier werden den Eigentümern nicht die Früchte zugunsten Einzelner entzogen, vielmehr beschließen die Eigentümer im Rahmen der Jahresabrechnung über die Verwendung (Zuführung zur Instandhaltungsrücklage) der Zinseinnahmen.[28]

Durch **Vereinbarung** kann aber geregelt werden, dass künftige Erwerber von Wohnungseigentum vom Mitgebrauch und von den sonstigen Nutzungen von im gemeinschaftlichen Eigentum stehenden Wohnungen, wie etwa den Mieteinnahmen, ausgeschlossen sein sollen.[29]

---

23 Siehe dazu näher § 13 Rn. 27 und 28.
24 BayObLG v. 5.3 1987 – 2Z 50/86, NJW-RR 1987, 847.
25 OLG Düsseldorf v. 6.11.1995 – 3 Wx 324/95, ZMR 1996, 96.
26 Siehe dazu § 28 Rn. 62ff.
27 OLG Düsseldorf v. 8.11.2002 – 3 Wx 258/02, NZM 2003, 28.
28 Siehe dazu § 28 Rn. 40, 61 und 76.
29 BayObLG v. 25.9.1996 – 2Z BR 55/96, NJW-RR 1997, 206.

5. Beteiligungsverhältnis (Satz 1 i. V. m. Satz 2)

Das Beteiligungsverhältnis an dem Grundstück bildet den natürlichen Maßstab für den Ausgleich unter den Miteigentümern, der für das Innenverhältnis der Wohnungseigentümer grundsätzlich maßgebend ist.[30] Jedem Wohnungseigentümer steht daher ein **seinem Anteil entsprechender** Bruchteil zu. Die Bestimmung dieses Anteils richtet sich nach Satz 2, wonach das gemäß § 47 der Grundbuchordnung[31] im Grundbuch **eingetragene** Verhältnis der **Miteigentumsanteile** maßgeblich ist. Ist daher im Grundbuch für einen Eigentümer beispielsweise ein Miteigentumsanteil von 41/1000stel eingetragen, gebührt diesem Eigentümer auch ein Bruchteil von 41/1000stel an den Früchten. Verändern sich die Miteigentumsanteile, reicht die bloße **Änderung** der Teilungserklärung insoweit nicht aus. Die Änderung der Miteigentumsanteile ist erst dann maßgeblich, wenn sie auch im Grundbuch eingetragen ist.[32]

8

Da § 16 grundsätzlich dispositiv ist[33], kann in der Gemeinschaftsordnung oder durch eine spätere **Vereinbarung**[34] auch eine andere Verteilung der Nutzungen festgelegt werden.[35] Vom Gesetz abweichende Regelungen müssen jedoch **eindeutig** und klar sein. Verbleiben **Zweifel**, ist nach der **gesetzlichen Regelung** zu verfahren.[36] Zwar sind auch **konkludente** Vereinbarungen möglich, doch sind hieran besondere Anforderungen zu stellen. Allein die schweigende Hinnahme von Abrechnungen, welche dem gesetzlichen oder vereinbarten Verteilungsmaßstab nicht entsprechen, genügt nicht, um eine konkludente Änderungsvereinbarung der Wohnungseigentümer anzunehmen.[37] Erforderlich wäre vielmehr, dass sämtliche Eigentümer bewusst eine dauerhafte Regelung schaffen bzw. bewusst eine dauerhaft abweichende Praxis schaffen wollten. Dafür muss feststehen, dass sämtliche Wohnungseigentümer eine jahrelange Praxis in dem **Bewusstsein** ausüben, die bisherige Regelung zu ändern und durch eine neue **ersetzen** zu wollen. Die entsprechende zu ändernde Vereinbarung muss den Eigentümern dabei positiv bekannt sein. Im bloßen Dulden von Verstößen gegen

9

---

30 BGH v. 27. 9. 2007 – V ZB 83/07, NJW 2007, 3492.
31 § 47 GBO lautet: (1) Soll ein Recht für mehrere gemeinschaftlich eingetragen werden, so soll die Eintragung in der Weise erfolgen, daß entweder die Anteile der Berechtigten in Bruchteilen angegeben werden oder das für die Gemeinschaft maßgebende Rechtsverhältnis bezeichnet wird. (2) Soll ein Recht für eine Gesellschaft bürgerlichen Rechts eingetragen werden, so sind auch deren Gesellschafter im Grundbuch einzutragen. Die für den Berechtigten geltenden Vorschriften gelten entsprechend für die Gesellschafter.
32 BayObLG v. 2. 9. 1999 – 2Z BR 60/99, NZM 2000, 287.
33 Siehe oben Rn. 1.
34 Siehe dazu § 10 Rn. 9 ff.
35 Ebenso: *Schmid/Kahlen*, WEG, § 16 Rn. 22.
36 OLG Bremen v. 6. 6. 2005 – 3 W 5/05, ZMR 2007, 633; OLG Celle v. 28. 11. 2006 – 4 W 241/06, NZM 2007, 217; OLG Köln v. 16. 11. 2001 – 16 Wx 221/01, ZMR 2002, 779.
37 Wie hier: LG Itzehoe v. 15. 4. 2014 – 11 S 32/13, ZMR 2014, 909; teilweise anders wohl: LG Rostock v. 23. 1. 2015 – 1 S 24/14, ZWE 2015, 462.

eine bisherige Regelung ist eine Vereinbarung nicht zu sehen.[38] Der BGH hat in einer neueren Entscheidung darauf hingewiesen, dass bei einer stillschweigenden Willenskundgabe die Eigentümer in der Regel über den **Gegenstand** der Vereinbarung **beraten** und die **Rechtsfolgen** für die Zukunft **erörtert haben müssen.**[39]

Siehe zur **Auslegung** der Vereinbarungen auch unten **Rn. 13.**

Eine von Abs. 1 abweichende Regelung enthält **Abs. 6.**[40] Zudem können sich abweichende Regelungen durch Beschluss entsprechend **Abs. 3 und 4** ergeben.[41]

Eine abweichende Verteilung der Nutzungen kann grundsätzlich auch dann im Beschlusswege erfolgen, wenn die Gemeinschaftsordnung eine so genannte **Öffnungsklausel** enthält. Jedoch dürfen auch dann nicht einzelne Eigentümer unangemessen benachteiligt werden (siehe dazu unten Rn. 22b).[42] Bei einer Änderung des Verteilerschlüssels muss sich aus dem Protokoll zumindest eindeutig ergeben, zu welchem Antrag eine Abstimmung erfolgt ist und welches Abstimmungsergebnis erzielt wurde, damit auf eine konkludente Feststellung und Verkündung des Beschlussergebnisses geschlossen werden kann.[43]

III. Absatz 2: Anteilige Lasten- und Kostentragung

1. Wohnungseigentümer

10 Eigentümer i.S.d. Abs. 2 ist grundsätzlich nur, wer nach materiellem Recht (§§ 873, 925 BGB) das Wohnungs- oder Teileigentum wirksam erworben hat. Dies ist in der Regel derjenige, der zu Recht im Wohnungsgrundbuch eingetragen ist.[44] Jedoch ist auf ein Mitglied einer so genannten „werdenden Eigentümergemeinschaft"[45] § 16 ebenfalls anzuwenden.[46] Der BGH hat dazu nunmehr klargestellt, dass vor Entstehen einer Wohnungseigentümergemeinschaft die Erwerber, für die eine Auflassungsvormerkung im Grundbuch eingetragen und denen der Besitz an der erworbenen Wohnung übergeben worden ist, eine sog. **werdende Gemeinschaft** bilden. Sie sind verpflichtet, entsprechend § 16 Abs. 2 die Kosten und Lasten des künftigen gemeinschaftlichen Eigentums zu tragen. Diese Verpflichtung entfällt nicht dadurch, dass eine Wohnungseigentümergemeinschaft im Rechtssinne ent-

---

38 LG Dessau-Roßlau v. 29.10.2009 – 5 S 89/09, ZMR 2010, 471; OLG Hamburg v. 28.11.2005 – 2 Wx 112/04, ZMR 2006, 298.
39 BGH v. 10.7.2015 – V ZR 169/14, ZWE 2015, 402.
40 Siehe dazu unten Rn. 69 ff.
41 Siehe dazu unten Rn. 20 ff. und 55 ff.
42 Siehe zur Öffnungsklausel auch § 10 Rn. 16.
43 OLG München v. 22.12.2006 – 32 Wx 165/06, NZM 2007, 364; siehe zur Beschlussfeststellung allgemein § 23 Rn. 23 f.
44 OLG Brandenburg v. 9.1.2006 – 13 Wx 17/05, ZWE 2006, 447; BayObLG v. 18.7.2002 – 2Z BR 148/01, NZM 2002, 874; siehe dazu auch § 10 Rn. 3.
45 Siehe dazu § 8 Rn. 13.
46 OLG Köln v. 30.11.2005 – 16 Wx 193/05, NJW-RR 2006, 445; OLG Frankfurt/Main v. 25.4.1997 – 20 W 433/96, ZMR 1997, 609; OLG Karlsruhe v. 25.2.2004 – 11 Wx 66/03, OLGR Karlsruhe 2004, 263; ebenso: *Schmid/Kahlen*, WEG, § 16 Rn. 3.

steht.⁴⁷ Wenn aber eine Verpflichtung des werdenden Eigentümers besteht, haftet **nicht** (auch noch) **gesamtschuldnerisch** der im Grundbuch als Eigentümer eingetragene Veräußerer für die Lasten der Wohnung.⁴⁸ Wegen der weiteren Einzelheiten zum Begriff des **Eigentümers** wird auf § 10 Rn. 3 Bezug genommen.

Für den Fall der Gesamtrechtsnachfolge hat der BGH nunmehr zwei Klarstellungen getroffen. **Wohngeldschulden**, die während der Dauer der Testamentsvollstreckung fällig werden, sind **Nachlassverbindlichkeiten**. Dies gilt auch dann, wenn die Wohnung erst vom Testamentsvollstrecker mit Nachlassmitteln erworben wurde.⁴⁹ Es sind aber **nach** dem **Erbfall** fällig werdende oder durch Beschluss neu begründete Wohngeldschulden bei einer Verwaltung des Nachlasses durch den Erben im Regelfall (jedenfalls auch) **Eigenverbindlichkeiten** des **Erben**, sodass dieser seine Haftung nicht auf den Nachlass beschränken kann.⁵⁰

2. Berechtigte (Anspruchsinhaber)

Nach dem Wortlaut des Abs. 2 besteht die **Verpflichtung** des einzelnen Eigentümers **„den anderen Wohnungseigentümern gegenüber"**. Die Gesetzesformulierung ist insoweit missverständlich. Da Abs. 2 keine Anspruchsgrundlage darstellt (siehe oben Rn. 1), ergibt sich eine konkrete Zahlungspflicht nicht unmittelbar aus § 16 Abs. 2, sondern erst aus einem Beschluss i. S. d. § 28 Abs. 5 hinsichtlich Wirtschaftsplan (Wohngeld), Sonderumlage oder Jahresabrechnung.⁵¹ Der **Zahlungsanspruch** gegen den einzelnen Wohnungseigentümer gehört daher zum Verwaltungsvermögen⁵² und steht daher der Gemeinschaft als **Verband** zu.⁵³

11

Da es bei Abs. 2 um eine Verteilungsregelung hinsichtlich Kosten und Lasten geht, greift die Vorschrift grundsätzlich erst ein, wenn bei der Gemeinschaft entsprechende Ausgaben entstanden sind. Erst dann müssen sich die Eigentümer mit einer Verteilung befassen.

Wenn deshalb ein Eigentümer Ansprüche auf **Aufwendungsersatz** aus Notgeschäftsführung oder berechtigter Geschäftsführung ohne Auftrag geltend macht, muss dieser Anspruch **gegen** den **Verband** der Wohnungseigentümergemeinschaft gerichtet werden. Dem Geschäftsführer steht nicht das Recht zu, seine Aufwendungen direkt bei den Miteigentümern anteilsmäßig einzufordern.⁵⁴

Auch in einer **Zweiergemeinschaft** kann der Wohnungseigentümer einen Aufwendungsersatzanspruch grundsätzlich nur gegen den Verband und

---

47 BGH v. 5.6.2008 – V ZB 85/07, ZWE 2008, 378.
48 BGH v. 11.5.2012 – V ZR 196/11, ZWE 2012, 369.
49 BGH v. 4.11.2011 – V ZR 82/11, ZWE 2012, 85.
50 BGH v. 5.7.2013 – V ZR 81/12, ZWE 2013, 372.
51 Siehe im Einzelnen dazu die Anmerkungen zu § 28, Rn. 20 ff., 27 f., 77 ff.
52 Siehe dazu § 10 Rn. 48 ff. (insbesondere Rn. 53 und 55).
53 BT-Drucks. 16/3843, S. 46 in Klarstellung zu BT-Drucks. 16/887, S. 61; im Ergebnis ebenso: OLG München v. 13.7.2005 – 34 Wx 061/05, NZM 2005, 673; OLG Frankfurt/Main v. 30.3.2006 – 20 W 189/05, NJW-RR 2006, 1603.
54 OLG München v. 15.1.2008 – 32 Wx 129/07, ZWE 2008, 384.

nicht auch unmittelbar gegen den anderen Eigentümer geltend machen. Siehe hierzu und zu einem Ausnahmefall genauer § 21 Rn. 17 und § 28 Rn. 17 und Rn. 29.

Zur **Erfüllungswirkung** bei Überweisung, Aufrechnung und Zurückbehaltungsrecht siehe § 28 Rn. 23.

Ein einzelner Eigentümer wird aus § 16 Abs. 2 in Verbindung mit § 28 nur zur Zahlung von Geld verpflichtet. § 16 verpflichtet einen Eigentümer dagegen nicht, etwa selbst **Arbeitsleistungen** zu erbringen. Hierzu kann ein Eigentümer auch nicht durch Beschluss oder in der Hausordnung verpflichtet werden. Siehe hierzu genauer § 23 Rn. 4a und § 21 Rn. 46.

3. Verteilungsschlüssel (Umlageschlüssel)

a) Gesetzlicher Verteilungsschlüssel

12 Das Beteiligungsverhältnis an dem Grundstück bildet den natürlichen Maßstab für den Ausgleich unter den Miteigentümern, der für das Innenverhältnis der Wohnungseigentümer grundsätzlich maßgebend ist.[55] Der **Verteilungsschlüssel** (Umlageschlüssel) nach Abs. 2 richtet sich durch den ausdrücklichen Verweis auf das **Verhältnis seines Anteils (Abs. 1 Satz 2)** nach dem gemäß § 47 der Grundbuchordnung[56] im Grundbuch **eingetragenen** Verhältnis der **Miteigentumsanteile**. Ist daher im Grundbuch für einen Eigentümer beispielsweise ein Miteigentumsanteil von $^{41}/_{1000}$stel eingetragen, hat dieser Eigentümer auch einen Bruchteil von $^{41}/_{1000}$stel der Lasten und Kosten zu tragen. Verändern sich die Miteigentumsanteile, reicht die bloße **Änderung** der Teilungserklärung insoweit nicht aus. Eine Änderung der Miteigentumsanteile ist daher erst dann maßgeblich, wenn sie auch im Grundbuch eingetragen ist.[57]

Der BGH hat klargestellt, dass die **Genehmigung** der **Jahresabrechnungen** durch die Wohnungseigentümerversammlung **keine** konkludente **Billigung** der von dem Verwalter getätigten **Ausgaben** enthält.[58] Dies folgt schon daraus, dass in die Jahresabrechnung auch Ausgaben einzustellen sind, die der Verwalter unberechtigterweise aus Mitteln der Gemeinschaft getätigt hat (sogenannte **unberechtigte Ausgaben**).[59] Diese sind in die Abrechnung einzustellen und in den Einzelabrechnungen nach Maßgabe des geltenden Verteilungsschlüssels auf die einzelnen Eigentümer zu verteilen. Dies gilt für alle unberechtigten Ausgaben. Wenn daher Ausgaben für eine nicht genehmigte Baumaßnahme angefallen sind, ist **Abs. 6** hier **nicht** anwendbar, weil dieser nach seinem Sinn und Zweck eine wirksame Beschlussfassung über die Vornahme der baulichen Veränderung i.S.d. § 22 Abs. 1 voraussetzt. Liegt dagegen ein Beschluss nicht vor, gilt diese Regelung auch nicht.[60]

---

55 BGH v. 27.9.2007 – V ZB 83/07, NJW 2007, 3492.
56 Siehe dazu und zum Wortlaut des § 47 GBO oben Rn. 8.
57 BayObLG v. 2.9.1999 – 2Z BR 60/99, NZM 2000, 287.
58 BGH v. 4.3.2011 – V ZR 156/10, ZWE 2011, 256.
59 Siehe dazu auch § 28 Rn. 55 und Rn. 73.
60 LG München I v. 16.11.2015 – 1 S 24339/14 (bisher noch nicht veröffentlichtes Protokollurteil); siehe dazu auch unten Rn. 70.

Nutzungen, Lasten und Kosten § 16 WEG

Steht ein (Schadens-) **Ersatzanspruch** gegen einen Wohnungseigentümer in Rede, rechtfertigt dies nur dann eine von dem einschlägigen Umlageschlüssel abweichende Kostenverteilung, wenn der Anspruch **tituliert** ist oder sonst **feststeht**.[61]

b) Abweichende Regelung

Da auch Abs. 2 dispositiv ist, können sich von dem gesetzlich vorgesehenen Verteilungsschlüssel Abweichungen sowohl aufgrund **Vereinbarung**, durch eine **Öffnungsklausel** gedeckte Beschlüsse oder aufgrund **Abs. 3, 4 und 6** ergeben. Insoweit wird zunächst auf oben Rn. 9 Bezug genommen.

13

Gesetzlich **zwingend** vorgeschrieben ist eine vom allgemeinen Verteilungsschlüssel abweichende Kostenverteilung bei den **Heizkosten** durch die **HeizkostenV**. Nach § 3 Satz 1 HeizkostenV **gilt** diese für die Wohnungseigentümergemeinschaft **unmittelbar**. Der BGH hat nunmehr auch klargestellt, dass es keiner Vereinbarung oder keines Beschlusses über ihre Geltung bedarf.[62] Die HeizkostenV ist allerdings ihrem Inhalt nach **nicht** für eine **unmittelbare Anwendung** in der Wohnungseigentümergemeinschaft geeignet, da sie kein festes Abrechnungssystem vorgibt, sondern nur einen Rahmen (§§ 4, 5, 7, 8 HeizkostenV). Vor einer Anwendung der HeizkostenV in einer Jahresabrechnung muss der **Rahmen** durch **Vereinbarung** oder **Beschluss** der Wohnungseigentümer ausgefüllt werden, indem die **Prozentsätze** für eine Verteilung nach **Verbrauch** und **verbrauchsunabhängig** nach den Regelungen in § 7 ff. HeizkostenV festgelegt werden.[63] Sind die freiliegenden **Leitungen** der Wärmeversorgung im Gebäude überwiegend **ungedämmt**, so muss die Eigentümergemeinschaft selbst – nicht der Verwalter – von ihrem **Wahlrecht** Gebrauch machen und per einfachem Mehrheitsbeschluss festlegen, nach welchem der drei zugelassenen **Verfahren** gemäß § 7 Abs. 1 Satz 3 HeizkostenV i.V.m. VDI 2077, Beiblatt (Messung der Wärmeabgabe an den Rohren, Bilanzverfahren oder rechnerische Ermittlung) die Heizkosten abgerechnet werden sollen.[64] Die vereinbarte oder beschlossene Verteilung muss den Anforderungen der HeizkostenV entsprechen. Siehe hierzu auch unten Rn. 30 und zur **Jahresabrechnung** § 28 Rn. 37 und Rn. 64.

Bei einem Streit über die Auslegung der Gemeinschaftsordnung hinsichtlich der Frage, welcher Verteilungsschlüssel dort festgelegt ist, können die Eigentümer die dann erforderliche gerichtliche Klärung nicht unterlaufen. Ein **Eigentümerbeschluss**, der darauf gerichtet ist, eine **verbindliche Auslegung** der Teilungserklärung (im Fall: Klausel zur Verteilung von Kosten für die Instandsetzung der Balkone) herbeizuführen, ist mangels Beschlusskompetenz **nichtig**.[65]

Ergänzend sei bei **Änderungen des Verteilungsschlüssels** nach Abs. 2 auf folgende Entscheidungen hingewiesen:

---

61 BGH v. 4.3.2011 – V ZR 156/10, NJW 2011, 1346; siehe dazu auch § 28 Rn. 71.
62 BGH v. 28.9.2012 – V ZR 251/11, NJW 2012, 3719.
63 LG München I v. 14.11.2011 – 1 S 4681/11, ZMR 2012, 394.
64 LG München I v. 30.11.2015 – 1 S 14998/14, ZMR 2016, 232.
65 LG München I v. 13.2.2012 – 1 S 8790/11, ZMR 2012, 582.

- Bei der **Auslegung** der **Gemeinschaftsordnung** oder einer sonst im Grundbuch eingetragenen **Vereinbarung** kommt es nicht auf das Verständnis der teilenden Eigentümer des Grundstücks oder der jetzigen Miteigentümer, sondern, wie bei anderen Grundbucheintragungen auch, auf den **Wortlaut** und den **Sinn** der Eintragung abzustellen, wie er sich für einen unbefangenen Betrachter als **nächstliegende Bedeutung** ergibt.[66] Der das Grundbuchrecht beherrschende **Bestimmtheitsgrundsatz** erfordert dabei, dass eine von der gesetzlichen Regelung abweichende Vorschrift klar und **eindeutig** ihrem Inhalt nach feststellbar ist.[67] So stellt etwa eine in der Teilungserklärung/Gemeinschaftsordnung geregelte Verpflichtung der einzelnen Wohnungseigentümer zur Instandsetzung und Instandhaltung der im Bereich des Sondereigentums befindlichen Fenster eine Ausnahme dar zum aus § 16 Abs. 2 resultierenden Grundsatz, wonach die Kosten der Instandsetzung und Instandhaltung des Gemeinschaftseigentums von der Gemeinschaft zu tragen sind. **Ausnahmeregelungen** sind nach den allgemeinen Auslegungsgrundsätzen **eng auszulegen**. Es verbietet sich daher beispielsweise eine analoge Anwendung auf Lichtkuppeln.[68]

- Eine in der Teilungserklärung getroffene Regelung, wonach **Balkone**, die zum ausschließlichen Gebrauch durch einen Wohnungseigentümer bestimmt sind, auf dessen Kosten instand zu setzen und in standzuhalten sind, ist **nicht einschränkend** dahin auszulegen, dass hiervon Kosten ausgenommen sind, die die im **Gemeinschaftseigentum** stehenden Balkonteile betreffen.[69]

- Ist die vom Gesetz oder der Gemeinschaftsordnung abweichende Regelung **nicht eindeutig** und verbleiben **Zweifel**, verbleibt es bei der gesetzlichen Regelung des Abs. 2.[70] Ist gemäß der Teilungserklärung der einzelne Wohnungseigentümer zur Instandhaltung und Instandsetzung von im Gemeinschaftseigentum stehender Türen und Fenster, die sich im Bereich seines Sondereigentums befinden verpflichtet, so erlaubt dies nicht den Schluss, dass alle anderen Maßnahmen dem einzelnen Wohnungseigentümer obliegen, sondern führt im Zweifel dazu, dass der **Austausch** der **Fenster** und **Wohnungsabschlusstüren** Gemeinschaftsaufgabe ist. Insoweit haben dann auch die Kosten des Austauschs alle und nicht nur der einzelne Eigentümer zu tragen.[71] **Unklar** ist auch eine Regelung, wonach

---

[66] BGH v. 25.9.2009 – V ZR 33/09, NZM 2009, 866.
[67] BGH v. 22.11.2013 – V ZR 46/13, ZWE 2014, 125; LG München I v. 18.3.2010 – 36 S 4706/09, ZWE 2010, 232; OLG Hamburg v. 3.3.2004 – 2 Wx 104/01, ZMR 2004, 614.
[68] LG Stuttgart v. 16.9.2009 – 10 S 10/09, Wohnungseigentümer 2009, 146; KG Berlin v. 22.9.2008 – 24 W 83/07, ZMR 2009, 135.
[69] BGH v. 16.11.2012 – V ZR 9/12, ZWE 2013, 29; a.A. noch KG Berlin v. 22.9.2008 – 24 W 83/07, ZMR 2009, 135.
[70] OLG Bremen v. 6.6.2005 – 3 W 5/05, ZMR 2007, 633; OLG Celle v. 28.11.2006 – 4 W 241/06, NZM 2007, 217; OLG Köln v. 16.11.2001 – 16 Wx 221/01, ZMR 2002, 779.
[71] BGH v. 22.11.2013 – V ZR 46/13, ZWE 2014, 125; BGH v. 2.3.2012 – V ZR 174/11, NJW 2012, 1722.

Betriebskosten „nach Nutzflächen **gemäß den gesetzlichen Regelungen**" zu verteilen sind; auch insoweit bleibt es bei der gesetzlichen Regelung.[72]

- Nach Auffassung des OLG Köln begegnen einer **Umdeutung** einer dinglich unwirksamen Regelung in der Teilungserklärung, soweit dort Gebäudeteile des Gemeinschaftseigentums unzulässiger Weise unter Verstoß gegen § 5 Ab. 2 als Sondereigentum bezeichnet werden, in eine **Kostentragungspflicht** für die Sondereigentümer erheblichen Bedenken.[73] Dagegen hat das OLG Karlsruhe eine Umdeutung für eine Fenster- und Türelemente betreffende Regelung, wonach diese Sondereigentum seien und die Instandhaltungs- und Instandsetzungspflicht von den Wohnungseigentümern auf eigene Kosten durchzuführen seien in eine Kostentragungsregelung umgedeutet. Das OLG Karlsruhe hat dabei im Einzelfall der Gemeinschaftsordnung die Zielsetzung entnommen, dass für bauliche Elemente, die vor allem dem alleinigen Zugriff des Sondereigentümers unterliegen und von ihm allein genutzt und ggfs. gepflegt werden, dieser besondere Nutzer auch als Instandhaltungs- und Instandsetzungspflichtiger heranzuziehen ist.[74]

Nach der hier vertretenen Meinung kommt eine Umdeutung nur ausnahmsweise dann in Betracht, wenn aufgrund der oben dargestellten Grundsätze für eine Auslegung von Grundbucheintragungen nach § 140 BGB **zweifelsfrei** davon ausgegangen werden kann, dass bei Kenntnis der Nichtigkeit der Regelung der durch Umdeutung ermittelte Inhalt Geltung haben sollte. Dies wird immer nur anhand des konkreten Einzelfalls beurteilt werden können. So kann etwa eine **nichtige** Regelung in der Gemeinschaftsordnung, wonach **Fenster** zum Bestandteil des **Sondereigentums** gehören, nur dann in eine Kostentragungsregelung zu Lasten eines Eigentümers umgedeutet werden, wenn in der Gemeinschaftsordnung eine **weitere Regelung** enthalten ist, dass jeder Wohnungseigentümer sein Sondereigentum auf seine **Kosten** instand zu halten und instand zu setzen hat.[75]

Zu den Voraussetzungen für eine **konkludente Änderung** eines Verteilungsschlüssels siehe oben Rn. 9.

- In der Vergangenheit war umstritten, ob die Festlegung des **Umlageschlüssels (Verteilungsschlüssels)** unmittelbar im Rahmen der Kostenverteilung in der **Jahreseinzelabrechnung** erfolgen kann oder ob es hierzu eines eigenen Beschlusses bedarf. Das OLG München[76] verneint die Änderung in der Jahresabrechnung grundsätzlich, hat diese Frage dem BGH zur Entscheidung vorgelegt, da es von einer Entscheidung des OLG Hamm[77] abweichen möchte. Der BGH hat in seiner auf die Vorlage hin ergangenen Entscheidung lediglich die Sachfrage (Umlageschlüssel bei

---

72 LG Nürnberg-Fürth v. 6.5.2015 – 14 S 4480/14, ZMR 2015, 805.
73 OLG Köln v. 8.4.2008 – 16 Wx 289/07, ZMR 2008, 815.
74 OLG Karlsruhe v. 7.7.2010 – 11 Wx 115/08, ZWE 2011, 38.
75 LG Dortmund v. 1.4.2014 – 1 S 178/13, ZWE 2015, 40.
76 OLG München v. 11.7.2007 – 34 Wx 21/07, FGPrax 2007, 217.
77 OLG Hamm v. 4.5.2004 – 15 W 142/03, ZMR 2004, 774.

Kabelkosten[78]) geklärt, ist aber in dieser Entscheidung auf die zweite Frage, nämlich die Festlegung des Umlageschlüssels in der Jahreseinzelabrechnung, nicht eingegangen. In einer weiteren Entscheidung im Jahr 2010 (zu einer Änderung des Umlageschlüssels nach Abs. 3) hat der BGH auch diese Frage nunmehr geklärt.[79]

Da die Abänderung eines Umlageschlüssels **transparent** gestaltet werden muss, genügt es nicht, dass einer Abrechnung oder einem Wirtschaftsplan lediglich der neue Schlüssel zugrunde gelegt wird. Zwar muss schon aus der **Einberufung** zu der Wohnungseigentümerversammlung hervorgehen, dass der **Kostenverteilungsschlüssel Gegenstand** der Beschlussfassung sein soll (§ 23 Abs. 2). Das macht eine **ausdrückliche Regelung** über die Änderung des Verteilungsmaßstabes jedoch nicht entbehrlich. Wirksame Beschlüsse binden auch Sondernachfolger (§ 10 Abs. 4). Erwerbsinteressenten kann zwar zugemutet werden, die Teilungserklärung, die von den Wohnungseigentümern getroffenen Vereinbarungen und die gefassten Beschlüsse einzusehen, nicht aber, dass sie überprüfen, ob der in Wirtschaftsplänen und Abrechnungen zugrunde gelegte Schlüssel dem bislang geltenden Schlüssel entspricht. Daher muss die Neuregelung des Kostenverteilungsschlüssels so gestaltet werden, dass sie einem verständigen und unbefangenen Leser bei der **Durchsicht** der **Beschluss-Sammlung** ohne weiteres auffallen muss. Den Gedanken der Transparenz hat der BGH in einer weiteren Entscheidung aufgegriffen.[80] Aus Gründen der Transparenz **verbietet** es sich jedenfalls dann, wenn die Eigentümer davon ausgegangen sind, den im konkreten Fall zutreffenden Verteilungsschlüssel anzuwenden, einen **Änderungsbeschluss** nachträglich in die **Jahresabrechnung hineinzulesen**.

Nach der hier vertretenen Meinung ist demnach ein gesonderter Beschluss zwar nicht in jedem Fall zwingend. Für die Praxis dürfte es sich aber empfehlen, über die **Änderung** des Umlageschlüssels einen **gesonderten Beschluss** zu fassen, da einem Beschluss über die Jahresabrechnung wohl nur bei einem ausdrücklichen Hinweis auf die Änderung des Verteilungsschlüssels entnommen werden kann, dass sich die Eigentümer bewusst waren, hier eine bestehende Regelung abzuändern. Ohne ausdrückliche Formulierung im Beschlusswortlaut wird zudem die Änderung nicht auffallen, wenn die Beschlusssammlung durchgesehen wird.[81]

– Eine **rückwirkende Änderung** des Kostenverteilungsschlüssels, die durch Beschluss aufgrund einer Öffnungsklausel vorgenommen wurde, führt regelmäßig (aber nicht zwingend) zu einer unbilligen Benachteiligung der betroffenen Wohnungseigentümer.[82]

Der BGH hat diese differenzierende Betrachtung nunmehr bestätigt und für eine Änderung des Umlageschlüssels nach Abs. 3 dargelegt, dass un-

---

78 Siehe dazu unten Rn. 53.
79 BGH v. 9.7.2010 – V ZR 202/09, NJW 2010, 2654.
80 BGH v. 11.11.2011 – V ZR 65/11, NJW 2012, 603.
81 Im Ergebnis ebenso: LG Frankfurt v. 23.7.2015 – 2-13 S 172/14, ZWE 2015, 409.
82 OLG Hamm v. 27.7.2006 – 15 W 440/05, ZMR 2007, 293.

abhängig von einem in § 556a Abs. 2 Satz 2 BGB oder in § 6 Abs. 4 Satz 3 HeizkostenV normierten Rückwirkungsverbot grundsätzlich kein striktes Rückwirkungsverbot gilt. Das ändert allerdings nichts daran, dass ein Wohnungseigentümer grundsätzlich darauf vertrauen darf, dass die bis zu einer Änderung des Verteilungsschlüssels angefallenen Kosten nach dem bis dahin geltenden (bisherigen) Schlüssel umgelegt werden. Erst recht führt dieser **Vertrauensschutzgedanke** dazu, dass in der Regel nicht in bereits **abgeschlossene Abrechnungszeiträume** rückwirkend eingegriffen werden darf. Eine Abweichung hiervon kommt nur ausnahmsweise bei Vorliegen besonderer Umstände in Betracht, etwa wenn der bisherige Schlüssel unbrauchbar oder in hohem Maße impraktikabel ist oder dessen Anwendung zu grob unbilligen Ergebnissen führt. Darlegungs- und beweispflichtig für das Vorliegen solcher **Ausnahmetatbestände** sind bei der Beschlussmängelklage die beklagten Wohnungseigentümer. Anders verhält es sich dagegen bei noch **laufenden Zeiträumen**, wenn sich bei **typisierender Betrachtung** kein schutzwürdiges Vertrauen herausgebildet hat, etwa, wenn für das laufende Wirtschaftsjahr kein auf der Grundlage des alten Schlüssels aufbauender Wirtschaftsplan beschlossen worden ist und die Abrechnung noch in der Schwebe ist. Allein der Umstand, dass Vorschüsse auf der Grundlage des alten Verteilungsschlüssels erhoben worden sind, vermag kein schutzwürdiges Vertrauen zu begründen.[83] Das LG Berlin hält eine Änderung des Schlüssels für Müllgebühren und das Verwalterhonorar bis zur Genehmigung der Jahresabrechnung für möglich, da sich bei typisierender Betrachtung bis dahin noch kein schutzwürdiges Vertrauen herausbildet.[84]

- Ein nicht angefochtener Beschluss, in welchem einem einzelnen Eigentümer in Abweichung des vereinbarten Kostenverteilungsschlüssels die Kosten für eine Instandhaltungsmaßnahme auferlegt wurden, entfaltet **keine Bindungswirkung** für einen **Folge-** oder **Zweitbeschluss**. Die Wohnungseigentümer können daher bei einem späteren Sonderumlagenbeschluss für die Instandhaltungsmaßnahme von diesem Beschluss abweichen.[85] Hätte der Beschluss eine Regelung auch für die künftige Beschlussfassung beinhaltet, wäre er mangels Beschlusskompetenz nichtig gewesen.

- Ist für den Verteilungsschlüssel wirksam (etwa in der Gemeinschaftsordnung) die **Wohn- und Nutzfläche** als Maßstab festgelegt worden, so muss sich die Wohn- und Nutzfläche nicht aus der Teilungserklärung ergeben. Ergeben sich diese Flächen jedoch aus der **Teilungserklärung**, so sind im Zweifel diese Flächenangaben auch verbindlich.[86]

- Durch Vereinbarung kann die Instandhaltungs- und Instandsetzungspflicht für das gemeinschaftliche Eigentum ganz oder teilweise einem

---

[83] BGH v. 9.7.2010 – V ZR 202/09, NJW 2010, 2654; LG Hamburg v. 22.2.2013 – 318 S 32/12, ZWE 2013, 453; a. A.: LG Berlin v. 13.8.2013 – 85 S 177/12, ZWE 2014, 269.
[84] LG Berlin v. 9.9.2015 – 53 S 26/15, Grundeigentum 2015, 1608.
[85] OLG München v. 7.8.2007 – 34 Wx 3/05, WuM 2007, 538.
[86] OLG Frankfurt/Main v. 20.9.2006 – 20 W 241/05, ZMR 2007, 291; OLG Schleswig v. 1.3.2007 – 2 W 196/06, WuM 2007, 471.

Wohnungseigentümer übertragen werden. Dies gilt insbesondere für Bauteile, an denen ein **Sondernutzungsrecht** eingeräumt ist.[87] Ob eine derartige Übertragung vorliegt, ist durch Auslegung zu ermitteln (siehe dazu oben „Auslegung der Gemeinschaftsordnung").[88] Ist der Sondernutzungsberechtigte an einer Gartenfläche verpflichtet, die Kosten der Instandhaltung zu tragen, bedeutet dies regelmäßig, dass er damit auch die Kosten der Bewässerung alleine zu tragen hat.[89]

– Bei **Duplex-** oder **Doppelstockgaragen** sind die einzelnen Stellplätze nicht sondereigentumsfähig.[90] Die Kostenverteilung für die **Hebebühnen** richtet sich daher grundsätzlich nach § 16 Abs. 2.[91] Eine hiervon abweichende Regelung in der Gemeinschaftsordnung erfordert wegen des im Grundbuchrecht herrschenden **Bestimmtheitsgrundsatzes** daher, dass die vom Gesetz abweichende Verteilung der ausscheidbaren Kosten klar und eindeutig erfolgt (siehe dazu oben „Auslegung der Gemeinschaftsordnung").[92] Eine zweifelsfreie Kostenverlagerung ist dabei nicht erfolgt, wenn zwar die Sondernutzungsberechtigten die Kosten für ihren Sondernutzungsbereich tragen sollen, die Hebebühnen von dreizehn Duplex-Garagen jedoch eine gemeinsame Hydraulik haben, die nach § 5 Abs. 2 zwingend im Gemeinschaftseigentum aller Wohnungseigentümer steht.[93] Der Begriff „Wartungskosten für Duplex-Parker" ist nicht hinreichend bestimmt, weil unklar ist, welche zu wartenden Teile der Duplex-Parker von der Regelung erfasst sein sollen, d.h. welche „Wartungskosten" für welche Teile künftig (abweichend vom Kostenverteilungsschlüssel) verteilt werden sollen.[94]

Zu einem Beschluss nach Abs. 3 siehe unten Rn. 20 ff. (insbesondere auch Rn. 53).

c) *Anspruch auf Änderung des Verteilungsschlüssels*

14 Bei Rn. 13 wurde bereits aufgezeigt, dass verschiedene Möglichkeiten bestehen, den gesetzlichen oder einen vereinbarten Verteilungsschlüssel zu ändern. Hiervon zu unterscheiden ist die Frage, ob ein einzelner Eigentümer einen **Anspruch** auf eine derartige Änderung hat.

Obgleich vor der WEG-Novelle[95] der Gesetzeswortlaut weder in § 16 a.F. noch in § 10 a.F. ein Änderungsverlangen vorsah, war in der Rechtsprechung allgemein anerkannt, dass ein Anspruch eines Wohnungseigentümers auf Zustimmung zur Änderung des vereinbarten oder gesetzlichen Kostenverteilungsschlüssels dann bestand, wenn außergewöhnliche Um-

---

87 BayObLG v. 18.12.2003 – 2Z BR 203/03, ZMR 2004, 357.
88 OLG Hamburg v. 3.3.2004 – 2 Wx 104/01, ZMR 2004, 614.
89 OLG Köln v. 27.6.2005 – 16 Wx 58/05, NZM 2005, 785; zur nunmehr insoweit bestehenden Beschlusskompetenz nach Abs. 3 siehe unten Rn. 20 ff.
90 Siehe dazu § 3 Rn. 27.
91 OLG Celle v. 19.8.2005 – 4 W 162/05, NZM 2005, 871.
92 LG München I v. 18.3.2010 – 36 S 4706/09, ZWE 2010, 232; BayObLG v. 13.8.1998 – 2Z BR 75/98, NZM 1999, 26.
93 KG Berlin v. 7.2.2005 – 24 W 81/03, ZMR 2005, 569.
94 LG München I v. 18.3.2010 – 36 S 4706/09, ZWE 2010, 232.
95 Gesetz zur Änderung des Wohnungseigentumsgesetzes und anderer Gesetze v. 26.3.2007, BGBl. I 2007, S. 370.

stände ein Festhalten an der geltenden Regelung als **grob unbillig** und damit als Verstoß gegen Treu und Glauben nach § 242 BGB erscheinen ließ.[96] Hierbei wurden jedoch von der Rechtsprechung insbesondere bei einer verlangten Änderung des **Kostenverteilungsschlüssels** strenge Anforderungen gestellt.[97] Der BGH hat im Jahr 2004 eine Abweichung der Kosten von 58 % noch nicht als Verstoß gegen § 242 BGB angesehen.[98] Diese strengen Anforderungen wurden auch in jüngster Zeit aufrechterhalten.[99]

Durch den nunmehr in § 10 Abs. 2 WEG neu eingefügten Satz 3 wollte der Gesetzgeber Vereinbarungsänderungen erleichtern und insbesondere die Rechtsprechung veranlassen, die bisher sehr hohe „Eingriffsschwelle" zu senken.[100] Ein Festhalten an der bisherigen Regelung muss aus schwerwiegenden Gründen **unbillig** erscheinen, wobei alle Umstände des Einzelfalls und insbesondere auch die Rechte und Interessen der anderen Wohnungseigentümer zu berücksichtigen sind. Der in den Gesetzesmaterialien enthaltene Hinweis[101], es könne sich eine Orientierung an der Entscheidung des KG Berlin[102] empfehlen, wonach bei einer **Abweichung**[103] von **mehr als 25 %** zwischen Wohn- und Nutzfläche sowie dem für die Verteilung maßgeblichen Miteigentumsanteil die Grenze überschritten sei, kann dem Gesetzeswortlaut jedenfalls nicht entnommen werden.

Jedenfalls für den Bereich der Änderung von **Kostenverteilungsschlüsseln** hat die neuere Rechtsprechung aber diesen Hinweis im Grundsatz aufgenommen, wobei aber eine **Gesamtbetrachtung** der Umstände des **Einzelfalls** durchgeführt wird. So hat etwa der BGH festgestellt, dass der vom Gesetzgeber genannte Schwellenwert von 25 % zwar keine feste Grenze darstellt, dass er aber als Orientierungsgröße dienen kann.[104] Die unterschiedlichen Kostenverteilungsschlüssel müssen also zu einer erheblich (grundsätzlich mindestens um 25 %) **höheren Belastung** führen.[105] Die Landgerichte Nürnberg-Fürth und Hamburg sahen es als sachgerecht an, als Voraussetzung eines Änderungsanspruchs eine Abweichung der Wohn- oder Nutzfläche von dem für die Kostenverteilung maßgeblichen Miteigentumsanteil um mehr als 25 % zu verlangen.[106]

Einem Teileigentümer steht daher eine Änderung des Kostenverteilungsschlüssels in der gemischt genutzten Wohnungseigentumsanlage nicht be-

---

96 BGH v. 25.9.2003 – V ZB 21/03, NJW 2003, 3476.
97 Eine Übersicht zur Rechtsprechung gibt BT-Drucks. 16/887, S. 18.
98 BGH v. 7.10.2004 – V ZB 22/04, NJW 2004, 3413.
99 OLG München v. 9.3.2007 – 34 Wx 4/07, WuM 2007, 349; OLG Hamm v. 23.2.2006 – 15 W 135/05, DNotZ 2006, 692.
100 BT-Drucks. 16/887, S. 18 und 19.
101 BT-Drucks. 16/887, S. 19.
102 KG Berlin v. 14.6.2004 – 24 W 32/04, NZM 2004, 549.
103 Siehe zu den bisher gebilligten Abweichungen oben Rn. 13.
104 BGH v. 11.6.2010 – V ZR 174/09, ZWE 2010, 330; BGH v. 17.12.2010 – V ZR 131/10, ZWE 2011, 170.
105 BGH v. 17.12.2010 – V ZR 131/10, ZWE 2011, 170.
106 LG Hamburg v. 12.5.2010 – 318 S 190/09, Wohnungseigentümer 2010, 147; LG Nürnberg-Fürth v. 26.8.2009 – 14 S 3582/09, ZWE 2010, 145; OLG Köln v. 16.11.2007 – 16 Wx 154/07, ZMR 2008, 989.

reits deshalb zu, weil die Kostenverteilung nach Miteigentumsanteilen zu einer erheblich (grundsätzlich mindestens um den 25 %-igen „**Schwellenwert**") höheren Belastung als eine Verteilung der Kosten nach der anteiligen Nutzfläche führt. Bei der Abwägung der gesamten Umstände ist das Maß der Belastung nicht das alleinige Kriterium für die Beurteilung der Unbilligkeit des Festhaltens an dem vereinbarten Kostenverteilungsschlüssel. Ein Teileigentümer kann auch nicht deshalb eine Änderung des Verteilungsschlüssels verlangen, weil er sein Teileigentum – von der Teilungserklärung abweichend – zu Wohnzwecken nutzt. Die Voraussetzungen eines Anspruchs nach § 10 Abs. 2 Satz 3 auf Änderung des Kostenverteilungsschlüssels bestimmen sich nicht nach der tatsächlich ausgeübten, sondern nach der rechtlich **zulässigen Nutzung**.[107]

Wird die WEG rechtskräftig verpflichtet, der Herstellung eines zweiten Rettungsweges zuzustimmen, so besteht kein **Rechtsschutzbedürfnis** für eine Kostenregelung hierfür nach § 16 Abs. 2 unter Beteiligung der Wohnungseigentümergemeinschaft, wenn der Wohnungseigentümer mit der Regelung nicht einem aktuellen Rechtsschutzziel Geltung verschaffen, sondern lediglich einen „**Vorratsbeschluss**" erreichen will, der es ihm ermöglichen soll, irgendwann einmal – womöglich unter dann maßgeblich veränderten Umständen – die Baumaßnahme unter Kostenbeteiligung der WEG durchzuführen.[108]

Wegen der näheren Einzelheiten und auch der Klagemöglichkeit nach § 43 Nr. 1 wird auf die Kommentierung zu § 10 Rn. 19–26 verwiesen.

Zu den Änderungen durch Beschluss aufgrund § 16 Abs. 3 und 4 siehe unten Rn. 20 ff.

4. Gemeinschaftliches Eigentum

15 Die Lasten- und Kostentragungspflicht des Abs. 2 bezieht sich nur auf das gemeinschaftliche Eigentum. Zum **Begriff** des gemeinschaftlichen Eigentums wird auf oben **Rn. 3** Bezug genommen. Zum gemeinschaftlichen Eigentum gehören auch die Grundstücks- und Gebäudeteile, an denen ein **Sondernutzungsrecht** begründet ist.[109]

Nicht von § 16 Abs. 2 erfasst sind dagegen die Kosten, die ein einzelnes Wohnungseigentum betreffen, also insbesondere die Kosten für den Gebrauch des **Sondereigentums**.[110] Hierunter fallen etwa die Kosten für **Grundsteuer**[111] oder für die **Wasserversorgung** einschließlich der Abwasserentsorgung einer Sondereigentumseinheit.[112] Kosten des Sondereigentums trägt grundsätzlich jeder Wohnungseigentümer selbst.

---

107 BGH v. 17.12.2010 – V ZR 131/10, ZWE 2011, 170.
108 OLG Düsseldorf v. 19.2.2008 – 3 Wx 1/08, ZMR 2008, 553.
109 Zu einer abändernden Vereinbarung siehe Rn. 12.
110 *Staudinger-Bub*, § 16 WEG Rn. 183.
111 OLG Oldenburg v. 5.4.2005 – 5 W 194/04, ZMR 2005, 814.
112 BGH v. 25.9.2003 – V ZB 21/03, NJW 2003, 3476; BayObLG v. 20.1.2005 – 2Z BR 141/04, ZMR 2005, 387 – zu den Kosten von (Kaltwasser-)Zwischenzählern siehe Rn. 19.

5. Lasten

Unter Lasten des gemeinschaftlichen Eigentums sind die auf dem Grundstück liegenden Verpflichtungen zu Leistungen zu verstehen, die **aus** dem **Grundstück** zu entrichten sind und die den Nutzungswert mindern.[113] Dabei kommen sowohl privatrechtliche als auch öffentlich-rechtliche Leistungen in Betracht. Zu den **öffentlich-rechtlichen** Lasten siehe näher unten Rn. 27. **Privatrechtliche** Lasten sind nach herrschender Meinung Tilgungsbeiträge, die sich auf eine Gesamthypothek oder ein sonstiges Gesamtgrundpfandrecht beziehen[114]; nicht hierzu gehören aber die Grundpfandrechte an den einzelnen Wohnungseinheiten.

16

Siehe auch die Kommentierung zu Abs. 3, Rn. 20 ff.

6. Kosten der Instandhaltung, Instandsetzung

Unter **Instandhaltung** ist die Erhaltung des bestehenden ordnungsgemäßen Zustandes zu verstehen.[115] **Instandsetzung** bedeutet hingegen die Wiederherstellung eines einmal vorhanden gewesenen ordnungsgemäßen Zustandes.[116] Zur ordnungsmäßigen Instandhaltung (und Instandsetzung)[117] gehört auch die **erstmalige Herstellung** eines ordnungsmäßigen Zustands, wie etwa die Beseitigung von Baumängeln.[118] **Kosten** sind dabei die Aufwendungen, welche die Gemeinschaft für die vorgenannten Erhaltungs- oder Wiederherstellungsmaßnahmen vorzunehmen hat. Kosten der Instandhaltung oder Instandsetzung sind beispielsweise die Ausgaben, die für eine Tiefgaragensanierung[119] oder die Dach- oder Fassadensanierung[120] angefallen sind. Seit der Entscheidung des BGH vom 4. 12. 2009[121] können zwar die tatsächlichen Zuführungen zur Instandhaltungsrücklage nicht mehr als Ausgaben in der Jahresabrechnung dargestellt werden (siehe hierzu § 28 Rn. 39 ff.). Soweit aber im Wirtschaftsplan Zuführungen zur Instandhaltungsrücklage vorgesehen sind (zur Darstellung im Wirtschaftsplan siehe § 28 Rn. 14), richtet sich die Verteilung dieser Kosten grundsätzlich nach § 16 Abs. 2.

17

Zu einer abweichenden Kostentragungsregelung in der Gemeinschaftsordnung siehe oben Rn. 13.

Hinsichtlich weiterer Einzelheiten zu Instandhaltung und Instandsetzung wird auf **§ 21 Rn. 51 ff.** verwiesen.

---

113 *Palandt-Ellenberger*, BGB § 103, Rn. 1; *Bärmann-Becker*, § 16 Rn. 25.
114 BayObLG v. 28. 5. 1973 – BReg 2 Z 14/73, MDR 1973, 848; *Bärmann-Becker*, § 16 Rn. 29; a.A. *Weitnauer/Gottschalg* § 16 Rn. 15.
115 BayObLG v. 11. 12. 1980 – 2 Z 74/79, ZMR 1981, 285.
116 OLG Hamm v. 18. 9. 2006 – 15 W 88/06, FGPrax 2007, 69; BayObLG v. 11. 12. 1980 – 2 Z 74/79, ZMR 1981, 285.
117 In der Praxis werden häufig die Begriffe nicht scharf getrennt, sondern als Synonyme verwendet.
118 BayObLG v. 27. 7. 1989 – BReg 2 Z 68/89, Grundeigentum 1989, 1161; BayObLG v. 29. 2. 1996 – 2Z BR 142/95, ZMR 1996, 394.
119 OLG München v. 9. 3. 2007 – 34 Wx 4/07, WuM 2007, 349.
120 BayObLG v. 22. 9. 2004 – 2ZBR 142/04, BayObLGR 2005, 188.
121 BGH v. 4. 12. 2009 – V ZR 44/09, ZWE 2010, 170 (=NJW 2010, 2127).

T. Spielbauer

Zur Beschlusskompetenz für eine abweichende Regelung nach Abs. 4 siehe unten Rn. 57 ff.

7. Kosten sonstiger Verwaltung

18 Aufwendungen, welche zwar die Gemeinschaft für das gemeinschaftliche Eigentum tätigt, die aber weder Lasten darstellen noch Kosten der Instandhaltung oder Instandsetzung[122] sind und die auch nicht durch den gemeinschaftlichen Gebrauch[123] begründet sind, sind Kosten für die sonstige Verwaltung. Damit sind letztlich sämtliche Kosten erfasst, die im **weitesten Sinn** mit **Verwaltung** zusammenhängen und die nicht unter Rn. 16, 17 oder 19 fallen.[124] Dies sind insbesondere Kosten für Maßnahmen der ordnungsgemäßen Verwaltung i.S.d. § 21 Abs. 4 in Verbindung mit Abs. 5 und für Maßnahmen nach §§ 22 bis 29. Aufgrund des sehr weiten Anwendungsbereichs kann eine abschließende Darstellung dieser Kosten hier nicht erfolgen. Hinsichtlich möglicher Einzelheiten muss deshalb auf die Kommentierung zu den vorgenannten Vorschriften verwiesen werden. Lediglich beispielhaft seien hier einige sonstige **Verwaltungskosten** aufgeführt:

- Aufwendungsersatz wegen Notgeschäftsführung[125]
- Bankgebühren für Gemeinschaftskonto[126]
- Bauliche Veränderungen (soweit nicht Abs. 6 eingreift)[127]
- Kosten für Grundstückserwerb durch die Gemeinschaft[128]
- Hausmeistervergütung[129]
- Kosten eines selbständigen Beweisverfahrens[130]
- Unkostenpauschale für Verwalter für Zustimmung zur Veräußerung von Wohnungseigentum[131]
- Versicherungen[132]
- Verwaltervergütung[133]
- Verwaltungsbeiratsentschädigung[134]

---

122 Siehe dazu oben Rn. 15 ff.
123 Siehe dazu unten Rn. 19.
124 Ebenso: *Staudinger-Bub*, § 16 WEG Rn. 162; *Bärmann-Becker*, § 16 Rn. 35; *Schmid/Kahlen*, WEG, § 16 Rn. 65 ff.
125 OLG Hamburg v. 4.11.2002 – 2 Wx 32/02, ZMR 2003, 131; KG Berlin v. 6.2.1995 – 24 W 7149/93, ZMR 1995, 218 – bei der Notgeschäftsführung kann im Einzelfall auch ein enger Bezug zu Instandhaltungs- und Instandsetzungsmaßnahmen vorliegen.
126 OLG Frankfurt/Main v. 8.2.2005 – 20 W 231/01, OLGR Frankfurt 2005, 783.
127 OLG Schleswig v. 8.12.2006 – 2 W 111/06, WuM 2007, 213; BayObLG v. 23.2.2005 – 2Z BR 167/04, FGPrax 2005, 108.
128 BGH v. 18.3.2016 – V ZR 75/15, WuM 2016, 306.
129 OLG Frankfurt/Main v. 27.4.2004 – 20 W 183/02, OLGR Frankfurt 2005, 7; OLG Düsseldorf v. 12.3.2003 – 3 Wx 377/02, ZMR 2003, 696; BayObLG v. 27.6.1985 – BReg 2 Z 62/84, Wohnungseigentümer 1985, 125.
130 BayObLG v. 31.1.2002 – 2Z BR 57/01, NZM 2002, 448.
131 KG Berlin v. 21.3.1988 – 24 W 4552/87, Wohnungseigentümer 1989, 143.
132 OLG Hamburg v. 25.10.2004 – 2 Wx 12/02, ZMR 2005, 72; BayObLG v. 10.1.1997 – 2Z BR 35/96, WuM 1997, 234.
133 OLG Köln v. 24.5.2002 – 16 Wx 84/02, NZM 2002, 615; BayObLG v. 17.4.2001 – 2Z BR 40/01, ZMR 2001, 827.
134 *Schmid/Kahlen*, WEG, § 16 Rn. 110; *Palandt-Bassenge*, WEG § 16 Rn. 21.

Siehe auch die Kommentierung zu Abs. 3, Rn. 20 ff.

Spezielle Regelungen für die Kosten eines Rechtsstreits nach § 18 und den Ersatz des Schadens im Falle des § 14 Nr. 4 sowie für die Kosten eines Rechtsstreits enthalten die Abs. 7 und 8.[135] Die Kostenverteilung für diese Fälle wird jeweils dort kommentiert.

8. Kosten eines gemeinschaftlichen Gebrauchs

Kosten des gemeinschaftlichen Gebrauchs sind alle Aufwendungen, die durch die tatsächliche **Nutzung** des **Gemeinschaftseigentums** entstehen. Dabei ist eine Abgrenzung zu den Betriebskosten schwierig, da nach § 556 Abs. 1 BGB in Verbindung mit § 1 Betriebskostenverordnung **Betriebskosten** solche sind, die durch den bestimmungsgemäßen Gebrauch des Gebäudes, der Nebengebäude, Anlagen, Einrichtungen und des Grundstücks laufend entstehen. Da bei der rechtlichen Behandlung keine Unterschiede bestehen ist eine strenge Abgrenzung letztlich auch nicht erforderlich.[136] Hinsichtlich der Betriebskosten ist auf die nunmehr gegebene Beschlusskompetenz nach Abs. 3 hinzuweisen.[137]

19

Zu den Kosten des gemeinschaftlichen Gebrauchs zählen beispielsweise:

- Bewässerungskosten für gemeinschaftliche Außenanlagen[138]
- Kosten für Gartenpflege[139]
- Heizkosten für Gemeinschaftsräume (wenn Verbrauch erfasst wird)[140]
- Kosten für Kaltwasserzähler (bei verbrauchsabhängiger Abrechnung)[141]
- Reinigungskosten (z. B. für Treppenhaus)[142]
- (Gemeinschafts-) Stromkosten (etwa für Treppenhaus)[143]

Nicht zu den Kosten des gemeinschaftlichen Gebrauchs gehören die Kosten, die für den Gebrauch eines **Sondereigentums** entstehen. So fallen nicht unter Abs. 2 die Kosten der Wasserversorgung und der Abwasserentsorgung einer Sondereigentumseinheit (sodass über diese Kosten gemäß § 21 Abs. 3 mit Mehrheitsbeschluss entschieden werden kann).[144] Ebenfalls nicht unter Abs. 2 fallen die Kosten (etwa der Gartenbewässerung) einer **Sondernutzungsfläche**.[145]

---

135 Siehe dazu unten Rn. 75 ff. (insbesondere auch Rn. 81).
136 Ebenso: *Niedenführ/Kümmel/Vandenhouten-Niedenführ*, § 16 Rn. 83; *Bärmann-Becker*, § 16 Nr. 39.
137 Siehe dazu unten Rn. 20 ff.
138 KG Berlin v. 10. 3. 2003 – 24 W 3/03, NZM 2003, 319.
139 KG Berlin v. 12. 11. 1993 – 24 W 3064/93, ZMR 1994, 70.
140 OLG Frankfurt/Main v. 26. 2. 2004 – 20 W 164/02, OLGR Frankfurt 2005, 13.
141 BGH v. 25. 9. 2003 – V ZB 21/03, NJW 2003, 3476; OLG Köln v. 27. 6. 2005 – 16 Wx 58/05, NZM 2005, 785.
142 OLG Celle v. 28. 11. 2006 – 4 W 241/06, NZM 2007, 217; OLG Frankfurt/Main v. 27. 4. 2004 – 20 W 183/02, OLGR Frankfurt 2005.
143 KG Berlin v. 10. 3. 2003 – 24 W 3/03, NZM 2003, 319, OLG Düsseldorf v. 13. 6. 2001 – 3 Wx 132/01, ZMR 2002, 68.
144 BGH v. 25. 9. 2003 – V ZB 21/03, NJW 2003, 3476; OLG Bremen v. 6. 6. 2005 – 3 W 8/05, ZMR 2007, 633.
145 OLG Köln v. 27. 6. 2005 – 16 Wx 58/05, NZM 2005, 785.

IV. Absatz 3: Änderung des Verteilungsschlüssels bei Betriebskosten

1. Überblick

20 Nach dem alten Recht konnte ein Verteilungsschlüssel von allen Eigentümern gemeinsam durch eine Vereinbarung[146] oder durch Mehrheitsbeschluss nur dann geändert werden, wenn die Gemeinschaftsordnung eine so genannte Öffnungsklausel[147] vorsah. Ein einzelner Eigentümer hatte nur dann einen Anspruch auf Änderung der bestehenden Vereinbarung, wenn außergewöhnliche Umstände ein Festhalten an der geltenden Regelung als grob unbillig und damit als Verstoß gegen Treu und Glauben nach § 242 BGB erscheinen ließ.[148] In der so genannten Kaltwasserentscheidung[149] hat der BGH eine Beschlusskompetenz für Betriebskosten aus dem Sondereigentum angenommen, sich aber zu Betriebskosten aus dem gemeinschaftlichen Eigentum nicht geäußert.

Durch die **WEG-Novelle**[150] wurde durch § 10 Abs. 2 Satz 3 zwar ein Individualanspruch für den einzelnen Eigentümer auf Änderung einer Vereinbarung (auch hinsichtlich des Verteilungsschlüssels) normiert, doch muss für diesen Anspruch das Festhalten an der geltenden Regelung aus schwerwiegenden Gründen unter Berücksichtigung aller Umstände des Einzelfalls, insbesondere der Rechte und Interessen der anderen Wohnungseigentümer, **unbillig** sein. Zu den Voraussetzungen dieses Anspruchs auf eine entsprechende Vereinbarung siehe die Kommentierungen zu § 10 Rn. 19 ff.

Mit dem neu eingefügten § 16 Abs. 3 wollte der Gesetzgeber eine **Beschlusskompetenz** und damit die Möglichkeit einer Mehrheitsentscheidung für die in der Praxis häufig sehr umstrittenen Betriebskosten des gemeinschaftlichen Eigentums und die Kosten der Verwaltung schaffen.[151] Unter Berücksichtigung der so genannten Kaltwasserentscheidung des BGH[152] sollte bei der Neuregelung jedoch das **Selbstorganisationsrecht** der Eigentümer und der ihnen zustehende **Ermessensspielraum** berücksichtigt werden. Anders als beim Änderungsanspruch aus § 10 Abs. 2 Satz 3 ist die Mehrheitsentscheidung der Eigentümer daher nicht nur dann möglich, wenn eine unbillige Regelung verändert werden soll; der Beschluss muss vielmehr „nur" **ordnungsgemäßer Verwaltung** entsprechen.

Wie sich aus Abs. 5 ergibt, kann die neu geschaffene Beschlusskompetenz auch **nicht eingeschränkt** oder ausgeschlossen werden.[153]

---

146 Siehe dazu § 10 Rn. 9 ff.
147 Siehe dazu § 10 Rn. 33 und 16 ff.
148 Siehe dazu § 10 Rn. 18.
149 Siehe dazu oben Rn. 19. a.E.: BGH v. 25. 9. 2003 – V ZB 21/03, NJW 2003, 3476.
150 Gesetz zur Änderung des Wohnungseigentumsgesetzes und anderer Gesetze v. 26. 3. 2007, BGBl. I 2007, S. 370.
151 Siehe dazu BT-Drucks. 16/887, S. 22 ff.
152 BGH v. 25. 9. 2003 – V ZB 21/03, NJW 2003, 3476.
153 Siehe dazu unten Rn. 68.

Da Abs. 3 keine Regelung zur Stimmkraft enthält, kann hier ohne Verstoß gegen Abs. 5 das **Kopfstimmprinzip** nach § 25 Abs. 2 abbedungen werden.[154]

2. Wohnungseigentümer

Wohnungseigentümer ist grundsätzlich nur, wer nach materiellem Recht (§§ 873, 925 BGB) das Wohnungs- oder Teileigentum wirksam erworben hat. Dies ist in der Regel derjenige, der zu Recht im Wohnungsgrundbuch eingetragen ist.[155] Zu näheren Einzelheiten des **Begriffs** wird auf die obige Rn. 2 und auf die Kommentierung zu § 10 Rn. 3 verwiesen.

21

3. Mehrheitsbeschluss in Abweichung von Absatz 2

Aus der Formulierung „können ... beschließen" ergibt sich zunächst, dass Abs. 3 die **Beschlusskompetenz** der Wohnungseigentümer begründet, den Verteilungsschlüssel durch Mehrheitsbeschluss abweichend von dem in § 16 Abs. 2 bestimmten **(gesetzlichen)** Maßstab, aber auch abweichend von einem durch die Wohnungseigentümer **vereinbarten** oder **beschlossenen** Verteilungsschlüssel zu regeln.[156]

22

Ohne diese gesetzliche Regelung wären Beschlüsse zur Veränderung des Verteilungsschlüssels für die Zukunft wegen der damit verbundenen Änderung des Gesetzes oder einer Vereinbarung nichtig[157]; Beschlüsse, die nur im Einzelfall gemeinschaftsordnungswidrig sind und die nicht in die Zukunft wirken, wären auf Anfechtung hin für unwirksam zu erklären.

Durch die neu geschaffene Beschlusskompetenz sind nunmehr sowohl Beschlüsse für eine abweichende Kostenverteilung im Einzelfall als auch eine **generelle** und für alle künftigen Fälle geltende **Änderung** des **Verteilungsschlüssels** durch Beschluss möglich. Wie aus Abs. 5 zu entnehmen ist, können auch Regelungen der **Teilungserklärung/Gemeinschaftsordnung** oder einer nachträglichen Vereinbarung durch Mehrheitsbeschluss **geändert** werden; gleiches gilt auch, wenn bereits ein Mehrheitsbeschluss mit Zweidrittel-Mehrheit aufgrund einer **Öffnungsklausel**[158] in der Teilungserklärung (etwa über die Verteilung von Aufzugskosten) gefasst worden ist.[159]

Absatz 3 begründet aber nicht die Befugnis, einen Wohnungseigentümer, der nach einer bestehenden Vereinbarung von der Tragung bestimmter **Kosten** oder der Kostentragungspflicht insgesamt **befreit** ist, durch Beschluss **erstmals** an den Kosten zu **beteiligen**.[160] Nach dem BGH kann nur der bestehende Verteilungsmaßstab verändert werden, **nicht** dagegen der **Kreis** der Kos-

---

154 BGH v. 10.7.2015 – V ZR 198/14, ZWE 2015, 400.
155 OLG Brandenburg v. 9.1.2006 – 13 Wx 17/05, ZWE 2006, 447.
156 BGH v. 16.7.2010 – V ZR 221/09, ZWE 2010, 402; BGH v. 9.7.2010 – V ZR 202/09, NJW 2010, 2654.
157 BGH v. 20.9.2000 – ZB 58/99, NJW 2000.
158 Siehe zur Öffnungsklausel § 10 Rn. 16 ff.
159 LG München I v. 10.6.2009 – 1 S 10155/08, NZM 2010, 248; LG Berlin v. 2.7.2010 – 85 S 47/10, Grundeigentum 2010, 1549; LG Hamburg v. 30.6.2010 – 318 S 138/09, ZWE 2011, 284.
160 BGH v. 1.6.2012 – V ZR 225/11, NJW 2012, 2578.

tenschuldner erweitert werden. Siehe zum so genannten **Belastungsverbot** auch § 23 Rn. 19, § 21 Rn. 24 und § 10 Rn. 19.

Alleine dadurch, dass tatsächlich über mehrere Jahre hinweg ein fehlerhafter Verteilungsschlüssel angewendet und die Abrechnung jeweils durch unangefochtenen Beschluss bestätigt wurde, wird keine Veränderung des bisherigen Verteilungsschlüssels vorgenommen.[161] Erforderlich hierfür ist nach Ansicht des OLG München vielmehr grundsätzlich ein **gesonderter Beschluss**, aus dem sich zweifelsfrei der Wille der Eigentümer ergibt, den Verteilungsschlüssel für die Zukunft abzuändern.[162]

In einer Entscheidung aus dem Jahr 2010 hat der **BGH** diese Meinung weitgehend bestätigt.[163] Nach dem BGH gilt: Da die Abänderung eines Umlageschlüssels **transparent** gestaltet werden muss, genügt es nicht, dass einer Abrechnung oder einem Wirtschaftsplan lediglich der neue Schlüssel zugrunde gelegt wird. Zwar muss schon aus der Einberufung der Wohnungseigentümerversammlung hervorgehen, dass der Kostenverteilungsschlüssel Gegenstand der Beschlussfassung sein soll (§ 23 Abs. 2). Das macht eine **ausdrückliche Regelung** über die Änderung des Verteilungsmaßstabes jedoch nicht entbehrlich. Wirksame Beschlüsse binden auch Sondernachfolger (§ 10 Abs. 4). Erwerbsinteressenten kann zwar angesonnen werden, die Teilungserklärung, die von den Wohnungseigentümern getroffenen Vereinbarungen und die gefassten Beschlüsse einzusehen, nicht aber, dass sie überprüfen, ob der in Wirtschaftsplänen und Abrechnungen zugrunde gelegte Schlüssel dem bislang geltenden Schlüssel entspricht. Daher muss die Neuregelung des Kostenverteilungsschlüssels so gestaltet werden, dass sie einem verständigen und unbefangenen Leser bei der **Durchsicht** der **Beschluss-Sammlung** ohne weiteres auffallen muss.

Nach der hier vertretenen Meinung ist demnach ein gesonderter Beschluss nicht in jedem Fall zwingend; für die Praxis dürfte es sich aber empfehlen, über die Änderung des Umlageschlüssels einen gesonderten Beschluss zu fassen.

Siehe dazu auch oben **Rn. 13.**

22a Der Hinweis des BGH auf die Beschluss-Sammlung kann nach der hier vertretenen Meinung lediglich als Hinweis auf eine Informationsmöglichkeit, nicht aber dahingehend verstanden werden, dass nunmehr der Beschluss-Sammlung bei der **Auslegung von Beschlüssen** entscheidende Bedeutung zukommen soll.

Um festzustellen, ob der Beschluss eine Änderung des künftig anzuwendenden Verteilungsschlüssels enthält, die auch einen etwaigen Sondernachfolger binden soll, muss der **Inhalt** des Beschlusses durch Auslegung ermittelt werden. Dazu ist der Beschluss nach den für eine Grundbucheintragung

---

161 OLG Hamburg v. 21. 9. 2004 – 2 Wx 93/03, ZMR 2005, 69.
162 OLG München v. 22. 12. 2006 – 32 Wx 165/06, NZM 2007, 364.
163 BGH v. 9. 7. 2010 – V ZR 202/09, NJW 2010, 2654.

geltenden Regeln **objektiv- normativ** auszulegen.[164] Maßgebend sind dabei der sich aus dem **Protokoll** (und ggf. den Anlagen hierzu) der Eigentümerversammlung ergebende **Wortlaut** des Beschlusses und der **Sinn**, wie er sich aus unbefangener Sicht als nächstliegende Bedeutung des Wortlauts ergibt; **Umstände außerhalb** der **Eintragung** dürfen nur herangezogen werden, wenn sie nach den besonderen Verhältnissen des Einzelfalles für jedermann ohne weiteres erkennbar sind.[165]

Die **Beschluss-Sammlung** genießt weder einen **öffentlichen Glauben** (wie etwa das Grundbuch) noch kann ihr eine **Beweiskraft** dahingehend zugestanden werden, dass die Eintragungen vollständig und richtig sind.[166] Die Beschluss-Sammlung stellt zwar eine Informationsmöglichkeit dar, um sich ggf. überhaupt Kenntnis davon zu verschaffen, dass ein Beschluss zu einem Gegenstand gefasst wurde; damit erhält der Eigentümer die Möglichkeit, bei Bedarf das entsprechende Protokoll einzusehen. Daraus folgt nach der hier vertretenen Meinung auch, dass die Beschluss-Sammlung für die **Auslegung** des **Beschlusses** grundsätzlich keine Bedeutung hat.[167] Anders als das Versammlungsprotokoll, dem für die Beschlussauslegung eine wesentliche Bedeutung zukommt, wird die Beschluss-Sammlung nicht von mehreren Personen unterschrieben sondern alleine durch den Verwalter erstellt. Nach der hier vertretenen Meinung muss daher bei der Beschlussauslegung weder neben dem Protokoll (zwingend) die Beschluss-Sammlung herangezogen werden noch muss geklärt werden, in welchem Verhältnis Protokoll und Sammlung bei Lücken, Ungenauigkeiten oder Widersprüchen steht und was dann vorrangig für die Auslegung heranzuziehen ist.

Auch in den jüngsten Entscheidungen hat der BGH bei der Auslegung von Beschlüssen wesentlich auf den Inhalt des **Versammlungsprotokolls (= Niederschrift)** abgestellt.[168] Die **Beschluss-Sammlung** ist dagegen vom BGH bisher bei der Beschlussauslegung nicht herangezogen worden. Nach der hier vertretenen Meinung hat die Beschluss-Sammlung für die Beschlussauslegung keine Bedeutung.

---

164 BGH v. 10.9.1998 – V ZB 11/98, NZM 1998, 955; BGH v. 23.8.2001 – V ZB 10/01, NZM 2001, 961; LG München I v. 9.5.2011 – 1 S 22360/10, ZWE 2011, 282; LG München I v. 10.6.2010 – 36 S 3150/10, ZWE 2011, 48; LG Hamburg v. 27.7.2010 – 318 S 79/10, ZMR 2010, 986; KG Berlin v. 18.5.2009 – 24 W 17/08, ZMR 2009, 790; OLG Düsseldorf v. 29.9.2006 – 3 Wx 70/06, NJW-RR 2007, 1169; BayObLG v. 28.2.2002 – 2Z BR 141/01, NZM 2002, 492.
165 BGH v. 7.10.2004 – V ZB 22/04, ZWE 2005, 72; BGH v. 10.9.1998 – V ZB 11/98, NJW 1998, 3713; OLG Hamm v. 11.11.2004 – 15 W 351/04, ZMR 2005, 400.
166 Wie hier: AG Charlottenburg v. 14.5.2009 – 74 C 30/09, MittBayNot 2010, 45; *Bärmann-Merle*, § 24 Rn. 131; *Palandt-Bassenge*, WEG § 24 Rn. 26; *Riecke/Schmid-Riecke*, § 24 Rn. 146 ff.); *Jennißen-Elzer*, § 24 Rn. 172, 194 f. (wo allerdings die Eignung als Beweismittel nicht ganz ausgeschlossen wird).
167 Im Ergebnis ebenso: LG München I v. 9.5.2011 – 1 S 22360/10, ZWE 2011, 282; a.A.: (wohl) LG Hamburg v. 27.7.2010 – 318 S 79/10, ZMR 2010, 986 (nicht allein ... wie in Beschluss-Sammlung).
168 BGH v. 18.2.2011 – V ZR 197/10, ZWE 2011, 209 (= NZM 2011, 454); BGH v. 5.2.2010 – V ZR 126/09, ZWE 2010, 215 (= NJW 2010, 3168).

Siehe zur **Beschluss-Sammlung** auch § 24 Rn. 48, 51 und zur **Auslegung** auch § 23 Rn. 26.

Auch eine **ergänzende Auslegung** eines Beschlusses ist, ebenso wie die ergänzende Auslegung einer im Grundbuch eingetragenen Vereinbarung, nicht ausgeschlossen. Die ergänzende Auslegung kommt aber nur in Betracht, wenn der hypothetische Parteiwille aus den berücksichtigungsfähigen Unterlagen (also in der Regel nur dem **Protokoll** und dessen Anlagen) ermittelt werden kann. Bei einer hiernach möglichen ergänzenden Auslegung ist darauf zu achten, dass sie zu einem Ergebnis führt, das sich aus Sicht eines unbefangenen Betrachters als das Nächstliegende darstellt.[169]

Bei einer Änderung des Verteilerschlüssels muss sich aus dem Protokoll zumindest eindeutig ergeben, zu welchem Antrag eine Abstimmung erfolgt ist und welches Abstimmungsergebnis erzielt wurde, damit auf eine **konkludente** Feststellung und Verkündung des Beschlussergebnisses geschlossen werden kann.[170]

Da die Beschlusskompetenz erst durch die am 1. 7. 2007 in Kraft getretene WEG-Novelle[171] geschaffen wurde, kann sie auch nur Beschlüsse erfassen, die nach ihrem Inkrafttreten, also erst ab dem 1. 7. 2007 gefasst wurden.[172] Zwar enthält die Übergangsvorschrift des § 62 keine Regelung für das materielle Recht, doch handelt es sich insoweit um einen abgeschlossenen Tatbestand in der Vergangenheit, für den das **Verbot** der echten **Rückwirkung** gilt.[173] Die Gültigkeit eines Beschlusses – anders als dessen Durchführung – ist für die Eigentümer zur Zeit der Beschlussfassung ein maßgeblicher Umstand für ihr Abstimmungsverhalten. Mit dem Zustandekommen des Beschlusses wird ein Vertrauenstatbestand gesetzt, wonach die Eigentümer das Risiko einer Ungültigerklärung überblicken können. Gleiches gilt im Übrigen für die Nichtigkeit von Beschlüssen und für neu geschaffene Kompetenzen und Verpflichtungen der Wohnungseigentümer, des Verbandes und des Verwalters.[174]

Beschlüsse, die vor dem 1. 7. 2007 gefasst wurden, sind demnach wie bereits oben angesprochen **nichtig**, wenn sie eine Änderung für künftige Fälle vorsehen und **anfechtbar**, wenn lediglich für einen Einzelfall eine Entscheidung getroffen werden soll.

Zur rückwirkenden Änderung des Verteilungsschlüssels siehe auch Rn. 13, 49, 57.

---

169 BGH v. 11. 6. 2010 – V ZR 174/09, ZWE 2010, 330 (wo im konkreten Fall aber eine Regelungslücke verneint wurde; BGH v. 7. 10. 2004 – V ZB 22/04, ZWE 2005, 72.
170 OLG München v. 22. 12. 2006 – 32 Wx 165/06, NZM 2007, 364; siehe zur Beschlussfeststellung allgemein § 23 Rn. 23 f.
171 Gesetz zur Änderung des Wohnungseigentumsgesetzes und anderer Gesetze v. 26. 3. 2007, BGBl. I 2007, S. 370.
172 OLG München v. 2. 10. 2007, Az. 32 Wx 087/07 (nicht veröffentlicht); ebenso: Jennißen-Jennißen, § 16 Rn. 41e.
173 BVerfG v. 22. 6. 1971 – 2 BvL 6/70, MDR 1971, 906.
174 LG München I v. 22. 10. 2007 – 1 T 1726/06 (nicht veröffentlicht).

Ob eine Änderung des Verteilungsschlüssels für Heizkosten mit der **Heizkostenverordnung** vereinbar ist, bestimmt sich nach der Fassung der Verordnung, welche bei erstmaliger Geltung des neuen Schlüssels in Kraft ist.[175]

Durch die Formulierung, dass die Eigentümer einen Beschluss fassen „**können**", ist auch klargestellt, dass den Eigentümern aufgrund ihres Selbstorganisationsrechts ein **Ermessensspielraum** auch hinsichtlich der Frage zusteht, **ob sie eine Änderung** beschließen wollen.[176]

22b

Im Rahmen des Ermessensspielraums war früher umstritten, ob jede Änderung des Kostenverteilungsschlüssels eines **sachlichen Grundes** bedarf, um nicht gegen das **Willkürverbot** zu verstoßen.[177] Dies galt auch für eine Änderung aufgrund einer Öffnungsklausel, da auch in diesem Fall einzelne Wohnungseigentümer aufgrund der Neuregelung gegenüber der bisherigen Regelung **nicht unangemessen benachteiligt** werden dürfen.[178] Der BGH hat dann in mehreren Entscheidungen zum Begriff der **sachlichen Gründe** zunächst klargestellt, dass bei den gesetzlichen Öffnungsklauseln (wie hier bei Abs. 3) dies nur noch bedeutet, dass sowohl das „**Ob**" als auch das „**Wie**" der Änderung **nicht willkürlich** sein dürfen; es handelt sich hierbei um einen rechtlichen Gesichtspunkt, der bei der Beantwortung der Frage zu berücksichtigen ist, ob die beschlossene Änderung den Grundsätzen einer **ordnungsgemäßen Verwaltung** entspricht.[179] Da die gesetzlichen Öffnungsklauseln des Abs. 3 auch bei der Änderung von Verteilungsschlüsseln anwendbar sind, die vor dem Inkrafttreten der gesetzlichen Regelungen getroffen worden sind (§ 16 Abs. 5; vgl. auch BGH, Urt. v. 9.7.2010 – V ZR 202/09, NJW 2010, 2654; Urt. v. 16.7.2010 – V ZR 221/09, NJW 2010, 3298), strahlt die von dem Gesetzgeber intendierte Erweiterung des Gestaltungsspielraums auch auf Öffnungsklauseln aus, die unter der Geltung des früheren Rechts **vereinbart** oder in eine **Teilungserklärung** aufgenommen worden sind.[180] Nur wenn die vorgenannten Voraussetzungen eingehalten sind, konnte trotz Öffnungsklausel die Veränderung des in der Gemeinschaftsordnung festgelegten Verteilungsschlüssels beschlossen werden.[181] Nunmehr hat der **BGH** ausdrücklich klargestellt, dass es **keines sachlichen Grundes** bedarf. Der Beschluss darf nur nicht gegen das **Willkürverbot** verstoßen. Den Wohnungseigentümern steht aufgrund ihres Selbstorganisationsrechts ein weiter **Gestaltungsspielraum** zu. So dürfen sie jeden Maßstab wählen, der den Interessen der Gemeinschaft und der einzelnen Wohnungs-

---

175 BGH v. 16.7.2010 – V ZR 221/09, ZWE 2010, 402.
176 BT-Drucks. 16/887, S. 23.
177 So: LG München I v. 10.6.2009 – 1 S 10155/08, NZM 2010, 248.
178 So schon grundlegend: BGH v. 7.6.1985 – VII ZB 21/84, NJW 1985, 2832.
179 BGH v. 10.6.2011 – V ZR 2/10, WuM 2011, 480; BGH v. 1.4.2011 – V ZR 162/10, NJW 2011, 2202.
180 BGH v. 10.6.2011 – V ZR 2/10, WuM 2011, 480; BGH v. 9.7.2010 – V ZR 202/09, NJW 2010, 2654; BGH v. 25.9.2009 – V ZR 33/09, NZM 2009, 866.
181 OLG München v. 22.12.2006 – 32 Wx 165/06, NZM 2007, 364; OLG Hamm v. 22.12.2005 – 15 W 375/04, ZMR 2006, 630; OLG Düsseldorf v. 21.10.2005 – I-3 Wx 164/05, ZMR 2006, 296; siehe dazu auch oben Rn. 9.

eigentümer **angemessen** ist und insbesondere nicht zu einer **ungerechtfertigten Benachteiligung** einzelner führt.[182] Anders als bei Abs. 4, wo eine qualifizierte Mehrheit erforderlich ist, reicht bei Abs. 3 die bloße Stimmenmehrheit, also eine **einfache Mehrheit**, bei der Beschlussfassung aus.

Die Voraussetzungen für das Zustandekommen eines Mehrheitsbeschlusses sind bei § 23 Rn. 23 näher dargestellt.

22c In der Vergangenheit war unklar, ob einer **Klage** auf **Vereinbarungsänderung** das **Rechtsschutzbedürfnis** fehlt, wenn aufgrund § 16 Abs. 3 (oder auch aufgrund einer Öffnungsklausel) die Möglichkeit einer **Beschlussfassung** besteht. Nach der hier vertretenen Meinung ist das Rechtsschutzbedürfnis zu verneinen, da unter Berücksichtigung der so genannten Kaltwasserentscheidung des BGH[183] bei der Neuregelung des Gesetzes das **Selbstorganisationsrecht** der Eigentümer und der ihnen zustehende **Ermessensspielraum** gestärkt und nicht etwa unterlaufen werden sollte.

Für die Betriebskosten nach Abs. 3 hat der BGH nunmehr ausdrücklich festgestellt, dass eine abändernde **Vereinbarung** nicht **erforderlich** ist, da für die Änderung der Gemeinschaft die Beschlusskompetenz zusteht. Soweit also die Änderung des Verteilungsschlüssels für die Betriebskosten angestrebt wird, ist der ablehnende **Beschluss anzufechten** und eine Entscheidung nach § 21 Abs. 8 zu beantragen.[184] Auch insoweit kann eine Änderung des Verteilungsschlüssels aber ebenfalls nur unter den Voraussetzungen des § 10 Abs. 2 Satz 3 verlangt werden.[185]

Aus den Ausführungen des BGH muss gefolgert werden, dass aufgrund der bestehenden Beschlusskompetenz für eine Änderung von Betriebskosten einer Klage auf Zustimmung zu einer (Änderungs-)Vereinbarung das **Rechtsschutzbedürfnis** fehlt.

Aber auch einer unmittelbaren **Klage auf** eine **Beschlussfassung** gemäß § 16 Abs. 3 würde das Rechtsschutzbedürfnis fehlen. Die **Vorbefassung** der Eigentümerversammlung mit einem auf deren Mitwirkung an einer ordnungsgemäßen Verwaltung gerichteten Antrag ist **Zulässigkeitsvoraussetzung** der Gestaltungsklage nach § 21 Abs. 8 (siehe dazu § 21 Rn. 86 ff.). Denn primär zuständig für die Beschlussfassung ist die Versammlung der Wohnungseigentümer. Soweit es um die Mitwirkung der übrigen Wohnungseigentümer an einer ordnungsmäßigen Verwaltung geht, muss sich der Kläger vor der Anrufung des Gerichts um die Beschlussfassung der Versammlung bemühen, weil seiner Klage sonst das Rechtsschutzbedürfnis fehlt.[186]

---

182 BGH v. 16.9.2011 – V ZR 3/11, ZWE 2012, 30; a.A.: LG Rostock v. 10.7.2015 – 1 S 160/14, ZWE 2016, 183.
183 Siehe dazu oben Rn. 19 und 20: BGH v. 25.9.2003 – V ZB 21/03, NJW 2003, 3476.
184 BGH v. 17.12.2010 – V ZR 131/10, ZWE 2011, 170.
185 LG Stuttgart v. 23.12.2009 – 19 S 53/09, WuM 2010, 589.
186 BGH v. 11.6.2010 – V ZR 174/09, ZWE 2010, 330; LG Hamburg v. 12.5.2010 – 318 S 190/09, Wohnungseigentümer 2010, 147.

4. (Hinsichtlich) gemeinschaftlichen Eigentums oder des Sondereigentums

Einem Bedürfnis der Praxis entsprechend umfasst die Beschlusskompetenz des Abs. 3 sowohl das **gemeinschaftliche Eigentum** als auch das **Sondereigentum**. Zum Begriff des gemeinschaftlichen Eigentums wird auf oben **Rn. 3** verwiesen. Der Begriff des Sondereigentums ist bei § 5 Rn. 2 ff. erläutert. Unabhängig davon, ob in der Gemeinschaftsordnung oder in einer Vereinbarung eine Kostentragungsregelung für **Sondernutzungsrechte**[187] getroffen wurde, erstreckt sich daher die Beschlusskompetenz auch auf diesen Bereich.

23

5. Betriebskosten

a) Im Sinne des § 556 Absatz 1 BGB

Durch die Bezugnahme auf § 556 Abs. 1 BGB wird zum einen ein Gleichlauf mit dem Mietrecht erzielt und zum anderen klargestellt, dass alle möglichen Betriebskosten(arten) von Abs. 3 erfasst sind. Nach § 556 Abs. 1 Satz 1 BGB, der wortgleich mit § 1 Abs. 1 Satz 1 der Betriebskostenverordnung ist, sind **Betriebskosten** die „Kosten, die dem Eigentümer ... durch den bestimmungsmäßigen Gebrauch des Gebäudes, der Nebengebäude, Anlagen, Einrichtungen und des Grundstücks laufend entstehen". Nach Satz 2 der Vorschrift gilt die Betriebskostenverordnung vom 25.11.2003 (BGBl. I S. 2346, 2347) fort.

24

Wie sich aus § 1 Abs. 2 der Betriebskostenverordnung (siehe dazu Rn. 25) ergibt, gehören die Verwaltungskosten und die Instandhaltungs- und Instandsetzungskosten nicht zu den vorgenannten Betriebskosten i.S.d. § 556 BGB. Die **Verwaltungskosten** werden dennoch von der Beschlusskompetenz des Abs. 3 erfasst, da sie in der Vorschrift neben den Betriebskosten ausdrücklich genannt sind.

Anders verhält es sich jedoch bei den **Instandhaltungs-** und **Instandsetzungskosten**. Diese fallen nicht unter Abs. 3, sondern werden grundsätzlich von der Sonderregelung des Abs. 4 erfasst.[188] Im Bereich der Instandhaltungs- und Instandsetzungskosten besteht allerdings ein Spannungsverhältnis zwischen Abs. 3 und Abs. 4. Dieses Spannungsverhältnis sollte dahingehend aufgelöst werden, dass sich die Beschlusskompetenz der Wohnungseigentümer aus Abs. 3 auch auf die Umlage von Kosten der Instandhaltung und Instandsetzung erstreckt, soweit sich diese dem **Betriebskostenkatalog** des § 2 **Betriebskostenverordnung** zuordnen lassen.[189] So ordnet etwa § 2 Abs. 2 in mehreren Nummern bestimmte Kosten, die an sich unter § 16 Abs. 4 fallen würden,[190] ausdrücklich den Betriebskosten zu.[191] Hingewiesen sei hier beispielsweise auf **Nr. 2** (Kosten der Wartung von Wassermengenreglern), **Nr. 4a), d)** (Reinigung bzw. Reinigung und Wartung), **Nr. 5c)** (Reinigung und Wartung), **Nr. 7** (Pflege und Reinigung), **Nr. 10** (Pflege und Erneuerung von Pflanzen u.a.). In etlichen weiteren Nummern wird zudem durch die Bezug-

---

187 Siehe zu den Sondernutzungsrechten näher § 13 Rn. 27 ff.
188 LG München I v. 13.1.2014 – 1 S 1817/13, ZWE 2014, 186.
189 LG München I v. 18.3.2010 – 36 S 4706/09, ZWE 2010, 232.
190 Siehe zur Begriffsbestimmung unten Rn. 59.
191 So auch überzeugend *Bärmann-Becker*, § 16 Rn. 82 ff.

nahme auf Nr. 2 ebenfalls die (eigentlich unter Abs. 4 fallende) Wartung zu den Betriebskosten gerechnet.

Dieser Meinung hat sich nunmehr auch die Rechtsprechung (zumindest teilweise) angeschlossen. So wurden etwa die **Reinigungskosten** dem Abs. 3 zugeordnet.[192] Als nicht ausreichend wurde dagegen der allgemeine Begriff der „Wartungskosten für Duplexparker" angesehen, da mangels Konkretisierung eine Zuordnung zu den Betriebskosten nicht möglich ist.[193]

Nach der nunmehr hier vertretenen Meinung können **Wartungsverträge** nur dann unter Abs. 3 subsumiert werden, wenn sie so gefasst sind, dass neben der Überprüfung und Reinigung der Anlagen nur kleinere laufende Instandhaltungsmaßnahmen durchgeführt werden. So genannte „Vollwartungsverträge", die auch größere Instandhaltungsmaßnahmen umfassen, fallen unter Abs. 4 und können nicht nach Abs. 3 beschlossen werden.[194]

Zu so genannten Instandhaltungspauschalen siehe unten Rn. 53.

25 § 1 der Betriebskostenverordnung lautet:

(1) Betriebskosten sind die Kosten, die dem Eigentümer oder Erbbauberechtigten durch das Eigentum oder Erbbaurecht am Grundstück oder durch den bestimmungsmäßigen Gebrauch des Gebäudes, der Nebengebäude, Anlagen, Einrichtungen und des Grundstücks laufend entstehen. Sach- und Arbeitsleistungen des Eigentümers oder Erbbauberechtigten dürfen mit dem Betrag angesetzt werden, der für eine gleichwertige Leistung eines Dritten, insbesondere eines Unternehmers, angesetzt werden könnte; die Umsatzsteuer des Dritten darf nicht angesetzt werden.

(2) Zu den Betriebskosten gehören nicht:

1. die Kosten der zur Verwaltung des Gebäudes erforderlichen Arbeitskräfte und Einrichtungen, die Kosten der Aufsicht, der Wert der vom Vermieter persönlich geleisteten Verwaltungsarbeit, die Kosten für die gesetzlichen oder freiwilligen Prüfungen des Jahresabschlusses und die Kosten für die Geschäftsführung (Verwaltungskosten),

2. die Kosten, die während der Nutzungsdauer zur Erhaltung des bestimmungsmäßigen Gebrauchs aufgewendet werden müssen, um die durch Abnutzung, Alterung und Witterungseinwirkung entstehenden baulichen oder sonstigen Mängel ordnungsgemäß zu beseitigen (Instandhaltungs- und Instandsetzungskosten).

26 § 2 Abs. 2 der Betriebskostenverordnung lautet:

Betriebskosten i.S.v. § 1 sind:

1. die laufenden öffentlichen Lasten des Grundstücks,
   hierzu gehört namentlich die Grundsteuer;

---

192 LG Düsseldorf v. 9.6.2009 – 16 S 77/08, ZMR 2010, 59; LG Nürnberg-Fürth v. 25.3.2009 – 14 S 7627/08, NZM 2009, 363.
193 LG München I v. 18.3.2010 – 36 S 4706/09, ZWE 2010, 232.
194 *Bärmann-Becker*, § 16 Rn. 82ff.

2. die Kosten der Wasserversorgung,
hierzu gehören die Kosten des Wasserverbrauchs, die Grundgebühren, die Kosten der Anmietung oder anderer Arten der Gebrauchsüberlassung von Wasserzählern sowie die Kosten ihrer Verwendung einschließlich der Kosten der Eichung sowie der Kosten der Berechnung und Aufteilung, die Kosten der Wartung von Wassermengenreglern, die Kosten des Betriebs einer hauseigenen Wasserversorgungsanlage und einer Wasseraufbereitungsanlage einschließlich der Aufbereitungsstoffe;

3. die Kosten der Entwässerung,
hierzu gehören die Gebühren für die Haus- und Grundstücksentwässerung, die Kosten des Betriebs einer entsprechenden nicht öffentlichen Anlage und die Kosten des Betriebs einer Entwässerungspumpe;

4. die Kosten

a) des Betriebs der zentralen Heizungsanlage einschließlich der Abgasanlage, hierzu gehören die Kosten der verbrauchten Brennstoffe und ihrer Lieferung, die Kosten des Betriebsstroms, die Kosten der Bedienung, Überwachung und Pflege der Anlage, der regelmäßigen Prüfung ihrer Betriebsbereitschaft und Betriebssicherheit einschließlich der Einstellung durch eine Fachkraft, der Reinigung der Anlage und des Betriebsraums, die Kosten der Messungen nach dem Bundes-Immissionsschutzgesetz, die Kosten der Anmietung oder anderer Arten der Gebrauchsüberlassung einer Ausstattung zur Verbrauchserfassung sowie die Kosten der Verwendung einer Ausstattung zur Verbrauchserfassung einschließlich der Kosten der Eichung sowie der Kosten der Berechnung und Aufteilung
oder

b) des Betriebs der zentralen Brennstoffversorgungsanlage,
hierzu gehören die Kosten der verbrauchten Brennstoffe und ihrer Lieferung, die Kosten des Betriebsstroms und die Kosten der Überwachung sowie die Kosten der Reinigung der Anlage und des Betriebsraums
oder

c) der eigenständig gewerblichen Lieferung von Wärme, auch aus Anlagen i.S.d. Buchstabens a,
hierzu gehören das Entgelt für die Wärmelieferung und die Kosten des Betriebs der zugehörigen Hausanlagen entsprechend Buchstabe a
oder

d) der Reinigung und Wartung von Etagenheizungen und Gaseinzelfeuerstätten,
hierzu gehören die Kosten der Beseitigung von Wasserablagerungen und Verbrennungsrückständen in der Anlage, die Kosten der regelmäßigen Prüfung der Betriebsbereitschaft und Betriebssicherheit und der damit zusammenhängenden Einstellung durch eine Fachkraft sowie die Kosten der Messungen nach dem Bundes-Immissionsschutzgesetz;

5. die Kosten

a) des Betriebs der zentralen Warmwasserversorgungsanlage,
hierzu gehören die Kosten der Wasserversorgung entsprechend Nummer 2, soweit sie nicht dort bereits berücksichtigt sind, und die

Kosten der Wassererwärmung entsprechend Nummer 4 Buchstabe a
oder

b) der eigenständig gewerblichen Lieferung von Warmwasser, auch aus Anlagen i.S.d. Buchstabens a,
hierzu gehören das Entgelt für die Lieferung des Warmwassers und die Kosten des Betriebs der zugehörigen Hausanlagen entsprechend Nummer 4 Buchstabe a
oder

c) der Reinigung und Wartung von Warmwassergeräten,
hierzu gehören die Kosten der Beseitigung von Wasserablagerungen und Verbrennungsrückständen im Innern der Geräte sowie die Kosten der regelmäßigen Prüfung der Betriebsbereitschaft und Betriebssicherheit und der damit zusammenhängenden Einstellung durch eine Fachkraft;

6. die Kosten verbundener Heizungs- und Warmwasserversorgungsanlagen

a) bei zentralen Heizungsanlagen entsprechend Nummer 4 Buchstabe a und entsprechend Nummer 2, soweit sie nicht dort bereits berücksichtigt sind,
oder

b) bei der eigenständig gewerblichen Lieferung von Wärme entsprechend Nummer 4 Buchstabe c und entsprechend Nummer 2, soweit sie nicht dort bereits berücksichtigt sind,
oder

c) bei verbundenen Etagenheizungen und Warmwasserversorgungsanlagen entsprechend Nummer 4 Buchstabe d und entsprechend Nummer 2, soweit sie nicht dort bereits berücksichtigt sind;

7. die Kosten des Betriebs des Personen- oder Lastenaufzugs,
hierzu gehören die Kosten des Betriebsstroms, die Kosten der Beaufsichtigung, der Bedienung, Überwachung und Pflege der Anlage, der regelmäßigen Prüfung ihrer Betriebsbereitschaft und Betriebssicherheit einschließlich der Einstellung durch eine Fachkraft sowie die Kosten der Reinigung der Anlage;

8. die Kosten der Straßenreinigung und Müllbeseitigung,
zu den Kosten der Straßenreinigung gehören die für die öffentliche Straßenreinigung zu entrichtenden Gebühren und die Kosten entsprechender nicht öffentlicher Maßnahmen; zu den Kosten der Müllbeseitigung gehören namentlich die für die Müllabfuhr zu entrichtenden Gebühren, die Kosten entsprechender nicht öffentlicher Maßnahmen, die Kosten des Betriebs von Müllkompressoren, Müllschluckern, Müllabsauganlagen sowie des Betriebs von Müllmengenerfassungsanlagen einschließlich der Kosten der Berechnung und Aufteilung;

9. die Kosten der Gebäudereinigung und Ungezieferbekämpfung,
zu den Kosten der Gebäudereinigung gehören die Kosten für die Säuberung der von den Bewohnern gemeinsam genutzten Gebäudeteile, wie Zugänge, Flure, Treppen, Keller, Bodenräume, Waschküchen, Fahrkorb des Aufzugs;

10. die Kosten der Gartenpflege,
hierzu gehören die Kosten der Pflege gärtnerisch angelegter Flächen einschließlich der Erneuerung von Pflanzen und Gehölzen, der Pflege von Spielplätzen einschließlich der Erneuerung von Sand und der Pflege von Plätzen, Zugängen und Zufahrten, die dem nicht öffentlichen Verkehr dienen;

11. die Kosten der Beleuchtung,
hierzu gehören die Kosten des Stroms für die Außenbeleuchtung und die Beleuchtung der von den Bewohnern gemeinsam genutzten Gebäudeteile, wie Zugänge, Flure, Treppen, Keller, Bodenräume, Waschküchen;

12. die Kosten der Schornsteinreinigung,
hierzu gehören die Kehrgebühren nach der maßgebenden Gebührenordnung, soweit sie nicht bereits als Kosten nach Nummer 4 Buchstabe a berücksichtigt sind;

13. die Kosten der Sach- und Haftpflichtversicherung,
hierzu gehören namentlich die Kosten der Versicherung des Gebäudes gegen Feuer-, Sturm-, Wasser- sowie sonstige Elementarschäden, der Glasversicherung, der Haftpflichtversicherung für das Gebäude, den Öltank und den Aufzug;

14. die Kosten für den Hauswart,
hierzu gehören die Vergütung, die Sozialbeiträge und alle geldwerten Leistungen, die der Eigentümer oder Erbbauberechtigte dem Hauswart für seine Arbeit gewährt, soweit diese nicht die Instandhaltung, Instandsetzung, Erneuerung, Schönheitsreparaturen oder die Hausverwaltung betrifft; soweit Arbeiten vom Hauswart ausgeführt werden, dürfen Kosten für Arbeitsleistungen nach den Nummern 2 bis 10 und 16 nicht angesetzt werden;

15. die Kosten

a) des Betriebs der Gemeinschafts-Antennenanlage,
hierzu gehören die Kosten des Betriebsstroms und die Kosten der regelmäßigen Prüfung ihrer Betriebsbereitschaft einschließlich der Einstellung durch eine Fachkraft oder das Nutzungsentgelt für eine nicht zu dem Gebäude gehörende Antennenanlage sowie die Gebühren, die nach dem Urheberrechtsgesetz für die Kabelweitersendung entstehen,
oder

b) des Betriebs der mit einem Breitbandkabelnetz verbundenen privaten Verteilanlage,
hierzu gehören die Kosten entsprechend Buchstabe a, ferner die laufenden monatlichen Grundgebühren für Breitbandkabelanschlüsse;

16. die Kosten des Betriebs der Einrichtungen für die Wäschepflege,
hierzu gehören die Kosten des Betriebsstroms, die Kosten der Überwachung, Pflege und Reinigung der Einrichtungen, der regelmäßigen Prüfung ihrer Betriebsbereitschaft und Betriebssicherheit sowie die Kosten der Wasserversorgung entsprechend Nummer 2, soweit sie nicht dort bereits berücksichtigt sind;

17. sonstige Betriebskosten,
hierzu gehören Betriebskosten i. S. d. § 1, die von den Nummern 1 bis 16 nicht erfasst sind.

§ 2 Ab. 2 der Betriebskostenverordnung erläutert die ersten 16 der 17 aufgezählten Betriebskostenarten teilweise selbst. Die Betriebskosten haben bisher in der mietrechtlichen Praxis eine erhebliche Rolle gespielt, wobei dort die Frage der Umlegung dieser Kosten auf den Mieter im Vordergrund stand. Eine umfangreiche Darstellung der von der Betriebskostenverordnung erfassten Betriebskostenarten findet sich etwa bei *Schmidt/Futterer-Langenberg*, § 556 Rn. 102 ff. Nachfolgend sollen nur einige Punkte aufgegriffen und kommentiert werden, die möglicherweise künftig auch in den Wohnungseigentumsangelegenheiten von Bedeutung sein werden. Voraussichtlich wird hier jedoch bei den Beschlüssen nach § 16 Abs. 3 nicht so sehr die Frage problematisch werden, ob einzelne Kosten unter welche Kostenart fallen; Streit wird vielmehr dahingehend zu erwarten sein, ob der dann beschlossene Verteilungsmaßstab ordnungsgemäßer Verwaltung[195] entspricht.

aa) Öffentliche Lasten des Grundstücks (Kostenart Nr. 1)

27 Öffentliche Lasten sind die auf öffentlichem Recht beruhenden Verpflichtungen zu Geldleistungen, welche die Wohnungseigentümer als Gesamtschuldner treffen und für die alle Wohneinheiten gemeinsam dinglich haften. Zu den öffentlich-rechtlichen Lasten gehören beispielsweise die Realkirchensteuern[196], Anliegerbeiträge[197] und städtische Umlagen.[198] Gleiches gilt für so genannte Sielkosten (= Kosten für die Entleerung hauseigener Sammel- oder Sickergruben).

Dagegen fällt die in der Verordnung bei Nr. 1 beispielhaft genannte Grundsteuer wohnungseigentumsrechtlich nicht unter die Beschlusskompetenz, da diese unmittelbar bei den einzelnen Wohnungseigentümern erhoben wird.[199] Gleiches gilt auch für die Zweitwohnungssteuer.

bb) Kosten der Wasserversorgung (Kostenart Nr. 2)

28 Bereits bei Rn. 15, 19 und 20 wurde auf die so genannte „Kaltwasserentscheidung" des BGH hingewiesen, wonach zwar die Kosten für die Installation von Kaltwasserzählern zu den Kosten i. S. d. § 16 Abs. 2 zählen, nicht aber die Kosten für die Wasserversorgung der Sondereigentumseinheit selbst. Dies führte in der Vergangenheit dazu, dass nur hinsichtlich der Wasserversorgung eine Beschlusskompetenz vorlag. Durch die WEG-Novelle[200] ist nunmehr sicher gestellt, dass die Beschlusskompetenz sowohl für die Wasserversorgung (Grundgebühren und Verbrauchskosten)[201] als auch für

---
195 Siehe dazu unten Rn. 49 ff.
196 BFH v. 18. 10. 1968 – III 196/64, BFHE 94, 264.
197 LG Berlin v. 20. 7. 2006 – 62 S 97/06, Grundeigentum 2006, 1480.
198 AG Dorsten v. 21. 2. 1977 – 6 L 15 bis 38/76, ZMR 1977, 383.
199 *Schmidt/Futterer-Langenberg*, § 556 BGB Rn. 103 ff.; siehe allgemein dazu auch unten Rn. 44.
200 Gesetz zur Änderung des Wohnungseigentumsgesetzes und anderer Gesetze v. 26. 3. 2007, BGBl. I 2007, S. 370.
201 *Schmidt/Futterer-Langenberg*, § 556 BGB Rn. 109 ff.

Wasserzähler gegeben ist. Auch die Eichkosten der Zähler (bei Kaltwasserzählern alle sechs Jahre, bei Warmwasserzählern alle fünf Jahre) fallen unter diese Kostenart.[202] Siehe ergänzend auch oben Rn. 24.

cc) Kosten der Entwässerung (Kostenart Nr. 3)
Unter die Kosten der Entwässerung fallen sowohl die Kosten für die Entsorgung der im Haus anfallenden Abwässer als auch die Kosten der Oberflächenentwässerung. Dagegen gehören nicht hierher die einmaligen Kosten für den Kanalanschluss sowie die Instandhaltungs- und Instandsetzungskosten (wie etwa Kosten zur Beseitigung von Rohrverstopfungen). 29

dd) Kosten für zentrale Heizungsanlagen, zentrale Brennstoffversorgungsanlage, Lieferung von Wärme und Reinigung und Wartung von Etagenheizungen und Gaseinzelfeuerstätten (Kostenart Nr. 4)
Wie bei § 28 Rn. 37f. ausgeführt, erstellen in der Praxis regelmäßig spezialisierte Abrechnungsfirmen eine Heizkostenabrechnung nach den Vorschriften der Heizkostenverordnung. 30

Wegen der gerade in großstädtischen Gebieten immer häufiger vorkommenden Belieferung mit **Fernwärme**, dürfte es künftig wohl im Bereich der **Wärmelieferung (Wärmecontracting)** vermehrt zu Streitigkeiten kommen. Zu der Frage, unter welchen Voraussetzungen eine Wohnungseigentümergemeinschaft den Anschluss an eine Fernwärmeversorgung erreichen bzw. einen Wärmecontractingvertrag abschließen kann, wird auf die Kommentierung zu § 21 Rn. 26 Bezug genommen. Jedenfalls dann, wenn bereits eine Fernwärmeversorgung besteht, kann – unabhängig von § 16 Abs. 3 – durch Mehrheit die Verpflichtung eines Miteigentümers zum Anschluss hieran beschlossen werden.[203]

Probleme werden sich in der Praxis häufig dadurch ergeben, dass Wärmelieferungsverträge auf der Grundlage der Verordnung über Allgemeine Bedingungen für die Versorgung mit Fernwärme (AVBFernwärmeV) vom 20.6.1980 (BGBl. I S. 742) abgeschlossen werden. In diesen Verträgen ist häufig eine Abrechnung der Wärmekosten zu 100 % nach Verbrauch vorgesehen. Dies ist unter gewissen Voraussetzungen nach den Vorschriften der AVBFernwärmeV in Verbindung mit § 1 Abs. 3 HeizkostenV grundsätzlich auch zulässig. Dabei ist jedoch zu beachten, dass sich diese vertragliche Regelung nur auf das Außenverhältnis der Gemeinschaft zum Wärmelieferanten bezieht. Die Umlage der Kosten in den Einzelabrechnungen betrifft jedoch das Innenverhältnis und richtet sich nach den maßgeblichen Vorschriften der **Gemeinschaftsordnung**.[204] Die nunmehr eröffnete Beschlusskompetenz gibt grundsätzlich die Möglichkeit, die Gemeinschaftsordnung durch **Mehrheitsbeschluss** entsprechend anzupassen. Dabei dürfte wohl die Frage im Vordergrund stehen, ob eine derartige Abrechnung ordnungsgemäßer Verwaltung entspricht.[205]

Ergänzend auf oben **Rn. 13** verwiesen.

---

202 *Schmidt/Futterer-Langenberg*, § 556 BGB Rn. 115f.
203 OLG Karlsruhe v. 12.8.1996 – 11 Wx 62/95, WE 1996, 466.
204 BayObLG v. 27.10.1993 – 2Z BR 17/93, WuM 1994, 105.
205 Siehe dazu unten Rn. 49ff.

WEG § 16 Gemeinschaft der Wohnungseigentümer

ee) Kosten der Warmwasserversorgung (Kostenart Nr. 5)
31 Während die bei Nr. 5a) und b) genannten Kosten teilweise bereits von Kostenart Nr. 2 und Nr. 4 erfasst werden, betrifft c) zusätzlich die Reinigung und Wartung der Warmwassergeräte. Ergänzend auf oben Rn. 24 verwiesen.

ff) Kosten verbundener Heizungs- und Warmwasserversorgungsanlagen (Kostenart Nr. 6)
32 Hierunter fallen Kosten, soweit sie nicht schon von Kostenart Nr. 2 und Nr. 4 erfasst sind. Hinzuweisen ist hier auf § 9 HeizkostenV, wonach im Anwendungsbereich dieser Verordnung die Kosten zur Versorgung mit Wärme und die Kosten der Versorgung mit Warmwasser aufzuteilen sind, auch wenn die Versorgung mit einer zentralen Anlage erfolgt. Ergänzend auf oben Rn. 24 verwiesen.

gg) Aufzugskosten (Kostenart Nr. 7)
33 Kosten für einen Personen- oder einen Lastenaufzug sind, wenn keine abweichende Vereinbarung besteht, auch dann von allen Miteigentümern zu tragen, wenn nicht alle Eigentümer den Aufzug nutzen oder nutzen können.[206] Dies gilt auch bei einer **Mehrhausanlage**, so dass neben den Mitgliedern der betroffenen Untergemeinschaft auch die Eigentümer der Häuser mit an den Kosten zu beteiligen sind, in denen sich kein Aufzug befindet.[207] Diese Rechtsprechung entspricht derjenigen im Mietrecht; dort hat es der BGH als zulässig angesehen, dass auch durch einen Formularmietvertrag der Mieter einer Erdgeschosswohnung an den Aufzugskosten beteiligt wird.[208] Zur Frage, unter welchen Voraussetzungen ein ändernder Mehrheitsbeschluss ordnungsgemäßer Verwaltung entspricht, siehe unten Rn. 49 ff. Ergänzend auf oben Rn. 24 verwiesen.

hh) Kosten für Straßenreinigung und Müllbeseitigung (Kostenart Nr. 8)
34 Zu den Straßenreinigungskosten gehören auch die Kosten für den Winterdienst, also die Beseitigung von Schnee und Eis.[209] Die Kosten für die nicht dem öffentlichen Verkehr dienenden Wege gehören zur Kostenart Nr. 10 (siehe Rn. 36).

Wegen der Möglichkeiten, hinsichtlich Müllbeseitigung eine verursachungsabhängige Kostentragung einzuführen, siehe unten Rn. 53.

ii) Kosten für Gebäudereinigung und Ungezieferbekämpfung (Kostenart Nr. 9)
35 Hinsichtlich der Kosten für Gebäudereinigung und Ungezieferbekämpfung in Mehrhausanlage gelten die Ausführungen zu Aufzugskosten entsprechend (siehe oben Rn. 33).

---

206 OLG Celle v. 28. 11. 2006 – 4 W 241/06, NZM 2007, 217.
207 BayObLG v. 24. 11. 2004 – 2Z BR 156/04, FGPrax 2005, 14.
208 BGH v. 20. 9. 2006 – VIII ZR 103/06, WuM 2006, 613.
209 *Schmidt/Futterer-Langenberg*, § 556 BGB Rn. 115 ff.

jj) Kosten der Gartenpflege (Kostenart Nr. 10)
Keine Kosten der Gartenpflege sind die Kosten der erstmaligen Anlage[210] 36
sowie die Kosten einer wesentlichen Umgestaltung[211] des Gartens. Bei den
Spielplätzen gehören zu den erfassten Kosten auch die für eine Reparatur
der Spielgeräte und Bänke, nicht aber die Kosten einer Neuanlage eines
Sandkastens.[212] Zu den Kosten der nicht dem öffentlichen Verkehr[213] dienenden Wege und Plätze gehören auch die Kosten des Winterdienstes.[214]

Ergänzend auf oben Rn. 24 verwiesen.

kk) Kosten der Beleuchtung (Kostenart Nr. 11)
Erfasst sind hier nur die so genannten (Allgemein-)Stromkosten. Nicht unter 37
Nr. 11 fallen jedoch die Kosten für Glühbirnen und Leuchtstoffröhren und
die Reparaturkosten für defekte Beleuchtungsanlagen.

ll) Kosten der Schornsteinreinigung (Kostenart Nr. 12)
Unter Nr. 12 werden die Kehrgebühren erfasst, soweit sie nicht schon nach 38
Nr. 4a) als Kosten der zentralen Heizanlage berücksichtigt sind. Auch wenn
einzelne Eigentümer den Kamin nicht nutzen, sind sie grundsätzlich an den
Gebühren zu beteiligen, da diese bis zur endgültigen Stilllegung der Kaminzüge anfallen.

mm) Kosten der Sach- und Haftpflichtversicherung (Kostenart Nr. 13)
Zu diesen Versicherungskosten gehören nicht nur die bei Nr. 13 beispielhaft 39
aufgezählten Versicherungen („namentlich"), sondern auch andere Versicherungen, die dem Schutz des Gebäudes dienen und den Eigentümern zu
Gute kommen. Dies ist etwa die **Grundbesitzerhaftpflichtversicherung**, die
auch Schäden aus einer Verletzung der Pflicht der Eigentümer zur baulichen Instandhaltung abdeckt.[215] Auch eine Hausbock- und Schwammversicherung sowie eine Aufzugssprech- und Signalanlagenversicherung fallen
unter Nr. 13.

nn) Kosten für den Hauswart (Kostenart Nr. 14)
Die Kosten für den Hauswart **(Hausmeister)** sind grundsätzlich einheitlich 40
unter Nr. 14 zu erfassen und dürfen nicht auf die Kostenarten Nr. 2 bis 10
und 16 aufgeteilt werden. Nicht erfasst werden nach dem Wortlaut aber
Kosten für Instandhaltung, Instandsetzung, Erneuerung, Schönheitsreparaturen oder die Hausverwaltung.

---

210 OLG Düsseldorf v. 8.6.2000 – 10 U 94/9, NZM 2000, 762.
211 *Schmidt/Futterer-Langenberg*, § 556 BGB Rn. 156 ff.
212 *Schmidt/Futterer-Langenberg*, § 556 BGB Rn. 163.
213 Siehe dazu Rn. 34.
214 *Schmidt/Futterer-Langenberg*, § 556 BGB Rn. 115 ff.
215 BGH v. 24.10.2001 – VIII ARZ 1/01, NZM 2002, 116.

oo) Betriebskosten für Gemeinschafts-Antennenanlage oder Breitbandkabelnetz (Kostenart Nr. 15)

41 Unter den Begriff der Gemeinschafts-Antennenanlage fällt auch eine Gemeinschaftsparabolantenne,[216] wobei hierfür die GEMA keine Gebühren verlangen darf (siehe dazu § 10 Rn. 37).

Zur Frage, in welchem Umfang die Änderung des Verteilungsschlüssels beim Breitbandkabel ordnungsgemäßer Verwaltung entspricht, siehe unten Rn. 53.

Sind in einer Anlage sowohl eine Gemeinschaftsantenne (beispielsweise wegen des umfangreicheren Rundfunkempfangs) und ein Breitbandkabelanschluss vorhanden, so fallen trotz der Formulierung („oder") die Kosten für beide Empfangsmöglichkeiten unter Nr. 15.

Ergänzend auf oben Rn. 24 verwiesen.

pp) Betriebskosten für Einrichtungen der Wäschepflege (Kostenart Nr. 16)

42 Zu den Einrichtungen der Wäschepflege gehören alle dafür aufgestellten Geräte, also etwa Waschmaschine, Wäschetrockner, Wäscheschleuder oder Bügelautomat. Ergänzend auf oben Rn. 24 verwiesen.

qq) Sonstige Betriebskosten (Kostenart Nr. 17)

43 Auch die sonstigen, nicht von Nr. 1 bis 16 erfassten Betriebskosten müssen solche i.S.d. § 1 der Betriebskostenverordnung[217] sein.

Unter Nr. 17 fallen etwa die Kosten für den Betrieb eines **Schwimmbades**, einer **Sauna** oder eines **Fitnessraumes**. Ebenso gehören hierher die Kosten für die **Bewachung**[218] und den **Pförtnerdienst**.[219]

Da § 1 Abs. 2 Nr. 2 Betriebskostenverordnung nur diejenigen laufenden Instandhaltungs- und Instandsetzungskosten vom Begriff der Betriebskosten ausnimmt, die durch Abnutzung, Alterung und Witterungseinwirkungen verursacht sind, fallen **Instandhaltungs-** und **Instandsetzungskosten** nur zum Teil unter die sonstigen Betriebskosten. Insoweit wird auf die Darstellungen oben bei Rn. 24 verwiesen.

b) Keine unmittelbare Abrechnung gegenüber Dritten

44 Wie bereits bei Rn. 27 ausgeführt, fällt die in § 2 Nr. 1 Betriebskostenverordnung beispielhaft als öffentliche Last genannte **Grundsteuer** wohnungseigentumsrechtlich nicht unter die Beschlusskompetenz des Abs. 3, da die Grundsteuer unmittelbar bei den einzelnen Wohnungseigentümern erhoben wird.[220] Auch bei den sonstigen Betriebskosten, seien es nun solche für das Gemeinschaftseigentum oder für ein Sondereigentum, greift die Beschluss-

---

216 Siehe zu den Parabolantennen näher § 14 Rn. 28ff.
217 Siehe oben Rn. 26.
218 KG Berlin v. 12.1.2006 – 12 U 216/04, ZMR 2006, 446; OLG Celle v. 16.12.1998 – 2 U 23/98, ZMR 1999, 238.
219 BGH v. 5.4.2005 – VIII ZR 78/04, NZM 2005, 452 (der zur Umlagemöglichkeit auf den Mieter auf die Notwendigkeit abstellt).
220 Ebenso: *Bärmann-Becker*, § 16 Rn. 87.

kompetenz des Abs. 3 nicht, wenn die Kosten unmittelbar gegenüber einem Dritten abgerechnet werden. Dies wird regelmäßig dann der Fall sein, wenn unmittelbare Vertragsbeziehungen einzelner Eigentümer mit beispielsweise Versorgungsunternehmen bestehen. So können etwa die Eigentümer entsprechend der so genannten Kaltwasserentscheidung des BGH[221] beschließen, dass die Kosten für die **Kaltwasserversorgung** und die Abwasserentsorgung der Sondereigentumseinheiten verbrauchsabhängig abgerechnet werden sollen. Rechnet dann aber das Versorgungsunternehmen nicht über die Gemeinschaft, sondern unmittelbar mit dem Sondereigentümer ab, kann die Gemeinschaft nicht gemäß Abs. 3 weiter beschließen, dass die Abrechnung nun doch über die Gemeinschaft zu erfolgen hat. Keine Beschlusskompetenz ist auch gegeben bei **Gaskosten** oder **Stromkosten**, wenn das Energieversorgungsunternehmen die Verbrauchskosten aufgrund vertraglicher Vereinbarung unmittelbar mit dem Sondereigentümer abrechnet.[222]

Es ist zu erwarten, dass in der Praxis insbesondere von der Beschlusskompetenz in Fällen Gebrauch gemacht wird, in denen **Sondernutzungsrechte** bestehen, wo aber die hierfür anfallenden Betriebskosten nach der Gemeinschaftsordnung wie alle anderen Kosten des gemeinschaftlichen Eigentums nach dem gültigen Verteilungsschlüssel auf alle Eigentümer umgelegt werden. So kann nunmehr etwa beschlossen werden, dass die Verbrauchskosten für die **Bewässerung** einer Gartenfläche, an der ein Sondernutzungsrecht besteht, zwar zunächst von der Gemeinschaft bezahlt werden, dass dann aber in der Jahresabrechnung eine Umlegung nur auf den Sondernutzungsberechtigten erfolgt.

6. Kosten der Verwaltung

Aufgrund der eigenständigen Erwähnung fallen die nicht zu den Betriebskosten gehörenden Kosten der Verwaltung[223] unter die Beschlusskompetenz des Abs. 3. Der Begriff der **Verwaltungskosten** ist dabei weit auszulegen.[224] Dies ergibt sich schon aus dem Bezug zu Abs. 2, von dem abgewichen werden kann und in dem die Kosten der sonstigen Verwaltung neben den Lasten, den Instandhaltungs- und Instandsetzungskosten sowie den Kosten des gemeinschaftlichen Gebrauchs, die sich praktisch mit den Betriebskosten decken (siehe oben Rn. 19) genannt werden. Es wird daher insoweit zunächst auf die Kommentierung oben Rn. 18 Bezug genommen. Soweit Überschneidungen mit Betriebskosten oder Lasten in Betracht kommen, ist eine strenge Abgrenzung letztlich nicht erforderlich, da die rechtliche Behandlung in Abs. 3 nicht unterschiedlich ist. Soweit Instandhaltungs- oder Instandsetzungskosten vorliegen, greift nicht Abs. 3 ein[225], sondern die Sonderregelung des Abs. 4.[226]

45

---

221 BGH v. 25. 9. 2003 – V ZB 21/03, NJW 2003, 3476.
222 LG Itzehoe v. 15. 4. 2014 – 11 S 32/13, ZMR 2014, 909.
223 Siehe oben Rn. 24.
224 Ebenso: *Jennißen-Jennißen*, § 16 Rn. 54.
225 Siehe oben Rn. 24.
226 Siehe dazu unten Rn. 55 ff.

Absatz 7 enthält spezielle Regelungen für Kosten eines Rechtsstreits nach § 18 und Schadensersatzansprüche nach § 14 Nr. 4[227] (die ebenfalls Verwaltungskosten sind). In Abs. 8 wird geregelt, in welchem Umfang Rechtsanwaltskosten für einen Rechtsstreit gemäß § 43 zu den Verwaltungskosten gezählt werden.

7. Nach Verbrauch oder Verursachung erfasst

46 In der so genannten „Kaltwasserentscheidung" hat der BGH festgestellt, dass bei einer beabsichtigten verbrauchsabhängigen Abrechnung von Kaltwasser für das Sondereigentum der Einbau von Kaltwasserzählern zur damit notwendigen Erfassung des Verbrauchs grundsätzlich mit Mehrheit beschlossen werden kann und dass ein derartiger Beschluss regelmäßig ordnungsgemäßer Verwaltung entspricht.[228] Diesen Gedanken hat der Gesetzgeber nunmehr aufgegriffen und eine Beschlusskompetenz für eine Erfassung der Kosten sowohl für das Sondereigentum als auch für das gemeinschaftliche Eigentum geschaffen. Die Beschlusskompetenz umfasst sowohl das „Ob" als auch das „Wie" der Erfassung. Die Frage, wie die Kosten erfasst werden sollen, hängt davon ab, ob der Verbrauch oder die Verursachung erfasst werden sollen. Bei der **Verbrauchserfassung**, die insbesondere bei Strom-, Gas- und Wasser- oder Wärmelieferungskosten in Betracht kommt, wird regelmäßig der Einsatz von Mengenzählern erforderlich werden.

Soll dagegen die **Verursachung** der Kosten erfasst werden, muss zunächst abgeklärt werden, ob die Kosten überhaupt von einzelnen oder einer abgrenzbaren Gruppe von Eigentümern veranlasst wurden.[229] Bei den **Verwaltungskosten** fallen häufig Sondervergütungen für den Verwalter aufgrund einer Regelung im Verwaltervertrag an. Obgleich hier grundsätzlich § 16 Abs. 3 eingreifen könnte, muss insoweit jedoch auf diese Vorschrift nicht zurückgegriffen werden, da in § 21 Abs. 7 für die Regelung von Geldangelegenheiten eine spezielle Vorschrift geschaffen wurde. Insoweit wird auf die Kommentierung zu § 21 Rn. 75 ff. Bezug genommen. Bei den **Betriebskosten** ist, soweit nicht etwa aufgrund der HeizkostenV eine verbrauchsabhängige Erfassung (und Verteilung) vorgeschrieben ist, bei einigen Betriebskostenarten eine Verursachungserfassung weitgehend unproblematisch möglich. So kann etwa die Nutzung der Gemeinschaftsantenne oder des Breitbandkabels[230] alleine dadurch bestimmt sein, dass die einzelne Wohneinheit einen entsprechenden Anschluss besitzt. Gleiches kann auch bei einem Schornsteinanschluss[231] vorliegen. Bei Gemeinschaftswaschmaschinen[232], einer Sauna, einem Schwimmbad oder einem Fitnessraum[233] kann die Nutzung beispiels-

---

227 Siehe dazu unten Rn. 75 ff.
228 BGH v. 25. 9. 2003 – V ZB 21/03, NJW 2003, 3476.
229 *Schmid/Kahlen*, WEG, § 16 Rn. 151 hält eine Differenzierung nicht für erforderlich, da die verursachten Kosten regelmäßig identisch mit den Verbrauchskosten seien; dem kann jedoch in dieser Allgemeinheit nicht gefolgt werden.
230 Siehe oben Rn. 41.
231 Siehe oben Rn. 38.
232 Siehe oben Rn. 42.
233 Siehe oben Rn. 43.

weise durch Vermerk in einer Liste (die entweder ausliegt oder die der Hausmeister führt), durch (kostenpflichtige) Ausgabe von Marken oder durch technische Lösungen (Erfassungsgeräte für Chipkarten oder Codeeingabe) erfolgen. Zulässig dürfte es aber auch sein, dass etwa bei Mehrhausanlagen eine Verursachung in der Gestalt erfasst wird, dass die übliche Nutzungsmöglichkeit der im jeweiligen Haus gelegenen Wohneinheiten ausreicht. Danach „verursachen" die im Haus befindlichen Einheiten etwa die Aufzugskosten[234] oder die Gebäudereinigungskosten[235] des jeweiligen Hauses.

Zur Frage, wann eine Verbrauchs- oder Verursachungserfassung ordnungsgemäßer Verwaltung entspricht, siehe unten Rn. 49 ff.

8. Verteilung nach Verbrauch oder Verursachung

Aus der Formulierung, dass „nach diesem ... Maßstab" verteilt werden kann, ergibt sich die Möglichkeit, die erfassten Betriebskosten nach Verbrauch oder Verursachung umzulegen. Die Ausführungen zur Erfassung bei Rn. 46 gelten für die Verteilung sinngemäß. Ergänzend wird auf die Kommentierung zur Jahreseinzelabrechnung bei § 28, insbesondere Rn. 64ff. verwiesen.   47

Das zentrale Problem wird hierbei regelmäßig sein, ob der gewählte Verteilungsmaßstab ordnungsgemäßer Verwaltung entspricht. Insoweit wird auf Rn. 49ff. Bezug genommen.

9. Nach anderem Maßstab verteilt

Indem das Gesetz eine Verteilung der Betriebskosten „nach einem anderen Maßstab" zulässt, hat es zumindest grundsätzlich die Möglichkeit eröffnet, über die bisher schon in den Gemeinschaftsordnungen üblichen Verteilungsmaßstäbe hinaus neue Verteilungsschlüssel zu entwickeln. Neben der bereits bisher üblichen Verteilung bestimmter Betriebskosten (etwa: Kaltwasser) nach Wohnfläche oder nach Wohneinheiten (etwa: Kabelgebühren), käme als Verteilungsschlüssel etwa die Personenzahl (der Wohnungsnutzer), die Anzahl der Fenster (etwa für Reinigungskosten), die Lage der Wohnung (etwa bei Aufzugskosten) oder Ähnliches in Betracht.   48

Die zentrale Frage wird auch hier wieder sein, ob der Verteilungsmaßstab ordnungsgemäßer Verwaltung entspricht. Insoweit wird auf Rn. 49ff. Bezug genommen.

10. Ordnungsgemäße Verwaltung

a) Grundsatz

Beschlüsse sowohl für die Erfassung als auch für die Verteilung der Betriebskosten sind nach Abs. 3 nur dann zulässig, wenn das Beschlossene („soweit dies"), also die **Erfassung und/oder der Verteilungsmaßstab ordnungsgemäßer Verwaltung** entspricht. Wie bereits bei Rn. 20 ausgeführt, sind bei der Auslegung des unbestimmten Rechtsbegriffs der ordnungsgemäßen Verwaltung und auch bei der gerichtlichen Überprüfung eines Be-   49

---

234 Siehe oben Rn. 33.
235 Siehe oben Rn. 35.

schlusses das **Selbstorganisationsrecht** und der **Ermessensspielraum** der Wohnungseigentümer zu berücksichtigen. Es sei hier nochmals (siehe auch Rn. 22b) auf die neueste Rechtsprechung des BGH hingewiesen, wonach den Eigentümern aufgrund ihres Selbstorganisationsrechts ein **weiter Gestaltungsspielraum** eingeräumt ist, wobei letztendlich sowohl das „Ob" als auch das „Wie" der Änderung nicht **willkürlich** sein dürfen.[236] Der Beschluss der Eigentümer darf daher bestimmte Grenzen nicht überschreiten. Diese Grenzen können letztlich nur anhand der gesamten Umstände des konkreten **Einzelfalles** bestimmt werden. Allgemein kann man sagen, dass die Entscheidung die Interessen der Gemeinschaft und der einzelnen Wohnungseigentümer angemessen berücksichtigen muss und nicht zu einer ungerechtfertigten Benachteiligung Einzelner führen darf.

Dies gilt auch für die Verbrauchserfassung bei **Einrohrheizungen**. Auch hier ist nicht generell die Erfassung des Verbrauchs durch elektronische Heizkostenverteiler ausgeschlossen. Auch der Umstand, dass im Raum nicht alles an abgegebener Wärmeenergie gemessen wird, steht einer Verteilung gemäß § 7 Abs. 1 Satz 1 HeizkostenV nicht entgegen, wenn die gemessenen Verbräuche höher sind als 20 % der erfassten Wärmeabgabe.[237]

Ergänzend wird auf oben Rn. 22 bis 22c) verwiesen.

b) Verbrauchs- und/oder Verursachungserfassung ordnungsgemäß

50 Nach den bei Rn. 49 dargestellten Grundsätzen wird ein nach dem 1.7.2007 gefasster Beschluss[238], durch den künftig der Verbrauch oder die Verursachung erfasst werden soll, um dann daran anknüpfend die Verteilung vorzunehmen[239], regelmäßig ordnungsgemäßer Verwaltung entsprechen, da die Erfassung Voraussetzung für eine spätere sachgerechte Verteilung ist. Wenn jedoch bereits feststeht, dass die Verteilung dann unabhängig von der Erfassung vorgenommen wird (also beispielsweise nach Wohnfläche), ist der Beschluss nicht interessengerecht. Ein derartiger Beschluss wäre zwar aufgrund der gesetzlichen Beschlusskompetenz nicht nichtig, aber auf Anfechtung hin aufzuheben. Zur wohl fehlenden Beschlusskompetenz für eine Rechnungsabgrenzung siehe § 28 Rn. 49.

Eine Verbrauchs- oder Verursachungserfassung wird jedoch, auch wenn die Verteilung später an die Erfassung anknüpfen soll, im Regelfall dann ordnungsgemäßer Verwaltung widersprechen, wenn die wirtschaftlichen **Aufwendungen** hierfür **unverhältnismäßig** hoch sind. Dies wird vor allem bei der erforderlichen Installation von Verbrauchserfassungsgeräten in Betracht kommen. Für die Klärung der Frage, ob die Kosten unverhältnismäßig hoch sind, kann die Rechtsprechung zu § 11 Abs. 1 Nr. 1 Buchst. a, Abs. 2 Heiz-

---

236 BGH v. 16.9.2011 – V ZR 3/11, ZWE 2012, 30; BGH v. 10.6.2011 – V ZR 2/10, WuM 2011, 480; BGH v. 1.4.2011 – V ZR 162/10, NJW 2011, 2202.
237 LG München I v. 19.12.2013 – 36 S 12255/12 (zitiert nach juris) – unter Bezugnahme auf die entsprechende Einzelfallrechtsprechung: Amtsgericht Neuss, ZMR 2013, 235; Amtsgericht Lichtenberg, ZMR 2012, 145; Amtsgericht Brühl, ZMR 2010, 883; Landgericht Mühlhausen, ZMR 2010, 766.
238 Siehe zur Beschlusskompetenz insoweit oben Rn. 22.
239 Siehe dazu Rn. 51.

kostenV herangezogen werden.²⁴⁰ So sah es die Rechtsprechung²⁴¹ als unverhältnismäßig an, wenn in einem **Zehnjahresvergleich** die Kosten für die Installation der Messgeräte sowie deren Wartung und Ablesung höher sind als die voraussichtlich einzusparenden Kosten. Dabei können nach dem BayObLG für die Kostenersparnis 15 % der Gesamtkosten angesetzt werden. Eine zu erwartende Erhöhung der Energiepreise kann berücksichtigt werden.

c) Verteilung nach Verbrauch oder Verursachung ordnungsgemäß

Nach den bei Rn. 49 dargestellten Grundsätzen wird ein nach dem 1. 7. 2007 gefasster Beschluss²⁴², durch den für künftige Abrechnungsperioden eine Kostenverteilung nach Verbrauch oder die Verursachung erfolgen soll, regelmäßig ordnungsgemäßer Verwaltung entsprechen. Eine derartige Verteilung trägt dem **Verursachungsprinzip** Rechnung, stellt einen Anreiz zur **Sparsamkeit** dar, der deutliche Einsparungen ermöglicht und führt zu mehr **Verteilungsgerechtigkeit**.²⁴³ Wie bei Rn. 50 dargestellt, setzt eine ordnungsgemäße Verwaltung aber auch voraus, dass für die Erfassung keine unverhältnismäßig hohen Kosten entstehen. 51

Ein derartiger Beschluss über eine Kostenverteilung nach tatsächlichem Verbrauch oder nach tatsächlicher Verursachung wird daher, von extremen Ausnahmefällen abgesehen²⁴⁴, in der Praxis kaum Anlass zu Beanstandungen geben. Daher können grundsätzlich Betriebs- oder Verwaltungskosten auf die jeweiligen tatsächlichen Verbraucher oder Verursacher (Nutzer) umgelegt werden, unabhängig davon, ob alle, nur einige oder nur einzelne Eigentümer als Zahlungspflichtige betroffen sind.

Probleme ergeben sich bei einer von Abs. 2 abweichenden Kostenverteilung dann, wenn nicht auf die tatsächliche Verursachung, sondern auf die bloße **Gebrauchsmöglichkeit** abgestellt werden soll. Ob es sich in einem solchen Fall um eine Verteilung nach Verursachung oder nach einem anderen Maßstab handelt kann dahinstehen, da das Gesetz beide Möglichkeiten vorsieht und sich keine Konsequenzen aus der unterschiedlichen Einordnung ergeben. Obgleich grundsätzlich auch ein derartiger Umlagemaßstab möglich ist, muss darauf hingewiesen werden, dass die Kernprobleme bei einer solchen Lösung zum einen in der genauen und klaren **Formulierung** des Beschlusses liegen und zum anderen darin, ob die Regelung noch einer sachgerechten **Interessenabwägung** entspricht. 52

---

240 BT-Drucks. 16/887, S. 23; ebenso: *Schmid/Kahlen*, WEG, § 16 Rn. 150.
241 BayObLG v. 30. 6. 2004 – 2Z BR 118/04, WuM 2004, 737; OLG Frankfurt/Main v. 26. 2. 2004 – 20 W 164/02, OLGR Frankfurt 2005, 13; BGH v. 25. 9. 2003 – V ZB 21/03, NJW 2003, 3476.
242 Siehe zur Beschlusskompetenz insoweit oben Rn. 22.
243 BT-Drucks. 16/887, S. 23.
244 Als Extremfall wäre etwa denkbar, dass die Betriebskosten für ein gemeinsames Schwimmbad, welches das ganze Jahr über für alle Eigentümer offen ist, nach tatsächlicher Nutzung umgelegt werden soll und sich am Jahresende herausstellt, dass nur ein Eigentümer einmal zu Beginn des Jahres das Schwimmbad benutzt hat, so dass er nun alleine die gesamten Kosten tragen müsste; hier wird wohl nur eine Lösung über § 242 BGB dahingehend möglich sein, dass der – bestandskräftige – Beschluss bei der Jahresabrechnung nicht angewendet wird.

So ist etwa eine Regelung, wonach die Kosten auf die „benutzungsberechtigten Sondereigentümer" aufgeteilt werden sollen, zu unbestimmt, so dass es bei der Verteilung nach Abs. 2 verbleiben würde. Es hat nämlich jeder Miteigentümer das Recht der Mitbenützung der gemeinschaftlichen Anlagen. Dies setzt weder voraus, dass der jeweilige Sondereigentümer von seinem jeweiligen Benutzungsrecht Gebrauch macht, noch, dass er aufgrund der individuellen Verhältnisse zur Nutzung der zum gemeinschaftlichen Gebrauch bestimmten Anlagen überhaupt in der Lage ist.[245] Der Beschluss muss daher so formuliert sein, dass zweifelsfrei festgestellt werden kann, welchen Miteigentümern eine Gebrauchsmöglichkeit zugeordnet wird.

Wenn von einer unterschiedlichen Gebrauchsintensität ausgegangen wird, muss auch eindeutig geregelt sein, in welchem Umfang die unterschiedlichen Gruppen belastet werden sollen.

Da sich die die Probleme in diesem Zusammenhang häufig bei Mehrhausanlagen, Aufzugskosten, Tiefgaragenkosten und Winterdienstkosten ergeben werden, wird auf die nachfolgenden Ausführungen zu diesen Stichworten hingewiesen.

53 Folgende praxisrelevante Beispiele für verbrauchs- oder nutzungsabhängige Verteilungen sollen hier hervorgehoben werden (wobei teilweise eine Abgrenzung zu „einem anderen Maßstab" schwierig aber auch nicht erforderlich erscheint):

– **Aufzug** (Fahrstuhl)
Regelungen, wonach die Aufzugskosten auf die Eigentümer von Wohnungen in verschiedenen Stockwerken unterschiedlich aufgeteilt werden, entsprechen grundsätzlich ordnungsgemäßer Verwaltung.[246] In einem Haus mit Erdgeschoss und 4 Stockwerken dürfte eine Verteilung zwischen den Stockwerken im Verhältnis 1-2-3-4-5, also Erdgeschoss = $1/15$, 1. Stock = $2/15$, 2. Stock = $3/15$, 3. Stock = $4/15$ und 4. Stock = $5/15$ im Regelfall durchaus innerhalb des zulässigen Rahmens liegen. Da letztendlich immer eine Bewertung des konkreten Einzelfalles erfolgen muss, bleibt abzuwarten, welche Verteilungsregelungen von der Rechtsprechung als noch hinnehmbar angesehen werden. Zu Aufzügen in Mehrhausanlagen siehe unten zum Stichwort „Mehrhausanlagen".

– **Duplexgaragen** (Doppelstockgaragen)[247]
Es entspricht grundsätzlich ordnungsgemäßer Verwaltung, die Betriebskosten[248] von Duplexgaragen auf die jeweiligen Sondereigentümer bzw. Sondernutzungsberechtigten umzulegen. Wie bei Rn. 13 und Rn. 24 dargestellt, setzt eine zweifelsfreie Verlagerung der Betriebskosten eine klare und eindeutige Regelung hinsichtlich der ausscheidbaren Kosten vor-

---

245 OLG München v. 18.9.2006 – 34 Wx 81/06, ZMR 2006, 955 (zur anteiligen Kostentragungspflicht eines Sondereigentümers, obgleich seine Einheit nicht an die Warmwasserversorgung der Anlage angeschlossen war).
246 LG Nürnberg-Fürth v. 25.3.2009 – 14 S 7627/08, NZM 2009, 363; LG München I v. 30.3.2009 – 1 S 14843/08 (nicht veröffentlicht).
247 Siehe dazu auch Rn. 62 und § 15 Rn. 8 und Rn. 14.
248 Zu den Instandhaltungs- und Instandsetzungskosten siehe unten Rn. 59.

aus.²⁴⁹ Die Betriebskosten für Duplexgaragen (etwa: Stromkosten für Hebebühnen) sind etwa dann ausscheid- und damit umlegbar, wenn sie den einzelnen Hebebühnen zugeordnet werden können. Stellen dagegen mehrere Doppelstockgaragen technisch eine Einheit dar, liegt keine zweifelsfreie Kostenverlagerung vor, wenn nach dem Beschluss nur eine Kostentragungspflicht „für die dem Sondernutzungsrecht unterliegenden Bereiche" vorgesehen ist.

- **Fernwärmekosten**
  Siehe hierzu unten zum Stichwort „Wärmecontracting".

- **Heizkosten**
  Es entspricht regelmäßig ordnungsgemäßer Verwaltung, wenn die Kosten für notwendige Zwischenablesungen (etwa bei Eigentümer- oder Mieterwechsel) ausschließlich dem verursachenden Wohnungseigentümer auferlegt werden.

- **Instandhaltungspauschalen**
  Instandhaltungspauschalen für kleinere Reparaturen, die durch schädigende Handlungen von Eigentümern verursacht sind, betreffen nicht Betriebs- oder Verwaltungskosten, sie sind keine laufenden Wartungen (siehe dazu oben Rn. 24) und können daher nicht nach Abs. 3 beschlossen werden.²⁵⁰ Insoweit greift die Sonderregelung des Abs. 4 ein, die nicht unterlaufen werden kann.²⁵¹

- **Kabelkosten** (Breitbandkabel)
  Kabelkosten sind, wenn die Gemeinschaftsordnung keine andere Regelung vorsieht, grundsätzlich nach Abs. 2 nach Miteigentumsanteilen zu verteilen.²⁵² Ein Beschluss, wonach die Kabelkosten nach anteiliger Nutzung umzulegen sind, ist ordnungsgemäß. So ist es also etwa zulässig, jeden Eigentümer, dessen Wohnung einen Anschluss hat, mit ¹/₁₀ der Kabelkosten zu belasten, wenn 10 Wohnungen einen Kabelanschluss haben (nicht angeschlossene Wohnungen müssen demnach keinen Anteil zahlen).

- **Mahnkosten**
  Es entspricht ordnungsgemäßer Verwaltung, wenn Mahnkosten auf die säumigen Zahler umgelegt werden. Zu den Mahnkosten zählen etwa das Porto für die Mahnbrief oder die im Verwaltervertrag vereinbarte Pauschale für die Mehraufwendungen des Verwalters. Zulässig ist es hier auch, die zu erwartenden Mahnkosten nicht in jedem konkreten Einzelfall festzustellen, sondern sie – in einem angemessenen Umfang – als **Pauschale** festzusetzen. Die Beschlusskompetenz für diese Verteilung nach Verursachung ergibt sich ergänzend auch aus § 21 Abs. 7 (Folgen des Verzugs).²⁵³

---

249 BayObLG v. 13. 8. 1998 – 2Z BR 75/98, NZM 1999, 26; KG Berlin v. 7. 2. 2005 – 24 W 81/03, ZMR 2005, 569.
250 Zur Umlage von Instandhaltungskosten im Einzelfall siehe Rn. 59.
251 A. A. *Schmid/Kahlen*, WEG, § 16 Rn. 147.
252 BGH v. 27. 9. 2007 – V ZB 83/07, NJW 2007, 3492; LG Nürnberg-Fürth v. 25. 3. 2009 – 14 S 7627/08, NZM 2009, 363.
253 Siehe dazu § 21 Rn. 79.

- **Mehrhausanlagen**
Auch wenn nicht in der Gemeinschaftsordnung bestimmt ist, dass jedes Haus so weit wie möglich als wirtschaftlich selbständig zu behandeln ist und damit keine Bildung von Untergemeinschaften vorgesehen ist, entspricht es grundsätzlich ordnungsgemäßer Verwaltung, nur die Hausgemeinschaft mit den erfassten Betriebskosten zu belasten, bei der die Kosten angefallen sind.[254] Dies wäre etwa der Fall, wenn der Stromverbrauch für die Treppenhausbeleuchtung in den einzelnen Häusern mit Zählern erfasst wird. Bei der Verteilung nach Verursachung könnte etwa an eine Aufteilung der Aufzugskosten nur auf die Eigentümer des Hauses, in dem der Aufzug installiert ist, gedacht werden.

Siehe zu Mehrhausanlagen und **Untergemeinschaften** auch § 28 Rn. 43 und Rn. 56.

- **Müllbeseitigung**
Eine Verteilung der Müllbeseitigungskosten nach Verursachung wird wohl nur dann ordnungsgemäßer Verwaltung entsprechen, wenn für jedes Wohnungseigentum eine eigene (eventuell auch absperrbare) Mülltonne vorhanden ist (wobei die Gebühren von der Gemeinschaft entrichtet werden).

- **Nutzungsgebühren**
Es entspricht im Regelfall ordnungsgemäßer Verwaltung, die Gesamtbetriebskosten oder zumindest einen Teil der anfallenden Betriebskosten dadurch auf die Nutzer gemeinschaftlichen Einrichtungen umzulegen, dass Nutzungsgebühren eingeführt werden. Solche Nutzungsgebühren sind in der Praxis bereits aufgrund von Regelungen in der Gemeinschaftsordnung verbreitet. Auch ohne derartige Regelungen kann nunmehr etwa für die Benutzung des Schwimmbades, der Sauna, der Waschmaschine, des Wäschetrockners etc. eine Nutzungsgebühr im Beschlusswege eingeführt werden. Die Nutzungsgebühr muss sich dabei in etwa an den zu erwartenden Kosten der Nutzung orientieren. Dabei darf jedoch kein allzu strenger Maßstab angelegt werden, da eine Schätzung der voraussichtlichen anteiligen Kosten meist recht schwierig sein wird.

Ohne Bedeutung ist es, ob als Verteilungsmaßstab für die Nutzungsgebühren die Verursachung, oder „ein anderer Maßstab[255]" angesehen wird, da sich aus der Unterscheidung keine Konsequenzen ergeben. Die Beschlusskompetenz für Nutzungsgebühren ergibt sich zudem aus § 21 Abs. 7.[256]

Hinzuweisen ist in diesem Zusammenhang noch darauf, dass die eingenommenen Nutzungsgebühren als Einnahmen in der Jahresabrechnung zu erfassen und dann nach dem allgemeinen Verteilungsschlüssel auf alle Eigentümer zu verteilen sind. Entsprechend ist bei Nutzungsgebühren auch mit den Kosten zu verfahren. Die Sonderbelastung der Nutzer ergibt

---

254 LG Nürnberg-Fürth v. 25.3.2009 – 14 S 7627/08, NZM 2009, 363 (zu einer Mehrhausanlage).
255 Siehe dazu unten Rn. 54.
256 Siehe dazu § 21 Rn. 80 ff.

sich hier also nicht aus einer besonderen Verteilung der Kosten, sondern aus der Bezahlung der Gebühren.

- **Sauna oder Schwimmbad**
  Soweit für die Benutzung von Sauna oder Schwimmbad Gebühren verlangt werden, wird auf das Stichwort „Nutzungsgebühren" verwiesen. Soweit die gesondert erfassten Betriebs- und Verwaltungskosten (etwa: Wasser, Strom, Reinigung) auf die tatsächlichen Nutzer umgelegt werden, entspricht dies, von Extremfällen wie oben in der Fußnote zu Rn. 51 dargestellt abgesehen, regelmäßig ordnungsgemäßer Verwaltung.

- **Sondernutzungsrechte**
  Es entspricht ordnungsgemäßer Verwaltung, die Betriebskosten, die im Bereich eines Sondernutzungsrechts[257] entstehen (etwa: Kosten für Gartenbewässerung oder Gartenpflege) nur auf den jeweiligen Sondernutzungsberechtigten umzulegen.

- **Tiefgarage**
  Es entspricht grundsätzlich ordnungsgemäßer Verwaltung, erfasste Betriebs- und Verwaltungskosten (etwa: Strom, Reinigung) nur auf diejenigen Eigentümer umzulegen, die einen Stellplatz in der Tiefgarage besitzen, wobei es unerheblich ist, ob an den Stellplätzen Sondereigentum begründet wurde oder ob ein Sondernutzungsrecht[258] besteht. Ob eine derartige Regelung nur dann zulässig ist, wenn die „Nur-Eigentümer" eines Tiefgaragenplatzes von den Betriebskosten des Hauses freigestellt werden[259], erscheint zweifelhaft. Insoweit werden die konkreten Umstände des Einzelfalles, wie etwa das Verhältnis der Höhe der jeweiligen Kosten zueinander oder die zu erwartende Mitbenutzung etwa des Treppenhauses oder des Aufzugs des „Haupthauses" von Bedeutung sein.

- **Umzugskostenpauschale**
  Die Einführung so genannter Umzugskostenpauschalen ist nach der Neuregelung des Gesetzes grundsätzlich möglich. Hier ist jedoch darauf hinzuweisen, dass tatsächlich nur Betriebs- und Verwaltungskosten pauschaliert werden können, die üblicherweise beim Auszug eines Eigentümers oder eines Mieters anfallen. Dies können etwa im Verwaltervertrag vereinbarte Sondervergütungen für den zusätzlichen Verwaltungsaufwand sein oder Zusatzvergütungen für den Hausmeister für die Beseitigung von üblichen Verschmutzungen des Treppenhauses. In Betracht kommen auch Kosten für die Beseitigung des zusätzlich anfallenden Mülls. Nicht jedoch dürfen durch diese Pauschale die üblicherweise beim Transport von Möbeln entstehenden kleineren Beschädigungen am Gemeinschaftseigentum (etwa: Farb- und Putzbeschädigungen im Treppenhaus) erfasst werden. Insoweit handelt es sich nicht um Betriebs- oder Verwaltungskosten, sondern um Instandhaltungs- und Instandsetzungskosten, für welche die Regelung des Abs. 4 eingreift.[260]

---

257 Siehe zum Sondernutzungsrecht § 13 Rn. 27 ff.
258 Siehe zum Sondernutzungsrecht § 13 Rn. 27 ff.
259 So: *Jennißen-Jennißen*, § 16 Rn. 35.
260 A.A. *Schmid/Kahlen*, WEG, § 16 Rn. 147; siehe dazu auch unten Rn. 62.

Es ist zu erwarten, dass Umzugskostenpauschalen künftig nicht nach § 16 Abs. 3, sondern, aufgrund der weitergehenden Möglichkeiten, nach § 21 Abs. 7 beschlossen werden. Im Einzelnen wird hierzu auf die Kommentierung § 21 Rn. 80 bis 82 verwiesen.

- **Unkostenpauschale** für Verwalter für **Zustimmung zur Veräußerung** von Wohnungseigentum
Wenn in der Gemeinschaftsordnung eine Zustimmung des Verwalters zur Veräußerung eines Wohnungseigentums vorgesehen und dem Verwalter im Verwaltervertrag eine Unkostenpauschale hierfür zugebilligt wird, entspricht es ordnungsgemäßer Verwaltung, wenn diese Kosten nur auf die betroffene Wohnungseinheit umgelegt werden.[261] In der Praxis trifft diese Umlegung, wenn die Zahlung zunächst aus Gemeinschaftsmitteln bestritten wird, allerdings den Erwerber. Die tatsächliche Belastung des Eigentümers erfolgt erst in der Jahreseinzelabrechnung. Erst diese verpflichtet dann den Eigentümer, der bei Beschlussfassung über die Jahresabrechnung im Grundbuch eingetragen ist.[262] Erfolgt dagegen die Zahlung nicht aus Gemeinschaftsmitteln, sondern stellt der Verwalter die Pauschale unmittelbar dem Eigentümer in Rechnung, so kann nur der ausscheidende Eigentümer zur Zahlung verpflichtet werden. Der Wohnungseigentumserwerber wird auch mit dem Eintritt in den Verwaltervertrag nicht zahlungspflichtig hinsichtlich eines Sonderhonorars für die Veräußerungszustimmung.[263]

- **Verzugszinsen**
Verzugszinsen für den säumigen Eigentümer fallen nicht unter Abs. 3, da insoweit keine Betriebs- oder Verwaltungskosten vorliegen. Eine Beschlusskompetenz ergibt sich insoweit aber aus § 21 Abs. 7.[264]

- **Wärmecontracting, Wärmelieferung**
Wie bereits bei Rn. 30 oben dargestellt, besteht jedenfalls dann, wenn die Gemeinschaft wirksam einen Wärmecontractingvertrag abgeschlossen oder den Anschluss an eine Fernwärmeversorgung vorgenommen hat[265], nunmehr die Beschlusskompetenz, auch entgegen der Gemeinschaftsordnung oder den Regelungen in der HeizkostenV etwa eine Verteilung der Kosten zu 100 % nach Verbrauch vorzunehmen. Eine derartige Regelung entspricht dann auch ordnungsgemäßer Verwaltung.

- **Waschmaschinen, Wäschetrockner**
Soweit für die Benutzung von Waschmaschinen oder Wäschetrocknern Gebühren verlangt werden, wird auf das Stichwort „Nutzungsgebühren" verwiesen.

---

261 Nach altem Recht war eine solche Umlegung nicht möglich, da eine Änderung des Verteilungsschlüssels nicht durch Beschluss erfolgen konnte; so z.B. KG Berlin v. 21.3.1988 – 24 W 4552/87, Wohnungseigentümer 1989, 143.
262 Siehe dazu näher § 28 Rn. 63f. und Rn. 82ff.
263 KG Berlin v. 20.6.1997 – 24 W 1783/97, ZMR 1997, 666.
264 Siehe § 21 Rn. 79.
265 Zu den Voraussetzungen, unter denen ein derartiger Vertrag ordnungsgemäßer Verwaltung entspricht siehe § 21 Rn. 26; liegen diese Voraussetzungen nicht vor, muss der „Umstiegsbeschluss" angefochten werden.

Soweit die gesondert erfassten Betriebs- und Verwaltungskosten (etwa: Wasser, Strom) auf die tatsächlichen Nutzer umgelegt werden, entspricht dies regelmäßig ordnungsgemäßer Verwaltung.

- **Winterdienst** (Beseitigung von **Eis und Schnee**)
Grundsätzlich können auch die Kosten für den Winterdienst, also die Kosten für Beseitigung von Eis und Schnee, unter Berücksichtigung der Gebrauchsmöglichkeiten[266] verteilt werden. Schwierig wird in derartigen Fällen jedoch die Ermittlung eines angemessenen Verteilungsschlüssels sein, der tatsächlich die Interessen aller Wohnungseigentümer sachgerecht berücksichtigt. Dabei müssen sowohl die (zunächst den Verband treffende[267]) Verkehrssicherungspflicht als auch die tatsächliche überwiegende Nutzung durch Einzelne oder Gruppen von Eigentümern in die Abwägung einbezogen werden. Dabei ist zu berücksichtigen, dass die Verkehrssicherungspflicht alle Eigentümer gleichermaßen betrifft. Insoweit haben also auch alle Eigentümer, unabhängig davon, ob sie einen zu räumenden Weg häufig oder selten benutzen, ein Interesse an der ordnungsgemäßen Straßenreinigung. Das gilt umso mehr, wenn im Falle der Verletzung der Verkehrssicherungspflicht nach der Gemeinschaftsordnung alle Eigentümer nach Kopfteilen haften würden. Diesen wesentlichen Umstand darf eine an den unterschiedlichen Gebrauchsmöglichkeiten orientierte Kostenverteilung nicht ausblenden. Dies gilt auch, wenn einige Eigentümer nicht in der Anlage wohnen und daher den Bürgersteig vor dem Anwesen kaum nutzen. Die Verkehrssicherungspflicht, die alle trifft, wiegt jedoch bei dem auf öffentlichem Grund befindlichen Bürgersteig umso schwerer.[268]

d) Verteilung nach anderem Maßstab ordnungsgemäß

Wie bereits bei Rn. 52 f. angesprochen, kann dahinstehen, ob die Einführung von Nutzungsgebühren oder bei einer Verteilung nach Gebrauchsmöglichkeit als Verteilungsmaßstab die Verursachung angesehen wird oder ob von einem anderen Maßstab auszugehen ist. In jedem Fall müssen die bei Rn. 49 dargestellten Grundsätze eingehalten werden, so dass insbesondere die Umstände des konkreten **Einzelfalles** berücksichtigt und Einzelne nicht unbillig benachteiligt werden dürfen. 54

Bei Betriebs- oder Verwaltungskosten, die nicht nach Verbrauch erfasst werden, wie etwa häufig Kaltwasserkosten, liegt regelmäßig ein ordnungsgemäßer Verteilungsmaßstab vor, wenn nach **Wohnfläche** aufgeteilt wird. Andererseits wird es regelmäßig ordnungsgemäßer Verwaltung widersprechen, zunächst den Verbrauch mit zusätzlichem Kostenaufwand zu erfassen, dann aber die Verteilung unabhängig vom Verbrauch nach Wohnfläche vorzunehmen. Dies wird nur in gewichtigen Ausnahmefällen zulässig sein, etwa wenn feststeht, dass die Zahlen des gemessenen Kaltwasserverbrauchs nicht aussagekräftig sind, weil die Zähler nicht ordnungsgemäß funktionieren oder wenn ein Leck in der Wasserleitung nicht entdeckt wurde und dies zu erheblichen Wasserverlusten führte.

---

266 Siehe dazu oben Rn. 52.
267 Siehe zur Verkehrssicherungspflicht § 10 Rn. 55 und § 27 Rn. 8.
268 LG München I v. 10. 6. 2009 – 1 S 10155/08, ZMR 2010, 66.

Bei Kabelgebühren entspricht es sowohl ordnungsgemäßer Verwaltung, wenn die Verteilung nach Miteigentumsanteilen erfolgt[269], als auch, wenn nach der Anzahl der angeschlossenen **Wohneinheiten** umgelegt wird. Auch andere, bisher in der Praxis nicht übliche Verteilungsschlüssel können ordnungsgemäßer Verwaltung entsprechen. So könnte etwa die Anzahl der **Fenster** einer Eigentumseinheit sachgerecht für die Umlage von Fensterreinigungskosten sein. Bei Malerkosten könnte jedenfalls grundsätzlich auch auf Quadratmeter **Außenwandfläche** vor den Wohnungen abgestellt werden. Der ebenfalls denkbare Verteilungsschlüssel nach **Personenzahl** dürfte in der Regel nicht ordnungsgemäßer Verwaltung entsprechen, da die Zahl der tatsächlich in der Wohnung lebenden Personen praktisch kaum festgestellt werden und sie sich zudem öfters ändern kann.[270] Hinsichtlich der Verteilung von **Aufzugskosten** wird auf Rn. 53 verwiesen.

V. Absatz 4: Verteilung der Kosten für Instandhaltungs- und Instandsetzungsmaßnahmen sowie für bauliche Veränderungen oder Aufwendungen gemäß § 22 Absatz 1 und 2

1. Überblick

55 Nach der insoweit unveränderten Vorschrift des § 21 Abs. 3 in Verbindung mit Abs. 5 Nr. 2 konnten und können die Wohnungseigentümer durch Mehrheitsbeschluss Maßnahmen der ordnungsgemäßen Instandhaltung und Instandsetzung[271] veranlassen. Die Kosten für eine derartige Maßnahme konnten vor der Reform im Jahr 2007 nur dann abweichend von der gesetzlichen Regelung des § 16 Abs. 2 umgelegt werden, wenn eine entsprechende **Vereinbarung**[272] der Wohnungseigentümer vorlag. Da eine von allen Eigentümern getroffene Vereinbarung regelmäßig schon aufgrund der unterschiedlichen Interessenlage kaum zu erreichen war, hat der Gesetzgeber den auch schon nach altem Recht in Ausnahmefällen möglichen Anspruch eines Eigentümers auf Änderung der Vereinbarung, dadurch erleichtert, dass in § 10 Abs. 2 Satz 3 die Anforderungen an einen Änderungsanspruch (etwas) herabgesetzt wurden.[273] Auch nach neuem Recht muss die bestehende Kostenverteilung aus schwerwiegendem Grund unbillig sein, weshalb nach wie vor für eine Vereinbarungsänderung hohe Hürden bestehen. Die in der Vergangenheit häufig gleichzeitig mit der Maßnahme beschlossene Kostenverteilung war nach herrschender Ansicht als so genannter **gesetzes-** oder **vereinbarungswidriger Beschluss** im Sinne der Ent-

---

269 So (allerdings noch zum alten Recht): BGH v. 27.9.2007 – V ZB 83/07, NJW 2007, 3492.
270 Ebenso: *Jennißen-Jennißen*, § 16 Rn. 47.
271 Siehe dazu Rn. 59.
272 Siehe dazu § 10 Rn. 9 ff.
273 Siehe dazu § 10 Rn. 18 ff.

scheidung des BGH[274] auf Anfechtung hin für unwirksam zu erklären, auch wenn die beschlossene Kostenverteilung durchaus sachgerecht war.[275] Der Gesetzgeber hat nun in § 16 Abs. 4 zur Erleichterung der Willensbildung und im Interesse der Rechtssicherheit und der Funktionalität der Gemeinschaft der Wohnungseigentümer eine **Beschlusskompetenz** zur Kostenregelung normiert.[276] Diese Beschlusskompetenz bezieht sich auf Instandhaltungs- und Instandsetzungskosten sowie auf Kosten für bauliche Maßnahmen bzw. Modernisierungsmaßnahmen i. S. v. § 22 Abs. 1 und 2. Anders als die Beschlusskompetenz des Abs. 3 umfasst die Kompetenz des Abs. 4 nur eine Regelung für den **Einzelfall**, nicht aber auch Regelungen, die für künftige Fälle generell Geltung haben sollen.

Durch die Bezugnahme auf Abs. 2 ist auch klargestellt, dass die Beschlusskompetenz nur Kosten des gemeinschaftlichen Eigentums[277] betrifft.

Bei Kosten für bauliche Veränderungen und besondere Aufwendungen nach § 22 Abs. 1 ist ergänzend Abs. 6 zu beachten.[278]

2. Satz 1: Kostenverteilung im Einzelfall

a) Wohnungseigentümer

Wohnungseigentümer ist grundsätzlich nur, wer nach materiellem Recht 56 (§§ 873, 925 BGB) das Wohnungs- oder Teileigentum wirksam erworben hat. Dies ist in der Regel derjenige, der zu Recht im Wohnungsgrundbuch eingetragen ist.[279] Zu näheren Einzelheiten wird auf die obige Rn. 2 und auf die Kommentierung zu § 10 Rn. 3 verwiesen.

b) Mehrheitsbeschluss in Abweichung von Absatz 2

Wie bereits bei Rn. 55 angesprochen, wurde durch Abs. 4 für die Eigen- 57 tümer eine **Beschlusskompetenz** geschaffen, die Kosten für die im Gesetz genannten Maßnahmen anders als nach dem Verhältnis der Miteigentumsanteile nach Abs. 2 zu verteilen. Wie sich aus Abs. 5 ergibt, wonach diese Befugnis nicht eingeschränkt werden kann, kann nicht nur von Abs. 2, sondern auch von Regelungen abgewichen werden, die sich unmittelbar aus der **Gemeinschaftsordnung** oder aufgrund eines Beschlusses ergeben, der aufgrund einer so genannten **Öffnungsklausel**[280] ergangen ist. Ohne diese Regelung wären Beschlüsse zur Veränderung des Verteilungsschlüssels für einen konkreten Einzelfall auf Anfechtung hin für unwirksam zu erklären.

Auch bei der Änderung eines Kostenverteilungsschlüssels aufgrund einer in der Teilungserklärung enthaltenen Öffnungsklausel ist den Wohnungseigentümern aufgrund ihres Selbstorganisationsrechts ein **weiter Gestaltungsspielraum** eingeräumt. Der Gestaltungsspielraum ist erst dann überschrit-

---

274 BGH v. 20. 9. 2000 – ZB 58/99, NJW 2000, 3500.
275 BayObLG v. 31. 7. 2003 – 2Z BR 125/03, ZMR 2003, 950 (zur Bestandskraft, wenn keine Anfechtung erfolgte).
276 BT-Drucks. 16/887, S. 24.
277 Siehe dazu oben Rn. 3.
278 Siehe dazu Rn. 60 und Rn. 69 ff.
279 OLG Brandenburg v. 9. 1. 2006 – 13 Wx 17/05, ZWE 2006, 447.
280 Siehe zur Öffnungsklausel § 10 Rn. 16 ff.

ten, wenn die beschlossene Verteilung **willkürlich** ist. Im Einzelnen wird auf die Kommentierung oben Rn. 22b verwiesen. Zur Frage, ob der Kostenverteilungsbeschluss **gleichzeitig** mit dem **Sanierungsbeschluss** gefasst werden muss und ob ein später gefasster Verteilungsbeschluss alleine wegen dieses Umstandes aufgehoben werden muss, siehe unten Rn. 58.

Von der Frage, ob die Eigentümer einen Beschluss fassen können ist die Frage zu unterscheiden, ob ein einzelner Eigentümer einen **Anspruch** darauf hat, dass die Eigentümer einen solchen **Beschluss** fassen.

Der Anspruch eines Wohnungseigentümers, nach Abs. 4 im Einzelfall eine abweichende Kostenverteilung durchzusetzen, besteht nicht schon dann, wenn sie dem in der Vorschrift genannten Gebrauchsmaßstab Rechnung trägt. Die in **§ 10 Abs. 2 Satz 3** genannten **Voraussetzungen** für die **generelle Änderung** eines Kostenverteilungsschlüssels müssen ebenfalls vorliegen. Somit entspricht es **ordnungsmäßiger Verwaltung**, wenn der abgeänderte Kostenverteilungsschlüssel dem in der Vorschrift genannten Gebrauchsmaßstab gerecht wird. Ob das der Fall ist, bestimmt sich nicht nur nach dem tatsächlichen Gebrauch der von der Instandsetzung oder Instandhaltung betroffenen Teile, Anlagen und Einrichtungen des gemeinschaftlichen Eigentums durch die Wohnungseigentümer, sondern auch nach der Gebrauchsmöglichkeit. Als **Verteilungsmaßstäbe** kommen z.B. die tatsächliche Gebrauchshäufigkeit und die Gebrauchsmöglichkeit sowie die Anzahl der davon profitierenden Personen in Betracht. Danach können die Wohnungseigentümer z.B. eine der räumlichen Zuordnung von **Balkonen**, die im Gemeinschaftseigentum stehen, zu bestimmten Wohnungen entsprechende Verteilung der Kosten für die Instandsetzung dieser Balkone beschließen, wenn die in § 10 Abs. 2 Satz 3 für die generelle Änderung eines Kostenverteilungsschlüssels genannten Voraussetzungen ebenfalls vorliegen. Denn für die erzwungene Änderung können keine unterschiedlichen Voraussetzungen gelten, je nachdem, ob sie für einen konkreten Einzelfall oder generell Bestand haben soll. Deshalb ist ein Änderungsanspruch eines Wohnungseigentümers in beiden Fällen nur dann gegeben, wenn ein Festhalten an der geltenden Regelung aus **schwerwiegenden Gründen** unter Berücksichtigung aller **Umstände** des **Einzelfalls**, insbesondere der Rechte und Interessen der anderen Wohnungseigentümer, unbillig erscheint.[281]

Die Voraussetzungen für das Zustandekommen eines Mehrheitsbeschlusses sind bei § 23 Rn. 22 näher dargestellt. Zur erforderlichen Mehrheit siehe unten Rn. 63 ff.

Wie schon oben bei Rn. 22 für einen Beschluss nach Abs. 3 ausgeführt, reicht es auch für einem Beschluss nach Abs. 4 nicht aus, dass lediglich in der **Jahresabrechnung** ein abweichender Verteilungsschlüssel angewandt wird. Da wohl der Mehrzahl der Eigentümer schon gar nicht bekannt sein dürfte, dass und warum ein abweichender Verteilungsschlüssel zugrunde gelegt wurde, muss auch hier ein **gesonderter Beschluss** gefordert werden,

---

[281] BGH v. 15.1.2010 – V ZR 114/09, ZWE 2010, 174.

aus dem sich zweifelsfrei der Wille der Eigentümer ergibt, den Verteilungsschlüssel abzuändern.[282] Auf Rn. 22 wird insoweit verwiesen.

Die Regelung in § 16 Abs. 4 zur **Änderung** eines Kostenverteilungsschlüssels im **Einzelfall** schließt nicht die Geltendmachung des auch denselben Einzelfall betreffenden Anspruchs auf **Zustimmung** zur **generellen Änderung** der Kostenverteilung nach § 10 Abs. 2 Satz 3 aus.[283]

c) Im Einzelfall

Nach dem klaren Wortlaut des Gesetzes begründet Abs. 4 nur eine Beschlusskompetenz, wenn ein konkreter Einzelfall geregelt wird. Der Begriff des Einzelfalles bezieht sich sowohl auf die durchzuführende (Instandhaltungs- oder Instandsetzungs-) **Maßnahme** als auch auf die **Kostenregelung**. Die Begrenzung auf den Einzelfall grenzt die Beschlusskompetenz von einem **Änderungsanspruch** gemäß § 10 Abs. 1 Satz 3[284] ab, der auf eine generelle Änderung des geltenden Kostenverteilungsschlüssels abzielt. Ein Beschluss, nach dem generell auch **künftig** die Kosten abweichend verteilt werden sollen, ist demnach auch weiterhin mangels **Beschlusskompetenz nichtig**. Daher ist eine Kostentragungsregelung für den **Außenlift** zu Lasten des **Bauwilligen** auch mit dessen **Einverständnis** nichtig; insoweit bedarf es, da eine Dauerregelung vorliegt, einer Vereinbarung.[285] Ein **kombinierter Beschluss**, mit dem zum einen die Kosten für eine konkrete Maßnahme als auch zum anderen die Kosten für künftige Maßnahmen geregelt werden sollen, wird nach § 139 BGB regelmäßig insgesamt nichtig sein. Meist kann nicht ausgeschlossen werden, dass auch die Einzelfallregelung anders getroffen worden wäre, wenn künftige Fälle nicht gleichbehandelt werden.

Eine Entscheidung des BGH hat nunmehr auch eine in der Vergangenheit kontrovers diskutierte Frage dahingehend beantwortet, dass es nicht mehr ordnungsgemäßer Verwaltung entspricht, wenn die für den **Einzelfall** beschlossene Änderung des Kostenverteilungsschlüssels einen **Anspruch** der betroffenen Wohnungseigentümer auf **Gleichbehandlung** in künftigen Fällen auslöst und so den allgemeinen Kostenverteilungsschlüssel unterläuft. Dies wäre der Fall, wenn die abweichende Kostenverteilung den Grundsätzen einer ordnungsgemäßen Verwaltung nur dann entspräche, wenn für alle gleich gelagerten Instandsetzungsmaßnahmen unter dem Gesichtspunkt der **Maßstabskontinuität** eine entsprechende abweichende Kostenverteilung beschlossen würde. Damit würde aber das in der Teilungserklärung vorgesehene Prinzip der Gesamtverantwortung aller Wohnungseigentümer für das Gemeinschaftseigentum an allen Gebäuden unterlaufen und im Wege von Einzelfallmaßnahmen in sein Gegenteil verkehrt. Ein solcher Verstoß führt aber **nur** zur **Anfechtbarkeit**, nicht zur **Nichtigkeit** des Beschlusses.[286]

---

282 OLG München v. 22.12.2006 – 32 Wx 165/06, NZM 2007, 364; OLG Hamburg v. 21.9.2004 – 2 Wx 93/03, ZMR 2005, 69.
283 BGH v. 15.1.2010 – V ZR 114/09, ZWE 2010, 174.
284 Siehe dazu § 10 Rn. 18 ff.
285 LG München I v. 23.6.2014 – 1 S 13821/13, ZMR 2014, 920; siehe zum Außenlift insbesondere auch § 22 Rn. 7.
286 BGH v. 18.6.2010 – V ZR 164/09, ZWE 2010, 362.

Schon in der Vergangenheit wurde versucht, durch so genannte **Umzugspauschalen** von den betroffenen Eigentümern die üblicherweise bei Umzügen entstehenden Mehrkosten für die Gemeinschaft, die durch kleinere Beschädigungen des Gemeinschaftseigentums (insbesondere an Türen, Treppenhaus) entstehen, einzufordern. Die Rechtsprechung hat hierfür eine Vereinbarung für erforderlich gehalten.[287] Wie oben bei Rn. 53 gezeigt, können die Kosten für die Instandhaltung nicht nach Abs. 3 generell durch Beschluss für künftige Fälle geregelt werden. Zulässig ist es jedoch, derartige Instandhaltungspauschalen jeweils im **Einzelfall** nach Abs. 4 zu beschließen. Auch der Gesetzgeber ging davon aus, dass die Eigentümer bei Abs. 4 „pauschalisieren" dürfen.[288]

Wie bereits bei Rn. 53 oben dargestellt, ist zu erwarten, dass jedenfalls bei generellen Pauschalierungen, die nicht nur einen Einzelfall erfassen sollen, die Praxis künftig einen Beschluss nach § 21 Abs. 7 fassen wird.[289]

Zur Änderung des Verteilungsschlüssels für die Zuführungen zur **Instandhaltungsrücklage** siehe unten Rn. 59.

Ein Einzelfall liegt nach zutreffender Ansicht auch dann vor, wenn sich die Realisierung einer beschlossenen Maßnahme über mehrere Jahre hinzieht (etwa: Fenstersanierung wird bei einer Mehrhausanlage so durchgeführt, dass in jedem Jahr ein Haus saniert wird).[290] Zweifelhaft erscheint jedoch, ob auch das Eingehen von **Dauerschuldverhältnissen** (etwa: Wartungsvertrag für mehrere Jahre) noch unter den Begriff des Einzelfalls fällt.[291] Derartige Regelungen kommen einer dauerhaften und in die Zukunft gerichteten Veränderung des Kostenverteilungsschlüssels nahe, wofür eine Beschlusskompetenz nur nach Abs. 3 (also Wartungen, die zu den Betriebskosten gehören[292]), nicht aber nach Abs. 4 besteht. Erforderlich dürfte daher für Wartungsverträge, die nicht zu den Betriebskosten gehören, ein jährlich zu erneuernder Beschluss sein. Da auch in Fällen **„permanenter Einzelfallentscheidungen"** zumindest die Gefahr des Missbrauchs und der Gesetzesumgehung besteht[293], wird abzuwarten sein, in welchem Umfang die die Rechtsprechung derartige Beschlüsse zulassen wird.

Aus der Formulierung „im Einzelfall zur" ergibt sich, dass die Kostenregelung im **Zusammenhang** mit der Beschlussfassung über eine **Instandhaltung** oder Instandsetzung oder einer **baulichen Maßnahme** oder Aufwendung gemäß § 22 Abs. 1 oder einer baulichen Maßnahme zur **Modernisierung** oder **Anpassung an den Stand der Technik** gemäß § 22 Abs. 2 stehen muss.[294] Zweifelhaft erscheint, ob ein nicht **gleichzeitig mit der Maßnahme** sondern

---

287 OLG Frankfurt/Main v. 23. 8. 1990 – 20 W 165/90, WuM 1990, 461.
288 BT-Drucks. 16/887, S. 24.
289 Siehe dazu § 21 Rn. 80–82.
290 Ebenso: *Jennißen-Jennißen*, § 16 Rn. 75; *Meffert*, Beschlusskompetenz der Wohnungseigentümer, ZMR 2007, 667.
291 So etwa: *Jennißen-Jennißen*, § 16 Rn. 76; *Meffert*, Beschlusskompetenz der Wohnungseigentümer, ZMR 2007, 667.
292 Siehe dazu Rn. 24 ff.
293 Wohl allgemein für eine enge Auslegung des Einzelfallbegriffs: LG Hamburg v. 4. 3. 2016 – 318 S 109/15, ZMR 2016, 484.
294 BT-Drucks. 16/887, S. 24.

erst später gefasster Beschluss alleine deshalb anfechtbar ist.[295] Weder aus dem Gesetzeswortlaut noch aus der Gesetzesbegründung ergibt sich eine derartige Einschränkung jedoch zwingend.[296] Sie ist auch nicht erforderlich. Eine sinnvolle Kostenverteilung muss nicht alleine deshalb verhindert werden, weil zunächst nur die Maßnahme beschlossen wurde[297], wenn, wie zumindest bei nicht allzu großen Maßnahmen, zu deren Finanzierung auch die vorhandenen laufenden Mittel ausreichen.[298] Selbst wenn jedoch bei einem Sanierungsbeschluss wegen des Umfangs der Maßnahme eine Regelung der Finanzierung erforderlich gewesen wäre, kommt es in der Praxis häufig vor, dass ein derartiger **Grundsatzbeschluss** nicht angefochten und damit bindend wird. Zwingende Gründe, warum in einem solchen Fall nicht in einem späteren Beschluss, der alle Voraussetzungen des Abs. 4 erfüllt (der also insbesondere einen sachgerechten Verteilungsmaßstab enthält und mit der erforderlichen Mehrheit gefasst wird – siehe dazu unten Rn. 62 ff. –), eine Kostenverteilungsregelung getroffen werden kann, liegen nicht vor.[299] Der BGH hat bei einer Entscheidung hinsichtlich Abs. 6 in den Gründen zumindest ausgeführt, dass es allerdings richtig ist, dass die Kostentragung häufig erst nach Durchführung der Maßnahme im Zusammenhang mit der Jahresabrechnung geregelt wird.[300] Auch der bei Rn. 49 oben für die Verteilung von Betriebs- und Verwaltungskosten angeführte Vertrauensschutzgedanke greift bei Abs. 4 regelmäßig nicht ein. Bei Abs. 3 hat ein rechtzeitig informierter Eigentümer zumindest die Möglichkeit, sein (Verbrauchs- oder Nutzungs-) Verhalten auf den beschlossenen Verteilungsschlüssel einzustellen. Bei Abs. 4 dagegen kann der Eigentümer die Kosten nicht durch sein Verhalten steuern. Es ist auch nicht ersichtlich, warum die qualifizierte Mehrheit beim Verteilungsbeschluss nicht auch bei dem Sanierungsbeschluss, selbst wenn dieser gleichzeitig gefasst würde, zustande kommen sollte.

d) Instandhaltung und Instandsetzung i. S. v. § 21 Absatz 5 Nr. 2

Unter **Instandhaltung** ist die Erhaltung des bestehenden ordnungsgemäßen Zustandes des gemeinschaftlichen Eigentums zu verstehen.[301] **Instandsetzung** bedeutet hingegen die Wiederherstellung eines einmal vorhanden ge- 59

---

295 So aber: *Jennißen-Jennißen*, § 16 Rn. 74.
296 BT-Drucks. 16/887, S. 25: dort wird zwar zugrunde gelegt, dass die Entscheidungen in der Praxis einheitlich getroffen werden. Der Hinweis auf die Übung der Praxis zeigt jedoch gerade, dass auch der Gesetzgeber nicht davon ausgeht, dass ein einheitlicher Beschluss immer zwingend ist.
297 Zur Zulässigkeit eines Beschlusses, durch den zwar der Einbau einer Hauseingangstür beschlossen, die genaue Gestaltung aber einer späteren Versammlung vorbehalten wurde: BayObLG v. 4. 8. 2000 – 2Z BR 4/00, WuM 2000, 564.
298 BayObLG b. 8. 8. 2002 – 2Z BR 5/02, NZM 2002, 869: zulässig ist es, nach einer Maßnahme, die ohne Beschluss durchgeführt wurde, zu beschließen, dass die Finanzierung aus einer bereits für andere Arbeiten erhobenen Sonderumlage erfolgen soll.
299 Im Ergebnis ebenso: *Köhler*, WEG § 16 Rn. 254.
300 BGH v. 11. 11. 2011 – V ZR 65/11, NJW 2012, 603.
301 BayObLG v. 11. 12. 1980 – 2 Z 74/79, ZMR 1981, 285.

wesenen ordnungsgemäßen Zustandes[302] des gemeinschaftlichen Eigentums. Zur ordnungsmäßigen Instandhaltung (und Instandsetzung)[303] gehört auch die **erstmalige Herstellung** eines ordnungsmäßigen Zustands, wie etwa die Beseitigung von Baumängeln.[304] Auch die so genannte **modernisierende Instandsetzung**[305] fällt unter den Begriff der Instandsetzung.[306] Zu einer abweichenden Kostentragungsregelung in der Gemeinschaftsordnung siehe oben Rn. 13.

Kosten sind dabei die **Aufwendungen**, welche die Gemeinschaft für die vorgenannten Erhaltungs- oder Wiederherstellungsmaßnahmen vorzunehmen hat. Kosten der Instandhaltung oder Instandsetzung sind beispielsweise die Ausgaben, die für eine Tiefgaragensanierung[307] oder die Dach- oder Fassadensanierung[308] angefallen sind. Seit der Entscheidung des BGH vom 4.12.2009[309] können die **Zuführungen** zur **Instandhaltungsrücklage** nicht mehr als Kosten i.S.d. Abs. 4 behandelt werden. Wenn im Wirtschaftsplan Zuführungen zur Instandhaltungsrücklage vorgesehen sind, richtet sich die Verteilung dieses Gesamtbetrages in den Einzelwirtschaftsplänen nicht nach Abs. 4 sondern, wenn in der Gemeinschaftsordnung keine speziellen Regelungen vorhanden sind, nach dem **allgemeinen Verteilungsschlüssel** nach **Abs. 2**. Absatz 4 weist den Wohnungseigentümern nicht die Kompetenz zu, einen die Ansammlung von Instandhaltungsrücklagen betreffenden **Verteilungsschlüssel** zu ändern. Einer wirksamen Änderung des Kostenverteilungsschlüssels zur Ansammlung der sog. **Gebäudezuführungsrücklage** steht bereits entgegen, dass die Regelung nicht lediglich einen Einzelfall i.S.v. Abs. 4 betrifft. Ein entsprechender Beschluss regelt nicht nur eine **einzelne Maßnahme** und erschöpft sich nicht in deren **Vollzug**, weil Instandhaltungsrückstellungen nicht für eine einzige Maßnahme, sondern für den zukünftigen – noch nicht konkret vorhersehbaren – Instandhaltungs- und Instandsetzungsbedarf gebildet werden. Eine schon nach dem Inhalt des Beschlusses über den Einzelfall hinausreichende Änderung des Schlüssels ist nicht von der Beschlusskompetenz nach Abs. 4 gedeckt und daher nichtig.[310]

Zur Behandlung der Zuführungen zur Instandhaltungsrücklage im **Wirtschaftsplan** siehe § 28 Rn. 14, Rn. 16 und Rn. 18 sowie zur Behandlung in der Jahresabrechnung siehe genauer § 28 Rn. 39 ff.

Hinsichtlich weiterer Einzelheiten zur Instandhaltung und Instandsetzung wird auf § 21 Rn. 51 ff. verwiesen.

---

302 OLG Hamm v. 18.9.2006 – 15 W 88/06, FGPrax 2007, 69; BayObLG v. 11.12.1980 – 2 Z 74/79, ZMR 1981, 285.
303 In der Praxis werden häufig die Begriffe nicht scharf getrennt, sondern als Synonyme verwendet.
304 BayObLG v. 27.7.1989 – BReg 2 Z 68/89, Grundeigentum 1989, 1161; BayObLG v. 29.2.1996 – 2Z BR 142/95, ZMR 1996, 394.
305 Siehe dazu näher § 22 Rn. 26.
306 OLG Schleswig v. 8.12.2006 – 2 W 111/06, NZM 2007, 650.
307 OLG München v. 9.3.2007 – 34 Wx 4/07, WuM 2007, 349.
308 BayObLG v. 22.9.2004 – 2Z BR 142/04, BayObLGR 2005, 188.
309 BGH v. 4.12.2009 – V ZR 44/09, ZWE 2010, 170 (=NJW 2010, 2127).
310 BGH v. 9.7.2010 – V ZR 202/09, NJW 2010, 2654.

e) *Bauliche Veränderungen und Aufwendungen i.S.d. § 22 Absatz 1*

Unter einer **baulichen Veränderung** i.S.d. § 22 Abs. 1 ist jeder auf **Dauer** 60 angelegte gegenständliche Eingriff in die **Substanz** des gemeinschaftlichen Eigentums (Gebäude oder Grundstück) zu verstehen, durch den dauerhaft andere Funktionalitäten oder eine abgeänderte **Optik** geschaffen werden, der über die ordnungsgemäße Instandhaltung und Instandsetzung hinausgeht.[311] Siehe genauer hierzu § 22 Rn. 3 und 5.

Besondere Aufwendungen i.S.d. § 22 Abs. 1 liegen dann vor, wenn für Maßnahmen, die keine baulichen Veränderungen darstellen, **freiwillige Vermögensopfer** erbracht und damit Investitionen getätigt werden, die nicht unbedingt erforderlich sind und die über eine modernisierende Instandsetzung[312] hinausgehen. Siehe hierzu genauer § 22 Rn. 4 und 5.

Bei baulichen Veränderungen und besondere Aufwendungen nach § 22 Abs. 1 ist ergänzend § 16 Abs. 6 zu beachten. Wenn demnach eine Kostenverteilung nach Abs. 4 beschlossen wurde, verbleibt es nach Abs. 6 Satz 2 bei dieser Regelung, da Abs. 6 Satz 1 dann nicht anzuwenden ist.[313]

f) *Bauliche Veränderungen und Aufwendungen i.S.d. § 22 Absatz 2*

Zum Inhalt der Begriffe bauliche Veränderung und Aufwendungen wird zunächst auf oben Rn. 60 Bezug genommen. Maßnahmen i.S.d. § 22 Abs. 2 liegen zum einen aufgrund der dortigen Verweisung auf § 555b BGB dann vor, wenn es sich um **Modernisierungen** handelt, wenn also der Gebrauchswert nachhaltig erhöht, die allgemeinen Wohnverhältnisse auf Dauer verbessert oder nachhaltig Einsparungen von Energie oder Wasser bewirkt werden. Zum anderen werden Maßnahmen erfasst, die das gemeinschaftliche Eigentum an den **Stand der Technik** anpassen. 61

Wegen der näheren Einzelheiten zu den Modernisierungen und zur Anpassung an den Stand der Technik sowie zu den in § 22 Abs. 2 genannten Einschränkungen wird auf die Kommentierungen zu § 22 Rn. 15 bis 25 verwiesen.

g) *Wenn abweichender Maßstab dem Gebrauch oder der Möglichkeit des Gebrauchs Rechnung trägt*

Durch die einschränkende Formulierung ist klargestellt, dass der Gesetzgeber anders als bei Abs. 3, wo auch ein **„anderer Maßstab"** möglich ist, bei Abs. 4 jedenfalls in erster Linie auf den **Gebrauch** oder die **Gebrauchsmöglichkeit** abstellt. Unter Berücksichtigung des Umstandes, dass bei Abs. 4 gerade keine Betriebskosten, sondern Instandhaltungs- und Sanierungskosten erfasst sind, können die Ausführungen oben Rn. 51 bis 53 hier zumindest 62

---

311 OLG Frankfurt v. 6.4.2010 – 20 W 78/08, MDR 2010, 1108; LG Hamburg v. 16.12. 2009 – 318 S 49/09, ZWE 2010, 374; OLG München v. 28.3.2007 – 34 Wx 119/06, MDR 2007, 827; OLG Düsseldorf v. 28.11.2006 – 3 Wx 197/06, ZMR 2007, 206; ebenso: *Riecke/Schmid-Drabek*, § 22 Rn. 6; *Bärmann-Merle*, § 22 Rn. 7 und (wo jedoch zusätzlich auf eine Umgestaltung gegenüber dem Zustand bei Fertigstellung abgestellt wird).
312 Siehe dazu § 22 Rn. 26.
313 Siehe näher dazu unten Rn. 74.

entsprechend herangezogen werden. So werden voraussichtlich künftig vermehrt in Gemeinschaften Beschlüsse gefasst werden, wonach die Kosten für bauliche Veränderungen, Modernisierungen und Instandhaltungen bzw. Instandsetzungen insbesondere bei Aufzügen, Duplexgaragen, Mehrhausanlagen, Sauna oder Schwimmbad, Sondernutzungsrechten und Tiefgaragen durch Beschlüsse nach Abs. 4 grundsätzlich nach dem Gebrauchsmaßstab umgelegt werden. So könnten beispielsweise die Malerkosten bei einer Mehrhausanlage durch Beschluss nur auf die Eigentümer umgelegt werden, die in dem einen Haus eine Wohnung haben, das renoviert wird. Ebenso könnten bei einer Fahrbahnsanierung in der Tiefgarage nur die Eigentümer belastet werden, die einen Tiefgaragenstellplatz innehaben.

Da jedoch der abweichende Maßstab dem Gebrauchsmaßstab lediglich **„Rechnung tragen"** muss, haben die Eigentümer bei ihrer Entscheidung nach Abs. 4 einen **Ermessensspielraum** und können auch noch **andere Kriterien** heranziehen.[314] Der BGH hat nunmehr klargestellt, dass die Wohnungseigentümer bei der Bestimmung eines Kostenverteilungsschlüssels nach § 16 Abs. 4 WEG ein nur **eingeschränkt überprüfbares Gestaltungsermessen** haben.[315] Die Wohnungseigentümer überschreiten ihren Gestaltungsspielraum, wenn der beschlossene abweichende Verteilungsmaßstab nicht durch den in Abs. 4 bestimmten Gebrauchsmaßstab, sondern durch andere Kriterien bestimmt wird. Die Belastung eines Teils der Wohnungseigentümer mit den Kosten einer Instandsetzungsmaßnahme kommt aber, worüber im Ansatz Einigkeit besteht, nur in Betracht, wenn die belasteten Wohnungseigentümer von dem Gemeinschaftseigentum einen **eigennützigen Gebrauch** machen oder machen können, der den von den Kosten freigestellten Wohnungseigentümern nicht oder **so nicht möglich** ist.

Letztlich muss der gewählte Verteilungsschlüssel **ordnungsgemäßer Verwaltung** entsprechen. Die Beurteilung dieser Frage kann nur durch eine Bewertung erfolgen, welche die Umstände des **Einzelfalls** angemessen berücksichtigt. Es dürfte daher wohl regelmäßig innerhalb des Ermessensspielraums liegen, wenn die Kosten einer **Fenstersanierung** auf diejenigen Eigentümer umgelegt werden, deren Wohnung sanierungsbedürftige Fenster haben.[316]

Dagegen wird etwa der Ermessensspielraum **überschritten** sein, wenn bei einer **Tiefgaragensanierung** tragende Betonteile erneuert werden müssen, die auch für die **Statik** des gesamten Hauses von Bedeutung sind, und auch diese Kosten ausschließlich den Stellplatzinhabern auferlegt werden. Nach dem BGH ist auch die Belastung nur eines Teils der Wohnungseigentümer mit den Kosten der Instandsetzung des **Daches** einer **Einzelhausanlage** nicht möglich. Zwar mögen die Wohnungen der Dachgeschossbewohner dem instand zu setzenden Dach näher sein als die Eigentümer der übrigen Wohnungen. Es fehlt aber an einer gesteigerten Gebrauchsmöglichkeit und an einem konkreten Objektbezug. Der BGH hat ausdrücklich offengelassen, ob dies bei einer Mehrhausanlage ebenfalls gilt.[317]

---

314 BT-Drucks. 16/887, S. 24.
315 BGH v. 18.6.2010 – V ZR 164/09, ZWE 2010, 362.
316 Ebenso: *Jennißen-Jennißen*, § 16 Rn. 64.
317 BGH v. 18.6.2010 – V ZR 164/09, ZWE 2010, 362.

Zur Problematik der **Maßstabskontinuität** siehe oben Rn. 58.

Wie sich aus Abs. 6 Satz 2 ergibt, können auch Eigentümer, die einer **baulichen Maßnahme** nach § 22 Abs. 1 **nicht zugestimmt** haben, durch Beschluss nach Abs. 4 an den Kosten der Maßnahme **beteiligt** werden, wenn die Entscheidung den Ermessensspielraum der Eigentümer nicht überschreitet.[318]

3. Satz 2: Qualifizierter Mehrheitsbeschluss

a) Allgemeines

Kostenregelungen sind für die Wohnungseigentümer von erheblicher Bedeutung und besonders wichtig. Abweichungen vom Gesetz oder von der Gemeinschaftsordnung bedurften nach altem Recht einer Vereinbarung und sollen auch nach der Neuregelung in Satz 2 dem Willen der ganz überwiegenden Mehrheit entsprechen. Durch die erhöhten Anforderungen der in zweifacher Hinsicht qualifizierten erforderlichen Mehrheit **(Kopfzahl und Miteigentumsanteile)**, die auch der Neuregelung des § 22 Abs. 2 Satz 1 entspricht, sollen einerseits Missbräuche verhindert und zudem sichergestellt werden, dass der vereinbarte oder gesetzliche Kostenverteilungsschlüssel nicht all zu leicht außer Kraft gesetzt wird, auch wenn dies nur für einen Einzelfall geschieht. Andererseits reicht aber auch die geforderte qualifizierte Mehrheit aus. Es ist also nicht erforderlich, dass alle Wohnungseigentümer, die mit Kosten belastet werden, zugestimmt haben.[319]

63

b) Beschluss nach Satz 1

Satz 2 betrifft Beschlüsse zur Regelung der Kostenverteilung nach Satz 1. Insoweit wird auf die Ausführungen zu Rn. 55 ff. Bezug genommen.

64

c) „Bedarf"

Nach dem Wortlaut des Gesetzes „bedarf" ein Beschluss der in Satz 2 genannten qualifizierten Mehrheit. Der Gesetzgeber hat damit nicht die **Beschlusskompetenz** begrenzt, was zur Folge hätte, dass ein Nichterreichen der erforderlichen Mehrheit zur Nichtigkeit des Beschlusses führen würde. Wird bei einer Beschlussfassung nicht die erforderliche Stimmenzahl **(Quorum)**[320] erreicht, so ist der gefasste Mehrheitsbeschluss nicht nichtig, sondern nur **anfechtbar**.[321] Wie sich aus § 23 Abs. 4 Satz 2 ergibt, erwächst der Beschluss, wenn er nicht angefochten wird, in **Bestandskraft**. Die gesetzliche Neuregelung hat damit die Lösung übernommen, die bereits bei Beschlüssen, die aufgrund einer Öffnungsklausel ergingen, vertreten wurde.[322]

65

---

318 Siehe dazu auch unten Rn. 63 und Rn. 74.
319 BT-Drucks. 16/887, S. 5.
320 BGH v. 10.6.2011 – V ZR 2/10, WuM 2011, 480; BGH v. 1.4.2011 – V ZR 162/10, NJW 2011, 2202; LG München I v. 3.11.2010 – 36 S 12740/10, ZWE 2011, 140.
321 LG München I v. 13.1.2014 – 1 S 1817/13, ZWE 2014, 186; BT-Drucks. 16/887, S. 25.
322 Siehe dazu § 10 Rn. 17.

d) Mehrheit von drei Viertel aller stimmberechtigten Miteigentümer i.S.d. § 25 Absatz 2

66 Der Mehrheitsbeschluss muss zum einen von drei Viertel aller stimmberechtigten Wohnungseigentümer gefasst werden. Dies setzt die Mehrheit von 3/4 aller **stimmberechtigten** – nicht lediglich der **anwesenden** – Eigentümer voraus.[323] Durch den Verweis auf § 25 Abs. 2 stellt das Gesetz klar, dass hier das **Kopfstimmrechtsprinzip** anzuwenden ist, dass also jedem Wohnungseigentümer eine Stimme zuzurechnen ist.[324] Dabei ist unerheblich, ob der Eigentümer in der Versammlung vertreten war.[325] Unerheblich ist hier auch, ob der Eigentümer mehrere Wohnungen besitzt, wie viele Miteigentumsanteile auf ihn entfallen und welche Stimmrechtsregelung in der Gemeinschaftsordnung enthalten ist. Maßgebliche Bezugsgröße ist also die Zahl **aller Wohnungseigentümer**, wobei wegen § 25 Abs. 2 Satz 2 mehrere Eigentümer einer Wohnung als ein Kopf zählen.[326] Bei Gemeinschaften, die aus weniger als vier Eigentümern bestehen, müssen die Beschlüsse einstimmig gefasst werden, da ansonsten die geforderte Mehrheit nicht zu Stande kommen kann.[327]

Folgendes Beispiel soll die Berechnung nach dem Kopfstimmrechtsprinzip erläutern:

Eine Gemeinschaft besteht aus 12 Wohnungen, wobei jeder Wohnung 1/12 Miteigentumsanteil zugeordnet ist. Das Stimmrecht wird nach Miteigentumsanteilen ausgeübt. A besitzt 6 Wohnungen, das Ehepaar B+C besitzen gemeinsam eine Wohnung, D, E, F, G, H besitzen jeweils eine Wohnung. In der Versammlung sind A, B, C, D und E anwesend, wobei E auch den F vertritt, und stimmen alle für die abweichende Kostenregelung.

Ergebnis: Der einstimmige Beschluss ist auf Anfechtung hin für unwirksam zu erklären, da er nicht die erforderliche Dreiviertelmehrheit der Wohnungseigentümer erreicht hat. In der Versammlung waren nur 5 Köpfe anwesend, da B und C nur als ein Kopf zu zählen sind, ebenso A, obgleich er 6 Wohnungen besitzt; F ist vertreten und zählt daher ebenfalls als ein Kopf. Da die Wohnungseigentümergemeinschaft aus 7 stimmberechtigten Köpfen besteht, hätten drei Viertel, also mehr als 5 Köpfe (7 : 4 × 3 = 5,25) anwesend sein und zustimmen müssen.

e) Mehrheit von mehr als der Hälfte aller Miteigentumsanteile

67 Zusätzlich zur Dreiviertelmehrheit nach Köpfen muss ein Beschluss auch von mehr als der **Hälfte aller Miteigentumsanteile** gefasst werden.

Wenn daher bei dem unter Rn. 66 aufgeführten Beispiel alle Eigentümer außer A anwesend waren und für die abweichende Kostenregelung gestimmt haben, ist die Dreiviertelmehrheit nach Köpfen erreicht, da 6 der 7 stimmberechtigten Köpfe der Gemeinschaft zugestimmt haben. Auch hier ist der

---

323 LG Hamburg v. 29.12.2010 – 318 S 206/09, ZWE 2011, 133.
324 LG Köln v. 4.10.2012 – 29 S 91/12, ZWE 2013, 267.
325 BT-Drucks. 16/887, S. 25.
326 Ebenso: *Jennißen-Jennißen*, § 16 Rn. 70.
327 Siehe auch: BT-Drucks. 16/3843, S. 48.

Beschluss aber auf Anfechtung hin für unwirksam zu erklären, da nicht mehr als die Hälfte der Miteigentumsanteile zugestimmt haben. Zugestimmt haben lediglich 6/12, da die 6/12 des A in der Versammlung nicht vertreten waren. Der Beschluss wäre nur dann ordnungsgemäß zustande gekommen, wenn 7/12 zugestimmt hätten.

An dieser Stelle scheint auch folgender **Hinweis an die Verwalter** angezeigt:

Obgleich es nach § 24 nicht erforderlich ist, das Abstimmungsergebnis im Einzelnen im Protokoll festzuhalten, dürfte es künftig dringend anzuraten sein, bei Abstimmungen über Beschlüsse nach § 16 Abs. 4 im **Protokoll** genau zu vermerken, wie viele Stimmen für den Beschluss abgegeben wurden und welche Miteigentumsanteile damit für den Beschluss gestimmt haben.[328] Fehlen im Protokoll diese Angaben, werden Anfechtungen geradezu provoziert und Beweisaufnahmen in diesem Bereich unumgänglich. Bei der zur so genannten Subtraktionsmethode entwickelten Rechtsprechung hat der BGH dargelegt, dass bei **Zweifeln** an den Mehrheitsverhältnissen im Falle der Beschlussanfechtung davon auszugehen ist, dass der Versammlungsleiter die Zahl der Ja-Stimmen zu Unrecht festgestellt hat.[329] Grundsätzlich trägt im Anfechtungsverfahren[330] aber nach den allgemeinen Beweislastregeln der Kläger die **Darlegungs-** und **Beweislast** für die Unrichtigkeit des Abstimmungsergebnisses.[331] Es genügt also nicht ein pauschales Bestreiten der Richtigkeit. Eine Beweislastumkehr wegen der dem einzelnen Wohnungseigentümer nicht einsehbaren Umstände der Auszählung ist grundsätzlich nicht zulässig, da sie zu systemfremden Ausforschungsbeweisen führen würde.[332] Rügt der Kläger substantiiert, so trifft die Beklagten eine sekundäre Behauptungslast bzw. die Verpflichtung zu substantiiertem Bestreiten, wenn ihnen ausnahmsweise zuzumuten ist, die prozessordnungsgemäße Darlegung durch nähere Angaben zu ermöglichen.[333]

VI. Absatz 5: Beschlusskompetenz nach Absatz 3 und 4 Nicht einschränkbar oder ausschließbar

Wenn nach Abs. 5 die Befugnisse i.S.d. Abs. 3 und 4 durch Vereinbarung nicht eingeschränkt oder ausgeschlossen werden können, bedeutet dies, dass die Beschlusskompetenz aus den vorgenannten Absätzen **nicht zu Ungunsten** der vorgesehenen Mehrheiten eingeschränkt oder ausgeschlossen werden kann. Dies gilt sowohl für bereits bestehende Gemeinschaftsordnungen als auch für erst nach dem 1.7.2007 erstellte **Gemeinschaftsordnun-**

68

---

328 Siehe näher zu der erforderlichen und wünschenswerten Protokollierung: § 24 Rn. 34 ff.
329 BGH v. 19.9.2002 – V ZB 37/02, NJW 2002, 3629; OLG Köln v. 21.11.2001 – 16 Wx 185/01, ZMR 2002, 972.
330 Zur Beweislast bei der Feststellungsklage siehe § 23 Rn. 39.
331 LG München I v. 27.4.2009 – 1 S 20171/08, ZWE 2009, 318; AG Regensburg v. 18.2.2009 – 8 C 2322/08, ZMR 2009, 412.
332 *Zöller-Greger*, ZPO, vor § 284 Rn. 34.
333 *Zöller-Greger*, ZPO, vor § 284 Rn. 34; OLG Stuttgart v. 15.10.2008 – 20 U 19/07, BB 2008, 2357 (für die aktienrechtliche Anfechtungsklage).

gen.[334] Auch, wenn eine Gemeinschaftsordnung für deren Änderung eine ³/₄-Mehrheit vorschreibt, können demnach Beschlüsse im Anwendungsbereich des § 16 Abs. 3 mit einfacher Mehrheit gefasst werden.[335] Die Regelung des Abs. 5 kann auch nicht durch bestehende oder neu zu fassende **Öffnungsklauseln**[336] umgangen werden.

Die Abs. 3 und 4 sind jedoch **teilweise dispositiv.** Da Abs. 5 nur die Beschlusskompetenz der Mehrheit schützen will, bleiben Regelungen in Gemeinschaftsordnungen oder Öffnungsklauseln, die an eine Änderung des Kostenverteilungsschlüssels **geringere Anforderungen** als die Abs. 3 und 4 stellen, weiterhin wirksam und bindend.[337] Ist also beispielsweise in einer Gemeinschaftsordnung eine Öffnungsklausel dahingehend enthalten, dass abweichende Kostenverteilungen mit einfacher Mehrheit der anwesenden Eigentümer beschlossen werden können, bleibt diese Öffnungsklausel weiterhin anwendbar und schließt § 16 Abs. 3 und 4 aus.

VII. Absatz 6: bauliche Maßnahmen und besondere Aufwendungen i. S. d. § 22 Absatz 1

1. Satz 1: Anteil an Nutzungen und Kostentragung

69 Satz 1 entspricht § 16 Abs. 3 WEG a. F. Soweit also nicht Satz 2 eingreift, kann die zu Abs. 3 a. F. ergangene Rechtsprechung weiter angewendet werden.

a) Wohnungseigentümer

Wohnungseigentümer ist grundsätzlich nur, wer nach materiellem Recht (§§ 873, 925 BGB) das Wohnungs- oder Teileigentum wirksam erworben hat. Dies ist in der Regel derjenige, der zu Recht im Wohnungsgrundbuch eingetragen ist.[338] Zu näheren Einzelheiten wird auf die obige Rn. 2 und auf die Kommentierung zu § 10 Rn. 3 verwiesen.

b) Nichtzustimmung zu einer Maßnahme nach § 22 Absatz 1

70 Maßnahmen i. S. d. § 22 Abs. 1 sind **bauliche Veränderungen** und **besondere Aufwendungen.** Insoweit wird auf oben Rn. 60, 61 und im Einzelnen auf § 22 Rn. 3ff. verwiesen. Nicht zugestimmt hat jeder Eigentümer, der entweder **gegen** den Beschluss gestimmt hat, der sich **enthalten** hat oder der an der Abstimmung **nicht teilgenommen** hat, weil er nicht auf der Versammlung anwesend und auch nicht vertreten war. Zur Frage, ob eine Zustimmung auch außerhalb des Beschlusses erteilt werden kann, siehe § 22 Rn. 7f. und 13. Hat dagegen ein Eigentümer **zugestimmt**, ist jedenfalls § 16 Abs. 6 nicht auf ihn anwendbar.[339]

---

334 BGH v. 16. 7. 2010 – V ZR 221/09, ZWE 2010, 402.
335 LG Berlin v. 3. 12. 2013 – 55 S 127/12, ZMR 2014, 570.
336 Siehe zu den Öffnungsklauseln § 10 Rn. 33.
337 BT-Drucks. 16/887, S. 25.
338 OLG Brandenburg v. 9. 1. 2006 – 13 Wx 17/05, ZWE 2006, 447.
339 OLG Frankfurt/Main v. 15. 11. 2005 – 20 W 130/03, OLGR Frankfurt 2006, 617.

Absatz 6 greift dagegen **nicht** ein, wenn der Beschluss eine Maßnahme der ordnungsgemäßen **Instandhaltung und Instandsetzung** gem. § 21 Abs. 5 Nr. 2 oder eine **Modernisierung** gem. § 22 Abs. 2 Satz 1 betrifft.[340] Hat in diesem Fall ein Wohnungseigentümer einem Beschluss nicht zugestimmt, wird er nach erfolgreicher Beschlussanfechtung auch dann nicht in **analoger** Anwendung von § 16 Abs. 6 Satz 1 Hs. 2 von den Kosten befreit, wenn die Maßnahme bereits durchgeführt ist und nicht rückgängig gemacht werden kann.[341] Da die Kosten angefallen sind und ein Beschluss insoweit nicht (mehr) vorliegt, sind sie nach dem allgemeinen Verteilungsschlüssel des § 16 Abs. 2 als unberechtigte Ausgaben auf alle Eigentümer umzulegen.

Gleiches gilt, wenn Kosten für eine nicht durch Beschluss genehmigte Baumaßnahme angefallen sind. Auch hier ist **Abs. 6 nicht** anwendbar, weil dieser nach seinem Sinn und Zweck eine wirksame Beschlussfassung über die Vornahme der baulichen Veränderung i.S.d. § 22 Abs. 1 voraussetzt. Liegt dagegen ein Beschluss nicht vor, gilt diese Regelung auch nicht.[342] Da der Baumaßnahme (mangels Beschluss) kein Eigentümer zugestimmt hat, müsste nach Abs. 6 keiner die Kosten tragen, so dass auch in diesem Falle nur verbliebe, die tatsächlich ja angefallenen Kosten nach dem gesetzlichen Verteilungsschlüssel zu verteilen (siehe oben Rn. 12).

Die früher streitige Frage, ob **jede Nichtzustimmung** oder nur eine nach § 22 Abs. 1 Satz 2 nicht erforderliche Zustimmung unter Abs. 6 Satz 1 fällt,[343] hat der BGH nun abschließend entschieden. Stimmt ein Eigentümer einer Maßnahme nach § 22 Abs. 1 nicht zu, ist er von den damit verbundenen Kosten befreit. Es kommt nicht darauf an, ob seine Zustimmung gemäß § 22 Abs. i.V.m. § 14 Nr. 1 erforderlich war oder nicht. Der nicht zustimmende Eigentümer kann die **Kostenfreistellung** auch **nach Bestandskraft** des Beschlusses über die Durchführung der baulichen Maßnahme verlangen. Dies gilt aber nur, sofern der Beschluss über die Baumaßnahme die Kostenverteilung **nicht abschließend regelt**.[344] In diesem Fall ist der **Vorrang** des **Abs. 4** zu berücksichtigen (siehe dazu unten Rn. 74).

Nicht möglich ist es nach der hier vertretenen Meinung, eine **Zustimmung** nur **unter** der **Bedingung** abzugeben, keine Kosten tragen zu müssen. Siehe hierzu ausführlich § 23 Rn. 19.

71

c) Kein Anspruch auf Anteil von Nutzungen

Ein Eigentümer, der nicht zustimmen musste und der auch nicht zugestimmt hat[345], ist nicht berechtigt, einen Anteil an Nutzungen, die auf einer solchen Maßnahme beruhen, zu beanspruchen.

72

---

340 BGH v. 11.11.2011 – V ZR 65/11, NJW 2012, 603.
341 BGH v. 13.5.2011 – V ZR 202/10, NZM 2011, 551; a.A. zur analogen Anwendung wohl LG Koblenz v. 10.3.2014 – 2 S 49/13, ZWE 2015, 120 und vorausgegangener Hinweisbeschluss v. 5.12.2013 (bei juris).
342 LG München I v. 16.11.2015 – 1 S 24339/14 (bisher noch nicht veröffentlichtes Protokollurteil).
343 Siehe dazu ausführlich unter Hinweis auf die bis dahin vorliegende Rechtsprechung die Vorauflage, bei der noch die Gegenmeinung vertreten wurde.
344 BGH v. 11.11.2011 – V ZR 65/11, NJW 2012, 603.
345 Siehe dazu oben Rn. 70 und Rn. 71.

Wie bereits oben bei Rn. 4 ff. dargestellt wurde, sind unter Nutzungen die Früchte des gemeinschaftlichen Eigentums i.S.d. § 99 BGB zu verstehen. Die Nutzungen beruhen auf einer solchen Maßnahme, wenn sie gerade aufgrund der Maßnahme nach § 22 Abs. 1 gezogen werden können. Wurde also erstmals ein Obstgarten angelegt, fallen die geernteten Früchte hierunter. Gleiches gilt, wenn durch eine bauliche Maßnahme zum Gemeinschaftseigentum gehörende Parkplätze geschaffen wurden, für die hieraus erzielten Mieteinnahmen.

Nicht zu den Nutzungen i.S.d. Abs. 6 gehören aber die Vorteile aus dem **Mitgebrauch**[346] des gemeinschaftlichen Eigentums.[347] Erlangen Wohnungseigentümer, die einer Maßnahme i.S.d. § 22 Abs. 1 Satz 1 nicht zugestimmt haben, durch den unvermeidbaren Mitgebrauch des Geschaffenen einen Vorteil (möglicherweise bei verbesserter Heizleistung aufgrund einer Heizungsmodernisierung, die nicht erforderlich war), so müssen diese Wohnungseigentümer diesen Vermögensvorteil nach den Grundsätzen der **ungerechtfertigten Bereicherung** gemäß §§ 812 ff. BGB den Wohnungseigentümern, die die Kosten getragen haben, herausgeben.[348]

d) Keine Verpflichtung zur Kostentragung

73 Ein Eigentümer, der einer Maßnahme nach § 22 Abs. 1 nicht zustimmen musste und der auch nicht zugestimmt hat[349], ist nicht verpflichtet, Kosten zu tragen, die durch eine solche Maßnahme verursacht wurden. Der Eigentümer ist daher zunächst von den Kosten befreit, welche durch die Maßnahme **unmittelbar veranlasst** wurden. Dies wären beispielsweise die Material- und Arbeitskosten bei der Neuanlage eines Gartens oder dem Einbau eines Aufzugs im Treppenhaus. Grundsätzlich sind aber auch die **Folgekosten** durch die Maßnahme verursacht, so dass die Befreiung von der Kostentragungspflicht regelmäßig auch die Folgekosten umfasst.[350] Zu beachten ist hier jedoch, dass eine über die ordnungsgemäße Instandhaltung und Instandsetzung hinausgehende Veränderung zu **Folgemaßnahmen** (etwa **Instandhaltung** oder **Instandsetzung**) führen kann, die durch eine **ordnungsgemäße Verwaltung** geboten sind und die daher nicht mehr unter die Kostenbefreiung des Abs. 6 fallen, da insoweit **keine Folgekosten** i.S.d. § 16 Abs. 6 vorliegen.[351] Wurden etwa Dachflächenfenster ausgewechselt und wird später ein Dachsanierung erforderlich, so fallen auch die durch den Fensteraustausch erhöhten Kosten der Dachsanierung unter die notwendigen Kosten, welche alle Eigentümer zu tragen haben. Dasselbe gilt für eine Kostenerhöhung bei der künftigen Wartung und Reparatur des Daches oder, hiervon unabhängig, der Dachflächenfenster selbst, wenn sie zum gemeinschaftlichen Eigentum gehören.[352] Wenn diese Kosten nur von einigen

---

346 Siehe zum Mitgebrauch § 13 Rn. 18 ff.
347 A.A.: *Bärmann-Becker*, § 16 Rn. 161.
348 OLG Hamm v. 14. 5. 2002 – 15 W 300/01, NZM 2002, 874.
349 Siehe dazu oben Rn. 70/71.
350 BGH v. 19. 12. 1991 – V ZB 27/90, WuM 1992, 159; OLG Düsseldorf v. 4. 11. 2005 – 3 Wx 92/05, NZM 2006, 109.
351 BGH v. 19. 12. 1991 – V ZB 27/90, WuM 1992, 159.
352 BGH v. 19. 12. 1991 – V ZB 27/90, WuM 1992, 159.

Eigentümern getragen werden sollen, bedarf es einer **Kostenregelung** nach Abs. 4. Von der oben dargestellten einschränkenden Definition des Begriffs Folgekosten sollte schon im Interesse der gerichtlichen und außergerichtlichen Praxis nicht abgewichen werden. Würde man in den vorstehenden Beispielen die erhöhten Instandsetzungskosten als Folgekosten ansehen, könnte wohl kaum noch eine **sinnvolle Jahresabrechnung** hinsichtlich dieser Kosten vorgenommen werden. Jeder Eigentümer könnte die Abrechnung anfechten mit der Behauptung, er habe der (möglicherweise vor Jahren oder Jahrzehnten durchgeführten) Baumaßnahme damals nicht zugestimmt, so dass die Kosten nicht auf ihn umgelegt werden dürfen. Wenn dem Eigentümer im Anfechtungsprozess dieser Beweis (etwa durch das Zeugnis eines anderen Eigentümers) gelingt, wird die Jahresabrechnung aufgehoben, neu erstellt und neu beschlossen. Diesen neuen Beschluss kann dann der nächste Eigentümer mit ebenfalls der Begründung, er habe damals nicht zugestimmt, erfolgreich anfechten. Dieses „Spiel" könnte praktisch unbegrenzt fortgeführt werden. Jedenfalls wäre ein jahrelanger **Streit** über die Kostenverteilung bei einer an sich nicht zu beanstandenden und damit eigentlich nicht streitanfälligen Instandsetzungsmaßnahme **vorprogrammiert**.

Sind jedoch nach den vorstehenden Ausführungen einzelne Eigentümer nicht verpflichtet, Kosten mit zu tragen, so dürfen die erforderlichen Gelder nicht der **Instandhaltungsrücklage** entnommen werden, da ansonsten alle Eigentümer belastet werden.[353] Werden dennoch Beträge aus der Instandhaltungsrücklage entnommen, hat der von der Kostentragungspflicht befreite Eigentümer gemäß § 21 Abs. 4 einen Anspruch darauf, dass der Betrag der Instandhaltungsrücklage wieder zugeführt wird.[354] Wird zur Finanzierung einer Maßnahme nach § 22 Abs. 1 eine **Sonderumlage** beschlossen, dürfen die nicht zur Kostentragung verpflichteten Eigentümer nicht in die Umlage mit einbezogen werden.[355]

2. Satz 2: Vorrang von Absatz 4

Nach Satz 2 findet Abs. 6 Satz 1 dann keine Anwendung, wenn eine Kostenverteilung nach Abs. 4 vorgenommen wurde. Dies bedeutet, dass der **Beschluss** nach **Abs. 4** die Regelung des Abs. 6 Satz 1 verdrängt.[356] Wer aufgrund eines Beschlusses nach Abs. 4 Kosten zu tragen hat, kann sich also nicht darauf berufen, er habe der Maßnahme nicht zugestimmt und sei daher von der Kostentragung befreit. Da Abs. 6 Satz 1 dann aber insgesamt nicht eingreift, kann der nach Abs. 4 mit Kosten belastete Eigentümer auch dann einen Anteil an den **Nutzungen** beanspruchen, wenn er am Beschluss zur Kostenverteilung nicht mitgewirkt hat oder, wenn er dort überstimmt worden ist.[357]

74

---

353 BGH v. 19.12.1991 – V ZB 27/90, WuM 1992, 159.
354 OLG Hamm v. 14.5.2002 – 15 W 300/01, NZM 2002, 874.
355 BGH v. 19.12.1991 – V ZB 27/90, WuM 1992, 159.
356 BGH v. 11.11.2011 – V ZR 65/11, NJW 2012, 603.
357 BT-Drucks. 16/887, S. 25.

VIII. Absatz 7: (Beispielhafte) Kosten der Verwaltung

75 Absatz 7 entspricht dem Abs. 4 a.F. Es liegt lediglich eine redaktionelle Folgeänderung aufgrund der Einfügung der neuen Abs. 3 bis 5 vor.[358]

1. Verwaltungskosten i.S.d. Absatzes 2

Wie bereits bei Rn. 18 oben dargestellt, fallen unter Kosten für die sonstige Verwaltung i.S.d. Abs. 2 sämtliche Kosten, die im weitesten Sinn mit Verwaltung zusammenhängen und die nicht unter Rn. 16, 17 oder 19 fallen.[359] Durch die Verwendung der Formulierung „insbesondere" ist sichergestellt, dass die in Abs. 6 genannten Kosten unabhängig von eventuellen Differenzen bei der Definition des Begriffs der sonstigen Verwaltungskosten zu diesen Kosten gehören. Damit sind diese Kosten nach Abs. 2 nach dem allgemeinen Verteilungsschlüssel, also nach dem im Grundbuch eingetragenen **Verhältnis** der **Miteigentumsanteile**[360] auf alle Wohnungseigentümer umzulegen. Damit müssen sich also auch die Eigentümer anteilig an den Kosten der Gemeinschaft beteiligen, welche im Klageverfahren gegen sie auf Entziehung des Wohnungseigentums[361] obsiegt haben[362] oder welche einen Schadensersatzanspruch gegen die Gemeinschaft nach § 14 Nr. 4 geltend machen.[363]

2. Kosten eines Rechtsstreits nach § 18

76 Unter Rechtsstreit gemäß § 18 ist nur die **Entziehungsklage** der Gemeinschaft[364] gegen den störenden Eigentümer[365] zu verstehen, nicht aber ein Beschlussanfechtungsverfahren gegen einen nach § 18 Abs. 3 gefassten Beschluss[366]. Zu den Kosten des Entziehungsverfahrens gehören nicht nur die Gerichtskosten und die außergerichtlichen Kosten der klagenden Gemeinschaft, sondern auch der Kostenerstattungsanspruch des obsiegenden Miteigentümers.[367]

Zu den Kosten der Verwaltung gehören auch die durch eine anwaltliche Beratung entstandenen Kosten, wenn die anwaltliche Beratung dazu geführt hat, dass die Wohnungseigentümer von der Veräußerungsklage Abstand nehmen.[368]

Ausnahmsweise ist jedoch der obsiegende Eigentümer nicht an den Kosten zu beteiligen, wenn die Entziehungsklage von vornherein aussichtslos und

---

358 BT-Drucks. 16/887, S. 25.
359 Ebenso: *Staudinger-Bub*, § 16 WEG Rn. 162 *Schmid/Kahlen*, WEG, § 16 Rn. 65 ff.
360 Siehe dazu oben Rn. 12.
361 Siehe dazu § 18 Rn. 2 und 14.
362 OLG Düsseldorf v. 20.4.2007 – 3 Wx 127/06, NZM 2007, 569.
363 Siehe dazu § 14 Rn. 72 ff. und OLG Düsseldorf v. 22.11.2005 – 3 Wx 140/05, ZMR 2006, 459.
364 Siehe dazu § 18 Rn. 8.
365 Siehe dazu § 18 Rn. 7.
366 Ebenso: *Palandt-Bassenge*, WEG § 16 Rn. 23.
367 OLG Düsseldorf v. 3.5.1996 – 3 Wx 356/93, WuM 1996, 586.
368 BayObLG v. 27.11.2003 – 2Z BR 186/03, NZM 2004, 235.

rechtsmissbräuchlich war.³⁶⁹ **Obsiegt** dagegen bei der Entziehungsklage die **Gemeinschaft** und der störende Eigentümer hat nach § 91 ZPO die Kosten zu tragen, dann verbleibt es bei der gerichtlichen Kostenentscheidung, so dass der störende Eigentümer die Kosten des Verfahrens alleine zu tragen hat.³⁷⁰

3. Ersatz des Schadens im Falle des § 14 Nr. 4

Nach § 14 Nr. 4, 2. Hs. ist bei einer bestehenden Duldungspflicht dem Wohnungseigentümer der durch das Betreten oder die Benutzung entstehende Schaden zu ersetzen. Bei diesem Anspruch handelt es sich um einen verschuldensunabhängigen Schadensersatzanspruch aus aufopferungsähnlichem Grundgedanken, bei dem nach den Grundsätzen der §§ 249 ff. BGB **sämtliche Schäden** zu ersetzen sind.³⁷¹ Wegen der näheren Einzelheiten des Ersatzanspruchs wird auf § 14 Rn. 71 bis 75 Bezug genommen. 77

Da der Schadensersatzanspruch des Eigentümers zu den Verwaltungskosten der Gemeinschaft gehört³⁷², deren Mitglied er selbst auch ist, muss er den nach dem allgemeinen **Kostenverteilungsschlüssel** auf ihn entfallenden Anteil am Schaden selbst tragen.³⁷³ Bei einer Klage muss der Eigentümer seit der Anerkennung der (Teil-) Rechtsfähigkeit der Gemeinschaft in § 10 Abs. 6³⁷⁴ diesen Anteil vom Schadensbetrag nicht mehr abziehen. Er kann vielmehr den gesamten Schaden einklagen.

IX. Absatz 8: (Mehr-)Kosten eines Rechtsstreits gemäß § 43

1. Rechtsstreit nach § 43

Absatz 8 befasst sich mit Kosten eines Rechtsstreits nach § 43, also nicht mit den Kosten einer Entziehungsklage nach § 18, für die Abs. 7 einschlägig ist.³⁷⁵ 78

Obgleich der Verweis auf § 43 einschränkungslos erfolgt ist (insoweit entspricht die Regelung dem Abs. 5 a. F.), erfasst Abs. 8 nach Meinung des BGH³⁷⁶ nur die **Binnenstreitigkeiten** (§ 43 Nr. 1 bis 4), da durch diese Vorschrift verhindert werden soll, dass Konflikte innerhalb der Eigentümergemeinschaft auf Kosten aller Wohnungseigentümer ausgetragen werden.³⁷⁷ Nicht erfasst werden dagegen nach dem BGH die Klagen Dritter gegen die

---

369 OLG Düsseldorf v. 20. 4. 2007 – 3 Wx 127/06, NZM 2007, 569.
370 OLG Stuttgart v. 25. 11. 1985 – 8 W 424/84, NJW-RR 1986, 379.
371 KG Berlin v. 28. 7. 1999 – 24 W 9125/97, WuM 2000, 85; BayObLG v. 19. 5. 1994 – 2Z BR 135/93, ZMR 1994, 420; BGH v. 11. 12. 2002 – IV ZR 226/01, ZMR 2003, 209.
372 Siehe dazu § 14 Rn. 75.
373 Siehe dazu oben Rn. 12; ebenso: *Jennißen-Jennißen*, § 16 Rn. 155.
374 Siehe dazu § 10 Rn. 37 ff.
375 Siehe dazu oben Rn. 76.
376 BGH v. 15. 3. 2007 – V ZB 1/06, NZM 2007, 358 (zwar ergangen zum alten Recht; da die Entscheidung aber kurz vor Inkrafttreten des neuen Rechts erging, muss davon ausgegangen werden, dass der BGH auch zum neuen Recht an seiner Auffassung festhalten wird).
377 BGH v. 17. 10. 2014 – V ZR 26/14, ZWE 2015, 91; BGH v. 4. 4. 2014 – V ZR 168/13, ZWE 2014, 261.

Gemeinschaft oder Wohnungseigentümer (§ 43 Nr. 5).[378] Nach dem BGH[379] werden auch nicht erfasst die Klagen, mit denen gemeinschaftliche **Beitrags- und Schadensersatzansprüche** gegen einzelne Wohnungseigentümer geltend gemacht werden, da diese Verfahren zwar das Innenverhältnis der Eigentümergemeinschaft betreffen, sie aber in den Bereich der gemeinschaftlichen Verwaltung fallen.[380] Gleiches dürfte auch für Kosten von **Mahnverfahren** gemäß § 43 Nr. 6 gelten. Da derartige Verfahrenskosten zu den Kosten der Verwaltung gehören, ist auf sie § 16 Abs. 2 unmittelbar für die Verteilung anwendbar.[381]

2. Mehrkosten eines Rechtsanwalts aufgrund Vergütungsvereinbarung

79 Die Neufassung des Abs. 8 regelt ausdrücklich lediglich einen Teil der Kosten eines Rechtsstreits. Die Regelung ist im Zusammenhang mit der Streitwertregelung des § 49a GKG und der gesetzlichen Ermächtigung des Verwalters zur **Vereinbarung** einer Vergütung nach § 27 Abs. 2 Nr. 4, Abs. 3 Nr. 6[382] zu sehen.[383] Absatz 8 erfasst daher nur die aufgrund einer derartigen Vergütungsvereinbarung anfallenden **Mehrkosten** gegenüber der gesetzlichen Vergütung eines Rechtsanwalts. Die Mehrkosten sind dabei durch einen Vergleich der aufgrund des festgesetzten Streitwerts nach RVG anfallenden Rechtsanwaltsgebühren und den Rechtsanwaltsgebühren zu ermitteln, die sich aufgrund der Vergütungsvereinbarung ergeben.

Hintergrund der gesetzlichen Regelung ist, dass künftig in vermehrtem Maße damit zu rechnen ist, dass Rechtsanwälte die Vertretung in Wohnungseigentumssachen nur bei einer Vergütungsvereinbarung übernehmen werden. Ohne die Vereinbarung einer höheren Vergütung wird wohl in einem Großteil der Fälle wegen der „Deckelung" des Streitwerts in § 49a GKG die Übernahme für den Rechtsanwalt wirtschaftlich nicht mehr interessant sein.[384]

Keine Kosten eines Rechtsstreits liegen dagegen vor, wenn lediglich aufgrund einer **außergerichtlichen Rechtsberatung** Anwaltskosten für die Gemeinschaft angefallen sind. Schon nach dem Wortlaut der Vorschrift steht außer Zweifel, dass Rechtsanwaltsvergütungen für außergerichtliche Rechtsberatung zu den Kosten der gemeinschaftlichen Verwaltung gehört[385] und daher insoweit § 16 Abs. 2 Anwendung findet. Ob daher bei einer außergerichtlichen Rechtsberatung Mehrkosten anfallen, ist für die Anwendung des Abs. 2 ohne Bedeutung.

---

378 Nunmehr ebenso: *Jennißen-Jennißen*, § 16 Rn. 161.
379 BGH v. 15. 3. 2007 – V ZB 1/06, NZM 2007, 358.
380 BGH v. 20. 4. 1990 – V ZB 1/90, NJW 1990, 2386 (zur Einziehung von Wohngeldern).
381 Siehe dazu auch unten Rn. 81.
382 Siehe im Einzelnen dazu § 27 Rn. 28 und Rn. 36.
383 BT-Drucks. 16/887, S. 26 und BT-Drucks. 16/3843, S. 49.
384 Zu den Einzelheiten insoweit siehe die Kommentierung zu § 49a GKG.
385 BGH v. 15. 3. 2007 – V ZB 1/06, NZM 2007, 358.

3. Mehrkosten als Kosten der Verwaltung i.S.d. Absatzes 2

Nur unter den bei Rn. 78 und 79 dargestellten Voraussetzungen (Mehrkosten aufgrund Vergütungsvereinbarung) liegen nach dem Gesetzeswortlaut Kosten der Verwaltung i.S.d. Abs. 2 vor.[386] Dies bedeutet, dass (nur) die **Mehrkosten** – wenn keine abweichende Vereinbarung getroffen wurde – nach dem Verhältnis der Miteigentumsanteile **auf alle** Wohnungseigentümer zu verteilen sind. Ohne Bedeutung ist insoweit, wer in dem Gerichtsverfahren obsiegt hat und wer nach der gerichtlichen Kostenentscheidung zur Zahlung verpflichtet wäre. Die Mehrkosten muss also auch derjenige anteilig mittragen, der ein Gerichtsverfahren gewonnen hat.

80

Dies sei an folgendem Beispiel erläutert:

Ein Wohnungseigentümer ficht einen Beschluss der Eigentümerversammlung an. Der Verwalter hat mit dem Rechtsanwalt eine Vergütungsvereinbarung dahingehend getroffen, dass dieser über seine gesetzliche Vergütung hinaus 1.000,00 € erhält. Wenn nun der Wohnungseigentümer die Anfechtungsklage verliert, werden ihm die Kosten des Verfahrens nach § 91 Abs. 1 ZPO auferlegt. Die übrigen Wohnungseigentümer können sich jedoch nur die Kosten festsetzen lassen, die sie nach den gesetzlichen Regelungen für ihren Anwalt aufwenden mussten, nicht aber die darüber hinausgehende Vergütung von 1.000,00 €. Die Mehrkosten in Höhe von 1.000,00 € sind nach § 16 Abs. 2 auf alle Wohnungseigentümer nach dem Verhältnis ihrer Miteigentumsanteil umzulegen. Es erscheint billig, den im Rechtsstreit unterlegenen anfechtenden Miteigentümer an den Mehrkosten, die den anderen Miteigentümern durch die Klageerhebung oder Rechtsverteidigung entstanden sind, zu beteiligen.[387] Gleiches würde aber hinsichtlich der Mehrkosten auch gelten, wenn der anfechtende Eigentümer mit seiner Klage durchdringt. Auch in diesem Fall müsste er sich anteilig an den Mehrkosten der Gemeinschaft, die er durch seine Klage schließlich mit veranlasst hat, beteiligen.

4. Kostenverteilung, soweit keine Verwaltungskosten vorliegen

Aus der Formulierung „nur dann ... wenn ..." lässt sich erkennen, dass der Gesetzgeber an dem schon nach Abs. 5 a.F. geltenden Grundsatz, dass die Kosten eines Rechtsstreits nicht zu den Kosten der Verwaltung i.S.d. Abs. 2 gehören, nur für den Ausnahmefall der Rechtsanwaltsmehrkosten aufgrund Vereinbarung etwas ändern wollte.

81

Wie oben dargestellt, erfasst Abs. 8 nur die dort genannten Mehrkosten, nicht aber die „üblichen" Kosten eines Rechtsstreits nach § 43. Zu diesen „üblichen" Kosten gehören sowohl die Gerichtskosten (z.B. Gerichtsgebühren, Auslagen für Zeugen und Sachverständige) als auch die außergerichtlichen Kosten (z.B. Rechtsanwaltskosten – ohne die oben genannten Mehrkosten).

Das Gesetz regelt weder in Abs. 8 noch an sonstiger Stelle (Abs. 2 ist ja gerade nicht anwendbar), wie die „üblichen" Kosten zu verteilen sind. Der

---

386 BT-Drucks. 16/887, S. 77.
387 BT-Drucks. 16/887, S. 26 und S. 77.

BGH hat den insoweit entstandenen Meinungsstreit, ob in diesen Fällen eine Verteilung nach Kopfteilen oder nach dem allgemeinen Verteilungsschlüssel der Eigentümergemeinschaft zu erfolgen hat, im Sinne der wohl herrschenden Meinung zugunsten des **allgemeinen Verteilungsschlüssels** entschieden.[388]

Wenn also in der Gemeinschaftsordnung keine Regelung insoweit vorhanden ist, greift auch hier grundsätzlich der Kostenverteilungsschlüssel des Abs. 2 ein, wonach die Verteilung nach dem Verhältnis der Miteigentumsanteile zu erfolgen hat. Bei der Verteilung der „üblichen" Kosten des Rechtsstreits sind jedoch im Gegensatz zur Verteilung der Mehrkosten folgende Besonderheiten zu beachten, wobei die Rechtsprechung zu Abs. 5 a. F. weiterhin herangezogen werden kann:

Solange noch keine gerichtliche Kostenentscheidung vorliegt, sind die bereits angefallenen **Rechtsverfolgungskosten** (z. B. Kostenvorschuss für Rechtsanwalt, Gerichtsgebühren) nur unter den Wohnungseigentümern umzulegen, die in dem Verfahren als Partei oder Nebenintervenient **auf einer Seite stehen**.[389] Das bedeutet, dass die Kosten in den Einzelabrechnungen nur denjenigen Wohnungseigentümern angelastet werden dürfen, die tatsächlich vorschusspflichtig waren.[390]

Liegt dagegen bereits die **gerichtliche Kostenentscheidung** vor, so hat diese Vorrang. Daher sind an den Kosten nur denjenigen Eigentümer zu beteiligen, die von ihnen unter Berücksichtigung der Gerichtsentscheidung betroffen sind.[391]

Die Kostenentscheidung des Gerichts regelt jedoch nur die Kostentragungspflicht gegenüber der Staatskasse. Wenn beispielsweise bei einer Anfechtungsklage nach § 43 Nr. 4, § 46, die übrigen Wohnungseigentümer (mit Ausnahme des Klägers) die Kosten als Gesamtschuldner zu tragen haben, ist damit keine Regelung für die Kostenverteilung im Innenverhältnis getroffen. Die Kostenverteilung richtet sich in diesem Falle vielmehr im **Innenverhältnis** nach § 16 Abs. 2[392], so dass sie – falls keine abweichende Regelung in der Gemeinschaftsordnung enthaltenen ist – nach dem Verhältnis der Miteigentumsanteile erfolgt. Beachtet werden muss dabei jedoch, dass der Miteigentumsanteil des obsiegenden Klägers nicht berücksichtigt werden darf. Stehen dem Kläger etwa $44/1000$ Miteigentumsanteile zu, so kann die Verteilung der Rechtsstreitskosten nicht nach Tausendstel erfolgen; es muss vielmehr bei der Verteilung von Neunhundertsechsundfünfzigstel ausgegangen werden.

Eine andere Fallgestaltung liegt aber vor, wenn die **Gemeinschaft** (der Verband) gegen einen Eigentümer **geklagt** hat. Werden hier die Kosten der Gemeinschaft auferlegt, sind ohne abweichende Regelung in der Gemein-

---

388 BGH v. 15. 3. 2007 – V ZB 1/06, NJW 2007, 1869 (mit Nachweisen zur herrschenden Meinung und zur Gegenansicht).
389 KG Berlin v. 5. 10. 2005 – 24 W 6/05, ZMR 2006, 224.
390 BGH v. 17. 10. 2014 – V ZR 26/14, ZWE 2015, 91.
391 OLG Frankfurt/Main v. 11. 8. 2005 – 20 W 56/03, NJW-RR 2006, 519.
392 BGH v. 17. 10. 2014 – V ZR 26/14, ZWE 2015, 91; BGH v. 15. 3. 2007 – V ZB 1/06, NJW 2007, 1869.

schaftsordnung an diesen Kosten im Innenverhältnis **sämtliche** Wohnungseigentümer, also auch der Beklagte als Mitglied der Gemeinschaft, zu beteiligen.[393] Der **BGH** hat diese Rechtsprechung zumindest für den Fall bestätigt, dass die Wohnungseigentümergemeinschaft **Beitrags-** oder **Schadensersatzansprüche** gegen einen einzelnen Wohnungseigentümer gerichtlich geltend macht. Jedenfalls dann sind die ihr entstehenden Prozesskosten gemäß § 16 Ab. 2 von allen Wohnungseigentümern zu tragen, da eine Freistellung des obsiegenden Wohnungseigentümers gemäß § 16 Abs. 8 nicht in Betracht kommt.[394] Es dürfte aber kein überzeugender Differenzierungsgrund vorliegen, wonach dies zwar bei Beitrags- und Schadensersatzklagen, nicht aber bei anderen Klagen des Verbandes gelten soll. Dabei dürfte auch nicht erheblich sein, ob der Verband bei der Klage eine eigene originäre oder eine geborene oder gekorene Aufgabe wahrnimmt (siehe dazu § 10 Rn. 38ff. – insbesondere Rn. 43ff.).

Einen Sonderfall hat das OLG Frankfurt/Main[395] entschieden. Dort waren durch gerichtliche Entscheidung einem Eigentümer die Kosten auferlegt worden. Bei Beschlussfassung über die Jahresabrechnung hatte dieser Eigentümer sein Eigentum bereits veräußert und war nicht mehr Mitglied der Eigentümergemeinschaft. In einem derartigen Fall können die Kosten dann nicht (alleine) dem **Rechtsnachfolger** des von der Gerichtsentscheidung Betroffenen auferlegt werden. Die Kosten sind dann vielmehr nach dem sich aus § 16 ergebenden Verteilungsschlüssel umzulegen.

Keine Probleme ergeben sich, unabhängig davon, ob der Verwalter mit dem Rechtsanwalt eine Vergütungsvereinbarung i.S.d. § 27 Abs. 2 Nr. 4, Abs. 3 Nr. 6 getroffen hat, bei **Klagen Dritter** gemäß § 43 Nr. 5. In diesem Fall stehen die (betroffenen) Wohnungseigentümer immer auf einer Seite, so dass alle anfallenden Kosten auf diese Eigentümer verteilt werden können.

---

[393] LG München I v. 13.5.2013 – 1 S 10826/12, ZWE 2013, 406.
[394] BGH v. 4.4.2014 – V ZR 168/13, ZWE 2014, 261.
[395] LG Frankfurt/Main v. 11.8.2005 – 20 W 56/03, NJW-RR 2006, 519.

§ 17
Anteil bei Aufhebung der Gemeinschaft

Im Falle der Aufhebung der Gemeinschaft bestimmt sich der Anteil der Miteigentümer nach dem Verhältnis des Wertes ihrer Wohnungseigentumsrechte zur Zeit der Aufhebung der Gemeinschaft. Hat sich der Wert eines Miteigentumsanteils durch Maßnahmen verändert, deren Kosten der Wohnungseigentümer nicht getragen hat, so bleibt eine solche Veränderung bei der Berechnung des Wertes dieses Anteils außer Betracht.

Inhalt:

	Rn.		Rn.
I. Allgemeines	1	2. Verhältnis der Anteile des Miteigentums	3
II. Satz 1: Anteilsbemessung bei Aufhebung der Gemeinschaft	2	3. Verhältnis des Wertes im Zeitpunkt der Aufhebung	4
1. Aufhebung der Gemeinschaft	2	III. Satz 2: Berücksichtigung von baulichen Maßnahmen	5

I. Allgemeines

1 Die WEG-Novelle[1] ändert den Satz 2 des § 17: Die Wörter „denen der Wohnungseigentümer gemäß § 22 Abs. 1 nicht zugestimmt hat", wurden durch die Wörter „deren Kosten der Wohnungseigentümer nicht getragen hat" ersetzt. Es handelt sich hierbei um eine Folgeänderung zu § 16 Abs. 4, wonach die Wohnungseigentümer im Einzelfall die Verteilung der Kosten zur Instandhaltung oder Instandsetzung oder zu baulichen Veränderungen oder zu Aufwendungen dem Maßstab des jeweiligen Gebrauchs oder der Möglichkeit des Gebrauchs durch die Wohnungseigentümer Rechnung tragen können (anstatt an die Miteigentumsanteile anzuknüpfen). In diesen Fällen soll bei der Aufhebung der Gemeinschaft der Miteigentümer, der sich an der Instandhaltung oder Instandsetzung nicht beteiligt hat, auch nicht an einer dadurch bedingten Werterhöhung partizipieren.

II. Satz 1: Anteilsbemessung bei Aufhebung der Gemeinschaft

1. Aufhebung der Gemeinschaft

2 Die Wohnungseigentumsgemeinschaft kann durch vertragliche Vereinbarungen aller Wohnungseigentümer aufgehoben werden; sie kann auch in den Fällen des § 22 Abs. 4 aufgrund des Verlangens eines Wohnungseigentümers aufgehoben werden. § 17 regelt die materiell-rechtlichen Folgen. Der **Wertausgleich** richtet sich nicht nach dem Wert der Miteigentumsanteile, sondern nach dem Verhältnis der Rechte zur Zeit der Aufhebung der Gemeinschaft.

---

1 Gesetz zur Änderung des Wohnungseigentumsgesetzes und anderer Gesetze v. 26.3.2007, Art. 1 Nr. 8.

Die Aufhebung der Gemeinschaft kann ein Miteigentümer nicht verlangen, § 11 Abs. 1 Satz 1. Die Voraussetzungen des Ausschlusses eines Wohnungseigentümers regelt § 18 Abs. 1, § 19 das Verfahren. Die Aufhebung der Wohnungseigentumsgemeinschaft im Übrigen ist nur im Rahmen des § 9 infolge völliger Zerstörung von einem Wohnungseigentümer durchzusetzen, soweit nicht in der Teilungserklärung etwas anderes vereinbart ist, § 9 Abs. 1 Nr. 2.[2] Die Aufhebung der Gemeinschaft erfolgt, sofern in der Vereinbarung zur Aufhebung nichts Weiteres vereinbart ist, gemäß §§ 749 ff. BGB durch Teilung in natura oder „Versilberung", also Verkauf oder Zwangsversteigerung (§ 180 ZVG). Die Verteilung des so erzielten Erlöses geschieht gemäß § 17.[3] Mit Aufhebung des Sondereigentums entsteht Miteigentum, das jedoch jeder jederzeit aufzuheben verlangen kann, § 749 Abs. 1 BGB. Für die Wertbestimmung gilt dann § 17.[4]

2. Verhältnis der Anteile des Miteigentums

Die Wertermittlung entspricht nicht der Miteigentumsquote, sondern dem Anteil der Miteigentümer nach dem **Verhältnis** des Werts ihrer Wohnungseigentumsrechte, da die Quote der Miteigentumsanteile am Grundstück nicht immer dem Verhältnis zur Größe des Grundstücks[5] entspricht; er entspricht auch nicht grundsätzlich dem Anteil an Kosten und Lasten (hierfür gilt § 16). Durch die Regelung des § 17 wird eine ungleichmäßige Verteilung der Miteigentumsanteile, die nicht im Verhältnis des Verkehrswerts zueinander festgelegt waren, korrigiert.[6] Damit wird auf den wirklichen Wert des Wohnungseigentumsrechts zum Zeitpunkt der Aufhebung abgestellt; Ungerechtigkeiten bei der Verteilung werden damit vermieden.

3

3. Verhältnis des Wertes im Zeitpunkt der Aufhebung

Für den in der Regel sachverständig zu ermittelnden Verkehrswert sind sowohl der Wert des Sondereigentums wie auch der Wert des gemeinschaftlichen Eigentums zu bestimmen.[7] Für die **Bestimmung des Wertes** des Sondereigentums sind z.b. Aufwendungen für die Innenausstattung, insbesondere für Bäder, besondere Installationen, wertvolle Anstriche zu berücksichtigen[8]; auch Wertverschlechterungen sind zu berücksichtigen[9]; einzustellen in die Bewertung sind Sondernutzungsrechte gemäß § 15 Abs. 1. Das

4

---

2 BayObLG v. 10.12.1979 – BReg 2 Z 23/78, BayObLGZ 1979, 414–423: eine schuldrechtliche Verpflichtung aller Wohnungseigentümer bei Eintritt bestimmter Bedingungen, die Auflösung der Gemeinschaft (Umwandlung in Miteigentum) zu vereinbaren, ist wirksam.
3 *Niedenführ/Kümmel/Vandenhouten*, § 17 Rn. 4.
4 *Weitnauer-Lüke*, § 17 Rn. 7; *Palandt-Bassenge*, § 17 Rn. 1; *Niedenführ/Kümmel/Vandenhouten*, § 17 Rn. 12; a.A. *Suilmann*, in: Bärmann, § 17 Rn. 7: Für einen Wertausgleich nach § 17 bestünde kein Bedürfnis; auch einer entsprechenden Anwendung des § 17 bedarf es nicht. *Weitnauer-Lüke*, § 17 Rn. 7.
5 Vgl. § 3 Rn. 7.
6 *Staudinger-Kreuzer*, § 17 Rn. 8; *Weitnauer-Lüke*, § 17 Rn. 4.
7 BGH v. 2.7.2004 – V ZR 213/03, BGHZ 160, 8: Die Ermittlung des Verkehrswertes einer zur Vermietung bestimmten Eigentumswohnung bestimmt sich nicht zwingend nach der Ertragswertmethode; das Gericht kann pflichtgemäß entscheiden.
8 *Staudinger-Kreuzer*, § 17 Rn. 8; *Suilmann*, in: Bärmann, § 17 Rn. 13
9 *Niedenführ/Kümmel/Vandenhouten*, § 17 Rn. 9.

gemeinschaftliche Eigentum muss wertmäßig dem jeweiligen Miteigentümer zugerechnet werden. Berücksichtigungsfähig ist der Wert des Benutzungsrechts von Aufzügen, des Treppenhauses, auch eines Schwimmbades. Die Verbesserung des Gebrauchswertes durch z.b. nachhaltige Einsparung von Energie oder Wasser ist in die Bewertung miteinzustellen.

Entscheidend ist der Zeitpunkt der Aufhebung für die Berücksichtigung von Werterhöhungen und Wertverschlechterungen. Abzustellen ist auf den Zeitpunkt des Abschlusses einer rechtswirksamen Aufhebungsvereinbarung, nicht der Eintragung in das Grundbuch (soweit nichts anderes vereinbart ist). Bei völliger Zerstörung des Gebäudes kommt letztlich nur noch der Grundstückswert in Betracht.

Veränderungen bis zur Aufhebung, wie die Umwidmung einer Straße, Stadtentwicklungen, U-Bahnbau, die zu Werterhöhungen oder zu Wertminderungen führen, sind zu berücksichtigen. Ein (Mehrheits-)Beschluss der Eigentümerversammlung der den Vorschriften des § 17 widerspricht, ist nichtig[10].

III. Satz 2: Berücksichtigung von baulichen Maßnahmen

5   Durch die Neufassung des § 17 Satz 2 aufgrund Art. 1 Nr. 8 WEG-Novelle[11] ist die etwas missverständliche ursprüngliche Formulierung geändert worden. Nun bleiben bei der **Wertermittlung** für einen Wohnungseigentümer solche bauliche Änderungen außer Betracht, denen er nicht gemäß § 22 Abs. 1 zugestimmt hat. Da er nicht an den Kosten beteiligt war, §16 Abs. 6 Satz 1 (und auch an den Nutzungen nicht teilhaben durfte, soweit er gemäß § 16 Abs. 4 einen Gebrauchsvorteil hatte), sind diese entstandenen Kosten nicht werterhöhend dem betroffenen ehemaligen Wohnungseigentümer zuzurechnen.

Umgekehrt gilt Gleiches: Hat ein Wohnungseigentümer wertverbessernde bauliche Veränderungen und Aufwendungen, die über die ordnungsgemäße Instandhaltung oder Instandsetzung des gemeinschaftlichen Eigentums hinaus gehen, ohne Zustimmung der Wohnungseigentümergemeinschaft vorgenommen, kann dies nicht zugunsten des rechtswidrig agierenden Wohnungseigentümers berücksichtigt werden. Der rechtswidrig handelnde Wohnungseigentümer wird nicht bevorzugt. Die Wertsteigerung der Miteigentumsanteile durch zulässige bauliche Veränderung des gemeinschaftlichen Eigentums kommt nur denen zugute, die die betreffende Maßnahme auf ihre Kosten durchgeführt haben, wie auch die Neufassung des § 17 Satz 2 bestätigt. Haben sich bei der Errichtung z.B. eines Aufzuges nur einzelne Wohnungseigentümer beteiligt (entgegen § 16 Abs. 4), dann wird diese Wertsteigerung nur diesen Miteigentümern zugerechnet. Die anderen Wohnungseigentümer werden insoweit auch nicht anteilig berücksichtigt.[12]

---

10 BGH v. 20.9.2000 – V ZB 58/99, BGHZ 145, 158 für die Begründung von Sondernutzungsrechten durch Mehrheitsbeschluss.
11 Gesetz zur Änderung des Wohnungseigentumsgesetzes und anderer Gesetze v. 26.3.2007, Art. 1 Nr. 8.
12 *Weitnauer*, § 17 Rn. 6; *Kreuzer*, NZM 2001, 123.

§ 18
Entziehung des Wohnungseigentums

(1) Hat ein Wohnungseigentümer sich einer so schweren Verletzung der ihm gegenüber anderen Wohnungseigentümern obliegenden Verpflichtungen schuldig gemacht, dass diesen die Fortsetzung der Gemeinschaft mit ihm nicht mehr zugemutet werden kann, so können die anderen Wohnungseigentümer von ihm die Veräußerung seines Wohnungseigentums verlangen. Die Ausübung des Entziehungsrechts steht der Gemeinschaft der Wohnungseigentümer zu, soweit es sich nicht um eine Gemeinschaft handelt, die nur aus zwei Wohnungseigentümern besteht.

(2) Die Voraussetzungen des Absatzes 1 liegen insbesondere vor, wenn

1. der Wohnungseigentümer trotz Abmahnung wiederholt gröblich gegen die ihm nach § 14 obliegenden Pflichten verstößt;

2. der Wohnungseigentümer sich mit der Erfüllung seiner Verpflichtungen zur Lasten- und Kostentragung (§ 16 Abs. 2) in Höhe eines Betrags, der drei vom Hundert des Einheitswerts seines Wohnungseigentums übersteigt, länger als drei Monate in Verzug befindet; in diesem Fall steht § 30 der Abgabenordnung einer Mitteilung des Einheitswertes an die Gemeinschaft der Wohnungseigentümer oder, soweit die Gemeinschaft nur aus zwei Wohnungseigentümern besteht, an den anderen Wohnungseigentümer nicht entgegen.

(3) Über das Verlangen nach Absatz 1 beschließen die Wohnungseigentümer durch Stimmenmehrheit. Der Beschluss bedarf einer Mehrheit von mehr als der Hälfte der stimmberechtigten Wohnungseigentümer. Die Vorschriften des § 25 Abs. 3, 4 sind in diesem Fall nicht anzuwenden.

(4) Der in Absatz 1 bestimmte Anspruch kann durch Vereinbarung der Wohnungseigentümer nicht eingeschränkt oder ausgeschlossen werden.

Inhalt:

		Rn.			Rn.
I.	Allgemeines	1	IV.	**Absatz 3: Ausschlussverfahren**	12
II.	**Absatz 1: Schwere Pflichtverletzung**	3		1. Beschlussfassung durch Mehrheitsentscheidung	12
	1. Wichtiger Grund	3		2. Rechtsmittel gegen Beschlussfassung	13
	2. Unzumutbarkeit	4		3. Zuständigkeit der Gerichte	14
	3. Verantwortlichkeit	6			
	4. Störer	7	V.	**Absatz 4: Abdingbarkeit**	15
	5. Satz 2: Aktivlegitimation	8	VI.	Umgehung des Ausübungsrechts	16
III.	**Absatz 2: Gesetzlich geregelte Ausschlussgründe**	9	VII.	Gerichtskostengesetz	17
	1. Verstoß gegen § 14	9			
	2. Verstoß gegen Lasten- und Kostentragungspflicht	10			

I. Allgemeines

1 Nur bei Vorliegen der Voraussetzungen des § 18 hat die Wohnungseigentümergemeinschaft die Möglichkeit, einen wegen **unzumutbaren Verhaltens** missliebigen Wohnungseigentümer durch Entziehung des Wohnungseigentums auszuschließen. Die Anwendung des § 18 ist ultima ratio, es ist der schwerste aller möglichen Eingriffe in das Eigentum[1]; alle anderen Abhilfemaßnahmen müssen ergebnislos gewesen sein.[2] Die Wohnungseigentümer stehen in einem so engen Verhältnis, dass zur gemeinverträglichen Ausübung des eigenen Rechts bei der Benutzung des Eigentums die vorgegebene Ordnung zu beachten ist. Gliedert sich eine Person hier nicht ein, verhält sich vielmehr mit seinem Eigentum so, dass die Rechte, insbesondere auch die Eigentumsrechte anderer Miteigentümer in erheblichem Maße verletzt werden, kann das Wohnungseigentum entzogen werden; aufgrund dieses Gesetzeszweckes verstößt § 18 Abs. 1 nicht gegen Art. 14 Abs. 1 GG.[3] § 18 Abs. 1 ist die Generalklausel für die Unzumutbarkeit, § 18 Abs. 2 definiert zwei besondere Voraussetzungen, bei deren Vorliegen eine Unzumutbarkeitsprüfung entfällt.

2 Die WEG-Novelle[4] bestimmt, dass nur die Gemeinschaft der Wohnungseigentümer das Entziehungsrecht ausüben kann (aktivlegitimiert ist): dies ist Folge der Anerkennung deren Teilrechtsfähigkeit. Handelt es sich um eine Gemeinschaft mit nur zwei Wohnungseigentümern, so entsprach es vor der WEG-Novelle bereits der Rechtsprechung[5], dass es eines Beschlusses nicht bedarf und sofort das gerichtliche Verfahren zulässig ist. Der Gesetzgeber wollte die Ausübung des Entziehungsrechts als Aufgabe der Gemeinschaft nicht der Gesamtheit der Wohnungseigentümer wissen; § 18 Abs. 1 greift damit § 10 Abs. 6 Satz 3 auf. Bei einer Zweier-Gemeinschaft sind Mehrheitsbeschlüsse nicht möglich; deshalb ist jeder der beiden Wohnungseigentümer zur Geltendmachung der Entziehung befugt[6]. Aktivlegitimiert ist nur die teilrechtsfähige Gemeinschaft der Wohnungseigentümer. Die Vorschriften sind anwendbar auf eine werdende Wohnungseigentumsgemeinschaft und auf einen Käufer, spätestens wenn die Auflassungsvormerkung im Grundbuch eingetragen ist[7].

2a Der Gesetzgeber hat durch Art. 9 des Gesetzes vom 7.7.2009[8] klargestellt, dass § 30 der Abgabenordnung nicht der Mitteilung des Einheitswertes zur Feststellung, ob die Voraussetzungen des § 18 Abs. 2 Nr. 2, also des Rückstands des Eigentümers mit Wohngeld in Höhe eines Betrages, der 3 vom

---

1 BVerfG v. 14.7.1993 – 1 BvR 1523/92, NJW 1994, 241.
2 *Niedenführ/Kümmel/Vandenhouten*, § 18 Rn. 3.
3 BVerfG v. 14.7.1993 – 1 BvR 1523/92, NJW 1994, 241/242; bestätigt: BVerfG v. 27.2.1997 – 1 BvR 1526/96, WuM 1998, 45 = FGPrax 98, 90.
4 Gesetz zur Änderung des Wohnungseigentumsgesetzes und anderer Gesetze vom 26.3.2007, BGBl. I 2007, S. 370: Art. 1 Nr. 9.
5 LG Köln v. 10.5.2001 – 29 S 90/00, ZMR 2002, 227; *Bärmann/Suilmann*, § 18 Rn. 1; *Weitnauer-Lüke*, § 18 Rn. 9; offengelassen by BayObLG v. 28.4.1983 – BReg. 2 Z 44/82, BayObLGZ 1983, 109.
6 BGH v. 22.1.2010 – V ZR 75/09, ZMR 2010, 621.
7 *Bärmann/Suilmann*, § 18 Rn. 5
8 BGBl. I S. 1707.

II. Absatz 1: Schwere Pflichtverletzung

1. Wichtiger Grund

Die **„schwere Pflichtverletzung"** ist gleichzusetzen mit den Voraussetzungen eines wichtigen Grundes, wie ihn z.B. §§ 626 BGB, 737 i.V.m. 723 Abs. 1 BGB[10] oder § 314 Abs. 1 BGB regeln[11]; die Voraussetzungen für die außerordentliche Kündigung eines Mietverhältnis können allerdings nicht auf die Entziehung nach § 18 übertragen werden[12]; auch ein Versagensgrund zur Zustimmung gemäß § 12 reicht lange nicht aus; der Eigentumsverlust ist an strengere Voraussetzungen gebunden. Soweit der Maßstab des § 543 BGB für die Bestimmung des Merkmals der „Unzumutbarkeit" herangezogen wird[13], muss dies berücksichtigt werden. Werden die Räume entgegen der in der Teilungsordnung geregelten zulässigen Nutzung[14] genutzt (z.B. gewerblich statt als Wohnräume), so kommt eine Entziehung ebenso in Betracht wie z.B. bei Belästigung durch ständiges Lärmen[15], wiederholte Beleidigungen[16], **Tätlichkeiten** gegenüber anderen Wohnungseigentümer, Hausbewohnern oder den Verwaltern, wiederholte unbegründete Strafanzeigen, Gewalttätigkeiten, schwere **Vernachlässigung** des Sondereigentums, die Auswirkungen auf das Miteigentum anderer hat (Schädlingsbefall), Einbruch in fremde Keller, unsittliche Belästigung von im Hause wohnenden Kindern und Frauen, Sachbeschädigungen, Nichteinhaltung der Heizregelung.[17] Allerdings kann dem Verwalter, der selbst Wohnungseigentümer ist, bei erheblichen Unregelmäßigkeiten im Rahmen der Verwaltungstätigkeit wegen des Bruchs des Vertrauensverhältnisses das Wohnungseigentum nicht entzogen werden.[18] Nicht ausreichend ist natürlich die Lärmentwicklung durch Kleinkinder.[19]

3

---

9 Die Rechtsprechung hatte noch nach Inkrafttreten des Gesetzes einen Anspruch auf Bekanntgabe des Einheitswertes verneint: vgl. FG Düsseldorf v. 12.11.2008 – 4 K 170/08 AO, ZMR 2009, 213 = RPfleger 2009, 258; vgl. auch die Kommentierung zu § 10 Abs. 2 ZVG.
10 Für die Auseinandersetzung einer Gesellschaft bürgerlichen Rechts gemäß § 723 Abs. 1 BGB vgl. BGH v. 28.1.2002 – II ZR 239/00, NJW-RR 2002, 704.
11 *Suilmann*, in: Bärmann, § 18 Rn.1; *Jennißen-Heinemann*, § 18 Rn. 2.
12 LG Köln v. 19.3.2009 – 29 S 45/08, ZMR 2009, 552.
13 *Weitnauer-Lüke*, § 18 Rn. 4; *Staudinger-Kreuzer*, § 18 Rn. 2.
14 Das „Lehrbuchbeispiel" ist die Ausübung der Prostitution in einer Eigentumswohnung, *Suilmann*, in: Bärmann, § 18 Rn. 17.
15 Ständige nächtliche Trinkgelage: LG Augsburg v. 25.8.2004 – 7 S 1401/04, ZMR 2005, 230.
16 LG Köln v. 10.5.2001 – 29 S 90/00, ZMR 2002, 227; auch bei Beleidigung gegenüber einem Mieter.
17 LG Aachen v. 15.10.1992 – 2 S 2098, 91, ZMR 1993, 233: In diesem Fall ist die Entziehung unzulässig.
18 *Staudinger-Kreuzer*, § 18 Rn. 7; *Palandt-Bassenge*, § 18 Rn. 2;. *Suilmann*, in: Bärmann § 18 Rn. 8, soweit nicht auch Verstöße gegen Gemeinschaftspflichten vorliegen.
19 *Niedenführ/Kümmel/Vandenhouten*, § 18 Rn. 10.

2. Unzumutbarkeit

4 Die **Pflichtverletzung** muss das Zusammenleben **unzumutbar** machen. Verschulden setzt § 18 Abs. 1 nicht voraus.[20] Abzuwägen sind die Interessen der Wohnungseigentumsgemeinschaft mit den Interessen des Eigentümers am Fortbestand seines Eigentums im Rahmen der Wohnungseigentumsgemeinschaft.[21] So werden nach der Rechtsprechung und der Rechtslehre als unzumutbare Beeinträchtigungen angesehen: Schmähung eines Gemeinschafters gegenüber Dritten; dauernde Misstrauensbezeugungen, Beleidigungen, dauernde Ehrverletzungen[22], Tätlichkeiten, Anzeigen, Intrigen, Einschüchterungen, falsche Behauptungen; Zerwürfnisse einzelner Gemeinschafter[23]. Auf keinen Fall kann einem prozesswütigen Miteigentümer der Ausschluss gedroht werden, wenn er weiterhin Beschlüsse der Wohnungseigentümerversammlung anficht. **Gesetzliche Rechte** können nicht eingeschränkt werden.[24] Ein solcher Beschluss der Gemeinschaft ist rechtswidrig.[25] Die Wohnungseigentümergemeinschaft kann sich nicht eines ihr politisch Unliebsamen entledigen, selbst wenn durch etwaige Angriffe politischer Gegner andere Wohnungseigentümer gefährdet werden können.[26] Die Verletzung der Pflicht zu schonendem Gebrauch, durch die das Eigentum anderer nicht beeinträchtigt wird, ist nicht unzumutbar[27]; die Verletzung sonstiger Pflichten allgemeiner Art, die nicht im Zusammenhang mit der Wohnungseigentumsgemeinschaft stehen, ebenso subjektiv empfundene Lärmstörungen durch (Klein)-Kinder[28], führen nicht zur Entziehung.

5 Da der Entzug ultima ratio ist, rechtfertigt die unpünktliche Erfüllung der Pflichten an die Gemeinschaft (auch der Wohngeldzahlung) den Eingriff nur, wenn dadurch die ordnungsgemäße Verwaltung nachhaltig beeinträchtigt ist.[29] Voraussetzung ist immer eine Abmahnung (die auch im Entziehungsbeschluss zu sehen ist) und nach erneutem Beschluss zum Entzug des Wohnungseigentums führen kann, wenn sich der Betroffene nicht „bessert".[30]

---

20 BVerfG v. 14.7.2003 – 1 BvR 1523/92, NJW 1994, 241/242.
21 Das ist nicht der Fall, wenn der klagende Wohnungseigentümer ebenso gegen seine Pflichten wie der beklagte Eigentümer in einer Zweipersonen-Wohnungseigentümergemeinschaft verstoßen hat oder das Verhalten von einem anderen Miteigentümer provoziert wurde: BGH v. 22.1.2010, V ZR 75/09, ZMR 2010, 621= NZM 2010, 408; LG Tübingen v. 22.9.1994 – 1 S 39/94; NJW-RR 95, 650.
22 LG Stuttgart v. 4.12.1996 – 5 S 477/95; NJW-RR 97, 589.
23 RGZ 162, 396; *Suilmann*, in: Bärmann, § 18 Rn. 17
24 OLG Köln v. 20.2.2004 – 16 Wx 7/04, NJW-RR 2004, 877.
25 LG Stuttgart v. 4.12.1996 – 5 S 477/95, NJW-RR 97, 589.
26 *Staudinger-Kreuzer*, § 18 Rn. 8.
27 LG Aachen v. 19.10.1992 – 2 S 298/91, ZMR 1993, 233.
28 *Staudinger-Kreuzer*, § 18 Rn. 9.
29 BGH v. 19.1.2007 – V ZR 26/06, BGHZ 170, 369; sind alle Wohngeldrückstände gezahlt, ist der Beschluss aufzuheben, LG Braunschweig v. 3.2.2006 – 6 T 925/05, ZMR 2006, 560.
30 BGH v. 19.1.2007 – V ZR 26/06, BGHZ 170, 369; OLG München v. 28.1.2008 – 34 Wx 77/07 NJW 2008, 856 = NZM 2008, 169.

3. Verantwortlichkeit

Ein Verschulden an der Pflichtverletzung ist nicht erforderlich; die **Verursachung** ist ausreichend. Bei der Abwägung der Schwere der Belästigung und der Zumutbarkeitsprüfung ist jedoch ein krankheitsbedingtes Fehlverhalten miteinzustellen.[31]

6

4. Störer

Störer ist vor allem der Wohnungseigentümer. Liegt ein Wohnungseigentumsanteil in der Hand von mehreren Eigentümern (Bruchteilseigentum), kann nur unter Beachtung der verfassungsgemäßen Anwendung des § 18 die Veräußerung des Anteils des Pflichtverletzers verlangt werden; wirkt der Miteigentümer nicht auf den Störer ein, erfüllt er gegebenenfalls selbst die Voraussetzung des § 18.[32] Ist das Wohnungseigentum in der Hand einer Erbengemeinschaft (Gesamthand) und liegen bei einem Gesamthänder die Voraussetzung des § 18 vor, richtet sich der Ausschluss gegen die Erbengemeinschaft insgesamt (analog § 421 BGB)[33]. Hat ein Wohnungseigentümer mehrere Wohnungseigentumsanteile, so sind alle Wohnungseigentumsanteile bei Vorliegen der Voraussetzung des § 18 zu entziehen, es sei denn die Pflichtenverstöße sind ausschließlich einem Wohnungseigentum zuzuordnen.

7

Der Wohnungseigentümer haftet für das Verhalten der Nutzer des Wohnungseigentums, sei es von Familienangehörigen, sei es von Mietern[34]. Er muss alles tun, um die Nutzer zu einer Nutzung anzuhalten, die nicht zu schwerwiegenden Verstößen im Sinne des § 18 Abs. 1 (oder des § 14) führen; er muss insbesondere alle Vermieterrechte wahrnehmen. Unterlässt er dies, können die Voraussetzungen des § 18 Abs. 1 in seiner Person vorliegen.

5. Satz 2: Aktivlegitimation

Die WEG-Novelle stellt klar, dass die Ausübung des **Entziehungsrechts** nur der Gemeinschaft der Wohnungseigentümer zusteht, außer es handelt sich um eine Gemeinschaft, die nur aus 2 Wohnungseigentümern besteht. Die Ausübung des Entziehungsrecht ist Sache der Gemeinschaft, nicht der Wohnungseigentümer selbst; § 18 Abs. 1 übernimmt damit die Regelung des § 10 Abs. 6 Satz 3. Inhaber des Entziehungsanspruchs und aktivlegitimiert waren bis zum Inkrafttreten der WEG-Reform am 1.7.2007 die einzelnen Wohnungseigentümer.[35] Nach alter Rechtslage konnte der Verband ohne

8

---

31 BVerfG v. 14.7.2003 – 1 BvR 1523/92, NJW 1994, 241; LG Tübingen v. 22.9.1994 – 1 S 39/94; NJW-RR 95, 650; Fragen der Wiederholungsgefahr und einer etwaigen fehlenden Behandlungseinsicht sind zu berücksichtigen, natürlich ist ein eventuell vorhandener Betreuer miteinzubeziehen. Zum „Messie-Syndrom" siehe LG Hamburg v. 6.4.2016 – 318 S 50/15.
32 LG Köln v. 10.5.2001 – 29 S 90/00, ZMR 2002, 227; *Staudinger-Kreuzer* zu § 19 Rn. 2; *Niedenführ/Kümmel/Vandenhouten*, § 18 Rn. 6; offen gelassen: BayObLG v. 4.3.1999 – 2 Z BR 20/99, BayObLGZ 1999, 66–70 = NZM 1999, 578.
33 *Suilmann*, in: Bärmann, § 18 Rn. 11.
34 *Suilmann*, in: Bärmann, § 18 Rn. 10.
35 BGH v. 19.1.2007 – V ZR 26/06, BGHZ 170, 369.

entsprechende gesetzliche Normierung ein Entzugsverfahren nicht an sich ziehen. Nach der Neuregelung gilt, dass die **Ausübung** des Entziehungsrechts der Gemeinschaft der Wohnungseigentümer zusteht. Die Frage, ob die Ausübungsbefugnis eine dem materiellen Recht zugeordnete Regelung für gemeinschaftsbezogene Rechte ist und damit nach dem früheren Verfahrensrecht auch die Aktivlegitimation zu behandeln ist, kann dann offen bleiben, wenn man zumindest in Übergangsfällen die (gegebenenfalls stillschweigende) Ermächtigung der Wohnungseigentümer durch den Verband, die ihm zugeordneten Ansprüche geltend zu machen, anerkennt.[36] Besteht die Wohnungseigentümergemeinschaft nur aus zwei Eigentümern, kann der andere Wohnungseigentümer unmittelbar Klage gegen den Störer auf Veräußerung erheben[37].

III. Absatz 2: Gesetzlich geregelte Ausschlussgründe

1. Verstoß gegen § 14

9   § 14 beschreibt die Pflichten des Wohnungseigentümers, insbesondere die Instandhaltungspflicht und die Pflicht, bei Gebrauch des Wohnungseigentums den Maßstab eines geordneten Zusammenlebens zu beachten[38], hierbei auch auf Dritte (Hausstand/Mieter) einzuwirken, er umfasst **Duldungspflichten** des Eigentümers. Zu den Pflichten im Einzelnen verweisen wir auf die Kommentierung zu § 14. Verstößt der Wohnungseigentümer gegen diese Pflichten gröblich, nutzen auch Abmahnungen nichts, setzt er also sein Verhalten fort, ist der Entzug gerechtfertigt: Die **Abmahnung** erfordert nicht einen Beschluss der Wohnungseigentümer, sondern kann durch den Verwalter oder gar einzelne Wohnungseigentümer ausgesprochen werden.[39] Das Gesetz fordert mindestens drei gröbliche Verstöße: ein erster Verstoß, der abgemahnt wird und danach „wiederholte", also mindestens zweimalige erneute grobe Verstöße gegen § 14.[40] Nach § 18 Abs. 1 kann dagegen schon ein grober Verstoß im Ausnahmefall ohne Abmahnung das Verbleiben in der Wohnungseigentumsgemeinschaft unzumutbar machen; allerdings ist auch dort die Abmahnung die Regel.[41] In jeder Abmahnung muss

---

36 BGH v. 24.6.2005 – V ZR 350/03, NJW 2005, 3146 = NZM 2005, 747; OLG München v. 28.1.2008 – 34 Wx 77/07, NJW 2008, 856 = NZM 2008, 169.
37 BGH v. 22.1.2010 – V ZR 75/09, ZMR 2010, 621; LG Köln v. 10.5.2001 – 29 S 90/00, ZMR 2002, 227; *Jennißen-Heinemann*, § 18 Rn. 37. Nach AG Potsdam v. 29.4. 2014 – 31 C 85/12 – allerdings erst, wenn im Falle des § 18 Abs. 2 Nr. 2 die Rückstände unstreitig oder gerichtlich festgestellt sind.
38 Nicht ausreichend ist z.B. die versehentliche Beschädigung einer Haustüre während des Einzugs; auch das vorübergehende Abstellen von Blumentrögen am Treppenabsatz (bei Fluchtwegen), kann einen Abmahnungsbeschluss nicht begründen: LG München I v. 14.6.2010 – 1 S 25652/09, ZMR 2010, 800.
39 BGH v. 8.7.2011 – V ZR 2/11; BGH v. 19.1.2007 – V ZR 26/06, Rn. 19; *Suilmann*, in: Bärmann, § 18 Rn. 33; a.A. BayObLG v. 9.3.2004 – 2Z BR 19/04, NJW-RR 2004, 1020.
40 LG Düsseldorf v. 16.3.1991 – 25 T 49/91, ZMR 1991, 314.
41 BGH v. 19.1.2007 – V ZR 26/06, BGHZ 170, 369 = NJW 2007, 1353 = NZM 2007, 290.

das beanstandete Verhalten konkret bezeichnet sein.[42] Fraglich ist, ob ein wiederholter Verstoß sich auf das abgemahnte Verhalten beziehen muss. Der Betroffene muss erkennen, dass ein konkretes Verhalten von der Wohnungseigentümergemeinschaft nicht toleriert wird, auch die wiederholte Abmahnung muss sich deshalb auf einen gleichartigen Verstoß beziehen.[43] Allerdings kann die Vielzahl abzumahnenden Verhaltens die Voraussetzung des § 18 Abs. 1 begründen.

2. Verstoß gegen Lasten- und Kostentragungspflicht

Der Wohnungseigentümer ist gemäß § 16 Abs. 2 jedem anderen Wohnungseigentümer gegenüber verpflichtet, die Lasten des gemeinschaftlichen Eigentums, Kosten der Instandhaltung, Instandsetzung und sonstiger Verwaltungsmaßnahmen entsprechend seines Anteils zu tragen. Kommt ein Miteigentümer dieser Grundverpflichtung nicht nach, lebt er auf Kosten der Gemeinschaft. Deshalb sieht § 18 Abs. 2 Nr. 2 vor, dass bei **Verzug** von mehr als drei Monaten mit einem Beitrag zur Lasten- und Kostentragung, der drei vom Hundert des Einheitswertes des betroffenen Wohnungseigentums übersteigt, die Entziehung des Wohnungseigentums erfolgen kann. Voraussetzung ist, dass die Pflichten nach § 16 Abs. 2 gemäß § 28 Abs. 5 durch die Wohnungseigentümergemeinschaft beschlossen sind.

Verzug setzt grundsätzlich Verschulden voraus (§ 276 BGB); bei Geldschulden hat der Schuldner die Nichterfüllung unabhängig von einem Verschulden immer zu vertreten.[44] Bei Rechtsirrtum (z.b. wegen eines vermeintlichen Zurückbehaltungsrechts) kann ein Verschulden ausscheiden. Die Voraussetzungen der Entziehung können nach Vorliegen des Entziehungsbeschlusses nicht nur bis zur Rechtskraft des Urteils gemäß § 19, vielmehr bis zum Zuschlag im Rahmen der Zwangsversteigerung, für deren Einleitung ein weiterer Beschluss der Wohnungseigentumsgemeinschaft notwendig ist, geheilt werden.[45] Das Verfahren ist dann erledigt. Da § 18 Abs. 2 Nr. 2 keine abschließende Spezialregelung ist, kann die Wohnungseigentümergemeinschaft bei erheblichen Wohngeldrückständen unter strikter Beachtung des Verhältnismäßigkeitsprinzips den säumigen Eigentümer von der Belieferung von Wasser und Heizenergie bis zum Ausgleich der Rückstände ausschließen.[46]

Durch Art. 9 des Gesetzes vom 11.7.2009[47] ist klargestellt, dass die Gemeinschaft der Wohnungseigentümer einen Rechtsanspruch gegenüber dem Finanzamt hat, den Einheitswert zu erfahren. Nur so kann mit ausreichender

---

42 LG Berlin vom 15.12.2009 – 55 S 102/09 WEG, ZWE 2010, 217; LG München I v. 14.6.2010 – 1 S 25652/09, ZMR 2010, 800; BayObLG v. 2.5.1985 – BReg. 2 Z 108/84, BayObLGZ 1985, 171–178.
43 A.A. *Palandt-Bassenge*, WEG, § 18 Rn. 3.
44 BGH v. 28.2.1989 – IX ZR 130/80, BGHZ 107, 92/102; *Palandt-Heinrichs*, BGB, § 276 Rn. 28.
45 *Jennißen-Heinemann*, § 19 Rn. 17.
46 BGH v. 10.6.2005 – V ZR 235/04, BGH NJW 2005, 2622 = NZM 2005, 626; BayObLG v. 16.1.1992 – BReg. 2 Z 172/91, NJW-RR 1992, 787 = WuM 1992, 207–209; OLG Hamm v. 11.10.1993 – 15 W 79/93, OLGZ 1984, 269–273.
47 BGBl. I S. 1707.

Sicherheit festgestellt werden, ob der Eigentümer mit einem Betrag, der drei vom Hundert des Einheitswertes seines Wohnungseigentums übersteigt, im Rückstand ist. Eine Auskunft des Finanzamts bedeutet damit nicht einen Bruch des Steuergeheimnisses[48].

IV. Absatz 3: Ausschlussverfahren

1. Beschlussfassung durch Mehrheitsentscheidung

12 Die Eigentümergemeinschaft muss in der Eigentümerversammlung, § 23 Abs. 1, über das Verlangen, das Wohnungseigentum zu veräußern, mit Stimmenmehrheit entscheiden[49]; es gilt die **qualifizierte (absolute) Mehrheit** der stimmberechtigten Wohnungseigentümer (Abs. 3 Satz 2); es kommt nicht auf die in der Versammlung Anwesenden an. Satz 4 des § 18 Abs. 3 schließt eine relative Mehrheit, die § 25 Abs. 3, 4 vorsieht (Mehrheit aller erschienenen stimmberechtigten Wohnungseigentümer), aus. Der Störer selbst ist nicht stimmberechtigt, § 25 Abs. 5;[50] an dieser Regelung kann auch die Gemeinschaftsordnung nichts ändern.[51] Zulässig ist allerdings eine Regelung, wonach jeder Miteigentümer so viele Stimmen wie Eigentumswohnungen (Sondereigentum) hat[52], ebenso die Erhöhung der formalen Anforderungen an einen entsprechenden Beschluss[53]. Abzustimmen ist nach Köpfen; steht das Wohnungseigentum mehreren gemeinschaftlich zu, so haben sie nur 1 Stimme (§ 25 Abs. 2 Satz 2). Für einen Abmahnungsbeschluss reicht als vorbereitende Maßnahme, da § 18 Abs. 3 eine Sonderregelung für das Entziehungsverfahren ist, die einfache Mehrheit der Anwesenden.[54] Natürlich kann die Eigentümergemeinschaft trotz Abmahnung beschließen, keine Klage zu erheben und/oder diese zurückzunehmen oder aus einem Urteil nicht zu vollstrecken. Hierzu ist ein Mehrheitsbeschluss gemäß Abs. 3 erforderlich.[55] Für die Verjährung des Entziehungsanspruchs gelten die allgemeinen Regelungen, also §§ 195 bis 199 BGB. Im Hinblick auf die kurze dreijährige Verjährungsfrist kommt eine **Verwirkung des Entziehungsrechts** wohl kaum in Betracht[56].

---

48 Vgl. hierzu BFH v. 29.7.2003 – VII R 29/02, BFHE 2002, 411. Das FG Düsseldorf v. 12.11.2008 – 4 K 170/08 AO, EFG 2009, 150 = ZMR 2009, 213 hat den Anspruch auf Vorlage des Einheitswertbescheids abgelehnt unter Verweis auf § 30 AO. Diese Probleme sind mit der Gesetzesänderung erledigt; siehe auch § 10 ZVG.
49 Der Beschluss ist Prozessvoraussetzung der nachfolgenden Entziehungsklage, BGH v. 8.7.2011 – V ZR 2/11; *Suilmann*, in: Bärmann, § 18 Rn. 42.
50 BayObLG v. 31.1.1992 – BReg. 2 Z 143/91, NJW 1993, 603.
51 BayObLG v. 24.6.1999 – 2Z BR 179/98, BayObLGZ 1999, 176/182.
52 A.A. *Suilmann*, in: Bärmann, § 18 Rn. 43; der Verweis auf OLG Rostock v. 3.11.2008 – 3 W 5/08, NZM 2009, 489 betrifft nur die Feststellung, dass die Stimme unabhängig von der Größe des Miteigentumsanteils zählt.
53 LG Hamburg v. 14.12.2011 – 318 S 42/11, ZMR 2012, 468.
54 OLG Hamburg v. 7.4.2003 – 2 Wx 9/03, ZMR 2003, 596; *Weitnauer-Lüke*, § 18 Rn. 9.
55 *Niedenführ/Kümmel/Vandenhouten*, § 18 Rn. 28;
56 Hierzu: *Suilmann*, in: Bärmann, § 18 Rn. 38; *Heinemann*, in: Jennißen, § 18 Rn. 42

2. Rechtsmittel gegen Beschlussfassung

Kommt es nicht zu einer Mehrheitsentscheidung auf Entziehung des Eigentums, hat das angerufene Gericht nur einen **eingeschränkten Prüfungsumfang**: Angesichts eines weiten Beurteilungsspielraums der Wohnungseigentumsgemeinschaft, ob sie die Voraussetzungen des § 18 bejaht oder nicht, bleibt den Gerichten nur zu prüfen, ob die Ablehnung der Entziehung außerhalb dieses Beurteilungsspielraums liegt. Die Ablehnung darf letztlich den Grundsätzen einer ordnungsgemäßen Verwaltung nicht widersprechen.[57] Wehrt sich der Betroffene gegen den Entziehungsbeschluss, geht es nur um die formelle Wirksamkeit des Entziehungsbeschlusses vor dem WEG-Gericht, nicht des materiell-rechtlichen Anspruchs auf Entziehung[58], der in der Klage gemäß § 19 geprüft wird. Gleiches gilt für einen Beschluss, in dem der Wohnungseigentümer **abgemahnt** wird; er wird nur auf formelle Mängel hin überprüft, nicht daraufhin, ob die Abmahnung materiell gerechtfertigt ist; dies ist Gegenstand der Entziehungsklage.[59]

13

Zu den Kosten eines Rechtsstreites: siehe § 16 Rn. 78–81.

3. Zuständigkeit der Gerichte

Bei der Anfechtung der Mehrheitsentscheidung auf Entziehung des Eigentums handelt es sich um „Streitigkeiten über die sich aus der Gemeinschaft der Wohnungseigentümer und aus der Verwaltung des gemeinschaftlichen Eigentums ergebenden Rechte und Pflichten der Wohnungseigentümer untereinander", § 43 Nr. 1. Auch § 43 Nr. 4 ist im Hinblick auf die Anfechtung gemäß § 46 einschlägig. Zuständig ist das **Amtsgericht** gemäß § 23 Nr. 2c GVG.

14

Die Klage auf Entziehung des Wohnungseigentums fällt ebenfalls in die Zuständigkeit des Wohnungseigentumsgerichts gemäß § 43 Nr. 1 oder 2.[60] Ausschließlich zuständig ist gemäß § 23 Nr. 2c GVG das **Amtsgericht**.[61]

Für die Überprüfung der Abmahnung ist gemäß § 43 Nr. 1 das Amtsgericht zuständig, ebenso für die Anfechtung des Beschlusses, wonach die Wohnungseigentümer die Entziehung des Eigentums abgelehnt haben.

Streiten in einer Zweier-Gemeinschaft zwei Wohnungseigentümer über die Kosten einer erfolglosen Entziehungsklage, ist das WEG-Gericht gemäß § 43 Nr. 1 zuständig.[62]

---

57 OLG Hamburg v. 7.4.2003 – 2 Wx 9/03, ZMR 2003, 596; KG Berlin v. 2.2.1996 – 24 W 3553/95, FGPrax 1996, 94; offen gelassen: BayObLG v. 28.4.1983 – (2. ZS) BReg. 2 Z 44/82, BayObLGZ 1983, 109/112.
58 BayObLG v. 15.2.1995 – 2Z BR 1/95, NJW-RR 1996, 12; BayObLG v. 4.3.1999 – 2Z BR 20/99, BayObLGZ 1999, 66 = NJW-RR 1999, 887.
59 BGH v. 8.7.2011 – V ZR 2/11, NJW 2011, 3026; LG München I v. 14.6.2010 – 1 S 25652/09, ZMR 2010, 800; BayObLG v. 15.2.1995 – 2 Z BR 1/95, NJW-RR 1996, 12; OLG Rostock v. 3.11.2008 – 3 W 5/08, NZM 2009, 489; LG München I v. 22.9.2008 – 1 S 6883/08, ZWE 2009, 35.
60 § 41 a.F. ist durch die WEG-Novelle aufgehoben.
61 BGH v. 19.12.2013 – V ZR 96/13, NJW-RR 2014, 452.
62 BGH v. 10.10.2013 – V ZR 281/12; NJW-RR 2014, 13.

V. Absatz 4: Abdingbarkeit

15 Der Anspruch auf Veräußerung des Wohnungseigentums gemäß § 18 Abs. 1 kann durch Vereinbarung der Wohnungseigentümer **nicht** eingeschränkt oder ausgeschlossen werden. Zulässig ist jedoch, in einer Gemeinschaftsordnung die Gründe, die zum Ausschluss führen können, zu erweitern: Dabei müssen diese Tatbestände ganz konkret benannt werden. Die Voraussetzungen müssen so deutlich formuliert sein, dass das Verhalten im Einzelnen erkennbar ist: Allgemeine Floskeln wie „schwere persönliche Misshelligkeiten" oder „nachbarrechtliche Störungen" reichen nicht; ein solcher Inhalt der Gemeinschaftsordnung ist nicht im Grundbuch eintragbar.[63]

Im Streit steht, ob Abs. 4 auch auf § 18 Abs. 3 anwendbar ist. Das BayObLG hat ausdrücklich offengelassen, inwieweit § 18 Abs. 3 abbedungen werden kann[64]; auf jeden Fall muss die Gemeinschaftsordnung, wenn sie eine vom Gesetz abweichende Stimmrechtsregelung enthält, diese konkret auf die Fälle der Entziehung des Eigentums beziehen. Das OLG Hamm lässt eine Erleichterung der Berechnung der Stimmenmehrheit zu[65]: Die Vereinbarung, dass das Stimmrecht sich nach **Miteigentumsanteilen** richtet, ist zulässig; eine Erschwerung der Beschlussfassung liegt nicht vor[66]; auch ein $2/3$-Quorum ist zulässig[67]. Unzulässig ist, die Entscheidung auf einen Dritten zu verlagern.[68] Bei einer Mehrhausanlage soll eine mehrheitliche Beschlussfassung der Sondereigentümer des betroffenen Gebäudekomplexes ausreichend sein.[69]

VI. Umgehung des Ausübungsrechts

16 Vor der WEG-Novelle konnte der Verpflichtete der Entziehung praktisch entgehen, indem er z.B. seinen Miteigentumsanteil fiktiv so belastete, dass dieser nicht veräußerlich war oder in der Zwangsversteigerung tatsächlich nicht versteigert werden konnte; er konnte auch einen Strohmann mit Vereinbarung eines Rückkaufs einsetzen.[70] Durch die WEG-Novelle und die

---

63 OLG Düsseldorf v. 24.3.2000 – 3 Wx 77/00, NJW-RR 2001, 231; MünchKomm-*Engelhardt*, § 18 Rn. 14; *Jennißen-Heinemann*, § 18 Rn. 43.
64 BayObLG v. 24.6.1999 – 2Z BR 179/98, BayObLGZ 1999, 176/182 = NJW-RR 2000, 17.
65 OLG Hamm v. 1.4.2004 – 15 W 71/04, NJW-RR 2004, 1380.
66 FA MietRWEG-*Förth*, S. 1015, Rn. 15 (22. Kap. Rn. 15); *Staudinger-Kreuzer*, § 18 Rn. 12; *Suilmann*, in: Bärmann, §18 Rn. 53, Vereinbarungen, wonach die übrigen Wohnungseigentümer in einer festgelegten Reihenfolge ein Ankaufsrecht haben, sollen zulässig sein: *Jennißen-Heinemann*, § 18 Rn. 44; § 19 Rn. 58.
67 LG Hamburg v. 14.12.2011 – 318 S 42/11: Es handelt sich um die Erhöhung der formalen Ansprüche an einen entsprechenden Beschluss.
68 *Niedenführ/Kümmel/Vandenhouten*, § 18 Rn. 30; *Staudinger-Kreuzer*, § 18 Rn. 34; *Weitnauer-Lüke*, § 18 Rn. 12.
69 Hierzu: *Niedenführ/Kümmel/Vandenhouten*, § 18 Rn. 32; *Staudinger-Kreuzer*, § 18 Rn. 34: problematisch.
70 Hierzu: *Staudinger-Kreuzer*, § 18 Rn. 44, der die Problematik aus tatsächlichen Gründen für theoretisch hält; *Weitnauer-Lüke*, § 19 Rn. 7; *Niedenführ/Kümmel/Vandenhouten*, § 18 Rn. 4.

unmittelbare Anwendung des Zwangsversteigerungsgesetzes (1. Abschnitt) ist die Fragestellung jetzt m.E. gegenstandslos.[71]

VII. Gerichtskostengesetz

Für den Streitwert einer Klage auf Zustimmung zur Veräußerung war nach altem Recht der **Verkehrswert** der Wohnung maßgebend.[72] Nach § 49a GKG ist der Streitwert auf 50 % des Interesses der Parteien und aller Beigeladenen an der Entscheidung festzusetzen. Er darf jedoch das Interesse des Klägers und der auf seiner Seite Beigetretenen an der Entscheidung nicht unterschreiten und das Fünffache des Wertes des Interesses nicht überschreiten; in keinem Fall darf der Verkehrswert des Wohnungseigentums überstiegen werden. Das Interesse im Entziehungsverfahren (auch nach § 48 Abs. 3 Satz 1 a.F.) bildet die Frage, ob der Sondereigentümer sein Eigentum veräußern muss, so dass ihm in dem Verkehrswert entsprechender Wertverlust droht[73]; teilweise wird angenommen, dass das Risiko eines Wertverlustes und der Kosten einer Ersatzbeschaffung bei 20 % des Verkehrswerts der Wohnung liege[74]. Das Interesse ist jedoch der Eigentumsverlust, so dass sich der Streitwert der Eigentumsentziehungsklage nach dem Verkehrswert des Wohnungs- oder Teileigentums richtet, nicht nach dem Interesse des Sondereigentümers am Behaltendürfen seines Eigentums, wie der BGH ausdrücklich entschieden hat[75]. Nach § 49a Abs. 1 Satz 1 GKG ist der Streitwert auf 50 % des Interesses der Parteien und aller Beigeladenen an der Entscheidung festzusetzen. Er darf jedoch das Interesse des Klägers und der auf seiner Seite Beigetretenen an der Entscheidung nicht unterschreiten, § 49a Abs. 1 Satz 2 GKG. Damit ist der Streitwert grundsätzlich der Wert des Eigentums.

17

---

[71] Vgl. hierzu § 19 Rn. 2.
[72] OLG Rostock v. 7.3.2006 – 7 W 63/05, ZMR 2006, 476; BayObLG v. 15.2.1995 – 2Z BR 1/95, NJW-RR 1996, 12.
[73] BGH v. 21.9.2006 – V ZR 28/06, NZM 2006, 873.
[74] OLG Köln v. 23.12.1997 – 16 Wx 236/97, WuM 1998, 307 = ZMR 1998, 376; OLG Koblenz v. 30.8.2010 – 1 W 54/10, ZMR 2011, 56.
[75] BGH v. 21.9.2006 – V ZR 28/06, NJW 2006, 3428 = NZM 2006, 873; ebenso OLG Rostock v. 7.3.2006 – 7 W 63/05, ZMR 2006, 476: a.A. OLG Köln v. 15.1.1999 – 16 Wx 193/98, ZMR 1999, 284.

§ 19
Wirkung des Urteils

(1) Das Urteil, durch das ein Wohnungseigentümer zur Veräußerung seines Wohnungseigentums verurteilt wird, berechtigt jeden Miteigentümer zur Zwangsvollstreckung entsprechend den Vorschriften des Ersten Abschnitts des Gesetzes über die Zwangsversteigerung und die Zwangsverwaltung. Die Ausübung dieses Rechts steht der Gemeinschaft der Wohnungseigentümer zu, soweit es sich nicht um eine Gemeinschaft handelt, die nur aus zwei Wohnungseigentümern besteht.

(2) Der Wohnungseigentümer kann im Falle des § 18 Abs. 2 Nr. 2 bis zur Erteilung des Zuschlags die in Absatz 1 bezeichnete Wirkung des Urteils dadurch abwenden, dass er die Verpflichtungen, wegen deren Nichterfüllung er verurteilt ist, einschließlich der Verpflichtung zum Ersatz der durch den Rechtsstreit und das Versteigerungsverfahren entstandenen Kosten sowie die fälligen weiteren Verpflichtungen zur Lasten- und Kostentragung erfüllt.

(3) Ein gerichtlicher oder vor einer Gütestelle geschlossener Vergleich, durch den sich der Wohnungseigentümer zur Veräußerung seines Wohnungseigentums verpflichtet, steht dem in Absatz 1 bezeichneten Urteil gleich.

Inhalt:

	Rn.		Rn.
I. Allgemeines	1	5. Auswirkungen auf den Ersteher	7
II. **Absatz 1: Urteilswirkungen**	3	6. Satz 2: Aktivlegitimation	8
1. Urteilsverfahren	3	III. **Absatz 2: Heilungsmöglichkeiten**	9
2. Inhalt des Urteils	4		
3. Zwangsversteigerung	5	IV. **Absatz 3: Weitere Vollstreckungstitel**	10
4. Auswirkungen auf den zur Veräußerung verpflichteten Miteigentümer	6	V. Abdingbarkeit	11

I. Allgemeines

1 Das WEG-Änderungsgesetz[1] – Art. 1 Nr. 10 – hat den Text des § 19 gestrafft: § 19 Abs. 1 berechtigt jetzt aufgrund eines Urteils gemäß § 18 jeden Miteigentümer zur Zwangsvollstreckung entsprechend den Vorschriften des ersten Teils des Gesetzes über die Zwangsversteigerung und Zwangsverwaltung, also die §§ 1–145a ZVG. Die Straffung ist Folge der Anwendbarkeit der Zivilprozessordnung; die Sondervorschriften zur Vollstreckung gemäß §§ 53 bis 58 a. F. entfallen. § 19 Abs. 1 Satz 2 berechtigt die teilrechtsfähige Eigentümergemeinschaft zur Vollstreckung. Die Regelung ist Konsequenz daraus, dass auch das Entziehungsrecht der **teilrechtsfähigen Gemeinschaft** der Wohnungseigentümergemeinschaft zusteht. Folgerichtig

---

1 Gesetz zur Änderung des Wohnungseigentumsgesetzes und anderer Gesetze v. 26.3.2007, BGBl. I 2007, S. 370 Art. 1 Nr. 10.

setzt die **teilrechtsfähige Gemeinschaft** den Entziehungsbeschluss im Urteils- und Zwangsvollstreckungsverfahren durch; aus der Formulierung des Gesetzgebers in Satz 2, dass die Ausübung dieses Rechts nur der Gemeinschaft zusteht, ergibt sich, dass **nicht** jeder Miteigentümer selbst und eigenverantwortlich die Zwangsvollstreckung aus einem Entziehungsurteil betreiben kann, wie dies in der Vergangenheit der Fall war[2].

Das Urteil auf Entziehung des Wohnungseigentums ist im **Rang** des § 10 Abs. 1 Nr. 5 ZVG zu vollstrecken. Die Rangklasse 2 des § 10 Abs. 1 ZVG gilt ausschließlich für Hausgeldansprüche, nicht für die Vollstreckung eines Entziehungsurteils. Damit sind, wie bisher auch, in der Regel sämtliche Belastungen des Grundstücks im geringsten Gebot zu berücksichtigen; sie sind vom Ersteher zu übernehmen. Begründet sich der Entziehungsanspruch auf § 18 Abs. 2 Nr. 2, kann aus der Rangklasse 2 des § 10 Abs. 1 Satz 1 ZVG vorgegangen werden, wenn gleichzeitig der Titel über rückständiges Wohngeld vorliegt[3]; bei gröblicher Pflichtverletzung gilt die Rangklasse 5; die Rangklasse 4 einzuschränken sah der Gesetzgeber keinen Grund.[4]

2

Die Beschlagnahme führt zu einem **Veräußerungsverbot** (§ 23 ZVG), so dass Verfügungen gegenüber den betreibenden Miteigentümern unwirksam sind; der Betroffene kann die Einleitung und Durchführung des Zwangsversteigerungsverfahrens nicht mehr blockieren. Will der betroffene Wohnungseigentümer ernsthaft die freihändige Veräußerung durchführen, werden sich die Miteigentümer nicht wehren. Gläubiger von Geldforderungen können sich dem Verfahren gemäß § 27 ZVG anschließen.

Da jetzt die §§ 57 ff. ZVG Anwendung finden, konnten die Vorschriften des § 19 Abs. 1 Satz 2 und 3 a. F. entfallen. Es gilt nun auch das außerordentliche Kündigungsrecht des Erstehers gemäß § 57a ZVG gegenüber Mietern und Pächtern. Die Regelung ist zwar für die Mieter schlechter, erleichtert jedoch die Durchsetzung der Entziehung des Wohnungseigentums.

II. Absatz 1: Urteilswirkungen

1. Urteilsverfahren

Kommt der Wohnungseigentümer, gegen den ein Entziehungsbeschluss gemäß § 18 vorliegt, seiner Verpflichtung, sein Wohnungseigentum zu veräußern, nicht nach, kann der Betroffene zur Veräußerung seines Wohnungseigentums auf **Klage** der Gemeinschaft der Wohnungseigentümer hin verurteilt werden.

3

Klagebefugt ist die **Gemeinschaft** der Wohnungseigentümer, nicht jeder Miteigentümer, § 19 Abs. 1 Satz 2, auch wenn er Inhaber der Rechte aus

---

2 Ein einzelner Miteigentümer kann die Zwangsversteigerung nicht beantragen; er wäre hierzu nicht aktivlegitimiert, *Heinemann*, in: Jennißen, § 19 Rn. 30. Will er die Zwangsversteigerung durchsetzen, muss er hierzu die Gemeinschaft (gegebenenfalls im anschließenden Beschlussanfechtungsverfahren vor Gericht) in einer Eigentümerversammlung überzeugen; er kann sich von der Wohnungseigentümergemeinschaft wirksam ermächtigen lassen, Suilmann in Bärmann, § 19 Rn. 4.
3 *Niedenführ/Kümmel/Vandenhouten*, § 19 Rn. 7.
4 BT-Drucks. 16/887, S. 26.

§§ 18, 19 ist. Ausgeübt werden die Rechte durch die Gemeinschaft. Durch die WEG-Novelle ist die Diskussion, ob die Wohnungseigentümermehrheit klagen muss, oder ob einzelne Eigentümer hierzu befugt sind, überholt.[5] Der Klageantrag muss lauten, dass der Wohnungseigentümer verpflichtet wird, sein Wohnungseigentum zu veräußern. Zuständig ist im Erkenntnisverfahren das Amtsgericht.[6] Das Gericht prüft, ob die materiell-rechtlichen Voraussetzungen der Entziehung gemäß § 18 vorliegen.[7] Ein **Beurteilungsspielraum** zugunsten der Wohnungseigentümergemeinschaft besteht nicht.

Hat die Wohnungseigentümergemeinschaft gemäß § 18 den Eigentümer aufgefordert, sein Wohnungseigentum zu veräußern, ermächtigt dieser Beschluss regelmäßig die Bevollmächtigung eines Rechtsanwalts mit der Erhebung der Entziehungsklage[8], wenn der Betroffene nicht innerhalb eines für die Veräußerung angemessen anzusetzenden Zeitraums sein Wohnungseigentum veräußert.

Hat der Betroffene bereits den Mehrheitsbeschluss nach § 18 Abs. 3, gemäß § 43 Abs. 1 Nr. 1 angefochten, hat das Gericht, das über die Entziehungsklage zu entscheiden hat, zu prüfen, ob das Entziehungsverfahren bis zur Rechtskraft der Beschlussanfechtung auszusetzen ist[9]. Für die Kosten der gerichtlichen Verfahren ist auf § 16 Abs. 7 zu verweisen; sie gehören zu den gemeinschaftlichen Kosten der Verwaltung.

2. Inhalt des Urteils

4 Durch Aufhebung der Vorschriften der §§ 53 bis 58 a.f. sind die Ausführungen in den früheren Kommentierungen, ob das Urteil auch die Vollmacht für den Notar zum Abschluss der Kaufverträge mit den Erstehern im Rahmen der freiwilligen Zwangsversteigerung umfasst, erledigt. Damit bedarf es auch nicht mehr der Ersetzung der Auflassungserklärung und der Eintragungsbewilligung des verurteilten früheren Wohnungseigentümers.[10] Auch die Eintragung einer Vormerkung in das Wohnungsgrundbuch zur Sicherung des Anspruchs der Titelgläubiger auf das Recht zur Übertragung an den künftigen Ersteigerer ist nicht mehr zulässig: Denn die Beantragung der Zwangsversteigerung, die auch aus einem vorläufig vollstreckbaren Titel möglich ist, hat die Wirkung eines Veräußerungsverbotes, § 23 Abs. 1 ZVG[11]. Das Urteil selbst entzieht das Wohnungseigentum nicht (vgl. § 894

---

5 Hierzu: *Staudinger-Kreuzer*, § 19 Rn. 2 m.w.N.
6 § 23 Nr. 2c GVG, § 43 Nr. 1, BGH v. 19.12.2013 – V ZR 96/13, NJW-RR 2014, 452: auch wenn es sich um eine Zweiergemeinschaft handelt.
7 Vgl. hierzu: KG Berlin v. 24.8.1967 – 1 W 1140/67, NJW 1967, 2268.
8 KG Berlin v. 26.2.1992 – 24 W 3965/91, OLGZ 1992, 434.
9 OLG Hamburg v. 23.10.1987 – 13 W 32/87, WuM 1991, 310.
10 Hierzu: KG Berlin v. 9.3.1976 – 1 W 4545/78, OLGZ 1979, 146.
11 Nach altem Recht konnte vor Rechtskraft des Veräußerungsurteils die Eintragung einer Vormerkung (§ 895 ZPO) erwirkt werden: hierzu *Heinemann*, in: *Jennißen*, § 19 Rn. 4; durch die Beschlagnahmewirkung des § 23 ZVG hat sich dies geändert. *Heinemann*, in: *Jennißen*, § 19 Rn. 59, für den Fall, dass gemäß § 19 Abs. 4 eine anderweitiges Verfahren vereinbart ist, ist auch die Eintragung einer Vormerkung oder eines Verfügungs-/Belastungsverbots zulässig; für das alte Recht: KG Berlin v. 9.3. 1979 – 1 W 4545/78; OLGZ 1979, 146.

ZPO). Dies geschieht durch die Zwangsversteigerung. Ein Urteil gemäß § 19 ersetzt vormundschaftliche Genehmigungen oder öffentlich-rechtliche Genehmigungen (z.B. nach § 2 GrdStVG), da es sich um einen Hoheitsakt handelt[12]. Ob in einem Beschluss nach § 18 Abs. 3 eine Zustimmung gemäß § 12 enthalten ist, entscheidet sich nach den dort geregelten Zustimmungserfordernissen, insbesondere nach der Person des Zustimmenden.[13]

3. Zwangsversteigerung

Das **Zwangsversteigerungsverfahren** regelt sich nach den allgemeinen Bestimmungen des ZVG. Aus einem – schon vorläufig vollstreckbaren – Urteil, das zugestellt ist und das mit der Vollstreckungsklausel versehen ist, kann die Gemeinschaft der Wohnungseigentümer (§ 19 Abs. 1 Satz 2) die Zwangsversteigerung beantragen[14]; die Anordnung der Zwangsversteigerung führt zu einem Veräußerungsverbot, § 23 Abs. 1 Satz 1 ZVG, da es die Wirkung der Beschlagnahme hat.[15] Die Versteigerung erfolgt im Range des § 10 Abs. 1 Nr. 5 ZVG; vorgehende Ansprüche sind im geringsten Gebot gemäß § 44 ZVG zu berücksichtigen. Können Wohngeldansprüche mitvollstreckt werden (§ 27 ZVG), gilt hierfür § 10 Abs. 1 Nr. 2 ZVG.

Nach der Wertbestimmung der Wohnung in der Regel durch Sachverständigengutachten kommt es zum Zuschlag, aufgrund dessen das Eigentum auf den Ersteher gemäß § 90 ZVG übergeht. Sollte eine Veräußerungsbeschränkung gemäß § 12 bestehen, ist die Zustimmung erforderlich, auf die allerdings gegebenenfalls ein Rechtsanspruch besteht.[16] Besonderheiten sind nicht mehr zu beachten; weitere Gläubiger können gemäß § 27 ZVG dem Verfahren beitreten.

4. Auswirkungen auf den zur Veräußerung verpflichteten Miteigentümer

Der Betroffene hat bis zur (ggfs. freiwillig vereinbarten) Eigentumseintragung des Erwerbers im Grundbuch oder bis zum Zuschlag im Rahmen der Zwangsversteigerung **alle Rechte und Pflichten** aus seiner Stellung als Wohnungseigentümer; ein Stimmrecht hat er allerdings nicht, § 25 Abs. 5[17]. Das Stimmrecht des Zwangsverwalters oder anderer Organe der Rechtspflege schränkt § 25 Abs. 5 dagegen nicht ein.[18]

5. Auswirkungen auf den Ersteher

Musste nach altem Recht der Ersteher mit einem Urteil gemäß § 19 Abs. 1 gegebenenfalls die Räumungsvollstreckung gegen den Eigentümer durchführen und hierzu den Nachweis der Umschreibung im Grundbuch gemäß § 727 ZPO führen, ist dieser Weg nun überflüssig. Denn nach § 93 Abs. 1 Satz 1 ZVG kann aus dem Zuschlagsbeschluss gegen den Eigentümer (oder

---

12 A.A in der Vorauflage; ebenso *Heinemann*, in: Bärmann, § 19 Rn. 45.
13 Vgl. § 12 Rn. 6–11.
14 LG Rostock v. 4.4.2013 – 3 T 234/12 [juris].
15 *Niedenführ/Kümmel/Vandenhouten*, § 19 Rn. 4.
16 Vgl. § 12 Rn. 3.
17 *Suilmann*, in: Bärmann, § 18 Rn. 45; *Heinemann*, in: Jennißen, § 19 Rn. 50.
18 BayObLG v. 5.11.1998 – 2Z BR 131/98, BayObLGZ 1998, 288 = FGPrax 1999, 19; *Staudinger-Kreuzer*, § 19 Rn. 4.

sonstigen Besitzer) die **Räumung und Herausgabe** durch den Gerichtsvollzieher bewirkt werden. Der Erwerber hat auch ein Sonderkündigungsrecht; gemäß § 57a ZVG kann der Erwerber ein Mietverhältnis kündigen, da das Mietverhältnis gemäß §§ 566 BGB, 57 ZVG auf den Ersteher übergeht. Strittig ist die Frage, ob die Gemeinschaft der Wohnungseigentümer selbst den Zuschlag erhalten kann[19]. Mit Erteilung des Zuschlags gehen auch die schuldrechtlichen Verpflichtungen z.B. zur Lastentragung auf den Ersteher über.

6. Satz 2: Aktivlegitimation

8 Die WEG-Novelle bestimmt, obwohl jeder Miteigentümer zur Zwangsvollstreckung berechtigt ist, dass die **Ausübung dieses Rechtes** der Gemeinschaft der Wohnungseigentümer zusteht. Diese ist aktivlegitimiert; damit ist ein Mehrheitsbeschluss auch für die Einleitung der Zwangsversteigerung erforderlich[20]. Deshalb sieht der Hs. 2 des Satzes 2 vor, dass in Zweiergemeinschaften der das Urteil erwirkt Habende selbst die Zwangsversteigerung beantragen kann. Wegen des Kopfteilprinzips des § 25 Abs. 2 Satz 1 käme es nie zu einem Mehrheitsbeschluss.[21]

Die Wohnungseigentümer sind zwar Inhaber der Rechte aus den §§ 18, 19. Ausgeübt werden sie durch die Gemeinschaft der Wohnungseigentümer, dem Verband; ob die Rechte überhaupt ausgeübt werden, entscheiden die Wohnungseigentümer.[22]

III. Absatz 2: Heilungsmöglichkeiten

9 Wurde eine Entziehung wegen Zahlungsverzugs gemäß § 18 Abs. 2 Nr. 2 beschlossen und liegt auch ein Urteil auf Veräußerung gemäß § 19 Abs. 1 vor, kann der Betroffene noch bis zum Zuschlag in der Zwangsversteigerung die Wirkung des Entziehungsbeschlusses und -urteils dadurch gegenstandslos machen, dass er alle rückständigen Kosten ausgleicht, einschließlich der Kosten des Rechtsstreits und der Zwangsversteigerung. Die **Heilung der Entziehung** tritt nur dann ein, wenn kein Rückstand mit den laufenden Verpflichtungen zur Lasten- und Kostentragung besteht. Erklärt die Gemeinschaft der Erledigung des Versteigerungsverfahrens, ist dies ein Fall der Antragsrücknahme.[23] Tilgt der Miteitümer noch während des Urteilsverfahrens die Rückstände, erledigt sich die Hauptsache.[24] Besteht nach Zahlung Streit

---

19 Hierzu: OLG Celle v. 26.2.2008 – 4 W 213/07, NJW 2008, 1537; zu den Bedenken siehe: § 10 Rn. 50.
20 Kommt dieser nicht zustande, muss der Beschluss angefochten werden, wenn er ordnungsgemäßer Verwaltung widerspricht.
21 Zum alten Recht: z.B. LG Aachen v. 15.10.1992 – 2 S 298/91, ZMR 1993, 233.
22 *Hügel/Elzer*, § 19 Rn. 8; *Jennißen-Heinemann*, § 19 Rn. 30; *Suilmann*, in: *Bärmann*, § 19 Rn. 18; a.A.: *Drasdo*, NJW-Special 2007, 434: Es kann auch ein Wohnungseigentümer aufgrund des Veräußerungsurteils tätig werden; das Verfahren werde dann der Gemeinschaft zugerechnet, um zu verhindern, dass von der Entscheidung der Gemeinschaft abhängig gemacht wird, ob von dem erstrittenen Urteil Gebrauch gemacht wird oder nicht.
23 Stöber, ZVG, 18. Aufl., Einl. 39.6.
24 *Staudinger-Kreuzer*, § 19 Rn. 13; *Niedenführ/Kümmel/Vandenhouten*, § 18 Rn. 29.

über die Erledigung muss der Miteigentümer Vollstreckungsgegenklage gemäß § 767 ZPO erheben. Es gelten die Rechtsmittel des ZVG.[25] § 19 Abs. 2 soll auf sonstige Fälle des Wegfalls der Störung, also den Fällen des § 18 Abs. 1, § 18 Abs. 2 Nr. 1 analog angewandt werden, wenn der Grund der Störung weggefallen ist (z.B. Tod des Störers).[26]

IV. Absatz 3: Weitere Vollstreckungstitel

Nicht nur ein Urteil berechtigt zur Zwangsversteigerung. Gleichgesetzt ist einem Urteil ein **gerichtlicher Vergleich** gemäß § 794 Abs. 1 Nr. 1 ZPO, aber auch ein vor einer **Gütestelle** abgeschlossener Vergleich (vgl. § 15a Abs. 6 EGZPO und die landesrechtlichen Ausführungsbestimmungen hierzu, z.B. BaySchlG), § 19 Abs. 3. Dies gilt auch für einen **Anwaltsvergleich** gemäß § 796a und § 796b ZPO[27], auch wenn § 19 Abs. 3 hierauf nicht ausdrücklich verweist.

10

V. Abdingbarkeit

Die Vorschriften des § 19 Abs. 1 und Abs. 3 sind als Verfahrensvorschriften eine notwendige Ergänzung zu § 18 Abs. 1; sie sind deshalb unabdingbar.[28] Dagegen kann die Heilungsmöglichkeit nach Vorlage des Entziehungsbeschlusses gemäß § 18 Abs. 1, aber auch noch nach Rechtskraft des Urteils ausgeschlossen werden[29], wenn dies schon in der Gemeinschaftsordnung geregelt ist.

11

Ein Anspruch aus einem Urteil gemäß § 19 **verjährt** erst nach 30 Jahren, § 197 Abs. 1 Nr. 3 BGB. Deshalb stellen sich Fragen der Verwirkung des Vollzugs des Urteils (Antrag auf Zwangsversteigerung) wohl selten. Es gelten für die Fragen der Verwirkung, des Einwands der unzulässigen Rechtsausübung, einer etwaigen Sittenwidrigkeit der formal berechtigten Beantragung der Zwangsversteigerung die allgemeinen Regeln, vgl. auch § 765a ZPO.

---

25 § 58 a.F. ist durch die WEG-Novelle aufgehoben.
26 So: *Staudinger-Kreuzer*, § 19 Rn. 17.
27 Hierzu: *Geimer*, DNotZ 1991, 266; *Staudinger-Kreuzer*, § 19 Rn. 19.
28 MünchKomm-*Engelhardt*, § 19 Rn. 6; *Staudinger-Kreuzer*, § 19 Rn. 8; *Suilmann*, in: *Bärmann*, § 19 Rn. 27; *Heinemann*, in: *Jennißen*, § 19 Rn. 59.
29 *Staudinger-Kreuzer*, § 19 Rn. 16; *Weitnauer-Lüke*, § 19 Rn. 10; *Suilmann*, in: *Bärmann*, § 19 Rn. 27; *Heinemann*, in: *Jennißen*; § 19 Rn. 60.

3. Abschnitt
Verwaltung

§ 20
Gliederung der Verwaltung

(1) **Die Verwaltung des gemeinschaftlichen Eigentums obliegt den Wohnungseigentümern nach Maßgabe der §§ 21 bis 25 und dem Verwalter nach Maßgabe der §§ 26 bis 28, im Falle der Bestellung eines Verwaltungsbeirats auch diesem nach Maßgabe des § 29.**

(2) **Die Bestellung eines Verwalters kann nicht ausgeschlossen werden.**

Inhalt:

	Rn.		Rn.
I. Allgemeines	1	4. Zuweisung an Wohnungseigentümer	5
II. **Absatz 1:** Verwaltung und Verwaltungsorgane	2	5. Zuweisung an Verwalter.	6
1. Verwaltung	2	6. Zuweisung an Verwaltungsbeirat	7
2. Gemeinschaftliches Eigentum	3	III. **Absatz 2:** Ausschluss Verwalterbestellung	8
3. Obliegenheit	4		

I. Allgemeines

1 § 20 wurde durch die WEG-Novelle[1] nicht verändert.

Absatz 1 befasst sich mit der Verwaltung des gemeinschaftlichen Eigentums, wobei aufgrund der Anerkennung der Wohnungseigentümergemeinschaft als teilrechtsfähigem Verband eine Anpassung durchaus angezeigt gewesen wäre.[2] Als **Verwaltungsorgane**[3] werden dabei die Wohnungseigentümer, der Verwalter und der Verwaltungsbeirat genannt, wobei jeweils auf die nachfolgenden Vorschriften verwiesen wird, welche die einzelnen Organe betreffen. § 20 Abs. 1 legt die **grundlegenden Organisationsstrukturen** der Wohnungseigentümergemeinschaft fest, so dass abweichende Regelungen nur in begrenztem Umfang getroffen werden können.[4] Das Gesetz spricht die Gemeinschaft als Verband nicht an; siehe dazu unten Rn. 5.

Absatz 2 trifft dagegen eine materielle Regelung, wonach die Bestellung eines Verwalters nicht ausgeschlossen werden kann. Absatz 2 stellt zwingendes Recht dar und kann auch durch Vereinbarung der Wohnungseigentümer nicht umgangen werden.[5]

---

1 Gesetz zur Änderung des Wohnungseigentumsgesetzes und anderer Gesetze v. 26.3.2007, BGBl. I 2007, S. 370.
2 Siehe dazu unten Rn. 3.
3 BGH v. 2.6.2005 – V ZB 32/05, NJW 2005, 2061.
4 Siehe dazu unten Rn. 5.
5 OLG Saarbrücken v. 6.2.2004 – 5 W 255/03, OLGR Saarbrücken 2004, 203.

II. Absatz 1: Verwaltung und Verwaltungsorgane

1. Verwaltung

Um die Verwaltung des gemeinschaftlichen Eigentums handelt es sich bei allen Maßnahmen, die im Interesse aller Wohnungseigentümer auf die **Erhaltung, Verbesserung** und normale **Nutzung** der Anlage gerichtet sind. Auch eine Verfügung über das gemeinschaftliche Eigentum kann darunter fallen.[6] Zur Verwaltung gehören daher alle Maßnahmen, die in tatsächlicher oder rechtlicher Hinsicht auf eine Änderung des bestehenden Zustandes abzielen oder sich als Geschäftsführung zugunsten der Wohnungseigentümer in Bezug auf das gemeinschaftliche Eigentum darstellen.[7] Beispiele für Verwaltungsmaßnahmen enthalten die §§ 21 bis 29, auf die das Gesetz bei den jeweiligen Organen verweist und auf deren Kommentierung hier Bezug genommen wird. Nach der neueren Rechtsprechung des BGH haben Wohnungseigentümer nicht die Befugnis, außerhalb der gemeinschaftlichen Kosten und Lasten einzelnen Wohnungseigentümern Leistungspflichten aufzuerlegen und so selbständige **Anspruchsgrundlagen** für Ansprüche gegen einzelne Wohnungseigentümer zu schaffen.[8]

2

Verwaltung geht über den bloßen Gebrauch[9] des gemeinschaftlichen Eigentums hinaus, wobei für **Gebrauchsregelungen** § 15 Abs. 2 die speziellere Vorschrift darstellt.[10]

2. Gemeinschaftliches Eigentum

Der Begriff des gemeinschaftlichen Eigentums ist in § 1 Abs. 5 legal definiert. Gemeinschaftliches Eigentum ist danach alles, was nicht Sondereigentum ist oder nicht Sondereigentum sein kann[11] und nicht im Eigentum eines Dritten steht.[12] Da die WEG als Verband insoweit Dritter ist, gehört das **Verwaltungsvermögen** nach dem Gesetzeswortlaut (§ 10 Abs. 7) an sich nicht zum gemeinschaftlichen Eigentum.[13] Der Gesetzgeber hat jedoch bei der WEG-Novelle[14] offensichtlich übersehen, § 20 Abs. 1 redaktionell an die durch die Teilrechtsfähigkeit der Wohnungseigentümergemeinschaft[15] veränderte Sachlage anzupassen. Durch die Verweisungen, etwa auf § 27 (z.B. Abs. 1 Nr. 4–6, Abs. 3 Nr. 5) wird jedoch klar, dass unabhängig von der begrifflichen Trennung auch die Verwaltung des Gemeinschaftsvermögens von § 20 miterfasst sein soll.[16] Da das Gesetz für die Verwaltung des Ver-

3

---

6 OLG Hamm v. 13.11.1990 – 15 W 330/90, NJW-RR 1991, 338.
7 BGH v. 11.12.1992 – V ZR 118/91, NJW 1993, 727.
8 BGH v. 18.6.2010 – V ZR 193/09, WuM 2010, 526 (= NJW 2010, 2801); siehe zu dieser Problematik näher § 21 Rn. 24.
9 Siehe zum Gebrauch § 13 Rn. 18.
10 BGH v. 29.6.2000 – V ZB 46/99, NJW 2000, 3211; siehe auch § 15 Rn. 1.
11 Siehe hierzu § 5 Abs. 1.
12 Siehe allgemein dazu auch § 1 Rn. 11.
13 Siehe auch: § 1 Rn. 11 und § 10 Rn. 48–55.
14 Gesetz zur Änderung des Wohnungseigentumsgesetzes und anderer Gesetze v. 26.3.2007, BGBl. I 2007, S. 370.
15 Siehe zur Teilrechtsfähigkeit genauer: § 10 Rn. 36 ff.
16 Ebenso: *Palandt-Bassenge*, § 20 WEG Rn. 2; *Niedenführ/Kümmel/Vandenhouten-Vandenhouten*, § 20 Rn. 1a. A.

waltungsvermögens keine besonderen Vorschriften enthält und nicht erkennbar ist, warum die in § 20 vorgegebenen Grundstrukturen nicht gelten sollen, wird man aber auch dann, wenn die vorstehende Meinung nicht geteilt wird, wohl von einer entsprechenden Anwendung des § 20 auf das Verwaltungsvermögen auszugehen haben.[17]

Die Verwaltung des **Sondereigentums**[18] wird von § 20 nicht erfasst. Das Sondereigentum verwaltet der einzelne Wohnungseigentümer nach § 13 Abs. 1 selbst.[19]

3. Obliegenheit

4 Aus der Formulierung, dass die Verwaltung den im Gesetz genannten Verwaltungsorganen „obliegt", lässt sich entnehmen, dass die Verwaltung in dem (in den Bezug genommenen Paragraphen) beschriebenem Umfang zum einen ein **Recht** der einzelnen Organe darstellt. Andererseits stellt die Verwaltung aber auch eine **Pflicht** der Organe dar[20], der sie nachzukommen haben und bei deren Verletzung auch Schadensersatzansprüche in Betracht kommen.

4. Zuweisung an Wohnungseigentümer

5 Das Gesetz nennt an erster Stelle die Wohnungseigentümer[21] als diejenigen, denen die Verwaltung nach Maßgabe der §§ 21 bis 25 obliegt. Die Wohnungseigentümer in ihrer Gesamtheit sind das **zentrale Verwaltungsorgan**, das im Bereich der Verwaltung die maßgeblichen Entscheidungen trifft. Die Wohnungseigentümer üben die Verwaltung durch Vereinbarungen[22] oder durch Beschlüsse[23] aus. Dies gilt auch, wenn ein Verwalter nicht bestellt ist und eine Vertretung des Verbandes[24] oder der Bruchteilsgemeinschaft[25] im Außenverhältnis erforderlich wird. Bei fehlendem Verwalter ist die Vertretung des **Verbandes** nach außen in § 27 Abs. 3 Sätze 2 und 3 geregelt.[26] Für die Vertretung der **Bruchteilsgemeinschaft** nach außen findet sich für den Fall des Fehlens eines Verwalters in § 27 keine Regelung. Daher müssen für die Bruchteilsgemeinschaft im Außenverhältnis grundsätzlich alle Eigentümer handeln. Diese können aber im Rahmen ordnungsgemäßer Verwaltung auch insoweit nach § 21 Abs. 3 durch Mehrheitsbeschluss entscheiden und insbesondere einen Eigentümer oder einen Dritten zur Vornahme der beschlossenen Rechtsgeschäfte bevollmächtigen.[27]

---

17 So im Ergebnis: *Bärmann-Merle*, § 20 Rn. 3; ohne konkrete Aussage hierzu: *Jennißen-Jennißen*, § 20 Rn. 2.
18 Siehe zum Sondereigentum § 5 Rn. 2 ff.
19 BGH v. 13. 3. 2003 – III ZR 299/02, NZM 2003, 358.
20 Ebenso: *Staudinger-Bub*, § 20 WEG Rn. 1; *Palandt-Bassenge*, WEG § 20 Rn. 1; differenzierend hinsichtlich der verschiedenen Organe: *Bärmann-Merle*, § 20 Rn. 8.
21 Zum Begriff des Wohnungseigentümers siehe § 10 Rn. 3.
22 Siehe dazu § 10 Rn. 9 ff.
23 Siehe dazu § 10 Rn. 31 ff.
24 Siehe zum teilrechtsfähigen Verband § 10 Rn. 36 ff.
25 Siehe dazu § 10 Rn. 6.
26 Siehe dazu näher § 27 Rn. 44 f.
27 Wie hier: *Bärmann-Merle*, § 20 Rn. 16; *Niedenführ/Kümmel/Vandenhouten-Vandenhouten*, WEG § 20 Rn. 9.

Wie bereits bei Rn. 1 oben dargestellt, können die Wohnungseigentümer von der grundlegenden Organisationsstruktur des § 20 Abs. 1 nur in eingeschränktem Umfang abweichen. So ist etwa die Schaffung weiterer entscheidender Organe, wie etwa einem entscheidenden „Arbeitskreis für eine Sanierungsmaßnahme", nur durch eine Vereinbarung und nicht aufgrund eines Beschlusses möglich.[28] Da nur interne Fragen der Wohnungseigentümergemeinschaft durch die Eigentümer geregelt werden können, kann auch nicht die gemeinsame Verwaltung (etwa: einheitliche Versammlung, nur ein Verwalter) zweier eigenständiger Wohnungseigentumsgemeinschaften vereinbart oder beschlossen werden.[29]

Die Einzelheiten zur Verwaltung durch die Wohnungseigentümer können den Kommentierungen zu den §§ 21 bis 25 entnommen werden.

Der **Verband** als solches ist **kein** vom Gesetz genanntes **Verwaltungsorgan**. Der **BGH** hat sich in einer neueren Entscheidungen aber dafür ausgesprochen, dass der Verband aufgrund des mitgliedschaftlichen Treueverhältnisses jedenfalls dann dem einzelnen Wohnungseigentümer gegenüber verpflichtet ist, die unverzügliche **Umsetzung** eines Beschlusses zur Sanierung des Gemeinschaftseigentums gegenüber dem Verwalter **durchzusetzen**, wenn der Beschluss den Zweck hat, einen Schaden am Gemeinschaftseigentum zu beseitigen, der das Sondereigentum des Wohnungseigentümers unbenutzbar macht.[30] Wie der Verband dies in der Praxis bewerkstelligen soll, hat der BGH dabei nicht dargelegt. Im Hinblick auf die in der Literatur gegen die Entscheidung erhobene Kritik hat der BGH sodann in einer weiteren Entscheidung die mögliche **Haftung** des Verbandes bestätigt, die dogmatische Begründung insoweit aber offengelassen.[31] Ohne Klärung der dogmatischen Frage hat der BGH seine Rechtsprechung vertieft, wonach die Umsetzung der gefassten Beschlüsse dann Aufgabe der **Wohnungseigentümergemeinschaft** (also des Verbandes) ist.[32] Hinsichtlich der weiteren Einzelheiten zu dieser Problematik wird auf die Kommentierung zu **§ 21 Rn. 29** verwiesen.

5. Zuweisung an Verwalter

Der Verwalter ist das ausführende Organ[33], das im Wesentlichen die Entscheidungen der Wohnungseigentümer nach Maßgabe der §§ 26 bis 28 umsetzt. Der Verwalter hat jedoch in dem ihm gesetzlich zugewiesenen Bereich eine starke Stellung, wie sich aus § 27 Abs. 4 ergibt, wonach die Aufgaben und Befugnisse auch durch Vereinbarung der Wohnungseigentümer nicht eingeschränkt oder ausgeschlossen werden können. Zudem kann nach Abs. 2 die Bestellung eines Verwalters nicht ausgeschlossen werden (siehe dazu sogleich Rn. 8). Wenn sich jedoch die Wohnungseigentümer mit einer Angelegenheit befasst und eine abschließende Entscheidung getroffen ha-

---

28 OLG Düsseldorf v. 30. 8. 2002 – 3 Wx 213/02, WuM 2002, 566.
29 OLG Hamm v. 9. 10. 2003 – 15 W 14/02, ZMR 2005, 721.
30 BGH v. 13. 7. 2012 – V ZR 94/11, NJW 2012, 2955.
31 BGH v. 17. 10. 2014 – V ZR 9/14, NZM 2015, 53.
32 BGH v. 25. 9. 2015 – V ZR 246/14, NZM 2016, 169.
33 LG München I v. 5. 8. 2010 – 36 S 19282/09, ZWE 2011, 42; KG Berlin v. 7. 7. 2010 – 24 W 25/09, ZMR 2010, 974.

ben, ist der Verwalter nur noch **Vollzugsorgan** und hat die Entscheidung der Wohnungseigentümer ohne eigenen Entscheidungs- oder Gestaltungsspielraum umzusetzen.[34] Der Verwalter ist daher grundsätzlich ein dienendes Organ der Wohnungseigentümergemeinschaft.[35]

Die Einzelheiten zur Verwaltung durch den Verwalter können den Kommentierungen zu den §§ 26 bis 28 entnommen werden.

6. Zuweisung an Verwaltungsbeirat

7 Als drittes Verwaltungsorgan nennt das Gesetz den Verwaltungsbeirat. Diesem obliegen nach § 29 im Wesentlichen die **Unterstützung** und die **Kontrolle** des Verwalters. Als Hilfs- und Kontrollorgan nimmt er lediglich ergänzende Funktionen war.[36] Ein Verwaltungsbeirat wird vom Gesetz nicht als zwingend erforderliches Organ angesehen. Dies ergibt sich schon aus der Formulierung, dass ihm nur „im Falle der Bestellung" Verwaltungsaufgaben obliegen.

Die Einzelheiten zum Verwaltungsbeirat können der Kommentierung zu § 29 entnommen werden.

III. Absatz 2: Ausschluss Verwalterbestellung

8 Nach der zwingenden Vorschrift des Abs. 2 kann die Bestellung[37] eines Verwalters nicht ausgeschlossen werden. Ein Ausschluss der Bestellung ist daher nach § 134 BGB wegen Verstoß gegen ein gesetzliches Verbot **nichtig**[38], unabhängig davon, ob er durch Gemeinschaftsordnung, sonstige Vereinbarung oder durch Beschluss erfolgt.[39] Einem Ausschluss gleichgestellt und damit nichtig sind alle Regelungen, durch die eine Bestellung übermäßig behindert und damit beschränkt wird. So darf weder die Höhe des Verwalterhonorars unabänderlich für die Zukunft festgeschrieben werden[40] noch darf die Bestellung des Verwalters entgegen § 26 Abs. 1 von einer Dreiviertelmehrheit abhängig gemacht werden.[41]

Wie sich aus § 27 Abs. 3 Satz 2 ergibt, muss nicht jede Wohnungseigentümergemeinschaft einen Verwalter haben, da beim **Fehlen eines Verwalters** alle Wohnungseigentümer gemeinsam die Gemeinschaft vertreten.[42] Ist jedoch kein Verwalter bestellt und verlangt auch nur ein Eigentümer eine Verwalterbestellung, so besteht eine Verpflichtung für die übrigen Woh-

---

34 BGH v. 13.5.2011 – V ZR 166/10, WuM 2011, 437 (zu der Umsetzung eines Beschlusses, wonach die vom Verwalter zu erteilende Zustimmung zur Veräußerung von Wohnungseigentum verweigert wurde).
35 BGH v. 18.6.2010 – V ZR 164/09, WuM 2010, 522 (= NJW 2010, 2513).
36 BGH v. 5.2.2010 – V ZR 126/09, WuM 2010, 253 (= NJW 2010, 3168).
37 Siehe zur Bestellung § 26 Rn. 7ff.
38 Allgemeine Meinung: *Staudinger-Bub*, § 20 WEG Rn. 17; *Bärmann-Merle*, § 20 Rn. 13; *Niedenführ/Kümmel/Vandenhouten-Vandenhouten*, WEG § 27 Rn. 7.
39 OLG Saarbrücken v. 6.2.2004 – 5 W 255/03, OLGR Saarbrücken 2004, 203 (zur Vereinbarung); *Schreiber-Ruge/Röll*, Kap. 9, S. 933 Rn. 27.
40 KG Berlin v. 19.11.1993 – 24 W 1118/93, WuM 1994, 36.
41 BayObLG v. 20.7.1995 – 2Z BR 49/95, WuM 1996, 497.
42 Siehe näher dazu § 27 Rn. 44f.

nungseigentümer, eine Bestellung vorzunehmen. Wird ein entsprechender Antrag durch Beschluss abgelehnt, kann dieser Beschluss angefochten werden und die Bestellung durch das Gericht erfolgen. Dies ergibt sich aus § 21 Abs. 8.[43] Die weiteren Einzelheiten können insoweit der Kommentierung zu § 21 Rn. 86ff. entnommen werden, wo auch auf die Möglichkeit des einstweiligen Rechtsschutzes hingewiesen wird.[44]

---

43 BGH v. 10.6.2011 – V ZR 146/10, ZWE 2011, 356.
44 Siehe zur Bestellung und Abberufung des Verwalters sowie den damit verbundenen prozessualen Fragen auch die Kommentierungen zu § 26 (insbesondere Rn. 7 bis Rn. 27).

§ 21
Verwaltung durch die Wohnungseigentümer

(1) Soweit nicht in diesem Gesetz oder durch Vereinbarung der Wohnungseigentümer etwas anderes bestimmt ist, steht die Verwaltung des gemeinschaftlichen Eigentums den Wohnungseigentümern gemeinschaftlich zu.

(2) Jeder Wohnungseigentümer ist berechtigt, ohne Zustimmung der anderen Wohnungseigentümer die Maßnahmen zu treffen, die zur Abwendung eines dem gemeinschaftlichen Eigentum unmittelbar drohenden Schadens notwendig sind.

(3) Soweit die Verwaltung des gemeinschaftlichen Eigentums nicht durch Vereinbarung der Wohnungseigentümer geregelt ist, können die Wohnungseigentümer eine der Beschaffenheit des gemeinschaftlichen Eigentums entsprechende ordnungsmäßige Verwaltung durch Stimmenmehrheit beschließen.

(4) Jeder Wohnungseigentümer kann eine Verwaltung verlangen, die den Vereinbarungen und Beschlüssen und, soweit solche nicht bestehen, dem Interesse der Gesamtheit der Wohnungseigentümer nach billigem Ermessen entspricht.

(5) Zu einer ordnungsmäßigen, dem Interesse der Gesamtheit der Wohnungseigentümer entsprechenden Verwaltung gehört insbesondere:

1. die Aufstellung einer Hausordnung;

2. die ordnungsmäßige Instandhaltung und Instandsetzung des gemeinschaftlichen Eigentums;

3. die Feuerversicherung des gemeinschaftlichen Eigentums zum Neuwert sowie die angemessene Versicherung der Wohnungseigentümer gegen Haus- und Grundbesitzerhaftpflicht;

4. die Ansammlung einer angemessenen Instandhaltungsrückstellung;

5. die Aufstellung eines Wirtschaftsplans (§ 28);

6. die Duldung aller Maßnahmen, die zur Herstellung einer Fernsprechteilnehmereinrichtung, einer Rundfunkempfangsanlage oder eines Energieversorgungsanschlusses zugunsten eines Wohnungseigentümers erforderlich sind.

(6) Der Wohnungseigentümer, zu dessen Gunsten eine Maßnahme der in Absatz 5 Nr. 6 bezeichneten Art getroffen wird, ist zum Ersatz des hierdurch entstehenden Schadens verpflichtet.

(7) Die Wohnungseigentümer können die Regelung der Art und Weise von Zahlungen, der Fälligkeit und der Folgen des Verzugs sowie der Kosten für eine besondere Nutzung des gemeinschaftlichen Eigentums oder für einen besonderen Verwaltungsaufwand mit Stimmenmehrheit beschließen.

(8) Treffen die Wohnungseigentümer eine nach dem Gesetz erforderliche Maßnahme nicht, so kann an ihrer Stelle das Gericht in einem Rechtsstreit gemäß § 43 nach billigem Ermessen entscheiden, soweit sich die Maß-

nahme nicht aus dem Gesetz, einer Vereinbarung oder einem Beschluss der Wohnungseigentümer ergibt.

Inhalt:

	Rn.
I. Allgemeines	1
II. **Absatz 1:**	2
1. Verwaltung des gemeinschaftlichen Eigentums	2
2. Durch Wohnungseigentümer gemeinschaftlich	4
3. Soweit nicht durch dieses Gesetz oder Vereinbarung etwas anderes bestimmt ist	5
III. **Absatz 2:** Notmaßnahmen	6
1. Berechtigung jeden Wohnungseigentümers	6
2. Ohne Zustimmung der anderen Wohnungseigentümer	7
3. Notwendige Maßnahmen zur Abwendung eines dem gemeinschaftlichen Eigentum unmittelbar drohenden Schadens	8
a) Voraussetzungen Notmaßnahme	8
b) Gemeinschaftliches Eigentum	9
c) Schaden	10
d) Unmittelbar drohen	11
e) Notwendige Maßnahme	12
4. Beispiele	13
a) Zulässige Notmaßnahmen	13
b) Unzulässige Notmaßnahmen	14
5. Ansprüche des handelnden Wohnungseigentümers	15
a) Wenn die Voraussetzungen des Absatzes 2 (Notmaßnahme) vorlagen	15
b) Wenn keine Notmaßnahme vorlag	16
c) Prozessuales	18
IV. **Absatz 3:** Verwaltung durch Mehrheitsbeschluss	20
1. Verwaltung des gemeinschaftlichen Eigentums	

	Rn.
durch die Wohnungseigentümer	20
2. Soweit nicht durch Vereinbarung geregelt	21
3. Beschlusskompetenz für Mehrheitsbeschluss	22
4. Eine der Beschaffenheit des gemeinschaftlichen Eigentums entsprechende ordnungsgemäße Verwaltung	23
a) Begriff der ordnungsgemäßen Verwaltung	23
b) Schaffen einer selbständigen Anspruchsgrundlage	24
c) Zweitbeschluss	25
d) Beispiele für ordnungsgemäße Verwaltung	26
e) Beispiele für nicht ordnungsgemäße Verwaltung	27
V. **Absatz 4:** Anspruch auf ordnungsgemäße Verwaltung	28
1. Individualanspruch eines jeden Wohnungseigentümers	28
a) Individualanspruch	28
b) Anspruchsgegner	29
2. Verwaltung, die den Vereinbarungen und Beschlüssen oder dem Interesse der Gesamtheit der Wohnungseigentümer nach billigem Ermessen entspricht (Anspruchsinhalt)	30
3. Verjährung, Verwirkung, § 242 BGB	31
4. Folgen einer Verletzung der Pflicht zur ordnungsgemäßen Verwaltung	34
a) Ansprüche gegen andere Wohnungseigentümer	34

b) Ansprüche gegen den Verwalter 35
c) Ansprüche gegen den Verband 36
d) Ansprüche gegen den Verwaltungsbeirat 37
5. Prozessuales 38
   a) Anspruch auf ordnungsgemäße Verwaltung 38
   b) Schadensersatzansprüche 43
VI. **Absatz 5:** Beispiele von ordnungsgemäßen Verwaltungsmaßnahmen 44
  1. Beispiele ordnungsgemäßer Verwaltungsmaßnahmen (... gehört insbesondere) 44
  2. Ziffer 1: Die Aufstellung einer Hausordnung 45
   a) Begriff der Hausordnung 45
   b) Aufstellung 46
   c) Änderung 47
   d) Bindungswirkung 48
   e) Beispiele für Regelungsinhalte (alphabetisch) ... 49
  3. Ziffer 2: Ordnungsgemäße Instandhaltung und Instandsetzung des gemeinschaftlichen Eigentums 50
   a) Gemeinschaftliches Eigentum 50
   b) Instandhaltung 51
   c) Instandsetzung 52
   d) Ordnungsgemäß 54
   e) Rechtsprechungsbeispiele (alphabetisch) 55
  4. Ziffer 3: Versicherungen. 56
   a) Allgemeines 56
   b) Feuerversicherung des gemeinschaftlichen Eigentums zum Neuwert 57
   c) Angemessene Versicherung der Wohnungseigentümer gegen Haus- und Grundbesitzerhaftung ... 58
  5. Ziffer 4: Ansammlung Instandhaltungsrückstellung 59
   a) Instandhaltungsrückstellung (-rücklage) 59
   b) Angemessen 61

   c) Ansammlung 62
   d) (Teil-)Auflösung, Entnahme und Verwendung 63
  6. Ziffer 5: Aufstellen eines Wirtschaftsplans (§ 28) .. 66
  7. Ziffer 6: Duldung Fernseh-, Rundfunk- und Energieversorgung 67
   a) Duldung aller Maßnahmen zur Herstellung 67
   b) Fernsprecheinrichtung .. 68
   c) Rundfunkempfangsanlage 69
   d) Energieversorgungsanschluss 70
   e) Erforderlichkeit zugunsten eines Wohnungseigentümers 71
VII. **Absatz 6:** Schadensersatzanspruch bei Maßnahme nach Absatz 5 Nr. 6 72
  1. Wohnungseigentümer .. 72
  2. Begünstigter einer Maßnahme nach Absatz 5 Nr. 6 73
  3. Schadensersatzpflicht... 74
VIII. **Absatz 7:** Beschlusskompetenz in bestimmten Geldangelegenheiten 75
  1. Allgemeines 75
  2. Beschlusskompetenz für Mehrheitsbeschluss 76
  3. Art und Weise von Zahlungen 77
  4. Fälligkeit 78
  5. Folgen des Verzugs 79
  6. Kosten für eine besondere Nutzung des gemeinschaftlichen Eigentums 80
  7. Kosten für einen besonderen Verwaltungsaufwand 83
IX. **Absatz 8:** Ermessensentscheidung durch das Gericht 86
  1. Allgemeines 86
  2. Unterlassenes Treffen einer nach dem Gesetz erforderlichen Maßnahme 87

3. Maßnahme ergibt sich nicht aus dem Gesetz, einer Vereinbarung oder einem Beschluss der Wohnungseigentümer...	89
4. Rechtsstreit gemäß § 43 .	90
5. Entscheidung durch das Gericht an ihrer (der Wohnungseigentümer) Stelle nach billigem Ermessen............	91

I. Allgemeines

Durch die WEG-Novelle[1] wurde § 21 nur insoweit abgeändert, als ihm die Absätze 7 und 8 angefügt wurden. 1

§ 21 ist gemäß § 10 Abs. 2 Satz 2 **abdingbar**. Soweit nicht in der Gemeinschaftsordnung eine Abänderung des Gesetzes durch Mehrheitsbeschluss vorgesehen ist, fehlt den Wohnungseigentümern jedoch die Beschlusskompetenz, so dass eine Abweichung von § 21 nur durch eine **Vereinbarung** erfolgen kann.[2]

II. Absatz 1

1. Verwaltung des gemeinschaftlichen Eigentums

Wie bei § 20 Rn. 2 dargestellt, gehört zu dem in § 1 Abs. 5 legal definierten gemeinschaftlichen Eigentum alles, was nicht Sondereigentum ist oder nicht Sondereigentum sein kann[3] und nicht im Eigentum eines Dritten steht.[4] Ebenso fällt das **Verwaltungsvermögen** hierunter.[5] 2

Unter den Begriff der **Verwaltung** fallen alle Maßnahmen, die im Interesse aller Wohnungseigentümer auf die **Erhaltung**, **Verbesserung** und normale **Nutzung** der Anlage gerichtet sind.[6] Auch eine Verfügung über das gemeinschaftliche Eigentum kann darunter fallen.[7] Zur Verwaltung gehören daher alle Maßnahmen, die in tatsächlicher oder rechtlicher Hinsicht auf eine Änderung des bestehenden Zustandes abzielen oder sich als Geschäftsführung zugunsten der Wohnungseigentümer in Bezug auf das gemeinschaftliche Eigentum darstellen.[8] Da auch die Entscheidung darüber, ob Nutzungen (Früchte) aus dem gemeinschaftlichen Eigentum gezogen werden und in welcher Art und Weise dies zu geschehen hat, hierzu gehört, können beispielsweise im Gemeinschaftseigentum stehende Kellerräume an Miteigentümer oder auch an Fremde zu einer bestimmten Miete vermietet werden.[9]

---

1 Gesetz zur Änderung des Wohnungseigentumsgesetzes und anderer Gesetze v. 26.3.2007, BGBl. I 2007, S. 370.
2 BGH v. 20.9.2000 – ZB 58/99, NJW 2000, 3500.
3 BGH v. 18.3.2016 – V ZR 75/15 (zitiert nach juris); siehe hierzu auch § 5 Abs. 1.
4 Siehe allgemein dazu auch § 1 Rn. 11.
5 Siehe dazu § 20 Rn. 3.
6 Siehe dazu auch § 20 Rn. 1.
7 OLG Hamm v. 13.11.1990 – 15 W 330/90, NJW-RR 1991, 338.
8 BGH v. 11.12.1992 – V ZR 118/91, NJW 1993, 727.
9 BGH v. 29.6.2000 – V ZB 46/99, NJW 2000, 3211.

3 Zu den Verwaltungsmaßnahmen zählt auch die (außergerichtliche und gerichtliche) **Geltendmachung** von **Ansprüchen** und **Rechten**.[10] Aus § 10 Abs. 6 Sätze 1 und 2 ergibt sich zum einen, dass hiervon die Ansprüche und Rechte umfasst sind, welche der **Gemeinschaft** als (teil-) rechtsfähigem Verband gegen Dritte und Wohnungseigentümer zustehen. Da nach § 10 Abs. 6 Satz 3 die Gemeinschaft auch die gemeinschaftsbezogenen Rechte der Wohnungseigentümer sowie diejenigen sonstigen Rechte der Wohnungseigentümer ausübt, die gemeinschaftlich geltend gemacht werden können, fällt auch die Geltendmachung dieser Ansprüche unter die Verwaltungsmaßnahmen im Sinne des § 21 Abs. 1. **Gemeinschaftsbezogen** sind nach der Gesetzesbegründung die Angelegenheiten, für die nach der bis 30.6.2007 geltenden Fassung des WEG nach § 21 Abs. 1 der Gesamtheit der Wohnungseigentümer die Verwaltung gemeinschaftlich zustand.[11] Die Neuregelung, welche die Angelegenheiten nun der rechtsfähigen Gemeinschaft zuweist, stellt dabei auf die Rechtsprechung des BGH zur Geltendmachung gemeinschaftsbezogener Forderungen der Wohnungseigentümer ab.[12] Derartige Forderungen können mit Rücksicht auf die Interessen der Gesamtheit der Wohnungseigentümer und im Hinblick darauf, dass die Leistung allen gemeinsam zusteht, nur von der Gesamtheit und nicht von einem einzelnen Wohnungseigentümer geltend gemacht werden.[13]

Die näheren Einzelheiten zu den „geborenen" und den „gekorenen" gemeinschaftsbezogenen Ansprüchen und Rechten können der Kommentierung zu § 10, Rn. 36 ff. entnommen werden.

Über die bloße Geltendmachung hinaus können bestandskräftige Beschlüsse der Wohnungseigentümergemeinschaft in den gesetzlich bestimmen Fällen eine selbständige Anspruchsgrundlage für Ansprüche der Gemeinschaft gegen einzelne Wohnungseigentümer ergeben.[14]

Verwaltung geht über den bloßen Gebrauch[15] des gemeinschaftlichen Eigentums hinaus, wobei für **Gebrauchsregelungen** § 15 Abs. 2 die speziellere Vorschrift darstellt.[16]

Zu einem Tätigwerden der Wohnungseigentümer im Außenverhältnis für den Fall, dass kein Verwalter für die Anlage bestellt ist, siehe § 20 Rn. 5.

2. Durch Wohnungseigentümer gemeinschaftlich

4 Wohnungseigentümer[17] ist nur, wer nach materiellem Recht (§§ 873, 925 BGB) das Wohnungs- oder Teileigentum wirksam erworben hat. Dies ist in

---

10 Siehe zu Ansprüchen und Rechten § 10 Rn. 51.
11 BT-Drucks. 16/887, S. 61.
12 Statt aller: BGH v. 15.12.1988 – V ZB 9/88, BGHZ 106, 22; BGH v. 11.12.1992 – V ZR 118/91, BGHZ 121, 22.
13 BT-Drucks. 16/887, S. 61.
14 Siehe dazu näher unten Rn. 24.
15 Siehe zum Gebrauch § 13 Rn. 18.
16 BGH v. 29.6.2000 – V ZB 46/99, NJW 2000, 3211; siehe auch § 15 Rn. 1.
17 Zum Begriff des Wohnungseigentümers siehe genauer § 10 Rn. 3.

der Regel derjenige, der zu Recht im Wohnungsgrundbuch eingetragen ist.[18]

Die Formulierung in Abs. 1, wonach die Verwaltung den Wohnungseigentümern „zusteht", stellt das **Recht** zur Verwaltung in den Vordergrund. Dass diesem Recht auch eine **Pflicht** gegenübersteht, ergibt sich sowohl aus Abs. 4[19] als auch aus § 20, der von einem Obliegen spricht.[20]

Der Wortlaut des Abs. 1, wonach die Verwaltung den Wohnungseigentümern **gemeinschaftlich** zusteht, spricht dafür, dass die Eigentümer grundsätzlich nur einstimmig entscheiden können.[21] Dieser Grundsatz gilt aber nur, soweit nichts speziell geregelt ist (siehe dazu sogleich Rn. 5). Aus dem Grundsatz der gemeinschaftlichen Verwaltung folgt auch, dass ein Schadensersatzanspruch wegen Beeinträchtigung des gemeinschaftlichen Eigentums von einem einzelnen Wohnungseigentümer gegen Dritte grundsätzlich nur nach einem ermächtigenden **Beschluss** der Eigentümer geltend gemacht werden kann (siehe dazu auch § 13 Rn.23).[22]

Vertreten alle Wohnungseigentümer die Gemeinschaft, bedeutet dies im Falle der so genannten **Passivvertretung**, dass Willenserklärungen, die gegenüber der Gemeinschaft abzugeben sind, bereits dann wirksam werden, wenn sie einem Mitglied der Gemeinschaft zugehen.[23]

3. Soweit nicht durch dieses Gesetz oder Vereinbarung etwas anderes bestimmt ist

Der Grundsatz der gemeinschaftlichen Verwaltung durch die Wohnungseigentümer steht unter dem Vorbehalt, dass nicht durch das **WEG** oder eine **Vereinbarung**[24] etwas anderes bestimmt ist.

Wird in der **Gemeinschaftsordnung** die **Instandsetzungspflicht** von zwingend im Gemeinschaftseigentum stehenden Gebäudeteilen (etwa: Fenster) auf einen Sondereigentümer übertragen, so verliert die Gemeinschaft ihre Verwaltungszuständigkeit und damit die **Beschluss-Kompetenz**. Durch die **Delegation** der Instandsetzungspflicht auf die einzelnen Wohnungseigentümer hat die Gemeinschaft diesen auch die Befugnis übertragen zu entscheiden, was wann zu tun ist.[25] Wenn ein Eigentümer seiner Instandsetzungspflicht in einem solchen Fall nicht nachkommt, stellt sich die Frage, welche Möglichkeiten die anderen Eigentümer haben, eine ordnungsgemäße Instandsetzung zu erreichen. Wenn die Voraussetzungen des Abs. 2 gegeben sind, kann jeder Eigentümer eine erforderliche **Notmaßnahme** selbst durchführen; insoweit wird auf Rn. 6 ff. verwiesen. Handelt es sich um

5

---

18 OLG Brandenburg v. 9.1.2006 – 13 Wx 17/05, ZWE 2006, 447.
19 Siehe unten Rn. 28 ff.
20 Siehe § 20 Rn. 4.
21 Siehe zur nur ausnahmsweisen Mehrheitsentscheidung auch § 23 Rn. 2; ebenso: *Jennißen-Suilmann*, § 21 Rn. 3; a.A.: *Staudinger-Bub*, § 21 WEG Rn. 32.
22 BGH v. 11.12.1992 – V ZR 118/91, BGHZ 121, 22 (in ständiger Rechtsprechung); BT-Drucks. 16/887, S. 61.
23 LG Karlsruhe v. 11.12.2012 – 11 S 231/11, ZWE 2013, 180.
24 Siehe zur Vereinbarung näher § 10 Rn. 9 ff.
25 LG Hamburg v. 9.4.2014 – 318 S 133/13, ZMR 2014, 661.

keine Notmaßnahme, hat nach der hier vertretenen Meinung jeder Eigentümer einen **Individualanspruch** gemäß Abs. 4 gegen den verpflichteten Eigentümer auf Durchführung der Maßnahme. Insoweit wird auf die Kommentierungen zu Abs. 4, insbesondere **Rn. 28, 29** und **Rn. 30** Bezug genommen.

Wenn in der **Teilungserklärung** vorgesehen ist, dass sich die Wohnungseigentümer verpflichten, ihre Wohnung an einen Betreiber des **Seniorenstifts** zu vermieten, stellt dies eine ausreichende Regelung dafür dar, dass der Verwalter gemäß § 21 Abs. 1 dann auch einen Mietvertrag für die im Sondereigentum stehenden Wohnungen abschließen kann.[26]

Eine Ausnahme vom Grundsatz der einstimmigen Verwaltungsentscheidungen sieht etwa Abs. 2 für **Notmaßnahmen** vor. Einen **Mehrheitsbeschluss** lassen neben den Abs. 3, 5 und 7 auch § 16 Abs. 3 und 4, § 22 Abs. 1 bis 3, § 26 Abs. 1 und 2 und § 28 Abs. 4 und 5 zu.[27] Mehrheitsbeschlüsse können auch in einer Gemeinschaftsordnung aufgrund einer so genannten **Öffnungsklausel**[28] zugelassen werden.

Weitere Ausnahmen sehen §§ 27 und 28 sowie § 29 vor, welche bestimmte Verwaltungsaufgaben dem **Verwalter** beziehungsweise dem **Verwaltungsbeirat** zuordnen und damit der **Verwaltungszuständigkeit** der Wohnungseigentümer entziehen. Grundsätzlich können die Wohnungseigentümer auch durch **Vereinbarungen** Einfluss darauf nehmen, welche Verwaltungsorgane in welchem Umfang Aufgaben wahrzunehmen haben. Dabei darf jedoch die grundlegende **Organisationsstruktur** des § 20 Abs. 1 nicht umgangen werden.[29] Ein solcher Verstoß läge etwa dann vor, wenn zwei selbständige Wohnungseigentumsgemeinschaften eine gemeinsame Verwaltung vereinbaren würden.[30]

III. Absatz 2: Notmaßnahmen

1. Berechtigung jedes Wohnungseigentümers

6 Zum Begriff des Wohnungseigentümers siehe oben Rn. 4 und genauer § 10 Rn. 3.

Da „jeder" Wohnungseigentümer „**berechtigt**" ist, gibt Abs. 2 jedem einzelnen Wohnungseigentümer ein Individualrecht[31], zu dessen Ausübung er ohne die Mitwirkung der anderen Eigentümer oder auch des Verwalters befugt ist. Das Recht zu handeln beinhaltet jedoch **keine Vertretungsmacht** für die anderen Eigentümer.[32] Der im eigenen Namen und auf eigene Kosten

---

26 OLG Karlsruhe v. 13.11.2003 – 11 U 9/03, OLGR Karlsruhe 2004, 214 (siehe dazu auch § 15 Rn. 15).
27 Siehe dazu jeweils die Kommentierungen zu den genannten Vorschriften.
28 Siehe zur Öffnungsklausel § 10 Rn. 16 ff. und Rn. 33.
29 Siehe dazu § 20 Rn. 1.
30 Siehe dazu § 20 Rn. 5.
31 Ebenso: *Staudinger-Bub*, § 21 WEG Rn. 38.
32 OLG Stuttgart v. 3.7.2012 – 10 U 33/12, NJW 2013, 699; ebenso: *Palandt-Bassenge*, WEG § 21 Rn. 4; *Jennißen-Suilmann*, § 21 Rn. 27; a.A.: *Staudinger-Bub*, § 21 WEG Rn. 39.

handelnde Eigentümer kann nur später einen Aufwendungsersatzanspruch geltend machen.[33] Nur ganz ausnahmsweise wird man aus dem Gemeinschaftsverhältnis auch eine **Verpflichtung** des einzelnen Eigentümers zum Tätigwerden annehmen müssen.[34] Dies ist etwa dann der Fall, wenn der Eigentümer der einzige ist, der die unmittelbare Gefahr für das Gemeinschaftseigentum erkennen und abwehren kann.[35]

2. Ohne Zustimmung der anderen Wohnungseigentümer

Wie bereits oben bei Rn. 5 aufgezeigt, stellt die Berechtigung eines einzelnen Wohnungseigentümers zum **alleinigen Handeln** eine Ausnahme zum Grundsatz des Abs. 1 dar, wonach die Verwaltung den Wohnungseigentümern gemeinschaftlich zusteht. Wenn jedoch Notmaßnahmen[36] erforderlich werden, bedarf der einzelne Eigentümer nach dem Gesetzeswortlaut nicht der ansonsten erforderlichen Zustimmung der anderen Eigentümer. 7

Über den Gesetzeswortlaut hinaus ist bei Notmaßnahmen auch eine Mitwirkung des **Verwalters** nicht erforderlich.[37] Dies ergibt sich schon daraus, dass der Verwalter regelmäßig als ausführendes Organ tätig werden müsste.[38]

3. Notwendige Maßnahmen zur Abwendung eines dem gemeinschaftlichen Eigentum unmittelbar drohenden Schadens

Der einzelne Wohnungseigentümer darf nur diejenigen Maßnahmen ergreifen, die zur Abwendung eines dem gemeinschaftlichen Eigentum unmittelbar drohenden Schadens notwendig sind. Damit beschreibt das Gesetz die **Voraussetzungen**, unter denen eine so genannte **Notmaßnahme** vorgenommen werden darf. 8

a) Es muss zunächst das **gemeinschaftliche Eigentum**[39] oder das **Verwaltungsvermögen**[40] betroffen sein. 9

b) Dem gemeinschaftlichen Eigentum oder dem Verwaltungsvermögen muss ein **Schaden** drohen. Als Schaden kommt dabei jede Verschlechterung[41] oder auch eine sonstige Beeinträchtigung[42] in Betracht. 10

c) Dieser Schaden muss **unmittelbar drohen**. Damit beschreibt das Gesetz die **Eilbedürftigkeit**. Es muss eine Gefahrenlage dergestalt bestehen, dass 11

---

33 Siehe dazu unten Rn. 15 ff.
34 Ebenso: *Niedenführ/Kümmel/Vandenhouten-Niedenführ*, § 21 Rn. 20; a.A.: *Riecke/ Schmid-Drabek*, § 21 Rn. 78.
35 Beispiel: A ist als einziger Wohnungseigentümer über die Weihnachtsfeiertage im Haus und erkennt einen Rohrbruch; wenn auch der Verwalter nicht erreichbar ist, ist A verpflichtet, einen Installationsnotdienst zu beauftragen.
36 Siehe dazu sogleich Rn. 8 ff.
37 Ist die Mitwirkung des Verwalters möglich, liegt keine Notmaßnahme vor – siehe auch Rn. 8 und § 20 Rn. 6.
38 BayObLG v. 27.3.1997 – 2Z BR 11/97, ZMR 1997, 325.
39 Siehe zum Begriff des gemeinschaftlichen Eigentums oben Rn. 2 und die weiteren Verweise dort.
40 Siehe dazu auch § 20 Rn. 3.
41 Beispielsweise Beschädigung des Mauerwerks durch auslaufendes Wasser bei Rohrbruch.
42 So etwa: *Staudinger-Bub*, § 21 WEG Rn. 5; siehe auch unten Rn. 13.

ein Schadenseintritt ohne ein Einschreiten des Einzelnen zeitlich so nahe bevorstehen muss, dass ein verständiger Wohnungseigentümer nicht zuvor den vorhandenen **Verwalter** bzw. wenn der Umfang der Maßnahme dessen Befugnisse überschreitet, die übrigen Wohnungseigentümer einschalten könnte.[43] Hieran fehlt es, wenn noch Zeit für die Einberufung einer außerordentlichen Eigentümerversammlung besteht.[44] Besteht daher eine Gefahrenlage bereits seit mehreren Jahren, ist diese auch seit längerer Zeit bekannt gewesen und wurden über die Gefahr etwa auch bereits Gespräche geführt, scheidet eine Eilbedürftigkeit regelmäßig aus.[45]

12 d) Der einzelne Wohnungseigentümer darf nur eine Maßnahme treffen, die zur Gefahrenabwehr notwendig ist. Als Notmaßnahmen kommen grundsätzlich alle Maßnahmen in Betracht, die in tatsächlicher oder rechtlicher Hinsicht auf eine Änderung des bestehenden Zustandes abzielen oder sich als Geschäftsführung zugunsten der Wohnungseigentümer in Bezug auf das gemeinschaftliche Eigentum darstellen.[46] **Notwendig** sind nur solche Maßnahmen, die den Eintritt des unmittelbar drohenden Schadens verhindern, also die **Gefahrenlage beseitigen**, nicht aber solche Maßnahmen, die der **dauerhaften** Behebung der Schadensursache dienen.[47] Nicht unter Abs. 2 fallen daher Maßnahmen, die zwar für das gemeinschaftliche Eigentum nützlich sind, die aber für eine Gefahrenabwehr nicht erforderlich waren.[48] Abs. 2 greift somit bei einer beabsichtigten Beseitigung von Durchfeuchtungen nicht ein, wenn die veranlassten Sanierungsarbeiten hierfür nicht notwendig waren und die Arbeiten lediglich zu einer Verbesserung des Wärmedämmwertes geführt haben.[49]

4. Beispiele
a) Zulässige Notmaßnahmen

13 – **Baurechtlicher Nachbarantrag**
im Namen der Gemeinschaft zulässig, wenn tatsächlich aufgrund Verletzung öffentlich-rechtlicher Vorschriften Gemeinschaftseigentum gefährdet wird[50];

---

43 OLG Frankfurt v. 4. 9. 2008 – 20 W 347/05, ZWE 2009, 123; OLG Celle v. 20. 12. 2001 – 4 W 286/01, ZWE 2002, 369; BayObLG v. 28. 8. 2001 – 2Z BR 50/01, WuM 2002, 105.
44 LG Hamburg v. 18. 1. 2012 – 318 S 164/11, ZWE 2012, 285.
45 BayObLG v. 28. 8. 2001 – 2Z BR 50/01, WuM 2002, 105 (bei einem Austausch undichter Fenster); BayObLG v. 31. 10. 2002 – 2Z BR 94/02, ZWE 2003, 179 (Beseitigung Mängel eines Glasdachs); OLG Celle v. 20. 12. 2001 – 4 W 286/01, ZWE 2002, 369 (Einbau eines Entlüftungsschachts zur Abwehr der bestehenden Brandgefahr – Eilbedürftigkeit wurde im Fall verneint).
46 BGH v. 11. 12. 1992 – V ZR 118/91, NJW 1993, 727.
47 BGH v. 25. 9. 2015 – V ZR 246/14, NZM 2016, 169; BayObLG v. 11. 6. 2001 – 2Z BR 128/00, ZWE 2001, 418; BGH v. 18. 2. 2011 – V ZR 197/10, ZWE 2011, 209 (zur Notmaßnahme des Verwalters nach § 27).
48 BayObLG v. 4. 11. 1999 – 2Z BR 106/99, ZMR 2000, 187.
49 OLG Schleswig v. 15. 7. 2009 – 2 W 28/09, ZMR 2010, 710.
50 BayVGH v. 12. 9. 2005 – 1 ZB 05.42, BauR 2006, 501 (wo im Einzelfall eine Gefährdung verneint wurde).

- **Einbau Entlüftungsschacht**
  zur Beseitigung einer akuten Brandgefahr[51];
- **Handwerkerbeauftragung zur Notreparatur**
  etwa nach Wasserrohrbruch oder Sturmschäden am Dach, wenn Verwalter nicht rechtzeitig erreichbar ist[52];
- **Sachverständigenkosten**
  zur Feststellung von Baumängeln (wenn Feststellung dringlich war)[53];
- **Zahlung Gas, Wasser, Strom, Müllabfuhr,**
  wenn der Gemeinschaft keine Mittel zur Verfügung stehen und eine Liefersperre bzw. die Einstellung der Müllentsorgung angedroht wurde[54];

b) *Unzulässige Notmaßnahmen*

- **Fassadensanierung**
  auch wenn sie im Zusammenhang mit Arbeiten am Sondereigentum mit erledigt werden[55];
- **Fensteraustausch**
  regelmäßig nicht zulässig, da meist Notreparatur möglich[56];
- Kosten eines **selbständigen Beweisverfahrens**
  zur Feststellung von Mängeln am Gemeinschaftseigentum, da das selbständige Beweisverfahren nicht der Gefahrenabwehr dient[57];
- **Kreditaufnahme**
  zur Finanzierung von Mängelbeseitigungsmaßnahmen[58];
- **Umbau Hofeinfahrt**
  mit umfangreichen Veränderungen des äußeren Erscheinungsbildes[59];

5. Ansprüche des handelnden Wohnungseigentümers

a) Wenn die Voraussetzungen des Absatzes 2 (Notmaßnahme) vorlagen

Wenn die Voraussetzungen einer Notgeschäftsführung nach Abs. 2 vorlagen, steht dem handelnden Eigentümer ein Anspruch auf **Ersatz** seiner **Aufwendungen** unmittelbar aus § 21 Abs. 2 i.V.m. § 670 BGB zu.[60] Dies ergibt

---

51 OLG Celle v. 20.12.2001 – 4 W 286/01, ZWE 2002, 369 (Eilbedürftigkeit wurde im Fall verneint – s.o. Rn. 12).
52 LG Hamburg v. 22.12.2008 – 318 T 156/07, ZMR 2009, 941; AG Hannover v. 20.6.2005 – 71 II 88/05, ZMR 2006, 483; ebenso: *Jennißen-Suilmann*, § 21 Rn. 25; *Riecke/Schmid-Drabek*, § 21 Rn. 83.
53 OLG Hamm v. 7.12.1992 – 15 W 240/91, OLGZ 1994, 22; siehe aber auch unten Rn. 14 „Kosten eines selbständigen Beweisverfahrens".
54 OLG Hamm v. 26.4.2004 – 15 W 109/04, ZMR 2004, 855.
55 BayObLG v. 27.3.1997 – 2Z BR 11/97, ZMR 1997, 325.
56 KG Berlin v. 10.1.2005 – 24 W 283/03, WuM 2005, 271; BayObLG v. 14.8.2003 – 2Z BR 112/03, ZMR 2003, 951.
57 BayObLG v. 12.10.1995 – 2Z BR 66/95, WuM 1995, 728.
58 OLG Hamm v. 7.12.1992 – 15 W 240/91, OLGZ 1994, 22.
59 OLG München v. 19.12.2005 – 34 Wx 6/05 (nicht veröffentlicht).
60 OLG Rostock v. 7.4.2009 – 3 W 31/08, NZM 2010, 905; OLG Celle v. 20.12.2001 – 4 W 286/01, ZWE 2002, 369; BayObLG v. 4.11.1999 – 2Z BR 106/99, ZMR 2000, 187; OLG Hamm v. 7.12.1992 – 15 W 240/91, OLGZ 1994, 22.

sich daraus, dass der Eigentümer nach Abs. 2 „berechtigt" war, die Maßnahme durchzuführen. Er hat damit kraft Gesetzes als Beauftragter Kosten für die Verwaltung im Sinne des § 16 Abs. 2 verursacht. Einem Wohnungseigentümer, der entgegen dem eindeutigen, erkennbaren Willen der Eigentümergemeinschaft ein Beweissicherungsverfahren beantragt, steht auch kein Anspruch auf Ersatz seiner Aufwendungen nach den Vorschriften über die Geschäftsführung ohne Auftrag zu.[61]

Da eine Notmaßnahme vorlag, die aufgrund ihrer Dringlichkeit (ohne einen Beschluss der Eigentümer) durchgeführt werden musste, besteht der Anspruch gegen die **Eigentümergemeinschaft** als **Verband**.[62] Diese Kosten der Verwaltung sind nach § 16 Abs. 2 in Verbindung mit Abs. 1 Satz 2 nach dem gesetzlichen Verteilungsschlüssel umzulegen.[63]

b) Wenn keine Notmaßnahme vorlag

16 § 21 Abs. 2 schließt die Ansprüche eines Wohnungseigentümers aus Geschäftsführung ohne Auftrag oder aus ungerechtfertigter Bereicherung nicht aus.[64] Auch wenn keine Notmaßnahme vorlag, kann ein Eigentümer daher seine Aufwendungen nach den §§ 683, 677, 670 BGB oder nach Bereicherungsgrundsätzen gemäß 812 ff. BGB ersetzt bekommen.[65]

Bei der **berechtigten Geschäftsführung ohne Auftrag** i.S.d. § 677 BGB kann der tätig gewordene Eigentümer nach § 683 BGB wie ein Beauftragter die Begleichung seiner Aufwendungen verlangen. Eine berechtigte Geschäftsführung ohne Auftrag liegt vor, wenn die Maßnahme mit Fremdgeschäftsführungswillen durchgeführt wurde, sie im **Interesse** der Wohnungseigentümergemeinschaft lag und dem wirklichen oder mutmaßlichen **Willen** der Eigentümer entsprach.[66] Hierbei ist jedoch zu beachten, dass bei Instandsetzungsmaßnahmen, die nicht von der Notgeschäftsführung gedeckt sind, eine Vermutung dafür spricht, dass die Eigentümer von ihrer Entscheidungsbefugnis Gebrauch machen wollten und daher die Maßnahme im Zweifel nicht ihrem mutmaßlichen Willen entsprach.[67] Nicht dem Willen entspricht die Maßnahme jedenfalls dann, wenn die Eigentümer beschlossen haben, die vorgenommene Maßnahme vorerst zurückzustellen und abzuwarten, ob sie ganz entbehrlich ist.[68]

Im Übrigen kann insoweit auf die Ausführungen oben zu Rn. 15 verwiesen werden.

---

61 OLG Frankfurt v. 4.9.2008 – 20 W 347/05, ZWE 2009, 123.
62 BGH v. 25.9.2015 – V ZR 246/14, NZM 2016, 169; OLG München v. 15.1.2008 – 32 Wx 129/07, ZWE 2008, 384; AG Charlottenburg v. 15.6.2011 – 72 C 141/10 (zitiert nach juris).
63 Siehe dazu § 16 Rn. 12.
64 BayObLG v. 4.11.1999 – 2Z BR 106/99, ZMR 2000, 187.
65 OLG Schleswig v. 15.7.2009 – 2 W 28/09, ZMR 2010, 710; OLG Celle v. 20.12.2001 – 4 W 286/01, ZWE 2002, 369; BayObLG v. v. 4.11.1999 – 2Z BR 106/99, ZMR 2000, 187.
66 OLG Hamburg v. 28.1.2000 – 2 Wx 62/95, WE 2000, 153.
67 BayObLG v. 4.11.1999 – 2Z BR 106/99, ZMR 2000, 187.
68 BGH v. 25.9.2015 – V ZR 246/14, NZM 2016, 169.

Entsprach die Maßnahme nicht dem wirklichen oder mutmaßlichen Willen der anderen Eigentümer oder fehlte dem handelnden Eigentümer der Fremdgeschäftsführungswille, läge eigentlich eine so genannte **unberechtigte Geschäftsführung ohne Auftrag** vor. Bei dieser könnte nur nach § 684 BGB nach den Grundsätzen der **ungerechtfertigten Bereicherung** nach §§ 812, 818 BGB Ersatz verlangt werden. Der BGH hat nunmehr aber klargestellt, dass die §§ 684, 687 BGB im WEG nicht uneingeschränkt Anwendung finden können, da hier **§ 21 Abs. 4 als speziellere Norm** vorgeht. Nach dieser WEG-Norm kann ein Eigentümer zwar eine ordnungsgemäße Verwaltung verlangen. Die Vornahme konkreter Maßnahmen kann er dagegen nur verlangen, wenn sich das grundsätzlich bestehende Ermessen bei der Entscheidung auf null reduziert hat. Ein Bereicherungsanspruch **(Bereicherungsausgleich)** für eine eigenmächtige Instandsetzung oder Instandhaltung des Gemeinschaftseigentums kommt nur in Betracht, wenn die eigenmächtig vorgenommene **Maßnahme** ohnehin **beschlossen und durchgeführt** hätte werden müssen.[69] Dabei ist zu berücksichtigen, dass die Eigentümer im Rahmen der Selbstverwaltung gemäß § 21 Abs. 1 entscheiden, ob, wie und auch wann Sanierungsmaßnahmen durchzuführen sind, wobei die Entscheidung einer ordnungsgemäßen Verwaltung entsprechen muss. Berücksichtigt werden muss auch, dass möglicherweise den anderen Wohnungseigentümern ein Anspruch auf Beseitigung der eigenmächtig vorgenommenen baulichen Maßnahme im Gemeinschaftseigentum gemäß § 1004 BGB zusteht.[70] Es ist daher zu erwarten, dass künftig bei eigenmächtigen Instandsetzungsarbeiten dem durchführenden Eigentümer nur noch in seltenen Fällen ein Ersatz für seine Aufwendungen von den Gerichten zugesprochen werden wird.

17

Die vorgenannten Grundsätze gelten auch bei einer **Zweier-Wohnungseigentümergemeinschaft**. Zu einem Sonderfall, bei dem ausnahmsweise auch ein unmittelbarer Anspruch gegen den anderen Eigentümer in Betracht kommt, siehe § 16 Rn. 11 und § 28 Rn. 17 und Rn. 29.

c) Prozessuales

Soweit erkennbar, wurde bisher die Frage, ob ein Wohnungseigentümer seine (vermeintlichen) Zahlungsansprüche aufgrund der Notgeschäftsführung unmittelbar einklagen kann oder ob er vorher einen Beschluss in der Wohnungseigentümerversammlung herbeiführen muss, nicht problematisiert. Diese Frage stellt sich aber schon deshalb, weil in der Regel selbst bei Notmaßnahmen Streit unter den Wohnungseigentümern besteht, ob tatsächlich alle Voraussetzungen vorlagen, ob die Maßnahme die einzig geeignete war oder ob es bessere und günstigere Möglichkeiten gegeben hätte, die Gefahrenlage abzuwenden. Bei den unberechtigten Geschäftsführungen kommt hinzu, dass die handelnden Eigentümer häufig bewusst gegen den Willen der anderen Eigentümer handeln und sodann nach den von ihnen allein gewollten und bestimmten Maßnahmen die Kosten letztlich auf die übergangenen Anderen abwälzen wollen.

18

---

69 BGH v. 25.9.2015 – V ZR 246/14, NZM 2016, 169.
70 OLG Düsseldorf v. 9.2.2005 – 3 Wx 314/04, NZM 2005, 426; der Beseitigungsanspruch aus § 1004 BGB ist bei § 15 Rn. 19ff. näher kommentiert.

Nach der hier vertretenen Auffassung fehlt einer unmittelbaren **Zahlungsklage** gegen den Verband das **Rechtsschutzbedürfnis**. Auch wenn üblicherweise im Zivilprozess bei Zahlungsklagen das Rechtsschutzbedürfnis nicht zweifelhaft ist[71], ergibt sich hier aber aus dem besonderen Gemeinschaftsverhältnis der Wohnungseigentümer und den hierzu entwickelten Grundsätzen etwas anderes.

So hat das OLG Hamm[72] als Folge der Außenhaftung nach altem Recht[73] ausgeführt, dass zwar grundsätzlich ein direkter Ausgleichsanspruch gegen die anderen Eigentümer bestehe. Da es sich aber um Kosten des gemeinschaftlichen Eigentums handle, seien aufgrund des Gemeinschaftsverhältnisses der Wohnungseigentümer die in Anspruch genommenen Wohnungseigentümer jedoch berechtigt, im Rahmen ihres Anspruchs auf ordnungsgemäße Verwaltung nach § 21 Abs. 4 den in Vorlage getretenen Wohnungseigentümer auf die Befriedigung aus den gemeinschaftlichen Mitteln zu verweisen, um eine gemeinschaftliche Aufbringung der Mittel im Rahmen des § 28 (Wirtschaftsplan und Jahresabrechnung) zu gewährleisten. Ebenso hat das OLG Köln[74] entschieden und ausgeführt, dass insoweit ohne Bedeutung sei, dass der dortige Beklagte „an der Fassung entsprechender Beschlüsse nicht mitgewirkt und seine Zustimmung zur Auszahlung an die Antragstellerin verweigert hat".

Bei § 28 Rn. 82 wird anhand der obergerichtlichen Rechtsprechung dargestellt, dass ein Wohnungseigentümer, der ohne Rechtsgrund an die Gemeinschaft Zahlungen geleistet hat, keine Bereicherungsansprüche nach § 812 BGB geltend machen kann. Im Hinblick auf den **Vorrang des Innenausgleichs** ist ein möglicher Bereicherungsanspruch durch das Instrument der Jahresabrechnung ausgeschlossen. Ein Rückforderungsanspruch steht daher dem Eigentümer nur dann zu, wenn eine von den Wohnungseigentümern beschlossene Jahresabrechnung für ihn ein entsprechendes Guthaben ausweist.[75]

Bei § 21 Abs. 4 ist in der Rechtsprechung anerkannt, dass für eine **Verpflichtungsklage** zur Vornahme einer Maßnahme der ordnungsgemäßen Verwaltung das Rechtsschutzbedürfnis erst vorliegt, wenn der klagende Eigentümer einen entsprechenden Antrag in der Eigentümerversammlung gestellt hat und dieser Antrag nicht angenommen wurde.[76]

19 Diese Grundsätze sind auch auf die Ansprüche auf **Aufwendungsersatz** übertragbar. Wie bei Rn. 17 dargestellt, entscheiden die Eigentümer im Rahmen der (ordnungsgemäßen) **Selbstverwaltung**, ob, wie und auch wann **Sanierungsmaßnahmen** durchzuführen sind[77] und ob möglicherweise zu

---

71 Vergleiche zum Rechtsschutzbedürfnis allgemein: vor § 43 Rn. 9.
72 OLG Hamm v. v. 26.4.2004 – 15 W 109/04, ZMR 2004, 855.
73 Also noch vor Geltung des neuen § 10 Abs. 8 – siehe zum neuen Recht § 10 Rn. 57 ff.
74 OLG Köln v. 26.5.1999 – 16 Wx 55/99, NZM 1999, 972.
75 LG Düsseldorf v. 7.11.2013 – 19 S 77/12, ZWE 2014, 89; OLG Hamm v. 25.3.2004 – 15 Wx 412/02, ZMR 2005, 398; OLG Köln v. 22.11.2006 – 16 Wx 215/06, ZMR 2007, 642.
76 Siehe dazu näher die Kommentierung zu Abs. 4, Rn. 28 ff.
77 OLG Hamburg v. 16.11.2006 – 2 Wx 35/05, ZMR 2007, 129; BayObLG v. 4.11.1999 – 2Z BR 106/99, ZMR 2000, 187.

Unrecht vorgenommene eigenmächtige bauliche Veränderungen wieder **beseitigt** werden müssen. Hätte nicht das Handeln eines Eigentümers (zu Recht oder zu Unrecht) vollendete Tatsachen geschaffen, hätten die Wohnungseigentümer im Rahmen der **Vorbefassung** über die Maßnahme durch Beschluss entschieden, der Verwalter hätte sie umgesetzt, die Kosten zunächst aus dem Verwaltungsvermögen bezahlt und dann in der Jahresabrechnung entsprechend dem gesetzlichen Verteilungsschlüssel umgelegt.[78] Hätte sich der Verwalter geweigert, die Maßnahme auszuführen, wäre ein einzelner Eigentümer nicht zur Ersatzvornahme berechtigt gewesen und er hätte auch nicht einen entsprechenden Kostenvorschuss verlangen können. Auch wenn der Verwalter die Maßnahme durchgeführt hätte und ein Eigentümer in der irrigen Ansicht, er wäre zur alleinigen Kostentragung verpflichtet, den Betrag an die Gemeinschaft bezahlt hätte, würde der Eigentümer sein grundlos gezahltes Geld nicht ohne die nächste Jahresabrechnung, über die die Eigentümer entscheiden, zurückerhalten. Selbst wenn der Eigentümer die Maßnahme selbst durchgeführt hat und der Verwalter unter dem Vorbehalt der Rückforderung zunächst den Betrag an den Eigentümer ausbezahlt hat, muss dieser einen Beschluss der Eigentümer, wonach der Verwalter verpflichtet wird, den Betrag zurückzufordern, mit Anfechtungsklage (erfolgreich) anfechten, wenn er das erstattete Geld endgültig behalten möchte.[79]

Diese aus dem Selbstorganisationsrecht entspringende Entscheidungsfreiheit kann den übrigen Wohnungseigentümern aber auch bei Notmaßnahmen und erst recht nicht bei aufgedrängten Bereicherungen genommen werden. Auch hier müssen die Wohnungseigentümer über einen entsprechenden Antrag für die Eigentümerversammlung rechtzeitig informiert werden, so dass eine Entscheidung in der Versammlung verantwortungsbewusst getroffen werden kann. Lehnen die Wohnungseigentümer den Antrag in der Eigentümerversammlung ab, so musste nach der früher herrschenden Rechtsprechung der einzelne Eigentümer diesen **Negativbeschluss anfechten** und einen entsprechenden Verpflichtungsantrag stellen.[80] Dem kann nunmehr **nicht** mehr gefolgt werden. Der BGH hat nämlich entschieden, dass zwar regelmäßig ein Rechtsschutzbedürfnis für eine Anfechtungsklage besteht. Begründet ist aber eine Anfechtungsklage gegen einen derartigen Negativbeschluss nur dann, wenn **allein** die **freiwillige Erfüllung** des Anspruchs ordnungsmäßiger Verwaltung entsprochen hätte. Da demnach in der Praxis eine Beschlussanfechtungsklage nur in den seltensten Fällen Erfolg versprechen dürfte, wird einem Eigentümer regelmäßig von einer derartigen Klage abzuraten sein. Der Negativbeschluss hat auch keine Bindungswirkung für ein Zahlungsklageverfahren, so dass daher regelmäßig nach der Ablehnung der Eigentümer (**Vorbefassung**) eine **Zahlungsklage** gegen den **Verband** zu erheben sein wird.[81]

---

78 Ebenso: OLG Köln v. 26.5.1999 – 16 Wx 55/99, NZM 1999, 972.
79 OLG Karlsruhe v. 28.2.1996 – 11 Wx 86/94, ZMR 1996, 284.
80 OLG Düsseldorf v. 1.12.2006 – 3 Wx 194/06, ZMR 2007, 379; OLG Celle v. 2.2.2005 – 4 W 4/05, OLGR Celle 2005, 190.
81 BGH v. 2.10.2015 – V ZR 5/15, NJW 2015, 3713.

IV. Absatz 3: Verwaltung durch Mehrheitsbeschluss

1. Verwaltung des gemeinschaftlichen Eigentums durch die Wohnungseigentümer

20 Die Bedeutung der Begriffe „Verwaltung des gemeinschaftlichen Eigentums" und „Wohnungseigentümer" kann der Kommentierung oben zu Rn. 2, 3 und 4 entnommen werden.

Die Verwaltung des Sondereigentums eines Wohnungseigentümers ist damit von Abs. 3 nicht erfasst.

2. Soweit nicht durch Vereinbarung geregelt

21 Durch die einleitende Formulierung, dass nur soweit die Verwaltung des gemeinschaftlichen Eigentums nicht durch Vereinbarung der Wohnungseigentümer geregelt ist, Beschlüsse möglich sind, greift der Gesetzgeber letztlich nur die Vorgabe des § 10 Abs. 2 Satz 2 zum **Vorrang der Vereinbarungen** auf.[82] Die Einzelheiten zu den Vereinbarungen können der Kommentierung zu § 10 Rn. 9 ff. entnommen werden. Hinzuweisen ist in diesem Zusammenhang auch auf die Kommentierung zu den so genannten **Öffnungsklauseln** bei § 10 Rn. 16 f. und 33.

3. Beschlusskompetenz für Mehrheitsbeschluss

22 Indem die Wohnungseigentümer in dem genannten Umfang **durch Stimmenmehrheit beschließen können**, räumt das Gesetz den Eigentümern in einem eingeschränkten Umfang eine **Beschlusskompetenz** ein.[83] Ausreichend ist bei einem derartigen Beschluss die einfache Stimmenmehrheit.[84] Ein Beschluss, der außerhalb des vom Gesetz zugewiesenen Bereichs ergeht (etwa: Beschluss betreffend die Verwaltung des Sondereigentums eines Eigentümers) ist aufgrund fehlender Beschlusskompetenz **nichtig**.[85] Ergeht der Beschluss dagegen in einem Bereich, in dem die Beschlusskompetenz gegeben ist, entspricht er aber nicht ordnungsgemäßer Verwaltung[86], ist der Beschluss zwar fehlerhaft und damit **anfechtbar**, bis zum rechtskräftigen Urteil aber gültig.[87] Dies ergibt sich aus § 23 Abs. 4.[88]

§ 21 schafft i. V. m. § 22 auch eine Beschlusskompetenz für **bauliche Veränderungen**. Zur empfohlenen Prüfungsreihenfolge bei baulichen Veränderungen wird auf unten Rn. 51 und die dortigen Verweisungen Bezug genommen.

Wie bei § 23 Rn. 4a näher dargestellt, ergibt sich die Beschlusskompetenz für eine **Kreditaufnahme** des Verbandes zwar nicht ausdrücklich aus dem

---

[82] Siehe dazu § 10 Rn. 5.
[83] Siehe allgemein zur Beschlusskompetenz: § 23 Rn. 2 bis Rn. 4a.
[84] Siehe zum Zustandekommen eines Beschlusses näher die Kommentierungen zu § 23.
[85] BGH v. 20.9.2000 – ZB 58/99, NJW 2000, 3500; BGH v. 22.1.2004 – V ZB 51/03, NJW 2004, 937; OLG München v. 21.2.2007 – 34 Wx 22/07, NZM 2007, 447.
[86] Siehe dazu sogleich Rn. 23.
[87] BGH v. 20.9.2000 – ZB 58/99, NJW 2000, 3500.
[88] Siehe dazu näher § 23 Rn. 19 ff. (insbesondere: 33 ff.).

Wohnungseigentumsgesetz, jedoch wird diese Befugnis vom WEG vorausgesetzt, da es Sache der Wohnungseigentümer ist, über die Deckung des Finanzbedarfs des rechtsfähigen Verbandes (§ 10 Abs. 6 Satz 1) durch Beschluss zu befinden.[89] Zur Frage, wann eine Kreditaufnahme ordnungsgemäßer Verwaltung entspricht, siehe Rn. 23.

Die **sachenrechtliche Zuordnung** von Wohnungseigentum kann **nicht** Gegenstand einer **Vereinbarung** i.S.d. § 10 WEG sein. Die **Umwidmung** von **Teileigentum** in Wohnungseigentum, die Begründung von **Sondernutzungsrechten** und die **Umwandlung** von **Gemeinschaftseigentum** in Sondereigentum sind einer Beschlussfassung der Eigentümer von vorneherein entzogen.[90]

Die **Veräußerung** von Teilen des gemeinschaftlichen **Grundstücks** betrifft die sachenrechtlichen Grundlagen der Gemeinschaft und stellt sie keine Verwaltung i.S.v. § 21 Abs. 3 dar, so dass sie **weder** durch **Mehrheitsbeschluss** gegen den Willen einzelner Eigentümer erzwungen werden und auch nicht Gegenstand einer **Vereinbarung** sein kann.[91]

Zu den Einzelheiten einer Anfechtungsklage siehe die Kommentierungen zu § 46. Zur Nichtigkeitsklage wird auf § 48 Rn. 13 f. verwiesen.

4. Eine der Beschaffenheit des gemeinschaftlichen Eigentums entsprechende ordnungsgemäße Verwaltung

a) Begriff der ordnungsgemäßen Verwaltung

Der Begriff der ordnungsgemäßen Verwaltung ist ein unbestimmter Rechtsbegriff, den das Gesetz zwar nicht definiert, zu dem es aber in Abs. 5 sechs Beispiele angibt.[92] Er entspricht dem in Abs. 4 verwendeten Verwaltungsbegriff. 23

Unter einer **ordnungsgemäßen Verwaltung** ist eine Verwaltung zu verstehen, die den Vereinbarungen und Beschlüssen und, soweit solche nicht bestehen, unter Berücksichtigung der Beschaffenheit des gemeinschaftlichen Eigentums dem Interesse der Gesamtheit der Wohnungseigentümer nach billigem Ermessen entspricht. Ob ein Eigentümerbeschluss danach ordnungsmäßiger Verwaltung entspricht, ist im **Einzelfall** unter **Abwägung** der für und gegen den Eigentümerbeschluss sprechenden Umstände zu entscheiden, wobei im Vordergrund das Interesse der Gesamtheit der Wohnungseigentümer und nicht nur Einzelner zu stehen hat.[93] Eine Verwaltungsmaßnahme liegt dann im Interesse der Gesamtheit der Wohnungseigentümer, wenn sie bei objektiv vernünftiger Betrachtung unter Berücksichtigung der besonderen Umstände des Einzelfalls nützlich ist. Um dies festzustellen, muss im konkreten Fall der mit der Maßnahme verbundene **Nutzen** und die mit der Maßnahme verbundenen **Risiken** gegeneinander abgewogen werden.[94] Für

---

89 BGH v. 28.9.2012 – V ZR 251/11, NJW 2012, 3719.
90 BGH v. 11.5.2012 – V ZR 189/11, ZWE 2012, 361.
91 BGH v. 12.4.2013 – V ZR 103/12, NJW 2013, 1962.
92 Siehe dazu unten Rn. 44 ff.
93 LG München I v. 2.8.2010 – 1 S 4042/10, ZWE 2010, 399; BayObLG v. 11.9.2003 – 2Z BR 40/03, NZM 2004, 391.
94 KG Berlin v. 27.8.2007 – 24 W 88/07, NJW-RR 2008, 427.

die Ordnungsmäßigkeit spielt daher die konkrete Situation der Gemeinschaft und auch deren finanzielle Leistungsfähigkeit eine Rolle.[95] Eine ordnungsgemäße Verwaltung ist aber dann zu verneinen, wenn ohne weiteres ersichtlich ist, dass das mit der Beschlussfassung anvisierte **Ziel** aus tatsächlichen oder rechtlichen Gründen von vornherein **nicht erreichbar** ist.[96]

Der BGH hat nunmehr auch klargestellt, dass auch die Aufnahme eines langfristigen, hohen **Kredits** durch die Wohnungseigentümergemeinschaft ordnungsmäßiger Verwaltung entsprechen kann. Voraussetzung ist allerdings, dass das **Risiko** einer Nachschusspflicht der Wohnungseigentümer vor der Beschlussfassung erörtert wurde, was auch aus dem **Protokoll** der Eigentümerversammlung hervorgehen muss. Ob ein Beschluss über eine Kreditaufnahme sich im Übrigen in den Grenzen des den Wohnungseigentümern zustehenden **Gestaltungsermessens** hält, kann nicht generell, sondern nur anhand der konkreten Umstände des **Einzelfalls** unter Abwägung der allseitigen Interessen bestimmt werden.[97] Dabei hat der BGH **hohe** inhaltliche und auch formale **Anforderungen** aufgestellt, deren Aufzählung im Urteil noch nicht einmal abschließend ist. Eine Wiedergabe der zu beachtenden Punkte würde hier den Rahmen sprengen. Ob die Anforderungen im konkreten Einzelfall tatsächlich eingehalten wurden, wird daher letztlich verbindlich erst das angerufene Gericht klären können, sodass selbst bei einer sorgfältigen Beschlussvorbereitung ein hohes Anfechtungsrisiko bestehen wird. Da der Verband regelmäßig Verbraucher sein wird, ist auch zu beachten, dass bei der Abwicklung des Geschäfts die **Verbraucherschutzvorschriften** eingehalten werden müssen (siehe dazu auch § 10 Rn. 37).

Die Wohnungseigentümergemeinschaft hat bei der Beschlussfassung über Verwaltungsmaßnahmen als Ausfluss der **Privatautonomie** einen **Ermessensspielraum (Beurteilungsspielraum)**[98], der einer Überprüfung durch das Gericht weitgehend entzogen ist.[99] Hinzunehmen sind vom Gericht dabei alle **vertretbaren Mehrheitsentscheidungen**, da es nicht darauf ankommt, ob eine Regelung in jeder Hinsicht notwendig und zweckmäßig ist.[100] Kommen im Rahmen ordnungsmäßiger Verwaltung mehrere Möglichkeiten in Betracht, besteht ein Auswahlermessen. Das setzt aber voraus, die Wohnungseigentümer bei Beschlussfassung über die wesentlichen **Entscheidungsgrundlagen** verfügen, da nur so eine sachgerechte Entscheidung getroffen werden kann.[101]

---

95 BayObLG v. 14.8.2003 – 2Z BR 112/03, ZMR 2003, 951.
96 BGH v. 30.11.2012 – V ZR 234/11, ZMR 2013, 288.
97 BGH v. 25.9.2015 – V ZR 244/14, ZWE 2015, 453.
98 LG Hamburg v. 29.12.2010 – 318 S 206/09, ZWE 2011, 133; LG Köln v. 12.4.2010 – 29 T 72/09, ZWE 2011, 50; OLG Düsseldorf v. 18.1.1999 – 3 Wx 394/98, WuM 1999, 352; BayObLG v. 14.8.2003 – 2Z BR 112/03, ZMR 2003, 951; BayObLG v. 28.7.2004 – 2Z BR 43/04, NZM 2004, 746.
99 OLG Frankfurt/Main v. 20.3.2006 – 20 W 430/04, NJW-RR 2007, 377; BGH v. 10.9.1998 – V ZB 11/98, NJW 1998, 3713.
100 LG Köln v. 15.4.2015 – 29 S 121/14, ZMR 2015, 789.
101 LG München I v. 22.4.2013 – 1 S 5114/12, NZM 2014, 748; BayObLG v. 28.7.2004 – 2Z BR 43/04, NZM 2004, 746; LG Mainz v. 23.1.2003 – 8 T 181/98 (zitiert nach juris).

Nach der hier vertretenen Meinung dürfen die Anforderungen an eine ausreichende Entscheidungsgrundlage nicht überspannt werden. Wie bereits bei § 24 Rn. 25 gezeigt wurde, reicht es zur Vorbereitung der Eigentümer auf die Versammlung regelmäßig aus, dass die Tagesordnungspunkte und die vorgesehenen Beschlüsse so genau bezeichnet sind, dass die Wohnungseigentümer verstehen und überblicken können, was in tatsächlicher und rechtlicher Hinsicht erörtert und beschlossen werden soll und welche Auswirkungen der vorgesehene Beschluss insoweit auf die Gemeinschaft und sie selbst hat.[102] Der BGH hat allerdings auch darauf hingewiesen, dass es im Einzelfall erforderlich sein kann, in der **Einladung** eine **Unterlage** zur Verfügung zu stellen, um den Eigentümern eine inhaltliche Befassung mit dem Beschlussgegenstand zu ermöglichen. Wann eine **Übersendung** erforderlich ist, hat der BGH aber nicht entschieden, sondern nur als möglich bei Jahresabrechnung, Wirtschaftsplan und Sonderumlage angesprochen.[103] In einer weiteren Entscheidung hat der BGH ausgeführt, dass die Mitteilung der auf die **anderen** Wohnungseigentümer konkret entfallenden Hausgeldvorschüsse nicht erforderlich ist.[104] Nach der hier vertretenen Meinung ist eine Übersendung beim Wirtschaftsplan und bei der Jahresabrechnung (jeweils nur **Gesamt-** und den einzelnen Eigentümer betreffende **Einzel**-Abrechnung/Wirtschaftsplan) auch erforderlich, da es bei diesen Beschlüssen nicht nur um eine (wenn auch möglicherweise finanziell bedeutende) Maßnahme geht, sondern um die gesamten finanziellen Tätigkeiten im abgerechneten Jahr und zudem um die Kontrolle der Verwaltung (siehe dazu auch § 28 Rn. 41). Wird dann in der Versammlung (nach Beratung) aber eine abgeänderte Fassung beschlossen, ist dies nur möglich, wenn die Abweichungen nicht so massiv sind, dass ein durchschnittlicher Eigentümer die wesentlichen rechtlichen und tatsächlichen Folgen und Konsequenzen der **Änderungen** und damit des zu fassenden Beschlusses in der Versammlung nicht mehr überblicken kann.[105] Von diesem Sonderfall abgesehen ist aber eine **Übersendung** von **Unterlagen** vor der Eigentümerversammlung **nicht** erforderlich. Dies gilt etwa bei einer größeren **Sanierungsmaßnahme** hinsichtlich sämtlicher Unterlagen (etwa: alle Angebote, Leistungsbeschreibungen etc., welche nicht selten mehrere Leitz-Ordner umfassen)[106] oder bei den Vergleichsangeboten bei einer **Verwalterneubestellung**.[107] Hier genügt, wie bei fast allen anderen Abstimmungspunkten auch, dass der Gegenstand der Abstimmung ausreichend in der Einladung bezeichnet ist, so dass ein interessierter Eigentümer ggf. **Einsicht** in die Unterlagen beim Verwalter **nehmen kann**. In diesen Fällen genügt es, dass der Verwalter **in der Versammlung** die wesentlichen **Grundlagen** für die Entscheidung **darstellt**. Ob eine ausreichende **Information** tatsächlich vorlag, aufgrund derer die Eigentümer eine verantwortliche Entscheidung treffen konnten, wird letztlich aufgrund der Umstände des konkreten **Einzelfalls** durch das Gericht

---

102 BGH v. 13.1.2012 – V ZR 129/11, ZWE 2012, 125.
103 BGH v. 13.1.2012 – V ZR 129/11, ZWE 2012, 125.
104 BGH v. 7.6.2013 – V ZR 211/12, ZWE 2013, 367.
105 LG Karlsruhe v. 11.5.2010 – 11 S 9/08, ZWE 2010, 377.
106 LG München I v. 6.10.2014 – 1 S 21342/13, ZMR 2015, 147; a.A.: LG Hamburg v. 15.2.2012 – 318 S 119/11, ZWE 2013, 31.
107 Siehe zur Verwalterbestellung § 26 Rn. 15 (mit der Gegenmeinung des LG Köln).

entschieden werden müssen. Daher besteht wohl ein beträchtliches Risiko der Ungültigerklärung, wenn zwar die Verwaltung die erforderlichen **Vergleichsangebote** eingeholt hat, in der Versammlung dies aber nicht wenigstens kurz darstellt und (mangels Interesse der Eigentümer) lediglich über ein Angebot abstimmen lässt.

Das Ermessen ist jedenfalls nicht fehlerfrei ausgeübt, wenn bei größeren Maßnahmen, wie etwa bei umfangreichen Sanierungsmaßnahmen[108] oder bei Umstellung der Medienversorgung (Antenne, Kabel, Satellitenschüssel)[109], die Entscheidung alleine aufgrund eines Kostenangebotes getroffen wird, ohne dass **Vergleichsangebote (Konkurrenzangebote)** eingeholt wurden.[110] Wird eine größere Sanierungsmaßnahme in Abschnitten durchgeführt, kann es ausnahmsweise ordnungsgemäßer Verwaltung entsprechen, wenn einem Handwerker, der den ersten Abschnitt ausgeführt hat, ein Folgeauftrag erteilt wird, ohne dass Konkurrenzangebote eingeholt werden.[111] Bei Auftragsvergabe an einen Architekten oder Bauingenieur verstößt die Unterlassung der Einholung von Vergleichsangeboten jedenfalls dann nicht gegen den Grundsatz ordnungsmäßiger Verwaltung, wenn sich das Angebot bei überschlägiger Berechnung im Bereich des Mindesthonorars nach der HOAI bewegt.[112]

Wann eine **größere Maßnahme** vorliegt, welche die Einholung von Vergleichsangeboten erforderlich macht, kann nicht **betragsmäßig** für jede Gemeinschaft gleich angegeben werden. Zwar haben das LG Hamburg und das LG Karlsruhe bei einer Sanierungsmaßnahme den Betrag von 3.000 € bereits als so hoch angesehen, dass Vergleichsangebote vorliegen müssen.[113] Das LG Dortmund ist bei 5.000 € von einer größeren Maßnahme ausgegangen.[114] Das LG München I hat jedenfalls bei 12.000 € die Grenze als überschritten angesehen und offengelassen, ob die 3.000 €-Grenze bei größeren Gemeinschaften angehoben werden soll.[115] Auch das LG Hamburg sah bei 12.000 € die Grenze als überschritten an.[116] Das LG Düsseldorf hat dagegen bei einer aus etwa 430 Miteigentümern bestehenden Gemeinschaft eine Maßnahme mit einem Gesamtvolumen von 45.000 € die Grenze als noch nicht überschritten angesehen, da jeder Miteigentümer nur mit wenigen hundert Euro an den Kosten beteiligt war. Das LG Düsseldorf hat als maßgeblich auch angesehen, dass bei einer größeren Eigentümergemeinschaft ansonsten kaum noch ein Auftrag direkt vergeben werden könnte,

---

108 Siehe dazu auch unten Rn. 50 ff.
109 BayObLG v. 10. 3. 2004 – 2Z BR 274/03, NZM 2004, 385.
110 LG München I v. 6. 10. 2014 – 1 S 21342/13, ZMR 2015, 147; LG Hamburg v. 18. 1. 2012 – 318 S 164/11, ZWE 2012, 285; OLG Köln v. 2. 4. 2003 – 16 Wx 50/03, ZMR 2004, 148; BayObLG v. 9. 9. 1999 – 2Z BR 54/99, ZMR 2000, 39.
111 OLG Köln v. 17. 3. 2006 – 16 Wx 37/06, OLGR Köln 2006, 561.
112 OLG München v. 17. 2. 2009 – 32 Wx 164/08, NZM 2009, 821; LG Hamburg v. 21. 10. 2015 – 318 S 3/15, ZMR 2016, 135.
113 LG Karlsruhe v. 8. 8. 2013 –- 11 T 355/12, ZWE 2013, 417; LG Hamburg v. 15. 2. 2012 – 318 S 119/11, ZWE 2013, 31.
114 LG Dortmund v. 21. 4. 2015 – 1 S 445/14, ZWE 2015, 374.
115 LG München I v. 6. 2. 2014 – 36 S 9481/13, ZMR 2014, 668.
116 LG Hamburg v. 12. 11. 2014 – 318 S 74/14, ZMR 2015, 143.

weil regelmäßig höhere Beträge anfallen, die dann zur Einholung mehrerer Angebote verpflichten würden.[117] Nach der hier vertretenen Meinung sollte die Betragsgrenze nicht starr festgesetzt werden, sondern in jedem Einzelfall die konkreten Umstände, wie etwa Größe der Gemeinschaft, finanzielle Lage, Belastung des Einzelnen und Schutz des Einzelnen und der Mehrheit vor Fremdbestimmung durch die Verwaltung, gegeneinander abgewogen werden. Daher wird bei kleinen Gemeinschaften der Betrag von 3.000 € als hoch angesehen werden müssen, bei größeren Gemeinschaften wird dieser Betrag jedoch – ggf. auch deutlich – überschritten werden können.

In der Regel sind **drei Vergleichsangebote** einzuholen, um eine Überteuerung zu vermeiden und, um ein qualitativ möglichst hochwertiges und zugleich günstiges Angebot einholen zu können.[118] Diesen Regelfall hat auch das LG München I bestätigt, aber auch zumindest angesprochen, die Zahl Drei keine starre Untergrenze sei und im Einzelfall auch weniger Vergleichsangebote reichen können.[119] Nach der hier vertretenen Meinung stellt das Unterschreiten der drei Vergleichsangebote für die Praxis immer ein hohes (und daher zu vermeidendes) Risiko dar, da erst durch die Entscheidung des Gerichts feststeht, ob die Einschätzung der Verwaltung insoweit richtig war.

Die Vergleichsangebote müssen zudem **vergleichbar** sein.[120] Hieran kann es etwa fehlen, wenn nicht vergleichbare technische Lösungen, deutlich unterschiedliche Materialien oder unterschiedliche Qualitätsstandards angeboten werden.

Die Einholung der erforderlichen Vergleichsangebote kann auch nicht einfach mit der Begründung unterlaufen werden, es würden erfahrungsgemäß keine Angebote abgegeben werden oder die angeschriebenen Firmen hätten nicht geantwortet. Gleiches gilt aber auch, wenn eine Maßnahme zunächst ohne die erforderlichen Vergleichsangebote durchgeführt wurde und nun **nachträglich** versucht werden soll, durch einen **Genehmigungsbeschluss** das Vorgehen zu legalisieren. Wenn daher bei einem Genehmigungsbeschluss (ggf. wiederum) keine Vergleichsangebote vorlagen, ist (auch) dieser Beschluss auf Anfechtung hin aufzuheben, da ohne Vergleichsangebote auch nachträglich die Wirtschaftlichkeit der durchgeführten Maßnahme nicht überprüft werden kann.[121]

Der grundsätzlich beachtliche **Ermessensspielraum** ist jedenfalls bei Vorliegen **gravierender Mängel** der Bausubstanz nur dann eingehalten, wenn eine den allgemein anerkannten Stand der Technik sowie die Regeln der Baukunst beachtende Sanierung beschlossen wird. Da **DIN-Normen** die Vermutung in sich tragen, dass sie den Stand der allgemein anerkannten

---

117 LG Düsseldorf v. 14.3.2013 – 19 S 88/12, ZMR 2013, 821.
118 LG Dortmund v. 21.4.2015 – 1 S 445/14, ZWE 2015, 374; LG Dortmund v. 12.8.2014 – 1 S 221/12 (zitiert nach juris); LG München I v. 6.10.2014 – 1 S 21342/13, ZMR 2015, 147.
119 LG München I v. 16.9.2015 – 1 S 1224/15 (Hinweisbeschluss, noch nicht veröffentlicht).
120 LG München I v. 6.2.2014 – 36 S 9481/13, ZMR 2014, 668.
121 LG München I v. 9.10.2015 – 1 S 8925/15 (noch nicht veröffentlicht).

Regeln der Technik wiedergeben, sind daher solche Sanierungen grundsätzlich DIN-gerecht auszuführen. Die Vermutung kann jedoch entkräftet werden. Nur wenn dies gelingt, bleibt bei der Ausübung des Gestaltungsermessens Raum für eine von DIN-Normen abweichende Sanierung.[122] Der Ermessenspielraum der Wohnungseigentümer ist noch nicht überschritten, wenn sie im Rahmen eines **Gesamtsanierungskonzepts** (Sanierungsplans – siehe dazu auch § 27 Rn. 7) mehrere Instandsetzungsmaßnahmen in eine **Prioritätenliste** aufnehmen und diese abarbeiten. In einem solchen Fall wird das Ermessen jedoch nur dann i.s. einer ordnungsgemäßen Verwaltung ausgeübt, wenn alle im Laufe der Zeit hinzukommenden Erkenntnisse nicht von vornherein ausgeklammert und auf unabsehbare Zeit nach hinten verschoben werden, die Prioritätenliste vielmehr überprüft und gegebenenfalls angepasst wird.[123] Kommt es durch eine zu schwache Wärmedämmung auch bei ordnungsgemäßen Nutzungsverhalten zu Schimmelbefall in einer Wohnung, die wegen der damit einhergehenden erheblichen **Gesundheitsgefahren** nicht mehr bewohnbar ist, ist der Ermessensspielraum dahingehend eingeschränkt, dass eine Pflicht zur unverzüglichen Instandsetzung besteht.[124]

Der Ermessensspielraum der Eigentümer besteht auch bei der Entscheidung, ob und ggf. wie **Rechte** und **Pflichten** nach § 10 Abs. 6 durch den **Verband** ausgeübt bzw. erfüllt werden sollen. So wird zwar regelmäßig ein dem Verband zustehender **Anspruch durchgesetzt** werden müssen. So wird teilweise auch in der Rechtsprechung die Meinung vertreten, dass ein Beschluss, wonach von einer gerichtlichen **Geltendmachung** von **schlüssig dargelegten** oder jedenfalls nicht offensichtlich aussichtslosen (Schadensersatz-)Ansprüchen abgesehen werden soll, ordnungsgemäßer Verwaltung widerspricht.[125] Dieser Auffassung kann aber so allgemein nicht gefolgt werden, da sie den **Ermessens-** oder **Beurteilungsspielraum** der Eigentümer nicht ausreichend berücksichtigt. Im Rahmen des Selbstorganisationsrechts der Eigentümer muss zum einen die sich in einem vertretbaren Rahmen befindliche **Mehrheitsentscheidung** respektiert, zum anderen aber auch der **Minderheitenschutz** gewährleistet werden. So hat der BGH (allerdings in einer zur Verwalterabberufung ergangenen Entscheidung) klargestellt, dass der Beurteilungsspielraum der Eigentümer (erst) dann überschritten ist, wenn die Entscheidung aus objektiver Sicht **nicht vertretbar** erscheint, wenn also der Mehrheit aus Sicht eines vernünftigen Dritten **gegen** ihre **eigenen Interessen** handelt.[126] Ähnlich wie bei der Frage, ob der Verband (freiwillig) einen gegen ihn geltend gemachten Anspruch erfüllen darf (siehe dazu unten Rn. 30), widerspricht die Nichtdurchsetzung eines (vermeintlichen) Anspruchs der Gemeinschaft dann ordnungsgemäßer Verwal-

---

122 BGH v. 24.5.2013 – V ZR 182/12, NJW 2013, 2271.
123 BGH v. 9.3.2012 – V ZR 161/11, NJW 2012, 1724; OLG Hamburg v. 7.10.2009 – 2 Wx 58/09, NZM 2010, 521.
124 LG Karlsruhe v. 16.12.2014 – 11 S 14/14, ZWE 2015, 421.
125 LG Hamburg v. 29.7.2009 – 318 T 80/08, ZMR 2010, 64; OLG Hamm v. 22.12.2003 – 15 W 396/03, NZM 2004, 504; OLG Düsseldorf v. 25.8.1999 – 3 Wx 270/99, ZMR 2000, 243.
126 BGH v. 10.2.2012 – V ZR 105/11, ZWE 2012, 221.

tung, wenn der Anspruch **offenkundig** und ohne jeden vernünftigen Zweifel **begründet** ist.[127] Der Ermessensspielraum ist daher noch nicht überschritten, wenn etwa der Nachweis der bestrittenen Forderung nach Grund und Höhe schwierig erscheint.[128] Im Streitfall wird der einen Negativbeschluss anfechtende Eigentümer **beweispflichtig** dafür sein, dass ein offenkundig bestehender und durchsetzbarer Anspruch vorliegt.

Ein sehr weiter Ermessensspielraum steht den Eigentümern schließlich bei der Entscheidung zu, ob sie durch Beschluss bewirken wollen, dass der Verband **gemeinschaftsbezogene Rechte** an sich zieht, sie also „**vergemeinschaftet**" (siehe dazu auch § 10 Rn. 43 ff.). Insbesondere wenn mit Mehrheitsbeschluss ein „**Ansichziehen**" abgelehnt wird, muss beachtet werden, dass die einzelnen Eigentümer als Inhaber der Rechte ihre Individualansprüche unproblematisch auch ohne den Verband weiter durchsetzen können. Nur in Ausnahmefällen wird davon ausgegangen werden können, dass es dem einzelnen Eigentümer nicht zugemutet werden kann, selbst (und damit auf alleiniges Kostenrisiko) seinen Anspruch durchzusetzen, so dass eine Übernahmepflicht durch den Verband und damit eine „Ermessensreduzierung auf null" bejaht werden muss.[129] Hat aber die Gemeinschaft die Ausübung gemeinschaftsbezogener **Gewährleistungsrechte** wegen Mängeln an der Bausubstanz an sich gezogen, ist die fristgebundene Aufforderung zur Beseitigung der betreffenden Mängel mit Ablehnungsandrohung seitens eines einzelnen Wohnungseigentümers unwirksam, wenn diese mit den Interessen der Wohnungseigentümergemeinschaft kollidiert.[130]

Der Ermessensspielraum ist auch bei der Frage, ob Beschlüsse zur Anschaffung, Wartung und Instandhaltung von **Rauchwarnmeldern** ordnungsgemäßer Verwaltung entsprechen, zu berücksichtigen. Zur Beschlusskompetenz wird zunächst auf § 10 Rn. 43 und Rn. 44 verwiesen. Dort wurde gezeigt, dass die Beschlusskompetenz sowohl den Einbau als auch die regelmäßige Kontrolle und Wartung umfasst.

Dabei stellt sich aber zunächst die Frage, ob bei der Entscheidung über das „**Ob**" eines Einbaus (siehe zum **Zugriffsermessen** allgemein § 10 Rn. 43) durch die Gemeinschaft das Ermessen reduziert ist. Jedenfalls dann, wenn die **Ausstattung** mit Rauchwarnmeldern nach § 10 Abs. 6 Satz 2 eine **originäre Aufgabe** des **Verbandes** oder nach § 10 Abs. 6 Satz 3 Hs. 1 eine „**geborene**" Verbandsaufgabe ist, dürfte wohl immer eine **Ermessensreduzierung auf null** vorliegen. Es dürfte wohl kein Fall vorstellbar sein, bei dem der Verband, der eine gesetzliche Pflicht zu erfüllen hat, berechtigt wäre, diese nicht zu erfüllen. In diesem Sinne hat auch das LG Karlsruhe einen Beschluss für ungültig erklärt, bei dem die Eigentümer trotz einer geborenen Pflicht den Einbau abgelehnt und den Verwalter von einer Haftung frei-

---

127 BGH v. 2.10.2015 – V ZR 5/15, NJW 2015, 3713 (zur Ablehnung von Ansprüchen gegen den Verband).
128 So wohl auch: LG Itzehoe v. 5.8.2014 – 11 S 45/13, ZWE 2015, 417.
129 OLG München v. 26.10.2010 – 32 Wx 26/10, ZWE 2011, 37.
130 BGH v. 6.3.2014 – VII ZR 266/13, NJW 2014, 1377.

gestellt haben.[131] Hier liegt nicht nur eine Wahrnehmungsbefugnis und -kompetenz für die Nachrüstung mit Rauchwarnmeldern vor, sondern auch eine **Wahrnehmungsverpflichtung** der Gemeinschaft.[132]

Fraglich erscheint, ob auch bei einer „**gekorenen**" Pflicht (wenn als etwa auch Teileigentumseinheiten in der Gemeinschaft vorhanden sind und daher die Pflicht nicht alle Eigentümer trifft), eine Wahrnehmungsverpflichtung durch die Gemeinschaft besteht. Das LG Karlsruhe verneint dies wohl.[133] Nach der hier vertretenen Meinung ist aber auch dann das **Zugriffsermessen** im Regelfall **auf null reduziert**.[134] Hier muss zum einen das hohe Rechtsgut, das geschützt werden soll (Leben der Bewohner) und zum anderen der Umstand berücksichtigt werden, dass der (verpflichtende) Einbau auch die Verkehrssicherungspflichten gegenüber Dritten (z.B. Besuchern) betrifft.[135] Es dürfte wohl auch einem einzelnen Eigentümer kaum zumutbar sein, ein mögliches **Haftungsrisiko** einzugehen, wenn „sehenden Auges" weder eine Kontrolle der Gemeinschaft hinsichtlich des Einbaus noch hinsichtlich der laufenden Überwachung und Instandhaltung (die nach den Landesgesetzen zumindest teilweise nicht den Eigentümer sondern den Bewohner – ggf. also den Mieter – auferlegt ist) vorgenommen wird. Ob nämlich tatsächlich nur der Mieter, der einzelne Eigentümer oder möglicherweise doch auch die Gemeinschaft bei einer Verletzung der Einbau- und Wartungspflicht haften, ist obergerichtlich bisher nicht geklärt. Ebenfalls obergerichtlich noch nicht geklärt ist, ob und in welchem Umfang **Versicherungen** im Brandfall die Leistung verweigern können, wenn eine derartige Pflichtverletzung festgestellt wird.[136] Letztlich kein durchschlagendes Argument dürfte auch sein, dass die Teileigentümer keine Einbauverpflichtung trifft. Deren Interesse an einer finanziellen Freistellung kann durch einen Beschluss nach § 16 Abs. 4 hinsichtlich der Anschaffungs- und Einbaukosten und nach § 16 Abs. 3 hinsichtlich der laufenden Kosten berücksichtigt werden.

Ein weiteres Problem stellt sich, wenn einzelne Eigentümer (oder Mieter) bereits tätig geworden sind, weshalb in einzelnen **Wohnungen** schon „private" **Rauchwarnmelder vorhanden** sind und die Gemeinschaft dennoch alle Wohnungen mit (einheitlichen) Rauchwarnmeldern ausrüsten möchte. Das LG Braunschweig hat einen derartigen Beschluss für unwirksam erklärt und ausgeführt, dass das Sicherungsinteresse der Gemeinschaft es nicht gebiete, dass seitens der Gemeinschaft für sämtliche Wohnungen neue Rauchwarnmelder angeschafft würden und für diese Geräte ein einheitlicher Wartungsvertrag abgeschlossen werde. Insoweit sei es auch möglich, dass der jeweilige Wohnungseigentümer, der bereits Rauchwarnmelder angeschafft

---

131 LG Karlsruhe v. 30.6.2015 – 11 S 109/14, ZWE 2016, 26.
132 LG Karlsruhe v. 17.11.2015 – 11 S 38/15, ZWE 2016, 177.
133 LG Karlsruhe v. 30.6.2015 – 11 S 109/14, ZWE 2016, 26.
134 Ebenso wohl: LG Braunschweig v. 7.2.2014 – 6 S 449/13, ZWE 2014, 323.
135 Siehe zu diesem Gedanken bei der Räum- und Streupflicht bezüglich Gemeinschaftseigentum auch BGH v. 9.3.2012 – V ZR 161/11, NJW 2012, 1724.
136 Auf dieses Problem hat auch der BGH hingewiesen: BGH v. 8.2.2013 – V ZR 238/11, ZWE 2013, 358; ebenso: LG Braunschweig v. 7.2.2014 – 6 S 449/13, ZWE 2014, 323.

hat, der Verwaltung gegenüber nachweise, dass die betreffenden Geräte den gesetzlichen Anforderungen entsprechen und dass die Wartung in dem erforderlichen Umfang durchgeführt werde.[137] Dieser Meinung sind zwischenzeitlich einige Amtsgerichte entgegengetreten.[138] Auch nach der hier vertretenen Meinung entspricht ein Beschluss, **alle Wohnungen** einheitlich mit Rauchwarnmeldern **auszustatten** (und diese Geräte dann auch zu warten) auch dann ordnungsgemäßer Verwaltung, wenn bereits „private" Rauchwarnmelder in einzelnen Wohnungen vorhanden sind. Der den Eigentümern eingeräumte **Ermessensspielraum** ist nicht überschritten, wenn im Hinblick auf **Haftungsrisiken** und mögliche Problemen im **Versicherungsfall** der für die Gemeinschaft bzw. die einzelnen Eigentümer „sicherste" und auch vernünftige Weg gewählt wird. Auch das LG Braunschweig ist in seiner Entscheidung davon ausgegangen, dass die Eigentümer, die ihre Pflichten selbst erfüllt haben und/oder künftig erfüllen wollen, der Verwaltung einen Nachweis hierüber zu erbringen haben.[139] Wie ein derartiger Nachweis aussehen soll, um die genannten Risiken für die Gemeinschaft sicher auszuschließen, ist nicht genau dargelegt. Wenn aber die Nachweise (etwa für die jährliche Funktionsüberprüfung) nicht vorgelegt werden, fragt sich, wie die Verwaltung oder die Gemeinschaft reagieren sollen. Soll dann der Eigentümer auf gerichtlichem Weg zur Erfüllung gezwungen werden oder soll die Gemeinschaft dann auch insoweit einen ergänzenden Vergemeinschaftungsbeschluss fassen, damit die Pflichterfüllung sichergestellt ist? Beides scheint für die Gemeinschaft nicht zumutbar, zumal hier auch jährlich zusätzliche Überprüfungspflichten für die Verwaltung entstehen und zudem ohne Not eine Zeit der Gefährdung der Interessen der Gemeinschaft/der übrigen Eigentümer in Kauf genommen wird. Für die hier vertretene Meinung kann wohl auch die Entscheidung des BGH zur Kreditaufnahme durch die Gemeinschaft herangezogen werden.[140] Der BGH hat dort eine Kreditaufnahme des Verbandes als möglich angesehen (wenn auch unter strengen formalen Auflagen), obgleich einzelne Eigentümer dadurch regelmäßig im Außenverhältnis dem Risiko einer Haftung nach § 10 Abs. 8 ausgesetzt sind und sie zudem im Innenverhältnis von etwaigen Nachschusspflichten bei Fehlen liquider Mittel des Verbandes nicht befreit werden können, selbst wenn sie selbst allen ihren Verpflichtungen nachgekommen sind. Wenn aber schon bei einer Kreditaufnahme des Verbandes gewisse Nachteile durch den Einzelnen hingenommen werden müssen, erscheint es nicht unzumutbar, wenn Einzelne Eigentümer es hinnehmen müssen, dass ihre Räume möglicherweise „doppelt" abgesichert werden.

Zum **Anspruch** des einzelnen **Eigentümers** aus § 21 Abs. 4 auf eine ordnungsgemäße Verwaltung siehe unten Rn. 28 ff (insbesondere auch Rn. 29).

---

137 LG Braunschweig v. 7.2.2014 – 6 S 449/13, ZWE 2014, 323.
138 AG Hannover v. 12.12.2014 – 484 C 7688/14, ZMR 2015, 585; AG Singen v. 25.11.2014 – 7 C 20/14, ZMR 2015, 416; AG Heidelberg v. 22.10.2014 – 45 C 52/14, ZMR 2016, 155.
139 LG Braunschweig v. 7.2.2014 – 6 S 449/13, ZWE 2014, 323.
140 BGH v. 25.9.2015 – V ZR 244/14, ZWE 2015, 453.

Im Zusammenhang mit der Frage des „Ansichziehens" hat der BGH auch geklärt, wann ein an sich **überflüssiger Beschluss** ordnungsgemäßer Verwaltung entspricht. Diese Problematik stellte sich in der Praxis nicht nur dann, wenn die Eigentümer etwa in einem Beschluss lediglich den Inhalt einer gesetzlichen Regelung wiedergegeben haben, sondern insbesondere auch bei so genannten (inhaltsgleichen) **Zweitbeschlüssen** (siehe dazu auch unten Rn. 25 und Rn. 92). Der BGH führt aus, dass alleine aus dem Umstand, dass ein Beschluss eine an sich überflüssige Regelung enthält, nicht ohne weiteres folgt, dass er deshalb keinen Bestand haben könnte. Wenn die Eigentümer nach dem „Ansichziehen" eines gemeinschaftsbezogenen Rechts ausdrücklich auch noch beschließen, dass die Gemeinschaft ermächtigt wird, dieses Recht auch durchzusetzen, dann zielt diese vorsorglich beschlossene rechtsgeschäftliche Ermächtigung auf eine Rechtswirkung ab, die mit der Rechtsordnung in Einklang steht. Sie stellt lediglich die verfahrensrechtliche Seite der materiell-rechtlichen Regelung dar, die die Wohnungseigentümer in Ausübung ihrer Beschlusskompetenz getroffen haben. Ein solches Vorgehen ist jedenfalls dann unbedenklich, wenn der Beschuss so gefasst ist, dass **keine Zweifel** an der **Rechtslage** aufkommen.[141]

b) Schaffen einer selbständigen Anspruchsgrundlage

24 Nach der neueren Rechtsprechung des BGH haben Wohnungseigentümern nicht die Befugnis, außerhalb der gemeinschaftlichen Kosten und Lasten einzelnen Wohnungseigentümern Leistungspflichten aufzuerlegen und so **selbständige Anspruchsgrundlagen** für Ansprüche gegen einzelne Wohnungseigentümer zu schaffen.[142] Der BGH hat klargestellt, dass zu den unentziehbaren aber verzichtbaren Mitgliedschaftsrechten das sog. **Belastungsverbot**, das jeden Wohnungseigentümer vor der Aufbürdung neuer (**originärer**) – sich weder aus dem Gesetz noch aus der bisherigen Gemeinschaftsordnung ergebender – **Leistungspflichten** schützt, gehört.[143] Derartige Beschlüsse sind mangels Beschlusskompetenz **nichtig**.[144] Ob aber durch den Beschluss tatsächlich eine Leistungspflicht begründet werden sollte, ist durch objektiv-normative **Auslegung** zu ermitteln.[145] Dabei ist auch der Grundsatz der interessengerechten Auslegung zu berücksichtigen.[146] Bei einem nicht eindeutigen Wortlaut ist im Zweifel davon auszugehen, dass die Gemeinschaft wirksame Beschlüsse innerhalb ihrer Beschlusskompetenz fassen wollte, also etwa nicht unzulässig einen Anspruch begründen sondern nur eine Aufforderung zur Erfüllung aussprechen und bei Nichtbefolgung den Rechtsweg beschreiten wollte.[147]

Zahlungspflichten können für einen einzelnen Eigentümer daher nur mehr **originär** (unabhängig von der sonstigen materiellen Rechtslage) durch Be-

---

141 BGH v. 15. 1. 2010 – V ZR 80/09, ZWE 2010, 133.
142 BGH v. 18. 6. 2010 – V ZR 193/09, WuM 2010, 526 (= NJW 2010, 2801).
143 BGH v. 10. 10. 2014 – V ZR 315/13, NJW 2015, 549.
144 BGH v. 9. 3. 2012 – V ZR 147/11, ZWE 2012, 260; BGH v. 1. 6. 2012 – V ZR 225/11, NJW 2012, 2578; LG München I v. 21. 5. 2015 – 36 S 19367/14, ZMR 2015, 800
145 Siehe zur Auslegung von Beschlüssen auch: § 23 Rn. 26; § 24 Rn. 48.
146 BGH v. 28. 5. 2009 – VII ZR 206/07, ZWE 2009, 303.
147 LG Stuttgart v. 17. 6. 2015 – 10 S 79/14, ZMR 2015, 808.

schluss im Rahmen des § 28 Abs. 5 durch die Genehmigung der Einzelwirtschaftspläne, von Sonderumlagen und der Einzeljahresabrechnungen (siehe dazu auch § 28 Rn. 2, 20 ff., 62a und 82 ff.) ergeben.[148] Es besteht keine Beschlusskompetenz für die Beauftragung eines Unternehmens, etwa einer Vermessungsfirma, kostenmäßig zulasten eines Miteigentümers. Beschlüsse über konstitutive **Handlungspflichten**, wie die Kostentragung für ein noch einzuholendes Gutachten, sind nichtig.[149] Hiervon zu unterscheiden sind die grundsätzlich zulässigen Beschlüsse, mit denen – ohne dass eine unmittelbare Zahlungspflicht begründet wird – lediglich der **Verteilungsschlüssel** für getätigte Ausgaben gemäß § 16 Abs. 3 oder Abs. 4 geregelt wird.[150] Insoweit wird auf die Anmerkungen zu § 16 Rn. 20 ff. und Rn. 55 ff. Bezug genommen.

Nicht mehr durch Beschluss begründet können etwa auch **Beseitigungspflichten** (z.B. wegen unberechtigter baulicher Veränderungen) werden.

Die in der Vorauflage unter Bezugnahme auf die damalige Rechtsprechung vertretene entgegenstehende Meinung kann nicht mehr aufrechterhalten werden.[151]

Zur Problematik der so genannten **tätigen Mithilfe** siehe unten Rn. 46.

Den Eigentümern **fehlt** aber auch die **Beschlusskompetenz**, einem anderen Wohnungseigentümer einen bestehenden **Anspruch** durch Beschluss zu nehmen, also den Anspruch durch Beschluss (unabhängig von der materiellen Rechtslage) zu **vernichten**. Die Berechtigung des Anspruchs ist in diesem Fall im Rahmen der zu erhebenden Zahlungsklage zu prüfen. Einer Entscheidung über die Anfechtungsklage bzw. Nichtigkeitsfeststellungsklage kommt insoweit keine Bindungswirkung für die Zahlungsklage des Einzelnen gegen die Gemeinschaft zu.[152]

Zur Frage, wann es **ordnungsgemäßer Verwaltung** entspricht, wenn die Eigentümer einen **Anspruch** eines einzelnen Eigentümers (oder eines Dritten) durch Beschluss **ablehnen**, siehe unten Rn. 30. Zur Frage, wann die Durchsetzung eines Anspruchs der Gemeinschaft von der Mehrheit verweigert werden darf siehe oben Rn. 23.

c) *Zweitbeschluss*

Die Wohnungseigentümer sind grundsätzlich nicht gehindert, über eine schon geregelte gemeinschaftliche Angelegenheit erneut zu beschließen. Die Befugnis dazu ergibt sich aus der autonomen Beschlusszuständigkeit

---

148 Zur Zahlungspflicht bei einer Sonderkonstellation im Rahmen einer Zweiergemeinschaft siehe § 16 Rn. 11.
149 LG München I v. 21.5.2015 – 36 S 19367/14, ZMR 2015, 800.
150 BGH v. 18.6.2010 – V ZR 193/09, WuM 2010, 526 (= NJW 2010, 2801).
151 Für eine selbständige Anspruchsgrundlage sprachen sich aus: OLG Köln v. 26.10. 2005 – 16 Wx 192/05, FGPrax 2006, 59; OLG Hamburg v. 4.3.2003 – 2 Wx 148/00, ZMR 2003, 447; OLG Köln v. 23.6.2003, 16 Wx 121/03, ZMR 2004, 215; BayObLG v. 15.1.2003 – 2Z BR 101/02, NZM 2003, 239; OLG Karlsruhe v. 28.2.1996 – 11 Wx 86/94, ZMR 1996, 284; a.A. schon damals: OLG Zweibrücken v. 5.6.2007 – 3 W 98/ 07, ZMR 2007, 646 (das eine Beschlusskompetenz verneinte).
152 BGH v. 2.10.2015 – V ZR 5/15, NJW 2015, 3713.

der Gemeinschaft. Bereits bei Rn. 23 wurde dargestellt, dass nunmehr auch der BGH sogar für „überflüssige" Beschlüsse anerkannt hat, dass diese ordnungsgemäßer Verwaltung entsprechen, wenn sie so gefasst sind, dass keine Zweifel an der Rechtslage aufkommen.[153] Dies muss erst Recht gelten, wenn durch einen **inhaltsgleichen** Zweitbeschluss möglichen Zweifeln an der formellen Wirksamkeit des Erstbeschlusses Rechnung getragen und so eine sichere Rechtsgrundlage geschaffen werden soll.

Bei Zweitbeschlüssen ist es unerheblich, aus welchen Gründen die Gemeinschaft eine erneute Beschlussfassung für angebracht hält. Von Bedeutung ist nur, ob der neue Beschluss aus sich heraus einwandfrei ist. Durch den Zweitbeschluss dürfen jedoch **schutzwürdige Belange** aus Inhalt und Wirkungen des Erstbeschlusses nicht missachtet werden.[154] Zu einem möglichen Anspruch auf einen Zweitbeschluss siehe unten Rn. 30.

Die weiteren Einzelheiten zum Zweitbeschluss und zur Aussetzung gerichtlicher Verfahren bei Anfechtung von Erst- und Zweitbeschluss können der Kommentierung zu **Rn. 92** und **§ 46 Rn. 13** entnommen werden.

d) Beispiele für ordnungsgemäße Verwaltung

26 – Beispiele des Abs. 5[155]
- **Beauftragung** eines **Sachverständigen** zu weiteren Sanierungsuntersuchungen[156];
- **Beauftragung** eines **Rechtsanwalts** zur Interessenvertretung der Wohnungseigentümergemeinschaft, sofern das Verfahren nicht offensichtlich ohne Erfolgsaussicht ist[157];
- **Beseitigungsverpflichtung** für bauliche Maßnahme[158]
- (grundsätzlich möglicher) **Erwerb** von Wohnungs- oder Teil**eigentum** in der eigenen **Wohnanlage** (siehe dazu genauer § 10 Rn. 50).[159]
- provisorische **Fassadenreparatur**, wenn Mittel für Vollsanierung nicht vorhanden sind[160];
- Verpflichtung eines Eigentümers, die Wohnung an die bestehende **Fernwärmeversorgung** anzuschließen (siehe auch Wärmecontracting/Wärmelieferung)[161];

---

153 BGH v. 15.1.2010 – V ZR 80/09, ZWE 2010, 133.
154 BGH v. 23.8.2001 – V ZB 10/01, NJW 2001, 3339; LG Itzehohe v. 12.1.2010 – 11 S 33/09, NZM 2010, 482; LG Kiel v. 22.1.2009 – 3 T 488/05, ZWE 2009, 324; OLG Düsseldorf v. 1.12.2006 – 3 Wx 194/06, ZMR 2007, 379.
155 Siehe zu Abs. 5 unten Rn. 44 ff.
156 OLG München v. 25.1.2006 – 34 Wx 114/05, ZMR 2006, 311.
157 OLG München v. 9.2.2010 – 32 Wx 114/09, ZMR 2010, 469; BayObLG v. 8.12.2004 – 2Z BR 080/04, WuM 2005, 145; siehe auch Rn. 27: „gerichtliche Geltendmachung offensichtlich unbegründeter Ansprüche".
158 OLG Köln v. 23.6.2003, 16 Wx 121/03, ZMR 2004, 215 – siehe oben Rn. 24.
159 OLG Hamm v. 12.8.2010 – 15 Wx 63/10, ZWE 2010, 454; OLG Hamm v. 20.10.2009 – 15 Wx 81/09, ZWE 2009, 452; LG Deggendorf v. 19.5.2008 – 1 T 59/08, ZMR 2008, 909; OLG Celle v. 26.2.2008 – 4 W 213/07, NJW 2008, 1537.
160 BayObLG v. 14.8.2003 – 2Z BR 112/03, ZMR 2003, 951.
161 OLG Karlsruhe v. 12.8.1996 – 11 Wx 62/95, WE 1996, 466.

- gerichtliche **Geltendmachung** nicht offensichtlich **unbegründeter Ansprüche**[162];
- Einbauch von **Kaltwasserzählern** zur Verbrauchserfassung[163];
- **Kreditaufnahme**, wenn nur ein kurzfristiger **Liquiditätsengpass** überbrückt werden soll und sich der Kreditbetrag im Rahmen hält (zur Summe aller Hausgeldzahlungen)[164];
- eine **Kreditaufnahme** zur Finanzierung einer **Instandsetzungsmaßnahme** kann (muss aber nicht) im Einzelfall ordnungsgemäß sein;[165]
- Entscheidung über Geltendmachung von **Mängelrechten** bezüglich gemeinschaftlichen Eigentums (sowohl hinsichtlich „ob" als auch „wie")[166];
- Maßnahmen zur Einhaltung **öffentlich-rechtlicher Vorschriften**[167];
- **Sonderumlage** zur Bezahlung von **Rechtsanwaltskosten** nur, wenn die Wohnungseigentümergemeinschaft als Verband die Kosten schuldet[168];
- **Sondervergütung** für den WEG-Verwalter für die Erstellung einer im Rahmen der Einkommensteuererklärung zu verwendenden Bescheinigung nach § 35a EStG über haushaltsnahe Beschäftigungsverhältnisse und Dienstleistungen für Privathaushalte (siehe dazu auch § 28 Rn. 36).[169]
- Maßnahmen zur Einhaltung der **Verkehrssicherungspflicht**[170];
- **Versorgungssperre** (für Heizung, Strom, Gas) bei nachhaltigem Zahlungsrückstand eines Wohnungseigentümers[171];
- **Verwalterabberufung**, wenn dieser gegen Pflicht aus § 27 Abs. 5 verstößt (WEG-Gelder nicht getrennt von Vermögen des Verwalters gehalten)[172];
- **Verwalterentlastung**, wenn keine Anhaltspunkte für eine Pflichtverletzung des Verwalters und keine Schadensersatzansprüche gegen ihn ersichtlich sind[173];
- **Videoanlage** im gemeinschaftlichen **Klingeltableau** (siehe dazu auch unten Rn. 27 und § 14 Rn. 50)[174];
- **Videoüberwachung** des **Eingangsbereichs** einer Wohnungseigentumsanlage, wenn ein berechtigtes Überwachungsinteresse der Gemeinschaft das Interesse des einzelnen Wohnungseigentümers und von Dritten, deren

---

162 BayObLG v. 23.4.1998 – 2Z BR 41/98, ZMR 1998, 580 – siehe auch Rn. 27.
163 BGH v. 25.9.2003 – V ZB 21/03, NJW 2003, 3476.
164 BayObLG v. 30.6.2004 – 2Z BR 058/04, BayObLGR 2004, 42; – siehe aber auch Rn. 27.
165 BGH v. 25.9.2015 – V ZR 244/14, ZWE 2015, 453 (siehe auch oben Rn. 23); anders noch allgemein: LG Bielefeld v. 14.12.2010 – 23 T 442/10, ZMR 2011, 317; BayObLG v. 17.8.2005 – 2Z BR 229/04, NJW-RR 2006, 20.
166 BGH v. 12.3.2010 – V ZR 147/09, ZWE 2010, 264.
167 OLG Hamburg v. 30.12.2003 – 2 Wx 73/01, ZMR 2004, 291.
168 OLG München v. 16.11.2006 – 32 Wx 125/06, ZMR 2007, 140.
169 KG Berlin v. 16.4.2009 – 24 W 93/08, ZMR 2009, 709.
170 OLG München v. 24.10.2005 – 34 Wx 82/05, NZM 2006, 110 (siehe zur Verkehrssicherungspflicht auch unten Rn. 30, 52.
171 BGH v. 10.6.2005 – V ZR 235/04, NZM 2005, 626; KG Berlin v. 8.8.2005 – 24 W 112/04, NJW-RR 2006, 446.
172 OLG Rostock v. 20.5.2009 – 3 W 181/08, ZMR 2010, 223.
173 BGH v. 17.7.2003 – V ZB 11/03, NZM 2003, 764; BayObLG v. 30.10.2003 – 2Z BR 132/03, ZMR 2004, 211.
174 BGH v. 8.4.2011 – V ZR 210/10, ZWE 2011, 259.

WEG § 21 Verwaltung

Verhalten mitüberwacht wird, überwiegt und wenn die Ausgestaltung der Überwachung unter Berücksichtigung von § 6b BDSG inhaltlich und formell dem Schutzbedürfnis des Einzelnen ausreichend Rechnung trägt;[175]
- **Wärmelieferung (Wärmecontracting)** (siehe auch **Fernwärmeversorgung**)[176]: Auch im Bereich des Wohnungseigentumsrechts ist ein Umstieg auf Wärmelieferung/Wärmecontracting bzw. auf Fernwärmeversorgung grundsätzlich im Rahmen einer **modernisierenden Instandsetzung** möglich.[177] Zu den allgemeinen Voraussetzungen einer modernisierenden Instandsetzung siehe unten Rn. 53 und § 22 Rn. 15 ff. Ein entsprechender Beschluss ist (wie ansonsten auch) nur ordnungsgemäß, wenn eine ausreichende **Entscheidungsgrundlage** gegeben war.[178] Dies setzt etwa bei einem langfristigen Vertrag das Vorliegen von **Vergleichsangeboten** voraus.[179] Der Beurteilungsspielraum ist trotz Inkaufnahme (fast notwendig) höherer Kosten[180] dann nicht überschritten, wenn noch nicht gegen das **Wirtschaftlichkeitsgebot** verstoßen wird.[181] Um einen Vergleich mit den beim Betrieb einer Heizanlage anfallenden Kosten vornehmen zu können, setzt dies in der Regel aber die Kenntnis der Kalkulation des Wärmecontractors voraus. Dies gilt jedenfalls dann, wenn – wie üblich – bei längerer Vertragsdauer eine **Kostenanpassung** vorgesehen ist.[182] Zur möglichen Kostenverteilung bei Fernwärme und Wärmecontracting siehe § 16 Rn. 53.
- **Wiederaufbau** eines (teilweise) zerstörten Gebäudes, wenn nicht die Voraussetzungen des § 22 Abs. 4 vorliegen.[183] Die Verpflichtung betrifft, wenn nichts anderes vereinbart ist, grundsätzlich nur das gemeinschaftliche Eigentum, da die Instandhaltungspflicht für das Sondereigentum den Eigentümer selbst trifft und nicht in den Regelungsbereich des § 21 fällt.[184]

---

175 BGH v. 24.5.2013 – V ZR 220/12, NJW 2013, 3089.
176 Siehe zu Wärmecontracting/Wärmelieferung auch § 28 Rn. 75 und § 16 Rn. 30 und 53.
177 AG Düsseldorf v. 21.3.2011 – 292a C 7251/10 (zitiert nach juris); LG Nürnberg-Fürth v. 28.7.2010 – 14 S 438/10, ZWE 2010, 466; KG Berlin v. 7.7.2010 – 24 W 25/09, ZMR 2010, 974 (wo aber der Verwalter seine Kompetenzen überschritten hatte); LG München I v. 16.8.2007 – 1 T 2210/06 (nicht veröffentlicht); LG Berlin v. 5.7.2006 – 28 O 508/05 (zitiert nach juris); OLG Hamburg v. 21.7.2005 – 2 Wx 18/04, ZWE 2006, 93; BayObLG v. 11.4.2002 – 2Z BR 179/01, NZM 2002, 623.
178 Zur Entscheidungsgrundlage siehe genauer oben Rn. 23 sowie BayObLG v. 28.7.2004 – 2Z BR 43/04, NZM 2004, 746.
179 OLG München v. 27.6.2006 – 32 Wx 72/06, ZMR 2006, 799 (zu einem auf zehn Jahre abgeschlossenen Breitbandkabelvertrag).
180 BGH v. 6.4.2005 – VIII ZR 54/04, NJW 2005, 1776; KG Berlin v. 13.2.2007 – 8 U 195/06, WuM 2007, 129 (zur Zustimmung eines Mieters, wenn bei Umstieg auf Wärmecontracting für diesen höhere Kosten entstehen).
181 LG Nürnberg-Fürth v. 28.7.2010 – 14 S 438/10, ZWE 2010, 466; zum Mietrecht: BGH v. 13.6.2007 – VIII ZR 78/06, ZMR 2007, 685.
182 LG München I v. 16.8.2007 – 1 T 2210/06 (nicht veröffentlicht).
183 Siehe dazu § 22 Rn. 27 ff.
184 jurisPK-BGB/*Reichel-Scherer*, § 22 WEG, Rn. 281.

e) Beispiele für nicht ordnungsgemäße Verwaltung

- **Absehen** von einer bereits begonnenen weiteren gemeinschaftlichen **Rechtsverfolgung** trotz weiterhin vorliegendem Mangel (Schallisolierung im Haus; siehe dazu auch §10 Rn. 45)[185];
- **nicht ausreichende Entscheidungsgrundlage** bei Beschlussfassung, insbesondere, wenn Eigentümern bei Entscheidung ein Beurteilungsspielraum eröffnet ist[186];
- gerichtliche **Geltendmachung** offensichtlich **unbegründeter Ansprüche**[187];
- Ablehnen der **Prüfung** und etwaigen Geltendmachung von **Ersatzansprüchen** zu Gunsten der Gemeinschaft (jedenfalls regelmäßig, wenn keine sachlichen Gründe dagegensprechen)[188];
- zeitliche **Haftungsbeschränkung des Verwalters** auf zwei Jahre[189];
- **Kreditaufnahme** zur Finanzierung einer Instandhaltungsmaßnahme, wenn die vom BGH aufgestellten (sehr strengen) Anforderungen an die Beschlüsse nicht eingehalten werden[190];
- abweichender **Kostenverteilungsschlüssel** für **Sanierungsarbeiten**, wenn dadurch ein Anspruch auf Gleichbehandlung in künftigen Fällen ausgelöst wird[191];
- **Rechtsmissbrauch** wegen Ausnutzen der Stimmrechtsmehrheit (Majorisierung), um in treuwidriger Weise eine mit den Interessen der übrigen Wohnungseigentümer nicht zu vereinbarende Entscheidung herbeizuführen[192];
- Verwaltung wird ohne konkreten Anlass pauschal ermächtigt, einen **Rechtsanwalt** mit der **Prüfung** zu beauftragen, **ob** gegen einen Miteigentümer irgendwelche **Ansprüche** geltend gemacht werden könnten[193];
- **Erwerb** einer Vielzahl von **Sondereigentumseinheiten** in der eigenen Anlage durch die rechtsfähige Wohnungseigentümergemeinschaft[194];
- **unklare** und **mehrdeutige Eigentümerbeschlüsse**, wenn deren Inhalt allenfalls im Wege der Auslegung festzustellen wäre (hier: unklares Verhältnis der beschlossenen Sanierungsbeauftragung, Gutachtenerstellung und Klageerhebung);[195]

27

---

185 OLG Düsseldorf v. 26.6.2008 – 3 Wx 180/07, NZM 2008, 844.
186 BayObLG v. 28.7.2004 – 2Z BR 43/04, NZM 2004, 746.
187 OLG Düsseldorf v. 21.10.2008 – 3 Wx 240/07, ZWE 2009, 279; OLG Frankfurt v. 30.9.2008 – 20 W 9/08, ZMR 2009, 462; OLG München v. 18.5.2005 – 34 Wx 34/05, ZMR 2005, 907.
188 LG Hamburg v. 29.7.2009 – 318 T 80/08, ZMR 2010, 64.
189 OLG Hamm v. 19.10.2000 – 15 W 133/00, ZMR 2001, 138.
190 BGH v. 25.9.2015 – V ZR 244/14, ZWE 2015, 453 (siehe auch oben Rn. 23); noch allgemein gegen eine Ordnungsgemäßheit: LG Bielefeld v. 14.12.2010 – 23 T 442/10, ZMR 2011, 317; BayObLG v. 17.8.2005 – 2Z BR 229/04, NJW-RR 2006, 20.
191 BGH v. 18.6.2010 – V ZR 164/09, ZWE 2010, 362.
192 OLG München v. 23.8.2006 – 34 Wx 58/06, ZMR 2006, 950; OLG Düsseldorf v. 16.4.1999 – 3 Wx 77/99, ZMR 1999, 581; BayObLG v. 27.6.1996 – 2Z BR 46/96, WuM 1996, 648.
193 LG München I v. 14.6.2010 – 1 S 25652/09, ZWE 2010, 411.
194 OLG Hamm v. 12.8.2010 – 15 Wx 63/10, ZWE 2010, 454.
195 OLG Düsseldorf v. 23.9.2008 – 3 Wx 272/07, WuM 2009, 63.

- **Verwalterbestellung** ohne gleichzeitige Festlegung der **Eckpunkte** des **Verwaltervertrags** (Laufzeit und Vergütung);[196]
- **Verwalterentlastung** bei fehlerhafter Jahresabrechnung[197];
- **Verwalter-Wiederbestellung**, wenn Verwalter über Jahre hinweg weder Wirtschaftspläne noch Jahresabrechnungen zur Beschlussfassung vorgelegt hat[198];
- **Verwalter-Wiederbestellung** eines Mehrheitseigentümers, wenn er nicht die notwendige Distanz aufbringen kann, um als unabhängiger Sachverwalter der gesamten Gemeinschaft aufzutreten und er vorrangig seine eigenen Interessen und Vorstellungen verfolgt[199];
- **Verwaltungsbeiratsentlastung**, wenn Verwalter wegen Fehler bei Jahresabrechnung Entlastung verweigert wurde[200];
- einschränkungslose **Videoüberwachung** von Gemeinschaftsflächen (siehe aber auch Rn. 26 und § 14 Rn. 50)[201];
- **Videoaufzeichnung** der Tiefgarage;[202]
- **Zahlung** des Werklohns **ohne Vorbehalt** und vor Abnahme des Werks, wenn in Betracht kommt, dass dem Werkunternehmer die Vergütung nicht oder nicht in der verlangten Höhe zusteht.[203]

V. Absatz 4: Anspruch auf ordnungsgemäße Verwaltung

1. Individualanspruch eines jeden Wohnungseigentümers

a) Individualanspruch

28 Aus der Formulierung, dass jeder Wohnungseigentümer[204] „**verlangen kann**" ergibt sich, dass ein **Individualanspruch**[205] für jeden Eigentümer besteht. Nach dem klaren Wortlaut ist Abs. 4 nicht anwendbar auf Fälle, in denen der teilrechtsfähige Verband, vertreten durch den Verwalter, ihm zustehende Ansprüche gegen die Wohnungseigentümer, also etwa den Anspruch auf Vorschusszahlung nach § 28 Abs. 2, geltend machen will.[206]

Der einzelne Wohnungseigentümer hat einen aus Abs. 4 folgenden Anspruch darauf, dass die Wohnungseigentümer über die Geltendmachung **gemeinschaftsbezogener Ansprüche** nach billigem Ermessen entscheiden.[207] Zum Umfang des Ermessens der Eigentümer bei dieser Entschei-

---

196 BGH v. 27.2.2015 – V ZR 114/14, NJW 2015, 1378.
197 OLG München v. 5.4.2011 – 32 Wx 1/11, ZWE 2011, 262.
198 OLG München v. 5.6.2007 – 34 Wx 143/06, ZMR 2007, 807.
199 LG Karlsruhe v. 23.6.2010 – 11 S 60/09, ZWE 2010, 376.
200 BGH v. 4.12.2009 – V ZR 44/09, ZWE 2010, 170; OLG Hamburg v. 25.6.2003 – 2 Wx 138/99, ZMR 2003, 772.
201 KG Berlin v. 26.6.2002 – 24 W 309/01, NZM 2002, 702 – siehe zur Videoüberwachung auch § 14 Rn. 50.
202 LG München I v. 11.11.2011 – 1 S 12752/11, ZWE 2012, 233.
203 KG Berlin v. 27.8.2007 – 24 W 88/07, NJW-RR 2008, 427.
204 Zum Begriff des Wohnungseigentümers siehe oben Rn. 4 mit weiteren Verweisen.
205 OLG München v. 22.11.2006 – 34 Wx 55/06, NZM 2007, 292; OLG Frankfurt/Main v. 3.11.2003 – 20 W 506/01, ZMR 2004, 290.
206 A.A.: *Riecke/Schmid-Drabek*, § 21 Rn. 126.
207 OLG München v. 26.10.2010 – 32 Wx 26/10, ZWE 2011, 37.

dung siehe oben **Rn. 23.** Dieser **Ermessensspielraum** ist auch dann zu beachten, wenn in der Gemeinschaftsordnung die Instandsetzung bestimmter Teile des Gemeinschaftseigentums auf einen Sondereigentümer übertragen wurde (siehe dazu oben Rn. 5 und sogleich Rn. 29 und 30).

Ein einzelner Wohnungseigentümer kann aber nicht gemäß § 21 Abs. 4 vom Verwalter verlangen, dass die **Umsetzung** eines **bestandskräftigen Beschlusses** unterbleibt, selbst wenn dieser anfechtbar gewesen wäre. Allenfalls bei einer schwerwiegenden nachträglichen Änderung der tatsächlichen Verhältnisse könnte ein solcher Anspruch in Betracht kommen.[208]

Zum Inhalt dieses Individualanspruchs siehe unten Rn. 30.

b) Anspruchsgegner

Das Gesetz sagt nichts darüber, von wem der einzelne Eigentümer etwas verlangen kann. Gegen wen sich dieser Anspruch richtet, hängt vom Inhalt[209] des Anspruchs ab. Wenn ein Tätigwerden der **übrigen Wohnungseigentümer** verlangt wird, sind diese Anspruchsgegner, nicht dagegen der Verband.[210] Der Anspruch richtet sich grundsätzlich gegen die Wohnungseigentümer in ihrer Gesamtheit. Dies gilt auch für den Anspruch auf erstmalige plangerechte Herstellung des gemeinschaftlichen Eigentums (siehe dazu Rn. 30). Die in der Vorauflage zitierte Entscheidung des BayObLG, wonach ein Wohnungseigentümer den anderen allein auf Mitwirkung bei der Herstellung eines den Plänen entsprechenden Zustands in Anspruch nehmen kann, wenn es um die Abgrenzung zweier Sondernutzungsrechte geht, ist daher überholt.[211]

29

Soweit ein Anspruch eines Einzelnen besteht, sind die übrigen Wohnungseigentümer verpflichtet, an der Verwaltung mitzuwirken und damit ihr Recht aus Abs. 1 auch auszuüben. Dies kann auch der Formulierung in § 20 entnommen werden, wonach die Verwaltung den Eigentümern „obliegt".[212] Ist die Instandsetzungspflicht für bestimmtes **Gemeinschaftseigentum** in der Gemeinschaftsordnung auf einen **einzelnen Sondereigentümer** übertragen (siehe dazu oben Rn. 5), ist Anspruchsgegner nur dieser Sondereigentümer. Zum Inhalt des Anspruchs in diesem Fall siehe unten Rn. 30.

So sind etwa die Wohnungseigentümer bei erkannten Mängeln verpflichtet, **Beschluss** über eine erforderliche Instandhaltungs- oder Instandsetzungsmaßnahme am gemeinschaftlichen Eigentum zu fassen und die zur Mängelbeseitigung erforderlichen **Kostenvorschüsse** rechtzeitig zu erbringen.[213]

Zur **Aufgabenverteilung** zwischen den Wohnungseigentümern und dem Verband hat der **BGH** nun klargestellt, dass die **Wohnungseigentümer** durch entsprechende Beschlussfassung die Grundlagen für die Verwaltung des Gemeinschaftseigentums zu schaffen haben und dass die Umsetzung

---

208 BGH v. 3. 2. 2012 – V ZR 83/11, ZWE 2012, 218.
209 Siehe dazu sogleich Rn. 30 ff.
210 OLG München v. 13. 8. 2007 – 34 Wx 144/06, MDR 2007, 1305.
211 BayObLG v. 26. 5. 2000 – 2Z BR 174/99, NZM 2000, 1011.
212 Siehe auch § 20 Rn. 4.
213 OLG München v. 18. 2. 2009 – 32 Wx 120/08, NZM 2009, 402.

der gefassten Beschlüsse dann Aufgabe der Wohnungseigentümergemeinschaft (also des **Verbandes**) ist.[214] Die Entscheidung des OLG Hamm[215], wonach der **Verband** Anspruchsgegner sein kann, wenn als Verwaltungshandlung die Erstattung zu Unrecht bezahlter Beiträge nach § 16 Abs. 2 begehrt wird, ist damit überholt. Als Grundlage für die Rückzahlung ist ein Beschluss erforderlich, den die Wohnungseigentümer fassen müssen, so dass insoweit die übrigen Eigentümer Antragsgegner sind.

Nach Auffassung des OLG München kann die Klage auf Vornahme einer Handlung auch direkt gegen die Wohnungseigentümergemeinschaft als Verband gerichtet werden, ohne dass zuvor auf Fassung eines Beschlusses oder auf Ersetzung eines Beschlusses durch das Gericht nach § 21 Abs. 8 geklagt werden muss. Schuldner des Anspruchs auf ordnungsgemäße Verwaltung nach § 21 Abs. 4 kann danach der Verband jedenfalls dann sein, wenn nur die gerichtliche Geltendmachung des Anspruchs billigem Ermessen entspricht, wenn also eine Ermessensreduzierung auf null vorliegt.[216] Nach der vorgenannten Entscheidung des BGH zur Aufgabenverteilung zwischen Eigentümern und Verband (Az. V ZR 246/14) kann dem wohl nicht mehr gefolgt werden.

Soweit als Verwaltungshandeln eine Tätigkeit des **Verwalters** (etwa Zahlung aufgrund eines Beschlusses: § 27 Abs. 1 Nr. 1) oder des **Verwaltungsbeirats** (in Gemeinschaftsordnung vorgesehene Zustimmung zu einer Maßnahme) begehrt wird, sind diese Antragsgegner.[217]

2. Verwaltung, die den Vereinbarungen und Beschlüssen oder dem Interesse der Gesamtheit der Wohnungseigentümer nach billigem Ermessen entspricht (Anspruchsinhalt)

30 Was unter den Begriff der **Verwaltung** fällt, kann oben Rn. 2 und 3 entnommen werden.

Wenn der Gesetzgeber in Abs. 4 davon spricht, dass eine Verwaltung verlangt werden kann, die den Vereinbarungen und Beschlüssen und, soweit solche nicht bestehen, dem Interesse der Gesamtheit der Wohnungseigentümer nach billigem Ermessen entspricht, ist damit das Gleiche gemeint, was in Abs. 3 mit **ordnungsgemäße Verwaltung** umschrieben wird.[218] Es kann daher hier auf die Kommentierungen oben **Rn. 23 ff.** verwiesen werden, die auch bei Abs. 4 Gültigkeit haben. Auch hier gilt, dass **Abs. 5** eine nicht abschließende beispielhafte Aufzählung von zu einer ordnungsgemäßen Verwaltung gehörenden Maßnahmen enthält.

Besonders sei hier aber darauf hingewiesen, dass auch beim Anspruch nach Abs. 4 ein **Beurteilungsspielraum/Ermessensspielraum** der Wohnungseigentümer beachtet werden muss.[219] Der einzelne Eigentümer kann daher

---

214 BGH v. 25.9.2015 – V ZR 246/14, NZM 2016, 169.
215 OLG Hamm v. 20.11.2006 – 15 W 166/06, ZMR 2007, 296.
216 OLG München v. 26.10.2010 – 32 Wx 26/10, ZWE 2011, 37.
217 OLG Frankfurt/Main v. 3.11.2003 – 20 W 506/01, ZMR 2004, 290; ebenso wie hier: *Jennißen-Suilmann*, § 21 Rn. 42.
218 BGH v. 9.3.2012 – V ZR 161/11, NJW 2012, 1724.
219 Siehe dazu auch oben Rn. 23.

nur eine Verwaltungshandlung verlangen, die innerhalb dieses Spielraumes liegt. Dies gilt auch für den Fall, dass die Instandsetzungspflicht für bestimmtes Gemeinschaftseigentum in der Gemeinschaftsordnung auf einen einzelnen **Sondereigentümer übertragen** (siehe dazu oben Rn. 5 und Rn. 29) ist. Dem einzelnen Sondereigentümer als Anspruchsgegner steht daher bei der Frage, ob und wie die Instandhaltungsmaßnahme durchzuführen ist, der ansonsten den übrigen Eigentümern zustehende Ermessensspielraum zu.

Wird ein von einem Wohnungseigentümer **gegen** den **Verband** gerichtetes **Zahlungsbegehren** durch Beschluss abgelehnt, entspricht der Beschluss nur dann nicht ordnungsgemäßer Verwaltung, wenn allein die **freiwillige Erfüllung** des Anspruchs ordnungsmäßiger Verwaltung entsprochen hätte. Dies ist nur dann anzunehmen, wenn im Zeitpunkt der Beschlussfassung der Anspruch **offenkundig** und ohne jeden vernünftigen Zweifel begründet war. Bei der Begründetheit einer Anfechtungsklage gegen den **Negativbeschluss** ist daher lediglich dies zu prüfen.[220] Diese Grundsätze gelten auch, wenn ein Dritter gegen den Verband (Zahlungs-) Ansprüche geltend macht, so dass eine Ablehnung der Ansprüche regelmäßig ordnungsgemäßer Verwaltung entspricht, wenn der **Grund** und/oder die **Höhe** eines Anspruchs **streitig** ist. Die Klärung der Frage, ob der Anspruch tatsächlich besteht, ist den Gerichten überlassen.[221]

Bei der an sich erforderlichen Erfüllung von Verpflichtungen des Verbandes liegt aber dennoch ein Ermessensverstoß vor, wenn trotz Streits über die Berechtigung der Forderung des Vertragspartners ohne einen **Vorbehalt** bezahlt wird.[222]

Zur gerichtlichen Geltendmachung siehe unten Rn. 39 (zu: Prozessuales) und Rn. 86 ff. (zu Abs. 8).

Ein einzelner Wohnungseigentümer kann auch einen Anspruch darauf haben, dass ein **Zweitbeschluss**[223] gefasst wird. Ein **Anspruch** ist jedoch nur ausnahmsweise dann gegeben, wenn außergewöhnliche neu hinzugetretene Umstände das Festhalten an der bestehenden Regelung als grob unbillig und damit als gegen **Treu und Glauben** verstoßend erscheinen lassen würden.[224] Dies kann etwa der Fall sein, wenn sich, nachdem eine Jahresabrechnung bestandskräftig wurde, herausstellt, dass diese materiell-rechtlich unrichtig war. Da die durch eine unrichtige Jahres(einzel)abrechnung jeweils Benachteiligten (dies können sowohl einzelne Eigentümer als auch die Gemeinschaft – und damit letztlich die übrigen Eigentümer – sein) endgültig einen ihnen zustehenden Anspruch verlieren würden, muss eine Lösung gefunden werden, welche trotz Unanfechtbarkeit der Abrechnung die Berechtigten nicht rechtlos stellt. Die Verbindlichkeit der Gesamt- und Ein-

---

220 BGH v. 2.10.2015 – V ZR 5/15, NJW 2015, 3713; LG München I v. 16.9.2013 – 1 S 8576/12 (bisher nicht veröffentlicht).
221 LG München I v. 23.2.2015 – 1 S 17537/14 (bisher nicht veröffentlicht).
222 KG Berlin v. 27.8.2007 – 24 W 88/07, NJW-RR 2008, 427.
223 Siehe dazu oben Rn. 25.
224 OLG Düsseldorf v. 1.12.2006 – 3 Wx 194/06, ZMR 2007, 379; BayObLG v. 26.11.1993 – 2Z BR 75/93, WuM 1994, 165.

zelabrechnung kann nun aber nur mehr im Wege eines Zweitbeschlusses beseitigt werden. Nach § 242 BGB kann sich auch für den einzelnen Wohnungseigentümer ein **Anspruch** aus § 21 Abs. 4 auf einen Zweitbeschluss und damit auf eine Änderung oder Aufhebung der bereits beschlossenen aber sachlich unrichtigen Jahresabrechnung ergeben. Wenn die Gemeinschaft durch die unrichtige Abrechnung benachteiligt ist, etwa, weil zu Unrecht für einen Eigentümer (nicht erfolgte) Zahlungen berücksichtigt wurden, steht dieser Anspruch jedem übrigen Eigentümer der Gemeinschaft zu. Siehe zu dieser Problematik auch § 28 Rn. 83.

Die Wohnungseigentümer haben auch einen Anspruch auf **Abberufung** eines untauglichen Verwalters und auf **Bestellung** eines tauglichen **Verwalters**. Dieser Anspruch kann durch eine **einstweilige Verfügung** nach § 940 ZPO gesichert werden. In diesem Rahmen ist die Bestellung eines Notverwalters weiterhin möglich.[225]

Der Anspruch des Einzelnen kann auch darauf gerichtet sein, dass Maßnahmen zur Einhaltung der **Verkehrssicherungspflicht** getroffen werden.

Nach der ständigen Rechtsprechung des Bundesgerichtshofs ist derjenige, der eine Gefahrenlage – gleich welcher Art – schafft, grundsätzlich verpflichtet, die notwendigen und zumutbaren Vorkehrungen zu treffen, um eine Schädigung anderer möglichst zu verhindern.[226] Die rechtlich gebotene Verkehrssicherung umfasst diejenigen Maßnahmen, die ein umsichtiger und verständiger, in vernünftigen Grenzen vorsichtiger Mensch für notwendig und ausreichend hält, um andere vor Schäden zu bewahren. Dabei ist zu berücksichtigen, dass nicht jeder abstrakten Gefahr vorbeugend begegnet werden kann. Ein allgemeines Verbot, andere nicht zu gefährden, wäre unrealistisch.[227] Ist jedoch beispielsweise auf einer Gehfläche Glättebildung über Nacht voraussehbar, muss so intensiv und dauerhaft gestreut werden, dass das Streumittel die ganze Nacht über wirkt.[228]

Wie bereits bei § 10 dargestellt wurde, gehört die Verkehrssicherungspflicht zu den „geborenen" gemeinschaftsbezogenen Pflichten und trifft die Wohnungseigentümergemeinschaft als **Verband** (siehe dazu genauer § 10 Rn. 43).[229] Beim gemeinschaftlichen Eigentum sind aber auch die **Miteigentümer** verkehrssicherungspflichtig, wobei sich die Pflicht des einzelnen Eigentümers auf eine Kontroll- und Überwachungspflicht beschränken sollte. Eine unmittelbare Tätigkeitspflicht würde sich dann für den einzelnen Eigentümer nur mehr in Ausnahmefällen ergeben. Ob diese Verpflichtung bereits kraft Gesetzes nach § 27 Abs. 1 Nr. 2 auch den **Verwalter** trifft,

---

225 BGH v. 10.6.2011 – V ZR 146/10, ZWE 2011, 356; siehe zur Bestellung und Abberufung des Verwalters sowie den damit verbundenen prozessualen Fragen auch die Kommentierungen zu § 26 (insbesondere Rn. 7 bis Rn. 27).
226 BGH v. 16.5.2006 – VI ZR 189/05, VersR 2006, 1083; BGH v. 2.2.2006 – III ZR 159/05, BauR 2006, 969; BGH v. 8.11.2005 – VI ZR 332/04, VersR 2006, 233; BGH v. 15.7.2003 – VI ZR 155/02, VersR 2003, 1319.
227 BGH v. 31.10.2006 – VI ZR 223/05, NJW 2007, 762.
228 OLG Frankfurt/Main v. 26.11.2003 – 21 U 38/03, NZM 2004, 144.
229 BGH v. 8.2.2013 – V ZR 238/11, ZWE 2013, 358.

ist bisher obergerichtlich noch nicht geklärt. Die Verpflichtung kann jedoch im Verwaltervertrag auf den Verwalter übertragen werden.[230] Siehe hierzu auch § 27 Rn. 8.

Wie sich aus Abs. 3 in Verbindung mit Abs. 5 Nr. 2 ergibt, gehört zur ordnungsgemäßen Verwaltung auch die **Instandhaltung** und **Instandsetzung** des gemeinschaftlichen Eigentums. Damit hat jeder Eigentümer einen **Anspruch** darauf, dass **Beschädigungen** wieder **beseitigt** werden. Dies gilt an sich auch für eine **Zerstörung** des Gebäudes, so dass ein Anspruch auf **Wiederaufbau** bestehen würde. Diesen Anspruch schließt § 22 Abs. 4 aber für den Fall aus, dass das Gebäude zu mehr als der Hälfte zerstört und der Schaden nicht gedeckt ist. Insoweit wird auf die Kommentierungen bei § 22 Rn. 27 ff. verwiesen.

Wurde die Wohnanlage vom Bauträger nicht entsprechend dem **Aufteilungsplan** errichtet, so besteht grundsätzlich ein gegen die **Gesamtheit** der **Wohnungseigentümer** (und nicht gegen einzelne Eigentümer) gerichteter Anspruch, dass das Gemeinschaftseigentum **plangerecht** hergestellt wird, da unter Instandsetzung auch die **erstmalige Herstellung** des Gemeinschaftseigentums zu verstehen ist.[231] Siehe zum Anspruch gegen einen Handlungsstörer, der eine bauliche Veränderung vorgenommen hat, wobei die erstmalige plangerechte Herstellung noch nicht erfolgt war, § 15 Rn. 19.

Der Anspruch auf erstmalige Herstellung eines den Plänen entsprechenden Zustandes hat **Vorrang** vor einem möglichen Anspruch des Einzelnen auf eine **Anpassung der Rechtslage**, also etwa einer Änderung der Teilungserklärung, um isolierte Miteigentumsanteile zu beseitigen.[232] Zur **Einschränkung** des Anspruchs auf erstmalige plangerechte Herstellung siehe unten Rn. 33.

3. Verjährung/Verwirkung/§ 242 BGB

Der BGH hat nunmehr entschieden, dass der **Anspruch** eines Eigentümers auf **ordnungsmäßige Verwaltung** grundsätzlich **unverjährbar** ist. Der Grund ist darin zu sehen, dass eine Maßnahme, die im Interesse einer ordnungsmäßigen Verwaltung notwendig ist, ständig ihre Durchführung erfordert.[233] Im vom BGH entschiedenen Fall wurde konkret die Unverjährbarkeit des Anspruchs auf erstmalige plangemäße Herstellung des Gemeinschaftseigentums bejaht.

31

---

230 OLG München v. 24.10.2005 – 34 Wx 82/05, NZM 2006, 110; BayObLG v. 8.9.2004 – 2Z BR 144/04, WuM 2004, 736.
231 BGH v. 26.2.2016 – V ZR 250/14, ZWE 2016, 329; BGH v. 20.11.2015 – V ZR 284/14, NJW 2016, 473; BGH v. 14.11.2014 – V ZR 118/13, NJW 2015, 2027; BGH v. 2.10.2015 – V ZR 5/15, NJW 2015, 3713; LG München I v. 23.2.2015 – 1 S 17537/14 (bisher nicht veröffentlicht); LG Dessau-Roßlau v. 22.5.2014 – 5 S 237/13, ZWE 2015, 40.
232 LG München I v. 7.3.2016 – 1 S 5218/15 (noch nicht veröffentlicht).
233 BGH v. 27.4.2012 – V ZR 177/11, ZWE 2012, 325.

Die in der Vorauflage unter Hinweis auf die Instanzrechtsprechung[234] vertretene Meinung, wonach der der konkrete Anspruch auf eine bestimmte Verwaltungsmaßnahme der Verjährung unterliege, kann daher nicht mehr aufrecht erhalten werden. Dies gilt insbesondere für die Ansprüche auf ordnungsgemäße Instandhaltung und Instandsetzung, zu denen auch der Anspruch auf erstmalige plangemäße Herstellung des gemeinschaftlichen Eigentums gehört (siehe Rn. 30).

Wie der BGH aber ausführt, muss für die Unverjährbarkeit die ständige **Durchführung** der Maßnahme **erforderlich** sein. Dies ist bei Maßnahmen im „Innenverhältnis" gegen die übrigen Eigentümer, also etwa bei der Beseitigung von **Mängeln am Gemeinschaftseigentum**, wohl immer der Fall. Anders ist es aber beispielsweise, wenn etwa ein Dritter oder ein Eigentümer (wie ein Außenstehender) Zahlungs- oder sonstige Leistungsansprüche gegen die Gemeinschaft geltend macht, die nach den allgemeinen Regeln bereits verjährt wären. Hier kämen etwa Beseitigungsansprüche von Nachbarn, Zahlungsansprüche von Vertragspartnern der Gemeinschaft oder auch Zahlungsansprüche der Eigentümer etwa auf Schadensersatz nach § 14 Nr. 4 in Betracht. Wenn in diesen Fällen etwa ein einzelner Eigentümer die **Erfüllung** der **verjährten Ansprüche** verlangen würde, müsste dem wohl regelmäßig entgegengehalten werden, dass die jeweilige Erfüllung aus Sicht der Gemeinschaft nicht erforderlich ist und wohl auch nicht im Interesse der Gemeinschaft liegt. Die Berufung der Gemeinschaft auf die Verjährung entspricht hier regelmäßig ordnungsgemäßer Verwaltung. In diesen Fällen geht es somit nicht um die Frage der Verjährung des Anspruchs auf ordnungsgemäße Verwaltung, sondern um die vorgelagerte Frage, ob das vom Einzelnen Geforderte überhaupt ordnungsgemäßer Veraltung entspricht und damit vom Anspruch auf ordnungsgemäße Verwaltung umfasst ist.

32 Wie andere Ansprüche auch, kann einem Individualanspruch nach § 21 Abs. 4 auch die (im Prozess von Amts wegen zu berücksichtigende) Einwendung der **Verwirkung** entgegenstehen, wenn sowohl das Zeitmoment als auch das Umstandsmoment erfüllt sind.

Wegen der näheren Einzelheiten zur Verwirkung wird auf die Kommentierung § 15 Rn. 27 ff. hingewiesen.

33 Über die vorgenannten Fälle hinaus kann die Durchsetzung eines Anspruchs aus § 21 Abs. 4 nach den allgemeinen Grundsätzen des § 242 BGB nach **Treu und Glauben** ausgeschlossen sein. Der Anspruch auf **erstmalige plangerechte Herstellung** wird nämlich durch den Grundsatz von Treu und Glauben (§ 242 BGB) begrenzt und entfällt deshalb, wenn seine Erfüllung den übrigen Wohnungseigentümern nach den Umständen des Einzelfalls **nicht zuzumuten** ist. Dies kann etwa bei **tiefgreifenden Eingriffen** in das Bauwerk oder bei **unverhältnismäßigen Kosten** (unter Berücksichtigung der Interessen der Betroffenen) der Fall sein. Dann hat aber regelmäßig eine Verpflichtung zur Änderung der Teilungserklärung entsprechend der tat-

---

234 LG Hamburg v. 1.12.2010 – 318 S 182/10, ZMR 2011, 234 (zum Instandhaltungsanspruch); OLG Braunschweig v. 8.2.2010 – 3 W 1/10, ZWE 2010, 422; LG München I v. 21.8.2009 – 36 T 11136/08, ZMR 2010, 67; KG Berlin v. 18.9.2002 – 24 W 89/01, WuM 2002, 678 (je zum Anspruch auf erstmalige ordnungsgemäße Herstellung).

sächlichen Bauausführung mit möglichen Ausgleichszahlungen zur Folge.[235] So ist etwa der Anspruch auf erstmalige Herstellung eines der Teilungserklärung entsprechenden Zustandes nach § 242 BGB ausgeschlossen, wenn hierfür eine tragende Wand versetzt werden müsste und dies zu einer Gefahr von erheblichen Bauschäden führen würde.[236] Bei **geringfügigen Abweichungen** können sich aber auch die mit einer Anpassung des Aufteilungsplans verbundenen Kosten als unverhältnismäßig erweisen, so dass es im Ergebnis bei den bestehenden Verhältnissen bleiben muss.[237]

4. Folgen einer Verletzung der Pflicht zur ordnungsgemäßen Verwaltung

a) Ansprüche gegen andere Wohnungseigentümer

Das Gemeinschaftsverhältnis der Wohnungseigentümer begründet eine schuldrechtliche Sonderbeziehung, in deren Rahmen die Miteigentümer u.a. gegenseitig zu Maßnahmen ordnungsgemäßer Verwaltung verpflichtet sind. Pflichtwidrig kann danach insbesondere die **Unterlassung** oder **Verzögerung** von Maßnahmen sein, die zur Behebung eines Mangels des gemeinschaftlichen Eigentums zumutbar und geboten sind. Dies ist etwa der Fall, wenn Wohnungseigentümer, die eine die Instandsetzung des Gemeinschaftseigentums ermöglichende **Beschlussfassung** unterlassen oder verzögert haben oder an einer Mängelbeseitigung schuldhaft nicht oder erst nach schuldhaften Verzögerungen mitwirken, z.B. ihr nicht zustimmen, oder wenn Wohnungseigentümer, die geschuldete **Beiträge** für Mängelbeseitigungskosten nicht leisten. Dies hat nunmehr auch der BGH bestätigt. Wie bei Rn. 29 dargestellt, hat der BGH klargestellt, dass die Wohnungseigentümer durch entsprechende Beschlussfassung die Grundlagen für die Verwaltung des Gemeinschaftseigentums zu schaffen haben und dass die Umsetzung der gefassten Beschlüsse Aufgabe der Wohnungseigentümergemeinschaft ist. Dem folgt auch die **Haftung**: Für Schäden, die durch eine unterbliebene oder verzögerte Beschlussfassung entstehen, können **nur** die **Wohnungseigentümer** selbst (als Gesamtschuldner) ersatzpflichtig sein, die **schuldhaft** entweder **untätig** geblieben sind oder **gegen** die erforderliche Maßnahme gestimmt bzw. sich **enthalten** haben. Für Defizite bei der Umsetzung der gefassten Beschlüsse haftet dagegen allein der **Verband** (siehe dazu unten **Rn. 36**).[238]

34

Wenn die Eigentümer eine erforderliche Beschlussfassung unterlassen oder verzögert haben, kommen nach ausreichender Vorbefassung in der Eigentümerversammlung Ansprüche auf **Beschlussersetzung** nach Abs. 4 (siehe dazu Rn. 39) oder Abs. 8 (siehe dazu Rn. 86 ff. – insbesondere Rn. 91) in Betracht.

Eine Verletzung der vorgenannten Verpflichtung kann aber auch nach **§ 280 Abs. 1 BGB** die Pflicht begründen, einem anderen Wohnungseigentümer

---

235 BGH v. 20.11.2015 – V ZR 284/14, NJW 2016, 473; BGH v. 14.11.2014 – V ZR 118/13, NJW 2015, 2027.
236 BayObLG v. 4.3.2004 – 2 Z BR 232/03, ZMR 2004, 524.
237 BGH v. 20.11.2015 – V ZR 284/14, NJW 2016, 473.
238 BGH v. 25.9.2015 – V ZR 246/14, NZM 2016, 169; BGH v. 17.10.2014 – V ZR 9/14, NZM 2015, 53.

den ihm hierdurch entstandenen Schaden (etwa im Bestand oder in der Nutzungsmöglichkeit seines Sondereigentums) zu ersetzen. Abzustellen ist dabei nur auf die persönliche schuldhafte Pflichtenstellung eines jeden einzelnen Wohnungseigentümers.[239]

Verletzen etwa die Eigentümer ihre Pflicht, dem Verband die **finanzielle Grundlage** zur Begleichung der laufenden Verpflichtungen durch **Beschlussfassung** über einen entsprechenden **Wirtschaftsplan**, seine Ergänzung (Deckungsumlage) oder die Jahresabrechnung zu verschaffen, kann dem **Verband** ein Anspruch auf **Schadensersatz** wegen Pflichtverletzung nach § 280 BGB zustehen. Die Eigentümer, die ihre Pflicht verletzt haben, haften dabei dem Verband als Gesamtschuldner.[240]

Der **Schadensersatzanspruch** aus § 280 Abs. 1 BGB entsteht jedoch nur, wenn die Wohnungseigentümer ihre **Pflichtverletzung** auch zu vertreten haben, wenn sie also **schuldhaft** gehandelt haben.[241] Steht jedoch ihre Pflichtverletzung fest, müssen sie nach § 280 Abs. 1 Satz 2 BGB den Nachweis führen, dass sie die Pflichtverletzung nicht zu vertreten haben. Der BGH hat die Problematik, wann ein Eigentümer durch sein Unterlassen, einem Beschlussantrag zuzustimmen (siehe oben: untätig geblieben, gegen die erforderliche Maßnahme gestimmt bzw. sich enthalten) für einen Sonderfall geklärt. Eine **Mitwirkungspflicht** der übrigen Wohnungseigentümer ergibt sich aus der gegenseitigen Treuepflicht jedenfalls dann, wenn **nur** die **sofortige Vornahme** einer **bestimmten Maßnahme** ordnungsmäßiger Verwaltung entspricht und diese von einem Wohnungseigentümer, der andernfalls Schäden an seinem Sondereigentum erleidet, gemäß § 21 Abs. 4 **verlangt** wird.[242] Liegen diese Voraussetzungen nicht vor und besteht somit keine Mitwirkungspflicht, kann nicht alleine aufgrund der Nichtmitwirkung von einem Verschulden ausgegangen werden. Der BGH hat in der vorgenannten Entscheidung ausdrücklich darauf hingewiesen, dass die Eigentümer im **Grundsatz nicht** zur **Teilnahme** an der Eigentümerversammlung und zur **Mitwirkung** an der Willensbildung **verpflichtet** sind. Auch können sie – ebenso wie ein Alleineigentümer – selbst zwingend gebotene und unaufschiebbare Maßnahmen in den Grenzen von § 903 BGB unterlassen, solange und soweit sie hierüber einig sind.[243]

Eine Zurechnung etwaiger Pflichtverletzungen des **Verwalters** findet im Verhältnis der Wohnungseigentümer untereinander nicht statt. Denn dieser ist im Verhältnis der Wohnungseigentümer zueinander nicht **Erfüllungsgehilfe** im Sinne des **§ 278 BGB**.[244] Auch eine **Organhaftung** gemäß **§ 31 BGB**

---

239 OLG München v. 18. 2. 2009 – 32 Wx 120/08, NZM 2009, 402; OLG München v. 13. 8. 2007 – 34 Wx 144/06, MDR 2007, 1305; OLG Hamm v. 11. 1. 2005 – 15 W 402/04, ZMR 2005, 808.
240 BGH v. 2. 6. 2005 – V ZB 32/05, ZMR 2005, 547.
241 BGH v. 25. 9. 2015 – V ZR 246/14, NZM 2016, 169; BGH v. 17. 10. 2014 – V ZR 9/14, NZM 2015, 53; OLG Frankfurt/Main v. 22. 2. 2005 – 20 W 131/02, NZM 2006, 348.
242 BGH v. 17. 10. 2014 – V ZR 9/14, NZM 2015, 53.
243 BGH v. 17. 10. 2014 – V ZR 9/14, NZM 2015, 53.
244 OLG Koblenz v. 6. 1. 2010 – 2 U 781/09 (zitiert nach juris); LG München I v. 14. 12. 2009 – 1 S 9716/09, ZMR 2011, 62; OLG Hamm v. 11. 1. 2005 – 15 W 402/04, ZMR 2005, 808.

scheidet in diesem Verhältnis aus.[245] Zur möglichen Haftung des **Verbandes** siehe unten **Rn. 36.**

Trifft den geschädigten Eigentümer ein **Mitverschulden**, kann dies gemäß § 254 BGB zum einen dazu führen, dass eine Quotelung vorgenommen wird und der Eigentümer nur einen Teil des Schadens ersetzt bekommt. So trifft etwa einen Wohnungseigentümer an einem Wasserschaden ein erhebliches Mitverschulden, wenn er in Kenntnis der begonnenen Dachsanierungsarbeiten und der Demontage der alten Regenrinne während seiner Urlaubsabwesenheit Fenster und Balkontür seiner im Dachgeschoss gelegenen Wohnung auf Kippstellung lässt, ohne einen Dritten damit zu beauftragen, die Fenster bei stärkeren Regenfällen zu schließen.[246]

Ein Anspruch auf **Schadensersatz** wegen verzögerter Beschlussfassung über notwendige Instandsetzungsmaßnahmen nach § 280 Abs. 1 und 2, § 286 BGB **scheidet** aber insgesamt **aus**, wenn der betroffene Wohnungseigentümer vorher gefasste **Beschlüsse** über die Zurückstellung der Instandsetzung **nicht angefochten** hat. Der inhaltlich fehlerhafte Beschluss wird zwar durch den Eintritt der Bestandskraft nicht fehlerfrei. Er bleibt aber nach § 23 Abs. 4 Satz 2 gültig und bildet deshalb die Grundlage für das weitere Handeln der Wohnungseigentümer und des Verbands. Er muss wie alle anderen Beschlüsse von dem Verwalter umgesetzt werden. Dass sich Verwalter oder die Wohnungseigentümer daran halten, ist **nicht pflichtwidrig**.[247] Gleiches gilt auch, wenn der geschädigte **Eigentümer nichts unternommen** hat, um eine Beschlussfassung über die notwendige Sanierungsmaßnahme herbeizuführen.[248] Hat also der geschädigte Eigentümer selbst **keinen Antrag** für die Eigentümerversammlung bezüglich einer Sanierungsmaßnahme gestellt, obwohl dies für ihn erkennbar und möglich war, wird er regelmäßig keinen Schadensersatz erhalten können.

Neben dem verschuldensabhängigen Schadensersatzanspruch kann im Einzelfall auch der **verschuldensunabhängige Schadensersatzanspruch** nach § 14 Nr. 4 vorliegen.[249] Dieser beruht jedoch nicht auf einer Pflichtverletzung und richtet sich gegen den rechtsfähigen **Verband**.[250]

Der BGH hat sich in einer neueren Entscheidung mit dem Verhältnis von Sondereigentum und Gemeinschaftseigentum befasst und klargestellt, dass dem Sondereigentümer kein **nachbarrechtlicher Ausgleichsanspruch** in entsprechender Anwendung von § 906 Abs. 2 Satz 2 BGB zusteht, wenn die Nutzung des Sondereigentums durch einen **Mangel** am **Gemeinschaftseigentum** beeinträchtigt wird.[251]

---

245 A.A.: *Jennißen-Suilmann*, § 21 Rn. 48 (wo aber die Gemeinschaft als Anspruchsgegner angesehen wird).
246 LG Hamburg v. 1. 9. 2010 – 318 S 154/09, ZMR 2010, 988.
247 BGH v. 13. 7. 2012 – V ZR 94/11, NJW 2012, 2955; BGH v. 3. 2. 2012 – V ZR 83/11, ZWE 2012, 218; so auch schon: OLG München v. 13. 8. 2007 – 34 Wx 144/06, MDR 2007, 1305; OLG Hamm v. 11. 1. 2005 – 15 W 402/04, ZMR 2005, 808.
248 Ebenso: *Jennißen-Suilmann*, § 21 Rn. 48.
249 Siehe näher dazu § 14 Rn. 72ff.
250 BGH v. 25. 9. 2015 – V ZR 246/14, NZM 2016, 169; siehe dazu auch unten Rn. 43.
251 BGH v. 21. 5. 2010 – V ZR 10/10, WuM 2010, 442 (= NJW 2010, 2347); der BGH hat die vorangehende Entscheidung des LG München I v. 14. 12. 2009 – 1 S 9716/09, ZMR 2011, 62 bestätigt.

Insoweit und hinsichtlich der (hier nicht einschlägigen) Problematik im Verhältnis der Wohnungseigentümer untereinander (Beschädigung von Sondereigentum durch Sondereigentum) wird auf die Kommentierung § 13 Rn. 16 Bezug genommen.

Zum Anspruch auf **Bestellung** eines **Verwalters** siehe § 26 Rn. 1 und Rn. 11. Zur **Beschlussersetzungsklage** siehe Rn. 39 und Rn. 91.

b) Ansprüche gegen den Verwalter

35 Auch gegen den Verwalter kann ein Wohnungseigentümer **Schadensersatzansprüche** nach § 280 ff. BGB geltend machen, wenn der Verwalter seine Pflicht zur ordnungsgemäßen Verwaltung nicht oder nicht rechtzeitig erfüllt.

Eine Pflichtverletzung des Verwalters liegt nicht vor, wenn er den **bestandskräftigen Beschluss** vollzieht, da der Einwand, die Beschlussfassung habe nicht ordnungsmäßiger Verwaltung entsprochen, aufgrund der Bestandskraft ausgeschlossen ist.[252]

Wegen der weiteren Einzelheiten zu den möglichen Schuldverhältnissen und Pflichten des Verwalters (etwa: Verwaltervertrag als Vertrag mit Schutzwirkung für Dritte, Pflichten aus § 27) wird auf die Kommentierungen zu § 26 Rn. 36 ff. (insbesondere Rn. 45) und § 27 Rn. 2 ff. Bezug genommen.

Beispielhaft sei hier auch auf folgende weitere Ansprüche hingewiesen:

- **Aufnahme** eines Punktes in die **Tagesordnung** (siehe unten Rn. 39 und § 24 Rn. 25).
- **Einsicht** in **Beschlusssammlung** (siehe § 24 Rn. 72).
- **Einsicht** in die **Versammlungsniederschrift** (siehe § 24 Rn. 44).
- **Erstellen** einer **Jahresabrechnung** (siehe § 28 Rn. 29).
- **Korrektur** der **Beschlusssammlung** (siehe § 24 Rn. 52).
- **Korrektur** der **Versammlungsniederschrift** (siehe § 24 Rn. 46).
- **Aufstellung** eines **Wirtschaftsplans** (siehe § 28 Rn. 3).

c) Ansprüche gegen den Verband

36 Obgleich der Verband kein Verwaltungsorgan ist, können Ansprüche des einzelnen Eigentümers gegen den Verband in Betracht kommen. Wie oben bei Rn. 34 ausgeführt, haften die Eigentümer nach der neueren Rechtsprechung des BGH für eine unterbliebene oder nicht rechtzeitige erforderliche Beschlussfassung. Ist aber die Beschlussfassung erfolgt, so haftet für Defizite bei der **Umsetzung** der gefassten **Beschlüsse** allein der **Verband**.[253] Entsprechendes gilt, wenn der Verband ohne Beschluss handeln kann und nach § 21 Abs. 2, § 27 Abs. 1 Nr. 3 oder § 21 Abs. 4 eine **Verpflichtung zum Handeln** besteht. Diese Unterscheidung gilt auch bei Ansprüchen auf **Bereicherungsausgleich** für gebotene Instandsetzungs- oder Instandhaltungsmaßnahmen.

---

252 BGH v. 3. 2. 2012 – V ZR 83/11, ZWE 2012, 218.
253 BGH v. 25. 9. 2015 – V ZR 246/14, NZM 2016, 169; BGH v. 17. 10. 2014 – V ZR 9/14, NZM 2015, 53; BGH v. 13. 7. 2012 – V ZR 94/11, NJW 2012, 2955.

Der BGH hat in seiner Entscheidung vom 13.7.2012 die Haftung des Verbandes damit begründet, dass der Verband dem einzelnen Wohnungseigentümer gegenüber aus dem mitgliedschaftlichen Treueverhältnis verpflichtet sei, den Verwalter zur unverzüglichen Umsetzung der Beschlüsse der Wohnungseigentümer anzuhalten.[254] Wie der Verband, der grundsätzlich ja gerade vom Verwalter vertreten wird, in der Praxis zumindest einigermaßen zeitnah Zwangsmaßnahmen gegen den Verwalter zunächst beschließen und dann auch durchsetzen soll, hat der BGH nicht dargetan. Auf die Kritik in der Literatur hin hat der **BGH** in einer neueren Entscheidung nunmehr **offengelassen**, ob an der gegebenen Begründung festgehalten werden kann oder ob dem Verband vielmehr das Handeln des Verwalters als dem für die Umsetzung von Beschlüssen zuständigen Organ (§ 27 Abs. 1 Nr. 1) in **analoger** Anwendung von **§ 31 BGB** zuzurechnen wäre (bzw. bei einer verwalterlosen Gemeinschaft das Handeln der Wohnungseigentümer, die den Verband gemäß § 27 Abs. 3 Satz 2 oder 3 vertreten).[255] Die vom BGH nunmehr zumindest nicht mehr ausgeschlossene Lösung über eine **Zurechnung** etwaiger **Pflichtverletzungen** des **Verwalters** in analoger Anwendung des § 31 BGB erscheint nach der hier vertretenen Ansicht sachgerecht und führt nicht zu den kaum lösbaren Problemen bei der Heranziehung alleine des Gedankens des mitgliedschaftlichen Treueverhältnisses.

Nach der dargestellten neueren Rechtsprechung des BGH ist dem **Verband** auch das Verschulden eines von ihm mit der Reparatur des Gemeinschaftseigentums beauftragten **Fachunternehmens** als **Erfüllungsgehilfe** gemäß **§ 278 BGB** zuzurechnen. Die früher vertretene Auffassung, wonach eine Zurechnung zu den Wohnungseigentümern angenommen wurde, weil sich die Pflicht der Eigentümer nicht auf eine die Instandsetzung ermöglichende Beschlussfassung beschränkt, sondern die entsprechende Werkleistung mit Hilfe von Fachkräften miteinschließt,[256] ist daher überholt.

Wegen des verschuldensunabhängigen Anspruchs aus **§ 14 Nr. 4** siehe oben Rn. 34 mit weiteren Verweisen.

d) Ansprüche gegen den Verwaltungsbeirat

Soweit den Verwaltungsbeirat nach § 29 Pflichten treffen, kommt bei einer schuldhaften Verletzung dieser Pflichten auch ein Schadensersatzanspruch nach § 280 ff. BGB in Betracht.

Zu den Pflichten des Verwaltungsbeirats wird auf die Kommentierungen zu § 29 Rn. 11 ff. Bezug genommen.

37

---

254 BGH v. 13.7.2012 – V ZR 94/11, NJW 2012, 2955.
255 BGH v. 17.10.2014 – V ZR 9/14, NZM 2015, 53.
256 BGH v. 22.4.1999 – V ZB 28/98, NJW 1999, 2108; LG Hamburg v. 1.9.2010 – 318 S 154/09, ZMR 2010, 988; OLG Hamburg v. 8.1.2008 – 2 Wx 25/01, ZMR 2008, 315; OLG Hamburg v. 22.12.2004 – 2 Wx 132/01, ZMR 2005, 392; BayObLG v. 8.9.2000 – 2Z BR 47/00, ZWE 2001, 159.

5. Prozessuales

a) Anspruch auf ordnungsgemäße Verwaltung

38 Der Anspruch eines einzelnen Wohnungseigentümers nach § 21 Abs. 4 kann nach § 43 Nr. 1 bis 4 und – soweit er sich gegen einen Beschluss der Wohnungseigentümerversammlung richtet – nach § 46 im Wege einer **Klage** gerichtlich geltend gemacht werden. Die Klage richtet sich dabei gegen das **Verwaltungsorgan**[257], das seine Pflicht zur ordnungsgemäßen Verwaltung verletzt haben soll. Als Beklagte kommen die übrigen **Wohnungseigentümer**, der **Verwalter**, der **Verwaltungsbeirat** und (auch wenn er kein gesetzliches Verwaltungsorgan ist – siehe § 20 Rn. 5) auch der **Verband** in Betracht. Zur Klagemöglichkeit sowohl gegen den Verwalter als auch gegen die übrigen Wohnungseigentümer bei dem Fall, dass eine **Jahresabrechnung** nicht erstellt wird, siehe § 28 Rn. 29 und die dortigen Verweise.

Zu einer gerichtlichen Entscheidung nach **Abs. 8** siehe unten Rn. 86 ff. Zuständig für eine so genannte „Binnenstreitigkeit" ist das **Wohnungseigentumsgericht**. Im Einzelnen wird hierzu auf die Kommentierungen zu § 43 verwiesen.

39 Da die Geltendmachung eines Anspruchs im Wege einer Leistungsklage erfolgt, liegt das **Rechtsschutzbedürfnis** normalerweise unproblematisch vor. Dies gilt etwa für die Fälle, in denen vom **Verwalter** eine konkrete Handlung aufgrund eines Beschlusses der Wohnungseigentümer (etwa: Zahlung aufgrund beschlossener Jahresabrechnung[258]) oder aufgrund seiner sich aus dem WEG ergebenden Verpflichtung (etwa Aufstellen der Jahresabrechnung nach § 28 Abs. 3[259]) verlangt wird. Die **Klagebefugnis** des **Einzelnen** ergibt sich hier aus der gesetzlichen Verpflichtung des Verwalters gegenüber den Wohnungseigentümern aus § 27 Abs. 1 Nr. 1 i.V.m. § 21 Abs. 4. Es bedarf insoweit (anders als bei der Geltendmachung von Ansprüchen aus dem Verwaltervertrag) keines Ermächtigungsbeschlusses.[260] Zum Anspruch eines Eigentümers gegen den Verwalter auf Aufnahme eines Tagesordnungspunkts zur Beschlussfassung über eine vom Eigentümer gewünschte Angelegenheit bei der Einberufung der nächsten ordentlichen Eigentümerversammlung siehe § 24 Rn. 25.

Etwas anderes gilt aber, wenn sich der Anspruch **gegen** die (anderen) **Wohnungseigentümer** als Verwaltungsorgan richtet. Diese üben die Verwaltung regelmäßig durch Beschlüsse aus.[261] Die Wohnungseigentümergemeinschaft hat bei der Beschlussfassung über Verwaltungsmaßnahmen regelmäßig einen **Ermessensspielraum (Beurteilungsspielraum)**.[262] Da eine gerichtliche Ersetzung dieser Ermessensentscheidung nur **subsidiär** ist, besteht ein

---

257 Siehe dazu auch § 20 Rn. 2 ff.
258 Siehe dazu § 28 Rn. 82 ff.
259 Siehe dazu § 28 Rn. 29 f.
260 LG München I v. 18.1.2016 – 1 S 18170/14 (bisher nicht veröffentlicht).
261 Siehe dazu § 20 Rn. 5.
262 LG Hamburg v. 29.12.2010 – 318 S 206/09, ZWE 2011, 133; LG Köln v. 12.4.2010 – 29 T 72/09, ZWE 2011, 50; OLG Düsseldorf v. 18.1.1999 – 3 Wx 394/98, WuM 1999, 352; BayObLG v. 14.8.2003 – 2Z BR 112/03, ZMR 2003, 951; BayObLG v. 28.7.2004 – 2Z BR 43/04, NZM 2004, 746; siehe dazu auch oben Rn. 23.

Rechtsschutzbedürfnis für eine Klage nur dann, wenn der Kläger zuvor die Wohnungseigentümerversammlung mit der Sache befasst und im Rahmen des Möglichen und Zumutbaren **alles versucht** hat, eine Beschlussfassung zu erreichen.[263] Es würde einen Eingriff in den Willensbildungsprozess innerhalb der Eigentümergemeinschaft bedeuten, wenn ein mit den übrigen Wohnungseigentümern streitendes Mitglied unter Verzicht auf die **Vorbefassung** der **Eigentümerversammlung** sein Anliegen gegen die übrigen Wohnungseigentümer sogleich in einem gerichtlichen Verfahren geltend machen könnte, wenn die Wohnungseigentümer nicht schon außerhalb der Versammlung seinem Begehren gefolgt sind.[264] Dafür reicht es aber nicht aus, wenn ein Eigentümer in der Versammlung einen umfangreichen Antrag gestellt hat und nunmehr nach dessen (berechtigter) Ablehnung vom Gericht nur noch die Ersetzung eines Teils dieses Antrags verlangt.[265] Diese Meinung hat nunmehr auch der BGH bestätigt, indem er ausführt, dass primär zuständig für die Beschlussfassung die Versammlung der Wohnungseigentümer ist. Soweit es um die Mitwirkung der übrigen Wohnungseigentümer an einer ordnungsmäßigen Verwaltung geht, muss sich der Kläger vor der Anrufung des Gerichts um die **Beschlussfassung** der Versammlung **bemühen**, weil seiner Klage sonst das **Rechtsschutzbedürfnis** fehlt.[266]

Dies gilt jedenfalls dann, wenn ein Mehrheitsbeschluss erreichbar erscheint.[267] Eine **Beschlussersetzungsklage** sowohl nach Abs. 4 als auch nach Abs. 8 kommt demnach erst dann in Betracht, wenn die Mitglieder einer Wohnungseigentümergemeinschaft auf Grund bestehender Kontroversen nicht mehr imstande sind, sich – zumindest hinsichtlich einer bestimmten Materie – selbst zu organisieren.[268] Es ist daher grundsätzlich eine **Vorbefassung** in der **Eigentümerversammlung** erforderlich.[269] Dafür reicht es aber nicht aus, dass die Angelegenheit in der Versammlung zwar **besprochen** wurde, der Eigentümer, der einen Beschluss erreichen möchte, in der Versammlung dann aber **keinen Antrag** stellt, obgleich ein entsprechender Tagesordnungspunkt vorgesehen war.[270]

Ausnahmsweise ist jedoch eine vorherige Befassung der Eigentümerversammlung **entbehrlich**.

Bei der **Entziehung** des **Wohnungseigentums** hat sich zu der in § 18 Abs. 1 Satz 2 enthaltenen Regelung der Gesetzgeber nur deshalb veranlasst gesehen, weil jedenfalls bei Geltung des gesetzlichen Kopfprinzips (§ 25 Abs. 2

---

263 OLG Frankfurt/Main v. 4.7.2006 – 20 W 179/04, ZMR 2006, 873; OLG Hamburg v. 21.10.2002 – 2 Wx 71/02, ZMR 2003, 128; OLG München v. 21.3.2006 – 32 Wx 2/06, ZMR 2006, 474.
264 OLG München v. 22.12.2005 – 34 Wx 121/05, ZMR 2006, 307; OLG Hamburg v. 20.7.1993 – 2 Wx 74/91, ZMR 1993, 536.
265 LG Berlin v. 26.2.2013 – 85 T 189/12, ZMR 2013, 820.
266 BGH v. 27.4.2012 – V ZR 177/11, ZWE 2012, 325; BGH v. 15.1.2010 – V ZR 114/09, NZM 2010, 205; LG Dresden v. 9.12.2009 – 2 S 184/09, ZMR 2010, 629.
267 BGH v. 25.9.2003 – V ZB 21/03, NJW 2003, 3476 (zum Ermessen der Eigentümer bei einem Beschluss zur verbrauchsabhängigen Kaltwasserabrechnung).
268 LG Dortmund v. 21.4.2015 – 1 S 445/14, ZWE 2015, 374.
269 BGH v. 17.10.2014 – V ZR 9/14, NZM 2015, 53.
270 LG München I v. 6.7.2015 – 1 S 17416/14 (nicht veröffentlicht).

Satz 1 WEG) in Zweiergemeinschaften hier keine Mehrheitsbeschlüsse möglich sind (BT-Drucks. 16/887, S. 69).[271]

Im Übrigen ist die Vorbefassung nur dann entbehrlich, wenn die Abhaltung einer Versammlung eine **unnötige Förmelei** wäre.[272] Dies ist etwa dann der Fall, wenn ohne weitere Aufklärung feststeht, dass der antragstellende Eigentümer ohnehin keine Mehrheit finden kann.[273] Eine derartige Konstellation kann in einer zerstrittenen **Zweier-Wohnungseigentumsgemeinschaften** ohne Verwalter und mit Stimmengleichgewicht vorkommen, wo die Anrufung der Wohnungseigentümerversammlung unzumutbar sein kann, wenn der andere Eigentümer schon im Vorfeld erklärt hat, er werde nicht zustimmen.[274] Bei der Bejahung eines derartigen Ausnahmefalles ist aber **Zurückhaltung** geboten. Es kann auch bei einer Zweier-Wohnungseigentümergemeinschaft nicht ohne Weiteres unterstellt werden, der andere Wohnungseigentümer wäre sinnvollen Argumenten eines Einzelnen oder auch des (insoweit „neutralen" Verwalters) in keinem Falle zugänglich. Insoweit ist die Sachlage auch nicht mit derjenigen bei einer Entziehung des Wohnungseigentums vergleichbar, wo schon naturgemäß derjenige, dem das Eigentum entzogen werden soll, gegen einen solchen Beschluss stimmen würde.

Bei einer größeren Gemeinschaft wird man der Mehrheit der Eigentümer dies kaum unterstellen können, selbst wenn eine **„Lagerbildung"** behauptet oder sogar zugestanden wird.[275]

Zu weiteren Problemen bei Zweier-Gemeinschaften im Zusammenhang mit der Erstellung von Wirtschaftsplänen, Jahresabrechnungen, unmittelbaren Zahlungsansprüchen aus Geschäftsführung ohne Auftrag bzw. Bereicherung siehe auch § 28 Rn. 17 und Rn. 29, § 16 Rn. 11.

Auch für die Anfechtung eines **Negativbeschlusses** kann ein Rechtsschutzbedürfnis bestehen. Wendet sich etwa ein Wohnungseigentümer gegen einen Negativbeschluss, weil er die Feststellung eines ablehnenden Beschlussergebnisses durch den Versammlungsleiter für unrichtig hält, so kann er die Beschlussanfechtung mit einem Antrag verbinden, der auf gerichtliche Feststellung eines positiven Beschlussergebnisses gerichtet ist.[276] Die Ablehnung eines Beschlussantrags durch die Wohnungseigentümer (Negativbeschluss) unterliegt aber auch **ohne Verbindung** mit einem auf die **Feststellung** eines positiven Beschlussergebnisses gerichteten Antrags der gerichtlichen Anfechtung (siehe dazu aber auch Rn. 40 und Rn. 30). Das dafür notwendige **Rechtsschutzbedürfnis** ergibt sich daraus, dass der Antrag-

---

271 BGH v. 19.12.2013 – V ZR 96/13, ZWE 2014, 139.
272 BGH v. 17.10.2014 – V ZR 9/14, NZM 2015, 53; BGH v. 27.4.2012 – V ZR 177/11, ZWE 2012, 325; BGH v. 15.1.2010 – V ZR 114/09, NZM 2010, 205.
273 OLG Düsseldorf v. 6.7.1994 – 3 Wx 456/92, ZMR 1994, 520; KG Berlin v. 3.3.1999 – 24 W 3566/98, ZMR 1999, 509.
274 BayObLG v. 1.2.1990 – BReg 2 Z 141/89, WuM 1990, 165.
275 LG München I v. 28.6.2012 – 36 S 17241/11, ZMR 2012, 819.
276 BGH v. 19.9.2002 – V ZB 30/02, NJW 2002, 3704; OLG Düsseldorf v. 1.12.2006 – 3 Wx 194/06, ZMR 2007, 379; OLG München v. 21.3.2006 – 32 Wx 2/06, ZMR 2006, 474.

steller durch die Ablehnung gegebenenfalls in seinem Recht auf ordnungsmäßige Verwaltung des Gemeinschaftseigentums verletzt wird.[277] Zur Frage der Bindungswirkung eines nicht angefochtenen Negativbeschlusses und zum Anspruch auf einen abändernden **Zweitbeschluss** siehe unten Rn. 42.

Die **Beschlussersetzungsklage** nach Abs. 4 hat sich (ebenso wie die Klage nach Abs. 8) gegen **alle übrigen Eigentümer** zu richten.[278] Unerheblich ist insoweit, ob die übrigen Eigentümer für den gestellten Antrag gestimmt haben oder ob ihre Zustimmung (etwa nach § 22 Abs. 1 Satz 2) erforderlich gewesen wäre.[279]

Nach altem Recht galten für die Wohnungseigentumsverfahren die Grundsätze der freiwilligen Gerichtsbarkeit, so dass an die Bestimmtheit der Anträge weniger strenge Anforderungen gestellt wurden als im Zivilprozess.[280] Da nunmehr die ZPO anzuwenden ist, muss gemäß § 253 Abs. 2 Nr. 2 ZPO ein **bestimmter Klageantrag** gestellt werden. Dies wird in der Praxis dort keine besonderen Probleme bereiten, wo sich aus dem Gesetz, der Gemeinschaftsordnung, sonstigen Vereinbarungen oder aus Beschlüssen ein Anspruch auf eine **konkrete Maßnahme** ergibt.

40

Ergibt sich etwa aus einer beschlossenen Jahres(einzel)abrechnung für einen Eigentümer ein Zahlungsanspruch in Höhe von 500,00 € gegen die Gemeinschaft, ist der **Verwalter** nach § 27 Abs. 1 Nr. 5 verpflichtet[281], diese Zahlung mit Mitteln des Verwaltungsvermögens vorzunehmen. Bleibt der Verwalter trotz dieses Beschlusses (und ausreichender Mittel) untätig, kann der begünstigte und jeder andere Eigentümer vom Verwalter die Umsetzung des Beschlusses verlangen und damit auch Klage gegen den Verwalter erheben, wonach „dieser verpflichtet wird, der X-Bank einen Auftrag zu erteilen, vom Konto Nr. xxx der Y-Wohnungseigentümergemeinschaft einen Betrag von 500,00 € auf das Konto des Klägers Nr. zzz bei der B-Bank (Bankleitzahl xxx) zu überweisen". Nach § 894 Abs. 1 ZPO gilt diese Erklärung des Verwalters dann als abgegeben, sobald das Urteil Rechtskraft erlangt. Damit kann dann die Überweisung vom Konto der Gemeinschaft bewirkt werden; eine Vollstreckung in das Gemeinschaftsvermögen ist jedoch nicht möglich. Dieses – für den Anspruchsinhaber doch etwas umständliche – Verfahren hat den Vorteil, dass der (säumige) Verwalter unmittelbar die Kosten des Rechtsstreits zu tragen hat und eine spätere Geltendmachung eines Schadensersatzanspruchs der Gemeinschaft nicht erforderlich ist.

Der Wohnungseigentümer kann jedoch auch unmittelbar die **Gemeinschaft** auf Zahlung verklagen. Insoweit liegt jedoch nicht die Geltendmachung eines Anspruchs aus § 21 Abs. 4 vor, da hier nicht eine Maßnahme eines

---

277 BGH v. 15.1.2010 – V ZR 114/09, ZWE 2010, 174.
278 LG Hamburg v. 11.1.2012 – 318 S 268/10, ZMR 2012, 470 (zur Klage nach § 21 Abs. 8).
279 Die in der Vorauflage noch vertretene andere Auffassung wird nach der Entscheidung des BGH v. 11.11.2011 – V ZR 65/11, NJW 2012, 603 zu § 16 Abs. 6 nicht mehr aufrechterhalten.
280 Statt aller: BayObLG v. 26.8.1999 – 2Z BR 66/99, ZMR 1999, 846.
281 Siehe zur Pflicht des Verwalters, Zahlungen vorzunehmen: § 27 Rn. 11.

Verwaltungsorgans verlangt, sondern ein Anspruch gegen den teilrechtsfähigen Verband geltend gemacht wird, der sich aus dem Beschluss der Wohnungseigentümer zur Jahresabrechnung ergibt. Es liegt eine Klage nach § 43 Nr. 2 vor,[282] bei der es um die Haftung des Verbandes wegen eines nicht umgesetzten Beschlusses geht (siehe dazu oben Rn. 36). Mit dem Urteil gegen den Verband kann dann in das Verwaltungsvermögen vollstreckt werden. Da die Gemeinschaft die Kosten des Verfahrens zu tragen hat, müssen diese ggf. später vom Verwalter als Schadensersatz geltend gemacht werden. Ist streitig, ob der Anspruch des Eigentümers aus der Jahreseinzelabrechnung (noch) besteht (etwa, weil der Verwalter aufgerechnet hat) und beschließen die Eigentümer deshalb, dass der geltend gemachte Anspruch des einen Eigentümers vom Verwalter nicht erfüllt werden soll, so darf nicht der **Negativbeschluss** angefochten werden, sondern es muss **Zahlungsklage** gegen den Verband erhoben werden (siehe dazu auch oben **Rn. 30**).

41 Probleme werden sich voraussichtlich in der Praxis künftig dann ergeben, wenn ein **bestimmter Klageantrag** in Fällen gestellt werden muss, in denen dem Verwaltungsorgan bei der Auswahl oder Ausführung der Verwaltungsmaßnahme ein **Ermessensspielraum** zusteht oder in denen der Kläger praktisch nicht in der Lage ist, eine **bestimmte Verwaltungsmaßnahme** zu benennen.

Beschließen etwa die Wohnungseigentümer keinen Wirtschaftsplan gemäß § 28 Abs. 5, kann das Gericht auf Klage hin nach § 21 Abs. 8 einen **Wirtschaftsplan** aufstellen (oder – was in der Praxis näher liegt – eine **Sonderumlage** anordnen).[283] Ein bestimmter Klageantrag würde hier voraussetzen, dass der klagende Eigentümer den beantragten Wirtschaftsplan, der aus dem Gesamt- und den Einzelwirtschaftsplänen besteht[284] und bei dessen Erstellung den Eigentümern ein weiter Ermessensspielraum zusteht[285], selbst (aufgrund seiner Ermessensausübung) in allen Einzelheiten erstellt und sodann beantragt, dass dieser Wirtschaftsplan vom Gericht aufgestellt wird. Der Gesetzgeber ist in der Begründung zum neuen Abs. 8 davon ausgegangen[286], dass ein Eigentümer dazu in der Regel kaum in der Lage ist.[287] Dies gilt auch, wenn die Gemeinschaft vom Verwalter vorgelegte **Jahresabrechnungen** (mit oder ohne Begründung) nicht beschließt. Siehe insoweit näher § 28 Rn. 29.

Die gleiche Situation ist aber auch gegeben, wenn die Wohnungseigentümer eine erforderliche **Sanierungsmaßnahme** (Beispiel: Reparatur eines defekten Daches) nicht beschließen, weil mehrere Möglichkeiten der Sanierung bestehen und keine der Möglichkeiten die erforderliche Mehrheit findet.

---

282 Siehe dazu § 43 Rn. 15 f.
283 Siehe dazu auch § 28 Rn. 19.
284 Siehe dazu § 28 Rn. 10 ff.
285 Siehe dazu § 28 Rn. 15.
286 Siehe zu Abs. 8 genauer unten Rn. 86 ff.
287 BT-Drucks. 16/887, S. 28.

Der Gesetzgeber scheint nun bei der Einführung des Abs. Abs. 8, der sich mit der gerichtlichen Entscheidung befasst, davon ausgegangen zu sein, dass in diesen Fällen eine Ausnahme von § 253 Abs. 2 Nr. 2 ZPO zu machen ist und dass der Kläger hier dem Gericht mit dem Klageantrag keine „bestimmte Verwaltungsmaßnahme – ... – zu unterbreiten" hat.[288] Es bleibt abzuwarten, ob die Gerichte dieser Auffassung folgen werden.

Nach der hier vertretenen Meinung sollte in den genannten Fällen eine Ausnahme von § 253 Abs. 2 Nr. 2 ZPO und damit ein (teilweise) **unbestimmter Klageantrag** zugelassen werden. Eine Lockerung wurde bereits bisher bei Klageanträgen aufgrund § 315 Abs. 3 Satz 2 BGB, dem § 21 Abs. 8 nachgebildet wurde, von der Rechtsprechung zugelassen.[289] Außerdem wird bei Zahlungsklagen in Zivilverfahren ein unbezifferter Zahlungsantrag zugelassen, wenn beispielsweise der Zahlungsbetrag vom Gericht rechtsgestaltend bestimmt wird (wie etwa bei § 315 Abs. 3 BGB) oder der Betrag nach billigem Ermessen zu ermitteln ist (§ 847 BGB).[290] Im Hinblick auf die Feststellung des Streitgegenstandes und dem auch hier anwendbaren § 308 ZPO, wonach das Gericht nicht mehr zusprechen darf, als die Partei beantragt, erscheint es daher erforderlich und ausreichend, wenn der Kläger den Regelungsbedarf beschreibt und er sein angestrebtes **Rechtsschutzziel** angibt.[291] Dieser Meinung hat sich nunmehr zumindest für die sogenannte **Beschlussersetzungsklage** nach Abs. 8 ausdrücklich auch der BGH angeschlossen.[292] Das LG Berlin hat sich bei einem Antrag auf Bestellung eines bestimmten Verwalters nicht an die im Klageantrag vorgeschlagene Person des Verwalters gebunden gefühlt, da es seine Entscheidung im Rahmen von § 21 Abs. 8 nach billigem Ermessen zu treffen hatte.[293]

In den vorgenannten Beispielen dürften daher folgende Klageanträge als ausreichend angesehen werden:

„Das Gericht stellt für die WEG xxx einen Wirtschaftsplan für das Jahr 2011 auf, der sich am Wirtschaftsplan für das Jahr 2010 orientiert und der die Kosten für die anstehende Dachsanierung von etwa 65.000,00 € berücksichtigt."[294]

oder:

---

288 BT-Drucks. 16/887, S. 28: „Ohne die Möglichkeit ... wäre künftig der Wohnungseigentümer ... darauf angewiesen, dem Gericht mit dem Klageantrag eine bestimmte Verwaltungsmaßnahme – wie etwa den exakt formulierten Wirtschaftsplan – zu unterbreiten."
289 Siehe dazu etwa: BAG v. 5.6.2007 – 9 AZR 82/07, NZA 2007, 1352; BAG v. 9.5.2006 – 9 AZR 278/05, NJW 2006, 3595 (zu Anträgen auf Verringerung der vertraglichen Arbeitszeiten).
290 Siehe dazu: *Thomas/Putzo-Reichold* § 253 ZPO Rn. 12 (mit Nachweisen aus der Rechtsprechung).
291 So auch: LG Hamburg v. 4.9.2015 – 318 S 75/14, ZMR 2016, 134; LG Berlin v. 5.5.2013 – 55 S 52/12, ZWE 2014, 40.
292 BGH v. 26.2.2016 – V ZR 250/14, ZWE 2016, 329; BGH v. 24.5.2013 – V ZR 182/12, NJW 2013, 2271.
293 LG Berlin v. 17.6.2008 – 55 S 23/08, Grundeigentum 2008, 1203.
294 Siehe zu einer Klage nach § 21 Abs. 8 (auch wegen einer Sonderumlage) unten Rn. 91.

"Das defekte Dach des Hauses in der xxx Str. 43 wird nach den anerkannten Regeln der Technik fachgerecht repariert."

Ob die vorstehenden Ausführungen auch eingreifen, wenn nicht die Wohnungseigentümer eine Beschlussfassung unterlassen, sondern der **Verwalter untätig** geblieben ist, erscheint zumindest zweifelhaft. Hat der (untätig gebliebene) Verwalter etwa bei der Ausführung einer notwendigen Reparatur mehrere Möglichkeiten und ist daher auch ihm insoweit ein Ermessensspielraum eröffnet, greift zunächst der Wortlaut des Abs. 8 nicht ein, so dass auch die vorstehenden Ausführungen zum unbestimmten Klageantrag nicht unmittelbar Anwendung finden können. Würde in einem solchen Fall aber nicht ebenfalls ein unbestimmter Antrag zugelassen, liefe der klagende Eigentümer Gefahr, das Verfahren alleine deshalb zu verlieren, weil das Gericht die vom Kläger gewählte Maßnahme nicht als die vorzugswürdige ansieht. Auch hier sollte es daher als zulässig angesehen werden, wenn ein Kläger nur beantragt, „den Verwalter zu verurteilen, die Reparatur des Garagentores im Anwesen xxx fachgerecht durchführen zu lassen." Eine Vollstreckung der Entscheidung kann dann gemäß § 887 ZPO erfolgen.

42 Bei der **Begründetheit** der Klage ist zunächst zu unterscheiden, ob eine „gebundene" Maßnahme oder eine solche begehrt wird, die dem (nicht handelnden) Verwaltungsorgan einen Ermessensspielraum eröffnet.

Bei der **„gebundenen" Maßnahme**, die sich zwingend aus Gesetz, Gemeinschaftsordnung, sonstiger Vereinbarung oder Beschluss der Wohnungseigentümer ergibt, ergeht bei Bestehen des Anspruchs ein „schlichtes" Leistungsurteil, durch welches das Verwaltungsorgan zu einer bestimmten Maßnahme verpflichtet wird. Dies ist in der Regel beim Verwalter der Fall, wenn dieser etwa zur Zahlung eines (sich aus einer Jahreseinzelabrechnung ergebenden) Betrages oder zur Vornahme einer beschlossenen bestimmten Reparatur verurteilt wird.

Aus § 23 Abs. 4 Satz 2 ergibt sich, dass Beschlüsse, soweit sie nicht nach § 24 Abs. 1 Satz 1 nichtig sind, solange gültig und damit bindend sind, bis sie durch ein rechtskräftiges Urteil für ungültig erklärt worden sind. Dies ist für positive Beschlüsse, die eine sachliche Regelung treffen, unproblematisch.[295]

Umstritten ist jedoch nach wie vor die Frage, ob das Gericht bei der Entscheidung über die Begründetheit eines geltend gemachten Anspruchs an eine frühere Entscheidung der Wohnungseigentümerversammlung, durch die ein entsprechender Antrag bestandskräftig abgelehnt wurde (so genannter **Negativbeschluss**), gebunden ist.

Teilweise wird vertreten, dass ein bestandskräftiger Negativbeschluss, der die Rechtslage unverändert lässt, keine sachliche Regelung enthält, so dass auch keine **Bindungswirkung** oder **Sperrwirkung** eintreten könne, weder für die Eigentümer bei einer erneuten Beschlussfassung noch für das Ge-

---

[295] OLG Düsseldorf v. 1.12.2006 – 3 Wx 194/06, ZMR 2007, 379; OLG Hamm v. 24.2. 2005 – 15 W 507/04, ZMR 2005, 897; siehe näher zu dieser Problematik die Kommentierungen zu § 23 Abs. 4 (Rn. 33 ff.).

richt bei einer späteren Entscheidung.[296] Von einigen Obergerichten ist diese Frage ausdrücklich offengelassen worden.[297] Der BGH hat diese Frage bisher noch nicht entschieden. Er hat lediglich die isolierte Anfechtung eines Negativbeschlusses zugelassen und dabei ausgeführt, dass sich das Rechtsschutzbedürfnis daraus ergebe, dass der Antragsteller durch die Ablehnung gegebenenfalls in seinem Recht auf ordnungsmäßige Verwaltung des Gemeinschaftseigentums verletzt wird.[298]

Gefolgt werden sollte jedoch derjenigen obergerichtlichen Rechtsprechung, die von einer Bindungswirkung jedenfalls dann ausgeht, wenn sich aus dem objektiv und normativ auszulegenden Beschluss ergibt, dass er einem späteren Verpflichtungsantrag entgegengehalten werden kann.[299] Diese Meinung geht von einer Entscheidung des BGH aus, wonach auch einem Negativbeschluss nicht die Beschlussqualität abgesprochen werden kann.[300] Nicht anders als ein positiver Beschluss kommt auch ein negatives Abstimmungsergebnis in Verwirklichung der Beschlusskompetenz der Wohnungseigentümerversammlung zu Stande und ist daher das Resultat einer verbindlichen Willensbildung der Gemeinschaft aus mehreren Einzelwillen. Es wird der Gemeinschaftswille festgelegt, dass die beantragte Änderung oder Ergänzung des Gemeinschaftsverhältnisses nicht eintreten soll. Dies setzt aber voraus, dass die Auslegung des Beschlusses ergibt, dass die Eigentümer etwa eine bestimmte Sanierungsmaßnahme generell für die Zukunft ablehnen.[301] Davon könnte aber nicht ausgegangen werden, wenn die Auslegung ergibt, dass die Ablehnung aus formellen Gründen erfolgte, etwa, weil der Antrag zu unbestimmt war oder, weil die Entscheidungsgrundlage für eine Ermessensentscheidung noch nicht ausreichend war. Führt die Auslegung aber zu keinem eindeutigen Ergebnis, etwa, weil sich aus dem Protokoll keine Anhaltspunkte dafür ergeben, warum die Ablehnung erfolgte, wird einem Negativbeschluss wohl **regelmäßig keine Bindungswirkung** zu entnehmen sein.

Wenn aber die Auslegung ergibt, dass eine Festlegung für die Zukunft gewollt ist, kommen auch einem Negativbeschluss die vollen Wirkungen eines Eigentümerbeschlusses zu: Er erwächst in Bestandskraft, wenn er nicht innerhalb der Monatsfrist des § 46 (= § 23 Abs. 4 S. 2 WEG a.F.) angefochten und rechtskräftig für ungültig erklärt wird.[302] Ist daher der auf eine Verwaltungsmaßnahme gerichtete Beschlussantrag eines Wohnungseigentümers

---

296 LG Berlin v. 2.4.2013 – 85 S 179/12; ZMR 2013, 653; *Jennißen-Suilmann*, § 21 Rn. 144.
297 OLG München v. 24.1.2007 – 34 Wx 110/06, ZMR 2007, 395; OLG Frankfurt/Main v. 26.4.2005 – 20 W 279/03, NJOZ 2005, 3946; OLG Düsseldorf v. 7.3.2006 – 3 Wx 107/05, ZWE 2006, 246.
298 BGH v. 15.1.2010 – V ZR 114/09, ZWE 2010, 174.
299 OLG Düsseldorf v. 1.12.2006 – 3 Wx 194/06, ZMR 2007, 379; OLG München v. 21.3.2006 – 32 Wx 2/06, ZMR 2006, 474 (wo eine Bindungswirkung bei Ablehnung eines Einbaus eines Gullys bejaht wurde).
300 BGH v. 23.8.2001 – V ZB 10/01, NJW 2001, 3339.
301 OLG München v. 21.3.2006 – 32 Wx 2/06, ZMR 2006, 474.
302 So auch: AG Hannover v. 10.12.2010 – 480 C 11289/10, ZMR 2011, 336; LG München I v. 28.5.2009 – 36 S 17062/08, ZMR 2009, 875.

mehrheitlich abgelehnt worden, so muss dieser den Negativbeschluss mit einer Klage nach § 46 anfechten. Geschieht dies nicht, muss die Leistungsklage bereits an der eingetretenen Bestandskraft des Negativbeschlusses scheitern.[303]

Wurde also der Negativbeschluss nicht angefochten und durch Urteil für unwirksam erklärt und auch nicht ein anderslautender Zweitbeschluss[304] gefasst, der mangels Sperrwirkung[305] unter den üblichen Voraussetzungen auch möglich ist, **gestaltet** der **Negativbeschluss** die **Rechtslage** und ein Anspruch eines Wohnungseigentümers aus § 21 Abs. 4 auf die abgelehnte Verwaltungsmaßnahme besteht (jedenfalls derzeit) nicht. Es ist aber möglich, dass ein jeder Eigentümer einen **Anspruch** auf erneute Beschlussfassung, also auf einen anderslautenden **Zweitbeschluss** hat. Die ist etwa der Fall, wenn die Eigentümer bei einer erforderlichen Instandsetzungsmaßnahme einen Negativbeschuss gefasst haben und dieser nicht angefochten wurde. Da aber das Gemeinschaftseigentum bei Mängeln instandgesetzt werden muss und es sich hier um eine ständig neu entstehende Dauerverpflichtung handelt, die auch nicht verjährt, macht ein Eigentümer mit seinem Verlangen auf eine erneute Beschlussfassung seinen Anspruch auf ordnungsgemäße Verwaltung geltend.[306] Zu den prozessualen Fragen siehe unten Rn. 92.

Steht bei der im Urteil zugesprochenen Verwaltungsmaßnahme dagegen den Wohnungseigentümern oder dem Verwalter[307] ein **Ermessensspielraum** zu, ist ergänzend der neu geschaffene **Abs. 8** zu berücksichtigen.

Eine **Beschlussersetzungsklage** gegen die übrigen Eigentümer ist daher nur dann **begründet**, wenn der Einzelne tatsächlich einen **Anspruch** auf Fassung genau des beantragten Beschlusses hat.

Daher dürfen der Beschlussfassung weder **Nichtigkeitsgründe** (etwa: fehlende Beschlusskompetenz für den Beschlussgegenstand) noch **formelle Mängel** (etwa: keine ausreichende Vorbefassung, da Gegenstand nicht gem. § 23 Abs. 2 ausreichend in Einladung bezeichnet war) entgegenstehen. Insoweit wird auf die Kommentierung zur **Beschlussergebnisberichtigungsklage** bei § 23 Rn. 39 verwiesen, die auch hier verwendet werden kann.

Anders als bei der Beschlussergebnisberichtigungsklage, wo eine fehlerhafte Beschlussverkündung durch den Verwalter korrigiert werden soll, muss das Gericht hier aber auch in eine **inhaltliche, materiell-rechtliche Prüfung** eintreten, da geklärt werden muss, ob von den übrigen Eigentümern verlangt werden kann, dass der Beschluss gefasst wird.[308] Nur wenn eine „gebundene" Maßnahme vorliegt, wenn also das **Ermessen** der Eigentümer auf **null reduziert** ist, wird daher die Klage nach Abs. 4 erfolgreich

---

303 OLG Hamm v. 22.12.2003 – 15 W 396/03, NJW-RR 2004, 805; BayObLG v. 4.3.2004 – 2Z BR 232/03, ZMR 2004, 524.
304 Siehe dazu Rn. 25 und Rn. 89, 92 sowie § 46 Rn. 11.
305 BGH v. 19.9.2002 – V ZB 30/02, NJW 2002, 3704.
306 BGH v. 27.4.2012 – V ZR 177/11, ZWE 2012, 325.
307 Siehe dazu oben Rn. 41.
308 BGH v. 20.11.2015 – V ZR 284/14, NJW 2016, 473.

sein. Dies kann etwa beim Anspruch auf Abberufung eines ungeeigneten und Bestellung eines geeigneten Verwalters der Fall sein.[309] Steht den Eigentümern dagegen ein **Ermessen** zu (etwa bei der Durchführung von Sanierungsmaßnahmen – siehe dazu § 22 Rn. 7 – oder bei der Erstellung eines Wirtschaftsplans –siehe dazu § 28 Rn. 15 und Rn. 19) oder besteht der **Anspruch** jedenfalls **so nicht** (etwa: die vorgelegte Jahresabrechnung enthält Fehler und muss geändert werden), hat eine Klage nach Abs. 4 keine Aussicht auf Erfolg. In diesem Fall kommt aber eine Beschlussersetzungsklage nach **Abs. 8** in Betracht (siehe dazu unten Rn. 86 ff.). Ist dagegen die Beschlussersetzungsklage erfolgreich, wird die Beschlussersetzung durch **Gestaltungsurteil** ausgesprochen und entfalten damit Wirkungen erst mit Eintritt der Rechtskraft.[310]

Auch wenn Inhalt des Gestaltungsurteils die Beschlussersetzung ist und mit Rechtskraft damit der Beschluss erst existent wird, kann dieser Beschluss **nicht** mehr mit einer **Anfechtungsklage** angegriffen werden. Dem steht die **Rechtskraft** der Entscheidung des Gerichts im Beschlussersetzungsverfahren entgegen. Dort hat das Gericht (anders als beim Beschlussergebnisberichtigungsverfahren – siehe dazu § 23 Rn. 39) in der Sache überprüft, ob materiell-rechtlich ein Anspruch auf Erlass des Beschlusses bestand.

b) Schadensersatzansprüche

Auch die unter Rn. 34 bis 37 genannten Schadensersatzansprüche können als so genannte „Binnenstreitigkeiten" im Klagewege nach § 43 Nr. 1 bis 3 vor dem Wohnungseigentumsgericht geltend gemacht werden. Die Klage ist dabei gegen das **Verwaltungsorgan**[311] zu richten, dem eine Pflichtverletzung vorgeworfen wird. Es handelt sich hierbei um „normale" zivilprozessuale Zahlungsklagen. Als Besonderheit ist hier jedoch auch zu beachten, dass das **Rechtsschutzbedürfnis** bei Klagen gegen die Wohnungseigentümer nur dann vorliegt, wenn vorher die Eigentümerversammlung mit der Angelegenheit befasst wurde. Insoweit wird auf die Ausführungen oben bei Rn. 18 f. Bezug genommen, die hier sinngemäß gelten.

43

Bei der Begründetheitsprüfung der Schadensersatzklagen wegen Verletzung der Verwaltungspflichten ergeben sich keine Besonderheiten gegenüber anderen Schadensersatzklagen.

Wie bereits bei Rn. 34 dargestellt, beruht der verschuldensunabhängige Schadensersatzanspruch nach § 14 Nr. 4 nicht auf einer Pflichtverletzung eines Verwaltungsorgans und richtet sich gegen den rechtsfähigen Verband.[312]

---

309 BGH v. 10. 6. 2011 – V ZR 146/10, ZWE 2011, 356.
310 BGH v. 24. 5. 2013 – V ZR 182/12, NJW 2013, 2271; BGH v. 10. 6. 2011 – V ZR 146/10, ZWE 2011, 356; LG München I v. 12. 3. 2015 – 36 S 24746/13, ZMR 2015, 796.
311 Siehe dazu § 20 Rn. 2 ff. (Verband: Rn. 5)
312 BGH v. 25. 9. 2015 – V ZR 246/14, NZM 2016, 169.

VI. Absatz 5: Beispiele von ordnungsgemäßen Verwaltungsmaßnahmen

1. Beispiele ordnungsgemäßer Verwaltungsmaßnahmen (... gehört insbesondere)

44 Der Einleitungssatz von Abs. 5 greift die Formulierungen von Abs. 3 und 4 teilweise auf. Wenn es heißt, „zu einer ordnungsgemäßen, dem Interesse der Gesamtheit der Wohnungseigentümer entsprechenden Verwaltung gehört insbesondere", bedeutet dies zunächst, dass der Gesetzgeber für die nachfolgenden sechs Verwaltungsmaßnahmen die **Beschlusskompetenz** nach Abs. 3 als gegeben ansieht, da diese Maßnahmen (grundsätzlich) ordnungsgemäßer Verwaltung entsprechen. Wird ein Beschluss zu einer dieser Maßnahmen nicht gefasst, hat nach Abs. 4 jeder Eigentümer einen **Anspruch auf Beschlussfassung**.[313] Durch das Wort „insbesondere" ist klargestellt, dass die nachfolgende Aufzählung von Maßnahmen **nicht abschließend**, sondern nur beispielhaft ist.[314]

2. Ziffer 1: Die Aufstellung einer Hausordnung

a) Begriff der Hausordnung

45 Eine Hausordnung enthält im Wesentlichen **Verhaltensvorschriften**, mit denen der Schutz des **Gebäudes**, die Aufrechterhaltung von **Sicherheit und Ordnung** und die Erhaltung des **Hausfriedens** sichergestellt werden sollen, wobei insbesondere die §§ 13 und 14, das öffentliche Recht und Verkehrssicherungspflichten zu beachten sind.[315] Der Inhalt der Hausordnung hat sich nach der Beschaffenheit des gemeinschaftlichen Eigentums und nach dem Interesse der Gesamtheit der Wohnungseigentümer zu richten, wobei auch Regelungen über den ordnungsmäßigen Gebrauch[316] des gemeinschaftlichen Eigentums, etwa der gemeinschaftlichen Grundstücksflächen, getroffen werden können.[317] Die Regelungen in der Hausordnung müssen daher **ordnungsgemäßer Verwaltung** im Sinne des Abs. 3 oder einem ordnungsgemäßen Gebrauch im Sinne des § 15 Abs. 2 entsprechen.[318] Die Hausordnung kann sich daher sowohl auf die Verwaltung oder Nutzung des **gemeinschaftlichen Eigentums** (etwa: Nutzungszeiten für den Spielplatz) als auch des **Sondereigentums** (etwa: Musizierverbot in den Wohnungen für bestimmte Zeiten) beziehen.[319] Auch der konkrete Gebrauch eines in der Teilungserklärung bestellten **Sondernutzungsrechts** unterliegt der Regelungskompetenz durch eine Hausordnung.[320] Auch eine Regelung des **Rauchens** in einer Wohnung oder auf Balkonen bzw. im Bereich des gemeinschaft-

---

313 BayObLG v. 25.3.1999 – 2Z BR 105/98, NZM 1999, 504.
314 Allgemeine Meinung: *Riecke/Schmid-Drabek*, § 21 Rn. 156; *Bärmann-Merle*, § 21 Rn. 77.
315 OLG Frankfurt/Main v. 20.3.2006 – 20 W 430/04, NJW-RR 2007, 377.
316 Siehe dazu auch § 15 Abs. 3.
317 BayObLG v. 12.9.1991 – BReg 2 Z 52/91, Wohnungseigentümer 1992, 35; BayObLG v. 23.10.2003 – 2Z BR 63/03, ZMR 2005, 132.
318 LG Hamburg v. 15.4.2015 – 318 S 125/14, ZWE 2016, 90.
319 LG München I v. 10.1.2013 – 36 S 8058/12, ZWE 2013, 413; a.A. *Jennißen-Suilmann*, § 21 Rn. 55 (Sondereigentum nicht Gegenstand).
320 OLG München v. 3.4.2007 – 34 Wx 25/07, ZMR 2007, 484.

lichen Eigentums ist möglich.[321] Da auch diese Regelungen ordnungsgemäßer Verwaltung entsprechen müssen, kann hier auf die Ausführungen bei § 14 Rn. 44 verwiesen werden.

Wegen der näheren Einzelheiten wird insoweit auf die Kommentierungen oben Rn. 23 ff., § 13 Rn. 40 bis 43, § 14 Rn. 44 und § 15 Rn. 13 ff. verwiesen. Weitere Regelungsbeispiele werden unten bei Rn. 49 aufgezählt.

Da eine Hausordnung auch für Sonderrechtsnachfolger gelten soll, ist sie entsprechend den Grundsätzen bei der Grundbuchauslegung **objektiv normativ auszulegen**. Maßgebend für die Auslegung sind dabei der Wortlaut der Hausordnung und ihr Sinn, wie er sich aus unbefangener Sicht als nächstliegende Bedeutung der Regelung ergibt; Umstände außerhalb der Hausordnung dürfen nur herangezogen werden, wenn sie nach den besonderen Verhältnissen des Einzelfalles für jedermann ohne weiteres erkennbar sind.[322] Ist die Regelung zu unbestimmt, ist sie nichtig. Nicht unbestimmt ist aber die Erlaubnis zum „vorübergehendem Abstellen von Kinderwägen im Hausgang".[323]

b) Aufstellung

Die Aufstellung der Hausordnung kann bereits dadurch erfolgen, dass sie Teil der Teilungserklärung/Gemeinschaftsordnung geworden ist.[324] Nach § 10 Abs. 2 kann die Hausordnung auch durch eine nachträgliche Vereinbarung aufgestellt werden. Wegen § 21 Abs. 5 Nr. 1 in Verbindung mit Abs. 3 und 4 besteht auch eine **Beschlusskompetenz** für die Aufstellung. Wenn die Gemeinschaftsordnung eine entsprechende Regelung vorsieht, kann die Hausordnung auch durch Dritte, in der Regel durch den Verwalter, aufgestellt werden.[325] Ohne eine derartige Regelung in der Gemeinschaftsordnung ist ein Beschluss, dem zu Folge der **Verwalter** eine Hausordnung mit verbindlicher Wirkung aufzustellen und den Wohnungseigentümern bekannt zu geben hat, wegen Fehlens der Beschlusskompetenz nichtig.[326]

Der BGH hat nun klargestellt, dass weder in Hausordnungen noch allgemein durch Mehrheitsbeschluss einzelne Miteigentümer zur **tätigen Mithilfe** verpflichtet werden können. Unzulässig sind daher vor allem Regelungen über das **Reinigen** des **Treppenhauses** oder zum **Winterdienst (Schneeräumen)**.[327]

46

---

321 BGH v. 16.1.2015 – V ZR 110/14, ZWE 2015, 331.
322 BGH v. 7.10.2004 – V ZB 22/04, ZWE 2005, 72 (zur im Grundbuch eingetragenen Vereinbarung); 233; BGH v. 23.8.2001 – V ZB 10/01, NZM 2001, 961; BGH v. 10.9. 1998 – V ZB 11/98, NJW 1998, 3713; LG München I v. 20.12.2010 – 1 S 4319/10, ZWE 2011, OLG Düsseldorf v. 29.9.2006 – 3 Wx 70/06, NJW-RR 2007, 1169; BayObLG v. 28.2.2002 – 2Z BR 141/01, NZM 2002, 492; OLG Hamm v. 3.7.2001 – 15 W 444/00, NZM 2001, 1084.
323 OLG Hamm v. 3.7 2001 – 15 W 444/00, NZM 2001, 1084.
324 BayObLG v. 5.12.1991 – BReg 2 Z 154/91, WuM 1992, 157.
325 BayObLG v. 23.8.2001 – 2Z BR 96/01, MDR 2001, 1345; BayObLG v. 5.12.1991 – BReg 2 Z 154/91, WuM 1992, 157.
326 LG Frankfurt v. 11.6.2014 – 2-13 S 168/13, ZWE 2014, 326.
327 BGH v. 9.3.2012 – V ZR 161/11, NJW 2012, 1724.

Die sich hierbei stellenden Fragen sind ausführlich bei § 15 Rn. 15 behandelt; auf diese Ausführungen wird Bezug genommen.

c) Änderung

47 Eine bestehende Hausordnung kann durch einen so genannten **Zweitbeschluss**[328] jederzeit durch die Wohnungseigentümer abgeändert werden, da insoweit eine **Beschlusskompetenz** besteht.[329] Die Beschlusskompetenz für die Änderung der Hausordnung steht den Wohnungseigentümern auch dann zu, wenn die Hausordnung Bestandteil der Teilungserklärung/Gemeinschaftsordnung war[330], da insoweit der Gemeinschaftsordnung nur die Rechtsnatur eines Mehrheitsbeschlusses zukommt, der grundsätzlich durch Mehrheitsbeschluss wieder abgeändert werden kann.[331] Gleiches gilt, wenn die Gemeinschaftsordnung vorsieht, dass der Verwalter die Hausordnung aufstellen kann.[332] Die Eigentümer können daher entweder an Stelle des Verwalters die Hausordnung aufstellen oder aber die vom Verwalter erstellte Hausordnung abändern. Auch bei der Ergänzung der Hausordnung durch Regelungen zum **Grillen** in der Wohnanlage haben die Eigentümer einen **Ermessensspielraum**. Dazu zählt auch ein generelles Grillverbot mittels offener Flamme. Dem stehen auch nicht etwaige abweichende Regelungen in Mietverträgen einzelner Eigentümer entgegen.[333] Zu weitgehend ist es aber, wenn Grillen auch mit einem **Elektrogrill** untersagt würde oder, was dem gleichkäme, Grillen nur dann erlaubt wird, wenn keine Rauch- bzw. Geruchbelästigungen eintreten kann.[334] Einen **Anspruch** auf **Änderung** der Hausordnung hat ein Eigentümer nur dann, wenn entweder die bestehende Regelung nichtig oder grob unbillig ist.[335]

Sie zum Grillen auch § 14 Rn. 44.

d) Bindungswirkung

48 Wie bereits oben bei Rn. 24 ausgeführt, binden die objektiv-normativ auszulegenden Beschlüsse (siehe Rn. 45) als mehrseitige Rechtsgeschäfte eigener Art **alle Wohnungseigentümer**, soweit sie nicht nichtig oder durch rechtskräftiges Urteil für ungültig erklärt sind.[336] Die Hausordnung wirkt damit gegen alle Wohnungseigentümer, unabhängig davon, ob sie aufgrund eines vorgenannten Beschlusses, einer Vereinbarung oder durch den Verwalter aufgrund einer Ermächtigung in der Teilungserklärung/Gemeinschaftsordnung erlassen wurde. Verstößt ein Wohnungseigentümer gegen die sich aus der bindenden Hausordnung ergebenden Pflichten, so greifen

---

328 Siehe zum Zweitbeschluss Rn. 25 und § 46 Rn. 11.
329 BayObLG v. 24.8.2000 – 2Z BR 169/99, WuM 2000, 558.
330 BayObLG v. 5.12.1991 – BReg 2 Z 154/91, WuM 1992, 157; a.A. Jennißen-Suilmann, § 21 Rn. 51.
331 BayObLG v. 20.11.1997 – 2Z BR 93/97, NJW-RR 1998, 443.
332 BayObLG v. 23.8.2001 – 2Z BR 96/01, MDR 2001, 1345; BayObLG v. 5.12.1991 – BReg 2 Z 154/91, WuM 1992, 157.
333 LG München I v. 10.1.2013 – 36 S 8058/12, ZWE 2013, 413.
334 AG München v. 21.3.2012 – 482 C 15854/11, ZMR 2013, 842.
335 LG München I v. 15.7.2015 – 1 S 13846/14 (noch nicht veröffentlicht).
336 Siehe zur Beschlusswirkung § 23 Rn. 33 ff.

die allgemeinen Vorschriften ein. Den beeinträchtigten anderen Eigentümern können daher etwa Unterlassungsansprüche[337], sonstige Eigentums- oder Besitzschutzansprüche[338] oder Schadensersatzansprüche[339] zustehen.

Da Beschlüsse, ebenso wie andere Rechtsgeschäfte, keine Rechtswirkungen zum Nachteil **Dritter**, hier also Personen, die nicht Wohnungseigentümer sind, entfalten können, bindet die Hausordnung diese Personen nicht. Der Wohnungseigentümer ist jedoch schon nach § 14 Nr. 2 verpflichtet, dafür zu sorgen, dass auch diese Personen die in der Gemeinschaft bestehenden Pflichten, also auch die aus der Hausordnung, einhalten.[340] Der vermietende Eigentümer muss daher durch entsprechende Regelungen im Mietvertrag sicherstellen, dass die Hausordnung in der jeweils geltenden Fassung auch Bestandteil des Mietvertrages wird. Ohne eine derartige Einbeziehung können durch eine Hausordnung keine Rechte des Mieters eingeschränkt werden, welche ihm nach dem Mietvertrag zustehen würden (wie etwa Musizierverbot zu bestimmten Zeiten).[341]

e) *Beispiele für Regelungsinhalte (alphabetisch)*

Zulässig: 49

Benutzungsregelung für Gemeinschaftsräume[342]

Verbot von Kinderspielen auf Kfz-Zufahrtsfläche[343]

Konkretisierung von Instandhaltungspflichten[344]

Beschränkung des Musizierens[345]

Parkplatznutzung im Turnus oder Losverfahren[346]

Rauchen auf dem Balkon (zeitweise)[347]

Ruhezeiten[348]

Gebrauchsregelung für Sondernutzungsrecht[349]

Konkretisierung von Sorgfaltspflichten zur Gefahrenverhütung[350]

Regelung der Tierhaltung[351]

---

337 Siehe dazu § 15 Rn. 18 ff.
338 Siehe dazu § 13 Rn. 23 f.
339 Siehe dazu § 14 Rn. 76.
340 Siehe dazu § 14 Rn. 51–55.
341 Siehe genauer hierzu § 13 Rn. 6 ff. (8) und zur Problematik der Hausordnung im Mietrecht: *Schmidt/Futterer-Eisenschmid*, Miet- und Pachtrecht, § 535 Rn. 375 ff.
342 Siehe dazu § 13 Rn. 9.
343 BayObLG v. 12. 9. 1991 – BReg 2 Z 52/91, Wohnungseigentümer 1992, 35.
344 BayObLG v. 23. 10. 2003 – 2Z BR 63/03, ZMR 2005, 132.
345 Siehe dazu § 14 Rn. 44 (unzulässig aber vollständiges Verbot – siehe unten).
346 Siehe dazu § 15 Rn. 15.
347 BGH v. 16. 1. 2015 – V ZR 110/14, ZWE 2015, 331; siehe dazu auch § 14 Rn. 44.
348 BGH v. 10. 9. 1998 – V ZB 11/98, NJW 1998, 3713; OLG Frankfurt/Main v. 4. 12. 2000 – 20 W 414/99, NZM 2001, 1136 und § 15 Rn. 14.
349 OLG München v. 3. 4. 2007 – 34 Wx 25/07, ZMR 2007, 484 und § 13 Rn. 42.
350 OLG Frankfurt/Main v. 20. 3. 2006 – 20 W 430/04, NJW-RR 2007, 377.
351 Siehe § 14 Rn. 44 (unzulässig aber vollständiges Verbot – siehe unten).

Verbots der Tierbeförderung im Aufzug[352]

Treppenhausreinigung[353] (siehe auch Rn. 46)

Regelung für Werbeanlagen im Gemeinschaftseigentum[354]

Unzulässig:

Generelle Mindestbeheizung des Sondereigentums[355]

Vollständiges Verbot des Musizierens[356]

Tätige Mithilfe, wie etwa Treppenhausreinigung und Winterdienst[357]

Vollständiges Verbot der Tierhaltung[358]

Verschließen der Eingangstür eines Mehrfamilienhauses zur Nachtzeit[359]

3. Ziffer 2: Ordnungsgemäße Instandhaltung und Instandsetzung des gemeinschaftlichen Eigentums

a) Gemeinschaftliches Eigentum

50 Abs. 5 Ziffer 2 bezieht sich nicht auf das Sondereigentum, sondern ausschließlich auf das gemeinschaftliche Eigentum. Die Gemeinschaft ist daher nicht berechtigt, bei einer Sanierung der im Gemeinschaftseigentum stehenden Duplexparker auch Teile, die im **Sondereigentum** stehen (im Fall: **Fahrbleche**)[360], mit instand zu setzen. Tut sie dies trotzdem, steht ihr **kein Bereicherungsanspruch** gegen den begünstigten Wohnungseigentümer zu.[361]

Zum **Begriff** des gemeinschaftlichen Eigentums siehe oben Rn. 2 und die dortigen weiteren Verweise.

An der Zugehörigkeit zum gemeinschaftlichen Eigentum und damit an der Zuständigkeit aller Wohnungseigentümer ändert auch eine Bestimmung der **Teilungserklärung**, wonach die zu Sondereigentum erklärten, aber nicht sondereigentumsfähigen Gebäudeteile den jeweiligen Sondereigentumseinheiten zur Sondernutzung zugewiesen und hinsichtlich der Instandhaltungspflicht wie Sondereigentum zu behandeln seien nichts, wenn die Teile, um deren Reparatur es geht (etwa: Glasbereich des Daches und Aluminiumteile eines Wintergartens), wegen § 5 Abs. 2 nicht Gegenstand des Sondereigen-

---

352 LG Karlsruhe v. 12.12.2013 – 5 S 43/13, ZWE 2014, 172.
353 BayObLG v. 5.12.1991 – BReg 2 Z 154/91, WuM 1992, 157.
354 BayObLG v. 17.2.1994 – 2Z BR 133/93, WuM 1994, 562; siehe zu Werbeanlagen auch: § 14 Rn. 43.
355 OLG Hamm v. 31.3.2005 – 15 W 298/04, ZMR 2006, 148.
356 Siehe dazu oben zur Beschränkung des Musizierens.
357 BGH v. 9.3.2012 – V ZR 161/11, NJW 2012, 1724.
358 Siehe dazu oben zur Beschränkung der Tierhaltung.
359 LG Frankfurt v. 12.5.2015 – 2-13 S 127/12, ZWE 2015, 458.
360 A. A. insoweit: LG Stuttgart v. 19.11.2014 – 10 S 4/14, ZWE 2016, 44 (Fahrbleche nie sondereigentumsfähig); wie hier schon: LG München I v. 5.11.2012 – 1 S 1504/12, ZWE 2013, 165.
361 LG München I v. 1.2.2016 – 1 S 12786/15 (zitiert nach juris).

tums werden konnten.³⁶² Daher stehen auch **Wohnungseingangstüren** immer im gemeinschaftlichen Eigentum der Wohnungseigentümer.³⁶³

b) Instandhaltung

Enthält eine Teilungserklärung/Gemeinschaftsordnung eine Bestimmung, wonach jeder Wohnungseigentümer auf eigene Rechnung für die **Instandhaltung** von bestimmten im Gemeinschaftseigentum stehenden Gegenständen (etwa: Wohnungseingangstür) zu sorgen hat, darf die Wohnungseigentümergemeinschaft gegen den Willen des betroffenen Wohnungseigentümers die **Mangelbeseitigung** nicht an sich ziehen.³⁶⁴ Ist dagegen gemäß der **Teilungserklärung** der einzelne **Wohnungseigentümer** zur Instandhaltung und Instandsetzung von im Gemeinschaftseigentum stehender Türen und Fenster, die sich im Bereich seines Sondereigentums befinden verpflichtet, so erlaubt dies nicht den Schluss, dass alle anderen Maßnahmen dem einzelnen Wohnungseigentümer obliegen, sondern führt im Zweifel dazu, dass der **Austausch** der Fenster und Wohnungsabschlusstüren **Gemeinschaftsaufgabe** ist.³⁶⁵

51

Die Grundstücks- oder Gebäudeteile, an denen ein **Sondernutzungsrecht** besteht, stehen im gemeinschaftlichen Eigentum (siehe dazu § 14 Rn. 3), weshalb die Instandhaltung des gemeinschaftlichen Eigentums ebenfalls Angelegenheit aller Wohnungseigentümer ist.³⁶⁶ Belastet die Teilungserklärung dagegen den Sondernutzungsberechtigten mit der „Pflege- und Instandhaltung", so ist dies dahin auszulegen, dass auch Instandhaltungs- und Instandsetzungsmaßnahmen den Sondernutzungsberechtigten treffen.³⁶⁷

Der begrifflichen Unterscheidung der Maßnahmen zur **Instandhaltung** und **Instandsetzung** kommt wegen der identischen Rechtsfolgen keine praktische Bedeutung zu.³⁶⁸ Wichtig ist jedoch insoweit die **Abgrenzung** zu den darüberhinausgehenden **baulichen Maßnahmen** im Sinne des § 22 Abs. 1, da dort die Zustimmung der beeinträchtigten Wohnungseigentümer erforderlich ist.³⁶⁹

Begrifflich gehören zur **Instandhaltung** alle Maßnahmen, die darauf gerichtet sind, den **bestehenden Zustand** der im gemeinschaftlichen Eigentum stehenden Einrichtungen und Anlagen zu erhalten. Die Instandhaltung dient dem laufenden Erhalt und der Pflege der Wohnanlage und beinhaltet eine Beseitigung von Mängeln, die durch Abnutzung, Alterung oder Witterungseinwirkungen entstanden sind.³⁷⁰ Darunter fallen alle Maßnahmen, die im Interesse der Eigentümer auf die Erhaltung, Verbesserung oder den der

---

362 OLG Düsseldorf v. 3.12.2004 – 3 Wx 274/04, OLGR Düsseldorf 2005, 148.
363 BGH v. 25.10.2013 – V ZR 212/12, ZWE 2014, 81.
364 OLG München v. 23.5.2007 – 32 Wx 30/07, NZM 2007, 487.
365 BGH v. 22.11.2013 – V ZR 46/13, ZWE 2014, 125; BGH v. 2.3.2012 – V ZR 174/11, NJW 2012, 1722.
366 Zum Begriff siehe § 13 Rn. 27 ff.
367 LG München I v. 4.2.2013 – 1 S 26400/11, ZMR 2013, 477.
368 BGH v. 22.4.1999 – V ZB 28/98, NZM 1999, 562.
369 Siehe dazu genauer § 22 Rn. 2 ff., 15 ff.
370 Vergleiche zum Instandhaltungsbegriff im Mietrecht: § 28 Abs. 1 Zweite Berechnungsverordnung.

Zweckbestimmung des gemeinschaftlichen Eigentums entsprechenden Gebrauch gerichtet sind[371] und die das Eintreten von Schäden verhindern sollen[372] und der Aufrechterhaltung des ursprünglichen Zustandes dienen.[373] Bei **baulichen Veränderungen** und besonderen Aufwendungen hat der Gesetzgeber in den §§ 21 und 22 eine Beschlusskompetenz für die Wohnungseigentümer festgeschrieben. Die **erforderliche Mehrheit** ist jedoch je nach Qualifizierung der Maßnahme unterschiedlich ausgestaltet. Es empfiehlt sich daher bei baulichen Veränderungen und besonderen Aufwendungen regelmäßig folgende **Prüfungsreihenfolge**[374]:

1. Handelt es sich bei der Maßnahme um eine **Instandhaltungs-** oder **Instandsetzungsmaßnahme** (auch: modernisierende Instandsetzung)[375], so reicht nach §§ 22 Abs. 3[376] i. V. m. § 21 Abs. 5 Nr. 2[377] und Abs. 3[378] ein Beschluss mit einfacher Mehrheit.

2. Liegt eine darüberhinausgehende **Modernisierungsmaßnahme** entsprechend § 555b Nr. 1 bis 5 BGB oder zur Anpassung an den Stand der Technik vor, bedarf es eines Beschlusses, der nach § 22 Abs. 2 eine in zweifacher Hinsicht qualifizierte Mehrheit erreicht.[379]

3. Liegt dagegen eine Maßnahme vor, die weder unter § 21 Abs. 5 Nr. 2 noch unter § 22 Abs. 2 fällt, muss für diese **(allgemeine) Maßnahme** nach § 22 Abs. 1 die Zustimmung aller beeinträchtigten Wohnungseigentümer vorliegen.[380]

b) *Instandsetzung*

52 Die **Instandsetzung** erfasst zunächst die Erneuerung oder das Auswechseln eines beschädigten oder zerstörten Bauteils, also die **Wiederherstellung** eines **früheren Zustandes**.[381] Auch Maßnahmen zur Wahrnehmung der **Verkehrssicherungspflicht** werden hiervon erfasst.[382]

Ebenfalls gehören zur Instandsetzung alle Maßnahmen zur Mängelbeseitigung und damit zur **erstmaligen Herstellung** eines ordnungsmäßigen Zustandes eines dem Aufteilungsplan und den Bauplänen entsprechenden Zustands von Sondereigentum und Gemeinschaftseigentum (siehe auch oben

---

371 OLG München v. 6. 3. 2006 – 34 Wx 128/05 (nicht veröffentlicht).
372 BayObLG v. 2. 5. 1996 – 2Z BR 24/96, ZMR 1996, 447.
373 KG Berlin v. 14. 6. 1993 – 24 W 5328/92, ZMR 1993, 478.
374 So nunmehr auch: BGH v. 14. 12. 2012 – V ZR 224/11, NJW 2013, 1439; siehe dazu auch: § 22 Rn. 1.
375 Siehe dazu unten 52 ff.
376 Siehe dazu § 22 Rn. 26.
377 Siehe dazu Rn. 50–55.
378 Siehe dazu Rn. 20 ff.
379 Siehe dazu § 22 Rn. 15 ff. (24).
380 Siehe dazu § 22 Rn. 2 ff.
381 OLG München v. 6. 3. 2006 – 34 Wx 128/05 (nicht veröffentlicht); OLG Düsseldorf v. 8. 10. 1997 – 3 Wx 352/97, WuM 1998, 114.
382 Siehe dazu § 10 Rn. 43 und Rn. 55 sowie oben Rn. 26.

Rn. 30).³⁸³ Zur Verjährung, Verwirkung und Zum Ausschluss des Anspruchs auf erstmalige Herstellung gemäß § 242 BGB siehe oben Rn. 31–33.

Zu Beschlussfassungen im Zusammenhang mit **Rauchwarnmeldern** siehe oben Rn. 23 und zur Beschlusskompetenz § 10 Rn. 43.

Eine erhebliche praktische Bedeutung hat die so genannte **modernisierende** **Instandsetzung**. In der obergerichtlichen Rechtsprechung ist anerkannt, dass die Instandhaltung über die bloße Erneuerung bzw. das Auswechseln bereits vorhandener Bauteile oder Einrichtungen hinaus bei der Ersatzbeschaffung die Anpassung an die technische Weiterentwicklung und den verbesserten Standard mit umfasst.³⁸⁴

53

Voraussetzung für eine modernisierende Instandsetzung ist jedoch stets ein schwerwiegender Mangel des Gemeinschaftseigentums, dessen Reparatur erforderlich und der von einem gewissen Gewicht ist.³⁸⁵ Es muss daher die **Reparatur** entweder bereits notwendig oder zumindest in naher Zukunft **erforderlich** sein.³⁸⁶

Hierin liegt auch das maßgebliche Abgrenzungskriterium zu den Modernisierungsmaßnahmen im Sinne des § 22 Abs. 2, die nur mit einer qualifizierten Mehrheit beschlossen werden können. Die weiteren Einzelheiten hierzu können der Kommentierung zu § 22 Abs. 2 Rn. 15 ff. entnommen werden. § 22 Abs. 3 stellt klar, dass auf modernisierende Instandsetzungen § 22 Abs. 2 nicht anwendbar ist.³⁸⁷

d) Ordnungsgemäß

Die Instandhaltungs- oder Instandsetzungsmaßnahme muss ordnungsgemäß sein.

54

Insoweit kann zunächst auf die Kommentierung zur ordnungsgemäßen Verwaltung im Sinne des Abs. 3 Bezug genommen werden.³⁸⁸Bei einer **modernisierenden Instandsetzung** ist darüber hinaus zu beachten, dass diese nur dann ordnungsgemäß ist, wenn die Maßnahme **wirtschaftlich sinnvoll** ist und sich im Bereich erprobter, **bewährter Technik** hält.³⁸⁹ Es kommt insoweit auf die voraussichtliche Eignung der Maßnahme an. Bei der Beurteilung ist auf den Maßstab eines vernünftigen, wirtschaftlich denkenden und sinnvollen Neuerungen gegenüber aufgeschlossenen Hauseigentümers abzustel-

---

383 BGH v. 20. 11. 2015 – V ZR 284/14, NJW 2016, 473; BGH v. 14. 11. 2014 – V ZR 118/13, NJW 2015, 2027; BGH v. 2. 10. 2015 – V ZR 5/15, NJW 2015, 3713; BGH v. 12. 4. 2007 – VII ZR 236/05, NJW 2007, 1952; BayObLG v. 4. 3. 2004 – 2 Z BR 232/03, ZMR 2004, 524.
384 OLG Hamm v. 18. 9. 2006 – 15 W 88/06, ZMR 2007, 131; OLG Düsseldorf v. 8. 10. 1997 – 3 Wx 352/97, WuM 1998, 114; OLG Saarbrücken v. 4. 10. 1996 – 5 W 286/95, ZMR 1997, 31.
385 OLG Schleswig v. 8. 12. 2006 – 2 W 111/06, WuM 2007, 213.
386 OLG Köln v. 10. 1. 2007 – 16 Wx 224/06, WuM 2007, 286; BayObLG v. 10. 3. 1994 – 2Z BR 136/93, ZMR 1994, 279; BT-Drucks. 16/887, S. 29.
387 Siehe hierzu § 22 Rn. 25.
388 Siehe dazu oben Rn. 23 ff.
389 OLG Saarbrücken v. 4. 10. 1996 – 5 W 286/95, ZMR 1997, 31; OLG Hamburg v. 4. 8. 2003 – 2 Wx 30/03, ZMR 2003, 866.

len.[390] Wenn über die bloße Reproduktion des bisherigen Zustands hinausgehende bauliche Veränderungen vorgenommen werden, müssen diese eine **technisch bessere** oder **wirtschaftlich sinnvollere** Lösung zur Behebung eines Mangels darstellen.[391] Entscheidend ist eine **Abwägung** aller Vor- und Nachteile einer bloßen Reparatur des vorhandenen Zustands einerseits und der Herstellung eines neuen Zustands andererseits unter Berücksichtigung einer vernünftigen **Kosten-Nutzen-Analyse**.[392] Nicht ordnungsgemäß ist es daher, dass eine **Amortisation** erst nach Jahrzehnten eintritt.[393] Zulässig dürfte bei größeren Maßnahmen wohl eine Amortisationszeit von etwa 10 bis 15 Jahren sein.[394] Das LG Bremen hat eine modernisierende Instandsetzung in einem Fall bejaht, in dem Holzbrüstungen der Balkone aus den 60er Jahren durch eine moderne Stahlkonstruktion mit Glaselementen ersetzt werden und eine Kosten-Nutzen-Analyse ergab, dass eine Amortisation binnen 10 Jahren eintreten wird.[395] Einer Kosten-Nutzen-Analyse bedarf es jedoch nicht, wenn die Maßnahme aufgrund **gesetzlicher** Vorschriften zwingend **vorgeschrieben** ist. Dies kann etwa bei einer Wärmedämmung als notwendige Folge der erforderlichen Fassadenrenovierung gemäß § 9 Energieeinsparverordnung der Fall sein.[396]

Noch einmal sei auch an diese Stelle hervorgehoben, dass die Wohnungseigentümer bei ihrer Entscheidung über Instandhaltungs- und Instandsetzungsmaßnahmen (auch solche einer modernisierenden Instandsetzung) einen weiten **Ermessensspielraum** haben.[397]

Es widerspricht regelmäßig ordnungsgemäßer Verwaltung, die Durchführung von Sanierungsmaßnahmen zu beschließen, ohne dass eine **Bestandsaufnahme** über den **Umfang** der Schäden und deren mögliche **Ursachen** und verschiedene **Möglichkeiten** der Mangelbehebung erfolgt ist.[398] Wie diese Bestandsaufnahme durchzuführen ist, richtet sich nach den Umständen des Einzelfalls. So kann es beispielsweise bei umfangreichen, schwierigen und teuren Sanierungsmaßnahmen erforderlich sein, zur Klärung des Istzustandes und gegebenenfalls zur Erstellung eines **Sanierungskonzeptes**

---

390 BT-Drucks. 16/887, S. 30.
391 BGH v. 14.12.2012 – V ZR 224/11, NJW 2013, 1439.
392 BGH v. 14.12 2012 – V ZR 224/11, NJW 2013, 1439; OLG München v. 14.11.2005 – 34 Wx 105/05, ZMR 2006, 302; BayObLG v. 27.11.2003 – 2Z BR 176/03, ZMR 2004, 442; OLG Düsseldorf v. 15.3.2002 – 3 Wx 13/02, WuM 2002, 277.
393 OLG Schleswig v. 8.12.2006 – 2 W 111/06, WuM 2007, 213; KG Berlin v. 2.2.1996 – 24 W 7880/95, ZMR 1996, 282 (nach 20 Jahren).
394 BGH v. 14.12.2012 – V ZR 224/11, NJW 2013, 1439 (i.d.R. 10 Jahre bei Austausch von Balkongeländer); LG Saarbrücken v. 28.3.2013 – 5 S 182/12, ZWE 2013, 421 (grundsätzlich 10 Jahre); OLG München v. 14.11.2005 – 34 Wx 105/05, ZMR 2006, 302; noch kürzer: LG Köln v. 26.11.2009 – 29 S 63/09, ZWE 2010, 278.
395 LG Bremen v. 10.7.2015 – 4 S 318/10, ZMR 2015, 776.
396 BayObLG v. 25.9.2001 – 2Z BR 95/01, NZM 2002, 75 (noch zu dem nicht mehr in Kraft befindlichen § 8 Abs. 2 Nr. 1 WärmeschutzV).
397 OLG Köln v. 10.1.2007 – 16 Wx 224/06, WuM 2007, 286; OLG Hamm v. 18.9.2006 – 15 W 88/06, ZMR 2007, 131; OLG Hamburg v. 4.8.2003 – 2 Wx 30/03, ZMR 2003, 866.
398 LG Hamburg v. 18.1.2012 – 318 S 164/11, ZWE 2012, 285; LG München I v. 9.5.2012 – 36 S 11929/10, ZMR 2012, 816.

einen **Sachverständigen** einzuschalten. Dies ist aber, auch im Hinblick auf die nicht unerheblichen Kosten, nicht immer erforderlich. Häufig wird es auch ausreichen, wenn ein Fachmann/eine Fachfirma zur Vorbereitung eines Angebotes Feststellungen zu den bestehenden Schäden, den Ursachen und zu den Lösungsmöglichkeiten trifft.[399]

Für die Beurteilung der Frage, wo im Einzelfall die Grenzen ordnungsgemäßer Instandsetzung liegen, können verschiedene Gesichtspunkte eine Rolle spielen, insbesondere die Funktionsfähigkeit der bisherigen Anlage, das Verhältnis zwischen wirtschaftlichem Aufwand und zu erwartendem Erfolg, die künftigen laufenden Kosten, die langfristige Sicherung des Energiebedarfs, Gesichtspunkte der Umweltverträglichkeit und insbesondere auch, inwieweit sich die geplante Modernisierung bereits bewährt und durchgesetzt hat.[400]

e) Rechtsprechungsbeispiele (alphabetisch)

Die obergerichtliche Rechtsprechung ist in folgenden Beispielsfällen davon ausgegangen, dass (bloße) **Instandhaltungs- oder Instandsetzungsmaßnahmen** (auch: modernisierende) vorlagen, so dass ein Mehrheitsbeschluss ausreichend war und eine Anwendung des § 22 nicht in Betracht kam. Selbstverständlich lag den Entscheidungen, auch wenn sie hier nur schlagwortartig wiedergegeben werden, jeweils eine Abwägung der Umstände des konkreten Einzelfalls zugrunde:

55

- Ausübung gemeinschaftsbezogener Gewährleistungsansprüche[401]
- Außenjalousien (als Wärmeschutz)[402]
- Austausch von Balkonbrüstungen durch Balkongeländer[403]
- Dämmung der kompletten Hausfassade[404]
- Fassadenerneuerung im Anwendungsbereich der Energiesparverordnung[405]
- Fassadensanierung mit zusätzlichem Wärmeschutz[406]
- Anschluss an Fernwärmenetz (bei defekter Gasheizung)[407]
- Fensteraustausch (Holzfenster gegen moderne Kunststofffenster)[408]
- Erneuerung einer 30 Jahre alten (Gas-) Heizungsanlage[409]

---

399 LG München I v. 3.2.2016 – 1 S 6679/14 (noch nicht veröffentlicht).
400 LG Nürnberg-Fürth v. 28.7.2010 – 14 S 438/10, ZWE 2010, 466.
401 BGH v. 19.8.2010 – VII ZR 113/09, ZWE 2010, 404.
402 OLG Köln v. 11.4.2003 – 16 Wx 89/03, WuM 2003, 474; a.A. LG Bamberg v. 11.11. 2009 – 2 S 3/09 (zitiert nach juris).
403 OLG München v. 14.11.2005 – 34 Wx 105/05, ZMR 2006, 302; OLG Hamburg v. 4.8.2003 – 2 Wx 30/03, ZMR 2003, 866.
404 OLG Frankfurt v. 15.11.2010 – 20 W 138/08, ZWE 2011, 86.
405 OLG Hamm v. 18.11.2008 – 15 Wx 139/08, ZWE 2009, 261.
406 OLG Hamm v. 18.9.2006 – 15 W 88/06, ZMR 2007, 131; OLG Düsseldorf v. 8.11. 2002 – 3 Wx 258/02, NJW-RR 2003, 79.
407 OLG Hamburg v. 21.7.2005 – 2 Wx 18/04, ZMR 2005, 803.
408 BayObLG v. 11.2.2005 – 2Z BR 177/04, BayObLGR 2005, 266.
409 OLG München v. 20.3.2008 – 34 Wx 46/07, ZWE 2009, 27; KG Berlin v. 5.5.1993 – 24 W 3913/92, WuM 1993, 427.

- Umstellung defekter Ölheizung auf Gasheizung[410]
- Umstellung von Öl-Zentral-Heizung auf Fernwärme[411]
- Umstellung der Medienversorgung, wenn alte Anlage kaputt[412] (Antenne, Kabel, Satellitenschüssel)
- Vollwärmedämmung einer Außenfassade[413]
- Walmdach statt Flachdach[414]

Dagegen sah die Rechtsprechung folgende Maßnahmen nicht mehr als Instandhaltungen, sondern als **bauliche Maßnahmen** im Sinne des § 22 an:

- Außenjalousien erstmals anbringen[415]
- Gebäudeaufstockung bei Flachdachsanierung[416]
- Abkoppelung einer Wohnung von Gebäudeheizung[417]
- Einbau einer Klimaanlage in Sondereigentum[418]
- Verlegung des Müllplatzes[419]
- Erstmalige Errichtung einer Solaranlage[420]
- Umstellung der Warmwasserversorgung[421]

4. Ziffer 3: Versicherungen
a) Allgemeines

56 Der Abschluss der in Ziff. 3 genannten Versicherungen gehört stets zur ordnungsgemäßen Verwaltung. Die beiden Versicherungen stellen lediglich einen **Mindestversicherungsschutz** dar[422], was sich schon aus der Formulierung „gehört insbesondere" ergibt. Je nach Sachlage kann auch der Abschluss weiterer Versicherungen erforderlich sein. Dies kann sich etwa aus der Teilungserklärung/Gemeinschaftsordnung oder aus der Lage des Grundstücks in einem Hochwassergebiet oder einem erdbebengefährdeten Gebiet ergeben.

Der Versicherungsvertrag wird von der Wohnungseigentümergemeinschaft als **Verband**[423], vertreten durch den Verwalter, abgeschlossen. Der Verwalter bedarf zum Abschluss der Versicherungen einer **Ermächtigung** durch die Teilungserklärung/Gemeinschaftsordnung, einer Vereinbarung oder eines Beschlusses der Eigentümer.

---

410 LG Koblenz v. 26. 5. 2009 – 2 S 52/08, ZWE 2009, 282; BayObLG v. 31. 1. 2002 – 2Z BR 165/01, ZWE 2002, 315.
411 LG Nürnberg-Fürth v. 28. 7. 2010 – 14 S 438/10, ZWE 2010, 466.
412 BayObLG v. 10. 3. 2004 – 2Z BR 274/03, NZM 2004, 385.
413 OLG Frankfurt v. 15. 11. 2010 – 20 W 138/08, ZWE 2011, 86.
414 BayObLG v. 12. 3. 1998 – 2Z BR 4/98, ZMR 1998, 364.
415 LG Bamberg v. 11. 11. 2009 – 2 S 3/09, Info M 2010, 392.
416 BayObLG v. 14. 2. 2001 – 2Z BR 117/00, ZMR 2001, 560.
417 OLG Düsseldorf v. 14. 2. 2003 – 3 Wx 397/02, FGPrax 2003, 116.
418 OLG Zweibrücken v. 4. 5. 1999 – 3 W 32/99, ZMR 1999, 587.
419 LG Berlin v. 11. 4. 2008 – 85 T 295/07, Grundeigentum 2008, 1573.
420 BayObLG v. 23. 2. 2005 – 2Z BR 167/04, FGPrax 2005, 108.
421 BayObLG v. 27. 11. 2003 – 2Z BR 176/03, ZMR 2004, 442.
422 Allgemeine Meinung: *Riecke/Schmid-Drabek*, § 21 Rn. 233; *Jennißen-Suilmann*, § 21 Rn. 80.
423 Siehe dazu § 10 Abs. 6 Satz 1.

b) Feuerversicherung des gemeinschaftlichen Eigentums zum Neuwert

Das Gesetz erfasst zunächst eine Feuerversicherung zum Neuwert. Dies kann eine **isolierte Feuerversicherung**, die nach § 82 VVG die Schäden aus Brand, Explosion oder Blitzschlag abdeckt, oder eine Versicherung dieses Risikos im Rahmen einer verbundenen Gebäudeversicherung sein.[424] Sachgerecht erscheint es dabei, eine so genannte „gleitende Neuwertversicherung" abzuschließen, damit bei einem möglicherweise erforderlich werdenden Wiederaufbau des Gebäudes keine Finanzierungslücken entstehen.[425]

57

Die Ziff. 3 erfasst nur die Versicherung des gemeinschaftlichen Eigentums.[426] In der Praxis weit verbreitet sind jedoch **kombinierte Versicherungen**, bei denen sowohl das gemeinschaftliche Eigentum als auch das Sondereigentum der Wohnungseigentümer versichert ist. In diesen Fällen ist Versicherungsnehmer die Gemeinschaft (der Verband). Der einzelne Wohnungseigentümer ist mitversichert.[427] Soweit dies nicht in der Teilungserklärung/Gemeinschaftsordnung oder einer späteren Vereinbarung vorgesehen ist, erscheint ein derartiges Vorgehen zwar bedenklich, sollte aber dennoch aufgrund der wirtschaftlichen Vorteile hingenommen werden. In der gerichtlichen Praxis treten jedoch vermehrt Schwierigkeiten bei der Schadensabwicklung von Sondereigentumsschäden auf. Die Verwalterpflicht zur Instandhaltung und Instandsetzung des gemeinschaftlichen Eigentums erweitert sich auch bei einer kombinierten Feuerversicherung nicht auf die Instandhaltung- und Instandsetzung des Sondereigentums. Der Verwalter hat den brandgeschädigten Wohnungseigentümer allerdings bei der Verfolgung der Versicherungsansprüche zu unterstützen, ihm insbesondere die Versicherungsnummer mitzuteilen.[428] In einem solchen Fall liegt Versicherung für fremde Rechnung im Sinne der §§ 74 ff. VVG vor. Versicherungsnehmer ist zwar der Verband oder der Verwalter, Inhaber der Rechte aus dem Versicherungsvertrag sind aber die Wohnungseigentümer als Versicherte. Der Verwalter ist gegenüber dem betroffenen Wohnungseigentümer im Schadensfall verpflichtet, Notmaßnahmen zu ergreifen und den Versicherer zu unterrichten. Nach einer neuen Entscheidung des BGH ist die Gemeinschaft (und damit der Verwalter) aufgrund des bestehenden Treueverhältnisses zudem verpflichtet, die Versicherungsleistung einzuziehen und an den Geschädigten auszuzahlen.[429] Weitergehende Verpflichtungen des Verwalters können sich aus dem Verwaltervertrag oder aus Auftragsrecht ergeben.

c) Angemessene Versicherung der Wohnungseigentümer gegen Haus- und Grundbesitzerhaftpflicht

Nach Ziff. 3 besteht des Weiteren die Pflicht, eine Versicherung gegen Haus- und Grundbesitzerhaftung abzuschließen. Auch wenn das Gesetz von einer Versicherung der Wohnungseigentümer spricht, ist nur eine Versicherung gegen Gefahren gemeint, die vom gemeinschaftlichen Eigentum aus-

58

---

424 Ebenso: *Riecke/Schmid-Drabek*, § 21 Rn. 236.
425 Ebenso: *Jennißen-Suilmann*, § 21 Rn. 83.
426 Siehe dazu oben Rn. 2 und die dortigen Verweise.
427 BGH v. 28. 3. 2001 – IV ZR 163/99, WM 2001, 1121.
428 KG Berlin v. 9. 10. 1991 – 24 W 1484/91, ZMR 1992, 34.
429 BGH v. 16. 9. 2016 – V ZR 29/16; BayObLG v. 3. 4. 1996 – 2Z BR 5/96, WuM 1996, 445.

gehen[430]. Versichert wird daher die Gemeinschaft als **Verband**, da die Haftungsansprüche das Verwaltungsvermögen betreffen.[431] Die Versicherung deckt **Schadensersatzansprüche** ab, die sich aus § 836 BGB oder aus Verletzung der Verkehrssicherungspflicht[432] ergeben können. Ansprüche eines Wohnungseigentümers gegen den Verband aus § 14 Nr. 4[433] sind ebenfalls abgedeckt. Der Anspruch aus § 14 Nr. 4 Hs. 2 ist ein Schadensersatzanspruch im Sinne von § 1 Ziff. 1 der Allgemeinen Versicherungsbedingungen für die Haftpflichtversicherung (AHB). Der Risikoausschluss für „Schäden am Gemeinschafts-, Sonder- und Teileigentum" nimmt nur die unmittelbaren Sachschäden von der Leistungspflicht aus; die Versicherung hat daher für die eingetretenen Folgeschäden einzustehen.[434] Welche Versicherungssumme angemessen ist, richtet sich nach den konkreten Umständen des Einzelfalls.[435] Von Bedeutung kann dabei insbesondere der Grad der Gefahr sein, die von dem Gebäude aufgrund der örtlichen und baulichen Begebenheiten ausgehen.[436]

5. Ziffer 4: Ansammlung Instandhaltungsrückstellung

a) Instandhaltungsrückstellung (-rücklage)

59 Obgleich das Gesetz den Begriff der **Instandhaltungsrückstellung** verwendet, hat sich in der Praxis weitgehend der Begriff **Instandhaltungsrücklage** eingebürgert. Durch die Instandhaltungsrücklage soll sichergestellt werden, dass künftig notwendig werdende größere Instandhaltungs- und Instandsetzungsmaßnahmen[437] auch ohne eine ansonsten notwendig werdende Sonderumlage[438] finanziert werden können.[439] Sie hat auch mit den Zweck, dass zahlungsschwache Miteigentümer über vertretbare Kleinbeträge Reparaturen langfristig mit ansparen, damit sie nicht wegen einer sonst erforderlichen, ggf. hohen Sonderumlage zahlungsunfähig werden.[440] Die Instandhaltungsrücklage stellt eine **finanzielle** („**eiserne**") **Reserve** zur Bezahlung größerer Reparaturen und Ersatzanschaffungen dar.[441] Bereits in der grundlegenden Entscheidung des BGH[442] zur Teilrechtsfähigkeit der Wohnungseigentümergemeinschaft[443] hat dieser klargestellt, dass die Instandhaltungsrücklage zum Vermögen der Gemeinschaft als Verband gehört. Diesen Gedanken hat der Gesetzgeber aufgegriffen und durch die WEG-Novelle[444]

---

430 Ebenso: *Riecke/Schmid-Drabek*, § 21 Rn. 237.
431 Siehe dazu § 10 Abs. 7.
432 Siehe dazu oben Rn. 30.
433 Siehe dazu § 14 Rn. 62 ff. (72–75).
434 BGH v. 11.12.2002 – IV ZR 226/01, ZMR 2003, 209.
435 Ebenso: *Jenißen-Suilmann*, § 21 Rn. 84.
436 *Bärmann-Merle*, § 21 Rn. 133.
437 Siehe dazu oben Rn. 51 ff.
438 Siehe zur Sonderumlage § 28 Rn. 24 ff.
439 OLG Hamm v. 12.12.2000 – 15 W 109/00, NZM 2001, 297.
440 LG Hamburg v. 29.2.2012 – 318 S 8/11, ZMR 2012, 472.
441 OLG München v. 25.1.2006 – 34 Wx 114/05, ZMR 2006, 311; ebenso: *Riecke/Schmid-Drabek*, § 21 Rn. 251; *Jenißen-Suilmann*, § 21 Rn. 97.
442 BGH v. 2.6.2005 – V ZB 32/05, ZMR 2005, 547.
443 Siehe dazu genauer: § 10 Rn. 37 ff.
444 Gesetz zur Änderung des Wohnungseigentumsgesetzes und anderer Gesetze v. 26.3.2007, BGBl. I 2007, S. 370.

§ 10 Abs. 6 und 7 eingeführt. Die Instandhaltungsrücklage gehört zum **Verwaltungsvermögen**[445] i.S.d. § 10 Abs. 7 Satz 1.

Eine besondere Problematik stellt sich bei **Mehrhausanlagen (Untergemeinschaften)**,[446] da hier fraglich ist, ob eine einheitliche Rücklage auf einem Konto oder getrennte Rücklagen auf getrennten Konten zu bilden sind. Wenn bei einer Mehrhausanlage die **Gemeinschaftsordnung** bestimmt, dass **getrennte Instandhaltungsrücklagen** zu bilden sind, ist ein Beschluss, wonach eine einheitliche Instandhaltungsrücklage gebildet werden soll, mangels Beschlusskompetenz nichtig.[447] Gleiches gilt für den umgekehrten Fall, wenn die Gemeinschaftsordnung eine einheitliche Instandhaltungsrücklage vorsieht und die Eigentümer getrennte Instandhaltungsrücklagen beschließen.[448] Sieht dagegen die Gemeinschaftsordnung **keine** ausdrückliche **Regelung** hinsichtlich der Instandhaltungsrücklage vor, sondern bestimmt nur, dass die jeweiligen Kosten der Häuser getrennt zu tragen sind, ist sie regelmäßig dahingehend auszulegen, dass getrennte Instandhaltungsrücklagen zu führen sind.[449] Auch der BGH hat nun bestätigt, dass es zulässig ist, für Mehrhausanlagen in der Gemeinschaftsordnung buchungstechnisch getrennte Rücklagen zu bilden, deren Verwendungszweck jeweils die Instandhaltung der einzelnen Gebäude ist.[450] Getrennte Instandhaltungsrücklagen sind auch in der Praxis regelmäßig zweckmäßig und erforderlich, da ansonsten zumindest nach mehreren Entnahmen kaum eine Übersicht über die Höhe der Rücklagen für die einzelnen Häuser möglich sein wird. Das OLG München hat es in einem Ausnahmefall als zulässig angesehen, dass so lange eine einheitliche Instandhaltungsrücklage weiter geführt wird, wie keine Beträge aus der Rücklage entnommen werden, da es in diesem Fall auch rechnerisch ohne Schwierigkeiten nachvollziehbar ist, welche Beträge für Maßnahmen der einzelnen Wirtschaftseinheiten bestimmt sind.[451] Da aber auch in Mehrhausanlagen regelmäßig Kosten anfallen, die das Gemeinschaftseigentum insgesamt betreffen, wird es regelmäßig erforderlich sein, neben den getrennten Instandhaltungsrücklagen für jedes Haus auch eine gemeinschaftliche Instandhaltungsrücklage aller Wohnungseigentümer zu bilden.[452]

60

b) Angemessen

Das Gesetz definiert nicht, was unter einer angemessenen Instandhaltungsrücklage zu verstehen ist. In der Praxis wird teilweise auf die Ansätze in § 28 Abs. 2 der Zweiten Berechnungsverordnung zurückgegriffen. Danach

61

---
445 BFH v. 9.12.2008 – IX B 124/08, ZMR 2009, 380; AG Aachen v. 24.3.2010 – 118 C 1/10, ZWE 2010, 285; OLG München v. 2.2.2006 – 32 Wx 143/05, NZM 2006, 382; siehe dazu auch § 10 Rn. 48ff. (55).
446 Siehe zu Mehrhausanlagen/Untergemeinschaften insbesondere auch § 10 Rn. 37; § 23 Rn. 6 und § 28 Rn. 43.
447 BayObLG v. 11.10.2002 – 2Z BR 25/02, FGPrax 2002, 254; zu den so genannten Zitterbeschlüssen siehe genauer § 15 Rn. 9, 28.
448 OLG Düsseldorf v. 21.1.1998 – 3 Wx 521/97, ZMR 1998, 308.
449 BayObLG v. 11.10.2002 – 2Z BR 25/02, FGPrax 2002, 254.
450 BGH v. 17.4.2015 – V ZR 12/14, ZWE 2015, 335.
451 OLG München v. 2.2.2006 – 32 Wx 143/05, NZM 2006, 382.
452 KG Berlin v. 26.9.2007 – 24 W 183/06, ZMR 2008, 67.

wären bei Wohnanlagen mit einem Alter von bis zu 22 Jahren 7,10 € je Quadratmeter im Jahr angemessen, bei Anlagen zwischen 22 und 32 Jahren 9,00 € je Quadratmeter im Jahr und bei Anlagen, die älter als 32 Jahre sind 11,50 € je Quadratmeter und Jahr. Im Schrifttum wird teilweise auf andere Berechnungsformeln verwiesen.[453] Derartige Ansätze können jedoch allenfalls als Anhaltspunkte dienen.

Die **Höhe** der Rücklage muss sich grundsätzlich an den konkreten Umständen des Einzelfalls orientieren.[454] Die Höhe richtet sich daher danach, in welchem baulichen Zustand sich die Anlage befindet und welche größere Reparaturen oder Ersatzbeschaffungen in näherer Zukunft und auch mittelfristig zu erwarten sind. Maßgeblich ist dabei, was ein **vernünftiger**, wirtschaftlich denkender und vorausschauender **Hauseigentümer** zur Deckung dieser Ausgaben zurücklegen würde.[455] Hierbei muss jedoch beachtet werden, dass den Eigentümern auch bei der Beurteilung dieser Fragen ein **weiter Ermessensspielraum** zusteht.[456] Zur **„eisernen Reserve"** siehe unten Rn. 63 und Rn. 64.

c) *Ansammlung*

62 Das Gesetz schreibt in § 21 vor, dass eine Instandhaltungsrücklage anzusammeln ist. In § 28 Abs. 1 Nr. 3 ist vorgeschrieben, dass die Beitragsleistungen zur Instandhaltungsrückstellung in den Wirtschaftsplan aufzunehmen sind. Die Zuführungen zur Instandhaltungsrückstellung sind in die Jahresabrechnung nach § 28 Abs. 3 aufzunehmen.[457] Nach § 28 Abs. 5 beschließen die Wohnungseigentümer sowohl über den Wirtschaftsplan als auch über die Jahresabrechnung[458], demnach also über das Ob und über die Höhe der Zuführungen zur Instandhaltungsrücklage. § 28 regelt nicht, wie das angesammelte Geld anzulegen ist. Insoweit greifen § 27 Abs. 1 Nr. 6 und Abs. 5 ein. Über die Anlage der Gelder hat mit der gebotenen Sorgfalt entweder der Verwalter oder die Gemeinschaft der Eigentümer durch Mehrheitsbeschluss zu entscheiden. Die Gelder müssen sicher angelegt werden und ein erkennbares **Verlustrisiko** ist zu vermeiden.[459] Dabei muss eine Form der Geldanlage gewählt werden, die einerseits dem kurzfristigen Finanzbedarf und andererseits dem Ziel einer möglichst günstigen Rendite gerecht wird. Auf einem Girokonto dürfen daher grundsätzlich nur kurzfristig benötigte Gelder belassen werden. Ansonsten ist die **bestmögliche Anlageform** zu wählen. Dabei kommt insbesondere die Anlage auf einem Festgeldkonto oder Sparkonto oder der Erwerb von Bundesschatzbriefen oder fest verzinslichen Wertpapieren, nicht aber die Anlage in einem Bausparver-

---

453 Siehe dazu etwa: *Jennißen-Suilmann*, § 21 Rn. 91 ff.
454 OLG Saarbrücken v. 20. 7. 1998 – 5 W 110/98, NZM 2000, 198.
455 Zur vernünftigen wirtschaftlichen Betrachtungsweise: BayObLG v. 10. 12. 2003 – 2Z BR 208/03, WuM 2004, 112.
456 OLG München v. 25. 1. 2006 – 34 Wx 114/05, ZMR 2006, 311; KG Berlin v. 11. 2. 1991 – 24 W 4560/90, WuM 1991, 224; ebenso: *Jennißen-Suilmann*, § 21 Rn. 91.
457 Siehe zur Darstellung der Zuführungen § 28 Rn. 39 ff.
458 Siehe dazu § 28 Rn. 14, 39 f. und 77 ff.
459 OLG Celle v. 14. 4. 2004 – 4 W 7/04, NZM 2004, 426.

trag in Betracht.[460] Welche Auswirkungen es haben würde, wenn – wie derzeit im Gespräch – Negativzinsen für Geldanlagen von den Banken verlangt werden, lässt sich im Moment noch nicht absehen.

Selbst wenn die Wohnungseigentümerversammlung eine ordnungsgemäßer Verwaltung nicht entsprechende Art der Anlage des als Instandhaltungsrücklage angesammelten Kapitalbetrages beschließt, ist der Verwalter gleichwohl verpflichtet, auf das Verlustrisiko der speziellen Anlage hinzuweisen; unterlässt er dies, kann ein nach § 254 BGB verminderter Schadensersatzanspruch gegen ihn entstehen.[461]

d) (Teil-)Auflösung, Entnahmen und Verwendung

Die Instandhaltungsrücklage darf nur von allen und für alle Wohnungseigentümer gemeinsam zu den Zwecken verwendet werden, für die sie beschlossen und angesammelt worden ist.[462] Aus der **Zweckbestimmung** der Instandhaltungsrücklage ergibt sich daher, dass sie grundsätzlich[463] nur für die oben bei Rn. 51 ff. genannten Instandhaltungs- und **Instandsetzungsmaßnahmen** verwendet werden darf.[464] Dabei ist zu beachten, dass grundsätzlich auch nach einer Entnahme immer eine „**eiserne Reserve**" vorhanden sein muss, deren Höhe je nach den Umständen des Einzelfalles vom Zustand der Anlage, dem Alter und der Reparaturanfälligkeit abhängt.[465] Nur in Ausnahmefällen (wohl meist Notfälle), kann diese Grenze unterschritten werden, ansonsten muss die Maßnahme anstatt durch Entnahme aus der Rücklage durch eine **Sonderumlage** finanziert werden. Zwar entspricht eine vollständige **Auflösung** der Instandhaltungsrücklage grundsätzlich nicht ordnungsgemäßer Verwaltung.[466] Ist jedoch eine sehr kostenintensive Sanierungsmaßnahme durchzuführen, so kann die Eigentümermehrheit im Rahmen ihres weiten **Ermessensspielraums** auch auf die **Rücklage** zurückgreifen und diese zunächst **aufbrauchen**; die Instandhaltungsrücklage ist dann künftig wieder aufzufüllen.[467]

63

Bei **Mehrhausanlagen/Untergemeinschaften** darf die Entnahme nur aus der Rücklage erfolgen, die für das betroffene Haus gebildet worden ist.[468]

Die obergerichtliche Rechtsprechung hat in **Ausnahmefällen** Entnahmen aus der Instandhaltungsrücklage auch dann als ordnungsgemäße Verwaltung angesehen, wenn die Gelder nicht für größere Reparaturen oder Ersatzbeschaffungen verwendet wurden. So können etwa Gelder entnommen

64

---

460 OLG Düsseldorf v. 1. 12. 1995 – 3 Wx 322/95, WuM 1996, 112.
461 OLG Celle v. 14. 4. 2004 – 4 W 7/04, NZM 2004, 426.
462 OLG Saarbrücken v. 20. 7. 1998 – 5 W 110/98, NZM 2000, 198.
463 Zu Ausnahmen siehe sogleich.
464 OLG München v. 20. 12. 2007 – 34 Wx 76/07, WuM 2008, 169; OLG München v. 25. 1. 2006 – 34 Wx 114/05, ZMR 2006, 311; KG Berlin v. 6. 4. 2005 – 24 W 13/03, WuM 2005, 354.
465 LG Düsseldorf v. 23. 9. 2015 – 25 S 18/15, ZMR 2016, 126; OLG München v. 20. 12. 2007 – 34 Wx 76/07, WuM 2008, 169.
466 *Staudinger-Bub,* § 21 WEG Rn. 209; *Niedenführ/Kümmel/Vandenhouten-Vandenhouten,* § 21 Rn. 125.
467 KG Berlin v. 19. 7. 2004 – 24 W 305/02, FGPrax 2004, 277.
468 Siehe dazu oben Rn. 60; wie hier: *Staudinger-Bub,* § 21 WEG Rn. 211.

werden, wenn die angesammelten Mittel deutlich die im Einzelfall festzustellende erforderliche und angemessene Höhe[469] übersteigen.[470] Wenn zur Durchführung einer größeren Sanierungsmaßnahme die Einholung eines Sachverständigengutachtens und die rechtliche Beratung durch einen Rechtsanwalt beschlossen werden, gehören auch diese Kosten zur Sanierungsmaßnahme und können der Instandhaltungsrücklage entnommen werden.[471] Auch eine nur vorübergehende Entnahme zur Behebung eines Liquiditätsengpasses kann ordnungsgemäßer Verwaltung entsprechen, wenn die spätere Rückführung gewährleistet und auch sichergestellt ist, dass in der Rücklage noch ausreichende Mittel verbleiben, um erforderlich werdende Reparaturen durchführen zu können.[472] Wenn nach wie vor eine „eiserne Reserve" vorhanden ist, kann es auch ordnungsgemäßer Verwaltung entsprechen, wenn zum Ausgleich von Hausgeldrückständen anstelle einer Sonderumlage auf die Instandhaltungsrücklage zurückgegriffen wird.[473]

65 Über Entnahmen aus der Instandhaltungsrücklage darf nicht der Verwalter bestimmen. Ebenso wie bei der Ansammlung ist auch für eine Entnahme ein **Beschluss** der Wohnungseigentümer erforderlich.[474] Nimmt die Verwaltung ohne Beschluss eine Entnahme vor, etwa, weil liquide Mittel zur Finanzierung dringender Ausgaben fehlen, hat jeder Eigentümer grundsätzlich einen Anspruch darauf, dass der entnommene Betrag wieder der Instandhaltungsrücklage **zugeführt** wird. Zwar kann eine Entnahme auch nachträglich durch die Eigentümer genehmigt werden. Zu weitgehend meint aber das LG Köln, dass dies auch konkludent durch die Genehmigung der Jahresabrechnung erfolge.[475] Ein Anspruch auf Wiederauffüllung der Instandhaltungsrücklage kann sich auch dann ergeben, wenn die Entnahme zwar beschlossen wurde, dieser **Beschluss** aber später, nach erfolgter Entnahme und Verwendung des Geldes, vor Gericht für **ungültig erklärt** wurde. Es kommt dann ein **Folgenbeseitigungsanspruch** in Betracht[475a]: Der genaue Inhalt des Anspruchs hängt aber von den Umständen des Einzelfalls, den zwischenzeitlichen Entwicklungen und der aktuellen Sachlage der Gemeinschaft ab. Der Einzelne hat aber zumindest einen Anspruch darauf, dass die Eigentümer in einer Versammlung über Möglichkeiten beschließen, ob und ggf. wie die unberechtigte Entnahme rückgängig gemacht werden soll (etwa: Sonderumlage bzw. Schadensersatzklage gegen Verwalter oder einen Dritten und anschließende Wiederauffüllung; oder Absehen von Wiederauffüllung, wenn Instandhaltungsrücklage ausreichend ist).[475b] Die Entscheidung, ob größere Sanierungsmaßnahmen (ganz oder teilweise) aus der

---

469 Siehe dazu oben Rn. 61.
470 OLG München v. 20. 12. 2007 – 34 Wx 76/07, WuM 2008, 169; OLG Saarbrücken v. 20. 7. 1998 – 5 W 110/98, NZM 2000, 198.
471 OLG München v. 25. 1. 2006 – 34 Wx 114/05, ZMR 2006, 311.
472 KG Berlin v. 6. 4. 2005 – 24 W 13/03, WuM 2005, 354.
473 OLG Saarbrücken v. 20. 7. 1998 – 5 W 110/98, NZM 2000, 198.
474 OLG München v. 20. 12. 2007 – 34 Wx 76/07, WuM 2008, 169.
475 LG Köln v. 19. 1. 2012 – 29 S 190/11, MietRB 2012, 78.
475a LG Frankfurt/Main v. 5. 8. 2015 – 2-13 S 32/13, ZWE 2015, 458.
475b LG München I v. 9. 5. 2016 – 1 S 13988/15, BeckRS 2016, 11151.

Instandhaltungsrücklage bezahlt werden oder ob eine Sonderumlage[476] erhoben wird, liegt im pflichtgemäßen **Ermessen** der Wohnungseigentümer. Es besteht kein Anspruch eines Wohnungseigentümers, dass immer zunächst die Rücklage auszuschöpfen ist.[477] Es kann allerdings ordnungsmäßiger Verwaltung widersprechen, wenn für die Kosten des Anschlusses an die gemeindliche Wasserversorgung Sonderumlagen beschlossen werden, obwohl ausreichende Mittel in der Instandhaltungsrückstellung vorhanden sind.[478] Der BGH hat nun klargestellt, dass es ordnungsgemäßer Verwaltung entsprechen kann, wenn eine Sanierungsmaßnahme anstatt durch Rücklagenentnahme oder Sonderumlage durch eine Kreditaufnahme der Gemeinschaft finanziert werden soll.[479]

Sind jedoch einzelne Eigentümer nicht verpflichtet, Kosten mit zu tragen, so dürfen die erforderlichen Gelder nicht der Instandhaltungsrücklage entnommen werden, da ansonsten alle Eigentümer belastet werden.[480] Werden dennoch Beträge aus der Instandhaltungsrücklage entnommen, hat der von der Kostentragungspflicht **befreite Eigentümer** gemäß § 21 Abs. 4 einen Anspruch darauf, dass der Betrag der Instandhaltungsrücklage wieder zugeführt wird.[481] Wird zur Finanzierung einer Maßnahme nach § 22 Abs. 1 eine **Sonderumlage** beschlossen, dürfen die nicht zur Kostentragung verpflichteten Eigentümer nicht in die Umlage mit einbezogen werden.[482]

Zur Erfassung von Entnahmen oder Rücklagenauflösung in der Jahresabrechnung siehe § 28 Rn. 39.

6. Ziffer 5: Aufstellen eines Wirtschaftsplans (§ 28)

Zur ordnungsgemäßen Verwaltung gehört auch das Aufstellen eines Wirtschaftsplanes. Dabei hat nach § 28 Abs. 1 zunächst der Verwalter für ein Kalenderjahr einen Wirtschaftsplan aufzustellen, über den dann nach § 28 Abs. 5 die Wohnungseigentümer durch Beschluss zu entscheiden haben.

66

Die Einzelheiten zur Aufstellung eines Wirtschaftsplans können den Kommentierungen zu § 28 Rn. 3 bis 23 entnommen werden. Zur Ergänzung des Wirtschaftsplans durch eine Sonderumlage siehe § 28 Rn. 24 bis 28.

7. Ziffer 6: Duldung Fernseh-, Rundfunk- und Energieversorgung

a) Duldung aller Maßnahmen zur Herstellung

Da in Abs. 5 beispielhaft Maßnahmen aufgezählt werden, die einer ordnungsgemäßen Verwaltung des gemeinschaftlichen Eigentums entsprechen, bezieht sich die Duldungspflicht ebenfalls nur auf das **Gemeinschaftseigen-**

67

---

476 Siehe zur Sonderumlage: § 28 Rn. 24 ff.
477 BayObLG v. 29.7.2004 – 2Z BR 092/04, NZM 2004, 745; BayObLG v. 22.9.2004 – 2Z BR 142/04, BayObLGR 2005, 188; OLG Köln v. 30.4.1998 – 16 Wx 43/98, NZM 1998, 878.
478 BayObLG v. 10.12.2003 – 2Z BR 208/03, WuM 2004, 112.
479 Siehe dazu oben Rn. 23; a.A. noch BayObLG v. 17.8.2005 – 2Z BR 229/04, FGPrax 2005, 245.
480 BGH v. 19.12.1991 – V ZB 27/90, WuM 1992, 159.
481 OLG Hamm v. 14.5.2002 – 15 W 300/01, NZM 2002, 874.
482 BGH v. 19.12.1991 – V ZB 27/90, WuM 1992, 159.

tum. Umstritten ist die Frage, ob sich auch die Duldung der Einwirkungen auf das **Sondereigentum** nach § 21 richtet. Nach der wohl herrschenden Meinung, der aufgrund der Systematik des Gesetzes zuzustimmen ist, greift bei Einwirkungen auf das Sondereigentum nicht § 21 ein. Die Duldungspflichten ergeben sich hier aus § 14 Nr. 3.[483]

Eine nach Ziff. 6 bestehende **Duldungspflicht** schließt die ansonsten möglichen **Unterlassungs-**, **Beseitigungs-** und **Wiederherstellungsansprüche** der anderen Eigentümer insbesondere aus § 15 Abs. 3 WEG und § 1004 BGB aus.[484] Obgleich das Gesetz von der Duldung „aller Maßnahmen **zur Herstellung**" spricht, engt die obergerichtliche Rechtsprechung den Begriff dahingehend ein, dass nur ein Anschluss an eine schon in der Anlage **bestehende Hauptleitung** erfasst ist.[485] Nicht unter Ziff. 6 fällt dagegen ein Anschluss an eine **außerhalb** des Hauses verlaufende Versorgungsleitung.[486] Nicht obergerichtlich entschieden ist, ob nur die **erstmalige Herstellung** eines Anschlusses geduldet werden muss, oder ob dies auch für einen Zweitanschluss gilt.[487] Das Schrifttum ist insoweit gespalten.[488] Da bei einem bereits vorhandenen Anschluss eine Herstellung bereits erfolgt ist, fällt nach der hier vertretenen Meinung ein **Zweitanschluss** nicht unter Ziff. 6; zumindest wäre der Zweitanschluss aber nicht zur Herstellung „erforderlich".[489]

Soweit eine Duldungspflicht besteht, ist § 14 Nr. 3 nicht anzuwenden, so dass es auf das Maß der Beeinträchtigung anderer Eigentümer nach § 14 Nr. 1 und 2 nicht mehr ankommt.[490]

b) Fernsprecheinrichtung

68 Unter den Begriff der Fernsprecheinrichtung fallen sowohl **Telefon** als auch **Telefax**.[491]

c) Rundfunkempfangsanlage

69 Unter den Begriff der Rundfunkempfangseinrichtung fallen sowohl die Empfangseinrichtungen für **Rundfunk** als auch für **Fernsehen**.[492] Als Maßnahmen kommen dabei hier der Anschluss an die bestehende **Gemeinschaftsantenne**, an das **Breitbandkabel**[493] oder an eine vorhandene Gemeinschaftsparabolantenne in Betracht. Nicht unter Ziff. 6 fällt dagegen die

---

483 *Bärmann-Merle* § 21 Rn. 166; *Riecke/Schmid-Drabek*, § 21 Rn. 276.
484 Siehe dazu § 15 Rn. 18 ff.
485 BayObLG v. 12. 8. 1991 – BReg 2 Z 86/91, WuM 1991, 625.
486 BayObLG v. 12. 11. 1992 – 2Z BR 96/92, WuM 1993, 79.
487 Offen gelassen bei: BayObLG v. 26. 9. 2001 – 2Z BR 79/01, ZWE 2002, 73.
488 Nur erstmalige Herstellung: *Jennißen-Suilmann*, § 21 Rn. 102; *Riecke/Schmid-Drabek*, § 21 Rn. 275; auch Zweitanschluss: *Palandt-Bassenge*, WEG § 21 Rn. 19.
489 Siehe dazu unten Rn. 71.
490 BayObLG v. 26. 9. 2001 – 2Z BR 79/01, ZWE 2002, 73; OLG Hamburg v. 13. 11. 1991 – 2 Wx 64/90, WuM 1992, 87.
491 *Palandt-Bassenge*, WEG § 21 Rn. 19.
492 Allgemeine Meinung: *Jennißen-Suilmann*, § 21 Rn. 102a; *Niedenführ/Kümmel/Vandenhouten-Vandenhouten*, § 21 Rn. 128; *Palandt-Bassenge*, WEG § 21 Rn. 19.
493 A.A. insoweit: *Schmid/Kahlen*, WEG, § 21 Rn. 239.

Errichtung einer eigenen **Parabolantenne** durch einen Wohnungseigentümer.[494] Die Problematik der Parabolantennen ist ausführlich dargestellt bei § 14 Rn. 28ff.

d) Energieversorgungsanschluss

Nach Nr. 6 muss auch ein Energieversorgungsanschluss, also ein Anschluss an **Gas, Wasser** oder **Strom**, geduldet werden. Wie bereits bei Rn. 67 dargestellt, ist auch hier nur der Anschluss an eine im Haus befindliche **Hauptleitung** erfasst, nicht aber der Anschluss an die außerhalb des Hauses verlaufende Versorgungsleitung des Energieversorgungsunternehmens.[495] Zu weitgehend erscheint eine Entscheidung des AG München, wonach der Sondereigentümer eines **Tiefgaragenstellplatzes** einen Anspruch auf erstmalige ordnungsgemäße Herstellung eines Elektroanschlusses zwecks Aufladens eines **Elektroautos**, und zwar bereits vor Anschaffung des Fahrzeugs haben soll.[496] Es überzeugt schon nicht, dass eine Ladestation für Elektroautos in Tiefgaragen einem heute einzuhaltenden **Mindeststandard** entsprechen soll. Gerade bei den bestehenden (teilweise durchaus größeren) Tiefgaragen würde ein Anspruch eines jeden Stellplatzeigentümers vermutlich zu einem erheblichen Sanierungsdruck führen, da dann letztlich für jeden Stellplatz die Anschlussmöglichkeit eröffnet werden müsste, was aber die Kapazitäten der bestehenden Stromleitungen häufig übersteigen dürfte. Wenn im Hinblick auf Klimaschutz und Energiewende eine Möglichkeit zur Errichtung von Ladestationen geschaffen werden soll, bedarf es einer Änderung der gesetzlichen Vorschriften (wohl Änderung des § 22).

70

e) Erforderlichkeit zugunsten eines Wohnungseigentümers

Die übrigen Wohnungseigentümer[497] sind nur dann zur Duldung einer Maßnahme nach Rn. 67 bis 70 verpflichtet, wenn diese **erforderlich**, also **notwendig** ist, damit ein Wohnungseigentümer seine Einheit an die vorhandene Hauptleitung anschließen kann. Da auch in Altbauten regelmäßig ein Anschluss an die Energieversorgung, an das Telefonnetz und an die Antennenanlage des Hauses vorhanden ist, wird in der Praxis die Erforderlichkeit nur dann vorliegen, wenn entweder durch spätere Ausbauten im Dach- oder Kellerbereich neue Räume zur Nutzung (als Wohnung, Lager, Hobbyraum etc.) gewonnen wurden oder wenn ein Eigentümer von einer Energieart auf eine andere umstellt.[498]

71

---

494 OLG Stuttgart v. 24.9.1991 – 8 W 77/91 (nicht veröffentlicht); ebenso: *Schmid/Kahlen*, WEG, § 21 Rn. 239.
495 BayObLG v. 12.11.1992 – 2Z BR 96/92, WuM 1993, 79; OLG Hamburg v. 13.11.1991 – 2 Wx 64/90, WuM 1992, 87.
496 AG München v. 17.12.2014 – 482 C 12592/14, ZMR 2015, 632.
497 Zum Begriff siehe sogleich Rn. 72.
498 BayObLG v. 26.9.2001 – 2Z BR 79/01, ZWE 2002, 73 (zu einem Zählerkasten im Treppenhaus bei Wechsel der Etagenheizung von Gas auf Strom).

VII. Absatz 6: Schadensersatzanspruch bei Maßnahme nach Absatz 5 Nr. 6

1. Wohnungseigentümer

72 Wohnungseigentümer[499] ist nur, wer nach materiellem Recht (§§ 873, 925 BGB) das Wohnungs- oder Teileigentum wirksam erworben hat. Dies ist in der Regel derjenige, der zu Recht im Wohnungsgrundbuch eingetragen ist.[500]

2. Begünstigter einer Maßnahme nach Absatz 5 Nr. 6

73 Betroffen von Abs. 6 ist der Wohnungseigentümer, **zu dessen Gunsten** eine Maßnahme nach Abs. 5 Nr. 6 getroffen wurde. Dies bedeutet, dass die anderen Wohnungseigentümer eine Maßnahme zum Anschluss dieses Eigentümers an Telefon, Rundfunk oder Energieversorgung dulden mussten. Insoweit wird auf die Kommentierung oben Rn. 67 bis 71 Bezug genommen.

3. Schadensersatzpflicht

74 Der durch die bei Rn. 67–70 genannte Maßnahme begünstigte Eigentümer ist, da diese Maßnahme von den anderen Eigentümern und auch vom Verwalter geduldet werden muss, **zum Ersatz des durch diese Maßnahme entstehenden Schadens verpflichtet.** Es handelt sich hierbei (ähnlich wie bei § 14 Nr. 4) um einen **verschuldensunabhängigen Schadensersatzanspruch,** aus aufopferungsähnlichem Grundgedanken.[501] Nach den Grundsätzen der §§ 249 ff. BGB sind sämtliche Schäden zu ersetzen. Anders als bei § 14 Nr. 4 wird jedoch die **Naturalrestitution** regelmäßig ausgeschlossen sein, da nach § 21 Abs. 5 Nr. 6 die Maßnahme zu dulden ist und daher gerade nicht die Wiederherstellung des ursprünglichen Zustands verlangt werden kann. Von dieser Einschränkung abgesehen, können die Ausführungen bei § 14 Rn. 72 ff. hier sinngemäß angewendet werden.

Anspruchsinhaber ist die Gemeinschaft als **Verband.**[502] Dies kann damit begründet werden, dass es sich bei dem Schadensersatzanspruch um ein gemeinschaftsbezogenes Recht im Sinne des § 10 Abs. 6 Satz 3 handelt. Bei dem Anspruch steht der verpflichtete Eigentümer der Gemeinschaft wie ein Dritter gegenüber. Schadensersatzansprüche gegen Dritte wegen Verletzung des gemeinschaftlichen Eigentums sind gemeinschaftsbezogene Rechte.[503] Aus dem Bezug zu Abs. 5 Nr. 6, der nur eine Duldung bezüglich des gemeinschaftlichen Eigentums bewirkt[504], ergibt sich, dass bei einer Beschädigung von **Sondereigentum** eines anderen Eigentümers Abs. 6 nicht eingreift. Der geschädigte Sondereigentümer kann nur die ihm allgemein zustehenden Ansprüche geltend machen (etwa § 823 Abs. 1 BGB). Zu der

---

499 Zum Begriff des Wohnungseigentümers siehe genauer § 10 Rn. 3.
500 OLG Brandenburg v. 9.1.2006 – 13 Wx 17/05, ZWE 2006, 447.
501 Allgemeine Meinung: *Jenißen-Suilmann,* § 21 Rn. 103; *Schmid/Kahlen,* WEG, § 21 Rn. 241; *Palandt-Bassenge,* WEG § 21 Rn. 19.
502 Wie hier: *Niedenführ/Kümmel/Vandenhouten-Vandenhouten,* § 21 Rn. 129; *Palandt-Bassenge,* WEG § 21 Rn. 19.
503 BGH v. 11.12.1992 – V ZR 118/91, BGHZ 121, 22.
504 Siehe dazu oben Rn. 67.

nunmehr geklärten Frage, ob im Verhältnis der Wohnungseigentümer untereinander (Beschädigung von Sondereigentum durch Sondereigentum) eine entsprechende Anwendung von § 906 Abs. 2 Satz 2 BGB und damit ein **nachbarrechtlicher Ausgleichsanspruch** für den geschädigten Sondereigentümer in Betracht kommt, wird auf die Kommentierung § 13 Rn. 16 Bezug genommen.

VIII. Absatz 7: Beschlusskompetenz in bestimmten Geldangelegenheiten

1. Allgemeines

Absatz 7 wurde durch die WEG-Novelle[505] neu in § 21 eingefügt. Der Gesetzgeber wollte eine Erleichterung der Verwaltung erreichen, indem er ausdrückliche **Beschlusskompetenzen** einführte und damit Unklarheiten oder Unstimmigkeiten, die sich nach alter Rechtslage aus der Unterscheidung zwischen Einstimmigkeits- und Mehrheitsprinzip ergaben, beseitigte. Obgleich es sich um Einzelaspekte der Verwaltung handelte, sah der Gesetzgeber davon ab, den Katalog des Abs. 5 zu erweitern, da in diesem Fall die Beschlusskompetenz unter dem Vereinbarungsvorbehalt des Abs. 3 gestanden hätte.

75

Die bisherige Rechtsprechung, die sich mit der Beschlusskompetenz zu den nunmehr in Abs. 7 behandelten Regelungen befasste, ist mit der Gesetzesänderung überholt und kann auf die neue Rechtslage nicht mehr angewendet werden.[506]

Ein nichtiger Altbeschluss wird nicht durch Einführung des Abs. 7 ab 1.7.2007 wirksam; es bedarf in einem solchen Fall eines inhaltsgleichen Zweitbeschlusses.[507]

2. Beschlusskompetenz für Mehrheitsbeschluss

Die **Wohnungseigentümer**[508] **können** die Regelung bestimmter Geldangelegenheiten **mit (einfacher) Mehrheit beschließen**. In den in Abs. 7 genannten fünf Bereichen steht die Beschlusskompetenz den Wohnungseigentümern auch dann zu, wenn bereits eine **entgegenstehende Vereinbarung** (etwa in der Gemeinschaftsordnung) existiert.[509] Auch wenn die Beschlüsse nach Abs. 7 nicht unter dem Vereinbarungsvorbehalt des Abs. 3 stehen, müssen sie dennoch **ordnungsgemäßer Verwaltung** entsprechen, was nicht der Fall ist, wenn die Regelung zu einer ungerechtfertigten Ungleichbehandlung der

76

---

505 Gesetz zur Änderung des Wohnungseigentumsgesetzes und anderer Gesetze v. 26.3.2007, BGBl. I 2007, S. 370.
506 So beispielsweise: BGH v. 2.10.2003 – V ZB 34/03, NJW 2003, 3550 (zum Verbot genereller Fälligkeitsregeln); OLG Zweibrücken v. 5.6.2002 – 3 W 46/02, OLGR Zweibrücken 2002, 422 (zum Verbot von Verfallklauseln bei Verzug mit Wohngeldzahlungen); OLG München v. 18.9.2006 – 34 Wx 89/06, NZM 2006, 868 (zum Verbot einer pauschalen Mehrvergütung bei Nichtteilnahme am Lastschriftverfahren).
507 LG München I v. 18.9.2012 – 1 T 9832/11, ZWE 2013, 224.
508 Zum Begriff siehe oben Rn. 72.
509 BT-Drucks. 16/887, S. 27; *Riecke/Schmid-Drabek*, § 21 Rn. 284 ff.

Wohnungseigentümer führen würde.[510] Entsprechen die gefassten Beschlüsse nicht ordnungsgemäßer Verwaltung, ist damit nicht die Beschlusskompetenz entfallen, so dass sie **nicht nichtig** sind. Derartige Beschlüsse sind vielmehr auf **Anfechtungsklage** hin für ungültig zu erklären; erfolgt keine Anfechtung, werden die (fehlerhaften) Beschlüsse bestandskräftig und damit bindend.[511] Weigert sich die Mehrheit der Wohnungseigentümer, einen beantragten Beschluss nach Abs. 7 zu fassen, kann zwar der einzelne Eigentümer grundsätzlich nach Abs. IV einen **Anspruch** auf eine ordnungsgemäße Verwaltung und damit auch **auf** eine **Beschlussfassung** haben. Der Anspruch wird jedoch regelmäßig nicht greifen, da sowohl bei Abs. 4 als auch bei einer gerichtlichen Entscheidung nach Abs. 8 der Beurteilungsspielraum/Ermessensspielraum der Eigentümer berücksichtigt werden muss.[512]

Auch wenn das Gesetz in Abs. 7 nicht zwingend einen gesonderten Beschluss vorsieht, empfiehlt es sich für die Praxis nicht, einen derartigen Beschluss (etwa für eine generelle Fälligkeitsregelung von Wohngeldern) im Rahmen der Beschlussfassung über einen Wirtschaftsplan für ein konkretes Jahr zu fassen. Die Gefahr, dass ein derartiger Beschluss in späteren Jahren übersehen und daher nicht beachtet wird, ist groß. Um die problemlose Information durch Einsicht in die Beschlusssammlung[513] zu erleichtern, sollten daher Regelungen im Sinne des Abs. 7 grundsätzlich nur in einem **gesonderten Beschluss** getroffen werden.

Zweifelhaft ist, ob die Eigentümer Regelungen i.S.d. Abs. 7 auch **rückwirkend** treffen können. Ähnlich wie bei der Kostenverteilung nach § 16 Abs. 3[514] dürfte jedoch eine Rückwirkung ausgeschlossen sein. Es dürfte kaum zulässig sein, dass ein säumiger Wohngeldschuldner im Nachhinein etwa mit einem deutlich über dem gesetzlichen Zinssatz liegenden Verzugszins belastet wird.

3. Art und Weise von Zahlungen

77 Nachdem die Wohnungseigentümer Regelungen der Art und Weise von Zahlungen treffen können, ist damit klargestellt, dass durch Beschluss der **unbare Zahlungsverkehr** eingeführt werden kann. Damit sind jedenfalls Barzahlungen etwa der Wohngelder an den Verwalter ausgeschlossen.

Bestimmt werden kann jedoch auch, dass alle Wohnungseigentümer am **Lastschriftverfahren** teilnehmen.[515] Durch die Lastschriftabrede wird die Zahlungsverpflichtung des Schuldners zu einer **Holschuld** (§ 269 BGB). Der Schuldner hat das aus seiner Sicht zur Erfüllung Erforderliche somit getan, wenn er den Leistungsgegenstand zur Abholung durch den Gläubiger be-

---

510 BGH v. 01.10.2010 – V ZR 220/09, NJW 2010, 3508; BT-Drucks. 16/887, S. 27; *Jennißen-Suilmann*, § 21 Rn. 112.
511 Ebenso: *Bärmann-Merle*, § 21 Rn. 168; *Palandt-Bassenge*, WEG § 21 Rn. 20.
512 LG Itzehoe v. 5.8.2014 – 11 S 45/13, ZWE 2015, 417; siehe dazu auch Rn. 39 und Rn. 88.
513 Siehe dazu genauer § 24 Rn. 49 ff.
514 Siehe dazu § 16 Rn. 49.
515 So auch schon für das alte Recht: BayObLG v. 28.6.2002 – 2Z BR 41/02, NZM 2002, 743.

reithält, d. h. im Lastschriftverfahren dafür sorgt, dass ausreichend Deckung auf seinem Konto vorhanden ist.[516] Der Wohnungseigentümer kann dabei verpflichtet werden, dem Verwalter eine **Einzugsermächtigung** zu erteilen.[517] Das Einzugsermächtigungsverfahren ist für den einzelnen Wohnungseigentümer mit nur wenigen Gefahren verbunden, da er die Lastschrift nach der Rechtsprechung des BGH[518] und des OLG Hamm[519] grundsätzlich zeitlich unbefristet und nicht nur innerhalb der allgemein bekannten sechs Wochen zurückgeben kann. In der Praxis dürfte jedoch die Rückgabemöglichkeit zeitlich dennoch befristet sein, da auf den Hinweis des BGH hin wohl allgemein die Banken und Sparkassen ihre Allgemeinen Geschäftsbedingungen ergänzt haben, so dass in der Regel mit Zusendung des Kontoauszugs über die Abbuchung, spätestens aber sechs Wochen nach Zusendung des Rechnungsabschlusses die Bank oder Sparkasse die Abbuchungen als genehmigt angesehen werden. Diese die **Genehmigungsfiktion** gemäß Nr. 7 Abs. 2 AGB-Banken (Nr. 7 Abs. 3 AGB-Sparkassen) hat der BGH auch im Verhältnis zu einem vorläufigen Insolvenzverwalter und im Rahmen einer Anfechtung nach § 133 InsO bestätigt.[520] Die zeitliche Beschränkung einer Lastschriftrückgabe kann daher nur im Einzelfall nach Vorliegen der jeweiligen Allgemeinen Geschäftsbedingungen oder der zusätzlichen vertraglichen Vereinbarungen mit der Bank oder Sparkasse geklärt werden.

Soweit ersichtlich, wurde bisher im Rahmen des Lastschriftverfahrens in der obergerichtlichen Rechtsprechung nicht problematisiert, ob auch eine Verpflichtung zur Teilnahme am **Abbuchungsverfahren** bestehen kann. Anders als beim Einzugsermächtigungsverfahren erteilt hier der Zahlungspflichtige seiner Bank einen Auftrag, die Lastschriften eines bestimmten Zahlungsempfängers einzulösen. Ebenfalls anders als beim Einzugsermächtigungsverfahren ist beim Abbuchungsauftragsverfahren ein Widerspruch gegen eine bereits erfolgte Belastungsbuchung ausgeschlossen. Damit kann die Lastschrift nach der Abbuchung auch nicht zurückgegeben werden. Das Abbuchungsverfahren ist an sich vorgesehen für größere Zahlungen aufgrund von Warenlieferungen, nicht aber für regelmäßig wiederkehrende Zahlungen. Aus diesem Grunde und weil das Abbuchungsverfahren nicht unerhebliche Gefahren bei unberechtigten Abbuchungen für den Zahlungspflichtigen birgt, wird nach der hier vertretenen Meinung eine Verpflichtung zur Teilnahme am Abbuchungsverfahren durch Beschluss nach Abs. 7 nicht begründet werden können (wenn der Beschluss rechtzeitig angefochten wird).[521]

---

516 BGH v. 29. 1. 2016 – V ZR 97/15, WuM 2016, 311.
517 Zur Möglichkeit, für den Fall der Weigerung eine Mehraufwandsentschädigung festzulegen siehe unten Rn. 84.
518 BGH v. 6. 6. 2000 – XI ZR 258/99, NJW 2000, 2667.
519 OLG Hamm v. 21. 4. 2005 – 15 W 26/05, FGPrax 2005, 255.
520 BGH v. 21. 1. 2016 – IX ZR 84/13, MDR 2016, 356; BGH v. 30. 9. 2010 – IX ZR 177/07, WM 2010, 2167.
521 A. A.: *Bärmann-Merle*, § 21 Rn. 172; *Derleder*, Die Einführung des Lastschriftverfahrens für die Wohnungseigentümer nach dem neuen WEG, ZMR 2008, 10 (der auf die Widerrufsmöglichkeit hinsichtlich des Abbuchungsauftrags abstellt, was aber nur für künftige Abbuchungen von Bedeutung ist; eine bereits – auch zu Unrecht – erfolgte Abbuchung kann durch den späteren Widerruf des Abbuchungsauftrags nicht mehr rückgängig gemacht werden).

Zulässig ist ein Verbot von **Sammelzahlungen** (Sammelüberweisungen), bei denen nicht im Einzelnen die zu tilgenden Forderungen (etwa: Wohnungen Nr. ..., Wohngeld für Monat ...) angegeben werden, da damit dem Schuldner letztlich nur eine Tilgungsbestimmung im Sinne des § 366 BGB aufgegeben wird.[522]

Zur Zahlung einer möglichen **Kostenpauschale** bei pflichtwidrigen Sammelüberweisungen oder Nichtteilnahme am Lastschriftverfahren siehe unten Rn. 83 ff.

Zulässig ist auch eine allgemeine Regelung dahingehend, dass der **Verwalter** berechtigt ist, Überschüsse aus der Jahresabrechnung mit künftigen Wohngeldforderungen zu verrechnen (also eine **Aufrechnung** vorzunehmen).[523] Das Abrechnungsguthaben aus einer mehrheitlich beschlossenen **Jahresabrechnung** begründet nur dann einen unmittelbaren **Zahlungsanspruch** des einzelnen Wohnungseigentümers gegen die teilrechtsfähige Wohnungseigentümergemeinschaft, wenn keine anderweitige Regelung nach § 21 Abs. 7 beschlossen ist.[524]

Nicht zulässig dürfte jedoch eine Regelung sein, die es den einzelnen **Wohnungseigentümern** erlaubt, ohne Einschränkungen gegen Wohngeldforderungen **aufzurechnen**.[525] Nach gefestigter Rechtsprechung, die auch weiterhin Geltung hat, kann gegenüber dem Anspruch auf Wohngeld nur mit gemeinschaftsbezogenen Gegenforderungen nach § 21 Abs. 2 (Notmaßnahmen) oder §§ 680, 683 BGB (Geschäftsführung ohne Auftrag) aufgerechnet werden. Ansonsten ist eine Aufrechnung nur möglich, wenn die Gegenforderung anerkannt oder rechtskräftig festgestellt ist.[526] Das ergibt sich aus der Natur der Schuld und dem Zweck der geschuldeten Leistung. Die im Wirtschaftsplan ausgewiesenen Vorschüsse sollen zur Verwaltung des Gemeinschaftseigentums in dem betreffenden Wirtschaftsjahr tatsächlich zur Verfügung stehen.[527] Auch ein **Zurückbehaltungsrecht** kann Wohngeldforderungen nur unter den vorgenannten Voraussetzungen entgegengehalten werden[528], so dass darüberhinausgehend auch nach § 21 Abs. 7 ein solches nicht eingeräumt werden kann.

4. Fälligkeit

78 Die Beschlusskompetenz umfasst auch Regelungen für die Fälligkeit von Zahlungsansprüchen und sonstigen **Forderungen**.[529] Ein Hauptanwendungsfall in der Praxis wird sicherlich die Fälligkeitsregelung für **Wohn-**

---

522 So schon zum alten Recht auch: OLG Düsseldorf v. 4.4.2001 – 3 Wx 7/01, NZM 2001, 540.
523 Ebenso: *Jennißen-Suilmann*, § 21 Rn. 113.
524 OLG Hamm v. 15.2.2011 – 15 Wx 222/10, WuM 2011, 384.
525 Ebenso: *Palandt-Bassenge*, § 21 WEG, Rn. 20; *Jennißen-Suilmann*, § 21 Rn. 113.
526 OLG München v. 30.1.2007 – 34 Wx 128/06, NZM 2007, 335; OLG Frankfurt/Main v. 30.3.2006 – 20 W 189/05, NZM 2007, 367.
527 BGH v. 29.1.2016 – V ZR 97/15, WuM 2016, 311.
528 BGH v. 1.6.2012 – V ZR 171/11, NJW 2012, 2797; OLG München v. 13.7.2005 – 34 Wx 61/05, NJW-RR 2005, 1325; OLG Frankfurt/Main v. 30.3.2006 – 20 W 189/05, NZM 2007, 367.
529 BT-Drucks. 16/887, S. 27; ebenso: *Palandt-Bassenge*, WEG § 21 Rn. 22.

geldforderungen aus einem Wirtschaftsplan sein. Hier sind nunmehr sowohl Verfallklauseln als auch Vorfälligkeitsregelungen möglich. Für eine über den konkreten Wirtschaftsplan hinausgehende, **generelle Fälligkeitsregelung** ergibt sich nunmehr (anders noch zu WEG a.F.[530]) aus § 21 Abs. 7 eine **Beschlusskompetenz**, wonach auch von bestehenden Vereinbarungen abgewichen werden kann.[531] Es kann insoweit etwa auch geregelt werden, dass der gesamte Vorschussbetrag zu Beginn des Wirtschaftsjahres **insgesamt fällig** ist, dass den Wohnungseigentümern aber die Möglichkeit von **monatlichen Teilleistungen** eingeräumt wird, solange sie nicht mit mindestens zwei Teilbeträgen in Rückstand geraten; für diesen Fall kann eine Verfallklausel, nach welcher der Restbetrag sofort fällig wird, vorgesehen werden.[532] Gleiches gilt aber auch für eine so genannte **Vorfälligkeitsregelung**, nach der die Vorschussforderungen für das Wirtschaftsjahr nur monatlich in Teilbeträgen fällig werden, bei einem näher qualifizierten Zahlungsverzug jedoch Fälligkeit für den gesamten noch offenen Jahresbeitrag eintritt.[533]

Von der Beschlusskompetenz des Abs. 7 (i.V.m. § 28 Abs. 5) umfasst ist auch die Anordnung der **Fortgeltung** eines **Wirtschaftsplans** bis zur Aufstellung eines neuen Wirtschaftsplanes.[534] Ergänzend wird hierzu auf § 28 Rn. 82 verwiesen.

Zur Fälligkeit von Wohngeldern aus dem Wirtschaftsplan siehe § 28 Rn. 21.

5. Folgen des Verzugs

Da die Folgen des Verzugs geregelt werden können, steht es nunmehr den Wohnungseigentümern frei, höhere als im Gesetz[535] vorgesehene **Verzugszinsen** zu bestimmen.[536] Da sich die Regelung im Rahmen **ordnungsgemäßer Verwaltung** halten muss[537], kann der Zinssatz, auch wenn mit ihm eine gewisse Abschreckung säumiger Zahler erreicht werden soll, nicht beliebig hoch festgesetzt werden. Ob sich dabei die teilweise genannte Grenze von 20 Prozentpunkten über dem Basiszinssatz[538] oder 100 Prozent über dem gesetzlichen Zins[539] in der (auch gerichtlichen) Praxis durchsetzen wird, erscheint in Anbetracht der doch recht erheblichen Höhe zumindest zweifelhaft.[540]

79

---

530 BGH v. 2. 10. 2003 – V ZB 34/03, NJW 2003, 3550; BayObLG v. 25. 7. 2005 – 2Z BR 230/04, NZM 2005, 786.
531 Siehe oben Rn. 75 und Rn. 76.
532 LG Köln v. 20. 2. 2014 – 29 S 181/13, ZMR 2014, 745; LG München I v. 18. 9. 2012 – 1 T 9832/11, ZWE 2013, 224.
533 BGH v. 2. 10. 2003 – V ZB 34/03, NJW 2003, 3550; BGH v. 24. 6. 2005 – V ZR 350/03, NJW 2005, 3146; KG Berlin v. 7. 1. 2004 – 24 W 326/01, ZWE 2005, 100; LG Lüneburg v. 3. 2. 2015 – 9 S 77/14, ZWE 2016, 53.
534 LG Stuttgart v. 14. 12. 2009 – 19 S 18/09, ZMR 2010, 319.
535 Etwa: § 288 Abs. 1 BGB (5 Prozentpunkte über dem Basiszinssatz).
536 BT-Drucks. 16/887, S. 27.
537 Siehe dazu oben Rn. 76.
538 So etwa *Riecke/Schmid-Drabek*, § 21 Rn. 295.
539 *Hügel/Elzer*, § 21 Rn. 138.
540 *Jennißen-Suilmann*, § 21 Rn. 115 (sieht 20 % als überhöht an).

Denkbar ist es auch, dass die Wohnungseigentümer als Verzugsfolge einen **pauschalierten Schadensersatz** oder eine **Vertragsstrafe** bestimmen.[541] So kommt etwa als pauschalierter Schadensersatz eine **Mahnkostenpauschale**[542] in Betracht. Soweit in der Gesetzesbegründung als Beispiel für eine Vertragsstrafe ein „Verstoß gegen **Vermietungsbeschränkungen**" erwähnt wird[543], ist dies so nicht zutreffend, da bei einem Verstoß gegen **Unterlassungsverpflichtungen** Unmöglichkeit eintritt.[544] Eine Vertragsstrafe könnte dagegen für den Fall vorgesehen werden, dass ein Eigentümer mit seiner Beseitigungsverpflichtung in Verzug gerät.

Da die Eigentümer nach dem klaren Gesetzeswortlaut nur die **Folgen des Verzugs**, nicht aber die **Voraussetzungen** für den Verzugseintritt regeln können, würde für einen Beschluss, wonach entgegen § 286 Abs. 1 BGB eine **Mahnung** nicht erforderlich ist, die Beschlusskompetenz fehlen, so dass ein derartiger Beschluss nichtig wäre.[545]

6. Kosten für eine besondere Nutzung des gemeinschaftlichen Eigentums

80 Die Wohnungseigentümer können auch eine Regelung der Kosten für eine besondere Nutzung des gemeinschaftlichen Eigentums[546], nicht auch eines Sondereigentums, treffen.

81 Dies setzt zunächst eine **besondere Nutzung** des Gemeinschaftseigentums voraus. Dabei ergäbe es keinen Sinn, den hier verwendeten Begriff der Nutzung mit dem Begriff der Nutzungen i.S.d. § 16 Abs. 1[547] gleichzusetzen. Wie sich auch aus § 13 Abs. 2 Sätze 1 und 2 ergibt, fällt unter Nutzung im Sinne des § 21 (jedenfalls auch) der Mitgebrauch. Da aber eine „besondere" Nutzung erforderlich ist, erfasst die Beschlusskompetenz nicht die Fälle des gewöhnlichen Gebrauchs des gemeinschaftlichen Eigentums. Der BGH hat nunmehr klargestellt, dass besondere Nutzungen im Sinne von Abs. 7 solche sind, die mit einer **gesteigerten Inanspruchnahme** des Gemeinschaftseigentums einhergehen und zumindest bei typisierender Betrachtung den Anfall **besonderer Kosten wahrscheinlich** machen.[548] Daher kann eine Regelung nach Abs. 7 nicht jede bestimmungsgemäße Benutzung des gemeinschaftlichen Eigentums erfassen. Sollen etwa die Betriebskosten eines Schwimmbades, einer gemeinschaftlichen Waschmaschine, einer Sauna oder eines Fitnessraumes nur auf die Nutzer umgelegt werden, kann dies nicht nach Abs. 7 geschehen.[549] Dies ist auch nicht erforderlich, da insoweit eine Änderung des Kostenverteilungsschlüssels nach § 16 Abs. 3 möglich

---

541 Ebenso: *Jennißen-Suilmann*, § 21 Rn. 115; a.A. zur Vertragsstrafe: *Köhler* WEG § 21 Rn. 305.
542 Siehe dazu näher § 16 Rn. 53 „Mahnkosten".
543 BT-Drucks. 16/887, S. 27.
544 Zutreffend: *Jennißen-Suilmann*, § 21 Rn. 115; a.A.: *Bärmann-Merle*, § 21, Rn. 179.
545 Ebenso: *Jennißen-Suilmann*, § 21 Rn. 115, *Palandt-Bassenge*, WEG § 21 Rn. 23.
546 Zum Begriff des gemeinschaftlichen Eigentums siehe oben Rn. 2.
547 Siehe dazu § 16 Rn. 4 ff.
548 BGH v. 1.10.2010 – V ZR 220/09, ZWE 2011, 31.
549 Wie hier: *Bärmann-Merle*, § 21 Rn. 186; a.A.: *Jennißen-Suilmann*, § 21 Rn. 118; *Hügel/Elzer*, § 21 Rn. 142.

ist.[550] Gleiches gilt auch für die Fälle, in denen ein **Sondernutzungsrecht**[551] eingeräumt wurde.[552] In der Gesetzesbegründung wird als Beispiel die Festsetzung einer Umzugskostenpauschale genannt.[553] Zwar wurde in der Literatur teilweise in Zweifel gezogen, ob ein **Umzug** eine besondere Nutzung darstellt.[554] Der BGH hat nunmehr ausdrücklich bestätigt, dass die Festsetzung einer maßvoll bemessenen **Umzugskostenpauschale** durch Mehrheitsbeschluss nach Abs. 7 möglich ist.[555] Der BGH begründet die wahrscheinlich anfallenden besonderen Kosten mit der gesteigerten Inanspruchnahme insbesondere von Treppenhäusern und Aufzügen, die in der Regel zusätzlichen Reinigungsaufwand erforderlich machen. Kleinere, oft unbedeutende und erst in der Summierung die Unansehnlichkeit oder Reparaturbedürftigkeit deutlich machende Schäden sind kaum zu vermeiden. Da die entstehenden Kosten schwer oder nur mit unangemessenem Aufwand an Zeit und Kosten zu quantifizieren sind, liegt eine pauschalierende Regelung, die nicht darauf abhebt, ob im Einzelfall Kosten verursacht werden, im wohlverstandenen Interesse aller Wohnungseigentümer.

Der BGH hat aber hervorgehoben, dass eine Umzugskostenpauschale nur dann den Grundsätzen einer **ordnungsgemäßen Verwaltung** entspricht, wenn die Regelung nicht zu einer ungerechtfertigten Ungleichbehandlung der Wohnungseigentümer führt. Er hat deshalb eine Regelung beanstandet, die nur Umzüge im Zusammenhang befristet vereinbarter Nutzungsverhältnisse der Pauschale unterwarf und damit Umzüge aufgrund unbefristeter Gebrauchsüberlassungen sowie vor allem auch Umzüge der jeweiligen Eigentümer selbst ausklammerte. Damit wird der über das Gemeinschaftsverhältnis zum Tragen kommende Gleichbehandlungsgrundsatz verletzt, da dieser zwar Differenzierungen zulässt, dies aber nur, wenn für die Unterscheidung ein ausreichender Sachgrund besteht.[556]

Nachdem schon das LG Berlin[557] eine Pauschale von 50,00 € noch als zulässig angesehen hatte, stellte der BGH zur **Höhe** der Umzugskostenpauschale fest, dass die Grenze der Angemessenheit nach den derzeitigen Verhältnissen zwar bei einem Betrag von 50 € erreicht, aber noch nicht überschritten ist.[558]

Als weitere zutreffende **Beispiele** einer zwar zulässigen aber dennoch besonderen Nutzung des gemeinschaftlichen Eigentums werden zu Recht genannt: Werbe- und Hinweisschilder sowie Leuchtreklamen und Schaukäs-

---

550 Siehe dazu § 16 Rn. 20 ff. (insbesondere zu den genannten Beispielen Rn. 43).
551 Siehe zum Sondernutzungsrecht § 13 Rn. 27 ff.
552 Siehe zur Änderung des Verteilungsschlüssels nach § 16 Abs. 3 etwa für die Bewässerungskosten eines Gartens, an dem ein Sondernutzungsrecht begründet wurde § 16 Rn. 44 und 53 „Sondernutzungsrechte"; a.A. wohl: *Riecke/Schmid-Drabek*, § 21 Rn. 298.
553 BT-Drucks. 16/887, S. 27.
554 Siehe etwa: *Köhler* WEG § 21 Rn. 309; *Hügel/Elzer*, § 21 Rn. 142.
555 BGH v. 1.10.2010 – V ZR 220/09, ZWE 2011, 31.
556 BGH v. 1.10.2010 – V ZR 220/09, ZWE 2011, 31.
557 LG Berlin v. 12.6.2009 – 85 S 45/08, ZWE 2010, 227.
558 BGH v. 1.10.2010 – V ZR 220/09, ZWE 2011, 31.

ten an der Hausfassade, Abstellen von Kfz auf Gemeinschaftsflächen (ohne Einräumung eines Sondernutzungsrechts), Aufstellen einer (Funk-, Parabol-)Antenne auf Gemeinschaftsflächen.[559]

Darüber hinaus dürfte eine besondere Nutzung aber auch dann vorliegen, wenn ein Wohnungseigentümer **Gemeinschaftseigentum in unzulässiger Weise nutzt**. Dies wäre etwa der Fall, wenn ein Wirt ohne Berechtigung im gemeinschaftlichen Garten Tische und Stühle aufstellt und Gäste bewirtet. Gleiches muss aber wohl auch gelten, wenn das Sondereigentum zweckbestimmungswidrig genutzt wird und damit auch eine übermäßige Nutzung des gemeinschaftlichen Eigentums einhergeht. Dies wäre etwa der Fall, wenn eine Wohnung zweckbestimmungswidrig als Lokal genutzt wird und durch die Gäste sowohl der Zugangsweg durch den Garten als auch das Treppenhaus über das ansonsten normale Maß hinaus benutzt wird.[560]

82 Eine Regelung ist jedoch nur hinsichtlich „**der Kosten**" für die besondere Nutzung zulässig. Dies bedeutet, dass entweder im konkreten Fall tatsächlich oder zumindest im Regelfall üblicherweise durch die besondere Nutzung Kosten verursacht werden. Grundsätzlich zulässig ist es, durch die Regelung erst Kosten zu schaffen, also etwa ein **Entgelt** oder eine **Gebühr** für die besondere Nutzung einzuführen. Nicht zulässig ist es, ausschließlich (also ohne Anfall von Kosten) die besondere Nutzung zu sanktionieren.[561] Der **Sanktionsgedanke** kann lediglich bei einer Pauschalierung der in typischer Weise anfallenden Kosten angemessen mit herangezogen werden.[562] Da sich der Beschluss im Rahmen ordnungsgemäßer Verwaltung halten muss[563], darf die Pauschale nicht überzogen hoch angesetzt werden.

Soweit es sich bei den angefallenen oder zu erwartenden Kosten – wie wohl üblich – um **Betriebskosten**[564] handelt, ergibt sich neben § 21 Abs. 7 auch eine Beschlusskompetenz für die Wohnungseigentümer aus § 16 Abs. 3 zur Änderung des Verteilungsschlüssels.[565]

Ein Hauptanwendungsfall des Abs. 7 wird daher in der Praxis wohl die Einführung von **Kostenpauschalen** sein. Hinsichtlich der insoweit allgemein geltenden Grundsätze kann auf die Ausführungen bei Rn. 81 zur Umzugskostenpauschale verwiesen werden.

7. Kosten für einen besonderen Verwaltungsaufwand

83 Da die (tatsächlichen) Kosten der Verwaltung bereits nach § 16 Abs. 3 nach Verursachung erfasst und nach Verursachung (oder einem anderen Maß-

---

559 Siehe dazu: Riecke/Schmid-Drabek, § 21 Rn. 297; Hügel/Elzer, § 21 Rn. 142; Köhler WEG § 21 Rn. 309.
560 Wie hier: Riecke/Schmid-Drabek, § 21 Rn. 300.
561 Ebenso: Jenißen-Suilmann, § 21 Rn. 116, 117.
562 So kann etwa die Reinigungspauschale bei einer zweckbestimmungswidrigen Gartennutzung durch einen Wirt im oberen Bereich der möglichen tatsächlichen Kosten angesiedelt werden, um von einer künftigen unzulässigen Nutzung abzuschrecken.
563 Siehe dazu oben Rn. 76.
564 Siehe zu den Betriebskosten § 16 Rn. 24 ff.
565 Siehe dazu § 16 Rn. 20 ff.

stab) verteilt werden können, war fraglich, ob es der zusätzlichen (teilweise deckungsgleichen) Beschlusskompetenz des § 21 Abs. 7 noch bedurfte.

Der BGH hat nunmehr aber ausgesprochen, dass die Kosten des **Erwerbs** eines (Nachbar-)**Grundstücks** einen besonderen Verwaltungsaufwand im Sinne des § 21 Abs. 7 darstellen, dessen Verteilung die Wohnungseigentümer mit Stimmenmehrheit abweichend von dem gesetzlichen Kostenverteilungsmaßstab des § 16 Abs. 2 regeln können.[566] Das LG Bremen hatte es in dem Fall als zulässig angesehen, dass bei Erwerb einer Parkplatzfläche die künftigen Nutzer, die sonst keinen **Parkraum** mehr hätten, den Großteil der **Erwerbskosten** tragen.[567] Siehe zum Erwerb von Grundstücken auch § 10 Rn. 50.

In der Praxis wird von Abs. 7 regelmäßig dann Gebrauch, wenn **Pauschalen** für ein Verwaltungshandeln erhoben werden und eine Umlage auf den verursachenden Eigentümer erfolgen soll.

Der Verwaltungsaufwand muss durch ein **ordnungsgemäßes Verwalterhandeln** (ausnahmsweise auch durch Handeln des Verwaltungsbeirats) in Bezug auf die Verwaltung des gemeinschaftlichen Eigentums[568] oder des Verwaltungsvermögens der Gemeinschaft[569] erforderlich geworden sein.

Das Verwaltungshandeln muss einen **besonderen Verwaltungsaufwand** verursacht haben. Nach zutreffender Ansicht kann hier nicht darauf abgestellt werden, ob die Tätigkeit zum gesetzlich oder vertraglich geschuldeten Tätigkeitsbereich des Verwalters gehört.[570] Der Verwaltungsaufwand ist vielmehr dann besonders, wenn er durch einen Wohnungseigentümer oder durch eine Person, für die der Eigentümer nach § 14 Nr. 2 einzustehen hat, verursacht wurde und dieser Aufwand bei einem üblichen Verhalten **vermeidbar** gewesen wäre[571]. So kann etwa für den Verwalter ein zusätzlicher Überprüfungs- und Buchhaltungsaufwand entstehen, wenn ein Eigentümer nicht, wie oben bei Rn. 77 dargestellt, am beschlossenen **Lastschriftverfahren** teilnimmt oder er **Sammelüberweisungen** macht, aus denen die zu tilgenden Forderungen nicht ersichtlich sind. Das LG Karlsruhe sah für den Mehraufwand bei Nichtteilnahme am Lastschriftverfahren eine Sondervergütung von 5,00 € pro Wohnung und Monat als nicht mehr angemessen an und ließ offen, ob eine Obergrenze von 2,50 € zulässig wäre.[572]

Ein zusätzlicher Verwaltungsaufwand kann auch entstehen, wenn die **Mahnung** eines säumigen Wohngeldschuldners oder eine Zustimmung des Verwalters nach § 12 zur Veräußerung erforderlich werden oder wenn zusätzliche **Kopien** von den (eingesehenen) Verwaltungsunterlagen oder einer

84

---

566 BGH v. 18.3.2016 – V ZR 75/15 (zitiert nach juris).
567 LG Bremen v. 13.2.2015 – 4 S 343/13, ZMR 2015, 475.
568 Siehe dazu oben Rn. 2.
569 Siehe dazu § 10 Rn. 48 ff.
570 So aber: *Jennißen-Suilmann*, § 21 Rn. 119, der dann konsequent bei einem Teil der nachfolgenden Beispielsfälle den Anwendungsbereich nicht eröffnet sieht.
571 In etwa wie hier: *Hügel/Elzer*, § 21 Rn. 146; *Riecke/Schmid-Drabek*, § 21 Rn. 301.
572 LG Karlsruhe v. 16.6.2009 – 11 S 25/09 (zitiert nach juris).

T. Spielbauer

verlorenen Gemeinschaftsordnung gefertigt werden.[573] Die Wohnungseigentümer können auch beschließen, dass die Erstellung und Aushändigung von Kopien aus den Verwaltungsunterlagen nur gegen Vorkasse erfolgt.[574] Siehe zur aktuellen Rechtsprechung des BGH zur Fertigung von Kopien (Ablichtungen) insbesondere auch § 24 Rn. 45.

85 Eine Regelung ist auch hier nur hinsichtlich „der Kosten" für den besonderen Verwaltungsaufwand zulässig. Dies bedeutet, dass entweder im konkreten Fall tatsächlich oder zumindest im Regelfall üblicherweise durch den besonderen Verwaltungsaufwand Kosten verursacht werden.[575] Bei den **Verwaltungskosten** fallen häufig Sondervergütungen für den Verwalter aufgrund einer Regelung im Verwaltervertrag an. Aufgrund des **Verwaltervertrags** können aber Ansprüche nur gegen den **Verband** als Vertragspartner, **nicht** aber unmittelbar gegen einen **Eigentümer** begründet werden.[576] Es widerspricht auch nicht ordnungsgemäßer Verwaltung, wenn die Wohnungseigentümer **Sondervergütungen** für Verwalterleistungen beschließen, die **über** die Wahrnehmung der **gesetzlichen Aufgaben** des Verwalters **hinausgehen**.[577]Dies bedeutet, dass für die schon nach dem Gesetz zu erfüllenden **(Pflicht-) Aufgaben keine** Sondervergütung beschlossen werden darf. Da sich der Beschluss im Rahmen **ordnungsgemäßer Verwaltung** halten muss[578], muss sich die Sondervergütung der Höhe nach in **angemessenem** Rahmen halten und den voraussichtlichen zusätzlichen besonderen Zeit- und Arbeitsaufwand im Einzelfall berücksichtigen.[579] Der **Sanktionsgedanke** darf auch hier lediglich bei einer Pauschalierung der in typischer Weise anfallenden Kosten angemessen mit herangezogen werden.

Unter diesen Voraussetzungen erscheint bei den in Rn. 84 aufgezeigten Beispielsfällen eine pauschale Sonderaufwandserstattung zulässig.[580]

Siehe zur **Grund-** und zu möglichen **Sondervergütungen** des Verwalters auch **§ 26 Rn. 41 ff.**

IX. Absatz 8: Ermessensentscheidung durch das Gericht

1. Allgemeines

86 Absatz 8 wurde durch die WEG-Novelle[581] neu in das Gesetz eingefügt. Nach Wegfall des § 43 Abs. 2 WEG a. F., nach der der Richter nach **billigem Ermessen** entscheiden konnte, sah es der Gesetzgeber als erforderlich an,

---

573 Ebenso: *Palandt-Bassenge*, WEG § 21 Rn. 25; *Hügel/Elzer*, § 21 Rn. 147; *Riecke/ Schmid-Drabek*, § 21 Rn. 302.
574 BayObLG v. 20.11.2003 – 2Z BR 168/03, NZM 2004, 509.
575 Ebenso: *Palandt-Bassenge*, WEG § 21 Rn. 25.
576 BGH v. 17.11.2011 – V ZB 134/11, ZWE 2012, 128.
577 OLG Düsseldorf v. 6.1.2003 – 3 Wx 364/02, NZM 2003, 119; BGH v. 6.5.1993 – V ZB 9/92, NJW 1993, 1924.
578 Siehe dazu oben Rn. 76.
579 OLG Düsseldorf v. 6.1.2003 – 3 Wx 364/02, NZM 2003, 119; BGH v. 6.5.1993 – V ZB 9/92, NJW 1993, 1924.
580 A. A. teilweise: *Jennißen-Suilmann*, § 21 Rn. 119 f.
581 Gesetz zur Änderung des Wohnungseigentumsgesetzes und anderer Gesetze v. 26.3.2007, BGBl. I 2007, S. 370.

durch eine dem § 315 Abs. 3 Satz 2 BGB nachgebildete Vorschrift auch nach dem neuen Recht die Möglichkeit der Ermessensentscheidung zu eröffnen. Absatz 8 ist dabei im **Zusammenhang** mit **Abs. 4** zu sehen.

Zu folgenden **prozessualen Problemen** wird zunächst auf oben

Rn. 38	zur **Zuständigkeit,**
Rn. 39	zum **Rechtsschutzbedürfnis** und insbesondere zur **Vorbefassung** der Eigentümerversammlung bei **Ermessensentscheidungen;**
Rn. 40/41	zum **bestimmten Klageantrag,**
Rn. 42	zu „**gebundenen**" Entscheidungen und zu der **Bindungswirkung** bei **Negativbeschlüssen,**
Rn. 43	zu **Schadensersatzansprüchen** (Klagegegner, Rechtsschutzbedürfnis)

Bezug genommen.

2. Unterlassenes Treffen einer nach dem Gesetz erforderlichen Maßnahme

Zunächst setzt Abs. 8 voraus, dass die Wohnungseigentümer[582] eine **Maßnahme nicht treffen.** Wie sich bereits aus § 20 Abs. 1 und § 21 Abs. 1 ergibt, ist damit die **Verwaltung** des **gemeinschaftlichen Eigentums** gemeint.[583] Da die Wohnungseigentümer die Verwaltung durch Vereinbarungen und Beschlüsse ausüben[584], können sowohl Vereinbarungen als auch Beschlüsse nach Abs. 8 durch das Gericht ersetzt werden.

87

Nach dem BGH kann eine **Vereinbarung** nur dann durch das Gericht ersetzt werden, wenn einem Eigentümer nach § 10 Abs. 2 Satz 3 ein Anspruch auf ihren Abschluss zusteht, die übrigen Eigentümer diesen nicht erfüllen und bei ihrer inhaltlichen Ausgestaltung ein Spielraum besteht (BGH v. 8. 4. 2016 – V ZR 191/15, zitiert nach Internetseite des BGH).

Im Regelfall fallen aber unter Abs. 8 **unterlassene Beschlüsse,** die im Interesse aller Wohnungseigentümer liegen und auf die Erhaltung, Verbesserung und normale Nutzung der Anlage gerichtet sind oder die auf eine Änderung des bestehenden Zustandes abzielen oder die sich als Geschäftsführung zugunsten Wohnungseigentümer in Bezug auf das gemeinschaftliche Eigentum darstellen.[585] Die Eigentümer haben auch dann eine erforderliche Beschlussfassung unterlassen, wenn der Antrag eines Eigentümers abgelehnt wird. Dann ist der **Negativbeschluss anzufechten** und eine Entscheidung nach Abs. 8 zu beantragen **(Beschlussersetzungsklage).**[586] Die Klage nach Abs. 8 ist gegen die **übrigen Wohnungseigentümer** zu richten.[587]

---

582 Zum Begriff der Wohnungseigentümer siehe oben Rn. 4.
583 Siehe dazu § 20 Rn. 1.
584 Siehe dazu § 20 Rn. 5.
585 Siehe dazu oben Rn. 2f.
586 BGH v. 17. 12. 2010 – V ZR 131/10, ZWE 2011, 170.
587 LG Hamburg v. 11. 1. 2012 –318 S 268/10, ZMR 2012, 470.

88 Haben die Wohnungseigentümer einen **positiven Beschluss gefasst** und ihr Ermessen ausgeübt, liegt grundsätzlich kein Fall des Abs. 8 vor, da der sich aus dem Selbstverwaltungsrecht ergebende **Ermessensspielraum (Beurteilungsspielraum)**[588] einer Überprüfung durch das Gericht weitgehend entzogen ist. Ein richterlicher Eingriff in Regelungen der Wohnungseigentümer, insbesondere deren **Abänderung** oder **Ersetzung** durch eine andere Regelung kommt grundsätzlich nur in Betracht, wenn außergewöhnliche Umstände ein Festhalten an einem Beschluss oder einer Vereinbarung als grob **unbillig** und damit als gegen Treu und Glauben verstoßend erscheinen lassen.[589] Weniger streng sind die Voraussetzungen für ein gerichtliches Eingreifen dann, wenn es nicht um die Abänderung oder Ersetzung bestehender Regelungen, sondern um deren **Ergänzung** durch zusätzliche Gebrauchs- oder Verwaltungsregelungen geht. Auch bei einer Ergänzung ist aber das Ermessen der Eigentümer grundsätzlich zu berücksichtigen, so dass sie nur dann in Betracht kommt, wenn sie als für das Zusammenleben der Wohnungseigentümer unverzichtbar oder **dringend geboten** erscheint.[590]

Nach dem Gesetz **erforderlich** sind die Maßnahmen dann, wenn sie von einem Eigentümer nach **Abs. 4 verlangt** werden oder nach **§ 10 Abs. 2 Satz 3** verlangt werden können und sie **ordnungsgemäßer Verwaltung** entsprechen.

Insoweit wird auf die Kommentierungen oben zu Abs. 4 **(Rn. 28–43)** und zu Abs. 5 **(Rn. 44–71)** Bezug genommen. Ergänzend sei hier noch auf Folgendes hingewiesen:

Die Bestellung eines **Verwaltungsbeirats** stellt zumindest im Regelfall keine nach dem Gesetz „erforderliche Maßnahme" ist. Der BGH hat ausgeführt, dass eine Besetzung des Beirats durch das Gericht allenfalls in begründeten Ausnahmefällen in Betracht gezogen werden kann.[591] Der BGH begründet diese Auffassung damit, dass der Verwaltungsbeirat kein notwendiges Organ der Wohnungseigentümergemeinschaft ist. Seine Einsetzung steht zumindest grundsätzlich im Belieben der Wohnungseigentümer.

3. Maßnahme ergibt sich nicht aus dem Gesetz, einer Vereinbarung oder einem Beschluss der Wohnungseigentümer

89 Eine Ermessensentscheidung des Gerichts ist **subsidiär** (siehe dazu auch oben Rn. 39). Sie ist nur dann möglich und erforderlich, wenn („soweit") sich die (erforderliche aber unterlassene Verwaltungs-) Maßnahme nicht bereits **aus** den **Gesetz,** einer **Vereinbarung** oder einem **Beschluss** der Wohnungseigentümer ergibt. Eine konkrete Verwaltungsmaßnahme der Wohnungseigentümer, die sich unmittelbar aus dem Gesetz ergeben würde, ist nicht ersichtlich. Nicht gemeint sein können etwa die in Abs. 5 genannten

---

588 OLG Düsseldorf v. 18.1.1999 – 3 Wx 394/98, WuM 1999, 352; BayObLG v. 14.8.2003 – 2Z BR 112/03, ZMR 2003, 951; BayObLG v. 28.7.2004 – 2Z BR 43/04, NZM 2004, 746.
589 OLG Frankfurt/Main v. 20.3.2006 – 20 W 430/04, NJW-RR 2007, 377; BGH v. 10.9.1998 – V ZB 11/98, NJW 1998, 3713.
590 OLG Frankfurt/Main v. 20.3.2006 – 20 W 430/04, NJW-RR 2007, 377.
591 BGH v. 5.2.2010 – V ZR 126/09, ZWE 2010, 215 (= NJW 2010, 3168).

Maßnahmen. Insoweit ergibt sich nur dem Grunde nach die Pflicht aus dem Gesetz, derartige Beschlüsse zu fassen, nicht aber der konkrete Inhalt dieser Beschlüsse. Wenn die Eigentümer etwa keinen Wirtschaftsplan aufstellen, greift grundsätzlich Abs. 8 ein und das Gericht kann nach billigem Ermessen einen Wirtschaftsplan aufstellen (oder eine Sonderumlage bestimmen; siehe dazu oben Rn. 41 und unten Rn. 91).

Kein Platz für eine gerichtliche Ermessensentscheidung besteht aber dann, wenn etwa eine konkrete Verwaltungsmaßnahme, welche die Wohnungseigentümer auf Antrag hin beschließen müssten, bereits in der Gemeinschaftsordnung oder einer späteren **Vereinbarung** enthalten ist. Dies ist etwa der Fall, wenn die Gemeinschaftsordnung vorsieht, dass die bauseits vorhandene Gemeinschaftsantenne nicht mehr repariert werden soll, wenn die Reparaturkosten einen bestimmten Prozentsatz des Anschaffungspreises übersteigen und dass in diesem Fall ein Anschluss an das Breitbandkabelnetz erfolgen soll.

Gleiches gilt auch, wenn die Wohnungseigentümer über die beantragte Verwaltungsmaßnahme bereits durch **Beschluss entschieden** haben. Dies gilt sowohl für Beschlüsse, die eine positive Regelung hinsichtlich der Verwaltungsmaßnahme getroffen haben als auch für so genannte Negativbeschlüsse. Die näheren Einzelheiten hierzu sind aus der Kommentierung oben zu Rn. 42 ersichtlich. Zur Problematik eines Zweitbeschlusses siehe unten Rn. 92.

4. Rechtsstreit gemäß § 43

Das Gericht **kann** eine Ermessensentscheidung nur in einem **Verfahren nach § 43** treffen, wobei wohl nur Verfahren nach § 43 Nr. 1 und Nr. 3 in Betracht kommen werden.

90

Auch wenn § 21 Abs. 8 nur § 43 erwähnt, ist davon auszugehen, dass im Anwendungsbereich des Abs. 4 (Anspruch auf ordnungsgemäße Verwaltung) auch **einstweilige Verfügungen** nach §§ 935, 940 ZPO möglich sind, bei denen das Gericht seine Entscheidung nach billigem Ermessen trifft.[592] Ein derartiger Fall wäre etwa die Bestellung eines vorläufigen Verwalters. So hat der Gesetzgeber die Aufhebung von § 26 Abs. 3 WEG a.F. (Notgeschäftsführerbestellung durch das Gericht) damit begründet, dass die **Verwalterbestellung** künftig in einem Verfahren nach § 43 Nr. 1 und in Fällen von besonderer Eilbedürftigkeit auch im Wege einer einstweiligen Verfügung gemäß §§ 935 ff. ZPO erwirkt werden kann.[593]

Diese Auffassung hat nunmehr auch der BGH bestätigt. Der BGH stellte fest, dass der Anspruch der Wohnungseigentümer auf ordnungsmäßige Verwaltung nach Abs. 4 auch einen Anspruch auf **Abberufung** eines untauglichen Verwalters und auf **Bestellung** eines tauglichen Verwalters einschließt. Dieser Anspruch kann durch eine **einstweilige Verfügung** nach § 940 ZPO gesichert werden. In diesem Rahmen ist die Bestellung eines **Notverwalters** weiterhin möglich. Das setzte kein eigenständiges Verfahren auf Erlass

---

592 LG München I v. 7. 9. 2015 – 1 T 14683/15 (nicht veröffentlicht).
593 BT-Drucks. 16/887, S. 35.

einer einstweiligen Verfügung voraus. Eine einstweilige Regelung kann zwar infolge der Aufhebung von § 44 Abs. 3 a.F. nicht mehr von Amts wegen getroffen, im Rahmen eines anhängigen Hauptsacheverfahrens über den Anspruch nach § 21 Abs. 4 und Abs. 8 aber weiterhin beantragt und unter den Voraussetzungen des § 940 ZPO angeordnet werden.[594] Zu den **Voraussetzungen** für den Erlass einer einstweiligen Verfügung siehe genauer § 23 Rn. 40.

Zu beachten ist auch, dass bei einer **Leistungsverfügung**, durch welche die Hauptsache im Ergebnis vorweggenommen wird, ein dringendes Bedürfnis für die Eilmaßnahme bestehen muss, d.h. dass der Antragsteller auf die sofortige Erfüllung dringend angewiesen sein muss.[595]

5. Entscheidung durch das Gericht an ihrer (der Wohnungseigentümer) Stelle nach billigem Ermessen

91 Wenn die vorgenannten Voraussetzungen vorliegen, kann das Gericht an Stelle der Wohnungseigentümer nach billigem Ermessen entscheiden.

Die zur **Beschlussersetzungsklage** nach Abs. 4 vorgenommenen Kommentierungen sind auch auf die Klage nach Abs. 8 anwendbar, so dass zunächst auf die Anmerkungen oben Rn. 39 ff. verwiesen wird.

Ausdrücklich sei hier auch nochmals darauf hingewiesen, dass eine Entscheidung des Gerichts nach Abs. 8 erst nach einer **Vorbefassung** durch die **Eigentümerversammlung** in Betracht kommt (siehe oben Rn. 86 und 39). Die erforderliche Vorbefassung fehlt aber, wenn ein **schriftliches Beschussverfahren** nach § 23 Abs. 3 **gescheitert** ist, weil ein Eigentümer nicht zugestimmt hat.[596]

Die vorherige Befassung der Versammlung der Wohnungseigentümer mit einem auf deren Mitwirkung an einer ordnungsgemäßen Verwaltung gerichteten Antrag ist **Zulässigkeitsvoraussetzung** der **Gestaltungsklage** (Beschlussersetzungsklage) nach Abs. 8. Denn primär zuständig für die Beschlussfassung ist die Versammlung der Wohnungseigentümer. Soweit es um die Mitwirkung der übrigen Wohnungseigentümer an einer ordnungsmäßigen Verwaltung geht, muss sich der Kläger vor der Anrufung des Gerichts um die Beschlussfassung der Versammlung bemühen, weil seiner Klage sonst das **Rechtsschutzbedürfnis** fehlt.[597]

Auf folgende Besonderheiten bei der Beschlussersetzungsklage nach Abs. 8 sei hingewiesen: Soweit etwa eine Änderung des **Verteilungsschlüssels** für die **Betriebskosten** erstrebt wird, ist zunächst ein Beschluss herbeizuführen.

---

594 BGH v. 10.6.2011 – V ZR 146/10, ZWE 2011, 356.
595 LG München I v. 12.10.2015 – 1 T 17164/15, Grundeigentum 2016, 469.
596 LG München I v. 20.4.2015 – 1 S 12462/14, ZMR 2015, 799; siehe dazu auch § 23 Rn. 17.
597 BGH v. 27.4.2012 – V ZR 177/11, ZWE 2012, 325; BGH v. 15.1.2010 – V ZR 114/09, NZM 2010, 205; BGH v. 11.6.2010 – V ZR 174/09, ZWE 2010, 330; BGH v. 15.1.2010 – V ZR 114/09, NZM 2010; LG Aurich v. 28.3.2011 – 4 S 160/10 (zitiert nach juris); LG Hamburg v. 12.5.2010 – 318 S 190/09, Wohnungseigentümer 2010, 147; LG Dresden v. 9.12.2009 – 2 S 184/09, ZMR 2010, 629.

Wird der Antrag des Eigentümers abgelehnt, ist der ablehnende **Beschluss anzufechten** und eine Entscheidung nach Abs. 8 zu beantragen.[598] In der Sache kann jedoch eine Änderung des Verteilungsschlüssels nur unter den **Voraussetzungen** des **§ 10 Abs. 2 Satz 3** erreicht werden.[599]

Hat das Gericht danach in der Sache zu entscheiden, ist es **nicht** an die konkreten **Anträge gebunden**, sondern es entscheidet nach **billigem Ermessen**. Da die Beschlussersetzung durch das Gericht in die **Privatautonomie** der Wohnungseigentümer eingreift, dürfen Maßnahmen nur insoweit angeordnet werden, als dies zur Gewährleistung eines effektiven Rechtsschutzes unbedingt **notwendig** ist. Es ist daher stets zu prüfen, ob und ggf. auf welche Weise es den Wohnungseigentümern ermöglicht werden kann, noch selbst in eigener Regie eine Entscheidung zu treffen. Dabei genügt es in der Regel, wenn das Gericht nach Abs. 8 die entscheidende **Richtung** – also das „**Ob**" und etwa die Art der Sanierung – vorgibt.[600] Wenn allerdings zudem die Konkretisierung im Streit ist, ist der Ersetzungsbeschluss so detailliert zu fassen, dass insoweit insbesondere für den zur Umsetzung berufenen Verwalter klar ist, welche konkreten Maßnahmen zu veranlassen sind (also **teilweise** das „**Wie**"). Dabei sind allerdings Verallgemeinerungen nicht von vornherein ausgeschlossen.[601] Das Gericht wird daher häufig (nur) einen **Grundlagenbeschluss** fassen und die konkrete Umsetzung einer weiteren Beschlussfassung der Eigentümer überlassen.[602] Fehlen etwa bereits anfänglich die nach öffentlichem Recht erforderlichen Stellplätze, weil sie der Bauträger nicht errichtet hat, wird das Gericht anstelle der an sich zuständigen Eigentümer feststellen, dass die Stellplatzanforderung (nach den öffentlich-rechtlichen Vorschriften) zu erfüllen ist. Auf welchem Weg dies dann geschehen soll, bleibt einer weiteren Entscheidung der Eigentümer überlassen.[602a]

Kommt etwa ein **Wirtschaftsplan** der Gemeinschaft nicht zustande, könnte daran gedacht werden, dass das Gericht einen Dritten, etwa einen Wirtschaftsprüfer, mit der Aufstellung des Wirtschaftsplans beauftragt.[603] Es wäre aber wohl in der Regel unökonomisch, wenn sich das Gericht hierfür als Maßnahme im Sinne des Abs. 8 entscheiden würde. Nach der hier vertretenen Meinung sollte auch weiterhin, wie schon nach dem alten (FGG-) Recht[604], davon ausgegangen werden, dass es im Regelfall billigem Ermessen entspricht, wenn das Gericht anstatt der (kostenträchtigen) Beauftragung eines Dritten einen Wirtschaftsplan selbst erstellt, der auf Schätzungen beruht und der nicht detailliert sein muss, so dass auch keine aufwändige

---

598 BGH v. 17.12.2010 – V ZR 131/10, ZWE 2011, 170.
599 LG Stuttgart v. 23.12.2009 – 19 S 53/09, WuM 2010, 589.
600 BGH v. 20.11.2015 – V ZR 284/14, NJW 2016, 473.
601 BGH v. 24.5.2013 – V ZR 182/12, NJW 2013, 2271; LG Dortmund v. 27.3.2015 – 17 S 129/14, ZWE 2016, 32.
602 LG München I v. 21.10.2015 – 1 S 12942/14 (noch nicht veröffentlicht).
602a BGH v. 26.2.2016 – V ZR 254/14, ZWE 2016, 329.
603 OLG Düsseldorf v. 20.4.2007 – 3 Wx 127/06, ZWE 2007, 308 (zur Beauftragung eines Miteigentümers zur Aufstellung einer Jahresabrechnung).
604 KG Berlin v. 10.3.1993 – 24 W 1701/92, WuM 1993, 303; KG Berlin v. 22.10.1990 – 24 W 4800/90, WuM 1990, 614.

und kostenintensive Beweisaufnahme gegebenenfalls mittels Sachverständigengutachten erforderlich werden dürfte. Das Gericht ist dabei nicht gehalten, detaillierte Gesamt- und Einzelwirtschaftspläne aufzustellen, sondern kann die voraussichtlichen Bewirtschaftungskosten nach den Angaben der Beteiligten **schätzen**.[605] Wie bei einem Notwirtschaftsplan kann es daher auch zulässig sein, statt des möglicherweise nur unter Schwierigkeiten zu ermittelnden Kostenverteilungsschlüssels nach der Gemeinschaftsordnung den gesetzlichen Kostenverteilungsschlüssel nach § 16 anzuwenden.[606] Ergänzend wird, auch zur Frage einer einstweiligen Verfügung, auf § 28 Rn. 4 und Rn. 19 verwiesen. Es kann aber auch billigem Ermessen entsprechen, wenn das Gericht etwaiges Untätigbleiben der Eigentümer nicht unterstützt und anstatt eines Wirtschaftsplans eine angemessene **Sonderumlage** festsetzt, damit die nötigen Finanzmittel für einen bestimmten Zeitraum gesichert sind und die Eigentümer Gelegenheit haben, selbst über einen Wirtschaftsplan zu beschließen.[607]

Wenn es bei einer Klage nach Abs. 8 inhaltlich um die Erstellung einer **Jahresabrechnung** geht, wird das Gericht sein **Ermessen** regelmäßig nicht dahingehend ausüben, dass es die Aufgabe des Verwalters an sich zieht und selbst eine Jahresabrechnung erstellt oder eine solche von einem Sachverständigen erstellen lässt. Diese Problematik ist genauer bei **§ 28 Rn. 29** dargestellt, weshalb hierauf verwiesen wird.

Die spezielle Problematik, dass im Rahmen einer **Anfechtungsklage** gegen eine **Jahresabrechnung** im Laufe des Verfahrens im Wege einer **Klageänderung** oder einer **Widerklage** ein Antrag nach Abs. 8 auf Erstellung der Jahresabrechnung durch das Gericht gestellt wird, wird bei **§ 28 Rn. 87** erläutert; hierauf wird verwiesen.

Haben bei einer **baulichen Veränderung** zwar alle Beeinträchtigten zugestimmt, wurde der Beschluss aber mit der Mehrheit der nicht beeinträchtigten (aber stimmberechtigten) Eigentümer abgelehnt, muss der Verwalter verkünden, dass der Antrag abgelehnt wurde. Der bauwillige Eigentümer muss dann diesen **Negativbeschluss** anfechten und beantragen, dass der Negativbeschluss für ungültig erklärt wird und das Gericht gemäß Abs. 8 das Zustandekommen des Beschlusses feststellt. Die Entscheidung des Gerichts ergeht unter Berücksichtigung des Ermessensspielraums der Eigentümer an deren Stelle nach billigem Ermessen. Im Einzelnen wird auf **§ 22 Rn. 7 und 8** Bezug genommen.

Zu einem Antrag auf **Gebrauchsregelung** im Sinne des § 15 siehe genauer § 15 Rn. 35.

Bereits bei den Ausführungen zum Klageantrag oben Rn. 41 wurde berücksichtigt, dass das **Urteil** des Gerichts nicht die verklagten Eigentümer zu einer bestimmten Beschlussfassung verpflichtet. Die **Wirkung** des Urteils geht dahin, dass die Rechtslage so anzusehen ist, als ob die Wohnungsei-

---

605 KG Berlin v. 22. 10. 1990 – 24 W 4800/90, WuM 1990, 614.
606 OLG Hamm v. 3. 1. 2008 – 15 W 240/07, ZMR 2009, 58 (zu einem Notwirtschaftsplan eines Verwalters); siehe dazu auch oben Rn. 4.
607 LG München I v. 13. 6. 2013 – 36 S 10305/12, ZWE 2014, 174.

gentümer einen entsprechenden **Versammlungsbeschluss** gefasst hätten.[608] Wie der von den Eigentümern unterlassene Beschluss gestaltet das Urteil die Rechtslage, so dass im Kern ein **Gestaltungsurteil** vorliegt.[609] Das Gestaltungsurteil ist hinsichtlich der Kostenentscheidung nach den allgemeinen Vorschriften der §§ 708 ff. ZPO für vorläufig vollstreckbar zu erklären. Die vorläufige Vollstreckbarkeit bezieht sich jedoch nicht auf den Gestaltungsausspruch. Die Rechtsänderung tritt bei Gestaltungsurteilen erst mit **Rechtskraft** ein.[610] In Eilfällen kann, wenn die Voraussetzungen vorliegen, eine einstweilige Verfügung gemäß § 935 ff. ZPO in Betracht kommen.

Obgleich bei Abs. 8, ebenso wie bei Abs. 4, Inhalt des Gestaltungsurteils eine Beschlussersetzung ist und damit der Beschluss erst mit Rechtskraft existent wird, kann dieser Beschluss **nicht** mehr mit einer **Anfechtungsklage** angegriffen werden. Dem steht die **Rechtskraft** der Entscheidung des Gerichts im Beschlussersetzungsverfahren entgegen. Dort hat das Gericht (anders als beim Beschlussergebnisberichtigungsverfahren – siehe dazu § 23 Rn. 39) die Angelegenheit in der Sache überprüft, und – wenn auch an Stelle der Eigentümer – eine Entscheidung nach billigem Ermessen getroffen. Diese (Ermessens-) Entscheidung kann nicht in einem weiteren Verfahren wieder in Zweifel gezogen und erneut überprüft werden.

Hieran ist nach der hier vertretenen Meinung festzuhalten, obgleich in der Praxis durchaus die **Gefahr** besteht, dass insbesondere die **Rechte** der übrigen Eigentümer nicht unerheblich **beeinträchtigt** werden können.

Da im Zivilprozessrecht der **Beibringungsgrundsatz** gilt, ist es Aufgabe der Parteien, den Sachvortrag zu bringen (und ggf. zu beweisen), den dann das Gericht im Hinblick auf die anzuwendende Rechtsnorm überprüft. Es dürfte hier schon nicht klar sein, bis zu welchem **Zeitpunkt** die beklagten übrigen Eigentümer ihre Argumente vorbringen müssen. Eine gesonderte Anfechtung des noch nicht existierenden Beschlusses und die Einhaltung der Anfechtungsfrist des § 46 Abs. 1 Satz 2 könnte jedenfalls nicht gefordert werden. Denkbar und auch erforderlich ist, dass das Gericht den beklagten Wohnungseigentümern ausdrücklich Gelegenheit gibt (evtl. mit Fristsetzung), etwaige Anfechtungsgründe gegen den vom Gericht beabsichtigten Beschluss einredeweise vorzutragen.[611] Dies erscheint, auch wenn das Gericht Hinweise gegeben hat, nicht ganz unbedenklich, da bei der Entscheidung nach billigem Ermessen das Gericht an den Antrag nicht streng gebunden ist. In welchem Sinne genau das Gericht entscheiden wird, dürfte vor Ende des Verfahrens nicht immer sicher absehbar sein. Die übrigen Eigentümer müssten daher zu allen als möglich erkannten Entscheidungen des Gerichts, **„vorsorglich"** Gegenargumente bringen. Dies dürfte nur dann eine Prozesspartei nicht überfordern, wenn das Gericht seine **Hinweispflicht**

---

608 BGH v. 6.3.1997 – III ZR 248/95, WuM 1997, 294; einschränkend nur für den Fall der Ermessensreduzierung auf null: OLG München v. 22.12.2009 – 32 Wx 82/09, ZMR 2010, 395; AG Halle v. 16.3.2010 – 120 C 4155/08 (zitiert nach juris).
609 BGH v. 24.5.2013 – V ZR 182/12, NJW 2013, 2271; BGH v. 10.6.2011 – V ZR 146/10, ZWE 2011, 356.
610 BGH v. 24.5.2013 – V ZR 182/12, NJW 2013, 2271; BGH v. 10.6.2011 – V ZR 146/10, ZWE 2011, 356; LG München I v. 12.3.2015 – 36 S 24746/13, ZMR 2015, 796.
611 So auch: *Jennißen-Suilmann*, § 43 Rn. 141 f.

sehr sorgsam wahrnimmt und deutlich macht, wie es voraussichtlich das Ermessen auszuüben gedenkt. Es muss hier bedacht werden, dass die Situation insbesondere für die übrigen Eigentümer sehr wohl eine andere ist als bei einer Anfechtungsklage, bei der sich die übrigen Eigentümer mit bestimmten, vom Kläger vorgebrachten Anfechtungsgründen (aber eben auch nur mit diesen) befassen müssen.

Sollten im Einzelfall tatsächlich die Rechte der übrigen Eigentümer in einer nicht mehr zulässigen Weise beeinträchtigt worden sein, muss dies im Rechtsmittelweg gegen das Beschlussersetzungsurteil geltend gemacht werden.

Oben bei Rn. 89 wurde darauf hingewiesen, dass eine Ermessensentscheidung des Gerichts ausscheidet, wenn die Eigentümer über die Verwaltungsmaßnahme **bereits** durch **Beschluss** entschieden haben. Dort wurde unter Verweis auf Rn. 42 auch darauf hingewiesen, dass dies grundsätzlich auch für **Negativbeschlüsse** gilt.

Bei der Frage, ob Abs. Abs. 8 auch bei den **Zweitbeschlüssen** eingreift, ist zu differenzieren.

Wie bei Rn. 25 dargestellt, sind die Eigentümer grundsätzlich nicht gehindert, über eine schon geregelte gemeinschaftliche Angelegenheit erneut zu beschließen. Entscheidend ist insoweit nur, ob der neue Beschluss ordnungsgemäßer Verwaltung entspricht, also aus sich heraus einwandfrei ist und **schutzwürdige Belange** aus Inhalt und Wirkungen des Erstbeschlusses nicht missachtet.[612] Das Gericht darf bei Anfechtung eines **gefassten Zweitbeschlusses** nur überprüfen, ob diese Voraussetzungen vorliegen. Wenn dies der Fall ist, ist für eine Ermessensentscheidung des Gerichts kein Raum und die Anfechtungsklage ist abzuweisen. Entspricht der Zweitbeschluss nicht ordnungsgemäßer Verwaltung, wird der Zweitbeschluss aufgehoben und es verbleibt bei der durch den Erstbeschluss geschaffenen Rechtslage. Haben die Eigentümer einen Beschluss, der möglicherweise an formellen Mängeln leidet, durch einen **inhaltsgleichen** Zweitbeschluss bestätigt und sind beide Beschlüsse angefochten, wird in der Regel das **Gerichtsverfahren** über die Gültigkeit des Erstbeschlusses **auszusetzen** sein bis zur Bestandskraft des Zweitbeschlusses.[613] Wird dann der **Zweitbeschluss** für **ungültig** erklärt, so hat dies keine Auswirkungen auf den Erstbeschluss.[614] Dieser bleibt wirksam. Sein rechtliches Schicksal bestimmt sich ausschließlich nach seinen Voraussetzungen und seinem Inhalt.[615] Dies ist bei der Fortsetzung des ausgesetzten Verfahrens zu berücksichtigen. Wurde dagegen ein inhaltlich **abweichender** Zweitbeschluss gefasst, entfällt das Rechtsschutzbedürfnisses hinsichtlich der Anfechtung des zuerst gefassten Beschlusses grundsätzlich erst mit Eintritt der **Bestandskraft** oder mit rechtskräftiger **Bestätigung** des Zweitbeschlusses.[616]

---

612 BGH v. 23. 8. 2001 – V ZB 10/01, NJW 2001, 3339; OLG Düsseldorf v. 1. 12. 2006 – 3 Wx 194/06, ZMR 2007, 379.
613 BayObLG v. 21. 7. 2004 – 2Z BR 7/04, WuM 2004, 744.
614 LG Hamburg v. 23. 7. 2014 – 318 S 19/14, ZMR 2015, 45.
615 KG Berlin v. 18. 5. 2009 – 24 W 17/08, ZMR 2009, 790.
616 BGH v. 24. 5. 2013 – V ZR 182/12, NJW 2013, 2271.

Wurde dagegen der Antrag auf einen Zweitbeschluss **abgelehnt**, hat das Gericht zu überprüfen, ob ein **Anspruch** nach Abs. 4 auf einen **Zweitbeschluss** besteht. Das Gericht hat hier zunächst nur zu überprüfen, ob außergewöhnliche neu hinzugetretene Umstände das Festhalten an der bestehenden Regelung als grob unbillig und damit als gegen Treu und Glauben verstoßend erscheinen lassen würden.[617] Ist dies nicht der Fall, ist die Anfechtungsklage abzuweisen. Besteht dagegen ein Anspruch nach Abs. 4 auf einen Zweitbeschluss, etwa, weil eine erforderliche Instandsetzungsmaßnahme früher durch einen bestandskräftigen Negativbeschuss abgelehnt wurde, das Instandsetzungsbedürfnis aber objektiv immer noch besteht (siehe dazu oben Rn. 42)[618] und würde den Eigentümern ein Ermessen hinsichtlich des Inhalts der zu beschließenden Verwaltungsmaßnahme zustehen, greift Abs. 8 ein und das Gericht kann nach billigem Ermessen entscheiden.

Der Anspruch auf gerichtliche Entscheidung nach Abs. 8 kann, wenn der Antrag in der Verhandlung **nicht gestellt** wurde, nicht mit der **Gehörsrüge** geltend gemacht werden, da es sich um einen materiellen Einwand handelt. Dies gilt auch für den Einwand, eine Vorbefassung der Eigentümerversammlung sei nicht notwendig.[619]

---

617 OLG Düsseldorf v. 1.12.2006 – 3 Wx 194/06, ZMR 2007, 379; BayObLG v. 26.11. 1993 – 2Z BR 75/93, WuM 1994, 165.
618 Siehe zum Anspruch auf einen Zweitbeschluss hinsichtlich einer Jahresabrechnung § 28 Rn. 82.
619 LG Dresden v. 4.2.2010 – 2 S 184/09 (zitiert nach juris).

§ 22
Besondere Aufwendungen, Wiederaufbau

(1) Bauliche Veränderungen und Aufwendungen, die über die ordnungsmäßige Instandhaltung oder Instandsetzung des gemeinschaftlichen Eigentums hinausgehen, können beschlossen oder verlangt werden, wenn jeder Wohnungseigentümer zustimmt, dessen Rechte durch die Maßnahmen über das in § 14 Nr. 1 bestimmte Maß hinaus beeinträchtigt werden. Die Zustimmung ist nicht erforderlich, soweit die Rechte eines Wohnungseigentümers nicht in der in Satz 1 bezeichneten Weise beeinträchtigt werden.

(2) Maßnahmen gemäß Absatz 1 Satz 1, die der Modernisierung entsprechend § 555b Nummer 1 bis 5 des Bürgerlichen Gesetzbuches oder der Anpassung des gemeinschaftlichen Eigentums an den Stand der Technik dienen, die Eigenart der Wohnanlage nicht ändern und keinen Wohnungseigentümer gegenüber anderen unbillig beeinträchtigen, können abweichend von Absatz 1 durch eine Mehrheit von drei Viertel aller stimmberechtigten Wohnungseigentümer im Sinne des § 25 Abs. 2 und mehr als der Hälfte aller Miteigentumsanteile beschlossen werden. Die Befugnis im Sinne des Satzes 1 kann durch Vereinbarung der Wohnungseigentümer nicht eingeschränkt oder ausgeschlossen werden.

(3) Für Maßnahmen der modernisierenden Instandsetzung im Sinne des § 21 Abs. 5 Nr. 2 verbleibt es bei den Vorschriften des § 21 Abs. 3 und 4.

(4) Ist das Gebäude zu mehr als der Hälfte seines Wertes zerstört und ist der Schaden nicht durch eine Versicherung oder in anderer Weise gedeckt, so kann der Wiederaufbau nicht gemäß § 21 Abs. 3 beschlossen oder gemäß § 21 Abs. 4 verlangt werden.

Inhalt:

		Rn.			Rn.
I.	Allgemeines	1	i)	Beeinträchtigte ("... über das in § 14 Nr. 1 bestimmte Maß hinaus ...")	11
II.	**Absatz 1:** Bauliche Veränderungen und Aufwendungen	2	j)	Zustimmung	13
	1. Satz 1:	2		2. Satz 2:	14
	a) Regelungsgegenstand: Gemeinschaftliches Eigentum	2	III.	**Absatz 2:** Modernisierungen und Anpassung an den Stand der Technik	15
	b) Bauliche Veränderungen	3		1. Satz 1:	15
	c) Aufwendungen	4		a) Maßnahmen gemäß Absatz 1 Satz 1	15
	d) Abgrenzung zur ordnungsgemäßen Instandhaltung und Instandsetzung	5		b) Eignung für Modernisierung entsprechend § 555b Nr. 1-5 BGB ("dienen")	16
	e) Beschlusskompetenz	6		aa) energetische Modernisierung	17
	f) Verlangen einer Zustimmungserklärung	7		bb) Einsparung Primärenergie oder Klimaschutz	18a
	g) Mehrheitserfordernis ("wenn")	9		cc) Reduzierung des Wasserverbrauchs	18b
	h) Wohnungseigentümer	10			

Besondere Aufwendungen, Wiederaufbau § 22 WEG

dd) Erhöhung des Gebrauchswerts	19a	und nach Miteigentumsanteilen)...............	24
ee) Verbesserung der allgemeinen Wohnverhältnisse auf Dauer	19b	2. Satz 2: Befugnis nach Satz 1 kann durch Vereinbarung nicht eingeschränkt oder ausgeschlossen werden...............	25
c) Anpassung des gemeinschaftlichen Eigentums an den Stand der Technik...................	20	IV. **Absatz 3:** Modernisierende Instandsetzung	26
d) Unveränderte Eigenart der Wohnanlage	21	V. **Absatz 4:** Wiederaufbau zerstörter Gebäude........	27
e) Ausschluss unbilliger Beeinträchtigung von Wohnungseigentümern. .	22	1. Gebäudezerstörung	27
		2. Ohne Schadensdeckung	28
f) Beschlusskompetenz in Abweichung von Absatz 1	23	3. Ausschluss eines Wiederaufbaubeschlusses oder Wiederaufbauverlangens	29
g) Doppelt qualifizierte Mehrheit (nach Kopfzahl		4. Analoge Anwendung: Steckengebliebener Bau	30

I. Allgemeines

§ 22 wurde durch die WEG-Novelle[1] neu gefasst, wobei Abs. 2 a.F. als 1 Abs. 4 n.F. übernommen wurde. § 22 ist grundsätzlich gemäß § 10 Abs. 2 Satz 2 **abdingbar** (zu einer Einschränkung siehe Abs. 2 Satz 2)[2].

In Abs. 1 wurde ausdrücklich eine **Beschlusskompetenz** für bauliche Veränderungen und Aufwendungen vorgesehen. Dies erfolgte letztlich zur Klarstellung, da trotz der missverständlichen Formulierung von § 22 a.F. diese Kompetenz schon nach altem Recht bestand.[3] Die Beschlusskompetenz umfasst aber **nicht** die Befugnis, den Eigentümern in diesem Bereich durch Mehrheitsbeschluss **Leistungspflichten** aufzuerlegen.[4] Eine Wohnungseigentümergemeinschaft kann einem Sondereigentümer daher nicht auferlegen, eine um seine Kraftfahrzeugstellplätze in einer Garage zur Diebstahlsicherung errichtete „Gitterbox" wieder zu beseitigen.[5] Gleiches gilt für die Verpflichtung, einen Schornstein wiederherzustellen.[6] Fehlt bei Beschlussfassung die Beschlusskompetenz, ist der gefasste Beschluss **nichtig**.[7] Zur Frage eines **schwebend unwirksamen** Beschlusses siehe § 23 Rn. 19.

Absatz 2 erweitert für bestimmte Modernisierungen die Beschlusskompetenz, wobei aber eine qualifizierte Mehrheit erforderlich ist. Diese Kompetenz kann nach Satz 2 auch durch Vereinbarung der Wohnungseigentümer weder eingeschränkt noch ausgeschlossen werden.

---

1 Gesetz zur Änderung des Wohnungseigentumsgesetzes und anderer Gesetze v. 26.3.2007, BGBl. I 2007, S. 370.
2 Siehe dazu auch unten Rn. 6.
3 BT-Drucks. 16/887, S. 28; BGH v. 20.9.2000 – ZB 58/99, NJW 2000, 3500.
4 BGH v. 4.7.2014 – V ZR 183/13, NJW 2014, 2861.
5 BGH v. 18.6.2010 – V ZR 193/09, WuM 2010, 526 (= NJW 2010, 2801).
6 BGH v. 18.2.2011 – V ZR 82/10, NZM 2011, 281 (= NJW 2011, 1221).
7 Siehe dazu § 23 Rn. 29ff.

Absatz 3 stellt klar, dass bei modernisierenden Instandsetzungen nur § 21 und nicht die schärferen Vorschriften des § 22 Anwendung finden.

Absatz 4 regelt den Wiederaufbau eines überwiegend zerstörten Gebäudes.

Keine Beschlusskompetenz besteht allerdings dann, wenn in der **Gemeinschaftsordnung** die Instandsetzungspflicht in einem bestimmten Umfang (etwa: Fenster) auf Sondereigentümer **delegiert** ist. In diesem Falle können die Sondereigentümer alleine entscheiden, was wann zu tun ist.[8]

Wie erwähnt hat bei **baulichen Veränderungen** und besonderen Aufwendungen der Gesetzgeber in den §§ 21 und 22 eine Beschlusskompetenz für die Wohnungseigentümer festgeschrieben. Die erforderliche Mehrheit ist jedoch je nach Qualifizierung der Maßnahme unterschiedlich ausgestaltet. Es empfiehlt sich daher bei baulichen Veränderungen und besonderen Aufwendungen regelmäßig folgende

Prüfungsreihenfolge[9]:

1. Handelt es sich bei der Maßnahme um eine **Instandhaltungs-** oder **Instandsetzungsmaßnahme** (auch: modernisierende Instandsetzung)[10], so reicht nach §§ 22 **Abs. 3**[11] i.V.m. § 21 Abs. 5 Nr. 2[12] und Abs. 3[13] ein Beschluss mit einfacher Mehrheit.

2. Liegt eine darüberhinausgehende **Modernisierungsmaßnahme** entsprechend § 555b BGB oder zur Anpassung an den Stand der Technik vor, kann diese entweder nach § 22 **Abs. 2 mit** einer in zweifacher Hinsicht qualifizierten Mehrheit[14] **oder**, wenn diese Mehrheit nicht erreicht wurde, nach § 22 **Abs. 1** beschlossen werden.[15]

3. Liegt schließlich eine Maßnahme vor, die weder unter § 21 Abs. 5 Nr. 2 noch unter § 22 Abs. 2 fällt oder die zwar unter § 22 Abs. 2 fällt, die dort erforderliche qualifizierte Mehrheit aber nicht erreicht hat, kann sie als **allgemeine Maßnahme** nach § 22 **Abs. 1 mit** der Zustimmung aller beeinträchtigten Wohnungseigentümer beschlossen werden.[16]

Werden bauliche Veränderungen am gemeinschaftlichen Eigentum **eigenmächtig** ohne die erforderliche Beschlussfassung durch einen Eigentümer oder durch den Verwalter durchgeführt, können die **beeinträchtigten** Eigentümer **Abwehransprüche**, wie etwa Beseitigung und Wiederherstellung des ursprünglichen Zustandes, geltend machen. Wegen der weiteren Einzelheiten wird auf § 15 Rn. 17ff. Bezug genommen. Zum Vorgehen, wenn offensichtlich keine Beeinträchtigung anderer Eigentümer vorliegt oder wenn Streit hierüber besteht, siehe unten Rn. 7. Wird durch eine eigenmächtige

---

8 LG Hamburg v. 9.4.2014 – 318 S 133/13, ZMR 2014, 661; siehe dazu auch § 21 Rn. 5.
9 So nunmehr auch: BGH v. 14.12.2012 – V ZR 224/11, NJW 2013, 1439.
10 Siehe dazu § 21 Rn. 51 ff.
11 Siehe dazu unten Rn. 26.
12 Siehe dazu § 21 Rn. 50 ff.
13 Siehe dazu § 21 Rn. 22.
14 Siehe dazu unten Rn. 24.
15 Siehe dazu unten Rn. 5 und 10 ff.
16 Siehe dazu unten Rn. 5 und 10 ff.

bauliche Maßnahme den übrigen Eigentümern der Mitbesitz am gemeinschaftlichen Eigentum entzogen, können die beeinträchtigten Eigentümer auch einen Herausgabeanspruch nach § 985 BGB geltend machen.[17]
§ 22 bleibt auch anwendbar, wenn die Teilungserklärung eine Nutzung zu **beliebigen gewerblichen Zwecken** zulässt. Es darf dann zwar in den Räumen jedes beliebige Gewerbe betrieben werden. Darüber hinaus ergibt sich aber aus der Bestimmung der Teilungserklärung **keine** Ermächtigung zu jeglichen **baulichen Veränderungen**, die ein etwaiges Gewerbe erfordert.[18]

II. Absatz 1: Bauliche Veränderungen und Aufwendungen

1. Satz 1:

a) Regelungsgegenstand: Gemeinschaftliches Eigentum

Sowohl aus § 20 Abs. 1, der hinsichtlich der Verwaltung des gemeinschaftlichen Eigentums unter anderem auf §§ 21 bis 25 Bezug nimmt, als auch aus dem Wortlaut des § 22 Abs. 1 („... des gemeinschaftlichen Eigentums") ergibt sich, dass sich § 22 nur auf Maßnahmen bezieht, die das gemeinschaftliche Eigentum betreffen, nicht aber auf Maßnahmen im Sondereigentum.[19] Betrifft ein Beschluss bauliche Maßnahmen im **Sondereigentum**, fehlt hierzu die **Beschlusskompetenz** und der Beschluss ist nichtig.[20] Der Begriff des gemeinschaftlichen Eigentums ist in § 1 Abs. 5 legal definiert. Gemeinschaftliches Eigentum ist danach alles, was nicht Sondereigentum ist oder nicht Sondereigentum sein kann[21] und nicht im Eigentum eines Dritten steht.[22] Die Beschlusskompetenz der Gemeinschaft besteht aber auch dann, wenn an einem Teil des gemeinschaftlichen Eigentums ein **Sondernutzungsrecht** begründet wurde, da auch insoweit weiterhin **gemeinschaftliches Eigentum** und nicht etwa Sondereigentum des einzelnen Wohnungseigentümers vorliegt.[23] Eine Beschlussfassung über eine bauliche Veränderung im Bereich eines Sondernutzungsrechts ist aber dann nicht möglich, wenn **ausnahmsweise nicht** die **Gemeinschaft** für die Baumaßnahme zuständig ist. Dies ist der Fall, wenn die bauliche Veränderungen Eingang in die **Beschreibung** des **Sondernutzungsrechts** gefunden hat (etwa: Änderung auch des **Nutzungsinhalts** möglich) oder wenn sie nach dem Inhalt des jeweiligen Sondernutzungsrechts **üblicherweise** vorgenommen werden darf und der Wohnungseigentumsanlage dadurch kein anderes Gepräge verleiht. In diesen Fällen ist die Zustimmung bereits in der Zuweisung des Sondernutzungs-

2

---

17 OLG München v. 16. 11. 2007 – 32 Wx 111/07, Wohnungseigentümer 2007, 143; siehe zum Herausgabeanspruch auch § 15 Rn. 31, 32.
18 OLG München v. 18. 7. 2006 – 32 Wx 90/06, 32 Wx 090/06, ZMR 2006, 948 (siehe dazu auch § 14 Rn. 24).
19 Zu baulichen Maßnahmen im Sondereigentum siehe § 14 Rn. 9 ff.
20 Siehe dazu oben Rn. 1 und § 23 Rn. 29 ff.
21 Siehe hierzu § 5 Abs. 1.
22 Siehe allgemein dazu auch § 1 Rn. 11.
23 BGH v. 7. 2. 2014 – V ZR 25/13, NJW 2014, 1090; siehe dazu auch § 13 Rn. 2 und 27.

rechts enthalten.[24] Die Errichtung einer **Terrassenüberdachung** überschreitet dagegen die übliche Nutzung einer Gartenfläche und ist von dem Sondernutzungsrecht ohne eine ausdrückliche Regelung **nicht** umfasst.[25] Siehe hierzu auch § **13 Rn. 41** und § **14 Rn. 46**. Beispiele für bauliche Veränderungen werden unten bei **Rn. 5** aufgeführt.

b) *Bauliche Veränderungen*

3 Unter einer baulichen Veränderung ist jeder auf **Dauer** angelegte gegenständliche Eingriff in die **Substanz** des gemeinschaftlichen Eigentums (Gebäude oder Grundstück) zu verstehen, durch den dauerhaft andere Funktionalitäten oder eine abgeänderte **Optik** geschaffen werden.[26] Dies sind demnach insbesondere Anbauten, Umbauten, Ausbauten oder ähnliche Einwirkungen auf das gemeinschaftliche Eigentum (Beispiele siehe unten Rn. 5). Die **Zerstörung** oder **Beseitigung** von **Gemeinschaftseigentum** stellt eine bauliche Veränderung dar.[27] Dabei darf der Eingriff in die Substanz nicht zu eng gesehen werden. Ein ausreichender Substanzeingriff liegt etwa auch vor, wenn die Fassade neu gestrichen wird und durch eine neue Farbgebung die Optik des Gebäudes verändert wird.[28] Gleiches gilt auch, wenn eine Fassadenbegrünung (etwa mit wildem Wein oder Efeu) vorgenommen wird.[29] Soweit **optische Veränderungen** am gemeinschaftlichen Eigentum vorgenommen werden, spielt letztendlich die Qualifizierung als bauliche Veränderung nicht die entscheidende Rolle (so dass diese Frage in der Praxis häufig offen gelassen werden kann), da hier in jedem Fall maßgeblich ist, ob eine über das Maß des § 14 Nr. 1 hinausgehende Beeinträchtigung der übrigen Wohnungseigentümer vorliegt; insoweit wird auf unten Rn. 11 und § 14 Rn. 46 und 26 ff. verwiesen.[30] Wird durch die Zerstörung den anderen Eigentümern die Möglichkeit genommen, das Gemeinschaftseigentum in irgendeiner Weise für **gemeinsame Zwecke** zu **nutzen** (etwa einen **Kamin** nicht als Rauchabzug, sondern zur Verlegung von Versorgungsleitungen oder Kabeln), liegt ebenfalls eine bauliche Veränderung vor.[31]

---

24 BGH v. 22.6.2012 – V ZR 73/11, ZWE 2012, 377; BGH v. 2.12.2011 – V ZR 74/11, NJW 2012, 676.
25 BGH v. 7.2.2014 – V ZR 25/13, NJW 2014, 1090.
26 OLG Frankfurt v. 6.4.2010 – 20 W 78/08, MDR 2010, 1108; LG Hamburg v. 16.12. 2009 – 318 S 49/09, ZWE 2010, 374; OLG München v. 28.3.2007 – 34 Wx 119/06, MDR 2007, 827; OLG Düsseldorf v. 28.11.2006 – 3 Wx 197/06, ZMR 2007, 206; ebenso: *Riecke/Schmid-Drabek*, § 22 Rn. 6; *Bärmann-Merle*, § 22 Rn. 7 und (wo jedoch zusätzlich auf eine Umgestaltung gegenüber dem Zustand bei Fertigstellung abgestellt wird).
27 LG München I v. 9.12.2015 – 1 S 5882/14 (noch nicht veröffentlicht).
28 OLG Hamburg v. 17.1.2005 – 2 Wx 103/04, WuM 2005, 357; OLG Celle v. 7.2.2003 – 4 W 208/02 (nicht veröffentlicht); ebenso: *Jennißen-Hogenschurz*, § 22 Rn. 3.
29 OLG Düsseldorf v. 17.12.2004 – 3 Wx 298/04, ZMR 2005, 304.
30 Das LG Köln v. 11.2.2008 – 29 T 205/06, ZMR 2008, 993 hat aber eine mit Kabelbindern an der Balkonbrüstung angebrachte Lichterkette als bauliche Veränderung angesehen, da das äußere Erscheinungsbild des Gebäudes verändert wird.
31 LG München I v. 25.2.2011 – 36 T 20381/08 (nicht veröffentlicht); OLG Köln v. 7.4. 2000 – 16 Wx 32/00, ZWE 2000, 378.

Keine bauliche Veränderung im Sinne des § 22 WEG liegt aber vor, wenn die Baumaßnahme **vor Begründung** der Wohnungseigentümergemeinschaft durchgeführt wurde.[32] Wird durch eine bauliche Maßnahme **erstmals** der **plangerechte Zustand** des gemeinschaftlichen Eigentums hergestellt, stellt dies **keine** bauliche Veränerung im Sinne von § 22 Abs. 1 WEG dar.[33] Dies gilt im Grundsatz auch dann, wenn das Gebäude planwidrig erstellt wurde und sodann die **Planwidrigkeit beseitigt** wird. Zum Anspruch auf **erstmalige** plangerechte **Herstellung** siehe § 21 Rn. 30 ff.

Zur Abgrenzung gegenüber **Instandhaltung** und Instandsetzung sowie zum Verhältnis zu **Modernisierungsmaßnahmen** siehe unten Rn. 5.

Entsprechend anwendbar ist § 22 Abs. 1 WEG auf eine Zustimmung zur Unterschreitung des öffentlich-rechtlichen **Bauwichs** durch einen Nachbarn der Wohnungseigentümergemeinschaft, da durch die Unterschreitung die **Nachbarbebauung** näher heranrückt und sich dies ähnlich wie eine bauliche Veränderung des Gemeinschaftseigentums selbst auswirkt.[34]

c) Aufwendungen

Der Begriff der Aufwendungen ist hier grundsätzlich ebenso wie allgemein im BGB zu verstehen. Unter Aufwendungen ist daher die **freiwillige Aufopferung** von Vermögenswerten für die Interessen eines anderen zu verstehen.[35] Da aber in Abs. 1 Satz 1 die Aufwendungen neben den baulichen Veränderungen genannt werden, sind hier nur solche Aufwendungen erfasst, die nicht bauliche Veränderungen betreffen.[36] Da also beispielsweise zu den Aufgaben der Gemeinschaft als Verband gehört, die Verkehrssicherungspflicht[37] zu gewährleisten, würden etwa grundsätzlich auch Kosten für Laub- oder Schneeräumen unter den Begriff fallen.[38]

4

Zur weiteren Voraussetzung, dass die Aufwendung nicht im Rahmen ordnungsgemäßer Instandhaltung oder Instandsetzung erfolgen darf, siehe sogleich Rn. 5.

d) Abgrenzung zur ordnungsgemäßen Instandhaltung und Instandsetzung

Bauliche Veränderungen und Aufwendungen fallen nur dann unter die gegenüber § 21 WEG strengeren Voraussetzungen, wenn sie über die ordnungsgemäße **Instandhaltung** und **Instandsetzung hinausgehen**. Zu den Begriffen der ordnungsgemäßen Instandhaltung und Instandsetzung, die auch eine erstmalige Herstellung eines ordnungsgemäßen Zustandes und eine

5

---

32 LG Dessau-Roßlau v. 22.5.2014 – 5 S 237/13, ZWE 2015, 40.
33 BGH v. 20.11.2015 – V ZR 284/14 (nach BGH-Internetseite).
34 BGH v. 6.11.2009 – V ZR 73/09, NJW 2010, 446.
35 BGH v. 12.10.1972 – VII ZR 51/72, NJW 1973, 46; ebenso: *Bärmann-Merle*, § 22 Rn. 11.
36 Ebenso: *Niedenführ/Kümmel/Vandenhouten-Vandenhouten*, § 22 Rn. 13; *Bärmann-Merle*, § 22 Rn. 11.
37 Siehe dazu etwa: § 10 Rn. 55; § 21 Rn. 26, 30.
38 OLG Düsseldorf v. 6.11.2007 – 3 Wx 195/07, MietRB 2008, 14 (nur redaktioneller Leitsatz zur Entscheidung).

modernisierende Instandsetzung umfassen, siehe oben Rn. 3 und insbesondere § 21 Rn. 51 bis 55.

Unter § 22 Abs. 1 Satz 1 fallen daher alle Aufwendungen, die über eine ordnungsgemäße Verwaltung[39] hinausgehen, wie etwa die Anschaffung nicht benötigter Geräte für den Hausmeister oder eine übermäßig teure Ersatzbeschaffung defekter Geräte.[40]

§ 22 Abs. 1 kann aber auch dann zur Anwendung kommen, wenn eine bauliche Maßnahme eine **Modernisierung** im Sinne des Abs. 2 darstellt.[41] Dies ergibt sich bereits aus der Formulierung des Gesetzes, wonach Abs. 2 bestimmte Maßnahmen nach Abs. 1 betrifft und diese unter den in Abs. 2 genannten Voraussetzungen beschlossen werden können, aber eben nicht nur danach. Auch der BGH hat zwischenzeitlich klargestellt, dass der Gesetzgeber mit Abs. 2 eine **Erweiterung des Gestaltungsspielraums** der Wohnungseigentümer anstrebte, so dass von einer Ausweitung dessen auszugehen ist, was ein – zumal mit qualifizierter Mehrheit überstimmter – Wohnungseigentümer hinzunehmen hat.[42]

Noch nicht geklärt und (ober-)gerichtlich noch nicht entschieden ist die Frage, ob bei baulichen Modernisierungsmaßnahmen ein **Rangverhältnis** zwischen **Abs. 2** und **Abs. 1** besteht oder ob die Eigentümer oder gar der Verwalter die Befugnis haben, frei zu entscheiden, ob sie zunächst nach Abs. 2, dann nach Abs. 1 (oder umgekehrt) oder nach beiden gleichzeitig abstimmen und erst im Nachhinein (vom Verwalter?) entschieden wird, welcher Absatz nun zur Anwendung gelangte. Teilweise wird in der Literatur vertreten, dass ein so genanntes „**Umswitchen**" von Abs. 2 nach Abs. 1 zwar möglich, aber mit Problemen und Haftungsgefahren für den Verwalter verbunden sei.[43]

Nach der hier vertretenen Meinung kommt es entscheidend für die Frage, ob er das Zustandekommen eines Beschlusses verkünden muss darauf an, worüber der Verwalter abstimmen und Beschluss fassen hat lassen.

Hat der Verwalter, wie üblich, lediglich einen **Antrag**, der eine bauliche Modernisierungsmaßnahme zum Gegenstand hat, **ohne Bezugnahme** auf eine bestimmte **Vorschrift** (also etwa nicht: Beschluss gemäß § 22 Abs. 2 WEG) zur Abstimmung gestellt, hat er wie folgt zu verfahren.

Nachdem er ausgeschlossen hat, dass die Baumaßnahme eine bloße **Instandhaltung** oder **Instandsetzung**, auch in Form einer modernisierenden Instandsetzung darstellt, muss der Verwalter zunächst prüfen, ob die nach **Abs. 2** erforderliche **Mehrheit zustande gekommen** ist (siehe zur Prüfungsreihenfolge auch oben Rn. 1). Wenn ja, hat er das Zustandekommen des Beschlusses zu verkünden. Unabhängig davon, ob der Verwalter dabei auf § 22 Abs. 2 hinweist, wozu er nach dem Wortlaut des Gesetzes nicht verpflichtet ist, richten

---

39 Siehe dazu § 21 Rn. 23.
40 *Bärmann-Merle*, WEG, § 22 Rn. 12.
41 MünchKomm, § 22 WEG Rn. 31; *Bärmann-Merle*, § 22 Rn.29; *Palandt-Bassenge*, WEG § 22 Rn. 14; *Riecke/Schmid-Drabek*, § 22 Rn. 124.
42 BGH v. 18.2.2011 – V ZR 82/10, NZM 2011, 281 (= NJW 2011, 1221).
43 Etwa: *Jan-Hendrik Schmidt*, ZWE 2010, 310.

sich die Rechtsfolgen nach dieser Vorschrift, wenn sie eingreift.[44] Unerheblich ist dabei, ob etwa ein Eigentümer, der über das in § 14 Nr. 1 bestimmte Maß hinaus beeinträchtigt ist, überstimmt wurde, da bei § 22 Abs. 2 in Abweichung von Abs. 1 nicht jede dort genannte Beeinträchtigung, sondern nur eine **unbillige Beeinträchtigung** (siehe dazu unten Rn. 22) maßgeblich ist.[45] Es müssen dabei dann auch, wenn kein Beschluss nach § 16 Abs. 4 zustande kam, alle Eigentümer nach dem allgemeinen Kostenverteilungsschlüssel die Kosten der Maßnahme mittragen, da § 16 Abs. 6 nach wohl fast einhelliger Meinung auf Beschlüsse nach § 22 Abs. 2 nicht anwendbar ist (siehe dazu auch unten Rn. 8). Dies gilt selbst dann, wenn gleichzeitig auch die Voraussetzungen des § 22 Abs. 1 vorgelegen hätten, wenn also auch ein Mehrheitsbeschluss mit Zustimmung aller über das Maß des § 14 Nr. 1 hinaus beeinträchtigten Eigentümer vorläge, so dass auch hier auf die nicht zustimmenden Eigentümer § 16 Abs. 6 nicht angewandt werden kann. Eine derartige Auslegung des gefassten Beschlusses dürfte wohl im Allgemeinen auch dem mutmaßlichen Willen der dem Beschluss Zustimmenden entsprechen. Eine unbillige Benachteiligung der Nichtzustimmenden liegt nicht vor, da sie nicht davon ausgehen können, dass die Ausnahmevorschrift des § 16 Abs. 6 zugunsten einer Minderheit extensiv dahingehend angewendet wird, dass eine vom Gesetzgeber gerade geschaffene neue Beschlusskompetenz ignoriert wird.

Ein Beschluss kann in derartigen Fällen nur dann erfolgreich angefochten werden, wenn die Voraussetzungen des Abs. 2 und auch des Abs. 1 nicht vorlagen.

Eine vorrangige Anwendung von Abs. 1 trotz Vorliegens der Voraussetzungen des Abs. 2 stellt eine nach Abs. 2 Satz 2 unzulässige Einschränkung des Abs. 2 Satz 1 dar.[46]

Ist die erforderliche **Mehrheit** nach § 22 Abs. 2 **nicht zustande gekommen**, muss der Verwalter das Abstimmungsergebnis dahingehend überprüfen, ob (zumindest) ein Mehrheitsbeschluss nach Abs. 1 zustande gekommen ist. Ergibt sich danach eine Mehrheit und haben alle über das Maß des § 14 Nr. 1 hinaus beeinträchtigten Eigentümer zugestimmt, ist der Verwalter ebenfalls verpflichtet, das Zustandekommen des Beschlusses zu verkünden. Auch hier richten sich dann, unabhängig davon, ob der Verwalter die Vorschrift überhaupt anspricht, die Rechtsfolgen nach § 22 Abs. 1. Auch hier dürfte eine unbillige Benachteiligung – diesmal – der Zustimmenden jedenfalls dann nicht vorliegen, wenn der Verwalter vor der Abstimmung sich zu der Frage § 22 Abs. 1 oder 2 nicht geäußert oder nicht festgelegt hat. Die Zustimmenden müssen in jedem Fall die Maßnahme mit bezahlen. Alleine der Umstand, dass sich der Anteil bei Abs. 1 erhöhen kann, da wegen § 16 Abs. 6 die Nichtzustimmenden nicht mitzahlen müssen, dürfte für eine unbillige Benachteiligung nicht ausreichen.[47]

---

44 BGH v. 14.12.2012 – V ZR 224/11, NJW 2013, 1439 (bei juris: Rn. 8 und 11).
45 BGH v. 18.2.2011 – V ZR 82/10, NZM 2011, 281 (= NJW 2011, 1221); BGH v. 14.12. 2012 – V ZR 224/11, NJW 2013, 1439.
46 Siehe dazu auch unten Rn. 25.
47 A.A. wohl: *Müller*, Praktische Fragen, Teil 7, V, Rn. 195 (der ein Umswitchen ohne Beschluss nach § 16 Abs. 4 als nicht hilfreich ansieht).

Anders stellt sich die Lage allerdings dann dar, wenn der Verwalter **ausdrücklich** über einen Antrag **gemäß § 22 Abs. 2** Beschluss fassen ließ. Kommt hier die erforderliche Mehrheit nicht zu Stande, muss der Verwalter verkünden, dass der Antrag **abgelehnt** wurde. Hier würde ein Umswitchen auf Abs. 1 dazu führen, dass die Abstimmenden über die Bedeutung und Auswirkungen ihres Abstimmungsverhaltens in die Irre geführt würden. In diesem Fall muss der Verwalter anschließend eine neue Abstimmung über den Antrag zur Baumaßnahme herbeiführen, wobei nun aber **ausdrücklich** über einen Beschlussantrag **gemäß § 22 Abs. 1** abzustimmen ist. Da die Abstimmung zu der Baumaßnahme bereits auf der Tagesordnung stand, kann unter **demselben Tagesordnungspunkt** abgestimmt werden.

Der hier vertretenen Lösung kann auch nicht entgegengesetzt werden, dass mit der Klärung der oben angesprochenen Fragen der Verwalter überfordert werde. Der Verwalter, der ja die Tagesordnung erstellt und der (von gewissen Abweichungen in der Versammlung abgesehen) die Anträge rechtzeitig kennt, muss sich in jedem Fall dahingehend vorbereiten, dass er in der Sitzung entscheiden kann, welche Vorschrift Anwendung findet, bzw. welche Vorschriften einschlägig sein können und welche Zustimmungen für ein Zustandekommen eines Beschlusses erforderlich sind. Ein Vorgehen eines Verwalters dahingehend, dass er unabhängig vom konkreten Beschluss und den dazu einschlägigen gesetzlichen oder den Vorschriften der Gemeinschaftsordnung immer dann das Zustandekommen des Beschlusses verkündet, wenn sich eine einfache Mehrheit ergibt, wäre unzulässig.[48]

Beispiele für **bauliche Veränderungen**, die (regelmäßig) über eine ordnungsgemäße Instandhaltung und Instandsetzung hinausgehen sind:

– Die bei **Rn. 3** genannten Fälle
– Antennenmast[49]
– Ausbau des Dachgeschosses in Form einer **Aufstockung** des Gebäudes[50]
– Erstmaliges Anbringen von **Außenjalousien**[51]
– Anbringung eines **Außenlifts**[52]
– Balkonverglasung[53]
– Dachgauben[54]
– Anlegen eines **Dachgartens** (mit Erdaufschüttungen und umfangreicher Bepflanzung)[55]
– Dachgeschossausbau[56]

---

48 Siehe dazu auch § 23 Rn. 25 und Rn. 39.
49 OLG München v. 13.12.2006 – 34 Wx 109/06, WuM 2007, 34.
50 LG Hamburg v. 16.12.2009 – 318 S 49/09, ZWE 2010, 374.
51 LG Bamberg v. 11.11.2009 – 2 S 3/09, Info M 2010, 392.
52 LG München I v. 23.6.2014 – 1 S 13821/13, ZMR 2014, 920.
53 OLG Köln v. 3.7.2008 – 16 Wx 51/08, WuM 2008, 744; BayObLG v. 12.10.2001 – 2Z BR 127/01, WuM 2002, 164.
54 LG München I v. 27.4.2009 – 1 S 19129/08, ZMR 2009, 874; BayObLG v. 29.1.2004 – 2Z BR 217/03, WuM 2004, 744.
55 OLG München v. 28.3.2007 – 34 Wx 119/06, MDR 2007, 827.
56 BGH v. 18.1.2013 – V ZR 88/12, ZWE 2013, 131; BayObLG v. 5.4.2005 – 32 Wx 19/05, NZM 2005, 622 BayObLG v. 23.3.2000 – 2Z BR 167/99, NZM 2000, 1232.

- **Fassadenänderung** durch Anbringen von Wind- und Sichtschutz bei den Balkonen[57]
- **Fassadenneuanstrich** der das Gesamterscheinungsbild des Gebäudes verändert[58]
- **Fassadensanierung** mit Wärmedämmputz[59]
- Austausch des einteiligen und nicht zu öffnenden **Fensters** gegen ein in mehrere Einzelsegmente aufgeteiltes und durch Faltung zur Gänze zu öffnendes **Fenster**[60]
- **Fensters** durch eine **Terrassentür** ersetzt[61]
- Errichtung einer **Garage**, die von bestehender Garagenzeile abweicht[62]
- vollständige Umgestaltung des **Gartens**[63]
- Veränderung einer **Gartenfläche** in eine **Garage**[64]
- erstmalige Einbau eines **Gartentores**[65]
- Errichtung eines **Gartenhauses**[66]
- Anlage eines **Gartenteichs** im gemeinschaftlichen Garten[67]
- Neuverlegung einer **Gasleitung** im Gemeinschaftseigentum zur ausschließlichen Beheizung eines Sondereigentums[68]
- Rückschnitt einer **Hecke** von ca. 160 cm auf 80 cm (nicht nur Pflegemaßnahme)[69]
- Anlage eines **Kinderspielplatzes**[70]
- Aufstellung von **Klimaaußengeräten**[71]
- aus Pflanzsteinen samt Bepflanzung mit Thujen bestehenden **Mauer** zwischen zwei Sondernutzungsflächen[72]
- Errichtung einer **Mobilfunkanlage**[73]
- **Modernisierungsmaßnahmen**, die nicht im Zusammenhang mit einer bereits notwendigen oder absehbaren Reparatur erfolgen und die damit nicht unter den Begriff der modernisierenden Instandsetzung fallen[74]

---

57 BayObLG v. 9.6.2004 – 2Z BR 044/04 (nicht veröffentlicht).
58 LG München I v. 20.9.2012 – 36 S 1982/12, ZMR 2013, 137.
59 OLG Hamm v. 18.11.2008 – 15 Wx 139/08, ZWE 2009, 261.
60 LG München I v. 19.2.2009 – 36 S 8656/08, Wohnungseigentümer 2011, 31.
61 LG Hamburg v. 11.1.2012 – 318 S 32/11, ZMR 2012, 810.
62 OlG Karlsruhe v. 7.1.2008 – 14 Wx 5/07, ZWE 2008, 149.
63 LG München I v. 3.8.2005 – 1 T 10251/05, NZM 2006, 666.
64 LG Hamburg v. 20.10.2010 – 318 S 42/10, ZMR 2011, 161.
65 OLG München v. 25.7.2005 – 34 Wx 059/05, MDR 2005, 1400.
66 BayObLG v. 21.7.2004 – 2Z BR 39/04 (zitiert nach juris); OLG Celle v. 14.1.2004 – 4 W 221/03, ZMR 2004, 363.
67 Bayerischer Verfassungsgerichtshof v. 25.11.2004 – Vf. 98-VI-03 (nicht veröffentlicht).
68 OLG München v. 6.9.2007 – 34 Wx 33/07, OLGR München 2007, 926.
69 LG Hamburg v. 30.6.2010 – 318 S 105/09, ZMR 2010, 983; OLG München v. 12.9.2005 – 34 Wx 54/05, ZMR 2006, 67.
70 BayObLG v. 25.6.1998 – 2Z BR 10/98, ZMR 1998, 647.
71 LG Braunschweig v. 8.4.2011 – 6 S 521/10, Info M 2011, 232.
72 OLG Frankfurt v. 6.4.2010 – 20 W 78/08, MDR 2010, 1108.
73 BGH v. 24.1.2014 – V ZR 48/13, NJW 2014, 1233; OLG Düsseldorf v. 26.6.2008 – 3 Wx 217/07, NZM 2009, 442; OLG München v. 13.12.2006 – 34 Wx 109/06, WuM 2007, 34; OLG Karlsruhe v. 12.7.2006 – 1 U 20/06, WuM 2006, 459.
74 BT-Drucks. 16/887, S. 31; siehe auch § 21 Rn. 52 ff.

- Verlegung einer **Mülltonnenanlage**[75]
- Verlegung des (eingezäunten) **Müllplatzes**[76]
- Errichtung eines **Anbaus**, der die **Optik** der Gesamtanlage nachteilig verändert[77]
- Anbringen einer (beleuchteten) **Reklametafel**[78]
- Errichtung einer **Rollstuhlrampe**[79]
- Aufstellen von **Schaukel** und/oder **Sandkasten**[80]
- Erweiterung eines gemeinschaftlichen **Schwimmbades**[81]
- Anlage eines **Schwimmbeckens**[82]
- **Sichtschutzelementen** an den Außengrenzen des **Gartens** eines Sondernutzungsrechts[83]
- Anlage oder die Überdachung einer **Terrasse**[84]
- Eigenmächtige **Terrassenvergrößerung**[85]
- **Terrassenüberdachung**[86]
- **Vergrößerung** einer **Sondernutzungsfläche** im Garten durch Errichten eines Zaunes oder einer Hecke[87]
- Zur **Verglasung** von Balkonen und Terrassen, die meist den optischen Gesamteindruck der Anlage verändern,[88] siehe unten zu Wintergarten
- Einbau einer **Videokamera** am Klingeltableau der Wohnanlage[89]
- Schaffung eines **Wanddurchbruchs** zwischen Bastlerraum und Trockenraum[90]
- Verlegung einer **Wasserleitung** der im Gemeinschaftseigentum befindliche Fußboden durchbohrt[91]
- Anlage und Pflasterung eines **Weges** auf einer vorhandenen Rasenfläche[92]
- Errichtung eines **Wintergartens**[93]
- Errichtung eines **Wohnzimmer-Anbaus** auf der gemeinschaftlichen Dachterrasse[94]

---

75 BayObLG v. 14.2.2002 – 2Z BR 138/01, ZWE 2002, 213; OLG München v. 22.3.2006 – 32 Wx 138/05 (nicht veröffentlicht).
76 LG Berlin v. 11.4.2008 – 85 T 295/07, Grundeigentum 2008, 1573.
77 BayObLG v. 9.7.1998 – 2Z BR 70/98, NZM 1998, 775.
78 OLG Köln v. 31.5.2006 – 16 Wx 11/06, NZM 2007, 92.
79 BayObLG v. 29.3.2000 – 2Z BR 159/99, NZM 2000, 672.
80 LG Frankfurt v. 12.6.2014 – 2-9 S 79/13, ZWE 2015, 183.
81 BGH v. 11.11.2011 – V ZR 65/11, NJW 2012, 603.
82 OLG Zweibrücken v. 23.11.2001 – 3 W 226/01, ZMR 2002, 469; BayObLG v. 7.5.1999 – 2Z BR 178/98, ZMR 1999, 580.
83 LG Stuttgart v. 24.2.2014 – 2 S 18/13, ZWE 2014, 372.
84 OLG München v. 30.11.2005 – 34 Wx 056/05, ZMR 2006, 230; OLG Frankfurt/Main v. 24.7.2007 – 20 W 538/05, ZWE 2007, 461.
85 OLG Frankfurt/Main v. 24.7.2007 – 20 W 538/05, ZWE 2007, 461.
86 BGH v. 7.2.2014 – V ZR 25/13, NJW 2014, 1090.
87 OLG München v. 9.5.2007 – 32 Wx 31/07 (nicht veröffentlicht).
88 *Schreiber-Ruge/Röll*, Kap. 9, S. 961, Rn. 92 (mit weiteren Verweisen).
89 BGH v. 8.4.2011 – V ZR 210/10, WuM 2011, 386 (= ZWE 2011, 259).
90 OLG Köln v. 27.6.2005 – 16 Wx 58/05, NZM 2005, 785.
91 LG Itzehoe v. 13.4.2010 – 11 S 46/09, ZMR 2010, 640.
92 KG Berlin v. 21.5.2003 – 24 W 253/02, NZM 2003, 642.
93 BVerfG v. 22.12.2004 – 1 BvR 1806/04, NJW-RR 2005, 454.
94 OLG München v. 16.11.2007 – 32 Wx 111/07, Wohnungseigentümer 2007, 143.

– Errichtung eines **Zaunes** um den Gartenanteil des Sondernutzungsberechtigten[95]

e) Beschlusskompetenz

Durch die Formulierung, dass bauliche Veränderungen und Aufwendungen beschlossen werden können hat der Gesetzgeber klargestellt, dass die Wohnungseigentümer auch insoweit **Beschlusskompetenz** haben, was allerdings auch schon nach altem Recht der Fall war[96]. **Kompetenzbegründend** ist dabei nur, dass eine bauliche Veränderung oder eine Aufwendung beschlossen werden soll, nicht aber das Erreichen der benötigten **Stimmenzahl**[97] (siehe dazu unten Rn. 9 und 24).

6

Dies bedeutet, dass ein positiver Beschluss, dem nicht alle Beeinträchtigten zugestimmt haben, zwar fehlerhaft und mit Anfechtungsklage angreifbar, nicht aber nichtig ist. Bei einem **unbestimmten** oder **widersprüchlichen Beschluss** fehlt zwar nicht die Beschlusskompetenz; ein derartiger Beschluss ist aber dann **nichtig**, wenn er eine **durchführbare Regelung** nicht mehr erkennen lässt.[98] Ist dagegen eine Regelung ausreichend erkennbar und nur die bauliche Veränderung nicht hinreichend **genau beschrieben**, ist der Beschluss nicht nichtig sondern nur **anfechtbar**.[99] Weil ein Beschluss über die Genehmigung einer baulichen Veränderung nach § 10 Abs. 3 auch gegen Sondernachfolger wirkt, muss er Mindesterfordernissen an inhaltlicher Klarheit und Bestimmtheit genügen. Ergibt sich auch aus sonstigen aus dem Protokoll ersichtlichen Umständen (wie z.b. als Anlage beigefügten Planskizzen) nicht hinreichend eindeutig, welches Ausmaß die bauliche Veränderung hat, ist der Beschluss auf Anfechtungsklage hin für ungültig zu erklären.[100] Enthält dagegen der Beschluss Vorgaben zur Baumaßnahme, die durch objektive und normative Auslegung ermittelt werden können und wird dieser Beschluss nicht angefochten, wird er hinsichtlich der enthaltenen Vorgaben bindend.[101] Haben die Wohnungseigentümer bestandskräftig eine Sanierung nach den Vorgaben eines Gutachters beschlossen, so kann die Anfechtung des späteren Eigentümerbeschlusses über die Vergabe der Arbeiten nicht mehr darauf gestützt werden, die vom Sachverständigen für notwendig oder empfehlenswert gehaltenen Sanierungsmaßnahmen seien in Wirklichkeit nicht erforderlich oder sie stellten zustimmungsbedürftige bauliche Veränderungen des gemeinschaftlichen Eigentums dar.[102]

---

95 OLG Köln v. 16.4.2008 – 16 Wx 33/08, ZMR 2008, 817.
96 BT-Drucks. 16/887, S. 28; BGH v. 20.9.2000 – ZB 58/99, NJW 2000, 3500; siehe dazu auch oben Rn. 1 und 2.
97 BT-Drucks. 16/887, S. 28; LG München I v. 3.12.2007 – 1 T 14033/06, ZMR 2008, 915 (zum Mehrheitsquorum bei einer in der Gemeinschaftsordnung enthaltenen Öffnungsklausel); LG Bremen v. 20.12.2013 – 4 S 245/12, ZMR 2014, 386.
98 BGH v. 10.10.2014 – V ZR 315/13, NJW 2015; siehe dazu auch § 23 Rn. 31.
99 LG Hamburg v. 31.8.2012 – 318 S 8/12, ZMR 2013, 63; LG München I v. 16.11.2009 – 1 S 4964/09, ZWE 2010, 98; OLG Düsseldorf v. 2.11.2004 – 3 Wx 234/04, NZM 2005, 791.
100 OLG München v. 30.11.2005 – 34 Wx 056/05, ZMR 2006, 230; LG München I v. 23.5.2006 – 1 T 22643/05 (nicht veröffentlicht).
101 OLG München v. 5.10.2006 – 32 Wx 121/06, ZMR 2007, 69.
102 BayObLG v. 17.6.1999 – 2Z BR 19/99, NZM 1999, 910.

Wird, obgleich nicht alle Beeinträchtigten der beabsichtigten **Baumaßnahme der Gemeinschaft** zugestimmt haben, ein **fehlerhafter** positiver (Mehrheits-) **Beschluss** gefasst und dieser nicht angefochten, ist der Beschluss nach § 23 Abs. 4 **bindend** und der Verwalter nach § 27 Abs. 1 Nr. 1 verpflichtet, den Beschluss für die Gemeinschaft und auf deren Kosten **durchzuführen**. Der BGH hat für diese Fälle nun festgestellt, dass nach § 16 **Abs. 6** jeder Eigentümer, welcher der Maßnahme nach § 22 Abs. 1 nicht zugestimmt hat, nicht verpflichtet ist, die **Kosten** zu tragen, wobei es nicht darauf ankommt, ob die Zustimmung des Eigentümers gemäß § 22 Abs. 1 i. V. m. § 14 Nr. 1 erforderlich war oder nicht.[103] Wenn nicht eine Regelung nach § 16 Abs. 4 getroffen wird, sind die **Kosten**, welche der Gemeinschaft aufgrund der **Durchführung** der Maßnahme durch den Verwalter entstehen, nach § 16 **Abs. 2** von den **Eigentümern**, welche dem Beschluss **zugestimmt** haben, zu tragen.[104] Zur Frage, ob für einen Eigentümer eine Verpflichtung besteht, einer baulichen Maßnahme im Gemeinschaftseigentum zuzustimmen, siehe unten Rn. 7 und 8.

Wird der Beschlussantrag abgelehnt, bindet dieser **Negativbeschluss** den Verwalter ebenfalls[105], so dass er die Maßnahme nicht (für die Gemeinschaft) durchführen darf.

Nicht ausdrücklich geregelt hat der Gesetzgeber, ob bei baulichen Veränderungen immer ein (positiver) **Beschluss erforderlich** ist. Zu dieser und der Frage, ob ohne oder trotz ablehnenden Beschlusses ein Wohnungseigentümer (auf seine Kosten) die Maßnahme durchführen darf, siehe unten Rn. 7.

Wie bereits bei Rn. 1 erwähnt, können die Wohnungseigentümer wegen § 10 Abs. 2 Satz 2 auch durch eine Vereinbarung von Abs. 1 Abweichendes regeln. So kann etwa in der Gemeinschaftsordnung die Beschlusskompetenz für bauliche Veränderungen auch ausgeschlossen oder eingeschränkt werden.[106] Zu beachten ist in diesem Fall jedoch § 10 Abs. 3, wonach Vereinbarungen gegen Sonderrechtsnachfolger nur wirken, wenn sie im Grundbuch eingetragen sind.[107] Nur die Befugnis nach Abs. 2 Satz 1 kann nicht eingeschränkt werden.[108] Ist § 22 Abs. 1 Satz 1 wirksam insgesamt **abbedungen**, dürfen von einzelnen Wohnungseigentümern bauliche Veränderungen im Rahmen des öffentlich-rechtlich Zulässigen (also insbesondere der öffentlich-rechtlichen Baurechtsnormen) durchgeführt werden.[109] Nicht abbedungen ist § 22 Abs. 1 jedoch alleine dadurch, dass in der Gemeinschaftsordnung einer aus zwei Doppelhaushälften bestehenden Wohnanlage vorgesehen ist, dass die weitest mögliche wirtschaftliche Trennung der Ein-

---

103 BGH v. 11.11.2011 – V ZR 65/11, NJW 2012, 603; die in der Vorauflage vertretene Gegenmeinung kann nach der Entscheidung des BGH nicht mehr aufrechterhalten werden.
104 Siehe dazu jeweils näher die Kommentierungen zu § 16 Abs. 2, 4 und 6.
105 Zur Bindungswirkung eines so genannten Negativbeschlusses siehe § 21 Rn. 19 und 42.
106 Ebenso: *Hügel/Elzer*, § 22 Rn. 141; *Palandt-Bassenge*, WEG § 22 Rn. 13.
107 Siehe dazu näher § 10 Rn. 27 ff.
108 Siehe dazu unten Rn. 25.
109 BayObLG v. 19.5.2004 – 2Z BR 67/04, ZMR 2005, 212.

heiten erfolgen soll.[110] Regelungen, mit denen das Gesetz abgeändert wird, sind im Zweifel restriktiv auszulegen. Die Abweichung vom Gesetzesrecht ist nur wirksam, wenn und soweit sie in der Vereinbarung hinreichend **klar und eindeutig** zum Ausdruck kommt.[111]

Eine Regelung in der Gemeinschaftsordnung, wonach bei baulichen Veränderungen unabhängig von einer Beeinträchtigung alle Wohnungseigentümer zustimmen müssen, betrifft nicht die Beschlusskompetenz, sondern nur die erforderliche Stimmenzahl.[112]

Ist in der Gemeinschaftsordnung bestimmt, dass für bauliche Veränderungen die **Zustimmung** des **Verwalters** erforderlich ist und dass bei deren Versagung ein Mehrheitsbeschluss der Eigentümer vorgesehen ist, ist damit das Erfordernis, dass alle beeinträchtigten Eigentümer zustimmen müssen (siehe dazu unten Rn. 11), nicht abbedungen.[113] Setzt die Gemeinschaftsordnung für eine bauliche Veränderung eine Verwalterzustimmung voraus, ist dies im Regelfall lediglich ein **Vorschalterfordernis**, das eigenmächtiges Handeln eines Wohnungseigentümers, der meint, dass niemand beeinträchtigt sei, verhindern soll.[114] Durch eine Verwalterzustimmung wird das gesetzliche Zustimmungserfordernis eines eventuell nachteilig betroffenen Wohnungseigentümers nicht ersetzt.[115]

Zu den **Abwehransprüchen** bei eigenmächtigen Veränderungen am gemeinschaftlichen Eigentum siehe oben Rn. 1 a.E.

f) Verlangen einer Zustimmungserklärung

Die Problematik, dass eine Zustimmungserklärung von anderen Eigentümern verlangt wird, stellt sich nicht, wenn ein – möglicherweise auch fehlerhafter – **positiver Beschluss** zu der beabsichtigten baulichen Maßnahme vorliegt. Hinzuweisen ist dabei nochmals auf Rn. 1, dass eine Bestimmung in der Teilungserklärung, wonach in bestimmten Räumen eine Nutzung zu **beliebigen gewerblichen Zwecken** zulässig ist, **keine** Ermächtigung zu jeglichen **baulichen Veränderungen**, die ein etwaiges Gewerbe erfordert, beinhaltet.[116]

7

Liegt nun – aus welchen Gründen auch immer – kein positiver Beschluss vor, muss geklärt werden, ob ein Eigentümer etwas verlangen kann. Durch die Formulierung, dass bauliche Veränderungen und Aufwendungen nicht nur beschlossen, sondern auch „**verlangt**" werden können, hat der Gesetzgeber Fragen aufgeworfen, die in der Literatur unterschiedlich beantwortet werden. Auch wenn dabei bauliche Maßnahmen im gemeinschaftlichen Eigentum im Vordergrund stehen, die ein Eigentümer vor allem in seinem **Individualinteresse selbst** durchführen möchte, können sich auch Probleme bei einer anderen Fallgestaltung ergeben. Denkbar ist nämlich auch, dass

---
110 OLG München v. 31.5.2007 – 34 Wx 112/06, NZM 2007, 842.
111 LG München I v. 20.6.2011 – 1 S 23256/10, ZWE 2011, 423.
112 Siehe dazu unten Rn. 23, 24.
113 OLG Frankfurt/Main v. 24.4.2006 – 20 W 294/03, ZWE 2006, 409.
114 LG München I v. 20.6.2011 – 1 S 23256/10, ZWE 2011, 423.
115 OLG Köln v. 15.10.2003 – 16 Wx 97/03, ZMR 2004, 146.
116 OLG München v. 18.7.2006 – 32 Wx 90/06, 32 Wx 090/06, ZMR 2006, 948.

ein Eigentümer eine bauliche Maßnahme **durch** die **Gemeinschaft** begehrt, unabhängig davon, ob diese nach seiner Vorstellung nur in seinem oder im Interesse auch der übrigen Eigentümer ist. Fraglich ist dabei zum einen, wer dem Verlangen zugestimmt haben oder zustimmen muss[117] und zum anderen, in welcher Form die Zustimmung zu erklären ist. Schließlich ist auch die Frage zu klären, wer sich an den Kosten der Maßnahme beteiligen muss.

a) Wenn ein Eigentümer erreichen möchte, dass eine **Baumaßnahme durch die Gemeinschaft**, vertreten durch den Verwalter, durchgeführt werden soll, muss er versuchen, **einen positiven Beschluss** hierüber herbeizuführen. Dies ergibt sich schon daraus, dass der Verwalter sowohl im Innenverhältnis nach § 27 Abs. 1 Nr. 1 als auch im Außenverhältnis nach § 27 Abs. 3 Nr. 7 nur verpflichtet ist, Beschlüsse der Wohnungseigentümer zu vollziehen. Ein positiver Beschluss kommt zustande, wenn die **Mehrheit** für ihn stimmt, wobei **alle Beeinträchtigten** (siehe dazu unten Rn. 11) zugestimmt haben müssen. Gibt es keine Beeinträchtigten, reicht es auch aus, wenn nur ein Eigentümer (i.d.R. der Antragsteller) zustimmt und die anderen Eigentümer, deren Zustimmung nach § 22 Abs. 1 Satz 2 nicht erforderlich ist (siehe dazu unten Rn. 14), sich der Stimme enthalten.

Da ein Beschluss zur Zulässigkeit einer baulichen Veränderung vorliegt, wirkt dieser gemäß § 10 Abs. 4 ohne weiteres auch gegenüber **Sondernachfolgern**. Die zur Problematik nach der alten Gesetzeslage ergangene Rechtsprechung[118] ist mit der Neufassung des § 22 gegenstandslos geworden. Sie ist wegen § 10 Abs. 3[119] jedoch noch dann von Bedeutung, wenn eine von § 22 Abs. 1 abweichende Vereinbarung getroffen wurde und diese Vereinbarung nicht im Grundbuch eingetragen ist.[120]

Wie bei Rn. 6 oben dargestellt, müssen aufgrund der Entscheidung des BGH diejenigen Eigentümer, welche dem Beschluss **nicht zugestimmt** haben, wegen § 16 Abs. 6 auch **keine Kosten** der Baumaßnahme tragen.[121] Etwas anderes gilt nur dann, wenn für die Maßnahme auch ein wirksamer Beschluss nach § 16 Abs. 4 gefasst wurde, da dann nach dem Gesetzeswortlaut § 16 Abs. 6 nicht anwendbar ist. Dabei ist aber zu beachten, dass mit dem **Beschluss** nach **§ 16 Abs. 4** nur die **Herstellungskosten** für die Maßnahme und **nicht** etwa auch alle **künftigen Instandhaltungs- oder Instandsetzungskosten** geregelt sind. Ein derartiger Beschluss, der in der Praxis durchaus verbreitet sein dürfte, würde nicht lediglich einen Einzelfall, sondern eine Vielzahl von Fällen betreffen, wofür die Vorschrift aber keine **Beschlusskompetenz** gibt.[122] Bei einer derartigen Teilnichtigkeit wird entsprechend § 139 BGB zu prüfen sein, ob nicht der Beschluss insgesamt nichtig ist, womit auch der Beschluss keine Wirkungen entfalten würde, soweit die Baumaßnahme gebilligt wurde. Da die Frage der

---

117 Siehe dazu unten Rn. 11–12.
118 Etwa: OLG München v. 31.5.2007 – 34 Wx 112/06, ZMR 2007, 643; OLG Stuttgart v. 18.8.1998 – 8 W 188/98, ZMR 1998, 802.
119 Siehe dazu oben Rn. 6 und die dortigen Verweise.
120 Siehe etwa: OLG Frankfurt/Main v. 1.2.2006 – 20 W 291/03, ZWE 2006, 392.
121 BGH v. 11.11.2011 – V ZR 65/11, NJW 2012, 603.
122 LG München I v. 13.1.2014 – 1 S 1817/13, ZWE 2014, 186; LG München I v. 23.6.2014 – 1 S 13821/13, ZMR 2014, 920.

Kostentragung für künftige Instandhaltungs- und Instandsetzungsmaßnahmen regelmäßig eine zentrale Frage bei der Entscheidung der Wohnungseigentümer darstellt, dürfte häufig die **Gesamtnichtigkeit** des Beschlusses die Folge sein.[123] Wenn die Eigentümer künftige entstehende Instandhaltungskosten einem einzelnen Eigentümer auferlegen wollen, werden sie jedes Mal, wenn solche Kosten anfallen, einen Beschluss nach § 16 Abs. 4 fassen müssen.

Nicht möglich ist es dagegen, einzelne **Zustimmungen** nur unter etwa der auflösenden **Bedingung** abzugeben, dass jetzt und in Zukunft für den Zustimmenden keine **Kosten** im Zusammenhang mit der Maßnahme anfallen.[124]

Einen möglichen **Negativbeschuss** muss der Eigentümer anfechten und eine anderslautende Entscheidung des Gerichts gemäß § 21 Abs. 8 oder § 21 Abs. 4 herbeiführen. Der Negativbeschluss kann zustande gekommen sein, weil entweder ein beeinträchtigter Eigentümer nicht zugestimmt hat oder weil die Mehrheit der ggf. auch nicht beeinträchtigten Eigentümer (deren Zustimmung nach Satz 2 – siehe dazu unten Rn. 14 – nicht erforderlich war und die sich auch der Stimme enthalten hätten können) gegen den Antrag gestimmt hat.

Sowohl die Klage nach § 21 Abs. 8 als auch eine **Beschlussersetzungsklage** nach § 21 Abs. 4 hat sich gegen **alle übrigen Eigentümer** zu richten.[125] Unerheblich ist insoweit daher, ob die übrigen Eigentümer für den gestellten Antrag gestimmt haben oder ob ihre Zustimmung nach § 22 Abs. 1 Satz 2 erforderlich gewesen wäre.[126]

Siehe zur Beschlussersetzungsklage **allgemein** und zum **Prüfungsumfang** des Gerichts **§ 21 Rn. 39, 91 und § 23 Rn. 39.**

Eine Klage wird dabei bei der begehrten Zustimmung zu einer baulichen Veränderung nur dann **Erfolgsaussichten** haben, wenn der einzelne Eigentümer tatsächlich die Zustimmung der übrigen Eigentümer verlangen kann.

Dies kann er etwa nicht, wenn die **notwendige Zustimmung** eines Eigentümers, der über das in § 14 Nr. 1 bestimmte Maß hinaus beeinträchtigt ist, fehlt. Dies ergibt sich schon aus dem klaren Wortlaut des § 22 Abs. 1, wonach die Maßnahme nur beschlossen werden bzw. eine Zustimmung hierzu verlangt werden kann, wenn **alle beeinträchtigen Eigentümer** zugestimmt haben. Eine Verpflichtung eines beeinträchtigten Eigentümers, der Maßnahme dennoch zuzustimmen, sieht das Gesetz nicht vor.

Haben dagegen **alle beeinträchtigten Eigentümer** zugestimmt oder gibt es **keine Beeinträchtigungen**, ist es aber aufgrund der **Mehrheit** der **nicht**

---

123 LG München I v. 23. 6. 2014 – 1 S 13821/13, ZMR 2014, 920.
124 Siehe dazu auch § 23 Rn. 19.
125 LG Hamburg v. 11. 1. 2012 – 318 S 268/10, ZMR 2012, 470 (zur Klage nach § 21 Abs. 8)
126 Die in der Vorauflage noch vertretene andere Auffassung wird nach der Entscheidung des BGH v. 11. 11. 2011 – V ZR 65/11, NJW 2012, 603 zu § 16 Abs. 6 nicht mehr aufrechterhalten.

beeinträchtigten Eigentümer dennoch zu einem **Negativbeschluss** gekommen, wird dennoch regelmäßig die Begründetheit der Klage fraglich sein.

Auszugehen ist zunächst davon, dass ein Eigentümer **keinen Anspruch** darauf hat, dass ein Beschluss gefasst wird, wonach die **Gemeinschaft** die gewünschte Maßnahme selbst **durchzuführen** hat.[127] Den Eigentümern steht als Folge der Privatautonomie auch bei der Beschlussfassung darüber, ob eine Baumaßnahme im Sinne des § 22 Abs. 1 durchgeführt wird, ein **Ermessens-** oder **Gestaltungsspielraum** zu. Das Gericht hat dabei grundsätzlich jede vertretbare Mehrheitsentscheidung hinzunehmen.[128]

Nur wenn das Gericht der Auffassung ist, dass die Eigentümer bei der Ablehnung ihren Ermessensspielraum überschritten und das Ermessen fehlerhaft ausgeübt haben, wird es nachfolgende Punkte prüfen.

Ob das Gericht bei einer Klage nach **§ 21 Abs. 8** dann bereits den abschließenden Beschluss zur Baumaßnahme ersetzt oder ob es zunächst nur die Frage des **„Ob"** entscheidet und die Frage des **„Wie"** einer weiteren Entscheidung der Eigentümer überlässt, hängt von den konkreten Umständen des Einzelfalls ab.[129] Da in die **Privatautonomie** der Wohnungseigentümer durch das Gericht nur so weit eingegriffen wird, als dies notwendig ist, wird in der Praxis, da meist mehrere Möglichkeiten der Durchführung der Baumaßnahme gegeben sind bzw. mehrere Angebote von Firmen vorliegen, im Regelfall nur über das „Ob" entschieden werden (siehe dazu auch § 21 Rn. 86ff, insbesondere Rn. 91).

Aus diesem Grund wird auch häufig eine **Beschlussersetzungsklage** nach § **21 Abs. 4** keine Aussicht auf Erfolg haben, da meist kein Anspruch darauf bestehen wird, dass genau der gestellte Antrag umgesetzt wird (siehe dazu auch § 21 Rn. 38ff.). Den Eigentümern steht nämlich grundsätzlich ein **Ermessens-** bzw. **Beurteilungsspielraum** bei der Durchführung der Baumaßnahme zu (etwa: welche technische Lösung, welche Firma, billigstes Angebot etc.).

Zur **Kostentragung** für die Baumaßnahme aufgrund einer gerichtlichen Entscheidung dürfte Folgendes gelten (soweit ersichtlich liegen hierzu noch keine Gerichtsentscheidungen vor):

Im Falle einer erfolgreichen **Beschlussersetzungsklage** sind die Kosten nach dem **allgemeinen Verteilungsschlüssel** des § 16 Abs. 2 zu verteilen, da § 16 Abs. 6 nicht eingreift. Das Urteil ersetzt die Zustimmung aller Wohnungseigentümer, sodass sich alle Wohnungseigentümer so behandeln lassen müssen, als hätten sie dem Antrag zugestimmt und es wäre ein allstimmiger Beschluss zustande gekommen. Selbst wenn man dieser Meinung nicht folgen würde, würde sich an der Kostentragungspflicht aller nichts ändern. In diesem Fall hätte kein Eigentümer (formell) der Maßnahme zugestimmt. Dies kann aber nicht dazu führen, dass nach § 16

---

127 BT-Drucks. 16/887, S. 29.
128 Siehe dazu auch: § 21 Rn. 23.
129 BGH v. 20.11.2015 – V ZR 284/14 (nach BGH-Internetseite); BGH v. 24.5.2013 – V ZR 182/12, NJW 2013, 2271.

Besondere Aufwendungen, Wiederaufbau § 22 WEG

Abs. 6 alle Eigentümer von der Kostentragungspflicht befreit sind. Die angefallenen Kosten müssen dann vielmehr, ähnlich wie im Falle von unberechtigten Ausgaben, auf **alle Eigentümer** nach § 16 Abs. 2 umgelegt werden.[130] Aus dem gleichen Grunde greift auch bei einer Entscheidung des Gerichts nach **§ 21 Abs. 8** der allgemeine Verteilungsschlüssel des § 16 Abs. 2 ein, so dass auch hier **alle Eigentümer** die Kosten der Baumaßnahme tragen müssen.

Etwas anderes würde aber gelten, wenn das Gericht auch eine **Entscheidung** nach **§ 16 Abs. 4** getroffen hätte. Hat das Gericht, wie wohl in den meisten Fällen, keine Entscheidung nach § 16 Abs. 4 getroffen, sollte es den **Eigentümern möglich** sein, auch nach der gerichtlichen Entscheidung über die Baumaßnahme noch eine Entscheidung über die Kostentragung nach § 16 Abs. 4 zu treffen. Dies erscheint auch nicht unbillig, da der Eigentümerbeschluss nach § 16 Abs. 4 angefochten und so durch das Gericht überprüft werden kann.

b) Eine in der Praxis häufige Fallgestaltung ist, dass ein **Eigentümer** eine bauliche **Maßnahme** im Gemeinschaftseigentum vor allem in seinem **Individualinteresse selbst** durchführen möchte. Hier wird keine Baumaßnahme der Gemeinschaft beschlossen, sondern es wird eine Baumaßnahme eines Eigentümers (welche grundsätzlich einen unzulässigen Eingriff in das Gemeinschaftseigentum darstellen würde) **genehmigt**. Auch wenn sich hier im Grundsatz die gleichen Fragen stellen, wie oben bei a) (was muss von wem in welcher Form erklärt werden und wer muss ggf. Kosten tragen), zeigen sich hier einige Besonderheiten.

8

Auszugehen ist zunächst davon, dass ein Eigentümer nach dem Willen des Gesetzgebers einen **Anspruch** darauf hat, dass eine **Willensbildung** in der Gemeinschaft im Beschlusswege erfolgt zu einer Maßnahme, die der Eigentümer (auf seine Kosten) durchführen lassen möchte. **Inhalt** eines auf dieses Verlangen hin ergangenen Beschlusses ist daher, dass die Maßnahme dem einzelnen Eigentümer **gestattet** wird[131], was jedoch bedeutet, dass damit der Maßnahme des Eigentümers zugestimmt wird.[132]

Einer Willensbildung der Gemeinschaft bedarf es dabei grundsätzlich auch, wenn der bauwillige Eigentümer vorbringt, die bauliche Veränderung würde für **keinen** anderen Eigentümer eine **Beeinträchtigung** darstellen, die über das Maß des § 14 Nr. 1 hinausgeht. Teilweise wird dazu vertreten, dass eine Zustimmung insgesamt entbehrlich ist, wenn eine Beeinträchtigung im Sinne des § 14 Nr. 1 fehlt.[133] Dem kann zwar grundsätzlich zugestimmt werden, in der Praxis wird die Anwendung aber auf absolute **Ausnahmefälle** beschränkt sein. Das Landgericht München I hat dazu entschieden, dass die **Vorbefassung** (und damit Beschlussfassung hierzu- siehe nachstehend-) der Eigentümerversammlung mit der baulichen Veränderung nur dann entbehrlich ist, wenn sie dem Eigentümer ausnahmsweise unzumutbar ist, weil etwa im Einzelfall **eindeutig** und

---

130 Siehe zur Behandlung von unberechtigten Ausgaben § 28 Rn. 73 und Rn. 55.
131 BT-Drucks. 16/887, S. 29.
132 So auch: Bärmann-Merle, § 22 Rn. 160.
133 Jennißen-Hogenschurz, § 22 Rn. 29.

ohne weitere Prüfung feststeht, dass keinerlei Nachteile im Sinne des § 14 Nr. 1 ausgelöst werden.[134] Dies wird etwa bei einem Nagel oder Dübel in der Außenmauer des Hauses der Fall sein können. Meist aber ist gerade die Frage der Beeinträchtigung streitig. Nimmt dann der Eigentümer eigenmächtig eine bauliche Veränderung unter Berufung auf eine fehlende Beeinträchtigung vor, wird im anschließenden gerichtlichen Beseitigungsverfahren (siehe dazu oben Rn. 1) nur geprüft werden, ob eine Beeinträchtigung im Sinne des § 14 Nr. 1 vorliegt. Bejaht das Gericht diese Frage, wird der Beseitigungsklage ohne weitere Prüfung stattzugeben sein. Nur ausnahmsweise wird dem Einwand des die Baumaßnahme durchführenden Eigentümers, das Beseitigungsverlangen stelle einen **Rechtsmissbrauch** dar, weil er einen Anspruch auf die Baumaßnahme habe, stattzugeben sein.[135] Dies setzt aber voraus, dass den Eigentümern insoweit kein Ermessensspielraum zusteht und sie verpflichtet sind, genau dieser Maßnahme (an der Stelle, in der Art der Ausführung usw.) zuzustimmen. Besteht zwar der Anspruch grundsätzlich, kommen für die Umsetzung der Baumaßnahme aber mehrere Möglichkeiten in Betracht, greift der Einwand des Rechtsmissbrauchs nicht und die Baumaßnahme muss zunächst beseitigt werden.

Zum Verbot der Benachteiligung von Behinderten siehe unten Rn. 12.

Zur Beseitigung von Parabolantennen siehe § 14 Rn. 28 ff.

Streitig und höchstrichterlich noch nicht abschließend geklärt ist, in welcher **Form** eine erforderliche **Zustimmung** erklärt werden muss. Die Gesetzesbegründung[136] trägt zur Form der Zustimmung nur eingeschränkt zur Aufklärung bei. So soll sich aus Satz 1 ein Anspruch des Einzelnen gegen die anderen Wohnungseigentümer ergeben, eine Maßnahme im Beschlusswege zu gestatten, wenn alle Wohnungseigentümer zugestimmt haben, deren Rechte über das in § 14 Nr. 1 bestimmte Maß hinaus beeinträchtigt sind. Andererseits soll die Formulierung „verlangt" dahingehend zu verstehen sein, dass auf Verlangen eines einzelnen Wohnungseigentümers eine entsprechende Willensbildung der Eigentümergemeinschaft eingefordert wird, also die Erklärung des Einverständnisses mit der Durchführung der Maßnahme durch den Einzelnen, nicht aber dahin, dass die Gemeinschaft selbst die Maßnahme durchzuführen habe.[137]

Daraus wird teilweise geschlossen, dass die Zustimmungserklärung nicht zwingend durch Eigentümerbeschluss, sondern wie schon nach altem Recht auch weiterhin durch ein **formloses**, empfangsbedürftiges, einseitiges Rechtsgeschäft erfolgen kann, die auch einen Sonderrechtsnachfolger des Zustimmenden bindet.[138]

---

134 LG München I v. 16. 11. 2009 – 1 S 4964/09, ZWE 2010, 98.
135 BGH v. 5. 12. 2003 – V ZR 447/01, NZM 2004, 103 (zum so genannten dolo-petit-Einwand).
136 BT-Drucks. 16/887, S. 28 ff.
137 BT-Drucks. 16/887, S. 29.
138 So etwa: *Jennißen-Hogenschurz*, § 22 Rn. 12 ff.; *Palandt-Bassenge*, WEG § 22 Rn. 7; beispielhaft für die obergerichtliche Rechtsprechung zum alten Recht: OLG München v. 31. 5. 2007 – 34 Wx 112/06, ZMR 2007, 643; OLG Stuttgart v. 18. 8. 1998 – 8 W 188/98, ZMR 1998, 802.

Andererseits wird die Meinung vertreten, dass die Zustimmung nunmehr nur noch im förmlichen **Beschlussverfahren** abgegeben werden kann.[139] Die erforderliche Beschlussfassung vor Durchführung einer baulichen Maßnahme soll verhindern, dass **vollendete Tatsachen** geschaffen werden, ohne dass vorher geprüft wurde, wen die Maßnahme benachteiligt.[140]

Der **BGH** hat die Frage bisher offengelassen.[141] Das Landgericht München I hat die Frage dahingehend beantwortet, dass die Zustimmung **nur durch** einen **Beschluss** erfolgen kann. Es hat ausgeführt, dass § 22 Abs. 1 Satz 1 dem einzelnen Eigentümer ausdrücklich das Recht einräumt, einen Genehmigungsbeschluss zu verlangen, um verbindlich festzustellen, ob die übrigen Eigentümer mit der baulichen Veränderung (sei es insgesamt, nur unter Auflagen oder gar nicht) einverstanden sind. Dabei müssen die Eigentümer klären, ob die bauliche Veränderung einen Nachteil im Sinne des § 14 Nr. 1 auslöst und ob gegebenenfalls benachteiligte Eigentümer zugestimmt haben. Gibt es keinen Nachteil oder haben die Benachteiligten zugestimmt, müssen die Eigentümer durch Beschluss gemäß § 22 Abs. 1 ihr Einverständnis mit der baulichen Änderung erklären. Dieser Beschlussfassung können sich die Eigentümer nicht entziehen. Für die Geltendmachung eines Anspruchs gemäß § 22 Abs. 1 Satz 1 kann insoweit nichts anderes gelten, als für die Geltendmachung eines Anspruchs gemäß § 21 Abs. 4. Der Wortlaut beider Normen „kann verlangen" bzw. „können verlangt werden" ist im entscheidenden Punkt der gleiche.[142] In einer weiteren Entscheidung hat das Landgericht München I klargestellt, dass die **isolierte Zustimmung** beeinträchtigter Wohnungseigentümer außerhalb eines Beschlussverfahrens nach § 23 Abs. 1 oder Abs. 3 grundsätzlich bedeutungslos ist und eine Maßnahmen nach § 22 Abs. 1 Satz 1 nicht legitimiert. Eine isoliert **außerhalb** eines **Beschlussverfahrens** formlos erklärte **Zustimmung** zu einer zustimmungsbedürftigen Maßnahme nach §§ 22 I 1, 14 Nr. 1 löst den **Missbrauchseinwand** nach § 242 BGB gegen ein **Beseitigungsverlangen** nicht aus, solange keine außergewöhnlichen Umstände vorliegen.[143]

Eine sonstige landgerichtliche Rechtsprechung zur Frage, in welcher Form einem Verlangen eines Eigentümers nach derzeitiger Rechtslage entsprochen werden muss, liegt bisher kaum vor.[144]

Nach der hier vertretenen Meinung sollte zu der Frage, was durch einen Eigentümer „verlangt" werden kann, im Ergebnis der Meinung gefolgt

---

139 So etwa: *Bärmann-Merle*, § 22 Rn. 160; *Hügel/Elzer*, § 22 Rn. 31, 32.
140 LG München I v. 16. 11. 2009 – 1 S 4964/09, ZWE 2010, 98.
141 BGH v. 7. 2. 2014 – V ZR 25/13, NJW 2014, 1090; BGH v. 8. 4. 2011 – V ZR 210/10, WuM 2011, 386 (= ZWE 2011, 259); BGH v. 21. 10. 2011 – V ZR 265/10, NJW-RR 2012, 140 .
142 LG München I v. 16. 11. 2009 – 1 S 4964/09, ZWE 2010, 98.
143 LG München I v. 6. 7. 2015 – 1 S 22070/14, WuM 2015, 752.
144 LG Hamburg v. 16. 1. 2013 – 318 S 55/12, ZMR 2013, 373; LG Berlin v. 29. 10. 2010 – 55 S 155/10, ZWE 2011, 181 (jeweils: förmlicher Beschluss erforderlich); a.A. wohl: LG Frankfurt v. 30. 4. 2014 – 2-13 S 38/13, ZMR 2014, 821.

werden, wonach (wenn keine abweichende Vereinbarung eingreift[145]) ein **förmliches Beschlussverfahren** erforderlich ist. Auf diese Weise kann auch das in der Praxis nicht selten anzutreffende Überrumpeln eines Eigentümers häufig in Situationen, in denen sich dieser nicht bewusst ist, dass hier maßgebliche rechtsgeschäftliche Erklärungen abgegeben werden, vermieden werden. Einwände eines Eigentümers gegen das Vorhaben werden vielmehr in einer Versammlung der Eigentümer angesprochen und ggf. von allen diskutiert. So wird auch vermieden, dass einzelne Eigentümer, ggf. auch noch in gestaffelten Prozessen, auf Abgabe einer Willenserklärung verklagt werden.

Zur Zustimmung im Sinne des § 22 Abs. 1 siehe auch unten **Rn. 13**.

Zum **Zustandekommen** eines **positiven Beschlusses** und zu dem möglichen **Vorgehen** gegen einen **negativen Beschluss** (Anfechtungs-, Beschlussersetzungs- und Klage nach § 21 Abs. 8 **gegen alle übrigen Eigentümer**) wird auf die Ausführungen oben bei Rn. 7 Bezug genommen, die grundsätzlich hier ebenfalls herangezogen werden können.

Zu einer möglichen Verpflichtung der zustimmenden Eigentümer, **Kosten** für die Durchführung der Baumaßnahme oder spätere Instandhaltungs- oder Instandsetzungskosten zu tragen, ist ergänzend auf Folgendes hinzuweisen (Rechtsprechung ist -soweit erkennbar- insoweit noch nicht vorhanden).

Da die **Baumaßnahme** hier nicht durch die Gemeinschaft, sondern einen einzelnen Eigentümer durchgeführt wird, fallen zunächst insoweit auch keine Kosten bei der Gemeinschaft an, welche verteilt werden müssten. Dennoch empfiehlt es sich, in dem Beschluss bereits ausdrücklich klarzustellen, dass dem Einzelnen **gestattet** wird, die Baumaßnahme **auf seine eigenen Kosten** durchzuführen. Ohne eine derartige Klarstellung dürfte nicht gesichert sein, dass die Gerichte den Beschluss in diesem Sinne, der einer Regelung nach § 16 Abs. 4 entspricht, auslegen. Da aber durch die bauliche Maßnahme gemeinschaftliches Eigentum verändert oder neu geschaffen wird, was durchaus der Gesamtgemeinschaft zu Gute kommen könnte, kann nicht ausgeschlossen werden, dass der durchführende Eigentümer später einen Anspruch etwa aufgrund einer behaupteten Bereicherung nach § 812 BGB gegen die Gemeinschaft geltend macht. Ob ein bloßer Gestattungsbeschluss einen derartigen Anspruch bereits ausschießen würde, ist zweifelhaft. Fraglich ist auch, ob auf einen solchen Bereicherungsanspruch § 16 Abs. 4 unmittelbar anwendbar ist. Nach der hier vertretenen Meinung darf den übrigen Eigentümern aber alleine aufgrund des Umstandes, dass die Baumaßnahme nicht durch die Gemeinschaft, sondern durch einen Eigentümer (in dessen Interesse) durchgeführt wurde, die Möglichkeit einer Kostenverteilungsentscheidung nach § 16 Abs. 4 nicht abgeschnitten werden. Die Eigentümer können daher auch noch nach der Geltendmachung des Anspruchs durch den Einzelnen einen **Beschluss** nach **§ 16 Abs. 4** fassen.

---

145 Siehe dazu oben Rn. 1.

Wie bei Rn. 7 dargestellt, darf dieser Beschluss nach § 16 Abs. 4 aber **nicht** auch die Kostentragung für spätere **Instandhaltungen** und **Instandsetzungen** mit umfassen, da hierzu die Beschlusskompetenz fehlt.

Obgleich nach dem Gesetzeswortlaut die Maßnahmen nur dann beschlossen oder verlangt werden können, wenn die im zweiten Halbsatz genannten Wohnungseigentümer zustimmen, ist dies nicht dahingehend zu verstehen, dass diese Zustimmung **kompetenzbegründend** wäre. Der Gesetzgeber wollte damit nur die für das Zustandekommen eines positiven Beschlusses erforderliche Stimmenzahl regeln.[146] Siehe zum Zustandekommen eines Beschlusses § 23 Rn. 19 ff. und zum **Mehrheitsbeschluss** insbesondere § 23 Rn. 23. 9

h) Wohnungseigentümer

Wohnungseigentümer[147] ist nur, wer nach materiellem Recht (§§ 873, 925 BGB) das Wohnungs- oder Teileigentum wirksam erworben hat. Dies ist in der Regel derjenige, der zu Recht im Wohnungsgrundbuch eingetragen ist.[148] 10

i) Beeinträchtigte ("... über das in § 14 Nr. 1 bestimmte Maß hinaus ...")

Zustimmen müssen nur diejenigen Wohnungseigentümer, welche durch die Maßnahme über das in § 14 Nr. 1 bestimmte Maß hinaus beeinträchtigt sind.[149] Nach § 14 Nr. 1 darf danach keinem Wohnungseigentümer ein **Nachteil** erwachsen, der über das bei einem geordneten Zusammenleben unvermeidliche Maß hinausgeht.[150] Als Nachteil für einen anderen Wohnungseigentümer ist jede **nicht** ganz **unerhebliche Beeinträchtigung** zu verstehen.[151] Es reicht dabei auch aus, dass lediglich die Gefahr vorliegt, dass durch eine Maßnahme entweder einem **Eigentümer** oder der **Gemeinschaft** ein Schaden entsteht oder dass Schäden am Gemeinschaftseigentum nicht mehr oder nur noch unter Schwierigkeiten festgestellt werden können.[152] Ein Nachteil liegt aber erst vor, wenn die **Gefahr** aufgrund der konkreten Umstände hinreichend wahrscheinlich ist.[153] Dies ist bei Errichtung einer **Mobilfunksendeanlage** wegen des Streits um die von ihr ausgehenden Gefahren der Fall, da die ernsthafte Möglichkeit einer **Wertminderung** der Eigentumswohnung bei Vermietung oder Verkauf besteht. Für die Konkretisierung dieser spezifisch wohnungseigentumsrechtlichen Geringfügigkeit liefern die in § 906 Abs. 1 Satz 2 BGB genannten **immissionsrechtlichen Grenz-** und **Richtwerte** keinen brauchbaren Maßstab. Das Zusammenleben in einer Woh- 11

---

146 BT-Drucks. 16/887, S. 28; LG München I v. 3.12.2007 – 1 T 14033/06, ZMR 2008, 915 (zum Mehrheitsquorum bei einer in der Gemeinschaftsordnung enthaltenen Öffnungsklausel).
147 Zum Begriff des Wohnungseigentümers siehe genauer § 10 Rn. 3.
148 OLG Brandenburg v. 9.1.2006 – 13 Wx 17/05, ZWE 2006, 447.
149 Siehe dazu auch oben Rn. 7 und 8.
150 Siehe dazu auch § 14 Rn. 5 und 6.
151 BVerfG v. 6.10.2009 – 2 BvR 693/09, ZWE 2009, 438; BVerfG v. 22.12.2004 – 1 BvR 1806/04, NZM 2005, 182; BGH v. 19.12.1991 – V ZB 27/90, BGHZ 116, 392; BayObLG v. 9.3.1989 – BReg 2 Z 2/89, BReg 2 Z 132/88, Grundeigentum 1989, 617.
152 OLG Bremen v. 20.2.1998 – 3 W 24/97, OLGR Bremen 1998, 352.
153 BGH v. 8.4.2011 – V ZR 210/10, WuM 2011, 386 (= ZWE 2011, 259).

nungseigentumsanlage verlangt auch bei Entscheidungen über bauliche Veränderungen ein stärkeres Maß an **Rücksichtnahme**.[154] Erheblich kann aber auch eine **optische Beeinträchtigung** sein. Nur konkrete und objektive Beeinträchtigungen sind als Nachteil im Sinne des § 14 Nr. 1 anzusehen; entscheidend ist, ob sich nach der **Verkehrsanschauung** ein Wohnungseigentümer in der entsprechenden Lage verständlicherweise beeinträchtigt fühlen kann.[155] Durch den Begriff „unvermeidlich" hat das Gesetz eine Generalklausel eingeführt, die Raum für eine die betroffenen **Grundrechte** berücksichtigende Auslegung gibt. Da sich in einer Wohnungseigentümergemeinschaft die Grundrechte aus Art. 14 GG der einzelnen Wohnungseigentümer gegenüberstehen, ist regelmäßig eine fallbezogene **Abwägung** der beiderseits grundrechtlich geschützten Interessen erforderlich.[156] Werden gleichzeitig diverse einzelne Baumaßnahmen beschlossen, die alle ein **einheitliches Ziel** haben, etwa eine Gewerbeeinheit umzubauen, darf nicht nur jede einzelne Teilbaumaßnahme für sich allein, sondern es muss auch das **Gesamtvorhaben** insgesamt beurteilt werden.[157]

Bei der Beeinträchtigung können aber die **Kosten** der baulichen Maßnahme und eine mögliche **Haftung** im Außenverhältnis **nicht** berücksichtigt werden.[158]

Wegen der näheren Einzelheiten wird zunächst allgemein auf die Kommentierung zu § 14 Rn. 2–7 Bezug genommen. Näheres zum Maßstab des § 14 Nr. 1 kann hinsichtlich baulicher Veränderungen § 14 Rn. 10–16 (insbesondere auch zu **Statik, Brandsicherheit, Schallschutz** allgemein und **Trittschallschutz**) sowie Rn. 46 und 47 entnommen werden. Die Problematik der **optischen Beeinträchtigungen** wird bei § 14 Rn. 26–43 und **sonstiger Beeinträchtigungen** bei Rn. 50 dargestellt (insbesondere zu architektonischem Erscheinungsbild, Parabolantennen, Blumentrögen, Fenstern und Terrassentüren, Fassadenbegrünung, Funkantennen, Gartenhaus, Geräteschuppen, Leuchtreklamen, Markisen, Pergola, Rollladenkästen, Videoüberwachung, Werbeanlagen, Wohnungseingangstüren und Wintergärten).

Ergänzend sei hier auf folgende neuere Entscheidungen hingewiesen:

Eine von einem Wohnungseigentümer eigenmächtig vorgenommene bauliche Maßnahme (hier: Terrassenüberdachung) begründet einen Nachteil für alle Wohnungseigentümer, wenn sie die **Instandsetzung** des gemeinschaftlichen Eigentums **erschwert**; eine angebotene **finanzielle Kompensation** lässt den Nachteil nicht entfallen, sondern kann nur als Mittel dienen, um die anderen Wohnungseigentümer zu der Erteilung der Zustimmung zu bewegen.[159]

---

154 BGH v. 24.1.2014 – V ZR 48/13, NJW 2014, 1233.
155 BGH v. 19.12.1991 – V ZB 27/90, BGHZ 116, 392; BayObLG v. 4.12.1986 – BReg 2 Z 40/86, ZMR 1987, 190.
156 BVerfG v. 22.12.2004 – 1 BvR 1806/04, NZM 2005, 182 (zur Eigentumsbeeinträchtigung eines anderen Eigentümers bei Errichtung eines Wintergartens – auf einer Sondernutzungsfläche); OLG München v. 2.6.2005 – 32 Wx 024/05 (bisher nicht veröffentlicht: zu einer im Sondereigentum stehenden Schwimmbadabdeckung).
157 LG München I v. 20.6.2011 – 1 S 23256/10, ZWE 2011, 423.
158 BGH v. 14.12.2012 – V ZR 224/11, NJW 2013, 1439; BGH v. 19.12.1991 – V ZB 27/90, NJW 1992, 978; BGH v. 11.11.2011 – V ZR 65/11, NJW 2012, 603.
159 BGH v. 7.2.2014 – V ZR 25/13, NJW 2014, 1090.

Besondere Aufwendungen, Wiederaufbau § 22 WEG

Der nachträgliche Einbau einer **Videoanlage** im gemeinschaftlichen Klingeltableau kann gemäß § 22 Abs. 1 verlangt werden, wenn die Kamera nur durch Betätigung der Klingel aktiviert wird, eine Bildübertragung allein in die Wohnung erfolgt, bei der geklingelt wurde, die Bildübertragung nach spätestens einer Minute unterbrochen wird und die Anlage nicht das dauerhafte Aufzeichnen von Bildern ermöglicht. Die theoretische Möglichkeit einer manipulativen Veränderung der Anlage rechtfertigt nicht die Annahme einer über das Maß des § 14 Nr. 1 hinausgehenden Beeinträchtigung. Ein Nachteil liegt erst vor, wenn eine Manipulation aufgrund der konkreten Umstände hinreichend wahrscheinlich ist.[160] Der Eingangsbereich einer Wohnungseigentumsanlage kann dagegen nur dann mit einer Videokamera überwacht werden, wenn ein berechtigtes Überwachungsinteresse der Gemeinschaft das Interesse des einzelnen Wohnungseigentümers und von Dritten, deren Verhalten mitüberwacht wird, überwiegt und wenn die Ausgestaltung der Überwachung unter Berücksichtigung von § 6b BDSG inhaltlich und formell dem Schutzbedürfnis des Einzelnen ausreichend Rechnung trägt.[161]

Ein Beschluss über die Errichtung von – einzelne Eigentümer durch **intensivere Nutzung** beeinträchtigenden größeren – **Ständer-Balkonen** bedarf auch der Zustimmung der Benachteiligten.[162]

Eine erhebliche Beeinträchtigung durch ein **Klimagerät** liegt vor, wenn von dem Betrieb des Geräts potentielle Geräuschimmissionen nicht zu vernachlässigender Intensität während der Nachtzeit ausgehen.[163]

Wenn durch die **Aufstockung** eines Hauses eine erhebliche Vergrößerung der nutzbaren Wohnfläche eintritt und damit eine wesentlich **intensivere Nutzung** ermöglicht wird, ist ein solcher Nachteil nicht hinzunehmen.[164]

Eltern haben grundsätzlich **keinen Anspruch** auf Duldung des Einbaus einer **Auffahrtsrampe** für **Kinderwagen**, da die Nachteile für die übrigen Wohnungseigentümer überwiegen (Verkehrsgefährdung, insbesondere bei Dunkelheit, Rutschgefahr).[165]

Auf eine Zustimmung zur Unterschreitung des öffentlich-rechtlichen **Bauwichs** durch einen Nachbarn der Wohnungseigentümergemeinschaft ist § 22 Abs. 1 entsprechend anwendbar. Das macht aber weder den Bauwich noch seine Einhaltung durch den Nachbarn zu einem Teil des Gemeinschaftseigentums. Ein möglicher Verzicht gehört deshalb auch nicht zur Verwaltung des Gemeinschaftseigentums. Eine Zustimmung zur Unterschreitung des Bauwichs führt aber zu einem Heranrücken der Nachbarbebauung. Das wiederum kann sich auf das Gemeinschaftseigentum ähnlich wie eine bauliche Veränderung des Gemeinschaftseigentums selbst auswirken.[166]

---

160 BGH v. 8.4.2011 – V ZR 210/10, WuM 2011, 386 (= ZWE 2011, 259).
161 BGH v. 24.5.2013 – V ZR 220/12, NJW 2013, 3089.
162 LG Hamburg v. 10.8.2010 – 318 T 4/08, ZMR 2011, 410.
163 OLG Düsseldorf v. 16.11.2009 – 3 Wx 179/09, ZWE 2010, 92.
164 BGH v. 6.11.2009 – V ZR 73/09, NZM 2010, 46 (= NJW 2010, 446).
165 AG München v. 9.8.2013 – 481 C 21932/12, ZMR 2013, 1002 (bestätigt durch LG München I v. 30.6.2014 – 1 S 19913/13, BeckRS 2014, 17918).
166 BGH v. 6.11.2009 – V ZR 73/09, NZM 2010, 46 (= NJW 2010, 446).

12 Eine besondere Problematik ergibt sich in den Fällen, in denen ein Eigentümer die Zustimmung zu einer seinem Individualinteresse dienenden baulichen Maßnahme im Hinblick auf eine bei ihm, einem nahen Familienangehörigen oder einem Mieter[167] bestehenden Behinderung verlangt. Dabei kann der einzelne Eigentümer, wie bereits oben bei Rn. 7 dargestellt, von den übrigen Eigentümern nur verlangen, dass er die Maßnahme auf seine Kosten durchführen darf, nicht aber, dass die Gemeinschaft die Maßnahme auf Kosten aller Wohnungseigentümer durchführt. Bei einem derartigen Verlangen ist die bei Rn. 11 genannte **Grundrechtsabwägung** von entscheidender Bedeutung. In die Grundrechtsabwägung sind dabei die Eigentumsrechte aller Eigentümer aus Art. 14 Abs. 1 Satz 1 GG und zusätzlich das sich aus Art. 3 Abs. 3 Satz 2 GG ergebende Verbot der **Benachteiligung Behinderter** mit einzubeziehen, was grundsätzlich dazu führt, dass ein barrierefreier Zugang zur Wohnung gewährleistet sein muss.[168] Nach der Gesetzesbegründung sind bauliche Maßnahmen jedenfalls als unvermeidlich anzusehen, wenn die **Barrierefreiheit** nach objektiven Kriterien geboten und ohne erhebliche Eingriffe in die Substanz des gemeinschaftlichen Eigentums technisch machbar ist.[169]

Bereits nach der alten Fassung des § 22 Abs. 1 war dies in der Rechtsprechung anerkannt, so dass die bisher hierzu ergangenen Entscheidungen weiterhin Geltung haben.

So stellt der Einbau eines **Treppenlifts** im Allgemeinen zwar eine bauliche Veränderung dar. Soweit jedoch durch eine bauliche Veränderung die übrigen Wohnungseigentümer nicht über das unvermeidliche Maß hinaus beeinträchtigt werden, besteht gegen diese ein Anspruch auf Duldung einer baulichen Maßnahme. Daher kann die einzelfallbezogene Grundrechtsabwägung einen Anspruch eines behinderten Wohnungseigentümers gegen die anderen auf Duldung des Einbaus eines Treppenlifts in einer Mehrhausanlage ergeben.[170] Das Art. 3 Abs. 3 Satz 2 GG entspringende Recht auf barrierefreien Zugang zur Wohnung überwiegt dabei regelmäßig insbesondere das Interesse der übrigen Eigentümer an einer Erhaltung des optischen Erscheinungsbildes des Treppenhauses, aber auch ihr Interesse an einem sicherheitsrechtlich unbedenklichen und bequemeren Zustand.[171]

Ein **rollstuhlgerechter Zugang** kann etwa durch eine Terrasse[172] oder durch die Errichtung einer betonierten **Rollstuhlrampe** anstelle eines Pflanzbeets[173] gewährleistet werden.

Ein Eigentümer, dem nach den vorstehenden Ausführungen daher grundsätzlich ein Anspruch auf eine derartige bauliche Maßnahme zusteht, darf diese nicht ohne **Vorbefassung** der **Eigentümerversammlung** und damit ohne einen entsprechenden Beschluss, eigenmächtig durchführen. Zu den

---
167 Bei dem im Hinblick auf den vermietenden Eigentümer § 554a BGB eingreift.
168 Ebenso: *Palandt-Bassenge*, WEG § 22 Rn. 11 und BT-Drucks. 16/887, S. 31.
169 BT-Drucks. 16/887, S. 31.
170 OLG München v. 22.2.2008 – 34 Wx 66/07, NZM 2008, 848; LG Karlsruhe v. 13.7.2012 – 11 S 242/11, ZWE 2013, 37.
171 OLG München v. 12.7.2005 – 32 Wx 051/05, NZM 2005, 707.
172 OLG München v. 7.9.2005 – 34 Wx 43/05, OLGR München 2005, 833.
173 BayObLG v. 29.3.2000 – 2Z BR 159/99, NZM 2000, 672.

Fragen eines möglichen Beseitigungsprozesses und eines denkbaren Einwandes des Rechtsmissbrauchs siehe oben Rn. 7.

j) Zustimmung

Wie bereits bei Rn. 7 und 8 dargestellt, kann nach der Neufassung des Gesetzes die Zustimmung nunmehr nur noch im **förmlichen Beschlussverfahren** abgegeben werden, da durch die erforderliche Beschlussfassung vor Durchführung einer baulichen Maßnahme verhindern werden soll, dass vollendete Tatsachen geschaffen werden, ohne dass vorher geprüft wurde, wen die Maßnahme benachteiligt. Wegen der weiteren Einzelheiten, wie etwa Zustandekommen eines positiven Beschlusses, bedingte Zustimmungserklärung und bedingte Beschlüsse, Kostentragung und Vorgehen bei Negativbeschluss wird auf Rn. 7 und 8 verwiesen. 13

2. Satz 2:

Nach Satz 2 ist eine Zustimmung nicht erforderlich, soweit die Rechte eines Wohnungseigentümers nicht in der in Satz 1 bezeichneten Weise beeinträchtigt werden. Wegen der näheren Einzelheiten kann auf die Kommentierungen zu Satz 1 Bezug genommen werden (siehe insbesondere Rn. 11 bis 13 sowie Rn. 7 und 8). 14

Ergänzend sei hier noch darauf hingewiesen, dass das OLG Köln einen Beseitigungsanspruch verneint und einen Duldungsanspruch des Einzelnen bejaht hat, nachdem es die Zustimmung der übrigen Eigentümer beim Einbau einer zusätzlichen Gittertür als Einbruchsicherung vor der Wohnung eines Miteigentümers im obersten Stockwerk als entbehrlich angesehen hat, da die Tür aus den unteren Stockwerken nicht einsehbar war und damit keine Beeinträchtigung vorlag.[174] Es dürfte sich insoweit um eine Ausnahmekonstellation gehandelt haben.

III. Absatz 2: Modernisierungen und Anpassung an den Stand der Technik

1. Satz 1

a) Maßnahmen gemäß Absatz 1 Satz 1

Absatz 2 erfasst nur Maßnahmen gemäß Abs. 1 Satz 1, also **bauliche Veränderungen** (oben Rn. 3) und **Aufwendungen** (oben Rn.4), die **über die ordnungsgemäße Instandhaltung** und Instandsetzung **hinausgehen**. Zu den Begriffen der ordnungsgemäßen Instandhaltung und Instandsetzung, die auch eine erstmalige Herstellung eines ordnungsgemäßen Zustandes und eine **modernisierende Instandsetzung** umfassen, siehe oben Rn. 5, unten Rn. 25 und § 21 Rn. 51 bis 55. Anders als bei Abs. 1 fallen unter Abs. 2 aber nur bestimmte Modernisierungsmaßnahmen und Anpassungen an den Stand der Technik. Die Einschränkungen sind aus den nachfolgenden Kommentierungen Rn. 16 ff. zu entnehmen. 15

---

174 OLG Köln v. 1.12.2004 – 16 Wx 204/04, NZM 2005, 463.

Zur sinnvollen Prüfungsreihenfolge bei baulichen Maßnahmen und besonderen Aufwendungen wird auf oben Rn. 1 verwiesen.

b) Die der Modernisierung entsprechend § 555b Nummer 1 bis 5 BGB ... dienen

16 In der ersten Alternative greift Abs. 2 ein, wenn die Maßnahme der **Modernisierung** entsprechend § 555b Nummer 1 bis 5 BGB dient.

§ 555b BGB lautet:

Modernisierungsmaßnahmen sind bauliche Veränderungen,

1. durch die in Bezug auf die Mietsache Endenergie nachhaltig eingespart wird (energetische Modernisierung),
2. durch die nicht erneuerbare Primärenergie nachhaltig eingespart oder das Klima nachhaltig geschützt wird, sofern nicht bereits eine energetische Modernisierung nach Nummer 1 vorliegt,
3. durch die der Wasserverbrauch nachhaltig reduziert wird,
4. durch die der Gebrauchswert der Mietsache nachhaltig erhöht wird,
5. durch die die allgemeinen Wohnverhältnisse auf Dauer verbessert werden,
6. die auf Grund von Umständen durchgeführt werden, die der Vermieter nicht zu vertreten hat, und die keine Erhaltungsmaßnahmen nach § 555a sind, oder
7. durch die neuer Wohnraum geschaffen wird.

Obgleich auch die Neuregelung der hier maßgeblichen mietrechtlichen Vorschriften im Jahr 2013[175] teilweise dem bislang geltenden Recht entspricht, soll durch den Gesetzestext ausdrücklich anerkannt werden, dass die Einsparung von Wasser und Energie unter den Begriff der Modernisierungsmaßnahme fällt. Auch soll, nachdem dies bisher in Einzelheiten streitig war, klargestellt werden, dass sowohl die Einsparung von Primärenergie als auch von Endenergie für eine energetische Modernisierung genügt.

Die bauliche Maßnahme muss demnach einem der nachfolgend dargestellten Zwecke **dienen**. Nach dem Willen des Gesetzgebers[176] darf der Begriff „dienen" nicht eng im Sinne von „geboten sein" ausgelegt werden. Wie bei der modernisierenden Instandsetzung im Sinne des § 21 Abs. 5 Nr. 2 reicht es auch hier aus, dass die Maßnahme sinnvoll ist.[177] Es kommt insoweit auf die voraussichtliche Eignung der Maßnahme an. Bei der Beurteilung ist auf den Maßstab eines vernünftigen, wirtschaftlich denkenden und sinnvollen Neuerungen gegenüber aufgeschlossenen Hauseigentümers abzustellen.[178]

Aufgrund des ausdrücklichen Verweises auf die mietrechtliche Vorschrift können dabei grundsätzlich die mietrechtlichen Erkenntnisse auch hier zugrunde gelegt werden, soweit sich nicht ausnahmsweise aufgrund der Besonderheiten des WEG etwas anderes ergibt. Die angeordnete entspre-

---

175 Mietrechtsänderungsgesetz v. 11.3.2013, BGBl. I S. 434.
176 BT-Drucks. 16/887, S. 30.
177 Siehe zur modernisierenden Instandsetzung § 21 Rn. 52 ff., insbesondere Rn. 54.
178 BT-Drucks. 16/887, S. 30.

chende Heranziehung der mietrechtlichen Regelung des § 555b BGB gibt nach dem BGH zudem Raum für eine **großzügigere Handhabung** des Modernisierungsbegriffes.[179] Der BGH führt dazu aus, dass zum einen den Wohnungseigentümern auch solche Verbesserungen zugutekommen, von denen im Mietrecht nur der Vermieter, nicht aber auch der Mieter profitiert. Zum anderen ist zu berücksichtigen, dass das mit der Erweiterung der **Beschlusskompetenz** nach § 22 Abs. 2 verfolgte gesetzgeberische Anliegen darin besteht, den Wohnungseigentümern – **unabhängig** von dem Bestehen eines **Reparaturbedarfs** – die Befugnis einzuräumen, mit qualifizierter Mehrheit einer Verkehrswertminderung durch Anpassung der Wohnungsanlage an die „Erfordernisse der Zeit" entgegenzuwirken. Deshalb genügt es, dass die Maßnahme aus der Sicht eines verständigen Wohnungseigentümers eine **sinnvolle Neuerung** darstellt, die voraussichtlich geeignet ist, den **Gebrauchswert** der Sache nachhaltig zu erhöhen. Zwar kann im Grundsatz auch eine **optische Veränderung** eine Gebrauchswerterhöhung bewirken, wenn veraltete durch zeitgemäße Materialien ersetzt und das äußere **Erscheinungsbild** der Wohnanlage ansprechender gestaltet wird (sofern die **Eigenart** der Wohnanlage nicht geändert wird- s.u. Rn. 21).[180]

Soweit es **Überschneidungen** zwischen den **Alternativen** gibt (etwa: Isolierfenster dienen dem Schallschutz und der Energieeinsparung und fallen daher sowohl unter Rn. 17 wie auch unter Rn. 19) bedarf es aufgrund der gleichen Rechtsfolgen keiner strengen Abgrenzung. Die Energieeinsparung in § 555b BGB ist dort alternativ neben der Gebrauchswerterhöhung genannt. Gleiches gilt für die Anpassung an den Stand der Technik, die in § 22 Abs. 2 alternativ zur Modernisierung gemäß § 555b BGB aufgeführt ist. Eine **Kosten-Nutzen-Analyse** durch einen Sachverständigen zur Wirtschaftlichkeit der Maßnahme ist dabei nicht erforderlich.[181] Allerdings muss auch hier der entstehende Aufwand ermittelt werden. An einer **sinnvollen Neuerung** wird es unter anderem dann fehlen, wenn die entstehenden Kosten bzw. Mehrkosten außer Verhältnis zu dem erzielbaren Vorteil stehen. Weil ohnehin ein Sanierungsbedarf besteht, kommt es auf den **Mehraufwand** an. Die **Abwägung**, ob ein verständiger Wohnungseigentümer den durch die andere Bauausführung erzielten **Vorteil**, welcher **nicht notwendig finanzieller Art** sein muss, gemessen an dem erforderlichen Mehraufwand als sinnvolle Neuerung ansehen wird, kann letztlich nur der Tatrichter verbindlich vornehmen.[182]

Da § 22 II WEG nicht auf die Nummern 6 und 7 des § 555b BGB verweist, fallen die dort beschriebenen Maßnahmen (wie auch bisher schon) nicht unter den hier interessierenden Modernisierungsbegriff. Im Bereich des Wohnungseigentumsrechts ist dabei insbesondere von Bedeutung, dass auch weiterhin die **Schaffung neuen Wohnraums** (etwa durch einen **Dachge-**

---

179 BGH v. 18. 2. 2011 – V ZR 82/10, NZM 2011, 281 (= NJW 2011, 1221).
180 BGH v. 14. 12. 2012 – V ZR 224/11, NJW 2013, 1439.
181 LG München I v. 27. 4. 2009 – 1 S 20171/08, ZWE 2009, 318.
182 BGH v. 14. 12. 2012 – V ZR 224/11, NJW 2013, 1439.

schoßausbau) keine Modernisierungsmaßnahme im Sinne des § 22 II WEG ist.[183]

aa) energetische Modernisierung

17 § 555b Nr. 1 BGB enthält eine **Legaldefinition** der **energetischen Modernisierung**. Dies sind bauliche Veränderungen, durch die in Bezug auf die Mietsache Endenergie nachhaltig eingespart wird.[184]

(1) **Bezug zu Sonder- oder gemeinschaftlichem Eigentum**:
Nach dem Wortlaut des Gesetzes muss sich die Energieeinsparung durch die bauliche Veränderung (siehe oben Rn. 15) „in Bezug auf die Mietsache" ergeben. Da § 555b BGB aber „**entsprechend**" zur Anwendung kommt, könnte dies darauf hindeuten, dass der Bezug zum Sonder- bzw. Teileigentum bestehen muss.[185] Dies wird im Regelfall wohl auch so sein. Im Wohnungseigentumsrecht erscheint es aber nach der hier vertretenen Meinung jedenfalls als ausreichend, wenn sich die Energieeinsparung nur auf das gemeinschaftliche Eigentum auswirken sollte. Unabhängig davon, ob in diesem Falle eine Umlage der Kosten im Mietrecht möglich wäre, ist der ausreichende Bezug im Wohnungseigentumsrecht alleine schon dadurch gegeben, dass jeder Wohnungseigentümer auch Miteigentümer des gemeinschaftlichen Eigentums ist. Es ist daher auch in diesen Fällen sein (Mit-) Eigentum betroffen, was im Wohnungseigentumsrecht als Bezug zur „Mietsache" ausreichen muss.

(2) **Einsparung** von **Endenergie**:
(aa) Unter **Endenergie** ist die Menge an Energie zu verstehen, welche der Anlagetechnik des gesamten Gebäudes zur Verfügung stehen muss, um die für den „**Endverbraucher**" (etwa Mieter, Wohnungseigentümer) erforderliche Nutzenergie sowie die Verluste der Anlagentechnik bei der Übergabe, der Verteilung, der Speicherung und der Erzeugung im Gebäude zu decken.

Die Endenergie stellt einen **Oberbegriff** dar und setzt sich nach der obigen Definition aus der so genannte Nutzenergie und den Energieverlusten der Anlagetechnik zusammen.

Unter **Nutzenergie** ist dabei diejenige Energiemenge zu verstehen, die für eine bestimmte Energiedienstleistung am Ort des Verbrauchs erforderlich ist. Dies ist etwa die Energie, die tatsächlich in einem Heizkörper verbraucht wird, um einen Raum auf eine bestimmte Temperatur zu erwärmen. Gleiches gilt auch für die Energie, die erforderlich ist, um an einem Wasserhahn warmes Wasser zu entnehmen. Da eine bestimmte Energiedienstleistung an einem Ort aber auch etwa bei der Beleuchtung des Treppenhauses oder beim Betrieb des Garagentores (siehe oben) erbracht wird, muss auch diese (in der Gesetzesbegründung nicht ausdrücklich angesprochene) Energie zur Nutzenergie gerechnet werden.

---

183 Zum Mietrecht (Duldungspflicht und fehlende Möglichkeit der Mieterhöhung): *Fleindl*, NZM 2012, 57 (58).
184 BT-Drs. 17/10485, S. 18–20
185 So zum Mietrecht: *Hinz*, ZMR 2012, 153 (155).

Die **Energieverluste der Anlagentechnik** können sich durch Umwandlungsverluste (z.b. beim Heizkessel), Verluste im Verteilungssystem (Leitungsverluste bei einer Zentralheizung) oder durch die für die Anlagentechnik erforderliche Hilfsenergie (z.B. Pumpenstrom) ergeben. Die Gesetzesbegründung[186] nennt als Beispiele für die **Anlagentechnik** eines Gebäudes die Heizungsanlage, eine raumlufttechnische Anlage und eine Warmwasserbereitungsanlage. Diese Aufzählung, die Heizung und Warmwasser in den Vordergrund stellt, kann nicht als abschließend angesehen werden. Zur Endenergie im Sinne dieser Vorschrift wird auch die Energie zu rechnen sein, welche etwa für die Beleuchtung der Gemeinschaftsflächen zumindest innerhalb des Gebäudes (z.b. Treppenaus, Keller, Tiefgarage) oder für andere, im gemeinschaftlichen Eigentum stehende Anlagen (wie etwa Strom für den Aufzug, das Tiefgaragentor, die Gegensprechanlage etc.) benötigt werden. Die Definition sollte (zumindest wohnungseigentumsrechtlich) auch auf diejenige Energie erweitert werden, die zwar für das Gebäude bestimmt ist, dessen Verteilung aber etwa über ein im Garten befindliches gesondertes Stromhäuschen erfolgt. Endenergie dürfte aber auch dann vorliegen, wenn sie etwa im Gebäude „abgenommen", dann aber z.b. für die Beleuchtung, Entwässerung etc. der gemeinschaftlichen Außenflächen verwendet wird. Es erscheint jedenfalls kein Grund ersichtlich, warum diese Energie nicht unter den Begriff der Endenergie subsumiert werden soll, so dass Einsparungen in diesem Bereich bei der Bewertung unberücksichtigt bleiben würden.

In diesem Sinne dürfte auch die Erklärung zu verstehen sein, dass die zur Versorgung eines Gebäudes benötigte Endenergie an der **„Schnittstelle"** Gebäudehülle gemessen und dort in verschiedenen Formen (etwa: Strom, Heizöl, Erdgas, Braunkohlenbriketts, Holzpellets, Fernwärme etc.) übergeben wird.

(bb) Eine **Einsparung** von Endenergie kann in folgenden Fällen vorliegen: Da die Maßnahmen in erster Linie einer ökologischen Zielsetzung dienen, brauchen sie keine Verbesserung des Wohnwertes zu bewirken; es reicht aus, wenn die erzielte Einsparung wesentlich sowie von Dauer ist und damit der Allgemeinheit zugutekommt.[187]

Eine Einsparung liegt zunächst vor, wenn nach der Modernisierung **am Ort des Verbrauchs weniger Nutzenergie** benötigt wird, um den gleichen Erfolg (etwa Erreichen einer bestimmten Raumtemperatur) zu erzielen. Als Modernisierungsmaßnahmen kommen in diesem Zusammenhang beispielsweise der Einbau von Zeitschaltern für den Gemeinschaftsstrom,[188] eine **Wärmedämmung** der Gebäudehülle (Fenster, Außentüren, Außenwände, Dächer, Kellerdecken, oberste Geschoßdecken)[189], ein **Fensteraustausch**, insbesondere durch Einbau von **Isolierfenstern**,[190] oder die Installation von **Lüftungsanlagen** mit **Wärmerückgewinnung** in Betracht.

---

186 BT-Drs. 17/10485, S. 19.
187 BGH v. 7.1.2004 – VIII ZR 156/03, NZM 2004, 252.
188 *Bärmann-Merle*, § 22 Rn. 343c.
189 LG Berlin v. 14.11.2000 – 64 S 265/00, ZMR 2001, 277; LG Paderborn v. 19.11.1992 – 1 S 135/92, WuM 1993, 360.
190 BGH v. 7.1.2004 – VIII ZR 156/03, NZM 2004, 252.

Eine Einsparung liegt aber auch dann vor, wenn zwar die vor Ort erforderliche Nutzenergie gleichbleibt, sich aber die **Energieverluste der Anlagentechnik verringern**. Die Nutzenergie wird hier mit größerer Effizienz zur Verfügung gestellt. Dies kann etwa durch **Erneuerung des Heizkessels** oder durch **hydraulischen Abgleich** und **Wärmedämmung freiliegender Rohrleitungen** erreicht werden. Als weiteren Fall nennt die Gesetzesbegründung, dass die Endenergie sinke, wenn an der „Schnittstelle" Gebäudehülle weniger **„zu bezahlende Endenergie"** beschafft werden müsse.[191] So müsse etwa weniger Heizöl zugekauft werden, wenn eine am Gebäude befindliche Anlage zur Nutzung von **Sonnen- oder Windenergie** zur Deckung des Energiebedarfs des Gebäudes selbst eingesetzt werde. Dies könne etwa durch die Erzeugung von Warmwasser mit Hilfe von Solarkollektoren geschehen. Geht man von diesem Ansatz aus, müsste über die vorgenannten Fälle hinaus auch beim Einsatz von **Geothermie** oder **Blockheizkraftwerken** wohl davon ausgegangen werden, dass üblicherweise weniger zu bezahlende Endenergie beschafft werden muss.[192]

Nach der hier vertretenen Meinung findet aber das Merkmal „zu bezahlende" Endenergie im Gesetzeswortlaut keinen Ausdruck. Der Gesetzgeber hat die Definition des Endenergiebegriffs nicht geändert und die Wörter „zu bezahlende" nicht in den Gesetzestext bei Nummer 1 ausdrücklich aufgenommen. Es erscheint daher zumindest fraglich, ob die Rechtsprechung der wohl nach der Gesetzesbegründung gewünschten Auslegung folgen wird.[193] Dies kann in der Praxis zu Problemen führen, da die Fälle, dass eine Wohnungseigentümergemeinschaft weniger zu bezahlende Endenergie beschaffen muss, zwar regelmäßig aber nicht zwingend unter Nr. 2 des § 555b BGB fallen. So muss etwa beim Einsatz von **Solar- oder Windkraftanlagen** nicht immer eine Einsparung von nicht erneuerbarer Primärenergie vorliegen. Hieran fehlt es etwa, wenn die Endenergie schon bisher ausschließlich durch (andere) erneuerbare Energieträger (z.B. etwa ebenfalls Solar- oder Windkraftanlagen) gedeckt wird (siehe dazu auch unten Rn. 18a). Regelmäßig konnte die Klärung dieser Frage aber bisher offenbleiben, da Solaranlagen meist das optische Gesamtbild und damit die **Eigenart der Wohnanlage** ändern.[194] Ob sich insoweit durch die neue Entscheidung des BGH zur möglichen großzügigen Handhabung des Modernisierungsbegriffs (siehe Rn. 16) etwas ändert, bleibt abzuwarten. Nach der hier vertretenen Meinung dürfte dies aber wohl eher zu verneinen sein, da die Einschränkung durch die nicht zulässige Änderung der Eigenart der Wohnanlage nicht unmittelbar den Modernisierungsbegriff betrifft.

---

[191] BT-Drs. 17/10485, S. 19.
[192] Anders aber zum (zusätzlichen) Blockheizkraftwerk noch: LG Koblenz v. 26.5. 2009 – 2 S 52/08, ZWE 2009, 282; im Sinne der Gesetzesbegründung: AG Pinneberg v. 26.4.2013 – 60 C 40/10, ZMR 2014, 159.
[193] A.A. insoweit: *Bärmann-Merle*, § 22 Rn. 343e.
[194] Siehe dazu unten Rn. 21; wohl in diesem Sinne: BayObLG v. 30.3.2000 – 2Z BR 2/00, ZMR 2000, 471.

(cc) **nachhaltig:**
Nachhaltig ist die Einsparung schon dann, wenn überhaupt eine messbare Einsparung an Heizenergie erzielt wird und diese **dauerhaft** ist. Für den Begriff der Nachhaltigkeit ist die Feststellung einer bestimmten **Mindestenergieeinsparung** nicht erforderlich.[195] Obgleich das Gesetz keine ausdrückliche Einschränkung vorsieht, muss aber wohl dennoch nach den allgemeinen Grundsätzen eine Maßnahme dann als unzulässig angesehen werden, wenn sie zu **unverhältnismäßig** hohen und damit letztlich sinnlosen Kosten führt. Diese Voraussetzungen würden sicherlich vorliegen, wenn eine Millioneninvestition jährlich nur zu Heizkosteneinsparungen von wenigen hundert Euro führt.

bb) Einsparung Primärenergie oder Klimaschutz

(a) **Nachhaltige Einsparung von nicht erneuerbarer Primärenergie:** 18a
Der Begriff der **Primärenergie** umfasst neben der an der Gebäudegrenze übergebenen Endenergie(menge) noch die **zusätzliche Energiemenge**, die durch **vorgelagerte Prozesse** außerhalb des Gebäudes zur Gewinnung, Umwandlung und Verteilung benötigt wird. **Nicht erneuerbare Energieträger** sind in ihrem Vorkommen begrenzt und nach dem gegenwärtigen Stand von Wissenschaft und Technik nicht reproduzierbar. Hierzu zählen die „klassischen" fossilen Energieträger wie Kohle, Erdöl oder Erdgas. Im Gegensatz dazu stehen die erneuerbaren Energieträger, die nach heutigem Kenntnisstand unerschöpflich oder reproduzierbar sind (wie Strahlungsenergie, Sonne, Wind, Biomasse, Holz). Die **Einsparung** nicht erneuerbarer Primärenergie wird mit Hilfe der so genannten **Primärenergiefaktoren** ermittelt. Dabei wird das Verhältnis von Primärenergie und Endenergie vor und nach der Maßnahme gegenübergestellt.[196]

Zum Begriff **„nachhaltig"** siehe oben Rn. 17.

(b) **Nachhaltiger Klimaschutz:**
Hier werden Maßnahmen erfasst, durch die das Klima nachhaltig geschützt wird. Eine Definition, was unter **Klimaschutz** zu verstehen ist, gibt der Gesetzgeber nicht. In der Gesetzesbegründung wird hierzu lediglich ausgeführt, dass bei § 555b BGB die Nummer 2 bewusst so offen formuliert, damit auch künftig neue Techniken, die dem Klimaschutz dienen, erfasst werden können.[197] In der Literatur wird vertreten, dass dem Klimaschutz Maßnahmen zur Verringerung des Ausstoßes von Treibhausgasen wie der Einbau von Filteranlagen oder die Umstellung der Heizungsanlage von Erdöl auf Erdgas dienen können.[198]

Es bleibt abzuwarten, ob und in welchem Umfang die Rechtsprechung den Intensionen des Gesetzgebers in diesem Bereich folgen wird.

Zum Begriff **„nachhaltig"** siehe oben Rn. 17.

---

195 BGH v. 10.4.2002 – VIII ARZ 3/01, NJW 2002, 2036; KG Berlin v. 20.4.2006 – 8 U 204/05, ZMR 2006, 612.
196 BT-Drs. 17/10485, S. 19.
197 BT-Drs. 17/10485, S. 19.
198 *Bärmann-Merle*, § 22 Rn. 343k unter Bezugnahme auf *Breiholdt*, ZWE 2014, 297.

(c) **Sofern nicht bereits eine energetische Modernisierung nach Nummer 1 vorliegt:**
Mit dieser Formulierung will der Gesetzgeber klarstellen, dass Nr. 2 der Vorschrift nur dann zur Anwendung kommt, wenn nicht bereits die Tatbestandsmerkmale von Nr. 1 vorliegen.[199] Wenn also die Einsparung von nicht erneuerbarer Primärenergie auch zur Einsparung von Endenergie geführt hat, greift ausschließlich Nr. 1 der Vorschrift. Nach der Gesetzesbegründung soll die Einsparung von nicht erneuerbarer Primärenergie eine **eigenständige Bedeutung** als Tatbestandsmerkmal nur in wenigen Fällen erlangen. Als Beispiel wird hier genannt, dass mit der Umstellung von einem fossilen Energieträger (etwa: Öl oder Gas) auf einen erneuerbaren Energieträger (etwa: Holzpellets) nicht zwingend eine Einsparung von Endenergie verbunden sein muss. Es wird hier aber deutlich gemacht, dass dies trotz der fehlenden finanziellen Einspareffekte aus **energie- und umweltpolitischen Gründen gewollt** ist. Durch § 555b Nr. 2 BGB sollen die Maßnahmen erfasst werden, die zwar wie die unter Nummer 1 der Vorschrift genannten Maßnahmen der Einsparung nicht erneuerbarer Primärenergie dienen, die aber keinen Bezug zum Sonder- oder Gemeinschaftseigentum haben und damit auch **nicht** zu einer **Einsparung** von Endenergie in der Wohnungseigentumsanlage führen. In Betracht kommt hier etwa eine **Photovoltaikanlage** auf dem Dach des Gebäudes, die den gewonnenen Strom aber in das allgemeine Netz einspeist.[200] Gleiches würde etwa auch für eine **Mikrowindanlage** gelten, die das allgemeine Netz speist.[201] Im Regelfall werden daher hierunter auch die oben bei Rn. 17 genannten **Blockheizkraftwerke, Solar-** oder **Windkraftanlagen** sowie Anlagen für **Geothermie** fallen.

Zur Problematik der Änderung der Eigenart der Wohnanlage siehe unten Rn. 21.

cc) Reduzierung Wasserverbrauch

18b Hier werden grundsätzlich alle Baumaßnahmen erfasst, die zu einer Verringerung des Wasserverbrauchs führen. Zu nennen wäre etwa der Einbau von **Wasserzählern**,[202] **Durchlaufbegrenzer,** Anlagen zur **Regenwassernutzung** oder der Wiederverwendung von **Brauchwasser**.[203] Hier wird aber jeweils ein besonderes Augenmerk darauf zu richten sein, ob die Maßnahme nicht schon unter den Begriff der **modernisierenden Instandsetzung** und damit nicht unter § 22 Abs. 2 fällt (siehe dazu oben Rn. 15). Keine Beschlusskompetenz besteht aber für Baumaßnahmen, die nur das **Sondereigentum** und nicht das gemeinschaftlichen Eigentum betreffen (etwa Begrenzungen bei Toilettenspülkästen, Duschköpfen, Wasser-Mischbatterien).

Zum Begriff „**nachhaltig**" siehe oben Rn. 17.

---

199 BT-Drs. 17/11894, S. 32.
200 *Hinz*, ZMR 2012, 153 (155).
201 So zum Mietrecht: *Fleindl*, NZM 2012, 57 (58).
202 BGH v. 30.3.2011 – VIII ZR 173/10, NJW 2011, 1499.
203 *Palandt-Weidenkaff*, § 555b BGB Rn. 6; *Bärmann-Merle* § 22 Rn. 343l und 343m; *Hügel-Elzer*, § 22 Rn. 75.

Besondere Aufwendungen, Wiederaufbau § 22 WEG

dd) Erhöhung des Gebrauchswerts

Maßnahmen im gemeinschaftlichen Eigentum fallen unter Satz 1, wenn sie zu einer nachhaltigen Erhöhung des **Gebrauchswerts** der im **Sondereigentum** stehenden Wohnung oder Teileigentumseinheit führen. Eine **Erhöhung** des Gebrauchswerts liegt unter Anwendung der vom BGH geforderten großzügigen Handhabung des Modernisierungsbegriffs (siehe Rn. 16) allgemein dann vor, wenn durch die Maßnahme eine Verbesserung

19a

- des Zuschnitts der Wohnung
- der Belichtung und Belüftung, wozu auch der Austausch von Holz- gegen Kunststofffenster gehört[204]
- des Schallschutzes
- der Energieversorgung, der Wasserversorgung und der Entwässerung
- der sanitären Einrichtungen
- der Beheizung und Kochmöglichkeiten, wozu auch die Wiederherstellung eines Schornsteins gehört[205]
- der Funktionsabläufe in der Wohnung
- der Sicherheit vor Diebstahl und Gewalt

bewirkt wird.[206]

Als weitere Beispiele aus der Rechtsprechung können für Verbesserungen des Gebrauchswerts genannt werden:

- Ersatz von Holzbrüstungen der Balkone durch eine moderne Stahlkonstruktion mit Glaselementen[207]
- Einbau einer Gegensprechanlage[208]
- Einbau von Isolierfenstern zur Verbesserung des Schallschutzes[209]
- Verstärkung der Stromleitungen für höhere Stromzufuhr[210]
- Anschluss an eine Gaszentralheizung mit Thermostatventilen[211]

Dagegen liegt **keine** Erhöhung des Gebrauchswerts vor, wenn bloße **Verschönerungsmaßnahmen** oder **Luxusmaßnahmen** durchgeführt werden.[212] Nicht unter Abs. 2 fallen zudem Maßnahmen, die zwar nach dem Mietrecht eine Erhöhung des Gebrauchswerts nach sich ziehen würden, die aber im Bereich des Wohnungseigentumsrechts als Maßnahmen der **Instandhaltung** und **Instandsetzung** anzusehen sind. Wie bereits mehrfach angesprochen[213] wird über diese Maßnahmen nach § 21 Abs. 5 Nr. 2 i.V. m. Abs. 3 durch **einfachen Mehrheitsbeschluss** entschieden.

---

204 LG München I v. 27. 4. 2009 – 1 S 20171/08, ZWE 2009, 318.
205 BGH v. 18. 2. 2011 – V ZR 82/10, NZM 2011, 281 (= NJW 2011, 1221).
206 Siehe dazu zum Mietrecht: *Palandt-Weidenkaff*, § 555b BGB Rn. 7.
207 BGH v. 14. 12. 2012 – V ZR 224/11, NJW 2013, 1439; LG Bremen v. 10. 7. 2015 – 4 S 318/10, ZMR 2015, 776.
208 LG München I v. 29. 7. 1987 – 14 S 7397/87, WuM 1989, 27; BT-Drucks. 16/887, S. 30.
209 BGH v. 7. 1. 2004 – VIII ZR 156/03, NZM 2004, 252.
210 AG Lichtenberg 15. 12. 2005 – 12 C 8/05, MM 2006, 371; OVG Berlin v. 10. 6. 2004 – 2 B 3.02, ZMR 2005, 410.
211 AG Hamburg v. 15. 11. 2007 – 49 C 248/07 (zitiert nach juris)
212 Zu Luxusmaßnahmen siehe auch unten Rn. 21.
213 Siehe etwa oben Rn. 1 und Rn. 5.

Nachhaltig ist die Verbesserung dann, wenn sie zum einen auf Dauer und damit nicht nur für einen befristeten Zeitraum eintritt und wenn sie zum anderen einen nicht unerheblichen Umfang hat. Die Entscheidung des BGH, wonach eine großzügige Handhabung des Modernisierungsbegriffs möglich gemacht werden soll (siehe Rn. 16), dürfte auch in diesem Bereich eine Lockerung der Anforderungen an die Nachhaltigkeit nach sich ziehen.[214]

ee) Verbesserung der allgemeinen Wohnverhältnisse

19b Anders als bei Rn. 19a bezieht sich die Verbesserung der allgemeinen Wohnverhältnisse nicht auf die einzelne Wohnung sondern auf die Gemeinschaftsanlage.[215] Daher kommen insoweit insbesondere die Anlage und der Ausbau von nicht öffentlichen Gemeinschaftsanlagen, wie etwa die Errichtung eines Kinderspielplatzes oder einer Erholungsfläche[216], einer Grünanlage, von Stellplätzen oder von anderen Verkehrsanlagen in Betracht.[217] Ebenfalls hierunter fallen die Anlage eines Fahrradständers[218], die Verbesserung von Treppen und Zugängen[219] und der Einbau eines Personenaufzugs (in ein fünfstöckiges Haus)[220], wenn nicht schon aufgrund der Grundrechtsabwägung eine Beeinträchtigung der anderen Wohnungseigentümer verneint werden muss.[221]

Auch hier muss die Verbesserung wieder auf Dauer sein und darf nicht nur für einen befristeten Zeitraum eintreten. Insoweit wird auf Rn. 17 zur Nachhaltigkeit Bezug genommen.

Wenn die Verbesserungsmaßnahmen zur Instandhaltung oder Instandsetzung des gemeinschaftlichen Eigentums gehören, wird über diese Maßnahmen nach § 21 Abs. 5 Nr. 2 i.V.m. Abs. 3 durch einfachen Mehrheitsbeschluss entschieden, so dass § 22 Abs. 2 nicht zur Anwendung kommt.[222]

c) *Anpassung des gemeinschaftlichen Eigentums an den Stand der Technik*

20 Von Abs. 2 sind auch Maßnahmen erfasst, die der Anpassung des gemeinschaftlichen Eigentums[223] an den Stand der Technik dienen.[224] Mit dem Begriff **„Stand der Technik"** soll das Niveau einer anerkannten und in der Praxis bewährten, fortschrittlichen technischen Entwicklung umschrieben werden, das das Erreichen des gesetzlichen Ziels gesichert erscheinen lässt.[225] Die Anforderungen an die Maßnahme sollen nach der Gesetzesbegründung höher als bei dem z.B. in § 641a BGB verwendeten Begriff der

---

214 Siehe dazu auch oben Rn. 17.
215 Ebenso: *Palandt-Bassenge*, § 22 Rn. 15.
216 AG Hamburg-Altona v. 14.4.2005 – 318 C 120/03, WuM 2005, 778.
217 *Bärmann-Merle*, § 22 Rn. 345.
218 BT-Drucks. 16/887, S. 30.
219 *Palandt-Weidenkaff*, § 555b BGB Rn. 7.
220 BGH v. 19.9.2007 – VIII ZR 6/07, WuM 2007, 630; LG München I v. 24.11.2005 – 31 S 9700/05, Info M 2006, 120.
221 Siehe dazu oben Rn. 12 zu „Treppenlift".
222 Siehe dazu oben Rn. 1 und Rn. 5.
223 Siehe zum Begriff des gemeinschaftlichen Eigentums oben Rn. 2.
224 Siehe zum Begriff „dienen" oben Rn. 16.
225 BT-Drucks. 16/887, S. 30.

„anerkannten Regeln der Technik" der lediglich Mindeststandards umschreibt, wie sie etwa in DIN-Normen, Unfallverhütungsvorschriften, VDE-Bestimmungen und ähnlichem dargestellt sind.[226] Des Weiteren müssen auch beim Stand der Technik wirtschaftliche Gesichtspunkte berücksichtigt werden, also ein angemessenes **Kosten-Nutzen-Verhältnis** vorliegen.[227] Die Maßnahme wird nur dann als **sinnvolle Neuerung** angesehen werden können, wenn die entstehenden Kosten bzw. Mehrkosten nicht außer Verhältnis zu dem erzielbaren Vorteil stehen.[228] Nach Ansicht des LG Hamburg reicht eine Amortisation binnen 20 Jahren aus.[229] Die Maßnahmen müssen allen Eigentümern zugutekommen.[230]

Da entgegen der Erwartung des Gesetzgebers mit dem Stand der Technik ein Begriff in das WEG eingeführt wurde, der trotz der in der Gesetzesbegründung angeführten Entscheidung des BGH[231] viele Unschärfen aufweist und nicht eindeutig definiert ist, kann letztendlich derzeit nicht zweifelsfrei umschrieben werden, welche Maßnahmen im Einzelnen unter den Begriff fallen. Es wird sich voraussichtlich eine wohl auch regional unterschiedliche Einzelfallrechtsprechung entwickeln. Sicherlich mit erfasst ist eine Maßnahme, die den oben genannten anerkannten Regeln der Technik entspricht. Wann eine darüberhinausgehende (also nicht anerkannten Regeln entsprechende) Maßnahme zwar einer anerkannten, bewährten, fortschrittlichen technischen Entwicklung entspricht und nicht nur einem (nur Wissenschaftlern bekannten) Stand der Wissenschaft, wird jeweils im **Einzelfall** durch die Rechtsprechung zu klären sein. Hier wird voraussichtlich in der gerichtlichen Praxis ein weites Feld für nur durch Sachverständigenbeweis zu klärende Fragen eröffnet.

Ob sich auch in diesem Bereich durch die neue Entscheidung des BGH zur möglichen großzügigen Handhabung des Modernisierungsbegriffs (siehe Rn. 16) etwas ändert, bleibt weiter abzuwarten. Es erscheint auch sehr fraglich, ob sich die Rechtsprechung der teilweise in der Literatur geäußerten Meinung anschließen wird, dass nunmehr wohl **Umrüstungen** in der **Medienversorgung** (Sat-Anlagen; Breitbandkabel) hierunter fallen werden, anschließen wird. Rechtsprechung hierzu liegt noch nicht vor.[232]

Auch hier sei aber ausdrücklich nochmals darauf hingewiesen, dass Maßnahmen, die zur ordnungsgemäßen Instandhaltung/Instandsetzung und auch der (hier wohl nicht selten vorliegenden **modernisierenden**) **Instandsetzung** nicht unter § 22 fallen, da über diese Maßnahmen nach § 21 Abs. 5 Nr. 2 i.V.m. Abs. 3 durch **einfachen Mehrheitsbeschluss** entschieden wird. Zu den Begriffen Instandhaltung und Instandsetzung siehe oben Rn. 5 und § 21 Rn. 51 bis 55.

---

226 BT-Drucks. 16/887, S. 30.
227 BT-Drucks. 16/887, S. 30; a.A. wohl: LG Düsseldorf v. 6.6.2012 – 25 S 8/12, ZMR 2012, 805.
228 BGH v. 14.12.2012 – V ZR 224/11, NJW 2013, 1439.
229 LG Hamburg v. 10.7.2015 – 4 S 318/10, ZMR 2015, 776.
230 *Müller*, Praktische Fragen, Rn. 217.
231 BGH v. 22.1.2004 – V ZB 51/03, NJW 2004, 937.
232 LG Frankfurt v. 30.11.2011 – 2-13 S 43/10 (zitiert nach juris) hat bei einer Umstellung auf Breitbandkabel eine modernisierende Instandsetzung bejaht.

d) Unveränderte Eigenart der Wohnanlage

21 Absatz 2 greift jedoch nur dann ein, wenn die bei Rn. 15ff. genannten Maßnahmen die Eigenart der Wohnanlage[233] nicht ändern. Dies stellt eine wesentliche Beschränkung der Beschlussmacht nach Abs. 2 dar. Die Gesetzesbegründung[234] weist darauf hin, dass eine (nur nach Abs. 1 mögliche) Änderung der Eigenart dann vorliegt, wenn der **wesentliche** innere oder äußere Bestand der Eigentumsanlage **umgestaltet** wird.[235] Dabei sind insbesondere nachteilige Veränderungen des **optischen Gesamteindrucks** zu berücksichtigen, zu denen auch ein uneinheitlicher Gesamteindruck gehört. Nach der hier vertretenen Ansicht dürfte daher die Entscheidung des BGH zur möglichen großzügigen Handhabung des Modernisierungsbegriffs (siehe Rn. 16) hier kaum zu einer Änderung führen, da die wesentliche Änderung der Eigenart der Wohnanlage nicht unmittelbar den Modernisierungsbegriff betrifft.

Eine wesentliche Umgestaltung des **äußeren Bestandes** liegt danach regelmäßig vor bei:

- Errichtung eines Anbaus, etwa eines Wintergartens[236]
- Aufstockung oder Abriss von Gebäudeteilen[237]
- Anbringung eines Außenlifts[238]
- Anbringen von Balkonen[239]
- Beseitigung von Bäumen, die das Gesamtbild prägen[240]
- Balkonverglasungen (insbesondere, wenn nicht alle verglast werden)
- Bau von Dachgauben (insbesondere wenn die Symmetrie des Hauses nicht eingehalten wird)
- Asphaltieren einer Grünfläche zur Parkplatznutzung
- Errichtung von großflächigen Solaranlagen (siehe dazu auch Rn. 19)

Eine wesentliche Umgestaltung des **inneren Bestandes** liegt vor bei:

- Ausbau des Kellers zu Wohnraum
- Luxussanierungen
- Ausbau des Speichers zu Wohnraum[241]
- Umwandlung der Wohnungen in Hotelbetrieb oder Ferienappartements

e) Ausschluss unbilliger Beeinträchtigung von Wohnungseigentümern

22 Die Beschlussmacht nach Abs. 2 liegt darüber hinaus nur dann vor, wenn kein Wohnungseigentümer[242] gegenüber anderen unbillig beeinträchtigt wird. Eine Beeinträchtigung ist hier nur dann von Bedeutung, wenn sie „ge-

---

233 Oder auch Teileigentumsanlage: siehe dazu § 1 Abs. 6.
234 BT-Drucks. 16/887, S. 30.
235 So auch: AG Nürnberg v. 16.8.2013 – 30 C 6675/12, ZMR 2014, 408.
236 BVerfG v. 22.12.2004 – 1 BvR 1806/04, NJW-RR 2005, 454.
237 LG Hamburg v. 16.12.2009 – 318 S 49/09, ZWE 2010, 374.
238 Im Ergebnis offengelassen: LG München I v. 23.6.2014 – 1 S 13821/13, ZMR 2014, 920
239 LG Lüneburg v. 31.5.2011 – 9 S 75/10, ZMR 2011, 830.
240 LG Hamburg v. 29.5.2013 – 318 S 5/13, ZWE 2014, 45.
241 LG München I v. 18.7.2013 – 36 S 20429/12, ZWE 2014, 189.
242 Siehe dazu oben Rn. 10.

genüber anderen" besteht, wenn also einem oder mehreren Wohnungseigentümern größere Beeinträchtigungen zugemutet werden, als den anderen Eigentümern. Anders als bei Abs. 1 reicht bei Abs. 2 nicht jede ganz unerhebliche Beeinträchtigung aus.[243] Die Beeinträchtigung muss vielmehr unbillig sein. Das Gesetz definiert den Begriff der **Unbilligkeit** nicht. Ebenso wie bei § 10 Abs. 2[244] liegt eine Unbilligkeit dann vor, sich die Ungleichbehandlung als Verstoß gegen Treu und Glauben darstellt. Es sind hier also nur solche Maßnahmen von Bedeutung, durch die einem oder mehreren Wohnungseigentümern größere Nachteile zugemutet werden als den anderen; unbillig sind sie, wenn sie zu einer **treuwidrigen Ungleichbehandlung** der Wohnungseigentümer führen[245]. Ob eine Unbilligkeit vorliegt, kann weder alleine nach objektiven noch nach subjektiven Gesichtspunkten bewertet werden. Maßgeblich ist vielmehr eine Abwägung aller Umstände des **Einzelfalls**.[246] Da die Eigentümer bestimmte Nachteile hinnehmen müssen, die zwangsläufig mit der Modernisierung verbunden sind, können etwa nicht unbillig Beeinträchtigungen angesehen werden, die in einer erhöhten Reparatur- oder Wartungsanfälligkeit oder in der Kompliziertheit der neuen technischen Anlage liegen.[247] Ebenso kann etwa bei Einbau eines Fahrstuhls nicht die Einschränkung der Gebrauchsmöglichkeit des Treppenhauses oder die intensivere Nutzung der Obergeschosse als unbillig angesehen werden. Die **Kosten** einer Modernisierungsmaßnahme können zwar grundsätzlich eine Beeinträchtigung darstellen. Sie sind jedoch in der Regel nicht unbillig, da jeder Eigentümer mit derartigen Maßnahmen rechnen und er gegebenenfalls hierfür private Rücklagen bilden muss. Unbillig ist eine Kostenbelastung ausnahmsweise im Einzelfall dann, wenn der Eigentümer wegen der Kosten der Modernisierung gezwungen wäre, sein Wohnungseigentum zu veräußern.[248] Dieser Gefahr kann die Gemeinschaft in der Regel durch die Bildung einer angemessenen Instandhaltungsrücklage entgegenwirken.[249] Unbillig sind die Kosten einer Maßnahme ausnahmsweise auch dann, wenn sie das Maß der Aufwendungen übersteigen, die dazu dienen, das gemeinschaftliche Eigentum in einen Zustand zu versetzen, wie er allgemein üblich ist.[250]

f) Beschlusskompetenz in Abweichung von Absatz 1

Durch die Formulierung, dass abweichend von Abs. 1 bestimmte Modernisierungsmaßnahmen beschlossen werden können, ist auch insoweit die **Beschlusskompetenz** klargestellt. Kompetenzbegründend ist jedoch auch hier nur, dass eine der in Satz 1 genannten Modernisierungsmaßnahmen beschlossen werden soll, nicht aber das Erreichen der benötigten Stimmen-

23

---

243 Siehe dazu oben Rn. 11 ff.
244 Siehe dazu § 10 Rn. 18 ff.
245 BGH v. 18. 2. 2011 – V ZR 82/10, NZM 2011, 281 (= NJW 2011, 1221).
246 BT-Drucks. 16/3843, S. 50.
247 BT-Drucks. 16/887, S. 31.
248 BT-Drucks. 16/887, S. 31; BGH v. 17. 10. 2014 – V ZR 9/14, NZM 2015, 53.
249 Siehe zur Instandhaltungsrücklage § 21 Rn. 59 ff.
250 LG München I v. 27. 4. 2009 – 1 S 20171/08, ZWE 2009, 318.

zahl[251] (siehe dazu unten Rn. 24). Die Folgen eines fehlerhaften Beschlusses können der Kommentierung oben zu Rn. 6 entnommen werden.

Anders als bei Abs. 1, wo neben der Beschlussmöglichkeit auch vorgesehen ist, dass der Eigentümer eine bauliche Maßnahme „verlangen" kann, sieht Abs. 2, der lediglich das Prinzip der Einstimmigkeit einschränken möchte, diese Möglichkeit nicht vor. Abs. 2 begründet daher auch **keinen (Individual-) Anspruch** auf eine Modernisierungsmaßnahme nach Abs. 2.[252]

Werden Modernisierungsmaßnahmen ohne die erforderliche Beschlussfassung durchgeführt, können die beeinträchtigten Eigentümer **Abwehransprüche**, wie etwa Beseitigung oder Wiederherstellung des ursprünglichen Zustandes, geltend machen. Wegen der weiteren Einzelheiten wird auf § 15 Rn. 17 ff. Bezug genommen. Wird durch die Modernisierungsmaßnahme den übrigen Eigentümern der Mitbesitz am gemeinschaftlichen Eigentum entzogen[253], können die beeinträchtigten Eigentümer auch einen Herausgabeanspruch nach § 985 BGB geltend machen.[254]

Zum Verhältnis von Abs. 2 zu **Abs. 1** und zum so genannten **„Umswitchen"** siehe oben Rn. 5.

g) Doppelt qualifizierte Mehrheit (nach Kopfzahl und nach Miteigentumsanteilen)

24 Der Beschluss nach Abs. 2 Satz 1 kann nur mit einer Mehrheit von drei Viertel aller stimmberechtigten Wohnungseigentümer im Sinne des § 25 Abs. 2 und mehr als der Hälfte aller Miteigentumsanteile gefasst werden. Das Gesetz verlangt also hier, ebenso wie bei § 16 Abs. 4 Satz 2 eine **doppelt qualifizierte Mehrheit** (nach Kopfzahl und nach Miteigentumsanteilen).

Im **Anfechtungsprozess** muss das Nichterreichen der doppelt qualifizierten Mehrheit nach § 22 Abs. 2 WEG in seinen **Kerntatsachen** innerhalb der zweimonatigen Anspruchsbegründungsfrist vorgetragen werden; sonst ist das Anfechtende mit diesem Einwand **präkludiert**.[255]

Die näheren Einzelheiten zur Bestimmung dieser Mehrheiten einschließlich von **Berechnungsbeispielen** können der Kommentierung zu § 16 Rn. 66 und 67 entnommen werden.

2. Satz 2: Befugnis nach Satz 1 kann durch Vereinbarung nicht eingeschränkt oder ausgeschlossen werden

25 Nach Satz 2 kann die Befugnis nach Satz 1 durch Vereinbarung nicht eingeschränkt oder ausgeschlossen werden. Die Befugnis nach Satz 1 bezieht sich dabei sowohl auf die Beschlusskompetenz als auch auf die erforderliche

---

251 Siehe dazu auch oben Rn. 6; ebenso: *Müller*, Praktische Fragen, Teil 7, V, Rn. 199.
252 BT-Drucks. 16/887, S. 31; LG München I v. 23. 6. 2014 – 1 S 13821/13, ZMR 2014, 920.
253 Etwa Abmauerung des Treppenhauses zur Unterbringung nicht beschlossener elektrischer Anlagen.
254 OLG München v. 16. 11. 2007 – 32 Wx 111/07, Wohnungseigentümer 2007, 143; siehe zum Herausgabeanspruch auch § 15 Rn. 31, 32.
255 LG Bremen v. 20. 12. 2013 – 4 S 245/12, ZMR 2014, 386.

Stimmenzahl (doppelt qualifizierte Mehrheit). Diese Befugnis kann nicht eingeschränkt werden.

Möglich wäre also keine Regelung, die etwa Beschlusskompetenz nur für Maßnahmen nach § 555b BGB (nicht aber die übrigen Alternativen von Satz 1) gibt oder aber eine höhere Stimmenanzahl als Satz 1 verlangt (etwa: $^9/_{10}$ der stimmberechtigten Wohnungseigentümer und $^9/_{10}$ aller Miteigentumsanteile). Nicht möglich ist auch ein völliger Ausschluss der genannten Befugnisse (also Modernisierungen nur durch Vereinbarungen möglich). Die Befugnis nach Satz 1 setzt sich gegenüber allen Vereinbarungen durch, also sowohl schon bestehende (etwa die Gemeinschaftsordnung) als auch künftige.[256]

Wie bereits bei Rn. 5 oben angesprochen, stellt es im Regelfall auch eine unzulässige Einschränkung der Befugnis nach Satz 1 dar, wenn bei einer Beschlussfassung über Modernisierungsmaßnahmen trotz des Vorliegens der Voraussetzungen des Abs. 2 Satz 1 ein Zustandekommen eines Beschlusses nach Abs. 1 (allgemeine bauliche Veränderung) angenommen wird (so genanntes „**Umswitchen**"), weil auch diese (Mehrheits-)Voraussetzungen gegeben sind.

Möglich sind dagegen **Erweiterungen** der **Mehrheitsrechte**. Dies gilt etwa für Vereinbarungen (z.B.: Gemeinschaftsordnung mit Öffnungsklausel[257]), welche geringere Anforderungen an den Beschluss stellen (etwa: einfache Mehrheit genügt).[258]

IV. Absatz 3: Modernisierende Instandsetzung

Eine Sonderregelung[259] für Maßnahmen der modernisierenden Instandsetzung im Sinne des § 21 Abs. 5 Nr. 2 enthält Abs. 3. Zum Begriff der modernisierenden Instandsetzung wird auf die Kommentierung oben Rn. 5 sowie auf § 21 Rn. 53 bis 55 Bezug genommen.

Für die modernisierende Instandsetzung verbleibt es bei den Vorschriften des § 21 Abs. 3 und 4. Maßnahmen der modernisierenden Instandsetzung können daher, wie die sonstigen Maßnahmen der der ordnungsgemäßen Instandhaltung und Instandsetzung nach § 21 Abs. 5 Nr. 2 auch, nach § 21 Abs. 3 durch einfachen Mehrheitsbeschluss beschlossen werden.[260] Durch die Bezugnahme auf § 21 Abs. 4 ist auch klargestellt, dass jeder einzelne Wohnungseigentümer einen **Individualanspruch** auf Durchführung dieser Maßnahmen hat.

Wegen der näheren Einzelheiten zu § 21 Abs. 3 und 4 wird auf die dortigen Kommentierungen Rn. 20 ff. Bezug genommen.

26

---

256 BT-Drucks. 16/887, S. 32.
257 Siehe dazu § 10 Rn. 16 ff. und Rn. 33.
258 BT-Drucks. 16/887, S. 32.
259 Zur empfohlenen Prüfungsreihenfolge bei baulichen Veränderungen siehe oben Rn. 1.
260 BT-Drucks. 16/887, S. 32.

V. Absatz 4: Wiederaufbau zerstörter Gebäude

1. Gebäudezerstörung

27 Absatz 4 setzt zunächst voraus, dass ein Gebäude zumindest teilweise zerstört ist. Unter **Gebäude** ist dabei nicht nur das Hauptgebäude (meist: Wohnhaus) zu verstehen, sondern auch eine dazugehörende Tiefgarage, selbst wenn diese baulich vom Wohnhaus getrennt errichtet wurde.[261] Obgleich nicht bei jeder Beschädigung eines Gebäudes, die eine Instandsetzungspflicht auslöst, auch eine teilweise **Zerstörung** vorliegt, ist eine strenge Abgrenzung der Begriffe nicht erforderlich. Es muss zum einen eine Beschädigung erheblichen Ausmaßes vorliegen.[262] Zum anderen fällt nur eine plötzlich eintretende unvorhersehbare Teilbeschädigung des Gebäudes (z.B. Wohnungs- oder Dachstuhlbrand) hierunter, nicht aber die Verschleppung von notwendigen Instandsetzungsmaßnahmen, die schließlich zu einem Teilverfall des Gebäudes führt.[263]

Es muss zudem **mehr als die Hälfte des Wertes** des Gebäudes zerstört sein, also über 50 % des Wertes. Zur Klärung dieser Frage ist der Gebäudewert in unzerstörtem Zustand dem Restwert im teilweise zerstörten Zustand gegenüberzustellen.[264] Bei **Mehrhausanlagen** ist streitig, ob auf den Wert der gesamten Anlage oder nur auf den Wert des zerstörten Gebäudes[265] abzustellen ist. Während das KG Berlin[266] diese Frage offengelassen hat, hat sich das OLG Schleswig dahingehend entschieden, dass der Zerstörungsgrad sich nach dem gemeinsamen Wert aller Gebäude bemisst.[267] In jedem Falle aber bleibt bei der Wertbemessung schon nach dem Gesetzeswortlaut der Wert des Grundstückes, das zudem ja auch nicht zerstört ist, außer Betracht.[268]

Auf den Grund der Zerstörung kommt es, wenn eine Zerstörung in dem oben genannten Sinn vorliegt, nicht an.[269]

Da auch Abs. 4 **abdingbar** ist, wie bereits bei Rn. 1 dargestellt, kann die Gemeinschaftsordnung oder eine nachträgliche Vereinbarung hiervon abweichende Regelungen treffen. Die Voraussetzungen des Abs. 4 für eine Ausnahme von der Wiederaufbauverpflichtung können daher sowohl verschärft (also etwa ³/₄ des Wertes zerstört) als auch erleichtert (etwa bei Zerstörung von ¹/₄ des Wertes) werden.

2. Ohne Schadensdeckung

28 Absatz 4 setzt über die bei Rn. 27 genannten Voraussetzungen hinaus voraus, dass der **Schaden** nicht durch eine Versicherung oder in anderer Weise

---

261 OLG Schleswig v. 6.8.1997 – 2 W 89/97, FGPrax 1997, 219.
262 *Bärmann-Merle*, § 22 Rn. 371.
263 KG Berlin v. 20.6.1997 – 24 W 9042/96, ZMR 1997, 534; BayObLG v. 23.5.2001 – 2Z BR 99/00, ZMR 2001, 832.
264 KG Berlin v. 20.6.1997 – 24 W 9042/96, ZMR 1997, 534.
265 So: *Bärmann-Merle*, § 22 Rn. 377.
266 KG Berlin v. 20.6.1997 – 24 W 9042/96, ZMR 1997, 534.
267 OLG Schleswig v. 6.8.1997 – 2 W 89/97, FGPrax 1997, 219.
268 *Jennißen-Hogenschurz*, § 22 Rn. 81.
269 BayObLG v. 23.5.2001 – 2Z BR 99/00, ZMR 2001, 832.

gedeckt ist. Dies ist etwa dann gegeben, wenn nach einem Brand die Feuerversicherung[270] den Schaden vollständig ersetzt. Wenn dagegen die Versicherung den Schaden nur teilweise ersetzt, ist auf den Schutzzweck der Norm abzustellen. Absatz 4 möchte verhindern, dass Wohnungseigentümer einer übermäßigen Kostenbelastung ausgesetzt werden.[271] Kann demnach mit dem Geld der Versicherung das Gebäude teilweise wiedererrichtet werden, so dass nach Durchführung der Arbeiten weniger als die Hälfte des Wertes zerstört ist, liegen die Voraussetzungen des Abs. 4 nicht mehr vor (sodass es bei der Wiederaufbauverpflichtung des § 21 Abs. 4 verbleibt).[272]

Gleiches gilt, wenn der Schaden in anderer Weise gedeckt ist. Insoweit kommen sowohl zivilrechtliche Schadensersatzansprüche (gegen den Schädiger) als auch öffentlich-rechtliche Entschädigungs- oder Staatshaftungsansprüche (etwa wegen Bodenabsenkung aufgrund U-Bahn-Baus) in Betracht.

Aus dem Schutzzweck der Norm folgt auch, dass das bloße Bestehen eines Anspruchs nicht ausreicht; der Anspruch muss auch jederzeit **durchsetzbar** sein und damit das Geld für die Deckung des Schadens zur Verfügung stehen.[273]

Soweit vertreten wird, dass ein Miteigentümer durch seine eigene überobligatorische Zahlung zu einer Deckung in anderer Weise sorgen und dann von den anderen Eigentümern den Wiederaufbau gemäß § 21 Abs. 4 verlangen kann,[274] kann dem wohl nur dann gefolgt werden, wenn sichergestellt ist, dass der freiwillig zu viel zahlende Eigentümer nicht später den überschießenden Betrag (etwa über die Vorschriften der Geschäftsführung ohne Auftrag oder nach Bereicherungsrecht) von den anderen Eigentümern wieder zurückverlangen kann. Die Entscheidung des OLG Dresden, wonach kein Anspruch auf Fassung eines Wiederaufbaubeschlusses besteht, wenn ein Teil der Wohnungseigentümer den zu weniger als 50 % hergestellten steckengebliebenen Bau fertiggestellt hat, könnte insgesamt gegen die von der Literatur angesprochene Lösung sprechen.[275] Gleiches gilt für die Entscheidung des OLG Hamm, wonach ein eigenmächtiger Wiederaufbau durch einen Eigentümer unzulässig ist.[276]

3. Ausschluss eines Wiederaufbaubeschlusses oder Wiederaufbauverlangens

Liegen die bei Rn. 27 und 28 genannten Voraussetzungen kumulativ vor, ergibt sich aus Abs. 4 die **Rechtsfolge**, dass der Wiederaufbau in diesem Falle nicht gemäß § 21 Abs. 3 beschlossen oder gemäß § 21 Abs. 4 verlangt werden kann. Ohne diese Regelung würde es zum einen ordnungsgemäßer Verwaltung entsprechen, bei einer (teilweisen) Zerstörung von dem in ge-

29

---

270 Siehe zu den Versicherungen § 21 Rn. 56 ff.
271 *Staudinger-Bub*, § 22 WEG Rn. 265.
272 *Bärmann/Pick/Merle*, § 22 Rn. 378.
273 *Hügel-Elzer*, § 22 Rn. 28.
274 *Jennißen-Hogenschurz*, § 22 Rn. 82.
275 OLG Dresden v. 5.6.2008 – 3 W 231/08, ZMR 2008, 812.
276 OLG Hamm v. 15.8.2013 – 15 W 105/12, ZWE 2014, 83.

meinschaftlichem Eigentum stehenden Gebäude den Wiederaufbau zu beschließen.[277] Jeder Eigentümer hätte einen Individualanspruch auf einen Wiederaufbau.[278] Auch ein **eigenmächtiger Wiederaufbau** durch einen Eigentümer ist unzulässig und würde in die Rechte der übrigen Wohnungseigentümer eingreifen.[279]

4. Analoge Anwendung: Steckengebliebener Bau

30 Zwar erfasst der Wortlaut des Abs. 4 lediglich eine Zerstörung eines vorhandenen Gebäudes. In der Praxis treten leider nicht selten Fälle auf, in denen das Haus der Wohnungseigentümergemeinschaft erst gebaut werden soll, die Erstellung des Baus wegen Insolvenz des Bauträgers aber unvollendet bleibt (so genannter **steckengebliebener Bau**). Die Interessenlage ist in diesen Fällen vergleichbar mit der des Abs. 4.

Wird eine Wohnanlage wegen der Zahlungsunfähigkeit des teilenden Eigentümers als Bauträger nicht vollständig fertiggestellt, kann die mangelfreie Fertigstellung als Maßnahme ordnungsgemäßer Verwaltung durch Stimmenmehrheit beschlossen werden. § 22 Abs. 2 ist entsprechend anzuwenden.[280] Dies gilt dann, wenn die Wohnanlage weitgehend, jedenfalls zu deutlich mehr als der Hälfte ihres endgültigen Werts hergestellt ist.[281] Bei den Kosten für die mangelfreie Fertigstellung der Wohnanlage handelt es sich und Kosten im Sinne des § 16 Abs. 2.[282] Zwar gehören Baukosten für die Errichtung der Eigentumswohnanlage grundsätzlich nicht zu den Kosten der ordnungsgemäßen Instandhaltung und Instandsetzung. Das ist jedoch anders zu beurteilen, wenn, wie etwa nach der Insolvenz des Bauträgers, die Wohnungseigentümer die nicht vollständig errichteten Gebäude fertig stellen.[283] Die Kostenregelung kann dabei nicht mehrheitlich in Abänderung des in der Teilungserklärung enthaltenen Verteilerschlüssels erfolgen, selbst wenn hierdurch erbrachte Kaufpreisleistungen berücksichtigt werden sollen.[284] Auch wenn ein Teil der Wohnungseigentümer den zu weniger als 50 % hergestellten steckengebliebenen Bau fertiggestellt hat, besteht kein Anspruch auf Fassung eines Wiederaufbaubeschlusses.[285] Zum eigenmächtigen Wiederaufbau durch einzelne Wohnungseigentümer siehe auch oben Rn. 29.

---

277 Siehe dazu § 21 Rn. 20 ff. (26).
278 Siehe zum Anspruch nach § 21 Abs. 4: § 21 Rn. 28 ff.
279 OLG Hamm v. 15. 8. 2013 – 15 W 105/12, ZWE 2014, 83.
280 OLG Celle v. 4. 5. 2005 – 4 W 77/05, ZInsO 2005, 818.
281 BayObLG v. 20. 11. 2002 – 2Z BR 144/01, NZM 2003, 66.
282 Siehe zur Kostenregelung nach § 16 Abs. 2: § 16 Rn. 10 ff.
283 OLG Celle v. 4. 5. 2005 – 4 W 77/05, ZInsO 2005, 818.
284 OLG Frankfurt/Main v. 15. 11. 1993 – 20 W 208/92, WuM 1994, 36.
285 OLG Dresden v. 5. 6. 2008 – 3 W 231/08, ZMR 2008, 812.

§ 23
Wohnungseigentümerversammlung

(1) Angelegenheiten, über die nach diesem Gesetz oder nach einer Vereinbarung der Wohnungseigentümer die Wohnungseigentümer durch Beschluss entscheiden können, werden durch Beschlussfassung in einer Versammlung der Wohnungseigentümer geordnet.

(2) Zur Gültigkeit eines Beschlusses ist erforderlich, dass der Gegenstand bei der Einberufung bezeichnet ist.

(3) Auch ohne Versammlung ist ein Beschluss gültig, wenn alle Wohnungseigentümer ihre Zustimmung zu diesem Beschluss schriftlich erklären.

(4) Ein Beschluss, der gegen eine Rechtsvorschrift verstößt, auf deren Einhaltung rechtswirksam nicht verzichtet werden kann, ist nichtig. Im Übrigen ist ein Beschluss gültig, solange er nicht durch rechtskräftiges Urteil für ungültig erklärt ist.

Inhalt:

	Rn.
I. Allgemeines	1
II. **Absatz 1**: Beschlussfassung in der Versammlung	2
1. Beschlusskompetenz aufgrund Gesetz oder Vereinbarung	2
a) Angelegenheiten, über die die Wohnungseigentümer durch Beschluss entscheiden können	2
b) Beschlusskompetenz aus dem WEG („nach diesem Gesetz")	3
c) Beschlusskompetenz aus einer Vereinbarung	4
d) Annexkompetenz (Beschlusskompetenz kraft Sachzusammenhangs)	4a
2. Versammlung der Wohnungseigentümer	5
3. Ordnung durch Beschlussfassung	8
III. **Absatz 2**: Bezeichnung des Beschlussgegenstandes bei Einberufung	9
1. Gültigkeitsvoraussetzungen eines (Versammlungs-)Beschlusses	9
2. Bei der Einberufung	10
3. Bezeichnung des Gegenstandes	11
IV. **Absatz 3**: Schriftliche Beschlussfassung	13

	Rn.
1. Umlaufbeschluss („ohne Versammlung")	13
2. Abgrenzung Beschluss – Vereinbarung	14
3. Einstimmigkeitserfordernis („alle Wohnungseigentümer")	15
4. Schriftliche Zustimmung	16
5. Gültigkeitserfordernis	18
V. **Absatz 4**: Nichtigkeit und Gültigkeit von Beschlüssen	19
Satz 1: Nichtigkeit von Beschlüssen	19
1. Beschluss	19
a) Begriff	19
b) Zustandekommen	22
aa) Feststellung des Abstimmungsergebnisses	23
bb) Verkündung des Beschluss ergebnisses	25
c) Auslegung	26
2. Verstoß gegen unverzichtbare Rechtsvorschriften	27
a) §§ 134, 138 BGB, Strafvorschriften	28
b) Fehlende Beschlusskompetenz	29
c) Sonstige wesentliche Grundsätze des Wohnungseigentumsrechts	30
d) Unbestimmte Beschlüsse	31
3. Nichtig	32

T. Spielbauer

Satz 2: Gültigkeit von Beschlüssen 33	Beschlusses ("ist im Übrigen") 33
1. Grundsatz der bloßen Anfechtbarkeit eines	2. Gültigkeit bis zum rechtskräftigen Urteil... 34
	VI. Prozessuales 36

I. Allgemeines

1 § 23 wurde durch die WEG-Novelle[1] nur in Abs. 4 abgeändert. Die nach altem Recht in Abs. 2 Satz 2 enthaltene Klagefrist wurde neu in § 46 aufgenommen. § 23 Abs. 4 befasst sich in Satz 1 mit nichtigen Beschlüssen, in Satz 2 wird die Gültigkeit der Beschlüsse im Übrigen behandelt.

Uneinheitlich wird die Frage beantwortet, ob § 23 **abdingbar** ist. Teilweise wird vertreten, dass jedenfalls die Grundsätze des § 23 unabdingbar seien.[2] Nach anderer Ansicht ist § 23 insgesamt abdingbar.[3] Nach wohl überwiegender Auffassung ist bei § 23 der Abs. 3 aus Gründen des Minderheitenschutzes unabdingbar.[4]

Zutreffend erscheint jedoch die Auffassung, dass jedenfalls grundsätzlich auch Abs. 3 durch die Gemeinschaftsordnung oder durch eine nachträgliche Vereinbarung abdingbar ist. Dies folgt daraus, dass entgegen § 10 Abs. 2 Satz 2 in § 23 nicht „ausdrücklich" etwas anderes bestimmt ist.[5] Wie bereits bei § 10 Rn. 13 dargestellt, sind Vereinbarungen darüber hinaus auch dann **unzulässig**, wenn sie gegen die allgemeinen Gesetze verstoßen. Dies ist etwa dann der Fall, wenn sie gegen ein **gesetzliches Verbot** (§ 134 BGB) oder gegen die **guten Sitten** (§ 138 Abs. 1 BGB) verstoßen. Alleine der Umstand, dass der Kernbereich des Wohnungseigentums berührt wird, führt jedoch nicht dazu, dass eine Vereinbarung unzulässig wird. Dies folgt bereits daraus, dass bei einer Vereinbarung auch der beeinträchtigte Wohnungseigentümer (oder sein Rechtsvorgänger) mitgewirkt hat. Da es sich um Individualrechte der Wohnungseigentümer handelt, ergibt sich schon aus Art. 2 Abs. 1 GG, dass der Rechtsinhaber auf die Ausübung seines Rechts verzichten kann.[6] Nur in extremen Ausnahmefällen, bei denen aber wohl auch ein Verstoß gegen die guten Sitten bejaht werden wird, kann ein solcher Verzicht ausgeschlossen sein.[7] Die Gestaltungsfreiheit für Gemeinschaftsordnungen und sonstige Vereinbarungen endet aber dort, wo die per-

---

1 Gesetz zur Änderung des Wohnungseigentumsgesetzes und anderer Gesetze v. 26.3.2007, BGBl. I 2007, S. 370.
2 *Palandt-Bassenge*, WEG § 23 Rn. 1 und 7.
3 *Bärmann-Merle*, § 23 Rn. 1 und Rn. 121, 122; *Riecke/Schmid-Drabek*, § 23 Rn. 5.
4 KG Berlin v. 18.8.1993 – 24 W 1386/93, ZMR 1993, 532; OLG Hamm v. 6.4.1978 – 15 W 117/76, MDR 1978, 759; mit Zweifeln an der als herrschenden Meinung bezeichneten Ansicht: OLG Schleswig v. 20.1.2006 – 2 W 24/05, ZMR 2006, 803.
5 So: OLG Schleswig v. 20.1.2006 – 2 W 24/05, ZMR 2006, 803.
6 BGH v. 22.1.2004 – V ZB 51/03, NJW 2004, 937.
7 Offen gelassen zur Frage, ob dies bei einem generellen Verzicht auf die Ausübung des Stimmrechts in der Wohnungseigentümerversammlung gilt: OLG Frankfurt/Main v. 24.8.2006 – 20 W 214/06, 20 W 215/06, ZWE 2007, 84–92; gegen die Zulässigkeit eines generellen Ausschlusses des Stimmrechts: BGH v. 11.11.1986 – V ZB 1/86, NJW 1987, 650.

sonenrechtliche Gemeinschaftsstellung der Wohnungseigentümer derart ausgehöhlt wird, dass dies dem mitgliedschaftsrechtlichen Element des Wohnungseigentums widerspricht. So stellen etwa der allgemeine Ausschluss eines Wohnungseigentümers vom Stimmrecht und der Ausschluss von der Versammlung der Wohnungseigentümer einen schwerwiegenden Eingriff in den Kernbereich **elementarer Mitgliedschaftsrechte** dar.[8] Siehe zum Begriff der Vereinbarung näher § 10 Rn. 9 ff. und zu den Grenzen der Regelungsbefugnis auch § 15 Rn. 4 ff.

Dagegen ist aber **Abs. 4 Satz 1 zwingend** und kann nicht abbedungen werden. Es kann nicht davon ausgegangen werden, dass es in der Macht der Eigentümer (auch wenn es alle sind) steht, einem sitten- oder gesetzeswidrigen Beschluss, der möglicherweise die Verwaltung verpflichtet, eine Straftat zu begehen, zur Rechtswirksamkeit zu verhelfen.[9]

II. Absatz 1: Beschlussfassung in der Versammlung

1. Beschlusskompetenz aufgrund Gesetz oder Vereinbarung

a) Angelegenheiten, über die (...) die Wohnungseigentümer durch Beschluss entscheiden können

Absatz 1 begründet **keine eigenständige Beschlusskompetenz,** sondern setzt voraus, dass die Wohnungseigentümer[10] über eine Angelegenheit durch Beschluss[11] entscheiden können. Die Vorschrift ist im Zusammenhang mit § 10 Abs. 2 Sätze 1 und 2 sowie Abs. 4 zu sehen. Wie bei § 10 Rn. 5 ff. dargestellt, ergibt sich schon aus § 10 Abs. 2, dass zur Regelung des Verhältnisses der Wohnungseigentümer untereinander Beschlüsse nur dann in Betracht kommen, wenn nicht zwingendes Recht oder Vereinbarungen eingreifen. Die Mehrheitsherrschaft (können durch Beschluss entscheiden) bedarf damit der Legitimation durch **Kompetenzzuweisung.** Sie ist nach dem Willen des Gesetzgebers nicht die Regel, sondern die **Ausnahme.** Sie wird vom Gesetz nur dort zugelassen, wo es um das der Gemeinschaftsgrundordnung nachrangige Verhältnis der Wohnungseigentümer untereinander, namentlich um die Ausgestaltung des ordnungsgemäßen Gebrauchs und um die ordnungsmäßige Verwaltung des gemeinschaftlichen Eigentums, geht.[12] Für die Entscheidung über das **Verlangen** eines Wohnungseigentümers nach einer vom Gesetz abweichenden **Vereinbarung** oder der Anpassung einer Vereinbarung (§ 10 Abs. 2 Satz 3) fehlt den Wohnungseigentümern die Beschlusskompetenz.[13]

2

Zur Rechtsfolge für den Fall, dass ein Beschluss ohne die erforderliche Kompetenzzuweisung ergeht, siehe unten Rn. 19 ff.

---

8 BGH v. 10.12.2010 – V ZR 60/10, WuM 2011, 125 (= NJW 2011, 679).
9 Im Ergebnis wie hier: *Niedenführ/Kümmel/Vandenhouten-Kümmel*, § 23 Rn. 5.
10 Zum Begriff des Wohnungseigentümer siehe § 21 Rn. 4 und genauer § 10 Rn. 3; zur werdenden Eigentümergemeinschaft siehe § 8 Rn. 13.
11 Siehe dazu genauer unten Rn. 19 ff.
12 BGH v. 20.9.2000 – ZB 58/99, NJW 2000, 3500; BGH v. 22.1.2004 – V ZB 51/03, NJW 2004, 937; OLG München v. 21.2.2007 – 34 Wx 22/07, NZM 2007, 447.
13 BGH v. 15.1.2010 – V ZR 114/09, NZM 2010, 205 (= NJW 2010, 2129).

b) Beschlusskompetenz aus dem WEG („nach diesem Gesetz")

3 Die Beschlusskompetenz kann sich zum einen aus dem **WEG** selbst ergeben (nach diesem Gesetz). Folgende Vorschriften sehen ausdrücklich eine Entscheidung der Wohnungseigentümer durch Beschluss vor:

- § 12 Abs. 4 (Aufhebung einer Veräußerungsbeschränkung)[14]
- § 15 Abs. 2 (Gebrauchsregelung für Sonder- und Gemeinschaftseigentum)[15]
- § 16 Abs. 3 (Verteilung von Betriebs- und Verwaltungskosten)[16]
- § 16 Abs. 4 WEG (Verteilung von Instandhaltungskosten und Kosten für bauliche Veränderungen im Einzelfall)[17]
- § 18 Abs. 3 (Veräußerungsverlangen)[18]
- § 21 Abs. 3 (ordnungsgemäße Verwaltung des gemeinschaftlichen Eigentums)[19]
- § 21 Abs. 7 (Regelung bestimmter Geldangelegenheiten)[20]
- § 22 Abs. 1 (allgemeine bauliche Veränderungen)[21]
- § 22 Abs. 2 (Modernisierungsmaßnahmen)[22]
- § 22 Abs. 3 i. V. m. § 21 Abs. 5 Nr. 2 und Abs. 3 und 4 (modernisierende Instandsetzung)[23]
- § 24 Abs. 5 (Vorsitz der Eigentümerversammlung[24]
- § 24 Abs. 8 (Führung der Beschlusssammlung)[25]
- § 26 Abs. 1 (Bestellung und Abberufung des Verwalters)[26]
- § 27 Abs. 2 Nr. 3 (Ermächtigung des Verwalters zur Geltendmachung von Ansprüchen)[27]
- § 27 Abs. 3 Nr. 7 (Ermächtigung des Verwalters zu sonstigen Rechtsgeschäften und Rechtshandlungen)[28]
- § 27 Abs. 3 Satz 3 (Vertretung der Gemeinschaft durch Wohnungseigentümer)[29]
- § 28 Abs. 4 (Rechnungslegung vom Verwalter verlangen)[30]

---

14 Siehe dazu § 12 Rn. 12.
15 Siehe dazu § 15 Rn. 9 ff.
16 Siehe dazu § 16 Rn. 20 ff.
17 Siehe dazu § 16 Rn. 55 ff.
18 Siehe dazu § 18 Rn. 12 ff.
19 Siehe dazu § 21 Rn. 20 ff.
20 Siehe dazu § 21 Rn. 75 ff.
21 Siehe dazu § 22 Rn. 2 ff.
22 Siehe dazu § 22 Rn. 15 ff.
23 Siehe dazu § 22 Rn. 26 und § 21 Rn. 20 ff.
24 Siehe dazu § 24 Rn. 29 ff.
25 Siehe dazu § 24 Rn. 73 ff.
26 Siehe dazu § 26 Rn. 2 ff.
27 Siehe dazu § 27 Rn. 26 f.
28 Siehe dazu § 27 Rn. 40 ff.
29 Siehe dazu § 27 Rn. 45.
30 Siehe dazu § 28 Rn. 89 ff.

- § 28 Abs. 5 (Entscheidung über Wirtschaftsplan, Jahresabrechnung und Rechnungslegung)[31]
- § 29 Abs. 1 (Bestellung des Verwaltungsbeirats)[32]
- § 45 Abs. 2 (Bestellung eines Ersatzzustellungsvertreters)[33]

Eine Sonderstellung nimmt in diesem Zusammenhang § 10 Abs. 6 ein. Obgleich dort nicht ausdrücklich von einem Beschluss gesprochen wird, kann diese Vorschrift ebenfalls als gesetzliche Grundlage für eine Beschlusskompetenz angesehen werden.[34] Nähere Einzelheiten hierzu können unten Rn. 4a (Annexkompetenz, Beschlusskompetenz kraft Sachzusammenhangs) und den Kommentierungen zu § 10 Rn. 40 ff. entnommen werden.

Keine Beschlusskompetenz besteht auch dafür, die **Teilungserklärung/Gemeinschaftsordnung** durch Beschluss verbindlich auszulegen, sofern mehrere Auslegungsmöglichkeiten bestehen. Ein Eigentümerbeschluss, der darauf gerichtet ist, eine **verbindliche Auslegung** der Teilungserklärung – hier: Klausel zur Verteilung von Kosten für die Instandsetzung der Balkone – herbeizuführen, ist mangels Beschlusskompetenz nichtig. Die Klarstellung und damit Auslegung von zwischen den Eigentümern getroffenen Vereinbarungen stellt insbesondere keine Maßnahme der Verwaltung des gemeinschaftlichen Eigentums i.S.d. § 21 Abs. 1 dar. Vielmehr obliegt die Auslegung von Vereinbarungen im Streitfall den damit befassten Gerichten. Die Eigentümer können die gerichtliche Entscheidung nicht einfach dadurch vorwegnehmen, indem sie eine von mehreren Auslegungsmöglichkeiten durch Mehrheitsbeschluss verbindlich auch für die überstimmten oder nicht bei der Abstimmung anwesenden Eigentümer festschreiben.[35]

Eine verbindliche Auslegung (etwa eine Kostenverteilungsregelung in) der Gemeinschaftsordnung kann grundsätzlich auch nicht „isoliert" durch Erhebung einer **Feststellungsklage** erreicht werden. Die abstrakte Auslegung einer Regelung der Gemeinschaftsordnung/Teilungserklärung zielt nicht auf das Bestehen oder Nichtbestehen eines Rechtsverhältnisses gem. § 256 ZPO.[35a]

Der Gemeinschaft **fehlt** auch die **Beschlusskompetenz**, im Rahmen der Sanierung der im Gemeinschaftseigentum stehenden Wasserleitungen auch über die **Sanierung** von **Sondereigentum** (im Fall: Zapfstellen innerhalb der Wohneinheiten für Kalt- und Warmwasser) zu beschließen.[36] Sind in einer Teilungserklärung Mehrfachparker (**Duplexparker**) als Sondereigentum aufgeführt, sind einzelne Bauteile des Mehrfachparkers nur dann sondereigentumsfähig, wenn sie ausschließlich einer Sondereigentumseinheit und nicht dem gemeinschaftlichen Gebrauch dienen. Das zur Hebebühne einer Doppelstockgarage gehörende **Fahrblech** ist – soweit es entfernt werden kann,

---

31 Siehe dazu § 28 Rn. 17 ff., 77 ff., 89 ff.
32 Siehe dazu § 29 Rn. 2 ff.
33 Siehe dazu § 45 Rn. 9 ff.
34 BGH v. 18.3.2016 – V ZR 75/15 (zitiert nach juris).
35 LG München I v. 13.2.2012 – 1 S 8790/11, ZMR 2012, 582.
35a BGH v. 13.5.2016 – V ZR 152/15 (zitiert nach juris), wobei der BGH im Einzelfall (widersprechende Urteile) eine Feststellungsklage zuließ.
36 LG München I v. 18.10.2012 – Az. 36 S 14350/11 (nicht veröffentlicht).

ohne die Funktionsfähigkeit der Hebeanlage im Übrigen zu beeinträchtigen – sondereigentumsfähig. Ein Sanierungsbeschluss, der sich auch auf das Sondereigentum bezieht, ist insoweit und regelmäßig gem. § 139 BGB insgesamt nichtig.[37]

Dagegen liegt eine **Beschlusskompetenz** aber vor, wenn aufgrund von Feuchtigkeits- und Schimmelschäden die Sanierung der **Außenwände** des Gebäudes und damit die Sanierung des **Gemeinschaftseigentums** beschlossen wird. Soweit bei der Sanierungsmaßnahme ein Eingriff in das **Sondereigentum** der Wohnungseigentümer erforderlich ist, etwa durch eine Beseitigung und ein erneutes Aufbringen des Wandputzes im Wohnungsinneren, ist die Gemeinschaft auch berechtigt, einen Beschluss hinsichtlich des insoweit betroffenen Sondereigentums zu treffen. Zur Wiederanbringung des im Sondereigentum stehenden Wandputzes ist die Gemeinschaft nach § 14 Nr. 4 im Wege der **Naturalrestitution** verpflichtet; der betroffene Eigentümer hat einen solcher Eingriff nach dieser Vorschrift auch zu dulden (siehe dazu auch § 14 Rn. 72).[38]

c) Beschlusskompetenz aus einer Vereinbarung

4 Eine Beschlusskompetenz[39] kann sich auch ergeben, wenn die Wohnungseigentümer[40] in einer Vereinbarung die Möglichkeit vorgesehen haben, über alle oder bestimmte Angelegenheiten durch Beschluss zu entscheiden.

Vereinbarungen sind mehrseitige schuldrechtliche Verträge.[41] Sie kommen zustande, wenn alle Wohnungseigentümer daran mitgewirkt und übereinstimmende Willenserklärungen abgegeben haben. Neben den nachträglich (nach Begründung des Wohnungseigentums) zustande gekommenen Vereinbarungen haben in der Praxis erhebliche Bedeutung die Regelungen, die in den Teilungserklärungen/Gemeinschaftsordnungen enthalten sind. Dabei bildet die **Gemeinschaftsordnung** als die Gesamtheit der (zunächst) bestehenden Vereinbarungen die „Grundordnung" der Wohnungseigentümer, die ähnlich einer Satzung die **Grundlage für das Zusammenleben** der Wohnungseigentümer bildet.[42] Die näheren Einzelheiten zu den Vereinbarungen können der Kommentierung zu § 10 Rn. 9 ff. entnommen werden.

Nur wenn die Vereinbarung eine so genannte **Öffnungsklausel** enthält, kann aus ihr eine Beschlusskompetenz für Angelegenheiten abgeleitet werden, die an sich nur ihrerseits durch eine Vereinbarung geregelt werden könnten. Möglich sind dabei sowohl allgemeine als auch sachlich begrenzte Öffnungsklauseln. Voraussetzung ist jedoch auch bei einer Öffnungsklausel, dass für die Änderung **sachliche Gründe** vorliegen und einzelne Wohnungseigentümer aufgrund der Neuregelung gegenüber der bisherigen Regelung

---

37 LG München I v. 5.11.2012 – Az. 1 S 1504/12, ZWE 2013, 165; LG München I v. 1.2.2016 – 1 S 12786/15 (zitiert nach juris).
38 LG Dortmund v. 21.4.2015 – 1 S 445/14, ZWE 2015, 374.
39 Siehe oben Rn. 2.
40 Zum Begriff der Wohnungseigentümer siehe § 21 Rn. 4 und genauer § 10 Rn. 3.
41 BayObLG v. 13.6.2002 – 2Z BR 1/02, NZM 2002, 747.
42 BGH v. 11.5.2012 – V ZR 189/11, ZWE 2012, 361.

nicht unangemessen benachteiligt werden.⁴³ Der Begriff des sachlichen Grundes darf aber in diesem Zusammenhang nicht zu eng gesehen werden. Bei Änderungen der Gemeinschaftsordnung aufgrund einer in der Teilungserklärung enthaltenen Öffnungsklausel steht den Wohnungseigentümern ein weiter **Gestaltungsspielraum** (Ermessensspielraum) zu. Dies bedeutet, dass lediglich das „Ob" und das „Wie" der Änderung nicht willkürlich sein dürfen und dass es sich hierbei um einen rechtlichen Gesichtspunkt handelt, der bei der Beantwortung der Frage zu berücksichtigen ist, ob die beschlossene Änderung den Grundsätzen einer ordnungsgemäßen Verwaltung entspricht. Die vom Gesetzgeber intendierte Erweiterung des Gestaltungsspielraums strahlt dabei auch auf Öffnungsklauseln aus, die unter der Geltung des früheren Rechts vereinbart oder in eine Teilungserklärung aufgenommen worden sind.⁴⁴ Siehe zum Ermessensspielraum der Eigentümer auch § 21 Rn. 23.

Im **Kernbereich des Wohnungseigentums**⁴⁵ werden jedoch Änderungen grundsätzlich nur einstimmig für möglich gehalten, so dass Öffnungsklauseln sich nicht auf diesen Bereich beziehen können.⁴⁶ Siehe zum Eingriff in den Kernbereich auch § 15 Rn. 6 und 11.

Die weiteren Einzelheiten zu den Öffnungsklauseln und zu den Rechtsfolgen des Nichterreichens des in einer Öffnungsklausel vorgesehenen **Quorums**, können der Kommentierung zu § 10 Rn. 16, 17 und Rn. 33 entnommen werden.

d) Annexkompetenz (Beschlusskompetenz kraft Sachzusammenhangs)

Die bei Rn. 3 genannten und im Gesetz ausdrücklich vorgesehenen Beschlusskompetenzen decken nicht alle in der wohnungseigentumsrechtlichen Praxis tatsächlich auftretenden Beschlüsse ab. Häufig liegt diesen Beschlüssen auch keine Vereinbarung (Öffnungsklausel – siehe Rn. 4) zugrunde. Ein großer Teil dieser Beschlüsse wurde, ohne dass die Frage der Beschlusskompetenz vertieft erörtert wurde, als zulässig angesehen. In der Literatur wurde von einer Annexkompetenz kraft Sachzusammenhangs gesprochen. ⁴⁷

4a

Im Jahr 2010 hat sich das LG München I mit der Frage der Annexkompetenzen befasst, allerdings die Entscheidung dazu ausdrücklich offengelassen, da die konkrete Entscheidung nicht von der Klärung dieser Frage abhing. Das LG München I hat aber darauf hingewiesen, dass nicht immer bereits dann eine Beschlusskompetenz zu verneinen sein wird, weil sich eine solche nicht ausdrücklich im Gesetz findet. Es hat darauf verwiesen, dass durchaus eine Reihe von ungeschriebenen bzw. Annexkompetenzen

---

43 So schon grundlegend: BGH v. 7.6.1985 – VII ZB 21/84, NJW 1985, 2832.
44 BGH v. 10.6.2011 – V ZR 2/10, ZWE 2011, 327; BGH v. 1.4.2011 – V ZR 162/10, WuM 2011, 381 (= NJW 2011, 2202).
45 Siehe zum Begriff des Kernbereichs § 15 Rn. 11.
46 BayObLG v. 11.4.2001 – 2Z BR 121/00, FGPrax 2001, 148.
47 Bub, FD-MietR 2007, 218371; *Armbrüster* ZWE 2002, 145, 148; *Wenzel* ZWE 2004, 1, 8; *Riecke/Schmid-Elzer/Abramenko*, § 16 Rn. 102.

der Gemeinschaft angenommen werden. Zu denken ist beispielsweise an die – nicht ausdrücklich geregelte – Kompetenz der Gemeinschaft zur **Verwalterentlastung**, Fassung von **Geschäftsordnungsbeschlüssen**, **Ermächtigungsbeschlüssen** etc.[48]

Auch der **BGH** hat, obgleich er die vorgenannten Begriffe nicht benutzt hat, inhaltlich aber bereits mehrfach eine Annexkompetenz anerkannt.

Im Jahr 2003 hat der BGH den Einbau von **Kaltwasserzählern** zur Umsetzung einer beschlossenen oder vereinbarten verbrauchsabhängigen Verteilung der Wasserkosten als zulässig angesehen. Begründet wurde dies damit, dass ohne die Installation der erforderlichen Messgeräte sich der von ihnen neu eingeführte Verteilungsschlüssel nämlich nicht vollziehen ließe. Da es sich um eine notwendige **Folgemaßnahme** handle, unterfalle sie nicht anders als die ihr zugrundeliegende Entscheidung über den Verteilungsschlüssel dem Anwendungsbereich des § 21 Abs. 3.[49]

Auch **§ 10 Abs. 6** erwähnt nicht ausdrücklich die Möglichkeit, dass die Wohnungseigentümer in diesem Bereich durch Beschluss entscheiden können. Schon vor der Entscheidung des BGH zur Teilrechtsfähigkeit des Verbandes[50] war es aber herrschende Rechtsprechung, dass sich die übrigen Wohnungseigentümer durch Mehrheitsbeschluss zur Geltendmachung des Anspruchs ermächtigen konnten.[51] Durch die Formulierung in § 10 Abs. 6 Satz 3, „sie übt ... aus ...", soweit diese gemeinschaftlich geltend gemacht werden können", wird aber nunmehr diese **Ausübungsbefugnis**, die früher der (nicht rechtsfähigen) Gesamtheit der Wohnungseigentümer zustand, der Gemeinschaft als rechtsfähigen Verband zugewiesen. Da die Ausübung nur dann möglich ist, wenn ein entsprechender Mehrheitsbeschluss zur Geltendmachung durch den Verband gefasst wurde (siehe dazu § 10 Rn. 44), wird § 10 Abs. 6 Satz 3 nur dahingehend verstanden werden können, dass für die zur Ausübung notwendige Beschlussfassung auch die Beschlusskompetenz gegeben ist.[52] Davon ist offensichtlich auch der BGH ausgegangen, als er feststellte, dass eine Wohnungseigentümergemeinschaft in **gewillkürter Prozessstandschaft** Ansprüche verfolgen kann, die in einem engen rechtlichen und wirtschaftlichen **Zusammenhang** mit der Verwaltung des gemeinschaftlichen Eigentums stehen und an deren Durchsetzung sie ein eigenes schutzwürdiges Interesse hat. Sie kann daher von den einzelnen Wohnungseigentümern ermächtigt werden, neben den Ansprüchen wegen Mängeln des Gemeinschaftseigentums Ansprüche wegen Mängeln des **Sondereigentums** geltend zu machen.[53] Im Prozess tritt dann der Verband als Prozessstandschafter auf.[54] Der BGH hat

---

48 LG München I v. 10.6.2010 – 36 S 3150/10, ZWE 2011, 48.
49 BGH v. 25.9.2003 – V ZB 21/03, NJW 2003, 3476.
50 BGH v. 2.6.2005, V ZB 32/05, ZMR 2005, 547.
51 BayObLG v. 30.5.1996 – 2Z BR 9/96, ZMR 1996, 565; BayObLG v. 15.1.2004 – 2 Z BR 225/03, NZM 2004, 344.
52 Zur Ermächtigung des Verbandes vor Inkrafttreten der WEG-Novelle: BGH v. 30.3.2006 – V ZB 17/06, NZM 2006, 465.
53 BGH v. 12.4.2007 – VII ZR 236/05, WM 2007, 1084 (= NJW 2007, 1952).
54 BGH v. 12.4.2007 – VII ZR 236/05, WM 2007, 1084 (= NJW 2007, 1952); OLG München v. 12.12.2005 – 34 Wx 83/05 ZMR 2006, 304.

damit auch zum neuen Recht das sogenannte „Ansichziehen" durch Beschluss ausdrücklich anerkannt.[55] Im Jahr 2012 hat der BGH auch die Beschlusskompetenz zur **Kreditaufnahme** durch die Gemeinschaft anerkannt. Er hat dabei ausgeführt, dass sich die Befugnis der Wohnungseigentümer, den Finanzbedarf der Wohnungseigentümergemeinschaft auch durch die Aufnahme von Darlehen zu decken, zwar nicht ausdrücklich aus dem Wohnungseigentumsgesetz ergibt, dass diese Befugnis vom WEG jedoch **vorausgesetzt** wird, da es Sache der Wohnungseigentümer ist, über die Deckung des Finanzbedarfs des rechtsfähigen Verbandes (**§ 10 Abs. 6 Satz 1**) durch Beschluss zu befinden.[56] In einer weiteren Entscheidung zum **Erwerb** von **Verwaltungsvermögen** (im Fall: Grundstückserwerb als Parkplatz) hat der BGH klargestellt, dass die Beschlusskompetenz so weit reicht, wie § 10 Abs. 6 Satz 1 WEG der Gemeinschaft die Rechtsfähigkeit zuerkennt.[57]

Der BGH hat in einer Entscheidung zu § 16 Abs. 4 klargestellt, dass diese Vorschrift den Wohnungseigentümern nicht die Kompetenz zuweist, einen die Ansammlung von Instandhaltungsrücklagen betreffenden Verteilungsschlüssel zu ändern.[58] Diese Entscheidung befasste sich mit der Bestimmung des Anwendungsbereichs der konkreten Vorschrift und war daher nicht als generelle Absage an eine Beschlusskompetenz kraft Sachzusammenhangs anzusehen.

Allerdings hat der BGH die Möglichkeit einer Annexkompetenz in einem maßgeblichen Punkt eingeschränkt. Er hat nämlich klargestellt, dass sich selbst dann, wenn eine Angelegenheit gemäß §§ 15, 21 oder 22 der Regelung durch einen Mehrheitsbeschluss zugänglich ist, sich daraus **keine Beschlusskompetenz** dahingehend ergibt, einem Wohnungseigentümer außerhalb der gemeinschaftlichen Kosten und Lasten **Leistungspflichten aufzuerlegen**.[59] Damit ist auch geklärt, dass für die früher jedenfalls unter bestimmten Voraussetzungen als zulässig angesehene Verpflichtung zur **tätigen Mithilfe** eine Beschlusskompetenz fehlt. Damit kann weder durch einen Beschluss unmittelbar noch durch eine **Hausordnung** eine Verpflichtung eines Wohnungseigentümers begründet werden, beispielsweise turnusgemäß **Schnee** zu **räumen** oder das **Treppenhaus** zu **reinigen**. Die entgegenstehende frühere Instanzrechtsprechung ist daher überholt.[60] Daher besteht auch keine Beschlusskompetenz dahingehend, **konstitutive Handlungspflichten**, wie etwa die **Kostentragung** für ein von der Gemeinschaft in Auftrag gegebenes Gutachten seitens eines der Wohnungseigentümer, zu beschließen. Vielmehr muss die Gemeinschaft versuchen, gegebenenfalls die Kostentragung eines

---

55 BGH v. 19.8.2010 – VII ZR 113/09, NJW 2010, 3089 (= ZWE 2010, 404); BGH v. 15.1.2010 – V ZR 80/09, WuM 2010, 172 (= NJW 2010, 933).
56 BGH v. 28.9.2012 – V ZR 251/11, NJW 2012, 3719.
57 BGH v. 18.3.2016 – V ZR 75/15 (zitiert nach juris).
58 BGH v. 9.7.2010 – V ZR 202/09, WuM 2010, 524 (= NJW 2010, 2654).
59 BGH v. 9.3.2012 – V ZR 161/11, NJW 2012, 1724; BGH v. 18.6.2010 – V ZR 193/09, NJW 2010, 2801; BGH v. 18.2.2011 – V ZR 82/10, NJW 2011, 1220.
60 LG München I v. 2.8.2010 – 1 S 4042/10, ZWE 2010, 399; OLG Köln NZM 2005, 261; für die Treppenhausreinigung auch BayObLG NJW-RR 1992, 343.

Miteigentümers auf dem Rechtsweg zu erreichen.[61] Hiervon zu unterscheiden ist, dass möglicherweise ein Kostenverteilungsbeschluss nach § 16 Abs. 4 gefasst wird, aufgrund dessen die Ausgaben in der Jahresabrechnung auf einen Eigentümer umgelegt werden können (siehe dazu genauer § 16 Rn. 55ff.).

Es besteht auch **keine Beschlusskompetenz**, den Wohnungseigentümern eine **gesamtschuldnerische Haftung** durch Mehrheitsbeschluss aufzubürden. Eine gesamtschuldnerische Haftung kommt nur noch in Betracht, wenn sich die einzelnen Wohnungseigentümer selbst neben dem Verband klar und eindeutig auch persönlich verpflichten.[62]Die Frage, ob und insbesondere in welchem Umfang sich über die im Gesetz ausdrücklich vorgesehenen Beschlüsse hinaus aus der Auslegung der einzelnen Vorschriften weitere Beschlusskompetenzen ergeben, erscheint auch nach den neueren Entscheidungen des BGH noch nicht abschließend geklärt. Nach der hier vertretenen Meinung liegen aber überzeugende Gründe, warum die Gesetzesauslegung sich bezüglich der Beschlusskompetenz ausschließlich am Wortlaut orientieren dürfte, nicht vor. Die bisherige Handhabung, auch über den reinen Wortlaut hinaus nach den allgemeinen Auslegungsgrundsätzen bei einzelnen Vorschriften zu Beschlusskompetenzen zu gelangen, sollte daher beibehalten werden.

2. Versammlung der Wohnungseigentümer

5 Beschlüsse werden nach dem Gesetzeswortlaut grundsätzlich, von der Ausnahme des Abs. 3 abgesehen, in einer Versammlung der Wohnungseigentümer, also in einer so genannten Eigentümerversammlung gefasst. Eine Eigentümerversammlung im Sinne des Gesetzes erfordert ein Zusammentreffen von Wohnungseigentümern, wobei nach § 24 Abs. 1 zu diesem Treffen **eingeladen** worden sein muss. Ein lediglich **spontanes Zusammentreffen** von Eigentümern ist grundsätzlich keine Versammlung.[63] Erscheint auf eine ordnungsgemäße Einladung hin nur ein Eigentümer, der auch die Leitung der Veranstaltung übernimmt, liegt dennoch eine Versammlung vor, auf der auch Beschlüsse gefasst werden können[64], wenn die Versammlung beschlussfähig ist.[65]

Etwas anderes gilt nur, wenn eine so genannte **Vollversammlung** vorlag, an der alle Wohnungseigentümer teilgenommen haben.[66] Trotz eines Mangels der Einberufung beruht die Beschlussfassung bereits dann nicht auf dem Einberufungsmangel, wenn sämtliche Wohnungseigentümer in einer sogenannten „Vollversammlung" oder „Universalversammlung" erschienen oder

---

61 LG München I v. 21.5.2015 – 36 S 19367/14, ZMR 2015, 800.
62 BGH v. 28.9.2012 – V ZR 251/11, NJW 2012, 3719.
63 Ebenso: *Schreiber-Ruge/Röll*, Kap. 9, S. 945 Rn. 52; *Bärmann-Merle*, § 23 Rn. 5 (jeweils unter Bezug auf OLG Hamm v. 8.12.1992 – 15 W 218/91, Wohnungseigentümer 1993, 28).
64 BayObLG v. 7.12.1995 – 2Z BR 72/95, WuM 1996, 113.
65 Siehe dazu § 25 Rn. 15ff. und zur Wiederholungsversammlung § 25 Rn. 19ff.
66 LG München I v. 9.5.2011 – 1 S 22360/10, ZWE 2011, 282; KG Berlin v. 18.7.2006 – 24 W 33/05, ZMR 2006, 794; OLG Köln v. 29.12.1999 – 16 Wx 181/99, NZM 2000, 675.

vertreten sind. Dies beruht auf der Überlegung, dass der Zweck der Einberufung, die Teilnahme aller Wohnungseigentümer an der Versammlung zu ermöglichen, trotz des Einberufungsmangels erreicht worden ist.[67] Keine Vollversammlung liegt aber vor, wenn nur ein Teil der Eigentümer erschienen ist; in diesem Falle kann auch nicht weiterhelfen, wenn alle erschienenen Eigentümer zugestimmt haben.

Ein Sonderfall liegt bei der sogenannten **werdenden Eigentümergemeinschaft** vor.[68] Ist die Wohnungseigentümergemeinschaft bereits in Vollzug gesetzt, wenn ihr auch noch nicht alle Mitglieder der früheren werdenden Wohnungseigentümergemeinschaft angehören, so kann die Eigentümerversammlung der Wohnungseigentümergemeinschaft keine Beschlüsse zu Lasten der „werdenden" Wohnungseigentümer fassen, die diese bereits zu Zahlungen verpflichten sollen, bevor sie uneingeschränkte Wohnungseigentümer sind.[69]

Insbesondere bei großen Mehrhausanlagen ist des Öfteren in der Gemeinschaftsordnung oder einer nachträglichen Vereinbarung ausdrücklich vorgesehen, dass **Untergemeinschaften** gebildet werden.[70] Eine so genannte **geregelte** Untergemeinschaft liegt vor, wenn bei Mehrhausanlagen in der Teilungserklärung/Gemeinschaftsordnung ausdrücklich angeordnet ist, dass die Untergemeinschaften eigene Eigentümerversammlungen einberufen sollen und dass die Mitglieder der Untergemeinschaft dort Beschlüsse fassen können.[71] Wenn etwa für die verschiedenen Häuser abgrenzbare Gruppen geschaffen worden sind, deren Verwaltung gesondert geführt und deren Kosten getrennt abgerechnet werden können, ist auch eine so genannte **Teilversammlung** möglich.[72] Sind jedoch Teilversammlungen in der Gemeinschaftsordnung nicht vorgesehen, müssen die Beschlüsse in Eigentümerversammlungen ergehen, zu denen alle Wohnungseigentümer eingeladen wurden. Ist beispielsweise in der Gemeinschaftsordnung keine Errichtung von Untergemeinschaften mit eigenen Entscheidungskompetenzen und eigenen Versammlungen vorgesehen ist, muss eine Jahresabrechnung, auch wenn sie sich (nur) mit der Abrechnung eines Hauses befasst, von allen Eigentümern der **Gesamtgemeinschaft** beschlossen werden.[73] In den Fällen der so genannten **ungeregelten** Untergemeinschaften[74] genügt die Addition der Abstimmungsergebnisse aus mehreren Teilversammlungen von nach der Teilungserklärung vorgesehenen Untergemeinschaften diesen Erfordernis-

---

67 OLG Frankfurt/Main v. 17.11.2005 – 20 W 343/05, OLGR Frankfurt 2006, 421.
68 Zur werdenden Eigentümergemeinschaft siehe § 8 Rn. 13.
69 OLG Köln v. 2.2.2004 – 16 Wx 244/03, ZMR 2004, 859.
70 Siehe dazu auch § 28 Rn. 43 und BayObLG v. 21.8.2003 – 2Z BR 52/03, ZMR 2004, 598.
71 BGH v. 20.7.2012 – V ZR 231/11, ZWE 2012, 494; LG München v. 20.12.2010 – 1 S 8436/10, NZM 2011, 125.
72 BayObLG v. 19.12.2001 – 2Z BR 15/01, ZMR 2002, 527; LG München I v. 20.12.2010 – 1 S 8436/10, NZM 2011, 125.
73 LG München I v. 2.6.2014 – 1 S 3223/12, NJW-RR 2014, 1478; LG München I v. 31.1.2011 – 1 S 15378/10, ZfIR 2011, 364; BayObLG v. 17.11.2000 – 2Z BR 107/00, WuM 2001, 149; KG Berlin v. 8.1.1997 – 24 W 7385/96, WuM 1997, 237.
74 Siehe zu den Untergemeinschaften (Wirtschaftsplan und Jahresabrechnung) auch die Kommentierungen zu § 28 Rn. 43, 56 und 73.

sen nicht.[75] Ist eine Teilversammlung grundsätzlich zulässig, dürfen auf ihr nur Angelegenheiten behandelt werden, die ausschließlich die Wohnungseigentümer eines oder mehrerer Häuser betreffen und durch welche die Interessen der übrigen Wohnungseigentümer in keiner Weise berührt werden.[76] Dies kann der Fall sein, wenn nach der Gemeinschaftsordnung für die Häuser jeweils eine eigene Jahresabrechnungen und eigene Wirtschaftspläne aufgestellt werden (siehe dazu auch § 28 Rn. 17).[77] Das **Stimmrecht** ist in Teilversammlungen auf diejenigen Wohnungseigentümer beschränkt, die der jeweiligen Untergemeinschaft angehören und die damit von der Angelegenheit, über die Beschluss gefasst wird, betroffen sind.[78]

7 Eine **Klage** auf, mit der ein Beschluss einer **Untergemeinschaft** der Wohnungseigentümer **angefochten** oder für **nichtig** erklärt werden soll (Beschlussmängelklage), ist gemäß § 46 Abs. 1 Satz 1 WEG stets **gegen alle übrigen** Mitglieder der Wohnungseigentümergemeinschaft als notwendige Streitgenossen zu richten. Die nur gegen einen Teil der Mitglieder der Wohnungseigentümergemeinschaft gerichtete Klage ist unzulässig.[79] Ist in einer Gemeinschaftsordnung § 23 Abs. 1 nicht dahingehend abgeändert, dass Untergemeinschaften in eigenen Versammlungen Beschlüsse aufgrund der eingeräumten Beschlusskompetenz fassen können, muss sich die Anfechtungsklage gegen alle übrigen Eigentümer der Gesamtgemeinschaft richten. Das gilt auch dann, wenn bei einer Mehrhausanlage in der Gemeinschaftsordnung eine grundsätzliche Kostentrennung nach Häusern vorgesehen ist und in der Gesamtversammlung nur die Eigentümer des betroffenen Hauses abgestimmt haben.[80]

Eine Teilversammlung kann aber nicht über eine Angelegenheit beschließen, die alle Wohnungseigentümer betrifft.[81] Ein dennoch ergehender Beschluss geht zu Lasten der an diesem Verfahren nicht beteiligten Dritten. Er ist daher mangels **Beschlusskompetenz nichtig**.[82] Bestehen nach der Teilungserklärung einer Mehrhausanlage eine sog. „große" Wohnungseigentümergemeinschaft aller Wohnungs- und Teileigentümer und mehrere „kleine" Wohnungseigentümergemeinschaften hinsichtlich der einzelnen Häuser und dürfen die „kleinen" Gemeinschaften alle Angelegenheiten, die nur ihr jeweiliges Haus betreffen, allein entscheiden, so ist ein Beschluss einer kleinen

---

75 OLG Köln v. 1. 2. 1993 – 16 Wx 16/93, Wohnungseigentümer 1994, 43.
76 OLG Schleswig v. 8. 3. 2000 – 2 W 57/99, NZM 2000, 385.
77 BayObLG v. 21. 8. 2003 – 2Z BR 52/03, ZMR 2004, 598; LG München I v. 20. 12. 2010 – 1 S 8436/10, NZM 2011, 125.
78 OLG München v. 13. 12. 2006 – 34 Wx 109/06, WuM 2007, 34.
79 BGH v. 20. 7 2012 – V ZR 231/11, ZWE 2012, 494; BGH v. 2. 3. 2012 – V ZR 89/11, GuT 2012, 172; BGH v. 10. 2. 2012 – V ZR 145/11, ZWE 2012, 223; BGH v. 11. 11. 2011 – V ZR 45/11, ZWE 2012, 88; die entgegenstehende Meinung des LG München I v. 20. 12. 2010 – 1 S 8436/10, NZM 2011, 125, ist damit überholt.
80 LG München I v. 31. 1. 2011 – 1 S 15378/10, ZMR 2011, 511.
81 BayObLG v. 22. 12. 1983 – BReg 2 Z 9/83, BayObLGZ 1983, 320; LG München I v. 20. 12. 2010 – 1 S 8436/10, NZM 2011, 125.
82 LG München I v. 20. 12. 2010 – 1 S 8436/10, NZM 2011, 125; OLG München v. 13. 12. 2006 – 34 Wx 109/06, WuM 2007, 34 (für den Fall einer Mobilfunkanlage); OLG Schleswig v. 8. 3. 2000 – 2 W 57/99, NZM 2000, 385 (für bauliche Maßnahmen, welche die andere Untergemeinschaft betrifft).

Wohnungseigentümergemeinschaft über eine Änderung des „ihr" Haus betreffenden, aber auch Kosten der Gesamtanlage erfassenden Kostenverteilungsschlüssels schon deshalb nichtig, weil insoweit nur eine Beschlusskompetenz der „großen" Wohnungseigentümergemeinschaft besteht.[83]

3. Ordnung durch Beschlussfassung

Durch **Beschlussfassung** geordnet werden können alle Angelegenheiten, für die eine Beschlusskompetenz durch Gesetz (oben Rn. 3 und zur so genannten Annexkompetenz Rn. 4a) oder durch eine Öffnungsklausel in der Gemeinschaftsordnung oder eine spätere Vereinbarung (oben Rn. 4) gegeben ist. Wie bereits bei § 20 Rn. 5 dargestellt, sind die Wohnungseigentümer in ihrer Gesamtheit das zentrale Verwaltungsorgan, das im Bereich der Verwaltung die maßgeblichen Entscheidungen durch Beschluss (oder Vereinbarung) trifft, also die Angelegenheiten der Gemeinschaft ordnet. Die Beschlüsse binden infolge des Mehrheitsprinzips im Innenverhältnis der Gemeinschaft zum einen die Wohnungseigentümer und deren Sondernachfolger.[84] Zum anderen ist der Verwalter als ausführendes Organ verpflichtet, die Entscheidungen der Wohnungseigentümer nach Maßgabe der §§ 26 bis 28 umzusetzen.[85]

8

Die Beschlussfassung selbst ist im Gesetz nur teilweise geregelt. So befasst sich Abs. 2 mit den erforderlichen Angaben bei der Einladung zur Versammlung, § 25 mit der Beschlussfähigkeit einer Versammlung und dem Stimmrecht bei der Beschlussfassung und § 24 Abs. 6 und 7 mit der Protokollierung der Beschlüsse und der Führung der Beschlusssammlung.

Wegen der näheren Einzelheiten zur Beschlussfassung wird auf die nachfolgenden Rn. 9 ff. (insbesondere Rn. 19 ff.) sowie auf die Kommentierungen zu § 25 und § 24 Abs. 6 und 7 Bezug genommen.

III. Absatz 2: Bezeichnung des Beschlussgegenstandes bei Einberufung

1. Gültigkeitsvoraussetzungen eines (Versammlungs-) Beschlusses

Absatz 2 bezieht sich auf **Beschlüsse**, die nach Abs. 1 in einer Versammlung gefasst werden, **nicht** aber auf die Beschlussfassung im schriftlichen Verfahren nach **Abs. 3**. Liegt daher keine Versammlung nach oben Rn. 5, sondern lediglich eine **spontane Zusammenkunft** einiger Wohnungseigentümer vor, ist ein fundamentaler Grundsatz des Wohnungseigentumsrechts für eine Beschlussfassung nicht eingehalten. Bei einem Verstoß gegen fundamentale Grundsätze muss aber von einem **Nichtbeschluss** ausgegangen werden.[86] Nichtbeschlüsse entfalten keine Rechtswirkungen, sondern können „nur" den Rechtsschein eines wirksamen Beschlusses erzeugen.[87] Nichtbeschlüsse

9

---

83 OLG Köln v. 11.3.2005 – 16 Wx 24/05, NZM 2005, 550.
84 Siehe dazu genauer § 10 Rn. 31.
85 Siehe dazu § 20 Rn. 6.
86 OLG München v. 7.6.2005 – 32 Wx 32/05, NZM 2005, 588.
87 OLG München v. 26.6.2006 – 34 Wx 3/06, OLGR München 2006, 613; BGH v. 23.8.2001 – V ZB 10/01, NJW 2001, 3339.

bedürfen nicht der Aufhebung, sondern ausreichend zur Beseitigung des Scheins ist die Feststellung, dass ein entsprechender Beschluss nicht zustande gekommen ist.[88] Ein positiver Beschluss kann auch nicht dadurch zustande kommen, dass nach der Beschlussablehnung in der Versammlung noch einige Eigentümer außerhalb der Versammlung ihre schriftliche Zustimmung erteilen (sogenannter Sukzessivbeschluss).[89] Siehe genauer zur prozessualen Behandlung der Nichtbeschlüsse die Kommentierungen zu § 46 Rn. 15.

Die näheren Einzelheiten zur Nichtigkeit und Gültigkeit von Beschlüssen sowie zum Zustandekommen von Beschlüssen können der Kommentierung unten Rn. 19 ff. entnommen werden.

2. Bei der Einberufung

10 Wie sich aus § 24 Abs. 1 ergibt, hat der Verwalter die Versammlung der Wohnungseigentümer mindestens einmal im Jahr einzuberufen, wobei dies nach § 24 Abs. 4 in Textform geschehen muss.

Die Einberufung der Versammlung wird bei § 24 im Einzelnen kommentiert. Insoweit wird auf die dortige Kommentierung Bezug genommen.

3. Bezeichnung des Gegenstandes

11 Bei der Einberufung zur Eigentümerversammlung wird üblicherweise eine Einladung an die Eigentümer versandt, die eine Tagesordnung enthält.[90] In der Tagesordnung muss der Beschlussgegenstand hinreichend genau **bezeichnet** werden. Es ist nicht erforderlich, bereits den Inhalt eines beabsichtigten Beschlusses oder einen konkreten Beschlussantrag mitzuteilen.[91] Die vorgesehenen Beschlüsse müssen so genau bezeichnet werden, dass die Wohnungseigentümer verstehen und **überblicken** können, was in **tatsächlicher** und **rechtlicher Hinsicht** erörtert und beschlossen werden soll und welche **Auswirkungen** der vorgesehene Beschluss insoweit auf die **Gemeinschaft** und **sie selbst** hat.[92] Nach allgemeiner Auffassung dürfen an die Bezeichnung des Gegenstandes keine übertriebenen Anforderungen gestellt werden, insbesondere müssen nicht alle Einzelheiten des Beschlussgegenstandes enthalten sein. Es soll gesichert werden, dass die Wohnungseigentümer vor Überraschungen geschützt sind und sich auf die Versammlung vorbereiten können.[93] Der einzelne Eigentümer soll die Möglichkeit erhalten, zu entscheiden, ob seine Teilnahme an der Versammlung veranlasst ist.[94] In aller Regel genügt eine **schlagwortartige** Bezeichnung[95], insbesondere,

---

88 OLG München v. 26.6.2006 – 34 Wx 3/06, OLGR München 2006, 613.
89 Siehe dazu unten Rn. 13.
90 Siehe dazu § 24 Rn. 25.
91 OLG Frankfurt/Main v. 29.9.2005 – 20 W 452/05, OLGR Frankfurt 2006, 475.
92 BGH v. 13.1.2012 – V ZR 129/11, ZWE 2012, 125.
93 OLG München v. 8.3.2007 – 34 Wx 2/07, NZM 2007, 647.
94 LG Karlsruhe v. 11.5.2010 – 11 S 9/08, ZWE 2010, 377; OLG München v. 14.9.2006 – 34 Wx 49/06, ZMR 2006, 954; OLG Köln v. 18.12.2002 – 16 Wx 177/02, NZM 2003, 121.
95 BGH v. 13.1.2012 – V ZR 129/11, ZWE 2012, 125; OLG Schleswig v. 20.1.2006 – 2 W 24/05, ZMR 2006, 803.

wenn die Sache bereits früher erörtert wurde.⁹⁶ Aus dem **Informationsbedürfnis** des einzelnen Wohnungseigentümers ergibt sich, dass der Beschlussgegenstand umso genauer bezeichnet werden muss, je größer seine Bedeutung und je geringer der Wissensstand des einzelnen Eigentümers ist. So müssen **weitreichende Änderungen**, wie etwa die vorgesehene Änderung des **Kostenverteilungsschlüssels** transparent gestaltet und daher in der Einladung angekündigt werden.⁹⁷ Nimmt ein Beschluss der Wohnungseigentümer Bezug auf ein bestimmtes Ereignis, so erfordert das Gebot der inhaltlichen Klarheit und Bestimmtheit, dass das in Bezug genommene Ereignis mit hinreichender Sicherheit bestimmbar ist.⁹⁸

An einer ausreichenden Bezeichnung bei der Einladung fehlt es auch nicht, wenn dann in der Versammlung nicht der mitgeteilte Beschlussantrag (etwa: Genehmigung einer beiliegenden Jahresabrechnung), sondern nach einer Diskussion ein **geänderter Antrag** (etwa: bei der Jahresabrechnung zu einem Punkt ein anderer Verteilungsschlüssel) durch Beschluss angenommen wird. Wollte man anders entscheiden, würde jede Beratung über einen Beschlussgegenstand in der Versammlung zur Makulatur, weil ein anderes als durch die Einladung festgeschriebenes Beschlussergebnis nicht beschlossen werden dürfte. Es ist aber gerade einer der Hauptzwecke der Eigentümerversammlung, über anstehende Verwaltungsentscheidungen zu beraten und möglicherweise Kompromisse zu erarbeiten.⁹⁹ Lediglich wenn die Abweichungen so massiv sind, dass ein durchschnittlicher Eigentümer die wesentlichen rechtlichen und tatsächlichen Folgen und Konsequenzen der Änderungen und damit des zu fassenden Beschlusses in der Versammlung nicht mehr überblicken kann, liegt eine ausreichende Bezeichnung in der Einladung nicht mehr vor.¹⁰⁰

Teilt ein Verwalter bereits im Einladungsschreiben mit, dass er den angestrebten Beschluss für **nichtig** halte und ergo **nicht verkünden** werde, dürfen die – nicht erschienenen – Eigentümer hierauf vertrauen.¹⁰¹

Zu den Folgen, wenn keine ausreichende Bezeichnung bei der Einberufung vorgenommen wird, siehe unten Rn. 19 ff., insbesondere Rn. 38.

Zum **Anspruch** eines Eigentümers auf **Aufnahme eines Tagesordnungspunkts** zur Beschlussfassung über eine vom Eigentümer gewünschte Angelegenheit bei der Einberufung der nächsten ordentlichen Eigentümerversammlung siehe § 24 Rn. 25.

Zur Frage, ob mit der Einladung auch **Unterlagen** (wie etwa Entwurf der Jahresabrechnung, Vergleichsangebote) **übersandt** werden müssen, siehe **§ 21 Rn. 23.**

---

96 OLG Düsseldorf v. 28.6.2005 – 3 Wx 79/05, ZMR 2005, 895.
97 BGH v. 9.7.2010 – V ZR 202/09, NJW 2010, 2654.
98 OLG Frankfurt/Main v. 29.9.2005 – 20 W 452/05, OLGR Frankfurt 2006, 475.
99 LG Düsseldorf v. 14.3.2013 – 19 S 88/12, ZMR 2013, 821; LG München I v. 30.11.2009 – 1 S 23229/08, ZWE 2010, 138.
100 LG Karlsruhe v. 11.5.2010 – 11 S 9/08, ZWE 2010, 377.
101 LG Hamburg v. 15.4.2015 – 318 S 125/14, ZWE 2016, 90.

12 Beispiele aus der Rechtsprechung für die Bezeichnung der Beschlussgegenstände in den Tagesordnungspunkten (TOPs):

- Unter dem TOP „**Anfragen/Anregungen**" können allenfalls Beschlüsse von untergeordneter Bedeutung gefasst werden. Ob dies gegeben ist, hängt vom Einzelfall ab, wobei auch die finanziellen Auswirkungen von Bedeutung sind.[102]

- Die Bezeichnung „**Behandlung eingegangener Anträge**" im Einladungsschreiben zu einer Wohnungseigentümerversammlung genügt grundsätzlich nicht den Anforderungen des § 23 Abs. 2, da sich die Wohnungseigentümer allein mit dieser Ankündigung nicht sachgerecht auf eine Beschlussfassung vorbereiten können. Wird aber im Einladungsschreiben darauf hingewiesen, dass sich der Tagesordnungspunkt noch erweitern könne, und wird sodann der Antrag zeitgerecht an die Wohnungseigentümer weitergeleitet, ist der Gegenstand der Beschlussfassung hinreichend konkretisiert und ein Beschluss kann rechtmäßig zustande kommen.[103]

- Treten bei einer bereits begonnenen Balkonsanierung Probleme auf, kann unter dem TOP „**Sanierung der Balkone ...** - Auftragsabwicklung, Umfang- und Finanzierung" auch eine Änderung des vorgesehenen Bodenbelages (Fliesen statt Betonplatten) beschlossen werden.[104]

- Unter dem TOP „Beschluss über **ergänzende und weiterführende Beschlüsse zur Großsanierung**" können keine konkreten baulichen Einzelmaßnahmen beschlossen werden.[105]

- Der TOP „**Festsetzung des Haus-/Wohngeldes/s. beil. Wirtschaftsplan**" deckt nicht einen Beschluss ab, dass entgegen den Bestimmungen in der Teilungserklärung das Wohngeld für das gesamte Wirtschaftsjahr fällig sein soll, wenn der Eigentümer mit einem Monatsbetrag in Verzug gerät.[106]

- Beim TOP „**Hausgeldabrechnung**" müssen die Eigentümer nicht mit einem Beschluss rechnen, der die in der Teilungserklärung festgelegte Kostenverteilung bzgl. des Aufzugs dahin ändert, dass nur noch ein Haus in der Mehrhausanlage damit belastet wird und nicht – wie zuvor – die Gemeinschaft.[107]

- Der TOP „**Neuwahl eines Verwalters**" deckt auch die Wiederwahl des bisherigen Verwalters sowie den Abschluss eines Verwaltervertrags mit diesem ab.[108] Erkennbar ist auch, dass neben der Bestellung des Verwalters auch die wesentlichen Bedingungen eines Verwaltervertrages beraten und beschlossen werden können.[109]

---

102 BayObLG v. 19.12.2001 – 2Z BR 15/01, ZMR 2002, 527.
103 OLG München v. 22.2.2008 – 34 Wx 66/07, NZM 2008, 848.
104 OLG Celle v. 7.2.2003 – 4 W 208/02 (nicht veröffentlicht).
105 OLG München v. 14.9.2006 – 34 Wx 49/06, ZMR 2006, 954.
106 OLG Köln v. 23.1.2002 – 16 Wx 176/01, NZM 2002, 169; siehe zur (neuen) Beschlusskompetenz in Geldangelegenheiten auch § 21 Rn. 75 ff. (insbes. Rn. 78).
107 OLG Düsseldorf v. 28.6.2005 – 3 Wx 79/05, ZMR 2005, 895.
108 OLG München v. 20.3.2008 – 34 Wx 46/07, ZWE 2009, 27.
109 OLG Schleswig v. 20.1.2006 – 2 W 24/05, ZMR 2006, 803.

- Unter dem TOP „**Verschiedenes**" können keine wesentlichen Angelegenheiten, sondern allenfalls Gegenstände von untergeordneter Bedeutung beschlossen werden.[110] Dazu gehören nicht die Installation einer Satellitenempfangsanlage[111], Fragen der Pkw-Stellplatzordnung und der Vergütung bzw. Sondervergütung des Verwalters[112] oder die Festlegung des Standorts eines Müllcontainers.[113]

Eine Beschlussfassung ist aber dann möglich, wenn zusätzlich ein bestimmter Beschlussgegenstand unter diesem Tagesordnungspunkt näher bezeichnet wird.[114]
- Der TOP „**Vorgehen wegen der Feuchtigkeitsschäden im Haus**" deckt auch eine Beschlussfassung über die Beauftragung eines Sachverständigen zur Ermittlung der Ursachen der Schäden ab.[115]
- Unter dem TOP „Wirtschaftsplan" kann auch über eine Erhöhung der jährlichen Zuführung zur Instandhaltungsrücklage beschlossen werden.[116]
- Wenn im Wirtschaftsplan oder in der Jahresabrechnung der geltende **Kostenverteilungsschlüssel abgeändert** werden soll (etwa aufgrund § 16 Abs. 4), muss dies konkret in der Einladung angekündigt werden.[117]

IV. Absatz 3: schriftliche Beschlussfassung

1. Umlaufbeschluss („ohne Versammlung")

Wie bereits bei Rn. 5 dargestellt, werden Beschlüsse nach Abs. 1 grundsätzlich in einer Eigentümerversammlung gefasst. Abs. 3 stellt eine Ausnahme zu diesem Grundsatz dar, die durchaus nicht ungefährlich für die Wohnungseigentümer ist. Nur bei Beschlussfassung in der Eigentümerversammlung ist sichergestellt, dass durch die Einladung die Eigentümer rechtzeitig vor einer Entscheidung über den Beschlussgegenstand informiert werden und damit Überraschungen (Überrumpelung) ausgeschlossen sind.[118] Bei einem bloßen (schriftlichen) **Umlaufbeschluss** außerhalb einer Versammlung ist auch nicht sichergestellt, dass kontroverse Meinungen diskutiert werden[119], weshalb die wohl überwiegende Meinung davon ausgeht, dass Abs. 3 aus Gründen des Minderheitenschutzes nicht abdingbar sei.[120]

13

Nicht gefolgt werden kann der Meinung, dass auch ein so genannter **Sukzessivbeschluss** möglich ist, dass also ein Teil der Eigentümer in der Versammlung zustimmt und die restlichen Eigentümer die Zustimmung nach-

---

110 OLG München v. 19. 9. 2005 – 34 Wx 76/05, NZM 2005, 825.
111 BayObLG v. 8. 4. 2004 – 2Z BR 233/03, WuM 2004, 366.
112 OLG Düsseldorf v. 4. 9. 1996 – 3 Wx 125/96, WuM 1997, 62.
113 BayObLG v. 5. 4. 1990 – BReg 2 Z 14/90, WuM 1990, 321.
114 BayObLG v. 30. 4. 1998 – 2ZB BR 23/98, ZMR 1998, 649; OLG Köln v. 3. 11. 1997 – 16 Wx 267/97, ZMR 1998, 372.
115 OLG Köln v. 18. 12. 2002 – 16 Wx 177/02, NZM 2003, 121.
116 BayObLG v. 5. 10. 2000 – 2Z BR 59/00, NZM 2000, 1239.
117 BGH v. 9. 7. 2010 – V ZR 202/09, NJW 2010, 2654.
118 Siehe dazu oben Rn. 11.
119 Ebenso: *Jennißen-Schultzky*, § 23 Rn. 127; *Bärmann-Merle*, § 23 Rn. 105.
120 Siehe zu dieser Problematik oben Rn. 1.

träglich schriftlich erteilen.[121] Dies ergibt sich bereits daraus, dass der Versammlungsleiter nicht verkünden darf, der Beschluss sei zustande gekommen, wenn die erforderlichen Stimmen (einfache oder qualifizierte Mehrheit, alle i. S. v. § 14 Nr. 1 Betroffenen usw.) nicht vorliegen (siehe dazu genauer unten Rn. 19 ff.). Anders liegt der Fall aber dann, wenn die Eigentümer in der Versammlung beschießen, dass der Verwalter nach Ablauf einer gewissen Überlegungsfrist im Umlaufverfahren von den Eigentümern die Beschlussfassung zu der besprochenen Auftragsvergabe abfordern wird. Es handelt sich in diesem Fall um ein übliches Umlaufverfahren, bei dem es jeder einzelne Wohnungseigentümer in der Hand hat, das schriftliche Beschlussverfahren zu verzögern oder ganz zu durchkreuzen, wenn er seine Unterschrift verweigert.[122]

2. Abgrenzung Beschluss – Vereinbarung

14 Nach allgemeiner Auffassung handelt es sich bei einem Beschluss der Wohnungseigentümer um ein mehrseitiges Rechtsgeschäft eigener Art, einen sog. **Gesamtakt**, durch welchen mehrere gleichgerichtete Willenserklärungen der Wohnungseigentümer gebündelt werden.[123]

Wie bei § 10 Rn. 9 dargestellt ist im Wege der **Auslegung** zu ermitteln, ob bei einstimmig getroffenen Regelungen (unabhängig von der Bezeichnung) eine **Vereinbarung** oder ein Beschluss vorliegt. Maßgeblich für die Bewertung ist dabei der Inhalt der Regelung, wobei es nicht entscheidend auf den Wortlaut ankommt.[124] Ein Beschluss im technischen Sinn ist nur dann anzunehmen, wenn ein Gegenstand geregelt wird, der einem Mehrheitsbeschluss zugänglich ist.[125] Eine Vereinbarung ist dann anzunehmen, wenn eine Regelung des betreffenden Gegenstandes durch Mehrheitsbeschluss gegen den Willen des betroffenen Wohnungseigentümers nicht möglich wäre.[126] Diese Grundsätze gelten auch bei Beschlüssen nach Abs. 3, wobei hier jeweils darauf abzustellen ist, ob ein Mehrheitsbeschluss nach Abs. 1 möglich wäre.

Die **Initiative** zu einem Beschluss im schriftlichen Verfahren (so genannter Umlaufbeschluss) obliegt grundsätzlich dem Verwalter. Darüber hinaus kann aber jeder Wohnungseigentümer ein solches Beschlussverfahren einleiten.[127] Die Initiative muss jedoch unmissverständlich sein, so dass für

---

121 BayObLG v. 22. 5. 1998 – 2Z BR 38/98, WuM 1998, 679; wie hier: *Riecke/Schmid-Drabek*, § 23 Rn. 59; *Bärmann-Merle*, § 23 Rn. 114; a. A. KG Berlin v. 14. 11. 1988 – 24 W 4304/88, Grundeigentum 1989, 361; *Jennißen-Schultzky*, § 23 Rn. 128.
122 OLG München v. 8. 12. 2006 – 34 Wx 103/06, FGPrax 2007, 21; die zum GmbH-Recht ergangene Entscheidung BGH v. 16. 1. 2006 – II ZR 135/04, NJW 2006, 2044, die von einer Nichtigkeit solcher Beschlüsse ausgeht, ist auf die Abstimmung im WEG-Verfahren nicht übertragbar.
123 BGH v. 10. 9. 1998 – V ZB 11/98, NZM 1998.
124 LG Karlsruhe v. 26. 3. 2010 – 11 S 140/09, ZMR 2010, 640; OLG Hamburg v. 26. 8. 1999 – 10 U 41/98, WE 2000, 246; OLG Zweibrücken v. 11. 6. 2001 – 3 W 218/00, ZMR 2001, 734.
125 BayObLG v. 23. 5. 1990 – BReg 2 Z 46/90, NJW-RR 1990, 1102.
126 OLG Hamm v. 11. 11. 2004 – 15 W 351/04, ZMR 2005, 400; BayObLG v. 2. 8. 1989 – BReg 2 Z 39/89, WuM 1989, 528.
127 OLG München v. 8. 12. 2006 – 34 Wx 103/06, FGPrax 2007, 21.

jeden Wohnungseigentümer erkennbar ist, dass eine verbindliche Entscheidung und nicht lediglich eine unverbindliche Meinungsäußerung herbeigeführt werden soll.[128]

3. Einstimmigkeitserfordernis („alle Wohnungseigentümer")

Bei einem (schriftlichen) **Umlaufbeschluss** müssen nach dem klaren Wortlaut des Gesetzes alle Eigentümer zustimmen.[129] Wenn nicht alle Wohnungseigentümer an der Abstimmung gemäß Abs. 3 beteiligt werden, kommt ein Beschluss nicht zustande.[130] Da **Einstimmigkeit** erforderlich ist, verhindern Stimmenthaltungen oder nichtige Stimmen das Wirksamwerden eines Beschlusses.[131] Bei schriftlicher Beschlussfassung ist die Zustimmung auch derjenigen Eigentümer erforderlich, die nach § 25 Abs. 5 nicht stimmberechtigt sind.[132]

15

4. Schriftliche Zustimmung

Die Zustimmung muss nach dem Gesetzeswortlaut schriftlich erklärt werden, so dass § 126 BGB Anwendung findet. Nach § 126 Abs. 3 BGB können mangels anderweitiger gesetzlicher Bestimmung die Erklärungen auch in elektronischer Form gemäß § 126a BGB abgegeben werden. Nicht zulässig ist dagegen eine Erklärung in Textform gemäß § 126b BGB.[133]

16

Die **Zustimmung** muss „zu diesem Beschluss" erklärt werden. Nach der überwiegenden Meinung in der Literatur beinhaltet dies, dass sowohl zum **Verfahren** (schriftlicher Beschlussfassung) als auch inhaltlich zum konkreten **Beschlussantrag** die Zustimmung erklärt werden muss.[134] Dies ist zwar richtig, in der Praxis aber unproblematisch. Wie bei Rn. 14 dargestellt, kann ein Beschluss im schriftlichen Verfahren nur ergehen, wenn die Initiative unmissverständlich für jeden Wohnungseigentümer erkennen lässt, dass eine verbindliche Entscheidung und nicht lediglich eine unverbindliche Meinungsäußerung (im schriftlichen Verfahren) herbeigeführt werden soll.[135] Die Wohnungseigentümer haben aber gegenüber anderen Eigentümern **keinen Anspruch** auf Abgabe einer Stimme im **schriftlichen Verfahren**. Verweigert daher ein Wohnungseigentümer die Zustimmung zum Beschluss im schriftlichen Verfahren nach § 23 Abs. 3, ist das schriftliche Verfahren **gescheitert**. In diesem Fall muss der Eigentümer mit seinem Anliegen grund-

17

---

128 OLG Celle v. 8. 6. 2006 – 4 W 82/06, NZM 2006, 784.
129 LG München I v. 20. 4. 2015 – 1 S 12462/14, ZMR 2015, 799.
130 OLG Zweibrücken v. 21. 11. 2002 – 3 W 179/02, FGPrax 2003, 60.
131 BayObLG v. 8. 12. 1994 – 2Z BR 116/94, WuM 1995, 227.
132 BayObLG v. 19. 9. 2001 – 2Z BR 89/01, ZWE 2001, 590; wie hier: *Bärmann-Merle*, § 23 Rn. 112; *Riecke/Schmid-Drabek*, § 23 Rn. 57; a. A.: *Niedenführ/Kümmel-Kümmel*, § 23 Rn. 54 (bei Eigentümern, die vom Stimmrecht ausgeschlossen sind, ist nur Zustimmung zum Procedere erforderlich; eine Zustimmung in der Sache soll nicht erforderlich sein).
133 Ebenso: *Palandt-Bassenge*, WEG § 23 Rn. 5.
134 So etwa: *Jennißen-Schultzky*, § 23 Rn. 130; *Riecke/Schmid-Drabek*, § 23 Rn. 55; *Palandt-Bassenge*, WEG § 23 Rn. 5.
135 OLG Celle v. 8. 6. 2006 – 4 W 82/06, NZM 2006, 784.

sätzlich zunächst die **Eigentümerversammlung** befassen, bevor er **Klage** erheben kann.[136] Ein **Widerruf** der Zustimmung ist nur solange möglich, bis die Willenserklärung dem Verwalter zugeht (§ 130 Abs. 1 Satz 2 BGB); ab diesem Zeitpunkt ist die Willenserklärung wirksam und ein Widerruf entfaltet keine Rechtswirkungen mehr.[137] Siehe zum Widerruf in der Eigentümerversammlung Rn. 19 und Rn. 23.

Zu den Fragen einer **bedingten Zustimmung** und **schwebend unwirksamer Beschlüsse** siehe unten Rn. 19.

5. Gültigkeitserfordernis

18 Nach dem Gesetzeswortlaut scheint ein schriftlicher Beschluss bereits dann gültig zu sein, wenn die vorgenannten Voraussetzungen erfüllt sind. Die obergerichtliche Rechtsprechung hat jedoch über den Gesetzeswortlaut hinaus einen weiteren Umstand gefordert. Danach kommt ein Beschluss im schriftlichen Verfahren nach Abs. 3 konstitutiv erst zustande, wenn eine **Feststellung** des Beschlussergebnisses und eine an alle Wohnungseigentümer gerichtete **Mitteilung** über das **Beschlussergebnis** erfolgt sind.[138] Da es nur um eine entsprechende Anwendung der Regeln zur Beschlussfeststellung und -bekanntgabe in der Wohnungseigentümerversammlung gehen kann, ist dies nicht im Sinne des Zugangs der Mitteilung bei jedem einzelnen Eigentümer zu verstehen. Es genügt jede **Form** der **Unterrichtung** (etwa durch einen Aushang oder ein Rundschreiben), die den internen Geschäftsbereich des Feststellenden verlassen hat, und bei der den gewöhnlichen Umständen nach mit einer Kenntnisnahme durch die Wohnungseigentümer gerechnet werden kann.[139]

Zu **prozessualen Fragen** bei fehlerhaften Beschlüssen (auch gemäß Abs. 3) siehe unten Rn. 36 ff. (insbesondere Rn. 39).

V. Absatz 4: Nichtigkeit und Gültigkeit von Beschlüssen

Satz 1: Nichtigkeit von Beschlüssen

1. Beschluss

a) Begriff

19 Nach allgemeiner Auffassung handelt es sich bei einem Wohnungseigentümerbeschluss um ein mehrseitiges Rechtsgeschäft eigener Art, einen sog. **Gesamtakt**, durch welchen mehrere gleichgerichtete Willenserklärungen der Wohnungseigentümer gebündelt werden.[140] Die von den Wohnungsei-

---

136 LG München I v. 20.4.2015 – 1 S 12462/14, ZMR 2015, 799; siehe zur Klageerhebung auch § 21 Rn. 91.
137 BGH v. 13.7.2012 – V ZR 254/11, NJW 2012, 3372; a.A. noch: OLG Celle v. 8.6.2006 – 4 W 82/06, NZM 2006, 784 und die Vorauflage.
138 BGH v. 23.8.2001 – V ZB 10/01, ZMR 2001, 809; OLG Celle v. 8.6.2006 – 4 W 82/06, NZM 2006, 784.
139 BGH v. 23.8.2001 – V ZB 10/01, ZMR 2001, 809.
140 BGH v. 19.9.2002 – V ZB 30/02, NJW 2002, 3704; BGH v. 10.9.1998 – V ZB 11/98, NZM 1998, 955.

gentümern abgegebenen **Stimmen** sind hiernach empfangsbedürftige Willenserklärungen gegenüber dem Versammlungsleiter. Auf sie finden die allgemeinen zivilrechtlichen Regeln einschließlich der zur Anfechtbarkeit wegen Willensmängeln (§§ 119 ff. BGB) Anwendung. Auch eine Auslegung der Stimmabgabe nach § 133 BGB ist hiernach eröffnet.[141] Die in der Eigentümerversammlung abgegebene Stimme kann nach ihrem Zugang bei dem Versammlungsleiter nicht mehr **widerrufen** werden.[142]

Beschlüsse **binden alle**, also auch die überstimmten oder nicht an der Abstimmung teilnehmenden Eigentümer der Wohnungseigentümergemeinschaft. Dies ergibt sich schon aus den allgemeinen Rechtsgrundsätzen und der Rechtsnatur von Beschlüssen, mit denen das Mehrheitsprinzip im Innenverhältnis der Gemeinschaft umgesetzt wird. Beschlüsse gemäß § 23, die Regelungen enthalten, welche auch für Sondernachfolger gelten sollen, wirken nach § 10 Abs. 4 Satz 1 auch ohne Eintragung gegen den **Sondernachfolger.**[143]

Eine **bedingte Zustimmung** zu Beschlüssen ist **unwirksam.**[144] Die **Stimmabgabe** muss unbedingt sein, denn durch die Abstimmung soll Klarheit geschaffen werden. Die Unzulässigkeit der bedingten Zustimmung lässt sich auch aus dem Vorbehalt des Bürgerlichen Gesetzbuchs gegen einen Schwebezustand bei Willenserklärungen ableiten, deren Rechtswirkungen vom Willen des Adressaten unabhängig ist (vgl. §§ 107, 111, 180 BGB).[145] In der Praxis würde zudem die Zulassung einer bedingten Zustimmung regelmäßig nichts oder nur **Unklarheit** bringen. Wenn es auf eine Zustimmung ankommt, die unter einer **aufschiebenden** Bedingung erklärt wurde, müsste der Verwalter das Nichtzustandekommen des Beschlusses verkünden, da die Zustimmung jedenfalls im Zeitpunkt der Verkündung nicht wirksam erklärt wurde. Auch wenn später die Bedingung eintritt, kann dies nicht zum Wegfall des Negativbeschlusses und auch nicht zum Zustandekommen eines (nicht verkündeten) Positivbeschlusses führen.

Anders ist es aber bei einer Zustimmung, die unter einer **auflösenden** Bedingung erklärt wurde (etwa: Zustimmung soll entfallen, wenn auf den Erklärenden Kosten aus der Maßnahme entfallen). Da die Zustimmung ja derzeit erklärt wurde, müsste der Verwalter das Zustandekommen des Beschlusses verkünden. Der Beschluss ist nach § 23 Abs. 4 Satz 2 gültig und wird, wenn er nicht angefochten wird, bestandskräftig. Der Eintritt einer auflösenden Bedingung und damit der Wegfall der Stimme beim Abstimmungsergebnis würde hieran wiederum nichts ändern. Eine Anfechtung wäre, da die Anfechtungsfrist regelmäßig abgelaufen sein dürfte, nach Bedingungseintritt nicht mehr fristgerecht.

---

[141] BGH v. 19. 9. 2002 – V ZB 37/02, NJW 2002, 3629.
[142] BGH v. 13. 7. 2012 – V ZR 254/11, NJW 2012, 3372; siehe dazu auch Rn. 23 und Rn. 17.
[143] Siehe genauer hierzu: § 10 Rn. 31 ff.
[144] Wie hier: *Bärmann-Merle*, § 23 Rn. 32; a. A.: BayObLG v. 31. 1. 2002 – 2Z BR 165/01, ZWE 2002, 315.
[145] BayObLG v. 8. 12. 1994 – 2Z BR 116/94, WuM 1995, 227.

Schließlich soll auch noch auf ein ernst zu nehmendes Problem der Praxis hingewiesen werden. Bei späteren Streitigkeiten müsste **jeweils aufgeklärt** werden, **welche Zustimmungen** gegebenenfalls unter **welchen Bedingungen** erklärt wurden. Dies würde sowohl die Verwalter bei der Beschlussfeststellung und -dokumentation als auch die Gerichte bei den möglicherweise erst Jahre später eingeleiteten Verfahren vor kaum lösbare Probleme stellen.

Nach dem OLG Frankfurt sind **schwebend unwirksame Beschlüsse** der Systematik des Wohnungseigentumsrechts fremd.[146] Der **BGH** hat aber die Existenz schwebend unwirksamer Beschlüsse für Fälle **anerkannt**, in denen durch Mehrheitsbeschluss in zwar nicht durch Mehrheit entziehbare aber **verzichtbare Individualrechte** eingegriffen wurde. So hat der BGH einen Beschluss, mit dem ein generelles Verbot zur Aufstellung von Parabolantennen aufgestellt wurde, zunächst als schwebend unwirksam angesehen, weil in den Kernbereich des Eigentums eingegriffen wurde. Der BGH hat sodann die endgültige Nichtigkeit festgestellt, da zwischenzeitlich klar war, dass der betroffene Eigentümer keinen Verzicht erklärt.[147] Diese Grundsätze hat der BGH auch in einer neueren Entscheidung bestätigt und klargestellt, dass zu den unentziehbaren aber **verzichtbaren Mitgliedschaftsrechten** das sog. **Belastungsverbot**, das jeden Wohnungseigentümer vor der Aufbürdung neuer (**originärer**) – sich weder aus dem Gesetz noch aus der bisherigen Gemeinschaftsordnung ergebender – **Leistungspflichten** schützt, gehört.[148]

Nach der hier vertretenen Meinung sollte die Zulassung schwebend unwirksamer Beschlüsse auf die vom BGH entwickelten **Ausnahmefälle** beschränkt bleiben. Schwebend unwirksame Beschlüsse führen zu einer unsicheren und unübersichtlichen Rechtslage. Da die Verwalter bei der Beschlussverkündung den Eingriff in die Individual- bzw. Mitgliedschaftsrechte übersehen haben, werden sie den Beschluss vollziehen, sodass Rechtsstreitigkeiten vorprogrammiert sind. Der BGH hätte wohl auch eine anfängliche Nichtigkeit bejahen können, da es zumindest zweifelhaft ist, ob in den genannten Fällen überhaupt eine Beschlusskompetenz gegeben war. Dass er dennoch eine schwebende Unwirksamkeit bejaht hat, führt in der Praxis zu keinen Problemen, die nicht auch entstanden wären, wenn eine anfängliche Nichtigkeit angenommen worden wäre. Es erscheint aber nicht angezeigt, über die vom BGH hinaus entschiedenen Fälle eine schwebende Unwirksamkeit zuzulassen.

Beschlüsse können allerdings gemäß § 158 Abs. 1 und 2 BGB unter einer **aufschiebenden** oder einer **auflösenden Bedingung** zustande kommen.[149]

20   Anderes gilt aber für so genannte **Nichtbeschlüsse**. Nichtbeschlüsse entfalten keine Rechtswirkungen, sondern können „nur" den Rechtsschein eines

---

[146] OLG Frankfurt v. 17.1.2011 – 20 W 500/08, ZWE 2011, 363; dem hat sich uneingeschränkt die Vorauflage angeschlossen.
[147] BGH v. 22.1.2004 – V ZB 51/03, NJW 2004, 937.
[148] BGH v. 10.10.2014 – V ZR 315/13, NJW 2015, 549.
[149] BGH v. 27.2.2015 – V ZR 114/14, NJW 2015, 1378 (zu auflösend bedingter Verwalterbestellung); OLG Köln v. 22.9.2004 – 16 Wx 142/04, ZMR 2005, 227; BayObLG v. 14.8.1996 – 2Z BR 77/96, ZMR 1996, 680 (je zu aufschiebend bedingter Genehmigung einer Jahresabrechnung).

wirksamen Beschlusses erzeugen.[150] Nichtbeschlüsse bedürfen nicht der Aufhebung, sondern ausreichend zur Beseitigung des Scheins ist die Feststellung, dass ein entsprechender Beschluss nicht zustande gekommen ist.[151]

Von einem Nichtbeschluss muss ausgegangen werden, wenn beim Zustandekommen ein Verstoß gegen fundamentale Grundsätze vorgelegen hat. Dies ist etwa bei einer Beschlussfassung außerhalb einer Versammlung nach oben Rn. 5 im Rahmen einer lediglich spontanen Zusammenkunft einiger Wohnungseigentümer[152] oder bei Abstimmungen nach der Beendigung einer Eigentümerversammlung[153] gegeben. Gleiches gilt auch bei einem „Mehrheitsbeschluss" im schriftlichen Verfahren.[154] Zum Fehlen der Verkündung des Beschlussergebnisses in der Versammlung siehe unten Rn. 25. Auch ein **„Ein-Mann-Beschluss"** des teilenden Eigentümers ist als Nicht-Beschluss unbeachtlich.[155]

Nach dem LG Hanau ist die Anfechtung eines Nichtbeschlusses schon nicht zulässig, weil man mit dessen Anfechtung nichts erreicht.[156] Zur prozessualen Behandlung von Nichtbeschlüssen siehe auch § 46 Rn. 15.

Kein Nichtbeschluss, sondern nur ein fehlerhafter und damit anfechtbarer Beschluss liegt dagegen vor, wenn das Beschlussergebnis vom Verwalter falsch festgestellt und verkündet worden ist (siehe dazu unten Rn. 26). Ein **Negativbeschluss**[157] ist ebenfalls kein Nichtbeschluss.[158]

Die Voraussetzungen, unter denen ein **nichtiger Beschluss** vorliegt, werden unten bei Rn. 27 ff. und die Rechtsfolgen der Nichtigkeit bei Rn. 32 dargestellt.

Einen Sonderfall stellen die so genannten **Geschäftsordnungsbeschlüsse** 21 dar. Geschäftsordnungsbeschlüsse regeln die tatsächliche Gestaltung der Wohnungseigentümerversammlung selbst, wie etwa die dort tatsächlich geübte Diskussionsleitung.[159] Sie sind grundsätzlich selbständig nicht anfechtbar.[160] Denn sie werden regelmäßig mit Beendigung der Versammlung von selbst gegenstandslos. Ist die darin getroffene Regelung **rechtswidrig**, so kann sie, wenn sich der formelle Fehler entsprechend auswirkt, bei rechtzeitiger Anfechtung zur **Ungültigkeit** sonstiger in der Versammlung **gefass-**

---

150 OLG München v. 26.6.2006 – 34 Wx 3/06, OLGR München 2006, 613; BGH v. 23.8.2001 – V ZB 10/01, NJW 2001, 3339.
151 OLG München v. 26.6.2006 – 34 Wx 3/06, OLGR München 2006, 613.
152 OLG München v. 7.6.2005 – 32 Wx 32/05, NZM 2005, 588.
153 BayObLG v. 30.7.1998 – 2Z BR 54/9, WuM 1999, 125.
154 Siehe dazu oben Rn. 13 ff.
155 OLG München v. 9.1.2006 – 34 Wx 089/05, ZMR 2006, 308.
156 LG Hanau v. 19.11.2009 – 8 T 90/08, ZMR 2010, 398.
157 Zur Anfechtung von Negativbeschlüssen siehe § 21 Rn. 19, 39, 42 und § 46 Rn. 12.
158 In BGH v. 23.8.2001 – V ZB 10/01, NJW 2001, 3339 führt der BGH aus, dass Negativbeschlüsse keine Nichtbeschlüsse sind.
159 OLG Düsseldorf v. 20.4.2007 – 3 Wx 127/06, NZM 2007, 569.
160 LG Nürnberg-Fürth v. 17.3.2010 – 14 S 5126/09, ZWE 2010, 233; AG München v. 30.7.2009 – 483 C 393/09, ZMR 2010, 811; BayObLG v. 11.4.2001 – 2Z BR 27/01, NZM 2001, 766.

ter Beschlüsse führen (siehe dazu unten Rn. 39 und § 24 Rn. 7). Eine **Anfechtung** kommt nur ausnahmsweise dann in Betracht, wenn sich die Regelung über die gegenwärtige Versammlung hinaus auch auf künftige Versammlungen bezieht.[161] Wird ein Eigentümer zu Unrecht von der Versammlung ausgeschlossen, kann dies zur Nichtigkeit aller in der Versammlung gefassten Beschlüsse führen (siehe dazu genauer unten Rn. 28 und Rn. 30). Kein reiner Geschäftsordnungsbeschluss liegt aber vor, wenn die Wohnungseigentümer ohne im Einzelnen auf die Anträge einzugehen und unabhängig davon, ob sie sachlich begründet sind oder nicht, mit Beschluss einen **Tagesordnungspunkt** wieder von der Tagesordnung nehmen.[162] Etwas anderes gilt aber dann, wenn der Tagesordnungspunkt aus sachlichen Gründen **vertagt** wird.

Als Beispiele für Geschäftsordnungsbeschlüsse seien genannt:

– Anwesenheit des Beraters eines Eigentümers[163]
– Ausschluss eines Eigentümers von der Versammlung (ein Eingriff in das Teilnahmerecht ist aber nur statthaft, wenn auf andere Weise die geordnete Durchführung einer Versammlung nicht gewährleistet werden kann, so etwa, wenn ein Wohnungseigentümer nachhaltig und trotz Androhung des Ausschlusses die Versammlung weiterhin in erheblicher Weise stört)[164]
– Teilnahme von Gästen[165]
– Übereinkommen, eine mehrseitige Schriftrolle eines Eigentümers nicht in der Versammlung zu verlesen[166]
– Wahl eines Schriftführers[167]
– Wahl des Versammlungsleiters[168]
– Bestimmung der Eigentümer, die das Protokoll zu unterzeichnen haben[169]

b) Zustandekommen

22 Das Zustandekommen eines Beschlusses im schriftlichen Verfahren ist oben bei Rn. 13 ff. dargestellt.

Über das Zustandekommen eines Beschlusses in der **Eigentümerversammlung** enthält das Gesetz nur in § 25 Bestimmungen zur Beschlussfähigkeit und zum Stimmrecht. In § 24 Abs. 6 und 7 sind Bestimmungen über die Aufnahme der gefassten Beschlüsse in das Versammlungsprotokoll und in die Beschlusssammlung enthalten. In der Praxis kommt ein Beschluss regelmä-

---

161 BayObLG v. 16. 5. 2002 – 2Z BR 32/02, NZM 2002, 616.
162 LG Dortmund v. 11. 11. 2014 – 1 S 83/14, ZWE 2015, 371.
163 LG Karlsruhe v. 11. 5. 2010 – 11 S 9/08, ZWE 2010, 377; BayObLG v. 16. 5. 2002 – 2Z BR 32/02, NZM 2002, 616.
164 BGH v. 10. 12. 2010 – V ZR 60/10, ZWE 2011, 122 (= NJW 2011, 679); siehe wegen der möglichen Nichtigkeit der dann gefassten Beschlüsse auch unten Rn. 28 und Rn. 30.
165 OLG Hamm v. 14. 6. 1996 – 15 W 15/96, ZMR 1996, 677.
166 BayObLG v. 12. 7. 2001 – 2Z BR 139/00, ZMR 2001, 991.
167 BayObLG v. 19. 2. 2004 – 2Z BR 219/03, NZM 2004, 794.
168 KG Berlin v. 15. 1. 2003 – 24 W 129/01, NZM 2003, 325.
169 OLG Hamm v. 29. 5. 2007 – 15 W 16/07, NZM 2007, 839.

ßig dadurch zustande, dass in der Einladung zur Eigentümerversammlung ein entsprechend genau bezeichneter Tagesordnungspunkt vorgesehen ist[170], der dann in der Versammlung aufgerufen wird. Nach einer Aussprache zu dem Tagesordnungspunkt wird der (möglicherweise noch abgeänderte) Antrag zur Abstimmung gestellt, wobei eine **bedingte Stimmabgabe** unzulässig ist (siehe oben Rn. 19). Der Verwalter stellt sodann das Ergebnis der Abstimmung fest und verkündet dieses Ergebnis.[171] Dabei hat der Verwalter im Rahmen der Beschlussverkündung **kein Prüfungsrecht** bezüglich der Frage, ob die Beschlüsse **ordnungsgemäßer Verwaltung** entsprechen.[172] Die so verkündeten Beschlüsse werden schließlich im Sitzungsprotokoll und in der Beschlusssammlung aufgenommen.

Für das Zustandekommen **konstitutiv** sind jedoch die **Feststellung** des Abstimmungsergebnisses und die **Verkündung** des Beschlussergebnisses durch den Verwalter als Versammlungsleiter.[173] Da eine Feststellung eines Abstimmungsergebnisses nur nach einer Abstimmung erfolgen kann (auch wenn diese fehlerhaft oder unzureichend ist) setzt das Entstehen eines Beschlusses des Weiteren zwingend eine **Abstimmung** voraus.[174]

Es liegt daher kein Beschluss vor, wenn der Versammlungsleiter in einer Wohnungseigentümerversammlung die Wohnungseigentümer zu einem bestimmten Punkt, ohne dass es zu einer Abstimmung kommt, lediglich **informiert**. Gleiches gilt, wenn sich die Wohnungseigentümer über eine bestimmte Angelegenheit lediglich austauschen, aber zu dieser keine Bestimmung treffen.[175] Kein Beschluss liegt zudem vor, wenn der Versammlungsleiter zunächst ein Meinungsbild der anwesenden Wohnungseigentümer beschaffen will (so genannte **Probeabstimmung**).[176]

Etwas anderes gilt ausnahmsweise dann, wenn eine abweichende Regelung in der Teilungserklärung/Gemeinschaftsordnung enthalten ist. Ist dort bestimmt, dass zur Gültigkeit eines Beschlusses der Wohnungseigentümerversammlung die Protokollierung des Beschlusses erforderlich ist und das Protokoll von zwei von der Eigentümerversammlung bestimmten Wohnungseigentümern zu unterzeichnen ist, ist diese Bestimmung wirksam. Ein Verstoß hiergegen macht den Beschluss anfechtbar.[177] Ist nach der Teilungserklärung zur Gültigkeit eines Beschlusses der Eigentümerversammlung er-

---

170 Siehe dazu oben Rn. 9ff.
171 Siehe dazu unten Rn. 23ff.
172 LG München I v. 27. 10. 2014 – 1 S 22206/13 (nicht veröffentlicht).
173 BGH v. 19. 9. 2002 – V ZB 30/02, NJW 2002, 3704; LG München I v. 21. 6. 2010 – 1 S 2763/10, ZWE 2011, 101; OLG München v. 22. 12. 2006 – 32 Wx 165/06, ZMR 2007, 393.
174 AG Regensburg v. 18. 2. 2009 – 8 C 2322/08, ZMR 2009, 412; ebenso: *Bärmann-Merle*, § 23 Rn. 37; *Riecke/Schmid-Drabek*, § 23 Rn. 19 und 20.
175 OLG Frankfurt v. 12. 11. 2008 – 20 W 468/07, ZMR 2009, 463.
176 OLG München v. 22. 2. 2008 – 34 Wx 66/07, NZM 2008, 848; BayObLG v. 13. 2. 1997 – 2Z BR 115/96, WuM 1997, 344; KG Berlin v. 18. 3. 1992 – 24 W 6007/91, WuM 1992, 282.
177 BGH v. 3. 7. 1997 – V ZB 2/97, ZMR 1997, 531; OLG Frankfurt v. 17. 1. 2011 – 20 W 500/08 (zitiert nach juris); OLG Düsseldorf v. 26. 6. 2008 – 3 Wx 217/07, NZM 2009, 442.

forderlich, dass der Verwalter die Versammlungsniederschrift unterschreibt, so kann dieser jedoch durch seine Verweigerung der Unterschriftsleistung nicht die Anfechtbarkeit des Eigentümerbeschlusses herbeiführen, durch den er aus wichtigem Grund abberufen worden ist.[178]

aa) Feststellung des Abstimmungsergebnisses

23 Bei Rn. 22 wurde bereits darauf hingewiesen, dass die Feststellung eines Abstimmungsergebnisses voraussetzt, dass überhaupt eine, wenn auch fehlerhafte, **Abstimmung** stattgefunden hat. Die abgegebene **Stimme** ist eine empfangsbedürftige **Willenserklärung**, die **gegenüber** dem **Versammlungsleiter** abgegeben wird und auf die die allgemeinen zivilrechtlichen Regeln Anwendung finden. Die Stimme kann daher nach ihrem **Zugang** bei dem Versammlungsleiter (wenn die Stimme wahrgenommen und gezählt wurde) entsprechend § 130 Abs. 1 Satz 2 BGB **nicht** mehr **widerrufen** werden.[179] Die Feststellung des Abstimmungsergebnisses geschieht in der Praxis üblicherweise[180] dadurch, dass der Verwalter der Reihe nach darüber abstimmen lässt, wer dem Beschlussantrag zustimmt, wer den Antrag ablehnt und wer sich enthält. Der Verwalter hält dabei jeweils die Stimmenzahl fest. Die Wahl des **Abstimmungsverfahrens** ist, wenn keine Regelung in der Gemeinschaftsordnung oder durch einen Beschluss vorliegt, dem Verwalter freigestellt. Meist wird dies in der Praxis in offener Abstimmung durch Handaufheben geschehen. Möglich ist aber auch eine Abstimmung durch Zuruf, Akklamation oder Abgabe von Stimmzetteln (letzteres auch in geheimer Abstimmung).[181] Eine Majorisierung der anderen Wohnungseigentümer kann den Vorwurf rechtsmissbräuchlichen Verhaltens begründen, so dass die unter Missbrauch des Stimmrechts abgegebenen Stimmen unwirksam sind und bei der Feststellung des Beschlussergebnisses unberücksichtigt bleiben müssen.[182]

Entsprechend der Rechtsprechung zur konkludenten Beschlussverkündung[183] muss es aber auch im Umkehrfall als ausreichend angesehen werden, wenn der Verwalter nicht das Abstimmungsergebnis ausdrücklich feststellt, sondern nur den zustande gekommenen **Beschluss verkündet** (etwa: Beschluss zu TOP xxx ist mehrheitlich zustande gekommen). Die Verkündung des Beschlusergebnisses in der Wohnungseigentümerversammlung kann **nicht** konkludent durch die Wiedergabe des Abstimmungsergebnisses in einer später gefertigten **Versammlungsniederschrift** ersetzt werden.[184]

---

178 OLG Hamm v. 27 11. 2001 – 15 W 326/01, NZM 2002, 295.
179 BGH v. 13. 7. 2012 – V ZR 254/11, NJW 2012, 3372; siehe auch Rn. 19 und zur Beschlussfassung im schriftlichen Verfahren Rn. 17.
180 Zu den Erfordernissen bei Beschlüssen mit qualifizierter Mehrheit siehe sogleich unten Rn. 24 und 32.
181 LG München I v. 27. 4. 2009 – 1 S 20171/08, ZWE 2009, 318; ebenso: *Niedenführ/Kümmel/Vandenhouten-Kümmel*, § 23 Rn. 46; *Bärmann-Merle*, § 23 Rn. 38.
182 BGH v. 19. 9. 2002 – V ZB 30/02, NJW 2002, 3704.
183 Siehe dazu unten Rn. 25.
184 LG Bamberg v. 22. 4. 2014 – 1 S 20/13, ZWE 2014, 323.

Hinzuweisen ist auf den besonderen Fall, dass für den Beschlussgegenstand die Beschlusskompetenz[185] fehlt. Bei einem Fehlen der **Beschlusskompetenz** ist von einer Beschlussfassung in der Sache abzusehen. Ein Beschluss kann allenfalls dahingehen, dass von der Beschlussfassung mangels Beschlusskompetenz **abgesehen** wird. Auch ein den Antrag in der Sache **ablehnender Beschluss** ist nichtig.[186]

Insbesondere in größeren Gemeinschaften wählte in der Vergangenheit der Verwalter aus Vereinfachungsgründen häufig die so genannte **Subtraktionsmethode**, wenn nicht durch die Gemeinschaftsordnung oder einen Eigentümerbeschluss etwas anderes geregelt war. Danach stellte der Leiter einer Wohnungseigentümerversammlung das tatsächliche Ergebnis einer Abstimmung dadurch fest, dass er bereits nach der Abstimmung über zwei von drei – auf Zustimmung, Ablehnung oder Enthaltung gerichteten – Abstimmungsfragen die Zahl der noch nicht abgegebenen Stimmen als Ergebnis der dritten Abstimmungsfrage wertete, was grundsätzlich zulässig ist.[187] Durch die Subtraktionsmethode kann das tatsächliche Abstimmungsergebnis allerdings nur dann hinreichend verlässlich ermittelt werden, wenn für den Zeitpunkt der jeweiligen Abstimmung die Anzahl der anwesenden und vertretenen Wohnungseigentümer und – bei Abweichung vom Kopfprinzip – auch deren Stimmkraft feststeht.[188] Insbesondere bei knappen Mehrheitsverhältnissen wird daher regelmäßig Anlass bestehen, von der Subtraktionsmethode Abstand zu nehmen.[189] Besonderer organisatorischer Maßnahmen zur exakten Feststellung des Mehrheitswillens, also Feststellung der anwesenden und vertretenen Wohnungseigentümer und deren Stimmkraft sowie der genauen Zahl der abgegebenen Ja- und Neinstimmen und der Enthaltungen, bedarf es ausnahmsweise nur dann nicht, wenn eindeutige Verhältnisse und klare Mehrheiten vorliegen.[190]

Lässt sich die Zahl der anwesenden Wohnungseigentümer nicht mehr aufklären und verbleiben dadurch **Zweifel** an den Mehrheitsverhältnissen, so ist im Falle der Beschlussanfechtung davon auszugehen, dass der Versammlungsleiter die Zahl der Ja-Stimmen zu Unrecht festgestellt hat.[191] Grundsätzlich trägt im Anfechtungsverfahren[192] aber nach den **allgemeinen Beweislastregeln** der Kläger die **Darlegungs-** und **Beweislast** für die Unrichtigkeit des Abstimmungsergebnisses.[193] Es genügt also nicht ein pauschales Bestreiten der Richtigkeit. Eine Beweislastumkehr wegen der dem einzelnen Wohnungseigen-

---

185 Siehe dazu unten Rn. 29.
186 BayObLG v. 22. 9. 2004 – 2Z BR 159/04, NZM 2005, 21; BayObLG v. 1. 12. 2004 – 2Z BR 166/04, ZMR 2005, 891.
187 BGH v. 19. 9. 2002 – V ZB 37/02, NJW 2002, 3629.
188 BGH v. 19. 9. 2002 – V ZB 37/02, NJW 2002, 3629; OLG Hamm v. 3. 1. 2008 – 15 W 240/07, ZMR 2009, 58.
189 OLG Düsseldorf v. 29. 4. 2005 – 3 Wx 56/05, NZM 2005, 708; AG Dortmund v. 13. 4. 2010 – 512 C 39/08, NZM 2010, 750.
190 BayObLG v. 10. 11. 2004 – 2Z BR 109/04, NZM 2005, 262.
191 BGH v. 19. 9. 2002 – V ZB 37/02, NJW 2002, 3629; OLG Köln v. 21. 11. 2001 – 16 Wx 185/01, ZMR 2002, 972.
192 Zur Beweislast bei der Feststellungsklage siehe unten Rn. 39.
193 LG München I v. 27. 4. 2009 – 1 S 20171/08, ZWE 2009, 318; AG Regensburg v. 18. 2. 2009 – 8 C 2322/08, ZMR 2009, 412.

tümer nicht einsehbaren Umstände der Auszählung ist grundsätzlich nicht zulässig, da sie zu systemfremden Ausforschungsbeweisen führen würde.[194] Rügt der Kläger substantiiert, so trifft die Beklagten eine **sekundäre Behauptungslast** bzw. die Verpflichtung zu substantiiertem Bestreiten, wenn ihnen ausnahmsweise zuzumuten ist, die prozessordnungsgemäße Darlegung durch nähere Angaben zu ermöglichen.[195] Zur Beweislast hinsichtlich der Kausalität von formellen Fehlern siehe unten Rn. 38.

Wenn im Gesetz nichts anderes vorgeschrieben ist[196], reicht für das Zustandekommen eines ordnungsgemäßen Beschlusses die **einfache Mehrheit**. Die einfache Mehrheit ist erreicht, wenn mehr Ja-Stimmen abgegeben wurden als Nein- Stimmen. Die Mehrheit ist dabei nur nach der Zahl der abgegebenen Ja- und Nein-Stimmen der in der Versammlung vertretenen, stimmberechtigten und nicht vom Stimmrecht ausgeschlossenen Wohnungseigentümer zu berechnen[197], wobei Enthaltungen nicht mitzuzählen sind.[198] Bei **Stimmengleichheit** gilt ein Antrag als abgelehnt.[199]

24 Probleme werden sich in Zukunft bei Beschlüssen ergeben, die eine **qualifizierte Mehrheit** erreichen müssen. So muss etwa bei Beschlüssen nach § 16 Abs. 4 und § 22 Abs. 2 jeweils eine doppelt qualifizierte Mehrheit (nach Kopfzahl und nach Miteigentumsanteilen) erreicht werden.[200] Zur Beschlussverkündung in den Fällen, in denen die erforderliche qualifizierte Mehrheit nicht erreicht wurde, siehe sogleich Rn. 25.

Obgleich es auch in den Fällen einer qualifizierten Mehrheit nach § 24 nicht erforderlich ist, das Abstimmungsergebnis im Einzelnen im Protokoll festzuhalten, dürfte es künftig einem Verwalter dringend anzuraten sein, bei Abstimmungen etwa über Beschlüsse nach § 16 Abs. 4 oder § 22 Abs. 2 im **Protokoll** genau zu vermerken, wie viele Stimmen für den Beschluss abgegeben wurden und welche Miteigentumsanteile damit für den Beschluss gestimmt haben.[201] Die Subtraktionsmethode ist damit zwar nicht zwingend in jedem Fall ausgeschlossen, sollte aber um sicher zu gehen nicht verwendet werden. Gleiches gilt auch für alle anderen Beschlüsse, die etwa aufgrund einer Regelung in der Gemeinschaftsordnung eine qualifizierte Mehrheit erfordern.

Zu den materiell-rechtlichen und prozessualen Folgen des Nichterreichens der erforderlichen Stimmenmehrheit siehe unten Rn. 39.

---

194 *Zöller-Greger*, ZPO, vor § 284 Rn. 34.
195 LG München I v. 27.4.2009 – 1 S 20171/08, ZWE 2009, 318; *Zöller-Greger*, ZPO, vor § 284 Rn. 34; OLG Stuttgart v. 15.10.2008 – 20 U 19/07, BB 2008, 2357 (für die aktienrechtliche Anfechtungsklage)
196 Siehe zur qualifizierten Mehrheit sogleich Rn. 24.
197 Wie hier: *Schreiber-Ruge/Röll*, Kap. 9, S. 946 Rn. 56.
198 BGH v. 8.12.1988 – V ZB 3/88, NJW 1989, 1090; BayObLG v. 10.8.2001 – 2Z BR 21/01, NZM 2001, 959.
199 *Schreiber-Ruge-Röll*, Kap. 9, S. 947 Rn. 58.
200 Siehe dazu § 16 Rn. 63 ff. und § 22 Rn. 24.
201 Siehe näher zu der erforderlichen und wünschenswerten Protokollierung: § 24 Rn. 34 ff.

Ausnahmsweise kann auch über mehrere Beschlussgegenstände gleichzeitig in einer so genannten **Blockabstimmung** abgestimmt werden, wenn kein Eigentümer widerspricht und Einzelabstimmung verlangt.[202]

bb) Verkündung des Beschlussergebnisses
Der Verkündung (Bekanntgabe) des Beschlussergebnisses durch den Verwalter in der Versammlung kommt grundsätzlich eine **konstitutive Bedeutung** zu.[203] Dabei ist eine mündliche Bekanntgabe ausreichend.[204]   25

Die **Verkündung** des Beschlussergebnisses muss nicht in das Versammlungsprotokoll aufgenommen werden und kann auch in konkludenter Weise geschehen.[205] Mit der – auch konkludenten – Verkündung ist verbindlich geklärt, mit welchem Inhalt der angefochtene Beschluss tatsächlich ergangen ist, da der Verkündung auch **inhaltsfixierende Bedeutung** zukommt.[206] Wegen dieser inhaltsfixierenden Bedeutung müssen sich, wenn die Feststellung der Verkündung fehlt, aus dem Protokoll aber der Inhalt des Beschlusses (etwa durch Wiedergabe des Antrags) und das Zustandekommen (etwa durch Angabe des eindeutigen Abstimmungsergebnisses) ergeben.[187a]

In einer Teilungserklärung/Gemeinschaftsordnung können zwingende **besondere Voraussetzungen** für das Zustandekommen eines Beschlusses enthalten sein (wie etwa: Verlesung des Beschlusstextes bei der Verkündung oder Protokollierung des Beschlussergebnisses), die nach § 10 Abs. 2 Satz 2 bindend sind. Fehlt etwa die nach der Gemeinschaftsordnung erforderliche zweite Unterschrift eines Wohnungseigentümers unter dem Protokoll der Eigentümerversammlung, ist ein in dieser Versammlung gefasster Beschluss auf Antrag für ungültig zu erklären, sofern nicht die Unterschrift im gerichtlichen Verfahren nachgeholt wird.[207] Allgemein ist durch Auslegung zu ermitteln, ob die Einhaltung der in der Gemeinschaftsordnung vorgesehenen besonderen Voraussetzungen konstitutive Wirkung für das Zustandekommen des Beschlusses hat oder ob die Nichteinhaltung lediglich auf Anfechtung hin zur Ungültig-Erklärung des Beschlusses führen soll.[208]

---

202 KG Berlin v. 29.3.2004 – 24 W 194/02, ZMR 2004, 775; OLG Hamburg v. 28.1.2005 – 2 Wx 44/04, ZMR 2005, 395; BayObLG v. 13.11.2003 – 2Z BR 109/03, FGPrax 2004, 17 (je zur Blockabstimmung über Bestellung des Verwaltungsbeirats); a.A.: (Blockabstimmung unzulässig) LG Düsseldorf v. 6.5.2004 – 19 T 42/04, NZM 2004, 468.
203 BGH v. 19.9.2002 – V ZB 30/02, NJW 2002, 3704; BGH v. 23.8.2001 – V ZB 10/01, NJW 2001, 3339; LG München I v. 21.6.2010 – 1 S 2763/10, ZWE 2011, 101; OLG München v. 22.12.2006 – 32 Wx 165/06, ZMR 2007, 393.
204 BayObLG v. 13.10.2004 – 2Z BR 152/04, ZMR 2005, 462.
205 BGH v. 23.8.2001 – V ZB 10/01, NJW 2001, 3339; OLG München v. 15.11.2006 – 34 Wx 97/06, ZMR 2007, 221; OLG München v. 22.12.2006 – 32 Wx 165/06, ZMR 2007, 393; BayObLG v. 10.11.2004 – 2Z BR 109/04, NZM 2005, 262.
206 BGH v. 19.9.2002 – V ZB 30/02, NJW 2002, 3704; BGH v. 23.8.2001 – V ZB 10/01, NJW 2001, 3339; OLG Frankfurt v. 17.4.2008 – 20 W 13/07, ZWE 2008, 481.187a; OLG Hamm v. 3.1.2008 – 15 W 240/07, ZMR 2009, 58; OLG München v. 22.12. 2006 – 32 Wx 165/06, ZMR 2007, 154.
207 OLG München v. 7.8.2007 – 34 Wx 3/05, NZM 2007, 772.
208 BGH v. 3.7.1997 – V ZB 2/97, ZMR 1997, 531 (= NJW 1997, 2956).

Der Verwalter, der ja im Regelfall die Tagesordnung erstellt, wird sich zu jedem Tagesordnungspunkt im Vorfeld darüber Gedanken machen müssen, welche Mehrheiten für das Zustandekommen eines Beschlusses in der Versammlung erforderlich sein werden. Nicht zulässig wäre es, wenn ein Verwalter sehenden Auges entweder die gesetzlichen Vorgaben (etwa § 16 Abs. 4 oder § 22 Abs. 2) oder ggf. die besonderen Vorschriften der Gemeinschaftsordnung außer Acht lassen und sich auf den Standpunkt stellen würde, er habe dies nicht zu prüfen (etwa, weil dies kompliziert wäre) und er dürfe immer einen Beschluss als zustande gekommen ansehen, wenn nur eine einfache Mehrheit erreicht wird. Immer häufiger wird sich daher in der Praxis die Frage stellen, wie sich der Verwalter bei der Beschlussverkündung zu verhalten hat, wenn er erkennt, dass die erforderliche **qualifizierte Mehrheit** nicht erreicht wurde. Zu beachten ist dabei zunächst, dass auch Beschlüsse, mit denen die Eigentümer die Teilungserklärung/Vereinbarung oder das Gesetz nicht abgeändert, sondern nur fehlerhaft angewendet haben (so genannter **vereinbarungswidriger Beschluss**)[209] nicht nichtig, sondern nur anfechtbar sind.[210] Danach könnte durchaus auch die (vom Verwalter nicht erkannte) fehlerhafte Verkündung des Zustandekommens des Beschlusses in Betracht kommen. Das LG München I hat aber entschieden, dass diese denkbare Möglichkeit jedoch nicht zur Folge hat, dass der Verwalter verpflichtet wäre, das Zustandekommen eines Beschlusses festzustellen, bei dem die erforderliche Mehrheit nicht erreicht wird. Andernfalls würde der Verwalter verpflichtet, einen nicht ordnungsgemäßen Beschluss festzustellen, den er dann – trotz eventueller Anfechtung – zunächst vollziehen müsste, obwohl er weiß, dass der Beschluss im Falle einer Anfechtung aufgehoben wird.[211] Zu weit würde es aber gehen, bei einer (auch denkbaren) vorsätzlich falschen Ergebnisfeststellung durch den Verwalter eine Nichtigkeit des gefassten Beschlusses mit der Begründung anzunehmen, eine wissentlich und willentlich falsche Ergebnisfeststellung verstoße gegen die guten Sitten.[212]

Der Verwalter muss daher, wenn die qualifizierte Mehrheit nicht erreicht wurde, verkünden, dass der Beschluss **nicht zustande gekommen** ist.

Zur Entscheidung des Gerichts in diesem Falle siehe unten Rn. 39.

c) *Auslegung*

26 Wenn ein Beschluss Regelungen enthält, die auch einen etwaigen Sondernachfolger binden sollen, muss der Inhalt des Beschlusses durch Auslegung ermittelt werden. Dazu ist der Beschluss nach den für eine Grundbuchein-

---

209 Siehe zum gesetzes- oder vereinbarungsändernden Beschluss unten Rn. 29.
210 BGH v. 20. 9. 2000 – V ZB 58/99, NJW 2000, 3500.
211 LG München I v. 27. 4. 2009 – 1 S 19129/08, WuM 2009, 426; a. A.: AG Oberhausen v. 22. 12. 2009 – 34 C 55/09, ZMR 2011, 76 (mit der nicht überzeugenden Begründung, dass für die Rechtmäßigkeitskontrollen das Gericht zuständig sei, nicht der Verwalter; nach der Meinung des Amtsgerichts müsste dann der Verwalter wohl auch nichtige Beschlüsse verkünden, da er ja keine Rechtmäßigkeitskontrolle vorzunehmen hätte).
212 So aber: AG Hamburg v. 9. 2. 2010 – 102d C 122/08, ZMR 2010, 560.

tragung geltenden Regeln **objektiv-normativ** auszulegen.[213] Maßgebend sind dabei der sich aus dem **Protokoll** der Eigentümerversammlung ergebende Wortlaut des Beschlusses und der Sinn, wie er sich aus unbefangener Sicht als nächstliegende Bedeutung des Wortlauts ergibt; Umstände außerhalb der Eintragung dürfen nur herangezogen werden, wenn sie nach den besonderen Verhältnissen des Einzelfalles für jedermann ohne weiteres erkennbar sind.[214] Auf die subjektiven Vorstellungen der **Abstimmenden** kommt es nicht an.[215] Auch in den jüngsten Entscheidungen hat der BGH bei der Auslegung von Beschlüssen wesentlich auf den Inhalt des Versammlungsprotokolls (= Niederschrift) abgestellt.[216] Die **Beschlusssammlung** ist dagegen vom BGH bisher bei der Beschlussauslegung nicht herangezogen worden. Nach der hier vertretenen Meinung hat die Beschlusssammlung für die Beschlussauslegung keine Bedeutung (siehe zur Beschlussauslegung genauer: § 16 Rn. 22 und § 24 Rn. 48, 51).

Diese Grundsätze gelten auch für die Auslegung von konkludent verkündeten Beschlüssen. Im Hinblick auf die Geltung von Beschlüssen für Sondernachfolger können bei der Auslegung aber nur solche Umstände Berücksichtigung finden, die für jedermann ohne weiteres erkennbar sind und sich insbesondere aus der Versammlungsniederschrift ergeben. Für die Annahme einer konkludenten Feststellung reicht daher die bloße Wiedergabe des eindeutigen Abstimmungsergebnisses im Versammlungsprotokoll regelmäßig aus.[217] Etwas anderes wird nur dann gelten, wenn sich insbesondere aufgrund der protokollierten Erörterungen in der Eigentümerversammlung, das Beschlussergebnis vernünftigerweise in Frage stellen lässt. Allein aus dem Fehlen einer Beschlussfeststellung im Protokoll lässt sich hiernach regelmäßig noch nicht schließen, dass ein Beschluss nicht zustande gekommen ist, im Zweifel wird vielmehr bei einem protokollierten klaren Abstimmungsergebnis von einer **konkludenten Beschlussfeststellung** auszugehen sein.[218]

Zu den Folgen einer fehlerhaften Beschlussfeststellung siehe unten Rn. 39.

---

213 LG München I v. 9.5.2011 – 1 S 22360/10, ZWE 2011, 282; LG München I v. 10.6. 2010 – 36 S 3150/10, ZWE 2011, 48; LG Hamburg v. 27.7.2010 – 318 S 79/10, ZMR 2010, 986; KG Berlin v. 18.5.2009 – 24 W 17/08, ZMR 2009, 790; OLG Düsseldorf v. 29.9.2006 – 3 Wx 70/06, NJW-RR 2007, 1169; BayObLG v. 28.2.2002 – 2Z BR 141/01, NZM 2002, 492; BGH v. 10.9.1998 – V ZB 11/98, NZM 1998, 955; BGH v. 23.8. 2001 – V ZB 10/01, NZM 2001, 961.
214 BGH v. 10.9.1998 – V ZB 11/98, NJW 1998, 3713; LG Hamburg v. 27.7.2010 – 318 S 79/10, ZMR 2010, 986; OLG Hamm v. 11.11.2004 – 15 W 351/04, ZMR 2005, 400.
215 LG Hamburg v. 29.12.2010 – 318 S 206/09, ZWE 2011, 133; OLG Frankfurt v. 17.4.2008 – 20 W 13/07, ZWE 2008, 481; OLG Frankfurt v. 8.2.2005 – 20 W 231/01, OLGR Frankfurt 2005, 783.
216 BGH v. 18.2.2011 – V ZR 197/10, ZWE 2011, 209 (= NZM 2011, 454); BGH v. 5.2.2010 – V ZR 126/09, ZWE 2010, 215 (= NJW 2010, 3168).
217 OLG Celle v. 6.9.2004 – 4 W 143/04, NZM 2005, 308.
218 BGH v. 23.8.2001 – V ZB 10/01, NJW 2001, 3339; OLG Hamm v. 3.1.2008 – 15 W 240/07, ZMR 2009, 58; OLG München v. 15.11.2006 – 34 Wx 97/06, ZMR 2007, 221; OLG München v. 22.12.2006 – 32 Wx 165/06, ZMR 2007, 393; BayObLG v. 10.11.2004 – 2Z BR 109/04, NZM 2005, 262.

2. Verstoß gegen unverzichtbare Rechtsvorschriften

27 Nach Satz 1 sollen Beschlüsse dann nichtig[219] sein, wenn sie gegen Rechtsvorschriften verstoßen, auf deren Einhaltung rechtswirksam nicht verzichtet werden kann. Bei der Prüfung, ob ein Verstoß vorliegt, sind die tatsächlichen Verhältnisse zum **Zeitpunkt** der **Beschlussfassung** maßgebend.[220] Als unverzichtbare Rechtsvorschriften kommen in Betracht:

a) §§ 134, 138 BGB, Strafvorschriften

28 Beschlüsse, die gegen ein gesetzliches Verbot gemäß § 134 BGB oder die guten Sitten gemäß § 138 BGB verstoßen, sind schon kraft dieser allgemeinen Bestimmungen nichtig. Hierunter würde etwa ein Mehrheitsbeschluss fallen, der einem Eigentümer für die Dauer eines anhängigen Rechtsstreits das Stimmrecht in der Wohnungseigentümerversammlung entzieht.[221] Gleiches gilt auch für einen Beschluss, wonach Eigentümer bei Rückständen mit ihren Beitragsverpflichtungen ausgeschlossen werden, da ein solcher Beschluss einen schwerwiegenden Eingriff in den Kernbereich elementarer Mitgliedschaftsrechte darstellt, der dazu führt, dass das Teilnahme- und Mitwirkungsrecht eines Wohnungseigentümers in gravierender Weise ausgehebelt wird.[222] Ein Beschluss, wonach Gemeinschaftseigentum zu einer wucherischen Miete vermietet wird, verstößt gegen § 138 Abs. 2 BGB. Nichtig wäre aber auch ein Beschluss, mit dem ein betrügerisches Rechtsgeschäft abgeschlossen werden soll (§ 263 StGB). Ein Beschluss, der ausweislich des Textes der Beschlusssammlung bewusst und gewollt außerhalb des Protokolls gefasst wurde, um eine Anfechtung zu verhindern, ist wegen Sittenwidrigkeit nichtig, da damit gezielt das Anfechtungsrecht der Miteigentümer nach § 46 ausgehöhlt werden soll.[223]

b) Fehlende Beschlusskompetenz

29 Wie oben bei Rn. 2, 3,4 und 4a dargestellt, können Mehrheitsbeschlüsse nur in den im WEG vorgesehenen Fällen oder aufgrund einer so genannten Öffnungsklausel in der Gemeinschaftsordnung gefasst werden. Darüberhinausgehende **gesetzes-** oder **vereinbarungsändernde Beschlüsse**[224] sind mangels Beschlusskompetenz nichtig.[225]

So kann etwa ein **Sondernutzungsrecht** nicht durch Beschluss begründet werden.[226] Auch für den vollständigen Entzug der in § 14 Nr. 4 Hs. 2 aus-

---

219 Siehe zur Rechtsfolge genauer unten Rn. 32.
220 BayObLG v. 23.4.1998 – 2Z BR 65/97, ZMR 1998, 509; OLG Hamm v. 29.9.1992 – 15 W 199/92, NJW-RR 1993, 279.
221 OLG Köln v. 23.4.1999 – 16 Wx 54/99, NZM 1999, 846.
222 BGH v. 10.12.2010 – V ZR 60/10, ZWE 2011, 122 (= NJW 2011, 679) – zu einer entsprechenden Klausel in der Gemeinschaftsordnung; siehe zu den Folgen für die in der Versammlung gefassten Beschlüsse unten Rn. 30.
223 LG München I v. 21.6.2010 – 1 S 2763/10, ZWE 2011, 101.
224 Siehe zum Begriff des vereinbarungsändernden Beschlusses: § 15 Rn. 9 und 10.
225 BGH v. 20.9.2000 – ZB 58/99, NJW 2000, 3500; BGH v. 22.1.2004 – V ZB 51/03, NJW 2004, 937; OLG München v. 21.2.2007 – 34 Wx 22/07, NZM 2007, 447.
226 BGH v. 20.9.2000 – ZB 58/99, NJW 2000, 3500; zur Begründung bei Bestehen einer Öffnungsklausel siehe Rn. 30.

drücklich vorgesehenen Entschädigung des beeinträchtigten Sondereigentümers fehlt die Regelungskompetenz.[227] Die Beschlusskompetenz der Wohnungseigentümer kann nur das gemeinschaftliche Eigentum und das Sondereigentum der Anlage betreffen, nicht aber Regelungen hinsichtlich eines erst noch zu erwerbenden Grundstücks.[228]

Fehlt die Beschlusskompetenz, ist selbst ein Beschluss, mit dem der Antrag in der Sache abgelehnt wurde, **nichtig**, da eine Abstimmung nicht hätte erfolgen dürfen.[229]

Da die Beschlusskompetenz auch zu den wesentlichen Grundsätzen des WEG gehört, ergeben sich Überschneidungen mit Rn. 30. Eine strenge Abgrenzung ist jedoch aufgrund derselben Rechtsfolgen nicht erforderlich.

c) Sonstige wesentliche Grundsätze des Wohnungseigentumsrechts

Bei einem Verstoß gegen fundamentale Grundsätze muss bereits von einem **Nichtbeschluss** ausgegangen werden.[230] Zu den Nichtbeschlüssen siehe genauer oben Rn. 20.

30

Ein Beschluss ist aber auch dann nichtig, wenn er die **dingliche Grundstruktur** der Gemeinschaft verändert. So kann die im dinglichen Begründungsakt (Teilungserklärung, Teilungsvereinbarung) festgelegte Aufteilung in Gemeinschaftseigentum und Sondereigentum nicht durch (unangefochtenen) Beschluss geändert werden.[231] Die vorweggenommene Zustimmung oder die Ermächtigung, Sondereigentum in gemeinschaftliches Eigentum umzuwandeln oder umgekehrt, kann nicht mit einer die Sondernachfolger bindenden Wirkung als „Inhalt des Sondereigentums" vereinbart werden.[232] Selbst wenn eine allgemeine Öffnungsklausel vorliegt, kann durch Mehrheitsbeschluss wegen des Eingriffs in den Kernbereich des Eigentums ein Sondernutzungsrecht nicht begründet werden.[233]

Nicht zulässig und **nichtig** ist ein Mehrheitsbeschluss auch dann, wenn durch ihn der **Kernbereich des Eigentums** verletzt wird.[234] Insoweit wird häufig bereits eine Nichtigkeit wegen Verstoßes gegen § 134 BGB in Betracht kommen.[235] Der Kernbereich ist dann berührt, wenn es um den wesentlichen Inhalt der Nutzung des Wohnungseigentums geht.[236] Zum Kernbereich gehört etwa das **Musizieren** in einer Wohnung, da Musizieren innerhalb der eigenen Wohnung Bestandteil eines sozial üblichen Verhaltens und Element der Zweckbestimmung der Wohnanlage ist.[237] Zum Kernbereich des Wohnungs-

---

227 OLG Düsseldorf v. 22. 11. 2005 – 3 Wx 140/05, ZMR 2006, 459.
228 OLG Frankfurt/Main v. 12. 12. 2005 – 20 W 304/05, ZWE 2006, 343.
229 Siehe dazu oben Rn. 23.
230 OLG München v. 7. 6. 2005 – 32 Wx 32/05, NZM 2005, 588.
231 BayObLG v. 5. 1. 2000 – 2Z BR 163/99, NZM 2000, 668; OLG Saarbrücken v. 28. 9. 2004 – 5 W 173/04, NZM 2005, 423.
232 BayObLG v. 24. 7. 1997 – 2Z BR 49/97, WuM 1997, 512.
233 Siehe hierzu genauer § 13 Rn. 34 ff.
234 Siehe dazu auch oben Rn. 28.
235 Siehe dazu oben Rn. 28 sowie § 15 Nr. 6 und Rn. 8 und BGH v. 10. 12. 2010 – V ZR 60/10, ZWE 2011, 122 (= NJW 2011, 679).
236 BGH v. 22. 1. 2004 – V ZB 51/03, NJW 2004, 937.
237 BGH v. 10. 9. 1998 – V ZB 11/98, NJW 1998, 3713; zum Musizieren siehe auch § 14 Rn. 44.

eigentums gehört auch die **Änderung** eines **Miteigentumsanteils**[238] und das Recht, sich in der Wohnung durch **Rundfunk und Fernsehen** zu informieren.[239] Zwar gehört die die Ausübung des **Stimmrechts** in der Wohnungseigentümerversammlung ebenfalls zum Kernbereich elementarer Mitgliedschaftsrechte, der nur ausnahmsweise und lediglich unter eng begrenzten Voraussetzungen eingeschränkt werden kann.[240] Dennoch führt bei einer Beschränkung der Stimmrechtsausübung nicht jeder Verstoß zur Nichtigkeit (siehe dazu die nachfolgenden Ausführungen).

Formelle Fehler führen nämlich regelmäßig nicht zu einem Verstoß gegen wesentliche Grundsätze des Wohnungseigentumsrechts, so dass diese Beschlüsse im Regelfall mit der **Anfechtungsklage** angegriffen werden müssen.[241]

Nur **ausnahmsweise** kann bei einem formellen Fehler von einem Verstoß ausgegangen werden, der ein Vertrauen auf den Beschluss als nicht schützenswert erscheinen lässt.[242] Dies ist etwa dann der Fall, wenn ein Eigentümer durch die Nichteinladung in **böswilliger** Weise **gezielt** von der Teilnahme und damit der Mitwirkung an der Willensbildung der Gemeinschaft ausgeschlossen werden sollte. In diesen Fällen führt auch ein formeller Fehler aufgrund des Eingriffs in den Kernbereich des Wohnungseigentums **(Teilnahme- und Mitwirkungsrecht)** zur **Nichtigkeit** der gefassten Beschlüsse. [243]

Im **Regelfall** aber, wenn also die vorgenannten Ausnahmefälle nicht eingreifen, führt ein formeller Fehler, wie etwa auch die unterbliebene Einladung eines Eigentümers zur Eigentümerversammlung, nur zur **Anfechtbarkeit** der in der Versammlung gefassten Beschlüsse.[244] Für den Fall, dass ein Eigentümer aufgrund einer nichtigen Bestimmung in der Gemeinschaftsordnung (im Fall: keine Einladung eines Eigentümers bei Zahlungsrückständen) von der **Teilnahme** an der Versammlung und der **Abstimmung** ausgeschlossen wurde, hat der BGH entschieden, dass auch dieser Fehler auf die in der Versammlung gefassten Beschlüsse durchschlägt,[245] wobei gleiches auch gelten muss, wenn die Eigentümer einen entsprechenden Beschluss gefasst haben. Aufgrund der rechtzeitig erhobenen und begründeten Anfechtungsklage musste der BGH die Frage, ob die in der Versammlung gefassten Beschlüsse nicht nur rechtswidrig sind oder ob nicht sogar Nichtigkeit vorliegt, nicht

---

238 BayObLG v. 27 9. 1996 – 2Z BR 80/96, WE 1997, 158.
239 BGH v. 22. 1. 2004 – V ZB 51/03, NJW 2004, 937; allgemein zum Aufstellen von Parabolantennen siehe § 14 Rn. 28–42.
240 BGH v. 14. 10. 2011 – V ZR 56/11, NJW 2012, 72; BGH v. 10. 12. 2010 – V ZR 60/10, ZWE 2011, 122; OLG Frankfurt/Main v. 24. 8. 2006 – 20 W 214/06, 20 W 215/06, ZWE 2007, 84 (hier offengelassen, ob ein genereller Verzicht möglich wäre).
241 Siehe dazu unten Rn. 36.
242 OLG Frankfurt/Main v. 27. 9. 2004 – 20 W 275/02, OLGR Frankfurt 2005, 78.
243 BGH v. 20. 7. 2012 – V ZR 235/11, NJW 2012, 3571; OLG Celle v. 19. 6. 2001 – 4 W 152/01, ZWE 2002, 132; OLG Zweibrücken v. 21. 11. 2002 – 3 W 179/02, FGPrax 2003, 60.
244 BGH v. 20. 7. 2012 – V ZR 235/11, NJW 2012, 3571.
245 BGH v. 10. 12. 2010 – V ZR 60/10, ZWE 2011, 122 (= NJW 2011, 679) – für eine Klausel in der Gemeinschaftsordnung.

entscheiden. In einer neueren Entscheidung hat der BGH dann klargestellt, dass ein bloßer **Rechtsirrtum**, wenn etwa ein Verwalter aufgrund einer fehlerhaften Auslegung der Gemeinschaftsordnung fälschlich annahm, Garageneigentümer zählten nicht zu dem Kreis der Wohnungseigentümer und seien daher nicht zu laden, nicht zur Nichtigkeit der in der Versammlung gefassten Beschlüsse führt.[246]

Nach der hier vertretenen Meinung wird zu **differenzieren** sein:

Wenn durch die Gemeinschaftsordnung, durch einen Beschluss oder ein Verhalten des Verwalters (Versammlungsleiters) lediglich (zu Unrecht) das **Stimmrecht** ausgeschlossen wird, ein Teilnahmerecht an der Versammlung mit entsprechendem Rederecht aber bestehen bleibt, ist dem Eigentümer jedenfalls ein **wesentlicher Aspekt des Mitwirkungsrechts** erhalten geblieben, da der Eigentümer durch seine Redebeiträge auf die Willensbildung der anderen Eigentümer (wie ohne einen Abstimmungsausschluss auch) einwirken konnte. In einem derartigen Fall erscheint es ausreichend, wenn der vom Stimmrecht ausgeschlossene Eigentümer auf eine **Beschlussanfechtung** verwiesen wird, die dann nur erfolgreich sein wird, wenn der Stimmrechtsausschluss **kausal** für das Abstimmungsergebnis war, wenn es also gerade auf diese Stimme(n) ankam.

Ist dagegen auch das **Teilnahmerecht** ausgeschlossen, so dass der Eigentümer an der Willensbildung der Gemeinschaft in keiner Weise mehr mitwirken kann, ist zunächst zu prüfen, ob der unberechtigte Ausschluss **gezielt** und in **böswilliger** Weise erfolgte. In diesem Falle sind alle in der Versammlung gefassten Beschlüsse **nichtig**. Liegen diese Voraussetzungen nicht vor, sind die Beschlüsse nur anfechtbar. Eine **Anfechtungsklage** wird dabei erfolgreich sein, wenn der formelle Fehler kausal war, was aber vermutet wird, wenn der Fehler bewiesen oder unstreitig ist.

Zu den **prozessualen** Fragen der Vortrags- und Beweislast dazu, ob ein formeller Fehler vorlag, ob dieser kausal für das Abstimmungsergebnis war oder ob unabhängig von **Kausalitätsfragen** von einer **Nichtigkeit** des Beschlusses auszugehen ist, siehe unten **Rn. 38**.

e) *Unbestimmte Beschlüsse*

Wenn ein Beschluss eine **durchführbare Regelung** mangels Bestimmtheit 31 oder aufgrund inhaltlicher **Widersprüchlichkeit** nicht erkennen lässt, ist er ebenfalls **nichtig**.[247] Unbestimmt ist etwa eine Regelung, wonach die Fälligkeit einer Sonderumlage von der Vorlage einer Bankbestätigung durch alle Wohnungseigentümer abhängig sein soll, wenn aus dem Beschlusstext und den sonstigen Feststellungen in der Niederschrift nicht erkennbar ist, was die Bank bestätigen soll.[248] Ergibt sich aus einem Beschluss nicht, wer Schuldner der in der Jahresabrechnung aufgelisteten Beträge sein soll, so ist der Beschluss zu unbestimmt und daher nichtig.[249] Zu den sonstigen **Be-**

---

246 BGH v. 20.7.2012 – V ZR 235/11, NJW 2012, 3571.
247 BGH v. 10.10.2014 – V ZR 315/13, NJW 2015, 549; BGH v. 10.9.1998 – V ZB 11/98, NJW 1998, 3713; OLG Hamburg v. 27.3.2001 – 2 Wx 149/00, ZMR 2001, 725.
248 BayObLG v. 20.10.2004 – 2Z BR 161/04, ZMR 2005, 140.
249 AG München v. 4.11.2009 – 482 C 360/09, ZMR 2010, 325.

stimmtheitsvoraussetzungen bei Sonderumlagebeschlüssen siehe § 28 Rn. 26, 27, 54 und 72. Zu unbestimmten und widersprüchlichen Beschlüssen bezüglich baulicher Maßnahmen siehe § 22 Rn. 6. Eine Regelung, die das Singen und Musizieren außerhalb von Ruhezeiten nur in „nicht belästigender Weise und Lautstärke" gestattet, ist mangels hinreichender Bestimmtheit unwirksam.[250] Ein unbestimmter Beschluss ist nur dann nichtig, wenn die durchzuführende Maßnahme auch durch Auslegung nicht mehr ermittelt werden kann.[251] Enthält dagegen der Beschluss Vorgaben zur Baumaßnahme, die durch objektive und normative Auslegung ermittelt werden können und wird dieser Beschluss nicht angefochten, wird er hinsichtlich der enthaltenen Vorgaben bindend.[252] Die Frage, ob der Beschluss einen bestimmten Inhalt hat und gegebenenfalls welchen, kann durch Klage nach § 43 Nr. 4 geklärt werden.[253]

Widersprüchlich ist eine Willenserklärung, die in ihrem einen Teil auf die Herbeiführung einer bestimmten Rechtsfolge gerichtet ist, diese Rechtsfolge jedoch in dem weiteren Teil der Willenserklärung sogleich wieder aufgehoben wird. Dies ist etwa bei einem Beschluss der Fall, bei dem in Ziff. 1 die Eigentümer die Auszahlung einer vorhandenen Instandhaltungsrücklage an die Eigentümer bestimmen, in Ziff. 2 aber dann festlegen, dass kein Wohnungseigentümer Anspruch auf Auszahlung der Instandhaltungsrücklage hat.[254]

3. Nichtig

32 Wie bereits vorstehend im Text mehrfach erwähnt, ordnet Satz 1 als **Rechtsfolge** der bei Rn. 27 bis 31 genannten Verstöße die Nichtigkeit an.

Materiell-rechtlich kann ein nichtiger Beschluss keinerlei Wirkungen entfalten.[255] Hat die Wohnungseigentümergemeinschaft mit einer Beschlussfassung zwei selbständige Regelungen getroffen, so hat die Unwirksamkeit eines Teils der Beschlussfassung regelmäßig in entsprechender Anwendung des § 139 BGB die Unwirksamkeit des gesamten Beschlusses zur Folge.[256]

Prozessual muss ein nichtiger Beschluss nicht angefochten werden.[257] Die Nichtigkeit kann vielmehr auch ohne gerichtliche Feststellung und ohne zeitliche Befristung geltend gemacht werden.[258] Sie ist in einem gerichtlichen Verfahren von Amts wegen zu berücksichtigen.[259] Auch im Rahmen

---

250 BGH v. 10. 9. 1998 – V ZB 11/98, NJW 1998, 3713.
251 OLG Düsseldorf v. 24. 11. 2003 – 3 Wx 123/03, ZMR 2004, 282; OLG Hamburg v. 27. 3. 2001 – 2 Wx 149/00, ZMR 2001, 725.
252 OLG München v. 5. 10. 2006 – 32 Wx 121/06, ZMR 2007, 69.
253 Siehe dazu § 43 Rn. 26.
254 OLG Hamm v. 22. 10. 1990 – 15 W 331/90, NJW-RR 1991, 212.
255 OLG Hamm v. 19. 3. 2007 – 15 W 340/06, ZWE 2007, 350; BayObLG v. 22. 9. 2004 – 2Z BR 159/04, NZM 2005, 21.
256 LG München I v. 2. 9. 2010 – 36 S 19072/09, ZWE 2011, 51; OLG Köln v. 4. 1. 2007 – 16 Wx 232/06, WuM 2007, 344; BGH v. 10. 9. 1998 – V ZB 11/98, WuM 1998, 738; OLG Hamburg v. 27. 3. 2001 – 2 Wx 149/00, ZMR 2001, 725.
257 BayObLG v. 22. 9. 2004 – 2Z BR 159/04, NZM 2005, 21; siehe näher dazu auch Rn. 36 ff.
258 BGH v. 20. 9. 2000 – ZB 58/99, NJW 2000, 3500.
259 BGH v. 18. 5. 1989 – V ZB 4/89, NJW 1989, 2059.

der Anfechtungsklage in Wohnungseigentumssachen wird die Wirksamkeit des angefochtenen Beschlusses auf Nichtigkeitsgründe hin überprüft.[260] Zu beachten ist jedoch § 48 Abs. 4, wonach nach Abweisung einer Anfechtungsklage als unbegründet die Nichtigkeit eines Beschlusses nicht mehr geltend gemacht werden kann.[261] Die Nichtigkeit eines Beschlusses kann aber auch gerichtlich festgestellt werden. Insoweit ist nach § 43 Nr. 4 i.V.m. § 256 ZPO eine Feststellungsklage möglich.[262]

Keine Nichtigkeit liegt aber vor, wenn bei einem Beschluss die erforderliche (auch qualifizierte) Mehrheit nicht erreicht wird[263] oder wenn ein Beschluss fehlerhaft verkündet wird.[264] Zum prozessualen Vorgehen in diesen Fällen wird auf die Kommentierung unten Rn. 36ff. Bezug genommen. **Formelle Fehler** bei der Beschlussfassung[265] führen nur ausnahmsweise zur Nichtigkeit.[266]

Satz 2: Gültigkeit von Beschlüssen

1. Grundsatz der bloßen Anfechtbarkeit eines Beschlusses („ist im Übrigen")

Satz 2 bezieht sich, wie die Formulierung „im Übrigen" zeigt, auf Beschlüsse[267], welche nicht nichtig sind. Oben wurde unter Rn. 27 bis 32 dargestellt, wann (ausnahmsweise) ein Beschluss nichtig ist. Für alle anderen fehlerhaften Beschlüsse greift Satz 2 ein. Dies gilt zum einen für formelle Fehler, wie etwa das Nichtereichen der erforderlichen Stimmenmehrheit[268], die falsche Verkündung eines Beschlusses[269], Mängel bei der Einladung oder beim Versammlungsablauf.[270] Zum anderen bezieht sich Satz 2 auf Beschlüsse, die unter einem materiellen Fehler leiden. Dies ist der Fall, wenn der Beschluss inhaltlich nicht einer ordnungsgemäßen Verwaltung i.S.d. § 21 Abs. 3[271] oder einem ordnungsgemäßen Gebrauch i.S.d. § 15 Abs. 2[272] entspricht. Bei der Beurteilung der Frage, ob ein materieller Fehler vorliegt, muss insbesondere auch der den Eigentümern bei ihrer Entscheidung eingeräumte Ermessensspielraum berücksichtigt werden.[273] Zu beachten ist

33

---

260 BGH v. 2.10.2003 – V ZB 34/03, NJW 2003, 3550; BayObLG v. 31.10.1986 – BReg. 2 Z 83/86, NJW-RR 1987, 329; BT-Drucks. 16/887, S. 38; siehe dazu auch § 46 Rn. 1 und Rn. 29.
261 Siehe genauer hierzu § 48 Rn. 17ff.
262 *Schreiber-Ruge/Röll*, Kap. 9, S. 952, Rn. 71; siehe dazu auch § 43 Rn. 26.
263 Siehe dazu oben Rn. 24 und unten Rn. 39.
264 Siehe dazu oben Rn. 25f. und Rn. 39.
265 Siehe dazu oben Rn. 9ff. zur Einladung und insbesondere die Kommentierungen zu § 24 hinsichtlich Einberufung und Versammlungsablauf.
266 Siehe dazu oben Rn. 30.
267 Siehe dazu genauer oben Rn. 19–26.
268 Siehe dazu Rn. 39.
269 Siehe dazu oben Rn. 25 u. 26.
270 Siehe dazu oben Rn. 9ff. zur Einladung und insbesondere die Kommentierungen zu § 24 hinsichtlich Einberufung und Versammlungsablauf.
271 Siehe dazu § 21 Rn. 21ff.
272 Siehe dazu § 15 Rn. 13ff.
273 Siehe dazu § 21 Rn. 22 und § 15 Rn. 35.

aber, dass auch Beschlüsse, mit denen die Eigentümer die Teilungserklärung/Vereinbarung oder das Gesetz nicht abgeändert, sondern nur fehlerhaft angewendet haben (**vereinbarungswidriger Beschluss**)[274] nicht nichtig, sondern nur anfechtbar sind.[275]

2. Gültigkeit bis zum rechtskräftigen Urteil

34 Nach Satz 2 ist ein Beschluss, wenn er in der Versammlung verkündet[276] oder bei einer schriftlichen Beschlussfassung den Eigentümern mitgeteilt[277] wurde, **gültig**. Dies bedeutet, dass er sowohl die zur Zeit der Beschlussfassung vorhandenen Wohnungseigentümer (also auch die „überstimmten") als auch deren Sondernachfolger **bindet**.[278] Nach § 10 Abs. 5 hat der Beschluss zudem Bedeutung für die Wirkungen von Rechtshandlungen im **Außenverhältnis**.[279] Nach § 27 Abs. 1 Nr. 1 ist der **Verwalter** verpflichtet, die (gültigen) Beschlüsse durchzuführen.[280]

Der Beschluss ist dabei so lange als gültig zu behandeln, bis er durch **rechtskräftiges Urteil** als **ungültig erklärt** wird. Erst das rechtskräftige (nicht ein nur für vorläufig vollstreckbar erklärtes) Urteil beendet daher die Bindungswirkung. Die Erhebung der Anfechtungsklage nach § 46 reicht dazu nicht aus, da die Beschlussanfechtungsklage keine **aufschiebende Wirkung** hat.[281] Dies ist im Regelfall auch sachgerecht, da ansonsten ein einzelner Wohnungseigentümer die Gemeinschaft durch die teilweise sehr lange dauernden Anfechtungsprozesse „blockieren" könnte. Richtet sich die Anfechtung etwa gegen den Wirtschaftsplan oder eine Sonderumlage, ist die Bindung trotz Anfechtung schon alleine deshalb erforderlich, weil ansonsten der Gemeinschaft die finanzielle Grundlage für ihr Handeln fehlen würde. Trotz **Anfechtung** des Beschlusses über den Wirtschaftsplan/die Jahresabrechnung/die Sonderumlage bleibt die **Zahlungspflicht** bis zum rechtskräftigen Abschluss des Anfechtungsverfahrens bestehen. Das Ergebnis eines Beschlussanfechtungsverfahrens ist nicht vorgreiflich i.S.v. § 148 ZPO für das Verfahren über die Zahlungsklage, so dass für eine **Aussetzung** des Verfahrens über die Zahlungsklage kein Anlass besteht.[282] Wird der Beschluss dagegen **bestandskräftig**, ist er damit einer weiteren gerichtlichen Überprüfung entzogen.[283] Nach der Rechtsprechung des BGH schließt die Bestandskraft eines Beschlusses den Einwand, er habe nicht ordnungsmäßiger Verwaltung entsprochen, auch für einen Schadensersatzanspruch aus. Der inhaltlich **fehlerhafte Beschluss** wird zwar durch den Eintritt der Bestandskraft nicht fehlerfrei. Er bleibt aber nach § 23 Abs. 4 Satz 2 gültig und bildet deshalb gleichwohl die Grundlage für das weitere Handeln der Wohnungseigen-

---

274 Siehe zum gesetzes- oder vereinbarungsändernden Beschluss oben Rn. 29 und § 15 Rn. 9 und 10.
275 BGH v. 20. 9. 2000 – V ZB 58/99, NJW 2000, 3500.
276 Siehe dazu oben Rn. 25–26.
277 Siehe dazu oben Rn. 18.
278 Siehe dazu näher § 10 Rn. 31.
279 Siehe dazu § 10 Rn. 35.
280 Siehe dazu § 27 Rn. 4 ff.
281 BGH v. 4. 4. 2014 – V ZR 167/13, ZWE 2014, 265.
282 BGH v. 4. 4. 2014 – V ZR 167/13, ZWE 2014, 265.
283 KG Berlin v. 18. 5. 2009 – 24 W 17/08, ZMR 2009, 790.

tümer und des Verbands. Er muss wie alle anderen Beschlüsse von dem Verwalter **umgesetzt** werden. Dass sich Verwalter oder die Wohnungseigentümer an den Beschluss halten, ist nicht pflichtwidrig.[284] Ein Wohnungseigentümer hat daher grundsätzlich auch keinen Anspruch darauf, dass die Ausführung eines bestandskräftigen Beschlusses unterbleibt. Etwas anders gilt nur dann, wenn schwerwiegende Gründe – etwa bei einer erheblichen Änderung der tatsächlichen Verhältnisse – die Durchführung der bestandskräftig beschlossenen Maßnahme als **treuwidrig** (§ 242 BGB) erscheinen lassen.[285] Ein die Zustimmung versagender Beschluss der Wohnungseigentümer wird im Regelfall auch dann bestandskräftig, wenn ein wichtiger Grund für die Verweigerung zu Unrecht angenommen worden ist.[286]

In der Praxis ergeben sich jedoch für den **Verwalter** dennoch häufig **Probleme**. Dies ist etwa dann der Fall, wenn eine große Sanierungsmaßnahme beschlossen, dieser Beschluss aber angefochten wurde. Insbesondere wenn die Erfolgsaussichten der Anfechtung offen erscheinen, kann es wirtschaftlich unvernünftig sein, die Maßnahmen zunächst (teilweise) zu vollziehen und damit Fakten zu schaffen, wobei die Maßnahme nach Ungültigerklärung des Beschlusses möglicherweise wieder zu beseitigen sind.

Für die **Praxis** empfiehlt es sich daher, bereits **im Beschluss festzuhalten, ob** der Verwalter den Beschluss **unverzüglich** oder erst nach Bestandskraft (Ablauf der Anfechtungsfrist bzw. Rechtskraft des Urteils) **durchführen** soll.[287]

Zum **einstweiligen Rechtsschutz** im Zusammenhang mit der Vollziehbarkeit von Beschlüssen siehe unten Rn. 40.

VI. Prozessuales

Wie bei Rn. 32 dargestellt, kann die **Nichtigkeit** eines Beschlusses im Wege einer **Feststellungsklage** nach § 43 Nr. 4 i.V.m. § 256 ZPO gerichtlich festgestellt werden. Eine Anfechtungsklage ist insoweit nicht erforderlich; wird sie aber erhoben, werden die Nichtigkeitsgründe von Amts wegen berücksichtigt. Der BGH hat nunmehr auch klargestellt, dass auf denselben Lebenssachverhalt gestützte **Anfechtungs- und Nichtigkeitsgründe** keine unterschiedlichen **Streitgegenstände** betreffen, weil Anfechtungs- und Nichtigkeitsklage materiell dasselbe Ziel verfolgen. Sind die Fristen des § 46 Abs. 1 Satz 2 gewahrt, ist lediglich zu prüfen, ob ein Rechtsfehler vorliegt, der den Bestand des angegriffenen Beschlusses berührt; zwischen Anfechtungs- und Nichtigkeitsgründen (§ 23 Abs. 4) braucht dann nicht unterschieden zu werden.[288]

Sonstige **fehlerhafte Beschlüsse** (die aber nicht nichtig sind) müssen mit der fristgebundenen Anfechtungsklage angegriffen werden. Wegen der näheren Einzelheiten zur Anfechtungsklage wird auf die Kommentierungen zu **§ 43 und § 46** Bezug genommen. Wird der fehlerhafte (aber nicht nichtige)

---

284 BGH v. 13.7.2012 – V ZR 94/11, NJW 2012, 2955; BGH v. 3.2.2012 – V ZR 83/11, ZWE 2012, 218; BGH v. 13.5.2011 – V ZR 202/10, NJW 2011, 2660.
285 BGH v. 28.9.2012 – V ZR 251/11, NJW 2012, 3719.
286 BGH v. 20.7.2012 – V ZR 241/11, ZWE 2012, 499.
287 Ebenso: *Riecke/Schmid-Drabek*, § 23 Rn. 63.
288 BGH v. 2.10.2009 – V ZR 235/08, WuM 2009, 686 (= NJW 2009, 3655).

Beschluss aber **bestandskräftig**, ist er einer weiteren gerichtlichen Überprüfung entzogen.[289]

Ergänzend sei hier auf folgende Punkte hingewiesen:
Bei **materiellen Fehlern** wird im Anfechtungsverfahren vom Gericht geprüft, ob der formal ordnungsgemäß zustande gekommene Beschluss seinem Inhalt nach gegen Gesetze oder die Gemeinschaftsordnung verstößt.[290] So ist beispielsweise zu überprüfen, ob der Beschluss inhaltlich einer ordnungsgemäßen Verwaltung i.S.d. § 21 Abs. 3[291] oder einem ordnungsgemäßen Gebrauch i.S.d. § 15 Abs. 2[292] entspricht. Bei der Beurteilung der Frage, ob ein materieller Fehler vorliegt, muss das Gericht dabei insbesondere auch den **Ermessensspielraum** berücksichtigen, der den Eigentümern bei ihrer Entscheidung eingeräumt ist.[293] Nicht mehr von dem Ermessensspielraum umfasst und daher ordnungsgemäßer Verwaltung widersprechend ist ein Beschluss wonach ein Wohnungseigentümer, der mit der Zahlung von Beiträgen in Verzug ist, von der Wohnungseigentümerversammlung ausgeschlossen ist und ihm auch das Stimmrecht entzogen wird. Da hier aber ein schwerwiegender Eingriff in den **Kernbereich elementarer Mitgliedschaftsrechte** vorliegt, ist ein derartiger Beschluss nicht nur anfechtbar, sondern nichtig.[294]

38 Bei **formellen Fehlern** ist durch das Gericht zunächst zu prüfen, ob der behauptete Fehler tatsächlich vorlag. Dabei trägt im Anfechtungsverfahren[295] nach den allgemeinen Beweislastregeln der **Kläger** die **Darlegungs-** und **Beweislast** für das Vorliegend es Fehlers, also beispielsweise etwa die Unrichtigkeit des Abstimmungsergebnisses,[296] die Nichtladung eines Eigentümers,[297] die Nichteinhaltung der Ladungsfrist,[298] den Verstoß gegen die Öffentlichkeit der Eigentümerversammlung.[299] Ein formeller Fehler liegt auch vor, wenn die Ladung durch den Beirat (oder andere Berechtigte) erfolgt und der **Verwalter nicht geladen** wurde.[300] Kein formeller Fehler liegt aber vor, wenn ein Wohnungseigentümer seine **ladungsfähige Anschrift** nicht oder falsch mitteilt und seine Ladung zu der Eigentümerversammlung aus diesem Grund ohne Verschulden der Verwaltung misslingt. Der Eigentümer muss sich hier die unterbliebene Ladung als Folge seiner **Obliegenheitsver-**

---

289 KG Berlin v. 18.5.2009 – 24 W 17/08, ZMR 2009, 790.
290 Ebenso: *Schreiber-Ruge/Röll*, Kap. 9, S. 953, Rn. 75.
291 Siehe dazu § 21 Rn. 21 ff.
292 Siehe dazu § 15 Rn. 13 ff.
293 Siehe dazu § 21 Rn. 21 und § 15 Rn. 35.
294 BGH v. 10.12.2010 – V ZR 60/10, ZWE 2011, 122; siehe dazu auch oben Rn. 28 und 30.
295 Zur Beweislast bei der Feststellungsklage siehe unten Rn. 39.
296 Siehe dazu Rn. 39.
297 Siehe dazu oben Rn. 30 und § 24 Rn. 5 und Rn. 11.
298 Siehe dazu § 24 Rn. 24 ff., insbesondere Rn. 28.
299 LG München I v. 27.4.2009 – 1 S 20171/08, ZWE 2009, 318; AG Regensburg v. 18.2.2009 – 8 C 2322/08, ZMR 2009, 412 – siehe dazu auch oben Rn. 23.
300 Siehe dazu § 24 Rn. 6 und Rn. 20; a. A. zur Ladungspflicht wohl: LG Düsseldorf v. 3.11.2011 – 19 S 45/11, ZWE 2012, 328.

letzung zurechnen lassen. Die in der Versammlung gefasste Beschlüsse können dann **nicht** wegen der unterbliebenen Ladung **angefochten** werden.[301]

Ist der formelle Fehler bewiesen (oder unstreitig), ist abzuklären, ob der formelle Fehler zur **Nichtigkeit** des Beschlusses führt. Insoweit wird auf oben Rn. 28 ff., insbesondere **Rn. 30** Bezug genommen.

Führt der Fehler nicht zur Nichtigkeit, kann der Beschluss nur mit einer **Anfechtungsklage** angegriffen werden, welche nur dann erfolgreich sein wird, wenn der formelle Fehler auch tatsächlich für den Beschluss **ursächlich (kausal)** war. Dabei wird bei einem bewiesenen formellen Fehler **vermutet**, dass dieser auch kausal für das Abstimmungsverhalten war.[302] Daher trifft die materielle **Feststellungslast** für den **Ausnahmefall**, dass die **Kausalitätsvermutung nicht** eingreift und der Fehler nicht kausal war, diejenigen Wohnungseigentümer, die sich auf die Bestandskraft der Beschlüsse berufen.[303] An die Feststellung, die Beschlüsse einer Eigentümerversammlung beruhten nicht auf einem Einberufungsmangel, sind dabei **strenge Anforderungen** zu stellen.[304] Der im Gesellschaftsrecht geltenden Relevanztheorie kommt im WEG-Recht keine Bedeutung zu.[305] Wenn sich der formelle Mangel auf das Ergebnis der Beschlussfassung zumindest **ausgewirkt haben könnte**, sind die Beschlüsse für unwirksam zu erklären. Eine Anfechtungsklage wird in der Regel nur dann abzuweisen sein, wenn feststeht, dass sich ein Beschlussmangel auf das Abstimmungsergebnis nicht ausgewirkt hat.[306]

Die **Vermutung**, dass der Eigentümerbeschluss auf einem **Ladungsmangel** beruht, greift **unwiderleglich** durch, wenn ein **Tagesordnungspunkt** im **Einladungsschreiben** den Beschlussgegenstand nicht hinreichend klar erkennen lässt, auch wenn bevollmächtigte Wohnungseigentümer ohne zu widersprechen positiv mit abstimmen. Hier bleibt unklar, ob diejenigen, die sich haben vertreten lassen, bei genügender Bezeichnung möglicherweise persönlich erschienen wären oder durch Weisungen im Falle der Vertretung ein anderes Abstimmungsverhalten vorgegeben hätten.[307]

Damit die Ungültig-Erklärung von Beschlüssen ausscheidet, muss vielmehr zur Überzeugung des Gerichts **feststehen**, dass sich ein Beschlussmangel auf das Abstimmungsergebnis **nicht ausgewirkt** hat.[308] Für eine solche Feststellung **reicht nicht** bereits der Umstand aus, dass die Beschlüsse von einer bestimmten Mehrheit der Wohnungseigentümer getragen worden sind und

---

301 BGH v. 5. 7. 2013 – V ZR 241/12, NZM 2013, 653; siehe zu formellen Mängeln und Ladungsfehlern auch § 24 Rn. 5 und Rn. 11.
302 LG München I v. 29. 1. 2015 – 36 S 2567/14, ZMR 2015, 490; LG Frankfurt v. 8. 4. 2015 – 2-13 S 35/13, NZM 2015, 384.
303 LG Gera v. 16. 2. 2015 – 5 S 23/14, ZMR 2015, 481; OLG Köln v. 3. 12. 2003 – 16 Wx 216/03, ZMR 2004, 299; KG Berlin v. 30. 4. 1997 – 24 W 5809/96, ZMR 1997, 487.
304 LG München I v. 29. 1. 2015 – 36 S 2567/14, ZMR 2015, 490; OLG Hamm v. 19. 4. 1995 – 15 W 26/95, Wohnungseigentümer 1995, 125.
305 LG München I v. 29. 1. 2015 – 36 S 2567/14, ZMR 2015, 490.
306 LG München I v. 6. 11. 2014 – 36 S 25536/13, ZWE 2016, 42; LG Köln v. 8. 1. 2013 – 29 S 183/12 –, ZMR 2013, 378.
307 KG Berlin v. 18. 7. 2006 – 24 W 33/05, ZMR 2006, 794.
308 BGH v. 10. 12. 2010 – V ZR 60/10, ZWE 2011, 122; KG Berlin v. 18. 11. 1998 – 24 W 4180/97, FGPrax 1999, 90; KG Berlin v. 30. 4. 1997 – 24 W 5809/96, ZMR 1997, 487.

dieselbe Mehrheit die Beschlüsse in einer Wiederholungsversammlung **erneut gefasst (Zweitbeschluss)** hat.[309] Es müssen in einem solchen Fall weitere Umstände hinzutreten, aus denen geschlossen werden kann, dass der damalige Fehler bei der damaligen Willensbildung ohne Bedeutung war. Bei der Beurteilung dieser Frage ist aber Zurückhaltung geboten. Denkbar wäre es etwa, dass derartige Schlüsse in einem Fall gezogen werden, bei dem der formale Verstoß in einer Beschneidung des Rederechts eines Eigentümers lag und dieser Eigentümer dann vor dem Zweitbeschluss ausreichend Gelegenheit hatte, seine Argumente vorzubringen.[310] Dies kann aber nur das Ergebnis einer Einzelfallprüfung sein, stellt sich aber nicht als zwingende Folge eines Zweitbeschlusses dar.

Ausreichend ist es aber, wenn trotz eines Einberufungsmangels sämtliche Wohnungseigentümer in einer sogenannten **Vollversammlung** bei der Beschlussfassung mitgewirkt haben.[311]

Die vorgenannten Grundsätze zur Kausalität bei formellen Fehlern gelten grundsätzlich auch dann, wenn ein **Verwalter** durch den einberufenden Beirat **nicht geladen** wurde und er daher auch den Eigentümern keine Informationen geben und seine Ansichten darstellen konnte.[312] Auch hier muss grundsätzlich die Kausalitätsvermutung widerlegt werden. Hat aber der Verwalter sich pflichtwidrig geweigert, zu einer Versammlung einzuladen, auf der er abberufen und sein Vertrag gekündigt werden sollten, kann es treuwidrig sein, wenn der Verwalter den Abberufungsbeschluss anficht und sich dabei auf die fehlende Ladung beruft, obwohl er Kenntnis von dem Versammlungstermin hatte.[313]

39 Sonderfall: **fehlerhafte Beschlussverkündung**

Entspricht das vom Verwalter festgestellte und verkündete Beschlussergebnis entweder **inhaltlich nicht** dem worüber **abgestimmt** wurde (etwa: Sanierung gemäß Angebot der Firma A obwohl über Angebot der Firma B abgestimmt wurde) oder wurde das **Ergebnis unrichtig wiedergegeben** (etwa: Beschluss abgelehnt, obwohl er mit der erforderlichen Mehrheit zustande gekommen wäre), so stellt dies einen Anfechtungs- aber keinen Nichtigkeitsgrund dar. Auf eine **Anfechtungsklage** hin ist daher der festgestellte Beschluss aufzuheben.[314] Mit der Anfechtung eines Eigentümerbeschlusses kann ein Antrag auf **Feststellung** des wirklich gefassten, aber vom Ver-

---

309 LG München I v. 6.11.2014 – 36 S 25536/13, ZWE 2016, 42; OLG Hamm v. 19.4.1995 – 15 W 26/95, Wohnungseigentümer 1995, 125; a.A. insoweit: KG Berlin v. 18.5.2009 – 24 W 17/08, ZMR 2009, 790; LG Köln v. 8.12.2011 – 29 S 121/11, ZWE 2013, 38.
310 LG München I v. 7.7.2014 – 1 S 4470/14, ZMR 2014, 919.
311 LG Dortmund v. 21.10.2014 – 1 S 371/13, ZWE 2015, 182; KG Berlin v. 18.11.1998 – 24 W 4180/97, FGPrax 1999, 90.
312 A.A. wohl: LG Düsseldorf v. 3.11.2011 – 19 S 45/11, ZWE 2012, 328.
313 LG Düsseldorf v. 3.11.2011 – 19 S 45/11, ZWE 2012, 328.
314 OLG München v. 21.2.2007 – 34 Wx 100/06, ZMR 2007, 480; zur Beweislast bei der Anfechtungsklage siehe oben Rn. 23 und Rn. 38.

sammlungsleiter nicht festgestellten Beschlussinhalts verbunden werden **(Beschlussergebnisberichtigungsklage)**.[315] Eine Beschlussergebnisberichtigungsklage ist aber auch möglich, wenn es der Versammlungsleiter – pflichtwidrig oder auch, weil er sich hierzu wegen tatsächlicher oder rechtlicher Schwierigkeiten bei der Bewertung des Abstimmungsergebnisses außer Stande sieht – **ablehnt**, trotz erfolgter Abstimmung ein **Beschlussergebnis** festzustellen; hier besteht die Möglichkeit eines nicht fristgebundenen (Beschlussfeststellungs-)Antrags nach § 43 Abs. 1 Nr. 4.

Die Beschlussergebnisberichtigungsklage ist eine auf § 21 Abs. 4 gestützte Klage. Es kann daher ergänzend auf die Kommentierung zu § 21 Rn. 39 Bezug genommen werden.

Die rechtskräftige Feststellung des Beschlussergebnisses durch das **Gericht ersetzt** die unterbliebene **Feststellung** des Versammlungsleiters und **komplettiert** so den Tatbestand für das Entstehen eines **Eigentümerbeschlusses**.[316] Diese Funktion der Beschluss**ergebnisberichtigung**sklage muss nach der hier vertretenen Meinung auch bei der umstrittenen Frage, was **Prüfungsgegenstand** des Gerichts bei der Klage ist, berücksichtigt werden. Da hier (anders als bei der Beschlussersetzungsklage – siehe dazu § 21 Rn. 39 und 91) keine Entscheidung der Eigentümer korrigiert, sondern ein **Fehler des Verwalters beseitigt** werden soll, kann hier auch nur überprüft werden, ob ein derartiger Fehler tatsächlich vorlag. Dies ist der Fall, wenn der Verwalter den Beschluss so nicht hätte verkünden dürfen, wie er es getan hat. Dabei ist zu berücksichtigen, dass der Verwalter im Rahmen der Beschlussverkündung **kein Prüfungsrecht** bezüglich der Frage hat, ob die Beschlüsse **ordnungsgemäßer Verwaltung** entsprechen.[317] Es liegt aber dann kein Fehler vor, wenn der Verwalter den Beschluss so verkünden musste, wie er es getan hat.

Daher hat das Gericht Folgendes zu prüfen:

Soweit erkennbar, wird nicht in Frage gestellt, dass das Gericht erkennbare **Nichtigkeitsgründe** beachten muss.[318] Da nichtige Beschlüsse materiellrechtlich keinerlei Wirkungen entfalten können (siehe dazu oben Rn. 32), erschließt sich von selbst, dass weder der Verwalter noch das Gericht, das hier letztlich an die Stelle des Verwalters tritt, einem solchen Beschluss zur -auch nur formalen- Existenz verhelfen dürfen.

Dies ist etwa dann der Fall, wenn für den Beschlussgegenstand die **Beschlusskompetenz** fehlte. Insoweit ist auf oben Rn. 36 zu verweisen.

Des Weiteren hat das Gericht, ebenso wie der Verwalter, an dessen Stelle das Gericht hier tritt, die **formalen Voraussetzungen** des **Zustandekommens** des Beschlusses zu prüfen. Es ist Aufgabe des Verwalters, dafür Sorge zu

---

315 So schon OLG München v. 21. 2. 2007 – 34 Wx 100/06, ZMR 2007, 480; BayObLG v. 13. 3. 2003 – 2Z BR 85/02, NZM 2003, 444.
316 BGH v. 23. 8. 2001 – V ZB 10/01, NJW 2001, 3339.
317 LG München I v. 27. 10. 2014 – 1 S 22206/13 (nicht veröffentlicht); siehe auch oben Rn. 22.
318 So auch: *Jennißen-Suilmann*, § 46 Rn. 140.

tragen, dass nur formal fehlerfreie Beschlüsse zustande kommen, auch wenn der **formale Fehler** nicht zur Nichtigkeit führt und ein fehlerhafter Beschluss mangels Anfechtung bestandskräftig werden könnte. So darf etwa der Verwalter keinen zustande gekommenen Beschluss verkünden, wenn er erkennt, dass ein Verstoß gegen **Abs. 2** vorliegt, weil der Gegenstand nicht in der Einladung bezeichnet war. Wenn der Verwalter den Fehler nicht erkannt hat, das Gericht aber den Fehler nun sieht, muss es ihn bei der Berichtigungsklage auch berücksichtigen.

In der Praxis wird dabei häufig die Frage relevant, ob eine ausreichende Beschlussmehrheit erreicht wurde. Früher wurde in der Rechtsprechung teilweise die Meinung vertreten, dass kein Beschluss zustande gekommen sei, der angefochten werden musste, wenn bei der Abstimmung die erforderliche **qualifizierte Mehrheit** nicht erreicht wurde, der Verwalter aber dennoch (fehlerhaft[319]) das Zustandekommen eines positiven Beschlusses verkündet hat.[320] Seit der Entscheidung des BGH aus dem Jahr 2002 kann dieser Auffassung bei einer fehlerhaften Beschlussverkündung nicht mehr gefolgt werden. Da der Feststellung und Verkündung des Beschlussergebnisses durch den Versammlungsleiter neben der **konstitutiven** auch **inhaltsfixierende Bedeutung** zukommt, kann nur die Kombination von Anfechtungs- und positiver Feststellungsklage vor unrichtig festgestellten oder unrichtig verkündeten Beschlussergebnissen schützen.[321] Für den Sonderfall eines so genannten Negativbeschlusses[322] hat der BGH klargestellt, dass dieser auch ohne Verbindung mit einem auf die Feststellung eines positiven Beschlussergebnisses gerichteten Antrags (isoliert) angefochten werden kann.[323]

Oben bei Rn. 25 wurde bereits dargestellt, dass der Verwalter, wenn die erforderliche qualifizierte Mehrheit nicht erreicht wurde, verkünden muss, dass der Beschluss nicht zustande gekommen ist. Verkündet der Verwalter entgegen den gesetzlichen oder gemeinschaftsordnungsmäßigen Vorschriften über die erforderlichen Mehrheiten dennoch fehlerhaft das Zustandekommen des Beschlusses, muss dieser Beschluss auf Anfechtung hin für unwirksam erklärt werden. Da der Beschluss zwar fehlerhaft aber nicht nichtig ist, würde er ohne eine Anfechtung bestandskräftig werden.[324]

Die gleichen Grundsätze müssen aber auch gelten, wenn der **Verwalter zutreffend** das **Nichtzustandekommen** des Beschlusses festgestellt hat und gegen diesen (Negativ-)Beschluss gerichtlich vorgegangen wird. Wenn schon der Verwalter eine richtige Beschlussverkündung vorgenommen hat, kann **nicht** das **Gericht verpflichtet** sein, das Zustandekommen eines bei zutref-

---

319 Siehe dazu oben Rn. 25.
320 Etwa: BayObLG v. 25.5.1999 – 2Z BR 25/99, NZM 1999, 712; BayObLG v. 13.2. 1997 – 2Z BR 115/96, WuM 1997, 344; OLG Frankfurt/Main v. 6.3.1986 – 20 W 570/85, Wohnungseigentümer 1986, 64; a.A. (Anfechtung erforderlich): KG Berlin v. 18.3.1992 – 24 W 6007/91, WuM 1992, 282.
321 BGH v. 19.9.2002 – V ZB 30/02, NJW 2002, 3704.
322 Zur Anfechtung von Negativbeschlüssen siehe allgemein § 21 Rn. 19, 39, 42 und § 46 Rn. 12.
323 BGH v. 15.1.2010 – V ZR 114/09, NZM 2010, 205 (= NJW 2010, 2129).
324 LG München I v. 20.9.2010 – 36 S 12740/10, ZWE 2011, 102.

fender Bewertung wegen des Nichterreichens der erforderlichen Stimmenzahl (im entschiedenen Fall einer baulichen Veränderung die Nichteinhaltung eines bestehenden Einstimmigkeitserfordernisses) nicht zustande gekommenen Beschlusses festzustellen.[325]

Obergerichtlich noch nicht abschließend geklärt ist, ob das Gericht (anders als der Verwalter bei der Verkündung) neben **Nichtigkeitsgründen** und **formellen Mängeln** des Beschlusses auch die **materielle Rechtmäßigkeit** des **festzustellenden** Beschlusses zu prüfen hat. In der Literatur wird dies überwiegend bejaht.[326] In der Rechtsprechung wurde dies in der Vergangenheit bejaht, allerdings noch unter Geltung des „alten Rechts", bei dem der Amtsermittlungsgrundsatz galt.[327] In neuerer Zeit hat dies, soweit erkennbar, nur das LG Hamburg bejaht, wobei allerdings maßgeblich kein inhaltlicher Fehler sondern ein formeller Fehler (erforderliche Stimmenmehrheit war nicht geklärt -siehe dazu oben) war.[328] Das LG München I hat die Streitfrage zwar angesprochen, musste diese aber letztlich nicht entscheiden, da zum einen auch ein Nichtigkeitsgrund vorlag, der -wie oben gezeigt- zu berücksichtigen war und zum anderen auch der Kläger nicht nur eine reine Beschlussergebnisberichtigungsklage erhoben sondern ausdrücklich die Feststellung beantragt hat, dass der Beschluss „wirksam" zustande gekommen sei.[329]

Von den Befürwortern einer materiellen Prüfungspflicht wird vor allem das Argument der **Prozessökonomie** und der entsprechenden Handhabung bei Beschlussfeststellungsklagen im **Gesellschaftsrecht** vorgebracht.

Nach der hier vertretenen Meinung greifen diese Argumente aber bei der besonderen Konstellation der (reinen) Beschlussergebnisberichtigungsklage nicht durch. Bei Rn. 22 wurde erläutert, dass der Verwalter im Rahmen der Beschlussverkündung kein Prüfungsrecht bezüglich der Frage hat, ob die Beschlüsse ordnungsgemäßer Verwaltung entsprechen. Die **Prüfungskompetenz** des Gerichts kann daher grundsätzlich nicht weitergehen.[330]

Hier wird durch den Kläger inhaltlich nichts gegen den (positiven oder auch negativen) Beschluss vorgebracht, sondern nur ein formeller Fehler des Verwalters behauptet und insoweit eine Korrektur durch das Gericht dahingehend begehrt, dass als Beschluss das festgestellt wird, wofür sich die (erforderliche) Mehrheit tatsächlich ausgesprochen hat. Diese Feststellung begehrt der Kläger, so dass auch nicht zu erwarten ist, dass er inhaltlich gegen diesen festzustellenden Beschluss etwas vorbringen will. Es erscheint auch nicht erforderlich, den Beklagten (sozusagen „vorauseilend") aufzugeben darzulegen, ob und gegebenenfalls auch welche inhaltlichen Einwendungen sie gegen den festzustellenden Beschluss haben, dem sie ja tatsächlich mehrheitlich auch zugestimmt haben. Würde man dies anders sehen,

---

325 LG München I v. 27. 4. 2009 – 1 S 19129/08, WuM 2009, 426.
326 Riecke/Schmid-Abramenko, § 43 Rn. 20; Niedenführ/Kümmel/Vandenhouten-Niedenführ, § 43 Rn. 89; Jennißen-Suilmann, § 43 Rn. 141 f.
327 OLG München v. 15. 11 2006 – 34 Wx 97/06, ZMR 2007, 221; LG Hamburg v. 10. 12. 2007 – 318 T 49/07, ZMR 2011, 822.
328 LG Hamburg v. 14. 12. 2011 – 318 S 248/10, ZMR 2012, 217.
329 LG München I v. 11. 12. 2014 – 36 S 152/14, ZMR 2015, 152.
330 LG München I v. 27. 10. 2014 – 1 S 22206/13 (nicht veröffentlicht).

müsste sodann dem jetzigen Kläger Gelegenheit gegeben werden, sich zu den behaupteten Einwänden zu äußern, da nur dann geklärt werden kann, ob es auch einer Beweisaufnahme bedarf. Es erscheint vielmehr sachgerecht und auch prozessökonomisch, hier alleine auf das Vorbringen der Klagepartei abzustellen und nur über den formalen Fehler (ggf. nach Beweisaufnahme insoweit) zu entscheiden. Sollte dann der verkündete Beschluss durch das Gericht dahingehend korrigiert werden, dass das als verkündet gilt, was tatsächlich dem Ergebnis der Abstimmung entsprach, kann abgewartet werden, ob dann ein anderer Eigentümer sich gegen diesen nunmehr existierenden Beschluss wenden möchte (vom jetzigen Kläger ist dies, wie erwähnt, nicht zu erwarten). Da hier das Gericht nur einen formalen Fehler des Verwalters korrigiert und den bis dahin so bisher nicht existierenden Beschluss komplettierte, wie der BGH klargestellt hat,[331] muss es auch möglich sein, diesen nunmehr existierenden **Beschluss** nach den allgemeinen Regeln **anzufechten**. Die **Rechtskraft** der gerichtlichen Entscheidung im Beschlussergebnisberichtigungsverfahren steht hier nicht entgegen, da eine Prüfung dahingehend, ob der Beschluss auch ordnungsgemäßer Verwaltung entsprechen würde, durch das Gericht nicht vorgenommen wurde (anders als bei der Beschlussersetzungsklage – siehe dazu § 21 Rn. 42 und Rn. 91). Wenn dann eine Anfechtung erfolgt (aber eben auch nur dann), müssen sich die übrigen Eigentümer (zu denen dann auch der jetzige Kläger gehören wird) und auch das Gericht, wie bei jeder anderen Anfechtungsklage auch, mit den nunmehr vorgebrachten Argumenten auseinandersetzen.

Sollte der jetzige Kläger neben der Behauptung einer unrichtigen Beschlussverkündung auch inhaltlich etwas gegen den tatsächlich mehrheitlich gefassten Beschluss vorbringen und daher nicht die Feststellung dieses Beschlussinhalts sondern das Zustandekommen eines inhaltlich anderen Beschlusses begehren (etwa: Verwalter hat fehlerhaft verkündet Sanierungsvariante A obwohl die Mehrheit für Sanierungsvariante B gestimmt hat und der Kläger aber die Sanierungsvariante C als einzig sachgerecht ansieht), wird er keine Berichtigungsklage, sondern nur eine Anfechtungsklage und eine **Beschlussersetzungsklage** erheben. Diese richtet sich dann nach den bei § 21 Rn. 39 ff und 91 dargestellten Grundsätzen.

Einstweiliger Rechtsschutz:

40 Oben bei Rn. 34 wurde dargestellt, dass erst das rechtskräftige (nicht ein nur für vorläufig vollstreckbar erklärtes) Urteil die Bindungswirkung des Beschlusses beendet und dass daher trotz der Erhebung der Anfechtungsklage der Verwalter verpflichtet ist, den Beschluss auszuführen. In der Praxis haben die den Beschluss angreifenden Eigentümer häufig ein Interesse daran, die Ausführung des Beschlusses zu verhindern. Dies könnten die anfechtenden Eigentümer allenfalls im Verfahren nach §§ 935, 940 ZPO versuchen zu erreichen. Die **einstweilige Verfügung** wird jedoch nur dann erlassen werden, wenn sowohl ein Verfügungsanspruch als auch ein Verfügungsgrund glaubhaft gemacht werden können.[332] Voraussetzung für den Erlass der einstweiligen Verfügung ist daher grundsätzlich ein dringendes Bedürfnis

---

331 BGH v. 23. 8. 2001 – V ZB 10/01, NJW 2001, 3339.
332 Siehe dazu etwa *Thomas/Putzo-Reichold*, ZPO, § 935 Rn. 5 ff.

für ein sofortiges Einschreiten, welches ein Abwarten bis zur endgültigen Entscheidung nicht gestattet, weil die endgültige Regelung zu spät kommen könnte.[333]

Wie bei Rn. 34 ausgeführt wurde, hat ein Wohnungseigentümer grundsätzlich keinen Anspruch darauf, dass die Ausführung eines bestandskräftigen Beschlusses unterbleibt; etwas anders gilt nur dann, wenn schwerwiegende Gründe – etwa bei einer erheblichen Änderung der tatsächlichen Verhältnisse – die **Durchführung** der bestandskräftig beschlossenen Maßnahme als **treuwidrig** (§ 242 BGB) erscheinen lassen.[334] Die Vollziehung eines Beschlusses für die Zeit des schwebenden Anfechtungsverfahrens kann deshalb angesichts der Wertung des Gesetzgebers nur dann per einstweiliger Verfügung ausgesetzt werden, wenn glaubhaft gemacht wird, dass im konkreten Fall ausnahmsweise die Interessen der anfechtenden Miteigentümer überwiegen, etwa weil ihnen ein Zuwarten wegen drohender **irreversibler Schäden** nicht mehr zugemutet werden kann, oder weil bei unstreitiger Sachlage und einer insoweit gefestigten Rechtsprechung die Rechtswidrigkeit des Beschlusses derart **offenkundig** ist, dass es hierfür nicht erst der umfassenden Prüfung durch ein Hauptsacheverfahren bedarf.[335] Ein wesentlicher Punkt im einstweiligen Verfügungsverfahren ist bei der vom BGH geforderten Treuwidrigkeit daher die Abwägung der widerstreitenden Interessen. Rein wirtschaftliche Erwägungen rechtfertigen alleine regelmäßig den Erlass der einstweiligen Verfügung (im entschiedenen Fall: ein Baustopp) nicht.[336]

Wenn nach dem Vorstehenden eine einstweilige Verfügung in Betracht kommt, muss entschieden werden gegen welchen **Verfügungsgegner** ein Verfahren in die Wege geleitet werden soll. Durch die einstweilige Verfügung soll die Aussetzung der weiteren Vollziehung des angegriffenen Beschlusses erreicht werden. Rechtsschutzziel ist es, dass die angegriffenen Beschlüsse entgegen § 23 Abs. 4 Satz 2 zunächst nicht vollzogen werden, sondern deren Wirkung (vorläufig) suspendiert wird. Daher ist die teilrechtsfähige Wohnungseigentümergemeinschaft (**Verband**) nicht passivlegitimiert. Insoweit ist – parallel zur Hauptsache- von einer Passivlegitimation der **übrigen Wohnungseigentümer** auszugehen.[337] Zur Frage, ob versucht werden soll, die einstweilige Verfügung gegen die übrigen Wohnungseigentümer oder gegen den Verwalter zu erlangen, wird auf § 27 Rn. 5 Bezug genommen.

Denkbar ist aber auch eine einstweilige Verfügung zu Gunsten der Gemeinschaft. So hat etwa ein Wohnungseigentümer Sanierungsmaßnahmen (im

---

333 Verfassungsgerichtshof des Landes Berlin v. 14. 7. 2010 – 99/10, ZMR 2011, 307.
334 BGH v. 28. 9. 2012 – V ZR 251/11, NJW 2012, 3719.
335 LG München I v. 9. 12. 2013 – 1 T 25152/13, ZWE 2014, 371; LG Frankfurt v. 17. 3. 2010 – 2/13 S 32/09, ZWE 2010, 279; AG Hamburg v. 4. 2. 2010 – 102d C 11/10, ZWE 2011, 55; AG München v. 8. 4. 2009 – 485 C 330/09, ZMR 2009, 806.
336 LG München I v. 17. 7. 2008, 36 S 9508/08, ZWE 2009, 84; LG München I v. 8. 8. 2008 – 1 T 13169/08, ZMR 2009, 73; LG Hamburg v. 30. 7. 2014 – 318 O 156/14, ZMR 2015, 43.
337 LG München I v. 9. 12. 2013 – 1 T 25152/13, ZWE 2014, 371; LG Köln v. 23. 3. 2011 – 29 S 24/11, ZMR 2011, 827.

Fall: Terrassensanierung) aufgrund eines zwar angefochtenen, jedoch noch nicht rechtskräftig für ungültig erklärten Beschlusses der Wohnungseigentümerversammlung grundsätzlich zu dulden. Stört der **duldungspflichtige Wohnungseigentümer** die Arbeiten, so kommt, wenn die genannten Voraussetzungen vorliegen, grundsätzlich eine Regelung durch einstweilige Verfügung in Betracht.[338]

---

338 LG Berlin v. 15. 6. 2010 – 85 S 74/09, ZWE 2011, 181.

§ 24
Einberufung, Vorsitz, Niederschrift

(1) Die Versammlung der Wohnungseigentümer wird von dem Verwalter mindestens einmal im Jahr einberufen.

(2) Die Versammlung der Wohnungseigentümer muss von dem Verwalter in den durch Vereinbarung der Wohnungseigentümer bestimmten Fällen, im übrigen dann einberufen werden, wenn dies schriftlich unter Angabe des Zweckes und der Gründe von mehr als einem Viertel der Wohnungseigentümer verlangt wird.

(3) Fehlt ein Verwalter oder weigert er sich pflichtwidrig, die Versammlung der Wohnungseigentümer einzuberufen, so kann die Versammlung auch, falls ein Verwaltungsbeirat bestellt ist, von dessen Vorsitzenden oder seinem Vertreter einberufen werden.

(4) Die Einberufung erfolgt in Textform. Die Frist der Einberufung soll, sofern nicht ein Fall besonderer Dringlichkeit vorliegt, mindestens zwei Wochen betragen.

(5) Den Vorsitz in der Wohnungseigentümerversammlung führt, sofern diese nichts anderes beschließt, der Verwalter.

(6) Über die in der Versammlung gefassten Beschlüsse ist eine Niederschrift aufzunehmen. Die Niederschrift ist von dem Vorsitzenden und einem Wohnungseigentümer und, falls ein Verwaltungsbeirat bestellt ist, auch von dessen Vorsitzenden oder seinem Vertreter zu unterschreiben. Jeder Wohnungseigentümer ist berechtigt, die Niederschriften einzusehen.

(7) Es ist eine Beschluss-Sammlung zu führen. Die Beschluss-Sammlung enthält nur den Wortlaut

1. der in der Versammlung der Wohnungseigentümer verkündeten Beschlüsse mit Angabe von Ort und Datum der Versammlung,
2. der schriftlichen Beschlüsse mit Angabe von Ort und Datum der Verkündung und
3. der Urteilsformeln der gerichtlichen Entscheidungen in einem Rechtsstreit gemäß § 43 mit Angabe ihres Datums, des Gerichts und der Parteien,

soweit diese Beschlüsse und gerichtlichen Entscheidungen nach dem 1.7.2007 ergangen sind. Die Beschlüsse und gerichtlichen Entscheidungen sind fortlaufend einzutragen und zu nummerieren. Sind sie angefochten oder aufgehoben worden, so ist dies anzumerken. Im Falle einer Aufhebung kann von einer Anmerkung abgesehen und die Eintragung gelöscht werden. Eine Eintragung kann auch gelöscht werden, wenn sie aus einem anderen Grund für die Wohnungseigentümer keine Bedeutung mehr hat. Die Eintragungen, Vermerke und Löschungen gemäß den Sätzen 3 bis 6 sind unverzüglich zu erledigen und mit Datum zu versehen. Einem Wohnungseigentümer oder einem Dritten, den ein Wohnungseigentümer ermächtigt hat, ist auf sein Verlangen Einsicht in die Beschluss-Sammlung zu geben.

(8) Die Beschluss-Sammlung ist von dem Verwalter zu führen. Fehlt ein Verwalter, so ist der Vorsitzende der Wohnungseigentümerversammlung

verpflichtet, die Beschluss-Sammlung zu führen, sofern die Wohnungseigentümer durch Stimmenmehrheit keinen anderen für diese Aufgabe bestellt haben.

Inhalt:

	Rn.
I. Allgemeines	1
II. **Absatz I:** Einberufung zur ordentlichen Eigentümerversammlung	2
1. Die Versammlung	2
a) Begriff und Bedeutung	2
b) Ort	3
c) Zeit	4
2. Der Wohnungseigentümer	5
a) Begriff	5
b) Sonstige Teilnahmeberechtigte	6
3. Verwalter	8
4. Mindestens einmal im Jahr	9
5. Einberufung	10
6. Folgen eines Verstoßes	11
III. **Absatz 2:** Einberufung einer außerordentlichen Eigentümerversammlung	12
1. Die Versammlung der Wohnungseigentümer muss vom Verwalter einberufen werden	12
2. In den durch Vereinbarung der Wohnungseigentümer bestimmten Fällen	13
3. Im Übrigen dann, wenn dies verlangt wird	14
a) Schriftlich unter Angabe des Zweckes und der Gründe	15
b) Von mehr als einem Viertel der Wohnungseigentümer	16
4. Folgen eines Verstoßes	17
IV. **Absatz 3:** Einberufung durch sonstige Personen	18
1. Fehlen eines Verwalters	18
2. Pflichtwidrige Weigerung, Versammlung einzuberufen	19
3. Recht zur Einberufung der Versammlung	20

	Rn.
a) Wenn ein Verwaltungsbeirat bestellt ist	21
b) Wenn kein Verwaltungsbeirat bestellt ist	22
4. Folgen eines Verstoßes	23
V. **Absatz 4:** Form und Frist der Einberufung	24
1. Satz 1: Form der Einberufung: Textform	24
2. Satz 2: Einberufungsfrist	26
a) Die Frist soll mindestens zwei Wochen betragen	26
b) Sofern nicht ein Fall besonderer Dringlichkeit vorliegt	27
3. Folgen eines Verstoßes	28
VI. **Absatz 5:** Vorsitz in der Wohnungseigentümerversammlung	29
1. Vorsitz in der Wohnungseigentümerversammlung	29
2. Verwalter	30
3. Sofern diese (Versammlung) nichts anderes beschließt – Anderweitiger Beschluss der Versammlung	31
4. Folgen eines Verstoßes	32
VII. **Absatz 6:** Niederschrift über Versammlungsbeschlüsse (Protokoll)	33
1. Satz 1: Pflicht zur Aufnahme der Niederschrift	33
a) In der Versammlung gefasste Beschlüsse	33
b) Aufnahme einer Niederschrift	34
aa) Inhalt	34
bb) Protokollersteller	38
cc) Frist	39
2. Satz 2: Unterschriften	41
a) Unterschriftserfordernis	41
b) Vorsitzender und ein Wohnungseigentümer	42

c) Verwaltungsbeiratsvorsitzender oder Vertreter .	43
3. Satz 3: Einsichtsrecht....	44
a) Berechtigung der Wohnungseigentümer.......	44
b) Einsicht in Niederschriften..............	45
4. Protokollberichtigung ...	46
a) Anspruchsvoraussetzungen.............	46
b) Anspruchsgegner.......	47
c) Prozessuales...........	48
VIII. **Absatz 7:** Beschluss-Sammlung (Inhalt und Einsichtsrecht)....................	49
1. Allgemeine Fragen.....	49
a) Normzweck...........	49
b) Verwaltungsvermögen..	50
c) Bindungswirkung/ öffentlicher Glaube.....	51
d) Korrektur.............	52
2. Satz 1: Pflicht zur Führung einer Beschluss-Sammlung...........	53
3. Satz 2: Inhalt und zeitliche Grenze...........	54
a) Beschlüsse und gerichtliche Entscheidungen nach dem 1.7.2007.....	54
b) Wortlaut..............	55
c) Nr. 1: Verkündete Beschlüsse mit Angabe von Ort und Datum der Versammlung..........	56
d) Nr. 2: Schriftliche Beschlüsse mit Angabe von Ort und Datum der Verkündung..........	60
e) Nr. 3: Urteilsformel mit Angabe des Datums, des Gerichts und der Parteien..............	61
4. Satz 3: Fortlaufende Eintragung und Nummerierung........	65
5. Satz 4: Anmerkung von Anfechtung oder Aufhebung...........	66
6. Satz 5: Mögliche Löschung bei Aufhebung.............	68
7. Satz 6: Mögliche Löschung bei Bedeutungslosigkeit.........	70
8. Satz 7: Unverzügliche Erledigung von Eintragungen, Vermerken und Löschungen mit Datumsangabe........	71
9. Satz 8: Einsichtsrecht...	72
IX. **Absatz 8:** Führung der Beschluss-Sammlung......	73
1. Satz 1: Führung durch Verwalter.............	73
2. Satz 2: Führung durch sonstige Personen......	74
3. Folgen einer Pflichtverletzung bei der Führung.............	75
a) Durch den Verwalter ...	75
b) Durch sonstige Personen	76

I. Allgemeines

Durch die WEG-Novelle[1] sind die Abs. 1 bis 6 mit Ausnahme der Änderung der Einberufungsfrist in Abs. 4 (von einer auf zwei Wochen verlängert) unverändert geblieben. Neu in die Vorschrift eingefügt wurden die Abs. 7 und 8, die sich mit der neu geschaffenen Beschluss-Sammlung befassen.

§ 24 ist, wie sich aus § 10 Abs. 2 Satz 2 ergibt, grundsätzlich durch Vereinbarung **abdingbar,** Abs. 5 nach seinem Wortlaut sogar durch Mehrheitsbeschluss.[2]

1

---

1 Gesetz zur Änderung des Wohnungseigentumsgesetzes und anderer Gesetze v. 26.3.2007, BGBl. I 2007, S. 370.
2 Ebenso: *Staudinger-Bub,* § 24 WEG Rn. 19; *Jennißen-Schultzky,* § 24 Rn. 1b; *Bärmann-Merle,* § 24 Rn. 148 (zur Beschluss-Sammlung); a.A. zu Abs. 2: *Niedenführ/ Kümmel/Vandenhouten-Kümmel,* § 24 Rn. 1; differenzierend: *Riecke/Schmid-Riecke,* § 24 Rn. 154.

Der BGH hat dies insoweit ausdrücklich bejaht, als die für die Einberufung der Versammlung enthaltenen Formvorschriften dispositiv sind.[3] In der obergerichtlichen Rechtsprechung wurden als abdingbar angesehen die Abs. 1[4], 2[5], 3[6], 4[7] und 6.[8]

Eine Einschränkung sah das BayObLG bei Abs. 2, da das Minderheitenrecht für die Einberufung einer außerordentlichen Versammlung als solches unabdingbar sei.[9]

Teilweise wird daraus geschlossen, dass auch durch Vereinbarung nicht wesentlich in den **Kernbereich** des Wohnungseigentums eingegriffen werden darf.[10] Dem kann nach der hier vertretenen Ansicht zwar im Ansatz gefolgt werden. Alleine der Umstand, dass der Kernbereich des Wohnungseigentums berührt wird, führt aber nicht dazu, dass eine Vereinbarung unzulässig wird. Dies folgt bereits daraus, dass bei einer Vereinbarung auch der beeinträchtigte Wohnungseigentümer (oder sein Rechtsvorgänger) mitgewirkt hat. Wenn es sich um Individualrechte der Wohnungseigentümer handelt, ergibt sich schon aus Art. 2 Abs. 1 GG, dass der Rechtsinhaber auf die Ausübung seines Rechts verzichten kann.[11] Nur in extremen Ausnahmefällen, in denen aber wohl auch ein Verstoß gegen die guten Sitten bejaht werden wird, kann ein solcher Verzicht ausgeschlossen sein.[12] Bei der Bestimmung dieser Ausnahmefälle wird die Entscheidung des BGH vom 10. 12. 2010, in der bei einem Ausschluss eines Eigentümers von der Versammlung wegen bestehender Beitragsrückstände ein schwerwiegender Eingriff in den Kernbereich elementarer Mitgliedschaftsrechte angenommen und eine entsprechende Vereinbarung als nichtig angesehen wurde, zu berücksichtigen sein.[13] Die Grenze der Abänderbarkeit bei Abs. 2 dahingehend, dass der

---

3 BGH v. 20. 7. 2012 – V ZR 235/11, NJW 2012, 3571; BGH v. 23. 9. 1999 – V ZB 17-99, NZM 1999, 1101.
4 OLG Frankfurt/Main v. 27. 9. 2004 – 20 W 513/01, OLGR Frankfurt 2005, 95; BayObLG v. 2. 8. 1990 – BReg 2 Z 69/90 (zitiert nach juris); BayObLG v. 5. 12. 1989 – BReg 2 Z 121/89, WuM 1990, 173.
5 LG Hamburg v. 18. 8. 2010 – 318 S 77/09, ZWE 2011, 95; BayObLG v. 10. 2. 1994 – 2Z BR 106/93, WuM 1994, 227.
6 OLG Frankfurt/Main v. 27. 9. 2004 – 20 W 513/01, OLGR Frankfurt 2005, 95; BayObLG v. 2. 8. 1990 – BReg 2 Z 69/90 (zitiert nach juris).
7 BayObLG v. 15. 12. 2004 – 2Z BR 163/04, BayObLGR 2005, 318; BayObLG v. 8. 6. 1990 – BReg 1b Z 18/89, WuM 1990, 621; BayObLG v. 2. 8. c1990 – BReg 2 Z 69/90 (zitiert nach juris).
8 BGH v. 3. 7. 1997 – V ZB 2/97, NJW 1997, 2956; BayObLG v. 5. 12. 1989 – BReg 2 Z 121/89, WuM 1990, 173.
9 BayObLG v. 5. 10. 1972 – BReg 2 Z 54/72, NJW 1973, 151.
10 So etwa: *Staudinger-Bub*, § 24 WEG Rn. 6, *Jennißen-Schultzky*.
11 BGH v. 22. 1. 2004 – V ZB 51/03, NJW 2004, 937.
12 Offen gelassen zur Frage, ob dies bei einem generellen Verzicht auf die Ausübung des Stimmrechts in der Wohnungseigentümerversammlung gilt: OLG Frankfurt/Main v. 24. 8. 2006 – 20 W 214/06, 20 W 215/06, ZWE 2007, 84–92; gegen die Zulässigkeit eines generellen Ausschlusses des Stimmrechts: BGH v. 11. 11. 1986 – V ZB 1/86, NJW 1987, 650.
13 BGH v. 10. 12. 2010 – V ZR 60/10, ZWE 2011, 122 (= NJW 2011, 679); siehe zur Kernbereichsproblematik genauer die Kommentierungen zu § 15 Rn. 6 und Rn. 11 und zu § 23 Rn. 28 und 30.

Verwalter nicht zur Einberufung einer Versammlung verpflichtet ist, wird wohl da gesehen werden müssen, wo der Ausschluss der Einberufungspflicht einem Ausschluss der Teilnahme an einer dringend gebotenen Willensbildung gleichkommt. Hieran werden aber hohe Anforderungen zu stellen sein. Konkrete Fälle hierzu sind noch nicht bekannt. Siehe zur auch insoweit möglichen Einberufungspflicht nach Abs. 1 unten Rn. 9.

Zur Abdingbarkeit von Abs. 7 und 8 liegt bisher noch keine obergerichtliche Rechtsprechung vor. Teilweise wird vertreten, dass die Abs. 7 und 8 nicht oder nicht vollständig disponibel sind.[14] Nach der hier vertretenen und vorstehend dargestellten Meinung scheint dies jedoch nicht überzeugend.[15] Gegen den zwingenden Charakter sprechen insbesondere zwei Argumente: Der Gesetzgeber hat die Änderung trotz der bekannten Problematik des Informationsbedürfnisses vor allem von Erwerbern von Wohnungen vorgenommen, ohne entsprechend § 10 Abs. 2 Satz 2 eine ausdrückliche Regelung zur Unabdingbarkeit vorzunehmen. Zwar ist eine Beschluss-Sammlung in der Praxis selbstverständlich wünschenswert und sinnvoll, doch haben die vergangenen Jahrzehnte gezeigt, dass trotz aller Schwierigkeiten eine (vor allen Dingen sehr kleine) Gemeinschaft auch ohne die nunmehr neu geschaffene Sammlung funktionieren kann. Dass eine Vereinbarung, keine Beschluss-Sammlung zu führen, regelmäßig objektiv wohl nicht sachgerecht sein dürfte, ändert nichts daran, dass alle Eigentümer das Recht haben, auch „unvernünftige" Regelungen zu treffen und sich ausschließlich auf die mögliche (dann auch genauere) Information durch die Versammlungsprotokolle zu verlassen.

II. Absatz I: Einberufung zur ordentlichen Eigentümerversammlung

1. Die Versammlung

a) Begriff und Bedeutung

Die Eigentümerversammlung ist der Ort, an dem die gemeinsamen Belange der Gemeinschaft von allen Mitgliedern **diskutiert** und durch anschließenden **Beschluss** geregelt werden.[16] In der Eigentümerversammlung dürfen sowohl im Hinblick auf andere Eigentümer als auch gegenüber der Verwaltung im Rahmen der Meinungsfreiheit auch kritische und **abwertende Äußerungen** getätigt werden. Abwertende **Kritik**, die scharf und schonungslos sein kann, ist hinzunehmen, solange sie sachbezogen ist und keine Schmähkritik oder eine Formalbeleidigung darstellt.[17]

2

---

14 So etwa: *Riecke/Schmid-Riecke*, § 24 Rn. 154 (Ausschluss sehr zweifelhaft).
15 Im Ergebnis wie hier: *Jennißen-Schultzky*, § 24 Rn. 1c; *Bärmann-Merle*, § 24 Rn. 148; *Palandt-Bassenge*, § 24 Rn. 26; *Niedenführ/Kümmel/Vandenhouten-Kümmel*, § 24 Rn. 1.
16 LG Karlsruhe v. 17. 11. 2015 – 11 S 46/15, ZWE 2016, 141.
17 LG München I v. 15. 9. 2014 – 1 S 1836/13, ZWE 2015, 265; LG München I v. 28. 11. 2013 – 1 S 13798/13, ZWE 2014, 418 (auf den Hinweisbeschluss wurde die Berufung im Verfahren zurückgenommen).

WEG § 24 Verwaltung

Eine Eigentümerversammlung im Sinne des Gesetzes erfordert ein Zusammentreffen von Wohnungseigentümern, wobei nach § 24 Abs. 1 zu diesem Treffen eingeladen worden sein muss. Ein lediglich spontanes **Zusammentreffen** von Eigentümern ist grundsätzlich keine Versammlung.[18] Die näheren Einzelheiten zur Eigentümerversammlung (etwa: Voll- und Teilversammlung, Versammlung bei Untergemeinschaften, werdende Wohnungseigentümergemeinschaft) können der Kommentierung zu § 23 Rn. 5 bis 7 entnommen werden. Obgleich das Gesetz den Begriff nicht verwendet, befasst sich Abs. 1 mit der so genannten **ordentlichen** Versammlung, die der Verwalter regelmäßig ein- oder mehrmals im Jahr einberuft. Von einer **außerordentlichen** Versammlung wird gesprochen, wenn der Verwalter nach Abs. 2 aufgrund einer Vereinbarung in bestimmten Fällen oder wegen des Verlangens von mehr als einem Viertel der Wohnungseigentümer verpflichtet ist, eine Versammlung einzuberufen.[19]

Zur Zweitversammlung siehe die Kommentierungen zu § 25 Abs. 4.

b) Ort

3 Wohnungseigentümerversammlungen haben im näheren **Umkreis** der Wohnanlage stattzufinden, wo ein redlicher Wohnungseigentümer sie billigerweise erwarten darf. Jeder Wohnungseigentümer soll in zumutbarer Weise an allen Versammlungen teilnehmen dürfen. Dabei müssen auswärtige Wohnungseigentümer eine Anreise von vornherein in Kauf nehmen, nicht aber die Wohnungseigentümer, die in der Anlage oder zumindest in der Gemeinde wohnen, in der die Anlage gelegen ist.[20]

Der Verwalter hat bei der Wahl des Versammlungsortes einen (gerichtlich überprüfbaren) **Ermessensspielraum**.[21] Das Ermessen wird aber pflichtwidrig ausgeübt, wenn die Versammlung bewusst an einen Ort gelegt wird, den ein Mitglied der Gemeinschaft aus Gesundheitsgründen nicht aufsuchen kann.[22] Dies ist etwa der Fall, wenn der Versammlungsort in den dritten Stock eines Bürogebäudes ohne Aufzug verlegt wird, die Räumlichkeiten keinen Bezug zur Wohnanlage aufweisen und bekannt ist, dass ein gehbehinderter Eigentümer die Räumlichkeiten nicht aufsuchen kann.[23]

Für die Versammlungen der Wohnungseigentümer gilt der Grundsatz der **Nichtöffentlichkeit**.[24] Insbesondere bestehen Bedenken gegen die Abhaltung einer Wohnungseigentümerversammlung in einem nicht abgetrennten,

---

18 Ebenso: *Schreiber-Ruge/Röll*, Kap. 9, S. 945 Rn. 52; *Bärmann-Merle*, § 23 Rn. 5 (jeweils unter Bezug auf OLG Hamm v. 8.12.1992 – 15 W 218/91, Wohnungseigentümer 1993, 28).
19 Siehe zur außerordentlichen Versammlung unten Rn. 12 ff.
20 OLG Köln v. 6.1.2006 – 16 Wx 188/05, NZM 2006, 227; AG Strausberg v. 11.3.2009 – 27 C 12/08, ZWE 2009, 183.
21 OLG Köln v. 6.1.2006 – 16 Wx 188/05, NZM 2006, 227; OLG Köln v. 3.12.2003 – 16 Wx 216/03, ZMR 2004, 299.
22 OLG Köln v. 3.12.2003 – 16 Wx 216/03, ZMR 2004, 299.
23 LG Bonn v. 3.11.2003 – 8 T 113/03, ZMR 2004, 218 (= Vorinstanz zu OLG Köln v. 3.12.2003 – 16 Wx 216/03, ZMR 2004, 299).
24 BGH v. 29.1.1993 – V ZB 24/92, NJW 1993, 1329; OLG Frankfurt/Main v. 17.1.2005 – 20 W 30/04, OLGR Frankfurt 2005, 736.

öffentlich zugänglichen Gaststättenraum, weil damit die Vertraulichkeit der Beratungen und der freie Austausch der Gedanken nicht gewährleistet werden kann.[25] Zu sonstigen Teilnahmeberechtigten (etwa Beistände) siehe unten Rn. 6.

c) *Zeit*

Der Verwalter hat auch bei der Wahl der Versammlungszeit einen (gerichtlich überprüfbaren) **Ermessensspielraum**. Bei der Ausübung des Ermessens muss er die Belange aller Wohnungseigentümer gegeneinander abwägen. Die Zeit muss verkehrsüblich und zumutbar sein, um allen Wohnungseigentümern die Teilnahme zu ermöglichen und nicht zu erschweren, wobei auch auf die Bedürfnisse Berufstätiger, Versammlungen möglichst außerhalb der üblichen Dienstzeiten anzusetzen, Rücksicht zu nehmen ist.[26]

4

Im **Regelfall** werden daher Versammlungen an Werktagen ab 18.00 bis 19.00 Uhr anzusetzen sein. Das LG München I hat in einer kleinen, nur aus vier Wohnungen bestehenden Wohnanlage einen Beginn um 17.30 Uhr als unzulässig angesehen, da die berufliche Verhinderung eines Eigentümers bekannt war.[27] Dagegen hat das OLG Köln in einem Fall, wo eine lange Versammlung (5 Stunden) zu erwarten war und wo weit entfernt wohnende Eigentümer auch bei einem Beginn um 18.00 Uhr innerhalb der üblichen Dienstzeiten anreisen hätten müssen, einen Beginn um 15.00 Uhr an einem Werktag als zulässig erachtet.[28] Diese Einzelfallentscheidung wird kaum verallgemeinert werden können.

Soll eine Wohnungseigentümerversammlung zwischen Weihnachten und Neujahr stattfinden, ist auf das Interesse der einzelnen Wohnungseigentümer, in dieser Zeit ihre Angehörigen zu besuchen, besondere Rücksicht zu nehmen.[29] Eine kurzfristige Ansetzung einer außerordentlichen Eigentümerversammlung in der **Ferienzeit** ist nur ausnahmsweise zulässig und entspricht nur dann ordnungsgemäßer Verwaltung, wenn sie mit ausreichendem Vorlauf angekündigt worden ist, wobei zwei Wochen dafür nicht ausreichen, weil durch sie innerhalb der typischen Reisezeit nicht sichergestellt wird, dass die Mitglieder rechtzeitig von der Versammlung erfahren.[30]

Sonn- und Feiertage sind, wenn nicht ein besonderer Grund für gerade einen solchen Termin vorliegt, grundsätzlich von Versammlungen freizuhalten.[31]

---

25 KG Berlin v. 30.4.1997 – 24 W 5809/96, WuM 1997, 456; OLG Frankfurt/Main v. 7.4.1995 – 20 W 16/95, ZMR 1995, 326.
26 OLG Köln v. 13.9.2004 – 16 Wx 168/04, WuM 2004, 686.
27 LG München I v. 19.7.2004 – 1 T 3954/04, NZM 2005, 591.
28 OLG Köln v. 13.9.2004 – 16 Wx 168/04, WuM 2004, 686.
29 OLG Hamm v. 12.12.2000 – 15 W 109/00, NZM 2001, 297.
30 LG Karlsruhe v. 25.10.2013 – 11 S 16/13, ZWE 2014, 93; LG Karlsruhe v. 7.10.2014 – 11 S 8/14, ZWE 2015, 419.
31 So jedenfalls für Sonntage bis 11.00 Uhr: BayObLG v. 25.6.1987 – BReg 2 Z 68/86, NJW-RR 1987, 1362; a.A.: OLG Schleswig v. 6.4.1987 – 2 W 144/85, NJW-RR 1987, 1362.

2. Der Wohnungseigentümer

a) Begriff

5 Wohnungseigentümer ist, wer nach materiellem Recht (§§ 873, 925 BGB) das Wohnungs- oder Teileigentum wirksam erworben hat. Dies ist in der Regel derjenige, der zu Recht im Wohnungsgrundbuch eingetragen ist.[32] Der Begriff des Wohnungseigentümers wird näher erläutert bei § 10 Rn. 3. Unterbleibt die Einladung eines Eigentümers, liegt grundsätzlich ein **Ladungsmangel** vor (siehe dazuauch unten Rn. 11, § 23 Rn. 30 und insbesondere Rn. 38). Teilt ein Wohnungseigentümer seine ladungsfähige Anschrift nicht oder falsch mit und misslingt seine Ladung zu der Eigentümerversammlung aus diesem Grund ohne Verschulden der Verwaltung, muss er sich die unterbliebene Ladung als Folge seiner **Obliegenheitsverletzung** zurechnen lassen; in der Versammlung gefasste Beschlüsse können dann nicht wegen der unterbliebenen Ladung angefochten werden.[33] Es liegt insoweit schon kein beachtlicher Ladungsmangel vor. Eine Einladung des Erwerbers von Wohnungs- oder Teileigentum durch den Wohnungseigentumsverwalter zur Wohnungseigentümerversammlung hat erst dann zu erfolgen, wenn der **Verwalter** über den Eigentumsübergang „in geeigneter Form", insbesondere durch Übersendung eines Grundbuchauszugs, **unterrichtet** wurde. Die bloße Mitteilung des Veräußerers, dass die Wohnung verkauft sei, reicht als Mitteilung nicht aus, da sich daraus nur das schuldrechtliche Geschäft ergibt, sich der grundbuchrechtliche Vollzug aber durchaus auch lange hinziehen kann.[34]

b) Sonstige Teilnahmeberechtigte

6 Bei Versammlungen der Wohnungseigentümer gilt der Grundsatz der **Nichtöffentlichkeit** (siehe dazu auch oben Rn. 3).[35] Ist durch Teilungserklärung oder Vereinbarung nichts anderes bestimmt, so sind nur die Wohnungseigentümer persönlich oder deren bevollmächtigte **Vertreter** zur Teilnahme befugt.[36] Ein Eigentümer, der sich durch einen Bevollmächtigten vertreten lässt, darf nicht selbst an der Eigentümerversammlung teilnehmen. Nimmt er gleichwohl teil, wird sein Bevollmächtigter zum grundsätzlich nicht teilnahmeberechtigten Dritten.[37] Siehe zu den Bevollmächtigten genauer § 25 Rn. 5. Hat der Wohnungseigentümer einen gesetzlichen **Vertreter** (etwa: Minderjähriger, juristische Personen), so kann auch dieser an der Versammlung teilnehmen.[38] Gleiches gilt für diejenigen Personen, denen **kraft Gesetzes** anstelle des Eigentümers das Stimmrecht zusteht, wie

---

32 OLG Brandenburg v. 9.1.2006 – 13 Wx 17/05, ZWE 2006, 447.
33 BGH v. 5.7.2013 – V ZR 241/12, NZM 2013, 653.
34 LG München I v. 20.2.2013 – 36 T 1970/13, ZWE 2013, 463.
35 BGH v. 29.1.1993 – V ZB 24/92, NJW 1993, 1329; OLG Frankfurt/Main v. 17.1. 2005 – 20 W 30/04, OLGR Frankfurt 2005, 736.
36 BayObLG v. 16.5.2002 – 2Z BR 32/02, NZM 2002, 616.
37 LG Karlsruhe v. 21.7.2015 – 11 S 118/14, ZWE 2016, 94; LG Köln v. 8.1.2013 – 29 S 183/12, ZMR 2013, 378.
38 Ebenso: *Jennißen-Schultzky*, § 24 Rn. 41.

etwa Zwangsverwalter, Insolvenzverwalter, Nachlassverwalter, Testamentsvollstrecker.[39]

Teilnahmeberechtigt ist auch der **Verwalter**. Dies gilt selbst dann, wenn die Eigentümer auf der Versammlung gemäß Abs. 5 eine andere Person zur Versammlungsleitung bestimmen.[40] Auch in diesem Fall ist der Verwalter nach Abs. 8 etwa verpflichtet, die Beschusssammlung zu führen. Zu den Folgen, wenn der Verwalter etwa bei Einladung durch den Beirat nicht geladen wird (formeller Fehler), siehe § 23 Rn. 38.

Ein Wohnungseigentümer darf in der Versammlung, wenn durch Teilungserklärung oder Vereinbarung nichts anders geregelt ist, auch einen ihn lediglich beratenden **Beistand** nicht immer, sondern nur dann hinzuziehen, falls er daran ein berechtigtes Interesse hat. Dieses kann sich aus beachtlichen persönlichen Gründen oder aus dem Schwierigkeitsgrad der Angelegenheit ergeben, über die nach der Tagesordnung zu beschließen ist.[41] Es ist eine Abwägung der gegensätzlichen Belange im Einzelfall vorzunehmen. Gesichtspunkte bilden neben der Schwierigkeit der anstehenden Beratungsgegenstände auch in der Person des betroffenen Wohnungseigentümers liegende Umstände wie hohes Alter oder geistige Gebrechlichkeit.[42] Andererseits kann in kleineren Gemeinschaften das Interesse der übrigen Wohnungseigentümer, von äußeren Einflussnahmen ungestört beraten und abstimmen zu können, höher zu veranschlagen sein. Zerstrittenheit der Wohnungseigentümer untereinander reicht, auch wenn sie im Zusammenhang mit einem der Beratungsgegenstände steht, nicht aus.[43] Liegt kein berechtigtes Interesse vor, handelt es sich bei dem anwesenden Beistand um einen (grundsätzlich nicht anwesenheitsberechtigten) Dritten.

7

Auch der **Verwalter** kann einen Rechtsanwalt zu der Versammlung als **Berater** hinzuziehen, wenn kein Eigentümer widerspricht und Beratungsbedarf gerade in der Versammlung besteht, der Beratungsbedarf nur hier sachgerecht erfüllbar ist und die Beratung bei objektiver Betrachtung allen anwesenden Eigentümern zugutekommt.[44] Ob der Verwalter in diesem Fall die Kosten des Rechtsanwalts der Wohnungseigentümergemeinschaft in Rechnung stellen kann, hängt von den allgemeinen Vorschriften (also etwa seiner Befugnis gemäß Verwaltervertrag oder der nach § 27) ab.

Die Teilnahme eines **Dritten** an der Versammlung kann auch durch einen **Geschäftsordnungsbeschluss** (siehe dazu unten Rn. 29 und § 23 Rn. 21) der anwesenden Wohnungseigentümer anlässlich einer konkreten Wohnungseigentümerversammlung genehmigt werden.[45] Dies gilt allerdings nur, wenn der Geschäftsordnungsbeschluss **ordnungsgemäßer Verwaltung** entspricht, wenn also Gründe für die Anwesenheit des Dritten vorliegen. Werden Dritte

---

39 Ebenso: *Niedenführ/Kümmel/Vandenhouten-Kümmel*, § 24 Rn. 31.
40 LG Düsseldorf v. 3. 11. 2011 – 19 S 45/11, ZWE 2012, 328.
41 BGH v. 29. 1. 1993 – V ZB 24/92, NJW 1993, 1329.
42 LG München I v. 13. 10. 2014 – 1 T 19036/14 (nicht veröffentlicht).
43 BayObLG v. 16. 5. 2002 – 2Z BR 32/02, NZM 2002, 616.
44 OLG Köln v. 22. 6. 2009 – 16 Wx 266/08, NJW 2009, 3245.
45 LG Karlsruhe v. 11. 5. 2010 – 11 S 9/08, ZWE 2010, 377; OLG Frankfurt v. 17. 1. 2005 – 20 W 30/04, OLGR Frankfurt 2005, 736.

zu Unrecht qua Geschäftsordnungsbeschluss zugelassen, so sind alle auf der Versammlung in deren Gegenwart gefassten Beschlüsse für ungültig zu erklären, sofern die verklagten Wohnungseigentümer nicht die **Kausalitätsvermutung** zu ihren Lasten erschüttern; der im Gesellschaftsrecht geltenden Relevanztheorie kommt im WEG-Recht keine Bedeutung zu.[46]

Auf die Einhaltung der Nichtöffentlichkeit kann auch stillschweigend **verzichtet** werden, wenn trotz **Kenntnis** der Anwesenheit eines Nichtberechtigten dies nicht gerügt wird und alle widerspruchslos an der Versammlung teilnehmen.[47] Ein stillschweigender Verzicht scheidet allerdings aus, wenn die Anwesenheit in der Versammlung (vergeblich) **gerügt** worden war.[48]

Ist in der Gemeinschaftsordnung geregelt, dass sich die Wohnungseigentümer in ihren Versammlungen nur durch bestimmte Personen vertreten lassen dürfen, so betrifft dies nicht nur die Stimmabgabe, sondern jede aktive Beteiligung. Dann ist auch einem (nicht vertretungsberechtigten) **Beistand** nicht erlaubt, in der Versammlung Erklärungen abzugeben und Anträge zu stellen.[49]

3. Verwalter

8 Das Gesetz sieht vor, dass im Regelfall der Verwalter die Versammlung einberuft, der dabei allerdings durch einen Bevollmächtigten handeln kann.[50] Verwalter i.S.d. § 24 ist der nach § 26 Bestellte. Nicht mehr zur Einberufung ist daher ein Verwalter befugt, dessen Amtszeit bereits abgelaufen ist.[51] In diesem Fall hat dann eine unzuständige Person eingeladen, so dass jeder in der Versammlung gefasste Beschluss mit einem formellen Fehler behaftet ist. Zu den Folgen eines formellen Fehlers siehe unten Rn. 11.

Wegen der näheren Einzelheiten zur Bestellung, Abberufung oder Amtsniederlegung des Verwalters wird auf die Kommentierungen zu § 26 Bezug genommen.

Zur Einberufungsbefugnis des Verwaltungsbeirats oder sonstiger Personen siehe unten Rn. 18 ff.

4. Mindestens einmal im Jahr

9 Das Gesetz schreibt lediglich vor, dass eine (ordentliche) Eigentümerversammlung mindestens einmal im Jahr einzuberufen ist. Insoweit besteht jedoch eine **Pflicht** des Verwalters („wird").[52] Der Verwalter hat selbstverständlich das Recht, auch über die Fälle des Abs. 2 hinaus Versammlungen einzuberufen, wenn dies erforderlich ist (etwa weil die Wohnungseigentümer über eine Klageerhebung, eine Baumaßnahme etc. entscheiden müs-

---

46 LG München I v. 29.1.2015 – 36 S 2567/14, ZMR 2015, 490.
47 LG München I v. 2.12.2015 – 1 S 23414/14 (bisher nicht veröffentlicht); LG München I v. 3.4.2014 – 36 S 15021/13 (nicht veröffentlicht); LG Berlin v. 31.1.2012 – 85 T 31/12, ZMR 2012, 569.
48 LG München I v. 26.6.2014 – 36 S 21884/13 (nicht veröffentlicht).
49 BGH v. 29.1.1993 – V ZB 24/92, NJW 1993, 1329.
50 OLG Köln v. 4.9.2002 – 16 Wx 114/02, NZM 2003, 810.
51 OLG München v. 6.4.2009 – 32 Wx 3/09, MittBayNot 2009, 462.
52 Ebenso: *Staudinger-Bub*, § 24 WEG Rn. 55.

sen).⁵³ Dieses Recht ist im Rahmen pflichtgemäßen Ermessens auszuüben und verdichtet sich jedenfalls dann zu einer Pflicht, wenn die Interessen der Wohnungseigentümergemeinschaft die Abhaltung einer weiteren Eigentümerversammlung erfordern.⁵⁴ Dies könnte etwa wegen dringend erforderlicher größerer Sanierungsmaßnahmen oder wegen finanzieller Probleme, weil kein Wirtschaftsplan existiert und die Eigentümer nicht zur Zahlung von Wohngeldern verpflichtet und bereit sind, anzunehmen sein. In einem derartigen Fall ist der Verwalter, ohne dass es auf die Voraussetzungen des Abs. 2 ankäme, auch verpflichtet, der Aufforderung nur eines einzelnen Eigentümers zur Einberufung einer Versammlung nachzukommen. Kommt er dieser Aufforderung, eine nach den Grundsätzen ordnungsgemäßer Verwaltung erforderliche Wohnungseigentümerversammlung einzuberufen, nicht nach, so kann das Wohnungseigentumsgericht den Eigentümer zur Einberufung einer solchen Versammlung ermächtigen. Eine derartige Ermächtigung kommt aber erst dann in Betracht, wenn der Verwalter die Einberufung verweigert oder aber sein Ermessen hinsichtlich des Einberufungszeitpunkts überschreitet. Die Klage richtet sich in diesem Fall gegen den Verwalter.⁵⁵

Siehe zu dieser Problematik auch unten Rn. 22.

Auch wenn das Gesetz keine Zeit vorgibt, bis wann die jährliche Versammlung abgehalten werden muss, wird dies (wenn in der Gemeinschaftsordnung keine Bestimmungen dazu getroffen sind) regelmäßig in den **ersten Monaten** oder spätestens bis Ende Juni des Jahres zu geschehen haben. Nach der Rechtsprechung muss innerhalb dieser Zeiträume ein Wirtschaftsplan für das laufende Jahr und die Jahresabrechnung für das vorangegangene Jahr erstellt werden. Näheres hierzu kann der Kommentierung zu § 28 Rn. 4 (zum Wirtschaftsplan) und Rn. 30 (zur Jahresabrechnung) entnommen werden.

5. Einberufung

Die Versammlung wird dadurch einberufen, dass der Verwalter an alle Eigentümer[56] und sonstigen zur Teilnahme berechtigten Personen[57] (mit Ausnahme der bevollmächtigten Vertreter und der Beistände) eine **Einladung** versendet. 10

Zu Form und Inhalt der Einladung siehe unten Rn. 24 ff. und § 23 Rn. 11 ff.

6. Folgen eines Verstoßes

Verstößt der Verwalter bei der Einberufung gegen Abs. 1, leidet ein in der Versammlung zustande gekommener Beschluss unter einem so genannten formellen Mangel. Ein **formeller Mangel** liegt etwa vor, wenn die Versammlung in einer öffentlichen Gaststätte stattgefunden hat (Verstoß gegen **Nichtöffentlichkeit** – siehe dazu Rn. 3 und 6), ein Wohnungseigentümer ver- 11

---

53 Ebenso: *Staudinger-Bub*, § 24 WEG Rn. 35.
54 Wie hier: *Jennißen-Schultzky*, § 24 Rn. 2; *Riecke/Schmid-Riecke*, § 24 Rn. 38.
55 LG Frankfurt (Oder) v. 1.4.2010 – 6a T 50/09, ZWE 2011, 128.
56 Siehe oben Rn. 5.
57 Siehe oben Rn. 6.

sehentlich nicht geladen wurde (**Ladungsmangel** – siehe dazu Rn. 5) oder wenn die Einladung durch einen Verwalter ausgesprochen wurde, dessen Bestellung zu dieser Zeit bereits abgelaufen war. Derartige Mängel führen in der Regel nicht zur Nichtigkeit (siehe dazu § 23 Rn. 28 und Rn. 30), sondern nur zur Anfechtbarkeit der auf der Versammlung getroffenen Beschlüsse.[58] Zu den Folgen einer Nichteinhaltung der **Ladungsfrist** siehe unten **Rn. 28**.

Ausnahmsweise kann gemäß § 23 Abs. 4 auch eine **Nichtigkeit** der getroffenen Beschlüsse vorliegen, wenn dabei gegen eine Rechtsvorschrift verstoßen wurde, auf deren Einhaltung rechtswirksam nicht verzichtet werden kann.[59] Dies ist in der Regel der Fall, wenn einzelne Wohnungseigentümer vorsätzlich und gezielt von der Wohnungseigentümerversammlung ausgeschlossen werden sollen und deshalb die **Ladung** unterbleibt.[60] Dies gilt nur dann nicht, wenn der betroffene Wohnungseigentümer kraft Gesetzes von einer Mitwirkung an den gefassten Beschlüssen ausgeschlossen war.[61] Siehe zur **Nichtladung** näher § **23 Rn. 30**.

Zu einem Beschluss, durch den ein Eigentümer von der **Versammlung ausgeschlossen** wird und zu den Folgen, wenn der Versammlungsleiter diesen Beschluss umsetzt, siehe unten Rn. 29 und Rn. 32.

Bei formellen Fehlern, die keine Nichtigkeit zur Folge haben, ist durch das Gericht zu prüfen, ob der Fehler tatsächlich für den Beschluss **ursächlich (kausal)** war. Die Anfechtung ist immer dann begründet, wenn sich die Mängel auf das Ergebnis der Beschlussfassungen zumindest ausgewirkt haben können.[62]

Steht dagegen fest, dass sich ein Beschlussmangel auf das Abstimmungsergebnis nicht ausgewirkt hat, scheidet die Ungültigerklärung von Beschlüssen in der Regel aus.[63] Das KG Berlin ist in einem Fall von einer fehlenden Kausalität ausgegangen, in dem der fehlerhafte Beschluss in einer späteren Versammlung, bei der alle Wohnungseigentümer anwesend waren, gegen die Stimmen der Anfechtenden ausdrücklich bestätigt wurde.[64]

Grundsätzlich trägt im Anfechtungsverfahren[65] nach den allgemeinen Beweislastregeln der Kläger die **Darlegungs- und Beweislast** für das Vorliegen des **formellen Fehlers**.[66] Ist der formelle Fehler aber bewiesen, wird vermu-

---

58 OLG Celle v. 15.1.2002 – 4 W 310/01; ZWE 2002, 276; OLG Frankfurt/Main v. 7.4.1995 – 20 W 16/95, ZMR 1995, 326.
59 BGH v. 20.7.2012 – V ZR 235/11, NJW 2012, 3571.
60 BayObLG v. 8.12.2004 – 2Z BR 199/04, WuM 2005, 145; OLG Celle v. 15.1.2002 – 4 W 310/01; ZWE 2002, 276.
61 OLG Köln v. 3.12.2003 – 16 Wx 216/03, ZMR 2004, 299.
62 OLG Hamburg v. 11.4.2007 – 2 Wx 2/07, ZMR 2007, 550.
63 BGH v. 10.12.2010 – V ZR 60/10, ZWE 2011, 122 (= NJW 2011, 679).
64 KG Berlin v. 18.5.2009 – 24 W 17/08, ZMR 2009, 790.
65 Zur Beweislast bei der Feststellungsklage siehe unten Rn. 39.
66 LG München I v. 27.4.2009 – 1 S 20171/08, ZWE 2009, 318; AG Regensburg v. 18.2.2009 – 8 C 2322/08, ZMR 2009, 412 – siehe dazu auch § 23 Rn. 23.

tet, dass dieser Fehler auch kausal für das Abstimmungsverhalten war.[67] Daher trifft die materielle **Feststellungslast** für den Ausnahmefall, dass der Fehler **nicht kausal** war, diejenigen Wohnungseigentümer, die sich auf die Bestandskraft der Beschlüsse berufen.[68] An die Feststellung, die Beschlüsse einer Eigentümerversammlung beruhten nicht auf einem Einberufungsmangel, sind dabei **strenge Anforderungen** zu stellen.[69] Es muss hier mit Sicherheit feststehen, dass auch ohne den Fehler der Beschluss in gleicher Weise gefasst worden wäre.[70] Für eine solche Feststellung reicht nicht bereits der Umstand aus, dass die Beschlüsse von einer bestimmten Mehrheit der Wohnungseigentümer getragen worden sind und dieselbe Mehrheit die Beschlüsse in einer Wiederholungsversammlung erneut gefasst hat.[71] Argumente für eine fehlende Kausalität können aber sein, dass die Beschlüsse einstimmig gefasst wurden und zudem die Beschlüsse sachlich nicht angegriffen werden.[72] Der Schutzzweck der **Nichtöffentlichkeit** ist es gerade, fremden Einfluss von der Versammlung fernzuhalten, weil die Gesamtheit der Wohnungseigentümer ein berechtigtes Interesse an der vertraulichen Behandlung ihrer internen Angelegenheiten hat. Daher kann bereits die reine Anwesenheit oder die Mitwirkung in der Diskussion und Erörterung von Themen einen Einfluss auf das Verhalten der anwesenden Eigentümer und deren Abstimmung haben.[73]

Ausreichend ist es aber, wenn trotz eines Einberufungsmangels sämtliche Wohnungseigentümer in einer sogenannten **Vollversammlung** bei der Beschlussfassung mitgewirkt haben.[74]

Wird eine Wohnungseigentümerversammlung durch eine hierzu nicht befugte Person (hier: durch den Verwalter nach Ablauf seiner Amtszeit) einberufen, so können in der Versammlung gefasste Beschlüsse auch dann nicht allein wegen dieses Einberufungsmangels erfolgreich angefochten werden, wenn zwar nicht alle Eigentümer an der Versammlung teilgenommen haben, ihre Nichtteilnahme aber offenbar auf andere Gründen als die fehlerhafte Ladung zurückzuführen ist, wie etwa im Falle einer anderweitigen Verhinderung.[75]

Eine andere Frage in diesem Zusammenhang ist, ob ein Eigentümer, der bereits vor dem Versammlungstermin den formellen Fehler sieht (etwa, dass

---

67 KG Berlin v. 18.7.2006 – 24 W 33/05, ZMR 2006, 794; wie hier: *Bärmann-Merle*, § 23 Rn. 170 (wo allerdings für Einberufungsmängel gefordert wird, dass diese immer als relevant angesehen werden sollen).
68 LG München I v. 2.12.2015 – 1 S 23414/14 (bisher nicht veröffentlicht); OLG Köln v. 3.12.2003 – 16 Wx 216/03, ZMR 2004, 299; KG Berlin v. 30.4.1997 – 24 W 5809/96, ZMR 1997, 487.
69 LG München I v. 2.12.2015 – 1 S 23414/14 (bisher nicht veröffentlicht); OLG Hamm v. 19.4.1995 – 15 W 26/95, Wohnungseigentümer 1995, 125.
70 KG Berlin v. 18.11.1998 – 24 W 4180/97, FGPrax 1999, 90; KG Berlin v. 30.4.1997 – 24 W 5809/96, ZMR 1997, 487.
71 OLG Hamm v. 19.4.1995 – 15 W 26/95, Wohnungseigentümer 1995, 125.
72 LG Köln v. 8.12.2011 – 29 S 121/11, ZWE 2013, 38.
73 LG München I v. 2.12.2015 – 1 S 23414/14 (bisher nicht veröffentlicht).
74 KG Berlin v. 18.11.1998 – 24 W 4180/97, FGPrax 1999, 90.
75 OLG München v. 6.4.2009 – 32 Wx 3/09, MittBayNot 2009, 462.

die Verwalterbestellung bereits abgelaufen war), die angesetzte **Eigentümerversammlung** verhindern kann. Das AG Hamburg hat hierzu entschieden, dass ein Wohnungseigentümer einen Anspruch auf **Unterbindung** der Eigentümerversammlung, die nicht im Einklang mit Gesetz und Recht steht, habe. Diesen Anspruch könne er im Wege der **einstweiligen Verfügung** durchsetzen. Der Wohnungseigentümer müsse das Zustandekommen einer Eigentümerversammlung nicht hinnehmen, da auch rechtswidrig gefasste Beschlüsse zunächst gelten und die Eigentümer binden würden.[76] Hinsichtlich des Verfügungsanspruchs entspricht dieser Meinung auch die Entscheidung des LG München I vom 16. 5. 2011, wo insoweit aber hinsichtlich des Verfügungsgrundes nicht zu entscheiden war.[77] In einer weiteren Entscheidung hat das Landgericht München I ausgeführt, dass der Erlass einer Unterlassungsverfügung für die Verhinderung der Durchführung einer nicht ordnungsgemäß einberufenen Wohnungseigentümerversammlung grundsätzlich möglich sei. Jedoch existiere kein Automatismus dahingehend, dass die Unterlassungsverfügung per se einzig durch die Begehung des Fehlers gerechtfertigt werde. Es sei für den Einzelfall eine Abwägung der entgegenstehenden Interessen vorzunehmen.[78]

Siehe allgemein zu **prozessualen Fragen** und zur Nichtigkeit oder Anfechtbarkeit von **formell** fehlerhaften Beschlüssen **§ 23 Rn. 30 und 36 ff. (insbesondere Rn. 38** und die dortigen Verweise).

Beruft der Verwalter pflichtwidrig **keine Versammlung** ein, kann eine Einberufung nach Abs. 3 erfolgen.[79] Der Verwalter kann aber auch von einzelnen Eigentümern mit einer Klage nach § 43 oder durch eine einstweilige Verfügung nach § 935 ff. ZPO zur Einberufung gezwungen werden, wenn die Voraussetzungen des Abs. 1 vorliegen. Bereits bei Rn. 9 wurde gezeigt, dass bei einer pflichtwidrigen Weigerung eines Verwalters, eine erforderliche Eigentümerversammlung einzuberufen, ein Eigentümer durch das Gericht bevollmächtigt werden kann, die Eigentümerversammlung einzuberufen. Wegen der näheren Einzelheiten wird auf Rn. 22 verwiesen.

Zu den weiteren Möglichkeiten, wenn kein Verwalter vorhanden ist und der Verwaltungsbeirat keine Einberufung vornimmt, siehe unten Rn. 22.

III. Absatz 2: Einberufung einer außerordentlichen Eigentümerversammlung

1. Die Versammlung der Wohnungseigentümer muss vom Verwalter einberufen werden

12 Absatz 2 enthält eine **Verpflichtung** („muss") des Verwalters[80], eine Versammlung[81] einzuberufen. Die Verpflichtung besteht nach dieser Vorschrift

---

76 AG Hamburg v. 15. 12. 2009 – 102d C 127/09, ZMR 2010, 477; KG Berlin v. 27. 8. 1986 – 24 W 1747/86, NJW 1987, 386.
77 LG München I v. 16. 5. 2011 – 1 S 5166/11, ZWE 2011, 377.
78 LG München I v. 30. 7. 2014 – 36 T 14667/14 (zitiert nach juris).
79 Siehe dazu unten Rn. 18 ff.
80 Siehe dazu oben Rn. 8 und die Kommentierung zu § 26.
81 Siehe dazu oben Rn. 2 ff.

(siehe zur Pflicht nach Abs. 1 oben Rn. 9) jedoch nur dann, wenn die nachfolgenden Voraussetzungen gegeben sind.

Keine Verpflichtung besteht allerdings dann, wenn das Einberufungsverlangen **missbräuchlich** ist[82]. Dies wäre beispielsweise dann der Fall, wenn die Einberufung zur Beschlussfassung über einen Gegenstand dienen soll, für welchen eine Beschlusskompetenz nicht besteht. Wie bei § 23 Rn. 29 dargestellt, darf bei fehlender Beschlusskompetenz eine Abstimmung nicht erfolgen, so dass selbst ein Beschluss, mit dem der Antrag in der Sache abgelehnt wurde, nichtig ist. Zu einer überflüssigen außerordentlichen Versammlung muss der Verwalter nicht einladen. Auch in einer **Zweiergemeinschaft** ist der Antrag auf Durchführung der Eigentümerversammlung jedoch grundsätzlich nicht rechtsmissbräuchlich und – selbst wenn Einigkeit über die zu treffende Maßnahme besteht – keine bloße Förmelei. Vielmehr ist auch hier das Bestehen auf einer förmlichen Beschlussfassung und ihrer Eintragung in die Beschluss-Sammlung schutzwürdig.[83]

Der Verwalter muss, wenn die Voraussetzungen vorliegen, die Versammlung in einer **angemessenen Frist** einberufen.[84] Die Angemessenheit der Frist muss anhand der Umstände des Einzelfalls überprüft werden, da dem Verwalter ein Ermessensspielraum zusteht.[85] Setzt etwa ein Verwalter in einem Fall, in dem es um seine Abberufung geht, einen Termin für die durchzuführende Eigentümerversammlung erst nach Ablauf eines Monats seit Zugang des Verlangens fest und bestimmt er den Termin auf einen drei Monate nach Zugang des Verlangens liegenden Zeitpunkt, so ist dies als eine unangemessene Verzögerung anzusehen.[86] Allgemein wird davon auszugehen sein, dass bei objektiver Dringlichkeit der Angelegenheit das Ermessen überschritten ist, wenn die Versammlung erst mehr als zweieinhalb Monate nach dem Einberufungsverlangen stattfindet.[87]

2. In den durch Vereinbarung der Wohnungseigentümer bestimmten Fällen

Die Verpflichtung zur Einberufung kann sich auch aus der Gemeinschaftsordnung oder einer sonstigen Vereinbarung der Wohnungseigentümer ergeben. Der Verwalter muss dann in den dort genannten Fällen die Einberufung vornehmen. So kann in der Gemeinschaftsordnung etwa vorgesehen sein, dass der Verwalter im Laufe des Jahres eine weitere Versammlung einzuberufen hat, wenn absehbar ist, dass die Mittel nicht ausreichen und eine Sonderumlage erforderlich wird. Denkbar ist auch eine Bestimmung in einer Gemeinschaftsordnung, wonach der Verwalter zur Einberufung der Woh-

13

---

82 OLG München v. 21. 6. 2006 – 34 Wx 28/06, NZM 2006, 631; BayObLG v. 9. 8. 1990 – BReg 1b Z 25/89, WuM 1990, 464.
83 LG Frankfurt v. 2. 9. 2009 – 13 T 53/09, ZMR 2010, 396.
84 LG Frankfurt (Oder) v. 1. 4. 2010 – 6a T 50/09, ZWE 2011, 128; OLG München v. 21. 6. 2006 – 34 Wx 28/06, NZM 2006, 631; OLG Frankfurt v. 8. 1. 2009 – 20 W 267/08, Wohnungseigentümer 2009, 138 („unverzüglich", wenn Pflicht in Gemeinschaftsordnung vorgesehen ist).
85 OLG München v. 21. 6. 2006 – 34 Wx 28/06, NZM 2006, 631; BayObLG v. 20. 2. 2003 – 2Z BR 1/03, WuM 2003, 349.
86 OLG Düsseldorf v. 25. 8. 2003 – 3 Wx 217/02, NZM 2004, 110.
87 BayObLG v. 20. 2. 2003 – 2Z BR 1/03, WuM 2003, 349.

nungseigentümerversammlung auf Verlangen eines einzelnen Wohnungseigentümers verpflichtet ist. Diese Pflicht entfällt nur dann, wenn das Einberufungsverlangen offensichtlich missbräuchlich gestellt wurde. Nur insofern kommt dem Verwalter ein eingeschränktes materielles Prüfungsrecht zu.[88]

3. Im Übrigen dann, wenn dies verlangt wird

14 In der 2. Alternative sieht Abs. 2 vor, dass unter bestimmten Voraussetzungen die Einberufung vom Verwalter auch verlangt werden kann. Dieses Verlangen wird als **Minderheitenrecht** für die Einberufung einer außerordentlichen Versammlung als unabdingbar angesehen.[89]

a) Schriftlich unter Angabe des Zweckes und der Gründe

15 Das Verlangen muss schriftlich erfolgen. Nach § 126 BGB muss daher entweder die Form des § 126 Abs. 1 BGB eingehalten oder nach Abs. 3 i. V. m. § 126a BGB die Erklärung in der dort näher beschriebenen elektronischen Form abgegeben werden. Ausreichend ist nach § 126 Abs. 4 BGB auch die notarielle Beurkundung, nicht aber die Textform des § 126b BGB.[90]

In dem Verlangen müssen der Zweck und die Gründe für die außerordentliche Versammlung angegeben werden. Der Verwalter muss also erkennen können, mit welchem **Gegenstand (Zweck)** sich die Versammlung befassen soll und warum nicht bis zur nächsten ordentlichen Versammlung gewartet **(Grund)** werden soll. An diese Angaben sind zunächst keine zu hohen Anforderungen zu stellen. Dem Verwalter steht **kein materielles Prüfungsrecht** zu[91], so dass er die Angaben der Eigentümer nicht auf ihre Richtigkeit hin zu überprüfen hat[92]; es soll ihm nur ermöglicht werden, ein missbräuchliches Verlangen zu erkennen.[93] Da der Zweck jedoch regelmäßig eine notwendige Beschlussfassung sein wird, muss in dem Verlangen letztlich der Beschlussgegenstand in der bei § 23 Abs. 2 genannten Weise bezeichnet sein.[94] Es muss also zumindest eine schlagwortartige Bezeichnung erfolgen, aus welcher sich die anderen Wohnungseigentümer über die wesentlichen rechtlichen und tatsächlichen Folgen und Konsequenzen der vorgesehenen Maßnahme klar werden können. Wegen weiterer Einzelheiten wird auf § 23 Rn. 11 und 12 Bezug genommen.

b) Von mehr als einem Viertel der Wohnungseigentümer

16 Das Verlangen muss von mehr als einem Viertel der Wohnungseigentümer[95] gestellt werden. Dieses **Quorum** berechnet sich nach der **Kopfzahl**, nicht

---

88 OLG Frankfurt v. 8. 1. 2009 – 20 W 267/08, Wohnungseigentümer 2009, 138.
89 BayObLG v. 5. 10. 1972 – BReg 2 Z 54/72, NJW 1973, 151; siehe allgemein zur Abdingbarkeit oben Rn. 1.
90 Ebenso: *Jennißen-Schultzky*, § 24 Rn. 10.
91 OLG München v. 21. 6. 2006 – 34 Wx 28/06, NZM 2006, 631.
92 BayObLG v. 9. 8. 1990 – BReg 1b Z 25/89, WuM 1990, 464; ebenso: *Niedenführ/Kümmel/Vandenhouten-Kümmel*, § 24 Rn. 12.
93 LG Hamburg v. 18. 8. 2010 – 318 S 77/09, ZWE 2011, 95; siehe dazu auch oben Rn. 12.
94 Ebenso: *Jennißen-Schultzky*, § 24 Rn. 12.
95 Siehe zum Begriff oben Rn. 5 und § 10 Rn. 3.

aber nach den Miteigentumsanteilen, selbst wenn sich das Stimmrecht nach Miteigentumsanteilen richtet.[96] Wenn also in einer Anlage 16 Wohnungseigentümer vorhanden sind, müssen 5 Eigentümer (mehr als 4) das Verlangen unterstützen. Bei der Berechnung des Quorums ist es unerheblich, ob und wie viele Eigentümer nach § 25 Abs. 5 nicht stimmberechtigt sind.[97] Im vorgenannten Beispiel müssen also auch dann 5 Eigentümer unterschreiben, wenn 4 Eigentümer bei der späteren Abstimmung nicht stimmberechtigt sind.

4. Folgen eines Verstoßes

Beruft der Verwalter pflichtwidrig keine Versammlung ein, kann eine Einberufung nach Abs. 3 erfolgen.[98] Wie unten bei Rn. 22 näher dargestellt wird, kann der **Verwalter** aber auch von einzelnen Eigentümern mit einer Klage nach § 43 oder durch eine einstweilige Verfügung nach § 935 ff. ZPO zur Einberufung gezwungen werden, wenn die Voraussetzungen des Abs. 2 vorliegen. Denkbar ist aber auch, dass ein einzelner Eigentümer bei pflichtwidriger Weigerung des Verwalters vom Gericht bevollmächtigt wird, eine Versammlung einzuberufen. Da der **Ermächtigungsantrag** letztlich darauf gerichtet ist, die übrigen Wohnungseigentümer zu verpflichten, der Einberufung einer Wohnungseigentümerversammlung zu dem jeweiligen Zweck zuzustimmen, sind in diesem Fall die **übrigen Eigentümer** passiv-legitimiert und nicht der Verwalter.[99]

17

Beruft der Verwalter dagegen eine außerordentliche Versammlung ein, obwohl die Voraussetzungen hierfür nicht vorlagen, macht dies die in der Versammlung gefassten Beschlüsse nicht fehlerhaft. Unter Umständen macht sich der Verwalter jedoch nach §§ 280 ff. BGB schadensersatzpflichtig, wenn etwa durch die Versammlung unnötige Kosten entstanden sind. Möglicherweise ist auch eine Abberufung des Verwalters gerechtfertigt.[100]

IV. Absatz 3: Einberufung durch sonstige Personen

1. Fehlen eines Verwalters

Absatz 3 greift ein, wenn ein Verwalter fehlt, also kein Verwalter i.S.d. § 26 bestellt ist. Dies ist etwa der Fall, wenn kein Verwalter bestellt wurde oder, wenn er durch Mehrheitsbeschluss, der nach § 23 Abs. 4 Satz 2 trotz Anfechtung bis zur rechtskräftigen gerichtlichen Ungültigerklärung gültig ist[101], abberufen ist. Ein Verwalter fehlt auch, wenn die Bestellung des bisherigen Verwalters abgelaufen ist.[102]

18

---

96 BayObLG v. 9.8.1990 – BReg 1b Z 25/89, WuM 1990, 464; OLG Hamm v. 4.9.1973 – 15 W 34/73, NJW 1973, 2300.
97 Ebenso: *Bärmann-Merle*, § 24 Rn. 10; a.A.: *Niedenführ/Kümmel/Vandenhouten-Kümmel*, § 24 Rn. 9.
98 Siehe dazu unten Rn. 18 ff.
99 LG Frankfurt v. 31.7.2013 – 2-13 S 60/13, ZMR 2013, 983.
100 Ebenso: *Jennißen-Schultzky*, § 24 Rn. 17a.
101 Siehe dazu genauer § 23 Rn. 33 ff.
102 BGH v. 1.4.2011 – V ZR 96/10, WuM 2011, 387 (= NZM 2011, 515); OLG München v. 6.4.2009 – 32 Wx 3/09, MittBayNot 2009, 462.

WEG § 24 Verwaltung

Wegen der näheren Einzelheiten zur Bestellung, Abberufung oder Amtsniederlegung des Verwalters wird auf die Kommentierungen zu § 26 Bezug genommen.

2. Pflichtwidrige Weigerung, Versammlung einzuberufen

19 Eine Weigerung des Verwalters zur Einberufung der Versammlung liegt nicht nur dann vor, wenn er ein Tätigwerden ausdrücklich ablehnt, sondern auch dann, wenn er tatsächlich untätig bleibt. Die Weigerung ist dann pflichtwidrig, wenn der Verwalter gegen seine Pflicht zur Einberufung nach Abs. 1[103] oder Abs. 2[104] verstößt.[105] Eine pflichtwidrige Weigerung liegt demnach auch dann vor, wenn der Verwalter die Einberufung ungebührlich **verzögert** oder einen zu weit hinausgeschobenen Termin wählt.[106] Ausreichend ist aber auch, dass der Verwalter aus Gründen, die er nicht zu vertreten hat, tatsächlich untätig bleibt. Dies ist etwa dann der Fall, wenn er wegen einer längeren Krankheit keine Versammlung einberuft.[107]

3. Recht zur Einberufung der Versammlung

20 Aufgrund der Formulierung, dass die **Versammlung auch einberufen werden kann**, ist klargestellt, dass Abs. 3 den dort Genannten zwar ein **Recht** zur Einberufung gibt, nicht aber eine Pflicht begründet.[108] Ein praktisches oder rechtliches Bedürfnis, von einer **Pflicht** des Verwaltungsbeiratsvorsitzenden (oder dessen Vertreter) auszugehen, besteht nicht. Wie bei Rn. 9, 11, 17 und 22 dargestellt, kann bei einer pflichtwidrigen Weigerung des Verwalters zum einen dieser zur Einberufung gerichtlich gezwungen werden. Zum anderen kann sich aber auch ein einzelner Eigentümer vom Gericht bevollmächtigen lassen, eine Versammlung einzuberufen. Letztere Möglichkeit besteht auch, wenn kein Verwalter bestellt ist. Da diese Möglichkeiten vorrangig sind, dürfte einer Klage gegen ein Verwaltungsbeiratsmitglied wohl schon das Rechtsschutzbedürfnis fehlen.

Zur Frage, ob auch der **Verwalter** zur Eigentümerversammlung **zu laden** ist und welche Folgen eine Nichtladung (etwa durch den Beirat) haben kann, siehe oben Rn. 6 und § 23 Rn. 38.

a) Wenn ein Verwaltungsbeirat bestellt ist

21 Ausdrücklich regelt das Gesetz nur den Fall, dass ein Verwaltungsbeirat bestellt ist. Die Bestellung eines Verwaltungsbeirats ist in der Praxis jedenfalls bei mittleren und größeren Gemeinschaften zwar die Regel. Wie sich aus

---

103 Siehe oben insbesondere Rn. 9; a.A. insoweit wohl *Jennißen-Schultzky*, § 24 Rn. 29, der nur § 24 Abs. 2 Variante 2 nennt.
104 Siehe oben Rn. 13 ff.
105 LG Hamburg v. 18. 8. 2010 – 318 S 77/09, ZWE 2011, 95.
106 OLG Düsseldorf v. 25. 8. 2003 – 3 Wx 217/02, NZM 2004, 110; BayObLG v. 29. 11. 1990 – BReg 2 Z 72/90, WuM 1991, 131.
107 AG Hamburg v. 16. 6. 2010 – 102A C 5/10, WuM 2011, 183; ebenso: *Jennißen-Schultzky*, § 24 Rn. 28.
108 Wie hier: *Palandt-Bassenge*, § 24 WEG Rn. 3; *Niedenführ/Kümmel/Vandenhouten-Kümmel*, § 24 Rn. 3; a.A.: AG Charlottenburg v. 16. 7. 2009 – 74 C 25/09, ZMR 2010, 76; *Bärmann-Merle*, § 24 Rn. 25; *Riecke/Schmid-Riecke*, § 24 Rn. 10.

§ 20 Abs. 1 und § 29 Abs. 1 ergibt, sind die Wohnungseigentümer aber nicht verpflichtet, einen Verwaltungsbeirat zu bestellen.

Die Einberufung kann dann vom **Vorsitzenden** des Verwaltungsbeirats oder von seinem **Vertreter** erfolgen.[109] Ist kein Vorsitzender bestellt, kann die Einladung von **allen amtierenden Beiratsmitgliedern** ausgesprochen werden.[110] Gleiches muss gelten, wenn kein Vertreter bestellt ist.[111] Ebenfalls unschädlich ist es, wenn alle Beiratsmitglieder und nicht nur der Vorsitzende alleine einladen.

Wegen der näheren Einzelheiten zur Bestellung eines Verwaltungsbeirats und zu der Bestimmung eines Vorsitzenden und Vertreters wird auf die Kommentierungen zu § 29 Rn. 2ff. Bezug genommen.

Wird die Einberufung nicht durch die vorgenannten Mitglieder des Verwaltungsbeirats vorgenommen, sind einzelne oder mehrere sonstige Wohnungseigentümer nicht berechtigt, die Einberufung vorzunehmen. Eine Ausnahme hiervon ist jedoch dann zu machen, wenn die eigenmächtige Einberufung nicht durch einen oder mehrere Wohnungseigentümer erfolgt, sondern durch **alle Eigentümer** der Wohnungseigentümergemeinschaft. Diese Ausnahme hat ihren Grund darin, dass die Eigentümergemeinschaft vorrangig dazu berufen ist, ihre Angelegenheiten selbst zu regeln und deswegen auch befugt ist, eine Eigentümerversammlung einzuberufen, wenn diese Einberufung einstimmig erfolgt.[112] Zur Möglichkeit eines Eigentümers, sich durch das Gericht bevollmächtigen zu lassen, eine Versammlung einzuberufen, siehe Rn. 9, 11, 17 und 22.

b) Wenn kein Verwaltungsbeirat bestellt ist

Der Fall, dass ein Verwalter nicht vorhanden ist und auch ein Verwaltungsbeirat nicht besteht, ist im Gesetz nicht geregelt. Nach allgemeiner Auffassung kann jedoch auch in diesem Fall eine Einberufung durch **alle Eigentümer** erfolgen.[113]

22

Früher wurde die gesetzliche Lücke durch die entsprechende Anwendung des § 37 Abs. 2 BGB geschlossen, also in der Weise, dass ein Wohnungseigentümer durch gerichtliche Entscheidung zur Einberufung der Eigentümerversammlung ermächtigt wurde.[114] Da diese Entscheidung im Verfahren der freiwilligen Gerichtsbarkeit durch den Rechtspfleger erging[115], ist dieser

---

109 LG Düsseldorf v. 03.11.c2011 – 19 S 45/11, ZWE 2012, 328; a.A.: Riecke/Schmid-Riecke, § 24 Rn. 10 (interne Willensbildung des Verwaltungsbeirats nötig).
110 OLG Köln v. 29.12.1999 – 16 Wx 181/99, ZMR 2000, 566.
111 Ebenso: *Palandt-Bassenge*, WEG § 24 Rn. 3; *Niedenführ/Kümmel/Vandenhouten-Kümmel*, § 24 Rn. 3.
112 OLG Celle v. 28.4.2000 – 4 W 13/00, MDR 2000, 1428.
113 OLG Celle v. 28.4.2000 – 4 W 13/00, MDR 2000, 1428; wie hier: *Palandt-Bassenge*, WEG § 24 Rn. 4; *Niedenführ/Kümmel/Vandenhouten-Kümmel*, § 24 Rn. 4.
114 OLG Frankfurt/Main v. 27.9.2004 – 20 W 513/01, OLGR Frankfurt 2005, 95 OLG Köln v. 4.9.2002 – 16 Wx 114/02, ZMR 2003, 380; OLG Hamm v. 13.1.1992 – 15 W 13/91, OLGR Hamm 1992, 194.
115 Siehe etwa: *Palandt-Heinrichs*/Ellenberger, § 37 BGB Rn. 4 (unter Hinweis auf das nunmehr geltende FamFG).

Weg nach der Änderung des WEG durch die WEG-Novelle[116] nicht mehr gangbar[117], da das Verfahren in WEG-Sachen der ZPO unterstellt wurde.[118] Möglich ist nach neuem Recht insoweit nunmehr der **Klageweg** nach § 43ff.[119] oder, falls die Voraussetzungen vorliegen, das Erwirken einer **einstweiligen Verfügung** nach § 935 ff. ZPO. Problematisch erscheint in diesen Fällen die Frage, gegen wen die Klage oder der Antrag auf Erlass einer einstweiligen Verfügung zu richten ist **(Passivlegitimation)**. Die Klage gegen die übrigen **Eigentümer** (oder der Antrag auf Erlass einer einstweiligen Verfügung) ist grundsätzlich dann zulässig, wenn ein Verwalter nicht bestellt ist. Ist dagegen ein **Verwalter** bestellt und weigert sich dieser nur pflichtwidrig, dürfte einer Klage gegen die übrigen Eigentümer wohl regelmäßig das Rechtsschutzbedürfnis fehlen oder die Klage zumindest unbegründet sein. In diesem Fall greift der Grundgedanke des Abs. 1, wonach der Verwalter in erster Linie für die Einberufung zuständig ist. In diesem Fall ergeben sich zwei Möglichkeiten des Vorgehens:

Der Verwalter kann zum einen mit einer Klage nach § 43 zur Einberufung gezwungen werden. In diesem Fall trägt dann der pflichtwidrig nicht handelnde Verwalter auch die Kosten des Verfahrens. Es würde den Verpflichtungen aus dem Gemeinschaftsverhältnis widersprechen, wenn anstatt des Verwalters in diesen Fällen die übrigen Eigentümer erfolgreich mit einer Klage überzogen und zur Kostentragung verpflichtet werden könnten. In Betracht kommt bei sonstigem Vorliegen der Voraussetzungen grundsätzlich auch, dass ein Eigentümer gegen den Verwalter eine einstweilige Verfügung nach §§ 935 ff. ZPO mit dem Ziel erwirkt, dass der Verwalter die Einberufung vornimmt.[120]

Zum anderen kann auch, wie bereits bei Rn. 9 gezeigt wurde, bei einer pflichtwidrigen Weigerung des Verwalters, eine Versammlung einzuberufen, eine Klage (ggf. auch ein Antrag auf Erlass einer einstweiligen Verfügung) gegen den Verwalter mit dem Ziel erhoben werden, dass ein einzelner Eigentümer vom Gericht bevollmächtigt wird, eine Versammlung einzuberufen.[121]

4. Folgen eines Verstoßes

23 Da für den Verwaltungsbeiratsvorsitzenden oder seinen Vertreter nur ein Recht, nicht aber eine Pflicht zur Einberufung nach Abs. 3 begründet wurde[122], ist ein Vorgehen gegen die Mitglieder des Verwaltungsbeirats nicht möglich, wenn diese von ihrem Recht keinen Gebrauch machen.

---

116 Gesetz zur Änderung des Wohnungseigentumsgesetzes und anderer Gesetze v. 26.3.2007, BGBl. I 2007, S. 370.
117 A.A.: AG Gummersbach v. 27.1.2009 – 14 C 33/08, Rpfleger 2009, 313; *Jennißen-Schultzky*, § 24 Rn. 33; LG Stuttgart v. 20.6.2008 – 10 T 80/08, ZMR 2009, 148 („zweifelhaft").
118 Siehe dazu genauer: vor § 43 Rn. 1 ff.
119 LG München I v. 7.5.2013 – 36 T 7524/13, ZWE 2013, 417; so auch: *Palandt-Bassenge*, WEG § 24 Rn. 4; *Niedenführ/Kümmel/Vandenhouten-Kümmel*, § 24 Rn. 3.
120 Siehe dazu oben Rn. 11 und Rn. 17.
121 LG Frankfurt (Oder) v. 1.4.2010 – 6a T 50/09, ZWE 2011, 128.
122 Siehe oben Rn. 20.

Die Möglichkeiten der einzelnen Eigentümer, gerichtlich im Ergebnis eine Einberufung der Versammlung zu erreichen, wurden oben näher dargestellt. Insoweit wird auf die Rn. 11, 17 und 22 Bezug genommen.

V. Absatz 4: Form und Frist der Einberufung

1. Satz 1: Form der Einberufung: Textform

Die Einberufung erfolgt nach dem Gesetzeswortlaut in Textform. Nach § 126b BGB muss daher die Einberufung in einer Urkunde oder auf andere zur dauerhaften Wiedergabe in Schriftzeichen geeigneten Weise erfolgen, wobei die Person des Einladenden genannt und der Abschluss der Einladung durch Nachbildung der Namensunterschrift oder anders erkennbar gemacht werden muss. Zur dauerhaften Wiedergabe in Schriftzeichen geeignet ist eine (in elektronischer Form) übermittelte Erklärung nur dann, wenn sie vom Empfänger gespeichert und ausgedruckt werden kann. Daher ist nunmehr eine Einladung auch per E-Mail oder Diskette oder CD zulässig.[123] Da bei Textform auch keine Originalunterschrift erforderlich ist, sind auch Telefax oder Telegramm sowie die Übersendung von Fotokopien der Einladung möglich.[124]   24

Selbstverständlich kann die Einladung, wie in der Praxis wohl üblich, auch in **Schriftform** gemäß § 126 BGB erfolgen. Da sich aus dem Gesetz nichts anderes ergibt, kann nach § 126 Abs. 3 BGB die Einladung auch in **elektronischer Form** erfolgen. Nach § 126a BGB muss das elektronische Dokument mit einer qualifizierten elektronischen Signatur versehen sein. Dies dürfte in der Praxis einem verbreiteten Einsatz noch längere Zeit entgegenstehen.

Eine Übersendung in Textform oder in elektronischer Form ist nur dann zulässig, wenn der Zugang beim Einzuladenden sichergestellt ist, wenn also der Empfänger über notwendige Empfangs- bzw. Abspiel- oder Ausdruckmöglichkeiten verfügt (also etwa: Faxempfangsgerät, Computer mit Internetanschluss oder CD- Laufwerk und Drucker).

§ 24 trifft keine Regelungen zum **Inhalt** der Einberufung. Da aber die Eigentümer die Möglichkeit haben müssen, an der Versammlung[125] teilzunehmen, muss die Einberufung eine Einladung an einen genauen **Versammlungsort**[126] und zu einer bestimmten **Versammlungszeit**[127] enthalten.[128] Aus § 23 Abs. 2 ergibt sich, dass auch die **Gegenstände** bezeichnet werden müssen, über die Beschluss gefasst werden soll.[129] Was dazu erforderlich ist, bestimmt sich nach dem Zweck der Regelung. Der besteht darin, den Wohnungseigentümer vor **überraschenden** Beschlüssen zu schützen. Er soll die Möglichkeit haben, sich anhand der Tagesordnung auf die Versammlung **vorzubereiten** und sich zu entscheiden, ob er daran **teilnehmen** will. Dazu   25

---

123 Ebenso: *Palandt-Heinrichs/Ellenberger*, § 126b BGB Rn. 3.
124 Ebenso: *Riecke/Schmid-Riecke*, § 24 Rn. 29.
125 Siehe oben Rn. 2.
126 Siehe oben Rn. 3.
127 Siehe oben Rn. 4.
128 Ebenso: *Riecke/Schmid-Riecke*, § 24 Rn. 34, *Palandt-Bassenge*, WEG § 24 Rn. 6.
129 Ebenso: Palandt-Bassenge, WEG § 24 Rn. 7; siehe zu den Beschlussgegenständen genauer § 23 Rn. 11.

ist es **erforderlich**, aber auch **ausreichend**, wenn die Tagesordnungspunkte und die vorgesehenen Beschlüsse so genau bezeichnet sind, dass die Wohnungseigentümer verstehen und überblicken können, was in tatsächlicher und rechtlicher Hinsicht erörtert und beschlossen werden soll und welche Auswirkungen der vorgesehene Beschluss insoweit auf die Gemeinschaft und den Einzelnen hat; regelmäßig reicht eine schlagwortartige Bezeichnung aus.[130] Zur Frage, ob und wann zudem **Unterlagen** mit zu **übersenden** sind, siehe § 21 Rn. 23.

In einer **Tagesordnung**, die entweder in der Einladung selbst enthalten oder dieser gesondert beigegeben ist, setzt der Einladende die in der Versammlung zu behandelnden Punkte und die vorgesehene Reihenfolge nach seinem billigen Ermessen fest.[131] Hinsichtlich der **Aufnahme bestimmter Punkte** in die Tagesordnung ist das Ermessen des Verwalters aber eingeschränkt. Der Verwalter ist **verpflichtet**, einen Gegenstand auf die Tagesordnung der nächsten ordentlichen Versammlung zu setzen, wenn ein Eigentümer dies verlangt und wenn die Beratung (und Beschlussfassung) dieses Punktes ordnungsgemäßer Verwaltung i.S.d. § 21 Abs. 4 entspricht.[132] Wenn also sachliche Gründe dafür vorliegen, den Punkt auf einer Versammlung zu erörtern und ihn zum Gegenstand einer Abstimmung zu machen, hat der einzelne Eigentümer einen **Individualanspruch** auf die Aufnahme in die Tagesordnung.[133] Dies ist etwa der Fall, wenn in einer Wohnung Schimmel auftritt und der Eigentümer klären lassen möchte, ob ein Mangel im Gemeinschaftseigentum hierfür ursächlich ist.[134] Rechtsmissbräuchlich und damit nicht in die Tagesordnung aufzunehmen sind aber Anträge, wenn diese allein durch ihre Vielzahl einen ordnungsgemäßen Ablauf der Versammlung gefährden würden.[135] Der Anspruch **entfällt**, wenn die Ladungsfrist des Abs. 4 Satz 2 (siehe dazu Rn. 26 und 27) nicht mehr gewahrt werden kann und auf diese Frist auch nicht ausnahmsweise verzichtet werden kann.[136]

Der Anspruch richtet sich in erster Linie gegen den Verwalter.[137]

Nach Ansicht des OLG Frankfurt kann der Verwaltungsbeiratsvorsitzende in analoger Anwendung von Abs. 3 die Tagesordnung dann gestalten, wenn der Verwalter sich pflichtwidrig weigert, einen Tagesordnungspunkt aufzunehmen oder wenn das Minderheitenquorum des Abs. 2 missachtet wird.[138] In Bezug auf die Aufnahme eines Tagesordnungspunktes sollte dem nicht gefolgt werden.

---

130 BGH v. 13.1.2012 – V ZR 129/11, ZWE 2012, 125.
131 Ebenso: *Riecke/Schmid-Riecke*, § 24 Rn. 35.
132 LG Hamburg v. 27.6.2012 – 318 S 196/11, ZWE 2013, 135; OLG Frankfurt v. 18.8. 2008 – 20 W 426/05, ZWE 2009, 43; OLG Saarbrücken v. 24.3.2004 – 5 W 268/03, ZMR 2004, 533.
133 LG München I v. 16.5.2011 – 1 S 5166/11 (zitiert nach juris); BayObLG v. 12.7. 2001 – 2Z BR 139/00, ZMR 2001, 991; OLG Düsseldorf v. 6.7.1994 – 3 Wx 456/92, ZMR 1994, 520.
134 LG München I v. 15.2.2016 – 1 S 9022/15 (noch nicht veröffentlicht).
135 BayObLG v. 12.7.2001 – 2Z BR 139/00, ZMR 2001, 991.
136 LG München I v. 16.5.2011 – 1 S 5166/11, ZWE 2011, 377.
137 BayObLG v. 12.7.2001 – 2Z BR 139/00, ZMR 2001, 991.
138 OLG Frankfurt v. 18.8.2008 – 20 W 426/05, ZWE 2009, 43.

Zur **gerichtlichen Durchsetzung** des Anspruchs auf Aufnahme eines Tagesordnungspunktes siehe unten Rn. 28.

Verletzt der Verwalter den Anspruch auf Aufnahme eines Tagesordnungspunktes in zu vertretender Weise, kann sich ein **Schadensersatzanspruch** des Miteigentümers gegen die Hausverwaltung auf Einberufung einer außerordentlichen Eigentümerversammlung auf deren Kosten ergeben.[139]

2. Satz 2: Einberufungsfrist

a) Die Frist soll mindestens zwei Wochen betragen

Die Einberufungsfrist wurde durch die WEG-Novelle[140] von einer auf mindestens zwei Wochen verlängert, da dem Gesetzgeber die bisherige Frist unter Berücksichtigung der heutigen Lebensverhältnisse als zu kurz erschien.[141] Auch diese Frist ist aber disponibel[142], so dass Fristen in der **Gemeinschaftsordnung** vorgehen.[143] Die Einberufungsfrist kann aber nicht im Verwaltervertrag abgeändert werden, da dieser nicht die Rechte und Pflichten der Wohnungseigentümer untereinander, sondern die Rechte und Pflichten zwischen dem Verband und der Wohnungseigentümer auf der einen und dem Verwalter auf der anderen Seite regelt.[144] Für die Berechnung der Frist gelten die allgemeinen Bestimmungen § 186 ff. BGB, hier also § 187 Abs. 1 BGB und § 188 Abs. 2 BGB. Nach allgemeiner Meinung ist jedoch § 193 BGB nicht anwendbar, da mit dem Zweck der Einberufungsfrist eine Abkürzung durch Berücksichtigung von Sonn- und Feiertagen am Ende der Frist unvereinbar ist.[145] Die Zweiwochenfrist ist auch bei Wohnungseigentümern, die nicht in Deutschland und sogar außerhalb der EU (etwa: USA) leben, ausreichend, um die effektive Ausübung des Stimmrechts zu gewährleisten.[146]

Es ist ein **Zugang** des Ladungsschreibens bei den Wohnungseigentümern analog § 130 Abs. 1 BGB erforderlich, so dass die Frist erst ab diesem Zeitpunkt läuft.[147] Nicht ausreichend ist es, lediglich auf die Versendung der Einladung abzustellen und unter Berücksichtigung der allgemeinen Postlaufzeiten die Frist ab dem fiktiven Zugangszeitpunkt zu berechnen.[148] Die **Beweislast** für den Zugang tragen im Anfechtungsverfahren nach den all-

26

---

139 LG München I v. 16. 5. 2011 – 1 S 5166/11, ZWE 2011, 377.
140 Gesetz zur Änderung des Wohnungseigentumsgesetzes und anderer Gesetze v. 26. 3. 2007, BGBl. I 2007, S. 370.
141 BT-Drucks. 16/887, S. 33.
142 Siehe oben Rn. 1.
143 BayObLG v. 15. 12. 2004 – 2Z BR 163/04, BayObLGR 2005, 318.
144 OLG Dresden v. 30. 10. 2008 – 3 W 845/08, ZMR 2009, 301.
145 Siehe etwa: *Palandt-Heinrichs*, § 193 BGB Rn. 3; *Jennißen-Schultzky*, § 24 Rn. 58.
146 OLG Karlsruhe v. 15. 5. 2006 – 14 Wx 50/04, ZMR 2006, 795.
147 LG Berlin v. 23. 1. 2009 – 85 S 7/08, Grundeigentum 2009, 457; OLG Hamburg v. 21. 6. 2006 – 2 Wx 33/05, ZMR 2006, 704.
148 So: *Staudinger/Bub*, § 24 WEG, Rn. 82; *Drasdo*, Die Eigentümerversammlung nach dem WEG, 3. Aufl., Rn. 102; offengelassen: OLG Hamm v. 16. 4. 2007 – 15 W 108/06, ZMR 2007, 984: *Bärmann-Merle*, § 24, Rn. 34 hält eine analoge Anwendung von § 51 GmbHG für den Fall möglich, dass mit Übergabeschreiben eingeladen wird.

gemeinen Regeln die Beklagten, also die übrigen Wohnungseigentümer, da sie sich auf den Zugang als Voraussetzung für einen ordnungsgemäßen Beschluss berufen.[149] Da die Vorschrift auch insoweit abdingbar ist[150], kann in einer Vereinbarung (insbesondere: Gemeinschaftsordnung) jedoch festgelegt werden, dass für die Berechnung der Frist die Absendung der Einladung maßgeblich ist. Dass eine abweichende Vereinbarung möglich ist, ergibt sich auch schon daraus, dass es sich dem klaren Wortlaut nach lediglich um eine so genannte Soll-Vorschrift handelt, so dass die zwingende Einhaltung der Frist nicht gefordert werden kann. Das OLG Hamburg hat sich aber für eine enge Auslegung derartiger Bestimmungen ausgesprochen und eine Formulierung in der Gemeinschaftsordnung, nach welcher die Absendung der Einladung an die letzte bekannte Adresse genüge, nur dahingehend verstanden, dass davon Fälle des nicht bekannten Umzugs, nicht aber eine Überbürdung des Risikos eines verspäteten Zugangs, erfasst seien.[151]

Werden in die Tagesordnung **neue Beschlussgegenstände** aufgenommen, für die § 23 Abs. 2 eingreift[152], muss auch hinsichtlich dieser Punkte die Zwei-Wochen-Frist eingehalten werden.[153]

Zum Sonderfall einer so genannten **Eventualeinberufung** zu einer Wiederholungsversammlung siehe § 25 Rn. 19 ff.

b) Sofern nicht ein Fall besonderer Dringlichkeit vorliegt

27 Die Zwei-Wochen-Frist kann verkürzt werden, wenn eine besondere Dringlichkeit vorliegt. Eine Angelegenheit ist besonders dringlich, wenn die Besprechung und insbesondere die Beschlussfassung objektiv erforderlich sind und ein zweiwöchiges Abwarten nicht mehr möglich ist.[154] Dies ist zwar eine Frage des Einzelfalls, wird aber regelmäßig dann der Fall sein, wenn eine Gefahrenabwehr erforderlich ist, bei der die Voraussetzungen einer Notmaßnahme nach § 21 Abs. 2 noch nicht vorliegen[155], weil – insbesondere bei einer kleineren Wohnungseigentümergemeinschaft – die Eigentümer kurzfristig über eine vom Verwalter beabsichtigte bauliche Veränderung entscheiden können, wo aber dennoch Eile geboten ist. Stellt sich etwa im Verlauf einer Dachsanierung eines Sechs-Parteien-Hauses kurz vor Wintereinbruch heraus, dass umfangreiche weitere Arbeiten erforderlich werden und die Eigentümer entscheiden müssen, ob diese noch vor dem vorausgesagten Kälteeinbruch durchgeführt oder ob nur kostenaufwändige Sicherungsmaßnahmen für den Winter ergriffen werden sollen (etwa: provisorische Dacheindeckung), kann es erforderlich sein, die Versammlung binnen 3 bis 6 Tagen (möglicherweise im Anwesen selbst) abzuhalten. Eine besondere Dringlichkeit liegt aber auch etwa dann vor, wenn aufgrund eines Sachverständigengutachtens die Verwaltung davon ausgehen darf, dass

---

149 Ebenso: *Jennißen-Schultzky*, § 24 Rn. 66.
150 Siehe oben Rn. 1.
151 OLG Hamburg v. 21. 6. 2006 – 2 Wx 33/05, ZMR 2006, 704.
152 Siehe näher dazu § 23 Rn. 9 ff.
153 Ebenso: *Jennißen-Schultzky*, § 24 Rn. 57.
154 So in etwa auch: *Jennißen-Schultzky*, § 24 Rn. 60.
155 Siehe dazu § 21 Rn. 11 ff.

eine akute Gefährdung der Statik des Gebäudes (im Fall: der Tiefgarage) gegeben ist, die ein längeres Abwarten nicht vertretbar erscheinen lässt.[156] Zum Sonderfall einer so genannten **Eventualeinberufung** zu einer Wiederholungsversammlung siehe § 25 Rn. 21.

3. Folgen eines Verstoßes

Nimmt ein Verwalter einen berechtigt gestellten **Antrag**[157] **nicht in die Tagesordnung** auf, steht dem einzelnen Eigentümer gegen den Verwalter ein Individualanspruch zu (siehe oben Rn. 25). Diesen Anspruch kann er grundsätzlich gegen den Verwalter mit einer Klage geltend machen. Da dieses Verfahren in der Regel zu lange dauern dürfte, wird in diesen Fällen ein Antrag auf Erlass einer **einstweiligen Verfügung** nach §§ 935 ff. ZPO gegen den Verwalter zu erwägen sein.[158] Im Wege der einstweiligen Leistungsverfügung kann der Verwalter jedoch nur ausnahmsweise dann verpflichtet werden, eine solche außerordentliche Eigentümerversammlung einzuberufen, wenn die Behandlung eines bestimmten Punktes so dringend ist, dass ein Eigentümer, der bei seinem Einberufungsverlangen ein ordentliches Hauptsacheverfahren abwartet, unverhältnismäßig großen, gar irreparablen Schaden erleidet. Die besondere **Dringlichkeit** ergibt sich nicht allein schon darüber, dass die Hausverwaltung die Aufnahme eines Tagesordnungspunktes für eine geplante Versammlung knapp vor dieser Versammlung ablehnt mit der Folge, dass der Miteigentümer die Aufnahme des Tagesordnungspunktes innerhalb der Frist des Abs. 4 Satz 2 nicht mehr erzwingen kann. Vielmehr muss der Verfügungskläger auf die sofortige Erfüllung des geltend gemachten **Anspruchs** so dringend angewiesen ist, dass er ein ordentliches Hauptsacheverfahren nicht abwarten könnte, ohne unverhältnismäßig großen, gar irreparablen Schaden zu erleiden.[159]

28

Fehlt der **Zugang** der Einberufung **(Einladung)** zur Versammlung bei einer einzuladenden Person[160], liegt hinsichtlich der in der Eigentümerversammlung gefassten Beschlüsse ein **formeller Fehler** vor. Bei § 23 Rn. 30 wurde dargestellt, dass bei einer bewussten Nichtladung die Beschlüsse (ausnahmsweise) nichtig sind, da beim vorsätzlichen Ausschluss eines Eigentümers von der Willensbildung der Gemeinschaft gegen wesentliche Grundsätze des Wohnungseigentumsrechts verstoßen wird.

Wird die **Einladungsfrist** nicht eingehalten, ist ein dennoch gefasster Beschluss aufgrund eines **formellen Fehlers** gesetzeswidrig, **nicht** aber **nichtig**; er entspricht aber gerade nicht ordnungsgemäßer Verwaltung.[161] Daran ändert der Umstand, dass Abs. 4 Satz 2 nur eine „Soll-Vorschrift" ist,

---

156 LG Düsseldorf v. 14. 3. 2013 – 19 S 88/12, ZMR 2013, 821.
157 Siehe dazu oben 25.
158 Siehe zur einstweiligen Verfügung: vor § 43 Rn. 23.
159 LG München I v. 16. 5. 2011 – 1 S 5166/11, ZWE 2011, 377; BerlVerfGH v. 14. 7. 2010 – 99/10, NZM 2011, 314.
160 Siehe dazu oben Rn. 5 und 6.
161 LG Gera v. 13. 1. 2015 – 5 S 23/14 (zitiert nach juris).

nichts.[162] Auch die Nichteinhaltung dieser „Soll-Vorschrift" kann nämlich eine Anfechtbarkeit des Beschlusses hervorrufen, wenn der Verstoß für die Beschlussfassung ursächlich war (siehe zu den formellen Fehlern oben Rn. 11). Eine solch mögliche, im Vorhinein kaum abschätzbare Anfechtungsgefahr sehenden Auges heraufzubeschwören, ist mit dem Grundsatz der ordnungsgemäßen Verwaltung unvereinbar.[163]

Im Regelfall führen formelle Fehler nur zur **Anfechtbarkeit** der Beschlüsse (zur ausnahmsweise anzunehmenden Nichtigkeit siehe § 23 Rn. 28 ff., insbesondere Rn. 30). Bei formellen Fehlern prüft daher das Gericht, ob der Fehler tatsächlich für den Beschluss ursächlich (kausal) war. Die Anfechtung ist immer dann begründet, wenn sich die Mängel auf das Ergebnis der Beschlussfassungen zumindest ausgewirkt haben können.[164] Zu den **prozessualen** Fragen beim Vorliegen formeller Fehler wird auf **§ 23 Rn. 38** Bezug genommen.

Im Fall der Nichteinhaltung der Einberufungsfrist zu einer Eigentümerversammlung ist ein Beschluss jedenfalls dann für ungültig zu erklären, wenn feststeht, dass er bei rechtzeitiger Einberufung so nicht zustande gekommen wäre.[165] Gleiches gilt aber auch, wenn dies nur nicht ausgeschlossen werden kann. Steht dagegen fest, dass der Beschluss ohne den Einberufungsmangel ebenso gefasst worden wäre, ist er nicht für ungültig zu erklären.[166]

VI. Absatz 5: Vorsitz in der Wohnungseigentümerversammlung

1. Vorsitz in der Wohnungseigentümerversammlung

29 Zum Begriff der Wohnungseigentümerversammlung siehe oben Rn. 2 ff. und § 23 Rn. 5 bis 7.

Das Gesetz definiert den Begriff Vorsitz nicht näher. Unter Vorsitz ist jedoch nach allgemeiner Meinung die **Versammlungsleitung** zu verstehen.[167] Der Versammlungsleiter hat dafür zu sorgen, dass die Versammlung geordnet, gesetzmäßig, reibungslos und zügig abläuft, wobei es grundsätzlich seine Sache ist, wie er dieser Aufgabe gerecht wird.[168] Der Vorsitzende hat also darauf zu achten, dass insbesondere die Tagesordnung abgearbeitet und über die Anträge Beschluss gefasst wird. Die Versammlungsleitung hat unparteilich und unter Berücksichtigung rechtsstaatlicher Prinzipien wie etwa dem Grundsatz der Gleichbehandlung, des rechtlichen Gehörs oder des Verhältnismäßigkeitsprinzips zu erfolgen.[169]

---

162 LG München I v. 6.11.2014 – 36 S 25536/13, ZWE 2016, 42; LG Frankfurt (Oder) v. 18.9.2012 – 16 S 9/12, ZMR 2013, 368.
163 LG München I v. 16.5.2011 – 1 S 5166/11, ZWE 2011, 377.
164 OLG Hamburg v. 11.4.2007 – 2 Wx 2/07, ZMR 2007, 550.
165 BayObLG v. 12.5.2004 – 2Z BR 050/04, ZMR 2004, 766.
166 BayObLG v. 28.10.1998 – 2Z BR 137/98, NZM 1999, 130.
167 Vergleiche etwa: *Jennißen-Schultzky*, § 24 Rn. 103; *Bärmann-Merle*, § 24 Rn. 108.
168 KG Berlin v. 15.9.2000 – 24 W 3301/00, WuM 2001, 44.
169 Allgemeine Meinung: *Bärmann-Merle*, § 24 Rn. 108; *Staudinger-Bub*, § 24 WEG Rn. 92; *Jennißen-Schultzky*, § 24 Rn. 117.

Haben die Wohnungseigentümer, was auch noch durch einen **Geschäftsordnungsbeschluss**[170] in der betreffenden Eigentümerversammlung geschehen kann, keine abweichende Regelung getroffen, so hat der Versammlungsleiter über die Maßnahmen zu befinden, die erforderlich sind, um den Mehrheitswillen korrekt festzustellen und diesen in Form von Eigentümerbeschlüssen umzusetzen. Haben die Eigentümer in einem Geschäftsordnungsbeschluss eine ordnungsgemäße **Redezeitbeschränkung** festgelegt, muss diese bei der Versammlungsleitung vom Verwalter berücksichtigt werden, wenn die Begrenzung aus sachlichen Gründen zur ordnungsgemäßen Durchführung der Versammlung erfolgte.[171] Dies ist etwa bei einer umfangreichen Diskussion und zahlreichen Teilnehmern sinnvoll.[172] Bei der Bemessung der Redezeit ist aber darauf zu achten, dass diese ausreichend ist, damit ein Eigentümer seine Argumente vorbringen und sich so rechtliches Gehör verschaffen kann.[173] Es müssen bei der Redezeitbeschränkung alle Wohnungseigentümer gleich behandelt werden.[174] Der Versammlungsleiter entscheidet daher insbesondere über die **Reihenfolge** der Fragen, mit der ein Beschlussantrag zur Abstimmung gestellt wird.[175] Er muss daher insbesondere überprüfen, ob die Beschlussfähigkeit nach § 25 Abs. 3 vorliegt[176], ob Stimmrechtsausschlüsse nach § 25 Abs. 5 gegeben sind[177], ob Ort und Zeit der Versammlung[178] und die Beschlussgegenstände bei der Einberufung der Versammlung ausreichend bezeichnet wurden.[179] Eine wesentliche Aufgabe des Versammlungsleiters ist es auch, das **Abstimmung**sergebnis (richtig) festzustellen und das Beschlussergebnis (richtig) zu verkünden.[180] Dabei hat er die Vorgaben des Gesetzes und die der Gemeinschaftsordnung zu beachten.[181]

Der Versammlungsleiter übt das **Hausrecht** aus.[182] Es handelt sich dabei aber lediglich um eine abgeleitete Befugnis, welche unter dem Vorbehalt einer originären Rechtsausübung durch die Wohnungseigentümer steht, welche durch Geschäftsordnungsbeschluss die Entscheidung des Versammlungsleiters ändern können.[183] Der Versammlungsleiter hat etwa darauf zu achten, ob sämtliche anwesenden Personen teilnahmeberechtigt sind. Hat er hierbei Zweifel, so hat er grundsätzlich die Entscheidung der Wohnungseigentümer

---

170 Siehe dazu auch § 23 Rn. 21.
171 AG Koblenz v. 18.5.2010 – 133 C 3201/09, ZWE 2010, 288; OLG Saarbrücken v. 28.8.2003 – 5 W 11/03, ZMR 2004, 67; OLG Stuttgart v. 30.4.1986 – 8 W 531/85, ZMR 1986, 370.
172 LG München I v. 28.6.2007 – 1 T 2063/07, ZMR 2008, 488.
173 Wie hier: *Bärmann-Merle*, § 24 Rn. 113.
174 LG Frankfurt v. 5.6.2014 – 2-09 S 6/13, ZWE 2014, 408.
175 BGH v. 19.9.2002 – V ZB 37/02, NJW 2002, 3629.
176 Siehe dazu näher § 25 Rn. 15 ff.
177 Siehe dazu näher § 25 Rn. 26 ff.
178 Siehe dazu näher oben Rn. 2 ff.
179 Siehe dazu näher § 23 Rn. 9 ff.
180 Siehe dazu näher § 23 Rn. 23 ff.
181 LG München I v. 27.4.2009 – 1 S 19129/08, WuM 2009, 426; AG Neuss v. 28.1.2008 – 101 C 442/07, WuM 2008, 242.
182 *Riecke/Schmid-Riecke*, § 24 Rn. 70b.
183 *Niedenführ/Kümmel/Vandenhouten*, § 24 Rn. 62; *Bärmann-Merle*, § 24 Rn. 116; *Palandt-Bassenge*, § 24 WEG Rn. 17.

herbeizuführen. Diese haben im Wege einer Beschlussfassung gemäß Abs. 3 mit Stimmenmehrheit über die Anwesenheit der Begleitperson zu befinden (siehe dazu oben Rn. 7).[184] Der Versammlungsleiter hat auch einen Eigentümer aus dem Versammlungslokal zu verweisen, wenn dieser Eigentümer durch einen wirksamen Geschäftsordnungsbeschluss von der Versammlung ausgeschlossen wurde. Ein derartiger Beschluss kann aber nach der neueren Rechtsprechung des BGH nur noch in engen Grenzen Wirksamkeit erlangen, da der **Ausschluss** von der Teilnahme an der Versammlung und damit auch an der Ausübung des Stimmrechts einen Eingriff in den **Kernbereich** elementarer **Mitgliedschaftsrechte** darstellt, mit dem Teilnahme- und Mitwirkungsrechte eines Eigentümers in gravierender Weise ausgehebelt werden. Daher ist ein Eingriff in das Teilnahmerecht nur statthaft, wenn auf andere Weise die geordnete Durchführung einer Versammlung nicht gewährleistet werden kann, so etwa, wenn ein Wohnungseigentümer nachhaltig und trotz Androhung des Ausschlusses die Versammlung weiterhin in erheblicher Weise stört.[185] Die vorgenannten Grundsätze müssen auch gelten, wenn es um den Ausschluss eines gesetzlichen oder eines (zulässigerweise) rechtsgeschäftlich bevollmächtigen **Vertreters** geht.[186]

Im Rahmen der Ausübung des Hausrechts kann der Verwalter, wenn die Voraussetzungen (sonst keine geordnete Durchführung der Versammlung möglich) vorliegen – eine geordnete Durchführung der Versammlung sonst nicht möglich wäre –, auch ohne einen Beschluss der Eigentümer einen störenden Eigentümer von der Versammlung ausschließen.

Zu den **Rechtsfolgen** eines unberechtigten Ausschlusses eines Eigentümers siehe unten Rn. 32.

Siehe allgemein zur Nichtigkeit von Beschlüssen, die gegen §§ 134, 138 BGB oder gegen wesentliche Grundsätze des Wohnungseigentumsrechts verstoßen § 23 Rn. 28 und Rn. 30.

Es gehört es zu den Befugnissen des Versammlungsleiters, die Versammlung zu **unterbrechen**, wenn dies für ihre ordnungsmäßige Fortführung erforderlich ist. Der Funktion der Versammlung als **Diskussionsforum** unter Einschluss aller Mitglieder steht es von vornherein entgegen, dass die Versammlung auf Betreiben der Mehrheit nach Belieben unterbrochen wird, damit sie unter Ausschluss der Minderheit ungestört weiterdiskutieren kann, bevor anschließend über den Beschluss abgestimmt wird.[187]

Der Versammlungsleiter entscheidet auch darüber, wann die **Versammlung geschlossen** wird.[188] Verlässt der Versammlungsleiter den Versammlungsort, nachdem sämtliche Tagesordnungspunkte abgehandelt sind, ohne die Versammlung ausdrücklich zu schließen, ist grundsätzlich mit seinem Weggang die Versammlung als beendet anzusehen und danach kein Raum mehr für

---

184 LG München I v. 13.10.2014 – 1 T 19036/14 (nicht veröffentlicht).
185 BGH v. 10.12.2010 – V ZR 60/10, ZWE 2011, 122 (= NJW 2011, 679); siehe zur Kernbereichsproblematik genauer die Kommentierungen zu § 15 Rn. 6 und Rn. 11 und zu § 23 Rn. 28, 30 und 36.
186 BayObLG v. 11.4.2001 – 2Z BR 27/01, FGPrax 2001, 149.
187 LG Karlsruhe v. 17.11.2015 – 11 S 46/15, ZWE 2016, 141.
188 *Schreiber/Schildt*, S. 950 Rn. 67; *Riecke/Schmid-Riecke*, § 24 Rn. 70b.

eine Beschlussfassung der Wohnungseigentümer.[189] Etwas anderes kann jedoch dann gelten, wenn die Tagesordnung noch nicht abgearbeitet war und der Verwalter als Versammlungsleiter diese dennoch auflöst. Der Verwalter hat regelmäßig nicht das Recht, die ordnungsgemäß einberufene und zusammengetretene Versammlung aufzulösen, so dass die Versammlung in diesem Fall auch ohne Mitwirkung des Verwalters auskommen kann.[190] Die **Fortsetzung** der **Versammlung** ist aber nur dann möglich, wenn sichergestellt ist, dass alle bei der Auflösung anwesenden Eigentümer auch weiterhin an der Versammlung teilgenommen haben.[191] Entfernen sich Wohnungseigentümer, nachdem der Verwalter angesichts einer unübersichtlichen Rechtslage die Eigentümerversammlung für aufgelöst erklärt hat, so können die ohne die abwesenden Eigentümer auf der weitergeführten Versammlung gefassten Beschlüsse wegen formeller Fehlerhaftigkeit[192] aufzuheben sein.[193]

Auf der Versammlung wird bei ihrer Fortführung aufgrund eines jederzeit möglichen Geschäftsordnungsbeschlusses[194] ein **neuer Versammlungsleiter** bestimmt, der die Aufgaben des ursprünglichen Versammlungsleiters übernimmt.

2. Verwalter

Wenn in der Gemeinschaftsordnung (oder einer sonstigen Vereinbarung) 30 keine Regelung enthalten ist, führt regelmäßig (wenn nicht die Versammlung etwas anderes bestimmt[195]) der Verwalter den Vorsitz. Verwalter i.S.d. § 24 ist der nach § 26 Bestellte. Wegen der näheren Einzelheiten zur Bestellung, Abberufung oder Amtsniederlegung des Verwalters wird auf die Kommentierungen zu § 26 Bezug genommen.

Der Verwalter hat grundsätzlich den Vorsitz **persönlich** zu führen. Ist als Verwalterin eine **juristische Person** bestellt, kann der Vorsitz in der Wohnungseigentümerversammlung auch durch deren allgemein vertretungsberechtigte Personen wie einen Prokuristen oder einen rechtsgeschäftlich bestellten Vertreter wahrgenommen werden.[196]

Auch wenn der Verwalter eine **natürliche Person** ist, ist er grundsätzlich berechtigt, die Leitung von Wohnungseigentümerversammlungen mit Hilfe von Mitarbeitern durchzuführen, sofern diese nur als seine **Hilfspersonen** tätig werden.[197] Die in einer Teilungserklärung enthaltene Regelung, dass „Besucher" keinen Zutritt zu den Eigentümerversammlungen haben, bezieht sich nicht auf Mitarbeiter des Verwalters, die an den Eigentümerversammlungen nur zum Zwecke der Unterstützung des Verwalters teilnehmen und hierbei lediglich untergeordnete Tätigkeiten wie das Führen des Proto-

---

189 BayObLG v. 30.7.1998 – 2Z BR 54/98, NZM 1998, 1010.
190 OLG Celle v. 15.1.2002 – 4 W 310/01; ZWE 2002, 276.
191 *Schreiber/Schildt*, S. 950 Rn. 67.
192 Siehe dazu auch oben Rn. 28.
193 KG Berlin v. 16.9.1988 – 24 W 3952/88, ZMR 1989, 27.
194 Siehe dazu oben in dieser Rn. und den Verweis auf § 23 Rn. 21.
195 Siehe dazu sogleich Rn. 31.
196 OLG Schleswig v. 4.12.1996 – 2 W 85/96, MDR 1997, 821.
197 BayObLG v. 11.4.2001 – 2Z BR 27/01, FGPrax 2001, 149.

kolls wahrnehmen.[198] Zweifelhaft, aber noch nicht abschließend obergerichtlich geklärt ist es, ob ein Verwalter die gesamte Leitung der Eigentümerversammlung einem Dritten, wie etwa einem Rechtsanwalt, übertragen kann. Das OLG München hat diese Frage ausdrücklich offengelassen.[199] Da die Übertragung der Versammlungsleitung (jedenfalls für diese Zeit) eine vollständige Übertragung der Verwalterstellung ohne Zustimmung der Eigentümer darstellt, was sich nicht mit der besonderen Vertrauensstellung des Verwalters verträgt, ist nach der hier vertretenen Meinung eine solche Übertragung nicht zulässig.[200]

3. Anderweitiger Beschluss der Versammlung

31 Nur für den Fall, dass die Wohnungseigentümer von ihrem autonomen Gestaltungsrecht, einem ihrer Mitglieder den Vorsitz in der Versammlung durch **Mehrheitsbeschluss** anzutragen und dieses Mitglied **die Wahl annimmt**, keinen Gebrauch macht, sieht Abs. 5 die Ersatzzuständigkeit des Verwalters vor.[201] Die Wohnungseigentümer haben daher jederzeit das Recht, zu Beginn oder auch im Laufe der Versammlung durch einen Geschäftsordnungsbeschluss[202] die Versammlungsleitung auf eine andere Person zu übertragen.[203]

Nach Ansicht des OLG München führt im Fall des Abs. 3 der die Versammlung einberufende Vorsitzende des **Verwaltungsbeirats** den Vorsitz.[204] Dem wird, sofern in der Versammlung kein anderslautender Beschuss gefasst wird, zuzustimmen sein.[205]

4. Folgen eines Verstoßes

32 Zur Anfechtbarkeit eines Beschlusses, der nach vorzeitiger Auflösung einer Versammlung gefasst wurde siehe oben Rn. 29.

Werden Wohnungseigentümer (oder deren Vertreter – siehe oben Rn. 29) **zu Unrecht** von der Teilnahme an einer Eigentümerversammlung **ausgeschlossen**, leiden die in der Versammlung gefassten Beschlüsse unter einem **formellen Mangel**. Damit stellt sich die Frage, welche Rechtsfolge der unberechtigte Ausschluss für die in der Versammlung gefassten Beschlüsse hat, ob diese also nichtig oder nur anfechtbar sind.

Der BGH hat diese Frage für den Fall eines Ausschlusses wegen völlig **sachwidriger Gründe** (im Fall: wegen bestehender Beitragsrückstände – siehe dazu oben Rn. 29) nunmehr dahingehend geklärt, dass in einem solchen Fall wegen des schwerwiegenden Eingriffs in den **Kernbereich** elementarer

---

198 KG Berlin v. 15. 9. 2000 – 24 W 3301/00, WuM 2001, 44.
199 OLG München v. 7. 6. 2005 – 32 Wx 32/05, NJW-RR 2005, 964.
200 A. A. nunmehr *Jennißen-Schultzky*, § 24 Rn. 105; siehe zur Aufgabendelegation und Übertragung der Verwalterstellung auch die Kommentierungen § 26 Rn. 4 ff.
201 KG Berlin v. 15. 1. 2003 – 24 W 129/01, NZM 2003, 325.
202 Siehe dazu § 23 Rn. 21.
203 KG Berlin v. 15. 1. 2003 – 24 W 129/01, NZM 2003, 325; BayObLG v. 11. 4. 2001 – 2Z BR 27/01, FGPrax 2001, 149.
204 OLG München v. 6. 4. 2009 – 32 Wx 3/09, MittBayNot 2009, 462.
205 Ebenso: *Riecke/Schmid-Riecke*, § 24 Rn. 70a.

Mitgliedschaftsrechte auch die ansonsten in der Versammlung gefassten Beschlüsse **nichtig** sind.[206] Siehe zur Kernbereichsproblematik **genauer** die Kommentierungen zu § **15 Rn. 6 und Rn. 11 und zu § 23 Rn. 28 und 30**.

Ausdrücklich offen gelassen hat der BGH in dieser Entscheidung aber, ob jeder rechtswidrige Ausschluss von der Versammlung oder jeder rechtwidrige Entzug des Rederechts eine Nichtigkeit der in der Versammlung gefassten Beschlüsse nach sich zieht. Der BGH hat vielmehr die bisher in der Rechtsprechung herrschende Meinung bestätigt, wonach die Ungültigerklärung von Beschlüssen in der Regel ausscheidet, wenn feststeht, dass sich ein (formeller) Beschlussmangel auf das Abstimmungsergebnis nicht ausgewirkt hat.[207]

Dies würde nicht nur eine Nichtigkeit ausschließen; eine **Anfechtungsklage** wäre vielmehr mangels Kausalität des Mangels als unbegründet abzuweisen (siehe dazu allgemein auch oben Rn. 11). Nach der bisherigen Rechtsprechung führte der unberechtigte Ausschluss eines Eigentümers zur Ungültigerklärung der in dieser Versammlung gefassten Beschlüsse, sofern nicht feststand, dass diese Beschlüsse auch bei einer Teilnahme der ausgeschlossenen Wohnungseigentümer ebenso gefasst worden wären.[208] Gleiches galt für den unrechtmäßigen **Ausschluss** eines **Vertreters** des Eigentümers.[209] Der unberechtigte Ausschluss konnte aber bei einer Beschlussanfechtung nur zur Ungültigerklärung der von den anderen Eigentümern gefassten Beschlüsse, nicht aber zur nachträglichen Feststellung eines anderen Beschlussinhalts führen.[210]

Nach der hier vertretenen Meinung sollte die bisherige Rechtsprechung für die vom BGH nicht entschiedenen Fälle, in denen der Ausschluss nicht aus völlig sachfremden Gründen erfolgte, weiter Anwendung finden. Allerdings wird, da durch den Ausschluss immer in den Kernbereich der elementaren Mitgliedschaftsrechte eingegriffen wird, nur ein **enger Anwendungsbereich** bleiben. Der Eingriff wird nur dann nicht die Nichtigkeit, sondern nur die Anfechtbarkeit zur Folge haben, wenn bei einer wertenden Betrachtung diese Rechte jedenfalls nicht „ausgehebelt" wurden, wenn also der Eigentümer nicht in **böswilliger Weise** gezielt von der Teilnahme ausgeschlossen wurde.[211] Ein böswilliger Ausschluss wird daher regelmäßig zu verneinen sein, wenn der Grund zwar grundsätzlich einen Ausschluss rechtfertigen würde, die gerichtliche Überprüfung aber ergibt, dass dieser Grund letztlich nicht vorlag. Dies könnte etwa der Fall sein, wenn der Ausschluss erfolgte, weil der Eigentümer die Versammlung massiv störte, das Gericht aber die Auffassung des Versammlungsleiters bzw. der abstimmenden Eigentümer nicht teilt, dass trotz der Androhung des Ausschlusses weitere erhebliche Störungen drohten. Ob dies auch gilt, wenn ein Ausschluss gänzlich ohne Androhung erfolgte, so dass der störende Eigentümer keine Möglichkeit

---

206 BGH v. 10. 12. 2010 – V ZR 60/10, ZWE 2011, 122 (= NJW 2011, 679).
207 BGH v. 10. 12. 2010 – V ZR 60/10, ZWE 2011, 122 (= NJW 2011, 679).
208 BayObLG v. 10. 4. 2002 – 2Z BR 97/01, NZM 2002, 616.
209 BayObLG v. 11. 4. 2001 – 2Z BR 27/01, FGPrax 2001, 149.
210 KG Berlin v. 17. 5. 1989 – 24 W 5147/88, MDR 1989, 823.
211 BGH v. 20. 7. 2012 – V ZR 235/11, NJW 2012, 3571.

hatte, sein Verhalten zu ändern, wird anhand der Umstände des konkreten Einzelfalls zu klären sein.

VII. Absatz 6: Niederschrift über Versammlungsbeschlüsse (Protokoll)

1. Satz 1: Pflicht zur Aufnahme der Niederschrift

a) In der Versammlung gefasste Beschlüsse

33 Satz 1 bezieht sich auf die in der Versammlung gefassten Beschlüsse.

Zum **Begriff** der Versammlung siehe oben Rn. 2 ff. und § 23 Rn. 5 bis 7. Der Beschluss wird (einschließlich des Zustandekommens) bei § 23 Rn. 20 ff. näher dargestellt. Ein Beschluss ist dann gefasst, wenn der Versammlungsleiter das Abstimmungsergebnis festgestellt[212] und das Beschlussergebnis verkündet hat.[213]

b) Aufnahme einer Niederschrift

aa) Inhalt

34 Nach dem Gesetzeswortlaut ist über die in der Versammlung gefassten Beschlüsse eine Niederschrift aufzunehmen. Es muss also ein so genanntes **Ergebnisprotokoll** erstellt werden, das den Wortlaut der gefassten Beschlüsse richtig und vollständig mit dem jeweiligen Abstimmungsergebnis zu enthalten hat. Damit ist der Mindestinhalt des Protokolls beschrieben; das Gesetz verlangt nicht etwa auch die **Wiedergabe** der etwaigen Beschlussfeststellungen des Vorsitzenden.[214] Das Protokoll muss aber auch gewisse Formalien einhalten, so dass auch der Name der Eigentümergemeinschaft und der Tag der Versammlung zum Mindestinhalt eines Protokolls gezählt werden müssen.[215]

Weil die Protokollierung nicht Wirksamkeitsvoraussetzung für einen Beschluss ist, sondern vor allem der Beweissicherung und Klarstellung dient, kommt der Niederschrift einschließlich einer Beschlussfeststellung also keine konstitutive Wirkung zu.[216]

Von Bedeutung ist das Protokoll aber etwa für die **Auslegung** von Beschlüssen (vgl. dazu Rn. 48). Wenn in Beschlüssen auf Dokumente **Bezug genommen** wird, deren Inhalt nicht im Beschluss selbst wiedergegeben wird (etwa: bei Jahresabrechnung, bei Sanierung wird Angebot einer Firma angenommen), stellt sich die Frage, ob diese Dokumente als **Anlage** zum Protokoll genommen werden müssen. Der BGH hat eine solche Pflicht im Hinblick auf die Beschlusssammlung nunmehr jedenfalls für den Fall, dass durch einen

---

[212] Siehe dazu § 23 Rn. 23 und 24.
[213] Siehe dazu § 23 Rn. 25.
[214] OLG Köln v. 16. 2. 2001 – 16 Wx 4/01, ZMR 2001, 387; siehe dazu auch § 23 Rn. 25.
[215] Ebenso etwa: *Niedenführ/Kümmel/Vandenhouten-Kümmel*, § 24 Rn. 66; *Riecke/Schmid-Riecke*, § 24 Rn. 73 ff.; *Jennißen-Schultzky*, § 24 Rn. 135 (wo jeweils auch noch andere Punkte als Mindestvoraussetzungen genannt werden, die aber nach der Rechtsprechung und der hier vertretenen Meinung nicht unverzichtbar sind).
[216] OLG Köln v. 16. 2. 2001 – 16 Wx 4/01, ZMR 2001, 387; BayObLG v. 13. 10. 2004 – 2Z BR 152/04, NJW-RR 2005, 456; siehe dazu auch § 23 Rn. 25.

aufgrund einer gesetzlichen oder vereinbarten Öffnungsklausel ergangenen Beschluss die Gemeinschaftsordnung geändert wird, bejaht[216a] – siehe dazu auch Rn. 59. Da der BGH hierbei auf die **Publizität** der auch gegen die Sonderrechtsnachfolger wirkenden Beschlüsse abgestellt hat, muss wohl davon ausgegangen werden, dass der BGH künftig eine solche Pflicht bei allen Beschlüssen, die Rechtsfolgen für **Sonderrechtsnachfolger** herbeiführen können, bejahen wird. Diese Pflicht wird deshalb erst recht auch für das Protokoll bestehen, da dieses für die Auslegung der Beschlüsse maßgeblich ist. Die Verwalter werden daher, um kein Risiko einzugehen, auch bei anderen Beschlüssen (etwa mit Bezugnahme auf ein Sanierungsangebot, eine Jahresabrechnung usw.) die Dokumente, auf die Bezug genommen wird, als Anlage zum Protokoll nehmen müssen. Hierfür kann (wie bei der Beschlusssammlung) in der Praxis ein gesonderter Ordner oder eine gesonderte Datei angelegt werden, auf den oder die dann ausdrücklich verwiesen werden sollte.

Sinnvollerweise beschränkt sich ein Protokoll jedoch nicht auf den Mindestinhalt. Die Aufnahme weiterer Erklärungen oder Feststellungen ist zulässig.[217] Die inhaltliche Gestaltung der Niederschrift außerhalb des gesetzlichen Mindestinhalts unterliegt grundsätzlich der freien **Ermessensausübung** des Verwalters.[218] Der Ermessensspielraum ist aber umso mehr eingeengt, je größer die Bedeutung ist, die den Erklärungen der Beteiligten im Hinblick auf ihre rechtlichen Wirkungen zukommt.[219] Ein erheblicher Ermessensspielraum besteht, wenn zu einem Tagesordnungspunkt lediglich Erörterungen der Wohnungseigentümerversammlung stattgefunden haben, jedoch ein Beschluss, der zu bestimmten rechtlichen Folgen führt, nicht gefasst worden ist. Aufgabe der Niederschrift ist es nicht, abwesende Wohnungseigentümer vollständig über alle Diskussionsbeiträge zu unterrichten.[220] Die Niederschrift über die in der Versammlung der Wohnungseigentümer gefassten Beschlüsse dient der Information über Inhalt und Zustandekommen der Beschlüsse und der Vorbereitung einer etwaigen Beschlussanfechtung. Sie darf, weil das zum besseren Verständnis des Beschlussinhalts notwendig und zweckmäßig sein kann, neben dem Inhalt der gefassten Beschlüsse auch Anträge, Erklärungen und Ereignisse in der Versammlung wiedergeben (so genanntes **Ablaufprotokoll**[221]), doch sollte sie keine Wertungen und insbesondere keine sachlich nicht gebotenen, für einzelne Beteiligte diskriminierenden Feststellungen enthalten. Dabei ist jedoch zu berücksichtigen, dass nicht jede Kritik an dem Verhalten eines Mitglieds der Eigentümergemeinschaft ein Angriff auf dessen Ehre ist. Ferner ist zu beachten, dass subjektiven Werturteilen und Meinungen schon aufgrund der Verfassung (Art. 5 Abs. 1 GG) ein weiter Freiraum gewährt wird und dieser erst überschritten ist, wenn das abwertende Urteil

35

216a BGH v. 8. 4. 2016 – V ZR 104/15, ZWE 2016, 325.
217 BayObLG v. 20. 11. 2003 – 2Z BR 168/03, FGPrax 2004, 19.
218 OLG Hamm v. 25. 4. 1989 – 15 W 353/87, MDR 1989, 914.
219 LG Lüneburg v. 29. 8. 2007 – 5 T 68/07, ZMR 2007, 894.
220 BayObLG v. 5. 12. 1989 – BReg 2 Z 121/89, WuM 1990, 173.
221 So auch: *Schreiber-Ruge/Röll*, Immobilienrecht, S. 950 Rn. 68; *Müller*, Praktische Fragen, 8. Teil, V. Die Niederschrift, Rn. 198.

zur bloßen Schmähung des Gegners herabsinkt, die jeden sachlichen Bezug zu dem vertretenen Standpunkt des Kritikers vermissen lässt.[222] Eine Regelung in einer **Teilungserklärung/Gemeinschaftsordnung**, dass eine Niederschrift über die Versammlung und die darin gefassten Beschlüsse zu fertigen ist, geht über die gesetzliche Regelung des § 24 Abs. 6 Satz 1 hinaus und erfordert zumindest eine Wiedergabe aller gestellten Anträge, auch wenn darüber nicht abgestimmt wird. Ein Anspruch eines Wohnungseigentümers auf Aufnahme bestimmter Diskussionsbeiträge in die Niederschrift wird dadurch nicht begründet. Vielmehr verbleibt es insoweit beim Ermessen des Versammlungsleiters.[223]

36 Wie schon bei § 16 Rn. 67 für einen Beschluss nach § 16 Abs. 4 dargestellt, ist es einem Verwalter künftig dringend **anzuraten**, bei Abstimmungen über Beschlüsse, die eine **doppelt qualifizierte Mehrheit** erfordern, im Protokoll genau zu vermerken, **wie viele Stimmen** für den Beschluss abgegeben wurden und **welche Miteigentumsanteile** damit für den Beschluss gestimmt haben. Fehlen im Protokoll diese Angaben, werden Anfechtungen geradezu provoziert und Beweisaufnahmen in diesem Bereich unumgänglich. Bei der zur so genannten Subtraktionsmethode entwickelten Rechtsprechung hat der BGH dargelegt, dass bei **Zweifeln** an den Mehrheitsverhältnissen im Falle der Beschlussanfechtung davon auszugehen ist, dass der Versammlungsleiter die Zahl der Ja-Stimmen zu Unrecht festgestellt hat.[224] Auch bei allen Abstimmungen, die eine **bauliche Veränderung** betreffen, wird der Verwalter nicht umhin können, das Abstimmungsverhalten der einzelnen Eigentümer genau festzuhalten, da auch hier im Rahmen der Jahresabrechnung der Streit über die Kostenverteilung wegen § 16 Abs. 6 (siehe dazu die Kommentierungen dort) vorprogrammiert ist. Da aber auch ganz allgemein nach der neueren Rechtsprechung des BGH eine **Schadensersatzpflicht** der einzelnen Wohnungseigentümer in Betracht kommt, wenn sie ihrer Pflicht zur Mitwirkung an einer ordnungsgemäßen Verwaltung **schuldhaft** nicht nachgekommen sind und dadurch erforderliche **Beschlüsse unterblieben** sind oder **verzögert** wurden, wird der **Verwalter** seinen **Pflichten** aus dem Verwaltervertrag wohl bei praktisch jeder Protokollierung eines Beschlussergebnisses nur dann nachgekommen sein, wenn er auch im Einzelnen **im Protokoll** ausweist, **wer** genau **wie abgestimmt** hat. Da der Streit über das Abstimmungsverhalten einzelner Eigentümer in der gerichtlichen Praxis teilweise erst Jahre nach der Abstimmung entsteht, ist zu erwarten, dass künftig Schadensersatzverfahren aufgrund geltend gemachter Ansprüche gem. **§ 280 BGB** gegen den Verwalter zunehmen werden.

37 Grundsätzlich trägt im **Anfechtungsverfahren** aber nach den allgemeinen Beweislastregeln der Kläger die **Darlegungs-** und **Beweislast** für die Unrichtigkeit des Abstimmungsergebnisses.[225] Es genügt also nicht ein pauschales

---

222 BayObLG v. 5.12.1989 – BReg 2 Z 121/89, WuM 1990, 173; siehe dazu auch oben Rn. 2.
223 BayObLG v. 3.12.2003 – 2Z BR 188/03, ZMR 2004, 443.
224 BGH v. 19.9.2002 – V ZB 37/02, NJW 2002, 3629; OLG Köln v. 21.11.2001 – 16 Wx 185/01, ZMR 2002, 972.
225 LG München I v. 27.4.2009 – 1 S 20171/08, ZWE 2009, 318; AG Regensburg v. 18.2.2009 – 8 C 2322/08, ZMR 2009, 412.

Bestreiten der Richtigkeit. Eine Beweislastumkehr wegen der dem einzelnen Wohnungseigentümer nicht einsehbaren Umstände der Auszählung ist grundsätzlich nicht zulässig, da sie zu systemfremden Ausforschungsbeweisen führen würde. Rügt der Kläger substantiiert, so trifft die Beklagten eine **sekundäre Behauptungslast** bzw. die Verpflichtung zu substantiiertem Bestreiten, wenn ihnen ausnahmsweise zuzumuten ist, die prozessordnungsgemäße Darlegung durch nähere Angaben zu ermöglichen.[226]

Siehe zu **prozessualen** Fragen, insbesondere zur Darlegungs- und Beweislast bei der Beschlussanfechtung allgemein § 23 Rn. 23 und Rn. 36 ff.

Das Protokoll über die Eigentümerversammlung ist eine bloße **Privaturkunde**, der für ihren Inhalt keine erhöhte Beweiskraft zukommt.[227] Nach § 416 ZPO begründet die Urkunde nur in formeller Hinsicht den vollen Beweis dafür, dass die in ihr enthaltenen Erklärungen von dem Aussteller abgegeben sind. Die Beweisregel erstreckt sich dagegen nicht auf den materiellen Inhalt der beurkundeten Erklärungen, also darauf, dass die in der Privaturkunde bestätigten tatsächlichen Vorgänge wirklich so geschehen sind.[228] Fehlt die Unterschrift eines Wohnungseigentümers unter der Niederschrift über die Versammlung der Eigentümer, so ist der tatsächliche Beweiswert hinsichtlich der Richtigkeit und Vollständigkeit der Niederschrift beeinträchtigt.[229]

bb) Protokollersteller

Das Gesetz regelt nicht ausdrücklich, wer das Protokoll zu erstellen hat. Das Protokoll ist jedoch vom **Versammlungsleiter** zu erstellen, da der Vorsitzende der Eigentümerversammlung dafür zu sorgen hat, dass neben dem Abstimmungsergebnis auch das hieraus nach den maßgeblichen rechtlichen Regeln hergeleitete Beschlussergebnis zutreffend in die Niederschrift aufgenommen wird; dies hat er gemäß Satz 2 durch seine Unterschrift zu bestätigen.[230] Der Versammlungsleiter muss aber das Protokoll nicht persönlich führen und erstellen, er kann sich hierzu vielmehr auch der Hilfe eines Mitarbeiters bedienen.[231]

38

Nicht zuständig für die Erstellung des Protokolls sind die Wohnungseigentümer.[232]

Daher widerspricht auch ein Eigentümerbeschluss, mit dem die Niederschrift über eine Eigentümerversammlung „genehmigt" wird, ordnungsgemäßer Verwaltung, da er geeignet ist den unzutreffenden Eindruck zu er-

---

226 Zöller-Greger, ZPO, vor § 284 Rn. 34; OLG Stuttgart v. 15.10.2008 – 20 U 19/07, BB 2008, 2357 (für die aktienrechtliche Anfechtungsklage)
227 BayObLG v. 10.4.2002 – 2Z BR 97/01, NZM 2002, 616.
228 BGH v. 4.6.2002 – XI ZR 361/01, NJW 2002, 2707.
229 OLG Hamm v. 3.6.2008 – 15 Wx 15/08, NZM 2008, 808; OLG München v. 7.8.2007 – 34 Wx 3/05, WuM 2007, 538; BayObLG v. 5.12.1989 – BReg 2 Z 121/89, WuM 1990, 173.
230 BGH v. 23.8.2001 – V ZB 10/01, NJW 2001, 3339; siehe zur Unterschrift auch unten Rn. 40 ff.
231 KG Berlin v. 15.9.2000 – 24 W 3301/00, WuM 2001, 44.
232 BayObLG v. 12.9.2002 – 2Z BR 28/02, NJW-RR 2002, 1667.

wecken, eine Unrichtigkeit der Niederschrift dürfe nicht mehr geltend gemacht werden.[233] Auch ein Beschluss, womit ein bereits existierendes Protokoll geändert werden soll, ist nicht zulässig (siehe dazu näher unten Rn. 46 ff. – Protokollberichtigung –).

cc) Frist

39 Das Gesetz sieht keine Frist für die Erstellung des Protokolls vor. Insbesondere ein Eigentümer, der nicht in der Versammlung anwesend war, bedarf jedoch zur Klärung der Frage, ob er Beschlüsse anfechten möchte, einer verlässlichen Information darüber, welche Beschlüsse nun in der Versammlung gefasst wurden. Hierfür gewährt das Gesetz jedem Eigentümer ein Einsichtsrecht in das Protokoll.[234] Um diese Rechte nicht leer laufen zu lassen, entsprach es in der Vergangenheit sowohl in Rechtsprechung[235] als auch in der Kommentarliteratur[236] einhelliger Meinung, dass der Verwalter verpflichtet war, das Protokoll mindestens eine Woche vor Ablauf der Anfechtungsfrist des § 46[237], also drei Wochen nach der Versammlung, fertig zu stellen. An dieser Ansicht ist festzuhalten (siehe auch Rn. 40).

War bei Ablauf der Anfechtungsfrist das Protokoll noch nicht fertiggestellt, wurde von der Rechtsprechung dem in der Versammlung nicht anwesenden und erst später anfechtenden Wohnungseigentümer grundsätzlich Wiedereinsetzung in den vorigen Stand (nunmehr § 233 ff. ZPO) gewährt.[238] Grund hierfür war, dass sich ein nicht anwesender Eigentümer nicht auf mündliche Auskünfte über die Abstimmungsergebnisse und Beschlussinhalte wie auch auf noch nicht vollständig unterschriebene Protokollentwürfe zu verlassen brauchte.[239] Einem in der Eigentümerversammlung persönlich anwesenden Wohnungseigentümer, der ja unmittelbare Kenntnis von der tatsächlichen Beschlussfassung hatte, wurde eine Wiedereinsetzung in den vorigen Stand im Allgemeinen aber nicht deshalb bewilligt, weil innerhalb der Anfechtungsfrist das Protokoll noch nicht fertig gestellt war oder dem Wohnungseigentümer eine Einsichtnahme nicht ermöglicht wurde.[240]

40 Da nach § 21 Abs. 4 jeder Wohnungseigentümer einen Anspruch auf ordnungsgemäße Verwaltung hat, sollte auch weiterhin daran festgehalten werden, dass der Verwalter (als Versammlungsleiter) verpflichtet ist, das Protokoll spätestens **drei Wochen** nach der Versammlung fertig zu stellen und für die Eigentümer zur Einsicht bereit zu halten.[241]

---

233 BayObLG v. 10. 7. 1987 – BReg 2 Z 47/87, NJW-RR 1987, 1363.
234 Siehe dazu unten Rn. 44 ff.
235 OLG Frankfurt/Main v. 23. 8. 1990 – 20 W 165/90, WuM 1990, 461; BayObLG v. 27. 1. 1989 – BReg 2 Z 67/88, NJW-RR 1989, 656.
236 So etwa: *Niedenführ/Kümmel/Vandenhouten-Kümmel*, § 24 Rn. 72; *Schreiber-Ruge/Röll*, S. 950 Rn. 68; *Jennißen-Schultzky*, § 24 Rn. 143 (der diese Frist als zu lang ansieht und eine unverzügliche Erstellung fordert).
237 Siehe näher dazu die Kommentierungen zu § 46 Rn. 15 ff.
238 BayObLG v. 17. 1. 2003 – 2Z BR 130/02, WuM 2003, 352; KG Berlin v. 9. 1. 2002 – 24 W 91/01, WuM 2002, 167.
239 KG Berlin v. 9. 1. 2002 – 24 W 91/01, WuM 2002, 167.
240 BayObLG v. 13. 11. 2003 – 2Z BR 165/03, ZMR 2004, 212.
241 Siehe zur Einsichtsmöglichkeit unten Rn. 44 ff.

Nicht mehr gefolgt werden kann aber der oben dargestellten Ansicht, dass einem in der Versammlung nicht anwesenden Eigentümer regelmäßig **Wiedereinsetzung** in den vorigen Stand zu gewähren ist, wenn das Protokoll nicht rechtzeitig erstellt wurde.[242] Jeder Wohnungseigentümer kann sich seit der WEG-Novelle regelmäßig durch eine Einsicht nach Abs. 7 Satz 8 in die **Beschlusssammlung** bereits wenige Tage nach der Versammlung Klarheit über die gefassten Beschlüsse schaffen.[243] Dies gilt unabhängig davon, dass die Eintragungen in die Beschlusssammlung keine Bindungs- oder sonstige Wirkungen entfalten.[244]

Zu einer **Anfechtungsklage**, die mangels eines existierenden Versammlungsprotokolls „vorsorglich" gegen einen in der Versammlung gefassten Beschluss durch nicht anwesende Eigentümer erhoben wurde, hat nach übereinstimmender Erledigterklärung das Landgericht München I die Kosten dem Anfechtungskläger auferlegt und eine nach altem Recht übliche Privilegierung bei der Kostenentscheidung abgelehnt.[245] Das Gericht begründet dies damit, dass jeder Eigentümer mit der Einsicht in die Beschluss-Sammlung die verlässliche Möglichkeit hat, bereits wenige Tage nach der Eigentümerversammlung nachzuprüfen, welche Beschlüsse gefasst wurden. Er muss nicht mehr auf das Protokoll warten. Damit besteht keine Grundlage mehr für eine vorsorgliche Anfechtung von Eigentümerbeschlüssen vor Erhalt des Protokolls. Etwas anderes könnte allenfalls in Einzelfällen gelten, wo es um die formelle Ordnungsmäßigkeit von Beschlüssen einer Eigentümerversammlung geht, z.B. wegen des Ausschlusses einzelner Eigentümer, was sich aus der Beschluss-Sammlung nicht ergibt. Dieser Meinung hat sich das LG Hamburg für eine vorsorgliche so genannte **Blankettanfechtung** sämtlicher Beschlüsse einer Eigentümerversammlung angeschlossen.[246] Dies gilt selbst für eine Blankettanfechtung, wenn der anfechtende Eigentümer von einer Absetzung der Eigentümerversammlung nicht unterrichtet wurde, da er auch in diesem Fall über die Beschluss-Sammlung abklären hätte können, ob eine Versammlung stattfand.[247]

Diese zu Kostenfragen ergangenen Entscheidungen können uneingeschränkt auf die Frage der Wiedereinsetzung angewendet werden. Eine **Wiedereinsetzung** wird daher künftig nur mehr ausnahmsweise dann in Betracht kommen, wenn entweder pflichtwidrig die **Beschluss-Sammlung nicht** rechtzeitig **ergänzt** wird[248], wenn nur inhaltlich nichtssagende Eintragungen (etwa: „Der Antrag des XX ist abgelehnt."[249]) erfolgt sind oder wenn sich erst später aus dem Protokoll ergibt, dass der Beschluss in der Sammlung fehlerhaft und sinnentstellend wiedergegeben wurde.[250]

---

242 Siehe zur Wiedereinsetzung bei der Anfechtungsklage allgemein § 46 Rn. 30ff.
243 Siehe wegen der näheren Einzelheiten zur Beschlusssammlung siehe unten Rn. 49ff.
244 Siehe dazu unten Rn. 51.
245 LG München I v. 6.2.2008 – 1 T 22613/07, NJW 2008, 1823.
246 LG Hamburg v. 19.8.2010 – 318 T 57/10, ZMR 2010, 990.
247 LG Hamburg v. 3.3.2009 – 11 T 327/08, ZMR 2010, 715.
248 Zu möglichen Ansprüchen gegen den Verwalter siehe unten Rn. 75.
249 Siehe genauer zum Inhalt der Eintragung unten Rn. 56ff.
250 Wohl wie hier: *Bärmann-Merle*, § 24 Rn. 125 (der eine Wiedereinsetzung für möglich hält); a.A.: *Jennißen-Schultzky*, § 24 Rn. 143 (mit der Begründung, dass die Beschlusssammlung regelmäßig nicht als Informationsquelle genüge).

Einem in der Versammlung persönlich **anwesenden** Eigentümer wird auch weiterhin, wie bei Rn. 38 dargestellt, aufgrund seiner Kenntnis der Beschlusslage keine Wiedereinsetzung zu gewähren sein.

2. Satz 2: Unterschriften

a) Unterschriftserfordernis

41 Nach Satz 2 muss („ist") die Niederschrift unterschrieben sein, im Regelfall von drei Personen (Vorsitzender, Wohnungseigentümer, Verwaltungsbeiratsvorsitzender). Es handelt sich insoweit um eine Ordnungsvorschrift, die aber **keine Wirksamkeitsvoraussetzung** für die in der Versammlung gefassten **Beschlüsse** ist.[251] Bereits bei Rn. 37 oben wurde dargestellt, dass das Fehlen einzelner Unterschriften den tatsächlichen Beweiswert hinsichtlich der Richtigkeit und Vollständigkeit der Niederschrift beeinträchtigt.[252] Ist das Protokoll von keinem der in Betracht kommenden Personen unterschrieben, entfällt die Beweiskraft des § 416 ZPO, da bei fehlender Unterschrift auch § 419 ZPO nicht eingreift.

Ausnahmsweise können in Sonderfällen die Unterschriften unter dem Protokoll für die Wirksamkeit von Beschlüssen von Bedeutung sein. Ist etwa in einer **Teilungserklärung/Gemeinschaftsordnung** bestimmt, dass zur Gültigkeit eines Beschlusses der Wohnungseigentümerversammlung die Protokollierung des Beschlusses erforderlich ist und das Protokoll von zwei von der Eigentümerversammlung bestimmten Wohnungseigentümern zu unterzeichnen ist (sog. **qualifizierte Protokollierungsklausel**), ist diese Regelung wirksam. Eine in der Teilungserklärung/Gemeinschaftsordnung enthaltene Protokollierungsklausel ist dahin auszulegen, dass es in Anwendung des sogenannten **„Vier-Augen-Prinzips"** nicht zulässig ist, wenn nur eine einzige natürliche Person die Unterzeichnung in Vertretung mehrerer Wohnungseigentümer vornimmt.[253] In Fortführung dieser Rechtsprechung hat der BGH aber klargestellt, dass **ausnahmsweise** etwas anderes gilt, wenn in der Versammlung nur der Verwalter anwesend ist, der zugleich Mehrheitseigentümer ist. In diesem Fall genügt es, wenn er das Protokoll alleine unterzeichnet.[254] In diesem Sinne hatte schon das OLG Hamm entschieden, dass im Falle der zulässigen Vertretung aller Wohnungseigentümer durch Dritte diese befugt sind, das Versammlungsprotokoll zu unterschreiben, und bei lediglich einem anwesenden **Vertreter** der Wohnungseigentümer neben dem Versammlungsleiter die Unterschrift dieser Person ausreicht.[255] Lassen sich alle an der Beschlussfassung teilnehmenden Wohnungseigentümer durch den Verwalter vertreten, reicht es aus, wenn die Niederschrift allein von dem Verwalter unterzeichnet ist.[256]

---

251 OLG Köln v. 16. 2. 2001 – 16 Wx 4/01, ZMR 2001, 387; BayObLG v. 13. 10. 2004 – 2Z BR 152/04, NJW-RR 2005, 456.
252 BayObLG v. 5. 12. 1989 – BReg 2 Z 121/89, WuM 1990, 173.
253 BGH v. 30. 3. 2012 – V ZR 178/11, NJW 2012, 2512.
254 BGH v. 25. 9. 2015 – V ZR 203/14, ZWE 2016, 87.
255 OLG Hamm v. 3. 6. 2008 – 15 Wx 15/08, NZM 2008, 808.
256 OLG Hamm v. 21. 12. 2012 – 15 W 395/12, ZWE 2013, 215.

Ein Verstoß gegen eine qualifizierte Protokollierungsklausel macht den Beschluss anfechtbar.[257] Trotz Verstoßes wird der Beschluss jedoch dann nicht für ungültig erklärt, wenn die Unterschrift im gerichtlichen Verfahren nachgeholt (also der **Mangel geheilt**) wird.[258] Der BGH hat in einer neueren Entscheidung ausgeführt, dass gute Gründe für eine **Heilung** sprechen. Er musste diese Frage aber nicht entscheiden.[259]

b) Vorsitzender und ein Wohnungseigentümer

Das Protokoll ist zunächst vom Vorsitzenden, also dem Verwalter oder einem 42 in der Versammlung bestimmten Versammlungsleiter[260], zu unterschreiben. Hat sich der Versammlungsleiter einer Hilfsperson als Schriftführer bedient, muss dieser Schriftführer das Protokoll nicht unterschreiben.

Zusätzlich zum Vorsitzenden („und") ist das Protokoll von einem Wohnungseigentümer[261] zu unterschreiben. Obgleich das Gesetz keine Einschränkung vorsieht, ist eine Unterschrift eines Wohnungseigentümers, der nicht an der Versammlung teilgenommen hat, schon nicht sinnvoll, da für den Beweiswert der Niederschrift[262] die Unterschrift eines nicht anwesenden Eigentümers einer fehlenden Unterschrift gleichzusetzen ist. Da die Personen durch ihre Unterschrift die inhaltliche Richtigkeit der Niederschrift bestätigen, sollte daher der Meinung gefolgt werden, dass die zur Unterzeichnung berechtigten Miteigentümer bei der Eigentümerversammlung **anwesend** gewesen sein müssen.[263]

Ist eine Person in **Doppelfunktion** oder Personalunion tätig, so muss sie nur einmal unterschreiben, so bei Identität von Versammlungs- und Beiratsvorsitzendem. Ist der Beiratsvorsitzende zugleich Versammlungsvorsitzender, so genügt es im Allgemeinen, wenn er und ein Wohnungseigentümer die Niederschrift mit dem Beschluss über die Verwalterbestellung unterschreiben. Unterschreibt dagegen ein anwesender Eigentümer (nur) in seiner Funktion als „Beirat", so liegt hierin nicht zugleich die erforderliche Unterschrift eines Wohnungseigentümers.[264] Das folgt schon aus dem Wortlaut des § 24 Abs. 6 Satz 2. Die dort genannten Personen haben nicht alternativ, sondern kumulativ zu unterschreiben („und"). Die Niederschrift muss in diesem Fall daher durch den Beirat und einen weiteren Wohnungseigentümer unterschrieben werden.[265] Lassen sich **alle** an der Beschlussfassung teilnehmenden Wohnungseigentümer durch den Verwalter **vertreten**, reicht es **ausnahmsweise**, dass allein der Verwalter das Protokoll unterzeichnet.[266]

---

257 BGH v. 3.7.1997 – V ZB 2/97, ZMR 1997, 531.
258 OLG München v. 7.8.2007 – 34 Wx 3/05, WuM 2007, 538; a.A.: LG Dortmund v. 6.8.2013 – 1 S 298/12, ZWE 2014, 43.
259 BGH v. 30.3.2012 – V ZR 178/11, NJW 2012, 2512.
260 Siehe dazu unten Rn. 29ff.
261 Siehe zum Begriff des Wohnungseigentümers oben Rn. 5ff.
262 Siehe dazu oben Rn. 37 und 41.
263 OLG Hamm v. 3.6.2008 – 15 Wx 15/08, NZM 2008, 808; OLG München v. 7.8. 2007 – 34 Wx 3/05, WuM 2007.
264 OLG Düsseldorf v. 22.2.2010 – 3 Wx 263/09, ZWE 2010, 182.
265 KG Berlin v. 20.1.2015 – 1 W 580/14, ZWE 2015, 173.
266 OLG Hamm v. 21.12.2012 – 15 W 395/12, ZWE 2013, 215.

c) Verwaltungsbeiratsvorsitzender oder Vertreter

43 **Wenn ein Verwaltungsbeirat bestellt** ist, ist die Niederschrift auch von dessen Vorsitzenden oder seinem Vertreter zu unterschreiben. Obgleich das Gesetz hierzu nichts sagt, ist eine Unterschrift des Vorsitzenden oder seines Vertreters nur dann sinnvoll, wenn diese Personen in der Versammlung anwesend waren. Entsprechend den Ausführungen bei Rn. 42 hat daher nur ein Verwaltungsbeirat zu unterschreiben, der in der Versammlung **anwesend** war. Eine Gleichbehandlung mit dem Fall, dass die Wohnungseigentümer keinen Verwaltungsbeirat bestellt haben, wozu sie nicht verpflichtet sind, wie sich aus § 20 Abs. 2 und § 29 Abs. 2 ergibt, erscheint sachgerecht. Im Hinblick auf die unterschiedliche Zielsetzung kann die Kommentierung zu Abs. 3[267] hier nicht herangezogen werden.

3. Satz 3: Einsichtsrecht

a) Berechtigung der Wohnungseigentümer

44 Nach dem Gesetzeswortlaut ist jeder Wohnungseigentümer berechtigt, die Niederschrift einzusehen. Zum Begriff des Wohnungseigentümers siehe oben Rn. 5 ff. Dieses Recht muss nicht persönlich ausgeübt werden, so dass auch ein **Dritter bevollmächtigt** werden kann, die Einsichtnahme durchzuführen.[268] Dies entspricht auch der Neuregelung des Abs. 7 Satz 8 für die Einsichtsmöglichkeit in die Beschluss-Sammlung.[269] Ein besonderes rechtliches **Interesse** ist für die Einsichtnahme des Eigentümers **nicht** erforderlich und daher auch nicht nachzuweisen.[270]

b) Einsicht in Niederschriften

45 Das Einsichtsrecht bezieht sich auf die Niederschrift, also auf das unterschriebene Protokoll.[271] Dem Wohnungseigentümer steht jedoch kein Anspruch zu, private **Aufzeichnungen** des **Versammlungsleiters** einzusehen, die dieser sich zur Vorbereitung der Niederschrift über die Wohnungseigentümerversammlung angefertigt hat.[272]

Wenn in der Teilungserklärung/Gemeinschaftsordnung keine anderweitigen Regelungen vorhanden sind, ist der Verwalter nur verpflichtet, **Einsicht** zu gewähren, nicht aber das Originalprotokoll herauszugeben[273] oder die Niederschrift zu übersenden.[274] Zur näheren Ausgestaltung des Einsichtsrechts können die Grundsätze herangezogen werden, die zur Einsicht in die Abrechnungsunterlagen[275] entwickelt wurden.

---

[267] Siehe dazu oben Rn. 21.
[268] BayObLG v. 18.11.1999 – 2Z BR 109/99, ZWE 2000, 354; ebenso: Jennißen-Schultzky, § 24 Rn. 152; Palandt-Bassenge, WEG § 24 Rn. 24; Niedenführ/Kümmel/Vandenhouten-Kümmel, § 24 Rn. 73.
[269] Siehe dazu unten Rn. 72.
[270] LG Hamburg v. 5.10.2011 – 318 S 7/11, ZWE 2012, 283.
[271] Siehe dazu oben Rn. 34 ff.
[272] KG Berlin v. 12.9.1988 – 24 W 2242/88, NJW 1989, 532.
[273] BayObLG v. 3.12.2003 – 2Z BR 188/03, ZMR 2004, 443.
[274] BayObLG v. 17.1.2003 – 2Z BR 130/02, WuM 2003, 352.
[275] Siehe dazu auch § 28 Rn. 80 und 81.

Grundsätzlich muss den Eigentümern daher gestattet werden, die Niederschrift in den **Räumen** der **Verwaltung** einzusehen.[276] Befinden sich dies Räume nicht am Ort der Wohnanlage, so muss die Verwaltung sicherstellen, dass die Eigentümer die Einsicht am Ort der Eigentumswohnanlage vornehmen können.[277] Der Verwalter kann sich gegenüber dem Recht des einzelnen Wohnungseigentümers auf Einsicht auch nicht darauf berufen, dass bei einer großen Wohnanlage eine Vielzahl von Eigentümern Einsicht nehmen möchte. Das Einsichtsrecht des Einzelnen wird nur durch das Verbot des Rechtsmissbrauchs (§ 242 BGB) und das des Schikaneverbotes (§ 226 BGB) begrenzt.[278] Ein Rechtsmissbrauch scheint in diesem Zusammenhang kaum möglich, da gerade beim Protokoll kein Eigentümer auf die Einsichtnahme eines anderen (etwa auch des Verwaltungsbeirats) verwiesen werden kann.

Der BGH hat auch klargestellt, dass ein Verwalter **nicht** verpflichtet ist, einem Eigentümer **Ablichtungen** (Fotokopien) der von diesem geforderten Verwaltungsunterlagen zu übersenden; dies gilt auch dann, wenn dies auf Kosten des Eigentümers erfolgen soll.[279] Zwar kann sich eine Pflicht zur Übersendung von Fotokopien gegen Kostenerstattung aus dem Einsichtnahmerecht des Wohnungseigentümers ergeben, aber nur dann, wenn Treu und Glauben es gebieten.[280] Grundsätzlich kann der einzelne Eigentümer nur auf eigene Kosten Ablichtungen der Unterlagen anfertigen oder anfertigen lassen.[281] Übernimmt der Verwalter aber (freiwillig) die Anfertigung von Fotokopien, müssen ihm vom Eigentümer die **Fotokopierkosten** nur in angemessener Höhe erstattet werden. Das OLG München hat in einem Fall beispielsweise 0,30 € je Kopie als angemessen angesehen.[282] Einen Betrag von 0,72 € hat es als bedenklich angesehen, selbst wenn neben den Kosten für Material der erforderliche Arbeitsaufwand zu berücksichtigen ist. Ohne abschließende Entscheidung zur Höhe hat es darauf hingewiesen, dass im Mietrecht Beträge zwischen 0,05 € und 0,50 € gewährt werden, wobei ganz überwiegend ein Betrag von 0,25 € für angemessen erachtet wird.[283] Es dürfte jedoch unter Berücksichtigung des Umstandes, dass nach VV RVG 7000 Rechtsanwälte für die ersten 50 Kopien 0,50 € verlangen dürfen, auch bei Verwaltern eine Regelung zulässig sein, die sich hieran orientiert.

Da es sich bei der Fertigung von Kopien um einen besonderen Verwaltungsaufwand handelt, können die Wohnungseigentümer nach § 21 Abs. 7 eine entsprechende Kostenerstattung beschließen.[284] Sie können weiter beschlie-

---

276 BGH v. 11. 2. 2011 – V ZR 66/10, NJW 2011, 1137 (= NZM 2011, 279); OLG Köln v. 7. 6. 2006 – 16 Wx 241/05, FGPrax 2006, 156.
277 OLG Köln v. 28. 2. 2001 – 16 Wx 10/01, ZMR 2001, 851.
278 BGH v. 11. 2. 2011 – V ZR 66/10, NJW 2011, 1137 (= NZM 2011, 279).
279 BGH v. 11. 2. 2011 – V ZR 66/10, NJW 2011, 1137 (= NZM 2011, 279).
280 BGH v. 11. 2. 2011 – V ZR 66/10, NJW 2011, 1137 (= NZM 2011, 279); OLG München v. 29. 5. 2006 – 34 Wx 27/06, NZM 2006, 512; BayObLG v. 13. 6. 2000 – 2Z BR 175/99, NZM 2000, 873.
281 BGH v. 11. 2. 2011 – V ZR 66/10, NJW 2011, 1137 (= NZM 2011, 279).
282 OLG München v. 9. 3. 2007 – 32 Wx 177/06, WuM 2007, 215.
283 OLG München v. 26. 7. 2007 – 32 Wx 73/07, ZMR 2007, 815.
284 Siehe dazu näher § 21 Rn. 83 ff.

ßen, dass die Erstellung und Aushändigung von Kopien aus den Verwaltungsunterlagen nur gegen Vorkasse erfolgt.[285]

Verweigert der Verwalter zu Unrecht die Einsicht in das Protokoll, kann dies bei einer Anfechtung der in der Versammlung gefassten Beschlüsse von Bedeutung sein. Wegen der Problematik einer möglichen Wiedereinsetzung in den vorherigen Stand wird auf die Ausführungen oben Rn. 39 und 40 Bezug genommen.

Außerdem kann das Einsichtsrecht des einzelnen Wohnungseigentümers im Klageweg gemäß § 43 Nr. 1 und 3 geltend gemacht werden.[286]

4. Protokollberichtigung

a) Anspruchsvoraussetzungen

46 Der Verpflichtung des Versammlungsleiters aus Abs. 6, ein Protokoll zu erstellen, steht nach § 21 Abs. 4 ein Anspruch der einzelnen Wohnungseigentümer auf ordnungsgemäße Verwaltung gegenüber, der auch die Erstellung eines ordnungsgemäßen Protokolls beinhaltet. Dies bedeutet, dass eine **Berichtigung** des Protokolls grundsätzlich dann verlangt werden kann, wenn entweder der Mindestinhalt[287] nicht oder fehlerhaft wiedergegeben wird oder wenn bei einem über den Mindestinhalt hinausgehenden Ablaufprotokoll[288] der Versammlungsleiter von seinem Ermessen fehlerhaft Gebrauch gemacht hat.[289] Es muss für eine Protokollberichtigung ein **Rechtsschutzbedürfnis** bestehen.[290]

Ein Anspruch eines Wohnungseigentümers auf Berichtigung des Protokolls kommt nur dann in Betracht, wenn er durch den Inhalt des Protokolls **rechtswidrig beeinträchtigt** wird oder wenn eine rechtlich erhebliche **Erklärung falsch** protokolliert worden ist.[291] Liegen diese Voraussetzungen nicht vor, so fehlt es bereits am erforderlichen Rechtsschutzbedürfnis.[292] Soweit über die Versammlung nicht nur ein Ergebnis-, sondern ein Ablaufprotokoll erstellt wird, gebietet es der **Persönlichkeitsschutz** der Wohnungseigentümer, dass die Niederschrift keine sachlich nicht gebotenen Wertungen, Schärfen, Bloßstellungen und Diskriminierungen enthält.[293] Bei einer Verletzung des Persönlichkeitsrechts kann sich der Anspruch auch aus §§ 1004, 823 Abs. 1 BGB ergeben.[294]

---

285 BayObLG v. 20. 11. 2003 – 2Z BR 168/03, NZM 2004, 509.
286 Siehe dazu auch § 43 Rn. 19 ff.
287 Siehe dazu oben Rn. 34.
288 Siehe dazu oben Rn. 35 ff.
289 BayObLG v. 5. 12. 1989 – BReg 2 Z 121/89, WuM 1990, 173.
290 LG Hamburg v. 31. 8. 2012 – 318 S 8/12, ZMR 2013, 63; BayObLG v. 9. 2. 2005 – 2Z BR 235/04, ZWE 2005, 345.
291 LG Dessau-Roßlau v. 8. 9. 2011 – 1 T 208/11, NZM 2012, 467.
292 LG Stuttgart v. 5. 8. 2015 – 10 S 10/15, NZM 2015, 790; LG München I v. 1. 2. 2007 – 1 T 12109/06, ZMR 2007, 569; BayObLG v. 31. 7. 2003 – 2Z BR 33/03 (zitiert nach juris); KG Berlin v. 20. 3. 1989 – 24 W 3239/88, WuM 1989, 347.
293 BayObLG v. 9. 2. 2005 – 2Z BR 235/04, ZWE 2005, 345; OLG München v. 22. 11. 2005 – 32 Wx 88/05 (nicht veröffentlicht).
294 BayObLG v. 5. 12. 1989 – BReg 2 Z 121/89, WuM 1990, 173.

Ein Rechtsschutzbedürfnis fehlt jedoch, wenn zwar die im Protokoll angegebene Zahl der Ja-**Stimmen** (möglicherweise) falsch ist, sich die behauptete Unrichtigkeit auf das Abstimmungsergebnis aber nicht auswirkt.[295] Zur Frage, ob der Verwalter nicht nur die Stimmenzahl, sondern das genaue Abstimmungsverhalten der einzelnen Eigentümer im Protokoll festhalten soll, siehe oben Rn. 36.

Sind in der Niederschrift über eine Versammlung der Wohnungseigentümer behauptete **Zahlungsrückstände** eines Wohnungseigentümers angegeben, so hat dieser grundsätzlich keinen Anspruch darauf, dass auch der Grund für seine Nichtzahlung in der Niederschrift vermerkt wird, wenn aus der Niederschrift erkennbar ist, dass die Forderungen bestritten sind.[296]

b) Anspruchsgegner

Der Anspruch auf Protokollberichtigung kann sich nicht gegen die übrigen Eigentümer richten, da es der Eigentümerversammlung an einer Zuständigkeit für die Abfassung und damit auch für die Berichtigung einer Niederschrift fehlt.[297] Als Anspruchsgegner kommen daher nur die das Protokoll **unterzeichnenden Personen** (Vorsitzender, ein Wohnungseigentümer und Verwaltungsbeiratsvorsitzender bzw. dessen Vertreter[298]) in Betracht.[299] Obgleich teilweise vertreten wird, dass nur der Vorsitzende zur Berichtigung verpflichtet ist[300], erscheint es sachgerecht, alle Unterzeichner als verpflichtet anzusehen, da sie alle mit ihrer Unterschrift zur formellen Beweiskraft[301] nach § 416 ZPO beitragen.[302] Ergänzend kann für die hier vertretene Meinung auch die Wertung des § 164 Abs. 3 Satz 2 ZPO hinsichtlich der Protokollberichtigung im Zivilprozess herangezogen werden. Werden alle Protokollunterzeichner gleichzeitig verklagt, sind sie notwendige Streitgenossen. Allerdings kann der Anspruch auf Protokollberichtigung gegen verschiedene Passivlegitimierte in getrennten Verfahren gerichtlich geltend gemacht werden.[303]

47

c) Prozessuales

Der Anspruch auf Berichtigung des Protokolls kann gerichtlich im **Klageweg** nach § 43 Nr. 1 und Nr. 3 geltend gemacht werden.[304]

48

---

295 BayObLG v. 28.2.1991 – BReg 2 Z 144/90, WuM 1991, 310; OLG München v. 22.11.2005 – 32 Wx 88/05 (nicht veröffentlicht).
296 BayObLG v. 20.11.2003 – 2Z BR 168/03, FGPrax 2004, 19.
297 BayObLG v. 12.9.2002 – 2Z BR 28/02, NJW-RR 2002, 1667.
298 Siehe dazu oben Rn. 41 ff.
299 So: BayObLG v. 12.9.2002 – 2Z BR 28/02, NJW-RR 2002, 1667.
300 So etwa: AG Freising v. 14.1.2005 – 2 UR II 9/04, WE 2005, 152; *Riecke/Schmid-Riecke*, § 24 Rn. 87, 88.
301 Siehe dazu oben Rn. 37.
302 Wie hier: *Niedenführ/Kümmel/Vandenhouten-Kümmel*, § 24 Rn. 76; *Jennißen-Schultzky*, § 24 Rn. 157.
303 LG Stuttgart v. 5.8.2015 – 10 S 10/15, NZM 2015, 790.
304 Siehe dazu auch § 43 Nr. 19 ff.

Wie bereits oben bei Rn. 46 dargestellt, muss für eine derartige Klage ein **Rechtsschutzbedürfnis** bestehen. **Klagegegner** sind die bei Rn. 47 dargestellten Anspruchsgegner, also die Unterzeichner des Protokolls.

Nach wie vor ist noch nicht abschließend die Frage geklärt, ob bei einer Klage auf **Protokollberichtigung** in entsprechender Anwendung von § 46 Abs. 1 eine **Klagefrist** von einem Monat eingehalten werden muss.[305] Nach der Rechtsprechung zum WEG a.F. war die Monatsfrist (§ 43 Abs. 4 WEG a.F.) jedenfalls dann einzuhalten, wenn nicht nur geltend gemacht wurde, dass die Niederschrift inhaltlich unrichtig war, sondern wenn gleichzeitig auch die Feststellung begehrt wurde, dass bestimmte in der Niederschrift enthaltene Beschlüsse der Wohnungseigentümer inhaltlich unrichtig wiedergegeben sind.[306]

Obgleich eine obergerichtliche Rechtsprechung zum WEG n.F. noch nicht vorliegt, sollte nach der hier vertretenen Meinung der Rechtsprechung zum alten Recht gefolgt werden.[307] Zu berücksichtigen ist hier zunächst[308], dass der **Feststellung** und Verkündung des Beschlussergebnisses durch den Versammlungsleiter neben der konstitutiven auch **inhaltsfixierende** Bedeutung zukommt, nur die Kombination von Anfechtungs- und positiver Feststellungsklage vor unrichtig festgestellten oder unrichtig verkündeten Beschlussergebnissen schützen kann.[309] Wie bei § 23 Rn. 26 dargelegt, muss im Regelfall die **Auslegung** eines Beschlusses **anhand** des **Protokolls** erfolgen. Wenn nämlich ein Beschluss Regelungen enthält, die auch einen etwaigen Sondernachfolger binden sollen, muss der Inhalt des Beschlusses durch Auslegung ermittelt werden. Dazu ist der Beschluss nach den für eine Grundbucheintragung geltenden Regeln objektiv- normativ auszulegen.[310] Maßgebend sind dabei der sich aus dem Protokoll der Eigentümerversammlung ergebende Wortlaut des Beschlusses und der Sinn, wie er sich aus unbefangener Sicht als nächstliegende Bedeutung des Wortlauts ergibt Umstände außerhalb der Eintragung dürfen nur herangezogen werden, wenn sie nach den besonderen Verhältnissen des Einzelfalles für jedermann ohne weiteres erkennbar sind.[311] Dabei ist auch der Grundsatz der interessengerechten Auslegung zu berücksichtigen.[312] Bei einem nicht eindeutigen Wortlaut ist im Zweifel davon auszugehen, dass die Gemeinschaft wirksame Beschlüsse innerhalb ihrer Beschlusskompetenz fassen wollte, also etwa

---

305 Wie hier: Als noch h.M. bezeichnet die hier vertretene Ansicht: *Riecke/Schmid-Riecke*, § 24 Rn. 86; Verneinend: *Jennißen-Schultzky*, § 24 Rn. 158; *Niedenführ/Kümmel/Vandenhouten-Kümmel*, § 24 Rn. 77; *Bärmann-Merle*, § 24 Rn. 143; *Palandt-Bassenge*, WEG § 24 Rn. 25.
306 OLG Hamm v. 24.1.1985 – 15 W 450/84, MDR 1985, 502: BayObLG v. 15.12.1982 – BReg 2 Z 39/82, BayObLGZ 1982, 445.
307 Siehe dazu auch § 46 Rn. 9 „Protokollberichtigung".
308 Siehe dazu auch § 23 Rn. 39.
309 BGH v. 19.9.2002 – V ZB 30/02, NJW 2002, 3704.
310 OLG Düsseldorf v. 29.9.2006 – 3 Wx 70/06, NJW-RR 2007, 1169; BayObLG v. 28.2.2002 – 2Z BR 141/01, NZM 2002, 492; BGH v. 10.9.1998 – V ZB 11/98, NZM 1998, 955; BGH v. 23.8.2001 – V ZB 10/01, NZM 2001, 961.
311 BGH v. 10.9.1998 – V ZB 11/98, NJW 1998, 3713; OLG Hamm v. 11.11.2004 – 15 W 351/04, ZMR 2005, 400.
312 BGH v. 28.5.2009 – VII ZR 206/07, ZWE 2009, 303.

nicht unzulässig einen Anspruch begründen, sondern nur eine Aufforderung zur Erfüllung aussprechen und bei Nichtbefolgung den Rechtsweg beschreiten wollte.[313] Auf die subjektiven Vorstellungen der Abstimmenden kommt es nicht an.[314] Der **Bestimmtheitsgrundsatz** verbietet es aber nicht, dass der Beschluss nur durch ein Dokument, auf das er **Bezug nimmt**, ausgelegt werden kann. In diesem Fall muss aber das Dokument, auf das Bezug genommen wird, zweifelsfrei bestimmt sein.[314a] Zur Frage, ob das Dokument, auf das Bezug genommen wurde, als **Anlage** zum Protokoll oder zur Beschlusssammlung genommen werden muss, auch wenn dies keine konstitutive Wirkung für das Zustandekommen des Beschlusses hat, siehe § 24 Rn. 35 (zum Protokoll) und Rn. 59 (zur Beschlusssammlung).

Auch in den jüngsten Entscheidungen hat der **BGH** bei der Auslegung von Beschlüssen wesentlich auf den Inhalt des **Versammlungsprotokolls** (= Niederschrift)[315] abgestellt. Zur (fehlenden) Bedeutung der Beschluss-Sammlung bei der Beschlussauslegung siehe unten Rn. 51.

Diese Grundsätze würden letztlich unterlaufen und Sondernachfolgern vermeintliche Rechtspositionen wieder entzogen, wenn unbefristet Protokollberichtigungsklagen zugelassen würden, die letztlich zu einer Änderung der Auslegung von Beschlüssen führen.

Raum für **nicht fristgebundene** Protokollberichtigungsklagen dürfte daher künftig nur noch in Ausnahmefällen bestehen. Dies ist etwa der Fall, wenn von der Berichtigung **keine Beschlüsse betroffen** sind oder wenn der protokollierte **Beschlussinhalt nicht geändert** wird. Gleiches wird aber auch dann gelten, wenn ein Beschluss **im Protokoll nicht enthalten** ist und damit das Protokoll für die Auslegung des Beschlusses nicht maßgeblich ist.

Die **Beweislast** trägt nach den allgemeinen Regeln der Eigentümer, der die Unrichtigkeit des Protokolls behauptet und der eine Berichtigung begehrt.[316]

VIII. Absatz 7: Beschlusssammlung (Inhalt und Einsichtsrecht)

1. Allgemeine Fragen

a) Normzweck

Der Gesetzgeber wollte mit der Einführung der Beschluss-Sammlung erreichen, dass sowohl ein Erwerber von Wohnungseigentum als auch die Wohnungseigentümern selbst und der Verwalter in übersichtlicher Form von der aktuellen Beschlusslage der Gemeinschaft und den damit zusammenhän-

49

---

313 LG Stuttgart v. 17. 6. 2015 – 10 S 79/14, ZMR 2015, 808.
314 LG Hamburg v. 29. 12. 2010 – 318 S 206/09, ZWE 2011, 133; OLG Frankfurt/Main v. 8. 2. 2005 – 20 W 231/01, OLGR Frankfurt 2005, 783.
314a BGH v. 8. 4. 2016 – V ZR 104/15, ZWE 2016, 325.
315 BGH v. 18. 2. 2011 – V ZR 197/10, ZWE 2011, 209 (= NZM 2011, 454); BGH v. 5. 2. 2010 – V ZR 126/09, ZWE 2010, 215 (=NJW 2010, 3168).
316 AG Landshut v. 1. 2. 2008 – 14 UR II 40/05, ZMR 2008, 498; allgemein zur Beweislastverteilung: *Thomas/Putzo-Reichold*, Vorbem. zu § 284 ZPO Rn. 17–40.

genden gerichtlichen Entscheidungen Kenntnis erlangen können.[317] Diese **Informationsmöglichkeit** ist für alle vorgenannten Personen von erheblicher Bedeutung, da nach § 10 Abs. 4 die Beschlüsse und gerichtlichen Entscheidungen nicht nur die derzeitigen Eigentümer, sondern auch Sondernachfolger ohne Eintragung ins Grundbuch binden.[318] Der Verwalter schließlich ist gemäß § 27 Abs. 1 Nr. 1 verpflichtet, die Beschlüsse der Wohnungseigentümer durchzuführen.[319] Auch wenn der Beschluss-Sammlung keine Bindungswirkung zukommt (siehe dazu Rn. 51), ist dem Informationsbedürfnis dadurch Rechnung getragen, dass der Interessierte Kenntnis davon erhält, dass ein Beschluss zu einem Gegenstand gefasst wurde und er damit die Möglichkeit hat, bei Bedarf das entsprechende Protokoll einzusehen.[320]

Zur umstrittenen Frage der **Abdingbarkeit** von Abs. 7 siehe oben Rn. 1.

Ob ein in einer Gemeinschaftsordnung vorgesehenes „Beschlussbuch" eine Beschluss-Sammlung i. S. v. Abs. 7 ist, hat das LG Saarbrücken offengelassen.[321]

b) Verwaltungsvermögen

50 Die Beschluss-Sammlung gehört nach § 10 Abs. 7 Satz 2 zum Verwaltungsvermögen.[322] Dies ist unproblematisch, wenn die Sammlung in Papierform geführt wird. Wenn die Beschluss-Sammlung elektronisch geführt wird[323], hat die Gemeinschaft im Rahmen der ordnungsgemäßen Verwaltung einen Anspruch auf Ausdruck auf Papier und, wenn ein **Verwalterwechsel** stattgefunden hat, auf Datentransfer an den neuen Verwalter oder Übergabe eines Komplettausdrucks der Beschluss-Sammlung.[324] Wegen der großen Bedeutung der Beschluss-Sammlung für den Verband und die Wohnungseigentümer steht nach zutreffender Auffassung dem Verwalter an der Sammlung **kein Zurückbehaltungsrecht** zu.

Zu den **nachvertraglichen Pflichten** des Verwalters siehe im Einzelnen § 26 Rn. 52 und Rn. 53.

c) Bindungswirkung/Öffentlicher Glaube

51 Obgleich der zentrale Zweck der Beschluss-Sammlung die Informationsmöglichkeit der bei Rn. 49 genannten Personen ist, hat der Gesetzgeber davon abgesehen, der Beschluss-Sammlung weitergehende Wirkungen zuzuweisen. So kommt der Aufnahme eines Beschlusses in die Sammlung, ebenso wie der Aufnahme in das Sitzungsprotokoll[325], **keine konstitutive Wirkung** zu. Die Sammlung genießt weder einen **öffentlichen Glauben** (wie

---
317 BT-Drucks. 16/887, S. 33.
318 Siehe dazu genauer § 10 Rn. 31 ff.
319 Siehe dazu genauer § 27 Rn. 4 ff.
320 Siehe zur Bedeutung der Beschlusssammlung für die Beschlussauslegung unten Rn. 51.
321 LG Saarbrücken v. 27. 10. 2010 – 5 S 7/10, ZWE 2011, 47.
322 Ebenso: *Palandt-Bassenge*, WEG § 24 Rn. 26.
323 Siehe dazu auch unten Rn. 53.
324 *Deckert, Kappus*, NZM 2007, 747.
325 Siehe dazu oben Rn. 34.

etwa das Grundbuch) noch kann ihr eine **Beweiskraft** dahingehend zugestanden werden, dass die Eintragungen vollständig und richtig sind.[326] Wie oben bei Rn. 49 bereits ausgeführt wurde, stellt die Beschluss-Sammlung zwar eine Informationsmöglichkeit dar, um sich ggf. überhaupt Kenntnis davon zu verschaffen, dass ein Beschluss zu einem Gegenstand gefasst wurde; damit erhält der Eigentümer die Möglichkeit, bei Bedarf das entsprechende Protokoll einzusehen. Daraus folgt nach der hier vertretenen Meinung auch, dass die Beschluss-Sammlung für die **Auslegung** des **Beschlusses** grundsätzlich **keine Bedeutung** hat.[327] Anders als das Versammlungsprotokoll, dem für die Beschlussauslegung eine wesentliche Bedeutung zukommt, wird die Beschluss-Sammlung nicht von mehreren Personen unterschrieben, sondern alleine durch den Verwalter erstellt. Nach der hier vertretenen Meinung muss daher bei der Beschlussauslegung weder neben dem Protokoll (zwingend) die Beschluss-Sammlung herangezogen werden, noch muss geklärt werden, in welchem Verhältnis Protokoll und Sammlung bei Lücken, Ungenauigkeiten oder Widersprüchen stehen und was dann vorrangig für die Auslegung heranzuziehen ist.

Auch in den jüngsten Entscheidungen hat der BGH bei der Auslegung von Beschlüssen wesentlich auf den Inhalt des Versammlungsprotokolls (= Niederschrift) abgestellt.[328] Die **Beschluss-Sammlung** ist dagegen vom BGH bisher bei der Beschlussauslegung nicht herangezogen worden.

Siehe zur Beschlussauslegung auch oben Rn. 48 und insbesondere § 23 Rn. 26 sowie § 16 Rn. 22a.

d) Korrektur

Schon aus dem Zweck der Beschluss-Sammlung, eine übersichtliche Information über die geltenden Beschlüsse und Gerichtsentscheidungen zu geben, ergibt sich, dass bei fehlerhaften Eintragungen eine **Korrektur** möglich und auch geboten ist. Diese Korrektur hat, wie sich auch aus Abs. 8 Satz 1[329] ergibt, der die Sammlung führende **Verwalter** vorzunehmen (siehe auch Rn. 73).[330] Jeder einzelne Eigentümer kann aufgrund seines Anspruchs auf ordnungsgemäße Verwaltung gemäß § 21 Abs. 4 vom Verwalter die Korrektur verlangen und gegebenenfalls im **Klageweg** nach § 43 Nr. 1 und Nr. 3 durchsetzen.[331] Auch wenn die Beschluss-Sammlung nicht für die Ausle-

52

---

326 Wie hier: AG Charlottenburg v. 14.5.2009 – 74 C 30/09, MittBayNot 2010, 45; *Bärmann-Merle*, § 24 Rn. 144; *Riecke/Schmid-Riecke*, § 24 Rn. 146 ff.; *Jenißen-Schultzky*, § 24 Rn. 164. (wo allerdings die Eignung als Beweismittel nicht ganz ausgeschlossen wird); *Niedenführ/Kümmel/Vandenhouten-Kümmel*, § 24 Rn. 99.
327 Im Ergebnis ebenso: LG München I v. 9.5.2011 – 1 S 22360/10, ZWE 2011, 282; a.A.: (wohl) LG Hamburg v. 27.7.2010 – 318 S 79/10, ZMR 2010, 986 (nicht allein ... wie in der Beschluss-Sammlung).
328 BGH v. 18.2.2011 – V ZR 197/10, ZWE 2011, 209 (= NZM 2011, 454); BGH v. 5.2.2010 – V ZR 126/09, ZWE 2010, 215 (=NJW 2010, 3168).
329 Siehe dazu sogleich Rn. 53.
330 Ebenso: *Niedenführ/Kümmel/Vandenhouten-Kümmel*, § 24 Rn. 98; *Jenißen-Schultzky*, § 24 Rn. 166, 202; *Hügel/Elzer*, § 24 Rn. 119.
331 Ebenso: *Hügel/Elzer*, § 24 Rn. 120; *Jenißen-Schultzky*, § 24 Rn. 203.

gung von Beschlüssen maßgeblich ist[332], dürfte ein Korrekturverlangen dann aber unbegründet sein, wenn ein von der Niederschrift abweichendes Beschlussergebnis eingetragen werden soll[333], da derartige Widersprüche dem Zweck der Sammlung zuwiderlaufen.[334] In diesem Fall wird zunächst (oder auch gleichzeitig) eine Protokollberichtigung verlangt werden müssen.

2. Satz 1: Pflicht zur Führung einer Beschluss-Sammlung

53 Da nach Satz 2 eine Beschluss-Sammlung zu führen „ist", besteht eine entsprechende **Pflicht**, wenn nicht eine abweichende Vereinbarung[335] getroffen wurde.

Das Merkmal „**führen**" umfasst nach der Gesetzesbegründung alle mit der Anlegung der Sammlung, den Eintragungen, der Aktualisierung, der Löschung und der Einsichtnahme verbundenen Maßnahmen.[336]

In welcher **Form** die **Beschluss-Sammlung** zu führen ist, gibt das Gesetz nicht vor. Die Sammlung kann daher sowohl in Papierform als auch (bei professionellen Verwaltern wohl üblich) in elektronischer Form geführt werden.[337] In der Praxis haben sich in beiden Fällen tabellarische Übersichten, wie sie in verschiedenen Veröffentlichungen vorgeschlagen werden[338], durchgesetzt.

Die Beschluss-Sammlungen enthalten danach regelmäßig folgende Spalten (zu den erforderlichen Eintragungen siehe unten Rn. 56 ff.), wobei auch eine weitere Aufgliederung[339] oder eine andere Zusammenfassung möglich ist:

Laufende Nummer	Ort und Datum der Versammlung bzw. der Beschlussverkündung, Angabe des TOPs	Wortlaut der Beschlüsse (ggf. unter Berücksichtigung des Antragstextes)	Gerichtsentscheidung (Gericht, Aktenzeichen, Parteien, Tenor)	Anmerkungen (Vermerke)	Eintragender, Eintragungsdatum

(Ein **Beispiel** für eine Eintragung siehe unten Rn. 66.)

---

332 Siehe dazu oben Rn. 51 und § 23 Rn. 26.
333 Die Ausführungen oben Rn. 48 gelten daher hier sinngemäß.
334 Wohl für eine uneingeschränkte Klagemöglichkeit und Beweiserhebung durch das Gericht: *Hügel/Elzer*, § 24 Rn. 120; *Jennißen-Schultzky*, § 24 Rn. 203.
335 Siehe zu dieser Streitfrage oben Rn. 1.
336 BT-Drucks. 16/887, S. 33.
337 Wie hier: *Müller*, Praktische Fragen, Teil 8 Rn. 223. Zum Anspruch auf einen Ausdruck in Papierform siehe auch oben Rn. 50.
338 Siehe etwa: MünchKomm-*Engelhardt*, § 24 WEG, Rn. 43.
339 So schlagen etwa *Deckert*, *Kappus*, NZM 2007, 747 vor, Umlaufbeschlüsse in einer eignen Spalte aufzuführen.

Im Einzelfall wird es insbesondere bei großen Eigentümergemeinschaften sinnvoll sein, der Beschluss-Sammlung ein **Inhaltsverzeichnis** beizugeben.[340] Auch optische **Hervorhebungen**, wie Unterstreichungen, Fett- oder Kursivdrucke, Rötungen etc. sind möglich.[341]

Zur Führung der Sammlung gehören auch eine dauerhafte **Aufbewahrung** und eine ausreichende Sicherung, insbesondere auch Datensicherung.[342]

3. Satz 2: Inhalt und zeitliche Grenze

a) Beschlüsse und gerichtliche Entscheidungen nach dem 1.7.200

Satz 2 führt eine **zeitliche Grenze** ein, da zwingend nur Beschlüsse und gerichtliche Entscheidungen[343] aufzunehmen sind, die nach dem 1.7.2007, also nach dem Inkrafttreten der WEG-Novelle[344], **ergangen** sind.   54

Nicht zweifelsfrei geregelt ist, ob **früher** ergangene Beschlüsse und Gerichtsentscheidungen in die Beschluss-Sammlung aufgenommen werden dürfen. Dagegen könnte der Wortlaut des Satzes 2 sprechen, wonach die Beschluss-Sammlung „nur" den Wortlaut der nach dem Stichtag ergangenen Beschlüsse und Gerichtsentscheidungen „enthält". Es muss jedoch davon ausgegangen werden, dass es sich bei dieser Formulierung um eine redaktionelle Unschärfe handelt. Dafür spricht schon, dass Satz 4 und Satz 5 des Gesetzes von einer zusätzlichen „Anmerkung" sprechen, die in der engen Formulierung des Satzes 2 nicht erscheint. Auch in der Gesetzesbegründung wird ausgeführt, dass bisherige Beschluss-Sammlungen weiter genutzt werden können oder auch die nachträgliche Sammlung ohne weiteres möglich ist und auch ohne ausdrückliche gesetzliche Regelung ordnungsgemäßer Verwaltung entspricht.

Nach zutreffender Auffassung **können** daher früher ergangene Beschlüsse und Gerichtsentscheidungen in die Sammlung aufgenommen werden, müssen es aber nicht.[345] Wenn die Eigentümer eine Aufnahme dieser Beschlüsse und Entscheidungen beschließen, bürden sie dem Verwalter eine Zusatzaufgabe auf, für die nach den meisten Verwalterverträgen eine zusätzliche Vergütung zu entrichten ist.

b) Wortlaut

Wenn es in Satz 2 heißt, die Sammlung **enthalte „nur"** den Wortlaut, handelt   55
es sich hier, wie bei Rn. 54 gezeigt, um eine redaktionelle Unschärfe. Da der Sinn der Beschluss-Sammlung ist, eine zweckmäßig und übersichtlich gestaltete **Informationsmöglichkeit** über die geltende Beschlusslage und die

---

340 BT-Drucks. 16/887, S. 33.
341 Ebenso: *Hügel/Elzer*, § 8 Rn. 36.
342 So auch: *Niedenführ/Kümmel/Vandenhouten-Kümmel*, § 24 Rn. 82.
343 Siehe hierzu genauer unten Rn. 56 ff. (zu Beschlüsse) und Rn. 61 ff. (zu gerichtlichen Entscheidungen).
344 Gesetz zur Änderung des Wohnungseigentumsgesetzes und anderer Gesetze v. 26.3.2007, BGBl. I 2007, S. 370.
345 Wie hier: *Palandt-Bassenge*, WEG § 24 Rn. 29; *Riecke/Schmid-Riecke*, § 24 Rn. 126 ff.; *Jennißen-Schultzky*, § 24 Rn. 174.

bindenden Gerichtsentscheidungen zu geben[346], ist die Formulierung dahingehend auszulegen, dass über diesen zwingenden Inhalt hinaus auch noch weitere Angaben enthalten sein dürfen, wenn dadurch die **Übersichtlichkeit** nicht leidet. So wird etwa in den bei Rn. 53 angesprochenen vorgeschlagenen Mustern für die Beschluss-Sammlung neben den durch Satz 2 und Satz 3 ausdrücklich geforderten Angaben empfohlen, im Hinblick auf die in Satz 4 und 5 erwähnten „Anmerkungen" auch eine gesonderte Spalte „Anmerkungen" oder „Vermerke" aufzunehmen. Dem kann nur gefolgt werden.[347]

Siehe zum einzutragenden Inhalt bei Beschlüssen genauer unten Rn. 59.

c) Nr. 1: Verkündete Beschlüsse mit Angabe von Ort und Datum der Versammlung

56 Anzugeben ist zunächst (regelmäßig in einer eigenen Spalte – siehe oben Rn. 53) der Ort und das Datum der Versammlung.[348] Beim Ort erfolgt die Angabe der Gemeinde; Straße oder die Hausnummer müssen nicht angegeben werden. Beim Datum ist nur dieses, nicht aber (wie im Versammlungsprotokoll üblich) die Uhrzeit anzugeben.

Zur besseren Übersichtlichkeit sollte zudem hier auch bei jedem Beschluss angegeben werden, über welchen **Tagesordnungspunkt (TOP)** abgestimmt wurde. Fehlt diese Angabe, ist dies aber unschädlich.

57 Wenn hier die in der Versammlung „verkündeten" Beschlüsse angesprochen werden, sind trotz der unterschiedlichen Formulierung die in Abs. 6 genannten „gefassten" Beschlüsse gemeint, die in das Versammlungsprotokoll aufzunehmen sind.[349] Der Beschluss wird (einschließlich seines Zustandekommens) bei § 23 Rn. 19 ff. näher dargestellt. Ein Beschluss ist dann gefasst, wenn der Versammlungsleiter das Abstimmungsergebnis festgestellt[350] und das Beschlussergebnis verkündet hat.[351]

Aufzunehmen sind **grundsätzlich alle** verkündeten Beschlüsse.[352] Dies bedeutet, dass sowohl positive (ein Antrag wird angenommen) als auch negative Beschlüsse (ein Antrag findet keine Mehrheit und ist abgelehnt)[353] in der Sammlung erscheinen.[354] Zur Frage einer möglichen oder erforderlichen **Löschung** siehe unten Rn. 70. Unerheblich ist es insoweit, ob die Beschlüsse bestandskräftig oder angefochten sind. Eine Anfechtung wird lediglich in der Spalte „Anmerkungen" vermerkt; sollte ein fehlerhafter Beschluss für unwirksam erklärt werden, erfolgt später eine Eintragung in der Spalte „Gerichtsentscheidung" (unter einer neuen laufenden Nummer).

---

346 Siehe dazu oben Rn. 49.
347 Siehe dazu auch unten Rn. 66.
348 Siehe zu den Begriffen genauer oben Rn. 2 ff. und § 23 Rn. 5 bis 7.
349 Wie hier: *Hügel/Elzer*, § 24 Rn. 102.
350 Siehe dazu § 23 Rn. 23 und 24.
351 Siehe dazu § 23 Rn. 25.
352 Zum Begriff des Beschlusses siehe genauer: § 23 Rn. 19 ff.
353 Siehe zur Anfechtung eines Negativbeschlusses auch § 21 Rn. 19, 39, 42 und § 46 Rn. 12.
354 Wie hier: *Bärmann-Merle*, § 24 Rn. 166 ff.; *Jennißen-Schultzky*, § 24 Rn. 175.

Nicht einzutragen sind jedoch so genannte **Nichtbeschlüsse**[355] und **offen-** 58
sichtlich nichtige Beschlüsse[356], da solche Beschlüsse keine Rechtswirkungen entfalten können.[357] Ist die Nichtigkeit nicht offensichtlich und umstritten, was in der Praxis häufig der Fall ist, wird der Verwalter als sicheren Weg die Aufnahme des Beschlusses in die Sammlung wählen[358] und in der Spalte „Anmerkungen" auf die seiner Meinung nach vorliegende Nichtigkeit hinweisen.[359] Nimmt dagegen der Verwalter den Beschluss wegen der vermeintlichen Nichtigkeit nicht auf und betrachtet später das angerufene Gericht den Beschluss als wirksam, trägt der Verwalter das Risiko für seine unterlassene (aber doch erforderliche) Eintragung.

Zweifelhaft ist, ob auch so genannte **Geschäftsordnungsbeschlüsse**[360] in die Sammlung aufzunehmen sind.[361] Dies ist abzulehnen für Geschäftsordnungsbeschlüsse, die mit Beendigung der Versammlung gegenstandslos werden.[362] Werden aber in Geschäftsordnungsbeschlüssen Regelungen getroffen, die auch für künftige Versammlungen Geltung haben, können diese Beschlüsse selbständig angefochten werden und sind auch in die Sammlung aufzunehmen.[363]

Nach dem Gesetzeswortlaut ist als Inhalt der „Wortlaut der verkündeten 59
Beschlüsse" einzutragen. Dagegen ist in die Sammlung nicht die in Abs. 6 genannte Niederschrift (in voller Länge) aufzunehmen.[364] Andererseits reicht es aber auch nicht aus, wenn insoweit lediglich die Bezeichnung der Tagesordnungspunkte und das Stimmenverhältnis der dazu erfolgten Abstimmung angegeben wird.[365]

Ein Beschlussinhalt (etwa die Neuregelung des Kostenverteilungsschlüssels) muss vielmehr so darestellt werden, dass er einem verständigen und unbefangenen Leser bei der Durchsicht der Beschluss-Sammlung ohne weiteres auffallen und für ihn verständlich sein muss.[366]

Damit ist zunächst maßgeblich, was der Versammlungsleiter als **Beschlussergebnis** in der Versammlung verkündet hat. Dies ist unproblematisch, wenn der Verwalter etwa als Ergebnis verkündet hat: „Der Antrag zu TOP 5, die vorliegende Jahresgesamt- und die Jahreseinzelabrechnungen 2007 zu genehmigen, ist mehrheitlich angenommen worden." Problematisch wird es aber, wenn der Verwalter als Ergebnis nur verkündet hat: „Der Antrag zu TOP 5 ist mehrheitlich abgelehnt worden." Eine derartige Eintragung in der

---

355 Siehe dazu § 23 Rn. 20 und § 46 Rn. 15.
356 Siehe dazu § 23 Rn. 27 ff.
357 Wie hier: *Hügel/Elzer,* § 24 Rn. 102.
358 Wie hier: *Deckert, Kappus,* NZM 2007, 747.
359 Wie hier: *Riecke/Schmid-Riecke,* § 24 Rn. 103.
360 Siehe dazu genauer § 23 Rn. 21.
361 Allgemein verneint: *Hügel/Elzer,* § 24, Rn. 102; *Deckert, Kappus,* NZM 2007, 747; allgemein bejaht: *Bärmann-Merle,* § 24 Rn. 169.
362 So auch: *Palandt-Bassenge,* WEG § 24 Rn. 30; *Riecke/Schmid-Riecke,* § 24 Rn. 104.
363 A.A.: *Jennißen-Schultzky,* § 24 Rn. 177, wo davon ausgegangen wird, dass Geschäftsordnungsbeschlüsse immer mit Ende der Sitzung ihre Wirkung verlieren.
364 BT-Drucks. 16/887, S. 33.
365 AG München v. 28.7.2008 – 485 C 602/07, ZMR 2009, 644.
366 BGH v. 9.7.2010 – V ZR 202/09, WuM 2010, 524 (= NJW 2010, 2654).

Beschluss-Sammlung würde dem **Informationszweck** der Sammlung nicht gerecht werden.[367] Die Eintragung kann sich daher nicht ausschließlich an den genauen Wortlaut der Verkündung halten. Die Eintragung muss vielmehr unter Berücksichtigung des Antrags auch inhaltlich konkretisiert werden und würde daher etwa lauten: „Der Antrag zu TOP 5, die vorliegende Jahresgesamt- und die Jahreseinzelabrechnungen 2010 zu genehmigen, wurde mehrheitlich abgelehnt."[368] Sollte dieser Meinung nicht gefolgt werden, müssten die Erläuterungen zu dem kaum aussagefähigen Wortlaut der Verkündung in der Spalte „Anmerkungen" ergänzt werden.

Eine besondere Problematik kann sich ergeben, wenn in Eigentümergemeinschaften einzelne Wohnungseigentümer eine Vielzahl von möglicherweise seitenlangen Anträgen stellen. Werden die Beschlussanträge angenommen, ist – auch wenn die **Übersichtlichkeit** der Sammlung darunter leidet – der gesamte verkündete Beschlusstext aufzunehmen. Werden die Anträge ablehnt, dürfte es aus Gründen der Übersichtlichkeit wohl auch zulässig sein, die Feststellung des Versammlungsleiters, dass der Antrag zu beispielsweise TOP 5 abgelehnt wurde, aufzunehmen und dabei den Gegenstand des Beschlussantrags nur in **Kurzform** zu bezeichnen.[369]

In der Literatur wurde bisher die Frage, ob **Anlagen** (etwa Dokumente, auf welche der Beschluss Bezug nimmt) in die Beschlusssammlung aufgenommen werden müssen, unterschiedlich beurteilt.[370] Der BGH hat eine solche Pflicht nunmehr jedenfalls für den Fall, dass durch einen aufgrund einer gesetzlichen oder vereinbarten Öffnungsklausel ergangenen Beschluss die Gemeinschaftsordnung geändert wird, bejaht.[370a] Da der BGH hierbei auf die **Publizität** der auch gegen den Sonderrechtsnachfolger wirkenden Beschlüsse abgestellt hat, muss wohl davon ausgegangen werden, dass der BGH künftig eine solche Pflicht bei allen Beschlüssen, die Rechtsfolgen für **Sonderrechtsnachfolger** herbeiführen können, bejahen wird. Die Verwalter werden daher, um kein Risiko einzugehen, auch bei anderen Beschlüssen (etwa mit Bezugnahme auf ein Sanierungsangebot, eine Jahresabrechnung usw.) die Dokumente, auf die Bezug genommen wird, als Anlage zur Beschlussfassung nehmen müssen. Hierfür kann in der Praxis ein gesonderter Ordner oder eine gesonderte Datei angelegt werden, auf den oder die dann ausdrücklich verwiesen werden sollte (wie hier: *Hogenschurz*, jurisPR-MietR 17/2016 Anm. 4). Zur gleichgelagerten Problematik beim Protokoll der Eigentümerversammlung siehe oben Rn. 34.

Nicht erforderlich, aber auch nicht schädlich ist es, die genaue **Stimmenzahl** anzugeben.[371] Diese kann, wenn dies etwa bei doppelt qualifizierten Be-

---

367 Für eine derartige Eintragung allerdings wohl: *Niedenführ/Kümmel/Vandenhouten-Kümmel*, § 24 Rn. 85.
368 Im Ergebnis wie hier: *Bärmann-Merle*, § 24 Rn. 166.
369 Nach *Deckert, Kappus*, NZM 2007, 747 sollte in diesen Fällen auf Anlagen (eventuell auch über einen „Link") verwiesen werden.
370 Siehe dazuz etwa: *Niedenführ/Kümmel/Vandenhouten*, § 24 Rn. 85; *Jennißen-Schultzky*, § 24 Rn. 176; *Bärmann-Merke*, § 24 Rn. 165.
370a BGH v. 8.4.2016 – V ZR 104/15, ZWE 2016, 325.
371 Wie hier: *Deckert, Kappus*, NZM 2007, 747; teilweise a.A. wohl *Palandt-Bassenge*, WEG § 24 Rn. 30 (Abstimmungsergebnis ist danach nicht anzugeben).

schlüssen von Bedeutung ist[372], dem Versammlungsprotokoll entnommen werden.

Zur Verfahrensweise, wenn ein Beschluss durch Gerichtsurteil aufgehoben wird, siehe unten Rn. 66.

d) Nr. 2: Schriftliche Beschlüsse mit Angabe von Ort und Datum der Verkündung

Nach Nr. 2 ist der Wortlaut der schriftlichen Beschlüsse in die Sammlung aufzunehmen. Zu den schriftlichen Beschlüssen wird zunächst auf die Kommentierung zu § 23 Rn. 13ff. Bezug genommen. 60

Zum Inhalt der Eintragungen bei schriftlichen Beschlüsse gelten die Ausführungen oben Rn. 59 sinngemäß.

Wenn im Gesetzestext vorgesehen ist, dass auch Ort und Datum der „**Verkündung**" anzugeben sind, ist auch wieder nicht am strengen Wortlaut festzuhalten, da es bei schriftlichen Beschlüssen keine Verkündung gibt.[373] Wie bei § 23 Rn. 18 dargestellt, kommt der schriftliche Beschluss erst mit seiner Feststellung und einer Unterrichtung der Wohnungseigentümer hiervon zu Stande. Maßgeblich ist daher, wann und wie die Unterrichtung der Eigentümer erfolgt. Stellt der Verwalter das Zustandekommen fest und macht er dies beispielsweise am 21.2.2011 durch Aushang im Treppenhaus des in München gelegenen Anwesens bekannt, werden als Ort München und als Datum der 21.2.2011 in die Sammlung aufgenommen. Versendet in dem Beispiel der in Freising wohnende und tätige Verwalter die Beschlussfeststellung durch die Post, wird als Datum das Absendedatum und als Ort der Absendeort aufgenommen, da die Empfänger möglicherweise an unterschiedlichen Orten wohnhaft sind.[374]

e) Nr. 3: Urteilsformel mit Angabe des Datums, des Gerichts und der Parteien

Nach Nr. 3 sind bei gerichtlichen Entscheidungen das Gericht (etwa: Landgericht München I), das Datum der Entscheidung (verkündet am 11.8.2011) und die Parteien des Rechtsstreits (dem Rubrum der Entscheidung zu entnehmen) anzugeben. Auch hier wird wieder von einer redaktionellen Unschärfe auszugehen sein, so dass regelmäßig auch das Aktenzeichen des Verfahrens anzugeben ist.[375] 61

Nr. 3 erfasst alle **Rechtsstreitigkeiten gemäß § 43**. Soweit dies teilweise für Klagen Dritter nach § 43 Nr. 5 (so genannte Außenstreitigkeiten)[376] abgelehnt wird[377], sollte dieser Meinung nicht gefolgt werden. Es erscheint sehr wohl für die Eigentümer (und im Hinblick auf die Finanzlage der Gemeinschaft auch für mögliche Erwerber) von Interesse zu sein, wenn etwa ein Ur- 62

---

372 Siehe dazu oben Rn. 36.
373 So auch: BT-Drucks. 16/887, S. 33.
374 Ebenso: *Bärmann-Merle*, § 24 Rn. 171; *Deckert, Kappus*, NZM 2007, 747; *Palandt-Bassenge*, WEG § 24 Rn. 30.
375 Wie hier: *Palandt-Bassenge*, WEG § 24 Rn. 31; *Deckert, Kappus*, NZM 2007, 747.
376 Siehe dazu genauer § 43 Rn. 28ff.
377 So: *Palandt-Bassenge*, WEG § 24 Rn. 31; *Köhler* WEG § 24 Rn. 455.

teil gegen die Gemeinschaft vorliegt, wonach diese verpflichtet wird, wegen durchgeführter Sanierungsarbeiten beispielsweise 2,5 Millionen € zu bezahlen. Wegen § 10 Abs. 8 kann dies auch zu einer Außenhaftung der Eigentümer führen.[378] Da das Gesetz nur darauf abstellt, dass die Entscheidungen nach dem 1.7.2007 ergangen sein müssen, ist für eine Eintragung nicht die Rechtskraft erforderlich.[379] Einzutragen sind daher auch nur für vorläufig vollstreckbar erklärte Urteile.

Wegen der näheren Einzelheiten zu den hier in Frage kommenden Rechtsstreitigkeiten wird auf die Kommentierungen zu § 43 Bezug genommen.

63 Aufzunehmen ist nach dem Gesetzeswortlaut die Urteilsformel. Damit ist die Urteilsformel i.S.d. § 313 Abs. 1 Nr. 4 ZPO gemeint, also der gesamte **Tenor** der Entscheidung.[380] Mithin sind auch die Kostenentscheidung und der Ausspruch über die vorläufige Vollstreckbarkeit anzugeben.[381]

Auch hier ist wieder aufgrund des Informationszwecks der Sammlung eine Erweiterung des Wortlauts erforderlich, wenn zur Sachentscheidung der Tenor etwa lautet: „Die Klage wird abgewiesen." Wie bereits bei Rn. 59 für die Beschlussverkündung als Lösungsmöglichkeit aufgezeigt, wird auch hier der Tenor durch eine Anmerkung bei der Entscheidung oder in der Spalte „Anmerkungen" unter Berücksichtigung des Klageantrags erläutert werden müssen.[382]

64 Die gesetzliche Anordnung, wonach die Urteilsformel einzutragen ist, ist im Hinblick darauf, dass ersichtlich die das Verfahren abschließenden „gerichtlichen Entscheidungen" erfasst werden sollten, weiter auslegungsbedürftig.

So sind nach zutreffender Meinung auch nach dem 1.7.2007 ergangene Entscheidungen in so genannten **„Altverfahren"** (vor dem 1.7.2007 anhängig geworden) in der Beschluss-Sammlung aufzuführen, auch wenn diese Entscheidungen wegen § 62[383] in **Beschlussform** ergehen.[384]

Gleiches gilt auch für in Beschlussform ergehende verfahrensabschließende Entscheidungen nach den §§ 91a, 887, 888, 890 ZPO sowie für **Arrestbeschlüsse** nach §§ 916, 922 ZPO und **einstweilige Verfügungen** gemäß §§ 935, 922 ZPO.[385]

Im gerichtlichen Mahnverfahren nach § 43 Nr. 6 ist dagegen nur der **Vollstreckungsbescheid** in die Sammlung aufzunehmen, da nur dieser (und

---

378 Wie hier: *Riecke/Schmid-Riecke*, § 24 Rn. 110; *Jennißen-Schultzky*, § 24 Rn. 180.
379 Ebenso: *Deckert, Kappus*, NZM 2007, 747.
380 BT-Drucks. 16/887, S. 33.
381 Wie hier: *Riecke/Schmid-Riecke*, § 24 Rn. 109; a.A. zu den Nebenentscheidungen (Kosten und Vollstreckbarkeit): *Deckert/Kappus*, NZM 2007, 747; *Palandt-Bassenge*, WEG § 24 Rn. 31.
382 Wie hier: *Palandt-Bassenge*, WEG § 24 Rn. 31; a.A. *Jennißen-Schultzky*, § 24 Rn. 181 (wo aber eine Anmerkung als möglich angesehen wird); wohl auch: *Köhler* WEG § 24 Rn. 455.
383 Siehe näher hierzu die Kommentierungen zu § 62.
384 Wie hier: *Riecke/Schmid-Riecke*, § 24 Rn. 106; *Jennißen-Schultzky*, § 24 Rn. 182.
385 So auch: *Hügel/Schultzky*, § 8 Rn. 28; *Jennißen-Schultzky*, § 24 Rn. 182.

nicht bereits der Mahnbescheid) nach § 700 Abs. 1 ZPO einem für vorläufig vollstreckbaren Versäumnisurteil gleich steht.[386]

Umstritten ist die Frage, ob ein **Prozessvergleich** in die Beschluss-Sammlung aufzunehmen ist.[387] Da der Prozessvergleich keine Entscheidung des Gerichts ist und auch nicht gemäß § 10 Abs. 4 die Sondernachfolger bindet[388], ist der Meinung zu folgen, wonach die Prozessvergleiche grundsätzlich nicht in die Sammlung aufzunehmen sind. Zu Recht wird in der Literatur aber darauf hingewiesen, dass ein Vergleich, der die Gültigkeit eines Eigentümerbeschlusses regelt, im Rahmen einer Anmerkung (Vermerk) bei diesem Beschluss in der Beschluss-Sammlung zu vermerken ist.[389]

4. Satz 3: Fortlaufende Eintragung und Nummerierung

Nach Satz 3 sind die Beschlüsse[390] und die gerichtlichen Entscheidungen[391] fortlaufend einzutragen. Dies bedeutet, dass die Eintragungen „historisch", also in zeitlicher Reihenfolge zu erfolgen haben.[392] Die zeitliche Reihenfolge ist strikt einzuhalten.[393] Lediglich bei Beschlüssen, die in der gleichen Versammlung gefasst sind, steht es dem Verwalter frei, etwa eine Gliederung nach Sachgebieten vorzunehmen.

65

Die fortlaufende Nummerierung (also beginnend mit Nr. 1, 2, 3 bis unendlich) soll auch als Indiz für die Vollständigkeit der Sammlung dienen. Unzulässig wäre es daher, jährlich mit der Nummerierung neu zu beginnen (also nicht zulässig etwa: 1/2007, 2/2007–35/2007; 1/2008 usw.), da ansonsten unbemerkt die jeweils letzten Beschlüsse eines Jahres aus der Sammlung entfernt werden könnten.[394]

Zur unverzüglichen Eintragung siehe unten Rn. 71.

5. Satz 4: Anmerkung von Anfechtung oder Aufhebung

Nach Satz 4 ist anzumerken, wenn Beschlüsse oder gerichtliche Entscheidungen angefochten oder aufgehoben worden sind. Diese Anmerkung dient der Aktualität der Sammlung und ist bei dem angefochtenen oder aufgehobenen Beschluss bzw. der gerichtlichen Entscheidung anzubringen.[395] Aus der Formulierung „ist" muss entnommen werden, dass insoweit eine Pflicht

66

---

386 Wie hier: *Deckert, Kappus,* NZM 2007, 747; *Hügel/Elzer,* § 24 Rn. 104.
387 Dafür: *Bärmann-Merle,* § 24 Rn. 178; *Müller,* Praktische Fragen, Teil 8, Rn. 222 (der aber keine Pflicht annimmt); dagegen: *Niedenführ/Kümmel/Vandenhouten-Kümmel,* § 24 Rn. 91; *Jennißen-Schultzky,* § 24 Rn. 185; *Hügel/Elzer,* § 24 Rn. 106; *Riecke/Schmid- Riecke,* § 24 Rn. 111 ff.
388 Siehe dazu § 10 Rn. 34.
389 *Niedenführ/Kümmel/Vandenhouten-Kümmel,* § 24 Rn. 91.
390 Siehe dazu oben Rn. 56 ff.
391 Siehe dazu oben Rn. 61 ff.
392 BT-Drucks. 16/887, S. 34.
393 Ebenso: *Hügel/Elzer,* § 24 Rn. 107; *Jennißen-Schultzky,* § 24 Rn. 189; *Riecke/Schmid-Riecke,* § 24 Rn. 116; a.A.: BT-Drucks. 16/887, S. 34; *Niedenführ/Kümmel/Vandenhouten-Kümmel,* § 24 Rn. 83; *Palandt-Bassenge,* WEG § 24 Rn. 29.
394 Wie hier: *Niedenführ/Kümmel/Vandenhouten-Kümmel,* § 24 Rn. 84; *Jennißen-Schultzky,* § 24 Rn. 189; *Riecke/Schmid-Riecke,* § 24 Rn. 116.
395 BT-Drucks. 16/887, S. 34.

zur Anmerkung besteht.[396] Bereits oben bei Rn. 53 und 55 wurde dargestellt, dass die Eintragung möglichst in einer gesonderten Spalte „Anmerkungen" oder „Vermerke" vorgenommen werden sollte.

Dies soll an folgendem Beispiel dargestellt werden:

Ist etwa ein Beschluss unter der laufenden Nummer 5 eingetragen, der zunächst von einem Eigentümer angefochten und der noch vor einer rechtskräftigen Gerichtsentscheidung durch einen bestandskräftigen Zweitbeschluss[397] wieder aufgehoben wurde, wären folgende Eintragungen vorzunehmen:

Laufende Nummer	Ort und Datum der Versammlung bzw. der Beschlussverkündung, Angabe des TOPs	Wortlaut der Beschlüsse (ggf. unter Berücksichtigung des Antragstextes)	Gerichtsentscheidung (Gericht, Aktenzeichen, Parteien Tenor)	Anmerkungen (Vermerke)	Eintragender, Eintragungsdatum
4	...	...	...	...	...
5	München, ordentliche Eigentümerversammlung vom 26.2.2008, TOP 3	Der Antrag zu TOP 3, die vorliegende Jahresgesamt- und die Jahreseinzelabrechnungen 2007 zu genehmigen, ist mehrheitlich angenommen worden.		Angefochten mit Klage vom ... zum AG ..., Az: ... Aufgehoben mit Beschluss vom 3.6.2008 (lfd. Nr. 6)	gez. ... (Unterschrift) 27.2.2008 gez. ... (Unterschrift) 11.3.2008 gez. ... (Unterschrift) 4.6.2008
6	München, außerordentliche Eigentümerversammlung vom 3.6.2008, TOP 2	Der Antrag, den Beschluss zu TOP 3 der ordentlichen Eigentümerversammlung vom 26.2.2008 (Genehmigung der Jahresgesamt- und Jahreseinzelabrechnungen 2007) aufzuheben, ist mehrheitlich angenommen worden.		betrifft lfd. Nr. 5 bestandskräftig	gez. ... (Unterschrift) 4.6.2008 gez. ... (Unterschrift) 7.7.2008

---

396 Zur Ausnahme des Satzes 5 siehe unten Rn. 68.
397 Siehe zum Zweitbeschluss § 46 Rn. 13 und § 21 Rn. 25 (mit weiteren Verweisen).

Gleiches würde sinngemäß gelten, wenn im vorgenannten Beispiel nicht ein Beschluss der Eigentümerversammlung, sondern ein erstinstanzliches Urteil in einem Rechtsstreit nach § 43 Nr. 3 vorliegen würde. Hier wären die Eintragungen zunächst in der Spalte Gerichtsentscheidung vorzunehmen. In der Spalte Anmerkung würde dann vermerkt: „Angefochten mit Berufung vom ... zum LG München I, Az. ..." und „Aufgehoben durch Urteil des LG München I, Az. ..., vom ... (laufende Nr. 6)".

Die Anmerkungen beschränken sich jedoch nicht nur auf die Anfechtung und Aufhebung der Beschlüsse.[398] **Weitere** sachgerechte **Anmerkungen** können aufgenommen werden, wenn die Übersichtlichkeit der Sammlung darunter nicht leidet.[399] Im vorstehenden Beispiel wurde etwa bei der laufenden Nr. 6 vermerkt, dass der Beschluss bestandskräftig geworden ist. Bei Nr. 5 und 6 wurde zudem auf die jeweilige andere Nummer verwiesen, was insbesondere dann sehr zur Übersichtlichkeit beiträgt, wenn eine Vielzahl von Eintragungen vorhanden ist und die Beschlüsse weiter auseinanderliegen (etwa: mit Beschluss 125 wird der Beschluss Nr. 78 aufgehoben).

67

6. Satz 5: Mögliche Löschung bei Aufhebung

Satz 5 regelt den Fall, dass entweder ein Beschluss durch einen Zweitbeschluss[400] oder durch ein Urteil oder ein erstinstanzliches Urteil durch eine Entscheidung des Rechtsmittelgerichts aufgehoben wird. Alleine der Umstand, dass eine Anfechtung eines Beschlusses oder eines Urteils erfolgt ist, reicht für Satz 5 nicht aus. Bei einer **Aufhebung** eines Beschlusses oder einer gerichtlichen Entscheidung hat der Verwalter daher mehrere Möglichkeiten. Er kann (muss aber nicht) von der bei Rn. 66 und 67 dargestellten **Anmerkung** absehen und stattdessen die Eintragung auch löschen, was einer Unübersichtlichkeit der Sammlung vorbeugen soll.[401] Eine **Löschung** wird jedoch erst dann in Betracht kommen, wenn der Zweitbeschluss bestandskräftig oder das (letztinstanzliche) Urteil rechtskräftig ist.[402] Ansonsten müsste bei einer späteren Aufhebung des angefochtenen Zweitbeschlusses oder einer Änderung eines Urteils in der Rechtsmittelinstanz die Löschung wieder rückgängig gemacht werden, was aller Voraussicht nach zur Unübersichtlichkeit führen wird (zumindest dann, wenn die Sammlung nicht elektronisch geführt wird). Vor Bestands- oder Rechtskraft sollte der Verwalter daher immer den Weg der Anmerkung in der oben dargestellten Form wählen.

68

Entschließt sich der Verwalter zur **Löschung**, kann dies sowohl bei der Sammlung in Papierform als auch in elektronischer Form dadurch geschehen, dass der zu löschende Text durchgestrichen und mit einem entsprechenden Hinweis versehen wird.

69

---

398 Siehe dazu oben Rn. 55.
399 So auch: *Hügel/Elzer*, § 8 Rn. 34.
400 Siehe zum Zweitbeschluss § 46 Rn. 13 und § 21 Rn. 25 (mit weiteren Verweisen).
401 BT-Drucks. 16/887, S. 34.
402 Ebenso: *Palandt-Bassenge*, WEG § 24 Rn. 33.

Im Beispiel Rn. 66 würde in diesem Fall die Eintragung zur laufenden Nr. 5 wie folgt aussehen:

5	München, ordentliche Eigentümerversammlung vom 26.2.2008, TOP 3	Der Antrag zu TOP 3, die vorliegende Jahresgesamt- und die Jahreseinzelabrechnungen 2007 zu genehmigen, ist mehrheitlich angenommen worden.		Angefochten mit Klage vom ... zum AG ..., Az: ...	gez. ... (Unterschrift) 27.2.2008
					gez. ... (Unterschrift) 11.3.2008
				Aufgehoben mit Beschluss vom 3.6.2008 (lfd. Nr. 6)	gez. ... (Unterschrift) 4.6.2008

Wenn die Sammlung in elektronischer Form geführt wird, kann anstelle des Durchstreichens der Text auch (vollständig) entfernt werden.[403] In diesem Fall muss in der Sammlung die laufende Nummer bestehen bleiben und es ist die Löschung zu vermerken.

Im Beispiel Rn. 66 würde in diesem Fall die Eintragung zur laufenden Nr. 5 wie folgt aussehen:

5				Gelöscht aufgrund Beschluss vom 3.6.2008 (lfd. Nr. 6)	gez. ... (Unterschrift) 4.6.2008

7. Satz 6: Mögliche Löschung bei Bedeutungslosigkeit

70 Nach Satz 6 kann eine Eintragung auch dann **gelöscht** werden, wenn sie aus einem anderen Grund für die Wohnungseigentümer keine Bedeutung mehr hat.

Satz 6 betrifft **alle Eintragungen** und ist daher weiter gefasst als Satz 5, der sich nur auf Beschlüsse und gerichtliche Entscheidungen bezieht.

Ob ein Beschluss oder eine gerichtliche Entscheidung für die Eigentümer **keine Bedeutung** mehr hat, kann nur anhand der Umstände des Einzelfalls beurteilt werden, wobei dem Verantwortlichen (in der Regel dem Verwalter) ein Beurteilungsspielraum zusteht.[404] Die Bedeutungslosigkeit muss sich aus einem anderen Grund, also nicht aufgrund einer Aufhebung des Beschlusses oder der Gerichtsentscheidung gemäß Satz 5, ergeben. So kann ein Be-

---

403 BT-Drucks. 16/887, S. 34.
404 BT-Drucks. 16/887, S. 34.

schluss seine Bedeutung verloren haben, weil er sich durch Zeitablauf erledigt hat[405] oder weil er durch eine spätere Regelung überholt ist.[406]

Auch Satz 6 stellt eine „Kann"-Regelung dar, so dass es im Ermessen des Verwalters liegt, ob er bei Bedeutungslosigkeit eine Anmerkung[407] vornimmt oder ob er die Eintragung löscht.

Die Löschung selbst kann ebenfalls wieder durch Streichung oder durch (vollständige) Entfernung erfolgen. Insoweit wird auf oben Rn. 69 Bezug genommen. Der Verwalter sollte jedoch sehr zurückhaltend mit **Löschungen** sein. Meist wird für ihn mit Sicherheit feststellbar sein, ab wann ein Beschluss keine Bedeutung mehr haben kann. So können etwa Genehmigungsbeschlüsse zu Wirtschaftsplänen, Jahresabrechnungen, Verwaltungs- und Verwaltungsbeiratsentlastungen zumindest bis zur Verjährung möglicher (Schadensersatz-)Ansprüche Bedeutung haben. Dies kann auch nach Eintritt der Verjährung der Fall sein, da die Verjährung nur auf Einrede hin beachtet wird. Häufig wird der Verwalter auch nicht sicher wissen, wann die Verjährung im konkreten Fall zu laufen beginnt (bei Regelverjährung ist Kenntnis erforderlich) und ob sowie ggf. wie lange eine Hemmung der Verjährung eingetreten ist. Der Verwalter wird sich auch nicht durch eine entsprechende Beschlussfassung durch die Eigentümer „absichern" können. Da keine Beschlusskompetenz für die Eigentümer besteht (die Führung der Beschluss-Sammlung obliegt dem Verwalter – s.u. Rn. 73), kann ein derartiger Beschluss keine Rechtswirkungen entfalten.

Diese Grundsätze gelten auch für die eingetragenen **Negativbeschlüsse** (siehe oben Rn. 57) und für eingetragene **Geschäftsordnungsbeschlüsse**, die Wirkungen für künftige Versammlungen haben. Auch hier wird daher in der Praxis der Verwalter häufig den sichereren Weg der Anmerkung gehen, wenn nicht ausnahmsweise das Belassen der Beschlüsse zur völligen Unübersichtlichkeit der Beschlusssammlung führen würde.

8. Satz 7: Unverzügliche Erledigung von Eintragungen, Vermerken und Löschungen mit Datumsangabe

Satz 7 betrifft alle Eintragungen, Vermerke und Löschungen gemäß den Sätzen 3 bis 6 von Abs. 6. Wegen der näheren Einzelheiten hierzu wird auf die Kommentierungen oben Rn. 65 bis 70 Bezug genommen.

Bei jeder Veränderung der Beschluss-Sammlung ist es auch erforderlich, durch die jeweilige Datumsangabe den Zeitpunkt der Änderung zu doku-

---

405 Beispiel: Eine Gemeinschaftsfläche wurde für 3 Monate vermietet und das Mietverhältnis wurde endgültig abgewickelt, so dass keine gegenseitigen Ansprüche mehr bestehen; gleiches gilt für ein Urteil, mit dem festgestellt wurde, dass dieses Mietverhältnis besteht.
406 Beispiel: Der Beschluss über Benutzungszeiten des gemeinschaftlichen Trockenraumes wird durch eine spätere (wirksame) Vereinbarung überholt, wonach der bisherige Trockenraum als Gemeinschaftsspeicher genutzt wird; gleiches gilt, wenn nach einer einstweiligen (Regelungs-)Verfügung zur Benutzungszeit des Trockenraums durch Vereinbarung die Zweckbestimmung geändert wird.
407 Siehe oben Rn. 66, 67.

mentieren. Bei den Beispielen oben Rn. 66 und 69 wurden die Datumsangaben bereits berücksichtigt.

Die Veränderungen sind **unverzüglich** zu erledigen. Da das WEG keine eigenständige Definition vornimmt, ist auf die Legaldefinition des § 121 Abs. 1 BGB zurückzugreifen. Danach bedeutet unverzüglich „ohne schuldhaftes Zögern". Ob ein solches vorliegt, kann letztendlich nur anhand der Umstände des konkreten Einzelfalls beurteilt werden. [408] Ohne besondere Umstände wird im Regelfall sowohl bei einem professionellen Verwalter als auch bei einem Privatmann eine Eintragung in einem Zeitraum von bis zu einer Woche nach der Versammlung erwartet werden müssen. In der Rechtsprechung wurde bisher die Eintragung eines Beschlusses der Wohnungseigentümergemeinschaft in die Beschluss-Sammlung binnen **einer Woche** noch als unverzüglich angesehen.[409] Alleine der Umstand, dass das Protokoll noch nicht erstellt worden ist oder dass über den genauen Beschlusswortlaut bereits Streit entstanden ist, verlängert die Frist nicht. Ein **schuldhaftes** Zögern würde aber nicht vorliegen, wenn der Verwalter ernsthaft erkrankt oder wenn er an der Versammlung nicht teilnehmen konnte und er vom Versammlungsleiter erst später genaue Informationen erhält. Insbesondere bei **Nichtteilnahme** an der Versammlung werden aber vom Verwalter ernsthafte Anstrengungen zur Informationsgewinnung erwartet werden müssen.

9. Satz 8: Einsichtsrecht

72 Der Gesetzgeber hat in Satz 8 zur Klarstellung ausdrücklich ein Einsichtsrecht in die Beschluss-Sammlung aufgenommen, um auszuschließen, dass aus der Regelung in § 24 Abs. 6 Satz 3 (Einsichtsrecht in einzelne Niederschriften) ein nicht zutreffender Rückschluss gezogen wird, nur dort sei eine Einsicht zulässig.[410]

Nach Satz 8 ist einem Wohnungseigentümer[411] auf sein **Verlangen** hin Einsicht in die Beschluss-Sammlung zu geben. Der Wohnungseigentümer muss seinen Einsichtsanspruch also geltend machen und kann nicht erwarten, dass der Verwalter[412] von sich aus tätig wird.[413] Ein besonderes rechtliches

---

408 In der Literatur werden zwischen 1 Tag und 1 Woche vorgeschlagen; siehe etwa: *Jennißen-Schultzky*, § 24 Rn. 174 (eine Woche); *Palandt-Bassenge*, WEG § 24 Rn. 34 (bis 7 Tage); nicht gefolgt werden kann *Deckert/Kappus*, NZM 2007, 747, wo – wie bei der Protokollerstellung – eine Frist von 3 Wochen noch als ausreichend angesehen wird.
409 LG Berlin v. 7. 10. 2009 – 85 S 101/08, ZWE 2010, 224; LG München I v. 6. 2. 2008 – 1 T 22613/07, NJW 2008, 1823.
410 BT-Drucks. 16/887, S. 34.
411 Siehe zum Begriff des Wohnungseigentümers oben Rn. 5 ff.
412 Siehe zu dem Fall, dass ein Anderer die Beschlusssammlung führt unten Rn. 74.
413 Ebenso: *Deckert/Kappus*, NZM 2007, 747 unter Hinweis auf *Merle* (GE 2007, 636 [639]), der darüber hinaus eine gesonderte Unterrichtungsverpflichtung des Verwalters gegenüber in der Eigentümerversammlung nicht anwesenden Eigentümern zu etwa gefassten Beschlüssen, die nicht als TOP in der Einladung angekündigt waren, fordert.

Interesse ist für die Einsichtnahme des Eigentümers nicht erforderlich und daher auch nicht nachzuweisen.[414]

Für die Einzelheiten der Einsichtsgewährung einschließlich der Anfertigung von **Kopien** gelten die obigen Ausführungen zur Einsicht in die Versammlungsprotokolle sinngemäß. Es wird daher insoweit auf die Kommentierung zu Rn. 45 Bezug genommen.

Einsicht kann auch ein **Dritter** verlangen, den ein Wohnungseigentümer ermächtigt hat. Ein berechtigtes **Interesse** des Dritten ist **nicht** erforderlich.[415] Dritter ist auch ein Erwerbsinteressent, so dass auch dieser durch einen derzeitigen Wohnungseigentümer bevollmächtigt werden muss. Da das Gesetz keine Ausnahme vorsieht, muss die Bevollmächtigung auch dann verlangt werden, wenn der Dritte das Eigentum an einer Wohnung im Wege der Zwangsversteigerung erwerben möchte.[416]

Weigert sich der Verwalter, einem berechtigten Einsichtsersuchen nachzukommen, kann der Einsichtsanspruch im **Klageweg** nach § 43 Nr. 1 und 3 geltend gemacht werden. Zu einer möglichen Wiedereinsetzung in den vorherigen Stand für den Fall, dass innerhalb der Anfechtungsfrist kein Versammlungsprotokoll vorliegt und auch eine Einsicht in die Beschluss-Sammlung nicht gewährt wird, siehe oben Rn. 40.

IX. Absatz 8: Führung der Beschluss-Sammlung

1. Satz 1: Führung durch Verwalter

Das Gesetz legt die **Verpflichtung** („ist"), die Beschluss-Sammlung zu führen, grundsätzlich dem **Verwalter** auf.[417] Verwalter i.S.d. Abs. 8 ist der nach § 26 Bestellte. Wegen der näheren Einzelheiten zur Bestellung, Abberufung oder Amtsniederlegung des Verwalters wird auf die Kommentierungen zu § 26 Bezug genommen.

73

Das **Führen** der Beschluss-Sammlung umfasst alle in Abs. 7 beschriebenen Tätigkeiten, also insbesondere das Anlegen der Sammlung, die Vornahme von Eintragungen und Löschungen sowie die Einsichtsgewährung. Wegen der näheren Einzelheiten hierzu wird auf die Kommentierungen oben Rn. 49 ff. Bezug genommen.

Sofern nicht die Voraussetzungen des Satzes 2 vorliegen, ist der Verwalter auch dann zum Führen der Sammlung verpflichtet, wenn er die (jeweilige) Versammlung nicht geleitet hat. Gleiches gilt selbst dann, wenn er an der Versammlung nicht teilgenommen hat, obgleich er zur Teilnahme berechtigt war (siehe dazu § 23 Rn. 6). Insbesondere im letztgenannten Fall trifft den

---

414 Wie hier: *Bärmann-Merle*, § 24 Rn. 192; *Jennißen-Schultzky*, § 24 Rn. 195; *Niedenführ/Kümmel/Vandenhouten-Kümmel*, § 24 Rn. 100.
415 LG Hamburg v. 5.10.2011 – 318 S 7/11, ZWE 2012, 283.
416 Wie hier: *Palandt-Bassenge*, WEG § 24 Rn. 35; *Bärmann-Merle*, § 24 Rn. 192; *Deckert, Kappus*, NZM 2007, 747; *Riecke/Schmid-Riecke*, § 24 Rn. 137 (der dem Verwalter zur Zurückhaltung rät); *Jennißen-Schultzky*, § 24 Rn. 196.
417 Ebenso: *Schreiber-Ruge/Röll*, S. 951, Rn. 68a; *Niedenführ/Kümmel/Vandenhouten-Kümmel*, § 24 Rn. 95; *Jennißen-Schultzky*, § 24 Rn. 166; *Hügel/Elzer*, § 24 Rn. 117.

Verwalter dann (zusätzlich) die Pflicht, sich vom Versammlungsleiter die für die Eintragungen erforderlichen **Informationen** zeitgerecht zu **verschaffen**.[418]

2. Satz 2: Führung durch sonstige Personen

74 Fehlt ein Verwalter[419], so ist nach Satz 2 grundsätzlich der **Vorsitzende** der Wohnungseigentümerversammlung verpflichtet, die Beschluss-Sammlung (wie der Verwalter) zu führen. Wie oben bei Rn. 31 dargestellt, können die Wohnungseigentümer einem ihrer Mitglieder den Vorsitz in der Versammlung durch Mehrheitsbeschluss antragen, der dann den Vorsitz führt, wenn er die Wahl annimmt. Eine derartige Wahl kann auch konkludent dadurch zu Stande kommen, dass ohne förmliche Abstimmung ein Eigentümer faktisch die Versammlungsleitung übernimmt und niemand widerspricht. Satz 2 greift aber nicht ein, wenn ein **Verwalter** vorhanden ist, die Versammlung aber dennoch einen anderen Vorsitzenden bestimmt (in diesem Fall bleibt der Verwalter zur Führung verpflichtet).

Die Wohnungseigentümer können durch **Stimmenmehrheit** auch einen **anderen** (also nicht den Vorsitzenden der Versammlung) für die Aufgabe der Führung der Beschluss-Sammlung bestellen. Auch dies setzt wieder voraus, dass ein Verwalter fehlt.

Die Praxis wird zeigen, ob sich künftig beim Fehlen eines Verwalters in nennenswertem Umfang Wohnungseigentümer finden werden, die bereit sind, die Führung der Beschluss-Sammlung dadurch zu übernehmen, dass sie den Vorsitz einer Versammlung übernehmen oder sich als „anderer" zur Führung bestellen lassen. Dies wird zumindest in den Fällen, in denen nicht von 2007 an immer die gleiche Person den Vorsitz oder ansonsten die Führung der Sammlung übernimmt, schon alleine deshalb zu Problemen führen, weil die jeweils neue Person wohl nicht im Besitz der bisherigen Beschluss-Sammlung (sei sie nun in Papier- oder in elektronischer Form geführt) sein wird. Zweifelhaft ist auch, ob sich ein Nichtverwalter die Verpflichtung aufladen wird, den anderen Eigentümern in der oben dargestellten Weise (in seiner Wohnung?) Einsicht zu gewähren. In der gerichtlichen Praxis sind bisher, soweit ersichtlich, Fälle mit der Beschluss-Sammlungs-Führung durch andere Personen nicht zur Entscheidung gekommen.

3. Folgen einer Pflichtverletzung bei der Führung

a) Durch den Verwalter

75 Führt der Verwalter die Beschluss-Sammlung nicht ordnungsgemäß i.S.d. Abs. 7, liegt nach § 26 Abs. 1 Satz 4 regelmäßig ein **wichtiger Grund** für eine **Abberufung** des Verwalters vor.[420]

Darüber hinaus kann sich der Verwalter nach den allgemeinen Vorschriften (§ 280 ff. BGB) schadensersatzpflichtig machen. Anspruchsinhaber kann da-

---

418 Wie hier: *Deckert, Kappus;* NZM 2007, 747.
419 Siehe zum Verwalter oben Rn. 73 und die Kommentierungen zu § 26.
420 Siehe näher dazu § 26 Rn. 24.

bei zunächst der rechtsfähige **Verband** als der Vertragspartner des Verwalters sein, wobei aber ein Schaden des Verbandes meist nicht vorliegen wird. Es können aber auch die einzelnen Wohnungseigentümer Schadensersatzansprüche geltend machen. Der Verwaltervertrag ist ein Vertrag zugunsten Dritter[421] oder zumindest ein Vertrag mit Schutzwirkung zugunsten Dritter[422], bei dem die Eigentümer in den Schutzbereich einbezogen sind. Eine Haftung gegenüber Dritten, wie etwa künftigen Erwerbern, besteht dagegen nicht.[423]

b) *Durch sonstige Personen*
Wenn nach Satz 2 der Versammlungsvorsitzende oder die sonst zur Führung der Sammlung bestimmte Person ihrer Pflicht nicht nachkommt, ist grundsätzlich an einen Schadensersatzanspruch auch gegen diese Personen zu denken. Verletzt könnte eine sich aus dem Gemeinschaftsverhältnis i.V.m. § 24 ergebende Pflicht sein. Da es sich bei den sonstigen Personen meist um unentgeltlich tätige handeln wird, ist zu erwarten, dass die Rechtsprechung an das Verschulden deutlich höhere Anforderungen als beim entgeltlich tätigen (eventuell sogar professionellen) Verwalter stellen wird. Welcher Verschuldensmaßstab dabei angelegt werden wird, kann derzeit noch nicht abgeschätzt werden.

76

---

421 Siehe dazu näher § 26 Rn. 38.
422 Siehe dazu näher § 26 Rn. 37.
423 BT-Drucks. 16/887, S. 34.

§ 25
Mehrheitsbeschluss

(1) Für die Beschlussfassung in Angelegenheiten, über die die Wohnungseigentümer durch Stimmenmehrheit beschließen, gelten die Vorschriften der Absätze 2 bis 5.

(2) Jeder Wohnungseigentümer hat eine Stimme. Steht ein Wohnungseigentum mehreren gemeinschaftlich zu, so können sie das Stimmrecht nur einheitlich ausüben.

(3) Die Versammlung ist nur beschlussfähig, wenn die erschienenen stimmberechtigten Wohnungseigentümer mehr als die Hälfte der Miteigentumsanteile, berechnet nach der im Grundbuch eingetragenen Größe dieser Anteile, vertreten.

(4) Ist eine Versammlung nicht gemäß Absatz 3 beschlussfähig, so beruft der Verwalter eine neue Versammlung mit dem gleichen Gegenstand ein. Diese Versammlung ist ohne Rücksicht auf die Höhe der vertretenen Anteile beschlussfähig; hierauf ist bei der Einberufung hinzuweisen.

(5) Ein Wohnungseigentümer ist nicht stimmberechtigt, wenn die Beschlussfassung die Vornahme eines auf die Verwaltung des gemeinschaftlichen Eigentums bezüglichen Rechtsgeschäfts mit ihm oder die Einleitung oder Erledigung eines Rechtsstreits der anderen Wohnungseigentümer gegen ihn betrifft oder wenn er nach § 18 rechtskräftig verurteilt ist.

Inhalt:

	Rn.
I. Allgemeines	1
II. **Absatz 1:** Mehrheitsbeschluss	2
1. In Angelegenheiten, über die die Wohnungseigentümer durch Stimmenmehrheit beschließen	2
2. Für die Beschlussfassung gelten die Vorschriften der Absätze 2 bis 5	3
III. **Absatz 2:** Stimmrecht	4
1. Satz 1:	4
a) Wohnungseigentümer	4
aa) Begriff des Wohnungseigentümers	4
bb) Bevollmächtigte	5
cc) Sonstige Stimmberechtigte	7
b) Stimmkraft („hat eine Stimme")	8
aa) Kopfstimmrecht	8
bb) Wertstimmrecht	9
cc) Objektstimmrecht	10
dd) Stimmrechtsausschluss	11
2. Satz 2: Gemeinschaftliches Stimmrecht	12

	Rn.
a) Gemeinschaftliches Wohnungseigentum	12
b) Einheitliche Stimmrechtsausübung	13
3. Folge von Verstößen	14
IV. **Absatz 3:** Beschlussfähigkeit	15
1. (Erst-) Versammlung ist nur beschlussfähig	15
2. Erschienene stimmberechtigte Wohnungseigentümer	16
3. Vertretung von mehr als der Hälfte der Miteigentumsanteile, berechnet nach der im Grundbuch eingetragenen Größe dieser Anteile	17
4. Folge von Verstößen	18
V. **Absatz 4:** Wiederholungsversammlung/Zweitversammlung	19
1. Satz 1: Einberufung der Wiederholungsversammlung	19

a) Erstversammlung nicht beschlussfähig.........	19
b) Einberufung neuer Versammlung mit gleichem Gegenstand...	20
c) Eventualeinberufung....	21
2. Satz 2: Beschlussfähigkeit der Wiederholungsversammlung.........	22
a) Wiederholungsversammlung ohne Anwesenheitsquorum beschlussfähig..	22
b) Hinweis bei Einberufung	23
3. Folge von Verstößen....	24
VI. **Absatz 5:** Stimmrechtsausschluss..................	26
1. Allgemeines...........	26

2. Wohnungseigentümer ist nicht stimmberechtigt bei Beschlussfassung...	27
a) Grundsatz............	27
b) Ausnahme: Mitgliedschaftliche Angelegenheiten................	28
3. Vornahme eines Rechtsgeschäfts mit ihm......	29
4. Einleitung oder Erledigung eines Rechtsstreits gegen ihn............	30
5. Nach rechtskräftiger Verurteilung nach § 18..	31
6. Rechtsmissbrauch, insbesondere Majorisierung..	32
7. Folgen eines Verstoßes.	33

I. Allgemeines

§ 25 befasst sich mit den **formellen Voraussetzungen** für das Zustandekommen eines Mehrheitsbeschlusses. Im Wesentlichen regelt die Vorschrift die Beschlussfähigkeit von Erst- und Wiederholungsversammlung (Abs. 3 und 4), das Stimmrecht der Wohnungseigentümer (Abs. 2) und den Stimmrechtsausschluss (Abs. 5).

Die Vorschrift ist weitgehend **abdingbar**.[1] Alleine der Umstand, dass der Kernbereich des Wohnungseigentums berührt wird, führt jedoch nicht dazu, dass eine Vereinbarung unzulässig wird. Dies folgt bereits daraus, dass bei einer Vereinbarung auch der beeinträchtigte Wohnungseigentümer (oder sein Rechtsvorgänger) mitgewirkt hat. Da es sich um Individualrechte der Wohnungseigentümer handelt, ergibt sich schon aus Art. 2 Abs. 1 GG, dass der Rechtsinhaber auf die Ausübung seines Rechts verzichten kann.[2] Nur in extremen Ausnahmefällen, bei denen aber wohl auch ein Verstoß gegen die guten Sitten bejaht werden wird, kann ein solcher Verzicht ausgeschlossen sein.[3] Dies ist etwa der Fall bei schwerwiegenden Eingriffen in den Kernbereich elementarer Mitgliedschaftsrechte, wie dem Ausschluss von der Versammlung und (oder) Abstimmung lediglich aufgrund bestehender Beitragsrückstände (siehe dazu auch unten Rn. 26).[4]

---

1 LG Dresden v. 24.11.2010 – 2 S 293/10, ZWE 2011, 121 (zu Abs. 1); OLG Stuttgart v. 23.2.2004 – 8 W 475/03, WuM 2004, 734; OLG Celle v. 28.5.2002 – 4 W 60/02, GuT 2002, 188 (je zu Abs. 2).
2 BGH v. 22.1.2004 – V ZB 51/03, NJW 2004, 937.
3 Offen gelassen zur Frage, ob dies bei einem generellen Verzicht auf die Ausübung des Stimmrechts in der Wohnungseigentümerversammlung gilt: OLG Frankfurt/Main v. 24.8.2006 – 20 W 214/06, 20 W 215/06, ZWE 2007, 84–92; gegen die Zulässigkeit eines generellen Ausschlusses des Stimmrechts: BGH v. 11.11.1986 – V ZB 1/86, NJW 1987, 650.
4 BGH v. 10.12.2010 – V ZR 60/10, ZWE 2011, 122 (= NJW 2011, 679); siehe zu dieser Problematik genauer die Kommentierungen zu § 15 Rn. 6 und Rn. 11 und zu § 23 Rn. 28 und 30.

Soweit im Einzelfall vom Gesetz abweichende Regelungen **unzulässig** sind, wird dies bei den jeweiligen Absätzen kommentiert.

II. Absatz 1: Mehrheitsbeschluss

1. In Angelegenheiten, über die die Wohnungseigentümer durch Stimmenmehrheit beschließen

2 Trotz der geringfügig anderslautenden Formulierung knüpft Satz 1 an § 23 Abs. 1 an. Hier wie dort wird eine Angelegenheit vorausgesetzt, über die die Wohnungseigentümer[5] beschließen können. Eine solche **Beschlusskompetenz** kann sich zum einen aus dem WEG selbst ergeben oder aus einer Vereinbarung der Wohnungseigentümer. Die Vorschriften des WEG, aus denen sich eine gesetzliche Beschlusskompetenz ergibt, sind bei § 23 Rn. 3 aufgezählt. Die auf einer Vereinbarung beruhende Beschlusskompetenz aufgrund einer so genannten Öffnungsklausel in der Teilungserklärung/Gemeinschaftsordnung ist näher bei § 23 Rn. 4 und bei § 10 Rn. 17 und Rn. 33 dargestellt. Die umstrittene Frage einer Beschlusskompetenz kraft Sachzusammenhangs (so genannte Annexkompetenz) wird bei § 23 Rn. 4a behandelt. Auf diese Kommentierungen wird hier Bezug genommen.

Wird ein Beschluss zu einem Gegenstand gefasst, für den eine Beschlusskompetenz nicht begründet ist, ist dieser Beschluss gemäß § 23 Abs. 4 Satz 1 **nichtig**. Wegen der näheren Einzelheiten wird insoweit auf die Kommentierung zu § 23 Rn. 27 ff., insbesondere Rn. 29 und 32 verwiesen.

Die erforderliche Stimmenmehrheit kann bereits bei der so genannten einfachen Mehrheit erfüllt sein[6], kann aber auch qualifizierte Mehrheiten erfordern.[7] Siehe zum Zustandekommen eines Beschlusses § 23 Rn. 19ff. und zum Mehrheitsbeschluss insbesondere § 23 Rn. 23.

2. Für die Beschlussfassung gelten die Vorschriften der Absätze 2 bis 5

3 Dass für die Beschlussfassung die Vorschriften der Abs. 2 bis 5 gelten bedeutet, dass die dort genannten formellen Voraussetzungen für die Beschlussfähigkeit und die Stimmberechtigung eingehalten sein müssen.

Ergänzend wird zum **Zustandekommen**, zur Nichtigkeit und zur **Gültigkeit** eines Beschlusses auf § 23 Rn. 19ff. Bezug genommen.

III. Absatz 2: Stimmrecht

1. Satz 1:

a) *Wohnungseigentümer*

aa) Begriff des Wohnungseigentümers

4 Wohnungseigentümer ist nur, wer nach **materiellem Recht** (§§ 873, 925 BGB) das Wohnungs- oder Teileigentum wirksam erworben hat. Dies ist in der Regel derjenige, der zu Recht im Wohnungsgrundbuch eingetragen ist.[8]

---

5 Siehe zum Begriff sogleich Rn. 4.
6 Siehe dazu § 23 Rn. 23.
7 Siehe dazu § 23 Rn. 24, § 16 Rn. 63ff. und § 22 Rn. 24.
8 OLG Brandenburg v. 9. 1. 2006 – 13 Wx 17/05, ZWE 2006, 447.

Siehe näher zum Begriff des Wohnungseigentümers (auch: Buchberechtigter, Gesamtrechtsnachfolger, Zwangsversteigerung, Verzicht auf das Eigentum) § 10 Rn. 3. Zu den **gesetzlichen Vertretern** und den **Vertretern kraft Amtes** siehe § 24 Rn. 6.

Zur Beteiligung der Wohnungseigentümer für den Sonderfall der (geregelten und ungeregelten) **Untergemeinschaften** siehe § 23 Rn. 6 und Rn. 7. Auch das Mitglied einer „**werdenden**" oder „**faktischen**" Wohnungseigentümergemeinschaft[9] ist Wohnungseigentümer i.S.d. Abs. 2, so dass er sein Stimmrecht[10] selbst dann behält, wenn die Gemeinschaft durch Eintragung des teilenden Grundstückseigentümers und mindestens eines weiteren Erwerbers rechtlich in Vollzug gesetzt wird.[11]

Dagegen ist der noch nicht im Grundbuch eingetragene **Erwerber** einer bereits bestehenden Wohnungseigentumseinheit nicht Eigentümer i.S.d. WEG und bedarf daher zur Teilnahme an der Abstimmung einer Bevollmächtigung, die jedoch in der Praxis meist in den notariellen Kaufverträgen enthalten ist. Auch insoweit siehe genauer § 10 Rn. 3.

bb) Bevollmächtigte

Soweit in der Gemeinschaftsordnung nichts anderes vorgeschrieben ist, sind **Stimmrechtsvollmachten** zulässig, wobei die Vorschriften §§ 164 ff. BGB anwendbar sind.[12] Ein Eigentümer kann sich bei der Ausübung seines Stimmrechts auch durch **mehrere Bevollmächtigte** vertreten lassen. Diese können aber nur einheitlich abstimmen, wenn sie gleichzeitig in der Versammlung anwesend sind.[13] Ob die Bevollmächtigung auch die Erteilung einer **Untervollmacht** umfasst, ist durch Auslegung zu ermitteln. Im Zweifel ist auch die Erteilung einer Untervollmacht zulässig.[14]

5

Zwar bedarf die Vollmacht nach den Vorschriften des BGB keiner Form, doch kann ein Bevollmächtigter nach § 174 BGB nicht nur von der Abstimmung sondern auch von der Teilnahme an der Versammlung ausgeschlossen werden, wenn der **Versammlungsleiter** den Bevollmächtigten **zurückweist** und dieser die **Vollmachtsurkunde** nicht (im Original) vorlegt.[15] Gleiches gilt, wenn in der Gemeinschaftsordnung vorgesehen ist, dass die Vertretung

---

9 Siehe zum Begriff der werdenden oder faktischen Wohnungseigentümergemeinschaft § 2 Rn. 10.
10 Siehe dazu unten Rn. 8 ff.
11 BGH v. 5. 6. 2008 – V ZB 85/07, WuM 2008, 511 (= NJW 2008, 2639); OLG Stuttgart v. 16. 7. 2007 – 8 W 225/07 (zitiert nach juris); OLG Düsseldorf v. 24. 1. 2006 – 3 Wx 145/05 (zitiert nach juris); OLG Köln v. 30. 11. 2005 – 16 Wx 193/05, WuM 2006, 217.
12 Allgemeine Meinung (für alle): OLG München v. 15. 9. 2010 – 32 Wx 16/10, ZWE 2010, 461; OLG München v. 1. 12. 2005 – 32 Wx 93/05, NZM 2006, 183; BayObLG v. 8. 6. c1990 – BReg 1 b Z 18/89, WuM 1990, 621; Schreiber-Ruge/Röll, S. 948 Rn. 61.
13 BGH v. 30. 3. 2012 – V ZR 178/11, NJW 2012, 2512.
14 LG Köln v. 27. 9. 2012 – 29 S 61/12, ZMR 2013, 218.
15 BGH v. 29. 1. 1993 – V ZB 24/92, NJW 1993, 1329; AG Hannover v. 26. 10. 2010 – 483 C 3145/10, ZWE 2011, 145; ebenso: Niedenführ/Kümmel/Vandenhouten-Kümmel, § 24 Rn. 43; Schreiber-Ruge/Röll, S. 948 Rn. 61.

durch einen schriftlich Bevollmächtigten zulässig ist.[16] Wird der Bevollmächtigte jedoch nicht zurückgewiesen, ist seine Stimmabgabe grundsätzlich wirksam.[17] Der Stellvertreter muss aber gemäß § 164 Abs. 1 BGB mit Vertretungsmacht für die vertretenen Eigentümer handeln, weil ansonsten die Stimmabgabe gem. § 180 S. 1 BGB unwirksam oder jedenfalls nach §§ 180 Satz 2 BGB i. V. m. § 177 Abs. 1 BGB schwebend unwirksam ist.[18]

Jeder **Eigentümer** und jeder **Verwaltungsbeirat** hat in der Versammlung ein **Einsichtsrecht** in die vorgelegten Vollmachten. Dieses individuelle Recht ist nicht von einem Mehrheitsbeschluss abhängig, da jeder Eigentümer überprüfen können muss, ob die Versammlung beschlussfähig ist und ihm auch nicht das Risiko zugemutet werden kann, in der Versammlung anfechtbare Beschlüsse zu fassen, wobei dann erst im Gerichtsverfahren überprüft würde, ob wirksame Vollmachten vorlagen.[19] Wird aber auf Verlangen eines Versammlungsteilnehmers das Original der Vollmachtsurkunde nicht vorgelegt, so ist vom Nichtbestand der Vollmacht auszugehen, so dass die gefassten Beschlüsse fehlerhaft sind und sie auf Anfechtung hin aufzuheben sind, falls sich die Stimme auf das Beschlussergebnis ausgewirkt hat.[20] Unerheblich ist es dabei, ob eine möglicherweise direkt erteilte Innenvollmacht auch tatsächlich bestand.[21] Wenn die fehlende oder nicht formgerechte Vollmacht gerügt wurde, ist ein Nachschieben der Vollmacht nicht möglich.[22] Zu beachten ist, dass bei einem bewiesenen formellen Fehler **vermutet** wird, dass dieser auch **kausal** für das Abstimmungsergebnis war.[23] Zu den prozessualen Fragen zur Kausalität **formeller Fehler** und zur Widerlegung der Kausalitätsvermutung siehe genauer § 23 **Rn. 38**.

Für die nach § 164 Abs. 2 BGB erforderliche **Erkennbarkeit** des Vertreterhandelns reicht es aber aus, wenn zu Beginn der Eigentümerversammlung festgestellt wird, dass 1000/1000stel der Eigentümer anwesend bzw. vertreten sind. Hierin liegt eine hinreichende Bekanntgabe dahingehend, dass für die nicht erschienenen Eigentümer Vollmachten vorliegen. Die Erklärung, dass im fremden Namen gehandelt wird, muss nicht vom Vertreter abgegeben werden.[24]

Steht ein Wohnungseigentum mehreren **Bruchteilseigentümern** gemeinschaftlich zu und gibt nur einer der Mitberechtigten in der Wohnungseigentümerversammlung seine Stimme ab, so ist diese Stimmabgabe ungültig, wenn an der Ermächtigung durch den/die übrigen Mitberechtigten Zweifel

---

16 OLG München v. 11. 12. 2007 – 34 Wx 91/07, NZM 2008, 92; OLG München v. 1. 12. 2005 – 32 Wx 93/05, NZM 2006, 183.
17 BayObLG v. 8. 6. 1990 – BReg 1 b Z 18/89, WuM 1990, 621.
18 LG Landau (Pfalz) v. 29. 5. 2013 – 3 S 166/12, ZWE 2014, 95.
19 LG München I v. 8. 3. 2016 – 1 S 16307/15 (bisher nicht veröffentlicht); OLG München v. 31. 10. 2007 – 34 Wx 60/07, Grundeigentum 2007, 1637.
20 LG Frankfurt v. 5. 8. 2015 – 2-13 S 32/13, ZWE 2015, 458; OLG München v. 11. 12. 2007 – 34 Wx 91/07, NZM 2008, 92; siehe zur Folge formeller Fehler allgemein: § 23 Rn. 38.
21 LG Landau (Pfalz) v. 24. 6. 2013 – 3 S 177/12, ZMR 2013, 996.
22 LG Hamburg v. 2. 3. 2011 – 318 S 193/10, ZWE 2011, 286.
23 LG München I v. 29. 1. 2015 – 36 S 2567/14, ZMR 2015, 490; LG Frankfurt v. 8. 4. 2015 – 2-13 S 35/13, NZM 2015, 384.
24 OLG München v. 5. 4. 2011 – 32 Wx 1/11, ZWE 2011, 262.

bestehen und eine Vollmacht nicht vorgelegt wird.[25] Es ist jedoch anerkannt, dass **Ehegatten** auch ohne ausdrückliche Vertretungsregelung, etwa in der Gemeinschaftsordnung, jeweils einzeln berechtigt sind, auch allein das gemeinschaftliche Stimmrecht ihrer Einheit wahrzunehmen; insoweit bedarf es einer Vollmachtsvorlage nicht.[26] Allerdings kann die Erklärung des einen mitberechtigten Ehegatten nur dann Wirkungen für und gegen den anderen mitberechtigten Ehegatten entfalten, wenn er die Erklärung zugleich in dessen Namen abgibt. Dies muss nicht ausdrücklich geschehen; vielmehr genügt es nach § 164 Abs. 1 Satz 2 BGB, wenn sich dies aus den Umständen ergibt.[27] Wegen § 1 Abs. 1, § 11 Abs. 1 Lebenspartnerschaftsgesetz[28] müssen gleichgeschlechtliche Lebenspartner bei einer **eingetragenen Lebenspartnerschaft** insoweit Ehegatten gleichgestellt werden.

In der Gemeinschaftsordnung können **Vertretungsbeschränkungen** vorgesehen werden. So kann die Befugnis der Wohnungseigentümer, sich in den Versammlungen der Gemeinschaft vertreten zu lassen, auf einen bestimmten Personenkreis, wie etwa auf Ehegatten[29], einen Wohnungseigentümer oder Teileigentümer und den Verwalter beschränkt werden.[30] Die Einhaltung dieser Beschränkung obliegt dem jeweiligen Eigentümer selbst, so dass der Verwalter bei Versendung der Einladungen nicht auf bestehende Beschränkungen hinweisen muss.[31] Ist in der Gemeinschaftsordnung eine Vertreterklausel enthalten, wonach sich eine natürliche Person als Sondereigentümer in der Eigentümerversammlung nur durch bestimmte nahe **Angehörige** vertreten lassen darf, so bedeutet dies für eine **juristische Person** als Sondereigentümer, dass sie sich durch bestimmte eigene Unternehmensangehörige vertreten lassen darf.[32]

Im Einzelfall müssen jedoch nach Treu und Glauben **Ausnahmen** von der Vertretungsbeschränkung zugelassen werden, wenn die Beschränkung für den Eigentümer unzumutbar wäre.[33] So ist etwa ein zur Verschwiegenheit verpflichteter Rechtsanwalt oder Steuerberater trotz der Beschränkung zuzulassen, wenn einem im entfernten Ausland lebendem Eigentümer ein Erscheinen nicht möglich ist.[34] Ebenso wurden Ausnahmen im Einzelfall angenommen, wenn ein der deutschen Sprache unkundiger im Ausland lebender Eigentümer seinen Bruder bevollmächtigte[35], in einer kleinen, im Wesentlichen selbst genutzten Wohnanlage zwischen den Wohnungseigen-

---
25 OLG Düsseldorf v. 9.7.2003 – 3 Wx 119/03, FGPrax 2003, 216.
26 LG München I v. 31.3.2011 – 36 S 1580/11, ZWE 2012, 99; OLG Frankfurt/Main v. 7.8.1996 – 20 W 543/95, Wohnungseigentümer 1997, 80; OLG Rostock v. 12.9.2005 – 7 W 43/03 (zitiert nach juris).
27 BGH v. 19.7.2013 – V ZR 109/12, ZWE 2014, 25.
28 LPartG, BGBl. 2001, I S. 266.
29 Zur eingetragenen Lebenspartnerschaft siehe oben Rn. 5.
30 BGH v. 29.1.1993 – V ZB 24/92, NJW 1993, 1329; BGH v. 11.11.1986 – V ZB 1/86, NJW 1987, 650; KG Berlin v. 26.7.2004 – 24 W 360/02, WuM 2004, 685.
31 KG Berlin v. 26.7.2004 – 24 W 360/02, WuM 2004, 685.
32 LG München I v. 11.12.2014 – 36 S 152/14, ZMR 2015, 152.
33 Problematik angesprochen aber noch offengelassen: BGH v. 29.1.1993 – V ZB 24/92, NJW 1993, 1329; BGH v. 11.11.1986 – V ZB 1/86, NJW 1987, 650.
34 OLG Karlsruhe v. 16.5.2006 – 14 Wx 50/04, ZMR 2006, 795.
35 OLG Hamburg v. 24.1.2007 – 2 Wx 93/06, WE 2007, 201.

tümern erhebliche Spannungen bestanden[36] oder die zugelassenen Vertreter wegen Interessenkollision für den Vertretenen unzumutbar waren.[37] Wenn trotz **Verstoßes** gegen eine Vertretungsbeschränkung die Stimmabgabe eines Vertreters in der Eigentümerversammlung weder von den Miteigentümern noch von dem Versammlungsleiter beanstandet wird, bleibt dies ohne Folgen, wenn der Beschluss nicht angefochten wird.[38] Auf Anfechtung hin ist der im Einzelfall gemeinschaftsordnungswidrige Beschluss aber aufzuheben, wenn der Fehler für das Beschlussergebnis kausal war. Siehe näher zur Kausalität formeller Beschlussmängel § 23 Rn. 38. Selbst wenn in einer jahrelang geübten Nichtbeanstandung eine konkludente Zustimmung zu sehen wäre, könnte mangels Beschusskompetenz[39] die Gemeinschaftsordnung insoweit nicht (für die Zukunft) geändert werden.

cc) Sonstige Stimmberechtigte

7 Wie bereits bei § 24 Rn. 6 zur Teilnahmeberechtigung ausgeführt, treten auch bei der Stimmberechtigung an die Stelle des Eigentümers die gesetzlichen Vertreter[40] oder die Personen, denen **kraft Gesetzes** das **Stimmrecht** zusteht, wie etwa Zwangsverwalter,[41] Insolvenzverwalter, Nachlassverwalter oder Testamentsvollstrecker.[42] Dies gilt auch für Geschäftsführer einer GmbH, vertretungsberechtigte Gesellschafter einer OHG oder einer KG oder für Prokuristen.[43]

Sonstige Dritte, denen ein **dingliches Recht**[44] an der Eigentumseinheit zusteht oder die schuldrechtlich Berechtigte[45] sind, steht dagegen **keine** Stimmberechtigung zu. So steht etwa dem **Nießbraucher** kein Stimmrecht in der Versammlung zu.[46]

b) Stimmkraft („hat eine Stimme")
aa) Kopfstimmrecht
8 Absatz 2 befasst sich mit der **Stimmkraft**.[47]
Nach der gesetzlichen Regelung[48] des Abs. 2 Satz 1 hat jeder Wohnungseigentümer eine Stimme (so genanntes **Kopfstimmrecht**), wenn nicht auf-

---

36 OLG Braunschweig, WE 1991, 107 (zitiert nach OLG Hamburg v. 24.1.2007).
37 OLG Karlsruhe, OLGZ 1976, 273 (zitiert nach OLG Hamburg v. 24.1.2007).
38 KG Berlin v. 20.7.1994 – 24 W 3942/94, ZMR 1994, 524.
39 Siehe zur Nichtigkeit bei fehlender Beschlusskompetenz § 23 Rn. 29.
40 Ebenso: *Schreiber-Ruge/Röll*, S. 948 Rn. 61.
41 LG Berlin v. 19.9.2008 – 85 T 404/07, ZMR 2009, 474 (soweit nicht der Kernbereich des Wohnungseigentums betroffen ist).
42 Ebenso: *Riecke/Schmid-Riecke*, Fachanwaltskommentar, WEG § 25 Rn. 7 ff.; *Palandt-Bassenge*, WEG § 25 Rn. 2.
43 BGH v. 30.3.2012 – V ZR 178/11, NJW 2012, 2512; wie hier: *Schreiber-Ruge/Röll*, S. 948 Rn. 63.
44 Etwa: Wohnungsberechtigter i.S.d. § 1093 BGB, Grundschuld- oder Hypothekengläubiger.
45 Etwa: Mieter, Pächter.
46 BGH v. 10.7.2015 – V ZR 194/14, ZWE 2015, 376.
47 BGH v. 10.7.2015 – V ZR 198/14, ZWE 2015, 400; OLG Frankfurt/Main v. 24.8.2006 – 20 W 214/06, NZM 2007, 806.
48 Nach OLG Dresden v. 29.7.2005 – 3 W 0719/05, ZMR 2005, 894 soll das Kopfprinzip „Ausnahmecharakter" haben.

grund einer Vereinbarung das Kopfprinzip **abbedungen** und durch das Objekt- oder Wertprinzip ersetzt wird.[49] Ohne Bedeutung ist es dabei, wie groß die Wohnung ist oder wie viele Wohnungen der Wohnungseigentümer besitzt; er hat in jedem Fall nur eine Stimme.[50] Dies gilt auch für (rechtsfähige und nicht rechtsfähige) **Rechtsgemeinschaften**, wie etwa einer (nicht rechtsfähigen) Erbengemeinschaft gemäß §§ 2032 ff. BGB oder einer im Außenverhältnis rechtsfähigen Gesellschaft bürgerlichen Rechts.[51] Grundsätzlich steht nach dem Kopfstimmprinzip jeder Rechtsgemeinschaft, die nicht personenidentisch mit anderen Wohnungseigentümern ist, ein eigenes Stimmrecht zu.[52] Ist daher der Eigentümer A auch Mitglied der A-B-C-Erbengemeinschaft, hat nach dem Kopfprinzip A eine Stimme und auch die Erbengemeinschaft eine Stimme. Dies gilt aber dann nicht, wenn ein Wohnungseigentümer an mehreren unterschiedlichen Rechtsgemeinschaften mehrheitlich beteiligt ist, da er dann seinen Willen jeweils in sämtlichen Rechtsgemeinschaften durchsetzen kann. Andernfalls würden ihm somit – entgegen dem Kopfprinzip – mehrere Stimmen zukommen.[53] Ist dagegen die A-B-C-Erbengemeinschaft Eigentümerin von zwei Wohnungen, hat sie (wie jede natürliche Person) nur eine Stimme.

Beim Kopfstimmprinzip kommt es zu einer **Stimmrechtsvermehrung**, wenn ein Wohnungseigentümer, der mehrere Wohnungen besitzt, eine oder mehrere Wohnungen veräußert.[54] In diesem Fall haben auch die Erwerber ab Eintragung im Grundbuch jeweils eine Stimme. Dies gilt selbst dann, wenn die Veräußerung an nahe Verwandte mit dem Ziel erfolgte, sich in der Versammlung weitere Stimmrechte zu sichern.[55] Teilt dagegen ein Miteigentümer seinen Miteigentumsanteil ohne die Zustimmung der übrigen Miteigentümer auf und veräußert er den neu hinzugewonnenen Anteil an einen Dritten, führt das nicht zu einer Stimmrechtsmehrung, obwohl die Gemeinschaft nun aus einem Miteigentümer mehr besteht.[56] Zur Wahrung des Status der übrigen Wohnungseigentümer darf nämlich in derartigen Fällen die ursprüngliche Stimmenzahl durch eine Teilveräußerung von Wohnungseigentum keine Änderung erfahren.[57] Daher führt auch die Zustimmung des Verwalters zu einer solchen Teilveräußerung aufgrund eines in der Teilungserklärung enthaltenen Zustimmungserfordernisses nicht zu einer Vermehrung der Stimmrechte.[58]

---

49 BGH v. 10.7.2015 – V ZR 198/14, ZWE 2015, 400.
50 LG München I v. 27.4.2009 – 1 S 20171/08, ZWE 2009, 318; LG München I v. 19.10.2009 – 1 S 21731/08, ZWE 2009, 456; OLG Rostock v. 3.11.2008 – 3 W 5/08, ZMR 2009, 470; OLG Hamm v. 19.8.2008 – 15 Wx 89/08, ZWE 2008, 465.
51 Siehe zur Rechtsfähigkeit der Außengesellschaft: BGH v. 29.1.2001 – II ZR 331/00, NZM 2001, 299.
52 OLG Dresden v. 29.7.2005 – 3 W 0719/05, ZMR 2005, 894.
53 LG Hamburg v. 16.5.2008 – 318 T 54/07, ZMR 2008, 827.
54 OLG München v. 23.8.2006 – 34 Wx 58/06, ZMR 2006, 950; KG Berlin v. 15.9.1999 – 24 W 9353/97, FGPrax 2000, 9.
55 OLG München v. 23.8.2006 – 34 Wx 58/06, ZMR 2006, 950.
56 BGH v. 27.4.2012 – V ZR 211/11, ZWE 2012, 271; LG München I v. 19.10.2009 – 1 S 21731/08, ZWE 2009, 456; OLG Stuttgart v. 23.2.2004 – 8 W 475/03, WuM 2004, 734; a.A.: OLG Düsseldorf v. 3.2.2004 – 3 Wx 364/03, WuM 2004, 230.
57 BGH v. 24.11.1978 – V ZB 2/78, NJW 1979, 870.
58 BGH v. 27.4.2012 – V ZR 211/11, ZWE 2012, 271.

bb) Wertstimmrecht

9 Durch Vereinbarung (meist in der Teilungserklärung/Gemeinschaftsordnung) kann auch das so genannte **Wertprinzip** (oder **Wertstimmrecht**) eingeführt werden,[59] bei dem maßgeblich für das Stimmrecht die Größe des Miteigentumsanteils ist.[60] Der Miteigentumsanteil ist auch bei den bei Rn. 8 genannten Rechtsgemeinschaften maßgeblich.

Beim Wertprinzip führt die Unterteilung eines Wohnungseigentums nicht zu einer **Stimmrechtsvermehrung**.[61]

cc) Objektstimmrecht

10 In der Teilungserklärung/Gemeinschaftsordnung kann auch vorgesehen sein, dass sich das Stimmrecht nach der Anzahl der einem Eigentümer zustehenden Wohnungs- oder Teileigentumsrechte richtet (so genanntes **Objektprinzip** oder **Objektstimmrecht**).[62] Dies gilt auch bei den bei Rn. 8 genannten Rechtsgemeinschaften.

Eine Veräußerung von Wohnungseigentum führt im Gegensatz zum Kopfstimmrecht nicht zur **Stimmrechtsvermehrung**. Dies gilt auch bei einer Unterteilung von Wohnungseigentum und Schaffung neuer Eigentumseinheiten. Die Unterteilung darf nämlich nicht dazu führen, dass sich die ursprüngliche Stimmenzahl zu Lasten der anderen Wohnungseigentümer verändert (vgl. BGH v. 24.11.1978 – V ZB 2/78, NJW 1979, 870 für das Kopfstimmrecht). Dies hat, wenn in der Gemeinschaftsordnung ein Objektstimmrecht vorgesehen ist, zur Folge, dass das Entstehen einer weiteren Sondereigentumseinheit durch Unterteilung die bisherige Anzahl der Stimmrechte unberührt lässt. Vielmehr wird das zuvor auf die ungeteilte Einheit entfallende Stimmrecht entsprechend der Zahl der neu entstandenen Einheiten nach Bruchteilen aufgespalten und diesen zugewiesen. Angesichts der zu wahrenden Interessen der übrigen Wohnungseigentümer ändert sich daran bei einer späteren Veräußerung der durch Unterteilung entstandenen Einheiten nichts.

dd) Stimmrechtsausschluss

11 Ein möglicher **Stimmrechtsausschluss** kann sich unmittelbar aus Abs. 5 oder nach dem allgemeinen Grundsatz des rechtsmissbräuchlichen Verhaltens, etwa bei der so genannten Majorisierung, ergeben. Insoweit wird auf die Kommentierung unten Rn. 32 Bezug genommen.

Sind in der Gemeinschaftsordnung (geregelte) **Untergemeinschaften** vorgesehen, wie dies beispielsweise häufig bei Mehrhausanlagen der Fall ist, sind stimmberechtigt bei den Teilversammlungen nur die Mitglieder der jeweiligen Untergemeinschaft. Wegen der weiteren Einzelheiten wird auf die Kommentierung § 23 Rn. 6 und 7 verwiesen.

---

59 BGH v. 10.7.2015 – V ZR 198/14, ZWE 2015, 400.
60 BGH v. 19.9.2002 – V ZB 30/02, NJW 2002, 3704; OLG Köln v. 22.8.2008 – 16 Wx 228/07, ZMR 2009, 311; OLG Zweibrücken v. 10.7.1989 – 3 W 72/89, ZMR 1990, 30.
61 OLG Frankfurt v. 5.12.2011 – 20 W 70/11, ZWE 2012, 272; OLG Hamm v. 12.3.2002 – 15 W 358/01, ZMR 2002, 859.
62 BGH v. 10.7.2015 – V ZR 198/14, ZWE 2015, 400; BGH v. 19.9.2002 – V ZB 30/02, NJW 2002, 3704; BayObLG v. 3.8.1998 – 2Z BR 74/98, WuM 1998, 748.

2. Satz 2: Gemeinschaftliches Stimmrecht

a) Gemeinschaftliches Wohnungseigentum

Wie bereits bei Rn. 8 ff. oben dargestellt, richtet sich das Stimmrecht auch bei den Rechtsgemeinschaften grundsätzlich nach dem Kopf-, Wert- oder Objektsprinzip. Bei den Rechtsgemeinschaften (wie etwa Bruchteilsgemeinschaften, Erbengemeinschaften, ehelichen Gütergemeinschaften[63]) **steht** das Wohnungseigentum den Mitgliedern nur **gemeinschaftlich zu**. Bis zur Entscheidung des BGH[64] zur Rechtsfähigkeit im Außenverhältnis galt dies auch für die Gesellschaft bürgerlichen Rechts; nunmehr bedarf es der Sonderregelung des Satzes 2 für diese teilrechtsfähige Gemeinschaft nicht mehr[65]; dies gilt jedoch nur, wenn die Auslegung des Grundbuchs ergibt, dass tatsächlich die Gemeinschaft als solche Eigentümerin ist. Satz 2 greift auch nicht bei den Personenhandelsgesellschaften ein.[66]

12

b) Einheitliche Stimmrechtsausübung

In den vorgenannten Fällen **können** die Wohnungseigentümer das ihnen gemeinschaftlich zustehende Stimmrecht **nur einheitlich ausüben**. Dies bedeutet, dass alle zusammen nur eine Stimme haben, also keine Stimmanteile oder Quoten. Die **Willensbildung** der Mitberechtigten erfolgt nach den Regeln der Gemeinschaft, der sie angehören.[67] Wird die Stimmabgabe nicht einheitlich ausgeübt, ist die Stimme **unwirksam**.[68] Soweit teilweise davon ausgegangen wird, dass bei uneinheitlicher Stimmausübung von einer Enthaltung auszugehen ist[69], führt dies zu keinem anderen Ergebnis.

13

3. Folge von Verstößen

Bei Verstößen gegen Abs. 2 ist der gefasste Beschluss zwar nicht nichtig aber mit einem **formellen Fehler** behaftet. Wenn der Fehler für das Beschlussergebnis kausal war, ist der Beschluss auf Anfechtungsklage hin für ungültig zu erklären.

14

Hinsichtlich der näheren Einzelheiten wird auf die Kommentierung zu § 23 Rn. 33 ff., insbesondere Rn. 38 und 39 verwiesen.

IV. Absatz 3: Beschlussfähigkeit

1. (Erst-)Versammlung ist nur beschlussfähig

Absatz 3 befasst sich mit einer so genannten Erstversammlung, also einer Versammlung, die erstmals zur Behandlung bestimmter Beschussgegen-

15

---

63 Wie hier: *Jennißen-Schultzky*, § 25 Rn. 26 ff.; *Riecke/Schmid-Riecke*, § 25 Rn. 54; *Niedenführ/Kümmel/Vandenhouten-Kümmel*, § 25 Rn. 9.
64 BGH v. 29.1.2001 – II ZR 331/00, NZM 2001, 299.
65 Ebenso: *Riecke/Schmid-Riecke*, § 25 Rn. 54.
66 Ebenso: *Jennißen-Schulztky*, § 25 Rn. 27.
67 BayObLG v. 30.3.1990 – BReg 2 Z 22/90, WuM 1990, 322.
68 OLG Rostock v. 12.9.2005 – 7 W 43/03 (zitiert nach juris); OLG Düsseldorf v. 9.7.2003 – 3 Wx 119/03, FGPrax 2003, 216 (wenn nur einer abstimmt und seine Vertretungsmacht für die anderen zweifelhaft ist); im Ergebnis ebenso: *Niedenführ/Kümmel-Kümmel*, § 25 Rn. 9; *Jennißen-Schultzky*, § 25 Rn. 27.
69 So etwa: *Palandt-Bassenge*, WEG § 25 Rn. 6.

stände einberufen wurde.[70] Grundsätzlich ist eine Erstversammlung nur bei Vorliegen der nachfolgenden Voraussetzungen beschlussfähig, also in der Lage, fehlerfreie Beschlüsse zu fassen. Es reicht nicht aus, dass die Beschlussfähigkeit nur am Beginn der Versammlung vorlag; sie muss vielmehr bei jeder **Abstimmung** vorliegen, was der Versammlungsleiter zu überprüfen hat.[71] Es besteht keine Pflicht eines erschienenen Eigentümers bis zum Ende der Versammlung zu bleiben um die Beschlussfähigkeit zu erhalten.[72] Das Fehlen der Beschlussfähigkeit bei der Abstimmung stellt einen formellen Mangel bei den gefassten Beschlüssen dar. Zu den Folgen dieses formellen Fehlers siehe unten Rn. 18.

Absatz 3 ist durch Vereinbarung **abdingbar**.[73]

Daher kann es nach der Teilungserklärung/Gemeinschaftsordnung für die Beschlussfähigkeit ausreichend sein, dass mehr als die Hälfte der Miteigentumsanteile in der Versammlung anwesend sind.[74] Bestimmt werden kann auch, dass jede ordnungsgemäß einberufene Versammlung ohne Rücksicht auf die Zahl der erschienenen Eigentümer beschlussfähig ist.[75]

2. Erschienene stimmberechtigte Wohnungseigentümer

16 Bei der Berechnung der Beschlussfähigkeit wird zunächst auf die erschienenen Wohnungseigentümer abgestellt. Als erschienen gelten sowohl persönlich **anwesende** als auch ordnungsgemäß **vertretene** Eigentümer.[76]

Als erschienen i.S.v. Abs. 3 sind jedoch nur die **stimmberechtigten** Wohnungseigentümer anzusehen. Daher sind hier die nach Abs. 5 Ausgeschlossenen nicht zu berücksichtigen.[77]

Absatz 3 greift jedoch nicht ein, wenn Eigentümer **dauerhaft ausgeschlossen** sind, die mehr als die Hälfte der Miteigentumsanteile innehaben, da in diesem Fall eine Beschlussfähigkeit einer Erstversammlung nach dem Gesetz nicht herstellbar und die Einberufung einer Wiederholungsversammlung reine Förmelei wäre.[78] Dies gilt auch, wenn sich der Ausschluss der Mehrheitseigentümer lediglich auf einen Tagesordnungspunkt bezieht.[79]

---

70 Zur Wiederholungsversammlung siehe unten Rn. 19 ff. (Abs. 4).
71 OLG Köln v. 1.10.2002 – 16 Wx 13/02, ZMR 2003, 607.
72 AG Neumarkt v. 20.8.2015 – 4 C 5/14 WEG, ZWE 2015, 425.
73 LG Mühlhausen v. 21.11.2007 – 2 T 109/06 (zitiert nach juris); OLG Frankfurt v. 24.8.2006 – 20 W 215/06, ZWE 2007, 84; BayObLG v. 8.12.2004 – 2Z BR 80/04, WuM 2005, 145.
74 OLG Frankfurt/Main v. 24.8.2006 – 20 W 214/06, NZM 2007, 806; BayObLG v. 8.12.2004 – 2Z BR 080/04, WuM 2005, 145.
75 LG Berlin v. 11.5.2012 – 55 S 322/11, Grundeigentum 2012, 1179; OLG München v. 1.12.2005 – 32 Wx 93/05, ZMR 2006, 231.
76 So auch: *Jennißen-Schultzky*, § 25 Rn. 106; *Palandt-Bassenge*, WEG § 25 Rn. 10.
77 Ebenso: *Staudinger-Bub*, § 25 WEG Rn. 247: *Niedenführ/Kümmel/Vandenhouten-Kümmel*, § 25 Rn. 21.
78 KG Berlin v. 25.8.2003 – 24 W 110/02, NZM 2003, 901; BayObLG v. 10.11.1993 – 24 W 6075/92, WuM 1994, 41; ebenso: *Staudinger-Bub*, § 25 WEG Rn. 246.
79 LG München I v. 4.12.2014 – 36 S 5969/14, ZMR 2015, 158.

3. Vertretung von mehr als der Hälfte der Miteigentumsanteile, berechnet nach der im Grundbuch eingetragenen Größe dieser Anteile

Die berücksichtigungsfähigen erschienenen Eigentümer müssen mehr als die Hälfte der Miteigentumsanteile vertreten. Als **Berechnungsgrundlage** dient dabei die Größe **aller** Miteigentumsanteile, die im Grundbuch eingetragen sind.[80] Erscheint beispielsweise ein Eigentümer, für den $^{500}/_{1000}$tel Miteigentumsanteile im Grundbuch eingetragen sind, nicht zur Versammlung, ist diese nicht beschlussfähig, da nicht mehr als die Hälfte, nämlich mindestens $^{501}/_{1000}$tel Miteigentumsanteile, in der Versammlung vertreten sind. Eine beschlussfähige Wohnungseigentümerversammlung kann daher auch vorliegen, wenn an ihr nur eine Person teilnimmt (**"Einmannversammlung"**), wenn diese mehr als die Hälfte der Miteigentumsanteile vertritt.[81]

17

4. Folge von Verstößen

Bei Verstößen gegen Abs. 3 ist der gefasste Beschluss zwar nicht nichtig aber mit einem **formellen Fehler** behaftet. Wenn der Fehler für das Beschlussergebnis kausal war, ist der Beschluss auf Anfechtungsklage hin für ungültig zu erklären. Wenn die Beschlussunfähigkeit feststeht, ist immer von einer **Kausalität** dieses formellen Fehlers auszugehen.[82] Probleme ergeben sich in der (gerichtlichen) Praxis häufig bei der Frage, ob die Beschlussfähigkeit (bei jeder Abstimmung) tatsächlich gegeben war.

18

Insoweit gilt:

Der BGH hat entschieden, dass im Falle der Beschlussanfechtung davon auszugehen ist, dass der Versammlungsleiter die Zahl der Ja-Stimmen zu Unrecht festgestellt hat, wenn sich die Zahl der anwesenden Wohnungseigentümer nicht mehr aufklären lässt und dadurch **Zweifel** an den Mehrheitsverhältnissen verbleiben.[83] Diese Aussage kann uneingeschränkt auch auf den Fall angewendet werden, dass die Zahl der anwesenden Wohnungseigentümer für die Feststellung der Beschlussfähigkeit von entscheidender Bedeutung ist.[84] Grundsätzlich trägt aber im Anfechtungsverfahren[85] nach den allgemeinen Beweislastregeln der Kläger die **Darlegungs- und Beweislast** für die Unrichtigkeit des Abstimmungsergebnisses.[86] Es genügt also nicht ein pauschales Bestreiten der Richtigkeit. Eine Beweislastumkehr wegen der dem einzelnen Wohnungseigentümer nicht einsehbaren Umstände der Auszählung ist grundsätzlich nicht zulässig, da sie zu systemfremden Ausforschungsbeweisen führen würde.[87] Rügt der Kläger

---

80 A.A.: *Riecke/Schmid-Riecke*, § 25 Rn. 47 (der bei der Berechnungsgrundlage die vom Stimmrecht ausgeschlossenen nicht berücksichtigen möchte).
81 OLG München v. 11.12.2007 – 34 Wx 14/07, WuM 2008, 45.
82 Siehe allgemein zur Beweislast hinsichtlich der Kausalität von formellen Fehlern § 23 Rn. 38.
83 BGH v. 19.9.2002 – V ZB 37/02, NJW 2002, 3629; OLG Köln v. 21.11.2001 – 16 Wx 185/01, ZMR 2002, 972.
84 LG Hamburg v. 10.9.2014 – 318 S 10/14, ZMR 2015, 483.
85 Zur Beweislast bei der Feststellungsklage siehe § 23 Rn. 39.
86 LG München I v. 27.4.2009 – 1 S 20171/08, ZWE 2009, 318; AG Regensburg v. 18.2.2009 – 8 C 2322/08, ZMR 2009, 412.
87 *Zöller-Greger*, ZPO, vor § 284 Rn. 34.

substantiiert, so trifft die Beklagten eine **sekundäre Behauptungslast** bzw. die Verpflichtung zu substantiiertem Bestreiten, wenn ihnen ausnahmsweise zuzumuten ist, die prozessordnungsgemäße Darlegung durch nähere Angaben zu ermöglichen.[88]

V. Absatz 4: Wiederholungsversammlung/ Zweitversammlung

1. Satz 1: Einberufung der Wiederholungsversammlung

a) Erstversammlung nicht beschlussfähig

19 Absatz 4 Satz 1 setzt zunächst voraus, dass eine Versammlung gemäß Abs. 3 (Erstversammlung) **nicht beschlussfähig** ist. Aus den Kommentierungen oben Rn. 15 bis 18 kann entnommen werden, wann dies der Fall ist.

Grundsätzlich ist Abs. 4 durch eine Vereinbarung auch **abdingbar** [89] (siehe zur Problematik der Eventualeinberufung auch unten Rn. 21 und Rn. 25).

b) Einberufung neuer Versammlung mit gleichem Gegenstand

20 Der Verwalter[90] hat in diesem Fall, also **nach** der Erstversammlung[91], eine neue Versammlung einzuberufen. Die Einberufung erfolgt durch Versendung einer Einladung[92], die auch den Hinweis nach Satz 2, 2. Hs. enthält.[93]

Die neue Versammlung (**Wiederholungsversammlung** oder **Zweitversammlung**) muss den **gleichen Gegenstand** haben, die Beschlussgegenstände von Erst- und Wiederholungsversammlung müssen also identisch sein. Werden gegenüber der Erstversammlung auch **zusätzliche Beschlussgegenstände** in die Tagesordnung aufgenommen, handelt es sich insoweit um eine Erstversammlung (hinsichtlich der gleichen Gegenstände: Zweitversammlung); für die neuen Tagesordnungspunkte greifen daher die Erleichterungen des Absatzes 4 nicht ein.[94]

c) Eventualeinberufung

21 Da es in der Praxis gerade auch bei größeren Anlagen häufig vorkommt, dass bei der Erstversammlung nicht die erforderliche Beschlussfähigkeit erreicht wird, wurde von den Verwaltern versucht, gleichzeitig mit der Einladung zur Erstversammlung auch schon zur Zweitversammlung einzuladen, wobei meist die Zweitversammlung eine oder eine halbe Stunde nach der Erstversammlung angesetzt wurde. Eine so genannte Eventualeinberufung zu einer Wohnungseigentümerversammlung ist jedoch nur zulässig, wenn

---

88 *Zöller-Greger*, ZPO, vor § 284 Rn. 34; OLG Stuttgart v. 15.10.2008 – 20 U 19/07, BB 2008, 2357 (für die aktienrechtliche Anfechtungsklage)
89 LG München I v. 10.6.2010 – 36 S 3150/10, ZWE 2011, 48.
90 Siehe hierzu § 24 Rn. 8.
91 LG München I v. 10.4.2014 – 1 S 4470/14 (zitiert nach juris) und v. 7.7.2014 – 1 S 4470/14, ZMR 2014, 919; OLG Köln v. 30.12.1998 – 16 Wx 187/98, ZMR 1999, 282; zur Möglichkeit einer Eventualeinberufung siehe unten Rn. 21.
92 Zu Form und Frist der Einladung siehe § 24 Rn. 24 bis 27.
93 Siehe zum Hinweis unten Rn. 23.
94 Wie hier: *Jennißen-Schultzky*, § 25 Rn. 117.

sie auf einer ausdrücklichen **Vereinbarung** (regelmäßig in der Gemeinschaftsordnung) beruht (zur Einberufung aufgrund eines Beschlusses siehe unten Rn. 25).[95]

Lässt die Gemeinschaftsordnung die Eventualeinberufung einer Eigentümerversammlung zu, so ist der **Übergang** in die zweite Versammlung, die ohne Einschränkungen beschlussfähig ist, **förmlich festzustellen**.[96] Es stellt auch keine bloße Förmelei dar, die Erstversammlung förmlich zu schließen und die Zweitversammlung förmlich zu eröffnen, da für jeden Versammlungsteilnehmer ersichtlich sein muss, ob die Beschlussfähigkeit gegeben ist.[97]

2. Satz 2: Beschlussfähigkeit der Wiederholungsversammlung

a) Wiederholungsversammlung ohne Anwesenheitsquorum beschlussfähig

Die Wiederholungsversammlung („diese Versammlung") ist nach dem klaren Wortlaut des Satzes 2 ohne Rücksicht auf die Höhe der vertretenen Anteile (also ohne Einhaltung eines **Anwesenheitsquorums**) beschlussfähig. 22

b) Hinweis bei Einberufung

Da die Beschlussfähigkeit ohne jegliches Anwesenheitsquorum gewichtige 23 Folgen für die nicht erschienene Mehrheit haben kann, muss („ist") auf diesen Umstand („hierauf") bei der Einberufung hingewiesen werden. Dieser Hinweis darf sich nicht in der bloßen Wiedergabe des Gesetzes erschöpfen, sondern muss erkennen lassen, dass die Versammlung **in jedem Fall**, also unabhängig von der Zahl der erschienenen Eigentümer **beschlussfähig** ist. Bei der bloßen Verlegung der Zweitversammlung um eine Woche braucht der Hinweis nicht wiederholt werden, wenn er bereits in der Einladung zur ursprünglichen Zweitversammlung enthalten war.[98]

3. Folge von Verstößen

Bei Verstößen gegen Abs. 4, wie etwa Behandlung auch eines anderen Ge- 24 genstandes in der Zweitversammlung (bei der die Voraussetzungen für eine Erstversammlung nicht vorlagen) oder unterbliebener Hinweis nach Satz 2, sind grundsätzlich die gefassten Beschlüsse mit **formellen Fehlern** behaftet. Wenn der Fehler für das Beschlussergebnis kausal war, ist der Beschluss auf Anfechtungsklage hin für ungültig zu erklären. An einer **Kausalität** fehlt es bei einem unterlassenen Hinweis nach Satz 2 aber dann, wenn in der Zweitversammlung so viele Eigentümer vertreten sind, dass das Anwesenheitsquorum des Absatzes 3 erfüllt wird.[99]

Zu prozessualen Fragen im Zusammenhang mit einer Anfechtungsklage siehe zunächst oben Rn. 18. Allgemein wird hinsichtlich der näheren Einzel-

---

95 LG München I v. 10.4.2014 – 1 S 4470/14 (zitiert nach juris) und v. 7.7.2014 – 1 S 4470/14, ZMR 2014, 919; OLG Frankfurt/Main v. 24.8.2006 – 20 W 214/06, NZM 2007, 806.
96 BayObLG v. 25.5.1999 – 2Z BR 38/99, Wohnungseigentümer 1999, 120.
97 OLG Frankfurt/Main v. 24.8.2006 – 20 W 214/06, NZM 2007, 806.
98 KG Berlin v. 25.8.2003 – 24 W 110/02, NZM 2003, 901.
99 KG Berlin v. 25.8.2003 – 24 W 110/02, NZM 2003, 901.

heiten zu den formalen Fehlern auf die Kommentierungen zu § 23 **Rn. 33ff.**, insbesondere Rn. 38 und 39 verwiesen.

In der Rechtsprechung noch nicht abschließend geklärt ist, ob es erforderlich ist, dass zu der Erstversammlung ordnungsgemäß geladen wurde. Nach dem OLG Hamm kann ein Einberufungsmangel der Erstversammlung nur dann zur Verneinung der Beschlussfähigkeit der Wiederholungsversammlung führen (**Fernwirkung** des Einberufungsmangels der **Erstversammlung**), wenn bei lebensnaher Betrachtung festgestellt werden kann, dass dieser Mangel für das Fernbleiben der Eigentümer und damit für das Nichterreichen des Quorums ursächlich war.[100] Nach dem KG Berlin schließt die unterbliebene Ladung eines Wohnungseigentümers zur Erstversammlung die Einberufung einer Zweitversammlung nicht aus.[101]

25 Beruht eine Eventualeinberufung nicht auf einer Vereinbarung, sondern auf einem **Beschluss** der Eigentümer, geht die herrschende Meinung von einer Nichtigkeit dieses Beschlusses aufgrund mangelnder Beschlusskompetenz aus.[102]

Nach der hier vertretenen Meinung muss hinsichtlich der Rechtsfolgen unterschieden werden.

Wird durch Beschluss die Möglichkeit eingeführt, künftig generell Eventualeinberufungen durchzuführen, ist der Beschluss unproblematisch mangels **Beschlusskompetenz** nichtig, da ein **gesetzesändernder** Beschluss vorliegt.[103]

Wird dagegen lediglich für einen Einzelfall (die nächste Eigentümerversammlung) beschlossen, dass mit der Einladung zur Eigentümerversammlung zugleich zur Ersatzversammlung am selben Tag geladen werden kann, ist dieser Beschluss zunächst nur **gesetzeswidrig**, ändert das Gesetz jedoch nicht ab und ist damit nicht schon aus diesem Grunde nichtig. Eine Nichtigkeit würde sich aber nach der grundlegenden Entscheidung des BGH vom 20.9.2000 unabhängig von der Frage einer (bloß) gesetzeswidrigen Regelung dann ergeben, wenn die Wohnungseigentümerversammlung für eine Beschlussfassung zu diesem Punkt absolut unzuständig wäre.[104] Den Befürwortern dieser Meinung ist zuzugeben, dass sich eine ausdrückliche Kompe-

---

100 OLG Hamm v. 16.4.2007 – 15 W 108/06, ZMR 2007, 984.
101 KG Berlin v. 25.8.2003 – 24 W 110/02, NZM 2003, 901.
102 OLG Frankfurt v. 24.8.2006 – 20 W 214/06, ZWE 2007, 84; LG Mönchengladbach v. 28.11.2002, 2 T 102/00, NZM 2003, 245; die Frage wurde ausdrücklich **offengelassen**: LG München I v. 10.6.2010 – 36 S 3150/10, ZWE 2011, 48 (unter Hinweis auf die gegenteilige Rechtsprechung, die allerdings vor der „Zitterbeschlussentscheidung" des BGH ergangen ist: KG, WuM 2000, 503; BayObLG, WuM 1989, 658); für eine **Nichtigkeit** auch etwa: Niedenführ/Kümmel/Vandenhouten-Kümmel, § 25 Rn. 23; Riecke/Schmid-Riecke, § 25 Rn. 51; Müller, Praktische Fragen, 8. Teil, Rn. 88.
103 LG München I v. 10.4.2014 – 1 S 4470/14 (zitiert nach juris) und v. 7.7.2014 – 1 S 4470/14, ZMR 2014, 919; LG Mönchengladbach v. 28.11.2002 – 2 T 102/00, NZM 2003, 245 unter Bezugnahme auf BGH v. 20.9.2000 – V ZB 58/99, NJW 2000, 3500 (= NZM 2000, 1184).
104 BGH v. 20.9.2000 – V ZB 58/99, NJW 2000, 3500 (= NZM 2000, 1184).

tenz zur Einberufung einer Eigentümerversammlung nicht aus dem WEG ergibt.[105] Nach § 24 Abs. 1 obliegt die Einberufung einer Eigentümerversammlung vielmehr dem Verwalter. Andererseits muss aber auch gesehen werden, dass allgemein durchaus auch eine Reihe von **ungeschriebenen** bzw. **Annexkompetenzen** der Gemeinschaft angenommen werden, wie beispielsweise die – nicht ausdrücklich geregelte – Kompetenz der Gemeinschaft zur Verwalterentlastung, Fassung von Geschäftsordnungsbeschlüssen, Ermächtigungsbeschlüssen etc.[106] Es wird insoweit auf die Kommentierungen zu **§ 23 Rn. 4a** verwiesen, wo die Problematik der Beschusskompetenz kraft **Sachzusammenhangs** ausführlich erörtert wird. Für den Fall der Einberufung einer Eigentümerversammlung enthält § 24 Abs. 2 zumindest einen Ansatz dafür, dass jedenfalls ein Viertel der Eigentümer (wenn sie die vorgeschriebene Form einhalten) den Verwalter verpflichten können, auch gegen seinen Willen eine Eigentümerversammlung einzuberufen. Auch wenn dies nicht unmittelbar eine Beschlusskompetenz darstellt (was aber bei Verwalterentlastung, Geschäftsordnungsbeschlüssen etc. ebenfalls nicht gegeben ist), sollte aufgrund des praktischen Bedürfnisses gerade in großen Gemeinschaften es ebenfalls als zulässig angesehen werden, dass die Eigentümer jedenfalls grundsätzlich zur Einberufung einer Eigentümerversammlung einen Beschluss fassen können (der natürlich ordnungsgemäßer Verwaltung entsprechen muss und nicht unzulässig in die Rechte des Verwalters eingreifen darf). So wäre es kaum verständlich, dass in einer Gemeinschaft, in der etwa wegen einer anstehenden großen Sanierung in Bälde eine weitere Versammlung durchgeführt werden soll, die Eigentümer insoweit in der vorherigen Versammlung keinen Beschluss etwa hinsichtlich zeitlicher Vorgaben machen sollen können; sie könnten dies aber dadurch erreichen, dass sie (evtl. noch in der laufenden) Versammlung, ein schriftliches Verlangen gemäß § 24 Abs. 2 an den Verwalter stellen.

Wenn daher hier vertretenen Meinung gefolgt wird, kann mangels rechtzeitiger Anfechtung ein derartiger (gesetzwidriger) Beschluss bindend werden[107], so dass die in der Zweitversammlung gefassten Beschlüsse unter keinem formellen Mangel leiden. Es bleibt aber weiterhin abzuwarten, ob sich insbesondere die Rechtsprechung der hier vertretenen Meinung zu diesem Punkt anschließen wird.

VI. Absatz 5: Stimmrechtsausschluss

1. Allgemeines

§ 25 Abs. 5 stellt eine Sonderregelung zu § 181 BGB dar.[108] Dabei regelt er 26 drei Fälle **möglicher Interessenkollisionen** (Rechtsgeschäfte, Rechtsstreitigkeiten, § 18). Obgleich dies im Wortlaut der Vorschrift keinen Anklang gefunden hat, kann Abs. 5 zum einen auf mitgliedschaftliche Fragen (siehe Rn. 28) keine Anwendung finden, zum anderen ist ein Stimmrechtsaus-

---

105 Siehe zur ausdrücklichen Beschlusskompetenz nach dem WEG § 23 Rn. 3.
106 So etwa: LG München I v. 10.6.2010 – 36 S 3150/10, ZWE 2011, 48.
107 KG Berlin v. 17.5.2000 – 24 W 3651/99, WuM 2000, 503 und allgemein dazu: § 23 Rn. 33 ff.
108 OLG Karlsruhe v. 15.1.1976 – 11 W 93/75, ZMR 1977, 343.

schluss auch bei Rechtsmissbrauch (siehe Rn. 32) erforderlich. Absatz 5 ist grundsätzlich durch Vereinbarung **abdingbar**.[109] Die Mitglieder einer Wohnungseigentümergemeinschaft können die durch eine mögliche Interessenkollision gegebenen Gefahren einvernehmlich anders als der Gesetzgeber einschätzen. Die Regelungen über den Stimmrechtsausschluss sind eine Schutzvorschrift für das Innenverhältnis der Wohnungseigentümer. Deshalb können sie auf diesen Schutz auch teilweise in den Grenzen der guten Sitten verzichten, wenn sie der Auffassung sind, dieses Schutzes nicht zu bedürfen.[110] Dies gilt aber nicht für schwerwiegende Eingriffe in den Kernbereich elementarer Mitgliedschaftsrechte (siehe Rn. 28).[111]

2. Wohnungseigentümer ist nicht stimmberechtigt bei Beschlussfassung

a) Grundsatz

27 Falls sich ein Beschlussgegenstand auf einen der nachgenannten Fälle der möglichen Interessenkollisionen bezieht, ist der betroffene Wohnungseigentümer bei der Beschlussfassung **nicht stimmberechtigt**, darf also an der Abstimmung nicht teilnehmen. Wie oben bei Rn. 15 ff. dargestellt, zählt der vom Stimmrecht ausgeschlossene Eigentümer auch nicht bei der Berechnung der Beschlussfähigkeit der Versammlung mit.

Wenn ein Wohnungseigentümer nicht stimmberechtigt ist, darf er auch einen anderen Wohnungseigentümer **nicht** als Bevollmächtigter **vertreten**.[112] Er kann auch nicht selbst Vollmacht erteilen und sich **vertreten lassen**, da der von einem Stimmverbot betroffene Wohnungseigentümer auch keine andere Person zur Ausübung seines Stimmrechts bevollmächtigen kann. Der Eigentümer kann keine Rechtsmacht zur Ausübung übertragen, die ihm selbst nicht zusteht.[113] Ein vom Gesetz nicht ausdrücklich geregelter und in der Rechtsprechung nicht einheitlich entschiedener Fall liegt vor, wenn der Wohnungseigentümer selbst nicht ausgeschlossen ist, er sich aber von einem **Dritten**, der nicht Wohnungseigentümer ist (meist: Verwalter) **vertreten** lassen möchte und dieser Dritte vom Stimmrecht ausgeschlossen wäre, wenn er Wohnungseigentümer wäre. Teilweise wird hierzu vertreten, dass eine Vertretung nur bei **gebundener** Vollmacht möglich ist, da dann der Bevollmächtigte nur fremde Interessen wahrnimmt.[114] Nach anderer Auffassung kann auch bei **ungebundener** Vollmacht der Verwalter mitstimmen, wenn es um den Abschuss des Verwaltervertrages geht.[115] Zuzustimmen ist allerdings einer neueren Entscheidung des OLG München, wonach es in

---

109 OLG Düsseldorf v. 5. 12. 1997 – 3 Wx 443/97, FGPrax 1998, 91; ebenso: *Palandt-Bassenge*, WEG § 25 Rn. 12; *Riecke/Schmid-Riecke*, § 25 Rn. 37; **differenzierend**: *Staudinger- Bub*, § 25 WEG Rn. 66 ff.
110 OLG Düsseldorf v. 5. 12. 1997 – 3 Wx 443/97, FGPrax 1998, 91.
111 BGH v. 10. 12. 2010 – V ZR 60/10, ZWE 2011, 122 (= NJW 2011, 679); siehe zu dieser Problematik genauer die Kommentierungen zu § 15 Rn. 6 und Rn. 11 und zu § 23 Rn. 28 und 30.
112 LG Saarbrücken v. 20. 8. 2008 – 5 T 363/07, ZWE 2009, 49; OLG Zweibrücken v. 11. 3. 2002 – 3 W 184/01, FGPrax 2002, 109; OLG Düsseldorf v. 20. 7. 2001 – 3 Wx 174/01, NZM 2001, 992; BayObLG v. 19. 12. 2001 – 2Z BR 15/01, ZMR 2002, 527.
113 BGH v. 6. 12. 2013 – V ZR 85/13, NZM 2014, 275.
114 OLG Schleswig v. 20. 1. 2006 – 2 W 24/05, ZMR 2006, 803.
115 OLG Hamm v. 20. 7. 2006 – 15 W 142/05, ZMR 2007, 63.

derartigen Fällen (Verwalter ist nicht Eigentümer) um die Ausübung des **Stimmrechts** der (vertretenen) **Miteigentümer** und damit um deren Recht zur Mitgestaltung der Gemeinschaftsangelegenheiten geht. Der Verwalter ist deshalb nicht gehindert, an einer solchen Beschlussfassung mitzuwirken.[116]

Diese Problematik ist nur noch von Bedeutung, wenn über einen Antrag isoliert abgestimmt wird, bei dem der Vertreter ausgeschlossen wäre (etwa: Abschluss Verwaltervertrag – siehe vorstehend). Bei einer **kombinierten Entscheidung** (Bestellung zum Verwalter und Abschluss Verwaltervertrag) hat der BGH die mitgliedschaftlichen Rechte in den Vordergrund gestellt und die Vertretung nunmehr zugelassen.[117]

b) Ausnahme: Mitgliedschaftliche Angelegenheiten

Das mitgliedschaftsrechtliche Element des Wohnungseigentums verbietet einen allgemeinen Ausschluss des Wohnungseigentümers vom Stimmrecht als einem Mitverwaltungsrecht i.S.d. § 20 Abs. 1.[118] Auch, wenn ein ausgeschlossener Eigentümer (oder Bevollmächtigter) nicht bei der Beschlussfassung mitwirken darf, führt Abs. 5 nicht zu einem Ausschluss aus der Eigentümerversammlung. Daher darf der nicht stimmberechtigte Eigentümer (oder Bevollmächtigte) sowohl an der Versammlung **teilnehmen** als auch von seinem **Rederecht** oder **Antragsrecht** Gebrauch machen.[119] Abs. 5 ist nicht einschlägig, wenn etwa in einer Gemeinschaftsordnung vorgesehen oder durch einen Beschluss bestimmt ist, dass ein Eigentümer, der mit seinen Beitragszahlungen im Rückstand ist, von der Versammlung ausgeschlossen und ihm das Stimmrecht bei Beschlussfassungen entzogen wird. Derartige Regelungen stellen einen schwerwiegenden Eingriff in den **Kernbereich** elementarer Mitgliedschaftsrechte dar und sind daher nichtig.[120] Siehe zum Ausschluss eines Eigentümers und den Folgen für die in der Versammlung gefassten Beschlüsse genauer § 23 Rn. 28, 30 und 36.

28

Auch auf das **Beschlussanfechtungsrecht** des Eigentümers hat der Stimmrechtsausschluss keine Auswirkungen.[121]

Selbst dann, wenn die Wohnungseigentümer über eine **bauliche Veränderung** beschließen, die einem Wohnungseigentümer überwiegend oder gar ausschließlich zu Gute kommt, ist dieser grundsätzlich nicht von seinem Stimmrecht ausgeschlossen.[122]

---

116 OLG München v. 15. 9. 2010 – 32 Wx 16/10, ZWE 2010, 461.
117 Siehe dazu Rn. 28.
118 BGH v. 11. 11. 1986 – V ZB 1/86, NJW 1987, 650.
119 Ebenso: *Bärmann-Merle*, § 25 Rn. 175; *Palandt-Bassenge*, WEG § 25 Rn. 15; *Jennißen-Schultzky*, § 25 Rn. 138.
120 BGH v. 10. 12. 2010 – V ZR 60/10, ZWE 2011, 122 (= NJW 2011, 679); siehe zu dieser Problematik genauer die Kommentierungen zu § 15 Rn. 6 und Rn. 11 und zu § 23 Rn. 28 und 30.
121 LG München I v. 6. 12. 2010 – 1 S 11024/10, ZWE 2011, 100; LG Frankfurt v. 21. 9. 2011 – 2-13 S 118/10, ZWE 2012, 46; LG Stuttgart v. 24. 9. 2010 – 19 S 23/10, ZWE 2010, 468.
122 BayObLG v. 25. 9. 2003 – 2Z BR 161/03, FGPrax 2003, 261.

Auch die **Bestellung** und die **Abberufung** eines **Verwalters** oder eines **Beirats** betrifft die Wahrnehmung mitgliedschaftlicher Interessen, sodass auch ein Eigentümer, der auch Verwalter (oder Beirat) ist, am Beschluss mitwirken darf.[123] Dies gilt nach der Rechtsprechung des BGH selbst dann, wenn ein einheitlicher Beschluss (kombinierte Entscheidung) über die Abberufung (an sich Stimmrecht) und die Kündigung des Verwaltervertrags ohne Vorliegen eines wichtigen Grundes (an sich kein Stimmrecht) gefasst wird.[124] Bei einer Abberufung aus wichtigem Grund verbleibt es dagegen beim Stimmrechtsausschluss des Verwalters.[125]

3. Vornahme eines Rechtsgeschäfts mit ihm

29 Der Stimmrechtsausschluss betrifft zunächst den Fall, dass Beschlussgegenstand die Vornahme eines auf „die Verwaltung des gemeinschaftlichen Eigentums bezüglichen Rechtsgeschäfts mit ihm" ist.

Zu dem Begriff „Verwaltung des gemeinschaftlichen Eigentums" wird zunächst auf die Kommentierung zu § 21 Rn. 2 bis 5 und 20ff. Bezug genommen.

In diesem Zusammenhang („bezüglichen") muss ein Rechtsgeschäft mit dem abstimmenden Wohnungseigentümer („ihm") Beschlussgegenstand sein. Rechtsgeschäft kann dabei sowohl der Abschluss eines Vertrages als auch die Abgabe einer einseitigen Willenserklärung sein. Maßgeblich ist letzten Endes, ob der **Schwerpunkt** der Angelegenheit in der Verfolgung **privater Sonderinteressen** oder in der Wahrnehmung mitgliedschaftlicher Rechte liegt.[126]

Beispiele aus der Rechtsprechung für derartige Rechtsgeschäfte:
- Abschluss eines Verwaltervertrags[127]
- Beauftragung als Rechtsanwalt (selbst wenn nur ein Anwalt einer Sozietät beauftragt wird, deren Mitglied auch der abstimmende Eigentümer ist)[128]
- Entlastung eines Wohnungseigentümers als Verwalter[129]
- Kündigung des Verwaltervertrages[130]
- Schuldanerkenntnis der Gemeinschaft (wegen Wasserschaden)[131]
- Werkvertrag der Gemeinschaft mit dem Eigentümer oder auch mit einer GmbH, deren Geschäftsführer und Mehrheitsgesellschafter der abstimmende Wohnungseigentümer ist[132].

---

123 BGH v. 19.9.2002 – V ZB 30/02, NJW 2002, 3704; LG Frankfurt (Oder) v. 13.4.2015 – 16 S 133/14, ZWE 2015, 369.
124 BGH v. 19.9.2002 – V ZB 30/02, NJW 2002, 3704; LG Berlin v. 17.6.2008 – 55 S 23/08, Grundeigentum 2008, 1203; a.A.: OLG Köln v. 8.11.2006 – 16 Wx 165/06; OLG Zweibrücken v. 7.3.2002 – 3 W 184/01, ZMR 2002, 786.
125 OLG Düsseldorf v. 20.7.2001 – 3 Wx 174/01, NZM 2001, 992; BGH v. 19.9.2002 – V ZB 30/02, NJW 2002, 3704.
126 BayObLG v. 25.9.2003 – 2Z BR 161/03, FGPrax 2003, 261.
127 OLG Hamm v. 20.7.2006 – 15 W 142/05, ZMR 2007, 63.
128 BayObLG v. 3.11.1994 – 2Z BR 58/94, WuM 1995, 222.
129 OLG Karlsruhe v. 31.7.2007 – 14 Wx 41/06, ZMR 2008, 408.
130 OLG Düsseldorf v. 16.9.1998 – 3 Wx 366/98, ZMR 1999, 60.
131 KG Berlin v. 7.2.2005 – 24 W 27/04, NZM 2005, 429.
132 OLG Oldenburg v. 17.9.1997 – 5 W 104/97, ZMR 1998, 195.

4. Einleitung oder Erledigung eines Rechtsstreits gegen ihn

In der zweiten Alternative ist nach dem Gesetzeswortlaut die Einleitung 30
oder Erledigung eines Rechtsstreits erfasst, den die anderen Wohnungseigentümer gegen den betroffenen Wohnungseigentümer („ihn") führen. Es werden aber nicht nur **Aktivprozesse** der Gemeinschaft bzw. der übrigen Wohnungseigentümer gegen einen einzelnen Wohnungseigentümer erfasst, sondern auch **Passivprozesse**, in denen der Einzelne die **Gemeinschaft** oder die **übrigen Eigentümer** (etwa: Beschlussanfechtungsklage) verklagt, wenn nur verfahrensbezogene Maßnahmen Gegenstand der Beschlussfassung sind.[133]

Ein **Rechtsstreit** betrifft alle gerichtlichen Verfahren, wie Klagen, Mahnverfahren, Verfahren wegen einstweiliger Verfügung oder auch die Einleitung eines selbständigen Beweisverfahrens[134], welche die anderen Eigentümer gegen ihn führen. Auch ein vereinbartes Schiedsgerichtsverfahren fällt hierunter.[135] Gegen einen Wohnungseigentümer wird auch dann ein Verfahren geführt, wenn der Rechtsstreit gegen den Eigentümer und einen **Dritten** (etwa wegen Baumängeln am Gemeinschaftseigentum) angestrengt wird, so dass der Ausschluss auch die Klage gegen den Dritten umfasst.[136] Soll ein Rechtsstreit gleichzeitig gegen **mehrere Wohnungseigentümer** eingeleitet werden, sind sämtliche Streitgenossen vom Stimmverbot bei der Beschlussfassung betroffen. Es soll hier verhindert werden, dass ein Eigentümer, der als Streitgenosse neben anderen Eigentümern verklagt werden soll, letztlich mittelbar über das Vorgehen gegen sich selbst entscheidet.[137]

Der Rechtsstreit wird auch dann gegen „ihn" geführt, wenn der Eigentümer nicht in seiner Eigenschaft als Wohnungseigentümer, sondern als Verwalter (etwa auf Schadensersatz) gerichtlich in Anspruch genommen werden soll.[138]

Von dem Stimmrechtsverbot nach Abs. 5 Alt. 2 werden nur Abstimmungen über Beschlussgegenstände erfasst, die **verfahrensrechtliche Maßnahmen** betreffen, worunter insbesondere Beschlüsse über die Einleitung des Rechtsstreits, die Art und Weise der Prozessführung und die Frage der verfahrensrechtlichen Beendigung fallen; dass eine Beschlussfassung Auswirkungen auf den Rechtsstreit in **materiell-rechtlicher** Hinsicht hat oder haben kann, genügt nicht.[139]

Eine **Einleitung** eines Rechtsstreits wird dann beschlossen, wenn gerichtlich gegen den Eigentümer vorgegangen werden soll.[140] Dies betrifft die unmittelbar prozessualen Maßnahmen (Klageerhebung, Antrag auf Mahnbescheid oder einstweiligen Rechtsschutz, selbständiges Beweisverfahren,

---

133 BGH v. 6.12.2013 – V ZR 85/13, NZM 2014, 275.
134 OLG Köln v. 10.12.1990 – 16 Wx 134/90, NJW-RR 1991, 850 (zum selbständigen Beweisverfahren).
135 Wie hier: *Bärmann-Merle*, § 25 Rn. 147; *Riecke/Schmid-Riecke*, § 25 Rn. 32.
136 BayObLG v. 9.10.1997 – 2Z BR 84/97, ZMR 1998, 44.
137 LG München I v. 6.12.2010 – 1 S 11024/10, ZWE 2011, 100.
138 BGH v. 15.12.1988 – V ZB 9/88, NJW 1989, 1091.
139 BGH v. 14.10.2011 – V ZR 56/11, NJW 2012, 72.
140 BayObLG v. 31.1.1992 – BReg 2 Z 143/91, WuM 1992, 209.

Streitverkündung).[141] Zur Einleitung eines Rechtsstreits gehören aber auch **vorprozessuale Maßnahmen,** wie etwa die Ermächtigung der Verwaltung zur Beauftragung eines Rechtsanwalts.[142]

Die **Erledigung** des Rechtsstreits umfasst alle Maßnahmen, die den Fortgang (z.B. Rechtsmittel, Antrag auf Aussetzung des Verfahrens, Prozessstrategie) oder die Beendigung (Klagerücknahme, Verzicht, Anerkenntnis, Vergleich) des Rechtsstreits betreffen.[143] Ist in einem Anfechtungsverfahren ein klageabweisendes Urteil ergangen und hat der Kläger **Rechtsmittel** eingelegt, betrifft das Stimmrechtsverbot für ihn auch einen Beschluss zu der Frage, ob von den übrigen Eigentümern ein Anschlussrechtsmittel eingelegt werden soll.[144]

5. Nach rechtskräftiger Verurteilung nach § 18

31 Nach dem Wortlaut der dritten Alternative ist ein Wohnungseigentümer bei allen Beschlüssen, gleichgültig welchen Inhalts, nicht stimmberechtigt[145], wenn er nach § 18 rechtskräftig verurteilt ist.[146] Die Verurteilung muss rechtskräftig sein, ein bloß bestandskräftiger Beschluss reicht insoweit nicht.[147] Jedoch ist trotz rechtskräftiger Verurteilung ein Wohnungseigentümer wegen der besonderen Bedeutung des Stimmrechts mit seinem Stimmrecht wegen bestehender Wohngeldrückstände nicht ausgeschlossen.[148]

Das rechtskräftige Urteil, durch das ein Wohnungseigentümer zur Veräußerung seines Wohnungseigentums verurteilt wurde, wirkt sich auf das Stimmrecht des **Zwangsverwalters** nicht aus, da dieser das Stimmrecht als Organ der Rechtspflege selbständig, im eigenen Namen und aus eigenem Recht ausübt.[149]

6. Rechtsmissbrauch, insbesondere Majorisierung

32 Obgleich der Wortlaut des § 25 Abs. 5 sich nicht mit einem **Rechtsmissbrauch** befasst, kann auch in diesem Fall ein Stimmrechtsausschluss nach den Grundsätzen von Treu und Glauben gemäß § 242 BGB erfolgen.[150]

Ob eine rechtsmissbräuchliche Ausübung des Stimmrechts vorliegt, kann nur auf den Zeitpunkt bezogen festgestellt werden, in dem das Stimmrecht ausgeübt wird. Selbstverständlich darf auch ein Mehrheitseigentümer versuchen, seine Interessen zu wahren. Ob dies gegenüber den Interessen der Minderheitseigentümer einen Rechtsmissbrauch darstellt, bedarf der sorg-

---

141 LG Stuttgart v. 24.9.2010 – 19 S 23/10, ZWE 2010, 468.
142 LG Stuttgart v. 24.9.2010 – 19 S 23/10, ZWE 2010, 468; OLG Frankfurt/Main v. 30.6.2003 – 20 W 138/01 (zitiert nach juris).
143 LG Stuttgart v. 24.9.2010 – 19 S 23/10, ZWE 2010, 468.
144 LG Stuttgart v. 24.9.2010 – 19 S 23/10, ZWE 2010, 468.
145 So auch: *Jennißen-Schultzky,* § 25 Rn. 135.
146 Siehe allgemein auch die Kommentierungen zu § 18.
147 KG Berlin v. 27.11.1985 – 24 W 4858/85, ZMR 1986, 127.
148 BayObLG v. 5.11.1998 – 2Z BR 131/98, NZM 1999, 77.
149 BayObLG v. 5.11.1998 – 2Z BR 131/98, NZM 1999, 77.
150 OLG Celle v. 4.9.2001 – 4 W 228/01 (zitiert nach juris).

fältigen Abwägung im Einzelfall, die auch den Zeitpunkt und die dann gegebenen Umstände berücksichtigen muss.[151] Ein rechtsmissbräuchliches Verhalten liegt etwa in dem Fall einer **Majorisierung** vor, wenn also ein Wohnungseigentümer als so genannter Mehrheitseigentümer sein Stimmenübergewicht dazu missbraucht, einen ihm genehmen Beschluss herbeizuführen.[152] Dass ein Wohnungseigentümer sein Stimmenübergewicht nutzt, um etwa seine Bestellung zum Verwalter durchzusetzen oder seine Abberufung als Verwalter zu verhindern, stellt jedoch allein noch keinen Rechtsmissbrauch dar, gibt jedoch Anlass zu einer besonders kritischen Prüfung.[153] Eine Majorisierung ist erst dann rechtsmissbräuchlich, wenn **weitere Umstände** hinzutreten, die sich als Verstoß gegen die Pflicht zur Rücksichtnahme auf die Interessen der Gemeinschaft und damit gegen die Grundsätze ordnungsmäßiger Verwaltung darstellen, wie etwa bei der Verschaffung unangemessener Vorteile oder der Bestellung eines persönlich ungeeigneten oder fachlich unfähigen Verwalters.[154] Liegen diese Voraussetzungen in der Person des Mehrheitseigentümers vor, kann dieser aufgrund der engen persönlichen „Verflechtung" regelmäßig auch nicht durch seine Stimmrechtsausübung die Wahl seiner Ehefrau zur Verwalterin herbeiführen. Es handelt es sich dann ebenfalls um einen Fall der Majorisierung durch rechtsmissbräuchliche Stimmausübung.[155]

In der Ausnutzung der Stimmenmehrheit kann ein unzulässiger Rechtsmissbrauch liegen, wenn ein Wohnungseigentümer zum Verwalter bestellt wird, mit dem als früherem **Bauträger** Streitigkeiten wegen Baumängeln bestehen. Denn der Verwalter ist unter anderem dazu berufen, Maßnahmen zur ordnungsmäßigen Instandhaltung und Instandsetzung des gemeinschaftlichen Eigentums zu treffen. Dazu gehört auch die Beseitigung der Baumängel.[156]

In Wohnungseigentümergemeinschaften widerspricht es regelmäßig auch ordnungsmäßiger Verwaltung, wenn mit den Stimmen einer Mehrheitsgruppe ohne vergleichende Kostenangebote ein Reparaturauftrag an ein weiteres Mitglied der Mehrheitsgruppe beschlossen wird.[157]

7. Folgen eines Verstoßes

Stimmt ein ausgeschlossener Wohnungseigentümer bei der Beschlussfassung mit ab, so ist die von ihm abgegebene **Stimme unwirksam** und bei der Feststellung des Beschlussergebnisses nicht zu berücksichtigen.[158]

33

---

151 KG Berlin v. 15. 6. 1988 – 24 W 1889/88, WuM 1988, 329.
152 OLG Celle v. 4. 9. 2001 – 4 W 228/01 (zitiert nach juris).
153 LG Karlsruhe v. 23. 6. 2010 – 11 S 60/09, ZWE 2010, 376.
154 BGH v. 19. 9. 2002 – V ZB 30/02, NJW 2002, 3704; LG Frankfurt (Oder) v. 18. 9. 2012 – 16 S 9/12, ZMR 2013, 368; OLG Köln v. 22. 8. 2008 – 16 Wx 228/07, ZMR 2009, 311; LG Berlin v. 23. 9. 2014 – 55 S 302/12, Grundeigentum 2014, 1537.
155 LG Karlsruhe v. 4. 11. 2014 – 5 S 107/13, ZWE 2015, 187.
156 BayObLG v. 19. 12. 2001 – 2Z BR 15/01, ZMR 2002, 527.
157 KG Berlin v. 5. 5. 1993 – 24 W 1146/93, ZMR 1993, 383.
158 BGH v. 19. 9. 2002 – V ZB 30/02, NJW 2002, 3704.

Der gefasste **Beschluss** selbst ist jedoch nicht nichtig[159], sondern leidet unter einem formellen Mangel. Er ist daher auf **Anfechtung** hin für unwirksam zu erklären, wenn sich die Stimme auf das Beschlussergebnis ausgewirkt hat. Erfolgt keine Anfechtung, wird der Beschluss bestandskräftig. Wegen der näheren Einzelheiten zu den prozessualen Problemen formeller Beschlussmängel wird auf oben Rn. 18 und allgemein auf die Kommentierungen zu § 23 Rn. 33ff., insbesondere Rn. 38 und 39, Bezug genommen.

---

159 OLG Düsseldorf v. 5. 12. 1997 – 3 Wx 443/97, FGPrax 1998, 91.

§ 26
Bestellung und Abberufung des Verwalters

(1) Über die Bestellung und Abberufung des Verwalters beschließen die Wohnungseigentümer mit Stimmenmehrheit. Die Bestellung darf auf höchstens fünf Jahre vorgenommen werden, im Falle der ersten Bestellung nach der Begründung von Wohnungseigentum aber auf höchstens drei Jahre. Die Abberufung des Verwalters kann auf das Vorliegen eines wichtigen Grundes beschränkt werden. Ein wichtiger Grund liegt regelmäßig vor, wenn der Verwalter die Beschluss-Sammlung nicht ordnungsmäßig führt. Andere Beschränkungen der Bestellung oder Abberufung des Verwalters sind nicht zulässig.

(2) Die wiederholte Bestellung ist zulässig; sie bedarf eines erneuten Beschlusses der Wohnungseigentümer, der frühestens ein Jahr vor Ablauf der Bestellungszeit gefasst werden kann.

(3) Soweit die Verwaltereigenschaft durch eine öffentlich beglaubigte Urkunde nachgewiesen werden muss, genügt die Vorlage einer Niederschrift über den Bestellungsbeschluss, bei der die Unterschriften der in § 24 Abs. 6 bezeichneten Personen öffentlich beglaubigt sind.

Inhalt:

	Rn.			Rn.
I. Überblick	1		d) Abberufung aus wichtigem Grund	22
II. **Absatz 1:** Bestellung und Abberufung des Verwalters	2		aa) Wichtiger Grund	22
1. Verwalter (Satz 1)	2		bb) Führung der Beschluss-Sammlung	24
a) Begriff und Aufgaben	2		cc) Frist	25
b) Person	3		e) Beschränkung der Abberufung	26
c) Delegation von Aufgaben, Übertragung des Amtes	4		f) Prozessuales	27
2. Bestellung (Sätze 1, 2 und 5)	7	III.	**Absatz 2:** Wiederholte Bestellung	30
a) Begriff und Abgrenzung	7		1. Wiederholte Bestellung zulässig	30
b) In der Gemeinschaftsordnung	9		2. Erneuter Mehrheitsbeschluss	31
c) Durch Mehrheitsbeschluss	10		3. Frühestens ein Jahr vor Ablauf der Bestellungszeit	32
d) Durch das Gericht	11		4. Prozessuales	33
e) Bestelldauer	12	IV.	**Absatz 3:** Nachweis der Verwalterstellung	34
aa) Regelfall	12		1. Notwendigkeit des Nachweises der Verwaltereigenschaft durch öffentlich beglaubigte Urkunde	34
bb) Bei Erstbestellung	13			
f) Beschränkungen der Bestellung	14			
g) Prozessuales	15			
3. Abberufung (Sätze 1, 3, 4 und 5)	18			
a) Begriff und Abgrenzung	18			
b) Durch Mehrheitsbeschluss	20		2. Vorlage des Versammlungsprotokolls über Bestellungsbeschluss	35
c) Ordentliche Abberufung	21			

V. Verwaltervertrag	36	b) Entlastung	46
1. Rechtsnatur und Vertragsparteien	36	c) Vertragliche Haftungsbeschränkungen	48
2. Zustandekommen und Ausgestaltung	39	5. Beendigung	50
3. Vergütung	41	a) Ordentliche Kündigung	50
a) Grundvergütung	41	b) Kündigung aus wichtigem Grund	51
b) Sondervergütung (Zusatzvergütung)	43	6. Nachvertragliche Pflichten	52
4. Haftung des Verwalters für Pflichtverletzungen	45	a) Rechnungslegung	52
a) Grundsatz	45	b) Herausgabeansprüche	53

I. Überblick

1 § 26 wurde durch die WEG-Novelle[1] in drei Bereichen verändert.

In Abs. 1 Satz 2 wurde eine Beschränkung der Höchstdauer für die erste Bestellung eines Verwalters auf drei Jahre (ansonsten: fünf Jahre) vorgesehen.[2] Der Gesetzgeber wollte dadurch Interessenkonflikten des ersten Verwalters begegnen. Da in der Praxis häufig die Bauträger den ersten Verwalter einer Anlage bestellen, sollte die erste Amtsdauer nicht identisch mit der gemäß § 634a Abs. 1 Nr. 2 BGB fünfjährigen Verjährungsfrist für Mängelgewährleistungsansprüche sein.[3]

In dem neu eingefügten Satz 4 wurde als Regelbeispiel für einen wichtigen Abberufungsgrund die nicht ordnungsgemäße Führung der in § 24 Abs. 7 und 8 neu eingeführten Beschluss-Sammlung aufgenommen.[4]

Entfallen ist die Vorschrift des § 26 Abs. 3 WEG a.F., in dem die Bestellung eines so genannten Notverwalters durch das Gericht auf Antrag eines Wohnungseigentümers oder eines Dritten geregelt war. Der Gesetzgeber hat diese Notverwalterbestellung als entbehrlich angesehen. Auch ohne diese vorgenannte Bestellung können die Wohnungseigentümer nach dem neuen Recht gemäß § 43 Abs. 1 Nr. 1 i.V.m. § 21 Abs. 4 die Bestellung eines Verwalters verlangen.[5] Im Falle der Eilbedürftigkeit kann die Bestellung von einem Wohnungseigentümer auch im Wege der einstweiligen Verfügung gemäß §§ 935 ff. ZPO erwirkt werden, wobei das – als nicht notwendig erachtete – Antragsrecht eines Dritten entfallen ist.[6]

Wie sich bereits aus § 20 Abs. 2 ergibt, kann die Bestellung eines Verwalters nicht ausgeschlossen werden.[7] Zwar muss nicht jede Wohnungseigentümergemeinschaft einen Verwalter haben, jedoch muss ein solcher bestellt werden, auch wenn nur ein Eigentümer die Bestellung verlangt.

---

1 Gesetz zur Änderung des Wohnungseigentumsgesetzes und anderer Gesetze v. 26.3.2007, BGBl. I 2007, S. 370.
2 Siehe dazu unten Rn. 13.
3 BT-Drucks. 16/3843, S. 51.
4 Siehe dazu unten Rn. 24.
5 Siehe dazu unten Rn. 11.
6 BT-Drucks. 16/887, S. 35.
7 Siehe dazu auch: § 20 Rn. 8.

§ 26 ist nur teilweise abdingbar. Zur **Abdingbarkeit** des Abs. 1 siehe unten Rn. 14 und Rn. 26 zur Beschränkung der Bestellung und Abberufung. Bei Abs. 2 darf der Sinn des Gesetzes, keine längere Bindung der Wohnungseigentümer als fünf Jahre zuzulassen, nicht unterlaufen werden.[8] Eine Wiederbestellung kann nur dann beschlossen werden, wenn die neue (höchstens fünfjährige) Amtszeit mit der Neubestellung zu laufen beginnt.[9] Da Abs. 3 einer Erleichterung des Nachweises der Verwalterstellung dient, dürften Abweichungen wohl zulässig sein. Sie sind jedoch nicht sinnvoll, da Erleichterungen des Nachweises gegenüber Dritten keine Wirkungen haben und Verschärfungen des Nachweises nur den Verwalter behindern und wohl für die Gemeinschaft zusätzliche Kosten verursachen.

II. Absatz 1: Bestellung und Abberufung des Verwalters

1. Verwalter (Satz 1)

a) Begriff und Aufgaben

Der Verwalter ist das **ausführende Organ**[10] (Verwaltungsorgan), das im Wesentlichen die Entscheidungen der Wohnungseigentümer nach Maßgabe der §§ 26 bis 28 umsetzt. Der Verwalter hat in dem ihm zugewiesenen Bereich eine starke Stellung, wie sich aus § 27 Abs. 4 ergibt, wonach die Aufgaben und Befugnisse auch durch Vereinbarung der Wohnungseigentümer nicht eingeschränkt oder ausgeschlossen werden können.[11] Jedoch ist der Verwalter kein Aufsichtsorgan gegenüber den Wohnungseigentümern, sondern hat als deren uneigennütziger Treuhänder zu agieren.[12]

2

Wegen der näheren Einzelheiten zu den Aufgaben und Befugnissen des Verwalters wird auf die Kommentierungen zu § 27 Bezug genommen.

Nach dem Grundsatz der Einheitlichkeit der Verwaltung kann nur ein **einziger** Verwalter für eine Wohnungseigentümergemeinschaft bestellt werden.[13] Die Bestellung mehrerer nebeneinander tätiger „**Teil-** oder **Unterverwalter**" für die Gesamtgemeinschaft oder für Untergemeinschaften ist nicht möglich. Auch wenn in einer Gemeinschaft Untergemeinschaften bestehen, kann der Verwalter nur von der Versammlung **aller** Wohnungseigentümer für die Verwaltung des gesamten gemeinschaftlichen Eigentums bestellt werden; ein dem widersprechender Beschluss wäre **nichtig**.[14]

Sowohl bei der Bestellung wie bei der Abberufung des Verwalters haben die Wohnungseigentümer einen **Beurteilungsspielraum**.[15] Zur Frage, ob ein Beschluss **ordnungsgemäßer Verwaltung** entspricht, siehe Rn. 3 und Rn. 15.

---

8 BGH v. 23.2.1995 – III ZR 65/94, NJW-RR 1995, 780.
9 OLG Zweibrücken v. 23.6.2004 – 3 W 64/04, FGPrax 2004, 273; OLG Frankfurt/Main v. 15.3.2005 – 20 W 153/03, OLGR Frankfurt 2006, 46 (je zur Nichtigkeit eines anderslautenden Beschlusses).
10 Siehe dazu § 20 Rn. 5.
11 BGH v. 2.6.2005 – V ZB 32/05, NJW 2005, 2061.
12 OLG Köln v. 30.3.2007 – 16 Wx 37/07, WuM 2007, 403.
13 LG Hamburg v. 15.11.2012 – 318 S 213/11, ZWE 2013, 292.
14 LG Düsseldorf v. 22.10.2009 – 19 S 40/09, NZM 2010, 288; LG Nürnberg-Fürth v. 23.9.2009 – 14 S 1754/09, ZMR 2010, 315.
15 BGH v. 22.6.2012 – V ZR 190/11, ZWE 2012, 427.

b) Person

3 Da das Gesetz keinerlei Vorgaben macht, kann grundsätzlich jede geschäftsfähige **natürliche Person**, ohne jegliche einschlägige Qualifikation, Verwalter werden. Der Verwalter muss auch nicht Wohnungseigentümer in der Anlage sein (was insbesondere bei professionellen Verwaltern in der Praxis auch nicht üblich ist).[16] Eine Bestellung muss jedoch **ordnungsgemäßer Verwaltung**[17] entsprechen.

Dabei ist ein Verwalterkandidat nicht alleine deshalb ungeeignet, weil er keine Ausbildung in der Immobilienverwaltung absolvierte und noch nie selbstständige Erfahrungen als WEG-Verwalter gesammelt hat.[18] Dies ergibt sich schon daraus, dass das Gesetz nicht zwingend einen **professionellen** Verwalter vorschreibt. Allerdings wird wohl regelmäßig bei einer zerstrittenen WEG-Anlage ein Anspruch auf professionelle externe WEG-Verwaltung bestehen.[19]

Muss wegen diverser Verstöße des Verwalters gegen seine Pflichten aus § 27 WEG ernsthaft an seiner beruflichen **Qualifikation** gezweifelt werden, ist eine **Wiederbestellung** nicht vertretbar. Dies ist der Fall, wenn der Verwalter Wohnungseigentümer nicht rechtzeitig, sondern erst nach Rechtskraft der Entscheidung über einen Rechtsstreit informiert, verspätet Jahresabrechnungen und Wirtschaftspläne vorlegt, sich weigert Beschlussanträge auf die Tagesordnung zu setzen und Beschlüsse schlicht nicht umsetzt.[20]

Die Bestellung eines **(auswärtigen)** Verwalters, der seinen Geschäftssitz nicht am Ort der Wohnanlage hat, widerspricht nicht alleine aus diesem Grunde ordnungsgemäßer Verwaltung.[21]

Zur Bestellung eines die Stimmenmehrheit innehabenden Eigentümers zum Verwalter und der sich stellenden Frage einer **Majorisierung** siehe § 25 Rn. 32.

In einer aus zwei miteinander zerstrittenen Ehepaaren bestehenden Eigentümergemeinschaft widerspricht es grundsätzlich ordnungsgemäßer Verwaltung, wenn ein Wohnungseigentümer sich mit seinem Stimmenübergewicht selbst zum Verwalter bestellt, weil dann bereits im Zeitpunkt der Bestellung Interessengegensätze offenkundig sind und deshalb von vornherein nicht mit der Begründung eines unbelasteten, für die Tätigkeit des Verwalters aber erforderlichen Vertrauensverhältnisses zu den anderen Wohnungseigentümern zu rechnen ist.[22]

---

[16] BGH v. 2.6.2005 – V ZB 32/05, NJW 2005, 2061.
[17] Siehe dazu genauer: § 21 Rn. 23ff.
[18] LG Stuttgart v. 29.7.2015 – 10 S 68/14, NJW 2015, 2897; a.A.: LG Düsseldorf v. 18.10.2013 – 25 S 7/13, ZWE 2014, 87.
[19] LG Düsseldorf v. 18.10.2013 – 25 S 7/13, ZWE 2014, 87; LG Hamburg v. 30.11.2011 – 318 S 201/10, ZMR 2012, 385.
[20] LG München I v. 16.7.2015 – 36 S 18089/14, ZMR 2015, 801.
[21] LG Lüneburg v. 18.3.2014 – 9 S 70/13, ZWE 2014, 278.
[22] LG Karlsruhe v. 23.6.2010 – 11 S 60/09, ZWE 2010, 376; BayObLG v. 13.12.2001 – 2Z BR 93/01, ZMR 2002, 525; siehe zum Stimmrecht auch unten Rn. 10 und zum Stimmrechtsausschluss insbesondere § 25 Rn. 32.

Auch vorbestrafte Personen sind nicht von vornherein vom Verwalteramt ausgeschlossen. Im Fall einer **Vorstrafe** ist eine Güterabwägung zwischen dem Resozialisierungsinteresse des Verurteilten und den gefährdeten oder bedrohten Interessen der Dritten (hier der Wohnungseigentümer) vorzunehmen.[23] Den Wohnungseigentümern ist es allerdings nicht zuzumuten, das Risiko der Zusammenarbeit mit einem einschlägig wegen Vermögens- oder Eigentumsdelikten vorbestraften Verwalter einzugehen.[24] Wegen § 51 Abs. 1 BZRG darf jedoch einem strafrechtlich verurteilten Verwalter die Tat und die Verurteilung nicht mehr im Rechtsverkehr vorgehalten werden, wenn die Eintragung der Verurteilung im Bundeszentralregister getilgt worden ist, so dass auch ein Gericht bei der Überprüfung eines Bestellungsbeschlusses[25] diese Umstände nicht mehr bei der Entscheidung verwerten darf.[26] Verschweigt ein Bewerber auf Befragen seine Vorstrafen oder täuscht er die Eigentümer durch „herunterspielen" oder „verharmlosen" der Taten, kann dies ein wichtiger Grund für eine Abberufung sein.[27]

Zum Verwalter einer WEG darf – unabhängig von der Rechtsform – nur bestellt werden, wer über ausreichende finanzielle Mittel verfügt und ausreichende Sicherheit im Haftungsfall bietet. Besteht bei objektiver Betrachtung Anlass, die **Bonität** des in Aussicht genommenen Verwalters zu prüfen, müssen die Wohnungseigentümer die Bestellung zurückstellen, bis sie Unterlagen oder andere Erkenntnisse haben, die eine entsprechende Entscheidung erlauben.[28]

Haben **mehrere Bewerber** für eine Bestellung zum Verwalter Unterlagen vorgelegt, so verstößt es nicht gegen die Grundsätze ordnungsgemäßer Verwaltung, wenn der Verwaltungsbeirat nach Prüfung der Unterlagen eine Vorauswahl trifft und nicht alle, sondern nur die in erster Linie als geeignet Erscheinenden zur Vorstellung in der Versammlung der Wohnungseigentümer, in der die Bestellung beschlossen werden soll, einlädt und einer dieser Bewerber, der nach seiner Persönlichkeit und seinen fachlichen Fähigkeiten zur Ausübung des Verwalteramtes geeignet ist, gewählt bzw. bestellt wird.[29]

Eine **Mehrzahl von Personen** kann nicht zum Verwalter bestellt werden. Ein derartiger Beschluss ist nichtig.[30]

Die Anerkennung der Rechtsfähigkeit der Gesellschaft des bürgerlichen Rechts **(GbR)** führt nicht dazu, dass diese Verwalter nach dem Wohnungs-

---

23 OLG Frankfurt/Main v. 11.3.1976 – 16 U 255/75, NJW 1976, 1410.
24 OLG Köln v. 30.4.2008 – 16 Wx 262/07, ZMR 2008, 734; LG Itzehohe v. 16.7.2002 – 1 T 200/01, ZMR 2003, 295; LG Berlin v. 20.6.2000 – 85 T 251/99, ZMR 2001, 143; wie hier: *Jennißen-Jennißen*, § 26 Rn. 2.
25 Siehe zu prozessualen Fragen bei der Anfechtung von Mehrheitsbeschlüssen auch unten Rn. 15 ff.
26 KG Berlin v. 20.3.1989 – 24 W 4238/88, WuM 1989, 347.
27 KG Berlin v. 6.9.1993 – 24 W 5948/92, ZMR 1994, 31; siehe dazu auch unten Rn. 22 ff.
28 BGH v. 22.6.2012 – V ZR 190/11, ZWE 2012, 427.
29 OLG Düsseldorf v. 14.9.2001 – 3 Wx 202/01, WuM 2002, 44.
30 OLG München v. 23.8.2006 – 34 Wx 58/06, ZMR 2006, 950.

eigentumsgesetz sein kann.[31] Ein Gesellschafter einer GbR kann aber als natürliche Person die Verwalterstellung höchstpersönlich ausüben.[32] Möglich (und im Bereich der professionellen Verwaltung durchaus üblich) ist es jedoch, eine **juristische Person** (AG oder GmbH) oder eine OHG oder KG zum Verwalter zu bestellen.[33] Gleiches muss auch für eine Partnerschaftsgesellschaft gelten.[34] Eine **haftungsbeschränkte Unternehmergesellschaft** kann Verwalterin sein.[35]

c) Delegation von Aufgaben, Übertragung des Amtes

4 Aufgrund der besonderen Vertrauensstellung des Verwalters gilt der Grundsatz der **Höchstpersönlichkeit** des Verwalteramtes.[36] Dabei spielt es keine Rolle, ob der Verwalter eine natürliche oder juristische Person ist.[37] Zulässig ist es jedoch, dass sich der Verwalter zur Erfüllung seiner Aufgaben anderer Personen als **Erfüllungsgehilfen** bedient.[38] Der Verwalter darf jedoch nicht wesentliche Aufgaben ständig ganz oder teilweise auf andere (auch juristische) Personen übertragen.[39]

Es stellt vielmehr einen **wichtigen Grund** für die **Abberufung**[40] einer Gesellschaft mit beschränkter Haftung als Verwalterin dar, wenn sie mit einer anderen Gesellschaft mit beschränkter Haftung eine „gemeinsame Verwaltung" der Wohnanlage vereinbart, ihr einen wesentlichen Teil der Verwalteraufgaben überträgt und zwei Drittel der Verwaltervergütung überlässt.[41] Zur Verschmelzung siehe unten Rn. 6.

5 Aufgrund der Höchstpersönlichkeit **endet** entsprechend dem Rechtsgedanken der §§ 675, 673 BGB bei einer natürlichen Person deren Verwalteramt mit dem **Tod** und geht nicht auf die Erben über. Bei einer juristischen Person oder einer Handelsgesellschaft (OHG, KG) endet das Amt mit dem **Erlöschen** der **Rechtsfähigkeit**.[42] Bei Gesellschaften schadet zwar ein Wechsel der Gesellschafter grundsätzlich nicht. Etwas anderes gilt aber, wenn sich dadurch die Rechtspersönlichkeit ändert. Dies ist bei dem Ausscheiden eines von zwei Gesellschaftern bei einer KG der Fall, da das Ausscheiden eines der beiden Gesellschafter aus der Gesellschaft das Ende der Gesell-

---

31 BGH v. 26.1.2006 – V ZB 132/05, WuM 2006, 166; OLG München v. 23.8.2006 – 34 Wx 58/06, ZMR 2006, 950; a.A. *Palandt-Bassenge*, WEG § 26 Rn. 1.
32 BGH v. 13.6.2013 – V ZB 94/12, ZWE 2013, 402.
33 BGH v. 26.1.2006 – V ZB 132/05, WuM 2006, 166; OLG Düsseldorf v. 28.5.1990 – 3 Wx 159/90, MDR 1990, 925.
34 Ebenso: *Palandt-Bassenge*, WEG § 26 Rn. 1; *Jennißen-Jennißen*, § 26 Rn. 5; *Riecke/Schmid-Abramenko*, § 26 Rn. 3.
35 BGH v. 22.6.2012 – V ZR 190/11, ZWE 2012, 427.
36 OLG Hamm v. 3.5.1990 – 15 W 8/90, WuM 1991, 218.
37 OLG Köln v. 24.9.2003 – 2 Wx 28/03, OLGR Köln 2004, 49.
38 OLG Hamm v. 25.7.1996 – 15 W 81/95, FGPrax 1996, 218.
39 LG Karlsruhe v. 7.8.2012 – 11 S 180/11, ZWE 2013, 176; BayObLG v. 20.6.1990 – BReg 2 Z 60/90, WuM 1990, 406.
40 Siehe dazu auch unten Rn. 21 ff.
41 BayObLG v. 19.6.1997 – 2Z BR 35/97, NJW-RR 1997, 1443.
42 OLG Köln v. 24.9.2003 – 2 Wx 28/03, OLGR Köln 2004, 49; BayObLG v. 20.6.1990 – BReg 2 Z 60/90, WuM 1990, 406.

schaft bewirkt; das Vermögen der Gesellschaft wächst mit Aktiven und Passiven dem anderen bisherigen Gesellschafter an.[43]

Eine (**eigenmächtige**) **Vollübertragung** des Verwalteramtes auf Dritte ist gemäß § 134 BGB nichtig, weil sie unverzichtbaren Grundsätzen des Wohnungseigentumsrechts widerspricht.[44] Dies gilt selbst dann, wenn in einer Teilungserklärung/Gemeinschaftsordnung oder einer späteren Vereinbarung die Übertragungsmöglichkeit auf eine andere Person vorgesehen ist.[45] Die Wohnungseigentümer haben eine bestimmte (natürliche oder juristische) Person oder Personengesellschaft zum Verwalter bestellt und müssen sich keine andere Person aufdrängen lassen.[46] Der BGH hat nunmehr ebenfalls bestätigt, dass der Verwalter einer Wohnungseigentumsanlage seine Befugnisse nicht rechtsgeschäftlich auf Dritte übertragen oder diesen zur Ausübung überlassen kann.[47] Eine Übertragung des Verwalteramtes auf eine andere natürliche oder juristische Person ist nur mit **Zustimmung** der Wohnungseigentümer möglich, die diese in Form eines Mehrheitsbeschlusses erteilen können.[48] Einer Zustimmung bedarf es auch, wenn ein Verwalter bisher als **Einzelkaufmann** tätig war und er die Verwaltung ausgliedern und auf eine von ihm neu gegründete **GmbH** übertragen möchte; alleine durch die Umwandlung der einzelkaufmännischen Firma geht das Verwalteramt nicht auf die GmbH über.[49] Selbst eine als Verwalterin bestellte GmbH darf nicht die gesamte tatsächliche Ausübung der Verwaltertätigkeit auf eine zu diesem Zweck gegründete weitere GmbH übertragen, auch wenn diese weisungsgebunden und personell mit der Verwalter-GmbH verflochten ist.[50] Bei einer **Umstrukturierung** einer Gesellschaft ist entscheidend, ob die handels- und gesellschaftsrechtliche Identität der Verwaltungsgesellschaft bestehen bleibt oder ob eine Rechtsformveränderung vorgenommen wird.[51]Der BGH hat nunmehr entschieden, dass bei der **Verschmelzung** einer zur Verwalterin einer Wohnungseigentumsanlage bestellten **juristischen Person** auf eine andere juristische Person die Organstellung und der Verwaltervertrag im Wege der Gesamtrechtsnachfolge auf den übernehmenden Rechtsträger übergehen. Der Verwaltervertrag erlischt nicht in entsprechender Anwendung von § 673 BGB, weil diese Norm durch die im **Umwandlungsgesetz** enthaltenen Spezialvorschriften verdrängt wird.[52] Jedoch geht das Amt des Verwalters

6

---

43 BayObLG v. 6.2.1987 – BReg 2 Z 6/87, MDR 1987, 588.
44 KG Berlin v. 11.3.2002 – 24 W 310/01, NZM 2002, 389 (vollständige Übertragung ist rechtsunwirksam); teilweise anders: LG Karlsruhe v. 7.8.2012 – 11 S 180/11, ZWE 2013, 176 (auf Anfechtung hin für unwirksam zu erklären).
45 OLG Hamm v. 3.5.1990 – 15 W 8/90, WuM 1991, 218; BayObLG v. 4.8.1975 – BReg 2 Z 50/75, BayObLGZ 1975, 327.
46 OLG Köln v. 9.2.2006 – 2 Wx 5/06, FGPrax 2006, 100; BayObLG v. 20.6.1990 – BReg 2 Z 60/90, WuM 1990, 406.
47 BGH v. 21.2.2014 – V ZR 164/13, NJW 2014, 1447.
48 BayObLG v. 7.2.2002 – 2Z BR 161/01, NZM 2002, 346; OLG Hamm v. 25.7.1996 – 15 W 81/95, FGPrax 1996, 218.
49 BayObLG v. 7.2.2002 – 2Z BR 161/01, NZM 2002, 346.
50 BayObLG v. 20.6.1990 – BReg 2 Z 60/90, WuM 1990, 406.
51 OLG Köln v. 9.2.2006 – 2 Wx 5/06, FGPrax 2006, 100.
52 BGH v. 21.2.2014 – V ZR 164/13, NJW 2014, 1447; anders teilweise noch OLG Köln v. 24.9.2003 – 2 Wx 28/03, OLGR Köln 2004, 49.

bei der **Umwandlung** einer KG in eine GmbH jedenfalls dann nicht auf die GmbH über, der das Vermögen der KG anwächst, wenn eine natürliche Person Komplementär der Verwalter-KG war.[53] Das Verwalteramt geht auch dann nicht über, wenn eine GmbH im Weg der Umwandlung lediglich die Abspaltung eines Teilbetriebs ("WEG-Verwaltung") vornimmt und nur den Teilbetrieb auf eine andere GmbH überträgt.[54]

Zur anders gelagerten Frage, in wie weit die **Eigentümer** Aufgaben und Befugnisse **auf den Verwalter** übertragen können, siehe unten **Rn. 40** (mit weiteren Verweisen, insbesondere auf § 27 Rn. 43).

2. Bestellung (Sätze 1, 2 und 5)

a) Begriff und Abgrenzung

7 Nach der herrschenden **Trennungstheorie** ist strikt zwischen einerseits der organschaftlichen Stellung des Verwalters, die durch die **Bestellung** als **Organisationsakt** (Bestellungsbeschluss) begründet wird und der schuldrechtlichen Gestaltung andererseits **(Verwaltervertrag**[55]**)** zu unterscheiden.[56]

Nach dem BGH handelt es sich entgegen einer verbreiteten Auffassung[57] bei der Bestellung (oder Abberufung[58]) eines Verwalters nicht lediglich um interne Organisationsakte der Eigentümergemeinschaft. Solche Beschlüsse sind vielmehr auf die unmittelbare Begründung (bzw. Aufhebung) wohnungseigentumsrechtlicher Befugnisse und Pflichten gerichtet. Die Beschlüsse über die Bestellung und Abberufung des Verwalters sind Teil des **zweistufigen Aktes**, mit dem der Verwalter sein Amt erhält bzw. verliert; der Verwaltervertrag dient lediglich der Ausgestaltung dieser Rechtsposition im Verhältnis zu den Wohnungseigentümern.[59] Da aber niemandem gegen seinen Willen ein Verwalteramt aufgedrängt werden kann, bedarf auch der Bestellungsakt einer (zumindest konkludenten) **Zustimmung** des Verwalters.[60] Eine Zustimmung wird regelmäßig in der Aufnahme der Verwaltertätigkeit zu sehen sein. Eine Bestellung kann immer nur mit Wirkung für die Zukunft, nicht aber **rückwirkend**, erfolgen.[61]

Bestellung und **Verwaltervertrag** sind grundsätzlich voneinander **unabhängig**, so dass etwa eine wirksame Bestellung vorliegen kann, jedoch ein (wirksamer) Verwaltervertrag fehlt.[62] Wird eine mit ihrer Zustimmung zum Verwalter bestellte Person als solche tätig, ohne dass ein Verwaltervertrag

---

53 OLG Düsseldorf v. 28. 5. 1990 – 3 Wx 159/90, NJW-RR 1990, 1299.
54 OLG München v. 31. 1. 2014 – 34 Wx 469/13, ZWE 2014, 169.
55 Siehe dazu unten Rn. 36 ff.
56 OLG München v. 21. 6. 2006 – 34 Wx 28/06, NZM 2006, 631; OLG Düsseldorf v. 30. 5. 2006 – 3 Wx 51/06, ZMR 2006, 870.
57 Etwa: OLG Hamburg v. 16. 7. 2001 – 2 Wx 116/00, ZMR 2001, 997.
58 Siehe dazu unten Rn. 18 ff.
59 BGH v. 23. 10. 2008 – V ZB 89/08, NZM 2009, 86; BGH v. 19. 9. 2002 – V ZB 30/02, NJW 2002, 3704.
60 Allgemeine Meinung in der Literatur: etwa: *Palandt-Bassenge*, WEG § 26 Rn. 3; *Bärmann-Merle/Becker*, § 26 Rn. 28; *Müller*, Praktische Fragen, 9. Teil, Rn. 22.
61 OLG Hamm v. 19. 4. 1995 – 15 W 26/95, Wohnungseigentümer 1995, 125.
62 Zur Anfechtbarkeit eines Bestellungsbeschlusses, wenn die Eckpunkte des Verwaltervertrages noch nicht feststehen siehe unten Rn. 15.

abgeschlossen worden ist, oder aufgrund eines geschlossenen Vertrags, der an einem eigenen Nichtigkeits- oder Unwirksamkeitsgrund leidet, so kommt eine Anwendung der Vorschriften über die **Geschäftsführung ohne Auftrag** (§§ 677 ff. BGB) in Betracht.[63] Daher kann der als Verwalter Tätige gemäß § 683 BGB Ersatz seiner Aufwendungen verlangen. Ist die Geschäftsbesorgung im Rahmen einer gewerblichen Tätigkeit erfolgt (professioneller Verwalter), kann die übliche Vergütung für die erbrachten Leistungen verlangt werden.[64]

Denkbar ist aber auch, dass zwar ein wirksamer Verwaltervertrag vorliegt, der **vermeintliche Verwalter** aber mangels wirksamer Bestellung nicht das Verwalteramt innehat. In diesem Falle wird der für die Gemeinschaft Handelnde auch dann nicht Verwalter, wenn die Wohnungseigentümer sein Tätigwerden dulden, weil sie irrigerweise davon ausgehen, der andere sei wirksam zum Verwalter bestellt.[65]

Wird in einer Wohnungseigentümerversammlung „die **Fortsetzung** des Verwaltervertrages" beschlossen, so ist der Beschluss dahin auszulegen, dass er auch die Neubestellung des Verwalters umfasst.[66]

Zur Frage, ob ein Beschluss **ordnungsgemäßer Verwaltung** entspricht, siehe Rn. 3 und Rn. 15.

Die **Bestellung** ist nach zutreffender Meinung aus Gründen der Rechtssicherheit **bedingungsfeindlich**.[67]

8

So ist nach dem KG Berlin eine **aufschiebend** bedingte Bestellung des Verwalters mit der Rechtsstellung des Verwalters nach dem Wohnungseigentumsgesetz unvereinbar.[68]

Gleiches gilt aber auch für eine **auflösend** bedingte Bestellung. Soweit in der neueren Kommentarliteratur unter Hinweis auf zwei neuere Entscheidung des BGH eine auflösende Bedingung als zulässig angesehen wird, kann dem nicht gefolgt werden. Die genannten Entscheidungen des BGH[69] ergingen zur Bestellung eines GmbH-Geschäftsführers und sind nicht auf die Bestellung eines Verwalters einer Wohnungseigentümergemeinschaft übertragbar. Für den Fall des GmbH-Geschäftsführers sieht der BGH den Gläubigerschutz bei Bedingungseintritt wegen § 15 HGB nicht als gefährdet an. Beim Wohnungseigentumsverwalter fehlt eine entsprechende Vor-

---

63 BGH v. 6.3.1997 – III ZR 248/95, WuM 1997, 294.
64 BGH v. 7.3.1989 – XI ZR 25/88, ZMR 1989, 265.
65 OLG Düsseldorf v. 28.5.1990 – 3 Wx 159/90, NJW-RR 1990, 1299; BayObLG v. 6.2.1987 – BReg 2 Z 6/87, MDR 1987, 588.
66 OLG Schleswig v. 20.1.2006 – 2 W 24/05, ZMR 2006, 803.
67 Wie hier: *Staudinger-Bub*, § 26 WEG Rn. 121; *Müller*, Praktische Fragen, 9. Teil, Rn. 30 ff.; a.A.: *Palandt-Bassenge*, WEG § 26 Rn. 3 (unter Bezugnahme auf BGH, DNotZ 2006, 214 – wobei diese Entscheidung zu einem GmbH-Geschäftsführer ergangen ist); *Bärmann-Merle/Becker*, § 26 Rn. 55 ff.; *Jennißen-Jennißen*, § 26 Rn. 60 ff.
68 KG Berlin v. 13.1.1976 – 1 W 936/75, ZMR 1977, 347.
69 BGH v. 24.10.2005 – II ZR 55/04, NJW-RR 2006, 182; BGH v. 24.10.2005 – II ZR 55/04, DNotZ 2006, 214.

schrift[70], so dass der Gläubigerschutz nicht gewährleistet ist. Zudem würde durch eine auflösende Bedingung Abs. 1 Satz 4 unterlaufen.[71]

b) In der Gemeinschaftsordnung

9 Da § 26 Abs. 1 zwar eine Beschlusskompetenz für die Bestellung eröffnet, nicht aber ausdrücklich bestimmt, dass keine hiervon abweichenden Vereinbarungen möglich sind[72], ist nach § 10 Abs. 2 Satz 2 auch eine Bestellung durch **Vereinbarung** möglich. Dies ist für eine Bestellung in der Gemeinschaftsordnung oder auch in einem Teilungsvertrag gemäß § 3 unproblematisch. Die Rechtsprechung hat auch die Bestellung durch den **teilenden Alleineigentümer** in der Teilungserklärung nach § 8 als (grundsätzlich) zulässig angesehen.[73] Dem kann, unabhängig davon, ob der Gesetzgeber durch die Verkürzung der Bestellungsdauer beim Erstverwalter in Abs. 1 Satz 2 tatsächlich auf den teilenden Eigentümer abzielte[74], uneingeschränkt gefolgt werden. Die Befugnis des teilenden Alleineigentümers erlischt allerdings mit dem Entstehen der **werdenden Wohnungseigentümergemeinschaft**.[75]

c) Durch Mehrheitsbeschluss

10 Absatz 1 Satz 1 begründet eine Beschlusskompetenz[76], da die Wohnungseigentümer „mit Stimmenmehrheit" „beschließen" können. Es reicht die **einfache Stimmenmehrheit**; anderslautende Bestimmungen in der Gemeinschaftsordnung sind nichtig (siehe dazu Rn. 14). Die einfache Mehrheit ist erreicht, wenn mehr Ja- Stimmen abgegeben wurden als Nein- Stimmen. Die Mehrheit ist dabei nur nach der Zahl der abgegebenen Ja- und Nein- Stimmen der in der Versammlung vertretenen, stimmberechtigten und nicht vom Stimmrecht ausgeschlossenen Wohnungseigentümer zu berechnen[77], wobei **Enthaltungen** nicht mitzuzählen sind.[78] Bei **Stimmengleichheit** gilt ein Antrag als abgelehnt.[79] Von der Berechnung der einfachen Mehrheit zu unterscheiden ist die für eine Verwalterbestellung unzulässige Festlegung eines Abstimmungsmodus in Form einer **relativen Mehrheit**, wonach derjenige unter mehreren Bewerbern zum Verwalter bestellt werden soll, der die meisten Stimmen erhält.[80] Die relative Stimmenmehrheit genügt auch dann nicht, wenn die Wohnungseigentümer über mehrere Bewerber gleichzeitig

---

70 § 26 Abs. 3 hilft nur in den dort genannten Fällen teilweise weiter.
71 Siehe dazu unten Rn. 14.
72 § 26 Abs. 1 Satz 4 greift hier nicht, da die Bestellung nicht beschränkt, sondern erweitert wird.
73 BGH v. 20. 6. 2002 – V ZB 39/01, NZM 2002, 788; OLG Düsseldorf v. 14. 2. 2001 – 3 Wx 450/00, WuM 2001, 257.
74 So etwa: *Hügel/Elzer*, § 26 Rn. 82; *Riecke/Schmid-Abramenko*, § 26 Rn. 8.
75 LG München I v. 27. 10. 2014 – 1 S 22206/13 (nicht veröffentlicht); zur werdenden Wohnungseigentümergemeinschaft siehe § 2 Rn. 10.
76 Siehe dazu auch: § 23 Rn. 3.
77 Wie hier: *Niedenführ/Kümmel/Vandenhouten-Niedenführ*, § 26 Rn. 16.
78 BayVerfGH v. 15. 1. 2009 – Vf. 31-VI-08 (zitiert nach juris); BGH v. 8. 12. 1988 – V ZB 3/88, NJW 1989, 1090; BayObLG v. 10. 8. 2001 – 2Z BR 21/01, NZM 2001, 959.
79 *Schreiber-Ruge/Röll*, S. 947 Rn. 58.
80 BayVerfGH v. 15. 1. 2009 – Vf. 31-VI-08 (zitiert nach juris).

abstimmen. Soweit die Wohnungseigentümer im Beschlussweg einen abweichenden Abstimmungsmodus dahin festgelegt haben, dass derjenige unter den vier Bewerbern zum Verwalter bestellt ist, der die meisten Stimmen erhält, also bereits die relative Mehrheit genügen würde, fehlt der Versammlung die Beschlusskompetenz.[81]

Ein **Eigentümer**, der selbst zum Verwalter bestimmt werden soll, darf grundsätzlich an der Abstimmung hinsichtlich der Bestellung (nicht auch zum Verwaltervertrag) teilnehmen. Zu einem Stimmrechtsausschluss wegen **Majorisierung** siehe § 25 Rn. 32.

Zur Frage, ob ein Beschluss **ordnungsgemäßer Verwaltung** entspricht, siehe Rn. 3 und Rn. 15.

Die näheren Einzelheiten zum Zustandekommen eines Beschlusses können der Kommentierung § 23 Rn. 22 ff. entnommen werden.

Auch wenn in einer Gemeinschaft **Untergemeinschaften** bestehen, kann der Verwalter nur von der Versammlung *aller* Wohnungseigentümer für die Verwaltung des *gesamten* gemeinschaftlichen Eigentums bestellt werden.[82]

Verhindert der Verwalter vorsätzlich die **Teilnahme** eines Wohnungseigentümers an der Versammlung, die über die Wiederwahl des Verwalters beschließen soll, ist der auf dieser Versammlung über die Wiederwahl des Verwalters mehrheitlich gefasste Beschluss der Eigentümer unabhängig davon **nichtig**, ob die Stimme des ausgeschlossenen Eigentümers angesichts der Mehrheitsverhältnisse Bedeutung erlangen konnte.[83]

Nicht zulässig ist ein Mehrheitsbeschluss des Inhalts, dass die Bestellung des Verwalters auf sonstige Personen, wie etwa den Verwaltungsbeirat, **übertragen** wird. Insoweit besteht keine Beschlusskompetenz, so dass ein derartiger Beschluss **nichtig** wäre.[84]

d) Durch das Gericht

Bereits bei Rn. 1 oben wurde dargestellt, dass die Vorschrift des § 26 Abs. 3 WEG a.F., in dem die Bestellung eines so genannten **Notverwalters** durch das Gericht auf Antrag eines Wohnungseigentümers oder eines Dritten geregelt war, entfallen ist. Der Gesetzgeber hat diese Notverwalterbestellung als entbehrlich angesehen. Auch ohne diese vorgenannte Bestellung können die Wohnungseigentümer nach dem neuen Recht gemäß § 43 Abs. 1 Nr. 1 **Klage** auf gerichtliche Bestellung eines Verwalters erheben. Im Falle der Eilbedürftigkeit kann die Bestellung von einem Wohnungseigentümer auch im Wege der **einstweiligen Verfügung** gemäß §§ 935 ff. ZPO erwirkt werden, wobei das – als nicht notwendig erachtete – Antragsrecht eines Dritten entfallen ist.[85] Dieser Auffassung hat sich nunmehr auch der BGH

11

---

81 BayObLG v. 13.3.2003 – 2Z BR 85/02, NZM 2003, 444.
82 LG Düsseldorf v. 22.10.2009 – 19 S 40/09, NZM 2010, 288.
83 OLG Köln v. 17.12.2004 – 16 Wx 191/04, NZM 2005, 149; siehe allgemein zur Nichtigkeit von Beschlüssen § 23 Rn. 27 ff.
84 Im Ergebnis ebenso: *Jennißen-Jennißen*, § 26 Rn. 43 (der von einem Verstoß gegen ein Kernrecht ausgeht); *Palandt-Bassenge*, WEG § 26 Rn. 4b.
85 BT-Drucks. 16/887, S. 35.

angeschlossen.[86] Allerdings bedarf es der Glaubhaftmachung einer über die bloße Verwalterlosigkeit hinausgehenden Eilbedürftigkeit.[87]

Auf folgende Punkte sei ergänzend hingewiesen:
Da bei einer Klage auf Verwalterbestellung ein Wohnungseigentümer seinen Anspruch auf ordnungsgemäße Verwaltung nach § 21 Abs. 4 geltend macht, gelten die bei § 21 Rn. 38 bis 42 gemachten **prozessualen** Ausführungen (insbesondere zu Rechtsschutzbedürfnis, Vorbefassung der Eigentümerversammlung und bestimmter Klageantrag bzw. Ausnahme dazu) auch hier.

Ein Eigentümer hat zwar Anspruch darauf, dass auf seinen Antrag hin in der Eigentümerversammlung ein Verwalter bestellt wird, nicht aber darauf, welcher konkrete Verwalter zu bestellen ist. Insoweit haben die Eigentümer einen **Ermessensspielraum (Beurteilungsspielraum)**. Dies ist auch bei § 21 Abs. 8 zu beachten, wenn die Eigentümer eine erforderliche Bestellung nicht vornehmen. Es wird daher auch auf die Kommentierungen zu § 21 Rn. 87 bis 91 ergänzend Bezug genommen. Das Gericht kann daher in seiner Entscheidung die Wohnungseigentümer verpflichten, an der Bestellung eines Verwalters mitzuwirken.[88] Werden die Eigentümer zur Abgabe einer Willenserklärung verurteilt, gilt die Erklärung nach § 894 Abs. 1 ZPO mit Rechtskraft des Urteils als abgegeben.

Das Gericht muss sich jedoch nicht auf den Ausspruch einer solchen Mitwirkungspflicht beschränken. Das Gericht kann vielmehr auch durch **Gestaltungsurteil** unmittelbar die Bestellung eines konkreten Verwalters aussprechen.[89] Dies ergibt sich schon daraus, dass mit dieser Bestellung dem Anspruch des einzelnen Wohnungseigentümers auf ordnungsgemäße Verwaltung Geltung verschafft wird. Darüber hinaus ist durch den neu geschaffenen § 21 Abs. 8 ausdrücklich für das Gericht die Möglichkeit geschaffen worden, an Stelle der Wohnungseigentümer nach billigem Ermessen zu entscheiden.[90] Bei der Ausübung des Ermessens hat das Gericht verschiedene, ihm vorliegende Angebote von Verwaltern auch unter Eignungs- und Kostengesichtspunkten gegeneinander abzuwägen.[91] Das Gestaltungsurteil ist hinsichtlich der Kostenentscheidung nach den allgemeinen Vorschriften der §§ 708ff. ZPO für vorläufig vollstreckbar zu erklären. Die vorläufige Vollstreckbarkeit bezieht sich jedoch nicht auf den Gestaltungsausspruch. Die Rechtsänderung tritt bei Gestaltungsurteilen erst mit **Rechtskraft** ein.[92]

---

86 BGH v. 10. 6. 2011 – V ZR 146/10 (zitiert nach juris).
87 LG Berlin v. 31. 1. 2012 – 85 T 31/12, ZMR 2012, 569.
88 OLG Düsseldorf v. 31. 8. 2007 – 3 Wx 85/07, ZMR 2007, 87.
89 OLG Düsseldorf v. 31.8. 2007 – 3 Wx 85/07, ZMR 2007, 87; LG Braunschweig v. 24. 2. 2015 – 6 S 293/14, ZMR 2015, 473.
90 Siehe näher zu § 21 Abs. 8 die Kommentierungen zu § 21 Rn. 86ff.
91 OLG Düsseldorf v. 19. 4. 2000 – 3 Wx 51/00, WuM 2000, 376.
92 Siehe dazu auch: *Zöller-Stöber*, ZPO, § 704 Rn. 2; *Thomas-Putzo*, ZPO § 704 Rn. 1; ebenso für den Fall einer Verwalterabberufung: BGH v. 24. 5. 2013 – V ZR 182/12, NJW 2013, 2271.

Da das Urteil nur die Bestellung ersetzt, ist darüber hinaus auch noch erforderlich, dass der **Verwalter** die Bestellung zumindest konkludent annimmt.[93] Wird vom Gericht bei der Bestellung des Verwalters keine Einschränkung verfügt, können die Wohnungseigentümer jederzeit durch Mehrheitsbeschluss einen **anderen Verwalter** bestellen. Etwas anderes gilt nur dann, wenn das Gericht ausdrücklich eine Verwalterneubestellung für eine bestimmte Zeit ausgeschlossen oder die Verwalterabberufung nur aus wichtigem Grund gestattet hat.[94]

Ergänzend wird zu weiteren prozessualen Fragen auf unten Rn. 15 Bezug genommen.

e) Bestelldauer

aa) Regelfall

Nach Satz 2, 1. Alternative, darf die Bestellung auf höchstens fünf Jahre vorgenommen werden. Bei einer Bestellung für einen längeren Zeitraum (etwa: sechs Jahre) ist die Bestellung für fünf Jahre wirksam. Die Bestellung ist entgegen § 139 BGB nur hinsichtlich des übersteigenden Teils gemäß § 134 BGB nichtig und im Übrigen gültig. Denn es ist anzunehmen, dass der Verwalter, der für einen längeren Zeitraum als fünf Jahre bestellt worden ist, wenigstens für den gesetzlich zulässigen Zeitraum von fünf Jahren bestellt sein soll.[95] 12

Wird die Bestellung ohne eine zeitliche Begrenzung (unbefristet) vorgenommen, endet aufgrund Abs. 1 Satz 1 die Bestellung mit Ablauf von fünf Jahren.[96]

Wird bei der Bestellung ein bestimmter Zeitraum genannt (etwa: für 2 Jahre, für 5 Jahre), ist durch Auslegung zu ermitteln, ob es sich um eine feste Laufzeit der Bestellung, um eine Höchstfrist oder um eine Mindestfrist (vor der eine ordentliche Abberufung[97] nicht möglich ist) handeln soll.[98]

bb) Bei Erstbestellung

Nach Satz 2, 2. Hs., darf im Falle der ersten Bestellung nach der Begründung von Wohnungseigentum[99] die Bestellung auf höchstens drei Jahre vorgenommen werden. Wie bereits bei Rn. 1 dargestellt, wollte der Gesetzgeber dadurch Interessenkonflikten des **ersten Verwalters** begegnen. Da in der Praxis häufig die Bauträger den ersten Verwalter einer Anlage bestellen, sollte die erste Amtsdauer nicht identisch mit der gemäß § 634a Abs. 1 Nr. 2 13

---

93 Siehe dazu oben Rn. 7.
94 KG Berlin v. 14.5.2003 – 24 W 341/01, WuM 2003, 412.
95 OLG München v. 8.3.2007 – 34 Wx 2/07, NZM 2007, 647; a.A.: *Jennißen-Jennißen*, § 26 Rn. 52 (der von einer Bestellung auf unbestimmte Zeit ausgeht).
96 Ebenso: *Staudinger-Bub*, § 26 WEG Rn. 29; *Jennißen-Jennißen*, § 26 Rn. 52.
97 Siehe dazu unten Rn. 21.
98 So: OLG Düsseldorf v. 18.8.2005 – 3 Wx 89/05, NZM 2005, 828; für eine feste Laufzeit hatte sich das Vorgericht ausgesprochen: LG Düsseldorf v. 28.2.2005 – 25 T 195/04, ZMR 2005, 740.
99 Siehe dazu die Kommentierungen zu §§ 2, 3 und 8.

BGB fünfjährigen Verjährungsfrist für Mängelgewährleistungsansprüche sein.[100]

Da es auf das tatsächliche Vorliegen eines Interessenkonflikts nicht ankommt, ist die Bestelldauer auch dann begrenzt, wenn der erste Verwalter erst Jahre nach der Begründung des Wohnungseigentums bestellt wird.[101] Wird der Erstverwalter für einen **längeren Zeitraum** als drei Jahre bestellt, ist diese Bestellung nicht insgesamt unwirksam. Wie bei Rn. 12 für den Regelfall dargestellt, gilt auch hier, dass der Verwalter wenigstens für den gesetzlich zulässigen Zeitraum von drei Jahren bestellt sein soll.[102]

f) Beschränkungen der Bestellung

14 Ein genereller **Ausschluss** der Bestellung eines Verwalters ist schon nach § 134 BGB wegen Verstoß gegen ein gesetzliches Verbot (§ 20 Abs. 2) nichtig[103], unabhängig davon, ob er durch Gemeinschaftsordnung, sonstige Vereinbarung oder durch Beschluss erfolgt.[104] Einem Ausschluss gleichgestellt und damit nichtig sind alle Regelungen, durch die eine Bestellung übermäßig behindert und damit beschränkt wird. Dies regelt ausdrücklich Satz 5, 1. Alt., wonach **andere Beschränkungen** (als in Abs. 1 ausdrücklich vorgesehen) der Bestellung des Verwalters nicht zulässig sind.

Satz 5 ist **nicht abdingbar**.[105] Hieraus ergibt sich, dass auch durch Vereinbarung keine Beschränkungen der Bestellungsfreiheit der Wohnungseigentümer vorgenommen werden können, die über Beschränkungsmöglichkeiten des Abs. 1 hinausgehen.

So darf weder die Höhe des Verwalterhonorars unabänderlich für die Zukunft festgeschrieben werden,[106] noch darf die Bestellung des Verwalters entgegen § 26 Abs. 1 von einer Dreiviertelmehrheit abhängig gemacht werden.[107] Eine derartige Regelung in einer Gemeinschaftsordnung verstößt gegen § 134 BGB und ist nichtig.[108]

Auch die Bestellung unter einer **Bedingung** ist nicht zulässig.[109]

Dagegen liegt keine unzulässige Beschränkung der Regeln über die Bestellung und Abberufung des Verwalters vor, wenn in der Gemeinschaftsordnung oder in einer sonstigen Vereinbarung in **Abweichung** vom **Kopfprin-**

---

100 BT-Drucks. 16/3843, S. 51.
101 Ebenso: *Riecke/Schmid-Abramenko*, § 26 Rn. 87; *Hügel/Elzer*, § 26 Rn. 82.
102 OLG München v. 8.3.2007 – 34 Wx 2/07, NZM 2007, 647 (zu Satz 2, 1. Hs. ergangen).
103 Allgemeine Meinung, siehe dazu auch § 20 Rn. 8.
104 OLG Saarbrücken v. 6.2.2004 – 5 W 255/03, OLGR Saarbrücken 2004, 203 (zur Vereinbarung).
105 Wie hier: *Riecke/Schmid-Abramenko*, § 26 Rn. 92; *Staudinger-Bub*, § 26 WEG Rn. 10; a.A.: *Bärmann-Merle/Becker*, § 26 Rn. 92.
106 KG Berlin v. 19.11.1993 – 24 W 1118/93, WuM 1994, 36.
107 BayObLG v. 20.7.1995 – 2Z BR 49/95, WuM 1996, 497.
108 OLG München v. 5.4.2011 – 32 Wx 1/11, ZWE 2011, 262.
109 Siehe dazu oben Rn. 8.

zip vorgesehen ist, dass nach dem Wert- (oder Anteils-) Prinzip oder nach dem Objektprinzip abgestimmt wird.[110]

g) Prozessuales

Zunächst wird hinsichtlich prozessualer Fragen wie Klage, einstweilige Verfügung, Rechtsschutzbedürfnis, bestimmter Klageantrag und vorläufige Vollstreckbarkeit auf oben Rn. 11 und die dortigen Verweisungen Bezug genommen.

15

Zur **Anfechtungsklage** nach § 46, mit der ein Mehrheitsbeschluss über die Bestellung eines Verwalters angegriffen wird, kann zunächst auf die Kommentierungen zu § 46 Bezug genommen werden.

Ergänzend sei auf Folgendes hingewiesen:

Der **abberufene** Verwalter kann den Beschluss über die Bestellung des neuen Verwalters ebenso wenig **anfechten** wie den Beschluss über den Abschluss des Vertrages mit dem neuen Verwalter.[111]

Bei der Begründetheitsprüfung der Anfechtungsklage wird ein maßgeblicher Punkt die Frage sein, ob der Eigentümerbeschluss **ordnungsgemäßer Verwaltung** i.S. § 21 Absätze 3 und 4 entspricht.[112] Sowohl bei der Bestellung als auch bei der Abberufung des Verwalters haben die Wohnungseigentümer einen **Beurteilungsspielraum**.[113]

Oben wurden bei Rn. 3 zwei Beispiele (mangelndes Vertrauen, Vorstrafe des Verwalters) dargestellt, bei denen ein Beschluss nicht ordnungsgemäßer Verwaltung entsprechen kann. Ergänzend wird zum Stimmenmissbrauch insbesondere bei einer **Majorisierung** auf § 25 Rn. 32 Bezug genommen. Zum **Stimmrecht** und zum Stimmrechtsausschluss siehe allgemein § 25 Rn. 4 ff. und Rn. 26 ff.

Wie bei der Erteilung von Aufträgen für Instandsetzungsarbeiten an Handwerksunternehmen ist auch bei der Vorbereitung der Neubestellung eines Verwalters die Einholung mehrerer **Konkurrenzangebote (Alternativangebote)** regelmäßig erforderlich, um die Angemessenheit der Honorarvorstellungen des jeweiligen Leistungsanbieters überprüfen zu können.[114] Dieser Auffassung hat sich für die Neubestellung (zur Wiederbestellung siehe Rn. 30) auch der BGH angeschlossen.[115] Die **Vergleichsangebote** müssen allen Wohnungseigentümern vor der Bestellung des neuen Verwalters zugäng-

---

110 BGH v. 28.10.2011 – V ZR 253/10, NJW 2012, 921; BGH v. 19.9.2002 – V ZB 30/02, ZWE 2003, 64 (= NJW 2002, 3704); LG Dresden v. 24.11.2010 – 2 S 293/10, ZWE 2011, 121.
111 LG Hamburg v. 18.8.2010 – 318 S 77/09, ZWE 2011, 95.
112 Siehe dazu oben Rn. 3 und allgemein zum Begriff der ordnungsgemäßen Verwaltung § 21 Rn. 23 ff.
113 BGH v. 22.6.2012 – V ZR 190/11, ZWE 2012, 427.
114 LG Frankfurt v. 7.1.2015 – 2-9 S 45/14, ZWE 2015, 267; OLG Hamm v. 4.6.2002 – 15 W 66/02, NZM 2003, 486; a.A. wohl LG Saarbrücken v. 23.7.2012 – 5 S 28/11, ZWE 2013, 90.
115 BGH v. 1.4.2011 – V ZR 96/10, WuM 2011, 387 (= NZM 2011, 515).

lich gemacht werden.[116] Dafür reicht es, dass sie bei der Verwaltung **eingesehen** werden können; sie müssen – wie etwa auch Vergleichsangebote bei großen Sanierungsmaßnahmen, die möglicherweise mehrere Leitzordner Umfang haben – nicht mit der Einladung zur Eigentümerversammlung mitübersandt werden.[117] Die Eigentümer müssen nicht den **günstigsten/billigsten** Anbieter wählen.[118] Die Bestellung eines Verwalters, dessen Vergütung um rund 40 % über den Konkurrenzangeboten liegt, entspricht nur dann ordnungsmäßiger Verwaltung, wenn es für die Bezahlung des Mehrbetrags sachliche Gründe gibt.[119] Die **Vergütung**, die dem Verwalter für die einzelnen Leistungen zu zahlen ist, ist nicht der einzige und auch nicht der wichtigste Gesichtspunkt, der bei der Entscheidung über die Bestellung des Verwalters zu berücksichtigen ist. Entscheidend ist vielmehr, ob der in Aussicht genommene Verwalter seiner Aufgabe gerecht wird und ob die Wohnungseigentümer mit ihm auch im Alltag gut zurechtkommen.[120] Die Eigentümer sind demnach nicht verpflichtet, den **billigsten** Anbieter als Verwalter auszuwählen, wobei aber bei absolut überhöhter oder unangemessener Vergütung der Beurteilungsspielraum überschritten ist.[121] Ein Beschluss der Wohnungseigentümer, der einem Verwalter eine **Zusatzvergütung** für Leistungen gewährt, die dieser nach dem bestehenden Verwaltervertrag auch ohne zusätzliche Vergütung zu erbringen hat, kann gegen die Grundsätze ordnungsgemäßer Verwaltung verstoßen.[122]

Die Bestellung eines Verwalters entspricht regelmäßig nur dann ordnungsgemäßer Verwaltung, wenn in derselben Eigentümerversammlung, in der die Bestellung erfolgt, auch die **Eckpunkte** des abzuschließenden **Verwaltervertrags** (Laufzeit und Vergütung) in wesentlichen Umrissen geregelt werden; hiervon kann nur unter besonderen Umständen übergangsweise abgewichen werden.[123] Beide Gesichtspunkte sind nach dem BGH nicht nur für den Verwaltervertrag, sondern auch für die Auswahlentscheidung im Rahmen der Bestellung von wesentlicher Bedeutung.

Dabei soll insbesondere Streit über eine mögliche branchenübliche Vergütung (§ 675 Abs. 1, § 612 Abs. 2 BGB) und eine längerfristige Bindung oder jederzeit mögliche Kündigung vermieden werden.

16 Will das Gericht die Bestellung eines Verwalters für unwirksam erklären, muss bei der Abwägung der Argumente dem **Mehrheitswillen** der Wohnungseigentümer eine besondere Bedeutung beigemessen werden. Weil

---

116 OLG Köln v. 14. 3. 2005 – 16 Wx 23/05, NZM 2005, 428; zur möglichen Vorauswahl siehe oben Rn. 3.
117 LG München I v. 16. 9. 2015 – 1 S 1224/15 (Hinweisbeschluss, noch nicht veröffentlicht); a. A.: LG Köln v. 31. 1. 2013 – 29 S 135/12, NZM 2013, 585.
118 LG Köln v. 24. 11. 2011 – 29 S 130/11, ZMR 2012, 575.
119 OLG München v. 7. 9. 2007 – 32 Wx 109/07, WuM 2007, 589.
120 BGH v. 1. 4. 2011 – V ZR 96/10, WuM 2011, 387 (= NZM 2011, 515); BGH v. 27. 2. 2015 – V ZR 114/14, NJW 2015, 1378.
121 LG Dortmund v. 10. 9. 2013 – 1 S 416/12, ZWE 2014, 325.
122 OLG Frankfurt/Main v. 15. 3. 2005 – 20 W 153/03, OLGR Frankfurt 2006, 46; siehe zur Zusatzvergütung auch unten Rn. 43 f.
123 BGH v. 27. 2. 2015 – V ZR 114/14, NJW 2015, 1378; OLG Hamm v. 4. 6. 2002 – 15 W 66/02, ZMR 2003, 51.

sich im Gegensatz zur Abberufung eines Verwalters, wo sich die Mehrheit gegen den Verwalter entschieden hat, im hier gegebenen Fall der **Bestellung** die Mehrheit der Wohnungseigentümer für den Verwalter entschieden hat, sind bei der Anfechtung des Bestellungsbeschlusses **höhere Anforderungen** an das Vorliegen des wichtigen Grundes zu stellen als bei der Abberufung.[124] Denn die Gerichte sollen nicht ohne zwingende Notwendigkeit in die Mehrheitsentscheidung der Eigentümer eingreifen. Dies wird außer bei Vorliegen allgemeiner Anfechtungsgründe wie z.B. bei rechtsmissbräuchlicher Ausübung von Stimmrechten, nur dann gegeben sein, wenn in der Person des Gewählten ein wichtiger Grund gegen seine Bestellung vorliegt. Ein solcher Grund ist entsprechend den für die Abberufung des Verwalters geltenden Grundsätzen nach allgemeiner Meinung dann gegeben, wenn unter Berücksichtigung aller, nicht notwendig vom Verwalter verschuldeter Umstände eine Zusammenarbeit mit dem gewählten Verwalter unzumutbar und das erforderliche Vertrauensverhältnis zerstört bzw. von vornherein nicht zu erwarten ist. Dies wird dann der Fall sein, wenn Umstände vorliegen, die den Gewählten als unfähig oder ungeeignet für das Amt erscheinen lassen. Dabei können als derartige Umstände nur Tatsachen berücksichtigt werden, die im **Zeitpunkt** der **Beschlussfassung** bereits vorgelegen haben bzw. bekannt waren.[125] Dabei können aber Gründe, die bei **Neubestellung** des Verwalters bereits vorlagen und bekannt waren, später nicht mehr zwecks Abberufung berücksichtigt werden; sie sind mit der Anfechtung des Bestellungsbeschlusses geltend zu machen.[126]

Auch während des Verfahrens über die Anfechtung seiner Bestellung darf 17 der Verwalter seine **Tätigkeit nicht ruhen** lassen, was sich schon aus § 23 Abs. 4 Satz 2 ergibt. Das Handeln des Verwalters im Rahmen der laufenden Verwaltung wird durch die **Aufhebung** des **Bestellungsbeschlusses** auch nicht unberechtigt, sondern bleibt wirksam.[127] Entsprechend verhält es sich mit rechtsgeschäftlichen Handlungen des Verwalters gegenüber Dritten. Diese bleiben trotz des rückwirkenden Verlustes der Stellung als Verwalter wirksam.[128] Wird ein angefochtener Eigentümerbeschluss durch einen weiteren Beschluss bestätigt, so berührt diese Tatsache das Verfahren zur Anfechtung des früheren Beschlusses jedenfalls solange nicht, als zwar auch der **bestätigende Beschluss** angefochten aber hierüber noch nicht entschieden ist.[129]

Liegt ein **Urteil** vor, das den Beschluss über die Bestellung des Verwalters für ungültig erklärt, ist der **Verwalter** zur **Anfechtung** dieser Entscheidung

---

124 LG Düsseldorf v. 18.10.2013 – 25 S 7/13, ZWE 2014, 87; LG Köln v. 22.4.2010 – 29 S 202/09 (zitiert nach juris); LG Karlsruhe v. 16.6.2009 – 11 S 25/09 (zitiert nach juris).
125 OLG Düsseldorf v. 21.9.2005 – 3 Wx 123/05, ZMR 2006, 144; OLG Frankfurt/Main v. 13.10.2004 – 20 W 133/03, OLGR Frankfurt 2005, 378.
126 LG Berlin v. 26.11 2013 – 55 S 69/11, ZWE 2014, 460.
127 LG Karlsruhe v. 7.8.2012 – 11 S 180/11, ZWE 2013, 176.
128 BGH v. 21.6.2007 – V ZB 20/07, NZM 2007, 645; BGH v. 6.3.1997 – III ZR 248/95, NJW 1997, 2106.
129 BGH v. 1.12.1988 – V ZB 6/88, NJW 1989, 1087.

berechtigt.[130] Es muss in diesem Fall dem Verwalter die Möglichkeit eröffnet werden, die durch die Ungültig-Erklärung möglicherweise zu Unrecht entzogene Rechtsstellung zurückzugewinnen, weil die durch die Bestellung zum Verwalter begründete Rechtsposition nicht nur ein im Interesse der Wohnungseigentümer verliehenes, sondern auch ein subjektives Recht darstellt.

Durch ein rechtskräftiges Urteil, durch das eine Bestellung des Verwalters für unwirksam erklärt wurde, sind die Eigentümer grundsätzlich zwar nicht gehindert, den (vom Gericht verhinderten) Verwalter durch einen weiteren Beschluss (**erneut**) zu **bestellen**. Wenn sich aber an den Umständen nichts geändert hat, die dazu geführt haben, dass das Gericht die Bestellung als nicht zumutbar ggf. nur für die Minderheit der Eigentümer angesehen hat, wird auch der erneute Bestellungsbeschluss auf Anfechtung hin aufzuheben sein.[131] Versucht eine Mehrheit von Eigentümern mehrfach, für sie nicht einsichtige **Gerichtsurteile** durch erneute Beschlüsse zu **unterlaufen** und bei unveränderter Sachlage ungeeignete Verwalter immer wieder zu bestellen, wird ausnahmsweise auch an eine Untersagung derartiger Beschlüsse im Wege des einstweiligen Rechtsschutzes zu denken sein. Die angefochtene Bestellung des Verwalters kann im Wege der **einstweiligen Verfügung** ausgesetzt werden, wenn den Verfügungsklägern das Warten auf den Ausgang des Anfechtungsprozesses wegen drohender irreparabler Schäden oder offenkundiger Rechtswidrigkeit des angefochtenen Beschlusses unzumutbar ist.[132]

3. Abberufung (Sätze 1, 3, 4 und 5)
a) Begriff und Abgrenzung

18 Nach Satz 1 beschließen die Wohnungseigentümer mit Stimmenmehrheit über die Abberufung des Verwalters.

Die Abberufung stellt, ebenso wie die Bestellung[133], einen bedingungsfeindlichen **Organisationsakt** dar. Mit **Zugang** des Abberufungsbeschlusses verliert der Verwalter sein Verwalteramt und es stehen ihm die Verwalterbefugnisse nicht mehr zu.[134] Wegen § 23 Abs. 4 Satz 2 gilt dies auch, wenn der Abberufungsbeschluss angefochten ist; erst nach rechtskräftiger Ungültig-Erklärung verliert der Beschluss seine Wirkung. Einer Annahme durch den Verwalter bedarf die Abberufungserklärung nicht.[135] Ist der abberufene Verwalter in der Versammlung, in welcher der Abberufungsbeschluss gefasst wird anwesend, ist die Abberufung mit der Verkündung des Beschlusses dem Verwalter auch zugegangen.[136] Bestellen die Eigentümer mit sofortiger

---

130 BGH v. 21.6.2007 – V ZB 20/07, NZM 2007, 645; a.A. noch: OLG München v. 6.3.2006 – 34 Wx 29/05, Wohnungseigentümer 2006, 71.
131 LG Lüneburg v. 29.1.2015 – 1 S 45/14, ZMR 2015, 486.
132 LG Frankfurt v. 20.3.2014 – 2-13 S 165/13, ZWE 2015, 134; LG Hamburg v. 10.3.2011 – 318 S 180/10, ZMR 2011, 661.
133 Siehe dazu oben Rn. 7.
134 BGH v. 19.9.2002 – V ZB 30/02, NJW 2002, 3704; BGH v. 1.12.1988 – V ZB 6/88, NJW 1989, 1087.
135 BayObLG v. 28.1.2003 – 2Z BR 126/02, WuM 2003, 232.
136 LG München I v. 11.1.2016 – 1 S 4736/15 (noch nicht veröffentlicht).

Wirkung einen **neuen Verwalter**, ist darin regelmäßig auch die konkludente Abberufung des bisherigen Verwalters zu sehen[137], zumal nicht mehrere Personen gleichzeitig Verwalter sein können.[138] Nach der Trennungstheorie[139] hat die Abberufung keine unmittelbare Auswirkung auf den **Verwaltervertrag**[140], der zur Beendigung des Vertragsverhältnisses einer **Kündigung** bedarf. Im Regelfall wird die Abberufung gegenüber dem anwesenden Verwalter auch zugleich als Kündigung des Verwaltervertrages auszulegen sein.[141] Unterbleibt die Kündigung (oder ist sie nicht wirksam), hat der ehemalige Verwalter das organschaftliche Amt nicht mehr inne, während jedoch die Vertragsbeziehung fortbesteht, so dass also etwa aus dem Verwaltervertrag noch Vergütungsansprüche geltend gemacht werden können.

Das Gesetz sieht zwar eine **Amtsniederlegung** durch den Verwalter nicht vor, doch ist in der Rechtsprechung und Literatur allgemein anerkannt, dass auch der Verwalter sein Amt niederlegen kann. Die Niederlegung ist jederzeit und ohne besonderen Grund durch formfreie, einseitige und empfangsbedürftige Willenserklärung möglich.[142] In der Erklärung des Verwalters, er lege die Ausübung des Verwalteramts aus wichtigen Gründen fristlos nieder, ist in der Regel auch die außerordentliche Kündigung des Verwaltervertrags enthalten.[143] Die Niederlegung des Amtes und die Kündigung des Verwaltervertrages werden wirksam, wenn sie den Wohnungseigentümern zugegangen sind. Ab der Amtsniederlegung scheidet der Verwalter als Empfänger der Erklärung, die dem Verband und nicht den einzelnen Wohnungseigentümern zugehen muss, aus. Es vertreten dann gemäß § 27 Abs. 3 Satz 3 alle Wohnungseigentümer die Gemeinschaft, wenn sie nicht durch Beschluss einen oder mehrere Wohnungseigentümer zur Vertretung ermächtigt haben. Im Falle einer Passivvertretung wird daher die Willenserklärung, die gegenüber der Gemeinschaft abzugeben ist, bereits dann wirksam, wenn sie einem Mitglied der Gemeinschaft zugegangen ist.[144] Das Vorliegen eines wichtigen Grundes ist für die Wirksamkeit der Amtsniederlegung nicht erforderlich. Hat der Verwalter sein Amt ohne Berechtigung oder zur Unzeit niedergelegt, macht er sich gegenüber der Eigentümergemeinschaft möglicherweise schadensersatzpflichtig.[145] Siehe zur Amtsniederlegung auch unten Rn. 51.

19

---

137 LG Köln v. 31.1.2013 – 29 S 135/12, NZM 2013, 585; BayObLG v. 28.1.2003 – 2Z BR 126/02, WuM 2003, 232.
138 OLG München v. 23.8.2006 – 34 Wx 58/06, ZMR 2006, 950.
139 Siehe dazu oben Rn. 7.
140 Siehe dazu unten Rn. 36 ff.
141 LG München I v. 11.1.2016 – 1 S 4736/15 (noch nicht veröffentlicht).
142 LG Karlsruhe v. 11.12.2012 – 11 S 231/11, ZWE 2013, 180.
143 BayObLG v. 29.9.1999 – 2Z BR 29/99, ZMR 2000, 45; OLG Frankfurt/Main v. 18.8.2003 – 20 W 302/2001, ZfIR 2004, 444 (wo im Einzelfall die Niederlegung des Amtes verneint wurde).
144 LG Karlsruhe v. 11.12.2012 – 11 S 231/11, ZWE 2013, 180; a.A.: OLG München v. 6.9.2005 – 32 Wx 60/05, NZM 2005, 750; (Erklärung muss allen Eigentümern zugehen); siehe zur Passivvertretung auch § 27 Rn. 44.
145 Wie hier: *Jennißen-Jennißen*, § 26 Rn. 166; *Palandt-Bassenge*, WEG § 26 Rn. 16.

Zur ausnahmsweise zulässigen unmittelbaren Abberufung eines Verwalters durch das **Gericht** siehe unten Rn. 27.

b) Durch Mehrheitsbeschluss

20 Die in Abs. 1 Satz 1 begründete **Beschlusskompetenz** („beschließen ... mit Stimmenmehrheit") erfasst nach dem Wortlaut auch die Abberufung des Verwalters. Die Ausführungen oben zum Mehrheitsbeschluss bei der Bestellung gelten für die Abberufung sinngemäß, weshalb auf die Kommentierung oben Rn. 10 hier Bezug genommen werden kann.

c) Ordentliche Abberufung

21 Aus Abs. 1 Satz 1, wo nur von einer „Abberufung" ohne weitere Voraussetzungen gesprochen wird und Satz 3, wonach die Abberufung „auf das Vorliegen eines wichtigen Grundes beschränkt werden kann", ergibt sich, dass bei einer auf unbestimmte Zeit vorgenommenen Bestellung jederzeit eine Abberufung ohne besondere Gründe (ordentliche Abberufung) erfolgen kann.

Wird der Verwalter auf eine bestimmte Zeit bestellt, so ist durch **Auslegung** gemäß § 133 BGB zu ermitteln, ob die Zeitbestimmung im Sinne einer festen Dauer, einer Mindest- oder einer Höchstdauer zu verstehen ist, da davon die Abberufungsmöglichkeiten abhängen.[146] Regelmäßig wird jedoch aus der Angabe einer bestimmten Zeit herzuleiten sein, dass eine vorzeitige Beendigung des Amts gleichfalls vorausetzt, dass ein wichtiger Grund vorliegt.[147]

d) Abberufung aus wichtigem Grund

21a Wie bei Rn. 21 erwähnt, kann nach Abs. 1 Satz 4 die Abberufung des Verwalters auf das Vorliegen eines wichtigen Grundes beschränkt werden. Diese Beschränkung kann ausdrücklich erfolgen, kann sich aber auch aufgrund einer Auslegung ergeben, wenn etwa eine bestimmte Bestellzeit festgelegt wurde.

aa) Wichtiger Grund

22 Nach allgemeiner Auffassung ist ein wichtiger Grund zur vorzeitigen Abberufung eines Verwalters dann gegeben, wenn den Wohnungseigentümern unter Beachtung aller – nicht notwendig vom Verwalter verschuldeter – Umstände nach Treu und Glauben eine weitere Zusammenarbeit nicht mehr **zuzumuten** ist, insbesondere durch diese Umstände das erforderliche Vertrauensverhältnis zerstört ist.[148] Hierzu bedarf es einer umfassenden **Abwägung aller Umstände** des konkreten Einzelfalls.[149] Dabei stellt die **Verschmelzung** der Verwalterin einer Wohnungseigentumsanlage zwar als solche keinen wichtigen Grund dar; an die erforderlichen besonderen Umstände, die die

---

146 *Staudinger-Bub*, § 26 WEG Rn. 192.
147 BayObLG v. 29.1.2004 – 2Z BR 181/03, FGPrax 2004, 66.
148 BGH v. 20.6.2002 – V ZB 39/01, NZM 2002, 788; BayObLG v. 29.1.2004 – 2Z BR 181/03, FGPrax 2004, 66; LG Frankfurt (Oder) v. 2.10.2012 – 16 S 11/12, ZWE 2013, 219.
149 BT-Drucks. 16/3843, S. 51.

Fortführung der Verwaltung durch den übernehmenden Rechtsträger für die Wohnungseigentümer unzumutbar machen, sind aber keine hohen Anforderungen zu stellen. Daher reicht es aus, wenn die Wohnungseigentümer aufgrund der **Umstrukturierung** mit konkreten nachteiligen Änderungen in der Zusammenarbeit rechnen müssen, die nicht ganz unerheblich sind.[150]

Ein **Anspruch** des einzelnen Wohnungseigentümers auf **Abberufung** des Verwalters ist nicht schon dann zu bejahen, wenn ein wichtiger Grund gegeben ist, sondern vielmehr erst, wenn die Nichtabberufung nicht mehr den Grundsätzen der ordnungsgemäßen Verwaltung entspricht.[151] Der Wohnungseigentümergemeinschaft steht nämlich bei ihren Entscheidungen grundsätzlich ein **Ermessensspielraum** zu, so dass das Gericht die Entscheidung der Mehrheit in vertretbarem Rahmen berücksichtigen muss.[152] Ist die Prognose gerechtfertigt, dass der Verwalter einsichts- und lernfähig ist und Mängel seiner bisherigen Arbeiten abstellen wird, kann er ohne Überschreitung des Beurteilungsspielraums wiedergewählt werden (sog. **Verzeihungsermessen**).[153] Der Beurteilungsspielraum ist aber überschritten, wenn die Mehrheit aus der Sicht eines vernünftigen Dritten nicht mehr vertretbar gegen ihre eigenen Interessen handelt, weil sie – etwa aus Bequemlichkeit – **massive Pflichtverletzungen** tolerieren will.[154]

Als Grund für die Abberufung des Verwalters können nur Tatsachen vorgebracht werden, die im **Zeitpunkt der Beschlussfassung** bereits vorgelegen haben.[155] Eine vorherige **Abmahnung** ist nicht erforderlich.[156] Soweit eine Abberufung auf **nachträgliche Umstände** gestützt werden soll, muss erst ein Antrag in einer Eigentümerversammlung gestellt werden; einer unmittelbaren Klage (etwa nach § 21 Abs. 8) würde mangels **Vorbefassung** das Rechtsschutzbedürfnis fehlen (siehe hierzu genauer § 21 Rn. 19 und Rn. 86ff.).

Auf einen an sich gegebenen wichtigen Grund kann eine Abberufung aber nicht mehr gestützt werden, wenn die **Wiederwahl** des Verwalters in Kenntnis dieser Gründe erfolgte und der Wahlbeschluss als solcher nicht rechtzeitig angefochten wurde.[157] Gleiches gilt, wenn ein Fehlverhalten des Verwalters, das einen wichtigen Grund darstellt, bei dem bestandskräftigen Beschluss über die Verlängerung des Verwaltervertrags bekannt war.[158]

---

150 BGH v. 21. 2. 2014 – V ZR 164/13, NJW 2014, 1447.
151 LG Dortmund v. 1. 4. 2014 – 1 S 178/13, ZWE 2015, 40.
152 OLG München v. 5. 6. 2007 – 34 Wx 143/06, OLGR München 2007, 695; OLG Schleswig v. 8. 11. 2006 – 2 W 137/06, WuM 2007, 216; OLG Celle v. 25. 6. 2003 – 4 W 64/03, OLGR Celle 2003, 419.
153 LG Köln v. 20. 2. 2014 – 29 S 181/13, ZMR 2014, 745.
154 BGH v. 10. 2. 2012 – V ZR 105/11, ZWE 2012, 221.
155 LG München I v. 22. 11. 2012 – 36 S 25833/11 (nicht veröffentlicht); OLG Hamburg v. 15. 8. 2005 – 2 Wx 22/99, ZMR 2005, 974.
156 LG Karlsruhe v. 21. 2. 2012 – 11 S 46/11, ZWE 2013, 36.
157 OLG Köln v. 22. 11. 2002 – 16 Wx 153/02, ZMR 2003, 703.
158 BayObLG v. 10. 3. 2004 – 2Z BR 238/03, WuM 2004, 426; LG Berlin v. 26. 11. 2013 – 55 S 69/11, ZWE 2014, 460.

23 Beispiele aus der Rechtsprechung:
- **Beleidigung** eines Eigentümers/Verwaltungsbeirats[159]
- **Beschluss-Sammlung** wurde nicht ordnungsgemäß geführt[160]
- **eidesstattliche Versicherung**: siehe unten Vermögensverfall
- pflichtwidrige Weigerung des Verwalters zur **Einberufung** einer Versammlung[161]
- monatelange Verzögerung der **Abrechnung** von **Entnahmen** aus dem Gemeinschaftsvermögen ohne detaillierte Begründung für diese Verzögerung[162]
- über Monate hinweg wurde versäumt, für einen ausreichenden **Gebäudeversicherungsschutz** zu sorgen[163]
- **Gesamtschau** mehrerer Verstöße (fehlerhafte Jahresabrechnung, unbefugte Auftragsvergabe, Gelder wurden entgegen § 27 Abs. 5 nicht vom eigenen Vermögen gesondert gehalten[164]
- unberechtigte eigenmächtige **Honorarabbuchung**[165]
- Verwalter ordnet die **Interessen** der Wohnungseigentümer den eigenen Interessen unter[166]
- **Interessenkollision** beim Erstverwalter durch die wirtschaftliche Identität mit dem Bauträger[167]
- **Insolvenzverfahren**: siehe unten Vermögensverfall
- fehlerhafte **Jahresabrechnungen** (dann, wenn wesentliche Verstöße gegen die allgemeinen Regeln vorliegen)[168]
- jahrelang wurde keine Beschlussfassung über **Jahresabrechnungen** ermöglicht[169]
- Bezeichnung eines schwierigen Eigentümers als **Querulanten**[170]
- eigenmächtige Durchführung umfangreicher **Renovierungsarbeiten** in der angemieteten Wohnung[171]

---
159 BayObLG v. 15.1.2004 – 2Z BR 240/03, ZMR 2004, 923.
160 LG Karlsruhe v. 21.2.2012 – 11 S 46/11, ZWE 2013, 36.
161 OLG Düsseldorf v. 25.8.2003 – 3 Wx 217/02, NZM 2004, 110; OLG Hamm v. 2.7.2001 – 15 W 56/01, WuM 2001, 461.
162 OLG Köln v. 21.9.1998 – 16 Wx 126/98, NZM 1998, 960.
163 OLG Düsseldorf v. 18.8.2005 – 3 Wx 89/05, NZM 2005, 828.
164 LG Itzehoe v. 12.7.2013 – 11 S 39/12, ZMR 2014, 665.
165 OLG Köln v. 18.2.2008 – 16 Wx 219/07, ZMR 2008, 904.
166 OLG Oldenburg v. 21.12.2006 – 5 W 9/06, WE 2007, 183.
167 OLG Hamm v. 8.4.2004 – 15 W 17/04, NZM 2004, 744.
168 LG Düsseldorf v. 27.1.2010 – 16 S 45/09, ZWE 2011, 49.
169 LG Frankfurt v. 20.3.2014 – 2-13 S 165/13, ZWE 2015, 134.
170 LG Lüneburg v. 25.10.2011 – 5 S 36/11, ZMR 2012, 133.
171 OLG München v. 6.3.2006 – 34 Wx 29/05, Wohnungseigentümer 2006, 71.

Bestellung und Abberufung des Verwalters § 26 WEG

- Auflaufen lassen erheblicher **Schulden** der Gemeinschaft gegenüber Dritten, ohne für eine rechtzeitige Tilgung dieser Verbindlichkeiten und eine geordnete Bereitstellung der dafür erforderlichen Mittel zu sorgen[172]
- **Stimmrechtsmissbrauch** beim Wohnungseigentümerbeschluss[173]
- unberechtigte **Vergütungsvereinbarungen**, welche Bereicherungen Dritter ermöglichen[174]
- Verschweigen von **Versicherungsprovisionen**[175]
- Angriffe des Verwalters gegen Mitglieder des **Verwaltungsbeirates**[176]
- vertrauensvolle Zusammenarbeit zwischen Verwalter und **Verwaltungsbeirat** ist nicht mehr möglich[177]
- ausdrücklichen **Weisungen** der Wohnungseigentümergemeinschaft wird zuwider gehandelt[178]
- nicht fristgerechte Vorlegung von **Wirtschaftsplänen** und **Jahresabrechnungen**, wenn aufgrund sonstiger Umstände der Schluss nahe liegt, der Verwalter werde zu einer ordnungsmäßigen Erfüllung seiner Verpflichtungen auch zukünftig nicht in der Lage sein[179]; hierfür kann ausreichend sein, dass die Abrechnung über einen längeren Zeitraum verzögert und die Gemeinschaft diesbezüglich über mehrere Eigentümerversammlungen hin vertröstet wird[180]; **jahrelange** bloß informatorische Bekanntgabe der Jahresabrechnungen **ohne** Herbeiführung einer **Beschlussfassung** stellt eine grobe Verletzung der Mitwirkungsrechte der einzelnen Eigentümer nach § 28 Abs. 5 dar[181]
- zur **Verurteilung** wegen einer (Vermögens-) Straftat siehe oben Rn. 3
- eigenmächtige **Übertragung** des **Verwalteramtes** ohne (grundsätzlich vorherige) Zustimmung der Wohnungseigentümer; bei Mitteilung, dass Fortführung der Verwaltung (wegen Arbeitsüberlastung, Aufgabe des Geschäftszweigs „Verwaltung") nicht mehr möglich ist, können Wohnungseigentümer keine ordnungsgemäße weitere Verwaltung mehr erwarten[182]
- **Verschweigen** von **Vorstrafen** oder Täuschung der Wohnungseigentümer über den genauen Umfang der noch nicht getilgten Vorstrafen. So, wenn Verwalter den durch gegen ihn in Presseveröffentlichungen wegen seiner

---

172 OLG Köln v. 7. 5. 1999 – 16 Wx 21/99, ZMR 1999, 789.
173 OLG Saarbrücken v. 10. 10. 1997 – 5 W 60/97, ZMR 1998, 50.
174 LG Braunschweig v. 24. 2. 2015 – 6 S 293/14, ZMR 2015, 473.
175 OLG Düsseldorf v. 21. 1. 1998 – 3 Wx 492/97, ZMR 1998, 306.
176 OLG Köln v. 30. 3. 2007 – 16 Wx 37/07, WuM 2007, 403; BayObLG v. 15. 1. 2004 – 2Z BR 240/03, ZMR 2004, 923.
177 BayObLG v. 27. 11. 1998 – 2Z BR 150/98, NZM 1999, 283.
178 OLG Düsseldorf v. 21. 1. 1998 – 3 Wx 492/97, ZMR 1998, 306.
179 BayObLG v. 3. 12. 2003 – 2Z BR 202/03, Wohnungseigentümer 2004, 90.
180 OLG Köln v. 22. 1. 1999 – 16 Wx 218/98, WuM 1999, 299.
181 OLG München v. 5. 6. 2007 – 34 Wx 143/06, OLGR München 2007, 695.
182 OLG Hamm v. 3. 5. 1990 – 5 W 8/90, WuM 1991, 218; siehe allgemein dazu auch oben Rn. 4 ff.

Vorstrafen gerichteten Angriffen geschickt „den Wind aus den Segeln nimmt", indem er sie als „Jugendsünden" abtut[183]
- drohender **Vermögensverfall**, weil Verwalter selbst oder mit Firmen, an denen er entweder beteiligt oder für die er als Geschäftsführer bestellt war, in Insolvenzverfahren verwickelt ist. Dabei reicht es, dass andere Firmen, an denen er beteiligt bzw. deren Geschäftsführer er war, in Insolvenz gerieten und er für diese in seiner Funktion als GmbH-Geschäftsführer eidesstattliche Versicherungen abgegeben hat[184]
- **Veruntreuung**[185]
- **Vollmachtsmissbrauch** (Missachtung der Zweckbindung der Instandhaltungsrücklage und eigenmächtige Entnahme für (angeblich geschuldetes) Verwalterhonorar)[186]
- eigenmächtiger Abschluss eines zehnjährigen **Zeitmietvertrags** über eine Wohnung für die Gemeinschaft[187]

bb) Führung der Beschluss-Sammlung

24 Nach Abs. 1 Satz 4 liegt ein wichtiger Grund für die Abberufung regelmäßig dann vor, wenn der Verwalter die Beschluss-Sammlung nicht ordnungsgemäß führt. Die ordnungsgemäße Führung der Beschluss-Sammlung wird bei § 24 Rn. 49 ff. dargestellt.

Durch die Bildung eines **Regelbeispiels** (ein wichtiger Grund liegt „regelmäßig" vor) wollte der Gesetzgeber erreichen, dass nicht jeder noch so geringe Mangel als wichtiger Grund angesehen wird. Vielmehr bedarf es auch hier, wie ansonsten bei wichtigen Gründen auch, einer umfassenden **Abwägung** aller Umstände des konkreten **Einzelfalls**. Die Einführung eines Regelbeispiels führt jedoch dazu, dass die Vermutung im Ausnahmefall **widerlegt** werden muss.[188] Im Hinblick darauf, dass zum einen die ordnungsgemäße Führung keine besonderen Anforderungen an einen Verwalter stellt und zum anderen ihr jedoch eine erhebliche Bedeutung zukommt, erscheint es gerechtfertigt, bei **schweren Verstößen** bereits bei einer einmaligen Verletzung den wichtigen Grund zu bejahen.[189] Derart schwere Verstöße liegen vor, wenn der Verwalter die Beschluss-Sammlung gar nicht führt, er die Einträge deutlich zu spät (siehe dazu § 24 Rn. 71) oder (zumindest in wesentlichen Bereichen) unrichtig vornimmt oder er einem berechtigten Eigentümer die **Einsicht** zu Unrecht verweigert. In der Regel wird ein wichtiger Grund für die Abberufung jedenfalls dann vorliegen, wenn bei Führung der Beschlusssammlung **mehrere Fehler** gemacht wurden.[190] Ein schwerwiegender Grund kann insbesondere dann gegeben sein, wenn der Verwalter die

---
183 KG Berlin v. 6. 9. 1993 – 24 W 5948/92, ZMR 1994, 31.
184 AG Wedding v. 13. 2. 2009 – 15a C 147/08, ZMR 2009, 881; BayObLG v. 3. 11. 2004 – 2Z BR 102/04, ZMR 2005, 301.
185 LG Frankfurt v. 20. 3. 2014 – 2-13 S 165/13, ZWE 2015, 134.
186 OLG Düsseldorf v. 4. 6. 1997 – 3 Wx 569/96, ZMR 1997, 485.
187 OLG München v. 6. 3. 2006 – 34 Wx 29/05, Wohnungseigentümer 2006, 71.
188 LG Berlin v. 7. 10. 2009 – 85 S 101/08, ZWE 2010, 224; BT-Drucks. 16/887, S. 50.
189 BT-Drucks. 16/887, S. 35; LG Karlsruhe v. 21. 2. 2012 – 11 S 46/11, ZWE 2013, 36.
190 LG Hamburg v. 13. 11. 2013 – 318 S 23/13, ZWE 2014, 367.

erforderliche Beschluss-Sammlung nicht ordnungsgemäß geführt hat und ein weiterer Umstand, wie etwa eine Missachtung einer einstweiligen Verfügung hinzukommt.[191] Dies ist regelmäßig der Fall, wenn der Verwalter gegen ihn ergangene Entscheidungen nicht in die Beschluss-Sammlung aufnimmt.[192] Nicht gefolgt werden sollte jedoch in dieser Allgemeinheit der Ansicht, dass auch die Aufnahme von im Gesetz nicht vorgesehenen Einträgen hierunter fällt.[193] Ein schwerwiegender Verstoß kann in derartigen Fällen nur ausnahmsweise dann bejaht werden, wenn gerade durch die nicht erforderlichen und nicht zulässigen Einträge[194] die **Übersichtlichkeit** der Beschluss-Sammlung verloren gegangen ist.

cc) Frist

§ 26 sieht für die Abberufung aus wichtigem Grund keine besondere Fristenregelung vor.

25

Für die Abberufung (und auch für die Kündigung des Verwaltervertrages) gilt nicht die kurze Frist des § 626 BGB, vielmehr muss die Abberufung (und Kündigung) nur binnen einer **angemessenen Frist** erfolgen.[195] Die Eigentümer, die eine Abberufung erreichen wollen, müssen zwar nicht innerhalb der Zwei-Wochen-Frist des § 626 Abs. 2 BGB tätig werden; sie müssen aber innerhalb angemessener Frist nach Kenntniserlangung der maßgeblichen Umstände die Einberufung einer Eigentümerversammlung verlangen. Die Angemessenheit der Frist bemisst sich nach den Umständen des **Einzelfalls**. Jedenfalls bei einem Eigentümer, der das Quorum des § 24 Abs. 2 alleine erreicht, ist das Recht, die Abberufung zu verlangen, nach dem Ablauf von mehr als zwei Monaten ab Kenntniserlangung verwirkt.[196] Die **Kenntnis** des **Verwaltungsbeirats**, dem die Rechnungs- und Belegprüfung hinsichtlich der Abrechnungsunterlagen des Verwalters obliegt und der damit Informationspflichten gegenüber den Wohnungseigentümern hat, ist den Wohnungseigentümern zuzurechnen, wenn dem Beirat Tatsachen bekannt werden, die eine Abberufung des Verwalters rechtfertigen. Dem Beirat ist jedoch eine angemessene Zeit zur Ermittlung der Voraussetzungen einer fristlosen Abberufung des Verwalters zuzubilligen.[197]

e) Beschränkung der Abberufung

Nach Abs. 1 Satz 5 sind andere Beschränkungen (als die in Abs. 1 vorgesehen und vorstehend dargestellt) der Abberufung des Verwalters nicht zulässig. Es wird insoweit auf die Ausführungen oben Rn. 14 Bezug genommen, die hier sinngemäß gelten.

26

---

191 AG München v. 28.7.2008 – 485 C 602/07, ZMR 2009, 644.
192 LG Karlsruhe v. 21.2.2012 – 11 S 46/11, ZWE 2013, 36.
193 So aber: *Riecke/Schmid-Abramenko*, § 26 Rn. 21.
194 Siehe hierzu insbesondere auch § 24 Rn. 55 und 66.
195 KG Berlin v. 31.3 2009 – 24 W 183/07, Grundeigentum 2009, 1053; OLG Hamburg v. 15.8.2005 – 2 Wx 22/99, ZMR 2005, 974; BayObLG v. 30.4.1999 – 2Z BR 3/99, ZMR 1999, 575.
196 BayObLG v. 17.1.2000 – 2Z BR 120/99, NZM 2000, 341.
197 KG Berlin v. 31.3.2009 – 24 W 183/07, Grundeigentum 2009, 1053.

f) Prozessuales

27 Grundsätzlich kann jeder **Eigentümer** einen Beschluss über die Abberufung des Verwalters, unabhängig davon, ob dem Antrag stattgegeben oder dieser abgelehnt wurde, nach § 43 Abs. 1 Nr. 4 gerichtlich anfechten. Bei der Entscheidung hat das Gericht aber zu beachten, dass den Eigentümern bei der Abberufung des Verwalters ein **Beurteilungsspielraum** zusteht.[198] Die Anforderungen für einen **Abberufungsanspruch** des Einzelnen sind höher als diejenigen für eine Abberufung durch Mehrheitsbeschluss, da sich hier die Mehrheit gegen eine Abberufung ausgesprochen hat. Die Gemeinschaft hat auch insoweit einen weiten Beurteilungsspielraum.[199]

Einem unmittelbaren Antrag an das Gericht ohne **Vorbefassung der Eigentümerversammlung**, einen Verwalter abzuberufen, fehlt regelmäßig das **Rechtsschutzbedürfnis**. Über die Abberufung eines Verwalters (auch aus wichtigem Grund) zu entscheiden, ist in erster Linie Sache der Wohnungseigentümer. Nur wenn ein Wohnungseigentümer mit seinem Verlangen, diesen Gegenstand auf die Tagesordnung einer Eigentümerversammlung zu setzen, auch gerichtlich nicht durchgedrungen ist (etwa weil die Ladungsfrist nicht mehr einzuhalten war und eine einstweilige Verfügung nicht erlassen wurde,) oder wenn offenkundig ist, dass ein solcher Antrag in der Eigentümerversammlung keine Mehrheit finden wird, kann der einzelne Wohnungseigentümer beim Wohnungseigentumsgericht unmittelbar den Antrag auf Abberufung des Verwalters stellen.[200] Ausreichend ist auch, dass sich die Eigentümerversammlung mit dem Gegenstand „Abberufung des Verwalters" befasst hat und es aus Gründen, die nicht der klagende Eigentümer (sondern etwa der Versammlungsleiter) zu vertreten hat, zu keiner Abstimmung gekommen ist.[201] Ansonsten muss der ergangene Negativbeschluss angefochten und ein Antrag nach § 21 Abs. 4 oder Abs. 8 gestellt werden.

28 Auch der **Verwalter** ist zur Anfechtung des Eigentümerbeschlusses über seine Abberufung in entsprechender Anwendung des § 43 Abs. 1 Nr. 4 befugt.[202] Wird durch das amtsgerichtliche Urteil der Abberufungsbeschluss für ungültig erklärt, kann auch ein zwischenzeitlich **neu bestellter Verwalter** Berufung einlegen, da mit Rechtskraft des Urteils sein Verwalteramt enden würde.[203] Dem **ehemaligen** Verwalter fehlt aber die Klagebefugnis zur Anfechtung der Bestellung eines neuen Verwalters.[204]

29 Unter der Geltung des WEG a.F. war die Rechtsprechung zu der Frage, ob sich ein Verfahren über die Anfechtung eines (positiven oder negativen) Be-

---

198 BGH v. 22.6.2012 – V ZR 190/11, ZWE 2012, 427.
199 LG München I v. 12.3.2015 – 36 S 24746/13, ZMR 2015, 796.
200 OLG Rostock v. 20.5 2009 – 3 W 181/08, ZMR 2010, 223; BayObLG v. 4.7.2002 – 2Z BR 139/01, ZMR 2002, 946.
201 BayObLG v. 19.6.1997 – 2Z BR 35/97, NJW-RR 1997, 1443.
202 BGH v. 20.6.2002 – V ZB 39/01, NZM 2002, 788; Fortführung (auch Anfechtung einer gerichtlichen Entscheidung, durch die die Bestellung für unwirksam erklärt wird): BGH v. 21.6.2007 – V ZB 20/07, NZM 2007, 645; LG Hamburg v. 13.11.2013 – 318 S 23/13, ZWE 2014, 367.
203 OLG Düsseldorf v. 8.10.2003 – 3 Wx 204/03, ZMR 2004, 53.
204 LG Saarbrücken v. 23.7.2012 – 5 S 28/11, ZWE 2013, 90.

schlusses über die Abberufung des Verwalters mit dem Ablauf des (regulären) Bestellungszeitraums in der Hauptsache erledigt hat und damit das Rechtsschutzbedürfnis entfallen ist, uneinheitlich.

Eine Erledigung haben etwa allgemein das OLG Hamm[205], das OLG München[206] für eine Abberufung aus wichtigem Grund und das OLG Köln[207] für den Fall, dass der Antrag auf Abwahl abgelehnt wurde, bejaht. Eine Hauptsacheerledigung haben dagegen das OLG München und das BayObLG für den Fall verneint, dass Abberufung und Kündigung des Verwaltervertrags angefochten wurden, da ohne die gerichtliche Ungültig-Erklärung die Beschlüsse einem Antrag des Verwalters auf Honorarzahlung entgegenstehen würden.[208] Dem hat sich auch das OLG Hamburg angeschlossen.[209]

Nach der hier vertretenen Auffassung tritt im ZPO-Verfahren mit Zeitablauf eine **Erledigung der Hauptsache** im Beschlussanfechtungsverfahren ein, wenn **Verfahrensgegenstand** nur ein **Abberufungsbeschluss** ist. Das von der Gegenmeinung vorgebrachte Argument, der Abberufungsbeschluss habe Auswirkungen auf den Vergütungsanspruch des Verwalters, greift hier nicht durch. Nach der bei Rn. 7 dargestellten herrschenden Trennungstheorie sind die Verwalterbestellung (und damit die organschaftliche Stellung) und der Verwaltervertrag grundsätzlich voneinander unabhängig (siehe dazu auch unten Rn. 39).[210] Es kann daher ein wirksamer Verwaltervertrag vorliegen, auch wenn keine wirksame Verwalterbestellung zustande gekommen ist. Der Verwaltervertrag ist auch in diesem Fall (i. V. m. § 675 BGB) die Anspruchsgrundlage für den Vergütungsanspruch (siehe auch unten Rn. 42). Das Gleiche gilt auch für den Fall, dass die Verwalterstellung nicht von Anfang an ungültig war, sondern später durch einen Abberufungsbeschluss wieder weggefallen ist. Der vertragliche Vergütungsanspruch setzt nicht die organschaftliche Stellung voraus.

Dies zeigt auch folgender Beispielsfall (zur **ordentlichen** Abberufung): Die Verwalterbestellung erfolgt auf unbestimmte Zeit und kann daher jederzeit, wie bei Rn. 21 gezeigt wurde, durch eine ordentliche Abberufung beendet werden. Im Verwaltervertrag wird dagegen eine feste Laufzeit von 3 Jahren vorgesehen und eine ordentliche Kündigung wird ausgeschlossen. In diesem Fall kann jederzeit ein Abberufungsbeschluss, für den keine Gründe vorliegen müssen, erfolgen. Dagegen kann der Verwaltervertrag vor Ablauf der 3 Jahre nicht ordentlich gekündigt werden. Der Vergütungsanspruch des Verwalters besteht daher bis zum Vertragsende fort; er ist lediglich in Höhe der ersparten Aufwendungen zu kürzen.[211]

An den vorstehenden Überlegungen ändert sich aber auch nichts entscheidend, wenn von einer Abberufung aus **wichtigem Grund** ausgegangen

---

205 OLG Hamm v. 4. 6. 2002 – 15 W 66/02, ZMR 2003, 51.
206 OLG München v. 23. 3. 2006 – 34 Wx 10/06, ZMR 2006, 475.
207 OLG Köln v. 10. 1. 2006 – 16 Wx 216/05, ZMR 2006, 471.
208 OLG München v. 15. 12. 2005 – 32 Wx 115/05, ZMR 2006, 472; BayObLG v. 19. 9. 2001 – 2Z BR 89/01, ZMR 2002, 138.
209 OLG Hamburg v. 24. 3. 2010 – 2 Wx 6/08, ZWE 2010, 423.
210 OLG Hamburg v. 15. 8. 2005 – 2 Wx 22/99, ZMR 2005, 974.
211 OLG Hamburg v. 15. 8. 2005 – 2 Wx 22/99, ZMR 2005, 974.

wird. Dies gilt jedenfalls dann, wenn nur eine Abberufung erfolgte und der Verwaltervertrag nicht gekündigt wurde. Eine Änderung ergibt sich aber auch dann nicht, wenn neben der Abberufung auch eine außerordentliche Kündigung aus wichtigem Grund ausgesprochen wird. Wenn der Verwalter dann gegen die Kündigung des Verwaltervertrages vorgeht oder wenn er diese Kündigung nicht angreift, aber Zahlungsklage erhebt und sich darauf beruft, dass durch die Kündigung der Verwaltervertrag nicht beendet wurde, wird im jeweiligen dortigen Gerichtsverfahren zu klären sein, ob ein wichtiger Grund vorlag. Auch dort spielt aber wieder die Frage, ob die organschaftliche Stellung durch eine Abberufung beseitigt wurde, keine Rolle. Daher würde auch ein Urteil im Anfechtungsverfahren gegen den Abberufungsbeschluss im Prozess wegen der Kündigung des Verwaltervertrages oder im Zahlungsprozess wegen der Verwaltervergütung nicht weiterhelfen. Selbst wenn der Abberufungsbeschluss für unwirksam erklärt worden wäre, würde nur dies in Rechtskraft erwachsen, nicht aber die Urteilsgründe, worin das Gericht das Bestehen eines wichtigen Grundes feststellt.

Die hier vertretene Meinung dürfte wohl, jedenfalls bei Anfechtung des Abberufungsbeschlusses durch einen Eigentümer, auch durch das LG Hamburg gestützt werden, obgleich die dortige Entscheidung nicht zur Erledigung der Hauptsache ergangen ist. Das LG Hamburg führt aus, dass einem Wohnungseigentümer nach Ablauf der ursprünglichen Amtszeit des Verwalters das **Rechtschutzinteresse** für die Anfechtung des Abberufungsbeschlusses fehlt, weil die vorzeitige Abberufung den anfechtenden Wohnungseigentümer nicht mehr in seinen Rechten verletzt; der abberufene Verwalter könnte nämlich seine Aufgaben und Pflichten nicht mehr wahrnehmen.[212]

Problematischer stellt sich die Sachlage aber dar, wenn **Verfahrensgegenstand** der Anfechtungsklage ein Beschluss ist, mit dem die **Kündigung** des **Verwaltervertrages** (möglicherweise zugleich mit der **Abberufung**) des Verwalters vorgenommen wird. Da der Verwaltervertrag die Rechtsgrundlage für die Vergütung darstellt, scheint hier auf den ersten Blick das rechtliche Interesse an der Klärung der Wirksamkeit des Kündigungsbeschlusses nicht zu entfallen.

Dies ist aber lediglich bei der **ordentlichen** Kündigung der Fall. Bei der ordentlichen Kündigung reicht die Kündigungserklärung aus, um das Vertragsverhältnis zu beenden. Der Verwalter hat daher auch nach Vertragsablauf ein Interesse daran, dass die vorher ausgesprochene Kündigung beseitigt wird, da dann eine vorherige Beendigung des Vertrages entfällt.[213] Insoweit entfaltet das Urteil im Anfechtungsverfahren auch Rechtskraftwirkungen für einen späteren Zahlungsprozess.

Dagegen muss bei der Kündigung des Verwaltervertrags aus **wichtigem Grund** differenziert werden:

Hier hat nach Ablauf der normalen Vertragslaufzeit der Verwalter regelmäßig kein schutzwürdiges Interesse mehr daran, dass im Beschlussanfech-

---

212 LG Hamburg v. 18. 8. 2010 – 318 S 77/09, ZWE 2011, 95.
213 Ebenso im Ergebnis: LG München I v. 28. 6. 2012 – 36 S 17241/11, ZMR 2012, 819.

tungsverfahren geklärt wird, ob die Kündigung deshalb nicht ordnungsgemäßer Verwaltung entsprach, weil ein wichtiger Grund für die Kündigung nicht vorliegt (und ihm daher noch Zahlungsansprüche zustehen). Dies gilt jedenfalls dann, wenn im Anfechtungsverfahren noch eine umfangreiche Beweisaufnahme erforderlich wäre, um das Vorliegen eines wichtigen Grundes zu überprüfen. Würde das Gericht nach Durchführung der Beweisaufnahme zu dem Ergebnis kommen, dass ein wichtiger Grund vorlag und deshalb die Anfechtungsklage abweisen, wäre wiederum für einen späteren Zahlungsprozess nichts gewonnen. Da auch hier wieder die Entscheidungsgründe nicht in Rechtskraft erwachsen, wäre im Zahlungsprozess erneut durch Beweisaufnahme zu klären, ob ein wichtiger Grund vorlag. In einem solchen Fall scheint es zumutbar und prozessökonomisch, den Verwalter auf einen späteren Zahlungsprozess zu verweisen. Sollte dieser Prozess dann in die Wege geleitet werden (was in der Praxis meist nicht feststeht, da Verwalter und WEG meist nur geklärt wissen wollen, ob der Verwalter schwere Verfehlungen begangen hat), kann dann die erforderliche Beweisaufnahme durchgeführt werden.

Geht es dagegen um andere Fragen als das Vorliegen eines wichtigen Grundes, also etwa darum, ob der Kündigungsbeschluss aufgrund eines formellen Mangels für unwirksam zu erklären ist, gelten die Ausführungen, die zur ordentlichen Kündigung gemacht wurden, sinngemäß. In diesem Fall ist eine Erledigung der Hauptsache nicht eingetreten. Ob etwa ein formeller Mangel oder nur in der Sache ein wichtiger Grund geltend gemacht wird, steht auch bereits im Anfangsstadium des Verfahrens fest, da nach § 46 Abs. 1 Satz 2 die Begründung der Anfechtung innerhalb von zwei Monaten nach Beschlussfassung erfolgen muss.

Siehe zur ordentlichen und zur außerordentlichen Kündigung des Verwaltervertrags auch unten Rn. 50 und Rn. 51.

III. Absatz 2: Wiederholte Bestellung
1. Wiederholte Bestellung zulässig

Nach Abs. 2, 1. Hs. ist eine wiederholte Bestellung zulässig. Daher kann jeder Verwalter wiederbestellt werden. Dies gilt auch für den Erstverwalter oder einen Verwalter, der bereits über mehrere Perioden hinweg Verwalter war.

30

Angebote von mehreren Verwaltern müssen im Grundsatz vor der Beschlussfassung der Wohnungseigentümer über die Bestellung eines neuen Verwalters, **nicht** aber vor der **Wiederbestellung** des amtierenden Verwalters eingeholt werden. **Alternativangebote** (Konkurrenzangebote) können zwar den Wohnungseigentümern deutlicher aufzeigen, woran sie bei rein rechnerischer Betrachtung mit dem amtierenden Verwalter sind. Dieser Aufwand ist nur angezeigt, wenn die Wohnungseigentümer oder erhebliche Teile der Wohnungseigentümer einer Anlage mit der Arbeit des bisherigen Verwalters nicht mehr zufrieden sind oder Anlass besteht, die Angemessenheit von dessen Honorierung zu überprüfen.[214]

---

[214] BGH v. 1.4.2011 – V ZR 96/10, WuM 2011, 387 (=NZM 2011, 515); OLG Schleswig v. 20.1.2006 – 2 W 24/05, ZMR 2006, 803.

2. Erneuter Mehrheitsbeschluss

31 Nach Abs. 2, 2. Hs. bedarf die wiederholte Bestellung eines erneuten Beschlusses der Wohnungseigentümer. Daher ist es nicht möglich, bei einer vorhergehenden Bestellung (oder in der Teilungserklärung) eine „Verlängerungsklausel" vorzusehen, wonach sich die Bestellung etwa über die möglichen fünf (oder drei) Jahre hinaus verlängert, wenn kein anderslautender Beschluss ergeht.

Zu den näheren Einzelheiten des erneuten Mehrheitsbeschlusses wird auf oben Rn. 10 und die dortigen Verweise Bezug genommen.

Zur grundsätzlich ebenfalls möglichen Wiederbestellung durch eine Gerichtsentscheidung wird auf oben Rn. 11 verwiesen.

3. Frühestens ein Jahr vor Ablauf der Bestellungszeit

32 Nach dem Gesetzeswortlaut kann der Wiederbestellungsbeschluss frühestens ein Jahr vor Ablauf der Bestellungszeit gefasst werden. Sinn dieser Bestimmung ist es zu verhindern, dass durch eine frühzeitige Verlängerung der Bestellungszeit der Normzweck des § 26 Abs. 1 Satz 2 – keine Bindung der Eigentümer über fünf Jahre hinaus – unterlaufen wird.[215] Ein früher gefasster Beschluss würde gegen eine zwingende[216] gesetzliche Regelung verstoßen und wäre daher nach § 23 Abs. 4 Satz 1, § 134 BGB **nichtig**.[217]

Dem Gesetzeszweck steht es aber nicht entgegen, wenn die erneute Bestellung zwar zeitlich mehr als ein Jahr vor Ablauf der Bestellungszeit erfolgt, aber mit sofortiger Wirkung beschlossen wird, also eine Bindung der Wohnungseigentümer über fünf Jahre hinaus nach Beschlussfassung nicht eintritt.[218] Die verfrühte Wiederbestellung ist daher nur dann möglich und der Beschluss damit nicht nichtig, wenn die neue (höchstens fünfjährige) Amtszeit mit der Neubestellung zu laufen beginnt.[219]

4. Prozessuales

33 Zu den prozessualen Fragen der Anfechtung eines Wiederbestellungsbeschlusses kann grundsätzlich auf die Kommentierung oben Rn. 15 bis 17 Bezug genommen werden. Anders als bei der erstmaligen Bestellung des Verwalters bedarf es bei der Wiederwahl des Verwalters jedoch grundsätzlich nicht der Unterbreitung von Alternativangeboten (Rn. 30).[220]

---

215 BGH v. 23. 2. 1995 – III ZR 65/94, NJW-RR 1995, 780.
216 Siehe zur Unabdingbarkeit insoweit: oben Rn. 1.
217 OLG Frankfurt/Main v. 15. 3. 2005 – 20 W 153/03, OLGR Frankfurt 2006, 46; OLG Zweibrücken v. 23. 6. 2004 – 3 W 64/04, FGPrax 2004, 273.
218 BGH v. 23. 2. 1995 – III ZR 65/94, NJW-RR 1995, 780; LG Itzehoe v. 25. 10. 2011 – 11 S 9/11, ZWE 2012, 145.
219 OLG Zweibrücken v. 23. 6. 2004 – 3 W 64/04, FGPrax 2004, 273; OLG Frankfurt/Main v. 15. 3. 2005 – 20 W 153/03, OLGR Frankfurt 2006, 46 (je zur Nichtigkeit eines anderslautenden Beschlusses).
220 BGH v. 1. 4. 2011 – V ZR 96/10, WuM 2011, 387 (= NZM 2011, 515); OLG Schleswig v. 20. 1. 2006 – 2 W 24/05, ZMR 2006, 803.

IV. Absatz 3: Nachweis der Verwalterstellung

1. Notwendigkeit des Nachweises der Verwaltereigenschaft durch öffentlich beglaubigte Urkunde

Die Regelung des § 26 Abs. 3 setzt voraus, dass die Verwaltereigenschaft durch öffentlich beglaubigte Urkunden erbracht werden muss, gibt jedoch nicht an, wann dies der Fall ist.[221] Auch § 129 Abs. 1 BGB und § 40 BeurkG regeln nur die Beglaubigung als solche, nicht aber, wann sie erforderlich ist. Die Erforderlichkeit muss sich jeweils aus anderen Normen, wie etwa § 29 GBO oder § 726 Abs. 1 ZPO, ergeben.[222] So ist etwa die Verwaltereigenschaft bei der nach § 12 erforderlichen Zustimmung zur Veräußerung einer Eigentumswohnung eine grundbuchmäßig nachzuweisende Eintragungsvoraussetzung, die der Form des § 29 GBO bedarf.[223]

34

2. Vorlage des Versammlungsprotokolls über Bestellungsbeschluss

Absatz 3 erleichtert den vorgenannten erforderlichen Nachweis der Verwaltereigenschaft dahingehend, dass die Vorlage einer Niederschrift über den Bestellungsbeschluss genügt, bei der die Unterschriften der in § 24 Abs. 6 bezeichneten Personen öffentlich beglaubigt sind. Es ist also ausreichend, dass zunächst ein **Versammlungsprotokoll** vorgelegt wird, da dies eine Niederschrift ist, aus der sich der Bestellungsbeschluss ergibt. Weiterhin müssen auf dieser Niederschrift die Unterschriften des Vorsitzenden der Versammlung, eines Wohnungseigentümers und gegebenenfalls des Verwaltungsbeiratsvorsitzenden oder seines Vertreters vorhanden und diese **Unterschriften** öffentlich **beglaubigt** sein.[224]

35

Wenn der Verwalter in der **Teilungserklärung** nach § 8 bestellt wurde, genügt zum Nachweis der Bestellung die Vorlage der öffentlich beglaubigten Teilungserklärung.[225] Anders ist es jedoch bei einer Beschlussfassung im schriftlichen Verfahren (so genannter **Umlaufbeschluss**[226]) nach § 23 Abs. 3. Da dort alle Wohnungseigentümer dem Beschluss schriftlich zustimmen müssen, müssen auch alle Zustimmungserklärungen vorgelegt werden.[227]

---

221 OLG München v. 8.3.2007 – 34 Wx 2/07, NZM 2007, 647.
222 Eine beispielhafte Übersicht über Vorschriften, die eine öffentliche Beglaubigung erfordern, ist bei *Palandt-Heinrichs/Ellenberger*, § 129 BGB Rn. 1 enthalten.
223 OLG Düsseldorf v. 13.8.2003 – 3 Wx 176/03, WuM 2003, 644.
224 OLG Köln v. 15.8.2012 – I-2 Wx 195/12, ZMR 2012, 982; OLG Frankfurt v. 30.9.2010 – 20 W 320/10, Rpfleger 2011, 152; KG Berlin v. 31.3.2009 – 1 W 209/05, ZWE 2010, 87; die näheren Einzelheiten zum Versammlungsprotokoll ergeben sich aus § 24 Rn. 33 ff.
225 BayObLG v. 16.4.1991 – BReg 2 Z 25/91, WuM 1991, 363.
226 Siehe dazu genauer § 23 Rn. 13 ff.
227 BayObLG v. 23.1.1986 – BReg 2 Z 14/85, DNotZ 1986, 490.

V. Verwaltervertrag

1. Rechtsnatur und Vertragsparteien

36 Der Verwaltervertrag ist regelmäßig als ein auf entgeltliche **Geschäftsbesorgung** gerichteter Dienstvertrag zu qualifizieren.[228] Für die vereinbarte **Vergütung** stellt der Verwaltervertrag die **Anspruchsgrundlage** dar. Ist die Vergütung oder deren Höhe nicht geregelt, greifen §§ 675, 612 BGB ein, so dass dem Verwalter die übliche Vergütung zusteht.[229] Zur Anfechtbarkeit des Bestellungsbeschlusses für den Fall, dass u.a. die Vergütung nicht festgelegt ist, siehe oben Rn. 15.

Soll der Verwalter für seine Tätigkeit keine Vergütung erhalten, handelt es sich um einen Auftrag (Auftragsvertrag) i.S.v. §§ 662ff. BGB.[230] Der Verwalter kann dann nach § 670 BGB Ersatz seiner **Aufwendungen** verlangen. Auf den unentgeltlich tätigen Verwalter können die für den Verwaltungsbeirat dargestellten Grundsätze (siehe § 29 Rn. 7) entsprechend angewendet werden.

In gewissem Umfang kann im Verwaltervertrag auch die **Befugnis** geregelt werden, dass der Verwalter ohne vorherigen (konkreten) Beschluss der Wohnungseigentümer Instandhaltungs- und **Instandsetzungsmaßnahmen** durchführen kann (siehe dazu unten Rn. 40).

37 Seit der Anerkennung der Teilrechtsfähigkeit der Wohnungseigentümergemeinschaft[231] ist umstritten, zwischen welchen Parteien der Verwaltervertrag zustande kommt und ob es sich um einen dreiseitigen Vertrag, einen Vertrag mit Schutzwirkung zugunsten Dritter oder einen (echten) Vertrag zugunsten Dritter handelt.

In der Literatur wird teilweise vertreten, dass Vertragsparteien der Verwalter, der Verband und die Wohnungseigentümer seien.[232]

Die bisher bekannte obergerichtliche Rechtsprechung hat sich dieser Meinung nicht angeschlossen und sieht als Vertragspartner lediglich den **Verwalter** und den **Verband** an.[233]

---

228 BGH v. 18.2.2011 – V ZR 197/10, ZWE 2011, 209; BGH v. 6.3.1997 – III ZR 248/95, WuM 1997, 294; BGH v. 28.4.1993 – VIII ZR 109/92, NJW-RR 1993, 1227; BayObLG v. 18.10.1990 – BReg 2 Z 86/90, Wohnungseigentümer 1992, 118.
229 Wie hier: *Palandt-Bassenge*, WEG § 26 Rn. 13; *Müller*, Praktische Fragen, 9. Teil, Rn. 71ff.
230 BayObLG v. 30.10.1997 – 2Z BR 83/97, ZMR 1998, 102.
231 Siehe genauer dazu § 10 Rn. 36ff.
232 So etwa: *Jennißen-Jennißen*, § 26 Rn. 79ff. (mit weiteren Nachweisen).
233 LG Hamburg v. 25.2.2015 – 318 S 110/14, ZMR 2015, 334; LG Landau (Pfalz) v. 17.5.2013 – 3 S 134/12, ZMR 2013, 744; LG Karlsruhe v. 11.12.2012 – 11 S 231/11, ZWE 2013, 180; LG Hamburg v. 3.2.2010 – 318 S 84/08, ZWE 2010, 337; KG Berlin v. 28.1.2010 – 24 W 43/09, ZWE 2010, 183; OLG München v. 20.7.2007 – 32 Wx 93/07, WuM 2007, 539; OLG München v. 14.9.2006 – 34 Wx 49/06, ZMR 2006, 954; OLG München v. 8.11.2006 – 34 Wx 45/06, NJW 2007, 227; OLG Hamm v. 3.1.2006 – 15 W 109/05, ZMR 2006, 633; OLG Düsseldorf v. 29.9.2006 – 3 Wx 281/05, WuM 2006, 639; OLG Düsseldorf v. 22.12.2006 – 3 Wx 160/06, ZMR 2007, 287.

Die Oberlandesgerichte Hamm und Düsseldorf gehen dabei von einem **Vertrag mit Schutzwirkung zugunsten Dritter** aus.[234] Nach dieser Meinung steht der Anspruch auf die Hauptleistungspflichten des Verwalters nur dem Verband zu. Die Wohnungseigentümer sind als Dritte jedoch in die vertraglichen Sorgfalts- und Obhutspflichten des Verwalters einbezogen, so dass die Wohnungseigentümer bei einer Pflichtverletzung vertragliche Schadensersatzansprüche[235] geltend machen können.[236] Dieser Meinung haben sich in der Folgezeit das LG Hamburg, das KG Berlin, das OLG Frankfurt und das LG Saarbrücken angeschlossen.[237]

Das OLG München qualifizierte dagegen den Verwaltervertrag als einen **echten Vertrag zugunsten Dritter** (nämlich der einzelnen Wohnungseigentümer) gemäß § 328 BGB.[238] Nach § 328 Abs. 1 BGB erwirbt in diesem der Dritte, hier also der einzelne Wohnungseigentümer, unmittelbar das Recht, die (Haupt-) Leistung zu fordern. Darüber hinaus kann der einzelne Eigentümer bei Pflichtverletzungen des Verwalters auch vertragliche Schadensersatzansprüche geltend machen.[239]

38

Im Hinblick auf die wohl nunmehr gefestigte obergerichtliche Rechtsprechung, wird der Verwaltervertrag als Vertrag mit **Schutzwirkung zugunsten Dritter** zu bewerten sein. In der Praxis hat die Streitfrage bisher keine echte Bedeutung erlangt. Bei den veröffentlichten entschiedenen Fällen ging es um die Frage von Sekundäransprüchen (Schadensersatz), so dass die genaue Qualifizierung des Vertragstyps letztlich keine Auswirkungen hatte.

Es erscheint aber konsequent davon auszugehen, dass es sich bei den **vertraglichen (Primär-) Ansprüchen** aus dem Verwaltervertrag um gemeinschaftsbezogene Ansprüche handelt, deren Ausübung nach § 10 Abs. 6 Satz 3 alleine dem **Verband** zusteht. Der einzelne Eigentümer ist daher ohne eine wirksame Ermächtigung durch den Verband nicht berechtigt, Ansprüche gegen den Verwalter geltend zu machen und eine Klage zu erheben.[240] Zum **Ermessensspielraum (Beurteilungsspielraum)** der Eigentümer bei der Geltendmachung von Ansprüchen des Verbandes siehe **§ 21 Nr. 23**.

---

234 OLG Hamm v. 3.1.2006 – 15 W 109/05, ZMR 2006, 633; OLG Düsseldorf v. 22.12. 2006 – 3 Wx 160/06, ZMR 2007, 287; OLG Düsseldorf v. 29.9.2006 – 3 Wx 281/05, WuM 2006, 639.
235 Siehe zur Haftung des Verwalters unten Rn. 45 ff.
236 OLG Düsseldorf v. 22.12.2006 – 3 Wx 160/06, ZMR 2007, 287; OLG Düsseldorf v. 29.9.2006 – 3 Wx 281/05, WuM 2006, 639; siehe allgemein zum Vertrag mit Schutzwirkung zugunsten Dritter: *Palandt-Grüneberg*, § 328 BGB Rn. 13 ff.
237 LG Hamburg v. 3.2.2010 – 318 S 84/08, ZWE 2010, 337; KG Berlin v. 28.1.2010 – 24 W 43/09, ZWE 2010, 183; OLG Frankfurt v. 19.5.2008 – 20 W 169/07, ZWE 2008, 470; LG Saarbrücken v. 1.10.2008 – 5 S 10/08, ZWE 2009, 54.
238 OLG München v. 14.9.2006 – 34 Wx 49/06, ZMR 2006, 954; OLG München v. 8.11.2006 – 34 Wx 45/06, NJW 2007, 227; offengelassen: OLG München v. 20.7. 2007 – 32 Wx 93/07, WuM 2007, 539.
239 Siehe zur Haftung des Verwalters unten Rn. 45 ff.
240 LG München I v. 16.9.2013 – 1 S 10199/12 (bisher nicht veröffentlicht); ebenso: *Bärmann-Roth*, § 43 Rn. 89; *Niedenführ/Kümmel/Vandenhouten-Niedenführ*, § 43 Rn. 79.

Soweit aber nicht vertragliche Verpflichtungen, sondern die **gesetzlichen Verpflichtungen** des Verwalters aus § 27 geltend gemacht werden, hat jeder Eigentümer einen **Individualanspruch** gegen den Verwalter aus § 27 i.V.m. § 21 Abs. 4. Kommt der Verwalter seinen gesetzlichen Verpflichtungen nicht nach, kann jeder Eigentümer **ohne Ermächtigung** des Verbandes oder der übrigen Eigentümer den Anspruch geltend machen und auch Klage aus eigenem Recht gegen den Verwalter auf Erfüllung seiner Verpflichtungen erheben.[241]

Siehe zu Schadensersatzansprüchen der Eigentümer auch unten Rn. 45.

2. Zustandekommen und Ausgestaltung

39 Wie bereits bei Rn. 7 und Rn. 29 oben dargestellt wurde, ist nach der herrschenden **Trennungstheorie** strikt zwischen einerseits der organschaftlichen Stellung des Verwalters, die durch die Bestellung als Organisationsakt begründet wird und der schuldrechtlichen Gestaltung andererseits (Verwaltervertrag) zu unterscheiden.[242] Ein bereits bestellter Verwalter kann bei Abschluss des Verwaltervertrages die Gemeinschaft nicht vertreten. Zum einen fehlt eine gesetzliche Vertretungsmacht insoweit, da § 27 Abs. 3 eine entsprechende Regelung nicht enthält.[243] Zum anderen wäre der Verwalter gemäß § 181 BGB von der Vertretung ausgeschlossen.

Allerdings enthält die Bestellung des Verwalters durch Eigentümerbeschluss in der Regel das **Angebot** auf Abschluss eines Verwaltervertrags, welches durch die Aufnahme der Verwaltertätigkeit stillschweigend angenommen wird. Der Verwaltervertrag kommt in derartigen Fällen damit entgegen der Auslegungsregel des § 154 Abs. 2 BGB in der Regel auch dann zustande, wenn der Eigentümerbeschluss den Abschluss eines **schriftlichen** Vertrags vorsieht.[244] Allgemein liegt der konkludente Abschluss eines Verwaltervertrags nahe, wenn der Verwalter mit seiner Wahl einverstanden war und er die Verwaltertätigkeit längere Zeit ausgeübt hat.[245]

Wird ein Verwaltervertrag auf der Grundlage einer noch nicht rechtsbeständigen Verwalterwahl geschlossen, wird stillschweigend die **auflösende Bedingung** vereinbart, dass keine **Ungültig-Erklärung** durch ein Beschlussanfechtungsverfahren erfolgt.[246]

40 Die **inhaltliche Ausgestaltung** und die **Unterzeichnung** des Verwaltervertrages obliegen der Wohnungseigentümergemeinschaft. Es kann jedoch auch ein Wohnungseigentümer oder der Verwaltungsbeirat mit dem Vertragsschluss beauftragt und bevollmächtigt werden, wenn zuvor die Wohnungseigentümer mehrheitlich über den maßgeblichen Vertragsinhalt beschlossen haben.[247] Zu den wesentlichen Bedingungen des Vertragsangebots gehören

---

241 LG München I v. 18.1.2016 – 1 S 18170/14 (bisher nicht veröffentlicht).
242 OLG München v. 21.6.2006 – 34 Wx 28/06, NZM 2006, 631; OLG Düsseldorf v. 30.5.2006 – 3 Wx 51/06, ZMR 2006, 870.
243 Siehe dazu § 27 Rn. 29ff. (insbesondere Rn. 40ff).
244 BayObLG v. 18.3.1997 – 2Z BR 98/96, WuM 1997, 396.
245 BGH v. 6.3.1997 – III ZR 248/95, WuM 1997, 294.
246 KG Berlin v. 18.8.2004 – 24 W 291/03, WuM 2004, 687.
247 OLG Hamburg v. 17.7.2003 – 2 Wx 147/00, ZMR 2003, 776.

insbesondere die geforderten **Verwaltergebühren** und die **Laufzeit** des Verwaltervertrages.[248] Eine teilrechtsfähige Wohnungseigentümergemeinschaft ist jedenfalls dann als Verband ein **Verbraucher** i.S.d. § 13 BGB, wenn ihr auch nur ein Verbraucher angehört und an ihr nicht ausschließlich Unternehmer beteiligt sind.[249] Wenn das für den Verwaltervertrag verwendete Formular offensichtlich für eine Vielzahl von Verträgen vorformuliert ist und auch im Verhältnis der Beteiligten bereits mehrfach verwendet wurde, ist der Vertrag der Inhaltskontrolle nach §§ 305 ff. BGB zu unterziehen.[250] Ist die Laufzeit des Verwaltervertrags in einem Formularvertrag vereinbart, so findet zwar § 307 BGB, wegen der vorrangigen Sonderregelung in § 26 Abs. 1 Satz 2 WEG, nicht aber das Klauselverbot des § 309 Nr. 9a BGB Anwendung. Danach kann grundsätzlich auch in **Allgemeinen Geschäftsbedingung**en für Verwalterverträge eine Laufzeit von mehr als zwei Jahren (bis zur Höchstgrenze von fünf Jahren) wirksam vereinbart werden.[251] Jedoch widerspricht die Beschlussfassung über einen formularmäßigen Verwaltervertrag ordnungsgemäßer Verwaltung, wenn das Vertragswerk mehrere in ihrer Gesamtwürdigung bedeutsame Klauseln aufweist, die einer Inhaltskontrolle nicht standhalten. Dies ist etwa der Fall, wenn in dem Vertrag § 181 BGB abbedungen, eine unzulässige Haftungsbegrenzung durch Verkürzung des Beginns und der Dauer der Verjährung vorgesehen ist, die Beauftragung von Sonderfachleuten ermöglicht und die einschränkungslose Vergütungspflicht für die Einberufung und Durchführung mehr als einer Eigentümerversammlung pro Wirtschaftsjahr vorgesehen wird.[252]

Zum **Stimmrechtsausschluss** gemäß § 25 Abs. 5 beim Beschluss über den Abschluss eines Verwaltervertrages und zur Frage, ob der Verwalter als Vertreter für einen Eigentümer die Stimme abgeben darf, wird auf die Kommentierung zu § 25 Rn. 29 Bezug genommen.

Künftig dürfte in der Praxis die Frage an Bedeutung gewinnen, ob und ggf. in welchem Umfang im Verwaltervertrag auch **Befugnisse**, die nach dem Gesetz nur den Wohnungseigentümern zustehen, auf den Verwalter delegiert werden können. Eine solche **Delegation (Kompetenzverlagerung)** erlangt vor allem im Bereich der **Instandsetzungs- und Instandhaltungsmaßnahmen** Bedeutung. Wie den Kommentierungen zu § 27 (dort insbesondere Rn. 7 ff. und Rn. 29 sowie Rn. 35 und **Rn. 43**) zu entnehmen ist, hat der Verwalter bei derartigen Maßnahmen, wenn sie nicht ausdrücklich etwa im Vorjahr beschlossen worden sind, nur in einem sehr geringen Umfang die Befugnis und damit verbunden die Vertretungsmacht, ohne vorherige Befassung der Eigentümerversammlung, für die Gemeinschaft tätig zu werden und etwa Aufträge für Sanierungsmaßnahmen zu erteilen. Damit sind aber

---

248 OLG Hamburg v. 25.7.2003 – 2 Wx 112/02, ZMR 2003, 864.
249 BGH v. 25.3.2015, Az. VIII ZR 243/13, ZWE 2015, 322; OLG München v. 25.9.2008 – 32 Wx 118/08, NJW 2008, 3574; siehe zur Verbrauchereigenschaft des Verbandes auch § 10 Rn. 37.
250 LG Hamburg v. 5.11.2014 – 318 S 47/14, ZMR 2015, 735; OLG München v. 20.3.2008 – 34 Wx 46/07, ZWE 2009, 27.
251 BGH v. 20.6.2002 – V ZB 39/01, NZM 2002, 788 (ergangen noch zum AGBG).
252 OLG Düsseldorf v. 30.5.2006 – 3 Wx 51/06, ZMR 2006, 870.

Chr. Spielbauer

die vom Verwalter als Vertreter ohne Vertretungsmacht geschlossenen Verträge nach § 177 BGB **schwebend unwirksam**; nach § 179 BGB kommt auch eine **Haftung** des Verwalters in Betracht. Um diese Folge zu vermeiden, müsste der Verwalter jeweils entweder die Maßnahme bis zur nächsten ordentlichen Eigentümerversammlung zurückstellen oder eine (mit Kosten und Aufwand für alle Eigentümer verbundene) **außerordentliche Eigentümerversammlung** einberufen. Da in den meisten Fällen zwar keine Notmaßnahme vorliegen wird, die der Verwalter selbst in Auftrag geben dürfte, andererseits aber auch meist nicht bis zur nächsten ordentlichen Versammlung gewartet werden kann (etwa: defekte Garagen-, Keller- oder Hauseingangstüren, Reinigung verstopfter Abwasserrohre, Austausch von Fensteroder Balkontürelementen, kleinere Abdichtungsarbeiten am Dach, Reinigen der Regenrinne etc.), müssten in den meisten Gemeinschaften meist mehrere außerordentliche Eigentümerversammlungen abgehalten werden, da die Maßnahmen kaum gleichzeitig erforderlich werden.

In der gerichtlichen Praxis ist diese Problematik kaum Gegenstand von Verfahren gewesen, wohl auch, weil in der Praxis der Verwalter die Arbeiten in Auftrag gibt, über die ausgegebenen Gelder in der Jahresabrechnung beschlossen wird und ein Schaden für die Gemeinschaft oder einzelne Eigentümer nicht entsteht, da der Verwalter in der Regel nur die erforderlichen Maßnahmen ergreift; darüber hinaus lassen sich Verwalter häufig die bereits durchgeführten Maßnahmen **nachträglich** durch Beschluss **genehmigen**. Dennoch erscheint nach der hier vertretenen Meinung eine Lösung des Problems durch eine **vertragliche Regelung** (die von den Wohnungseigentümern **beschlossen** wird) erforderlich, um die Praxis nicht weiterhin zu zwingen, in einem kaum überschaubaren Graubereich zu agieren.

Diese Möglichkeit hat auch das OLG Hamburg grundsätzlich anerkannt und ausgeführt, dass im **Verwaltervertrag** unter gewissen Voraussetzungen und im gewissen Umfang geregelt sein kann, dass der Verwalter ohne vorherige Zustimmung der Wohnungseigentümer Instandhaltungen und Instandsetzungen in Auftrag geben kann.[253]

Bei der Ausgestaltung einer derartigen Regelung im Verwaltervertrag sind dabei die **Interessen** der **Wohnungseigentümer** (betroffen ist einerseits ihre Entscheidungsbefugnis; sie tragen die finanziellen Risiken und Konsequenzen; Maßnahmen ohne Beschluss sind kaum zu überprüfen und meist nicht mehr abzuändern, da ein Schadensersatzanspruch meist nicht eingreift; andererseits sollen – ggf. mehrere – außerordentliche Versammlungen vermieden werden) und die Interessen des **Verwalters** (insbesondere an einer reibungslosen Verwaltung) gegeneinander **abzuwägen**. Zu berücksichtigen sind die Umstände des konkreten **Einzelfalls**. So wird etwa berücksichtigt werden können, dass ein Verwalter bekannt ist und in der Vergangenheit ordentlich und sorgfältig gearbeitet hat, so dass keine Anhaltspunkte für einen künftigen Missbrauch der Kompetenzen vorhanden sind. Wesentlich wird regelmäßig auch sein, dass für die Eigentümer nur überschaubare und begrenzte finanzielle Risiken entstehen können. Erforderlich ist daher eine

---

[253] OLG Hamburg v. 20.2 2006 – 2 Wx 131/02, ZMR 2006, 546 (wobei im entschiedenen Fall der Verwaltervertrag gerade eine anderslautende Regelung enthielt).

betragsmäßige Begrenzung sowohl der zulässigen **Einzelmaßnahme** als auch der Summe **aller Maßnahmen** im gesamten Wirtschaftsjahr. Die Begrenzung der Gesamtsumme kann etwa dadurch erreicht werden, dass im Wirtschaftsplan ein entsprechender Betrag ausgewiesen wird (den der Verwalter dann im Rahmen der hier beschriebenen Vorgaben verwenden kann), da in diesem Fall die Obergrenze der finanziellen Belastungen für die Eigentümer bereits festgeschrieben ist.

Sinnvoll und nach der hier vertretenen Meinung grundsätzlich auch zulässig ist es zudem, für den Fall, dass kein Betrag für im Einzelnen nicht beschlossene Instandhaltungen im Wirtschaftsplan ausgewiesen ist oder dass der ausgewiesene Betrag tatsächlich nicht für alle erforderlichen Maßnahmen ausreicht, eine Regelung im Verwaltervertrag zu treffen. In diesen Fällen muss der Begrenzung der **finanziellen Risiken** der Eigentümer besondere Bedeutung zugemessen werden. Ein gangbarer Weg wäre etwa, die Gesamtsumme auf einen Prozentsatz der sich aus dem Wirtschaftsplan ergebenden Gesamtausgaben festzusetzen, da damit auch die zusätzliche Belastung der Eigentümer zumindest in etwa (maßgeblich sind letztlich die konkreten Verteilungsschlüssel) auf diesen Prozentsatz begrenzt ist.

Nach der hier vertretenen Meinung dürfte jedenfalls im Regelfall das zulässige Maß nicht überschritten sein, wenn die Gesamtsumme aller Maßnahmen im Wirtschaftsjahr **10 % bis 15 %** der **Gesamtausgaben** des Wirtschaftsplans nicht übersteigt. In diesem Fall würde auf einen Eigentümer, der nach dem Wirtschaftsplan insgesamt beispielsweise 4.000,00 € Hausgeld zu zahlen hat, eine maximale Mehrbelastung von 400,00 € bis 600,00 € zukommen.

Als zulässiger Höchstbetrag für eine **Einzelmaßnahme** dürfte im Regelfall wohl ein Betrag zwischen **3.000,00 € und 5.000,00 €** angesehen werden. Auch hier wird aber im Einzelfall der Betrag zu verringern sein (wenn etwa in einer kleinen Gemeinschaft insgesamt nur Ausgaben in Höhe von 6.000,00 € vorgesehen sind, da einer solchen Maßnahme dann erkennbar ein wesentliches Gewicht zukommt). In sehr großen Anlagen, in denen etwa für nicht einzeln beschlossene Instandhaltungsmaßnahmen im Wirtschaftsplan 100.000,00 € vorgesehen sind, wird auch einer Maßnahme, die deutlich mehr als 5.000,00 € kostet, keine wesentliche Bedeutung zukommen, so dass auch ein höherer Betrag für die vom Verwalter veranlasste Einzelmaßnahme zulässig sein kann. Wie bereits erwähnt, sind die gesamten Umstände des Einzelfalls abzuwägen. Zur **Delegation** von Instandsetzungsmaßnahmen an den Verwalter siehe auch § 27 Rn. 43.

3. Vergütung

a) Grundvergütung

Zum Verwaltervertrag als **Anspruchsgrundlage** für die Vergütung siehe zunächst oben Rn. 36.

Mit der Verwaltervergütung sind grundsätzlich **alle Tätigkeiten** des Verwalters im Rahmen der ihm vom Gesetz zugewiesenen Aufgaben und Befugnisse abgegolten.[254] Bei der Festsetzung der Höhe dieser so genannten

---

254 BGH v. 6.5.1993 – V ZB 9/92, NJW 1993, 1924; BayObLG v. 19.10.1995 – 2Z BR 101/95, WuM 1996, 490.

Grundvergütung steht den Vertragsparteien ein **weites Ermessen** zu[255]; der Beschluss der Wohnungseigentümer muss sich jedoch im Rahmen der ordnungsgemäßen Verwaltung i.S.d. § 21 Abs. 3 halten.[256] Verbindliche Aussagen zu den Grenzen des Ermessens lassen sich nur schwer treffen. Neben Umständen, die im Verwaltungsaufwand für die konkrete Anlage begründet sind (insbesondere: Größe der Anlage, zerstrittene Eigentümer mit vielen Beschlussanfechtungen, laufende umfangreiche Sanierungsmaßnahmen etc.) müssen auch die in der Praxis regional unterschiedlichen **Durchschnittsvergütungen**, die in Ballungsräumen regelmäßig höher liegen, berücksichtigt werden.

Nach einer Studie der BSI aus dem Jahr 2010 lagen die monatlichen Verwaltervergütungen je **Wohneinheit** bezogen auf das gesamte Bundesgebiet im Mittelwert zwischen 15,14 € und 17,26 € (bei Anlagen mit über 100 Wohneinheiten) sowie 17,66 € bis 22,83 € (bei Anlagen mit bis zu 10 Wohneinheiten).[257] Bei **Garagen** innerhalb der Gemeinschaft betrug die monatliche Durchschnittsvergütung zwischen 2,23 € bis 3,33 €. In den einzelnen Regionen (Nord, Süd, Ost, West) zeigten sich bei den Niedrigst- und bei den Höchstwerten Abweichungen von bis zu etwa 2 €. Im Hinblick auf die allgemeinen Preissteigerungen dürften sich diese Durchschnittswerte zwischenzeitlich in einem gewissen Umfang erhöht haben.

Eine Vergütung, die um rund 40 % über den **Konkurrenzangeboten** liegt, entspricht nur dann ordnungsmäßiger Verwaltung, wenn es für die Bezahlung des Mehrbetrags sachliche Gründe gibt.[258]

Die **Erhöhung** der Vergütung kann grundsätzlich nur durch eine **Vertragsänderung** geschehen, die aufgrund eines neuen Mehrheitsbeschlusses erfolgt. Eine Klausel im formularmäßigen Verwaltervertrag, wonach Verwaltergebühren der allgemeinen Verwaltungskostenentwicklung angepasst werden können, ist nach § 307 Abs. 1 BGB ungültig.[259]

42 Wird der **Bestellungsbeschluss** auf Anfechtung hin später rückwirkend **aufgehoben** (siehe dazu oben Rn. 7 und Rn. 29), kann der Verwalter aufgrund des jedenfalls als vorläufig abgeschlossen anzusehenden Verwaltervertrags Vergütung für seine Tätigkeit beanspruchen.[260] Macht der Verwalter von seiner Befugnis, den Abberufungsbeschluss anzufechten, keinen Gebrauch und lässt er auch in sonstiger Weise nicht erkennen, dass er am Verwaltervertrag festhalten will, verstößt es gegen die Grundsätze aus Treu und Glauben, wenn er 3½ Jahre später für die restliche Laufzeit des Verwaltervertrages **Vergütungsansprüche** erhebt.[261] Eine **gerichtliche Festsetzung** eines Verwalterhonorars ist erforderlich, wenn ein Verwalter bereits in einem Zeit-

---

255 So auch: *Jennißen-Jennißen*, § 26 Rn. 108.
256 Wie hier: *Bärmann-Merle/Becker*, § 26 Rn. 155; *Palandt-Bassenge*, WEG § 26 Rn. 13.
257 Bundesvereinigung Spitzenverbände der Immobilienwirtschaft, Verwalter-Vergütungen in Deutschland, Studie 2010, S. 9 (zu diesen Werten dürfte die Mehrwertsteuer noch hinzuzurechnen sein).
258 OLG München v. 7. 9. 2007 – 32 Wx 109/07, WuM 2007, 589.
259 OLG Düsseldorf v. 25. 1. 2005 – 3 Wx 326/04, WuM 2005, 359.
260 OLG München v. 21. 6. 2006 – 34 Wx 28/06, NZM 2006, 631.
261 OLG Düsseldorf v. 13. 8. 2003 – 3 Wx 181/03, ZMR 2004, 691.

raum tätig war, in dem noch kein Verwaltervertrag geschlossen wurde oder auf den sich ein geschlossener Vertrag nicht bezieht.[262] Es widerspricht den Grundsätzen ordnungsgemäßer Verwaltung, wenn der Verwalter sein Honorar der **Instandhaltungsrücklage** entnimmt.[263] Gegen einen titulierten Kostenerstattungsanspruch einzelner Wohnungseigentümer kann der Verwalter nicht mit einem Vergütungsanspruch aus dem Verwaltervertrag **aufrechnen**, weil es nach der Rechtsprechung des BGH zur Teilrechtsfähigkeit der Wohnungseigentümergemeinschaft und § 10 Abs. 6[264] an der **Gegenseitigkeit** der Forderungen fehlt.[265]

b) Sondervergütung (Zusatzvergütung)
Es widerspricht nicht ordnungsgemäßer Verwaltung, wenn die Wohnungseigentümer Sondervergütungen für Verwalterleistungen beschließen, die **über** die Wahrnehmung der **gesetzlichen Aufgaben** des Verwalters **hinausgehen**.[266] Dies wird nunmehr auch durch § 21 Abs. 7 bestätigt, wonach die Wohnungseigentümer die Folgen für einen besonderen Verwaltungsaufwand regeln können.[267] Solche Sondervergütungen müssen sich der Höhe nach in **angemessenem** Rahmen halten und den voraussichtlichen zusätzlichen besonderen Zeit- und Arbeitsaufwand im Einzelfall berücksichtigen, wobei auch eine pauschale Sondervergütung festgelegt werden kann.[268] Daher bestehen rechtliche Bedenken, wenn für die **Veräußerungszustimmung** nicht eine zum tatsächlichen Prüfungsaufwand im angemessenen Verhältnis stehende Pauschale, sondern ein Prozentsatz des Kaufpreises des Wohnungseigentums, zugrunde gelegt wird.[269]

43

Ein Beschluss der Wohnungseigentümer, der einem Verwalter eine Zusatzvergütung für Leistungen gewährt, die dieser nach dem bestehenden Verwaltervertrag auch ohne zusätzliche Vergütung zu erbringen hat, kann gegen die Grundsätze **ordnungsgemäßer Verwaltung** verstoßen.[270] Enthält der Beschluss über die Bestellung des Verwalters Regelungen über die Verwaltervergütung, so ist der Verwaltungsbeirat nicht bevollmächtigt, im Verwaltertrag Sondervergütungen zu vereinbaren.[271]

Zur Sondervergütung für das Erstellen einer Bescheinigung nach § 35a EStG wegen haushaltsnaher Dienstleistungen u.a. siehe § 28 Rn. 36.

---

262 KG Berlin v. 11. 2. 2004 – 24 W 56/02, ZMR 2004, 459.
263 OLG Düsseldorf v. 25. 1. 2005 – 3 Wx 326/04, WuM 2005, 359.
264 Siehe dazu genauer § 10 Rn. 36 ff.
265 OLG Hamm v. 3. 1. 2006 – 15 W 109/05, ZMR 2006, 633.
266 OLG Düsseldorf v. 6. 1. 2003 – 3 Wx 364/02, NZM 2003, 119; BGH v. 6. 5. 1993 – V ZB 9/92, NJW 1993, 1924.
267 Siehe dazu genauer § 21 Rn. 75 ff.
268 OLG Düsseldorf v. 6. 1. 2003 – 3 Wx 364/02, NZM 2003, 119; BGH v. 6. 5. 1993 – V ZB 9/92, NJW 1993, 1924.
269 KG Berlin v. 20. 6. 1997 – 24 W 1783/97, WuM 1997, 522.
270 LG München I v. 8. 3. 2012 – 36 T 26007/11, ZMR 2012, 578; OLG Frankfurt/Main v. 15. 3. 2005 – 20 W 153/03, OLGR Frankfurt 2006, 46.
271 BayObLG v. 12. 2. 2004 – 2Z BR 110/03, NZM 2004, 658.

44 Werden einem Verwalter für die Bearbeitung bzw. Durchführung von Sonderaufgaben Sondervergütungen zugestanden und sind diese in **allgemeinen Geschäftsbedingungen** geregelt, so bedarf es diesbezüglich klarer und nicht übersehbarer Regelungen. Grundsätzlich gilt, dass sich alle Kostenregelungen in Verwalterverträgen an § 307 Abs. 1 Satz 2 BGB, dem **Transparenzgebot**, messen lassen müssen und die Eigentümergemeinschaft nicht unangemessen benachteiligt werden darf.[272]

Die Klausel in einem Verwaltervertrag, dass der Verwalter, neben der Pauschalvergütung, für die **Vergabe von Aufträgen** je Auftragssumme ab 2.500 € 4,5 % der Rechnungsendsumme und je Auftragssumme unter 2.500 € 8 % der Rechnungsendsumme erhält, entspricht nicht ordnungsmäßiger Verwaltung.[273] Eine Sondervergütung ist jedoch bei der Übernahme einer **Bauleitung** möglich, da es sich dabei gerade nicht um eine vom Verwalter bereits nach § 27 Abs. 1 Nr. 2 geschuldete Tätigkeit, sondern um eine typische Architektenleistung handelt, die ohnehin vergütet werden müsste.[274] Auch hier wird jedoch die Vergütung nicht über den Vergütungssätzen liegen dürfen, die sich etwa aus § 8 der II. Berechnungsverordnung ergibt. Dort ist in Abs. 3 ein Höchstbetrag von 3,4 % bei Kosten bis 127.822,97 € vorgesehen, wobei sich der Prozentsatz bei höheren Kosten auf bis zu 1 % verringert (ab 3.579.043,17 €).

Auch für die **gerichtliche Geltendmachung** von Ansprüchen der Wohnungseigentümergemeinschaft kann dem Verwalter eine Sondervergütung zugebilligt werden, die sich an den Gebühren für Rechtsanwälte orientieren kann.[275] Ein durch Eigentümerbeschluss im Jahr 2003 bewilligter **Stundensatz** von 130 € für den Geschäftsführer einer Verwaltungsgesellschaft ist überhöht und widerspricht, auch wenn grundsätzlich Stundensätze zulässig sind, den Grundsätzen ordnungsmäßiger Verwaltung.[276] Nach einer Studie der BSI aus dem Jahr 2010 betrugen die Stundensätze bezogen auf das gesamte Bundesgebiet im Mittelwert zwischen etwa 37 € (für das Sekretariat) bis knapp unter 62 € (für den Inhaber/Geschäftsführer).[277]

Aufgrund der Neuregelung in § 21 Abs. 7 erscheinen nunmehr auch die bereits in der Vergangenheit in der Praxis üblichen Sondervergütungen für besonderen Verwaltungsaufwand dem Grunde nach unbedenklich zu sein:

Nach der vorgenannten Studie der BSI aus dem Jahr 2010 lag die durchschnittliche Sondervergütung für folgende Zusatzleistungen bundesweit bei etwa:

0,4 € für die Fertigung von **Fotokopien** (bis zur 50. Seite, ab der 51. Seite ca. 0,3 €),

---

272 LG Hanau v. 19.11.2009 – 8 T 90/08, ZMR 2010, 398.
273 BayObLG v. 26.9.2003 – 2Z BR 25/03, WuM 2004, 736.
274 OLG Köln v. 19.3.2001 – 16 Wx 35/01, NZM 2001, 470.
275 BGH v. 6.5.1993 – V ZB 9/92, NJW 1993, 1924; OLG Düsseldorf v. 6.1.2003 – 3 Wx 364/02, NZM 2003, 119.
276 BayObLG v. 31.3.2004 – 2Z BR 011/04, NZM 2004, 587.
277 Bundesvereinigung Spitzenverbände der Immobilienwirtschaft, Verwalter-Vergütungen in Deutschland, Studie 2010, S. 9 (zu diesen Werten dürfte die Mehrwertsteuer noch hinzuzurechnen sein).

7,5–9,6 €   für **Mahnungen** bei Wohngeldrückständen,
100–125 €   für **Veräußerungszustimmung** (neben den Notarkosten),
170–270 €   Pauschalgebühr für eine weitere **Eigentümerversammlung,**
3,3–3,7 €   je Wohnung wegen Nichtteilnahme eines Wohnungseigentümers am **Lastschriftverfahren,**
10,8–14,3 € für Ausstellung einer **Bescheinigung nach § 35a EStG.**

Wie bereits bei Rn. 41 hingewiesen, dürften sich zwischenzeitlich die Beträge zumindest in einem gewissen Umfang erhöht haben, wobei sich genaue Zahlen nicht nennen lassen.

Zu den **Fotokopierkosten** sei ergänzend auf Folgendes hingewiesen:

Das OLG München hat in einem Fall beispielsweise 0,30 € je Kopie als angemessen angesehen.[278] Einen Betrag von 0,72 € hat es als bedenklich angesehen, selbst wenn neben den Kosten für Material der erforderliche Arbeitsaufwand zu berücksichtigen ist. Ohne abschließende Entscheidung zur Höhe hat es darauf hingewiesen, dass im Mietrecht Beträge zwischen 0,05 € und 0,50 € gewährt werden, wobei ganz überwiegend ein Betrag von 0,25 € für angemessen erachtet wird.[279] Es dürfte jedoch unter Berücksichtigung des Umstandes, dass nach VV RVG 7000 Rechtsanwälte für die ersten 50 Kopien 0,50 € verlangen dürfen, auch bei Verwaltern eine Regelung zulässig sein, die sich hieran orientiert.

4. Haftung des Verwalters für Pflichtverletzungen

a) Grundsatz

Der Verwalter haftet sowohl dem Verband, als auch den einzelnen Wohnungseigentümern und auch Dritten gegenüber nach den allgemeinen gesetzlichen Vorschriften. So können die Genannten Schadensersatzansprüche aus **unerlaubter Handlung** (insbesondere § 823 BGB, §§ 836, 838 BGB) geltend machen.[280]   45

Der **Verband** ist Vertragspartner beim Abschluss des Verwaltervertrags[281], so dass ihm bei einer schuldhaften (§ 276 BGB) Verletzung von Pflichten aus dem Verwaltervertrag die **vertraglichen Leistungsstörungsansprüche** aus §§ 280ff. BGB gegen den Verwalter zustehen.[282]

Folgende Beispiele aus der Rechtsprechung seien hier genannt:

– Unterrichtet der Verwalter die Eigentümer bei einer anstehenden Instandhaltungsmaßnahme nicht sachgerecht und wahrheitsgemäß, sondern macht ungeprüft Angaben **„ins Blaue hinein",** begründet dies eine Schadensersatzpflicht des Verwalters dem Grunde nach.[283]

---

278 OLG München v. 9. 3. 2007 – 32 Wx 177/06, WuM 2007, 215.
279 OLG München v. 26. 7. 2007 – 32 Wx 73/07, ZMR 2007, 815.
280 BGH v. 23. 3. 1993 – VI ZR 176/92, NJW 1993, 1782.
281 Siehe dazu oben Rn. 36 ff.
282 Wie hier: LG Hamburg v. 17. 4. 2009 – 318 T 12/08, ZMR 2011, 499; *Palandt-Bassenge,* WEG § 27 Rn. 2.
283 OLG München v. 13. 1. 2011 – 32 Wx 32/10, ZWE 2011, 126.

- Gleiches gilt, wenn der Verwalter ohne ermächtigende Beschlussfassung der Eigentümerversammlung und ohne dass die Voraussetzungen einer Notgeschäftsführung gegeben sind, **bauliche Maßnahmen** oder Handwerkerleistungen in Auftrag gibt. Die Gemeinschaft muss sich aber im Wege des **Vorteilsausgleichs** die ihr durch die vom Verwalter veranlassten Maßnahmen entstandenen Vorteile anrechnen lassen.[284]
- Den Eigentümern steht ein Schadensersatzanspruch zu, wenn der Verwalter eigenmächtig mit einem Fernwärmeunternehmen einen **Energielieferungsvertrag** für die Eigentumswohnanlage abschließt und in diesem Zusammenhang eine Umstellung der Heizungsanlage von Öl auf Fernwärme veranlasst. Der durch das eigenmächtige Handeln entstandene Schaden besteht bereits in der Belastung der Gemeinschaft mit den aus dem Vertragsschluss resultierenden Verbindlichkeiten. Dass die Wohnungseigentümergemeinschaft durch die Wärmeversorgung aufgrund dieses Vertrages eigene Aufwendungen erspart hat, ist nur im Rahmen der Vorteilsausgleichung zu berücksichtigen, für deren Voraussetzungen der Wohnungseigentumsverwalter die Darlegungs- und Beweislast trägt.[285]
- Ein Verwalter macht sich auch schadensersatzpflichtig, wenn er für erkennbar **mangelhafte Werkleistungen** Zahlungen erbringt und später Gewährleistungsansprüche gegen den Werkunternehmer nicht durchsetzbar sind. Dies gilt auch, wenn er im Falle von aufgetretenen Mängeln vereinbarte Abschlagszahlung erbringt, anstatt ein Leistungsverweigerungsrecht bis zur endgültigen Mängelbeseitigung geltend zu machen.[286]

Maßstab für das **Verschulden** des Verwalters ist die Sorgfalt, die ein gewissenhafter Verwalter unter den Umständen der konkreten Verhältnisse anzuwenden hätte. Dem Verwalter ist jedenfalls diejenige **Sorgfalt** abzuverlangen, die ein Eigentümer bei der Instandhaltung seiner eigenen Liegenschaft anwenden würde. Dabei können bei einem so genannten **Amateur-Verwalter**, der das Amt gefälligkeitshalber übernommen hat, im Einzelfall geringere Sorgfaltsanforderungen gestellt werden, als dies bei einem **professionellen**, im Regelfall kaufmännisch geschulten Hausverwalter der Fall sein mag.[287] Die Darlegungslast für die Pflichtverletzung und deren Kausalität für einen eingetretenen Schaden tragen grundsätzlich die Wohnungseigentümer.[288]

Der Verwalter haftet dabei auch gemäß § 278 BGB für das schuldhafte Verhalten von Hilfspersonen. Eine Person ist jedoch nur dann **Erfüllungsgehilfe** i.S.d. § 278 BGB, wenn die schadensverursachende Handlung in einem inneren sachlichen Zusammenhang mit den Aufgaben steht, die der Schuldner (hier: Verwalter) dem Erfüllungsgehilfen im Hinblick auf die Vertragserfüllung zugewiesen hat.[289]

---

284 LG Nürnberg-Fürth v. 1.12.2010 – 14 S 828/10, ZMR 2011, 327.
285 KG Berlin v. 7.7.2010 – 24 W 25/09, ZMR 2010, 974.
286 OLG Frankfurt v. 10.2.2009 – 20 W 356/07, ZMR 2009, 620.
287 OLG München v. 15.5.c2006 – 34 Wx 156/05, ZWE 2007, 100.
288 LG Hamburg v. 17.4.2009 – 318 T 12/08, ZMR 2011, 499.
289 OLG München v. 24.7.2006 – 32 Wx 77/06, ZMR 2006, 883.

Zum **Ermessensspielraum (Beurteilungsspielraum)** der Eigentümer bei der Frage, ob der Verband Ansprüche gegen den Verwalter gerichtlich durchsetzen soll, siehe § 21 Rn. 23.

Unabhängig davon, ob der Verwaltervertrag als Vertrag zugunsten Dritter oder als Vertrag mit Schutzwirkung zugunsten Dritter angesehen wird[290], stehen bei Leistungsstörungen auch den **einzelnen Wohnungseigentümern** die Ansprüche aus § 280 Absätze 1 und 2 BGB i.V.m. § 286 BGB und § 311 Absätze 2 und 3 BGB zu,[291] regelmäßig aber nicht der Schadensersatzanspruch statt Leistung (§§ 281 ff. BGB) und das Rücktrittsrecht nach § 323 BGB. Tritt etwa in einer Wohnung ein Wasserschaden auf, dessen Ursache im gemeinschaftlichen Eigentum liegen kann, so hat der Verwalter unverzüglich das Erforderliche zu unternehmen, um die Schadensursache festzustellen. Verletzt er diese Pflicht schuldhaft, so haftet er für den Schaden des betroffenen Wohnungseigentümers auch dann, wenn sich nachträglich herausstellt, dass die Schadensursache ausschließlich im Sondereigentum liegt.[292] Gleiches gilt auch, wenn bei einer unterlassenen Ursachenforschung sich später herausstellt, dass das Gemeinschaftseigentum mangelhaft und für den Schaden ursächlich war.[293] Der Verwalter haftet den Wohnungseigentümern auch auf Schadensersatz, wenn er es schuldhaft unterlässt, die Wohnungseigentümer auf den drohenden Ablauf von Gewährleistungsfristen hinzuweisen und eine Entscheidung der Wohnungseigentümerversammlung über das weitere Vorgehen herbeizuführen.[294]

Die vorgenannten Schadensersatzansprüche unterliegen der regelmäßigen **Verjährung**. Nach §§ 195, 199 BGB verjähren die Ansprüche daher in drei Jahren ab Entstehen des Anspruchs und Kenntnis der Berechtigten.[295]

Zu Schadensersatzansprüchen der Wohnungseigentümer und des Verbandes gegen den Verwalter, wenn dieser zwar bestellt, aber **kein Verwaltervertrag** zustande gekommen ist, siehe § 27 Rn. 3.

Ist jemand **nicht** als **Verwalter** bestellt, nimmt er aber tatsächlich Aufgaben der gemeinschaftlichen Verwaltung wahr, haftet er der Gemeinschaft nach den Grundsätzen des **Auftragsrechts**, ohne sich auf eine Haftungsbeschränkung berufen zu können.[296]

b) Entlastung

Der Verwalter hat grundsätzlich keinen Anspruch auf Entlastung.[297]

46

Ein Eigentümerbeschluss, mit dem einem Verwalter Entlastung erteilt wird, steht jedoch nicht grundsätzlich im Widerspruch zu einer **ordnungsmäßigen**

---

290 Siehe dazu oben Rn. 37 und 38.
291 LG Hamburg v. 9. 4. 2014 – 318 S 70/13, ZWE 2014, 412.
292 OLG München v. 15. 5. 2006 – 34 Wx 156/05, ZMR 2006, 716; BayObLG v. 29. 1. 1998 – 2Z BR 53/97, ZMR 1998, 356.
293 LG München I v. 15. 10. 2012 – 1 S 26801/11, ZWE 2013, 270.
294 BayObLG v. 17. 10. 2002 – 2Z BR 82/02, NZM 2003, 31.
295 Ebenso: Riecke/Schmid-Abramenko, § 26 Rn. 52; Niedenführ/Kümmel/Vandenhouten-Niedenführ, § 27 Rn. 120.
296 OLG Hamm v. 25. 10. 2007 – 15 W 180/07, NJW-RR 2008, 250.
297 BayObLG v. 23. 2. 2001 – 2Z BR 36/01, WuM 2001, 300.

Verwaltung, sondern erst dann, wenn Ansprüche gegen den Verwalter erkennbar in Betracht kommen und nicht aus besonderen Gründen Anlass besteht, auf die hiernach möglichen Ansprüche zu verzichten.[298] Eine Entlastung ist daher zulässig, wenn jegliche **Anhaltspunkte** für eine **Pflichtverletzung** des amtierenden Verwalters und für **Schadensersatzansprüche** gegen diesen fehlen.[299] Eine Entlastung entspricht dagegen etwa dann nicht ordnungsgemäßer Verwaltung, wenn die Jahresabrechnung wegen Zugrundelegung eines unrichtigen Verteilungsschlüssels fehlerhaft ist.[300] Gleiches gilt, wenn die Abrechnung noch nicht vollständig ist, weil die Übersicht über die Kontostände fehlt und daher gegen den Verwalter noch ein Anspruch auf Ergänzung der Abrechnung besteht.[301] Eine Entlastung des Verwalters ist auch dann für ungültig zu erklären, wenn dieser der Jahresabrechnung eine Vermögensübersicht beigefügt und in diese Forderungen gegen Dritte eingestellt hat, die nicht ausschließbar unzutreffend wiedergegeben sind.[302]

Eine Entlastung kann auch konkludent erteilt werden. Die Billigung der **Jahresabrechnung** kann im Einzelfall auch die Entlastung der Verwaltung beinhalten; der Regelfall ist dies aber nicht.[303] Bei der Annahme einer **konkludenten** Entlastung ist aber **Zurückhaltung** geboten. Dies folgt schon daraus, dass eine Entlastung rechtlich eine – im Wohnungseigentumsgesetz nicht vorgesehene – Ausnahme darstellt, auf die der Verwalter keinen Anspruch hat. Zu beachten ist aber auch, dass eine Jahresabrechnung auch dann genehmigt werden muss, wenn der Verwalter im Wirtschaftsjahr **unberechtigte Ausgaben** getätigt hat; diese Mittel sind tatsächlich abgeflossen und sind daher zwingend in die Jahresabrechnung aufzunehmen (siehe dazu § 28 Rn. 55 und Rn. 73). Aus diesem Genehmigungsbeschluss kann daher grundsätzlich nicht abgeleitet werden, dass die Eigentümer auch die unberechtigten Ausgaben genehmigen wollen.[304]

47 Wird dem Verwalter Entlastung erteilt, so liegt darin ein **negatives Schuldanerkenntnis** i.S.v. § 397 Abs. 2 BGB, d.h. ein Verzicht der Wohnungseigentümer auf etwa bestehende Ersatzansprüche gegen den Verwalter.[305] Der Ausschluss umfasst neben Schadensersatzansprüchen auch die **konkurrierenden Ansprüche**, die sich aus den Vorgängen ergeben.[306] Eine Entlastung kann aber Wirkungen nur insoweit entfalten, als auch eine Beschlusskom-

---

298 BGH v. 17.7.2003 – V ZB 11/03, NJW 2003, 3124.
299 BayObLG v. 30.10.2003 – 2Z BR 132/03, FGPrax 2004, 14.
300 BayObLG v. 20.3.2001 – 2Z BR 101/00, NZM 2001, 754.
301 BayObLG v. 28.2.2002 – 2Z BR 171/01, NZM 2002, 455; BayObLG v. 18.7.1989 – BReg 2 Z 66/89, WuM 1989, 530; siehe zur Vermögensübersicht und dem Ergänzungsanspruch auch § 28 Rn. 32 und Rn. 58.
302 BayObLG v. 28.2.2002 – 2Z BR 171/01, NZM 2002, 455.
303 LG München I v. 11.9.2014 – 1 T 15087/14, ZWE 2014, 419; weitergehend noch: OLG Düsseldorf v. 9.11.2001 – 3 Wx 13/01, NZM 2002, 264.
304 LG München I v. 11.9.2014 – 1 T 15087/14, ZWE 2014, 419.
305 BGH v. 6.3.1997 – III ZR 248/95, NJW 1997, 2106.
306 BayObLG v. 23.2.2001 – 2Z BR 36/01, WuM 2001, 300.

petenz besteht. Daher werden **Individualansprüche** einzelner Eigentümer von der Entlastung nicht erfasst.[307]

Die Entlastung erfasst nur solche Vorgänge, die bei der Beschlussfassung bekannt oder bei zumutbarer Sorgfalt erkennbar waren; abzustellen ist dabei auf den Kenntnisstand aller Wohnungseigentümer.[308] Die **Kenntnis** oder das Kennenmüssen eines **Verwaltungsbeirats** (etwa aufgrund der durchgeführten Belegprüfung[309]) werden jedoch den Wohnungseigentümern **zugerechnet**.[310]

Wird dem Verwalter in Zusammenhang mit der Erläuterung und Genehmigung der Jahresabrechnung die Entlastung erteilt, so beschränkt sich die Entlastung auf das Verwalterhandeln, das in der Jahresabrechnung seinen **Niederschlag** gefunden hat.[311]

Wie bei § 28 Rn. 77 dargelegt, beinhaltet eine Verwalterentlastung regelmäßig **konkludent** auch die Genehmigung der **Jahresabrechnung**.

c) Vertragliche Haftungsbeschränkungen

Die Haftung des Verwalters kann nach den allgemeinen gesetzlichen Vorschriften grundsätzlich auf eigenes vorsätzliches Handeln gemäß §§ 276 Abs. 3, 278 BGB beschränkt werden. Bei einem **formularmäßigen** Verwaltervertrag ist § 309 Nr. 7 BGB zu beachten, so dass letztlich die Haftung nur für einfache Fahrlässigkeit und auch nur dann ausgeschlossen werden kann, wenn keine Schäden aus der Verletzung von Leben, Körper oder Gesundheit betroffen sind. 48

Eine Haftungsbeschränkung ist aber nur dann zulässig, wenn sie **ordnungsgemäßer Verwaltung**[312] entspricht. Die Ordnungsmäßigkeit einer Verwaltungsmaßnahme ist am Gemeinschaftsinteresse, also an der Nützlichkeit der Maßnahme für die Gemeinschaft, zu messen. Es widerspricht deshalb regelmäßig den Grundsätzen ordnungsmäßiger Verwaltung, wenn die Wohnungseigentümer ohne **adäquate Gegenleistung** die Ergänzung eines laufenden Verwaltervertrags um eine Haftungsbeschränkungsklausel zugunsten des Verwalters beschließen.[313]

Eine unzulässige Haftungsbegrenzung kann auch durch Verkürzung des Beginns und der Dauer der **Verjährung** erfolgen.[314] Zwar kann die Verjährung von Schadensersatzansprüchen gegen den Verwalter einer Wohnungs- 49

---

307 LG München I v. 16. 9. 2015 – 1 S 17541/14 (nicht veröffentlicht); OLG Hamm v. 17. 12. 1996 – 15 W 212/96, NJW-RR 1997, 908.
308 BayObLG v. 17. 10. 2002 – 2Z BR 82/02, NZM 2003, 31; BayObLG v. 23. 2. 2001 – 2Z BR 36/01, WuM 2001, 300.
309 Siehe dazu § 29 Rn. 16.
310 OLG Köln v. 27. 6. 2001 – 16 Wx 87/01, NZM 2001, 862; OLG Düsseldorf v. 30. 10. 2000 – 3 Wx 92/00, WuM 2001, 149.
311 BayObLG v. 17. 10. 2002 – 2Z BR 82/02, NZM 2003, 31; LG München I v. 11. 9. 2014 – 1 T 15087/14, ZWE 2014, 419.
312 Siehe dazu allgemein § 21 Rn. 23 ff.
313 BayObLG v. 23. 12. 2002 – 2Z BR 89/02, NZM 2003, 204; OLG Hamm v. 19. 10. 2000 – 15 W 133/00, ZMR 2001, 138.
314 OLG Düsseldorf v. 30. 5. 2006 – 3 Wx 51/06, ZMR 2006, 870.

eigentumsanlage grundsätzlich auch durch Allgemeine Geschäftsbedingungen verkürzt werden. Eine Klausel in Allgemeinen Geschäftsbedingungen, in der solche Ansprüche auch bei vorsätzlichem Handeln des Verwalters unabhängig von der Kenntnis der Geschädigten nach drei Jahren verjähren, benachteiligt den Vertragspartner des Verwalters jedoch unangemessen und ist deshalb unwirksam.[315] Allgemein wird auch eine Verkürzung der regelmäßigen dreijährigen Verjährungsfrist nach §§ 195, 199 BGB etwa auf zwei Jahre nur dann ordnungsgemäßer Verwaltung entsprechen, wenn die Gemeinschaft für die Verjährungsverkürzung eine adäquate Gegenleistung erhält.[316]

5. Beendigung

a) Ordentliche Kündigung

50 Da nach der **Trennungstheorie**[317] rechtlich zwischen der Aberkennung der Verwaltereigenschaft (Abberufung) und der Beendigung des schuldrechtlichen Verwaltervertrages **(Kündigung)** zu unterscheiden ist[318], bedarf es zur Beendigung des Verwaltervertrags grundsätzlich einer Kündigung[319], wobei es für die Wirksamkeit der Kündigung ohne Belang ist, ob auch die Abberufung des Verwalters wirksam beschlossen wurde.[320] Die Kündigung ist eine einseitige **empfangsbedürftige Willenserklärung**. Ist der Verwalter in der Versammlung **anwesend**, in welcher die Kündigung beschlossen wird, geht die Kündigung dem Verwalter sofort zu. Wird die Kündigung dagegen gesondert durch den bevollmächtigten Verwaltungsbeirat ausgesprochen, wird sie nach § 130 Abs. 1 BGB erst wirksam, wenn sie dem Verwalter tatsächlich zugeht.

Nur ausnahmsweise wird eine Auslegung ergeben, dass der Verwaltervertrag so eng mit der Verwalterbestellung gekoppelt sein soll, dass die Beendigung der Bestellung auch den Verwaltervertrag beendet.[321]

Ist der Verwalter auf **bestimmte Zeit** bestellt, wird daraus herzuleiten sein, dass eine vorzeitige Beendigung des Amts gleichfalls voraussetzt, dass ein **wichtiger Grund** vorliegt.[322] Ist in einem befristeten Vertrag mit dem Verwalter die Möglichkeit der ordentlichen Kündigung vorgesehen, wenn eine Bestellung des Verwalters durch die Eigentümergemeinschaft nicht erfolgt, so erfasst diese Klausel nicht den Fall, dass ein Bestellungsbeschluss nicht gefasst werden kann, weil die Eigentümergemeinschaft nicht in Vollzug gesetzt wird.[323]

---

315 OLG München v. 8. 11. 2006 – 34 Wx 45/06, NJW 2007, 227.
316 BayObLG v. 23. 12. 2002 – 2Z BR 89/02, NZM 2003, 204.
317 OLG München v. 21. 6. 2006 – 34 Wx 28/06, NZM 2006, 631; OLG Düsseldorf v. 30. 5. 2006 – 3 Wx 51/06, ZMR 2006, 870.
318 BayObLG v. 9. 3. 2004 – 2Z BR 17/04, NZM 2004, 390.
319 BGH v. 20. 6. 2002 – V ZB 39/01, NJW 2002, 3240.
320 OLG Düsseldorf v. 28. 8. 2007 – 3 Wx 163/07, ZWE 2007, 458.
321 BayObLG v. 14. 12. 1995 – 2Z BR 94/95, WuM 1996, 650.
322 BayObLG v. 29. 1. 2004 – 2Z BR 181/03, FGPrax 2004, 66.
323 OLG Düsseldorf v. 17. 1. 2006 – 3 Wx 167/05, ZWE 2006, 142.

Zu **prozessualen** Fragen bei Anfechtung des Beschlusses über die Abberufung und/oder Kündigung des Verwaltervertrages siehe oben **Rn. 29.**

b) *Kündigung aus wichtigem Grund*
Vereinbaren die Wohnungseigentümer und der Verwalter, dass seine **Abberufung** oder die Amtsniederlegung nur bei Vorliegen eines **wichtigen Grunds** zulässig sein soll und dass der Verwaltervertrag mit der vorzeitigen Abberufung oder Niederlegung endet, so ist mit der Bestandskraft eines Abberufungsbeschlusses zugleich der **Verwaltervertrag** beendet.[324]

51

Ansonsten ist die Beendigung eines für eine bestimmte Zeit geschlossenen Verwaltervertrags nur durch eine Kündigung aus wichtigem Grund (§ 675 BGB, § 626 BGB) möglich. Liegt ein **wichtiger Grund** für die Abberufung des Verwalters vor, dann berechtigt dieser grundsätzlich auch zur außerordentlichen Kündigung des Verwaltervertrags.[325] Für die Beurteilung, ob ein wichtiger Grund vorliegt, gelten die für die sofortige Abberufung des Verwalters entwickelten Grundsätze.[326] Für die Kündigung des Verwaltervertrages gilt nicht die kurze Frist des § 626 BGB, vielmehr muss die Kündigung nur binnen einer **angemessenen Frist** erfolgen.[327] Zum Zugang der Kündigungserklärung siehe oben Rn. 50.

Dass der Verwalter seine **Abberufung** als Organ der Wohnungseigentümergemeinschaft nicht anficht, hindert ihn nicht, die fristlose **Kündigung** seines Anstellungsverhältnisses mit der Behauptung anzufechten, es fehle insoweit am wichtigen Grund. Gründe, für die dem Verwalter bereits **Entlastung** erteilt wurde, rechtfertigen keine fristlose Kündigung des Verwaltervertrags.[328]

Zu prozessualen Fragen bei Anfechtung des Beschlusses über die Abberufung und/oder Kündigung des Verwaltervertrages siehe oben Rn. 29.

In der Erklärung des Verwalters, er lege die Ausübung des Verwalteramts aus wichtigen Gründen fristlos nieder (**Amtsniederlegung** – siehe dazu auch Rn. 19), liegt in der Regel auch die außerordentliche **Kündigung** des Verwaltervertrags. Will der Verwalter Rechte aus dem Verwaltervertrag, insbesondere den Vergütungsanspruch, wahren, bedarf es dazu grundsätzlich eines ausdrücklichen Vorbehalts.[329]

---

324 BayObLG v. 4.2.1993 – 2Z BR 119/92, WuM 1993, 306.
325 BayObLG v. 29.1.2004 – 2Z BR 181/03, FGPrax 2004, 66.
326 OLG Celle v. 25.6.2003 – 4 W 64/03, OLGR Celle 2003, 419; siehe dazu näher oben Rn. 22 ff.
327 OLG Hamburg v. 15.8.2005 – 2 Wx 22/99, ZMR 2005, 974; siehe dazu auch oben Rn. 25.
328 OLG Köln v. 9.8.2000 – 16 Wx 67/00, NJW-RR 2001, 159.
329 BayObLG v. 29.9.1999 – 2Z BR 29/99, ZMR 2000, 45; OLG Frankfurt/Main v. 18.8.2003 – 20 W 302/2001, ZfIR 2004, 444 (wo im Einzelfall die Niederlegung des Amtes verneint wurde).

6. Nachvertragliche Pflichten

a) Rechnungslegung

52 Gegenüber einem Verwalter, dessen Amtszeit beendet ist, besteht gemäß § 28 Abs. 4 i. V. m. §§ 666, 675 BGB ein Anspruch auf Rechnungslegung.[330] Die Pflicht zur Rechnungslegung entsteht hier mit dem **Ausscheiden** aus dem Verwalteramt.[331] Anders als bei einem noch im Amt befindlichen Verwalter erlischt bei einem ausgeschiedenen Verwalter der Anspruch auf Rechnungslegung nicht dadurch, dass für den maßgeblichen Zeitraum eine **Jahresabrechnung** bestandskräftig beschlossen wurde. In einem solchen Fall dient die Rechnungslegung auch dazu, die Ordnungsmäßigkeit des Verwaltungshandelns bis zur Beendigung zu **überprüfen** und **Herausgabeansprüche** nach §§ 667, 675 BGB geltend machen zu können.[332] Allerdings muss dem ausgeschiedenen Verwalter vor der Geltendmachung des Herausgabeanspruchs ausreichend **Gelegenheit** gegeben werden, eine ordnungsgemäße Rechnungslegung zu erstellen und den Eigentümern zur Beschlussfassung vorzulegen.[333] Hierfür muss der Verwalter ggf. die dem Verband oder seinem Nachfolger zu übergebenden **Unterlagen** – auch wenn dies zeitaufwendig ist – sichten.[334] Darüber hinaus soll durch die Rechnungslegung der **neue Verwalter** in die Lage versetzt werden, die Verwaltung, gegebenenfalls auch während eines Wirtschaftsjahres, nahtlos fortzusetzen.[335]

Einem zur Rechnungslegung verpflichteten ausgeschiedenen Verwalter steht gegen den Anspruch auf Rechnungslegung kein **Zurückbehaltungsrecht** zu.[336]

Der Anspruch gegen den ausgeschiedenen Verwalter auf Rechnungslegung und Erstellen einer Forderungsübersicht kann im Verfahren nach **§ 43 Abs. 1 Nr. 3** durchgesetzt werden. Dies schließt aber nicht aus, dass die Wohnungseigentümergemeinschaft nach erfolgloser Setzung einer angemessenen Frist (§ 281 Abs. 1 BGB) statt der Leistung **Schadensersatz** nach § 280 Abs. 1 BGB verlangen kann.[337]

Zur Rechnungslegung allgemein wird auf die Kommentierungen zu § 28 Rn. 91 verwiesen.

b) Herausgabeansprüche

53 Nach §§ 675, 667 BGB besteht grundsätzlich die Pflicht des Verwalters, nach der Abberufung alles, was er zur Ausführung seiner Tätigkeit erlangt hat,

---

330 BayObLG v. 26. 2. 2004 – 2Z BR 255/03, NZM 2004, 621; BayObLG v. 3. 2. 2000 – 2Z BR 123/99, ZMR 2000, 325; BGH v. 6. 3. 1997 – III ZR 248/95, WuM 1997, 294.
331 OLG Düsseldorf v. 1. 6. 2004 – 3 Wx 100/04, NZM 2004, 832.
332 BayObLG v. 26. 2. 2004 – 2Z BR 255/03, NZM 2004, 621; BayObLG v. 13. 9. 1993 – 2Z BR 66/93, WuM 1994, 44.
333 BGH v. 6. 3. 1997 – III ZR 248/95, WuM 1997, 294.
334 OLG Frankfurt v. 25. 3. 2013 – 20 W 121/12, ZWE 2013, 410.
335 OLG München v. 20. 7. 2007 – 32 Wx 93/07, WuM 2007, 539.
336 OLG Hamm v. 22. 2. 2007 – 15 W 181/06, ZMR 2007, 982.
337 OLG München v. 20. 7. 2007 – 32 Wx 93/07, WuM 2007, 539.

herauszugeben.[338] Zur Vorbereitung eines Herausgabeanspruchs der Gemeinschaft hat der Verwalter **Auskunft** darüber zu erteilen, welche herauszugebenden Unterlagen sich in seinem Besitz befinden.[339] Die **Gemeinschaft** muss im Streitfall zunächst **beweisen**, dass der **Herausgabeanspruch besteht**, dass also die verlangten Unterlagen existieren und im Besitz des ausgeschiedenen Verwalters sind. Wenn der Gemeinschaft dieser Beweis gelungen ist, muss der ausgeschiedene Verwalter beweisen, dass er die Herausgabepflicht erfüllt hat.[340]

Gegen den Herausgabeanspruch steht dem ausgeschiedenen Verwalter kein **Zurückbehaltungsrecht** zu.[341]

Der Herausgabeanspruch umfasst sämtliche **Verwaltungsunterlagen**, also beispielsweise die Unterlagen sämtlicher die Gemeinschaft betreffenden Konten, sämtliche für die Gemeinschaft geschlossenen Verträge, sowie sämtlicher Versammlungsprotokolle, Abrechnungen, Wirtschaftspläne und Prozessunterlagen.[342] Der ehemalige Verwalter muss auch Bauunterlagen an die Wohnungseigentümergemeinschaft herausgeben, wenn er sie von dieser oder von dem Vorverwalter erhalten hat. Ein früherer Bauträger-Verwalter hat ggf. auch die Unterlagen herauszugeben, die er in seiner Eigenschaft als Bauträger und früherer Eigentümer erhalten hat.[343] Zu den herauszugebenden Verwaltungsunterlagen gehören dabei grundsätzlich auch **EDV-Daten**. So muss der Verwalter auch in EDV-Form angelegte Dateien unentgeltlich herausgeben, wobei nach Ansicht des LG Itzehoe zumindest bei großen Eigentümergemeinschaften die Herausgabe von Printausdrucken nicht genügt, da eine Verwaltung ohne entsprechendes Datenmaterial nicht möglich sei.[344] Dem ist zu folgen, da der BGH im insoweit vergleichbaren Falle eines Steuerberaters entschieden hat, dass auch die vom Beauftragten über die Geschäftsbesorgung selbst angelegten Akten, sonstigen Unterlagen und Dateien – mit Ausnahme von privaten Aufzeichnungen – herauszugeben sind, soweit die Daten nicht das vertraglich geschuldete **Arbeitsergebnis** enthalten sondern es sich nur um Daten handelt, welche vorbereitende **Arbeitsleistungen** betreffen.[345]

Hat der Verwalter zur Abwicklung des Zahlungsverkehrs der Gemeinschaft ein **Konto** auf seinen Namen angelegt, so ist er nach Beendigung seiner Tätigkeit verpflichtet, den Gegenwert des auf dem Konto ausgewiesenen Guthabens an die Wohnungseigentümer herauszugeben (auszuzahlen). Zur Abtretung der Guthabens-Forderung ist er nicht verpflichtet. Bleibt die Ver-

---

338 OLG Frankfurt/Main v. 24.4.2006 – 20 W 517/05, ZWE 2006, 409; OLG Celle v. 14.6.2005 – 4 W 114/05, NZM 2005, 748.
339 BayObLG v. 11.9.2003 – 2Z BR 146/03, BayObLGR 2004, 48.
340 LG München I v. 30.9.2013 – 1 S 15740/12 (nicht veröffentlicht).
341 OLG Hamm v. 22.2.2007 – 15 W 181/06, ZMR 2007, 982.
342 OLG Frankfurt/Main v. 24.9.2007 – 20 W 359/07, BTR 2008, 89 (ergangen zum Streitwert, der sich nach dem Aufwand an Zeit und Kosten, die die Erfüllung des Herausgabeanspruchs erfordert, bemisst).
343 OLG Frankfurt/Main v. 24.4.2006 – 20 W 517/05, ZWE 2006, 409.
344 LG Itzehoe v. 22.7.2014 – 11 S 62/13, ZWE 2015, 414.
345 BGH v. 11.3.2004 – IX ZR 178/03, NJW-RR 2004, 1290 (für Herausgabepflicht eines Steuerberaters).

wendung der abgehobenen Gelder ungeklärt, ist der Verwalter auch insoweit zur Herausgabe verpflichtet.[346]

Ein vertraglicher Anspruch der Gemeinschaft der Wohnungseigentümer aus §§ 675, 667 BGB auf Herausgabe der dem Verwalter zugeflossenen und von diesem nicht bestimmungsgemäß verbrauchten **Wohngelder** kommt auch dann in Betracht, wenn die Verwaltertätigkeit deshalb beendet wird, weil der Beschluss der Wohnungseigentümer über die Verwalterwahl rechtskräftig für ungültig erklärt wird.[347]

Die Geltendmachung eines Anspruchs gegen den Verwalter auf Herausgabe der Verwaltungsunterlagen gehört zur Verwaltung des gemeinschaftlichen Eigentums der Wohnungseigentümer. Die **Gemeinschaft** der Wohnungseigentümer ist damit insoweit Partei des Gerichtsverfahrens.[348]

Bei einer Geltendmachung der Herausgabeansprüche im Wege des **Einstweiligen Rechtsschutzes** nach § 935 ff. ZPO gelten die allgemeinen Grundsätze, sodass neben einem Verfügungsanspruch auch ein Verfügungsgrund vorliegen muss. Eine besondere Eilbedürftigkeit kann sich etwa daraus ergeben, dass die Unterlagen zur sachgerechten Verwaltung oder zur Erstellung einer Jahresabrechnung oder eines Wirtschaftsplans erforderlich sind. Eine Vorwegnahme der Hauptsache ist aber nur dann zulässig, wenn (ausnahmsweise) die Voraussetzungen einer **Leistungsverfügung** vorliegen.[349] Einen solchen Fall hat das LG Itzehoe für Dateien bejaht, die von der neuen Verwaltung zur Erstellung der Jahresabrechnung benötigt wurden.[350]

Der Anspruch besteht auch dann, wenn dem Verwalter Entlastung erteilt worden ist.[351]

---

346 BayObLG v. 26. 8. 1999 – 2Z BR 53/99, NZM 1999, 1148.
347 BGH v. 6. 3. 1997 – III ZR 248/95, WuM 1997, 294.
348 OLG München v. 21. 2. 2006 – 32 Wx 14/06, NZM 2006, 349 („beteiligtenfähig").
349 *Zöller-Vollkommer*, ZPO, 31. Aufl., § 935 Rn. 2 und § 940 Rn.6.
350 LG Itzehoe v. 22. 7. 2014 – 11 S 62/13, ZWE 2015, 414.
351 BayObLG v. 11. 9. 2003 – 2Z BR 146/03, BayObLGR 2004, 48.

§ 27
Aufgaben und Befugnisse des Verwalters

(1) Der Verwalter ist gegenüber den Wohnungseigentümern und gegenüber der Gemeinschaft der Wohnungseigentümer berechtigt und verpflichtet,

1. Beschlüsse der Wohnungseigentümer durchzuführen und für die Durchführung der Hausordnung zu sorgen;

2. die für die ordnungsmäßige Instandhaltung und Instandsetzung des gemeinschaftlichen Eigentums erforderlichen Maßnahmen zu treffen;

3. in dringenden Fällen sonstige zur Erhaltung des gemeinschaftlichen Eigentums erforderliche Maßnahmen zu treffen;

4. Lasten- und Kostenbeiträge, Tilgungsbeträge und Hypothekenzinsen anzufordern, in Empfang zu nehmen und abzuführen, soweit es sich um gemeinschaftliche Angelegenheiten der Wohnungseigentümer handelt;

5. alle Zahlungen und Leistungen zu bewirken und entgegenzunehmen, die mit der laufenden Verwaltung des gemeinschaftlichen Eigentums zusammenhängen;

6. eingenommene Gelder zu verwalten;

7. die Wohnungseigentümer unverzüglich darüber zu unterrichten, dass ein Rechtsstreit gemäß § 43 anhängig ist;

8. die Erklärungen abzugeben, die zur Vornahme der in § 21 Abs. 5 Nr. 6 bezeichneten Maßnahmen erforderlich sind.

(2) Der Verwalter ist berechtigt, im Namen aller Wohnungseigentümer und mit Wirkung für und gegen sie

1. Willenserklärungen und Zustellungen entgegenzunehmen, soweit sie an alle Wohnungseigentümer in dieser Eigenschaft gerichtet sind;

2. Maßnahmen zu treffen, die zur Wahrung einer Frist oder zur Abwendung eines sonstigen Rechtsnachteils erforderlich sind, insbesondere einen gegen die Wohnungseigentümer gerichteten Rechtsstreit gemäß § 43 Nr. 1, Nr. 4 oder Nr. 5 im Erkenntnis- und Vollstreckungsverfahren zu führen;

3. Ansprüche gerichtlich und außergerichtlich geltend zu machen, sofern er hierzu durch Vereinbarung oder Beschluss mit Stimmenmehrheit der Wohnungseigentümer ermächtigt ist;

4. mit einem Rechtsanwalt wegen eines Rechtsstreits gemäß § 43 Nr. 1, Nr. 4 oder Nr. 5 zu vereinbaren, dass sich die Gebühren nach einem höheren als dem gesetzlichen Streitwert, höchstens nach einem gemäß § 49a Abs. 1 Satz 1 des Gerichtskostengesetzes bestimmten Streitwert bemessen.

(3) Der Verwalter ist berechtigt, im Namen der Gemeinschaft der Wohnungseigentümer und mit Wirkung für und gegen sie

1. Willenserklärungen und Zustellungen entgegenzunehmen;

2. Maßnahmen zu treffen, die zur Wahrung einer Frist oder zur Abwendung eines sonstigen Rechtsnachteils erforderlich sind, insbesondere einen gegen die Gemeinschaft gerichteten Rechtsstreit gemäß § 43 Nr. 2 oder Nr. 5 im Erkenntnis- und Vollstreckungsverfahren zu führen;

3. die laufenden Maßnahmen der erforderlichen ordnungsmäßigen Instandhaltung und Instandsetzung gemäß Absatz 1 Nr. 2 zu treffen;

4. die Maßnahmen gemäß Absatz 1 Nr. 3 bis 5 und 8 zu treffen;

5. im Rahmen der Verwaltung der eingenommenen Gelder gemäß Absatz 1 Nr. 6 Konten zu führen;

6. mit einem Rechtsanwalt wegen eines Rechtsstreits gemäß § 43 Nr. 2 oder Nr. 5 eine Vergütung gemäß Absatz 2 Nr. 4 zu vereinbaren;

7. sonstige Rechtsgeschäfte und Rechtshandlungen vorzunehmen, soweit er hierzu durch Vereinbarung oder Beschluss der Wohnungseigentümer mit Stimmenmehrheit ermächtigt ist.

Fehlt ein Verwalter oder ist er zur Vertretung nicht berechtigt, so vertreten alle Wohnungseigentümer die Gemeinschaft. Die Wohnungseigentümer können durch Beschluss mit Stimmenmehrheit einen oder mehrere Wohnungseigentümer zur Vertretung ermächtigen.

(4) Die dem Verwalter nach den Absätzen 1 bis 3 zustehenden Aufgaben und Befugnisse können durch Vereinbarung der Wohnungseigentümer nicht eingeschränkt oder ausgeschlossen werden.

(5) Der Verwalter ist verpflichtet, eingenommene Gelder von seinem Vermögen gesondert zu halten. Die Verfügung über solche Gelder kann durch Vereinbarung oder Beschluss der Wohnungseigentümer mit Stimmenmehrheit von der Zustimmung eines Wohnungseigentümers oder eines Dritten abhängig gemacht werden.

(6) Der Verwalter kann von den Wohnungseigentümern die Ausstellung einer Vollmachts- und Ermächtigungsurkunde verlangen, aus der der Umfang seiner Vertretungsmacht ersichtlich ist.

Inhalt:

	Rn.		Rn.
I. Allgemeines	1	aa) Durchführung der Beschlüsse	4
II. **Absatz 1:** Rechte und Pflichten im Innenverhältnis	2	bb) Durchführung der Hausordnung	6
1. Stellung des Verwalters gegenüber Wohnungseigentümer und Gemeinschaft	2	b) Nr. 2: Instandhaltung und Instandsetzung	7
2. Berechtigung und Verpflichtung	3	c) Nr. 3: Notmaßnahmen	9
a) Nr. 1: Durchführung von Beschlüssen und Hausordnung	4	d) Nr. 4: Lasten- und Kostenbeiträge, Tilgungsbeiträge, Hypothekenzinsen	10
		e) Nr. 5: Zahlungen und Leistungen bei Verwal-	

	tung gemeinschaftlichen Eigentums............	11	e)	Nr. 2: Maßnahmen zur Abwendung von Nachteilen...............	34
f)	Nr. 6: Verwaltung der Gelder................	12	f)	Nr. 3: Laufende Instandhaltung und Instandsetzung..............	35
g)	Nr. 7: Unterrichtung über Streitigkeiten......	15			
h)	Nr. 8: Erklärungen zu Maßnahmen nach § 21 Abs. 5Nr. 6 (Fernsprecheinrichtung, Rundfunk, Energieversorgung).....	17	g)	Nr. 4: Maßnahmen nach Absatz 1 Nr. 3 bis 5 und 8................	36
			h)	Nr. 5: Kontoführung....	37
			i)	Nr. 6: Vereinbarung einer Rechtsanwaltsvergütung............	39
III.	**Absatz 2:** Vertretung der Wohnungseigentümer......	18			
1.	Verwalter............	18	j)	Nr. 7: Sonstige Rechtsgeschäfte und Rechtshandlungen...........	40
2.	Berechtigung..........	19			
3.	Im Namen aller Wohnungseigentümer und mit Wirkung für und gegen sie............	20			
			aa)	Vornahme sonstiger Rechtsgeschäfte und Rechtshandlungen.....	40
4.	Nr. 1: Entgegennahme von Willenserklärungen und Zustellungen.......	21	bb)	Ermächtigung durch Vereinbarung.........	41
			cc)	Ermächtigung durch Beschluss............	42
5.	Nr. 2: Maßnahmen zur Abwendung von Nachteilen................	22	dd)	Ermächtigung im Verwaltervertrag..........	43
6.	Nr. 3: Geltendmachen von Ansprüchen........	26	3.	Satz 2: Vertretung bei Fehlen oder Verhinderung eines Verwalters..	44
7.	Nr. 4: Streitwertvereinbarungen.............	28			
IV.	**Absatz 3:** Vertretung der Gemeinschaft............	29	4.	Satz 3: Vertretung aufgrund Mehrheitsbeschluss.............	45
1.	Allgemeines...........	29	V.	**Absatz 4:** Unabdingbarkeit .	46
2.	Satz 1: Vertretungsmacht des Verwalters.........	30	VI.	**Absatz 5:** Vermögenstrennung, Beschränkung der Verfügung über Gelder....	47
a)	Verwalter.............	30			
b)	Berechtigung..........	31	1.	Satz 1: Vermögenstrennung................	47
c)	Im Namen der Gemeinschaft und mit Wirkung für und gegen sie.......	32			
			2.	Satz 2: Beschränkung der Verfügung über Gelder...............	48
d)	Nr. 1: Entgegennahme von Willenserklärungen und Zustellungen.......	33	VII.	**Absatz 6:** Vollmachtsurkunde.................	49

I. Allgemeines

§ 27, der die Aufgaben und Befugnisse des Verwalters regelt, wurde im Hinblick auf die Teilrechtsfähigkeit der Wohnungseigentümergemeinschaft durch die WEG-Novelle[1] neu gefasst und klarer strukturiert. So regelt Abs. 1 nunmehr die Rechte und Pflichten des Verwalters im **Innenverhältnis**. Die Abs. 2 und 3 behandeln dagegen das Außenverhältnis, wobei in Abs. 2 die

1

---

1 Gesetz zur Änderung des Wohnungseigentumsgesetzes und anderer Gesetze v. 26. 3. 2007, BGBl. I 2007, S. 370.

Vertretungsmacht für die **Bruchteilsgemeinschaft** der Wohnungseigentümer und in Abs. 3 die Vertretungsmacht für den **Verband** (teilrechtsfähige Gemeinschaft der Wohnungseigentümer) geregelt wird.[2] Während in Abs. 3 Satz 2 für den Verband eine Vertretungsregelung für den Fall getroffen wird, dass kein Verwalter bestellt wird[3], fehlen bei Abs. 2 Ausführungen hierzu. In diesem Falle müssen für die Bruchteilsgemeinschaft im Außenverhältnis grundsätzlich alle Eigentümer handeln. Insoweit ist auf § 20 abzustellen, so dass zwar grundsätzlich alle Wohnungseigentümer handeln müssen, diese aber durch Beschluss einen Eigentümer zur Vertretung bevollmächtigen können.[4]

Die Abs. 5 und 6 sind **abdingbar**. Nach Abs. 4 können dagegen die Abs. 1 bis 3 nicht dahingehend abbedungen werden, dass eine Einschränkung oder gar ein Ausschluss der Verwalterbefugnisse erfolgt.[5]

Die Aufgaben und Befugnisse des Verwalters sind in § 27 **nicht abschließend** beschrieben. So finden sich etwa in den §§ 24 (Einberufung der Eigentümerversammlung[6], Führung der Beschluss-Sammlung[7]) und 28 (Aufstellung von Wirtschaftsplan[8] und Jahresabrechnung[9], Gewährung von Einsicht in Verwaltungsunterlagen[10]) gesetzliche Verpflichtungen für den Verwalter. Darüber hinaus können auch weitere Aufgaben oder Befugnisse mit dem Verwalter vereinbart werden, was üblicherweise in der Teilungserklärung/ **Gemeinschaftsordnung** und im **Verwaltervertrag** geschieht.[11] So ist der Verwalter aufgrund des Verwaltervertrags auch gegenüber dem einzelnen Wohnungseigentümer zu der Vorlage einer aktuellen **Eigentümerliste** verpflichtet, da der Verwaltung die aktuellen Daten regelmäßig bekannt sind und ein Anfechtungskläger in der Regel auf diese Auskunft angewiesen ist. Bei einer Beschlussmängelklage muss das **Gericht** auf Anregung des Klägers gem. § 142 ZPO analog der Verwaltung aufgeben, eine aktuelle Liste der Wohnungseigentümer vorzulegen, und die Anordnung nach Fristablauf gegebenenfalls mit Ordnungsmitteln durchsetzen.[12]

Die Eigentümer können auch durch **Beschluss** den Verwalter zu bestimmten Handlungen bevollmächtigen und ihm so zusätzliche Kompetenzen übertragen.[13] Eine von einem Bauträger in Allgemeinen Geschäftsbedingungen

---

2 BT-Drucks. 16/887, S. 69, 70 und BT-Drucks. 16/3843, S. 52.
3 Siehe dazu unten Rn. 44.
4 Siehe dazu auch § 20 Rn. 5.
5 Siehe dazu unten Rn. 46.
6 Siehe dazu § 24 Rn. 8.
7 Siehe dazu § 24 Rn. 73.
8 Siehe dazu § 28 Rn. 3.
9 Siehe dazu § 28 Rn. 29.
10 BGH v. 15.7.2011 – V ZR 21/11, ZWE 2011, 361; siehe dazu auch Rn. 42 und § 28 Rn. 79 ff.
11 Allgemeine Meinung: *Riecke/Schmid-Abramenko*, § 27 Rn. 4; *Jennißen-Jennißen*, § 27 Rn. 60 ff.; *Hügel/Elzer*, § 27 Rn. 1, 159.
12 BGH v. 14.12.2012 – V ZR 162/11, NJW 2013, 1003.
13 BGH v. 2.6.2005 – V ZB 32/05, NJW 2005, 2061; OLG München v. 13.7.2005 – 34 Wx 061/05, NZM 2005, 673; OLG München v. 17.11.2005 – 32 Wx 77/05, NZM 2006, 106.

von **Erwerbsverträgen** verwendete Klausel, die die **Abnahme** des **Gemeinschaftseigentums** durch einen vom Bauträger bestimmbaren Erstverwalter ermöglicht, ist § 307 Abs. 1 Satz 1 BGB unwirksam.[14] Soweit der Verwalter **Rechtsangelegenheiten** erledigt, die in unmittelbarem Zusammenhang mit der Verwaltung stehen, liegt darin nach § 5 Abs. 1 i.V.m. Abs. 2 Nr. 2 Rechtsdienstleistungsgesetz eine erlaubte Tätigkeit.[15] So ist es beispielsweise zulässig, dass der Verwalter im Auftrag des vermietenden Wohnungseigentümers einem Mieter die Nebenkostenabrechnung erläutert, wenn diese auf der Jahresabrechnung des Verwalters basiert.[16] Zur Prozessführung des Verwalters siehe unten Rn. 26.

II. Absatz 1: Rechte und Pflichten im Innenverhältnis

1. Stellung des Verwalters gegenüber Wohnungseigentümern und Gemeinschaft

Absatz 1 betrifft die Stellung des **Verwalters** im so genannten **Innenverhältnis**.[17] Verwalter ist, wer wirksam bestellt und nicht abberufen worden ist.[18] Auf das Vorliegen eines Verwaltervertrages[19] kommt es nicht an.[20] Aus der Formulierung „gegenüber den Wohnungseigentümern" ergibt sich, dass damit das Verhältnis zu den in **Bruchteilsgemeinschaft**[21] verbundenen Wohnungseigentümern[22] gemeint ist. Die Formulierung „gegenüber der Gemeinschaft der Wohnungseigentümer" bezieht sich auf das Verhält zu dem teilrechtsfähigen **Verband**.[23]

2

Absatz 1 gibt, da nur das Innenverhältnis betreffend, keine Rechte und Pflichten gegenüber Dritten, also etwa Mietern oder Besuchern. Insoweit kann der Verwalter nur auf den Wohnungseigentümer einwirken, damit dieser seiner Pflicht aus § 14 Nr. 2 nachkommt. Aus Abs. 1 können auch unmittelbar keinerlei Rechte für das Außenverhältnis abgeleitet werden. Wenn also etwa zur Durchführung einer in Abs. 1 genannten Aufgabe ein Vertragsschluss (etwa mit Handwerkern) erforderlich ist, ergibt sich die Vertretungsmacht des Verwalters nicht aus Abs. 1 sondern – wenn nicht schon die **Vertretungsmacht** im Verwaltervertrag[24] eingeräumt wird – nur aus Abs. 2 oder 3. Insoweit wird auf die Kommentierungen Rn. 18 ff. (zu Abs. 2) und

---

14 BGH v. 12.9.2013 – VII ZR 308/12, NJW 2013, 3360; LG München I v. 17.10.2013 – 36 T 22535/13 (bisher nicht veröffentlicht).
15 Das Gesetz über außergerichtliche Rechtsdienstleistungen (Rechtsdienstleistungsgesetz), BGBl I 2007, 2840, ist am 1.7.2008 in Kraft getreten und hat das bis dahin geltende Rechtsberatungsgesetz ersetzt; eine inhaltliche Änderung ist insoweit für die Wohnungseigentumsverwalter nicht eingetreten.
16 OLG Nürnberg v. 20.1.2004 – 3 U 3436/03, ZMR 2004, 300 (ergangen noch zum Rechtsberatungsgesetz).
17 BT-Drucks. 16/887, S. 69.
18 Siehe näher zur Verwalterbestellung: § 26 Rn. 7 ff.
19 Siehe zum Verwaltervertrag § 26 Rn. 36 ff.
20 Siehe zum Verwalter ausführlich § 26 Rn. 2 ff.
21 Siehe dazu § 10 Rn. 6.
22 Siehe zum Begriff des Wohnungseigentümers § 10 Rn. 3.
23 Siehe dazu § 10 Rn. 36 ff.
24 Siehe zum Verwaltervertrag § 26 Rn. 36 ff.

Rn. 29 ff. (zu Abs. 3) Bezug genommen. Hingewiesen sei auch darauf, dass die Beschlussfassung der Wohnungseigentümer über die Ausführung beispielsweise einer Instandhaltungsmaßnahme zudem in aller Regel eine konkludente Bevollmächtigung des Verwalters, Aufträge im Namen der Eigentümer zu vergeben, beinhaltet.[25]

2. Berechtigung und Verpflichtung

3 Durch den Begriff „berechtigt" umschreibt der Gesetzgeber die im Innenverhältnis bestehende **Geschäftsführungsbefugnis** des Verwalters[26], die sich zudem hinsichtlich des Verbandes bereits auch aus der Stellung als Organ des Verbandes[27] ergeben würde.

Da der Verwalter auch „**verpflichtet**" ist, die in Abs. 1 genannten Aufgaben zu erfüllen, muss er im Innenverhältnis diesen Aufgaben auch nachkommen. Dazu gehört auch, dass er, wenn dies zur Erfüllung der Aufgaben erforderlich ist, von der in den Abs. 2 und 3 begründeten Vertretungsmacht Gebrauch macht.[28] Zu den sich nicht unmittelbar aus § 27 sondern aus anderen Vorschriften oder vertraglich ergebenden Rechte und Pflichten siehe oben Rn. 1.

Verletzt der Verwalter seine Pflichten[29], indem er die Aufgaben entweder gar nicht oder nur schlecht erledigt bzw. er eine nach außen bestehende Vertretungsmacht ausübt und dabei über die im Innenverhältnis bestehende Geschäftsführungsbefugnis hinausgeht[30], ist er sowohl den Wohnungseigentümern als auch dem Verband gegenüber verpflichtet, nach § 280 ff. BGB einen entsprechenden **Schadensersatz** zu leisten.[31] Dies ist unproblematisch, soweit ein Verwaltervertrag besteht. Unabhängig davon, ob dieser zwischen dem Verband und dem Verwalter geschlossene Vertrag[32] ein solcher zugunsten Dritter oder nur mit Schutzwirkung zugunsten Dritter (so die wohl h. M. in der Rechtsprechung) ist[33], greifen auch zugunsten der Wohnungseigentümer die vertraglichen Leistungsstörungsansprüche gemäß § 280 ff. BGB, § 311 Abs. 2 und 3 BGB.[34] Gleiches muss aber auch gelten, wenn ein Verwaltervertrag (aus welchem Grunde auch immer) nicht zustande gekommen ist. Auch wenn zwischen der Bestellung des Verwalters als Organisationsakt und der schuldrechtlichen Ausgestaltung des Verhältnisses durch Verwaltervertrag unterschieden wird[35], muss davon ausgegan-

---

25 OLG Düsseldorf v. 29.11.2005 – 23 U 211/04, NZM 2006, 182; OLG Hamm v. 10.2.1997 – 15 W 197/96, ZMR 1997, 377.
26 Siehe auch: BT-Drucks. 16/887, S. 70; *Palandt-Bassenge*, WEG § 27 Rn. 1 und 4.
27 Siehe auch § 20 Rn. 6.
28 BT-Drucks. 16/3843, S. 52.
29 Was nicht der Fall ist, nur, weil er einen angefochtenen Beschluss durchführt: siehe dazu unten Rn. 4.
30 Vergleiche dazu: *Palandt-Bassenge*, WEG § 27 Rn. 4.
31 So zuletzt: BGH v. 18.2.2011 – V ZR 197/10, ZWE 2011, 209 (für eine Pflicht aus § 27 Abs. 1 Nr. 1 und Nr. 3).
32 Siehe dazu § 26 Rn. 36.
33 Siehe dazu § 26 Rn. 37 und 38.
34 Siehe dazu § 26 Rn. 45 ff.
35 Siehe dazu § 26 Rn. 7.

gen werden, dass durch die Bestellung ein gesetzliches Schuldverhältnis begründet wird, aus dem Treue- und Rücksichtnahmepflichten im Sinne des § 241 Abs. 2 BGB entstehen können.[36] Im Rahmen der vertraglichen Schadensersatzansprüche hat der Verwalter nach § 278 BGB für das Verschulden seiner Erfüllungsgehilfen einzustehen.[37]

Daneben können auch nach den allgemeinen Vorschriften Schadensersatzansprüche aus unerlaubter Handlung bestehen.[38]

Zu den haftungsrechtlichen Auswirkungen einer **Entlastung** und vertraglicher **Haftungsbeschränkungen** siehe § 26 Rn. 46ff.

Ist jemand **nicht als Verwalter bestellt**, nimmt er aber tatsächlich Aufgaben der gemeinschaftlichen Verwaltung wahr, haftet er der Gemeinschaft nach den Grundsätzen des Auftragsrechts, ohne sich auf eine Haftungsbeschränkung berufen zu können.[39]

a) Nr. 1: Durchführung von Beschlüssen und Hausordnung

aa) Durchführung der Beschlüsse

Nach dem klaren Wortlaut der Nr. 1 (1. Alternative) darf und muss der Verwalter die Beschlüsse[40] der Wohnungseigentümer[41] durchführen.[42] Die Durchführung eines Beschlusses kann sowohl in einer **tatsächlichen Handlung**[43], als auch in einer **rechtsgeschäftsähnlichen Handlung**[44] oder der Abgabe einer **Willenserklärung**[45] liegen. So umfasst die Durchführung eines Dachsanierungsbeschlusses sowohl die Vergabe der Aufträge mit der als fehlerhaft monierten Ausschreibung als auch die Überwachung der Durchführung der Arbeiten, die Mängelbeseitigung und die Abnahme der Werkleistungen.[46] Soweit der Verwalter zur Durchführung eines Beschlusses rechtsgeschäftlich tätig werden muss und er damit im Außenverhältnis, das Abs. 1 gerade nicht betrifft, eine Vertretungsmacht **(Vollmacht)** benötigt, kann sich diese zwar nicht aus Abs. 1, wohl aber aus Abs. 3 ergeben. Die Beschlussfassung der Wohnungseigentümer über die Ausführung einer Maßnahme beinhaltet zudem in aller Regel eine konkludente Bevollmächtigung des Verwalters, Aufträge im Namen der Eigentümer zu vergeben.[47]

4

---

36 So BGH v. 10.11.2006 – V ZR 62/06, NJW 2007, 292 (zum gesetzlichen Schuldverhältnis der Wohnungseigentümer untereinander); wie hier auch: *Jennißen-Heinemann*, § 27 Rn. 177.
37 OLG München v. 24.7.2006 – 32 Wx 77/06, ZMR 2006, 883.
38 Siehe dazu § 26 Rn. 45.
39 OLG Hamm v. 25.10.2007 – 15 W 180/07, NJW-RR 2008, 250.
40 Siehe zum Begriff und zum Zustandekommen eines Beschlusses: § 23 Rn. 19ff.
41 Siehe zum Begriff des Wohnungseigentümers § 10 Rn. 3.
42 So u.a. auch: BGH v. 2.6.2005 – V ZB 32/05, NJW 2005, 2061.
43 Etwa: Fällen eines Baumes; vgl. BayObLG v. 6.6.2003 – 2Z BR 23/03, ZMR 2004, 128 (wo allerdings ein Fachunternehmen beauftrag wurde).
44 Etwa: Mahnung eines Schuldners gemäß § 286 BGB.
45 Etwa: Annahme eines Vertragsangebots (wie Kauf-, Werkvertrag etc).
46 BGH v. 9.12.2010 – V ZB 190/10, ZWE 2011, 173.
47 OLG Düsseldorf v. 29.11.2005 – 23 U 211/04, NZM 2006, 182; OLG Hamm v. 10.2.1997 – 15 W 197/96, ZMR 1997, 377.

Die Verpflichtung, Beschlüsse durchzuführen, erfasst keine **nichtigen** Beschlüsse[48], da diese keinerlei Wirkungen herbeiführen können. Dagegen besteht die **Pflicht** des Verwalters, lediglich **fehlerhafte** Beschlüsse **durchzuführen**, wegen § 23 Abs. 4 so lange, bis der Beschluss rechtskräftig für ungültig erklärt worden ist.[49] Dies ist noch nicht der Fall, wenn auf die Anfechtungsklage hin ein für vorläufig vollstreckbar erklärtes erstinstanzliches Urteil ergeht, das den Beschluss für ungültig erklärt. Das auf die Anfechtungsklage hin ergehende (positive) Urteil gestaltet die Rechtslage neu. Die Rechtsänderung tritt aber bei dem **Gestaltungsurteil** erst mit Rechtskraft ein.[50]

Hat der Verwalter einen Beschluss bereits durchgeführt und wird dieser später rechtskräftig für ungültig erklärt, hat sich der Verwalter seinen rechtlichen Verpflichtungen entsprechend verhalten, so dass eine **Pflichtverletzung** und mögliche Schadensersatzansprüche ausscheiden.[51] Gleiches gilt selbstverständlich auch, wenn der Verwalter einen bestandskräftigen (nicht nichtigen) Beschluss vollzieht.[52]

5 Nicht durchführen darf der Verwalter jedoch einen Beschluss, wenn eine **einstweilige Verfügung** gemäß § 935ff. ZPO **gegen** die **Wohnungseigentümer** mit dem Inhalt ergangen ist, dass der Verwalter angewiesen wird, den Beschluss nicht durchzuführen (siehe dazu auch § 23 Rn. 40). Wegen der bei Rn. 4 dargestellten Entscheidung des Gesetzgebers, dass auch fehlerhafte Beschlüsse durchzuführen sind, wird wohl regelmäßig der Verfügungsgrund (siehe vor § 43 Rn. 23) fehlen, so dass einstweilige Verfügungen in diesem Bereich die Ausnahme bleiben werden.[53] Bei einem **Sanierungsbeschluss** ist jedenfalls dann der Verfügungsgrund entfallen, wenn die Verwaltung, wozu sie verpflichtet ist, den Beschluss bereits **umgesetzt** hat. Hat nämlich die Verwaltung den Vertrag mit der Firma bereits geschlossen und hat diese bereits mit den Arbeiten begonnen, sind die Ansprüche der Firma gegen die Gemeinschaft bereits entstanden so dass ein Schaden nicht mehr zu vermeiden wäre.[54]

Obgleich sich eine derartige einstweilige Verfügung nicht unmittelbar gegen den **Verwalter** richtet, hat dieser sie, wie auch einen von den Eigentümern gefassten Beschluss oder Gerichtsurteile, welche die Eigentümer binden, zu beachten.[55] Tut er dies nicht, muss **ausnahmsweise** auch gegen ihn eine einstweilige Verfügung erwirkt werden, da ansonsten der Rechtsschutz in Leere laufen würde. Eine Beiladung des Verwalters im einstwei-

---

48 Siehe dazu § 23 Rn. 27 ff.
49 LG München I v. 9. 12. 2013 – 1 T 25152/13, ZWE 2014, 371; LG Frankfurt v. 17. 3. 2010 – 13 S 32/09, ZWE 2010, 279; LG München I v. 28. 5. 2009 – 36 S 17062/08, ZMR 2009, 875.
50 Siehe dazu genauer § 26 Rn. 11.
51 BayObLG v. 21. 2. 1990 – BReg 1 b Z 43/88, WuM 1990, 366; siehe auch oben Rn. 3.
52 BGH v. 3. 2. 2012 – V ZR 83/11, ZWE 2012, 218.
53 LG Frankfurt v. 17. 3. 2010 – 13 S 32/09, ZWE 2010, 279; AG München v. 8. 4. 2009 – 485 C 330/09, ZMR 2009, 806; LG München I v. 17. 7. 2008 – 36 S 9508/08, ZWE 2009, 84.
54 LG München I v. 9. 9. 2015 – 1 S 15811/15 (nicht veröffentlicht).
55 LG München I v. 9. 12. 2013 – 1 T 25152/13, ZWE 2014, 371.

ligen Verfügungsverfahren gegen die Wohnungseigentümer erfolgt nicht (siehe § 44 Rn. 2). Es wird sich zeigen, ob die Rechtsprechung auch einstweilige Verfügungen zulässt, die sich nur gegen den Verwalter richten und durch die ihm untersagt werden soll, einen (für ihn verbindlichen) Beschluss durchzuführen. Nach der hier vertretenen Auffassung dürfte ein Verfügungsanspruch des einzelnen Wohnungseigentümers gegen den Verwalter, einen nach § 21 Abs. 4 wirksamen Beschluss nicht zu beachten, wohl nicht bestehen. Zur Frage, unter welchen Voraussetzungen ein Verwalter einen fehlerhaften Beschluss anfechten (und damit gegebenenfalls auch eine einstweilige Verfügung erwirken) kann, siehe § 46 Rn. 19.[56]

bb) *Durchführung der Hausordnung*

Der Verwalter hat auch für die Durchführung der Hausordnung[57] durch die Wohnungseigentümer[58] zu sorgen. **Für die Durchführung sorgen** bedeutet, dass der Verwalter darauf hinwirken muss, dass die Hausordnung eingehalten wird. Dies wird regelmäßig ein rein tatsächliches Handeln des Verwalters sein. So kann etwa der Verwalter verpflichtet sein, (Parkverbots-) Schilder aufzustellen[59], das Wegräumen von hausordnungswidrig in einer Kellernische abgestellten Gegenständen zu veranlassen[60] sowie Aushänge und Nutzungspläne für Gemeinschaftsräume zu fertigen.[61] 6

Nicht gefolgt werden kann jedoch der teilweise vertretenen Meinung[62], der Verwalter könne wegen der Verstöße eines Eigentümers gegen die Hausordnung eine Abmahnung gemäß § 18 Abs. 2 Nr. 1 aussprechen.[63]

b) Nr. 2: Instandhaltung und Instandsetzung

Nach Nr. 2 ist der Verwalter verpflichtet, die für die ordnungsmäßige Instandhaltung und Instandsetzung[64] des gemeinschaftlichen Eigentums[65] erforderlichen Maßnahmen zu treffen. Weil es nach § 21 Abs. 1 i.V.m. Abs. 5 Nr. 2 in erster Linie Sache der Wohnungseigentümer selbst ist, für die Beseitigung von Mängeln am gemeinschaftlichen Eigentum zu sorgen, beschränkt sich die Verpflichtung des Verwalters grundsätzlich darauf, **Mängel festzustellen**, die Wohnungseigentümer darüber zu **unterrichten** und eine **Entscheidung** der Wohnungseigentümer über das weitere Vorgehen 7

---

56 Siehe dazu auch: *Riecke/Schmid-Abramenko*, § 27 Rn. 15 (der im Hinblick auf eine mögliche Haftung dem Verwalter rät, er solle durch einen Antrag auf einstweilige Verfügung versuchen, seine Verpflichtung zur Durchführung des Beschlusses zu beseitigen).
57 Zum Begriff und zur Aufstellung einer Hausordnung siehe § 21 Rn. 45ff.
58 Siehe oben Rn. 2: keine Rechte gegen Dritte.
59 BayObLG v. 2.6.1981 – BReg 2 Z 46/80, MDR 1981, 937; AG Augsburg v. 8.6.1989 – 3 C 1700/89, WuM 1990, 231.
60 AG Pinneberg v. 24.9.2003 – 68 II 61/03 WEG, ZMR 2004, 304.
61 *Jenißen-Heinemann*, § 27 Rn. 16; *Riecke/Schmid-Abramenko*, § 27 Rn. 16.
62 So etwa: *Riecke/Schmid-Abramenko*, § 27 Rn. 17; ebenso *Jenißen-Heinemann*, § 27 Rn. 16 (aber nur nach Ermächtigung).
63 BayObLG v. 9.3.2004 – 2Z BR 19/04, NJW-RR 2004, 1020; siehe dazu auch § 18 Rn. 9.
64 Siehe dazu genauer: § 21 Rn. 51ff.
65 Siehe dazu: § 21 Rn. 50 i.V.m. Rn. 2 und die dortigen Verweise.

herbizuführen.[66] Soweit es um die Prognose der anstehenden Maßnahmen im Sinne einer Bedarfsermittlung geht, ist es Aufgabe des Verwalters, einen **Sanierungsplan** zu erstellen und zu führen.[67]

Nach der Rechtsprechung des BGH kann in einer **Vereinbarung** (meist in der Gemeinschaftsordnung) durch eine klare und eindeutige Regelung die **Pflicht** zur Instandsetzung und Instandhaltung von Teilen des gemeinschaftlichen Eigentums auch **einzelnen Eigentümern** auferlegt werden.[68] In diesem Fall fehlt dann der Gemeinschaft die Beschlusskompetenz für erforderliche Instandsetzungsmaßnahmen.[69] Nach der hier vertretenen Meinung bleibt aber auch dann der Verwalter verpflichtet, mögliche Mängel am Gemeinschaftseigentum festzustellen und die Eigentümer, wenn die Mängel nicht vom Verpflichteten beseitigt wurden und eine Gefahr für das sonstige Gemeinschaftseigentum oder das Sondereigentum Anderer nicht auszuschließen ist, hiervon zu unterrichten. Die Eigentümer müssen auch in einem solchen Fall in die Lage versetzt werden, Ansprüche (gegebenenfalls nach einem Ansichziehen der Gemeinschaft) gegen den Einzelnen geltend zu machen.[70]

Nicht erfasst ist aber von Nr. 2 (unabhängig davon, dass Abs. 1 nicht das Außenverhältnis betrifft) ein **Instandsetzungsauftrag** größeren Umfanges ohne vorherigen Beschluss der Wohnungseigentümer in deren Namen. Dasselbe gilt auch für langfristige Wartungsverträge oder einen **langfristigen Vertrag** für Reinigungs- und Hausmeisterdienste. Langfristigkeit liegt bei einem Vertrag mit einem Jahr Laufzeit vor, wenn sich dieser jeweils um ein weiteres Jahr für den Fall verlängert, dass er nicht rechtzeitig gekündigt wird.[71]

Zur Aufgabe des Verwalters gehört aber die **Überprüfung** des Gebäudes auf **Baumängel** innerhalb des Laufs der Gewährleistungsfrist. Übernimmt ein Bauträger die erste Verwaltung der Wohnungseigentumsanlage, so hat er bei der Überprüfung des Bauwerks auf Mängel auch die Sorgfaltspflichten eines ordentlichen Bauträgers anzuwenden.[72] Der Verwalter, die die Eigentümer **unterrichten** muss, ist zu einer sachgerechten und wahrheitsgemäßen Information der Wohnungseigentümer verpflichtet. Das schließt es aus, dass er Angaben „ins Blaue hinein" macht. Macht er falsche Angaben ohne rechtfertigenden Grund, so begründet dies eine Schadensersatzpflicht des Verwalters dem Grunde nach.[73]

---

66 LG Köln v. 27.1.2011 – 29 S 121/10, ZMR 2011, 502; LG München I v. 5.8.2010 – 36 S 19282/09, ZWE 2011, 42; LG Hamburg v. 17.4.2009 – 318 T 12/08, ZMR 2011, 499; OLG Düsseldorf v. 29.9.2006 – 3 Wx 281/05, WuM 2006, 639; BayObLG v. 2.5.2002 – 2Z BR 27/02, NZM 2002, 705.
67 BGH v. 9.3.2012 – V ZR 161/11, NJW 2012, 1724
68 BGH v. 2.3.2012 – V ZR 174/11, NJW 2012, 1722; BGH v. 22.11.2013 – V ZR 46/13, ZWE 2014, 125.
69 LG München I v. 25.11.2013 – 1 S 1911/13, ZMR 2014, 399.
70 Siehe zu möglichen Ansprüchen § 14 Rn. 76.
71 Brandenburgisches OLG v. 19.3.2009, 5 U 109/07, ZMR 2010, 213.
72 OLG München v. 25.9.2008 – 32 Wx 79/08, NZM 2008, 895.
73 OLG München v. 13.1.2011 – 32 Wx 32/10, ZWE 2011, 126.

Um der Aufgabe nach Nr. 2 nachkommen zu können, ist der Verwalter etwa verpflichtet, bei einem Schadensfall allen nach der Sachlage in Frage kommenden **Schadensursachen** nachzugehen.[74] Lehnt es der Verwalter bei einer im Sondereigentum aufgetretenen Feuchtigkeit und Schimmelbildung ab, der Ursache nachzugehen, obgleich hierfür ein Mangel am Gemeinschaftseigentum nicht von vorne herein auszuschließen war, handelt er pflichtwidrig.[75] Er verletzt daher seine Pflicht, wenn er trotz eines Hinweises auf einen erhöhten Stromverbrauch eines Miteigentümers keinerlei geeignete Maßnahmen im Rahmen seiner Überwachungs-, Kontroll- und Hinweispflichten trifft, um die Ursachen des erhöhten Stromverbrauches zu ermitteln.[76] Wenn die Eigentümer dann im Beschlusswege eine Entscheidung getroffen haben, ist der Verwalter (im Innenverhältnis) verpflichtet, nach Nr. 1 den Beschluss durchzuführen.[77] Nach der nunmehr klaren Trennung des Gesetzes nach Innen- und Außenverhältnis kann Abs. 1 **keine Vertretungsmacht** für rechtsgeschäftliches Handeln (etwa den Abschluss von Verträgen mit Handwerkern) geben.[78] Zu einer im Außenverhältnis erforderlichen Vertretungsmacht für rechtsgeschäftliches Handeln siehe unten Rn. 35.

Schon bei dem wortgleichen § 27 Abs. 1 Nr. 2 WEG a.F. war streitig, ob in Abweichung zu dem vorgenannten Grundsatz der Verwalter (im Innen- und Außenverhältnis) berechtigt war, **„kleinere"** oder **„laufende" Reparaturen** ohne eine vorherige Beschlussfassung der Eigentümer zu veranlassen. Nach überwiegender Auffassung wurde dies jedoch abgelehnt.[79] Obgleich der Gesetzgeber in Abs. 1 Nr. 2 den Wortlaut nicht verändert hat, sollte jedoch bei der Bestimmung der Kompetenzen im Innenverhältnis die Regelung des neu gefassten Abs. 3 Nr. 3 berücksichtigt werden, da nicht davon ausgegangen werden kann, dass der Gesetzgeber im Außenverhältnis eine über die Befugnisse im Innenverhältnis hinausgehende Vertretungsmacht schaffen wollte. Die Befugnis im Sinne des Abs. 1 deckt sich daher hinsichtlich laufender Reparaturen mit der unten bei Rn. 35 dargestellten Vertretungsmacht, so dass auf diese Kommentierung Bezug genommen werden kann.

Zu einer notwendigen Notmaßnahme siehe unten Rn. 9.

Ein spezieller Fall der Instandsetzung ist die Wahrnehmung der **Verkehrssicherungspflicht**. Diese obliegt zunächst dem **Verband** der Wohnungseigentümer.[80] Unproblematisch ist, dass die verkehrssicherungspflichtige Gemeinschaft diese Pflicht auf einen Dritten übertragen kann.[81] Dabei ist aber eine sorgfältige Auswahl, gründliche Anweisung über die Art des Streuens und insbesondere auch eine Überwachung erforderlich, wobei eine nach übertra-

8

---

74 OLG München v. 23.3.2006 – 34 Wx 134/05 (nicht veröffentlicht); OLG Hamburg v. 14.3.2000 – 2 Wx 31/98, ZMR 2000, 479.
75 LG München I v. 15.10.2012 – 1 S 26801/11, ZWE 2013, 270.
76 Brandenburgisches OLG v. 22.7.2010 – 5 Wx 27/09 (zitiert nach juris).
77 Siehe dazu oben Rn. 4.
78 LG München I v. 5.8.2010 – 36 S 19282/09, ZWE 2011, 42.
79 *Bärmann-Merle*, § 27 Rn. 50, 216 ff.; *Jenißen-Heinemann*, § 27 Rn. 25 ff.
80 Siehe dazu § 10 Rn. 55.
81 OLG München v. 24.10.2005 – 34 Wx 82/05, NZM 2006, 110; BayObLG v. 8.9.2004 – 2Z BR 144/04, WuM 2004, 736.

gener Verkehrssicherungspflicht sich ergebende Überwachungsverpflichtung den Verwalter trifft.[82] Wenn die **Übertragung** im Verwaltervertrag erfolgt, liegt es am Verwalter, die Verkehrssicherungspflicht einzuhalten. Dabei hat er für ein Verschulden des von ihm beauftragten Hausmeisters als Erfüllungsgehilfen gemäß § 278 BGB einzustehen[83], nicht jedoch für Verschulden vom zur Bauüberwachung eingesetzten Architekten oder ähnlichen Fachberatern.[84] Die Gemeinschaft der Wohnungseigentümer trifft im Falle der Übertragung nur mehr eine Kontroll- und Überwachungspflicht, wobei ohne konkrete Anhaltspunkte davon ausgegangen werden darf, dass der Verwalter den übertragenen Verpflichtungen auch nachkommt.[85]

Noch nicht abschließend geklärt ist die Frage, ob der Verwalter auch ohne rechtsgeschäftliche Übertragung die Verkehrssicherungspflicht schon **kraft Gesetzes** nach § 27 Abs. 1 Nr. 2 erfüllen muss.[86] Das BayObLG hat diese Frage ausdrücklich offen gelassen.[87] Das OLG Zweibrücken sah den Verwalter selbst nur in einer abgeleiteten „Garantenstellung" hinsichtlich der Verkehrssicherungspflicht.[88] Ausdrücklich hat in einer neueren Entscheidung der BayVGH die Wahrnehmung der Verkehrssicherungspflicht gegenüber Dritten als Pflicht des Verwalters bezeichnet.[89] Es ist zu erwarten, dass sich zu dieser Frage bis zu einer Entscheidung des BGH eine regional unterschiedliche Rechtsprechung der Landgerichte entwickeln wird. Es dürfte jedoch letztendlich sachgerecht sein, den **Verwalter** auch kraft Gesetzes neben dem teilrechtsfähigen Verband als verpflichtet anzusehen.[90]

c) Nr. 3: Notmaßnahmen

9 Nach Nr. 3 ist der Verwalter berechtigt und verpflichtet, in dringenden Fällen „sonstige", also nicht bereits unter Nr. 2 fallende und zur Erhaltung des gemeinschaftlichen Eigentums[91] erforderliche Maßnahmen zu treffen. Da die Mängelerfassung und Unterrichtung der Eigentümer bereits unter Nr. 2 fallen, erfasst Nr. 3 (wiederum nur im Innenverhältnis) als sonstige Maßnahme insbesondere auch die Mangelbeseitigung. Kann der Verwalter die Mangelbeseitigung nicht selbst vornehmen, sondern bedarf er dazu im Außenverhältnis einer Vertretungsmacht (etwa für den Abschluss eines Ver-

---

82 OLG Oldenburg v. 13. 2. 2014 – 1 U 77/13, ZWE 2014, 313.
83 OLG Karlsruhe v. 30. 12. 2008 – 14 U 107/07, ZMR 2009, 623; OLG Frankfurt/Main v. 26. 11. 2003 – 21 U 38/03, NZM 2004, 144.
84 BayObLG v. 11. 4. 2002 – 2Z BR 85/01, ZMR 2002, 689.
85 BayObLG v. 8. 9. 2004 – 2Z BR 144/04, WuM 2004, 736; OLG Frankfurt/Main v. 26. 11. 2003 – 21 U 38/03, NZM 2004, 144.
86 So etwa: *Palandt-Bassenge*, WEG § 27 Rn. 7 (der den Fall aber unter Nr. 3 – Notmaßnahme – einordnet).
87 BayObLG v. 8. 9. 2004 – 2Z BR 144/04, WuM 2004, 736.
88 OLG Zweibrücken v. 4. 8. 1994 – 3 W 89/94, WE 1995, 26.
89 BayVGH v. 11. 5. 2006 – 8 ZB 06.485, NZM 2006, 595; ebenso OLG Frankfurt/Main v. 15. 6. 1981 – 20 W 365/81, Wohnungseigentümer 1983, 58.
90 Etwa: OLG Oldenburg v. 13. 2. 2014 – 1 U 77/13, ZWE 2014, 313; AG Rosenheim v. 8. 6. 2010 – 12 C 204/10, ZWE 2011, 146 (bejaht im Rahmen der Nr. 3 – Notmaßnahme).
91 Siehe dazu: § 21 Rn. 50 i. V. m. Rn. 2 und die dortigen Verweise.

trages mit einem Handwerker), ergibt sich diese wiederum nicht aus Abs. 1, sondern aus Abs. 3 Satz 1 Nr. 4.[92]

Nr. 3 greift jedoch nur in **dringenden Fällen** ein. Ein dringender Fall liegt vor, wenn wegen der Eilbedürftigkeit eine vorherige Einberufung einer außerordentlichen Wohnungseigentümerversammlung nicht möglich ist.[93] Entscheidend ist dabei, ob die Erhaltung des gemeinschaftlichen Eigentums gefährdet wäre, wenn nicht umgehend gehandelt würde.[94] Dies setzt zwar, anders als bei einer Notmaßnahme eines Eigentümers nach § 21 Abs. 2, keinen unmittelbar drohenden Schaden voraus[95], begrenzt aber wie dort das Tätigwerden auf so genannte Notmaßnahmen. Erforderlich sind, wie bei § 21 Abs. 2 nur solche Maßnahmen, welche die Gefahrenlage beseitigen, regelmäßig aber nicht solche Maßnahmen, die der **dauerhaften Behebung** der Schadensursache dienen.[96] Daher ist in der Regel auch bei bestehenden Feuchtigkeitsschäden nicht eine umfassende Sanierung der Fassade zulässig.[97] Der Verwalter darf also üblicherweise nur **Sicherungsmaßnahmen** ergreifen, um in einer baldmöglichst[98] einzuberufenden Eigentümerversammlung die Entscheidung der Eigentümer über die erforderliche Reparatur herbeizuführen. Sicherungsmaßnahmen sind etwa solche, die nach einem Rohrbruch zur Vermeidung weiterer Schäden veranlasst sind.[99] Wird dagegen bei Arbeiten an einem Gebäude festgestellt, dass umfassende weitere Sanierungsarbeiten und eine Außenisolierung des Kellermauerwerks erforderlich werden, ist eine Auftragserteilung an der Baustelle durch die Notgeschäftsführungsbefugnis des Verwalters nicht gedeckt.[100] Gleiches gilt für bauliche Maßnahmen und/oder Handwerkerleistungen ohne vorherige Beschlussfassung.[101]

Auf die hier sinngemäß geltenden Ausführungen bei § 21 Rn. 12 ff. wird Bezug genommen.

Im Einzelfall kann auch eine **endgültige Maßnahme** zulässig sein. Dies ist etwa der Fall, wenn aufgrund eines Schlüsselverlusts die **Schließanlage** ausgewechselt werden muss und eine Einberufung einer außerordentlichen Eigentümerversammlung nicht sachgerecht ist.[102] Wenn der Verwalter zu Beginn des Winters Heizöl zur Vermeidung eines Heizungsausfalls mangels **Heizmaterials** kauft, stellt dieser Kauf eine erforderliche Notmaßnahme dar.[103]

---

92 Siehe dazu unten Rn. 36; a.A. wohl: *Rieck/Schmid-Abramenko*, § 27 Rn. 25 (wobei auf Rechtsprechung und Literatur zum altem Recht verwiesen wird).
93 LG Hamburg v. 18.1.2012 – 318 S 164/11, ZWE 2012, 285.
94 LG München I v. 5.8.2010 – 36 S 19282/09, ZWE 2011, 42; BayObLG v. 26.2.2004 – 2Z BR 266/03, NZM 2004, 390.
95 Siehe dazu § 21 Rn. 11.
96 BGH v. 18.2.2011 – V ZR 197/10, ZWE 2011, 209.
97 OLG Celle v. 12.3.2001 – 4 W 199/00, ZMR 2001, 642.
98 Siehe zur Abkürzung der Einberufungsfrist § 24 Abs. 4 Satz 2 (dort Rn. 27).
99 OLG Hamburg v. 20.2.2006 – 2 Wx 131/02, ZMR 2006, 546.
100 OLG Hamm v. 19.7.2011 – 15 Wx 120/10 (zitiert nach juris).
101 LG Nürnberg-Fürth v. 1.12.2010 – 14 S 828/10, ZMR 2011, 327.
102 BayObLG v. 7.3.2005 – 2Z BR 182/04, ZMR 2006, 137.
103 KG Berlin v. 11.11.1994 – 21 U 3090/90, KGR Berlin 1994, 242.

Das Oberverwaltungsgericht für das Land Nordrhein-Westfalen hat einen Verwalter als **Störer** im öffentlich-rechtlichen Sinn angesehen, da er nach § 27 Abs. 1 Nr. 3, Abs. 3 Satz 1 Nr. 4 – auch im Außenverhältnis – in dringenden Fällen sonstige zur Erhaltung des gemeinschaftlichen Eigentums erforderliche Maßnahmen treffen kann.[104]

d) Nr. 4: Lasten- und Kostenbeiträge, Tilgungsbeiträge, Hypothekenzinsen

10 Nr. 4 erfasst Beiträge und Zinsen, soweit es sich um **gemeinschaftliche Angelegenheiten** der Wohnungseigentümer handelt. Damit scheiden alle Leistungen aus, die sich unmittelbar auf den einzelnen Wohnungseigentümer beziehen, wie etwa die **Grundsteuer**, die vom einzelnen Eigentümer erhoben wird[105] oder Hypothekenzinsen für ein Darlehen zur Finanzierung der Wohnung eines Eigentümers. Nr. 4 betrifft daher nur solche Lasten und Kosten im Sinne des § 16 Abs. 2, die das Gesamtgrundstück und nicht eine einzelne Wohnung (einen einzelnen Eigentümer) betreffen.

Unter Lasten sind dabei sowohl öffentlich-rechtliche Lasten[106] als auch privatrechtliche Lasten[107] zu verstehen. Zu den privatrechtlichen Lasten gehören auch die in Nr. 4 gesondert genannten Tilgungsbeiträge und Hypothekenzinsen. Diese müssen sich jedoch auf eine **Gesamthypothek** oder ein sonstiges Gesamtgrundpfandrecht beziehen.[108] Der Begriff der Kosten ist bei § 16 Rn. 17 bis 19 näher dargestellt.

Die vorgenannten Lasten- und Kostenbeiträge müssen jedoch in einem beschlossenen Wirtschaftsplan, einer beschlossenen Jahresabrechnung oder einem Sonderumlagenbeschluss enthalten sein, da sich eine konkrete **Zahlungspflicht** eines einzelnen Wohnungseigentümers nicht unmittelbar aus § 16, sondern aus § 28 Abs. 2 in Verbindung mit Abs. 5 ergibt.[109]

Der Verwalter darf und muss (im Innenverhältnis) die **Zahlungen** anfordern, in Empfang nehmen und abführen. Die **Anforderung** beinhaltet daher das Einziehen der Wohngelder, Sonderumlagen und Jahresabrechnungsbeträge. Dazu gehört auch das gesamte außergerichtliche **Mahnwesen**.[110] Der Verwalter darf auch bezahltes Geld in **Empfang nehmen** (sowohl Bargeldzahlungen als auch Eingänge auf dem Konto). Die Empfangszuständigkeit ist also nicht nur dann gegeben, wenn Gelder auf dem Konto der Gemeinschaft eingehen, sondern auch dann, wenn die Zahlungen auf das allgemeine Geschäftskonto des Verwalters gehen.[111] Der Verwalter muss dann ggf. die Gelder an die Gemeinschaft **abführen**, also etwa das Geld auf das Konto der Gemeinschaft einzahlen. Die Berechtigung zur Empfangnahme des Geldes

---

104 OVG für das Land Nordrhein-Westfalen v. 28.1.2011 – 2 B 1495/10, ZWE 2011, 166; ebenso: OVG für das Land Nordrhein-Westfalen v. 15.4.2009 – 10 B 304/09, NJW 2009, 3528.
105 Siehe dazu auch § 16 Rn. 27.
106 Siehe dazu § 16 Rn. 27.
107 Siehe dazu § 16 Rn. 16.
108 BayObLG v. 28.5.1973 – BReg 2 Z 14/73, MDR 1973, 848; *Bärmann-Merle*, § 27 Rn. 76.
109 Siehe hierzu auch: § 28 Rn. 20ff., 24ff., 82f.
110 OLG Düsseldorf v. 18.4.2000 – 24 U 29/99, ZMR 2001, 298.
111 OLG München v. 26.7.2007 – 32 Wx 73/07, ZMR 2007, 815.

erfasst auch das Recht, eine **Quittung** zu erteilen.[112] In der Praxis von erheblicher Bedeutung ist dabei die Erteilung einer löschungsfähigen Quittung in der Form des § 29 GBO.[113] Zur Problematik der **Löschungsbewilligung** siehe unten Rn. 42.

Es sei nochmals darauf hingewiesen, dass Nr. 4 nur das Innenverhältnis betrifft. Soweit Rechtswirkungen im Außenverhältnis im Raum stehen (etwa: Wirksamkeit von Überweisungen des Verwalters, Tilgungswirkung bei Entgegennahme von Geldern), muss auf Abs. 2 oder 3 abgestellt werden.[114]

Zur gesetzlichen Vertretungsmacht des Verwalters, (im Außenverhältnis) ein Konto für die Gemeinschaft zu führen, siehe unten Rn. 37.

e) Nr. 5: Zahlungen und Leistungen bei Verwaltung gemeinschaftlichen Eigentums

Nr. 5 berechtigt und verpflichtet den Verwalter (im Innenverhältnis[115]), alle Zahlungen und Leistungen zu bewirken und entgegenzunehmen, wenn diese mit der laufenden Verwaltung des gemeinschaftlichen Eigentums zusammenhängen.

11

Die Kompetenz bezieht sich zwar auf das gemeinschaftliche Eigentum[116], ist aber nicht auf gewöhnliche Verwaltungsmaßnahmen beschränkt; es scheiden lediglich die das Sondereigentum betreffenden Maßnahmen aus.[117]

Soweit **Zahlungen** im Sinne der Nr. 4 **entgegengenommen** werden, liegt eine Überschneidung von Nr. 4 und Nr. 5 vor, die aber keine Auswirkungen hat. Die Entgegennahme der Zahlung kann in bar, durch eine Überweisung auf das Konto[118] oder auch dadurch erfolgen, dass der Verwalter von einer Einzugsermächtigung im Lastschriftverfahren Gebrauch macht. Die Berechtigung zur Empfangnahme des Geldes erfasst auch bei Nr. 5 das Recht, eine **Quittung** zu erteilen.[119] Zur löschungsfähigen Quittung siehe Rn. 10; zur Löschungsbewilligung siehe Rn. 42.

Die Zahlung von Wohngeld an den bestellten Verwalter hat in Folge seiner Empfangszuständigkeit auch dann **schuldbefreiende** Wirkung, wenn die Zahlung nicht auf das von dem Verwalter für die Eigentümergemeinschaft eingerichtete Konto sondern auf das allgemeine **Geschäftskonto** des **Verwalters** erfolgt und der Verwalter uneingeschränkte Verfügungsgewalt über das Wohngeld erlangt.[120] Dies gilt jedoch dann nicht, wenn den Wohnungseigentümern bekannt ist, dass die Wohngeldzahlungen auf ein ihnen be-

---

112 BayObLG v. 23. 2. 1995 – 2Z BR 113/94, FGPrax 1995, 22.
113 OLG München v. 16. 2. 2011 – 34 Wx 156/10, ZWE 2011, 180.
114 Siehe dazu unten Rn. 26 und 40 ff.
115 Zu den Rechtswirkungen im Außenverhältnis siehe unten Rn. 36.
116 Siehe dazu: § 21 Rn. Rn. 2 und die dortigen Verweise.
117 So: *Staudinger-Bub*, § 27 WEG Rn. 219 f.; *Palandt-Bassenge*, WEG § 27 Rn. 9.
118 Zur gesetzlichen Vertretungsmacht des Verwalters, (im Außenverhältnis) ein Konto für die Gemeinschaft zu führen, siehe unten Rn. 37
119 BayObLG v. 23. 2. 1995 – 2Z BR 113/94, FGPrax 1995, 22.
120 OLG München v. 26. 7. 2007 – 32 Wx 73/07, ZMR 2007, 815; OLG Köln v. 7. 5. 2007 – 16 Wx 244/06, WuM 2007, 647; OLG Köln v. 24. 11. 1997 – 16 Wx 297/97, WuM 1998, 249; OLG Saarbrücken v. 12. 10. 1987 – 5 W 157/87, OLGZ 1988, 45.

nanntes „Hausgeldkonto" (Treuhandkonto) erfolgen muss. Eine Überweisung auf das allgemeine Geschäftskonto des Verwalters entfaltet dann keine Tilgungswirkung, wenn der Verwalter den Betrag mit Hinweis auf das richtige Konto zurück überweist.[121]

Soweit der Verwalter die Zahlungen zu **bewirken** hat, können diese bar und unbar erfolgen. Der Verwalter kann die Zahlung auch dadurch bewirken, dass er gegen eine Forderung die **Aufrechnung** gemäß §§ 387 ff. BGB erklärt. Er ist jedoch nicht berechtigt, zu Lasten der Wohnungseigentümer auf die Möglichkeit der Aufrechnung gegen den Zahlungsanspruch eines einzelnen Wohnungseigentümers zu verzichten.[122]

Leistungen sind Leistungspflichten im Sinne des § 241 Abs. 1 BGB und umfassen als Oberbegriff sowohl Zahlungen als auch sonstiges Tun oder Unterlassen.[123]

Der Verwalter darf Zahlungen und Leistungen nur dann erbringen (bewirken), wenn eine entsprechende **Verpflichtung** der Gemeinschaft besteht, da Nr. 5 lediglich Erfüllungshandlungen betrifft.[124] Bezahlt der Verwalter trotz mangelhafter Leistung eines Werkunternehmers die Rechnung, ohne **Mängelrügen** zu erheben oder ein **Zurückbehaltungsrecht** geltend zu machen, so kann sich daraus ein Schadensersatzanspruch der Wohnungseigentümer ergeben.[125] Der Verwalter ist nicht befugt ohne **Eigentümerbeschluss** (vermeintliche) **Ansprüche** einzelner Wohnungseigentümer oder Dritter unter Berufung auf § 27 Abs. 1 Nr. 5 i.V.m. Abs. 3 Nr. 4 zu erfüllen.[126] Er ist daher auch nur dann berechtigt, angebliche Forderung anzuerkennen oder zu bezahlen, wenn die **Forderung** tatsächlich (in der gesamten Höhe) **besteht**. Wenn die geltend gemachte Forderung nicht besteht, begeht er anderenfalls eine Pflichtverletzung, die zu einem **Schadensersatzanspruch** führen kann.[127] Wenn daher eine Forderung nicht offensichtlich in voller Höhe besteht, muss der Verwalter eine Entscheidung der Wohnungseigentümer darüber herbeiführen, ob die Forderung anerkannt und beglichen wird. Gegebenenfalls muss eine außerordentliche **Versammlung** einberufen werden.

f) Nr. 6: Verwaltung der Gelder

12 Durch die Formulierung, dass der Verwalter „eingenommene" Gelder zu verwalten habe, wollte der Gesetzgeber verdeutlichen, dass im Gegensatz zum alten Recht die Gelder nun zum **Verwaltungsvermögen**[128] gemäß § 10 Abs. 7 Satz 3 und damit der Gemeinschaft als rechtsfähiger Verband gehören.[129]

---

121 OLG Düsseldorf v. 18.10.2005 – 3 Wx 214/05, ZMR 2006, 347.
122 BayObLG v. 22.4.2004 – 2Z BR 113/03, ZMR 2004, 839.
123 Vergleiche dazu: *Palandt-Grüneberg*, § 241 BGB Rn. 4.
124 BGH v. 21.10.1976 – VII ZR 193/75, ZMR 1978, 253 (zu § 27 Abs. 2 Nr. 2 WEG a.F.).
125 OLG Frankfurt v. 10.2.2009 – 20 W 356/07, ZMR 2009, 620; OLG Düsseldorf v. 10.3.1997 – 3 Wx 186/95, ZMR 1997, 380; KG Berlin v. 10.3.1993 – 24 W 5506/92, WuM 1993, 306.
126 LG München I v. 16.9.2013 – 1 S 21191/12, ZWE 2014, 185.
127 LG München I v. 16.9.2013 – 1 S 21191/12, ZWE 2014, 185.
128 Siehe dazu § 10 Rn. 48 ff. (insbesondere 50, 51).
129 BT-Drucks. 16/887, S. 70.

Das Verwalten der Gelder umfasst nicht nur den in Nr. 4 und Nr. 5 angesprochenen Zahlungsverkehr, sondern insbesondere auch die **Geldanlage** (siehe dazu auch unten Rn. 47 f.). Die Gelder müssen sicher angelegt werden und ein erkennbares Verlustrisiko ist zu vermeiden.[130] Selbst wenn die Wohnungseigentümerversammlung eine ordnungsgemäßer Verwaltung nicht entsprechende Art der Anlage des als Instandhaltungsrücklage angesammelten Kapitalbetrages beschließt, ist der Verwalter gleichwohl verpflichtet, auf das Verlustrisiko der speziellen Anlage hinzuweisen; unterlässt er dies, kann ein nach § 254 BGB verminderter Schadensersatzanspruch gegen ihn entstehen.[131]

Bei der Geldanlage muss eine Form gewählt werden, die einerseits dem kurzfristigen Finanzbedarf und andererseits dem Ziel einer möglichst günstigen Rendite gerecht wird. Auf einem **Girokonto** dürfen daher nur kurzfristig benötigte Gelder belassen werden. Ansonsten ist die **bestmögliche Anlageform** zu wählen. Dabei kommt (etwa bei der Instandhaltungsrücklage[132]) insbesondere die Anlage auf einem Festgeldkonto oder Sparkonto oder der Erwerb von Bundesschatzbriefen oder fest verzinslichen Wertpapieren, nicht aber die Anlage auf einem Bausparvertrag in Betracht.[133]

Zur gesetzlichen Vertretungsmacht des Verwalters, (im Außenverhältnis) ein Konto für die Gemeinschaft zu führen, siehe unten Rn. 37.

Zur Verpflichtung, die Gelder getrennt vom Vermögen des Verwalters zu halten siehe unten Rn. 47.

Ein Verwalter ist ohne (gesonderte) Bevollmächtigung grundsätzlich nicht berechtigt, im Namen der Wohnungseigentümergemeinschaft zum Zwecke der Finanzierung notwendiger Instandsetzungs- und Instandhaltungsarbeiten **Kredite** aufzunehmen.[134] Solche Kreditgeschäfte sind nach § 177 Abs. 1 BGB schwebend unwirksam und bedürfen der Zustimmung der Wohnungseigentümergemeinschaft.[135]

Zur Problematik der Kreditaufnahme siehe genauer unten Rn. 38 und insbesondere auch § 21 Rn. 23.

Verletzt der Verwalter seine Pflicht zur ordnungsgemäßen Verwaltung der Gelder, steht dem Verband ein **Schadensersatzanspruch** nach §§ 280 ff. BGB zu. Wegen der näheren Einzelheiten hierzu wird auf oben Rn. 3 Bezug genommen. Ergänzend ist darauf hinzuweisen, dass eine Mitarbeiterin des Verwalters, der eine EC-Karte für das Konto der Wohnungseigentümergemeinschaft überlassen ist und die Zugang zum Ordner mit der Geheimzahl hat, Erfüllungsgehilfin des Verwalters hinsichtlich der Pflicht ist, die Konten der Wohnungseigentümergemeinschaft ordnungsgemäß zu verwalten.[136]

13

14

---

130 OLG Celle v. 14. 4. 2004 – 4 W 7/04, NZM 2004, 426.
131 OLG Celle v. 14. 4. 2004 – 4 W 7/04, NZM 2004, 426.
132 Siehe dazu § 21 Rn. 59 ff.
133 OLG Düsseldorf v. 1. 12. 1995 – 3 Wx 322/95, WuM 1996, 112.
134 BGH v. 18. 2. 2011 – V ZR 197/10, ZWE 2011, 209.
135 BGH v. 28. 4. 1993 – VIII ZR 109/92, NJW-RR 1993, 1227.
136 OLG München v. 24. 7. 2006 – 32 Wx 77/06, ZMR 2006, 883.

Zu einem möglichen Schadenersatzanspruch bei unberechtigter Kreditaufnahme siehe unten Rn. 38.

g) Nr. 7: Unterrichtung über Streitigkeiten

15 Nach Nr. 7 ist der Verwalter verpflichtet, die **Wohnungseigentümer** unverzüglich darüber zu unterrichten, dass ein Rechtsstreit gemäß § 43 anhängig ist.

Die Verpflichtung besteht gegenüber den Wohnungseigentümern. Wohnungseigentümer ist dabei (zunächst) nur, wer nach materiellem Recht (§§ 873, 925 BGB) das Wohnungs- oder Teileigentum wirksam erworben hat. Dies ist in der Regel derjenige, der zu Recht im Wohnungsgrundbuch eingetragen ist.[137] Daher ist auch der Käufer, dem zwar schon im Kaufvertrag alle Rechte und Pflichten eingeräumt wurden und der auch die Wohnung nach Eintragung einer Auflassungsvormerkung im Grundbuch schon in Besitz genommen hat (so genannter „werdender Eigentümer"), kein Wohnungseigentümer im Sinne der Vorschrift.[138] Etwas anderes gilt allerdings in einer so genannten **„werdenden"** oder „faktischen" **Wohnungseigentümergemeinschaft** (siehe dazu auch § 8 Rn. 13 und § 10 Rn. 3). Dort wird der Erwerber behandelt wie ein Eigentümer, wenn ein wirksamer, auf die Übereignung von Wohnungseigentum gerichteter **Erwerbsvertrag** vorliegt, der Übereignungsanspruch durch eine **Auflassungsvormerkung** gesichert ist und der **Besitz** an der Wohnung durch **Übergabe** auf den Erwerber übergegangen ist. Ein werdender Wohnungseigentümer bleibt auch dann Mitglied des Verbands, wenn er die Einheit unter Abtretung des vorgemerkten Übereignungsanspruchs und Besitzübertragung veräußert; der Erwerber ist nicht als werdender Wohnungseigentümer anzusehen.[139]

Nach der hier vertretenen Meinung darf sich der Verwalter grundsätzlich darauf verlassen, dass die von ihm geführte **Eigentümerliste** den **aktuellen Stand** wiedergibt und Änderungen in der Eigentümerstellung ihm mitgeteilt worden sind. Hat der Verwalter dagegen Anlass, an der Aktualität seiner Liste zu zweifeln, muss er sich die notwendigen Kenntnisse verschaffen, also etwa einen aktuellen Grundbuchauszug anfordern.[140]

Einer Klärung bedarf die Frage, ob über den ansonsten gültigen Wohnungseigentümerbegriff hinaus auch ein bereits aus der Gemeinschaft **ausgeschiedener Eigentümer** zu benachrichtigen ist.[141] Auch wenn dies in der Praxis für die Verwalter wohl (insbesondere bei größeren Anlagen) erhebliche Probleme schaffen wird, dürfte diese Frage wohl grundsätzlich bei Pas-

---

[137] OLG Brandenburg v. 9.1.2006 – 13 Wx 17/05, ZWE 2006, 447.
[138] Wie hier: *Bärmann-Merle*, § 27 Rn. 106; *Riecke/Schmid-Abramenko*, § 27 Rn. 33a; a.A. insoweit: *Hügel/Elzer*, § 27 Rn. 58 (der auch werdende Wohnungseigentümer erfassen möchte).
[139] BGH v. 24.7.2015 – V ZR 275/14, ZWE 2015, 406 (unter Aufgabe von BGH v. 14.6.1965 – VII ZR 160/63).
[140] OLG Saarbrücken v. 29.8.2006 – 5 W 72/06, ZMR 2007, 141 (zur Auskunftsverpflichtung gegenüber einem Miteigentümer, Namen und Anschriften aller Miteigentümer bekannt zu geben).
[141] So: *Bärmann-Merle*, § 27 Rn. 106; *Hügel/Elzer*, § 27 Rn. 58; *Jennißen-Heinemann*, § 27 Rn. 53.

sivprozessen, bei denen eine Haftung der Wohnungseigentümer nach § 10 Abs. 8 in Betracht kommt, zu bejahen sein. § 10 Abs. 8 hat eine begrenzte Außenhaftung der Wohnungseigentümer begründet. Diese Haftung erfasst in bestimmten Grenzen auch Veräußerer.[142] Durch die Information der Wohnungseigentümer soll diesen auch die Möglichkeit eröffnet werden, sich als Nebenintervenienten am Rechtsstreit zu beteiligen.[143] Im Rahmen der Außenhaftung hat auch ein ausgeschiedener Eigentümer ein derartiges schützenswertes Interesse.

Eine Verpflichtung zur Information wird gegenüber einem ausgeschiedenen Eigentümer jedoch nur dann bestehen, wenn die neue Adresse dem Verwalter mitgeteilt wurde. Es würde zu weit gehen, dem Verwalter einem offensichtlich uninteressierten ehemaligen Eigentümer gegenüber die Pflicht aufzuerlegen, Nachforschungen (etwa: Einwohnermeldeamtsanfragen) nach der aktuellen Adresse aufzuerlegen.

Die Unterrichtung muss **unverzüglich**, also nach der Legaldefinition des § 121 Abs. 1 BGB „ohne schuldhaftes Zögern" erfolgen. Da auf „anhängige" Rechtsstreitigkeiten abgestellt wird, muss der Verwalter bei **Aktivprozessen** bereits bei der Einreichung der Klage bei Gericht unterrichten, da es für die Anhängigkeit nicht auf die Zustellung, sondern nur auf den Eingang der Klage bei Gericht ankommt.[144] Bei **Passivprozessen** erhält der Verwalter erst durch die Zustellung und damit erst mit Rechtshängigkeit im Sinne des § 261 ZPO Kenntnis, so dass er auch erst ab diesem Zeitpunkt unterrichten kann. Nicht mehr unverzüglich ist eine Information der Eigentümer über die Klage eines Nachbarn erst nach der mündlichen Gerichtsverhandlung.[145]

16

Die Unterrichtung muss über jeden Rechtsstreit gemäß § 43 und nicht nur über Rechtsstreitigkeiten, die gegen den Verwalter anhängig sind, erfolgen.[146] Wegen der näheren Einzelheiten wird insoweit auf die Kommentierungen zu § 43, insbesondere ab Rn. 5, Bezug genommen. Auch **einstweilige Verfügungsverfahren** fallen im Anwendungsbereich des § 43 hier unter den Begriff des Rechtsstreits.[147] Eine Informationspflicht des Verwalters besteht aber nur dann, wenn den Wohnungseigentümern ein gesteigertes **Informationsbedürfnis** zukommt. Ein solches ist dann anzunehmen, wenn sie am Verfahren beteiligt sind, oder dies für sie möglich wäre. Es besteht dagegen nicht bei Geltendmachung von Wohngeldrückständen gegen einzelne Wohnungseigentümer.[148]

Das Informationsbedürfnis besteht aber, wenn der Nachbar Klage gegen die Eigentümer der WEG erhoben und Beseitigung des Efeubewuchses sowie Zahlung eines Schadensersatzes verlangt hat.[149]

---

142 Siehe genauer zur Außenhaftung der Wohnungseigentümer: § 10 Rn. 57 ff. (insbesondere Rn. 59 und 60).
143 Siehe zur Nebenintervention § 48 Rn. 11.
144 Siehe dazu *Thomas/Putzo-Reichold*, ZPO, § 261 Rn. 1.
145 AG Bonn v. 3.11.2009 – 27 C 44/09, ZWE 2010, 292.
146 BGH v. 14.5.2009 – V ZB 172/08, ZWE 2009, 306; BT-Drucks. 16/3843, S. 52.
147 Wie hier: *Palandt-Bassenge*, WEG § 27 Rn. 11.
148 LG München I v. 17.12.2009 – 36 S 4853/09, ZWE 2010, 219.
149 AG Bonn v. 3.11.2009 – 27 C 44/09, ZWE 2010, 292.

Das Gesetz regelt nicht, in welcher **Form** und mit welchem **Inhalt** der Verwalter unterrichten muss, so dass dem Verwalter insoweit ein Ermessensspielraum offensteht. Der Verwalter kann etwa Ablichtungen der Klageschrift an alle Wohnungseigentümer übersenden. Er kann aber auch nur eine Nachricht mit kurzer Angabe des Gegenstandes übermitteln und darauf hinweisen, dass die Unterlagen beim Verwalter zur Einsicht ausliegen. Bei kleineren Anlagen mag auch eine mündliche Unterrichtung oder ein Aushang möglich und ausreichend sein. Entscheidend ist letztlich, dass jedem Eigentümer eine Prüfung möglich wird, ob er sich gegebenenfalls als Nebenintervenient am Verfahren beteiligen will.

Soweit **Kosten** (etwa für Porto, Fotokopien) für die Unterrichtung anfallen, sind dies Kosten sonstiger Verwaltung[150] im Sinne des § 16 Abs. 2. Eine Sondervergütung für seinen zusätzlichen Aufwand bei der Unterrichtung erhält der Verwalter jedoch nur, wenn eine solche wirksam im Verwaltervertrag vereinbart[151] oder ein Beschluss nach § 21 Abs. 7 gefasst wurde.[152]

h) Nr. 8: Erklärungen zu Maßnahmen nach § 21 Abs. 5 Nr. 6 (Fernsprecheinrichtung, Rundfunk, Energieversorgung)

17 Nr. 8 betrifft Maßnahmen, die in § 21 Abs. 5 Nr. 6 bezeichnet sind. Wie bei § 21 Rn. 67 dargestellt wurde, sind damit nur Maßnahmen im Bereich des **gemeinschaftlichen Eigentums**, nicht aber solche im Sondereigentum erfasst. Wegen der weiteren Einzelheiten zu den möglichen Maßnahmen wird auf § 21 Rn. 68 ff. Bezug genommen.

Der Verwalter ist in diesem Bereich (im Innenverhältnis[153]) berechtigt und verpflichtet, die erforderlichen Erklärungen abzugeben. Eine Erklärung könnte etwa gegenüber einem Telefon- oder Breitbandkabelanbieter erforderlich werden, wenn diese einen Telefon- oder Kabelanschluss errichten wollen und dafür Anschlussstellen einrichten sowie Leitungen durch das Gemeinschaftseigentum legen müssen. Der Gesetzgeber geht davon aus, dass so genannte „Eigentümererklärungen" gemeinschaftsbezogen sind und künftig nur noch vom teilrechtsfähigen Verband abgegeben werden können.[154]

III. Absatz 2: Vertretung der Wohnungseigentümer

1. Verwalter

18 Absatz 2 bezieht sich nur auf Rechte des Verwalters im **Außenverhältnis**. Verwalter ist, wer wirksam bestellt und nicht abberufen worden ist.[155] Auf das Vorliegen eines Verwaltervertrages[156] kommt es nicht an. Ist kein Ver-

---

150 Siehe dazu § 16 Rn. 18.
151 Siehe dazu § 26 Rn. 36 ff. (insbesondere Rn. 43f.).
152 Siehe dazu § 21 Rn. 83 ff.
153 Zu Rechtswirkungen im Außenverhältnis siehe unten Rn. 36.
154 BT-Drucks. 16/3834, S. 52.
155 LG Hamburg v. 11. 2. 2009 – 318 S 88/08, ZMR 2009, 794; siehe näher zur Verwalterbestellung: § 26 Rn. 7 ff.
156 Siehe zum Verwaltervertrag § 26 Rn. 36 ff.

walter bestellt oder ist er im Einzelfall von der Vertretung ausgeschlossen[157], müssen nach den allgemeinen Regeln der §§ 741 ff. BGB über die Gemeinschaft die Wohnungseigentümer selbst handeln.[158]

2. Berechtigung

Nach Abs. 2 ist der Verwalter **berechtigt**, im **Außenverhältnis** tätig zu werden. 19

Wie bereits bei Rn. 3 oben dargestellt, ist der Verwalter im Innenverhältnis auch **verpflichtet**, von der in Abs. 2 begründeten Vertretungsmacht[159] Gebrauch zu machen, wenn dies zur Erfüllung der Aufgaben erforderlich ist.[160]

3. Im Namen aller Wohnungseigentümer und mit Wirkung für und gegen sie

Durch die an den Wortlaut des § 164 Abs. 1 BGB angepasste Formulierung, 20 dass der Verwalter im Namen aller Wohnungseigentümer und mit Wirkung für und gegen sie (im Außenverhältnis) tätig werden kann, regelt dieser Absatz die **gesetzliche Vertretungsmacht** nach außen.[161]

Abs. 2 regelt bestandsfest (siehe Abs. 4) den gesetzlichen **Mindestvertretungsrahmen** des Verwalters für die Wohnungseigentümer. Der Verwalter kann aber nicht durch Mehrheitsbeschluss ermächtigt werden, für eine im Gemeinschaftseigentum stehende Fläche eine **Auflassungserklärung** zugunsten eines Dritten abzugeben, auch wenn sich alle Wohnungseigentümer individualvertraglich dazu verpflichtet haben. Eine **Erweiterung** der Vertretungsmacht ist zwar zulässig, erfordert hier jedoch, bezogen auf einzelne Wohnungseigentümer, eine individuelle rechtsgeschäftliche Vollmacht.[162]

Die gesetzliche Vertretungsmacht erstreckt sich zunächst auf **alle** derzeitigen **Wohnungseigentümer**.[163] Sie gilt aber auch für die aus der Gemeinschaft ausgeschiedenen Wohnungseigentümer jedenfalls insofern und solange fort, als gemeinschaftliche Verpflichtungen der Wohnungseigentümer gegenüber Dritten aus der Zeit ihrer Zugehörigkeit zur Bruchteilsgemeinschaft abzuwickeln sind.[164] Falls nicht die in Bruchteilsgemeinschaft verbundenen Wohnungseigentümer betroffen sind sondern die Gemeinschaft als teilrechtsfähiger Verband, ergibt sich die Vertretungsmacht im Außenverhältnis nicht aus Abs. 2 sondern aus Abs. 3.[165]

Die gesetzliche Vertretungsmacht unterliegt jedoch den **Beschränkungen** durch die allgemeinen Vorschriften. So kann etwa der Verwalter nach § 181 BGB bei einem Rechtsgeschäft zwischen ihm und der Bruchteilsgemein-

---

157 Siehe dazu unten Rn. 20.
158 Vergleiche: BGH v. 4.5.1955 – IV ZR 185/54, WM 1955, 908 (zum fehlenden Klagerecht eines Gesellschafters); ebenso: *Palandt-Bassenge*, WEG § 27 Rn. 13.
159 Siehe dazu sogleich Rn. 20.
160 BT-Drucks. 16/3843, S. 52.
161 BT-Drucks. 16/887, S. 70.
162 OLG München v. 22.1.2010 – 34 Wx 125/09, NJW 2010, 1467.
163 Siehe dazu auch oben Rn. 15; zu einer Ausnahme siehe unten Rn. 24.
164 BGH v. 25.9.1980 – VII ZR 276/79, NJW 1981, 282.
165 Siehe dazu unten Rn. 29 ff.

schaft (**Insichgeschäft**) nicht auch als Vertreter der Wohnungseigentümer tätig werden. Etwas anderes gilt nur dann, wenn der Verwalter – etwa durch wirksamen Beschluss – von § 181 BGB befreit wurde.[166]

4. Nr. 1: Entgegennahme von Willenserklärungen und Zustellungen

21 Nr. 1 berechtigt den Verwalter, Willenserklärungen und Zustellungen **entgegenzunehmen**. Nicht erfasst sind dagegen die Abgabe einer Willenserklärung oder das Bewirken einer Zustellung.[167]

Eine empfangsbedürftige **Willenserklärung** wird nach §§ 130 Abs. 1 BGB in Verbindung mit § 164 Abs. 3 BGB gegenüber den Wohnungseigentümern mit dem Zugang der Erklärung beim Verwalter wirksam. Da der Verwalter auch **Zustellungen** entgegennehmen kann, können Zustellungen an die Wohnungseigentümer auch an den Verwalter erfolgen. Eine Zustellung ist die in gesetzlicher Form zu bewirkende und zu beurkundende Bekanntgabe von schriftlichen Erklärungen und Entscheidungen.[168] Eine Zustellung erfolgt in allen gerichtlichen und behördlichen Verfahren und nach § 132 BGB auch auf Veranlassung desjenigen hin, der eine Willenserklärung abgegeben hat.[169] Die Zustellung selbst erfolgt nach den Vorschriften der §§ 166ff. ZPO. Eine wichtige Spezialvorschrift stellt in diesem Zusammenhang § 45 Abs. 1 dar. Wegen der näheren Einzelheiten wird auf die dortigen Kommentierungen Bezug genommen.

Die Bevollmächtigung zur Entgegennahme besteht jedoch nur, „soweit sie (Willenserklärungen und Zustellungen) an alle Wohnungseigentümer in dieser Eigenschaft gerichtet sind". Dies bedeutet aber nicht, dass im Einzelfall die Willenserklärung oder Zustellung auch tatsächlich alle Wohnungseigentümer betreffen muss. Dem mit der Vorschrift verfolgten Zweck entsprechend genügt es, wenn die Willenserklärung oder Zustellung gegen alle Wohnungseigentümer gerichtet sein könnte, weil sie eine **Angelegenheit der Bruchteilsgemeinschaft** betrifft.[170] Betrifft dagegen die Willenserklärung oder Zustellung eine Angelegenheit des einzelnen Wohnungseigentümers, ist sie von der Vertretungsmacht nicht umfasst. Keine Probleme ergeben sich, wenn die Gemeinschaft als Verband Empfänger ist, da in diesem Fall Abs. 3 Nr. 1 eingreift.[171]

So wird etwa die Klagefrist des § 46 Abs. 1 Satz 2 durch die Zustellung der Anfechtungsklage an den Verwalter der WEG gewahrt.[172] Da die Stellung als Zustellungsbevollmächtigter an die tatsächliche Verwalterstellung anknüpft, fällt sie weg, wenn die Bestellung abgelaufen ist.[173]

---

166 BayObLG v. 8.12.2004 – 2Z BR 080/04, WuM 2005, 145.
167 So auch: OLG Frankfurt/Main v. 2.12.2004 – 20 W 186/03, NJW-RR 2005, 1034 (zur Abgabe einer Willenserklärung).
168 *Zöller-Stöber*, ZPO, Vor § 166 Rn. 1; siehe genauer hierzu auch: *Thomas/Putzo-Hüßtege*, ZPO Vorbem. § 166 Rn. 2ff.
169 So: *Palandt-Bassenge*, WEG § 27 Rn. 14 (mit weiteren Nachweisen).
170 BGH v. 25.9.1980 – VII ZR 276/79, NJW 1981, 282 (zur Zustellung); VG Greifswald v. 12.8.2009 – 3 A 631/09 (zitiert nach juris).
171 Siehe dazu unten Rn. 33.
172 BGH v. 20.5.2011 – V ZR 99/10, ZWE 2011, 328.
173 LG Hamburg v. 11.2.2009 – 318 S 88/08, ZMR 2009, 794.

Obgleich das Gesetz an dieser Stelle keine Ausnahme vorsieht, ist die Vertretungsmacht auch bei Ziffer 1 in bestimmten Fällen **ausgeschlossen**. Für die Zustellung regelt dies ausdrücklich § 45 Abs. 1, wonach der Verwalter nicht Zustellungsvertreter ist, wenn er entweder als **Gegner** in dem Verfahren auftritt oder aber, wenn aufgrund des Streitgegenstandes die Gefahr besteht, der Verwalter werde die Wohnungseigentümer nicht sachgerecht unterrichten.

In der Praxis bedeutsam sind die Fälle, in denen bei der Entgegennahme von Willenserklärungen und Zustellungen die konkrete Gefahr einer **Interessenkollision** besteht, so dass zu befürchten ist, der Verwalter werde die Wohnungseigentümer nicht zuverlässig unterrichten.[174] So fehlt etwa die Vertretungsmacht, wenn die Wirksamkeit des Verwaltervertrages und damit die Rechte und Pflichten des Verwalters den Gegenstand des Verfahrens bilden.[175] In derartigen Fällen kann eine Zustellung nach § 45 Abs. 2 an den bestellten oder nach § 45 Abs. 3 an einen vom Gericht zu bestellenden **Ersatzzustellungsvertreter**[176] erfolgen. Siehe zum Ausschluss des Verwalters als Zustellungsbevollmächtigter auch § 45 Rn. 7 und Rn. 8.

Hat der Verwalter eine Willenserklärung oder eine Zustellung entgegengenommen, ist er **verpflichtet**, die Eigentümer hiervon unverzüglich zu unterrichten. Diese Verpflichtung ergibt sich zwar nicht aus § 27, wohl aber aus dem Verwaltervertrag (§§ 675, 666 BGB)[177] oder, wenn ein solcher fehlt, aus den Vorschriften über die Geschäftsbesorgung ohne Auftrag (§§ 681, 666 BGB).

5. Nr. 2: Maßnahmen zur Abwendung von Nachteilen

Nach Nr. 2 hat der Verwalter Vertretungsmacht für **Eilmaßnahmen**, die zur Abwendung eines Nachteils für die Wohnungseigentümer erforderlich sind. Dies zeigt die beispielhafte Aufzählung des Gesetzes, wonach die Maßnahme zur „Wahrung einer Frist" oder zur „Abwendung eines sonstigen Rechtsnachteils" erforderlich sein muss. Diese Vorschrift betrifft jedoch nur die rechtsgeschäftliche oder prozessuale Vertretung der Wohnungseigentümer in besonderen Fällen, in denen ein unverzügliches Handeln erforderlich ist, um Rechtsnachteile für die Wohnungseigentümer abzuwenden.[178] Ein Handeln des Verwalters ist allgemein dann erforderlich, wenn wegen der Kürze der zur Verfügung stehenden Zeit eine Willensbildung durch eine **Eigentümerversammlung** nicht herbeigeführt werden kann.[179]

Ein sonstiger, also nicht in einer Fristversäumnis liegender **Rechtsnachteil** kann etwa durch ein selbständiges Beweisverfahren nach §§ 485 ff. ZPO abgewendet werden, wenn ein Beweismittelverlust droht. Dies kann beispiels-

22

---

174 OLG Saarbrücken v. 9.11.2009 – 5 W 204/09, ZMR 2010, 708; OLG Köln v. 23.9.1998 – 16 Wx 137/98, WuM 1999, 301.
175 OLG Hamm v. 19.10.2000 – 15 W 133/00, NZM 2001, 49.
176 Siehe zum Ersatzzustellungsempfänger § 45 Rn. 9 ff.
177 BGH v. 25.9.1980 – VII ZR 276/79, NJW 1981, 282 (zur Zustellung); siehe zum Verwaltervertrag genauer § 27 Rn. 36 ff.
178 OLG Hamm v. 23.6.1994 – 15 W 76/94, WE 1995, 378.
179 OLG Düsseldorf v. 6.7.1994 – 3 Wx 456/92, ZMR 1994, 520.

weise dann der Fall sein, wenn wegen eines unmittelbar bevorstehenden Umbaus ohne das Beweisverfahren Baumängel gegen den Bauträger nicht mehr nachgewiesen werden könnten. Dabei wird jedoch jeweils zu überprüfen sein, ob es möglich gewesen wäre, eine Eigentümerversammlung zu diesem Punkt einzuberufen.

23 Als **Fristen** nach **materiellem Recht** kommen etwa Anfechtungsfristen (z.B. § 121 BGB), Verjährungsfristen (z.B. § 195 BGB) oder Gewährleistungsfristen (z.B. § 634a BGB) in Betracht. Es ist zu erwarten, dass die materiellen Fristen in der Praxis für Abs. 2 kaum noch Bedeutung haben werden, da nach § 10 Abs. 6 Satz 3 die teilrechtsfähige Gemeinschaft auch die gemeinschaftsbezogenen Rechte und Pflichten der Wohnungseigentümer ausübt bzw. wahrnimmt.[180]

Als Fristen aus dem **Prozessrecht** seien beispielhaft die Klageerwiderungsfrist (§ 275 Abs. 1 Satz 1 ZPO) und die Berufungsfrist (§ 517 ZPO) genannt.

24 Eine in der Praxis zentrale Rolle wird die **gesetzliche Vertretungsmacht** des Verwalters bei den **Passivprozessen** gemäß § 43 Nr. 1 (Binnenstreitigkeiten)[181], Nr. 4 (Beschlussanfechtungsklagen, Nichtigkeitsfeststellung)[182] oder Nr. 5 (Außenstreitigkeiten)[183] spielen.

Durch die Formulierung „... erforderlich sind, insbesondere einen ... Rechtsstreit ... zu führen" wird davon auszugehen sein, dass nach dem Willen des Gesetzgebers bei den genannten Passivprozessen die Prozessführung durch den Verwalter immer als erforderlich anzusehen ist. Die Vorschrift enthält also eine gesetzliche Vermutung, dass die Führung von Passivprozessen nach § 43 Nr. 1, 4 und 5 eine objektiv erforderliche Maßnahme zur Nachteilsabwehr darstellt.[184] Die zum alten Recht (§ 27 Abs. 2 Nr. 4 WEG a.F.) ergangene Rechtsprechung, wonach auch bei der Prozessführung im Einzelfall die Voraussetzungen der Eilbedürftigkeit geprüft werden mussten[185] und wo zumindest fraglich war, ob ein zulässig eingelegtes Rechtsmittel wieder unzulässig wurde, wenn keine Entscheidung der Eigentümer zur Weiterführung des Rechtsstreits vorlag[186], ist daher nach der hier vertretenen Auffassung durch die Gesetzesänderung überholt.

Der BGH hat nunmehr klargestellt, dass die gesetzliche Befugnis des Verwalters gemäß § 27 Abs. 2 Nr. 2 es mit umfasst, das **Beschlussanfechtungsverfahren** im Namen aller Wohnungseigentümer mit Wirkung für und gegen sie zu führen.[187] Der Verwalter kann in diesen Fällen entweder selbst

---

180 Siehe dazu genauer § 10 Rn. 43 ff.
181 Siehe dazu § 43 Rn. 5 ff. und § 48 Rn. 2.
182 Siehe dazu § 43 Rn. 26 und § 46 Rn. 2 ff.
183 Siehe dazu § 43 Rn. 28 ff.
184 LG Karlsruhe v. 11.5.2010 – 11 S 9/08, ZWE 2010, 377; so wohl auch: BT-Drucks. 16/887, S. 70; BT-Drucks. 16/3843, S. 53.
185 Etwa: OLG Hamm v. 29.4.2004 – 15 W 121/04, ZMR 2004, 856.
186 Die weitere Zulässigkeit wurde etwa bejaht von: OLG Frankfurt/Main v. 12.7.2004 – 20 W 92/02, OLGR Frankfurt 2005, 24; OLG Saarbrücken v. 5.3.2002 – 5 W 230/01, OLGR Saarbrücken 2002, 316.
187 BGH v. 5.7.2013 – V ZR 241/12, NZM 2013, 653; BGH v. 16.7 2009 – V ZB 11/09, ZWE 2009, 393.

die Vertretung übernehmen oder auch einen **Anwalt beauftragen**, der dann die Wohnungseigentümer vertritt.[188] In diesem Fall vertritt der Rechtsanwalt in dem Prozess gegen die übrigen Wohnungseigentümer mehrere Personen, sodass ihm auch die Mehrvertretungsgebühr nach Nr. 1008 RVG-VV zusteht.[189] Wenn Beschlussanfechtungsklagen zu erwarten sind, können im Gesamt- und in den **Einzelwirtschaftsplänen** entsprechende Beträge angesetzt werden, um den Verwalter in die Lage zu versetzen, die **Vorschüsse** für die Rechtsanwaltsgebühren zu bezahlen. Fehlen Anhaltspunkte für Beschlussanfechtungen, kann der Verwalter ermächtigt werden, dennoch erforderlich werdende Vorschüsse aus den nicht für spezielle Zwecke bestimmten Gemeinschaftsmitteln zu entnehmen. Eine solche **Ermächtigung** ist zulässig.[190] Zwar hat der BGH ausdrücklich nur den Fall entschieden, in dem noch kein Beschlussanfechtungsverfahren anhängig war. Nach der hier vertretenen Meinung kann der Verwalter aber auch dann, wenn kein Ansatz im Wirtschaftsplan und keine beschlussmäßige Ermächtigung vorliegt, die zur Verteidigung erforderlichen Kosten aus gemeinschaftlichen Mitteln bestreiten. Wäre er auf die tatsächliche Zahlung durch die verklagten übrigen Eigentümer angewiesen, würde wohl in einer Vielzahl der Fälle eine Beauftragung eines Rechtsanwalts nicht möglich sein, da seine berechtigte Vorschussanforderung nicht (vollständig) beglichen werden könnte. Dies würde aber die Befugnis und auch Verpflichtung aus Abs. 2 Nr. 2 unterlaufen. Wie der BGH in der Entscheidung auch ausführt, liegt durch die Begleichung von Vorschüssen aus Gemeinschaftsmitteln auch keine nicht hinnehmbare Benachteiligung des Anfechtungsklägers vor, da in der Jahresabrechnung die Kosten nur auf die übrigen Eigentümer umgelegt werden dürfen.[191]

Hat der Verwalter einen Anwalt beauftragt, steht es einzelnen Eigentümern frei, selbst einen weiteren Rechtsanwalt mit ihrer Prozessvertretung zu beauftragen; sie können dann im Regelfall aber nicht mit einer Kostenerstattung rechnen.[192]

Die Vertretungsmacht erfasst alle Passivprozesse gemäß § 43 Nr. 1, Nr. 4 oder Nr. 5, auch wenn etwa bei Anfechtungsklagen mehrere Eigentümer als Kläger auftreten und damit der Verwalter nicht im Namen „aller[193]" Wohnungseigentümer handelt.[194] Da die Vertretungsmacht nur die beklagten Wohnungseigentümer („gegen") erfasst, kann der Verwalter nach Nr. 2 nicht die Beigeladenen oder die als Nebenintervenienten[195] beigetretenen Wohnungseigentümer vertreten.

Wie bereits bei Rn. 21 zur Entgegennahme von Willenserklärungen und Zustellungen ausgeführt, ist in diesem Bereich die Vertretungsmacht ausgeschlossen, wenn der Verwalter **Gegner** der Wohnungseigentümer ist oder

---

188 BGH v. 14. 5. 2009 – V ZB 172/08, ZWE 2009, 306.
189 BGH v. 15. 9. 2011 – V ZB 39/11, ZWE 2012, 29.
190 BGH v. 17. 10. 2014 – V ZR 26/14, ZWE 2015, 91.
191 Siehe hierzu auch: § 16 Rn. 81.
192 BGH v. 16. 7. 2009 – V ZB 11/09, ZWE 2009, 393.
193 Siehe dazu oben Rn. 20.
194 BT-Drucks. 16/3843, S. 53.
195 Siehe dazu § 48 Rn. 11 f.

wenn die konkrete Gefahr von einer **Interessenkollision** besteht. Der **Ausschluss** der Vertretungsmacht muss aber bei Nr. 2 erst recht gelten, da nicht verständlich wäre, dass der Verwalter zwar im von ihm angestrengten Anfechtungsprozess keine Zustellungen entgegennehmen, er aber die Eigentümer vertreten und beispielsweise ein Anerkenntnis abgeben könnte.

Es wird daher hier auf die Ausführungen oben bei Rn. 21 und bei § 45 Rn. 7 und Rn. 8 Bezug genommen.

25 Der Verwalter ist berechtigt, die bei Rn. 24 angesprochenen Passivprozesse „im Erkenntnis- und Vollstreckungsverfahren zu führen". Zum **Erkenntnisverfahren** gehört neben dem erstinstanzlichen Verfahren auch das Rechtsmittelverfahren. Soweit in diesen Bereichen ein einstweiliges Verfügungsverfahren oder ein Mahnverfahren gegen die Wohnungseigentümer durchgeführt wird, erstreckt sich die gesetzliche Vertretungsmacht des Verwalters auch auf diese. Wenn sich an die genannten Passivprozesse ein **Vollstreckungsverfahren** anschließt, erfasst die Vertretungsmacht auch dieses. Zum Vollstreckungsverfahren gehören auch die dort möglichen Rechtsmittelverfahren. Das Vollstreckungsverfahren kann gegen die Wohnungseigentümer oder auch von diesen (wegen der Kosten) geführt werden. Der Verwalter kann jedoch im Vollstreckungsverfahren nicht für die Wohnungseigentümer eine eidesstattliche Versicherung gemäß §§ 807, 899 ZPO abgeben.[196] Zur Verfahrensführung („zu führen") gehört neben der oben genannten Führung des erstinstanzlichen oder **Rechtsmittelverfahrens** auch die **Beauftragung** eines **Rechtsanwalts**.[197] Der in erster Instanz bevollmächtigte Verwalter ist auch zur Einlegung der **Berufung** ohne weiteren Eigentümerbeschluss bevollmächtigt.[198] Die Eigentümer können zwar beschließen, dass ein Berufungsverfahren nicht durchgeführt wird, so dass eine bereits eingelegte Berufung zurückzunehmen ist. Auch ein solcher Beschluss führt aber nicht zum (rückwirkenden) Wegfall der Vollmacht.[199] Die Eigentümer können aber im Innenverhältnis auch die Einberufung einer Eigentümerversammlung verlangen und dem Verwalter **Weisungen** erteilen.[200]

Da der Gesetzgeber keine Einschränkung der gesetzlichen Vertretungsmacht vorgenommen hat, kann der Verwalter nach der hier vertretenen Meinung[201] im Prozess alle erforderlichen Erklärungen abgeben oder (durch den Prozessvertreter) abgeben lassen. Anders als nach der alten Rechtslage kann der Verwalter daher auch ein **Anerkenntnis** abgeben oder einen **Vergleich** abschließen.[202] Die Befugnis, eine **Widerklage** zu erheben, fällt nicht

---

196 BT-Drucks. 16/3843, S. 53 unter Berichtigung von BT-Drucks. 16/887, S. 70; zur Abgabe der eidesstattlichen Versicherung für den Verband siehe Rn. 34.
197 BGH v. 14.5.2009 – V ZB 172/08, ZWE 2009, 306; OLG Frankfurt/Main v. 12.7.2004 – 20 W 92/02, OLGR Frankfurt 2005, 24; OLG Saarbrücken v. 5.3.2002 – 5 W 230/01, OLGR Saarbrücken 2002, 316.
198 LG München I v. 3.8.2015 – 1 S 14812/14 (bisher nicht veröffentlicht).
199 LG München I v. 19.10.2009 – 1 S 4851/09, ZWE 2010, 48.
200 BGH v. 5.7.2013 – V ZR 241/12, NZM 2013, 653; LG Frankfurt v. 5.8.2015 – 2-13 S 32/13, ZWE 2015, 458.
201 Siehe dazu oben Rn. 24.
202 Wie hier: *Riecke/Schmid-Abramenko*, § 27 Rn. 48; a.A.: *Hügel/Elzer*, § 11 Rn. 89 (für Vergleich).

unter Nr. 2, sondern unter Nr. 3[203], da insoweit Ansprüche der Wohnungseigentümer gerichtlich geltend gemacht werden.

Überschreitet der Verwalter bei der nach außen wirksamen Prozessführung (etwa beim Abschluss eines Vergleichs) seine im Innenverhältnis bestehenden Rechte, können **Schadensersatzansprüche** wegen Pflichtverletzung entstehen. Insoweit wird auf die Kommentierung § 26 Rn. 45 ff. Bezug genommen.

Soweit der Verwalter **Rechtsangelegenheiten** erledigt, die in unmittelbarem Zusammenhang mit der Verwaltung stehen, liegt darin nach § 5 Abs. 1 i. V. m. Abs. 2 Nr. 2 Rechtsdienstleistungsgesetz eine erlaubte Tätigkeit.[204] Dies gilt auch für die Prozessführung durch den Verwalter.[205]

6. Nr. 3: Geltendmachung von Ansprüchen

Es erscheint zweifelhaft, ob Nr. 3 eine praktische Bedeutung gewinnen wird.[206] Die Geltendmachung von Ansprüchen im Namen aller Wohnungseigentümer wird wohl allenfalls in Ausnahmefällen vorkommen, da nach § 10 Abs. 6 Satz 3 die Gemeinschaft als teilrechtsfähiger Verband die gemeinschaftsbezogenen Rechte der Wohnungseigentümer geltend macht.[207] Insoweit ist aber nicht Abs. 2 sondern allenfalls Abs. 3 Nr. 7 einschlägig.[208] Die bisher hierzu ergangene Rechtsprechung betrifft derartige Fälle (in denen also die Gemeinschaft als Verband klagte).[209]

26

In seinem Geltungsbereich gibt Nr. 3 eine **gesetzliche Vertretungsmacht**, Ansprüche gerichtlich und außergerichtlich geltend zu machen. Zu den in Betracht kommenden Ansprüchen wird auf die Kommentierung zu § 10 Rn. 43 ff. verwiesen. Nicht erfasst wird von der Vertretungsmacht die Durchsetzung ausschließlich individueller Ansprüche einzelner Wohnungseigentümer.[210]

Die Ansprüche werden **außergerichtlich** etwa durch Mahnungen[211] oder auch durch die Erklärung einer Aufrechnung[212] geltend gemacht. Die **gerichtliche** Geltendmachung erfolgt im Klageweg[213] oder durch das gerichtliche Mahnverfahren.[214]

---

203 Siehe dazu sogleich Rn. 26.
204 Das Gesetz über außergerichtliche Rechtsdienstleistungen (Rechtsdienstleistungsgesetz), BGBl. I 2007, 2840, ist am 1. 7. 2008 in Kraft getreten und hat das bis dahin geltende Rechtsberatungsgesetz ersetzt; eine inhaltliche Änderung ist insoweit für die Wohnungseigentumsverwalter nicht eingetreten.
205 BGH v. 6. 5. 1993 – V ZB 9/92, NJW 1993, 1924 (zu einem Aktivprozess und noch zum Rechtsberatungsgesetz).
206 Wie hier zweifelnd: *Riecke/Schmid-Abramenko*, § 27 Rn. 50; *Jennißen-Heinemann*, § 27 Rn. 77.
207 Siehe dazu näher § 10 Rn. 43 ff.
208 Siehe dazu unten Rn. 40 ff.
209 OLG München v. 11. 8. 2009 – 9 U 1776/09, BauR 2010, 1609; OLG München v. 3. 8. 2009 – 21 U 2666/09, ZMR 2010, 222.
210 So auch: *Palandt-Bassenge*, WEG § 27 Rn. 16.
211 Siehe zum Innenverhältnis insoweit oben Rn. 10.
212 Siehe zum Innenverhältnis insoweit oben Rn. 11.
213 Siehe dazu § 43 Rn. 5 ff.
214 Siehe dazu § 43 Rn. 32.

27 Die Vertretungsmacht ergibt sich für die Geltendmachung von Ansprüchen, anders als bei Nr. 2, nicht unmittelbar aus dem Gesetz. Voraussetzung ist vielmehr („sofern"), dass der Verwalter zur Geltendmachung durch **Vereinbarung**[215] **oder Mehrheitsbeschluss** („Beschluss mit Stimmenmehrheit der Wohnungseigentümer")[216] ermächtigt ist.[217] Auch wenn das Gesetz den **Verwaltervertrag**[218] nicht erwähnt, wird sich in der Praxis die Vertretungsmacht meist unmittelbar aus diesem ergeben.

Wenn danach eine Vertretungsmacht vorliegt, umfasst diese die gerichtliche Geltendmachung von Ansprüchen bis zur Befriedigung des sachlichen Verfolgungsinteresses; sie gilt für alle Instanzen einschließlich der Einlegung von Rechtsmitteln und ist analog den Grundsätzen zum Umfang der Prozessvollmacht gem. §§ 81–87 ZPO zu beurteilen.[219]

Die Formulierung des Gesetzes, „im Namen aller Wohnungseigentümer" umfasst sowohl die Möglichkeit der Bevollmächtigung, wie auch grundsätzlich die Verfahrensstandschaft des Verwalters, also die Geltendmachung des Anspruchs im eigenen Namen.[220] Im Prozess können daher zum einen alle Wohnungseigentümer Kläger und der Verwalter Bevollmächtigter sein; zum anderen könnte aber der Verwalter auch selbst (als **Prozessstandschafter**) Kläger sein. Auch hier wird aber die Entscheidung des BGH vom 28. 1. 2011, die zwar zu einer Klage des Verwalters für die Gemeinschaft als Verband ergangen ist, zu beachten sein. Macht demnach der Verwalter Ansprüche der Wohnungseigentümer im eigenen Namen geltend, kann das für eine gewillkürte Prozessstandschaft erforderliche **schutzwürdige Eigeninteresse** nicht mehr aus der sich aus dem Wohnungseigentumsgesetz ergebenden Rechts- und Pflichtenstellung des Verwalters hergeleitet werden.[221] Das schutzwürdige Eigeninteresse wird daher, wie auch in den sonstigen Fällen, nur dann bejaht werden können, wenn die Entscheidung die eigene Rechtslage des Verwalters beeinflusst.[222]

Soweit der Verwalter **Rechtsangelegenheiten** erledigt, die in unmittelbarem Zusammenhang mit der Verwaltung stehen, liegt darin nach § 5 Abs. 1 i.V.m. Abs. 2 Nr. 2 Rechtsdienstleistungsgesetz eine erlaubte Tätigkeit.[223] Dies gilt auch für die Prozessführung durch den Verwalter.[224]

---

215 Siehe dazu § 10 Rn. 9 ff.
216 Siehe dazu § 21 Rn. 22 und § 23 Rn. 19 ff.
217 BGH v. 3. 7. 2008 – V ZR 20/07, NZM 2008, 732.
218 Siehe dazu näher § 26 Rn. 36 ff.
219 LG Bad Kreuznach v. 16. 3. 2011 – 1 T 38/11, NJW-Spezial 2011, 449.
220 OLG München v. 19. 5. 2006 – 32 Wx 58/06, ZMR 2006, 647.
221 BGH v. 28. 1. 2011 – V ZR 145/10, ZWE 2011, 177.
222 *Thomas/Putzo-Hüßtege*, ZPO, § 51 Rn. 34.
223 Das Gesetz über außergerichtliche Rechtsdienstleistungen (Rechtsdienstleistungsgesetz), BGBl. I 2007, 2840, ist am 1. 7. 2008 in Kraft getreten und hat das bis dahin geltende Rechtsberatungsgesetz ersetzt; eine inhaltliche Änderung ist insoweit für die Wohnungseigentumsverwalter nicht eingetreten.
224 BGH v. 6. 5. 1993 – V ZB 9/92, NJW 1993, 1924 (noch zum Rechtsberatungsgesetz).

7. Nr. 4: Streitwertvereinbarungen

Nach dem Wortlaut des Gesetzes bezieht sich die Befugnis nach Nr. 4 auf einen Rechtsstreit gemäß § 43 Nr. 1 (Binnenstreitigkeiten)[225], Nr. 4 (Beschlussanfechtungsklagen, Nichtigkeitsfeststellung)[226] oder Nr. 5 (Außenstreitigkeiten).[227] Unproblematisch fallen hierunter die oben bei Rn. 24 und 25 dargestellten **Passivprozesse**. Ob insoweit auch **Aktivprozesse** erfasst sind, ist offen.[228] Obgleich Aktivprozesse aller Wohnungseigentümer (und nicht des Verbandes) wohl kaum zu erwarten sind[229], wird aus dem Gesetzeswortlaut wohl keine Einschränkung der Vertretungsmacht zu entnehmen sein. Nicht nur aufgrund der teilweise noch nicht geklärten Rechtslage empfiehlt es sich für einen Verwalter dringend, vor Abschluss einer Streitwertvereinbarung einen **Beschluss** der Eigentümer herbeizuführen. Da wegen § 16 Abs. 8 letztlich alle Wohnungseigentümer an den **Mehrkosten** zu beteiligen sind[230], kann davon ausgegangen werden, dass in der Praxis Streitigkeiten und die Geltendmachung von Schadensersatzansprüchen „vorprogrammiert" sind. Der Verwalter wird sich wohl häufig dem Vorwurf ausgesetzt sehen, dass die Vereinbarung von Mehrkosten nicht im Interesse der Wohnungseigentümer und letztlich auch nicht erforderlich war, da auch Rechtsanwälte gefunden hätten werden können, die alleine nach den gesetzlichen Vorschriften abrechnen.

28

In dem vorgenannten Bereich hat der Verwalter die gesetzliche Vertretungsmacht, für die Wohnungseigentümer[231] mit einem Rechtsanwalt zu **vereinbaren**, dass sich dessen Gebühren nach einem Streitwert bemessen, der über dem gesetzlichen Streitwert liegt. Der vereinbarte Streitwert darf jedoch den sich aus § 49a Abs. 1 Satz 1 GKG ergebenden („bestimmten") Streitwert (50 % des Interesses der Parteien und aller Beigeladenen) nicht übersteigen.

Wegen der weiteren Einzelheiten zur Berechnung des gesetzlichen Streitwerts nach § 49a GKG und des Streitwerts nach dessen Abs. 1 Satz 1 wird auf die Kommentierungen zu § 49a GKG verwiesen.

III. Absatz 3: Vertretung der Gemeinschaft

1. Allgemeines

Absatz 3 wurde neu in das Gesetz eingefügt.

29

Satz 1 klärt, in welchem Umfang der Verwalter zur Vertretung des teilrechtsfähigen **Verbands**[232] im **Außenverhältnis**[233] befugt ist. Obgleich nach

---

225 Siehe dazu § 43 Rn. 5 ff. und § 48 Rn. 2.
226 Siehe dazu § 43 Rn. 26 und § 46 Rn. 2 ff.
227 Siehe dazu § 43 Rn. 28 ff.
228 Verneinend: *Palandt-Bassenge*, WEG § 27 Rn. 20; bejahend: *Hügel/Elzer*, § 27 Rn. 93; offengelassen (aber im Ergebnis wie hier): *Jennißen-Heinemann*, § 27 Rn. 81.
229 Siehe oben Rn. 26.
230 Siehe näher hierzu § 16 Rn. 78 ff.
231 Zu Vereinbarungen für den Verband siehe unten Rn. 39.
232 Siehe zur Teilrechtsfähigkeit des Verbandes § 10 Rn. 36 ff.
233 Zum Innenverhältnis siehe zu Abs. 1 oben Rn. 2 bis 17; zum Außenverhältnis hinsichtlich der Bruchteilsgemeinschaft siehe oben zu Abs. 2 Rn. 18 bis 28.

§ 20 der Verwalter das **ausführende Organ**[234] des Verbandes ist, wurde ihm keine umfassende Vertretungsmacht eingeräumt. Die Neuregelung sieht vielmehr (wie schon nach altem Recht) **Einzelermächtigungen** in bestimmten Angelegenheiten vor, die den Verwalter in die Lage versetzen, die laufenden Angelegenheiten sowie dringliche Geschäfte für die Gemeinschaft zu erledigen. Damit ist unabhängig von den Vereinbarungen und Beschlüssen der Gemeinschaft und auch unabhängig von den jeweiligen Verwalterverträgen die Handlungsfähigkeit des Verbandes in wesentlichen Bereichen sichergestellt.[235]

In Satz 2 wird die Vertretung des Verbandes beim Fehlen oder bei der Verhinderung des Verwalters geregelt. Satz 3 ermöglicht eine Vertretungsregelung durch Mehrheitsbeschluss.

Bei der Vergabe von Bauleistungen oder beim Abschluss sonstiger auf eine Wohnungseigentumsanlage bezogener Verträge durch den Wohnungseigentumsverwalter ist, soweit sich aus den Umständen (§ 164 Abs. 1 Satz 2 BGB) nichts anderes ergibt, in der **Regel** davon auszugehen, dass der Verwalter **für** die Gemeinschaft als **Verband** handelt. Auf den Umfang der vergebenen Arbeiten kommt es dabei nicht an. Voraussetzung ist stets, dass dem Vertragspartner die Eigenschaft als Wohnungseigentumsverwalter offengelegt ist.[236]

Die **Vertretungsmacht** des Verwalters kann sich entweder unmittelbar aus § 27 oder aufgrund einer zulässigen **Delegation** von Befugnissen auf den Verwalter ergeben:

- Unmittelbar aus **§ 27 Abs. 3** (siehe dazu unten Rn. 30 ff.).
- Aus der **Gemeinschaftsordnung** oder sonstigen **Vereinbarungen** (siehe dazu unten Rn. 41 und ausführlicher § 10 Rn. 9 ff. – insbesondere Rn. 12 und Rn. 13).
- Aus einem **Beschluss** der Wohnungseigentümer (siehe dazu unten Rn. 42 zu den sonstigen Rechtsgeschäften).
- Aus dem **Verwaltervertrag** (siehe dazu unten Rn. 43 und eingehender § 26 Rn. 40).

2. Satz 1: Vertretungsmacht des Verwalters

a) Verwalter

30 Verwalter ist, wer wirksam bestellt und nicht abberufen worden ist.[237] Auf das Vorliegen eines Verwaltervertrages[238] kommt es nicht an.

b) Berechtigung

31 Nach Abs. 3 ist der Verwalter **berechtigt**, im **Außenverhältnis** tätig zu werden.

---

234 Siehe dazu § 20 Rn. 6 sowie BT-Drucks. 16/887, S. 71.
235 BT-Drucks. 16/887, S. 71.
236 BGH v. 8.1.2004 – VII ZR 12/03, NZM 2004, 559 (für Vergabe von Bauleistungen durch einen Hausverwalter).
237 Siehe näher zur Verwalterbestellung: § 26 Rn. 7 ff.
238 Siehe zum Verwaltervertrag § 26 Rn. 36 ff.

Wie bereits bei Rn. 3 oben dargestellt, ist der Verwalter im Innenverhältnis auch **verpflichtet**, von der in Abs. 3 begründeten Vertretungsmacht[239] Gebrauch zu machen, wenn dies zur Erfüllung der Aufgaben erforderlich ist.[240]

c) Im Namen der Gemeinschaft und mit Wirkung für und gegen sie

Durch die an den Wortlaut des § 164 Abs. 1 BGB angepasste Formulierung, dass der Verwalter im Namen der Gemeinschaft (teilrechtsfähiger **Verband**)[241] und mit Wirkung für und gegen sie (im Außenverhältnis) tätig werden kann, regelt dieser Absatz die **gesetzliche Vertretungsmacht** nach außen.[242]

32

Die gesetzliche Vertretungsmacht unterliegt jedoch den **Beschränkungen** durch die allgemeinen Vorschriften. So kann etwa der Verwalter nach § 181 BGB bei einem Rechtsgeschäft zwischen ihm und dem Verband **(In-sich-Geschäft)** nicht auch als Vertreter des Verbandes tätig werden. Etwas anderes gilt nur dann, wenn der Verwalter – etwa durch wirksamen Beschluss – von § 181 BGB befreit wurde.[243] Abs. 3 ist auch nicht anwendbar, wenn ein eindeutiger Fall der **Interessenkollision** vorliegt.[244] So kann etwa der Verwalter sich aus Mitteln der Gemeinschaft kein Darlehen gewähren, selbst wenn ihm das Selbstkontrahieren grundsätzlich gestattet ist.[245]

Siehe zu weiteren Einschränkungen sogleich Rn. 33 (mit weiteren Verweisen).

d) Nr. 1: Entgegennahme von Willenserklärungen und Zustellungen

Nach Nr. 1 ist der Verwalter bevollmächtigt, für den Verband Willenserklärungen und Zustellungen **entgegenzunehmen**. Da Nr. 1 der Regelung in Abs. 2 Nr. 1, 1. Hs. (dort für die Bruchteilsgemeinschaft) entspricht, gelten die dortigen Ausführungen (insbesondere: Gegner oder Interessenkollision) für den Verband sinngemäß. Insoweit wird auf die Kommentierungen oben zu Rn. 32, 21 und bei § 45 Rn. 7 und Rn. 8 Bezug genommen. Klarstellend sei hier nochmals darauf hingewiesen, dass dem Verwalter auch bei Abs. 3 Nr. 1 (ebenso wie bei Abs. 2 Nr. 1) nur die Vertretungsmacht zur **Entgegennahme**, nicht aber eine darüberhinausgehende Vertretungsmacht für ein aktives Tun (etwa: eine Willenserklärung abgeben oder eine Prozesshandlung vornehmen) zusteht.

33

e) Nr. 2: Maßnahmen zur Abwendung von Nachteilen

Absatz 3 Nr. 2 entspricht der in Abs. 2 Nr. 2 für die Bruchteilsgemeinschaft fast wortgleichen Regelung, wobei lediglich an Stelle der Worte „gegen die Wohnungseigentümer" die Worte „gegen die Gemeinschaft" getreten sind. Bei Abs. 3 Nr. 2 ist zudem ein Rechtsstreit nach § 43 Nr. 4 nicht angespro-

34

---

239 Siehe dazu sogleich Rn. 32.
240 BT-Drucks. 16/3843, S. 52.
241 Siehe zur Teilrechtsfähigkeit des Verbandes § 10 Rn. 36 ff.
242 BT-Drucks. 16/887, S. 70.
243 BayObLG v. 8. 12. 2004 – 2Z BR 080/04, WuM 2005, 145.
244 OLG Düsseldorf v. 6. 7. 1994 – 3 Wx 456/92; ZMR 1994, 520 (zu einer Zustellung).
245 BVerwG v. 6. 12. 1994 – 1 B 234/94, DÖV 1995, 643.

chen, da der Verband an Beschlussanfechtungsverfahren nicht beteiligt ist. Statt eines Rechtsstreits nach § 43 Nr. 1 (bei Abs. 2) gibt Abs. 3 eine Vertretungsmacht bei Rechtsstreitigkeiten gemäß § 43 Nr. 2 (Streitigkeiten zwischen Gemeinschaft und Wohnungseigentümer).[246]

Hinsichtlich der zu treffenden Maßnahmen, die zur Wahrung einer **Frist** oder zur Abwendung eines sonstigen **Rechtsnachteils** erforderlich sind, gelten die Ausführungen oben bei Rn. 22 und 23 hier ebenfalls.

Mit den oben bei Rn. 24 dargestellten Erwägungen ist bei den in Nr. 2 genannten **Passivprozessen** („gegen") die Prozessführung durch den Verwalter immer als erforderlich anzusehen. Wie dort dargestellt, erstreckt sich auch hier die gesetzliche Vertretungsmacht nur auf die Gemeinschaft als teilrechtsfähiger **Verband**[247], nicht aber auf die Beigeladenen oder die als Nebenintervenienten[248] beigetretenen Wohnungseigentümer.

Die Vertretungsmacht ist aber ausgeschlossen, wenn im Prozess der Verwalter als Gegner des Verbandes auftritt oder wenn eine Interessenkollision vorliegt. Es wird daher hier auf die sinngemäß geltenden Ausführungen oben bei Rn. 32, 21 und Rn. 24 sowie auf die Kommentierungen bei § 45 Rn. 7 und Rn. 8 Bezug genommen.

Wegen der näheren Einzelheiten zu den Rechtsstreiten gemäß § 43 Nr. 2 (Streit zwischen Gemeinschaft und Wohnungseigentümer) und § 43 Nr. 5 **(Außenstreitigkeiten)** wird auf die Kommentierungen zu § 43 Rn. 17 und Rn. 28 ff. verwiesen.

Der in erster Instanz bevollmächtigte Verwalter ist im Aktivprozess auch zur Einlegung der **Berufung** ohne weiteren Eigentümerbeschluss bevollmächtigt. Die Eigentümer können zwar beschließen, dass ein Berufungsverfahren nicht durchgeführt wird, so dass eine bereits eingelegte Berufung zurückzunehmen ist. Auch ein solcher Beschluss führt aber nicht zum (rückwirkenden) Wegfall der Vollmacht.[249]

Die Ausführungen bei Rn. 25 zu den Begriffen Erkenntnis- und Vollstreckungsverfahren sowie zur Verfahrensführung („zu führen") haben weitgehend auch hier Geltung. Anders als bei der Bruchteilsgemeinschaft nach Abs. 2 kann und muss ggf. der Verwalter im Vollstreckungsverfahren gegen den **Verband** aufgrund seiner gesetzlichen Vertretungsmacht eine **eidesstattliche Versicherung** gemäß §§ 807, 899 ZPO für den Verband abgeben.[250] Dies gilt auch dann, wenn die Gemeinschaft dem Verwalter durch Mehrheitsbeschluss die Abgabe der eidesstattlichen Versicherung untersagt hat. Die gesetzliche Vertretungsmacht in § 27 Abs. 3 Satz 1 Nr. 2 erfasst ausnahmslos auch das Vollstreckungsverfahren gegen den teilrechtsfähigen Verband.[251]

---

246 Siehe dazu auch § 43 Rn. 17.
247 Siehe zum teilrechtsfähigen Verband § 10 Rn. 36 ff.
248 Siehe dazu § 48 Rn. 11 f.
249 LG München I v. 19.10.2009 – 1 S 4851/09, ZWE 2010, 48.
250 BGH v. 22.9.2011 – I ZB 61/10, ZMR 2012, 323; LG Aurich v. 26.7.2010 – 4 T 237/10, ZWE 2011, 41; so klarstellend auch: BT-Drucks. 16/3843, S. 53 (wo die fehlerhafte Darstellung in BT-Drucks. 16/887, S. 70 richtiggestellt wird).
251 LG Berlin v. 4.10.2010 – 51 T 601/10, Grundeigentum 2011, 1632.

Die Darstellungen zur Verfahrensführung sind lediglich dahingehend zu ergänzen, dass eine **Widerklage** bei Abs. 3 vom Verwalter nur unter den Voraussetzungen der Nr. 7[252] erhoben werden kann.

Keiner Ergänzung bedürfen die Ausführungen zu einem möglichen Schadensersatzanspruch des Verbandes und zum Rechtsberatungsgesetz.

f) Nr. 3: Laufende Instandhaltung und Instandsetzung

Soweit Nr. 3 hinsichtlich der gesetzlichen Vertretungsmacht auf zu treffende 35 „Maßnahmen der erforderlichen **ordnungsgemäßen** Instandhaltung und Instandsetzung gemäß Abs. 1 Nr. 2" verweist, wollte der Gesetzgeber klarstellen, dass der Verwalter zu den ihm im Innenverhältnis obliegenden Aufgaben im Außenverhältnis auch eine Vertretungsmacht besitzt.[253] Daher kann hier zunächst auf die für die Vertretungsmacht sinngemäß geltenden Ausführungen bei **Rn. 7 und 8** verwiesen werden.

Eine Änderung im Wortlaut liegt gegenüber Abs. 1 aber darin, dass bei Abs. 3 Nr. 3 von „**laufenden Maßnahmen**" gesprochen wird. Trotz der Unschärfe dieses Begriffes wird jedoch nach der Gesetzesänderung davon auszugehen sein, dass der Verwalter jedenfalls für die unter diesen Begriff fallenden Maßnahmen auch dann eine Vertretungsmacht besitzt, wenn vorher **kein Beschluss** der Wohnungseigentümer eingeholt wurde.[254] Noch nicht sicher abgeschätzt werden kann, wie der Begriff der laufenden Maßnahmen künftig in der Rechtsprechung ausgelegt werden wird.

Bei der **Auslegung** wird jedoch zum einen der Wortlaut zu berücksichtigen sein, so dass grundsätzlich als „laufende Maßnahmen" solche angesehen werden können, die entweder **regelmäßig** anfallen[255] oder aber zumindest **erfahrungsgemäß** immer wieder[256] notwendig werden.[257] Andererseits muss bei der Auslegung aber auch der **Schutzzweck** der Vorschrift berücksichtigt werden. Dabei muss die Handlungsfähigkeit der Gemeinschaft gegen das Interesse der einzelnen Wohnungseigentümer abgewogen werden, nicht ohne Einflussnahme auf die Entscheidung mit erheblichen finanziellen Belastungen überzogen zu werden.[258] Es handelt sich hier um eine Ausnahmevorschrift, die nach den allgemeinen Grundsätzen **eng auszulegen** ist.[259] Der Verwalter wird daher zwar Vertretungsmacht haben, einen Wartungsvertrag abzuschließen, nicht aber, in diesem Vertrag etwa eine 10-jährige Bindung

---

252 Siehe dazu unten Rn. 40 ff.
253 BT-Drucks. 16/887, S. 71.
254 So auch, wenngleich mit Zweifeln hinsichtlich der sich erst noch entwickelnden Rechtsprechung: *Jennißen-Heinemann*, § 27 Rn. 26 ff.
255 Etwa: jährliche Inspektion und Wartung der Heizungs- oder Liftanlage, jährliche Reinigung der Abwasserleitungen, Schneiden von Bäumen und Büschen im Frühjahr, jährlicher Austausch eines Fettabscheiders am Autowaschplatz.
256 Auswechseln durchgebrannter Glühbirnen, Ausbessern kleinerer Schäden am Anstrich im Treppenhaus, Beseitigung von Flecken im Teppichboden des Treppenhauses.
257 So: *Schmid/Kahlen*, WEG, § 27 Rn. 196 ff.
258 So etwa: *Palandt-Bassenge*, WEG § 27 Rn. 24.
259 *Bärmann-Merle*, § 27 Rn. 211; im Ergebnis ebenso (in engen Grenzen möglich): LG München I v. 10. 11. 2008 – 1 T 4472/08, ZWE 2009, 218.

festzuschreiben. Es erscheint unter Berücksichtigung des Schutzzwecks der Vorschrift aber auch erforderlich, eine Erheblichkeitsgrenze zu beachten.[260] Wann bei den „**kleineren**" Reparaturmaßnahmen die Erheblichkeitsgrenze überschritten wird, kann wohl nur im Einzelfall beantwortet werden, wobei maßgeblich dabei wohl auch die Größe der Anlage und das Volumen des Wirtschaftsplanes sein wird. Soweit im **Wirtschaftsplan** einer Gemeinschaft für kleinere Instandhaltungen wie z.B. Kleinstreparaturen und Ersatzbeschaffungen von Verbrauchsgütern Pauschalen vorgesehen sind, dürfte dies ein Anhaltspunkt dafür sein, dass sich die Vertretungsmacht auf Maßnahmen, die diesen Bereich nicht übersteigen, erstreckt.[261] Gefolgt werden sollte auch der Meinung des BayObLG, wonach bei Geräten, die bei bestimmungsgemäßem Gebrauch durch die Gemeinschaft dem Verschleiß unterliegen (so z.B. die dem Hausmeister zur Verfügung gestellte Gerätschaft, ebenso eine gemeinschaftliche Waschmaschine), bei fortdauerndem Bedarf auch die **Ersatzbeschaffung** ein Erfordernis ordnungsmäßiger Verwaltung darstellt.[262]

Wegen der möglichen **Delegation** von Eigentümerbefugnissen wird auf die Rn. 41 bis 43 unten verwiesen.

Wegen eines möglichen Ausschlusses der Vertretungsmacht wird auf Rn. 32 und Rn. 33, die auch hier gelten, Bezug genommen.

Sind Instandhaltungs- oder Instandsetzungsmaßnahmen nach **öffentlichem Recht** erforderlich (etwa: Brandschutz) und fallen sie unter den gesetzlichen Aufgabenbereich des Verwalters, ist es nach öffentlichem Recht zulässig, dass die Verwaltungsbehörden bei einem Unterlassen den Verwalter als **Störer** in Anspruch nehmen.[263]

g) Nr. 4: Maßnahmen nach Absatz 1 Nr. 3 bis 5 und 8

36 Durch die uneingeschränkte Verweisung auf die Maßnahmen nach Abs. 1 Nr. 3 bis 5 und 8 hat der Gesetzgeber nunmehr zweifelsfrei die gesetzliche **Vertretungsmacht** für alle dort genannten **Aufgaben** des Verwalters begründet. Rechte und Pflichten im Innenverhältnis decken sich hier also mit der zur Ausführung der Aufgaben benötigten Vertretungsmacht (im Außenverhältnis).

Wegen der näheren Einzelheiten hierzu kann daher auf die Ausführungen oben Rn. 9 (Abs. 1 Nr. 3: **Notmaßnahmen**), Rn. 10 (Nr. 4 **Lasten**- und Kostenbeiträge u.a.), Rn. 11 (Nr. 5: **Zahlungen** und Leistungen) und Rn. 17 (Nr. 8: **Fernsprecheinrichtungen** u.a.) Bezug genommen werden.

Wegen eines möglichen **Ausschlusses** der Vertretungsmacht wird auf Rn. 32 und Rn. 33, die auch hier gelten, verwiesen.

---

260 A.A.: *Bärmann-Merle*, § 27 Rn. 215.
261 Siehe dazu: OLG Hamburg v. 20.2.2006 – 2 Wx 131/02, ZMR 2006, 546 (das die Vertretungsmacht in diesem Fall aus dem Beschluss über den Wirtschaftsplan ableitet).
262 BayObLG v. 15.7.1975 – BReg 2 Z 34/75, ZMR 1977, 2296.
263 OVG des Saarlandes v. 3.9.2014 – 2 B 318/14, NZM 2014, 913; OVG für das Land Nordrhein-Westfalen v. 10.10.2014 – 7 A 2010/13 (zitiert nach juris).

h) Nr. 5: Kontoführung

Vorab sei hier darauf hingewiesen, dass Abs. 3 Nr. 5 hinsichtlich der Pflicht des Verwalters zur **Vermögenstrennung** und bezüglich einer möglichen Beschränkung der Verfügungsmöglichkeit des Verwalters durch **Abs. 5** ergänzt wird. Auf die dortigen Anmerkungen Rn. 47 f. wird daher insoweit verwiesen.

37

Nr. 5 gibt dem Verwalter die Vertretungsmacht zur **Kontoführung**. Die Berechtigung, Konten zu führen, betrifft alle Gelder, die im Rahmen der Verwaltung gemäß Abs. 1 Nr. 6 eingenommen wurden. Insoweit wird zunächst auf die Ausführungen oben Rn. 12 bis 14 Bezug genommen. Die Kontoführung umfasst auch die Kontoeröffnung und die Kontoauflösung (das Schließen des Kontos)[264] sowie das Aushandeln der Konditionen (etwa: Höhe der Soll- und Habenzinsen, Kontoführungsgebühren, Porto für Zusendung der Kontoauszüge).[265] Selbstverständlich umfasst die Kontoführung auch die im Geschäftsverkehr übliche Kontonutzung, wie etwa Einzahlungen und Abhebungen, Überweisungen, Teilnahme am Lastschriftverfahren.

Soweit in der Gemeinschaft auch **Wertpapierdepots** vorhanden sind, gelten die vorstehenden Ausführungen sinngemäß auch dafür.

Bereits oben bei Rn. 13 wurde dargestellt, dass ein Wohnungseigentumsverwalter grundsätzlich ohne (gesonderte) Bevollmächtigung nicht berechtigt ist, im Namen der Wohnungseigentümergemeinschaft zum Zwecke der Finanzierung notwendiger Instandsetzungs- und Instandhaltungsarbeiten **Kredite** (Aufwendungskredite) aufzunehmen.[266] Solche Kreditgeschäfte sind schwebend unwirksam und bedürfen der Zustimmung der Wohnungseigentümergemeinschaft.[267] Nimmt der Verwalter dennoch ohne Beschluss (zu den Voraussetzungen einer Beschlussfassung siehe § 21 Rn. 23) zur Finanzierung erforderlicher Instandhaltungsmaßnahmen am gemeinschaftlichen Eigentum einen Kredit auf, kann er – abweichend von den allgemeinen Grundsätzen der Geschäftsbesorgung – grundsätzlich nicht **Aufwendungsersatz** für die Kreditverbindlichkeiten verlangen. Der BGH hat aber ausdrücklich in Frage gestellt und offengelassen, ob ein Ersatzanspruch des Verwalters nach §§ 675, 670 BGB für die Aufwendungen zur Bezahlung von Instandhaltungsmaßnahmen stets auszuschließen ist, wenn der Verwalter diese Maßnahme (auch) durch einen Kontokorrentkredit finanziert hat. Bei der Beantwortung dieser Frage muss vielmehr auch berücksichtigt werden, dass der Verwalter einen Beschluss der Wohnungseigentümer zur Instandsetzung des gemeinschaftlichen Eigentums nach § 27 Abs. 1 Nr. 1 unverzüglich durchzuführen hat und er andernfalls schadensersatzpflichtig werden kann. Die Befugnis des Verwalters, die Durchführung des Beschlusses zu verweigern, wenn ihm die Wohnungseigentümergemeinschaft die nötigen Mittel im Wege eines Vorschusses nach § 669 BGB – üblicherweise aus der Instandsetzungsrücklage oder aus einer zu beschließenden Sonderumlage –

38

---

264 BT-Drucks. 16/887, S. 71.
265 Ebenso: *Schmid/Kahlen*, WEG, § 27 Rn. 213.
266 BGH v. 18. 2. 2011 – V ZR 197/10, ZWE 2011, 209.
267 BGH v. 28. 4. 1993 – VIII ZR 109/92, NJW-RR 1993, 1227.

nicht bereitstellt,[268] hilft jedenfalls in den Fällen nicht, in denen sich erst bei Auftragsausführung herausstellt, dass die für die Durchführung der beschlossenen Maßnahme vorhandenen Mittel unzureichend sind.[269] Da der BGH diese Frage, obgleich sie nicht entscheidungserheblich war, angesprochen hat, dürfte zu erwarten sein, dass er jedenfalls in dem angesprochenen Fall der überraschenden Kostensteigerung, einem Verwalter einen Aufwendungsersatz wohl gewähren wird. Zweifelhaft dürfte dies aber möglicherweise für Kreditzinsen sein, wenn diese durch eine – in einer eilig anzuberaumenden außerordentlichen Eigentümerversammlung beschlossene – Sonderumlage vermieden hätten werden können (was aber Zahlungsfähigkeit und Zahlungswilligkeit der Eigentümer voraussetzt).

In der Rechtsprechung wird die Frage nicht einheitlich beantwortet, ob der Verwalter generell nicht oder jedenfalls unter bestimmten Voraussetzungen zur Kreditaufnahme für die Gemeinschaft bevollmächtigt ist. Eine derartige (gesetzliche) Bevollmächtigung zur Aufnahme von Kontokorrentkrediten (oder Dispositionskrediten) verneinen allgemein einige Oberlandesgerichte.[270] Trotz des Schutzbedürfnisses der Gemeinschaften erscheint diese generelle Ablehnung als zu weitgehend, da ein **Kontokorrentkredit** im allgemeinen Geschäftsverkehr üblich ist und eine relativ kostengünstige Möglichkeit darstellt, kurzfristigen Finanzbedarf zu decken. Gefolgt werden sollte daher der obergerichtlichen Rechtsprechung[271], die eine Kreditaufnahme unter folgenden **Voraussetzungen** zulässt:

– die Begleichung offener Rechnungen ist **erforderlich** und bei der Gemeinschaft nicht gewährleistet
– das Kreditvolumen ist **angemessen** und orientiert sich am Finanzbedarf der Gemeinschaft
– das Kreditvolumen übersteigt nicht die Summe der **Hausgeld**vorauszahlungen aller Eigentümer für **drei Monate**.

Wegen eines möglichen Ausschlusses der Vertretungsmacht wird auf Rn. 32 und Rn. 33, die auch hier gelten, verwiesen.

i) Nr. 6: Vereinbarung einer Rechtsanwaltsvergütung

39 Nach Nr. 6 hat der Verwalter die Vertretungsmacht, um mit einem Rechtsanwalt wegen eines Rechtsstreits gemäß § 43 Nr. 2 (zwischen Gemeinschaft und Wohnungseigentümer) oder Nr. 5 (Außenstreitigkeiten) eine Vergütung gemäß Abs. 2 Nr. 4 zu vereinbaren.

Wegen der näheren Einzelheiten wird auf die Ausführungen oben zu Rn. 28 sowie zu Rn. 24 und 25 verwiesen, die auch hier gelten.

---

268 Vgl. BGH v. 27.3.1980 – VII ZR 214/79, BGHZ 77, 60, 63; BGH v. 20.5.1985 – VII ZR 266/84, BGHZ 94, 330, 334.
269 BGH v. 18.2.2011 – V ZR 197/10, ZWE 2011, 209.
270 OLG Celle v. 5.4.2006 – 3 U 265/05, ZMR 2006, 540; OLG Schleswig v. 16.1.2002 – 2 W 84/01, ZMR 2002, 468; OLG Hamm v. 10.2.1997 – 15 W 197/96, ZMR 1997, 377.
271 OLG München v. 28.10.2005 – 34 Wx 50/05, NZM 2006, 229; BayObLG v. 30.6.2004 – 2Z BR 058/04, NJW-RR 2004, 1602; KG Berlin v. 28.1.1994 – 24 W 1145/93, WuM 1994, 400.

Wegen eines möglichen Ausschlusses der Vertretungsmacht wird auf Rn. 32 und Rn. 33, die auch hier gelten, verwiesen.

j) Nr. 7: Sonstige Rechtsgeschäfte und Rechtshandlungen
aa) Vornahme sonstiger Rechtsgeschäfte und Rechtshandlungen
Die Vertretungsmacht nach Nr. 7 geht dahin, dass der Verwalter „**sonstige**", 40 also nicht unter Nr. 1 bis 6 fallende Rechtsgeschäfte und Rechtshandlungen vornehmen kann. Unter **Rechtsgeschäfte** fallen dabei sowohl einseitige Rechtsgeschäfte, wie etwa die Auslobung gemäß § 657 BGB oder der Rücktritt gemäß § 323 BGB wie auch alle Verträge (etwa: Kauf- oder Werkverträge). **Rechtshandlungen** sind solche Handlungen, die unabhängig vom Willen des Handelnden Rechtswirkungen hervorbringen.[272] Hierunter fallen insbesondere die geschäftsähnlichen Handlungen, wie etwa die Mahnung gemäß § 286 Abs. 1 BGB, die Fristsetzung gemäß § 281 Abs. 1 BGB oder das Verlangen von Schadensersatz gemäß § 281 Abs. 4 BGB.[273]

Zu beachten ist, dass auf **einseitige Willenserklärungen** des Verwalters im Namen der Gemeinschaft der Wohnungseigentümer auf der Grundlage einer Vereinbarung oder eines Beschlusses **§ 174 Satz 1 BGB** anwendbar ist.[274] Daher kann ein Vertragspartner des Verbandes etwa eine Kündigung des Vertrages (unverzüglich) zurückweisen, wenn der Verwalter keine Vollmachtsurkunde (siehe dazu auch Rn. 49) vorlegt; die Kündigung ist dann unwirksam.

Wegen eines möglichen Ausschlusses der Vertretungsmacht wird auf Rn. 32 und Rn. 33, die auch hier gelten, verwiesen.

bb) Ermächtigung durch Vereinbarung
Die Vertretungsmacht setzt weiter voraus, dass der Verwalter zur Vornahme 41 der vorgenannten Maßnahmen ermächtigt ist. Diese Ermächtigung kann sich aus einer Vereinbarung ergeben. Als solche kommen die **Teilungserklärung**, die **Gemeinschaftsordnung** oder eine **nachträgliche Vereinbarung** in Betracht.[275] Eine **umfassende Vertretungsmacht** in der **Teilungserklärung** ist wegen Verstoßes gegen unabänderliche Strukturprinzipien des Wohnungseigentumsrechts aber **unwirksam**.[276]

Die in einer Teilungserklärung vorgesehene Vollmacht eines Verwalters zur Vertretung der Gemeinschaft in gerichtlichen Verfahren berechtigt wegen des Interessenkonflikts nicht zur Vertretung in denjenigen Verfahren, in denen Wohnungseigentümer die Feststellung von Schadensersatzansprüchen der Gemeinschaft gegen den Verwalter beantragen.[277]

---

272 *Palandt-Ellenberger*, Überbl. v. § 104 BGB Rn. 4.
273 Siehe hierzu und zu weiteren Beispielen: *Palandt-Ellenberger*, Überbl. v. § 104 BGB Rn. 6.
274 BGH v. 20. 2. 2014 – III ZR 443/13, ZWE 2014, 181.
275 Siehe zu den Vereinbarungen § 10 Rn. 9 ff. (insbesondere Rn. 10).
276 OLG Frankfurt/Main v. 3. 11. 2014, Az. 20 W 241/14, ZWE 2015, 263.
277 OLG Köln v. 17. 5. 2006 – 16 Wx 228/05, OLGR Köln 2006, 669.

cc) Ermächtigung durch Beschluss

42 Die Ermächtigung des Verwalters kann sich auch aus einem **Mehrheitsbeschluss** („Beschluss der Wohnungseigentümer mit Stimmenmehrheit") ergeben. Siehe zum Zustandekommen eines Beschlusses § 23 Rn. 19ff. und zum Mehrheitsbeschluss insbesondere § 23 Rn. 23 sowie die Kommentierungen zu § 25.

Der Gesetzgeber hat in Nr. 7 eine **Beschlusskompetenz** dahingehend begründet, dass die Eigentümer dem Verwalter mit Stimmenmehrheit eine Vertretungsmacht einräumen können, die über die Kompetenzen des Verwalters nach Abs. 2[278] hinausgeht. Die Vertretungsmacht kann sich jedoch immer nur auf Rechtsgeschäfte und Rechtshandlungen im Rahmen der Verwaltung des gemeinschaftlichen Eigentums beziehen.[279] Aufgrund dieser (neu geschaffenen) Beschlusskompetenz können die Wohnungseigentümer dem Verwalter grundsätzlich auch eine **umfassende Vertretungsmacht** erteilen.[280] Die Eigentümer müssen von dieser Beschlusskompetenz aber auch Gebrauch machen. Alleine der Bestellungsbeschluss zum Verwalter reicht insoweit nicht aus.[281] Dies wird sinnvollerweise dadurch geschehen, dass die Eigentümer in einem Beschluss den Verwalter ausdrücklich beauftragen und Vertretungsmacht für ein konkret bezeichnetes Rechtsgeschäft erteilen. Insbesondere bei der Ermächtigung, Ansprüche gerichtlich geltend zu machen (also **Aktivprozesse** für den Verband zu führen[282]), sollte dies ausdrücklich entweder für den konkreten Einzelfall oder als allgemeine Ermächtigung zur (außergerichtlichen und) gerichtlichen Geltendmachung von Ansprüchen erfolgen. Wenn ein derartiger Beschluss vorliegt, kann der Verwalter alle erforderlichen Maßnahmen in die Wege leiten, also entweder selbst Klage erheben oder aber einen Rechtsanwalt hierfür beauftragen. Es ist aber auch hier darauf zu achten, dass durch die umfassende Kompetenzverlagerung nicht gegen die Grundstrukturen des Wohnungseigentumsrechts verstoßen wird (siehe dazu oben Rn. 41).

Die auch weiterhin im Grundsatz bestehende Möglichkeit, dass der Verwalter einen Prozess als **Prozessstandschafter**[283] für den Verband im eigenen Namen führt, wird wohl an praktischer Bedeutung verlieren. Der BGH hat in einer neueren Entscheidung den praktischen Anwendungsbereich der Prozessstandschaft durch die Anwendung der allgemeinen Grundsätze stark eingeschränkt. Macht der Verwalter Ansprüche der Wohnungseigentümergemeinschaft im eigenen Namen geltend, kann das für eine gewillkürte Prozessstandschaft erforderliche **schutzwürdige Eigeninteresse** nicht mehr aus der sich aus dem Wohnungseigentumsgesetz ergebenden Rechts- und Pflichtenstellung des Verwalters hergeleitet werden. Der BGH hat dies im Wesentlichen darauf gestützt, dass infolge der nunmehr bestehenden Rechts- und Parteifähigkeit der Wohnungseigentümergemeinschaft diese nunmehr ohne weiteres selbst in der Lage ist, Ansprüche – zumal ohne Ent-

---

278 Siehe dazu oben Rn. 26 f.
279 BT-Drucks. 16/3843, S. 53.
280 BT-Drucks. 16/887, S. 71.
281 LG Rostock v. 27. 6. 2013 – 1 S 290/12 (zitiert nach juris).
282 BayObLG v. 28. 10. 1997 – 2Z BR 77/97, Grundeigentum 1998, 363.
283 Siehe zur Prozessstandschaft vor § 43 Rn. 11.

stehen eines Mehrvertretungszuschlages nach Nr. 1008 des Vergütungsverzeichnisses zum RVG – durchzusetzen, so dass das Bedürfnis für ein Tätigwerden des Verwalters im eigenen Namen entfallen ist. Das gilt umso mehr, als einer der tragenden Gründe, die zur Anerkennung der Wohnungseigentümergemeinschaft als Rechtssubjekt geführt haben, gerade darin bestand, die Verwaltung des Gemeinschaftseigentums im Rechtsverkehr zu erleichtern.[284]

Der BGH hat in einer weiteren Entscheidung diese Auffassung bestätigt. In einem Fall, in dem der Verwalter einem Wohnungseigentümer (freiwillig) Verwaltungsunterlagen zur Prüfung außerhalb seiner Geschäftsräume überlassen hat, hat der BGH klargestellt, dass regelmäßig ein **Leihvertrag** zustande kommt mit der Folge, dass der Verwalter die **Herausgabe** der Unterlagen im eigenen Namen verlangen kann. Der Verwalter kann bei der Herausgabeklage nicht auf eine gewillkürte Prozessstandschaft verwiesen werden. Abgesehen davon, dass das erforderliche schutzwürdige Eigeninteresse nur noch in engen Grenzen in Betracht kommt, bedürfte es auch insoweit einer Ermächtigung der Wohnungseigentümergemeinschaft. Ein solcher Beschluss würde aber wohl nicht ordnungsgemäßer Verwaltung entsprechen, da die Wohnungseigentümer kein vernünftiges Interesse daran haben, das entstehende Prozesskostenrisiko zu übernehmen.[285] Nach einer Entscheidung des LG Duisburg wird durch ein vom Verwalter im eigenen Namen geführtes selbstständiges Beweisverfahren, das mögliche Ansprüche der WEG gegenüber Dritten zum Gegenstand hat, die Verjährung dieser Ansprüche grundsätzlich nicht gehemmt, auch wenn der Verwalter zur Prozessführung in Prozessstandschaft von der Gemeinschaft beauftragt wurde.[286]

Bei Rn. 10 wurde bereits gezeigt, dass der Verwalter im Zusammenhang mit der Entgegennahme von Geldern auch löschungsfähige Quittungen zu erteilen hat. Der Verwalter ist nach der Rechtsprechung ohne ermächtigende Vereinbarung oder ermächtigenden Beschluss der Wohnungseigentümer aber nicht befugt, zur Löschung einer zugunsten der Gemeinschaft im Grundbuch eingetragenen Zwangshypothek eine **Löschungsbewilligung** abzugeben.[287] Diese Rechtsprechung wird nunmehr von Then in Frage gestellt. Then weist darauf hin, dass es nicht überzeugt, wenn bei nachgewiesener Tilgung der Schuld zwar die Erteilung einer löschungsfähigen Quittung, nicht aber die Erklärung der Löschungsbewilligung in die originäre Befugnis des Verwalters fallen soll. Er weist auch auf die Gefahr hin, dass der Gemeinschaft nach der genannten Rechtsprechung die Gefahr eines Rechtsstreits auf Abgabe der Löschungsbewilligung droht, sollte nicht schnell genug ein Beschluss der Eigentümerversammlung vorliegen.[288]

Soweit der Verwalter **Rechtsangelegenheiten** erledigt, die in unmittelbarem Zusammenhang mit der Verwaltung stehen, liegt darin nach § 5 Abs. 1

---

284 BGH v. 28. 1. 2011 – V ZR 145/10, ZWE 2011, 177.
285 BGH v. 15. 7. 2011 – V ZR 21/11, ZWE 2011, 361.
286 LG Duisburg v. 22. 8. 2013 – 8 O 22/13, ZWE 2014, 128.
287 OLG München v. 16. 2. 2011 – 34 Wx 156/10, ZWE 2011, 180; LG Köln v. 18. 10. 2010 – 11 T 196/09, ZWE 2011, 289.
288 *Then*, MittBayNot 2012, 47.

i.V.m. Abs. 2 Nr. 2 Rechtsdienstleistungsgesetz eine erlaubte Tätigkeit (siehe dazu auch oben Rn. 1).[289]

43 Da der Gesetzgeber in Abs. 3 keine mit Abs. 1 Nr. 1 korrespondierende Regelung hinsichtlich der **Beschlussdurchführung**[290] aufgenommen hat, ist Nr. 7 nicht dahingehend zu verstehen, dass „automatisch" aus der Aufgabe nach Abs. 1 Nr. 1 aus dem Innenverhältnis im Außenverhältnis eine Vertretungsmacht folgt. In der Praxis wirkt sich diese Differenzierung jedoch meist dennoch nicht aus, da regelmäßig eine **Auslegung** des Beschlusses über eine umzusetzende Maßnahme zu einer Lösung führt (wobei eine Lösung durch das Gesetz wünschenswert gewesen wäre).

Die Beschlussfassung der Wohnungseigentümer über die Ausführung einer Maßnahme beinhaltet nämlich bei objektiver Auslegung[291] in aller Regel eine **konkludente Bevollmächtigung** des Verwalters, Aufträge im Namen der Eigentümer zu vergeben.[292] Die Rechtsprechung hat dabei zum alten Recht eine Vertretungsbefugnis zum Beispiel auch dann angenommen, wenn in einem beschlossenen **Wirtschaftsplan** ein Geldbetrag für bestimmte Anschaffungen vorgesehen war (etwa für Heizöl, Strom).[293] Selbst beim Fehlen eines Wirtschaftsplans wurde eine stillschweigende Ermächtigung angenommen, wenn davon auszugehen war, dass die Eigentümer als selbstverständlich davon ausgingen, der Verwalter werde derartige Ausgaben irgendwann in dem Wirtschaftsjahr tätigen.[294]

Die durch Auslegung ermittelte Vertretungsmacht hat jedoch auch ihre **Grenzen**. Oben bei Rn. 35 wurde bereits gezeigt, dass im Hinblick auf den Schutzzweck der Norm nur eine enge Auslegung in Betracht kommt. Selbst wenn etwa die Eigentümer beschlossen haben, einen Wartungsvertrag oder einen Hausmeistervertrag abzuschließen, ist der Verwalter nicht bevollmächtigt, langfristige Verträge (etwa: fünfjährige Laufzeit) abzuschließen.[295] Im Innenverhältnis bedarf der Verwalter einer Beschlussfassung, bei der die wesentlichen Vertragsinhalte (Laufzeit des Vertrages; Aufgaben des Hauswarts; Vergütung) im Beschluss selbst festgelegt sein müssen.[296]

Der Verwalter ist auch nicht befugt, zur Erreichung eines Sanierungsziels Aufträge in unbegrenzter Höhe zu vergeben, wenn in einem **Beschluss** der Wohnungseigentümer zur Durchführung einer **Instandsetzung** weder der Umfang der auszuführenden Maßnahmen bestimmt noch eine Kostenobergrenze für die zu vergebenden Aufträge genannt worden ist. Maßgebend

---

289 Das Gesetz über außergerichtliche Rechtsdienstleistungen (Rechtsdienstleistungsgesetz), BGBl. I 2007, 2840, ist am 1.7.2008 in Kraft getreten und hat das bis dahin geltende Rechtsberatungsgesetz ersetzt; eine inhaltliche Änderung ist insoweit für die Wohnungseigentumsverwalter nicht eingetreten.
290 Siehe dazu oben Rn. 4–5.
291 Siehe dazu § 10 Rn. 32.
292 OLG Düsseldorf v. 29.11.2005 – 23 U 211/04, NZM 2006, 182; OLG Hamm v. 10.2.1997 – 15 W 197/96, ZMR 1997, 377.
293 OLG Hamm v. 10.2.1997 – 15 W 197/96, ZMR 1997, 377.
294 OLG Hamm v. 10.2.1997 – 15 W 197/96, ZMR 1997, 377.
295 OLG Köln v. 26.11.2004 – 16 Wx 184/04, ZMR 2005, 473; OLG Koblenz v. 2.7.1998 – 5 U 1636/97, WuM 1999, 429.
296 LG Koblenz v. 21.7.2014 – 2 S 72/13, ZWE 2015, 272.

für die Durchführung eines Beschlusses durch den Verwalter ist vielmehr der Wille der Wohnungseigentümer, wie er sich für ihn aus den zur Vorbereitung der Beschlussfassung vorgelegten Unterlagen, dem Beschlussprotokoll und dem Inhalt des Beschlusses ergibt.[297]

Grundsätzlich ist die **Entscheidung** über das **"Ob"** und **"Wie"** von Instandsetzungsmaßnahmen der Eigentümerversammlung vorbehalten. Nur in engen Grenzen ist es möglich, die Vergabe und Durchführung eines Sanierungsauftrages durch Mehrheitsbeschluss auf die Hausverwaltung zu delegieren. Voraussetzung ist, dass die Ermächtigung zu einem überschaubaren und für den einzelnen Wohnungseigentümer begrenzten **finanziellen Risiko** führt und die **grundsätzliche Verantwortlichkeit** für den Beschluss solcher Maßnahmen bei der Eigentümerversammlung bleibt.[298] Die Eigentümer müssen eine Auswahl hinsichtlich der wesentlichen Punkte, wie etwa **Preis**, das ausführende **Unternehmen** oder die **Qualität** der Materialien haben.[299] Anderenfalls würde der Schutzzweck der selbstbestimmten Verwaltung durch die Wohnungseigentümer ausgehöhlt werden.[300] Eine **Delegation** sollte daher immer dahingehend eingeschränkt werden, dass die Zustimmung eines **Eigentümergremiums**, das die anderen Eigentümer vertritt, erforderlich ist (etwa: Verwaltungsbeirat, Bauausschuss etc.). Auch bei einer (teilweisen) Übertragung der Aufgaben müssen aber bei der Beschlussfassung oder spätestens bei der konkreten Vergabeentscheidung ausreichende **Entscheidungsgrundlagen** vorliegen; siehe insoweit § 21 Rn. 23.

Nicht möglich ist aber folgendes, in der Praxis durchaus anzutreffendes Vorgehen: Da für eine Instandhaltungsmaßnahme in der Versammlung nur ein Angebot vorlag, wird beschlossen, dass die Verwaltung noch zwei weitere Angebote einholen und sodann den Auftrag an den **"günstigsten Anbieter"** vergeben soll. Hier liegt zum einen eine unzulässige Delegation des "Wie" auf Verwaltung vor, da hier die Verwaltung alleine entscheidet, ob die Angebote tatsächlich nach Art und Umfang vergleichbar sind und insbesondere, was dann tatsächlich das "günstigste" Angebot sein soll. Darüber hinaus ist ein solcher Beschluss zu **unbestimmt**, da bei der gebotenen objektiv-normativer Auslegung unklar bleibt, was hier "günstigster" bedeutet. Denkbar ist zwar, dass damit "preisgünstigster" gemeint ist, zwingend erscheint dies aber nicht (denkbar etwa auch: Preis-Leistungs-Verhältnis).[301]

Siehe zur **Delegation** von Aufgaben der Wohnungseigentümer an den Verwalter durch einen beschlossenen Verwaltervertrag § 26 **Rn. 40**.

dd) Ermächtigung im Verwaltervertrag

Obgleich das Gesetz den Verwaltervertrag nicht anspricht, ergibt sich schon aus dem Umstand, dass die Wohnungseigentümer über den Abschluss des

---

[297] BGH v. 18. 2. 2011 – V ZR 197/10, ZWE 2011, 209.
[298] LG München I v. 7. 9. 2015 – 1 T 14683/15 (nicht veröffentlicht); LG München I v. 10. 11. 2008 – 1 T 4472/08, ZWE 2009, 218.
[299] LG München I v. 6. 7. 2015, Az. 1 S 12587/14 (bisher nicht veröffentlicht).
[300] LG Itzehohe v. 1. 7. 2014, Az. 11 S 10/13, ZMR 2014, 915.
[301] LG München I v. 6. 7. 2015, Az. 1 S 12587/14 (bisher nicht veröffentlicht); LG Hamburg v. 21. 10. 2015 – 318 S 3/15, ZMR 2016, 135.

Vertrages einen Beschluss fassen, die grundsätzliche Möglichkeit, über diesen Beschluss auch (in begrenztem Umfang) Ermächtigungen im Verwaltervertrag vorzusehen.

Zum Umfang einer möglichen Delegation von Befugnissen im **Verwaltervertrag** siehe § 26 Rn. 40.

Regelmäßig wird alleine der Beschluss über die Ausführung einer Maßnahme nicht ausreichen, um den Verwalter zu ermächtigen, bei auftretenden Problemen einen **Aktivprozess** zu führen.[302]

3. Satz 2: Vertretung bei Fehlen oder Verhinderung eines Verwalters

44 Wenn ein Verwalter fehlt (etwa, weil die Eigentümer keinen bestellt haben[303]) oder wenn er nicht zur Vertretung berechtigt ist (etwa, weil er wegen Interessenkollision ausgeschlossen ist[304]), vertreten nach Satz 2 **alle Wohnungseigentümer** die Gemeinschaft. Die Aktivvertretung des Verbandes muss daher durch alle Wohnungseigentümer gemeinsam erfolgen. Bei der Passivvertretung reicht es dagegen aus, dass etwa eine Willenserklärung gegenüber einem Wohnungseigentümer abgegeben wird, der dann die anderen Eigentümer unterrichten muss.[305]

4. Satz 3: Vertretung aufgrund Mehrheitsbeschluss

45 Nach Satz 3 können die Wohnungseigentümer durch Mehrheitsbeschluss (Beschluss mit Stimmenmehrheit[306]) einen oder mehrere Wohnungseigentümer[307] zur Vertretung ermächtigen. Diese ermächtigten Eigentümer können aktiv für den Verband tätig werden. In der Literatur umstritten ist dabei, ob eine Vertretungsermächtigung nur unter den Voraussetzungen des Satzes 2 (Fehlen oder Verhinderung eines Verwalters) möglich ist.[308] Gefolgt werden sollte im Hinblick auf Abs. 4 und der Grundentscheidung des Gesetzgebers jedoch dem LG Hamburg, wonach dem **Verwalter** als zuständiges Organ der Gemeinschaft grundsätzlich eine **vorrangige Vertretungsmacht** zusteht, die nur in Ausnahmefällen gemäß Abs. 2 und 3 auf die Eigentümer bzw. einzelne von ihnen übergehen kann.[309] Bei der Passivvertretung (Zugang von Willenserklärungen) verbleibt es aber dabei, dass der Zugang bei (irgend)

---

[302] Siehe dazu oben Rn. 42.
[303] Siehe auch § 20 Rn. 8.
[304] Siehe oben Rn. 32.
[305] LG Karlsruhe v. 11.12.2012 – 11 S 231/11, ZWE 2013, 180; a.A.: OLG München v. 6.9.2005 – 32 Wx 60/05, NZM 2005, 750; (Amtsniederlegungserklärung muss allen Eigentümern zugehen).
[306] Siehe zum Beschluss § 23 Rn. 19ff. sowie die Kommentierung zu § 25.
[307] Siehe zum Begriff des Wohnungseigentümers: § 10 Rn. 3; weitergehend (auch werdender Eigentümer kann ermächtigt werden): *Schmid/Kahlen*, WEG, § 27 Rn. 236.
[308] Für konkurrierende Zuständigkeit: *Bärmann-Merle/Becker*, § 27 Rn. 288ff; nur bei Fehlen/Verhinderung möglich: *Staudinger-Bub*, WEG § 27 Rn. 22.
[309] LG Hamburg v. 3.2.2010 – 318 S 84/08, ZMR 2010, 551.

einem Wohnungseigentümer ausreicht, auch wenn dieser nach dem Beschluss nicht zur Aktivvertretung berechtigt ist.[310]

Zur Delegation von Aufgaben an den **Verwaltungsbeirat** siehe § 29 Rn. 13.

V. Absatz 4: Unabdingbarkeit

Absatz 4 stellt klar, dass die Abs. 1 bis 3 (nicht auch Abs. 5 und 6) nicht abdingbar sind. Die dem Verwalter nach den **Abs. 1 bis 3** zustehenden **Aufgaben** und **Befugnisse**[311] können durch die Wohnungseigentümer nicht eingeschränkt oder ausgeschlossen werden. Dies gilt nach dem Gesetzeswortlaut für **Vereinbarungen**.[312] Erst recht gilt dies für einen **Beschluss** der Eigentümer, da insoweit die Beschlusskompetenz fehlt und daher der Beschluss nichtig wäre.[313] Gleiches gilt auch für den **Verwaltervertrag**[314], da dieser ansonsten gegen ein gesetzliches Verbot im Sinne des § 134 BGB verstoßen würde.

46

Absatz 4 untersagt aber nur, die Aufgaben und Befugnisse des Verwalters **einzuschränken** oder **auszuschließen**, nicht hingegen, die Aufgaben oder Befugnisse zu **erweitern**. So kann etwa nicht die Empfangszuständigkeit des Verwalters für Zahlungen und Leistungen nach Abs. 1 Nr. 5 in Verbindung mit Abs. 3 Nr. 4 gänzlich ausgeschlossen werden. Die Empfangszuständigkeit ist daher selbst dann gegeben, wenn die Gemeinschaftsordnung eine andere Regelung enthält.[315] Auch Einschränkungen der Befugnisse etwa dahingehend, dass der Verwalter Beschlüsse generell nur mit Zustimmung des Verwaltungsbeirats durchführen darf, sind nicht zulässig.

Dagegen sind zulässig allgemeine **Richtlinien**, die sich lediglich auf die Art und Weise der Durchführung der Aufgabe beschränken und **Weisungen** im konkreten Einzelfall im Rahmen des erlassenen Beschlusses.[316]

Auch müssen die Befugnisse, die dem Verwalter nach Abs. 3 Nr. 7 (sonstige Rechtsgeschäfte und Rechtshandlungen) eingeräumt wurden, wieder **entzogen** werden können. Es handelt sich hier nach richtiger Ansicht nicht um Kernaufgaben des Verwalters, die nicht entfallen dürfen, da die Wohnungseigentümer die Befugnisse auch hätten nicht geben können.[317]

Ist die **Instandsetzung** bestimmter Teile des Gemeinschaftseigentums wirksam qua **Vereinbarung** dem einzelnen **Sondereigentümer** überbürdet worden, so fehlt der Gemeinschaft insoweit die Beschlusskompetenz. Dem Verwalter werden durch die Vereinbarung keine unentziehbaren Rechte

---

310 Wie hier: *Hügel/Elzer*, § 27 Rn. 102; *Palandt-Bassenge*, WEG § 27 Rn. 22; *Jennißen-Heinemann*, § 27 Rn. 134.
311 Siehe dazu oben Rn. 2 bis 43.
312 Siehe zum Begriff § 10 Rn. 9 ff.
313 Siehe dazu: § 23 Rn. 2 ff. und 19 ff.
314 Siehe dazu § 26 Rn. 36 ff.
315 OLG München v. 26. 7. 2007 – 32 Wx 73/07, ZMR 2007, 815.
316 Ebenso: *Palandt-Bassenge*, WEG § 27 Rn. 29; *Jennißen-Heinemann*, § 27 Rn. 138 ff.
317 Wie hier: *Palandt-Bassenge*, WEG § 27 Rn. 29; *Jennißen-Heinemann*, § 27 Rn. 136.

entzogen. Es werden lediglich Pflichten und Befugnisse der Eigentümer gem. § 21 Abs. 5 Nr. 2 abbedungen.[318] Zur zulässigen Einschränkung der Verfügung über eingenommene Gelder siehe unten Rn. 48.

Zu beachten ist aber, dass auch eine **Erweiterung** der Aufgaben und Befugnisse nicht schrankenlos zulässig ist. Eine in der Teilungserklärung dem Hausverwalter erteilte **allumfassende Vollmacht** zur Vertretung sämtlicher Wohnungseigentümer für alle mit dem Wohnungseigentum zusammenhängenden Angelegenheiten ist wegen Verstoß gegen die unabänderlichen Strukturprinzipien des Wohnungseigentumsrechts unzulässig und damit unwirksam.[319]

VI. Absatz 5: Vermögenstrennung, Beschränkung der Verfügung über Gelder

1. Satz 1: Vermögenstrennung

47 Der Verwalter ist verpflichtet, **eingenommene Gelder** von seinem Vermögen gesondert zu halten. Die eingenommenen Gelder gehören gemäß § 10 Abs. 7 Satz 3 zum Verwaltungsvermögen.[320] Die Vermögenstrennung bedeutet, dass der Verwalter für Gelder der Wohnungseigentümergemeinschaft **eigene Konten** zu führen hat.[321] Die frühere Rechtsprechung hat es als zulässig angesehen, dass sowohl ein offenes Fremdkonto (Kontoinhaber ist die Gemeinschaft) als auch ein offenes Treuhandkonto (Kontoinhaber ist der Verwalter) geführt wird.[322]

Nach der hier vertretenen Auffassung entspricht jedoch ein **Treuhandkonto** seit der Änderung des WEG im Jahr 2007 nicht mehr den Grundsätzen ordnungsgemäßer Verwaltung. Seit der Teilrechtsfähigkeit des Verbandes ist kein Grund mehr ersichtlich, warum das Konto als Teil des Verwaltungsvermögens nicht auf den Namen des Verbandes geführt werden soll. Für diese Meinung spricht auch eine Entscheidung des OLG Rostock, nach der es nicht zulässig ist, wenn der Verwalter das Eigenkonto in Form eines Sonderkontos anlegt, selbst wenn im Verhältnis des Verwalters zur Wohnungseigentümergemeinschaft formal eine Trennung der Gelder vorliegen sollte. Sinn und Zweck der Vorschrift gebietet nämlich, dass gegenüber Dritten erkennbar wird, dass es sich um Fremdgelder der Wohnungseigentümergemeinschaft handelt.[323] Auch das LG Berlin hat einen Anspruch eines Eigentümers auf Umstellung der Konten der Gemeinschaft von offenen Treuhandkonten auf offene Fremdkonten, bei denen die Gemeinschaft Kontoinhaberin ist, nicht verneint sondern nur einer entsprechenden Klage das Rechtsschutzbedürfnis abgesprochen, weil der Eigentümer den Anspruch

---

318 LG München I v. 25. 11. 2013 – 1 S 4911/13, ZMR 2014, 399.
319 OLG Frankfurt v. 03. 11. 2014 – 20 W 241/14, ZWE 2015, 263.
320 Siehe dazu § 10 Rn. 51.
321 BayObLG v. 16. 11. 1995 – 2Z BR 108/95, WuM 1996, 116.
322 OLG Hamburg v. 26. 9. 2006 – 2 Wx 78/05, ZMR 2007, 59; BGH v. 23. 8. 1995 – 5 StR 371/95, NJW 1996, 65; KG Berlin v. 13. 4. 1987 – 24 W 5174/86, WuM 1988, 33.
323 OLG Rostock v. 20. 5. 2009 – 3 W 181/08, ZMR 2010, 223.

vor der gerichtlichen Geltendmachung nicht zum Gegenstand einer Beschlussfassung in einer Eigentümerversammlung gemacht hat.[324] Nach der hier vertretenen Meinung ist aber seit der Teilrechtsfähigkeit der Gemeinschaft (Verband) kein berechtigtes Interesse mehr erkennbar, warum überhaupt ein „**Fremdkonto**", in welcher Form auch immer, eingerichtet werden soll.[325] Die teilrechtsfähige Wohnungseigentümergemeinschaft kann, ebenso wie etwa eine GmbH oder eine sonstige juristische Person, durch ihren gesetzlichen Vertreter, den Verwalter, ein Konto für sie selbst und auf ihren Namen einrichten. Daher besteht auch ein Anspruch der Eigentümer auf Einrichtung und Führung dieser Konten. Der Verwalter ist daher verpflichtet, ein Konto im Namen des Verbandes zu führen.[326] Wird ein entsprechender Antrag abgelehnt, kann der erforderliche Beschluss durch das Gericht gemäß § 21 Abs. 8 ersetzt werden.[327]

Wenn der Verwalter aber dennoch rechtswidrig Konten für die WEG als Treuhandkonten führt, muss die betroffene WEG bei Pfändungen des Guthabens auf dem Treuhandkonto **Drittwiderspruchsklage** erheben.[328]

Ein Wohnungseigentümer kann sich jedoch seiner Zahlungspflicht nicht entziehen mit dem Einwand, er sei nicht zur Zahlung des eingeforderten Betrages auf das vom Verwalter angegebene Konto verpflichtet, weil es sich nicht um ein offenes Fremdkonto der Gemeinschaft, sondern um ein Eigengeldkonto des Verwalters handele.[329] Diese Auffassung gilt, auch wenn der hier vertretenen Meinung gefolgt wird, jedenfalls so lange fort, bis der Eigentümer seinen Anspruch auf Einrichtung eines Kontos für den Verband durchgesetzt hat und tatsächlich ein Konto der Wohnungseigentümergemeinschaft existiert.

2. Satz 2: Beschränkung der Verfügung über Gelder

Mit Satz 2 hat der Gesetzgeber eine **Beschlusskompetenz**[330] geschaffen, wonach im Bereich der Verfügung über **eingenommene Gelder** im Sinne des Satzes 1 („solche") die Befugnisse des Verwalters durch Mehrheitsbeschluss eingeschränkt werden können.[331] Gleichzeitig ist klargestellt, dass die Einschränkung auch durch eine **Vereinbarung**[332] erfolgen kann. Inhaltlich kann nach Satz 2 geregelt werden, dass die Verfügung über die eingenommenen Gelder, die zum Verwaltungsvermögen gehören[333], von der **Zustim-**

48

---

324 LG Berlin v. 8.12.2009 – 85 T 124/08, ZMR 2010, 470; a.A. aber wohl AG Kassel v. 16.11.2010 – 803 C 4530/10, Wohnungseigentümer 2011, 37 (wonach ein Beschluss, ein Treuhandkonto statt offener Fremdgeldkonten einzurichten, den Grundsätzen ordnungsgemäßer Verwaltung entsprechen soll).
325 Wie hier: LG Frankfurt (Oder) v. 14.7.2014 – 16 S 46/14, ZMR 2014, 1007; Bub, FD-MietR 2015, 372884.
326 LG Hamburg v. 28.11.2013 – 318 T 30/13, ZWE 2014, 413.
327 LG Frankfurt (Oder) v. 14.7.2014 – 16 S 46/14, ZMR 2014, 1007.
328 LG Bonn v. 30.4.2015 – 15 O 351/14, ZMR 2015, 649.
329 OLG Hamburg v. 26.9.2006 – 2 Wx 78/05, ZMR 2007, 59.
330 Siehe dazu: § 23 Rn. 2ff. und 19ff.
331 BT-Drucks. 16/887, S. 72.
332 Siehe dazu § 10 Rn. 9ff.
333 Siehe dazu § 10 Rn. 51.

mung eines Wohnungseigentümers oder eines Dritten abhängig gemacht werden kann. Die Zustimmung kann auch von mehreren Eigentümern oder Dritten zu erteilen sein, da das Wort „ein" nicht als Zahlwort zu verstehen ist.[334] In der Praxis weit verbreitet sind Zustimmungserfordernisse des Verwaltungsbeirats(vorsitzenden) für Verfügungen, die einen bestimmten Betrag (etwa: 3.000 €) übersteigen. Zu weitgehend ist daher die Entscheidung des LG Hamburg, einen Eigentümerbeschluss, wonach zukünftig der Zahlungsverkehr des Verwalters durch Eigentümer mit mehr als 50 % Stimmen abgezeichnet werden muss, allgemein als nichtig anzusehen.[335]

VII. Absatz 6: Vollmachtsurkunde

49 Nach Abs. 6 kann der Verwalter von den Wohnungseigentümern die Ausstellung einer Vollmachts- und Ermächtigungsurkunde verlangen. Verpflichtet zur Ausstellung sind **alle Wohnungseigentümer**. Aus der Vollmachtsurkunde muss der **Umfang der Vertretungsmacht** des Verwalters ersichtlich sein. Zu den Wirkungen der Vollmachtsurkunde sowie zur Rückgabeverpflichtung und Kraftloserklärung gelten die Vorschriften der §§ 172 ff. BGB. Kommen die Eigentümer ihrer Verpflichtung nicht nach, kann der Verwalter seinen Anspruch im Klageweg gemäß § 43 Nr. 3 durchsetzen. Seit der Entscheidung des BGH vom 20. 2. 2014, dass **einseitige Willenserklärungen** (etwa eine Kündigung) unwirksam sind, wenn der Verwalter keine Vollmachtsurkunde (im Original) vorgelegt und der andere das Rechtsgeschäft unverzüglich zurückweist, wird es in der Praxis künftig wichtig sein, den Verwalter mit (mehreren) Originalvollmachten auszustatten.[336]

Zum Sonderfall des Nachweises durch eine öffentlich beglaubigte Urkunde siehe § 26 Rn. 34 f.

---

334 Wie hier: *Palandt-Bassenge*, WEG § 27 Rn. 26.
335 LG Hamburg v. 8. 5. 2015 – 55 S 123/14, Grundeigentum 2015, 983.
336 BGH v. 20. 2. 2014 – III ZR 443/13, ZWE 2014, 181 (siehe auch oben Rn. 40).

§ 28
Wirtschaftsplan, Rechnungslegung

(1) Der Verwalter hat jeweils für ein Kalenderjahr einen Wirtschaftsplan aufzustellen. Der Wirtschaftsplan enthält:

1. die voraussichtlichen Einnahmen und Ausgaben bei der Verwaltung des gemeinschaftlichen Eigentums;
2. die anteilmäßige Verpflichtung der Wohnungseigentümer zur Lasten- und Kostentragung;
3. die Beitragsleistung der Wohnungseigentümer zu der in § 21 Abs. 5 Nr. 4 vorgesehenen Instandhaltungsrückstellung.

(2) Die Wohnungseigentümer sind verpflichtet, nach Abruf durch den Verwalter dem beschlossenen Wirtschaftsplan entsprechende Vorschüsse zu leisten.

(3) Der Verwalter hat nach Ablauf des Kalenderjahrs eine Abrechnung aufzustellen.

(4) Die Wohnungseigentümer können durch Mehrheitsbeschluss jederzeit von dem Verwalter Rechnungslegung verlangen.

(5) Über den Wirtschaftsplan, die Abrechnung und die Rechnungslegung des Verwalters beschließen die Wohnungseigentümer durch Stimmenmehrheit.

Inhalt:

		Rn.				Rn.
I.	Allgemeines	1		c)	Nr. 2 (Einzelwirtschaftspläne)	16
II.	**Wirtschaftsplan** (Absätze 1, 2 und 5)	3		4.	Beschluss der Eigentümer über Wirtschaftsplan (Absatz 5)	17
	1. Verwalter hat Wirtschaftsplan aufzustellen (Absatz 1 Satz 1)	3		a)	Mehrheitsbeschluss	17
				b)	Prozessuales	18
	2. Für das Kalenderjahr (Absatz 1 Satz 1)	5		5.	Vorschusspflicht aus beschlossenem (Einzel-) Wirtschaftsplan (Absatz 2)	20
	a) Kalenderjahr (als Regelwirtschaftsjahr)	5				
	b) Abweichende Geltungsdauer	6	III.		**Sonderumlage** (als Ergänzung des Wirtschaftsplans)	24
	3. Inhalt des Wirtschaftsplans (Absatz 1 Satz 2)	10		1.	Allgemeines	24
				2.	Anlass	25
	a) Allgemeines	10		3.	Inhalt	26
	b) Nr. 1 und Nr. 3 (Gesamtwirtschaftsplan)	11		4.	Beschluss der Eigentümer	27
	aa) Einnahmen und Ausgaben der Gemeinschaft (Nr. 1)	11		5.	Fälligkeit	28
			IV.		**Jahresabrechnung**	29
	bb) Beiträge zur Instandhaltungsrückstellung (Nr. 3)	14		1.	Verwalter hat Abrechnung aufzustellen (Absatz 3)	29
	cc) Voraussichtlich (Nr. 1)	15		2.	Nach Ablauf des Kalenderjahres (Absatz 3)	30

3. Inhalt der Jahresabrechnung (Absatz 3) 31
a) Allgemeine Grundsätze 31
b) **Gesamtabrechnung** ... 32
aa) Überblick 32
bb) Einzelfälle 33
(1) Abflussprinzip 33
(2) Anspruchsgrundlage .. 33
(3) Aufrechnung......... 33
(4) Aufstellung tatsächlicher Ausgaben und Einnahmen (Ist-Abrechnung)............... 33
(4a) Bargeldbestand 33
(5) Eigentümerwechsel ... 34
(6) Endsaldo............ 34
(7) Ergebniszusammenstellung............ 34
(8) Festgeldkonto........ 34
(9) Feststellung von Einnahmen und Ausgaben 34
(10) Forderungen......... 35
(10a) Gesamteinnahmen.... 35
(11) Girokonto........... 35
(11a) Hausgeldzahlungen... 35
(12) Haushaltsnahe Dienstleistungen.......... 36
(13) Heizkosten 37
(13a) Heizölkosten......... 38
(14) Instandhaltungsrücklage (= Instandsetzungsrücklage) 39
(15) Ist-Abrechnung 40a
(16) Jahresendsaldo....... 40a
(17) Kaltwasser und Abwasser.............. 41
(18) Kontrollfunktion...... 41
(19) Kontostände 42
(20) Kosten eines Rechtsstreits.............. 42
(21) Mehrhausanlagen 43
(22) Nachzahlungsbetrag – Rückerstattungsbetrag 43
(22a) Nachzahlungen für Vorjahre 43
(23) Nachvollziehbarkeit... 43
(24) Plausibilität.......... 43
(25) Prozesskosten........ 44
(26) Quartalsabrechnung .. 45
(27) Rechnerische Schlüssigkeit 45
(28) Rechnungsabgrenzung 46
(29) Rechtsstreitskosten.... 50
(30) Rücklagen........... 51

(31) Rückstände aus früheren Jahresabrechnungen............. 52
(32) Rückstände der Eigentümer mit Zahlungen zur Instandhaltungsrücklage............ 52
(33) Soll-Posten.......... 53
(34) Sonderumlagen...... 54
(35) Übersichtlichkeit..... 54
(36) Unberechtigte Ausgaben............... 55
(37) Untergemeinschaften . 56
(38) Verbindlichkeit des Abrechnungsinhalts .. 57
(39) Verbindlichkeiten.... 57
(40) Verhältnis Jahresabrechnung/Wirtschaftsplan................ 57
(41) Vermögensentwicklung 58
(42) Verständlichkeit 58
(43) Warmwasser 59
(44) Wirtschaftsplan 59
(45) Wohngelder und Wohngeldrückstände.............. 60
(46) Zuflussprinzip 60
(47) Zinsen, Zinsabschlagsteuer 61
(47a) Zu verteilende Ausgaben und Einnahmen 61
(48) Zwangsverwaltung/ Zwangsversteigerung . 61
c) **Einzelabrechnung**.... 62
aa) Überblick........... 62
bb) Einzelfälle 62a
(1) Abrechnungsspitze ... 62a
(2) Altforderungen 62a
(3) Änderung des Verteilungsschlüssels 62a
(4) Anspruchsgrundlage.. 62a
(5) Aufrechnung 62a
(6) Eigentümerwechsel... 63
(7) Ergebniszusammenstellung............. 63
(8) Heizkosten.......... 64
(9) Ersatzansprüche 65
(9a) Heizölkosten 65
(10) Insolvenz 65
(11) Jahresendsaldo 65
(12) Kaltwasser und Abwasser 66
(13) Kabelnutzung 67
(14) Kosten eines Rechtsstreits 67

(15)	Mehrhausanlagen....	68	c) Prüfungsmöglichkeiten vor Beschlussfassung.............	79
(16)	Nachzahlungsansprüche...........	68		
(17)	Rechtsstreitskosten....	69	d) Rechtswirkungen des Beschlusses.........	82
(18)	Rückerstattungsansprüche...........	69	e) Prozessuales.........	84
(19)	Rückstände aus früheren Jahresabrechnungen.......	70	V. Rechnungslegung (Absätze 4 und 5).................	89
(20)	Schadensersatzansprüche...........	71	1. Durch Mehrheitsbeschluss der Wohnungseigentümer (Absatz 4)...........	89
(21)	Sonderumlagen......	72		
(22)	Unberechtigte Ausgaben.............	73	2. Jederzeit vom Verwalter verlangen (Absatz 4)...........	90
(23)	Untergemeinschaften..	73		
(24)	Verbindliche Feststellung............	73	3. Rechnungslegung (Absatz 4)...........	91
(25)	Verhältnis zu Einzelwirtschaftsplan.......	73	4. Beschlussfassung über die Rechnungslegung (Absatz 5)...........	92
(26)	Verständlichkeit......	73		
(27)	Verteilungsschlüssel..	74	Anhang 1: Muster eines Gesamtwirtschaftsplans	
(27a)	Vorjahresrückstände..	74		
(28)	Wärmelieferung......	75		
(29)	Wohngeld und -rückstände.............	76	Anhang 2: Muster eines Einzelwirtschaftsplans	
(29a)	Zinseinnahmen.......	76		
(30)	Zurückbehaltungsrecht..............	76	Anhang 3: Muster eines kombinierten Wirtschaftsplans	
(31)	Zwangsverwaltung/ Zwangsversteigerung.	76		
(32)	Zwischenabrechnungen	76	Anhang 4: Muster einer Jahresgesamtabrechnung	
4.	Beschluss der Eigentümer über die Jahresabrechnung (Absatz 5)...........	77	Anhang 5: Muster einer Einzelabrechnung	
a)	Mehrheitsbeschluss...	77	Anhang 6: Muster einer kombinierten Jahresabrechnung	
b)	Ausnahmen.........	78		

I. Allgemeines

§ 28 wurde durch die WEG-Novelle[1] nicht verändert.

Die Vorschrift befasst sich in Abs. 1 und 2 mit dem Wirtschaftsplan, wobei die Rechtsprechung als Ergänzung eines nicht ausreichenden Wirtschaftsplans zur Deckung von Finanzierungslücken das Instrument der Sonderumlage entwickelt hat. Abs. 3 spricht die Jahresabrechnung an. Abs. 4 regelt die Rechnungslegung des Verwalters. Abs. 5 legt fest, dass über Wirtschaftsplan, Jahresabrechnung und Rechnungslegung durch Mehrheitsbeschluss entschieden wird. Eine wesentliche Aufgabe der Einzelwirtschaftspläne und der Einzeljahresabrechnungen besteht darin, eine **Anspruchsgrundlage** für

---

[1] Gesetz zur Änderung des Wohnungseigentumsgesetzes und anderer Gesetze v. 26. 3. 2007, BGBl. I 2007, S. 3701.

die sich grundsätzlich aus § 16 Abs. 2 ergebenden Verpflichtungen zu schaffen.[2]

2   § 28 ist grundsätzlich **abdingbar** und kann daher in der Teilungserklärung/ Gemeinschaftsordnung oder durch eine nachträgliche Vereinbarung abgeändert werden.[3] Eine generelle Abänderung durch Mehrheitsbeschluss ist jedoch nicht möglich, da insoweit die Beschlusskompetenz[4] fehlt.

Der BGH hat nunmehr entschieden, dass die Vorschriften über die Verteilung der Kosten auf der Grundlage von Wirtschaftsplänen, Abrechnungen und Rechnungslegungen des Verwalters nach Abs. 5 nicht abdingbar sind.[4a] Im entschiedenen Fall war eine Gesellschaft bürgerlichen Rechts von den Wohnungs- und Teileigentümern zum Zweck der einheitlichen Vermietung, Verwaltung und Instandhaltung der Wohn- und Teileigentumsanlage gegründet worden. Nachdem ein Eigentümer aus dieser Gesellschaft austrat, beschlossen die Wohnungseigentümer, im Wege einer Sonderumlage die Kosten der Gesellschaft auch auf Eigentümer umzulegen, die nicht Gesellschafter sind. Der BGH sah diesen Beschluss aufgrund fehlender Beschlusskompetenz als nichtig an. Der BGH stellte klar, dass dies selbst dann gilt, wenn der Eigentümer einer in der Teilungserklärung begründeten Verpflichtung zum Beitritt oder zur Überlassung des Sondereigentums zur Vermietung durch den Verwalter zuwidergehandelt haben sollte. Für eine Vornahme eines solchen Schadensausgleichs ist in einer Abrechnung nach Abs. 5 kein Raum.

Die Kommentierung orientiert sich an der Aufteilung des Gesetzes und behandelt Wirtschaftsplan, Sonderumlage (als Ergänzung des Wirtschaftsplans), Jahresabrechnung und Rechnungslegung in der Reihenfolge der Absätze der Vorschrift. Da die **Beschlussfassung** bei jedem der Instrumente maßgeblich ist, wird Abs. 5 nicht gesondert kommentiert, sondern in die jeweiligen Stichworte eingearbeitet. Auch **prozessuale Hinweise** werden unmittelbar bei den jeweiligen Stichworten gegeben.

II. Wirtschaftsplan (Absätze 1, 2 und 5)

1. Verwalter hat Wirtschaftsplan aufzustellen (Absatz 1 Satz 1)

3   Für die Verpflichtung des **Verwalters**[5], einen Wirtschaftsplan aufzustellen, ist in erster Linie eine Regelung maßgeblich, die in der Gemeinschaftsord-

---

2   Siehe dazu genauer unten Rn. 20ff., 62a und 82ff.
3   LG Karlsruhe v. 26.3.2010 – 11 S 140/09, ZMR 2010, 640 (zur Abrechnungsperiode); OLG Hamm v. 19.3.2007 – 15 W 340/06, ZWE 2007, 350 (zu Abs. 5); BayObLG v. 17.8.2005 – 2Z BR 229/04, NZM 2006, 62; BayObLG v. 29.12.2004 – 2Z BR 112/04, FGPrax 2005, 59 (zum Wirtschaftsplan); a.A. zu Abs. 3: OLG Schleswig v. 13.6.2001 – 2 W 7/01, ZMR 2001, 855; siehe allgemein zu vom Gesetz abweichenden Vereinbarungen: § 10 Rn. 12ff.
4   Siehe zur Beschlusskompetenz für einen vereinbarungsändernden Beschluss § 15 Rn. 9ff.; wie hier: *Bärmann-Becker*, § 28 Rn. 10; *Jennißen-Jennißen*, § 28 Rn. 34; a.A.: *Riecke/Schmid-Abramenko*, § 28 Rn. 3a (wo eine Beschlusskompetenz aus § 21 Abs. 7 abgeleitet wird).
4a BGH v. 22.7.2011 – V ZR 245/09, NJW-RR 2011, 1383.
5   Zu den Möglichkeiten, falls der Verwalter seinen Pflichten insoweit nicht nachkommt oder die Eigentümer keinen Beschluss fassen, siehe unten Rn. 4 und 19.

nung oder in einer nachträglichen Vereinbarung getroffen worden ist. Ist keine ausdrückliche Regelung vorhanden, ist der Verwalter kraft Gesetzes aufgrund Abs. 1 Satz 1 **verpflichtet**, einen Wirtschaftsplan aufzustellen. Ausnahmsweise kann nach Ansicht des BayObLG von der Aufstellung eines Wirtschaftsplans dann abgesehen werden, wenn die Eigentümer lediglich beschließen, dass die bisherigen Wohngeldvorauszahlungen auch für das neue Kalenderjahr verbindlich weiter gelten sollen.[6] Dies soll dann möglich sein, wenn entweder auf andere Weise als durch Aufstellung eines Wirtschaftsplans die Höhe der erforderlichen Wohngelder festgestellt werden kann oder wenn verlässliche Voraussagen nicht möglich sind. Die Entscheidung betrifft eine Sondersituation und dürfte wohl kaum verallgemeinert werden. Zu einem Beschluss über die **Fortgeltung** des bisherigen Wirtschaftsplans siehe unten Rn. 7 und 8.

Obgleich eine Form nicht vorgeschrieben ist, muss nach dem Sinn der Verpflichtung der Wirtschaftsplan **schriftlich** abgefasst und so gestaltet sein, dass er für die Wohnungseigentümer verständlich und nachvollziehbar ist.[7]

Nach § 21 Abs. 5 Nr. 5 gehört die Aufstellung eines Wirtschaftsplans zu einer ordnungsgemäßen Verwaltung. Da jeder Wohnungseigentümer nach § 21 Abs. 4 eine ordnungsgemäße Verwaltung verlangen kann, ist jeder Wohnungseigentümer auch berechtigt, die Aufstellung im Klagewege gemäß § 43 Nr. 3 geltend zu machen.[8] Zur Geltendmachung dieses Individualanspruchs bedarf der Eigentümer keines Beschlusses in der Eigentümerversammlung.[9] Ohne Bedeutung für die Verpflichtung des Verwalters ist es, ob der frühere Wirtschaftsplan über das Wirtschaftsjahr hinaus fort gilt.[10] Der Anspruch eines jeden Wohnungseigentümers kann also auch trotz **Fortgeltung** des alten Wirtschaftsplanes erfolgreich gerichtlich geltend gemacht werden (zur angemessenen Aufstellungsfrist siehe sogleich Rn. 4).[11]

Die **Eigentümer** sind nicht verpflichtet, selbst einen Wirtschaftsplan aufzustellen; sie sind nach Abs. 5 nur verpflichtet, über den vom Verwalter aufgestellten Wirtschaftsplan zu beschließen. Zu den Problemen, die sich ergeben können, wenn in einer Wohnungseigentümergemeinschaft kein Verwalter vorhanden ist und zum möglichen Vorgehen eines Eigentümers in diesem Fall siehe unten Rn. 19.

Der Wirtschaftsplan bildet gewissermaßen den Haushaltsplan der Eigentümergemeinschaft und soll der Gemeinschaft die **finanzielle Handlungsfähigkeit** in dem anstehenden Wirtschaftsjahr sichern.[12] Der Wirtschaftsplan muss daher **ausgeglichen** sein. Dies bedeutet, dass sich weder eine Unterdeckung noch ein Überschuss ergeben darf.[13] Er sollte also vor oder jeden-

4

---

6 BayObLGZ v. 2.8.1990 – BReg 2 Z 40/90, WuM 1991, 312.
7 Ebenso: *Bärmann/Pick/Merle*, § 28 Rn. 15; siehe dazu auch unten Rn. 10.
8 Siehe dazu unten Rn. 4 und Rn. 19; zu weiteren Einzelheiten siehe § 43 Rn. 19 ff.
9 BayObLGZ v. 15.3.1990 – BReg 2 Z 18/90, NJW-RR 90, 659; siehe auch unten Rn. 30 (zur Jahresabrechnung).
10 Siehe dazu unten Rn. 6.
11 Zu weiteren prozessualen Aspekten siehe unten Rn. 18 f.
12 OLG Brandenburg v. 27.11.2007 – 13 Wx 9/07, ZMR 2008, 386.
13 Siehe dazu auch unten Rn. 10.

falls zu **Beginn** des Wirtschaftsjahres aufgestellt werden.[14] Die Pflicht des Verwalters und damit einhergehend der Anspruch der einzelnen Wohnungseigentümer, besteht aber erst ab Beginn[15] des **Kalenderjahres**[16]. Der zu Beginn des Kalenderjahres **bestellte Verwalter** muss daher in einer angemessenen Frist den Wirtschaftsplan erstellen.[17] Der Wirtschaftsplan muss innerhalb der ersten Monate des Kalenderjahres aufgestellt werden.[18] Die Aufstellung wird wohl regelmäßig im März eines Jahres fällig werden.[19] Die Frist dürfte jedenfalls spätestens nach Ablauf von sechs Monaten überschritten sein.[20] Kommt der Verwalter seiner Pflicht nicht fristgerecht nach, kann jeder einzelne Wohnungseigentümer (ohne Ermächtigung durch die anderen Eigentümer) dem Verwalter eine angemessene Frist zur Erstellung setzen, nach deren erfolglosem Ablauf der Verwalter in **Verzug** gerät[21] und er einen möglicherweise entstehenden Verzugsschaden nach §§ 280, 286 BGB zu ersetzen hat.

Die **Aufstellungsfrist** wird in der Praxis häufig nicht eingehalten, da die Wohnungseigentümerversammlungen erst Mitte des Jahres oder teilweise erst im Herbst abgehalten und der Wirtschaftsplan sowie die Jahresabrechnung für das vorangegangene Jahr erst kurz vorher erstellt werden. Die derzeitige Praxis vieler Verwalter birgt (über die genannte Verpflichtung zum Ersatz eines Verzugsschadens hinaus) durchaus Risiken in sich. Erhebt ein Wohnungseigentümer nach Ablauf der einzuräumenden Aufstellungsfrist **Klage**[22] und erstellt der Verwalter den Wirtschaftsplan dann erst später[23], erledigt sich zwar der Rechtsstreit in der Hauptsache, der Verwalter wird aber gemäß § 91a ZPO die Kosten des Verfahrens zu tragen haben.[24] Dies gilt jedenfalls dann, wenn der klagende Wohnungseigentümer den Verwalter vorher zur Aufstellung aufgefordert und ihn dadurch in Verzug gesetzt hat. In diesen Fällen hat der Verwalter Anlass zur Klage gegeben, so dass auch bei einem sofortigen Anerkenntnis nicht die Kosten des gerichtlichen Verfahrens gemäß § 93 ZPO dem Kläger aufzuerlegen sein werden.

Kommt der Verwalter dagegen trotz der Klage seiner Verpflichtung zur Aufstellung eines Wirtschaftsplanes nicht nach, wird er durch Urteil verpflichtet, einen Wirtschaftsplan für ein bestimmtes Wirtschaftsjahr für die Gemeinschaft zu erstellen. Dieses Urteil kann dann als vertretbare Handlung

---

14 BayObLG v. 13.12.2001 – 2Z BR 93/01, ZMR 2002, 525; BayObLG v. 15.3.1990 – BReg 2 Z 18/90, NJW-RR 90, 659.
15 Wie hier: *Bärmann-Becker*, § 28 Rn. 13.
16 Siehe dazu unten Rn. 5.
17 OLG Celle v. 8.6.2005 – 4 W 107/05, ZMR 2005, 718.
18 BayObLG v. 7.10.1999 – 2Z BR 76/99, ZMR 2000, 108.
19 *Riecke/Schmid-Abramenko*, § 28 Rn. 6; *Bärmann-Becker*, § 28 Rn. 13 (spätestens nach sechs Monaten).
20 BGH v. 20.6.2002 – V ZB 39/01, NZM 2002, 788 (für eine Jahresabrechnung).
21 BayObLG v. 15.3.1990 – BReg 2 Z 18/90, NJW-RR 1990, 659; *Bärmann-Becker*, § 28 Rn. 13; *Riecke/Schmid-Abramenko*, § 28 Rn. 6.
22 Siehe dazu Rn. 3.
23 Hiervon zu unterscheiden ist der Beschluss der Eigentümer über den Wirtschaftsplan – siehe dazu Rn. 17.
24 Siehe zur übereinstimmenden Erledigterklärung näher vor § 43 Rn. 17.

nach § 887 ZPO vollstreckt werden.[25] Eine Vollstreckung ist aber nicht mehr möglich, wenn das Kalenderjahr zum Zeitpunkt der Zwangsvollstreckung bereits abgelaufen ist.[25a]

Das OLG Düsseldorf[26] hat in einem Fall, bei dem diverse Jahresabrechnungen auf Anfechtung teilweise gerichtlich für ungültig erklärt worden waren, einen Beschluss der Eigentümer zur „Umsetzung der Gerichtsurteile" zwei Wohnungseigentümer mit der Erstellung der Jahresabrechnungen „gemäß den vorliegenden Gerichtsurteilen" zu beauftragen, als zulässig und ordnungsgemäßer Verwaltung entsprechend angesehen. Diese Entscheidung betrifft aber einen Sonderfall und wird nicht zu verallgemeinern sein.[27]

Zum möglichen Vorgehen eines Eigentümers für den Fall, dass der Verwalter zwar einen Wirtschaftsplan erstellt hat, die Eigentümer sich aber weigern, diesen oder einen anderen Wirtschaftsplan zu beschließen, siehe unten Rn. 19 am Ende (mit weiteren Verweisen).

Die Pflicht zur Aufstellung eines Wirtschaftsplanes **erlischt** mit **Ablauf des Kalenderjahres**. Eine Vorausplanung für das abgelaufene Jahr ist nicht mehr denkbar. Mit dem Ablauf des Kalenderjahres ist es vielmehr möglich und erforderlich, eine Jahresabrechnung[28] zu erstellen.[29] Nach der obergerichtlichen Rechtsprechung ist nach Ablauf des Wirtschaftsjahres ein Beschluss über einen Wirtschaftsplan nicht mehr möglich, da dann eine **Beschlusskompetenz**[30] fehlt.[31] Nach dem OLG Schleswig[32] kann auf die Vorschrift des § 28 Abs. 3 nicht verzichtet werden, weshalb der Beschluss nach § 23 Abs. 4 nichtig sei, da durch den nachträglichen Wirtschaftsplan letztlich die wesentliche Pflicht zur Erstellung einer Jahresabrechnung unterlaufen würde. Dem kann wohl gefolgt werden, da in derartigen Fällen, wie gezeigt, eine Jahresabrechnung zu erstellen ist und ein zusätzlicher Wirtschaftsplan hier keinen eigenständigen Sinn hat. In eng begrenzten Fällen dürfte es aber möglich sein, eine Ausnahme von diesem Grundsatz zuzulassen. Wenn ausnahmsweise die Erstellung einer Jahresabrechnung auf

---

25 Offen gelassen: BGH v. 23.6.2016 – I ZB 5/16 (zitiert nach juris); wie hier: BayObLG v. 15.11.1988 – 2 Z 142/87, WE 1989, 220 (zur Jahresabrechnung); BayObLG v. 18.4.2002 – 2Z BR 9/02, NZM 2002, 489 (zur Rechnungslegung); OLG Hamburg v. 4.2.2005 – 2 Wx 124/04, ZMR 2005, 396; *Palandt-Bassenge*, WEG § 28 Rn. 1; *Bärmann-Becker*, § 28 Rn. 10; *Riecke/Schmid-Abramenko*, § 28 Rn. 7; a.A.: KG Berlin v. 30.6.1972 – 1 W 1386/71, NJW 1972, 2093 (nach § 888 ZPO – für Rechnungslegung –).
25a BGH v. 23.6.2016 – I ZB 5/16 (zitiert nach juris).
26 OLG Düsseldorf v. 20.4.2007 – 3 Wx 127/06, NZM 2007, 569.
27 Wie hier: a.A. wohl *Riecke/Schmid-Abramenko*, § 28 Rn.5, wo wohl für eine generelle Beauftragung Dritter als zulässig angesehen wird.
28 Siehe dazu unten Rn. 29 ff.
29 BGH v. 23.6.2016 – I ZB 5/16 (zitiert nach juris); ebenso: *Niedenführ/Kümmel/Vandenhouten-Niedenführ*, § 28 Rn. 9 und 14; *Palandt-Bassenge*, WEG § 28 Rn. 1.
30 Siehe zur Beschlusskompetenz für einen vereinbarungsändernden Beschluss § 15 Rn. 9 ff.
31 LG München I v. 14.11.2011 – 1 S 4681/11, ZMR 2012, 394; OLG Schleswig v. 13.6.2001 – 2 W 7/01, ZWE 2002, 141; OLG Hamm v. 3.1.2008 – 15 W 240/07, ZMR 2009, 58 (kann nicht mehr erstellt werden); a.A.: AG Saarbrücken v. 2.8.2004 – 1 WEG II 84/04, ZMR 2005, 319 (nur anfechtbar).
32 OLG Schleswig v. 13.6.2001 – 2 W 7/01, ZWE 2002, 141.

absehbare Zeit aus vom Verwalter nicht zu vertretenden Gründen nicht möglich sein sollte (etwa bei Verwalterwechsel, wenn früherer Verwalter Unterlagen nicht herausgibt) und die Gemeinschaft dennoch Geldmittel benötigt, wird die Liquiditätslücke wohl nur dadurch geschlossen werden können, dass der benötigte (Fehl-) Betrag in den Wirtschaftsplan des neuen Jahres aufgenommen oder dass insoweit eine **Sonderumlage** erhoben wird.[33] Von dieser Möglichkeit darf aber nur sehr zurückhaltend Gebrauch gemacht werden. So hat ausnahmsweise das OLG Hamm[34] in einem Fall, in dem sich der Vorverwalter beharrlich weigerte, dem Verwalter die für die Aufstellung des Wirtschaftsplans erforderlichen Unterlagen zu übergeben und in dem die Unterlagen auch nicht auf anderem Wege leicht zu beschaffen waren, die Genehmigung eines **Notwirtschaftsplans**, in dem die einzelnen Kostenpositionen pauschal nach dem gesetzlichen Kostenverteilungsschlüssel des § 16 Abs. 2 umgelegt wurden, als zulässig angesehen.

Die Verpflichtung zur Aufstellung eines Wirtschaftsplanes wird, auch wenn sie noch nicht erloschen ist, jedenfalls dann nicht mehr durchsetzbar sein, wenn eine Beschlussfassung über den Wirtschaftsplan[35] erst kurz vor Jahresende möglich ist. Eine Klage gegen den Verwalter etwa im November eines Jahres würde daher wohl mangels Rechtsschutzbedürfnis abgewiesen werden.[36]

Der vorgenannten Meinung, dass ein Wirtschaftsplan (erstmals) nicht nach Ablauf des Kalenderjahres beschlossen werden kann,[37] steht auch nicht eine neuere Entscheidung des BGH entgegen. Danach kann der **Wirtschaftsplan** nach der Beschlussfassung über die Jahresabrechnung (die zwingend erst im Folgejahr erfolgen kann) durch einen **Zweitbeschluss** ersetzt werden, wenn Zweifel an seiner Wirksamkeit bestehen; gleiches gilt auch für den Beschluss über die Erhebung einer **Sonderumlage** als Ergänzung des Wirtschaftsplans.[38] Der BGH hat im entschiedenen Fall einen **inhaltsgleichen** Zweitbeschluss und diesen auch nur deshalb als zulässig angesehen, weil ernsthafte Zweifel an der Wirksamkeit des vorangegangenen Sonderumlagenbeschlusses, den das Instanzgericht in einem anderen Verfahren inzident als nichtig angesehen hat, bestanden. Diese Rechtsprechung sollte über den entschiedenen Sonderfall hinaus nicht erweitert werden, da sich ansonsten kaum übersehbare Schwierigkeiten in der Praxis ergeben würden; insoweit wird auf die Darstellungen zur Abrechnungsspitze (Rn. 62a) Bezug genommen.[39]

---

33 Zur Sonderumlage wie hier: *Riecke/Schmid-Abramenko*, § 28 Rn. 6; siehe näher zur Sonderumlage unten Rn. 24 ff.
34 OLG Hamm v. 3.1.2008 – 15 W 240/07, ZMR 2009, 58; siehe dazu auch unten Rn. 18.
35 Siehe dazu unten Rn. 17.
36 BayObLG v. 13.12.2001 – 2Z BR 93/01, ZMR 2002, 525 (für eine Beschlussfassung im Dezember); a.A.: LG Hamburg v. 11.3.2015 – 318 S 133/14, ZMR 2015, 784.
37 So auch: LG Itzehoe v. 15.4.2014 – 11 S 32/13, ZMR 2014, 909.
38 BGH v. 4.4.2014 – V ZR 168/13, ZWE 2014, 261.
39 A.A. LG Hamburg v. 11.3.2015 – 318 S 133/14, ZMR 2015, 784, mit dem Hinweis, dass der BGH ansonsten bei fehlender Rechtsgrundlage für Vorauszahlungen den Abrechnungsbeschluss als alleinige Rechtsgrundlage für den gesamten Abrechnungssaldo angesehen hätte.

2. Für das Kalenderjahr (Absatz 1 Satz 1)

a) Kalenderjahr (als Regelwirtschaftsjahr)

Aus § 28 Abs. 1 und Abs. 3 kann entnommen werden, dass im Regelfall das Kalenderjahr auch das Wirtschaftsjahr einer Gemeinschaft ist[40]. Für dieses Kalenderjahr (oder wenn in der Gemeinschaftsordnung ein abweichendes Wirtschaftsjahr vorgesehen ist, für dieses) ist der Wirtschaftsplan aufzustellen.

b) Abweichende Geltungsdauer

Es entspricht daher nicht ordnungsgemäßer Verwaltung, wenn ein Verwalter einen Wirtschaftsplan nur für ein „Rumpfjahr" aufstellt, also etwa für ein Quartal oder ein Halbjahr, weil nach dieser Zeit ein Verwalterwechsel ansteht.[41] Wird ein derartiger Quartalswirtschaftsplan jedoch beschlossen[42], ist dieser Beschluss, da er nur für einen konkreten Einzelfall vereinbarungs- bzw. gesetzeswidrig aber nicht vereinbarungs- oder gesetzesändernd ist[43], nicht nichtig, sondern nur angreifbar. Ein Beschluss, mit dem generell für die Zukunft das Wirtschaftsjahr abgeändert werden soll (wenn etwa der Wirtschaftsplan statt für das Kalenderjahr jeweils vom 1.7. bis 30.6. gelten soll), ist aber vereinbarungs- bzw. gesetzeswidrig und daher wegen fehlender Beschlusskompetenz nichtig[44]. Alleine der Umstand, dass jahrelang vom Kalenderjahr (Wirtschaftsjahr) abweichende Wirtschaftspläne bestandskräftig beschlossen wurden, führt nicht zu einer Vereinbarung über eine Änderung des Wirtschaftsjahres[45]. Bestand aber in der Vergangenheit eine solche fehlerhafte Handhabung, kann künftig ein gesetzmäßiger Zustand sachgerecht nur dadurch hergestellt werden, dass einmal ein Rumpfwirtschaftsplan für die Zeit bis zum Beginn des Wirtschaftsjahres aufgestellt wird.[46] In diesem Falle ist die Erstellung eines Rumpfwirtschaftsplans ausnahmsweise zulässig. Will ein Eigentümer die bisherige fehlerhafte Praxis nicht mehr dulden und erreichen, dass einmal ein Rumpfwirtschaftsplan und sodann Wirtschaftspläne für das jeweils zutreffende Wirtschaftsjahr erstellt werden, muss er dies regelmäßig von der Verwaltung vor der Erstellung des anstehenden Wirtschaftsplans fordern. Wartet der Eigentümer, bis erneut ein vom Wirtschaftsjahr abweichender Wirtschaftsplan beschlossen wird und ficht er diesen Beschluss sodann an, handelt er jedenfalls dann treuwidrig, wenn er die gesetzmäßige Handhabung nicht vor der Erstellung gefordert hat und für ihn mit der bisherigen Übung keine finanziellen Nachteile verbunden sind.[47]

---

[40] Wie hier: Niederführ/Kümmel-Niederführ, § 28 Rn. 12.
[41] OLG Düsseldorf v. 26.9.2006 – 3 Wx 120/06, NZM 2007, 165 (für eine Jahresabrechnung).
[42] Siehe dazu unten Rn. 17.
[43] Siehe dazu allgemein: § 15 Rn. 9ff.
[44] Siehe zur Beschlusskompetenz für einen vereinbarungsändernden Beschluss § 15 Rn. 9ff.; wie hier Palandt-Bassenge, WEG § 28 Rn. 2; Niederführ/Kümmel/Vandenhouten-Niederführ, § 28 Rn. 12.
[45] OLG Düsseldorf v. 22.12.2000 – 3 Wx 378/00, NZM 2001, 546.
[46] LG München I v. 4.5.2009 – 1 S 237/09, WuM 2009, 423; Ebenso: Palandt-Bassenge, WEG § 28 Rn. Rn. 2; Jennißen-Jennißen, § 28 Rn. 48.
[47] OLG München v. 17.2.2009 – 32 Wx 164/08, Grundeigentum 2009, 525

7 Eine wesentliche praktische Bedeutung des Wirtschaftsplans liegt darin, dass nach Abs. 2 die Wohnungseigentümer zu Vorschussleistungen verpflichtet sind.[48] Nach Ablauf des Kalenderjahres, für das der Wirtschaftsplan aufgestellt wurde, würde der Wirtschaftsplan für die Folgezeit seine Wirkungen verlieren, da für eine **Fortgeltung** des Plans über das Kalenderjahr hinaus grundsätzlich ein ausdrücklicher Beschluss der Wohnungseigentümer erforderlich ist.[49] Die Vorschusspflicht würde daher mangels Fortgeltung entfallen und die Gemeinschaft würde regelmäßig nicht mehr über ausreichende Mittel verfügen, die laufenden Ausgaben zu bestreiten. Um derartige Finanzierungslücken bei Fehlen eines Anschlusswirtschaftsplans zu verhindern, sehen viele **Gemeinschaftsordnungen** generell die Fortgeltung der beschlossenen Wirtschaftspläne solange vor, bis ein neuer Wirtschaftsplan beschlossen wird. Dies ist, da § 28 kein zwingendes Recht ist, ohne weiteres möglich[50]. Enthält die Gemeinschaftsordnung keine derartige Regelung, kann diese nur durch eine (nachträgliche) **Vereinbarung**[51] getroffen werden. Ein **Beschluss**, der eine generelle Fortgeltung für künftige Wirtschaftspläne vorsieht, ist jedoch **nichtig**[52], da der Gemeinschaft für gesetzes- oder vereinbarungsändernde Beschlüsse die Beschlusskompetenz fehlt.[53] Gleiches gilt für einen Beschluss, wonach künftig auf die Vorlage von Einzelwirtschaftsplänen verzichtet wird.[54]

8 Zulässig ist jedoch ein **Fortgeltungsbeschluss** für einen konkreten Wirtschaftsplan.[55] In diesem Falle liegt kein gesetzes- oder vereinbarungsändernder Beschluss vor, da nur der konkrete Einzelfall geregelt und nicht die generelle Fortgeltung künftiger Wirtschaftspläne angeordnet wird. Ein derartiger Beschluss für den konkreten Einzelfall ist zulässig und entspricht ordnungsgemäßer Verwaltung.[56] Haben die Eigentümer beschlossen, dass ein konkreter Wirtschaftsplan bis zur Aufstellung eines neuen Wirtschaftsplanes fortgelten soll, führt alleine die Ablehnung eines Wirtschaftsplans für das nächste Jahr nicht dazu, dass auch die Fortgeltung des bisherigen Planes entfällt.[57] Zu einem Beschluss, mit dem lediglich die Wohngeldvorauszahlungen des Vorjahres weiter für verbindlich erklärt werden, siehe oben Rn. 3.

Fehlt auch ein Fortgeltungsbeschluss, bleibt es bei dem bei Rn. 7 genannten Grundsatz, dass ein Wirtschaftsplan keine Fortgeltung über den Bereich des

---

48 Siehe dazu Rn. 20 ff.
49 BayObLG v. 16.6.2004 – 2Z BR 85/04, NZM 2004, 711.
50 Siehe dazu auch Rn. 2.
51 LG Karlsruhe v. 26.3.2010 – 11 S 140/09, ZMR 2010, 640; Siehe zu Vereinbarungen: § 10 Rn. 9 ff.
52 LG Itzehoe v. 17.9.2013 – 11 S 93/12, ZWE 2014, 133; BayObLG v. 25.7.2005 – 2Z BR 230/04, NZM 2005, 786; OLG Düsseldorf v. 11.7.2003 – 3 Wx 77/03, NZM 2003, 810.
53 Siehe zur Beschlusskompetenz allgemein: § 15 Rn. 9 ff.
54 BGH v. 2.6.2005 – V ZB 32/05, NJW 2005, 2061.
55 LG Stuttgart v. 14.12.2009 – 19 S 18/09, ZMR 2010, 319; BayObLG v. 16.6.2004 – 2Z BR 85/04, NZM 2004, 711.
56 KG v. 7.1.2004 – 24 W 326/01, ZMR 2005, 221; BayObLG v. 16.6.2004 – 2Z BR 85/04, NZM 2004, 711.
57 LG Stuttgart v. 14.12.2009 – 19 S 18/09, ZMR 2010, 319.

Wirtschaftsjahres hinaus hat. Hieran ändert nichts, dass in der Vergangenheit über mehrere Jahre hinweg es gängige Übung war, dass die Wirtschaftspläne auch ohne Vereinbarung oder zulässigen Beschluss auch nach Ablauf des Wirtschaftsjahres als fortgeltend behandelt wurden und alle Wohnungseigentümer ihre Wohngelder (gemäß Abs. 2) weiter bezahlt haben.[58]

Bestand für ein Jahr kein Wirtschaftsplan, kann die Aufstellung eines solchen, wie bereits oben bei Rn. 4 genauer dargestellt, nicht mehr vom Verwalter verlangt werden. Wird dennoch vom Verwalter ein Wirtschaftsplan **rückwirkend** aufgestellt und dieser Plan von den Eigentümern genehmigt, ist dieser Plan nicht nur anfechtbar, sondern nichtig und begründet keine Zahlungspflicht der Eigentümer.[59]

9

3. Inhalt des Wirtschaftsplans (Absatz 1 Satz 2)

a) Allgemeines

Absatz 1 Satz 2 legt lediglich einen Mindestinhalt sowohl für den Gesamtwirtschaftsplan (Nr. 1 und Nr. 3) als auch für die Einzelwirtschaftspläne (zusätzlich auch Nr. 2) fest, gibt aber keine konkrete **Form** der Gestaltung des Wirtschaftsplans vor.[60] Ein Wirtschaftsplan besteht aus Gesamtwirtschaftsplan und Einzelwirtschaftsplänen.[61] Der Einzelwirtschaftsplan gehört zu den unverzichtbaren Bestandteilen des Wirtschaftsplans. Die Genehmigung eines Wirtschaftsplans ohne Einzelwirtschaftsplan ist auf Antrag für ungültig zu erklären.[62] Siehe zu den Einzelwirtschaftsplänen auch unten Rn. 16.

10

Bereits bei Rn. 3 wurde darauf hingewiesen, dass der Wirtschaftsplan für die Wohnungseigentümer verständlich und nachvollziehbar sein muss. Es empfiehlt sich, einen Wirtschaftsplan entsprechend einer Jahresabrechnung[63] aufzubauen. In der Praxis werden üblicherweise **kombinierte Wirtschaftspläne** erstellt. Dabei erhält jeder Eigentümer einen Wirtschaftsplan, in dem zunächst sämtliche Einnahmen und Ausgaben (Satz 2 Nr. 1) sowie die Beiträge zu der Instandhaltungsrücklage (Satz 2 Nr. 3) aufgeführt sind **(= Gesamtwirtschaftsplan)**. Sodann wird nach Angabe des Verteilungsschlüssels der jeweils auf den einzelnen Eigentümer entfallende Betrag der jeweiligen Position (= **Einzelwirtschaftspläne**) sowie das vom Eigentümer zu zahlende monatliche Wohngeld (Abs. 2) angegeben.[64]

Der Wirtschaftsplan, der gewissermaßen den Haushaltsplan der Eigentümergemeinschaft darstellt und die finanzielle Handlungsfähigkeit der Ge-

---

58 BGH v. 20.6.2002 – V ZB 39/01, NZM 2002, 788; ebenso: *Bärmann-Becker*, § 28 Rn. 49 – unter Hinweis auf die a.A. des OLG Köln, WE 1996, 112 (114).
59 OLG Schleswig v. 13.6.2001 – 2 W 7/01, ZWE 2002, 141; OLG Hamm v. 3.1.2008 – 15 W 240/07, ZMR 2009, 58 (kann nicht mehr erstellt werden); a.A. AG Saarbrücken v. 2.8.2004 – 1 WEG II 84/04, ZMR 2005, 319 (nur anfechtbar).
60 BGH v. 7.6.2013, Az. V ZR 211/12, ZWE 2013, 367.
61 LG Karlsruhe v. 26.3.2010 – 11 S 140/09, ZMR 2010, 640; LG München I v. 10.11.2008 – 1 T 4472/08, ZWE 2009, 218.
62 BGH v. 2.6.2005 – V ZB 32/05, NJW 2005, 2061.
63 Siehe dazu unten Rn. 29 ff.
64 BGH v. 7.6.2013, Az. V ZR 211/12, ZWE 2013, 367.

meinschaft sichern soll,[65] muss grundsätzlich **ausgeglichen** sein. Dies bedeutet, dass sich weder eine Unterdeckung noch ein Überschuss ergeben darf.[66] Die erwarteten Einnahmen müssen sich daher mit den erwarteten Ausgaben und den vorgesehenen Zuführungen zur Instandhaltungsrücklage decken.[67] Sind Wohngeldausfälle einzelner Eigentümer zu erwarten, muss dies auslagenerhöhend berücksichtigt werden.[68] Würde dies nicht geschehen und würden die Wohngelder für alle nicht entsprechend höher angesetzt, wäre der insolvente Eigentümer teilweise nicht zur Hausgeldzahlung verpflichtet. Die Ausgabenerhöhung muss im Beschluss über den Wirtschaftsplan selbst oder zumindest im Protokoll der Eigentümerversammlung erläutert werden.[69]

Gliederungsbeispiel eines (sehr vereinfachten) **kombinierten Wirtschaftsplans**:

I. Ausgaben			
Art der Ausgaben	Gesamtbetrag €	Verteilerschlüssel	Ihr Anteil €
Versicherungen	2.000,00	$1/10$	200,00
Heizung/Warmwasser	9.000,00	(nach Verbrauch)	900,00
Verwalterhonorar	1.000,00	$1/10$	100,00
Summe der Ausgaben	12.000,00		1.200,00

II. Zuführungen zur Instandhaltungsrücklage			
Art der Zuführung	Gesamtbetrag €	Verteilerschlüssel	Ihr Anteil €
Zuführung zur Instandhaltungsrücklage (ausWohngeldern)	1.500,00	$1/10$	150,00
Zwischensumme zu II:	1.500,00		150,00

III. Gesamtsumme zu I. und II: (benötigte Mittel)			
	Gesamtbetrag €		Ihr Anteil €
(Gesamt: 12.000,00 + 1.500,00 €) (Ihr Anteil: 1.200,00 + 150,00 €)	13.500,00		1.350,00

---

65 Siehe dazu oben Rn. 4.
66 Wie hier: *Bärmann-Becker*, § 28 Rn. 20; *Jennißen-Jennißen*, § 28 Rn. 42.
67 Siehe dazu genauer: Rn. 11 bis 15.
68 BGH v. 7.6.2013, Az. V ZR 211/12, ZWE 2013, 367.
69 Siehe dazu auch unten Rn. 15.

IV. Einnahmen			
Art der Einnahmen	Gesamtbetrag €	Verteiler- schlüssel	Ihr Anteil €
Wohngelder (monatlich zu zahlen)	13.500,00		1.350,00
Gesamtsumme Einnahmen:	13.500,00		1.350,00

Berechnung Ihres **monatlichen** Wohngeldes:

Ihr Jahreswohngeld	+	1.350,00 €
Geteilt durch die Anzahl der Monate des Wirtschaftsjahres		./. 12
Ihr monatliches Wohngeld	=	**112,50 €**

Ein (ausführlicheres) **Muster** eines kombinierten Wirtschaftsplans ist als **Anlage 3** abgedruckt.

b) Nr. 1 und Nr. 3 (Gesamtwirtschaftsplan)

aa) Einnahmen und Ausgaben der Gemeinschaft (Nr. 1)

Nach Nr. 1 muss der (Gesamt-)Wirtschaftsplan die Einnahmen und Ausgaben enthalten, die bei der Verwaltung des gemeinschaftlichen Eigentums voraussichtlich im nächsten Jahr anfallen. Es sind also die zu erwartenden Einnahmen und Ausgaben der Gemeinschaft und damit die Veränderungen des Verwaltungsvermögens[70] i.S.d. § 10 Abs. 7 darzustellen. Maßgebliches Kriterium für die Aufnahme in den Wirtschaftsplan ist also, ob die Gemeinschaft mit einem (in der Regel: Geld-) **Mittelzufluss** oder -**abfluss** rechnet; nur in diesem Fall dürfen (ausnahmsweise) Forderungen oder Verbindlichkeiten in den Wirtschaftsplan aufgenommen werden.[71] Zur Behandlung der geplanten Zuführungen zur Instandhaltungsrückstellung (= Instandhaltungsrücklage) siehe unten Rn. 12, 14 und 39f. Der Gesamtwirtschaftsplan muss **ausgeglichen** sein (siehe dazu unten Rn. 4 und Rn. 10). Ein **Muster** eines Gesamtwirtschaftsplans ist als **Anlage 1** abgedruckt. 11

Zu den voraussichtlichen Einnahmen gehören **alle Zuflüsse** zum Gemeinschaftsvermögen, die die **Vorschussverpflichtung** der Eigentümer **mindern**.[72] 12

Unterhält die Gemeinschaft Geräte, die gebührenpflichtig von den Eigentümern genutzt werden können, wie etwa Waschmaschinen und Trockner, sind daher die hier zu erwartenden Einnahmen, wie etwa **Waschgelder**, mit aufzunehmen. Gleiches gilt für **Miet-** oder **Pachteinnahmen**, wenn die Gemeinschaft etwa Kfz-Stellplätze, Kellerabteile oder Gartenflächen vermietet oder verpachtet hat und daher mit entsprechenden Zuflüssen zu rechnen ist. Gleiches gilt, wenn etwa die Gemeinschaft eine **Kreditaufnahme**[73] beschlossen oder eine Versicherung angekündigt hat, für einen (etwa im vergange-

---

70 Siehe zum Verwaltungsvermögen allgemein: § 10 Rn. 48 ff.
71 BGH v. 2.6.2005 – V ZB 32/05, NJW 2005, 2061; siehe dazu näher unten Rn. 15.
72 BGH v. 7.6.2013, Az. V ZR 211/12, ZWE 2013, 367.
73 Siehe zur Kreditaufnahme auch § 21 Rn. 26, 27 und § 27 Rn. 38.

nen Jahr) eingetretenen Schaden eine **Versicherungsleistung** zu erbringen und daher bereits fest angenommen werden kann, dass der Gemeinschaft tatsächlich aus dem Darlehen oder aus dem Versicherungsverhältnis Gelder zufließen werden.[74] Umstritten ist, ob **Zinseinnahmen** aus der Instandhaltungsrücklage als Einnahmen aufzuführen sind.[75] Da die Zinsen (meist für die Instandhaltungsrücklage), auch wenn sie in der Regel nicht in den allgemeinen Haushalt einfließen und ausgegeben werden sollen, einen tatsächlichen Mittelzufluss darstellen, müssen auch diese Zinsen zum Einen als Einnahme aufgeführt und zum Anderen dieser Betrag bei den Zuführungen zur Instandhaltungsrücklage berücksichtigt werden.[76] Sollen die Zinseinnahmen im Wirtschaftsjahr für Ausgaben verwendet werden, müssen sie ebenfalls als Einnahmen erfasst werden.[77] Da in diesem Fall insoweit keine Zuführung zur Instandhaltungsrücklage vorgesehen ist, verringert sich in dieser Höhe das erforderliche Wohngeld.

Regelmäßig den größten Teil der geplanten **Einnahmen** werden die vorgesehenen Beitragsvorschüsse der Wohnungseigentümer auf den beschlossenen Wirtschaftsplan nach Abs. 2 darstellen.[78]

Bis zur Entscheidung des BGH vom 4.12.2009[79] konnten unproblematisch die erwarteten Einnahmen aufgrund der Beitragsvorschüsse als **Wohngelder** oder **Hausgelder** bezeichnet werden, die dann auch als geplante Einnahmen zu erfassen waren. In der Entscheidung vom 4.12.2009 hat der BGH für die Jahresabrechnung ausdrücklich klargestellt, dass alle Zahlungen der Eigentümer Einnahmen der Gemeinschaft sind. Für den Wirtschaftsplan bedeutet dies, dass die gesamten Beitragsvorschüsse der Eigentümer nach Abs. 2 auch weiterhin als erwartete Einnahmen der Gemeinschaft auszuweisen sind. Da der BGH in der genannten Entscheidung aber ausführt, dass „Zahlungen der Wohnungseigentümer auf die **Instandhaltungsrücklage**[80] ... wie die Vorschüsse auf das Wohn- oder Hausgeld" eine Einnahme der Gemeinschaft sind, könnte daraus geschlossen werden, dass der BGH von zwei getrennten Einnahmen ausgeht, die dann auch getrennt im Wirtschaftsplan (und auch in der Jahresabrechnung) auszuweisen wären. In einer neueren Entscheidung hat der BGH erneut formuliert, dass das fällige Hausgeld sowie die Instandhaltungsrücklage vom Verwalter einzuziehen sind.[81] Dies wäre zunächst nur ein Problem der Darstellung, das aber die Verwalter bzw. die Ersteller entsprechender Softwareprogramme unschwer in den Griff bekommen könnten, indem bei den Einnahmen zum einen das geplante Wohngeld und zum anderen die geplanten Zuführungen zur Instandhaltungsrücklage aufgeführt werden. Rechtliche und vor allem praktische Pro-

---

74 Wie hier: *Bärmann-Becker*, § 28 Rn. 21; *Riecke/Schmid-Abramenko*, § 28 Rn. 11.
75 Vergleiche: *Bärmann-Becker*, § 28 Rn. 21 ff.
76 Siehe zur Darstellung der Zinsen im Wirtschaftsplan auch die Anlagen 1–3 und zur Behandlung der Zinsen in der Jahresabrechnung unten Rn. 61.
77 OLG Hamburg v. 2.2.2004 – 2 Wx 133/01, ZMR 2004, 452.
78 Wie hier: *Bärmann-Becker*, § 28 Rn. 21.
79 BGH v. 4.12.2009 – V ZR 44/09, ZWE 2010, 170 (=NJW 2010, 2127).
80 Siehe dazu auch unten Rn. 14
81 BGH v. 29.1.2016 – V ZR 97/15, WuM 2016, 311.

bleme ergeben sich dann aber später (insbesondere auch bei der Jahresabrechnung), wenn etwa einzelne Eigentümer nur Teilbeträge bezahlen und zudem **Tilgungsbestimmungen** hinsichtlich Vorschüsse auf Ausgaben einerseits und Vorschüsse auf geplante Zuführungen zur Instandhaltungsrücklage andererseits vornehmen. Praxisgerecht und nach der hier vertretenen Meinung durchaus auch mit der Entscheidung des BGH vom 4.12.2009 in Einklang zu bringen erscheint es daher, auch weiterhin im Regelfall von einem **einheitlichen Wohngeld** (oder Hausgeld) auszugehen, das sich zwar aus verschiedenen Positionen zusammensetzt, das aber dennoch eine **einheitliche Forderung** der Gemeinschaft darstellt.[82] Eine Regelung über die Hausgeldzahlungen im Wirtschaftsplan, wonach bei Teilzahlungen von Eigentümern ohne Leistungsbestimmung diese zunächst auf den Anteil der Beitragsleistung zur Instandhaltungsrücklage und erst dann auf die Ausgaben der gemeinschaftlichen Verwaltung verrechnet werden, entspricht nicht ordnungsgemäßer Verwaltung. Denn durch diese Beschlussfassung kann es passieren, dass die Instandhaltungsrücklage in vollem Umfang aufgefüllt wird, ohne dass Zahlungen auf die zur Kostendeckung erforderlichen Wohngeldforderungen erzielt werden und somit eine ordnungsgemäße Bewirtschaftung des Objektes nicht mehr möglich ist.[83] Wegen weiterer Einzelheiten wird auf die Kommentierung zur Vorschusspflicht nach Abs. 2 unten zu Rn. 20ff. und auf die Darstellung in den Mustern der Anlagen 1 bis 3 sowie auf die Ausführungen zur Jahresabrechnung unter Rn. 60 (mit weiteren Verweisen) verwiesen.

Nur in **Ausnahmefällen**, wenn die Auslegung zweifelsfrei ergibt, dass die Wohnungseigentümer ungeachtet der regelmäßig entstehenden Schwierigkeiten bei Teilzahlungen und Tilgungsbestimmungen zwei voneinander unabhängige Forderungen für die Gemeinschaft begründen wollen, werden für die Gemeinschaft zwei **getrennte Ansprüche** entstehen. Dies wird etwa dann der Fall sein, wenn die Eigentümer entgegen dem Mustern unten in Anlagen 1 bis 3 ausdrücklich in den Einzel- oder den kombinierten Wirtschaftsplänen bei der abschließenden Berechnung der von den Eigentümern zu zahlenden Jahres- und/oder Monatsbeträgen festlegen:

„1) Ihr monatliches Wohngeld (für Lasten und Kosten) beträgt   100,00 €[84]
und ist auf das Konto XXX zu überweisen;

2) Ihr monatlicher Anteil an
den Zuführungen zur Instandhaltungsrücklage beträgt   12,50 €[85]
und ist auf das Sparkonto YYY zu überweisen."

Der **Gesamtbetrag der Beitragsvorschüsse** aller Eigentümer muss angegeben sein, da der einzelne Wohnungseigentümer üblicherweise nur seinen eigenen Einzelwirtschaftsplan und den Gesamtplan bzw. den kombinierten

---

82 KG Berlin v. 8.8.2005 – 24 W 112/04, WuM 2005, 600; KG Berlin v. 8.8.2005 – 24 W 113/04 (zitiert nach juris); OLG Frankfurt v. 21.2.2006 – 20 W 56/06, ZWE 2006, 450; OLG Hamm v. 11.10.1993 – 15 W 79/93, MDR 1994, 163; a.A. wohl *Schmid*, DWE 2010, 38.
83 LG Köln v. 13.12.2012 – 29 S 95/12 (zitiert nach juris).
84 Betrag dem Gliederungsbeispiel bei Rn. 10 entnommen.
85 Betrag dem Gliederungsbeispiel bei Rn. 10 entnommen.

Wirtschaftsplan kennt und nur bei dieser Angabe für ihn erkennbar ist, ob die Planung der Einnahmen und Ausgaben tatsächlich zu einem ausgeglichenen Ergebnis führt.

Die Praxis zeigt, dass einige EDV-Programme schon bei den Gesamtwirtschaftsplänen die Wohngeldvorschüsse zunächst nicht als erwartete Einnahmen behandeln. Diese Programme stellen den (Gesamt-) Ausgaben nur die sonstigen (Gesamt-) Einnahmen (wie etwa Zinsen, Mieteinnahmen) gegenüber und weisen sodann einen Differenzbetrag aus. Diesen Betrag haben die Eigentümer dann insgesamt als Wohngeldvorschüsse zu zahlen. Da es sich insoweit nur um eine andere Darstellung und letztlich Offenlegung der Berechnung der Höhe der (Gesamt-) Wohngelder handelt, bestehen grundsätzlich keine durchgreifenden Bedenken gegen diesen Aufbau der Gesamtwirtschaftspläne.[86] Dies hat nunmehr auch der BGH bestätigt, da er klargestellt hat, dass in dem Gesamtwirtschaftsplan die (künftigen) Hausgeldvorschüsse der Wohnungseigentümer nicht ausdrücklich als Einnahme aufgeführt werden müssen.[87]

Zur Behandlung einer (Teil-)Auflösung der Instandhaltungsrücklage siehe unten Rn. 14 und 16.

13 Aufzuführen sind im Wirtschaftsplan auch alle **Ausgaben**, die bei der Verwaltung des gemeinschaftlichen Eigentums voraussichtlich anfallen werden. Dies sind nach § 16 Abs. 2 insbesondere die Lasten des gemeinschaftlichen Eigentums, die Kosten der Instandhaltung und Instandsetzung, die Kosten der sonstigen Verwaltung und des Gebrauchs des gemeinschaftlichen Eigentums. Hierunter fallen beispielsweise Kosten für:

– Versicherungen
– Strom, Wasser, Abwasser
– Heizung, Warmwasser
– Betriebskosten Tiefgarage
– Pflege von Garten und Außenanlagen
– Müllabfuhr
– Hausmeister
– Verwalterhonorar
– Reparaturen
– sonstige Instandhaltungen
– Anschaffungen Maschinen u. Geräte
– Bankspesen

Auch die Berücksichtigung der **Kosten** für einen absehbaren **Rechtsstreit** im Wirtschaftsplan entspricht den Grundsätzen ordnungsgemäßer Verwaltung, wenn absehbar ist, dass die Gemeinschaft in welcher Zusammensetzung auch immer in Rechtsstreitigkeiten verwickelt wird. Daher kann die Aufbringung von Vorschüssen beschlossen werden, um den Verwalter in die Lage zu versetzen, einen **Rechtsanwalt** mit der Rechtsverteidigung der übrigen Wohnungseigentümer gegen **Beschlussanfechtungsklagen** zu beauftragen,

---

86 Siehe zu den Einzelwirtschaftsplänen insoweit unten Rn. 16.
87 BGH v. 7.6.2013, Az. V ZR 211/12, ZWE 2013, 367.

wenn solche Klagen allgemein zu erwarten sind. Sind dagegen Beschlussanfechtungsklagen nicht abzusehen, können die Wohnungseigentümer den Verwalter durch Mehrheitsbeschluss ermächtigen, für erforderlich werdende Vorschüsse Gemeinschaftsmittel einzusetzen.[88] Wie schon nach altem Recht bedeutet der neue § 16 Abs. 8 nicht, dass in einen Wirtschaftsplan keine derartigen Kosten eingestellt werden. Diese Vorschrift besagt nach wie vor nur, dass bei der endgültigen Kostenverteilung die Gerichtsentscheidungen maßgeblich sind.[89]

Wegen der weiteren Einzelheiten wird auf § 16 Rn. 10 ff. sowie Rn. 78 ff. Bezug genommen.

Zur Instandhaltungsrückstellung siehe sogleich Rn. 14.

bb) Beiträge zur Instandhaltungsrückstellung (Nr. 3)
(= Instandhaltungsrücklage)

Nach Nr. 3 sind auch die Beitragsleistungen der Wohnungseigentümer zu der in § 21 Abs. 5 Nr. 4 vorgesehenen **Instandhaltungsrückstellung** (gebräuchlich auch: **Instandhaltungsrücklage**) in den Wirtschaftsplan aufzunehmen. Bereits oben bei Rn. 12 wurde dargestellt, dass der erwartete Mittelzufluss durch die Wohngeldzahlungen als Einnahme dargestellt wird, ohne dass hier eine Aufspaltung der Wohngeldzahlungen in einen Anteil für Kosten und Lasten und einen Anteil für Zuführungen zur Instandhaltungsrücklage erfolgen muss. Da der Wirtschaftsplan ausgeglichen sein muss,[90] müssten in Höhe der Zuführungen zur Instandhaltungsrücklagen an sich auch Ausgaben ausgewiesen werden. Seit der Entscheidung des BGH vom 4.12.2009[91] zur Jahresabrechnung können die geplanten Gesamtzuführungen aller Wohnungseigentümer zur Instandhaltungsrückstellung auch im Wirtschaftsplan nicht mehr als Ausgabe der Gemeinschaft behandelt werden.[92] Der BGH weist darauf hin, dass regelmäßig nur ein buchungstechnischer Vorgang vorliegt, da lediglich eine Umbuchung vom Girokonto auf ein Spar- oder Festgeldkonto erfolgt.

Die Entscheidung des BGH führt dazu, dass nunmehr im Wirtschaftsplan neben den Einnahmen und Ausgaben eine gesonderte Position aufgenommen werden muss, in der die geplanten Instandhaltungszuführungen (= **Soll-Zuführungen**) ausgewiesen werden. Letztlich wird durch den BGH damit eine andere Darstellung vorgeschrieben, wobei der BGH leider keine Vorgaben dahingehend macht, wie dies zu geschehen hat. Es ist aber davon auszugehen, dass eine inhaltliche Änderung gegenüber der früheren Rechtslage durch die Entscheidung des BGH nicht eingetreten ist. Eine mögliche Darstellung der Instandhaltungsrücklagenzuführung im Wirtschaftsplan kann der bei **Rn. 10** enthaltenen Gliederung und auch den **Anlagen 1–3** (siehe dort den **Hinweis**[H13]) entnommen werden. Eine weitere

---

88 BGH v. 17.10.2014 – V ZR 26/14, ZWE 2015, 91.
89 LG Berlin v. 17.11.2009 – 55 S 92/09 WEG (zitiert nach juris).
90 Siehe dazu oben Rn. 10.
91 BGH v. 4.12.2009 – V ZR 44/09, ZWE 2010, 170 (=NJW 2010, 2127).
92 So aber noch zur alten Rechtslage die 1. Aufl. und etwa: OLG München v. 5.4.2005 – 32 Wx 015/05, OLGR München 2005, 451.

Folge der Entscheidung des BGH ist, dass auch geplante **Rücklagenauflösungen** (also in der Regel die Rückübertragung einer Summe vom Festgeldkonto auf das Girokonto der Gemeinschaft) nicht als Einnahmen in den Wirtschaftsplan aufgenommen werden dürfen.[93] Wie künftig im Wirtschaftsplan (und dann auch in der Jahresabrechnung) eine geplante Finanzierung einer größeren Instandhaltungsmaßnahme durch eine **(Teil-)Auflösung** der Instandhaltungsrücklage dargestellt werden kann, ist den **Anlagen 1–3** (siehe dort den **Hinweis**[H5]) zu entnehmen.

cc) Voraussichtlich (Nr. 1)

15 Der Wirtschaftsplan enthält nach Nr. 1 Einnahmen und Ausgaben, die voraussichtlich in dem Wirtschaftsjahr anfallen werden. Bei der Erstellung des Planes muss daher eine Voraussage getroffen werden. Für diese Prognose[94] stellt regelmäßig die Jahresabrechnung für das vorangegangene Jahr einen Anhaltspunkt dar. Bei der Schätzung der einzelnen Beträge, die als Ausgaben oder Einnahmen erwartet werden, steht den Eigentümern ein weiter **Ermessensspielraum**[95] zu. Die Eigentümer können sowohl knapp als auch großzügig kalkulieren.[96] Ist der Ausfall von Wohngeldzahlungen einzelner Eigentümer bereits abzusehen, so ist auch dies im Wirtschaftsplan zu berücksichtigen.[97] Beim erwarteten **Ausfall** von **Wohngeldzahlungen** ist dies ausgabenerhöhend zu berücksichtigen und es sind die Wohngelder aller Eigentümer (also auch derjenigen, die voraussichtlich nicht zahlen können) zu erhöhen, da ansonsten der zahlungsunfähige Eigentümer teilweise nicht zur Wohngeldzahlung verpflichtet wäre.[98] Wie bei Rn. 10 angesprochen, muss dies im Wirtschaftsplan selbst oder zumindest im Protokoll der Eigentümerversammlung **erläutert** werden.

Ein Wirtschaftsplan verstößt nur dann gegen die Grundsätze ordnungsmäßiger Verwaltung, wenn er zu wesentlich überhöhten Wohngeldforderungen oder zu erheblichen Nachzahlungspflichten führt.[99] In einem solchen Fall ist der Wirtschaftsplan auf Anfechtung hin auch dann aufzuheben, wenn der Gemeinschaft bis zur Aufstellung eines neuen Wirtschaftsplanes keine Wohngeldansprüche gegen die Eigentümer zustehen.[100] Wenn dagegen Fehler im Wirtschaftsplan nur dazu führen, dass nur verhältnismäßig ge-

---

93 So aber noch zur alten Rechtslage die 1. Aufl. und etwa: LG München I v. 9.11. 2006 – 1 T 6490/06, ZMR 2007, 567.
94 OLG München v. 17.2.2009 – 32 Wx 164/08, ZMR 2009, 630.
95 BayObLG v. 25.5.1998 – 2Z BR 22/98, NZM 1999, 34; OLG Frankfurt/Main v. 19.4. 2005 – 20 W 270/03, OLGR Frankfurt 2006, 93; *Hügel/Elzer*, § 28, Rn. 25.
96 BayObLG v. 20.3.2001 – 2Z BR 101/00, NZM 2001, 754; KG Berlin v. 11.2.1991 – 24 W 4560/90, WuM 1991, 224; OLG München v. 20.3.2008 – 34 Wx 46/07, NJW-RR 2008, 1182.
97 KG Berlin v. 26.9.2007 – 24 W 183/06, ZMR 2008, 67.
98 BGH v. 7.6.2013, Az. V ZR 211/12, ZWE 2013, 367; KG Berlin v. 2.12.2002 – 24 W 92/02, NZM 2003, 116; so auch ausdrücklich zur Sonderumlage wegen Zahlungsunfähigkeit eines Eigentümers: BGH v. 15.6.1989 – V ZB 22/88, NJW 1989, 3018.
99 BayObLG v. 18.2.1998 – 2Z BR 134/97, NJW-RR 1998, 1624; OLG München v. 5.4.2005 – 32 Wx 015/05, OLGR München 2005, 451.
100 BayObLG v. 29.12.2004 – 2Z BR 112/04, ZMR 2005, 384; entgegen KG Berlin v. 11.2.1991 – 24 W 4560/90, WuM 1991, 224;.

ringfügige laufende **Mehrbelastungen** auf die einzelnen Wohnungseigentümer zukommen, führen diese Fehler nicht schon zu einer Anfechtbarkeit des Wirtschaftsplans. Auf Grund des Wirtschaftsplans werden nur vorläufige Zahlungen im Hinblick auf die zu treffende **Prognoseentscheidung** geleistet. Der Ausgleich erfolgt dann durch die Jahresabrechnung.[101]

Zur Frage, ob **gleichzeitig** mit dem Wirtschaftsplan hinsichtlich einer konkreten (größeren) Sanierungsmaßnahme eine **Sonderumlage** beschlossen werden kann, siehe unten Rn. 24.

Jedem Eigentümer steht jedenfalls grundsätzlich (und damit auch zur Vorbereitung seiner Entscheidung über den Wirtschaftsplan) gegen den Verwalter ein Anspruch auf Gewährung von Einsicht in sämtliche Verwaltungsunterlagen zu.[102] Die Ausführungen zum **Einsichtsrecht** bei Rn. 79–81 (zum Beschluss über die Jahresabrechnung) gelten für den Wirtschaftsplan entsprechend.

Forderungen und **Verbindlichkeiten** sind in den Wirtschaftsplan grundsätzlich nicht aufzunehmen. Eine Verbindlichkeit der Gemeinschaft kann aber dann in den Wirtschaftsplan aufgenommen werden, wenn die Wohnungseigentümer ernsthaft damit rechnen müssen, im nächsten Jahr in Anspruch genommen zu werden.[103] Gleiches gilt für Forderungen, wenn konkret mit einer Zahlung zu rechnen ist. So können etwa die Kosten für einen absehbaren Rechtsstreit im Wirtschaftsplan berücksichtigt werden.[104]

c) Nr. 2 (Einzelwirtschaftspläne)

Nach Nr. 2 muss der Wirtschaftsplan auch die anteilige Verpflichtung der Wohnungseigentümer zur Lasten- und Kostentragung enthalten. Dies ist ein **unerlässlicher Bestandteil** eines ordnungsgemäßen Wirtschaftsplanes,[105] zu dem der Gesamtwirtschaftsplan und auch die Einzelwirtschaftspläne gehören.[106] Für jede der bei Rn. 13 beispielhaft aufgezählten Ausgaben im Gesamtwirtschaftsplan ist daher im Einzelwirtschaftsplan unter Zugrundelegung des maßgeblichen Verteilungsschlüssels der **anteilige Betrag** anzugeben, der jeweils auf den Eigentümer entfällt. Dies gilt auch, soweit bestimmte Kosten nicht auf einen Eigentümer umzulegen sind. In diesem Fall wird, möglichst mit einer Erläuterung beim Verteilungsschlüssel, der Betrag „0,00 €" auszuweisen sein. Die Nachvollziehbarkeit und Schlüssigkeit des aus Gesamtwirtschaftsplan und Einzelwirtschaftsplänen bestehenden Wirtschaftsplans[107] wird regelmäßig nicht mehr gegeben sein, wenn in der Einzelabrechnung einzelne Kosten- oder Einnahmenpositionen nicht mehr

16

---

[101] OLG München v. 17. 2. 2009 – 32 Wx 164/08, Grundeigentum 2009, 525.
[102] BGH v. 11. 2. 2011 – V ZR 66/10, NJW 2011, 1137 (= NZM 2011, 279).
[103] BayObLG v. 29. 12. 2004 – 2Z BR 112/04, ZMR 2005, 384; BGH v. 2. 6. 2005 – V ZB 32/05, NJW 2005, 2061.
[104] LG Berlin v. 17. 11. 2009 – 55 S 92/09 WEG (zitiert nach juris); OLG Frankfurt v. 11. 8. 2005 – 20 W 56/03, NZM 2006, 302; siehe dazu auch Rn. 13.
[105] KG Berlin v. 26. 9. 2007 – 24 W 183/06, ZMR 2008, 67; BayObLG v. 17. 8. 2005 – 2Z BR 229/04, NZM 2006, 62; BGH v. 2. 6. 2005 – V ZB 32/05, NJW 2005, 2061.
[106] LG Karlsruhe v. 26. 3. 2010 – 11 S 140/09, ZMR 2010, 640; LG München I v. 10. 11. 2008 – 1 T 4472/08, ZWE 2009, 218 – siehe dazu auch Rn. 10.
[107] Siehe oben Rn. 10.

erscheinen. Der Einzelwirtschaftsplan muss grundsätzlich den für jede Kostengruppe maßgeblichen **Verteilungsschlüssel** angeben,[108] da ohne eine derartige Angabe eine Nachprüfung durch die Wohnungseigentümer nicht möglich ist.[109] Der maßgebliche Verteilungsschlüssel ergibt sich regelmäßig aus der Gemeinschaftsordnung oder einer nachträglichen Vereinbarung. Sind derartige Regelungen nicht vorhanden, greift § 16 Abs. 2 ein[110], sofern sich nicht aus § 16 Abs. 3, 4 und 6 etwas anderes ergibt.[111] Zum Verteilungsschlüssel bei den Zuführungen zur Instandhaltungsrücklage siehe § 16 Rn. 59.

Zu den Folgen der Anwendung eines **unzutreffenden** Verteilungsschlüssels siehe unten Rn. 17 und 18.

Ein **Muster** eines Einzelwirtschaftsplans ist als **Anlage 2** abgedruckt.

Ausnahmsweise können diese Beträge im Einzelfall dem Wirtschaftsplan auch dann unmittelbar zu entnehmen sein, wenn sie sich durch die Angabe geeigneter Verteilungsschlüssel im Wirtschaftsplan i.V.m. den dem jeweiligen Wohnungseigentümer bekannten Umrechnungsfaktoren durch einfache Rechenvorgänge **unschwer ermitteln** lassen.[112] Ein solcher Ausnahmefall liegt aber schon dann nicht mehr vor, wenn mehrere verschiedene Verteilungsschlüssel (etwa nach Miteigentumsanteilen oder qm-Wohnfläche) in Betracht kommen.[113] Die Wohnungseigentümer können sich bei dem Beschluss über den Wirtschaftsplan darauf beschränken, die **bisherigen Wohngeldvorauszahlungen** auch weiterhin für verbindlich zu erklären.[114]

Obgleich sich der Wortlaut nur auf die Ausgabenseite zu beziehen scheint, ist jedoch die Angabe der auf den jeweiligen Eigentümer entfallenden Einnahmen ebenfalls erforderlich. Die anteiligen Einnahmen verringern nämlich den Betrag, den der Eigentümer zur Lasten- und Kostentragung nach einem entsprechenden Beschluss nach Abs. 2 bezahlen muss.[115] Die Einzelwirtschaftspläne müssen daher unter Angabe des jeweiligen Verteilungsschlüssels auch die auf den jeweiligen Eigentümer entfallenden Anteilsbeträge hinsichtlich der bei Rn. 12 und 14 genannten **Einnahmen** und auch bezüglich der bei Rn. 14 dargestellten Rücklagenauflösungen enthalten. Dies gilt grundsätzlich auch für die geplanten **Wohngeldvorschüsse**. Die Praxis zeigt, dass einige EDV-Programme auch[116] oder teilweise nur bei den Einzelwirtschaftsplänen die Wohngeldvorschüsse zunächst nicht als erwartete Einnahmen behandeln. Diese Programme stellen den anteiligen Ausgaben nur die sonstigen anteiligen Einnahmen (wie etwa Zinsen, Mieteinnah-

---

108 OLG Hamm v. 3.1.2008 – 15 W 240/07, ZMR 2009, 58.
109 BayObLG v. 18.3.2004 – 2Z BR 014/04, WuM 2004, 369.
110 BGH v. 15.6.1989 – V ZB 22/88, NJW 1989, 3018.
111 Siehe im Einzelnen dazu die Anmerkungen bei § 16.
112 BayObLG v. 11.1.1990 – BReg 1b Z 5/89, Grundeigentum 1990, 717; OLG München v. 20.3.2008 – 34 Wx 46/07, NJW-RR 2008, 1182.
113 BayObLG v. 17.8.2005 – 2Z BR 229/04, NZM 2006, 62 (wo die Frage im entschiedenen Fall offengelassen wurde).
114 BayObLG v. 2.8.1990 – BReg 2 Z 40/90, WuM 1991, 312; siehe dazu auch oben Rn. 3.
115 Siehe dazu unten Rn. 20 ff.
116 Zum Gesamtwirtschaftsplan siehe insoweit oben Rn. 12.

men) gegenüber und weisen sodann einen Differenzbetrag aus. Diesen Betrag haben die Eigentümer als Wohngeldvorschüsse zu zahlen. Da es sich insoweit nur um eine andere Darstellung und letztlich Offenlegung der Berechnung der Höhe der Wohngelder handelt, bestehen grundsätzlich keine durchgreifenden Bedenken gegen diesen Aufbau der Einzelwirtschaftspläne. Wenn dagegen beim Gesamtwirtschaftsplan die Wohngeldvorschüsse vollständig fehlen, muss zumindest deutlich gemacht werden, dass der Differenzbetrag vollständig durch Wohngelder auf die Eigentümer umgelegt wird. Ohne eine derartige Klarstellung könnte der einzelne Eigentümer, der üblicherweise nur seinen eigenen Einzelwirtschaftsplan und nicht auch diejenigen der anderen Eigentümer in Händen hat, nicht überprüfen, ob der Gesamtwirtschaftsplan tatsächlich ausgeglichen ist (siehe dazu oben Rn. 4 und Rn. 10).

4. Beschluss der Eigentümer über Wirtschaftsplan (Absatz 5)

a) Mehrheitsbeschluss

Der vom Verwalter vorgelegte **Wirtschaftsplan** muss, um Wirkungen gegenüber den Eigentümern zu entfalten, nach Abs. 5 von den Wohnungseigentümern durch Stimmenmehrheit **beschlossen** werden. Die Eigentümer sind dabei nicht an den vorgelegten Wirtschaftsplan des Verwalters gebunden, so dass sie die Vorlage grundsätzlich auch in der Versammlung noch abändern können.[117] Nur wenn in der Versammlung so umfangreiche und **wesentliche Änderungen** vorgenommen werden, dass die Eigentümer Zeit zur Überprüfung benötigen, wird ein dennoch gefasster Beschluss wegen der fehlenden ausreichenden Entscheidungsgrundlage auf Anfechtung hin aufzuheben sein.[118] Erst durch diesen Beschluss wird aufgrund der Einzelwirtschaftspläne eine Beitragsverbindlichkeit des jeweils einzelnen Eigentümers begründet, also für die Gemeinschaft jeweils eine **Anspruchsgrundlage** geschaffen.[119] Die mit Abs. 5 begründete Kompetenz der Wohnungseigentümer, Beitragsforderungen durch Beschluss zu begründen (**Beschlusskompetenz**), schließt die Befugnis ein, die betreffenden Ansprüche inhaltlich zu regeln, insbesondere die Leistungszeit der entstandenen Forderungen zu bestimmen[120].

17

Wegen ihrer Wirkung gegenüber Rechtsnachfolgern (§ 10 Abs. 4) sind **Beschlüsse** der Eigentümerversammlung **objektiv** und **normativ auszulegen**.[121] Dies gilt auch für Beschlüsse nach Abs. 5.[122] Für diese Auslegung sind maßgeblich Wortlaut und Sinn des Beschlusses, wie sie sich für den unbefangenen Betrachter als nächstliegende Bedeutung der Erklärung erge-

---

117 BGH v. 2.6.2005 – V ZB 32/05, NJW 2005, 2061.
118 Insoweit aber ausdrücklich offengelassen: BGH v. 2.6.2005 – V ZB 32/05, NJW 2005, 2061.
119 Siehe auch unten Rn. 20.
120 BGH v. 2.10.2003 – V ZB 34/03, NJW 2003, 3550; siehe zu Fälligkeitsregeln auch unten Rn. 21.
121 BGH v. 10.9.1998 – V ZB 11/98, NJW 1998, 3713; siehe dazu auch § 23 Rn. 26.
122 BGH v. 23.9.1999 – V ZB 17/99, NJW 1999, 3713.

ben.[123] Dabei ist im Zweifel, bei Fehlen konkreter gegenteiliger Anhaltspunkte davon auszugehen, dass die Eigentümer keinen rechtswidrigen Beschluss fassen wollen.[124] Aufgrund der an der Grundbuchauslegung orientierten Auslegung kommt eine ergänzende Beweiserhebung durch Zeugeneinvernahme zum Beschlussinhalt nicht in Betracht.[125] Erforderlich aber auch ausreichend ist ein einfacher Mehrheitsbeschuss.

Auch auf eine **Zweiergemeinschaft** sind die Vorschriften des WEG anzuwenden, sodass auch hier grundsätzlich die Erstellung eines Wirtschaftsplans erforderlich ist. Ohne einen Wirtschaftsplan hätte die Gemeinschaft regelmäßig keinerlei Mittel zur Verfügung, um erforderliche Ausgaben zu bestreiten. So müsste bei allen anfallenden Kosten, etwa für Anschaffung von Heizöl, Streumitteln für den Winter etc. jeweils ein Eigentümer in Vorleistung treten und sodann versuchen, diese Ausgaben von der Gemeinschaft, die aber ja keine Mittel hat, oder anteilig von dem anderen Eigentümer wieder ersetzt zu verlangen. In der Praxis „funktionieren" viele Zweiergemeinschaft, die dann meist auch keinen Verwalter haben, häufig jahrzehntelang ohne Probleme nach diesem Muster, weil jeweils der andere Eigentümer, losgelöst von einer genaueren juristischen Prüfung, das Tätigwerden des anderen duldet und die geforderten Zahlungen leistet. Wenn es dann aber irgendwann zum Streit kommt, wird jeweils das Tätigwerden des anderen Eigentümers als Anmaßung empfunden und die Zahlungen werden verweigert. Da jeder Eigentümer dann ohne Absprache mit dem anderen tätig wird, ergeben sich erfahrungsgemäß jeweils mehrere behauptete Ansprüche, die dann gerichtlich geltend gemacht werden und zu dauernden Rechtsstreitigkeiten führen. Letztlich soll hier, ohne dass eine entsprechende Regelung in der Gemeinschaftsordnung oder einer sonstigen Vereinbarung vorhanden wäre, das WEG abbedungen werden.

Dies ist nach der hier vertretenen Meinung weder zulässig noch sollte es unterstützt werden. Wie bei § 21 Rn. 15 ff. gezeigt wurde, hat der BGH den **Bereicherungsausgleich** aufgrund der speziellen Regelungen des WEG stark eingeschränkt, wobei sich ein entsprechender Anspruch zudem gegen die **Gemeinschaft** und nicht gegen den einzelnen Eigentümer richten würde. Nach § 21 Abs. 4 kann ein Eigentümer eine **ordnungsgemäße Verwaltung** verlangen. Hierzu gehört auch, dass die Gemeinschaft mit finanziellen Mitteln ausgestattet wird. Wenn der andere Eigentümer sich dem widersetzt, handelt er pflichtwidrig. Wie bei § 21 Rn. 86 ff. gezeigt, kann in einem solchen Fall das Gericht nach § 21 Abs. 8 nach billigem Ermessen entscheiden, so dass es, zumindest für eine Übergangszeit, bis die Eigentümer die Geltung des WEG verinnerlicht haben, Sonderumlagen bestimmen oder vereinfachte (Not-) Wirtschaftspläne erstellen kann.

Zu einer Sondersituation, bei der einem Eigentümer **ausnahmsweise** ein **unmittelbarer Anspruch** gegen den anderen Eigentümer zustehen kann, siehe unten **Rn. 29**.

---

123 BGH v. 10.9.1998 – V ZB 11/98, NJW 1998, 3713; LG München I v. 20.12.2010 – 1 S 4319/10, WuM 2011, 308.
124 BGH v. 23.9.1999 – V ZB 17/99, NJW 1999, 3713; LG Nürnberg-Fürth v. 30.11.2009 – 14 S 5724/09, NZM 2010, 791.
125 OLG München v. 20.3.2008 – 34 Wx 46/07, ZWE 2009, 27.

Auch wenn eine beabsichtigte Maßnahme nur einen Teil der Eigentümer, etwa nur Tiefgarageneigentümer betrifft, muss dennoch über den Wirtschaftsplan grundsätzlich die Gesamtheit der Wohnungseigentümer beschließen, da das Gemeinschaftseigentum insgesamt betroffen ist.[126] In einer **Mehrhausanlage** kann die Gemeinschaftsordnung auch getrennte Abrechnungskreise je Haus vorsehen, die dann wiederum in die gemeinsame Abrechnung zu integrieren sind.[127] Trotz der Kostenverteilung nach Häusern liegt aber, wenn in der Gemeinschaftsordnung keine Errichtung von Untergemeinschaften mit eigenen Entscheidungskompetenzen und eigenen Versammlungen vorgesehen ist, ein **Wirtschaftsplan** der **Gesamtgemeinschaft** vor, der auch von allen Eigentümern der Gesamtgemeinschaft beschlossen werden muss.[128] Anders ist es dagegen, wenn bei Mehrhausanlagen in der Teilungserklärung/Gemeinschaftsordnung ausdrücklich angeordnet ist, dass die **Untergemeinschaften** mit **eigenen Beschlusskompetenzen** gebildet werden. Dann sollen für die Untergemeinschaften eigene Eigentümerversammlungen einberufen werden und die Mitglieder der Untergemeinschaft können dort Beschlüsse, auch über einen Wirtschaftsplan der Untergemeinschaft, fassen.[129] In diesem Fall ergibt sich aus der Teilungserklärung/Gemeinschaftsordnung eine Verpflichtung des Verwalters, für die Untergemeinschaft eigene Wirtschaftspläne und Jahresabrechnungen aufzustellen, über die gesondert in einer **Teileigentümerversammlung** abzustimmen ist.[130] Zu beachten ist dabei aber, dass die Untergemeinschaft nur eine Beschlusskompetenz für Angelegenheiten besitzt, die alleine sie betreffen. Für darüberhinausgehende Beschlüsse fehlt den Mitgliedern der Untergemeinschaft die Beschlusskompetenz, so dass solche Beschlüsse nichtig sind.[131] Angelegenheiten, die auch andere Untergemeinschaften oder die Gesamtgemeinschaft betreffen, können nur durch die Gesamtgemeinschaft geregelt werden.[132] Daher wird immer auch die Gesamtgemeinschaft einen Wirtschaftsplan aufstellen müssen.[133] Siehe zur Teileigentümerversammlung auch § 23 Rn. 6.

Andererseits ist es aber nicht unzulässig, dass bei mehreren **selbständigen Wohnungseigentümergemeinschaften** eine „Dachgemeinschaft" für mehrere Häuserblöcke gebildet und sodann für die Gesamtanlage ein einheitlicher Wirtschaftsplan erstellt wird.[134]

---

126 BayObLG v. 17.11.2000 – 2Z BR 107/00, ZMR 2001, 209.
127 KG Berlin v. 26.9.2007 – 24 W 183/06, ZMR 2008, 67.
128 So für eine Jahresabrechnung: LG München I v. 31.1.2011 – 1 S 15378/10, ZWE 2011, 277 (Revision zum BGH wurde zugelassen und ist dort unter dem Az. V ZR 45/11 anhängig).
129 BGH v. 20.7.2012 – V ZR 231/11, ZWE 2012, 494; LG München I v. 20.12.2010 – 1 S 8436/10, NZM 2011, 125.
130 BGH v. 20.7.2012 – V ZR 231/11, ZWE 2012, 494; BayObLG v. 21.8.2003 – 2Z BR 52/03, ZMR 2004, 598; LG München I v. 20.12.2010 – 1 S 8436/10, NZM 2011, 125.
131 Siehe zur Beschlusskompetenz für einen vereinbarungsändernden Beschluss § 15 Rn. 9 ff.
132 BGH v. 20.7.2012 – V ZR 231/11, ZWE 2012, 494; LG Itzehoe v. 15.7.2014 – 11 S 82/13, ZWE 2015, 138.
133 LG München I v. 20.12.2010 – 1 S 8436/10, NZM 2011, 125.
134 OLG Düsseldorf v. 2.4.2003 – 3 Wx 223/02, ZMR 2003, 765.

Da § 28 insoweit kein zwingendes Recht enthält, kann Abs. 5 auch in der Weise in der Gemeinschaftsordnung oder einer nachträglichen Vereinbarung (nicht aber durch Mehrheitsbeschluss) abbedungen werden, dass anstatt der Wohnungseigentümer der **Verwaltungsbeirat** durch Beschluss den vom Verwalter erstellten Wirtschaftsplan genehmigen kann. In einem derartigen Fall hat der Beschluss des Verwaltungsbeirats Außenwirkung. Wird in den Einzelwirtschaftsplänen in diesen Fällen ein **unrichtiger** Verteilungsschlüssel angewandt, ist der Wirtschaftsplan **nichtig**, da eine Anfechtung eines Verwaltungsbeiratsbeschlusses nicht möglich ist.[135] Die Verlagerung der Genehmigung auf den Verwaltungsbeirat birgt daher die **Gefahr**, dass auch nach langer Zeit (etwa weil einem Eigentümer ein Zahlungsklageverfahren droht) eine – an keine Frist gebundene – Feststellungsklage mit dem Ziel erhoben wird, die Nichtigkeit des Wirtschaftsplans festzustellen und damit eine Anspruchsgrundlage für die Wohngeldzahlungsverpflichtungen zu vernichten. Trotz einer Beschlusskompetenz des Verwaltungsbeirats sollten daher dennoch die Wohnungseigentümer über den Wirtschaftsplan beschließen. Die Wohnungseigentümer können trotz der anderslautenden Gemeinschaftsordnung die gesetzliche Beschlusskompetenz ausüben; die von den Wohnungseigentümern gefassten Beschlüsse sind dann bei Fehlern nicht automatisch nichtig, sondern nur anfechtbar.[136]

b) *Prozessuales*

18 Der Beschluss der Eigentümer[137] über einen Wirtschaftsplan kann von jedem Wohnungseigentümer gemäß § 46 mit einer **Anfechtungsklage** angefochten werden. Eine Klage, mit der ein Beschluss einer **Untergemeinschaft** der Wohnungseigentümer angefochten oder für nichtig erklärt werden soll, ist gemäß § 46 Abs. 1 Satz 1 stets **gegen alle** übrigen Mitglieder der Wohnungseigentümergemeinschaft als notwendige Streitgenossen zu richten. Die nur gegen einen Teil der Mitglieder der Wohnungseigentümergemeinschaft gerichtete Klage ist unzulässig.[138]

Angefochten werden kann der **Gesamtwirtschaftsplan**, wenn etwa geltend gemacht wird, dass die zu erwartenden Ausgaben zu niedrig angesetzt wurden und daher im Laufe des Jahres eine **Finanzierungslücke** auftreten wird. In diesem Fall wird die Anfechtung aber nicht erfolgreich sein, da dann lediglich ein **Ergänzungsanspruch** besteht. Würde hier der Gesamtwirtschaftsplan aufgehoben (eine einzelne Position ist ja nicht angegriffen, die aufgehoben werden könnte – siehe sogleich), würde auch die Grundlage für die Einzelwirtschaftspläne entfallen. Ohne Einzelwirtschaftspläne hätte die Gemeinschaft aber keine Ansprüche gegen die Eigentümer und könnte sich so nicht die erforderlichen Geldmittel verschaffen. Der BGH hat (allerdings im Zusammenhang mit einer Teilanfechtung) klargestellt, dass der überwiegende (nicht zu beanstandende) Teil des Wirtschaftsplans aufrecht erhalten bleibt, da regelmäßig gewollt sein wird, dass Vorschusszahlungen hinsicht-

---

135 OLG Hamm v. 19. 3. 2007 – 15 W 340/06, ZWE 2007, 350.
136 OLG Hamburg v. 9. 7. 2003 – 2 Wx 134/99, ZMR 2003, 773.
137 Zu einem aufgrund Gemeinschaftsordnung möglichen Beschluss des Verwaltungsbeirats siehe oben Rn. 17.
138 BGH v. 20. 7. 2012 – V ZR 231/11, ZWE 2012, 494.

lich der nicht beanstandeten Positionen begründet werden.[139] Daher kann der ansonsten richtige, nur eben zu niedrige Gesamtwirtschaftsplan nicht für ungültig erklärt werden.

Auch sonst führt nicht jeder **geringfügige Fehler** führt aber auf Anfechtung hin zwingend dazu, dass der Wirtschaftsplan für unwirksam erklärt wird. Dies ist etwa der Fall, wenn die Zinseinnahmen fehlen und es sich dabei im Verhältnis zum Gesamthaushalt um einen kleinen Betrag handelt, der nur eine geringe Ungenauigkeit der Prognoseentscheidung nach sich zieht.[140] Ein Wirtschaftsplan kann, ebenso wie eine Jahresabrechnung, auch nur hinsichtlich **einzelner Positionen** angefochten werden, wenn es sich um einen rechnerisch selbständigen und abgrenzbaren Teil des Wirtschaftsplans handelt.[141] Sind nur einzelne Positionen mangelhaft, ist der Wirtschaftsplan nur im entsprechenden Umfang für ungültig zu erklären und kann im mangelfreien Teil bestehen bleiben.[142] Ficht ein Eigentümer den Wirtschaftsplan insgesamt an und hat die Anfechtung nur hinsichtlich einzelner Positionen Erfolg, treffen den Anfechtenden die Kosten der (im Übrigen) erfolglosen Anfechtung des Beschlusses über den Wirtschaftsplan.[143]

Möglich ist aber auch die Anfechtung eines oder aller **Einzelwirtschaftspläne**. Wie beim Gesamtwirtschaftsplan können auch hier einzelne Positionen angefochten werden, wenn es sich um einen rechnerisch selbständigen und abgrenzbaren Teil des Wirtschaftsplans handelt.[144] Liegen keine besonderen Umstände vor, führt die fehlerhafte **Verteilung einzelner Kostenpositionen** in der Regel nicht dazu, dass Einzelwirtschaftspläne insgesamt für ungültig zu erklären sind. § 139 BGB ist jedenfalls entsprechend anwendbar, wenn es um rechnerisch selbständige und **abgrenzbare Teile** des Wirtschaftsplans geht. Bei der Ermittlung des tatsächlichen oder hypothetischen **Parteiwillens** ist i.d.R. davon auszugehen, dass das objektiv Vernünftige gewollt war. Regelmäßig ist daher gewollt, dass der überwiegende (nicht zu beanstandende) **Teil** des Geschäfts (Abrechnung/Wirtschaftsplan) aufrecht erhalten bleibt, wenn nur ein geringfügiger Teil unwirksam ist oder wird. Bei Wirtschaftsplänen wird regelmäßig gewollt sein, dass Ansprüche auf **Vorschusszahlungen** hinsichtlich der **nicht beanstandeten Positionen** begründet werden.[145]

Wird aber die Anwendung eines gemeinschaftsordnungswidrigen **Verteilungsschlüssels** geltend gemacht, kann nicht ein Einzelwirtschaftsplan isoliert angefochten werden. Würde nämlich dieser Einzelwirtschaftsplan auf-

---

139 BGH v. 11.5.2012 – V ZR 193/11, NZM 2012, 566.
140 OLG München v. 17.2.2009 – 32 Wx 164/08, Grundeigentum 2009, 525 – siehe auch Rn. 15.
141 So zur Jahresabrechnung: BGH v. 4.12.2009 – V ZR 44/09, ZWE 2010, 170 (= NJW 2010, 2127).
142 LG Mühlhausen v. 21.11.2007 – 2 T 109/06 (zitiert nach juris); siehe auch BGH v. 11.5.2012 – V ZR 193/11, NZM 2012, 566.
143 LG München I v. 29.4.2010 – 36 S 9595/09, ZMR 2010, 797 (für eine Jahresabrechnung).
144 So zur Jahresabrechnung: BGH v. 4.12.2009 – V ZR 44/09, ZWE 2010, 170 (= NJW 2010, 2127).
145 BGH v. 11.5.2012 – V ZR 193/11, NZM 2012, 566.

gehoben und die restlichen Einzelwirtschaftspläne wären in Bestandskraft erwachsen, könnte dieser Betrag nicht mehr auf die anderen Eigentümer (anteilig) umgelegt werden, so dass sich eine Finanzierungslücke ergäbe. Im Regelfall wird daher bei Anfechtung eines Einzelwirtschaftsplans wegen fehlerhaftem Verteilungsschlüssel die **Auslegung** ergeben, dass **alle Einzelwirtschaftspläne** angefochten werden. Daher sind, wenn ein unzutreffender Verteilungsschlüssel zugrunde gelegt wurde, auf Anfechtung hin grundsätzlich alle Einzelwirtschaftspläne für ungültig zu erklären.[146] Da durch den Wirtschaftsplan aber noch keine endgültige Zuordnung der Kosten erfolgt und sich der Verbrauch von Jahr zu Jahr ändern kann, ist es im Bereich der **Heiz- und Warmwasserkosten** durchaus zulässig, im Wirtschaftsplan abweichend von der Gemeinschaftsordnung diese Kosten zu verteilen. In der Praxis werden diese Kosten im Wirtschaftsplan häufig nach qm-beheizbare Wohnfläche oder auch entsprechend den Miteigentumsanteilen oder entsprechend den Kosten des Vorjahres (vorläufig) aufgeteilt, was jedenfalls dann nicht zu beanstanden ist, wenn dadurch nicht über einen längeren Zeitraum ein Eigentümer zu wesentlich überhöhten Vorauszahlungen verpflichtet wird.[147]

In der Praxis ist zwischen einzelnen Wohnungseigentümern und der Verwaltung häufig **streitig**, welcher **Verteilungsschlüssel** bei einzelnen Positionen richtigerweise anzuwenden ist. Bei der Frage, inwieweit dieser Streit im Verfahren über die Anfechtung des Wirtschaftsplans aufzuklären ist, muss berücksichtigt werden, dass der Wirtschaftsplan dazu dient, der Gemeinschaft die finanzielle Handlungsfähigkeit für das kommende Wirtschaftsjahre zu sichern[148] und dass die endgültige Zuordnung der Kosten erst durch die Jahresabrechnung erfolgt.[149] Der Eigentümerbeschluss entspricht dann nicht ordnungsgemäßer Verwaltung und ist auf Anfechtung hin für ungültig zu erklären, wenn der verwendete Verteilungsschlüssel unter **keinem denkbaren Gesichtspunkt** zutreffend sein kann.[150] In **Zweifelsfällen**, wenn also die Rechtslage nicht eindeutig ist und nach der Gemeinschaftsordnung verschiedene Verteilungsschlüssel in Betracht kommen können, muss von den einzelnen Eigentümern vorläufig hingenommen werden, dass sich die Mehrheit der Eigentümer für eine **denkbare Möglichkeit** entschieden hat.[151] Der einzelne Eigentümer kann dann seine (vermeintlichen) Rechte durch Anfechtung der Jahresabrechnung geltend machen.[152] Der im Wirtschafts-

---

[146] BayObLG v. 20.3.2001 – 2Z BR 101/00, NZM 2001, 754; OLG Hamm v. 19.3.2007 – 15 W 340/06, MietRB 2007, 238 (zur Nichtigkeit bei einem Beschluss des Verwaltungsbeirats – siehe auch oben Rn. 17).
[147] BayObLG v. 7.11.1990 – BReg 2 Z 116/90 (nicht veröffentlicht); OLG Frankfurt/Main v. 17.1.2005 – 20 W 30/04, OLGR Frankfurt 2005, 736 (zur Verwendung einer fehlerhaften qm-Zahl).
[148] Siehe oben Rn. 4; ebenso: *Staudinger-Bub*, § 28 WEG Rn. 81.
[149] LG München I v. 18.8.2010 – 1 S 1874/10, ZMR 2011, 64; OLG München v. 17.2.2009 – 32 Wx 164/08, Grundeigentum 2009, 525.
[150] BayObLG v. 13.11.2003 – 2Z BR 159/03, BayObLGZ 2004, 97.
[151] LG München I v. 17.5.2010 – 1 T 13364/09, ZMR 2011, 239: zu einer Sonderumlage, die eine Ergänzung des Wirtschaftsplans darstellt – siehe dazu Rn. 24.
[152] Siehe dazu unten Rn. 84 ff.

plan angewendete Verteilungsschlüssel ist **nicht vorgreiflich** und nicht verbindlich für die Jahresabrechnung.[153] Dieser Grundsatz bedarf jedoch hinsichtlich der in den Einzelwirtschaftsplänen vorgesehenen Beträge für die **Zuführung** zur **Instandhaltungsrücklage** einer Einschränkung. Hinsichtlich dieser Position muss nach der hier vertretenen Meinung bereits im Einzelwirtschaftsplan **der zutreffende Verteilungsschlüssel** verwendet werden. Grund hierfür ist, dass (jedenfalls dann, wenn, wie im Regelfall, keine spätere Änderung des Zuführungsbetrages erfolgt) der Wirtschaftsplan insoweit die zu leistenden Zahlungen schon endgültig festlegt. Eine Korrektur erfolgt hier, im Gegensatz zu den zu leistenden Vorauszahlungen auf die zu erwartenden Ausgaben, nicht mehr. Die Jahresabrechnung enthält zur Instandhaltungsrücklage zwar Informationen; sie begründet aber insoweit keinerlei Zahlungspflicht. Die Zahlungspflicht hinsichtlich Zuführung zur Instandhaltungsrücklage ergibt sich allein aus dem Wirtschaftsplan.[154] Siehe zum Wirtschaftsplan als **Anspruchsgrundlage** unten Rn. 20 ff. (insbesondere Rn. 22), zur **Instandhaltungsrücklage** unten Rn. 39 sowie zur **Abrechnungsspitze** unten Rn. 62a (je zur Jahresabrechnung).

Bei einem **Notwirtschaftsplan** kann es ausnahmsweise zulässig sein, statt des noch nicht ermittelten Kostenverteilungsschlüssels nach der Gemeinschaftsordnung den gesetzlichen Kostenverteilungsschlüssel nach § 16 WEG anzuwenden.[155] Zu denken ist hier auch daran, dass statt eines Notwirtschaftsplans eine **Sonderumlage** beschlossen wird. Siehe hierzu auch § 21 Rn. 91.

Siehe allgemein zum Ermessensspielraum der Eigentümer beim Beschluss über den Wirtschaftsplan oben Rn. 15. Zu Besonderheiten bei Anfechtung eines Wirtschaftsplans, der wie in den Vorjahren vom Wirtschaftsjahr abweichend erstellt worden ist, siehe oben Rn. 6.

Zur Klage eines Eigentümers gegen den Verwalter auf Vorlage eines Wirtschaftsplans siehe oben Rn. 4.

Während des gerichtlichen Verfahrens über die Anfechtung eines Wirtschaftsplans (in erster oder zweiter Instanz) wird in der Praxis nicht selten bereits über die **Jahresabrechnung** für das betroffene Wirtschaftsjahr von den Eigentümern Beschluss gefasst. Trotz eines Eigentümerbeschlusses hinsichtlich der Jahresabrechnung bleibt das **Rechtsschutzbedürfnis** für die **Anfechtung des Wirtschaftsplans** nach der hier vertretenen Meinung bestehen.[156] Der Beschluss über die Einzelwirtschaftspläne schafft eine Anspruchsgrundlage für die Gemeinschaft hinsichtlich der Wohngeldvorschüsse gegen die einzelnen Eigentümer (siehe dazu sogleich Rn. 20). Hieran ändert sich grundsätzlich

---

153 OLG Braunschweig v. 29.5.2006 – 3 W 9/06, ZMR 2006, 787 (für eine Sonderumlage – die als Nachtrag oder Ergänzung zum Wirtschaftsplan anzusehen ist – siehe dazu unten Rn. 24); ebenso: LG München I v. 17.5.2010 – 1 T 13364/09, ZMR 2011, 239.
154 Wie hier: LG München I v. 15.2.2016 – 1 S 10499/15 (Hinweisbeschluss, nicht veröffentlicht)
155 OLG Hamm v. 3.1.2008 – 15 W 240/07, ZMR 2009, 58; siehe dazu auch oben Rn. 4
156 A.A. aber: OLG Hamburg v. 29.7.2003 – 2 Wx 104/02, ZMR 2003, 864.

auch nichts, wenn die Jahresabrechnung bestandskräftig beschlossen wird, da die Jahresabrechnung eine Anspruchsgrundlage nur für die Abrechnungsspitze (siehe dazu Rn. 62a), nicht aber für den Wohngeldanspruch schafft (siehe dazu genauer Rn. 22). Das Rechtsschutzbedürfnis für die Anfechtung des Wirtschaftsplanes entfällt jedoch dann, wenn der Beschluss über die Jahresabrechnung endgültige Rechtswirksamkeit erlangt und der anfechtende Wohnungseigentümer auch nach der Jahresabrechnung sämtliche **Wohngeldvorauszahlungen** aus dem Wirtschaftsplan **gezahlt** hat.[157] In diesem Fall können gegen den Eigentümer aus dem Wirtschaftsplan keine Ansprüche mehr geltend gemacht werden. Hieran würde sich auch nichts ändern, wenn der Wirtschaftsplan für unwirksam erklärt würde. Dass bei einem Wegfall des Wirtschaftsplans auch der Rechtsgrund für die Wohngeldzahlungen entfallen würde, führt zu keiner anderen Bewertung. Im Hinblick auf den Vorrang des Innenausgleichs steht dem Eigentümer kein Bereicherungsanspruch nach § 812 BGB zu (siehe dazu genauer unten Rn. 22 und Rn. 83). Der Rechtsgrund für die Zahlung ergibt sich dann für die Gemeinschaft aus der sich entsprechend erhöhenden Abrechnungsspitze (siehe dazu Rn. 62a). Daher ist ein anerkennenswertes Interesse des einzelnen Eigentümers, das gerichtliche Anfechtungsverfahren hinsichtlich des Wirtschaftsplans fortzuführen, auch unter Berücksichtigung der unten bei Rn. 20–22 dargestellten neueren obergerichtlichen Rechtsprechung nicht zu bejahen.

Das **Rechtsschutzbedürfnis** für die Anfechtung des Wirtschaftsplans **bleibt** aber trotz einer zwischenzeitlich beschlossenen Jahresabrechnung bestehen, wenn noch **Wohngeldforderungen** der Gemeinschaft aus dem Wirtschaftsplan **offen** sind. Siehe zu dieser Fallgestaltung genauer unten Rn. 22.

Hinsichtlich der weiteren Einzelheiten zur Anfechtungsklage wird auf die Kommentierungen zu § 46 verwiesen.

Kommt ein Wirtschaftsplan der Gemeinschaft nicht zustande, kann das **Gericht** bis zum Ablauf der Wirtschaftsperiode ersatzweise einen **Wirtschaftsplan aufstellen** und damit die Beschlussfassung der Eigentümer durch ein Gestaltungsurteil ersetzen. Dadurch entstehen dann die Ansprüche der Gemeinschaft auf Wohngeldzahlungen und die Wohngeldvorschüsse für diesen Zeitraum können fällig werden. Die Befugnis des Gerichts zur Aufstellung des Wirtschaftsplans[158] ergibt sich nunmehr aus § 21 Abs. 8, wonach bei unterlassenen Maßnahmen der Eigentümer das Gericht nach **billigem Ermessen** entscheiden kann.[159] Das Gericht ist dabei nicht gehalten, detaillierte Gesamt- und Einzelwirtschaftspläne aufzustellen, sondern kann die voraussichtlichen Bewirtschaftungskosten nach den Angaben der Beteiligten **schätzen**.[160] Wie bei einem Notwirtschaftsplan kann es daher auch zulässig sein, statt des möglicherweise nur unter Schwierigkeiten zu ermittelnden Kostenverteilungsschlüssels nach der Gemeinschaftsordnung den gesetz-

---

157 OLG Hamm v. 18. 5. 2006 – 15 W 25/06, ZMR 2006, 879; BayObLG v. 2. 8. 1990 – 2 Z 40/90, WE 1991, 295.
158 Zur Frage, ob auch eine Jahresabrechnung durch das Gericht aufgestellt werden kann, siehe unten Rn. 29.
159 So auch: *Riecke/Schmid-Abramenko*, § 28 Rn.8; *Bärmann-Becker*, § 28 Rn. 54.
160 KG Berlin v. 22. 10. 1990 – 24 W 4800/90, WuM 1990, 614.

lichen Kostenverteilungsschlüssel nach § 16 anzuwenden.[161] Denkbar ist auch, dass das Gericht keinen Wirtschaftsplan erstellt sondern zur Überbrückung der derzeitigen Finanzlücke eine **Sonderumlage** bestimmt. Zur Problematik der Formulierung des **Klageantrags** bei § 21 Abs. 8 sowie zur Frage einer (teilweisen) Klageabweisung oder von Rechtsmitteln siehe § 21 Rn. 41. Die **Befugnis** des **Gerichts**, nach § 21 Abs. 8 einen Wirtschaftsplan aufzustellen, besteht jedenfalls dann, wenn der Verwalter einen Wirtschaftsplan aufgestellt hat, die Eigentümer aber keinen positiven Beschluss gefasst, sondern den Antrag auf Beschluss über den Wirtschaftsplan abgelehnt haben. Ob eine Klage gegen die übrigen Eigentümer nach § 21 Abs. 8 zulässig ist, könnte zweifelhaft sein, da die übrigen Eigentümer nicht zur Aufstellung eines Wirtschaftsplans nach § 28 Abs. 1 verpflichtet sind.[162] Zudem ist zu beachten, dass den Eigentümern bei der Beschlussfassung über einen ihnen vorliegenden Wirtschaftsplan nach § 28 Abs. 5 ein weiter **Ermessensspielraum** zusteht (siehe oben Rn. 16). Es wäre aber wohl in der Regel unökonomisch, wenn sich das Gericht im Rahmen des § 21 Abs. 8 dafür entscheiden würde, einen Dritten, etwa einen Wirtschaftsprüfer, mit der Aufstellung des Wirtschaftsplans zu beauftragen.[163] Nach der hier vertretenen Meinung sollte auch weiterhin, wie schon nach dem alten (FGG-) Recht[164], davon ausgegangen werden, dass es im **Regelfall** billigem Ermessen entspricht, wenn das Gericht anstatt der (kostenträchtigen) Beauftragung eines Dritten entweder eine **Sonderumlage** bestimmt oder einen **Wirtschaftsplan** selbst erstellt, der auf **Schätzungen** beruht und der nicht detailliert sein muss, so dass auch keine aufwändige und kostenintensive Beweisaufnahme gegebenenfalls mittels Sachverständigengutachten erforderlich werden dürfte.

Siehe zur möglichen Entscheidung des Gerichts insoweit genauer § 21 Rn. 91.

Neben einer Klage nach § 21 Abs. 8 käme auch eine **Verpflichtungsklage** gegen die übrigen Eigentümer auf Zustimmung zu einem bestimmten Wirtschaftsplan in Betracht. Dieser Anspruch des Einzelnen gegen die übrigen Eigentümer ergibt sich aus **§ 21 Abs. 4**.[165] Ein derartiges Vorgehen dürfte aber für den einzelnen Eigentümer kaum zu empfehlen sein. Der Eigentümer müsste zum einen einen konkreten Wirtschaftsplan (bestehend aus Gesamt- und Einzelwirtschaftsplänen) vorlegen, den etwa der Verwalter oder auch er selbst oder ein Dritter erstellt hat, und zum anderen berücksichtigen, dass den Eigentümern ein **Ermessensspielraum** zusteht, so dass sie nicht verpflichtet sein könnten, gerade diesem Plan (ohne Änderungen) zu-

---

161 OLG Hamm v. 3.1.2008 – 15 W 240/07, ZMR 2009, 58 (zu einem Notwirtschaftsplan eines Verwalters); siehe dazu auch oben Rn. 4.
162 OLG München v. 22.11.2006 – 34 Wx 55/06, NZM 2007, 292 (zur Aufstellung einer Jahresabrechnung).
163 Siehe dazu auch: OLG Düsseldorf v. 20.4.2007 – 3 Wx 127/06, ZWE 2007, 308 (zur Beauftragung eines Miteigentümers zur Aufstellung einer Jahresabrechnung).
164 KG Berlin v. 10.3.1993 – 24 W 1701/92, WuM 1993, 303; KG Berlin v. 22.10.1990 – 24 W 4800/90, WuM 1990, 614.
165 BGH v. 2.6.2005 – V ZB 32/05, NJW 2005, 2061; BGH v. 19.9.2002 – V ZB 30/02, NJW 2002, 3704; OLG Düsseldorf v. 1.12.2006 – 3 Wx 194/06, ZMR 2007, 379; OLG München v. 21.3.2006 – 32 Wx 2/06, ZMR 2006, 474.

zustimmen. Der Einzelne liefe daher immer Gefahr, dass seine Verpflichtungsklage kostenpflichtig ganz oder zumindest teilweise abgewiesen wird.[166] Siehe dazu auch § 21 Rn. 38 ff. (insbesondere Rn. 42).

Grundsätzlich kommt bei einem fehlenden Wirtschaftsplan auch ein Antrag auf Erlass einer **einstweiligen Verfügung** nach §§ 935, 940 ZPO mit dem Ziel der Aufstellung durch das Gericht in Betracht. Ein derartiger Antrag dürfte jedoch nur ganz ausnahmsweise erfolgreich sein, da es sich hier um eine Leistungsverfügung handelt, mit der die Hauptsache bereits vorweggenommen würde. In diesen Fällen sind aber an den Verfügungsgrund besonders strenge Anforderungen zu stellen.[167] Selbst bei drängenden finanziellen Engpässen der Gemeinschaft wird regelmäßig im Wege der einstweiligen Verfügung allenfalls die Anordnung einer **Sonderumlage** in Betracht kommen.[168]

Zum Vorgehen eines Eigentümers für den Fall, dass bereits der **Verwalter keinen** Wirtschaftsplan zur Beschlussfassung **vorlegt**, sodass eine Entscheidung der Eigentümer nicht möglich ist, siehe oben **Rn. 4**.

5. Vorschusspflicht aus beschlossenem (Einzel-)Wirtschaftsplan (Absatz 2)

20 Nach Abs. 2 sind die Eigentümer nach dem Beschluss über den Wirtschaftsplan verpflichtet, nach Abruf durch den Verwalter die entsprechenden Vorschüsse zu leisten. Diese Regelung bezieht sich auf die Zahlungsverpflichtung, die sich aus den jeweiligen **Einzelwirtschaftsplänen** ergibt. Wie bereits oben bei Rn. 17 dargestellt, wird aufgrund des Beschlusses über die Einzelwirtschaftspläne eine Beitragsverbindlichkeit der einzelnen Eigentümer begründet, also für die Gemeinschaft jeweils eine **Anspruchsgrundlage** geschaffen. Der Zahlungsanspruch gehört zum **Verwaltungsvermögen** und steht der Gemeinschaft als **Verband** zu.[169] Der sich aus dem Wirtschaftsplan ergebende Anspruch auf Zahlung von Wohngeldvorschüssen unterliegt der Regelverjährung gem. § 195 BGB. Die dreijährige **Verjährungsfrist** beginnt nach § 199 Abs. 1 BGB mit dem Ende des Jahres, in dem die Vorschüsse fällig sind. Ein Beschluss über die **Jahresabrechnung** führt **nicht** zu einem **Neubeginn** der Verjährung. Dem **Verwalter** ist es auch zumutbar, rückständige Beiträge eines Eigentümers nach dem Jahr der Fälligkeit zusammenzufassen (rückständige Vorschüsse aus dem laufenden Jahr und rückständige Abrechnungsspitzen der Abrechnungen für die Vorjahre), die Verjährung zu **überwachen** und verjährungshemmende Maßnahmen zu veranlassen.[170]

---

166 So im Ergebnis wohl auch: *Riecke/Schmid-Abramenko*, § 28 Rn.7 (anders dann aber wohl Rn. 19).
167 Siehe dazu allgemein: *Thomas/Putzo-Reichold*, ZPO, § 940 Rn. 6 ff.
168 Siehe dazu unten Rn. 25.
169 Siehe dazu § 10 Rn. 51 und 55.
170 BGH v. 1. 6. 2012 – V ZR 171/11, NJW 2012, 2797.

Die Einzelwirtschaftspläne sind, ebenso wie die Einzeljahresabrechnungen[171] **objektbezogen**[172]. Sie binden daher denjenigen, der für den maßgeblichen Zeitraum tatsächlich Eigentümer[173] ist; eine fehlerhafte Bezeichnung oder Adressierung schadet daher nicht. **Bruchteilseigentümer** haften für das auf ihre Eigentumswohnung entfallende Wohngeld als Gesamtschuldner (§§ 421 BGB, 16 Abs. 2 WEG). Die für die Annahme des Gesamtschuldverhältnisses charakteristische Identität des Leistungsinteresses ergibt sich daraus, dass sich die Wohngeldzahlungsverpflichtung auf das Wohnungseigentum als solches bezieht und nicht auf die einzelnen Bruchteilseigentumsanteile.[174]

Nach der vom BGH und der Rechtsprechung allgemein vertretenen **Fälligkeitstheorie** kann ein Beschluss nach Abs. 5 grundsätzlich Verbindlichkeiten nur für die bei Beschlussfassung im Grundbuch eingetragenen Wohnungseigentümer, nicht aber für deren Rechtsvorgänger, begründen; denn sonst läge insoweit ein – unzulässiger – Gesamtakt zu Lasten Dritter vor.[175] Veräußert der Eigentümer während des Wirtschaftsjahres sein Wohnungseigentum, bleibt der **Voreigentümer** Wohngeldschuldner für alle bis zur Eigentumsübertragung fällig gewordenen Wohngelder, die er nicht erfüllt hat. Dies gilt selbst dann, wenn es zu einer Verzögerung der Grundbuchumschreibung gekommen ist.[176] Der **Erwerber** haftet nur für die nach dem Eigentumsübergang, also ab seiner Eintragung im Grundbuch, fällig gewordenen Wohngeldvorschüsse (und Sonderumlagen).[177]

Der Ersteher in der **Zwangsversteigerung** haftet für Wohngelder erst ab dem Zuschlagsbeschluss. Der Wirtschaftsplanbeschluss begründet zunächst einmal lediglich eine Haftung des jeweiligen Miteigentümers. Nach § 16 Abs. 2 knüpft die Wohngeldschuld an diese Miteigentümerstellung. Diese hat bis zum Zuschlag ausschließlich der Voreigentümer inne. Erst danach ist der Ersteher Miteigentümer. Erwirbt der Ersteher beispielsweise erst im Jahr 2015, haftet er mithin nicht mehr für die Wohngelder, die gemäß dem Wirtschaftsplan 2014 im Jahr 2014 fällig geworden sind. Für die Begründung einer Haftung des Erstehers für noch offene Beiträge aus dem Vorjahreswirtschaftsplan, die neben die Haftung des Voreigentümers aus dem Wirtschaftsplan treten soll, würde den Miteigentümern die Beschlusskompetenz fehlen.[178] Auch eine dingliche Haftung des Erwerbers scheidet aus. Das

---

171 Siehe dazu unten Rn. 63.
172 So für die Einzeljahresabrechnungen: BGH v. 10. 9. 1998 – V ZB 11/98, NJW 1998, 3713; BGH v. 30. 11. 1995 – V ZB 16/95, ZMR 1996, 215; OLG München v. 26. 4. 2007 – 32 Wx 26/07 (nicht veröffentlicht); LG Köln v. 7. 10. 2010 – 29 S 57/10, ZMR 2011, 165; KG Berlin v. 18. 11. 1998 – 24 W 5437/98, ZMR 1999, 352.
173 Siehe näher dazu § 10 Rn. 3.
174 LG Saarbrücken v. 13. 4. 2010 – 5 T 303/09, ZWE 2010, 416.
175 BGH v. 2. 12. 2011 – V ZR 113/11, NZM 2012, 159; BGH v. 23. 9. 1999 – V ZB 17/99, NJW 1999, 3713; BGH v. 21. 4. 1988 – V ZB 10/87, NJW 1988, 1910; LG Nürnberg-Fürth v. 3. 9. 2009 – 14 T 6459/09, ZWE 2009, 450.
176 OLG Celle v. 4. 8. 2008 – 4 W 32/08, ZMR 2009, 52.
177 BGH v. 23. 9. 1999 – V ZB 17/99, NJW 1999, 3713; LG Bonn v. 28. 1. 2009 – 8 T 33/08, ZMR 2009, 476; OLG Köln v. 15. 1. 2008 – 16 Wx 141/07, ZMR 2008, 478; OLG München v. 25. 7. 2005 – 34 Wx 55/05, ZMR 2005, 979.
178 LG München I v. 20. 12. 2010 – 1 S 4319/10, WuM 2011, 308.

in **§ 10 Abs. 1 Nr. 2 ZVG** enthaltene Vorrecht begründet **kein dingliches Recht** der Wohnungseigentümergemeinschaft. Diese Vorschrift enthält lediglich eine Privilegierung schuldrechtlicher Ansprüche sowohl im Zwangsversteigerungsverfahren als auch – i. V. m. § 49 InsO – im Insolvenzverfahren.[179]

Der Wohnungseigentümer bleibt auch dann zur Zahlung der Wohngeldvorschüsse verpflichtet, wenn eine **Zwangsverwaltung** angeordnet wird. Der Zwangsverwalter tritt hinsichtlich der Wohngeldverbindlichkeit nicht an die Stelle des Eigentümers, sondern neben ihn. Daher haften sowohl der **Eigentümer** als auch der **Zwangsverwalter** für die Wohngeldrückstände.[180] Dass bei der Zwangsverwaltung von Wohnungseigentum das laufende Hausgeld eine Ausgabe der Verwaltung bildet und damit unabhängig von der Erzielung von Einkünften aus der Verwaltung zu bezahlen ist, war für den Zeitraum bis zum 30. 6. 2007 nicht umstritten. Ob dies auch nach der Änderung von § 10 Abs. 1 Nr. 2 ZVG und der Ergänzung von § 156 Abs. 1 ZVG noch gilt, hat der BGH unter Hinweis auf den Streit hierüber in der Literatur ausdrücklich offengelassen.[181]

Wie bei Rn. 16 bereits ausgeführt, ist grundsätzlich zunächst erforderlich, dass im Einzelwirtschaftsplan hinsichtlich der einzelnen Ausgaben des Gesamtwirtschaftsplans die anteiligen Beträge ausgewiesen werden, aus denen sich dann die Höhe der Vorschussleistungen des einzelnen Wohnungseigentümers ergibt. Soweit in dem Wirtschaftsplanbeschluss monatliche Beitragsvorschüsse festgesetzt sind, handelt es sich bei diesen Wohngeldern um **einheitliche Forderungen**. Wie bereits bei Rn. 12 und Rn. 17 dargestellt, ergibt sich dies aufgrund der objektiven und normativen Auslegung der Beschlüsse als Regelfall und ist mit der Entscheidung des BGH vom 4. 12. 2009[182] vereinbar. Auch wenn daher zur Berechnung der Wirtschaftsplanansätze die zu erwartenden Bewirtschaftungskosten im Einzelnen angesetzt werden, handelt es sich bei der für jeden Monat festgelegten Beitragsschuld nicht um eine aus Unterforderungen zusammengesetzte Gesamtforderung der Eigentümergemeinschaft.[183]

Stellt die Eigentümergemeinschaft **keinen Wirtschaftsplan** mit Vorschussverpflichtungen der Wohnungseigentümer auf, kann sie einen **ausgeschiedenen Wohnungseigentümer** weder aufgrund einer nach seinem Ausscheiden beschlossenen Jahresabrechnung noch aus ungerechtfertigter Bereicherung für die Lasten und Kosten in Anspruch nehmen, die vor seinem Ausscheiden entstanden sind.[184] Zur Zahlung ist in diesem Fall nur der Erwerber aufgrund

---

179 BGH v. 13. 9. 2013 – V ZR 209/12, ZWE 2013, 466.
180 OLG Zweibrücken v. 27. 7. 2005 – 3 W 167/04, NJW-RR 2005, 1682.
181 BGH v. 20. 11. 2008 – V ZB 81/08, NJW 2009, 598; siehe dazu auch die Kommentierung zu § 156 ZVG.
182 BGH v. 4. 12. 2009 – V ZR 44/09, ZWE 2010, 170 (= NJW 2010, 2127).
183 KG Berlin v. 8. 8. 2005 – 24 W 112/04, WuM 2005, 600; KG Berlin v. 8. 8. 2005 – 24 W 113/04 (zitiert nach juris); OLG Frankfurt v. 21. 2. 2006 – 20 W 56/06, ZWE 2006, 450; OLG Hamm v. 11. 10. 1993 – 15 W 79/93, MDR 1994, 163; a. A. wohl *Schmid*, DWE 2010, 38; siehe hierzu auch oben Rn. 12.
184 OLG München v. 24. 5. 2007 – 34 Wx 27/07 MDR 2007, 1066.

der später beschlossenen Jahresabrechnung verpflichtet (siehe dazu unten Rn. 22 und zur Jahreseinzelabrechnung Rn. 62a und Rn. 63).

Zahlt andererseits ein Wohnungseigentümer Wohngeldvorschüsse, obgleich entweder kein Wirtschaftsplan beschlossen wurde oder der Wirtschaftsplan nur niedrigere Wohngeldvorschüsse vorsieht, kann der Wohnungseigentümer die Rückzahlung der Vorschüsse nicht mit der Begründung verlangen, ihm stehe ein **Bereicherungsanspruch** nach § 812 BGB zu. Im Hinblick auf den **Vorrang des Innenausgleichs** (siehe dazu genauer unten Rn. 83) ist ein möglicher Bereicherungsanspruch durch das Instrument der Jahresabrechnung ausgeschlossen. Ein Rückforderungsanspruch steht daher dem Eigentümer nur dann zu, wenn die Jahresabrechnung für ihn ein entsprechendes Guthaben ausweist.[185] Zur möglichen Ausnahme im Sonderfall einer Zweiergemeinschaft siehe unten Rn. 29.

Der Verwalter ist jedoch zum Abruf der Wohngelder nur dann befugt, wenn 21 diese auch fällig geworden sind. Zur Fälligkeitstheorie der Rechtsprechung siehe vorstehend Rn. 20.

Die Wohnungseigentümer können über die Fälligkeit von Beitragsvorschüssen aus dem konkreten Wirtschaftsplan mit Stimmenmehrheit beschließen. Für eine über den konkreten Wirtschaftsplan hinausgehende, generelle **Fälligkeitsregelung** ergibt sich nunmehr (anders noch zum WEG a. F.[186]) aus § 21 Abs. 7 eine Beschlusskompetenz[187], wonach auch von bestehenden Vereinbarungen abgewichen werden kann.[188] Nach neuem Recht sind dabei sowohl **Verfallklauseln** als auch **Vorfälligkeitsregelungen** möglich.[189]

Auch wenn das Gesetz für eine generelle Fälligkeitsregelung nicht zwingend einen gesonderten Beschluss vorsieht, empfiehlt es sich für die Praxis nicht, einen derartigen Beschluss im Rahmen der Beschlussfassung über einen Wirtschaftsplan für ein konkretes Jahr zu fassen. Die Gefahr, dass ein derartiger Beschluss in späteren Jahren übersehen und daher nicht beachtet wird, ist groß. Um die problemlose Information durch Einsicht in die Beschlusssammlung[190] zu erleichtern, sollten daher generelle Fälligkeitsregelungen grundsätzlich nur in einem **gesonderten Beschluss** getroffen werden.

Der Beschluss über den jeweiligen **Einzelwirtschaftsplan** bleibt auch dann 22 **Anspruchsgrundlage** für noch nicht bezahlte Wohngelder, wenn zwischenzeitlich ein Beschluss über die Einzeljahresabrechnungen ergangen ist. Da der Beschluss über die **Jahresabrechnung** anspruchsbegründend nur hinsichtlich der Abrechnungsspitze (siehe dazu unten Rn. 62a) wirkt, führt der Abrechnungsbeschluss auch **nicht** zu einer **Verdoppelung** des Rechtsgrunds für rückständige Vorschüsse in dem Sinne, dass sie sowohl aus dem Wirt-

---

185 OLG Hamm v. 25.3.2004 – 15 Wx 412/02, ZMR 2005, 398; OLG Köln v. 22.11.2006 – 16 Wx 215/06, ZMR 2007, 642.
186 BGH v. 2.10.2003 – V ZB 34/03, NJW 2003, 3550; BayObLG v. 25.7.2005 – 2Z BR 230/04, NZM 2005, 786.
187 Siehe dazu § 21 Rn. 78.
188 BT-Drucks. 16/887, S. 27.
189 Siehe dazu § 21 Rn. 78.
190 Siehe dazu genauer § 24 Rn. 49 ff.

schaftsplan als auch aus der Jahresabrechnung geschuldet wären.[191] Die früher auch vom BGH vertretene Meinung, dass dem Abrechnungsbeschluss eine bestätigende oder rechtsverstärkende Wirkung zukomme, so dass die Jahresabrechnung als Rechtsgrund für den Wohngeldanspruch neben den beschlossenen Wirtschaftsplan trete,[192] ist daher überholt. Eine **Zahlungsklage** aufgrund eines **Wohngeldanspruchs** kann daher **nur** mehr auf den **Wirtschaftsplan** gestützt werden, so dass die entgegenstehende frühere Rechtsprechung im Zusammenhang mit dieser Problematik ebenfalls überholt ist.[193] Wenn in dem Zahlungsprozess streitig wird, ob ein wirksamer Einzelwirtschaftsplan vorliegt, muss dies durch eine Beweisaufnahme geklärt werden. Stellt sich heraus, dass der Einzelwirtschaftsplan ganz oder teilweise unwirksam ist, muss die Klage insoweit abgewiesen werden. Dies gilt auch, wenn etwa der Betrag dann aus der **Einzelabrechnung** geschuldet ist, da sich dann die Abrechnungsspitze entsprechend erhöht hat (siehe dazu unten Rn. 62a und 83). Soll die Klage nunmehr auf die Jahreseinzelabrechnung gestützt werden, kann dies nur im Wege einer **Klageänderung** nach § 263 ZPO erfolgen, da aufgrund des geänderten Lebenssachverhalts ein anderer Streitgegenstand vorliegt.

Daher besteht auch das **Rechtsschutzbedürfnis** für eine **Anfechtungsklage** gegen den Wirtschaftsplan dann weiter, wenn noch Wohngeldzahlungen offen sind (siehe dazu oben Rn. 19). Fällt in diesen Fällen der Wirtschaftsplan als Rechtsgrund für den Zahlungsanspruch weg, entstehen der auf Zahlung klagenden Gemeinschaft sowohl im Falle einer Klageabweisung als auch bei einer Klageänderung Nachteile, da sie die Verfahrenskosten zu tragen hat oder sie zumindest an den Kosten beteiligt wird.

Zu beachten ist aber, dass der Zahlungsanspruch aus dem Wirtschaftsplan der Höhe nach durch das Ergebnis der Jahresabrechnung beschränkt ist.[194] Zur „**Deckelung**" der Ansprüche aus dem Wirtschaftsplan durch die Jahresabrechnung siehe unten Rn. 69 („Rückerstattungsansprüche") und Rn. 83.

Durch einen Beschluss über die Jahresabrechnung wird keine neue **Verjährungsfrist** hinsichtlich der aus dem Wirtschaftsplan geschuldeten Wohngelder in Gang gesetzt wird, siehe dazu unten Rn. 82.

23 Gegenüber dem Anspruch der Gemeinschaft auf Wohngeld kann vom einzelnen Eigentümer nach gefestigter Rechtsprechung nur mit **gemeinschaftsbezogenen Gegenforderungen** nach § 21 Abs. 2 WEG (Notmaßnahmen) oder §§ 680, 683 BGB (Geschäftsführung ohne Auftrag) aufgerechnet wer-

---

191 BGH v. 1.6.2012 – V ZR 171/11, NJW 2012, 2797.
192 So noch: BGH v. 4.12.2009 – V ZR 44/09, ZWE 2010, 170 (= NJW 2010, 2127); BGH v. 30.11.1995 – V ZB 16/95, ZMR 1996, 215; OLG Dresden v. 24.11.2005 – 3 W 1369/05, ZMR 2006, 543; BayObLG v. 16.6.2004 – 2Z BR 85/04, NZM 2004, 711.
193 A.A. noch: BayObLG v. 16.6.2004 – 2Z BR 85/04, NZM 2004, 711; OLG Hamm v. 3.3.2009 – 15 Wx 96/08, ZMR 2009, 865; LG Saarbrücken v. 2.3.2009 – 5 T 114/08, ZMR 2009, 953.
194 OLG Hamm v. 3.3.2009 – 15 Wx 96/08, ZMR 2009, 865; OLG Zweibrücken v. 5.6.2002 – 3 W 46/02, OLGR Zweibrücken 2002, 422; BayObLG v. 24.8.2000 – 2Z BR 54/00, NZM 2001, 141; BayObLG v. 21.10.1999 – 2Z BR 93/99, ZMR 2000, 111.

den.[195] Ansonsten ist eine **Aufrechnung** durch den Eigentümer nur möglich, wenn die **Gegenforderung anerkannt** oder **rechtskräftig** festgestellt ist.[196] Dies gilt auch dann, wenn sich der aufrechnende Eigentümer auf eine (behauptete) Gegenforderung gegen die Gemeinschaft gemäß § 16 Abs. 1 (etwa einen Anteil an Mieteinnahmen der Gemeinschaft) beruft.[197] Der **Verwalter kann** dagegen ohne besondere Einschränkungen gegen bestehende Forderungen eines Eigentümers mit der Wohngeldforderung der Gemeinschaft aufrechnen.

Zur Behandlung einer Aufrechnung in der Jahresabrechnung siehe unten Rn. 33.

Auch ein **Zurückbehaltungsrecht** kann Wohngeldforderungen nur unter den vorgenannten Voraussetzungen entgegengehalten werden.[198]

Bei einer Überweisung des Wohngeldes tritt die **Erfüllungswirkung** gemäß § 362 BGB nur dann ein, wenn die Überweisung auf das richtige Konto der Gemeinschaft erfolgt. Überweist der Eigentümer den Betrag anstatt auf das angegebene Hausgeldkonto auf ein Verwaltungskonto des Verwalters, worauf hin dieser das Geld zurück überweist, tritt durch die Überweisung auf das Verwalterkonto keine Tilgungswirkung ein.[199] **Tilgungsbestimmungen** des Schuldners im Hinblick auf bestimmte Wohngeldforderungen (etwa: für Wohngeld Februar 2011) sind zu berücksichtigen, da auf Wohngeldzahlungen § 366 BGB Anwendung findet.[200] Da die einzelnen Wohngelder aber einheitliche Forderungen[201] darstellen, ist es jedoch nicht möglich, bei einer Teilzahlung auf eine bestimmte Wohngeldforderung (etwa für Februar 2011) eine Tilgungsbestimmung dahingehend zu treffen, dass der Teilbetrag etwa nur auf Heizkosten oder sonstige Einzelpositionen des Wohngeldes verrechnet werden soll. Zur Problematik einer nachträglichen Änderung der Tilgungsbestimmung siehe unten Rn. 48 und 83.

---

195 OLG Hamm v. 3.3.2009 – 15 Wx 96/08, ZMR 2009, 865; KG Berlin v. 29.5.2002 – 24 W 185/01, WuM 2002, 391; BayObLG v. 23.4.1998 – 2Z BR 162/97, NZM 1998, 918.
196 BGH v. 29.1.2016 – V ZR 97/15, WuM 2016, 311; LG Nürnberg-Fürth v. 11.8.2010 – 14 S 1985/10, ZWE 2010, 465; LG Saarbrücken v. 13.4.2010 – 5 T 303/09, ZWE 2010, 416; OLG München v. 30.1.2007 – 34 Wx 128/06, NZM 2007, 335; OLG Frankfurt/Main v. 30.3.2006 – 20 W 189/05, NZM 2007, 367.
197 LG München I v. 2.2.2009 – 1 S 10225/08, ZWE 2009, 131 (für eine Zweiergemeinschaft).
198 BGH v. 1.6.2012 – V ZR 171/11, NJW 2012, 2797; LG Nürnberg-Fürth v. 11.8.2010 – 14 S 1985/10, ZWE 2010, 465; LG Saarbrücken v. 13.4.2010 – 5 T 303/09, ZWE 2010, 416; OLG München v. 13.7.2005 – 34 Wx 61/05, NJW-RR 2005, 1325; OLG Frankfurt/Main v. 30.3.2006 – 20 W 189/05, NZM 2007, 367.
199 OLG Düsseldorf v. 18.10.2005 – 3 Wx 214/05, NZM 2006, 347; siehe allgemein zur Empfangszuständigkeit bei Zahlungen § 27 Rn. 11.
200 LG München I v. 30.11.2009 – 1 S 5342/09, ZWE 2010, 229; BayObLG v. 29.3.2000 – 2 ZBR 119/99, WuM 2001, 143.
201 Siehe dazu oben Rn. 12 und Rn. 20.

III. Sonderumlage (als Ergänzung des Wirtschaftsplans)
1. Allgemeines

24 Wie bei Rn. 15 dargestellt, werden in den Wirtschaftsplan alle voraussehbaren Ausgaben aufgenommen und daraufhin entsprechende Wohngeldvorauszahlungen[202] festgesetzt. **Finanzierungslücken** während des Jahres können aber insbesondere dadurch entstehen, dass überraschend größere Reparaturen (etwa: defekte Heizungsanlage, Dach ist undicht geworden) anstehen und liquide Mittel nicht vorhanden sind. Eine ähnliche Situation kann sich insbesondere bei kleineren Anlagen ergeben, wenn ein Eigentümer zahlungsunfähig wird und seine Vorschüsse nicht mehr leisten kann. Für diese Fälle hat die Rechtsprechung die Sonderumlage entwickelt, die als **Nachtrag** oder **Ergänzung** zum **Wirtschaftsplan** zu sehen ist.[203] Daher sind die oben zum Wirtschaftsplan dargestellten Grundsätze mit der Maßgabe entsprechend anzuwenden, dass es sich bei der Sonderumlage um die Finanzierung von gerade nicht vorausgesehenen Kosten handelt.[204]

Zweifelhaft könnte sein, ob es möglich ist, in einer Eigentümerversammlung zunächst einen Wirtschaftsplan zu beschließen, der eine bestimmte Sanierungsmaßnahme nicht vorsieht und sodann unter einem weiteren Tagesordnungspunkt die (meist größere) Sanierungsmaßnahme sowie deren Finanzierung durch eine Sonderumlage zu beschließen. Dagegen könnte die Erwägung sprechen, dass der Wirtschaftsplan offensichtlich unvollständig und nicht ausreichend bemessen ist und daher nicht ordnungsgemäßer Verwaltung entspricht.[205] Das BayObLG hat es als zulässig angesehen, dass **zugleich** mit einem Wirtschaftsplan eine Sonderumlage zur Bestreitung von Verfahrenskosten beschlossen wurde.[206] Die Meinung des BayObLG dürfte dem Bedürfnis der Praxis entsprechen, insbesondere umfangreichere Sanierungsprojekte und die erforderliche Sonderzahlung durch die gesonderte Darstellung für die Eigentümer transparenter zu machen. Zwar kann dasselbe Ergebnis auch erreicht werden, wenn im Wirtschaftsplan zum einen die monatlichen Wohngelder und zum anderen die (mit einer besonderen Fälligkeit versehenen) Sonderzahlung beschlossen werden.[207] Ein überzeugender Grund, warum ein gesonderter Sonderumlagenbeschluss alleine wegen der unterschiedlichen Form für unwirksam erklärt werden sollte, dürfte aber nicht vorliegen.[208]

Eine **Liquiditätslücke** stellt grundsätzlich einen sachlichen Grund für einen Beschluss zur Erhebung einer Sonderumlage dar, wenn diese nicht durch

---
202 Siehe Rn. 20 ff.
203 BGH v. 15. 6. 1989 – V ZB 22/88, NJW 1989, 3018; BayObLG v. 20. 11. 2002 – 2Z BR 144/01, NZM 2003, 66; OLG Karlsruhe v. 17. 11. 2004 – 14 Wx 82/03, ZMR 2005, 310; KG Berlin v. 22. 11. 2004 – 24 W 233/03, WuM 2005, 145 („nachträgliche Erhöhung des Wohngeldes").
204 OLG Frankfurt/Main v. 14. 4. 2005 – 20 W 114/2002, OLGR Frankfurt 2006, 94.
205 So: *Jennißen-Jennißen*, § 28 Rn. 18a.
206 BayObLG v. 18. 3. 1993 – 2Z BR 108/92, WuM 1993, 486.
207 So: *Jennißen-Jennißen*, § 28 Rn. 18a.
208 So im Ergebnis auch: LG München I v. 29. 1. 2007 – 1 T 11666/06, ZMR 2007, 495 (wo im Wesentlichen die Bestimmtheit des Sonderumlagenbeschlusses zweifelhaft war).

die Ansätze im Wirtschaftsplan gedeckt ist und auch sonst nicht mit den der Eigentümergemeinschaft zur Verfügung stehenden Mitteln geschlossen werden kann.[209] Nicht ordnungsgemäßer Verwaltung entspricht es aber, wenn eine Sonderumlage nur dazu dienen soll, durch die Erhebung einer **pauschalen Liquiditätsumlage** die ausdifferenzierte Prognoseentscheidung eines Wirtschaftsplans zu umgehen und einen Wirtschaftsplan zu ersetzen.[210]

2. Anlass

Voraussetzung für eine Sonderumlage ist ein **sachlicher Grund**, der einen Anlass zur Ergänzung des Wirtschaftsplanes gibt. Erforderlich ist daher, dass entweder die Ansätze des Wirtschaftsplanes unrichtig waren, durch neue Tatsachen überholt sind oder dass der Plan aus anderen Gründen zum Teil undurchführbar geworden ist.[211] Wenn der oben bei Rn. 24 dargestellten Meinung gefolgt wird, reicht es auch aus, dass gleichzeitig mit dem Wirtschaftsplan eine Sonderumlage etwa für eine Sanierungsmaßnahme beschlossen wird. Ein sachlicher Grund für eine Sonderumlage, mit der eine Sanierungsmaßnahme finanziert werden soll, ist aber grundsätzlich nur dann gegeben, wenn die Sanierungsmaßnahme auch tatsächlich erforderlich ist, da ansonsten weder die Maßnahme noch die Belastung der Eigentümer mit Zahlungen hierfür ordnungsgemäßer Verwaltung entspricht.[212] Anders verhält es sich aber, wenn bei einer bestimmten Einzelmaßnahme durch Vertrag bereits eine wirksame Kostenschuld des Verbandes begründet wurde. In diesem Fall stellt die Kostenschuld des Verbandes einen sachlichen Grund für eine Sonderumlage dar; es kommt dann nicht mehr darauf an, ob es sich bei der Maßnahme selbst um einen Akt ordnungsgemäßer Verwaltung handelt.[213] Die Schuld besteht nämlich unabhängig davon, ob die Auftragsvergabe im Innenverhältnis pflichtwidrig war oder nicht bzw. ob die Auftragsdurchführung fehlerhaft war oder nicht. Ob bei den Auftragsvergaben oder der Auftragsdurchführung Fehler gemacht wurden, weil Ausschreibungen nicht richtig durchgeführt wurden oder im Einzelfall nicht erforderliche Arbeiten vorgenommen wurden, ist dann für die Rechtmäßigkeit der Sonderumlage ohne Bedeutung. Denn die in Erfüllung der Zahlungspflicht der WEG entstandenen tatsächlichen Ausgaben müssen zunächst einmal finanziert werden; dazu bedarf es der Sonderumlage. Ob die Kosten dann aufgrund pflichtwidrigen Verhaltens bei der Auftragsvergabe oder -durchführung im Wege des Schadensersatzes von dritter Seite zurückgeholt werden können, ist eine andere, nicht im Rahmen der Anfechtung des Sonderumlagebeschlusses zu klärende Frage.

Allerdings können die Wohnungseigentümer nach pflichtgemäßem **Ermessen** entscheiden, ob sie eine erforderliche Sanierung durch Entnahme aus der Rücklage, die hierfür ausreichend wäre, oder durch eine Sonderumlage

---

209 LG München I v. 24. 10. 2011 – 1 S 24966/10, ZWE 2012, 50.
210 LG München I v. 21. 6. 2010 – 1 S 2763/10, ZWE 2011, 101.
211 BGH v. 13. 1. 2012 – V ZR 129/11, ZWE 2012, 125; OLG Köln v. 2. 2. 2001 – 16 Wx 131/00, ZMR 2001, 574.
212 OLG München v. 16. 11. 2006 – 32 Wx 125/06, NZM 2007, 251.
213 LG München I v. 17. 5. 2010 – 1 T 13364/09, ZMR 2011, 239.

finanzieren.[214] Es besteht kein Anspruch eines Wohnungseigentümers darauf, dass immer zuerst die **Instandhaltungsrücklage** auszuschöpfen ist.[215] Ist ein finanzieller Engpass der Gemeinschaft dadurch entstanden, dass über das Vermögen eines Wohnungseigentümers das Insolvenzverfahren eröffnet worden und damit ein Wohngeldausfall aufgetreten ist, muss bei der Erhebung der Sonderumlage auch der **insolvente Wohnungseigentümer** mit einbezogen und damit der Betrag der Sonderumlage wegen des zu erwartenden teilweisen Ausfalls entsprechend angehoben werden.[216] Wenn, wie bei einer Eröffnung des Insolvenzverfahrens, zu erwarten ist, dass auch die künftigen Wohngelder von einem Eigentümer nicht bezahlt werden können, steht es weiter im Ermessen der Wohnungseigentümer, ob die Sonderumlage zur Herstellung der Liquidität nur die bisher offenen Wohngelder umfasst oder ob der Umlagebetrag im Hinblick auf die zu erwartenden Ausfälle bereits entsprechend erhöht wird.[217] Wie oben bei Rn. 10 und 15 für den Wirtschaftsplan dargestellt, sollten im Sonderumlagenbeschluss oder zumindest im **Protokoll** der Eigentümerversammlung der **Grund** für die **Umlage** selbst und für die **Höhe** angegeben werden.

Das Ermessen der Eigentümer kann aber auch eingeschränkt oder ausnahmsweise auch „auf null reduziert" sein. Wenn etwa die Gemeinschaft über keine Finanzmittel mehr verfügt, dennoch aber unabwendbare Zahlungen anstehen, kann ein Negativbeschluss, mit dem es die Mehrheit abgelehnt hat, zur Deckung der Finanzlücke eine Sonderumlage zu erheben, einen Ermessensmissbrauch darstellen. In diesem Fall wird auf Anfechtung hin der Negativbeschluss aufzuheben und auf eine **Verpflichtungsklage** gegen die übrigen Eigentümer hin wird das Gericht nach § 21 Abs. 8 die erforderliche Sonderumlage anordnen können.[218] In wirklich dringenden Ausnahmefällen wird auch der Erlass einer **einstweiligen Verfügung** nach §§ 935, 940 ZPO in Betracht kommen. Da mit einer derartigen Leistungsverfügung die Hauptsacheentscheidung vorweggenommen wird, sind in derartigen Fällen hohe Anforderungen an die Darlegung des Verfügungsgrundes zu stellen.[219]

3. Inhalt

26 Da die Sonderumlage ein Nachtrag zum Wirtschaftsplan ist[220], gelten dieselben Grundsätze wie für den Wirtschaftsplan. Den Eigentümern steht daher auch bei der Bemessung der Höhe der Sonderumlage ein weiter **Ermessensspielraum** zu.[221] Als Tatsachengrundlage ist etwa die Kostenschätzung

---

214 BayObLG v. 27. 3. 2003 – 2Z BR 37/03, ZMR 2003, 694; OLG München v. 20. 3. 2008 – 34 Wx 46/07, ZWE 2009, 27.
215 OLG Köln v. 30. 4. 1998 – 16 Wx 43/98, NZM 1998, 878.
216 KG Berlin v. 2. 12. 2002 – 24 W 92/02, NZM 2003, 116; BGH v. 15. 6. 1989 – V ZB 22/88, NJW 1989, 3018.
217 KG Berlin v. 26. 3. 2003 – 24 W 177/02, NJW-RR 2003, 1020.
218 Siehe insoweit zum Wirtschaftsplan auch oben Rn. 19 sowie § 21 Rn. 41.
219 Siehe dazu allgemein: *Thomas/Putzo-Reichold*, ZPO, § 940 Rn. 6 ff. und zum Wirtschaftsplan insoweit oben Rn. 19.
220 Siehe oben Rn. 24.
221 OLG Frankfurt v. 14. 4. 2005 – 20 W 114/02, OLGR Frankfurt 2006, 94; OLG München v. 20. 3. 2008 – 34 Wx 46/07, NJW-RR 2008, 1182.

in einem gerichtlichen Beweissicherungsverfahren ausreichend. Die Eigentümer können sowohl knapp als auch großzügig kalkulieren.[222] Der BGH hat bestätigt, dass die Wohnungseigentümer den erforderlichen Umlagebetrag großzügig bemessen können.[223] Wie der Wirtschaftsplan muss die Sonderumlage neben dem **Gesamtbetrag** der Umlage grundsätzlich auch den **Verteilungsschlüssel** und den auf den einzelnen Wohnungseigentümer entfallenden anteiligen **Zahlungsbetrag** ausweisen, da ansonsten keine Verpflichtung des Wohnungseigentümers zur Zahlung entsteht.[224] **Ausnahmsweise** genügt es aber nach der Rechtsprechung, dass sich der vom einzelnen Wohnungseigentümer zu zahlende Betrag ohne weiteres **errechnen** lässt.[225] Dies ist jedoch nicht der Fall, wenn die Teilungserklärung für Instandhaltungsmaßnahmen verschiedene Verteilerschlüssel vorsieht, so dass für die Wohnungseigentümer nicht ohne weiteres erkennbar ist, unter welchen Verteilerschlüssel die mit der Sonderumlage geltend gemachten Kosten fallen. In einem solchen Fall ist der Sonderumlagenbeschluss selbst dann für ungültig zu erklären, wenn bei der Beschlussfassung Einigkeit bestand, dass die Kosten nach Miteigentumsanteilen zu verteilen sind, dieser Umstand jedoch weder aus dem Wortlaut noch nach den Umständen außerhalb des protokollierten Beschlusses erkennbar ist.[226]

Ist die Sach- oder Rechtslage im Einzelfall nicht eindeutig, so dass bei vorläufiger Bewertung grundsätzlich **verschiedene Verteilungsschlüssel** in Betracht kommen, entspricht es regelmäßig ordnungsgemäßer Verwaltung, wenn die Mehrheit sich bei der Sonderumlage für einen der in Betracht kommenden **(möglichen)** Schlüssel entscheidet; die endgültige Kostenverteilung hat dann durch die Jahresabrechnung zu erfolgen.[227]

Wegen der näheren Einzelheiten wird auf Rn. 16 oben Bezug genommen.

4. Beschluss der Eigentümer

Wie beim Wirtschaftsplan ist auch bei der Sonderumlage gemäß Abs. 5 ein Mehrheitsbeschluss erforderlich, wenn nicht in der Gemeinschaftsordnung eine andere Regelung vorgesehen ist.

Der Beschluss kann mit der **Anfechtungsklage** gemäß § 46 angefochten werden. In diesem Verfahren hat das Gericht dann zu überprüfen, ob etwa die Wohnungseigentümer den ihnen eingeräumten **Ermessensspielraum** hinsichtlich der Frage, ob überhaupt eine Sonderumlage erhoben werden soll (oder etwa eine Finanzierung aus der Instandhaltungsrücklage erfolgen soll), eingehalten haben. Ebenso kann der Ermessensspielraum bei der Festlegung der Gesamthöhe der Umlage überschritten sein (siehe auch Rn. 26).

---

222 BayObLG v. 20.3.2001 – 2Z BR 101/00, NZM 2001, 754; KG Berlin v. 11.2.1991 – 24 W 4560/90, WuM 1991, 224 (je zum Wirtschaftsplan) (siehe auch Rn. 27).
223 BGH v. 13.1.2012 – V ZR 129/11, ZWE 2012, 125.
224 BayObLG v. 18.8.2004 – 2Z BR 114/04, NZM 2005, 110; LG München I v. 29.1.2007 – 1 T 11666/06, ZMR 2007, 495.
225 BayObLG v. 23.4.1998 – 2Z BR 162/97, WE 1999, 234; LG München I v. 29.1.2007 – 1 T 11666/06, ZMR 2007, 495.
226 LG München I v. 11.1.2006 – 1 T 13749/05, ZMR 2006, 648.
227 LG München I v. 17.5.2010 – 1 T 13364/09, ZMR 2011, 239.

Zur Unwirksam-Erklärung des Beschlusses kann auch die fehlende Angabe des anteiligen Zahlungsbetrags des Einzelnen führen. In der Praxis häufig zu Streit führt auch hier die Frage, ob der zutreffende **Verteilungsschlüssel** angewendet wurde. So darf etwa für die Verfahrenskosten, die durch ein Beschlussanfechtungsverfahren eines Eigentümers entstehen, bei der zu erhebenden Sonderumlage der anfechtende Wohnungseigentümer wegen § 16 Abs. 2 und 8[228] nicht belastet werden.[229]

Wegen der näheren Einzelheiten wird auf Rn. 17 und 18 oben Bezug genommen.

Wird der Sonderumlagenbeschluss auf Anfechtung hin für **unwirksam** erklärt, stellt sich zum einen die Frage, ob der Finanzierungsbeschluss zwingend Auswirkungen auf den **Sanierungsbeschluss** hat, wenn dieser ebenfalls mit angefochten wurde, er aber – von der Finanzierung abgesehen – an sich ordnungsgemäßer Verwaltung entspräche. Das LG München I[230] hat dies für den Fall verneint, dass die beschlossenen Sanierungen einen finanziellen Umfang haben, der regelmäßig noch über Rücklagen finanzierbar ist, so dass es insoweit für eine gesicherte Finanzierung nicht eines Beschlusses über eine Sonderumlage bedarf. Ausdrücklich offen gelassen wurde aber, ob dies für Beschlüsse über Sanierungen mit erheblichem Finanzierungsaufwand gilt, die nur über eine Sonderumlage finanzierbar sind. Nach der hier vertretenen Meinung dürfte aber wohl dann regelmäßig § 139 BGB eingreifen und zur Gesamtunwirksamkeit führen, da meist nicht davon ausgegangen werden kann, dass die Gemeinschaft größere Verbindlichkeiten eingehen will, ohne dass geklärt ist, wie diese finanziert werden.

Zahlt zum anderen ein Wohnungseigentümer den auf ihn entfallenden Betrag der Sonderumlage und wird diese dann für unwirksam erklärt, kann der Wohnungseigentümer die Rückzahlung des Betrages nicht mit der Begründung verlangen, ihm stehe ein **Bereicherungsanspruch** nach § 812 BGB zu. Im Hinblick auf den **Vorrang des Innenausgleichs** (siehe dazu genauer unten Rn. 83) ist ein möglicher Bereicherungsanspruch durch das Instrument der Jahresabrechnung ausgeschlossen. Ein Rückforderungsanspruch steht daher dem Eigentümer ohne einen gesonderten Beschluss hinsichtlich einer Rückzahlung nur dann zu, wenn die Jahresabrechnung für ihn ein entsprechendes Guthaben ausweist.[231] Zur möglichen Ausnahme im Sonderfall einer Zweiergemeinschaft siehe Rn. 29.

5. Fälligkeit

28 Die Wohnungseigentümer sollen im Beschluss auch regeln, wann die Sonderumlage fällig ist.[232] Die Beschlusskompetenz ergibt sich aus § 21 Abs. 7. Sie war auch nach dem alten Recht unproblematisch, da die Sonderumlage für einen konkreten Einzelfall beschlossen und damit keine generelle Rege-

---

228 Siehe näher dazu § 16 Rn. 10 ff., 78 ff.
229 BayObLG v. 29. 4. 2004 – 2Z BR 004/04, ZMR 2004, 763.
230 LG München I v. 29. 1. 2007 – 1 T 11666/06, ZMR 2007, 495.
231 OLG Hamm v. 25. 3. 2004 – 15 Wx 412/02, ZMR 2005, 398; OLG Köln v. 22. 11. 2006 – 16 Wx 215/06, ZMR 2007, 642 (je für Zahlungen auf einen Wirtschaftsplan).
232 LG München I v. 29. 1. 2007 – 1 T 11666/06, ZMR 2007, 495.

lung getroffen wird. Fehlt eine Regelung hinsichtlich der Fälligkeit, ist die Sonderumlage gemäß § 271 Abs. 1 BGB sofort fällig.[233] Wird das Wohnungseigentum nach dem Sonderumlagenbeschluss aber noch vor der Fälligkeit der Sonderumlage auf einen neuen Eigentümer übertragen, so trifft die Zahlungspflicht nicht den Veräußerer, sondern den **neuen Eigentümer**.[234] Zur **Fälligkeitstheorie** siehe allgemein oben Rn. 20.

Zur Zulässigkeit von Aufrechnung, Zurückbehaltungsrecht, Tilgungsbestimmung und zur Erfüllung wird auf Rn. 23 oben Bezug genommen.

IV. Jahresabrechnung

1. Verwalter hat Abrechnung aufzustellen (Absatz 3)

Für die Verpflichtung des Verwalters, eine Jahresabrechnung aufzustellen, ist – wie beim Wirtschaftsplan – in erster Linie eine Regelung maßgeblich, die in der Gemeinschaftsordnung oder in einer nachträglichen Vereinbarung getroffen worden ist. Nach Auffassung des OLG Schleswig stellt § 28 Abs. 3 eine Rechtsvorschrift dar, auf die wirksam nicht verzichtet werden kann.[235] Danach könnte auch durch eine Vereinbarung der Verwalter nicht gänzlich von der Aufstellung der Jahresabrechnung befreit werden.[236] Dem hat sich die überwiegende Rechtsprechung, welche § 28 insgesamt für **abdingbar** hält, nicht angeschlossen (siehe dazu oben Rn. 2). Ein Mehrheitsbeschluss, durch den künftig generell dem Verwalter erlaubt werden soll, keine Jahresabrechnungen mehr zu erstellen, ist aber nichtig, da insoweit die Beschlusskompetenz[237] fehlt. Ein Beschluss, wonach in einem konkreten Jahr von der Aufstellung abgesehen werden soll, dürfte dagegen zwar nicht nichtig, auf Anfechtungsklage hin aber als unwirksam zu erklären sein, da ein solches Vorgehen nicht ordnungsgemäßer Verwaltung entspricht.

29

Wie bereits bei Rn. 17 im Rahmen des Wirtschaftsplans dargestellt, kann bei einer **Zweiergemeinschaft** ein Sonderfall auftreten. Hier werden in der Praxis häufig alle anfallenden Ausgaben von einem der beiden Eigentümer verauslagt. Wenn dann Streit in der Gemeinschaft entsteht, möchte der in Vorleistung getretene Eigentümer meist den auf den anderen Eigentümer entfallenden **Anteil unmittelbar** vom **anderen Eigentümer** verlangen, da die Gemeinschaft meist über keine Mittel verfügt. Es stellt sich bei Zweiergemeinschaften daher häufig die Frage, ob es hingenommen werden kann, dass **keine Wirtschaftspläne** und **keine Jahresabrechnungen** erstellt werden. Stattdessen sollen verauslagte Kosten für Instandhaltungen oder auch

---

233 KG Berlin v. 6. 2. 1991 – 24 U 5167/90, NJW-RR 1991, 912.
234 OLG Karlsruhe v. 17. 11. 2004 – 14 Wx 82/03, ZMR 2005, 310.
235 OLG Schleswig v. 13. 6. 2001 – 2 W 7/01, ZMR 2001, 855.
236 Zum Sonderfall, dass der Verwalter die Abrechnung zwar „informatorisch" erstellt, diese aber mit Billigung der Mehrheit der Wohnungseigentümer nicht zur Beschlussfassung gelangt, siehe § 26 Rn. 23 und OLG München v. 5. 6. 2007 – 34 Wx 143/06, OLGR München 2007, 695.
237 Siehe zur Beschlusskompetenz allgemein § 23 Rn. 2 ff., sowie für einen vereinbarungsändernden Beschluss § 15 Rn. 9 ff.; wie hier: *Bärmann-Becker*, § 28 Rn. 104 und Rn. 16; *Jennißen-Jennißen*, § 28 Rn. 34; a.A.: *Riecke/Schmid-Abramenko*, § 28 Rn. 3a (wo eine Beschlusskompetenz aus § 21 Abs. 7 abgeleitet wird).

Betriebskosten, die aufgrund des Tätigwerdens eines Eigentümers ohne eine vorherige Beschlussfassung angefallen sind, ohne jede Vorbefassung der Gemeinschaft letztlich außerhalb der vom WEG hierfür vorgesehenen Regelungen direkt unter den Eigentümern ausgeglichen werden. Das LG München I hat in einem Ausnahmefall, in dem notwendige Betriebskosten verauslagt worden waren, es als zulässig angesehen, dass direkt vom anderen Eigentümer nachträglich die Zahlung des anteiligen Betrages verlangt wurde.[238]

Nach der hier vertretenen Meinung kann diesem Ansatz insbesondere nach der Entscheidung des BGH vom 25. 9. 2015 zum Bereicherungsausgleich nur mehr in sehr seltenen Ausnahmefällen gefolgt werden. Wie bei § 21 Rn. 17 dargestellt wurde, hat der BGH nunmehr klargestellt, dass ein **Bereicherungsanspruch** (allerdings gegen die Gemeinschaft) bei eigenmächtigem Handeln eines Eigentümers überhaupt **nur** dann in Betracht kommt, wenn diese Maßnahme **ohnehin beschlossen und durchgeführt** hätte werden **müssen**.[239] Dabei muss berücksichtigt werden, dass durch ein eigenmächtiges Handeln eines Eigentümers die Mitwirkungsrechte des anderen regelmäßig ausgehebelt werden. Daher wird ein Anspruch schon dann ausscheiden, wenn es im Rahmen des **Ermessens** gelegen hätte, wenn die Maßnahme **nicht**, nicht **jetzt** oder nicht **genau so** durchgeführt worden wäre. Es mag zwar aufwändig sein, bei einer Zweiergemeinschaft möglicherweise erst nach einem gerichtlichen Verfahren einen Beschluss über eine Instandhaltung, über die Anschaffung von Betriebsmitteln (etwa Heizöl, Streumittel) oder über den Abschluss von (Versorgungs- oder anderer) Verträge zustande zu bekommen. Diese Situation kann sich aber auch bei größeren Gemeinschaften ergeben, wo etwa ein Mehrheitseigentümer oder jedenfalls die Mehrheit erforderliche Maßnahmen „blockieren". Es erscheint daher im Regelfall zumutbar, dass auch bei einer Zweiergemeinschaft die im Gesetz vorgeschriebenen Wege der Beschlussfassung über die Maßnahme, über Wirtschaftspläne und hinsichtlich des Binnenausgleichs dann auch über Jahresabrechnungen eingehalten werden. Dies erscheint nicht zuletzt auch zum Schutz eines möglichen Erwerbers erforderlich, der sich ansonsten mangels jeglicher Beschlussfassung und damit auch nicht vorhandener Versammlungsprotokolle keinen Überblick über die Rechtslage in der Gemeinschaft verschaffen kann.

Selbst wenn dann aber ausnahmsweise ein unmittelbarer Ausgleichsanspruch bejaht werden kann, sollte dies auf einen einmaligen Fall begrenzt werden. Es kann nicht Aufgabe der Gerichte sein, durch andauerndes Zulassen von unmittelbaren Ausgleichsansprüchen daran mitzuwirken, dass Wohnungseigentumsgemeinschaften bewusst und auf Dauer das Wohnungseigentumsgesetz und die dort nicht grundlos aufgestellten Grundsätze ignorieren.

---

238 LG München I v. 2. 2. 2009 – 1 S 10225/08, ZWE 2009, 131; OLG Karlsruhe v. 20. 7. 2006 – 11 Wx 154/05, ZMR 2007, 138; BayObLG v. 20. 3. 2002 – 2Z BR 84/01, NZM 2002, 609.
239 BGH v. 25. 9. 2015 – V ZR 246/14, NZM 2016, 169.

Ist keine ausdrückliche Regelung vorhanden, ist der Verwalter kraft Gesetzes aufgrund Abs. 3 **verpflichtet**, eine Jahresabrechnung aufzustellen.[240] Insoweit steht jedem Wohnungseigentümer ein Individualanspruch gegen den Verwalter auf Aufstellung der Jahresabrechnung zu.[241] Obgleich eine Form nicht vorgeschrieben ist, muss nach dem Sinn der Verpflichtung die Jahresabrechnung **schriftlich** abgefasst und so gestaltet sein, dass sie für die Wohnungseigentümer verständlich und nachvollziehbar ist.[242] Die Eigentümer können dem Verwalter aber nicht vorgeben, die Jahresabrechnung in einer von ihnen vorgegebenen Form vorzulegen. Für einen derartigen Beschluss ist keine Beschlusskompetenz gegeben, so dass ein derartiger Beschluss nichtig wäre.[243] Verpflichtet ist dabei derjenige Verwalter, der nach Ablauf des Kalenderjahres (Wirtschaftsjahres[244]) das Amt inne hat.[245] Ist also beispielsweise eine Jahresabrechnung für das Jahr 2010 zu erstellen und tritt zum Jahresende ein **Verwalterwechsel** ein, so hat der neue Verwalter, der sein Amt zum 1.1.2011 und damit nach dem Ablauf des maßgeblichen Kalenderjahres antritt, die Jahresabrechnung zu erstellen.[246] Ist der Verwalter danach verpflichtet, die Abrechnung aufzustellen, bleibt er dies auch dann, wenn er später aus dem Verwalteramt wieder ausscheidet. Dies gilt selbst dann, wenn die vom Verwalter einmal erstellte und von den Eigentümern beschlossene Abrechnung auf Anfechtung hin durch das Gericht für unwirksam erklärt wurde und der Verwalter zu dieser Zeit nicht mehr Verwalter war.[247]

Die Verpflichtung zur Aufstellung trifft nach dem klaren Gesetzeswortlaut nur den Verwalter, nicht aber die übrigen **Wohnungseigentümer**. Ob die Gemeinschaft als rechtsfähiger **Verband**, vertreten durch den Verwalter, verpflichtet ist, eine Jahresabrechnung vorzulegen, hat das OLG München als fraglich bezeichnet, aber nicht abschließend entschieden.[248] Zutreffend dürfte sein, dass jeder Wohnungseigentümer nach § 21 Abs. 4 eine dem Interesse der Gesamtheit dienende Verwaltung verlangen kann, wozu bei einer Weigerung des Verwalters auch gehören kann, entweder gegen ihn rechtliche Schritte zu ergreifen oder aber bei Vorliegen der Voraussetzun-

---

240 BGH v. 4.12.2009 – V ZR 44/09, ZWE 2010, 170 (= NJW 2010, 2127).
241 OLG Saarbrücken v. 9.11.2009 – 5 W 204/09, ZMR 2010, 708 – siehe dazu auch unten Rn. 30).
242 Ebenso: *Bärmann*-Becker, § 28 Rn. 104; OLG München v. 20.2.2008 – 34 Wx 65/07, ZWE 2008, 386; OLG Oldenburg v. 18.10.2007 – 6 W 28/07, ZMR 2008, 238 (wonach jeder Buchung in der Abrechnung auch ein schriftlicher Beleg als Nachweis des Geschäftsvorfalls zugrunde liegen muss).
243 Siehe zur Beschlusskompetenz allgemein: § 23 Rn. 2 ff.
244 Siehe dazu auch oben Rn. 4 zum Wirtschaftsplan.
245 Zur Pflicht des ausgeschiedenen Verwalters zur Rechnungslegung siehe unten Rn. 90.
246 LG Saarbrücken v. 25.5.2009 – 5 T 575/06, ZMR 2010, 318; KG Berlin v. 5.2.2008 – 24 W 106/07, ZMR 2008, 476; OLG Zweibrücken v. 11.5.2007 – 3 W 153/06, MDR 2007, 1067; OLG München v. 22.11.2006 – 34 Wx 55/06, NZM 2007, 292; OLG Zweibrücken v. 11.5.2007 – 3 W 153/06, MDR 2007, 1067.
247 OLG Saarbrücken v. 9.11.2009 – 5 W 204/09, ZMR 2010, 708 (selbst nach 10 Jahren).
248 OLG München v. 22.11.2006 – 34 Wx 55/06, NZM 2007, 292.

gen auf Kosten des verpflichteten Verwalters die Aufstellung durch einen von den Eigentümern bestimmten **Dritten** zu veranlassen.[249] Regelmäßig dürfte sich aber in diesen Fällen kein Anspruch eines einzelnen Eigentümers gegen die anderen Eigentümer darauf ergeben, dass diese dann einer von einem Eigentümer (eigenmächtig) selbst oder durch einen von ihm ausgewählten Dritten erstellten Jahresabrechnung zustimmen. Nur in Ausnahmefällen werden die übrigen Eigentümer sich darauf einlassen müssen, dass die Erstellung der Abrechnung, die nicht nur voraussetzt, dass der Ersteller über alle erforderlichen Unterlagen verfügt, sondern die auch ein gewisses Vertrauen in die Zuverlässigkeit und Unparteilichkeit des Erstellers erfordert, durch eine ihnen letztlich aufgedrängte Person erfolgt, obgleich ein zur Aufstellung Verpflichteter vorhanden ist. In jedem Fall aber muss den Eigentümern die Möglichkeit eingeräumt werden, die Abrechnung vor Beschlussfassung zu überprüfen und gegebenenfalls die Belege einzusehen (siehe dazu unten Rn. 79).

Die Beauftragung eines Dritten mit der Aufstellung einer Jahresabrechnung kann auch dann verlangt werden, wenn für die Gemeinschaft **kein Verwalter bestellt** ist, da in diesem Fall niemand vorhanden ist, der die Aufstellung selbst vornehmen müsste. Auch hier gelten die vorstehenden Ausführungen hinsichtlich Erstellung durch einen Eigentümer zwar sinngemäß. Hier wird aber regelmäßig zu berücksichtigen sein, dass die Gemeinschaft die Situation, dass kein zur Erstellung der Abrechnung verpflichteter Verwalter vorhanden ist, in Kauf genommen hat. In derartigen Fällen dürfte es eher naheliegen, dass ein Eigentümer im Besitz der erforderlichen Unterlagen ist und dass von den übrigen Eigentümern hinzunehmen ist, dass ein Eigentümer zur Vermeidung von Kosten die Erstellung der Abrechnung selbst in die Hand genommen hat.

Auch wenn sich im Einzelfall ein Anspruch des Einzelnen gegen die übrigen Eigentümer aus § 21 Abs. 4 auf Zustimmung zu einer von ihm vorgelegten Jahresabrechnung ergeben sollte,[250] dürfte ein derartiges Vorgehen aber für den einzelnen Eigentümer kaum zu empfehlen sein. Obgleich Ermessensentscheidungen bei der Beschlussfassung über die Jahresabrechnung (anders als beim Wirtschaftsplan – siehe oben Rn. 19) kaum relevant werden dürften, besteht ein **Anspruch** auf **Zustimmung** immer nur dann, wenn die vorgelegte Jahresabrechnung (bestehend aus Gesamt- und Einzelabrechnungen) fehlerfrei ist. Da die Aufstellung einer fehlerfreien Jahresabrechnung erfahrungsgemäß ein nicht immer einfaches Unterfangen ist, läuft der Einzelne immer Gefahr, dass seine **Verpflichtungsklage (Beschlussersetzungsklage)** kostenpflichtig abgewiesen wird.

Zu der Frage, ob eine Jahresabrechnung auf Klage eines Eigentümers nach § 21 Abs. 4 i.V.m. Abs. 8 auch durch das **Gericht** aufgestellt und so durch ein Gestaltungsurteil für die Eigentümer verbindlich werden kann, liegt eine obergerichtliche Rechtsprechung bisher noch nicht vor. Die zum alten

---

249 Ebenso: *Bärmann*-Becker, § 28 Rn. 104.
250 BGH v. 2.6.2005 – V ZB 32/05, NJW 2005, 2061; BGH v. 19.9.2002 – V ZB 30/02, NJW 2002, 3704; OLG Düsseldorf v. 1.12.2006 – 3 Wx 194/06, ZMR 2007, 379; OLG München v. 21.3.2006 – 32 Wx 2/06, ZMR 2006, 474.

(FGG-)Recht ergangenen Entscheidungen befassten sich mit der gerichtlichen Aufstellung eines Wirtschaftsplanes (siehe dazu oben Rn. 19). In der Kommentarliteratur wird die Frage uneinheitlich beantwortet.[251] Richtiger Weise dürfte hier zu differenzieren sein:

Wenn eine **gebundene** Entscheidung vorliegt, dürfte wohl schon § 21 Abs. 4 eingreifen (siehe dazu § 21 Rn. 39 ff.). Sollte bei der Erstellung zumindest ein teilweises **Ermessen** (etwa hinsichtlich der Darstellung) vorliegen, was letztlich nicht geklärt werden muss, dürfte § 21 Abs. 8 wohl unproblematisch schon nach dem Wortlaut einschlägig sein, wenn ein Verwalter in der Versammlung eine zutreffende Jahresabrechnung vorgelegt hat und die Eigentümer zu Unrecht keinen positiven Beschluss gefasst haben. Hier haben die Eigentümer eine nach dem Gesetz erforderliche Maßnahme (positive Beschlussfassung) nicht getroffen (siehe dazu § 21 Rn. 86 ff. – insbesondere Rn. 91). Da im Zivilprozessrecht der **Beibringungsgrundsatz** gilt, ist es Aufgabe der Parteien, den Sachvortrag zu bringen (und ggf. zu beweisen), den dann das Gericht im Hinblick auf die anzuwendende Rechtsnorm überprüft. Daher muss der Kläger grundsätzlich vortragen und beweisen, dass tatsächlich eine richtige Jahresabrechnung vorliegt und damit ein positiver Beschluss erforderlich und möglich war. Dieser Vortragslast wird der Kläger regelmäßig alleine dadurch nachkommen, er darauf hinweist, dass der Verwalter die vorgelegte Abrechnung anhand der Verwaltungsunterlagen ordnungsgemäß erstellt hat. Es ist daher dann erforderlich, dass das Gericht den beklagten Wohnungseigentümern ausdrücklich Gelegenheit gibt (evtl. mit Fristsetzung), Gründe vorzutragen, warum der vorliegende Entwurf einer Jahresabrechnung nicht genehmigungsfähig sein soll.[252] Werden dann von den Beklagten konkrete Einwendungen erhoben, so trifft die Beklagtenpartei eine sekundäre Beweislast.[253]

Werden gegen den Abrechnungsentwurf **keine Einwände** durch die Beklagten vorgetragen oder ergibt die Beweisaufnahme, dass die vorgebrachten Einwände nicht durchgreifen und nichts gegen die Ordnungsmäßigkeit der Abrechnung spricht, wird das Ermessen des Gerichts dann regelmäßig dahin auszuüben sein, dass der erforderliche Beschluss, wonach die vorgelegte **Jahresabrechnung** zu genehmigen ist, durch ein entsprechendes **Gestaltungsurteil** des Gerichts ersetzt wird.

Zweifelhaft ist aber der Fall, wenn zwar dem Gericht ein Entwurf einer **Jahresabrechnung** vorgelegt wird, bei dem sich im Laufe des Verfahrens aber herausstellt, dass dieser jedenfalls **teilweise unrichtig** ist. Da die Eigentümer in der Versammlung eine fehlerhafte Jahresabrechnung nicht beschließen mussten, wird hier regelmäßig die Beschlussersetzungsklage in der Sache keinen Erfolg haben können. Hier sollte aber beachtet werden, dass der Kläger ein sachgerechtes Ziel verfolgt, nämlich eine Jahresabrechnung herbeizuführen. Hätten sich die übrigen Eigentümer sachgerecht in der Versammlung verhalten, hätten sie dem Verwalter eine Frist gesetzt, innerhalb

---

251 Bejahend: *Bärmann*-Becker, § 28 Rn. 113 und § 21 Rn. 198 ff.; generell verneinend: *Riecke/Schmid-Abramenko*, § 28 Rn. 65.
252 So auch: *Jennißen-Suilmann*, § 43 Rn. 141 f.
253 Siehe: vor § 43 Rn. 15.

der er eine neue Abrechnung vorzulegen hat, in welcher die Beanstandungen berücksichtigt sind und innerhalb der er eine neue Versammlung einzuberufen hat.

Um den Kläger nicht schutzlos zu stellen und auch um zu verhindern, dass eine Mehrheit von Eigentümern (aus welchen Gründen auch immer) es zulässt, dass auf nicht absehbare Zeit keine Jahresabrechnung zustande kommt, sollte das Gericht hier dennoch die Klage nicht abweisen. Das **Gericht** sollte von seinem **Ermessen** vielmehr dahingehend Gebrauch machen, dass es durch Urteil einen Beschluss ersetzt, durch den der **Verwalter** zur **Vorlage** einer **richtigen (die konkreten Beanstandungen berücksichtigende) Abrechnung** und Einberufung einer **neuen Eigentümerversammlung** verpflichtet wird.

Zur Frage, ob ein Antrag nach § 21 Abs. 8 Aussicht auf Erfolg hat, wenn der festgestellte **Mangel** der Abrechnung durch Ergänzungen während des Gerichtsverfahrens „**behoben**" worden ist, siehe unten **Rn. 87**.

Zum Vorgehen, wenn der **Fehler** einen Teil der Jahresabrechnung betrifft, der **nicht Gegenstand** des **Genehmigungsbeschlusses** ist (siehe dazu Rn. 83a) siehe insbesondere **Rn. 86**.

Grundsätzlich kommt bei einer fehlenden Jahresabrechnung auch ein Antrag auf Erlass einer **einstweiligen Verfügung** nach §§ 935, 940 ZPO mit dem Ziel, den Verwalter zum Tätigwerden zu zwingen, einen Dritten mit der Aufstellung zu beauftragen oder gar die Aufstellung durch das Gericht zu erreichen, in Betracht. Ein derartiger Antrag dürfte jedoch regelmäßig nicht erfolgreich sein, da es sich hier um eine Leistungsverfügung handelt, mit der die Hauptsache bereits vorweggenommen würde, wobei die besonders strengen Anforderungen an den Verfügungsgrund[254] selten erfüllt sein werden. Es scheint nämlich kaum ein Fall denkbar, bei dem die Erstellung der Jahresabrechnung derart dringlich ist. Selbst bei drängenden finanziellen Engpässen der Gemeinschaft wird regelmäßig das Problem einfacher zu lösen sein, wenn etwa im Wege der einstweiligen Verfügung eine Sonderumlage erhoben wird.[255]

Ähnliche Probleme stellen sich, wenn den Eigentümern und damit dem Gericht **kein Entwurf** einer **Jahresabrechnung** vorliegt, etwa, weil der Verwalter sie nicht erstellt hat oder weil kein Verwalter vorhanden ist. Auch hier wird davon auszugehen sein, dass als erforderliche Maßnahme der Eigentümer nur in Betracht gekommen wäre, gegen den Verwalter vorzugehen, damit dieser die Abrechnung erstellt, oder aber dass die Eigentümer einen Dritten mit der Erstellung beauftragen (siehe dazu auch oben Rn. 19 zum Wirtschaftsplan). Bei der **Ermessensausübung** des **Gerichts** sollten auch hier die oben genannten Erwägungen berücksichtigt werden. Daher sollte auch hier regelmäßig die Klage nicht abgewiesen, sondern das Ermessen dahingehend ausgeübt werden, dass ein Beschluss ersetzt wird, in dem entweder dem **Verwalter** aufgegeben wird, binnen einer **Frist** einen **Abrechnungsentwurf** vorzulegen und eine **Eigentümerversammlung** einzuberufen oder aber einen **Dritten** mit der Erstellung zu **beauftragen**. Nicht sachgerecht wäre es

---

254 Siehe dazu allgemein: *Thomas/Putzo-Reichold*, ZPO, § 940 Rn. 6 ff.
255 Siehe dazu oben Rn. 25.

wohl, wenn das Gericht in diesen Fällen die Aufgabe des Verwalters an sich ziehen würde und nun selbst oder durch einen Sachverständigen die Jahresabrechnung erstellt. Da die Jahresabrechnung aber detailliert und richtig sein muss, sind auch keine großzügigen Schätzungen möglich, um kostspielige Beweisaufnahmen zu umgehen. Die Sachlage ist daher auch nicht mit der Erstellung eines Wirtschaftsplans vergleichbar.

2. Nach Ablauf des Kalenderjahres (Absatz 3)

Falls die Gemeinschaftsordnung oder eine nachträgliche Vereinbarung keine näheren Regelungen vorsieht, muss die Jahresabrechnung nach Ablauf des Kalenderjahres (Wirtschaftsjahres[256]) erfolgen.[257] Die Abrechnung hat sich, wie der Wirtschaftsplan, auf das Kalenderjahr zu beziehen.[258] Ausnahmsweise kann sich aber ein Eigentümer auf eine unzulässige Abweichung der Jahresabrechnung vom Kalenderjahr gemäß § 242 BGB nicht berufen, wenn eine langjährige diesbezügliche Übung bestand, der anfechtende Wohnungseigentümer zuvor noch nicht ernsthaft und nachhaltig eine Änderung verlangt hatte und ihm auch keine erheblichen Nachteile durch die Abweichung drohen. Der Wohnungseigentümer kann dann lediglich für künftige Abrechnungen die **Umstellung** auf das Kalenderjahr verlangen.[259] Soll vom bisherigen Abrechnungsjahr auf das Kalenderjahr umgestellt werden, so ist auch ein z.B. 13-monatiger Abrechnungszeitraum nicht zu beanstanden. Es muss kein **Rumpfwirtschaftsjahr** von z.B. einem Monat abrechnet werden.[260] Die Jahresabrechnung ist regelmäßig (aber nicht zwingend) auch Grundlage für die Erstellung des Wirtschaftsplans für das kommende Wirtschaftsjahr. Ebenso wie beim Wirtschaftsplan[261] ist dem Verwalter für die Aufstellung der Jahresabrechnung eine angemessene **Frist** einzuräumen, so dass die Verpflichtung des Verwalters spätestens 6 Monate nach Ablauf des Wirtschaftsjahres fällig wird.[262]

30

Ein fälliger Anspruch auf Erstellen der Jahresabrechnung kann von jedem Wohnungseigentümer gegen den Verwalter als **Individualanspruch** ohne einen Beschluss der Wohnungseigentümer geltend gemacht werden.[263] Hat dagegen der Verwalter bereits eine **Abrechnung vorgelegt**, die den formellen **Anforderungen** im Wesentlichen **genügt** und ist diese Abrechnung nicht von den Wohnungseigentümern abgelehnt worden oder ein die Abrechnung bestätigender Eigentümerbeschluss nicht rechtskräftig für unwirksam erklärt worden, kann kein Wohnungseigentümer vom Verwalter eine neue Abrechnung verlangen.[264]

---

256 Siehe dazu auch oben Rn. 5.
257 BGH v. 4.12.2009 – V ZR 44/09, ZWE 2010, 170 (= NJW 2010, 2127).
258 Wie hier: *Riecke/Schmid-Abramenko*, § 28 Rn. 63.
259 LG München I v. 10.11.2008 – 1 T 4472/08, ZWE 2009, 218.
260 LG Köln v. 8.5.2014 – 29 S 241/13, ZWE 2015, 43.
261 Siehe dazu oben Rn. 4.
262 BGH v. 20.6.2002 – V ZB 39/01, NZM 2002, 788; OLG Celle v. 8.6.2005 – 4 W 107/05, ZMR 2005, 718.
263 OLG Saarbrücken v. 9.11.2009 – 5 W 204/09, ZMR 2010, 708; OLG München v. 22.11.2006 – 34 Wx 55/06, NZM 2007, 292; KG Berlin v. 27.6.1997 – 24 W 2353/96, ZMR 1997, 541.
264 OLG München v. 22.11.2006 – 34 Wx 55/06, NZM 2007, 292.

Siehe ergänzend hierzu auch unten **Rn. 86.**

Zu den möglichen Folgen einer Fristüberschreitung durch den Verwalter gelten die oben bei Rn. 4 zum Wirtschaftsplan gemachten Ausführungen sinngemäß. Anders als beim Wirtschaftsplan erlischt der Anspruch auf Erstellen der Jahresabrechnung aber nicht mit dem Ablauf des nachfolgenden Wirtschaftsjahres. Der Verwalter ist vielmehr dann verpflichtet, auch die nachfolgende Jahresabrechnung zu erstellen. Der Anspruch auf Aufstellung einer Jahresabrechnung unterliegt jedoch nach den allgemeinen Vorschriften der **Verjährung**, wobei die regelmäßige Verjährungsfrist nach § 195 BGB drei Jahre beträgt. Eine obergerichtliche Rechtsprechung liegt, soweit erkennbar, hierzu noch nicht vor. Zu beachten ist für den Verjährungsbeginn aber auch § 199 Abs. 1 BGB, der neben dem Entstehen des Anspruchs auch die Kenntnis oder grob fahrlässige Unkenntnis des Gläubigers voraussetzt. Hat daher etwa ein Verwalter eine Jahresabrechnung vorgelegt, welche die Eigentümer auch beschlossen haben und wird diese Abrechnung dann –möglicherweise Jahre später- auf eine Anfechtungsklage hin vom Gericht für unwirksam erklärt, kann Kenntnis vom Wiederaufleben des von den Parteien als eigentlich erfüllt angesehenen Anspruchs auf Aufstellung einer ordnungsgemäßen Jahresabrechnung erst ab Rechtskraft der gerichtlichen Entscheidung vorliegen. Dieser Zeitpunkt muss nach der hier vertretenen Meinung auch für die Berechnung der 10-jährigen Höchstfrist des § 199 Abs. 4 BGB als maßgeblich angesehen werden. Zu denken wäre auch an eine Hemmung der Verjährung durch die Beiladung gemäß § 48 entsprechend § 204 Abs. 1 Ziff. 6 BGB. Zwar hat der BGH die Beiladung nach § 65 VwGO einer Streitverkündung nach § 209 Abs. 2 Nr. 4 BGB a.F. nicht gleichgestellt.[265] Wegen der Sonderregelung in § 48 Abs. 3, wonach die Rechtskraft auch für und gegen den beigeladenen Verwalter wirkt, was über die Wirkungen einer Streitverkündung hinausgeht, dürfte die Gleichstellung der Beiladung nach dem WEG zulässig sein.

3. Inhalt der Jahresabrechnung (Absatz 3)

a) Allgemeine Grundsätze

31 Das WEG enthält keine näheren Bestimmungen zum Inhalt einer Jahresabrechnung. Maßgeblich für den Inhalt sind in erster Linie vorhandene Regelungen in der **Gemeinschaftsordnung** oder in nachträglichen **Vereinbarungen**. So kann etwa durch Vereinbarung bestimmt werden, dass in die Jahresabrechnung auch Forderungen und Verbindlichkeiten aufzunehmen sind[266], die ansonsten, wie sich aus Rn. 32 ergibt, nicht Gegenstand der Abrechnung wären. Sind Vereinbarungen (wie in der Praxis häufig) nicht vorhanden, greifen die Grundsätze ein, welche Rechtsprechung und Lehre aus der Vorschrift des § 28 Abs. 1 über den Mindestinhalt des Wirtschaftsplans[267] und der Rechenschaftspflicht entweder nach § 259 BGB oder der des Beauftragten nach § 666 BGB entwickelt haben.[268]

---

265 BGH v. 6. 2. 2003 – III ZR 223/02, MDR 2003, 628.
266 OLG Frankfurt/Main v. 16. 10. 2006 – 20 W 278/03 (nicht veröffentlicht).
267 Siehe dazu oben Rn. 10 ff.
268 OLG Saarbrücken v. 19. 12. 2005 – 5 W 166/05, NZM 2006, 228; OLG Frankfurt/ Main v. 16. 10. 2006 – 20 W 278/03 (nicht veröffentlicht).

Auszugehen ist dabei zunächst davon, dass eine geordnete und übersichtliche **Einnahmen-** und **Ausgabenrechnung** gegeben sein muss, wobei – anders als beim Wirtschaftsplan, wo die geschuldeten Zahlungen und die vorgesehenen Ausgaben enthalten sind – die **tatsächlichen** Einnahmen und Kosten auszuweisen sind.[269] Eine wesentliche **Funktion** der Gesamtjahresabrechnung ist darin zu sehen, dass sie der **Kontrolle** darüber dient, wie der Verwalter die gemeinschaftlichen **Gelder verwendet** hat,[270] insbesondere, ob die Mittel entsprechend den **Vorgaben** des **Wirtschaftsplans** eingesetzt wurden.[271] Zu den **konstitutiven Bestandteilen** des Beschlusses übe die Jahresabrechnung siehe unten Rn. 86.

Die **Darstellung** muss so sein, dass die Jahresabrechnung für einen Eigentümer auch ohne Zuziehung eines Buchprüfers oder Sachverständigen **verständlich** ist.[272] Die Darstellung muss die Wohnungseigentümer in die Lage versetzen, die **Vermögenslage** der Wohnungseigentümergemeinschaft zu erfassen und auf ihre **Plausibilität** hin zu überprüfen.[273]

Siehe zur verständlichen Darstellung auch unten Rn. 32 und 33.

Die Jahresabrechnung soll den Wohnungseigentümern aufzeigen, welche Ausgaben und welche Einnahme die Wohnungseigentümergemeinschaft im Abrechnungszeitraum **wirklich** hatte.[274] Darüber hinaus werden in der Gesamtjahresabrechnung die Ausgaben und Einnahmen **verbindlich festgestellt**.[275] Nicht zuletzt ist die Jahresabrechnung aber die Grundlage für die Festlegung der **endgültigen Höhe** der **Beiträge**.[276]

Aus der **Gesamtjahresabrechnung** sind die **Einzelabrechnungen** abzuleiten,[277] wobei dies nicht uneingeschränkt bei den Heizkosten gilt.[278] In den Einzelabrechnungen wird dann verbindlich festgelegt, welche Beträge an die einzelnen Wohnungseigentümer zurückzuzahlen oder von diesen nach-

---

269 BGH v. 11.10.2013 – V ZR 271/12, ZWE 2014, 36.
270 LG Hamburg v. 3.11.2010 – 318 S 110/10, ZWE 2011, 129; LG Berlin v. 26.1.2010 – 55 S 112/09 WEG, Grundeigentum 2010, 493; OLG Frankfurt/Main v. 16.10.2006 – 20 W 278/03 (nicht veröffentlicht).
271 BGH v. 11.10.2013 – V ZR 271/12, ZWE 2014, 36.
272 Für alle: BGH v. 4.12.2009 – V ZR 44/09, ZWE 2010, 170; OLG Hamm v. 3.5.2001 – 15 W 7/01, ZMR 2001, 1001.
273 BGH v. 11.10.2013 – V ZR 271/12, ZWE 2014, 36.
274 BGH v. 4.12.2009 – V ZR 44/09, ZWE 2010, 170 (= NJW 2010, 2127).
275 BGH v. 4.12.2009 – V ZR 44/09, ZWE 2010, 170 (= NJW 2010, 2127); BGH v. 30.11.1995 – V ZB 16/95, ZMR 1996, 215; BGH v. 10.3.1994 – IX ZR 98/93, NJW 1994, 1866.
276 BGH v. 11.10.2013 – V ZR 271/12, ZWE 2014, 36.
277 OLG Düsseldorf v. 3.8.2007 – 3 Wx 84/07, ZWE 2007, 452; BayObLG v. 21.12.1999 – 2Z BR 79/99, NZM 2000, 280; BayObLG v. 3.3.1994 – 2Z BR 129/93, WuM 1994, 568; LG Dessau-Roßlau v. 29.10.2009 – 5 S 89/09, ZMR 2010, 471: „Allein das Fehlen einer ordnungsgemäßen Gesamtabrechnung führt daher zur Aufhebung des angefochtenen Beschlusses, ohne dass es darauf ankäme, ob die Einzelabrechnung inhaltlich zutreffend wäre".
278 BGH v. 17.2.2012 – V ZR 251/10, ZMR 2012; siehe dazu insbesondere auch unten Rn. 33, 37, 62, 64.

zuzahlen sind.[279] Eine **vollständige Jahresabrechnung** enthält daher sowohl eine **Gesamtabrechnung** als auch die **Einzelabrechnungen**.[280] Keine Jahresabrechnung liegt vor, wenn nur die Einzelabrechnungen erstellt und diese dann ohne eine Zusammenfassung als Jahresabrechnung bezeichnet werden.[281]

In der Praxis werden, ebenso wie beim Wirtschaftsplan[282], üblicherweise **kombinierte** Jahresabrechnungen erstellt. Dabei erhält jeder Eigentümer eine Jahresabrechnung, in der sämtliche Einnahmen und Ausgaben der Gemeinschaft aufgeführt sind und ein Gesamtergebnis festgestellt wird. Zur Information der Eigentümer werden darüber hinaus die Konten- und Vermögensentwicklung (einschließlich der tatsächlichen Zuführungen zur Instandhaltungsrücklage) sowie die Rückstände der Eigentümer mit Zahlungen auf die Instandhaltungsrücklage dargestellt und, falls vorhanden, Kontoabweichungen erläutert (Gesamtjahresabrechnung). Sodann werden nach Angabe des Verteilungsschlüssels der jeweils auf den einzelnen Eigentümer entfallende Betrag der jeweiligen Position sowie der sich für den Eigentümer ergebende (Jahresabrechnungs-)Saldo (Erstattungs- oder Nachzahlungsbetrag) ausgewiesen (Einzelabrechnung). Bei der Berechnung des **Jahresendsaldos** müssen auch die nach dem Wirtschaftsplan geschuldeten Beträge für die Zuführungen zur Instandhaltungsrücklage (siehe dazu oben Rn. 10 und 12) berücksichtigt werden. Von der Frage, was Inhalt einer vollständigen Jahresabrechnung ist, muss die Frage unterschieden werden, was genau **Beschlussgegenstand** beim Genehmigungsbeschluss nach Abs. 5 ist; dies wird unten bei **Rn. 83a** näher erläutert.

Zum Verhältnis der Jahresabrechnung zum **Wirtschaftsplan** wird auf Rn. 57 (*„Verhältnis Jahresabrechnung/Wirtschaftsplan"*) verwiesen. Siehe in diesem Zusammenhang auch Rn. 62a (*„Abrechnungsspitze"*) und zur **Deckelung** der Ansprüche aus dem Wirtschaftsplan Rn. 69 (*„Rückerstattungsansprüche"*) sowie Rn. 83.

Ergänzend wird auf die Kommentierungen zum Beschluss nach Abs. 5 (Rn. 77–88) Bezug genommen.

Gliederungsbeispiel einer (sehr vereinfachten) **kombinierten Jahresabrechnung** (mit vereinfachten Beträgen – nicht deckungsgleich mit den Mustern in den Anlagen)

Zugrunde gelegter Sachverhalt:
Nach Wirtschaftsplan hatten die Eigentümer insgesamt 13.500 € Wohngelder zu entrichten; von den Gesamtwohngeldern sollten 1.500 € vom Verwalter der Instandhaltungsrücklage zugeführt werden; Eigentümer E, auf den

---

[279] BGH v. 4.12.2009 – V ZR 44/09, ZWE 2010, 170 (= NJW 2010, 2127); BGH v. 30.11.1995 – V ZB 16/95, ZMR 1996, 215; BGH v. 10.3.1994 – IX ZR 98/93, NJW 1994, 1866; BayObLG v. 23.4.1993 – 2Z BR 113/92, NJW-RR 1993, 1166; OLG Hamm v. 25.4.1998 – 15 W 13/98, ZMR 1998, 715.
[280] BGH v. 30.11.1995 – V ZB 16/95, ZMR 1996, 215; BGH v. 23.9.1999 – V ZB 17/99, NZM 1999, 1101; BayObLG v. 18.7.1989 – BReg 2 Z 66/89, NJW-RR 1989, 1163; BayObLG v. 10.3.1994 – 2Z BR 11/94, WuM 1994, 498.
[281] OLG Düsseldorf v. 3.8.2007 – 3 Wx 84/07, NZM 2007, 811.
[282] Siehe oben Rn. 10.

1.350 € Wohngelder (1.200 € für Ausgaben und 150 € für Zuführungen zur Instandhaltungsrücklage) entfielen, sowie acht andere Eigentümer zahlten die Wohngelder laut Wirtschaftsplan; ein Eigentümer zahlte 500 € Wohngeld zu wenig, sodass nur 13.000 € Wohngelder eingingen; der Verwalter überwies am Jahresende nur 1.000 € vom Girokonto auf das Rücklagenfestgeldkonto – mithin 500 € weniger als vorgesehen; die tatsächlichen Ausgaben für Kosten und Lasten waren dann aber mit 10.000 € geringer als im Wirtschaftsplan veranschlagt.

I. Ausgaben

Art der Ausgaben	tatsächlicher Abfluss €	zu verteilende Ausgaben €	Verteilerschlüssel	Ihr Anteil €
Versicherungen	2.000,00	2.000,00	$1/10$	200,00
Heizung/Warmwasser	7.000,00	7.000,00	(nach Verbrauch)	700,00
Verwalterhonorar	1.000,00	1.000,00	$1/10$	100,00
Summe der Ausgaben	**10.000,00**	**10.000,00**		**1.000,00**

II. Einnahmen

Art der Einnahmen	tatsächlicher Zufluss €	zu verteilende Einnahmen €	Verteilerschlüssel	Ihr Anteil €
Wohngelder	13.000,00	13.000,00	(Tatsächlich entrichtet)	1.350,00
Summe der Einnahmen	**13.000,00**	**13.000,00**		**1.350,00**

III. Ergebniszusammenstellung hinsichtlich Ausgaben und Einnahmen

	tatsächliche Zu- und Abflüsse €	zu verteilende Einnahmen und Ausgaben €		Ihr Anteil €
Ausgaben	–10.000,00	–10.000,00		–1.000,00
Einnahmen	+13.000,00	+13.000,00		+1.350,00
Jahresgesamtüberschuss	+3.000,00	+ 3.000,00		
Ihr Überschussanteil bei Ausgaben/Einnahmen				+ 350,00

WEG § 28 Verwaltung

IV. Berechnung des Jahresendsaldos (Rückerstattungsbetrag oder Nachzahlungsbetrag)	Gesamtanlage €	Ihr Anteil €
Überschussanteil Ausgaben/Einnahmen (oben III.)	+3.000,00	+350,00
Laut Wirtschaftsplan (siehe dort II.) geschuldete Zuführungen zur Rücklage	−1.500,00	−150,00
Rückzahlungsanspruch gegen die Gemeinschaft	+1.500,00	+200,00

V. Konten- und Vermögensentwicklung

1. Entwicklung der Konten (und ggf. des Bargeldbestandes)

Datum	Text				€
1.1.	Anfangsbestand	Giro 7.000,00 Festgeld 15.000,00		+	22.000,00
	Zugänge gemäß oben II.			+	13.000,00
	(Zwischensumme)			+	35.000,00
	Abgänge gemäß oben I.			−	10.000,00
31.12.	Endbestand tatsächlich	Giro 9.000,00 Festgeld 16.000,00		+	25.000,00
	Endbestand rechnerisch			+	25.000,00

2. Entwicklung der Instandhaltungsrücklage
(= tatsächliche Instandhaltungsrücklage = auf dem Festgeldkonto nachgewiesen)

	Festgeldkonto (Instandhaltungsrücklage)		€
1.1.	Anfangsbestand	+	15.000,00
	Zugang vom Girokonto	+	1.000,00
31.12.	Endbestand	+	16.000,00

3. Rückstände der Eigentümer mit Zahlungen auf die Instandhaltungsrücklage

		€
Rückstände der Eigentümer	−	500,00

(Ggf. Erläuterungen, von denen hier abgesehen wurde)

Ein **Muster** einer kombinierten Jahresabrechnung mit ausführlichen Erläuterungen ist als **Anlage 6** abgedruckt.

b) Gesamtabrechnung

aa) Überblick

Zu den allgemeinen Grundsätzen, soweit sie die Jahresgesamtabrechnung betreffen, wird zunächst auf Rn. 31 Bezug genommen. 32

Trotz kleinerer Unterschiede in den Formulierungen lassen sich folgende Grundsätze aus der obergerichtlichen Rechtsprechung ableiten, wonach eine **vollständige Jahresgesamtabrechnung** enthält[283]:

- eine geordnete, übersichtliche, inhaltlich zutreffende Aufstellung der Einnahmen und Ausgaben, die für einen Eigentümer auch ohne Zuziehung eines Buchprüfers oder Sachverständigen **verständlich**[284] sein muss; grundsätzlich dürfen dabei mehrere Ausgaben (oder Einnahmen) **zusammengefasst** werden, wenn die Verständlichkeit erhalten bleibt.[285]

- enthalten sind nur die **tatsächlich** im Wirtschaftsjahr angefallenen **Zu-** und **Abflüsse** (Ist-Einnahmen und Ist-Ausgaben), unabhängig davon, ob diese möglicherweise zu Unrecht getätigt wurden,[286] wobei bei den **Heizkosten** eine Ausnahme eingreift, wenn die Abweichung verständlich und nachvollziehbar dargestellt wird (egal, an welcher Stelle);[287]

- eine Übersicht, in welcher der Stand der gemeinschaftlichen **Konten** zum Jahresanfang und Jahresende und die Entwicklung des **Vermögens**, insbesondere der Instandhaltungsrücklage dargestellt ist;

- eine Darstellung der **Kontobewegungen** dieses Jahres, die nicht als Einnahmen und Ausgaben in diesem Jahr erscheinen (etwa die tatsächlichen Zuführungen zur Instandhaltungsrücklage durch Umbuchung vom Giro- auf das Festgeldkonto) bzw. der Einnahmen und Ausgaben, denen keine Kontobewegung in dem Abrechnungsjahr gegenüberstehen (wirksam vorgenommene Aufrechnungen, Bargeldgeschäfte), um eine **Plausibilitätsprüfung** zu ermöglichen[288]. Eine Plausibilitätsprüfung scheitert dann, wenn der Kontoanfangsbestand plus Einnahmen minus Ausgaben nicht den Kontoendstand ergibt und die Differenz nicht nachvollziehbar erläutert wird, da dann keine **rechnerische Schlüssigkeit** gegeben ist;[289]

---

283 Statt aller: BGH v. 4.12.2009 – V ZR 44/09, ZWE 2010, 170 (= NJW 2010, 2127); KG Berlin v. 29.10.2008 – 24 W 49/08, ZWE 2010, 53; OLG München v. 21.5.2007 – 34 Wx 148/06, ZMR 2007, 723; OLG Frankfurt/Main v. 16.10.2006 – 20 W 278/03 (nicht veröffentlicht); OLG Saarbrücken v. 19.12.2005 – 5 W 166/05, NZM 2006, 228; BayObLG v. 30.6.2004 – 2Z BR 58/04, NJW-RR 2004, 1602; BayObLG v. 8.5.2003 – 2Z BR 8/03, WuM 2003, 527; BayObLG v. 21.12.1999 – 2Z BR 79/99, NZM 2000, 280; BayObLG v. 23.4.1993 – 2Z BR 113/92, NJW- RR 1993, 1166.
284 Für alle: BGH v. 4.12.2009 – V ZR 44/09, ZWE 2010, 170 (= NJW 2010, 2127); OLG Hamm v. 3.5.2001 – 15 W 7/01, ZMR 2001, 1001.
285 LG München I v. 16.11.2015 – 1 S 23501/14, ZMR 2016, 143.
286 BGH v. 4.3.2011 – V ZR 156/10, NJW 2011, 1346.
287 BGH v. 17.2.2012 – V ZR 251/10, ZMR 2012.
288 BGH v. 4.12.2009 – V ZR 44/09, ZWE 2010, 170 (= NJW 2010, 2127); OLG Hamm v. 3.5.2001 – 15 W 7/01, ZMR 2001, 1001.
289 LG München I v. 18.8.2010 – 1 S 1874/10, ZMR 2011, 64; LG München I v. 30.11.2009 – 1 S 23229/08, ZWE 2010, 138.

– eine Darstellung der Rückstände der Eigentümer mit Zahlungen auf die Instandhaltungsrücklage.[290]

Die Jahresabrechnung ist jedoch **keine Bilanz** oder Gewinn- und Verlustrechnung, so dass weder **Verbindlichkeiten** noch **Forderungen** aufzunehmen sind (siehe dazu auch Rn. 33, 35 und 57). Dies gilt beispielsweise auch für **Rückstände** von Eigentümern aufgrund **früherer Jahresabrechnungen**,[291] wobei der Beschluss über die Einzelabrechnungen insoweit mangels Beschlusskompetenz sogar nichtig ist, wenn diese Altforderungen neu beschlossen werden (siehe dazu auch Rn. 52 und 70).[292]

Zu der, wiederum bei den Einzelabrechnungen bedeutsam werdenden Frage, ob die so genannte **Abrechnungsspitze** mit in die Abrechnung aufzunehmen ist, siehe unten Rn. 62a.

Gliederung einer (sehr vereinfachten) **Gesamt-Jahresabrechnung**
I. Ausgaben
II. Einnahmen
III. Ergebniszusammenstellung
(hinsichtlich Ausgaben und Einnahmen)
IV. Konten- und Vermögensentwicklung
   1. Entwicklung der Konten (und ggf. des Bargeldbestandes)
   2. Entwicklung der Instandhaltungsrücklage
   3. Rückstände der Eigentümer
      mit Zahlungen auf die Instandhaltungsrücklage
Ggf. Erläuterungen

Ein (ausführliches und erläutertes) **Muster** einer Gesamtjahresabrechnung ist als **Anlage 4** abgedruckt.

bb) Einzelfälle
In der gerichtlichen Praxis führen bei Gesamtabrechnungen und bei kombinierten Abrechnungen (siehe dazu oben Rn. 31) insbesondere folgende Punkte regelmäßig zu Streitigkeiten:

(1) **Abflussprinzip**

33 Zum Zu- und Abflussprinzip siehe unten zu (4): Aufstellung tatsächlicher Ausgaben und Einnahmen (Ist-Abrechnung).

Zur Darstellung einer Spalte „zu verteilende Einnahmen und Ausgaben" in der Gesamtjahresabrechnung siehe unten Rn. 61.

(2) **Anspruchsgrundlage**
Die Gesamtabrechnung stellt keine Anspruchsgrundlage dar. Aus ihr ergeben sich weder für die Gemeinschaft noch für die einzelnen Eigentümer Zahlungsansprüche. Siehe zur Darstellung etwaiger Gesamtnachzahlungs-

---
290 BGH v. 4. 12. 2009 – V ZR 44/09, ZWE 2010, 170 (= NJW 2010, 2127).
291 OLG Düsseldorf v. 30. 4. 2004 – 3 Wx 65/04, ZMR 2005, 642.
292 LG Nürnberg-Fürth v. 30. 11. 2009 – 14 S 5724/09, NZM 2010, 791.

oder Gesamtrückerstattungsansprüche auch unten Rn. 43. Zur Anspruchsgrundlage, die sich aus den Einzelabrechnungen ergibt, siehe Rn. 62a.

(3) Aufrechnung

Zur Aufrechnung siehe sogleich zu (4): Aufstellung tatsächlicher Ausgaben und Einnahmen (Ist-Abrechnung).

(4) Aufstellung tatsächlicher Ausgaben und Einnahmen (Ist-Abrechnung)

Wie bereits bei Rn. 32 dargestellt, muss die Gesamtjahresabrechnung eine geordnete, übersichtliche und zutreffende Aufstellung der tatsächlich in dem Wirtschaftsjahr angefallenen Ausgaben und Einnahmen enthalten **(Ist-Abrechnung)**, die für einen Eigentümer auch ohne Hinzuziehen eines Buchprüfers oder Sachverständigen verständlich sein muss.[293] Ob dabei die Ausgaben zu Recht erfolgt sind, ist unerheblich; da auch unberechtigte Ausgaben tatsächlich geleistet wurden, sind sie auch in die Gesamtjahresabrechnung aufzunehmen.[294] In der Gesamtjahresabrechnung sind alle tatsächlichen Zuflüsse **(Einnahmen)** und alle tatsächlichen Abflüsse (**Ausgaben**) nicht nur erfasst sondern auch **verbindlich festgestellt**.[295]

Zur **verständlichen Darstellung**, die für einen Eigentümer auch ohne Zuziehung eines Buchprüfers oder Sachverständigen nachvollziehbar sein muss, wird auf das Gliederungsbeispiel bei Rn. 31, auf das Muster in Anlage 4 und auf die Ausführungen bei Rn. 32 Bezug genommen.

Einzelpositionen dürfen grundsätzlich in der Jahresabrechnung **zusammengefasst** werden.[296] Zur Straffung der Abrechnung genügt eine Aufgliederung nach Kostenarten, die schlagwortartig gekennzeichnet sind; eine Bezugnahme auf bestimmte Belege oder gar eine Aufgliederung nach Buchungsdatum, Gegenstand, Belegnummer und Betrag ist nicht erforderlich. Inwieweit Einzelpositionen zusammengefasst werden können, ist eine Frage des Einzelfalls, wobei kein kleinlicher Maßstab angelegt werden darf. Nicht ausreichend für eine Gesamtabrechnung ist aber die schlichte Nennung eines Gesamtkostenbetrages.[297]

Inhaltlich müssen alle tatsächlichen Ausgaben und Einnahmen, also **alle tatsächlichen Geldflüsse**, wie etwa Kontobewegungen sowie alle Bargeldzu-

---

[293] BGH v. 4.12.2009 – V ZR 44/09, ZWE 2010, 170 (= NJW 2010, 2127); OLG München v. 21.5.2007 – 34 Wx 148/06, ZMR 2007, 723; OLG Frankfurt/Main v. 16.10. 2006 – 20 W 278/03, ZMR 2007, 723; OLG Saarbrücken v. 19.12.2005 – 5 W 166/05, NZM 2006, 228; BayObLG v. 30.6.2004 – 2Z BR 58/04, NJW-RR 2004, 1602; BayObLG v. 8.5.2003 – 2Z BR 8/03, WuM 2003, 527; OLG Hamm v. 3.5.2001 – 15 W 7/ 01, ZMR 2001, 1001; BayObLG v. 21.12.1999 – 2Z BR 79/99, NZM 2000, 280; BayObLG v. 23.4.1993 – 2Z BR 113/92, NJW-RR 1993, 1166.
[294] BGH v. 4.3.2011 – V ZR 156/10, NJW 2011, 1346; OLG München v. 5.4.2005 – 32 Wx 015/05, OLGR München 2005, 451.
[295] BGH v. 4.12.2009 – V ZR 44/09, ZWE 2010, 170 (= NJW 2010, 2127); BGH v. 30.11.1995 – V ZB 16/95, ZMR 1996, 215; BGH v. 10.3.1994 – IX ZR 98/93, NJW 1994, 1866.
[296] LG München I v. 29.4.2010 – 36 S 9595/09, ZMR 2010, 797.
[297] OLG Köln v. 15.1.2008 – 16 Wx 141/07, ZMR 2008, 478.

flüsse und Bargeldabflüsse innerhalb des Wirtschaftsjahres erfasst sein.[298] Es gilt hier das **Zu- und Abflussprinzip**. Die Darstellung der tatsächlichen Geldflüsse ermöglicht durch einen Abgleich mit den Gesamtkontoständen den Eigentümern ohne Weiteres die Überprüfung der rechnerischen Richtigkeit der Abrechnung. **Rechnungsabgrenzungen** für periodenfremde Zahlungen sind **nicht zulässig**.[299] Dies gilt auch für die Darstellung der Heizkosten in der Gesamtabrechnung (siehe dazu unten Rn. 37). Zur Darstellung einer Spalte „zu verteilende Einnahmen und Ausgaben" in der Gesamtjahresabrechnung siehe unten Rn. 61.

Rücklagenfinanzierte Instandhaltungskosten müssen im **Ausgabenteil** der Abrechnung Erwähnung finden. Es reicht hier insbesondere nicht aus, dass der Anteil des einzelnen Eigentümers an diesen Ausgaben in der Anlage zu seiner Jahreseinzelabrechnung, bei der Darstellung der Entwicklung der Rücklage, aufgeführt wird. Denn eine Anlage kann die Gegenüberstellung der Ein- und Ausgaben erläutern, sie vermag diese aber nicht – auch nicht in Teilen – zu ersetzen.[300] Im Gegenschluss folgt daraus, dass grundsätzlich alle Geldbewegungen (Buch- und Bargeld), die **außerhalb** des **Wirtschaftsjahres** (also etwa im Vorjahr oder im Folgejahr) stattgefunden haben, ebenso **nicht** in der **Gesamtabrechnung** erscheinen dürfen, wie bloße **Forderungen** oder **Verbindlichkeiten**, die jedenfalls noch nicht zu Zuflüssen oder Abflüssen geführt haben.

Eine besondere Situation ergibt sich bei zulässigen **Aufrechnungen** mit oder gegen Wohngeldforderungen. Wie bei Rn. 23 gezeigt wurde, kann der Verwalter ohne besondere Einschränkungen mit einer Wohngeldforderung aufrechnen, ein Eigentümer kann dagegen nur in engen Ausnahmefällen mit (behaupteten) eigenen Ansprüchen gegen die Wohngeldforderung der Gemeinschaft aufrechnen. Bei einer **wirksamen** Aufrechnung steht nicht die Darstellung von Forderungen und Verbindlichkeiten im Vordergrund. Vielmehr bedarf es nach der hier vertretenen Auffassung in der Jahresabrechnung einer Darstellung sowohl eines tatsächlich zu **verteilenden Vermögenszuflusses** (Erlöschen einer Verbindlichkeit der Gemeinschaft) als auch eines tatsächlich zu **verteilenden Vermögensabflusses** (Erlöschen einer Forderung der Gemeinschaft). Da sich dieser Zu- und Abfluss aber bei den **Ausgaben** und **Einnahmen** nicht wiederfindet, da ja keine Kontobewegung stattgefunden hat, muss durch eine entsprechende **Erläuterung** die **Information** der Eigentümer sichergestellt werden. Durch die Erfassung als zu verteilende Ausgabe und zu verteilende Einnahme ist gewährleistet, dass eine richtige Einzelabrechnung zustande kommt. Dort erfolgt bei der Ergebniszusammenstellung und der Berechnung des Jahresendsaldos des betroffenen Eigentümers eine sachlich richtige Zuordnung und damit wird ein sachlich richtiges Ergebnis erzielt. Ohne die hier vorgeschlagene Darstellung würde, ohne eine Korrektur an einer anderen Stelle, regelmäßig der

---

298 BGH v. 4. 12. 2009 – V ZR 44/09, ZWE 2010, 170 (= NJW 2010, 2127); BGH v. 30. 11. 1995 – V ZB 16/95, ZMR 1996, 215; BGH v. 10. 3. 1994 – IX ZR 98/93, NJW 1994, 1866.
299 BGH v. 17. 2. 2012 – V ZR 251/10, ZMR 2012.
300 LG Düsseldorf v. 23. 9. 2015 – 25 S 18/15, ZMR 2016, 126; LG München I v. 18. 8. 2010 – 1 S 1874/10, ZMR 2011, 64.

von der Aufrechnung betroffene Eigentümer benachteiligt, da er eine ihm alleine zustehende Forderung in voller Höhe verliert, ihm aber an der in gleicher Höhe erloschenen Forderung der Gemeinschaft nur ein bestimmter Anteil (etwa nach Miteigentumsanteilen) zugutekommt. Ein konkretes **Beispiel** mit Lösung hierzu wird in der kombinierten Jahresabrechnung **(Anlage 4)** mit **Hinweisen (dort H:6)** vorgestellt.

Aufrechnungen, gleich von welcher Seite, führen in der Praxis häufig zu Anfechtungen der Jahresabrechnung, da nicht selten von einer Seite das Bestehen der Forderung der Gegenpartei bestritten wird. In diesen Fällen muss dann, bei entsprechenden Rügen, häufig eine Beweisaufnahme darüber erfolgen, ob bei der Aufrechnung tatsächlich beide Forderungen bestanden. Ist dies bei nur einer Forderung nicht der Fall, ist die Jahresabrechnung unrichtig und muss auf die entsprechende Rüge hin in den betroffenen Punkten, bei Auswirkungen auf die Plausibilität und rechnerische Schlüssigkeit sogar insgesamt, für unwirksam erklärt werden.

(4a) **Bargeldbestand**

Bargeld gehört (soweit vorhanden) ebenso wie etwa ein Guthaben auf einem Girokonto zu den jederzeit verfügbaren flüssigen Mitteln der Gemeinschaft. In der Vergangenheit wurde bei der Vermögensübersicht üblicherweise die Kontenentwicklung dargestellt. Wie in der Jahresabrechnung ein Bargeldbestand zu behandeln ist, war (und ist) gerichtlich nicht geklärt. Auch der BGH hat bisher immer nur von der Kontenentwicklung gesprochen, was aber darauf zurückzuführen ist, dass in den entschiedenen Fällen keine Bargeldbestände vorhanden waren, die ausgewiesen wurden. Wenn aber Bargeldbestände vorhanden sind, muss dies im Rahmen der Vermögensentwicklung auch ausgewiesen werden. In der Vorauflage wurde als Lösung vorgeschlagen, neben der Kontenentwicklung einen eigenen Punkt „Entwicklung des Bargeldbestandes" aufzunehmen. Diese grundsätzlich mögliche Art der Darstellung hatte den Nachteil, dass dann zwangsläufig eine Differenz zwischen den tatsächlichen Kontoständen und den sich rechnerisch ergebenden Kontoständen auftrat und diese Differenz gesondert erläutert werden musste. Nach der nunmehr hier vertretenen Meinung sollte daher im Rahmen der Vermögensentwicklung die Entwicklung sowohl der Konten (meist Giro- und Festgeldkonto) als auch die Entwicklung des Bargeldbestandes zusammengefasst werden. Dieses Vorgehen führt dazu, dass unmittelbar aus der Übersicht der Entwicklung der Konten und des Bargeldbestandes die Entwicklung der tatsächlichen Geldbestände, sei es nun Bargeld oder „Buchgeld" in Form von Forderungen gegen eine Bank (bei Giro- und Festgeldkonten), ersichtlich ist, Differenzen insoweit nicht auftreten und zusätzliche Erläuterungen nicht mehr erforderlich werden.

Siehe zur Darstellung nach der hier vertretenen Meinung genauer die Muster bei Anlage 4 und Anlage 6.

(5) **Eigentümerwechsel**

Ein Eigentümerwechsel während des Kalenderjahres hat auf die Gesamtjahresabrechnung keinen Einfluss, da sich der Wechsel nicht auf die tatsächlichen Einnahmen und Ausgaben der Gemeinschaft auswirkt.[301] Zu den Auswirkungen eines Eigentümerwechsels auf die Einzelabrechnung siehe unten Rn. 63.

(6) **Endsaldo**

Siehe dazu unten Rn. 40 zu (16) Jahresendsaldo

(7) **Ergebniszusammenstellung**

Die Ergebniszusammenstellung ist bei einer Gesamtabrechnung ein rechnerischer Zwischenschritt bei der Ermittlung des Jahresendsaldos. Hierbei wird die Differenz der in der Gemeinschaft tatsächlich angefallenen Einnahmen und Ausgaben ausgewiesen. Die ausdrückliche Darstellung der Ergebniszusammenstellung ist nicht zwingend erforderlich, sollte aber in Hinblick auf eine bessere Nachvollziehbarkeit dennoch erfolgen.

(8) **Festgeldkonto**

Die Entwicklung des Festgeldkontos ist, insbesondere, wenn auf diesem Konto die Instandhaltungsrücklage angesammelt wird, im Rahmen der Konten- und Vermögensentwicklung darzustellen. Siehe dazu auch Rn. 42 und 58 sowie das Gliederungsbeispiel bei Rn. 31 und das Muster Anlage 4.

(9) **Feststellung von Einnahmen und Ausgaben**

In der Gesamtjahresabrechnung werden, wie bereits in Rn. 31 angesprochen, alle tatsächlich eingegangenen (Gesamt-) Einnahmen und alle tatsächlich geleisteten (Gesamt-)Ausgaben erfasst. Eine wesentliche Aufgabe der Jahresgesamtabrechnung besteht darin, dass die **zu verteilenden** gesamten **Einnahmen** und die **zu verteilenden** gesamten **Ausgaben** als Grundlage für die Einzelabrechnungen **verbindlich festgestellt** werden.[302] Da aus der Gesamtjahresabrechnung die Einzelabrechnungen abzuleiten sind[303], haben diese Feststellungen Bindungswirkungen auch für die Einzelabrechnungen, da etwa die Summe der in allen Einzelabrechnungen ausgewiesenen Wohngeldzahlungen mit dem in der Gesamtabrechnung enthaltenen Betrag der gezahlten Wohngelder übereinstimmen muss. Die Vorgaben des **BGH**[304] hinsichtlich der **Heizkosten** werden dadurch eingehalten, dass neben den tatsächlichen Ausgaben und Einnahmen (Gesamtabrechnung) die zu verteilenden Ausgaben und Einnahmen (Grundlage der Einzelabrechnungen) erfasst werden und die Differenz erläutert wird.

---

301 Ebenso: *Staudinger-Bub*, § 18 WEG Rn. 363.
302 BGH v. 4. 12. 2009 – V ZR 44/09, ZWE 2010, 170 (= NJW 2010, 2127); BGH v. 30. 11. 1995 – V ZB 16/95, ZMR 1996, 215; BGH v. 10. 3. 1994 – IX ZR 98/93, NJW 1994, 1866.
303 OLG Düsseldorf v. 3. 8. 2007 – 3 Wx 84/07, ZWE 2007, 452; BayObLG v. 21. 12. 1999 – 2Z BR 79/99, NZM 2000, 280; BayObLG v. 3. 3. 1994 – 2Z BR 129/93, WuM 1994, 568; LG Dessau-Roßlau v. 29. 10. 2009 – 5 S 89/09, ZMR 2010, 471: „Allein das Fehlen einer ordnungsgemäßen Gesamtabrechnung führt daher zur Aufhebung des angefochtenen Beschlusses, ohne dass es darauf ankäme, ob die Einzelabrechnung inhaltlich zutreffend wäre".
304 BGH v. 17. 2. 2012 – V ZR 251/10, ZMR 2012.

Siehe zu den **Heizkosten** auch unten Rn. 37 ff. und zur **Verbindlichkeit** auch unten Rn. 57: „Verbindlichkeit des Abrechnungsinhalts".

(10) Forderungen

Forderungen dürfen, ebenso wie Verbindlichkeiten, nicht in die Jahresgesamtabrechnung aufgenommen werden, da sie noch zu keinen Geldbewegungen geführt haben.[305]
Zur Darstellung, wenn Forderungen und Verbindlichkeiten der Gemeinschaft durch Aufrechnung erloschen sind, siehe auch Rn. 33.

35

(10a) Gesamteinnahmen

Fehlen in der Jahresabrechnung neben dem Anfangs- und dem Endkontostand auch die Gesamteinnahmen der Wohnungseigentümergemeinschaft im Abrechnungsjahr, so führt dies nicht nur zu einem Ergänzungsanspruch, sondern hat die Ungültigkeit der Abrechnung zur Folge.[306]

Zur Darstellung der **Wohngeldeinnahmen** siehe unten Rn. 60.

(11) Girokonto

Die Entwicklung des Girokontos ist im Rahmen der Konten- und Vermögensentwicklung darzustellen. Siehe dazu auch Rn. 42 und 58 sowie das Gliederungsbeispiel bei Rn. 31 und das Muster Anlage 4. Ohne die Darstellung des Girokontos und die Erläuterung etwaiger Abweichungen des tatsächlichen Kontostandes vom rechnerischen Kontostand kann die Plausibilität (siehe dazu Rn. 43) und die rechnerische Schlüssigkeit (siehe dazu Rn. 45) nicht überprüft werden, was auf Anfechtung und entsprechende Rüge hin zur Aufhebung der gesamten Jahresabrechnung führen wird.

(11a) Hausgeldzahlungen

Siehe insoweit Rn. 60 – (45) Wohngelder und Wohngeldrückstände –

(12) Haushaltsnahe Dienstleistungen, haushaltsnahe Beschäftigungsverhältnisse, Handwerkerleistungen

Nach § 35a EStG können Ausgaben für haushaltsnahe Beschäftigungsverhältnisse und Dienstleistungen sowie für bestimmte Handwerkerleistungen unter bestimmten Voraussetzungen und in bestimmter Höhe die Einkommensteuer mindern. Dabei verringert sich die Einkommensteuer für bestimmte Handwerkerleistungen (etwa: Arbeitskostenanteil für Fassadenrenovierung) um 20 %, höchstens 1.200,00 €, für haushaltsnahe Beschäftigungsverhältnisse um 20 %, höchstens 510 € sowie für sonstige haushaltsnahe Tätigkeiten, die keine Handwerkerleistungen sind (etwa: Hausmeisterkosten) ebenfalls 20 %, höchstens 4.000,00 €.

36

---

305 Für die allgemeine Meinung: LG München I v. 29.4.2010 – 36 S 9595/09, ZMR 2010, 797; OLG Frankfurt/Main v. 16.10.2006 – 20 W 278/03 (nicht veröffentlicht); BayObLG v. 10.4.2002 – 2Z BR 70/01, NZM 2002, 531; OLG Düsseldorf v. 30.4.2004 – 3 Wx 65/04, ZMR 2005, 642.
306 LG Frankfurt v. 21.8.2014 – 2-9 S 27/13, ZWE 2015, 217.

§ 35a EStG lautet (auszugsweise):

(1) Für haushaltsnahe Beschäftigungsverhältnisse, bei denen es sich um eine geringfügige Beschäftigung i. S. d. § 8a des Vierten Buches Sozialgesetzbuch handelt, ermäßigt sich die tarifliche Einkommensteuer, vermindert um die sonstigen Steuerermäßigungen, auf Antrag um 20 Prozent, höchstens 510 Euro, der Aufwendungen des Steuerpflichtigen.

(2) ¹Für andere als in Abs. 1 aufgeführte haushaltsnahe Beschäftigungsverhältnisse oder für die Inanspruchnahme von haushaltsnahen Dienstleistungen, die nicht Dienstleistungen nach Abs. 3 sind, ermäßigt sich die tarifliche Einkommensteuer, vermindert um die sonstigen Steuerermäßigungen, auf Antrag um 20 Prozent, höchstens 4.000 Euro, der Aufwendungen des Steuerpflichtigen. ²Die Steuerermäßigung kann auch in Anspruch genommen werden für die Inanspruchnahme von Pflege- und Betreuungsleistungen sowie für Aufwendungen, die einem Steuerpflichtigen wegen der Unterbringung in einem Heim oder zur dauernden Pflege erwachsen, soweit darin Kosten für Dienstleistungen enthalten sind, die mit denen einer Hilfe im Haushalt vergleichbar sind.

(3) ¹Für die Inanspruchnahme von Handwerkerleistungen für Renovierungs-, Erhaltungs- und Modernisierungsmaßnahmen ermäßigt sich die tarifliche Einkommensteuer, vermindert um die sonstigen Steuerermäßigungen, auf Antrag um 20 Prozent der Aufwendungen des Steuerpflichtigen, höchstens jedoch um 1.200 Euro. ²Dies gilt nicht für öffentlich geförderte Maßnahmen, für die zinsverbilligte Darlehen oder steuerfreie Zuschüsse in Anspruch genommen werden.

Zur Abgrenzung der haushaltnahen Dienstleistungen gegenüber handwerklichen Tätigkeiten hat der BFH klargestellt, dass § 35a Abs. 2 Satz 2 EStG sämtliche handwerkliche Tätigkeiten, also auch einfache handwerkliche Verrichtungen, etwa regelmäßige Ausbesserungs- und Erhaltungsmaßnahmen, die bislang durch die Rechtsprechung des BFH als haushaltsnahe Dienstleistungen unter § 35a Abs. 2 Satz 1 EStG gefasst worden sind, erfasst. Die bis einschließlich Veranlagungszeitraum 2005 erforderliche Unterscheidung nach einfachen und qualifizierten Handwerkerleistungen ist damit nicht länger erforderlich.[307]

Das Bundesministerium für Finanzen hat mit einem Anwendungsschreiben zu § 35a EStG vom 10.1.2014 in Überarbeitung des BMF-Schreibens vom 15.2.2010 an die obersten Finanzbehörden der Länder[308] Auslegungshinweise gegeben. Zu den Wohnungseigentümergemeinschaften heißt es dort unter Rn. 27 (insoweit wortgleich mit Rn. 23 des vorangegangenen Hinweises):

„2. Wohnungseigentümergemeinschaften

Besteht ein Beschäftigungsverhältnis zu einer Wohnungseigentümergemeinschaft (z.B. bei Reinigung und Pflege von Gemeinschaftsräumen) oder ist eine Wohnungseigentümergemeinschaft

---

[307] BFH v. 6.5.2010 – VI R 4/09, NJW 2010, 3326.
[308] Download möglich von der Internetseite des Bundesministeriums für Finanzen/Publikationen/BMF-Schreiben/10.1.2014.

Auftraggeber der haushaltsnahen Dienstleistung bzw. der handwerklichen Leistung, kommt für den einzelnen Wohnungseigentümer eine Steuerermäßigung in Betracht, wenn in der Jahresabrechnung

– *die im Kalenderjahr unbar gezahlten Beträge nach den begünstigten haushaltsnahen Beschäftigungsverhältnissen, Dienstleistungen und Handwerkerleistungen jeweils gesondert aufgeführt sind (zur Berücksichtigung von geringfügigen Beschäftigungsverhältnissen – siehe Rn. 7),*

– *der Anteil der steuerbegünstigten Kosten ausgewiesen ist (Arbeits- und Fahrtkosten, siehe auch Rn. 39)*

und der Anteil des jeweiligen Wohnungseigentümers individuell errechnet wurde. Die Aufwendungen für Dienstleistungen, die sowohl auf öffentlichem Gelände als auch auf Privatgelände durchgeführt werden (vgl. Rn. 9), sind entsprechend aufzuteilen (vgl. Rn. 40). Hat die Wohnungseigentümergemeinschaft zur Wahrnehmung ihrer Aufgaben und Interessen einen Verwalter bestellt und ergeben sich die Angaben nicht aus der Jahresabrechnung, ist der Nachweis durch eine Bescheinigung des Verwalters über den Anteil des jeweiligen Wohnungseigentümers zu führen. Ein Muster für eine derartige Bescheinigung ist als Anlage 2 beigefügt. Das Datum über die Beschlussfassung der Jahresabrechnung kann formlos bescheinigt oder auf der Bescheinigung vermerkt werden."

Die Anlage 1 zu dem Anwendungsschreiben des BMF gibt eine beispielhafte Aufzählung begünstigter und nicht begünstigter haushaltsnaher Dienstleistungen und Handwerkerleistungen wieder, auf die verwiesen wird.

Anlage 2 des Anwendungsschreibens stellt ein **Muster** für eine **Bescheinigung des Verwalters** dar.

Der Verwalter hat demnach zwei Möglichkeiten, für die Eigentümer einen **Nachweis** der steuermindernden Beträge zu schaffen. Er kann entweder die in Frage kommenden Beträge in der Jahresabrechnung (also in der Gesamt- und insbesondere auch in den Einzelabrechnungen) gesondert ausweisen oder aber eine Bescheinigung nach dem Muster des Bundesministeriums für Finanzen erstellen. Da den Eigentümern die Beschlusskompetenz fehlt, dem Verwalter vorzugeben, in welcher Form genau er die Jahresabrechnung zu erstellen hat (siehe oben Rn. 29), steht es im Ermessen des Verwalters, ob er die steuerlich relevanten Beträge in der Jahresabrechnung gesondert ausweist oder ob er eine gesonderte Bescheinigung erteilt. Soweit bisher Entscheidungen vorliegen, hat die Rechtsprechung dem Verwalter für die Erstellung des Nachweises eine **Sondervergütung** zugebilligt. Nach dem LG Bremen[309] ist der Verwalter nur dann auf Verlagen der Eigentümergemeinschaft hin verpflichtet, die Beträge gesondert auszuweisen, wenn ihm dafür eine Sondervergütung (siehe dazu § 26 Rn. 43 f.) gewährt wird. Das KG Berlin hat eine Beschlusskompetenz der Gemeinschaft zur Gewährung einer Sondervergütung für die Erstellung einer Bescheinigung nach § 35a EStG

---

[309] LG Bremen v. 19.5.2008 – 4 T 438/07, WuM 2008, 425: Bestätigung von AG Bremen v. 3.6.2007 – 111aII 89/2007 WEG, WuM 2007, 474 (zu einem Anspruch auf Ergänzung einer Jahresabrechnung).

bejaht und ausgeführt, dass eine Sondervergütung nicht gegen Grundsätze ordnungsmäßiger Verwaltung verstößt.[310] Das KG Berlin hat weiter ausgeführt, dass sich eine solche Verpflichtung ohne Zusatzvereinbarung und dann auch entsprechender Vergütungspflicht nicht als Nebenpflicht des Verwalters aus dem Verwaltervertrag oder aus § 242 BGB ableiten lässt. Dem kann gefolgt werden. Wenn aber dem Verwalter entweder durch Beschluss der Gemeinschaft oder aber aufgrund gesonderter Vergütungsvereinbarung mit einzelnen Eigentümern eine Vergütung zugebilligt wird, dürfte der Verwalter aber letztlich doch verpflichtet sein, allen oder zumindest einzelnen Eigentümern auf deren Verlangen hin, einen Nachweis gegenüber dem Finanzamt zu verschaffen. Als angemessene Höhe für die Vergütung hat das KG Berlin für das Jahr der Softwareumstellung 17 € zuzüglich Umsatzsteuer und für die Folgejahre 8,50 € zuzüglich Umsatzsteuer je Bescheinigung angesehen.[311] Das AG Öhringen[312] sah eine beschlossene Aufwandsentschädigung pro Wohnung in Höhe von 5 € zzgl. Mehrwertsteuer als ordnungsgemäß an. Das LG Düsseldorf sah dagegen einen Betrag von 25,00 € je Bescheinigung als angemessen an.[313] Die angemessene Höhe der Sondervergütung dürfte von den Umständen des Einzelfalls abhängen, wobei insbesondere der tatsächliche Aufwand der Verwaltung und die Anzahl der betroffenen Eigentümer von Bedeutung sein werden.

(13) **Heizkosten**

37 Die Heizkosten werden in der Praxis üblicherweise nicht von den Verwaltern selbst abgerechnet. Regelmäßig sind hier spezialisierte Abrechnungsfirmen mit der Erstellung der Heizkostenabrechnung, welche üblicherweise auch die Warmwasserkosten mit erfasst, beauftragt. Diese Firmen erstellen dann entsprechend der **Heizkostenverordnung**[314], die nach § 1 Abs. 2 Nr. 3, § 3 HeizkostenV grundsätzlich[315] auch auf das Wohnungseigentum anwendbar ist, und der sich regelmäßig aus der **Gemeinschaftsordnung** oder aus **Beschlüssen** aufgrund § 16 Abs. 3 ergebenden Besonderheiten der speziellen Eigentumswohnanlage eine Heizkostenabrechnung, die dann selbst Bestandteil der Jahresabrechnung des Verwalters wird. Auch hinsichtlich der Heizungs- und Warmwasserkosten erstellen die Abrechnungsfirmen üblicherweise eine kombinierte Gesamt- und Einzelabrechnung.[316] Dabei werden sowohl die Gesamtaufwendungen für Heizung und Warmwassergewinnung erfasst, als auch diese Kosten entsprechend den Vorgaben teilweise verbrauchsabhängig und teilweise verbrauchsunabhängig auf die einzelnen Eigentümer umgelegt.

38 Die früher herrschende Rechtsprechung hat im Hinblick darauf, dass nach §§ 6 ff. HeizkostenV die Verbrauchskosten umzulegen sind, eine Ausnahme vom Zu- und Abflussprinzip und daher so genannte **Rechnungsabgren-**

---

310 KG Berlin v. 16. 4. 2009 – 24 W 93/08, ZMR 2009, 709.
311 KG Berlin v. 16. 4. 2009 – 24 W 93/08, ZMR 2009, 709.
312 AG Öhringen v. 4. 9. 2009 – 1 C 239/09, ZMR 2010, 488.
313 LG Düsseldorf v. 8. 2. 2008 – 19 T 489/07, NZM 2008, 453.
314 Die Heizkostenverordnung ist abgedruckt im Anhang 4.
315 Ausnahmen siehe § 2 und § 11 HeizkostenV.
316 Siehe zur kombinierten Jahresabrechnung oben Rn. 31.

zungsposten zugelassen.³¹⁷ Dies hat der BGH als **unzulässig** angesehen und klargestellt, dass in der Gesamtabrechnung auch hinsichtlich der Heizkosten nur die im Wirtschaftsjahr tatsächlich erfolgten Geldflüsse dargestellt werden dürfen. Die HeizkostenV muss bei der Gesamtabrechnung, bei der es nicht um die Verteilung der Heizkosten geht, nicht beachtet werden.³¹⁸

Eine Abrechnung von Heizkosten über einen Zeitraum von 16 Monaten entspricht nicht ordnungsmäßiger Verwaltung.³¹⁹

Zu Fragen der **Einzelabrechnungen**, die insoweit dann auch nicht unmittelbar aus der Gesamtabrechnung abgeleitet werden können, zu sich dort ergebenden Problemen bei Heizölkäufen sowie beim Bezug von Fernwärme siehe unten Rn. 62 ff., insbesondere Rn. 64 und Rn. 75.

Ein Beispiel der Darstellung von Heizölkosten in der Gesamtabrechnung wird bei (13a) unten gegeben; die Verteilung in den Einzelabrechnungen wird beispielhaft bei Rn. 65 dargestellt.

(13a) **Heizölkosten**
Anhand eines sehr verkürzten **Beispiels** soll hier eine mögliche Darstellung der Behandlung von Heizölkosten entsprechend den Vorgaben des BGH³²⁰ aufgezeigt werden. (Die Verteilung in den **Einzelabrechnungen** wird bei **Rn. 65** dargestellt).

Dabei wird davon ausgegangen, dass eine Gemeinschaft im Jahr 2014 Heizöl für 6.000 € gekauft hat. Im Jahr 2014 wurde nur Heizöl für 4.000 € verbraucht; der Rest wurde im Jahr 2015 verbraucht (wo nichts mehr zugekauft wurde):

Gesamtabrechnung 2014:

I. Ausgaben (tatsächliche Mittelabflüsse)	
Art der Ausgaben	€
Heizung/Warmwasser Kauf von Heizöl (6.000 Liter zu 1,00 EUR je Liter)	6.000,00
... (sonstige Ausgaben)	4.000,00
Summe der Ausgaben	**10.000,00**

Gesamtabrechnung 2015:

I. Ausgaben (tatsächliche Mittelabflüsse)	
Art der Ausgaben	€
Heizung/Warmwasser Kauf von Heizöl	0,00
... (sonstige Ausgaben)	4.000,00
Summe der Ausgaben	**4.000,00**

---

317 BayObLG v. 7.8.2003 – 2Z BR 47/03, ZMR 2004, 131; BayObLG v. 7.3.2002 – 2Z BR 77/01, WuM 2002, 333; OLG Hamm v. 3.5.2001 – 15 W 7/01, ZMR 2001, 1001.
318 BGH v. 17.2.2012 – V ZR 251/10, ZMR 2012.
319 LG Itzehoe v. 28.6.2013 – 11 S 31/12, ZWE 2014, 91.
320 BGH v. 17.2.2012 – V ZR 251/10, ZMR 2012.

(14) Instandhaltungsrücklage (= Instandsetzungsrücklage)

39 Nach § 21 Abs. 5 Nr. 4 ist eine Instandstellungsrücklage[321] anzusammeln. In der Gesamtjahresabrechnung ist auf damit zusammenhängende Punkte an mehreren Stellen einzugehen. Die Entscheidung des BGH vom 4. 12. 2009[322] hat aber wesentliche Änderungen in der **Darstellung** der mit der Instandhaltungsrücklage zusammenhängenden Teile der Gesamtjahresabrechnung gebracht[323].

Bei den **Einnahmen** ist zunächst, wie schon oben bei Rn. 12 für den Wirtschaftsplan näher dargestellt, der Gesamtbetrag der Wohngeldzahlungen aller Eigentümer auszuweisen, ohne dass hier eine Aufspaltung der **Wohngeldzahlungen** in einen Anteil für Kosten und Lasten und einen Anteil für Zuführungen zur Instandhaltungsrücklage erfolgen muss. Eine Regelung über die Hausgeldzahlungen im Wirtschaftsplan, wonach bei Teilzahlungen von Eigentümern ohne Leistungsbestimmung diese zunächst auf den Anteil der Beitragsleistung zur Instandhaltungsrücklage und erst dann auf die Ausgaben der gemeinschaftlichen Verwaltung verrechnet werden, entspricht nicht ordnungsgemäßer Verwaltung. Denn durch diese Beschlussfassung kann es passieren, dass die Instandhaltungsrücklage in vollem Umfang aufgefüllt wird, ohne dass Zahlungen auf die zur Kostendeckung erforderlichen Wohngeldforderungen erzielt werden und somit eine ordnungsgemäße Bewirtschaftung des Objektes nicht mehr möglich ist.[324] Nach der hier vertretenen Meinung bindet eine derartige Regelung den Verwalter nicht, da dies eine unzulässige Beschränkung der Verwalterrechte i.S.d. § 21 Abs. 4 darstellen würde.

Der BGH weist in seiner Entscheidung darauf hin, dass bei Umbuchungen vom Girokonto auf ein Spar- oder Festgeldkonto (und selbstverständlich auch umgekehrt) regelmäßig nur ein buchungstechnischer Vorgang, aber keine Ausgabe oder Einnahme vorliegt.[325] Eine Folge der Entscheidung des BGH ist daher, dass **Rücklagenauflösungen** (also in der Regel die Rückübertragung einer Summe vom Festgeldkonto auf das Girokonto der Gemeinschaft) nicht als Einnahmen in die Jahresabrechnung aufgenommen werden dürfen.[326] Wie künftig in der Jahresabrechnung eine geplante **Finanzierung** einer größeren **Instandhaltungsmaßnahme** durch eine **(Teil-)Auflösung** der Instandhaltungsrücklage dargestellt werden kann, ist den **Anlagen 4–6** (siehe dort die **Hinweise H:5**) zu entnehmen. Bei einer Rücklagenauflösung sind danach Ausführungen regelmäßig beim Jahresendsaldo (falls ein solcher in der Gesamtabrechnung ausgewiesen wird – siehe dazu unten Rn. 40 und 40a –), bei den Erläuterungen zu den Konten sowie bei der Entwicklung der Instandhaltungsrücklage zu machen.

---

321 Siehe dazu auch § 21 Rn. 59 ff.
322 BGH v. 4. 12. 2009 – V ZR 44/09, ZWE 2010, 170 (= NJW 2010, 2127).
323 Zur Behandlung der Instandhaltungsrücklage bis zur Entscheidung des BGH siehe die 1. Aufl. des Kommentars, Rn. 39 und 40.
324 LG Köln v. 13. 12. 2012 – 29 S 95/12 (zitiert nach juris).
325 BGH v. 17. 2. 2012 – V ZR 251/10, ZMR 2012.
326 So aber noch zur alten Rechtslage die 1. Aufl. und etwa: LG München I v. 9. 11. 2006 – 1 T 6490/06, ZMR 2007, 567.

Eine wesentliche Änderung bei der Darstellung hat sich auch bei den **Ausgaben** ergeben. Nach der überwiegenden Ansicht wurden bis zur Entscheidung des BGH zwar nicht die tatsächlichen Zuführungen zur Instandhaltungsrücklage, wohl aber die Soll-Zuführungen zur Instandhaltungsrücklage als Ausgabe ausgewiesen und damit eine (weitere) Ausnahme vom Zu- und Abflussprinzip (siehe dazu oben Rn. 33) zugelassen. Seit der Entscheidung des BGH vom 4.12.2009[327] zur Jahresabrechnung können **weder** die **tatsächlichen** noch die **geplanten** Gesamtzuführungen aller Wohnungseigentümer zur Instandhaltungsrückstellung als Ausgabe der Gemeinschaft behandelt werden.[328] Der BGH weist darauf hin, dass regelmäßig nur ein buchungstechnischer Vorgang vorliegt, da lediglich eine Umbuchung vom Girokonto auf ein Spar- oder Festgeldkonto erfolgt. Nachdem die geplanten Zuführungen zur Instandhaltungsrücklage zwar Bestandteil der Wohngeldeinnahmen sind (wenn die Wohngelder vollständig bezahlt wurden), diesen aber nunmehr keine Ausgaben gegenüberstehen würden, müssten diese Beträge an sich im Rahmen der Einzelabrechnung wieder an die Eigentümer zurückbezahlt werden. Dies ist jedoch sicherlich auch vom BGH nicht gewollt.

40

Die Entscheidung des BGH führt daher dazu, dass nunmehr zumindest in den **Einzelabrechnungen** (siehe dort **Rn. 65**) neben den Einnahmen und Ausgaben eine gesonderte Position aufgenommen werden muss, in der die geplanten Instandhaltungszuführungen (= **Soll-Zuführungen**) ausgewiesen werden. Letztlich wird durch den BGH damit eine andere Darstellung vorgeschrieben, wobei der BGH leider keine Vorgaben dahingehend macht, wie dies zu geschehen hat. Es ist aber davon auszugehen, dass eine inhaltliche Änderung gegenüber der früheren Rechtslage durch die Entscheidung des BGH nicht eingetreten ist und, wie erwähnt, eine Ausschüttung der Beträge nicht gewollt ist. Eine **mögliche Darstellung** der Instandhaltungsrücklagenzuführung in der Jahresabrechnung kann der bei **Rn. 31** enthaltenen **Gliederung** einer kombinierten Jahresabrechnung und auch den **Anlagen 4–6** (siehe dort die **Hinweise H:13**) entnommen werden. Wesentlich ist dabei, dass die geplanten Zuführungen bei der Berechnung des **Jahresendsaldos** (oder, wenn der hier vertretenen Meinung nicht gefolgt wird, an einer anderen Stelle) zumindest im Ergebnis wie eine Ausgabe berücksichtigt werden und damit ein möglicher Rückzahlungsanspruch des Eigentümers insoweit wieder beseitigt wird.

Auch wenn die Zuführung zur Instandhaltungsrücklage als „Mittelverwendung" und nicht als „Ausgabe" in der Jahresabrechnung bezeichnet wird, darf nicht unter „Summe Ausgaben" diese „Mittelverwendung" mit saldiert werden. Ist nur die Darstellung der Instandhaltungsrücklage falsch, kann die gerichtliche **Ungültigerklärung** auf diesen **Posten** beschränkt werden.[329]

Die tatsächlichen Rücklagenzuführungen (also in der Regel die Übertragung einer Summe vom Girokonto auf das Festgeldkonto der Gemeinschaft) werden, wie gezeigt, nicht als Ausgaben in die Jahresabrechnung aufgenommen.

---

327 BGH v. 4.12.2009 – V ZR 44/09, ZWE 2010, 170 (= NJW 2010, 2127).
328 So aber noch zur alten Rechtslage die 1. Aufl. und etwa: OLG München v. 5.4.2005 – 32 Wx 015/05, OLGR München 2005, 451.
329 LG München I v. 21.1.2013 – 1 S 3378/12, ZMR 2014, 65.

Wenn die auf dem Konto für die Instandhaltungsrücklage erzielten **Zinsen**[330] bei der Rücklage verbleiben sollen, handelt es sich zum einen um eine Einnahme der Gemeinschaft und zum anderen um eine (weitere) tatsächliche Zuführung zur Instandhaltungsrücklage, so dass die vorstehenden Ausführungen hier sinngemäß gelten. Ein **Beispiel** für die Behandlung des Verbleibs der Zinsen bei der Rücklage wird in den **Anlagen 4–6** (dort bei dem **Hinweis H:12**) gegeben.

40a Die Entscheidung des BGH vom 4.12.2009[331] hat über das bisher Gesagte hinaus eine weitere Neuerung ergeben. Im Rahmen der Konten- und Vermögensentwicklung sind, in Abweichung von dem Grundsatz, dass Forderungen und Verbindlichkeiten in der Jahresabrechnung nicht ausgewiesen werden, nach dem klaren Wortlaut der Entscheidung auch darzustellen die Zahlungen für die **Instandhaltungsrücklage**, welche die Eigentümer nach dem Wirtschaftsplan zwar schulden, die aber dennoch nicht bezahlt wurden. Der BGH führt insoweit aus: „Die Darstellung der Entwicklung der Rücklage in der Abrechnung soll den Wohnungseigentümern ermöglichen, die Vermögenslage ihrer Gemeinschaft zu erkennen und die Jahresabrechnung auf Plausibilität zu überprüfen. Eine Prüfung der Abrechnung ist aber nur anhand des tatsächlichen Bestands der Instandhaltungsrücklage und auch nur möglich, wenn die Darstellung der Entwicklung der Rücklage erkennen lässt, in welchem Umfang die Wohnungseigentümer mit ihren **Zahlungen im Rückstand** sind. Das erfordert zwar keine gesonderte Abrechnung der Rücklage, wohl aber eine Darstellung der Entwicklung der Instandhaltungsrücklage, die den Wohnungseigentümern diesen Einblick verschafft. Dazu muss die Darstellung sowohl die Zahlungen ausweisen, die die Wohnungseigentümer auf die Instandhaltungsrücklage tatsächlich erbracht haben, als auch die Beträge, die sie schulden, aber noch nicht aufgebracht haben." Der BGH äußert sich insoweit nicht, ob die Rückstände nur insgesamt angegeben werden müssen, oder ob eine Rückstandsliste gefordert wird, in der die Rückstände für jeden Eigentümer gesondert ausgewiesen werden. Die Kommentatoren gehen davon aus, dass nur die Angabe der **Gesamtsumme** gefordert ist, da der BGH ausführt, dass die Jahresabrechnung den einzelnen Eigentümer in die Lage versetzen soll, die Vermögenslage der Gemeinschaft zu erkennen und die Jahresabrechnung auf Plausibilität hin zu überprüfen. Hierfür ist aber eine Aufschlüsselung der Rückstände nicht erforderlich.

Hingewiesen sei hier auch noch darauf, dass bei bloßer Ungültigerklärung der Darstellung der Sollzuführung zur Rücklage den Anfechtenden die gesamten **Kosten** der (im Übrigen) erfolglosen Anfechtung des Beschlusses über die Jahresabrechnung treffen.[332]

Zur Instandhaltungsrücklage bei Bestehen von **Untergemeinschaften** siehe unten Rn. 56.

Zur Darstellung der Instandhaltungsrücklage sowie zur Behandlung von Zu- und Abflüssen wird auf die **Anlagen 4–6** und die dazu gegebenen Hinweise Bezug genommen.

---

330 Siehe auch Rn. 61 und 76.
331 BGH v. 4.12.2009 – V ZR 44/09, ZWE 2010, 170 (= NJW 2010, 2127).
332 LG München I v. 29.4.2010 – 36 S 9595/09, ZMR 2010, 797.

(15) Ist-Abrechnung
Siehe dazu oben Rn. 33: „Aufstellung tatsächlicher Ausgaben und Einnahmen".

Zur Darstellung einer Spalte „zu verteilende Einnahmen und Ausgaben" in der Gesamtjahresabrechnung siehe unten Rn. 61.

(16) Jahresendsaldo
Falls auch in der Gesamtabrechnung eine Darstellung des Jahresendsaldos erfolgt, was nicht zwingend geboten ist, wird nur der von allen Eigentümern insgesamt geschuldete Nachzahlungsbetrag (wenn also die Summe der Nachzahlungen aller Eigentümer höher ist als die Summe der Rückzahlungsansprüche) oder, im umgekehrten Fall, der insgesamt allen Eigentümern zustehende Rückerstattungsbetrag dargestellt. Eine Anspruchsgrundlage für die Gemeinschaft oder für die einzelnen Eigentümer ergibt sich aber nur aus den Einzelabrechnungen (siehe unten Rn. 62 und 65a – dort (11)).

(17) Kaltwasser und Abwasser
Wenn Kaltwasser und Abwasser nach Verbrauch in den Wohnungen abzurechnen sind, empfiehlt es sich, auch in der Gesamtjahresabrechnung zwischen dem individuellen Verbrauch und dem Verbrauch für Gemeinschaftszwecke zu unterscheiden, damit dann bei den Einzelabrechnungen[333] der individuelle Verbrauch gesondert und der für gemeinschaftliche Zwecke zustande gekommene Verbrauch nach dem gültigen Verteilungsschlüssel verteilt werden kann. Zu beachten ist hier auch, dass durch die WEG-Novelle[334] nach § 16 Abs. 3 eine Beschlusskompetenz für die Verteilung der Betriebskosten sowohl für das Sonder- als auch für das gemeinschaftliche Eigentum eingeführt worden ist. Im Einzelnen wird hierzu auf die Kommentierung zu § 16 Rn. 46 ff. Bezug genommen.

41

Werden die Kosten des Verbrauchs von Kalt- und Abwasser im Abrechnungsjahr nicht auch in diesem Jahr bezahlt, dürfen sie in der Gesamtabrechnung auch nicht erfasst werden, da kein tatsächlicher Abfluss vorliegt und Rechnungsabgrenzungsposten nach der Rechtsprechung des BGH nicht mehr zulässig sind.[335]

(18) Kontrollfunktion
Eine wesentliche Funktion der Gesamtjahresabrechnung ist darin zu sehen, dass sie der Kontrolle darüber dient, wie der Verwalter die gemeinschaftlichen Gelder verwendet hat.[336] Insoweit wird auch auf die Ausführungen zu den Kontoständen (siehe dazu Rn. 42), zur Plausibilität der Abrechnung

---
[333] Siehe dazu unten Rn. 66.
[334] Gesetz zur Änderung des Wohnungseigentumsgesetzes und anderer Gesetze v. 26. 3. 2007, BGBl. I 2007, S. 370.
[335] BGH v. 17. 2. 2012 – V ZR 251/10, ZMR 2012; a.A. noch BayObLG v. 7. 3. 2002 – 2Z BR 77/01, WuM 2002, 333 (siehe auch unten Rn. 46).
[336] LG Hamburg v. 3. 11. 2010 – 318 S 110/10, ZWE 2011, 129; LG Berlin v. 26. 1. 2010 – 55 S 112/09 WEG, Grundeigentum 2010, 493; OLG Frankfurt/Main v. 16. 10. 2006 – 20 W 278/03 (nicht veröffentlicht).

(siehe dazu Rn. 43) und auf die rechnerische Schlüssigkeit (siehe dazu Rn. 45) verwiesen.

(19) Kontostände

42 Eine vollständige Jahresabrechnung muss auch den Stand der gemeinschaftlichen Konten zum **Jahresanfang** und zum **Jahresende** enthalten.[337] Dies ist erforderlich, damit der einzelne Eigentümer die rechnerische Richtigkeit der Gesamtjahresabrechnung überprüfen kann.[338] Da die Jahresabrechnung durch Zusammenfassung von Kontoständen intransparent werden kann, sind grundsätzlich sämtliche Konten anzugeben.[339] Fehlen die Kontostände in der Jahresabrechnung gänzlich, wird mangels Überprüfbarkeit der Abrechnung auf **Plausibilität** und **rechnerische Schlüssigkeit** ohne Hinzuziehung sonstiger Unterlagen die gesamte Jahresabrechnung (also Gesamt- und Einzelabrechnungen) auf Anfechtung und entsprechende Rüge hin aufzuheben, also der Genehmigungsbeschluss für unwirksam zu erklären sein.[340]

Zur Darstellung sowohl des Giro- als auch des Festgeldkontos sowie auf die Erläuterung der Abweichungen bzw. Differenzen beim Girokonto hinsichtlich tatsächlichem und rechnerischem Kontostand wird auf die entsprechenden Kommentierungen zu den genannten Schlagwörtern (siehe Rn. 34 und 35), auf das Gliederungsbeispiel bei Rn. 31, sowie auf das Muster in Anlage 4 und auf die Ausführungen zur Vermögensübersicht (siehe Rn. 58) verwiesen.

(20) Kosten eines Rechtsstreits
Siehe dazu unten Rn. 50.

(21) Mehrhausanlagen

43 Auch bei Mehrhausanlagen sind grundsätzlich ein einheitlicher Wirtschaftsplan und eine **einheitliche Jahresabrechnung** aufzustellen, über den alle Wohnungs- und Teileigentümer abzustimmen haben.[341] So sind etwa Aufzugskosten bei einer Mehrhausanlage in die Gesamtjahresabrechnung der Gesamtanlage aufzunehmen und grundsätzlich auch auf alle Wohnungseigentümer in den Einzelabrechnungen umzulegen.[342] Zur Beschlusskompetenz hinsichtlich Aufzugs- und sonstiger Betriebskosten auch bei Mehrhausanlagen siehe § 16 Rn. 20 ff., insbesondere Rn. 33.

---

337 LG Rostock v. 10.7.2015 – 1 S 160/14, ZWE 2016, 183; LG Berlin v. 20.11.2009 – 85 S 5/09 WEG, ZMR 2010, 711; BayObLG v. 21.12.1999 – 2Z BR 79/99, NZM 2000, 280.
338 LG Hamburg v. 3.11.2010 – 318 S 110/10, ZWE 2011, 129; LG München I v. 29.4.2010 – 36 S 9595/09, ZMR 2010, 797; OLG Frankfurt/Main v. 16.10.2006 – 20 W 278/03 (nicht veröffentlicht); siehe dazu auch unten zur Vermögensübersicht Rn. 58.
339 LG Lüneburg v. 29.1.2015 – 1 S 45/14, ZMR 2015, 486.
340 LG Hamburg v. 3.11.2010 – 318 S 110/10, ZWE 2011, 129.
341 BayObLG v. 17.11.2000 – 2Z BR 107/00, WuM 2001, 149.
342 OLG Köln v. 17.12.2001 – 16 Wx 181/00, ZMR 2002, 379; BGH v. 28.6.1984 – VII ZB 15/83, NJW 1984, 2576.

Der Grundsatz der einheitlichen Jahresabrechnung bei einer Mehrhausanlage kann jedoch aufgrund einer **Vereinbarung** (Gemeinschaftsordnung oder nachträgliche) durchbrochen sein. In diesem Fall (so genannte **geregelte Untergemeinschaften**) werden eigene Jahresabrechnungen und eigene Wirtschaftspläne in getrennten Versammlungen aufgestellt.[343] Sieht die Gemeinschaftsordnung dagegen nur getrennte Abrechnungskreise für jedes Haus vor (so genannte **ungeregelte Untergemeinschaften**), sind diese zwar zu erstellen, dann aber in die gemeinsame Abrechnung zu integrieren.[344]

Zur Problematik der Mehrhausanlagen im Zusammenhang mit Jahresabrechnungen siehe unten zu Untergemeinschaften **Rn. 56**.

(22) **Nachzahlungsbetrag – Rückerstattungsbetrag**

Falls auch in der Gesamtabrechnung eine Darstellung des Jahresendsaldos erfolgt, was nicht zwingend geboten ist, wird nur der von allen Eigentümern insgesamt geschuldete Nachzahlungsbetrag (wenn also die Summe der Nachzahlungen aller Eigentümer höher ist als die Summe der Rückzahlungsansprüche) oder, im umgekehrten Fall, der insgesamt allen Eigentümern zustehende Rückerstattungsbetrag dargestellt. Eine Anspruchsgrundlage für die Gemeinschaft oder für die einzelnen Eigentümer ergibt sich aber nur aus den Einzelwirtschaftsplänen (siehe dazu Rn. 62a, 65, 68 und 69).

(22a) **Nachzahlungen für Vorjahre**

Tatsächlich eingegangene Zahlungen sind, unabhängig davon, ob sie das Wirtschaftsjahr betreffen (etwa laufende Hausgeldzahlungen) oder Nachzahlungen für vorangegangene Jahre darstellen, als Einnahmen aufzunehmen. Siehe dazu auch Rn. 60 (45) Wohngelder und Wohngeldrückstände.[345]

(23) **Nachvollziehbarkeit**

Enthält eine Abrechnung so viele Mängel und Lücken, dass die ordnungsmäßigen Teile für sich allein keine hinreichende Aussagekraft mehr haben, ist der Beschluss über die Genehmigung der Jahresabrechnung insgesamt für ungültig zu erklären.[346] So hat das OLG München als wesentlichen Maßstab für die Abgrenzung zwischen vollständiger und teilweiser Ungültigerklärung von Jahresabrechnungen die **Vollständigkeit** und **Nachvollziehbarkeit** des **Rechenwerks** für einen durchschnittlichen Wohnungseigentümer bezeichnet.[347]

Siehe auch unten zu „Plausibilität" sowie Rn. 45 zu „Rechnerische Schlüssigkeit" und Rn. 54 zu „Übersichtlichkeit".

Zu den prozessualen Folgen siehe unten Rn. 84 ff.

---

343 BayObLG v. 21. 8. 2003 – 2Z BR 52/03, ZMR 2004, 598.
344 KG Berlin v. 26. 9. 2007 – 24 W 183/06, ZMR 2008, 67.
345 BGH v. 11. 10. 2013 – V ZR 271/12, ZWE 2014, 36.
346 BayObLG v. 17. 6. 2003 – 2Z BR 110/02, ZMR 2003, 761; BayObLG v. 17. 9. 2003 – 2Z BR 150/03; ZMR 2004, 50.
347 OLG München v. 20. 2. 2008 – 34 WX 65/07, OLGR München 2008, 366.

(24) Plausibilität

Der BGH hat im Zusammenhang mit der Darstellung der Ausgaben und Einnahmen sowie der Entwicklung der Instandhaltungsrücklage klargestellt, dass der einzelne Eigentümer die Jahresabrechnung auf ihre Plausibilität hin überprüfen können muss.[348] In diesem Zusammenhang ist zu beachten, dass wegen ihrer Wirkung gegenüber Rechtsnachfolgern (§ 10 Abs. 4) Beschlüsse der Eigentümerversammlung objektiv und normativ auszulegen sind.[349] Dies gilt auch für Beschlüsse nach Abs. 5 zur Genehmigung der Jahresabrechnung.[350] Für diese **Auslegung** sind maßgeblich Wortlaut und Sinn des Beschlusses, wie sie sich für den unbefangenen Betrachter als nächstliegende Bedeutung der Erklärung ergeben.[351] Daher kann für die Auslegung der Jahresabrechnung regelmäßig nur die **Abrechnung** selbst und allenfalls noch das **Protokoll** der Eigentümerversammlung herangezogen werden. Wie bei Rn. 42 zu „Kontostände" bereits dargelegt wurde, kann eine Plausibilitätsprüfung dann nicht stattfinden, wenn die Kontoanfangs- und Kontoendbestände fehlen. Eine Plausibilitätsprüfung scheitert aber auch dann, wenn hinsichtlich der gemeinschaftlichen Konten der **Kontoanfangsbestand** (aller Konten) **plus Einnahmen minus Ausgaben** nicht den **Kontoendstand** (aller Konten) ergibt und die **Differenz** nicht nachvollziehbar **erläutert** wird, da dann keine rechnerische Schlüssigkeit gegeben ist.[352] Bei fehlender Plausibilität ist auf Anfechtung und entsprechende Rüge hin die gesamte Jahresabrechnung (also Gesamt- und Einzelabrechnungen) aufzuheben, also der Genehmigungsbeschluss für unwirksam zu erklären.[353]

Siehe auch oben zur „Nachvollziehbarkeit" und unten bei Rn. 45 zur „rechnerischen Schlüssigkeit" sowie Rn. 54 zu „Übersichtlichkeit".

Zu den prozessualen Folgen siehe unten Rn. 84 ff.

(25) Prozesskosten

44 In die Gesamtjahresabrechnung sind auch Prozesskosten aufzunehmen, wenn sie mit Gemeinschaftsmitteln bezahlt wurden, da dann eine tatsächliche Ausgabe der Gemeinschaft vorliegt.[354]

---

348 BGH v. 11. 10. 2013 – V ZR 271/12, ZWE 2014, 36; BGH v. 4. 12. 2009 – V ZR 44/09, ZWE 2010, 170 (= NJW 2010, 2127).
349 BGH v. 10. 9. 1998 – V ZB 11/98, NJW 1998, 3713; *Bärmann-Klein*, § 10 Rn. 187; siehe dazu auch oben § 23 Rn. 26.
350 BGH v. 23. 9. 1999 – V ZB 17/99, NJW 1999, 3713; siehe zu den Beschlüssen nach Abs. 5 genauer unten Rn. 77 ff.
351 BGH v. 10. 9. 1998 – V ZB 11/98, NJW 1998, 3713; LG München I v. 20. 12. 2010 – 1 S 4319/10, WuM 2011, 308.
352 LG Hamburg v. 3. 11. 2010 – 318 S 110/10, ZWE 2011, 129; LG München I v. 18. 8. 2010 – 1 S 1874/10, ZMR 2011, 64; LG München I v. 30. 11. 2009 – 1 S 23229/08, ZWE 2010, 138.
353 LG Hamburg v. 3. 11. 2010 – 318 S 110/10, ZWE 2011, 129; LG München I v. 30. 11. 2009 – 1 S 23229/08, ZWE 2010, 138; LG Nürnberg-Fürth v. 26. 9. 2008 – 14 S 4692/08, ZMR 2009, 74; LG Berlin v. 20. 11. 2009 – 85 S 5/09 WEG, ZMR 2010, 711.
354 LG Berlin v. 17. 11. 2009 – 55 S 92/09 WEG (zitiert nach juris); OLG Frankfurt v. 11. 8. 2005 – 20 W 56/03, NZM 2006, 302 (jeweils zur Aufnahme in den Wirtschaftsplan).

Zur Berücksichtigung dieser Kosten bei den Einzelabrechnungen siehe unten Rn. 69.

(26) Quartalsabrechnung
Da eine Jahresabrechnung das gesamte Kalenderjahr umfassen muss, darf der Verwalter dies nicht dadurch umgehen, dass er die Abrechnung jeweils nur für die vier Quartale (oder für sonstige Zeitabschnitte) erstellt.[355] Es ist nicht Aufgabe der einzelnen Wohnungseigentümer, mehrere Rechenwerke zusammenzufassen und sich erst so einen Überblick über die Gesamtjahresabrechnung zu verschaffen. Dies gilt auch für den Fall, dass während des Jahres ein Verwalterwechsel eintritt.[356]

45

(27) Rechnerische Schlüssigkeit
Die rechnerische Schlüssigkeit einer Jahresabrechnung liegt dann vor, wenn hinsichtlich der gemeinschaftlichen Konten der (gegebenenfalls zusammengefasste) **Kontoanfangsbestand plus Einnahmen minus Ausgaben** den (gegebenenfalls zusammengefassten) **Kontoendstand** ergibt. Da dies aber in der Praxis kaum vorkommen dürfte (siehe etwa Rn. 37 ff. zu den Heizkosten) muss die **Differenz** nachvollziehbar **erläutert** werden, da ansonsten keine rechnerische Schlüssigkeit gegeben ist.[357]

Bei fehlender rechnerischer Schlüssigkeit ist auf Anfechtung und entsprechende Rüge hin die gesamte Jahresabrechnung (also Gesamt- und Einzelabrechnungen) aufzuheben, also der Genehmigungsbeschluss für unwirksam zu erklären.[358]

Wegen der näheren Einzelheiten wird auf die Ausführungen zu dem wohl synonym verwendbaren Begriff der Plausibilität (siehe oben Rn. 43) verwiesen. Siehe bei Rn. 43 auch zur „Nachvollziehbarkeit" und bei Rn. 54 zu „Übersichtlichkeit".

Zu den prozessualen Folgen siehe unten Rn. 84 ff.

(28) Rechnungsabgrenzung
Da die Jahresabrechnung eine reine Einnahmen- und Ausgabenabrechnung darstellt, ist es grundsätzlich unerheblich, ob der Rechtsgrund für eine Zahlung in der betreffenden Rechnungsperiode gelegt wurde oder ob tatsächliche Auswirkungen auch spätere Jahre betreffen. Nach der Rechtsprechung waren Rechnungsabgrenzungen daher grundsätzlich **nicht** vorzunehmen und erst im nächsten Wirtschaftsjahr fließende Zahlungseingänge oder -ausgänge waren erst im Wirtschaftsplan des nächsten Jahres bzw. in der nächs-

46

---

355 OLG Düsseldorf v. 26. 9. 2006 – 3 Wx 120/06, NZM 2007, 165.
356 Siehe dazu oben Rn. 29.
357 BGH v. 17. 2. 2012 – V ZR 251/10, ZMR 2012; LG Hamburg v. 3. 11. 2010 – 318 S 110/10, ZWE 2011, 129; LG München I v. 18. 8. 2010 – 1 S 1874/10, ZMR 2011, 64; LG München I v. 30. 11. 2009 – 1 S 23229/08, ZWE 2010, 138.
358 LG Hamburg v. 3. 11. 2010 – 318 S 110/10, ZWE 2011, 129; LG München I v. 30. 11. 2009 – 1 S 23229/08, ZWE 2010, 138; LG Nürnberg-Fürth v. 26. 9. 2008 – 14 S 4692/08, ZMR 2009, 74; LG Berlin v. 20. 11. 2009 – 85 S 5/09 WEG, ZMR 2010, 711.

ten Jahresabrechnung zu berücksichtigen.[359] Allerdings hat die Rechtsprechung auch **Ausnahmen** vom reinen Zu- und Abflussprinzip (siehe dazu näher oben Rn. 33) zugelassen und eine Rechnungsabgrenzung für **Heizkosten**[360] als zulässig angesehen.[361] Ebenfalls für zulässig angesehen wurde eine Rechnungsabgrenzung für **Kaltwasser** und **Abwasser**, wenn nach der Gemeinschaftsordnung nach Verbrauch abzurechnen ist.[362] Das KG Berlin hat es auch als zulässig angesehen, dass **mehrjährige Bauarbeiten** erst nach deren Beendigung jahresübergreifend abgerechnet werden, wenn die tatsächliche in der Vorperiode geleisteten Zahlungen nicht in der Jahresabrechnung des Vorjahres erfasst waren.[363]

47 Der **BGH** hat sich gegen die bis dahin herrschende Rechtsprechung der Instanzgerichte ausgesprochen und **Rechnungsabgrenzungen** für **periodenfremde Zahlungen generell** für **unzulässig** erklärt.[364] Die bei Rn. 46 dargestellte frühere Rechtsprechung ist damit überholt. Zur Darstellung nach dem Zu- und Abflussprinzip siehe genauer oben bei **Rn. 33** „Aufstellung tatsächlicher Ausgaben und Einnahmen".

48 Das vom BGH aufgestellte Verbot der Rechnungsabgrenzung (Rn. 47) gilt auch dann, wenn ein Eigentümer sein gesamtes Wohngeld für 2014 oder Teile davon erst im Jahr 2015 (sei es auch dort schon im Januar) bezahlt. Die Gesamtabrechnung für 2014 enthält insoweit keine Einnahme; die Zahlung ist in die Gesamtabrechnung 2015 aufzunehmen.
Zur Behandlung der Zahlung in den **Einzelabrechnungen** siehe Rn. 76.

49 Da der **BGH**, wie bei Rn. 47 dargestellt, **Rechnungsabgrenzungen** für **periodenfremde Zahlungen generell** für **unzulässig** erklärt hat, ist der in der Vorauflage dargestellte Meinungsstreit zur Möglichkeit der Rechnungsabgrenzung entschieden.[365]
Das Verbot einer Rechnungsabgrenzung in der Gesamtabrechnung gilt daher auch dann, wenn die Eigentümer gem **§ 16 Abs. 3** beschlossen haben, bestimmte Betriebskosten **verbrauchsabhängig** abzurechnen.

---

359 LG München I v. 29.4.2010 – 36 S 9595/09, Bei fehlender Plausibilität ist auf Anfechtung und entsprechende Rüge hin die gesamte Jahresabrechnung (also Gesamt- und Einzelabrechnungen) aufzuheben, also der Genehmigungsbeschluss für unwirksam zu erklären.; LG Berlin v. 26.1.2010 – 55 S 112/09 WEG, Grundeigentum 2010, 493; OLG Zweibrücken v. 3.11.1998 – 3 W 224/98, ZMR 1999, 66; BayObLG v. 13.6.2000 – 2Z BR 175/99, WuM 2000, 431 (für Wasser und Abwasser, Strom und Hausmeister); a.A. zu Kaltwasser und Abwasser: BayObLG v. 7.3.2002 – 2Z BR 77/01, WuM 2002, 333; OLG Frankfurt/Main v. 16.10.2006 – 20 W 278/03 (nicht veröffentlicht).
360 LG Nürnberg-Fürth v. 26.9.2008 – 14 S 4692/08, ZMR 2009, 74; BayObLG v. 7.8.2003 – 2Z BR 47/03, ZMR 2004, 131; BayObLG v. 7.3.2002 – 2Z BR 77/01, WuM 2002, 333; OLG Hamm v. 3.5.2001 – 15 W 7/01, ZMR 2001, 1001; BayObLG v. 13.6.2000 – 2Z BR 175/99, WuM 2000, 431; OLG Zweibrücken v. 3.11.1998 – 3 W 224/98, ZMR 1999, 66.
361 Siehe zu den Heizkosten auch oben Rn. 37–38.
362 BayObLG v. 7.3.2002 – 2Z BR 77/01, WuM 2002, 333; OLG Frankfurt/Main v. 16.10.2006 – 20 W 278/03 (nicht veröffentlicht).
363 KG Berlin v. 26.1.2004 – 24 W 182/02, ZMR 2004, 376.
364 BGH v. 17.2.2012 – V ZR 251/10, ZMR 2012.
365 BGH v. 17.2.2012 – V ZR 251/10, ZMR 2012.

Zur Frage, ob ein derartiger Beschluss Auswirkungen auf die Einzelabrechnung hat, siehe Rn. 74.

Das Verbot gilt aufgrund der klaren Aussage des BGH auch in Fällen, in denen es an sich unbillig erscheinen könnte, eine ansonsten ordnungsgemäße Jahresabrechnung teilweise für unwirksam zu erklären, nur weil vereinzelte Rechnungsabgrenzungen vorgenommen wurden, die in einer für jeden nicht kaufmännisch vorgebildeten Eigentümer verständlich dargestellt wurden.

Zur Darstellung einer Spalte „zu verteilende Einnahmen und Ausgaben" in der Gesamtjahresabrechnung siehe unten Rn. 61.

(29) Rechtsstreitskosten

Wenn Gerichts- oder Rechtsanwaltskosten für einen Rechtsstreit mit Mitteln der Gemeinschaft beglichen wurden, müssen diese Kosten als tatsächliche Ausgabe auch in der Jahresgesamtabrechnung erscheinen.[366] 50

(30) Rücklagen

Siehe dazu oben zu Instandhaltungsrücklage Rn. 39 ff. 51

(31) Rückstände aus früheren Jahresabrechnungen

Die Rückstände aus früheren Jahresabrechnungen (**Salden** der früheren Jahresabrechnungen) können zwar auf einem vom Verwalter intern geführten Konto ausgewiesen werden, sind aber als bloße Forderungen nicht in die Jahresgesamtabrechnung einzustellen.[367] 52

Zur Behandlung in einer Einzelabrechnung, wo die Problematik wegen der wohl gewollten Schaffung einer neuen Anspruchsgrundlage für die Altforderungen von Bedeutung ist, siehe unten Rn. 62a und Rn. 70.

Zur Zahlung auf Rückstände aus früheren Jahren siehe oben Rn. 43 zu (22a) Nachzahlungen für Vorjahre.

(32) Rückstände der Eigentümer mit Zahlungen zur Instandhaltungsrücklage

Die Entscheidung des BGH vom 4.12.2009[368] hat insoweit eine Neuerung ergeben. Im Rahmen der Konten- und Vermögensentwicklung sind, in Abweichung von dem Grundsatz, dass Forderungen und Verbindlichkeiten in der Jahresabrechnung nicht ausgewiesen werden, nach dem klaren Wortlaut der Entscheidung auch die Zahlungen für die Instandhaltungsrücklage darzustellen, welche die Eigentümer nach dem Wirtschaftsplan zwar schulden, die aber dennoch nicht bezahlt wurden. Wegen der weiteren Einzel-

---

366 BGH v. 17.10.2014 – V ZR 26/14, ZWE 2015, 91 (zum Wirtschaftsplan); LG Berlin v. 17.11.2009 – 55 S 92/09 WEG (zitiert nach juris); OLG Frankfurt v. 11.8.2005 – 20 W 56/03, NZM 2006, 302 (jeweils zur Aufnahme in den Wirtschaftsplan); OLG Frankfurt/Main v. 11.8.2005 – 20 W 56/03, NJW-RR 2006, 519; zur Einzelabrechnung siehe unten Rn. 69.
367 OLG Düsseldorf v. 30.4.2004 – 3 Wx 65/04, ZMR 2005, 642; BayObLG v. 17.6.2003 – 2Z BR 110/03, ZMR 2003, 761.
368 BGH v. 4.12.2009 – V ZR 44/09, ZWE 2010, 170 (= NJW 2010, 2127).

heiten wird auf Rn. 39 ff., insbesondere auch Rn. 40a verwiesen. Die Darstellung der Rückstände kann den Jahresabrechnungsmustern **Anlage 4–6** entnommen werden.

(33) **Soll-Posten**

53 Da in die Gesamtjahresabrechnung grundsätzlich nur die tatsächlichen Zu- und Abflüsse aufzunehmen sind[369], dürfen Soll-Posten oder Soll-Werte nicht in die (Gesamt-) Abrechnung einfließen.[370]

(34) **Sonderumlagen**

54 Zahlungen aufgrund eines Sonderumlagenbeschlusses sind als tatsächliche Zuflüsse, wie Wohngeldzahlungen (siehe dazu Rn. 60), in die Jahresgesamtabrechnung aufzunehmen.[371]

Zur Umlage in den Einzelabrechnungen siehe unten Rn. 72.

(35) **Übersichtlichkeit**

Das Rechenwerk ist insgesamt für ungültig zu erklären, wenn es für einen durchschnittlichen Eigentümer nicht mehr nachvollziehbar ist.[372] Die erforderliche Übersichtlichkeit ist dabei dann nicht gewährleistet, wenn der einzelne Wohnungseigentümer die Gesamtabrechnung und den Vermögensstatus gar nicht oder nur dann nachvollziehen kann, wenn er sich das Maßgebende erst selbst beschafft.[373]

Ergänzend wird zur übersichtlichen und nachvollziehbaren Darstellung insbesondere auf Rn. 32, 33, 42, 43 und 45 Bezug genommen.

(36) **Unberechtigte Ausgaben**

55 Tatsächlich getätigte Ausgaben sind auch dann in die Jahresabrechnung einzustellen, wenn sie vom Verwalter zu Unrecht getätigt wurden.[374] Unerheblich ist insoweit, ob Schadensersatzansprüche gegen den Verwalter bestehen. Diese müssen gegebenenfalls außerhalb der Jahresabrechnung geltend gemacht werden und fließen bei Zahlung des Verwalters dann in eine spätere Jahresabrechnung ein. Durch die Beschlussfassung über die Jahresabrechnungen wird die Rechtsstellung der Gemeinschaft gegenüber möglichen Regressschuldnern nicht beeinträchtigt.[375] Hat also etwa ein Verwalter Gelder zu Unrecht auf sein eigenes Konto übertragen, wird durch die Jahresabrechnung nicht etwa dieses Verhalten als ordnungsgemäße Verwal-

---

369 Siehe dazu oben Rn. 32.
370 BayObLG v. 10. 4. 2002 – 2Z BR 70/01, NZM 2002, 531.
371 KG Berlin v. 22. 11. 2004 – 24 W 233/03, WuM 2005, 145; OLG Frankfurt/Main v. 17. 1. 2005, 20 W 30/04, OLGR Frankfurt 2005, 736.
372 OLG München v. 20. 2. 2008 – 34 Wx 65/07, NZM 2008, 492; LG München I v. 10. 11. 2008 – 1 T 4472/08, ZWE 2009, 218.
373 LG München I v. 18. 8. 2010 – 1 S 1874/10, ZMR 2011, 64; LG München I v. 30. 11. 2009 – 1 S 23229/08, ZWE 2010, 138.
374 BGH v. 4. 3. 2011 – V ZR 156/10, NJW 2011, 1346; OLG Hamm v. 22. 2. 2007 – 15 W 322/06, ZMR 2008, 60; BayObLG v. 20. 1. 2005 – 2Z BR 117/04, ZMR 2005, 563; OLG München v. 2. 2. 2006 – 32 Wx 143/05, NZM 2006, 382.
375 BGH v. 4. 3. 2011 – V ZR 156/10, NJW 2011, 1346.

tung gebilligt und dem Verwalter dadurch auch keine Entlastung erteilt, so dass auch weiterhin Schadensersatzansprüche gegen den Verwalter geltend gemacht werden können. Probleme könnten sich insoweit nur ergeben, wenn dem Verwalter Entlastung erteilt wurde, da hierin ein negatives Schuldanerkenntnis liegen könnte.[376] Zur Umlage der unberechtigten Kosten siehe unten zur Einzelabrechnung Rn. 73.

(37) **Untergemeinschaften**
Die insbesondere bei Mehrhausanlagen (siehe dazu auch oben Rn. 43) vorkommenden Untergemeinschaften unterscheiden sich in so genannte geregelte und in ungeregelte Untergemeinschaften.

56

Ungeregelte Untergemeinschaften liegen vor, wenn die Gemeinschaftsordnung nur getrennte Abrechnungskreise für jedes Haus vorsieht. In diesem Fall sind zwar die getrennten Abrechnungskreise zu erstellen, die aber in die gemeinsame Abrechnung zu integrieren sind.[377] Trotz der Kostenverteilung nach Häusern liegt aber, wenn in der Gemeinschaftsordnung keine Errichtung von Untergemeinschaften mit eigenen Entscheidungskompetenzen und eigenen Versammlungen vorgesehen ist, eine Jahresabrechnung der Gesamtgemeinschaft vor, die auch von allen Eigentümern der Gesamtgemeinschaft beschlossen werden muss.[378]

Ergänzend wird insoweit auf oben Rn. 43 verwiesen.

Eine **geregelte** Untergemeinschaft liegt dagegen vor, wenn bei Mehrhausanlagen in der Teilungserklärung/**Gemeinschaftsordnung** ausdrücklich angeordnet ist, dass die Untergemeinschaften eigene **Eigentümerversammlungen** einberufen sollen und dass die Mitglieder der Untergemeinschaft dort **Beschlüsse**, auch über eine Jahresabrechnung der Untergemeinschaft, fassen können.[379] In diesem Fall ergibt sich aus der Teilungserklärung/Gemeinschaftsordnung eine Verpflichtung des Verwalters, für die Untergemeinschaft eigene Jahresabrechnungen aufzustellen, über die gesondert in einer Teileigentümerversammlung abzustimmen ist.[380] Zu beachten ist dabei aber, dass die Untergemeinschaft nur eine **Beschlusskompetenz** für Angelegenheiten besitzt, die alleine sie betreffen. Für darüberhinausgehende Beschlüsse fehlt den Mitgliedern der Untergemeinschaft die Beschlusskompetenz, so dass solche Beschlüsse nichtig sind.[381] Angelegenheiten, die auch

---

376 Siehe zur Verwalterentlastung unten Rn. 77 und § 26 Rn. 46 und Rn. 47.
377 KG Berlin v. 26.9.2007 – 24 W 183/06, ZMR 2008, 67.
378 LG München I v. 31.1.2011 – 1 S 15378/10, ZfIR 2011, 364; BayObLG v. 17.11.2000 – 2Z BR 107/00, WuM 2001, 149; KG Berlin v. 8.1.1997 – 24 W 7385/96, WuM 1997, 237.
379 BGH v. 20.7.2012 – V ZR 231/11, ZWE 2012, 494; LG München I v. 20.12.2010 – 1 S 8436/10, NZM 2011, 125.
380 BGH v. 20.7.2012 – V ZR 231/11, ZWE 2012, 494; BayObLG v. 21.8.2003 – 2Z BR 52/03, ZMR 2004, 598; LG München I v. 20.12.2010 – 1 S 8436/10, NZM 2011, 125.
381 Siehe zur Beschlusskompetenz für einen vereinbarungsändernden Beschluss § 15 Rn. 9 ff.

andere Untergemeinschaften oder die Gesamtgemeinschaft betreffen, können nur durch die Gesamtgemeinschaft geregelt werden.[382]

Schon die Erstellung der Gesamtabrechnung bereitet in der Praxis regelmäßig Schwierigkeiten.

Die Feststellung der gemeinschaftsbezogenen Zu- und Abflüsse ist unabhängig davon, ob sie die Gesamtgemeinschaft und/oder einzelne oder mehrere Untergemeinschaften betreffen, immer Aufgabe der Gesamtgemeinschaft. Daher muss zunächst die **Gesamtgemeinschaft** eine **Gesamtabrechnung** erstellen, in der **alle** gemeinschaftsbezogenen (auch alle Untergemeinschaften betreffenden) Ausgaben und Einnahmen enthalten sind. Da bei den geregelten Untergemeinschaften aber in der Gemeinschaftsordnung vorgesehen ist, dass bestimmte Positionen durch die Untergemeinschaften verteilt werden müssen, müssen zunächst in der Gesamtabrechnung der Gesamtgemeinschaft diese **Positionen** den einzelnen **Untergemeinschaften zugewiesen** werden. Die grundsätzliche Feststellung und Verteilung der Kosten auf die einzelnen Untergemeinschaften berührt immer die Interessen sämtlicher Eigentümer. Würden nur die Miteigentümer der einen Untergemeinschaft über die Zuweisung entscheiden, könnten sie sich (auch zu Unrecht) einen zu niedrigen Anteil an den Ausgaben zuweisen, den sie dann verteilen. Da auch die anderen Untergemeinschaften sich für die Verteilung (zu Recht) als nicht zuständig ansehen würden, müssten letztlich alle übrigen Miteigentümer die entstandenen Kosten verteilen und tragen.[383]

Einnahmen können dabei regelmäßig den Untergemeinschaften nicht zugewiesen werden, da die Gemeinschaftsordnungen in der Praxis nur Kostenverteilungen regeln. Dem Kommentator sind jedenfalls keine Gemeinschaftsordnungen bekannt geworden, in denen getrennte Wohngelder für die Gesamt- und für die jeweiligen Untergemeinschaften vorgesehen sind. Bezüglich der hiervon zu trennenden Frage, ob Wohngelder einheitliche Forderungen der Gesamtgemeinschaft sind, wird auf oben Rn. 12 verwiesen.

Zu den Problemen bei den **Einzelabrechnungen** siehe unten Rn. 73.

Andererseits ist es aber nicht zulässig, dass bei mehreren **selbständigen Wohnungseigentümergemeinschaften** eine „**Dachgemeinschaft**" für mehrere Häuserblöcke gebildet und sodann für die Gesamtanlage ein einheitlicher Wirtschaftsplan erstellt wird.[384]

(38) Verbindlichkeit des Abrechnungsinhalts

57 Wie bereits bei Rn. 34 ausgeführt, besteht eine wesentliche Aufgabe der Jahresgesamtabrechnung darin, dass die gesamten Einnahmen und die gesamten Ausgaben verbindlich festgestellt werden.[385] Da aus der Gesamtjah-

---

382 BGH v. 20. 7. 2012 – V ZR 231/11, ZWE 2012, 494.
383 LG München I v. 20. 12. 2010 – 1 S 8436/10, NZM 2011, 125.
384 OLG Düsseldorf v. 2. 4. 2003 – 3 Wx 223/02, ZMR 2003, 765.
385 BGH v. 4. 12. 2009 – V ZR 44/09, ZWE 2010, 170 (= NJW 2010, 2127); BGH v. 30. 11. 1995 – V ZB 16/95, ZMR 1996, 215; BGH v. 10. 3. 1994 – IX ZR 98/93, NJW 1994, 1866.

resabrechnung die Einzelabrechnungen abzuleiten sind[386], haben diese Feststellungen Bindungswirkungen auch für die Einzelabrechnungen. Zu den Besonderheiten bei den Heizkosten siehe Rn. 37 ff. Zu den verbindlichen Feststellungen in den Einzelabrechnungen siehe Rn. 73.

Zu den Besonderheiten, die sich ergeben, wenn ein Wohnungseigentümer erst nach Ablauf des Wirtschaftsjahres Wohngeldrückstände bezahlt, siehe unten Rn. 76.

Zu den Auswirkungen bei materiell-rechtlich unrichtigen Jahresabrechnungen siehe unten Rn. 83 und zu den Rechtswirkungen des Genehmigungsbeschlusses siehe Rn. 83a.

(39) **Verbindlichkeiten**
Verbindlichkeiten, die noch zu keinem tatsächlichen Geldabfluss bei der Gemeinschaft geführt haben, dürfen ebenso wie Forderungen nicht in die Jahresabrechnung aufgenommen werden.[387]

Zur Darstellung, wenn Forderungen und Verbindlichkeiten der Gemeinschaft durch Aufrechnung erloschen sind, siehe oben Rn. 33.

(40) **Verhältnis Jahresabrechnung/Wirtschaftsplan**
Wie bei Rn. 52 gezeigt wurde, sind nach der Entscheidung des BGH vom 4. 12. 2009[388] im Rahmen der Konten- und Vermögensentwicklung auch die Zahlungen für die Instandhaltungsrücklage darzustellen, welche die Eigentümer nach dem Wirtschaftsplan zwar schulden, die aber dennoch nicht bezahlt wurden. Wegen der weiteren Einzelheiten hierzu wird auf Rn. 39 ff., insbesondere auch Rn. 40a verwiesen.

Weitere Auswirkungen auf die Gesamtabrechnung hat der Wirtschaftsplan nicht, da die Gesamtabrechnung ansonsten nur tatsächliche Zu- und Abflüsse und Kontostände wiedergibt und es insoweit ohne Bedeutung ist, ob dies den Vorgaben des Wirtschaftsplans entspricht.

(41) **Vermögensentwicklung**
Wie bereits oben bei Rn. 32 ausgeführt, enthält eine vollständige Jahresabrechnung auch eine Übersicht, in welcher der Stand der gemeinschaftlichen **Konten** und auch des **Bargeldbestandes** zum **Jahresanfang** und **Jahresende** und die **Entwicklung** des Vermögens, insbesondere der **Instandhaltungsrücklage,** dargestellt sind. Der BGH hat hierzu klargestellt, dass zwar infor-

58

---

386 OLG Düsseldorf v. 3. 8. 2007 – 3 Wx 84/07, ZWE 2007, 452; BayObLG v. 21. 12. 1999 – 2Z BR 79/99, NZM 2000, 280; BayObLG v. 3. 3. 1994 – 2Z BR 129/93, WuM 1994, 568; LG Dessau-Roßlau v. 29. 10. 2009 – 5 S 89/09, ZMR 2010, 471: „Allein das Fehlen einer ordnungsgemäßen Gesamtabrechnung führt daher zur Aufhebung des angefochtenen Beschlusses, ohne dass es darauf ankäme, ob die Einzelabrechnung inhaltlich zutreffend wäre".
387 BayObLG v. 21. 12. 1999 – 2Z BR 79/99, NZM 2000, 280; siehe dazu auch oben Rn. 32.
388 BGH v. 4. 12. 2009 – V ZR 44/09, ZWE 2010, 170 (= NJW 2010, 2127).

matorisch auch der Stand der **buchhalterischen** Hausgeldkonten unter Berücksichtigung von Vorjahresrückständen (sowohl bei Gesamt- als auch bei Einzelabrechnungen) aufgezeigt werden kann, dass aber der Nachweis der Buchhaltungskonten kein Bestandteil der Jahresabrechnung und kein Bestandteil des Genehmigungsbeschlusses ist. Kein Bestandteil der Gesamtabrechnung und des Genehmigungsbeschlusses ist ein **Vermögensstatus** dergestalt, dass aufgezeigt wird, dass die im Wirtschaftsjahr entstandenen Kosten durch die laufenden Hausgelder gedeckt sind.[389]

Die **Vermögensübersicht** ist insgesamt (soweit nicht die Schlüssigkeitskontrolle oder die Überprüfung der Plausibilität verhindert wird – siehe sogleich) kein solcher Bestandteil der Jahresabrechnung, dessen Fehlen zu einer Ungültigerklärung der Abrechnung führen würde. Der Genehmigungsbeschluss der Eigentümer erstreckt sich nicht auf die Vermögensübersicht, da ein Beschluss zu Kontoständen ohne Wirkungen wäre, da ein Kontostand dadurch nicht beeinflusst werden kann. Beim gänzlichen Fehlen der Vermögensübersicht oder dem Fehlen von Teilen der Vermögensübersicht steht dann dem einzelnen Eigentümer (nur) ein **Anspruch auf Ergänzung** der Abrechnung zu.[390]

Der BGH hat nunmehr klargestellt, dass die Wohnungseigentümer nicht berechtigt sind, bereits entstandene, aber noch nicht erfüllte Zahlungsverpflichtungen eines Wohnungseigentümers mit Stimmenmehrheit erneut zu beschließen und so neu zu begründen. Ein dennoch gefasster Beschluss ist wegen fehlender Beschlusskompetenz nichtig.[391] Die früher in der Rechtsprechung vertretene Gegenansicht ist damit überholt.[392]

Eine wesentliche Funktion der Vermögensübersicht ist es jedoch, dem Eigentümer eine **Schlüssigkeitskontrolle** (= Überprüfung der **Plausibilität**) der Jahresabrechnung zu ermöglichen. Wie bereits bei Rn. 37 ff. dargestellt, hat der BGH bei den Heizkosten Abweichungen vom strengen Zu- und Abflussprinzip zugelassen. Wenn in diesem Fall jedoch nur die Kontostände am Jahresanfang und am Jahresende angegeben wären, würde sich bei Berücksichtigung der in der Jahresabrechnung erfassten Zu- und Abflüsse keine rechnerische Schlüssigkeit ergeben. Daher bedarf es insoweit einer Erläuterung. Diese könnte auch im Rahmen der Vermögensübersicht erfolgen, da es dem Verwalter überlassen ist, an welcher Stelle er die Erläuterung macht. Entscheidend ist nur, dass die Plausibilitätsprüfung möglich ist.

Die erforderliche **Übersichtlichkeit**[393] ist dann nicht gewährleistet, wenn der einzelne Wohnungseigentümer die Gesamtabrechnung und den Vermögensstatus nur nachvollziehen kann, wenn er sich das maßgebende Zahlen-

---

389 BGH v. 11.10.2013 – V ZR 271/12, ZWE 2014, 36.
390 OLG Frankfurt/Main v. 16.10.2006 – 20 W 178/03 (nicht veröffentlicht); OLG Frankfurt/Main v. 17.1.2005 – 20 W 30/04, OLGR Frankfurt 2005, 736; BayObLG v. 28.2.2002 – 2Z BR 171/01, NZM 2002, 455; BayObLG v. 5.5.1993 – 2Z BR 29/93, WuM 1993, 488.
391 BGH v. 9.3.2012 – V ZR 147/11, ZWE 2012, 260.
392 So etwa noch: OLG Frankfurt/Main v. 16.10.2006 – 20 W 278/03 (nicht veröffentlicht); BayObLG v. 28.2.2002 – 2Z BR 171/01, NZM 2002, 455.
393 LG München I v. 9.11.2006 – 1 T 6490/06, ZMR 2007, 567.

Wirtschaftsplan, Rechnungslegung § 28 WEG

werk erst aufgrund einer erläuternden Darstellung des Verwalters durch eine Vielzahl von Zu- und Abrechnungen errechnen muss.[394] Wenn aufgrund der Lückenhaftigkeit der Vermögensübersicht oder aufgrund falscher Angaben hierin (etwa: falsche Kontostände) die Jahresabrechnung nicht mehr schlüssig ist, wird bei einer rechtzeitigen **Rüge** die gesamte Jahresabrechnung auf **Anfechtungsklage** hin für **ungültig zu erklären** sein. So hat das OLG München als wesentlichen Maßstab für die Abgrenzung zwischen vollständiger und teilweiser Ungültigerklärung von Jahresabrechnungen die **Vollständigkeit** und **Nachvollziehbarkeit** des **Rechenwerks** für einen durchschnittlichen Wohnungseigentümer bezeichnet.[395]

Ergänzend wird insoweit auf Rn. 33, 41, 42, 43, 45 und 54 verwiesen.

Wegen der näheren Einzelheiten zu den prozessualen Möglichkeiten wird auf unten Rn. 86 und 88 Bezug genommen.

Eine mögliche Darstellung wird in der als **Anlage 4 und 6** beigegebenen Jahresabrechnung vorgestellt.

(42) **Verständlichkeit**
Insoweit wird auf die Ausführungen zur Übersichtlichkeit bei Rn. 54 und die dortigen Verweise Bezug genommen.

(43) **Warmwasser**
Siehe dazu oben zu Heizkosten Rn. 37 f.   59

(44) **Wirtschaftsplan**
Zum Verhältnis des Wirtschaftsplans zur Jahresabrechnung siehe oben Rn. 57. Zur Änderung des Verteilungsschlüssels bei den Einzelabrechnungen siehe unten Rn. 74.

(45) **Wohngelder und Wohngeldrückstände**
Die eingenommenen Wohngelder oder Hausgelder stellen regelmäßig den   60
größten Teil der Einnahmen einer Wohnungseigentümergemeinschaft dar. Bereits oben bei Rn. 12 wurde zum Wirtschaftsplan dargestellt, dass alle Zahlungen der Eigentümer Einnahmen der Gemeinschaft sind und als solche auch auszuweisensind. Dies gilt selbstverständlich für die Jahresabrechnung ebenfalls. Auch **Nachzahlung** auf Rückstände aus Vorjahren stellen, im Gegensatz zu offenen Forderungen, in der Gesamtabrechnung eine Einnahme der Wohnungseigentümergemeinschaft aus Hausgeldzahlung (**Wohngeldzahlung**) dar. Gleiches gilt für Zahlungen auf Abrechnungsspitzen aus dem Vorjahr, die ebenfalls erst mit dem Beschluss über die Jahresabrechnung fällig werden und daher im Folgejahr eine Einnahme darstellen. Die Gesamtabrechnung **kann** eine nähere **Aufschlüsselung** der in dem Abrechnungszeitraum eingegangenen Hausgeldzahlungen im Hinblick auf die Abrechnungszeiträume enthalten, für die sie geschuldet waren; weil die Jah-

---
394 OLG Hamm v. 3. 5. 2001 – 15 W 7/01, ZMR 2001, 1001.
395 OLG München v. 20. 2. 2008 – 34 WX 65/07, OLGR München 2008, 366.

T. Spielbauer   915

resabrechnung eine reine Einnahmen- und Ausgabenrechnung darstellt, sind solche Angaben aber nicht zwingend erforderlich.[396]

Die Praxis zeigt, dass einige EDV-Programme die Wohngeldzahlungen zunächst nicht als Einnahmen behandeln. Dies ist aus Sicht der wohnungseigentumsrechtlichen Praxis ein Mangel der Programme, der sich nur dann nicht auswirkt, wenn die Wohngeldzahlungen jedenfalls später aufgeführt und vom Beschluss umfasst werden sowie die Abrechnung trotzdem für einen durchschnittlichen Eigentümer übersichtlich und nachvollziehbar bleibt.

Zu den weiteren Einzelheiten bezüglich einheitlicher Forderung wird auf die Kommentierungen zu Rn. 12 und hinsichtlich Problemen bei den Einzelabrechnungen aufgrund von Tilgungsbestimmungen zu Rn. 76 Bezug genommen.

(46) **Zuflussprinzip**
Bei der Jahresabrechnung gilt, von wenigen Ausnahmen abgesehen, das Zu- und Abflussprinzip, so dass nur tatsächlich geflossene Gelder in der Jahresabrechnung erscheinen. Siehe dazu genauer oben Rn. 33 „Aufstellung tatsächlicher Ausgaben und Einnahmen (Ist-Abrechnung)".

Zur Darstellung einer Spalte „zu verteilende Einnahmen und Ausgaben" in der Gesamtjahresabrechnung siehe unten Rn. 61.

(47) **Zinsen, Zinsabschlagsteuer**

61 Wenn die Gemeinschaft Zinsen auf ihren Bankkonten erwirtschaftet (etwa bei Festgeld- oder Sparkonto für Instandhaltungsrücklage), sind diese als tatsächliche Einnahmen in der Jahresabrechnung aufzuführen, da es sich um einen tatsächlichen Zufluss für die Gemeinschaft handelt.[397] Als Ausgaben sind dagegen die für diese Zinsen gezahlten Zinsabschlagsteuern **(Kapitalertragssteuer und Solidaritätszuschlag)** aufzunehmen.[398] Dies gilt nach dem Zu- und Abflussprinzip (siehe oben Rn. 33) dann, wenn die Bank die Bruttozinsen gutschreibt und sodann (oder gleichzeitig) die Steuern belastet. Wenn die Bank nur den Nettozins gutschreibt und nur im Rahmen der Buchungserläuterungen darstellt, wie sich der tatsächlich gebuchte Nettozins errechnet, erscheint es nach der hier vertretenen Meinung auch zulässig, dass nur der Nettozins als Einnahme in die Jahresabrechnung aufgenommen wird. In diesem Fall dürfen die Steuern dann selbstverständlich nicht als Ausgaben erfasst werden (da sie ja nicht nochmals abgeflossen sind). Es wird hier aber erforderlich sein, die Eigentümer, die ja möglicherweise sowohl die Bruttozinsen als auch die Steuerbeträge dem Finanzamt gegenüber in der Steuererklärung angeben müssen, anderweitig zu informieren und ihnen eine entsprechende Bescheinigung für die Steuererklärung zu erteilen.

---

396 BGH v. 11. 10. 2013 – V ZR 271/12, ZWE 2014, 36.
397 BGH v. 11. 10. 2013 – V ZR 271/12, ZWE 2014, 36; OLG Hamburg v. 2. 2. 2004 – 2 Wx 133/01, ZMR 2004, 452.
398 OLG Düsseldorf v. 16. 11. 1998 – 3 Wx 397/97, ZMR 1999, 275; ebenso: *Staudinger-Bub*, § 28 WEG Rn. 340.

Zur Darstellung der Zinsen, wenn diese auf dem Festgeldkonto anfallen und bei der Rücklage verbleiben sollen, siehe oben Rn. 40.

Muss die Gemeinschaft einen Kredit aufnehmen, sind die **Kreditzinsen** als Ausgabe anzusetzen.[399]

(47a) **Zu verteilende Ausgaben und Einnahmen**
Die Jahresabrechnung ist zwar grundsätzlich von einem strengen Zu- und Abflussprinzip beherrscht, von dem nur bei den Heizkosten und (nach der hier vertretenen Meinung) bei zulässigen Aufrechnungen teilweise abgewichen wird (siehe dazu oben zu den jeweiligen Begriffen). Da aber – neben den beiden genannten Ausnahmen – in der Gesamtabrechnung auch tatsächliche Zu- und Abflüsse erscheinen, die in den Einzelabrechnungen nicht auf die Eigentümer in diesem Jahr umgelegt werden dürfen (etwa: Nachzahlungen der Eigentümer auf die Abrechnungen des Vorjahres – siehe dazu oben), erscheint es sinnvoll, bereits in der Gesamtabrechnung neben den Spalten „tatsächliche Abflüsse" und „tatsächliche Zuflüsse" noch zusätzliche Spalten „zu verteilende Ausgaben" und „zu verteilende Einnahmen" aufzunehmen, da ansonsten nicht nachvollziehbar wäre, warum in den Einzelabrechnungen andere Beträge auf die Eigentümer verteilt werden, als diejenigen, die in der Gesamtabrechnung erscheinen. Wenn diese Unterschiede nicht „selbsterklärend" sind (etwa: bei Nachzahlungen auf die Vorjahresabrechnung dürfte allgemein klar sein, dass diese die Abrechnung des Vorjahres abschließen und sich nicht (nochmals) auf das Ergebnis des laufenden Wirtschaftsjahres auswirken dürfen), müssen die Differenzen nachvollziehbar erläutert werden.

Siehe dazu etwa die **Beispiele** in den Musterabrechnungen Anlage 4 und Anlage 6 mit den Hinweisen (H:6), (H:9), (H:10), (H:15), (H:16), (H:17), (H:18).

(48) **Zwangsverwaltung/Zwangsversteigerung**
Ebenso wie ein Eigentümerwechsel während des Kalenderjahres hat weder die Anordnung einer Zwangsverwaltung noch eine erfolgte Zwangsversteigerung auf die Gesamtjahresabrechnung Einfluss, da sich die Zwangsverwaltung und die Zwangsversteigerung nicht auf die tatsächlichen Einnahmen und Ausgaben der Gemeinschaft auswirken. Zur Auswirkung auf die Einzelabrechnung siehe unten Rn. 76.

c) Einzelabrechnung

aa) Überblick

Aus der **Gesamtjahresabrechnung**[400] sind -von gewissen Ausnahmen bei den Heizkosten (unten Rn. 64) und bei Aufrechnungen (unten Rn. 62a) ab- 62

---

399 OLG Düsseldorf v. 1. 6. 2004 – 3 Wx 100/04, NZM 2004, 832 (zum Schadensersatzanspruch gegen den Verwalter bei unberechtigter Kreditaufnahme).
400 Siehe oben Rn. 32 ff.

gesehen- die **Einzelabrechnungen** abzuleiten[401], in denen dann verbindlich festgelegt wird, welche Beträge an die einzelnen Wohnungseigentümer zurückzuzahlen oder von diesen nachzuzahlen sind.[402] Eine Einzelabrechnung ist für die Wohnung bestimmt (**objektbezogen**)[403], sodass nicht mehrere Einzelabrechnungen nach Köpfen zusammengefasst werden dürfen.[404] Die Einzelabrechnungen enthalten, auch wenn eine kombinierte Abrechnung[405] erstellt wird, die Angabe des zutreffenden **Verteilungsschlüssels**[406], die Gegenüberstellung der anteilig zu tragenden Beträge (= **Ausgaben)** und der geleisteten Vorauszahlungen und sonstiger anteiliger Einnahmen (= **Einnahmen)** sowie den sich daraus ergebende Saldo in Form eines **Nachzahlungs-** oder **Rückerstattungsbetrages**. Der BGH hat mehrfach ausdrücklich klargestellt, dass die Wohnungseigentümer mit dem Beschluss über die Jahresabrechnung den Wirtschaftsplan nicht ändern wollen. Soweit sich die Zahlungsverpflichtungen aus der Jahresabrechnung mit noch offenen Vorschussforderungen aus dem Wirtschaftsplan decken, bestätigt und verstärkt der Jahresabrechnungsbeschluss die Forderung aus dem Wirtschaftsplan, wobei diesem Aspekt künftig wohl kaum noch eine Bedeutung zukommen wird. Grund hierfür ist, dass lediglich, soweit die sich aus der Jahresabrechnung ergebende Zahlungsverpflichtung des Eigentümers die im Wirtschaftsplan beschlossenen (Soll-)Vorschüsse übersteigt (= Definition der Abrechnungsspitze – siehe dazu Rn. 62a),durch die Jahreseinzelabrechnung erstmalig und originär ein Anspruch gegen einen konkreten Eigentümer begründet (also eine neue **Anspruchsgrundlage** geschaffen) wird.[407]

Die **Darstellung** muss so sein, dass die Einzelabrechnung für einen Eigentümer auch ohne Zuziehung eines Buchprüfers oder Sachverständigen **verständlich** ist.[408] Siehe zur verständlichen Darstellung auch die Ausführun-

---

401 LG München I v. 14. 11. 2011 – 1 S 4681/11, ZMR 2012, 394; OLG Düsseldorf v. 3. 8. 2007 – 3 Wx 84/07, ZWE 2007, 452; BayObLG v. 21. 12. 1999 – 2Z BR 79/99, NZM 2000, 280; BayObLG v. 3. 3. 1994 – 2Z BR 129/93, WuM 1994, 568; LG Dessau-Roßlau v. 29. 10. 2009 – 5 S 89/09, ZMR 2010, 471: „Allein das Fehlen einer ordnungsgemäßen Gesamtabrechnung führt daher zur Aufhebung des angefochtenen Beschlusses, ohne dass es darauf ankäme, ob die Einzelabrechnung inhaltlich zutreffend wäre".
402 BayObLG v. 23. 4. 1993 – 2Z BR 113/92, NJW-RR 1993, 1166; OLG Hamm v. 25. 4. 1998 – 15 W 13/98, ZMR 1998, 715.
403 BGH v. 10. 9. 1998 – V ZB 11/98, NJW 1998, 3713; BGH v. 30. 11. 1995 – V ZB 16/95, ZMR 1996, 215; LG Köln v. 7. 10. 2010 – 29 S 57/10, ZMR 2011, 165; OLG München v. 26. 4. 2007 – 32 Wx 26/07 (nicht veröffentlicht); KG Berlin v. 18. 11. 1998 – 24 W 5437/98, ZMR 1999, 352.
404 LG Hamburg v. 23. 7. 2014 – 318 S 43/14, ZWE 2015, 220.
405 Siehe dazu oben Rn. 31.
406 Siehe dazu unten Rn. 74.
407 BGH v. 4. 12. 2009 – V ZR 44/09, ZWE 2010, 170 (= NJW 2010, 2127); BGH v. 23. 9. 1999 – V ZB 17/99, NJW 1999, 3713; BGH v. 30. 11. 1995 – V ZB 16/95, NJW 1996, 725 (= ZMR 1996, 215); BGH v. 10. 3. 1994 – IX ZR 98/93, NJW 1994, 1866; OLG Hamm v. 22. 1. 2009 – 15 Wx 208/08, ZWE 2009, 216; LG Saarbrücken v. 2. 3. 2009 – 5 T 114/08, ZMR 2009, 953; LG Bonn v. 28. 1. 2009 – 8 T 33/08, ZMR 2009, 476; KG Berlin v. 18. 11. 1998 – 24 W 5437/98, ZMR 1999, 352.
408 Für alle: BGH v. 4. 12. 2009 – V ZR 44/09, ZWE 2010, 170 (= NJW 2010, 2127); OLG Hamm v. 3. 5. 2001 – 15 W 7/01, ZMR 2001, 1001.

gen zur Gesamtabrechnung bei Rn. 32 und 33, die sinngemäß auch hier gelten.
Ergänzend wird auf die Kommentierungen zum Beschluss nach Abs. 5 (Rn. 77–88) Bezug genommen.

Gliederung einer (sehr vereinfachten) **Einzel-Jahresabrechnung**
I. Ausgaben (Gesamtausgaben – Verteilungsschlüssel – Ausgabenanteil)
II. Einnahmen (Gesamteinnahmen – Verteilungsschlüssel – Einnahmenanteil)
III. Ergebniszusammenstellung (hinsichtlich Ausgaben und Einnahmen)
IV. Berechnung des Jahresendsaldos des Eigentümers (Rückerstattungsbetrag oder Nachzahlungsbetrag – unter Berücksichtigung der laut Wirtschaftsplan geschuldeten Zuführungen zur Instandhaltungsrücklage (aus dem Wohngeld) – siehe dazu das Gliederungsbeispiel oben bei Rn. 10)

Ein **Muster** für eine Einzel-Jahresabrechnung ist in der **Anlage 5** dargestellt.

Ein Verwalter ist ohne gesonderte Vereinbarung nicht verpflichtet, für eine vermietete Wohnung eine Einzeljahresabrechnung zu erstellen, die unverändert als wirksame Betriebskostenabrechnung gegenüber dem **Mieter** verwendet werden kann.[409]

bb) Einzelfälle
In der gerichtlichen Praxis führen bei Einzelabrechnungen und bei kombinierten Abrechnungen (siehe dazu oben Rn. 31) insbesondere folgende Punkte regelmäßig zu Streitigkeiten (ergänzend wird zu einzelnen Punkten auf die Ausführungen zur Gesamtabrechnung Rn. 33–61 Bezug genommen):

(1) **Abrechnungsspitze**

Der BGH hat die Abrechnungsspitze inhaltlich **definiert** als den auf den einzelnen Wohnungseigentümer entfallenden **Betrag**, welcher die in dem Wirtschaftsplan für das abgelaufene Jahr beschlossenen **Vorschüsse** übersteigt.[410] Zu den rechtlichen Wirkungen hat der BGH ausgeführt, dass der Beschluss über die **Jahresabrechnung anspruchsbegründend nur** hinsichtlich des Betrags der **Abrechnungsspitze** ist. Der BGH führt weiter aus, dass im Hinblick auf Zahlungsverpflichtungen, die durch frühere Beschlüsse entstanden sind, er dagegen nur bestätigende und rechtsverstärkende Wirkung hat. Insbesondere führt der Beschluss über die Jahresabrechnung **nicht** zu einer **Verdoppelung** des **Rechtsgrunds** für rückständige **Vorschüsse** in dem Sinne, dass sie sowohl auf Grund des Beschlusses über den Wirtschaftsplan als auch auf Grund des Beschlusses über die Jahresabrechnung geschuldet

62a

---
409 BayObLG v. 4.4.2005 – 2Z BR 198/04, WuM 2005, 480; OLG Frankfurt/Main v. 16.10.2006 – 20 W 278/03 (nicht veröffentlicht).
410 BGH v. 4.4.2014 – V ZR 168/13, ZWE 2014, 261; BGH v. 1.6.2012 – V ZR 171/11, NJW 2012, 2797 (mit weiteren Fundstellen für die ständige Rechtsprechung des Senats insoweit).

wären. Bei den in § 28 Abs. 2 geregelten Vorschüssen der Wohnungseigentümer handelt es sich nicht um gewöhnliche Abschlagszahlungen, für die charakteristisch ist, dass sie von dem Gläubiger nicht mehr verlangt werden können, sobald eine Berechnung der eigentlichen Forderung vorliegt. Die Jahresabrechnung dient nicht der Ermittlung des „eigentlichen" Beitragsanspruchs, sondern **nur** der **Anpassung** der laufend zu erbringenden **Vorschüsse an** die **tatsächlichen Kosten.**[411] Ein Beschluss der Wohnungseigentümer über die Jahresabrechnung kann Verbindlichkeiten **nur für und gegen** die bei Beschlussfassung eingetragenen **Wohnungseigentümer, nicht** aber für deren **Rechtsvorgänger** begründen.[412]

Zu der Frage, welchen Einfluss es auf die Rechtswirkungen der Anfechtungsspitze hat, wenn einzelne **Positionen** in den **Einzelabrechnungen** vom Gericht für **unwirksam** erklärt werden, liegt noch keine Entscheidung des BGH vor. Nach der hier vertretenen Meinung kann eine Abrechnungsspitze nur dann Rechtswirkungen hervorrufen, wenn eine **vollständige Einzelabrechnung** vorliegt, die nicht in einzelnen Ausgaben- oder Einnahmenpositionen nichtig oder für unwirksam erklärt worden ist. Anderenfalls könnte, worauf auch das LG Frankfurt hingewiesen hat, etwa bei Wegfall der größten Ausgabeposition eine für den Eigentümer positive Abrechnungsspitze verbleiben, die zu einem (i.d.R. sofort fälligen) Rückzahlungsanspruch führen würde, obgleich sich bei Berücksichtigung der (derzeit nicht berücksichtigungsfähigen) Ausgaben ein Nachzahlungsanspruch ergeben würde.[413]

Zu der weiteren Frage, ob die Abrechnungsspitze **ausdrücklich in** der (Einzel-)**Abrechnung** auszuweisen ist und ob die Eigentümer ausdrücklich über die Abrechnungsspitze **Beschluss** fassen, oder ob es ausreichend ist, dass die Abrechnungsspitze **bestimmbar** ist **(aus Einzelabrechnung und Einzelwirtschaftsplan)**, hat sich der BGH bisher nicht geäußert.

Die Abrechnungsspitze wurde in der Vergangenheit von den Verwaltern üblicherweise nicht in den Jahreseinzelabrechnungen ausgewiesen und spielte in der obergerichtlichen Praxis in den Anfechtungsprozessen kaum eine Rolle. Soweit erkennbar hat nur das OLG Düsseldorf für den Fall eines vor Beschlussfassung über die Jahresabrechnung erfolgten Eigentümerwechsels die Ausweisung einer Abrechnungsspitze für erforderlich gehalten.[414] Auch das LG Frankfurt dürfte die Ausweisung wohl grundsätzlich verlangen, da es eine teilweise Aufrechterhaltung der ausgewiesenen Abrechnungsspitze abgelehnt hat, da dies eine erhebliche Umgestaltung der Abrechnung darstellen würde.[415] Die Abrechnungsspitze erlangte in der Vergangenheit meist in den Zahlungsprozessen Bedeutung, insbesondere wenn es auch um Wohngeldrückstände im Zusammenhang mit Wohnungs-

---

411 BGH v. 4.4.2014 – V ZR 168/13, ZWE 2014, 261; BGH v. 1.6.2012 – V ZR 171/11, NJW 2012, 2797 (mit weiteren Fundstellen für die ständige Rechtsprechung des Senats insoweit).
412 BGH v. 2.12.2011 – V ZR 113/11, NZM 2012, 159.
413 LG Frankfurt v. 17.2.2016 – 2-13 S 225/13, Grundeigentum 2016, 604.
414 OLG Düsseldorf v. 20.10.2000 – 3 Wx 283/00, ZWE 2001, 77.
415 LG Frankfurt v. 17.2.2016 – 2-13 S 225/13, Grundeigentum 2016, 604.

veräußerungen oder bei Anordnung von Zwangsverwaltungen ging.[416] Dennoch wurde schon früher im Schrifttum gefordert, die Abrechnungsspitze ausdrücklich in der Jahreseinzelabrechnung auszuweisen[417]. Teilweise wurde sogar vertreten, dass durch die Einzelabrechnung nicht nur stets die Abrechnungsspitze zu ermitteln, sondern dass auch Gegenstand des Abrechnungsbeschlusses nur diese Abrechnungsspitze sei.[418]

Nach der hier vertretenen Meinung ist die Abrechnungsspitze in der Jahresabrechnung nicht auszuweisen und darüber auch nicht nach Abs. 5 Beschluss zu fassen.[419] Gegen eine lediglich informatorisch mitgeteilte Abrechnungsspitze bestehen aber, wie auch bei anderen Informationen, die nicht Beschlussgegenstand sind, keine Bedenken.

Nach Auffassung des Kommentators haben die Eigentümer schon **keine Beschlusskompetenz**, im Rahmen des Beschlusses über die Jahresabrechnung die Abrechnungsspitze konstitutiv zu bestimmen.[420]

Durch den Beschluss über die Einzelabrechnungen werden die im Wirtschaftsjahr angefallenen Ausgaben und Einnahmen auf die einzelnen Eigentümer verteilt (siehe Rn. 62). Bei der Ermittlung der Ergebniszusammenstellung und des Jahresendsaldos handelt es sich dagegen nur um **reine Rechenoperationen**, die nicht Gegenstand der konstitutiven Beschlussfassung sind (siehe Rn. 83a).

Selbst wenn dieser Meinung nicht gefolgt würde, müsste berücksichtigt werden, dass die Abrechnungsspitze sich nicht nur aus der Jahresabrechnung ergibt. Es muss vielmehr die **Jahresabrechnung mit** dem **Wirtschaftsplan verglichen** werden. Dabei muss festgestellt werden, ob hinsichtlich des sich aus der Rechenoperation in der Jahresabrechnung ergebender Forderungsbetrag nicht bereits früher durch einen anderen Beschluss (über einen Wirtschaftsplan oder eine Sonderumlage) begründet wurde. Wenn die Eigentümer durch Beschluss **bestimmen** können, dass der in der Abrechnung ausgewiesene Betrag **nicht bereits früher begründet** wurde, liegt hier letztlich eine Kompetenzbegründung durch selbstgesteuerte Etikettierung des zu beschließenden Gegenstandes vor.[421] Auch der BGH hat bei einer Einbezie-

---

416 Etwa: OLG München v. 12.3.2007 – 34 Wx 114/06, ZWE 2007, 356; BGH v. 23.9. 1999 – V ZB 17/99, NJW 1999, 3713; BGH v. 10.3.1994 – IX ZR 98/93, NJW 1994, 1866.
417 Etwa: *Schultzky*, ZMR 2008, 757 (760) unter Hinweis auf *Staudinger/Bub*, WEG, § 28 Rn. 414 und OLG Düsseldorf, ZWE 2001, 77; ein entsprechendes Muster enthält *Niedenführ/Kümmel/Vandenhouten-Niedenführ*, § 28 Rn. 104.
418 *Casser*, ZMR 2011, 85 (87) mit entsprechender Musterabrechnung, ZMR 2011, 91 (93); ähnlich wohl *Häublein*, ZWE 2010, 237 – der die Meinung vertritt, die Abrechnungsspitze solle in der Jahresabrechnung besonders hervorgehoben werden bzw. die Verwalter und die beschließende Mehrheit seien gut beraten, wenn die durch die Jahresabrechnung begründete Forderung explizit auf die Abrechnungsspitze beschränkt werde.
Teilweise anders nun aber: *Casser*, ZWE 2016, 242.
419 Wie hier: *Bärmann-Becker*, § 28 Rn. 147.
420 Die Probleme, die sich rechtlich und praktisch bei der Ausweisung der Abrechnungsspitze in der Jahresabrechnung ergeben, sind schon genauer dargestellt bei: *Spielbauer*, ZWE 2011, 149.
421 So: LG Nürnberg-Fürth v. 30.11.2009 – 14 S 5724/09, NZM 2010, 791.

hung von Vorjahresrückständen in eine Jahresabrechnung den gefassten Beschluss wegen fehlender Beschlusskompetenz für nichtig angesehen.[422] Die Rechtsprechung des BGH könnte leicht unterlaufen werden, wenn etwa eine findige Gemeinschaft bei Genehmigung der Jahresabrechnung missbräuchlich und zu Unrecht einfach davon ausginge, dass der Beschluss über den Wirtschaftsplan nichtig sei und sie daher den ermittelten Gesamtbetrag als Abrechnungsspitze definiert und beschließt. Dieser Beschluss könnte, wenn er nicht angefochten wird, in **Bestandskraft** erwachsen. Die Gemeinschaft könnte dann doch erfolgreich die rückständigen Wohngelder als Abrechnungsspitze einklagen. Diese Problematik könnte sich noch verschärfen, wenn man entgegen der oben bei Rn. 4 dargestellten Meinung aus dem Urteil des BGH vom 4. 4. 2014 ableiten würde, dass die Gemeinschaft auch nach Erstellung der Jahresabrechnung (im Folgejahr oder noch später) einen inhaltlich abgeänderten **Zweitbeschluss** zum Wirtschaftsplan fassen kann.[423] Dann kann der Wirtschaftsplan etwa nachträglich dahingehend geändert werden, dass keine Wohngeldvorschüsse festgesetzt werden, so dass etwa Probleme mit bereits verjährten Wohngeldforderungen oder Probleme mit der Haftung eines Erwerbers dahingehend gelöst werden können, dass nunmehr praktisch jeder benötigte Betrag als Abrechnungsspitze definiert werden kann.

Es besteht nach der hier vertretenen Meinung darüber hinaus auch **kein praktisches Bedürfnis**, die Abrechnungsspitze ausdrücklich aufzunehmen und zu beschließen. Es ist **ausreichend**, dass die **Abrechnungsspitze** durch den Vergleich der Einzelabrechnung mit dem Einzelwirtschaftsplan **bestimmbar** ist. Hierfür könnte auch eine Entscheidung des BGH vom 11. 10. 2013, auch wenn die Entscheidung zu einer Gesamtabrechnung ergangen ist, sprechen. Der BGH hat dort ausgeführt, dass die Jahresabrechnung nicht zuletzt die Grundlage für die Feststellung der endgültigen Höhe der Beiträge ist.[424] Es kann wohl davon ausgegangen werden, dass der BGH wohl nicht nur von der Grundlage für die endgültige Höhe der Beiträge gesprochen, sondern dargelegt hätte, dass durch den Beschluss die Abrechnungsspitze bestimmt und damit die Höhe der Beiträge tatsächlich auch begrenzt wäre. Die genaue Höhe der Abrechnungsspitze wird praktisch auch erst im späteren Zahlungsprozess relevant, wenn sie als Anspruchsgrundlage für eine konkrete Zahlungsklage erforderlich ist. Dies ist etwa der Fall, wenn der Erwerber einer Wohnung aus der Jahresabrechnung auf Zahlung verklagt wird, obgleich auch der Veräußerer mit Wohngeldzahlungen im Rückstand war.[425] Erst in diesem Verfahren muss die genaue Höhe der Abrechnungsspitze geklärt werden. Die **verbindliche Klärung** muss dann aber durch das **Gericht** erfolgen und kann nicht etwa durch einen bestandskräftig gewordenen Beschluss über die Jahresabrechnung ersetzt werden.

Zum Begriff der so genannten **„negativen Abrechnungsspitze"** siehe unten Rn. 69 „Rückerstattungsansprüche".

---

422 BGH v. 9. 3. 2012 – V ZR 147/11, ZWE 2012, 260.
423 BGH v. 4. 4. 2014 – V ZR 168/13, ZWE 2014, 261.
424 BGH v. 11. 10. 2013 – V ZR 271/12, ZWE 2014, 36.
425 KG Berlin v. 18. 11. 1998 – 24 W 5437/98, ZMR 1999, 352; BGH v. 23. 9. 1999 – V ZB 17/99, NJW 1999, 3713.

(2) Altforderungen

Siehe zur Problematik der (erneuten) Aufnahme von Altforderungen in die Jahresabrechnung unten Rn. 70 (Rückstände aus früheren Jahresabrechnungen).

(3) Änderung des Verteilungsschlüssels

Siehe dazu unten Rn. 74.

(4) Anspruchsgrundlage

Eine wesentliche Aufgabe der Einzeljahresabrechnungen besteht darin, eine neue, **originäre Anspruchsgrundlage** hinsichtlich der **Abrechnungsspitze** zu schaffen. Wie oben bei Rn. 62a gezeigt wurde, kommt nach der neuen Rechtsprechung des BGH dem Beschluss über die Jahresabrechnung keine Bedeutung im Hinblick auf mögliche Wohngeldrückstände, für die nur der Wirtschaftsplan eine Anspruchsgrundlage darstellt, zu.[426]

Ergänzend wird hierzu und auch zur Frage der **Verjährung** von Wohngeldansprüchen auf die Kommentierungen oben Rn. 20 bis 22 Bezug genommen.

Zur **„Deckelung"** der Ansprüche aus dem Wirtschaftsplan durch die Jahresabrechnung siehe unten Rn. 69 („Rückerstattungsansprüche") und Rn. 83.

Der Zahlungsanspruch gehört zum **Verwaltungsvermögen** und steht der Gemeinschaft als Verband zu.[427]

(5) Aufrechnung

Wie bereits bei Rn. 23 dargestellt wurde, kann gegenüber dem Anspruch der Gemeinschaft auf Wohngeld vom einzelnen Eigentümer nach gefestigter Rechtsprechung nur mit gemeinschaftsbezogenen Gegenforderungen nach § 21 Abs. 2 (Notmaßnahmen) oder §§ 680, 683 BGB (Geschäftsführung ohne Auftrag) aufgerechnet werden.[428] Ansonsten ist eine Aufrechnung durch den Eigentümer nur möglich, wenn die Gegenforderung anerkannt oder rechtskräftig festgestellt ist.[429] Der Verwalter kann dagegen ohne besondere Einschränkungen gegen bestehende Forderungen eines Eigentümers mit der Wohngeldforderung der Gemeinschaft aufrechnen. Diese Ausführungen gelten uneingeschränkt auch für Aufrechnungen gegenüber Ansprüchen aus der Jahreseinzelabrechnung.

Zur Behandlung und Darstellung einer nach diesen Vorgaben vorgenommenen Aufrechnung in der Jahresabrechnung siehe oben Rn. 33.

---

426 Siehe zum Wirtschaftsplan insoweit ergänzend oben Rn. 20 bis 22.
427 Siehe dazu § 10 Rn. 51 und 55.
428 BGH v. 29.1.2016 – V ZR 97/15, WuM 2016, 311; OLG Hamm v. 3.3.2009 – 15 Wx 96/08, ZMR 2009, 865; KG Berlin v. 29.5.2002 – 24 W 185/01, WuM 2002, 391; BayObLG v. 23.4.1998 – 2Z BR 162/97, NZM 1998, 918.
429 LG Nürnberg-Fürth v. 11.8.2010 – 14 S 1985/10, ZWE 2010, 465; LG Saarbrücken v. 13.4.2010 – 5 T 303/09, ZWE 2010, 416; OLG München v. 30.1.2007 – 34 Wx 128/06, NZM 2007, 335; OLG Frankfurt/Main v. 30.3.2006 – 20 W 189/05, NZM 2007, 367.

(6) Eigentümerwechsel/fehlerhafte Eigentümerbezeichnung

63 Eine Einzelabrechnung ist erkennbar für die Wohnung bestimmt (**objektbezogen**)[430], weshalb es auf eine fehlerhafte Benennung des Eigentümers in der Abrechnung oder eine fehlerhafte Adressierung nicht ankommt. Die Abrechnung wirkt für und gegen den **wahren Eigentümer**, also in der Regel gegen den bei der Genehmigung im Grundbuch eingetragenen Eigentümer[431]. Dabei wird eine originäre Anspruchsgrundlage nur hinsichtlich der **Abrechnungsspitze** geschaffen.[432] **Bruchteilseigentümer** haften für den auf ihre Eigentumswohnung entfallenden Betrag aus der Jahresabrechnung als Gesamtschuldner (§§ 421 BGB, 16 Abs. 2 WEG). Die für die Annahme des Gesamtschuldverhältnisses charakteristische Identität des Leistungsinteresses ergibt sich daraus, dass sich die Zahlungsverpflichtung aus der Jahresabrechnung (ebenso wie die Wohngeldzahlungsverpflichtung aus dem Wirtschaftsplan) auf das Wohnungseigentum als solches bezieht und nicht auf die einzelnen Bruchteilseigentumsanteile.[433]

Nach der vom BGH und der Rechtsprechung allgemein vertretenen **Fälligkeitstheorie** kann ein Beschluss über die Jahresabrechnung nach Abs. 5 grundsätzlich Verbindlichkeiten nur für die bei Beschlussfassung im Grundbuch eingetragenen (wahren) Wohnungseigentümer, nicht aber für deren **Rechtsvorgänger**, begründen; denn sonst läge insoweit ein – unzulässig – Gesamtakt zu Lasten Dritter vor.[434] Das gilt auch, wenn die Adressierung des Beschlusses auf Wunsch des eingetragenen Wohnungseigentümers bewusst an den Voreigentümer erfolgte. Dies spricht vielmehr dafür, dass die Wohnungseigentümer dem eingetragenen Wohnungseigentümer lediglich den internen Forderungsausgleich gegenüber dem Voreigentümer erleichtern und sie nicht entgegen der Rechtsordnung eine Schuld des Voreigentümers begründen wollten.[435] Veräußert ein Eigentümer sein Wohnungseigentum, bleibt der **Voreigentümer** Wohngeldschuldner für alle bis zur Eigentumsübertragung fällig gewordenen Wohngelder, die er nicht erfüllt hat. Dies gilt selbst dann, wenn es zu einer Verzögerung der Grundbuchumschreibung gekommen ist.[436] Der **Erwerber** haftet nur für die nach dem Eigentumsübergang, also ab seiner Eintragung im Grundbuch, fällig gewordenen Wohngeldvorschüsse (und Sonderumlagen) und für die Abrechnungsspitze, wenn der Beschluss über die Jahresabrechnung nach seinem

---

430 BGH v. 10.9.1998 – V ZB 11/98, NJW 1998, 3713; BGH v. 30.11.1995 – V ZB 16/95, ZMR 1996, 215; LG Köln v. 7.10.2010 – 29 S 57/10, ZMR 2011, 165; OLG München v. 26.4.2007 – 32 Wx 26/07 (nicht veröffentlicht); KG Berlin v. 18.11.1998 – 24 W 5437/98, ZMR 1999, 352.
431 Siehe näher dazu § 10 Rn. 3; wie hier: *Riecke/Schmid-Abramenko*, § 28 Rn. 90.
432 Siehe dazu genauer oben Rn. 62a „Abrechnungsspitze" und „Anspruchsgrundlage".
433 LG Saarbrücken v. 13.4.2010 – 5 T 303/09, ZWE 2010, 416.
434 BGH v. 2.12.2011 – V ZR 113/11, NZM 2012, 159; BGH v. 23.9.1999 – V ZB 17/99, NJW 1999, 3713; BGH v. 21.4.1988 – V ZB 10/87, NJW 1988, 1910; LG Nürnberg-Fürth v. 3.9.2009 – 14 T 6459/09, ZWE 2009, 450.
435 BGH v. 2.12.2011 – V ZR 113/11, NZM 2012, 159.
436 OLG Celle v. 4.8.2008 – 4 W 32/08, ZMR 2009, 52.

Eigentumserwerb gefasst wurde.[437] Nach der obergerichtlichen Rechtsprechung haftet der neue Eigentümer für Beitragsrückstände des Voreigentümers auch dann nicht, wenn der nach dem Eigentumserwerb gefasste Beschluss über die Jahresabrechnung bestandskräftig geworden ist.[438] Für die Begründung einer Haftung des Erstehers für noch offene Beiträge aus dem Vorjahreswirtschaftsplan, die neben die Haftung des Voreigentümers aus dem Wirtschaftsplan treten soll, würde den Miteigentümern die Beschlusskompetenz fehlen.[439]

Der Veräußerer nimmt, da er bei Beschlussfassung nicht mehr Mitglied der Gemeinschaft ist und daher der Beschluss ihm gegenüber keine Wirkungen entfaltet, nicht an der Begrenzung seiner Zahlungspflicht durch die nach Eintragung des Erwerbers beschlossene Jahresabrechnung teil; d.h. ein niedriges Ergebnis (negative Abrechnungsspitze) kommt ihm nicht zugute.[440]

Auch bei einem Eigentümerwechsel ist, ebenso wie bei Zwangsverwaltung, Zwangsversteigerung oder Insolvenz eines Eigentümers nur die Darstellung eines **einheitlichen Endsaldos** erforderlich.[441] Es ist also nicht notwendig, in diesen Fällen **Zwischenabrechnungen** zu erstellen oder **Zwischensalden** auszuweisen und diese Salden dann Erwerbern und Veräußerern zuzuordnen.[442]

(7) Ergebniszusammenstellung

Die Ergebniszusammenstellung ist bei einer Einzelabrechnung ein rechnerischer Zwischenschritt bei der Ermittlung des Jahresendsaldos für einen bestimmten Eigentümer. Hierbei wird die Differenz der auf ihn umzulegenden Einnahmen und Ausgaben ausgewiesen. Auch in der Einzelabrechnung ist die ausdrückliche Wiedergabe der Ergebniszusammenstellung nicht zwingend erforderlich, sollte aber in Hinblick auf eine bessere Nachvollziehbarkeit dennoch erfolgen. Zur Darstellung wird auf die Gliederungsübersicht einer kombinierten Jahresabrechnung bei Rn. 31 und auf die Muster in Anlage 5 und 6 verwiesen. Zum Umfang der Rechtswirkungen des Beschlusses über die Jahresabrechnung siehe Rn. 83a.

(8) Heizkosten

Hinsichtlich der Erfassung der Heizkosten in der Gesamtjahresabrechnung siehe zunächst oben Rn. 37 f.

64

---

437 BGH v. 23.9.1999 – V ZB 17/99, NJW 1999, 3713; LG Bonn v. 28.1.2009 – 8 T 33/08, ZMR 2009, 476; OLG Köln v. 15.1.2008 – 16 Wx 141/07, ZMR 2008, 478; OLG München v. 25.7.2005 – 34 Wx 55/05, ZMR 2005, 979.
438 BGH v. 23.9.1999 – V ZB 17/99, NJW 1999, 3713; LG Bonn v. 28.1.2009 – 8 T 33/08, ZMR 2009, 476; KG Berlin v. 18.11.1998 – 24 W 5437/98, ZMR 1999, 352.
439 LG München I v. 20.12.2010 – 1 S 4319/10, WuM 2011, 308.
440 LG Frankfurt (Oder) v. 23.12.2011 – 6a S 75/11, ZWE 2012, 433; siehe dazu auch Rn. 62a und Rn. 69.
441 BGH v. 23.9.1999 – V ZB 17/99, NJW 1999, 3713; LG Köln v. 7.10.2010 – 29 S 57/10, ZMR 2011, 165.
442 KG Berlin v. 31.1.2000 – 24 W 7323/98, WuM 2000, 326.

Bei der Verteilung der **Heizkosten** in den Einzelabrechnungen **gilt** nach § 3 Satz 1 HeizkostenV die HeizkostenV für die Wohnungseigentümergemeinschaft **unmittelbar**, ist aber nach ihrem Inhalt **nicht** für eine **unmittelbare Anwendung** geeignet, da sie nur einen Rahmen für die verbrauchsabhängige Verteilung vorgibt.[443] Die Verteilung muss sich vielmehr nach einem **Schlüssel** richten, der durch **Vereinbarung** oder durch **Beschluss** in der Gemeinschaft festgelegt wurde, wobei dieser Verteilungsschlüssel sich in dem Rahmen halten muss, den die HeizkostenV vorgibt.[444] Hält sich der vereinbarte oder beschlossene Schlüssel nicht in dem von der HeizkostenV vorgegebenen Rahmen, wird die Verwaltung nicht umhinkommen, die Abrechnung nach diesem (fehlerhaften) Schlüssel zu erstellen. Da die Abrechnung aber aufgrund des nach der HeizkostenV **unzulässigen Verteilungsschlüssels** fehlerhaft ist,[445] ist auf Anfechtung hin der Beschluss über die Einzelabrechnungen für unwirksam zu erklären[446]. Gleiches gilt, wenn nach der Gemeinschaftsordnung/der Beschlusslage nicht die Kosten für die im Jahr bezogene Wärmemenge, sondern alle Zahlungen, die im Abrechnungsjahr an den Energieversorger geleistet wurden (also: Schlusszahlung für Vorjahr, Abschlagszahlungen laufendes Jahr) verbrauchsabhängig umgelegt werden, da in diesem Falle in Wirklichkeit eine verbrauchsunabhängige Abrechnung vorliegt.[447]

Aufgrund der HeizkostenV muss in den Einzelabrechnungen (anders als bei der Gesamtabrechnung) eine Verteilung auf der Grundlage des **gemessenen Verbrauchs** erfolgen. Daher muss es hingenommen werden, dass hinsichtlich der **Heizkosten** die Einzelabrechnungen **nicht** unmittelbar **aus** der **Gesamtabrechnung** herzuleiten sind. Dies erfordert aber, dass die **Abweichung** deutlich ersichtlich und mit einer verständlichen **Erläuterung** versehen ist. An welcher Stelle der **Gesamt-** oder **Einzelabrechnung** diese Erläuterung erfolgt, bleibt dem Verwalter überlassen. Entscheidend ist allein, dass die Darstellung **verständlich** und **nachvollziehbar** ist.[448]

Wenn der in der Gemeinschaftsordnung festgelegte Verteilungsschlüssel nicht der HeizkostenV entspricht, wie dies vor allem bei älteren Gemeinschaftsordnungen nicht selten vorkommt, kann jeder Wohnungseigentümer an sich eine **Änderung der Gemeinschaftsordnung verlangen**.[449] Diese Änderung kann zwar grundsätzlich nur durch eine nachträgliche Vereinbarung[450] erfolgen. Aufgrund der nunmehr gegebenen Beschlusskompetenz in § 16 Abs. 3 kann die Änderung auch durch **Mehrheitsbeschluss** erfolgen.

---

[443] BGH v. 28. 9. 2012 – V ZR 251/11, NJW 2012, 3719.
[444] Siehe dazu auch § 16 Rn. 13.
[445] A. A. noch die frühere Rechtsprechung: BayObLG v. 17. 6. 1999 – 2Z BR 46/99, NZM 1999, 908; BayObLG v. 20. 3. 2001 – 2Z BR 101/00, NZM 2001, 754; OLG Karlsruhe v. 6. 2. 2001 – 14 Wx 11/00, WuM 2001, 458.
[446] BGH v. 28. 9. 2012 – V ZR 251/11, NJW 2012, 3719.
[447] BGH v. 28. 9. 2012 – V ZR 251/11, NJW 2012, 3719.
[448] BGH v. 28. 9. 2012 – V ZR 251/11, NJW 2012, 3719.
[449] BayObLG v. 17. 6. 1999 – 2Z BR 46/99, NZM 1999, 908; BayObLG v. 20. 3. 2001 – 2Z BR 101/00, NZM 2001, 754.
[450] Siehe zu den Vereinbarungen § 10 Rn. 9 ff.

Zum Verhältnis dieser Ansprüche siehe die Kommentierungen zu § 16 Abs. 3, insbesondere Rn. 30.

Alleine der Umstand, dass über mehrere Jahrzehnte hinweg abweichend von der Gemeinschaftsordnung eine verbrauchsabhängige Abrechnung der Heizkosten vorgenommen wurde, führt jedoch nicht zur Annahme einer konkludenten Vereinbarung.[451] Keine Änderung ist erforderlich, wenn die Gemeinschaftsordnung eine Regelung enthält, wonach die Verteilung „auf der Grundlage der jeweiligen Wohnungsfläche unter Berücksichtigung eventuell vorhandener Verbrauchszähler" zu erfolgen hat. In einem derartigen Fall ergibt die Auslegung, dass die Kosten unter Heranziehung der HeizkostenV mit 50 % nach der Wohnfläche und mit 50 % nach dem erfassten Verbrauch der Nutzer zu verteilen sind.[452]

Bei einer Wohnungseigentumsanlage mit **zwei Wohnungen**, von denen eine von ihrem Eigentümer vermietet ist und die andere von dem Eigentümer bewohnt wird, kann eine Anpassung der Gemeinschaftsordnung, die eine verbrauchsunabhängige Abrechnung vorsieht, trotz § 2 HeizkostenV verlangt werden. § 2 HeizkostenV ist auf einen derartigen Fall nicht anzuwenden, da die Vorschrift ersichtlich von einem vom Vermieter bewohnten Zweifamilienhaus ausgeht.[453]

Soweit für den verbrauchsunabhängigen Anteil der nach § 7 Abs. 1 und § 8 Abs. 1 HeizkostenV umzulegenden Kosten die **Wohn- und Nutzflächen** maßgeblich sind, sind hierfür die in der **Teilungserklärung** festgelegten Flächen zugrunde zu legen. Änderungen der Flächenberechnung können dabei im Beschluss über die Jahresabrechnung nicht gefasst werden.[454]

Ist wegen eines **Defekts** des **Messgeräts** der Heizenergie- oder Warmwasserverbrauch nur durch **Schätzung** nach Maßgabe des § 3 Satz 1 i.V.m. § 9a Abs. 1 HeizkostenV zu ermitteln, ist die Ordnungsmäßigkeit der Jahresabrechnung nur dann berührt, wenn die Schätzung grob unrichtig ist.[455] Sind jedoch die Heizkosten nach § 9a Abs. 2 HeizkostenV zu verteilen, weil wegen ungleichmäßiger Durchströmung der Heizkörper der Wärmeverbrauch nicht ordnungsgemäß erfasst werden kann, so kann ein einzelner Wohnungseigentümer nicht verlangen, dass die Wohnfläche als Verteilungsmaßstab zugrunde gelegt wird. Er hat lediglich Anspruch auf eine ordnungsgemäßer Verwaltung entsprechende **erneute Willensbildung** der Gemeinschaft unter Beachtung der Vorgaben der §§ 7 Abs. 1 Satz 2, 8 Abs. 1 HeizkostenV.[456] Zu beachten ist bei § 9a HeizkostenV, dass eine unterlassene Eichung kein zwingender Grund im Sinne dieser Vorschrift ist; Messgeräten, deren **Eichgültigkeit** abgelaufen ist, kommt allerdings nicht die Vermutung der Richtigkeit zu.[457]

---

451 OLG Hamburg v. 7.11.2006 – 2 Wx 105/06, ZMR 2007, 210.
452 BayObLG v. 7.11.2002 – 2Z BR 77/02, WuM 2003, 100.
453 OLG München v. 11.9.2007 – 32 Wx 118/07, MDR 2007, 1417; OLG Düsseldorf v. 15.10.2003 – 3 Wx 225/03, NZM 2004, 554.
454 OLG Schleswig v. 1.3.2007 – 2 W 196/06, WuM 2007, 471.
455 BayObLG v. 28.3.2001 – 2Z BR 52/00, ZWE 2001, 375.
456 OLG Düsseldorf v. 1.12.2006 – 3 Wx 194/06, ZMR 2007, 379.
457 OLG München v. 13.1.2011 – 32 Wx 32/10, ZWE 2011, 126.

WEG § 28 Verwaltung

Ist die verbrauchsabhängige Heizkostenabrechnung **objektiv nicht möglich**, kann die betreffende Jahresabrechnung mit einer Kostenumlage nach Miteigentumsanteilen beschlossen werden.[458] Nach § 12 Abs. 1 Satz 2 HeizkostenV gilt das Kürzungsrecht nicht im Verhältnis des einzelnen Wohnungseigentümers zur Gemeinschaft.

Zur **Fernwärme** siehe unten Rn. 75 zu **Wärmelieferung**.

Zur Verteilung der Kosten für **Heizöl** siehe unten Rn. 65 (9a)

(9) Ersatzansprüche

65 Zu (vermeintlichen) Ersatzansprüchen der Gemeinschaft gegen einzelne Eigentümer siehe unten Rn. 71 (Schadensersatzansprüche).

(9a) Heizölkostenverteilung
Anhand eines sehr verkürzten **Beispiels** soll hier eine mögliche Darstellung der Behandlung von Heizölkosten entsprechend den Vorgaben des BGH[459] aufgezeigt werden. (Die Behandlung in der Gesamtabrechnung wird oben bei Rn. 38 dargestellt).

Dabei wird davon ausgegangen, dass eine Gemeinschaft im Jahr 2014 Heizöl für 6.000 € gekauft hat. Im Jahr 2014 wurde nur Heizöl für 4.000 € verbraucht; der Rest wurde im Jahr 2015 verbraucht (wo nichts mehr zugekauft wurde):

Einzelabrechnung Eigentümer E für 2014:
I. Ausgaben

Art der Ausgaben	Betrag in Gesamtabrechnung €	In Einzelabrechnungen zu verteilender Gesamtbetrag €	Verteilerschlüssel	Ihr Anteil €
Heizung/Warmwasser (siehe Erläuterung unten *)				
a) Verbrauchskosten (4.000 Liter zu je 1,00 €)	6.000,00	4.000,00	(nach beiliegender Heizkostenabrechnung der Firma ...)	500,00
b) Anschaffung Heizölvorrat (2.000 Liter zu je 1,00 €)		2.000,00	1/4	500,00
... (Sonstige Ausgaben)	4.000,00	4.000,00	1/4	1.000,00
Summe der Ausgaben	**10.000,00**	**10.000,00**		**2.000,00**

* Erläuterung zu Heizung/Warmwasser:

---

458 KG Berlin v. 28.1.1994 – 24 W 1145/93, NJW-RR 1994, 1105.
459 BGH v. 17.2.2012 – V ZR 251/10, ZMR 2012.

Wirtschaftsplan, Rechnungslegung § 28 WEG

2014 wurden 6.000 Liter Heizöl zu je 1 € für 6.000 € gekauft und bezahlt (siehe Gesamtabrechnung).

Die Kosten der verbrauchten 4.000 Liter werden nach der beiliegenden Heizkostenabrechnung der Fa. ... entsprechend den Vorgaben der Heizkostenverordnung gemäß Ziff. xxx der Gemeinschaftsordnung verteilt.

Die Kosten für das nicht verbrauchte Heizöl (Heizölvorrat 2.000 Liter) sind im laufenden Wirtschaftsjahr keine Verbrauchskosten im Sinne der Heizkostenverordnung und werden daher nach dem allgemeinen Verteilungsschlüssel gemäß Ziff. yyy der Gemeinschaftsordnung verteilt.

Die diesjährigen Belastungen der Eigentümer für den Heizölvorrat werden in der Jahresabrechnung 2015 berücksichtigt und mit entsprechenden Gutschriften wieder ausgeglichen.

Einzelabrechnung Eigentümer E für 2015:
I. Ausgaben

Art der Ausgaben	Betrag in Gesamt-abrechnung €	In Einzelab-rechnungen zu verteilen-der Gesamt-betrag €	Verteiler-schlüssel	Ihr Anteil €
Heizung/Warmwasser (siehe Erläuterung unten *)				
Verbrauchskosten (2.000 Liter zu je 1,00 €)	0,00	2.000,00	(nach beiliegender Heizkostenabrechnung der Firma ...)	200,00
... (Sonstige Ausgaben)	4.000,00	4.000,00	1/4	1.000,00
Summe der Ausgaben	4.000,00	6.000,00		1.200,00

* Erläuterung zu Heizung/Warmwasser:

Am Jahresanfang waren noch 2.000 Liter Heizöl vorhanden, die im Jahr 2014 für 2.000 € (1 € je Liter) gekauft worden waren.

Diese 2.000 Liter wurden 2015 verbraucht. Diese Kosten sind im Verbrauchsjahr nach den zwingenden Vorgaben der Heizkostenverordnung gemäß Ziff. xxx der Gemeinschaftsordnung nach der beiliegenden Heizkostenabrechnung der Fa. ... zu verteilen.

Der in den Einzelabrechnungen zu verteilende Betrag von 2.000 € für Heizung deckt sich daher nicht mit den in der Gesamtabrechnung genannten Ausgaben für Heizung in Höhe von 0 €.

Daher deckt sich auch die Summe der in den Einzelabrechnungen zu verteilenden Ausgaben (6.000 €) nicht mit der Summe der Ausgaben in der Gesamtabrechnung (4.000 €).

Zwar wurden die im Jahr 2014 bezahlten 2.000 € für den am Jahresende 2014 noch vorhandenen Heizölvorrat von 2.000 Litern bereits in den Einzeljahresabrechnungen für 2014 nach dem allgemeinen Verteilungsschlüssel auf die Eigentümer umgelegt.

Wie bereits in der Jahresabrechnung 2014 erwähnt, werden diese Belastungen der Eigentümer im Jahr 2015 berücksichtigt.

Der insoweit 2014 auf Sie entfallende Betrag von 500 € wird Ihnen in der Abrechnung 2015 unten bei „IV. Berechnung Ihres Jahresendsaldos" wieder gutgeschrieben.

Ihre Belastung aus dem Jahr 2014 für den Kauf des Heizölvorrates ist damit ausgeglichen.

IV. Berechnung Ihres Jahresendsaldos (Rückerstattungsbetrag oder Nachzahlungsbetrag)		€
Ihr Überschussanteil bei Ausgaben/Einnahmen (oben III.) (Berechnung hier nicht abgedruckt)	+	250,00
Ihr Anteil an den laut **Wirtschaftsplan** für 2015 (siehe dort II.) geschuldeten Zuführungen zur **Instandhaltungsrücklage** (in der Jahresabrechnung nicht als Ausgabe darzustellen)	−	300,00
(Zwischensumme)	−	(50,00)
Im Jahr 2014 wurde ein Heizölvorrat für 2.000 € (2.000 Liter zu je 1 €) angelegt. Von diesen Kosten wurde in der **Einzelabrechnung 2014** ein Betrag von **500 €** auf Sie umgelegt. Dieser Betrag ist Ihnen nunmehr **wieder gut zu schreiben**, da der **Heizölvorrat** im Jahr 2015 aufgebraucht wurde und diese Kosten nach Verbrauch **im Jahr 2015 umgelegt** werden mussten (siehe oben bei „I. Ausgaben – Heizung/Warmwasser" nebst Erläuterung).	+	500,00
Ihr Rückzahlungsanspruch gegen die Gemeinschaft	+	450,00

(10) **Insolvenz**

Auch wenn über das Vermögen eines Eigentümers das Insolvenzverfahren eröffnet worden ist, hat dies keine unmittelbaren Auswirkungen auf den Inhalt der zu erstellenden Jahreseinzelabrechnung. Die bei Rn. 63 gemachten Ausführungen zum Eigentümerwechsel gelten hier sinngemäß. Es ist also auch hier insbesondere nicht erforderlich, Zwischenabrechnungen zu erstellen oder Zwischensalden zum Zeitpunkt der Insolvenzeröffnung auszuweisen.

(11) **Jahresendsaldo**

Eine wesentliche Aufgabe der Einzelabrechnungen besteht darin, verbindlich die sich aus ihnen ergebenden Verpflichtungen der Wohnungseigentümer zu regeln.[460] Der Jahresendsaldo gibt nach der Rechtsprechung dabei

---

460 BGH v. 4.12.2009 – V ZR 44/09, ZWE 2010, 170 (= NJW 2010, 2127); BGH v. 23.9.1999 – V ZB 17/99, NJW 1999, 3713; BGH v. 30.11.1995 – V ZB 16/95, NJW 1996, 725 (= ZMR 1996, 215); BayObLG v. 8.4.2004 – 2Z BR 193/03, ZMR 2005, 65; OLG Köln v. 12.9.2003 – 16 Wx 156/03, NZM 2003, 806.

Wirtschaftsplan, Rechnungslegung § 28 WEG

objektbezogen[461] an, ob sich für den Eigentümer bezogen auf das Wirtschaftsjahr eine Nachzahlungsverpflichtung oder ein Rückzahlungsanspruch ergibt.[462]

Für die **verbindliche** Regelung der **Verpflichtungen** der Wohnungseigentümer ist die bloße Ermittlung der Ergebniszusammenstellung[463] nicht ausreichend. Nach der Entscheidung des BGH vom 4.12.2009 dürfen die Zuführungen zur Instandhaltungsrücklage nicht als Ausgabe erfasst werden.[464] Zwar wird im Wirtschaftsplan im Rahmen des Wohngeldes ein bestimmter Betrag als Zuführung zur Instandhaltungsrücklage vorgesehen und damit eine (anteilige Wohngeld-) Forderung gegen den jeweiligen Eigentümer begründet. Mangels entsprechender Ausgabe in der Jahresabrechnung müssten bezahlte Beträge für die Instandhaltungsrücklage aber über die Jahresabrechnung wieder an die Eigentümer zurückgezahlt werden. Zur Ermittlung des tatsächlichen Rückzahlungs- oder Nachzahlungsbetrags des jeweiligen Eigentümers muss daher in einem weiteren Schritt diese BGH-Rechtsprechung berücksichtigt und unter Anrechnung der nach dem Wirtschaftsplan geschuldeten Beträge für die Zuführungen zur Instandhaltungsrücklage (siehe dazu oben Rn. 10 und 12) der abschließende Jahresendsaldo ermittelt werden.

Auch bei Eigentümerwechsel, Zwangsverwaltung, Zwangsversteigerung oder Insolvenz ist nur die Darstellung eines einheitlichen Jahresendsaldos erforderlich.[465] Es ist also nicht notwendig, in diesen Fällen Zwischenabrechnungen zu erstellen oder Zwischensalden auszuweisen und diese Salden dann Erwerbern und Veräußerern zuzuordnen.

Zu sich aus dem Jahresendsaldo ergebenden Nachzahlungs- oder Rückerstattungsansprüchen siehe auch unten Rn. 68 und Rn. 69. Zum Verhältnis zur Abrechnungsspitze siehe oben Rn. 62a.

Zu den Folgen eines materiell unrichtigen Jahresendsaldos siehe unten Rn. 83.

Eine beispielhafte Darstellung der Ermittlung des Jahresendsaldos kann dem Gliederungsbeispiel einer kombinierten Gesamtabrechnung bei Rn. 31 und den **Mustern** Anlage 5 und 6 entnommen werden.

(12) Kaltwasser und Abwasser

Siehe hierzu zunächst oben zur Gesamtabrechnung Rn. 41.

66

Die Kosten der Wasserversorgung der **Sondereigentumseinheiten** einschließlich der hieran gekoppelten Kosten der Abwasserentsorgung zählen

---

461 BGH v. 10.9.1998 – V ZB 11/98, NJW 1998, 3713; BGH v. 30.11.1995 – V ZB 16/95, ZMR 1996, 215; OLG München v. 26.4.2007 – 32 Wx 26/07 (nicht veröffentlicht); LG Köln v. 7.10.2010 – 209 S 57/10, ZMR 2011, 165; KG Berlin v. 18.11.1998 – 24 W 5437/98, ZMR 1999, 352.
462 KG Berlin v. 18.11.1998 – 24 W 5437/98, ZMR 1999, 352; BGH v. 10.3.1994 – IX ZR 98/93, NJW 1994, 1866.
463 Siehe dazu oben Rn. 63.
464 BGH v. 4.12.2009 – V ZR 44/09, ZWE 2010, 170 (= NJW 2010, 2127).
465 BGH v. 23.9.1999 – V ZB 17/99, NJW 1999, 3713; LG Köln v. 7.10.2010 – 29 S 57/10, ZMR 2011, 165.

nicht zu den in § 16 Abs. 2 geregelten Lasten und Kosten des gemeinschaftlichen Eigentums. Die Wohnungseigentümer können schon nach der so genannten Kaltwasserentscheidung des BGH[466] über die Verteilung der Kosten der Wasserversorgung und Abwasserentsorgung der Sondereigentumseinheiten durch **Mehrheitsbeschluss** entscheiden, wenn hierüber nicht durch Vereinbarung eine Regelung getroffen ist.[467] Durch die WEG-Novelle[468] ist zudem in § 16 Abs. 3 eine Beschlusskompetenz für die Verteilung der Betriebskosten sowohl für das Sonder- als auch für das gemeinschaftliche Eigentum eingeführt worden. Im Einzelnen wird hierzu auf die Kommentierung zu § 16 Rn. 46 ff. Bezug genommen.

Die Einführung einer verbrauchsabhängigen Abrechnung der vorgenannten Kosten entspricht aber dann nicht ordnungsgemäßer Verwaltung, wenn die Aufwendungen für die Verbrauchserfassung die Ersparnis übersteigen, die sich über zehn Jahre hinaus erzielen lässt.[469] Die Frage, ob das Festhalten an einem in der Teilungserklärung festgelegten nicht verbrauchsabhängigen Maßstab für die Abrechnung der Kaltwasserkosten eine Unbilligkeit darstellt, kann nicht generell, sondern nur im Einzelfall beantwortet werden. Bei der Abwägung der Gesichtspunkte kann gegen einen Änderungsanspruch sprechen, dass die Auswirkungen einer unbilligen Regelung bei Erwerb des Wohnungseigentums bereits erkennbar waren.[470]

Siehe ergänzend auch unten Rn. 71, 73 und 74.

(13) **Kabelnutzung**

67 Die Wohnungseigentümergemeinschaft hat die **Beschlusskompetenz**, bei Abschluss eines gemeinschaftlichen Kabelvertrages oder auch später den internen Umlageschlüssel, etwa nach den für die nutzungswilligen Wohnungseigentümer bereitgestellten Anschlussdosen, festzulegen. Diese Beschlusskompetenz ergibt sich nunmehr aus § 16 Abs. 3.[471] Bis zur bestandskräftigen Festlegung eines besonderen Umlageschlüssels für die Kabelgebühren, sind diese Kosten nach dem gesetzlichen oder dem davon abweichend vereinbarten, für Betriebskosten vorgesehenen **Verteilungsschlüssel** der Gemeinschaft umzulegen.[472]

Siehe ergänzend auch unten Rn. 71, 73 und 74.

---

466 BGH v. 25.9.2003 – V ZB 21/03, NJW 2003, 3476.
467 OLG Hamm v. 18.10.2005 – 15 W 424/04, ZMR 2006, 706.
468 Gesetz zur Änderung des Wohnungseigentumsgesetzes und anderer Gesetze v. 26.3.2007, BGBl. I 2007, S. 370.
469 OLG Düsseldorf v. 23.7.2009 – 3 Wx 28/09, ZWE 2009, 395.
470 LG München I v. 8.6.2010 – 36 S 19150/09, ZMR 2010, 992.
471 Siehe dazu insbesondere § 16 Rn. 46 ff.
472 BGH v. 27.9.2007 – V ZB 83/07, EBE/BGH 2007, 362 (Verteilung nach Miteigentumsanteilen zulässig); KG Berlin v. 6.4.2005 – 24 W 13/03, FGPrax 2005, 144; a.A. noch: OLG Hamm v. 4.5.2004 – 15 W 142/03, ZMR 2004, 774 (wonach entsprechend der Kaltwasserentscheidung des BGH v. 25.9.2003 – V ZB 21/03, NJW 2003, 3476 davon ausgeht, dass keine Kosten der Gemeinschaft vorliegen – siehe dazu auch oben Rn. 66); ebenso wohl OLG Frankfurt/Main v. 16.10.2006 – 20 W 278/03 (nicht veröffentlicht).

(14) Kosten eines Rechtsstreits
Siehe dazu Rn. 69.

(15) Mehrhausanlagen
Siehe hierzu oben zur Gesamtabrechnung Rn. 43.
Es wird hier ergänzend auf Rn. 73 (Untergemeinschaften) Bezug genommen.

Zur neu geschaffenen Beschlusskompetenz hinsichtlich der Kostentragung bei Aufzügen oder anderen Betriebskosten (etwa Treppenhausreinigung) in Mehrhausanlagen siehe § 16 Abs. 3, Rn. 20 ff. (33).

(16) Nachzahlungsansprüche
Soweit sich aus einer Einzelabrechnung (siehe oben Rn. 65 „Jahresendsaldo") Nachzahlungsansprüche gegen einen Eigentümer ergeben, wird damit für die Gemeinschaft eine originäre Anspruchsgrundlage geschaffen, soweit eine Abrechnungsspitze vorliegt. Näheres dazu siehe oben Rn. 62a zu „Abrechnungsspitze" und zu „Anspruchsgrundlage".

Die Behandlung von Zahlungen auf Wohngeldrückstände des Vorjahres vor oder nach Erstellung der Jahresabrechnung wird bei Rn. 76 erläutert.

Ergänzend wird auf die Kommentierungen zu den Rechtswirkungen des Beschlusses über die Jahresabrechnung unten Rn. 82 ff. verwiesen.

(17) Rechtsstreitskosten
Die sich aus der Gesamtabrechnung ergebenden Kosten eines Rechtsstreits sind unter Berücksichtigung von § 16 Abs. 2, 7 und 8 auf die einzelnen Eigentümer zu verteilen.

Solange noch keine gerichtliche Kostenentscheidung vorliegt, sind die bereits angefallenen **Rechtsverfolgungskosten** (z.B. Kostenvorschuss für Rechtsanwalt, Gerichtsgebühren) nur unter den Wohnungseigentümern umzulegen, die in dem Verfahren **auf einer Seite stehen**.[473]

Liegt dagegen bereits die **gerichtliche Kostenentscheidung** vor, so hat diese Vorrang. Daher sind die Kosten in den Einzelabrechnungen nur denjenigen Eigentümern aufzuerlegen, die von ihnen unter Berücksichtigung der Gerichtsentscheidung betroffen sind.[474] Die Kostenentscheidung des Gerichts regelt jedoch nur die Kostentragungspflicht gegenüber der Staatskasse. Selbst wenn demnach die übrigen Wohnungseigentümer (mit Ausnahme des Klägers) die Kosten als Gesamtschuldner zu tragen haben, ist damit keine Regelung für die Kostenverteilung im Innenverhältnis getroffen. Die Kostenverteilung richtet sich vielmehr im Innenverhältnis nach den in § 16 Abs. 2, 7 und 8 enthaltenen Regelungen, wobei aber die nach der gerichtlichen Kostenentscheidung obsiegenden Eigentümer nicht belastet werden dürfen.[475]

---

[473] KG Berlin v. 5.10.2005 – 24 W 6/05, ZMR 2006, 224.
[474] OLG Frankfurt/Main v. 11.8.2005 – 20 W 56/03, NJW-RR 2006, 519.
[475] BGH v. 15.3.2007 – V ZB 1/06, NJW 2007, 1869; OLG Köln v. 22.8.2008 – 16 Wx 228/07, ZMR 2009, 311.

Wegen der näheren Einzelheiten zu den Rechtsstreitskosten wird auf die Kommentierungen zu § 16 Rn. 76 und 78 ff. (insbes. Rn. 81) verwiesen.

(18) Rückerstattungsansprüche

Soweit sich aus einer Einzelabrechnung Rückzahlungsansprüche für einen Eigentümer ergeben, wird damit für diesen gegen die Gemeinschaft eine originäre Anspruchsgrundlage geschaffen, die wohl als „**negative Abrechnungsspitze**"[476] bezeichnet werden kann. Eine solche negative Abrechnungsspitze kann sich etwa ergeben, wenn der Eigentümer alle Wohngelder laut Wirtschaftsplan bezahlt hat, letztlich die Ausgaben dann aber nur geringer ausfielen, als zu Beginn des Jahres prognostiziert. Ähnlich ist die Rechtslage auch dann, wenn sich aus der beschlossenen Jahresabrechnung für einen Eigentümer zwar ein Zahlungsbetrag ergibt[477], der aber niedriger ist als der Vorschussbetrag aus dem Wirtschaftsplan. Hier wird der Zahlungsanspruch aus dem **Wirtschaftsplan** der **Höhe** nach durch das Ergebnis der Jahresabrechnung **beschränkt**.[478] Diese „**Deckelung**" kann nach der hier vertretenen Auffassung dogmatisch damit begründet werden, dass im Rahmen des Gemeinschaftsverhältnisses dem Anspruch aus dem Einzelwirtschaftsplan ein sich aus der Jahresabrechnung ergebender Einwand der unzulässigen Rechtsausübung entgegensteht, der von Amts wegen berücksichtigt werden muss.[479] Bei einem vor Beschlussfassung erfolgten Eigentumswechsel nimmt der **Veräußerer**, da er bei Beschlussfassung nicht mehr Mitglied der Gemeinschaft ist und daher der Beschluss ihm gegenüber keine Wirkungen entfaltet, nicht an der Begrenzung seiner Zahlungspflicht durch die nach Eintragung des Erwerbers beschlossene Jahresabrechnung teil; d.h. ein niedrigeres Ergebnis (negative Abrechnungsspitze) kommt ihm nicht zugute.[480]

Das Abrechnungsguthaben aus einer mehrheitlich beschlossenen Jahresabrechnung begründet einen unmittelbaren Zahlungsanspruch des einzelnen Wohnungseigentümers gegen die **teilrechtsfähige Wohnungseigentümergemeinschaft**, solange eine anderweitige Regelung nach § 21 Abs. 7 nicht beschlossen ist.[481] Die Gesamtgemeinschaft ist auch dann Anspruchsgegner oder Anspruchsinhaber, wenn ausnahmsweise **Untergemeinschaften** Jahresabrechnungen erstellen können und sich daraus Ansprüche ergeben (siehe dazu unten Rn. 73).

Die Wohnungseigentümer haben nach den Grundsätzen ordnungsmäßiger Verwaltung auch selbst darüber zu befinden, ob Guthaben aus mehrheitlich beschlossenen Jahresabrechnungen ausgezahlt oder mit künftigen Voraus-

---

476 Zum Begriff der Abrechnungsspitze siehe oben Rn. 62a.
477 Siehe dazu oben Rn. 68 „Nachzahlungsansprüche".
478 OLG Hamm v. 3.3.2009 – 15 Wx 96/08, ZMR 2009, 865; OLG Zweibrücken v. 5.6.2002 – 3 W 46/02, OLGR Zweibrücken 2002, 422; BayObLG v. 24.8.2000 – 2Z BR 54/00, NZM 2001, 141; BayObLG v. 21.10.1999 – 2Z BR 93/99, ZMR 2000, 111.
479 Ebenso: LG Dortmund v. 24.6.2014 – 1 S 18/13, ZWE 2014, 365.
480 LG Frankfurt (Oder) v. 23.12.2011 – 6a S 75/11, ZWE 2012, 433; siehe dazu auch Rn. 62a und Rn. 69.
481 OLG Hamm v. 15.2.2011 – 15 Wx 222/10, WuM 2011, 384.

zahlungen verrechnet werden. Eine eigenmächtige Verrechnung durch einen Eigentümer ist unzulässig.[482]

Zu den Auswirkungen der Jahresabrechnung bei einem **Eigentümerwechsel** siehe Rn. 63, bei **Insolvenz** siehe Rn. 65 und bei **Zwangsverwaltung/ Zwangsversteigerung** siehe Rn. 76.

Ergänzend wird auf die Kommentierungen zu den Rechtswirkungen des Beschlusses unten Rn. 82 ff. verwiesen.

(19) Rückstände aus früheren Jahresabrechnungen

Wie bereits oben bei Rn. 52 ausgeführt wurde, sind Rückstände aus früheren Jahresabrechnungen als bloße Forderungen nicht in die Gesamtabrechnung aufzunehmen. Gleiches gilt für die Einzelabrechnungen.[483]

70

Werden jedoch die die **Vorjahresrückstände** in die Abrechnung aufgenommen, ist durch **Auslegung** zu ermitteln, ob dies nur zur **Information** geschehen soll oder ob auch die Rückstände **Gegenstand der Beschlussfassung** geworden sind.[484] Ergibt die Auslegung, dass auch hinsichtlich der Altforderungen **neu beschlossen** werden soll, etwa weil die Rückstände aus früheren Jahresabrechnungen als Berechnungsposten bei der Ermittlung des Jahresendsaldos verwendet werden, ist der Beschluss über die Einzelabrechnungen insoweit mangels **Beschlusskompetenz nichtig**.[485] Es liegt dann auch nicht nur ein Abrechnungsfehler vor. Ein Abrechnungsfehler würde voraussetzen, dass tatsächlich oder vermeintlich angefallene Kosten des abgelaufenen Wirtschaftsjahres unzutreffend erfasst oder in unrichtiger Weise verteilt wurden. Beitragsrückstände aus Vorjahren gehören aber nicht zu den Kosten des Wirtschaftsjahres.

Wenn die Rückstände nur im Rahmen der Vermögensübersicht[486] dargestellt werden, kann die Auslegung ergeben, dass die Rückstände, wie auch die sonstigen Angaben in der Übersicht, nur zur Information der Eigentümer dienen. Um eine anderslautende Auslegung zu verhindern, sollte dabei möglichst ausdrücklich darauf hingewiesen werden, dass die Darstellung nur informationshalber erfolgt und nicht Gegenstand der zu beschließenden Abrechnung ist.

(20) Schadensersatzansprüche

Schadensersatzansprüche sind als bloße **Forderungen**, wie bei Rn. 35 oben dargestellt, nicht in die Gesamtabrechnung und damit auch nicht in die Einzelabrechnungen aufzunehmen. Dies gilt uneingeschränkt bei Schadensersatzansprüchen gegen Dritte oder gegen den Verwalter.

71

---

482 KG Berlin v. 18.7.2008 – 24 W 54/07, Grundeigentum 2009, 59 – siehe zur Aufrechnung auch oben Rn. 33.
483 OLG Düsseldorf v. 30.4.2004 – 3 Wx 65/04, ZMR 2005, 642; Bayerisches Oberstes Landesgericht v. 17.6.2003 – 2Z BR 110/03, ZMR 2003, 761.
484 BayObLG v. 8.12.2004 – 2z BR 189/04, WuM 2005, 150 (redaktioneller Leitsatz).
485 BGH v. 9.3.2012 – V ZR 147/11, ZWE 2012, 260; LG Nürnberg-Fürth v. 30.11.2009 – 14 S 5724/09, NZM 2010, 791; **anders noch** (nur anfechtbar): OLG Düsseldorf v. 30.4.2004 – 3 Wx 65/04, ZMR 2005, 642.
486 Siehe dazu oben Rn. 58.

Eine differenzierte Betrachtung ist jedoch erforderlich, wenn sich der Schadensersatzanspruch **gegen** einen **Wohnungseigentümer** richtet. Grundsätzlich sind auch hier keine bloßen Forderungen in die Einzelabrechnung aufzunehmen.

Bereits in der Vorauflage wurde hier vertreten, dass grundsätzlich jedoch dann, wenn bereits eine **tatsächliche Ausgabe** der Gemeinschaft vorliegt (etwa: Reparaturkosten für Gemeinschaftseigentum), diese Kosten in der Einzelabrechnung auf den Eigentümer umgelegt werden können, der die Beschädigung des Gemeinschaftseigentums verursacht hat. Diese Auffassung hat nunmehr auch der BGH bestätigt und klargestellt, dass eine Umlage in der Jahresabrechnung erfolgen kann, wenn der betroffene Eigentümer entweder seine Ersatzpflicht anerkennt und seine Kostentragungspflicht damit unstreitig ist oder aber wenn der Anspruch bereits tituliert ist.[487] **Bestreitet** jedoch der Eigentümer seine Zahlungsverpflichtung, darf die Umlegung **nicht** in der **Einzelabrechnung** erfolgen, da ansonsten die Gemeinschaft alleine im Abrechnungswege vermeintliche Schadensersatzansprüche realisieren könnte.[488] Alleine das Bestreiten der Verpflichtung führt daher dazu, dass die Einzelabrechnung auf Anfechtung hin insoweit für unwirksam zu erklären ist, da das Beschlussanfechtungsverfahren für die materiell-rechtliche Prüfung der Forderung nicht geeignet ist.[489]

Möglich ist eine Umlegung auf einen Eigentümer aber auch dann, wenn aufgrund eines gesonderten **Beschlusses** nach **§ 16 Abs. 3** (hinsichtlich verursachter Betriebskosten) oder nach **§ 16 Abs. 4** (hinsichtlich verursachter Instandsetzungskosten) eine derartige Verteilung zulässig ist. Hinsichtlich der weiteren Einzelheiten hierzu wird auf die Kommentierungen bei § 16, insbesondere Rn. 46 ff. und 55 ff. Bezug genommen.

Eine Umlage ist weiter möglich, soweit eine Kostenverteilung aufgrund eines **Beschlusses** nach **§ 21 Abs. 7** in Betracht kommt. Insoweit wird auf die Kommentierungen zu § 21 Rn. 75–83 Bezug genommen.

Zur Umlage eines von der Gemeinschaft an einen Eigentümer gemäß **§ 14 Nr. 4** bezahlten Schadensersatzanspruchs siehe § 16 Rn. 17 und ergänzend § 14 Rn. 72 ff.

Zur Beschlusskompetenz und der möglichen Verteilung bei den Kosten für **Kalt- und Abwasser** sowie **Kabelnutzung** siehe oben Rn. 66 und 67.

(21) Sonderumlagen

72 Die in der Jahresgesamtabrechnung ausgewiesenen Zahlungen auf eine Sonderumlage sind auch in den Einzelabrechnungen zu berücksichtigen. Die Zahlungen sind dem Eigentümer in der Höhe der tatsächlichen Leistung und nicht etwa nach einem Verteilungsschlüssel als **Einnahme** zuzuordnen.

---

487 BGH v. 4.3.2011 – V ZR 156/10, NJW 2011, 1346.
488 Anders: OLG Hamburg v. 4.6.2009 – 2 Wx 30/08, ZMR 2009, 781 (wo die Umlage ohne die vom BGH nunmehr geklärten Einschränkungen als zulässig angesehen wird)
489 KG Berlin v. 26.3.2003 – 24 W 189/02, ZMR 2003, 874.

Hiervon zu unterscheiden ist die Frage, wie die dem Sonderumlagenbeschluss zugrundeliegende **Ausgaben** (etwa für eine Sanierungsmaßnahme) auf die Eigentümer umzulegen sind. Anders als beim Wirtschaftsplan und dem Sonderumlagenbeschluss, wo nur vorläufige Zahlungsverpflichtungen geschaffen wurden, um die Gemeinschaft mit den erforderlichen Mitteln auszustatten und daher den Eigentümern ein gewisser Ermessensspielraum zustand[490], muss bei der Einzeljahresabrechnung immer der **zutreffende Verteilungsschlüssel** angewendet werden.

Der zutreffende Verteilungsschlüssel richtet sich nach der Gemeinschaftsordnung, nachträglichen Vereinbarungen und den in § 16 enthaltenen Regelungen. Insoweit wird auf die Kommentierungen zur § 16 und auf unten Rn. 74 Bezug genommen.

(22) Unberechtigte Ausgaben

Wie oben bei Rn. 55 dargestellt, sind auch unberechtigte Ausgaben in die Gesamtjahresabrechnung aufzunehmen. Betreffen diese Kosten nicht die Gemeinschaft sondern nur einen oder einige **Sondereigentümer**, etwa weil vom Verwalter Handwerkerrechnungen bezahlt wurden, welche nur das Sondereigentum von Eigentümern betrafen, so können diese Kosten nur dann in deren Einzelabrechnung auf die betroffenen Eigentümer umgelegt werden, wenn die Verpflichtung unstreitig oder der Anspruch bereits tituliert ist.[491] Sind die Zahlungen dagegen etwa **ohne Rechtsgrund** erfolgt (z.B.: Verwalter hat ohne eine Gegenleistung an einen Handwerker eine Überweisung getätigt) oder ist es **zweifelhaft**, ob die Zahlungspflicht nur eines Miteigentümers oder aller Eigentümer besteht, müssen die Kosten **auf alle** Eigentümer nach dem gültigen Verteilungsschlüssel, wie er sich aus einer Vereinbarung, einem Beschluss nach § 16 Abs. 3 und Abs. 4, aus § 16 Abs. 2 oder einer gerichtlichen Entscheidung ergibt, umgelegt werden.[492] Unerheblich ist insoweit, ob Schadensersatzansprüche gegen den Verwalter bestehen. Diese müssen gegebenenfalls außerhalb der Jahresabrechnung geltend gemacht werden (und fließen bei Zahlung des Verwalters dann in eine spätere Jahresabrechnung ein).[493]

Siehe hierzu auch Rn. 71 und 74.

Zur Beschlusskompetenz und der möglichen Verteilung bei den Kosten für Kalt- und Abwasser sowie Kabelnutzung siehe oben Rn. 66 und 67.

(23) Untergemeinschaften

Bei Rn. 56 wurde dargestellt, dass die Positionen, über deren Verteilung eine Untergemeinschaft nach der Gemeinschaftsordnung zu entscheiden

---

[490] Siehe dazu oben Rn. 18.
[491] BGH v. 4.3.2011 – V ZR 156/10, NJW 2011, 1346; **anders** noch: OLG Hamburg v. 4.6.2009 – 2 Wx 30/08, ZMR 2009, 781, KG Berlin v. 26.9.2005 – 24 W 123/04, ZMR 2006, 63 (wo jeweils die Umlage noch ohne die vom BGH nunmehr geklärten Einschränkungen als zulässig angesehen wird).
[492] BGH v. 4.3.2011 – V ZR 156/10, NJW 2011, 1346; OLG Hamm v. 22.2.2007 – 15 W 322/06, ZMR 2008, 60.
[493] BGH v. 4.3.2011 – V ZR 156/10, NJW 2011, 1346.

hat, in der Gesamtabrechnung von der Gesamtgemeinschaft zugewiesen worden sein müssen.

In einer ersten Entscheidung hat das LG München I bei der Behandlung von Abrechnungen bei Untergemeinschaften eine „zweistufige Lösung" als möglich angesehen.[494] Dabei muss in der ersten Stufe die **Gesamtgemeinschaft** nicht nur die Gesamtabrechnung aufstellen und darin einzelne Positionen den Untergemeinschaften zuweisen (siehe Rn. 56), sondern auch noch **Einzelabrechnungen** bezüglich der die Gesamtgemeinschaft betreffenden Ausgaben und Einnahmen vornehmen. In der zweiten Stufe konnten dann die **Untergemeinschaften** hinsichtlich der ihnen zugewiesenen Kosten **Einzelabrechnungen** erstellen.

Eine Konsequenz bei diesem Lösungsansatz war, dass für jede Eigentumseinheit eine Gesamtabrechnung und mindestens zwei (bei Zugehörigkeit zu mehreren Untergemeinschaften auch mehr) Einzelabrechnungen geschaffen wurden. Welche Konsequenzen es hatte, wenn nur eine der Einzelabrechnungen angefochten und ggf. für unwirksam erklärt wurde (etwa nur die der Untergemeinschaft, die den Großteil der Ausgaben umlegte), war nicht geklärt. Hervorzuheben ist hier auch, dass hinsichtlich der sich aus den jeweiligen Abrechnungen ergebenden **Ansprüche** Anspruchsinhaber oder Anspruchsgegner immer nur die **Gesamtgemeinschaft** sein kann, da die Untergemeinschaft keine eigenständige Rechtspersönlichkeit ist.

In einer weiteren Entscheidung hat das Landgericht München I daher eine „**dreistufige Lösung**" vorgeschlagen.[495]

Dabei hat die **Gesamtgemeinschaft** in einer ersten Stufe die Genehmigung der **Gesamtjahresabrechnung und** die **Zuweisung** bestimmter Kosten zu den Untergemeinschaften entsprechend den Vorgaben der Gemeinschaftsordnung vorzunehmen.

In einer zweiten Stufe beschließen sodann die jeweiligen **Untergemeinschaften** über die **Verteilung** der ihnen **zugewiesenen** Kosten (ohne aber eine Einzelabrechnung zu erstellen).

In der dritten Stufe erfolgt schließlich durch die **Gesamtgemeinschaft** die Genehmigung der **Einzeljahresabrechnungen** unter Übernahme der durch die Untergemeinschaften vorgegebenen Kostenverteilung für die den Untergemeinschaften zugewiesenen Kosten.

(24) Verbindliche Feststellung
Wie bereits bei Rn. 34 ausgeführt, besteht eine wesentliche Aufgabe der Jahresgesamtabrechnung darin, dass die Gesamteinnahmen und Gesamtausgaben verbindlich festgestellt werden.[496] Da aus der Gesamtjahresabrechnung

---

[494] LG München I v. 20. 12. 2010 – 1 S 8436/10, NZM 2011, 125.
[495] LG München I v. 2. 6. 2014 – 1 S 3223/12, NJW-RR 2014, 1478.
[496] BGH v. 4. 12. 2009 – V ZR 44/09, ZWE 2010, 170 (= NJW 2010, 2127); BGH v. 30. 11. 1995 – V ZB 16/95, ZMR 1996, 215; BGH v. 10. 3. 1994 – IX ZR 98/93, NJW 1994, 1866.

die Einzelabrechnungen abzuleiten sind[497], haben diese Feststellungen Bindungswirkungen auch für die Einzelabrechnungen. Von besonderem Interesse ist in diesem Zusammenhang, dass der BGH in ständiger Rechtsprechung festgestellt hat, dass der Beschluss über die Jahresabrechnung verbindlich alle sich aus ihm ergebenden **Verpflichtungen** der Wohnungseigentümer **regelt**.[498] Danach werden nicht nur die tatsächlichen **Ausgaben** und die **Einnahmen**, zu denen auch die geleisteten Vorschusszahlungen der Eigentümer gehören, festgestellt, sondern auch die **Verteilung** nach dem angegebenen Verteilungsschlüssel auf den einzelnen Eigentümer. Nach bestandskräftiger Beschlussfassung können von den Eigentümern (aber auch von der Gemeinschaft) gegen die Höhe der geleisteten Zahlungen keine Einwendungen mehr vorgebracht werden.[499] Insbesondere ist jedem Miteigentümer der Einwand abgeschnitten, er habe höhere Vorauszahlungen geleistet, als in der Abrechnung ausgewiesen sind.[500] Derartiges Vorbringen (sowohl des einzelnen Eigentümers als auch der Gemeinschaft) kann nur dann berücksichtigt werden, wenn ein wirksamer **Zweitbeschluss** über die Einzelabrechnungen zustande gekommen ist (siehe dazu § 21 Rn. 23 ff.). Zur Frage, wann ein Anspruch auf Fassung eines Zweitbeschlusses besteht siehe § 21 Rn. 30 und Rn. 42.

Weitergehende verbindliche Feststellungen (etwa zur Ergebniszusammenstellung – Rn. 63 – oder zum Jahresendsaldo – Rn. 65) enthält der Beschluss zur Jahresabrechnung nicht. Insoweit handelt es sich zwar um (teilweise wichtige) Informationen für den Eigentümer, die aber lediglich eine Rechenoperation und das Rechenergebnis darstellen.

Ergänzend wird auf die Kommentierungen zu den **Rechtswirkungen** des Beschlusses unten **Rn. 82 ff.** verwiesen.

(25) Verhältnis zu Einzelwirtschaftsplan
Hierzu wird auf Rn. 22 verwiesen.

(26) Verständlichkeit
Insoweit wird auf die Ausführungen zur Übersichtlichkeit bei Rn. 54 und die dortigen Verweise Bezug genommen.

---

497 OLG Düsseldorf v. 3. 8. 2007 – 3 Wx 84/07, ZWE 2007, 452; BayObLG v. 21. 12. 1999 – 2Z BR 79/99, NZM 2000, 280; BayObLG v. 3. 3. 1994 – 2Z BR 129/93, WuM 1994, 568; LG Dessau-Roßlau v. 29. 10. 2009 – 5 S 89/09, ZMR 2010, 471: „Allein das Fehlen einer ordnungsgemäßen Gesamtabrechnung führt daher zur Aufhebung des angefochtenen Beschlusses, ohne dass es darauf ankäme, ob die Einzelabrechnung inhaltlich zutreffend wäre".
498 BGH v. 4. 12. 2009 – V ZR 44/09, ZWE 2010, 170 (= NJW 2010, 2127); BGH v. 30. 11. 1995 – V ZB 16/95, NJW 1996, 725 (= ZMR 1996, 215); BGH v. 10. 3. 1994 – IX ZR 98/93, NJW 1994, 1866.
499 LG Köln v. 13. 5. 2008 – 29 T 294/07, ZMR 2008, 830.
500 LG Berlin v. 17. 11. 2009 – 55 S 82/09 WEG, Grundeigentum 2010, 557; BayObLG v. 6. 2. 2003 – 2Z BR 124/02, WuM 2003, 353.

(27) Verteilungsschlüssel

74 Die Einzelabrechnungen müssen bei den jeweiligen Einnahmen- und Ausgabenpositionen den verwendeten Verteilungsschlüssel nachvollziehbar **darstellen**. So kann der Eigentümer ersehen, ob etwa nach Miteigentumsanteilen, Quadratmeter Wohn- und Nutzfläche oder Anzahl der Wohnungen umgelegt wurde.

Anders als beim Wirtschaftsplan und bei einer Sonderumlage, bei denen aufgrund der nur vorläufigen Zahlungsverpflichtung ein gewisses Ermessen zugebilligt werden kann[501], ist bei der Einzeljahresabrechnung jedoch der **zutreffende Verteilungsschlüssel** zu verwenden.[502] Der zutreffende Verteilungsschlüssel ergibt sich aus einer Vereinbarung (insbesondere der Gemeinschaftsordnung), einem Beschluss nach § 16 Abs. 3 oder 4, aus § 16 Abs. 2 oder aus einer gerichtlichen Entscheidung.[503] Bei baulichen Veränderungen und besonderen Aufwendungen i.S.d. § 22 Abs. 1 ist zudem § 16 Abs. 6 zu beachten.

Wegen der näheren Einzelheiten wird insoweit auf die Kommentierungen zu § 16 (dort insbesondere Rn. 10ff.) Bezug genommen. Zu der Frage, ob eine **Abänderung des Verteilungsschlüssels** auch in dem Beschluss über die Jahreseinzelabrechnung erfolgen kann, siehe § 16 Rn. 13.

Soweit eine Kostentragungsregelung nach § 16 Abs. 6 (bauliche Veränderungen i.S.d. § 22 Abs. 1 ohne Zustimmung einzelner Eigentümer) in Betracht kommt, wird auf die Kommentierungen bei § 16 Rn. 69ff. Bezug genommen.

Zur Umlegung von Kosten, für die der Gemeinschaft (nach ihrer Ansicht) ein (Schadens-)Ersatzanspruch gegen einen Eigentümer zusteht, siehe oben Rn. 71.

Zur richtigen Umlage, wenn aus dem Verwaltungsvermögen (zu Unrecht) Zahlungen für ausschließlich das Sondereigentum betreffende Maßnahmen vorgenommen worden sind, siehe oben Rn. 71 und 73 und hinsichtlich Kalt- und Abwasser sowie Kabelnutzung oben Rn. 66 und 67.

Noch **ungeklärt** und von der Rechtsprechung noch nicht entschieden ist die Frage, ob sich durch die Änderung des **§ 16 Abs. 3** anlehnend an die Behandlung der Heizkosten eine weitere Möglichkeit der Berücksichtigung periodenfremder Zahlungen in der Einzelabrechnung ergeben hat, wenn Beschlüsse gefasst werden, wonach die dort genannten Betriebskosten **verbrauchsabhängig** verteilt werden sollen.

Dafür könnte sprechen, dass die Erfassung des tatsächlichen Verbrauchs im Abrechnungszeitraum ein maßgeblicher Grund für die zugelassene Rechnungsabgrenzung bei Heizkosten war und daher die Interessenlage auch bei § 16 Abs. 3 vergleichbar ist.

Der Kommentator hat jedoch erhebliche **Bedenken**, ob sich diese Meinung bei den Gerichten durchsetzen wird. Gegen eine Erweiterung der Berück-

---

501 Siehe dazu oben Rn. 18 und 27.
502 BayObLG v. 27.1.1994 – 2Z BR 88/93, WuM 1994, 230.
503 BGH v. 4.3.2011 – V ZR 156/10, NJW 2011, 1346.

sichtigung periodenfremder Zahlungen spricht die bisherige restriktive Rechtsprechung zu dieser Problematik und die Entscheidung des BGH vom 17. 2. 2012 – V ZR 251/10 (siehe dazu auch Rn. 49), wo eine Ausnahme nur aufgrund einer zwingenden gesetzlichen Regelung zugelassen wurde. Äußerst fraglich dürfte auch sein, ob für eine derartige Regelung eine **Beschlusskompetenz** besteht. Durch die Kompetenz zur Änderung des Verteilungsschlüssels in der Ausnahmevorschrift § 16 Abs. 3 dürfte wohl kaum auch die Kompetenz zur Änderung des Begriffs der Ausgaben i. S. d. § 28 gegeben worden sein. Das LG Berlin hat einen Beschluss, wonach eine konkrete Abrechnung nach dem Abgrenzungsprinzip erstellt werden sollte, für unwirksam erklärt, ohne die Frage zu entscheiden, ob § 16 Abs. 3 ein derartiges Vorgehen decken würde.[504]

(27a) **Vorjahresrückstände**
Siehe hierzu oben Rn. 70 „Rückstände aus früheren Jahresabrechnungen"

(28) **Wärmelieferung**
Gerade in großstädtischen Gebieten kommt es in der Praxis immer häufiger 75 vor, dass die Wohnungseigentumsgemeinschaften die Wärmeversorgung nicht selbst durch eine zentrale Heizungsanlage sicher stellen, sondern dass sie eine Wärmelieferung durch Unternehmen in Anspruch nehmen, die eine Belieferung mit **Fernwärme** anbieten.[505] Die Wärmelieferanten schließen dabei regelmäßig mit der Eigentümergemeinschaft Wärmelieferungsverträge auf der Grundlage der Verordnung über Allgemeine Bedingungen für die Versorgung mit Fernwärme (AVBFernwärmeV) vom 20. 6. 1980 (BGBl. I S. 742), zuletzt geändert am 4. 11. 2010, ab. In diesen Verträgen ist häufig eine Abrechnung der Wärmekosten zu 100 % nach Verbrauch vorgesehen. Dies ist unter gewissen Voraussetzungen nach den Vorschriften der AVB-FernwärmeV i. V. m. § 1 Abs. 3 HeizkostenV grundsätzlich auch zulässig. Dabei ist jedoch zu beachten, dass sich diese vertragliche Regelung nur auf das Außenverhältnis der Gemeinschaft zum Wärmelieferanten bezieht. Die Umlage der Kosten in den Einzelabrechnungen betrifft jedoch das Innenverhältnis und richtet sich nach den maßgeblichen Vorschriften der **Gemeinschaftsordnung**.[506] Nach § 16 Abs. 3 besteht nunmehr eine **Beschlusskompetenz** hinsichtlich der Kosten für Wärmelieferung, die auch nach § 16 Abs. 5 nicht durch Vereinbarung eingeschränkt oder ausgeschlossen werden kann. Insoweit wird auf die Kommentierung zu § 16 Rn. 30, 53 und soweit die Frage zu beurteilen ist, unter welchen Voraussetzungen ein Anschluss an die Fernwärme oder der Abschluss eines Wärmecontractingvertrages möglich ist, auf § 21 Rn. 26 verwiesen.

(29) **Wohngeld und -rückstände**
Auch hier gilt das Zuflussprinzip, sodass hier die **tatsächlich gezahlten** 76 Wohngelder und nicht die nach dem Wirtschaftsplan (und evtl. auch Sonder-

---

504 LG Berlin v. 26. 1. 2010 – 55 S 112/09, Grundeigentum 2010, 493.
505 Zu den Voraussetzungen einer derartigen Änderung der Wärmeversorgung siehe § 21 Rn. 26.
506 BayObLG v. 27 .10. c1993 – 2Z BR 17/93, WuM 1994, 105.

umlagen) geschuldeten Beträge zu erfassen sind. Siehe hierzu auch den **Hinweis (H:8)** zu den **Anlagen 4–6**.

Die Regelung über die Hausgeldzahlungen im Wirtschaftsplan, wonach bei Teilzahlungen von Eigentümern ohne Leistungsbestimmung diese zunächst auf den Anteil der Beitragsleistung zur Instandhaltungsrücklage und erst dann auf die Ausgaben der gemeinschaftlichen Verwaltung verrechnet werden, entspricht nicht ordnungsgemäßer Verwaltung. Denn durch diese Beschlussfassung kann es passieren, dass die Instandhaltungsrücklage in vollem Umfang aufgefüllt wird, ohne dass Zahlungen auf die zur Kostendeckung erforderlichen Wohngeldforderungen erzielt werden und somit eine ordnungsgemäße Bewirtschaftung des Objektes nicht mehr möglich ist.[507]

Bei Rn. 48 wurde gezeigt, dass das vom BGH aufgestellte Verbot der Rechnungsabgrenzung (Rn. 47) auch dann gilt, wenn ein Eigentümer beispielsweise sein gesamtes **Wohngeld** für **2014** oder Teile davon erst im Jahr **2015** (sei es auch dort schon im Januar), also **verspätet** bezahlt. Die Gesamtabrechnung für 2014 enthält insoweit keine Einnahme; die Zahlung ist in die Gesamtabrechnung 2015 aufzunehmen. Auch in der Einzelabrechnung für das Jahr 2014 kann daher keine Einnahme aufgenommen werden, da tatsächlich ja kein Zufluss erfolgt ist. Die Wohngeldschuld aus dem Wirtschaftsplan ist aber durch die Zahlung im Januar 2015 erloschen. Durch die Nichterfassung in der Einzelabrechnung entstehen dem Eigentümer auch keine Nachteile, da sich aus der Jahresabrechnung insoweit keine Abrechnungsspitze ergeben kann, da der Anspruch bereits durch den Wirtschaftsplan für 2014 begründet worden ist. Wegen der weiteren Einzelheiten hierzu wird auf Rn. 62a Bezug genommen.

Die (verspätete) Zahlung im Januar 2015 wird aber in die Gesamtjahresabrechnung 2015 aufgenommen, da in diesem Jahr tatsächlich ein Zufluss erfolgt ist. In der Einzelabrechnung für 2015 wird dieser Zufluss aber nicht als zurechenbare Einnahme erfasst. Würde dies geschehen, wäre die Einnahme dem Eigentümer doppelt zugutegekommen, da die Wohngeldschuld aus dem Wirtschaftsplan 2014 erloschen ist und zudem dieser Betrag nicht aus dem Wirtschaftsplan 2015 geschuldet ist. Würde also der Zufluss in der Einzelabrechnung 2015 (zu Unrecht) als Einnahme gutgeschrieben, würde sich ein entsprechender Überschuss ergeben, sodass die Gemeinschaft das Geld wieder zurückzahlen müsste, was fehlerhaft wäre. Siehe zum Rückerstattungsanspruch auch Rn. 69.

Zu den materiell-rechtlichen **Problemen**, die sich ergeben können, wenn in einer Einzelabrechnung dennoch Beträge **fehlerhaft** aufgenommen werden und zu den Lösungsmöglichkeiten siehe unten **Rn. 83**.

Zum Verbot, Wohngeldrückstände aus früheren Jahren in der aktuellen Jahresabrechnung erneut auszuweisen, siehe dazu oben Rn. 70.

(29a) Zinseinnahmen

Guthabenzinsen sind auch in der Einzelabrechnung als Einnahmen aufzuführen. Sie wirken sich aber nur dann beitragsmindernd für den Eigentümer

---

[507] LG Köln v. 13. 12. 2012 – 29 S 95/12 (zitiert nach juris).

aus, wenn sie nicht der Instandhaltungsrücklage zugeführt, sondern anteilig ausgekehrt werden.[508] Siehe zur Behandlung der Zinsen auch den **Hinweis (H:12)** zu den **Anlagen 4–6**.

(30) Zurückbehaltungsrecht
Ein Zurückbehaltungsrecht kann Wohngeldforderungen nur unter den Voraussetzungen entgegengehalten werden, die auch für die Aufrechnung gelten (siehe oben Rn. 23 und Rn. 62).[509]

(31) Zwangsverwaltung/Zwangsversteigerung
Der Ersteher in der Zwangsversteigerung haftet nur für die sogenannte Abrechnungsspitze, wenn der Zuschlag vor dem Beschluss über die Jahresabrechnung erfolgte.[510] Für die Begründung einer Haftung des Erstehers für noch offene Beiträge aus dem Vorjahreswirtschaftsplan, die neben die Haftung des Voreigentümers aus dem Wirtschaftsplan tritt, fehlt den Miteigentümern die Beschlusskompetenz.[511] Auch eine dingliche Haftung aufgrund des in § 10 Abs. 1 Nr. 2 ZVG enthaltenen Vorrechts besteht nicht.[512] Die gleichen Grundsätze gelten auch bei Anordnung der Zwangsverwaltung.

Sowohl bei Zwangsverwaltung als auch bei Zwangsversteigerung ist nur die Darstellung eines einheitlichen Endsaldos erforderlich.[513] Es ist also nicht notwendig, in diesen Fällen Zwischenabrechnungen zu erstellen oder Zwischensalden auszuweisen und diese Salden dann Erwerbern und Veräußerern zuzuordnen.

Zur Pflicht zur Wohngeldzahlung in Fällen der Zwangsverwaltung und Zwangsversteigerung siehe oben Rn. 20.

(32) Zwischenabrechnungen
Auch bei Eigentümerwechsel, Zwangsverwaltung, Zwangsversteigerung oder Insolvenz ist es nicht notwendig, Zwischenabrechnungen zu erstellen oder Zwischensalden auszuweisen und diese Salden dann Erwerbern, Insolvenz- oder Zwangsverwaltern sowie Veräußerern zuzuordnen. Insoweit wird auf die vorstehenden Kommentierungen (auch zu Rn. 63 und Rn. 65) verwiesen.

---

508 BGH v. 11.10.2013 – V ZR 271/12, ZWE 2014, 36; siehe auch Rn. 40 und Rn. 61.
509 LG Nürnberg-Fürth v. 11.8.2010 – 14 S 1985/10, ZWE 2010, 465; LG Saarbrücken v. 13.4.2010 – 5 T 303/09, ZWE 2010, 416; OLG München v. 13.7.2005 – 34 Wx 61/05, NJW-RR 2005, 1325; OLG Frankfurt/Main v. 30.3.2006 – 20 W 189/05, NZM 2007, 367.
510 Siehe dazu genauer oben Rn. 62a.
511 LG München I v. 20.12.2010 – 1 S 4319/10, WuM 2011, 308.
512 BGH v. 13.9.2013 – V ZR 209/12, ZWE 2013, 466; siehe dazu auch Rn. 20.
513 BGH v. 23.9.1999 – V ZB 17/99, NJW 1999, 3713; LG Köln v. 7.10.2010 – 29 S 57/10, ZMR 2011, 165.

4. Beschluss der Eigentümer über die Jahresabrechnung (Absatz 5)

a) Mehrheitsbeschluss

77 Die vom Verwalter vorgelegte Jahresabrechnung muss, um Wirkungen gegenüber den Eigentümern zu entfalten, nach Abs. 5 von den Wohnungseigentümern durch Stimmenmehrheit beschlossen werden.[514] Erforderlich aber auch ausreichend ist also ein einfacher Mehrheitsbeschuss. Die Wohnungseigentümer können die Jahresabrechnung vorbehaltlich einer Prüfung durch den Verwaltungsbeirat genehmigen. In diesem Fall steht der Eigentümerbeschluss gemäß § 158 Abs. 1 BGB unter der **aufschiebenden Bedingung** einer **Billigung** durch den **Verwaltungsbeirat** und wird mit deren Versagung endgültig wirkungslos.[515] Die aufschiebend bedingte Beschlussfassung darf aber nicht gegen den wohnungsrechtlichen Grundsatz, die Handlungsfähigkeit der Eigentümergemeinschaft durch klare Beschlussfassungen aufrecht zu erhalten, verstoßen. Der Beschluss muss daher so gefasst sein, dass nach Ablauf einer überschaubaren Frist Klarheit über das Zustandekommen besteht.[516]

Auch wenn eine beabsichtigte Maßnahme nur einen Teil der Eigentümer, etwa nur Tiefgarageneigentümer betrifft, muss dennoch über die Jahresabrechnung grundsätzlich die Gesamtheit der Wohnungseigentümer in der Versammlung der **Gesamtgemeinschaft** beschließen, da regelmäßig das Gemeinschaftseigentum insgesamt betroffen ist.[517] Dies gilt auch dann, wenn bei Mehrhausanlagen eine Kostenverteilung nach Häusern erfolgen soll. Hierzu und zur ausnahmsweisen Beschlusskompetenz so genannter **geregelter Untergemeinschaften** siehe oben Rn. 56 und Rn. 73.

Andererseits ist es aber auch nicht zulässig, dass bei mehreren selbständigen Wohnungseigentümergemeinschaften eine „Dachgemeinschaft" für mehrere Häuserblöcke gebildet und sodann für die Gesamtanlage eine einheitliche Jahresabrechnung erstellt wird.[518]

Ein Genehmigungsbeschluss für eine Jahresabrechnung kann auch **konkludent** erfolgen. Wenn die Wohnungseigentümer dem Verwalter die Entlastung für das entsprechende Wirtschaftsjahr erteilen, liegt in diesem Beschluss über die **Verwalterentlastung** in der Regel zugleich die Billigung der Jahresabrechnung.[519] Dies gilt jedenfalls dann, wenn die Abrechnung vor der Verwalterentlastung in der Versammlung erörtert wurde.[520] Lehnt die Eigentümerversammlung die Entlastung des Verwalters ab, lässt sich aus

---

514 Siehe dazu auch unten Rn. 82.
515 BayObLG v. 14. 8. 1996 – 2Z BR 77/96, WuM 1996, 722.
516 OLG Köln v. 22. 9. 2004 – 16 Wx 142/04, ZMR 2005, 227; AG Tostedt v. 26. 8. 2009 –
    5 C 204/08, ZMR 2010, 326.
517 BayObLG v. 17. 11. 2000 – 2Z BR 107/00, ZMR 2001, 209.
518 OLG Düsseldorf v. 2. 4. 2003 – 3 Wx 223/02, ZMR 2003, 765.
519 OLG München v. 7. 2. 2007 – 34 Wx 147/06, NZM 2007, 488; BayObLG v.
    10. 11. 1994 – 2Z BR 102/94, BayObLGZ 1995, 17; BayObLG v. 22. 9. 1988 – BReg 2
    Z 82/88, WuM 1989, 41.
520 OLG Düsseldorf v. 19. 5. 1999 – 3 Wx 69/99, ZMR 1999, 655.

der gleichzeitigen Entlastung des Verwaltungsbeirats in der Regel nicht auf die gleichzeitige Genehmigung der Jahresabrechnung schließen.[521] Zu den Einzelheiten der Verwalterentlastung siehe § 26 Rn. 46 f.

b) *Ausnahmen*

Da § 28 insoweit kein zwingendes Recht enthält, kann Abs. 5 auch in der Weise in der Gemeinschaftsordnung oder einer nachträglichen Vereinbarung abbedungen werden, dass anstatt der Wohnungseigentümer der **Verwaltungsbeirat** durch Beschluss die vom Verwalter erstellte Jahresabrechnung genehmigen kann. In einem derartigen Fall hat der Beschluss des Verwaltungsbeirats Außenwirkung. Wird in den Einzelabrechnungen in diesen Fällen ein **unrichtiger Verteilungsschlüssel** angewandt, sind die Einzeljahresabrechnungen **nichtig**, da eine Anfechtung eines Verwaltungsbeiratsbeschlusses nicht möglich ist.[522] Gleiches muss jedoch auch für die Jahresgesamtabrechnung gelten, wenn diese fehlerhaft ist (wenn also beispielsweise Ausgaben oder Einnahmen aufgeführt sind, die in Wahrheit nicht getätigt wurden). 78

Etwas anderes gilt jedoch dann, wenn trotz der Beschlusskompetenz des Verwaltungsbeirats die Wohnungseigentümer über die Jahresabrechnung beschließen. Die von den Wohnungseigentümern gefassten (fehlerhaften) Beschlüsse sind nicht nichtig, sondern nur anfechtbar.[523]

Problematisch sind **Genehmigungsfiktionen** in Gemeinschaftsordnungen, wonach eine vom Verwalter erstellte Abrechnung ohne Beschlussfassung als genehmigt gilt, wenn innerhalb einer bestimmten Frist kein Eigentümer oder aber nicht mehr als eine bestimmte Anzahl beim Verwalter schriftlich Widerspruch einlegen.[524] Der BGH hat die Frage, ob eine derartige Regelung einer Inhaltskontrolle nach § 242 BGB standhält, offen gelassen, da in dem konkreten Fall die Jahresabrechnung später zusätzlich durch Beschluss gebilligt wurde und bei tatsächlich erfolgter Beschlussfassung dann der Beschluss maßgeblich ist.[525] Das OLG München hat ebenfalls offen gelassen, ob eine Regelung, wonach die dem Beirat vorgelegte Gesamtabrechnung als anerkannt gilt, wenn gegen sie nicht binnen 14 Tagen schriftlich begründeter Widerspruch eingelegt wird, wirksam ist.[526] Das KG Berlin hat dagegen die in einer Teilungserklärung enthaltene Bestimmung: „Die (Jahres-)Abrechnung gilt als anerkannt, wenn nicht innerhalb vier Wochen nach Absendung schriftlich widersprochen wird" als unwirksam angesehen.[527] Im Hinblick auf die erheblichen Zweifel an der Wirksamkeit derartiger Regelungen sollte sich daher in der Praxis ein Verwalter nicht auf eine solche fik-

---

521 OLG München v. 7. 2. 2007 – 34 Wx 147/06, NZM 2007, 488.
522 OLG Hamm v. 19. 3. 2007 – 15 W 340/06, ZMR 2008, 63.
523 OLG Hamburg v. 9. 7. 2003 – 2 Wx 134/99, ZMR 2003, 773.
524 BayObLG v. 20. 12. 1994 – 2Z BR 106/94, WuM 1995, 341 (wo eine derartige Bestimmung wohl grundsätzlich als zulässig angesehen wurde, worauf es letztlich aber nicht ankam, da Widerspruch erhoben wurde).
525 BGH v. 20. 12. 1990 – V ZB 8/90, NJW 1991, 979.
526 OLG München v. 20. 3. 2008 – 34 Wx 46/07, NJW-RR 2008, 1182.
527 KG Berlin v. 4. 7. 1990 – 24 W 1434/90, WuM 1990, 407; a. A. OLG Frankfurt/Main v. 27. 9. 1985 – 20 W 426/84, OLGZ 1986, 45.

tive Genehmigung verlassen, sondern, auch wenn er möglicherweise hierzu nicht verpflichtet wäre, in der Eigentümerversammlung Genehmigungsbeschlüsse herbeiführen. Gleiches gilt, wenn Genehmigungsfiktionen nicht in der Gemeinschaftsordnung, sondern im Verwaltervertrag enthalten sind. So hat das OLG München in einem Verwaltervertrag eine als allgemeine Geschäftsbedingungen oder ihnen nach § 310 Abs. 3 BGB gleichstehende Regelungen für unwirksam erklärt, die lautete: „Die vom Verwalter erstellte Jahresabrechnung gilt gegenüber dem Verwalter als genehmigt, wenn die Wohnungseigentümergemeinschaft nicht innerhalb von 4 Wochen nach Vorlage Einwendungen erhebt."[528]

c) Prüfungsmöglichkeiten vor Beschlussfassung

79 Da § 29 Abs. 3 lediglich eine Sollvorschrift darstellt, ist ein Beschluss über die Jahresabrechnung nicht alleine deshalb fehlerhaft und damit angreifbar, weil der **Verwaltungsbeirat** nicht die vorgesehene Prüfung der Abrechnung vorgenommen hat.[529]

Dagegen müssen die Wohnungseigentümer vor der Beschlussfassung ausreichend Zeit und Gelegenheit gehabt haben, sowohl die ihnen im **Entwurf** vorliegende **Jahresabrechnung** zu überprüfen als auch die gesamten **Abrechnungsunterlagen** und die Einzelabrechnungen der übrigen Eigentümer **einzusehen**.[530] Dies ist schon alleine deshalb erforderlich, weil eine Entscheidung über eine Anfechtung des Genehmigungsbeschlusses ansonsten nicht zumutbar und eine sachliche Begründung ohne eine derartige Überprüfung nicht möglich ist. Eine sachgerechte Überprüfung ist in der Regel nicht möglich, wenn die Jahresabrechnungen den Eigentümern erst in der Versammlung vorgelegt werden. Eine ausreichende Überprüfungsmöglichkeit ist aber dann gegeben, wenn den Eigentümern die Abrechnungen rechtzeitig vor der Versammlung übersandt wurden und die Eigentümer während der Eigentümerversammlung Gelegenheit hatten, die Unterlagen und Belege für die Jahresabrechnung selbst zu überprüfen.[531] Dass die übersandte Abrechnung und der übersandte Wirtschaftsplan kurz vor der Versammlung dann nochmals in einzelnen Punkten korrigiert wurden und die **korrigierten Fassungen** den Eigentümern erst zu Beginn der Versammlung überreicht wurden, schadet nichts. Auch § 23 Abs. 2 schließt solche nachträglichen Korrekturen im Detail nicht aus, weil die Norm gerade nicht erfordert, dass die zu fassenden Beschlüsse bereits bis ins letzte Detail endgültig durch die Einladung festgelegt und mitgeteilt werden. Ansonsten wäre jede Beratung in der Versammlung letztlich nur Makulatur.[532] Die

---

528 OLG München v. 25. 9. 2008 – 32 Wx 118/08, NJW 2008, 3574.
529 OLG Frankfurt/Main v. 8. 2. 2005 – 20 W 231/01, OLGR Frankfurt 2005, 783; KG Berlin v. 25. 8. 2003 – 24 W 110/02, NZM 2003, 901.
530 BGH v. 11. 2. 2011 – V ZR 66/10, NJW 2011, 1137 (= NZM 2011, 279); OLG Köln v. 11. 12. 2006 – 16 Wx 200/06, NZM 2007, 366; OLG Hamburg v. 22. 12. 2004 – 2 Wx 85/96, OLGR Hamburg 2005, 338; BayObLG v. 4. 7. 2002 – 2Z BR 139/01, ZMR 2002, 946; OLG Köln v. 4. 6. 1997 – 16 Wx 87/97, WuM 1998, 50.
531 BayObLG v. 28. 3. 2001 – 2Z BR 52/00, ZWE 2001, 375.
532 LG München I v. 30. 11. 2009 – 1 S 23229/08, ZWE 2010, 138; a. A. (Änderungen in Versammlung nicht möglich): OLG Düsseldorf v. 7. 3. 2006 – 3 Wx 107/05, ZWE 2006, 246.

Grenze wird zu ziehen sein, wenn umfangreiche Änderungen vorgenommen werden und es für einen durchschnittlichen Eigentümer nicht mehr ohne weiteres möglich ist, die Auswirkungen der Änderungen nachzuvollziehen und die Konsequenzen (insbesondere auch für seine eigene Abrechnung) abzuschätzen. Nach Ansicht des OLG Köln reicht es nicht aus, dass der Verwalter alle Einzelabrechnungen und die gesamten Unterlagen in der Versammlung zwar bereithält, die Eigentümer aber über die Einsichtsmöglichkeit nicht unterrichtet.[533] Die Stimmabgabe eines Wohnungseigentümers wirkt sich bei der Beschlussfassung auch auf die Genehmigung der fremden Einzelabrechnungen aus. Dem **Einsichtsanspruch** in die **fremden Einzelabrechnungen** steht auch nicht das Bundesdatenschutzgesetz entgegen, da die Wohnungseigentümergemeinschaft keine anonyme Gemeinschaft ist und die Einsichtnahme dem Zweck des Gemeinschaftsverhältnisses dient, § 28 BDSG.[534]

Da die Einsichtnahme auch der Überprüfung der Verwaltertätigkeit dient, besteht das Einsichtsrecht nicht nur im Vorfeld der Versammlung, sondern es besteht auch noch nach der bestandskräftigen Genehmigung der Abrechnung und nach der Entlastung des Verwalters fort. Nur das Verbot des Rechtsmissbrauchs (§ 242 BGB) und das Schikaneverbot (§ 226 BGB) begrenzen das Einsichtsrecht.[535]

Von dem Anspruch auf Einsichtnahme in die Verwaltungsunterlagen zu unterscheiden ist sowohl der Anspruch auf **Rechnungslegung** als auch der Anspruch auf **Auskunftserteilung**. Hinsichtlich dieser Ansprüche wird auf die Kommentierungen unten Rn. 89 ff. verwiesen.

Grundsätzlich muss den Eigentümern gestattet werden, die Abrechnungsunterlagen in den **Räumen der Verwaltung** einzusehen.[536] Dies gilt auch für die Einsichtnahme in die Einzelabrechnungen der übrigen Eigentümer.[537] Diese Auffassung hat nun auch der BGH unter Hinweis auf § 269 BGB und darauf, dass sich der Schwerpunkt der Verwaltertätigkeit nicht am Ort der Wohnungseigentumsanlage befinde, bestätigt.[538] Am Ort der Wohnungseigentumsanlage sind nach dem BGH lediglich die zur Instandhaltung und Instandsetzung der Anlage erforderlichen Maßnahmen zu ergreifen, ausgeführte Arbeiten zu prüfen und abzunehmen, Verhandlungen mit örtlichen Handwerkern und Behörden zu führen sowie die Einhaltung der Hausordnung zu überwachen. Da die übrigen darüberhinausgehenden Aufgaben des Verwalters, die in § 21 Abs. 5, § 27 Abs. 1 bis 3 aufgeführt sind, üblicherweise in seinen Geschäftsräumen erledigt werden, bilden seine Geschäftsräume den Schwerpunkt der Verwaltung. Befinden sich dies Räume nicht am Ort der Wohnanlage, so muss die Verwaltung sicherstellen, dass die Eigentümer im zeitlichen Zusammenhang mit der Versammlung die Un-

80

---

533 OLG Köln v. 11.12.2006 – 16 Wx 200/06, NZM 2007, 366; insoweit ausdrücklich offengelassen: BGH v. 11.2.2011 – V ZR 66/10, NJW 2011, 1137 (=NZM 2011, 279).
534 OLG München v. 9.3.2007 – 32 Wx 177/06, NZM 2007, 691.
535 BGH v. 11.2.2011 – V ZR 66/10, NJW 2011, 1137 (= NZM 2011, 279).
536 BGH v. 7.6.2006 – 16 Wx 241/05, FGPrax 2006, 156.
537 LG Karlsruhe v. 17.2.2009 – 11 S 13/07, ZWE 2009, 325.
538 BGH v. 11.2.2011 – V ZR 66/10, NJW 2011, 1137 (= NZM 2011, 279).

terlagen am Ort der Eigentumswohnanlage einsehen können.[539] Der Verwalter kann sich gegenüber dem Recht des einzelnen Wohnungseigentümers auf Belegeinsicht auch nicht darauf berufen, dass bei einer großen Wohnanlage eine Vielzahl von Eigentümern Einsicht nehmen möchte. Wie bereits erwähnt, begrenzen nur das Verbot des Rechtsmissbrauchs (§ 242 BGB) und das Schikaneverbot (§ 226 BGB) das Einsichtsrecht.[540]

Überlässt der Verwalter einem Wohnungseigentümer aber (obwohl er hierzu nach dem Vorstehenden nicht verpflichtet ist) Verwaltungsunterlagen zur Prüfung außerhalb seiner Geschäftsräume, kommt regelmäßig ein **Leihvertrag** zustande mit der Folge, dass der Verwalter die **Herausgabe** der Unterlagen im eigenen Namen verlangen kann.[541]

81 Der BGH hat nunmehr auch klargestellt, dass ein Verwalter **nicht** verpflichtet ist, einem Eigentümer **Ablichtungen** (Fotokopien) der von diesem geforderten Verwaltungsunterlagen zu übersenden; dies gilt auch dann, wenn dies auf Kosten des Eigentümers erfolgen soll.[542] Zwar kann sich eine Pflicht zur Übersendung von Fotokopien gegen Kostenerstattung aus dem Einsichtnahmerecht des Wohnungseigentümers ergeben, aber nur dann, wenn Treu und Glauben es gebieten.[543] Entgegen früherer Entscheidungen dürfte daher im Regelfall keine Pflicht des Verwalters bestehen, der Forderung eines Eigentümers nachzukommen, alle Belege eines Wirtschaftsjahres gegen Kostenerstattung kopiert und zugesandt zu bekommen[544]. Gleiches gilt für das Verlangen eines Eigentümers, die Kopien der fremden Einzelabrechnungen zu erhalten.[545] Der einzelne Eigentümer kann vielmehr bei der Einsicht in die Verwaltungsunterlagen in den Räumen der Verwaltung (siehe Rn. 80) auf seine Kosten Ablichtungen der Unterlagen anfertigen oder anfertigen lassen.[546] Übernimmt der Verwalter aber (freiwillig) die Anfertigung von Fotokopien, müssen ihm vom Eigentümer die **Fotokopierkosten** nur in angemessener Höhe erstattet werden. Das OLG München hat in einem Fall beispielsweise 0,30 € je Kopie als angemessen angesehen.[547] Einen Betrag von 0,72 € hat es als bedenklich angesehen, selbst wenn neben den Kosten für Material der erforderliche Arbeitsaufwand zu berücksichtigen ist. Ohne abschließende Entscheidung zur Höhe hat es darauf hingewiesen, dass im Mietrecht Beträge zwischen 0,05 € und 0,50 € gewährt werden, wobei ganz überwiegend ein Betrag von 0,25 € für angemessen erachtet wird.[548] Es dürfte jedoch unter Berücksichtigung des Umstandes, dass nach VV RVG

---

539 OLG Köln v. 28.2.2001 – 16 Wx 10/01, ZMR 2001, 851.
540 BGH v. 11.2.2011 – V ZR 66/10, NJW 2011, 1137 (= NZM 2011, 279).
541 BGH v. 15.7.2011 – V ZR 21/11, ZWE 2011, 361.
542 BGH v. 11.2.2011 – V ZR 66/10, NJW 2011, 1137 (= NZM 2011, 279).
543 BGH v. 11.2.2011 – V ZR 66/10, NJW 2011, 1137 (= NZM 2011, 279); OLG München v. 29.5.2006 – 34 Wx 27/06, NZM 2006, 512; BayObLG v. 13.6.2000 – 2Z BR 175/99, NZM 2000, 873.
544 So aber grundsätzlich noch (Grenze nur Schikane- und Missbrauchsverbot): OLG München v. 29.5.2006 – 34 Wx 27/06, NZM 2006, 512.
545 Anders noch: OLG München v. 9.3.2007 – 32 Wx 177/06, NZM 2007, 691 (regelmäßig nicht rechtsmissbräuchlich).
546 BGH v. 11.2.2011 – V ZR 66/10, NJW 2011, 1137 (= NZM 2011, 279).
547 OLG München v. 9.3.2007 – 32 Wx 177/06, WuM 2007, 215.
548 OLG München v. 26.7.2007 – 32 Wx 73/07, ZMR 2007, 815.

7000 Rechtsanwälte für die ersten 50 Kopien 0,50 € verlangen dürfen, auch bei Verwaltern eine Regelung zulässig sein, die sich hieran orientiert.

Da es sich bei der Fertigung von Kopien um einen besonderen Verwaltungsaufwand handelt, können die Wohnungseigentümer nach § 21 Abs. 7 eine entsprechende Kostenerstattung beschließen.[549] Sie können weiter beschließen, dass die Erstellung und Aushändigung von Kopien aus den Verwaltungsunterlagen nur gegen Vorkasse erfolgt.[550]

d) Rechtswirkungen des Beschlusses

Wegen ihrer Wirkung gegenüber Rechtsnachfolgern (§ 10 Abs. 4) sind **Beschlüsse** der Eigentümerversammlung **objektiv** und **normativ auszulegen**.[551] Dies gilt auch für Beschlüsse nach Abs. 5.[552] Für diese Auslegung sind maßgeblich Wortlaut und Sinn des Beschlusses, wie sie sich für den unbefangenen Betrachter als nächstliegende Bedeutung der Erklärung ergeben.[553] Dabei ist im Zweifel, bei Fehlen konkreter gegenteiliger Anhaltspunkte davon auszugehen, dass die Eigentümer keinen rechtswidrigen Beschluss fassen wollen.[554] Aufgrund der an der Grundbuchauslegung orientierten Auslegung kommt eine ergänzende Beweiserhebung durch Zeugeneinvernahme zum Beschlussinhalt nicht in Betracht.[555]

82

Die Jahresabrechnung (Gesamt- und Einzelabrechnungen) entfaltet – ebenso wie der Wirtschaftsplan – Rechtswirkungen nur, wenn hierüber nach Abs. 5 Beschluss durch die Eigentümer gefasst wurde. Nicht erforderlich ist für den Eintritt der Rechtswirkungen, dass der billigende Eigentümerbeschluss unanfechtbar geworden ist.[556]

Ohne Beschlussfassung besteht keine Zahlungsverpflichtung eines Eigentümers aus der vom Verwalter erstellten Einzelabrechnung.[557] Liegen dagegen lediglich Einzelabrechnungen über Nebenkosten vor und fehlt es an einer wirksamen Gesamtabrechnung, kommt ein derartiger Beschluss nicht als Grundlage für einen Anspruch auf Wohngeldzahlung in Betracht.[558]

Die Einzeljahresabrechnungen schaffen eine neue, **originäre Anspruchsgrundlage** nur hinsichtlich der **Abrechnungsspitze**. Wie oben bei Rn. 62a gezeigt wurde, kommt nach der neuen Rechtsprechung des BGH dem Beschluss über die Jahresabrechnung keine Bedeutung im Hinblick auf mögliche Wohngeldrückstände, für die nur der Wirtschaftsplan eine Anspruchs-

---

549 Siehe dazu näher § 21 Rn. 83 ff.
550 BayObLG v. 20.11.2003 – 2Z BR 168/03, NZM 2004, 509.
551 BGH v. 10.9.1998 – V ZB 11/98, NJW 1998, 3713; *Bärmann-Klein*, § 10 Rn. 187; siehe dazu auch oben § 23 Rn. 26.
552 BGH v. 23.9.1999 – V ZB 17/99, NJW 1999, 3713.
553 BGH v. 10.9.1998 – V ZB 11/98, NJW 1998, 3713; LG München I v. 20.12.2010 – 1 S 4319/10, WuM 2011, 308.
554 BGH v. 23.9.1999 – V ZB 17/99, NJW 1999, 3713; LG Nürnberg-Fürth v. 30.11. 2009 – 14 S 5724/09, NZM 2010, 791.
555 OLG München v. 20.3.2008 – 34 Wx 46/07, ZWE 2009, 27.
556 BayObLG v. 5.11.1987 – BReg 2 Z 112/87, MDR 1988, 322.
557 BayObLG v. 4.3.2004 – 2Z BR 15/04, WuM 2004, 433; OLG Frankfurt/Main v. 12.7.2004 – 20 W 216/03, OLGR Frankfurt 2005, 5.
558 OLG Düsseldorf v. 3.8.2007 – 3 Wx 84/07, ZWE 2007, 452.

grundlage darstellt, zu.[559] Die Abrechnungsspitze wird aber nicht in der Einzelabrechnung dargestellt und als solche auch nicht beschlossen. Zum konstitutiven Inhalt des Jahresabrechnungsbeschlusses siehe unten Rn. 83a.

Der BGH hat nunmehr auch geklärt, dass der Beschluss über die Jahresabrechnung nicht zu einem Neubeginn der **Verjährung** der aus dem Wirtschaftsplan geschuldeten **Wohngeldvorschüsse** führt.[560] Die in der Vorauflage dargestellte Gegenmeinung ist damit überholt.[561]

Soweit sich aus einer Einzelabrechnung **Rückzahlungsansprüche** für einen Eigentümer ergeben, wird auch hinsichtlich einer möglichen **Deckelung** der Wohngeldschuld aus dem Wirtschaftsplan auf Rn. 69 Bezug genommen.

Zu den Auswirkungen der Jahresabrechnung bei einem **Eigentümerwechsel** siehe Rn. 63, bei **Insolvenz** siehe Rn. 65 und bei **Zwangsverwaltung/Zwangsversteigerung** siehe Rn. 76.

83 Oben bei Rn. 31 wurde anhand eines vereinfachten Gliederungsbeispiels dargestellt, welchen Inhalt eine vollständige **kombinierte Jahresabrechnung** hat.

Kein Bestandteil der Gesamtabrechnung und des Genehmigungsbeschlusses ist ein **Vermögensstatus** dergestalt, dass aufgezeigt wird, dass die im Wirtschaftsjahr entstandenen Kosten durch die laufenden Hausgelder gedeckt sind.[562]

Wie bereits bei Rn. 34 ausgeführt, besteht eine (weitere) wesentliche Aufgabe der **Gesamtabrechnung** darin, dass die Gesamteinnahmen und Gesamtausgaben verbindlich festgestellt werden.[563] Da aus der Gesamtjahresabrechnung die Einzelabrechnungen abzuleiten sind[564], haben diese Feststellungen Bindungswirkungen auch für die **Einzelabrechnungen**.[565] Von besonderem Interesse ist in diesem Zusammenhang, dass der BGH in ständiger Rechtsprechung festgestellt hat, dass der Beschluss über die Jahresabrechnung verbindlich alle, sich aus ihm ergebenden **Verpflichtungen** der Wohnungseigentümer regelt.[566] Danach werden nicht nur die tatsächlichen Ausgaben und

---

559 Siehe zum Wirtschaftsplan insoweit ergänzend oben Rn. 20 bis 22.
560 BGH v. 1. 6. 2012 – V ZR 171/11, NJW 2012, 2797.
561 Anders etwa noch: OLG Hamm v. 22. 1. 2009 – 15 Wx 208/08, WuM 2009, 319; OLG Dresden v. 24. 11. 2005 – 3 W 1369/05, ZMR 2006, 543.
562 BGH v. 11. 10. 2013 – V ZR 271/12, ZWE 2014, 36.
563 BGH v. 4. 12. 2009 – V ZR 44/09, ZWE 2010, 170 (= NJW 2010, 2127); BGH v. 30. 11. 1995 – V ZB 16/95, ZMR 1996, 215; BGH v. 10. 3. 1994 – IX ZR 98/93, NJW 1994, 1866; siehe dazu auch oben Rn. 42, 52, 57, 58, 60.
564 OLG Düsseldorf v. 3. 8. 2007 – 3 Wx 84/07, ZWE 2007, 452; BayObLG v. 21. 12. 1999 – 2Z BR 79/99, NZM 2000, 280; BayObLG v. 3. 3. 1994 – 2Z BR 129/93, WuM 1994, 568; LG Dessau-Roßlau v. 29. 10. 2009 – 5 S 89/09, ZMR 2010, 471: „Allein das Fehlen einer ordnungsgemäßen Gesamtabrechnung führt daher zur Aufhebung des angefochtenen Beschlusses, ohne dass es darauf ankäme, ob die Einzelabrechnung inhaltlich zutreffend wäre".
565 Siehe insoweit auch oben Rn. 62a, 63, 65, 69, 73, 76.
566 BGH v. 4. 12. 2009 – V ZR 44/09, ZWE 2010, 170 (= NJW 2010, 2127); BGH v. 30. 11. 1995 – V ZB 16/95, NJW 1996, 725 (= ZMR 1996, 215); BGH v. 10. 3. 1994 – IX ZR 98/93, NJW 1994, 1866.

die Einnahmen, zu denen auch die geleisteten Vorschusszahlungen der Eigentümer gehören, festgestellt, sondern diese auch jeweils nach dem maßgeblichen Verteilungsschlüssel verbindlich auf die einzelnen Wohnungseigentümer umgelegt.

Weitergehende verbindliche Feststellungen (etwa zur Ergebniszusammenstellung –Rn. 63 – oder zum Jahresendsaldo – Rn. 65) enthält der Beschluss zur Jahresabrechnung nicht. Insoweit handelt es sich zwar um (teilweise wichtige) Informationen für den Eigentümer, die aber lediglich eine Rechenoperation und das Rechenergebnis darstellen. Zu den Rechtswirkungen und zu den konstitutiven Bestandteilen des Abrechnungsbeschlusses siehe unten Rn. 83a.

Hieraus ergeben sich folgende Konsequenzen:

a)

Da die Einzeljahresabrechnung abschließend die noch offenen Ansprüche zwischen Gemeinschaft und Eigentümer für das Wirtschaftsjahr regelt, ist im Hinblick auf den **Vorrang des Innenausgleichs** ein möglicher Bereicherungsanspruch des einzelnen Eigentümers gegen die Gemeinschaft durch das Instrument der Jahresabrechnung ausgeschlossen. Ein Wohnungseigentümer, der ohne Rechtsgrund an die Gemeinschaft Zahlungen geleistet hat (etwa: Wohngeldzahlungen ohne beschlossenen Wirtschaftsplan[567]) kann nicht außerhalb einer Einzelabrechnung **Bereicherungsansprüche** nach § 812 BGB gegen die Gemeinschaft geltend machen. Ein Ausgleich wegen **überzahlter Wohngelder** findet allein im Wege der Abrechnung statt. Ein Rückforderungsanspruch steht daher dem Eigentümer nur dann zu, wenn eine beschlossene **Jahresabrechnung** für ihn ein entsprechendes Guthaben ausweist.[568]

Andererseits können aber auch den einzelnen Eigentümern neben den in der Jahresabrechnung ausgewiesenen Beitragspflichten **keine** unmittelbaren **weitergehenden Zahlungspflichten** auferlegt werden, weil dadurch der durch die Abrechnung geschaffene Innenausgleich der Gemeinschaft gestört würde.[569]

Der Vorrang des Innenausgleichs sperrt daher sowohl für die Gemeinschaft als auch für die einzelnen Eigentümer die Geltendmachung von (behaupteten) Ansprüchen außerhalb der Jahresabrechnung.

b)

Da die Jahresabrechnung verbindlich die Verpflichtungen der Wohnungseigentümer regelt, werden durch einen bestandskräftigen billigenden Eigentümerbeschluss sowohl die Jahresgesamtabrechnung als auch die Einzelab-

---

[567] Siehe dazu oben Rn. 20 a.E.
[568] LG Düsseldorf v. 7.11.2013 – 19 S 77/12, ZWE 2014, 89; AG Augsburg v. 17.4. 2013 – 30 C 5735/12, ZWE 2013, 423; KG Berlin v. 18.7.2008 – 24 W 54/07, Grundeigentum 2009, 59; OLG Köln v. 22.11.2006 – 16 Wx 215/06, ZMR 2007, 642; OLG Hamm v. 25.3.2004 – 15 Wx 412/02, ZMR 2005, 398.
[569] OLG Hamm v. 15.2.2011 – 15 Wx 222/10, WuM 2011, 384.

rechnungen selbst bei materiell-rechtlicher **Unrichtigkeit verbindlich**.[570] Dies gilt auch, wenn die Eigentümer im Einzelfall einen fehlerhaften Verteilungsschlüssel angewandt haben, da der Beschluss dann nur fehlerhaft, nicht aber nichtig ist.[571] Nach § 23 Abs. 4 Satz 2 verliert der Beschluss seine Gültigkeit erst mit der rechtskräftigen Ungültigerklärung durch das Gericht.

Die unrichtige Jahresabrechnung kann sich zum einen zum Nachteil der Gemeinschaft auswirken. Es kann etwa vorkommen, dass ein Eigentümer eine Zahlung mit einer **Tilgungsbestimmung** dahingehend leistet, dass mit der Zahlung eine alte Forderung aus einer früheren Jahresabrechnung beglichen werden soll. Wenn hier der Verwalter die Tilgungsbestimmung übersieht und die Zahlung als Wohngeldzahlung im laufenden Jahr behandelt, ist dennoch die Forderung der Gemeinschaft aus der früheren Jahresabrechnung durch Leistung erloschen. Trotzdem sind die geleisteten Wohngeldzahlungen aufgrund des bestandskräftigen Beschlusses über die Jahresabrechnung, auch wenn dieser materiell-rechtlich fehlerhaft ist, festgestellt und sind daher zunächst weiterhin zu berücksichtigen. Das Gleiche würde gelten, wenn der Eigentümer im Wirtschaftsjahr keine Zahlungen geleistet hat, die Verwaltung aber aufgrund fehlerhafter Buchungen in der Jahresabrechnung angeblich geleistete Wohngeldzahlungen berücksichtigt. Allerdings besteht grundsätzlich die Möglichkeit, diesen Fehler im Wege eines **Zweitbeschlusses** zu beseitigen, wenn die Voraussetzungen (wie in diesem Fall wohl gegeben[572]) hierfür vorliegen.[573] Bis zu einem Zweitbeschluss kann sich der Eigentümer daher auf seine (in Wirklichkeit nicht vorliegende) Wohngeldzahlung und den darauf beruhenden Jahresendsaldo der Jahresabrechnung berufen. Dies führt allerdings dazu, dass bis zu einem Zweitbeschluss die übrigen Eigentümer vorübergehend anteilig die Kosten für den begünstigten Eigentümer tragen müssen.

In der gerichtlichen Praxis noch häufiger kommen die Fälle vor, in denen ein Eigentümer im laufenden Wirtschaftsjahr Wohngeldzahlungen entrichtet, der Verwalter aber diese (berechtigt oder unberechtigt) nicht auf die laufenden Wohngelder **verrechnet**, sondern alte Forderungen der Gemeinschaft aus früheren Jahresabrechnungen gegen diese Zahlungseingänge aufrechnet. In diesen Fällen nimmt der Verwalter diese Zahlungen nicht in die aktuelle Jahresabrechnung auf.[574] Die betroffenen Eigentümer fechten in derartigen Fällen häufig den Beschluss über die Jahresabrechnung (bewusst oder versehentlich) nicht an und bringen dann im Rahmen der auf die Jahresabrechnung gestützten Zahlungsklage vor, diese sei unrichtig, würde ihre Wohngeldzahlungen nicht enthalten und der Anspruch auf rückständige Wohngelder sei materiell-rechtlich bereits erloschen.

---

570 BayObLG v. 17.11.2004 – 2Z BR 178/04, NJW-RR 2005, 664; OLG Köln v. 29.3.1995 – 16 Wx 36/95, ZMR 1995, 324; OLG Bremen v. 28.9.1990 – 3 W 52/90 (nicht veröffentlicht); OLG Frankfurt/Main v. 29.12.1978 – 20 W 732/78, OLGZ 1979, 136.
571 BayObLG v. 20.1.2005 – 2Z BR 141/04, ZMR 2005, 387.
572 Siehe zu den Voraussetzungen eines Zweitbeschlusses allgemein: § 21 Rn. 25, Rn. 30 und Rn. 92.
573 LG München I v. 30.11.2009 – 1 S 5342/09, ZWE 2010, 229; BayObLG v. 28.6.2002 – 2Z BR 41/02, NZM 2002, 743.
574 Siehe dazu oben Rn. 33 und Rn. 46 ff., insbesondere Rn. 48.

Insoweit gilt: Nach bestandskräftiger Beschlussfassung können von den Eigentümern (wie auch von der Gemeinschaft) gegen die Höhe der **geleisteten Zahlungen** keine Einwendungen mehr vorgebracht werden.[575] **Einwendungen** gegen die Höhe der in der Jahresabrechnung ausgewiesenen Einnahmen und Ausgaben können daher nur durch Anfechtung des Beschlusses über die Jahresgesamtabrechnung, **nicht** aber im **Zahlungsverfahren** geltend gemacht werden.[576] Im Zahlungsverfahren ist jedem Miteigentümer der Einwand abgeschnitten, er habe höhere Vorauszahlungen geleistet, als in der Abrechnung ausgewiesen sind.[577] Wird daher eine Jahreseinzelabrechnung, die Zahlungen eines Wohnungseigentümers während des Abrechnungszeitraums nicht aufführt, mangels Anfechtung des Eigentümerbeschlusses bestandskräftig, ist es dem auf Zahlung in Anspruch genommenen Wohnungseigentümer verwehrt einzuwenden, eine Tilgung der Wohngeldschuld sei durch Zahlungen im Abrechnungszeitraum erfolgt.[578] Dies gilt auch dann, wenn der Eigentümer geltend macht, von ihm geleistete Zahlungen seien zu Unrecht nicht als Vorschüsse auf den abgerechneten Zeitraum verbucht worden.[579] Der Eigentümer ist, ebenso wie im obigen Beispiel die Gemeinschaft, bis zu einem **Zweitbeschluss** an den Beschluss über die Jahresabrechnung gebunden.

Materiell-rechtlich unrichtige Jahresabrechnungen führen aber **nicht** dazu, dass die jeweils Benachteiligten (dies können sowohl einzelne Eigentümer als auch die Gemeinschaft – und damit letztlich die übrigen Eigentümer – sein) **rechtlos** gestellt werden und sie somit endgültig einen ihnen zustehenden Anspruch verlieren würden. Wie bereits mehrfach angesprochen, kann in dem Fall, dass der Genehmigungsbeschluss über die Jahresabrechnung mangels Anfechtung bestandskräftig wurde, die Verbindlichkeit der Gesamt- und Einzelabrechnung (nur mehr) im Wege eines **Zweitbeschlusses**[580] beseitigt werden. Nach § 242 BGB kann sich auch für den einzelnen Wohnungseigentümer ein **Anspruch** aus § 21 Abs. 4 auf einen **Zweitbeschluss** und damit auf eine Änderung oder Aufhebung der bereits beschlossenen aber sachlich unrichtigen Jahresabrechnung ergeben.[581] Wenn die Gemeinschaft durch die unrichtige Abrechnung benachteiligt ist, etwa, weil zu Unrecht für einen Eigentümer (nichterfolgte) Zahlungen berücksichtigt wurden, steht dieser Anspruch jedem übrigen Eigentümer der Gemeinschaft zu. Zum Anspruch auf Fassung eines Zweitbeschlusses siehe auch § 21 Rn. 30 und Rn. 42.

Der von der Rechtsprechung vorgegebene Weg der Berichtigung einer fehlerhaften Jahresabrechnung über einen Zweitbeschluss, auf den ggf. auch ein Anspruch besteht, führt nicht nur im Ergebnis zu materiell-rechtlich richtigen Ergebnissen, sondern entspricht auch den Bedürfnissen der Praxis.

---

575 LG Köln v. 13. 5. 2008 – 29 T 294/07, ZMR 2008, 830.
576 BayObLG v. 3. 12. 1998 – 2Z BR 129/98, NZM 1999, 281.
577 LG Berlin v. 17. 11. 2009 – 55 S 82/09 WEG, Grundeigentum 2010, 557; BayObLG v. 6. 2. 2003 – 2Z BR 124/02, WuM 2003, 353.
578 BayObLG v. 8. 4. 2004 – 2Z BR 193/03, WuM 2004, 367.
579 BayObLG v. 6. 2. 2003 – 2Z BR 124/02, WuM 2003, 353.
580 Siehe dazu § 21 Rn. 25, Rn. 30 und Rn. 92.
581 OLG Düsseldorf v. 1. 12. 2006 – 3 Wx 194/06, ZMR 2007, 379.

Dies sei an folgendem **Beispiel** erläutert:

Ein Eigentümer schuldet nach den Wirtschaftsplänen und den zwischenzeitlich ergangenen Jahresabrechnungen für die Jahre 2010 bis 2015 jeweils noch rückständige Wohngelder (also keine Abrechnungsspitzen – siehe dazu oben Rn. 62a –) von jeweils 1.000 €. Im Zahlungsprozess, in dem die Gemeinschaft 1.000 € aus der Jahresabrechnung 2015 geltend macht, wendet der Eigentümer ein, er habe über die in der Jahresabrechnung enthaltenen Zahlungen hinaus im Jahr 2015 einen weiteren Betrag von 1.000 € geleistet. Er habe die Jahresabrechnung aber nicht angefochten, da der Verwalter ihm mitteilte, er habe die Zahlung mit der ältesten noch offenen Forderung aus den noch nicht bezahlten Jahresabrechnungen verrechnet. Zwischenzeitlich habe der Eigentümer aber festgestellt, dass er in all den Jahren jeweils mehr Wohngelder bezahlt habe, als in den Jahresabrechnungen erscheinen. Es seien daher keine alten Forderungen mehr offen, die Aufrechnung des Verwalters sei ins Leere gegangen und auch ein Anspruch aus der Abrechnung 2015 bestehe nicht.

Es erscheint hier durchaus sachgerecht, den Eigentümer im Zahlungsverfahren, entsprechend der oben dargestellten Meinung, mit seinen Einwänden nicht zu hören. Ansonsten müssten hier, obgleich nicht einmal behauptet wurde, es sei nach der beschlossenen, nicht angefochtenen und damit bestandskräftigen Jahresabrechnung noch eine Zahlung erfolgt, alle (behaupteten) Zahlungen der letzten fünf Jahre ggf. im Wege der Beweisaufnahme dahingehend überprüft werden, ob sie tatsächlich erfolgt sind und ob sie zutreffend „verbucht" wurden. Dabei hätten die bestandskräftigen Abrechnungen letztlich keine wirkliche Bedeutung mehr. Wenn der Eigentümer tatsächlich der Meinung ist, dass in der Vergangenheit Zahlungen zu Unrecht nicht berücksichtigt wurden, ist ihm durchaus zuzumuten, unter genauer Darlegung der von ihm behaupteten Fehler für das betroffene Jahr (oder die betroffenen Jahre) einen Zweitbeschluss zu beantragen. In diesem Verfahren kann dann ggf. durch eine umfassende Beweisaufnahme die Sachlage abschließend geklärt werden. Es besteht keine Veranlassung, durch die Klärung dieser Fragen das Zahlungsverfahren, das der Mittelbeschaffung der Gemeinschaft dient, zu verzögern.

83a Aus den Kommentierungen zur Rn. 82 und 83 und den dort in Bezug genommenen Rn. ist ersichtlich, dass der Beschluss über die Jahresabrechnung (Gesamt- und Einzelabrechnung bzw. kombinierte Abrechnung) **Rechtswirkungen** dahingehend entfaltet, dass jeweils **verbindlich** die **Gesamteinnahmen** und **Gesamtausgaben** der Gemeinschaft, die anteilig auf die einzelnen **Eigentümer** hierauf **entfallenden Einnahmen** und **Ausgaben**, festgesetzt werden. Die Beschlusskompetenz hierfür gibt § 28 Abs. 5. Ein materiell-rechtlich fehlerhafter Beschluss ist daher nicht nichtig, sondern nur anfechtbar und damit gemäß § 23 Abs. 4 Satz 2 bis zur rechtskräftigen Ungültigerklärung durch das Gericht gültig[582]. Diese Rechtswirkungen entfaltenden Teile sind **konstitutive Beschlussbestandteile**.

Bei Rn. 62a wurde dargestellt, dass zwar ein wesentlicher Zweck der Einzelabrechnungen darin zu sehen ist, dass die Grundlage für eine **Abrechnungsspitze** und damit eine Anspruchsgrundlage geschaffen wird, dass aber

---

[582] Siehe dazu allgemein § 23 Rn. 33 ff.

die Abrechnungsspitze selbst nicht von der Beschlusskompetenz umfasst ist und sie auch nicht in der Abrechnung dargestellt wird. Insoweit liegt nach der hier vertretenen Meinung **kein Beschlussbestandteil** vor. Kein Bestandteil der Gesamtabrechnung und des Genehmigungsbeschlusses ist auch ein **Vermögensstatus** dergestalt, dass aufgezeigt wird, dass die im Wirtschaftsjahr entstandenen Kosten durch die laufenden Hausgelder gedeckt sind.[583]

Der Genehmigungsbeschluss enthält aber auch Teile, die **keine** unmittelbaren **Rechtswirkungen** entfalten und damit **keine konstitutiven Bestandteile** sind. Hierzu gehören die Ausführungen zur Konten- und Vermögensentwicklung, also etwa die Wiedergabe der Kontoanfangs- und der Kontoendbestände sowohl beim Giro- als auch beim Festgeldkonto, eine Darstellung der Entwicklung des Bargeldbestandes, sowie alle Erläuterungen (etwa einer Abweichung des tatsächlichen Kontoendbestandes vom rechnerischen Kontoendbestand), unabhängig davon, an welcher Stelle sie gemacht werden und schließlich auch die Angabe der Beträge, welche die Eigentümer zwar für die Zuführung zur Instandhaltungsrücklage schulden, welche bisher aber noch nicht bezahlt wurden. Insoweit dienen die Angaben lediglich zur **Information** der Eigentümer. Durch diese Angaben sollen die Eigentümer in die Lage versetzt werden, die **Plausibilität** und **rechnerische Schlüssigkeit** der Jahresabrechnung zu überprüfen. Die objektiv-normative Auslegung des Beschlusses ergibt, dass die Eigentümer insoweit **keine eigenständigen Regelungen** aufgrund ihrer Beschlusskompetenz treffen wollten, aus denen dann Rechtsfolgen abgeleitet werden sollen. Dies wird besonders einsichtig bei der Wiedergabe der Kontostände. Die Wiedergabe der Kontostände kann falsch oder richtig sein. Der Beschluss der Eigentümer kann aber in Bezug auf die Bank keinerlei Wirkungen entfalten und kann daher auch an dem tatsächlichen Kontostand und damit am Vermögen der Gemeinschaft nichts ändern.

Bei dem in **Anlage 6** wiedergegebenen Muster einer kombinierten Jahresabrechnung entfalten daher die Ausführungen zur I. Ausgaben und II. Einnahmen unmittelbar gestaltende **Rechtswirkungen**. Die Ausführungen zu III. Ergebniszusammenstellung und IV. Berechnung des Jahresendsaldos geben dagegen nur Rechenoperationen und das Ergebnis davon aufgrund der rechtsgestaltenden Teile I. und II. wieder, gestalten aber selbst nicht unmittelbar die Rechtslage. Diese Berechnungen könnten auch (ebenso wie bei der Abrechnungsspitze – siehe Rn. 62a) erst in einem späteren Zahlungsprozess, wo das Ergebnis der rechtsgestaltenden Teile des Beschlusses eine Rolle spielt, da dort geklärt werden muss, ob durch die Einzelabrechnungen Zahlungsansprüche begründet wurden. Lediglich der **Information** dienen (ohne Entfaltung von Rechtswirkungen) auch die Ausführungen zu V. Konten- und Vermögensentwicklung sowie alle sonstigen Erläuterungen, unabhängig davon, wo diese gemacht wurden.).

Nach der hier vertretenen Meinung sind daher nur die **Teile**, die eine **Rechtswirkung** entfalten **konstitutiver Gegenstand** des **Genehmigungsbeschlusses**. Die restlichen Teile der vollständigen Jahresabrechnung werden,

---

[583] BGH v. 11. 10. 2013 – V ZR 271/12, ZWE 2014, 36.

wenn sie vorhanden sind, vom Genehmigungsbeschluss ebenfalls umfasst, sind aber keine konstitutiven Bestandteile.

Zum **Vorgehen**, wenn ein **nicht konstitutiver** Beschlussteil **fehlt** oder wenn ein **Fehler** in diesem Teil vorliegt, siehe unten **Rn. 86**.

e) Prozessuales

84 Bereits bei Rn. 83 wurde dargestellt, dass Beschlüsse über Jahresabrechnungen trotz inhaltlicher Unrichtigkeiten auch dann bestandskräftig und verbindlich werden, wenn keine (oder jedenfalls keine erfolgreiche) Anfechtung erfolgt.

Nach § 46 Abs. 1 kann gegen Beschlüsse der Eigentümer innerhalb eines Monats nach Beschlussfassung **Anfechtungsklage** mit dem Ziel erhoben werden, den Beschluss für ungültig zu erklären. Nach § 23 Abs. 4 Satz 2 ist jedoch auch ein mit Anfechtungsklage angegriffener Beschluss bis zur **Rechtskraft** eines Urteils, das die Ungültigkeit ausspricht, gültig. Er bindet daher bis zur rechtskräftigen Ungültigerklärung sowohl den Verwalter als auch die (klagenden und sonstigen) Eigentümer, die weiterhin verpflichtet sind, die sich aus den Einzelabrechnungen ergebenden Nachzahlungen zu leisten.

Beschlüsse über die Jahresabrechnung sind, wie bei Rn. 82 dargestellt, **objektiv** und **normativ auszulegen**.[584] Auch, wenn in der gerichtlichen Praxis häufig über den Inhalt und die Auslegung der Beschlüsse gestritten wird, kommt aufgrund der an der Grundbuchauslegung orientierten Auslegung eine ergänzende **Beweiserhebung** durch Zeugeneinvernahme zum Beschlussinhalt nicht in Betracht.[585] Dies gilt etwa für mündliche Erläuterungen des Verwalters in der Versammlung, wenn diese im Beschluss oder sonst im Protokoll keinen Ausdruck gefunden haben.

Hingewiesen sei hier nochmals darauf, dass nur Beschlüsse der Eigentümer mit der Anfechtungsklage angegriffen werden können. Haben dagegen nach der Gemeinschaftsordnung nicht die Eigentümer über die Jahresabrechnung zu beschließen, sondern wird diese durch einen Beschluss des **Verwaltungsbeirats** gebilligt, so ist dieser Beschluss nicht anfechtbar. Wie bei Rn. 78 gezeigt, ist eine fehlerhafte Jahresabrechnung in diesen Fällen jedoch nichtig.

85 Eine Anfechtungsklage kann sowohl gegen den **Gesamtbeschluss** erhoben werden, soweit konstitutive Bestandteile betroffen sind (siehe zu den nicht konstitutiven Teilen Rn. 86 ff.), sie kann sich aber auch nur gegen Teile hiervon, also etwa nur gegen die **Jahresgesamtabrechnung** oder gegen einzelne oder alle **Einzelabrechnungen** richten. Liegen keine besonderen Umstände vor, führt die fehlerhafte **Verteilung einzelner Kostenpositionen** in der Regel nicht dazu, dass Einzeljahresabrechnungen insgesamt für ungültig zu erklären sind. § 139 BGB ist jedenfalls entsprechend anwendbar, wenn es um rechnerisch selbständige und **abgrenzbare Teile** der Einzelabrechnun-

---

584 BGH v. 10. 9. 1998 – V ZB 11/98, NJW 1998, 3713; *Bärmann-Klein*, § 10 Rn. 187; siehe dazu auch § 23 Rn. 26.
585 OLG München v. 20. 3. 2008 – 34 Wx 46/07, ZWE 2009, 27.

gen geht. Bei der Ermittlung des tatsächlichen oder hypothetischen **Parteiwillens** ist i.d.R. davon auszugehen, dass das **objektiv Vernünftige** gewollt war. Regelmäßig ist daher gewollt, dass der überwiegende (nicht zu beanstandende) Teil des Geschäfts (Abrechnung/Wirtschaftsplan) **aufrecht erhalten** bleibt, wenn nur ein geringfügiger Teil unwirksam ist oder wird.[586] Wird aber die Anwendung eines gemeinschaftsordnungswidrigen **Verteilungsschlüssels** geltend gemacht, kann nicht eine Einzeljahresabrechnung isoliert angefochten werden. Würde nämlich diese Einzeljahresabrechnung aufgehoben und die restlichen Einzeljahresabrechnungen wären in Bestandskraft erwachsen, könnte dieser Betrag nicht mehr auf die anderen Eigentümer (anteilig) umgelegt werden, so dass sich eine bleibende Finanzierungslücke ergäbe. Im Regelfall wird daher bei Anfechtung einer Einzeljahresabrechnung wegen fehlerhaftem Verteilungsschlüssel die **Auslegung** ergeben, dass **alle Einzeljahresabrechnungen** angefochten werden. Daher sind, wenn ein unzutreffender Verteilungsschlüssel zugrunde gelegt wurde, auf Anfechtung hin grundsätzlich **alle** Einzeljahresabrechnungen -aber nur **teilweise**- für **ungültig** zu erklären.[587]

Auch wenn in einem Urteil, wie in der Praxis üblich, im Tenor nur einzelne Positionen (etwa: Heizkosten, Zinseinnahmen) für unwirksam erklärt werden, kann eine verständige Auslegung der Entscheidung nur ergeben, dass neben der genannten Position auch der **Gesamtsaldo** (etwa der Ausgaben oder der Einnahmen) mit erfasst ist (auch wenn dieser kein konstitutiver Bestandteil ist).[588] Bei einer Einzelabrechnung wird daher in einem solchen Fall auch der **Nachzahlungs**- oder **Erstattungsbetrag** erfasst, so dass sich auf der Grundlage der (in Teil I. und II. ja teilweise aufgehobenen) Einzelabrechnung auch keine Abrechnungsspitze ergeben kann (siehe insoweit Rn. 62a). Die **Bindungswirkung** des Genehmigungsbeschlusses bleibt dann im Übrigen unberührt, so dass die Wohnungseigentümer **nicht** erneut über die **gesamte Abrechnung,** sondern nur noch ergänzend über die für ungültig erklärten Teile zu beschließen haben.[589] Die Ungültigerklärung kann deshalb, wie auch die Anfechtung selbst, nur auf **rechnerisch selbständige** und abgrenzbare **Teile** der Jahresabrechnung beschränkt werden.[590] Dies hat zur Folge, dass der Beschluss **im Übrigen bestandskräftig** wird und der Antrag auf Ungültigerklärung nach Ablauf der Anfechtungsfrist nicht mehr auf

---

586 BGH v. 11.5.2012 – V ZR 193/11, NZM 2012, 566.
587 BGH v. 4.3.2011 – V ZR 156/10, NJW 2011, 1346; BGH v. 4.12.2009 – V ZR 44/09, ZWE 2010, 170 (= NJW 2010, 2127); BGH v. 15.3.2007 – V ZB 1/06, NJW 2007, 1869; BGH v. 2.6.2005 – V ZB 32/05, NJW 2005, 2061; BayObLG v. 20.3.2001 – 2Z BR 101/00, NZM 2001, 754; OLG Hamm v. 19.3.2007 – 15 W 340/06, MietRB 2007, 238 (zur Nichtigkeit bei einem Beschluss des Verwaltungsbeirats – siehe auch oben Rn. 17); OLG Frankfurt/Main v. 17.1.2005 – 20 W 30/04, OLGR Frankfurt 2005, 736.
588 LG München I v. 21.6.2010 – 1 S 18109/10 (noch nicht veröffentlicht).
589 BGH v. 15.3.2007 – V ZB 1/06, NJW 2007, 1869; KG Berlin v. 26.9.2005 – 24 W 123/04, ZMR 2006, 63.
590 BGH v. 4.12.2009 – V ZR 44/09, ZWE 2010, 170 (= NJW 2010, 2127); BGH v. 15.3.2007 – V ZB 1/06, NJW 2007, 1869; LG München I v. 29.4.2010 – 36 S 9595/09, ZMR 2010, 797.

weitere **Rechnungspositionen erweitert** werden darf.[591] Ist aber die Gesamtjahresabrechnung (und damit auch alle Einzelabrechnungen) in einer Abrechnungsposition (etwa: Ausgaben für Gartenpflege) aufgehoben worden, müssen in dem späteren Beschluss dann die tatsächlich angefallenen Ausgaben aufgeführt werden. Die Auslegung des gerichtlichen Aufhebungsbeschlusses ergibt dabei, dass von der Aufhebung auch die **Summe der Ausgaben** betroffen ist, auch wenn dies üblicherweise im Urteil nicht ausdrücklich erwähnt wird. Dürften im genannten Fall die Eigentümer nicht von der angeblich bestandskräftigen Gesamtsumme der Ausgaben abweichen, wäre der zweite Beschluss letztlich nur Makulatur, da die Eigentümer den gleichen Fehler (sowohl in der Gesamt- als auch in den Einzelabrechnungen) wieder begehen müssten.[592]

Bei bloßer Ungültigerklärung der Darstellung der Sollzuführung zur Rücklage treffen den Anfechtenden die gesamten Kosten der (im Übrigen) erfolglosen Anfechtung des Beschlusses über die Jahresabrechnung.[593]

Enthält eine Abrechnung so viele Mängel und Lücken, dass die ordnungsmäßigen Teile für sich allein keine hinreichende Aussagekraft mehr haben, ist der Beschluss über die Genehmigung der Jahresabrechnung insgesamt für ungültig zu erklären.[594] So hat das OLG München als wesentlichen Maßstab für die Abgrenzung zwischen vollständiger und teilweiser Ungültigerklärung von Jahresabrechnungen die **Vollständigkeit** und **Nachvollziehbarkeit** des **Rechenwerks** für einen durchschnittlichen Wohnungseigentümer bezeichnet.[595] Auch der **BGH** hat bestätigt, dass regelmäßig von einer **Gesamtunwirksamkeit** auszugehen ist, wenn Mängel vorliegen, die zu einer nicht mehr oder nur noch schwer nachvollziehbaren Restabrechnung führen.[596]

Trotz Verwendung eines fehlerhaften Verteilungsschlüssels kann einer Klage auf Anfechtung der Jahreseinzelabrechnungen durch einen Eigentümer das Rechtsschutzbedürfnis fehlen. Denn rechtsmissbräuchlich ist eine Anfechtung als sogenannte **altruistische Anfechtung**, wenn die übrigen Wohnungseigentümer die Kostenverteilung nicht beanstanden und der Anfechtende durch die angestrebte Änderung nur Nachteile erleiden würde (er also beispielsweise letztlich mehr bezahlten müsste).[597] Auch wenn nur äußerst geringe Kostenpositionen betroffen sind, müssen die Eigentümer **kleinere Fehler** einer Jahresabrechnung hinnehmen, da es unverhältnismäßig wäre, in einem solchen Fall eine neue Jahresabrechnung zu erstellen.[598] Das KG Berlin hat zwar in einer Entscheidung für den Fall, dass der Fehler gerade in der Anwendung eines unrichtigen Verteilerschlüssels lag, ausge-

---

591 OLG Saarbrücken v. 19. 12. 2005 – 5 W 166/05, NZM 2006, 228.
592 LG München I v. 30. 11. 2009 – 1 S 23229/08, ZWE 2010, 138.
593 LG München I v. 29. 4. 2010 – 36 S 9595/09, ZMR 2010, 797.
594 BayObLG v. 17. 6. 2003 – 2Z BR 110/02, ZMR 2003, 761; BayObLG v. 17. 9. 2003 – 2Z BR 150/03; ZMR 2004, 50.
595 OLG München v. 20. 2. 2008 – 34 WX 65/07, OLGR München 2008, 366.
596 BGH v. 11. 5. 2012 – V ZR 193/11, NZM 2012, 566.
597 OLG Düsseldorf v. 20. 4. 2007 – 3 Wx 127/06, NZM 2007, 569.
598 OLG Düsseldorf v. 3. 12. 2004 – 3 Wx 261/04, ZMR 2005, 720; OLG Frankfurt v. 8. 2. 2005 – 20 W 231/01, OLGR Frankfurt 2005, 783; 720; KG Berlin v. 13. 4. 1987 – 24 W 5174/86, WuM 1988, 33.

führt, dass eine Unwirksamkeitserklärung auch dann erfolgen müsse, wenn der Einzelne nur geringfügig belastet wird, es aber insgesamt durch den falschen Verteilungsschlüssel zu erheblichen finanziellen Verschiebungen innerhalb der Eigentümergemeinschaft kommt.[599] Diese Meinung hat das KG Berlin jedoch später wieder dahingehend relativiert, dass jedenfalls die Jahresabrechnung nicht vollständig für ungültig erklärt werden muss sondern dass auch eine Teilungültigerklärung in Betracht komme.[600] Das BayObLG hat bei einer Mehrbelastung eines Eigentümers in Höhe von 13.50 € keinen **Kleinbetrag** mehr bejaht und die Anfechtung nicht als missbräuchlich oder schikanös angesehen.[601] Das OLG München vertritt dagegen die Meinung, dass eine Anfechtung auch dann uneingeschränkt möglich ist, wenn sich der Fehler nur geringfügig auf den Antragsteller auswirkt.[602]

Da die Grundsätze der Unverhältnismäßigkeit (erhebliche Mehrkosten durch Neuerstellung und weiterer Versammlung) und des Rechtsmissbrauchs (nur geringfügige wirtschaftliche Nachteile des Einzelnen) auch bei der Anfechtungsklage nicht außer Acht gelassen werden dürfen, sollte der strengen Meinung des OLG München nicht gefolgt werden.[603] Die Kleinstbetragsrechtsprechung sollte grundsätzlich auch bei der Anfechtung von Jahreseinzelabrechnungen angewendet werden, jedenfalls dann, wenn keine grundsätzlichen Fehler im Raum stehen, die sich voraussichtlich in den Folgejahren immer wieder stellen werden. Es wird dann letztlich Frage des Einzelfalls sein, wo die Grenze für einen **Kleinbetrag** gezogen werden muss. Nach der hier vertretenen Meinung sollte diese Grenze in jedem Fall über 5,00 € liegen, könnte im Einzelfall (auch abhängig von den absoluten Zahlungsbeträgen und dem prozentualen Anteil des Fehlers hieran) wohl auch die 10-€-Grenze überschreiten.

Oben bei Rn. 83a wurde gezeigt, dass nach der hier vertretenen Meinung ein Beschluss über die Jahresabrechnung sowohl konstitutive Teile (bei der Anlage 6 Ziffer I und II -Feststellung der Einnahmen und Ausgaben und Verteilung dieser auf die einzelnen Eigentümer-) als auch nicht konstitutive Teile (Anlage 6 Ziff. III. und IV sowie alle Erläuterungen) enthält.

Als **Konsequenz** ergibt sich aus dieser Meinung dann aber, dass bei Fehlern in diesen **nicht konstitutiven Teilen** eine **Anfechtungsklage** (und ggf. eine Beschlussersetzungsklage) jedenfalls **nicht zwingend erforderlich** ist.[604] Sind daher die Ergebniszusammenstellung oder die Berechnung des Jahresendsaldos fehlerhaft und wird die Abrechnung nicht angefochten, ändert sich an den (tatsächlich) rechtsgestaltenden Wirkungen des Genehmigungsbeschlusses nichts. Nur die nicht konstitutiv beschlossenen Rechenoperationen und das Rechenergebnis sind falsch dargestellt.

86

---

599 KG Berlin v. 11.12.1995 – 24 W 4594/95, WuM 1996, 171.
600 KG Berlin v. 17.6.1998 – 24 W 9047/97, WuM 2001, 357.
601 BayObLG v. 20.1.2005 – 2Z BR 141/04, ZMR 2005, 387.
602 OLG München v. 5.4.2011 – 32 Wx 1/11, ZWE 2011, 262 (wo eine Zurückverweisung an das Landgericht erfolgte beim einem – möglichen – Fehler, der den Anfechtenden mit 3,85 € mehr belastet hätte).
603 So im Ergebnis: LG Lüneburg v. 28.7.2014 – 9 S 49/14, ZMR 2014, 1005.
604 Die in der Vorauflage vertretene andere Meinung wird nicht mehr aufrechterhalten.

Dies gilt grundsätzlich zwar auch für Konten- und Vermögensentwicklung. Da hier aber zu beachten ist, dass diese Angaben für die Überprüfung der **Nachvollziehbarkeit, Plausibilität** und **der rechnerischen Schlüssigkeit** erforderlich sind, wird diese Problematik genauer bei **Rn. 87** dargestellt.

Zu der Frage, wie in einem Fall, in dem nur Fehler im Bereich der nicht konstitutiven Beschlussbestandteile vorliegen, erreicht werden kann, dass eine vollständige und richtige Jahresabrechnung vorliegt und ob jedenfalls auch eine Anfechtungsklage möglich ist, siehe unten **Rn. 88**.

87 Erhebt ein Eigentümer, wie bei Rn. 86 bereits erwähnt, **Anfechtungsklage** mit der Rüge, die fehlenden Angaben würden eine Überprüfung der Abrechnung auf **Nachvollziehbarkeit, Plausibilität** und **rechnerische Schlüssigkeit** verhindern, ist eine **Anfechtungsklage** gegen den Genehmigungsbeschluss möglich und auch **erforderlich**, da ansonsten auch die nicht unmittelbar angegriffenen konstitutiven Teile des möglicherweise unrichtigen Beschlusses bestandskräftig werden. Geltend gemacht wird damit, dass bei Beschlussfassung die **Entscheidungsgrundlage** fehlte. Dies stellt nach der hier vertretenen Meinung einen **formellen Fehler** des Beschlusses dar. Zu den weiteren Einzelheiten wird insoweit zunächst auf **§ 23 Rn. 38** verwiesen. Wie dort gezeigt, wird, wenn der Fehler unstreitig oder bewiesen ist, die Kausalität des Fehlers für das Zustandekommen des Beschlusses vermutet. Die Beklagten müssen in diesem Fall die Vermutung widerlegen, wobei hieran strenge Anforderungen zu stellen sind. Daher wird wohl regelmäßig dann, wenn kein allstimmiger Beschluss vorliegt, die Kausalitätsvermutung durchgreifen und der Genehmigungsbeschluss wird für unwirksam zu erklären sein. Ob dies auch gilt, wenn die erforderlichen Angaben im Laufe des Verfahrens von der Verwaltung nachgeliefert werden, richtet sich danach, ob dadurch die Kausalitätsvermutung widerlegt wird. Dies kann nur anhand der Umstände des Einzelfalls beurteilt werden.

Auch hier stellt sich wieder die Frage, welche Auswirkungen es hat, wenn im Laufe des Anfechtungsverfahrens die fehlerhaften Angaben „berichtigt" werden. Obergerichtliche Rechtsprechung liegt zu dieser Frage bisher noch nicht vor. Nach Auffassung der Kommentatoren wird hier zu **differenzieren** sein:

Betreffen die fehlenden Angaben Punkte der Jahresabrechnung, welche **Rechtswirkungen** entfalten (also die Ausgaben und Einnahmen sowie deren Verteilung – siehe dazu genauer oben Rn. 83a), bedarf es für den Eintritt der Rechtswirkungen eines **Beschluss**es.

a) Die bloße **Nachlieferung** der in der angegriffenen Jahresabrechnung fehlenden oder fehlerhaften Angaben durch die **Verwaltung** kann hier, unabhängig von Kausalitätsfragen, auf den Prozess keine Auswirkungen haben. Es mag zwar sein, dass durch die Präsentation der fehlenden Angaben die Jahresabrechnung nunmehr nachvollziehbar, plausibel und rechnerisch schlüssig erscheint. Das Urteil im Anfechtungsprozess würde aber, selbst wenn die Anfechtungsklage abgewiesen würde, einen Beschluss der Eigentümer nicht ersetzen, so dass nach wie vor wesentliche Punkte der Jahresabrechnung fehlen würden. Daher kann auch eine Erledigung der Hauptsache nicht eintreten, da ohne einen ergänzenden Beschluss der Eigentümer eben gerade keine Rechtswirkungen hinsichtlich der fehlenden Angaben eintreten und daher die Fehler der Jahresabrechnung nicht (anderweitig) beseitigt sind. Die Anfechtungsklage wird daher trotz der Nachlieferung der Angaben im Prozess auch weiterhin begründet sein. Gleiches gilt selbstverständlich dann, wenn sich aus den nachgelieferten Angaben ergibt, dass die Abrechnung nicht nachvollziehbar, nicht plausibel bzw. rechnerisch unschlüssig bleibt.

b) Anders dürfte es jedoch sein, wenn während des gerichtlichen Anfechtungsverfahrens die **Eigentümer** einen **ergänzenden Beschluss** hinsichtlich der fehlenden Angaben (etwa die fehlenden Gesamteinnahmen und deren Verteilung auf die einzelnen Eigentümer) fassen. Mit der Bestandskraft des ergänzenden Beschlusses[605] liegt, wenn die Jahresabrechnung dadurch nachvollziehbar, plausibel und rechnerisch schlüssig erscheint, bei einer Gesamtbetrachtung nunmehr eine „vollständige Jahresabrechnung" vor, welche alle erforderlichen Rechtswirkungen entfaltet. Es ist zwar richtig, dass grundsätzlich Teilbeschlüsse über Jahresabrechnungen nicht zulässig sind und jedenfalls bei der Beschlussfassung über die angegriffene (und für sich gesehen fehlerhafte) Jahresabrechnung den Eigentümern eigentlich aufgrund der vorhandenen Lücken die erforderliche Entscheidungsgrundlage fehlte. Es dürfte aber dennoch ein übertriebener und überflüssiger Formalismus sein, wenn bei einer derartigen Sachlage der ursprüngliche Beschluss (und folgerichtig wohl in einem weiteren Verfahren auch der ergänzende Teilbeschluss) aufgehoben würde und die Eigentümer dadurch gezwungen würden, erneut in einem dann einheitlichen Beschluss genau das Gleiche zu beschließen. Im Fall eines bestandskräftigen ergänzenden Beschlusses, durch den die Mängel des Erstbeschlusses behoben werden, tritt während des Verfahrens ein Ereignis, durch das der jeweilige Antrag des Klägers gegenstandslos wird, also eine (vollständige oder ausnahmsweise auch nur teilweise) **Erledigung der Hauptsache** ein.[606] Erklären beide Parteien daraufhin den Rechtsstreit für erledigt, ist nur noch gemäß § 91a ZPO über die Kosten zu entscheiden. Die Kosten werden dabei regelmäßig den jeweiligen Beklagten aufzuerlegen sein. Erklärt nur der Kläger einseitig für erledigt, wird durch Feststellungsurteil auszusprechen sein, dass die Hauptsache erledigt ist und dass die beklagte Partei die Kosten zu tragen hat. Erklärt der Kläger die Hauptsache nicht für erledigt, wird seine Klage (kostenpflichtig) abzuweisen sein.

Der Anfechtungsklage wird aber selbstverständlich dann stattzugeben sein, wenn trotz des ergänzenden Beschlusses die Abrechnung auch bei einer Gesamtbetrachtung nicht nachvollziehbar, nicht plausibel bzw. rechnerisch unschlüssig bleibt.

---

605 Sollte der ergänzende Beschluss angefochten worden sein, dürfte es angezeigt sein, das Anfechtungsverfahren über den ursprünglichen Beschluss bis zum rechtskräftigen Abschluss des Anfechtungsverfahrens gegen den ergänzenden Beschluss auszusetzten, da der ergänzende Beschluss wegen § 23 Abs. 4 Satz 2 zwar zunächst gültig ist, die Gültigkeit später aber wieder entfallen kann.
606 LG München I v. 6. 10. 2011 – 36 S 17150/10, ZWE 2012, 140.

c) Ein Sonderfall liegt vor, wenn bei oben a) (bloße Nachlieferung der fehlenden Angaben durch die Verwaltung und damit an sich Schlüssigkeit der Abrechnung) entweder der Anfechtungskläger im Wege einer **Klageänderung** nach § 263 ZPO oder die übrigen Eigentümer im Wege der **Widerklage** gemäß § 33 ZPO einen Antrag nach **§ 21 Abs.** 8 dahingehend stellen, dass das Gericht nunmehr eine Jahresabrechnung erstellen möge. Wie oben bei Rn. 29 näher dargestellt, ist ein derartiger Antrag, die Zulässigkeitsvoraussetzungen der ZPO einmal unterstellt, grundsätzlich möglich. Eine Ermessensentscheidung des Gerichts bezüglich Aufstellung einer Jahresabrechnung wird hier aber wohl nur dann sachgerecht sein, wenn die nachgelieferten Angaben von den Parteien unstreitig gestellt worden sind und sich unter Berücksichtigung dieser Angaben ohne erheblichen Aufwand durch das Gericht eine nachvollziehbare, plausible und rechnerisch schlüssige Jahresabrechnung erstellen lässt. Ansonsten, insbesondere wenn eine umfangreiche Beweisaufnahme ggf. mit Einschaltung eines Sachverständigen erforderlich würde, dürfte die Ermessensentscheidung regelmäßig dahin gehen, dass das Gericht das an sich erforderlich werdende Tätigwerden der Verwaltung und der Eigentümer nicht an sich zieht. In diesem Fall wird das Gericht wohl vielmehr entscheiden, dass als erforderliche Maßnahme der Eigentümer nur in Betracht kommt, dass wie bei einer völlig fehlenden Abrechnung gegen den Verwalter vorgegangen wird, um diesen zur Aufstellung der Abrechnung zu zwingen. Siehe dazu und zur Problematik, wenn die Mehrheit der Eigentümer **trotz** eines vorliegenden **Jahresabrechnungsentwurfs** des Verwalters den **Genehmigungsbeschluss nicht fassen**, näher auch oben **Rn. 29**.

88 Wenn dagegen die fehlenden oder unrichtigen Angaben Punkte der Jahresabrechnung betreffen, die keine Rechtswirkungen wie bei Rn. 83a dargestellt entfalten, sondern lediglich der **Information** der Eigentümer dienen und auch nicht die Schlüssigkeit gerügt wird (siehe Rn. 87) stellt sich die Frage wie eine **vollständige** und **zutreffende Jahresabrechnung** erreicht werden kann.

aa) **Ergänzungsanspruch** gegen Verwalter:
Ohne an eine Frist gebunden zu sein, konnten nach der Rechtsprechung zum alten Recht die Eigentümer vom **Verwalter** auch eine **Ergänzung** verlangen, wenn etwa die erforderlichen Kontoangaben, die Angaben zur Entwicklung der Instandhaltungsrücklage und gegebenenfalls die Darstellung der Rechnungsabgrenzungsposten fehlten.[607] Grund hierfür war, dass zwar ein Mangel vorliegt, dass aber die Unvollständigkeit auf das Rechnungswerk als solches keinen Einfluss hat.[608] Nach einer Entscheidung des BayObLG konnte ein Eigentümer jedoch nicht sofort das Gericht anrufen, wenn er vom Verwalter die Ergänzung einer bestandskräftigen Jahresabrechnung um fehlende Einzelpositionen verlangte. Er musste vielmehr in einem sol-

---

607 OLG Frankfurt/Main v. 17.1.2005 – 20 W 30/04, OLGR Frankfurt 2005, 736; BayObLG v. 30.6.2004 – 2Z BR 58/04, NJW-RR 2004, 1602; BayObLG v. 8.5.2003 – 2Z BR 8/03, WuM 2003, 527; OLG Düsseldorf v. 3.12.2004 – 3 Wx 261/04, ZMR 2005, 720; BayObLG v. 18.7.1989 – BReg 2 Z 66/89, NJW-RR 1989, 1163.
608 OLG Hamm v. 25.4.1998 – 15 W 13/98, ZMR 1998, 715.

chen Fall zunächst die Versammlung der Wohnungseigentümer befassen und konnte dann erst den Beschluss, mit dem sein Änderungsantrag abgelehnt wurde, anfechten.[609]

Zwar kann dieser Begründung, die unter Geltung des FGG-Verfahrens und des damit verbundenen Amtsermittlungsgrundsatzes ihre Berechtigung hatte (dort stellte das Gericht nach umfassender Prüfung fest, dass die Abrechnung inhaltlich richtig ist und dass nur eine Angabe – etwa über die Kontostände – fehlte, die einfach nachgeholt werden konnte), nunmehr bei dem geltenden ZPO-Verfahren (wo nur die erhobenen Rügen geprüft werden) nicht mehr gefolgt werden.

Da aber, wie gezeigt, die betreffenden Teile der Abrechnung nicht konstitutiv sind und daher eine Anfechtung des Abrechnungsbeschlusses nicht zwingend erforderlich ist, wird auch nach dem geltenden Recht eine nicht fristgebundene **Verpflichtungsklage** gegen den **Verwalter** auf **Ergänzung** der Jahresabrechnung hinsichtlich bestimmter Punkte als zulässig und erfolgversprechend anzusehen sein. Ergänzt dann der Verwalter etwa im Verlauf des gerichtlichen Verfahrens die fehlenden Angaben, wird dort geprüft werden müssen, ob dies ausreichend ist. Wenn ja, wird der klagende Eigentümer die Verpflichtungsklage für erledigt erklären müssen, um Kostennachteile zu vermeiden.

Wird der Eigentümerbeschluss über die Jahresabrechnung wegen fehlender Kontostände angefochten, werden die Wohnungseigentümer aber nur zur Ergänzung ihres Abrechnungsbeschlusses verurteilt und wird durch einen inzwischen bestandskräftig gewordenen Ergänzungsbeschluss der Wohnungseigentümer der Mangel geheilt, erledigt sich im Berufungsverfahren der Anfechtungsprozess, weil nunmehr eine vollständige Jahresabrechnung vorliegt, welche die erforderlichen Angaben aufweist und entsprechende Rechtswirkungen entfaltet.[610]

bb) **Anfechtungsklage** gegen den Genehmigungsbeschluss:
Da die fehlerhaften Teile des Beschlusses nicht konstitutiv sind und daher keine Rechtswirkungen entfalten, könnte durchaus die Meinung vertreten werden, dass einer Anfechtung des Genehmigungsbeschlusses das Rechtsschutzbedürfnis fehlt. Nach der hier vertretenen Meinung sollte vielmehr hier dem Anspruch auf ordnungsgemäße Verwaltung, zu dem auch die Beschlussfassung über eine vollständige und ordnungsgemäße Jahresabrechnung gehört, Vorrang eingeräumt werden. Auch wenn die fehlerhaften Teile selbst keine Rechtswirkungen entfalten, kann zumindest die Gefahr bestehen, dass die Jahresabrechnung falsch verstanden wird oder dass Streit über den maßgeblichen Inhalt entsteht. Dies wird besonders deutlich, wenn etwa ein Fehler bei der Berechnung des Jahresendsaldos vorliegt, wo dann zumindest der Anschein erweckt wird, dass die Jahresabrechnung das dort ausgewiesene Ergebnis beinhaltet. Daher sollte nach der hier vertretenen Meinung auch hier eine **Anfechtungsklage zulässig** sein, obgleich sie für den Eintritt von Rechtsfolgen nicht erforderlich ist.

---

609 BayObLG v. 17. 8. 2005 – 2Z BR 229/04, NZM 2006, 62.
610 LG München I v. 6. 10. 2011 – 36 S 17150/10, ZWE 2012, 140.

Zweifelhaft erscheint aber, ob hier dann auch in jedem Fall eine **erneute Beschlussfassung** der Gemeinschaft hinsichtlich der neu gefassten, aber keine Rechtswirkungen entfaltenden Teile der Jahresabrechnung erforderlich ist und ggf. mit einer **Beschlussersetzungsklage** (§ 21 Rn. 39ff und Rn. 91) erzwungen werden kann. Dies sollte, schon um absehbare und letztlich nicht erforderliche Gerichtsverfahren zu vermeiden, jedenfalls im Regelfall verneint werden.

Es bleibt abzuwarten, ob sich die Gerichte den oben ab Rn. 82 dargestellten Meinungen, die eine teilweise Abweichung von der bisherigen Rechtsprechung darstellen, anschließen werden.

V. Rechnungslegung (Absätze 4 und 5)

1. Durch Mehrheitsbeschluss der Wohnungseigentümer (Absatz 4)

89 Eine Verpflichtung des Verwalters zur Rechnungslegung besteht grundsätzlich nur aufgrund Mehrheitsbeschlusses gegenüber den Wohnungseigentümern in ihrer Gesamtheit, nicht aber gegenüber einem einzelnen Wohnungseigentümer.[611] Ausnahmsweise bedarf es keines förmlichen Mehrheitsbeschlusses, wenn sämtliche Wohnungseigentümer den Anspruch auf Rechnungslegung geltend machen.[612]

2. Jederzeit vom Verwalter verlangen (Absatz 4)

90 Der Anspruch auf Rechnungslegung richtet sich, wenn er im Laufe eines Wirtschaftsjahres geltend gemacht wird, gegen den zum Zeitpunkt des Verlangens **bestellten Verwalter**. Zwar werden für einen Mehrheitsbeschluss für eine außerordentliche (Zwischen-) Rechnungslegung regelmäßig konkrete Anlässe, wie etwa Hinweise auf Unregelmäßigkeiten des Verwalters oder finanzielle Engpässe beim Gemeinschaftsvermögen vorliegen. Dies ist jedoch nicht erforderlich, da nach dem Gesetzeswortlaut eine Rechnungslegung jederzeit verlangt werden kann. Der Anspruch ist lediglich dann ausgeschlossen, wenn das Verlangen der Wohnungseigentümer rechtsmissbräuchlich oder schikanös ist.[613] Der Anspruch auf Rechnungslegung **erlischt** jedoch, wenn ein bestandskräftiger Beschluss über die Jahresabrechnung für das entsprechende Jahr vorliegt.[614] Die Durchsetzung des Verlangens wird regelmäßig Schwierigkeiten bereiten, da die Umsetzung des Mehrheitsbeschlusses nach den allgemeinen Regeln Aufgabe des Verwalters als dem Organ der Gemeinschaft wäre. Es dürfte sich daher empfehlen, bereits bei der Beschlussfassung einen Eigentümer mit der Durchsetzung zu beauftragen und ihn hierzu zu bevollmächtigen.[615]

Ein Anspruch auf Rechnungslegung besteht auch gemäß § 28 Abs. 4 i. V. m. §§ 666, 675 BGB gegenüber einem **ausgeschiedenen Verwalter**, dessen

---

611 BayObLG v. 21.12.1999 – 2Z BR 79/99, NZM 2000, 280.
612 BayObLG v. 26.2.2004 – 2Z BR 255/03, NZM 2004, 621.
613 BayObLG v. 11.7.1996 – 2Z BR 45/96, WuM 1996, 661.
614 OLG Hamburg v. 26.1.2004 – 2 Wx 107/01, ZMR 2004, 367; BayObLG v. 31.3.1994 – 2Z BR 16/94, ZMR 1994, 338 (jedenfalls für den Fall, dass die Rechnungslegung der Vorbereitung für einen Schadensersatzanspruch gegen den Verwalter dient).
615 Wie hier: *Bärmann-Becker*, § 28 Rn. 136.

Amtszeit beendet ist.[616] Die Pflicht zur Rechnungslegung entsteht hier mit dem Ausscheiden aus dem Verwalteramt.[617] Anders als bei einem noch im Amt befindlichen Verwalter **erlischt** bei einem ausgeschiedenen Verwalter der Anspruch auf Rechnungslegung **nicht** dadurch, dass für den maßgeblichen Zeitraum eine Jahresabrechnung bestandskräftig beschlossen wurde. In einem solchen Fall dient die Rechnungslegung auch dazu, die Ordnungsmäßigkeit des Verwaltungshandelns bis zur Beendigung des Amtes zu überprüfen und Herausgabeansprüche nach §§ 667, 675 BGB geltend machen zu können.[618] Allerdings muss dem ausgeschiedenen Verwalter vor der Geltendmachung des Herausgabeanspruchs ausreichend Gelegenheit gegeben werden, eine ordnungsgemäße Rechnungslegung zu erstellen und den Eigentümern zur Beschlussfassung vorzulegen.[619] Darüber hinaus soll durch die Rechnungslegung der neue Verwalter in die Lage versetzt werden, die Verwaltung, gegebenenfalls auch während eines Wirtschaftsjahres, nahtlos fortzusetzen.[620] Die Durchsetzung des Anspruchs gegen den ausgeschiedenen Verwalter obliegt dem bei Anspruchstellung bestellten Verwalter.

Nach dem klaren Wortlaut des Gesetzes sind sonstige Personen, die also nicht Verwalter sind oder waren, nicht zur Rechnungslegung verpflichtet.

3. Rechnungslegung (Absatz 4)

Die Rechnungslegung ist grundsätzlich hinsichtlich **Inhalt** und **Form** mit der Jahres**gesamt**abrechnung identisch. Sie erstreckt sich daher nicht auf die Aufteilung der Ergebnisse auf die einzelnen Wohnungseigentümer.[621]

Insoweit wird zunächst auf die Kommentierungen zur Jahresgesamtabrechnung oben Rn. 32 bis 61 Bezug genommen.

Zusammenfassend lässt sich hier feststellen, dass die Rechnungslegung grundsätzlich eine **Einnahmen-Ausgaben-Rechnung** darstellt. Diese Rechnung muss alle Einnahmen und Ausgaben des Rechnungslegungszeitraumes unter Beifügung der erforderlichen **Belege** aufführen.[622]

Über die bei einer Jahresgesamtabrechnung bestehenden Pflicht, eine verständliche und nachvollziehbare Darlegung aller Einnahmen und Ausgaben und der Kontostände vorzunehmen, besteht bei der Rechnungslegung darüberhinausgehend auch die Pflicht, die bestehenden **Forderungen** und **Verbindlichkeiten** der Wohnungseigentümergemeinschaft, zu denen auch die Kontostände der vorhandenen Bankkonten gehören, darzustellen.[623]

---

616 BayObLG v. 26. 2. 2004 – 2Z BR 255/03, NZM 2004, 621; BayObLG v. 3. 2. 2000 – 2Z BR 123/99, ZMR 2000, 325; BGH v. 6. 3. 1997 – III ZR 248/95, WuM 1997, 294.
617 OLG Düsseldorf v. 1. 6. 2004 – 3 Wx 100/04, NZM 2004, 832.
618 BayObLG v. 26. 2. 2004 – 2Z BR 255/03, NZM 2004, 621; BayObLG v. 13. 9. 1993 – 2Z BR 66/93, WuM 1994, 44.
619 BGH v. 6. 3. 1997 – III ZR 248/95, WuM 1997, 294.
620 OLG München v. 20. 7. 2007 – 32 Wx 93/07, WuM 2007, 539.
621 OLG Düsseldorf v. 4. 11. 2002 – 3 Wx 194/02, WuM 2003, 112.
622 OLG Oldenburg v. 18. 10. 2007 – 6 W 28/07, ZMR 2008, 238.
623 OLG München v. 20. 7. 2007 – 32 Wx 93/07, WuM 2007, 539.

Die Pflicht des Verwalters zur Rechnungslegung umfasst auch eine **Buchführungspflicht**.[624] Dabei ist eine Buchführung erforderlich, die dem Verwalter die ordnungsgemäße Verwaltung der gemeinschaftlichen Gelder ermöglicht und aus der sich Wirtschaftsplan, Jahresabrechnung und Rechnungslegung entwickeln lassen. Jeder Buchung muss in der Abrechnung folglich ein schriftlicher Beleg als Nachweis des Geschäftsvorfalls zugrunde liegen[625] Die Buchführungspflicht beinhaltet auch die Sammlung und Aufbewahrung der Belege.[626] Die Buchführung des Verwalters genügt den Erfordernissen einer ordnungsmäßigen Verwaltung nur, wenn sie für die Wohnungseigentümer bei einer zumutbaren Sorgfalt verständlich und dadurch nachprüfbar ist.[627]

Da beim **ausgeschiedenen Verwalter** die Rechnungslegung nicht nur der Kontrolle der bisherigen Geschäftsführungstätigkeit dient sondern auch den neuen Verwalter in die Lage versetzen soll, auch während eines Wirtschaftsjahres die Verwaltung nahtlos fortzusetzen, ist der ausgeschiedene Verwalter drüber hinaus verpflichtet, die gesamten Verwaltungsunterlagen (zu denen insbesondere alle Belege und Kontounterlagen gehören) und vorhandene Barguthaben zu übergeben und Bankguthaben zu übertragen.[628] Ergänzend wird auf die Kommentierung zu § 26 Rn. 52 f. verwiesen.

Weder dem verpflichteten derzeit bestellten Verwalter noch einem zur Rechnungslegung verpflichteten ausgeschiedenen Verwalter steht gegen den Anspruch auf Rechnungslegung ein **Zurückbehaltungsrecht** zu.[629]

Von dem Anspruch auf Rechnungslegung (und auch dem Recht zur Einsichtnahme in die Verwaltungsunterlagen[630]) zu unterscheiden sind Ansprüche gegen den Verwalter auf Auskunftserteilung. Der BGH hat nunmehr hierzu ausgeführt, dass der Anspruch auf Auskunft zu der Jahresabrechnung und zu dem Wirtschaftsplan (§ 28 Abs. 3 und 5) zwar auch seine Grundlage in §§ 675, 666 BGB i. V. m. dem Verwaltervertrag hat. Anders als bei dem Einsichtsrecht handelt es sich aber in erster Linie nicht um einen individuellen Anspruch des einzelnen Wohnungseigentümers, sondern um einen allen Wohnungseigentümern als unteilbare Leistung zustehenden Anspruch. Daher kann der einzelne Wohnungseigentümer die Auskunft grundsätzlich nur in der Wohnungseigentümerversammlung verlangen. Machen die Wohnungseigentümer von ihrem Auskunftsrecht keinen Gebrauch, steht der Auskunftsanspruch allerdings jedem einzelnen Wohnungseigentümer zu. Außerdem besteht ein Individualanspruch des einzelnen Wohnungseigentümers dann, wenn sich das Auskunftsverlangen auf Angelegenheiten bezieht, die ausschließlich ihn betreffen.[631]

---

624 BayObLG v. 30. 7. 1987 – BReg 2 Z 78/87, NJW-RR 1988, 18.
625 OLG Oldenburg v. 18. 10. 2007 – 6 W 28/07, ZMR 2008, 238.
626 BayObLG v. 11. 7. 1996 – 2Z BR 45/96, WuM 1996, 661.
627 BayObLG v. 30. 7. 1987 – BReg 2 Z 78/87, NJW-RR 1988, 18.
628 OLG München v. 20. 7. 2007 – 32 Wx 93/07, WuM 2007, 539.
629 OLG Hamm v. 22. 2. 2007 – 15 W 181/06, ZMR 2007, 982.
630 Siehe dazu oben Rn. 79 ff.
631 BGH v. 11 .2. 2011 – V ZR 66/10, NJW 2011, 1137 (= NZM 2011, 279).

4. Beschlussfassung über die Rechnungslegung (Absatz 5)

Nach Abs. 5 haben die Wohnungseigentümer über die Rechnungslegung des Verwalters durch Mehrheitsbeschluss zu entscheiden. Insoweit gelten die Ausführungen zur Beschlussfassung über die Jahresabrechnung oben Rn. 77 und 79 bis 81 sinngemäß.[632] Der Beschlussfassung über die Rechnungslegung kommen im Gegensatz zur Beschlussfassung zur Jahresabrechnung[633], zum Wirtschaftsplan[634] und zur Sonderumlage[635] keine wesentlichen Rechtswirkungen zu. Diente die Rechnungslegung zur Vorbereitung eines Herausgabeanspruchs nach §§ 675, 667 BGB gegen den ausgeschiedenen Verwalter, so ist für die Geltendmachung dieses Anspruchs nicht erforderlich, dass tatsächlich ein rechtsgültiger Beschluss über die Rechnungslegung gemäß Abs. 5 gefasst wurde.[636]

92

Hinweise zu den Wirtschaftsplänen (Anlagen 1–3)

Die Verwaltung hat auf der Grundlage der vorangegangenen Jahre die Ausgaben, die Guthabenzinsen und die Waschgeldeinnahmen geschätzt. Die Wohnungseigentümer folgen den Vorgaben der Verwaltung.

Auf folgende Besonderheiten sei hingewiesen.

1. Die Verwaltung soll von den Wohngeldern einen Anteil von insgesamt 12.000,00 € der Instandhaltungsrücklage, die auf dem Festgeldkonto angesammelt wird, zuführen.

2. Auf dem Festgeldkonto werden 125,00 € Zinsen erwartet. Diese Zinsen sollen nicht dem laufenden Haushalt zugutekommen, sondern sie sollen auf dem Festgeldkonto verbleiben und die Instandhaltungsrücklage erhöhen.

3. In dem kommenden Jahr soll eine Fassadensanierung durchgeführt werden. Die geschätzten Gesamtkosten von 21.300,00 € sollen wie folgt finanziert werden:
7.100,00 € durch eine Entnahme aus der Instandhaltungsrücklage
7.100,00 € durch eine Sonderzahlung („Sonderumlage") der Eigentümer bei Sanierungsbeginn
7.100,00 € durch den laufenden Haushalt.

---

632 Die Ausnahmen bei Rn. 78 sind in der Praxis für die Rechnungslegung nicht relevant.
633 Siehe oben Rn. 82 f.
634 Siehe oben Rn. 20 ff.
635 Siehe oben Rn. 27 f.
636 BGH v. 6.3.1997 – III ZR 248/95, WuM 1997, 294.

Anlage 1

Muster eines Gesamt-Wirtschaftsplans
(siehe dazu auch die Hinweise vor Anlage 1)

(Briefkopf Verwalter – mit Datum)

(Name und Anschrift des Wohnungseigentümers – hier des E1)

Jahresgesamt-Wirtschaftsplan 2015
für die Wohnungseigentumsanlage (Adresse)
für die Zeit vom 1.1.2015 bis 31.12.2015

I. Ausgaben	
Art der Ausgaben	Gesamtbetrag €
Versicherungen	4.200,00
Wasser, Abwasser	6.500,00
Strom	3.100,00
Müllabfuhr	4.000,00
Gartenpflege, Außenanlagen	1.400,00
Tiefgarage	600,00
Hausmeister	5.000,00
Heizung, Warmwasser	23.450,00
Kabelgebühren	700,00
sonstige Betriebskosten	500,00
Bankspesen, Zinsen	800,00
Verwalterhonorar	6.600,00
Reparaturkosten	4.000,00
außerordentliche Instandhaltung (Fassadensanierung)	21.300,00
Gesamtsumme Ausgaben	**–82.150,00**

II. Zuführungen zur Instandhaltungsrücklage	
Art der Geldmittelverlagerungen	Gesamtbetrag €
Zuführungen zur Instandhaltungsrücklage (Anteil aus den Wohngeldern)	12.000,00
Guthabenzinsen sollen auf Festgeldkonto verbleiben und Rücklage erhöhen	125,00
Gesamtsumme der Zuführungen zur Instandhaltungsrücklage	**–12.125,00**

III. Gesamtsumme zu I. und II.: (benötigte Mittel insgesamt)	
	Gesamtbetrag €
Benötigte Mittel insgesamt: (82.150,00 + 12.125,00 €)	**–94.275,00**

IV. Entnahmen aus der Instandhaltungsrücklage	
Art der Geldmittelverlagerungen	Gesamtbetrag €
Teilfinanzierung der Fassadensanierung	7.100,00
Gesamtsumme der Entnahmen aus der Instandhaltungsrücklage	**+ 7.100,00**

V. Benötigte Mittel aus dem laufenden Haushalt	
	Gesamtbetrag €
Benötigte Mittel insgesamt (= III.)	–94.275,00
Davon gedeckt durch Entnahmen aus Instandhaltungsrücklage (= IV.)	+ 7.100,00
Aus dem laufenden Haushalt benötigte Mittel (= VI. Einnahmen)	**–87.175,00**

VI. Einnahmen	
Art der Einnahmen	Gesamtbetrag €
Wohngelder (monatlich zu bezahlen)	+79.390,00
Sonderzahlung für Fassadensanierung	+ 7.100,00
Guthabenzinsen	+ 125,00
Waschgeld	+ 560,00
Gesamtsumme Einnahmen	**+87.175,00**

WEG § 28 Verwaltung

Anlage 2

Muster eines Einzel-Wirtschaftsplans
(siehe dazu auch die Hinweise vor Anlage 1)

(Briefkopf Verwalter – mit Datum)

(Name und Anschrift des Wohnungseigentümers – hier des E1)

Einzel-Wirtschaftsplan 2015
für die Wohnungseigentumsanlage (Adresse) und die Wohnung Nr. ...
für die Zeit vom 1.1.2015 bis 31.12.2015
Hinweise zum Verteilungsschlüssel:

Umlageschlüssel Nr. (Maßeinheit)	Maßeinheit	Gesamtwert der Anlage	Ihr Anteil	Verteilerschlüssel
1 (Miteigentumsanteile gem. Teilungserklärung)	MEA	$1000/1000$	$40/1000$	$40/1000$
2 (Heiz- und Warmwasserabrechnung)	qm	1891	87	$87/1891$
3 (Anzahl Wohnungen)	AW	22	1	1/22
4 (Beschluss nach § 16 Abs. 4: nur 20 Wohnungen zahlen die Maßnahme)	20W	20	1	1/20

I. Ausgaben				
Art der Ausgaben	Gesamtbetrag €	Umlageschlüssel	Verteilerschlüssel	Ihr Anteil €
Versicherungen	4.200,00	1	$40/1000$	168,00
Wasser, Abwasser	6.500,00	2	$87/1891$	299,06
Strom	3.100,00	1	$40/1000$	124,00
Müllabfuhr	4.000,00	1	$40/1000$	160,00
Gartenpflege, Außenanlagen	1.400,00	1	$40/1000$	56,00
Tiefgarage	600,00	1	$40/1000$	24,00
Hausmeister	5.000,00	1	$40/1000$	200,00
Heizung, Warmwasser	23.450,00	2	$87/1891$	1.078,88
Kabelgebühren	700,00	3	$1/22$	31,82
sonstige Betriebskosten	500,00	1	$40/1000$	20,00
Bankspesen, Zinsen	800,00	1	$40/1000$	32,00
Verwalterhonorar	6.600,00	1	$40/1000$	264,00
Reparaturkosten	4.000,00	4	$1/20$	200,00
außerordentliche Instandhaltung (Fassadensanierung)	21.300,00	1	$40/1000$	852,00
Gesamtsumme Ausgaben	**82.150,00**			**–3.509,76**

Wirtschaftsplan, Rechnungslegung § 28 WEG

II. Zuführungen zur Instandhaltungsrücklage				
Art der Geldmittelverlagerungen	Gesamtbetrag €	Umlage-schlüssel	Verteiler-schlüssel	Ihr Anteil €
Zuführungen zur Instandhaltungsrücklage (Anteil aus den Wohngeldern)	12.000,00	1	$^{40}/_{1000}$	480,00
Guthabenzinsen sollen auf Festgeldkonto verbleiben und Rücklage erhöhen	125,00	1	$^{40}/_{1000}$	5,00
Gesamtsumme der Zuführungen zur Instandhaltungsrücklage	**–12.125,00**			**–485,00**

III. Gesamtsumme zu I. und II: (benötigte Mittel insgesamt)				
	Gesamtbetrag €	Umlage-schlüssel	Verteiler-schlüssel	Ihr Anteil €
Benötigte Mittel insgesamt: (82.150,00 + 12.125,00 €) Ihr Anteil an den benötigten Mitteln: (3.509,76 + 485,00 €)	94.275,00			3.994,76

IV. Entnahmen aus der Instandhaltungsrücklage				
Art der Geldmittelverlagerungen	Gesamtbetrag €	Umlage-schlüssel	Verteiler-schlüssel	Ihr Anteil €
Teilfinanzierung der Fassadensanierung	7.100,00	1	$^{40}/_{1000}$	+284,00
Gesamtsumme der Entnahmen aus der Instandhaltungsrücklage	**+7.100,00**			**+284,00**

V. Benötigte Mittel aus dem laufenden Haushalt				
	Gesamtbetrag €	Umlage-schlüssel	Verteiler-schlüssel	Ihr Anteil €
Benötigte Mittel insgesamt (= III.)	–94.275,00			–3.994,76
Davon gedeckt durch Entnahmen aus Instandhaltungsrücklage (= IV.)	+ 7.100,00	1	$^{40}/_{1000}$	+ 284,00
Aus dem laufenden Haushalt benötigte Mittel (= VI. Einnahmen)	**–87.175,00**			**–3.710,76**

WEG § 28 Verwaltung

VI. Einnahmen				
Art der Einnahmen	Gesamtbetrag €	Umlage-schlüssel	Verteiler-schlüssel	Ihr Anteil €
Wohngelder (monatlich zu bezahlen)	+79.390,00	gem. Berechnung unten		+3.399,36
Sonderzahlung für Fassaden-sanierung	+ 7.100,00	1	$^{40}/_{1000}$	+ 284,00
Guthabenzinsen	+ 125,00	1	$^{40}/_{1000}$	+ 5,00
Waschgeld	+ 560,00	1	$^{40}/_{1000}$	+ 22,40
Gesamtsumme Einnahmen	**+87.175,00**			**+3.710,76**

Berechnung Ihres Jahres-Wohngeldes:

Ihr Anteil an den aus dem laufenden Haushalt benötigten Mitteln (= V.)	+	3.710,76 €
Abzüglich sonstiger Einnahmen (außer Wohngeld: = VI: 284,00 + 5,00 + 22,40)	−	311,40 €
Ihr Jahres-Wohngeld	+	3.399,36 €

Berechnung Ihres monatlichen Wohngeldes:

Ihr Jahreswohngeld	+	3.399,36 €
Geteilt durch die Anzahl der Monate des Wirtschaftsjahres		./. 12
Ihr monatliches Wohngeld	=	283,28 €

(Hinweis: – nicht Gegenstand des Wirtschaftsplans – Wenn die Eigentümerversammlung beispielsweise am 15. 4. 2015 stattfindet, haben die Eigentümer am 1. 5. 2015 neben dem monatlichen Wohngeld auch die Nachzahlungen für Januar bis April 2015 zu zahlen, wenn wie hier der Wirtschaftsplan betragsmäßig erhöht wurde. Es empfiehlt sich daher noch folgende klarstellende Information – die jedoch nicht zwingend ist)

Zu Ihrer Information:
Wenn der Wirtschaftsplan genehmigt wird,
hat dies für Sie folgende Auswirkungen:

Ihr neues Wohngeld beträgt	283,28 €
Ihr bisheriges Wohngeld betrug	240,00 €
monatliche Differenz (Wohngelderhöhung)	43,28 €

Es werden daher für Sie am **1. 5. 2015** folgende Zahlungen fällig:

Wohngeld Mai 2015	283,28 €
Nachzahlung Differenzbetrag Januar bis April 2015	173,12 €
Gesamtbetrag am 1. 5. 2015 zu bezahlen	456,40 €
Ab **1. 6. 2015** beträgt das monatliche Wohngeld	283,28 €

Wirtschaftsplan, Rechnungslegung § 28 WEG

Anlage 3

Muster eines kombinierten Wirtschaftsplans
(siehe dazu auch die Hinweise vor Anlage 1)

(Briefkopf Verwalter – mit Datum)

(Name und Anschrift des Wohnungseigentümers – hier des E1)

Wirtschaftsplan 2015
für die Wohnungseigentumsanlage (Adresse) und die Wohnung Nr. ...
für die Zeit vom 1.1.2015 bis 31.12.2015
Hinweise zum Verteilungsschlüssel:

Umlageschlüssel Nr. (Maßeinheit)	Maßeinheit	Gesamtwert der Anlage	Ihr Anteil	Verteilerschlüssel
1 (Miteigentumsanteile gem. Teilungserklärung)	MEA	$1000/_{1000}$	$40/_{1000}$	$40/_{1000}$
2 (Heiz- und Warmwasserabrechnung)	qm	1891	87	$87/_{1891}$
3 (Anzahl Wohnungen)	AW	22	1	$1/_{22}$
4 (Beschluss nach § 16 Abs. 4: nur 20 Wohnungen zahlen die Maßnahme)	20W	20	1	$1/_{20}$

I. Ausgaben				
Art der Ausgaben	Gesamtbetrag €	Umlageschlüssel	Verteilerschlüssel	Ihr Anteil €
Versicherungen	4.200,00	1	$40/_{1000}$	168,00
Wasser, Abwasser	6.500,00	2	$87/_{1891}$	299,06
Strom	3.100,00	1	$40/_{1000}$	124,00
Müllabfuhr	4.000,00	1	$40/_{1000}$	160,00
Gartenpflege, Außenanlagen	1.400,00	1	$40/_{1000}$	56,00
Tiefgarage	600,00	1	$40/_{1000}$	24,00
Hausmeister	5.000,00	1	$40/_{1000}$	200,00
Heizung, Warmwasser	23.450,00	2	$87/_{1891}$	1.078,88
Kabelgebühren	700,00	3	$1/_{22}$	31,82
sonstige Betriebskosten	500,00	1	$40/_{1000}$	20,00
Bankspesen, Zinsen	800,00	1	$40/_{1000}$	32,00
Verwalterhonorar	6.600,00	1	$40/_{1000}$	264,00
Reparaturkosten	4.000,00	4	$1/_{20}$	200,00
außerordentliche Instandhaltung (Fassadensanierung)	21.300,00	1	$40/_{1000}$	852,00
Gesamtsumme Ausgaben	**–82.150,00**			**–3.509,76**

T. Spielbauer

II. Zuführungen zur Instandhaltungsrücklage

Art der Geldmittelverlagerungen	Gesamtbetrag €	Umlageschlüssel	Verteilerschlüssel	Ihr Anteil €
Zuführungen zur Instandhaltungsrücklage (Anteil aus den Wohngeldern)	12.000,00	1	$40/_{1000}$	480,00
Guthabenzinsen sollen auf Festgeldkonto verbleiben und Rücklage erhöhen	125,00	1	$40/_{1000}$	5,00
Gesamtsumme der Zuführungen zur Instandhaltungsrücklage	**−12.125,00**			**−485,00**

III. Gesamtsumme zu I. und II: (benötigte Mittel insgesamt)

	Gesamtbetrag €	Umlageschlüssel	Verteilerschlüssel	Ihr Anteil €
Benötigte Mittel insgesamt: (82.150,00 + 12.125,00 €) Ihr Anteil an den benötigten Mitteln: (3.509,76 + 485,00 €)	94.275,00			3.994,76

IV. Entnahmen aus der Instandhaltungsrücklage

Art der Geldmittelverlagerungen	Gesamtbetrag €	Umlageschlüssel	Verteilerschlüssel	Ihr Anteil €
Teilfinanzierung der Fassadensanierung	7.100,00	1	$40/_{1000}$	+284,00
Gesamtsumme der Entnahmen aus der Instandhaltungsrücklage	**+7.100,00**			**+284,00**

V. Benötigte Mittel aus dem laufenden Haushalt

	Gesamtbetrag €	Umlageschlüssel	Verteilerschlüssel	Ihr Anteil €
Benötigte Mittel insgesamt (= III.)	−94.275,00			−3.994,76
Davon gedeckt durch Entnahmen aus Instandhaltungsrücklage (= IV.)	+ 7.100,00	1	$40/_{1000}$	+ 284,00
Aus dem laufenden Haushalt benötigte Mittel (= VI. Einnahmen)	**−87.175,00**			**−3.710,76**

Wirtschaftsplan, Rechnungslegung § 28 WEG

VI. Einnahmen				
Art der Einnahmen	Gesamtbetrag €	Umlage-schlüssel	Verteiler-schlüssel	Ihr Anteil €
Wohngelder (monatlich zu bezahlen)	+79.390,00	gem. Berechnung unten		+3.399,36
Sonderzahlung für Fassadensanierung	+ 7.100,00	1	$40/_{1000}$	+ 284,00
Guthabenzinsen	+ 125,00	1	$40/_{1000}$	+ 5,00
Waschgeld	+ 560,00	1	$40/_{1000}$	+ 22,40
Gesamtsumme Einnahmen	**+87.175,00**			**+3.710,76**

Berechnung Ihres Jahres-Wohngeldes:

Ihr Anteil an den aus dem laufenden Haushalt benötigten Mitteln (= V.)	+	3.710,76 €
Abzüglich sonstiger Einnahmen (außer Wohngeld: = VI: 284,00 + 5,00 + 22,40)	–	311,40 €
Ihr Jahres-Wohngeld	+	3.399,36 €

Berechnung Ihres monatlichen Wohngeldes:

Ihr Jahreswohngeld	+	3.399,36 €
Geteilt durch die Anzahl der Monate des Wirtschaftsjahres		./. 12
Ihr monatliches Wohngeld	=	283,28 €

(Hinweis: – nicht Gegenstand des Wirtschaftsplans – Wenn die Eigentümerversammlung beispielsweise am 15. 4. 2015 stattfindet, haben die Eigentümer am 1. 5. 2015 neben dem monatlichen Wohngeld auch die Nachzahlungen für Januar bis April 2010 zu zahlen, wenn wie hier der Wirtschaftsplan betragsmäßig erhöht wurde. Es empfiehlt sich daher noch folgende klarstellende Information – die jedoch nicht zwingend ist)

Zu Ihrer Information:

Wenn der Wirtschaftsplan genehmigt wird,
hat dies für Sie folgende Auswirkungen:

Ihr neues Wohngeld beträgt	283,28 €
Ihr bisheriges Wohngeld betrug	240,00 €
monatliche Differenz (Wohngelderhöhung)	43,28 €

Es werden daher für Sie am **1. 5. 2015** folgende Zahlungen fällig:

Wohngeld Mai 2015	283,28 €
Nachzahlung Differenzbetrag Januar bis April 2015	173,12 €
Gesamtbetrag am 1. 5. 2015 zu bezahlen	456,40 €
Ab **1. 6. 2015** beträgt das monatliche Wohngeld	283,28 €

T. Spielbauer

WEG § 28 Verwaltung

Hinweise zu den Jahresabrechnungen (Anlagen 4–6):

A) In der nachfolgenden Jahresabrechnung werden unter anderem folgende praxisrelevante **Probleme** behandelt:

- Anwendung **verschiedener Verteilungsschlüssel** aufgrund von Sonderregelungen in der Gemeinschaftsordnung, Beschlüssen nach § 16 Abs. 3 WEG und Beschlüssen nach § 16 Abs. 4 WEG (siehe H:1/2/3/4)
- **Finanzierung** einer Sanierungsmaßnahme durch teilweise **Rücklagenauflösung** i.V.m. einer **Sonderumlage** und dem Bestreiten des Restbetrages aus dem **laufenden Haushalt** (H:5)
- Behandlung einer ausnahmsweise zulässigen **Aufrechnung** (H:6) – (Erstattungsanspruch gegen Wohngeld)
- Umlegung von **Anwaltskosten** (Vorschuss) im Beschlussanfechtungsverfahren (H:7)
- **Teilweise Nichtzahlung** von **Wohngeld** (H:6/8/9/10)
- **Überzahlung** (hier bei Sonderumlage zu viel überwiesen) (H:11)
- **Zinseinnahmen** (etwa bei Festgeldkonto) (H:12)
- **Erläuterungen** der **Differenz** von tatsächlichem und rechnerischem Endbestand des **Girokontos** (H:5/12/13/14)
- Tatsächliche **Zuführungen** zur **Instandhaltungsrücklage** (wobei der **Verwalter** teilweise zu Recht und teilweise zu Unrecht bei den Zuführungen **hinter** dem **Wirtschaftsplan zurückbleibt**) (H:13/12)
- Darstellung der **Instandhaltungsrücklage** (H:13/12)
- Behandlung einer **Barkasse** (H:14)
- **Heizkosten** für das **laufende Wirtschaftsjahr** werden tatsächlich erst im Folgejahr 2016 bezahlt (H:15)
- **Heizkosten**, die das **Vorjahr** 2014 betrafen, werden tatsächlich in diesem Wirtschaftsjahr 2015 bezahlt (H:16)
- Es gehen 2015 **Nachzahlungen** der Eigentümer aus der Jahresabrechnung für 2014 ein (H:17)
- An Eigentümer werden im Jahr 2015 Rückzahlungen aus der Jahresabrechnung für 2014 geleistet (H:18)
- Berücksichtigung der **laut Wirtschaftsplan** zu leistenden Zuführungen zur **Instandhaltungsrücklage** (H:19)

B) Der Jahresabrechnung wird dabei der nachfolgende **Sachverhalt** zugrunde gelegt.

Dabei werden die mit (H:1–19) angegebenen Hinweise in der Jahresabrechnung für das leichtere Nachvollziehen an den entsprechenden Stellen - nachrichtlich- wiedergegeben. Diese Hinweise sind selbstverständlich in die für eine Gemeinschaft zu erstellenden Jahresabrechnung nicht aufzunehmen. In der kombinierten Jahresabrechnung sind alle Hinweise (H:1–19) enthalten. In der Gesamtabrechnung und in der Einzelabrechnung sind nur diejenigen Hinweise enthalten, die für die jeweilige Abrechnung von Bedeutung sind.

Im Anschluss an den Sachverhalt wird sodann jeweils die **Folge** für die Jahresabrechnung kurz dargestellt, wobei teilweise (soweit es erforderlich erscheint) eine zusätzliche **Begründung** folgt.

(H:1) Aufgrund eines gesonderten Beschlusses nach § 16 Abs. 3 WEG werden die **Wasser-** und Abwasserkosten **nach Verbrauch** umgelegt; Verbrauchserfassungsgeräte sind vorhanden; die angegebenen Werte entsprechen den Ableseergebnissen.
Folge:
Es ist der Umlageschlüssel Nr. 5 anzuwenden.

(H:2) Die angegebenen Werte für **Heizung** und Warmwasser entsprechen der beigefügten Abrechnung der der Abrechnungsfirma xxx.
Folge:
Es ist der Umlageschlüssel Nr. 2 anzuwenden.

(H:3) Gemäß Gemeinschaftsordnung werden die Kosten für die **Kabelnutzung** nach der Anzahl der Wohnungen verteilt.
Folge:
Es ist der Umlageschlüssel Nr. 3 anzuwenden.

(H:4) Aufgrund eines gesonderten **Beschlusses** nach § 16 Abs. 4 WEG werden die angefallenen Reparaturkosten nur auf 20 Wohnungseigentümer zu je 1/20 umgelegt; der E1 gehört zu den zahlungspflichtigen Eigentümern.
Folge:
Es ist der Umlageschlüssel Nr. 4 anzuwenden.

(H:5) In einem gesonderten Beschluss haben die Eigentümer eine **Fassadensanierung** mit folgender **Finanzierung** beschlossen:

a) 7.100,00 € aus einer **Teilauflösung** der **Instandhaltungsrücklage**

b) 7.100,00 € aus einer Sonderzahlung **("Sonderumlage")** der Eigentümer bei Sanierungsbeginn

c) Restbetrag aus dem **laufenden Haushalt** 2015.
Die tatsächlichen Kosten für die Fassadensanierung haben 21.912,50 € betragen.

Folge:

1. Bei den Ausgaben ist der Gesamtbetrag von 21.912,50 € zu erfassen und nach dem Umlageschlüssel Nr. 1 umzulegen.

2. Die Sonderumlage (Sonderzahlung) ist bei den Einnahmen darzustellen – siehe dazu auch (H:11).

3. Die Teilauflösung der Rücklage ist darzustellen:

   – bei „IV. Berechnung des Jahresendsaldos"

   – bei „V. Konten- und Vermögensentwicklung/2. Entwicklung der Instandhaltungsrücklage"

– gegebenenfalls bei „V. Konten- und Vermögensentwicklung/3. Darstellung der Soll-Rücklage"

(H:6) Eigentümer E1 hat eine Notmaßnahme für die Gemeinschaft durchgeführt. Die hierfür aufgewendeten Kosten in Höhe von 1.455,32 € sind dem E1 nach einem gesonderten Beschluss der Eigentümer zu ersetzen. In Absprache mit der Verwaltung hat der E1 sich durch Erklärung der (hier ausnahmsweise zulässigen – siehe dazu § 28 Rn. 23 und 33) **Aufrechnung** gegenüber den Wohngeldansprüchen Juli bis November und eines Teilbetrags für Dezember 2015 befriedigt; er hat daher für diese Zeit 1.455,32 € Wohngelder nicht überwiesen.

Folge:
Da tatsächlich keine Geldbewegung stattfand, ist bei I. Spalte (tatsächliche Abflüsse) kein Betrag (bzw. 0) zu erfassen. Da durch die zulässige Aufrechnung die Wohngeldforderung gegen E1 in dieser Höhe und dessen (Ausgleichs-) Forderung aus dem Beschluss erloschen sind, liegen aber zu „verteilende Ausgaben" nach I. und eine „zu verteilende Einnahme" nach II in Höhe von jeweils 1.455,32 € vor. Dies ist zu erläutern.

(Begründung)
E1 hat zwar die 1.455,32 € Wohngelder – siehe dazu auch (H:8) – nicht überwiesen. Er hat aber tatsächlich seine (unstreitige) Forderung „aufgeopfert" und die Wohnungseigentümergemeinschaft wurde von dieser Verbindlichkeit frei. Aus Sicht der Gemeinschaft sind damit eine bestehende **Verbindlichkeit** (Ersatzverpflichtung aus Beschluss gemäß § 21 Abs. II WEG i.V.m. § 670 BGB – siehe dazu § 21 Rn. 15) und eine bestehende **Forderung** (Wohngeldforderung gegen E1 in der Höhe) **erloschen**, so dass sich die Vermögenslage tatsächlich geändert hat. Die Lage ist vergleichbar mit einer Fallgestaltung, bei der E1 den Betrag bar an den Verwalter gegeben hätte (als Wohngeldzahlung) und der Verwalter den Betrag sogleich wieder bar dem E1 zurückgegeben hätte (in Umsetzung des Beschlusses, Ersatz für die Kosten zu leisten). Durch die hier vorgenommene Darstellung ist zum einen die Information der Eigentümer sichergestellt (insoweit alle Wohngeldforderungen beglichen – Beschluss über Entschädigung des E1 wurde von Verwaltung umgesetzt); zum anderen wird durch die Erfassung der Ausgabe und der Einnahme sichergestellt, dass bei der Ergebniszusammenstellung und der Berechnung des Jahresendsaldos des E1 eine sachlich richtige Zuordnung erfolgt und damit ein sachlich richtiges Ergebnis erzielt wird. Gleichzeitig wird das Zu- und Abflussprinzip in der Gesamtabrechnung eingehalten.

Die zu verteilenden Ausgaben und Einnahmen können auch nicht einfach weggelassen werden. Ansonsten würde die Gesamtjahresabrechnung zwar bei den zu verteilenden Ausgaben und den zu verteilenden Einnahmen je eine um 1.455,32 € zu niedrige Summe ausweisen (was sich rechnerisch letztlich gegenseitig aufhebt). Die Einzelabrechnung des E1 wäre aber zu seinem Nachteil unrichtig (es fehlen dann 58,21 € auf ihn entfallende Ausgaben, es fehlen dann aber auch von ihm durch Aufrechnung geleistete 1.455,32 € (Wohngeld-)Einnahmen, die ihm alleine gutzuschreiben sind, so dass ihm letztlich ein Nachteil von 1.397,11 € entstehen würde).

(H:7) Eigentümer E2 hat einen Beschluss der Wohnungseigentümer angefochten. Die Verwaltung hat für die übrigen Wohnungseigentümer einen Anwalt zur Vertretung im gerichtlichen Verfahren beauftragt. Dem Rechtsanwalt wurde ein Vorschuss in Höhe von 960,00 € bezahlt. Diese (im Wirtschaftsplan noch nicht vorgesehenen) Kosten der Rechtsverfolgung können nicht auf den E2, sondern nur auf die übrigen Eigentümer umgelegt werden (siehe § 16 Rn. 81).
Folge:
Es ist der Umlageschlüssel Nr. 6 anzuwenden.

(H:8) Nach der hier vertretenen Meinung wird im Regelfall von einem einheitlichen Wohngeld (für Ausgaben und für Zuführungen zur Instandhaltungsrücklage) ausgegangen. Nach dem Wirtschaftsplan für 2015 betrugen die veranschlagten Wohngelder insgesamt 79.390,00 €, wobei auf den E1 ein Anteil von 3.399,36 € entfiel. Tatsächlich aber wurden insgesamt nur 78.845,32 € Wohngelder geleistet, wobei auf den E1 ein Betrag von 3.155,00 € entfiel – siehe dazu auch (H:6), (H:9), (H:10) –.
Folge:
Bei „II. Einnahmen" erscheint jeweils (nur) ein einheitlicher Betrag für die Wohngelder.
Wenn der hier vertretenen Meinung nicht gefolgt wird oder, wenn ausnahmsweise die Eigentümer zwei getrennte Ansprüche für die Gemeinschaft beschlossen haben (siehe § 28 Rn. 12), müssen hier auch die „Wohngelder für die geplanten Ausgaben" und die „Wohngelder für die geplanten Zuführungen zur Instandhaltungsrücklage" getrennt aufgeführt werden.

(H:9) E1 hat ab Juli keine Wohngelder mehr bezahlt. Wie bei (H:6) gezeigt, erfolgte dies in Höhe von 1.455,32 € zu Recht, da E1 aufrechnen konnte (zur ausnahmsweisen Zulässigkeit einer Aufrechnung siehe § 28 Rn. 23). Aufgrund der wirksamen Aufrechnung ist in dieser Höhe das Wohngeld von E1 entrichtet worden. E1 hätte aber das Wohngeld für Dezember teilweise bezahlen müssen. Er hat daher 244,36 € zu wenig Wohngeld bezahlt (6 × 283,28 = 1.699.68 – 1.455,32).
Folge:
Bei II. „tatsächlicher Zufluss" erscheinen nur die tatsächlich auf dem Konto eingegangenen Beträge, also nicht die von E1 nicht überwiesenen 6 Monatsraten i.H.v. 1.699,68 €. Da auch E2 300,32 € zu wenig bezahlt hat -siehe (H:10)-, sind daher statt der im Wirtschaftsplan vorgesehenen Wohngelder in Höhe von 79.390,00 € insgesamt nur 77.390,00 € eingegangen;
Bei II. „zu verteilende Einnahmen" erscheint der höhere Betrag von 78.845,32 €, da E1 ja durch die Aufrechnung zusätzlich Wohngeld i.H.v. 1.455,32 € geleistet hat. Diese erhöhte Leistung wird der Verteilung zugrunde gelegt, sodass bei „Ihr Anteil" 3.155,00 € erscheint (nach Wirtschaftsplan wären 3.399,36 € geschuldet gewesen).
Dies muss erläutert werden.

(H:10) Auch Eigentümer E2 hat Wohngelder in Höhe von 300,32 € nicht bezahlt.
Folge:
Wie bei (H:9) dargestellt, erscheinen bei II. „tatsächlicher Zufluss" die tatsächlich auf dem Konto eingegangenen 77.390,00 €. Wie bei (H:9) ebenfalls dargestellt, ist der Betrag bei „zu verteilende Einnahmen" aufgrund der berechtigten Aufrechnung bzgl. E1 entsprechend höher. Bei II. der – hier nicht vorliegenden – Einzelabrechnung des E2 erscheinen bei „Ihr Anteil" nur die tatsächlich geflossenen Beträge (also insoweit jeweils 300,32 € weniger als im Wirtschaftsplan als Wohngelder vorgesehen).

(H:11) Wie sich aus (H:5) ergibt, sollten die Eigentümer für die Fassadensanierung eine Sonderzahlung in Höhe von 7.100,00 € leisten. Nach dem allgemeinen Verteilungsschlüssel (Umlageschlüssel Nr. 1) hätte daher der E1 einen Betrag von 284,00 € bezahlen sollen. E1 hat aber versehentlich 1.000,00 € zu viel überwiesen, also statt 284,00 € einen Betrag von 1.284,00 €.
Folge:
Bei „II. Einnahmen" ist bei der Sonderzahlung der tatsächlich entrichtete Betrag sowohl bei den Spalten „tatsächliche Zuflüsse" als auch bei der Spalte „zu verteilende Einnahmen" und der Spalte „Ihr Anteil" des E1 aufzunehmen.

(H:12) Die Bank hat die (Netto-)Festgeldzinsen in Höhe von 122,05 € auf dem Festgeldkonto gutgeschrieben. Nach dem Wirtschaftsplan für 2015 sollten die Festgeldzinsen, die mit 125,00 € angesetzt waren, auf dem Festgeldkonto (= Rücklagenkonto) verbleiben und nicht die Zahlungspflicht der Eigentümer für die Ausgaben verringern.
Folge:

1. Bei II. „tatsächliche Zuflüsse" sind die (gesamten) Guthabenzinsen auszuweisen.

2. Bei II. „zu verteilende Einnahmen" und bei „Ihr Anteil" erscheint 0, da nach dem Wirtschaftsplan keine Ausschüttung erfolgen soll. (Denkbar wäre es auch, die Zinsen bei den zu verteilenden Einnahmen und damit auch bei „Ihrem Anteil" zu berücksichtigen; dann müsste aber unter „IV. Berechnung des Jahresendsaldos" der auf E1 entfallende Anteil als Minusbetrag ausgewiesen und dies alles erläutert werden; dies erscheint unübersichtlicher als die vorgeschlagene Vorgehensweise).

3. Bei „V. Konten- und Vermögensentwicklung/1. Entwicklung der Konten und des Bargeldbestandes ist der Gesamtbetrag der Guthabenzinsen darzustellen.

4. Bei „V. Konten- und Vermögensentwicklung/2. Entwicklung der Instandhaltungsrücklage" ist der Gesamtbetrag der Guthabenzinsen darzustellen.

5. Gegebenenfalls ist hier (ausnahmsweise) – nur – der Gesamtbetrag der tatsächlich zugeflossenen Guthabenzinsen (und nicht der im Wirtschaftsplan auf 125,00 € geschätzte Betrag) bei „V. Konten- und

Vermögensentwicklung/3. Darstellung der Soll-Rücklage" darzustellen.

(Begründung)
zu 1.:
Da die Festgeldzinsen der Gemeinschaft tatsächlich zufließen (zwar nicht auf dem Girokonto aber auf dem Festgeldkonto) sind hier die (Netto-) Festgeldzinsen (siehe dazu § 28 Rn. 61) bei den Einnahmen zu erfassen.

zu 2.:
An sich wären die Zinsen ein Mittelzufluss, der über die Jahresabrechnung an die Eigentümer auszuschütten (als Einnahme anzurechnen) wäre. Hier wurde jedoch im Wirtschaftsplan beschlossen, dass die Zinsen der Rücklage zugeführt werden und auf dem Festgeldkonto verbleiben. Daher erscheint bei „zu verteilenden Einnahmen" und bei „Ihr Anteil" jeweils nur 0, da sich der Zufluss nicht auf das Jahresergebnis auswirken und die Zahlungsverpflichtung der Eigentümer verringern soll.

zu 3.:
Dass hier der Eingang nicht auf dem Girokonto (sondern nur auf dem Festgeldkonto) erscheint, ist unschädlich, da die Kontoanfangs- und Kontoendbestände beider Konten unter V.1. dargestellt werden.

zu 4.:
Die Zinsgutschrift wurde der Instandhaltungsrücklage zugeführt und muss daher bei der Entwicklung der Instandhaltungsrücklage V.2. auch dargestellt werden.

zu 5.:
Wenn eine „Darstellung der Soll-Rücklage" erfolgt (die allerdings regelmäßig nicht erforderlich ist – siehe dazu auch die Anmerkung bei der Musterabrechnung), muss auch hier die Zinsgutschrift dargestellt werden. Da hier die Auslegung des Wirtschaftsplans ergibt, dass nur die tatsächlich eingehenden Zinsen auf dem Rücklagenkonto verbleiben sollen (siehe nähere Erklärung in der Abrechnung dort), ist hier ausnahmsweise nicht der im Wirtschaftsplan genannte (Schätz-)Betrag von 125,00 €, sondern nur der tatsächlich zugeflossene Betrag aufzunehmen. Es liegt hier daher keine Abweichung der Soll- und Ist-Zuführungen bei den Zinsen vor, so dass auch nicht der Differenzbetrag noch vom Verwalter dem Rücklagenkonto zugeführt werden müsste.

(H:13) Der Verwalter hat vom Girokonto auf das Festgeldkonto als Zuführung zur Instandhaltungsrücklage 10.000,00 € überwiesen. Der Verwalter hat den im Wirtschaftsplan vorgesehenen Zuführungsbetrag in Höhe von 12.000,00 € um 2.000,00 € gekürzt. Er war der (irrigen) Meinung, dies sei erforderlich, da der E1 insgesamt 1.699,68 – siehe (H:6/9) – und der E2 ebenfalls 300,32 € – siehe (H:10) – Wohngelder weniger überwiesen haben. Nach Abschluss des Rechnungsjahres hat der Verwalter bei Erstellung der Jahresabrechnung seinen Fehler bemerkt.
Folge:

1. Der Übertrag ist nicht bei den Ausgaben und Einnahmen zu erfassen, da nur eine interne Umbuchung erfolgte und sich das Vermögen der Gemeinschaft nicht verändert hat.
2. Der Übertrag ist bei „V. Konten- und Vermögensentwicklung/ 2. Entwicklung der Instandhaltungsrücklage" darzustellen.
3. Falls eine Darstellung der Soll-Rücklage erfolgt, ist der im Wirtschaftsplan vorgesehene Betrag von 12.000,00 € bei „V. Konten- und Vermögensentwicklung/3. Darstellung der Soll-Rücklage/ a) rechnerische Entwicklung der Soll-Rücklage" darzustellen.
4. Bei „V. Konten- und Vermögensentwicklung/3. Darstellung der Soll-Rücklage/c) für Instandhaltungsrücklage geschuldete, aber noch nicht bezahlte Beträge" sollte hier aufgenommen werden, dass zwar von den Eigentümern alle erforderlichen Zahlungen geleistet wurden, dass der Verwalter aber noch 2.000,00 € auf die Rücklage übertragen muss.

(Begründung)
zu 1.:
Die tatsächlich erfolgte Übertragung von 10.000,00 € vom Girokonto auf das (Rücklagen-) Festgeldkonto ist keine Ausgabe oder Einnahme und daher auch nicht als solche in der Jahresabrechnung unter Ziff. I. und II. zu erfassen – BGH ZWE 2010, 170; siehe dazu näher auch § 28 Rn. 39/40. Da unter Ziff. V.1. bei der Kontenentwicklung die Anfangs- und Endbestände beider Konten angegeben sind, ergeben sich auch keine Differenzen bei den Kontobeständen.

Dass der Verwalter hier zu Unrecht davon ausgegangen ist, dass tatsächlich 2.000,00 € zu wenig entrichtet wurden, die ihm nicht für eine Zuführung zur Instandhaltungsrücklage zur Verfügung stehen, ist hier ohne Bedeutung.

zu 2.:
Der tatsächliche Zugangs von 10.000,00 € auf dem Festgeldkonto ist bei Ziff. V.2. „Entwicklung der Instandhaltungsrücklage" darzustellen.

zu 3.:
Wenn die Soll-Rücklage dargestellt wird, muss dort selbstverständlich die im Wirtschaftsplan vorgesehene Soll-Zuführung in Höhe von 12.000,00 € aufgeführt werden.

zu 4.:
Der Verwalter hat hier offensichtlich einen Fehler begangen, der zu Problemen in der Darstellung bei der Jahresabrechnung führt. Dies gilt unabhängig davon, wie BGH, ZWE 2010, 170 zu verstehen ist, wonach darzustellen sind „die Beträge, die sie (die Eigentümer) schulden, aber noch nicht aufgebracht haben".

Im vorliegenden Fall hat aber E1 das Wohngeld in Höhe von 1.455,32 € durch Aufrechnung geleistet – siehe (H:6). Da insoweit das Wohngeld erbracht wurde, besteht die Verpflichtung des Verwalters zur Übertragung des Wohngeldanteils, der für die Instandhaltung bestimmt ist in Umsetzung des Beschlusses über den Wirtschaftsplan unproblematisch fort, zumal nach der Jahresabrechnung sowohl die Gemeinschaft einen Überschuss in Höhe von 4.137,00 erwirtschaftet hat als auch dem E1 ein Rückzahlungsanspruch in Höhe von 885,30 € zusteht.

Allenfalls wäre der Verwalter möglicherweise berechtigt gewesen, den für die Instandhaltung bestimmten Anteil der von E1 in Höhe von 244,36 € – siehe (H:9) – und von E2 in Höhe von 300,32 € – siehe (H:10) – nicht bezahlten Wohngelder nicht zu übertragen. Allenfalls diese anteiligen Beträge wären als von den Eigentümern (E1 und E2) nicht aufgebracht zu verzeichnen.

Dies würde aber den vorliegenden Fall nur unzutreffend wiedergeben. Nach der hier vertretenen Meinung sollte daher im vorliegenden Fall der Hinweis aufgenommen werden, dass die Gelder für die vorgesehene Rücklagenbildung vorhanden sind und dass der Verwalter den Beschluss der Eigentümer in Höhe von 2.000,00 € noch umsetzten muss.

Hier wie auch in den sonstigen Fällen, wo einzelne oder alle Eigentümer Teile des Wohngeldes nicht bezahlen, reicht es nach der hier vertretenen Meinung aus, die Gesamtsumme anzugeben, welche in Abweichung vom Wirtschaftsplan (im Regelfall wegen der fehlenden finanziellen Mittel) noch nicht der Rücklage zugeführt wurden.

Soweit hier eine andere Ansicht vertreten werden sollte, wonach für jeden einzelnen Eigentümer die für die Zuführung zur Instandhaltungsrücklage gedachten Anteile der noch nicht geleisteten Wohngelder aufzuführen sind (möglicherweise nicht nur für das laufende Jahr, sondern auch für die Vergangenheit), dürfte dies zu äußerst komplizierten Rechnungen und schwer nachvollziehbaren Darstellungen führen. Probleme dürften sich dann auch ergeben, wenn die Eigentümer alle Wohngelder bezahlt haben, der Verwalter aber entweder zu Unrecht (weil genügend Geld vorhanden ist) oder aber jedenfalls nachvollziehbar (etwa, weil überraschend höhere Ausgaben angefallen sind und daher diese bezahlt wurden, weswegen für die Instandhaltungsrücklage keine Mittel mehr vorhanden waren) die nach dem Wirtschaftsplan vorgesehenen Rücklagenbildungen nicht vorgenommen hat.

(H:14) Die Waschgelder wurden nicht auf das Girokonto einbezahlt, sondern werden in einer Barkasse vorrätig gehalten.
Folge:
    1. Die Waschgelder sind bei II. „tatsächliche Zuflüsse" und „zu verteilende Einnahmen" zu vermerken sowie den anteiligen Betrag bei „Ihr Anteil" auszuweisen.

    2. Die Waschgelder sind bei „V. Konten- und Vermögensentwicklung/ 1. Entwicklung der Konten und des Bargeldbestandes darzustellen.

(H:15) Die Heizkostenrechnung für Dezember 2015 wurde erst im Februar 2016 bezahlt.
Folge:
    1. Der Rechnungsbetrag (hier 1.928,72 €) wird bei I. Spalte „zu verteilende Ausgaben" unter der Position „Heizung, Warmwasser" miterfasst, da er nach HeizkostenV zu verteilen ist.

2. Da das Geld für diese Ausgabe am Jahresende noch auf dem Konto war, liegt 2015 kein Abfluss vor und es verringert sich um diesen Betrag die in Spalte „tatsächliche Abflüsse" genannte Summe. Die Differenz ist zu erläutern.

(H:16) Die Heizkostenrechnung für Dezember 2014 (hier: 1.322,05) wurde tatsächlich erst im Februar 2015 überwiesen.

Folge:

1. Im Jahr 2015 liegt keine bei I. Spalte „zu verteilende Ausgaben" zu erfassende Ausgabe vor; der Betrag wurde bereits in der Abrechnung 2009 erfasst und darf nach der HeizkostenV nicht im Jahr 2015 verteilt werden.

2. Da das Geld aber tatsächlich vom Konto im Jahr 2015 abgeflossen ist, liegt 2015 ein Abfluss vor und es erhöht sich um diesen Betrag die in Spalte „tatsächliche Abflüsse" genannte Summe. Die Differenz ist zu erläutern.

(H:17) Eigentümer leisten im Jahr 2015 Nachzahlungen aus der Jahresabrechnung für 2014.

Folge:

Die Zahlungen der Eigentümer sind tatsächlich auf dem Girokonto eingegangen, sodass sie bei II. in der Spalte „tatsächliche Zuflüsse" ausgewiesen werden. Die Zahlungen beziehen sich auf die Abrechnungsperiode 2014, die damit hinsichtlich der einzelnen Eigentümer abgeschlossen wird. Die Zahlungen können aber nicht das Ergebnis des Jahres 2015 beeinflussen, sodass in den Spalten „zu verteilende Einnahmen" und „Ihr Anteil" nur 0 ausgewiesen wird.

(H:18) An Eigentümer werden im Jahr 2015 Rückzahlungen aus der Jahresabrechnung für 2014 geleistet.

Folge:

Die Zahlungen an die Eigentümer sind tatsächlich von dem Girokonto abgeflossen, sodass sie bei I. in der Spalte „tatsächliche Abflüsse" ausgewiesen werden. Die Zahlungen beziehen sich auf die Abrechnungsperiode 2014, die damit hinsichtlich der einzelnen Eigentümer abgeschlossen wird. Die Zahlungen können aber nicht das Ergebnis des Jahres 2015 beeinflussen, sodass in den Spalten „zu verteilende Ausgaben" und „Ihr Anteil" nur 0 ausgewiesen wird.

(H:19) Berücksichtigung der laut Wirtschaftsplan zu leistenden Zuführungen zur Instandhaltungsrücklage.

Folge:

1. Da es sich insoweit um reine „Soll-Zuführungen" handelt, liegen (unabhängig davon, dass auch bloße Umbuchungen vom Giro- auf das Festgeldkonto keine Ausgaben wären – siehe dazu H:12/13) keine Ausgaben vor, die bei Ziffer I. der Jahresabrechnung zu erfassen wären und die sich damit bei Ziffer „III. Ergebniszusammenstellung" auswirken würden.

2. Die Wohngeldzahlungen, die tatsächlich entrichtet worden sind, enthalten aber auch einen Anteil, der für die Zuführungen zur In-

standhaltungsrücklage gedacht ist. Da der tatsächlichen Einnahme in dieser Höhe keine Ausgabe gegenübersteht, würde sich in dieser Höhe ein Überschuss für den jeweiligen Eigentümer ergeben, so dass die Zahlungspflicht der Eigentümer um diesen Betrag verringert würde. Der Betrag soll aber bei der Gemeinschaft verbleiben und nicht an die Eigentümer wieder ausgeschüttet werden, so dass der Überschussanteil bei jedem Eigentümer um den laut Wirtschaftsplan geschuldeten Betrag verringert werden muss. Auch wenn die Wohngelder laut Wirtschaftsplan nicht bezahlt werden, würde ohne eine Korrektur der reinen Einnahmen-/Ausgaben-Rechnung die sich aus dem Wirtschaftsplan ergebende Zahlungspflicht durch die Jahresabrechnung erlöschen, da die Forderungen aus dem Wirtschaftsplan durch die Jahresabrechnung „gedeckelt" werden (siehe dazu Rn. 22, 69, 82).

Daher muss der aus dem Wirtschaftsplan geschuldete Betrag für die Zuführungen zur Instandhaltungsrücklage (Soll-Zuführungen) bei „IV. Berechnung des Jahresendsaldos" im Ergebnis wie eine Ausgabe berücksichtigt werden.

Anlage 4

Muster einer Gesamt-Jahresabrechnung
(siehe dazu auch die Hinweise vor Anlage 4)
(Briefkopf Verwalter – mit Datum)
(Name und Anschrift des Wohnungseigentümers – hier Abrechnung für E1)

Jahresgesamtabrechnung 2015
für die Wohnungseigentumsanlage (Adresse)
für die Zeit vom 1.1.2015 bis 31.12.2015

I. Ausgaben		
Art der Ausgaben	tatsächliche Abflüsse €	zu verteilende Ausgaben €
Versicherungen	4.200,50	4.200,50
Wasser, Abwasser (H:1)	6.500,43	6.500,43
Strom	3.100,47	3.100,47
Müllabfuhr	3.952,00	3.952,00
Gartenpflege, Außenanlagen	1.380,80	1.380,80
Tiefgarage	522,10	522,10
Hausmeister	4.882,54	4.882,54
Heizung, Warmwasser (H:2/15/16)	21.338,95	21.945,62
Kabelgebühren (H:3)	690,00	690,00
sonstige Betriebskosten	492,45	492,45
Bankspesen, Zinsen	781,83	781,83
Verwalterhonorar	6.592,90	6.592,90
Reparaturkosten (H:4)	4000,36	4.000,36
außerordentliche Instandhaltung (Fassadensanierung) (H:5)	21.912,50	21.912,50
sonstige Ausgaben (Entschädigung des Eigentümers E1 für Notmaßnahme) (H:6)	0,00	1.455,32
Rechtsanwaltskosten (Vorschuss) (H:7)	960,00	960,00
Rückzahlungen an Eigentümer aus Jahresabrechnung 2014 (H:18)	530,90	0,00
Gesamtsumme Ausgaben	**81.838,73**	**83.369,82**

II. Einnahmen

Art der Einnahmen	tatsächliche Zuflüsse €	zu verteilende Einnahmen €
Wohngelder (monatlich bezahlt) (H:8/6/9/10)	77.390,00	78.845,32
Nachzahlungen von Eigentümern aus Jahresabrechnung 2014 (H: 17)	1.198,10	0,00
Sonderzahlung für Fassadensanierung (H:11)	8.100,00	8.100,00
Guthabenzinsen (H:12)	122,05	0,0
Waschgeld (H:14)	561,50	561,50
Gesamtsumme Einnahmen	**87.371,65**	**87.506,82**

III. Ergebniszusammenstellung (Ausgaben/Einnahmen)	tatsächliche Zu- und Abflüsse €	zu verteilende Einnahmen und Ausgaben €
Ausgaben	81.838,73	83.369,82
Einnahmen	87.371,65	87.506,82
Gesamtüberschuss bei Ausgaben/Einnahmen	**5.532,92**	**4.137,00**

IV. Konten- und Vermögensentwicklung

1. Entwicklung der Konten und des Bargeldbestandes

Datum	Text				Gesamt
					€
1.1.	Anfangsbestand	Giro	5.755,82	+	
		Festgeld	23.520,00		
		Bargeld	0,00		29.275,82
	tatsächliche Zugänge gemäß oben II.			+	87.371,65
	(Zwischensumme)			+	(116.647,47)
	tatsächliche Abgänge gemäß oben I.			–	81.838,73
31.12.	Endbestand	Giro	7.705,19	+	
		Festgeld	26.542,05		
		Bargeld	561,50		34.808,74

2. Entwicklung der Instandhaltungsrücklage

(= tatsächliche Instandhaltungsrücklage = auf dem Festgeldkonto nachgewiesen)

	Festgeldkonto (Instandhaltungsrücklage)		€
1.1.	Anfangsbestand	+	23.520,00
	Zuführungen – Zugang vom Girokonto (H:13)	+	10.000,00
	Zinsgutschrift (Nettozins) (H:12)	+	122,05
	(Zwischensummen)	+	(33.642,05)
	Teilauflösung – Abgang auf das Girokonto (Teilfinanzierung Fassadensanierung) (H:5)	–	7.100,00
31.12.	Endbestand	+	26.542,05

3. Darstellung der Soll-Rücklage

(nach BGH ZWE 2010, 170 ist nur c) erforderlich, da keine gesonderte Abrechnung der Rücklage gefordert wird; a) und b) werden hier nur informatorisch wiedergegeben, falls eine Darstellung von der Gemeinschaft gewünscht oder vom Gericht im dortigen Bezirk gefordert wird)

a) Rechnerische Entwicklung der Soll-Rücklage

		€
Soll-Zugang vom Girokonto (H:13)	+	12.000,00
Zinsgutschrift (tatsächlich gutgeschrieben) Zwar sollten nach dem Wirtschaftsplan 125,00 € Zinsen auf dem Rücklagenkonto anfallen. Tatsächlich wurden aber nur 122,05 € gutgeschrieben, also 2,95 € weniger als veranschlagt. Die Auslegung des Wirtschaftsplans (Zinsen sollen auf Festgeldkonto verbleiben) ergibt, dass der auf die Schätzung fehlende Betrag von 2,95 € nicht zusätzlich vom Verwalter auf das Festgeldkonto überwiesen werden muss. (H:12)	+	122,05
(Zwischensumme)	+	12.122,05
Soll-Abgang auf das Girokonto (Teilfinanzierung Fassadensanierung) (H:5)	–	7.100,00
Soll-Entwicklung	+	5.022,05

b) Differenz: Soll- und Ist-Entwicklung der Rücklage:

		€
Soll-Entwicklung	+	5.022,05
Ist-Entwicklung (+ 10.000,00 € + 122,05 € – 7.100,00 €)	+	3.022,05
Differenz	–	2.000,00

c) Für die Instandhaltungsrücklage geschuldete, aber von den Eigentümern noch nicht bezahlte Beträge

Zwar haben E1 (244,36 €) und E2 (300,32 €) weniger Wohngeld bezahlt, als nach dem Wirtschaftsplan vorgesehen war. Die Wohngeldzahlungen dieser beiden Eigentümer und auch der übrigen Eigentümer überstiegen aber die tatsächlich angefallenen Ausgaben. Der Verwalter hatte also ausreichend Geldmittel, um die im Wirtschaftsplan beschlossene Rücklagenzuführung in Höhe von 12.000,00 € zu leisten. Da er tatsächlich nur 10.000,00 € zugeführt hat, muss der Verwalter den Beschluss noch vollständig vollziehen und die restlichen 2.000,00 € auf das Rücklagenkonto überweisen. Rückstände von Eigentümern bestehen demnach nicht. (H:13)

€
2.000,00

Erläuterungen:
Zu „I. Ausgaben"

– **Heizung/Warmwasser:**
Differenz zwischen tatsächlichem Abfluss (21.338,95 €) und zu verteilenden Ausgaben (21.945,62 €):
Die Heizkostenrechnung für Dezember 2014 (1.322,05 €) wurde tatsächlich erst im Februar 2015 überwiesen. Dieser Betrag darf nach der Heiz-

kostenV nicht im Jahr 2015 verteilt werden. Daher verringert sich der Betrag der zu verteilenden Ausgaben um 1.322,05 €.
Die Heizkostenrechnung für Dezember 2015 (1.928,72 €) wurde erst im Februar 2016 bezahlt. Obgleich damit 2015 kein Abfluss vorlag, ist dieser Betrag nach der HeizkostenV zu verteilen. Daher erhöht sich der Betrag der zu verteilenden Ausgaben um 1.928,72 €.
Es ergibt sich folgende Rechnung: tatsächlicher Abfluss von 21.338,95 minus 1.322,05 plus 1.928,72 ergibt 21.945,62 zu verteilende Ausgaben

– **Rückzahlungen an Eigentümer aus Jahresabrechnung 2014:**
Die Zahlungen an die Eigentümer sind tatsächlich von dem Girokonto abgeflossen, sodass sie bei I. in der Spalte „tatsächliche Abflüsse" ausgewiesen werden. Die Zahlungen beziehen sich auf die Abrechnungsperiode 2014, die damit hinsichtlich der einzelnen Eigentümer abgeschlossen wird. Die Zahlungen können aber nicht das Ergebnis des Jahres 2015 beeinflussen, sodass in den Spalten „zu verteilende Ausgaben" und „Ihr Anteil" nur 0 ausgewiesen wird.

– **sonstige Ausgaben (Entschädigung des Eigentümers E1 für Notmaßnahme):**
Die für eine Notmaßnahme aufgewendeten Kosten in Höhe von 1.455,32 € sind dem E1 nach einem gesonderten Beschluss der Eigentümer zu ersetzen. In Absprache mit der Verwaltung hat der E1 sich durch Erklärung der Aufrechnung gegenüber den Wohngeldansprüchen Juli bis November und eines Teilbetrags für Dezember 2015 befriedigt; er hat daher für diese Zeit 1.455,32 € Wohngelder nicht überwiesen. Obgleich kein Abfluss vom Konto vorliegt, sind der Gemeinschaft Ausgaben entstanden, die zu verteilen sind. Durch die Aufrechnung hat aber die Gemeinschaft ihre Verbindlichkeit erfüllt (und der Eigentümer seine Wohngeldverpflichtung).

Zu II. Einnahmen:

– **Wohngelder (monatlich bezahlt):**
Auf dem Girokonto sind 2015 insgesamt 77.390,00 € Wohngelder eingegangen. Wie vorstehend angesprochen hat E1 weitere Wohngelder in Höhe von 1.455,32 € durch Aufrechnung geleistet. Um diesen Betrag sind die zu verteilenden Einnahmen gegenüber den tatsächlichen Zuflüssen auf 78.845,32 € zu erhöhen.

– **Nachzahlungen von Eigentümern aus Jahresabrechnung 2014:**
Die Zahlungen der Eigentümer sind tatsächlich auf dem Girokonto zugeflossen, sodass sie bei II. in der Spalte „tatsächliche Zuflüsse" ausgewiesen werden. Die Zahlungen beziehen sich auf die Abrechnungsperiode 2014, die damit hinsichtlich der einzelnen Eigentümer abgeschlossen wird. Die Zahlungen können aber nicht das Ergebnis des Jahres 2015 beeinflussen, sodass in den Spalten „zu verteilende Einnahmen" und „Ihr Anteil" nur 0 ausgewiesen wird.

– **Guthabenzinsen:**
Die Bank hat die (Netto-)Festgeldzinsen in Höhe von 122,05 € auf dem Festgeldkonto gutgeschrieben. Nach dem Wirtschaftsplan für 2015 sollten die Festgeldzinsen auf dem Festgeldkonto (= Rücklagenkonto) verbleiben

und nicht die Zahlungspflicht der Eigentümer für die Ausgaben verringern. Sie waren daher nicht als zu verteilende Einnahmen zu behandeln.

Zu V. Konten- und Vermögensentwicklung:
- **Entwicklung der Instandhaltungsrücklage,** die auf dem Festgeldkonto vorgehalten wird, ist unter Ziff. 2 dargestellt. Die Zuführungen vom Girokonto i.H.v. 10.000 € und die Teilauflösung von 7.100 € stellen nur interne Umbuchen zwischen den Konten der Gemeinschaft dar und erscheinen daher nicht bei den Ausgaben oder Einnahmen.
- Die Guthabenzinsen i.H.v. 122,05 € (siehe dazu auch oben) sind wie beschlossen der Rücklage zugeführt worden und verbleiben auf dem Festgeldkonto.

Wirtschaftsplan, Rechnungslegung § 28 WEG

Anlage 5

Muster einer Einzel-Jahresabrechnung
(siehe dazu auch die Hinweise vor Anlage 4)

(Briefkopf Verwalter – mit Datum)

(Name und Anschrift des Wohnungseigentümers – hier Abrechnung des E1)

Jahreseinzelabrechnung 2015
für die Wohnungseigentumsanlage (Adresse) und die Wohnung Nr. ...
für die Zeit vom 1.1.2015 bis 31.12.2015

Hinweise zum Verteilungsschlüssel:

Umlageschlüssel Nr. (Maßeinheit)	Gesamtwert der Anlage	Ihr Anteil	Verteilerschlüssel
1 (Miteigentumsanteile gem. Teilungserklärung)	$1000/1000$	$40/1000$	$40/1000$
2 (Heiz- und Warmwasserabrechnung der Fa. xxx)	Individuell entsprechend Abrechnung		
3 (Anzahl Wohnungen)	22	1	$1/22$
4 (Beschluss nach § 16 Abs. 4 WEG)	$20/20$	$1/20$	$1/20$
5 (Beschluss nach § 16 Abs. 3 WEG)	Verbrauch	Verbrauch	Verbrauch
6 (Miteigentumsanteile ohne 40 Anteile des E2)	$960/960$	$40/960$	$40/960$

I. Ausgaben

Art der Ausgaben	zu verteilende Ausgaben €	Umlageschlüssel Nr.	Verteilerschlüssel	Ihr Anteil €
Versicherungen	4.200,50	1	$40/1000$	168,02
Wasser, Abwasser (H:1)	6.500,43	5	Verbrauch	260,02
Strom	3.100,47	1	$40/1000$	124,02
Müllabfuhr	3.952,00	1	$40/1000$	158,08
Gartenpflege, Außenanlagen	1.380,80	1	$40/1000$	55,23
Tiefgarage	522,10	1	$40/1000$	20,88
Hausmeister	4.882,54	1	$40/1000$	195,30
Heizung, Warmwasser (H:2/15/16)	21.945,62	2	individuell	877,83
Kabelgebühren (H:3)	690,00	3	$1/22$	31,36
sonstige Betriebskosten	492,45	1	$40/1000$	19,70
Bankspesen, Zinsen	781,83	1	$40/1000$	31,27
Verwalterhonorar	6.592,90	1	$40/1000$	263,72
Reparaturkosten (H:4)	4.000,36	5	$1/20$	200,02
außerordentliche Instandhaltung (Fassadensanierung) (H:5)	21.912,50	1	$40/1000$	876,50

WEG § 28 Verwaltung

I. Ausgaben

Art der Ausgaben	zu verteilende Ausgaben €	Umlageschlüssel Nr.	Verteilerschlüssel	Ihr Anteil €
sonstige Ausgaben (Entschädigung des Eigentümers E1 für Notmaßnahme) (H:6)	1.455,32	1	$^{40}/_{1000}$	58,21
Rechtsanwaltskosten (Vorschuss) (H:7)	960,00	6	$^{40}/_{960}$	40,00
Rückzahlungen an Eigentümer aus Jahresabrechnung 2014 (H:18)	0,00	betrifft nicht Ergebnis des Wirtschaftsjahres		0,00
Gesamtsumme Ausgaben	**83.369,82**			**3.380,16**

II. Einnahmen

Art der Einnahmen	zu verteilende Einnahmen €	Umlageschlüssel Nr.	Verteilerschlüssel	Ihr Anteil €
Wohngelder (monatlich bezahlt) (H:8/6/9/10)	78.845,32	(tatsächlich entrichtet)		3.155,00
Nachzahlungen von Eigentümern aus Jahresabrechnung 2014 (H:17)	0,00	betrifft nicht Ergebnis des Wirtschaftsjahres		0,00
Sonderzahlung für Fassadensanierung (H:11)	8.100,00	(tatsächlich entrichtet)		1.284,00
Guthabenzinsen (H:12)	0,0	verbleibt in Rücklage		0,0
Waschgeld (H:14)	561,50	1	$^{40}/_{1000}$	22,46
Gesamtsumme Einnahmen	**87.506,82**			**4.461,46**

III. Ergebniszusammenstellung (Ausgaben/Einnahmen)

	zu verteilende Einnahmen und Ausgaben €	Ihr Anteil €
Ausgaben	83.369,82	3.380,16
Einnahmen	87.506,82	4.461,46
Gesamtüberschuss bei Ausgaben/Einnahmen	**4.137,00**	
Ihr persönlicher Überschussanteil bei Ausgaben/Einnahmen		**1.081,30**

Wirtschaftsplan, Rechnungslegung § 28 WEG

IV. Berechnung des Jahresendsaldos (Rückerstattungsbetrag oder Nachzahlungsbetrag)	Gesamt- anlage €	Ihr Anteil €
Überschussanteil bei zu verteilenden Ausgaben/Einnahmen (oben III.)	+4.137,00	+1.081,30
Teilauflösung der Rücklagen zur Teilfinanzierung der Fassadensanierung gemäß gesondertem Beschluss (Die Teilauflösung ist keine Einnahme, sondern nur eine Umbuchung vom Festgeld- auf das Girokonto. Die Umbuchung soll den Eigentümern aber bei der Berechnung des Jahresendsaldos zugutekommen, da dieser Teil der Sanierungskosten nach dem Beschluss nicht aus dem laufenden Haushalt finanziert werden soll. Die der Rücklage entnommenen 7.100,00 € sind nach dem Umlageschlüssel Nr. 1 zu verteilen) (H:5)	+7.100,00	+ 284,00
(Zwischensumme der Plus-Beträge)	(+11.237,00)	(+1.365,30)
Laut Wirtschaftsplan geschuldete Zuführungen zur Rücklage (Die tatsächliche Zuführung ist keine Ausgabe, sondern nur eine Umbuchung vom Festgeld- auf das Girokonto. Da der Einnahme (Teil des Wohngeldes) keine Ausgabe gegenübersteht, hat sich oben bei „III. Ergebniszusammenstellung (Ausgaben/Einnahmen)" ein um die Zuführung zu hoher Überschuss (Gesamt und persönlich) ergeben, so dass die Zahlungspflicht der Eigentümer um diesen Betrag verringert wurde. Der Betrag soll aber bei der Gemeinschaft verbleiben und nicht an die Eigentümer wieder ausgeschüttet werden, so dass der Überschussanteil bei jedem Eigentümer um den laut Wirtschaftsplan geschuldeten Betrag verringert werden muss) (H:19)	–12.000,00	–480,00
(Zwischensumme der Minus-Beträge)	(–12.000,00)	(–480,00)
Insgesamt von den Eigentümern an die Gemeinschaft zu zahlen	– 763,00	
Ihr Rückzahlungsanspruch gegen die Gemeinschaft		+885,30

Erläuterungen:

Zu „I. Ausgaben"

– **Rechtsanwaltskosten (Vorschuss):**
  Die Vorschuss-Kosten des für die übrigen Eigentümer beauftragten Rechtsanwalts in einem Beschlussanfechtungsverfahren können nur auf die übrigen Eigentümer umgelegt werden, der Anfechtungskläger kann nicht beteiligt werden. Daher war der Umlageschlüssel 6 anzuwenden.

– **Rückzahlungen an Eigentümer aus Jahresabrechnung 2014:**
  Die Zahlungen an die Eigentümer sind tatsächlich von dem Girokonto abgeflossen, sodass sie bei I. in der Spalte „tatsächliche Abflüsse" ausgewiesen werden. Die Zahlungen beziehen sich auf die Abrechnungsperiode 2014, die damit hinsichtlich der einzelnen Eigentümer abgeschlossen wird. Die Zahlungen können aber nicht das Ergebnis des Jahres 2015 beeinflussen, sodass in den Spalten „zu verteilende Ausgaben" und „Ihr Anteil" nur 0 ausgewiesen wird.

WEG § 28 Verwaltung

– **sonstige Ausgaben (Entschädigung des Eigentümers E1 für Notmaßnahme):**
Die für eine Notmaßnahme aufgewendeten Kosten in Höhe von 1.455,32 € sind dem E1 nach einem gesonderten Beschluss der Eigentümer zu ersetzen. In Absprache mit der Verwaltung hat der E1 sich durch Erklärung der Aufrechnung gegenüber den Wohngeldansprüchen Juli bis November und eines Teilbetrags für Dezember 2015 befriedigt; er hat daher für diese Zeit 1.455,32 € Wohngelder nicht überwiesen. Obgleich kein Abfluss vom Konto vorliegt, sind der Gemeinschaft Ausgaben entstanden, die zu verteilen sind. Durch die Aufrechnung hat aber die Gemeinschaft ihre Verbindlichkeit erfüllt (und der Eigentümer seine Wohngeldverpflichtung).

Zu II. Einnahmen:

– **Nachzahlungen von Eigentümern aus Jahresabrechnung 2014:**
Die Zahlungen der Eigentümer sind tatsächlich auf dem Girokonto zugeflossen, sodass sie bei II. in der Spalte „tatsächliche Zuflüsse" ausgewiesen werden. Die Zahlungen beziehen sich auf die Abrechnungsperiode 2014, die damit hinsichtlich der einzelnen Eigentümer abgeschlossen wird. Die Zahlungen können aber nicht das Ergebnis des Jahres 2015 beeinflussen, sodass in den Spalten „zu verteilende Einnahmen" und „Ihr Anteil" nur 0 ausgewiesen wird.

– **Guthabenzinsen:**
Die Bank hat die (Netto-)Festgeldzinsen in Höhe von 122,05 € auf dem Festgeldkonto gutgeschrieben. Nach dem Wirtschaftsplan für 2015 sollten die Festgeldzinsen auf dem Festgeldkonto (= Rücklagenkonto) verbleiben und nicht die Zahlungspflicht der Eigentümer für die Ausgaben verringern. Sie waren daher nicht als zu verteilende Einnahmen zu behandeln.

(Hinweis: Folgende Angaben sind nicht zwingend vorgeschrieben, sondern stellen einen freiwilligen Service des Verwalters dar, der dann aber eine gesonderte Bescheinigung für das Finanzamt erübrigt – siehe dazu oben Rn. 61)
Zu Ihrer Information und zur Vorlage beim Finanzamt –
(nach Genehmigungsbeschuss):

Zinseinnahmen, Kapitalertragssteuer, Solidaritäts-Zuschlag:

Gegenstand	Gesamt: €	Verteilungsschlüssel	Ihr Anteil: €
Zinseinnahmen Festgeldkonto (brutto)	+160,68	$40/_{1000}$	+6,42
Kapitalertragssteuer	–36,62	$40/_{1000}$	–1,46
Solidaritätszuschlag	–2,01	$40/_{1000}$	–0,08

Vom Abdruck einer **Bescheinigung nach § 35a EStG** wurde hier abgesehen. Das Muster kann, wie bei Rn. 36 ausgeführt, von der Internetseite des Bundesministeriums für Finanzen heruntergeladen werden.

Wirtschaftsplan, Rechnungslegung § 28 WEG

Anlage 6

Muster einer kombinierten Jahresabrechnung
(siehe dazu auch die Hinweise vor Anlage 4)
(Briefkopf Verwalter – mit Datum)
(Name und Anschrift des Wohnungseigentümers – hier Abrechnung des E1)

Jahresgesamt- und Jahreseinzelabrechnung 2015
für die Wohnungseigentumsanlage (Adresse) und die Wohnung Nr. ...
für die Zeit vom 1.1.2015 bis 31.12.2015

Hinweise zum Verteilungsschlüssel:

Umlageschlüssel Nr. (Maßeinheit)	Gesamtwert der Anlage	Ihr Anteil	Verteilerschlüssel
1 (Miteigentumsanteile gem. Teilungserklärung)	$1000/1000$	$40/1000$	$40/1000$
2 (Heiz- und Warmwasserabrechnung der Fa. xxx)	Individuell entsprechend Abrechnung		
3 (Anzahl Wohnungen)	22	1	$1/22$
4 (Beschluss nach § 16 Abs. 4 WEG)	$20/20$	$1/20$	$1/20$
5 (Beschluss nach § 16 Abs. 3 WEG)	Verbrauch	Verbrauch	Verbrauch
6 (Miteigentumsanteile ohne 40 Anteile des E2)	$960/960$	$40/960$	$40/960$

I. Ausgaben					
Art der Ausgaben	tatsächliche Abflüsse €	zu verteilende Ausgaben €	Umlageschlüssel Nr.	Verteilerschlüssel	Ihr Anteil €
Versicherungen	4.200,50	4.200,50	1	$40/1000$	168,02
Wasser, Abwasser (H:1)	6.500,43	6.500,43	5	Verbrauch	260,02
Strom	3.100,47	3.100,47	1	$40/1000$	124,02
Müllabfuhr	3.952,00	3.952,00	1	$40/1000$	158,08
Gartenpflege, Außenanlagen	1.380,80	1.380,80	1	$40/1000$	55,23
Tiefgarage	522,10	522,10	1	$40/1000$	20,88
Hausmeister	4.882,54	4.882,54	1	$40/1000$	195,30
Heizung, Warmwasser (H:2/15/16)	21.338,95	21.945,62	2	individuell	877,83
Kabelgebühren (H:3)	690,00	690,00	3	$1/22$	31,36
sonstige Betriebskosten	492,45	492,45	1	$40/1000$	19,70
Bankspesen, Zinsen	781,83	781,83	1	$40/1000$	31,27
Verwalterhonorar	6.592,90	6.592,90	1	$40/1000$	263,72
Reparaturkosten (H:4)	4000,36	4.000,36	4	$1/20$	200,02

WEG § 28 Verwaltung

I. Ausgaben

Art der Ausgaben	tatsächliche Abflüsse €	zu verteilende Ausgaben €	Umlageschlüssel Nr.	Verteilerschlüssel	Ihr Anteil €
außerordentliche Instandhaltung (Fassadensanierung) (H:5)	21.912,50	21.912,50	1	$^{40}/_{1000}$	876,50
sonstige Ausgaben (Entschädigung des Eigentümers E1 für Notmaßnahme) (H:6)	0,00	1.455,32	1	$^{40}/_{1000}$	58,21
Rechtsanwaltskosten (Vorschuss) (H:7)	960,00	960,00	6	$^{40}/_{960}$	40,00
Rückzahlungen an Eigentümer aus Jahresabrechnung 2014 (H:18)	530,90	0,00	betrifft nicht Ergebnis des Wirtschaftsjahres		0,00
Gesamtsumme Ausgaben	**81.838,73**	**83.369,82**			**3.380,16**

II. Einnahmen

Art der Einnahmen	tatsächliche Zuflüsse €	zu verteilende Einnahmen €	Umlageschlüssel Nr.	Verteilerschlüssel	Ihr Anteil €
Wohngelder (monatlich bezahlt) (H:8/6/9/10)	77.390,00	78.845,32	(tatsächlich entrichtet)		3.155,00
Nachzahlungen von Eigentümern aus Jahresabrechnung 2014 (H: 17)	1.198,10	0,00	betrifft nicht Ergebnis des Wirtschaftsjahres		0,00
Sonderzahlung für Fassadensanierung (H:11)	8.100,00	8.100,00	(tatsächlich entrichtet)		1.284,00
Guthabenzinsen (H:12)	122,05	0,0	verbleibt in Rücklage		0,0
Waschgeld (H:14)	561,50	561,50	1	$^{40}/_{1000}$	22,46
Gesamtsumme Einnahmen	**87.371,65**	**87.506,82**			**4.461,46**

III. Ergebniszusammenstellung (Ausgaben/Einnahmen)

	tatsächliche Zu- und Abflüsse €	zu verteilende Einnahmen und Ausgaben €	Ihr Anteil €
Ausgaben	81.838,73	83.369,82	3.380,16
Einnahmen	87.371,65	87.506,82	4.461,46
Gesamtüberschuss bei Ausgaben/Einnahmen	5.532,92	4.137,00	
Ihr persönlicher Überschussanteil bei Ausgaben/Einnahmen			1.081,30

Wirtschaftsplan, Rechnungslegung § 28 WEG

IV. Berechnung des Jahresendsaldos (Rückerstattungsbetrag oder Nachzahlungsbetrag)	Gesamtanlage €	Ihr Anteil €
Überschussanteil bei zu verteilenden Ausgaben/Einnahmen (oben III.)	+4.137,00	+1.081,30
Teilauflösung der Rücklagen zur Teilfinanzierung der Fassadensanierung gemäß gesondertem Beschluss (Die Teilauflösung ist keine Einnahme, sondern nur eine Umbuchung vom Festgeld- auf das Girokonto. Die Umbuchung soll den Eigentümern aber bei der Berechnung des Jahresendsaldos zugutekommen, da dieser Teil der Sanierungskosten nach dem Beschluss nicht aus dem laufenden Haushalt finanziert werden soll. Die der Rücklage entnommenen 7.100,00 € sind nach dem Umlageschlüssel Nr. 1 zu verteilen) (H:5)	+7.100,00	+ 284,00
(Zwischensumme der Plus-Beträge)	(+11.237,00)	(+1.365,30)
Laut Wirtschaftsplan geschuldete Zuführungen zur Rücklage (Die tatsächliche Zuführung ist keine Ausgabe, sondern nur eine Umbuchung vom Festgeld- auf das Girokonto. Da der Einnahme (Teil des Wohngeldes) keine Ausgabe gegenübersteht, hat sich oben bei „III. Ergebniszusammenstellung (Ausgaben/Einnahmen)" ein um die Zuführung zu hoher Überschuss (Gesamt und persönlich) ergeben, so dass die Zahlungspflicht der Eigentümer um diesen Betrag verringert wurde. Der Betrag soll aber bei der Gemeinschaft verbleiben und nicht an die Eigentümer wieder ausgeschüttet werden, so dass der Überschussanteil bei jedem Eigentümer um den laut Wirtschaftsplan geschuldeten Betrag verringert werden muss) (H:19)	–12.000,00	–480,00
(Zwischensumme der Minus-Beträge)	(–12.000,00)	(–480,00)
Insgesamt von den Eigentümern an die Gemeinschaft zu zahlen	– 763,00	
Ihr Rückzahlungsanspruch gegen die Gemeinschaft		+885,30

V. Konten- und Vermögensentwicklung

1. Entwicklung der Konten und des Bargeldbestandes

Datum	Text				Gesamt €
1.1.	**Anfangsbestand**	Giro	5.755,82		
		Festgeld	23.520,00		
		Bargeld	0,00	+	**29.275,82**
	tatsächliche Zugänge gemäß oben II.			+	87.371,65
	(Zwischensumme)			+	(116.647,47)
	tatsächliche Abgänge gemäß oben I.			–	81.838,73
31.12.	**Endbestand**	Giro	7.705,19		
		Festgeld	26.542,05		
		Bargeld	561,50	+	**34.808,74**

WEG § 28 Verwaltung

2. Entwicklung der Instandhaltungsrücklage
(= tatsächliche Instandhaltungsrücklage = auf dem Festgeldkonto nachgewiesen)

	Festgeldkonto (Instandhaltungsrücklage)		€
1.1.	**Anfangsbestand**	+	**23.520,00**
	Zuführungen – Zugang vom Girokonto (H:13)	+	10.000,00
	Zinsgutschrift (Nettozins) (H:12)	+	122,05
	(Zwischensummen)	+	(33.642,05)
	Teilauflösung – Abgang auf das Girokonto (Teilfinanzierung Fassadensanierung) (H:5)	–	7.100,00
31.12.	**Endbestand**	+	**26.542,05**

3. Darstellung der Soll-Rücklage
(nach BGH ZWE 2010, 170 ist nur c) erforderlich, da keine gesonderte Abrechnung der Rücklage gefordert wird; a) und b) werden hier nur informatorisch wiedergegeben, falls eine Darstellung von der Gemeinschaft gewünscht oder vom Gericht im dortigen Bezirk gefordert wird)

a) Rechnerische Entwicklung der Soll-Rücklage

		€
Soll-Zugang vom Girokonto (H:13)	+	12.000,00
Zinsgutschrift (tatsächlich gutgeschrieben)	+	122,05
Zwar sollten nach dem Wirtschaftsplan 125,00 € Zinsen auf dem Rücklagenkonto anfallen. Tatsächlich wurden aber nur 122,05 € gutgeschrieben, also 2,95 € weniger als veranschlagt. Die Auslegung des Wirtschaftsplans (Zinsen sollen auf Festgeldkonto verbleiben) ergibt, dass der auf die Schätzung fehlende Betrag von 2,95 € nicht zusätzlich vom Verwalter auf das Festgeldkonto überwiesen werden muss. (II:12)		
(Zwischensumme)	+	12.122,05
Soll-Abgang auf das Girokonto (Teilfinanzierung Fassadensanierung) (H:5)	–	7.100,00
Soll-Entwicklung	+	5.022,05

b) Differenz: Soll- und Ist-Entwicklung der Rücklage:

		€
Soll-Entwicklung	+	5.022,05
Ist-Entwicklung (+ 10.000,00 € + 122,05 € – 7.100,00 €)	+	3.022,05
Differenz	–	2.000,00

c) **Für die Instandhaltungsrücklage geschuldete, aber von den Eigentümern noch nicht bezahlte Beträge**

Zwar haben E1 (244,36 €) und E2 (300,32 €) weniger Wohngeld bezahlt, als nach dem Wirtschaftsplan vorgesehen war. Die Wohngeldzahlungen dieser beiden Eigentümer und auch der übrigen Eigentümer überstiegen aber die tatsächlich angefallenen Ausgaben. Der Verwalter hatte also ausreichend Geldmittel, um die im Wirtschaftsplan beschlossene Rücklagenzuführung in Höhe von 12.000,00 € zu leisten. Da er tatsächlich nur 10.000,00 € zugeführt hat, muss der Verwalter den Beschluss noch vollständig vollziehen und die restlichen 2.000,00 € auf das Rücklagenkonto überweisen. Rückstände von Eigentümern bestehen demnach nicht. (H:13)

€
2.000,00

Erläuterungen:
Zu „I. Ausgaben"

– **Heizung/Warmwasser:**
Differenz zwischen tatsächlichem Abfluss (21.338,95 €) und zu verteilenden Ausgaben (21.945,62 €):
Die Heizkostenrechnung für Dezember 2014 (1.322,05 €) wurde tatsächlich erst im Februar 2015 überwiesen. Dieser Betrag darf nach der HeizkostenV nicht im Jahr 2015 verteilt werden. Daher verringert sich der Betrag der zu verteilenden Ausgaben um 1.322,05 €.
Die Heizkostenrechnung für Dezember 2015 (1.928,72 €) wurde erst im Februar 2016 bezahlt. Obgleich damit 2015 kein Abfluss vorlag, ist dieser Betrag nach der HeizkostenV zu verteilen. Daher erhöht sich der Betrag der zu verteilenden Ausgaben um 1.928,72 €.
Es ergibt sich folgende Rechnung: tatsächlicher Abfluss von 21.338,95 minus 1.322,05 plus 1.928,72 ergibt 21.945,62 zu verteilende Ausgaben

– **Rechtsanwaltskosten (Vorschuss):**
Die Vorschuss-Kosten des für die übrigen Eigentümer beauftragten Rechtsanwalts in einem Beschlussanfechtungsverfahren können nur auf die übrigen Eigentümer umgelegt werden, der Anfechtungskläger kann nicht beteiligt werden. Daher war der Umlageschlüssel 6 anzuwenden.

– **Rückzahlungen an Eigentümer aus Jahresabrechnung 2014:**
Die Zahlungen an die Eigentümer sind tatsächlich von dem Girokonto abgeflossen, sodass sie bei I. in der Spalte „tatsächliche Abflüsse" ausgewiesen werden. Die Zahlungen beziehen sich auf die Abrechnungsperiode 2014, die damit hinsichtlich der einzelnen Eigentümer abgeschlossen wird. Die Zahlungen können aber nicht das Ergebnis des Jahres 2015 beeinflussen, sodass in den Spalten „zu verteilende Ausgaben" und „Ihr Anteil" nur 0 ausgewiesen wird.

– **sonstige Ausgaben (Entschädigung des Eigentümers E1 für Notmaßnahme):**
Die für eine Notmaßnahme aufgewendeten Kosten in Höhe von 1.455,32 € sind dem E1 nach einem gesonderten Beschluss der Eigentümer zu ersetzen. In Absprache mit der Verwaltung hat der E1 sich durch Erklärung der Aufrechnung gegenüber den Wohngeldansprüchen Juli bis November und eines Teilbetrags für Dezember 2015 befriedigt; er hat daher für diese

WEG § 28 Verwaltung

Zeit 1.455,32 € Wohngelder nicht überwiesen. Obgleich kein Abfluss vom Konto vorliegt, sind der Gemeinschaft Ausgaben entstanden, die zu verteilen sind. Durch die Aufrechnung hat aber die Gemeinschaft ihr Verbindlichkeit erfüllt (und der Eigentümer seine Wohngeldverpflichtung).

Zu II. Einnahmen:

– **Wohngelder (monatlich bezahlt):**
Auf dem Girokonto sind 2015 insgesamt 77.390,00 € Wohngelder eingegangen. Wie vorstehend angesprochen hat E1 weitere Wohngelder in Höhe von 1.455,32 € durch Aufrechnung geleistet. Um diesen Betrag sind die zu verteilenden Einnahmen gegenüber den tatsächlichen Zuflüssen auf 78.845,32 € zu erhöhen.

– **Nachzahlungen von Eigentümern aus Jahresabrechnung 2014:**
Die Zahlungen der Eigentümer sind tatsächlich auf dem Girokonto zugeflossen, sodass sie bei II. in der Spalte „tatsächliche Zuflüsse" ausgewiesen werden. Die Zahlungen beziehen sich auf die Abrechnungsperiode 2014, die damit hinsichtlich der einzelnen Eigentümer abgeschlossen wird. Die Zahlungen können aber nicht das Ergebnis des Jahres 2015 beeinflussen, sodass in den Spalten „zu verteilende Einnahmen" und „Ihr Anteil" nur 0 ausgewiesen wird.

– **Guthabenzinsen:**
Die Bank hat die (Netto-)Festgeldzinsen in Höhe von 122,05 € auf dem Festgeldkonto gutgeschrieben. Nach dem Wirtschaftsplan für 2015 sollten die Festgeldzinsen auf dem Festgeldkonto (= Rücklagenkonto) verbleiben und nicht die Zahlungspflicht der Eigentümer für die Ausgaben verringern. Sie waren daher nicht als zu verteilende Einnahmen zu behandeln.

Zu V. Konten- und Vermögensentwicklung:

– **Entwicklung der Instandhaltungsrücklage**, die auf dem Festgeldkonto vorgehalten wird, ist unter Ziffer 2 dargestellt. Die Zuführungen vom Girokonto i.H.v. 10.000 € und die Teilauflösung von 7.100 € stellen nur interne Umbuchen zwischen den Konten der Gemeinschaft dar und erscheinen daher nicht bei den Ausgaben oder Einnahmen.

– Die Guthabenzinsen i.H.v. 122,05 € (siehe dazu auch oben) sind wie beschlossen der Rücklage zugeführt worden und verbleiben auf dem Festgeldkonto.

(Hinweis: Folgende Angaben sind nicht zwingend vorgeschrieben, sondern stellen einen freiwilligen Service des Verwalters dar, der dann aber eine gesonderte Bescheinigung für das Finanzamt erübrigt – siehe dazu oben Rn. 61)

Zu Ihrer Information und zur Vorlage beim Finanzamt –
(nach Genehmigungsbeschuss):

Zinseinnahmen, Kapitalertragsteuer, Solidaritäts-Zuschlag:

Gegenstand	Gesamt: €	Verteilungsschlüssel	Ihr Anteil: €
Zinseinnahmen Festgeldkonto (brutto)	+160,68	$^{40}/_{1000}$	+6,42
Kapitalertragssteuer	−36,62	$^{40}/_{1000}$	−1,46
Solidaritätszuschlag	−2,01	$^{40}/_{1000}$	−0,08

Vom Abdruck einer **Bescheinigung nach § 35a EStG** wurde hier abgesehen. Das Muster kann, wie bei Rn. 36 ausgeführt, von der Internetseite des Bundesministeriums für Finanzen heruntergeladen werden.

§ 29
Verwaltungsbeirat

(1) Die Wohnungseigentümer können durch Stimmenmehrheit die Bestellung eines Verwaltungsbeirats beschließen. Der Verwaltungsbeirat besteht aus einem Wohnungseigentümer als Vorsitzenden und zwei weiteren Wohnungseigentümern als Beisitzern.

(2) Der Verwaltungsbeirat unterstützt den Verwalter bei der Durchführung seiner Aufgaben.

(3) Der Wirtschaftsplan, die Abrechnung über den Wirtschaftsplan, Rechnungslegungen und Kostenanschläge sollen, bevor über sie die Wohnungseigentümerversammlung beschließt, vom Verwaltungsbeirat geprüft und mit dessen Stellungnahme versehen werden.

(4) Der Verwaltungsbeirat wird von dem Vorsitzenden nach Bedarf einberufen.

Inhalt:

		Rn.			Rn.
I.	Allgemeines	1	III.	**Absatz 2:** Aufgaben (allgemein)	11
II.a	**Absatz 1 Satz 1:** Bestellung	2	IV.	**Absatz 3:** Prüfungsaufgaben und Vorbereitung der Eigentümerversammlung	16
	1) Beschlusskompetenz für Mehrheitsbeschluss	2			
	2) Die Bestellung eines Verwaltungsbeirats	3	V.	**Absatz 4:** Sitzungen	17
	a) Verwaltungsbeirat	3	VI.	Haftung des Verwaltungsbeirats	18
	b) Bestellung	4		1. Gegenüber dem Verband und den übrigen Eigentümern	18
	aa) Begriff	4			
	bb) Bestellungsdauer	6			
	cc) Vergütung	7			
	dd) Beendigung des Amtes	8		2. Gegenüber Dritten	22
II.b	**Absatz 1 Satz 2:** Zusammensetzung und Vorsitz	9			

I. Allgemeines

1 § 29 wurde durch die WEG-Novelle[1] nicht verändert. Dennoch hat sich die Anerkennung der Teilrechtsfähigkeit der Gemeinschaft[2] auch auf die Stellung des Verwaltungsbeirats ausgewirkt. Der Verwaltungsbeirat ist, wie sich aus § 20 Abs. 1 ergibt, ein vom Gesetz nicht zwingend vorgeschriebenes **Verwaltungsorgan** der teilrechtsfähigen Gemeinschaft, dem im Wesentlichen nur die Unterstützung und Kontrolle des Verwalters obliegt.[3]

§ 29 ist gemäß § 10 Abs. 2 Satz 2 insgesamt durch Vereinbarung **abdingbar**, da im Gesetz nicht ausdrücklich etwas anderes bestimmt worden ist.[4] Da der

---

1 Gesetz zur Änderung des Wohnungseigentumsgesetzes und anderer Gesetze v. 26.3.2007, BGBl. I 2007, S. 370.
2 Siehe dazu § 10 Rn. 36ff.
3 Siehe dazu § 20 Rn. 1 und 7.
4 LG München I v. 12.4.2010 – 36 S 16624/09 (zitiert nach juris); BayObLG v. 21.10.1993 – 2Z BR 103/93, ZMR 1994, 69.

teilende Alleineigentümer die künftige Gemeinschaftsordnung aufstellen kann (§ 8 Abs. 2 Satz 1, § 5 Abs. 4) kann er so auch etwa die Bestellung eines Verwaltungsbeirats durch späteren Mehrheitsbeschluss ausschließen.[5]

Unabhängig von § 29 und davon, ob ein Verwaltungsbeirat in der Gemeinschaftsordnung vorgesehen ist, sind die Wohnungseigentümer nicht gehindert, durch Mehrheitsbeschluss auch **andere Kontrollorgane** zu schaffen. So kann etwa ein Sonderausschuss für bestimmte einzelne Aufgaben, wie zum Beispiel die Überprüfung der Jahresabrechnung, eingerichtet werden, sofern dadurch nicht den Wohnungseigentümern und dem Verwalter die ihnen nach dem Gesetz oder durch Vereinbarung zugewiesenen Befugnisse beschnitten werden. Die Zahl der Mitglieder dieses ergänzenden Kontrollorgans kann nach pflichtgemäßem Ermessen, ohne Bindung an § 29, festgesetzt werden; die Zahl muss lediglich den Grundsätzen einer ordnungsgemäßen Verwaltung entsprechen.[6]

II.a Absatz 1 Satz 1: Bestellung

1. Beschlusskompetenz für Mehrheitsbeschluss

Nach dem Gesetzeswortlaut können die Wohnungseigentümer[7] über die Bestellung eines Verwaltungsbeirats durch Stimmenmehrheit beschließen (Mehrheitsbeschluss[8]), haben also insoweit eine Beschlusskompetenz. Die Ausführungen zur Verwalterbestellung durch **Mehrheitsbeschluss** (§ 26 Rn. 10) gelten hier sinngemäß.[9]

2

Da § 29 abdingbar ist, kann die Bestellung eines Verwaltungsbeirats durch die Gemeinschaftsordnung insgesamt ausgeschlossen sein (siehe Rn. 1). Ein Mehrheitsbeschluss, durch den entgegen einer solchen Ausschlussregelung in der Gemeinschaftsordnung künftig ein Beirat bestellt werden soll, ist dann mangels Beschlusskompetenz nichtig.[10] Die Beschlusskompetenz fehlt dagegen nicht, wenn im Einzelfall (also nicht generell für die Zukunft) entgegen der Regelung in der Gemeinschaftsordnung ein Verwaltungsbeirat bestellt wird. Ein derartiger Beschluss ist daher nicht gemeinschaftsordnungsändernd und damit nichtig, sondern nur gemeinschaftsordnungswidrig und damit nur anfechtbar.[11]

In der Gemeinschaftsordnung kann auch vorgesehen sein, dass für die Bestellung ein Beschluss aller Wohnungseigentümer erforderlich ist. Obgleich dies in der Praxis eine erhebliche Einschränkung der Bestellung darstellt, da ein allstimmiger Beschluss kaum zu erreichen ist, bleibt der gemeinsame Wille maßgeblich, so dass eine derartige Regelung auch bei größeren Eigentümer-

---

5 LG München I v. 12. 4. 2010 – 36 S 16624/09 (zitiert nach juris).
6 BGH v. 5. 2. 2010 – V ZR 126/09, ZWE 2010, 215 (=NJW 2010, 3168).
7 Siehe zum Begriff § 10 Rn. 3.
8 Siehe dazu: § 21 Rn. 22 und § 23 Rn. 19 ff. und die Kommentierungen zu § 25.
9 Zur Blockabstimmung siehe unten Rn. 4.
10 LG München I v. 12. 4. 2010 – 36 S 16624/09 (zitiert nach juris); das LG München I hat dabei als Vorinstanz bestätigt: AG München v. 30. 7. 2009 – 483 C 393/09, ZMR 2010, 811.
11 BGH v. 5. 2. 2010 – V ZR 126/09, ZWE 2010, 215 (= NJW 2010, 3168).

gemeinschaften nicht als nichtig angesehen werden kann.[12] Eine derartige Vereinbarung wird durch eine **jahrelange Übung**, den Verwaltungsbeirat – entgegen der Gemeinschaftsordnung – durch unangefochten gebliebenen Mehrheitsbeschluss zu bestellen, regelmäßig nicht abgeändert. Eine **Änderung** der Gemeinschaftsordnung durch die tatsächliche Übung kann ausnahmsweise nur dann angenommen werden, wenn davon auszugehen ist, dass die Wohnungseigentümer mit dieser Übung festlegen wollten, dass auch künftig ein Mehrheitsbeschluss ausreichen soll. Diese Annahme setzt aber voraus, dass den Wohnungseigentümern die Abweichung von der Gemeinschaftsordnung auch bekannt war.[13]

Wenn in der Gemeinschaftsordnung zwar die Bestellung eines Verwaltungsbeirats nicht ausgeschlossen ist, dennoch aber eine Wahl (aus welchen Gründen auch immer) nicht zustande kommt, stellt sich die Frage, ob auch eine Bestellung durch das **Gericht** möglich ist. Nach § 21 Abs. 8 kommt dies dann in Betracht, wenn die Bestellung im konkreten Fall eine nach dem Gesetz „erforderliche Maßnahme" ist. Davon kann aber zumindest im Regelfall nicht ausgegangen werden. Der BGH hat ausgeführt, dass eine Besetzung des Beirats durch das Gericht allenfalls in begründeten Ausnahmefällen in Betracht gezogen werden kann.[14] Der BGH begründet diese Auffassung damit, dass der Verwaltungsbeirat kein notwendiges Organ der Wohnungseigentümergemeinschaft ist. Seine Einsetzung steht zumindest grundsätzlich im Belieben der Wohnungseigentümer. Als Hilfs- und Kontrollorgan nimmt er lediglich ergänzende Funktionen war.

2. Die Bestellung eines Verwaltungsbeirats

a) Verwaltungsbeirat

3 Der Verwaltungsbeirat ist zunächst, wie bei Rn. 1 angesprochen, ein **Verwaltungsorgan** des Verbandes, das aus drei Mitgliedern besteht.[15] In der Praxis werden auch die **einzelnen Mitglieder** üblicherweise als „Beirat" bezeichnet. Diese Begriffe sind jedoch zu unterscheiden. So hat das OLG München klar gestellt, dass bei einer Eigentümergemeinschaft, bei der ein auf unbefristete Zeit eingesetzter Verwaltungsbeirat besteht, der Verwalter bei einem Antrag auf „Neuwahl des Verwaltungsbeirats" zunächst darüber abstimmen lassen kann, ob überhaupt der Beirat neu zu bestellen ist und er nur nach positiver Beschlussfassung hierüber in die Wahl der konkreten Personen eintreten muss.[16] Das Verwaltungsorgan ist daher mit der Bestellung der drei Mitglieder bestellt.[17]

---

12 BayObLG v. 31.3.2004 – 2Z BR 11/04, NZM 2004, 587.
13 BayObLG v. 31.3.2004 – 2Z BR 11/04, NZM 2004, 587; BayObLG v. 21.10.1993 – 2Z BR 103/93, ZMR 1994, 69.
14 BGH v. 5.2.2010 – V ZR 126/09, ZWE 2010, 215 (=NJW 2010, 3168).
15 Siehe dazu unten Rn. 9.
16 OLG München v. 31.7.2007 – 34 Wx 69/07, ZMR 2007, 996.
17 BayObLG v. 19.2.1999 – 2Z BR 162/98, WuM 2000, 148.

b) Bestellung

aa) Begriff

Wie beim Verwalter[18] ist auch beim Verwaltungsbeirat zwischen der **Bestellung als Organisationsakt** und der schuldrechtlichen Ausgestaltung des Verhältnisses zwischen der Gemeinschaft als Verband und dem Verwaltungsbeirat zu unterscheiden. Da die Verwaltungsbeiräte grundsätzlich unentgeltlich tätig werden, handelt es sich um einen Auftrag **(Auftragsvertrag**[19]**)** im Sinne von §§ 662 ff. BGB. Die Ausführungen zu den Vertragsparteien und zum Zustandekommen eines Verwaltervertrages bei § 26 Rn. 37 bis 39 gelten für den Auftrag entsprechend. 4

Da niemandem gegen seinen Willen ein Amt aufgedrängt werden kann, bedarf (wie beim Verwalter) der Bestellungsakt der **Zustimmung** der Beiratsmitglieder.

Die Beschlussfassung über den gesamten Verwaltungsbeirat kann grundsätzlich auch durch eine **Blockabstimmung** erfolgen. Gegen eine Blockabstimmung über die Bestellung eines Verwaltungsbeirats bestehen zumindest dann keine Bedenken, wenn die Einzelabstimmung von keinem Wohnungseigentümer verlangt wird.[20] Auch bei einer Blockabstimmung müssen für die bestellten Beiratsmitglieder aber jeweils die Voraussetzungen eines Mehrheitsbeschlusses gegeben sein; eine bloße relative Mehrheit reicht auch hier nicht (siehe dazu oben Rn. 2 mit weiteren Verweisen).

In der Praxis werden häufig keine ausdrücklichen Bestellungsbeschlüsse gefasst, sondern der Verwalter führt eine **Wahl** der Beiratsmitglieder durch. Diese Wahl von drei Wohnungseigentümern zu Mitgliedern eines Verwaltungsbeirats bedeutet zugleich die Bestellung dieses Verwaltungsorgans; eines gesonderten Beschlusses darüber bedarf es nicht.[21]

An die **Eignung** eines Wohnungseigentümers, das Amt eines Mitglieds des Verwaltungsbeirats zu übernehmen, können keine strengen Anforderungen gestellt werden. Dass ein Wohnungseigentümer mit einem anderen in Streit lebt, nimmt ihm nicht von vornherein die Eignung, Mitglied des Verwaltungsbeirats werden zu können.[22] 5

Die Bestellung des Verwaltungsbeirats muss jedoch nach § 21 Abs. 3 ordnungsgemäßer Verwaltung[23] entsprechen. Einer ordnungsgemäßen Verwaltung widerspricht eine Beiratswahl dann, wenn schwerwiegende Umstände gegen die Person des Gewählten sprechen.[24] Ein **wichtiger Grund** liegt dann vor, wenn unter Berücksichtigung aller Umstände eine Zusammenarbeit mit einem Mitglied des Verwaltungsbeirats unzumutbar und das erfor-

---

18 Siehe dazu § 26 Rn. 7 ff.
19 BayObLG v. 22. 6. 1995 – 2Z BR 48/95, WE 1996, 234; OLG Düsseldorf v. 24. 9. 1997 – 3 Wx 221/97, ZMR 1998, 104; OLG Hamm v. 20. 2. 1997 – 15 W 295/96, ZMR 1997, 433.
20 KG Berlin v. 29. 3. 2004 – 24 W 194/02, ZMR 2004, 775.
21 BayObLG v. 19. 2. 1999 – 2Z BR 162/98, WuM 2000, 148.
22 OLG Köln v. 30. 8. 1999 – 16 Wx 123/99, NZM 1999, 1155.
23 Siehe zum Begriff der ordnungsgemäßen Verwaltung allgemein: § 21 Rn. 23.
24 OLG Köln v. 12. 5. 2006 – 16 Wx 93/06, OLGR Köln 2006, 590.

derliche Vertrauensverhältnis von vorneherein nicht zu erwarten ist.[25] Bei Zwistigkeiten in der Gemeinschaft reicht es aber regelmäßig nicht aus, wenn bei der überstimmten Minderheit das Vertrauen in die persönliche Eignung des Kandidaten fehlt; dies gilt auch, wenn der Kandidat eigene Interessen mit der Wahl verfolgt.[26] Die Wiederwahl von Beiratsmitgliedern widerspricht auch nicht alleine deshalb ordnungsgemäßer Verwaltung, weil diese bei der Prüfung einer Jahresabrechnung Fehler des Verwalters übersehen haben. Es muss von ihnen lediglich verlangt werden, dass sie künftig die Vorgaben der Gerichte – etwa zum Inhalt der Jahresabrechnungen – beachten.[27]

Auch wenn in der Person des gewählten Beirats Entziehungsgründe nach § 18 vorliegen, widerspricht die Bestellung dieses Eigentümers zum Verwaltungsbeirat nicht ordnungsgemäßer Verwaltung.[28]

Eine Ungültigerklärung des Eigentümerbeschlusses über die Bestellung eines Verwaltungsbeirats kommt auf **Anfechtungsklage**[29] hin grundsätzlich nur dann in Betracht, wenn der Beschluss an formalen Mängeln[30] leidet und diese für den Beschluss auch ursächlich (kausal) waren oder wenn, wie vorgenannt, ein wichtiger Grund vorliegt, der gegen die Wahl eines Wohnungseigentümers zum Verwaltungsbeirat spricht.

bb) Bestellungsdauer

6 Das Gesetz sieht für die Bestellung eines Verwaltungsbeirats bzw. für dessen jeweilige Neueinrichtung keine Höchstdauer vor. Die Teilungserklärung ist insoweit daher in ihren Regelungen frei.[31] Denkbar sind daher Bestellungen für eine bestimmte Dauer (etwa 2 Jahre) oder für eine unbefristete Zeit.[32]

cc) Vergütung

7 Nach § 662 BGB wird der Beauftragte grundsätzlich **unentgeltlich** tätig. Er kann jedoch nach § 670 BGB den Ersatz seiner erforderlichen **Aufwendungen** verlangen, also etwa die ihm tatsächlich entstandenen Telefonkosten, Fahrtkosten oder Kosten für Kopien oder Briefmarken. Die Wohnungseigentümer können dem Verwaltungsbeirat aber auch mit Stimmenmehrheit eine angemessene **Auslagenpauschale** zubilligen.[33] Als angemessen wurde eine Pauschale von 20,00 € pro Sitzung und eine Fahrkostenerstattung analog der Erstattung für Dienstreisen angesehen.[34] Eine jährliche Vergütung von 500 € für die Vorsitzende des Beirats ist dagegen üblicherweise nicht mehr angemessen und widerspricht im Regelfall ordnungsmäßiger Verwaltung.

---

25 BayObLG v. 28.1.2003 – 2Z BR 127/02, ZMR 2003, 438.
26 KG Berlin v. 28.1.2004 – 24 W 3/02, ZMR 2004, 458.
27 OLG Köln v. 12.5.2006 – 16 Wx 93/06, OLGR Köln 2006, 590.
28 LG Baden-Baden v. 12.2.2009 – 3 T 87/07, ZMR 2009, 473.
29 Siehe dazu § 43 Nr. 26 ff. und die Kommentierungen zu § 46.
30 Siehe dazu § 23 Rn. 38.
31 OLG Köln v. 24.11.1999 – 16 Wx 158/99, NZM 2000, 193.
32 OLG München v. 31.7.2007 – 34 Wx 69/07, ZMR 2007, 996.
33 BayObLG v. 30.4.1999 – 2Z BR 153/98, NZM 1999, 862.
34 OLG Schleswig v. 13.12.2004 – 2 W 124/03, FGPrax 2005, 116.

Alleine der Umstand, dass eine äußerst schwierige und zerstrittene Wohnungseigentümergemeinschaft vorliegt rechtfertigt nicht ein solches Honorar.[35]

Im Interesse der Gewinnung von Wohnungseigentümern für die Aufgaben des Verwaltungsbeirats widerspricht es regelmäßig nicht ordnungsmäßiger Verwaltung, im Zusammenhang mit der konkreten Bestellung eines Verwaltungsbeirats als nähere Ausgestaltung des Beiratsvertrages den Abschluss einer **Vermögensschadenshaftpflichtversicherung** für den Beirat auf Kosten der Gemeinschaft zu beschließen.[36] Gleiches muss aber auch für einen Beschluss gelten, der sich nicht auf eine konkrete Bestellung sondern auf die jeweiligen Mitglieder des Verwaltungsbeirats bezieht.

dd) Beendigung des Amtes

Die Frage, ob und unter welchen Voraussetzungen ein Verwaltungsbeirat abgewählt werden kann, ist gesetzlich nicht geregelt. Ein Verwaltungsratsmitglied, das unentgeltlich tätig wird, kann grundsätzlich **jederzeit** ohne Angabe von Gründen entsprechend § 671 Abs. 1 BGB nach freiem Ermessen **abberufen** werden.[37] Die Abberufung des Beirats im Ganzen oder auch eines einzelnen Beiratsmitglieds erfolgt durch Mehrheitsbeschluss. In der Bestellung eines neuen Verwaltungsbeirats (Neuwahl) wird in der Regel schlüssig die Abberufung des früheren Verwaltungsbeirats gesehen werden können.[38]

8

Etwas anderes gilt jedoch dann, wenn der Verwaltungsbeirat für eine bestimmte Zeit bestellt worden ist. In diesem Fall ist nur eine (vorzeitige) Abberufung aus **wichtigem Grunde** möglich.[39] Auch in der Teilungserklärung/Gemeinschaftsordnung kann das Recht zur vorzeitigen Abberufung des Verwaltungsbeirates auf das Vorliegen eines wichtigen Grundes beschränkt sein.[40] Ein wichtiger Grund liegt regelmäßig dann vor, wenn der Verwaltungsbeirat eine vorsätzliche Pflichtverletzung begangen hat[41]. Allgemein können die zum wichtigen Abberufungsgrund beim Verwalter gemachten Ausführungen[42] vorsichtig analog beim Verwaltungsbeirat angewendet werden. Wie beim Verwalter steht aber der Wohnungseigentümergemeinschaft trotz Vorliegen eines wichtigen Grundes ein **Ermessensspielraum** bei der Frage zu, ob der Verwaltungsbeirat vorzeitig abberufen werden soll. Das Gericht muss die Entscheidung der Mehrheit in vertretbarem Rahmen berücksichtigen.[43]

---

35 KG Berlin v. 29. 3. 2004 – 24 W 194/02, ZMR 2004, 775.
36 KG Berlin v. 19. 7. 2004 – 24 W 203/02, WuM 2004, 564.
37 KG Berlin v. 8. 1. 1997 – 24 W 7947/95, ZMR 1997, 544.
38 OLG München v. 31. 7. 2007 – 34 Wx 069/07, ZMR 2007, 996; LG Nürnberg-Fürth v. 15. 1. 2001 – 14 T 7427/00, ZMR 2001, 746.
39 Wie hier: *Bärmann-Merle*, § 29 Rn. 29.
40 OLG Hamm v. 18. 1. 1999 – 15 W 77/98, NZM 1999, 227.
41 OLG München v. 28. 9. 2006 – 32 Wx 115/06, ZMR 2006, 962.
42 Siehe dazu § 26 Rn. 22.
43 OLG München v. 5. 6. 2007 – 34 Wx 143/06, OLGR München 2007, 695; OLG Schleswig v. 8. 11. 2006 – 2 W 137/06, WuM 2007, 216; OLG Celle v. 25. 6. 2003 – 4 W 64/03, OLGR Celle 2003, 419 (jeweils zur Abberufung des Verwalters).

Einer unmittelbaren **Klage** mit dem Antrag auf Abberufung des Verwaltungsbeirats fehlt ohne Vorbefassung der Eigentümerversammlung regelmäßig das **Rechtsschutzbedürfnis**. Über die Abberufung eines Verwaltungsbeirats (auch aus wichtigem Grund) zu entscheiden, ist in erster Linie Sache der Wohnungseigentümer. Eine Klage auf Abberufung ist ohne vorherige Anrufung der Wohnungseigentümerversammlung nur dann zulässig, wenn feststeht, dass ein entsprechender Antrag abgelehnt werden würde.[44]

Mit dem **Ausscheiden aus** der **Wohnungseigentümergemeinschaft** scheidet ein zum Verwaltungsbeirat gewählter Wohnungseigentümer auch aus dem Verwaltungsbeirat aus, da nur Wohnungseigentümer Beirat sein können (siehe dazu auch unten Rn. 10). Tritt der Ausgeschiedene anschließend wieder in die Eigentümergemeinschaft ein, wird er nicht automatisch wieder Mitglied des Verwaltungsbeirats.[45]

Ein Verwaltungsbeiratsmitglied kann jederzeit sein **Amt niederlegen**. Tut er dies zur Unzeit, kann er sich schadensersatzpflichtig machen.[46]

II.b Absatz 1 Satz 2: Zusammensetzung und Vorsitz

9 Wenn die Teilungserklärung/Gemeinschaftsordnung keine anderweitige Regelung vorsieht[47], besteht der Verwaltungsbeirat[48] aus **drei Mitgliedern**, nämlich „einem Wohnungseigentümer als Vorsitzenden und zwei weiteren Wohnungseigentümern als Beisitzern". Für einen vereinbarungs- oder gesetzesändernden Mehrheitsbeschluss[49], die Anzahl der Verwaltungsbeiratsmitglieder auch für die Zukunft abzuändern, fehlt den Wohnungseigentümern, wenn keine so genannte Öffnungsklausel[50] in der Gemeinschaftsordnung vorhanden ist, die **Beschlusskompetenz**[51], so dass ein derartiger Beschluss nichtig ist.[52] Anders ist es jedoch, wenn keine Regelung für die Zukunft sondern nur bei der konkreten Bestellung des Verwaltungsbeirats eine Einzelfallentscheidung in Abweichung von der Regelung der Gemeinschaftsordnung oder des Gesetzes getroffen wurde.[53] In diesem Fall ist die Bestellung der Verwaltungsbeiratsmitglieder nur anfechtbar.[54] Die Anfechtung wird in der Sache aber Erfolg haben, da eine abweichende Besetzung des Verwaltungsbeirats nur dann einer ordnungsgemäßen Verwaltung entspricht, wenn die Wohnungseigentümer die Weichen für eine solche Wahl durch eine Vereinbarung im Sinne von § 10 Abs. 2 gestellt oder aber der Wohnungseigen-

---

44 OLG München v. 28.9.2006 – 32 Wx 115/06, ZMR 2006, 962.
45 BayObLG v. 5.11.1992 – 2Z BR 77/92, ZMR 1993, 127.
46 KG Berlin v. 8.1.1997 – 24 W 7947/95, ZMR 1997, 544.
47 Zur Abdingbarkeit siehe oben Rn. 1.
48 Siehe zum Begriff oben Rn. 3.
49 Siehe zum vereinbarungsändernden Mehrheitsbeschluss § 15 Rn. 9 und 10.
50 Siehe allgemein zu Öffnungsklauseln § 10 Rn. 16 ff.
51 Siehe zur Beschlusskompetenz § 23 Rn. 2 ff.; konkret zum Verwaltungsbeirat: OLG Düsseldorf v. 31.8.1990 – 3 Wx 257/90, ZMR 1991, 32.
52 BGH v. 20.9.2000 – ZB 58/99, NJW 2000, 3500; BGH v. 22.1.2004 – V ZB 51/03, NJW 2004, 937; OLG München v. 21.2.2007 – 34 Wx 22/07, NZM 2007, 447.
53 Etwa statt 3 Verwaltungsbeiratsmitgliedern nur 2 oder 21 Beiräte.
54 LG Köln v. 9.6.2011 – 29 S 219/10 (zitiert nach juris); BayObLG v. 8.5.2003 – 2Z BR 8/03, WuM 2003, 527; BayObLG v. 28.3.2002 – 2Z BR 4/02, NZM 2002, 529.

tümergemeinschaft die Festlegung der Zahl der Beiratsmitglieder zur Entscheidung durch Mehrheitsbeschluss zugewiesen haben.[55]

Nach dem Gesetzeswortlaut müssen die Mitglieder des Verwaltungsbeirats **Wohnungseigentümer**[56] sein. Die Wahl eines Nichtwohnungseigentümers in den Beirat ist mit § 29 Abs. 1 Satz 2 nicht vereinbar.[57] Wer nicht Wohnungseigentümer ist, kann nur dann durch Mehrheitsbeschluss zum Verwaltungsbeirat gewählt werden, wenn dies die Teilungserklärung/Gemeinschaftsordnung oder eine sonstige Vereinbarung so vorsieht.[58] Wird ein Nichteigentümer zum Beirat gewählt, führt dies nur zur **Anfechtbarkeit** des Beschlusses, nicht hingegen zu dessen Nichtigkeit.[59] Dem gewählten Verwaltungsbeiratsmitglied steht, obgleich es nicht Wohnungseigentümer ist, ein **Anwesenheitsrecht** in der Eigentümerversammlung jedenfalls in dem Umfang zu, in dem der Aufgabenbereich des Verwaltungsbeirates betroffen ist.[60] Zum Verwaltungsbeirat kann grundsätzlich jeder Wohnungseigentümer bestellt werden, wenn sich die Bestellung im Rahmen ordnungsgemäßer Verwaltung hält. Daher kann auch ein Miteigentümer bestellt werden, der in seiner beruflichen Eigenschaft als Rechtsanwalt die Eigentümergemeinschaft und den Verwalter in einem Beschlussanfechtungsverfahren vor Gericht vertritt oder der Verfahrensbevollmächtigter eines anderen Miteigentümers ist, der von einem weiteren Miteigentümer vor Gericht in Anspruch genommen wird.[61] Der gesetzliche Vertreter einer Miteigentümer-Kommanditgesellschaft kann in den Verwaltungsbeirat der Wohnungseigentümer gewählt werden.[62]

10

Kein Verwaltungsbeirat kann dagegen der **Verwalter** sein. Die Wahl des Verwalters einer Wohnanlage in den Verwaltungsbeirat ist nichtig.[63]

Wenn nicht die Wohnungseigentümer bereits im Bestellungsbeschluss den **Vorsitzenden** bestimmt haben, nehmen die Verwaltungsbeiratsmitglieder diese Bestimmung vor.[64]

III. Absatz 2: Aufgaben (allgemein)

Nach Abs. 2 **unterstützt** der Verwaltungsbeirat den **Verwalter** bei der Durchführung seiner Aufgaben. Absatz 3 beschreibt ergänzend konkrete Prüfungsaufgaben zur Vorbereitung der Eigentümerversammlung. Weitere Aufgaben für den Vorsitzenden oder seinen Vertreter enthalten § 24 Abs. 3 (Einberufung einer Eigentümerversammlung unter bestimmten Vorausset-

11

---

55 BGH v. 5.2.2010 – V ZR 126/09, ZWE 2010, 215 (= NJW 2010, 3168).
56 Siehe zum Begriff des Wohnungseigentümers: § 10 Rn. 3.
57 LG Karlsruhe v. 13.3.2009 – 11 S 22/09, ZWE 2009, 168.
58 BayObLG v. 15.10.1991 – BReg 2 Z 136/91, NJW-RR 1992, 210; OLG Düsseldorf v. 2.1.1995 – 3 Wx 195/92, WE 1995, 278; KG Berlin v. 21.12.1988 – 24 W 1435/88, NJW- RR 1989, 460.
59 LG Dortmund v. 19.11.2013 – 1 S 296/12, ZWE 2014, 127.
60 OLG Hamm v. 27.9.2006 – 15 W 98/06, ZMR 2007, 133.
61 OLG Frankfurt/Main v. 12.4.2001 – 20 W 234/00, NZM 2001, 627.
62 OLG Frankfurt/Main v. 18.7.1986 – 20 W 361/85, OLGZ 1987, 432.
63 OLG Zweibrücken v. 22.9.1983 – 3 W 76/83, OLGZ 1983, 438.
64 Wie hier: *Jennißen-Hogenschurz*, § 29 Rn. 16.

zungen[65]) und § 24 Abs. 6 (Unterschrift unter das Versammlungsprotokoll[66]). Zu den Folgen einer Pflichtverletzung des Verwaltungsbeirats siehe unten Rn. 18 ff.

Den Verwaltungsbeirat treffen keine dem Verwalteramt vergleichbaren konkreten Pflichten bei der Verwaltung des gemeinschaftlichen Eigentums. Als **Hilfs-** und **Kontrollorgan** nimmt er lediglich ergänzende Funktionen war.[67] Der Verwaltungsbeirat wird als ehrenamtliches Kontroll- und **Beratungsorgan** anstelle der Wohnungseigentümer im Rahmen der sonst auch jedem einzelnen Eigentümer zustehenden Befugnisse tätig.[68] Der Verwaltungsbeirat ist zwar nicht Mitverwalter oder Nebenverwalter; beratende, vorbereitende oder prüfende Funktionen können ihm aber im grundsätzlich unbeschränkbaren Aufgabenkatalog des Verwalters durchaus zukommen. Er ist zur **Überwachung** des Verwalters berechtigt, wenn auch nicht verpflichtet.[69] Stellt der Verwaltungsbeirat jedoch Mängel der Tätigkeit des Verwalters fest, hat er den Eigentümern auf der Versammlung hierüber zu berichten.[70] Dies gilt sowohl für Mängel bei den laufenden Tätigkeiten des Verwalters (etwa: Nichtanzeige von Mängeln am Gemeinschaftseigentum, fehlende Umsetzung von Sanierungs- oder sonstigen Beschlüssen der Wohnungseigentümer) als auch bei Abrechnungsmängeln (siehe dazu unten Rn. 16). Eine vertrauensvolle Zusammenarbeit zwischen dem Verwalter und den Wohnungseigentümern verlangt ganz allgemein die Beteiligung des Verwaltungsbeirats an der Vorbereitung der Beschlüsse der Wohnungseigentümerversammlung.[71] Allerdings hat der Verwaltungsbeirat nicht die Pflicht, Aktivprozesse auf ihre rechtliche Haltbarkeit zu überprüfen und sich die jeweils aktuelle höchstrichterliche Rechtsprechung zum Wohnungseigentumsrecht anzueignen.[72]

12 Dem Verwaltungsbeirat können durch die Wohnungseigentümer auch weitergehende **Aufgaben übertragen** werden, soweit dadurch nicht die gesetzlichen Mindestaufgaben des Verwalters im Sinne des § 27 Abs. 4 eingeschränkt oder ausgeschlossen werden.[73]

Dies kann etwa dann angezeigt sein, wenn bei einer beabsichtigten Verwalterweiterbestellung ausnahmsweise Konkurrenzangebote eingeholt werden müssen und der Verwalter jedenfalls in dieser Hinsicht als befangen anzusehen ist.[74] Zulässig ist auch ein Vorratsbeschluss, wonach für den Fall, dass der Verwalter rechtlich für die „übrigen Wohnungseigentümer" im Anfechtungsprozess nicht handlungsfähig sein sollte, die Vertretung durch den Beirat erfolgt.[75]

---

65 Siehe dazu genauer § 24 Rn. 18 ff.
66 Siehe dazu genauer § 24 Rn. 43.
67 BGH v. 5. 2. 2010 – V ZR 126/09, ZWE 2010, 215 (= NJW 2010, 3168).
68 KG Berlin v. 8. 1. 1997 – 24 W 7947/95, ZMR 1997, 544.
69 OLG München v. 31. 10. 2007 – 34 Wx 60/07, Wohnungseigentümer 2007, 139.
70 BayObLG v. 22. 6. 1995 – 2Z BR 48/95, WE 1996, 234.
71 OLG Hamm v. 2. 7. 2001 – 15 W 56/01, WuM 2001, 461.
72 LG Düsseldorf v. 2. 10. 2013 – 25 S 53/13, ZMR 2014, 389.
73 Siehe dazu genauer § 27 Rn. 46.
74 BGH v. 1. 4. 2011 – V ZR 96/10, WuM 2011, 387.
75 OLG Hamm v. 23. 10. 2008 – 15 W 335/07, ZMR 2009, 310.

Wie bereits bei § 26 Rn. 40 dargelegt, kann der Verwaltungsbeirat auch mit dem **Abschluss des Verwaltervertrages** beauftragt und bevollmächtigt werden, wenn zuvor die Wohnungseigentümer mehrheitlich über den maßgeblichen Vertragsinhalt beschlossen haben.[76] Zu den wesentlichen Bedingungen des Vertragsangebots, welche durch die Eigentümer bestimmt werden müssen, gehören insbesondere die geforderten Verwaltergebühren und die Laufzeit des Verwaltervertrages.[77] Die Vollmacht, die dem Verwaltungsbeirat durch einen Eigentümerbeschluss zum Aushandeln und Abschließen eines Verwaltervertrags erteilt ist, ermächtigt diesen nur zu solchen Regelungen, die ordnungsgemäßer Verwaltung entsprechen. Dazu gehören nicht Regelungen, die das Gemeinschaftsverhältnis der Wohnungseigentümer betreffen, gleichviel ob sie mit der geltenden Gemeinschaftsordnung übereinstimmen oder von dieser abweichen.[78]

Ermächtigt die Wohnungseigentümergemeinschaft den Verwaltungsbeirat durch Beschluss, im eigenen Namen **Mängelgewährleistungsansprüche** gegen die erstmalig veräußernden Wohnungseigentümer und Bauherren geltend zu machen, sind damit die jeweils amtierenden Mitglieder des Verwaltungsbeirats prozessführungsbefugt.[79] Dies dürfte auch nach der Entscheidung des BGH, wonach ein Verwalter grundsätzlich nicht mehr Ansprüche der Gemeinschaft in **gewillkürter Prozessstandschaft** im eigenen Namen geltend machen kann, weiterhin möglich sein.[80] Zwar machen auch hier die Verwaltungsbeiratsmitglieder einen Anspruch der Gemeinschaft geltend.[81] Doch haben die Verwaltungsbeiräte als Miteigentümer des gemeinschaftlichen Eigentums, die jedenfalls bis zum Tätigwerden der Gemeinschaft grundsätzlich ihre Individualansprüche auch selbstständig geltend machen hätten können, anders als der Verwalter ein eigenes rechtsschutzwürdiges Interesse, da die gerichtliche Entscheidung auch ihre eigene Rechtslage beeinflusst.[82]

13

Es verstößt nicht gegen Grundsätze ordnungsmäßiger Verwaltung, wenn die Eigentümergemeinschaft die Sanierung eines Treppenhauses und den Kostenrahmen selbst festlegt, die Auswahl des Unternehmers aus den vorhandenen Kostenangeboten und Einzelheiten des Farbanstrichs jedoch dem Verwaltungsbeirat überträgt.[83] Zu beachten ist bei einer **Delegation** von Aufgaben jedoch, dass die Entscheidung über das „Ob" und „Wie" von **Instandsetzungsmaßnahmen** der Eigentümerversammlung vorbehalten ist. Nur in engen Grenzen ist es möglich, die Vergabe und Durchführung eines Sanierungsauftrages durch Mehrheitsbeschluss zu delegieren. Voraussetzung ist, dass die Ermächtigung zu einem überschaubaren und für den ein-

---

76 OLG Hamburg v. 17.7.2003 – 2 Wx 147/00, ZMR 2003, 776.
77 LG Köln v. 31.1.2013 – 29 S 135/12, ZWE 2013, 412; OLG Hamburg v. 25.7.2003 – 2 Wx 112/02, ZMR 2003, 864.
78 OLG Hamm v. 19.10.2000 – 15 W 133/00, NZM 2001, 49.
79 OLG Hamburg v. 14.3.2003 – 14 U 188/98, OLGR Hamburg 2003, 525.
80 BGH v. 28.1.2011 – V ZR 145/10, NZM 2011, 278 (= NJW 2011, 1361).
81 Siehe dazu genauer § 10 Rn. 36ff.
82 Siehe zu den Voraussetzungen einer gewillkürten Prozessstandschaft allgemein: *Thomas/Putzo-Hüßtege*, ZPO, § 51 Rn. 31ff.
83 KG Berlin v. 10.9.2003 – 24 W 141/02, FGPrax 2003, 260.

zelnen Wohnungseigentümer begrenzten finanziellen Risiko führt und die grundsätzliche Verantwortlichkeit für den Beschluss solcher Maßnahmen bei der Eigentümerversammlung bleibt.[84]

Zu beachten ist aber, dass die Eigentümer grundsätzlich nur eigene **Aufgaben** delegieren können, nicht aber solche, welche (kraft Gesetzes) dem **Verwalter** zustehen. Daher hat etwa grundsätzlich die endgültige Auftragsvergabe, also das Rechtsgeschäft zwischen Verband und Unternehmer, durch den Verwalter zu erfolgen.[85] Zur (ausnahmsweisen) Ermächtigung des Beirats, den Verband nach außen aufgrund Mehrheitsbeschlusses zu vertreten siehe § 27 Rn. 45.

Wenn ein Beschluss der Eigentümergemeinschaft die Zustimmung des Verwaltungsbeirats für eine bestimmte Maßnahme vorsieht, reicht es nicht aus, dass diese Zustimmung vom Vorsitzenden des Verwaltungsbeirats erteilt wird. Dieser kann zwar die Meinung des Gremiums dem Verwalter übermitteln, kann sich jedoch nicht an die Stelle des gesamten Verwaltungsbeirats setzen. Erforderlich ist vielmehr eine **Willensbildung** des Verwaltungsbeirats.[86]

Die Zuständigkeit für die **Genehmigung des Wirtschaftsplanes** und der **Jahresabrechnung** kann durch Vereinbarung der Wohnungseigentümer – auch schon in der Teilungserklärung – auf den Verwaltungsbeirat übertragen werden.[87] Beschlüsse des Verwaltungsbeirats, die dieser aufgrund der ihm in der Teilungserklärung zugewiesenen Beschlusskompetenz über die Genehmigung der Jahresabrechnung und des Wirtschaftsplans trifft, können nicht nach § 43 Nr. 4 angefochten werden.[88] Fehler im Wirtschaftsplan oder in der Jahresabrechnung führen in diesen Fällen zur Nichtigkeit.[89]

Kommt nach der Teilungserklärung für die Genehmigung die Beschlusskompetenz dem Verwaltungsbeirat zu, führt aber eine mit der Teilungserklärung im Widerspruch stehende Beschlussfassung der Wohnungseigentümer über den Wirtschaftsplan oder die Jahresabrechnung nicht zur Nichtigkeit sondern nur zur Anfechtbarkeit der gefassten Beschlüsse.[90]

14 Die Mitglieder des Verwaltungsbeirats sind grundsätzlich nur den Wohnungseigentümern insgesamt zur **Auskunft** über ihre Tätigkeit verpflichtet. Dies ergibt sich bereits aus § 666 BGB. Den Auskunftsanspruch kann ein Wohnungseigentümer nur dann gerichtlich geltend machen, wenn er hierzu von den Wohnungseigentümern ermächtigt ist. Auch wenn ausnahmsweise nach den Grundsätzen von Treu und Glauben im Einzelfall auch ein Individualanspruch eines Wohnungseigentümers auf Auskunft gegen Mitglieder des Verwaltungsbeirats besteht, kann dieser Anspruch gerichtlich nur gel-

---

84 LG Itzehoe v. 1.7.2014 – 11 S 10/13, ZMR 2014, 915; LG München I v. 10.11.2008 – 1 T 4472/08, ZMR 2009, 398; bestätigt durch OLG München v. 17.2.2009 – 32 Wx 164/08, ZMR 2009, 630.
85 AG Stade v. 16.1.2014 – 64 C 632/13, ZMR 2014, 494.
86 BayObLG v. 28.3.2002 – 2Z BR 4/02, NZM 2002, 529.
87 OLG Naumburg v. 10.1.2000 – 11 Wx 2/99, WuM 2001, 38.
88 OLG Hamm v. 19.3.2007 – 15 W 340/06, ZMR 2008, 63.
89 Siehe dazu näher § 28 Rn. 17 und Rn. 78.
90 OLG Hamburg v. 9.7.2003 – 2 Wx 134/99, ZMR 2003, 773.

tend gemacht werden, wenn er vorher Gegenstand einer Erörterung durch die Wohnungseigentümer in der Eigentümerversammlung war.[91]

Obergerichtlich noch nicht abschließend geklärt dürfte die Frage des Einsichtsrechts der Eigentümer in die Unterlagen des Verwaltungsbeirats und die Frage des Umfangs der Herausgabepflicht des Verwaltungsbeirats von Unterlagen sein. Das Einsichtsrecht ergib sich hier im Regelfall wohl nicht schon aus der in § 666 BGB bestimmten Pflicht zur **Rechenschaftslegung**. Rechenschaft in diesem Sinne hat der Verwaltungsbeirat nur dann abzulegen, wenn er, was in der Praxis jedoch selten vorkommen wird, Einnahmen oder Ausgaben für die Gemeinschaft getätigt hat. Soweit eine Rechnungslegungspflicht für den Verwaltungsbeirat besteht, können die Kommentierungen zur Rechnungslegung des Verwalters bei Rn. 91 zu § 28 sinngemäß hier verwendet werden. 15

Die Frage, ob ein **Einsichtsrecht** hinsichtlich einer vom Verwaltungsbeirat schriftlich erstellten Stellungnahme zur Jahresabrechnung besteht, hat der BGH in einer neueren Entscheidung ausdrücklich offen gelassen, da sie nicht entscheidungserheblich war.[92] Das LG Köln ist als Vorinstanz davon ausgegangen, dass der Anspruch auf Einsichtnahme in die Unterlagen des Verwaltungsbeirats gemeinschaftsbezogen sei und deshalb nicht von einem einzelnen Wohnungseigentümer geltend gemacht werden könne.[93] Keine Probleme dürften sich ergeben, wenn die Stellungnahme an den Verwalter gesandt wurde, da es sich dann um Verwaltungsunterlagen handelt und insoweit ein Einsichtsrecht für jeden Eigentümer gegenüber dem Verwalter besteht, (siehe dazu genauer § 28 Rn. 79ff.). Handelt es sich dagegen um eine schriftliche Stellungnahme, die der Verwaltungsbeirat zwar seinen mündlichen Ausführungen in der Eigentümerversammlung zugrunde gelegt, sie aber nicht der Verwaltung übersandt hat (siehe dazu auch unten Rn. 16), besteht nach der hier vertretenen Meinung kein Einsichtsrecht. Insoweit handelt es sich, ebenso wie bei sonstigen Aufzeichnungen, die der Verwaltungsbeirat lediglich für sich erstellt hat, um private Unterlagen. Ein Einsichtsrecht besteht dagegen in Unterlagen, die gemeinschaftsbezogen sind und die den Verwaltungsunterlagen des Verwalters gleichstehen. Dies sind etwa die Sitzungsprotokolle des Verwaltungsbeirats (soweit welche gefertigt wurden) sowie alle Unterlagen, welche sich auf die Ausübung von dem Verwaltungsbeirat übertragenen Kompetenzen, wie etwa Auftragsvergaben, Genehmigung von Jahresabrechnungen und Wirtschaftsplänen (siehe dazu oben Rn. 13), beziehen. Wie bereits oben erwähnt, kann ein bestehendes Einsichtsrecht der einzelne Eigentümer nicht alleine geltend machen; es bedarf insoweit einer Beschlussfassung.

Vom bloßen Einsichtsrecht zu unterscheiden ist die Frage, in welchem Umfang und zu welcher Zeit bezüglich dieser Unterlagen ein **Herausgabeanspruch** gegen den Verwaltungsbeirat besteht. Obergerichtlich entschieden ist insoweit, dass der Verwaltungsbeirat zumindest bei der Beendigung seiner Tätigkeit alle Unterlagen, welche die Wohnungseigentümergemein-

---
91 BayObLG v. 9.6.1994 – 2Z BR 27/94, ZMR 1994, 575.
92 BGH v. 11.2.2011 – V ZR 66/10, WuM 2011, 314 (=NJW 2011, 1137).
93 LG Köln v. 18.2.2010 – 29 S 140/09 (zitiert nach juris).

schaft betreffen, im Original nach § 667 BGB herauszugeben hat. Auf das Eigentum an den Unterlagen kommt es dabei nicht an. Diese Verpflichtung eines jeden Mitgliedes des Verwaltungsbeirates besteht gegenüber den Wohnungseigentümern in ihrer Gesamtheit als den Auftraggebern.[94] Vor der Beendigung seiner Beiratstätigkeit wird wohl ein Herausgabeanspruch hinsichtlich aller Unterlagen bestehen, welche sich auf die Ausübung von dem Verwaltungsbeirat übertragenen Kompetenzen, wie etwa Auftragsvergaben, Genehmigung von Jahresabrechnungen und Wirtschaftsplänen (siehe dazu oben Rn. 13) beziehen. Diese Unterlagen werden meist sowohl für den Verwalter als auch für die übrigen Eigentümer von Interesse sein. Auch wenn dem Verwalter kein eigenständiger Anspruch zustehen dürfte, wird er jedenfalls im Rahmen der Verwaltung nur auf solche Beschlüsse, Verträge usw. eingehen können, als ihm diese auch vorliegen.

Weder einem einzelnen Wohnungseigentümer noch der Gemeinschaft steht gegen Mitglieder des Verwaltungsbeirats ein gerichtlich titulierbarer und dann mit Zwangsmitteln durchsetzbarer **Anspruch auf Durchführung** der Aufgaben zu. Bei Versagen dieses Organs ist vielmehr eine Neuwahl angezeigt.[95]

IV. Absatz 3: Prüfungsaufgaben zur Vorbereitung der Eigentümerversammlung

16 Nach Abs. 3 gehört zu den Aufgaben des Verwaltungsbeirats, den Wirtschaftsplan[96], die Abrechnung über den Wirtschaftsplan (also die Jahresabrechnung[97]), die vom Verwalter erstellte Rechnungslegung[98] und die Kostenanschläge zu prüfen. Unter Kostenanschläge sind dabei die bei größeren Maßnahmen erforderlichen Kostenangebote und Vergleichsangebote[99] zu verstehen. Die Prüfung umfasst dabei neben der rechnerischen Schlüssigkeit der Abrechnung zumindest auch eine **stichprobenhafte** Prüfung der sachlichen Richtigkeit, die nur durch Prüfung der **Belege** erfolgen kann.[100] Bei den Kostenanschlägen ist regelmäßig nur eine **Plausibilitätskontrolle** möglich. So hat der Verwaltungsbeirat insbesondere auf die Ordnungsmäßigkeit der Ausschreibung, die Angemessenheit der Preisangebote und die Erforderlichkeit der Maßnahmen zu achten.[101]

Des Weiteren sollen der Wirtschaftsplan, die Abrechnung, die Rechnungslegung und die Kostenanschläge mit einer **Stellungnahme** des Verwaltungsbeirats versehen werden. Da das Gesetz keine bestimmte Form vorschreibt, kann die Stellungnahme sowohl schriftlich beigegeben als auch mündlich in

---

94 OLG Hamm v. 20. 2. 1997 – 15 W 295/96, ZMR 1997, 433.
95 KG Berlin v. 8. 1. 1997 – 24 W 7947/95, ZMR 1997, 544.
96 Siehe zum Wirtschaftsplan genauer § 28 Rn. 3ff.
97 Siehe zur Jahresgesamt- und Jahreseinzelabrechnung genauer § 28 Rn. 29 ff.
98 Siehe zur Rechnungslegung genauer § 28 Rn. 89ff.
99 Siehe hierzu § 21 Rn. 23.
100 OLG München v. 7. 2. 2007 – 34 Wx 147/06, NZM 2007, 488; OLG Düsseldorf v. 24. 9. 1997 – 3 Wx 221/97, ZMR 1998, 104.
101 So: *Staudinger-Bub*, § 29 WEG Rn. 106.

der Versammlung abgegeben werden.[102] Ein gerichtlich titulierbarer und dann mit Zwangsmitteln durchsetzbarer Anspruch auf Erstellung eines Prüfberichts steht den Wohnungseigentümern gegen den Verwaltungsbeirat nicht zu. Bei Versagen dieses Organs ist vielmehr eine Neuwahl angezeigt.[103] Zur Frage eines Einsichts- oder Herausgabeanspruchs siehe oben Rn. 15.

Da Prüfung und Stellungnahme vorgenommen werden „sollen", stellen sie **keine Wirksamkeitsvoraussetzung** für die jeweilige Maßnahme dar. Ein Wirtschaftsplan oder eine Jahresabrechnung sind daher, unabhängig von ihrer inhaltlichen Richtigkeit, nicht allein deshalb für ungültig zu erklären, weil der Verwaltungsbeirat von seinem Prüfungsrecht keinen Gebrauch gemacht hat.[104] Gleiches gilt auch, wenn der Beirat aufgrund seiner Prüfung Zweifel an der Richtigkeit der Abrechnung vorgetragen hat, die Mehrheit der Eigentümer sich diesen Zweifeln aber nicht angeschlossen und ohne weitere Nachforschungen die Abrechnung genehmigt haben.[105]

V. Absatz 4: Sitzungen

Nach Abs. 4 wird der Verwaltungsbeirat vom Vorsitzenden **nach Bedarf** einberufen. Es ist daher – im Gegensatz zur Versammlung der Wohnungseigentümer nach § 24 – weder eine Mindestanzahl von Sitzungen vorgeschrieben noch sind Regelungen für die Form der Einberufung oder über den Ablauf der Sitzungen vorhanden. Der Vorsitzende ist daher insoweit weitgehend frei.

17

Regelmäßig wird der Verwaltungsbeirat jedoch mindestens einmal im Jahr zusammenkommen müssen, um seine Prüfungsaufgabe nach Abs. 3 zu erfüllen. Zusätzlich wird wohl ein Zusammentreffen erforderlich werden, wenn ein Beschluss der Eigentümergemeinschaft die Zustimmung des Verwaltungsbeirats für eine bestimmte Maßnahme vorsieht oder wenn sonst Aufgaben auf den Verwaltungsbeirat delegiert wurden (siehe dazu oben Rn. 12 und Rn. 13), da dann eine **Willensbildung** des (gesamten) Verwaltungsbeirats notwendig wird.[106] In derartigen Fällen wird wohl zumindest ein Protokoll mit dem Ergebnis der Willensbildung zu fertigen sein, das dann auch meist (in Abschrift) an den Verwalter herauszugeben sein wird (siehe dazu auch oben Rn. 15).

VI. Haftung des Verwaltungsbeirats

1. Gegenüber dem Verband und den übrigen Eigentümern

Auch wenn theoretisch eine Haftung der Verwaltungsbeiratsmitglieder aus **unerlaubter Handlung** nach §§ 823 ff. BGB in Betracht kommt, wird dies

18

---

102 Allgemeine Meinung; siehe etwa *Staudinger-Bub*, § 29 WEG Rn. 107; *Jennißen-Hogenschurz*, § 29 Rn. 20; *Bärmann-Merle/Becker*, § 29 Rn. 68.
103 KG Berlin v. 8. 1. 1997 – 24 W 7947/95, ZMR 1997, 544.
104 BayObLG v. 27. 11. 2003 – 2Z BR 186/03, NZM 2004, 235; KG Berlin v. 25. 8. 2003 – 24 W 110/02, NZM 2003, 901.
105 OLG München v. 5. 4. 2011 – 32 Wx 1/11, ZWE 2011, 262.
106 BayObLG v. 28. 3. 2002 – 2Z BR 4/02, NZM 2002, 529.

wohl in der Praxis kaum relevant werden, da sich aus den oben dargestellten Aufgaben des Verwaltungsbeirats regelmäßig allenfalls Vermögensverletzungen ergeben können, die nur ausnahmsweise (etwa bei Betrugshandlungen gemäß § 823 Abs. 2 BGB in Verbindung mit § 263 StGB) in den Schutzbereich der unerlaubten Handlungen fallen.

Praxisrelevant können jedoch **vertragliche Schadensersatzansprüche** werden. Da die Verwaltungsbeiräte regelmäßig unentgeltlich tätig werden, liegt ein Auftragsverhältnis zwischen dem Verband und den Verwaltungsbeiräten vor.[107] Die übrigen Wohnungseigentümer sind haftungsrechtlich dadurch geschützt, dass entweder ein Vertrag zugunsten Dritter oder nach anderer Ansicht ein Vertrag mit Schutzwirkung zugunsten Dritter vorliegt. Bei einer Verletzung der Pflichten aus dem Auftragsverhältnis haften die Verwaltungsbeiratsmitglieder nach § 280 Abs. 1 BGB.[108] Mehrere Verwaltungsbeiräte haften, wenn sie jeweils ein eigenes Verschulden trifft, als Gesamtschuldner.[109] Das Verschulden eines Verwaltungsbeiratsmitglieds wird jedoch einem anderen Wohnungseigentümer nicht zugerechnet, da die Eigentümer im Verhältnis zueinander weder Erfüllungs- noch Verrichtungsgehilfen sind.[110] Obgleich der Verwaltungsbeirat ein unterstützendes Verwaltungsorgan[111] ist, greift im Verhältnis zum Verband nicht § 31 BGB ein.[112]

19 Da im Gesetz keinerlei Einschränkungen vorgesehen sind, haften die Verwaltungsbeiratsmitglieder gemäß § 276 BGB für **Vorsatz** und (jede Art von) **Fahrlässigkeit**. Beim Fahrlässigkeitsvorwurf wird jedoch bei ehrenamtlich tätigen Verwaltungsbeiräten ohne besondere berufliche Qualifikationen kein allzu strenger Sorgfaltsmaßstab angelegt werden dürfen.[113] Ohne diese Problematik ausdrücklich anzusprechen, hat das OLG München in einer Entscheidung[114] anerkannt, dass trotz Fehlerhaftigkeit der Jahresabrechnung dem Verwaltungsbeirat Entlastung erteilt werden kann, weil der aus Laien bestehende Verwaltungsbeirat seinen Prüfungspflichten ausreichend nachgekommen sein kann, ohne den Fehler in der Abrechnung entdecken zu müssen. Dies kann jedoch im Schadensersatzprozess gegen den Verwaltungsbeirat nur bedeuten, dass bei einem Laiengremium nicht der gleich strenge Sorgfaltsmaßstab angelegt wird, wie bei einem Verwalter. Zur gleichgelagerten Problematik bei einer Beiratsentlastung siehe unten Rn. 20. Allerdings liegt sogar eine grob fahrlässige Pflichtverletzung vor, wenn der Verwaltungsbeirat bei der Prüfung der Jahresabrechnung auf die Kontrolle der Kontenbelege gänzlich verzichtet.[115]

---

107 Siehe dazu oben Rn. 4.
108 OLG Düsseldorf v. 24. 9. 1997 – 3 Wx 221/97, ZMR 1998, 104; KG Berlin v. 8. 1. 1997 – 24 W 7947/95, ZMR 1997, 544.
109 OLG Düsseldorf v. 24. 9. 1997 – 3 Wx 221/97, ZMR 1998, 104.
110 OLG Düsseldorf v. 8. 2. 1999 – 3 Wx 369/98, ZMR 1999, 423.
111 Siehe dazu oben Rn. 1.
112 Wie hier: *Jennißen-Hogenschurz*, § 29 Rn. 31 unter Bezugnahme auf BayObLG v. 3. 5. 1972 – BReg 2 Z 7/72, NJW 1972, 1377; *Bärmann-Merle/Becker*, § 29 Rn. 108.
113 Wie hier: *Bärmann-Merle/Becker*, § 29 Rn. 112.
114 OLG München v. 7. 2. 2007 – 34 Wx 147/06, NZM 2007, 488.
115 OLG Düsseldorf v. 24. 9. 1997 – 3 Wx 221/97, ZMR 1998, 104.

Möglich und aufgrund der ehrenamtlichen Tätigkeit auch sinnvoll ist eine **Haftungsbeschränkung**, die aufgrund einer Vereinbarung oder auch eines Mehrheitsbeschlusses erfolgen kann.[116] Zulässig ist auch die oben bei Rn. 7 angesprochene Vermögensschadenshaftpflichtversicherung auf Kosten der Gemeinschaft.

Auch beim Verwaltungsbeirat steht (wie beim Verwalter[117]) eine **Entlastung** nicht grundsätzlich im Widerspruch zu einer ordnungsmäßigen Verwaltung. Die Entlastung entspricht insbesondere dann ordnungsmäßiger Verwaltung, wenn nicht erkennbar ist, dass Schadensersatzansprüche bestehen.[118] Erscheint dagegen ein Schadensersatzanspruch gegen die Mitglieder des Verwaltungsbeirats im Zusammenhang mit der Prüfung von Jahresabrechnung und Wirtschaftsplan möglich, entspricht ein Entlastungsbeschluss nicht ordnungsgemäßer Verwaltung und ist auf Anfechtungsklage hin für ungültig zu erklären.[119]

20

Ist dem Verwalter im Zusammenhang mit der Aufstellung der Jahresabrechnung die Entlastung zu verweigern, führt dies im Hinblick auf die Pflicht des Verwaltungsbeirates, die Jahresabrechnung zu überprüfen, grundsätzlich dazu, dass auch dem Verwaltungsbeirat keine Entlastung erteilt werden kann.[120] Daher widerspricht nach der neueren Rechtsprechung des BGH die Entlastung des Verwaltungsbeirats insbesondere dann einer ordnungsgemäßen Verwaltung, wenn die von dem Beirat geprüfte Abrechnung fehlerhaft ist und geändert werden muss.[121] Dies gilt jedenfalls dann, wenn Fehler vorliegen, die bei der Prüfung (siehe dazu Rn. 16) auffallen hätten müssen (wie etwa: rechnerisch nicht schlüssig, unrichtige Verteilungsschlüssel). Da aber der Maßstab bei Beiräten nicht identisch ist mit dem Maßstab bei Verwaltern (siehe dazu § 26 Rn. 46), kann es auch möglich sein, dass trotz eines geringfügigen Fehlers in der Abrechnung eine Entlastung des Beirats ordnungsgemäßer Verwaltung entspricht.[122] Gleiches gilt, wenn ein mangelhafter Wirtschaftsplan vorgelegt worden ist.[123] Die fehlende Entlastung des Verwaltungsbeirats führt jedoch nicht zwangsläufig zu einer Haftung (siehe dazu oben Rn. 19).

---

116 OLG Frankfurt/Main v. 27.10.1987 – 20 W 448/86, OLGZ 1988, 188 (für einen „Bauausschuss"); ebenso: *Jennißen-Hogenschurz*, § 29 Rn. 30; a.A.: *Studinger-Bub*, § 29 WEG Rn. 11; unklar.: *Bärmann-Merle/Becker*, § 29 Rn. 114 ff. (Rn. 114: keine Beschlusskompetenz insoweit; Rn. 116: Beschluss entspricht bei ehrenamtlichen Beiräten i.d.R. ordnungsgemäßer Verwaltung).
117 Siehe dazu § 26 Rn. 46 f.
118 BayObLG v. 7.3.2005 – 2Z BR 182/04, ZMR 2006, 137; BayObLG v. 30.6.2004 – 2Z BR 058/04, NJW-RR 2004, 1602; BayObLG v. 17.9.2003 – 2Z BR 150/03, ZMR 2004, 50.
119 OLG München v. 11.7.2008 – 32 Wx 087/08, ZMR 2008, 905; BayObLG v. 12.6.1991 – BReg 2 Z 49/91, WuM 1991, 443.
120 OLG Hamburg v. 25.6.2003 – 2 Wx 138/99, ZMR 2003, 777.
121 BGH v. 4.12.2009 – V ZR 44/09, ZWE 2010, 170 (= NJW 2010, 2127).
122 AG Hamburg-St. Georg v. 27.11.2012 – 980a C 28/12, ZMR 2013, 389; AG Traunstein v. 24.6.2011 – 319 C 1783/10, ZMR 2012, 63.
123 BGH v. 9.7.2010 – V ZR 202/09, WuM 2010, 524 (= NJW 2010, 2654).

21 Wird dem Verwaltungsbeirat Entlastung erteilt, so liegt darin, wie bei der Entlastung des Verwalters, ein **negatives Schuldanerkenntnis** im Sinne von § 397 Abs. 2 BGB, d.h. ein Verzicht der Wohnungseigentümer auf etwa bestehende Ersatzansprüche gegen den Verwaltungsbeirat.[124] Der Ausschluss umfasst neben Schadensersatzansprüchen auch die konkurrierenden Ansprüche, die sich aus den Vorgängen ergeben.[125]

Die Entlastung erfasst nur solche Vorgänge, die bei der Beschlussfassung bekannt oder bei zumutbarer Sorgfalt erkennbar waren; abzustellen ist dabei auf den Kenntnisstand aller Wohnungseigentümer.[126]

2. Gegenüber Dritten

22 Wie bereits oben bei Rn. 18 dargestellt, dürfte auch gegenüber Dritten eine Haftung aus **unerlaubter Handlung** nach §§ 823 ff. (etwa: § 831) BGB zwar grundsätzlich denkbar aber nicht sonderlich praxisrelevant sein. Auch eine **vertragliche Haftung** nach § 280 ff. BGB wird in der Praxis kaum in Betracht kommen, da der Verwaltungsbeirat auch bei einer entsprechenden Aufgabenübertragung[127] die Verträge nicht in eigenem Namen, sondern für die Gemeinschaft als teilrechtsfähigen Verband[128] abschließen wird. Denkbar dürfte in diesem Zusammenhang wohl allenfalls eine Haftung nach § 179 BGB sein, wenn der handelnde Verwaltungsbeirat seine ihm erteilte Vollmacht überschritten hat.[129]

---

124 BGH v. 6.3.1997 – III ZR 248/95, NJW 1997, 2106 (zur Verwalterentlastung).
125 BayObLG v. 23.2.2001 – 2Z BR 36/01, WuM 2001, 300 (zur Verwalterentlastung).
126 BayObLG v. 17.10.2002 – 2Z BR 82/02, NZM 2003, 31; BayObLG v. 23.2.2001 – 2Z BR 36/01, WuM 2001, 300 (zur Verwalterentlastung).
127 Siehe dazu oben Rn. 12 ff.
128 Siehe dazu § 10 Rn. 36 ff.
129 Wie hier: *Bärmann-Merle/Becker*, § 29 Rn. 118.

4. Abschnitt
Wohnungserbbaurecht

§ 30
Wohnungserbbaurecht

(1) Steht ein Erbbaurecht mehreren gemeinschaftlich nach Bruchteilen zu, so können die Anteile in der Weise beschränkt werden, dass jedem der Mitberechtigten das Sondereigentum an einer bestimmten Wohnung oder an nicht zu Wohnzwecken dienenden bestimmten Räumen in einem auf Grund des Erbbaurechts errichteten oder zu errichtenden Gebäude eingeräumt wird (Wohnungserbbaurecht, Teilerbbaurecht).

(2) Ein Erbbauberechtigter kann das Erbbaurecht in entsprechender Anwendung des § 8 teilen.

(3) Für jeden Anteil wird von Amts wegen ein besonderes Erbbaugrundbuchblatt angelegt (Wohnungserbbaugrundbuch, Teilerbbaugrundbuch). Im übrigen gelten für das Wohnungserbbaurecht (Teilerbbaurecht) die Vorschriften über das Wohnungseigentum (Teileigentum) entsprechend.

Inhalt:

	Rn.		Rn.
I. Allgemeines	1	1. Allgemeines	5
II. **Absatz 1**: Begründung durch Vertrag	2	2. Zustimmungserfordernis gemäß § 12	6
III. **Absatz 2**: Begründung durch den Eigentümer, Vorratsteilung	3	3. Auflassung gemäß § 925a BGB	7
		4. Untererbbaurecht	8
IV. **Absatz 3** Satz 1: Grundbuchblatt	4	5. Heimfall	9
		6. Erlöschen	10
V. **Absatz 3** Satz 2: Geltung der Vorschriften des Wohnungseigentums/Teileigentums	5		

I. Allgemeines

Auch ein Erbbaurecht kann in Wohnungs-/Teilerbbaurechte wie ein Grundstück in Wohnungs-/Teileigentumsrechte geteilt werden. Steht ein Erbbaurecht mehreren gemeinschaftlich zu, erfolgt die Teilung nach § 3, ein Erbbauberechtigter kann auch selbst das Erbbaurecht in Wohnungs-/Teilerbbaurechte gemäß § 8 teilen, § 30 Abs. 2. Für das Wohnungserbbaurecht/Teilerbbaurecht gelten die Vorschriften über das Wohnungseigentum (Teileigentum) entsprechend, § 30 Abs. 3 Satz 2. Das Verhältnis zwischen Wohnungserbbauberechtigten und Grundstückseigentümer richtet sich nach den Vorschriften des ErbbauRG, die, ohne dass es materielle Änderungen gibt, durch Art. 25 des G. v. 23.11.2007 (BGBl I, S. 2614) die frühere ErbbauVO ablöst.[1]

1

---

1 *Niedenführ/Kümmel/Vandenhouten*, § 30 Rn. 3.

Bei Handhabung des Wohnungserbbaurechts sind die Vorschriften des Erbbaurechtsgesetzes und die des WEG in Einklang zu bringen.

II. Absatz 1: Begründung durch Vertrag

2 Es gibt bei der Begründung des Wohnungserbbaurechts durch Vertrag gegenüber der Begründung des Wohnungseigentums gemäß § 3 keine Besonderheiten: Bruchteilerbbaurechte können umgewandelt werden in Wohnungserbbaurechte derart, dass den Mitberechtigten das Sondereigentum an einer bestimmten Wohnung oder an nicht zu Wohnzwecken dienenden bestimmten Räumen in einem aufgrund des Erbbaurechts bereits errichteten oder noch zu errichtenden Gebäude eingeräumt wird. Die Zustimmung dinglich Berechtigter muss erfolgen, wenn deren Rechte betroffen sein können. Wandeln mehrere Erbbauberechtigte ihr Erbbaurecht in Wohnungs(teil-)erbbaurechte um, bedarf es dazu nicht einer etwaigen Zustimmung des Grundstückseigentümers.[2]

Die frühere Streitfrage, ob Wohnungserbbaurechte auch bei einem Gesamterbbaurecht begründet werden können, ist zwischenzeitlich entschieden[3]: Wenn ein Erbbaurecht als Gesamtrecht an mehreren Grundstücken begründet werden kann, kann ein solches einheitliches Recht auch gemäß § 30 Abs. 1 in Wohnungs- und Teilerbbaurechte aufgeteilt werden.[4]

III. Absatz 2: Begründung durch den Eigentümer, Vorratsteilung

3 Auch ein Erbbauberechtigter, dem das Erbbaurecht alleine zusteht, kann entsprechend § 8 Abs. 2 am Erbbaurecht Wohnungserbbaurecht/Teilerbbaurecht begründen. Selbst wenn der Erbbauberechtigte gemäß § 5 ErbbauVO der Zustimmung zur Veräußerung bedarf, gilt dies nicht für die Vorratsteilung gemäß § 30 Abs. 2, § 8. Es erfolgt kein Rechtsübergang auf einen anderen Inhaber.[5] Auch der Gläubiger der Erbbauzinsreallast muss nicht zustimmen[6], da sich seine Rechtsstellung nicht verschlechtert. Der Grundstückseigentümer selbst kann ein sog. Eigentümererbbaurecht begründen und in Wohnungs- und Teilerbbaurechte aufteilen.[7]

Das Wohnungs-/Teilerbbaurecht ist veräußerlich; bei Inhaltsänderung müssen alle Wohnungs- und Teilerbbauberechtigten zustimmen.

---

2 LG Augsburg v. 6.4.1979 – V T 408/79, MittBayNot 1979, 68 mit Verweis auf BayObLG v. 22.6.1978 – BReg. 2 Z 31/77, BayObLGZ 1978, 157/159.
3 BGH v. 21.11.1975 – V ZR 21/74, BGHZ 65, 345; BayObLG v. 26.4.1984 – BReg. 2 Z 33/84, BReg. 2 Z 35/84, BayObLGZ 1984, 105 = DNotZ 1985, 375.
4 BayObLG v. 30.8.1989 – BReg. 2 Z 95/89, BayObLGZ 1989, 354 = Rpfleger 1989, 503 = MittBayNot 1989, 315.
5 BayObLG v. 22.6.1978 – BReg. 2 Z 31/77, BayObLGZ 1978, 157/159; LG München I v. 18.2.1977 – 36 T 15007/76, MittBayNot 1977, 68; *Staudinger-Rapp*, § 30 Rn. 17; *MünchKomm-Engelhardt*, § 30 Rn. 3; *Weitnauer-Mansel*, § 30 Rn. 7.
6 BayObLG v. 22.6.1978 – BReg. 2 Z 31/77, BayObLGZ 1978, 157/161.
7 BGH v. 11.12.1981 – V ZR 222/80, NJW 182, 2381: Eine Wertsicherungsklausel hinsichtlich des Erbbauzinses bei der Bestellung ist unwirksam.

IV. Absatz 3 Satz 1: Grundbuchblatt

Für das Wohnungserbbaurecht wird ein gesondertes Grundbuchblatt angelegt, nämlich das Wohnungs-/Teilerbbaugrundbuch gemäß § 30 Abs. 3 Satz 1; mit Anlegung dieser Grundbuchblätter entsteht das Wohnungserbbaurecht. Zur Begründung ist die Eintragung im Grundbuch erforderlich.[8] Das ursprüngliche Erbbaugrundbuch wird geschlossen. An dessen Stelle werden alle Eintragungen nun im Wohnungs-/Teilerbbaugrundbuch vorgenommen (§ 14 ErbbauVO). Das Wohnungserbbaurecht kann belastet werden, aufgeteilt werden (bei Mitwirkung des Grundstückseigentümers und etwaiger Gläubiger von Grundpfandrechten und Reallasten). Eine Vormerkung zur Erhöhung des Erbbauzinses ist eintragungsfähig. Ein Vorkaufsrecht setzt sich an allen Wohnungs-/Teilerbbaurechten fort. Eintragungsbedürftig mit dinglicher Wirkung sind auch Verfügungsbeschränkungen gemäß § 12.

4

V. Absatz 3 Satz 2: Geltung der Vorschriften des Wohnungseigentums/Teileigentums

1. Allgemeines

Die Vereinbarungen zwischen dem Grundstückseigentümer und dem Erbbauberechtigten wirken gegenüber dem Wohnungserbbauberechtigten, wenn sie dinglich eingetragen sind.[9] Der Inhalt des Erbbaurechts wird mit Begründung von Wohnungserbbaurechten Inhalt eines jeden dieser Rechte; nur durch Vereinbarung kann ein Zustimmungserfordernis aufgehoben werden, allerdings auch jedes einzelne Recht für sich.[10] Das Wohnungserbbaurecht ist wie ein Grundstück belastbar.

5

Die Vorschriften des Wohnungseigentums/Teileigentums gelten entsprechend, also die § 1 bis 29 ohne Einschränkung[11]. Es gelten die Vorschriften zur Verwaltung wie die für den Minderheitenschutz. Hinzu kommen die Bestimmungen des ErbbauRG, einschließlich der Erschwerungen bei der Beleihung nach § 21 ErbbauRG[12].

2. Zustimmungserfordernis gemäß § 12

Im Spannungsverhältnis stehen die Bestimmungen der §§ 5 ff. ErbbauRG zu § 12, die nebeneinander bestehen können. Besteht ein Zustimmungserfordernis zur Belastung des Erbbaurechts, ist die Veräußerung des Wohnungserbbaurechts ebenso an die Zustimmung des Grundstückseigentümers gemäß § 5 ErbbauRG gebunden; dann ist die Zustimmung des Grundstückseigentümers als auch die des Berechtigten erforderlich.[13] Der Grundstückseigen-

6

---

8 BayObLG v. 10.3.2004 – 2 Z BR 268/03, NZM 2004, 789 = ZMR 2005, 64.
9 Vgl.: BGH v. 24.11.1989 – V ZR 16/88, BGHZ 109, 230.
10 BayObLG v. 30.8.1989 – BReg. 2 Z 95/89, BayObLGZ 1989, 354.
11 Vgl. z.B. LG Franfurt v. 21.8.2014 – 2/09 S 27/13.
12 *Schneider*, in: *Bärmann*, § 30 Rn. 117; OLG München v. 23.7.2014 – 34 Wx 139/15: zulässig ist, den Verwalter zu beauftragen, den Erbbauzins einzuziehen; wegen Belastungen s. OLG München v. 29.6.2016 – 34 Wx 27/16.
13 *Niedenführ/Kümmel/Vandenhouten*, § 30 Rn. 38.

tümer kann die Versagung der Zustimmung schon „auf einen ausreichenden Grund" gemäß § 7 ErbbauRG stützen, während der gemäß § 12 Zustimmungsverpflichtete nur „aus wichtigem Grund" die Zustimmung verweigern kann. Wenn auch das Zustimmungserfordernis durch die Neufassung des § 12 Abs. 4 aufgehoben werden kann, betrifft dies nicht das Zustimmungsrecht des § 5 ErbbauRG, so dass der Erbbauberechtigte, der das Wohnungserbbaurecht eingeräumt hat, zur Zustimmung verpflichtet ist, jedoch durchaus nicht zwingend der Grundstückseigentümer.

Im Rahmen des Wohnungserbbaurechts ist der Erbbauzins im Wohnungserbbaugrundbuch einzutragen[14]; vormerkungsfähig ist nach Durchführung der Anpassung des Erbbauzinses der Anspruch auf Inhaltsänderung der Reallast.[15]

3. Auflassung, § 925a BGB

7 Durch § 11 Abs. 1 ErbbauRG ist nun ausdrücklich in Abgleichung mit § 1017 BGB geklärt, dass die §§ 925, 927, 928 BGB auf das ErbbauRG **nicht** angewendet werden, so dass es der Form der Auflassung nach dem neuen Recht nicht mehr bedarf[16]. Die ursprüngliche Streitfrage ist damit gelöst.[17] Für die Grundbucheintragung muss das dingliche Geschäft in der Form des § 29 GBO nachgewiesen sein; § 20 GBO ist weiterhin anzuwenden.

4. Untererbbaurecht

8 Nachdem der BGH[18] entschieden hat, dass ein Erbbaurecht mit einem Erbbaurecht (sog. Untererbbaurecht) belastet werden kann, ist auch die Bestellung eines Wohnungserbbaurechts an einem Untererbbaurecht zulässig. Auch Vorkaufsrechte sind zulässig.[19]

5. Heimfall

9 Der Heimfall kann nur für jedes einzelne Wohnungs-/Teilerbbaurecht vereinbart und ausgeübt werden. Umfasst der Heimfallgrund alle Wohnungs- und Teilerbbaurechte, ist ein Gesamtheimfall denkbar, selbst wenn der Grund nur bei einem Berechtigten eingetreten ist.[20]

---

14 BGH v. 18.4.1986 – V ZR 8/85, NJW-RR 1987, 74 = DNotZ 1987, 360.
15 OLG Celle v. 12.6.1981 – 4 Wx 13/81, Rpfleger 1981, 398.
16 *Schneider,* in: Pick, in: Bärmann, § 30 Rn. 8 ff.
17 So bereits für das alte Recht: *Bauer/von Oefele-Maas,* AT VI Rn. 269; *Rethmeier,* MittBayNot 1993, 145/149; *MünchKommBGB-Engelhardt,* § 30 Rn. 3; *Soergel/Stürner,* § 30 Rn. 4; *Niedenführ/Kümmel/Vandenhouten,* § 30 Rn. 14; die Gegenmeinung legt den Schwerpunkt auf die Begründung des Wohnungserbbaurechts durch Mitberechtigte. *Palandt,* § 30 Rn. 1; *Schneider,* in: Bärmann, § 30 Rn. 11 mit dem Hinweis, dass § 311b Abs. 1 BGB Anwendung findet.
18 BGH v. 22.2.1974 – V ZR 67/72, BGHZ 62, 179.
19 BGH v. 12.1.1996 – V ZR 269/94, NJW-RR 1996, 466 (mit dem Hinweis auf die zweifelhafte Rechtstellung).
20 *Niedenführ/Kümmel/Vandenhouten,* § 30 Rn. 47.

6. Erlöschen

Das Erbbaurecht erlischt nach Zeitablauf (§§ 27 ff. ErbbauRG) oder durch einvernehmliche Aufhebung; bei einer Aufhebung müssen natürlich alle Wohnungs-/Teilerbbauberechtigte mitwirken. Einzelne Wohnungs-/Teilerbbaurechte können nicht in Wohnungs-/Teileigentum umgewandelt werden.[21]   10

Wird während der Laufzeit des Erbbaurechts das Teilerbbaurecht durch Vereinbarung nach § 4 aufgehoben oder durch Vereinigung in einer Person gemäß § 9 Abs. 1 Nr. 3, entsteht wieder ein einheitliches Erbbaurecht; entsprechend § 9 Abs. 3 wird ein neues Erbbaugrundbuchblatt angelegt.[22] Die bisherigen Wohnungs-/Teilerbbaugrundbücher werden geschlossen.

Erlischt das Erbbaurecht, erlischt mit ihm das Wohnungserbbaurecht[23], es sei denn, es ist ausdrücklich vereinbart, dass Wohnungseigentum entsteht. Erlischt das Erbbaurecht infolge seiner Aufhebung, hat es notwendigerweise das Erlöschen des Wohnungserbbaurechts zur Folge.[24] Soll Wohnungseigentum entstehen, muss dies gemäß §§ 3, 4 Abs. 1, 2 vereinbart werden.

---

21 *Bauer/von Oefele-Maaß*, AT VI Rn. 280.
22 *Niedenführ/Kümmel/Vandenhouten*, § 30 Rn. 48.
23 BayObLG v. 4.3.1999 – 2Z BR 24/99; BayObLGZ 1999, 63.
24 BayObLG v. 4.3.1999 – 2Z BR 24/99; BayObLGZ 1999, 63/65.

II. TEIL
Dauerwohn- und Dauernutzungsrecht

§ 31
Begriffsbestimmungen

(1) Ein Grundstück kann in der Weise belastet werden, dass derjenige, zu dessen Gunsten die Belastung erfolgt, berechtigt ist, unter Ausschluss des Eigentümers eine bestimmte Wohnung in einem auf dem Grundstück errichteten oder zu errichtenden Gebäude zu bewohnen oder in anderer Weise zu nutzen (Dauerwohnrecht). Das Dauerwohnrecht kann auf einen außerhalb des Gebäudes liegenden Teil des Grundstücks erstreckt werden, sofern die Wohnung wirtschaftlich die Hauptsache bleibt.

(2) Ein Grundstück kann in der Weise belastet werden, dass derjenige, zu dessen Gunsten die Belastung erfolgt, berechtigt ist, unter Ausschluss des Eigentümers nicht zu Wohnzwecken dienende bestimmte Räume in einem auf dem Grundstück errichteten oder zu errichtenden Gebäude zu nutzen (Dauernutzungsrecht).

(3) Für das Dauernutzungsrecht gelten die Vorschriften über das Dauerwohnrecht entsprechend.

Inhalt:

	Rn.		Rn.
I. Allgemeines	1	2. Beendigung	8
II. **Absatz 1:** Dauerwohnrecht	2	a) Aufhebung	8
1. Satz 1: Bestellung	2	b) Erlöschen	9
a) Schuldrechtlicher Vertrag	2	III. **Absatz 2:** Dauernutzungsrecht	10
b) Dinglicher Vertrag	4		
c) Berechtigter	5	IV. **Absatz 3:** Vorschriften für das Dauernutzungsrecht	11
d) Satz 2: Belastungsgegenstand	6		

I. Allgemeines

Die WEG-Novelle[1] ändert die Bestimmungen über das Dauerwohnrecht 1 grundsätzlich nicht; allerdings wird wie in § 7 Abs. 4 in § 32 Abs. 2 die Möglichkeit eröffnet, dass Landesregierungen durch Rechtsverordnung[2] bestimmen können, dass und in welchen Fällen der Aufteilungsplan und die Abgeschlossenheit von einem öffentlich bestellten und anerkannten Sachverständigen für das Bauwesen ausgefertigt und bescheinigt werden können.

---

1 Gesetz zur Änderung des Wohnungseigentumsgesetzes und anderer Gesetze v. 26.3.2007, BGBl. I 2007, S. 370.
2 Diese sind nicht in Aussicht.

II. Absatz 1: Dauerwohnrecht

1. Satz 1: Bestellung

a) Schuldrechtlicher Vertrag

2 Der schuldrechtliche Vertrag zur Bestellung eines Dauerwohn-/Dauernutzungsrechts bedarf zu seiner Wirksamkeit keiner Form. Das Verpflichtungsgeschäft über die Bestellung eines Dauerwohnrechts ist formfrei.[3] Er unterliegt also nicht den Vorschriften des § 311b BGB. Schuldrechtlich kann ein Rechtskauf[4] zugrunde liegen, aber auch Schenkung (formpflichtig gemäß § 518 BGB!), Tausch, Einbringung in eine Gesellschaft, Vermächtnis.[5] Inhaltlich handelt es um einen mietähnlichen Vertrag, insbesondere wenn wiederkehrende Leistungen vereinbart sind[6]. Wirtschaftlich ist das Dauerwohnrecht der Miete verwandt, da es oft zur „Abwohnung" eines Baukostenzuschusses vereinbart wird. Allerdings wird Mietrecht nicht auf das Dauerwohnrecht angewandt, auch nicht entsprechend, da es grundsätzliche Unterschiede gibt. Vorschriften des Kündigungsschutzrechts und sonstige Mietrechtsbestimmungen gelten, sobald die schuldrechtlichen Vereinbarungen zum Dauerwohnrecht getroffen sind (und eine Umgehung des Kündigungsschutzrechts nicht ersichtlich ist), nicht, spätestens dann nicht mehr, wenn das Dauernutzungsrecht im Grundbuch eingetragen ist[7]. Im Übrigen gelten grundsätzlich die Vereinbarungen des schuldrechtlichen Grundgeschäftes.

3 Für Haustürgeschäfte sind die §§ 312ff. BGB zu beachten. Dies gilt insbesondere im Zusammenhang mit „Teilzeitwohnrechteverträgen" gemäß §§ 481ff. BGB: Das „Time-Sharing-Modell", nach dem mehrere Dauerwohnrechte an einer Wohnung mit der Maßgabe, dass das Recht auf einen bestimmten Zeitraum eines jeden Jahres beschränkt ist, im Übrigen jedoch zeitlich unbegrenzt und wiederkehrend ist, ist zulässig. Der BGH[8] hat das Time-Sharing-Modell derart, dass an einem Miteigentumsanteil an einer möblierten mit vollständigem Hausrat versehenen Eigentumswohnung in einem Ferienwohnpark, verbunden mit dem Recht, die Wohnung in einer bestimmten Woche eines jeden Kalenderjahres selbst zu nutzen, grundsätzlich zugelassen. Zu beachten sind natürlich die §§ 481ff. BGB bezüglich der Teilzeitwohnrechtsverträge.[9] Der BGH hat ausdrücklich festgestellt, dass ein Dauerwohnrecht mehreren Bewohnern nach Bruchteilen zustehen kann.[10]

---

3 BGH v. 21.10.1983 – V ZR 121/82, NJW 1984, 612; § 311b BGB n.F. gilt nicht.
4 BGH v. 9.7.1969 – V ZR 160/67, NJW 1969, 1850.
5 Hierzu auch *Schneider*, in: Bärmann/Pick, § 31 Rn. 65; so kann im Rahmen der Teilung einer Erbengemeinschaft, bei Zuwendungen unter Verwandten, bei Modernisierung durch den Mieter und ähnlichen Fällen ein Dauerwohnrecht bestellt werden.
6 BGH v. 9.7.1969 – V ZR 160, 67; NJW 1969, 1850/1852.
7 LG Frankfurt/Main v. 24.3.2000 – 2/25 O 381/99, NZM 2000, 877.
8 BGH v. 25.2.1994 – V ZR 63/93, BGHZ 125, 218; a.A. noch: OLG Stuttgart v. 28.11.1986 – 8 W 421/85, NJW 1987, 2023.
9 Das Teilzeitwohnrechtsgesetz (TzWrG) v. 20.12.1996, BGBl. I 1996, 2154, gültig bis 31.12.2001 ist durch die §§ 481ff. BGB abgelöst.
10 BGH v. 30.6.1995 – V ZR 184/94, BGHZ 130, 150.

Das „Treuhandmodell"[11] dagegen, also der Rechtskauf eines Dauerwohnrechts, ist bei Fehlen jeglicher dinglichen Absicherung des Käufers, der dann grob irregeführt wird, unzulässig.[12] Der EuGH[13] bejaht dagegen die Zulässigkeit eines Vertrags über eine Clubmitgliedschaft, der als Gegenleistung zur Mitgliedschaftsgebühr den Mitgliedern ermöglicht, das Teilzeitnutzungsrecht an einer lediglich nach Typ und Lageort bezeichneten Immobilie zu erwerben, einschließlich der Möglichkeit, das Nutzungsrecht zu „tauschen".

In der Praxis findet sich noch das sogenannte **„Genossenschaftsmodell"**. Hier wird die Verpflichtung der Genossenschaft, während eines bestimmten Zeitraums ein auszuübendes Ferienwohnungsrecht gegen Entgelt einzuräumen[14], vereinbart. Im Genossenschaftsmodell ist der Beitritt zur Genossenschaft mit dem Erwerb von z.b. zwei damit verbundenen Ferienwohnungsrechten zulässig; eine angemessene Gegenleistung muss vereinbart sein.[15] Vorschriften des Haustürwiderrufsgesetzes sind zu beachten. Besonderheiten im Rahmen des WEG gibt es nicht.

b) Dingliche Bestellung

Das dingliche Dauerwohnrecht wird in Abteilung II des belasteten Grundstücks eingetragen; es kann mit einem Nießbrauch oder einem Pfandrecht belastet werden; eine weitere Belastung ist nicht möglich. Für die rechtsgeschäftliche Bestellung gelten die allgemeinen Vorschriften des § 873 Abs. 1 BGB, also Einigung und Eintragung. Der Form der Auflassung gemäß § 925 BGB bedarf es nicht; die Eintragungsbewilligung bedarf indes der öffentlichen Beglaubigung, denn § 32 Abs. 3 fordert den Nachweis der Einigung in der Form des § 29 GBO.[16] Ausreichend ist, dass der Inhalt des Dauerwohnrechts in der Eintragungsbewilligung beschrieben ist.

4

c) Berechtigte

Jede natürliche oder juristische Person kann Berechtigter des Dauerwohn-/ Dauernutzungsrechts sein. Hier gibt es keine Besonderheiten. Auch der Grundstückseigentümer selbst kann sich ein Dauernutzungsrecht bestellen.[17] Der Nachweis eines Bedürfnisses hierfür z.B. wegen einer beabsich-

5

---

11 Beispiel: Der Käufer kauft ein Dauerwohnrecht; jedoch ist eine Verwaltungsgesellschaft Inhaber des Dauerwohnrechts und im Grundbuch eingetragen. Mit dem Käufer wird ein „Grundbuchtreuhandvertrag" abgeschlossen. Der Käufer wird in ein „Gemeinschaftsregister" der Treuhänderin eingetragen; damit sei der Kaufvertrag erfüllt.
12 BGH v. 30.6.1995 – V ZR 184/94, BGHZ 130, 150/155; BGH v. 10.5.1996 – V ZR 154/95, NJW-RR 1996, 1034.
13 EuGH v. 13.10.2005 – C-73/04, NJW 2006, 39 = NZM 2005, 912 = RiW 2006, 58.
14 BGH v. 20.1.1997 – II ZR 105/96, NJW 1997, 1069.
15 BGH v. 25.2.1994 – V ZR 63/93, BGHZ 125, 218/226 ff.
16 OLG Düsseldorf v. 21.9.1977 – 3 W 266/77, Rpfleger 1977, 446/447; *Schneider*, in: Bärmann, § 32 Rn. 10; a.A. BayObLG v. 5.3.1954 – BReg. 2 Z 10/1954, NJW 1954, 959 = Rpfleger 1954, 307 = DNotZ 1954, 391: ausreichend ist, dass der Wille der Beteiligten mit genügender Sicherheit erkennbar ist; auch: *Palandt-Bassenge*, § 32 Rn. 2.
17 BayObLG v. 28.5.1997 – 2Z BR 60/97, BayObLGZ 1997, 163.

tigten Veräußerung des belasteten Grundstücks ist nicht erforderlich. Eine Mehrheit von Berechtigten zur gesamten Hand (z.B. Erbengemeinschaft) kann ebenso begünstigt sein wie eine Bruchteilsgemeinschaft.[18]

d) Belastungsgegenstand

6 Das **Dauerwohnrecht** berechtigt den Inhaber des Rechts, eine bestimmte Wohnung zu bewohnen oder zu nutzen, ohne dass der Inhaber des Rechts (Wohnungs-) Eigentümer[19] ist. Während das **Wohnrecht** des BGB als beschränkt persönliche Dienstbarkeit ausgestaltet ist, das weder vererblich noch übertragbar ist (§ 1093 BGB), und auch die Übertragung der Ausübung nur mit Zustimmung des Eigentümers zulässig ist (§ 1092 Abs. 1 BGB), ermöglicht ein **Dauerwohnrecht** und, soweit nicht zu Wohnzwecken dienende Räume betroffen sind, das **Dauernutzungsrecht** des § 31 Abs. 1, Abs. 2 die Veräußerung und Vererbung, aber auch die Vermietung und Verpachtung und jede sachgemäße Nutzung. Es unterscheidet sich zum Wohnungseigentum dadurch, dass nicht das gesamte Grundstück aufgeteilt werden muss; ausreichend ist, dass eine Wohnung in einem Gebäude, an dem das Dauerwohnrecht begründet wird, abgeschlossen ist. Alle anderen Räume müssen dies nicht sein; die Abgeschlossenheit richtet sich nach § 32 Abs. 1.[20] Auch Wohnungseigentum/Teileigentum ist belastbar.[21] Es bietet sich z.B. zur Sicherung eines Berechtigten an, der für die Erstellung eines Gebäudes/Wohnung einen Baukostenzuschuss geleistet hat; ihm kann ein Nutzungsrecht gewährt werden. Wie Wohnungseigentum und Teileigentum verbunden werden können (vgl. § 7 Rn. 2), so können Dauerwohnrecht und Dauernutzungsrecht auch als Einheit bestellt werden. Im Grundbuch wird ein „Dauerwohnrecht und Dauernutzungsrecht" entsprechend § 7 Abs. 1 eingetragen.[22] § 42 ermöglicht die Bestellung eines Dauerwohnrechts auch an einem Erbbaurecht.

Wird nachträglich ein Grundstück in Wohnungseigentum/Teileigentum aufgeteilt, erlischt das Dauerwohnrecht nicht; vielmehr besteht es, soweit eindeutig zuordenbar, an dem Sondereigentum, an dem das Dauerwohnrecht ausgeübt werden soll, fort; alle anderen Miteigentumsanteile werden frei. Der Zustimmung der Dauerwohnberechtigten bedarf es nicht.[23]

7 Ist ein Dauerwohnrecht auf weniger als 10 Jahre befristet, spricht man von **mietähnlichen** Dauerwohnrechten, von **eigentumsähnlichen** bei besonders langfristigen oder unbefristeten. Erstere werden z.B. als Gegenleistung für Baukostenzuschüsse eingeräumt, letztere haben Sinn, wenn z.B. ein Erbbaurecht nicht bestellt werden kann[24] oder Kosten für die Aufteilung in

---

18 BGH v. 30.6.1995 – V ZR 184/94, BGHZ 130, 150.
19 Zur Abgrenzung zum Mietrecht siehe auch OLG Nürnberg v. 10.7.1959 – 1 U 16/59, ZMR 1961, 196.
20 Siehe: § 32 Rn. 2; Rn. 5; OLG München v. 11.4.2013 – 34 Wx 120/13 zur Gartenmitbenützung.
21 BayObLG v. 15.3.1957 – BReg. 2 Z 226-231/56, BayObLGZ 1957, 102/110; BGH v. 27.9.1978 – V ZR 128/76 = MDR 1979, 390.
22 BayObLG v. 28.6.1960 – BReg. 2 Z 20/60, DNotZ 1960, 596/598.
23 BayObLG v. 15.3.1957 – BReg. 2 Z 226-231/56, BayObLGZ 1957, 102.
24 Hierzu: *Staudinger-Spiegelberger*, Vorbem. zu § 31 ff. Rn. 14.

Wohnungseigentum erspart werden sollen.[25] Zulässig ist deshalb auch die Bestellung eines Gesamtdauerwohnrechts an mehreren Belastungsgegenständen (wie z.B. an mehreren Eigentumswohnungen).[26] An einem Sondernutzungsrecht, einem Nießbrauch oder einem Miteigentumsanteil kann ein Dauerwohnrecht nicht bestellt werden.[27]

Nach § 31 Abs. 1 Satz 2 kann das Dauerwohnrecht auf einen außerhalb des Gebäudes liegenden Teil des Grundstücks erstreckt werden, sofern die Wohnung wirtschaftlich die Hauptsache bleibt. Damit kann das Dauerwohnrecht auch auf Gartennutzung oder PKW-Stellplätze ausgedehnt werden, die Wohnung muss jedoch wirtschaftlich die Hauptsache bleiben.[28] Das Dauerwohnrecht kann auch an einem noch zu errichtenden Gebäude bestellt werden[29].

2. Beendigung

a) Aufhebung des Dauerwohnrechts

Die Aufhebung des Dauerwohnrechts geschieht durch Erklärung des Berechtigten; die Löschung im Grundbuch ist zu beantragen; die Form des § 29 GBO ist zu beachten.[30] Besteht ein Heimfallrecht, ist die Zustimmung des Grundstückseigentümers notwendig. Wird das Gebäude zerstört und besteht eine Verpflichtung zum Wiederaufbau gemäß § 33 Abs. 3 nicht, erlischt das Dauerwohnrecht nicht (vgl. § 13 ErbbauRG). Das Recht wird allerdings inhaltslos; etwaige Schadensersatzansprüche richten sich dann nach den schuldrechtlichen Vereinbarungen.

8

b) Erlöschen

Ist das Dauerwohnrecht befristet, erlischt es durch Zeitablauf; es erlischt im Zwangsversteigerungsverfahren, soweit nicht an § 91 ZVG (Aufnahme ins geringste Gebot) gedacht war. Eine einvernehmliche Aufhebung ist wie immer möglich, eine Kündigung indes ausgeschlossen.[31] Die Verlängerung eines befristeten Dauerwohnrechts ist Inhaltsänderung; die Pfändung eines Dauernutzungsrechts ist ins Grundbuch einzutragen, § 857 ZPO.

9

III. Absatz 2: Dauernutzungsrecht

Bezüglich des Dauerwohn- und Dauernutzungsrechts unterscheidet das Gesetz wie beim Wohnungs- und Teileigentum die Nutzung für Gewerbe und Sonstigem sowie Wohnraumnutzung; rechtlich werden sie gleich behandelt. Ein Grundstück kann mithin in der Weise belastet werden, dass derjenige,

10

---

25 Weil es für die Bestellung eines Dauerwohnrechts ausreichend ist, dass nur die betroffenen Räume abgeschlossen sind, § 32 Abs. 2; *MünchKomm-Engelhardt*, § 32 Rn 2.
26 *Niedenführ/Kümmel/Vandenhouten*, § 31 Rn. 15.
27 BayObLG v. 15.3.1957 – BReg. 2 Z 226-221/56, BayOLGZ 1957, 102.
28 BayObLG v. 14.6.1995 – 2Z BR 29/95, MittBayNot 1995, 458 = NJW-RR 1996, 397.
29 BayObLG v. 6.3.1956 – BReg- 2 Z 200/55, NJW 1956, 871; für ein Wohnrecht nach § 1093 BGB; *Schneider*, in: Bärmann, § 31 Rn. 28.
30 BayObLG v. 14.6.1995 – 2Z BR 29/95, MittBayNot 1995, 458 = NJW-RR 1996, 397.
31 BGH v. 23.4.1958 – V ZR 99/57, BGHZ 27, 158.

zu dessen Gunsten die Belastung erfolgt, berechtigt ist, unter Ausschluss des Eigentümers nicht zu Wohnzwecken dienende bestimmte Räume in einem auf dem Grundstück errichteten oder zu errichtenden Gebäude zu nutzen (Dauernutzungsrecht). Auch hier kommen z.b. Läden, Lagerräume, Garagen, Gewerberäume in Betracht, gegebenenfalls auch einzelne Hotelzimmer.[32] Die Umwandlung von Dauernutzungsrechten in Dauerwohnrecht ist wie beim Wohnungseigentum zulässig.[33] Es bedarf der Vereinbarung.

IV. Absatz 3: Vorschriften für das Dauernutzungsrecht

11 Für das Dauernutzungsrecht gelten die Vorschriften über das Dauerwohnrecht entsprechend. Das Dauernutzungsrecht bezieht sich auf Räume, die nicht zu Wohnzwecken dienen. Es wird genauso behandelt wie das Dauerwohnrecht und nimmt die Unterscheidung von Wohnungseigentum gegenüber Teileigentum auf.

Soll ein Dauerwohnrecht in ein Dauernutzungsrecht umgewandelt werden, ist zu verfahren, wie bei der Bestellung eines Dauernutzungsrechts; es handelt sich um eine Inhaltsänderung des dinglichen Rechts gemäß § 877 BGB.[34]

---

[32] Vgl. hierzu: *Niedenführ/Kümmel/Vandenhouten*, § 1 Rn. 17.
[33] Siehe § 1 Rn. 8.
[34] Niedenführ/Kümmel/Vandenhouten, § 31 Rn. 21.

§ 32
Voraussetzungen der Eintragung

(1) Das Dauerwohnrecht soll nur bestellt werden, wenn die Wohnung in sich abgeschlossen ist.

(2) Zur näheren Bezeichnung des Gegenstands und des Inhalts des Dauerwohnrechts kann auf die Eintragungsbewilligung Bezug genommen werden. Der Eintragungsbewilligung sind als Anlagen beizufügen:

1. eine von der Baubehörde mit Unterschrift und Siegel oder Stempel versehene Bauzeichnung, aus der die Aufteilung des Gebäudes sowie die Lage und Größe der dem Dauerwohnrecht unterliegenden Gebäude- und Grundstücksteile ersichtlich ist (Aufteilungsplan); alle zu demselben Dauerwohnrecht gehörenden Einzelräume sind mit der jeweils gleichen Nummer zu kennzeichnen;

2. eine Bescheinigung der Baubehörde, daß die Voraussetzungen des Absatzes 1 vorliegen.

Wenn in der Eintragungsbewilligung für die einzelnen Dauerwohnrechte Nummern angegeben werden, sollen sie mit denen des Aufteilungsplans übereinstimmen. Die Landesregierungen können durch Rechtsverordnung bestimmen, dass und in welchen Fällen der Aufteilungsplan (Satz 2 Nr. 1) und die Abgeschlossenheit (Satz 2 Nr. 2) von einem öffentlich bestellten oder anerkannten Sachverständigen für das Bauwesen statt von der Baubehörde ausgefertigt und bescheinigt werden. Werden diese Aufgaben von dem Sachverständigen wahrgenommen, so gelten die Bestimmungen der Allgemeinen Verwaltungsvorschrift für die Ausstellung von Bescheinigungen gemäß § 7 Abs. 4 Nr. 2 und § 32 Abs. 2 Nr. 2 des Wohnungseigentumsgesetzes vom 19. März 1974 (BAnz. Nr. 58 vom 23.3.1974) entsprechend. In diesem Fall bedürfen die Anlagen nicht der Form des § 29 der Grundbuchordnung. Die Landesregierungen können die Ermächtigung durch Rechtsverordnung auf die Landesbauverwaltungen übertragen.

(3) Das Grundbuchamt soll die Eintragung des Dauerwohnrechts ablehnen, wenn über die in § 33 Abs. 4 Nr. 1 bis 4 bezeichneten Angelegenheiten, über die Voraussetzungen des Heimfallanspruchs (§ 36 Abs. 1) und über die Entschädigung beim Heimfall (§ 36 Abs. 4) keine Vereinbarungen getroffen sind.

Inhalt:

	Rn.		Rn.
I. Allgemeines	1	2. Abgeschlossenheits-	
II. **Absatz 1:** Abgeschlossenheit	2	bescheinigung	5
III. **Absatz 2:** Eintragungs-		IV. **Absatz 3:** Ablehnung der	
bewilligung	3	Eintragung	6
1. Aufteilungsplan	4		

I. Allgemeines

1 Die WEG-Novelle[1] hat wie § 7 Abs. 4 auch § 32 Abs. 2 erweitert: Auch nach § 32 Abs. 2 besteht die Möglichkeit, dass die Abgeschlossenheitsbescheinigung und der Aufteilungsplan von öffentlich bestellten oder anerkannten Sachverständigen für das Bauwesen statt von der Baubehörde ausgefertigt und bescheinigt werden. Zuständig sind die Landesregierungen, die die Ermächtigung auch an die Landesbauverwaltungen subdelegieren können. Die Anlagen bedürfen in diesem Fall nicht der Form des § 29 GBO.

Die Ergänzung des § 32 Abs. 2 mit den Sätzen 4 bis 7 dient der **Verwaltungsvereinfachung**. Inhaltlich ist auf § 7 Rn. 9 bis 14 zu verweisen. Gleichzeitig wurde § 32 Abs. 1 Satz 2 aufgehoben. Der Verweis auf § 3 Abs. 3 ist gegenstandslos geworden, nachdem auch § 3 Abs. 3 aufgehoben ist: Die Übergangsregelung zur Abgeschlossenheit galt für die neuen Bundesländer nur bis zum 31.12.1996.

II. Absatz 1: Abgeschlossenheit

2 Die Räume, für die ein Dauerwohnrecht bestellt werden soll, sollen nach § 32 Abs. 1 „in sich abgeschlossen" sein. Hierzu müssen mindestens drei Voraussetzungen erfüllt sein, nämlich eine räumliche Abgeschlossenheit, einen eigenen abschließbaren Zugang unmittelbar vom Freien, von einem Treppenhaus oder von einem Vorraum aus und als drittes Merkmal die für eine Wohnung erforderliche Grundausstattung. Diese schreibt die Verwaltungsvorschrift vom 19.3.1974, BAnz. Nr. 58 vor. Die Wohnung muss zur Führung eines selbständigen Haushalts geeignet sein. Anders als im Rahmen des § 3 reicht es, dass eine einzelne Wohnung für sich abgeschlossen ist[2], nicht alle Wohnungen des Gebäudes. Voraussetzung für die Abgeschlossenheit einer Wohnung ist, dass Kochgelegenheit, Wasserversorgung und Entsorgung und WC vorhanden sind.[3]

Da es sich um eine „Soll"-Bestimmung handelt, ist die Bestellung auch dann wirksam, wenn ohne Abgeschlossenheit die Eintragung im Grundbuch erfolgt.

III. Absatz 2: Eintragungsbewilligung

3 Die Eintragung im Grundbuch kann zur näheren Bezeichnung des Gegenstands und Inhalts des Dauerwohnrechts auf die Eintragungsbewilligung Bezug nehmen, § 3 Abs. 2 Satz 1; es sind der Aufteilungsplan und die Abgeschlossenheitsbescheinigung durch Bestätigung der Baubehörde oder des

---

1 Gesetz zur Änderung des Wohnungseigentumsgesetzes und anderer Gesetze v. 26.3.2007, BGBl. I 2007, S. 370 Nr. 11.
2 Im Streit steht, ob das Dauerwohnrecht ebenfalls einen freien Zugang vom Treppenhaus oder Vorraum haben muss oder der Zugang über eine andere Wohnung ausreichend ist; hierfür: *Lotter*, MittBayNot 1999, 354/355 – entgegen dem Wortlaut der Nr. 3 und 4 der Verwaltungsvorschrift.
3 Vgl. im Einzelnen § 3 Rn. 29.

öffentlich bestellten und anerkannten Sachverständigen beizulegen.[4] Die Eintragungsbewilligung bedarf der Form des § 29 GBO; sie ist vom Eigentümer des zu belastenden Grundstücks abzugeben, § 19 GBO. Aus dem Inhalt der Eintragungsbewilligung ergibt sich der dingliche wirksame Inhalt des Rechts[5].

1. Aufteilungsplan

Zur Eintragung des Dauerwohnrechts im Grundbuch ist ein Aufteilungsplan mit vorzulegen; aus ihm muss die Aufteilung des Gebäudes sowie die Lage und Größe der dem Dauerwohnrecht unterliegenden Räume und Grundstücksteile ersichtlich sein; er muss das ganze Gebäude umfassen. Alle zu demselben Dauerwohnrecht gehörenden Einzelräume sind mit der gleichen Nummer zu kennzeichnen; sie sollen mit der Eintragungsbewilligung übereinstimmen, § 32 Abs. 2 Satz 3. Diese Voraussetzungen sind eingehalten, wenn Inhalt und Umfang des dinglichen Rechts zweifelsfrei und eindeutig bestimmbar sind. Liegen die von dem Dauerwohnrecht umfassten Räume in einem von mehreren Stockwerken eines Gebäudes, ist ein Stockwerksplan erforderlich, aus dem sich die Lage der Räume und ihre Abgrenzung zu anderen Räumen auf dem Stockwerk ergibt; die Räume müssen in ihrer äußeren Umgrenzung kenntlich gemacht werden. Befinden sich mehrere Gebäude auf dem belasteten Grundstück, muss in einem Grundstücksplan das Gebäude gekennzeichnet sein, in dem sich die vom Dauerwohnrecht umfassten Räume befinden; sind gemäß § 31 Abs. 1 Satz 2 Grundstücksteile außerhalb des Gebäudes mitumfasst (z.B. ein Garten), muss sich auch deren Lage und Größe aus dem Plan ergeben.[6] Der Bescheinigung über die Abgeschlossenheit bedarf es jedoch nicht, wenn das Dauerwohnrecht das gesamte Gebäude umfasst.[7] Weiterer Anforderungen an den Aufteilungsplan bedarf es nicht. Fehlt ein Aufteilungsplan, darf das Grundbuchamt die Eintragung ablehnen.

4

2. Abgeschlossenheitsbescheinigung

Für die Erteilung der Abgeschlossenheitsbescheinigung ist grundsätzlich die Baubehörde zuständig. Sie hat die mit Unterschrift und Siegel oder Stempel versehene Bauzeichnung zu bestätigen. Sie hat auch zu bestätigen, dass die Voraussetzungen der Abgeschlossenheit, wie sie sich aus dem Aufteilungsplan ergeben, vorliegen. Die WEG-Novelle[8] ermöglicht der Landesregierung, durch Rechtsverordnung zu bestimmen, dass statt der Baubehörde öffentlich bestellte oder anerkannte Sachverständige für das Bauwesen die Aufteilungspläne und die Abgeschlossenheit ausfertigen und bescheinigen. In diesem Fall ist die allgemeine Verwaltungsvorschrift für die Ausstellung von Be-

5

---

4 BayObLG v. 26.3.1998 – 2Z BR 46/98, NJW-RR 1998, 1025 = MittBayNot 1998, 256: Eine auflösende Bedingung muss in den Eintragungsvermerk selbst aufgenommen werden; nicht jedoch Veräußerungsbeschränkungen, strittig.
5 *Schneider*, in: Bärmann, § 32 Rn. 6.
6 BayObLG v. 28.5.1997 – 2Z BR 60/97, BayObLGZ 1997, 163.
7 LG Münster v. 18.11.1952 – 5 T 872/52 (877/52), DNotZ 1953, 148 = MDR 1953, 175.
8 Gesetz zur Änderung des Wohnungseigentumsgesetzes und anderer Gesetze v. 26.3.2007, BGBl. I 2007, S. 370 Nr. 11.

scheinigungen gemäß § 7 Abs. 4 Nr. 2 und § 32 Abs. 2 Nr. 2 vom 19.3.1974[9] anwendbar.[10] Die Landesregierungen prüfen derzeit den Erlass entsprechender Rechtsverordnungen, ein Inkrafttreten ist nicht abzusehen.

IV. Absatz 3: Ablehnung der Eintragung

6 Das Grundbuchamt soll die Eintragung des Dauerwohnrechts ablehnen, wenn über den Inhalt des Dauerwohnrechts gemäß § 33 Abs. 4 Nr. 1 bis 4 (Art und Umfang der Nutzungen; Instandhaltung; Instandsetzung; Tragung öffentlicher oder privater Lasten; Versicherung des Gebäudes; Wiederaufbau im Falle der Zerstörung) keine Vereinbarungen getroffen sind, ebenso wenn der Heimfallanspruch und eine etwaige Entschädigung beim Heimfall (§§ 36 Abs. 1, Abs. 4) nicht geregelt sind. Da es sich um eine Soll-Vorschrift handelt, entsteht das Dauerwohnrecht auch dann, wenn solche Regelungen auch nicht teilweise vorliegen und das Grundbuchamt keine Prüfung vorgenommen hat. Das Grundbuchamt darf durchaus prüfen, ob hierüber eine Einigung zustande gekommen ist[11]; ist dem Grundbuchamt der Regelungswille der Beteiligten auch nicht aus dem Zusammenhang erkennbar, ist die Aufforderung zur Klarstellung zulässig und erforderlich; ob die Vereinbarungen vollständig oder zweckmäßig sind, wird nicht geprüft.[12] Zumindest bei einem eigentumsähnlichen Dauerwohnrecht gemäß § 41 kann die Eintragung des Dauerwohnrechts abgelehnt werden, wenn über die Voraussetzungen des Heimfallanspruchs und über die Entschädigung keine Vereinbarungen getroffen worden sind.[13] Wie die Parteien die Ansprüche im Einzelnen geregelt haben, ist nicht Prüfungsgegenstand. Gerade im Falle des Heimfalls kann eine abschließende Beurteilung erst im Zeitpunkt des Heimfalls erfolgen.[14] Fehlt es an schuldrechtlichen Vereinbarungen gem. § 33 Abs. 4 Nr. 1 bis 4, ist nach den Umständen über die Rechte und Pflichten zu entscheiden.[15]

---

9 BAnz. Nr. 58 v. 23.3.1974.
10 Siehe Anlage I.
11 OLG Düsseldorf v. 21.9.1977 – 3 W 266/77, DNotZ 1978, 354 = Rpfleger 1977, 446; BGH v. 23.4.1958 – V ZR 99/57, BGHZ 27, 158/162; *Schneider*, in: Bärmann, § 32 Rn. 17; a.A. *Palandt-Bassenge*, § 32 Rn. 2: materielle Prüfungspflicht besteht nicht.
12 BGH v. 23.4.1958 – V ZR 99/57; BGHZ 27, 158/162.
13 BayObLG v. 5.3.1954 – BReg. 2 Z 10/1954, BayObLGZ 1954, 67 = DNotZ 1954, 391 = NJW 1954, 959.
14 BGH v. 23.4.1958 – V ZR 99/57, BGHZ 27, 158/162.
15 Hierzu: *Schneider*, in: Bärmann, § 32 Rn. 21.

§ 33
Inhalt des Dauerwohnrechts

(1) Das Dauerwohnrecht ist veräußerlich und vererblich. Es kann nicht unter einer Bedingung bestellt werden.

(2) Auf das Dauerwohnrecht sind, soweit nicht etwas anderes vereinbart ist, die Vorschriften des § 14 entsprechend anzuwenden.

(3) Der Berechtigte kann die zum gemeinschaftlichen Gebrauch bestimmten Teile, Anlagen und Einrichtungen des Gebäudes und Grundstücks mitbenutzen, soweit nichts anderes vereinbart ist.

(4) Als Inhalt des Dauerwohnrechts können Vereinbarungen getroffen werden über:

1. Art und Umfang der Nutzungen;
2. Instandhaltung und Instandsetzung der dem Dauerwohnrecht unterliegenden Gebäudeteile;
3. die Pflicht des Berechtigten zur Tragung öffentlicher oder privatrechtlicher Lasten des Grundstücks;
4. die Versicherung des Gebäudes und seinen Wiederaufbau im Falle der Zerstörung;
5. das Recht des Eigentümers, bei Vorliegen bestimmter Voraussetzungen Sicherheitsleistung zu verlangen.

Inhalt:

	Rn.		Rn.
I. Allgemeines	1	1. Nr. 1: Art und Umfang der Nutzung	7
II. **Absatz 1:** Verfügungen über das Dauerwohnrecht	2	2. Nr. 2: Vereinbarung zur Instandhaltung und Instandsetzung	8
1. Veräußerung/Vererblichkeit	2		
2. Bedingungsfeindlichkeit	3	3. Nr. 3: Tragung öffentlicher oder privater Lasten	9
III. **Absatz 2:** Instandhaltungspflichten gemäß § 14	4		
IV. **Absatz 3:** Mitbenutzungsrechte	5	4. Nr. 4: Versicherung und Wiederaufbau	10
V. **Absatz 4:** Dingliche Vereinbarungen	6	5. Nr. 5: Sicherheitsleistung	11
		6. Andere Vereinbarungen	12

I. Allgemeines

Die Bestimmungen des § 33 zum Inhalt des Dauerwohnrechts regeln im Grundbuch eintragungsfähige dingliche Befugnisse und Verpflichtungen der Beteiligten. Nur der Inhalt, der gemäß § 33 in der Eintragungsbewilligung zulässigerweise vereinbart ist, wirkt dinglich gegen Dritte. Schuldrechtliche Vereinbarungen unter Vertragspartnern gemäß § 15 bleiben von § 33 unberührt.

§ 33 Abs. 4 bestimmt neben §§ 35, 36, 39 und 40 abschließend den dinglichen Inhalt eines Dauerwohnrechts. Darüber hinaus können Vereinbarungen keinen dinglichen, wohl aber einen schuldrechtlichen Inhalt haben. Auch das Entgelt für das Dauerwohnrecht ist nicht dinglich zu sichern. Da der gesetzliche Eintritt des Erwerbers auch in die schuldrechtlichen Verpflichtungen gemäß § 38 Abs. 1 erfolgt und zwar auch für den Fall der Zwangsversteigerung, ist der Schutz indes umfassend.

II. Absatz 1: Verfügungen über das Dauerwohnrecht

1. Veräußerung und Vererblichkeit, Absatz 1 Satz 1

2 Das Dauerwohnrecht ist veräußerlich und vererblich; damit ist es verkehrsfähig und den Wohnrechten gemäß § 1093 BGB überlegen (die nicht veräußerlich und nicht vererblich sind). Unwirksam sind deshalb Vereinbarungen, die die Veräußerlichkeit und/oder die Vererblichkeit ausschließen. Zulässig ist jedoch, die Veräußerung von der Zustimmung des Eigentümers oder eines Dritten abhängig zu machen, § 35. Ebenso ist die Belastung mit einem Nießbrauch nach § 1068 BGB oder die Einräumung eines Pfandrechtes nach § 1273 BGB zulässig. Als beschränkt dingliches Recht kann das Dauerwohnrecht nicht mit einem Vorkaufsrecht, Grundpfandrechten, Dienstbarkeiten einschließlich einer Reallast belastet werden.[1]

2. Bedingungsfeindlichkeit, Absatz 1 Satz 2

3 Das Dauerwohnrecht ist bedingungsfeindlich, es kann also nicht unter einer aufschiebenden oder auflösenden Bedingung gemäß § 158 BGB bestellt werden. Allerdings ist eine zeitliche Befristung, wie sich aus § 41 Abs. 1 ergibt, ohne Weiteres zulässig. Im Streit steht die Frage, ob eine Vereinbarung eines Dauernutzungsrecht auf Lebenszeit des Bestellers unzulässig ist. Durch die Unbestimmtheit des Zeitpunkts des Wegfalls des Rechts sei die Beleihbarkeit des Dauerwohnrechts gefährdet[2]; auch sei die Vererblichkeit des Dauerwohnrechts nicht gegeben.[3] Kann jedoch ein Erbbaurecht befristet (z.B. auf mindestens 50 Jahre) bestellt werden, dann ist auch eine Vereinbarung, dass mit dem Tod des Berechtigten das Dauerwohnrecht erlischt, zulässig.[4] Denn es muss zur Entscheidung, ob eine Bedingung oder eine Befristung vorliegt, beachtet werden, dass dann, wenn ein Ereignis auf jeden Fall eintreten wird, eine Befristung vorliegt, selbst wenn der Zeitpunkt des Eintritts noch ungewiss ist (dies certus an incertus quando).[5] Soll mit dem Tod des Berechtigten der Ehegatte Inhaber des Dauerwohnrechts unabhängig von der gesetzlichen Erbfolge werden, muss dieses Ziel durch erbrecht-

---

1 BGH v. 14.7.1969 – V ZR 122/66, BGHZ 52, 269/272 – für das Erbbaurecht; *Schneider*, in: Bärmann, § 33 Rn. 35.
2 *Staudinger-Spiegelberger*, § 33 Rn. 13.
3 OLG Celle v. 20.3.1963 – 4 Wx 1/63, Rpfleger 1964, 213; OLG Neustadt v. 27.7.1961 – 3 W 58/61, NJW 1961, 1974; a.A. insbesondere *Diester*, NJW 1963, 183–185.
4 OLG Celle v. 20.3.1963 – 4 Wx 1/63, Rpfleger 1964, 213; darüber hinausgehend: *Diester*, in: Anm. zu Beschluss OLG Celle vom 20.3.1963 – 4 Wx 1/63, Rpfleger 1964, 214.
5 BGH v. 10.6.1979 – IV ZR 137/77, MDR 1980, 41 = LM § 158 BGB Nr. 14; *Schneider*, in: Bärmann, § 33 Rn. 61; *Lehmann*, RNotZ 2011, 1/25.

liche Regelungen, gegebenenfalls Auslegung erreicht werden (da die Bedingung des Überlebens hinzu kommt).[6] Damit ist das auf Lebenszeit des Berechtigten bestellte Dauerwohnrecht zulässig.

III. Absatz 2: Instandhaltungspflichten

Der Dauerwohnungsberechtigte ist, soweit nichts anderes vereinbart ist, verpflichtet, die ihm zur Verfügung stehenden Räume instand zu halten, § 14 gilt entsprechend. Er hat die Verpflichtung, die Räume so instand zu halten und so zu nutzen, dass keinem anderen Nutzer über das bei einem geordneten Zusammenleben unvermeidliche Maß hinaus Nachteile erwachsen und für die Einhaltung dieser Pflichten auch alle dem Hausstand oder Geschäftsbetrieb angehörigen Personen zu verpflichten; er hat Einwirkungen im Rahmen des zulässigen Gebrauchs eines anderen zu dulden und die Betretung und Benutzung der Gebäudeteile zu gestatten, soweit dies zur Instandhaltung und Instandsetzung erforderlich ist. Die Einzelheiten finden sich in der Kommentierung zu § 14.

4

IV. Absatz 3: Mitbenutzungsrechte

Regelt § 33 Abs. 2 die Pflichten des Rechtsinhabers gemäß § 14, so regelt § 33 Abs. 3 die Rechte des Rechtsinhabers (vgl. § 13). Er kann die zum gemeinschaftlichen Gebrauch bestimmten Teile, Anlagen und Einrichtungen des Gebäudes und Grundstücks mitbenutzen, soweit nichts anderes vereinbart ist. So können – soweit nichts anderes vereinbart ist – also Treppenhaus, Fahrstuhl, Waschkeller, Fahrradkeller, Versorgungs- und Entsorgungsleitungen (auch außerhalb des Gebäudes)[7], gemeinschaftliche Heizanlage[8] mitbenutzt werden. Der Dauernutzungsberechtigte kann im gleichen Umfange wie ein Mieter die Außenflächen des genutzten Gebäudes für Reklamezwecke nutzen. Er ist grundsätzlich berechtigt, die Flächen von der oberen Kante seiner Fenster bis zur Unterkante des Fensters des über ihm gelegenen Stockwerks für Reklamezwecke zu nutzen, z.B. durch Lichtreklame[9]; eine Störung der Mitbenutzer des Gebäudes muss ausgeschlossen sein. Auch hier ist auf die Kommentierung zu § 13 zu verweisen.

5

V. Absatz 4: Dingliche Vereinbarungen

Dinglich können (müssen aber nicht)[10] gemäß § 33 Abs. 4 Vereinbarungen getroffen werden über Art und Umfang der Nutzungen, Instandhaltung und Instandsetzung der dem Dauerwohnrecht unterliegenden Gebäudeteile, über die Pflichten der Berechtigten zur Tragung öffentlicher oder privatrechtlicher Lasten des Grundstücks, über die Versicherung des Gebäudes und einen Wiederaufbau im Falle der Zerstörung sowie über das Recht des Eigentümers, bei Vorliegen bestimmter Voraussetzungen Sicherheitsleistun-

6

---

6 *Niedenführ/Kümmel/Vandenhouten*, § 33 Rn. 10.
7 BayObLG v. 3.7.1991 – BReg. 2 Z 66/91, DNotZ 1992, 303 = MittBayNot 1991, 219.
8 BGH v. 4.7.1969 – V ZR 37/66, BGHZ 51, 234.
9 OLG Frankfurt/Main v. 9.1.1970 – 10 U 201/68, BB 1970, 731/732.
10 *Schneider*, in: Bärmann, § 33 Rn. 115.

gen zu verlangen. Mit Eintragung dieser Vereinbarungen im Grundbuch wirken sie auch gegenüber Dritten dinglich (Verweis auf die Eintragungsbewilligung ist ausreichend, § 32 Abs. 2 Satz 1[11]). Sinn der Soll-Vorschrift (vgl. § 32 Abs. 3) ist, bei Begründung des Dauerwohnrechtes typisch streitbehaftete Fragen vorweg zu regeln.

1. Nr. 1: Art und Umfang der Nutzung

7 So sind über **Art und Umfang** des Dauerwohnrechts Regelungen zu treffen (wie dies auch in § 15 durch die Gemeinschaftsordnung angestrebt wird). Sinnvoll ist, die Zustimmung des Grundstückseigentümers bei Verwendung der Räume für andere als die vereinbarten Zwecken zu vereinbaren; dies gilt auch für ein Zustimmungserfordernis im Falle der Vermietung; in diesem Zusammenhang ist die Vereinbarung von Schiedsklauseln für den Fall des Konflikts zulässig.[12] Wettbewerbsverbote können Gegenstand solcher Vereinbarungen sein.[13]

2. Nr. 2: Vereinbarung zur Instandhaltung und Instandsetzung

8 Die Vereinbarung zur Instandhaltung und Instandsetzung greift Absatz 2 auf, der wiederum auf § 14 verweist. Die Konkretisierung der jeweiligen Verpflichtungen ist empfehlenswert; von den Voraussetzungen des § 14 abweichende Vereinbarungen sind zulässig.

3. Nr. 3: Tragung öffentlicher oder privater Lasten

9 Unter öffentliche Lasten und Abgaben fallen Grundstücksabgaben und Erschließungskosten, aber auch die Grundsteuer. Zu den privatrechtlichen Lasten gehören z.B. Lasten wie Überbau- und Notwegrenten, aber auch Heizungskosten und die mit dem Gebrauch zusammenhängenden Lasten; hierzu sollen auch Zinsen auf Grundpfandrechte zählen (wenn § 1047 BGB entsprechend angewandt wird). Deshalb ist es zweckmäßig, hierzu Vereinbarungen zu treffen. Gibt es keine Vereinbarungen, trägt die öffentlichen und privaten Lasten der Eigentümer, da § 16 Abs. 2 nicht entsprechend anwendbar ist.[14] Unter öffentliche Lasten fallen auch die Müllabfuhrgebühren.[15] Im Übrigen ist auf die Kommentierung zu § 16 zu verweisen.

4. Nr. 4: Versicherung, Wiederaufbau

10 Die sich an § 2 Nr. 2 ErbbauRG orientierende Vorschrift empfiehlt, Regelungen über die Versicherung des Gebäudes zu treffen, also Versicherungen gegen Feuer, Sturm, Leitungswasser. Ist eine Versicherung vereinbart, kann hieraus für den Fall der Zerstörung eine Wiederaufbaupflicht hergeleitet werden; ob die Zerstörung aufgrund Verschuldens des Berechtigten, eines Dritten oder auf höherer Gewalt beruht, ist unbeachtlich.

---

11 *Niedenführ/Kümmel/Vandenhouten*, § 33 Rn. 21.
12 BayObLG v. 28.6.1960 – (2. ZS) BReg. 2 Z 20/60, BayObLGZ 1960, 231/239.
13 *Niedenführ/Kümmel/Vandenhouten*, § 33 Rn. 25.
14 BGH v. 27.9.1978 – V ZR 128/76, MDR 1979, 390.
15 BayObLG v. 18.6.1980 – 2 Z 28/80, JurBüro 1980, Sp. 1568 – für das Wohnungsrecht gemäß § 1093 BGB.

5. Nr. 5: Sicherheitsleistung

Vereinbarungen sollen auch darüber getroffen werden, dass der Berechtigte "bei Vorliegen bestimmter Voraussetzungen" Sicherheit leistet. Gemeint sind z.b. Fälle, in denen durch das Verhalten des Berechtigten die Besorgnis einer erheblichen Verletzung der Rechte des Eigentümers begründet ist. Sicherheitsleistungen können nach §§ 232 ff. BGB gefordert werden. Die Höhe der Sicherheit kann dem zu sichernden Recht und dem Ausmaß der Gefährdung entsprechen. Haben die Parteien keine Vereinbarung getroffen, kann § 1051 BGB (Sicherheitsleistung durch Nießbraucher) nicht entsprechend angewandt werden.[16]

11

6. Andere Vereinbarungen

Andere als die § 33 Abs. 4 genannten Vereinbarungen können neben §§ 35, 36, 39, 40, 41 nicht dinglicher Inhalt des Dauerwohnrechts sein. Sie müssen schuldrechtlich vereinbart werden, z.b. Vertragsstrafen oder Vorkaufsrechte zugunsten des Berechtigten. Die Vereinbarungen gelten auch nur zwischen Berechtigten und Eigentümern; ein berechtigter Nutzer (Mieter) kann sich hierauf nicht berufen.

12

---

16 *Weitnauer/Mansel*, § 33 Rn. 16; *Schneider*, in: Bärmann, § 33 Rn. 153.

§ 34
Ansprüche des Eigentümers und der Dauerwohnberechtigten

(1) Auf die Ersatzansprüche des Eigentümers wegen Veränderungen oder Verschlechterungen sowie auf die Ansprüche der Dauerwohnberechtigten auf Ersatz von Verwendungen oder auf Gestattung der Wegnahme einer Einrichtung sind die §§ 1049, 1057 des Bürgerlichen Gesetzbuchs entsprechend anzuwenden.

(2) Wird das Dauerwohnrecht beeinträchtigt, so sind auf die Ansprüche des Berechtigten die für die Ansprüche aus dem Eigentum geltenden Vorschriften entsprechend anzuwenden.

Inhalt:

	Rn.			Rn.
I. Allgemeines	1		3. Ersatz von Verwendungen, Gestattung der Wegnahme einer Einrichtung	4
II. **Absatz 1:** Ansprüche wegen Veränderungen; Ersatz von Verwendungen	2			
1. Ansprüche des Eigentümers	2	III.	**Absatz 2:** Ansprüche bei Beeinträchtigung des Dauerwohnrechts	5
2. Ansprüche des Dauerwohnberechtigten	3			

I. Allgemeines

1 Ansprüche zwischen Dauerwohnberechtigten und Eigentümern einerseits, andererseits zwischen Berechtigten, Eigentümern und Dritten regelt § 34. Für Ersatzansprüche wegen Veränderungen oder Verschlechterungen, ebenso für Ansprüche auf Ersatz von Verwendungen oder auf Gestattung der Wegnahme einer Einrichtung, mit der die Sache versehen worden ist, finden nach § 34 die Vorschriften des Nießbrauchs, § 1049 BGB Anwendung. § 1049 BGB regelt allerdings nur den Ersatz von Verwendungen, so dass der Verweis auf § 1057 BGB in § 34 Abs. 1 für die Ersatzansprüche wegen Veränderungen oder Verschlechterungen nur für die Verjährung Bedeutung hat. § 22 wird bei Beeinträchtigung des Dauerwohnrechts durch § 34 Abs. 2 ausgeschlossen. Anzuwenden sind die Ansprüche aus dem Eigentum, also §§ 1065 ff. BGB, §§ 985 ff. BGB, aber auch die §§ 1004 bis 1006 BGB. Die Besitzschutzansprüche der §§ 861, 862, 1007 BGB gelten ebenfalls.

II. Absatz 1: Ansprüche wegen Veränderungen oder Verschlechterungen; Ersatz von Verwendungen

1. Ansprüche des Eigentümers

2 Verändern oder verschlechtern sich die dem Dauerwohnrecht zugrunde liegenden Gebäude/Gebäudeteile, richten sich die Ersatzansprüche des Eigentümers nach §§ 1049, 1057 BGB. Für den Eigentümer gilt damit die kurze Verjährung des § 1057 BGB, wonach seine Ersatzansprüche wegen Veränderung oder Verschlechterungen der Sache in **6 Monaten** verjähren; die Verjährung beginnt nach den Vorschriften des § 548 Abs. 1 Satz 2 und 3,

Abs. 2 BGB mit dem Zeitpunkt zu laufen, in dem der Eigentümer die dem Dauerwohnrecht unterliegende Sache zurückerhält (abweichend von § 199 Abs. 1 BGB). Er ist nicht Anspruchsgrundlage für Ersatzansprüche; diese regeln sich nach den allgemeinen Vorschriften, z.B. wegen Verstoßes gegen Vereinbarungen nach §§ 33 Abs. 4 Nr. 1 und Nr. 2, oder aus unerlaubter Handlung gemäß § 823 BGB. Dingliche Ansprüche des Eigentümers gemäß § 985 BGB bleiben unter Berücksichtigung der Bestimmungen zum Heimfall gemäß § 36 bestehen; allerdings finden die §§ 987 ff. BGB zugunsten des Berechtigten nicht Anwendung[1]. Wertminderungen, die durch den bestimmungsgemäßen Gebrauch entstehen, sind nicht auszugleichen.[2]

Die Haftung für Dritte bestimmt sich nach den §§ 278, 831 BGB[3].

2. Ansprüche des Dauerwohnberechtigten

Für die Ansprüche des Berechtigten auf Ersatz von Verwendungen oder Wegnahme von Einrichtungen, mit der er die Sache versehen hat, verweist § 34 Abs. 1 auf die Vorschriften des § 1049 BGB. Zu den Verwendungen gemäß § 1049 Abs. 1 BGB zählen gemäß § 994 BGB z.B. die zum Erhalt oder ordnungsgemäßen Bewirtschaftung der Räume nach objektivem Maßstab zur Zeit der Vornahme erforderlichen Aufwendungen wie z.B. die Reparatur einer unbrauchbaren Heizungsanlage[4], die sonst der Verpflichtete ausführen müsste, oder sonstige Aufwendungen sowie der Herstellung, Erhaltung oder Verbesserung.[5] Die Ersatzpflicht richtet sich nach den Vorschriften über die Geschäftsführung ohne Auftrag, also nach den Vorschriften der §§ 683, 684 BGB.[6] Liegen die Voraussetzungen einer Geschäftsführung ohne Auftrag nicht vor, dann kann allenfalls ein Bereicherungsanspruch in Betracht kommen. Nimmt der Berechtigte eine Einrichtung weg, muss er den früheren Zustand gemäß § 258 BGB wieder herstellen.

3

Auch für diese Ansprüche verweist § 34 Abs. 1 auf § 1057 BGB; die Ansprüche des Berechtigten verjähren also ebenfalls in 6 Monaten; die Verjährung beginnt mit Beendigung des Dauerwohnrechts zu laufen.

3. Ersatz von Verwendungen, Gestattung der Wegnahme einer Einrichtung

Für Ansprüche des Berechtigten auf Ersatz von Verwendungen oder Gestattung der Wegnahme einer Einrichtung, soweit zum Belassen der Berechtigte nicht gemäß § 1049 BGB verpflichtet ist, und eine Ersatzpflicht des Verpflichteten nach den Vorschriften über die Geschäftsführung ohne Auftrag besteht, richtet sich die Verjährung nach § 1057 BGB, also ebenfalls 6 Monate nach Beendigung des Dauerwohnrechts.

4

---

1 *Schneider*, in: Bärmann, § 34 Rn. 16.
2 *Bamberger/Roth/Hügel*, § 34 Rn. 2; *Niedenführ/Kümmel/Vandenhouten*, § 34 Rn. 4 mit Hinweis auf § 1050 BGB.
3 *Schneider*, in: Bärmann, § 34 Rn. 5
4 BGH v. 9.11.1995 – IX ZR 19/95, NJW-RR 1996, 336 = WM 1996, 131.
5 Hierzu im Einzelnen: *Palandt-Bassenge*, § 994 Rn. 2; *Schneider*, in: Bärmann, § 34 Rn. 10 wendet § 994 BGB wegen § 1049 allerdings nicht an.
6 Entweder die Vornahme erfolgte mit Willen des Eigentümers oder sie lag im öffentlichen Interesse oder ist nachträglich durch den Eigentümer genehmigt worden; vgl. *Schneider*, in: Bärmann, § 34 Rn. 9.

WEG § 34 Dauerwohn- und Dauernutzungsrecht

Für die Beeinträchtigung des Dauerwohnrechts gelten neben § 1065 BGB die §§ 985 ff., 1004 bis 1006 BGB. Alle besitzrechtlichen Schutzansprüche mit Ausnahme des § 866 BGB bestehen ebenso.

III. Absatz 2: Beeinträchtigung des Dauerwohnrechts

5 Bei Beeinträchtigung des Dauerwohnrechts selbst, hat der Berechtigte die Ansprüche aus dem Eigentum; die gesetzliche Regelung orientiert sich an den Bestimmungen zum Nießbrauchsrecht (§ 1065 BGB). Der Berechtigte hat die Herausgabeansprüche gemäß §§ 985 ff. BGB gegenüber Dritten und gemäß §§ 987 bis 993 BGB gegenüber den Nichtberechtigten (mit den Gegenansprüchen gemäß §§ 994 bis 1003 BGB).

Ansprüche gemäß §§ 1004, 1005 BGB stehen dem Berechtigten ebenso zu wie die possessorischen Ansprüche der §§ 858 ff., 1007 BGB. Die gesetzlichen Ansprüche der §§ 812 ff. BGB, soweit sie nicht durch die Eigentümer-/Besitzervorschriften ausgeschlossen sind, finden Anwendung. Bei Vertragsverstößen gelten natürlich alle Ansprüche aus dem Schuldverhältnis. Das Dauerwohnrecht ist als dingliches Recht im Rahmen des § 823 Abs. 1 BGB geschützt[7].

---

7 *Palandt-Sprau*, BGB, § 823 Rn. 12; *Schneider*, in: Bärmann, § 34 Rn. 30.

§ 35
Veräußerungsbeschränkung

(1) Als Inhalt des Dauerwohnrechts kann vereinbart werden, dass der Berechtigte zur Veräußerung des Dauerwohnrechts der Zustimmung des Eigentümers oder eines Dritten bedarf.

(2) Die Vorschriften des § 12 gelten in diesem Fall entsprechend.

Inhalt:

	Rn.		Rn.
I. Allgemeines	1	II. Zustimmungsberechtigung entsprechend § 12	2

I. Allgemeines

Beim Dauerwohnrecht kann dinglich vereinbart werden, dass eine Veräußerung nur mit Zustimmung des Eigentümers möglich ist; der Eigentümer soll sich davor schützen können, einen ihm gegebenenfalls unliebsamen neuen Berechtigten in seinem Gebäude zu wissen. Das Gesetz verweist auf die Vorschrift des § 12, wonach für die Veräußerung des Wohnungseigentums ein Zustimmungsvorbehalt vereinbart werden kann. Durch die Verweisung gilt auch der durch die **WEG**-Novelle eingefügte § 12 Abs. 4[1] und damit grundsätzlich, dass durch Stimmenmehrheit der Dauerwohnungsberechtigten, die Veräußerungsbeschränkung aufgehoben werden kann. Ob die Vorschrift im Verhältnis des das Dauerwohnrecht Einräumenden zu den Berechtigten auch Anwendung finden kann und hierfür ein Anwendungsbereich eröffnet ist, dürfte zweifelhaft sein, soweit nur ein Berechtigter einem Eigentümer gegenübersteht. Anderes mag im Rahmen des Time-Sharing-Modelles oder der Genossenschaftsmodelle der Fall sein. 1

II. Zustimmungsvorbehalt

Da die Berechtigung zur Veräußerung des Dauerwohnrechts an die Zustimmung des Eigentümers oder eines Dritten gebunden werden kann und die Vorschrift des § 12 entsprechend gilt, ist im Einzelnen auf die Kommentierung zu § 12 zu verweisen. § 35 bezieht sich ausschließlich auf die Veräußerung des Dauerwohnrechts, so dass ein Zustimmungsvorbehalt für Belastungen grundsätzlich nicht möglich ist[2]. Eintragbar sind allerdings gesetzliche Veräußerungsbeschränkungen[3]. Übt der Vorkaufsberechtigte sein Vorkaufsrecht aus, bedarf es ebenfalls einer vereinbarten Zustimmung. Vereinbarungen, die über § 35 die Veräußerlichkeit aufheben wollen, sind unwirksam; sie verstoßen gegen § 33 Abs. 1 Satz 1. 2

---

1 Gesetz zur Änderung des Wohnungseigentumsgesetzes und anderer Gesetze v. 26. 3. 2007, BGBl. I 2007, S. 370, Art. 1 Nr. 6.
2 Anders: OLG München v. 29. 6. 2016 – 34 Wx 27/16 für die Bestellung eines Nießbrauchs am Dauernutzungsrecht; *MünchKomm-Engelhardt*, § 35 Rn. 2; *Niedenführ/Kümmel/Vandenhouten*, § 35 Rn. 1.
3 BayObLG v. 20. 7. 1956 – (2. ZS) BReg. 2 Z 19/1956, BayObLGZ 1956, 278.

WEG § 35 Dauerwohn- und Dauernutzungsrecht

3 Grundbuchrechtlich steht im Streit, ob das Zustimmungserfordernis unmittelbar im Grundbuch eingetragen werden muss oder die Bezugnahme auf die Eintragungsbewilligung gemäß § 32 Abs. 2 Satz 1 ausreichend ist. Dafür, dass jedoch grundbuchrechtlich das Zustimmungserfordernis für ein Dauerwohnrecht anders behandelt werden soll als die Veräußerung des Sondereigentums, gibt § 35 keinen Hinweis, auch § 3 Abs. 2 der Wohnungsgrundbuchverfügung (WGV) nicht, wonach die vereinbarten Veräußerungsbeschränkungen gemäß § 12 ausdrücklich einzutragen sind; § 35 verweist auf § 12, deshalb ist eine Bezugnahme auf die Eintragungsbewilligung unzulässig[4]. Auch diejenigen, die die Bezugnahme für ausreichend erachten, empfehlen jedoch die Eintragung.

---

4 So: *Staudinger/Spiegelberger*, § 34 Rn. 3; a.A. *Schneider*, in: Bärmann, § 35 Rn. 4; *Palandt-Bassenge*, § 35 Rn. 1; *Niedenführ/Kümmel/Vandenhouten*, § 35 Rn. 4.

§ 36
Heimfallanspruch

(1) Als Inhalt des Dauerwohnrechts kann vereinbart werden, dass der Berechtigte verpflichtet ist, das Dauerwohnrecht beim Eintritt bestimmter Voraussetzungen auf den Grundstückseigentümer oder einen von diesem zu bezeichnenden Dritten zu übertragen (Heimfallanspruch). Der Heimfallanspruch kann nicht von dem Eigentum an dem Grundstück getrennt werden.

(2) Bezieht sich das Dauerwohnrecht auf Räume, die dem Mieterschutz unterliegen, so kann der Eigentümer von dem Heimfallanspruch nur Gebrauch machen, wenn ein Grund vorliegt, aus dem ein Vermieter die Aufhebung des Mietverhältnisses verlangen oder kündigen kann.

(3) Der Heimfallanspruch verjährt in sechs Monaten von dem Zeitpunkt an, in dem der Eigentümer von dem Eintritt der Voraussetzungen Kenntnis erlangt, ohne Rücksicht auf diese Kenntnis in zwei Jahren von dem Eintritt der Voraussetzungen an.

(4) Als Inhalt des Dauerwohnrechts kann vereinbart werden, dass der Eigentümer dem Berechtigten eine Entschädigung zu gewähren hat, wenn er von dem Heimfallanspruch Gebrauch macht. Als Inhalt des Dauerwohnrechts können Vereinbarungen über die Berechnung oder Höhe der Entschädigung oder die Art ihrer Zahlung getroffen werden.

Inhalt:

	Rn.		Rn.
I. Allgemeines............	1	III. **Absatz 2**: Mieterschutz.....	4
II. **Absatz 1**: Heimfallanspruch .	2–3	IV. **Absatz 3**: Verjährung......	5
1. Vertragliche Vereinbarung.............	2	V. **Absatz 4**: Entschädigung bei Heimfall................	6
2. Heimfallgründe........	3		

I. Allgemeines

Das Dauerwohnrecht kann durch Vereinbarung dem Erbbaurecht angenähert werden, indem auch ein Heimfallanspruch begründet wird; dadurch kann bei Vorlage der Heimfallgründe die Übertragung des Dauernutzungsrechts an den Eigentümer oder einen von diesem bezeichneten Dritten vereinbart werden; dies stärkt das Recht des Eigentümers. Absatz 2 schützt die Rechte der Mieter, soweit sich das Dauerwohnrecht auf Räume, die dem Mieterschutz unterliegen, bezieht. Abs. 3 regelt die Verjährung des Heimfallanspruchs und Abs. 4 die Möglichkeit der Vereinbarung einer Entschädigung im Falle des Heimfalls. Soll der vereinbarte Heimfallanspruch auch gegenüber Dritten dinglich wirken, ist er im Grundbuch einzutragen.

1

II. Absatz 1: Heimfallanspruch

1. Vertragliche Vereinbarung

Ein gesetzlicher Heimfallanspruch besteht nicht; er gehört also nicht zum notwendigen Inhalt des Dauerwohnrechts gemäß § 32. Er muss vertraglich ver-

2

einbart werden. Die Vereinbarung muss einen Anspruch auf Rückübertragung bei Fälligkeit des Heimfallanspruchs enthalten, da das Dauerwohnrecht mit Geltendmachung des Heimfallanspruchs nicht erlischt. Der dingliche Übertragungsanspruch ist ein einseitiges Gestaltungsrecht, das bis zu seiner Ausübung als subjektiv dingliches Recht ein untrennbarer Bestandteil des Grundstücks ist, § 36 Abs. 1 Satz 2, § 96 BGB; er gilt demnach zwischen dem jeweiligen Eigentümer und dem Berechtigten. Bei Veräußerung des Grundstückes, aber auch im Rahmen der Zwangsversteigerung, fällt der Heimfallanspruch dem jeweiligen Erwerber zu. Ob ein Heimfallanspruch vereinbart ist oder nicht, darf das Grundbuchamt im Rahmen des § 32 Abs. 3 prüfen.[1]

Das Dauerwohnrecht ist grundsätzlich veräußerlich; wie nach § 12 für das Wohnungseigentum kann nach § 35 vereinbart werden, dass die Veräußerung des Dauerwohnrechts der Zustimmung des Eigentümers bedarf. Eine Vereinbarung des Heimfalls bei Veräußerung an einen Dritten ist unzulässig. Sonst hätte der Berechtigte die Möglichkeit, durch Veräußerung die vereinbarte Dauer des Wohnrechts (§ 41) zu umgehen und führt dies zur – gegebenenfalls planwidrigen – Verpflichtung des Eigentümers zur Zahlung einer angemessenen Entschädigung.[2]

Die **Übertragung** des Dauerwohnrechts auf den Eigentümer oder einen Dritten erfolgt durch Einigung und Eintragung ins Grundbuch, § 873 BGB; das Verlangen ist eine formfreie, empfangsbedürftige Willenserklärung; die Grundbucheintragung bedarf allerdings der Form des § 29 GBO.

2. Heimfallgründe

3 In § 36 Abs. 1 Satz 1 gibt es keine Einschränkungen zu Vereinbarungen über die Voraussetzungen des Heimfallanspruchs. Allerdings darf über den Heimfallanspruch die Bestimmung des § 33 Abs. 1, wonach das Dauerwohnrecht veräußerlich und vererblich ist und nicht unter eine Bedingung gestellt werden kann, nicht umgangen werden. Der Heimfallanspruch für den Todesfall ist wie die Befristung des Dauerwohnrechts auf den Todesfall zulässig.[3] Durch den vom Gesetzgeber geforderten **Eintritt bestimmter Voraussetzungen**, der damit die voraussetzungslose Geltendmachung des Heimfallanspruchs verbietet[4], kann z.B. vereinbart werden, dass die Voraussetzungen des § 18 zur Entziehung des Wohnungseigentums vorliegen oder ein wichtiger Grund zur Verweigerung der Zustimmung zur Übertragung nach § 35 vorliegt, also grobe Pflichtverletzungen wie Misswirtschaft, Verkommenlassen des Gebäudes[5], Rückstand mit den vertraglichen Zahlungen,

---

1 BayObLG v. 5.3.1954 – BReg. 2 Z 10/54, BayObLGZ 1954, 67 = NJW 1954, 959/960; siehe § 32 Fn. 9.
2 *Weitnauer/Mansel*, § 36 Rn. 8; *Niedenführ/Kümmel/Vandenhouten*, § 36 Rn. 9; *Schneider*, in: Bärmann, § 36 Rn. 12 und 68; a.A.: *Mayer*, DNotZ 2003, 908/926.
3 BGH v. 10.6.1979 – IV ZR 137/77, MDR 1980, 71 = LM § 158 BGB Nr. 14; für das Erbbaurecht: OLG Hamm v. 2.2.1965 – 15 W 562/64, OLGZ 1965, 72/74; einschränkend: *Schneider*, in: Bärmann, § 36 Rn. 67.
4 *Niedenführ/Kümmel/Vandenhouten*, § 36 Rn. 7.
5 Führt der Berechtigte nach Ausübung des Heimfallrechts Instandsetzungsarbeiten aus, wird der Heimfall nicht gegenstandslos: Für § 2 Nr. 4 ErbbauVO: BGH v. 29.1.1988 – V ZR 271/86, NJW-RR 1988, 715 = WM 1988, 786.

die Nichtausübung oder Unterbrechung des Dauerwohnrechts, die vereinbarungswidrige Übertragung auf Dritte, der Rückstand mit öffentlichen oder privaten Lasten. Ein zulässiger Grund ist z.b. die Eröffnung der Insolvenz über das Vermögen des Dauerwohnberechtigten, die Zweckentfremdung, der Eigenbedarf des Eigentümers. Eine Vereinbarung, das Dauerwohnrecht ohne Grund zu beenden, ist unzulässig.[6] Die Voraussetzungen müssen jeweils eindeutig bestimmt sein. Die Vereinbarung darf nicht sittenwidrig sein oder an gar keine Voraussetzung gebunden werden; denn sonst könnte das Dauerwohnrecht ohne Grund beendet werden.[7] Abzulehnen ist die Auffassung, ein Heimfallanspruch könne bei Veräußerung des Anwesens durch den Verpflichteten begründet werden.[8]

III. Absatz 2: Mieterschutzbestimmungen

Unterliegen Räume, für die das Dauerwohnrecht bestellt ist, auch dem Mieterschutz, kann ein Heimfallanspruch nur unter der Voraussetzung der engeren Mieterschutzbestimmungen (Aufhebung des Mietverhältnisses/Kündigung) geltend gemacht werden. Die ursprünglichen Bestimmungen des MieterschutzG, die § 36 Abs. 2 im Auge hatte, bestehen nicht mehr.[9] Die Vorschrift des § 36 Abs. 2 kann heute nur noch für die Fälle Bedeutung haben, in denen das Gebäude mit öffentlich-rechtlichen Mitteln errichtet worden ist, dann ein Dauerwohnrecht eingeräumt worden ist und noch öffentlich-rechtlichen Beschränkungen unterliegen. Die herrschende Meinung will nach wie vor zu Unrecht die Mieterschutzbedingungen des BGB entsprechend anwenden[10], so dass der Heimfallanspruch nur bei berechtigtem Interesse am Heimfall geltend gemacht werden kann (vgl.: Eigenbedarfskündigung, § 574 BGB). *Mayer*[11] schließt zumindest bei eigentumsähnlichen Dauerwohnrechten (§ 41 Abs. 1) die Anwendung des § 36 Abs. 2 aus. Die Mieterschutzbestimmungen des BGB finden jedoch keine Anwendung, auch nicht bei eigentumsähnlichen Dauerwohnrechten gemäß § 41 Abs. 1.[12] Zwischen Verpflichtetem und Berechtigtem kann ein Mietvertrag nicht abgeschlossen werden. Die zivilrechtlichen Mieterschutzbestimmungen können damit keine Anwendung finden. Dies gilt auch für mietähnliche Dauerwohnrechte.[13] Das Dauerwohnrecht hat eine grundlegend verschiedene Rechtsnatur gegenüber Miet- oder Pachtverhältnissen. Es ist ein dingliches Recht, eine Art Dienstbarkeit.[14] Hat der Dauerwohnberechtigte die Räume vermietet und macht der Eigentümer von seinem Heimfallanspruch Ge-

4

---

6 LG Oldenburg v. 8.1.1979 – 5 T 212/78, Rpfleger 1979, 383.
7 LG Oldenburg v. 8.1.1979 – 5 T 212/78, Rpfleger 1979, 383; a.A.: *Mayer*, DNotZ 2003, 908/926.
8 Hierfür: *Mayer*, DNotZ 2003, 908/924, der den Schutz des Berechtigten in § 41 Abs. 3 für ausreichend erachtet.
9 MSchG; 1. WoBauG i.d.F. vom 25.8.1953 – BGBl. I, S. 1037.
10 *Palandt-Bassenge*, § 36 Rn. 2; *Weitnauer/Mansel*, § 36 Rn. 6; *Niedenführ/Kümmel/Vandenhouten*, § 36 Rn. 15.
11 Weitere Nachweise: *Mayer*, DNotZ 2003, 908/927 ff.
12 Auf die Mayer, DNotZ 2003, 908/927 ff. die Mieterschutzbestimmungen anwendet.
13 MünchKomm-*Engelhardt*, § 36 Rn. 45.
14 BGH v. 9.7.1969 – V ZR 190/67, BGHZ 52, 243/248.

brauch, so bestehen für den Mieter sowieso die Mieterschutzvorschriften der §§ 566 bis 566b BGB, § 37 Abs. 2.

IV. Absatz 3: Verjährung

5 Der vertragliche Heimfallanspruch verjährt in 6 Monaten von dem Zeitpunkt an, in dem der Eigentümer von dem Eintritt der Voraussetzungen Kenntnis erlangt, ohne Rücksicht auf diese Kenntnis in zwei Jahren von dem Eintritt der Voraussetzungen an. Die Vorschrift ist nicht den neuen Verjährungsregeln angepasst (§§ 194 ff. BGB)[15]: Die 6-monatige Verjährungsfrist beginnt zu laufen, sobald der Eigentümer positive Kenntnis von Tatsachen hat, die einer Klage einigermaßen sichere Erfolgsaussichten einräumt. Bei Unterlassung muss die Handlungspflicht fällig sein. Die Beweislast trägt derjenige, der sich auf den Eintritt der Verjährung beruft. Die Frist des § 199 Abs. 3 BGB ist um 1 Jahr länger. Die Vorschrift ist auch eine Ausnahme zu § 902 BGB, wonach dingliche Ansprüche nicht verjähren. Sie soll der Rechtssicherheit dienen.

Für die Verjährung gilt das BGB mit Ausnahme des § 201 BGB.[16]

V. Absatz 4: Entschädigung bei Heimfall

6 Während für ein eigentumsähnliches Dauerwohnrecht gemäß § 41 die Vereinbarung über die Entschädigung unabdingbar[17] gesetzlich geregelt ist, empfiehlt es sich dringend, für die nicht geregelten Fälle gemäß § 36 Abs. 4 eine Entschädigung für den Heimfall nicht nur schuldrechtlich, sondern auch dinglich zu vereinbaren. Dies gilt besonders dann, wenn das Dauerwohnrecht einen Baukostenzuschuss absichert und eine Laufzeit von unter 10 Jahren hat. Der Entschädigungsanspruch wird nach Übertragung des Dauerwohnrechts auf den Eigentümer fällig.[18] Ist Gegenleistung des Dauerwohnrechts ein im Zeitpunkt des Heimfalls abgewohnter Baukostenzuschuss, dürfte eine Entschädigung ausscheiden. Über den schuldrechtlichen, dinglich gesicherten Entschädigungsanspruch kann verfügt werden, er ist also abtretbar, verpfändbar und pfändbar. Vorausverfügungen sind zulässig.[19]

---

15 Grundsatz: 3 Jahre: § 199 BGB.
16 *Bamberger/Roth-Hügel*, § 36 Rn. 3.
17 BGH v. 23.4.1958 – V ZR 99/57, BGHZ 57, 158/160.
18 BGH v. 20.4.1990 – V ZR 301/88, BGHZ 111, 154/156 – entgegen BGH v. 6.2.1976 – V ZR 191/74, NJW 1976, 895.
19 BGH v. 6.2.1976 – V ZR 191/74, NJW 1976, 895/896: für das Erbbaurecht; *Schneider*, in: Bärmann, § 36 Rn. 89.

§ 37
Vermietung

(1) Hat der Dauerwohnberechtigte die dem Dauerwohnrecht unterliegenden Gebäude- oder Grundstücksteile vermietet oder verpachtet, so erlischt das Miet- oder Pachtverhältnis, wenn das Dauerwohnrecht erlischt.

(2) Macht der Eigentümer von seinem Heimfallanspruch Gebrauch, so tritt er oder derjenige, auf den das Dauerwohnrecht zu übertragen ist, in das Miet- oder Pachtverhältnis ein; die Vorschriften der §§ 566 bis 566e des Bürgerlichen Gesetzbuchs gelten entsprechend.

(3) Absatz 2 gilt entsprechend, wenn das Dauerwohnrecht veräußert wird. Wird das Dauerwohnrecht im Wege der Zwangsvollstreckung veräußert, so steht dem Erwerber ein Kündigungsrecht in entsprechender Anwendung des § 57a des Gesetzes über die Zwangsversteigerung und die Zwangsverwaltung zu.

Inhalt:

	Rn.		Rn.
I. Allgemeines	1	IV. **Absatz 3:** Veräußerung des Dauerwohnrechts	5
II. **Absatz 1:** Erlöschen der Miet-/Pachtverhältnis	2	1. Rechtsgeschäftliche Veräußerung	5
III. **Absatz 2:** Folgen für Mietverhältnisse bei Heimfall	4	2. Zwangsversteigerung	6

I. Allgemeines

Das Dauerwohnrecht ist ein Nutzungsrecht; solange das Dauerwohnrecht besteht, ist auch bei rechtsgeschäftlicher Veräußerung ein Mieter oder Pächter durch die Vorschriften der §§ 566 bis 566e BGB geschützt. Erlischt das Dauerwohnrecht, dann ist der Mieter/Pächter **gegenüber dem Eigentümer** schutzlos. Ob ihm Rechte gegen den Vermieter, den früheren Dauerwohnberechtigten zustehen, ist anhand der zwischen Vermieter und Mieter getroffenen Vereinbarungen zu ermitteln (z.B. ob bei Abschluss des Mietvertrages ein Hinweis auf die Beendigung des Mietverhältnisses bei Erlöschen des Dauerwohnrechts erfolgte). Im Übrigen wird das Dauerwohnrecht in der Zwangsvollstreckung behandelt wie Eigentum; es gilt ausdrücklich § 57a ZVG. 1

II. Absatz 1: Erlöschen der Miet-/Pachtverhältnisse

Bei Erlöschen des Dauerwohnrechts erlischt ein Miet- und Pachtverhältnis, das der Berechtigte über die dem Dauerwohnrecht unterliegenden Gebäude oder Grundstücksteile eingegangen ist. Erlöschungsgründe sind der Eintritt der Befristung (Zeitablauf) oder die einvernehmliche Aufhebung. Erlischt das Dauerwohnrecht in der Zwangsversteigerung, wenn es nicht in das geringste Gebot aufgenommen wird (§ 91 ZVG), so bleibt grundsätzlich das Mietverhältnis bestehen; dem Erwerber steht ein Kündigungsrecht in entsprechender Anwendung des § 57a ZVG zu, wenn die Voraussetzungen vorliegen.[1] 2

---

[1] Bei einem Mietverhältnis, nicht aber bei einem Pachtverhältnis.

3　Es erlöschen jedoch nur die Mietverhältnisse, die von dem Dauerwohnberechtigten begründet worden sind. Waren bei Begründung des Dauerwohnrechts Räume bereits vermietet, berührt das Erlöschen des Dauerwohnrechts nicht diese Mietverhältnisse. Ist das Mietverhältnis erloschen, hat der Eigentümer einen Herausgabeanspruch gemäß § 985 BGB; ein Besitzrecht gemäß § 986 BGB gegenüber dem Eigentümer besteht nicht mehr; haben Eigentümer und Berechtigter kollusiv zum Ausschluss der mietrechtlichen Bestimmungen zusammengewirkt, steht dem Herausgabeanspruch § 826 BGB entgegen[2]. § 546 Abs. 2 BGB gilt im Verhältnis Mieter zum Eigentümer nicht. Hat der Vermieter auf diese rechtliche Situation den Mieter/Pächter nicht aufmerksam gemacht, können Schadensersatzansprüche gemäß § 536 Abs. 3 BGB bestehen.

III. Absatz 2: Folgen für Mietverhältnisse bei Heimfall

4　Nur dann, wenn der Eigentümer von seinem Heimfallanspruch Gebrauch macht, tritt er oder der neue Berechtigte des Dauerwohnrechts in ein bestehendes Miet- oder Pachtverhältnis ein. Es gelten die normalen mietrechtlichen Vorschriften der §§ 566 bis 566e BGB (Grundsatz: Kauf bricht nicht Miete des § 566 BGB; Regelungen über Mietsicherheiten und Vorausverfügungen über die Miete, die Aufrechnung durch den Mieter und die Mitteilungspflichten). Die Kündigungsrechte des Erwerbers (Eigentümer oder Mieter) richten sich in diesen Fällen ausschließlich nach dem Mietrecht. Ist aufgrund des Heimfalls das Dauerwohnrecht auf den Eigentümer rückübertragen worden und hebt dieser gemäß § 873 BGB das Dauerwohnrecht wieder auf, kann in dieser Gestaltung eine Umgehung der Mieterschutzbestimmungen liegen. Dann sind Schadensersatzansprüche gegen den Eigentümer zu prüfen.[3]

IV. Absatz 3: Veräußerung des Dauerwohnrechts

1. Rechtsgeschäftliche Veräußerung

5　Wird das Dauerwohnrecht aufgrund rechtsgeschäftlicher Veräußerung an einen Dritten übertragen, sei es im Rahmen des Heimfalls auf Weisung des Verpflichteten, sei es gemäß § 33 Abs. 1, ist der Mieterschutz hiervon nicht berührt, da der Erwerber in die Rechte und Pflichten des Rechtsvorgängers als Vermieter eintritt; es gelten wiederum die §§ 566 bis 566e BGB.

2. Zwangsversteigerung

6　Wird das Dauerwohnrecht zwangsversteigert, tritt der Erwerber in die Mietverhältnisse ein; entsprechend § 57a ZVG steht dem Erwerber ein außerordentliches Kündigungsrecht für den ersten Termin zu. §§ 57c, 57d ZVG sind aufgehoben.[4]

2　*Schneider*, in: Bärmann, § 37 Rn. 17.
3　*Niederführ/Kümmel/Vandenhouten*, § 37 Rn. 7; *Palandt-Bassenge*, § 37 Rn. 2; *Weitnauer/Mansel*, § 37 Rn. 4.
4　*Niederführ/Kümmel/Vandenhouten*, §37 Rn. 11; h.M.: *Schneider*, in: Bärmann, § 37 Rn. 34.

§ 38
Eintritt in das Rechtsverhältnis

(1) Wird das Dauerwohnrecht veräußert, so tritt der Erwerber an Stelle des Veräußerers in die sich während der Dauer seiner Berechtigung aus dem Rechtsverhältnis zu dem Eigentümer ergebenden Verpflichtungen ein.

(2) Wird das Grundstück veräußert, so tritt der Erwerber an Stelle des Veräußerers in die sich während der Dauer seines Eigentums aus dem Rechtsverhältnis zu dem Dauerwohnberechtigten ergebenden Rechte ein. Das gleiche gilt für den Erwerb auf Grund Zuschlages in der Zwangsversteigerung, wenn das Dauerwohnrecht durch den Zuschlag nicht erlischt.

Inhalt:

	Rn.		Rn.
I. Allgemeines.............	1	1. Rechtsgeschäftliche Veräußerung............	3
II. **Absatz 1:** Veräußerung des Dauerwohnrechts.........	2	2. Veräußerung in der Zwangsversteigerung...	4
III. **Absatz 2:** Veräußerung des Grundstücks............	3		

I. Allgemeines

Das Dauerwohnrecht ist grundsätzlich frei veräußerlich.[1] Der Erwerber ist an den Inhalt des Dauerwohnrechts, wie er sich aus dem Grundbuch ergibt, gebunden. § 38 bestimmt den Eintritt des Erwerbers auch in die **schuldrechtlichen** Beziehungen bei Veräußerung des Dauerwohnrechts, aber auch bei Veräußerung des Grundstücks. Zum Nachweis der schuldrechtlichen Vereinbarungen empfiehlt sich deshalb auch aus diesem Grunde die schriftliche Niederlegung der Vereinbarungen. Auch der Erwerber in der Zwangsvollstreckung ist hieran gebunden, soweit das Dauerwohnrecht erhalten bleibt. 1

II. Absatz 1: Eintritt bei Veräußerung des Dauerwohnrechts

Der Erwerber eines Dauerwohnrechts tritt in die während der Dauer seiner Berechtigung aus dem Rechtsverhältnis zu dem Eigentümer sich ergebenden Verpflichtungen ein. Neben den sich bereits aus dem Grundbuch ergebenden dinglichen Verpflichtungen übernimmt der Erwerber durch Legalzession alle schuldrechtlichen Vereinbarungen zugunsten des Eigentümers. Trotz des im Gesetzestext zum Ausdruck gekommenen Eintritts nur in die Verpflichtungen tritt der jeweilige Erwerber in vollem Umfange in die Rechtsstellung des Veräußerers, also in alle Rechte und Verpflichtungen ein.[2] Deshalb tritt der Erwerber auch in schuldrechtliche Vereinbarungen 2

---

1 Vorbehaltlich einer etwaigen Zustimmungsvereinbarung gemäß § 35 i.V.m. § 12.
2 *Staudinger-Spiegelberger*, § 38 Rn. 11; *Palandt-Bassenge*, § 38 Rn. 1; *Weitnauer/ Mansel*, § 38 Rn. 7; *Niedenführ/Kümmel/Vandenhouten*, § 38 Rn. 5; a.A. *Schneider*, in: *Bärmann* § 38 Rn. 2, 35: nur in die dingliche Rechtsstellung.

ein, die gemäß § 33 Abs. 4 zum dinglichen Inhalt gemacht hätten werden können, aber nicht gemacht wurden. Es wäre wenig einleuchtend, Vereinbarungen, die zwar dinglich gesichert werden könnten, aber nicht gesichert worden sind, aus dem Anwendungsbereich des § 38 auszuschließen. Die Wahrnehmung des Gestaltungsspielraums soll nicht zum Nachteil des Erwerbers sein. So wie nach § 566 BGB der Erwerber einer vermieteten Wohnung in alle sich aus dem Mietverhältnis ergebenden Rechte und Pflichten während der Dauer seines Eigentums eintritt, ist dies auch im Falle des Erwerbs eines Dauerwohnrechts oder eines Grundstücks, das mit einem Dauerwohnrecht belastet ist, der Fall.[3] Natürlich gibt es einen gutgläubigen Erwerb bezogen auf das Nichtbestehen von schuldrechtlichen Verpflichtungen somit nicht.[4]

Die Rechtsfolgen gelten nur für die **während der Vertragsdauer** entstehenden Rechte und Verpflichtungen. Für Rückstände mit Geldzahlungen haftet der Erwerber nicht; die Verpflichtungen müssen in rechtlichem oder wirtschaftlichem Zusammenhang mit dem Dauerwohnrecht stehen.[5] Auch gilt die Vorschrift nur für den Erwerber des Dauerwohnrechts, nicht also für Pfandgläubiger oder Nießbraucher.

III. Absatz 2: Eintritt bei Veräußerung des Grundstücks

1. Rechtsgeschäftliche Veräußerung

3 Der Erwerber des Grundstücks tritt während der Dauer seines Eigentums (also ab dem Zeitpunkt der Eintragung im Grundbuch) in die Rechtsstellung des Veräußerers zu dem Dauerwohnberechtigten ein. Er tritt nicht nur in die Rechte, sondern auch in etwaige Verpflichtungen ein.[6] Der Anspruch auf Entgelt geht gemäß § 412 BGB auf den Erwerber über, Vorausverfügungen muss sich der Erwerber entgegen halten lassen.

2. Veräußerung im Wege der Zwangsversteigerung

4 Auch für den Erwerber des Grundstücks in der Zwangsversteigerung gilt nichts anderes: Er tritt kraft Gesetzes in vollem Umfange in alle (auch schuldrechtlichen) Rechte und Verpflichtungen des bisherigen Grundstückseigentümers ein, soweit das Dauerwohnrecht bestehen bleibt. Im Verhältnis zum Veräußerer gelten die Kündigungsrechte des § 57a ZVG nicht; eine analoge Anwendung verbietet § 38 als lex specialis; das Dauerwohnrecht ist grundsätzlich nicht mit der Miete vergleichbar.[7] Zu beachten ist, dass gemäß § 408 BGB etwaige akzessorische Sicherheitsrechte durch die Schuldübernahme erlöschen können.

---

3 *Staudinger-Spiegelberger*, § 38 Rn. 6; a.A.: *Weitnauer/Mansel*, § 38 Rn. 5; *Palandt-Bassenge*, § 38 Rn. 1; *Niedenführ/Kümmel/Vandenhouten*, § 38 Rn. 4 2. Die Gegenmeinung sieht den durch § 32 Abs. 3 geschaffenen Zwang zur Verdinglichung als Leere laufend und damit als Strafvorschrift statt als zusätzliche Publizitätswirkung.
4 *Weitnauer*, § 38 Rn. 11; *Palandt-Bassenge*, § 38 Rn. 1; *Staudinger-Spiegelberger*, § 38 Rn. 5; *Niedenführ/Kümmel/Vandenhouten*, § 38 Rn. 7.
5 *Niedenführ/Kümmel/Vandenhouten*, § 38 Rn. 6; *Schneider*, in: Bärmann, § 38 Rn38
6 Siehe Rn. 5.
7 BGH v. 9.7.1969 – V ZR 190/67, BGHZ 52, 243/248; vgl. oben § 31 Rn. 2.

§ 39
Zwangsversteigerung

(1) Als Inhalt des Dauerwohnrechts kann vereinbart werden, dass das Dauerwohnrecht im Falle der Zwangsversteigerung des Grundstücks abweichend von § 44 des Gesetzes über die Zwangsversteigerung und die Zwangsverwaltung auch dann bestehen bleiben soll, wenn der Gläubiger einer dem Dauerwohnrecht im Range vorgehenden oder gleichstehenden Hypothek, Grundschuld, Rentenschuld oder Reallast die Zwangsversteigerung in das Grundstück betreibt.

(2) Eine Vereinbarung gemäß Absatz 1 bedarf zu ihrer Wirksamkeit der Zustimmung derjenigen, denen eine dem Dauerwohnrecht im Range vorgehende oder gleichstehende Hypothek, Grundschuld, Rentenschuld oder Reallast zusteht.

(3) Eine Vereinbarung gemäß Absatz 1 ist nur wirksam für den Fall, dass der Dauerwohnberechtigte im Zeitpunkt der Feststellung der Versteigerungsbedingungen seine fälligen Zahlungsverpflichtungen gegenüber dem Eigentümer erfüllt hat; in Ergänzung einer Vereinbarung nach Absatz 1 kann vereinbart werden, dass das Fortbestehen des Dauerwohnrechts vom Vorliegen weiterer Voraussetzungen abhängig ist.

Inhalt:

	Rn.		Rn.
I. Allgemeines	1	1. Erfüllung der Zahlungsverpflichtung der Berechtigten	4
II. **Absatz 1:** Abweichende Vereinbarung zu § 44 ZVG	2	2. Vereinbarte Bedingungen	5
III. **Absatz 2:** Zustimmung vorrangiger Grundbuchgläubiger	3	V. Zwangsversteigerungsverfahren	6
IV. **Absatz 3:** Weitergehende Vereinbarungen	4		

I. Allgemeines

In der Zwangsversteigerung erlöschen gemäß § 91 Abs. 1 ZVG durch Zuschlag die Rechte, welche nicht nach den Versteigerungsbedingungen bestehen bleiben sollen. In das geringste Gebot gemäß § 44 Abs. 1 ZVG sind solche Rechte aufzunehmen, die dem die Zwangsvollstreckung betreibenden Gläubiger im Anspruche vorgehen. Damit erlischt das Dauerwohnungsrecht, wenn ein vorrangiger oder gleichrangiger Hypotheken-, Grundschuld- oder Rentenschuldgläubiger oder Inhaber einer Reallast die Zwangsversteigerung betreibt. Um dies zu verhindern, räumt § 39 Abs. 1 die Möglichkeit ein, dinglich mit dem Eigentümer, unter Zustimmung von Gläubigern vorgehender oder gleichstehender Hypotheken, Grundschulden, Rentenschulden oder Reallasten, eine Vereinbarung zu treffen: Das Dauerwohnrecht bleibt in der Zwangsversteigerung bestehen. Diese Vereinbarung könnte zwar auch gemäß § 92 Abs. 2 ZVG im Zwangsversteigerungsverfahren herbeigeführt werden, im Einzelfall dürfte dies jedoch nicht erreichbar sein. Eine Vereinbarung ist schon bei Bestellung des Dauerwohn-

1

rechts anzustreben: Ist das Dauerwohnrecht zeitlich befristet, sollte, vor allem wenn es im Rahmen einer Investition (Baukostenzuschuss) bestellt wird, die Vorrangigkeit vor betroffenen Gläubigern vereinbart werden.

II. Absatz 1: Abweichende Vereinbarung zu § 44 ZVG

2 Die Vereinbarung des Bestehenbleibens des Dauerwohnrechts trotz Zwangsversteigerung des Grundstücks bewirkt, dass das Dauerwohnrecht in das geringste Gebot fällt. Die Vereinbarung kann auch noch nachträglich als Inhaltsänderung getroffen werden, § 877, 876 BGB. Sie bedarf zur Eintragung im Grundbuch, soll sie dinglich gesichert werden, der Form des § 29 GBO.[1]

Eine Vereinbarung, dass das Dauerwohnrecht auch den Gläubigern der Klassen Nr. 1, 2 und 3 des § 10 Abs. 1 ZVG vorgeht, die nach der WEG-Novelle auch das Wohngeld nach § 16 Abs. 2, § 18 Abs. 2 und 5 umfasst, ist allerdings nicht möglich.[2] Diese Forderungen gehen immer, auch im Falle einer Vereinbarung nach Absatz 1, dem Dauerwohnrecht vor.

III. Absatz 2: Zustimmung der Grundbuchgläubiger

3 Die Vereinbarung des Bestehenbleibens des Dauerwohnrechts im Falle der Zwangsversteigerung bedarf, da sie in Rechte Dritter eingreifen kann, der Zustimmung derjenigen, denen eine dem Dauerwohnrecht im Range vorgehende oder gleichstehende Hypothek, Grundschuld, Rentenschuld oder Reallast zusteht. Darüber hinaus bedarf es der Zustimmung derjenigen, denen Rechte an diesen Grundpfandrechten oder Reallasten zustehen, wie Pfandgläubigern oder Nießbrauchern[3], soweit das Recht eingeschränkt werden kann. Liegt bei mehreren Grundpfandrechten nur die Zustimmung eines Gläubigers vor, ist eine Eintragung gegenüber den nicht zustimmenden Gläubigern relativ unwirksam.[4]

IV. Absatz 3: Weitergehende Vereinbarungen

1. Erfüllung der Zahlungsverpflichtung des Berechtigten

4 Ist der Dauerwohnberechtigte im Zeitpunkt der Feststellung der Versteigerungsbedingungen mit seinen Zahlungsverpflichtungen gegenüber dem Eigentümer im Rückstand, ist die Vereinbarung des Bestehenbleibens des Dauerwohnrechts unwirksam. Bei den Zahlungsverpflichtungen, die im maßgeblichen Zeitpunkt des Versteigerungstermins gemäß § 66 ZVG nicht rückständig sein dürfen, kann es sich um das vereinbarte Entgelt für das

---

1 LG Hildesheim v. 13.10.1965 – 5 T 427/65, Rpfleger 1966, 116: Einzutragen beim Dauerwohnrecht in Abt. II und gegebenenfalls bei den Gläubigern, die dem Erhalt zustimmten, in Abt. III.
2 *Staudinger-Spiegelberger*, § 39 Rn. 1; *Weitnauer-Mansel*, § 39 Rn. 4; *Niedenführ/Kümmel/Vandenhouten*, § 39 Rn. 5.
3 BayObLG v. 22.12.1959 – (2. ZS) BReg. 2 Z 192/59, BayObLGZ 1959, 520/528.
4 OLG Schleswig – 2 W 75/61, SchlHA 1962, 146; *Staudinger-Spiegelberger*, § 39 Rn. 9; *Weitnauer-Mansel*, § 39 Rn. 6–10; *MünchKomm-Engelhardt*, § 39 Rn. 2.

Dauernutzungsrecht handeln, aber auch um dinglich oder schuldrechtlich getroffene Vereinbarungen gemäß § 33 Abs. 4 (Übernahme öffentlicher oder privatrechtlicher Lasten).

2. Vereinbarte Bedingungen

Die Bedingungen für das Bestehenbleiben des Dauerwohnrechts können 5 über die gesetzlichen Bedingungen hinaus vertraglich erweitert werden: Dabei muss es sich nicht um Zahlungsverpflichtungen handeln; es können z.B. auch das Fehlen der Voraussetzungen der Geltendmachung des Heimfallanspruchs, oder von Sicherheitsleistungen für höheres Entgelt in Betracht kommen.[5]

V. Zwangsversteigerungsverfahren

Liegen die Voraussetzungen des Erlöschens des Dauerwohnrechts nicht eindeutig vor, wird das Dauerwohnrecht als bedingtes Recht gemäß §§ 51, 50 ZVG behandelt. Es wird als bestehenbleibendes Recht in das geringste Gebot aufgenommen; bei Feststellung des geringsten Gebots soll der Ersatzbetrag vom Versteigerungsgericht bestimmt werden. Tritt die auflösende Bedingung ein, fällt die Belastung also weg, kann sich der Erlös erhöhen, auch das Bargebot. Auf § 125 ZVG ist an dieser Stelle hinzuweisen. 6

---

5 Weitnauer-Mansel, § 39 Rn. 16; Niedenführ/Kümmel/Vandenhouten, § 39 Rn. 16; Schneider, in: Bärmann, § 39 Rn. 58.

§ 40
Haftung des Entgelts

(1) Hypotheken, Grundschulden, Rentenschulden und Reallasten, die dem Dauerwohnrecht im Range vorgehen oder gleichstehen, sowie öffentliche Lasten, die in wiederkehrenden Leistungen bestehen, erstrecken sich auf den Anspruch auf das Entgelt für das Dauerwohnrecht in gleicher Weise wie auf eine Mietforderung, soweit nicht in Absatz 2 etwas Abweichendes bestimmt ist. Im übrigen sind die für Mietforderungen geltenden Vorschriften nicht entsprechend anzuwenden.

(2) Als Inhalt des Dauerwohnrechts kann vereinbart werden, dass Verfügungen über den Anspruch auf das Entgelt, wenn es in wiederkehrenden Leistungen ausbedungen ist, gegenüber dem Gläubiger einer dem Dauerwohnrecht im Range vorgehenden oder gleichstehenden Hypothek, Grundschuld, Rentenschuld oder Reallast wirksam sind. Für eine solche Vereinbarung gilt § 39 Abs. 2 entsprechend.

Inhalt:

	Rn.		Rn.
I. Allgemeines	1	III. **Absatz 2:** Anderweitige Vereinbarungen/Zustimmungen	4
II. **Absatz 1:** Haftung des Entgelts/Wirksamkeit von Vorausverfügungen	2	1. Satz 1: Abweichende Vereinbarung	4
1. Satz 1: Verweis auf §§ 1123, 1124 BGB	2	2. Satz 2: Verweis auf § 39 Abs. 2	5
2. Satz 2: Keine Anwendung der Vorschriften für Mietforderungen	3		

I. Allgemeines

1 Die Vorschrift stellt klar, dass das Entgelt für das Dauerwohnrecht keine dem Mietzins vergleichbare Forderung ist, weil sonst das Entgelt den Mietforderungen nicht gleichgestellt würde. Die Gleichstellung erfolgt für die Gläubiger von Grundpfandrechten und von Reallasten, soweit sie dem Dauerwohnrecht vorgehen oder ihm gleichstehen. Eine Hypothek, die auf einem Grundstück lastet, erstreckt sich gemäß § 1123 Abs. 1 BGB auf Miet- oder Pachtforderungen. § 40 Abs. 1 verbessert die Rechtslage der Gläubiger von Grundpfandrechten und Reallasten, indem sie die Entgeltforderungen insofern den Mietforderungen gleichstellt. Ohne Rücksicht auf den Rang gilt dies auch für öffentliche Lasten, die in wiederkehrenden Leistungen bestehen. Allerdings kann mit Zustimmung der vorgehenden oder gleichstehenden Gläubiger von Grundpfandrechten und Reallasten von dieser Regelung abgewichen werden, § 40 Abs. 2.

II. Absatz 1: Haftung des Entgelts/ Wirksamkeit von Vorausverfügungen

1. Satz 1: Verweis auf §§ 1123, 1124 BGB

Die Grundpfandrechte (Hypotheken, Grundschulden, Rentenschulden) und Reallasten, die dem Dauerwohnrecht im Range vorgehen oder gleichstehen, erstrecken sich auf den Anspruch auf das Entgelt für das Dauerwohnrecht in gleicher Weise wie auf eine Mietforderung; das Gesetz verweist auf § 1123 Abs. 1 BGB. Danach erstreckt sich die Hypothek (ab Beschlagnahme) auf die Mietforderung und zwar unabhängig davon, ob der Mietvertrag (hier: Dauernutzungsvertrag) vor oder nach der Hypothekenbestellung abgeschlossen wurde. Ab dem Zeitpunkt der Beschlagnahme zugunsten des jeweiligen Gläubigers steht das Entgelt damit dem Gläubiger zu, soweit es noch nicht geleistet ist. War es jedoch länger als 1 Jahr vor der Beschlagnahme fällig, ist das Recht des Gläubigers auf 1 Jahr rückwirkend seit Beschlagnahme beschränkt, § 1123 Abs. 2 Satz 1 BGB.[1] Unter Entgelt fallen (z.B. monatlich) wiederkehrende Leistungen ebenso wie eine nach Zeitabschnitten bemessene Vergütung. Hierzu zählen auch Leistungen gemäß § 33 Abs. 4 Nr. 3, also öffentliche Lasten, die in wiederkehrenden Leistungen bestehen, wie Abgaben, Steuern (z.B. Grundsteuern)[2].

Vorausverfügungen sind im Falle der Beschlagnahme des Grundstücks für den Berechtigten gegenüber einem Grundschuldgläubiger oder Gläubiger einer Reallast problematisch: Denn gemäß § 1124 Abs. 2 BGB ist die Vorausverfügung unwirksam, soweit sie sich auf die Miete (hier: Entgelt) für eine spätere Zeit als den zur Zeit der Beschlagnahme laufenden Kalendermonat bezieht; erfolgt die Beschlagnahme nach dem 15. Tage des Monats, so ist die Verfügung jedoch insoweit wirksam, als sie sich auf das Entgelt für den folgenden Kalendermonat bezieht. Der Schutz des Berechtigten entfällt also für die Zukunft; insofern muss er mit Doppelzahlungen rechnen.

2. Satz 2: Keine Anwendung der Vorschriften für Mietforderungen

Über die Gleichsetzung des Entgelts mit Mietzinsforderungen für Grundpfand- und Reallasten-Gläubiger betont das Gesetz in § 40 Abs. 1 Satz 2, dass die für Mietforderungen geltenden Vorschriften im Übrigen nicht entsprechend anzuwenden sind. Damit können Vorschriften der §§ 566b Satz 1, 566c, 566d BGB oder der §§ 108, 110, 111 InsO, ebenso § 57a ZVG keine Anwendung finden[3].

III. Absatz 2: Anderweitige Vereinbarungen

1. Satz 1: Abweichende Vereinbarung

§ 40 Abs. 2 ermöglicht als Inhalt des Dauerwohnrechts, die Gleichstellung von Mietzinsforderungen mit dem Entgelt im Falle des § 40 Abs. 1 Satz 1 vertraglich aufzuheben, § 40 Abs. 2 erklärt die Vorschrift des § 40 Abs. 1

---

1 Hierzu: *Palandt-Bassenge*, § 1123 BGB Rn. 2.
2 *Schneider*, in: Bärmann, § 40 Rn. 7.
3 *Schneider*, in: Bärmann, § 40 Rn. 30: allerdings § 57b ZVG.

Satz 1 für abdingbar. Demnach kann zwischen Eigentümer und Dauerwohnberechtigten vereinbart werden, dass sich vorrangige oder gleichrangige Grundpfandrechte oder Reallasten nicht auf das Entgelt erstrecken. Als Inhalt des Dauerwohnrechts soll diese Vereinbarung im Grundbuch eingetragen werden; sie erleichtert den Rechtsverkehr. Diese Vereinbarung gilt nicht für öffentliche Lasten (Steuern!).[4]

Es können Verfügungen, die ohne Vereinbarung unwirksam werden, gegenüber vorgehenden Hypotheken, Grundschulden, Rentenschulden und Reallasten wirksam bleiben. Mit dieser Vereinbarung wirken die Vorausverfügungen auch für die Zukunft, entgegen § 1124 BGB, gegen den Gläubiger; auch nach Beschlagnahme.

2. Satz 2: Verweis auf § 39 Abs. 2

5 Eine solche Vereinbarung bedarf der Zustimmung derjenigen, für die ein rechtlicher Nachteil entstehen kann, § 40 Abs. 2 Satz 2, § 39 Abs. 2[5], also derjenigen, deren Rechte vorgehen oder gleichgestellt sind. Eine Eintragung im Grundbuch ist sinnvoll, da sie den Rechtsverkehr erleichtert. Auf § 39 Rn. 3 ist zu verweisen.

---

4 *Staudinger/Spiegelberger*, § 40 Rn. 12; *Schneider*, in: Bärmann, § 40 Rn. 3;9 *Niedenführ/Kümmel/Vandenhouten*, § 40 Rn. 8.
5 Vgl. auch MünchKomm-*Engelhardt*, § 40 Rn. 5.

§ 41
Besondere Vorschriften für langfristige Dauerwohnrechte

(1) Für Dauerwohnrechte, die zeitlich unbegrenzt oder für einen Zeitraum von mehr als zehn Jahren eingeräumt sind, gelten die besonderen Vorschriften der Absätze 2 und 3.

(2) Der Eigentümer ist, sofern nicht etwas anderes vereinbart ist, dem Dauerwohnberechtigten gegenüber verpflichtet, eine dem Dauerwohnrecht im Range vorgehende oder gleichstehende Hypothek löschen zu lassen für den Fall, dass sie sich mit dem Eigentum in einer Person vereinigt, und die Eintragung einer entsprechenden Löschungsvormerkung in das Grundbuch zu bewilligen.

(3) Der Eigentümer ist verpflichtet, dem Dauerwohnberechtigten eine angemessene Entschädigung zu gewähren, wenn er von dem Heimfallanspruch Gebrauch macht.

Inhalt:

	Rn.		Rn.
I. Allgemeines	1	IV. **Absatz 3:** Gesetzliche Entschädigungsregelung bei Heimfall	4
II. **Absatz 1:** Eigentumsähnliches Dauerwohnrecht	2		
III. **Absatz 2:** Löschungsverpflichtung	3		

I. Allgemeines

Eigentumsähnliche Dauerwohnrechte sind solche, die entweder zeitlich unbegrenzt oder für einen Zeitraum von mehr als 10 Jahren eingeräumt sind. Für diese Rechte besteht eine Löschungsverpflichtung von vorrangigen Hypotheken, sobald sie Eigentümerhypotheken werden; darüber hinaus besteht ein Entschädigungsanspruch für den Heimfall. Kürzere Rechte werden „mietähnliche Dauerwohnrechte" genannt.

II. Absatz 1: Eigentumsähnliches Dauerwohnrecht

Bei einem Dauerwohnrecht von mindestens 10 Jahren gelten die Vorschriften der Abs. 2 und 3. Der 10-Jahres-Zeitraum beginnt mit dem Tage der Eintragung des Nutzungsrechts. Die herrschende Meinung ist im Hinblick auf steuerrechtliche Konsequenzen der Auffassung, dass bei einer nachträglichen Verlängerung eines kurzfristigen Dauerwohnrechts auf mehr als 10 Jahre, die 10-Jahres-Frist erst mit der Eintragung der Verlängerung im Grundbuch beginnt.[1] Dies kann jedoch allenfalls dann gelten, wenn gemäß § 33 Abs. 2 Satz 2 eine Befristung im Grundbuch eingetragen ist[2] und da-

---

1 *Weitnauer-Mansel*, § 41 Rn. 1; *Staudinger-Spiegelberger*, § 41 Rn. 3; *Schneider*, in: Bärmann, § 41 Rn. 4; *Niedenführ/Kümmel/Vandenhouten*, § 41 Rn. 3.
2 § 33 Rn. 3; BGH v. 10.6.1979 – IV ZR 137/77, LM § 158 BGB Nr. 14 zur Zulässigkeit der Befristung; eine Bestellung auf Lebenszeit ist wirksam, OLG Celle v. 20.3.2014 – 4 W 51/14.

durch die Kurzfristigkeit publiziert ist. Wenn die Auffassung vertreten wird, dass bei einem Dauerwohnrecht mit ungewissem Endtermin nach Ablauf von 10 Jahren § 41 gilt, dann beginnt der 10-Jahres-Zeitraum ab Bestellung des Dauerwohnrechts. In diesem Fall ist dem Dauerwohnberechtigten der, wenn auch abdingbare, Löschungsanspruch des § 41 Abs. 2 bereits nach einer Gesamtlaufzeit von 10 Jahren zu gewähren, ebenso bereits der dem Grunde nach unabdingbare Entschädigungsanspruch.

III. Absatz 2: Löschungsverpflichtung

3 Vereinigt sich eine dem Dauerwohnrecht im Range vorgehende oder gleichrangige (ursprüngliche Fremd-) Hypothek mit dem Eigentum in einer Person (Eigentümer-Hypothek), hat entsprechend § 1179 BGB der Dauerwohnberechtigte einen durch Löschungsvormerkung sicherbaren Löschungsanspruch; auf die Ursache der Vereinigung kommt es nicht an.[3] Da das Dauerwohnrecht regelmäßig nachrangig bestellt werden wird, wird (insbesondere wenn es der Sicherung eines Baukostenzuschuss dient) die Stellung des Berechtigten mit Tilgung des Fremdkapitals gestärkt. Deshalb kann auch diese Bestimmung abbedungen werden. Nach überwiegender Meinung gilt die Vorschrift nicht nur für Eigentümerhypotheken, sondern auch für andere Grundpfandrechte.[4]

IV. Absatz 3: Gesetzlicher Entschädigungsanspruch bei Heimfall

4 Für langfristige Dauerwohnrechte bestimmt § 41 Abs. 3, dass der Eigentümer eine angemessene Entschädigung zu gewähren hat, wenn er von seinem Heimfallanspruch Gebrauch macht. Voraussetzung ist das Bestehen eines Heimfallrechts, also eine schuldrechtliche oder dingliche Vereinbarung; das Gesetz fordert nicht die Vereinbarung eines Heimfallanspruchs. Besteht er jedoch, ist die Entschädigungspflicht unabdingbar.[5] Das Gesetz sieht eine angemessene Entschädigung vor, soweit der Eigentümer von dem vereinbarten Heimfallanspruch Gebrauch macht. Sind über die Höhe und die Berechnung der Entschädigung und die Art ihrer Zahlung keine Vereinbarung gemäß § 36 Abs. 4 getroffen worden, dürfte als üblicher Bewertungsfaktor der Zeitwert anzusetzen sein.[6] Abzustellen ist also auf den noch zum Zeitpunkt der Fälligkeit bestehenden Wert der Investition. Für die Nutzung einer vom Pächter erstellten Wohnlaube hatte der BGH[7] die Entschädigung über eine angemessene Verzinsung des Verkehrswerts der überbauten Grundfläche, die ein Dauerwohnrecht einräumte, berechnet. In Betracht kommt neben einer angemessenen Verzinsung des Bodenwertes die Verzinsung des reinen Gebäudewertes. Zu berücksichtigen sind alle Leistungen

---

3 Niedenführ/Kümmel/Vandenhouten, § 41 Rn. 10.
4 Weitnauer-Mansel, § 41 Rn. 2, Staudinger-Spiegelberger, § 41 Rn. 4; Niedenführ/Kümmel/Vandenhouten, § 41 Rn. 8; a.A.: Diester, Anm. 3 und 4.
5 BGH v. 23.4.1958 – V ZR 99/57, BGHZ 27, 158; Schneider, in: Bärmann, § 41 Rn. 22.
6 Staudinger-Spiegelberger, § 41 Rn. 10.
7 BGH v. 3.4.1992 – V ZR 104/91, NJW 1992, 1832/1833.

des Berechtigten, z.B. die Tilgung von Belastungen, eine Finanzierung, aber auch die Dauer des Nutzungsrechtes, etwaige dauerhafte Werterhöhungen oder Abnutzung und der Zustand der Räume[8]; das kann dazu führen, dass die Entschädigung auf „null" festzusetzen ist.[9]

Das Grundbuchamt hat nur zu prüfen, ob eine Entschädigung vereinbart ist; es prüft jedoch die Angemessenheit nicht. Es reicht, wenn eine Vereinbarung vorliegt.[10]

---

8 MünchKomm-*Engelhardt*, § 41 Rn. 3.
9 *Weitnauer/Mansel*, § 41 Rn. 3; *Niedenführ/Kümmel/Vandenhouten*, § 41 Rn. 19.
10 Für alle: *Staudinger-Spiegelberger*, § 41 Rn. 12.

Then

§ 42
Belastung eines Erbbaurechts

(1) Die Vorschriften der §§ 31 bis 41 gelten für die Belastung eines Erbbaurechts mit einem Dauerwohnrecht entsprechend.

(2) Beim Heimfall des Erbbaurechts bleibt das Dauerwohnrecht bestehen.

Inhalt:

	Rn.		Rn.
I. Allgemeines	1	III. **Absatz 2:** Folgen des Heimfalls des Erbbaurechts	3
II. **Absatz 1:** Entsprechende Anwendung der Vorschriften des Dauerwohnrechts	2		

I. Allgemeines

1 Auch Erbbaurechte können mit einem Dauerwohnrecht belastet werden, wie § 42 Abs. 1 klarstellt. Es gelten die gleichen Vorschriften wie für das Dauerwohnrecht am Eigentum selbst. Auch die Belastung eines Wohnungserbbaurechts mit einem Dauerwohnrecht ist möglich.

II. Absatz 1: Entsprechende Anwendung der Vorschriften des Dauerwohnrechts

2 Grundsätzlich sind für die Belastung eines Erbbaurechts mit einem Dauerwohnrecht die Vorschriften der §§ 31 bis 41 maßgebend; es ist sorgfältig darauf zu achten, Widersprüche zwischen dem Inhalt des Erbbaurechts und des Dauerwohnrechts zu vermeiden.[1] Dies gilt insbesondere bei einer nachträglichen (dinglichen) Erhöhung der Erbbauzins-Reallast im Verhältnis zum (nachrangigen) Dauernutzungsrecht. Dies kann auch bei Vereinbarung über Instandhaltung und Instandsetzungen oder bei Regelungen gemäß § 31 Abs. 4 und selten gemäß dem ErbbauRG geschehen.[2]

Zulässig sind Vereinbarungen über Zustimmungsverpflichtungen, falls der Berechtigte Verfügungen vornehmen möchte. Besteht eine Zustimmungsverpflichtung gemäß § 5 Abs. 2 ErbbauRG, bedarf es zur Belastung mit einem Dauerwohnrecht der Zustimmung des Eigentümers.[3]

Mit Erlöschen des Erbbaurechts wegen Zeitablaufes, erlischt auch das Dauerwohnrecht, § 37 Abs. 1.[4]

---

1 Vgl. exemplarisch: BayObLG v. 22.12.1959 – BReg. 2 Z 192/59, BayObLGZ 1959, 520 = DNotZ 1960, 540 mit Anm. *Weitnauer*, DNotZ 1960, 549.
2 BayObLG v. 22.12.1959 – BReg. 2 Z 192/59, BayObLGZ 1959, 520 = DNotZ 1960, 540.
3 *Staudinger-Spiegelberger*, §§ 42 Rn. 2; *Niedenführ/Kümmel/Vandenhouten*, § 42 Rn. 6.
4 *Weitnauer-Mansel*, § 42 Rn. 3.

III. Absatz 2: Heimfall des Erbbaurechts

Beim Heimfall des Erbbaurechts bleibt das Dauerwohnrecht bestehen, § 42 Abs. 2. Nach § 33 ErbbauRG würde dagegen das Dauerwohnrecht beim Heimfall des Erbbaurechts erlöschen; wegen der Regelung des § 42 Abs. 2 entsteht nun ein Eigentümer-Erbbaurecht. Erlischt dagegen das Erbbaurecht, erlischt auch ein Dauerwohnrecht.[5] Das Erbbaurecht kann nur mit Zustimmung des Dauerwohnberechtigten gemäß § 876 BGB aufgehoben werden.

---

5 *Weitnauer-Mansel,* § 42 Rn. 3.

III. TEIL
Verfahrensvorschriften
Vor § 43

Inhalt:

		Rn.
I.	Allgemeines	1
II.	Das Zivilprozessverfahren	2
1.	Einleitung des Verfahrens	3
a)	Zulässigkeit	3
aa)	Schlichtung	3
bb)	Schiedsverfahren	4
cc)	Anderweitige Rechtshängigkeit/entgegenstehende Rechtskraft	4a
b)	Rechtshängigkeit	5
c)	Postulationsfähigkeit	8
d)	Rechtsschutzbedürfnis	9
e)	Beteiligte des Verfahrens	10
f)	Befangenheit	10a
g)	Prozessstandschaft	11
h)	Prozesskostenhilfe	11a
2.	Ablauf des Verfahrens	12
a)	Parteimaxime	12
b)	Mündliche Verhandlung	13
c)	Prozessverbindung/-trennung	14
d)	Beweisaufnahme	15

		Rn.
e)	Unterbrechung des Verfahrens/Ruhen/Aussetzung	16
3.	Beendigung des Verfahrens	16a
a)	Klagerücknahme	16b
b)	Hauptsacheerledigung	17
c)	Prozessvergleich	18
d)	Urteil	19
4.	Rechtsmittel	20
5.	Zwangsvollstreckung	21
6.	Eilverfahren: einstweilige Verfügung/Arrest	22
a)	Allgemeines	22
b)	Einstweilige Verfügung	23
c)	Arrest gemäß § 916 ZPO	24
d)	Schadensersatz gemäß § 945 ZPO	24a
7.	Selbständiges Beweisverfahren	25
8.	Zentrale Berufungs- und Beschwerdegerichte	26

I. Allgemeines

Die WEG-Novelle[1] hat die Verfahrensvorschriften grundlegend geändert. 1
Das Verfahren richtet sich jetzt nach den Vorschriften der Zivilprozessordnung, nicht mehr nach den Vorschriften der freiwilligen Gerichtsbarkeit, die auch nicht subsidiär gelten. Die Zivilprozessordnung ist mit den Besonderheiten der Vorschriften der §§ 43 bis 50 für alle nach dem 1. 7. 2007 bei Gericht anhängigen Verfahren in Wohnungseigentums- oder in Zwangsversteigerungssachen oder für die bei einem Notar beantragten freiwilligen Versteigerungen anzuwenden, § 62 Abs. 1. Die Umstellung der Verfahrensregeln war nicht unumstritten; insbesondere Bündnis 90/Die Grünen wollte es bei den Regelungen der freiwilligen Gerichtsbarkeit belassen, sei es um

---

1 Gesetz zur Änderung des Wohnungseigentumsgesetz und anderer Gesetze v. 26. 3. 2007, BGBl. I 2007, Art. 1 Nr. 19 (S. 374 ff.).

Kapazitätsengpässe der Gerichte zu vermeiden, sei es, weil sie höhere Kosten für schutzbedürftige Eigentümer im ZPO-Verfahren befürchteten.[2]

II. Das Zivilprozessverfahren

2 Die WEG-Novelle hat das Wohnungseigentumsverfahren als echtes Streitverfahren ausgestaltet. Es gilt – mit den Besonderheiten der §§ 43 ff. – die ZPO ohne Einschränkungen; insbesondere können nun erstmals Versäumnis- oder Anerkenntnisurteile erlassen werden; im Urkundsverfahren kann z.B. wegen fälliger Wohngelder geklagt werden. Präklusionsvorschriften gelten, die Beweisvorschriften der ZPO finden Anwendung.[3] An dieser Stelle kann nur ein grober Überblick über die Grundsätze des Zivilprozesses gegeben werden. Einzelheiten sind der einschlägigen Kommentar-Literatur zur Zivilprozessordnung zu entnehmen.

1. Einleitung des Verfahrens

a) Zulässigkeit

aa) Schlichtungsverfahren

3 Hat ein Landesgesetzgeber gemäß § 15a Abs. 1 Satz 1 Nr. 1 EGZPO bestimmt, dass vor Anrufung der Gerichte bei vermögensrechtlichen Streitigkeiten mit einem Streitwert von nicht über 750 €, bei nachbarrechtlichen Ansprüchen oder Streitigkeiten wegen Verletzung der persönlichen Ehre außerhalb von Presse oder Rundfunk vor einer Gütestelle zu verhandeln sind, ist eine Klage ohne vorausgehendes Schlichtungsverfahren unzulässig[4]. Sie wird auch nicht zulässig, wenn das Schlichtungsverfahren parallel eingeleitet wird. Die Klage muss zurückgenommen und gegebenenfalls nach einer ergebnislosen Schlichtung neu erhoben werden[5]. Bei einer Verweisung des Rechtsstreits vom Landgericht an das Amtsgericht bedarf es einer Schlichtung nicht[6]. Durch die Geltendmachung von vermögensrechtlichen Ansprüchen im Mahnverfahren kann die obligatorische **Streitschlichtung**, soweit sie durch die Landesgesetzgeber eingeführt ist, umgangen werden, § 15a Abs. 2 Nr. 5 EGZPO. Bei fristgebundenen Klage (Anfechtungsklage gemäß § 46) findet das Schlichtungsverfahren keine Anwendung, § 15a Abs. 2 S.1 Nr. 1 EGZPO; ebenso bei vollstreckungsrechtlichen Klagen.

---

2 BT-Drucksache 16/3843 v. 13.12.2006, Beschlussempfehlung und Bericht des Rechtsausschusses, S. 38/40.
3 Vgl. einleitend: *Hügel/Elzer*, vor §§ 43 ff. Rn. 1; *Niedenführ/Kümmel/Vandenhaouten-Niedenführ*, § 43 Rn. 3.
4 LG München I v. 15.9.2014 – 1 S 1836/13 WEG; AG Düsseldorf v. 30.6.2010 – 291a C 1995/10, ZMR 2010, 889: In Nordrhein-Westfalen ist die Durchführung eines Schlichtungsverfahrens bei einem Streit über die Beseitigung eines Kaminaufsatzes zwingend.
5 BGH v. 23.11.2004 – VI ZR 336/03, BGHZ 161, 145; BGH v. 7.7.2009 – VI ZR 278/08, NJW-RR 2009, 1239: auch bei Verbindung eines schlichtungsbedürftigen mit einem nicht schlichtungsbedürftigen Klageantrag bedarf es bezüglich des schlichtungsbedürftigen Antrags des Schlichtungsverfahrens.
6 LG München I vom 23.1.2014 – 36 S 26080/12.

bb) Schiedsverfahren

Schiedsgerichtsvereinbarungen können auch im Wohnungseigentumsrecht 4 getroffen werden; in der Vereinbarung kann der ordentliche Rechtsweg ausgeschlossen oder von der Ausschöpfung außergerichtlicher Rechtsbehelfe abhängig gemacht werden.[7] Eine Schiedsgerichtsvereinbarung kann in der Teilungserklärung gemäß § 8 des vorratsteilenden Eigentümers enthalten sein.[8] Es empfiehlt sich, die Schiedsgerichtsvereinbarung auch im Grundbuch eintragen zu lassen; die Wirkung gegen den Sonderrechtsnachfolger ist dann sichergestellt.[9] Die Eintragung der **Schiedsvereinbarung** im Grundbuch (der Verweis auf die Eintragungsbewilligung dürfte ausreichend sein) entspricht den Formvorschriften des § 1031 ZPO.[10] Soll die Schiedsvereinbarung den Verwalter binden, muss dies in den Verwaltervertrag Eingang finden. Heute ist in der Rechtsprechung anerkannt, dass für Anfechtungsklagen gemäß § 46 eine Schiedsgerichtsvereinbarung wirksam getroffen werden kann[11]; sie muss jedenfalls so getroffen sein, dass all diejenigen, denen gegenüber der Schiedsspruch entsprechend § 48 Abs. 4 wirken kann, im Verfahren durch Beiladung mitwirken können. Dann bestehen keine Bedenken gegen die Schiedsvereinbarung mit der Folge, dass ein Klageverfahren **unzulässig** ist.[12] Auch **Vorschaltverfahren** können in der Gemeinschaftsordnung wirksam vereinbart werden[13]; das Vorschaltverfahren kann z.B. bestimmen, dass vor Anrufung der staatlichen Gerichte ein Schlichtungsversuch vor dem Verwaltungsbeirat durchgeführt wird. Das „Deutsche ständige Schiedsgericht für Wohnungseigentum e. V."[14] hat die Problemstel-

---

7 BayObLG v. 4.1.1973 – BReg. 2 Z 73/82, BayObLGZ 1973, 1.
8 In diesem Fall bedarf es allerdings einer sorgfältigen Prüfung im Einzelfall, ob die Rechte einzelner Wohnungseigentümer unzumutbar eingeschränkt sind, z.B. wenn der Teilende sich einen beherrschenden Einfluss auf das außergerichtliche Verfahren sichern will oder wenn die Wahrnehmung der Rechte z.B. durch eine weite örtliche Zuständigkeit erschwert wird: BayObLG v. 4.1.1973 – BReg. 2 Z 73/72, BayObLGZ 1973, 1/2.
9 Niedenführ/Kümmel/Vandenhouten-Niedenführ, § 43 Rn. 13.
10 OLG Frankfurt/Main v. 11.6.2007 – 20 W 108/07, RNotZ 2008, 26.
11 Dafür: Jennißen-Suilman, § 43 Rn. 9; Hügel/Elzer, § 46 Rn. 28.
12 Palandt-Bassenge, WEG, Vorb. zu § 43 Rn. 3; LG München I v. 2.9.2010 – 36 S 19072/09, NJW-RR 2011, 162 = NZM 2011, 209; zu prüfen ist, ob die Schiedsgerichtsvereinbarung gemäß §§ 1032 Hs. 1 ZPO, 138 Abs. 1BGB unwirksam ist; sie darf keine übermäßige Einschränkung des Rechtsschutzes zum Gegenstand haben.
13 LG München I v. 14.6.2012 – 36 S 19228/11: ein Vorschaltverfahren für die fristgebundene Beschlussanfechtungsklage gemäß § 46 ist nicht zulässig. OLG Zweibrücken v. 17.10.1985 – 3 W 192/85, ZMR 1986, 63, OLG Frankfurt/Main v. 11.6.2007 – 20 W 108/07, RNotZ 2008, 26; OLG Köln v. 14.8.2006 – 16 Wx 113/06, FGPrax 2007, 19, stellt fest, dass die Heilung eines Formmangels im Vorschaltverfahren durch nachträgliche Anlegung eines Protokollbuches und Eintragung in dieses Buch nicht möglich sei.
14 Das „Deutsche ständige Schiedsgericht für Wohnungseigentum e.V." ist entstanden aus der Gesellschaft bürgerlichen Rechts, die das „Ständige Schiedsgericht" begründet hatte und das Statut des „Deutschen ständigen Schiedsgerichts für Wohnungseigentum vom 3.7.1998 verfasst hat: hierzu: Schmidt, Das Schiedsgericht in Wohnungseigentumsverfahren, MittBayNot. 1998, 163 bis 166. Das „Deutsche ständige Schiedsgericht für Wohnungseigentum e.V." hat seinen Sitz in der Neefe-
(Fortsetzung auf Seite 1068)

lung, dass ein Schiedsgericht mit Sitz in – z.B. – Bonn – gegebenenfalls die Rechtswahrnehmung weit entfernt ansässiger Beteiligter unzumutbar erschweren könnte, dadurch gelöst, dass nach § 8 Abs. 3 seines Statuts die mündliche Verhandlung an einem Ort in dem Bezirk des Amtsgerichts stattfindet, in dem das Grundstück liegt.[15]

Das schiedsgerichtliche Verfahren endet durch **Schiedsvereinbarung** oder durch Schiedsspruch des Schiedsgerichts, § 1054 Abs. 1 ZPO. Der Schiedsspruch ist zu begründen; gegen einen Schiedsspruch kann Antrag auf gerichtliche Aufhebung in den engen Grenzen des § 1059 Abs. 2 ZPO gestellt werden. Im Einzelnen ist auf die Kommentierungen zur ZPO zu verweisen.

cc) Anderweitige Rechtshängigkeit/entgegenstehende Rechtskraft

4a Eine Klage ist unzulässig, wenn sie bereits anderweitig anhängig ist, § 261 Abs. 3 Nr. 2 ZPO; mehrere unabhängig voneinander erhobene Klagen mit identischem Streitgegenstand führen nicht zu einer doppelten Rechtshängigkeit. Die doppelte Rechtshängigkeit liegt dann vor, wenn der gleiche Streitgegenstand zwischen den gleichen Parteien rechtshängig ist. In den Fällen der Anfechtungsklage gemäß § 46 ist zwar der Streitgegenstand der gleiche, jedoch nicht die Parteien[16]. Die Klagen sind aber, um zu einem einheitlichen Urteil zu kommen, gemäß § 47 zu verbinden. Auch bei weitgehend gleichen zu klärenden Vorfragen liegt keine Identität der Streitgegenstände vor, wenn die Eigentümer sich in zwei verschiedenen Tagesordnungspunkten mit den Fragen beschäftigt haben[17].

Einem Rechtsstreit darf auch nicht ein rechtskräftiges Urteil über den gleichen Streitgegenstand mit den gleichen Parteien entgegenstehen (keine entgegenstehende Rechtskraft); § 48 fordert in Fällen, in denen in einem Rechtsstreit nach § 43 Nr. 1 oder Nr. 3 ein Anspruch nur eines Wohnungseigentümers geltend gemacht ist, die Beiladung der übrigen Wohnungseigentümer, um eine Rechtskrafterstreckung sicherzustellen, § 48 Abs. 3. Über denselben Streitgegenstand kann mithin ein beigeladener Wohnungseigentümer nicht mehr selbst Klage erheben.

dd) Zur örtlichen und sachlichen Zuständigkeit siehe § 43 Rn. 2–4.

b) Rechtshängigkeit

5 Die Anrufung des Gerichts erfolgt durch einen Klageschriftsatz mit einem Antrag auf Leistung oder Feststellung oder Gestaltung (Erklärung der Un-

---

straße 2a, 53115 Bonn und ist im Vereinsregister des AG Bonn Nr. 8399 eingetragen. Näheres: www.schiedsgericht-wohnungseigentum.de. Das Statut sieht im Übrigen vor, dass eine mündliche Verhandlung nicht am Vereinssitz, sondern an einem Ort in dem Bezirk des Amtsgerichts stattfindet, in dem das Grundstück liegt, § 8 Abs. 3.

15 Das Statut in der Fassung v. 15.2.2008 ist an das 2007 geänderte WEG-Verfahrensrecht angepasst.
16 In der Klage des Wohnungseigentümers A gegen die restlichen Wohnungseigentümer ist B Beklagter. Klagt er selbst gegen den Beschluss, ist er Kläger; das Spannungsverhältnis löst § 47.
17 BGH v. 24.5.2013 – V ZR 182/12.

gültigkeit/Nichtigkeit eines Beschlusses); nach § 253 Abs. 2 Nr. 2 ZPO muss ein bestimmter Antrag gestellt werden und muss die Klage die Bezeichnung der Parteien und des Gerichts enthalten (§ 253 Abs. 2 Nr. 1 ZPO). Die Klage muss unterschrieben sein. Auf die Besonderheiten für die Bezeichnung der Beklagten ist auf § 44 Abs. 1 Satz 2 und die dortige Kommentierung zu verweisen. Ist ein Ersatzzustellungsvertreter bestimmt, ist auch dieser in der Klageschrift zu benennen, § 44 Abs. 1 S. 1 Hs. 2. Geht die Klage bei Gericht ein, ist sie anhängig, sobald sie zugestellt ist, ist sie rechtshängig, § 261 Abs. 1 ZPO.

Der Antrag in der Klage bestimmt den Umfang des Streitgegenstandes, das Gericht kann allerdings im Falle des § 46 Abs. 2 bei einer Anfechtungsklage auf Nichtigkeitsgründe von sich aus hinweisen.

Die Klage ist zuzustellen; das Gericht setzt den Streitwert vorläufig fest und holt einen Gerichtskostenvorschuss gemäß § 12 Abs. 1 GKG ein. Regelmäßig wird erst anschließend die Klage zugestellt. 6

Zustellungen erfolgen von Amts wegen gemäß §§ 166 ff. ZPO; soll durch die Zustellung eine Frist gewahrt werden oder die Verjährung neu beginnen oder nach § 204 BGB gehemmt werden, tritt diese Wirkung bereits mit Eingang der Klage ein, wenn die Zustellung demnächst erfolgt, § 167 ZPO.[18] Der Kläger muss alles tun, damit die Zustellung durch das Gericht veranlasst werden kann. Die Zustellungen müssen an die Wohnungseigentümer oder die Wohnungseigentümergemeinschaft und/oder an den Verwalter erfolgen. Nach § 45 Abs. 1 ist der Verwalter bei gerichtlichen Auseinandersetzungen der Wohnungseigentümer untereinander grundsätzlich **Zustellungsvertreter** der beklagten oder beizuladenden Wohnungseigentümer; dies gilt auch bei der Anfechtungsklage. Bei Passivprozessen gegen die Wohnungseigentümer gemäß § 43 Nr. 1 (Binnenstreitigkeiten), Nr. 4 (Beschluss-Anfechtungsklagen, Nichtigkeit, Feststellungen) oder auch Nr. 5 (Außenstreitigkeiten) ist der Verwalter für die Wohnungseigentümer Zustellungsempfänger; er hat nach dem Willen des Gesetzgebers bei diesen Passivprozessen die Prozessführung.[19] Für die Gemeinschaft ist dies in § 27 Abs. 3 geregelt. 7

c) Postulationsfähigkeit

Die Parteien können – im Landgerichtsprozess müssen sie gemäß § 78 ZPO – anwaltlich vertreten sein. 8

Die **Prozesshandlungsvoraussetzungen** müssen gegeben sein, also die Parteifähigkeit, § 50 ZPO, Prozessfähigkeit, § 52 ZPO, ggfs. die Postulationsfähigkeit gemäß § 78 ZPO.

Auch die Fragen der Prozessführungsbefugnis sind hier einzuordnen einschließlich der Prozessstandschaft (hierzu: siehe Rn. 11).

---

18 Zur Wiedereinsetzung vgl. § 46 Abs. 1 Satz 3 und die Kommentierung in § 46 Rn. 30 ff.
19 Im Einzelnen: § 27 Rn. 24.

d) Rechtsschutzbedürfnis

9 Gerichtlicher Rechtsschutz ist **subsidiär**: Eine Klage ist nur zulässig, wenn ein Rechtsschutzbedürfnis besteht. Deshalb muss ein Wohnungseigentümer, der die Anfechtung einer Verwaltungsmaßnahme gegen einen Verwalter betreibt, zuerst den Verwalter zur Abhilfe auffordern; ein Wohnungseigentümer kann gegen die anderen Wohnungseigentümer erst dann Klage erheben, wenn er mit seinem Anliegen in der Eigentümerversammlung nicht durchgedrungen ist; ohne Beschluss der Eigentümerversammlung fehlt das Rechtsschutzbedürfnis[20], es sei denn, man kann mit an Sicherheit grenzender Wahrscheinlichkeit davon ausgehen, dass der Antrag nicht die erforderliche Mehrheit finden wird und damit die Befassung der Versammlung eine unnötige Förmelei wäre[21]. Ein Rechtsschutzbedürfnis fehlt bei objektiv sinnlosen Klagen, d. h., wenn der Kläger kein schutzwürdiges Interesse an dem begehrten Urteil haben kann[22] oder wenn ein Titel auf einfacherem Wege zu erlangen ist. Es besteht allerdings nach Vollzug eines Beschlusses der Wohnungseigentümer fort, solange Auswirkungen der Beschlussanfechtung auf Folgeprozesse nicht sicher auszuschließen sind[23]. Das Rechtsschutzbedürfnis ist strikt zu trennen von der Frage, ob dem Kläger das Klagebegehren, der materiell-rechtliche Anspruch überhaupt zusteht. Die materielle Rechtskraft des Prozessurteils bezieht sich nur auf die Unzulässigkeitsgründe, da eine materielle Entscheidung nicht getroffen wird.[24] Das Gericht darf nicht offen lassen, ob es die Klage als unzulässig oder unbegründet abweist, da nur bei unbegründeter Klage die Rechtskraft den Nichtigkeitsgrund mitumfasst, § 48 Abs. 4[25]. Das Rechtsschutzbedürfnis entfällt nicht, wenn der Beschluss bereits durchgeführt ist[26]; es entfällt nur, wenn der Kläger die Rückgängigmachung der Maßnahme nicht mehr anstrebt[27]; er muss dann den Rechtsstreit in der Hauptsache für erledigt erklären.

Kann ein **Leistungsantrag** (z.B. Zahlung von Sonderumlagen) gestellt werden, fehlt für einen Feststellungsantrag das Rechtsschutzbedürfnis.[28] Die Anfechtung gemäß § 46 erfolgt durch Feststellungsklage und ist dort kommentiert.[29] Für Besonderheiten des Rechtsschutzbedürfnisses im WEG-Recht sei verwiesen auf:

Beschlussersetzungsverfahren § 21 Abs. 4, § 21 Abs. 8: § 21 Rn. 91, § 46 Rn. 12

Negativbeschlüsse: § 46 Rn. 12

---

20 BGH 15.1.2010 – V ZR 114/09, NJW 2010, 2129.
21 Auch: OLG München v. 28.9.2006 – 32 Wx 115/06, NZM 2007, 132.
22 *Zöller-Greger*, vor § 253 Rn. 18.
23 BGH v. 13.5.2011 – V ZR 202/10, WuM 2011, 440; BayObLG v. 11.4.2002 – 2Z BR 179/01, NZM 2002, 623; a.A. OLG München v. 18.2.2009 – 32 Wx 120/08, ZMR 2009, 468.
24 Hierzu: *Zöller-Vollkommer*, § 322 Rn. 1a; OLG München v. 13.8.1985 – 25 U 3021/85, OLGZ 1986, 67.
25 BGH v. 16.1.2009 – V ZR 74/08, BGHZ 179, 230.
26 BayObLG v. 9.6.1975 – BReg. 2 Z 35/75, ZMR 1976, 310; BayObLG v. 30.7.1992 – 2Z BR 34/92, NJW-RR 1992, 1367.
27 BayObLG v. 30.7.1992 – 2Z BR 34/92, NJW-RR 1992, 1367 = WuM 1992, 566.
28 BayObLG v. 30.7.1992 – 2Z BR 34/92, NJW-RR 1992, 1367.
29 Vgl. auch § 46 Rn. 11: Nichtigkeit/Feststellung.

Zweitbeschlüsse: § 46 Rn. 13–14, siehe auch § 21, Rn. 25, 30, 91
Nichtbeschlüsse: § 46 Rn. 15
Abänderung gemäß § 16 Abs. 3: § 46 Rn. 14
Für das Rechtsschutzbedürfnis in den Fällen des § 43 ist zu verweisen auf die Kommentierung zu

§ 43 Nr. 1 Rn. 7–8
§ 43 Nr. 3 Rn. 19
§ 43 Nr. 4 Rn. 26.

Eine objektive und subjektive Klagehäufung ist ebenso zulässig wie Stufenklagen zulässig sein können. Wird das Verfahren unübersichtlich, können einzelne Anträge abgetrennt und in einem gesonderten Verfahren verhandelt werden, § 145 Abs. 1 ZPO[30].

Auch Klageänderungen sind – mit den Einschränkung bei der Anfechtungsklage gemäß § 46 Abs.1 im Hinblick auf die in Satz 2 genannten Klagebegründungsfrist – grundsätzlich möglich[31]. Voraussetzungen ist auch hier nach § 263 ZPO die Zustimmung der Gegenseite oder die Sachdienlichkeit, die das Gericht feststellen muss[32].

Grundsätzlich ist die Erhebung einer **Widerklage** gemäß § 33 ZPO zulässig. Die Besonderheiten des Wohnungseigentums sind jedoch zu beachten: So hat das OLG München[33] festgestellt, dass bei einer Klage der Wohnungseigentümergemeinschaft auf Vorschuss gegen einen Miteigentümer dieser nicht Widerklage auf Feststellung der Nichtigkeit des Wirtschaftsplans bzw. einer Sonderumlage erheben kann, da im Ausgangsverfahren nach § 43 Nr. 4 nur die übrigen Wohnungseigentümer passivlegitimiert sind: Die Verfahren wären zu trennen.

e) Beteiligte des Verfahrens

Beteiligte des Verfahrens sind Kläger und Beklagter sowie die Beigeladenen gemäß §§ 47, 48. Zur Prüfung, wer richtige Partei ist, ist nicht nur auf das Rubrum der Klageschrift abzustellen; wer tatsächlich Kläger oder Beklagter sein soll, kann sich auch aus der Begründung der Klageschrift ergeben; es muss nur die Identität der **beklagten Partei** feststehen.[34] Nach Änderung der Rechtsprechung des BGH[35] zur Teilrechtsfähigkeit des Verbands der Wohnungseigentümergemeinschaft wurde im Wege der **Rubrumsberichtigung** die Parteiänderung vorgenommen.[36] Dagegen scheidet eine Rubrumsberichtigung auf Beklagtenseite aus, wenn deren Bezeichnung mehrdeutig

10

---

30 Vgl. *Riecke/Schmid*, Vor §§ 43 ff., Rn. 4g.
31 BayObLG v. 13.3.2003 – 2Z BR 85/02, BayObLGZ 2003, 61.
32 Was in der Regel bei der Einführung eines völlig neuen Sachverhaltes nicht anzunehmen ist, BayOLG v. 28.1.2003 – 2Z BR 88/02, ZMR 2003, 437.
33 OLG München v. 8.3.2007 – 34 Wx 2/07, NJW-RR 2007, 1249.
34 *Zöller-Vollkommer*, § 319 ZPO, Rn. 14; AG Konstanz v. 13.3.2008 – C 17/07 – (juris); im Einzelnen vgl. § 46 Rn. 23.
35 BGH v. 2.6.2005 – V ZB 32/05, BGHZ 163, 154.
36 OLG Düsseldorf v. 29.11.2005 – 23 U 211/04, NZM 2006, 182; ein Parteiwechsel ist nicht erforderlich; siehe im übrigen § 10 Rn. 45.

ist und materiell-rechtlich sowohl die Eigentümer wie auch die Wohnungseigentümergemeinschaft in Betracht kommen können.[37] In einem am 1.7.2007 anhängigen Entziehungsverfahren gemäß § 18 können die Wohnungseigentümer insgesamt den geltend gemachten Anspruch weiterverfolgen, auch wenn durch die Neufassung des § 18 Abs. 2 die Verfahrensführung der Eigentümergemeinschaft zusteht.[38] Dagegen ist von einer auch stillschweigenden Einwilligung in eine Klageänderung auszugehen, wenn sich der Gegner z.B. rügelos auf eine Widerklage einlässt.[39] Zur Bezeichnung der Wohnungseigentümer in der Klageschrift ist auf § 44 zu verweisen; zur **Beiladung** verweisen wir auf die Kommentierung zu § 48; der Verwalter ist Zustellungsvertreter der Wohnungseigentümer, wenn diese Beklagte oder gemäß § 48 Abs. 1 Satz 1 beizuladen sind, es sei denn er ist selbst Gegner oder es besteht eine Interessenkollision, § 45 Abs. 1. Fehlt ein Verwalter[40], vertreten gemäß § 27 Abs. 2 Satz 2 alle Wohnungseigentümer die Gemeinschaft. Die Aktivvertretung muss durch alle Wohnungseigentümer gemeinsam erfolgen.

Erfolgt eine Beiladung gemäß § 48 Abs. 1 Satz 1, sind die beigeladenen Wohnungseigentümer notwendige Streitgenossen gemäß § 62 Abs. 1 ZPO[41]. Es können also nur alle ein Anerkenntnis abgeben, das Anerkenntnis eines Beklagten hat keine Wirkung[42]. Im Beschlussanfechtungsverfahren ist eine Nebenintervention im Übrigen unzulässig, da jeder Wohnungseigentümer, entweder auf Kläger-, oder auf Beklagtenseite, beteiligt ist[43].Die Zuständigkeit in der Berufungsinstanz richtet sich auch in einem Rechtsstreit, in dem zwar im Verhältnis zwischen Kläger und einem Beklagten, nicht aber zu einem weiteren Beklagten eine Wohnungseigentumssache vorliegt, auch für den weiteren Beklagten nach § 72 Abs. 2 GVG, wenn die Entscheidung erster Instanz beide Streitgenossen betrifft[44].

f) Befangenheit

10a Der **Richter** darf nicht von der Ausübung des Richteramts ausgeschlossen sein, § 41 ZPO; das ist z.B. dann der Fall, wenn er selbst Miteigentümer der Wohnungseigentümergemeinschaft ist, wenn sein Ehegatte oder Lebenspartner beteiligt ist, oder Verwandtschaftsverhältnisse bestehen. Besorgt der Richter, dass ein gesetzlicher Ausschluss oder eine Befangenheit vorliegen könnte, hat er das Recht zur **Selbstanzeige** gemäß § 48 ZPO; die Parteien

---

[37] OLG München v. 13.8.2007 – 34 Wx 144/06, FGPrax 2007/260 = MDR 2007, 1305.
[38] OLG München v. 28.1.2008 – 34 Wx 77/07, NJW 2008, 856.
[39] OLG München v. 22.8.2007 – 34 Wx 88/07, ZMR 2007, 884 = OLGR 2007, 928.
[40] Etwa weil die Eigentümer keinen bestellt haben: siehe § 20 Rn. 8.
[41] BGH v. 27.3.2009 – V ZR 196/08, NJW 2009, 1232: Bei Rücknahme der Klage eines Streitgenossen ist nur über die von dem Kläger und seinen verbleibenden Streitgenossen rechtzeitig vorgebrachten Anfechtungsgründen zu entscheiden. Zum Verfahren der Beiladung im Rahmen des § 48 verweisen wir auf die Kommentierung zu § 48 Rn. 2ff.
[42] BGH v. 8.11.1994 – XI ZR 35/94, NJW 1995, 403; LG Frankfurt v. 26.2.2014 – 2/13 S 142/12.
[43] LG Berlin v. 28.5.2013 – 55 S 73/12.
[44] BGH v. 3.7.2014 – V ZB 26/14.

sind zu hören[45]. Gegen die Entscheidung ist die sofortige Beschwerde zulässig. Die Parteien können einen Richter wegen **Befangenheit** gemäß §§ 42 ff. ZPO ablehnen. Die Gründe sind substantiiert darzulegen und glaubhaft zu machen; ein im Rahmen der richterlichen Fürsorge und Hinweispflicht erteilter Hinweis kann nicht zu einer Ablehnung führen[46]. Sie müssen ein Misstrauen gegen die Unparteilichkeit des Richters rechtfertigen. Das Ablehnungsgesuch muss, nachdem es bekannt geworden ist, vor der nächsten Prozesshandlung geltend gemacht werden. Wird das Ablehnungsgesuch in mündlicher Verhandlung gestellt, kann die mündliche Verhandlung noch durchgeführt werden und wird erst im Anschluss über die Befangenheit entschieden. Ist sie begründet, beginnt das Verfahren von neuem. Gegen die Entscheidung über das Ablehnungsgesuch findet die sofortige Beschwerde gemäß § 46 Abs. 2 ZPO, über die im Verfahren nach §§ 567 ff. ZPO entschieden wird, statt. Nach Zulassung kann auch eine sofortige weitere Beschwerde gemäß § 574 Abs. 1 ZPO erhoben werden. Die Gehörsrüge, § 321a ZPO, gilt auch in diesem Verfahren.

g) Prozessstandschaft

Bei der Prozessstandschaft ist die gewillkürte und die gesetzliche Prozessstandschaft zu unterscheiden. Verfahrensstandschaft ist möglich bei Abtretung, Verpfändung oder Pfändung[47]. Die gesetzliche Prozessstandschaft liegt bei Prozessführung kraft Amtes durch den Insolvenzverwalter[48] gemäß § 80 Abs. 1 InsO vor, ebenso durch den Zwangsverwalter oder den Testamentsvollstrecker; gesetzliche Prozessstandschaft tritt auch im Falle des § 265 ZPO ein, wenn z.B. während der Rechtshängigkeit eine eingeklagte Forderung abgetreten wird.[49] Um eine gesetzliche Prozessstandschaft handelt es sich auch, wenn die Gemeinschaft gemäß § 10 Abs. 6 S. 3 Hs. 2 einen Individualanspruch jedoch mit Gemeinschaftsbezug an sich zieht und dann geltend macht[50].

Die **gewillkürte** Prozessstandschaft besteht z.B. bei Abtretung einer Forderung an einen Dritten, bei Pfändung oder Verpfändung einer Forderung; der Dritte hat nur dann zur Geltendmachung im eigenen Namen die Prozessführungsbefugnis, wenn er ein eigenes schutzwürdiges Interesse hat[51]. Bei schuldrechtlicher Übertragung durch Abtretung, bei Pfändung und/oder Verpfändung der Forderung ist das regelmäßig der Fall. Auch Vormerkungsberechtigte können in eigenem Namen Rechte als Kläger geltend ma-

---

45 BGH v. 8.11.1994 – XI ZR 35/94, NJW 1995, 403.
46 OLG Köln v. 8.5.2012 – I-16 W 15/12; auch nicht das Übersehen der Beiladung des Verwalters: LG Lüneburg v. 24.3.2016 – 1 T 12/16.
47 BGH v. 26.9.2002 – V ZB 24/02, BGHZ 152, 136 = NJW 2002, 3704: auch bei Ausscheiden des Wohnungseigentümers vor Rechtshängigkeit.
48 BGH v. 26.9.2002 – V ZB 24/02, BGHZ 152, 136 = NJW 2002, 3704.
49 Im Einzelnen: *Zöller-Vollkommer*, vor § 50 Rn. 22.
50 BGH v. 5.12.2014 – V ZR 5/14; BGH v. 5.12.2014 – V ZR 85/14; OLG Hamm v. 5.11.2009 – I-15 Wx 15/09; LG Köln v. 14.3.2013 – 29 S 181/12; a.A. OLG München v. 16.11.2007 – 32 Wx 111/07; OLG Zweibrücken v. 30.1.2009 – 3 W 182/08; OLG Hamburg v. 24.10.2008 – 2 Wx 115/08.
51 *Roth*, in: Bärmann, vor §§ 43 ff. Rn. 25.

chen.[52] Die Wohnungseigentümer können dem **Verwalter** eine umfassende Vertretungsmacht gemäß § 27 Abs. 3 Satz 1 Nr. 7 erteilen.[53] Die Eigentümer können in einem Beschluss den Verwalter ausdrücklich beauftragen, Ansprüche gerichtlich geltend zu machen[54]; er ist dann Vertreter. In **eigenem Namen**, also als Prozessstandschafter kann der Verwalter nicht mehr, auch wenn dies in der Literatur in Frage gestellt ist, auftreten[55]. Der BGH hat nun entschieden, dass in diesen Fällen das für eine gewillkürte Prozessstandschaft erforderliche schutzwürdige Eigeninteresse nicht mehr aus der sich aus dem Wohnungseigentumsgesetz ergebenden Rechten- und Pflichtenstellung des Verwalters hergeleitet werden kann[56]; ein schutzwürdiges Eigeninteresse des Verwalters wird es nur noch im Ausnahmefall geben[57]. Auch dort, wo dem Verwalter Ausübungsansprüche übertragen worden sind, kann er nicht als Prozessstandschafter tätig werden, sondern nur als Vertreter[58].

Ficht der **Prozessstandschafter**[59] einen Eigentümerbeschluss gemäß § 46 an, muss er darauf achten, innerhalb der Anfechtungsfrist gegenüber dem Wohnungseigentumsgericht mitzuteilen, dass er aus dem Recht eines Dritten die Anfechtungsbefugnis herleitet.[60] Die Gemeinschaft der Wohnungseigentümer kann Ansprüche der Erwerber von Wohnungseigentum aus Bürgschaften nach § 7 MaBV in gewillkürter Prozessstandschaft geltend machen; ebenso die Freigabe von Grundschulden, die auf dem Wohnungseigentum lasten, einfordern.[61] Der Verwalter kann auch nicht ohne ermächtigende Vereinbarung oder ermächtigenden Beschluss die Löschungsbewilligung für eine Zwangshypothek im Grundbuchamt vorlegen.[62]

Wird in einem laufenden Verfahren nach dem Inkrafttreten der WEG-Reform am 1. 7. 2007 statt einzelner Wohnungseigentümer der Verband aktiv-

---

52 BayObLG v. 12. 5. 1965 – BReg. 2 Z 338/64, NJW 1965, 1484; KG Berlin v. 20. 7. 1994 – 24 W 3942/94, NJW-RR 1995, 147 = FGPrax 1995, 28.
53 Vgl. im Einzelnen § 27 Rn. 42, 43; BT-Drucks. 167/887, S. 71.
54 BayObLG v. 28. 10. 1997 – 2Z BR 77/97, WE 1998, 157 = BayObLGR 1998, 1.
55 OLG München v. 19. 5. 2006 – 32 Wx 58/06, ZMR 2006, 647, OLG Hamm v. 29. 5. 2008 – 15 Wx 43/08, NJW-RR 2009, 157 = NZM 2009, 90. Auch wenn diese Möglichkeit an praktischer Bedeutung verlieren wird, da der Verband der Wohnungseigentümer nach § 10 Abs. 6 Satz 5 selbst parteifähig ist: siehe § 10 Rn. 47.
56 BGH v. 28. 1. 2011 – V ZR 145/10, NJW 2011, 1361 = NZM 2011, 278; die Entscheidung des OLG München v. 26. 7. 2007 – 32 Wx 73/07 (NZM 2008, 653 – ist damit ebenfalls überholt. Wie der BGH: *Roth*, in: Bärmann, § 46 Rn. 36.
57 Ein schutzwürdiges Eigeninteresse des Verwalters kann dann noch gegeben sein, wenn sich der Verwalter der Wohnungseigentümergemeinschaft gegenüber schadensersatzpflichtig gemacht hat und ihm die Gemeinschaft vor diesem Hintergrund zur Schadensminimierung ermächtigt, auf eigene Kosten einen (auch zweifelhaften) Anspruch der Gemeinschaft gegen Dritte durchzusetzen; Beispiel in: BGH v. 28. 1. 2011 – V ZR 145/10, NJW 2011, 1361.
58 *Roth*, in: Bärmann, vor §§ 43 ff. Rn. 31, § 46 Rn. 36.
59 Z. B. der noch nicht im Grundbuch eingetragene Erwerber; BGH v. 21. 6. 2012 – V ZB 56/12; an der Zuständigkeit nach § 43 Nr. 4 ändert sich dadurch nichts;
60 BayObLG v. 12. 7. 1982 – BReg. 2 Z 55/81, Wohnungseigentümer 1983, 30; KG Berlin v. 18. 2. 2004 – 24 W 126/03, NJW-RR 2004, 878 = FGPrax 2004, 112.
61 BGH v. 12. 4. 2007 – VII ZR 50/06, BGHZ 172 63 = DNotZ 2007, 933.
62 OLG München v. 16. 2. 2011 – 34 Wx 156/10, NJW-RR 2011, 590.

legitimiert, konnte in der Weiterverfolgung des Verfahrens durch einen Wohnungseigentümer eine stillschweigende Ermächtigung gesehen werden.[63]

Individualansprüche der Wohnungseigentümer, die in der Eigenschaft als Mitglieder einer Bruchteilsgemeinschaft geltend zu machen sind, können auch von der teilrechtsfähigen Gemeinschaft selbst geltend gemacht werden[64]. So können die Wohnungseigentümer Erfüllungs- und Nacherfüllungsansprüche, die sich auf die ordnungsgemäße Herstellung oder Instandsetzung des Gemeinschaftseigentums beziehen, selbst dann an sich ziehen, wenn nur einem Mitglied der Gemeinschaft ein Anspruch zusteht[65]. Zieht also die Gemeinschaft die Durchsetzung des Individualanspruchs (§ 10 Abs. 6 Satz 3) an sich, begründet dies ihre Zuständigkeit. Die Gemeinschaft tritt dann als **gesetzlicher** Prozessstandschafter auf.[66] Dagegen dürfte kaum ein schutzwürdiges Eigeninteresse vorliegen, wenn die Prozessführungsbefugnis der Gemeinschaft (§ 43 Nr. 2) auf einzelne Wohnungseigentümer oder auf Dritte zur Durchsetzung in eigenem Namen übertragen wird[67].

Eine Prozessstandschaft auf Beklagtenseite ist nicht möglich, auch die Wohnungsgemeinschaft als Verband kann hierzu nicht ermächtigt werden[68].

h) Prozesskostenhilfe

Prozesskostenhilfe wird gewährt, wenn eine Partei nach ihren persönlichen und wirtschaftlichen Verhältnissen nicht in der Lage ist, die Kosten der Prozessführung ganz oder zum Teil oder nur in Raten aufzubringen. Voraussetzung ist, dass die Rechtsverfolgung oder Rechtsverteidigung hinreichende Aussicht auf Erfolg bietet und nicht mutwillig erscheint. Der Bundesgerichtshof hat festgestellt, dass auch dann, wenn eine Klagepartei einen Anspruch der Wohnungseigentümergemeinschaft im Wege der gewillkürten Prozessstandschaft geltend macht, auf die Bedürftigkeit der Wohnungseigentümergemeinschaft abzustellen ist. Der Wohnungseigentümergemein-

11a

---

63 BGH v. 24. 6. 2005 – VII ZR 350/03, NJW 2005, 3146; OLG München v. 28. 1. 2008 – 34 Wx 77/07, NZW 2008, 856.
64 Z.B. bei Streit einzelner Wohnungseigentümer über Parabolantennen; vgl. im Einzelnen: § 14 Rn. 28–42.
65 Vgl. BGH v. 15. 1. 2010 – V ZR 80/09, NJW 2010, 933 = NZM 2010, 204; BGH v. 24. 7. 2015 – V ZR 167/14: Auch wenn der Wohnungseigentümer Rechtsinhaber bleibt, steht die materielle Ausübungs- und die Prozessführungsbefugnis bei den unter § 10 Abs. 6 S. 3 Hs. 1 fallenden Rechten allein dem Verband zu; der Rechtsinhaber kann den Anspruch nur unter den Voraussetzungen einer gewillkürten Prozessstandschaft geltend machen; der Verband muss den Wohnungseigentümer hierzu ermächtigen. (Allerdings verneinte der BGH in dieser Entscheidung, dass Ansprüche auf Minderung und der sog. kleinen Schadensersatz bei Kauf einer gebrauchten Eigentumswohnung unter Ausschluss der Haftung für Sachmängel unter § 10 Abs. 6 S. 3 Hs. 1 fallen) BGH v. 10. 7. 2015 – V ZR 194/14 zur gesetzlichen Prozessstandschaft im Rahmen des § 16.
66 BGH v. 12. 4. 2007 – VII ZR 236/05, ZMR 2007, 628; OLG München v. 12. 12. 2005 – 34 Wx 83/05, ZMR 2006, 304; vgl. § 10 Rn. 45.
67 *Roth*, in: Bärmann, vor §§ 43 Rn. 31: Dies würde ordnungsgemäßer Verwaltung widersprechen, da der Verband eigene Ansprüche auch selbst durchzusetzen habe.
68 *Roth*, in: Bärmann, vor §§ 43 ff., Rn. 26.

schaft selbst kann Prozesskostenhilfe grundsätzlich bewilligt werden, wenn im Hinblick auf die einer Klage zugrunde liegenden Forderung der rechtsfähige Verband gemäß § 10 Abs. 6 Satz 1 und damit eine parteifähige Vereinigung gemäß § 50 Abs. 1 ZPO i.S.d. § 116 Satz 1 Nr. 2 ZPO betroffen ist[69]. Im Streit steht dabei, ob für die Bedürftigkeitsprüfung nur auf die Gemeinschaft abzustellen ist oder auch auf die der Wohnungseigentümer[70]. Der BGH hat entschieden, dass, da für juristische Personen im Sinne des § 116 Nr. 2 eine Rechtsverfolgung oder Rechtsverteidigung allgemeinen Interessen nicht zuwider läuft, es nicht gerechtfertigt ist, die Wohnungseigentümergemeinschaft finanziell ausbluten zu lassen, so dass für die Beitreibung der rückständigen Wohngelder Prozesskostenhilfe gewährt werden muss[71].

Für den Prozesskostenhilfeanspruch einzelner Miteigentümer, sei es als Kläger, sei es als Beklagte, gelten die allgemeinen Regelungen. Hierzu ist auf die Kommentierungen zu den §§ 114 ff. ZPO in den ZPO-Kommentaren zu verweisen.

2. Ablauf des Verfahren

a) Parteimaxime

12 Das Verfahren nach der Zivilprozessordnung ist ein Verfahren, das vom Kläger in Gang gesetzt wird und gegen das sich der Beklagte wehren muss; grundsätzlich entscheiden deshalb die Parteien über den Streitgegenstand des jeweiligen Prozesses. Die Klagepartei muss die Tatsachen vollständig vortragen, aufgrund derer sie ihren Anspruch durchsetzen will. Werden sie von der Beklagtenpartei bestritten, sind sie zu beweisen.[72] Das Gericht ist an den Vortrag der Parteien gebunden. Es darf keinen Sachverhalt in den Rechtsstreit einführen oder in einem Urteil verwerten, den die Parteien nicht vorgetragen haben.[73] Das Gericht ist auch an den Antrag der Klagepartei in einem Rechtsstreit gebunden, wie § 308 Abs. 1 ZPO vorschreibt.

Allerdings hat das Gericht im Rahmen der materiellen Prozessleitung die Parteien zur Stellung von **sachdienlichen Anträgen** zu veranlassen. Haben die Parteien nach Auffassung des Gerichts Gesichtspunkte übersehen oder nur ungenügend vorgetragen, hat es aufzufordern, diese zu ergänzen; es muss anregen, Beweismittel zu bezeichnen, § 139 Abs. 1 Satz 2 ZPO. Hat eine Partei einen Gesichtspunkt erkennbar übersehen oder für unerheblich gehalten, muss es, wenn das Gericht hierauf eine Entscheidung stützen will, vorher Gelegenheit zur Äußerung geben, § 139 Abs. 2 ZPO. Das Gericht kann zu weiterem Vortrag Fristen setzen; es kann Fragen nach § 278 Abs. 2 ZPO stellen. Reagiert der Betroffene nicht auf diese Fristen, können gemäß

---

69 BGH v. 17.6.2010 – V ZB 26/10, NJW 2010, 2814 = NZM 2010, 586.
70 Eine Gesamtbetrachtung nehmen vor: LG Berlin v. 28.8.2006 – 55 T 26/05, ZMR 2007, 145, ebenso *Hügel/Elzer*, § 13 Rn. 296; a.A.: *Nemfert*, ZMR 2007, 145.
71 BGH v. 17.6.2010 – V ZB 26/10, NJW 2010, 2814 = NZM 2010, 586.
72 § 129 ZPO; Vortrag in der mündlichen Verhandlung: § 137 Abs. 2 ZPO: Grundsätzlich durch Bezugnahmen auf die Schriftsätze.
73 BGH v. 25.5.1984 – V ZR 199/82, NJW 1984, 2463.

§ 296 Abs. 1 ZPO Angriffs- und Verteidigungsmittel, die nach Ablauf der hierfür gesetzten Frist vorgebracht worden sind, zurückgewiesen werden, wenn die Erledigung des Rechtsstreits verzögert würde oder die Verspätung nicht entschuldigt ist. Gleiches gilt, wenn gemäß § 282 ZPO eine Partei das Verfahren nicht fördert und Verteidigungsmittel nicht so zeitig vorbringt, wie es einer sorgfältigen und auf Förderung des Verfahrens bedachten Prozessführung entspricht. Insbesondere muss vor einer mündlichen Verhandlung der Gegner sich noch ausreichend auf einen Vortrag der Gegenseite vorbereiten können.[74]

Eine Besonderheit sieht § 46 Abs. 2 vor: Danach muss das Gericht den Kläger, der erkennbar eine Tatsache übersehen hat, aus der sich ergibt, dass der von ihm angefochtene Beschluss der Eigentümerversammlung nichtig ist, darauf hinweisen[75].

Das Gericht ist verpflichtet, das Verfahren von Amts wegen zu betreiben, also Zustellung von Amts wegen durchzuführen, § 166 Abs. 2 ZPO.[76] Das Gericht bestimmt die Termine, lädt die Zeugen, Sachverständigen und Parteien. Es setzt die Fristen.[77]

b) Mündliche Verhandlung

Der Verlauf der mündlichen Verhandlung ist in § 279 ZPO geregelt. Das Gericht setzt grundsätzlich vorab eine **Güteverhandlung** gemäß § 278 ZPO an, um eine gütliche Streitbelegung zu erreichen. Ist diese Güteverhandlung ergebnislos, schließt sich sofort der frühe erste Termin oder Haupttermin, gegebenenfalls mit Beweisaufnahme, an. Grundsätzlich ist der Rechtsstreit in einer mündlichen Verhandlung zwischen Gericht und Parteien und Beigeladenen zu erörtern.[78] 13

Das Gericht ermittelt nicht mehr von Amts wegen den Sachverhalt. Es obliegt den Parteien, im Rahmen der Schriftsätze wahrheitsgemäß und vollständig vorzutragen. Die Parteien haben den **Sachverhalt beizubringen** und die Tatsachen zu beschaffen, die dem Gericht die Entscheidung ermöglicht; dies geschieht im Anwaltsprozess durch Schriftsätze, die die mündliche Verhandlung vorbereiten, § 129 ZPO. Der Vortrag in der mündlichen Verhandlung ist in freier Rede zu halten; dabei ist das Streitverhältnis in tatsächlicher und rechtlicher Beziehung zu würdigen, § 137 Abs. 2 ZPO. Eine Bezugnahme auf die Schriftsätze und den Akteninhalt ist dabei zulässig, § 137 Abs. 3 ZPO. Allerdings darf das Gericht das, was die Parteien nicht dargelegt und zum Akteninhalt gemacht haben, nicht verwerten.[79]

---

74 Zu Einzelheiten: §§ 282, 296 ZPO und die dortige Kommentierung z.B. *Thomas/Putzo-Reichold*, ZPO, 36. Aufl.
75 Siehe hierzu § 46 Rn. 36 bis 38.
76 Siehe hierzu: vor § 43 Rn. 7.
77 §§ 224, 225 ZPO.
78 Ausnahmen: Verfahren nach § 495a ZPO, Zustimmung zur Entscheidung im schriftlichen Verfahren: § 128 Abs. 3 ZPO.
79 BGH v. 25.5.1984 – V ZR 199/82, NJW 1984, 2463.

Gemäß § 253 Abs. 2 Nr. 2 ZPO ist in der mündlichen Verhandlung ein bestimmter **Klageantrag**[80] zu stellen. Besteht z.b. ein Anspruch auf eine konkrete Verwaltungsmaßnahme, ist ein Anspruch leicht zu formulieren; dies gilt auch für Ansprüche, eine Zahlung mit Mitteln des Verwaltungsvermögens vorzunehmen. Besteht jedoch für die Auswahl oder Ausführung einer Verwaltungsmaßnahme ein **Ermessensspielraum**, muss im Klageantrag ein Vorschlag unterbreitet werden. § 49 Abs. 1 sieht hier wegen des erhöhten Prozessrisikos eine Kostenentscheidung nach billigem Ermessen vor.[81]

Im **Haupttermin** soll der streitigen Verhandlung die **Beweisaufnahme** unmittelbar folgen, im Anschluss das Ergebnis der Beweisaufnahme erörtert werden. Anträgen auf Anhörung eines Sachverständigen hat das Gericht grundsätzlich nachzukommen[82]. Sind alle Beweise erhoben, wird die Verhandlung geschlossen; es kann sofort im Termin eine Endentscheidung getroffen werden oder ein Termin zur Verkündung einer Entscheidung bestimmt werden.

Das **Mündlichkeitsprinzip** ist wesentlicher Prozessgrundsatz, vorgegeben in Art. 103 Abs. 1 GG, Art. 6 Abs. 1 EMRK. Ausfluss hiervon ist der **Grundsatz der Unmittelbarkeit**, also, dass die mündliche Verhandlung und die Beweisaufnahme vor dem erkennenden Gericht erfolgen muss, weil das Gericht sich einen eigenen, unmittelbaren Eindruck von Verhandlung und Beweisaufnahme, insbesondere zur Bewertung der Glaubwürdigkeit und Glaubhaftigkeit von Zeugenaussagen bilden muss.[83]

Die mündlichen Verhandlungen sind öffentlich, § 169 GVG, § 370 Abs. 1 ZPO; mit Ausnahme der Beweisaufnahme vor dem beauftragten oder ersuchten Richter, bei der aber selbstverständlich die Parteien teilnehmen können. Das Gericht soll gemäß § 272 Abs. 1, Abs. 3 ZPO das Verfahren konzentriert durchführen, Termin zur gütlichen Einigung, anschließenden Haupttermin gegebenenfalls mit Beweisaufnahme gemeinsam bestimmen. Ein zügiges Verfahren fordert Art. 2 Abs. 1 GG, Art. 20 Abs. 3 GG und Art. 6 Abs. 1 EMRK. Nur ein zügiges Verfahren führt zu einem wirkungsvollen Rechtsschutz.

c) *Prozessverbindung/-trennung*

14 Eine Prozessverbindung kann gemäß § 47 erfolgen. Verfahren nach altem Recht können allerdings nicht mit Verfahren nach neuem Recht verbunden werden. Ob bei einer Klageerweiterung nach dem 1.7.2007 einer vor dem 1.7.2007 anhängigen Klage es bei der Verfahrenszuständigkeit nach altem

---

80 Z.B. ein Leistungsantrag oder ein Feststellungsantrag; BGH v. 12.12.2014 – V ZR 53/14: Notfalls muss der Klageantrag ausgelegt werden; dabei darf nicht am buchstäblichen Sinn des Ausdrucks gehaftet werden, sondern ist der wirkliche Willen der Partei zu erforschen. Nur wenn sich das Rechtsschutzziel auch durch die gebotene Auslegung unter Einbeziehung der gesamten Klageschrift nicht eindeutig ermitteln lässt, gehen die verbleibenden Unklarheiten zu seinen Lasten.
81 Vgl. im Einzelnen: § 21 Rn. 40–42 und § 49 Rn. 3ff.
82 OLG München v. 24.10.2007 – 34 Wx 23/07, NJW-RR 2008, 608 = NZM 2008, 249.
83 Hierzu: *Thomas/Putzo-Reichold*, Einl. 1 Rn. 8.

Recht verbleibt, ist fraglich[84]. Immer dann, wenn sich der Streitgegenstand ändert, ist eine Prozesstrennung vorzunehmen; das abgetrennte Verfahren folgt dem neuen Recht. Dieser Grundsatz gilt allgemein: Ein Verbindungsverbot besteht bei Verfahren, die nicht in derselben Prozessart geführt werden; § 62 meint mit „Verfahren" den jeweiligen Verfahrensgegenstand. Soll eine Wohnungseigentümerin und deren Mieter wegen Störungen und Belästigungen auf Unterlassung in Anspruch genommen werden, also als Streitgenossen verklagt werden, so handelt es sich bei der Klage gegen die Wohnungseigentümerin um eine Wohnungseigentumssache, die mit einer sonstigen streitigen Zivilsache verbunden werden kann, wobei dann ein örtlich und sachlich gemeinsam zuständiges Gericht zu bestimmen ist, § 36 Abs. 1 Nr. 3 ZPO[85]

d) Beweisaufnahme

Die **Beweisaufnahme** erfolgt nach den Vorschriften der §§ 355 bis 484 ZPO; 15 die Beweise werden durch Zeugen- oder Urkundsbeweis oder Sachverständigenbeweis angetreten. Die Durchführung der Beweisaufnahme kann von der Einzahlung von Vorschüssen abhängig gemacht werden.[86] Allgemeiner Grundsatz für die Beweislast ist, dass jede Partei die ihr günstigen Haupt- und Hilfstatsachen zu beweisen hat: Ist ein Beschluss der Wohnungseigentümer nicht ordnungsgemäß zustande gekommen, muss dies der Kläger darlegen und, ist der Verfahrensablauf bestritten, auch beweisen[87]; bei einem Mangel der Einberufung einer Eigentümerversammlung muss gleichzeitig dargelegt werden, dass dieser kausal für das Ergebnis der Beschlussfassung war.[88] Liegt dagegen ein formeller Beschlussmangel vor, muss die beklagte Partei nachweisen, dass die Ursächlichkeit zweifelsfrei nicht gegeben ist; die Anfechtung ist also immer dann begründet, wenn sich die Mängel auf das Ergebnis der Beschlussfassung zumindest ausgewirkt haben können.[89]

Die **Beweislast** ebenso wie die Darlegungslast bei der Anfechtungsklage gemäß § 43 Nr. 4 liegen grundsätzlich beim Kläger[90]; werden konkrete Einwendungen erhoben, so trifft die Beklagtenpartei eine sekundäre Beweislast. Für die Feststellung eines Abstimmungsergebnisses ist die Beweislast so verteilt, dass die übrigen Wohnungseigentümer das Erreichen der erfor-

---

84 Hierzu: *Zöller-Greger*, § 261 ZPO Rn. 12; BGH v. 20. 5. 1981 – IVb ZR 572/80, NJW 1981, 2464 = Rpfleger 1981, 346; vgl. BGH v. 1. 2. 1978 – IV ZR 142/77, BGHZ 70, 295: Der Rechtsweg bleibt auch dann bestehen, wenn die ihn rechtfertigende Rechtsprechung nach Rechtshängigkeit der Sache durch eine höchstrichterliche Entscheidung aufgegeben wird; siehe auch § 62 Fn. 8.
85 So: OLG München v. 24. 6. 2008 – 31 AR 74/08; OLG Karlsruhe vom 4. 10. 2013 – 9 AR 15/13 (wobei die Zuständigkeit innerhalb des Amtsgerichts nicht durch das OLG bestimmt werden kann).
86 § 379 ZPO; *Niedenführ/Kümmel/Vandenhouten-Niedenführ*, § 43 Rn. 3.
87 *Hügel/Elzer*, § 46 Rn. 23; vor §§ 43 ff., Rn. 43
88 OLG Hamm v. 19. 4. 1995 – 15 W 26/95, ZMR 1995, 498; KG Berlin v. 18. 11. 1998 – 24 W 4180/97, FGPrax 1999, 90 = NZM 1999, 850.
89 OLG Hamburg v. 11. 4. 2007 – 2 Wx 2/07, ZMR 2007, 550; vgl. im Einzelnen § 23 Rn. 36 bis 39.
90 BGH v. 14. 12. 2012 – V ZR 224/11, Rn. 20; LG München I v. 27. 4. 2009 – 1 S 20171/08, NJW-RR 2009, 1672 = NZM 2010, 370.

derlichen Stimmenmehrheit nachweisen müssen[91]. Der Kläger hat auch die Beweislast dafür, ob ein festgestelltes und verkündetes Beschlussergebnis den tatsächlichen und rechtlichen Verhältnissen entspricht[92]; sie tragen auch die Beweislast dafür, dass ein wichtiger Grund vorliegt, der der Zustimmung gemäß § 12 entgegensteht[93]. Die Darlegungs- und Beweislast für die fehlende Kausalität eines etwaigen Ladungsmangels zur Eigentümerversammlung tragen die Beklagten[94].

e) Unterbrechung des Verfahrens/Ruhen/Aussetzung, §§ 239 ff. ZPO

16 Stirbt der Kläger, ist das Verfahren gemäß § 239 ZPO **unterbrochen**, es sei denn, er ist anwaltlich vertreten[95]; es kann durch den Rechtsnachfolger aufgenommen werden. Auch im Insolvenzverfahren ist das Verfahren gemäß § 240 ZPO unterbrochen.

Im FGG-Verfahren hatte die Rechtsprechung aus pragmatischen Überlegungen § 240 ZPO bei **Insolvenz** des Anfechtenden nicht angewandt.[96] Der Tod des Antragstellers hatte das Verfahren in einer Wohnungseigentumssache nur dann entsprechend § 239 ZPO unterbrochen, wenn Streitgegenstand allein ein subjektiver, der Verfügung des Antragstellers unterstehender Anspruch ist[97]; dies ist bei der Anfechtung von Beschlüssen der Eigentümerversammlung verneint worden.[98] Durch die unmittelbare Anwendung des § 240 ZPO hat sich an der Ausgangssituation nichts geändert, unabhängig davon, dass eine schnellere Rechtssicherheit nicht zwingend dazu führen sollte, die Belange der Rechtsnachfolger und deren ausreichenden Prüfungsmöglichkeiten über den Streitstoff zurückzustellen; es steht ja den Verfahrensbeteiligten frei, den Rechtsnachfolger zur Aufnahme des Verfahrens zu veranlassen[99]. Sind Individualansprüche eines sich im Insolvenzverfahren befindenden Wohnungseigentümers und damit die Insolvenzmasse betroffen, ist das Verfahren unterbrochen[100]; allerdings kann zur Durchsetzung einer Versorgungssperre das Verfahren fortgeführt werden[101]. Ist ein Beklagter verstorben, führt dies nicht zur Unterbrechung nach § 239 ZPO,

---

91 BGH v. 19. 9. 2002 – V ZB 37/02, NJW 2002, 3629; OLG Köln vom 21. 11. 2001 – 16 Wx 185/01, ZMR 2002, 972; Im Zweifel ist dann, wenn die Zahl der anwesenden Wohnungseigentümer nicht mehr aufklärbar ist und deshalb Zweifel an den Mehrheitsverhältnissen bestehen, davon auszugehen, dass der Versammlungsleiter die Zahl der Ja-Stimmen zu Unrecht festgestellt hat, vgl. auch § 23 Rn. 23.
92 Vgl. § 23 Rn. 39; *Palandt-Bassenge*, WEG § 23 Rn. 10.
93 BGH v. 20. 7. 2012 – V ZR 241/11, Rn. 17.
94 Vgl. § 23 Rn. 38; LG Gera v. 16. 2. 2015 – 5 S 23/14; ebenso LG München I v. 29. 1. 2015 – 36 S 2567/14; Die verklagten Wohnungseigentümer haben die zu ihren Lasten bestehende Kausalitätsvermutung zu erschüttern.
95 AG Passau v. 30. 12. 2013 – 23 C 1068/13 WEG.
96 Auch bei Tod des Verwalters nicht: BayObLG v. 30. 3. 1990 – BReg. 2 Z 22/90, WuM 1990, 322; OLG Schleswig v. 16. 11. 2005 – 2 W 267/04, NJW-RR 2206, 594 = FGPrax 2006, 66 (für die Insolvenz des Verwalters).
97 BayObLG v. 19. 11. 1997 – BReg. 2 Z 49/73, BayObLGZ 1973, 307.
98 BayObLG v. 19. 11. 1997 – BReg. 2 Z 49/73, BayObLGZ 1973, 307.
99 Kritisch: *Niedenführ/Kümmel/Vandenhouten-Niedenführ*, § 46 Rn. 93.
100 KG Berlin v. 2. 7. 2007 – 24 W 34/07, ZMR 2007, 804;
101 OLG Dresden v. 12. 6. 2007 – 2 W 82/07, ZMR 2008, 140.

wenn die Beklagten insgesamt von einem Verfahrensbevollmächtigten vertreten wurden[102].

Das Verfahren **ruht**, wenn beide Parteien dies beantragen und anzunehmen ist, dass wegen Schwebens von Vergleichsverhandlungen oder aus sonstigen wichtigen Gründen diese Anordnung zweckmäßig ist, § 251 ZPO. Ein Verfahren ruht auch dann, wenn beide Parteien zu einem Termin nicht erschienen sind und nicht nach Lage der Akten entschieden wird, § 251a Abs. 3 ZPO.

Das Verfahren kann gemäß § 148 ZPO **ausgesetzt** werden, wenn die Voraussetzungen vorliegen[103]. Dies ist z.b. nicht der Fall, wenn Beschlüsse über die Erhebung einer Sonderumlage angefochten sind und gleichzeitig bereits die Zahlungsklage erhoben ist; für die Aussetzung des Verfahrens über die Zahlungsklage besteht kein Anlass[104].

3. Beendigung des Verfahrens

a) Klagerücknahme

Das Verfahren kann durch Klagerücknahme gemäß § 269 Abs. 1 ZPO beendet werden. Nach Beginn der mündlichen Verhandlung benötigt der Kläger hierzu die Zustimmung des Beklagten, zu der das Gericht dem Beklagten eine Notfrist von zwei Wochen zur Erklärung, ob er der Rücknahme der Klage zustimmt, setzen kann. Wird die Klage zurückgenommen, so ist der Rechtsstreit als nicht anhängig geworden anzusehen; ein noch nicht rechtskräftiges Urteil wird wirkungslos, ohne dass es einer ausdrücklichen Aufhebung bedarf, § 269 Abs. 3 Satz 1 ZPO. Das Gericht entscheidet auf Antrag über die Kosten des Rechtsstreits. Erhebt der Kläger eine Klage von neuem, so kann die Beklagte die Einlassung verweigern, bis die Kosten des Vorprozesses erstattet sind, § 269 Abs. 6 ZPO.

16a

Eine Besonderheit gilt im Rahmen der Anfechtungsklagen gemäß §§ 46, 47: Die Rücknahme der Klage eines Klägers hat keine Auswirkung auf die miteinander verbundenen Prozesse, in denen Klagen auf Erklärung und Feststellung der Ungültigkeit desselben Beschlusses der Wohnungseigentümer erhoben wurden. Der Kläger scheidet zwar aus seiner Rechtsstellung als Kläger aus. Er wird jedoch damit Beklagter des anderen Prozesses[105].

b) Hauptsacheerledigung

Die **Hauptsacheerledigung** kann einseitig oder übereinstimmend erfolgen.

17

Im Falle der übereinstimmenden Hauptsacheerledigung entscheidet das Gericht durch Beschluss gemäß § 91a ZPO über die Kosten des Rechts-

---

102 AG Merseburg v. 25. 4. 2008 – 21 C 4/07, ZMR 2008, 747.
103 Das ist z.B. nicht der Fall bei Entscheidung über die Gültigkeit von Erst- und Zweitbeschlüssen, OLG München v. 5. 6. 2007 – 34 Wx 143/06, ZMR 2007, 807.
104 BGH v. 4. 4. 2014 – V ZR 167/13; anders, wenn eine Klage auf Beseitigung von Umbaumaßnahmen und ein Verfahren über die Ungültigkeitserklärung eines Eigentumsbeschlusses, mit dem die Umbaumaßnahme genehmigt worden ist, anhängig ist: OLG München v. 4. 5. 2005 – 34 Wx 6/05.
105 Vgl. § 47 Rn. 5; *Roth*, in: Bärmann, § 46 Rn. 114.

streits[106]; gegen diese Entscheidung findet die sofortige Beschwerde gemäß § 91a Abs. 2 ZPO statt. Das Gericht entscheidet über die Kosten des Rechtsstreits unter Berücksichtigung des bisherigen Sach- und Streitstandes nach billigem Ermessen durch Beschluss, § 91a Abs. 1 Satz 1 ZPO. Bei übereinstimmender Erledigungserklärung der Parteien endet die Rechtshängigkeit der Klage.[107] Schließt sich der Beklagte der Erledigungserklärung nicht an, kann die **einseitige** Erklärung als Feststellung, dass der Rechtsstreit in der Hauptsache erledigt ist, umgedeutet werden.[108] Die Hauptsache kann sich z.B. erledigen, wenn der Verwalter von einem Wohnungseigentümer auf Aufstellung des Wirtschaftsplanes[109] in Anspruch genommen wird und der Wirtschaftsplan dann während des Rechtsstreits erstellt wird[110]. Dann werden die Parteien die Hauptsache übereinstimmend für erledigt erklären, wobei der Verwalter, war er im Verzug, regelmäßig gemäß § 91a ZPO die Kosten des Verfahrens zu tragen hat. Keine Hauptsacheerledigung tritt im Beschlussanfechtungsverfahren wegen vorzeitiger Abberufung des Verwalters ein, wenn die Bestellungszeit abgelaufen ist, sofern ein schutzwürdiges Interesse an der Klärung fortbesteht[111]. Bei einem sofortigen Anerkenntnis gemäß § 93 ZPO i.V.m. § 49 Abs. 2 ist gegen die Kostenentscheidung das Rechtsmittel der sofortigen Beschwerde gemäß § 99 Abs. 2 ZPO statthaft.

c) Prozessvergleich

18 Nach § 278 Abs. 1 ZPO soll das Gericht in jeder Lage des Verfahrens auf eine gütliche Beilegung des Rechtsstreits oder einzelner Streitpunkte bedacht sein. **Prozessvergleiche**, die nicht nur im Gütetermin, sondern während des gesamten Verfahrens abgeschlossen werden können, sind gemäß § 160 Abs. 3 Nr. 1 ZPO zu protokollieren; sie sind vorzulesen und von den Parteien zu genehmigen; er kann gemäß § 278 Abs. 6 ZPO auch schriftlich geschlossen werden. Ein Prozessvergleich, aus dem gemäß § 794 Abs. 1 Nr. 1 ZPO vollstreckt werden kann, hat eine Doppelnatur: Er ist einerseits ein privatrechtlicher Vertrag gemäß § 779 BGB, zum anderen Prozesshandlung.[112] Der Prozessvergleich führt zu einer Beendigung des gerichtlichen Verfahrens[113]; er hat einen materiellen Inhalt.[114]

---

106 Der Wegfall des Anlasses der Beschlussfassung führt nicht zwingend zur Hauptsacheerledigung, da die Folgenbeseitigung oder Kosten im Raum stehen können: OLG Hamm v. 22.2.2007 – 15 W 322/06, ZMR 2008, 61.
107 Vgl. *Zöller-Vollkommer*, § 91a Rn. 9; die Erklärung der beklagten „übrigen Wohnungseigentümer" auf Rechte aus einem angegriffenen Beschluss zu verzichten, führt nicht zur Hauptsacheerledigung: LG Hamburg v. 23.7.2014 – 318 S 19/14.
108 Hierzu und zu allen weiteren Fragen der einseitigen Erledigungserklärung: vgl. *ZöllerVollkommer*, § 91a Rn. 35; die einseitige Erledigungserklärung ist auch frei widerruflich: BGH v. 7.6.2001 – I ZR 157/98, NJW 2002, 442.
109 Zu den prozessualen Sonderheiten der Anfechtung des Wirtschaftsplanes und der Jahresabrechnung vgl. § 46 Rn. 9; § 28 Rn. 84 bis 88.
110 Durch den Ablauf der Bestellungszeit für einen Verwalter während des Anfechtungsverfahrens gegen die Abberufung tritt keine Hauptsacheerledigung ein, wenn noch ein schutzwürdiges Interesse an der Klärung fortbesteht, LG München I vom 28.6.2012 – 36 S 17241/11.
111 LG München I v. 25.6.2012 – 36 S 17241/11.
112 *Zöller-Stöber*, § 794 Rn. 3.

Grundsätzlich wird der Prozessvergleich ausschließlich zwischen den Parteien, also Kläger und Beklagten abgeschlossen. Er kann jedoch auch zwischen einer Partei (auch beiden Parteien) und einem Dritten abgeschlossen werden. Indes besteht die materiell-rechtliche Wirkung ausschließlich zwischen denjenigen Personen, die den Vergleich abschließen.[115] Dies ist in Fällen, in denen z.b. ein Unterlassungsanspruch zwischen zwei Miteigentümern in Streit steht (z.b. wegen Lärmbelästigung) oder Streit zwischen einem Miteigentümer und den weiteren Wohnungseigentümern besteht, nicht problematisch[116]. Problematisch kann es allerdings in Fällen der Anfechtungsklage gemäß § 46 werden, wenn nicht alle Wohnungseigentümer am Verfahren beteiligt sind, z.b. weil das Gericht fälschlicherweise annimmt, dass rechtliche Interessen einzelner Wohnungseigentümer von dem Rechtsstreit nicht betroffen seien, § 48 Abs. 1 Satz 1. Zwar wirkt ein Urteil gemäß § 48 Abs. 3 über § 325 ZPO auch für und gegen alle Wohnungseigentümer und ihre Rechtsnachfolger sowie den beigeladenen Verwalter (soweit sie am Verfahren beteiligt waren), eine entsprechende Wirkung eines Vergleichsabschlusses hat das Gesetz nicht angeordnet, weil es sich hierbei um einen Vertrag handelt, der nicht zu Lasten Nichtbeteiligter abgeschlossen werden kann. Eine Bindung der nicht am Prozessvergleich Beteiligten erfolgt deshalb nicht. Ist die Wohnungseigentümergemeinschaft selbst Partei oder werden alle Wohnungseigentümer durch den Verwalter vertreten, wirkt der Vergleich jedoch innerhalb der jeweiligen Parteistellung.[117] Der Vertreter (Verwalter) wird deshalb vor Abschluss eines (unwiderruflichen) Vergleiches, der immer ein Nachgeben gemäß § 779 Abs. 1 BGB bedeutet, die **Genehmigung** durch die Wohnungseigentümerversammlung durch Mehrheitsbeschluss einholen.[118] Der Beschluss, mit dem die

---

113 Ein Streit, ob ein Prozessvergleich das Beschlussanfechtungsklageverfahren beendet hat, ist ein Streit nach § 43 Nr. 4, also vor dem Wohnungseigentumsgericht zu führen: BGH v. 21.6.2012 – V ZB 56/12.
114 Vgl. § 10 Rn. 11 a.E.; für die Eintragung einer Vielzahl von Regelungen eines gerichtlichen Vergleichs ins Grundbuch muss getrennt werden in eintragungsfähige Vereinbarungen und sonstige Verpflichtungen: OLG München v. 28.1.2014 – 34 Wx 318/13; sonst ist ein Eintragungsantrag im Ganzen zurückzuweisen.
115 *Zöller-Stöber*, § 794 Rn. 6.
116 Ein Vergleich nur über den Grund der Klageforderung ist zulässig, LG Hannover v. 29.4.2008 – 4 T 73/07, ZMR 2009, 397.
117 Eine Pflicht, den Prozessvergleich in die Beschlusssammlung aufzunehmen, besteht nur, wenn die Eigentümerversammlung über den Vergleich einen Beschluss gefasst hat: vgl. § 24 Rn. 64 a.E. und den dortigen Streitstand. Ein gerichtlicher Vergleich kann nicht durch mehrheitliche Eigentümerbeschlüsse abgeändert werden; es bedarf einer Vereinbarung im Sinne des § 10 Abs. 2 S. 2: AG Wiesbaden v. 1.8.2014 – 92 C 3637/13.
118 Hinweis für die Praxis: Erhebliche zeitliche Verzögerungen können entstehen, wenn der Mehrheitsbeschluss, mit dem ein Vergleich bestätigt worden ist, selbst angefochten wird und damit die Genehmigung noch nicht rechtskräftig feststeht. Prozessual kann man sich im Hauptsacheverfahren damit helfen, dass das Gericht einen Vergleichsvorschlag gemäß § 278 Abs. 6 ZPO unterbreitet mit einer weit hinaus bestimmten Zustimmungsfrist (die auch verlängert werden kann: *Zöller-Greger*, § 278 Rn. 24). In geeigneten Fällen kann der Vergleich unter der auflösenden

(Fortsetzung auf Seite 1084)

Wohnungseigentümer den Vergleich bestätigen, ist gemäß § 10 Abs. 4 im Beschlussbuch einzutragen; er ist in diesen Fällen auch gegenüber Dritten, auch zukünftigen Erwerbern rechtsverbindlich[119].

d) Urteil

19 Der Rechtsstreit kann durch Urteil beendet werden; zulässig sind auch Versäumnisurteile und Anerkenntnisurteile[120] gemäß §§ 330 ff. ZPO.[121] Das Gericht erlässt ein Endurteil gemäß § 300 Abs. 1 ZPO, wenn der Rechtsstreit zur Entscheidung endgültig reif ist. Es erlässt ein Teilurteil, wenn von mehreren in einer Klage geltend gemachten Ansprüchen nur der eine oder wenn nur ein Teil eines Anspruchs oder bei erhobener Widerklage nur die Klage oder die Widerklage zur Entscheidung reif sind, § 301 Abs. 1 ZPO. Es sind auch Vorbehaltsurteile gemäß § 302 Abs. 1 ZPO zulässig, wenn der Beklagte die Aufrechnung einer Gegenforderung geltend macht. Widerklagen sind in geeigneten Fällen ebenfalls zulässig, § 33 Abs. 1 ZPO. Bei einem Anerkenntnis[122] durch die Beklagte entscheidet das Gericht gemäß § 93 ZPO über die Kosten. Bei einem sofortigen Anerkenntnis trägt sie der Kläger, wenn der Beklagte keinen Anlass zur Klage gegeben hat. Gegen Beschlüsse zur Kostentragung gemäß § 93 ZPO ist das Rechtsmittel der sofortigen Beschwerde gemäß § 99 Abs. 2 ZPO statthaft. Die **Wirkungen des Urteils** können gestaltender, feststellender, aufhebender oder bestätigender Art sein; ein Gestaltungsurteil entfaltet erst mit Rechtskraft Wirkung[123]. Die Bestellung eines konkreten Verwalters durch das Gericht gemäß § 26 Abs. 1 ist ein Gestaltungsurteil[124], § 21 Abs. 8, § 49 Abs. 1. Bis zur Rechtskraft des Urteils ist der Verwalter verpflichtet, einen Beschluss des Eigentümers zu vollziehen[125]; liegt jedoch eine einstweilige Verfügung gemäß §§ 935 ff. ZPO vor, muss der Verwalter diese beachten[126].

Bedingung gemäß § 158 BGB abgeschlossen werden (vgl. *Zöller-Stöber*, § 794 Rn. 10. Die Eigentümergemeinschaft muss dem Vergleich zustimmen). Dem Verwalter ist zu empfehlen, in der Beschussvorlage zu formulieren, dass er das Ergebnis erst nach Rechtskraft des Eigentümerbeschlusses dem Gericht mitteilt.

119 Vgl. § 10 Rn. 34; *Hügel/Elzer*, vor §§ 43 ff. Rn. 55: Der früheren Empfehlung, die Vereinbarung im Grundbuch einzutragen, bedarf es daher nicht mehr: vgl. OLG Köln v. 12. 2. 2003 – 16 Wx 204/02, ZMR 2004, 59; BayObLG v. 29. 1. 1990 – BReg. 1b Z 4/90, BayObLGZ 1990, 15 = NJW-RR 1990, 594.
120 Außer bei notwendiger Streitgenossenschaft gegen nur einen Streitgenossen, §§ 46, 47
121 Was im Verfahren der freiwilligen Gerichtsbarkeit nicht möglich ist.
122 Das bei Anfechtungsklagen gemäß § 46 von *allen* Beklagten abgegeben werden muss, BGH v. 27. 3. 2009 – V ZR 196/08, NJW 2009, 1232; AG Heidelberg v. 9. 4. 2009 – 45 C 73/08, ZMR 2011, 72.
123 BGH v. 24. 5. 2013 – V ZR 182/12; LG München I v. 12. 3. 2015 – 36 S 24746/13: z.B. bei Abberufung eines Verwalters unter Ungültigkeitserklärung eines Negativbeschlusses. Der betroffene Verwalter kann bis zur Rechtskraft wirksam z.B. Eigentümerversammlung einberufen.
124 OLG Düsseldorf v. 31. 8. 2007 – 3 Wx 85/07, ZMR 2007, 87; im Einzelnen: § 26 Rn. 11; § 21 Rn. 91.
125 Vgl. § 27 Rn. 4.
126 Vgl. auch § 27 Rn. 5.

4. Rechtsmittel

Gegen Urteile des Amtsgerichts ist das Rechtsmittel der Berufung gegeben und das Landgericht gemäß § 72 Abs. 1 GVG zuständig. Gebündelt ist die Zuständigkeit für Berufungsverfahren in den Fällen des § 43 Nr. 1 bis 4 und 6 gemäß § 72 Abs. 2 GVG[127] beim Landgericht am Sitz des Oberlandesgerichts[128]. Dieses ist gemeinsames Berufungs- und Beschwerdegericht und zwar auch in Fällen des § 119 Abs. 1 Nr. 1b, c GVG, also bei einem Verfahren mit Auslandsbezug.   20

Die zentralen Berufungs- und Beschwerdegerichte sind am Ende der Kommentierung vor § 43 in Rn. 26 aufgelistet.

Für Verfahren gemäß § 43 Nr. 5 (Außenstreitigkeiten) ist, wenn das Landgericht erstinstanzlich gemäß § 23 Nr. 1 GVG, § 71 Abs. 1 GVG zuständig war, die Berufungsinstanz das Oberlandesgericht und die **Revision** zum Bundesgerichtshof gemäß § 542 Abs. 1 ZPO, § 133 GVG statthaft[129]; allerdings ist hierfür die Streitwertgrenze von 20.000 € zu berücksichtigen. Die Revisionsinstanz ist immer dann eröffnet, wenn das Landgericht die Revision gemäß § 543 Abs. 1 Nr. 1 ZPO zugelassen hat. Ein Wohnungseigentümer kann gegen eine Entscheidung, mit der ein Eigentümerbeschluss für ungültig erklärt worden ist, Rechtsmittel einlegen, selbst wenn er durch die gerichtliche Entscheidung keine persönlichen Nachteile erleidet.[130]

Soweit eine Rechtsbeschwerde gegen Entscheidungen des Landgerichts zu erwägen wäre, hat § 62 Abs. 2 die Nichtzulassungsbeschwerde bis zum 31.12.2015 ausgeschlossen; seit 1.1.2016 ist sie zulässig.

Die **Anhörungsrüge** gemäß §§ 321a ZPO (für Altverfahren gemäß § 29a FGG) ist zulässig, wenn die Gerichte einen entscheidungserheblichen Sachverhalt und einen Prozessvortrag nicht beachtet haben. Im Verfahren der Anhörungsrüge kann eine Erledigung der Hauptsache nur berücksichtigt werden, wenn die Rüge erfolgreich ist und deshalb das Verfahren fortgesetzt wird[131]; die Vorschrift des § 321a ZPO gilt nur für letztinstanzliche Entscheidungen.[132] Zur **Meistbegünstigung** siehe § 62 Rn. 7.

Zur **Rechtskraft** siehe § 48 Rn. 13 ff.

---

127 BGH v. 3.7.2014 – V ZB 26/14, § 72 Abs. 2 GVG ist auch anwendbar, wenn bei einer Streitgenossenschaft das Wohnungseigentumsverfahren nur im Verhältnis von einem zu mehreren Beklagten Anwendung findet.
128 Ein beim unzuständigen Gericht eingelegtes Rechtsmittel ist grundsätzlich unzulässig, außer in schwierigen, noch nicht entschiedenen Grenzfällen: BGH v. 10.12.2009 – V ZB 67/09, NJW 2010, 1818; BGH v. 12.4.2010 – V ZB 224/09, NJW-RR 2010, 1096; BGH v. 9.12.2010 – V ZB 190/10, NJW-RR 2011, 889; LG Rostock v. 18.4.2011 – 1 S 171/10 (juris); siehe auch § 43 Rn. 4 a.E.
129 BGH v. 11.6.2015 – V ZB 39/13; auch zur Frage, wie zu verfahren ist, wenn mehrere Berufungen bei unterschiedlichen Gerichten eingelegt sind.
130 BGH v. 17.7.2003 – V ZB 11/03, BGHZ 156, 19 = NJW 2003, 3124.
131 OLG München v. 29.1.2008 – 34 Wx 89/07 OLGR München 2008, 347.
132 § 321a Abs. 1 Nr. 1 ZPO sieht vor, dass auf die Rüge der durch die Entscheidung beschwerten Partei das Verfahren fortzuführen ist, wenn ein Rechtsmittel oder ein anderer Rechtsbehelf gegen die Entscheidung nicht gegeben ist und das Gericht den Anspruch dieser Partei auf rechtliches Gehör in entscheidungserheblicher Weise verletzt hat. Gegen eine der Endentscheidung vorausgehende Entscheidung findet die Rüge nicht statt.

5. Zwangsvollstreckung

21 Für die Zwangsvollstreckung gelten die allgemeinen Vorschriften der ZPO; auch ein Vollstreckungsgegenantrag ist dem Erkenntnisverfahren zugehörig; für ihn gelten damit die allgemeinen Vorschriften; zu Besonderheiten im Zwangsversteigerungsrecht siehe die Anmerkungen zu §§ 10, 45, 52, 156 ZVG im Anhang C.

6. Eilverfahren: Einstweilige Verfügung/Arrest
a) Allgemeines

22 Im Verfahren nach § 43 a.F. gab es außerhalb des § 44 a.F. keine einstweilige Verfügung. Erlass oder Nichterlass einer einstweiligen Anordnung nach § 44 (a.F.) unterlagen nicht der Beschwerde[133]; der Richter konnte für die Dauer des Verfahrens nach pflichtgemäßen Ermessen einstweilige Anordnungen treffen; ein Antrag eines Verfahrensbeteiligten war als Anregung zu deuten.[134] Während die einstweilige Verfügung der Sicherung eines Individualanspruchs und der einstweiligen Regelung eines streitigen Rechtsverhältnisses dient, kann mit dem **Arrest** die Sicherung der Zwangsvollstreckung wegen Geldforderungen in das bewegliche und unbewegliche Vermögen erreicht werden[135].

b) Einstweilige Verfügung

23 Heute gilt mit den Vorschriften der ZPO zur einstweiligen Verfügung und zum Arrest der allgemeine einstweilige Rechtsschutz.[136] Als einstweilige Verfügungen stehen die **Sicherungsverfügung** (zur Sicherung der Verwirklichung eines behaupteten subjektiven Rechts) und die **Regelungsverfügung** gemäß §§ 935 ZPO (zum Zwecke der Regelung eines einstweiligen Zustandes bei der Gefahr eines dauernden Rechtsverlusts oder der Abwendung wesentlicher Nachteile) zur Verfügung. Auch **Leistungsverfügungen** (gemäß § 940 ZPO auf Erfüllung eines Anspruchs, auf den der Gläubiger dringend angewiesen ist)[137] und **Unterlassungsverfügungen** kommen in Betracht. Unterlassungsverfügungen können geltend gemacht werden z.B. um Maßnahmen zu verhindern, die sonst nicht mehr rückgängig gemacht werden können (zu denken wäre an Baumaßnahmen oder auch wenn ein Rückbau mit unverhältnismäßigem Aufwand verbunden ist – siehe dazu auch § 27 Rn. 5). Auch Leistungsverfügungen, wie z.B. die Aufnahme eines Antrags

---

133 BayObLG v. 17.7.1972 – BReg. 2 Z 16/72, BayObLGZ 1972, 246.
134 BGH v. 20.11.1992 – V ZR 279/91, NJW 1993, 593; in echten Streitverfahren in Wohnungseigentumssachen fand allerdings auch bei einstweiligen Anordnungen § 945 ZPO (Schadensersatzverpflichtung) Anwendung.
135 *Zöller-Vollkommer*, vor § 916 Rn. 1.
136 *Hügel/Elzer*, §§ 43 ff.
137 Vgl. im Einzelnen: *Zöller-Vollkommer*, § 940 Rn. 6. In Betracht kommt z.B. die vorläufige Weiterleitung von Versorgungsleistungen wie Strom, Wasser und Heizenergie; Abschlagszahlungen auf Beitragszahlungen oder Sonderumlagen zur dringend benötigten Liquidität der Wohnungseigentümergemeinschaft; Einsichtnahme in Verwaltungsunterlagen: Beispiele nach *Roth*, in: Bärmann, vor §§ 43 ff. Rn. 78. Hierher gehört auch der Erhalt der nach § 44 erforderlichen Eigentümerliste: LG Stuttgart v. 14.8.2008 – 19 T 299/08, NZM 2009, 165; siehe § 21 Rn. 90; LG München I v. 12.10.2015 – 1 T 17164/15.

auf die Tagesordnung, dem der Verwalter nicht nachgekommen ist, sind möglich.[138]

Für den Erlass einer einstweiligen Verfügung ist das Vorliegen eines **Verfügungsanspruchs** und eines **Verfügungsgrundes**, die beide glaubhaft zu machen sind, Voraussetzung. Der Verfügungsanspruch ist die Rechtgrundlage, auf der der Antragsteller seinen behaupteten Anspruch begründet.

Der **Verfügungsgrund** ist die Darlegung der Eilbedürftigkeit einer vorläufigen Regelung in einem vorläufigen Verfahren. Es handelt sich in der Regel um die Eilbedürftigkeit, eine Maßnahme zu ergreifen oder zu verhindern: An der Eilbedürftigkeit fehlt es, wenn ein Antrag erst zwei Monate nach einer angefochtenen Beschlussfassung und nach Beginn der Sanierungsarbeiten gestellt wird[139]. Für einen Verfügungsgrund ist die **Grundentscheidung des Gesetzgebers** zu beachten, wonach ein Beschluss gültig ist, solange er nicht durch rechtskräftiges Urteil für ungültig erklärt wurde[140]. Ein Verfügungsgrund ist nur dann gegeben, wenn z.b. die Sanierung einer Anlage einen „irreparablen bzw. unverhältnismäßigen Schaden verursachen" würde. Ein Baustopp für die Umsetzung eines Sanierungsbeschlusses per einstweiliger Verfügung käme nur dann in Betracht, wenn der Beschluss rechtswidrig ist, das Abwarten des Hauptsacheverfahrens unzumutbar ist und die wirtschaftlichen Einbußen nicht durch Sekundäransprüche kompensiert werden könnten[141]. Im Übrigen müssen die schutzwürdigen Interessen beider Seiten im Rahmen der Prüfung, ob ein Verfügungsgrund vorliegt, berücksichtigt werden[142].

Der **Verfügungsanspruch** ist die Rechtsgrundlage für die begehrte Rechtsfolge. Raum für die einstweilige Verfügung gibt es z.B., wenn der Verwalter entgegen seiner Verpflichtung gemäß § 24 Abs. 3 die Eigentümerversammlung nicht einberuft: er kann durch einstweilige Leistungsverfügung hierzu gezwungen werden, wenn die Voraussetzungen des § 24 Abs. 1 vorliegen[143]; auch dann, wenn der Verwalter einen berechtigt gestellten Antrag nicht in die Tagungsordnung aufnimmt, kann dies über eine einstweilige Verfügung erzwungen werden[144]; auch die Herausgabe der Eigentümer-

---

138 *Zöller-Vollkommer*, § 940 Rn. 6.
139 LG München I v. 17. 7. 2008 – 36 S 9508/08, ZMR 2009, 146.
140 Deshalb auch der Verwalter angefochtene Beschlüsse zu vollziehen hat, LG München I v. 17. 7. 2008 – 36 S 9508/08, ZMR 2009, 146.
141 LG Hamburg v. 30. 7. 2014 – 318 O 156/14; LG Köln v. 9. 8. 2012 – 29 S 120/12: Das Vollziehungsinteresse der Gemeinschaft ist in der Regel größer als das Aussetzungsinteresse des Einzelnen außer bei drohenden irrevisiblen Schäden.
142 *Zöller-Vollkommer*, § 940 Rn. 4, LG München I v. 8. 8. 2008 – 1 T 3169/08, ZMR 2009, 73 mit ablehnenden Anmerkungen Klimesch, ZMR 2010, 427-430; vgl. auch *Roth* in *Bärmann*, vor §§ 43ff Rn. 77.
143 Vgl. § 24 Rn. 11 a.E.; AG Niebüll v. 27. 5. 2008 – 18 C 38/08, ZMR 2009, 82: fraglich.
144 § 24 Rn. 28; ein Verwalter kann durch einstweilige Verfügung abberufen werden, wenn er Gelder der Gemeinschaft veruntreut hat, LG Frankfurt v. 20. 3. 2014 – 2/13 S 165/13. Auch ein Notverwalter könnte auf Antrag durch einstweilige Verfügung bestellt werden: BGH v. 10. 7. 2011 – V ZR 146/10; BGH v.21. 2. 2014 – V ZR 164/13.

liste.[145] Ein Wirtschaftsplan kann durch einstweilige Verfügung nicht außer Kraft gesetzt, allenfalls angepasst werden[146].

Da das ZPO-Verfahren gilt, müssen Anspruch und Grund glaubhaft gemacht werden, § 294 ZPO, also insbesondere durch eidesstattliche Versicherung und Vorlage von Original-Urkunden.

Zur Beiladung siehe § 44 Rn. 2; zur Verpflichtung des Verwalters zur Aufstellung eines Jahresabschlusses durch einstweilige Verfügung siehe § 28 Rn. 29 a.F.

Grundsätzlich wird ohne mündliche Verhandlung entschieden, § 937 Abs. 2 ZPO. Ordnet das Gericht eine mündliche Verhandlung an – nach Widerspruch einer ohne mündliche Verhandlung erlassenen einstweiligen Verfügung ist diese zwingend –, können auch anwesende Zeugen vernommen werden. Da es sich um ein summarisches Verfahren handelt, kann das Gericht den von dem Antragsteller formulierten Verfügungsantrag modifizieren, vom Antrag abweichen, ihn neu fassen. Der Antragsgegner, dem die erlassene einstweilige Verfügung im Parteibetrieb zugestellt werden muss, kann gegen die einstweilige Verfügung **Widerspruch** einlegen, §§ 936, 924 ZPO. Auf diesen hin ist mündlich zu verhandeln und durch Endurteil zu entscheiden; gegen ein Endurteil besteht das Rechtsmittel der Berufung. Des Weiteren kann der Antragsgegner einen Antrag an das zuständige Gericht stellen, um den Antragsteller eine Frist zur Hauptsache-Klageerhebung setzen zu lassen, §§ 936, 926 ZPO. Wahrt der Antragsteller die Frist nicht, ist die einstweilige Verfügung durch Endurteil aufzuheben. Erledigt sich der Verfügungsgrund, kann gemäß § 927 ZPO beantragt werden, die Verfügung aufzuheben.

Wird die einstweilige Verfügung aufgehoben, steht dem Verfügungsschuldner gemäß § 945 ZPO ein Schadensersatzanspruch zu, wenn dem Gegner aus der Vollziehung der angeordneten Maßregelung oder aus einer Sicherheitsleistung ein Schaden entstanden ist.

c) Arrest gemäß § 916 ZPO

24 Nach altem Recht konnte gemäß § 44 Abs. 3 der Richter für die Dauer des Verfahrens einstweilige Anordnungen treffen, die selbständig nicht angefochten werden konnten. Sie waren nach pflichtgemäßem Ermessen zu treffen, ohne dass es eines Antrags bedurfte.[147] Es musste ein Hauptsacheverfahren anhängig sein.[148] Ein Antrag auf einstweilige Anordnung war als Anregung zum Tätigwerden zu sehen.[149] Nach § 18 Abs. 1 FGG konnten jederzeit abändernde Anordnungen getroffen werden. Auch eine Vollstreckungsmaßnahme konnte im Wege des § 44 Abs. 3 einstweilig eingestellt werden.[150] Ein **dinglicher Arrest** war nicht vorgesehen; die Wirkungen wa-

---

145 BGH v. 14. 12. 2012 – V ZR 162/11, Rn. 11.
146 *Jennißen-Suilmann*, § 46 Rn. 177; *Roth*, in: Bärmann, vor §§ 43 ff. Rn. 79.
147 BGH v. 20. 11. 1992 – V ZR 279/91, NJW 1993, 593.
148 BayObLG v. 23. 8. 1989 – BReg. 2 Z 91/89, NJW-RR 1990, 26.
149 BayObLG v. 17. 7. 1972 – BReg. 2 Z 16/72, BayObLGZ 1972, 246 = Rpfleger 1972, 411; BGH v. 20. 11. 1992 – V ZR 279/91, NJW 1993, 593.
150 BayObLG v. 23. 8. 1989 – BReg. 2 Z 91/89, NJW-RR 1990, 26 = MDR 1990, 57.

ren durch einstweilige Anordnungen zu erreichen, so dass nach den allgemeinen Vorschriften z.B. ein Arrestbefehl oder ein Arrestpfändungsbeschluss[151] erlassen werden konnten, gegen die die sofortige Beschwerde zulässig waren. Die Maßnahme endete mit dem Ende des Hauptverfahrens. Nun gelten die Vorschriften des **Arrestes** gemäß §§ 916 ff. ZPO; ein Arrest kann grundsätzlich nur wegen Zahlungsansprüchen erlassen werden. Man unterscheidet zwischen dinglichem Arrest und persönlichem Arrest. Der dingliche Arrest dient insbesondere für rückständige Wohngeldzahlungen oder Sonderumlagen[152]. Die Begründung für einen Arrest ist schwierig: Der dingliche Arrest findet statt, wenn zu besorgen ist, dass ohne dessen Verhängung die Vollstreckung des Urteils vereitelt oder wesentlich erschwert werden würde; ausreichend ist, wenn das Urteil im Ausland vollstreckt werden müsste und die Gegenseitigkeit nicht verbürgt ist, § 917 Abs. 1, Abs. 2 ZPO. Voraussetzung ist dabei die Glaubhaftmachung des Beiseiteschaffens von letzten Vermögensgegenständen, die den offenen Anspruch befriedigen könnten oder aber der Umzug ins außereuropäische Ausland ohne Zurücklassung von Vermögenswerten.[153]

Für das Arrestverfahren im Einzelnen gelten die Ausführungen zu den einstweiligen Verfügungen, insbesondere bezüglich der Glaubhaftmachung.

d) Schadensersatz gemäß § 945 ZPO

Die Beantragung des Erlasses einer einstweiligen Verfügung oder eines Arrestes ist nicht risikofrei: War sie erfolgreich, wird die einstweilige Verfügung oder der Arrest jedoch aufgrund des § 926 Abs. 2 ZPO oder des § 942 Abs. 3 ZPO aufgehoben, so ist die antragstellende Partei verpflichtet, dem Gegner den Schaden zu ersetzen, der ihm aus der Vollziehung der angeordneten Maßregel oder dadurch entsteht, dass er Sicherheit leistet, um die Vollziehung abzuwenden oder die Aufhebung der Maßregel zu erwirken, § 945 ZPO. Zu ersetzen ist der sog. „Vollziehungsschaden", also der adäquat kausal verursachte, zurechenbare Vermögensschaden einschließlich Nichtvermögensschaden gemäß § 253 Abs. 2 BGB[154].

24a

7. Selbständiges Beweisverfahren

Auch das selbständige Beweisverfahren gemäß §§ 485 bis 494a ZPO ist zulässig. Hierfür gelten die Zuweisungsnormen in § 43 Nr. 1 bis 5[155]. Die Eigentümerversammlung kann beschließen, dass zur Geltendmachung und Durchsetzung von Ansprüchen der Gemeinschaft ein selbständiges Beweisverfahren geführt werden sollte[156]. Ist die Rechtsposition offensichtlich un-

25

---

151 OLG Hamburg v. 25.6.1999 – 2 Wx 71/99, NZM 2000, 98.
152 AG Siegburg v. 18.12.2013 – 150 C 40/13: Zur Sicherung der Forderung auf Herausgabe eines Rücklagenkontos gegen einen früheren Verwalter, der widersprüchliche Angaben gemacht hat; oder zur Sicherung von rückständigen Wohngeldzahlungen; hierzu z.B. LG Köln v. 28.4.2011 – 29 S 112/10 und folgend BGH v. 2.12.2011 – V ZR 113/11.
153 Zöller-Vollkommer, § 917 Rn. 15 m.w.N.
154 Vgl. im Einzelnen, Zöller-Vollkommer, § 945 Rn. 14.
155 Jennißen-Suilmann, § 43 Rn. 4.
156 BayObLG v. 12.9.2002 – II Z BR 28/02, NZM 2002, 1000.

haltbar, kann ein solcher Beschluss jedoch wirksam angefochten werden[157]. Es gilt für die Bezeichnung der Antragsteller § 44 Abs. 1[158].

Für das Verfahren selbst ist auf die einschlägige Kommentierung der ZPO zu verweisen.

8. Zentrale Berufungs- und Beschwerdegerichte

26 Baden-Württemberg
Bezirk des OLG Karlsruhe — LG Karlsruhe
Bezirk des OLG Stuttgart — LG Stuttgart

Bayern
Bezirk des OLG Bamberg — LG Bamberg
Bezirk des OLG München — LG München I
Bezirk des OLG Nürnberg — LG Nürnberg-Fürth

Berlin
für das gesamte Land (Kammergerichtsbezirk) — LG Berlin

Brandenburg
Bezirk des OLG Brandenburg — LG Frankfurt/Oder

Bremen
Bezirk des OLG Bremen — LG Bremen

Hamburg
Bezirk des OLG Hamburg — LG Hamburg

Hessen
Bezirk des OLG Frankfurt/Main — LG Frankfurt/Main

Mecklenburg-Vorpommern
Bezirk des OLG Rostock — LG Rostock

Niedersachsen
Bezirk des OLG Braunschweig — LG Braunschweig
Bezirk des OLG Celle — LG Lüneburg
Bezirk des OLG Oldenburg — LG Aurich

Nordrhein-Westfalen
Bezirk des OLG Düsseldorf — LG Düsseldorf
Bezirk des OLG Hamm — LG Dortmund
Bezirk des OLG Köln — LG Köln

Rheinland-Pfalz
Bezirk des OLG Koblenz — LG Koblenz
Bezirk des OLG Zweibrücken — LG Landau/Pf.

Saarland
Bezirk des OLG Saarbrücken — LG Saarbrücken

Sachsen
Bezirk des OLG Dresden — LG Dresden

---

157 OLG Frankfurt v. 30. 9. 2008 – 20 W 9/08, ZMR 2009, 462.
158 *Jennißen-Suilmann*, § 44 Rn. 21.

Sachsen-Anhalt
Bezirk des OLG Naumburg   LG Dessau-Roßlau

Schleswig-Holstein
Bezirk des OLG Schleswig   LG Itzehoe

Thüringen
Bezirk des OLG Jena   LG Gera

§ 43
Zuständigkeit

Das Gericht, in dessen Bezirk das Grundstück liegt, ist ausschließlich zuständig für

1. Streitigkeiten über die sich aus der Gemeinschaft der Wohnungseigentümer und aus der Verwaltung des gemeinschaftlichen Eigentums ergebenden Rechte und Pflichten der Wohnungseigentümer untereinander;
2. Streitigkeiten über die Rechte und Pflichten zwischen der Gemeinschaft der Wohnungseigentümer und Wohnungseigentümern;
3. Streitigkeiten über die Rechte und Pflichten des Verwalters bei der Verwaltung des gemeinschaftlichen Eigentums;
4. Streitigkeiten über die Gültigkeit von Beschlüssen der Wohnungseigentümer;
5. Klagen Dritter, die sich gegen die Gemeinschaft der Wohnungseigentümer oder gegen Wohnungseigentümer richten und sich auf das gemeinschaftliche Eigentum, seine Verwaltung oder das Sondereigentum beziehen;
6. Mahnverfahren, wenn die Gemeinschaft der Wohnungseigentümer Antragstellerin ist. Insoweit ist § 689 Abs. 2 der Zivilprozessordnung nicht anzuwenden.

Inhalt:

		Rn.			Rn.
I.	Allgemeines	1	IV.	§ 43 Nr. 2: Streitigkeiten zwischen der Gemeinschaft der Wohnungseigentümer und Wohnungseigentümern	17
II.	Satz 1, 1. Halbsatz	2			
	1. Gericht, in dessen Bezirk das Grundstück liegt	2			
	a) Örtliche Zuständigkeit	2			
	b) Sachliche Zuständigkeit	3	V.	§ 43 Nr. 3: Streitigkeiten über Rechte und Pflichten des Verwalters	19
	2. Ausschließliche Zuständigkeit	4			
III.	§ 43 Nr. 1: Streitigkeiten der Wohnungseigentümer untereinander	5		1. Allgemeines/Rechtsschutzbedürfnis	19
	1. Allgemeines	5		2. Verwalter	21
	a) Klagebefugnis	6		3. Rechte bei der Verwaltung	22
	b) Rechtsschutzbedürfnis	7		4. Pflichten bei der Verwaltung	24
	2. Streitigkeiten	9			
	3. Gemeinschaft der Wohnungseigentümer	11		5. Bezug zum gemeinschaftlichen Eigentum	25
	4. Verwaltung des gemeinschaftlichen Eigentums	14	VI.	§ 43 Nr. 4: Gültigkeit von Beschlüssen der Wohnungseigentümer	26
	5. Gegenstand von Rechten und Pflichten	15		1. Beschlüsse der Wohnungseigentümer	26
	6. Innenstreitigkeit der Wohnungseigentümer	16		2. Rechtsschutzbedürfnis	27

VII. § 43 Nr. 5: Klagen Dritter gegen die Gemeinschaft der Wohnungseigentümer (Außenstreitigkeiten)......	28	einzelne Wohnungseigentümer........... 3. WEG-Bezug........... a) Gemeinschaftliches	30 31
1. Außenstreitigkeiten.....	29	Eigentum.............	32
2. Klage gegen die Gemeinschaft der Wohnungseigentümer oder gegen		b) Verwaltungsmaßnahme. c) Sondereigentum ...... VIII. § 43 Nr. 6: Mahnverfahren.	33 34 35

I. Allgemeines

Die WEG-Novelle[1] hat die Verfahrensvorschriften grundlegend geändert. Das Verfahren richtet sich jetzt nach den Vorschriften der Zivilprozessordnung, nicht mehr nach den Vorschriften der freiwilligen Gerichtsbarkeit, die auch nicht subsidiär gelten. Die Zivilprozessordnung ist mit den Besonderheiten der Vorschriften der §§ 43 bis 50 für alle ab dem 1.7.2007 bei Gericht anhängigen Verfahren in Wohnungseigentums- oder in Zwangsversteigerungssachen oder für die bei einem Notar beantragten freiwilligen Versteigerungen anzuwenden, § 62 Abs. 1. Die Umstellung der Verfahrensregeln war nicht unumstritten; insbesondere das Bündnis 90/Die Grünen wollte es bei den Regelungen der freiwilligen Gerichtsbarkeit belassen, sei es um Kapazitätsengpässe der streitigen Gerichtsbarkeit zu vermeiden, sei es, weil sie höhere Kosten für schutzbedürftige Eigentümer im ZPO-Verfahren befürchteten.[2]

II. Satz 1, 1. Halbsatz

1. Gericht, in dessen Bezirk das Grundstück liegt

a) Örtliche Zuständigkeit

Ausschließlich örtlich zuständig für Streitigkeiten der Wohnungseigentümer aus dem Katalog des § 43 einschließlich der Klagen Dritter gegen die Gemeinschaft der Wohnungseigentümer gemäß § 43 Nr. 5 ist das Gericht, in dessen Bezirk das Grundstück liegt. Für Mahnverfahren, bei denen die Gemeinschaft der Wohnungseigentümer Antragstellerin ist, ist ebenfalls das Gericht, in dessen Bezirk das Grundstück liegt, ausschließlich zuständig, es sei denn, es ist ein gemeinsames Mahngericht gemäß § 689 Abs. 3 ZPO eingerichtet. Der ausschließliche Gerichtsstand gilt auch für die sogenannten „Binnenstreitigkeiten" der §§ 43 Nr. 1 bis 4, also Streitigkeiten zwischen der Gemeinschaft der Wohnungseigentümer und/oder der Wohnungseigentümer untereinander im Zusammenhang mit allen Belangen der Wohnungseigentumsgemeinschaft.

---

1 Gesetz zur Änderung des Wohnungseigentumsgesetz und anderer Gesetze v. 26.3.2007, BGBl. I 2007, Art. 1 Nr. 19 (S. 374 ff.).
2 BT-Drucks. 16/3843 v. 13.12.2006, Beschlussempfehlung und Bericht des Rechtsausschusses, S. 38/40.

b) Sachliche Zuständigkeit

3 Sachlich zuständig ist für Streitigkeiten gemäß §§ 43 Nr. 1 bis 4 und Nr. 6, also den sogenannten Binnenstreitigkeiten der Wohnungseigentümergemeinschaft, gemäß § 23 Nr. 2c GVG ausschließlich das Amtsgericht.[3] Für Klagen Dritter gemäß § 43 Nr. 5 richtet sich die Zuständigkeit nach den allgemeinen Vorschriften der §§ 23 Nr. 1, 71 Abs. 1 GVG: Die Landgerichte sind erstinstanzlich zuständig, sofern es sich um Streitigkeiten handelt, deren Gegenstand in Geld oder Geldeswert 5.000 € übersteigt[4]. Berufungsgericht ist für Binnenstreitigkeiten der §§ 43 Nr. 1 bis 4 das Landgericht am Sitz des jeweiligen Oberlandesgerichts gemäß § 72 Abs. 2 GVG[5], soweit die Landesregierung nicht ein anderes Landgericht im Bezirk des Oberlandesgerichts als zuständiges Berufungs- und Beschwerdegericht bestimmt.[6] Zu verweisen ist auf §§ 72 Abs. 2, Abs. 1 GVG; 119 Abs. 1 Nr. 1b und 1c GVG für die Fälle des § 43 Nr. 1 bis 4, Nr. 6. Für § 43 Nr. 5 gilt § 72 Abs. 1, 119 Abs. 1 Nr. 2 GVG.

2. Ausschließliche Zuständigkeit

4 Nach § 43 ist die örtliche Zuständigkeit eine ausschließliche: Damit sind Gerichtsstandsvereinbarungen gemäß § 40 Abs. 2 Satz 1 Nr. 2 ZPO ebenso unzulässig, wie eine rügelose Einlassung gemäß § 39 Satz 1 ZPO wegen § 40 Abs. 2 Nr. 2 ZPO nicht die Zuständigkeit begründen kann. Auch ein **Wahlrecht nach § 35 ZPO** scheidet aus, ebenso wie eine ausdrückliche oder stillschweigende Vereinbarung der Parteien über die örtliche Zuständigkeit gemäß § 38 Abs. 1 ZPO. Selbst der Gerichtsstand der Widerklage gemäß § 33 Abs. 2 ZPO besteht nicht.

Der Gerichtsstand bleibt im Falle der Rechtsnachfolge bei Verkauf des Wohnungseigentums unberührt[7] und zwar auch bei Veräußerung nach Rechtshängigkeit, § 269 ZPO.[8] Die Abtretung oder Verpfändung, ebenso die gewillkürte oder gesetzliche **Prozessstandschaft** ändert an der Zuständigkeit des Wohnungseigentumsgerichts nichts[9].

Immer ist die Zuständigkeitsregelung **weit** auszulegen.[10] Die Zuständigkeit des Wohnungseigentumsgerichts betrifft alle gemeinschaftsbezogenen

---

3 *Niedenführ*, NJW 2007, 1841/1844.
4 OLG Hamm v. 18.3.2016 – 32 SA 8/16.
5 Die Einlegung an einem falschen Gericht wahrt die Berufungsfrist grundsätzlich nicht; § 281 ZPO ist auch nicht entsprechend anwendbar; Ausnahme siehe: BGH v. 10.12.2009 – V ZB 67/09, NJW 2010, 1818 = NZM 2010, 166.
6 Für den Bezirk des Oberlandesgerichts München ist das Landgericht München I (nicht das Landgericht München II) Berufungsgericht.
7 BGH v. 26.9.2002 – V ZB 24/02, BGHZ 152, 136.
8 BGH v. 23.8.2001 – V ZB 10/01, BGHZ 148, 335: noch zum FGG.
9 BayObLG v. 20.4.2000 – 2Z BR 9/00, NJW-RR 2000, 1324 = NZM 2000, 678; *Niedenführ/Kümmel/Vandenhouten-Niedenführ*, § 43 Rn. 38.
10 BGH v. 21.1.2016 – V ZR 108/15; OLG München v. 25.7.2005 – 34 Wx 55/05, NZM 2006, 61 = ZMR 2005, 975; BGH v. 26.9.2002 – V ZB 24/02, BGHZ 152, 136; BGH v. 19.2.2009 – V ZB 188/08, NJW 2009, 1282 = ZMR 2009, 544 (für Vollstreckungsabwehrklagen im Wohnungseigentumsverfahren ergangenen Kostenfestsetzungsbeschlüssen); BGH v. 10.12.2009 – V ZB 67/09, NJW 2010, 1818 = NZM 2010, 166 (Zahlung einer Vertragsstrafe aus einem gerichtlichen Vergleich in einer Wohnungseigentumsangelegenheit); OLG Karlsruhe v. 12.8.2008 – 15 AR 23/08, NJW-RR 2009, 596; OLG Köln v. 30.9.2010 – 24 W 53/10, ZMR 2011, 226.

Streitigkeiten der Wohnungseigentümer untereinander, unabhängig davon, ob der Anspruch im Wohnungseigentumsrecht oder im bürgerlichen Gesetzbuch seine Grundlage findet, ob es sich um schuldrechtliche Ansprüche oder gesetzliche Ansprüche handelt. Die Zuständigkeit ist immer zu bejahen, wenn die vorgetragenen anspruchsbegründenden Tatsachen einen inneren Zusammenhang mit dem Gemeinschaftsverhältnis der Wohnungseigentümer untereinander und die sich hieraus ergebenden Rechte und Pflichten aufweisen.[11] Die Zuständigkeit muss sich schlüssig aus dem Vortrag des Antragstellers ergeben; dabei ist entscheidend, ob das Begehren der Kläger nach den zur Begründung des Anspruchs vorgetragenen Tatsachen bei objektiver Würdigung einen Sachverhalt enthält, der die behauptete Zuständigkeit begründet und damit einen inneren Zusammenhang mit dem Gemeinschaftsverhältnis der Wohnungseigentümer untereinander und der sich hieraus ergebenden Rechte und Pflichten findet.[12]

Ist die Klage an das örtlich oder sachlich unzuständige Gericht erhoben, ist die Klage unzulässig; allerdings kann nach Hinweis des Gerichts der Kläger beantragen, den Rechtsstreit an das zuständige Gericht abzugeben, § 281 Abs. 1 ZPO[13]. Der Beschluss, mit dem das Gericht über die Zuständigkeit entscheidet, ist unanfechtbar, § 281 Abs. 2 Satz 2 ZPO. Das Gericht, an das der Rechtsstreit verwiesen ist, ist auch an eine **fehlerhafte Verweisung** gebunden, es sei denn, die Verweisung ist offensichtlich nicht berechtigt; diese Ausnahme liegt nur dann vor, wenn sich das verweisende Gericht über die einhellige obergerichtliche Rechtsprechung ohne jede Begründung hinwegsetzt oder die Gründe der Verweisung nicht erkennbar sind.[14] Wird der Rechtsstreit wieder an das verweisende Gericht zurückverwiesen und hält dieses Gericht die Zurückverweisung für unzulässig, ist gemäß § 36 Abs. 1 Nr. 6 ZPO zu verfahren: Über die Zuständigkeit entscheidet das im Rechtszug nächsthöhere Gericht.[15] Unter Geltung des FGG konnte die Beschwerdeinstanz über die Verfahrenszuständigkeit entscheiden[16], wenn das Gericht der Hauptsache die Zuständigkeit des Prozessgerichts oder des

---

[11] OLG München v. 25.7.2005 – 34 Wx 55/05, NZM 2006, 61 = ZMR 2005, 979; BayObLG v. 21.3.2002 – 2Z BR 170/01, NJW-RR 2002, 882 = NZM 2002, 460.
[12] BGH v. 11.7.1996 – V ZB 6/96, BGHZ 133, 240, BayObLG v. 12.3.1998 – 2Z BR 150/97, NJW-RR 1999, 11; BayObLG v. 21.3.2002 – 2Z BR 170/01, NJW-RR 2002, 882 = NZM 2002, 460. Streiten sich geschiedene Eheleute über den Ausgleich von Investitionen bei Errichtung eines gemeinsamen Wohnungseigentums, ist das Familiengericht zuständig, soweit das Verfahren nicht „spezielle Kenntnisse des Wohnungseigentumsrechts" benötigt, oder eine bedeutsame Vorfrage aus dem Bereich des Wohnungseigentumsrecht streitentscheidend" ist: BGH v. 16.9.2015 – XII ZB 340/14.
[13] Die Verweisung erfolgt an das zuständige Amtsgericht; wer dort zuständig ist, ergibt sich aus der dortigen internen Geschäftsverteilung, OLG Karlsruhe v. 4.10.2013 – 9 AR 15/13; OLG München v. 24.6.2008 – 31 AR 74/08.
[14] BayObLG v. 28.3.2001 – 4Z AR 23/01, ZIP 2003, 1305; BGH v. 19.1.1993 – 10 ARZ 845/92, NJW 1993, 1273; BayObLG v. 9.9.1993 – 1Z AR 25/93, BayObLGZ 1993, 317; Thomas/Putzo-Reichhold, § 281 Rn. 12; BayObLG v. 18.12.1998 – 2Z AR 121/98, WuM 1999, 231/232.
[15] Thomas/Putzo-Reichhold, § 281 Rn. 14 a.E.; Roth, in: Bärmann, § 43 Rn 17.
[16] OLG München v. 25.4.2007 – 32 Wx 52/07, OLGR München 2007, 492 = WuM 2007, 350 (LS).

Wohnungseigentumsgerichts nicht geprüft hat. Mit Geltung der ZPO prüft allerdings das Rechtsmittelgericht nicht mehr die örtliche, sachliche oder funktionale Unzuständigkeit des Gerichts 1. Instanz, §§ 513 Abs. 2, 545 Abs. 2 ZPO[17] Wird eine Klage gegen mehrere Streitgenossen gerichtet, liegt es nahe, wenn für einen Teil der Streitgenossen es sich um eine zur Zuständigkeit des Amtsgerichts gehörende Wohnungseigentumssache handelt, während für andere Streitgenossen die sachliche Zuständigkeit des Landgerichts begründet ist, die ausschließlich sachliche Zuständigkeit des Wohnungseigentumsgerichts anzunehmen[18]; zum Rechtsmittelgericht siehe auch: vor § 43 Rn. 20. Eine Berufung kann bei Vorliegen einer Streitigkeit nach § 43 fristwahrend nur bei dem von der Regelung des § 72 Abs. 2 GVG vorgegebenen Berufungsgericht eingelegt werden[19]; eine Ausnahme gilt dann, wenn der Berufungskläger in schwierigen Grenzfällen anhand der höchstrichterlichen Rechtsprechung nicht zuverlässig beurteilen kann, ob eine Streitigkeit gemäß § 43 Nr. 1 bis 4 oder Nr. 6 vorliegt[20] oder wenn der Rechtsmittelkläger eine in verfahrensfehlerhafter Weise ergangene Entscheidung auf dem durch den Verfahrensfehler indizierten Weg anficht[21]. Das zuständige Rechtsmittelgericht muss gegebenenfalls unter Zuhilfenahme geeigneter Quellen wie Vorschriften, Datenbanken ermittelt werden[22].

---

17 *Roth*, in: Bärmann, § 43 Rn. 20.
18 BGH v. 3.7.2014 – V ZB 26/14; die Zuständigkeit der Berufungsinstanz richtet sich jedoch dann für den weiteren Beklagten nach § 72 Abs. 2 GVG (also das WEG-Rechtsmittelgericht), wenn die Entscheidung 1. Instanz beide Streitgenossen betrifft; vgl. auch BGH v. 9.12.2010 – V ZB 190/10; OLG München v. 20.2.2008 – 31 AR 18/08, OLGR München 2008, 345: da das Verfahren einheitlich nach der Zivilprozessordnung behandelt wird, ist gemäß § 36 Abs. 1 Nr. 3 ZPO eine Zuständigkeitsbestimmung möglich.
19 BGH v. 12.11.2015 – V ZB 36/15: Die Zuständigkeitskonzentration richtet sich allein danach, ob es sich um eine Streitigkeit i.S.v. § 43 Nr. 1-4, Nr. 6 handelt, unabhängig davon, ob es dies erstinstanzlich beachtet wurde; BGH v. 10.12.2009 – V ZB 67/09, NJW 2010, 1818 = NZM 2010, 166; BGH v. 19.2.2009 – V ZB 188/08, NJW 2009, 1282: Eine Aufspaltung einer Rechtsmittelzuständigkeit für die Einlegung einerseits und die Entscheidung über das Rechtsmittel scheidet in der Regel aus, es sei denn, wenn die für die Abgrenzung der Berufungszuständigkeit formelle Anknüpfung keine zweifelsfreie Bestimmung des für das Rechtsmittel zuständigen Gerichts ermöglicht: BGH v. 15.2.2005 – IX ZR 171/04, NJW-RR 2005, 780. Wird die Berufung bei 2 Gerichten eingelegt, weil unklar ist, ob es sich um eine WEG-Sache gemäß § 43 handelt, darf eine Berufung dann noch nicht verworfen werden, wenn sie bei dem Gericht nicht form- und fristgerecht eingelegt ist, da geprüft werden muss, ob die früher eingelegte Berufung erfolgreich war. Vor einer rechtskräftigen Entscheidung über die 1. Einlegung der Berufung darf über die 2. Einlegung nicht entschieden werden: BGH v. 11.6.2015 – V ZB 34/13; V ZB 78/13; BGH v. 29.6.1966 – IV ZR 86/65.
20 BGH v. 21.6.2012 – V ZB 56/12; BGH v. 10.12.2009 – V ZB 67/09, NJW 2010, 18; LG Rostock v. 18.4.2011 – 1 S 171/10 (juris).
21 BGH v. 20.5.1981 – IVb ZR 572/80, NJW 1981, 2464; LG Rostock v. 18.4.2011 – 1 S 171/10 (juris).
22 BGH v. 15.2.2014 – V ZB 172/13; BGH v. 14.4.2010 – V ZB 224/09.

III. Nr. 1: Streitigkeiten der Wohnungseigentümer untereinander über Pflichten und Rechte aus der Gemeinschaft und aus der Verwaltung des gemeinschaftlichen Eigentums

1. Allgemeines

§ 43 Nr. 1 entspricht weitgehend der alten Fassung des § 43 Abs. 1 Nr. 1. Das Wohnungseigentumsgericht ist zuständig für Streitigkeiten, über die sich aus der Gemeinschaft der Wohnungseigentümer und aus der Verwaltung des gemeinschaftlichen Eigentums ergebenden Rechte und Pflichten der Wohnungseigentümer untereinander. Abzustellen ist auf die Klagebegründung, aus der sich die Tatsachen ergeben müssen, die in **innerem Zusammenhang** mit einer Gemeinschaftsangelegenheit stehen.[23] Es fallen hierunter alle Angelegenheiten der §§ 10 bis 19, §§ 20 bis 29, also des ersten Teils, zweiten Abschnittes und dritten Abschnittes. Beruht ein Streit auf einer Sonderrechtsbeziehung der Wohnungseigentümer untereinander, fehlt es an diesem Zusammenhang[24]. Auch wenn § 52, wonach für Rechtsstreitigkeiten zwischen Eigentümer und einem Dauerwohnberechtigten über Inhalt des Dauerwohnrechts und den Heimfall das Amtsgericht, in dessen Bezirk das Grundstück liegt, zuständig war, aufgehoben worden ist, sollte das Wohnungseigentumsgericht weiterhin für die Ansprüche im Innenverhältnis, also bei Streit nach den §§ 33 ff. zuständig sein, da die Vorschriften des Dauerwohnrechts auf die des Wohnungseigentumsrechts verweisen.[25]

a) Klagebefugnis

Klagebefugt ist der einzelne oder mehrere Wohnungseigentümer, die jeweils einen Individualanspruch geltend machen; nicht fallen hierunter Streitigkeiten mit Nießbrauchern oder sonstigen Fremdnutzern[26]; die Wohnungseigentümergemeinschaft als Verband im Rahmen des § 43 Nr. 1 ist nicht klagebefugt[27]; selbst wenn der Verband der Wohnungseigentümer die Möglichkeit wahrnimmt, durch Mehrheitsbeschluss eine interne Auseinandersetzung zu einer gemeinschaftlichen Angelegenheit zu machen, ist dies kein Fall des § 43 Nr. 1[28], allerdings ein Fall des § 43 Nr. 2.

---

23 BGH v. 17.3.2016 – V ZR 185/15; BGH v. 30.6.1995 – V ZR 118/94, BGHZ 130, 159 = NJW 1995, 2851; BayObLG v. 21.3.2002 – 2Z BR 170/01, NJW-RR 2002, 882 = NZM 2002, 460.
24 OLG München v. 4.5.2011 –7 U 189/11, ZWE 2011, 261].
25 Z.B. § 33 Abs. 2, wonach die Pflichten des Dauerwohnrechtsinhabers gleich sind wie die des Wohnungseigentümers.
26 BGH v. 10.7.2015 – V ZR 194/14.
27 OLG München v. 27.7.2005 – 34 Wx 69/05, NJW 2005, 3006 = FGPrax 2005, 257: Abwehr von Störungen innerhalb der Wohnungseigentümergemeinschaft ist keine Angelegenheit des teilrechtsfähigen Verbands.
28 OLG München v. 17.11.2005 – 32 Wx 77/05, NZM 2006, 106; in diesem Falle bedarf es auch nicht der Annahme einer Prozessstandschaft: hierzu: *Niedenführ/Kümmel/Vandenhouten-Niedenführ*, § 43 Rn. 66.

b) Rechtsschutzbedürfnis

7 Immer muss ein Rechtsschutzbedürfnis bestehen.[29] Bei Ansprüchen der Wohnungseigentümer untereinander ist für die Anrufung des Gerichts das Rechtsschutzbedürfnis grundsätzlich zu bejahen. In den Fällen, in denen z. B. ein Wohnungseigentümer gemäß § 10 Abs. 2 Satz 3 eine vom Gesetz abweichende Vereinbarung oder die Anpassung einer Vereinbarung einfordert, weil ihm ein Festhalten an der geltenden Regelung aus schwerwiegenden Gründen unter Berücksichtigung aller Umstände des Einzelfalles, insbesondere der Rechte und Interessen der anderen Wohnungseigentümer, unbillig erscheint, muss er jedoch, bevor er Klage erhebt, in der Eigentümerversammlung die Änderung beantragen[30]; ohne einen Beschluss der Eigentümerversammlung fehlt das Rechtsschutzbedürfnis[31].

8 Gerichtlicher Rechtsschutz soll nur konkrete **Rechtsbeeinträchtigungen** beseitigen; zur Beantwortung allgemeiner Rechtsfragen ohne einen konkreten Anlass ist Rechtsschutz nicht zu gewähren. Ein Wohnungseigentümer, der nach einer Notmaßnahme seine Zahlungsansprüche gegen die Wohnungseigentümergemeinschaft richtet[32], muss erst einen Beschluss der Wohnungseigentümer herbeiführen; anderenfalls ist seine Zahlungsklage unzulässig[33]; hat er einen Mahnbescheid beantragt und legt hiergegen die Eigentümergemeinschaft, nachdem sie sich in der Eigentümerversammlung hiermit befasst hat, Widerspruch ein, ist für das streitige Verfahren das Rechtsschutzbedürfnis gegeben. Richtet sich der Anspruch nach § 21 Abs. 4 gegen die anderen Wohnungseigentümer als Verwaltungsorgan und bestand ein Ermessensspielraum, die Verwaltungsmaßnahme durchzuführen, muss ebenfalls vorab die Beschlussfassung gefordert werden.[34]

Ein Rechtsschutzbedürfnis ist nicht (mehr) gegeben, wenn ein Mehrheitsbeschluss nachträglich die ursprünglich von der Wohnungseigentümergemeinschaft nicht gebilligte Verwaltungsmaßnahme gebilligt hat[35] und dieser Beschluss rechtskräftig ist.

2. Streitigkeiten

9 **Negative Abgrenzung** (Zuständigkeit der Zivilgerichte): § 43 Nr. 1 schließt die ausschließliche Zuständigkeit des Gerichts für Streitigkeiten im Zusammenhang mit der Begründung des Wohnungseigentums, also aus dem 1. Teil (§§ 1 bis 9) aus, also Streitigkeiten über die Begründung des Wohnungseigentums, die dingliche Zuordnung und den Umfang des Miteigen-

---

29 Vgl. allgemein: vor § 43 Rn. 9.
30 Im Einzelnen vgl. § 10 Rn. 24–26.
31 BGH v. 15. 1. 2010 – V ZR 114/09, NJW 2010, 2129.
32 Hierzu: § 21 Rn. 16.
33 Hierzu: § 21 Rn. 19.
34 OLG München v. 21. 3. 2006 – 32 Wx 2/06, ZMR 2006, 474; § 21 Rn. 39; es sei denn sie wäre eine nutzlose Förmelei: OLG Düsseldorf v. 2. 2. 1998 – 3 Wx 345/97, NZM 1998, 517
35 BayObLG v. 17. 7. 1972 – BReg. 2 Z 16/72, BayObLGZ 1972, 246; BayObLG v. 27. 7. 1978 – BReg. 2 Z 83/77, BayObLGZ 1978, 231.

tums oder Sondereigentums nach § 5[36], es sei denn, es handelt sich nur um eine Vorfrage; der Gesetzgeber regelt die Zuständigkeit in § 43 Nr. 1 ausschließlich für Streitigkeiten sich aus der Gemeinschaft der Wohnungseigentümer und aus der Verwaltung des gemeinschaftlichen Eigentums ergebender Rechte und Pflichten der Wohnungseigentümer untereinander. Deshalb sind Streitigkeiten über Begründung, Übertragung, Aufhebung und Belastung des Wohnungseigentums nicht unter § 43 Nr. 1 zu subsumieren. Als Beispiele für Streitigkeiten, die **nicht** unter § 43 Nr. 1 fallen, seien genannt (in alphabetischer Reihenfolge):

- **Abwehransprüche** der Wohnungseigentümer gegen Mieter aus §§ 1004, 906 BGB[37]; ebenso ein Streit über den Zugang für Wohnungseigentümer zu einer Hausmeisterwohnung[38]
- **Aufhebung** der Wohnungseigentümergemeinschaft
- **Bauherrengemeinschaft** als GbR: Ein Anspruch aus einer schuld- bzw. gesellschaftsrechtlichen Sonderbeziehung der Parteien; Zahlungsansprüche gegen eine Wohnungseigentümergemeinschaft wegen der Fortführung eines „stecken gebliebenen Baus": zuständig ist das Prozessgericht[39]
- **Begründung** von Sondereigentum
- **Berechtigung** an einem Sondernutzungsrecht: Der Streit, wem ein Sondernutzungsrecht an einem Abstellplatz für Kraftfahrzeuge zusteht, ist vor dem Prozessgericht auszutragen[40]
- Teilhaber einer **Bruchteilsgemeinschaft**: Für Streitigkeiten unter Teilhabern einer Bruchteilsgemeinschaft sind die Prozessgerichte zuständig (z. B. Streit um Rechte und Pflichten der Miteigentümer eines Wohnungseigentums untereinander)[41]
- **Gründungsmängel:** Streitigkeiten über den Gegenstand, den Inhalt und den Umfang des Sondereigentums sind vor dem Prozessgericht auszutragen[42]
- **Grundbuchberichtigung** (bei isoliertem Miteigentumsanteil)[43]
- **Herausgabe** von Sondereigentum, einschließlich Grundbuchberichtigung oder Entschädigungsansprüche nach §§ 987 ff. BGB[44]

---

36 BGH v. 11.6.2015 – V ZB 34/13, V ZB 78/13; BGH v. 19.12.2013 – V ZR 96/13; Niedenführ/KümmeVandenhoutenl-Niedenführ, § 43 Rn. 56.
37 OLG Karlsruhe v. 22.9.1993 – 6 U 49/93, NJW-RR 1994, 146; a.A. KG Berlin v. 13.12.2004 – 24 W 298/03, ZMR 2005, 977: zuständig: Wohnungseigentumsgericht.
38 BayObLG v. 28.2.1991 – BReg. 2 Z 151/90, WuM 1991, 300.
39 OLG Karlsruhe v. 26.8.1999 – 3 W 72/99, NZM 2001, 145 = ZMR 2000, 56.
40 OLG Saarbrücken v. 12.2.1998 – 5 W 370/97, NJW-RR 1998, 1165 = FGPrax 1998, 134: Im Streit stand nicht, ob ein Sondernutzungsrecht besteht, sondern, wem es zusteht; a.A. OLG Köln v. 22.2.1989 – 13 U 232/89, NJW-RR 1989, 1040.
41 BayObLG v. 16.9.1994 – 2Z AR 42/94, NJW-RR 1995, 588 (Erneuerung der Bodenlamellen einer Tiefgarage); OLG Saarbrücken v. 12.2.1998 – 5 W 370/97, FGPrax 1998, 134 = NJW-RR 1998, 1165; zu prüfen ist auch § 43 Nr. 5.
42 BGH v. 30.6.1995 – V ZR 118/94, BGHZ 130, 159 = NJW 1995, 2851; BayObLG v. 23.5.1991 – BReg. 2 Z 55/91, BayObLGZ 1991, 186 = NJW-RR 1991, 1356.
43 BGH v. 30.6.1995 – V ZR 118/94, BGHZ 130, 159 = NJW 1995, 2851.
44 BGH v. 30.6.1995 – V ZR 118/94, BGHZ 130, 159 = NJW 1995, 2851.

- **Kaufvertrag über Wohnungseigentum:** Ansprüche gegen den Verkäufer[45]
- **Mietrecht:** Streit zwischen einem Wohnungseigentümer als Vermieter und seinem Mieter; zu prüfen ist allerdings eine Zuständigkeit gemäß § 43 Nr. 5[46]
- **Rechtsberatung** über Verträge zwischen Miteigentümern (die sich wie Dritte gegenüberstehen): Ansprüche, die von einem Wohnungseigentümer gegen einen anderen Wohnungseigentümer aufgrund dessen anwaltlicher Tätigkeit als Bevollmächtigter der Wohnungseigentümer in einem Verfahren vor dem Wohnungseigentumsgericht geltend gemacht werden, fallen unter § 43 Nr. 5[47]
- **Rechtsverhältnisse** ohne Bezug auf Wohnungseigentum[48]
- **Sachenrechtliche Grundlage** des Wohnungseigentums: Streit unter Miteigentümern, ob ein Teil des Speichers im Sondereigentum des Klägers oder des Beklagten steht[49]
- **Schadensersatzansprüche** aufgrund Verletzung von zwischen den Wohnungseigentümern bestehenden Treue- und Rücksichtnahmepflichten[50]
- **Sondereigentum:** Verträge zwischen Wohnungseigentümern über Gegenstand des Sondereigentums[51]
- **Streit** zwischen Käufer und Verkäufer einer Eigentumswohnung[52]; auch Streitigkeiten mit Nießbrauchern oder sonstigen Fremdnutzern[53],
- **Sondernutzungsrecht:** Streit aus einer schuldrechtlichen Vereinbarung auf Änderung der Teilungserklärung über die Aufhebung eines Sondernutzungsrechts: Zuständig ist das Prozessgericht.[54]

---

45 LG Frankfurt v. 10.10.2013 – 2/13 S 42/12; OLG Düsseldorf v. 10.11.1982 – 3 W 195/82, MDR 1983, 320: Handelt es sich jedoch um einen Beseitigungsanspruch gegen den Veräußerer, der zugleich Wohnungseigentümer ist, ist das Wohnungseigentumsgericht zuständig, soweit sich dieser Anspruch auf eine Verletzung von Gemeinschaftsrechten stützt, ebenso: BayObLG v. 21.3.2002 – 2Z BR 170/01, NJW-RR 2002, 882 = NZM 2002, 460.
46 OLG Karlsruhe v. 22.9.1993 – 6 U 49/93, NJW-RR 1994, 146; a.A. KG Berlin v. 13.12.2004 – 24 W 298/03, ZMR 2005, 977: zuständig: Wohnungseigentumsgericht; BayObLG v. 28.2.1991 – BReg. 2 Z 151/90, WuM 1991, 300.
47 BayObLG v. 12.3.1998 – 2Z BR 150/97, NJW-RR 1999, 11 = NZM 1998, 516 (zum alten Recht).
48 BayObLG v. 28.2.1991 – BReg. 2 Z 151/90, WuM 1991, 300; wie zwischen Mitmietern, kreditgebenden Banken, Handwerkern; *Roth*, in: Bärmann, § 43 Rn. 59.
49 BGH v. 11.6.2015 – V ZB 34/13; V ZB 78/13; BGH v. 19.12.2013 – V ZR 96/13; BGH v. 30.6.1995 – V ZR 118/94, BGHZ 130, 159 = NJW 1995, 2851; BayObLG NJW-RR 1991, 1356.
50 BGH v. 10.5.2012 – V ZR 228/11.
51 BayObLG v. 28.2.1991 – BReg. 2 Z 151/90, WuM 1991, 300.
52 *Hügel/Elzer*, § 43 Rn. 13
53 BGH v. 10.7.2015 – V ZR 194/14, da der Nießbraucher nicht in die verbandsrechtliche Rechtsstellung des Wohnungseigentümers eintritt.
54 OLG Zweibrücken v. 28.11.2001 – 3 W 197/01, FGPrax 2002, 56 = NZM 2002, 391; aber: BayObLG v. 28.3.2001 – 2Z BR 138/00, BayObLGZ 2001, 73: bei Streit über die Änderung eines im Grundbuch eingetragenen Sondernutzungsrechts an einem Stellplatz durch schuldrechtliche und dingliche Einigung aller Wohnungseigentümer ist das Wohnungseigentumsgericht zuständig.

– **Sondernutzungsrecht:** Wird ein Anspruch auf Änderung der Teilungserklärung aus einer schuldrechtlichen Vereinbarung hergeleitet und nicht nur innerhalb der Wohnungseigentümergemeinschaft ausgetragen, ist das Prozessgericht zuständig.[55]

– **Umwandlung** bzw. Einräumung von Wohnungseigentum/Teileigentum[56]

– **Veräußerung** von Wohnungseigentum[57]

– Klage gegen einen Miteigentümer als **Vertragspartner** der Kläger (Bauträger) und als Eigentümer von Nachbargrundstücken[58]

– **Verwaltung des Sondereigentums** eines Wohnungseigentümers durch den Verwalter[59]

– Vor Entstehung einer **werdenden** Wohnungseigentumsgemeinschaft ist das Prozessgericht zuständig[60].

– **Wettbewerbsrechtliche Verträge; Konkurrenzverbot** zwischen einzelnen Miteigentümern, soweit nicht § 43 Nr. 5 gilt[61]

3. Gemeinschaft der Wohnungseigentümer ...

Für die Begründung der Zuständigkeit des Wohnungseigentumsgerichts gemäß § 43 Nr. 1 muss es sich um eine Streitigkeit „aus der Gemeinschaft der Wohnungseigentümer" handeln. Bei Streitigkeiten, die aus der Gemeinschaft der Wohnungseigentümer entstehen können, handelt es sich um Innenstreitigkeiten, die sich aus dem 1. Teil, 2. Abschnitt des Wohnungseigentumsgesetzes ergeben (§§ 10 bis 19, Gemeinschaft der Wohnungseigentümer). Die anspruchsbegründenden Tatsachen müssen einen **inneren Zusammenhang** mit dem Gemeinschaftsverhältnis der Wohnungseigentümer untereinander und den sich hieraus ergebenden Rechten und Pflichten haben[62]. In Betracht kommen z.B. folgende Fallkonstellationen (**positive Abgrenzung**: alphabethisch geordnet):

11

---

55 OLG Zweibrücken vom 28.11.2001 – 3 W 197/01, NZM 2002, 391 = FGPrax 2002, 56.
56 BayObLG v. 30.4.1998 – 2Z BR 11/98, BayObLGZ 1998, 111.
57 BGH v. 21.6.1974 – V ZR 164/72, BGHZ 62, 388 = NJW 1974, 1552.
58 BGH v. 21.6.1974 – V ZR 164/72, BGHZ 62, 388 = NJW 1974, 1552.
59 BayObLG v. 14.6.1995 – 2Z BR 53/95, NJW-RR 1996, 1037 = DNotZ 1996, 37.
60 BayObLG v. 11.4.1991 – AR 2 Z 110/90, NJW-RR 1991, 977/978 (soweit Besitz an der Eigentumswohnung übergegangen ist und zumindest eine Auflassungsvormerkung eingetragen ist).
61 BGH v. 20.6.1986 – V ZR 47/85, NJW-RR 1986, 1335 = ZMR 1986, 367.
62 BGH v. 30.6.1995 – V ZR 118/94, BGHZ 130, 159, BayObLG v. 21.3.2002 – 2Z BR 170/01, NJW-RR 2002, 882 = NZM 2002, 460; nicht ist dies der Fall, wenn der Streit auf einer Sonderrechtsbeziehung der Wohnungseigentümer untereinander beruht: OLG München v. 4.5.2011 – 7 U 189/11 (juris).

12
- Streit um Schaffung[63] oder Gebrauch[64] von **Abstellplätzen**
- Anspruch auf **Anpassung** einer Vereinbarung gemäß § 10 Abs. 3 Satz 2[65]
- **Anspruch** auf Einräumung von Sondereigentum zur Beseitigung von isoliertem Miteigentumsanteil[66]
- Anspruch eines Wohnungseigentümers auf **Änderung** der Miteigentumsquoten[67]
- **Aufhebung** der Gemeinschaft: Anspruch auf Zustimmung zur Aufhebung der Wohnungseigentümergemeinschaft (im Anwendungsbereich des § 11 oder § 17)[68]
- **Ausgeschiedener Wohnungseigentümer:** Ansprüche aus dem Gemeinschaftsverhältnis, die gegen oder von einem Wohnungseigentümer geltend gemacht werden, der bereits vor Rechtshängigkeit aus der Wohnungseigentümergemeinschaft ausgeschieden ist[69]
- Balkonsanierung[70]
- **Bauliche** Veränderungen: Beseitigung unzulässiger baulicher Veränderungen am gemeinschaftlichen Eigentum (Erstellung einer Terrasse mit Plattenbelag in einem gemeinschaftlichen Garten)[71]

---

63 OLG Stuttgart v. 26. 5. 1961 – 8 W 238/60, NJW 1961, 1359.
64 OLG Frankfurt/Main v. 30. 4. 1965 – 3 U 272/64, NJW 1965, 2205/2206.
65 Vgl. § 10 Rn. 24: Ein Rechtsschutzbedürfnis für die Klage besteht jedoch nur, wenn der Eigentümer von der Möglichkeit, einen Beschluss der Eigentümergemeinschaft herbeizuführen, Gebrauch gemacht hat; *Niedenführ/Kümmel/Vandenhouten*, § 10 Rn. 62; BGH v. 15. 1. 2010 – V ZR 114/09, NJW 2010, 1219.
66 BayObLG v. 30. 4. 1998 – 2Z BR 11/98, BayObLGZ 1998, 111 = NZM 1999, 272; BayObLG v. 24. 1. 1985 – BReg. 2 Z 63/84, BayObLGZ 1985, 47 f.; OLG Schleswig v. 24. 8. 2005 2 W 32/03, ZMR 2006, 74; a. A. KG Berlin v. 17. 12. 1997 – 24 W 3797/97, FGPrax 1998, 366 = NZM 1998, 581: Für die Umwandlung Gemeinschaftseigentum in Sondereigentum; das KG Berlin nimmt auf BayObLG v. 24. 7. 1997 – 2Z BR 49/97, BayObLGZ 1997, S. 233 als Stärkung der eigenen Rechtsansicht Bezug; das BayObLG hat jedoch in dieser Entscheidung ausdrücklich seine Zuständigkeit als Wohnungseigentumsgericht nicht in Frage gestellt.
67 BayObLG v. 24. 1. 1985 – BReg. 2 Z 63784, BayObLGZ 1985, 47.
68 BayObLG v. 10. 12. 1979 – BReg. 2 Z 23/78, BayObLGZ 1979, 414/418 = Rpfleger 1980, 110; BayObLG v. 18. 12. 1998 – 2Z AR 121/98, WuM 1999, 231/232; ergibt sich nach rechtskräftiger Aufhebung der Gemeinschaft Streit, ist dieser im Zivilprozess zu verfolgen: BayObLG v. 18. 12. 1998 – 2Z AR 121/98, WuM 1999, 231/232.
69 BGH v. 26. 9. 2002 – V ZB 24/02, BGHZ 152, 136 = NJW 2002, 3709 = ZMR 2002, 941 bei Ansprüchen aus Gemeinschaftsverhältnissen; Aufgabe von BGH v. 14. 6. 1965 – VII ZR 160/63, BGHZ 44, 43; BGH v. 24. 11. 1988 – V ZB 11/88, BGHZ 106, 34; dies gilt auch, wenn gegen einen Insolvenzverwalter, der vor Rechtshängigkeit Wohnungseigentum freigegeben hat, Ansprüche aus dem Gemeinschaftsverhältnis geltend gemacht werden.
70 BGH v. 15. 1. 2010 – V ZR 114/09, NJW 2010, 2129.
71 BGH v. 19. 12. 1991 – 5 ZB 27/90, BGHZ 116, 392 = NJW 1992, 978; BayObLG v. 14. 5. 1975 – BReg. 2 Z 23/75, BayObLGZ 1975, 177/179; OLG Hamm v. 25. 11. 1975 – 15 W 314/75, OLGZ 1976, 61 (Beseitigung Überbau); OLG Stuttgart v. 23. 9. 1969 – 8 W 147/69, OLGZ 1970, 74; OLG Düsseldorf v. 10. 11. 1982 – 3 W 195/82, MDR 1983, 320.

Zuständigkeit § 43 WEG

- **Baukostenbeiträge:** Ansprüche auf Leistung der Baukostenbeiträge bei einem von den Wohnungseigentümern selbst erst zu errichtenden Gebäude[72]

- **Bauträger:** Inanspruchnahme des Bauträgers, der auch Wohnungseigentümer ist, durch die übrigen Wohnungseigentümer wegen einer wegen Nichtfertigstellung sämtlicher Gebäude überdimensionierten Heizungsanlage[73]

- **Beeinträchtigung** des Sondernutzungsrechts: Missachtet ein Sondernutzungsberechtigter die Grenzen des Gemeinschaftseigentums, wird um den Umfang der Gebrauchsregelung zugunsten des Sondernutzungsberechtigten gestritten[74]

- **Beeinträchtigung** des Sondernutzungsrechts (durch eine von einem anderen Wohnungseigentümer angebrachte Gastherme[75])

- **Entziehungsklage** nach § 18 Abs. 1 Satz 1[76]: **Nur** wenn die Wohnungseigentumsgemeinschaft aus zwei Wohnungseigentümern besteht, bestimmt sich die Zuständigkeit für die Entziehungsklage nach § 43 Nr. 1, sonst nach § 43 Nr. 2 (§ 18 Abs. 1 Satz 2)[77]

- Streit um Gebrauch des **Fahrradkellers**[78]

- **Geltungsbereich** eines eingetragenen Sondernutzungsrechts[79]

- **Hausordnung:** Streit über den Erlass einer verbindlichen Hausordnung[80]

- **Haustierhaltung:** Verbot der Haustierhaltung in einer Eigentumswohnung, das gegen einen Miteigentümer durchgesetzt werden soll[81]

- **Insolvenzverwalter:** Vorrangige Erfüllung gemeinschaftsbezogener Zahlungsverpflichtungen sind vor dem Wohnungseigentumsgericht geltend zu machen[82].

---

72 BayObLG v. 12.3.1957 – BReg. 2 Z 176-178/1956, BayObLGZ 1957, 95.
73 BayObLG v. 21.3.2002 – 2Z BR 170/01, NJW-RR 2002, 882 = NZM 2002, 460.
74 OLG Köln v. 22.2.1989 – 13 U 232/89, NJW-RR 1989, 1040.
75 BGH v. 8.7.2010 – V ZB 220/09, NJW 2011, 384 = NZM 2010, 822.
76 BGH v. 19.12.2013 – V ZR 96/13
77 BGH v. 10.10.2013 – V ZR 281/12: Auch bezüglich der Kosten einer erfolglos betriebenen Entziehungsklage; *Jenißen-Suilmann*, § 43 Rn. 31.
78 BayObLG v. 10.11.1961 – BReg. 2 Z 153/61, NJW 1962, 492.
79 BGH v. 21.12.1989 – V ZB 22/89, BGHZ 109, 396 = NJW 1990, 1112; a.A. OLG Saarbrücken v. 12.2.1998 – 5 W 370/97, NJW-RR 1998, 1165 = FGPrax 1998, 134.
80 OLG Hamm v. 27.1.1969 – 15 W 485/68, NJW 1969, 884.
81 BayObLG v. 7.3.1972 – BReg. 2 Z 59/71, BayObLGZ 1972, 90 = NJW 1972, 880 = MDR 1972, 516; hierzu auch: BGH v. 10.12.2009 – V ZB 67/09, NJW 2010, 1818 = NZM 2010, 166: einschließlich vereinbarter Vertragsstrafen.
82 BGH v. 26.9.2002 – V ZB 24/02, BGHZ 152, 136; a.A. BayObLG v. 5.11.1998 – 2Z BR 92/98, Rpfleger 1999, 145; noch wie alte Rechtsprechung des BGH: BGH v. 10.3.1994 – IX ZR 98/93, NJW 1994, 1866.

- **Konkurrenzschutzvereinbarung**, selbst wenn sie im Grundbuch eingetragen ist[83].
- **Lasten und Kosten**[84]
- **Lärmbelästigung**/Gebrauchsregelungen: Unzumutbare Lärmbelästigung anderer Wohnungseigentümer durch Pächter oder Unterpächter hat der Teileigentümer einer Gaststätte zu unterbinden[85]
- **Leuchtreklame** an der Hauswand: Anspruch auf Beseitigung von Störungen durch eine Reklameschrift durch Wohnungseigentümer[86]
- **Mitbesitz:** Streit, ob für eine Grundstücksteilung die Zustimmung der Wohnungseigentümer notwendig ist, wenn eine Eigentümerin die vor der in ihrem Sondereigentum stehenden Garage liegende, im Gemeinschaftseigentum stehende Hoffläche aufteilen möchte[87]
- **Mitbesitz:** Streit um Zugang zum Kellervorraum[88]
- **Nutzungsbefugnis:** störender Gebrauch, Streit um Rechte und Pflichten gemäß §§ 13, 14[89]
- **Nutzung des Sondereigentums:** Unterlassungsanspruch zur Nutzung einer Eigentumswohnung als Tierarztpraxis[90]
- **Rechtsnachfolge:** Die Rechtsnachfolge selbst ändert die Zuständigkeit nicht, unabhängig davon, ob der Rechtsnachfolger Wohnungseigentümer ist[91].
- **Reklameschild**[92]
- **Schadensersatzansprüche unter Wohnungseigentümern:** Der Miteigentümer hat im Wege einer Fußbodenerneuerung tragende Dachbalken ausgewechselt, die zu Schäden in der angrenzenden Wohnung führten[93].

---

83 Roth, in: Bärmann, § 43 Rn. 42: Dies gilt nicht für einseitige Verpflichtungserklärungen bezogen auf ein Konkurrenzverbot (BGH v. 20.6.1986 – V ZR 47/85, ZMR 1986, 367 = NJW-RR 1986, 1335.
84 OLG München v. 4.10.1971 – 21 U 2415/70, MDR 1972, 239 (LS); KG Berlin v. 28.11.1975 – 1 W 1249/74, OLGZ 1977, 1.
85 BayObLG v. 2.9.1993 – 2Z BR 63/93, NJW-RR 1994, 33; OLG Düsseldorf v. 24.8.1994 – 3 Wx 254/94, NJW-RR 1995, 528.
86 BayObLG v. 27.6.1963 – BReg. 2 Z 225/62, NJW 1964, 47; OLG Hamm v. 15.2.1980 – 15 W 131/79, OLGZ 1980, 274.
87 BayObLG v. 13.7.1984 – BReg. 2 Z 29/84, MDR 1984, 942 = WuM 1985, 102; OLG München v. 15.12.1967 – 4 W 143/67, NJW 1968, 994: unabhängig von der Rechtsgrundlage.
88 BayObLG v. 5.11.1970 – BReg. 2 Z 26/70, NJW 1971, 436.
89 OLG München v. 15.12.1967 – 4 W 143/67, NJW 1968, 994.
90 OLG München v. 25.5.2005 – 34 Wx 24/05, FGPrax 2005, 147 = ZMR 2005, 727.
91 KG Berlin v. 8.2.1984 – 24 U 5302/83, WuM 1984, 308 = MDR 1984, 584; BGH v. 2.4.1986 – IV a ZR 216/84, BGHZ 97, 287.
92 BayObLG v. 27.6.1963 – BReg. 2 Z 225/62, NJW 1964, 47; OLG Hamm v. 15.2.1980 – 15 W 131/79, OLGZ 1980, 274.
93 OLG Köln v. 3.2.1995 – 19 U 131/94, NJW-RR 1995, 910; vgl. auch BGH v. 23.4.1991 VI ZR 222/90, ZMR 1991, 310 = MDR 1991, 760 = NJW-RR 1991, 907 = VersR 1991, 1035; BGH v. 15.12.1988 – V ZB 9/88, BGHZ 106, 222: Schadensersatzanspruch gegen den Verwalter.

- **Sanierung** einer Loggia; Streit über die Kostentragung[94]
- **Sondereigentum, Begründung:** Einräumung von Sondereigentum zur Beseitigung von isoliertem Miteigentum[95]; Auseinandersetzung im Zusammenhang mit der Begründung von Sondereigentum[96]
- **Sondereigentum, Bruchteilsondereigentum,** Streit um Benutzung von Stellplätzen[97]
- **Sondereigentum, Gebrauch:** Streit um Gebrauchsumfang
- **Sondernutzungsrechte,** Beeinträchtigung: Streiten die Parteien um die Nutzung einer räumlich abgegrenzten Grundstücksfläche, geht es nicht um den Streit um das Bestehen eines Sondernutzungsrechts, sondern um dessen Umfang, also eine Gebrauchsregelung[98];
- oder wegen Streit über eine in einem Sondernutzungsrecht durch einen anderen Wohnungseigentümer angebrachte Gastherme[99]
- **Überbau:** Streit um Beseitigung eines das Gemeinschaftseigentum beeinträchtigenden Überbaus[100]
- **Umfang** der Gebrauchsregelung[101]
- **Umfang** des Sondernutzungsrechts[102]
- **Umwandlung** von Gemeinschaftseigentum in Sondereigentum: Streit über Verlangen eines Wohnungseigentümers, ihm an einem Raum Sondereigentum einzuräumen[103]

---

94 LG Dortmund v. 21. 10. 2014 – 1 S 371/13.
95 BayObLG v. 30. 4. 1998 – 2Z BR 11/98, BayObLGZ 1998, 111 = NZM 1999, 272 = FGPrax 1998, 138; BayObLG v. 24. 1. 1985 – BReg. 2 Z 63/84, BayObLGZ 1985, 47.
96 BayObLG v. 30. 4. 1998 – 2Z BR 11/98, BayObLGZ 1998, 111 = NZM 1999, 272; BGH v. 30. 6. 1995 – V ZR 118/94, BGHZ 130, 159 = NJW 1995, 2851; in Abgrenzung zur Streitigkeit über Gegenstand oder Umfang des Sondereigentums oder um eine sonstige Streitigkeit über die sachenrechtlichen Grundlagen der Gemeinschaft; KG Berlin v. 4. 3. 1998 – 24 W 26/97, NZM 1998, 580/581 = FGPrax 1998, 135.
97 BGH v. 20. 2. 2014 – V ZB 116/13.
98 OLG Köln v. 22. 2. 1989 – 13 U 232/89, NJW-RR 1989, 1040; a.A. OLG Saarbrücken v. 12. 2. 1998 – 5 W 370/97, NJW-RR 1998, 1165.
99 BGH v. 8. 7. 2010 – V ZB 220/09, NJW 2011, 384 = NZM 2010, 822.
100 OLG Hamm v. 25. 11. 1975 – 15 W 374/75, OLGZ 1976, 61: bei einer Wohnungseigentümergemeinschaft, die aus zwei Beteiligten besteht, zur Beseitigung eines unrechtmäßigen Überbaus.
101 OLG Köln v. 22. 2. 1989 – 13 U 232/89, NJW-RR 1989, 1040.
102 BGH v. 21. 12. 1989 – V ZB 22/89, BGHZ 109, 396 = NJW 1990, 1112; Streit über Rechtsinhaberschaft; a.A. OLG Saarbrücken v. 12. 2. 1998 – 5 W 370/97, NJW-RR 1998, 1165 = FGPrax 1998, 134.
103 BayObLG v. 30. 4. 1998 – 2Z BR 11/98, BayObLGZ 1998, 111 = NZM 1999, 272; OLG Schleswig v. 24. 8. 2005 – 2 W 32/03, ZMR 2006, 73 (Umwandlung von Gemeinschaftseigentum in Sondereigentum und umgekehrt: Schwimmbadbereich); KG Berlin v. 4. 3. 1998 – 24 W 26/97, NZM 1998, 580/581 = FGPrax 1998, 135; wird ein Anspruch auf Änderung der Teilungserklärung aus einer schuldrechtlichen Vereinbarung hergeleitet und nicht nur innerhalb der Wohnungseigentümergemeinschaft ausgetragen, ist das Prozessgericht zuständig: OLG Zweibrücken v. 28. 11. 2001 – 3 W 197/01, FGPrax 2002, 5 = NZM 2002, 391.

– **Unterlassung** von Vermietung durch einen Miteigentümer[104]
– **Vertragsstrafe:** Bei Verstoß gegen eine vergleichsweise Regelung in einem Gerichtsverfahren unter Wohnungseigentümern[105]
– **Vollstreckungsabwehrklage** gegen Kostenfestsetzungsbeschluss[106]
– **Werdende Wohnungseigentumsgemeinschaft**[107]
– **Zuordnung der Räume:** Streit über Zuordnung der Räume, wenn die Bauausführung gegenüber Teilungserklärung und Aufteilungsplan so abweicht, dass anstatt Sondereigentum Gemeinschaftseigentum entstanden ist[108]
– **Zustimmung** gemäß § 12 Abs. 2 durch den Vollstreckungsgläubiger[109]
– **Zustimmungserfordernis** für bauliche Veränderung am gemeinschaftlichen Eigentum[110]

4. Verwaltung des gemeinschaftlichen Eigentums

13 Das Gesetz nimmt auf den 1. Teil, 3. Abschnitt des Wohnungseigentumsgesetzes Bezug, das in §§ 20 bis 29 die Verwaltung des gemeinschaftlichen Eigentums regelt. Für die daraus entstehenden Streitigkeiten ist das Wohnungseigentumsgericht zuständig; es handelt sich z.b. um folgende Streitigkeiten (alphabetisch):

– **Abberufung/Bestellung** eines Wohnungseigentümers zum Verwalter[111]
– **Anlage** von gemeinschaftlichen Geldern[112]
– **Anspruch eines Wohnungseigentümers** auf Auskunft gegenüber dem Verwaltungsbeirat[113]

---

104 BayObLG v. 24.6.1975 – BReg. 2 Z 41/75, MDR 1975, 934.
105 BGH v. 10.12.2009 – V ZB 67/09, NJW 2010, 1818 = NZM 2010, 166.
106 BGH v. 19.2.2009 – V ZB 188/08, NJW 2009, 1282 = NZM 2009, 322 = ZMR 2009, 544.
107 BayObLG v. 11.4.1991 – AR 2 Z 110/90, NJW-RR 1991, 977/978 (sobald Besitz an der Eigentumswohnung übergegangen ist und zumindest eine Auflassungsvormerkung eingetragen ist).
108 OLG Düsseldorf v. 23.12.1987 – 9 U 126/87, OLGZ 1988, 239 = NJW-RR 1988, 590 = MDR 1988, 410; BayObLG v. 30.4.1998 – 2Z BR 11/98, BayObLGZ 1998, 111 = NZM 1999, 272; OLG Schleswig v. 24.8.2005 – 2 W 32/03, ZMR 2006, 74; a.A. KG Berlin v. 17.12.1997 – 24 W 3797/97, FGPrax 1998, 366 = NZM 1998, 581: Für die Umwandlung Gemeinschaftseigentum in Sondereigentum; das KG Berlin nimmt auf BayObLG v. 24.7.1997 2Z BR 49/97, BayObLGZ 1997, S. 233 als Stärkung der eigenen Rechtsansicht Bezug; das BayObLG hat jedoch in dieser Entscheidung ausdrücklich seine Zuständigkeit als Wohnungseigentumsgericht nicht in Frage gestellt.
109 BGH v. 21.11.2013 – V ZR 269/12
110 BGH v. 19.12.1991 – 5 ZB 27/90, BGHZ 116, 392 = NJW 1992, 978.
111 OLG Stuttgart v. 8.7.1977 – 8 W 572/76, OLGZ 1977, 443; das Gericht kann die Wohnungseigentümer verpflichten, an der Bestellung eines Verwalters mitzuwirken: OLG Düsseldorf v. 31.8.2007 – 3 Wx 85/07, ZMR 2007, 87; § 26 Rn. 11, das Gericht kann auch die Bestellung eines konkreten Verwalters aussprechen.
112 OLG Düsseldorf v. 11.4.2008 – I-3 Wx 254/07, ZMR 2009, 53.
113 BayObLG v. 3.5.1972 – BReg. 2 Z 7/72, BayObLGZ 1972, 161.

- **Ausführung von Beschlüssen**[114]
- **Auskunft für Feuer- und Gebäudeversicherung**
- **Auskunft des Verwaltungsbeirats** gegenüber dem Verwalter[115]
- **Beschlussfassung/Abstimmungsverhalten** der Wohnungseigentümer
- **Einberufung** einer Wohnungseigentümerversammlung einschließlich Beschlussfassung[116]
- **Feuer- und Gebäudeversicherung:** Bei Streit nach Abtretung der Ansprüche eines Wohnungseigentümers gegen den Versicherer an einen Dritten, wenn der Zessionar vom Verwalter die Zustimmung zur Auszahlung der Versicherungssumme fordert[117]
- Maßnahmen zur ordnungsgemäßen **Instandhaltung** und Instandsetzung des gemeinschaftlichen Eigentums[118]
- **Instandhaltungsrückstellung** gemäß § 21 Abs. 5 Nr. 2
- **Kosten- und Lastentragung:** Befriedigen Wohnungseigentümer wegen Zahlungsunfähigkeit des persönlichen Schuldners den Gläubiger der Gesamtgrundschuld, erfolgt der Ausgleich zwischen Wohnungseigentümern ausschließlich gemeinschaftlich, nicht zwischen einzelnen Wohnungseigentümern[119].
- **Kostenverteilungsschlüssel:** Streit um eine von der Teilungserklärung abweichende Festlegung des Verteilungsschlüssels für eine Sonderumlage[120].
- **Notverwalterbestellung**[121]
- **Ordnungsgemäße Verwaltung** im Sinne des § 21 Abs. 4 i.V.m. § 21 Abs. 8[122]
- **Verfahrensstandschaft**[123]

---

114 OLG Saarbrücken v. 16.9.2010 – 3 W 132/10, NZM 2011, 79 = FGPrax 2011, 101; KG Berlin v. 31.8.1967 – 1 W 973/67, OLGZ 1967, 479.
115 *Niedenführ/Kümmel/Vandenhouten-Niedenführ*, § 29 Rn. 39.
116 KG Berlin v. 31.8.1967 – 1 W 973/67, OLGZ 1967, 479; zuständig ist der Richter, nicht der Rechtspfleger, LG München I v. 7.5.2013 – 36 T 7524/13.
117 KG Berlin v. 8.2.1984 – 24 U 5302/83, MDR 1984, 584 = VersR 1984, 971.
118 *Jennißen-Suilmann*, § 43 Rn. 16.
119 OLG München v. 4.10.1971 – 21 U 2415/70, MDR 1972, 239 (LS); BayObLG v. 28.5.1973 – BReg. 2 Z 14/73, BayObLGZ 1973, 142; KG Berlin v. 28.11.1975 – 1 W 1249/74, OLGZ 1977, 1.
120 BayObLG v. 27.2.2003 – 2Z BR 135/02, NZM 2003, 644 = ZMR 2003, 590; OLG München v. 4.10.1971 – 21 U 2415/70, MDR 1972, 239 (LS); OLG Karlsruhe v. 23.7.1986 – 11 W 8/86, NJW-RR 1987, 975.
121 Vgl. § 26 Rn. 1; zur Bestellung im Wege der einstweiligen Verfügung gemäß §§ 935 ff. ZPO: BT-Drucks. 16/887, S. 35.
122 BGH v. 15.1.2010 – V ZR 114/09, NJW 2010, 2129: Balkonsanierung.
123 BayObLG v. 24.6.1975 – BReg. 2 Z 41/75, MDR 1975, 934.

- **Verwaltungsbeirat:** Streitigkeiten untereinander oder mit Miteigentümern auch über Aufgaben und Rechte und/oder Rechnungslegung über Sonderaufgaben[124]
- **Zustellungsvertreter,** Bestellung, § 45 Abs. 2
- **Zustimmung:** Anspruch auf Zustimmung der Änderung der Teilungserklärung durch einen benachteiligten Wohnungseigentümer.[125]

5. Gegenstand von Rechten und Pflichten

14 Die Rechte und Pflichten der Wohnungseigentümer untereinander ergeben sich insbesondere aus den § 13 und 14; sie sind in § 15 über die Gebrauchsregelung und § 16 über die Tragung von Lasten und Kosten und über die Nutzungen geregelt. Allgemeine Rechtsstreitigkeiten ohne Bezug zu Rechten und Pflichten aus dem Wohnungseigentumsgesetz fallen hierunter nicht.

6. Innenstreitigkeiten der Wohnungseigentümer

15 Vor das Wohnungseigentumsgericht gehören gemäß § 43 Nr. 1 nur die Binnenstreitigkeiten aus einem Streit der Wohnungseigentümer untereinander und nicht mit Dritten, sei es im Aktivprozess, sei es im Passivprozess. Damit fallen schuldrechtliche Ansprüche aus dem Kaufvertrag, auch dann, wenn sie sich gegen den Bauträger richten, **nicht** unter § 43 Nr. 1[126], soweit der Bauträger nicht in seiner Eigenschaft als Wohnungseigentümer in Anspruch genommen wird[127]; auch nicht Abwehransprüche der Wohnungseigentümer gegen Mieter gemäß §§ 1004, 906 BGB[128]; der Streit zwischen einem Wohnungseigentümer als Vermieter mit seinem Mieter[129]; auch nicht Streitigkeiten mit Nießbrauchern oder sonstigen Fremdnutzern[130]; Streitigkeiten unter Miteigentümern eines Wohnungseigentums[131]; auch nicht Streitigkeiten über interne Rechtsbeziehungen von Bruchteilssondereigentümern[132]; grundsätzlich auch nicht ein Streit aus einer Sonderrechtsbeziehung der Wohnungseigentümer untereinander[133]. Allerdings fallen Vereinbarungen der Wohnungseigentümer auf Errichtung (oder Wiedererrichtung) eines Gebäudes in den Anwendungsbereich des § 43 Nr. 1[134].

Im Übrigen ist auf die Beispiele unter Rn. 8 zu verweisen.

---

124 *Roth,* in: Bärmann, § 43 Rn. 473
125 BayObLG v. 28. 1. 1986 – BReg. 2 Z 4/86, BayObLGZ 1986, 10 = NJW-RR 1986, 566.
126 *Niedenführ/Kümmel/Vandenhouten-Niedenführ,* § 43 Rn. 60, BGH v. 13. 11. 1975 – VII ZR 186/83, BGHZ 65, 264.
127 BayObLG v. 21. 3. 2002 – 2Z BR 170/01, NJW-RR 2002, 882 = NZM 2002, 460.
128 OLG Karlsruhe v. 22. 9. 1993 – 6 U 49/93, NJW-RR 1994, 146.
129 Fn. 7 aus § 27; BayObLG v. 28. 2. 1991 – BReg. 2 Z 171/90, WuM 1991, 300.
130 BGH v. 10. 7. 2015 – V ZR 194/14.
131 BayObLG v. 16. 9. 1994 – 2Z AR 42/94, NJW-RR 1995, 588.
132 Es sei denn, es geht um die internen Beziehungen über eine Doppelstockgarage (bzw. einen Mehrfachparker), da eine Gebrauchsregelung gemäß § 15 Abs. 1, die Benutzung von Mehrfachparkern betreffend, zulässig ist: BGH v. 20. 2. 2014 – V ZB 116/13.
133 OLG München v. 4. 5. 2011 – 7 U 189/11 (juris); BGH v. 20. 6. 1986 – V ZR 47/85, NJW-RR 1986, 1335: Konkurrenzverbot.
134 OLG Karlsruhe v. 26. 8. 1999 – 3 W 72/99, NZM 2001, 145 = ZMR 2000, 56; *Roth,* in: Bärmann, § 43 Rn. 73; a. A. OLG Hamburg v. 29. 9. 1960 – 6 W 137/60, NJW 1961, 1168.

IV. § 43 Nr. 2: Streitigkeiten über die Rechte und Pflichten zwischen der Gemeinschaft der Wohnungseigentümer und den Wohnungseigentümern

Die Teilrechtsfähigkeit der Wohnungseigentümergemeinschaft gemäß § 10 Abs. 6 Satz 5 führt dazu, dass einzelne Wohnungseigentümer mit der Wohnungseigentümergemeinschaft **selbst in Streit** geraten können. Für Streitigkeiten, die zwischen der parteifähigen Wohnungseigentümergemeinschaft und den einzelnen Wohnungseigentümern entstehen, ist das Wohnungseigentumsgericht gemäß § 43 Nr. 2 ausschließlich zuständig; die Vorschrift erweitert den personellen Anwendungsbereich des § 43 Nr. 1, nicht den sachlichen[135]; die Vorschrift ist weit auszulegen[136].

16

Die Gemeinschaft der Wohnungseigentümer kann im Rahmen ihrer Teilrechtsfähigkeit selbst Klägerin oder Beklagte sein. Sie ist parteifähig gemäß § 50 Abs. 1 ZPO. Besteht Streit über **gemeinschaftsbezogene Rechte** und deren Wahrnehmung im Rahmen des § 10 Abs. 6, ist dieser vor dem Wohnungseigentumsgericht auszutragen. Auch wenn nach § 10 Abs. 6 Satz 1 die Gemeinschaft der Wohnungseigentümer Rechte und Pflichten im Rahmen der gesamten Verwaltung des gemeinschaftlichen Eigentums gegenüber Dritten, nicht nur gegenüber Wohnungseigentümern, eingehen kann, ist die Zuständigkeit des Wohnungseigentumsgerichts nach dem Wortlaut des § 43 Nr. 2 nur wegen eines Streites aus diesen Rechten und Pflichten im Verhältnis zu den Wohnungseigentümern selbst, also im Innenverhältnis[137] gegeben; § 43 Nr. 2 umfasst gesetzliche Ansprüche, keine rechtsgeschäftlichen[138]. Die Zuständigkeit ist z.B. gegeben, wenn gemeinschaftliche Beitragsansprüche gegen Wohnungseigentümer verfolgt werden oder es Streit im Zusammenhang mit dem Verwaltungsvermögen gemäß § 10 Abs. 7 gibt.[139] Umfasst sind Schadensersatzansprüche der Wohnungseigentümer gegen den Verband, aber auch des Verbands gegen einen Wohnungseigentümer aus § 21 Abs. 4, § 280 Abs. 1 Satz 1 BGB, § 241 BGB, ebenso der Anspruch, die aus einer Sonderumlage geforderte Leistung zu erbringen.[140] Die Ansprüche nach einem Eigentümerwechsel gegen den ausgeschiedenen Wohnungseigentümer auf Zahlung rückständigen Wohngeldes fallen unter § 43 Nr. 2[141]; ebenso fällt die persönliche Haftung des Gesellschafters gemäß § 128 HGB unter diese Norm[142]. Ein Streit der Wohnungseigentümergemeinschaft mit dem Insolvenzverwalter eines Wohnungseigentümers, ebenso des Zwangsverwalters, Testamentsvollstreckers oder Nachlasspflegers (es handelt sich um Parteien

---

135 *Roth*, in: Bärmann, § 43 Rn. 77.
136 BGH v. 21.1.2016 – V ZR 108/15.
137 Siehe auch § 10 Rn. 39.
138 *Roth*, in: Bärmann, § 43 Rn. 80.
139 OLG Stuttgart v. 19.1.2005 – 8 W 411/04, NJW-RR 2005, 814: Selbst dann, wenn der Wohnungseigentümer im Ausland (hier: Spanien) wohnte; im Einzelnen ist auf § 10 Rn. 55 zu verweisen.
140 Vgl. zu den Beispielen auch: *Hügel/Elzer*, § 43 Rn. 18; BGH v. 17.3.2016 – V ZR 185/15.
141 Vgl. BT-Drucks. 16/4843, S. 55.
142 BGH v. 21.1.2016 – V ZR 108/15; a.A.: LG Hamburg v. 27.2.2002 – 318 T 182/01; *Roth*, in: Bärmann, § 43 Rn. 83

kraft Amtes), fällt unter die ausschließliche Zuständigkeit des § 43 Nr. 2.[143] Der Anspruch nach § 18 Abs. 1 Satz 1 (Entziehungsklage) fällt gemäß § 18 Abs. 1 Satz 2 unter § 43 Nr. 2.[144] Nach Aufhebung des § 51[145] sind auch Ansprüche gemäß § 17 nun vor dem Wohnungseigentumsgericht geltend zu machen.[146] Ansprüche aus § 14 Nr. 4, wonach zur Instandhaltung und Instandsetzung des gemeinschaftlichen Eigentums die Betretung und Benutzung des Sondereigentums zu ermöglichen ist und etwaige hierdurch entstandene Entschädigungsansprüche gehören hierher

17 **Nicht umfasst** von § 43 Nr. 2 sind Rechtsverhältnisse mit Dritten: Diese entstehen, wenn der Verwalter als Organ der Gemeinschaft z.b. im Rahmen des § 27 Abs. 3 Kauf- oder sonstige Verträge mit Dritten abschließt (etwa bei Kauf von Heizöl, beim Werkvertrag mit einem Handwerker); hierzu zählt die Vermietung von Gemeinschaftseigentum[147]; ebenso wenig Streitigkeiten mit Nießbrauchern oder sonstigen Fremdnutzern[148]. § 43 Nr. 2 gilt auch nicht, wenn z.b. Bürgschaften für Verbindlichkeiten gegenüber der Wohnungseigentümergemeinschaft eingegangen werden.

V. § 43 Nr. 3: Streitigkeiten über Rechte und Pflichten des Verwalters bei der Verwaltung des gemeinschaftlichen Eigentums

1. Allgemeines/Rechtsschutzbedürfnis

18 Bei Streitigkeiten über die Rechte und Pflichten des Verwalters bei der Verwaltung des gemeinschaftlichen Eigentums ist das Gericht, in dessen Bezirk das Grundstück liegt, ausschließlich zuständig, § 43 Nr. 3. Die Regelung orientiert sich an § 43 Abs. 1 Nr. 2 a.F., wonach über die Rechte und Pflichten des Verwalters bei der Verwaltung des gemeinschaftlichen Eigentums das Wohnungseigentumsgericht zu entscheiden hatte. Die Vorschrift weist alle Streitigkeiten aus der **Verwaltung**[149] des gemeinschaftlichen Eigentums dem Wohnungseigentumsgericht zu; hierfür ist entscheidend, ob das „vom

---

143 *Jennißen-Suilmann*, § 43 Rn. 27.
144 Gesetz zur Änderung des Wohnungseigentumsgesetzes und anderer Gesetze v. 26.3.2007, BGBl. I 2007, Art. 1 Nr. 20; hierzu: *Niedenführ/Kümmel-Niedenführ*, § 43 Rn. 36. Nur bei einer Wohnungseigentumsgemeinschaft, die aus zwei Wohnungseigentümern besteht, gilt § 43 Nr. 1: *Jennißen-Suilmann*, § 43 Rn. 31; a.A. *Roth*, in: Bärmann, § 43 Rn. 78: grundsätzlich für § 18 Abs. 1.
145 Gesetz zur Änderung des Wohnungseigentumsgesetzes und anderer Gesetze v. 26.3.2007, BGBl. I 2007, Art. 1 Nr. 20.
146 A.A. zur alten Rechtslage BayObLG v. 10.12.1979 – BReg. 2 Z 23/78, BayObLGZ 1979, 414/418 = Rpfleger 1980, 110; BayObLG v. 18.12.1998 – 2Z AR 121/98, WuM 1999, 231/232; entsteht nach rechtskräftiger Aufhebung der Gemeinschaft Streit, ist dieser vor dem Zivilgericht zu klären: BayObLG v. 18.12.1998 – 2Z AR 121/98, WuM 1999, 231/232.
147 Hierzu: § 10 Rn. 53, ebenso § 10 Rn. 55 und die dort erwähnten Beispiele, die, soweit weitere Ansprüche gegenüber Dritten geltend zu machen sind, nicht von § 43 Nr. 2 umfasst werden.
148 BGH v. 10.7.2015 – V ZR 194/14.
149 Sie beruhen auf dem Verwaltervertrag und auf dem Bestellungsrechtsverhältnis; hierzu: *Roth*, in: Bärmann, § 43 Rn. 85.

Verwalter in Anspruch genommene Recht oder die entsprechende Pflicht in einem inneren Zusammenhang steht mit der ihm übertragenen Verwaltung des gemeinschaftlichen Eigentums".[150] Die Vorschrift ist weit auszulegen[151]; allerdings kann ein zuständiges Gericht gemäß § 36 Abs. 1 Nr. 3 ZPO nicht begründet werden, wenn gegen den Beklagten einerseits in seiner Eigenschaft als Hausverwalter Ansprüche nach dem WEG und andererseits in seiner Eigenschaft als Bauträger werkvertragliche Ansprüche geltend gemacht werden[152]. De Zuständigkeit ist unabhängig davon, ob die Streitigkeit zwischen einzelnen Wohnungseigentümern und dem Verwalter oder zwischen der Wohnungseigentümergemeinschaft und dem Verwalter besteht. Einen Anspruch der Gemeinschaft kann ein einzelner Wohnungseigentümer geltend machen, wenn er hierzu ermächtigt worden ist.[153]

Auch bei Rechtsstreitigkeiten mit dem Verwalter muss das **Rechtsschutzbedürfnis** gegeben sein. Grundsätzlich ist der Anspruch der Berichtigung einer inhaltlich unrichtigen Versammlungsniederschrift im Verfahren des § 43 Nr. 3 zu klären, weil sich dieses aus dem Recht auf ordnungsmäßige Verwaltung und auf Schutz des Persönlichkeitsrechts im Interesse eines geordneten Zusammenlebens der Eigentümergemeinschaft ergibt[154]; allerdings fehlt ein Rechtsschutzbedürfnis bei Protokollberichtigung wegen Geringfügigkeit[155]: Wenn ein Satz in einem Protokoll keine rechtliche oder sonst belastende Bedeutung hat, liegt für ein Berichtigungsverfahren kein Rechtsschutzbedürfnis vor. Sieht die Gemeinschaftsordnung vor, dass das Protokoll einer Eigentümerversammlung von der nächsten Versammlung zu bestätigen ist, so fehlt für ein zuvor eingeleitetes gerichtliches Verfahren auf Feststellung, welche Protokollfassung maßgeblich ist, das Rechtsschutzbedürfnis.[156] Das Rechtsschutzbedürfnis fehlt, wenn die Berichtigung des Abstimmungsergebnisses begehrt wird, ohne dass sich das Ergebnis ändern kann.[157] Die **Bestellung eines Verwalters** kann angefochten werden; dabei entfällt das Rechtsschutzbedürfnis eines Wohnungseigentümers für die Anfechtung der Verwalterbestellung nicht dadurch, dass die Eigentümergemeinschaft die Bestellung dieses Verwalters ab einem späteren Zeitraum einheitlich erneut beschließt.[158]

19

---

150 BGH v. 13.11.1975 – VII ZR 186/73, BGHZ 65, 264/265 = NJW 1976, 235; *Hügel/Elzer*, § 43 Rn. 19.
151 *Staudinger-Wenzel*, § 43 Rn. 27; *Hügel/Elzer*, § 43 Rn. 2; *Niedenführ/Kümmel/Vandenhouten-Niedenführ*, § 43 Rn. 72.
152 OLG Frankfurt v. 27.11.2014 – 11 SV 114/14.
153 KG Berlin v. 12.5.2003 – 24 W 279/02, NJW-RR 2003, 1168; auf jeden Fall muss er versuchen, eine Bevollmächtigung herbeizuführen, wenn Ansprüche der Wohnungseigentümergemeinschaft gegen den Verwalter geltend zu machen sind: OLG Hamburg v. 20.7.1993 – 2 Wx 74/91, OLGZ 1994, 147; *Roth*, in: Bärmann, § 43 Rn. 89.
154 BayObLG v. 21.2.1973 – BReg. 2 Z 3/73, BayObLGZ 1973, 68 = NJW 1973, 1086.
155 BayObLG v. 15.12.1982 – BReg. 2 Z 39/82, BayObLGZ 1982, 445/448.
156 BayObLG v. 9.8.1989 – BReg. 2 Z 60/89, BayObLGZ 1989, 342.
157 BayObLG v. 28.2.1991 – BReg. 2 Z 144/90, WuM 1991, 310; BayObLG v. 27.10.1989 – BReg. 2 Z 75/89, NJW-RR 1990, 210.
158 OLG Düsseldorf v. 14.9.2007 – 3 Wx 118/07, OLGR Düsseldorf 2008, 40; der 2. Wirkungszeitraum deckte nicht den 1. Wirkungszeitraum völlig ab, und wurde auch der 2. Beschluss angefochten.

Wird über die **Abberufung eines Verwalters** gestritten, bleibt das Rechtsschutzbedürfnis auch für ein Verfahren bestehen, wenn der Zeitraum, für den die Verwalterbestellung erfolgt war, zwischenzeitlich abgelaufen ist.[159] Wird durch ein erstinstanzliches Urteil der Abberufungsbeschluss für ungültig erklärt, kann auch der bereits neu bestellte Verwalter Berufung einlegen, da mit Rechtskraft des Urteils sein Verwalteramt enden würde.[160] Macht der Eigentümer zulässigerweise einen Individualanspruch gegen den Verwalter geltend, wie z.b. aufgrund eines geschlossenen Vergleichs die Zahlung an einen Handwerker vorzunehmen, um einen Verzugsschaden von der Gemeinschaft abzuwenden[161], muss er vorher den Beschluss der Eigentümerversammlung einholen.

Das Rechtsschutzbedürfnis fehlt einer Klage auf Änderung der Vereinbarungen zum Verteilungsschlüssel gemäß § 16 Abs. 3, wenn vorher kein Antrag an die Eigentümerversammlung gestellt worden ist, einen entsprechenden Beschluss zu fassen.[162] Gleiches gilt, wenn eine Klage auf Abberufung eines Verwaltungsbeirats ohne Vorbefassung der Eigentümerversammlung erhoben wird.[163]

2. Verwalter

20 Die Vorschrift weist Auseinandersetzungen mit dem Verwalter der Wohnungseigentümergemeinschaft dem Wohnungseigentumsgericht zu. § 20 Abs. 2 verpflichtet die Wohnungseigentümer, einen Verwalter zu bestellen. Hierüber beschließen die Wohnungseigentümer mit Stimmenmehrheit gemäß § 26 Abs. 1. Die **Aufgaben** und **Befugnisse** des Verwalters sind in § 27 geregelt; die Verpflichtung, für jedes Kalenderjahr einen Wirtschaftsplan aufzustellen, findet sich in § 28. Der Verwalter beruft die Versammlung der Wohnungseigentümer ein, führt dort den Vorsitz und hat die dort gefassten Beschlüsse in eine Niederschrift aufzunehmen; die Einzelheiten regelt § 24. Die Vorschrift richtet sich sowohl an den bestellten Verwalter wie auch den Verwalter, der tatsächlich mit Wissen und Billigung der Wohnungseigentümer die Geschäfte führt.[164]

Ein Rechtsstreit gegen einen **ausgeschiedenen** Verwalter aus seiner Verwaltungstätigkeit ist vor dem Wohnungseigentumsgericht auszutragen.[165] Die faktische Ausübung der Verwaltertätigkeit begründet die Zuständigkeit des Wohnungseigentumsgerichts: Auseinandersetzungen aus der Anbahnung eines Verwaltervertrages mit dem Verwalter, soweit sie sich auf die Verwal-

---

159 OLG Frankfurt/Main v. 22.6.2004 – 20 W 230/01, OLGR Frankfurt/Main 2005, 28: Die Hauptsache ist für erledigt zu erklären: *Hügel/Elzer*, § 43 Rn. 24.
160 OLG Düsseldorf v. 8.10.2003 – 3 Wx 204/03, ZMR 2004, 53; § 26 Rn. 28.
161 Hierzu im Einzelnen: § 26 Rn. 38; OLG München v. 8.11.2006 – 34 Wx 45/06, NJW 2007, 227.
162 Vgl. im Einzelnen: § 16 Rn. 20; § 10 Rn. 25 und 26.
163 OLG München v. 28.9.2006 – 32 Wx 115/06, ZMR 2006, 962: Es sei denn, es steht fest, dass ein entsprechender Antrag abgelehnt wird; vgl. auch § 29 Rn. 8.
164 KG Berlin v. 9.12.1980 – 1 W 4193/80, OLGZ 1981, 304; *Niedenführ/KümmelVandenhouten-Niedenführ*, § 43 Rn. 72.
165 BayObLG v. 17.3.1994 – 2Z AR 12/94, BayObLGZ 1994, 60 = NJW-RR 1994, 375; BGH v. 10.7.1980 – VII ZR 328/79, BGHZ 78, 57 = NJW 1980, 2466.

tung beziehen, gehören vor das Wohnungseigentumsgericht[166], nicht jedoch, wenn vor Entstehung der geplanten Wohnungseigentümergemeinschaft Streit über die Verwendung von Geldern zur Deckung der Grundstückerwerbskosten entsteht. Wird ein Gesellschafter einer als Verwalterin abberufenen OHG aus der früheren Verwaltertätigkeit in Anspruch genommen, ist das Wohnungseigentumsgericht zuständig.[167] Dies gilt auch bei gleichzeitiger Inanspruchnahme der Verwaltungs-GmbH[168], die die Abnahme des Gemeinschaftseigentums durchführte. Es macht auch keinen Unterschied, ob der Verwalter selbst Wohnungseigentümer der Anlage ist oder war.[169]

3. Rechte bei der Verwaltung

Die Zuständigkeit ergibt sich bei Streit über die **Rechte des Verwalters** bei der Verwaltung des gemeinschaftlichen Eigentums. Dessen Aufgabe und deren Umfang bestimmt § 27 insbesondere in Absatz 2 und 3: Der Verwalter kann im Namen aller Wohnungseigentümer und mit Wirkung für und gegen sie z.b. Willenserklärungen abgeben und Zustellungen entgegennehmen; er kann Maßnahmen treffen, die zur Wahrung einer Frist oder zur Abwendung eines sonstigen Rechtsnachteils erforderlich sind, insbesondere einen gegen die Wohnungseigentümer gerichteten Rechtsstreit gemäß §§ 43 Nr. 1, Nr. 4 oder Nr. 5 im Erkenntnis- und Vollstreckungsverfahren führen. Er ist auch berechtigt, diese Tätigkeit im Namen der Gemeinschaft der Wohnungseigentümer und mit Wirkung für und gegen sie wahrzunehmen.

21

Bei vom Verwalter in Anspruch genommenen Rechten, die dem Wohnungseigentumsgericht zugewiesen sind, kann es sich handeln um (alphabetische Reihenfolge):

– Beginn und Ende der **Amtszeit**[170]
– **Anspruch** auf vereinbarte Vergütung[171]
– **Bestellung** zum Verwalter[172]

22

---

166 BGH v. 13.11.1975 – VII ZR 186/73, BGHZ 65, 264/265 = NJW 1976, 235, OLG Saarbrücken v. 18.9.2003 – 5 W 152/03, OLGR Saarbrücken 2004, 25.
167 BayObLG v. 23.7.1987 – BReg. 2 Z 41/87, NJW-RR 1987, 1368.
168 KG Berlin v. 19.9.2005 – 24 W 154/05, NZM 06, 61, FGPrax 2006, 5; OLG Köln v. 22.4.2005 – 16 Wx 59/05, NJW-RR 2005, 1096.
169 Hierzu auch: BayObLG v. 17.3.1994 – 2Z BR 12/94, BayObLGZ 1994, 60 = NJW-RR 1994, 856; BayObLG v. 14.5.1996 – 2 Z BR 43/96, NJWE-MietR 1996, 276 = WuM 1996, 663; BayObLG v. 23.3.2001 – 2Z BR 6/01, NJW-RR 2001, 1667 = NZM 2001, 469.
170 *Jennißen-Suilmann*, § 43 Rn. 34.
171 BGH v. 10.7.1980 – VII ZR 328/79, BGHZ 78, 57 = NJW 1980, 2466.
172 KG Berlin v. 13.1.1976 – 1 W 936/75, OLGZ 1976, 266; der Verwalter ist zur Anfechtung einer gerichtlichen Entscheidung berechtigt, durch die seine Bestellung für ungültig erklärt wird: BGH v. 21.6.2007 – V ZB 20/07 NJW 2007, 2776. Das OLG München (v. 6.3.2006 – 34 Wx 29/05, OLGR München 2006, 326) hat eine Beschwerdeberechtigung des Verwalters verneint, der in einem Beschlussanfechtungsverfahren, das seine (Wieder-)Bestellung zum Gegenstand hat, eine ihm ungünstige gerichtliche Entscheidung im eigenen Namen durch Rechtsmittel angreifen wollte; a. A. jetzt: LG Hamburg v. 13.11.2013 – 318 S 23/13; das dem Verwalter ein eigenes Anfechtungsrecht gewährt, soweit Eigentümerbeschlüsse seine Rechtsstellung betreffen.

- Anspruch auf **Entlastung**
- **Ermächtigung** des Verwalters, Wohnungseigentümer im gerichtlichen Verfahren zu vertreten, einschließlich Beauftragung eines Rechtsanwalts[173]
- **Erfüllungsansprüche** aus dem Verwaltervertrag[174]
- **Fortbestehen** einzelner Verwaltungsaufgaben; wirksame Vereinbarung einer Verlängerungsklausel
- **Recht** des Verwalters, die Zustimmung gemäß § 12 zu verweigern[175]
- **Rechte** aus der Gemeinschaftsordnung
- **Rechte** des Verwalters aus §§ 24 bis 28
- **Schadensersatzansprüche** des Verwalters
- **Vergütungsansprüche** des Verwalters[176]
- Streitigkeiten aus dem **Verwaltervertrag**
- **Wirksamkeit der** Bestellung oder Abberufung[177]

4. Pflichten bei der Verwaltung

23 Auch bei Streitigkeiten über die Pflichten des Verwalters ist das Wohnungseigentumsgericht zuständig. Der Verwalter hat umfangreiche Pflichten gegenüber der Wohnungseigentümergemeinschaft und den Wohnungseigentümern, die insbesondere in § 27 Abs. 1, Abs. 5 (Verpflichtung eingenommene Gelder von seinem Vermögen gesondert zu halten) und im Rahmen des § 28 normiert sind. Natürlich ist der Übergang von der Wahrnehmung von Rechten gemäß § 27 Abs. 2 und der Verpflichtung, diese Rechte wahrzunehmen, fließend. Grundsätzlich gilt, dass alle Verpflichtungen des Verwalters aus dem Verwaltervertrag und den gemäß § 27 Abs. 4 unabdingbaren Aufgaben und Befugnissen im Zusammenhang mit der Verwaltungstätigkeit vor dem Wohnungseigentumsgericht auszutragen sind. Beispiele aus dem Pflichtenkreis des Verwalters (alphabetisch):

- **Abrechnungspflicht** des Verwalters[178]
- **Anstellungsvertrag** mit dem Verwalter (Erfüllung von Verbindlichkeiten, die ein Wohnungseigentümer ohne Vollmacht der Wohnungseigentümergemeinschaft eingegangen ist)[179]
- **Aufgaben nach §§ 24, 27, 28:** Streit über deren Ausführung

---

173 BayObLG v. 23.9.1988 – BReg. 2 Z 97/87, BayObLGZ 1988, 287/292 = DNotZ 1989, 428.
174 BGH v. 5.6.1972 – VII ZR 35/70, BGHZ 59, 58 = NJW 1972, 1318.
175 BayObLG v. 16.11.1972 – BReg. 2 Z 68/72, BayObLGZ 1972, 348.
176 BGH v. 10.7.1980 – VII ZR 328/79, BGHZ 78, 57 = NJW 1980, 2466.
177 *Staudinger-Wenzel*, § 43 Rn. 28; KG Berlin v. 13.1.1976 – 1 W 936/75, OLGZ 1976, 266; OLG Düsseldorf v. 6.7.1994 – 3 Wx 456/92, ZMR 1995, 520-523; BayObLG v. 4.7.1974 – BReg 2 Z 16/74, BayObLGZ 1974, 275.
178 OLG Hamm v. 3.3.1975 – 15 W 183/73, OLGZ 1975, 157: auch nach Beendigung seines Amtes.
179 BayObLG v. 23.7.1987 – BReg. 2 Z 41/87, NJW-RR 1987, 1368.

Zuständigkeit § 43 WEG

- **Auflistung** der gesamten Rücklage bei Amtsantritt des Verwalters[180]
- **Aufstellung** des Jahresabschlusses[181]
- **Ausführung** von Wohnungseigentümerbeschlüssen
- **Ausscheiden** des Verwalters: Ansprüche aus der früheren Tätigkeit[182]
- **Ausstellung einer Vollmachtsurkunde** § 27
- Bauliche Veränderung[183]
- **Berichtigung des Protokolls** der Eigentümerversammlung[184]; ist ein Beschluss unrichtig festgestellt, kann durch eine Beschlussergebnis-Berichtigungsklage (Verpflichtigungsklage) die Richtigstellung erreicht werden[185]
- **Einberufung** einer Wohnungseigentümerversammlung (Gestaltung der Tagesordnung: Pflicht zur Aufnahme eines bestimmten Gegenstandes auf die Tagesordnung einer Eigentümerversammlung)[186]
- **Einsichtgewährung** in die Verwaltungsunterlagen[187]
- Notmaßnahmen
- Anspruch der Wohnungseigentümer auf **ordnungsgemäße Verwaltung**[188]
- **Pflicht zur weiteren Aufklärung:** Herausgabe von Unterlagen nach Entlastung[189]
- **Pflichtverletzung bei der Verwaltung:** Schadensersatzansprüche[190]
- **Pflicht zur Einberufung** der Wohnungseigentümerversammlung[191]

---

180 A.A.: OLG Köln v. 16. 12. 1999 – 16 Wx 180/99, OLGR Köln, 2000, 246 = ZWE 2000, 489, das zu Unrecht für ein im „Rahmen des Vorstellungsgespräch" abgegebenes Versprechen zur Auflistung der Gesamtrücklage den ordentlichen Rechtsweg für eröffnet erachtet.
181 Zum Ergänzungsanspruch hinsichtlich der Jahresabrechnung siehe einerseits BayObLG v. 2. 11. 1992 – 2Z BR 73/92, WuM 1993, 92 noch zur alten Rechtslage; insbesondere aber die Kommentierung zu § 28 Rn. 86 auch zur Konkurrenz zwischen Verpflichtungsklage auf Ergänzung der Jahresabrechnung und Anfechtungsklage gemäß § 46.
182 BayObLG v. 17. 3. 1994 – 2Z AR 12/94, BayObLGZ 1994, 60 = NJW-RR 1994, 375; BGH v. 10. 7. 1980 – VII ZR 328/79, BGHZ 78, 57 = NJW 1980, 2466.
183 BayObLG v. 20. 6. 1974 – BReg. 2 Z 22/74, BayObLGZ 1974, 269 = Rpfleger 1974/316; BGH v. 5. 6. 1972 – VII ZR 370/70, BGHZ 59, 58 = NJW 1972, 1318.
184 BayObLG v. 15. 12. 1982 – BReg. 2 Z 39/82, BayObLGZ 1982, 445/448: das Rechtsschutzbedürfnis fehlt allerdings bei einer geringfügigen Unschärfe im Protokoll, die keine rechtliche oder persönlich belastende Auswirkung hat.
185 Vgl. im Einzelnen § 23 Rn. 39 mit der Diskussion, ob im Anschluss eine Beschlussanfechtungsklage in Betracht kommt.
186 BayObLG v. 23. 9. 1988 – BReg. 2 Z 97/87, BayObLGZ 1988, 287/292 = DNotZ 1989, 428; OLG Frankfurt v. 18. 8. 2008 – 20 W 426/05, NJW 2009, 300 = NZM 2009, 34; auch der Streit über die Aufnahme bestimmter Punkte auf die Tagesordnung gehört hierher: LG Hamburg v. 27. 6. 2012 – 318 S 196/11
187 BayObLG v. 17. 7. 1972 – BReg. 2 Z 16/72, BayObLGZ 1972, 246; OLG Frankfurt/Main v. 29. 12. 1978 – 20 W 732/78, OLGZ 1979, 136/138; LG Hamburg v. 5. 10. 2011 – 318 S 7/11.
188 BayObLG v. 17. 7. 1972 – BReg. 2 Z 16/72, BayObLGZ 1972, 246 = Rpfleger 1972, 411.
189 BayObLG v. 28. 4. 1975 – BReg. 2 Z 22/75, BayObLGZ 1975, 161.
190 BGH v. 5. 6. 1972 – VII ZR 35/70, BGHZ 59, 58 = NJW 1972, 1318.
191 BayObLG v. 27. 1. 1970 – BReg. 2 Z 22/69, BayObLGZ 1970, 1.

Then

- Protokollführung[192]
- Ansprüche eines ausgeschiedenen Wohnungseigentümers gegen einen Verwalter auf Rechnungslegung[193]
- **Rechnungslegung** (außerordentliche)[194]
- **Tierhaltung** – Zustimmung durch den Verwalter[195]
- **Umfang der Abrechnung** durch den Verwalter[196]
- **Veräußerung des Wohnungseigentums:** Zustimmungsverpflichtung durch den Verwalter[197]
- **Vergütungsanspruch** des Verwalters[198]
- **Verwaltungsunterlagen:** Herausgabe und Einsicht[199]
- **vorzeitige Auflösung** des Verwaltungsverhältnisse
- **Wirtschaftsplan** und Jahresabrechnung
- **Zins- und Tilgungsbeiträge** für Lasten- und Kostenbeiträge[200]
- **Zustimmung** zur Veräußerung gemäß § 12[201]

5. Bezug zum gemeinschaftlichen Eigentum

24 Mit diesem Tatbestandsmerkmal grenzt der Gesetzgeber die Tätigkeiten des Verwalters ab, die keinen **unmittelbaren Bezug** zur Verwaltung haben und nicht im inneren Zusammenhang mit der dem Verwalter übertragenen Verwaltung des gemeinschaftlichen Eigentums stehen. Im Zweifel ist das Wohnungseigentumsgericht zuständig.

Vor dem **allgemeinen Zivilgericht** sind deshalb z.B. Streitigkeiten

- über **Ansprüche** der Wohnungseigentümergemeinschaft **gegen Dritte:** z.B. Schadensersatzanspruch gegen einen Haftpflichtversicherer[202]
- über die **Anvertrauung** von gemeinschaftlichen Geldern zur Deckung behaupteter Grundstückserwerbskosten gegenüber dem später zum Verwalter bestellten Baubetreuer vor Bildung der Wohnungseigentümergemeinschaft,

---

192 BayObLG v. 15.12.1982 – BReg. 2 Z 39/82, BayObLGZ 1982, 445/448: das Rechtsschutzbedürfnis fehlt allerdings bei einer geringfügigen Unschärfe im Protokoll, die keine rechtliche oder persönlich belastende Bedeutung hat.
193 BayObLG v. 17.3.1994 – 2Z AR 12/94, BayObLGZ 1994, 60 = NJW-RR 1994, 856.
194 BGH v. 10.7.1980 – VII ZR 328/79, BGHZ 78, 57 = NJW 1980, 2466; KG Berlin v. 9.12.1980 – 1 W 4103/80, NJW 80, 2164.
195 OLG Saarbrücken v. 7.5.1999 – 5 W 365/98, NZM 1999, 621.
196 KG Berlin v. 9.12.1980 – 1 W 4103/80, OLGZ 1981, 304.
197 BayObLG v. 16.11.1972 – BReg. 2 Z 68/72, BayObLGZ 1972, 348; BayObLG v. 23.9.1988 – BReg. 2 Z 97/87, BayObLGZ 1988, 287/292.
198 BGH v. 10.7.1980 – VII ZR 328/79, BGHZ 78, 57 = NJW 1980, 2466: auch wenn der Verwalter abberufen worden ist; ebenso BGH v. 5.6.1972 – VII ZR 35/70, BGHZ 59, 58.
199 BayObLG v. 28.4.1975 – BReg. 2 Z 22/75, BayObLGZ 1975, 161.
200 BayObLG v. 8.2.1978 – BReg. 2 Z 50/77, Rpfleger 1978, 257.
201 BayObLG v. 23.9.1988 – BReg. 2 Z 97/87, BayObLGZ 1988, 287/292.
202 BayObLG v. 9.4.1987 – BReg. 2 Z 22/87, NJW-RR 1987, 1099: Ansprüche gegen Haftpflichtversicherer des Verwalters oder der Wohnungseigentümer.

- die vor **Beginn des Vertragsabschlusses** mit dem Verwalter entstanden sind[203]
- über **ehrverletzende Äußerungen** des früheren Verwalters gegen den neuen Verwalter[204]
- über **ehrverletzende Äußerung** eines Wohnungseigentümers in einem Rundschreiben an andere Wohnungseigentümer gegenüber dem Verwalter (strittig)[205]
- über die **Herausgabe des Mietzinses** durch den Verwalter an den Wohnungseigentümer bei Verpflichtung, die Mietzinsen an den Verwalter zu zahlen[206]
- über **Nachfolge:** Streit zwischen ehemaligem Verwalter und dessen Nachfolger[207]
- über eine **Sonderrechtsbeziehung** zu einem Wohnungseigentümer, der dem Verwalter die Verwaltung seines Sondereigentums übertragen hat[208]
- aus einem **Vertrag aus schuldrechtlichen Beziehungen** wie z.B. Energielieferungsvertrag/Lieferanten[209]
- aus **Zwischenvermietung**[210]

zu verhandeln.

VI. § 43 Nr. 4: Gültigkeit von Beschlüssen der Wohnungseigentümer

1. Beschlüsse der Wohnungseigentümer

Die Zuständigkeit des Wohnungseigentumsgerichts besteht für Streitigkeiten über die Gültigkeit von Beschlüssen der Wohnungseigentümer, § 43

25

---

203 BGH v. 13.11.1975 – VII ZR 186/73, BGHZ 65, 264 = NJW 1976, 239; BGH v. 5.6.1972 VII Z R 35/70, BGHZ 59, 58.
204 OLG München v. 18.10.2005 – 32 Wx 104/05, NJW-RR 2006, 154 = NZM 2006, 25 = FGPrax 2006, 14.
205 BayObLG v. 15.3.1989 – BReg. 2 Z 131/88, BayObLGZ 1989, 67/69; allerdings: Zuständigkeit des Wohnungseigentumsgericht beim Unterlassungsanspruch des Verwalters gegen einen Wohnungseigentümer wegen kritischer Äußerung in einem Schreiben an diesen: BayObLG v. 2.3.2001 – 2Z BR 16/01, FGPrax 2001, 109 = BayObLGR 2001, 74: für die Zivilgerichtsbarkeit: OLG Düsseldorf v. 27.9.2000 – 15 U 63/00, ZWE 2001, 164–166: bei einem ehrverletzenden Aushang. Sind Gegenstand des Unterlassungsbegehrens Äußerungen oder Behauptungen, die im Zusammenhang mit der Verwaltertätigkeit stehen, handelt es sich um eine Wohnungseigentumssache: OLG München v. 4.6.2008 – 31 AR 92/08, NJW-RR 2008, 1545 = ZMR 2008, 735.
206 BayObLG v. 18.7.1989 – BReg. 2 Z 107/88, BayObLGZ 1989, 308.
207 OLG München v. 18.10.2005 – 32 Wx 104/05, NJW-RR 2006, 154.
208 BayObLG v. 18.7.1989 – BReg 2 Z 107/88, BayObLGZ 1989, 308 = NJW-RR 1989, 1167.
209 OLG Hamm v. 5.3.1979 – 15 W 215/78, Rpfleger 1979, 318: Der Verwalter war zugleich Energielieferant.
210 *Staudinger-Wenzel*, § 43 Rn. 32.

Nr. 4. Die Bestimmung entspricht § 43 Abs. 1 Nr. 4 a.F. Sie umfasst den Streit über die Ungültigkeit eines Beschlusses gemäß § 23 Abs. 4 sowie die Feststellung seiner Nichtigkeit[211] oder seiner Gültigkeit[212]; gemeint sind also alle Anfechtungsklagen und Nichtigkeitsklagen gegen einen Beschluss der Eigentümergemeinschaft.[213] Die Zuständigkeit des § 43 Nr. 4 umfasst die Klagen auf Feststellung, welchen **Inhalt ein Beschluss** hat oder ob er überhaupt gefällt wurde.[214] Die Frage, ob der Versammlungsvorsitzende einen von der Eigentümergemeinschaft gefassten Beschluss verkündet hat und der Beschluss damit zustande gekommen ist[215], ist ebenfalls vor dem Wohnungseigentumsgericht gemäß § 43 Nr. 4 zu überprüfen; dies gilt auch für die Klärung des Inhalts eines Beschlusses, der mit unklarem Inhalt verkündet wurde.[216] Unklar ist der Inhalt eines Beschlusses, wenn über einen unbestimmten Antrag entschieden wurde.[217] Ist ein Beschluss mit falschem Inhalt verkündet worden, ist er gemäß § 43 Nr. 4, § 46 anzufechten.[218] Umfasst von § 43 Nr. 4 ist die Klage auf Feststellung, ob ein rechtsverbindlicher Beschluss vorliegt, ebenso, ob z.B. das Abstimmungsergebnis verkündet worden ist.[219] Die Anfechtung der Beschlüsse über die Abberufung des Verwalters durch einen Wohnungseigentümers erfolgt nach § 43 Nr. 4.

Wann ein Beschluss nichtig ist, ist der Kommentierung zu § 23 Abs. 4 Rn. 19–35 zu entnehmen. Die Zuständigkeit umfasst alle in einer Eigentümerversammlung gefassten Beschlüsse, unabhängig von der Beschlussart (Einmannbeschluss, schriftliche Mehrheitsbeschlüsse, Negativbeschlüsse, Nichtbeschlüsse, Geschäftsordnungsbeschlüsse) und unabhängig vom Verfahrensziel (Anfechtung, Feststellung der Ungültigkeit von Beschlüssen, des Beschlussinhaltes[220]).

2. Rechtsschutzbedürfnis

26 Grundsätzlich besteht für die Anfechtung der Beschlüsse der Wohnungseigentümerversammlung ein **Rechtsschutzbedürfnis**. Anfechtungsberechtigt

---
211 BayObLG v. 6.3.2003 – 2Z BR 90/02, NZM 2003, 481 = NJW-RR 2003, 950.
212 OLG Celle v. 18.12.1957 – 4 Wx 42/57, NJW 1958, 307.
213 BGH v. 18.5.1989 – V ZB 4/89, BGHZ 107, 268 = NJW 1989, 2059. Unabhängig davon, ob in gewillkürter Prozessstandschaft geklagt wird: BGH v. 21.6.2012 – V ZB 56/12, zur Frage, ob Treuhandkonten zulässig sind oder nicht: LG Frankfurt (Oder) v. 14.7.2014 – 16 S 46/14.
214 *Hügel/Elzer*, § 13 Rn. 51.
215 BGH v. 23.8.2001 – V ZB 10/01, BGHZ 148, 335 = NJW 2001, 3339; BayObLG v. 25.7.2002 – 2Z BR 63/02, BayObLGZ 2002, 247, BayObLG v. 22.9.2004 – 2Z BR 159/04, BayObLGZ 2004, 270; a.A. noch z.B. in BayObLG v. 26.11.1993 – 2Z BR 75/93, NJW-RR 1994, 658.
216 BGH v. 19.9.2002 – V ZB 30/02, BGHZ 152, 46 = NJW 2002, 3704.
217 OLG Zweibrücken v. 5.7.1994 – 3 W 85/94, NJW-RR 1995, 397.
218 BGH v. 19.9.2002 – V ZB 30/02, BGHZ 152, 46 = NJW 2002, 3704.
219 BGH v. 23.8.2001 – V ZB 10/01, BGHZ 148, 335 = NJW 2001, 3339. Auch für die Frage, ob ein Protokoll wirksam ausgefertigt ist: 2. Unterschrift: hierzu: OLG München v. 7.8.2007 – 34 Wx 3/05, NJW 2008, 156.
220 Hierzu: *Roth*, in: Bärmann, § 43 Rn. 94, die Beschlussberichtigung und die Feststellung des Beschlussergebnisses bei fehlender oder fehlerhafter Protokollierung.

ist auch ein ausgeschiedener Wohnungseigentümer, soweit sein **Rechtsschutzbedürfnis** fortbesteht[221]; dies gilt auch für einen Verwalter nach Beendigung seiner Tätigkeit, zumindest soweit er selbst betroffen ist. Der Anfechtung eines Mehrheitsbeschlusses steht nicht entgegen, dass der Beschluss bereits vollzogen ist.[222] Ein Eigentümer, der z.b. die Abberufung eines Verwalters betreibt, muss, bevor er gemäß § 43 Nr. 4 das Gericht anruft, einen Beschluss der Wohnungseigentümergemeinschaft in der Eigentümerversammlung herbeiführen. Ohne einen solchen Beschluss wäre eine Klage auf Abberufung eines Verwalters mangels Rechtsschutzbedürfnisses unzulässig.[223] Das Rechtsschutzbedürfnis liegt vor, wenn der betroffene Wohnungseigentümer durch den Beschluss selbst keinen persönlichen Nachteil erleidet[224] und in erster Instanz der Anfechtung eines Eigentümerbeschlusses entgegen getreten war.[225] Diese Rechtsprechung gilt auch für das neue Verfahrensrecht, da das Anfechtungsrecht nicht nur dem persönlichen Interesse des anfechtenden Wohnungseigentümers oder dem Minderheitenschutz dient, sondern dem Interesse der Gemeinschaft an einer ordnungsmäßigen Verwaltung. Derjenige, der in der Vorinstanz unterlegen ist, kann selbstverständlich immer Rechtsmittel einlegen; für die Anfechtung eines Negativbeschlusses[226], die Überprüfung, ob ein Nichtbeschluss vorliegt, ebenso wie die Überprüfung von Zweitbeschlüssen, besteht ein Rechtsschutzbedürfnis. Die Zuständigkeit ergibt sich hierfür aus § 43 Nr. 4, ebenso für die Anfechtung eines Beschlusses, in dem der Beirat ermächtigt wurde, einen Verwaltervertrag für den Verband zu unterzeichnen[227].

Ein Rechtsschutzbedürfnis besteht allerdings nur dann nicht, wenn eine Sanierungsmaßnahme bereits durchgeführt ist, jedoch die Rückgängigmachung der Baumaßnahme tatsächlich ausgeschlossen ist und die Ungültigerklärung auch sonst keine Auswirkungen mehr haben könnte[228].

---

221 *Jennißen-Suilmann*, § 43 Rn. 39.
222 BayObLG v. 9.6.1975 – 2Z BR 35/75, ZMR 1976, 310; BayObLG v. 30.7.1992 – 2Z BR 34/92, NJW-RR 1992, 1367 = WuM 1992, 566.
223 Vgl. § 26 Rn. 27–29.
224 BGH v. 17.7.2003 – V B 11/03, BGHZ 156, 19 = NZM 2003, 67 = NJW 2003, 3124; a.A. OLG München v. 8.12.2006 – 34 Wx 103/06, NZM 2007, 522 = FGPrax 2007, 21 für den Fall, dass der Beschluss keine Rechte des Antragstellers beeinträchtigt, sondern sich in der Ablehnung des konkreten Beschlussantrages erschöpft.
225 BGH v. 17.7.2003 – V B 11/03, BGHZ 156, 19 = NZM 2003, 67 = NJW 2003, 3124: Auf Vorlage: BayObLG v. 13.3.2002 – 2Z BR 80/02, BayObLGZ 2003, 53 (das die Auffassung vertreten hat, dass die Beschwerdeberechtigung gegen eine erstinstanzliche Entscheidung, wonach der Verwalter verpflichtet wird, eine Vermögensübersicht zu erstellen und Einsicht in die Verwaltungsunterlagen zu erteilen, fehlte: Anspruchsgrundlage für die Beschwerdeberechtigung war § 20 Abs. 1 FGG).
226 Vgl. hierzu: § 46 Rn. 12.
227 LG Düsseldorf v. 1.10.2014 – 25 S 30/14.
228 LG Hamburg v. 6.1.2010 – 318 T 154/07, ZMR 2010, 791; OLG Hamm v. 3.1.2008 – 15 W 240/07, ZMR 2009, 58; OLG Düsseldorf v. 28.6.2000 – 3 Wx 163/00, NZM 2001, 146 = FGPrax 2000, 187.

VII. § 43 Nr. 5: Klagen Dritter gegen Gemeinschaft der Wohnungseigentümer/Wohnungseigentümer (Außenstreitigkeiten mit Dritten)

27 Das Gericht, in dessen Bezirk das Grundstück liegt, ist ausschließlich zuständig für Klagen Dritter, die sich gegen die Gemeinschaft der Wohnungseigentümer oder gegen einzelne oder alle Wohnungseigentümer richten und sich auf das gemeinschaftliche Eigentum, seine Verwaltung oder das Sondereigentum beziehen. Die frühere Regelung des § 29b ZPO ist nun in § 43 Nr. 5 aufgegangen; die Zuständigkeitsregelung führt dazu, dass Klagen Dritter gegen die Gemeinschaft wegen schuldrechtlicher Ansprüche, aber auch aus jedem sonstigen Rechtsgrund am Ort der belegenen Sache zu erheben sind, wenn sich die Klage auf das gemeinschaftliche Eigentum und dessen Verwaltung oder auf die Verwaltung des Sondereigentums bezieht; eine Änderung zur alten Rechtslage sollte nicht eintreten, die Vorschrift berücksichtigt jetzt allerdings die Teilrechtsfähigkeit des Verbandes.[229]

Zur internationalen Zuständigkeit ist auf Art. 5 Nr. 1 EuGVVO zu verweisen. Hier begründet der Erfüllungsort die örtliche Zuständigkeit. Für diese Außenstreitigkeiten gelten §§ 23 Nr. 1, 71 Abs. 1 GVG: Das Amtsgericht ist bei einem Streitwert bis 5.000 € zuständig, bei einem höheren das Landgericht.

§ 43 Nr. 5 eröffnet bei einer Beschwer von mehr als 20.000 ? die Nichtzulassungsbeschwerde an den BGH (§ 26 Nr. 8 EGZPO). Diese ist bei allen anderen Streitigkeiten gemäß § 43 Nr. 1 bis 4 (Binnenstreitigkeiten) derzeit bis zum 1.7.2012 ausgeschlossen.

1. Außenstreitigkeiten

28 „Dritter" ist jeder, der Ansprüche gegen die Gemeinschaft der Wohnungseigentümer oder gegen Wohnungseigentümer hat, ohne selbst Wohnungseigentümer zu sein, also z.B. derjenige, der Lieferung an die Gemeinschaft der Wohnungseigentümer erbringt, wie bei Bezug von Heizöl, bei Zahlung von Versicherungsprämien. Es zählen auch gesetzliche Ansprüche, wie aus unerlaubter Handlung (Verletzung der Verkehrssicherungspflicht) oder Geschäftsführung ohne Auftrag oder Bereicherungsansprüche hierunter.[230] Der Verwalter, der Ansprüche der Wohnungseigentümergemeinschaft gegen die Gemeinschaft oder einzelne Wohnungseigentümer geltend macht, ist nicht Dritter im Sinne des § 43 Nr. 5. Macht jedoch ein Wohnungseigentümer eigene Leistungen für die Gemeinschaft als Handwerker, Architekt oder Rechtsanwalt[231] geltend, ist die ausschließliche Zuständigkeit des § 43 Nr. 5 gegeben, da der Wohnungseigentümer nicht in seiner Eigenschaft als Woh-

---

[229] BT-Drucks. 16/3843, S. 54. Für die Bestellung eines Ersatzzustellungsvertreters im Rahmen des § 43 Nr. 5 ist das jeweils erkennende Gericht zuständig – nicht zwangsläufig das Amtsgericht als Wohnungseigentumsgericht: OLG Hamm v. 18.3.2016 – 32 SA 8/16; siehe § 23 Nr. 2c GVG.
[230] *Palandt-Bassenge*, § 43 Rn. 10; *Roth*, in: Bärmann, § 43 Rn. 107.
[231] *Jennißen-Suilmann*, § 43 Rn. 45.

nungseigentümer aus Streitigkeiten zwischen Rechten und Pflichten zwischen der Gemeinschaft streitet, sondern wie ein außenstehender Dritter.[232]

2. Klage gegen die Gemeinschaft der Wohnungseigentümer oder gegen einzelne Wohnungseigentümer

Beklagter kann die Wohnungseigentümergemeinschaft oder ein (auch früherer[233]) Wohnungseigentümer sein. Wohnungseigentümer ist derjenige, der im Wohnungsgrundbuch eingetragen ist[234], auch wenn es auf den Erwerb durch Erbfall oder Zuschlag in der Zwangsversteigerung hin geschah.[235] Ob zwischenzeitlich der Wohnungseigentümer ausgeschieden ist, ist unerheblich.[236]

29

Nicht unter § 43 Nr. 5 fallen Klagen eines Wohnungseigentümers oder der Wohnungseigentümergemeinschaft gegen Dritte.[237]

3. WEG-Bezug

Der Streitgegenstand der Klage muss sich auf das gemeinschaftliche Eigentum, seine Verwaltung oder das Sondereigentum **beziehen**. Ein Bezug liegt immer dann vor, wenn die Klage des Dritten ihren Schwerpunkt im Gemeinschafts- oder Sondereigentum hat bzw. auf der Verwaltung des Gemeinschaftseigentums beruht.

30

a) Gemeinschaftliches Eigentum

Auf das Gemeinschaftseigentum **beziehen sich Ansprüche Dritter**, z.B. aus Lieferungen an die Gemeinschaft der Wohnungseigentümer wie Heizöl, Strom, Wasser, aber auch Ansprüche auf Versicherungsprämien und Versicherungsleistungen für das Gemeinschaftseigentum. Unterlassungsansprüche wegen Lärmbelästigung aus der Wohnungseigentümergemeinschaft gehören ebenfalls hierher; sie können sich auch auf Forderungen aus der Sanierung oder der Herstellung des Gebäudes beziehen. Auch Verwaltungsschulden sind hier einzuordnen.[238] Hier gibt es allerdings auch eine Überschneidung zu Streitigkeiten, die sich in Bezug auf die Verwaltung des gemeinschaftlichen Eigentums ergeben, § 43 Nr. 3; die Vorschrift findet vor allem bei sachenrechtlichen Auseinandersetzungen und Nachbarstreitigkeiten Anwendung[239].

31

b) Verwaltungsmaßnahmen

Hierunter fallen die Ansprüche Dritter aus **Verwaltungsmaßnahmen**, also Rechtsgeschäfte, die im Zusammenhang mit der Verwaltung entstanden

32

---

232 *Palandt-Bassenge,* § 43 Rn. 10; *Niedenführ/KümmelVandenhouten-Niedenführ,* § 43 Rn. 105.
233 BGH v. 26.9.2002 – V ZR 24/02, BGHZ 1952, 136 = NZM 2002, 1003.
234 BGH v. 1.12.1988 – V ZB 6/88, BGHZ 106, 113 = NJW 1989, 1087; OLG Hamm v. 19.10.1999 – 15 W 217/99, DNotZ 2000, 215 = FG Prax 2000, 11.
235 BayObLG v. 4.3.2004 – 2Z BR 232/03, ZMR 2004, 524; *Hügel/Elzer,* § 43 Rn. 31
236 *Jennißen-Suilmann,* § 43 Rn. 44.
237 *Niedenführ/Kümmel/Vandenhouten-Niedenführ,* § 43 Rn. 106.
238 Vgl. *Zöller-Vollkommer,* § 29b ZPO, Rn. 5.
239 Hierzu: *Roth,* in: Bärmann, § 43 Rn. 108.

sind, wie die Lieferung von Heizöl, Strom und Wasser, Auseinandersetzungen mit Hausmeistern (Dienstleistern), auch aus Reparaturaufträgen entstehende Auseinandersetzungen.

Auf die Verwaltung beziehen sich Forderungen von Werkunternehmern, z.B. wegen Reparaturleistungen, Bauleistungen (Modernisierung) von im Gemeinschaftseigentum stehenden Anlagen und Räumen, § 5 Abs. 1. Klagen eines Dritten wegen Vernachlässigung der Verkehrssicherungspflichten sind hier einzuordnen; nicht jedoch Klagen der Wohnungseigentümer oder der Wohnungsgemeinschaft auf Zahlung von Mietzins.

c) *Sondereigentum*

33 Auf das **Sondereigentum** beziehen sich insbesondere Klagen des ein Sondereigentum Verwaltenden auf Vergütung, aber auch auf einen Auflassungsanspruch aus einem Kaufvertrag mit einem Wohnungseigentümer.[240] Gemeint sind Ansprüche für Leistungen, die dem Sondereigentum zugute kommen; damit bezieht sich auch der Anspruch des Käufers gegen den Wohnungseigentümer gemäß §§ 433, 311b Abs. 1 BGB auf das Sondereigentum.

Die weite Formulierung des § 43 Nr. 5 wollte an der bestehenden Rechtslage nichts ändern und die Zuständigkeit nicht erweitern, so dass z.B. Klagen eines Mieters gegen den Vermieter, der sein Sondereigentum vermietet hat, nicht unter § 43 Nr. 5 fallen; der Vergütungsanspruchs eines Rechtsanwalts, der in dieser Mietangelegenheit für den Vermieter tätig ist, fällt damit auch nicht unter § 43 Nr. 5. Gibt es einen unmittelbar wohnungseigentumsrechtlichen Bezug, für den der Rechtsanwalt für den Sondereigentümer tätig war, ist der Gerichtsstand des § 43 Nr. 5 eröffnet.[241]

VII. § 43 Nr. 6: Mahnverfahren

34 Ausschließlich zuständig ist das Gericht, in dessen Bezirk das Grundstück liegt, für Mahnverfahren, wenn die Gemeinschaft der Wohnungseigentümer Antragstellerin ist. Insoweit ist § 689 Abs. 2 ZPO nicht anzuwenden. Ist indes ein Wohnungseigentümer oder der Verwalter Antragsteller, gilt § 689 Abs. 2 Satz 1 ZPO: Zuständig ist das Amtsgericht, bei dem der Antragsteller seinen allgemeinen Gerichtsstand hat. Bei Anträgen des Verbands der Wohnungseigentümergemeinschaft gegen Wohnungseigentümer, den Verwalter oder Dritte ist gemäß § 43 Nr. 6 ausschließlich das Amtsgericht am Belegenheitsort zuständig, soweit nicht ein zentrales Mahngericht eingerichtet ist (vgl. § 689 Abs. 3 ZPO).[242]

Durch die besondere Zuständigkeit werden die Probleme, die dadurch entstehen, dass die Gemeinschaft der Wohnungseigentümer keinen „Sitz" im Sinne des § 17 Abs. 1 ZPO hat, umgangen, weil anderenfalls jeweils der Ort, an dem die Verwaltung geführt wird, zuständig wäre. In allen anderen Fäl-

---

240 *Hügel/Elzer*, § 43 Rn. 35; *Roth*, in: Bärmann, § 43 Rn. 109.
241 *Jenißen-Suilmann*, § 43 Rn. 47; zum alten Recht: BayObLG v. 12.3.1998 – 2Z BR 150/97, NJW-RR 1999, 11.
242 Im Einzelnen: MünchKomm-ZPO-*Schüler*, § 689 Rn. 17 ff.

len verbleibt es bei § 689 Abs. 2 Satz 1 ZPO. Nach Widerspruch/Einspruch muss das Verfahren dann an den ausschließlichen Gerichtsstand des streitigen Verfahrens abgegeben werden.[243]

---

243 *Hügel/Elzer*, § 43 Rn. 40.

§ 44
Bezeichnung der Wohnungseigentümer in der Klageschrift

(1) Wird die Klage durch oder gegen alle Wohnungseigentümer mit Ausnahme des Gegners erhoben, so genügt für ihre nähere Bezeichnung in der Klageschrift die bestimmte Angabe des gemeinschaftlichen Grundstücks; wenn die Wohnungseigentümer Beklagte sind, sind in der Klageschrift außerdem der Verwalter und der gemäß § 45 Abs. 2 Satz 1 bestellte Ersatzzustellungsvertreter zu bezeichnen. Die namentliche Bezeichnung der Wohnungseigentümer hat spätestens bis zum Schluss der mündlichen Verhandlung zu erfolgen.

(2) Sind an dem Rechtsstreit nicht alle Wohnungseigentümer als Partei beteiligt, so sind die übrigen Wohnungseigentümer entsprechend Absatz 1 von dem Kläger zu bezeichnen. Der namentlichen Bezeichnung der übrigen Wohnungseigentümer bedarf es nicht, wenn das Gericht von ihrer Beiladung gemäß § 48 Abs. 1 Satz 1 absieht.

Inhalt:

		Rn.
I.	Allgemeines	1
II.	**Absatz 1:** Kurzbezeichnung der Wohnungseigentümer im Prozess	2
	1. Satz 1, 1. Halbsatz: Bezeichnung der Wohnungseigentümer	2
	a) Klage aller Wohnungseigentümer mit Ausnahme des Gegners	2
	b) Klage gegen alle Wohnungseigentümer	3
	c) Verbandsklagen	4
	d) Kurzbezeichnung (Sammelbezeichnung)	5
	2. Satz 1, 2. Halbsatz: Angabe des Verwalters	
	und des Ersatzzustellungsvertreters	6
	3. Satz 2: Zeitpunkt der Bezeichnung: Schluss der mündlichen Verhandlung	7
III.	**Absatz 2:** Beteiligung einzelner Wohnungseigentümer/namentliche Bezeichnung	8
	1. Satz 1: Verpflichtung, alle Wohnungseigentümer zu bezeichnen	8
	2. Satz 2: Absehen von der namentlichen Bezeichnung im Fall des § 48 Abs. 1 S. 1	9

I. Allgemeines

1 Für die, durch die WEG-Novelle[1] abgelösten, früher geltenden Bestimmungen der „echten Streitverfahren der freiwilligen Gerichtsbarkeit" hatte der BGH[2] festgestellt, dass bei Klageerhebung die **zusammenfassende Bezeichnung** der Wohnungseigentümer ausreichend ist. Deshalb musste bei Klageerhebung noch nicht eine aktuelle Eigentümerliste vorgelegt werden; zulässig

---

[1] BGBl. I, 2007, S. 370/374, Art. 1 Nr. 19.
[2] BGH v. 2.6.2005 – V ZB 32/05, BGHZ 163, 154 = NJW 2005, 2061; BGH v. 2.7.1998 – IX ZR 51/97, NJW 1998, 3279.

war es, auf eine der Klage beigefügte Eigentümerliste zu verweisen[3]; sie war spätestens nach einer gerichtlichen Auflage nachzureichen[4]. § 44 Abs. 1 übernimmt diese Rechtsprechung nun ins Gesetz. Nach § 44 Abs. 1 Satz 1 genügt zunächst die Angabe des gemeinschaftlichen Grundstücks für eine wirksame Klageerhebung, unabhängig davon, ob alle Wohnungseigentümer Kläger oder Beklagte sind. Die namentliche Bezeichnung der einzelnen Wohnungseigentümer (Eigentümerliste) muss aber spätestens bis zum Schluss der mündlichen Verhandlung vorliegen, § 44 Abs. 1 Satz 2. Betroffen sind Aktivwie Passivklagen gegen alle (übrigen) Wohnungseigentümer nach §§ 15 Abs. 3, 21 Abs. 4 und Abs. 8 und die Anfechtungsklagen gemäß § 46. Bei Klagen, bei denen nicht alle Wohnungseigentümer Partei sind, handelt es sich z.B. um solche auf Unterlassung[5] oder Beseitigung. Klagen gegen den Verband der Wohnungseigentümergemeinschaft gemäß § 10 Abs. 6 Satz 4 muss § 44 nicht regeln, weil der Verband vom Verwalter vertreten wird[6]. Im Rechtsverkehr muss sie nicht grundbuchmäßig bezeichnet werden, die Angabe der Anschrift ist ausreichend.[7]

Zur **Vereinfachung** der Parteibezeichnung sieht § 44 Abs. 2 vor, dass in den Fällen, in denen nicht alle Wohnungseigentümer Partei sind und eine Beiladung gemäß § 48 Abs. 1 Satz 1 (also in den Fällen des § 43 Nr. 1 oder Nr. 3) nicht erforderlich ist, weil rechtliche Interessen erkennbar nicht betroffen sind, es einer Bezeichnung dieser Eigentümer bis zum Schluss der mündlichen Verhandlung nicht bedarf.

II. Absatz 1: Kurzbezeichnung der Wohnungseigentümer im Prozess

1. Satz 1, 1. Halbsatz: Bezeichnung der Wohnungseigentümer

a) Klagen aller Wohnungseigentümer mit Ausnahme des Gegners

Wird eine Klage durch alle Wohnungseigentümer mit Ausnahme des Gegners erhoben, so reicht für die **wirksame Klageerhebung** die Angabe des gemeinschaftlichen Grundstücks in der Klageschrift. Der Gesetzgeber hat einer sachlichen Klärung von Streitigkeiten Priorität vor übermäßigen formalen Anforderungen eingeräumt[8].

2

Gemäß § 130 Nr. 1 ZPO, § 253 Abs. 2 Nr. 1 ZPO müssen in der Klageschrift die Parteien (auch die Kläger) so genau bezeichnet werden, dass keine Zweifel an ihrer Person bestehen. Für eine Klage aller Wohnungseigentümer reicht die Identifizierbarkeit der Wohnungseigentümer durch Angabe des gemeinschaftlichen Grundstücks, z.B. „die Wohnungseigentümer der

---

3 BayObLG v. 20. 6. 2003 – 2Z BR 59/03, ZMR 2003, 949.
4 BGH v. 12. 5. 1977 – VII ZR 167/76, NJW 1977, 1686.
5 Roth, in: Bärmann, § 44 Rn. 8; die Vorschrift gilt auch bei Klagen vor den Verwaltungsgerichten.
6 BGH v. 4. 3. 2011 – V ZR 190/10; MDR 2011, 534 = WuM 2011, 317.
7 OLG Rostock v. 20. 8. 2013 – 3 W 72/13.
8 BGH v. 21. 1. 2011 – V ZR 140/10, WuM 2011, 186: Erforderlich ist jedoch, dass die Information der Wohnungseigentümer durch Zustellung an den Verwalter nach § 44 Abs. 1 Satz 1 gewährleistet ist.

Wohnungseigentumsgemeinschaft X-Straße 10–12, in 81247 München" oder „die Wohnungseigentümer der Wohnungseigentümergemeinschaft der im Grundbuch des Amtsgerichts München, Bezirk Schwabing, Band X, Blatt Y eingetragenen Wohnungseigentumsanlage"...
Betroffen sind Innenstreitigkeiten des § 43 Nr. 1, aber auch des § 43 Nr. 3. Es fallen also auch Klagen zur Durchsetzung des Anspruchs auf ordnungsgemäße Verwaltung (§ 21 Abs. 4, Abs. 8) hierunter, ebenso Streitigkeiten über die Gültigkeit von Beschlüssen, § 46[9], soweit ein Anspruch nicht von der „geborenen oder gekorenen" Vertretungsbefugnis der Wohnungseigentümergemeinschaft erfasst wird[10].

Das Gesetz unterscheidet bei der Bezeichnung der Beteiligten nicht zwischen Klagen gemäß §§ 43 ff. und **Verfahren im einstweiligen Rechtsschutz** gemäß §§ 916 ff., 935 ff. ZPO oder selbständige Beweisverfahren, §§ 485 ff. ZPO. Wenn zur Einreichung des Antrags auf Erlass einer einstweiligen Verfügung (oder eines selbständigen Beweisverfahrens) die Erleichterungen gemäß § 44 gelten, so müsste bis zur Entscheidung des Gerichts die Eigentümerliste vorliegen, was jedoch wenig sinnvoll erscheint[11]. Im selbständigen Beweisverfahren kann, z.B. nach Erlass des Beweisbeschlusses, auch nachträglich aufgegeben werden, die Eigentümerliste vorzulegen[12]. Für Verfahren im einstweiligen Rechtsschutz sollte gelten, dass, wenn die Sammelbezeichnung der Parteien so eindeutig ist, dass die Parteien nach sachlichen Kriterien abgegrenzt werden können[13], auch eine entsprechende einstweilige Verfügung ergehen kann, wenn glaubhaft gemacht ist, dass der Antragsteller ohne sein Verschulden außer Stande war, die Gegner ausreichend zu bezeichnen[14]. Die Zustellung erfolgt an den Verwalter, die einstweilige Anordnung ist auch nur eine vorläufige Maßnahme, die nicht der Rechtskraft fähig ist. Über das Hauptsacheverfahren gemäß § 926 ZPO kann dem § 253 Abs. 2 ZPO Genüge getan werden kann.

b) Klage gegen alle Wohnungseigentümer

3 Auch bei Klagen gegen alle Wohnungseigentümer, z.B. im Rahmen der Beschlussanfechtung gemäß § 46 oder bei Binnenstreitigkeiten gemäß § 43 Nr. 1, die sich gegen alle Wohnungseigentümer richten[15], genügt zunächst für die Zustellung der Klageschrift die nähere Bezeichnung der Wohnungseigentümergemeinschaft – ohne alle Beklagten namentlich zu benennen; erkennbar muss bleiben, dass die (restlichen) Wohnungseigentümer Beklagte sind, nicht der Verbund[16]. Natürlich muss der Kläger sich aus dem Passiv-

---

9 BGH v. 14.12.2012 – V ZR 12/12.
10 § 27 Abs. 2 Nr. 3.
11 Roth, in: Bärmann, § 44 Rn. 31.
12 So Roth, in: Bärmann, § 44 Rn. 32; Palandt-Bassenge, § 44 Rn. 7.
13 Palandt-Bassenge, § 44 Rn. 6.
14 Roth, in: Bärmann, § 44 Rn. 33.
15 Die Umstellung einer unzulässigen Anfechtungsklage gegen die Mitglieder einer Untergemeinschaft ist nach Fristablauf nicht möglich: AG Hechingen v. 24.11.2015 – 6 C 79/15.
16 Dazu: LG Frankfurt/Main v. 14.4.2015 – 2/135164/14.

rubrum herausnehmen. Bei Außenstreitigkeiten, § 43 Nr. 2, gilt die Vorschrift zumindest entsprechend[17].

c) Verbandsklagen

Für **Aktiv- oder Passivprozesse** der Wohnungseigentümergemeinschaft als Verband gemäß § 10 Abs. 6 Satz 5, z.B. in einem Verfahren nach § 43 Nr. 2 reicht es, wenn der Verband, vertreten durch den Verwalter bezeichnet ist.[18] Damit haben auch Eigentümerwechsel im Verband während des Verfahrens keinen Einfluss auf die Aktiv- oder Passivlegitimation, da, wird der Verband verklagt, § 27 Abs. 3 Satz 1 Nr. 2 die gesetzliche Vertretung durch den Verwalter vorsieht.[19]

d) Kurzbezeichnung (Sammelbezeichnung)

Die Kurzbezeichnung (Sammelbezeichnung) erfolgt durch „Angabe des gemeinschaftlichen Grundstücks" und zwar entweder nach der postalischen Anschrift oder nach dem Grundbucheintrag.[20] Die Bezeichnung muss so deutlich sein, dass die Beteiligung im Prozess, sei es auf Aktiv-, sei es auf Passivseite eindeutig bestimmt ist. Bei Unklarheiten muss das Rubrum der Klageschrift ausgelegt werden, wobei die Anfechtungsfrist des § 46 selbst dann gewahrt ist, wenn die Klarstellung erst nach deren Ablauf erfolgt[21].

2. Absatz 1, Satz 1, 2. Halbsatz: Angabe des Verwalters und des Ersatzzustellungsvertreters

Sind die Wohnungseigentümer Beklagte, ist in der Klageschrift außer dem Verwalter auch der gemäß § 45 Abs. 2 Satz 1 bestellte Ersatzzustellungsvertreter zu bezeichnen. Der Verwalter ist gemäß § 45 Abs. 1 Zustellungsvertreter der verklagten Wohnungseigentümer. Die vorgeschriebene Benennung des Verwalters und des Ersatzzustellungsvertreters ist keine Zulässigkeitsvoraussetzung, sondern soll dem Gericht die Prüfung ermöglichen, an wen die Klageschrift zuzustellen ist[22]. Damit wird vermieden, dass die Zustellung einer Klage an alle Wohnungseigentümer erfolgen muss. Sowohl Verwalter wie auch Ersatzzustellungsvertreter müssen immer in der Klageschrift bezeichnet werden. Die Auswahl der Zustellung nimmt das Gericht vor, das prüft, ob der Verwalter gegebenenfalls Beteiligter ist, § 45 Abs. 1 Satz 1.[23]

---

17 *Roth*, in: Bärmann, § 44 Rn.114.
18 Hierzu: *Roth*, in: Bärmann, § 44 Rn. 1.
19 Siehe Kommentierung zu § 27 Rn. 34.
20 Vgl. hierzu auch: § 10 Rn. 46; *Niedenführ/Kümmel/Vandenhouten-Niedenführ*, § 44 Rn. 5.
21 BGH v. 6.11.2009 – V ZR 73/09, NJW 2010, 446 = NZM 2010, 46; ein Parteiwechsel nach Ablauf der Klagefrist ist zulässig; vgl. im Einzelnen § 46 Rn. 16.
22 BGH v. 21.1.2011 – V ZR 140/10, WuM 2011, 186: Es reicht, dass dem Klageschriftsatz entnommen werden kann, ob der als Zustellungsvertreter Benannte der Verwalter ist.
23 *Roth*, in: Bärmann, § 44 Rn. 16; *Jennißen-Suilm*ann, § 44 Rn. 6. Nach Meinung des LG Dresden – 22.5.2013 – 2 S 311/12, Rn. 29 – hat der Kläger des Anfechtungsprozesses die Wahl, ob die Klage an den Verwalter oder an alle übrigen Wohnungseigentümer zugestellt werden soll; das Gericht entscheidet aus etwaigen Vorschlägen des Klägers, an wen es zustellt.

Der Verwalter und der Ersatzzustellungsvertreter müssen mit Familiennamen, Vornamen und ladungsfähiger Anschrift bezeichnet sein. Das Fehlen nur der Angaben des Ersatzzustellungsvertreters in der Klage führt jedoch nicht zur Verfristung, da die Angabe des Ersatzzustellungsvertreters nicht wesentliche Voraussetzung für die Beachtung der Beschlussanfechtungsfrist ist, sie ist nicht konstitutiv. Denn es entscheidet das Gericht, ob es die Zustellung an ihn anordnet. Ist in diesem Fall der Ersatzzustellungsvertreter nicht benannt, hat es eine Frist zu setzen, den Ersatzzustellungsvertreter zu benennen oder mitzuteilen, dass er gar nicht bestellt ist.

Deshalb ist auch dann, wenn weder ein Verwalter noch ein Ersatzzustellungsvertreter bestellt sind, eine Klage zulässig; da die Bezeichnung Zustellungsvoraussetzung ist, besteht die Gefahr, dass die Zustellung nicht „demnächst" erfolgt (und der Kläger auf die Wiedereinsetzung in den vorigen Stand angewiesen ist, § 46 Abs. 1 S. 3). In diesen Fällen muss der Kläger mit der Klage die Eigentümerliste vorlegen, damit das Gericht die Klage an die Wohnungseigentümer zustellen kann; bei Klageerhebung empfiehlt sich der Hinweis, dass ein Verwalter und ein Ersatzzustellungsvertreter nicht bestellt sind, und deshalb die Zustellung unmittelbar erfolgen muss: dies vermeidet Verzögerungen. Das Gericht ist in den Fällen des § 45 Abs. 3 sodann verpflichtet, einen Ersatzzustellungsvertreter zu bestellen. Hält der Kläger eine **Frist des Gerichts**, zum Ersatzzustellungsvertreter vorzutragen, ohne zureichenden Grund nicht ein, trägt also z.B. nicht vor, dass ausweislich der Beschlusssammlung gemäß § 24 Abs. 8 ein Ersatzzustellungsvertreter nicht bestellt ist, kann die Klage allerdings unzulässig sein[24].

Ist kein Verwalter oder Ersatzzustellungsvertreter vorhanden, muss die Klagepartei die Eigentümerliste mit vorlegen. Ist dies noch nicht möglich, muss der Kläger darlegen, dass er sich um den Erhalt nachdrücklich gekümmert hat, insbesondere die Vorlage der Liste der Wohnungseigentümer mit Namen und Anschrift angefordert hat[25] oder das Grundbuchamt trotz Anforderung nicht zeitnah die aktuelle Eigentümerliste übermittelte.[26]

3. Satz 2: Zeitpunkt der vollständigen Bezeichnung: Schluss der mündlichen Verhandlung

7 Die Erleichterung der Klageerhebung ist **zeitlich begrenzt**: Die namentliche Bezeichnung der Wohnungseigentümer hat spätestens bis zum Schluss der mündlichen Verhandlung zu erfolgen, § 44 Abs. 1 Satz 2. Die Vorschrift gilt für Aktiv- wie auch Passivprozesse der Wohnungseigentümer. Denn zum einen hat die namentliche Bezeichnung der Eigentümer eine etwaige spätere Zwangsvollstreckung sicherzustellen, zum anderen können auch im

---

[24] BGH v. 9.12.1987 – IVb ZR 4/87, BGHZ 102, 332/336: Wird die ladungsfähige Anschrift eines Klägers ohne zureichenden Grund schlechthin verweigert, ist die Klage unzulässig; verfehlt deshalb: AG Düsseldorf v. 26.4.2010 – 290 A 9465/09, NZM 2010, 871, wonach bei Fehlen oder verspäteter Angabe der Bezeichnung des Verwalters und/oder Ersatzzustellungsvertreters eine Anfechtungsklage nicht mehr fristgerecht sei.
[25] Auf die Herausgabe besteht ein Rechtsanspruch: OLG Saarbrücken v. 29.8.2006 – 5 W 72/06, ZMR 2007, 141.
[26] Vgl. auch *Bergerhoff*, NZM 2007, 425/426.

Aktivverfahren die Wohnungseigentümer z.B. Kostenschuldner werden. Aber auch dann wenn die siegreichen Wohnungseigentümer in der Zwangsvollstreckung eine Zwangshypothek eintragen wollen, bedarf es deren Bezeichnung; eine Sammelbezeichnung ist hierfür nicht ausreichend.[27] Auch für die Einlegung von Rechtsmitteln bedarf es der genauen Bezeichnung der Partei.[28] Die fehlende Angabe der Namen und Anschrift bisher nicht genannter Wohnungseigentümer kann auch noch im Berufungsrechtszug nachgeholt werden mit der Folge, dass der Mangel der Zulässigkeit der Klage geheilt wird[29].

Die Klage ist als unzulässig abzuweisen, wenn die Nichtvorlage der Eigentümerliste die Klagepartei zu vertreten hat.[30] Das Gericht kann zur Vorlage einer aktuellen Eigentümerliste gemäß § 142 ZPO auffordern, notfalls die Anordnung mit Ordnungsgeld durchsetzen[31]. Auch ein Versäumnisurteil ist ohne Vorlage der Eigentümerliste nicht zulässig, auch nicht im schriftlichen Verfahren gemäß § 331 Abs. 3 ZPO.[32] Die Eigentümerliste muss dem Zeitpunkt der Rechtshängigkeit der Klage entsprechen; ein Eigentümerwechsel nach Rechtshängigkeit hat keinen Einfluss, § 265 ZPO. Die Eigentümerliste muss also dem Grundbuchstand bei Rechtshängigkeit entsprechen.[33] Im FGG-Verfahren reichte die vereinfachte und unmissverständliche Kurzbezeichnung einer Wohnungseigentümergemeinschaft, ohne dass alle Wohnungseigentümer einzeln und namentlich aufgeführt waren, da die beteiligten Wohnungseigentümer **unschwer** und **zweifelsfrei** über das Wohnungsgrundbuch zu ermitteln sind.[34] Das berechtigte Interesse gemäß § 12 Abs. 1 Satz 1 GBO zur Grundbucheinsicht ist ohne Weiteres gegeben.[35] Es war deshalb empfohlen

---

27 BayObLG v. 23.1.1986 – BReg 2 Z 1267/85, NJW-RR 1986, 564; BayObLG v. 21.7. 2004 – 2Z BR 83/04, Rpfleger 2004, 692: bei einer Vertretung durch den Verwalter soll dies nicht gelten.
28 BGH v. 13.7.1993 – III ZB 17/93, NJW 1993, 2943=VersR 1994, 331; jedoch wird die Berufung nicht unzulässig, wenn in der Berufung ein Wohnungseigentümer, der erstinstanzlich genannt war, fehlt, LG Stuttgart v. 19.11.2014 – 10 S 4/14.
29 BGH v. 22.5.2011 – V ZR 99/10; BGH v. 8.7.2011 – V ZR 34/11; BGH v. 28.10.2011 – V ZR 39/11 mit dem Hinweis darauf, dass gegebenenfalls die Kosten nach § 97 Abs. 2 ZPO dem Kläger auferlegt werden; kritisch: *Abramenko*, ZMR 2011, 812.
30 BGH v. 9.12.1987 – IV B ZR 4/87, BGHZ 103, 332.
31 Und muss es auf Anregung des Klägers, BGH v. 14.12.2012 – V ZR 162/11; LG Stuttgart v. 14.8.2008 – 19 T 299/08, NZM 2009, 165/166: bis zur Anregung zu einer solchen Aufforderung ist ein Antrag auf Erlass einer einstweiligen Verfügung unbegründet, da es an einem Verfügungsgrund fehlt (a.A. z.B. LG Köln v. 17.2. 2011 – 29 S 143/10), MünchKomm-*Engelhardt*, § 44 Rn. 5.
32 Die Klagepartei muss somit mit einem „unechten Versäumnisurteil" (Klageabweisung) rechnen, wenn sie die Eigentümerliste nach Fristsetzung durch das Gericht nicht vorlegt;
33 Wie in BayObLG v. 18.8.2004 – 2Z BR 114/04, NZM 2005, 110 = BayObLGR 2005, 3; BGH v. 17.3.2004 – VIII ZR 107/02, NJW-RR 2004, 1503; *Roth*, in: Bärmann, § 44 Rn. 21; BGH v. 8.7.2011 – V ZR 34/11 – spricht in Rn. 6 von der Einreichung der Klage.
34 So auch: BGH v. 12.5.1977 – VII ZR 167/76, NJW 1977, 1686.
35 Hat der Kläger alles Erforderliche getan und erhält trotzdem die Eigentümerliste nicht, kann gegebenenfalls die Vertagung gemäß § 227 Abs. 1 ZPO beantragt werden; hierzu: *Bergerhoff*, NZM 2007, 425/426.

ein Rubrum zu fassen, wonach „alle im Zeitpunkt der Klageerhebung im Grundbuch eingetragenen Wohnungseigentümer mit Ausnahme des Klägers namentlich bezeichnet in der anliegenden Liste" Beklagte sind; dies war ausreichend; bei einem Eigentümerwechsel außerhalb des Grundbuchs sei dann, wie sich durch Auslegung ergäbe, der Kreis der Parteien objektiv bestimmbar; die Eigentümerliste könne im Bedarfsfall berichtigt werden.[36] Der Gesetzestext spricht heute davon, dass zum Schluss der mündlichen Verhandlung die **namentliche Bezeichnung** der Wohnungseigentümer vorzulegen ist.[37] § 44 Abs. 1 Satz 2 verlängert lediglich den Zeitpunkt, bis zu dem die Parteien nach § 253 ZPO unter Angabe einer ladungsfähigen Anschrift zu bezeichnen sind, mindert aber die an die Bezeichnung zu stellenden Anforderungen nicht ab[38]; reine Förmeleien sind jedoch zu vermeiden[39]. Ausreichend ist, dass die aktuelle Eigentümerliste aktenkundig gemacht worden ist, unabhängig davon, ob von den Wohnungseigentümern oder vom Gegner; dies ist zumindest immer dann der Fall, wenn der Kläger auf diese Liste Bezug genommen hat[40]. Die mündliche Verhandlung wird geschlossen, wenn nach Ansicht des Gerichts die Sache vollständig erörtert ist, § 136 Abs. 4 ZPO. Das Schließen der mündlichen Verhandlung kann auch durch Bestimmung des Verkündungstermins gemäß § 310 ZPO erfolgen; bei Entscheidung nach Aktenlage ist auf § 251a ZPO hinzuweisen[41]; im schriftlichen Verfahren gemäß § 128 Abs. 2 ZPO gilt der Termin zur Einreichung von Schriftsätzen als Schluss der mündlichen Verhandlung.

Die Bezeichnung ist wegen § 48 Abs. 3 zwingend erforderlich, weil sich die Rechtskraft eines Urteils auf alle Wohnungseigentümer auswirken kann.[42] Die Wohnungseigentümer können ihre subjektiven Rechte im Rahmen eines Rechtsmittels wahrnehmen, wenn sie von dem Verfahren Kenntnis erlangen und die Zustellungsvertreter die Mitglieder der Wohnungseigentümergemeinschaft namentlich kennen. Es empfiehlt sich jedoch dringend, bei einem Eilverfahren (Arrest/einstweilige Verfügung) ebenso im selbständigen Beweisverfahren oder dann, wenn weder ein Verwalter vorhanden ist noch ein Zustellungsvertreter, bereits mit Einreichung der Klageschrift/Antragsschrift die Eigentümerliste mit vorzulegen; es kommt dann nicht zu Verzögerungen durch die Beachtung der vom Gericht zu bestimmenden Frist. Wird die Frist grundlos nicht eingehalten, ist die Klage als unzulässig abzuweisen[43].

---

36 BayObLG v. 18.8.2004 – 2Z BR 114/04, NZM 2005, 110 = BayObLGR 2005, 3.
37 So z.B. *Niedenführ*, NJW 2007, 1841/1844.
38 BGH v. 4.3.2011 – V ZR 190/10, MDR 2011, 534 = WuM 2011, 317.
39 LG München I v. 9.5.2011 – 1 S 22360/10 (juris): Eine nur in einzelnen Punkten unvollständige oder fehlerhafte Eigentümerliste schadet nicht; sie kann auch nach dem Zeitpunkt des § 44 Abs. 1 S. 2 berichtigt werden, also auch noch in der Berufungsinstanz.
40 BGH v. 4.3.2011 – V ZR 190/10, MDR 2011, 534 = WuM 2011, 317.
41 Hierzu: *Zöller-Greger*, § 251a Rn. 5.
42 Vgl. *Hügel/Elzer*, § 44 Rn. 17.
43 BGH v. 28.10.2011 – V ZR 39/11, Rn. 10; *Roth*, in: Bärmann, § 44 Rn. 23.

III. Absatz 2: Beteiligung einzelner Wohnungseigentümer/ namentliche Bezeichnung

1. Verpflichtung, alle Wohnungseigentümer zu bezeichnen

Sind an dem Rechtsstreit nicht alle Wohnungseigentümer als Partei beteiligt, muss der Kläger alle Wohnungseigentümer entsprechend Absatz 1 bezeichnen. Mit Klageerhebung müssen die beklagten Wohnungseigentümer bestimmt bezeichnet sein; dabei reicht die Kurzbezeichnung, wenn bis zum Schluss der mündlichen Verhandlung *alle* Eigentümer namentlich bezeichnet sind. Der Grund dieser Regelung findet sich im anschließenden Satz 2 des § 44 Abs. 2 i.V.m. § 48 Abs. 1 Satz 1: Das Gericht muss in diesen Fällen die übrigen Wohnungseigentümer oder in den Fällen des § 43 Nr. 3 oder Nr. 4 den Verwalter, der nicht Partei ist, beiladen. Es kann hiervon nur absehen, wenn die rechtlichen Interessen der übrigen Wohnungseigentümer erkennbar nicht betroffen sind. Das Gericht soll aus der Klagebegründung erkennen, ob eine Beiladung der übrigen Wohnungseigentümer erforderlich ist; verneint es dies, benötigt es die Bezeichnung etwaiger fehlender Namen der anderen Wohnungseigentümer nicht mehr. Gibt es z.B. einen Streit zwischen Eigentümern über den Umfang und Inhalt der Nutzung des Sondereigentums, müssen nicht von vornherein die Interessen aller Wohnungseigentümer betroffen sein. Unterbleibt die Bezeichnung bis zum Ende der mündlichen Verhandlung und wurde sie trotz Anordnung des Gerichts nicht vorgelegt, ist die Klage **unzulässig**[44].

8

2. Absehen von der namentlichen Bezeichnung

Nur dann, wenn das Gericht ohne Benennung der Wohnungseigentümer in der Lage ist, zu entscheiden, ob es von der Beiladung der nicht unmittelbar als Partei im Rechtsstreit betroffenen Wohnungseigentümer gemäß § 48 Abs. 1 Satz 1 absieht, bedarf es der namentlichen Bezeichnung der übrigen Wohnungseigentümer nicht. Von einer Beiladung kann abgesehen werden, wenn die rechtlichen Interessen weiterer Wohnungseigentümer erkennbar nicht betroffen sind[45]; es tritt dann auch keine Rechtskrafterstreckung gemäß § 48 Abs. 3 ein.[46]

9

---

44 BGH v. 28.10.2011 – V ZR 39/11; BGH v. 9.12.1987 – IVb ZR 4/97, BGHZ 102, 332/ 334; *Roth*, in: Bärmann, § 44 Rn. 24.
45 Hierzu im Einzelnen: § 48 Rn. 8.
46 Dies kann z.B. in dem Verfahren mehrerer Wohnungseigentümer gegen den Verwalter der Fall sein: *Roth*, in: Bärmann, § 44 Rn.46, § 48 Rn. 3; *Niedenführ/Kümmel/Vanderhouten-Niedenführ*, § 48 Rn. 8.

§ 45
Zustellung

(1) Der Verwalter ist Zustellungsvertreter der Wohnungseigentümer, wenn diese Beklagte oder gemäß § 48 Absatz 1 Satz 1 beizuladen sind, es sei denn, dass er als Gegner der Wohnungseigentümer an dem Verfahren beteiligt ist oder aufgrund des Streitgegenstandes die Gefahr besteht, der Verwalter werde die Wohnungseigentümer nicht sachgerecht unterrichten.

(2) Die Wohnungseigentümer haben für den Fall, dass der Verwalter als Zustellungsvertreter ausgeschlossen ist, durch Beschluss mit Stimmenmehrheit einen Ersatzzustellungsvertreter sowie dessen Vertreter zu bestellen, auch wenn ein Rechtsstreit noch nicht anhängig ist. Der Ersatzzustellungsvertreter tritt in die dem Verwalter als Zustellungsvertreter der Wohnungseigentümer zustehenden Aufgaben und Befugnisse ein, sofern das Gericht die Zustellung an ihn anordnet; Absatz 1 gilt entsprechend.

(3) Haben die Wohnungseigentümer entgegen Absatz 2 Satz 1 keinen Ersatzzustellungsvertreter bestellt oder ist die Zustellung nach den Absätzen 1 und 2 aus sonstigen Gründen nicht ausführbar, kann das Gericht einen Ersatzzustellungsvertreter bestellen.

Inhalt:

	Rn.			Rn.
I. Allgemeines	1	III.	**Absatz 2:** Ersatzzustellungsvertreter	9
1. WEG-Novelle	1			
2. Vertretungsregelungen	2		1. Satz 1: Bestellung durch die Wohnungseigentümergemeinschaft vor Rechtsstreit	9
a) Für die Wohnungseigentümer	3			
b) Wohnungseigentümergemeinschaft	4			
			a) Verfahren	10
c) Wohnungseigentümer untereinander	5		b) Vertreter	11
II. **Absatz 1:** Verwalter als Zustellungsvertreter	6		c) Zeitpunkt	12
1. Wohnungseigentümer als Beklagter	6		2. Satz 2: Aufgaben des Ersatzzustellungsvertreters	13
2. Ausnahmen der Zustellungsvertretung des Verwalters	7		a) Aufgabe und Befugnis des Verwalters als Zustellungsvertreter	13
a) Beteiligung am Verfahren als Gegner der Wohnungseigentümer	7		b) Entsprechende Anwendung des Absatzes 1	14
b) Gefahr der nicht sachgerechten Unterrichtung	8	IV.	**Absatz 3:** Fehlender Ersatzzustellungsvertreter	15

I. Allgemeines

1. WEG-Novelle

1   Bis zur WEG-Novelle[1] erfolgten Zustellungen nach § 27 Abs. 2 Nr. 3 a.F. an den Verwalter, es sei denn, es trat ein Interessenkonflikt auf. Die Zustellung

eines Antrags wurde von der Benennung eines Zustellungsvertreters abhängig gemacht oder ein Vorschuss eingefordert, der die Kosten der Zustellungen an sämtliche Wohnungseigentümer sicherstellte.[2] Dabei konnte der klagende Wohnungseigentümer willkürlich einen anderen Wohnungseigentümer als Zustellungsbevollmächtigten auswählen, der die ausreichende Information der anderen Miteigentümer sicherzustellen hatte.[3]

Der Verwalter soll nach der WEG-Novelle bei gerichtlichen Auseinandersetzungen der Wohnungseigentümer untereinander grundsätzlich Zustellungsvertreter sein. Dem Gesetzgeber erschien dies sachgerecht, um den mit Zustellungen verbundenen Aufwand für das Gericht und auch die zu Lasten der Wohnungseigentümergemeinschaft entstehenden Kosten gering zu halten.[4] Er bestimmt deshalb grundsätzlich den Verwalter, der schon gemäß § 27 Abs. 2 Nr. 1 und Abs. 3 Nr. 1 zur Entgegennahme von außergerichtlichen Zustellungen für die Wohnungseigentümer wie auch für die Wohnungseigentümergemeinschaft zuständig ist[5], auch im Prozess zum Zustellungsvertreter.[6] Das Gericht muss immer dann, wenn das Gesetz den Verwalter als Prozessvertreter bestimmt (§ 27 Abs. 2 Nr. 2), an diesen zustellen; ist er dagegen nur Zustellungsvertreter, kann das Gericht auch unmittelbar an die beklagten Wohnungseigentümer zustellen[7].

Bei bestehender Interessenkollision ist ein Ersatzzustellungsvertreter durch die Wohnungseigentümer zu bestellen. Sind sie dieser Pflicht nicht nachgekommen, kann das Gericht gemäß § 45 Abs. 3 einen Ersatzzustellungsvertreter auf Kosten der Gemeinschaft bestellen.

2. Vertretungsregelungen

Es bestehen folgende Vertretungsregelungen:

a) Wohnungseigentümer

Außergerichtlich sind Zustellungen für die Wohnungseigentümer gemäß § 27 Abs. 2 Nr. 1 an den Verwalter zu richten. Der Verwalter hat nach § 27 Abs. 2 Nr. 2 alles zur Wahrung einer Frist oder zur Abwendung eines sonstigen Rechtsnachteils Erforderliche zu veranlassen, insbesondere einen gegen die Wohnungseigentümer gerichteten Rechtsstreit gemäß § 43 Nr. 1, Nr. 4 oder Nr. 5 im Erkenntnis- und Vollstreckungsverfahren zu führen; der Verwalter ist auch prozessführungsbefugt für **Passivprozesse**, die sich auf das Sondereigentum beziehen, auch wenn sie sich lediglich gegen einen

---

1 Gesetz zur Änderung des Wohnungseigentumsgesetz und anderer Gesetze v. 26.3.2007, BGBl. I 2007, S. 370, Art. 1 Nr. 19 (S. 374).
2 BayObLG v. 8.6.1973 – BReg. 2 Z 19/73, BayObLGZ 1973, 145; KG Berlin v. 11.6.2003 – 24 W 77/03, NZM 2003, 604.
3 BayObLG v. 9.8.1989 – BReg. 2 Z 60/89, BayObLGZ 1989, 342/345 = NJW-RR 1989, 1168.
4 BT-Drucks. 16/887, S. 36–37.
5 Der BGH hatte diese Bestimmung entsprechend für die Zuständigkeit im gerichtlichen Verfahren angewandt: BGH v. 25.9.2003 – V ZB 21/03, BGHZ 156, 142.
6 *Roth*, in: Bärmann, § 45 Rn. 1; *Hügel/Elzer*, § 45 Rn. 13.
7 *Roth*, in: Bärmann, § 45 Rn. 7. In den Fällen des § 27 Abs. 2 Nr. 2 wäre eine anderweitige Zustellung unwirksam.

einzelnen Wohnungseigentümer richten. Es kann damit zu Problemen bei der Abgrenzung zum Eigenverwaltungsrecht des Wohnungseigentümers hinsichtlich seines Sondereigentums kommen.[8] Unklarheiten könnten dann für einen Dritten, der z.b. eine Einbauküche geliefert hat[9] bezüglich der Vertretung des Wohnungseigentümers[10] entstehen: Für einzelvertragliche Verpflichtungen eines Sondereigentümers (ohne WEG-Bezug im Übrigen) ist § 27 Abs. 2 Nr. 2 deshalb nicht anzuwenden[11]; auch die Vorschrift des § 27 Abs. 3 Nr. 2, wonach der Verwalter im Namen der Gemeinschaft der Wohnungseigentümer und mit Wirkung für und gegen sie die gleichen Maßnahmen treffen kann, findet hierauf keine Anwendung.[12] Begrenzt man § 27 Abs. 2 Nr. 2 auf WEG-bezogene Verpflichtungen, dann ist klar, dass bei Bestellungen eines Wohnungseigentümers auch dieser unmittelbar passivlegitimiert ist – unabhängig davon, dass gegebenenfalls die Wohnungseigentümergemeinschaft durch Beschluss das Verfahren an sich ziehen kann.[13] Richtiger Beklagter ist jedoch immer der Wohnungseigentümer.

Nach § 27 Abs. 2 Nr. 3, § 172 Abs. 1 Satz 1 ZPO werden bei einem Aktivprozess die Wohnungseigentümer als Kläger durch den Verwalter vertreten. Die Hinzuziehung eines Rechtsanwalts ist dadurch nicht eingeschränkt, bei Landgerichtsprozessen gemäß § 78 Abs. 1 ZPO Pflicht.

Im gerichtlichen Verfahren erfolgen die Zustellungen für die Wohnungseigentümer gemäß § 45 Abs. 1 an den Verwalter, einen Zustellungsvertreter oder einen Ersatzzustellungsvertreter.

b) Wohnungseigentümergemeinschaft

4 Der Verwalter ist berechtigt, für die Wohnungseigentümergemeinschaft als Verband **außergerichtlich** gemäß § 27 Abs. 3 Satz 1 Nr. 1 Willenserklärungen und Zustellungen entgegenzunehmen, soweit nicht die Wohnungseigentümer durch Beschluss mit Stimmenmehrheit einen oder mehrere Wohnungseigentümer zur Vertretung ermächtigt haben für den Fall, dass ein Verwalter fehlt oder zur Vertretung nicht berechtigt ist, § 27 Abs. 3 Satz 2 und 3. Ist der Verband der Wohnungseigentümer Kläger, ist gemäß § 27

---

8 *Briesemeister*, NZM 2007, S. 345/346; BGH v. 13.3.2003 – III ZR 299/02, NJW 2003, 1393 = NZM 2003, 358, der einem Verwalter nicht gemäß § 2 Abs. 2 Satz 1 Nr. 2 WoVermittG die Provision versagt, wenn er einen Mietvertrag für ein Sondereigentum vermittelt.
9 Vgl. hierzu: *Briesemeister*, NZM 2007, S. 345/346.
10 Reicht die Klage gegen den Wohnungseigentümer aus oder muss der Verwalter (und ein Ersatzzustellungsvertreter) bezeichnet werden?
11 BGH v. 27.7.2006 – VII ZR 276/05, BGHZ 169, 1 = NZM 2006, 778; fortführend: BGH v. 12.4.2007 – VII ZR 236/05, BGHZ 172, 42 = NJW 2007, 1952 zu § 27 Abs. 2 Nr. 2: Die Wohnungseigentümergemeinschaft kann durch Mehrheitsbeschluss die Durchsetzung der auf die ordnungsgemäße Herstellung des Gemeinschaftseigentums gerichteten Rechte der Erwerber von Wohnungseigentum wegen Mängeln des Gemeinschaftseigentums an sich ziehen. Macht sie hiervon Gebrauch, ist sie gesetzlicher Prozessstandschafter, vgl. hier: § 27 Rn. 22.
12 Hierzu: *Briesemeister*, NZM 2007, S. 345/346.
13 BGH v. 27.7.2006 – VII ZR 276/05, BGHZ 169, 1 = NZM 2006, 778; fortführend: BGH v. 12.4.2007 – VII ZR 236/05, BGHZ 172, 42 = NJW 2007, 1952 zu § 27 Abs. 2 Nr. 2.

Abs. 3 Satz 1 Nr. 7 der Verwalter Vertreter, wenn er hierzu durch die Wohnungseigentümer ermächtigt ist; er kann einen Rechtsanwalt (§ 172 Abs. 1 Satz 1 ZPO) beauftragen, § 27 Abs. 3 Satz 1 Nr. 6. Er ist jedoch ohne ermächtigende Vereinbarung oder ermächtigenden Beschluss der Wohnungseigentümer nicht befugt, eine Löschungsbewilligung zur Löschung einer Zwangshypothek, die zugunsten der Gemeinschaft im Grundbuch eingetragen ist, abzugeben[14].

Ist die Gemeinschaft **Beklagte** wird sie ebenfalls durch den Verwalter gemäß § 27 Abs. 3 Satz 1 Nr. 1, hilfsweise durch einen, mehrere oder alle Wohnungseigentümer gemäß § 27 Abs. 3 Satz 2, 3 vertreten. Bei Passivprozessen der Gemeinschaft sind Zustellungen an den Verwalter als Zustellungsbevollmächtigten zulässig, § 27 Abs. 3 Satz 1 Nr. 2. Auch hier bleibt die Bestellung eines Rechtsanwalts gemäß § 172 Abs. 1 Satz 1 ZPO und die darauf beruhende Zustellungsvollmacht unberührt.

c) *Wohnungseigentümer untereinander*

Bei gerichtlichen Auseinandersetzungen der Wohnungseigentümer untereinander ist der Verwalter gemäß § 45 Abs. 1 Satz 1 grundsätzlich Zustellungsvertreter der Beklagten oder beizuladener Wohnungseigentümer; dies betrifft insbesondere die Anfechtungsklage gemäß § 46 Abs. 1.

II. Absatz 1: Verwalter als Zustellungsvertreter
1. Wohnungseigentümer als Beklagte

Sind die Wohnungseigentümer Beklagte (1. Fall) oder sind sie bei einer Anfechtungsklage gemäß § 48 Abs. 1 Satz 1 beizuladen (2. Fall), stellt das Gericht die Klage dem Verwalter zu[15]. Auch materiell-rechtlich ist der Verwalter zur Entgegennahme der Zustellungen berechtigt: Für das gerichtliche Verfahren bestimmt dies § 45 Abs. 1; außergerichtlich ist der Verwalter gemäß § 27 Abs. 2 Nr. 1 Zustellungsvertreter. § 45 bezieht sich nur auf die Passivprozesse der Wohnungseigentümer, weil bei Aktivprozessen die Wohnungseigentümer gegebenenfalls selbst die Vertretung regeln können; der Verwalter ist dann nur bei Ermächtigung zuständig (§ 27 Abs. 2 Nr. 3). Bei **Binnenrechtsstreitigkeiten** gemäß § 43 Nr. 1 oder Nr. 3, bei denen eine Beiladung gemäß § 48 Abs. 1 in Betracht kommt, sollen zur Vereinfachung die Zustellungen ebenfalls an den Verwalter erfolgen[16]. Sämtliche Schriftsätze

---

14 OLG München v. 16.2.2011 – 34 Wx 156/10, NJW-RR 2011, 590.
15 Ist der Verwalter wegen Ablaufs seiner Bestellungszeit gar nicht mehr wirksam bestellt, ist die Zustellung nicht wirksam, LG Hamburg v. 11.2.2009 – 318 S 88/08 (juris).
16 In Rechtsstreitigkeiten nach § 43 Nr. 3 u. Nr. 4 ist der Verwalter, ungeachtet seiner verfahrensrechtlichen Stellung als Zustellungsbevollmächtigter aus Gründen der Rechtskrafterstreckung, § 48 Abs. 3, beizuladen, außer er ist an dem Rechtsstreit sowieso als Partei beteiligt, BGH v. 5.3.2010 – V ZR 62/09, NJW 2010-2132 = NZM 2010, 406.

sind dem Verwalter als Zustellungsvertreter zu übermitteln.[17] Die Zustellungsvollmacht bewirkt, dass die Zustellung gegenüber allen Wohnungseigentümern wirksam ist, wenn die Zustellung dem Verwalter gegenüber erfolgt ist; durch die Entgegennahme der Klage wird er jedoch nicht selbst Prozessvertreter oder Prozessbevollmächtigter[18].

Damit kann der mit den Zustellungen verbundene Aufwand für das Gericht und die Lasten für die Wohnungseigentümer gering gehalten werden. Gehen ein einzelner Wohnungseigentümer oder mehrere Wohnungseigentümer gegen die übrigen Wohnungseigentümer vor, ist der Verwalter Zustellungsbevollmächtigter der übrigen Wohnungseigentümer (Beklagte). Gleiches gilt, wenn die Voraussetzungen der Beiladung der übrigen Wohnungseigentümer gemäß § 48 Abs. 1 Satz 1 vorliegen. Ist der Verwalter gleichzeitig Wohnungseigentümer, muss der Klagende eindeutig erkennen lassen, dass die Zustellung an den Miteigentümer als **Verwalter** gewünscht ist.[19]

Das Gericht ist also nicht verpflichtet, die Zustellung an den Verwalter anzuordnen[20], wenn die Klagepartei alle anderen Wohnungseigentümer namentlich benannt hat. Dem Gesetzgeber erschien es jedoch sachgerecht, die Zustellung an den Verwalter zu ermöglichen; dadurch werden Kosten für gegebenenfalls zahlreiche Zustellungen vermieden.[21] Andererseits hält der Gesetzgeber die Zustellung vor allem in kleineren Wohnungseigentümergemeinschaften an alle betroffenen Wohnungseigentümer für sinnvoll.[22] Beteiligt sich ein Wohnungseigentümer selbst im Verfahren, sind ab diesem Zeitpunkt die Zustellungen an ihn **unmittelbar** vorzunehmen. Dann endet auch die Zustellungsvollmacht des Verwalters, die im Übrigen für das gesamte gerichtliche Verfahren einschließlich des Vollstreckungsverfahrens gilt.[23]

Für **Aktivprozesse** kann der Verwalter aufgrund einer allgemeinen aber auch auf den Einzelfall bezogenen Ermächtigung alle Wohnungseigentümer vertreten, § 27 Abs. 2 Nr. 5.[24]

Die Vorschrift des § 172 ZPO, wonach im gerichtlichen Verfahren dem Verfahrensbevollmächtigten zuzustellen ist, geht § 45 Abs. 1 vor[25], da der Ver-

---

17 BGH v. 25. 9. 2003 – V ZB 21/03, BGHZ 156, 103 = NZM 2003, 952 = NJW 2003, 3476; BayObLG v. 12. 2. 2004 – 2Z BR 261/03, BayObLGZ 2004, 31 = NJW-RR 2004, 1092 = NZM 2004, 386.
18 BGH v. 27. 9. 2002 – V ZR 320/01, NJW 2003, 589: Dadurch, dass der Verwalter eine an die Wohnungseigentümer gerichtete behördliche Aufforderung zur Beseitigung von Mängeln am Gemeinschaftseigentum entgegennimmt, wird dem einzelnen Wohnungseigentümer bei einem Verkauf des Wohnungseigentums noch nicht die Kenntnis von dem Inhalt vermittelt; vgl. *Roth*, in: Bärmann, § 45 Rn. 12.
19 BayObLG v. 26. 7. 1994 – 2Z BR 72/94, WuM 1995, 65.
20 *Roth*, in: Bärmann, § 45 Rn. 6, außer in den Fällen des § 27 Abs. 2 Nr. 2.
21 Vgl. BayObLG v. 12. 2. 2004 – 2Z BR 261/03, BayObLGZ 2004, 31 = FGPrax 2004, 110: Überflüssige Zustellungen können zur Nichterhebung von Kosten führen; § 21 Abs. 1 GKG, § 16 Abs. 1, Abs. 2 Nr. 1 KostO; OLG Hamm v. 10. 1. 1985 – 15 W 300/84, Rpfleger 1985, 257.
22 BT-Drucks. 16/887, S. 37.
23 *Jennißen-Suilmann*, § 45 Rn. 7; *Roth*, in: Bärmann, § 45 Rn. 4.
24 *Niedenführ/Kümmel/Vandenhouten-Niedenführ*, § 45 Rn. 8.

walter nicht Vertreter gemäß § 172 ZPO ist.[26] Voraussetzung ist allerdings, dass die Klage bereits zugestellt ist. Dies geschieht nach § 45 Abs. 1[27].

Der Verwalter als Zustellungsvertreter ist verpflichtet, die Wohnungseigentümer zu **unterrichten**; dies kann mündlich in der Eigentümerversammlung erfolgen oder durch Versendung von Rundschreiben.[28] Die Unterrichtung sollte schriftlich erfolgen. Sie muss auch zeitnah (also gemäß § 121 BGB: ohne schuldhaftes Zögern) erfolgen. Ein Aushang am „Schwarzen Brett" reicht für die Unterrichtung nicht aus, da viele Wohnungseigentümer ihre Wohnung selbst nicht bewohnen. Die durch die Informationen entstehenden Kosten (Fotokopier- und Portokosten) sind Verwaltungskosten gemäß § 16 Abs. 2. Aufwandspauschalen dürften zulässig sein.[29]

2. Ausnahmen der Zustellungsvertretung des Verwalters

a) Beteiligung am Verfahren als Gegner der Wohnungseigentümer

Der Verwalter ist nach dem Rechtsgedanken des § 178 Abs. 2 ZPO kein tauglicher Zustellungsvertreter, wenn er als Gegner der Wohnungseigentümer (Kläger oder nach Beitritt auf Klägerseite) an dem Rechtsstreit beteiligt ist[30]; der Gesetzgeber hat an die Fälle des § 43 Nr. 2 gedacht, insbesondere an die Fälle, in denen der Verwalter als Vertreter der Gemeinschaft der Wohnungseigentümer im Verfahren beteiligt ist und Streitigkeiten mit einem Wohnungseigentümer bestehen. Im Rahmen des § 43 Nr. 3 sind Verfahren zwischen allen oder einzelnen Wohnungseigentümern und dem Verwalter[31] betroffen; bei Streitigkeiten zwischen der Wohnungseigentümergemeinschaft und dem Verwalter findet § 45 Abs. 1 keine Anwendung. Zu beachten ist, dass dies jedoch nur für einen Passivprozess gilt, nicht für Aktivprozesse. Der Verwalter kann nicht Vertreter der Wohnungseigentümer sein, wenn es z.B. um eigene Pflichtverstöße geht. Ficht der Verwalter einen Beschluss der Wohnungseigentümer gemäß § 46 an oder tritt als Nebenintervenient gemäß § 66 ZPO einem Rechtsstreit bei, kann er nicht (mehr) Zustellungsempfänger für die Wohnungseigentümer, deren Gegner er ist, sein. Eine Beteiligung des Verwalters als Gegner der Wohnungseigentümer besteht z.B. bei einem Streit über die Wirksamkeit des Beschlusses über seine Vergütung[32], beim Streit über die Entlastung des Verwalters[33], einem Streit über den Umfang von Rechten und Pflichten zwischen Wohnungseigentümer und Verwalter[34], oder über das Recht des Verwaltungsbeirats, Abstim-

7

---

25 *Niedenführ/Kümmel/Vandenhouten-Niedenführ*, § 45 Rn. 8; *Hügel/Elzer*, § 45 Rn. 9.
26 BayObLG v. 5.12.1996 – 2Z BR 61/96, NJW-RR 1997, 396 = AnwBl 1998, 48.
27 *Roth*, in: Bärmann, § 45 Rn. 7.
28 BGH v. 25.9.1980 – VII ZR 276/79, BGHZ 78, 166.
29 Vgl. § 16 Rn. 18.
30 BT-Drucks. 16/887, S. 37.
31 Wie z.B. bei einer Auseinandersetzung mit dem Verwaltungsbeirat, Einsicht in Vollmachten für die Eigentümerversammlung zu nehmen: OLG München v. 31.10.2007 – 34 Wx 60/07, ZMR 2008, 657 = OLGR München, 2008, 3.
32 BGH v. 10.7.1980 – VII ZR 328/79, BGHZ 78, 57 = NJW 1980, 2466.
33 OLG Düsseldorf v. 4.9.1996 – 3 Wx 149/96, ZMR 1997, 45; AG Wedding v. 30.11.2010 – 14 C 653/09, Grundeigentum 2011, 67 = juris.
34 BayObLG v. 17.7.1972 – BReg. 2 Z 16/72, BayObLGZ 1972, 246.

mungsvollmachten der Hausverwaltung für eine Eigentümerversammlung einzusehen (aber nur wenn die Wohnungseigentümer Beklagte sind.[35]
Auf die im Rahmen des weiteren Ausschlussgrundes des § 45 Abs. 1 diskutierte Frage, ob die Gefahr einer Interessenkollision abstrakt oder konkret bestehen muss, kommt es in den Fällen, in denen der Verwalter als Gegner der Wohnungseigentümer an dem Verfahren beteiligt ist, nicht an.[36] Ist der Verwalter gesetzlicher Vertreter der Wohnungseigentümergemeinschaft gemäß § 27 Abs. 3 Satz 1 Nr. 1 oder der Wohnungseigentümer gemäß § 27 Abs. 2 Nr. 2, Nr. 3, liegt nach herrschender Meinung eine Interessenkollision nur im Einzelfall vor.[37]

Die Rechtsprechung sieht keine Interessenkollision in einem Streit über die Wirksamkeit eines Verwalterwechsels[38] oder bei der Anfechtung eines Beschlusses über die Entlastung des Verwalters und dem Antrag der Entlassung des Verwalters[39], auch wenn in diesem Verfahren der Verwalter gemäß § 48 Abs. 1, wenn er nicht sowieso Partei ist, beizuladen ist.

b) Gefahr der nicht sachgerechten Unterrichtung

8 Der Verwalter ist dann nicht Zustellungsvertreter, wenn aufgrund des Streitgegenstands die Gefahr besteht, der Verwalter werde die Wohnungseigentümer nicht sachgerecht unterrichten.

Es muss aufgrund des Gegenstandes der Klage, ohne dass der Verwalter in dem Verfahren Gegner der Wohnungseigentümer ist, die Gefahr einer unzureichenden Unterrichtung bestehen. Die Vorschrift dient dem Schutz der rechtzeitigen Information der Wohnungseigentümer über den Streitgegenstand; der Verwalter ist deshalb als Zustellungsvertreter bereits dann ausgeschlossen, wenn die Möglichkeit nicht sachgerechter Unterrichtung **nicht** fernliegt, wobei es nicht darauf ankommt, ob ein Spannungsverhältnis bereits aufgetreten ist. Der Gesetzgeber führte den Fall an, dass der Verwalter Vertreter der Wohnungseigentümergemeinschaft ist und ein Wohnungseigentümer einen Beschluss der Wohnungseigentümergemeinschaft anficht.[40] Da der Verwalter Interessenvertreter ist (wenn auch nicht prozessualer Gegner), könnte eine abstrakte Gefahr der nicht sachgerechten Unterrichtung

---

35 OLG München v. 31.10.2007 – 34 Wx 60/07, ZMR 2008, 657 = OLGR München 2008, 3: Legt der Verwalter Berufung gegen ein ihn verurteilendes erstinstanzliches Urteil ein, kann er nicht gleichzeitig Zustellungsbevollmächtigter für die Wohnungseigentümer sein.
36 Hierzu: *Hügel/Elzer*, § 45 Rn. 14; *Jennißen-Suilmann*, § 45 Rn. 12; *Palandt-Bassenge*, § 45 Rn. 4, *Staudinger-Buck*, § 27 Rn. 235; *Roth, in: Bärmann*, § 45 Rn. 19; *Niedenführ/Kümmel/Vandenhouten-Niedenführ*, § 45 Rn. 11; MünchKomm-*Engelhardt*, § 45 Rn. 5.
37 Vgl. *Hügel/Elzer*, § 45 Rn. 14; *Jennißen-Suilmann*, § 45 Rn. 17, der Klagen auf Ungültigerklärung eines Beschlusses über die Entlassung eines Verwalters oder auch Abberufung des Verwalters hier nicht einordnet.
38 BayObLG v. 7.2.2002 – 2Z BR 161/01, BayObLGZ 2002, 20 = ZMR 2002, 532/533.
39 BayObLG v. 1.7.1997 – 2Z BR 23/97, ZMR 1997, 613: Der Verwalter hat die übrigen Wohnungseigentümer von dem anhängig gewordenen Verfahren in geeigneter Weise zu unterrichten; er darf allerdings keinen Rechtsanwalt beauftragen.
40 BT-Drucks. 16/887, S. 37.

der Wohnungseigentümer bestehen. Allerdings ist streitig, welcher Gefahrbegriff zugrunde zu legen ist.[41] Die verbreitete Auffassung hält den Verwalter als Zustellungsvertreter erst dann für ausgeschlossen, wenn eine **konkrete** Gefahr der sachwidrigen Information vorliegt.[42] Der BGH hat diese Frage für die Praxis zwischenzeitlich entschieden: Danach genügt es, den Verwalter als Zustellungsvertreter erst auszuschließen, wenn **konkret ein Konflikt** zwischen den Interessen des Verwalters und den übrigen von ihm vertretenen Wohnungseigentümern auftritt[43]. Dies ist z.b. dann der Fall, wenn der Verwalter rechtsirrig davon ausgeht, dass die Mitglieder einer werdenden Wohnungseigentümergemeinschaft nicht zu beteiligen seien.[44] Auf jeden Fall ist der Verwalter nicht Zustellungsvertreter, wenn der Rechtsstreit **unmittelbare Auswirkungen** auf seine Rechtsstellung hat[45], oder wenn erkennbar ist, dass ein Verwalter Wohnungseigentümer nicht beteiligen will.[46] Dagegen sah das BayObLG zu § 27 Abs. 2 Nr. 5 a.F. die Gefahr einer sachwidrigen Handhabung des Verfahrens nicht, obwohl in dem Verfahren auf Entlassung des Verwalters durch einen Wohnungseigentümer die Wohnungseigentümergemeinschaft durch den Verwalter als Zustellungsvertreter vertreten war[47]; diese Gefahr soll nach dem BayObLG auch dann nicht vorliegen, wenn die Rechtsstellung des Verwalters im Streit steht.[48]

Die Zustellung an den ausgeschlossenen Zustellungsvertreter ist fehlerhaft; ein Zustellungsmangel wird nicht dadurch geheilt, dass Abschriften oder Fotokopien des zuzustellenden Schriftstücks allen Wohnungseigentümern

---

41 Es steht im Streit, ob es sich um eine konkrete oder um eine abstrakte Gefahr handeln muss: ausreichend die abstrakte Gefahr: *Mansell*, FS Bärmann und Weitnauer, S. 471, 493; *Staudinger-Bub*, § 27 Rn. 235; für konkrete Gefahr: *Niedenführ/Kümmel/Vandenhouten-Niedenführ*, § 45 Rn. 13; für die alte Rechtslage: OLG Frankfurt/Main v. 7.6.1989 – 20 W 150/89, OLGZ 1989, 433; nach der alten Rechtslage für eine konkrete Gefahr: BayObLG v. 7.2.2002 – 2Z BR 161/01, BayObLGZ 2002, 20; OLG Köln v. 23.9.1998 – 16 Wx 137/98, OLGR Köln, 1999, 21 = WuM 1999, 301; KG Berlin v. 11.6.2003 – 24 W 77/03, NJW-RR 2003, 1234; ebenso *Hügel/Elzer*, § 45 Rn. 14.
42 BayObLG v. 7.2.2002 – 2Z BR 161/01, BayObLGZ 2002, 20; OLG Köln v. 23.9.1998 – 16 Wx 137/98, OLGR Köln, 1999, 21 = WuM 1999, 301; KG Berlin v. 11.6.2003 – 24 W 77/03, NJW-RR 2003, 1234; LG Dresden v. 9.12.2009 – 2 S 184/09, ZMR 2010, 629; ebenso *Hügel/Elzer*, § 45 Rn. 14; *Jennißen-Suilmann*, § 45 Rn. 15; Münch-Komm-*Engelhardt*, § 45 Rn. 5.
43 BGH v. 9.3.2012 – V ZR 170/11, Rn. 8. Solange keine Umstände ersichtlich sind, die eine konkrete Gefahr einer nicht sachgerechten Information der Wohnungseigentümer rechtfertigen, ist der Verwalter tauglicher Zustellungsvertreter; LG Karlsruhe vom 21.2.2012 – 11 S 46/11.
44 OLG Düsseldorf v. 13.9.2006 – 3 Wx 81/06, ZMR 2007, 126.
45 Z.B. Anfechtung von Bestellungs- und Abberufungsbeschlüssen, wenn er selbst Antragsteller oder Rechtsmittelführer ist: BayObLG v. 29.11.1990 – BReg. 2 Z 72/90, WuM 1991, 131; AG Potsdam v. 13.6.2013 – 31 C 7/13.
46 So sind Ersterwerber, die Mitglieder einer werdenden Eigentümergemeinschaft geworden sind, auch nach Invollzugsetzung der Eigentümergemeinschaft notwendig zu beteiligen. OLG Düsseldorf v 13.9.2006 – 3 Wx 81/06, ZMR 2007, 126.
47 BayObLG v. 1.7.1997 – 2Z BR 23/97, ZMR 1997, 613.
48 BayObLG v. 7.2.2002 – 2Z BR 161/01, BayObLGZ 2002, 20: soweit der Verwalter nicht selbst Kläger ist.

zugegangen sind.[49] Der Mangel kann nur gemäß § 189 ZPO geheilt werden; falls eine Zustellung nach den §§ 166ff. ZPO nicht notwendig ist, reicht die Unterrichtung aus[50]. Die fehlerhafte Zustellung führt zur Wiederholung der Prozesshandlungen, alle vorherigen prozessualen Maßnahmen sind unwirksam[51], soweit auf die Rüge der fehlerhaften Zustellung nicht wirksam verzichtet wurde, § 195 ZPO. Nimmt das Gericht zu Unrecht an, dass der Verwalter ausgeschlossen ist und stellt an den Ersatzzustellungsvertreter zu, ist die Zustellung immer wirksam[52].

III. Absatz 2: Ersatzzustellungsvertreter

1. Satz 1: Bestellung durch die Wohnungseigentümergemeinschaft

9 Die Wohnungseigentümer haben für den Fall, dass der Verwalter als Zustellungsvertreter ausgeschlossen ist, also wenn er als Gegner in dem Verfahren beteiligt ist oder die Gefahr der sachwidrigen Unterrichtung besteht, durch Beschluss mit Stimmenmehrheit einen **Ersatzzustellungsvertreter** sowie dessen Vertreter zu bestellen, auch wenn ein Rechtsstreit noch nicht anhängig ist[53].

a) Verfahren

10 Die Versammlung der Wohnungseigentümer hat durch Beschluss gemäß § 23 die Bestellung vorzunehmen; die Bestellung des Ersatzzustellungsvertreters ist in der Tagesordnung anzugeben. Die Beschlussfassung erfolgt durch Stimmenmehrheit gemäß § 25 Abs. 1. Zum Zustandekommen des Beschlusses selbst ist auf § 25 Abs. 2 bis 5 und die dortige Kommentierung zu verweisen. Der Eigentümergemeinschaft steht es frei, dem Zustellungsvertreter Befugnisse zu übertragen, die weiter gehen als die reine Entgegennahme von Zustellungen durch ein Gericht. Sie kann ihm auch übertragen, für die Führung des Verfahrens alles Notwendige zu veranlassen, z.B. bei Anordnung eines schriftlichen Vorverfahrens gemäß § 276 Abs. 2 ZPO die Verteidigungsbereitschaft anzuzeigen oder einen Rechtsanwalt zu beauftragen[54] Der Betroffene muss mit seiner Bestellung zum Ersatzzustellungsvertreter einverstanden sein[55].

b) Vertreter

11 Auch der Ersatzzustellungsvertreter kann gemäß § 45 Abs. 1 von der Vertretung **ausgeschlossen** sein. Deshalb ist für ihn ein Vertreter zu bestellen.

---

49 A.A. BayObLG v. 18.5.1999 – 2Z BR 1/99, WuM 2001, 88.
50 *Palandt-Bassenge*, § 45 Rn. 4.
51 Vgl. *Zöller-Stöber*, vor § 166 Rn. 4 mit Hinweis auf die Möglichkeit des Rügeverzichts gemäß § 195 ZPO.
52 *Roth*, in: Bärmann, § 45 Rn. 21.
53 Die Ersatzzustellung soll auch für einen verstorbenen Verwalter oder einen abberufenen gelten: *Roth*, in: Bärmann, § 45 Rn. 26; *Riecke/Schmid/Abramenko*, § 45 Rn. 6.
54 *Jennißen-Suilmann*, § 45 Rn. 26.
55 *Roth*, in: Bärmann, § 45 Rn. 37; sonst ist die Bestellung unwirksam.

Da als Person des Ersatzzustellungsvertreters jede natürliche oder juristische Person, die für die Aufgabe geeignet ist, bestellt werden kann[56], und sich insbesondere ein Mitglied der Wohnungseigentümergemeinschaft hierfür anbietet, besteht die Möglichkeit des Interessenkonflikts auch beim Ersatzzustellungsvertreter. Jeder Dritte, insbesondere auch Rechtsanwälte, können Ersatzzustellungsvertreter sein. Die Kosten der Tätigkeit müssen im Rahmen der ordnungsgemäßen Verwaltung geregelt sein[57]. Der Ersatzzustellungsvertreter muss mit der Übertragung der Aufgabe einverstanden sein. Bei der Beschlussfassung sollte, worauf *Hügel/Elzer*[58] hinweisen, die Entgeltung des Aufwands[59] des Ersatzzustellungsvertreters, gegebenenfalls auch der Abschluss einer Haftpflichtversicherung beschlossen werden.[60] Ein Ersatzzustellungsvertreter kann jeder Zeit abberufen werden; damit erlischt seine Zustellungsbefugnis.[61]

c) Zeitpunkt

Der Ersatzzustellungsvertreter ist im Rahmen der ordnungsgemäßen Verwaltung zu bestellen und nicht erst, wenn ein Rechtsstreit anhängig ist, § 45 Abs. 2 Satz 1 2. Hs. Das Gesetz erwartet, dass für den Fall des Prozesses die Frage des Ersatzzustellungsvertreters sowie dessen Vertreters bereits geklärt ist. Besteht kein Ersatzzustellungsvertreter und ist die Zustellung an den Verwalter gemäß Abs. 1 ausgeschlossen, muss gegebenenfalls das Gericht selbst einen Ersatzzustellungsvertreter bestellen (§ 45 Abs. 3), wenn es nicht die Zustellung an alle Wohnungseigentümer vornimmt.

12

2. Aufgaben des Ersatzzustellungsvertreters

a) Aufgabe und Befugnis des Verwalters als Zustellungsvertreter

Die Eigentümerversammlung kann die konkreten **Aufgaben** des Ersatzzustellungsvertreters und dessen Vertreters festlegen. Die Bestellung des Ersatzzustellungsvertreters gehört zur ordnungsgemäßen Verwaltung. Die Wohnungseigentümer können z.B. bestimmen, auf welche Art und Weise der Ersatzzustellungsvertreter die Wohnungseigentümer zu informieren hat, gegebenenfalls welche Prozessbevollmächtigte zu bestellen sind.[62] Ohne Beschluss der Eigentümerversammlung hat er nur die Zustellungen entgegenzunehmen und die Wohnungseigentümer zu informieren, eigene Prozesshandlungen darf er nicht vornehmen.

13

Ein Ersatzzustellungsvertreter wird erst dann tätig und tritt „in Funktion", wenn der Zustellungsvertreter nach § 45 Abs. 1 von der Vertretung ausgeschlossen ist, also bei Interessenkollision und der Gefahr der nicht sach-

---

56 *Roth*, in: Bärmann, § 45 Rn. 233 m.w.N.
57 Anderenfalls gilt der Anspruch auf die übliche Vergütung gemäß §§ 675, 612, 670 BGB; a.A. *Hügel/Elzer*, § 43 Rn 24.
58 *Hügel/Elzer*, § 43 Rn. 24, sonst könne er Aufwendungsersatz verlangen, keine Vergütung.
59 Der Ersatzzustellungsvertreter hat einen Rechtsanspruch auf Erstattung z.B. der Fotokopierkosten, LG München I v. 30.11.2009 – 36 S 17253/09, ZMR 2010, 803.
60 *Jennißen-Suilmann*, § 45 Rn. 47.
61 *Jennißen-Suilmann*, § 45 Rn. 42.
62 *Niedenführ/Kümmel/Vandenhouten-Niedenführ*, § 45 Rn. 19.

gerechten Unterrichtung der Beklagten. Der Ersatzzustellungsvertreter übernimmt alle Aufgaben des Zustellungsvertreters gemäß § 45 Abs. 1. Das Gericht muss an den Ersatzzustellungsvertreter zustellen. Ein Wahlrecht zwischen Zustellungsvertreter und Ersatzzustellungsvertreter besteht nicht.[63]

b) Entsprechende Anwendung des Absatz 1

14 Auch für den Ersatzzustellungsvertreter sowie dessen Vertreter gilt der Ausschluss der Zustellungsvertretung dann, wenn sie als Gegner der Wohnungseigentümer an dem Verfahren beteiligt sind oder aufgrund des Streitgegenstands die Gefahr der sachwidrigen Unterrichtung der Wohnungseigentümer besteht; die Interessenlage ist die gleiche wie im Falle des § 45 Abs. 1.

IV. Absatz 3: Bestellung des Ersatzzustellungsvertreters durch das Gericht

15 Das zuständige Gericht kann einen Ersatzzustellungsvertreter selbst bestellen, wenn eine Zustellung weder an den Zustellungsvertreter noch an den Ersatzzustellungsvertreter möglich ist und die Wohnungseigentümer keinen weiteren Vertreter bestellt haben. Ist ein Beschluss auf Bestellung eines Ersatzzustellungsvertreters angefochten, ist weiterhin an diesen zuzustellen. Ist ein entsprechender Beschluss nichtig, fehlt es allerdings an einem Ersatzzustellungsvertreter[64]. Das Gericht kann wahlweise die Zustellung an alle Wohnungseigentümer vornehmen.[65]

Das Gesetz spricht zwar davon, dass das Gericht einen Ersatzzustellungsvertreter bestellen „kann": es ist hierzu im Rahmen seines richterlichen pflichtgemäßen **Ermessens** allerdings verpflichtet, wenn z.B. die Zustellung an alle Miteigentümer einen hohen sachlichen und wirtschaftlichen Aufwand bedeutet. Zur Wahrung des rechtlichen Gehörs der betroffenen Wohnungseigentümer ist das Gericht angehalten, von der Bestellung eines Ersatzzustellungsvertreters zurückhaltend Gebrauch zu machen; empfohlen wird, dies nur für große Gemeinschaften anzuordnen.[66]

Für den Kläger empfiehlt sich, einen **Vorschlag** für die Auswahl eines Ersatzzustellungsvertreters mit Einreichung der Klageschrift zu unterbreiten. Das Gericht selbst wird möglichst mehrere Ersatzzustellungsvertreter zur Auswahl prüfen, um dann eine geeignete Auswahl zu treffen. Der Betroffene muss einverstanden sein.[67] Mit dem gerichtlich bestellten Ersatzzustellungsvertreter kommt kein öffentlich-rechtliches Auftragsverhältnis zustande. Unterschiedlich ist die Rechtsprechung, wie der mit der Ersatzzustellungsvertretung verbundene finanzielle Aufwand (Vergütung und Aufwendungsersatz) zu be-

---

63 Vgl. *Hügel/Elzer*, § 45 Rn. 20
64 Hierzu: *Roth*, in: Bärmann, § 45 Rn. 41
65 *Hügel/Elzer*, § 45 Rn. 27
66 Vgl. hierzu: *Jennißen-Suilmann*, § 45 Rn. 54.
67 BayObLG v. 9.8.1989 – BReg. 2 Z 60/89, BayObLGZ 1989, 342/345 = NJW-RR 1989, 1168.

handeln ist. Das Landgericht Karlsruhe[68] ist der Auffassung, dass diese Kosten zu den festzusetzenden und nach § 91 Abs. 1 Satz 1 ZPO erstattungsfähigen Verfahrenskosten der beklagten Wohnungseigentümer gehören[69], während das Landgericht Düsseldorf[70] davon ausgeht, dass ein privatrechtliches Rechtsverhältnis zwischen Ersatzzustellungsvertreter und Wohnungseigentümern zustande kommt, und deshalb die Vergütung von der Wohnungseigentümergemeinschaft zu verlangen ist. Der Beschluss auf Bestellung des Ersatzzustellungsvertreters ist, wenn dieser zugestimmt hat, unanfechtbar[71] Lehnt der Ersatzzustellungsvertreter seine Bestellung ab, können Zustellungen an ihn nicht wirksam ausgeführt werden. Die Bestellung endet, wenn die Wohnungseigentümergemeinschaft selbst einen Ersatzzustellungsvertreter bestellt hat, wenn das Gericht seinen Beschluss von Amts wegen aufgehoben oder geändert hat, oder die Amtszeit, war sie befristet, abgelaufen ist. Ist eine Vergütung nicht vereinbart, erhält der gerichtlich bestellte Ersatzzustellungsvertreter die **übliche Vergütung gemäß § 612 BGB**[72]; er ist allerdings nicht von der Staatskasse zu entschädigen, sondern von der Gemeinschaft[73].

Selbst wenn die Auswahl des Gerichts in einem Berufungsverfahren aufgehoben wird, sind die durchgeführten Zustellungen für die Vergangenheit wirksam.

---

68 LG Karlsruhe v. 13.3.2015 – 7 T 78/14; Anm. Weber IMR 2015, 258
69 So auch Jennißen-Suilmann, § 45 Rn. 49, 57.
70 LG Düsseldorf v. 18.10.2011 – 25 T 572/11, auch unter Verweis auf BGH v. 14.5.2009 – V ZB 172/08. Hat der Kläger einen (vorhandenen) Ersatzzustellungsbevollmächtigten in der Klage nicht angegeben und bestellt das Gericht von sich aus einen solchen, trägt der Kläger die dadurch entstandenen Kosten, LG Düsseldorf v. 18.2.2016 – 19 S 66/15.
71 LG Berlin vom 15.8.2008 – 85 T 103/08, NJW 2009, 85 NZM 2008, 896; LG Nürnberg-Fürth v. 6.4.2009 – 14 T 2512/09, NJW 2009, 1890 = NZM 2009, 365.
72 Roth, in: Bärmann, § 45 Rn. 53 m.w.N.
73 AG Heilbronn v. 6.10.2010 – 17 C 3734/09, ZMR 2011, 336.

§ 46
Anfechtungsklage

(1) Die Klage eines oder mehrerer Wohnungseigentümer auf Erklärung der Ungültigkeit eines Beschlusses der Wohnungseigentümer ist gegen die übrigen Wohnungseigentümer und die Klage des Verwalters ist gegen die Wohnungseigentümer zu richten. Sie muss innerhalb eines Monats nach der Beschlussfassung erhoben und innerhalb zweier Monate nach der Beschlussfassung begründet werden. Die §§ 233 bis 238 der Zivilprozessordnung gelten entsprechend.

(2) Hat der Kläger erkennbar eine Tatsache übersehen, aus der sich ergibt, dass der Beschluss nichtig ist, so hat das Gericht darauf hinzuweisen.

Inhalt:

	Rn.
I. Allgemeines	1
II. Absatz 1 Satz 1: Klage gegen die Ungültigkeit eines Beschlusses	2
1. Klage	2
2. Aktivlegitimation	3–5
3. Klageziel (Klärung der Ungültigkeit)	6
4. Klagegegenstand: Beschluss der Wohnungseigentümer	7
a) Beschlüsse	7
b) Beispiele	8
c) Rechtsschutzbedürfnis	11
aa) Negativbeschlüsse	12
bb) Zweitbeschlüsse	13
cc) Nichtbeschlüsse	15
5. Passivlegitimation (die übrigen Wohnungseigentümer)	16
a) Bezeichnung	17
b) Untergemeinschaften	18
6. Klage des Verwalters	19
7. Passivlegitimation (Wohnungseigentümer)	20
III. 1. Absatz 1 Satz 2: Klagefrist	21

	Rn.
1. Klagefrist	22
2. Frist zur Begründung	26
IV. Absatz 1 Satz 3: Wiedereinsetzung in den vorigen Stand	30
1. § 233 ZPO: Schuldlose Nichteinhaltung der Anfechtungsfrist	30
2. § 234 ZPO: Wiedereinsetzungsfrist	32
3. § 236 ZPO: Wiedereinsetzungsantrag	33
4. § 237 ZPO: Zuständiges Gericht für Wiedereinsetzung	34
5. § 238 ZPO: Verfahren über die Wiedereinsetzung	35
V. Absatz 2: Besondere Hinweispflicht des Gerichts bei Nichtigkeit	36
1. Übersehen von Tatsachen	36
2. Nichtigkeitsgründe	37
3. Hinweispflicht des Gerichts	38

I. Allgemeines

1 Die WEG-Novelle[1] hat die bisher in § 23 Abs. 4 enthaltenen verfahrensrechtlichen Regelungen für die **Beschlussanfechtung** in § 46 geregelt. Die An-

---

[1] Gesetz zur Änderung des Wohnungseigentumsgesetzes und anderer Gesetze v. 26.3.2007, BGBl. I 2007, 370/374, Art. 1 Nr. 19.

fechtung von Beschlüssen der Wohnungseigentümergemeinschaft erfolgt durch Anfechtungsklage gemäß § 46. Sie ist innerhalb einer Frist von einem Monat zu erheben und innerhalb zwei Monaten nach Beschlussfassung zu begründen. Damit werden die Regelungen an die Berufungsfrist und Berufungsbegründungsfrist der § 517, § 520 Abs. 2 ZPO angeglichen. Die Frist beginnt mit der Beschlussverkündung zu laufen. Es handelt sich um eine materiell-rechtliche Ausschlussfrist.[2] Deshalb hat der Gesetzgeber auch die Vorschriften zur Wiedereinsetzung gemäß §§ 233 bis 238 ZPO für entsprechend anwendbar erklärt.[3] Die Vorschrift gilt auch für Anfechtungsklagen des Verwalters gegen die Beschlüsse der Wohnungseigentümergemeinschaft. Mit der **Hinweispflicht** des Gerichts (§ 46 Abs. 2), dass die vorgetragenen Tatsachen auf eine etwaige Nichtigkeit eines Beschlusses (nicht nur Anfechtbarkeit) geprüft werden, greift der Gesetzgeber die Entscheidung des BGH vom 22. 7. 2002[4] für das Wohnungseigentumsrecht auf, wonach für den Streitgegenstand einer Nichtigkeits- und Anfechtungsklage gleichermaßen „das mit der Klage verfolgte prozessuale Ziel (ist), die richterliche Klärung der Nichtigkeit eines Hauptversammlungsbeschlusses in Bezug auf seine fehlende Übereinstimmung mit Gesetz oder Satzung hinsichtlich seines Gegenstands und Inhalt sowie des zur Beschlussfassung führenden Verfahrens herbeizuführen"[5]. Deshalb wird im Rahmen der Anfechtungsklage in Wohnungseigentumssachen die Wirksamkeit des angefochtenen Beschlusses auf Nichtigkeitsgründe hin überprüft.[6]

II. Absatz 1 Satz 1: Klage gegen die Ungültigkeit eines Beschlusses

1. Klage

Die Beschlüsse der Eigentümerversammlung werden mit Anfechtungsklage angefochten; sie ist Gestaltungsklage, da sie zum Ziel hat, die Ungültigkeit eines Beschlusses der Wohnungseigentümer festzustellen[7]. Es gelten damit die allgemeinen Bestimmungen der ZPO über die Verfahren im ersten Rechtszug (§§ 1–252 ZPO). § 46 enthält für die Beschlussanfechtung weitere verfahrensrechtliche Regelungen, die vorrangig sind.

Ein Schlichtungsverfahren nach § 15a EGZPO, soweit dies die Länder eingeführt haben, findet bei Beschlussanfechtungsklagen nach §§ 43 Nr. 4, 46 nicht statt[8]. Eine Schiedsabrede über ein Vorschaltverfahren im Be-

---

2 BGH v. 17. 9. 1998 – V ZB 14/98, BGHZ 139, 305 = NJW 1998, 3648: Beschlussanfechtungsfrist wird durch Anrufung eines unzuständigen Gerichts gewahrt; OLG Düsseldorf v. 10. 5. 2005 – 3 Wx 301/04, NZM 2005, 508.
3 BT-Drucks. 16/887, S. 38.
4 BGH v. 22. 7. 2002 – II ZR 286/01, BGHZ 152, 1 = NJW 2002, 3465 zu § 246 AktG.
5 Jetzt auch für das WEG: BGH v. 2. 10. 2009 – V ZR 235/08, NJW 2009, 3655.
6 BayObLG v. 31. 10. 1986 – BReg. 2 Z 83/86, NJW-RR 1987, 329; BT-Drucksache 16/887, S. 38.
7 *Jennißen-Suilman*, § 46 Rn. 16; MünchKomm-*Engelhardt*, § 46 Rn. 1; *Roth*, in: Bärmann, § 46 Rn. 5.
8 *Roth*, in: Bärmann, vor § 43 Rn. 10

schlussanfechtungsverfahren wird zwischenzeitlich grundsätzlich für zulässig erachtet, soweit sämtliche Wohnungseigentümer beteiligt sind[9].

Grundsätzlich hat die Beschlussanfechtungsklage **keine aufschiebende Wirkung**. Solange also Beschlüsse (z.b.) über die Erhebung von Sonderumlagen nicht rechtskräftig für ungültig erklärt worden sind, sind sie gültig und begründen die Zahlungspflicht des einzelnen Wohnungseigentümers[10].

2. Aktivlegitimation

3 Anfechtungsberechtigt sind einer oder mehrere Wohnungseigentümer, auch werdende Wohnungseigentümer.[11] Scheidet der Wohnungseigentümer während des Verfahrens aus, bleibt seine Anfechtungsbefugnis bestehen.[12] Auf § 265 ZPO, wonach die Veräußerung des Wohnungseigentums auf die Prozessführungsbefugnis keine Auswirkungen hat, ist zu verweisen.[13] Steht ein Wohnungseigentum im Miteigentum, ist jeder Mitberechtigte einzeln anfechtungsberechtigt.[14] Bei einer Erbengemeinschaft ist jeder Miterbe klagebefugt.[15] Ist das Insolvenzverfahren über das Vermögen eines Wohnungseigentümers eröffnet, geht die Berechtigung auf den Insolvenzverwalter über.[16] Der im Grundbuch durch Vormerkung abgesicherte Erwerber kann regelmäßig als ermächtigt angesehen werden, Rechte des Veräußerers auszuüben und deshalb auch in Verfahrensstandschaft für den Veräußerer das gerichtliche Beschlussanfechtungsverfahren zu betreiben.[17] Nach dem Rücktritt vom Kaufvertrag entfällt dagegen die Anfechtungsbefugnis, selbst dann, wenn die Vormerkung noch im Grundbuch eingetragen ist.[18] Es kommt im Übrigen nicht auf den Grundbucheintrag an, sondern darauf, ob das Wohn- oder Teileigentum nach materiellem Recht wirksam erworben ist; fehlt es daran oder vollzieht sich der Eigentumserwerb außerhalb des

---

9 *Roth*, in: Bärmann, vor § 43 Rn. 14, soweit Fristen nicht verkürzt werden; *Jennißen-Suilman*, § 43 Rn. 9; a.A.: *Hügel/Elzer*, § 46 Rn. 29 Das LG München I v. 2.9.2010 – 36 S 19072/09, NJW-RR 2011, 162 = NZM 2011, 205 hält grundsätzlich eine Schiedsgerichtsvereinbarung auch für Beschlussanfechtungsklagen für wirksam, prüft sie jedoch an § 1032 Hs. 1 ZPO, § 138 Abs. 1 BGB. Ein Vorschaltverfahren gilt nicht für Beschlussanfechtungsklagen: LG München I v. 14.6.2012 – 35 S 10228/11.
10 BGH v. 4.4.2014 – V ZR 167/13.
11 BayObLG v. 12.5.1965 – BReg. 2 Z 338/64, NJW 1965, 124; KG Berlin v. 20.7.1994 – 24 W 3942/94, NJW-RR 1995, 147 = FGPrax 1995, 28; *Hügel/Elzer*, § 46 Rn. 43; *Roth*, in: Bärmann, § 46 Rn. 47.
12 BGH v. 26.9.2002 – V ZB 24/02, BGHZ 152, 136.
13 Vgl. im Einzelnen die Kommentierung bei *Zöller*, § 265 ZPO.
14 KG Berlin v. 5.5.1993 – 24 W 3913/92, WuM 1993, 427: für Bruchteilseigentümer. Besteht jedoch eine Gesellschaft bürgerlichen Rechts, kommt es auf die Vereinbarungen zur Geschäftsführung an: *Roth*, in: Bärmann, § 46 Rn. 50; *Hügel/Elzer*, § 46 Rn. 50
15 BayObLG v. 20.5.1998 – 2 Z BR 25/98, WuM 1998, 74: § 2038 Abs. 1 BGB.
16 OLG Hamm v. 15.1.2004 – 15 W 106/03, FGPrax 2004, 106; BayObLG v. 14.2.1991 – BReg. 2 Z 4/91, BayObLGZ 1991, 93 = NJW-RR 1991, 723; § 80 Abs. 1 InsO, vgl. AG Charlottenburg v. 7.4.2010 – 72 C 7/10, ZMR 2010, 644. LG Düsseldorf v. 5.4.2012 – 19 S 119/11.
17 KG Berlin v. 20.7.1994 – 24 W 3942/94, NJW-RR 1995, 147/148 = FGPrax. 1995, 28; *Jennißen-Suilman*, § 46 Rn. 94 *Roth*, in: Bärmann, § 46 Rn. 85.
18 BayObLG v. 5.10.1995 – 2 Z BR 92/95, NJW-RR 1996, 334 = MDR 1996, 95.

Grundbuchs, ist der wahre Berechtigte als Wohnungseigentümer Träger der mit dem Wohnungseigentum verbundenen Rechte und Pflichten[19]. Es besteht auch kein Anfechtungsrecht eines Nießbrauchers[20].

Eine **Prozessstandschaft**[21] ist grundsätzlich zulässig: So wie Individual-Ansprüche der Wohnungseigentümer, auch in ihrer Eigenschaft als Mitglieder einer Bruchteilsgemeinschaft, von der teilrechtsfähigen Gemeinschaft geltend gemacht werden können, wenn sie dies beschlossen hat, so gelten die Grundsätze der Prozessstandschaft auch für die Anfechtungsklage.[22] Allerdings ist der Verwalter nach den Grundsätzen der gewillkürten Prozessstandschaft nur noch dann befugt, Ansprüche der Wohnungseigentümergemeinschaft in eigenem Namen geltend zu machen, wenn er ein schutzwürdiges Eigeninteresse hat[23]; bei Zahlungsansprüchen muss er Zahlung an die Gemeinschaft verlangen.[24] Die Prozessstandschaft muss innerhalb der Anfechtungsfrist offengelegt werden[25]. Die Rechtsprechung vertritt ebenfalls diese Auffassung; bereits das BayObLG[26] nach altem Recht, ebenso das Kammergericht[27]. Heute ist das Kammergericht weiterhin der Auffassung, dass innerhalb der Anfechtungsfrist die gewillkürte Prozessstandschaft offengelegt werden muss[28]. 4

In § 46 Abs. 1 kommt die Wohnungseigentümergemeinschaft als Verband nicht vor. Das Anfechtungsrecht gemäß § 46 Abs. 1 steht damit dem Verband nicht zu.[29] Dem Verband stehen Klagemöglichkeiten gemäß § 43 Nr. 2 zu, eine Gesetzeslücke besteht nicht. Dritte, wie z.B. Mieter, haben kein eigenes Beschlussanfechtungsrecht; dies gilt auch für Grundpfandrechtsgläubiger oder sonstige dinglich Berechtigte.[30] 5

---

19 BGH v. 20.7.2012 – V ZR 241/11, Rn. 8; *Roth*, in: Bärmann, § 46 Rn. 113.
20 LG Hamburg v. 29.5.2013 – 318 S 6/13; hierzu *Dötsch*, juris-PR-MietR 7/2014 Anm. 4.
21 Ausführlicher vor § 43 Rn. 11.
22 BGH v. 21.6.2012 – V ZB 56/12; die gewillkürte Prozessstandschaft führt nicht zu einer Änderung der Zuständigkeiten nach § 43 Nr. 4; z.B. bei Streit einzelner Wohnungseigentümer über Parabol-Antennen.
23 BGH v. 21.1.2011 – V ZR 145/10, NJW 2011, 1361; *Roth*, in: Bärmann, § 46 Rn. 47 und 85.
24 BGH v. 21.4.1988 – V ZB 10/87, BGHZ 104, 197; BayObLG v. 30.4.1986 – BReg. 2 Z 72/85, BayObLGZ 1986, 128.
25 *Roth*, in: Bärmann., § 46 Rn. 85.; a.A. *Jennißen-Suilmann*, § 46 Rn. 96. Die Rechtsprechung vertritt ebenfalls diese Auffassung, insbesondere auch bereits das BayObLG.
26 BayObLG v. 12.5.1965 – BReg. 2 Z 338/64, NJW 1965, 1484.
27 KG Berlin v. 20.7.1994 – 24 W 3942/94, NJW-RR 1995, 147 = FGPrax 1995, 28.
28 KG Berlin v. 18.2.2009 – 24 W 126/03; *Roth*, in: Bärmann, § 46 Rn. 85
29 *Roth*, in: Bärmann, § 46 Rn. 49 (soweit er nicht selbst Wohnungseigentum hat); *Hügel/Elzer*, § 46 Rn. 57, selbst wenn er Wohnungseigentum hat.
30 BayObLG v. 25.6.1998 – 2Z BR 53/98, BayObLGZ 1998, 145; für den Nießbraucher räumen *Jennißen-Suilmann*, § 46 Rn. 65 das Recht ein mit dem Hinweis, dass die Entscheidungen des BGH v. 7.3 2002 – V ZB 24/01, BGHZ 150, 109 zwar den Nießbrauchern nicht das Stimmrecht gemäß § 25 Abs. 2 S. 1 einräumt, dies jedoch für die Anfechtung noch nicht entschieden ist, wie sich auch aus BGH v. 23.6.2005 – V ZB 61/05, NZM 2005, 627 = ZMR 2005, 798 ergäbe; dem folgt auch nicht z.B. *Roth*, in: Bärmann, § 46 Rn. 56; ebenso LG Hamburg v. 29.5.2013 – 318 S 6/13.

3. Klageziel (Klärung der Ungültigkeit)

6 Klageziel ist die Feststellung, ob ein Beschluss der Eigentümerversammlung ungültig ist oder nicht; aufgrund der Streitgegenstandsidentität zwischen Anfechtungs- und Nichtigkeitsgründen prüft das Gericht auch, ob ein Beschluss nichtig ist, § 46 Abs. 2.[31] Es obliegt dem anfechtenden Wohnungseigentümer, mit Klageerhebung bereits zu erklären, auf welche Tagesordnungspunkte sich die Anfechtungsklage bezieht oder ob er vorsorglich alle Beschlüsse anficht (zur Auslegung des Antrags siehe Rn. 24). Es steht auch zur Disposition des Klägers, welchen Beschlussmangel er rügt[32]; hat er einen Nichtigkeitsgrund übersehen, muss das Gericht darauf hinweisen, § 46 Abs. 2.

Das Gericht hat die Möglichkeit einen Beschluss für ungültig, ggfs. für nichtig zu erklären; es greift damit prozessual gestaltend in die Rechtslage ein, weil der Beschluss, außer er wäre nichtig, sonst, obwohl er rechtswidrig ist, ohne Anfechtung bestandskräftig wird.

Für die Klärung der Ungültigkeit gilt im Übrigen folgender **Prüfungsmaßstab:** Materielle Fehler liegen vor, wenn die Beschlüsse inhaltlich einer ordnungsgemäßen Verwaltung gemäß § 21 Abs. 3[33] widersprechen[34]; ist den Eigentümern bei einer ihrer Entscheidungen ein Ermessensspielraum eingeräumt, muss dies das Gericht berücksichtigen.[35] Bei **formellen** Fehlern ist deren Kausalität grundsätzlich zu prüfen. Die Anfechtung ist nur dann begründet, wenn sich die Mängel auf das Ergebnis der Beschlussfassungen zumindest ausgewirkt haben können[36]; hieran sind strenge Anforderungen zu stellen.[37] Ein Beschluss der Eigentümer bindet den Verwalter wie auch die klagenden und sonstigen Eigentümer bis zur Rechtskraft eines Urteils, das die etwaige Ungültigkeit ausspricht. Der Verwalter ist weiterhin verpflichtet, den Beschluss auszuführen. Die Eigentümer sind, fechten sie z.B. Einzelabrechnungen an, verpflichtet, zumindest übergangsweise die Nachzahlungen zu leisten.[38]

4. Klagegegenstand: Beschluss der Wohnungseigentümer

a) Beschlüsse

7 Die Klage muss sich gegen die Ungültigkeit eines Beschlusses der Wohnungseigentümer richten. Gegenüber der Rechtslage nach § 23 Abs. 4 a.F. gibt es keine grundlegenden Veränderungen. Anfechtbar sind die Beschlüsse, die in einer ordentlichen oder außerordentlichen Eigentümerver-

---

31 BGH v. 2.10.2009 – V ZR 235/08, BGHZ 182, 307.
32 MünchKomm-*Engelhardt*, § 46 Rn. 6; ohne allerdings damit den Umfang der rechtlichen Prüfung einzuschränken.
33 Siehe § 21 Rn. 21 ff.
34 Oder einem ordnungsgemäßen Gebrauch gemäß § 15 Abs.2: siehe dazu: § 15 Rn. 13 ff.
35 Siehe dazu: § 21 Rn. 21 und § 15 Rn. 35.
36 OLG Hamburg v. 11.4.2007 – 2 Wx 2/07, ZMR 2007, 550.
37 OLG Hamm v. 19.4.1995 – 15 W 26/95, Wohnungseigentümer 1995, 125: Es muss mit Sicherheit feststehen, dass auch ohne den Fehler der Beschluss in gleicher Weise gefasst worden wäre; auch KG Berlin v. 18.11.1998 – 24 W 4180/97, FGPrax 1999, 90.
38 Vgl. im Einzelnen § 28 Rn. 84.

sammlung gefasst sind; auch Umlaufbeschlüsse gemäß § 23 Abs. 3 sind anfechtbar.

b) Beispiele

Angefochten können alle Beschlüsse der Wohnungseigentümerversammlung, also auch Negativbeschlüsse, Zweitbeschlüsse und Beschlüsse gemäß § 16 Abs. 3 werden; hierzu gehören die sogenannten Nichtbeschlüsse (siehe § 23 Rn. 9, 19). Für die Anfechtungsklage besteht grundsätzlich ein Rechtsschutzbedürfnis, das nicht entfällt, wenn ein Beschluss bereits durchgeführt wird[39]. Gegenstand der Anfechtung können **negative Beschlüsse** sein, also Beschlüsse, mit denen ein auf die Tagesordnung der Wohnungseigentümerversammlung gesetzter Antrag abgelehnt wurde oder beschlossen ist, überhaupt nicht über den Tagesordnungspunkt zu beschließen. Ein solcher Beschluss, der die Ablehnung eines Beschlussantrags durch die Wohnungseigentümer zum Gegenstand hat, hat selbst Beschlussqualität. Es ist ein Negativ-Beschluss[40], kein „**Nicht-Beschluss**"[41]. Hat ein Versammlungsleiter das Beschlussergebnis, weil er die Stimmen falsch gewertet hat, falsch festgestellt, kommt dieser Feststellung neben der konstitutiven auch eine inhaltsfixierende Bedeutung zu; es muss deshalb auch dieser Beschluss angefochten werden können[42]. Mit der Anfechtung eines solchen nicht nichtigen Beschlusses kann die Feststellung verbunden werden, welchen Inhalt der Beschluss selbst hatte; das richtige Ergebnis des **Abstimmungsvorgangs** kann durch Feststellungsklage bestimmt werden.[43] Auch kann ein Antrag auf Anfechtung eines Beschlusses bezüglich der falschen Verkündung eines Abstimmungsergebnisses als ein Antrag auf Feststellung des richtigen Inhalts eines Eigentümerbeschlusses umgedeutet werden.[44]

Es folgen in alphabetischer Aufstellung einige Beispiele:

– **Auslagen** eines Verwalters[45]: hat die Eigentümerversammlung den Verwalter aufgefordert, einen verauslagten Betrag von einem anderen Wohnungseigentümer einzufordern, muss der betroffene Wohnungseigentümer diesen Beschluss anfechten.

---

39 BGH v. 13. 5. 2011 – V ZR 2020/10, WuM 2011, 440; a. A. OLG München v. 18. 2. 2009 – 32 Wx 120/08, ZMR 2009, 468.
40 BGH v. 23. 8. 2001 – V ZB 10/01, NJW 2001, 3339; jetzt auch: BayObLG v. 7. 2. 2002 – 2Z BR 161/01, BayObLGZ 2002, 20 (Aufgabe von: BayObLG v. 19. 9. 2001 – 2Z BR 106/01, BayObLGZ 1999, 149); § 23 Rn. 39.
41 Ein Nichtbeschluss liegt vor, wenn es an fundamentalen Grundsätzen des Wohnungseigentumsrechts für eine Beschlussfassung fehlt: OLG München v. 26. 6. 2006 – 34 Wx 03/06, OLGR München 2006, 613.
42 BGH v. 19. 9. 2002 – V ZB 30/02, BGHZ 152, 46 = NJW 2002, 3704 und zwar innerhalb der Monatsfrist.
43 OLG München v. 21. 2. 2007 – 34 Wx 100/06, NJW-RR 2007, 1096 = NZM 2007, 448 = ZMR 2007, 480; es handelt sich dann um ein Gestaltungsurteil. Siehe auch: § 21 Rn. 19, 39, 42.
44 BayObLG v. 25. 5. 1999 – 2Z BR 25/99, BayObLGZ 1999, 149.
45 OLG Karlsruhe v. 28. 2. 1996 – 11 Wx 86/94, NJW-RR 1996, 1103.

WEG § 46 Verfahrensvorschriften

- **Beschlussberichtigungsklage**[46]
- **Eigentümerversammlung:** Fehler in der Einberufung[47] z.B. durch einen nicht mehr bestellten Verwalter[48] oder mit gesetzwidrigen oder der Teilungsvereinbarung widersprechenden Tagesordnungspunkten[49]
- **Einladung** zur Eigentümerversammlung[50]
- **Entlastung** des Verwalters[51]
- **Fehlen** der Einladung[52]
- **Instandsetzungsarbeiten** durch Verwalter am Gemeinschaftseigentum[53]
- **Jahresabrechnung:** Die Jahresabrechnung ist, soweit die konstitutiven Teile betroffen sind (vgl. hierzu: § 28 Rn. 83a) und insbesondere, wenn sie nicht nachvollziehbar oder plausibel oder rechnerisch unschlüssig ist, mit Anfechtungsklage anzugreifen. Wird bezogen auf fehlende Angaben zu Ausgaben/Einnahmen die Jahresrechnung ergänzt, bedarf es hierzu eines Beschlusses der Eigentümerversammlung[54]. Ist die Jahresabrechnung unschlüssig, ist sie auf Anfechtungsklage aufzuheben (zum etwaigen Anspruch auf Ergänzung bei Fehlen wesentlicher Teile siehe die Kommentierung § 28 Rn. 88)[55]. Das BayObLG[56] hatte als wesentlichen Maßstab für die Abgrenzung zwischen vollständiger und teilweiser Ungültigerklärung

---

46 LG Hamburg v. 14.12.2011 – 318 S 248/10.
47 BayObLG v. 2.4.1992 – 2Z BR 4/92, BayObLGZ 1992, 79 = NJW-RR 92, 910: faktischer Verwalter: Die in der von ihm einberufene Eigentümerversammlung gefassten Beschlüsse sind anfechtbar, nicht nichtig; das Rechtsschutzbedürfnis fehlt dann, wenn der Kläger mit der Einberufung ausdrücklich einverstanden war.
48 OLG Hamm v. 13.1.1992 – 15 W 13/91, OLGZ 1992, 309.
49 BayObLG v. 15.10.1992 – 2Z BR 75/92, BayObLG 1992, 288 = NJW-RR 1993, 206. Instandhaltungsbeschluss nicht anfechtbar, wenn anfechtende Eigentümer nicht über das in § 14 Nr. 1 bestimmte Maß beeinträchtigt sind.
50 BGH NJW v. 23.9.1999 – V ZB 17/99, BGHZ 142, 290 = NJW 1999, 3713.
51 OLG Düsseldorf v. 4.9.1996 – 3 Wx 149/96, ZMR 1997, 45: Verwalter veranlasste Instandsetzungsarbeiten: Zahlung einer Instandhaltungsrücklage: Entlastung nicht anfechtbar, weil Regressansprüche eines Sondereigentümers in Betracht kommen.
52 OLG Düsseldorf v. 5.12.1994 – 3 Wx 536/93, NJW-RR 1995, 464: Einwand des Rechtsmissbrauchs führt nicht zur Nichtigkeit des Beschlusses; fehlende Einladung führt nicht zur Nichtigkeit; besteht die Beschlussfähigkeit, ist die Anfechtungsfrist zu beachten; BGH v. 23.9.1999 – V ZB 17/99, BGHZ 142, 290: fehlende Einladung eines Wohnungseigentümers führt nur zur Anfechtbarkeit, nicht zur Nichtigkeit.
53 OLG Düsseldorf v. 4.9.1996 – 3 Wx 149/96, ZMR 1997, 45: Verwalter veranlasst Instandsetzungsarbeiten: Zahlung einer Instandhaltungsrücklage: Entlastung nicht angezeigt, wenn Regressansprüche eines Sondereigentümers in Betracht kommen.
54 Hierzu im Einzelnen: § 28 Rn. 87.
55 Zum Erhalt einer vollständigen und zutreffenden Jahresabrechnung könnte ein Ergänzungsanspruch gegen den Verwalter bestehen; eine nichtfristgebundene Verpflichtungsklage gegen den Verwalter auf Ergänzung ist zulässig: § 28 Rn. 88. Wird die Abrechnung ergänzt, erledigt sich der Rechtsstreit in der Hauptsache: LG München I v. 6.10.2011 – 36 S 17150/10. Für eine Anfechtungsklage gegen den Genehmigungsbeschluss selbst dürfte der Anspruch auf ordnungsgemäße Verwaltung Grundlage sein. Zur Frage, ob eine erneute Beschlussfassung der Gemeinschaft bezüglich einer neugefassten Jahresabrechnung dann erforderlich ist, verweise ich auf § 28 Rn. 88; § 21 Rn. 39 und 91.

von Jahresabrechnungen die Vollständigkeit und Nachvollziehbarkeit des Rechenwerks gefordert[57]. Wird während des Prozesses ein Zweitbeschluss bestandskräftig, tritt eine Erledigung der Hauptsache ein; hierzu § 28 Rn. 87 – auch zu weiteren Differenzierungen.

- **Mangelnde Beschlussfähigkeit**[58]
- **Mangelhafte Tagesordnung**[59]
- Missachtung der **Nichtöffentlichkeit** der Versammlung[60]
- **Nichtigkeitsgründe:** Verstoß gegen die guten Sitten oder gesetzliches Verbot
- Protokollberichtigung[61]
- **Stimmabgabe:** Fehlende Vertretungsmacht
- **Stimmenzählung:** Fehlerhafte Protokollierung[62]
- Verstoß gegen Einberufungsvorschriften[63]
- **Verwalter: Bestellung und Abberufung:** Ein Antrag auf Abberufung des Verwalters aus wichtigem Grund wird mit Ablauf des Bestellungszeitraums unzulässig; das Rechtsschutzbedürfnis entfällt[64].
- **Vorsätzliche Verhinderung** der Teilnahme eines Wohnungseigentümers an der Eigentümerversammlung
- **Wirtschaftsplan:** Der Beschluss über den Gesamtwirtschaftsplan wie auch über die Einzelwirtschaftspläne ist durch jeden Eigentümer anfechtbar,

---

56 BayObLG v. 7.5.1992 – 2Z BR 26/92, NJW-RR 1992, 1169, OLG München v. 20.2.2008 – 34 Wx 65/07, OLGR München 2008, 366, a.A. OLG Köln v. 29.3.1995 – 16 Wx 36/95, NJW-RR 1995, 1295: Zur Jahresgesamtabrechnung gehöre auch die Aufteilung auf einzelne Wohnungseigentümer (Einzelabrechnung); vgl. § 28 Rn. 30: Der Anspruch auf Erstellen der Jahresabrechnung ist ein Individualanspruch und kann von jedem Wohnungseigentümer gegen den Verwalter geltend gemacht werden: OLG München v. 22.11.2006 – 34 Wx 55/06, NZM 2007, 292.
57 War die Jahresabrechnung unschlüssig und wird dies im Prozess geheilt, ist die Hauptsache erledigt; ergibt sich aus den nachgereichten fehlenden Angaben, dass die Jahresabrechnung fehlerhaft ist, ist die Anfechtungsklage begründet.
58 OLG Düsseldorf v. 5.12.1994 – 3 Wx 536/93, NJW-RR 1995, 464.
59 BayObLG v. 12.2.2004 – 2Z BR 261/03, BayObLGZ 2004, 31 = NZM 2004, 386/387: Ein Wohnungseigentümer ist beschwert, wenn die Aufhebung eines Beschlusses auf Verfahrensmängel beruht.
60 OLG Frankfurt/Main v. 7.4.1995 – 20 W 16/95, NJW 1995, 3395: Die Eigentümerversammlung wird in offenem Gastraum abgehalten: nichtig.
61 Die Klagefrist ist auf jeden Fall dann einzuhalten, wenn Beschlüsse der Wohnungseigentümer in der Niederschrift inhaltlich unrichtig wiedergegeben sind: BayObLG v. 15.12.1982 – BReg. 2 Z 39/82, BayObLGZ 1982, 445; BGH v. 19.9.2002 – V ZB 30/02, NJW 2002, 3704.
62 OLG Braunschweig v. 12.10.1988 – 3 W 2/88, OLGZ 1989, 186.
63 OLG Hamm v. 4.7.1980 – 15 W 177/79, OLGZ 1981, 24 = MDR 1980, 1022: Verwalter darf Eigentümerversammlung verlegen, vgl. BayObLG v. 8.8.1991 – BReg. 3 Z 94/91, juris.
64 OLG München v. 23.3.2006, 34 Wx 10/06, OLGR München 2006, 541 = ZMR 2006, 475: Es empfiehlt sich, die Hauptsache für erledigt zu erklären.

auch hinsichtlich einzelner Positionen, wenn sie rechnerisch selbständig und abgrenzbar sind[65]. Wird ein fehlerhafter Verteilungsschlüssel gerügt, müssen in der Regel alle Einzelwirtschaftspläne angefochten werden[66], vgl. auch § 28 Rn. 18. Allein durch den Eigentümerbeschluss über die Jahresabrechnung entfällt nicht das Rechtsschutzbedürfnis für die Anfechtung des Wirtschaftsplans, siehe im Einzelnen § 28 Rn. 19[67]. Dies ist unabhängig davon, ob der anfechtende Wohnungseigentümer bereits sämtliche Wohngeldvorauszahlungen geleistet hat.[68]

10 Voraussetzung für die Anfechtung des Beschlusses ist dessen ordnungsgemäße Verkündung; erst dann gilt er als wirksam zustande gekommen[69]; die mündliche Feststellung und Verkündung des Beschlussergebnisses ist ausreichend.[70] Bis der Beschluss verkündet ist, fehlt überhaupt ein Beschluss. Beruft sich der Verwalter oder ein Eigentümer allerdings auf ihn, kann dies Anlass für die Erhebung einer Anfechtungsklage sein.

c) *Rechtsschutzbedürfnis*

11 Jede Klage bedarf eines Rechtsschutzbedürfnisses. Für eine Anfechtungsklage besteht grundsätzlich ein Rechtsschutzbedürfnis; das Rechtsschutzbedürfnis entfällt nicht, wenn ein Beschluss bereits durchgeführt ist[71], es sei denn die Rückgängigmachung ist unmöglich[72] oder Auswirkungen der Beschlussanfechtung auf Folgeprozesse sind mit Sicherheit auszuschließen[73]; es entfällt allerdings, wenn der Kläger die Rückgängigmachung der Maßnahme gar nicht anstrebt[74]. Ein Wohnungseigentümer kann auch dann gegen eine gerichtliche Entscheidung, mit der ein Eigentümerbeschluss für ungültig erklärt worden ist, Rechtsmittel einlegen, wenn er durch die ge-

---

65 So zur Jahresabrechnung: BGH v. 4.12.2009 – V ZR 44/09, NJW 2010, 2127.
66 BayObLG v. 20.3.2001 – 2Z BR 101/00, NZM 2001, 754; OLG Hamm v. 19.3.2007 – 15 W 340/06, ZMR 2008, 63 (dieses Zitat auch zur Nichtigkeit eines Beschlusses des Verwaltungsbeirats).
67 A.A. OLG Hamburg v. 29.7.2003 – 2 Wx 104/02, NZM 2003, 864.
68 Für das Entfallen des Rechtsschutzbedürfnis jedoch: OLG Hamm v. 18.5.2006 – 15 W 25/06, FGPrax 2007, 15.
69 BGH v. 23.8.2001 – V ZB 10/01, BGHZ 148, 335 = NJW 2001, 3339 = DNotZ 2003, 131.
70 BayObLG v. 13.10.2004 – 2 Z BReg. 152/04, NJW-RR 2005, 456 = NZM 2005, 631.
71 BGH v. 13.5.2011 – V ZR 202/10, WuM 2011, 440; BayObLG v. 9.6.1975 – BReg. 2 Z 35/75, ZMR 1976, 310; BayObLG v. 30.7.1992 – 2Z BR 34/92, NJW-RR 1992, 1367; LG Hamburg v. 18.1.2012 – 318 S 164/11.
72 Z.B. bei durchgeführter Balkonsanierung, LG Hamburg v. 1.6.2010 – 318 T 154/07, ZMR 2010, 791; OLG Düsseldorf v. 28.6.2000 – 3 Wx 163/00, NZM 2001, 14; *und* eine Ungültigkeitserklärung auch sonst keine Auswirkung haben könnte.
73 So BGH v. 13.5.2011 – V ZR 202/10, WuM 2011, 440; BGH v. 10.5.2012 – V ZB 242/11
74 Es fehlt auch, wenn die Eigentümergemeinschaft mit der konkreten Fragestellung noch nicht befasst war, LG München I v. 16.11.2009 – 1 S 4964/09, juris; für einen Protokollberichtigungsanspruch nur dann, wenn sich die Rechtsposition durch die erklärte Änderung verbessern oder rechtlich erheblich ändern würde, LG Dresden v. 22.5.2013 – 2 S 311/12; es fehlt allerdings, wenn ein Beschluss keinen rechtlich relevanten Inhalt, sondern nur eine Bitte an eine Eigentümerin beinhaltet, LG Düsseldorf v. 14.3.2013 – 19 C 55/12.

richtliche Entscheidung keinen persönlichen Nachteil erleidet.[75] Selbst wenn er in der Versammlung selbst für einen Beschluss gestimmt hat, besteht das Rechtsschutzbedürfnis für eine Beschlussanfechtung[76]. Es gelten im Rahmen des § 46 folgende Besonderheiten:

aa) Negativbeschlüsse
Negativbeschlüsse sind Beschlüsse einer Eigentümerversammlung, in denen ein Antrag abgelehnt worden ist.[77] Wird ein Antrag, für den die qualifizierte Mehrheit erforderlich ist, abgelehnt, weil nur eine einfache Mehrheit erreicht ist, liegt ebenfalls ein Negativbeschluss vor.[78] Auf die Formulierung des Antrags kommt es nicht an: Ein Eigentümerbeschluss, durch den ein Antrag auf Vornahme einer bestimmten Maßnahme abgelehnt wurde, hat denselben Inhalt wie ein Eigentümerbeschluss durch den ein Beschlussantrag, diese Handlung nicht vorzunehmen, angenommen wird.[79] Der BGH[80] fordert nicht mehr die Verbindung der Anfechtungsklage gegen einen Negativbeschluss mit einem Antrag auf Feststellung eines positiven Beschlussergebnisses[81]. Die formal einwandfrei zustande gekommene **Ablehnung** eines Beschlussantrags durch die Wohnungseigentümer hat Beschlussqualität[82]; sie ist grundsätzlich Ausdruck der Willensbildung der Wohnungseigentümer in den hierfür vorgesehenen Verfahren. Sie sind damit anfechtbar[83]; das Rechtsschutzbedürfnis besteht auf jeden Fall dann, wenn der Beschluss nach seinem Inhalt einem späteren Verpflichtungsantrag **entgegengehalten** werden kann. Ein solcher Negativbeschluss ist kein Nichtbeschluss.[84] Er ist anfechtbar. Das Rechtsschutzbedürfnis besteht im Interesse des Klägers auf **ordnungsgemäße Verwaltung**.[85] Widerspricht die Ablehnung des Antrags materiell-rechtlich ordnungsgemäßer Verwaltung, muss

12

---

[75] BGH v. 17.7.2003 – V ZB 11/03, BGHZ 156, 19.
[76] LG Dortmund v. 28.2.2013 – 11 S 232/12.
[77] BGH v. 23.8.2001 – V ZB 10/01, BGHZ 148, 335 = NJW 2001, 3339; BGH v. 19.9.2002 – V Z 30/02, BGHZ 152, 46 = NJW 2002, 3704.
[78] BGH v. 23.8.2001 – V ZB 10/01, BGHZ 148, 335 = NJW 2001, 339; entgegen: BayObLG v. 4.11.1999 – 2Z BR 141/99, ZMR 2000, 115–116; BayObLG v. 9.8.1984 – BReg. 2 Z 24/84, BayObLG 1984, 213 mit der Begründung, dass die Rechtslage unverändert sei und deshalb ein negativer Eigentümerbeschluss mangels sachlicher Regelung nicht existent sei; KG Berlin v. 17.4.2002 – 24 W 9387/00, NZM 2002, 613 = FGPrax 2002, 162; das BayObLG (v. 22.9.2004 – 2Z BR 152/04 BayObLGZ 2004, 270) folgt dem BGH.
[79] BayObLG v. 25.7.2002 – 2Z BR 63/02, BayObLGZ 2002, 247; a.A. *Niedenführ/Kümmel/Vandenhouen-Niedenführ*, § 43 Rn. 957.
[80] BGH Urt. v. 15.1.2010 – V ZR 114/09, NJW 2010, 2129.
[81] Wie noch in BGH Urt. vom 19.9.2002 – V ZB 30/02, BGHZ 152, 46 und Urt. v. 17.7.2003 – V ZB 11/03, BGHZ 156, 19. Der früheren aufgeworfenen Differenzierungen bedarf es insofern nicht mehr *Roth*, in: Bärmann, § 46 Rn. 14.
[82] BGH v. 23.8.2001 – V ZB 10/01, BGHZ 148, 335 = NJW 2001, 3339; BayObLG v. 22.9.2004 – 2Z BR 159/04, BayObLGZ 2004, 270.
[83] OLG München v. 21.3.2006 – 32 Wx 2/06, NZM 2006, 703 = OLGR München 2006, 415; BGH v. 15.1.2010 – V ZR 114/09, NJW 2010, 2129.
[84] Hierzu auch: § 23 Rn. 20.
[85] BGH v. 17.7.2003 – V ZB 11/03, BGHZ 156, 19 = NJW 2003, 3124; LG Itzehoe v. 29.9.2009 – 11 S 3/09, juris.

die Anfechtung zulässig sein.[86] Eine **Beschlussersetzungsklage** sowohl nach § 21 Abs. 4, als auch nach § 21 Abs. 8 kommt dann in Betracht, wenn die Mitglieder einer Wohnungseigentümergemeinschaft aufgrund bestehender Kontroversen nicht mehr imstande sind, sich – zumindest hinsichtlich einer bestimmten Materie – selbst zu organisieren.[87] Erforderlich ist immer die Vorbefassung in der Eigentümerversammlung[88]. Der BGH[89] hat die umstrittene Frage entschieden, dass auch ein Rechtsschutzbedürfnis besteht, wenn ein von einem Wohnungseigentümer gegen den Verband gerichtetes Zahlungsbegehren durch Beschluss abgelehnt worden ist[90]. Zu prüfen ist, ob im Zeitpunkt der Beschlussfassung allein eine freiwillige Erfüllung des Zahlungsbegehrens ordnungsmäßiger Verwaltung entsprochen hätte. Das ist vor einer Sachentscheidung zu klären. Jedoch stellt der BGH gleichzeitig fest, dass ein Anspruch auf Erstattung gemäß § 14 Nr. 4 nur im Beschlusswege durchzusetzen ist, wenn der Anspruch offenkundig und ohne jeden vernünftigen Zweifel begründet war; bei unklarer Teilungserklärung dürfen die Wohnungseigentümer auch die Klärung durch Zahlungsklage in Kauf nehmen. Beschlüsse, durch die ein Antrag abgelehnt wird, weil die erforderliche Mehrheit fehlt, sind grundsätzlich Ausdruck der Willensbildung der Wohnungseigentümer in dem hierfür vorgesehenen Verfahren und damit auch anfechtbar.[91] Das Rechtsschutzbedürfnis für die Anfechtung des sogenannten Negativbeschlusses fehlt allenfalls dann, wenn der bestandskräftige Beschluss einem späteren Verpflichtungsantrag nicht entgegen gehalten werden kann.[92] Das Rechtsschutzbedürfnis besteht grundsätzlich auch dann, wenn der Kläger einem Beschluss zugestimmt hat, unabhängig davon, ob ihm z. B. ein Verfahrensmangel im Zeitpunkt der Beschlussfassung bekannt war oder nicht.[93]

Das Rechtsschutzbedürfnis geht auch nicht bei Veräußerung des Wohnungseigentums während eines rechtshängigen Wohnungseigentumsverfahrens verloren, § 265 Abs. 2 ZPO, § 266 Abs. 1 ZPO.[94]

---

86 Vgl. *Niedenführ/Kümmel/Vandenhouten-Niedenführ*, § 43 Rn. 98; auch: OLG München v. 21. 3. 2006 – 32 Wx 2/06, NZM 2006, 703.
87 LG Dortmund v. 21. 4. 2015 – 1 S 44/14.
88 BGH v. 17. 10. 2014 – V ZR 9/14; siehe auch § 21 Rn. 39.
89 BGH v. 2. 10. 2015 – V ZR 5/15.
90 A.A. LG Hamburg, Urt. v. 8. 12. 2010 – 318 S 111/10; *Roth*, in: Bärmann, § 46 Rn. 113, mit der Begründung, das Rechtsschutzziel könne über eine Zahlungsklage einfacher als durch eine Beschlussanfechtung erreicht werden (vgl. auch § 21 Rn. 30).
91 BayObLG v. 25. 7. 2002 – 2Z BR 63/02, BayObLGZ 2002, 247.
92 BayObLG v. 26. 9. 2003 – 2Z BR 25/03, WuM 2004, 736.
93 OLG Karlsruhe v. 5. 12. 2002 – 11 Wx 6/02, MDR 2003, 621 = ZMR 2003, 290; die Entscheidung BayObLG v. 2. 4. 1992 – 2Z BR 4/92, BayObLGZ 1992, 79 verwies auf das rechtsmissbräuchliche Agieren, wenn ein Eigentümer, der ausdrücklich damit einverstanden war, dass ein Verwalter, dessen Bestellungszeit bereits abgelaufen ist, eine Eigentümerversammlung einberuft, in der Versammlung gefasste Beschlüsse, denen er nicht zugestimmt hat, mit der Begründung anficht, die Versammlung sei nicht ordnungsgemäß einberufen worden. Auf diesen Anfechtungsgrund könne der Eigentümer sich nicht mehr berufen.
94 BGH v. 23. 8. 2001 – V ZB 10/01, BGHZ 148, 335; BGH v. 19. 9. 2002 – V Z 30/02, BGHZ 152, 46 = NJW 2002, 3704.

bb) Zweitbeschlüsse

Ein Zweitbeschluss liegt vor, wenn die Wohnungseigentümer über eine schon geregelte Angelegenheit erneut beschließen[95], was grundsätzlich zulässig ist. Wird jedoch durch einen Zweitbeschluss in schutzwürdige Belange eines Wohnungseigentümers aus Inhalt und Wirkungen des Erstbeschlusses eingegriffen, kann dies dazu führen, dass ein Zweitbeschluss nicht mehr ordnungsgemäßer Verwaltung entspricht.[96] Zulässig ist die Aufhebung eines Beschlusses, zur Vorbereitung von Regressansprüchen ein selbständiges Beweisverfahren einzuleiten.[97]

13

Für die Anfechtung eines Zweitbeschlusses fehlt das Rechtsschutzbedürfnis immer dann, wenn der Beschluss **inhaltsgleich** zu der Willensbildung der Wohnungseigentümer in einer früheren Versammlung ist und dieser Beschluss bestandskräftig ist.[98] Wird eine Jahresrechnung teilweise für ungültig erklärt, können im Rahmen der Überprüfung des nachfolgenden „Umsetzungsbeschlusses" nicht die bereits rechtskräftigen Positionen der Jahresabrechnung erneut überprüft werden.[99] Die Verbindung eines Anfechtungsantrages gegen einen Negativbeschluss mit einem Antrag auf positive Beschlussfeststellung ist zulässig.[100] Der Zweitbeschluss muss einer ordnungsgemäßen Verwaltung entsprechen; entsprach der Erstbeschluss ordnungsgemäßer Verwaltung, ist dessen Aufhebung durch einen Zweitbeschluss regelmäßig anfechtbar.[101] Werden durch den Zweitbeschluss Rechte eines Wohnungseigentümers aus dem Erstbeschluss entzogen, liegt eine ordnungsgemäße Verwaltung nicht vor.[102] Im Wege des Zweitbeschlusses können Formfehler geheilt werden mit der Folge, dass sich ein Anfechtungsverfahren gegen den Erstbeschluss erledigt.[103]

---

95 BGH v. 20. 12. 1990 – V ZB 8/90, BGHZ 113, 197.
96 BGH v. 20. 12. 1990 – V ZB 8/90, BGHZ 113, 197; BayObLG v. 31. 1. 1985 – BReg. 2Z 98/84, BayObLGZ 1985, 57/61.
97 KG Berlin v. 15. 9. 1999 – 24 W 911/98, FGPrax 2000, 10.
98 BGH v. 23. 8. 2001 – V ZB 10/01, BGHZ 148, 335 = NJW 2001, 339 (Ziffer III 2); KG Berlin v. 20. 7. 1994 – 24 W 4748/93, NJW-RR 1994, 1358: Das KG Berlin hat den Wiederholungsbeschluss für ungültig erklärt; es hätte allerdings auch die Anfechtungsklagen mangels Rechtsschutzbedürfnis als unzulässig abweisen können. Wird der Erstbeschluss novatorisch ersetzt und damit aufgehoben, besteht ein Anfechtungsrecht: *Roth*, in: Bärmann, § 46 Rn. 113
99 OLG Düsseldorf v. 20. 4. 2007 – 3 Wx 127/06, NZM 2007, 569. Wird durch einen bestandskräftigen Ergänzungsbeschluss eine fehlerhafte Jahresabrechnung geheilt, entfällt das Rechtsschutzbedürfnis für den Erstbeschluss, da aus ihm keine Nachteile mehr möglich sind. LG München I v. 6. 10. 2011 – 36 S 17150/10; *Roth*, in: Bärmann, § 46 Rn. 113
100 BGH v. 19. 9. 2002 – V ZB 30/02, BGHZ 152, 46 = NJW 2002, 3704; aber nicht mehr erforderlich: BGH v. 15. 1. 2010 – V ZR 114/09, NJW 2010, 2129.
101 *Niedenführ/Kümmel/Vandenhouten-Kümmel*, § 23 Rn. 63.
102 Siehe auch: § 21 Rn. 25; Rn. 92; BayObLG v. 14. 4. 1988 – BReg. 2 Z 134/87, WuM 1988, 322 = Wohnungseigentümer 1988, 74.
103 BGH v. 19. 9. 2002 – V ZB 30/02, BGHZ 152, 46.

Mit Eintritt der Bestandskraft eines inhaltsgleichen Zweitbeschlusses fehlt es regelmäßig an einem Rechtsschutzbedürfnis für die Anfechtung des Erstbeschlusses.[104]

14 Durch die WEG-Novelle[105] ist den Wohnungseigentümern für Betriebskosten eine neue umfassende **Abänderungsbefugnis** eingeräumt worden: Mit der in § 16 Abs. 3 geregelten Beschlusskompetenz für Betriebs- und Verwaltungskosten ist eine Änderung getroffener Beschlüsse, allerdings auch, wie aus Absatz 5 zu entnehmen ist, der Regelungen der Teilungsvereinbarung und Gemeinschaftsordnung zulässig: Im Rahmen einer ordnungsgemäßen Verwaltung können festgelegte Verteilungsmaßstäbe geändert werden.[106] Ob insoweit schutzwürdige Belange aus den Wirkungen eines Erstbeschlusses zu berücksichtigen sind, wird die Rechtsprechung festlegen müssen: Nachdem der Gesetzeswortlaut schutzwürdige Belange nicht ausdrücklich berücksichtigt, könnte für einen erneuten Beschluss über die Kostenverteilung nach § 16 Abs. 3 weder ein sachlicher Grund noch schutzwürdige Belange eines Wohnungseigentümers Voraussetzung sein.[107] Wir meinen, dass im Rahmen einer ordnungsgemäßen Verwaltung diese Belange durchaus mit abzuwägen sind, wobei das Interesse der Gesamtheit der Wohnungseigentümer dem Schutz des einzelnen Wohnungseigentümers vorgehen kann.[108] Einer ordnungsgemäßen Verwaltung kann ein abändernder Beschluss auf jeden Fall nur dann entsprechen, wenn er etwaige Nachteile für betroffene Wohnungseigentümer mitberücksichtigt, also wenn in schutzwürdige Belange eines Wohnungseigentümers nicht ohne sachlichen Grund eingegriffen wird.[109] Die Entscheidung muss die Interessen der Gemeinschaft und der einzelnen Wohnungseigentümer angemessen berücksichtigen und darf nicht zu einer ungerechtfertigten Benachteiligung einzelner führen.[110] Die Wohnungseigentümer sind grundsätzlich nicht gehindert, über eine schon geregelte gemeinschaftliche Angelegenheit **erneut** zu beschließen. Die Befugnis dazu ergibt sich aus der autonomen Beschlusszuständigkeit der Gemeinschaft. Damit ist unerheblich, aus welchen Gründen die Gemeinschaft eine erneute Beschlussfassung für angebracht hält. Von Bedeutung ist nur, ob der neue Beschluss aus sich heraus einwandfrei ist. Der Zweitbeschluss muss schutzwürdige Belange aus Inhalt und Wirkungen des Erstbeschlusses beachten.[111] So hat zwischenzeitlich der BGH[112] entschieden, nur willkürliche

---

104 BGH v. 19.9.2002 – V ZB 30/02, BGHZ 152, 46 = NJW 2002, 3704; BayObLG v. 31.1.2002 – 2Z BR 165/01, BayObLGR 2002, 283; OLG Frankfurt/Main v. 22.9.2004 – 20 W 428/01, OLGR Frankfurt 2005, 80.
105 Gesetz zur Änderung des Wohnungseigentumsgesetz und anderer Gesetze v. 26.3.2007, BGBl. I 2007 S. 370, Art. 1 Nr. 7; siehe im Einzelnen: § 16 Rn. 20–54.
106 Vgl. *Niederführ/Kümmel/Vandenhouten-Niederführ*, § 16 Rn. 44.
107 So: *Hügel/Elzer*, § 15 Rn. 93.
108 So auch der Gesetzgeber: BT-Drucks. 16/887, S. 23.
109 BGH v. 20.12.1990 – V ZB 8/90, BGHZ 113, 197 = NJW 1991, 979.
110 Siehe im Einzelnen § 16 Rn. 49: eine rückwirkende Änderung des Verteilungsmaßstabes ist ebenso unzulässig wie eine Änderung während eines laufenden Abrechnungszeitraums..
111 BGH v. 20.12.1990 – V ZB 8/90, BGHZ 113, 197 = NJW 1991, 979; BGH v. 23.8.2001 – V ZB 10/01, BGHZ 148, 335 = NJW 2001, 3339 (Ziff. III 4b).
112 BGH v. 1.4.2011 – V ZR 162/10; BGH v. 16.9.2011 – V ZR 3/11: Es steht ein weiter Gestaltungsspielraum zur Verfügung; die Grenze ist das Willkürverbot.

Änderungen des Verteilungsschlüssels nicht zuzulassen. Auch ist der BGH der Auffassung, dass ein Anspruch auf einen Zweitbeschluss bestehen kann, z.b. wenn erforderliche Instandsetzungsmaßnahmen nicht beschlossen waren[113].

cc) Nichtbeschlüsse

Halten sich Beschlüsse der Wohnungseigentümergemeinschaft nicht an die fundamentalen Vorschriften des § 23, wird von einem „Nichtbeschluss" gesprochen.[114] Fehlt es an den konstitutiven Voraussetzungen für einen Beschluss (Abstimmung, Verkündung), liegt ein **Nichtbeschluss** vor[115]; gegen fundamentale Grundsätze wird verstoßen z.b. bei einer Beschlussfassung außerhalb einer Versammlung (im Rahmen einer lediglich spontanen Zusammenkunft einiger Wohnungseigentümer[116]) oder bei Abstimmungen nach Beendigung einer Eigentümerversammlung[117] oder bei einem Mehrheitsbeschluss im schriftlichen Verfahren[118].

15

Die Nichtbeschlüsse entfalten keine Rechtswirkungen, sie können allerdings den Rechtsschein eines wirksamen Beschlusses erzeugen. Ein Antrag, einen solchen Beschluss für ungültig zu erklären, kann umgedeutet werden in einen Antrag auf Feststellung, dass „solche Beschlüsse nicht zustande gekommen sind".[119] Diese Nichtbeschlüsse bedürfen nicht der Aufhebung, sondern zur Beseitigung des Scheins, es läge ein Beschluss vor, ist die Feststellung ausreichend, dass ein entsprechender Beschluss nicht zustande gekommen ist.[120]

5. Passivlegitimation (die übrigen Wohnungseigentümer)

Beklagte sind entweder die übrigen Wohnungseigentümer (im Zeitpunkt der Rechtshängigkeit) oder, wenn der Verwalter Klage erhebt, alle Wohnungseigentümer[121]; für die Besonderheiten bei Untergemeinschaften ist auf

16

---

113 BGH v. 27. 4. 2012 – V ZR 177/11; vgl. § 21 Rn. 42.
114 Vgl. OLG München v. 7. 6. 2005 – 32 Wx 32/05, NZM 2005, 588; OLG München vom 26. 6. 2006 – 34 Wx 3/06, OLGR München 2006, 613 (Leitsatz) vollständig erfasst in juris.
115 Vgl. § 23 Rn. 20.
116 OLG München v. 7. 6. 2005 – 32 Wx 32/05, NZM 2005, 588.
117 BayObLG v. 30. 7. 1998 – 2Z BR 94/98, NZM 1998, 1010 = ZfIR 1999, 47.
118 Vgl. im Einzelnen § 23 Rn. 13 ff.; BayObLG v. 8. 12. 1994 – 2Z BR 116/94, WuM 1995, 227.
119 OLG München v. 26. 6. 2006 – 34 Wx 3/06, OLGR München 2006, 613; BayObLG v. 7. 12. 1995 – 2Z BR 72/95, BayObLGZ 1995, 407.
120 Auch: BGH v. 23. 8. 2001 – V ZB 10/01, NJW 2001, 3339.
121 Ein „gewillkürter Beklagter" kann nur gedacht werden, wenn in der Teilungsvereinbarung vereinbart ist, dass Streitigkeiten der Wohnungseigentümer untereinander aus den Ergebnissen von Beschlüssen der Eigentümerversammlungen nicht unter den Wohnungseigentümern, sondern mit dem Verband der Wohnungseigentümergemeinschaft auszutragen sind; damit wären in Teilungsvereinbarung die Verfahrensvorschriften der §§ 43ff. abgeändert. Unabhängig von der bei *Hügel/Elzer*, Das neue WEG-Recht 2007, § 13 Rn. 128 und Rn. 186 dargelegten Vorteile einer solchen Regelung dürften Verfahrensvorschriften unabdingbar sein, so dass der Vorschlag als ein Appell an den Gesetzgeber zu werten ist.

Rn. 18 zu verweisen[122]. Diese sind notwendige Streitgenossen, § 62 Abs. 1 Alt. 1 ZPO.[123]

a) Bezeichnung

17 Auch der Beklagte muss so **genau bezeichnet** sein, dass kein Zweifel an seiner Person besteht; die für den Zeitpunkt der Klageerhebung bis zur letzten mündlichen Verhandlung durch § 44 Abs. 1 gewährten Erleichterungen gelten auch für den Beklagten. Wird z.B. die Gemeinschaft im Rubrum geführt, ergibt sich jedoch aus einem Hinweis in der Klagebegründung, dass die Wohnungseigentümer selbst gemeint sind, kann eine Klarstellung durch Berichtigung des Rubrums erfolgen; dabei kann das Gericht die abgegebenen Verfahrenserklärungen selbständig würdigen[124], auch noch in der Rechtsmittelinstanz. Die Rechtsprechung ist mit dem Auffinden des richtigen Beklagten auch im Zusammenhang mit der Wahrung der Anfechtungsfrist großzügig. Ist in der Klage als Beklagte die nicht passivlegitimierte Wohnungseigentümergemeinschaft im Rubrum genannt und finden sich Anhaltspunkte für die richtigen Beklagten (nämlich die Miteigentümer) in den Schriftsätzen, wie z.B. die Beigabe einer Eigentümerliste[125], dann kann, führt die Auslegung nicht weiter, ein Parteiwechsel bis zum Ende der letzten mündlichen Verhandlung vorgenommen werden; auf die Fristen des § 46 Abs. 1 Satz 2 kommt es dabei nicht an. Der Kläger muss nur in der mündlichen Verhandlung den Parteiwechsel erklären sowie dass auch die Wohnungseigentümer vertreten werden, für die die Sachanträge gestellt werden[126]. Die Klage scheitert nicht an einer ursprünglich fehlenden Passivlegitimation[127].

---

122 Vgl. LG München I v. 20.12.2010 – 1 S 8436/10, NJW-RR 2011, 488; LG München I v. 31.1.2011 – 1 S 15378/10 (juris).
123 Vgl. *Hügel/Elzer*, § 46 Rn. 69; AG Wiesbaden v. 3.12.2007 – 92 C 4116/07, ZMR 2008, 165.
124 OLG München v. 28.1.2008 – 34 Wx 77/07, NJW 2008, 856; AG Konstanz v. 13.3.2008 – 12 C 17/07 [juris].
125 Bis zu den Entscheidungen des BGH (v. 6.11.2009 – V ZR 73/09, NJW 2010, 446; v. 5.3.2010 – V ZR 62/09, NJW 2010, 2132; v. 21.1.2011 – V ZR 140/10, NZM 2011, 315) war z.B. das OLG München v. 9.4.2008 – 32 Wx 37/08 (nicht veröffentlicht) für ein Altverfahren der Meinung gewesen, dass eine Auslegung dann nicht möglich ist, wenn die Klage (dort: der Antrag) eindeutig gegen die nicht passivlegitimierte Wohnungseigentümergemeinschaft gerichtet war. Die früher vertretene Auffassung (LG Itzehoe v. 23.2.2009 – 11 S 37/08, NZM 2009, 750; LG Köln v. 12.2.2009 – 29 S 93/08, ZMR 2009, 632), dass dann, wenn nach Ablauf der Anfechtungsfrist ein Beteiligtenwechsel vorgenommen wird, dieser die Frist nicht wahrt, hat der BGH verworfen.
126 BGH v. 17.9.2010 – V ZR 5/10, NJW 2010, 3376 = NZM 2010, 788.
127 BGH v. 17.9.2010 – V ZR 5/10, NJW 2010, 3376 = NZM 2010, 788: vgl. auch BGH v. 5.3.2010 – V ZR 62/09, NJW 2010, 2132; BGH v. 21.1.2011 – V ZR 140/10, WuM 2011, 186; LG München I v. 16.2.2009 – 1 S 20283/08, WuM 2009, 189 = ZWE 2009, 173; a.A. LG Frankfurt v. 14.4.2015 – 2/13 S 164/14: Die Parteiänderung mit Einlegung der Berufung wäre nicht sachdienlich.

b) Untergemeinschaften

Streitig war die Passivlegitimation bei Mehrhausanlagen oder den sogenannten Untergemeinschaften, wenn die Teilungserklärung festlegt, dass für jedes Haus oder jede Untergemeinschaft eine getrennte Bewirtschaftung erfolgt. Eine Ausnahme davon, dass die Anfechtungsklage grundsätzlich gegen sämtliche übrigen Miteigentümer zu richten ist, gilt in dem Fall, dass für eine Untergemeinschaft eine eigene Eigentümerversammlung nach der Teilungserklärung zu erfolgen hat, die mit eigener Beschlusskompetenz ausgestattet ist[128]. Einer Klage gegen Wohnungseigentümer, die von der Maßnahme nicht betroffen werden können und auch nicht abstimmungsberechtigt sind, bedarf es nicht. Diese müssen nicht mitverklagt werden[129]. Die ursprünglich strittige Frage der Passivlegitimation bei Mehrhausanlagen oder den sog. Untergemeinschaften, in denen die Teilungserklärung festlegt, dass für jedes Haus oder jede Untergemeinschaft eine getrennte Bewirtschaftung erfolgt, ist zwischenzeitlich durch die Rechtsprechung des BGH geklärt[130]. Eine Klage, mit der ein Beschluss einer Untergemeinschaft der Wohnungseigentümer angefochten oder für nichtig erklärt werden soll, ist stets gegen alle übrigen Mitglieder der Wohnungseigentümergemeinschaft als notwendige Streitgenossen, nicht nur gegen die Mitglieder der Untergemeinschaft zu richten; dies gilt also auch in dem Fall, dass für eine Untergemeinschaft eine eigene Eigentümerversammlung nach der Teilungserklärung durchzuführen ist, die mit eigener Beschlusskompetenz ausgestattet ist[131].

18

6. Klage des Verwalters

Auch der Verwalter kann gegen Beschlüsse der Wohnungseigentümer Anfechtungsklage erheben. Der Gesetzeswortlaut wurde im Gesetzgebungsverfahren auf Empfehlung des Bundesrates dahingehend klargestellt, dass nach wie vor der **Verwalter** klagebefugt ist und rechtswidrige Beschlüsse der Wohnungseigentümergemeinschaft anfechten kann[132]; es soll zum Ausdruck gebracht werden, dass das Anfechtungsrecht des Verwalters gegenüber dem

19

---

128 LG München I v. 20.12.2010 – 1 S 8436/10, NJW-RR 2011, 488 = NZM 2011, 125.
129 Wird dagegen, nachdem zuerst alle Miteigentümer z.B. einer Mehrhausanlage verklagt wurden, die Berufung jedoch nur gegen die Miteigentümer einer Hausanlage erhoben, ist diese unzulässig: LG München I v. 31.1.2011 – 1 S 15378/10, (juris); vgl. auch LG Düsseldorf v. 22.10.2009 – 19 S 40/09, NZM 2010, 288; ebenso die Kommentierung bei § 23 Rn. 7.
130 BGH Urt. v. 11.11.2011 – V ZR 45/11, Urt. v. 10.2.2012 – V ZR 145/11; Urt. v. 20.7.2012 – V ZR 231/11.
131 A.A.: LG München I v. 20.12.2010 – 1 S 8436/10, NJW-RR 2011, 488 = NZM 2011, 125; LG München I vom 31.1.2011 – 1 S 15378/10 (juris); LG Düsseldorf v. 22.10.2009 – 19 S 40/09, NZM 2010, 288; Kommt es im laufenden Rechtsstreit zu einer Realteilung, so muss beim Beschluss über die Jahresrechnung des Vorjahres sich die Anfechtungsklage gegen alle übrigen Wohnungseigentümer der ehemaligen WEG richten; LG Gera v. 17.6.2014 – 5 S 271/13.
132 BGH v. 21.6.2007 – V ZB 20/07, NJW 2007, 2776 = NZM 2007, 645; BGH v. 20.6.2002 – V ZB 39/01, BGHZ 151, 164; BayObLG v. 27.2.1981 – BReg. 2 Z 23/80, BayObLGZ 1981, 50.

bisherigen Recht unverändert fortbestehen soll.[133] Seine Klage richtet sich gegen alle Wohnungseigentümer. Im Streit steht, ob – gegen den Gesetzeswortlaut – der Verwalter nur dann klagebefugt ist, wenn er in eigenen Rechten verletzt ist[134], wie z.B. nach einer etwaigen Abberufung[135] oder Herabsetzung der Verwaltervergütung. Ob der Verwalter darüber hinaus die Beschlüsse der Eigentümergemeinschaft, die er selbst für rechtswidrig erachtet, anfechten kann oder sich auf die Aktivität eines Miteigentümers verlassen muss, ist fraglich: Hierzu wird zu Recht die Auffassung vertreten, dass § 46 Abs.1 Satz1 einschränkend („teleologische Reduktion") auszulegen ist und nur das Verhältnis des Verwalters zum Verband und den Wohnungseigentümern gemeint sei.[136] Dass der Verwalter gegen Eingriffe in seine eigene Rechtsstellung sich im Rahmen der Beschlussfassung der Wohnungseigentümer wehren kann, ist durch die Rechtsprechung anerkannt. Der Gesetzgeber wollte die Rechte des Verwalters nicht erweitern; er wollte sie jedoch gewahrt wissen. Der Verwalter ist kein Aufsichtsorgan der Wohnungseigentümer, sondern hat als deren uneigennütziger Treuhänder zu agieren; er kann deshalb nicht alle Beschlüsse der Wohnungseigentümer anfechten,[137] sondern nur, wenn er unmittelbar in seinen Rechten betroffen ist, wie z.b. bei seiner Abberufung[138] oder er eine strafbare Handlung begehen müsste[139].

7. Passivlegitimation (Wohnungseigentümer)

20 Erhebt der Verwalter Klage, muss diese gegen **alle** Wohnungseigentümer gerichtet werden[140]. Diese sind notwendige Streitgenossen, § 62 Abs. 1 Alt. 1 ZPO[141]. Zur Bezeichnung der beklagten Wohnungseigentümer ist auf die Ausführungen zu Rn. 14 zu verweisen.

---

133 BT-Drucks. 16/3843: Beschlussempfehlung und Bericht des Rechtsausschusses, S. 57.
134 BayObLG v. 20. 2. 2003 – 2 Z BR 136/02, ZMR 2003, 519: danach ist die Klage unzulässig, wenn der Verwalter nicht in eigenen Rechten verletzt ist; grundsätzlich gegen eine Anfechtungsberechtigung auch bei Abberufung: *Jennißen-Suilmann*, § 46 Rn. 57.
135 BGH v. 1.12.1988 – V ZB 6/88, BGHZ 106, 113; BGH v. 20.6.2002 – V ZB 39/01, BGHZ 151, 164; BGH v. 21.6.2007 – V ZB 20/07, NJW 2007, 2776 = NZM 2007, 645; OLG Hamburg v. 24.3.2010 – 2 Wx 6/08, ZMR 2010, 627: auch nach Ablauf des Verwaltervertrags; kritisch: *Jennißen-Suilmann*, § 46 Rn. 53–61.
136 So: *Hügel/Elzer*, § 46 Rn. 54 m.w.N. in Fn. 174.
137 Siehe § 26 Rn. 2; *Hügel/Elzer*, § 46 Rn. 56.; BT-Drucks. 16/887, S. 73 zu Nr. 8 zu Buchstabe b a.E. spricht sich nicht für eine erweiterte Rechtsstellung aus; *Jennißen-Suilmann*, § 46 Rn. 44ff. sprechen sich auch gegen das Anfechtungsrecht des Verwalters gegen Beschlüsse der Wohnungseigentümer, die z.B. seine Abberufung beinhalten, aus. Die Rechtmäßigkeit sei gegebenenfalls im Schadensersatzprozess zu prüfen. Zu bedenken ist, dass der Verwalter anderenfalls in die Willensbildung und Gestaltung der Rechtslage durch die Eigentümer eingreifen würde.
138 BGH v. 1.12.1988 – V ZB 6/88; BGHZ 106, 113; LG Itzehoe v. 12.4.2011 – 11 S 50/10; LG Hamburg v. 15.11.2012 – 318 S 213/11; *Roth*, in: Bärmann, § 46 Rn. 36.
139 *Hügel/Elzer*, § 46 Rn. 56.
140 Zu den Untergemeinschaften vgl. LG München I v. 20.12.2010 – 1 S 8436/10, NJW-RR 2011, 488; LG München I v. 31.3.2011 – 1 S 15378/10 (juris).
141 Vgl. *Hügel/Elzer*, § 46 Rn. 69; AG Wiesbaden v. 3.12.2007 – 92 C 4116/07, ZMR 2008, 165.

III. Absatz 1 Satz 2: Klagefrist

1. Klagefrist

Die Klagefrist des § 23 Abs. 4 Satz 2 a.F. ist nach der WEG-Novelle nun in § 46 Abs.1 Satz 2 enthalten. Die Anfechtungsfrist ist materiell-rechtlicher Rechtsnatur; es handelt sich um eine Ausschlussfrist, die auch nicht durch das Gericht verlängerbar ist.[142] Deshalb finden die Vorschriften der Wiedereinsetzung (siehe unten) Anwendung.

21

Die Klagefrist gilt nur für die Anfechtungsklage gegen Eigentümerbeschlüsse, nicht also z.B. für eine Klage, mit der eine Stimmabgabe nach den §§ 119ff. BGB angefochten wird[143] oder für eine Klage auf Protokollberichtigung. Die Klagefrist gilt nicht für die Feststellung der Nichtigkeit eines Beschlusses[144]; die Anfechtungsklage wird aber wegen des gleichen Streitgegenstandes der Anfechtungsklage auf Nichtigkeitsgründe geprüft[145].

Mit Klageerhebung ist der Gebührenvorschuss gemäß § 12 Abs. 1 Satz 1 GKG einzuzahlen; ausreichend ist, die Anforderung durch das Gericht abzuwarten; allerdings darf der Kläger nicht länger als 14 Tage untätig bleiben: Er muss innerhalb dieser Frist nachfragen, wann die Anforderung in welcher Höhe erfolgt oder aus dem von ihm errechneten Streitwert den Gerichtskostenvorschuss einzahlen[146]; seltener werden die Voraussetzungen des § 14 GKG vorliegen, wonach der Vorschuss nicht zu zahlen ist, wenn glaubhaft gemacht wird, dass die alsbaldige Zahlung der Kosten mit Rücksicht auf die Vermögenslage oder aus sonstigen Gründen Schwierigkeiten bereiten würde oder eine Verzögerung einen nicht oder nur schwer zu ersetzenden Schaden bringen werde; auch in diesen Fällen sollte der Kläger tunlichst nicht länger als zwei Wochen auf die Bearbeitung seines Antrags warten, sondern binnen 14 Tagen die Entscheidung anmahnen.[147] Erhält der Kläger die gerichtliche Anforderung zur Einzahlung der Gerichtskosten, ist ihm eine Frist von bis zu 14 Tagen zur Einzahlung der Gerichtskosten eingeräumt.[148] Diese Frist berechnet sich nach einer neuen Entscheidung des BGH (v. 26.2.2016 – V ZR 131/15) nicht ab Zugang der Streitwertanfrage des Gerichts; es wird die Zeit hinzugerechnet, der eine zügige Bearbeitung sowieso bedarf (bei Streitwertanfragen: jedenfalls eine Woche).

---

142 § 224 ZPO scheidet aus; vgl. BT-Drucks. 16/887, S. 38; BGH v. 2.10.2009 – V ZR 235/08, BGHZ 182, 307. Eine Fristverlängerung ist unwirksam.
143 *Roth*, in: Bärmann, § 46 Rn. 74.
144 BGH v. 27.3.2009 – V ZR 196/08, NJW 2009, 2132 = NZM 2009, 436.
145 BGH v. 2.10.2009 – V ZR 235/08, BGHZ 182, 307.
146 *Roth*, in: Bärmann, § 46 Rn. 91; nach LG Düsseldorf v. 25.2.2015 – 25 S 83/14 – muss innerhalb einer Frist von drei Wochen nachgefragt werden.
147 BGH v. 15.1.1992 – IV ZR 13/91, NJW-RR 1992, 470 = VersR 1992, 433.
148 BGH v. 15.1.1992 – IV ZR 13/91, NJW-RR 1992, 470; zum alten Recht: OLG Düsseldorf v. 15.1.2008 – 3 Wx 119/07, ZMR 2008, 397: wird der Gerichtskostenvorschuss nicht eingezahlt, erfolgt keine Zustellung der Anfechtungsklage und wird das Verfahren zwei Jahre lang nicht betrieben, ist die Klage verfristet. LG Düsseldorf v. 25.2.2015 – 25 S 84/15: Die Frist zur Einzahlung der Gerichtskosten binnen ca. zwei Wochen beginnt mit Zugang der Vorschussrechnung.

Then

22 Die Klage muss innerhalb eines Monats nach der Beschlussfassung erhoben sein und innerhalb von zwei Monaten nach der Beschlussfassung begründet werden. Entscheidend ist gemäß § 253 ZPO die Zustellung der Klageschrift. Mit ihr tritt die Rechtshängigkeit gemäß § 261 Abs.1 ZPO ein. Nach § 167 ZPO reicht die „Zustellung demnächst": Der Kläger muss sich um eine unverzügliche Zustellung bemühen, den Gerichtskostenvorschuss umgehend einzahlen, gegebenenfalls bei Gericht für die Anforderung Sorge tragen.[149] Hat der Kläger alles Erforderliche für eine ordnungsgemäße Klagezustellung geleistet[150], sind er und sein Prozessbevollmächtigter nicht mehr gehalten, das gerichtliche Vorgehen zu kontrollieren und z.b. durch Nachfragen auf die beschleunigte Zustellung hinzuwirken.[151] Der BGH hat grundsätzlich einen Zeitraum von 14 Tagen als Verzögerung für unschädlich erachtet; etwaige darüber hinausgehende Verzögerungen („um zwei Wochen bewegt oder nur geringfügig darüber liegt")[152], sind beim Vorliegen besonderer Umstände und im Ergebnis von einer tatrichterlichen Würdigung der Gesamtumstände abhängig[153]; entscheidend für den 14-Tage-Zeitraum ist, um wieviele Tage sich der für die Zustellung der Klage ohnehin erforderliche Zeitraum in Folge der Nachlässigkeit des Klägers verzögert hat[154]. Die Zeit, die bei zügiger Bearbeitung sowieso benötigt wird, wird nicht hinzugerechnet. Die Zeitspanne von 14 Tagen steht der Klagepartei insgesamt nur einmal zu. Zahlt der Kläger nach Erhalt der Anforderung des Gerichtskostenvorschusses erst nach 12 Tagen den Gerichtskostenvorschuss ein und verzögert sich die Zustellung der Klageschrift wegen einer vermeidbaren falschen Adressangabe, muss der Kläger, nachdem ihm dies über das Gericht bekannt gegeben wurde, unverzüglich die richtige Adresse ermitteln; er hat nur noch zwei „ihm zurechenbare Säumnis"-Tage! Anderenfalls ist die etwa 14-tägige Frist, die die Rechtsprechung dem Kläger zur Heilung eines Versäumnisses einräumt, abgelaufen.[155] Die Monatsfrist beginnt „nach

---

149 BGH v. 12.7.2006 – IV ZR 23/05, BGHZ 168, 306 = NJW 2006, 3206 und binnen zwei Wochen die Ausführung anmahnen.
150 Das ist nicht der Fall, wenn in der Klage die Bezeichnungen des Verwalters und des gemäß § 45 Abs. 2 Satz 1 bestellten Ersatzzustellungsvertreters fehlen, AG Düsseldorf v. 26.4.2010 – 290a C 9465/09, ZWE 2010, 287.
151 BGH v. 12.7.2006 – IV ZR 23/05, BGHZ 168, 306 = NJW 2006, 3206; LG München I v. 22.9.2008 – 1 S 6883/08, ZWE 2009, 35; BGH v. 22.9.2009 – 11 ZR 230/08, BGHZ 182, 284; die Parteien sollen vor Nachteilen der Verzögerungen innerhalb des Geschäftsbetriebes bei Gericht bewahrt werden. Hat die Klagepartei alles getan, was nach den gesetzlichen Vorschriften von ihr gefordert wird, bestehen keine weiteren Sorgfaltspflichten, AG München v. 25.11.2015 – 485 C 30089/14 WEG: auch § 517 ZPO gilt nicht analog.
152 BGH v. 16.1.2009 – V ZR 74/08, BGHZ 179, 230 = NJW 2009, 999 m.w.N.
153 BGH Urt. v. 30.3.2012 – V ZR 148/11; und konkreter: BGH v. 10.7.2015 – V ZR 154/14.
154 BGH v. 26.2.2016 – V ZR 131/15 (bei Streitwertanfragen: eine Woche); BGH v. 10.7.2015 – V ZR 154/14; Urt. v. 10.2.2011 – VII ZR 185/07.
155 BGH v. 20.4.2000 – VII ZR 116/99, NJW 2000, 2282 = BauR 2000, 1225: Der auf vermeidbare Verzögerungen im Geschäftsablauf des Gerichts zurückzuführende Zeitraum wird nicht auf den Zeitraum angerechnet, der im Zusammenhang mit der Frage maßgeblich ist, ob die Zustellung einer Klage trotz einer vom Kläger zu vertretenden Verzögerung noch „demnächst" erfolgt ist.

der Beschlussfassung". Beschlüsse werden in der Wohnungseigentümerversammlung oder schriftlich im Umlaufverfahren gemäß § 23 Abs. 3 gefasst. Wird ein Beschluss in der Eigentümerversammlung gefasst, kommt er mit Feststellung und Verkündung des Beschlussergebnisses zustande, § 24 Abs. 6 Satz 2.[156] Damit ist Beginn des Fristlaufes immer der Tag der Beschlussfassung.[157] Stimmen alle Wohnungseigentümer einem Beschluss schriftlich zu, ist gemäß § 23 Abs. 3 der Beschluss mit dem Eingang der letzten Zustimmung gültig; er hat konstitutive Wirkung, wenn er festgestellt ist und eine an alle Wohnungseigentümer gerichtete Mitteilung des Beschlussergebnisses vorliegt.[158] Die Beschlussbekanntgabe bedarf nicht des Zugangs der Mitteilung bei jedem einzelnen Eigentümer. Es genügt jede Form der Unterrichtung (etwa durch einen Aushang oder ein Rundschreiben), bei der den gewöhnlichen Umständen nach mit einer Kenntnisnahme durch die Wohnungseigentümer gerechnet werden kann. Zu diesem Zeitpunkt beginnt die Frist zur Anfechtung eines schriftlichen Beschlusses zu laufen[159].

Wurde die Anfechtungsklage fehlerhaft gegen die Wohnungseigentümergemeinschaft anstatt gegen die übrigen Wohnungseigentümer erhoben und wurde dies nicht innerhalb der Klagefrist nach § 46 Abs. 1 Satz 2 berichtigt oder zumindest der vertretungsbefugte Verwalter angegeben und auch nicht die namentliche Bezeichnung der richtigerweise zu verklagenden übrigen Mitglieder der Gemeinschaft dem Gericht mitgeteilt, so war es verbreitete Auffassung, dass die Klagefrist nicht eingehalten ist[160]. Der BGH[161]- hatte ursprünglich die Nachreichung der Angabe des Verwalters innerhalb der Klagefrist und die namentliche Bezeichnung der richtigerweise zu verklagenden übrigen Mitglieder der Gemeinschaft bis zum Schluss der mündlichen Verhandlung als die Klagefrist wahrend angesehen. Er hat dann seine Rechtsprechung weiter entwickelt und unter Berücksichtigung der Wertung des § 44 entschieden, dass der in diesen Fällen notwendige Parteiwechsel nicht innerhalb der Klagefrist des § 46 Abs. 1 Satz 2 erklärt werden muss[162]; aus § 44 könne ein privilegierter Parteiwechsel abgeleitet werden, der sachdienlich ist; schutzwürdige Belange der übrigen Wohnungseigentümer, die Kenntnis von der Anfechtung des Beschlusses der Eigentümerver- 23

---

156 Hierzu: § 23 Rn. 20ff.; BGH v. 23.8.2001 – V ZB 10/01, BGHZ 148, 335 (entgegen BayObLG v. 14.12.2000 – 2Z BR 114/00, ZMR 2001, 365).
157 Die Frist läuft auch, wenn geltend gemacht wird, die Niederschrift sei inhaltlich unrichtig oder die in der Niederschrift enthaltenen Beschlüsse der Wohnungseigentümer seien inhaltlich unrichtig wiedergegeben: BayObLG v. 15.12.1982 – BReg. 2 Z 39/82, BayObLGZ 1982, 445; OLG Hamm v. 24.1.1985 – 15 W 450/84, MDR 1985, 502.
158 BGH v. 23.8.2001 – V ZB 10/01, BGHZ 148, 335 (entgegen BayObLG v. 14.12.2000 – 2Z BR 114/00, ZMR 2001, 365).
159 Sieht die Gemeinschaftsordnung ein Vorschaltverfahren vor Anrufung des Gerichts vor, so gilt dies nicht für die fristgebundene Beschlussanfechtungsklage: LG München I v. 14.6.2012 – 36 S 19228/11.
160 LG Itzehoe v. 23.2.2009 – 11 S 37/08, NZM 2009, 750; LG Köln v. 12.2.2009 – 29 S 93/08, ZMR 2009, 632.
161 BGH v. 6.11.2009 – V ZR 73/09, NJW 2010, 446.
162 BGH v. 5.3.2010 – V ZR 62/09, NJW 2010, 2132 = NZM 2010, 406.

sammlung dadurch erlangen, bestünden nicht[163]. Wird der Verband anstatt die übrigen Wohnungseigentümer verklagt, so kann, ohne an die Klagefrist des § 46 Abs. 1 Satz 2 gebunden zu sein, ein Parteiwechsel unter Berücksichtigung des § 44 Abs. 1 durchgeführt werden[164];liegen die Voraussetzungen des § 44 Abs. 1 Satz 1 vor, muss der Übergang zu einer Klage gegen die übrigen Mitglieder der Wohnungseigentümergemeinschaft vor Schluss der mündlichen Verhandlung erfolgen[165]. Die Klagefrist wird auch durch die Zustellung der Klage an den Verwalter der WEG gewahrt, unabhängig davon, ob die Namen und die ladungsfähigen Anschriften der zu verklagenden übrigen Wohnungseigentümer bis zum Schluss der mündlichen Verhandlung erster Instanz nachgereicht werden[166]. Die Klage ist dann allerdings als unzulässig abzuweisen, wobei der Zulässigkeitsmangel im Berufungsrechtszug geheilt werden kann[167]. Ein Antrag auf **Prozesskostenhilfe** wahrt die Klagefrist nicht[168]; es steht jedoch das Instrumentarium der Wiedereinsetzung nach Beendigung des Prozesskostenhilfeverfahrens zur Verfügung: Der Kläger kann gemäß § 234 Abs. 1 Satz 1 ZPO innerhalb von zwei Wochen die Wiedereinsetzung beantragen, § 236 Abs. 2 Satz 2 Hs. 1 ZPO. Sollte bereits die Klagebegründungsfrist abgelaufen sein, so muss binnen Monatsfrist die Klage begründet werden[169]. Die Klage muss also einen Monat nach Mitteilung der Entscheidung über die Prozesskostenhilfe begründet sein.

Das **Fristende** berechnet sich nach §§ 188 Abs. 2, Abs. 3, 193 BGB: Danach endet die Frist mit Ablauf des Tages, der dem Tage der Beschlussfassung entspricht. Ist dieser ein Samstag, ein Sonn- oder Feiertag, endet die Frist mit Ablauf des ersten darauf folgenden Werktages, § 193 BGB. Beginnt die Frist am 31. eines Monats und hat der Folgemonat keine 31 Tage, endet die Frist am letzten Tage des folgenden Monats, § 188 Abs. 3 BGB. Die Anfechtungsfrist selbst ist nicht verlängerbar, es handelt sich, nach der Auffassung des Bundesgerichtshofs, um eine **materiell-rechtliche** Ausschlussfrist.[170] Die Einreichung einer Klage bei einem unzuständigen Gericht wahrt die Ausschlussfrist;[171] die Frist wird nicht durch rechtzeitiges Vorbringen anderer Kläger, auch nicht entsprechend § 62 Abs. 1 ZPO, gewahrt[172].

24 Die Anfechtungsklage selbst muss nicht als „Klageschrift" bezeichnet werden oder bereits die richtige Formulierung der Anträge enthalten; ausrei-

---

163 Kritisch *Schmid*, ZfIR 2010, 555.
164 BGH v. 6.11.2009 – V ZR 73/09, NJW 2010, 446 = ZMR 2010, 210; eine Rubrumsberichtigung nahmen vor: LG Düsseldorf, v. 5.9.2008 – 16 S 13/08,ZMR 2009, 67; LG Nürnberg-Fürth vom 5.5.2009 – 14 T 9452/08, NJW 2009, 2142.
165 BGH v. 21.1.2011 – V ZR 140/10, WuM 2011, 186; BGH v. 1.4.2011 – V ZR 230/10, WuM 2011, 325.
166 BGH v. 20.5.2011 – V ZR 99/10 (juris).
167 BGH v. 20.5.2011 – V ZR 99/10 (juris).
168 BGH v. 12.7.2006 – IV ZR 23/05, BGHZ 168, 306.
169 BGH v. 19.6.2007 – IX ZB 40/06; *Roth*, in: Bärmann, § 46 Rn. 81.
170 BGH v. 17.9.1998 – V ZB 14/98, BGHZ 139, 305; BayObLG v. 27.10.1989 – BReg. 2 Z 75/89, NJW-RR 1990, 210.
171 BGH v. 17.9.1998 – V ZB 14/98, BGHZ 139, 305; BayObLG v. 30.11.2000 – 2Z BR 81/00, NJW-RR 2001, 1592.
172 BGH v. 27.3.2009 – V ZR 196/08, NJW 2009, 2132.

Anfechtungsklage **§ 46 WEG**

chend ist, dass mit dem Antrag das Rechtsschutzziel zum Ausdruck gebracht wird, eine verbindliche Klärung der Gültigkeit der zur Überprüfung gestellten Beschlüsse herbeizuführen[173].

In der Anfechtungsklage muss der Anfechtungsgegenstand bezeichnet sein. Es muss erkennbar sein, welcher Beschluss angefochten wird; soll er nur teilweise angefochten werden, wie dies für einen abgrenzbaren Teil einer Jahresabrechnung möglich ist[174], sollte dies eindeutig bei Klageerhebung geklärt sein, um bei einer etwaigen späteren Klageänderung im Rahmen der Begründung der Klage sich nicht der anteiligen Kostentragung auszusetzen[175]; der Vorbehalt, die Benennung der konkret anzufechtenden Tagesordnungspunkte im Rahmen der Begründung der Anfechtungsklage vorzunehmen, ist deshalb problematisch[176]: Folgt eine Einschränkung nach vorsorglicher Klageerhebung durch spätere Konkretisierung nicht, dann sind sämtliche Tagesordnungspunkte und die gefassten Beschlüsse Gegenstand des gerichtlichen Verfahrens.[177]

Da für die Wahrung der Klagebegründungsfrist ausreichend ist, wenn der Lebenssachverhalt in Umrissen vorgetragen ist, jedoch auch in der Begründung noch keine Substantiierung im Einzelnen gefordert wird[178], muss für die Wahrung der Klagefrist insofern ausreichend sein, dass zumindest **angedeutet** wird, welche Beschlüsse der Eigentümerversammlung im Streit stehen. Für die Auslegung des Klageantrags darf nicht am buchstäblichen Sinn des Ausdrucks verhaftet bleiben, sondern ist der wirkliche Wille der Partei zu erforschen; nur wenn sich das Rechtsschutzziel des Klägers auch durch die gebotene Auslegung unter Einbeziehung der gesamten Klageschrift nicht eindeutig ermitteln lässt, gehen die verbleibenden Unklarheiten zu seinen Lasten.[179] Die Anfechtung kann auf einen abtrennbaren Teil eines Beschlusses beschränkt werden, z.B. wenn es sich um einen rechnerisch selbständigen und abgrenzbaren Teil der Abrechnung handelt[180]; eine in unzulässiger Weise beschränkte Anfechtungsklage ist im Zweifel grundsätzlich als Anfechtung des ganzen Beschlusses auszulegen[181].

Die vertiefende Substantiierung, Ausweitung der Begründung und Erweiterung des Tatsachenvortrags ist bis zur Grenze der Klageänderung innerhalb der Klagebegründungsfrist möglich[182]; hier sind auch die Fragen der Wie-

---

173 BGH v. 6.11.2009 – V ZR 73/09, NJW 2010, 446 = ZMR 2010, 210.
174 BGH v. 15.3.2007 – V ZB 1/06, BGHZ 171, 335 = NJW 2007, 1869; BayObLG v. 10.8.2000 – 2Z BR 36/00, NZM 2001, 296.
175 Vgl. *Jennißen-Suilmann*, § 46 Rn. 86.
176 Und vom OLG Köln v. 25.4.1996 – 16 Wx 50/96, NJW-RR 1996, 1481 abgelehnt worden.
177 Und auch im Streitwert zu berücksichtigen, LG München I v. 6.2.2008 – 1 T 22613/07, NJW 2008, 1823.
178 BGH v. 27.3.2009 – V ZR 196/08, NJW 2009, 2132 = NZM 2009, 436 BGH v. 16.1.2009 – V ZR 74/08, BGHZ 179, 230 = NJW 2009, 999.
179 BGH v. 12.12.2014 – V ZR 53/14.
180 BGH v. 4.12.2009 – V ZR 44/09.
181 BGH v. 19.10.2012 – V ZR 233/11, Rn. 11.
182 *Niedenführ/Kümmel/Vandenhouten-Niedenführ*, § 46 Rn. 48; *Bergerhoff*, NZM 2007, 425/428.

Then

dereinsetzung bezüglich eines nachträglich bekannt gewordenen Anfechtungsgrundes zu prüfen. Nach dem Willen des Gesetzgebers sollen die Grundsätze der aktienrechtlichen Anfechtungsklage gemäß § 246 Abs.1 AktG herangezogen werden[183], nach denen sämtliche Anfechtungsgründe, auf die der Kläger die Anfechtung stützen will, innerhalb der Klagefrist zumindest substantiiert angedeutet werden müssen[184]. Da die aktienrechtliche Anfechtungsklage jedoch keine Begründungsfrist kennt, kann diese Rechtsprechung erst für die Klagebegründungsfrist dienstbar gemacht werden[185].

25 Ist die Frist zur Erhebung der Anfechtungsklage versäumt, hat das Gericht immer zu prüfen, ob sich aus dem vorgetragenen Sachverhalt Nichtigkeitsgründe ergeben, § 46 Abs. 2; die Erhebung einer Nichtigkeitsklage ist nicht an die Monatsfrist des § 46 gebunden.

2. Frist zur Begründung der Anfechtungsklage

26 Während im FGG-Verfahren eine Anfechtungsklage nicht begründet werden musste, bestimmt § 46 Abs. 1 S. 2 Hs. 2, dass die Begründung der Klage binnen **zwei Monaten** zwingend ist.[186] Das Gesetz schreibt in § 46 Abs.1 Satz 2 2. Hs. vor, dass die Anfechtungsklage innerhalb einer Frist von zwei Monaten nach Beschlussfassung zu begründen ist. Diese Frist ist nicht verlängerbar; sie steht nicht zur Disposition des Gerichts[187], da es sich um eine materiell-rechtliche Ausschlussfrist handelt. Ist die eigene Klagebegründungsfrist versäumt, wahrt ein rechtzeitiges Vorbringen eines anderen Klägers seine Fristen nicht[188]. Die Frist ist eine materiell-rechtliche Ausschlussfrist[189], so dass die §§ 520 Abs. 2 Satz 2, 521 Abs. 2 Satz 5 oder 557 Abs. 2 Satz 3 ZPO auch nicht entsprechend angewendet werden können[190].

27 Über den Umfang der Begründung der Anfechtungsklage schreibt das Wohnungseigentumsgesetz selbst nichts vor; es gelten die allgemeinen Anforde-

---

183 BT-Drucks. 16/887, S. 38.
184 Vgl. BGH v. 9.11.1992 – II ZR 230/91, BGHZ 120, 141 (zum Aktienrecht), sowie BGH v. 14.3.2005 – II ZR 153/03, DNotZ 2005, 792 = MittBayNot. 2006, 59; BGH v. 22.7.2002 – II ZR 286/01, BGHZ 152, 1.
185 BGH v. 16.1.2009 – V ZR 74/08, BGHZ 179, 230 = NJW 2009, 999.
186 Nach altem Recht bedurfte die Beschlussanfechtung überhaupt keiner Begründung; vorgetragene Rügen beschränkten deshalb nicht den Umfang der Anfechtungsklage: OLG München v. 4.8.2007 – 32 Wx 68/06, MDR 2007, 143.
187 BGH v. 2.10.2009 – V ZR 235/08, NJW 2009, 3655: Eine gesetzwidrig bewilligte Fristverlängerung ist unwirksam; indes war bis zum Urt. v. 16.1.2009 – V ZR 74/08, BGHZ 179, 230 (in dieser Entscheidung wurde die Begründungsfrist materiellrechtlich eingeordnet) zumindest die entsprechende Anwendung des § 520 Abs. 2 Satz 1 ZPO vertretbar, so dass auf Vertrauensschutzgesichtspunkte abzustellen war. LG Hamburg v. 12.3.2008 – 318565/07 ZMR 2008, 414. Für entsprechende Anwendung des § 520 Abs. 1 Satz 2 ZPO sprachen sich aus: DAV, NZM 2006, 767/772.
188 BGH v. 27.3.2009 – V ZR 196/08, NJW 2009, 2132.
189 BGH v. 16.1.2009 – V ZR 74/08, BGHZ 179, 230 = NJW 2009, 999.
190 BGH v. 2.10.2009 – V ZR 235/08, NJW 2009, 3655; *Roth*, in: Bärmann, § 46 Rn. 72; *Hügel/Elzer*, § 46 Rn. 93.

rungen der ZPO. Der BGH[191] fordert, dass innerhalb der Begründungsfrist die Anfechtungsgründe zumindest im wesentlichen tatsächlichen Kern dargestellt werden. Da der Streitgegenstand der Klage bestimmt sein muss, muss der Kläger zumindest darlegen, aufgrund welcher tatsächlichen Gründe er den Beschluss für rechtswidrig erachtet[192], eine Substantiierung im Einzelnen wird nicht gefordert, allerdings muss sich der Anfechtungsgrund von anderen abgrenzen lassen, wozu der Lebenssachverhalt in Umrissen vorgetragen werden muss; die schlagwortartige Beschreibung des Anfechtungsgrundes ist nur ausreichend, wenn sie den maßgeblichen Lebenssachverhalt hinreichend deutlich eingrenzt[193]. Einfach die „Beschlussfähigkeit" nach § 25 Abs. 3 zu rügen, reicht nicht[194]. Es empfiehlt sich wegen der Prozessförderungspflicht des § 282 ZPO Beweise anzubieten. Da es sich um ein zivilprozessuales Verfahren handelt, muss der Kläger eine schlüssige Klagebegründung vorlegen: Er muss alle Tatsachen vortragen und gegebenenfalls unter Beweis stellen, die nötig sind, um die begehrte Rechtsfolge zu begründen. Erleichterungen im Sachvortrag, wie sie im Rahmen des FGG-Verfahrens bestanden, gibt es nicht mehr. Die Parteimaxime[195] fordert, dass der Kläger alles, was er bezüglich der Anfechtbarkeit eines Beschlusses vorzutragen begehrt, auch vorzutragen hat (Beibringungsgrundsatz)[196]; nach Ablauf der Begründungsfrist vorgetragene Gründe werden nicht mehr berücksichtigt.

Kommt der Verwalter seiner Pflicht, das Protokoll unverzüglich zu erstellen, innerhalb von drei Wochen nach der Versammlung nicht nach und droht deshalb die Anfechtungsfrist des § 46 abzulaufen, stand dem Wohnungseigentümer grundsätzlich das Recht der Wiedereinsetzung zur Seite.[197] Heute muss jedoch der Kläger den Verwalter auffordern, das Protokoll der Wohnungseigentümerversammlung ihm zuzuleiten; er muss die Beschlusssammlung gemäß § 24 Abs. 7 einsehen; wird ihm das Recht nicht gewährt, kann ein Wiedereinsetzungsantrag begründet sein.[198] Ein Nachschieben von Anfechtungsgründen nach Ablauf der Klagebegründungsfrist kommt grundsätzlich außerhalb des Wiedereinsetzungsrechts nicht in Betracht.[199] Für

28

---

191 BGH v. 16.1.2009 – V ZR 74/08, BGHZ 179, 230 = NJW 2009, 999; wegen Einzelheiten mag auf Anlagen verwiesen werden, die allerdings nicht den rechtserheblich erforderlichen Sachvortrag ersetzen.
192 Es muss sich der Lebenssachverhalt, auf den die Anfechtungsklage gestützt wird, zumindest in seinem wesentlichen Kern aus dem innerhalb der Frist eingegangenen Schriftsätzen selbst ergeben, BGH v. 27.3.2009 – V ZR 196/08, NJW 2009, 2132; BGH v. 16.1.2009 – V ZR 74/08, BGHZ 179, 230 = NJW 2009, 999.
193 BGH v. 27.3.2009 – V ZR 196/08, NJW 2009, 2132.
194 Zu den erforderlichen Mehrheiten gemäß § 22 Abs. 2 muss als „Kerntatsache" vorgetragen werden, LG Bremen v. 20.12.2015 – 4 S 245/12.
195 Siehe vor § 43 Rn. 12.
196 Hierzu auch: BGH v. 16.1.2009 – V ZR 74/08, BGHZ 179, 230 = NJW 2009, 999.
197 BayObLG v. 17.1.2003 – 2Z BR 130/02, WuM 2003, 352; KG Berlin v. 9.1.2002 – 24 W 91/01, WuM 2002, 167; BayObLG v. 27.1.1989 – BReg. 2 Z 67/88, NJW-RR 1989, 656; *Niedenführ/Kümmel/Vandenhouten-Kümmel*, § 24 Rn. 72; AG Konstanz v. 13.3.2008 – 12 C 17/07, ZMR 2008, 494.
198 Vgl. § 24 Rn. 40; BayObLG v. 30.6.2004 – 2Z BR 113/04, NZM 2005, 307 = BayObLGR 2004, 443.
199 *Jennißen-Suilmann*, § 46 Rn. 107.

Nichtigkeitsgründe gilt diese Einschränkung allerdings nicht, § 46 Abs. 2, § 48 Abs. 4.

29 Der Unterscheidung zwischen Anfechtungs- und Nichtigkeitsgründen kommt im Übrigen rechtserhebliche Bedeutung nur zu, wenn zumindest eine der Fristen des § 46 Abs. 1 versäumt worden ist. Sind die Fristen gewahrt, braucht lediglich geprüft werden, ob ein Rechtsverstoß vorliegt, der den Bestand des angefochtenen Beschlusses berührt. Ob dieser ein Nichtigkeits- oder ein Anfechtungsgrund ist, spielt keine Rolle.[200]

IV. Absatz 1 Satz 3: Wiedereinsetzung in den vorigen Stand

1. Schuldlose Nichteinhaltung der Anfechtungsfrist, § 233 ZPO

30 War die Klagepartei ohne Verschulden verhindert, die Frist zur Klageerhebung einzuhalten, so ist ihr auf Antrag **Wiedereinsetzung** in den vorigen Stand zu gewähren, § 233 ZPO. Die Vorschrift ist aus verfassungsrechtlichen Gründen zur Durchsetzung der materiellen Gerechtigkeit für den Fall, dass ein Beteiligter schuldlos eine Frist versäumt, erforderlich; sie ist Grundlage des Anspruchs auf Gewährung wirkungsvollen Rechtsschutzes.[201]

31 Zur Frage der schuldlosen Fristversäumung gibt es umfangreiche Rechtsprechung.[202] Hier können nur Grundsätze dargestellt werden: § 233 ZPO spricht von einem „ohne Verschulden" eingetretenen Fristversäumnis. Es ist auf den Verschuldensbegriff des Bürgerlichen Gesetzbuches, § 276 BGB, abzustellen. Zu unterscheiden ist, ob die Partei selbst die Frist versäumt, oder ob dies durch einen Dritten (gesetzlichen Vertreter oder ihren Bevollmächtigten) geschehen ist.[203]

Der Wohnungseigentümer versäumt die Frist zur Klageerhebung ohne Verschulden (d.h. ohne Vorsatz oder Fahrlässigkeit), wenn er nicht in der Wohnungseigentümerversammlung anwesend war und sein (nachzuweisendes) Bemühen, in das Protokoll und die Beschlusssammlung Einsicht zu nehmen, erfolglos war. In die Beschlusssammlung gemäß § 24 Abs. 8 muss ein gefasster Beschluss unverzüglich aufgenommen werden.[204] Ist die Beschlusssammlung nicht ergänzt, ist ihr Inhalt nichtssagend[205] oder ergibt sich erst später aus dem Protokoll, dass der Beschluss in der Beschlusssammlung fehlerhaft und sinnentstellend wiedergegeben ist, liegen die Voraussetzungen

---

200 BGH v. 2.10.2009 – V ZR 235/08, NJW 2009, 2655.
201 BVerfG v. 24.11.1997 – 1 BvR 1023/96, NJW 1998, 1853; BVerfG v. 26.4.2004 – 1 BvR 1815/00, NJW 2004, 2583: Es widerspricht rechtsstaatlicher Verfahrensgestaltung, dem rechtsuchenden Bürger die Wiedereinsetzung in den vorigen Stand durch Anforderungen an die Sorgfaltspflichten eines Anwalts zu versagen, die nach höchstrichterlicher Rechtsprechung nicht verlangt werden und mit denen er auch unter Berücksichtigung der Entscheidungspraxis des angerufenen Spruchkörpers nicht rechnen musste, auch BVerfG v. 28.2.1989 – 1 BvR 649/88, BVerfGE 79, 372.
202 Vgl. nur *Zöller-Greger*, § 233 Rn. 12 ff.; *Thomas/Putzo-Hüßtege*, § 233, Rn. 12 ff.
203 *Thomas/Putzo-Hüßtege*, § 233 Rn. 12.
204 § 24 Rn. 39, 40.
205 Z.B. „Der Antrag des X ist abgelehnt".

der Wiedereinsetzung vor. War der Eigentümer in der Versammlung allerdings persönlich anwesend, kennt er die Beschlusslage; eine Wiedereinsetzung dürfte dann ausscheiden.[206] Ein die Wiedereinsetzung ausschließender Verstoß des **bevollmächtigten Rechtsanwalts** liegt vor, wenn dieser nur durch seine Mitarbeiter die Rechtsmittel prüfen lässt und nicht selbst kontrolliert[207]; auch ein gewerbsmäßig tätiger Verwalter, der gesetzliche Vertreter einer Verwaltungs GmbH muss die formellen Voraussetzungen z.B. einer sofortigen weiteren Beschwerde kennen und für die Fristwahrung sorgen.[208] Hat der Versammlungsleiter (Verwalter) den Anfragenden über den Inhalt des Mehrheitsbeschlusses unrichtig informiert, rechtfertigt dies bei Fristversäumung die Wiedereinsetzung[209], soweit der Kläger nicht selbst bei der Versammlung anwesend war[210]; nicht entscheidend ist in diesem Fall, ob bereits das Protokoll über die Eigentümerversammlung vorliegt oder nicht.[211] Liegt das Protokoll mindestens 1 Woche vor dem Ablauf der Anfechtungsfrist vor, ist eine Fristversäumnis grundsätzlich verschuldet.[212] Beschließen die Wohnungseigentümer über einen Gegenstand, der in der Einladung zur Versammlung nicht bezeichnet war, kann die darauf beruhende Fristversäumnis unverschuldet sein.[213] Hatte der Eigentümer unverschuldet überhaupt keine Kenntnis von der Eigentümerversammlung, dann wird er Wiedereinsetzung erhalten. War eine **Rechtsmittelbelehrung** fehlerhaft, ist die Versäumung der Rechtsmittelfrist regelmäßig unverschuldet, es sei denn, die fehlerhafte Rechtsmittelbelehrung war nicht Ursache für die Versäumung der Frist[214]. Die im FGG-Verfahren erforderliche Rechtsmittelbelehrung entfällt im Urteilsverfahren der ZPO. Fragen einer fehlerhaften Rechtsmittelbelehrung stellen sich damit nicht mehr.[215]

Ein Verschulden des Rechtsanwalts bei der Fristberechnung oder bei der Eintragung im Fristenkalender muss sich der Kläger zurechnen lassen.[216] Wiedereinsetzung ist auch dann nicht zu gewähren, wenn nicht nur unverschuldete Umstände vorliegen, sondern auch aufgrund eines verschuldeten Umstandes die Frist versäumt wird (Kausalität).[217]

---

206 Es sei denn, es lagen ihm in der Versammlung nicht erkennbare formelle Fehler vor.
207 OLG München vom 6.11.2006 – 32 Wx 155/06, NJW-RR 2007, 671 = AnwBl 2007, 237.
208 OLG München v. 29.11.2007 – 34 Wx 80/07 (juris).
209 BayObLG v. 30.11.2000 – 2Z BR 81/00, NJW-RR 2001, 1592 = DNotZ 2001, 214.
210 BayObLG v. 13.11.2003 – 2Z BR 165/03, ZMR 2004, 212 = BayObLGR 2004, 97.
211 BayObLG v. 17.1.2003 – 2Z BR 130/02, ZMR 2004, 435.
212 BayObLG v. 27.1.1989 – BReg. 2 Z 67/88, BayObLGZ 1989, 13.
213 BayObLG v. 27.1.1989 – BReg. 2 Z 67/88, BayObLGZ 1989, 13; BayObLG v. 28.8.2003 – 2Z BR 160/03, OLGR München 2004, 24 (Leitsatz); juris.
214 OLG München v. 9.8.2006 – 34 Wx 69/06, juris.
215 Vgl. zum alten Recht: OLG München v. 31.3.2006 – 32 Wx 16/06, OLGR München 2006, 835 = ZMR 2006, 713.
216 OLG München v. 26.3.2005 – 32 Wx 27/05, NJW-RR 2005, 1156: auch zu den Anforderungen an die Büroorganisation zur Fristenkontrolle; vgl. auch OLG Köln v. 7.3.2005 – 16 Wx 198/04, FG-Prax. 2005, 114.
217 BGH v. 25.6.1997 – XII ZB 61/97, NJW-RR 1997, 1289: zur Frage der Mitursächlichkeit.

2. Wiedereinsetzungsfrist, § 234 ZPO

32 Die Wiedereinsetzung muss innerhalb einer zweiwöchigen Frist gemäß § 234 Abs.1 Satz 1 ZPO beantragt werden; die Frist beginnt mit dem Tage, an dem das Hindernis behoben ist[218]; nach Ablauf eines Jahres vom Ende der versäumten Frist an gerechnet, kann Wiedereinsetzung nicht mehr beantragt werden, § 234 Abs. 3 ZPO. Die Frist für den Antrag auf Wiedereinsetzung der versäumten Klagebegründungsfrist beträgt **einen Monat**, § 234 Abs. 1 Satz 2 ZPO[219]; nicht entschieden ist, ob die Wiedereinsetzung in die versäumte Klagebegründungsfrist innerhalb der Zweiwochenfrist des § 234 Abs. 1 Satz 1 ZPO oder aber in der Monatsfrist des § 234 Abs. 1 Satz 2 ZPO beantragt werden muss. Bis dies höchstrichterlich entschieden ist, empfehle ich, den sichersten Weg zu gehen und den Wiedereinsetzungsantrag innerhalb der Zweiwochenfrist zu stellen[220]. Die Begründungsfrist läuft mit Zustellung der Wiedereinsetzungsentscheidung hinsichtlich der Einlegung eines Rechtsmittels selbst[221].

Die Wiedereinsetzung selbst ist nicht ausdrücklich zu beantragen; ausreichend ist, dass der Wille der Partei, den Rechtsstreit fortführen zu wollen, deutlich und aktenkundig ist. Dann ist Wiedereinsetzung von Amts wegen zu gewähren.[222] Zur Berechnung der Frist, wenn PKH beantragt, bewilligt oder abgelehnt wird, vgl. im Einzelnen: *Zöller-Greger*, § 234 Rn. 6 bis 10.

3. Wiedereinsetzungsantrag, § 236 ZPO

33 Die Form des Antrags auf Wiedereinsetzung richtet sich nach den Vorschriften, die für die versäumte Prozesshandlung gelten. Der **Antrag** muss die Angaben der die Wiedereinsetzung begründenden Tatsachen enthalten; diese sind glaubhaft zu machen. Ist innerhalb der Antragsfrist die versäumte Prozesshandlung nachgeholt, kann Wiedereinsetzung auch ohne Antrag gewährt werden, § 236 Abs. 2 ZPO. Wurde die Frist zur Klageerhebung versäumt, muss innerhalb der Wiedereinsetzungsfrist von zwei Wochen die Klageerhebung nachgeholt werden. Ist die Begründungsfrist versäumt, muss innerhalb der Monatsfrist die Begründung der Klage nachgeholt werden.

Im Antrag selbst muss der Sachverhalt dargestellt werden, der die Wiedereinsetzung begründet, also die Tatsachen, aus denen sich ergibt, warum die Frist unverschuldet versäumt worden ist. Ein Antrag selbst muss nicht ge-

---

218 Der deutliche Hinweis des gegnerischen Anwalts, dass die Klagebegründung nicht rechtzeitig eingereicht sei, kann die Kenntnis von einer Fristversäumnis begründen und verpflichtet zu Nachforschungen über den Fristablauf. Er setzt die Frist in Gang: BGH v. 24. 9. 2015 – IX ZR 206/14, Rn. 13; kritisch: *Elzer*, IMR 2016, 33.
219 Gesetz in der Fassung vom 5. 12. 2005; vgl. auch BGH v. 19. 7. 2007 – IX ZB 86/07, BRAK-Mitt. 2007, 201.
220 Vgl. hierzu BGH vom 24. 9. 2015 – IX ZR 206/14, Rn. 16, der die Frage ausdrücklich offen lässt.
221 BGH v. 26. 5. 2008 – II ZB 19/07, NJW-RR 2008, 1306; dies gilt allerdings ausschließlich bezogen auf eine **mittellose** Partei, BGH v. 17. 5. 2010 – II ZB 12/09, MDR 2010, 947 = WM 2010, 1521.
222 BGH v. 8. 10. 1992 – V ZB 6/96, VersR 1993, 713; BGH v. 24. 5. 2000 – III ZB 8/00, NJW-RR 2000, 1590; BGH v. 19. 7. 2007 – IX ZB 86/07, BRAK-Mitt. 2007, 201.

stellt werden.[223] Die Glaubhaftmachung dieser Tatsachen erfolgt gemäß § 294 ZPO, also insbesondere durch Versicherung an Eides statt.

4. Zuständigkeit für die Wiedereinsetzung, § 237 ZPO

Über den Antrag der Wiedereinsetzung entscheidet das Gericht, dem die Entscheidung über die nachgeholte Prozesshandlung zusteht. Bei einer Anfechtungsklage entscheidet also das gemäß § 43 Nr. 4 zuständige Gericht, in dessen Bezirk das Gericht liegt, ausschließlich zuständig ist das Amtsgericht.[224]

34

5. Verfahren bei Wiedereinsetzung § 238 ZPO

Das Gericht hat das Verfahren über den Antrag auf Wiedereinsetzung mit dem Verfahren über die nachgeholte Prozesshandlung zu **verbinden**. Es steht ihm jedoch frei, zunächst über die Wiedereinsetzung zu verhandeln und hierüber zu entscheiden, § 233 Abs. 1. Immer muss rechtliches Gehör auch dem Gegner gewährt werden.[225] Für das Verfahren gilt das der nachgeholten Prozesshandlung; also ist mündliche Verhandlung zwingend.[226]

35

Das Gericht entscheidet über die Zulässigkeit des Antrags. Ist der Wiedereinsetzungsantrag begründet, ist die Entscheidung über die Wiedereinsetzung unanfechtbar, § 238 Abs. 3 ZPO. Der Antragsteller trägt die Kosten der Wiedereinsetzung, § 238 Abs. 4 ZPO.[227]

Die Entscheidung selbst kann ein Zwischenurteil sein, wenn das Gericht abgesondert verhandelt, § 303 ZPO. Wird die Wiedereinsetzung durch Urteil abgelehnt, ist das Rechtsmittel der Berufung zulässig; das Gericht entscheidet auch dann über die Anfechtungsklage durch Endurteil.[228]

V. Absatz 2: Besondere Hinweispflicht des Gerichts bei Nichtigkeit

1. Übersehen von Tatsachen

Das Gericht hat den Kläger, der erkennbar eine Tatsache übersehen hat, aus der sich die Nichtigkeit eines Beschlusses ergibt, hierauf **hinzuweisen**[229], da gemäß § 48 Abs. 4 nach Abweisung einer Anfechtungsklage als unbegründet rechtskräftig über die Frage der Nichtigkeit des Beschlusses (mit)entschieden ist[230]. Der Gesetzgeber macht von dem Grundsatz, dass die Nichtigkeit eines Beschlusses für und gegen alle Betroffenen wirkt, ohne dass es seiner Geltendmachung bedarf, eine Ausnahme; nach rechtskräftiger Ab-

36

---

223 *Zöller-Greger*, § 236 Rn. 4.
224 Vgl. § 43 Rn. 25.
225 *Thomas/Putzo-Hüßtege*, § 238 Rn. 4.
226 *Thomas/Putzo-Hüßtege*, § 238 Rn. 2.
227 Soweit nicht der Gegner die Kosten wegen eines unbegründeten Widerspruchs veranlasst hat, § 238 Abs. 4 2. Hs. ZPO.
228 *Niedenführ/Kümmel/Vandenhouten-Niedenführ*, § 46 Rn. 83.
229 *Niedenführ*, NJW 2007, 1841/1845.
230 Es sei denn, es hat keine materiellrechtliche Prüfung wegen Fristversäumung stattgefunden: § 48 Rn. 14–17.

weisung einer Anfechtungsklage ist eine Feststellungsklage auf Nichtigkeit gemäß § 256 ZPO nicht mehr zulässig, und auch die im Rahmen der Geltendmachung von Nichtigkeitsgründen nicht anwendbare Anfechtungsfrist des § 46 Abs. 1 hilft nicht mehr weiter.[231] Der Kläger muss **Tatsachen** übersehen haben, die zur Nichtigkeit führen; diese können sich aus dem Vortrag des Klägers und/oder aus den von ihm vorgelegten Anlagen ebenso ergeben wie aus einer Klageerwiderung der Beklagten oder Beigeladenen. Beruft sich der Kläger nicht auf den Nichtigkeitsgrund, ist dieser Grund im Hinblick auf die Dispositionsmaxime nicht zu berücksichtigen.

2. Nichtigkeitsgründe

37 Ein Beschluss ist nichtig, wenn er gegen Rechtsvorschriften verstößt, auf deren Einhaltung rechtswirksam nicht verzichtet werden kann. Aus der Teilungserklärung kann z. b. für das Gericht erkennbar werden, dass die Eigentümer „vereinbarungsändernde Beschlüsse"[232] gefasst haben, wofür keine Beschlusskompetenzen bestehen und die deshalb nichtig sind[233]. Nichtig ist z. b. ein Beschluss, mit dem ein Sondernutzungsrecht begründet wird, oder wenn er die **dingliche** Grundstruktur der Gemeinschaft verändert. Nichtig ist auch ein Mehrheitsbeschluss, wenn durch ihn der **Kernbereich des Eigentums** verletzt wird[234] oder der Inhalt des Beschlusses nicht bestimmt oder widersprüchlich ist[235].

3. Hinweispflicht des Gerichts

38 Es besteht eine besondere, über § 139 ZPO hinausgehende Hinweispflicht des Gerichtes auf etwaige Nichtigkeitsgründe, die der Kläger übersehen hat, die sich jedoch aus dem Sachvortrag ergeben. Ist eine Anfechtungsklage verfristet, sind jedoch aus dem Sachverhalt Hinweise auf die Nichtigkeit des angefochtenen Beschlusses zu erkennen, muss das Gericht den Beschluss auf Nichtigkeitsgründe hin prüfen. Ob der Beschluss im Übrigen rechtswidrig ist, prüft das Gericht dann nicht mehr, seine Prüfungskompetenz ist insoweit eingeschränkt. Es obliegt nach dem Hinweis des Gerichts dem Kläger, zu reagieren und sich auf den Nichtigkeitsgrund zu berufen und gegebenenfalls weiter vorzutragen[236].Der Gesetzgeber begründet dies damit[237], dass nach alter Rechtslage im Verfahren nach FGG das Gericht einen gemäß § 23 Abs. 4, § 43 Abs. 1 Nr. 4 angefochtenen Beschluss auch auf Nichtigkeitsgründe von Amts wegen zu untersuchen hatte.[238]

---

231 BGH v. 2.10.2003 – V ZB 34/03, BGHZ 156, 275; a.A. OLG Zweibrücken v. 5.6.2002 – 3 W 46/02, OLGR Zweibrücken 2002, 422.
232 Hierzu: § 15 Rn. 9 und 10.
233 BGH v. 22.1.2004 – V ZR 51/03, NJW 2004, 937; OLG München v. 21.2.2007 – 34 Wx 22/07, NZM 2007, 447; siehe § 23 Rn. 29.
234 Also der wesentliche Inhalt der Nutzung des Wohnungseigentums beschränkt wird: BGH v. 22.1.2004 – V ZB 51/03, NJW 2004, 937.
235 Vgl. § 23 Rn. 31.
236 *Roth*, in: Bärmann, § 46 Rn. 106: Gegebenenfalls muss der Kläger sich auch den Vortrag der Beklagten zu eigen machen: BGH v. 14.2.2000 – II ZR 155/98, NJW 2000, 716.
237 So in der BT-Drucks. 16/887, S. 38.
238 BayObLG v. 31.1.1980 – BReg. 2 Z 24/79, BayObLGZ 1980, 29.

In WEG-Verfahren herrscht nach der WEG-Novelle die Parteimaxime, die in § 46 Abs. 2 teilweise durchbrochen ist. Der Gesetzgeber[239] ist der Auffassung, dass das Gericht grundsätzlich nicht von sich aus Tatschen berücksichtigen dürfe, die vom Kläger – wenn auch nur versehentlich – nicht vorgetragen wurden. Das Gericht dürfe allerdings auf sachdienliche Ergänzung des Vortrages hinwirken, wenn nach den allgemeinen zivilprozessualen Hinweis- und Aufklärungspflichten hierfür kein hinreichender Anlass bestünde.[240] Für diese einschränkende Anwendung gibt jedoch der Wortlaut des § 46 Abs. 2 nichts her: Immer wenn der Kläger eine Tatsache übersehen hat, aus der sich die Nichtigkeit des Beschlusses ergibt, hat das Gericht, sobald es dies erkennt, darauf hinzuweisen. Die Möglichkeiten der Beiladung und die Rechtskraftwirkung des Urteils auch für Nichtigkeitsgründe, die sich aus einem einheitlichen Streitgegenstand ergeben, rechtfertigen die erweiterten Hinweis- und Aufklärungspflichten; es obliegt dann dem Kläger, hierauf zu reagieren und gegebenenfalls sich auch auf die Nichtigkeit zu berufen. Wegen des einheitlichen Streitgegenstands ist auch ein Teilurteil hinsichtlich Nichtigkeits- und/oder Anfechtungsgründen unzulässig; insoweit kann auch keine Abtrennung der Verfahren erfolgen.[241] Die Pflichten gemäß § 12 FGG, die für das Verfahren nach altem Recht galten, werden insofern über § 46 Abs. 2 in das ZPO-Verfahren übernommen und die bisherige Rechtslage fortgeschrieben.

Das Gesetz fordert einen Hinweis an den Kläger, der sich dann auf die Gründe berufen kann. Natürlich sind allen Prozessbeteiligten im Rahmen des rechtlichen Gehörs die Hinweise zuzuleiten; auch diese können hierzu vortragen.

Für eine teilweise Unwirksamkeit eines Beschlusses gelten die allgemeinen Bestimmungen des § 139 BGB.[242] Der gültige Teil muss für sich noch sinnvollerweise Bestand haben; die Wohnungseigentümergemeinschaft muss auch einen eingeschränkten (teilwirksamen) Beschluss herbeigeführt haben wollen, wie dies z.B. bei der Anfechtung der Jahresabrechnung bezogen auf einen selbständigen Rechnungsposten der Fall sein kann.[243]

Begehrt ein Kläger die Feststellung der Nichtigkeit eines Beschlusses und wird dieser Begehr abgewiesen, jedoch einem Hilfsantrag auf Ungültigkeit der Erklärung des Beschlusses stattgegeben, so fehlt es grundsätzlich an einer Beschwer, da Anfechtungs- und Nichtigkeitsklage materiell dasselbe Ziel verfolgen, also es sich um rechtlich gleichwertige Ansprüche handelt, mithin auch die Rechtskraftwirkung identisch ist[244].

---

239 BT-Drucks. 16/887, S. 38 reSp.
240 BT-Drucks. 16/887, S. 38 mit Verweis auf Zöller-Greger, ZPO, 25. Aufl., § 139, Rn. 17.
241 Niedenführ/Kümmel/Vandenhouten-Niedenführ, § 46 Rn. 63.
242 BGH v. 10.9.1998 – V ZB 11/98, BGHZ 139, 86.
243 BayObLG v. 15.6.2000 – 2Z BR 1/00, NZM 2000, 1240 = BayObLGR 2000, 58.
244 Es geht also nur um eine unterschiedliche rechtliche Zuordnung des gleichen Klagebegehrens, die auf den rechtskräftigen Inhalt der Entscheidung keinen Einfluss hat, BGH v. 20.5.2011 – V ZR 175/10.

§ 47
Prozessverbindung

Mehrere Prozesse, in denen Klagen auf Erklärung oder Feststellung der Ungültigkeit desselben Beschlusses der Wohnungseigentümer erhoben werden, sind zur gleichzeitigen Verhandlung und Entscheidung zu verbinden. Die Verbindung bewirkt, dass die Kläger der vorher selbständigen Prozesse als Streitgenossen anzusehen sind.

Inhalt:

	Rn.		Rn.
I. Allgemeines	1	3. Verbindung	4
II. Satz 1: Pflicht zur Verbindung	2	III. Satz 2: Wirkung: Streitgenossenschaft der jeweiligen Kläger	5
1. Mehrere Prozesse	2		
2. Klagen wegen der Ungültigkeit desselben Beschlusses	3		

I. Allgemeines

1 Das Gesetz zur Änderung des Wohnungseigentumsgesetzes und anderer Gesetze vom 26. 3. 2007[1] ordnet eine Prozessverbindung an, wenn mindestens zwei Wohnungseigentümer (oder ein Verwalter) unabhängig voneinander denselben Beschluss der Wohnungseigentümer angefochten haben. Bis zur Neuregelung konnten im FGG-Verfahren entsprechend § 147 ZPO Verfahren verbunden werden. Eine Pflicht hierzu bestand nach dem Gesetz nicht; die Rechtsprechung hatte allerdings die Pflicht zur Verbindung angenommen.[2] Zur Verhinderung von widerstreitenden rechtskräftigen Entscheidungen soll in allen Anfechtungsklagen, die denselben Beschluss der Wohnungseigentümergemeinschaft betreffen, ein gerichtliches Urteil für und gegen alle Wohnungseigentümer und den Verwalter gelten, wie § 48 Abs. 3 bestimmt. Das Gesetz macht die früheren Kläger nun zu Streitgenossen. Hat ein Miteigentümer alle anderen Miteigentümer der Wohnungseigentümergemeinschaft verklagt, ist auch derjenige, der in einem eigenen Verfahren Kläger ist, Beklagter des ersten Verfahrens. Bei Verbindung der Verfahren würde es sich um eine Widerklage handeln; um diese sachwidrige Konstellation zu vermeiden, ordnet das Gericht die Stellung aller Kläger als Streitgenossen, für die die Vorschriften der §§ 59 bis 63 ZPO gelten, an. Eine Verbindung von Verfahren, die vor dem 1. 7. 2007 anhängig waren, mit solchen, die nach dem 1. 7. 2007 anhängig wurden, scheidet grundsätzlich aus.[3]

---

1 BGBl. I, 2007, S. 370, Art. 1 Nr. 19.
2 LG Frankfurt/Main v. 8.5.1987 – 2/9 T 826/86, NJW-RR 1987, 1423/1424; BT-Drucks. 16/887, S. 39.
3 Vgl. im Einzelnen: Vor § 43 Rn. 14.

II. Satz 1: Pflicht zur Verbindung

1. Mehrere Prozesse

Gegen denselben Beschluss der Wohnungseigentümer können mehrere Klagen auf Klärung oder Feststellung der Ungültigkeit rechtshängig werden; diese Situation ist Voraussetzung für § 47. Es kommt dabei nicht darauf an, ob es sich um eine fristgebundene Anfechtungsklage (die zu einem Gestaltungsurteil führt) oder eine Nichtigkeitsklage (die die Feststellung der Nichtigkeit eines Beschlusses anstrebt) handelt; umfasst sind auch Klagen auf Feststellung der Gültigkeit eines Beschlusses, aber auch solche auf Feststellung eines Beschlussergebnisses oder dessen Berichtigung[4]. Soweit einzelne Klagen mehrere Beschlüsse anfechten, gilt § 47 Satz 1 nur für den jeweils selben Beschluss. In diesem Falle bestehen zwei Möglichkeiten: Entweder es werden die jeweiligen Verfahren insgesamt **verbunden**, was unter den Voraussetzungen des § 147 ZPO möglich ist. Oder das Gericht trennt die weiteren Streitgegenstände ab, um gemäß § 145 Abs. 1 ZPO die Übersichtlichkeit der Verfahren zu erhalten und verbindet gemäß § 47 nur die Verfahren, die sich gegen denselben Beschluss richten.[5]

2

Jeder Miteigentümer kann einen Beschluss der Wohnungseigentümergemeinschaft anfechten; ein Verwalter kann dies auf jeden Fall dann, wenn er selbst durch den Beschluss der Wohnungseigentümergemeinschaft betroffen ist.[6] Offen bleibt, ob nach dem Wortlaut des § 46 der Verwalter alle Beschlüsse der Wohnungseigentümergemeinschaft anfechten kann.[7] Richtet sich z.b. eine Anfechtungsklage gegen die Erhöhung des Wohngeldes, können mehrere Miteigentümer unabhängig voneinander Klage erheben. Zuständig ist gemäß § 43 Nr. 1 das Gericht, in dessen Bezirk das Grundstück liegt. Dadurch können über einen Streitgegenstand, nämlich z.B. die Wirksamkeit des Beschlusses über die Wohngelderhöhung, mehrere Verfahren vor dem gleichen Gericht anhängig sein. Um divergierende Entscheidungen zu vermeiden, sind die Verfahren zu verbinden. Die Verbindung erfolgt unabhängig davon, ob eine Klage verfristet ist oder nicht, da auch etwaige Nichtigkeitsgründe des angefochtenen Beschlusses geprüft werden.[8] Ist die Klage unzulässig, kann es keine materiell-rechtlich widerstreitenden Entscheidungen geben; eine Verbindung ist nicht zwingend erforderlich.[9]

2. Klagen wegen Ungültigkeit desselben Beschlusses

§ 47 spricht ausschließlich davon, dass nur Klagen auf Erklärung oder Feststellung der Ungültigkeit desselben Beschlusses der Wohnungseigentümer

3

---

4 *Roth,* in: Bärmann, § 47 Rn. 4
5 *Hügel/Elzer,* § 47 Rn. 3; *Niedenführ,* NJW 2007, 1843/1845.
6 BGH v. 21.6.2007 – V ZB 20/07, NJW 2007, 2776; BGH v. 20.6.2006 – V ZB 39/01, BGHZ 151, 164; § 46 Rn. 7.
7 Ablehnend: h.M.; ohne Einschränkung: BT-Drucks. 16/887, S. 73 zu Nr. 8 bei Buchstabe b a.E.; a.A. *Hügel/Elzer,* § 13 Rn. 120, insbesondere Fn. 174; *Jennißen-Suilmann,* § 46 Rn. 44 ff. – der sich sogar gegen das Anfechtungsrecht des Verwalters gegen Beschlüsse der Wohnungseigentümer, die z.B. seine Abberufung beinhalten, ausspricht.
8 § 46 Rn. 36 ff.
9 *Jennißen-Suilmann,* § 47 Rn. 9.

zu verbinden sind. In Betracht kommen Klagen auf Feststellung der Gültigkeit eines Beschlusses[10], Nichtigkeit eines Beschlusses oder des Inhalts eines unbestimmten oder unklaren Beschlusses[11]; ein Antrag auf Feststellung des wirklich gefassten, aber vom Versammlungsleiter nicht festgestellten Beschlussinhalts kann mit der Anfechtung eines Eigentümerbeschlusses verbunden werden.[12]

Unerheblich ist, wie die Klage gegen den angefochtenen Beschluss begründet wird, ob ein verfahrensrechtlicher Verstoß vorgehalten wird oder ein materiellrechtlicher Fehler (z.B. Verstoß gegen Grundsätze ordnungsmäßer Verwaltung) im Streit steht; unabhängig für die Verbindung ist auch, ob ein Beschluss anfechtbar oder nichtig ist, ob er förmlich festgestellt ist oder nicht[13], oder ob ein Nichtbeschluss vorliegt. Besteht Streit über Rechte und Pflichten zwischen der Gemeinschaft der Wohnungseigentümer und einem Wohnungseigentümer, findet § 47 keine Anwendung; die Verbindung ist **nicht** zwingend vorgesehen. Jedoch ist in diesen Fällen, wie es nach dem alten Recht in geeigneten Fällen geschehen ist, eine Verbindung gemäß § 147 ZPO zulässig; alle Verfahren im Anwendungsbereich des Wohnungseigentumsgesetzes, bei denen ein einheitlicher Streitgegenstand vorliegt, sind sinnvollerweise zu verbinden.

Auch wenn bei einer Anfechtungsklage grundsätzlich alle Wohnungseigentümer zu beteiligen sind, und diese auf die Verbindung hinwirken müssten, kann dies übersehen werden. Folge ist, dass mit der ersten rechtskräftigen Entscheidung das Rechtsschutzbedürfnis für eine weitere Klage entfällt; sie wird ab diesem Zeitpunkt unzulässig (doppelte Rechtshängigkeit), § 261 ZPO[14]; der Einwand der bestehenden Rechtskraft greift durch und zwar unabhängig davon, ob die Anfechtungsklage wegen Versäumung der Anfechtungsfrist abgewiesen worden ist oder eine Sachprüfung durchgeführt worden ist[15]; es liegt kein Fall der Hauptsacheerledigung vor[16]. Kommt es trotzdem zu zwei unterschiedlichen Entscheidungen, liegen die Voraussetzungen der **Restitutionsklage** nach § 580 Nr. 7a ZPO vor.[17]

---

10 OLG Hamm v. 10.11.1980 – 15 W 122/80, NJW 1981, 465.
11 BayObLG v. 13.3.2003 – 2Z BR 85/02, BayObLGZ 2003, 61; OLG Köln v. 15.1.1979 – 16 Wx 106/78, OLGZ 1979, 282; *Hügel/Elzer*, § 47 Rn. 3.
12 BayObLG v. 13.3.2003 – 2Z BR 85/02, BayObLGZ 2003, 61.
13 *Jennißen-Suilmann*, § 47 Rn. 4.
14 BGH v. 26.10.2012 – V ZR 7/12; *Hügel/Elzer*, § 47 Rn. 2.
15 Aufgrund der gesetzlich geregelten Pflicht zur Prozessverbindung dürfte die Einschränkung in der Entscheidung BayObLG v. 19.2.2004 – 2Z BR 262/03, ZMR 2004, 604 nicht mehr zutreffend sein; auch die Aussetzung der weiteren Anfechtungsklagen scheidet durch die gesetzlich vorgesehene Prozessverbindung aus und damit auch die Hauptsacheerledigung der Parallel-Verfahren, soweit dort die übrigen anfechtenden Wohnungseigentümer in allen Verfahren formell beteiligt waren; hierzu: OLG München v. 24.1.2007 – 34 Wx 110/06, ZMR 2007, 395 = OLGR München 2007, 375; a.A. *Roth*, in: Bärmann, § 47 Rn. 22.
16 *Roth*, in: Bärmann, § 47 Rn. 22.
17 Es wird das später ergangene Urteil beseitigt: § 580 Nr. 7a ZPO; *Thomas/Putzo-Reichold*, § 580 Rn. 12; *Jennißen-Suilmann*, § 47 Rn. 13; *Hügel/Elzer*, § 47 Rn. 14 m.w.N.; *Roth*, in: Bärmann, § 47 Rn. 23.

3. Verbindung

Die Verbindung mehrerer Prozesse erfolgt durch das zuständige Gericht durch einen Beschluss. Ein Rechtsmittel gegen die Verbindung sieht das Gesetz nicht vor.[18] Die Verbindung ist in allen Lagen des Prozesses von Amts wegen zu beachten, auch noch in der Berufungsinstanz.[19] Auch Prozesse mit unterschiedlichem Streitgegenstand können bei Vorliegen der Voraussetzungen nach § 147 ZPO miteinander verbunden werden[20].

4

III. Satz 2: Streitgenossenschaft

Mit der Verbindung der Klage werden die Kläger der ursprünglich selbständigen Prozesse **notwendige Streitgenossen** gemäß §§ 59 bis 63 ZPO, § 47 S. 2. Der Kläger des einen Prozesses ist als Mitglied der Wohnungseigentümer Beklagter des anderen Prozesses. Es ändert sich insofern seine Parteienstellung. Da eine Entscheidung über das streitige Rechtsverhältnis allen Beteiligten gegenüber nur einheitlich festgestellt werden kann, liegt eine notwendige Streitgenossenschaft gemäß § 62 ZPO vor. Damit wird, wenn ein Streitgenosse einen Termin oder eine Frist versäumt, der Säumige durch die Nichtsäumigen als vertreten angesehen; ein Versäumnisurteil gegen einen säumigen notwendigen Streitgenossen ist damit unzulässig[21], ebenso ein Anerkenntnis, das nur von einem Beklagten abgegeben wird[22]. Wird dagegen die Klage eines Streitgenossen zurückgenommen, ist nur über die von dem verbleibenden Kläger und seinen verbleibenden Streitgenossen rechtzeitig vorgebrachten Anfechtungsgründe zu entscheiden[23]. Dieser Kläger wird dann wieder Beklagter dieses Rechtsstreits[24]. Das Gericht hat die Zulässigkeit jeder Klage gesondert zu prüfen[25]; jeder notwendige Streitgenosse kann seine von ihm erhobene Klage ohne Zustimmung der anderen Streitgenossen zurücknehmen[26]. Haben alle Wohnungseigentümer, gegebenenfalls sukzessive, Klage gegen denselben Beschluss erhoben, so fällt mit Verbindung der Verfahren ein Beklagter weg. Die Prozessrechtsverhältnisse fallen in sich zusammen, der Rechtsstreit wurde zu einem unzulässigen Insichprozess, der das Verfahren in der Hauptsache von selbst erlöschen

5

---

18 Zu § 147 ZPO: *Zöller-Greger*, § 147 Rn. 9.; wird die Verbindung abgelehnt, ist die sofortige Beschwerde statthaft, *Roth*, in: Bärmann, § 47 Rn. 24
19 BGH v. 26.10.2012 – V ZR 7/12; *Jennißen-Suilmann*, § 47 Rn. 8.
20 Z.B. eine Anfechtungsklage mit einer Klage auf Zustimmung zu einer bestimmten Gebrauchsregelung oder auf deren gerichtliche Gestaltung nach § 21 Abs. 8; hierzu: Beispiele bei *Roth*, in: Bärmann, § 47 Rn. 3.
21 *Zöller-Vollkommer*, § 62 Rn. 28.
22 Es kann von einem Streitgenossen ggf. widerrufen werden, BGH v. 23.10.2015 – V ZR 76/14 mit Anm. *Dötsch* juris PR-MietR 272016 Anm. 4; AG Charlottenburg v. 7.4.2010 – 72 C 7/10, ZMR 2010, 644.
23 BGH v. 27.3.2009 – V ZR 196/08, NJW 2009, 2132 = NZM 2009, 436; ein beklagter Eigentümer kann auch dem Kläger als Nebenintervenient unterstützen: LG München I v. 8.8.2011 – 1 S 809/11 (juris).
24 *Roth*, in: Bärmann, § 47 Rn. 18.
25 AG Hamburg-St. Georg v. 28.7.2009 – 980A C 18/08, ZMR 2010, 236.
26 BGH v. 27.3.2009 – V ZR 196/08, NJW 2009, 2132; *Jennißen-Suilmann*, § 47 Rn. 17; *Zöller-Vollkommer*, § 62 Rn. 325.

lässt[27]. Das Schicksal jeder Klage ist nicht von vornherein identisch, weil für jede Klage die Zulässigkeit und die Beachtung der Klage- und Klagebegründungsfrist gemäß § 46 Abs. 1 Satz 2 geprüft wird. Jedoch dürfen die Entscheidungen nur einen materiell-rechtlichen Inhalt haben, da die Rechtskraft des Anfechtungsurteils für und gegen alle am Prozess Beteiligten wirkt, § 48 Abs. 3.

Der Gesetzgeber hat – richtigerweise – in der gesetzlich angeordneten Prozessverbindung **keine** Klagerücknahme des hinzu gebundenen Verfahrens gesehen, auch nicht bezogen auf den früheren Gegner, der jetzt „Mitstreiter" ist. Mit der Verbindung sind deshalb auch keine Kosten verbunden.[28]

Die Rechtskraft eines Urteils bezieht sich auf die etwaigen Nichtigkeitsgründe gemäß § 48 Abs. 4. Kommen Nichtigkeitsgründe in Betracht, hat das Gericht gemäß § 46 Abs. 2 die Parteien hierauf hinzuweisen.

---

27 AG Bingen v. 12.9.2007 – 3 C 399/07, NJW 2009, 84 = NZM 2009, 167; die Entscheidung hat Kritik z.B. bei *Abramenko*, ZMR 2008, 689; und *Schmid*, ZRP 2009, 169 gefunden, die § 246 AktG entsprechend anwenden wollen und übersehen, dass dort die Klage gegen die AG zu richten ist; vgl. *Roth*, in: Bärmann, § 47 Rn. 17. Das AG Bingen weist darauf hin, dass die Eigentümer in der nächsten Eigentümerversammlung oder durch einen Umlaufbeschluss den Beschluss aufheben können und einer Entscheidung nicht mehr bedürfen; pragmatisch sollte geprüft werden, ob in der Klageerhebung aller Wohnungseigentümer bereits ein solcher Beschluss zu sehen ist.
28 Vgl. *Niedenführ*, NJW 2007, 1841/1845; *Hügel/Elzer*, § 47 Rn. 15.

§ 48
Beiladung, Wirkung des Urteils

(1) Richtet sich die Klage eines Wohnungseigentümers, der in einem Rechtsstreit gemäß § 43 Nr. 1 oder Nr. 3 einen ihm allein zustehenden Anspruch geltend macht, nur gegen einen oder einzelne Wohnungseigentümer oder nur gegen den Verwalter, so sind die übrigen Wohnungseigentümer beizuladen, es sei denn, dass ihre rechtlichen Interessen erkennbar nicht betroffen sind. Soweit in einem Rechtsstreit gemäß § 43 Nr. 3 oder Nr. 4 der Verwalter nicht Partei ist, ist er ebenfalls beizuladen.

(2) Die Beiladung erfolgt durch Zustellung der Klageschrift, der die Verfügungen des Vorsitzenden beizufügen sind. Die Beigeladenen können der einen oder anderen Partei zu deren Unterstützung beitreten. Veräußert ein beigeladener Wohnungseigentümer während des Prozesses sein Wohnungseigentum, ist § 265 Abs. 2 der Zivilprozessordnung entsprechend anzuwenden.

(3) Über die in § 325 der Zivilprozessordnung angeordneten Wirkungen hinaus, wirkt das rechtskräftige Urteil auch für und gegen alle beigeladenen Wohnungseigentümer und ihre Rechtsnachfolger sowie den beigeladenen Verwalter.

(4) Wird durch das Urteil eine Anfechtungsklage als unbegründet abgewiesen, so kann auch nicht mehr geltend gemacht werden, der Beschluss sei nichtig.

Inhalt:

	Rn.
I. Allgemeines	1
II. Absatz 1: Notwendige Beiladung	2
1. Satz 1: Rechtsstreit gemäß § 43 Nr. 1 oder Nr. 3	2
a) Klage eines Wohnungseigentümers	2
b) Rechtsstreit gemäß § 43 Nr. 1 oder Nr. 3	3
c) Klageanspruch	4
d) Passivlegitimation (einer oder einzelne Wohnungseigentümer)	5
e) Passivlegitimation des Verwalters	6
f) Beiladung der übrigen Wohnungseigentümer	7
g) Fehlende Betroffenheit/ Absehen von der Beiladung	8
2. Satz 2: Beiladung des Verwalters	9

	Rn.
III. Absatz 2: Verfahren der Beiladung	10
1. Satz 1: Zustellung	11
2. Satz 2: Beitritt im Rechtsstreit	12
3. Satz 3: Veräußerung des Wohnungseigentums, § 265 Abs. 2 ZPO	13
IV. Absatz 3: Rechtskraftwirkung	14
1. Wirkungen gemäß § 325 ZPO	14
2. Wirkungen für und gegen alle beigeladenen Wohnungseigentümer	15
3. Wirkung gegen den beigeladenen Verwalter	16
4. Umfang der Rechtskraft	17
V. Absatz 4: Rechtskrafterstreckung auf Nichtigkeitsgründe	18

Then

I. Allgemeines

1 Das Gesetz zur Änderung des Wohnungseigentums und anderer Gesetze vom 26. 3. 2007[1] regelt die Beiladung, die sonst nur die Verwaltungsgerichtsordnung gemäß §§ 65 ff. VwGO oder das GWB in § 74 kennen; in der ZPO ist eine Beiladung in Kindschaftssachen gemäß § 640e ZPO möglich. Sonst verbleibt es bei den Regelungen der Nebenintervention. Das Verfahren der freiwilligen Gerichtsbarkeit kennt die notwendige Streitgenossenschaft i. S. d. § 62 ZPO nicht[2]; das Wohnungseigentumsgesetz hatte deshalb die Beiladung in § 43 Abs. 4 a. f. geregelt; § 48[3] greift die alte Rechtslage auf und baut sie nun aus.

Durch die Beiladung gemäß § 48 wird eine einheitliche Entscheidung gesichert, wenn eine Klage nur von einem einzelnen Wohnungseigentümer gegen einen oder einzelne Wohnungseigentümer in den Fällen des § 43 Nr. 1 oder Nr. 3 erhoben wird. Der Verwalter ist in Rechtsstreitigkeiten gemäß § 43 Nr. 3 oder Nr. 4 notwendig beizuladen. So kann verfassungsrechtlich unbedenklich nach § 48 Abs. 3 die Rechtskraft für und gegen alle beigeladenen Wohnungseigentümer und ihre Rechtsnachfolger sowie den beigeladenen Verwalter erstreckt werden (unabhängig davon, ob ein Beitritt erfolgt oder nicht) und die Abweisung der Anfechtungsklage gemäß § 46 auch die Nichtigkeitsgründe gemäß § 48 Abs. 4 mitumfassen.

Die notwendige Beiladung dürfte nach der hier vertretenen Auffassung gemäß § 204 Abs. 1 Ziff. 6 BGB die Hemmung der Verjährung bewirken: Der BGH hat zwar die einfache Beiladung gemäß § 25 Abs. 1 VwVfG, die im Ermessen des Verwaltungsgerichts steht, nicht der Streitverkündung gemäß § 204 Abs. 1 Ziff. 6 BGB gleichgestellt[4]; auch wenn das Gericht die Beiladung von sich aus durchführt, also sie nicht zur Disposition der Parteien steht, so sind die Rechtskraftwirkungen in § 48 Abs. 3 weitergehender als die Rechtskraftwirkung nach Beiladung durch das Verwaltungsgericht[5]; der einfach Beigeladene wird durch die Rechtskraft eines Urteils nur insoweit gebunden, als er in einem anderen Verfahren die Richtigkeit der getroffenen Entscheidung, soweit er darauf Einfluss nehmen konnte, nicht mehr bestreiten kann[6]; deshalb sollte die Beiladung auch die **Verjährung** gemäß § 204 Abs. 1 Ziff. 6 BGB hemmen und der Streitverkündung gleichgestellt sein.

---

1 BGBl. I, 2007, 370, Art. 1 Nr. 19 (S. 374–375).
2 BGH v. 9. 10. 1951 – V BLw 30/50, BGHZ 3, 214.
3 In der Fassung des Gesetzes zur Änderung des Wohnungseigentumsgesetzes und anderer Gesetze v. 26. 3. 2007, BGBl. I 2007, 370, Art. 1 Nr. 19 (BT-Drucks. 16/887, S. 39).
4 BGH v. 6. 2. 2003 – III ZR 223/02, VersR 2003, 873 = MDR 2003, 628 = NVwZ 2003, 1549; siehe auch § 28 Rn. 30 a. E.
5 Vgl. *Kopp/Schenke*, VwGO, 21. Aufl. 2015, § 121 Rn. 23.
6 Siehe *Kopp/Schenke*, VwGO, 21. Aufl. 2015, § 121 Rn. 25.

II. Absatz 1: Notwendige Beiladungen

1. Satz 1: Rechtsstreit gemäß § 43 Nr. 1 oder Nr. 3

a) Klage eines Wohnungseigentümers
Ein Wohnungseigentümer muss gegen einen oder einzelne Wohnungseigentümer oder aber nur gegen den Verwalter Klage erhoben haben. Wer als Wohnungseigentümer aktivlegitimiert ist, ergibt sich aus den Darlegungen in § 10 Rn. 3[7]. Klagen Dritter führen nicht zur Beiladung gemäß § 48.

b) Rechtsstreit gemäß § 43 Nr. 1 oder Nr. 3
Gemeint sind die Streitigkeiten über die sich aus der Gemeinschaft oder aus der Verwaltung ergebenden Rechte und Pflichten der Wohnungseigentümer untereinander (§ 43 Nr. 1) oder die Streitigkeiten über Rechte und Pflichten des Verwalters bei der Verwaltung des gemeinschaftlichen Eigentums (§ 43 Nr. 3). Zu den Fällen des § 43 Nr. 1 zählen z.b. ein Anspruch auf Beseitigung einer baulichen Veränderung gemäß § 1004 Abs. 1 BGB[8] (vgl. auch § 22). Die Forderung der Unterlassung der Nutzung von Kellerräumen zu Wohnzwecken oder die Forderung der Übernahme eines höheren Anteils an den gemeinschaftlichen Kosten und Lasten sind Fälle des § 43 Nr. 1, die ein einzelner Wohnungseigentümer geltend machen kann[9]. Hierzu zählt Streit über den Gebrauch des Sondereigentums, über Rechte und Pflichten gemäß § 14 Nr. 1 oder § 15 Abs. 3. Ein weiteres Beispiel ist die Klage eines Wohnungseigentümers auf Beseitigung einer eigenmächtig angebrachten Parabolantenne gegen einen anderen Wohnungseigentümer.

Unter § 43 Nr. 3 fallen z.b. die Rechte des Verwalters auf die vereinbarte Vergütung, Entlastung, Fortbestehen einzelner Verwaltungsaufgaben[10]. Unter die Pflichten fallen z.b. die Abrechnungspflicht, die Aufgaben nach den §§ 24, 27, 28, die Einberufung einer Wohnungseigentümerversammlung, die Protokollführung, Einsichtgewährung in die vorgelegten Vollmachten[11]; Feststellung der Beschlussfähigkeit, Rechnungslegung, Erstellung von Wirtschaftsplänen und Jahresabrechnung[12]. Ein einzelner Wohnungseigentümer kann z.b. die ordnungsgemäße Verwaltung überprüfen lassen[13] oder einen Protokollberichtigungsantrag stellen[14]. Bei Streitigkeiten nach § 43 Nr. 2 sind grundsätzlich sämtliche Wohnungseigentümer als Partei beteiligt, ebenso bei Anfechtungsklagen gemäß § 46 sowie bei der Nichtigkeitsklage (Fälle des § 43 Nr. 4).

---

7 Erhebt nur ein Bruchteilseigentümer Klage, gilbt § 1011 BGB, so dass die anderen Bruchteilseigentümer nicht Beklagte sind, LG München I v. 12.1.2012 – 36 S 6417/11.
8 BGH v. 15.1.2010 – V ZR 80/09, NJW 2010, 933 = NZM 2010, 204.
9 BayObLG v. 13.10.1988 – BReg. 2 Z 165/87, ZMR 1989, 103.
10 Vgl. im Einzelnen § 43 Rn. 23.
11 OLG München v. 31.10.2007 – 34 Wx 60/07, ZMR 2008, 657; *Roth,* in: Bärmann, § 43 Rn. 93.
12 Vgl. im Einzelnen § 43 Rn. 23.
13 Vgl. im Einzelnen § 43 Rn. 23.
14 LG Stuttgart v. 5.8.2015 – 10 S 10/15.

c) Klageanspruch

4 Die Vorschrift betrifft Ansprüche, die ein Wohnungseigentümer allein geltend machen kann, die nicht zwingend durch die Gemeinschaft geltend zu machen sind. Beispiele:
Die Geltendmachung eines Anspruchs gegen den Verwalter, der Veräußerung eines Wohnungseigentums gemäß § 12 zuzustimmen[15], oder wenn ein Wohnungseigentümer gegen den Verwalter Schadensersatzansprüche mit der Behauptung geltend macht, er habe einen Eigentümerbeschluss nicht ausgeführt, gehören hierher; von diesem Rechtsstreit sind alle Wohnungseigentümer berührt und deshalb zu beteiligen. Ist der Verband der Wohnungseigentümer Partei, findet § 48 keine Anwendung; Gleiches gilt, wenn es um die Gültigkeit von Beschlüssen der Wohnungseigentümer geht[16].

d) Passivlegitimation (einer oder einzelne Wohnungseigentümer)

5 Die Klage muss sich gegen einen oder einzelne Wohnungseigentümer richten; die Fälle sind oben bereits genannt. Auf die Kommentierung zu § 43 Nr. 1 und Nr. 3 ist zu verweisen. Ist die Klage dagegen gegen alle Wohnungseigentümer zu richten, bedarf es der notwendigen Beiladung nicht, weil alle Wohnungseigentümer bereits Partei sind[17].

e) Passivlegitimation des Verwalters

6 Die Aktivlegitimation eines einzelnen Wohnungseigentümers für einen Rechtsstreit gegen den Verwalter besteht z.B. nach § 21 Abs. 4 auf Vorlage der Jahresabrechnung oder auf Übersendung von Kopien der Verwaltungsunterlagen[18]. Auch in diesen Fällen sind die anderen Wohnungseigentümer beizuladen, da sie in ihren Interessen betroffen sein können.

f) Beiladung der übrigen Wohnungseigentümer

7 Beizuladen sind alle Wohnungseigentümer, die nicht Partei sind; die Vorschrift gilt auch für Wohnungseigentümer einer werdenden Wohnungseigentümergemeinschaft[19]. Bei Veräußerung des Wohnungseigentums ist der neue Eigentümer erst mit Eintragung in das Grundbuch beizuladen. Für die Veräußerung während des Prozesses gilt § 265 Abs. 2 ZPO, § 48 Abs. 2 Satz 3. Auf Verwalter kraft Amtes, also Insolvenzverwalter, Zwangsverwalter, Testamentsvollstrecker ist zu achten: Diese sind anstelle des Wohnungseigentümers beizuladen[20].

g) Fehlende Betroffenheit/Absehen von der Beiladung

8 Die Beiladung der übrigen Wohnungseigentümer hat zu unterbleiben, soweit erkennbar ihre rechtlichen Interessen nicht betroffen sind; das ist dann

---

15 BayObLG v. 25.6.1997 – 2Z BR 50/97, NJW-RR 1997, 1307.
16 MünchKomm-*Engelhardt*, § 48 Rn. 2; *Roth*, in: Bärmann. § 48 Rn. 5
17 *Roth*, in: Bärmann, § 48 Rn. 5.
18 Hierzu BayObLG v. 13.6.2000 – 2Z BR 175/99, NZM 2000, 873 = NJW-RR 2000, 1466.
19 OLG Düsseldorf v. 13.9.2006 – I-3 Wx 81/06, ZMR 2007, 126; *Roth*, in: Bärmann, § 48 Rn. 11
20 *Roth*, in: Bärmann, § 48 Rn. 25.

der Fall, wenn das Urteil keine Rechtskrafterstreckung auf die Wohnungseigentümer hat. Gegenüber der alten Rechtslage[21] hat sich nichts geändert.

Beispiele:

Macht ein Wohnungseigentümer einen ihm allein zustehenden Schadensersatzanspruch gegen den Verwalter geltend, sind die anderen Wohnungseigentümer nicht Beteiligte[22]; gleiches kann bei einem Individualanspruch gegen den Verwalter auf Einsicht in die Verwaltungsunterlagen gelten[23]. Von einer Beiladung ist abzusehen, wenn in einer Mehrhausanlage eine Auseinandersetzung ausschließlich zwischen Wohnungseigentümern einer Hausanlage besteht, die keine Auswirkungen auf die anderen Häuser hat[24]; sind deshalb Eigentümer nicht stimmberechtigt, weil der Gegenstand des Streits sie nicht berühren kann, kann von einer Beiladung abgesehen werden.[25] Auch bei nachbarrechtlichen Streitigkeiten ohne Auswirkungen auf andere Miteigentümer ist dies der Fall.[26] Bei einem Streit über eine nur zwischen zwei Teileigentümern geltende Konkurrenzschutzklausel ist von der Beiladung abzusehen[27]; besteht Streit über die Aufteilung eines Sondernutzungsrechts unter zwei Berechtigten, bedarf es der Beiladung nicht, wenn eine im Grundbuch eingetragene Gebrauchsregelung die anderen Wohnungseigentümer vom Mitgebrauch der im Streit stehenden Gartenfläche sowieso ausschließt.[28]

Ist die Klage eines Wohnungseigentümers **unzulässig**, bedarf es der Beiladung nicht[29]; ebenso nicht, wenn das Gericht nur noch die Kostenentscheidung zu fällen hat.[30] Gibt es Streit über die Zulässigkeit eines Beitritts, so wird hierüber gemäß § 71 ZPO nach mündlicher Verhandlung durch Zwischenurteil entschieden[31].

2. Satz 2: Beiladung des Verwalters

Der Verwalter ist gemäß § 48 Abs. 1 Satz 2 **beizuladen**, wenn in einem 9
Rechtsstreit über die Rechte und Pflichten des Verwalters bei der Verwaltung

---

21 Vgl. BGH v. 2. 10. 1991 – V ZB 9/91, BGHZ 115, 253; *Jennißen-Suilmann*, § 48 Rn. 8.
22 BayObLG v. 5. 1. 2000 – 2Z BR 85/99, NJW-RR 2000, 1033; BGH v. 2. 10. 1991 – V ZB 9/91, BGHZ 115, 253 = NJW 1992, 182.
23 BayObLG v. 13. 3. 2003 – 2Z BR 80/02, BayObLGZ 2003, 53: Vorlage zum BGH; siehe BGH v. 17. 7. 2003 – V ZB 11/03, BGHZ 156, 19, wonach ein Rechtsschutzbedürfnis besteht.
24 BayObLG v. 14. 5. 1975 – BReg. 2 Z 23/75, BayObLGZ 1975, 177; NZM 2000, 678; BayObLG v. 20. 4. 2000 – 2Z BR 9/00, NJW-RR 2000, 1324: auch zur zulässigen Verfahrensstandschaft des Mieters auf Beseitigung einer baulichen Veränderung (Beseitigung einer grünen Sichtschutzmatte aus Kunststoff hinter einem Maschendrahtzaun); zur Passivlegitimation auch LG München I v. 20. 12. 2010 – 1 S 8436/10, NJW-RR 2011, 448 = NZM 2011, 125.
25 BayObLG v. 10. 11. 1961 – BReg. 2 Z 153/61, NJW 1962, 492; BayObLG v. 14. 5. 1975 – BReg. 2 Z 23/75, BayObLGZ 1975, 177.
26 BayObLG v. 6. 2. 1990 – BReg. 2 Z 119/89, NJW-RR 1990, 660/661.
27 BayObLG v. 7. 5. 1997 – 2Z BR 32/97, MittBayNot 1997, 228 = FGPrax 1997, 141.
28 BayObLG v. 7. 11. 1991 – BReg. 2 Z 112/91, MittBayNot 1992, 266.
29 *Jennißen-Suilmann*, § 48 Rn. 13.
30 BayObLG v. 6. 2. 1990 – BReg. 2Z 119/89, NJW-RR 1990, 660.
31 *Jennißen-Suilmann*, § 48 Rn. 24; *Roth*, in: Bärmann, § 48 Rn. 46

des gemeinschaftlichen Eigentums oder bei Streitigkeiten über die Gültigkeit von Beschlüssen der Wohnungseigentümer (also in Verfahren gemäß § 43 Nr. 3 oder 4) er nicht sowieso Partei ist. Dabei ist grundsätzlich zu unterscheiden, ob er als Vertreter der Wohnungseigentümer oder der Wohnungseigentümergemeinschaft im Verfahren beteiligt ist oder persönlich als Verwalter[32]. In Streitigkeiten über die Gültigkeit von Beschlüssen der Wohnungseigentümer (§ 43 Nr. 4)[33] ist der Verwalter auch (persönlich) beizuladen, unabhängig davon, ob er Vertreter der Wohnungseigentümer oder der Wohnungseigentümergemeinschaft ist.[34] Der Beiladung des Verwalters bedarf es nur dann nicht, wenn er als Partei persönlich am Rechtsstreit beteiligt ist. Zu prüfen ist, ob der Ausschluss des Verwalters als Zustellungsvertreter der Wohnungseigentümer in Frage steht, § 45 Abs. 1; zu bejahen ist dies, wenn der Verwalter durch die Beiladung eine Stellung als „Gegner der Wohnungseigentümer" einnehmen oder die Gefahr bestehen kann, der Verwalter werde die Wohnungseigentümer nicht sachgerecht unterrichten, § 47 Abs. 1.

Ist nach einem Verwalterwechsel eine Tätigkeit des alten Verwalters zur Überprüfung gestellt, sind sowohl alter Verwalter wie auch neuer Verwalter beizuladen.[35] Selbst wenn fälschlicherweise die Wohnungseigentümergemeinschaft zur Einsicht in Verwaltungsunterlagen verklagt wird, ist der Verwalter notwendig beizuladen.[36]

III. Absatz 2: Verfahren der Beiladung

1. Satz 1: Zustellung

10 Die Beiladung erfolgt durch Zustellung der Klageschrift; das Gericht muss die notwendige Zahl von Abschriften beifügen. Der Kläger hat, spätestens nach Aufforderung gemäß § 273 Abs. 1 Nr. 1 ZPO, die zustellungsfähigen Anschriften der weiteren Wohnungseigentümer mitzuteilen[37]. Der Richter prüft, ob die Voraussetzungen der Beiladung vorliegen, ob also die rechtlichen Interessen anderer Wohnungseigentümer betroffen sind oder ein Fall des § 48 Abs. 1 Satz 2 vorliegt; es lädt den Verwalter in den Fällen des § 43 Nr. 3 oder Nr. 4 bei, soweit er nicht selbst Partei ist und unabhängig davon, ob er rechtlich betroffen ist oder nicht.

---

32 LG Frankfurt am Main v. 3.11.2008 – 2-13 T 33/08, NJW 2009, 924 = NZM 2009, 166: Ist der Verwalter zugleich Wohnungseigentümer und in dieser Eigenschaft Partei, bedarf es keiner Beiladung mehr, auch im Falle eines ihn treffenden Kostenausspruchs nach § 49 Abs. 2.
33 Hierzu: BGH v. 5.3.2010 – V ZR 62/09, NJW 2010, 2132 = NZM 2010, 406: Der Verwalter muss dann vom Vorsitzenden darauf hingewiesen werden, dass er beigeladen wird („auf die Beiladung gerichtetes Tätigkeitwerden des Gerichts").
34 OLG Köln v. 21.11.2002 – 16 Wx 185/01, ZMR 2002, 972 = OLGR Köln 2002, 136.
35 BGH v. 9.10.1997 – V ZB 3/97, NJW 1998, 755 = FGPrax 1998, 15; Hügel/Elzer, § 48 Rn. 12
36 BayObLG v. 12.8.1999 – 2Z BR 50/99, NJW-RR 2000, 463: Belegeinsicht gewährt allein der Verwalter, vgl. auch BayObLG v. 20.11.2003 – 2Z BR 168/03, NZM 2004, 509.
37 Das Gericht kann auch selbst über § 273 Abs. 2 Nr. 1 ZPO eine Eigentümerliste mit den Adressen der Wohnungseigentümer vom Kläger anfordern, Roth, in: Bärmann, § 48 Rn. 28.

Jedem Beizuladenden ist die Klageschrift zuzustellen. Im Erkenntnisverfahren der ZPO hat das Gericht entweder einen Gütetermin mit anschließendem frühen ersten Termin zur mündlichen Verhandlung (§ 275 ZPO) zu bestimmen oder ein schriftliches Vorverfahren (§ 276 ZPO) zu veranlassen, § 272 Abs. 2 ZPO. Diese Verfügungen sind den Beizuladenden ebenfalls zuzustellen.

Die Zustellung erfolgt entweder unmittelbar an die Wohnungseigentümer, die beizuladen sind oder nach § 45 Abs. 1 an den Verwalter, der Zustellungsvertreter der Wohnungseigentümer ist. Soll der Verwalter selbst beigeladen werden, muss ihm dies kenntlich gemacht werden[38]. Übersieht das Gericht die erforderliche Beiladung, stellt dies einen Verfahrensmangel dar, der entweder im Berufungsverfahren durch Nachholung der Beiladung geheilt werden kann oder zur Zurückverweisung führt oder als absoluter Revisionsgrund zu werten ist[39].

2. Satz 2: Beitritt im Rechtsstreit

Die Beigeladenen können sich entscheiden, ob sie der einen oder der anderen Partei zu deren Unterstützung beitreten; eine Verpflichtung zum Beitritt besteht nicht, unabhängig davon, dass die Rechtskraft eines Urteils auch für und gegen die beigeladenen Wohnungseigentümer und ihre Rechtsnachfolger wirkt, § 48 Abs. 3. Sie sind Nebenintervenienten oder Streithelfer gemäß §§ 66, 74 ff. ZPO.[40] Der Beigeladene unterstützt die Partei, auf deren Seite er dem Rechtsstreit beigetreten ist. Es gelten die allgemeinen Vorschriften der ZPO, also auch § 70 ZPO: Der Beigeladene tritt dem Rechtsstreit durch Einreichung eines Schriftsatzes bei, der den gegnerischen Parteien zugestellt wird; den Beigetretenen sind vom Gericht alle Schriftsätze, Terminsladungen und sonstige Verfügungen und Beschlüsse zuzustellen.[41] Treten sie nicht bei, werden sie auch nicht weiter durch Zuleitung der Schriftsätze informiert.[42]

11

Der Streithelfer darf im Prozess alle Angriffs- und Verteidigungsmittel verwenden, um der von ihm unterstützten Partei zur Durchsetzung deren Ansprüche zu verhelfen; er darf weitergehenden Sachvortrag bringen, er ist berechtigt, Angriffs- und Verteidigungsmittel geltend zu machen und darüber hinaus alle Prozesshandlungen wirksam vorzunehmen, § 69 ZPO.[43] Er

---

38 *Niedenführ/Kümmel/Vandenhouten-Niedenführ*, § 48 Rn. 10; *Jennißen-Suilmann*, § 48 Rn. 18; BGH v. 5.3.2010 – V ZR 62/09, NJW 2010, 2132.
39 Entsprechend § 547 Nr. 4 ZPO, *Roth*, in: Bärmann, § 48 Rn. 37, es sei denn, die ursprünglich nicht Beteiligten haben die Prozessführung nachträglich genehmigt in Kenntnis des Verfahrensinhalts. Bei Nichtbeiladung kommt es nicht zu einer Rechtskrafterstreckung.
40 Sie werden nicht vom Verwalter gemäß § 27 Abs. 2 Nr. 2 vertreten; vgl. im Einzelnen: § 27 Rn. 24.
41 Gibt es Streit über die Zulässigkeit der Nebenintervention, sei es durch die unterstützte Partei, sei es durch ihren Gegner, wird hierüber gemäß § 71 Abs. 1 ZPO entschieden; gegen das Zwischenurteil findet sofortige Beschwerde gemäß § 71 Abs. 2 ZPO statt; *Jennißen-Suilmann*, § 48 Rn. 24.
42 LG Stuttgart, 13.2.2013 – 19 T 250/12.
43 BayObLG v. 9.7.1987 – BReg. 2 Z 73/87, NJW-RR 1987, 1423.

kann ein Anerkenntnis im Haupttermin verhindern, indem er widerspricht.[44] Ein Wohnungseigentümer, der trotz Beiladung dem Rechtsstreit nicht beigetreten ist, kann noch im Rechtsmittelverfahren oder zum Zwecke der Durchführung eines Rechtsmittels dem Rechtsstreit beitreten[45]. Die Berufungsfrist beginnt mit der Zustellung des Urteils an die Hauptpartei; gegebenenfalls ist, ist der Wohnungseigentümer nicht weiter informiert worden, die Wiedereinsetzung zu prüfen.

Das Wohnungseigentumsgesetz regelt die **Kosten der Beiladung** nicht. § 48 greift zwar in der Terminologie § 640e ZPO auf, verweist jedoch für den Beitritt auf die Vorschriften der §§ 59 ff. ZPO.[46] Es sollten deshalb auch die Vorschriften der §§ 100 ff. ZPO angewandt werden. Der dem Rechtsstreit Beitretende beteiligt sich aktiv am Prozess und setzt sich damit dem Kostenrisiko aus. Deshalb trägt der Beitretende die bei ihm entstandenen Kosten, soweit er sich nicht gegenüber dem Gegner durchsetzt.[47] Dabei ist die Wertung des § 50, wonach grundsätzlich Wohnungseigentümer nur die Kosten eines bevollmächtigten Rechtsanwalts zu erstatten haben, zu berücksichtigen. Denn durch die Beiladung aller Wohnungseigentümer kann das Kostenrisiko eines Klägers unüberschaubar werden. Dies will § 50 vermeiden[48], so dass im Kostenfestsetzungsverfahren streng zu prüfen ist, was notwendige Kosten im Sinne des § 50 sind.

3. Satz 3: Veräußerung des Wohnungseigentums, § 265 Abs. 2 ZPO

12 Veräußert ein beigeladener Wohnungseigentümer während des Prozesses sein Wohnungseigentum, ist § 265 Abs. 2 ZPO entsprechend anzuwenden; für die Parteien gilt § 265 ZPO unmittelbar. Danach hat die Veräußerung auf den Prozess keinen Einfluss. Der Rechtsnachfolger ist deshalb nicht berechtigt, ohne Zustimmung des Gegners den Prozess in der Rolle des Streithelfers anstelle des Rechtsvorgängers zu übernehmen oder eine Hauptintervention zu erheben. Er kann allerdings als Nebenintervenient auftreten; dann gilt § 69 ZPO nicht, § 265 Abs. 2 S. 3 ZPO.

Der Rechtsvorgänger führt in eigenem Namen den Rechtsstreit weiter; dem Rechtsnachfolger fehlt trotz des Rechtsübergangs die Prozessführungsbefugnis[49], wenn die Gegenseite der Fortführung des Rechtsstreits durch den neuen Eigentümer nicht zustimmt. Allerdings muss, soweit der Streithelfer einen eigenen Antrag gestellt hat, dieser nun der veränderten materiellen Rechtslage angepasst werden. Anderenfalls führt der Veräußerer den Prozess in Prozessstandschaft für den Erwerber fort.[50] Sonst müsste bei Veräußerungen während anhängiger Verfahren jeder Erwerber neu beigeladen werden; der Gesetzgeber will diesen erhöhten Mehraufwand vermeiden,

---

44 *Thomas/Putzo*, § 69 Rn. 7; BGH v. 12.7.1993 – II ZR 65/92, NJW-RR 1993, 1253 (zu § 246 AktG); *Jennißen-Suilmann*, § 48 Rn. 29. Dies gilt auch für einen Verzicht.
45 BGH v. 31.3.2008 – II ZB 4/07, NJW 2008, 1889 = WM 2008, 927.
46 BT-Drucks. 16/887, S. 40.
47 So auch: *Hügel/Elzer*, § 48 Rn. 23 a.E..; *Roth*, in: Bärmann, § 48 Rn. 50; *Jennißen-Suilmann*, § 48 Rn. 34.
48 Vgl. § 50 Rn. 1.
49 *Thomas/Putzo-Reichold*, § 265 Rn. 12.
50 BGH v. 23.8.2001 – V ZB 10/01, BGHZ 148, 335 = NJW 2001, 3339.

zumal kaum sichergestellt werden kann, dass dem Gericht die Rechtsnachfolge immer bekannt wird.

IV. Absatz 3: Rechtskraftwirkung

1. Wirkungen gemäß § 325 ZPO

Ein rechtskräftiges Urteil wirkt für und gegen die Parteien und die Personen, die nach dem Eintritt der Rechtshängigkeit Rechtsnachfolger der Parteien geworden sind, § 325 Abs. 1 ZPO. Die Rechtskraft wirkt zwar grundsätzlich zwischen den Parteien des rechtskräftig entschiedenen Prozesses, sie erstreckt sich grundsätzlich auf die notwendigen Streitgenossen[51]. Die Rechtskrafterstreckung auf Rechtsnachfolger umfasst die erbrechtliche Gesamtrechtsnachfolge (mit Besitzübergang), aber auch unter Lebenden, bei Änderung einer Gesellschaft bürgerlichen Rechts (Ein-/Austritt)[52]. § 325 Abs. 1 ZPO gilt auch für die Einzelrechtsnachfolge und ergänzt § 265 Abs. 1 ZPO, also bei Übergang des materiellen Rechts[53].

13

Der Umfang der Rechtskraft wird vorrangig dem Urteilstenor, im Übrigen den Gründen, die selbst nicht rechtskraftfähig sind, entnommen. Rechtskraftfähig ist der Sachverhalt, über den entschieden worden ist, der Grundlage des Rechtsstreits war. Ist eine Klage unzulässig, bezieht sich die Rechtskraft auf die Tatsachen, die die (Un-)Zulässigkeit begründet haben.

2. Wirkungen für und gegen alle beigeladenen Wohnungseigentümer

Die geschilderten Wirkungen eines **rechtskräftigen** Urteils ordnet § 48 Abs. 3 auch für und gegen alle beigeladenen Wohnungseigentümer und ihre Rechtsnachfolger an. Es kommt zu einer Rechtskrafterstreckung auf Dritte kraft ausdrücklich gesetzlicher Vorschrift; deshalb müssen im Rahmen der Wahrung des Anspruchs auf rechtliches Gehör nach Art. 103 Abs. 1 GG die Beigeladenen, auf die sich die Rechtskraft erstreckt, formell am Verfahren beteiligt werden und alle Parteirechte geltend machen können.[54] Das Grundrecht des Art. 103 Abs. 1 GG steht auch den Beigeladenen, auf die sich die Rechtskraft der gerichtlichen Entscheidung erstreckt, zu. Die Rechtskrafterstreckung soll zu dauerhafter Rechtssicherheit und Rechtsfrieden innerhalb der Gemeinschaft führen. Dem stünde entgegen, dass eine Partei, die im Verfahren nicht beteiligt ist, erneut die Gerichte mit dem gleichen Begehren befassen könnte.[55]

14

---

51 Außer bei Verstoß gegen § 62 ZPO: *Zöller-Vollkommer*, ZPO, § 62 Rn. 31; § 325 Rn. 3.
52 Im Übrigen verweisen wir auf die Gesamtrechtsnachfolge im Gesellschaftsrecht: *Zöller-Vollkommer*, § 325 ZPO Rn. 15.
53 Für die Fälle einer aufschiebenden Bedingung ist der Rechtsübergang streitig, vgl. *Zöller-Vollkommer*, § 325 Rn. 19 ZPO.
54 BT-Drucks. 16/887, S. 74; zu den Wirkungen der Rechtskraft: *Lehmann-Richter*, ZWE 2014, 385.
55 BT-Drucks. 16/887, S. 40. Deshalb kann ein einzelner Wohnungseigentümer, wenn die Verfolgung gemeinschaftsbezogener Ansprüche auf den Verband übertragen worden ist, diese nicht mehr als Individualanspruch geltend machen – BGH v. 5. 12. 2014 – IV ZR 5/14; LG Köln v. 14. 3. 2013 – 29 S 181/12; a. A. OLG München v. 16. 11. 2007 – 32 Wx 111/07.

Die Rechtskraft erstreckt sich auf die Rechtsnachfolger aller beigeladenen Wohnungseigentümer, und zwar nicht nur im Falle der Veräußerung während des Prozesses, § 265 Abs. 2 ZPO, sondern auch auf eine Rechtsnachfolge, die nach Rechtskraft eintritt.[56]

3. Wirkung gegen den beigeladenen Verwalter

15 Die Rechtskraft tritt im Verhältnis zum beigeladenen Verwalter ein; auch der beigeladene Verwalter ist an das Urteil gebunden. Soweit der Verwalter Vertreter der Wohnungseigentümer oder der Wohnungseigentümergemeinschaft ist, hat er als Vertreter die Rechtskraft des Urteils und deren Inhalt zu beachten.[57] Allerdings wirkt sich die Rechtskrafterstreckung, soweit die Wohnungseigentümergemeinschaft als Verband nicht beteiligt ist, nicht auf die Wohnungseigentümergemeinschaft aus; eine andere Frage ist, ob wegen der Rechtskraftwirkung gegenüber den Mitgliedern der Wohnungseigentümergemeinschaft materiell-rechtliche Abhängigkeiten bestehen, die de facto zur Bindung führen[58].

4. Umfang der Rechtskraft

16 Die **materielle Rechtskraftwirkung** tritt nicht ein, wenn eine Klage als unzulässig durch Prozessurteil abgewiesen ist.[59] Einer neuen Klage, die den Unzulässigkeitsgesichtspunkt überwunden hat, steht der Einwand der Rechtskraft nicht entgegen, Es ist über die materiell-rechtlichen Fragen zu entscheiden. Die Klage eines anderen Wohnungseigentümers, der im Vorprozess beigeladen war, über den gleichen Gegenstand ist nach Rechtskraft des Erstprozesses unzulässig[60]. Die Rechtskraft umfasst die dem Tenor zugrundeliegenden Tatsachen und deren rechtliche Einordnung[61]. Ist die Beiladung unterblieben, muss dies auch noch in der Revision nachgeholt werden (soweit nicht eine Zurückverweisung erfolgt). In der Revisionsinstanz liegt ein absoluter Revisionsgrund vor (§ 547 Nr. 4 ZPO) und führt zur Zurückverweisung[62], soweit sie nicht nachgeholt ist. Ist die Beiladung versehentlich unterblieben, wirkt ein rechtskräftiges Urteil nicht gegen die nicht beigeladenen Wohnungseigentümer. Sie können also gegebenenfalls erneut klagen[63].

---

56 Zöller-Vollkommer, ZPO, § 325 Rn. 13.
57 Niedenführ/Kümmel/Vandenhouten-Niedenführ, § 48 Rn. 14.
58 Vgl. hierzu: Roth, in: Bärmann, § 48 Rn. 61 ff.
59 Zöller-Vollkommer, § 322 Rn. 1a.
60 Jennißen-Suilmann, § 48 Rn. 43 geht allerdings von der Zulässigkeit aus, jedoch von der Bindung des Gerichs an die Tatsachenfeststellung und rechtliche Wertung des Erstprozesses.
61 Die Rechtskraft erstreckt sich auf den dem Rechtsstreit zugrunde liegenden Lebenssachverhalt und die dazu gehörigen Tatsachen, unabhängig davon, ob sie im Einzelnen im Prozess vorgetragen waren: BGH v. 7.7.1993 – VIII ZR 103/92, NJW 1993, 2684; ständige Rechtsprechung.
62 Roth. in: Bärmann, § 48 Rn. 37.
63 Roth, in: Bärmann, § 48 Rn. 38: Wären sie im Falle des § 43 Nr. 4 Partei und wurden nicht im Rechtsstreit beteiligt, können sie gegen ein rechtskräftiges Urteil zumindest Nichtigkeitsklage erheben; zu Gestaltungsklagen siehe: Roth, in: Bärmann, § 48 Rn. 39.

V. Absatz 4: Rechtskrafterstreckung auf Anfechtungsgründe Nichtigkeitsgründe

Der Gesetzgeber übernimmt die frühere Rechtsprechung, wonach sich die Rechtskraft eines eine Anfechtungsklage abweisenden Urteils auch auf etwaige Nichtigkeitsgründe erstreckt.[64] Gibt es Gründe, die zur Nichtigkeit eines Beschlusses der Eigentümerversammlung führten, wurden jedoch im Prozess nur Gründe zur Anfechtung des Beschlusses vorgetragen und die Klage dann abgewiesen, umfasst die Rechtskraft auch Nichtigkeitsgründe (auch wenn diese im Verfahren übersehen worden waren). Das Urteil soll unter jedem rechtlichen Gesichtspunkt eine verbindliche Entscheidung des zur Überprüfung gestellten Eigentümerbeschlusses herbeiführen.[65] Dies gilt für den Normalfall, dass neben den Prozessparteien auch sämtliche Wohnungseigentümer beigeladen sind, wie es § 48 Abs. 1 Satz 1 vorschreibt. Das Gericht ist des Weiteren verpflichtet, gemäß § 46 Abs. 2 den Kläger und die Prozessparteien und -beteiligten auf eine Tatsache hinzuweisen, aus der sich ergeben könnte, dass der angefochtene Beschluss nichtig ist. Die Verbindung gemäß § 47 soll ebenfalls sicherstellen, dass alle Betroffenen im Verfahren beteiligt sind, damit in einem Verfahren über den Bestand des Beschlusses insgesamt abschließend entschieden werden kann; dabei kommt es für die Rechtskrafterstreckung nicht darauf an, ob alle den Beschluss berührenden „wirksamkeitsrelevanten Tatsachen"[66] in den Rechtsstreit eingeführt sind.

17

Erkennt das Gericht nach Erlass des Urteils, dass ein Wohnungseigentümer nicht formell beteiligt worden ist, dann hat es ihm die Entscheidung noch förmlich zuzustellen. Dieser Wohnungseigentümer hat dann die Möglichkeit, Berufung einzulegen; in diesem Verfahren wird das rechtliche Gehör gewährt. Wird jedoch ein Beteiligter völlig übersehen, entfaltet die gerichtliche Entscheidung weder nach § 48 Abs. 3 noch nach § 48 Abs. 4 Rechtsverbindlichkeit gegenüber diesem Wohnungseigentümer.

Wenn Nichtigkeitsgründe trotz der Hinweispflicht nach § 46 Abs. 2 vom Gericht und den Verfahrensbeteiligten und deren Vertreter übersehen worden sind, kann nur dann noch eine **gesonderte Nichtigkeitsklage** erhoben werden, wenn ein Wohnungseigentümer entgegen § 48 Abs. 1 dem Verfahren nicht beigeladen worden war. Ihm gegenüber wirkt das Urteil auch nicht hinsichtlich Nichtigkeitsgründe. Die Erstreckung der Rechtskraft gilt zumindest in entsprechender Anwendung auch für Feststellungsklagen, mit denen ein Beschlussergebnis positiv festgestellt werden soll oder eine Klage auf Berichtigung des Beschlussergebnisses[67].

18

---

64 BayObLG v. 31.1.1980 – BReg. 2 Z 24/79, BayObLGZ 1980, 29 = DNotZ 1980, 751 = ZMR 1982, 63; BayObLG v. 28.6.2002 – 2Z BR 41/02, NJW-RR 2002, 1665 = NZM 2002, 743/744.
65 BGH v. 2.10.2009 – V ZR 235/08, BGHZ 182, 307, NJW 2009, 3655; BT-Drucks. 16/887, S. 73 ff.; vgl. auch den Fall des LG Hamburg v. 10.3.2010 – 318 S 84/09, ZMR 2010, 635 oder AG Halle v. 15.3.2011 – 120 C 3854/10 (juris).
66 Hierzu: *Roth*, in: Bärmann, § 48 Rn. 72.
67 *Jennißen-Suilmann*, § 48 Rn. 53; *Roth*, in: Bärmann, § 48 Rn. 69

19 In Frage steht, ob ein Urteil, das eine Anfechtungsklage wegen Verfristung oder Unzulässigkeit der Klage abweist, auch die Fragen einer etwaigen Nichtigkeit verbindlich umfasst:

Das Gesetz spricht in § 48 Abs. 4 davon, dass eine Anfechtungsklage „als **unbegründet**" abgewiesen wird. Es spricht damit nicht von einem Prozessurteil, sondern von einem Urteil, das die materiell-rechtlichen Fragen entscheidet. Da die Frist des § 46 Abs. 1 Satz 2 keine verfahrensrechtliche Frist ist, deren Nichteinhaltung zur Unzulässigkeit der Klage führen würde[68], sondern es sich um eine materiell-rechtliche Ausschlussfrist handelt[69], wird bei Nichteinhaltung der Frist zur Erhebung der Anfechtungsklage die Klage als unbegründet und nicht als unzulässig abgewiesen.[70] Diese würde dazu führen, dass ohne eine inhaltliche Prüfung des Beschlusses allein wegen Verfristung sowohl Anfechtungs- wie auch Nichtigkeitsgründe endgültig nicht mehr durchgreifen.[71] Hat jedoch der Gesetzgeber einen Antrag auf Feststellung der Nichtigkeit eines Beschlusses nicht an eine Frist gebunden[72], kann der Anregung von *Hügel/Elzer*[73] nach einer teleologischen Reduktion des § 48 Abs. 4 gefolgt werden: Dann, wenn keine inhaltliche Prüfung erfolgt war, ist eine eigene Feststellungsklage auf Nichtigkeit nach Abweisung einer Anfechtungsklage zulässig. Ist ein Versäumnisurteil gegen die Beklagten ergangen, umfasst dieses allerdings auch Nichtigkeitsgründe, weil vor Erlass des Versäumnisurteils das Gericht die Schlüssigkeit der Klage prüft und gegebenenfalls auf etwaige Nichtigkeitsgründe hingewiesen hat.[74] Für den Fall des klageabweisenden Versäumnisurteils gegen den säumigen Kläger gemäß § 330 ZPO erfolgt keine sachliche Prüfung[75]; eine Nichtigkeitsklage ist zulässig; dies gilt nicht bei einem unechten Versäumnisurteil, wenn das Gericht den Kläger auf seine Bedenken hingewiesen hat und ein streitiges, klageabweisende Urteil in der Sache entscheidet.[76]

---

68 Hierauf könnte die Stellung im verfahrensrechtlichen Teil des Wohnungseigentumsgesetzes hindeuten.
69 BGH v. 2.10.2009 – V ZR 235/08, NJW 2009, 3655; BGH v. 16.1.2009 V ZR 74/08; BGHZ 179, 230 = NJW 2009, 999; BGH v. 17.9.1998 – V ZB 14/98, BGHZ 139, 305; BayObLG v. 27.10.1989 – BReg. 2 Z 75/89, NJW-RR 1990, 210.
70 BT-Drucks. 16/887, S. 38; BGH v. 2.10.2009 – V ZR 235/08, NJW 2009, 3655; BGH v. 16.1.2009 V ZR 74/08; BGHZ 179, 230 = NJW 2009, 999; *Niedenführ/Kümmel/ Vandenhouten-Niedenführ*, § 46 Rn. 48.
71 So: OLG Düsseldorf v. 10.5.2005 – 3 Wx 301/04, NZM 2005, 508 = NJW-RR 2005, 1095; BayObLG v. 4.3.2004 – 2Z BR 9/04, ZMR 2005, 63/64.
72 Vgl. BGH v. 18.5.1989 – V ZB 4/89, BGHZ 107, 268 = NJW 1989, 2059; *Niedenführ/ Kümmel/Vandenhouten-Kümmel*, § 23 Rn. 84; BGHZ 107, 268/270.
73 *Hügel/Elzer*, § 48 Rn. 45; § 8 Rn. 14; *Roth*, in: Bärmann, § 48 Rn. 47; a.A. *Jennißen-Suilmann*, § 48 Rn. 51.
74 *Jennißen-Suilmann*, § 48 Rn. 51.
75 OLG München v. 16.6.1987 – 5 U 5921/86, OLGZ 1988, 488; *Thomas/Putzo-Reichold*, § 330 Rn. 4.
76 *Thomas/Putzo-Reichold*, vor § 330 Rn. 12 m.w.N.

§ 49
Kostenentscheidung

(1) Wird gemäß § 21 Abs. 8 nach billigem Ermessen entschieden, so können auch die Prozesskosten nach billigem Ermessen verteilt werden.

(2) Dem Verwalter können Prozesskosten auferlegt werden, soweit die Tätigkeit des Gerichts durch ihn veranlasst wurde und ihn ein grobes Verschulden trifft, auch wenn er nicht Partei des Rechtsstreits ist.

Inhalt:

	Rn.		Rn.
I. Allgemeines	1	2. Grobes Verschulden des Verwalters	8
II. **Absatz 1:** Kostenentscheidung nach billigem Ermessen	2	3. Auch ohne Parteistellung	9
1. Entscheidung nach § 21 Abs. 8	3	4. Ermessen	10
2. Billiges Ermessen	6	5. Folgen der Auferlegung der Prozesskosten	11
III. **Absatz 2:** Kostentragungspflicht des Verwalters	7	IV. Rechtsmittel	12
1. Auferlegung von Prozesskosten durch vom Verwalter veranlasste Tätigkeit des Gerichts	7	1. Gegen Beschlüsse nach Absatz 1	12
		2. Gegen Entscheidung nach Absatz 2	13

I. Allgemeines

Nachdem für Wohnungseigentumssachen die ZPO gilt, gelten auch die Bestimmungen über die Kostentragung nach den §§ 91 ff. ZPO. Die außergerichtlichen Kosten (Anwaltskosten) sind grundsätzlich von demjenigen, der unterliegt, zu erstatten. Nach den Vorschriften des FGG werden die außergerichtlichen Kosten nur dann erstattet, wenn dies unter Berücksichtigung aller Umstände der Billigkeit entspricht. Das Gesetz macht in § 49 von dem Grundsatz, dass die unterliegende Partei gemäß § 91 Abs. 1 Satz 1 ZPO nicht nur die Gerichtskosten, sondern auch die Rechtsanwaltskosten der Gegenseite zu erstatten hat, zwei Ausnahmen. Es weicht damit von den grundsätzlichen Bestimmungen zur Kostentragung nach den §§ 91 ff. ZPO ab, wonach derjenige auch die außergerichtlichen Kosten (Anwaltskosten) zu tragen hat, der unterliegt. Die beiden Ausnahmen finden sich in § 49 Abs. 1 bei einer Entscheidung im Rahmen des § 21 Abs. 8 und in § 49 Abs. 2 bei einem grob schuldhaften Verhalten des Verwalters, das die Tätigkeit des Gerichts veranlasst hatte. 1

II. Absatz 1: Kostenentscheidung nach billigem Ermessen

Ausnahmsweise gestattet der Gesetzgeber in § 49 Abs. 1 eine Kostenentscheidung nach billigem Ermessen: Diese ist zulässig, wenn in der Hauptsache – allerdings nur im Falle des § 21 Abs. 8 – nach billigem Ermessen entschieden wird. Denn in solchen Fällen lasse sich, so der Gesetzgeber, kaum exakt fest- 2 stellen, welche Partei in welchem Verhältnis obsiegt hat oder unterlegen ist. Die WEG-Novelle[1] bestimmt in § 21 Absatz 8, dass dann, wenn die Wohnungseigentümer eine nach dem Gesetz erforderliche Maßnahme nicht treffen, an ihrer Stelle das Gericht in einem Rechtsstreit gemäß § 43 nach billigem Ermessen entscheiden kann. Soweit sich die Maßnahme nicht zwingend aus dem Gesetz, einer Vereinbarung oder einem Beschluss der Wohnungseigentümer ergibt, soll das Gericht, soweit es nach billigem Ermessen entschieden hat, auch nach billigem Ermessen über die Kosten entscheiden.

1. Entscheidung nach § 21 Abs. 8

3 Treffen die Wohnungseigentümer eine nach dem Gesetz erforderliche Maßnahme nicht, so kann an ihrer Stelle das Gericht in einem Rechtsstreit gemäß § 43 nach billigem Ermessen entscheiden, soweit sich die konkrete Maßnahme nicht aus dem Gesetz, einer Vereinbarung oder einem Beschluss der Wohnungseigentümer ergibt.

Grundsätzlich haben die Wohnungseigentümer eine nach dem **Gesetz erforderliche** Maßnahme im Rahmen der Verwaltung des Wohnungseigentums durchzuführen. Geschieht dies nicht, kann ein Wohnungseigentümer das Gericht zur Ersetzung der Maßnahme gemäß § 43 anrufen, weil die Wohnungseigentümer ihrer von Gesetzes wegen vorgesehenen Aufgabe nicht nachkommen. Die Anrufung des Gerichts ist „ultima ratio", subsidiär: Zuerst muss ein Antrag in der Eigentümerversammlung auf Regelung der nach dem Gesetz erforderlichen Maßnahmen gestellt werden. Kommt es nicht zur Regelung, kann im Rahmen einer Anfechtungsklage das Gericht gemäß § 21 Abs. 8 nach billigem Ermessen dann entscheiden, wenn nicht gesetzlich auch aufgrund Vereinbarung oder Beschluss der Wohnungseigentümer, gebundene Entscheidungen zu treffen sind. Das Gesetz meint unterlassene Beschlüsse, die im Interesse aller Wohnungseigentümer liegen und auf die Erhaltung, Verbesserung und normale Nutzung der Anlage gerichtet sind.[2] Nach dem Gesetz erforderlich sind Maßnahmen, wenn sie von einem Eigentümer nach § 21 Abs. 4 verlangt werden können und sie ordnungsgemäßer Verwaltung entsprechen.[3] § 21 Abs. 8 fordert die nach dem Gesetz erforderliche Maßnahme, also die Durchführung der Mindestvoraussetzung der ordnungsgemäßen Verwaltung; eine konkrete Verwaltungsmaßnahme, die sich unmittelbar aus dem Gesetz ergibt, ist nicht gemeint, wie z.B. Maßnahmen gemäß § 21 Abs. 5. Stellen die Eigentümer keinen Wirtschaftsplan auf, kann § 21 Abs. 8 eingreifen.[4] Hierzu werden auch erforderliche Instandsetzungsmaßnahmen gehören[5], es sei denn, dass die Gemeinschaftsordnung oder eine spätere Vereinbarung die Instandsetzung nicht zulässt[6]; auch Maßnah-

---

1 Gesetz zur Änderung des Wohnungseigentumsgesetzes und anderer Gesetze v. 26.3.2007, BGBl. I, S. 370, Art. 1 Nr. 11.
2 Vgl. im Einzelnen: § 21 Rn. 87.
3 Vgl. § 21 Rn. 88; *Hügel/Elzer*, § 49 Rn. 3.
4 Vgl. § 21 Rn. 89; bereits KG Berlin v. 20.3.1993 – 24 W 1701/92, OLGZ 1994, 27.
5 BGH v. 6.3.1997 – III ZR 248/95, NJW 1997, 2106.
6 Z.B. wenn eine bauseits vorhandene Gemeinschaftsantenne nicht mehr repariert werden soll, wenn die Reparaturkosten einen bestimmten Prozentsatz des Anschaffungspreises übersteigen.

men im Zusammenhang mit der Bestellung eines Verwalters fallen hierunter.[7] Die Bestellung eines Notverwalters[8], die gemäß § 26 Abs. 3 a.F. möglich war, ist nach Aufhebung des § 26 Abs. 3 unter den Voraussetzungen der §§ 21 Abs. 8, 21 Abs. 4 nach Auffassung des OLG Düsseldorf[9] zulässig und zwar unter den Voraussetzungen, unter denen sie nach der alten Rechtslage zulässig war; dies ist auch Auffassung des BGH im Urteil v. 10.6.2011 – V ZR 146/10.

Zweifel bestehen, ob das Gericht eine Gebrauchs- und/oder Nutzungsregelung (z.B. Stellplatzvergabe) oder Hausordnungen in diesem Zusammenhang erlassen darf.[10]

Eine Entscheidung nach § 21 Abs. 8 muss nach billigem Ermessen möglich sein. Hat die Vereinbarung der Wohnungseigentümer, ein Beschluss der Wohnungseigentümer oder das Gesetz bereits eine gebundene Entscheidung vorgegeben, scheidet die Ersetzung der Maßnahme nach billigem Ermessen aus. Es gibt nur eine richtige Entscheidung.

Das Gericht hat für seine Entscheidung ein **billiges Ermessen**. Im Rahmen des Ermessensspielraums muss das Gericht verschiedene geeignete Maßnahmen gegenüber stellen. Es darf nicht über das Erforderliche hinausgehen; der Verhältnismäßigkeitsgrundsatz im Einzelnen muss berücksichtigt werden, insbesondere muss auch berücksichtigt werden, dass ein unmittelbarer Eingriff in die verfassungsrechtlich geschützte Privatautonomie und in das Eigentumsrecht der Wohnungseigentümer erfolgt.[11] Das Gericht verpflichtet die Eigentümer nicht zu einer bestimmten Beschlussfassung, sondern stellt selbst die notwendigen Maßnahmen fest.[12] Zur Frage, wie im Falle eines Zweitbeschlusses im Rahmen des § 21 Abs. 8 vorzugehen ist, verweisen wir auf die Kommentierung zu § 21 Rn. 91.

2. Billiges Ermessen

Hat das Gericht die entsprechenden Maßnahmen getroffen, so entscheidet es auch unter Ausübung des gleichen Ermessens über die Kosten des Rechtsstreits. Vergleicht man die Regelungen des § 91a ZPO, aber auch des § 93 ZPO, wird man für eine Entscheidung nach § 49 Abs. 1 prüfen, ob der Kläger oder der Beklagte das Verfahren veranlasst haben[13], und – aus wel-

---

7 BayObLG v. 12.11.1988 – BReg. 2 Z 49/88, NJW-RR 1989, 461; OLG Hamm v. 20.9.1973 – 15 W 33/73, NJW 1973, 2301; siehe im Einzelnen: § 26 Rn. 15–17.
8 Siehe im Einzelnen: § 26 Rn. 11.
9 OLG Düsseldorf v. 31.8.2007 – 3 Wx 85/07, ZMR 2007, 878; die Bestellung eines Verwalters ist regelmäßig eröffnet, wenn die Voraussetzungen der bisherigen Notverwalterbestellung gegeben wären.
10 Nach altem Recht war das zulässig – z.B. OLG Hamm v. 17.1.1969 – 15 W 485/68, OLGZ 1969, 278/279 (Hausordnung), BayObLG v. 14.8.1987 – BReg. 2 Z 77/87, NJW-RR 1987, 1490 (Parkplätze); ob diese Regelungskompetenz wirklich besteht, erscheint zweifelhaft; so: *Jennißen-Suilmann*, § 21 Rn. 153.
11 Hierzu: *Jennißen*, § 21 Rn. 137.
12 Es liegt mithin ein Gestaltungsurteil vor, weil das Urteil die Rechtslage gestaltet und festschreibt: § 21 Rn. 91; *Hügel/Elzer*, § 21 Rn. 155; *Jennißen-Suilmann*, § 21 Rn. 124.
13 *Roth*, in: Bärmann, § 49 Rn. 10.

chen Gründen auch immer – die Maßnahme durch die Wohnungseigentümergemeinschaft nicht getroffen worden ist.[14] Es kommt jedoch sehr auf den Einzelfall und die jeweils beachtenswerten Gründe an. Diese hat das Gericht bei der Kostenentscheidung gemäß § 49 Abs. 1 zu ermitteln; Maßstab kann hierfür z.b. das prozessuale Verhalten der Parteien, etwaige außergerichtliche zumutbare Lösungsbemühungen, die erfolgreich sein könnten[15], sein. die Quotelung der Kosten ist zulässig; z.B. wenn das Gericht bei seiner Ermessensausübung von den Vorschlägen des Klägers erheblich abweicht. Weist es die Klage ab oder wird sie zurückgenommen, gelten die allgemeinen Bestimmungen.[16]

Dritte können im Rahmen des § 49 Abs. 1 nicht in die Kosten verurteilt werden[17].

III. Absatz 2: Kostentragungspflicht des Verwalters

1. Auferlegung von Prozesskosten/Veranlassung der gerichtlichen Tätigkeit

7 Dem Verwalter[18] können Prozesskosten auferlegt werden, soweit die Tätigkeit des Gerichts durch ihn **veranlasst** wurde und ihn ein **grobes Verschulden** trifft, auch wenn er nicht Partei des Rechtsstreits ist, § 49 Abs. 2.

Der Gesetzgeber hat die Vorschrift damit begründet, dass die §§ 91 ff. ZPO keine Handhabe für eine Kostenbeteiligung dann bieten, wenn der Verwalter an dem Rechtsstreit weder als Partei noch als Nebenintervenient beteiligt sei. Schon nach alter Rechtslage wurden dem Verwalter Verfahrenskosten **auferlegt**, soweit er deren Anfall wegen Verletzung seiner Vertragspflichten zu vertreten hatte.[19] Aus Gründen der Prozessökonomie soll das Gericht den Verwalter mit den Kosten des Rechtsstreits belasten können, da anderenfalls die Wohnungseigentümer ihren materiell-rechtlichen Schadensersatzanspruch in einem gesonderten Verfahren durchsetzen müssen[20]. Dies gilt jedoch nur bei grobem Verschulden; anderenfalls muss die Wohnungseigentümergemeinschaft die Auseinandersetzung mit dem Verwalter in einem gesonderten Verfahren führen.

---

14 Hügel/Elzer, § 13 Rn. 233 schlagen z.B. vor, dass ggfs. diejenigen Wohnungseigentümer, die sich gegen einen Wirtschaftsplan gewandt haben, dann auch die Kosten eines Verfahrens zu tragen haben.
15 LG Nürnberg-Fürth v. 16.7.2013 – 14 T 3796/13 WEG.
16 Roth, in: Bärmann, § 49 Rn. 6.
17 Die Rechtsprechung des BayObLG, z.B. B. v. 6.5.1999 – 2 Z BR 26/99, NJW-RR 1999, 1686 = NZM 1999, 854, wonach Rechtsanwälte zur Tragung der Kosten eines ohne Vollmacht eingelegten Rechtsmittels verurteilt wurden, dürfte heute keine Anwendung mehr finden, weil jetzt für Rechtsmittel Anwaltszwang im Sinne des § 78 Abs. 1 ZPO besteht, was in der Entscheidung des BayObLG nicht der Fall war (vgl. § 21 Abs. 2 FGG a.F.).
18 LG Stuttgart v. 7.4.2015 – 19 T 14/15: Auch dem „Ex-Verwalter" können Kosten auferlegt werden.
19 BayObLG v. 6.10.1975 – BReg. 2 Z 67/75, BayObLGZ 1975, 369; BGH v. 3.7.1997 – V ZB 2/97, BGHZ 136, 187 = ZMR 1997, 531.
20 BT-Drucks. 16, 887, S. 41; Niedenführ, NJW 2007, 1841, 1845.

Im Ergebnis bringt die Neuregelung in § 49 Abs. 2 für den Verwalter eine Erleichterung, weil ihm nur noch bei **grobem Verschulden** unmittelbar die Verfahrenskosten auferlegt werden können[21]; auch muss er im Ausgangsprozess, sobald eine Inanspruchnahme in Betracht kommt, seine Rechte wahren. **Veranlasst** hat der Verwalter die Tätigkeit des Gerichts, wenn er z.B. eine Eigentümerversammlung fehlerhaft einberuft, diese unzureichend vorbereitet[22], wenn er einen fehlerhaften Beschlussantrag zur Abstimmung gestellt hat[23], wenn er eine Beschlussfeststellung falsch verkündet[24], wenn er Beschlüsse der Eigentümerversammlung nicht wunschgemäß ausführt, wenn Beschlussgegenstände fehlerhaft protokolliert sind[25], wenn er die Jahresabrechnung nicht ordentlich erstellt und vollständig vorlegt oder der Wirtschaftsplan, den er aufstellt, vom Gericht nicht bestätigt wird.[26] Wenn er sich zu Unrecht eine Sondervergütung gewährt[27].Gleiches gilt, wenn er die Prozessvertretung nicht ordnungsgemäß organisiert und deshalb gegen die Wohnungseigentumsgemeinschaft erst einmal ein Versäumnisurteil ergeht.[28] Allgemein kann zur Frage, wann die „Tätigkeit des Gerichts **veranlasst** wurde", auf die Rechtsprechung zu § 93 ZPO verwiesen werden: Danach fallen die Prozesskosten dem Kläger zur Last, wenn (u.a.) der Beklagte nicht durch sein Verhalten zur Erhebung der Klage Veranlassung gegeben hat. Veranlassung wird durch ein Verhalten gegeben, welches vernünftigerweise den Schluss auf die Notwendigkeit eines Prozesses rechtfertigt[29]. Abzustellen ist auf das vorprozessuale Verhalten. Umgekehrt lässt sich damit formulieren, dass Veranlassung zur Klageerhebung besteht, wenn der Kläger davon ausgehen musste, „er werde nur über einen Prozess zu seinem Recht kommen"[30]. Seit der WEG-Reform wurde z.B. nachfolgendes Verhalten der Verwalter als einen Prozess veranlassend gewertet: Die Aufstellung von Wirtschaftsplänen unter Nichtbeachtung der Gemeinschaftsordnung und eklatanten Verstoß gegen den Grundsatz der ordnungsgemäßen Verwaltung[31]; fehlerhafte Beschlussvorlage über eine Sonderumlage[32]; Zurück-

---

21 Vgl. den Fall bei AG Neuss v. 28.1.2008 – 101 C 442/07, ZMR 2008, 498. Zum bisherigen Recht: BGHZ v. 3.7.1997 – V ZB 2/97, BGHZ 136, 187; BayObLG v. 20.3. 2001 – 2Z BR 101/00, NZM 2001, 754; BayObLG v. 25.7.2005 – 2Z BR 230/04, NJW-RR 2005, 1607; OLG München v. 14.9.2006 – 34 Wx 49/06, NZM 2006, 934; OLG Köln v. 17.12.2004 – 16 Wx 191/04, NJW 2005, 908.
22 OLG Oldenburg v. 21.9.2005 – 5 W 67/05, ZMR 2006, 72.
23 LG München I v. 29.3.2010 – 1 T 5340/10; LG Dresden v. 4.9.2012 – 2 T 407/12.
24 LG Bamberg v. 16.4.2015 – 11 T 8/15 WEG.
25 Wenn er vergisst, ein Abstimmungsergebnis zu verkünden.
26 Natürlich auch dann, wenn er aus wichtigem Grunde abberufen wird, und wegen fehlerhafter Führung der Verwaltung weitere Verfahren zwischen Wohnungseigentümer und Wohnungseigentümergemeinschaft geführt wurden: OLG Düsseldorf v. 12.7.2005 – 3 Wx 46/05, ZMR 2006, 293.
27 AG Hamburg v. 25.6.2015 – 22a C 223/14.
28 KG Berlin v. 14.2.2005 – 24 W 77/04, NZM 2005, 462; *Jennißen-Suilmann*, § 49 Rn. 23.
29 BGH v. 28.9.2006 – ZB 323/04, ZIMSO 2006, 1164 = ZIP 2007, 95; BGH v. 27.6. 1979 – VIII ZR 233/78, WM 1979, 884.
30 *Roth*, in: Bärmann, § 49 Rn. 231.
31 AG Strausberg v. 11.3.2009 – 27 C 12/08, ZMR 2009, 563 mit weiteren Beispielen, insbesondere im Wiederholungsfall: AG Hamburg v. 17.4.2014 – 830 C 27/12.
32 AG Königstein v. 21.10.2008 – 26 C 850/08, ZMR 2009, 236.

weisung der Vollmacht eines Wohnungseigentümers[33]; Gebrauchmachung von Vollmachten entgegen einem Stimmrechtsverbot[34]; wenn das Versammlungsprotokoll nicht rechtzeitig versendet wurde[35].

Sind dem Verwalter die Kosten auferlegt worden, kann er diese Entscheidung selbständig anfechten (siehe Rn. 12)[36]; dies gilt allerdings nicht, wenn erstmals das Berufungsgericht eine Kostenentscheidung zu Lasten des Verwalters getroffen hat[37].

2. Grobes Verschulden des Verwalters

8 Grobes Verschulden ist gesetzlich nicht definiert; grobes Verschulden liegt vor, wenn zumindest grobe Fahrlässigkeit gemäß § 276 BGB gegeben ist[38]. Grobe Fahrlässigkeit ist anzunehmen, wenn die im Verkehr erforderliche Sorgfalt in besonders schwerem und ungewöhnlich hohem Maße unbeachtet gelassen wird[39]; eine das gewöhnliche Maß der Fahrlässigkeit erheblich übersteigende Schwere des Sorgfaltsverstoßes ist notwendig.[40] Der BGH hat dies auf die Formel gebracht: „Der Betroffene hat die einfachsten, naheliegenden Überlegungen unterlassen und das nicht beachtet, was im gegebenen Fall jedem einleuchten müsste."[41] Es kommt auf den persönlichen Kenntnisstand des Betroffenen an: Ein unerfahrener Verwalter, der eine kleine Wohnungseigentumsgemeinschaft verwaltet, entschuldigt sich leichter als ein hauptberuflicher, in großem Umfang tätiger Verwalter.[42] Erwartet wird, dass sich ein gewerbsmäßiger Hausverwalter grundsätzlich über die wesentlichen rechtlichen Voraussetzungen der Verwaltung kundig macht, die Teilungserklärung beachtet und die Beschlüsse der Eigentümerversammlung umsetzt[43]. Die Verkündung eines ersichtlich nichtigen Beschlusses ist regelmäßig grob fehlerhaft. Bei der Verkündung eines rechtswidrigen Beschlusses kommt es auf die Einzelumstände an[44]. Fehler bei einem großen Sanierungsprojekt sind auch für einen erfahrenen, gewerbsmäßigen

---

33 LG Lüneburg v. 13. 1. 2009 – 9 T 2/09, NZM 2009, 285.
34 AG Neuss v. 28. 1. 2008 – 101 C 442/07, ZMR 2008, 498 = WuM 2008, 242; vgl. hierzu auch Drasdo NZM 2009, 257; Niedenführ, ZWE 2009, 69; fehlerhafte Annahme einer Vertretungsbefugnis: LG Berlin v. 23. 12. 2014 – 85 T 121/14 WEG (aber ohne grobem Verschulden).
35 Auch wenn ein Blick in die Beschlusssammlung möglich war: LG Stuttgart v. 15. 1. 2013 – 19 T 295/12.
36 BGH v. 24. 6. 1987 – IVb ZR 5/86, NJW 1988, 49; BGH v. 3. 7. 1997 – V ZB 2/97, BGHZ 136, 187, ZMR 1997, 531/533; BayObLG v. 20. 3. 2001 – 2Z BR 101/00, NZM 2001, 754/758: Der Verwalter hat die Versammlungsniederschrift nicht innerhalb der Anfechtungsfrist vorgelegt: grobes Verschulden.
37 OLG Köln v. 28. 4. 2011 – 16 W 13/11, NJW 2011, 1890; eine solche Beschwerde ist nicht statthaft; a.A. zu Unrecht: Jennißen-Suilmann, § 49 Rn. 37.
38 Vgl. Roth, in: Bärmann, § 49 Rn. 25; so: Hügel/Elzer, § 49 Rn. 23; Becker, ZWE 2006, 157/164.
39 BGH v. 9. 2. 2006 – IX ZB 218/04, Rpfleger 2006, 335.
40 BGH v. 8. 7. 1992 – IV ZR 223/91, BGHZ 119, 147/149; Hügel/Elzer, § 13 Rn. 238.
41 BGH v. 9. 2. 2006 – IX ZB 218/04, Rpfleger 2006, 335.
42 Jennißen-Suilmann, § 49 Rn. 26; LG München I v. 8. 10. 2015 – 36 S 16283/14.
43 Hierzu: Deckert, NZM 2009, 272.
44 Siehe den Fall LG Karlsruhe v. 15. 9. 2011 – 11 T 302/11.

Verwalter nicht immer grob verschuldet[45]. Grobe Fahrlässigkeit liegt z.B. vor, wenn der Verwalter die Stimmabgabe eines Wohnungseigentümers berücksichtigt, der bereits die Versammlung verlassen hat[46]. Gleiches gilt bei einer eigennützigen Missachtung der Gemeinschaftsordnung bei Stimmauszählung und Beschlussverkündung[47]. Wird noch Beweislastgrundsätzen entschieden, ist ein „grobes Verschulden" abzulehnen[48]. Bei einer Kostenentscheidung nach § 91a ZPO können materiellrechtliche Ansprüche nicht geklärt werden, so dass eine Inanspruchnahme des Verwalters nicht in Frage kommt.[49]

3. Auch ohne Parteistellung

Der Verwalter[50], der nicht Partei des Rechtsstreits ist, muss, sollen ihm gemäß § 49 Abs. 2 Prozesskosten auferlegt werden, im Rechtsstreit beteiligt werden.

Ist er sowieso Partei, gelten für ihn die Vorschriften der §§ 91 ff. ZPO: Nach § 43 Nr. 3 ist der Verwalter Partei bei Streitigkeiten über die Rechte und Pflichten des Verwalters bei der Verwaltung des gemeinschaftlichen Eigentums. Unterliegt er in einem solchen Verfahren, trägt er sowieso die Kosten des Rechtsstreits. Unterliegt er teilweise, stellen sich die Fragen des § 49 Abs. 2 nicht, denn ihm können Prozesskosten nur **insoweit** auferlegt werden, als die Tätigkeit des Gerichts durch ihn veranlasst wurde. Soll dem Verwalter, der zwar als Partei in einem Rechtsstreit obsiegt hat und deshalb gemäß § 91 Abs. 1 ZPO einen Kostenerstattungsanspruch gegen die Gegner hätte, trotzdem aus dem Veranlassungsprinzip die Kosten auferlegt werden, bedarf dies einer genauen Prüfung, ob der für den Verwalter günstig ausgegangene Rechtsstreit von ihm grob fahrlässig veranlasst worden ist[51]. Ist der Verwalter Nebenintervenient, ist er zwar am Rechtsstreit beteiligt, nicht jedoch Partei. Die Kosten einer Nebenintervention regelt § 101 Abs. 1 ZPO: Danach sind die durch eine Nebenintervention verursachten Kosten dem Gegner der Hauptpartei aufzuerlegen, soweit er nach den Vorschriften der §§ 91 bis 98 ZPO die Kosten des Rechtsstreits zu tragen hat; soweit dies nicht der Fall ist, trägt sie der Nebenintervenient selbst. Die Kosten der Gegenpartei können dem Nebenintervenienten ebenso wenig auferlegt wer-

---

45 LG München I v. 29.3.2010 – 1 T 5340/10, ZMR 2010, 799, das auch nicht fordert, dass die gesamte obergerichtliche Rechtsprechung dem Verwalter bekannt sein muss.
46 LG Berlin v. 14.5.2010 – 55 T 89/09, WEG, Grundeigentum 2010, 991 (juris).
47 AG Dresden v. 5.5.2010 – 151 C 5545/09, ZMR 2010, 804.
48 LG München I v. 29.4.2014 – 1 T 18206/12; hierzu *Dötsch*, juris, PR-MietR 1/2015 Anm. 4.
49 LG Lüneburg v. 20.10.2011 – 9 T 87/11.
50 Anwendung findet die Vorschrift auch auf einen faktischen Verwalter und/oder einen ausgeschiedenen: LG Hamburg v. 18.2.2009 – 318 S 99/08, NZM 2009, 708 = ZMR 2009, 477, nicht jedoch, wenn er für einen Sondereigentümer als Sonderverwalter tätig wurde; *Roth*, in: Bärmann, § 49 Rn. 29.
51 Grundsätzlich für einen Ausschluss des § 49 Abs. 2 gegenüber dem obsiegenden Verwalter: *Abramenko*, § 7 Rn. 52; *Drasdo*, NZM 2009, 257/261; *Skrobek*, ZMR 2008, 173/175; wie hier: *Roth*, in: Bärmann, § 49 Rn. 26; *Niedenführ/Kümmel/Vandenhouten-Niedenführ*, § 49 Rn. 27.

den, wie die Kosten desjenigen, dem der Nebenintervenient beigetreten ist; bei einer streitgenössischen Nebenintervention nach § 69 ist der Nebenintervenient allerdings nach Kopfteilen gemäß § 100 Abs. 1 ZPO bei der Tragung der Kosten des Rechtsstreits beteiligt.[52] Eine Beschränkung auf Rechtsstreitigkeiten gemäß § 43 Nr. 1–4 besteht nicht[53].

Ist der Verwalter Vertreter des Verbands der Wohnungseigentümer gemäß § 27 Abs. 1, Abs. 3, ist er zwar nicht persönlich beteiligt, jedoch vom Verfahren im Einzelnen unterrichtet. Eine unmittelbare Kostentragungspflicht trifft ihn in solchen Verfahren nicht. Um die prozessuale Rechtsstellung des Verwalters zu wahren, wenn er gemäß § 49 Abs. 2 mit Kosten belastet werden soll, weil er die Tätigkeit des Gerichts durch ein grobes Verschulden veranlasst hat, muss er **formal** in den Rechtsstreit **eingebunden** werden. Dem Verwalter muss das Recht eingeräumt werden, seine Sicht der Dinge vorzutragen und sich gegen den Vorwurf des groben Verschuldens und der Kausalität (Veranlassung der Tätigkeit des Gerichts) zur Wehr zu setzen und sich zu verteidigen; dies ist ein Gebot des Rechtsstaatsprinzips und ergibt sich auch aus Art. 103 Abs. 1 GG.[54]

10 Das Gericht muss, sobald es erwägt, die Vorschrift des § 49 Abs. 2 anzuwenden, den Verwalter persönlich am Rechtsstreit beteiligen und zwar unabhängig davon, ob er bereits gemäß § 48 Abs. 1 beigeladen ist.[55] Die Beiladung gemäß § 48 Abs. 1 Satz 2 hat einen anderen Zweck als die Unterrichtung des Gerichts davon, dass es erwäge, den Verwalter mit Prozesskosten zu belasten. Dem Verwalter ist dann der Inhalt des Rechtsstreits unter Zustellung aller Schriftsätze mitzuteilen und er ist darauf hinzuweisen, dass aufgrund konkreter Tatsachen das Gericht erwägt, ihm gemäß § 49 Abs. 2 die Prozesskosten aufzuerlegen. Dem Verwalter ist eine angemessene Frist zur Stellungnahme einzuräumen. Sein Verteidigungsvorbringen ist zu behandeln wie ein Vortrag der Parteien. Gegebenenfalls sind Zeugen einzuvernehmen und ist den Beweisen nachzugehen. Der Verwalter hat nach persönlicher Einbeziehung in den Rechtsstreit die Stellung einer Prozesspartei.

Ist der Verwalter in einem Verfahren nach § 43 Nr. 2 gesetzlicher Vertreter der Wohnungseigentümergemeinschaft, kann es zu einer **Interessenkollision** kommen, wenn ein grobes Verschulden des Verwalters im Raum steht; in diesen Fällen ist gemäß § 45 Abs. 2 der Ersatzzustellungsvertreter einzuschalten.[56]

---

52 *Thomas/Putzo-Hüßtege*, § 101 Rn. 9.
53 *Roth*, in: Bärmann, § 49 Rn. 23; *Jenißen-Suilmann*, § 49 Rn. 16.
54 KG Berlin v. 16. 1. 2006 – 24 W 50/05, NJW 2006, 1529: Einem Verwalter durften in einem Wohngeldverfahren keine Kosten auferlegt werden, weil er nach § 43 Abs. 4 Nr. 1 WEG (a.F.) nicht Beteiligter ist: Aufgabe von KG Berlin v. 14. 2. 2005 – 24 W 77/04, NZM 2005, 462; *Hügel/Elzer*, § 49 Rn. 29.
55 *Jenißen-Suilmann*, § 49 Rn. 35.
56 *Hügel/Elzer*, § 49 Rn. 29, § 45 Rn. 13.

4. Ermessen

Das Gericht **kann** dem Verwalter Prozesskosten auferlegen; es ist nicht verpflichtet, wegen eines groben Verschuldens des Verwalters (aufgrund dessen die Tätigkeit des Gerichts veranlasst wurde) ihn im Verfahren zu beteiligen und die materiell-rechtliche Auseinandersetzung zwischen Wohnungseigentümer und/oder Wohnungseigentümergemeinschaft und Verwalter zu entscheiden[57]. Das Ermessen des Gerichts beruht ausschließlich auf der Fragestellung, ob es von der Kostenregelung Gebrauch machen will oder nicht. Die Voraussetzungen des § 49 Abs. 2 müssen jedoch, bevor es zur Ermessensausübung kommt, auf der Tatbestandsseite vorliegen, also die Veranlassung der Tätigkeit des Gerichts, die sich als ein grobes Verschulden des Verwalters darstellt. Diese Voraussetzungen müssen **positiv** festgestellt werden. Sind sie festgestellt, kann das Gericht entscheiden, ob es von § 49 Abs. 2 Gebrauch machen will. Dies kann z.B. dann der Fall sein, wenn die Frage des groben Verschuldens erörtert war und der Verwalter persönlich Gelegenheit zur Stellungnahme hatte und es keinen neuen, die Beweisaufnahme eröffnenden oder fortführenden Vortrag des Verwalters gibt; die Trennung eines Prozesses allein für die Kostenentscheidung dürfte prozessökonomisch nicht in Betracht kommen.[58] Berücksichtigungsfähig dürfte auch sein, ob die Wohnungseigentümergemeinschaft im Falle eines etwaigen materiell-rechtlichen Anspruches gegen den Verwalter diesen auch durchsetzen würde[59].

11

5. Folgen der Auferlegung der Prozesskosten

Hat das Gericht dem Verwalter die Kosten des Rechtsstreits auferlegt, ist der materiell-rechtliche Kostenerstattungsanspruch aus diesem Prozess gegen den Verwalter geklärt. Unabhängig von der rechtsdogmatischen Einordnung als rechtskraftfähige Entscheidung oder als nicht rechtskraftfähigen Ausschnitt des Streitgegenstandes sollte gelten: Hat das Gericht eine Entscheidung nach § 49 Abs. 2 zu Lasten des Verwalters getroffen[60], fehlt im Nachfolgeprozess, bezogen auf die Prozesskosten des Vorprozesses ein Schaden.[61]

12

---

57 BGH v. 18.8.2010 – 5 ZB 164/09, NZM 2010, 748.
58 Vgl. BGH v. 22.11.2001 – VII ZR 405/00, NJW 2002, 680; das Gericht kann in einem Kostenbeschluss insoweit die Prüfung der materiellen Rechtslage ausdrücklich offen lassen. Dann ist ein etwaiger Anspruch im Klagewege gegen den Verwalter durchzusetzen.
59 Was allerdings regelmäßig einer ordnungsgemäßen Verwaltung gemäß § 21 Abs. 1 entsprechen dürfte: *Jennißen-Suilmann*, § 49 Rn. 29 meinen, dass eine gesamtschuldnerische Verurteilung mit dem Kostenschuldner gemäß § 91 ZPO in Betracht kommen soll, um zu vermeiden, dass Obsiegende gegebenenfalls einem zahlungsunfähigen und/oder zahlungsunwilligen Kostenschuldner (Verwalter) gegenüber stehen; im Innenverhältnis haftet der Verwalter alleine; a.A.: *Roth*, in: Bärmann, § 49 Rn. 46: Eine Gesamtschuldnerhaftung stehe dem Zweck der Veranlasserhaftung entgegen. Dies setzt dogmatisch voraus, dass der materiell-rechtliche Kostenausspruch des Abs. 2 die formelle Kostentragungspflicht nach § 91 ZPO vollständig ersetzt; da § 49 Abs. 2 allerdings einen weiteren Prozess vermeiden will, nicht den ursprünglichen Kostenschuldner im Außenverhältnis entlasten will, dürfte der Meinung von *Jennißen-Suilmann* der Vorzug einzuräumen sein.
60 So BGH v. 18.8.2010 – V ZB 164/09, Rn. 12.
61 *Roth*, in: Bärmann, § 49 Rn. 51; *Riecke/Schmidt-Abramenko*, § 49 Rn. 3.

Ein weitergehender materieller Schadensersatzanspruch ist jedoch, egal von welcher Meinung man ausgeht, hiervon nicht betroffen; er war noch nicht Gegenstand der Prüfung des Gerichts und steht einer neuen Entscheidung nicht entgegen. [62] Entscheidend ist, dass unter Heranziehung der Urteilsgründe geprüft wird, ob das Gericht einen materiell-rechtlchen Kostenerstattungsanspruch geprüft und ihn bejaht oder verneint hat. Denn es ist zu berücksichtigen, dass das Gericht im Rahmen des § 49 Abs. 2 ein grobes Verschulden (grobe Fahrlässigkeit) feststellen muss, deren Verneinung schließt jedoch nicht aus, dass die Haftung aufgrund einfacher Fahrlässigkeit begründet sein kann; deshalb ist die Entscheidung des Landgerichts Berlin[63] nicht überzeugend, dass dann, wenn bei Prüfung der Voraussetzung des § 49 Abs. 2 ein materiell-rechtlicher Schadensersatzanspruch unabhängig vom Haftungsmaßstab verneint wird, Bindungswirkung für jeden Schadensersatzanspruch gegen den Verwalter bestehe[64].

Der BGH[65] hat klargestellt, dass das Absehen davon, einen materiellrechtlichen Kostenerstattungsanspruch gegen den Verwalter in die prozessuale Kostenentscheidung miteinzubeziehen, nicht die Aberkennung dieses Anspruchs gegenüber den Wohnungseigentümern beinhaltet, da die Entscheidung, dem Verwalter gemäß § 49 Abs. 2 die Kosten aufzuerlegen oder hiervon abzusehen, nicht der materiellen Rechtskraft fähig ist[66].

IV. Rechtsmittel

1. Gegen Beschlüsse nach § 49 Abs. 1

13 Nach § 99 Abs. 1 ZPO ist eine isolierte Anfechtung einer Kostenentscheidung nicht möglich; nur wenn gegen die Entscheidung in der Hauptsache ein Rechtsmittel eingelegt wird, wird gleichzeitig die Kostenentscheidung geprüft. Ist der Beteiligte der Auffassung, dass die Prozesskosten nicht billigem Ermessen entsprechen, aber die Hauptsacheentscheidung richtig ist, könnte deshalb eine **isolierte Anfechtung** der Kostenentscheidung ausgeschlossen sein[67]. Da jedoch die Kostenentscheidung im Ermessen steht, sollte eine Anfechtung der in billigem Ermessen getroffenen Kostenscheidung selbständig entsprechend § 91a Abs. 2 Satz 1 ZPO, § 99 Abs. 2 Satz 1 ZPO offen stehen, wobei dann nur eine eingeschränkte Überprüfungsmöglichkeit auf Ermessensfehler besteht.[68]

---

62 Vgl. hierzu BGH v. 23.10.2003 – III ZR 9/03, NJW 2003, 3693-3698 = VersR 2004, 332/336.
63 LG Berlin, B. v. 17.2.2009 – 55 T 34/08 WEG; NJW 2009, 2544 = NZM 2009, 551 = ZMR 2009, 393
64 A.A. auch: *Roth*, in: Bärmann, § 49 Rn. 51; *Niedenführ/Kümmel/Vandenhouten-Niedenführ*, § 49, Rn. 24; *Palandt-Bassenge*, § 49 Rn. 4.
65 BGH v. 18.8.2010 – 5 ZB 164/09, NZM 2010, 748.
66 Auch eine Haftungsmilderung im Rahmen des § 49 Abs. 2 sieht der BGH nicht; BGH v. 18.8.2010 – 5 ZB 164/09, NZM 2010, 748.
67 So *Jennißen-Suilmann*, § 49 Rn. 36.
68 So auch: *Hügel/Elzer*, § 49 Rn. 8; OLG Hamburg v. 2.10.2006 – 2 Wx 116/06, ZMR 2007, 61; KG Berlin Berlin v. 14.10.2005 – 11 W 8/04, Grundeigentum 2006, 446 = KGR Berlin 2006, 282.

2. Gegen Entscheidung nach § 49 Abs. 2

Auch wenn im Rahmen der prozessualen Kostenentscheidung nach § 49 Abs. 2 der Sache nach ein materiellrechtlicher Schadensersatzanspruch der Wohnungseigentümer (Wohnungseigentümergemeinschaft) aus Schlechterfüllung des Verwaltervertrages entschieden ist, hat die Rechtsprechung als Rechtsmittel gegen diese Entscheidung die **sofortige Beschwerde** entsprechend § 99 Abs. 2 Satz 1 **ZPO** als richtiges Rechtsmittel t zugelassen[69]. Der Überlegung, dass der mit einer materiell-rechtlichen Entscheidung belastete Verwalter das Rechtsmittel der Berufung ergreifen sollte, folgt die Rechtsprechung nicht, es wird jedoch de lege ferenda diskutiert[70].

Nach der Auffassung des Landgerichts Berlin[71] und des Landgerichts Frankfurt[72] und des Landgerichts München I[73] ist das zulässige Rechtsmittel gegen die Auferlegung der Kosten des Rechtsstreits die sofortige Beschwerde entsprechend §§ 91a Abs. 2, 99 Abs. 2 ZPO[74]. Das Rechtsmittel des Verwalters ist dann zulässig, wenn gegen die Hauptsacheentscheidung von einer der Prozessparteien Rechtsmittel eingelegt ist[75], da jedes Rechtsmittel ein eigenes Schicksal haben kann. War der Verwalter selbst Partei, bleibt zu fragen, ob das Rechtsmittel der Berufung vorrangig ist[76]. Wurden dem Verwalter erstmals in der Berufungsinstanz die Kosten auferlegt, ist eine sofortige Beschwerde unstatthaft[77].

Ein Rechtsmittel dagegen, dass das Gericht davon absieht, dem Verwalter die Kosten des Rechtsstreits aufzuerlegen, ist jedoch unzulässig[78].

---

69 LG Frankfurt v. 3.11.2008 – 2-13 T 33/08, NJW 2009, 924 = NZM 2009, 166; LG München I v. 27.4.2009 – 1 S 19129/08, NJW-RR 2009, 1671 = NZM 2009, 868 = ZMR 2009, 874.
70 *Doetsch,* in: NZM 2011, 97.
71 LG Berlin v. 17.2.2009 – 55 T 34/08 WEG, NJW 2009, 2544.
72 LG Frankfurt v. 3.11.2008 – 2-13 T 33/08, NJW 2009, 924 = NZM 2009, 166.
73 LG München I v. 27.4.2009 – 1 S 19129/08, NJW-RR 2009, 1671 = NZM 2009, 868 = ZMR 2009, 874.
74 Damit ist die Rechtsprechung der Überlegung, dass dem materiell-rechtlichen Schadensersatzanspruch gegen den Verwalter auch das Rechtsmittel der Berufung zur Verfügung stehen müsste, nicht gefolgt.
75 LG München I v. 27.4.2009 – 1 S 19129/08, NJW-RR 2009, 1671 = NZM 2009, 868 = ZMR 2009, 874; *Roth,* in: Bärmann, § 49 Rn. 597; OLG Koblenz v. 30.8.2010 – 1 W 54/10, ZMR 2011, 56, das Streitwertbeschwerden und eine Beschwerde nach § 49 Abs. 2 WEG in gesonderten Verfahren behandelt.
76 Hierzu tendierend: LG Frankfurt v. 3.11.2008 – 2-13 T 33/08, NJW 2009, 924 = NZM 2009, 166.
77 OLG Köln v. 28.4.2011 – 16 W 13/11, NJW 2011, 1890.
78 LG Hamburg v. 3.8.2010 – 318 T 53/10, ZMR 2010, 987; BGH v. 18.8.2010 – V ZB 164/09, NZM 2010, 748.

§ 50
Kostenerstattung

Den Wohnungseigentümern sind als zur zweckentsprechenden Rechtsverfolgung oder Rechtsverteidigung notwendige Kosten nur die Kosten eines bevollmächtigten Rechtsanwalts zu erstatten, wenn nicht aus Gründen, die mit dem Gegenstand des Rechtsstreits zusammenhängen, eine Vertretung durch mehrere bevollmächtigte Rechtsanwälte geboten war.

Inhalt:

	Rn.		Rn.
I. Allgemeines	1	2. Notwendige Kosten eines bevollmächtigten Rechtsanwalts	3
II. Kostenerstattung	2		
1. Zweckentsprechende Rechtsverfolgung/Rechtsverteidigung	2	3. Vertretung durch mehrere bevollmächtigte Rechtsanwälte geboten	4
		III. Kostenfestsetzung	5

I. Allgemeines

1 Die Regelung ist aufgrund der Beschlussempfehlung und Berichts des Rechtsausschusses vom 13.12.2006 in das Gesetz gekommen: Der Ausschuss hielt die Begrenzung der Kostenerstattung in Wohnungseigentumsverfahren für erforderlich. Dabei soll die Regelung des § 50 (neu) grundsätzlich für alle Rechtsstreitigkeiten zur Anwendung kommen, in denen die Wohnungseigentümer als Streitgenossen auftreten, nicht jedoch in Streitigkeiten, in denen die Gemeinschaft der Wohnungseigentümer beteiligt ist[1]. Insbesondere in einem Beschlussanfechtungsverfahren, in dem die beklagten Wohnungseigentümer obsiegen, wird der Anspruch auf Kostenerstattung im Regelfall nur die Kosten eines gemeinsam bevollmächtigten Rechtsanwalts umfassen; anderenfalls müsste der unterliegende Kläger die Kosten jedes von einem Wohnungseigentümer beauftragten Rechtsanwalts tragen[2]; anderes gilt für klagende Wohnungseigentümer[3]. Dies kann zu unübersehbaren Kosten führen und von einer Klage abhalten. Die Änderung dient insoweit der Begrenzung des Kostenrisikos für den anfechtenden Wohnungseigentümer.[4] Während in der alten Fassung des Wohnungseigentumsgesetzes im FGG-Verfahren eine Kostenerstattungspflicht nur in besonderen Ausnahmefällen bestand, ist der Kostenerstattungsanspruch nun in § 91 ZPO geregelt. § 50 beschränkt die „zweckentsprechenden Kosten der Rechtsverfolgung" gemäß § 91 ZPO nur auf die Kosten eines bevollmächtigten Rechtsanwalts, es sei denn, es liegen Gründe vor, die mit dem Gegen-

---

1 LG München I v. 12.12.2013 – 36 T 22885/13 – für Klageverfahren der WEG selbst, der der Verwalter als Nebenintervenient beigetreten ist.
2 Hierzu: BGH v. 16.7.2009 – V ZB 11/09, ZMR 2010, 51.
3 BGH v. 8.7.2010 – V ZB 153/09, NJW-RR 2011, 230.
4 Beschlussempfehlung und Bericht des Rechtsausschusses (6. Ausschuss) v. 13.12.2006, BT-Drucksache 16/3843, S. 58.

stand des Rechtsstreits zusammenhängen und eine Vertretung durch mehrere bevollmächtigte Rechtsanwälte gebieten; gemeint ist z.B. ein Fall der Interessenkollision. Die Regelung des § 50 (auch wenn das Gesetzgebungsverfahren hierauf nicht ausdrücklich verweist) greift inhaltlich die ständige Rechtsprechung der Obergerichte[5] auf.

II. Kostenerstattung

1. Zweckentsprechende Rechtsverfolgung/Rechtsverteidigung

Nur die zur zweckentsprechenden Rechtsverfolgung oder Rechtsverteidigung notwendigen Kosten sind den Wohnungseigentümern[6] zu erstatten; grundsätzlich kommt es nicht darauf an, ob die Wohnungseigentümer als Streitgenossen klagen oder verklagt werden[7]. Es sind nicht nur die Binnenstreitigkeiten nach § 43 Nr. 1 bis 4 umfasst, sondern alle Klageverfahren einschließlich einstweilige Verfügungsverfahren und selbständige Beweisverfahren[8]. Im Zivilprozess sind nach § 91 Abs. 1 ZPO die der obsiegenden Partei erwachsenen Kosten von der unterlegenen Partei zu erstatten. **Zweckentsprechend** ist eine Maßnahme, die eine verständige Prozesspartei bei der Führung des Rechtsstreits in dieser Lage als sachdienlich ansehen musste.[9] Entstehen Kosten zur Verfolgung der zweckentsprechenden Maßnahme, sind diese auch notwendig. Die Vorschrift fordert, dass jede wirtschaftlich denkende Partei nur die Kosten verursacht, die sich mit der vollen Wahrung ihrer berechtigten prozessualen Belange vereinbaren lassen. Die zweckentsprechenden Kosten betreffen also das „Wie" des prozessualen Vorgehens. Es wäre mutwillig und rechtsmissbräuchlich, wenn z.B. Ansprüche grundlos[10] in mehrere Teilklagen aufgeteilt werden[11]; unzulässig ist es, für mehrere Kläger durch einen Rechtsanwalt jeweils eigene Klagen gegen dieselben Beschlüsse zu erheben[12]. Das Tatbestandsmerkmal zur „zweckentsprechenden Rechtsverfolgung oder Rechtsverteidigung notwendige Kosten" bezieht sich ausschließlich auf die Kosten eines bevollmächtigten Rechtsanwalts. Andere

2

---

5 Z.B. OLG München v. 30.11.1994 – 11 W 2545/94, AnwBl 1995, 205 = MDR 1995, 263; BGH v. 20.1.2004 – VI 76/03, NJW-RR 2004, 536, wonach auch bei notwendiger Streitgenossenschaft ohne besonderen sachlichen Grund die Kosten der Einschaltung eines eigenen Anwalts für jeden Streitgenossen nicht gemäß § 91 ZPO zu erstatten waren; hierzu: *Jennißen-Suilmann*, § 50 Rn. 2.
6 Die Vorschrift gilt nicht für den Verwalter, der einem Prozess als Beigeladener beitritt und sich anwaltlich vertreten lässt, LG Karlsruhe v. 10.2.2015 – 7 T 63/14. § 91 Abs. 1 Satz 1 ZPO ist aber immer zu prüfen.
7 *Roth*, in: Bärmann, § 50 Rn. 1.
8 Die Vorschrift gilt allerdings nur für solche Streitigkeiten, die nach § 43 vor dem Wohnungseigentumsgericht verhandelt werden; *Roth*, in: Bärmann, § 50 Rn. 4; umfasst werden alle Wohnungseigentumsverfahren unmittelbar.
9 *Zöller-Herget*, ZPO, § 91, Rn. 12.
10 BGH v. 20.1.2004 – VI ZB 76/03, NJW-RR 2004, 536, der einen vertretbaren Grund hierfür fordert.
11 OLG Düsseldorf, v. 25.5.1994 – 1 WF 296/93, FamRZ 1995, 1215; OLG Koblenz v. 17.9.1982 – 14 W 506/82, Rpfleger 1983, 38 = JurBüro 1983, 271.
12 BGH v. 8.7.2010 – V ZB 153/09, NJW-RR 2011, 230 = NZM 2010, 789 = ZMR 2011, 50.

Auslagen wie Reisekosten oder Verdienstausfall einer Partei richten sich nach § 91 Abs. 1 Satz 2 ZPO.[13]

2. Notwendige Kosten

3 Notwendig sind die Kosten, die zur zweckentsprechenden Rechtsverfolgung oder Rechtsverteidigung anfallen, § 91 Abs. 1 ZPO. Die Terminologie des § 50 verweist auf die Vorschrift des § 91 ZPO.[14]

Notwendig sind die Kosten für solche Handlungen, die zur Zeit ihrer Vornahme objektiv erforderlich und geeignet erscheinen, das in Streit stehende Recht zu verfolgen oder zu verteidigen.[15] Die Beurteilung der Frage, ob aufgewendete Prozesskosten zur zweckentsprechenden Rechtsverteidigung notwendig waren, hat sich daran auszurichten, ob eine **verständige** und **wirtschaftlich** vernünftige Partei die kostenauslösende Maßnahme im damaligen Zeitpunkt (ex ante) als sachdienlich ansehen durfte. Dabei darf die Partei ihr berechtigtes Interesse verfolgen und die zur vollen Wahrnehmung ihrer Belange erforderlichen Schritte tun. Sie trifft lediglich die Obliegenheit, unter mehreren gleichgearteten Maßnahmen die kostengünstigere auszuwählen.[16] An dieser Stelle ist auf die einschlägige Kommentierung zur ZPO zu verweisen.[17] Eine Entscheidung des Einzelfalls ist es, ob bei Klagen auf Erklärung oder Feststellung der Ungültigkeit desselben Beschlusses der Wohnungseigentümer, die miteinander verbunden werden und somit die Kläger der vorher selbständigen Prozesse Streitgenossen gemäß § 47 werden, die bei jedem Kläger entstandenen Anwaltskosten notwendig im Sinne des § 91 Abs. 1 Satz 1 ZPO sind und deshalb ein Fall der zulässigen Vertretung durch mehrere bevollmächtigte Rechtsanwälte gemäß § 50 vorliegt[18]. Der Bundesgerichtshof hat ausdrücklich bestätigt, dass ein Wohnungseigentümer im Kosteninteresse der beklagten Wohnungseigentümer nicht gehalten ist, von einer Klage abzusehen; grundsätzlich ist jeder Wohnungseigentümer, der sein Anfechtungsrecht wahrnehmen will, berechtigt, einen Rechtsanwalt zu beauftragen. Innerhalb der Fristen des § 46 Abs. 1 Satz 2 ist es kaum möglich, sich vor der Erhebung der Klage zu vergewissern, ob weitere Wohnungseigentümer den selben Beschluss anfechten wollen und sich mit diesen auf einen Rechtsanwalt zu einigen, der alle Anfechtungskläger vertreten soll[19]; ist in der Eigentümerversammlung über die Rechtmäßigkeit einer Beschlussfassung bereits diskutiert worden, kommt es ebenfalls auf den Einzelfall an, ob die Beauftragung eines gemeinsamen Rechtsanwaltes gefordert werden kann. Erfährt ein Wohnungseigentümer erst aus dem Protokoll das Ergebnis der Beschlussfassung, ist ihm nicht zu-

---

13 *Jennißen-Suilmann*, § 50 Rn. 4.
14 Wir verweisen im Übrigen auf die Kommentierung zur ZPO, § 91 *Thomas/Putzo-Hüßtege*, § 91 Rn. 9 ff.; *Zöller-Herget*, § 91 Rn. 12.
15 *Thomas/Putzo-Hüßtege*, § 91 Rn. 9.
16 BGH v. 11.11.2003 – VI ZB 41/03, NJW-RR 2004, 430 = VersR 2004, 352; BGH v. 16.10.2002 – VIII ZB 30/02, NJW 2003, 898 = AnwBl 2003, 309.
17 *Thomas/Putzo-Hüßtege*, § 91 Rn. 9 ff.; *Zöller-Herget*, ZPO, § 91 Rn. 13 ff.
18 BGH v. 8.7.2010 – V ZB 153/09, NJW-RR 2011, 230 = NZM 2010, 789 = ZMR 2011, 50; LG Düsseldorf v. 1.10.2009 – 25 T 525-528/09, ZMR 2010, 143.
19 BGH v. 8.7.2010 – V ZB 153/09, NJW-RR 2011, 230 = NZM 2010, 789 = ZMR 2011, 50; LG Berlin v. 1.12.2010 – 82 T 548/10, ZMR 2011, 407.

zumuten, bei allen Wohnungseigentümern abzufragen, wer sich gegen den Beschluss wendet und wer mit ihm zur Beauftragung eines gemeinsamen Rechtsanwalts die gerichtliche Klärung herbeiführen möchte. Anders verhält es sich auf Seiten der beklagten Wohnungseigentümer, die einen angefochtenen Beschluss verteidigen. Sie werden grundsätzlich vom Verwalter vertreten[20]; ein gemeinschaftlicher Rechtsanwalt ist durch den Verwalter zu beauftragen[21]. Beigeladene Wohnungseigentümer werden sich grundsätzlich immer einen gemeinsamen Rechtsanwalt suchen, wenn sie nicht das Risiko eingehen, die auf ihrer Seite entstandenen Anwaltskosten selbst zu tragen.

3. Vertretung durch mehrere bevollmächtigte Rechtsanwälte geboten

Das Gesetz lässt die Kostenerstattung für **mehrere Rechtsanwälte** nur dann zu, wenn dies aus Gründen, die mit dem Gegenstand des Rechtsstreits zusammenhängen, nicht nur erforderlich, sondern geboten ist. Negativ lässt sich abgrenzen, dass die Voraussetzungen in der Regel nicht vorliegen, wenn es eine gemeinsame Zielrichtung gibt.[22] Die Zuziehung ist dagegen zu bejahen, wenn z.B. Interessenkollisionen zutage treten[23]. 4

Zweifel bestehen, ob dies der Fall ist, wenn der vom Verwalter beauftragte Rechtsanwalt sich einer Schlechtleistung aus seinem Anwaltsvertrag schuldig macht oder zwischen Verwalter und Wohnungseigentümer (gegebenenfalls auch dem Rechtsanwalt) über Prozesstaktik und Prozessführung unterschiedliche Auffassungen bestehen. In diesem Falle zu Lasten der Gegenseite einen weiteren Rechtsanwalt zu beauftragen, dürfte kaum „geboten" im Sinne des § 50 sein.[24]

Die Beauftragung eines Rechtsanwalts mit Erhebung der Klage ist Vertrauenssache; da auch die Anfechtungsfrist des § 46 Abs. 1 Satz 2 zu beachten ist, ist eine Abstimmung der zur Klage Entschlossenen nicht zu fordern[25]. Für die beklagten Wohnungseigentümer dürfte ein besonderes Vertrauensverhältnis mit einem anderen Rechtsanwalt als dem, den der Verwalter bestimmt hat, den Fall des § 50 nicht umfassen, ebenso wenig die Frage, ob eine Sache besonders schwierig oder die Wohnungseigentümer an verschie-

---

20 BGH v. 27.9.2007 – V ZB 83/07, NJW 2007, 3492 = NZM 2007, 886 = ZMR 2007, 975.
21 BGH v. 16.7.2009 – V ZB 11/09, NJW 2009, 3168 = NZM 2009, 705: Die Kosten des von dem Verwalter beauftragten Anwalts sind, lassen sich einzelne Eigentümer durch weitere Anwälte vertreten, vorrangig zu erstatten; OLG Hamburg v. 14.11.2014 – 8 W 111/14. Auch BGH v. 8.7.2010 – V ZB 153/09 NJW-RR 2011, 230 = NZM 2010, 789 = ZMR 2011, 50. Es entsteht nach Nr. 1008 RVG-VV die Mehrvertretungsgebühr, BGH v. 15.9.2011 – V ZB 39/11.
22 BGH v. 2.5.2007 – XII ZB 156/06, NJW 2007, 2257; *Jennißen-Suilmann*, § 50 Rn. 8.
23 LG Berlin v. 14.1.2009 – 82 T 447/08, ZMR 2010, 309: Besteht auf Klägerseite auch nur in einem einzigen Punkt der mit der Klage verfolgten Angriffe ein Interessengegensatz, ist die Vertretung durch einen gemeinsamen Prozessbevollmächtigten ausgeschlossen; LG Hamburg v. 24.6.2014 – 322 T 95/13.
24 A.A. *Jennißen-Suilmann*, § 50 Rn. 9 a.E.
25 BGH v. 8.7.2010 – V ZB 153/09, NJW-RR 2011, 230.

denen Orten wohnen[26]; dies würde die Ausnahme zur Regel machen, zumal kaum objektivierbar ist, ob ein Wohnungseigentümer zu einem Anwalt ein besonderes Vertrauensverhältnis hat (im Verhältnis zu anderen Anwälten und anderen Wohnungseigentümern). Die Erhöhung gemäß § 7 RVG schließt jedoch § 50 nicht aus[27]; die Kosten eines bevollmächtigten Rechtsanwalts für alle Wohnungseigentümer muss auch die Erhöhung miterfassen.

In Betracht kommen Fälle, in denen mehrere Wohnungseigentümer unterschiedliche Verteidigungsstrategien aufbauen, wie z.b. bei Beseitigung einer baulichen Veränderung oder Unterlassung eines störenden Gebrauchs[28]. Suilmann[29] verweist auf die Rechtsprechung zu § 91 Abs. 2 Satz 2 ZPO zum kostenrelevanten Anwaltswechsel. Die unter diesem Stichwort erörterten Konstellationen umfassen jedoch nicht zwingend den in § 50 geregelten Fall:

Scheidet ein Anwalt wegen Erkrankung aus, oder hat im Falle einer Erbfolge der Erbe nicht das gleiche Vertrauen zum Prozessbevollmächtigten wie der Verstorbene[30], so reicht dies nicht für die Erstattung der Kosten mehrerer Anwälte gemäß § 50 aus. Gleiches gilt für den Fall, dass ein Streitgenosse den bisherigen gemeinsamen Rechtsanwalt wechselt ohne hierfür einen berechtigten Grund nachzuweisen. Deswegen bleiben letztlich die Fälle der Interessenkollision, des Interessenkonflikts übrig[31].

III. Kostenfestsetzung

5 Durch die Anwendung der Vorschriften der ZPO gibt es für die Kostenfestsetzung keine Besonderheiten. Zu verweisen ist auf die §§ 103 bis 107 ZPO. Gegen den durch den Rechtspfleger erlassenen **Kostenfestsetzungsbeschluss** (§ 21 Nr. 1 RPflG) ist sofortige Beschwerde statthaft, wenn der Wert über 50 € liegt (§ 567 Abs. 2 ZPO); anderenfalls findet die befristete Erinnerung statt.

§ 50 löst die Frage nicht, wie die Kostenfestsetzung durchzuführen ist, wenn z.b. neben dem Verwalter, der die Wohnungseigentümer gemäß § 27 Abs. 2 Nr. 2 und 4 im Verfahren nach §§ 43 Nr. 1, Nr. 4 oder Nr. 5 vertritt, eine Gruppe anderer Wohnungseigentümer einen eigenen Anwalt beauftragt haben und wenn die Frage offen ist, welche Kosten gegebenenfalls in welcher Höhe jeweils festzusetzen sind.

---

26 So jedoch: *Hügel/Elzer*, §§ 50 Rn. 12; wie hier: MünchKomm-Engelhardt, § 50 Rn. 4.
27 LG Berlin v. 10.1.2011 – 82 T 857/10, ZMR 2011, 493, das die Erhöhung für verklagte Eigentümer die anwaltlich vertreten sind, zulässt; einen Vorrang des von der Verwaltung beauftragten Rechtsanwalts gibt es nur, wenn sie für alle Beklagten das Mandat erteilte, vgl. BGH v. 8.7.2010 – V ZB 153/09, NJW-RR 2011, 230.
28 MünchKomm-*Engelhardt*, § 50 Rn. 4; *Palandt-Bassenge*, § 50 Rn. 3; a.A. *Roth*, in: Bärmann, § 50 Rn. 17.
29 *Jennißen-Suilmann*, § 50 Rn. 9.
30 Fall des OLG Hamburg v., 2.4.1979 – 8 W 1945/79, MDR 1979, 762; *Thomas/Putzo-Hüßtege*, § 91 Rn. 34.
31 LG Berlin v. 14.1.2009 – 82 T 447/08, ZMR 2010, 309.

Der BGH[32] trägt der gesetzlichen Befugnis des Verwalters gemäß § 27 Abs. 2 Nr. 2, das Beschlussanfechtungsverfahren im Namen aller Wohnungseigentümer mit Wirkung für und gegen sie zu führen, Rechnung, so dass eine vorrangige Kostenerstattung des vom Verwalter beauftragten Anwalts gerechtfertigt ist[33]; Voraussetzung ist, dass alle Beklagten bei der Willensbildung beteiligt waren[34]. Ist im Kostenfestsetzungsverfahren festgestellt, dass eine Vertretung durch mehrere bevollmächtigte Rechtsanwälte nicht geboten war, sind nur die Kosten, die durch die Bestellung eines Rechtsanwalts durch den Verwalter für die Wohnungseigentümer entstanden sind, festsetzbar[35].

Für die weiteren Wohnungseigentümer bleibt insofern allenfalls noch die Erhöhung, soweit im Rahmen des § 7 Abs. 1 RVG, Nr. 1008 VV RVG (3) die Erhöhung den Gebührenansatz von 2,0 nicht übersteigt (für jeden weiteren Auftraggeber erhöht sich die Verfahrens- oder Geschäftsgebühr um 0,3).[36]

Ob die Wohnungseigentümer untereinander Ausgleichsanspruch haben, richtet sich nach § 16 Abs. 1, Abs. 2.[37]

§§ 51 bis 58

§ 59

Die Normen wurden durch Art. 1 Nr. 20 des Gesetzes vom 26.3.2007 (BGBl. I 370) mit Wirkung vom 1.7.2007 aufgehoben. Von ihrem Abdruck wird abgesehen.

---

32 BGH v. 8.7.2010 – V ZB 153/09, NJW-RR 2011, 230 = NZM 2010, 789 = ZMR 2011, 50.
33 Ebenso: BGH v. 14.7.2011 – V ZB 171/10; *Jennißen-Suilmann*, § 50 Rn. 16; AnwkBGB/*Gschultzkuy*, § 50 Rn. 5; *Abramenko/Frohne*, Handbuch WEG § 8 Rn. 203; *Hügel/Elzer*, § 50 Rn. 25.
34 BGH v. 14.7.2011 – V ZB 171/10, NJW 2011, 3165.
35 Zur quotalen Aufteilung etwaiger erstattungsfähiger Gesamtkosten (nach vorrangiger Erstattung der Kosten des vom Verwalter nach § 27 Abs. 2 Nr. 2 beauftragten Rechtsanwalts) auf die Streitgenossen vgl. *Roth*, in: Bärmann, § 50 Rn. 30; BGH v. 20.1.2004 – 6 ZB 76/03, NJW-RR 2004, 536 = MDR 2004, 564; BGH v. 14.7.2011 – V ZB 171/10, NJW 2011, 3165; dem Rechtsanwalt, der die übrigen Wohnungseigentümer in einem Beschlussanfechtungsprozess vertritt, steht die Mehrvertretungsgebühr nach Nr. 1008 RVG-VV zu; BGH v. 15.9.2011 – V ZB 39/11 (juris); BGH v. 16.7.2009 – V ZR 11/09; dabei kommt es nicht darauf an, ob der Verwalter den Auftrag zur Vertretung erteilt hat.
36 BGH v. 15.9.2011 – V ZB 29/11; LG Karlsruhe v. 26.5.2009 – 11 T 292/08, ZWE 2009, 410; LG Berlin v. 10.1.2011 – 82 T 857/10, ZMR 2011, 493.
37 Hierzu: § 16 Rn. 78 bis 81; BGH v. 15.3.2007 – V ZB 1/06, NJW 2007, 1869 = NZM 2007, 358.

IV. TEIL
Ergänzende Bestimmungen
§ 60
Ehewohnung

§ 60 ist durch Gesetz vom 6.7.2009 BGBl I, 1696 mit Wirkung zum 1.9.2009 aufgehoben. Von einem Abdruck der Vorschrift wird abgesehen.

§ 61
Veräußerung von Wohnungseigentum ohne gemäß § 12 erforderliche Zustimmung

(1) Fehlt eine nach § 12 erforderliche Zustimmung, so sind die Veräußerung und das zugrundeliegende Verpflichtungsgeschäft unbeschadet der sonstigen Voraussetzungen wirksam, wenn die Eintragung der Veräußerung oder einer Auflassungsvormerkung in das Grundbuch vor dem 15.1.1994 erfolgt ist und es sich um die erstmalige Veräußerung dieses Wohnungseigentums nach seiner Begründung handelt, es sei denn, dass eine rechtskräftige gerichtliche Entscheidung entgegensteht. Das Fehlen der Zustimmung steht in diesen Fällen dem Eintritt der Rechtsfolgen des § 878 Bürgerlichen Gesetzbuchs nicht entgegen. Die Sätze 1 und 2 gelten entsprechend in den Fällen der §§ 30 und 35 des Wohnungseigentumsgesetzes.

Die Übergangsvorschrift des § 61 ist heute im Wesentlichen gegenstandslos: 1 Die Vorschrift reagierte auf die Entscheidung des BGH vom 21.2.1991 – V ZB 13/90, BGHZ 113, 374, wonach das Zustimmungserfordernis z.B. des Verwalters für die Veräußerung des Wohnungseigentümers auch an die Erstveräußerung durch den nach § 8 teilenden Wohnungseigentümers anknüpfte und die ständige Rechtsprechung[1] aufhob. Nach der Entscheidung des BGH waren alle schuldrechtlichen und dinglichen Verträge schwebend unwirksam. Der Gesetzgeber hat durch das Gesetz vom 3.1.1994 (BGBl. I, 66) in § 61 die im Vertrauen auf die frühere Rechtsprechung erfolgten Veräußerungen geheilt.

Somit sind alle vor dem 3.1.1994 erfolgten Veräußerungen, für die eine Zustimmung des Verwalters gemäß § 12 auch bei Erstveräußerung durch den vorratsteilenden Eigentümer nicht eingeholt war, so zu behandeln, als sei die Zustimmung erteilt worden, soweit nicht eine rechtskräftige gerichtliche Entscheidung bereits vorhanden ist. Die Vorschrift des Satz 2 des § 61 schließt die Rechtsfolgen des § 878 BGB bei schwebender Unwirksamkeit in diesen Altfällen aus; die gleiche Konstellation ergab sich im Zusammenhang mit dem Wohnungserbbaurecht und dem Dauerwohnrecht (§ 30 Abs. 3,

---

[1] Z.B. BayObLG v. 12.4.1984 – BReg. 2 Z 107/82, Rpfleger 1983, 350; BayObLG v. 3.9.1987 – BReg. 2 Z 99/87, Rpfleger 1988, 95; OLG Hamburg v. 24.8.1981 – 2 W 20/81, OLGZ 1982, 53.

35). Auch hier schafft der Gesetzgeber insofern heilende Rechtssicherheit. Allerdings kommt eine Heilung nur dann in Betracht, wenn die Veräußerung auch bei Inkrafttreten des Gesetzes noch schwebend unwirksam war, was nicht der Fall ist, wenn durch eine bestandskräftige Versagung der Zustimmung gemäß § 12 die Veräußerung endgültig unwirksam geworden war.[2]

---

[2] BGH v. 20. 7. 2012 – V ZR 241/11, Rn 19; dabei kann dahinstehen, ob die Vorschrift ihrem Wortlaut entsprechend auch bei Erstveräußerung nach einer Teilung gemäß § 3 WEG eingreift.

§ 62
Übergangsvorschrift

(1) Für die am 1.7.2007 bei Gericht anhängigen Verfahren in Wohnungseigentums- oder in Zwangsversteigerungssachen oder für die bei einem Notar beantragten freiwilligen Versteigerungen sind die durch die Artikel 1 und 2 des Gesetzes vom 26.3.2007 (BGBl. I S. 370) geänderten Vorschriften des III. Teils dieses Gesetzes sowie die des Gesetzes über die Zwangsversteigerung und die Zwangsverwaltung in ihrer bis dahin geltenden Fassung weiter anzuwenden.

(2) In Wohnungseigentumssachen nach § 43 Nr. 1 bis 4 finden die Bestimmungen über die Nichtzulassungsbeschwerde (§ 543 Abs. 1 Nr. 2, § 544 der Zivilprozessordnung) keine Anwendung, soweit die anzufechtende Entscheidung vor dem 31. Dezember 2015 verkündet worden ist.

Inhalt:

	Rn.		Rn.
I. Allgemeines	1	3. Altverfahren des Ver-	
II. **Absatz 1:** Anhängige Verfahren	2	bandes	5
		III. **Absatz 2:** Rechtsmittel.	6
1. Anhängige Verfahren	2	1. Nichtzulassungsbeschwerde	6
2. Materielle Vorschriften	4	2. Meistbegünstigung	7

I. Allgemeines

Der Gesetzgeber hat für die Geltung der neuen Verfahrensvorschriften den Zeitpunkt 1.7.2007 festgeschrieben; für die an diesem Tage anhängigen Verfahren gilt das alte Recht; ab dem 2.7.2007 anhängige Verfahren werden nach den Vorschriften der ZPO und den Verfahrensvorschriften der §§ 43 ff. durchgeführt. 1

§ 62 Abs. 2 ist auf Anregung des Rechtsausschusses in der Beschlussempfehlung und im Bericht vom 13.12.2006 (Drucks. 16/2843, S. 58) eingefügt worden. Um einer Überlastung des Bundesgerichtshofs vorzubeugen, sollen gemäß § 62 (neu) in Wohnungseigentumssachen **Nichtzulassungsbeschwerden** gemäß § 544 ZPO für eine Übergangszeit **ausgeschlossen** werden. Dieser Ausschluss bezieht sich jedoch lediglich auf die Binnenstreitigkeiten im Sinne von § 43 Nr. 1 bis 4 (neu).

War die Einschränkung der Revision ursprünglich nur bis zum 1.7.2012 vorgesehen, wurde die Frist durch Art. 2 G. v. 10.5.2012, BGBl. I, 1084, bis zum 31.12.2014 verlängert und sodann erneut durch Art. 4 des G v. 5.12.2014, BGBl. I, 1962, bis zum 31.12.2015; heute besteht die Einschränkung nicht mehr.

Für die in § 43 Nr. 5 geregelten Fälle der Klagen Dritter verbleibt es bei der Möglichkeit der Nichtzulassungsbeschwerde gemäß § 544 ZPO nach Maßgabe der Regelung des § 26 Nr. 8 EGZPO, soweit der Beschwerdewert 20.000,00 € übersteigt. Das Berufungsgericht kann gemäß § 543 ZPO die Revision zulassen.

II. Absatz 1: Anhängige Verfahren

1. Anhängige Verfahren

2 Prozessual sieht § 62 Abs. 1 vor, dass es für die am 1.7.2007 **anhängigen** Verfahren bei der alten Rechtslage verbleibt und diese nach dem FGG in Verbindung mit den Vorschriften der §§ 43 ff. a.F. zu führen sind. Dies gilt auch für die bei einem Notar bereits beantragte freiwillige Versteigerung; in Zwangsversteigerungssachen gilt das Verfahren ab dem Erlass des Anordnungsbeschlusses (§ 20 Abs. 1 ZVG) im Sinne von § 62 Abs. 1 als bei Gericht anhängig[1]: Dies gilt auch, wenn nach Erlass des Anordnungsbeschlusses die Zulassung des Beitritts beantragt ist. Als Beschwerdegericht ist dann das für das erstinstanzliche Amtsgericht übergeordnete örtliche Landgericht und nicht das Landgericht am Sitz des Oberlandesgerichts bzw. das landesrechtlich bestimmte Gericht zuständig.[2]

Anhängig wird ein Verfahren durch Klageeinreichung gemäß § 261 Abs. 1 ZPO. Die Klage muss bei Gericht eingegangen sein, die Zustellung ist nicht entscheidend. Der Wortlaut der Vorschrift des § 62 bestimmt, dass die auch am 1.7.2007 anhängigen Klagen nach dem Verfahrensrecht des FGG zu entscheiden sind. Nach der Gesetzesformulierung sind Verfahren, die ab 2.7.2007 anhängig werden, nach neuem Recht zu führen.[3] Die Übergangsvorschrift gilt auch für in der Rechtsmittelinstanz befindliche Verfahren; deshalb wird das Rechtsmittel eines am 1.7.2007 anhängigen Verfahrens nach dem alten Recht entschieden.[4] War ein selbständiges Beweisverfahren vor Inkrafttreten der WEG-Reform anhängig, richtet sich das nach dem 1.7.2007 anhängige Hauptsacheverfahren[5] nach der ZPO.[6]

3 Das Abstellen auf „bei Gericht anhängige Verfahren" kann noch auf lange Dauer zu Verfahren nach altem Recht führen: Wurde eine Anfechtungsklage nach altem Recht erhoben, aber nicht weiter betrieben, dann bleibt sie anhängig. Sie kann noch nach Jahren wieder aufgerufen werden und dann fortgeführt werden. Dann gilt auch das Rechtsmittel nach altem Recht. Wurden im Mahnbescheid, gegen den Widerspruch eingelegt wurde, z.B. Wohngeldansprüche geltend gemacht, und dann jahrelang nicht weiter verfolgt, muss immer noch, wird das Verfahren wieder aufgerufen, nach altem Recht entschieden werden (unabhängig davon, ob dann noch Wohnungs-

---

1 BGH v. 21.2.2008 – V ZB 123/07, NJW 2008, 1383.
2 OLG München v. 24.1.2008 – 32 AR 1/08, NJW 2008, 859 = NZM 2008, 168.
3 A.A. LG Dortmund v. 9.8.2007 – 11 T 66/07, NJW 2007, 3137 = NZM 2007, 692 mit dem verfehlten Hinweis, es läge eine verdeckte Lücke vor, so dass sinnvoll nur der 1.7.2007 als Beginn des neuen Gesetzes in Betracht kommen könnte (auch weil nach § 64 die geänderte Fassung am 1.7.2007 in Kraft getreten ist). Wie hier: *Merle,* in: Bärmann, § 62 Rn. 1
4 *Hügel/Elzer*, § 62 Rn. 3; *Jennißen-Abramenko*, § 62 Rn. 2; OLG München v. 28.1.2008 – 34 Wx 77/07, NZM 2008, 169.
5 LG Duisburg v. 8.6.2010 – 7 S 10/10, NJW-RR 2011, 302; bestätigt durch BGH v. 9.12.2010 – V ZB 190/10, NJW-RR 2011, 589.
6 Nach AG Mannheim v. 8.2.2010 – IV UR II 11/05 WEG, ZWE 2010, 290; (siehe: juris) ist ein Abänderungsverfahren gemäß § 45 Abs. 4 WEG a.F. nach altem Recht fortzuführen, wenn die abzuändernde Entscheidung noch nach altem Recht erging: Ich halte das für problematisch.

eigentumsgerichte nach FGG eingerichtet sind; für die Rechtsmittel wären dann nach altem Recht noch die Beschwerdekammern bei den Landgerichten zuständig, die Rechtsbeschwerde beim Oberlandesgericht einzulegen, unabhängig davon, ob die Geschäftsverteilung noch entsprechende Senate vorsieht). Zumindest beim Mahnverfahren kann überlegt werden, ob über das Tatbestandsmerkmal „bei Gericht anhängige Verfahren in Wohnungseigentumssachen" nur das Hauptsachegericht gemeint ist und deshalb nach Abgabe vom Mahngericht ans Streitgericht nach ZPO zu verfahren ist[7]. Der Gesetzgeber wollte die anhängigen, aktiv betriebenen Verfahren durch die Reform unberührt lassen; dieser gesetzgeberische Zweck der Vermeidung des Übergangs von einer Verfahrensart in eine andere in laufenden Verfahren stellt sich bei Abgabe des Mahnverfahrens ins Streitverfahren nicht.

Eine Verbindung von Verfahren, die vor dem 1.7.2007 anhängig waren, mit solchen, die nach dem 1.7.2007 anhängig wurden, scheidet grundsätzlich aus[8]. Wird eine vor dem 1.7.2007 anhängige Klage nach dem 1.7.2007 erweitert, dann kann das Amtsgericht den durch Antragserweiterung neu eingeführten Verfahrensgegenstand abtrennen. Dieses Verfahren muss dann an das Prozessgericht abgegeben werden[9].

2. Materielle Vorschriften

Der Gesetzgeber regelt selbst nicht, wie sich die Änderung der materiell-rechtlichen Vorschriften auswirkt. § 62 Abs. 1 nimmt nur auf den III. Teil des Gesetzes, also auf die Verfahrensvorschriften Bezug, **nicht** auf den I. und/oder II. Teil. Die materiell-rechtlichen Änderungen sind auf jeden Fall ab 2.7.2007 anzuwenden[10]. Im Grundsatz ist das neue Recht auch auf noch nicht abgeschlossene Sachverhalte anzuwenden[11]. Bei Verpflichtungsanträgen (z.B. Änderung der Quoten der Miteigentumsanteile) gilt für eine Entscheidung in der Sache das im Zeitpunkt der Urteilsfällung geltende materielle Recht[12]: § 10 Abs. 8 regelt die Außenhaftung eines jeden Wohnungseigentümers nach dem

4

---

7 LG München I v. 19.10.2009 – 1 S 4851/09, NJW-RR 2010, 1022 = NZM 2010, 326; OLG Hamm v. 5.5.2009 – 15 Wx 22/09, NZM 2010, 169.
8 Vgl. im Einzelnen: vor § 43 Rn. 14. Das Landgericht Nürnberg-Fürth v. 21.10.2008 – 14 T 8682/08, ZMR 2009, 77 lässt in den Fällen, in denen trotz Klageerweiterung eines vor dem 1.7.2007 anhängigen Verfahrens nach dem 1.7.2007 auch für das Berufungsverfahren altes Recht gelten, so dass für das Amtsgericht das übergeordnete Landgericht als Beschwerdegericht und nicht das Landgericht am Sitz des Oberlandesgerichts zuständig ist, OLG München v. 24.1.2008 – 32 AR 1/08, NJW 2008, 859.
9 OLG Hamm v. 31.7.2012 – 15 Wx 488/11.
10 OLG München vom 20.7.2007 – 32 Wx 93/07, FGPrax 2007, 218; Elzer, WuM 2007, 295; OLG München v. 23.7.2007 – 34 Wx 83/07, WuM 2007, 542 = OLGR München 2007, 744; OLG München v. 2.10.2007 – 32 Wx 087/07 (juris), Merle, in: Bärmann, § 62 Rn. 4
11 BGH v. 27.9.2007 – V ZB 83/07, NJW 2007, 3492; BGH v. 16.1.2009 – V ZR 74/08, BGHZ 179, 230 = NJW 2009, 99 (Rn. 12); OLG München v. 24.4.2008 – 32 Wx 165/07, NJW 2008, 1824; Bergerhoff, NZM 2007, 553, Merle, in: Bärmann, § 62 Rn. 2.
12 OLG München v. 24.4.2008 – 32 Wx 175/07, NJW 2008, 1824 = NZM 2008, 407; OLG München v. 22.2.2008, 34 Wx 66/07; Bergerhoff, NZM 2007, 553: Für den Fall des § 10 Abs. 2 Satz 3 n.F.

Verhältnis seines Miteigentumsanteils auch für Verbindlichkeiten, die vor dem 1.7.2007 entstanden sind.[13]

Beschlüsse der Wohnungseigentümer zur Instandhaltung oder Instandsetzung im Sinne von § 21 Abs. 5 Nr. 2 oder zu baulichen Veränderungen oder Aufwendungen im Sinne des § 22 Abs. 1 und 2, die § 16 Abs. 4 zulässt, sind allerdings erst nach dem 1.7.2007 zulässig[14]. Die Wirksamkeit von Beschlüssen, die vor dem 1.7.2007 gefasst wurden, richtet sich nach altem Recht, da es sich insoweit um einen abgeschlossenen Tatbestand in der Vergangenheit handelt, für den das Verbot der echten Rückwirkung gilt.[15]

So ist z.B. die Beschlusssammlung gemäß § 24 Abs. 7 Satz 2 erstmals für die ab dem 1.7.2007 ergehenden Beschlüsse und gerichtlichen Entscheidungen anzulegen. Von Gesetzes wegen müssen die vor diesem Tag ergangenen Beschlüsse nicht in die Beschlusssammlung aufgenommen werden; allerdings ist zu empfehlen, dass zumindest für die nähere Vergangenheit die Beschlusssammlung angelegt wird. Die Vorschrift des § 26 Abs. 1 Satz 2 Hs. 2 gilt erst für die ab dem 1.7.2007 vorgenommenen Verwalterbestellungen.[16] Neu bestimmt § 18 Abs. 1 Satz 2, dass mit Ausnahme der Wohnungseigentümer von Zweiergemeinschaften die Ausübung des Entziehungsrechts der Gemeinschaft der Wohnungseigentümer zusteht; die Ausübungsbefugnis dürfte als eine dem materiellen Recht zugeordnete Regelung für gemeinschaftsbezogene Rechte beurteilt werden[17]; dies würde dazu führen, dass nach früherem Verfahrensrecht Entziehungsverfahren zu entscheiden sind.[18] Das dürfte jedoch nicht der Absicht des Gesetzgebers entsprechen, die Abwicklung bereits anhängiger Verfahren durch die Reform unberührt zu lassen. Auf jeden Fall wäre es zulässig, dass in diesen Fällen der Verband der Wohnungseigentümer ermächtigt, die ihm (neu) zugeordneten Ansprüche geltend zu machen. Dies gilt auch bei Verfahren im Rahmen des § 27 Abs. 2 Nr. 2[19]: Es handelt sich um eine dem **materiellen Recht** zugeordnete Regelung der Vertretung der Wohnungseigentümer; sie sind innerhalb der nach früherem Verfahrensrecht zu entscheidenden Rechtsangelegenheiten zu beurteilen.[20] Auch für die Erstbestellung eines Verwalters gilt die beschränkte Laufzeit des Vertrages von drei Jahren nur für Neubestellungen, die nach

---

13 KG Berlin v. 12.2.2008 – 27 U 36/07, Grundeigentum 2008, 477.
14 Die Gültigkeit eines Eigentümerbeschlusses ist grundsätzlich auf der Grundlage der im Zeitpunkt der Beschlussfassung geltenden Gesetzeslage zu beurteilen, OLG Frankfurt v. 15.11.2010 – 20 W 108/08, NJW-RR 2011, 160 = NZM 2011, 37; OLG Hamm v. 10.9.2007 – 15 W 358/06, ZMR 2008, 156; Merle, in: Bärmann, § 62 Rn. 4.
15 BGH v. 16.1.2009 – V ZR 74/08, BGHZ 179, 230; OLG Frankfurt v. 15.11.2010 – 20 W 138/08, NJW-RR 2011, 160; OLG Köln v. 20.10.2006 – 16 Wx 189/06, NJW-RR 2007, 1026; OLG Hamm v. 10.9.2007 – 15 W 358/06, ZMR 2008, 156; Jennißen-Abramenko, § 62 Rn. 15 sowie LG München I v. 22.10.2007 – 1 T 1726/06.
16 So: BT-Drucks. 16/3843, S. 26; Hügel/Elzer, § 62 Rn. 9.
17 OLG München v. 28.1.2008 – 34 Wx 77/07 NJW 2008, 856.
18 Vgl. BGH v. 27.9.2007 – V ZB 83/07, NJW 2007, 3492.
19 OLG Hamburg v. 18.1.2010 – 13 W 28/09, ZMR 2010, 466: Der Verwalter kann noch Rechtshandlungen vornehmen, zu denen er durch Vereinbarung der Wohnungseigentümer vor Novellierung des WEG bevollmächtigt im Sinne des § 27 Abs. 3 Satz 1 Nr. 7 WEG wurde.
20 BGH v. 27.9.2007 – V ZB 83/07, NJW 2007, 3492 = NZM 2007, 886.

dem 1.7.2007 erfolgt sind; liegt der Bestellungsbeschluss vor dem 1.7.2007, hat der Verwalter jedoch sein Amt erst nach dem 1.7.2007 angetreten, soll dagegen neues Recht gelten.[21]

3. Altverfahren des Verbands der Wohnungseigentümer

Ist nach der Rechtsprechung des BGH[22] zur Teilrechtsfähigkeit der Wohnungseigentümergemeinschaft und seit Inkrafttreten des § 21 Abs. 6[23] statt den Miteigentümern nun der Verband der Wohnungseigentümergemeinschaft aktivlegitimiert, ist nur das **Rubrum zu berichtigen**; es ist wie bei Gesamtrechtsnachfolge zu verfahren.[24]

Deshalb können auch Alttitel, die die Wohnungseigentümer als Berechtigten umfassen, umgeschrieben werden auf den Verband der Wohnungseigentümergemeinschaft, z.B. nach Tilulierung von Wohngeld.[25]

So gelten auch früher ergangene rechtskräftige Entscheidungen für und gegen die Wohnungseigentümer nun gemäß § 325 ZPO für und gegen den Verband der Wohnungseigentümer, wenn der Anspruch ab 1.7.2007 in die ausschließliche Zuständigkeit des Verbands der Wohnungseigentümergemeinschaft fällt.

III. Absatz 2: Rechtsmittel

1. Nichtzulassungsbeschwerde

Zur Entlastung des Bundesgerichtshofs hat der Gesetzgeber in § 62 Abs. 2 die **Nichtzulassungsbeschwerde** ursprünglich bis zum 1.7.2012 ausgeschlossen und dies zweimal jetzt bis 31.12.2015 verlängert; nur dann wenn das Berufungsgericht selbst die Revision zulässt, ist eine weitere Überprüfung der Entscheidung zur Wahrung der Rechtseinheit und wegen rechtsgrundsätzlicher Bedeutung möglich; der Gesetzgeber hat die Möglichkeit der §§ 543 Abs. 1 Nr. 2, 544 ZPO ausgeschlossen (Nichtzulassungsbeschwerde). Dies gilt allerdings nur für die Verfahren der Wohnungseigentümer untereinander (Binnenrechtsstreitigkeiten)[26], **nicht** jedoch für Klagen **Dritter**, die sich gegen die Gemeinschaft der Wohnungseigentümer oder gegen Wohnungseigentümer richten und sich auf das gemeinschaftliche Eigentum, seine Verwaltung oder das Sondereigentum beziehen. Warum der Gesetzgeber nur die Verfahren nach § 43 Nr. 1 bis Nr. 4 von der Nichtzulassungsbeschwerde ausnimmt und nicht die Verfahren nach § 43 Nr. 5 formuliert der Gesetzgeber nicht, auch nicht in der Beschlussempfehlung und im Bericht des Rechtsausschusses.[27] Er weist jedoch darauf hin, dass in den Fällen des § 43 Nr. 5 es

---

21 § 26 Rn. 13; vgl. BT-Drucks. 16/3843, S. 51.
22 BGH v. 2.6.2005 – V ZB 32/05, BGHZ 163, 154.
23 Durch Gesetz zur Änderung des Wohnungseigentumsgesetz und anderer Gesetze v. 26.3.2007, BGBl. I 2007, S. 370 ff.
24 OLG München v. 24.10.2005 – 34 Wx 82/05, NJW 2006, 1293; OLG Hamburg v. 26.9.2006 – 2 Wx 78/05, ZMR 2007, 59 = OLGR Hamburg 2007, 721.
25 Nach dem Verfahren gemäß §§ 724, 727 ZPO.
26 BGH v. 17.3.2016 – V ZR 185/15; BGH v. 11.11.2010 – V ZR 68/10, NJW-RR 2011, 373 = NZM 2011, 202.
27 BT-Drucks. 16/3843, S. 58.

bei der Möglichkeit der Nichtzulassungsbeschwerde gemäß § 544 ZPO nach Maßgabe der Regelung des § 26 Nr. 8 EGZPO verbleibt, soweit der Beschwerdewert 20.000 ? übersteigt. Für Klagen Dritter gegen die Wohnungseigentümer, die früher nicht unter das Verfahrensrecht des Wohnungseigentumsgesetzes fielen, verbleibt es also bei der alten Regelung[28]. Hat ein Berufungsgericht jedoch eine Berufung als unzulässig verworfen, findet § 62 Abs. 2 keine Anwendung[29].

3. Meistbegünstigung

7 Endurteile nach neuem Recht benötigen keine Rechtsmittelbelehrung[30]; allerdings ist nach wie vor bei Verfahren, die nach altem Recht geführt werden, eine Rechtsmittelbelehrung notwendig. Gibt diese versehentlich ein falsches Rechtsmittelgericht an[31], gilt die **Meistbegünstigung**: Der „Grundsatz der Meistbegünstigung" wurde entwickelt für Fälle, in denen ein Gericht eine Entscheidung abweichend von der im Gesetz vorgesehenen Form erlassen hat; dieser Fehler darf nicht zu Lasten der Parteien gehen[32]; zulässig sind sowohl das Rechtsmittel, das in der Rechtsmittelbelehrung erwähnt ist, wie das Rechtsmittel, das richtigerweise zu ergreifen ist.[33] Dabei soll der Meistbegünstigungsgrundsatz nur Nachteile der durch eine inkorrekte Entscheidung beschwerten Beteiligten ausschließen, aber nicht zu einer dem korrekten Verfahren widersprechenden Erweiterung des Instanzenzuges oder sonstigen prozessualen Vorteilen führen.[34] Belehrt also – fehlerhaft – das Amtsgericht bei einem vor dem 1. 7. 2007 anhängig gewordenen Verfahren, dass das Rechtsmittelgericht das Landgericht am Sitz des Oberlandesgerichts sei, dann kann das Rechtsmittel sowohl bei dem dem Amtsgericht übergeordneten örtlichen Landgericht wie auch beim Landgericht am Sitz des Oberlandesgerichts eingelegt werden. Das Rechtsmittelgericht muss das Verfahren in die richtige Bahn lenken; ist der Spruchkörper für das korrekte Verfahren nicht zuständig, kann § 281 ZPO entsprechend angewandt werden.[35] Vorsorglich sollte, damit das Rechtsmittel nicht am unzuständigen

---

28 Das gilt auch für den Fall, dass ein Oberlandesgericht über die Berufung in einer Wohnungseigentumssache entschieden hat, nachdem das Amtsgericht zu Unrecht seine Zuständigkeit verneint und daher das Landgericht in der Sache entschieden hat, BGH v. 1. 8. 2011 – V ZR 259/10; BGH vom 10. 5. 2012 – V ZR 228/11.
29 BGH v. 18. 9. 2014 – V ZR 290/13; und zwar unabhängig davon, ob die Berufung durch Beschluss oder Urteil verworfen wurde: BGH v. 19. 7. 2012 – V ZR 255/11; Merle, in: Bärmann, § 62 Rn. 6.
30 Siehe jedoch Referentenentwurf für ein „Gesetz zur Einführung einer Rechtsbehelfsbelehrung im Zivilprozess" v. 15. 6. 2011, wonach „jede anfechtbare gerichtliche Entscheidung eine Belehrung über das statthafte Rechtsmittel, den Einspruch, den Widerspruch oder die Erinnerung sowie über das Gericht, bei dem dieser Rechtsbehelf einzulegen ist, dessen Sitz und über die einzuhaltende Form und Frist zu enthalten" haben soll (§ 232-E ZPO).
31 Vgl. OLG München v. 24. 1. 2008 – 32 AR 1/08, NJW 2008, 859 = NZM 2008, 168.
32 Im Einzelnen: Zöller-Hessler, vor § 511 Rn. 30.
33 BGH v. 19. 12. 1996 – IX ZB 108/96, NJW 1997, 1448.
34 BGH v. 20. 4. 1993 – BLw 25/92, NJW-RR 1993, 956.
35 BGH v. 4. 10. 1990 – XII ZB 89/90, FamRZ 1991, 682; BGH v. 4. 10. 1978 – IV ZB 84/77, BGHZ 72, 182.

Gericht geführt wird, ein Antrag auf Verweisung gestellt werden.[36] In den Fällen der Meistbegünstigung ist ausnahmsweise aus prozessökonomischen Gründen eine Verweisung von Rechtsmittelgericht zu Rechtsmittelgericht zulässig.

---

36 BGH v. 2. 11. 1994 – XII ZB 121/94, NJW-RR 1995, 379 (Rn. 12).

§ 63
Überleitung bestehender Rechtsverhältnisse

(1) Werden Rechtsverhältnisse, mit denen ein Rechtserfolg bezweckt wird, der den durch dieses Gesetz geschaffenen Rechtsformen entspricht, in solche Rechtsformen umgewandelt, so ist als Geschäftswert für die Berechnung der hierdurch veranlassten Gebühren der Gerichte und Notare im Falle des Wohnungseigentums ein Fünfundzwanzigstel des Einheitswerts des Grundstücks, im Falle des Dauerwohnrechts ein Fünfundzwanzigstel des Wertes des Rechts anzunehmen.

(2) (gegenstandslos)

(3) Durch Landesgesetz können Vorschriften zur Überleitung bestehender, auf Landesrecht beruhender Rechtsverhältnisse in die durch dieses Gesetz geschaffenen Rechtsformen getroffen werden.

1 Die Vorschrift betrifft den Zeitpunkt des Inkrafttretens des Wohnungseigentumsgesetzes nach Verkündung am 19.3.1951 in BGBl. I S. 175 (Inkrafttreten: 20.3.1951). Die Überführung von Stockwerkseigentum sollte nicht wegen der Kosten der Notare und Gerichte erschwert werden, so dass nur 1/25 des Einheitswerts des Grundstücks oder des Wertes des umzuwandelnden Rechtes (Dauerwohnrecht) zugrunde zu legen ist.

Der BGH hat das Wohnungseigentumsgesetz auch auf ein vor Inkrafttreten des Gesetzes vereinbartes veräußerliches, vererbliches und zur Eintragung ins Grundbuch bestimmtes Wohn- und Nutzungsrecht als Dauerwohnrecht gemäß §§ 31 Abs. 1 etc. angewendet[1].

Als landesrechtliche Vorschriften können z.b. das Hessische Landesgesetz zur Überleitung von Stockwerkseigentum vom 6.1.1962 (GVBl. S. 17) genannt werden, für Baden-Württemberg das Ausführungsgesetz zum BGB vom 26.11.1974 (Ges. Bl. S. 498), für Bayern das AGBGB, Art. 62. Auf die Überleitungsvorschrift nach Art. 162 EGBGB ist im Übrigen zu verweisen. Danach verblieb es bei im Zeitpunkt des Inkrafttretens des BGB bestehendem Stockwerkseigentum.

§ 64
Inkrafttreten

Dieses Gesetz tritt am Tage nach seiner Verkündung in Kraft.

1 Erstmals trat das Wohnungseigentumsgesetz vom 15.3.1951 mit Verkündung am 19.3.1951 am 20.3.1951 in Kraft (BGBl. I S. 175 – BR S. 209). Die heute aktuelle Fassung gemäß Gesetz zur Änderung des Wohnungseigentumsgesetzes und anderer Gesetze vom 26.3.2007 – BGBl. I S. 370ff. – trat am 1.7.2007 in Kraft, Art. 4 des Gesetzes. Art. 3 Abs. 4 Nr. 2 und Abs. 5 passten z.B. § 31 Abs. 3 der ErbbauVO (jetzt: ErbbauRG) an die Schuldrechtsmodernisierung an; dies gilt auch für die Anpassung des Luftfahrtgesetzes über Rechte an Luftfahrzeugen; diese sind bereits am 27.3.2007, dem Tage nach der Verkündung des Gesetzes, in Kraft getreten. Die letzte Änderung erfolgte durch Art. 4 G v. 5.12.2014, BGBl I, 1962, mit Wirkung vom 13.12.2014.

---

1 BGH v. 23.4.1958 – V ZR 99/57, BGHZ 27, 158 = NJW 1958, 1289.

C. Weiterführende Vorschriften

§ 49a GKG
Wohnungseigentumssachen

(1) Der Streitwert ist auf 50 Prozent des Interesses der Parteien und aller Beigeladenen an der Entscheidung festzusetzen. Er darf das Interesse des Klägers und der auf seiner Seite Beigetretenen an der Entscheidung nicht unterschreiten und das Fünffache des Wertes ihres Interesses nicht überschreiten. Der Wert darf in keinem Fall den Verkehrswert des Wohnungseigentums des Klägers und der auf seiner Seite Beigetretenen übersteigen.

(2) Richtet sich eine Klage gegen einzelne Wohnungseigentümer, darf der Streitwert das Fünffache des Wertes ihres Interesses sowie des Interesses der auf ihrer Seite Beigetretenen nicht übersteigen. Absatz 1 Satz 3 gilt entsprechend.

Inhalt:

	Rn.		Rn.
I. Allgemeines	1	b) Begrenzung nach oben: fünffacher Wert des Interesses	22
II. **Absatz 1**: Streitwertgrundsätze	2	3. Satz 3: Absolute Obergrenze	23
1. Satz 1: Streitwert ist 50 % des Interesses aller Beteiligten	2	III. **Absatz 2**: Streitwert bei Klage gegen einzelne Wohnungseigentümer	24
a) Interesse der am Verfahren Beteiligten	3	1. Satz 1: Obergrenze:	24
b) Interesse der Parteien	4	a) Klage gegen einzelne Wohnungseigentümer	24
c) Interesse aller Beigeladenen	5	b) Fünffacher Wert des Interesses	25
d) Gegenstand des Interesses	6	2. Satz 2: Absatz 1 Satz 3 entsprechend: Absolute Obergrenze	26
e) Ansatz: 50 %	7		
f) Einzelfälle	8		
2. Satz 2: Begrenzung	21		
a) Begrenzung nach unten: Interesse des Klägers und der auf seiner Seite Beigetretenen	21		

I. Allgemeines

Durch das Gesetz zur Änderung des Wohnungseigentumsgesetzes und anderer Gesetze vom 26.3.2007, BGBl. I 2007, S. 370/376, Art. 3 (2) Nr. 2 wurde § 49a GKG neu gefasst. Die Neufassung geht zurück auf den Vorschlag des Bundesrats, den die Bundesregierung übernommen hat[1]; der Bundesrat hatte angeregt, zur Vermeidung

---

1 Vgl. Stellungnahme des Bundesrates Nr. 13, BT-Drucks. 16/887, S. 53–55/S. 76–77.

"überhöhter Gebühren für Verfahren nach dem Wohnungseigentumsgesetz den Streitwert auf 50 % des Interesses der Parteien, aller beigeladenen Wohnungseigentümer und, soweit dieser betroffen ist, des Verwalters an der Entscheidung zu begrenzen".

Nach § 48 Abs. 3 WEG a.F. setzte der Richter den Geschäftswert nach dem Interesse der Beteiligten an der Entscheidung von Amts wegen fest.[2] Der Geschäftswert war niedriger festzusetzen, wenn die nach Satz 1 berechneten Kosten des Verfahrens zu dem Interesse eines Beteiligten nicht in einem angemessenen Verhältnis stehen, § 48 Abs. 3 Satz 2 WEG a.F. Der Geschäftswert richtete sich also nicht nur nach dem Umfang der wirtschaftlichen Betroffenheit[3], er war durch die Billigkeitsgrenze begrenzt. Der neue § 49a GKG reduziert den Streitwert auf 50 Prozent des Interesses der Parteien und aller Beigeladenen; dabei darf das Interesse des Klägers und der auf seiner Seite Beigetretenen an der Entscheidung nicht unterschritten und im Gegenzug das Fünffache dieses Wertes nicht überschritten werden. Der Verkehrswert des Wohnungseigentums darf in keinem Fall überschritten werden.

Mit dieser gesetzlichen Regelung soll der **Justizgewährleistungsanspruch** einzelner Wohnungseigentümer – insbesondere bei Anfechtungsklagen gegen Beschlüsse größerer Wohnungseigentumsgemeinschaften – gesichert werden[4]. Neben der Regelung des § 50 WEG zur Kostenerstattung, wird in § 49a GKG der Streitwert der Höhe nach generell begrenzt; dies wirkt sich auf die Gerichtskosten, insbesondere aber auch auf die Anwaltskosten aus. Während in der Vergangenheit die Gerichtskosten gering waren, sind nun die Gerichtskosten ganz erheblich erhöht; das Korrelativ hierzu findet sich in der Senkung der Anwaltsgebühren –, eine „soziale Tat des Gesetzgebers" zu **Lasten** eines Berufsstandes, der sich als Organ der Rechtspflege damit abfindet, zugunsten der Gerichtskassen!

II. Absatz 1: Streitwertgrundsätze

1. Satz 1: Streitwert ist 50 Prozent des Interesses aller Beteiligten

2 In § 49a Abs. 1 Satz 1 wird der Streitwert auf 50 % des Interesses der Parteien und aller Beigeladenen an der Entscheidung festgesetzt. Es handelt sich um den Regelstreitwert, soweit keine Begrenzung nach oben oder unten im Raum steht. Für den Streitwert unterscheidet man zwischen dem Zuständigkeitsstreitwert und dem Rechtsmittelstreitwert. Der **Zuständigkeitsstreitwert** ist derjenige Wert, der für die Abgrenzung der sachlichen Zuständigkeit gemäß § 23 Nr. 1, § 71 Abs. 1 GVG maßgebend ist, also für die Zuständigkeit des Amtsgerichts oder des Landgerichts, soweit keine ausschließlichen Zuständigkeiten bestehen (wie in § 43 Nr. 1 bis 4, 6 WEG). Der Rechtsmittelstreitwert ist dagegen der Wert, bei dessen Erreichen ein

---

2 Das OLG Köln orientierte sich hierbei schon Anfang 2007 an der Neufassung des § 49a GKG: B. v. 2.2.2007 – 12 Wx 256/06, FGPrax 2007, 213 = NJW 2007, 1759.
3 BayObLG v. 6.8.1976 – BReg. 2 Z 61/75, BayObLGZ 1976, 223/226.
4 OLG Koblenz v. 30.8.2010 – 1 W 54/10, ZMR 2011, 56; OLG Saarbrücken v. 14.7.2009 – 5 W 109/09, ZWE 2010, 40.

Rechtsmittel zulässig wird, §§ 511 Abs. 2 Nr. 1, 567 Abs. 2 ZPO. Die Berechnung der **Beschwer** erfolgt nach den Vorschriften der §§ 41 bis 46 GKG; die Beschwer des Rechtsmittelführers ist damit nicht identisch mit dem Streitwert des Verfahrens. Für die Beschwer ist nur die unmittelbare, gegebenenfalls anteilige Belastung des beschwerdeführenden Eigentümers, nicht die Belastung selbst maßgebend.[5] Die Anwaltsvergütung wird nach dem Gegenstandswert gemäß §§ 2 Abs. 1, 23 RVG berechnet. Sie setzt sich zusammen aus Gebühren und Auslagen. Die Vergütung bemisst sich nach dem Gegenstand der anwaltlichen Tätigkeit. Im gerichtlichen Verfahren berechnen sich die Anwaltsgebühren nach dem Streitwert, also nach dem Wert, der für das gerichtliche Verfahren maßgebend ist, § 23 Abs. 1 RVG.[6] Die Streitwertbestimmung gilt also auch für die Rechtsanwaltsgebühren. Im Rahmen der gesetzlichen Vorgaben ist dem Gericht zur Streitwertbemessung eine Interessenabwägung nach seinem pflichtgemäßen Ermessen übertragen[7].

a) Interesse der am Verfahren Beteiligten

Durch die Unterstellung des Wohnungseigentumsverfahrens der ZPO errechnet sich der Verfahrensstreitwert nicht mehr nach der Kostenordnung, sondern wird nach § 49a GKG berechnet; damit erhöhen sich die Gerichtskosten um etwa das **Vierfache** gegenüber den Kosten nach der Kostenordnung.[8] Auch auf eine bezifferte Leistungsklage findet § 49a GKG Anwendung: Das Interesse des Klägers an der Entscheidung unterschreitet niemals diesen Geldbetrag, so dass nach § 49a Abs. 1 Satz 2 der Streitwert entsprechend festzusetzen ist[9]; damit ist Streitwert, wenn eine Sonderumlage gegen einen Wohnungseigentümer gerichtlich eingeklagt wird, die bezifferte Forderung.[10] Ist die Klage nicht beziffert, ist das **Interesse der Parteien** zu 50 % maßgeblich: Wird ein Beschluss einer Eigentümerversammlung auf „Genehmigung der Gesamt- und Einzelabrechnung" angefochten (vgl. Rn. 13), richtet sich der Streitwert nach dem Interesse der Parteien und aller Beigeladenen an der Entscheidung; ist dieses Interesse festgestellt, wird hiervon 50 % angesetzt. Es muss also sowohl das Interesse der Klagepartei, der Beklagten und eventuell dem Rechtsstreit beigetretener Beigeladener ermittelt

3

---

5 BGH v. 31.3.2011 – V ZB 236/10; BGH v. 27.1.2011 – V ZB 255/10, NJW-RR 2011, 588: gemäß § 2 ZPO bemisst sich die Beschwer auch im Beschlussanfechtungsverfahren nach den §§ 3 bis 9 ZPO; LG Lüneburg v. 26.1.2010 – 9 S 81/09, ZMR 2010, 473; BGH v. 5.12.1991 – III ZR 167/90, BGHZ 116, 216/217; BayObLG v. 27.3.1997 – 2Z BR 121/96, WuM 1997, 399; BayObLG v. 23.5.1990 – BReg. 2 Z 38/90, BayObLGZ 1990, 141; LG Dessau-Roslau v. 15.2.2011 – 1 S 218/10 (juris).
6 *E. Schneider/Wolf-Schneider*, RVG, § 23 Rn. 8.
7 OLG Koblenz v. 30.8.2010 – 1 W 54/10, ZMR 2011, 56; *Hartmann*, KostG, § 49a GKG Rn. 2.
8 BT-Drucks. 16/887, S. 41; *Hügel/Elzer*, Das neue WEG-Recht, 2007, § 13 Rn. 254; *Abramenko*, AGS 2007, 281.
9 Vgl. *Abramenko*, AGS 2007, 281, 282.
10 Da § 49a ausdrücklich auf (alle) Wohnungseigentumssachen anzuwenden ist, ist bei bezifferten Leistungsklagen der Streitwert nicht nach § 3 ZPO i.V.m. § 48 Abs. 1 GKG zu ermitteln; der Gesetzgeber verweist allerdings für bezifferte Geldforderungen auf den Gedanken des § 48 Abs. 1 GKG i.V.m. § 3 ZPO: BT-Drucks. 16/887, S. 176.

werden. Dabei darf das Interesse das Fünffache des Wertes des Interesses der Klagepartei und der auf ihrer Seite Beigetretenen nicht überschreiten und das einfache Interesse nicht unterschreiten, soweit dieses nicht den Verkehrswert des Wohnungseigentums erreicht.

b) Interesse der Parteien

4 Das Interesse der Parteien bestimmt sich **nicht nur** nach den reinen Zahlungsverpflichtungen, sondern auch an **immateriellen Werten** wie der Frage des Aussehens einer Wohnanlage (die auch Auswirkungen auf den Wert der Anlage haben kann), auch z.B. an dem Interesse, Eigentümer einer Wohnung zu bleiben oder die Wohnung zu vergrößern (Bequemlichkeitsgesichtspunkte). Fallen die Interessen der Klageseite und die der Beklagtenseite auseinander, sind sie zusammenzuzählen. Auch die dem Rechtsstreit Beigetretenen und deren eigenständiges Interesse werden zur Bestimmung des Streitwertes berücksichtigt. Dies führt dazu, dass der Streitwert vorläufig festgesetzt wird (§ 65 GKG) und erst bei Abschluss des Rechtsstreits, wenn die gesamten Interessenlagen dargestellt sind, endgültig.

Das Interesse der Klagepartei liegt bei Streit um die **Jahresabrechnung** in der Regel bei bis zu 50 Prozent des Gesamtvolumens; nur für die Rechtsmittelbeschwer wird auf die Höhe des Miteigentumsanteils bzw. den Anteil, den der Rechtsmittelführer an der Jahresabrechnung zu tragen hat, abgestellt[11]; gegebenenfalls muss, entsprechend § 30 Abs. 2 KostO das Interesse der Beteiligten geschätzt werden oder auf den Regelwert zurückgegriffen werden. Wird die Jahresabrechnung angefochten, sind bis zu 50% des Gesamtvolumens zugrunde zu legen. Im Übrigen ist auf Rn. 13 zu verweisen.

c) Interesse aller Beigeladenen

5 Für den Streitwert ist nicht nur maßgeblich das Interesse des (ursprünglich) Klägers und der Beklagten (Wohnungseigentümer, Wohnungseigentümergemeinschaft, Verwalter), sondern auch das der auf Aktiv- oder Passivseite nach **Beiladung** gemäß § 48 Beigetretenen[12]; nach § 43 Nr. 1 und Nr. 3 WEG sind alle Wohnungseigentümer an einem Rechtsstreit zu beteiligen, es sei denn die rechtlichen Interessen können erkennbar nicht betroffen sein. Ist der Verwalter nicht Partei (in den Fällen gemäß § 43 Nr. 3 oder Nr. 4), ist er ebenfalls beizuladen; auch sein Interesse ist in den Streitwert miteinzurechnen.

d) Gegenstand des Interesses

6 Gemeint ist die Entscheidung des angerufenen Gerichts, also an der Klärung der tatsächlichen und rechtlichen Fragen durch das zuständige Gericht; Interessen, die nicht unmittelbar in einer gerichtlichen Entscheidung liegen, bleiben unberücksichtigt.

---

11 BGH v. 5.12.1991 – III ZR 167/90, BGHZ 116, 216/217; BayObLG v. 27.3.1997 – 2Z BR 121/96, WuM 1997, 399; LG Dessau-Roslau v. 25.2.2011 – 1 S 218/10 (juris).
12 Wer nicht beigeladen worden ist, wenn auch versehentlich, dessen Interessen werden nicht mitberücksichtigt: *Hartmann*, KostG, § 49a GKG, Rn. 4, der einen Beitritt erst im Rahmen des § 49a Abs. 1 Satz 2 berücksichtigt; siehe auch LG Köln v. 14.4.2010 – 29 T 119/09, ZMR 2010, 773.

Streitwert in Wohnungseigentumssachen § 49a GKG

e) *Ansatz: 50%*
Ist das Interesse der Parteien, aller Beigeladenen an der Entscheidung ermittelt, ist der Streitwert auf 50% dieses Interesses, vorbehaltlich der Einschränkungen des Satzes 2 und 3 festzusetzen. So errechnet sich der Regelstreitwert.

7

f) *Einzelfälle*
Die **folgende** Aufstellung berücksichtigt noch Rechtsprechung zum alten Recht; nach § 48 Abs. 3 Satz 1 WEG a.F. war der Geschäftswert nach dem Interesse der Beteiligten an der Entscheidung von Amts wegen zu ermitteln. Insofern hat sich an den Grundsätzen für die Ermittlung des Interesses der Parteien und aller Beigeladenen an der Entscheidung[13] keine Änderung ergeben. Im Folgenden wird grundsätzlich dargestellt, wie dieses Interesse gemäß § 49a Abs. 2 Satz 1 ermittelt wird. Hiervon sind dann immer 50% heranzuziehen. Zur Kontrolle muss bei jedem nachfolgenden Stichwort dann das Interesse des Klägers und der auf seiner Seite Beigetretenen ermittelt werden und geprüft werden, ob der Streitwert dieses Interesse unterschreitet oder um das Fünffache überschreitet.

8

Baumaßnahme im Sondereigentum:
– Beseitigung von **Dachfenstern**: Zu berücksichtigen sind Herstellungs- und Beseitigungskosten sowie die Auswirkungen der Beseitigung auf den Nutzungswert des betroffenen Dachraums, aber auch die optischen Verhältnisse.[14]

9

– Beseitigung einer an der Grenze zur Sondernutzungsfläche errichteten **Doppelgarage**[15]: Auf Klägerseite sind neben den Beseitigungskosten die Vermeidung von Geräuschimmissionen und anderweitige Nutzungsmöglichkeiten auf der Sondernutzungsfläche, aber auch ein etwa veränderter Lichteinfall zu berücksichtigen, auf Beklagtenseite die Baukosten und die Nutzung der Garagen. Im streitigen Fall wurden 20.000 € angesetzt.

– Beseitigung einer an der Außenwand angebrachten **Lüftungsklappe**/Wiederherstellung der Außenisolierung[16]: Die Kosten der Baumaßnahmen betragen etwa 3.000 €; das Interesse der Antragsgegner liegt auch am Erhalt der Lüftungsklappe für einen Dunstabzug (geschätzt auf 1.000 €)[17]; es ergibt sich ein Gesamtinteresse von 4.000 € auf Beklagtenseite. Das Interesse der Klagepartei auf Wiederherstellung der Außenisolierung und der Optik des Gebäudes kann über den reinen Beseitigungskosten liegen, ge-

---

13 Also identisch mit der gesetzlichen Regelung „der Beteiligten an der Entscheidung"; das bisherige Recht sollte mitbeachtet werden, die Vorschrift „elastisch" gehandhabt werden: *Hartmann*, KostG, § 49a GKG, Rn. 2.
14 BayObLG v. 11.7.2002 – 2Z BR 55/02, ZMR 2003, 48 = WuM 2002, 568; BayObLG v. 22.10.1992 – 2Z BR 66/92, ZMR 1993, 29 = BayObLGR 1993/1.
15 BayObLG v. 21.2.2002 – 2Z BR 145/01, ZWE 2002, 407 = ZfIR 2002, 466.
16 BayObLG v. 15.7.1998 – 3Z BR 94/98 und 3Z BR 95/98, JurBüro 1999, 198 = WuM 1998, 688.
17 In den Entscheidungen des BayObLG v. 15.7.1998 – 3Z BR 94/98 und 3Z BR 95/98 wurden DM 100,00 für die Zeit der Gebrauchsunterlassung bis zur Entscheidung selbst angesetzt.

Then 1223

schätzt z.B. auf insgesamt 5.000 €. Das Gesamtinteresse liegt dann bei 9.000 €; hiervon 50 %: 4.500 €.

- Entfernen einer **Parabolantenne**: Klageseite: Beseitigungskosten und ästhetische Beeinträchtigung der Fassade[18]; Beklagtenseite: das Interesse der Vermeidung der Beseitigungskosten und das Interesse am zusätzlichen Medienempfang. Im streitgegenständlichen Fall: 2.500 €.

Eigentümerversammlung

10 – **Beauftragung eines Rechtsanwalts**[19]: Bei Beauftragung eines Rechtsanwalts durch die Eigentümergemeinschaft bemisst sich der Geschäftswert nach einer Entscheidung des LG Hamburg[20] nicht nach den zu erwartenden Anwaltskosten, sondern nach der Forderungshöhe, die durchzusetzen ist; das BayObLG[21] hatte die Schadensersatzansprüche gegen Dritte und die Anwaltskosten addiert. Bei der Feststellung des Interesses aller Parteien an der Feststellung strafrechtlichen Verhaltens eines Dritten müssen neben den Kosten der anwaltlichen Vertretung (Strafanzeige/Schadensersatzansprüche) auch alle weitergehenden Ansprüche mitberücksichtigt werden: Wird z.b. bei einem „Stromdiebstahl" (Leistungserschleichung) ein Schaden von etwa 10.000 € angenommen, würden Anwaltskosten in Höhe von 3.000 € entstehen, wäre das Gesamtinteresse am Verfahren 13.000 €; der Streitwert ist die Hälfte, also 6.500 €.

- **Durchführung der Hausordnung**: Bei einem Antrag, Kellerfenster geschlossen zu halten, bemisst sich das Interesse nach der Verhinderung von Schäden durch Wassereintritt und durch Ungeziefer (z.B. 200 €).[22]

- **Negativbeschluss**: Für eine isolierte Klage auf Anfechtung eines Negativbeschlusses ist in der Regel ein Abschlag von 50 % von dem Wert einer Klage auf Durchführung der abgelehnten Maßnahme vorzunehmen[23]. Bei einem kombinierten Anfechtungs- und Verpflichtungsantrag werden die Werte nicht addiert[24].

- **Protokollberichtigung**: Das Interesse der Beteiligten an der Berichtigung des Protokolls einer Wohnungseigentümerversammlung ist entscheidend, nicht die Kosten der Berichtigung.[25]

---

[18] LG Bremen v. 14.11.1996 – 2 T 893/96, WuM 1997, 70.
[19] BayObLG v. 27.1.1989 – BReg. 1 B Z 5/88, WuM 1990, 95; BayObLG v. 20.5.1998 – 2Z BR 40/98, NZM 1999, 321 = WuM 1998, 687.
[20] LG Hamburg v. 16.9.2015 – 318 T 44/15.
[21] BayObLG v. 27.1.1989 – BReg. 1 B Z 5/88, WuM 1990, 95; BayObLG v. 20.5.1998 – 2Z BR 40/98, NZM 1999, 321 = WuM 1998, 687.
[22] Vgl. *Jennißen*, NJW 2010, 2101.
[23] OLG Köln v. 12.5.2010 – 16 W 15/10, ZMR 2010, 786; OLG Celle v. 14.1.2010 – 4 W 10/10, ZMR 2010, 627: Bei einer Verbindung des Anfechtungsantrages mit einem Verpflichtungsantrag zur Vornahme der abgelehnten Maßnahme erfolgt keine Zusammenrechnung der Streitwerte; *Suilmann*, in: Jennißen, § 49a GKG, Rn. 23a.
[24] LG Hamburg v. 13.6.2013 – 318 T 17/13; OLG Celle v. 14.1.2010 – 4 W 10/10.
[25] BayObLG v. 9.7.1996 – 3Z BR 106/96, WuM 1996, 726: Berichtigung des Protokolls, weil nach Auffassung der Antragsteller das Ergebnis einer Abstimmung falsch festgestellt worden ist.

– **Teilnahme** eines Bevollmächtigten an der Eigentümerversammlung: Das Interesse des Eigentümers, seinen Rechtsstandpunkt durchzusetzen oder Anträge der Verwaltung abzuwehren, ist zu ermitteln; gegebenenfalls ist das Interesse auf 4.000 € zu schätzen.

– **Unwirksamkeit** einer Eventualeinberufung der Eigentümerversammlung; Vorschlag: Schätzung in Höhe von 1.500 €.[26]

Einstweilige Verfügung

Für die Feststellung des Interesses ist, wie im ZPO-Verfahren üblich, etwa 1/3 des Hauptsacheanspruchs anzusetzen, hiervon 50 % für das WEG-Verfahren, unter Beachtung der Mindest- und Höchstsätze des Satzes 2.

11

Instandhaltung/Instandsetzung

– **Sanierung von Hebebühnen:** Grundsätzlich prägt das Interesse die Höhe der zu erwartenden Sanierungskosten; liegt jedoch ein nichtiger Beschluss bezüglich der Sanierung von Hebebühnen vor, waren nur 1/5 der Gesamtkosten anzusetzen[27]; jetzt sollten die Gesamtkosten angesetzt werden. Nach neuem Recht sind hiervon 50 % zugrunde zu legen. Wird beanstandet, dass die Sanierung mit zu hohem Kostenaufwand durchgeführt wird, ist das Interesse des Unterschiedsbetrags zu dem von den Klägern behaupteten geringeren Aufwand maßgebend.

12

– **Sanierungsmaßnahme:** Grundsätzlich ist der Gesamtkostenaufwand für die Maßnahme zugrunde zu legen[28]; steht im Streit, ob die geplante Sanierungsmaßnahme unwirtschaftlich ist, ist die Differenz der Kosten zu einer behaupteten wirtschaftlichen Maßnahme entscheidend.[29] In die Interessenabwägung im Einzelfall können eingestellt werden die Kosten der Durchführung der Sanierungsmaßnahme, ein subjektives Interesse eines einzelnen Wohnungseigentums, aber auch etwaige Verzögerungen einer bereits mehrfach beschlossenen Sanierung durch gerichtliche Verfahren.[30]

– **Sonderumlage:** Bei Sonderumlagen z.B. für eine Fassadensanierung beträgt der Streitwert 50 % der Gesamtkosten. Streitig ist, ob Einzelinteressen addiert oder nur der Wert des höchsten Einzelinteresses zugrunde zu legen ist[31]. Für den Wert des höchsten Einzelinteresses spricht der Zweck,

---

26 Niedenführ/Kümmel/Vandenhouten-Niedenführ, Anh. zu § 50, § 49a GKG, Rn. 44.
27 BayObLG v. 11.3.1998 – 3Z BR 461/97, WuM 1998, 313 = JurBüro 1998, 365; BayObLG v. 17.11.2000 – 2Z BR 96/00, FGPrax 2001, 18 = NZM 2001, 713.
28 OLG Celle v. 30.3.2009 – 4 W 41/09, ZWE 2010, 189; das Interesse des Klägers ist davon ausgehend zu errechnen; BayObLG v. 20.10.1988 – BReg. 3 Z 74/88, BayObLGZ 1988, 319 = NJW-RR 1989,79; das BayObLG hatte die grundsätzliche Begrenzung auf das Fünffache des wirtschaftlichen Eigeninteresses anders als das KG Berlin v. 11.9.1987 – 24 W 3293/87, NJW-RR 1988, 14 verneint.
29 BayObLG v. 20.10.1988 – BReg. 3 Z 74/88, BayObLGZ 1988, 319 = NJW-RR 1989,79; BayObLG v. 11.3.1998 – 3Z BR 461/97, WuM 1998, 313 = JurBüro 1998, 365.
30 BayObLG v. 17.11.2000 – 2Z BR 96/00, FGPrax 2001, 18 = NZM 2001, 713; OLG Hamburg v. 6.6.2000 – 2 Wx 66/99, FGPrax 2001, 59 = ZMR 2001, 379.
31 Hierzu: OLG Bamberg v. 29.6.2010 – 3 W 105/10; LG Frankfurt v. 15.4.2015 – 2/9 T 335/14 (nicht rechtskräftig).

den Zugang zu Gericht durch nicht zu hohe Streitwerte zu ermöglichen; immer muss der Streitwert die Verkehrswertgrenze des § 49a Abs. 3 GKG berücksichtigen[32].

Jahresabrechnung/Wirtschaftsplan/Einzelabrechnungen

13 – **Abänderung des Verteilungsschlüssels:** Sollen die anfallenden Kosten nicht mehr nach Miteigentumsanteilen, sondern nach den tatsächlichen Wohnflächen umgelegt werden, weil die Klagepartei vorträgt, dass ihr innerhalb von 6 Jahren ein Nachteil von 5.000 € entstehe, ist dies das Interesse der Parteien und aller Beigeladenen an der Entscheidung. Anzusetzen ist der in Streit stehende Betrag, hiervon 50 % sind 2.500 €. Da das Interesse der Klagepartei nicht unterschritten werden darf, ist der Streitwert auf 5.000 € festzusetzen[33]. Bei Änderung der Umlage für die Verwalterkosten kann der dreijährige Wert der Vergütung zugrunde gelegt werden[34].

– **Änderung der Abrechnungsart der Betriebskosten:** Das Interesse ist das 12,5-fache des Jahresbetrags der Kosten, von denen der einzelne Wohnungseigentümer entlastet und andere mehr belastet werden, wenn die Änderung für die Zukunft erfolgen soll.[35]

– **Anfechtung des Wirtschaftsplans:** Nach LG Berlin[36] soll bei Anfechtung eines Wirtschaftsplans der Streitwert grundsätzlich 50 % des Gesamtvolumens des Wirtschaftsplans betragen, begrenzt auf den 5fachen Betrag des auf den Kläger entfallenden Wohngeldes.

– **Anfechtung der Jahresabrechnung insgesamt:** Bei der Berechnung des Streitwertes besteht Streit; die sogenannte *„Hamburger Formel"*[37] wird aus gutem Grund nicht einheitlich angewandt. Danach beträgt der Streitwert 25 % des Nennbetrags, der in der Gesamtjahresabrechnung umgelegten Kosten zzgl. des gesamten den jeweiligen Kläger betreffenden Anteil[38]. Der Kombinationslösung des OLG Hamburg, wonach zum einen das Interesse bei der Anfechtung des Beschlusses über die Jahresberechnung aus dem Eigeninteresse zzgl. eines Bruchteils von 25 % des verbleibenden Gesamtinteresses berechnet wird (sog. „Hamburger Formel"), ist allerdings nicht zu folgen.

---

32 Siehe Rn. 1.
33 BayObLG v. 2.7.1998 – 3Z BR 6/98, JurBüro 1998, 649 = WuM 1998, 750.
34 KG Berlin v. 10.9.2013 – 4 W 40/13.
35 BayObLG v. 18.9.1986 – BReg. 2 Z 100/86, JurBüro 1987, 579; BayObLG v. 5.5.1982 – 2Z BR 32/82, JurBüro 1982, 1387; BayObLG v. 10.6.1981 – BReg. 2 Z 32/82, BayObLGZ 1981, 202.
36 LG Berlin v. 21.7.2015 – 85 T 96/14 WEG.
37 LG Hamburg v. 17.9.2009 – 318 T 34/09; LG Hamburg v. 3.9.2010 – 31 8 T 54/10; so auch: OLG Düsseldorf v. 26.5.2014 – 18 W 23/14; OLG Düsseldorf v. 4.7.2014 – 18 W 53/12; hierzu: *Elzer* IMR 2015, 83.
38 OLG Hamburg v. 17.6.2010 – 9 W 34/10; ablehnend, da mit § 49a Abs. 1 GKG nicht vereinbar: *Suilmann*, in: Jennißen, § 49a GKG, Rn. 16, LG München I v. 10.6.2014 – 36 T 8846/14.

Andere legen die Höhe der Ausgaben zugrunde, bei sehr großen Wohnungsanlagen und/oder bei einem Streit, der nur geringfügige Auswirkungen hat, wird ein Abschlag vorgenommen.[39] Das Landgericht Frankfurt[40] nimmt regelmäßig einen Anteil von 25 % als Gesamtinteresse am gesamten Volumen der strittigen Jahresabrechnung an. Das Landgericht München I[41] ist der Auffassung, dass die nach § 49a GKG vorgegebene Quote von 50 % grundsätzlich aus dem ungekürzten Abrechnungssaldo/ Gesamtwirtschaftsplan zugrunde zu legen ist, wobei sich das als Ober- (5fach) und als Untergrenze zu berücksichtigende klägerische Interesse aus der Höhe der in den Einzelabrechnungen bzw. den Einzelwirtschaftsplänen auf den Kläger umgelegten Kosten ergibt[42]. Werden Einzelpositionen der Jahresabrechnung angegriffen, sind diese zugrunde zu legen[43]. Bei der Anfechtung von Einzelpositionen der Jahresabrechnung wurde das Interesse aller Beteiligten mit 20 Prozent des Gesamtvolumens berücksichtigt und hiervon 50 Prozent angesetzt; der Gegenstandswert ist allerdings gegebenenfalls zu reduzieren auf den fünffachen Betrag des **Einzelinteresses** des Klägers. Fechten mehrere Wohnungseigentümer die Jahresabrechnung an, so erfolgt keine Addition der Streitwerte[44]. Werden nur einzelne Positionen der Jahresgesamtabrechnung beanstandet, kann nach OLG Frankfurt[45] pauschal 25 % des gesamten Abrechnungsbetrags angesetzt werden; sinnvoller erscheint hier die Höhe der einzelnen Positionen zu addieren und 50 % nach § 49a Abs. 1 Satz 1 GKG anzusetzen.

– **Einzelabrechnung:** Das Interesse der Klagepartei an der Abänderung der Einzelabrechnung ist entscheidend. Hinzu kommt das der Beklagtenpar-

---

39 BayObLG v. 20.1.2005 – 2Z BR 141/04, ZMR 2005, 387 = BayObLGR 2005, 221: in ganz besonderen Einzelfällen kann nur 10 % der im Streit stehenden Gesamtsumme streitwertbestimmend sein; OLG Bamberg v. 29.7.2010 – 3 W 94/10, 3 W 105/ 10 (juris): Es ist der gesamte Abrechnungssaldo zugrunde zu legen, wenn Jahresabrechnung und Wirtschaftsplan in Gänze zu Fall gebracht werden sollen; das LG Dortmund v. 17.3.2010 – 17 T 159/09, ZWE 2011, 46 nimmt auch bei Anfechtung der gesamten Jahresabrechnung oder eines Wirtschaftsplans regelmäßig nur einen Betrag von 20–25 % an, OLG Stuttgart v. 12.1.2012 – 13 W 38/11; OLG Koblenz, B. v. 30.8.2014 – 1 W 54/10; OLG Frankfurt v. 3.9.2014 – 19 W 46/14: maßgeblich ist ein Bruchteil des Gesamtbetrags des Wirtschaftsplans.
40 LG Frankfurt v. 26.2.2015 – 2/13 T 138/14; OLG Frankfurt v. 3.9.2014 – 19 W 46/ 14; OLG Frankfurt v. 7.11.2011 – 11 W 37/14.
41 LG München I v. 10.6.2014 – 36 T 8846/14. Überlegt werden könnte, nur die Abrechnungsspitze gegenüber dem Wirtschaftsplan im Rahmen des § 49a GKG einzusetzen.
42 So auch: OLG Bamberg v. 19.7.2010 – 3 W 94/10; LG Lüneburg v. 29.2.2012 – 9 T 4/12; OLG München v. 24.1.2014 – 32 W 2315/13; KG Berlin v. 10.9.2013 – 4 W 40/13; *Suilmann*, in: Jennißen, § 49a GKG, Rn. 17.
43 LG Dessau-Roslau v. 25.2.2011 – 1 S 218/10 (juris); LG Hamburg v. 30.12.2010 – 318 T 75/10, ZMR 2011, 409: Das Einzelinteresse des Klägers aus einer Jahresabrechnung ist zu ermitteln; liegt es über 50 Prozent des Gesamtinteresses ist das Einzelinteresse maßgebend: das LG Dortmund v. 17.3.2010 – 17 T 159/09, ZWE 2011, 46 nimmt auch bei Anfechtung der gesamten Jahresabrechnung oder eines Wirtschaftsplans regelmäßig nur einen Betrag von 20–25 % an.
44 LG Hamburg v. 3.9.2010 – 318 T 54/10, ZMR 2011, 160.
45 OLG Frankfurt v. 12.5.2014 – 19 W 22/14.

tei. Das Volumen kann den Streitwert nach oben oder unten begrenzen.[46] Werden Einzelpositionen aus einem Wirtschaftsplan angegriffen, ist die Höhe der angegriffenen Positionen das Interesse.[47]

- **Erstellung der Jahresabrechnung** durch einen Dritten (nicht durch den Verwalter): Das Interesse aller Beteiligten liegt in den zusätzlichen Kosten und an der Feststellung der Abrechnung selbst: hiervon 50 %. Der persönliche Anteil der Klageseite an diesen Kosten ist zu berücksichtigen; der Streitwert darf diesen Anteil fünffach nicht überschreiten.[48]

- **Jahresabrechnung** (nach dem Bruchteil): In der Regel ist ein angemessener Bruchteil des Gesamtvolumens anzusetzen, konkrete Einzelbeanstandungen werden jedoch in voller Höhe des geltend gemachten Differenzbetrages einbezogen.[49] Die Quote des Gesamtvolumens, soweit es nicht selbst im Streit steht, ist in der Regel zwischen 25 % und 50 % festzulegen.[50]

- Wird der **Verteilungsschlüssel** beanstandet, ist die Summe aus der behaupteten Entlastung und die daraus folgende Mehrbelastung anderer Wohnungseigentümer unter Berücksichtigung der Auswirkungen auf die Zukunft zu ermitteln.[51] Liegen nur formelle Mängel vor und werden Jahresabrechnung/Wirtschaftsplan deshalb angefochten, ist das Interesse 25 % des Gesamtvolumens der Jahresabrechnung.[52]

14 **Nebenforderungen** (Zinsen, gegebenenfalls außergerichtliche Anwaltskosten, Mahnauslagen) erhöhen den Streitwert nicht, § 4 Abs. 1 Hs. 2 ZPO.

15 **Nichtiger Beschluss**[53]: Nach der Rechtsprechung des Bayerischen Obersten Landesgerichts ist der Streitwert für die feststellende Wirkung, ein Beschluss sei nichtig, gegenüber einer Anfechtung um 25 % geringer.[54]

---

46 OLG Düsseldorf v. 4.10.1995 – 3 Wx 133/95, WuM 1995, 731= ZMR 1996, 100.
47 BayObLG v. 20.10.1988 – BReg. 3 Z 91/88, BayObLGZ 1988, 326; BGH v. 2.6.2005 – V ZB 32/05, BGHZ 163, 154/180.
48 LG Koblenz v. 23.12.2013 – 2 T 696/13: Die konkret zu erwartenden Kosten sind zugrunde zu legen; OLG Düsseldorf v. 4.10.1995 – 3 Wx 133/95, WuM 1995, 731 = ZMR 1996, 100.
49 OLG Hamburg v. 17.6.2010 – 9 W 34/10, ZMR 2010, 873; BayObLG v. 29.8.1979 – BReg. 2 Z 40/79, BayObLGZ 1979, 312 = Rpfleger 1979, 427.
50 LG Hamburg v. 19.8.2010 – 318 T 57/10, ZMR 2010, 990; LG München I v. 6.2.2008 – 1 T 22613/07, NZM 2008, 410: Bei einer Blankettanfechtung ist keine Reduzierung erforderlich; für ein Beschwerdeverfahren kann gegebenenfalls auf die Gerichtskosten, ist nur die Kostenentscheidung angegriffen, abgestellt werden; BayObLG v. 29.8.1979 – BReg. 2 Z 40/79, BayObLGZ 1979, 312 = Rpfleger 1979, 427; BayObLG v. 21.2.2001 – 2Z BR 143/00, NZM 2001, 713 = WuM 2001, 303.
51 BayObLG v. 6.12.2000 – 3Z BR 297/00, ZMR 2001, 296.
52 BayObLG v. 28.2.2001 – 2Z BR 108/01, ZMR 2002, 66 = WuM 2002, 48; BayObLG v. 21.2.2001 – 2Z BR 143/00, ZMR 2001, 566.
53 BayObLG v. 15.10.1992 – 3Z BR 85/92, BayObLGZ 1992, 285 = WuM 1992, 715.
54 BayObLG v. 11.3.1998 – 3Z BR 461/97, WuM 1998, 313 = JurBüro 1998, 365; wird die Anfechtungsklage lediglich auf formelle Mängel gestützt, wird der Streitwert nicht herabgesetzt, LG Hamburg v. 30.12.2010 – 318 T 75/10, ZMR 2011, 409.

Selbständiges Beweisverfahren: Wert der Hauptsache 16

Verwaltung des Wohnungseigentums

- **Abberufung des Verwalters:** Für die Abberufung aus wichtigem Grund ist 17
der Geschäftswert auf den Betrag des Honorars festzusetzen, den der Verwalter bei Zuendeführung der vorgesehenen Verwaltertätigkeit hätte beanspruchen können[55], bezogen auf den Anteil des Klägers, der sich aus dem Kostenverteilungsschlüssel ergibt[56] und im Zweifel nach Miteigentumsanteilen zu bemessen ist; zu berücksichtigen ist auch, dass die vorzeitige Abberufung eine etwaige Misswirtschaft beenden und eine ordnungsgemäße Verwaltung sicherstellen kann; dieses Interesse ist zu schätzen.[57]

- **Bestellung des Verwalters:** Bei Streit über den Vertragsabschluss ist das Interesse die Verwaltervergütung während der Amtszeit[58]; bei der Bestellung eines Notverwalters die 1-Jahres-Vergütung.[59]

- **Eigentümerliste:** Will ein Wohnungseigentümer die Mitteilung aller Namen und Anschriften der Wohnungseigentümer gegen den Verwalter

---

55 OLG München v. 25. 8. 2009 – 32 W 2033/09, NJW-RR 2009, 1615 = NZM 2009, 788: „Maßgebend ist das **Einzelinteresse** eines Wohnungseigentümers, das in der Regel nach der Höhe seiner Miteigentumsquote gemessen am Gesamtinteresse aller Beteiligten bestimmt wird. Das Gesamtinteresse entspricht der noch zu zahlenden Verwaltervergütung für die Restlaufzeit des Verwaltervertrages"; LG München I v. 3. 6. 2009 – 1 T 499/09, NZM 2009, 625: 50 Prozent des Honorars des Verwalters für die Restlaufzeit des Verwaltervertrags; das fünffache Interesse des Klägers bemisst sich nicht (nur) nach seinem Anteil am Verwalterhonorar, sondern geht darüber hinaus; a.A. LG Karlsruhe v. 28. 5. 2010 – 11 T 213/10: „Entscheidend ist der zweifache Betrag des auf ihn entfallenden Anteils an der Verwaltervergütung"; kritisch: *Müller*, ZMR 2010, 139; OLG Celle v. 7. 1. 2010 – 4 W 2009/09, ZMR 2010, 384, das nur 50 % des Verwalterhonorars für die Restlaufzeit der Bestellung des Verwaltervertrages annimmt (nicht überzeugend!), auch wenn es sich nur um ein „Annex"-Verfahren handelte; LG Lüneburg v. 21. 10. 2009 – 9 T 78/09, ZMR 2010, 228; siehe auch OLG Koblenz v. 31. 7. 2013 – 3 W 397/13; das Schleswig-Holsteinische Oberlandesgericht v. 21. 11. 2011 – 3 W 75/11 – geht von einem dreifachen Betrag des auf ihn entfallenden Anteils an dem Honorar des Verwalters für die restliche Amtszeit aus.
56 BGH v. 10. 2. 2012 – V ZR 105/11, Rn. 20.
57 LG München I v. 3. 6. 2009 – 1SC 499/09, NZM 2009, 625; OLG Köln v. 22. 9. 1972 – 16 W 102/72 , NJW 1973, 765 setzt nur den Betrag des Honorars an, den der Verwalter bei Zuendeführung der vorgesehenen Verwaltertätigkeit hätte beanspruchen können; auch: OLG Celle v. 7. 1. 2010 – 4 W 208/09, NJW 2010, 1194.
58 LG Nürnberg-Fürth v. 14. 2. 2010 – 14 T 251/10, ZWE 2010, 281; OLG München v. 25. 8. 2009 – 32 W 2033/09, NJW-RR 2009, 1615 = NZM 2009, 788; OLG Celle v. 7. 1. 2010 – 4 W 200/09, NJW 2010, 1194; KG Berlin v. 21. 10. 2011 – 9 W 22/11 ist ein Betrag von 1000,00 € festzusetzen, wenn es dem Anfechtenden um die Störung des Vertrauensverhältnisses zum Verwalter alleine geht; der Vorschlag, den Gewinn aus der Verwaltervergütung zu ermitteln, ist nicht zielführend, da für die Eigentümer ja die Gesamtvergütung entscheidend ist, auch für das Gesamtinteresse berücksichtigt werden muss; BayObLG v. 12. 10. 2000 – 2Z BR 218/00, NZM 2001, 246 = WuM 2001, 690; a.A. LG Karlsruhe v. 28. 5. 2010 – 11 T 213/10, ZWE 2010, 409.
59 OLG Stuttgart v. 11. 4. 2003 – 8 W 539/02, ZMR 2003, 782.

durchsetzen, sind 25 % des Wertes bezogen auf den Anspruch, dessen Durchsetzung die Auskunft vorbereiten soll, anzusetzen.[60] Von diesem Interesse sind 50 % berücksichtigungsfähig, die Begrenzung und der Höchstsatz des § 49a Abs. 1 sind zu beachten.

- **Einsicht in die Protokolle:** Das Interesse wird zwischen 10 % bis 25 % des Wertes des Anspruches angesetzt, der mit einer Auskunft, Rechnungslegung oder Unterlageneinsicht verbunden ist.[61] Das Interesse bemisst sich nach diesem Bruchteil des Anspruchs, dessen Durchsetzung die Auskunft vorbereiten soll.[62]

- **Entlastung** des Verwalters: Bei der Festlegung des Interesses an der Aufhebung des Beschlusses über die Entlastung des Verwalters ist der Wert von Forderungen gegen den Verwalter zu berücksichtigen, wenn die Entlastung wegen solcher Forderungen verweigert wird; auch der Zweck, den die Entlastung des Verwalters neben etwaigen Rückforderungsansprüchen hat, kann berücksichtigt werden. Die Entlastung ist ja Grundlage für die weitere vertrauensvolle Zusammenarbeit in der Zukunft[63]. Gibt es keine besonderen Anhaltspunkte für das Interesse an der weiteren vertrauensvollen Zusammenarbeit, ist ein Wert von 1.000 € anzusetzen[64] Für **Schadensersatzansprüche** gegen den Verwalter bemisst sich die Rechtsmittelbeschwer nach dem individuellen vermögenswerten Interesse an der Geltendmachung der Schadensersatzforderung des Wohnungseigentümers, also der auf ihn entfallende Teil der behaupteten Schadensersatzforderung[65]

- **Erstellung der Jahresabrechnung:** Zugrunde zu legen sind die Kosten,die beim Verwalter durch die Erstellung der Jahresabrechnung konkret entstehen[66].

- **Not-Verwalterbestellung:** Geschäftswert für das Verfahren auf Bestellung eines Notverwalters ist nicht die Dauer der Bestellung des Notverwalters, sondern die geschuldete Verwaltervergütung für 1 Jahr.[67]

---

60 LG Erfurt v. 30.3.1999 – 7 T 37/99, NZM 2000, 519. Nach LG Frankfurt/Main v. 15.3.2013 – 2/13 T 117/12 werden nur 5 % der Hauptsache anzusetzen sein, da ein Anfechtungskläger auch im Anfechtungsprozess selbst die Herausgabe einer aktuellen Eigentümerliste erzwingen kann.
61 BayObLG v. 6.6.1991 – BReg. 2 Z 67/91, BayObLGZ 1991, 203 = JurBüro 1991, 1389.
62 BayObLG v. 22.5.1997 – 2Z BR 45/97, BayObLGR 1997, 74 = WE 1998, 75; BGH v. 24.11.1994, GSZ 1/94, BGHZ 128, 85.
63 Ausführlich: BGH v. 31.3.2011 – V ZB 236/10, WuM 2011, 390; BGH v. 17.6.2003 – V ZB 11/03, BGHZ 156, 20.
64 BGH v. 31.3.2011 – V ZB 236/10, WuM 2011, 390; LG Dessau-Roslau v. 30.10.2008 – 6 S 101/08, ZMR 2009, 794; Die Rechtsprechung des BayObLG v. 30.12.1998 – 2Z BR 90/98; 2Z BR 102/98, WuM 1999, 185, die grundsätzlich das Interesse mit 500 € ansetzt, ist damit überholt. Das OLG Köln v. 29.7.2015 – 16 W 29/15 – erhöht im Einzelfall den Streitwert auf 2.000,00 €; AG Saarbrücken v. 5.6.2012 – 5 C 409/11.
65 BGH v. 9.2.2012 – V ZB 211/11.
66 LG Koblenz v. 23.12.2013 – 2 T 696/13.
67 OLG Stuttgart v. 11.4.2003 – 8 W 539/02, ZMR 2003, 782.

- **Rechnungslegung:** Das Interesse der Wohnungseigentumsgemeinschaft an der Rechnungslegung durch den Verwalter wird mindestens 1.000 € betragen; zugrunde zu legen wären die Kosten einer Ersatzvornahme und gegebenenfalls die Höhe eines aufgrund der verspäteten Abrechnung entstehenden Schadensersatzanspruches.

- **Sondervergütung für Verwaltung:** Zugrunde zu legen ist die Höhe der vorgesehenen Sondervergütung.

- Herausgabe von **Verwaltungsunterlagen**: Es ist das Interesse zu schätzen, das die Wohnungseigentümergemeinschaft an den Verwaltungsunterlagen hat. Ein Mindestwert von 3.000 € kann sicher angesetzt werden.[68] Bei größeren Wohngemeinschaften liegt er deutlich darüber.

- **Zustimmung zur Veräußerung** eines Wohnungseigentums gemäß § 12: Das Interesse des Klägers und der auf seiner Seite Beigetretenen an der Zustimmung zur Veräußerung ist maßgeblich; das BayObLG[69] hat hierfür zwischen 10 % bis 20 % des Verkaufspreises angesetzt; dem folgt das OLG Celle[70]. Das OLG Rostock orientiert sich am zu erzielenden Verkaufspreis und berücksichtigt das Interesse der Loslösung aus einer Wohnungseigentümergemeinschaft.[71] Das Interesse der Beklagten, die Zustimmung zu verweigern, z.b. weil der Erwerber finanziell unzuverlässig ist, sollte berücksichtigt werden.

Verwaltungsbeirat

- **Bestellung/Abberufung:** Je nach Gemeinschaftsgröße ist das Interesse zu schätzen auf bis zu 3.000 €.[72]

- **Entlastung:** Für die Feststellung des Interesses an der Entlastung des Verwaltungsbeirats ist auf die Grundsätze für die Entlastung des Verwalters abzustellen; dabei sollte die geringere Bedeutung der Tätigkeit des Verwaltungsbeirats nach außen hin berücksichtigt werden. Das persönliche wirtschaftliche Interesse des Antragstellers ist vorab zu ermitteln.[73] Ein Betrag in Höhe von 500,00 € dürfte angemessen sein[74].

---

68 So: *Niedenführ/Kümmel/Vandenhouten-Niedenführ*, § 49a GKG Rn. 36.
69 BayObLG v. 1.2.1990 – BReg. 2 Z 143/89, BayObLGZ 1990, 24; ebenso: OLG Hamm v. 3.2.1992 – 15 W 63/91, OLGZ 1992, 295 = NJW-RR 1992, 785; KG Berlin v. 11.10.1989 – 24 W 4478/89, ZMR 1990, 68; jetzt: KG Berlin v. 12.1.2007 – 11 W 15/06, ZMR 2007, 553 = NZM 2008, 47.
70 OLG Celle v. 18.8.2010 – 4 W 145/10, ZWE 2010, 93–94, Anm. *Hein*, InfoM 2010, 558.
71 OLG Rostock v. 7.3.2006 – 7 W 63/05, ZMR 2006,476; BayObLG v. 15.2.1995 – 2Z BR 1/95, NJW-RR 1996, 12; BGH v. 21.9.2006 – V ZR 28/06, NZM 2006, 873.
72 LG Nürnberg-Fürth v. 13.4.2010 – 14 T 2469/10 (juris): Pauschal 3.000 €; hiervon 50 %; OLG Köln v. 18.2.1972 – 16 Wx 124/71, Rpfleger 1972, 261/262; *Palandt-Bassenge*, § 48 WEG (66. Aufl.) Rn. 14.
73 OLG Hamm v. 19.5.2000 – 15 W 118/00, FGPrax 2000, 185 lässt die Begrenzung auf das Fünffache des persönlichen wirtschaftlichen Interesses des Antragstellers schon nach altem Recht zu; a.A.: OLG Hamburg v. 7.1.2004 – 2 Wx 2/04, ZMR 2004, 295.
74 LG Berlin v. 9.1.2015 – 55 T 38/14 WEG Rn. 12, wenn besondere Anhaltspunkte für einen höheren Streitwert fehlen; LG Lüneburg v. 26.9.2011 – 9 S 29/11; *Niedenführ/Kümmel/Vandenhouten-Niedenführ*, § 49a GKG, Rn. 20, Fn. 25.

19 **Wohnungseigentümer – Verhältnis untereinander:**
– **Entziehungsverfahren; Beschluss nach § 18:** Interesse der Beteiligten am Behalten der Eigentumswohnung bzw. Ausschluss aus der Gemeinschaft: das Risiko eines Wertverlustes und der Kosten einer Ersatzbeschaffung liege nach überholter Auffassung bei 20 % des Verkehrswertes der Wohnung.[75] Zu Recht ist nach der Rechtsprechung des BGH[76] der Verkehrswert der Wohnung zugrunde zu legen; die vorgeworfenen Pflichtverletzungen können mit gewichtet werden[77]: Dabei sind das Interesse des Betroffenen, sein Teileigentum zu behalten, anderseits das Interesse der übrigen Miteigentümer, den Miteigentümer loszuwerden, zu berücksichtigen.

– **Lastschriftverfahren**[78]: Das Interesse bestimmt sich am rechtzeitigen Eingang aller Wohngeldzahlungen einerseits, andererseits am Interesse eines Wohnungseigentümers, über seine Zahlungsweise selbst zu entscheiden, einschließlich der Gefahr eines Missbrauchs der Einziehungsermächtigung. Das Interesse liegt unter 750 €.[79]

– **Nutzung von Gemeinschaftseigentum:** Für die Nutzung von Gemeinschaftseigentum (hier: Einbau eines Dachflächenfensters) ist das Interesse der Beteiligten festzulegen, das das BayObLG mit 2.500 € ermittelt hat[80]; ein fiktiver jährlicher Nutzungswert hilft als Anhalt: Die Nutzung der Flachdächer als Dachterrasse kann deshalb mit einem (endgültigen) Streitwert von 5.000 € angesetzt werden[81].

– **Nutzung von Gemeinschaftseigentum: Interesse an der optischen Veränderung** des Gebäudes (Briefkastenanlage) und/oder die Neugestaltung eines Vorgartens; Kosten des Gärtners[82]

---

75 OLG Köln v. 23.12.1997 – 16 Wx 236/97, WuM 1998, 307 = ZMR 1998, 376; OLG Köln v. 16.8.2010 – 16 W 25/10, ZMR 2010, 977 = WuM 2011, 255; OLG Koblenz v. 30.8.2010 – 1 W 54/10, ZMR 2011, 56: 20 % des Verkehrswertes.
76 BGH v. 21.9.2006 – V ZR 28/06, NJW 2006, 3428; OLG Rostock vom 7.3.2006 – 7 W 63/05, ZMR 2006, 476.
77 BGH v. 21.9.2006 – V ZR 28/06, NZM 2006, 873; OLG Rostock v. 7.3.2006 – 7 W 63/09, ZMR 2006, 476, das im Rahmen des Antrags; einen Eigentümer zur Veräußerung seines Wohnungseigentums zu verurteilen, den **vollen** Verkehrswert annimmt; BayObLG v. 15.2.1995 – 2Z BR 1/95, WuM 1995, 500 = NJW-RR 1996, 12; BayObLG v. 27.1.1989 – BReg. 1b Z 5/88, WuM 1990, 95.
78 BayObLG v. 12.6.1997 – 2Z BR 48/97, WuM 1997, 459 = WE 1989, 114.
79 BayObLG v. 12.6.1997 – 2Z BR 48/97, WuM 1997, 459 = WE 1989, 114.
80 BayObLG v. 2.9.1993 – 2Z BR 71/93 (juris); OLG Schleswig v. 19.3.1996 – 2 W 4/96, WuM 1996, 305: In den Fällen, in denen über die Nutzung eines Gartengeländes, das im Gemeinschaftseigentum steht, gestritten wird, ist nicht auf einen fiktiven Jahresnutzungswert abzustellen, sondern entsprechend § 30 KostO das jeweilige Interesse zu ermitteln und zu schätzen; im streitgegenständlichen Fall waren es DM 2.500,00.
81 LG Hamburg v. 9.12.2009 – 318 S 69/09 (juris).
82 OLG Celle v. 4.2.2011 – IV W 243/10, ZWE 2011, 147: Immaterielles Interesse (optische Veränderung) ist zu schätzen; bei den Kosten ist dann das Interesse des Klägers entsprechend des Mieteigentumsanteils zu berechnen; nach § 49a Abs. 1 Satz 2 darf das Fünffache des Gesamtinteresses (Gesamtkosten) nicht überschritten werden.

- **Nutzungsentgelt:** Erhöhung des Nutzungsentgeltes für Kraftfahrzeugabstellplatz: einjähriger Erhöhungsbetrag.[83]
- **Persönlichkeitsverletzung:** Das Interesse, einen Eigentümerbeschluss aufzuheben, der die Verletzung des Persönlichkeitsrechts eines Wohnungseigentümers durch einen anderen Wohnungseigentümer zum Gegenstand hatte, wurde auf 500 ? bemessen.[84]
- **Unterlassung der Benutzung** eines vermieteten Kfz-Stellplatz: 1jähriger Mietwert.[85]
- **Unterlassung**[86] **von Lärmbelästigung** aus Gaststätte: insgesamt das Interesse des Antragstellers und das Abwehrinteresse des Antragsgegners, geschätzt mit 15.000 €.
- **Unterlassung – Kellernutzung:** Das Interesse, einen Beschluss anzufechten, der die Nutzung von Speicher und Kellerräumen als Wohnraum billigt, ist nach der tatsächlichen Nutzung zu bemessen, die nicht gleichzusetzen ist mit dem Differenzbetrag des Kaufpreises zwischen Wohnräumen und Nebenräumen.[87]
- **Unterlassung zweckwidriger Nutzung** (Beendigung der Ausübung der Prostitution in der Wohnung): Auf Seiten des Klägers ist zu berücksichtigen die Minderung etwaiger Mieteinnahmen sowie der Verkehrswert des Objekts durch Ausübung der Prostitution; auf Seiten des Beklagten die geschätzten Mietmehreinnahmen sowie der hypothetische Mehrwert der Wohnung bei erlaubter Vermietung zu Prostitutionszwecken[88]: Das Interesse wird geschätzt an der Minderung des Wohn- und Mietwertes der gesamten Anlage.[89]
- **Vermietungsbeschränkung:** Die Festsetzung des Interesses auf der Grundlage des Jahresmietzinses ist grundsätzlich zulässig.[90]
- **Versorgungssperre**: Wird zur Durchsetzung von Hausgeldforderungen eine Versorgungssperre beschlossen, richtet sich das Interesse der Beteiligten nach dem zur Aufhebung der Versorgungssperre erforderlichen Aufwand unter Berücksichtigung des Druckmittels zur Durchsetzung der rückständigen Forderung[91].
- **Zustimmung zur Veräußerung gemäß § 12:** Das Interesse des Klägers an der Zustimmung der auf seiner Seite Beigetretenen zur Veräußerung ist maßgeblich. Dies ist in der Regel der zu erzielende Verkaufspreis auf Seiten

---

83 BayObLG v. 28.3.1979 – BReg. 2 Z 7/78, Rpfleger 1979, 265 = ZMR 1979, 214.
84 BayObLG v. 20.5.1998 – 2Z BR 40/98, NZM 1999, 321.
85 BayObLG v. 16.4.1993 – 2Z BR 16/93, WuM 1993, 494 = JurBüro 1994, 554.
86 BayObLG v. 2.9.1993 – 2Z BR 63/93, NJW-RR 1994, 337 = WuM 1994, 157.
87 BayObLG v. 28.6.2000 – 3Z BR 134/00, NZM 2001, 150 = ZMR 2000, 777.
88 LG Dresden v. 5.10.2015 – 2 T 106/15.
89 OLG Frankfurt/Main v. 4.12.1989 – 20 W 418/89, WuM 1990, 449; pro Wohneinheit wird ein Minderungsbetrag in Höhe von 250 € angesetzt; ebenso: OLG Karlsruhe v. 22.6.1999 – 14 Wx 35/99, NJW-RR 2000, 89 = NZM 2000, 194.
90 BayObLG v. 20.9.2001 – 2Z BR 39/01, ZMR 2002, 142 = ZfIR 2002, 51.
91 LG Dessau-Roßlau v. 8.4.2011 – 1 T 289/10 (juris): Streitwert: 2.513,16 €; LG München I v. 8.11.2010 – 1 S 10608/10, WuM 2011, 128: 5.000,00 €.

des Klägers und auf Seiten des beklagten Wohnungseigentümers das Interesse, die Veräußerung zu verhindern, so dass die Interessen deckungsgleich sind[92], und/oder die Loslösung aus einer Wohnungseigentümergemeinschaft. Das Interesse der Beklagten, die Zustimmung zu verweigern, z.B. weil der Erwerber finanziell unzuverlässig ist, sollte berücksichtigt werden. Der Verkehrswert ist dann leicht erreicht.[93]

20 – **Zahlungsanträge:** Das Interesse ist identisch mit dem Zahlungsanspruch; auch bei Anfechtung der Beauftragung des Verwalters durch die Wohnungseigentümergemeinschaft eine Forderung geltend zu machen (BGH v. 9.6.2016 – V ZB 17/15).

2. Satz 2: Begrenzung

a) Begrenzung nach unten: Interesse des Klägers und der auf seiner Seite Beigetretenen

21 Ist das Interesse an einem Rechtsstreit festgestellt, ist dieses Interesse nach dem Willen des Gesetzgebers für den Streitwert zu 50 % zu berücksichtigen. Der Gesetzgeber will verhindern, dass der Gegenstandswert das Interesse des Klägers und der auf seiner Seite Beigetretenen an der Entscheidung unterschreitet (soweit nicht der Verkehrswert des Wohnungseigentums des Klägers und der auf seiner Seite Beigetretenen überstiegen wird). Für diese Fälle ist als **Mindeststreitwert** das Interesse des Klägers und der auf seiner Seite Beigetretenen zugrunde zu legen, wenn dieses höher als 50 % des Gesamtinteresses liegt.

b) Begrenzung nach oben: Fünffacher Wert des Interesses

22 Andererseits wird der Gegenstandswert gedeckelt. Der Streitwert darf nicht über dem Fünffachen des Wertes der Interessen des Klägers und der auf seiner Seite Beigetretenen liegen[94].

3. Satz 3: Absolute Obergrenze

23 Damit die Verfahrenskosten in Einzelfällen nicht unübersehbar werden, ist der Wert **absolut begrenzt** auf den Verkehrswert des Wohnungseigentums des Klägers und der auf seiner Seite Beigetretenen. Der Gesetzgeber[95] hatte die Fälle vor Augen, in denen zwar das Fünffache des Eigeninteresses der klagenden Partei geringer als 50 % des Interesses aller Parteien und Beigetretenen an der Entscheidung ist, jedoch der Streitwert mit dem Fünffachen des Eigeninteresses über dem Verkehrswert des Wohnungseigentums der Klageseite liegt. Das Kostenrisiko würde außerhalb des Verhältnisses der Interessen der am Verfahren Beteiligten stehen und viele Kläger von einer Klageerhebung abhalten. Tritt auf Klageseite z.B. die Mehrheit der Miteigentümer bei und erhöht sich damit das Gesamtinteresse der Klageseite,

---

[92] OLG Hamm v. 14.4.2015 – 15 Wx 112/15; OLG München v. 17.5.2014 – 32 W 681/14 WEG.
[93] OLG Rostock v. 7.3.2006 – 7 W 63/05, ZMR 2006, 476; BayObLG v. 15.2.1995 – 2Z BR 1/95, NJW-RR 1996, 12; BGH v. 21.9.2006 – V ZR 28/06, NZM 2006, 873.
[94] OLG Köln v. 2.2.2007 – 16 Wx 256/06, NJW 2007, 1759 = NZM 2007, 216; *Hartmann*, KostG, § 49a GKG, Rn. 5.
[95] BT-Drucks. 16/887, S. 54.

kann dies zu einem ungewöhnlich hohen Gegenstandswert führen, der wesentlich über dem eigenen subjektiven Interessen des ursprünglich allein Klagenden liegt.

Typische Beispiele sind in einer großen Wohnanlage der Streit um Wirtschaftspläne und/oder die Jahresabrechnung[96], ebenso der Streit um Sonderumlagen nach einem Sanierungsbeschluss[97] oder der Streit um die Abberufung eines Verwalters.[98]

III. Absatz 2: Streitwert bei Klage gegen einzelne Wohnungseigentümer

1. Satz 1: Obergrenze

a) Klage gegen einzelne Wohnungseigentümer

In § 49a Abs. 2 Satz 1 knüpft der Gesetzgeber an Satz 1 des Abs. 1 an: Auch hier ist zuerst das Interesse der Parteien und aller Beigeladenen zu ermitteln; 50 % hiervon bestimmen den Streitwert, soweit nicht im Anschluss zugunsten der Beklagten dieser Wert auf das Fünffache des Wertes ihres Interesses sowie des Interesses der auf ihrer Seite Beigetretenen begrenzt wird. Die Ermittlung des Interesses erfolgt gemäß Rn. 4; auf die Beispiele der Rn. 9 bis 19 ist zu verweisen. 24

Sind einzelne Wohnungseigentümer Beklagte, z. B. wenn die Wohnungseigentümergemeinschaft den Rückbau baulicher Veränderungen fordert oder eine unzulässige Nutzung des Sondereigentums untersagen will, bestimmt das Gesetz den Streitwert nach dem Interesse der Beklagten und der auf ihrer Seite Beigetretenen.

b) Fünffacher Wert des Interesses der Beklagtenseite

Der Streitwert ist zugunsten der beklagten Wohnungseigentümer auf **maximal** das Fünffache des Wertes des Interesses der Beklagtenseite begrenzt. Mit dieser Begrenzung soll sichergestellt werden, dass der Justizgewährungsanspruch auch im Falle der Rechtsverteidigung gewährleistet wird.[99] Einzelne Wohnungseigentümer auf der Beklagtenseite sollen insofern genauso behandelt werden, wie einzelne Wohnungseigentümer auf der Klägerseite. 25

Ist auf der Beklagtenseite ein Beitritt erfolgt, ist das Interesse des Beitretenden zu ermitteln und hinzuzurechnen.

2. Satz 2: Absatz 1 Satz 3 entsprechend: Absolute Obergrenze

In Fällen, in denen ein einzelner Wohnungseigentümer Beklagter ist, also in den Fällen des § 43 Nr. 1 oder Nr. 2 WEG, gilt wiederum als **absolute Obergrenze** der Verkehrswert des Wohnungseigentums des Beklagten und der auf seiner Seite Beigetretenen. Ist das Interesse der Parteien und aller Bei- 26

---

96 BayObLG v. 20.1.2005 – 2Z BR 141/04, ZMR 2005, 387 = BayObLGR 2005, 221.
97 OLG Hamburg v. 6.6.2000 – 2 Wx 66/99, FGPrax 2001, 59 = ZMR 2001, 379.
98 *Hügel/Elzer*, vor §§ 43ff., Rn. 91 „Verwalter".
99 BT-Drucks. 16/887, S. 76.

geladenen an der Entscheidung festgesetzt, ist dieses um 50 % zu reduzieren und, erreicht der Streitwert mit dem Fünffachen des Wertes der Interessen der Beklagtenseite auch den Verkehrswert des Wohnungseigentums des Beklagten und der auf seiner Seite Beigetretenen, auf den Verkehrswert zu begrenzen.

§ 10 ZVG
[Rangordnung der Rechte]

(1) Ein Recht auf Befriedigung aus dem Grundstück gewähren nach folgender Rangordnung, bei gleichem Rang nach dem Verhältnis ihrer Beträge:

1. der Anspruch eines die Zwangsverwaltung betreibenden Gläubigers auf Ersatz seiner Ausgaben zur Erhaltung oder nötigen Verbesserung des Grundstücks, im Falle der Zwangsversteigerung jedoch nur, wenn die Verwaltung bis zum Zuschlag fortdauert und die Ausgaben nicht aus den Nutzungen des Grundstücks erstattet werden können;

1a. im Falle einer Zwangsversteigerung, bei der das Insolvenzverfahren über das Vermögen des Schuldners eröffnet ist, die zur Insolvenzmasse gehörenden Ansprüche auf Ersatz der Kosten der Feststellung der beweglichen Gegenstände, auf die sich die Versteigerung erstreckt; diese Kosten sind nur zu erheben, wenn ein Insolvenzverwalter bestellt ist und pauschal mit vier vom Hundert des Wertes anzusetzen, der nach § 74a Abs. 5 S. 2 festgesetzt worden ist;

2. bei Vollstreckung in ein Wohnungseigentum die daraus fälligen Ansprüche auf Zahlung der Beiträge zu den Lasten und Kosten des gemeinschaftlichen Eigentums oder des Sondereigentums, die nach § 16 Abs. 2, § 28 Abs. 2 und 5 des Wohnungseigentumsgesetzes geschuldet werden, einschließlich der Vorschüsse und Rückstellungen sowie der Rückgriffsansprüche einzelner Wohnungseigentümer. Das Vorrecht erfasst die laufenden und die rückständigen Beträge aus dem Jahr der Beschlagnahme und den letzten zwei Jahren. Das Vorrecht einschließlich aller Nebenleistungen ist begrenzt auf Beträge in Höhe von nicht mehr als 5 vom Hundert des nach § 74a Abs. 5 festgesetzten Wertes. Die Anmeldung erfolgt durch die Gemeinschaft der Wohnungseigentümer. Rückgriffsansprüche einzelner Wohnungseigentümer werden von diesen angemeldet;

3. die Ansprüche auf Entrichtung der öffentlichen Lasten des Grundstücks wegen der aus den letzten vier Jahren rückständigen Beträge; wiederkehrende Leistungen, insbesondere Grundsteuer, Zinsen, Zuschläge oder Rentenleistungen, sowie Beiträge, die zur allmählichen Tilgung einer Schuld als Zuschlag zu den Zinsen zu entrichten sind, genießen dieses Vorrecht nur für die laufenden Beträge und für die Rückstände aus den letzten zwei Jahren. Untereinander stehen öffentliche Grundstückslasten, gleichviel ob sie auf Bundes- oder Landesrecht beruhen, im Range gleich. Die Vorschriften des § 112 Abs. 1 und der §§ 113 und 116 des Gesetzes über den Lastenausgleich vom 14.8.1952 (BundesgesetzBl. I S. 446) bleiben unberührt;

4. die Ansprüche aus Rechten an dem Grundstück, soweit sie nicht in Folge der Beschlagnahme dem Gläubiger gegenüber unwirksam sind, einschließlich der Ansprüche auf Beträge, die zur allmählichen Tilgung einer Schuld als Zuschlag zu den Zinsen zu entrichten sind; Ansprüche auf wiederkehrende Leistungen, insbesondere Zinsen, Zuschläge, Verwaltungskosten oder Rentenleistungen, genießen das Vorrecht dieser

Klasse nur wegen der laufenden und der aus den letzten zwei Jahren rückständigen Beträge;

5. der Anspruch des Gläubigers, soweit er nicht in einer der vorhergehenden Klassen zu befriedigen ist;

6. die Ansprüche der 4. Klasse, soweit sie infolge der Beschlagnahme dem Gläubiger gegenüber unwirksam sind;

7. die Ansprüche der 3. Klasse wegen der älteren Rückstände;

8. die Ansprüche der 4. Klasse wegen der älteren Rückstände.

(2) Das Recht auf Befriedigung aus dem Grundstück besteht auch für die Kosten der Kündigung und der die Befriedigung aus dem Grundstück bezweckenden Rechtsverfolgung.

(3) Zur Vollstreckung mit dem Range nach Absatz 1 Nr. 2 müssen die dort genannten Beträge die Höhe des Verzugsbetrages nach § 18 Abs. 2 Nr. 2 des Wohnungseigentumsgesetzes übersteigen; liegt ein vollstreckbarer Titel vor, so steht § 30 der Abgabenordnung einer Mitteilung des Einheitswerts an die in Absatz 1 Nr. 2 genannten Gläubiger nicht entgegen. Für die Vollstreckung genügt ein Titel, aus dem die Verpflichtung des Schuldners zur Zahlung, die Art und der Bezugszeitraum des Anspruchs sowie seine Fälligkeit zu erkennen sind. Soweit die Art und der Bezugszeitraum des Anspruchs sowie seine Fälligkeit nicht aus dem Titel zu erkennen sind, sind sie in sonst geeigneter Weise glaubhaft zu machen.

Inhalt:

	Rn.
I. Allgemeines	1
II. **Absatz 1** Nr. 2 Wohngeld	2
1. Satz 1	2
a) Vollstreckung in ein Wohnungseigentum	3
b) Daraus fällige Ansprüche auf Zahlung	4
c) Zahlung von Lasten und Kosten des gemeinschaftlichen Eigentums oder Sondereigentums	5
d) Einschließlich Vorschüsse und Rückstellungen sowie Rückgriffsansprüche	6
2. Satz 2: Umfang der Vorrechte	7
3. Satz 3: Begrenzung des Vorrechts auf fünf vom Hundert des Verkehrswertes	8
4. Satz 4: Anmeldung des Vorrechts	9
5. Satz 5: Rückgriffsansprüche einzelner Wohnungseigentümer	10
III. **Absatz 3** Vollstreckung	11
1. Satz 1: Voraussetzung der Zwangsversteigerung durch den Verband	11
2. Satz 2: Vollstreckungstitel, Inhalt	12
3. Satz 3: Glaubhaftmachung	13

Hinweis: Es erfolgt nur eine Erläuterung der auf das Wohnungseigentum bezogenen Gesetzesbestimmungen, nicht der gesamten Vorschrift.

I. Allgemeines

In § 10 Abs. 1 Nr. 2[1] hat der Gesetzgeber im Rahmen der Zwangsversteigerung für die sich aus Wirtschaftsplan, Jahresabrechnung oder einer Sonderumlage ergebenden „anteiligen Lasten und Kosten" zugunsten der jeweiligen Gläubiger einen Vorrang für laufende und rückständige Beträge eingeräumt.

Der Gesetzgeber begründet den **Vorrang** der fälligen Ansprüche auf Zahlung der Beiträge zu den Lasten und Kosten des gemeinschaftlichen Eigentums oder des Sondereigentums gegenüber den in der Rangklasse des § 10 Abs. 1 Nr. 4 (also insbesondere durch Grundschuld) gesicherten Kreditgläubigern unter dem Gesichtspunkt, dass damit das Wohnungseigentum attraktiv bleibe und das Verbandsvermögen auch für Maßnahmen zur Instandhaltung des Wohnungseigentums nicht geschmälert werde. Für die Real-Kreditgeber sei dies ebenfalls von Vorteil, so dass das Sicherungsinteresse insofern zurückbleiben könne. Die Stärkung der Wohnungseigentumsgemeinschaft mit der Durchsetzung ihres Wohngeldanspruchs kann allerdings dazu führen, dass die Kreditinstitute die Beleihungsgrenze generell um 5 % senken, wodurch der Wohnungserwerber ein höheres Eigenkapital benötigt.[2]

Der Gesetzgeber hat das **Interesse der Realgläubiger** gegenüber dem der Wohnungseigentümergemeinschaft abgewogen. Er ist zu dem Ergebnis gekommen, die Durchsetzung der anteiligen Lasten und Kosten, zu denen auch die verbrauchsabhängigen Ausgaben der Wohnungseigentümer (etwa Strom, Wasser und Gas) gehören, zugunsten des Verbandsvermögens den dinglich gesicherten Ansprüchen vorgehen zu lassen. Nur so bleibe das Wohnungseigentum attraktiv, können Maßnahmen zur Instandhaltung des Wohnungseigentums gesichert bleiben. Dies sei auch den Interessen der Realkreditgeber naheliegender als deren Vorrang; im Übrigen würden sie auch das Risiko der Zahlungsunfähigkeit ihrer Kunden besser als die Wohnungseigentümergemeinschaft kennen. Eine unangemessene Benachteiligung der nachrangig dinglich berechtigten Gläubiger durch den Vorrang für Hausgeldansprüche durch § 10 Abs. 1 Nr. 2 ZVG entstehe nicht, weil die vorrangigen Ansprüche nur die laufenden sowie rückständigen Beträge aus dem Jahr der Beschlagnahme und den letzten zwei Kalenderjahren, begrenzt auf 5 % des festgesetzten Verkehrswertes, umfassen. Die rückwirkende Anwendung sei vertretbar, weil sonst für eine sehr große Zahl von Wohnanlagen auf Dauer die Neuregelung unanwendbar sei; das Vorrecht beziehe sich auch nur auf das Hausgeld. Immerhin hat der Gesetzgeber den Vorschlag nicht aufgegriffen, die Versteigerung unabhängig von den Wertgrenzen der §§ 74a, 85a ZVG zuzulassen.

---

1 Im Gesetz v. 26.3.2007, BGBl. I, 370, Art. 2 Nr. 1 (S. 375) hat der Gesetzgeber im Rahmen der Zwangsversteigerung den Vorrang für laufende und rückständige Beträge zu Lasten und Kosten des gemeinschaftlichen Eigentums oder des Sondereigentums (Hausgeld) angeordnet und in Abs. 3 Regelungen zum Nachweis des Rückstandes gegenüber dem Zwangsversteigerungsgericht getroffen. Diese mussten durch Gesetz v. 7.7.2009, BGBl. I, 1707, Art. 8 Nr. 1 angepasst werden, wonach das Finanzamt verpflichtet ist, in diesen Fällen den Einheitswert des Wohnungseigentums mitzuteilen.
2 Hierzu: *Köhler*, ZMR 2005, 19/22.

Der neue § 10 Abs. 3 ZVG legt die Mindesthöhe des berücksichtigungsfähigen Betrages fest.

II. § 10 Abs. 1 Nr. 2 im Einzelnen

1. Satz 1

2 In den Fassungen des § 10 Abs. 1 Nr. 2 bis zum 30.6.2007 waren die in Land- und Forstwirtschaft zur Grundstücksbewirtschaftung beschäftigten Personen mit ihren Ansprüchen gegen den Betriebsinhaber „bevorzugt"; der Gesetzgeber sah hierfür heute kein Bedürfnis mehr und ersetzte den § 10 Abs. 1 Nr. 2 durch die jetzigen Regelungen zum Wohnungseigentum.

Das Vorrecht gilt unabhängig davon, ob von Gläubigern die Zwangsversteigerung in das Wohnungseigentum betrieben wird, oder ob sie von den Wohnungseigentümern selbst beantragt wird. Der Rang des § 10 Abs. 1 Nr. 2 sichert die Wohnungseigentümergemeinschaft; es gehen ihr keine bestehen bleibenden Grundpfandrechte im Umfang des Vorrechts vor[3]. Der Vorrang setzt sich auch gegen eine Auflassungsvormerkung, die wie ein Recht gemäß § 10 Abs. 1 Nr. 4 ZVG zu behandeln ist, durch[4].

a) Vollstreckung in das Wohnungseigentum

3 In das Wohnungseigentum eines Wohngeldschuldners[5] kann sowohl die Wohnungseigentümergemeinschaft selbst wie auch ein Dritter die Zwangsvollstreckung betreiben. Es muss die Vollstreckung durch Zwangsversteigerung vor dem Zwangsversteigerungsgericht beantragt werden[6]. Vollstreckungsgegner ist der im Grundbuch eingetragene Wohnungseigentümer[7].

---

3 Die Eintragung einer unbedingten Zwangshypothek auch für titulierte Hausgeldforderungen mit Vorrecht gemäß § 10 Abs. 1 Nr. 2 ist zulässig: OLG Stuttgart v. 4.11.2010 – 8 W 83/10, NZM 2011, 335 = Rpfleger 2011, 267; nicht jedoch einer bedingten Zwangshypothek; OLG Frankfurt v. 28.10.2010 – 20 W 354/10, ZMR 2011, 401 = FGPrax 2011, 59.
4 BGH v. 9.5.2014 – V ZB 123/13; V ZB 124/13 mit Auseinandersetzung mit der Gegenmeinung, *Reymann* ZWE 2013, 446; *Heurler* NJW 2013, 3518 ; *Fubis* ZfIR 2010, 3504.
5 Das gilt auch gegenüber dem im Grundbuch noch eingetragenen Bauträger (teilender Eigentümer gemäß § 8 WEG) bei Eintragung einer Eigentumsübertragungsvormerkung: LG Berlin v. 28.9.2010 – 25 S 87/10 WEG, ZMR 2011, 156; der Anspruch aus § 10 Abs. 1 Nr. 2 ZVG ist ggfs. gegen den Insolvenzverwalter zu richten: AG Koblenz v. 10.12.2009 – 133 C 1461/09 WEG, Rpfleger 2010, 282.
6 Titulierte Hausgeldrückstände können durch Titelumschreibung gegen den rechtsgeschäftlichen Erwerber verfolgt werden, LG Stuttgart v. 1.12.2009 – 10 S 51/09, ZMR 2010, 558; nach AG Heilbronn v. 28.10.2009 – 17 C 3135/09, ZMR 2010, 241; muss der Erwerber allerdings nicht die Zwangsvollstreckung wegen **Altverbindlichkeiten** seines Rechtsvorgängers dulden; für Besonderheiten im Insolvenzverfahren siehe jetzt BGH v. 21.7.2011 – IX ZR 120/10, NJW 2011, 3098.
7 Der Erwerber von Wohnungseigentum haftet nicht für Hausgeldrückstände; das Vorrecht nach § 10 Abs. 1 Nr. 2 ZVG, hat keine dingliche Wirkung, es privilegiert einen schuldrechtlichen Anspruch: BGH v. 13.9.2013 – V ZR 209/12; a.A.: LG Heilbronn v. 21.12.2012 – 1 T 231/12; LG Berlin v. 28.9.2010 – 55 S 87/10 WEG; *Becker*, in: Bärmann, § 16 Rn. 186ff.

b) Daraus fällige Ansprüche auf Zahlung

Der Anspruch auf Wohngeldzahlung muss **fällig** sein. § 28 Abs. 2 WEG verpflichtet die Wohnungseigentümer nach Abruf durch den Verwalter entsprechend eines Beschlusses über den Wirtschaftsplan Vorschüsse zu leisten. Gemeint sind die jeweiligen Einzelwirtschaftspläne.[8] Dem Abruf nach § 28 Abs. 2 und § 28 Abs. 5 WEG muss jedoch eine Fälligkeitsregelung vorausgehen; diese wird durch die Eigentümerversammlung mit Stimmenmehrheit festgelegt. Die Ansprüche auf Zahlung der Beiträge zu den Lasten und Kosten des gemeinschaftlichen Eigentums oder des Sondereigentums können gemäß § 21 Abs. 7 WEG fällig gestellt werden; dann ist der Zeitpunkt bestimmt, zu dem diese gezahlt werden müssen.[9] § 28 Abs. 2 WEG sieht hierfür die Anforderung durch den Verwalter vor[10]: Der Verwalter fordert die Wohnungseigentümer auf, die jeweiligen Leistungen bis zu einem gewissen Zeitpunkt zu erbringen und zwar in der Höhe, in der sie vom Verwalter gefordert werden. Fehlt eine Vereinbarung zur Zahlung einer Sonderumlage oder ein Beschluss über die Jahreseinzelabrechnung, gilt § 271 Abs. 1 BGB.[11]

4

c) Lasten und Kosten des gemeinschaftlichen Eigentums oder des Sondereigentums nach §§ 16 Abs. 2, 28 Abs. 2 und 28 Abs. 5 WEG

„Anteilige Lasten und Kosten" sind die, die gem. § 28 Abs. 5 WEG von der Wohnungseigentümergemeinschaft beschlossen sind, also der Wirtschaftsplan, die Jahresabrechnung oder eine Sonderumlage (allerdings natürlich nur, wenn sie von der Gemeinschaft abgerechnet werden). Regressansprüche aus einer etwaigen Zweiergemeinschaft, die keinen Mehrheitsbeschluss ermöglicht, sind ebenfalls berücksichtigt, wie Vorschüsse gem. § 28 Abs. 2 WEG. § 10 Abs. 1 Nr. 2 umfasst selbstverständlich das Teileigentum gemäß § 1 Abs. 6 Nr. 4 und das Wohnungs- und Teilerbbaurecht gem. § 30 Abs. 3 S. 2.

5

In § 16 Abs. 2 WEG sind die Lasten des gemeinschaftlichen Eigentums sowie die Kosten der Instandhaltung, Instandsetzung, sonstigen Verwaltung und eines gemeinschaftlichen Gebrauchs des gemeinschaftlichen Eigentums geregelt: Jeder Wohnungseigentümer ist nach dem Verhältnis seines Anteils, wie er im Grundbuch eingetragen ist, zur Tragung dieser Kosten verpflichtet.[12] Unter den „Lasten und Kosten" sind die gemäß § 28 Abs. 5 WEG von der Wohnungseigentümergemeinschaft beschlossenen gemeint, also der Wirtschaftsplan, die Jahresabrechnung oder eine Sonderumlage (allerdings natürlich nur, wenn sie von der Gemeinschaft abgerechnet wurden). **Regressansprüche** aus einer etwaigen Zweiergemeinschaft, die keine Mehrheitsbeschlüsse ermöglicht, sind ebenfalls berücksichtigt, auch Vorschüsse gemäß § 28 Abs. 2 WEG. Beiträge zur Instandhaltungsrücklage gemäß § 21 Abs. 5 Nr. 4 WEG sind vom Vorrecht umfasst; unter Lasten sind die auf dem Grundstück liegenden Verpflichtungen zu Leistungen zu ver-

---

8 Vgl. im Einzelnen: § 28 WEG Rn. 20.
9 Siehe im Einzelnen: § 21 WEG Rn. 78.
10 Vgl. im Einzelnen: § 28 WEG Rn. 21.
11 *Hügel/Elzer-Elzer*, Das Neue WEG-Recht § 15 Rn. 27.
12 Vgl. im Einzelnen: § 16 WEG Rn. 10 bis 19.

stehen, die aus dem Grundstück zu entrichten sind und die den Nutzungswert mindern.[13] Nicht jedoch fallen hierunter Rechtsverfolgungskosten; sie sind über Rangklasse 5 geltend zu machen[14].

d) *Einschließlich Vorschüsse und Rückstellungen sowie Rückgriffsansprüche einzelner Wohnungseigentümer*

6 Der Vorrang bezieht sich auf bereits geleistete **Vorschüsse**, die auf einen Einzelwirtschaftsplan gezahlt worden sind.[15] Die Rückstellungen sind in § 21 Abs. 5 Nr. 2 WEG geregelt.[16] Rückgriffsansprüche einzelner Wohnungseigentümer können sich auf Wohngeld beziehen, entsprechend des Gesamt- und Einzelwirtschaftsplanes einschließlich einer Sonderumlage.[17] Andere Forderungen, wie z.b. Schadensersatzansprüche sind von § 10 Abs. 1 Nr. 2 nicht umfasst; sie sind im Range des § 10 Abs. 1 Nr. 5 geltend zu machen.

2. Satz 2: Umfang des Vorrechts

7 Das Vorrecht umfasst die laufenden und rückständigen Beträge aus dem Jahr der Beschlagnahme und den letzten **zwei Jahren,** es besteht also für das laufende bzw. maximal drei Jahre rückständige Wohngeldzahlungen, aber auch für Sonderumlagen und die Abrechnungsspitzen; der Gesetzgeber greift hierbei die Regelung zu § 10 Abs. 1 Nr. 4 auf. Das Jahr der Beschlagnahme bestimmt sich nach § 22 Abs. 1[18]. § 10 Abs. 1 Nr. 2 gewährt das Vorrecht auf die laufenden Beträge, aber auch die Beträge, die zwei Kalenderjahre vor der Beschlagnahme rückständig geworden sind. Abzustellen ist auf den Zeitpunkt, in dem der Beschluss, durch den die Zwangsversteigerung angeordnet ist, den Wohnungseigentümern zugestellt wird, § 22 Abs. 1 ZVG. „Laufende Beträge" sind die von der Eigentümerversammlung regelmäßig beschlossenen monatlichen Vorschüsse auf die im Wirtschaftsplan ausgewiesenen Kosten (Wohngelder).

---

13 Vgl. § 16 WEG Rn. 16; auch privatrechtliche Lasten kommen in Betracht, z.B. Tilgungsbeiträge, die sich auf eine Gesamthypothek oder ein sonstiges Grundpfandrecht beziehen: BayObLG v. 28.5.1973 – BReg. 2 Z 14/73, MDR 1973, 848; zu den im Übrigen unter § 16 Abs. 2 WEG fallenden Kosten vgl. die Kommentierung zu § 16 WEG Rn. 10 bis 19.
14 AG Bonn v. 4.3.2011 – 104 C 351/10, ZMR 2011, 421; kritische Anmerkung: *Schneider*, ZMR 2011, 421.
15 Da ein Bereicherungsanspruch nach § 812 BGB nicht besteht, sondern erst die Jahresabrechnung abgewartet werden muss: § 16 Rn. 20; OLG Hamm v. 25.3.2004 – 15 Wx 412/02, ZMR 2005, 398.
16 Vgl. im Einzelnen die Kommentierung zu § 21 Abs. 5 Nr. 4 WEG, dort Rn. 59 bis 65.
17 Vgl. *Hügel/Elzer-Elzer*, Das Neue WEG-Recht, § 15 Rn. 30.
18 BGH v. 22.7.2010 – V ZB 178/09, NJW 2011, 528 = NZM 2010, 904: Danach wird die Beschlagnahme mit dem Zeitpunkt wirksam, in welchem der Beschluss über die Anordnung der Zwangsversteigerung dem Schuldner zugeht oder in welchem das Ersuchen um die Eintragung des Versteigerungsvermerks dem Grundbuchamt zugeht, sofern auch das Ersuchen um Eintragung demnächst erfolgt; § 167 ZPO findet hierbei wegen § 22 Abs. 1 Satz 2 ZVG keine Anwendung.

3. Satz 3: Erstreckung des Vorrechts auf Nebenleistung; Begrenzung

Das Vorrecht ist der Höhe nach nicht unbegrenzt: So wird das Vorrecht einschließlich der Zinsen und Kosten nur in Höhe von Fünf vom Hundert des gemäß § 74a Abs. 5 ZVG festgesetzten Verkehrswertes berücksichtigt. Nicht umfasst das Vorrecht jedoch andere Forderungen der Wohnungseigentümer, die nicht zu den Hausgeldern zählen, insbesondere also nicht Vollstreckungskosten für vorangegangene Mobiliarvollstreckungen; diese sind der Rangklasse 5 zuzuordnen. Wurde die Rangklasse 2 des § 10 Abs. 1 in voller Höhe in Anspruch genommen, steht der Wohnungseigentümergemeinschaft nach Ablösung der Forderung dieses Vorrecht in demselben Zwangsversteigerungsverfahren nicht nochmals zu. Das betragsmäßig begrenzte Vorrecht für Hausgeldansprüche kann im selben Zwangsversteigerungsverfahren also nur einmal in Anspruch genommen werden[19].

8

Übersteigen die Forderungen 5 % des Verkehrswertes, ist der darüber hinausgehende Betrag eine nachrangige Forderung, die gemäß § 10 Abs. 1 Nr. 5 zu befriedigen ist.

Zur Berechnung des Mindestrückstands gemäß § 10 Abs. 3 ZVG vgl. im Folgenden Rn. 11.

4. Satz 4: Anmeldung des Vorrechts

Wird die Zwangsversteigerung durch einen Dritten betrieben, muss das Vorrecht angemeldet werden; hierzu ist die Gemeinschaft der Wohnungseigentümer berechtigt und im Rahmen der ordnungsgemäßen Verwaltung verpflichtet. Der Nachweis der Rückstände erfolgt gemäß § 10 Abs. 3 Satz 3 ZVG; siehe hierzu unten Rn. 12. Die Ansprüche sind, nachdem sie schlüssig vorgetragen sind, gemäß § 294 ZPO **glaubhaft zu machen**, insbesondere durch eidesstattliche Versicherung zu bestätigen. Zuständig für die Anmeldung durch die Gemeinschaft der Wohnungseigentümer ist der Verwalter in originärer Zuständigkeit gemäß § 27 Abs. 1 Nr. 4, Abs. 3 Nr. 4 WEG.

9

5. Satz 5: Rückgriffsansprüche einzelner Wohnungseigentümer

Will ein Wohnungseigentümer im Rahmen der Zwangsversteigerung ihm zustehende Rückgriffsansprüche (bezogen auf Wohngeld) geltend machen, muss er diese persönlich anmelden.

10

III. Absatz 3: Vollstreckung durch die Wohnungseigentümergemeinschaft

1. Satz 1: Voraussetzung der Zwangsversteigerung durch den Verband

Die Gemeinschaft der Wohnungseigentümer kann selbst wegen rückständiger Wohngelder die Zwangsversteigerung des Wohnungseigentums betreiben; auch ihr steht das Vorrecht gemäß § 10 Abs. 1 Nr. 2 zu. Voraussetzung ist immer, dass die **Rückstände an Beiträgen** zu den Lasten und Kosten des

11

---

[19] BGH v. 4.2.2010 – V ZB 129/09, NJW 2010, 3169 = NZM 2010, 324; BGH v. 24.6.2010 – V ZB 17/10, ZWE 2010, 367; zur „bedingten" Anmeldung siehe BGH v. 20.7.2011 – V ZB 300/10 (juris).

gemeinschaftlichen Eigentums oder des Sondereigentums in Höhe eines Betrags, der drei vom Hundert des Einheitswertes[20] übersteigt, länger als drei Monate bestehen, § 18 Abs. 2 Nr. 2 WEG (Zahlungsverzug)[21]; die Überschreitung der Wertgrenze muss durch Vorlage des Einheitswert-Bescheides in der Form des § 6 Abs. 2 ZVG nachgewiesen werden.[22] Der vollstreckende Verband der Wohnungseigentümer musste den Einheitswertbescheid des betreffenden Wohnungs- oder Teileigentums vorlegen; da die Anfrage beim zuständigen Finanzamt wegen § 30 AO grundsätzlich nicht beantwortet werden konnte[23], aber auch die Versteigerungsgerichte nicht verpflichtet waren, den Einheitswertbescheid selbst zu fordern (entsprechend § 54 Abs. 1, 4 GKG), kam es zur Gesetzesänderung v. 7.7.2009, BGBl. I, 1707, wonach § 30 AO einer Mitteilung des Einheitswertes an die in § 10 Abs. 1 Nr. 2 genannten Gläubiger nicht entgegensteht[24]. Der die Zwangsvollstreckung betreibende Gläubiger muss also beim Finanzamt den Einheitswertbescheid anfordern und dann dem Gericht vorlegen.

Ist der Zahlungsverzug geringer, ist grundsätzlich eine Vollstreckung im Rang des § 10 Abs. 1 Nr. 5 möglich; ist jedoch bei Antragstellung erkennbar, dass die vorrangigen Rechte eine Durchsetzung des rückständigen Wohngeldes in dieser Rangstufe nicht ermöglichen, ist die Beantragung der Zwangsversteigerung unzulässig.[25] In einem wegen Hausgeldrückständen in der Rangklasse 5 angeordneten Zwangsversteigerungsverfahren kann die Wohnungseigentümergemeinschaft später auch in der Rangklasse 2 beitreten, wenn die übrigen Voraussetzungen vorliegen.[26]

2. Satz 2: Vollstreckungstitel, Inhalt

12 Der Antrag auf Zwangsversteigerung ist mit einem Titel, aus dem die Verpflichtung des Schuldners zur Zahlung, die **Art** und der **Bezugszeitraum** des Anspruchs sowie seine **Fälligkeit** zu erkennen sind, zu stellen. Die Zwangsvollstreckungstitel sind in § 794 ZPO geregelt; es handelt sich also insbesondere um Endurteile und Vergleiche. Aus dem Tenor muss sich eine Zahlungsverpflichtung des schuldenden Wohnungseigentümers ergeben; die

---

20 § 93 BewG.
21 Nach LG Berlin v. 26.3.2010 – 82 T 236/10, ZMR 2010, 629 nehmen isoliert geltend gemachte titulierte Verfahrenskosten nicht am Vorrang nach § 10 Abs. 1 Nr. 2 teil, weshalb er bei der Bemessung, ob der Verzugsbetrag gemäß § 10 Abs. 3 überstiegen wird, unberücksichtigt bleibt.
22 BGH v. 17.4.2008 – V ZB 13/08, NZM 2008, 450 = NJW 2008, 1956; ein Anspruch gegen den Wohnungseigentümer auf Vorlage des Einheitswertbescheids hat der BGH verneint: BGH v. 22.10.2009 – V ZR 137/09, NZM 2010, 129; a.A.: LG Stuttgart v. 17.3.2009 – 19 T 486/08, NZM 2009, 365 = ZMR 2009, 642, das auch eine Verpflichtung des Vollstreckungsgerichts, den Einheitswert bei der Finanzverwaltung zu erfragen, verneint; bestätigt durch: BGH v. 10.7.2009 – V ZB 48/09, ZMR 2009, 936.
23 FG Düsseldorf v. 12.11.2008 – 4 K 170/08 AO, EFG 2009, 150 = ZMR 2009, 2013.
24 Zum Ganzen: *Elzer*, NJW 2009, 2507.
25 So: OLG Düsseldorf v. 26.4.1989 – 3 W 515/88, Rpfleger 1989, 470; einschränkend für Zwangsverwaltungen: BGH v. 18.7.2002 – IX ZB 26/02, BGHZ 151, 384; vgl. *Stöber*, Zwangsversteigerungsgesetz, Einl. 48.8.
26 BGH v. 17.4.2008 – V ZB 13/08, NZM 2008, 450 = NJW 2008, 1956.

Art und der Bezugszeitraum des Anspruchs ergeben sich in der Regel aus den Urteilsgründen. Den Urteilsgründen muss sich also ein Anspruch auf Tragung von Lasten oder Kosten, Vorschüsse oder Rückstellungen oder Rückgriffsansprüche entnehmen lassen. Auch die Fälligkeit muss sich aus dem Urteil ergeben. Ist ein Zahlungsanspruch ohne Einschränkungen tituliert, ist er auch fällig. Jedoch muss sich, um die zeitliche Einschränkung des Vorrechts auf das laufende und die rückständigen Beträge aus dem Jahr der Beschlagnahme und den letzten zwei Jahren feststellen zu können, aus dem Urteil im Einzelnen der Zeitraum der rückständigen titulierten Beiträge ergeben. Bei Versäumnisurteilen, Anerkenntnisurteilen, bei einem Vollstreckungsbescheid oder bei einem abgekürzten Urteil ist dies regelmäßig nicht der Fall[27].

3. Satz 3: Glaubhaftmachung

Satz 3 des § 10 Abs. 3 schreibt vor, dass die Art, der Bezugszeitraum des Anspruchs sowie seine Fälligkeit in geeigneter Weise **glaubhaft** zu machen sind. Hierzu gehört insbesondere gemäß § 294 ZPO die eidesstattliche Versicherung, die beinhalten muss, um welche Rückstände es sich handelt und für welchen Zeitraum und seit wann sie fällig sind. Auf § 45 Abs. 3 ist zu verweisen.

13

---

[27] Notfalls müssen Klageschrift nebst Anlagen vorgelegt werden, LG Tübingen v. 30. 7. 2014 – 5 T 97/14.

§ 45 ZVG
[Feststellung des geringsten Gebotes]

(1) Ein Recht ist bei der Feststellung des geringsten Gebotes insoweit, als es zur Zeit der Eintragung des Versteigerungsvermerks aus dem Grundbuch ersichtlich war, nach dem Inhalt des Grundbuchs, im Übrigen nur dann zu berücksichtigen, wenn es rechtzeitig angemeldet und, falls der Gläubiger widerspricht, glaubhaft gemacht wird.

(2) Von wiederkehrenden Leistungen, die nach dem Inhalt des Grundbuchs zu entrichten sind, brauchen die laufenden Beträge nicht angemeldet, die Rückständigen nicht glaubhaft zu werden.

(3) Ansprüche der Wohnungseigentümer nach § 10 Abs. 1 Nr. 2 sind bei der Anmeldung durch einen entsprechenden Titel oder durch die Niederschrift der Beschlüsse der Wohnungseigentümer einschließlich ihrer Anlagen oder in sonst geeigneter Weise glaubhaft zu machen. Aus dem Vorbringen müssen sich die Zahlungspflicht, die Art und der Bezugszeitraum des Anspruchs sowie seine Fälligkeit ergeben.

Inhalt:

	Rn.		Rn.
I. Allgemeines	1	1. Satz 1: Anmeldung	3
II. Absatz 3: Ansprüche der Wohnungseigentümer	2	2. Satz 2: Mindestinhalt der Anmeldung	4

I. Allgemeines

1 In § 45 wird die Feststellung des **geringsten Gebotes** geregelt; die Vorschrift findet sich im IV. Abschnitt des Gesetzes. Voraussetzung zur Berücksichtigung einer Forderung im geringsten Gebot ist die Anmeldung. § 45 Abs. 3[1] stellt die Voraussetzungen für die Anmeldung der Ansprüche der Wohnungseigentümer, die im Rahmen des geringsten Gebots zu berücksichtigen sind, auf; sie sind glaubhaft zu machen.

Die Neuregelung verlangt, dass die Wohngeldansprüche – im Unterschied zu anderen Rechten, die meist durch öffentliche Stellen angemeldet werden und die erst nach Widerspruch weiter begründet werden müssen – gegenüber dem Zwangsversteigerungsgericht schon bei der Anmeldung glaubhaft gemacht werden müssen, um einen Streit über eine „nachvollziehbare Anmeldung" auszuschließen.[2] So soll ein Widerspruch des die Zwangsvollstreckung betreibenden Gläubigers und damit Verzögerungen des Verfahrens möglichst vermieden werden.

---

1 In der Fassung gemäß Art. 2 Nr. 2 G v. 26.3.2007, BGBl I, 370.
2 BT-Drucks. 16/887, S. 46.

II. Absatz 3: Ansprüche der Wohnungseigentümer

1. Satz 1: Anmeldung

Das Gesetz fordert – um die Zwangsversteigerung ohne zusätzliche Hinderungsgründe durchzuführen –, dass anzumeldende Ansprüche gemäß § 10 Abs. 1 Nr. 2 (Wohngeldansprüche) glaubhaft gemacht werden; andere Ansprüche, die in das geringste Gebot fallen, sind dagegen erst dann glaubhaft zu machen, wenn der Gläubiger dem Recht widerspricht, § 45 Abs. 1 ZVG. Zur **Anmeldung** muss ein entsprechender Titel (der die Ansprüche nach § 10 Abs. 1 Nr. 2 darlegt), also ein Vollstreckungsbescheid, ein Urteil oder eine notarielle Vereinbarung mit Unterwerfung unter die sofortige Zwangsvollstreckung gemäß § 794 Abs. 1 Nr. 5 ZPO vorliegen. Kann ein Titel durch die Eigentümergemeinschaft bis zum Zwangsversteigerungstermin nicht vorgelegt werden, reicht zur Glaubhaftmachung (§ 294 ZPO) auch die **Niederschrift der Beschlüsse** der Wohnungseigentümer einschließlich ihrer Anlagen, wie z.B. der Wirtschaftsplan, die Jahresabrechnung und die Einzelabrechnung, aus der sich die Forderung gegen den schuldenden Wohnungseigentümer ergibt. Die Ansprüche können auch in sonstiger **geeigneter Weise** glaubhaft gemacht werden, insbesondere durch eine im Einzelnen die Ansprüche darlegende eidesstattliche Versicherung. Die Fälligkeit der Zahlungspflichten gemäß § 28 Abs. 2 und 5 WEG muss ebenfalls dargelegt werden. Die Glaubhaftmachung muss sich dabei auf die Zahlungspflicht, die Art und den Bezugszeitraum des Anspruchs und seine Fälligkeit erstrecken; hierzu kommen insbesondere die Protokolle der Wohnungseigentümerversammlungen nebst den damit genehmigten Wirtschaftsplänen in Betracht.

2

2. Satz 2: Mindestinhalt der Anmeldung

Die Anmeldung muss zumindest die Zahlungspflicht, die Art und den Bezugszeitraum des Anspruchs sowie seine Fälligkeit darlegen; hierauf muss sich auch die Glaubhaftmachung beziehen. Hier wird auf § 10 Abs. 3 ZVG verwiesen. Es gelten deshalb die Ausführungen zu § 10 Abs. 3 ZVG[3]; aus dem Vorbringen müssen sich die laufenden rückständigen Beträge ergeben; sie müssen durch Vorlage der Gesamt- und Einzeljahresabrechnung, des Gesamt- und Einzelwirtschaftsplans, gegebenenfalls durch den Beschluss über die Sonderumlage und dem Auszug aus der Beschlusssammlung nachgewiesen werden. Die Fälligkeitsmodalitäten sind nicht zu belegen. Soweit erforderlich ist auch die Gemeinschaftsordnung und/oder Teilungsvereinbarung/-erklärung vorzulegen.[4]

3

---

[3] Vgl. § 10 ZVG Rn. 12.
[4] Vgl. auch: *Hügel/Elzer-Elzer*, Das neue WEG-Recht, § 15 Rn. 48.

§ 52 ZVG
[Bestehenbleibende Rechte]

(1) Ein Recht bleibt insoweit bestehen, als es bei der Feststellung des geringsten Gebots berücksichtigt und nicht durch Zahlung zu decken ist. Im Übrigen erlöschen die Rechte.

(2) Das Recht auf eine der in den §§ 912 bis 917 des Bürgerlichen Gesetzbuches bezeichneten Renten bleibt auch dann bestehen, wenn es bei der Feststellung des geringsten Gebots nicht berücksichtigt ist. Satz 1 ist entsprechend anzuwenden auf

a) den Erbbauzins, wenn nach § 9 Abs. 3 des Erbbaurechtsgesetzes das Bestehenbleiben des Erbbauzinses als Inhalt der Reallast vereinbart worden ist;

b) Grunddienstbarkeiten und beschränkte persönliche Dienstbarkeiten, die auf dem Grundstück als Ganzem lasten, wenn in ein Wohnungseigentum mit dem Rang nach § 10 Abs. 1 Nr. 2 vollstreckt wird und diesen kein anderes Recht der Rangklasse 4 vorgeht, aus dem die Versteigerung betrieben werden kann.

1 Die WEG-Novelle[1] erweitert die Rechte der Wohnungseigentümergemeinschaft. Erlöschen im Zwangsversteigerungsverfahren mit Zuschlag grundsätzlich die dem Anspruch des betreibenden Gläubigers nachgehenden Rechte, insbesondere Dienstbarkeiten wie Leitungs- und Versorgungsrechte, Wegerechte oder Stellplatzrechte am Grundstück, sieht § 52 ZVG vor, dass Grunddienstbarkeiten und beschränkt persönliche Dienstbarkeiten, die auf dem Grundstück als Ganzem lasten, entsprechend Satz 1 – dort wird das Bestehenbleiben des Rechts auf die in den §§ 912 bis 917 des Bürgerlichen Gesetzbuches bezeichneten Überbau- und Notwege-Renten geregelt – auch ohne Berücksichtigung im geringsten Gebot bestehen bleiben, wenn aus dem Vorrecht der Rangklasse 2 vollstreckt wird. Das gilt allerdings nur, wenn diesen Rechten kein Recht der Rangklasse 4 vorgeht, aus dem die Versteigerung betrieben werden kann. Damit werden die Grunddienstbarkeiten und beschränkt persönliche Dienstbarkeiten genauso geschützt wie der Erbbauzins gemäß § 52 Abs. 2 Satz 1a ZVG.[2]

---

1 Gesetz zur Änderung des Wohnungseigentumsgesetzes und anderer Gesetze v. 26.3.2007, Art. 2 Nr. 3, BGBl. 2007, I S. 370, 376; § 52 Abs. 2 Satz 2a i.d.F. des Art. 78 Abs. 4 G v. 23.11.2007, BGBl. I, 2614.
2 So BT-Drucks. 16/887, S. 47.

§ 156 ZVG
[Öffentliche Lasten; Verteilungstermin]

(1) Die laufenden Beträge der öffentlichen Lasten sind von dem Verwalter ohne weiteres Verfahren zu berichtigen. Dies gilt auch bei der Vollstreckung in ein Wohnungseigentum für die laufenden Beträge der daraus fälligen Ansprüche auf Zahlung der Beiträge zu den Lasten und Kosten des gemeinschaftlichen Eigentums oder des Sondereigentums, die nach § 16 Abs. 2, § 28 Abs. 2 und 5 des Wohnungseigentumsgesetzes geschuldet werden, einschließlich der Vorschüsse und Rückstellungen sowie der Rückgriffsansprüche einzelner Wohnungseigentümer. Die Vorschrift des § 10 Abs. 1 Nr. 2 Satz 3 findet keine Anwendung.

(2) Ist zu erwarten, dass auch auf andere Ansprüche Zahlungen geleistet werden können, so wird nach dem Eingang der im § 19 Abs. 2 bezeichneten Mitteilungen des Grundbuchamtes der Verteilungstermin bestimmt. In dem Termin wird der Teilungsplan für die ganze Dauer des Verfahrens aufgestellt. Die Terminsbestimmung ist den Beteiligten sowie dem Verwalter zuzustellen. Die Vorschriften der §§ 105 Abs. 2 Satz 2, 113 Abs. 1 und der §§ 114, 115, 124, 126 finden entsprechende Anwendung.

Die WEG-Novelle[1] fügt dem ursprünglichen § 156 Abs. 1 ZVG noch zwei Sätze an als Folgeänderung zur Neufassung des § 10 Abs. 1 Nr. 2 ZVG. Der Gesetzgeber hat im Rahmen der **Zwangsverwaltung** neben der Zahlung der laufenden Beträge der öffentlichen Lasten jetzt die Berichtigung der Beiträge zu den Lasten und Kosten des gemeinschaftlichen Eigentums oder Sondereigentums der Wohnungseigentümergemeinschaft angeordnet. Damit sind vor Aufstellung des Teilungsplans Vorwegzahlungen bezüglich der laufenden, nicht aber der rückständigen Beträge der neuen Rangklasse 2 des § 10 Abs. 1 möglich. Sind alle laufenden Beträge durch die vorhandenen Einnahmen gedeckt, kann das darüber hinaus noch vorhandene Geld zur Erfüllung anderer Ansprüche im Rahmen des Teilungsplanes gemäß § 155 Abs. 2 ZVG genutzt werden. Diese Vorwegzahlungen für laufende Ansprüche sind, anders als in § 10 Abs. 1 Nr. 2 Satz 3 ZVG, nicht an eine Höchstgrenze von 5 % des festgesetzten Verkehrswertes gebunden. Im Rahmen der Zwangsverwaltung sollen die laufenden Kosten gezahlt werden, und nicht, sollte die Zwangsverwaltung länger dauern, die Wohnungseigentümer benachteiligt werden.[2] Die Änderung des Gesetzes hat allerdings nicht zur Folge, dass die Forderungen der Wohnungseigentümergemeinschaft auf das laufende Hausgeld von dem Zwangsverwalter nicht mehr als Ausgaben der Verwaltung zu erfüllen wären[3].

1

---

1 Gesetz zur Änderung des Wohnungseigentumsgesetzes und anderer Gesetze v. 26.3.2007, Art. 2 Nr. 4, BGBl. 2007, I S. 370.
2 BT-Drucks. 16/887, S. 48.
3 BGH v. 15.10.2009 – V ZB 43/09, BGHZ 182, 361; ebenso: LG Frankenthal v. 17.4. 2008 – 1 T 65/08, Rpfleger 2008, 519; LG Düsseldorf v. 3.2.2009 – 16 S 54/08, ZMR 2009, 713; a.A.: AG Duisburg v. 29.7.2008 – 76a C 24/08, NZM 2008, 937; AG Berlin-Schöneberg v. 25.9.2008 – 77 C 55/08 WEG, ZMR 2009, 157.

Änderung des Vergütungsverzeichnisses RVG-VV

Die Anlage 1 zu § 2 Abs. 2 (Vergütungsverzeichnis) des Rechtsanwaltsvergütungsgesetzes vom 5. Mai 2004 (BGBl. I S. 718, 788), das zuletzt durch Art. 20 des Gesetzes vom 22. Dezember 2006 (BGBl. I, S. 3416) geändert worden ist, wird wie folgt geändert:

1. In Absatz 2 der Anmerkung zu Nr. 3101 wird die Angabe „... im Verfahren nach § 43 des Wohnungseigentumsgesetzes" gestrichen.

2. In Vorbemerkung 3.2.1 Abs. 1 Nr. 2 wird c) gestrichen und die bisherigen Buchstaben d) und e) werden Buchstaben c) und d).

Inhalt:

	Rn.		Rn.
I. Allgemeines	1	2. Vorbemerkung 3.2.1 Abs. 1 Nr. 2	3
II. Änderungen des RVG	2		
1. Anmerkung Nr. 3101	2		

I. Allgemeines

1 Nachdem das Verfahren in Wohnungseigentumssachen jetzt nach den Vorschriften der ZPO durchgeführt wird und nicht mehr nach den Bestimmungen des FGG, waren auch die Bestimmungen des Gesetzes über die Vergütung der Rechtsanwältinnen und Rechtsanwälte (RVG) anzupassen; dies geschieht durch Art. 3 (3) des Gesetzes zur Änderung des Wohnungseigentumsgesetzes und anderer Gesetze.[1]

II. Änderungen des RVG-VV

1. Anmerkung Nr. 3101

2 VV Nr. 3101 RVG a.F. regelte die Höhe der anwaltlichen Vergütung für den Fall, dass die Tätigkeit beendet wird, bevor z.B. ein ein Verfahren einleitender Antrag gestellt ist oder bevor für die Partei ein gerichtlicher Termin wahrgenommen worden ist; die Gebühr der VV Nr. 3100 RVG beträgt dann 0,8. Dies gilt auch, soweit der Auftrag endet, soweit in einem Verfahren der freiwilligen Gerichtsbarkeit lediglich ein Antrag gestellt und eine Entscheidung entgegen genommen wird. Die Anmerkung (Absatz 2) bestimmt, dass VV Nr. 3101 Nr. 3 RVG im streitigen Verfahren der freiwilligen Gerichtsbarkeit insbesondere in Familiensachen, in Verfahren nach § 43 des Wohnungseigentumsgesetzes und in Verbindung nach dem Gesetz über das gerichtliche Verfahren in Landwirtschaftssachen nicht anzuwenden ist.

Nachdem das Wohnungseigentumsverfahren jetzt nach den Vorschriften der ZPO geregelt ist, sind die Verfahren nach § 43 WEG nicht mehr der freiwilligen Gerichtsbarkeit unterworfen, so dass sie dogmatisch fehlerhaft in VV

---

[1] Gesetz zur Änderung des Wohnungseigentumsgesetzes und anderer Gesetze v. 26.3.2007, BGBl. I, 2007, 370/376, Art. 3 (3).

Nr. 3101 Nr. 3 i.V.m. (2) eingeordnet wären. Sie unterliegen nun sowieso VV Nr. 3101 Nr. 1. Dies hat der Gesetzgeber klargestellt.[2]

2. Vorbemerkung 3.2.1 Abs. 1 Nr. 2

Gleiches gilt für die Klarstellung zur Vorbemerkung 3.2.1 Abs. 1 Nr. 2: Der Unterabschnitt 1 des RVG VV zu Abschnitt 2 betrifft die Vergütung in Berufungs- und Revisionsverfahren, und in Verfahren über „bestimmte Beschwerden und Verfahren vor dem Finanzgericht". Die Vorbemerkung 3.2.1 Abs. 1, Nr. 2 VV RVG bestimmt, dass der Unterabschnitt 1 auch für Verfahren über Beschwerden oder Rechtsbeschwerden gegen die den Rechtszug beendenden Entscheidungen in Verfahren nach § 43 des Wohnungseigentumsgesetzes anzuwenden ist.

Der ausdrücklichen Erwähnung bedarf es nicht mehr, da im Wohnungseigentumsverfahren sowieso nach den ZPO-Vorschriften verfahren wird und damit die Rechtsmittel der Berufung gegeben sind. Für diese gelten die Gebühren VV Nr. 3200 ff. sowieso. Auch dies ist eine Klarstellung. Im Wohnungseigentumsbeschwerdeverfahren nach altem Recht entsteht auch dann eine 1,6 Verfahrensgebühr nach Nr. 3200 RVG-VV, wenn dieser Rechtszug erst nach dem 1.1.2007 begann[3].

---

[2] Vgl. *Hügel/Elzer*, Das Neue WEG-Recht, 2007, § 16 Rdnr. 4.
[3] LG Wuppertal v. 26.8.2008 – 6 T 550/08, Rpfleger 2009, 52; LG Nürnberg-Fürth v. 3.5.2010 – 14 T 1536/10 WEG, ZMR 2010, 721.

D. Anhänge

Anhang 1

III. Allgemeine Verwaltungsvorschrift für die Ausstellung von Bescheinigungen gemäß § 7 Abs. 4 Nr. 2 und § 32 Abs. 2 Nr. 2 des Wohnungseigentumsgesetzes (Abgeschlossenheitsbescheinigung)

vom 19. März 1974
(BAnz. Nr. 58 v. 23. März 1974)

Aufgrund des Art. 84 Abs. 2 des Grundgesetzes werden mit Zustimmung des Bundesrates folgende Richtlinien für die Baubehörden über die Bescheinigung gemäß § 7 Abs. 4 Nr. 2 bzw. § 32 Abs. 2 Nr. 2 des Wohnungseigentumsgesetzes vom 15. März 1951 (Bundesgesetzbl. I S. 175, 209), zuletzt geändert durch das Gesetz zur Änderung des Wohnungseigentumsgesetzes und der Verordnung über das Erbbaurecht vom 30. Juli 1973 (Bundesgesetzbl. I S. 910) erlassen:

1. Die Bescheinigung darüber, dass eine Wohnung oder nicht zu Wohnzwecken dienende Räume in sich abgeschlossen im Sinne des § 3 Abs. 2 bzw. des § 32 Abs. 1 des Wohnungseigentumsgesetzes sind, wird auf Antrag des Grundstückseigentümers oder Erbbauberechtigten durch die Bauaufsichtsbehörde erteilt, die für die bauaufsichtliche Erlaubnis (Baugenehmigung) und die bauaufsichtlichen Abnahmen zuständig ist, soweit die zuständige oberste Landesbehörde nicht etwas anderes bestimmt.

2. Dem Antrag ist eine Bauzeichnung in zweifacher Ausfertigung im Maßstabe mindestens 1: 100 beizufügen; sie muss bei bestehenden Gebäuden eine Baubestandszeichnung sein und bei zu errichtenden Gebäuden den bauaufsichtlichen (baupolizeilichen) Vorschriften entsprechen.

3. Aus der Bauzeichnung müssen die Wohnungen, auf die sich das Wohnungseigentum, Wohnungserbbaurecht oder Dauerwohnrecht beziehen soll, oder die nicht zu Wohnzwecken dienenden Räume, auf die sich das Teileigentum, Teilerbbaurecht oder Dauernutzungsrecht beziehen soll, ersichtlich sein. Dabei sind alle zu demselben Wohnungseigentum, Teileigentum, Wohnungserbbaurecht, Teilerbbaurecht, Dauerwohnrecht oder Dauernutzungsrecht gehörenden Einzelräume in der Bauzeichnung mit der jeweils gleichen Nummer zu kennzeichnen.

4. Eine Wohnung ist die Summe der Räume, welche die Führung eines Haushaltes ermöglichen; dazu gehören stets eine Küche oder ein Raum mit Kochgelegenheit sowie Wasserversorgung, Ausguss und WC. Die Eigenschaft als Wohnung geht nicht dadurch verloren, dass einzelne Räume

Anhang 1

vorübergehend oder dauernd zu beruflichen oder gewerblichen Zwecken benutzt werden.

Räume, die zwar zu Wohnzwecken bestimmt sind, aber die genannten Voraussetzungen nicht erfüllen, könne nicht als Wohnung im Sinne der oben angeführten Vorschriften angesehen werden.

Der Unterschied zwischen „Wohnungen" und „nicht zu Wohnzwecken dienenden Räumen" ergibt sich aus der Zweckbestimmung der Räume. Nicht zu Wohnzwecken dienende Räume sind z.B. Läden, Werkstatträume, sonstige gewerbliche Räume, Praxisräume, Garagen u. dgl.

5. Aus der Bauzeichnung muss weiter ersichtlich sein, dass die „Wohnungen" oder „die nicht zu Wohnzwecken dienenden Räume" in sich abgeschlossen sind.

a) Abgeschlossene Wohnungen sind solche Wohnungen, die baulich vollkommen von fremden Wohnungen und Räumen abgeschlossen sind, z.B. durch Wände und Decken die den Anforderungen der Bauaufsichtsbehörden (Baupolizei) an Wohnungstrennwände und Wohnungstrenndecke entsprechen und einen eigenen abschließbaren Zugang unmittelbar vom Freien, von einem Treppenhaus oder einem Vorraum haben. Zu abgeschlossenen Wohnungen können zusätzliche Räume außerhalb des Wohnungsabschlusses gehören. Wasserversorgung, Ausguss und WC müssen innerhalb der Wohnung liegen.

Zusätzliche Räume, die außerhalb des Wohnungsabschlusses liegen, müssen verschließbar sein.

b) Bei „nicht zu Wohnzwecken dienenden Räumen" geltend diese Erfordernisse sinngemäß.

6. Bei Garagenstellplätzen muss sich im Falle des § 3 Abs. 2 Satz 2 des Wohnungseigentumsgesetzes aus der Bauzeichnung, gegebenenfalls durch zusätzliche Beschriftung ergänzt, ergeben, wie die Flächen der Garagenstellplätze durch dauerhafte Markierungen ersichtlich sind. Als dauerhafte Markierungen kommen in Betracht

a) Wände aus Stein oder Metall,

b) festverankerte Geländer oder Begrenzungseinrichtungen aus Stein oder Metall,

c) festverankerte Begrenzungsschwellen aus Stein oder Metall,

d) in den Fußboden eingelassene Markierungssteine,

e) andere Maßnahmen, die den Maßnahmen nach den Buchstaben a bis d zumindest gleichzusetzen sind.

7. Bei Vorliegen der Voraussetzungen der Nummern 1 bis 6 ist die Bescheinigung nach dem Muster der Anlage zu erteilen. Die Bescheinigung ist mit Unterschrift sowie Siegel oder Stempel zu versehen. Mit der Bescheinigung ist eine als Aufteilungsplan bezeichnete und mit Unterschrift sowie mit Siegel oder Stempel versehene Ausfertigung der Bauzeichnung zu erteilen. Die Zusammengehörigkeit von Bescheinigung und Auftei-

lungsplan ist durch Verbindung beider mittels Schnur und Siegel oder durch übereinstimmende Aktenbezeichnung ersichtlich zu machen.

8. Die Bescheinigung gemäß Nummer 7 ist bei zu errichtenden Gebäuden nicht zu erteilen, wenn die Voraussetzungen für eine bauaufsichtliche Genehmigung des Bauvorhabens nach Maßgabe der eingereichten Bauzeichnungen nicht gegeben sind.

Die Richtlinien treten am ersten Tag des auf die Veröffentlichung folgenden Monats in Kraft. Die Richtlinien des Bundesministers für Wohnungsbau vom 3. August 1951 für die Ausstellung von Bescheinigungen gemäß § 7 Abs. 4 Nr. 2 und § 32 Abs. 2 Nr. 2 des Wohnungseigentumsgesetzes (Bundesanzeiger Nr. 152 vom 9. August 1951) treten gleichzeitig außer Kraft.

Anlage

Bescheinigung aufgrund des § 7 Abs. 4 Nr. 2/§ 32 Abs. 2 Nr. 2 des WEG vom 15. März 1951

Die in dem beiliegenden Aufteilungsplan

mit Nummer ... bis ... bezeichneten Wohnungen, * mit Nummer ... bis ... bezeichneten nicht zu Wohnzwecken dienenden Räume * in dem bestehenden/zu errichtenden* Gebäude auf dem Grundstück in

............................., ...

        Ort   Straße, Nr.

(Katastermäßige Bezeichnung) ....

Grundbuch von ....

Band .... Blatt...

sind/gelten als* in sich abgeschlossen.

Sie entsprechen daher dem Erfordernis des § 3 Abs. 2/§ 32 Abs. 1* des WEG.

...................., den ....

        Ort

(Siegel oder Stempel)

                ....

             (Unterschrift der Behörde)

---

* Nichtzutreffendes streichen

Anhang 2

Verordnung über die Anlegung und Führung der Wohnungs- und Teileigentumsgrundbücher (WGV)

neugefasst durch Bekanntmachung vom 24. 1. 1995 (BGBl. I S. 134); geändert durch Art. 3 G v. 1. 10. 2013 (BGBl. I, S. 3719)

§ 1

Für die gemäß § 7 Abs. 1, § 8 Abs. 2 des Wohnungseigentumsgesetzes vom 15. März 1951 (Bundesgesetzbl. I S. 175) für jeden Miteigentumsanteil anzulegenden besonderen Grundbuchblätter (Wohnungs- und Teileigentumsgrundbücher) sowie für die gemäß § 30 Abs. 3 des Wohnungseigentumsgesetzes anzulegenden Wohnungs- und Teilerbbaugrundbücher gelten die Vorschriften der Grundbuchverfügung entsprechend, soweit sich nicht aus den §§ 2 bis 5, 8 und 9 etwas anderes ergibt.

§ 2

In der Aufschrift ist unter die Blattnummer in Klammern das Wort „Wohnungsgrundbuch" oder „Teileigentumsgrundbuch" zu setzen, je nachdem, ob sich das Sondereigentum auf eine Wohnung oder auf nicht zu Wohnzwecken dienende Räume bezieht. Ist mit dem Miteigentumsanteil Sondereigentum sowohl an einer Wohnung als auch an nicht zu Wohnzwecken dienenden Räumen verbunden und überwiegt nicht einer dieser Zwecke offensichtlich, so ist das Grundbuchblatt als „Wohnungs- und Teileigentumsgrundbuch" zu bezeichnen.

§ 3

(1) Im Bestandsverzeichnis sind in dem durch die Spalte 3 gebildeten Raum einzutragen:

a) der in einem zahlenmäßigen Bruchteil ausgedrückte Miteigentumsanteil an dem Grundstück;

b) die Bezeichnung des Grundstücks nach den allgemeinen Vorschriften; besteht das Grundstück aus mehreren Teilen, die in dem maßgebenden amtlichen Verzeichnis (§ 2 Abs. 2 der Grundbuchordnung) als selbständige Teile eingetragen sind, so ist bei der Bezeichnung des Grundstücks in geeigneter Weise zum Ausdruck zu bringen, dass die Teile ein Grundstück bilden;

c) das mit dem Miteigentumsanteil verbundene Sondereigentum an bestimmten Räumen und die Beschränkung des Miteigentums durch die Einräumung der zu den anderen Miteigentumsanteilen gehörenden Sondereigentumsrechte; dabei sind die Grundbuchblätter der übrigen Miteigentumsanteile anzugeben.

(2) Wegen des Gegenstandes und des Inhalts des Sondereigentums kann auf die Eintragungsbewilligung Bezug genommen werden (§ 7 Abs. 3 des Wohnungseigentumsgesetzes); vereinbarte Veräußerungsbeschränkungen

(§ 12 des Wohnungseigentumsgesetzes) sind jedoch ausdrücklich einzutragen.

(3) In Spalte 1 ist die laufende Nummer der Eintragung einzutragen. In Spalte 2 ist die bisherige laufende Nummer des Miteigentumsanteils anzugeben, aus dem der Miteigentumsanteil durch Vereinigung oder Teilung entstanden ist.

(4) In Spalte 4 ist die Größe des im Miteigentum stehenden Grundstücks nach den allgemeinen Vorschriften einzutragen.

(5) In den Spalten 6 und 8 sind die Übertragung des Miteigentumsanteils auf das Blatt sowie die Veränderungen, die sich auf den Bestand des Grundstücks, die Größe des Miteigentumsanteils oder den Gegenstand oder den Inhalt des Sondereigentums beziehen, einzutragen. Der Vermerk über die Übertragung des Miteigentumsanteils auf das Blatt kann jedoch statt in Spalte 6 auch in die Eintragung in Spalte 3 aufgenommen werden.

(6) Verliert durch die Eintragung einer Veränderung nach ihrem aus dem Grundbuch ersichtlichen Inhalt eine frühere Eintragung ganz oder teilweise ihre Bedeutung, so ist sie insoweit rot zu unterstreichen.

(7) Vermerke über Rechte, die dem jeweiligen Eigentümer des Grundstücks zustehen, sind in den Spalten 1, 3 und 4 des Bestandsverzeichnisses sämtlicher für Miteigentumsanteile an dem herrschenden Grundstück angelegten Wohnungs- und Teileigentumsgrundbücher einzutragen. Hierauf ist in dem in Spalte 6 einzutragenden Vermerk hinzuweisen.

§ 4

(1) Rechte, die ihrer Natur nach nicht an dem Wohnungseigentum als solchem bestehen können (wie z.B. Wegerechte), sind in Spalte 3 der zweiten Abteilung in der Weise einzutragen, dass die Belastung des ganzen Grundstücks erkennbar ist. Die Belastung ist in sämtlichen für Miteigentumsanteile an dem belasteten Grundstück angelegten Wohnungs- und Teileigentumsgrundbüchern einzutragen, wobei jeweils auf die übrigen Eintragungen zu verweisen ist.

(2) Absatz 1 gilt entsprechend für Verfügungsbeschränkungen, die sich auf das Grundstück als Ganzes beziehen.

§ 5

Bei der Bildung von Hypotheken-, Grundschuld- und Rentenschuldbriefen ist kenntlich zu machen, dass der belastete Gegenstand ein Wohnungseigentum (Teileigentum) ist.

§ 6

Sind gemäß § 7 Abs. 1 oder § 8 Abs. 2 WEG des Wohnungseigentumsgesetzes für die Miteigentumsanteile besondere Grundbuchblätter anzulegen, so werden die Miteigentumsanteile in den Spalten 7 und 8 des Bestandsverzeichnisses des Grundbuchblattes des Grundstücks abgeschrieben. Die Schließung des Grundbuchblatts gemäß § 7 Abs. 1 Satz 3 des Wohnungseigentumsgesetzes unterbleibt, wenn auf dem Grundbuchblatt von der Abschreibung nicht betroffene Grundstücke eingetragen sind.

Anhang 2

§ 7
(weggefallen)

§ 8
Die Vorschriften der §§ 2 bis 6 gelten für Wohnungs- und Teilerbbaugrundbücher entsprechend.

§ 9
Die nähere Einrichtung der Wohnungs- und Teileigentumsgrundbücher sowie der Wohnungs- und Teilerbbaugrundbücher ergibt sich aus den als Anlagen 1 und 3 beigefügten Mustern. Für den Inhalt eines Hypothekenbriefs bei der Aufteilung des Eigentums am belasteten Grundstück in Wohnungseigentumsrechte nach § 8 des Wohnungseigentumsgesetzes dient die Anlage 4 als Muster. Die in den Anlagen befindlichen Probeeintragungen sind als Beispiele nicht Teil dieser Verfügung.

§ 10
(1) Die Befugnis der zuständigen Landesbehörden, zur Anpassung an landesrechtliche Besonderheiten ergänzende Vorschriften zu treffen, wird durch diese Verfügung nicht berührt.

(2) Soweit auf die Vorschriften der Grundbuchverfügung verwiesen wird und deren Bestimmungen nach den für die Überleitung der Grundbuchverfügung bestimmten Maßgaben nicht anzuwenden sind, treten an die Stelle der in Bezug genommenen Vorschriften der Grundbuchverfügung die entsprechenden anzuwendenden Regelungen über die Einrichtung und Führung der Grundbücher. Die in § 3 vorgesehenen Angaben sind in diesem Falle in die entsprechenden Spalten für den Bestand einzutragen.

(3) Ist eine Aufschrift mit Blattnummer nicht vorhanden, ist die in § 2 erwähnte Bezeichnung an vergleichbarer Stelle im Kopf der ersten Seite des Grundbuchblatts anzubringen.

(4) Wurde von der Anlegung besonderer Grundbuchblätter abgesehen, sollen diese bei der nächsten Eintragung, die das Wohnungseigentum betrifft, spätestens jedoch bei der Anlegung des Datenbankgrundbuchs angelegt werden.

§ 11
(Inkrafttreten)

Anhang 3

Auszug aus der Zweiten Berechnungsverordnung – II. BV –

In der Fassung der Bekanntmachung vom 12. Oktober 1990, zuletzt geändert durch Art. 78 Abs. 2 Zweites Gesetz über die Bereinigung von Bundesrecht im Zuständigkeitsbereich des BMJ vom 23.11.2007 (BGBl. I S. 2614)

(BGBl. I S. 2178)

§ 8
Baunebenkosten

(1) Auf die Ansätze für die Kosten der Architekten, Ingenieure und anderer Sonderfachleute, die Kosten der Verwaltungsleistungen bei Vorbereitung und Durchführung des Bauvorhabens und die damit zusammenhängenden Nebenkosten ist § 7 Abs. 1 anzuwenden. Als Kosten der Architekten- und Ingenieurleistungen dürfen höchstens die Beträge angesetzt werden, die sich nach Absatz 2 ergeben. Als Kosten der Verwaltungsleistungen dürfen höchstens die Beträge angesetzt werden, die sich nach den Absätzen 3 bis 5 ergeben.

(2) Der Berechnung des Höchstbetrages für die Kosten der Architekten- und Ingenieurleistungen sind die Teile I bis III und VII bis XII der Honorarordnung für Architekten und Ingenieure vom 17. September 1976 (BGBl. I S. 2805, 3616) in der jeweils geltenden Fassung zugrunde zu legen. Dabei dürfen

1. das Entgelt für Grundleistungen nach den Mindestsätzen der Honorartafeln in den Honorarzonen der Teile II, VIII, X und XII bis einschließlich Honorarzone III und der Teile IX und XI bis einschließlich Honorarzone II,

2. die nachgewiesenen Nebenkosten und

3. die auf das ansetzbare Entgelt und die nachgewiesenen Nebenkosten fallende Umsatzsteuer

angesetzt werden. Höhere Entgelte und Entgelte für andere Leistungen dürfen nur angesetzt werden, soweit die nach Satz 2 Nr. 1 zulässigen Ansätze den erforderlichen Leistungen nicht gerecht werden. Die in Satz 3 bezeichneten Entgelte dürfen nur angesetzt werden, soweit

1. im öffentlich geförderten sozialen Wohnungsbau die Bewilligungsstelle,

2. im steuerbegünstigten oder freifinanzierten Wohnungsbau, der mit Wohnungsfürsorgemitteln gefördert worden ist, der Darlehns- oder Zuschußgeber

ihnen zugestimmt hat.

(3) Der Berechnung des Höchstbetrages für die Kosten der Verwaltungsleistungen ist ein Vomhundertsatz der Baukosten ohne Baunebenkosten und, soweit der Bauherr die Erschließung auf eigene Rechnung durchführt, auch der Erschließungskosten zugrunde zu legen, und zwar bei Kosten in der Stufe

Anhang 3

1. bis	127822,97	Euro einschließlich	3,40 vom Hundert,
2. bis	255645,94	Euro einschließlich	3,10 vom Hundert,
3. bis	511291,88	Euro einschließlich	2,80 vom Hundert,
4. bis	818067,01	Euro einschließlich	2,50 vom Hundert,
5. bis	1278229,70	Euro einschließlich	2,20 vom Hundert,
6. bis	1789521,58	Euro einschließlich	1,90 vom Hundert,
7. bis	2556459,41	Euro einschließlich	1,60 vom Hundert,
8. bis	3579043,17	Euro einschließlich	1,30 vom Hundert,
9. über	3579043,17	Euro	1,00 vom Hundert.

Die Vomhundertsätze erhöhen sich

1. um 0,5 im Falle der Betreuung des Baues von Eigenheimen, Eigensiedlungen und Eigentumswohnungen sowie im Falle des Baues von Kaufeigenheimen, Trägerkleinsiedlungen und Kaufeigentumswohnungen,

2. um 0,5, wenn besondere Maßnahmen zur Bodenordnung (§ 5 Abs. 2 Satz 2) notwendig sind,

3. um 0,5, wenn die Vorbereitung oder Durchführung des Bauvorhabens mit sonstigen besonderen Verwaltungsschwierigkeiten verbunden ist,

4. um 1,5, wenn für den Bau eines Familienheims oder einer eigengenutzten Eigentumswohnung Selbsthilfe in Höhe von mehr als 10 vom Hundert der Baukosten geleistet wird.

Erhöhungen nach den Nummern 1, 2 und 3 sowie nach den Nummern 2 und 4 dürfen nebeneinander angesetzt werden. Bei der Berechnung des Höchstbetrages für die Kosten von Verwaltungsleistungen, die bei baulichen Änderungen nach § 11 Abs. 4 bis 6 erbracht werden, sind Satz 1 und Satz 2 Nr. 3 entsprechend anzuwenden. Neben dem Höchstbetrag darf die Umsatzsteuer angesetzt werden.

(4) Statt des Höchstbetrages, der sich aus den nach Absatz 3 Satz 1 oder 4 maßgebenden Kosten und dem Vomhundertsatz der entsprechenden Kostenstufe ergibt, darf der Höchstbetrag der vorangehenden Kostenstufe gewählt werden. Die aus Absatz 3 Satz 2 und 3 folgenden Erhöhungen werden in den Fällen des Absatzes 3 Satz 1 hinzugerechnet. Absatz 3 Satz 5 gilt entsprechend.

(5) Wird der angemessene Kaufpreis nach § 4c für Teile einer Wirtschaftseinheit aus den Gesamtkosten ermittelt, so sind für die Berechnung des Höchstbetrages nach den Absätzen 3 und 4 die Kosten für das einzelne Gebäude zugrunde zu legen; der Kostenansatz dient auch zur Deckung der Kosten für dem Bauherrn im Zusammenhang mit der Eigentumsübertragung obliegenden Verwaltungsleistungen. Bei Eigentumswohnungen und Kaufeigentumswohnungen sind für die Berechnung der Kosten der Verwaltungsleistungen die Kosten für die einzelnen Wohnungen zugrunde zu legen.

(6) Der Kostenansatz nach den Absätzen 3 bis 5 dient auch zur Deckung der Kosten der Verwaltungsleistungen, die der Bauherr oder der Betreuer zur Beschaffung von Finanzierungsmitteln erbringt.

(7) Kosten der Beschaffung der Finanzierungsmittel dürfen nicht für den Nachweis oder die Vermittlung von Mitteln aus öffentlichen Haushalten angesetzt werden.

(8) Als Kosten der Zwischenfinanzierung dürfen nur Kosten für Darlehen oder für eigene Mittel des Bauherrn angesetzt werden, deren Ersetzung durch zugesagte oder sicher in Aussicht stehende endgültige Finanzierungsmittel bereits bei dem Einsatz der Zwischenfinanzierungsmittel gewährleistet ist. Eine Verzinsung der vom Bauherrn zur Zwischenfinanzierung eingesetzten eigenen Mittel darf höchstens mit dem marktüblichen Zinssatz für erste Hypotheken angesetzt werden. Kosten der Zwischenfinanzierung dürfen, vorbehaltlich des § 11, nur angesetzt werden, soweit sie auf die Bauzeit bis zur Bezugsfertigkeit entfallen.

(9) Auf die Eigenkapitalkosten in der Bauzeit ist § 20 entsprechend anzuwenden. § 6 Abs. 1 Satz 3 bleibt unberührt.

Anhang 4

Verordnung über die verbrauchsabhängige Abrechnung der Heiz- und Warmwasserkosten
(Verordnung über Heizkostenabrechnung – HeizkostenV)

In der Fassung der Bekanntmachung vom 5. Oktober 2009

(BGBl. I S. 3250)

§ 1
Anwendungsbereich

(1) Diese Verordnung gilt für die Verteilung der Kosten

1. des Betriebs zentraler Heizungsanlagen und zentraler Warmwasserversorgungsanlagen,
2. der eigenständig gewerblichen Lieferung von Wärme und Warmwasser, auch aus Anlagen nach Nummer 1, (Wärmelieferung, Warmwasserlieferung)

durch den Gebäudeeigentümer auf die Nutzer der mit Wärme oder Warmwasser versorgten Räume.

(2) Dem Gebäudeeigentümer stehen gleich

1. der zur Nutzungsüberlassung in eigenem Namen und für eigene Rechnung Berechtigte,
2. derjenige, dem der Betrieb von Anlagen im Sinne des § 1 Absatz 1 Nummer 1 in der Weise übertragen worden ist, dass er dafür ein Entgelt vom Nutzer zu fordern berechtigt ist,
3. beim Wohnungseigentum die Gemeinschaft der Wohnungseigentümer im Verhältnis zum Wohnungseigentümer, bei Vermietung einer oder mehrerer Eigentumswohnungen der Wohnungseigentümer im Verhältnis zum Mieter.

(3) Diese Verordnung gilt auch für die Verteilung der Kosten der Wärmelieferung und Warmwasserlieferung auf die Nutzer der mit Wärme oder Warmwasser versorgten Räume, soweit der Lieferer unmittelbar mit den Nutzern abrechnet und dabei nicht den für den einzelnen Nutzer gemessenen Verbrauch, sondern die Anteile der Nutzer am Gesamtverbrauch zu Grunde legt; in diesen Fällen gelten die Rechte und Pflichten des Gebäudeeigentümers aus dieser Verordnung für den Lieferer.

(4) Diese Verordnung gilt auch für Mietverhältnisse über preisgebundenen Wohnraum, soweit für diesen nichts anderes bestimmt ist.

§ 2
Vorrang vor rechtsgeschäftlichen Bestimmungen

Außer bei Gebäuden mit nicht mehr als zwei Wohnungen, von denen eine der Vermieter selbst bewohnt, gehen die Vorschriften dieser Verordnung rechtsgeschäftlichen Bestimmungen vor.

§ 3
Anwendung auf das Wohnungseigentum

Die Vorschriften dieser Verordnung sind auf Wohnungseigentum anzuwenden unabhängig davon, ob durch Vereinbarung oder Beschluss der Wohnungseigentümer abweichende Bestimmungen über die Verteilung der Kosten der Versorgung mit Wärme und Warmwasser getroffen worden sind. Auf die Anbringung und Auswahl der Ausstattung nach den §§ 4 und 5 sowie auf die Verteilung der Kosten und die sonstigen Entscheidungen des Gebäudeeigentümers nach den §§ 6 bis 9b und 11 sind die Regelungen entsprechend anzuwenden, die für die Verwaltung des gemeinschaftlichen Eigentums im Wohnungseigentumsgesetz enthalten oder durch Vereinbarung der Wohnungseigentümer getroffen worden sind. Die Kosten für die Anbringung der Ausstattung sind entsprechend den dort vorgesehenen Regelungen über die Tragung der Verwaltungskosten zu verteilen.

§ 4
Pflicht zur Verbrauchserfassung

(1) Der Gebäudeeigentümer hat den anteiligen Verbrauch der Nutzer an Wärme und Warmwasser zu erfassen.

(2) Er hat dazu die Räume mit Ausstattungen zur Verbrauchserfassung zu versehen; die Nutzer haben dies zu dulden. Will der Gebäudeeigentümer die Ausstattung zur Verbrauchserfassung mieten oder durch eine andere Art der Gebrauchsüberlassung beschaffen, so hat er dies den Nutzern vorher unter Angabe der dadurch entstehenden Kosten mitzuteilen; die Maßnahme ist unzulässig, wenn die Mehrheit der Nutzer innerhalb eines Monats nach Zugang der Mitteilung widerspricht. Die Wahl der Ausstattung bleibt im Rahmen des § 5 dem Gebäudeeigentümer überlassen.

(3) Gemeinschaftlich genutzte Räume sind von der Pflicht zur Verbrauchserfassung ausgenommen. Dies gilt nicht für Gemeinschaftsräume mit nutzungsbedingt hohem Wärme- oder Warmwasserverbrauch, wie Schwimmbäder oder Saunen.

(4) Der Nutzer ist berechtigt, vom Gebäudeeigentümer die Erfüllung dieser Verpflichtungen zu verlangen.

§ 5
Ausstattung zur Verbrauchserfassung

(1) Zur Erfassung des anteiligen Wärmeverbrauchs sind Wärmezähler oder Heizkostenverteiler, zur Erfassung des anteiligen Warmwasserverbrauchs Warmwasserzähler oder andere geeignete Ausstattungen zu verwenden. Soweit nicht eichrechtliche Bestimmungen zur Anwendung kommen, dürfen nur solche Ausstattungen zur Verbrauchserfassung verwendet werden, hinsichtlich derer sachverständige Stellen bestätigt haben, dass sie den anerkannten Regeln der Technik entsprechen oder dass ihre Eignung auf andere Weise nachgewiesen wurde. Als sachverständige Stellen gelten nur solche Stellen, deren Eignung die nach Landesrecht zuständige Behörde im Benehmen mit der Physikalisch-Technischen Bundesanstalt bestätigt hat. Die Ausstattungen müssen für das jeweilige Heizsystem geeignet sein und so angebracht werden, dass ihre technisch einwandfreie Funktion gewährleistet ist.

(2) Wird der Verbrauch der von einer Anlage im Sinne des § 1 Absatz 1 versorgten Nutzer nicht mit gleichen Ausstattungen erfasst, so sind zunächst durch Vorerfassung vom Gesamtverbrauch die Anteile der Gruppen von Nutzern zu erfassen, deren Verbrauch mit gleichen Ausstattungen erfasst wird. Der Gebäudeeigentümer kann auch bei unterschiedlichen Nutzungs- oder Gebäudearten oder aus anderen sachgerechten Gründen eine Vorerfassung nach Nutzergruppen durchführen.

§ 6
Pflicht zur verbrauchsabhängigen Kostenverteilung

(1) Der Gebäudeeigentümer hat die Kosten der Versorgung mit Wärme und Warmwasser auf der Grundlage der Verbrauchserfassung nach Maßgabe der §§ 7 bis 9 auf die einzelnen Nutzer zu verteilen. Das Ergebnis der Ablesung soll dem Nutzer in der Regel innerhalb eines Monats mitgeteilt werden. Eine gesonderte Mitteilung ist nicht erforderlich, wenn das Ableseergebnis über einen längeren Zeitraum in den Räumen des Nutzers gespeichert ist und von diesem selbst abgerufen werden kann. Einer gesonderten Mitteilung des Warmwasserverbrauchs bedarf es auch dann nicht, wenn in der Nutzeinheit ein Warmwasserzähler eingebaut ist.

(2) In den Fällen des § 5 Absatz 2 sind die Kosten zunächst mindestens zu 50 vom Hundert nach dem Verhältnis der erfassten Anteile am Gesamtverbrauch auf die Nutzergruppen aufzuteilen. Werden die Kosten nicht vollständig nach dem Verhältnis der erfassten Anteile am Gesamtverbrauch aufgeteilt, sind

1. die übrigen Kosten der Versorgung mit Wärme nach der Wohn- oder Nutzfläche oder nach dem umbauten Raum auf die einzelnen Nutzergruppen zu verteilen; es kann auch die Wohn- oder Nutzfläche oder der umbaute Raum der beheizten Räume zu Grunde gelegt werden,

2. die übrigen Kosten der Versorgung mit Warmwasser nach der Wohn- oder Nutzfläche auf die einzelnen Nutzergruppen zu verteilen.

Die Kostenanteile der Nutzergruppen sind dann nach Absatz 1 auf die einzelnen Nutzer zu verteilen.

(3) In den Fällen des § 4 Absatz 3 Satz 2 sind die Kosten nach dem Verhältnis der erfassten Anteile am Gesamtverbrauch auf die Gemeinschaftsräume und die übrigen Räume aufzuteilen. Die Verteilung der auf die Gemeinschaftsräume entfallenden anteiligen Kosten richtet sich nach rechtsgeschäftlichen Bestimmungen.

(4) Die Wahl der Abrechnungsmaßstäbe nach Absatz 2 sowie nach § 7 Absatz 1 Satz 1, §§ 8 und 9 bleibt dem Gebäudeeigentümer überlassen. Er kann diese für künftige Abrechnungszeiträume durch Erklärung gegenüber den Nutzern ändern

1. bei der Einführung einer Vorerfassung nach Nutzergruppen,

2. nach Durchführung von baulichen Maßnahmen, die nachhaltig Einsparungen von Heizenergie bewirken oder

3. aus anderen sachgerechten Gründen nach deren erstmaliger Bestimmung.

Die Festlegung und die Änderung der Abrechnungsmaßstäbe sind nur mit Wirkung zum Beginn eines Abrechnungszeitraumes zulässig.

§ 7
Verteilung der Kosten der Versorgung mit Wärme

(1) Von den Kosten des Betriebs der zentralen Heizungsanlage sind mindestens 50 vom Hundert, höchstens 70 vom Hundert nach dem erfassten Wärmeverbrauch der Nutzer zu verteilen. In Gebäuden, die das Anforderungsniveau der Wärmeschutzverordnung vom 16. August 1994 (BGBl. I S. 2121) nicht erfüllen, die mit einer Öl- oder Gasheizung versorgt werden und in denen die freiliegenden Leitungen der Wärmeverteilung überwiegend gedämmt sind, sind von den Kosten des Betriebs der zentralen Heizungsanlage 70 vom Hundert nach dem erfassten Wärmeverbrauch der Nutzer zu verteilen. In Gebäuden, in denen die freiliegenden Leitungen der Wärmeverteilung überwiegend ungedämmt sind und deswegen ein wesentlicher Anteil des Wärmeverbrauchs nicht erfasst wird, kann der Wärmeverbrauch der Nutzer nach anerkannten Regeln der Technik bestimmt werden. Der so bestimmte Verbrauch der einzelnen Nutzer wird als erfasster Wärmeverbrauch nach Satz 1 berücksichtigt. Die übrigen Kosten sind nach der Wohn- oder Nutzfläche oder nach dem umbauten Raum zu verteilen; es kann auch die Wohn- oder Nutzfläche oder der umbaute Raum der beheizten Räume zu Grunde gelegt werden.

(2) Zu den Kosten des Betriebs der zentralen Heizungsanlage einschließlich der Abgasanlage gehören die Kosten der verbrauchten Brennstoffe und ihrer Lieferung, die Kosten des Betriebsstromes, die Kosten der Bedienung, Überwachung und Pflege der Anlage, der regelmäßigen Prüfung ihrer Betriebsbereitschaft und Betriebssicherheit einschließlich der Einstellung durch eine Fachkraft, der Reinigung der Anlage und des Betriebsraumes, die Kosten der Messungen nach dem Bundes-Immissionsschutzgesetz, die Kosten der Anmietung oder anderer Arten der Gebrauchsüberlassung einer Ausstattung zur Verbrauchserfassung sowie die Kosten der Verwendung einer Ausstattung zur Verbrauchserfassung einschließlich der Kosten der Eichung sowie der Kosten der Berechnung, Aufteilung und Verbrauchsanalyse. Die Verbrauchsanalyse sollte insbesondere die Entwicklung der Kosten für die Heizwärme- und Warmwasserversorgung der vergangenen drei Jahre wiedergeben.

(3) Für die Verteilung der Kosten der Wärmelieferung gilt Absatz 1 entsprechend.

(4) Zu den Kosten der Wärmelieferung gehören das Entgelt für die Wärmelieferung und die Kosten des Betriebs der zugehörigen Hausanlagen entsprechend Absatz 2.

§ 8
Verteilung der Kosten der Versorgung mit Warmwasser

(1) Von den Kosten des Betriebs der zentralen Warmwasserversorgungsanlage sind mindestens 50 vom Hundert, höchstens 70 vom Hundert nach dem erfassten Warmwasserverbrauch, die übrigen Kosten nach der Wohn- oder Nutzfläche zu verteilen.

(2) Zu den Kosten des Betriebs der zentralen Warmwasserversorgungsanlage gehören die Kosten der Wasserversorgung, soweit sie nicht gesondert abgerechnet werden, und die Kosten der Wassererwärmung entsprechend § 7 Absatz 2. Zu den Kosten der Wasserversorgung gehören die Kosten des Wasserverbrauchs, die Grundgebühren und die Zählermiete, die Kosten der Verwendung von Zwischenzählern, die Kosten des Betriebs einer hauseigenen Wasserversorgungsanlage und einer Wasseraufbereitungsanlage einschließlich der Aufbereitungsstoffe.

(3) Für die Verteilung der Kosten der Warmwasserlieferung gilt Absatz 1 entsprechend.

(4) Zu den Kosten der Warmwasserlieferung gehören das Entgelt für die Lieferung des Warmwassers und die Kosten des Betriebs der zugehörigen Hausanlagen entsprechend § 7 Absatz 2.

§ 9
Verteilung der Kosten der Versorgung mit Wärme und Warmwasser bei verbundenen Anlagen

(1) Ist die zentrale Anlage zur Versorgung mit Wärme mit der zentralen Warmwasserversorgungsanlage verbunden, so sind die einheitlich entstandenen Kosten des Betriebs aufzuteilen. Die Anteile an den einheitlich entstandenen Kosten sind bei Anlagen mit Heizkesseln nach den Anteilen am Brennstoffverbrauch oder am Energieverbrauch, bei eigenständiger gewerblicher Wärmelieferung nach den Anteilen am Wärmeverbrauch zu bestimmen. Kosten, die nicht einheitlich entstanden sind, sind dem Anteil an den einheitlich entstandenen Kosten hinzuzurechnen. Der Anteil der zentralen Anlage zur Versorgung mit Wärme ergibt sich aus dem gesamten Verbrauch nach Abzug des Verbrauchs der zentralen Warmwasserversorgungsanlage. Bei Anlagen, die weder durch Heizkessel noch durch eigenständige gewerbliche Wärmelieferung mit Wärme versorgt werden, können anerkannte Regeln der Technik zur Aufteilung der Kosten verwendet werden. Der Anteil der zentralen Warmwasserversorgungsanlage am Wärmeverbrauch ist nach Absatz 2, der Anteil am Brennstoffverbrauch nach Absatz 3 zu ermitteln.

(2) Die auf die zentrale Warmwasserversorgungsanlage entfallende Wärmemenge (Q) ist ab dem 31. Dezember 2013 mit einem Wärmezähler zu messen. Kann die Wärmemenge nur mit einem unzumutbar hohen Aufwand gemessen werden, kann sie nach der Gleichung

$$Q = 2{,}5 \, \frac{\text{kWh}}{\text{m}^3 \, \text{K}} \, V \, (t_w - 10 \, °C)$$

bestimmt werden. Dabei sind zu Grunde zu legen

1. das gemessene Volumen des verbrauchten Warmwassers (V) in Kubikmetern (m^3);
2. die gemessene oder geschätzte mittlere Temperatur des Warmwassers (t_w) in Grad Celsius (°C).

Wenn in Ausnahmefällen weder die Wärmemenge noch das Volumen des verbrauchten Warmwassers gemessen werden können, kann die auf die zentrale Warmwasserversorgungsanlage entfallende Wärmemenge nach folgender Gleichung bestimmt werden

$$Q = 32 \, \frac{kWh}{m^2 \, A_{Wohn}} \, A_{Wohn}$$

Dabei ist die durch die zentrale Anlage mit Warmwasser versorgte Wohn- oder Nutzfläche (A_{Wohn}) zu Grunde zu legen. Die nach den Gleichungen in Satz 2 oder 4 bestimmte Wärmemenge (Q) ist

1. bei brennwertbezogener Abrechnung von Erdgas mit 1,11 zu multiplizieren und

2. bei eigenständiger gewerblicher Wärmelieferung durch 1,15 zu dividieren.

(3) Bei Anlagen mit Heizkesseln ist der Brennstoffverbrauch der zentralen Warmwasserversorgungsanlage (B) in Litern, Kubikmetern, Kilogramm oder Schüttraummetern nach der Gleichung

$$B = \frac{Q}{H_i}$$

zu bestimmen. Dabei sind zu Grunde zu legen

1. die auf die zentrale Warmwasserversorgungsanlage entfallende Wärmemenge (Q) nach Absatz 2 in kWh;

2. der Heizwert des verbrauchten Brennstoffes (H_i) in Kilowattstunden (kWh) je Liter (l), Kubikmeter (m^3), Kilogramm (kg) oder Schüttraummeter (SRm). Als H_i-Werte können verwendet werden für

Leichtes Heizöl EL	10 kWh/l
Schweres Heizöl	10,9 kWh/l
Erdgas H	10 kWh/m^3
Erdgas L	9 kWh/m^3
Flüssiggas	13 kWh/kg
Koks	8 kWh/kg
Braunkohle	5,5 kWh/kg
Steinkohle	8 kWh/kg
Holz (lufttrocken)	4,1 kWh/kg
Holzpellets	5 kWh/kg
Holzhackschnitzel	650 kWh/SRm.

Enthalten die Abrechnungsunterlagen des Energieversorgungsunternehmens oder Brennstofflieferanten H_i-Werte, so sind diese zu verwenden. Soweit die Abrechnung über kWh-Werte erfolgt, ist eine Umrechnung in Brennstoffverbrauch nicht erforderlich.

(4) Der Anteil an den Kosten der Versorgung mit Wärme ist nach § 7 Absatz 1, der Anteil an den Kosten der Versorgung mit Warmwasser nach § 8 Absatz 1 zu verteilen, soweit diese Verordnung nichts anderes bestimmt oder zulässt.

§ 9a
Kostenverteilung in Sonderfällen

(1) Kann der anteilige Wärme- oder Warmwasserverbrauch von Nutzern für einen Abrechnungszeitraum wegen Geräteausfalls oder aus anderen zwingenden Gründen nicht ordnungsgemäß erfasst werden, ist er vom Gebäudeeigentümer auf der Grundlage des Verbrauchs der betroffenen Räume in vergleichbaren Zeiträumen oder des Verbrauchs vergleichbarer anderer Räume im jeweiligen Abrechnungszeitraum oder des Durchschnittsverbrauchs des Gebäudes oder der Nutzergruppe zu ermitteln. Der so ermittelte anteilige Verbrauch ist bei der Kostenverteilung anstelle des erfassten Verbrauchs zu Grunde zu legen.

(2) Überschreitet die von der Verbrauchsermittlung nach Absatz 1 betroffene Wohn- oder Nutzfläche oder der umbaute Raum 25 vom Hundert der für die Kostenverteilung maßgeblichen gesamten Wohn- oder Nutzfläche oder des maßgeblichen gesamten umbauten Raumes, sind die Kosten ausschließlich nach den nach § 7 Absatz 1 Satz 5 und § 8 Absatz 1 für die Verteilung der übrigen Kosten zu Grunde zu legenden Maßstäben zu verteilen.

§ 9b
Kostenaufteilung bei Nutzerwechsel

(1) Bei Nutzerwechsel innerhalb eines Abrechnungszeitraumes hat der Gebäudeeigentümer eine Ablesung der Ausstattung zur Verbrauchserfassung der vom Wechsel betroffenen Räume (Zwischenablesung) vorzunehmen.

(2) Die nach dem erfassten Verbrauch zu verteilenden Kosten sind auf der Grundlage der Zwischenablesung, die übrigen Kosten des Wärmeverbrauchs auf der Grundlage der sich aus anerkannten Regeln der Technik ergebenden Gradtagszahlen oder zeitanteilig und die übrigen Kosten des Warmwasserverbrauchs zeitanteilig auf Vor- und Nachnutzer aufzuteilen.

(3) Ist eine Zwischenablesung nicht möglich oder lässt sie wegen des Zeitpunktes des Nutzerwechsels aus technischen Gründen keine hinreichend genaue Ermittlung der Verbrauchsanteile zu, sind die gesamten Kosten nach den nach Absatz 2 für die übrigen Kosten geltenden Maßstäben aufzuteilen.

(4) Von den Absätzen 1 bis 3 abweichende rechtsgeschäftliche Bestimmungen bleiben unberührt.

§ 10
Überschreitung der Höchstsätze

Rechtsgeschäftliche Bestimmungen, die höhere als die in § 7 Absatz 1 und § 8 Absatz 1 genannten Höchstsätze von 70 vom Hundert vorsehen, bleiben unberührt.

§ 11
Ausnahmen

(1) Soweit sich die §§ 3 bis 7 auf die Versorgung mit Wärme beziehen, sind sie nicht anzuwenden

1. auf Räume,

   a) in Gebäuden, die einen Heizwärmebedarf von weniger als 15 kWh/(m^2 · a) aufweisen,

   b) bei denen das Anbringen der Ausstattung zur Verbrauchserfassung, die Erfassung des Wärmeverbrauchs oder die Verteilung der Kosten des Wärmeverbrauchs nicht oder nur mit unverhältnismäßig hohen Kosten möglich ist; unverhältnismäßig hohe Kosten liegen vor, wenn diese nicht durch die Einsparungen, die in der Regel innerhalb von zehn Jahren erzielt werden können, erwirtschaftet werden können; oder

   c) die vor dem 1. Juli 1981 bezugsfertig geworden sind und in denen der Nutzer den Wärmeverbrauch nicht beeinflussen kann;

2. a) auf Alters- und Pflegeheime, Studenten- und Lehrlingsheime,

   b) auf vergleichbare Gebäude oder Gebäudeteile, deren Nutzung Personengruppen vorbehalten ist, mit denen wegen ihrer besonderen persönlichen Verhältnisse regelmäßig keine üblichen Mietverträge abgeschlossen werden;

3. auf Räume in Gebäuden, die überwiegend versorgt werden

   a) mit Wärme aus Anlagen zur Rückgewinnung von Wärme oder aus Wärmepumpen- oder Solaranlagen oder

   b) mit Wärme aus Anlagen der Kraft-Wärme-Kopplung oder aus Anlagen zur Verwertung von Abwärme, sofern der Wärmeverbrauch des Gebäudes nicht erfasst wird;

4. auf die Kosten des Betriebs der zugehörigen Hausanlagen, soweit diese Kosten in den Fällen des § 1 Absatz 3 nicht in den Kosten der Wärmelieferung enthalten sind, sondern vom Gebäudeeigentümer gesondert abgerechnet werden;

5. in sonstigen Einzelfällen, in denen die nach Landesrecht zuständige Stelle wegen besonderer Umstände von den Anforderungen dieser Verordnung befreit hat, um einen unangemessenen Aufwand oder sonstige unbillige Härten zu vermeiden.

(2) Soweit sich die §§ 3 bis 6 und § 8 auf die Versorgung mit Warmwasser beziehen, gilt Absatz 1 entsprechend.

§ 12
Kürzungsrecht, Übergangsregelung

(1) Soweit die Kosten der Versorgung mit Wärme oder Warmwasser entgegen den Vorschriften dieser Verordnung nicht verbrauchsabhängig abgerechnet werden, hat der Nutzer das Recht, bei der nicht verbrauchsabhängigen Abrechnung der Kosten den auf ihn entfallenden Anteil um 15 vom Hundert zu kürzen. Dies gilt nicht beim Wohnungseigentum im Verhältnis des einzelnen Wohnungseigentümers zur Gemeinschaft der Wohnungseigentümer; insoweit verbleibt es bei den allgemeinen Vorschriften.

(2) Die Anforderungen des § 5 Absatz 1 Satz 2 gelten bis zum 31. Dezember 2013 als erfüllt

1. für die am 1. Januar 1987 für die Erfassung des anteiligen Warmwasserverbrauchs vorhandenen Warmwasserkostenverteiler und
2. für die am 1. Juli 1981 bereits vorhandenen sonstigen Ausstattungen zur Verbrauchserfassung.

(3) Bei preisgebundenen Wohnungen im Sinne der Neubaumietenverordnung 1970 gilt Absatz 2 mit der Maßgabe, dass an die Stelle des Datums „1. Juli 1981" das Datum „1. August 1984" tritt.

(4) § 1 Absatz 3, § 4 Absatz 3 Satz 2 und § 6 Absatz 3 gelten für Abrechnungszeiträume, die nach dem 30. September 1989 beginnen; rechtsgeschäftliche Bestimmungen über eine frühere Anwendung dieser Vorschriften bleiben unberührt.

(5) Wird in den Fällen des § 1 Absatz 3 der Wärmeverbrauch der einzelnen Nutzer am 30. September 1989 mit Einrichtungen zur Messung der Wassermenge ermittelt, gilt die Anforderung des § 5 Absatz 1 Satz 1 als erfüllt.

(6) Auf Abrechnungszeiträume, die vor dem 1. Januar 2009 begonnen haben, ist diese Verordnung in der bis zum 31. Dezember 2008 geltenden Fassung weiter anzuwenden.

Stichwortverzeichnis

(Die **fett**gedruckten Zahlen beziehen sich auf die Paragraphen, die mageren gedruckten Zahlen auf die Randnummern.)

Abänderung der Teilungserklärung **8** 13
Abberufung des **Verwalters 26** 4, 18 ff.
– Anspruch eines Eigentümers **21** 30
– aus wichtigem Grund **26** 22 ff.
– Begriff **26** 18 f.
– Beschränkung **26** 26
– durch Mehrheitsbeschluss **26** 20
– Erledigung der Hauptsache **26** 29
– Frist bei wichtigem Grund **26** 25
– ordentlichen Abberufung **26** 21
– Prozessuales **26** 27 ff.
Abberufung des **Verwaltungsbeirats 29** 8
Abbuchungsverfahren 21 77
Abdingbarkeit bei den jeweiligen Vorschriften meist Rdnr. 1; sowie: **10** 5, 11; **16** 9, 68; **18** 15; **19** 11; **26** 14; **27** 46; **22** 25
Abflussprinzip bei Jahresabrechnung **28** 33
Abgeschlossener Raum
– Schiebewände **5** 2
– Vorhänge/Raumteiler **5** 2
Abgeschlossenheit 3 29–34; **32** 1
– Aufteilungsplan **3** 30
– Dauerwohnrecht **31** 6; **32** 1; **33** 1
– fehlende **3** 29
– Garagen **3** 33
– Merkmale **3** 30
– Mindestausstattung Wohnung **3** 32
– nachträgliche Änderung **3** 34
– räumliche **1** 7; **3** 30
– Sondereigentum **87**
– Stellplätze **3** 33

– Voraussetzungen **3** 30
– Wohnungseigentum, abgeschlossene Wohnung **32** 1, 2
– Zugang **3** 31
Abgeschlossenheitsbescheinigung 3 29; **4** 7; **7** 10
– baurechtliche Überprüfung **7** 12
– Bescheinigung Baubehörde **7** 10
– Dauerwohnrecht **32** 3, 5
– Grundbuchamt Prüfung Abgeschlossenheit **7** 10
– Kraftloserklärung **7** 12
– Prüfung Grundbuchamt **7** 12
– Rechtsweg Verwaltungsgericht **7** 12
– Sondereigentum **3** 23 f.; **7** 11
– Widerspruch Aufteilungsplan **3** 17
– Zuständigkeit **7** 14
– Zuständigkeit, Baubehörde **7** 14
– Zuständigkeit, Sachverständiger **7** 14
Abgrenzung
– Instandhaltung und sonstige bauliche Maßnahmen **21** 51; **22** 15
– Modernisierung und ordnungsgemäße Instandhaltung **22** 15; **21** 53
– Sondernutzung und Miete/Pacht **13** 29
– zweier Sondernutzungsflächen **13** 31
– Sondereigentum/Gemeinschaftseigentum **5** 1, 2
Abgrenzungsposten bei Jahresabrechnung **28** 41; *siehe auch:* Rechnungsabgrenzung
Abhilfe vor Ausschluss **18** 5, 9

1271

WEG Stichwortverzeichnis

Ablaufprotokoll bei Eigentümerversammlung **24** 34 ff.
ablehnender Beschluss bei fehlender Beschlusskompetenz **23** 23
Ablehnung einen Anspruch durchzusetzen **21** 23
Ablehnungsgesuch Befangenheit **Vor 43** 10a
Ablehnung von Ansprüchen gegen Gemeinschaft **21** 30
Ablichtungen durch Verwalter **24** 45
Abmahnung
– des Verwalters **26** 22
– vor Versorgungssperre **15** 16
– durch Verwalter **18** 9; **27** 6
– **Abnahme** Gemeinschaftseigentum durch Verwalter **27** 1
Abrechnungsguthaben 28 82
Abrechnungsspitze
– allgemein **28** 62a, 83
– negative **28** 69
Abrechnungsunterlagen (Einsicht der Wohnungseigentümer) **28** 80
Abriss eines Gebäudes **22** 21
Abschluss einer Vereinbarung **10** 9 f., 23
Abschluss Verwaltervertrag durch Verwaltungsbeirat **29** 12
Abstellplätze 3 33
Abstimmung 23 23
Abstimmung Anfechtung **46** 8
Abstimmungsergebnis (Feststellung **16** 97, **23** 23; **Vor 43** 15
Abstimmungsverfahren 23 23
Abstimmungsverhalten im Protokoll vermerken **24** 36
Abtrennung von Miteigentumsanteil **6** 2
Abwasser (Kosten) **16** 15; **28** 41, 66
Abwehransprüche
– aus § 15 Abs. 3, § 1004 BGB **15** 18 ff.
– aus § 985 BGB und § 1004 BGB **15** 32
– gegen faktische Sondernutzung **13** 28
– gegen Mieter (aus § 15 Abs. 3, § 1004 BGB) **15** 22

– gegen Modernisierungsmaßnahmen **22** 23
Abweichende Kostenverteilung im Einzelfall (Instandhaltungs-, Instandsetzungsmaßnahmen, bauliche Veränderungen) **16** 55 ff.
Abweichende Nutzung (Zweckbestimmung) **14** 19
Abweichende Regelung siehe Abdingbarkeit
Abweichende Vereinbarung zu § 44 ZVG **39** 2
Abweichung
– Teilungsplan **3** 12 ff.
– Vereinbarung von Gesetz **10** 12
Abwendung von Nachteilen (Verwalteraufgabe) **27** 22, 34
Aktiva (als Gegenstand des Verwaltungsvermögens) **10** 54
Aktivprozesse 27 16, 42, 43
Aktivvertretung durch Verwalter **27** 20, 32, 44
Akzessorietät Miteigentum/Sondereigentum **6** 1
Alleineigentum
– Vorratsteilung **8** 2
– Sondereigentum **13** 3
Alleineigentümer
– Abänderung der Teilungserklärung **8** 13
– Abgeschlossenheit des Sondereigentums **8** 7
– Gebrauchsregelung **8** 4
– Gesellschaft bürgerlichen Rechts **8** 2
– Gestaltungsfreiheit **8** 4
– Miteigentumsanteile **8** 4
– oHG **8** 2
– Teilung **8** 5
– Unterteilung eines Miteigentumsanteils **8** 5
– Unterteilung eines Sondereigentums **8** 5
Alleinige Zuständigkeit der Gemeinschaft bei Anspruchsdurchsetzung **10** 45

Alleinnutzung
- von gemeinschaftlichem Eigentum **14** 50
- von gemeinschaftlichen Einrichtungen **13** 21

Allgemeine Geschäftsbedingungen
- bei Beschränkung Verwalterhaftung **26** 49
- bei Verwaltervertrag **26** 40, 44
- und Vereinbarung **10** 14

Allgemeine Öffnungsklausel 10 17

Allgemeine Verwaltungsvorschrift 7 9

Allgemeine Wohnverhältnisse (Verbesserung) **22** 18

Allgemeiner Verteilungsschlüssel siehe gesetzlicher Verteilungsschlüssel

Allgemeinstrom (Betriebskosten) **16** 37

Alternativangebote
- bei größeren Maßnahmen **21** 23
- bei Verwalterbestellung **26** 15, 30, 33

Altforderungen in der Jahresabrechnung **28** 62a

altruistische Anfechtung 28 85

Amortisation 21 54

Amtshaftung 7 16 (Fn. 65)

Amtsniederlegung des Verwalters **26** 19, 51

Anbauten (bauliche Veränderung) **14** 10

Anderer Maßstab bei Kostenverteilung **16** 62

Änderung
- Anspruch auf Änderung des Kostenverteilungsschlüssels **10** 18
- der Eigenart der Wohnanlage **22** 21
- Gemeinschaftseigentum/Sondereigentum **6** 5
- einer Grunddienstbarkeit **10** 43
- der Hausordnung **21** 47
- der Miteigentumsanteile (Außenhaftung, Verteilungsschlüssel) **10** 62; **16** 12
- der Rechtspersönlichkeit des Verwalters **26** 5
- des Gegenstands des Sondereigentums **4** 5
- Teilungserklärung **8** 5
- des Kostenverteilungsschlüssels **16** 13, 14, 20, 22, 49; **28** 62a
- einer Vereinbarung **10** 15 ff.
- im zulässigen Gebrauch (Bindung des Mieters) **13** 9
- Verteilungsmaßstab innerhalb Abrechnungszeitraums **16** 49
- des Verteilungsschlüssels **16** 13
- Zuschnitt des Sondereigentums **5** 4

Aneignung 10 52

Anerkenntnis siehe auch: freiwillige Erfüllung
- durch Verwalter **27** 11, 25, 34

Anerkenntnisurteil Vor 43 19; **47** 5

Anfechtbarkeit (Einrede bei Außenhaftung der Wohnungseigentümer) **10** 66

Anfechtung
- des Bestellungsbeschlusses (Verwalter) **26** 16
- des Wirtschaftsplans **28** 18
- eines Negativbeschlusses **21** 19, 39
- selbständiger Abrechnungsposten **28** 85
- von Eigentümerbeschlüssen **4** 4; **15** 34; **46** 8
- von Geschäftsordnungsbeschlüssen **23** 21
- Abstimmungsvorgang **46** 8
- Gegenstand **46** 2

Anfechtungs- und Verpflichtungsklage bei Jahresabrechnung **28** 84 ff.

Anfechtungsberechtigte
- Anfechtungsklage **15** 34; **46** 3
- abberufener Verwalter **26** 15

Anfechtungsberechtigung
- Verwalter **46** 19

Anfechtungsfrist
- Beginn des Laufs **46** 21
- Demnächstzustellung **46** 22
- Fristende **46** 23

- Wiedereinsetzung 46 30
- Wiedereinsetzung, Verfahren 46 35
- Wiedereinsetzung, Zuständigkeit 46 34
- Wiedereinsetzungsantrag 46 33

Anfechtungsgegner
- Anfechtungsklage 46 16

Anfechtungsklage
- Abweisung unbegründet 48 16
- Anfechtungsberechtigte 46 3–5, 19
- Anfechtungsfrist, Berechnung 46 23
- Anfechtungsgegner 46 16
- Anfechtungsgrund (Angabe des Kerns) 14 5
- Auslagen eines Verwalters 46 9
- gegen Beschlussersetzungsurteil 23 39
- Begründungsfrist 46 26
- Berechnung der Begründungsfrist 46 26
- Beschlussverkündung 46 10
- des zustimmenden Eigentümers 46 11
- Eigentümerversammlung 46 9
- Einberufungsvorschriften 46 9
- Entlastung des Verwalters 46 9
- Fehlen der Einladung 46 9
- Fristversäumung 46 30
- Gebührenvorschuss 46 21
- Hinweispflicht Nichtigkeit 46 36
- Instandsetzungsarbeiten durch Verwalter 46 9
- Jahresabrechnung 46 9
- Klagefrist 46 22
- Klagefrist, Demnächstzustellung 46 22
- mangelnde Beschlussfähigkeit 46 9
- Mindestinhalt 46 24
- Monatsfrist 46 23
- Nachschieben von Gründen 14 5
- Negativbeschluss 21 19, 39
- Nichtigkeit, Rechtskraftwirkung 46 36
- Nichtigkeitsgründe 46 37
- Nichtöffentlichkeit der Versammlung 46 9
- Protokollberichtigung 46 9
- Prozessstandschaft 46 4
- Prüfungsmaßstab 46 6
- Rechtsschutzbedürfnis 46 11
- Rechtsschutzbedürfnis, Negativbeschlüsse 46 12
- Rechtsschutzbedürfnis, Nichtbeschlüsse 46 15
- Rechtsschutzbedürfnis, Zweitbeschlüsse 46 13
- Stimmabgabe, Vertretung 46 9
- Stimmenzählung 46 9
- Tagesordnung 46 9
- Umfang der Begründung 46 27
- Untergemeinschaft 23 7
- Verhinderung der Teilnahme 46 9
- Versäumnis 46 30
- vorsorgliche 24 40
- Wiedereinsetzung 46 30
- Wiedereinsetzung, Frist 46 31
- Wiedereinsetzung, Verfahren 46 35
- Wiedereinsetzung, Verschulden 46 31
- Wiedereinsetzung, Zuständigkeit 46 34
- Wiedereinsetzungsantrag 46 33
- Wiedereinsetzungsfrist 46 32
- Wirtschaftsplan 28 13, 18; 46 9
- Zustellung + Klagefrist 46 22
- des zustimmenden Eigentümers 46 11

Anfechtungsklage gegen Beschlussersetzungsurteil 21 91

Anfechtungsklage gegen Sonderumlage 28 27

Anfechtungsklagen 46 1 ff.
- Binnenrechtsstreitigkeiten 46 3

Anfechtungsrecht
- des Verwalters bei Urteil über Aufhebung Bestellung 26 17

Stichwortverzeichnis WEG

- des Verwalters bei Beschluss über Verwalterabberufung **26 27**
- des zustimmenden Eigentümers **46 11**

Anforderung von Zahlungen **27** 10
Anfragen/Anregungen als Tagesordnungspunkte **23** 12
Angabe des Verteilungsschlüssels in Wirtschaftsplan **28** 16
Angemessene Instandhaltungsrücklage **21** 61
Angemessenheit (optische Beeinträchtigung) **14** 43
Angestellte 14 52
Anhörungsrüge Vor **43** 20
Anlageform (Instandhaltungsrücklage) **16** 5; **21** 62
Anlageform bei Geldanlage **27** 12
Anlagen
- und Beschluss-Sammlung **24** 59
- und Versammlungsprotokoll **24** 34

Anlass für Sonderumlage **28** 25
Anlegung der Wohnungsgrundbücher
- Auflassungsvormerkung **8** 5
- Wirksamwerden Teilung **8** 12

Anmerkung in Beschluss-Sammlung **24** 66 f.
Annahmebeschluss (zum Prozessvergleich) **10** 45
Anpassung
- dingliche Rechtslage **3** 4, 21
- Vereinbarung **10** 23; **21** 30

Ansammlung Instandhaltungsrücklage **21** 62
Anschluss an Versorgungsleitungen **21** 70
Anschlussbeiträge 10 43
Ansichziehen (von Rechten durch die Gemeinschaft) **10** 43, 44, 45; **21** 23
Anspruch
- auf Abberufung/Bestellung eines Verwalters **21** 30
- auf Abschluss Vereinbarung **10** 18 ff.
- auf Änderung des Verteilungsschlüssels **16** 14, 20
- auf Änderung der Teilungsvereinbarung **3** 6
- auf Änderung Vereinbarung **10** 18 ff.
- auf Aufgabenerfüllung des Verwaltungsbeirats **29** 14
- auf Aufnahme in Tagesordnung **23** 11; **24** 25
- auf Beschlussfassung bei baulichen Veränderungen **22** 8
- auf Durchsetzung von Gemeinschaftsansprüchen **21** 23
- auf Einhaltung der Verkehrssicherungspflicht **21** 30
- auf Einräumung des Mitbesitzes (nach § 985 BGB) **15** 32
- auf Ergänzung der Jahresabrechnung **28** 58
- auf Gebrauchsregelung **15** 36
- auf Miteigentumsquotenberichtigung **3** 7
- auf modernisierende Instandsetzung **22** 26
- auf Nutzungen **16** 7
- auf ordnungsgemäße Verwaltung **21** 30; **26** 38
- auf ordnungsgemäßen Gebrauch **15** 33
- auf Protokollberichtigung **24** 46 ff.
- auf Verwaltungsmaßnahme **21** 28 ff.
- auf Zweitbeschluss **21** 30
- aus § 15 Abs. 3, § 1004 BGB **15** 18 ff.
- aus § 906 Abs. 2 BGB **13** 16
- gegen andere Wohnungseigentümer (bei nicht ordnungsgemäßer Verwaltung) **21** 34
- gegen Mieter (aus § 15 Abs. 3, § 1004 BGB) **15** 22
- gegen Verband (bei nicht ordnungsgemäßer Verwaltung) **21** 36
- gegen Verwalter (aus § 15 Abs. 3, § 1004 BGB) **15** 22

1275

- gegen Verwalter (bei nicht ordnungsgemäßer Verwaltung) **21** 35
- gegen Verwaltungsbeirat (bei nicht ordnungsgemäßer Verwaltung) **21** 37

Anspruch auf ordnungsgemäße Verwaltung
- Anspruchsinhaber und Anspruchsgegner **21** 28, 29; **26** 38
- Anspruchsinhalt **21** 30
- Folgen einer Pflichtverletzung **21** 34 ff.
- Prozessuales **21** 38 ff.
- Verjährung, Verwirkung, Treu und Glauben **21** 31 ff.

Ansprüche
- Begriff **10** 51
- als Gegenstand des Verwaltungsvermögens **10** 51
- aus §§ 985 ff. BGB (Sondereigentum) **13** 13
- aus Jahresabrechnung, Wirtschaftsplan, Sonderumlage (als Gegenstand des Verwaltungsvermögens) **10** 55
- aus Kauf-, Werk- und anderen Verträgen (als Gegenstand des Verwaltungsvermögens) **10** 55
- bei 14 Nr. 1 bis 4 **14** 76
- bei faktischer Sondernutzung **13** 28
- bei Notmaßnahme **21** 16
- bei Störungen eines Sondernutzungsberechtigten **13** 44
- Geltendmachung durch Verwalter **27** 26, 36
- ungerechtfertigte Bereicherung **16** 72; **21** 18

Ansprüche der Wohnungseigentümer
- Abwehransprüche aus § 15 Abs. 3, § 1004 BGB **15** 18 ff.
- Anfechtung von Eigentümerbeschlüssen **15** 34
- Anspruch auf Durchsetzung von Gemeinschaftsansprüchen **21** 23
- Anspruch auf Gebrauchsregelung **15** 35
- Anspruch auf ordnungsgemäßen Gebrauch **15** 33
- Anspruchsgegner **15** 21 f., 25
- Anspruchsinhaber **15** 20, 23
- Anspruchsinhalt **15** 19, 23
- Bei Notmaßnahmen **21** 15
- Besitzschutzansprüche **13** 23 f.
- Duldungsanspruch **15** 23 ff.
- gegen Verwalter **21** 35; **26** 38
- Herausgabeanspruch nach § 985 BGB **15** 31 f.
- nachbarrechtlicher Ausgleichsanspruch **13** 16
- Schadensersatzansprüche **13** 23 f.
- unerlaubte Handlung **26** 45; **27** 3; **29** 18
- ungerechtfertigte Bereicherung **16** 72; **21** 18
- Unterlassungs-, Beseitigungs-, Wiederherstellungsanspruch **15** 19 ff.
- Verjährung, Verwirkung, sonstiger Ausschluss **15** 26 ff., **48** 1

Ansprüche direkt gegen Mieter **14** 55

Anspruchsausschluss (Ansprüche aus § 15 Abs. 3, § 1004 BGB) **15** 30

Anspruchsbegründung **21** 24

Anspruchsgegner
- bei 14 Nr. 4 **14** 75
- bei Anspruch auf Änderung Vereinbarung **10** 22
- bei Anspruch auf Beschlussfassung (bauliche Veränderung) **22** 8
- bei Anspruch auf ordnungsgemäße Verwaltung **21** 29; **26** 38
- bei Ansprüchen aus § 15 Abs. 3, § 1004 BGB **15** 21 f., 25
- bei Protokollberichtigung **24** 47

Anspruchsgrundlage siehe jeweils bei der Vorschrift
- durch Beschluss **21** 24
- und Jahresabrechnung **28** 33, 62a

Anspruchsinhaber (Abwehransprüche aus § 15 Abs. 3, § 1004 BGB) **15** 20, 24
Anspruchsinhaber (bei Geltendmachung durch Gemeinschaft) **10** 45
Anspruchsinhaber (bei Lasten-Kostentragung) **16** 11
Anspruchsinhalt (Abwehransprüche aus § 15 Abs. 3, § 1004 BGB) **15** 19, 23
Anspruchskonkurrenz
– bei Ansprüchen aus § 15 Abs. 3, § 1004 BGB **15** 20
– Individual- und gemeinschaftliche Ansprüche **10** 45
Anteil an Mieteinnahmen bei Vermietung gemeinschaftlichen Eigentums **13** 19
Anteil der Nutzungen **16** 8
Anteile des Miteigentums Verhältnis des Wertes ihres Wohnungseigentums **17** 3
– Verhältnis zueinander bei Aufhebung **17** 3
Anteilige Lasten- und Kostentragung **16** 10 ff.
Anteilige Nutzungen des gemeinschaftlichen Eigentums **16** 2 ff.
Anteilshaftung der Wohnungseigentümer siehe Außenhaftung
Antenne auf Gemeinschaftseigentum (Kosten) **21** 81
Antennenanlage (Betriebskosten) **16** 41
Antennenmast (bauliche Veränderung) **22** 5
Antrag des Alleineigentümers **9** 4
Antragsrecht in Versammlung **25** 28
Anwachsen freier Miteigentumsanteil **2** 9
Anwaltskosten siehe Rechtsanwaltsvergütung
Anwartschaftsrecht zu errichtendes Gebäude **2** 5
Anwartschaftsverträge **4** 10
Anwesenheitsquorum
– bei Erstversammlung **25** 16 ff.
– bei Zweit- oder Wiederholungsversammlung **25** 22
Anwesenheitsrecht
– bei Eigentümerversammlung **24** 5 ff.
– des Verwaltungsbeirats **29** 10
Arbeiter **14** 52
Arbeitsleistungen erbringen **16** 11, 21
Architektenbüro (Nutzung von Wohnraum) **14** 21
Arglisteinrede (Außenhaftung der Wohnungseigentümer) **10** 65
Arglistige Täuschung **4** 4
Arrest Vor **43** 24
– Schadensersatz Vor **43** 24a
Art und Weise
– der Nutzungen des gemeinschaftlichen Eigentums **16** 5
– von Zahlungen **21** 77
Arztpraxis (Nutzung von Wohnraum) **14** 21
Auf Dauer (Verbesserung der Wohnverhältnisse) **22** 18
Aufbauverpflichtung Dauerwohnrecht **31** 8
Aufgaben
– des Verwalters **27** siehe dort Inhaltsübersicht
– des Verwaltungsbeirats **29** 11 ff.
Aufgedrängte Bereicherung **21** 17
Aufhebung
– Sondereigentum **4** 5
– Sondereigentumsrechte **9** 1
– der Abgeschlossenheit **3** 34
– des Bestellungsbeschlusses (Verwalter) **26** 16
– des Sondereigentums Antrag § 13 GBO **9** 2
– einer Vereinbarung **10** 15
– eines Sondernutzungsrechts **13** 39
Aufhebung der Gemeinschaft **17** 1, 2
– Anspruch **11** 3
– Anteilsbemessung **17** 2
– Ausschluss **11** 2; **17** 2
– Beteiligung an Instandhaltung/-setzung **17** 1

– durch vertragliche Vereinbarung 17 2
– Insolvenz 11 5
– nichtberücksichtigungsfähige Veränderungen 17 5
– Rechtsanspruch 11 4
– Teilung in natura 17 2
– Tod eines Eigentümers 11 2
– Verhältnis der Miteigentumsanteile 17 3
– Wertausgleich 17 2
– Wertbestimmung 17 2
– Wertermittlung, Zeitpunkt 17 4
– wichtiger Grund 11 3
– Zwangsvollstreckung 11 5

Auflassung 4 4, 6; 8 4

Auflassungsempfänger, Zustimmung 8 5

Auflassungserklärung und Vertretungsmacht des Verwalters 27 20

Auflassungsvormerkung, Ersterwerber 8 12

Auflösende Bedingung bei Verwaltervertrag 26 39

Auflösung der Instandhaltungsrücklage 21 63, 65

Aufnahme in Tagesordnung der Eigentümerversammlung 23 11; 24 25

Aufopferungsanspruch (als Gegenstand des Verwaltungsvermögens) 10 55

Aufrechenbarkeit (Einrede bei Außenhaftung der Wohnungseigentümer) 10 66

Aufrechnung
– bei Verwaltervergütung 26 42
– in der Jahresabrechnung 28 32, 62a
– und Wohngeld 21 77; 28 23, 33, 35, 57
– zur Zahlungsbewirkung 21 77; 27 11, 26, 36

Aufrechnungsverbot (bei § 14 Nr. 4) 14 75

Aufstellen von Tischen zur Bewirtung von Gästen (bei Sondernutzungsrecht) 13 45

Aufstellung
– der Hausordnung 21 46
– der Jahresabrechnung 28 29 f.
– des Wirtschaftsplans 21 66; 28 3 ff., 19
– tatsächlicher Ausgaben und Einnahmen in der Jahresabrechnung (Ist-Abrechnung) 28 33, 40a

Aufstellungsfrist
– für Jahresabrechnung 28 30
– für Wirtschaftsplan 28 4

Aufstockung eines Gebäudes 22 11, 21

Aufteilung 6 1 ff.
– Dauerwohnrecht 32 4
– Mehrhausanlage 6 8
– Wohnungseigentum 6 3

Aufteilung eines Grundstücks, Dauerwohnrecht 31 7

Aufteilungsmaßstab, Miteigentumsanteil 3 7

Aufteilungsplan 5 2; 7 9
– Abweichung Bauausführung 3 15
– Anforderung an einen Aufteilungsplan 32 4
– Auslegung 7 8a
– Baubestandszeichnung 7 9
– Bauzeichnung 7 9; 32 5
– Bezugnahme in Teilungserklärung 13 17
– bestehendes Gebäude 7 9
– Dauerwohnrecht 32 1
– Eintragung ohne Aufteilungsplan 7 17
– Fläche Sondernutzungsrecht 7 9
– Grundbuch 3 4
– gutgläubiger Erwerb 7 17
– Lageplan 7 9
– Nummerierung 7 9
– Widerspruch zur Abgeschlossenheitsbescheinigung 3 17
– Wohnungseigentum 32 4
– Zuordnung der Räume 7 9

Auftrag
– Auftragsvertrag (Verwalter) 26 36

– Auftrag (Verwaltungsbeirat –
Gemeinschaft) **29** 4, 18
– an günstigsten Anbieter **27** 43
Auftragsrecht (bei Wahrnehmung
Verwaltertätigkeiten) **27** 3
Aufwendungen 16 59; **22** 4
– des Verwaltungsbeirats **29** 7
Aufwendungsersatz
– bei Notmaßnahme **16** 15;
21 16 ff. (19)
– wenn keine Notmaßnahme
vorlag **21** 16 ff.
– für Verwalter **26** 7, 36; **27** 38
Aufwendungskredite 27 38
Aufzug 14 46; **15** 15; *siehe auch:*
Außenlift
Aufzug (für Personen) 22 18
Aufzugskosten (Betriebskosten)
16 33, 53, 62
Ausbau Speicher **6** 5
Ausbauten (baulichen Veränderung)
14 10
Ausdrückliche Regelung bei Änderung des Verteilungsschlüssels
16 22
Ausführungsbestimmung für Baubehörden **7** 12
Ausgaben (unberechtigte) in Jahresabrechnung **28** 55, 73
Ausgaben für Instandhaltungsrücklage **28** 39, 40
Ausgaben und Einnahmen (Wirtschaftsplan) **28** 11 ff.
– zu verteilende Ausgaben und
Einnahmen **28** 61
Ausgeschiedener Eigentümer
(Benachrichtigung über Rechtsstreitigkeiten) **27** 15
Ausgeschiedener Verwalter (nachvertragliche Pflichten) **26** 52
Ausgestaltung des Verwaltervertrages **26** 40
Ausgleichsanspruch (nachbarrechtlicher) **13** 16
Ausgleichszahlungen 3 21
Aushang bei Eigentümerunterrichtung **27** 16
Auskunftspflicht
– des Verwalters **26** 53
– des Verwaltungsbeirats **29** 14

Auslagenpauschale für Verwaltungsbeirat **29** 7
Ausländische Staatsangehörige und
Parabolantennen **14** 25
Auslegung
– keine Beschlusskompetenz für
verbindliche Auslegung **23** 3
– bei Umfang eines Sondernutzungsrechts **13** 40
– der Gemeinschaftsordnung
10 9, 29; **13** 17, 22; **14** 17; **16** 13;
23 3
– der Hausordnung **21** 45
– der Teilungserklärung **7** 8a;
10 9, 29; **13** 17, 22; **14** 17; **23** 3
– des Aufteilungsplans **7** 8a
– einer Vereinbarung **10** 9, 29;
16 13
– eines Beschlusses **10** 32; **15** 10;
16 22, 22a; **21** 24; **23** 26; **24** 48,
51
– ergänzende **10** 23, 29; **16** 22a
– objektiv-normative **10** 29
– und Beschluss-Sammlung
24 51
– von Grundbucheintragungen
7 8a; **14** 17
– von Öffnungsklauseln **10** 17
– Zuständigkeit **43** 4
Ausnahmen von Alleinnutzung bei
Sondernutzungsrecht **13** 43
Ausscheidender Eigentümer
(Außenhaftung der Wohnungseigentümer) **10** 59
Ausschluss
– Aufhebung der Gemeinschaft
17 2
– aus Versammlung **15** 6; **23** 28,
30, 36; **24** 5, 29
– der anderen vom Mitgebrauch
des gemeinschaftlichen Eigentums (Sondernutzungsrecht)
13 27
– der Ansprüche aus § 15 Abs. 3,
§ 1004 BGB **15** 30
– der Aufhebung Gemeinschaft
11 2
– aus der Gemeinschaft **18** 12 f.

- der übrigen Eigentümer (gemeinschaftliches Eigentum) **13** 21
- der Vertretungsmacht des Verwalters **27** 21, 24, 32, 33
- vom Stimmrecht **23** 28, 30, 36; **24** 29; **25** 26 ff.

Außenhaftung der Wohnungseigentümer
- begrenzte Haftung **10** 58 ff.
- Einreden und Einwendungen des Eigentümers **10** 63 ff.
- nach Verhältnis der Miteigentumsanteile **10** 62
- unmittelbare Haftung **10** 61
- Zeitraum **10** 59, 60

Außenjalousien
- (Instandhaltung, -setzung) **21** 55
- optische Beeinträchtigung **15** 43

Außenkamin 14 46
Außenlift 22 5, 7, 21, 23
Außenstreitigkeiten 43 28
Außenverhältnis 27 19, 20, 29
- Wirkung von Rechtshandlungen aufgrund Mehrheitsbeschluss **10** 35
- der Gemeinschaft **10** 39, 53
- bei faktischer Gemeinschaft **2** 10

Äußerer Bestand der Wohnanlage **22** 21
Außergerichtliche Kosten bei Rechtsstreit nach § 18 **16** 76
Außergerichtliche Rechtsberatung (Kosten) **16** 79
Außerordentliche Eigentümerversammlung 24 12 ff.
Außerordentliche Kündigung 18 7
Aussetzung des Gerichtsverfahrens über Erstbeschluss bis Bestandskraft Zweitbeschluss **21** 92
Aussetzung des Verfahrens Vor **43** 16
Austausch des Bodenbelags **14** 6
Austausch von Sondereigentum **6** 3
Ausübung gemeinschaftsbezogener Rechte und Pflichten der Wohnungseigentümer durch Verband **10** 43
Ausübung von Rechten durch die Gemeinschaft **10** 45
Ausübungsbefugnis
- als Gegenstand des Verwaltungsvermögens **10** 51
- bei Ansprüchen aus § 15 Abs. 3, § 1004 BGB **15** 20
- der Gemeinschaft **10** 43, 45; **22** 4a

Auswahl des Unternehmens bei Sanierung **29** 13
Auswahl Farbanstrich bei Sanierung **29** 13

Bad (Zweckbestimmung) **14** 18
Balkon
- als Beeinträchtigung **14** 46
- Kostentragungsregelung in Gemeinschaftsordnung **10** 29
- reparieren **14** 7
- Sondereigentum/Gemeinschaftseigentum **5** 9

Balkonblumen gießen **14** 44
Balkonbrüstung (Instandhaltung, -setzung) **21** 55
Balkonsanierung (Tagesordnungspunkt) **23** 12
Balkonverglasung (bauliche Veränderung) **14** 50; **22** 5, 21
Bankgebühren 16 18
Bargeld und Jahresabrechnung **28** 31, 32, 33 und Muster Anlage 4 und Anlage 6
Barrierefreiheit 22 12
Bauabweichung
- bei Begründung des Wohnungseigentums **3** 12
- Raumaufteilung **3** 13
- zusätzliche Wohnungen **3** 14

Baubehörde 7 14
Baubescheinigung 3 29
Baubeschreibung und Schallschutz **14** 15
Baubestandszeichnung 7 9
Bauhandwerker (Außenhaftung der Wohnungseigentümer) **10** 61
Bauliche Maßnahme *siehe* bauliche Veränderungen

Bauliche Veränderung
– Prüfungsreihenfolge **21** 51
– und faktische Sondernutzung **13** 28
– und Klage nach § 21 Abs. 8 **21** 91
Bauliche Veränderungen
– Abwehransprüche **15** 17 ff.; **22** 1
– Aufwendungen **16** 18, 69 ff.; **22** 4
– Begriff **14** 10, 46; **22** 3
– Beschlusserfordernis **22** 7
– eigenmächtige **22** 1
– Kostenverteilung **16** 55 ff., 73
– modernisierende Instandsetzung **22** 26
– Modernisierung und Anpassung an Stand der Technik **22** 15 ff.
– Prüfungsreihenfolge bei baulichen Veränderungen **22** 1
– steckengebliebener Bau **22** 30
– Wiederaufbau zerstörter Gebäude **22** 27 ff.
– Zustimmung Eigentümer **16** 70 ff.
– bei Sondereigentum **13** 3
– durch Sondernutzungsberechtigten **13** 41; **14** 46; **22** 2
Baumängel **14** 7
Baumaterial lagern **14** 63
Bäume (prägende) **22** 21
Bauordnungsrecht (Sondereigentum) **13** 16
Baurechtliche Überprüfung **7** 12
Baurechtlicher Nachbarantrag (Notmaßnahme) **21** 13
Bauvorschriften
– Bescheinigung **3** 29
Bauwich **22** 11
Bauzustand
– Wiedergabe im Grundbuch **7** 9
Beanstandetes Verhalten **18** 3
Beauftragung eines Rechtsanwalts durch Verwalter **27** 25, 34
Bedingte Verwalterbestellung **26** 8
Bedingte Zustimmung zu Beschlüssen **16** 71; **23** 19
Bedingter Beschluss **23** 19

Bedingtes Recht § 51, 50 ZVG **39** 6
Bedingung **4** 7
Bedingungsfeindlichkeit der Verwalterbestellung **26** 8
Beeinträchtigter Eigentümer bei baulichen Veränderungen (Maßnahmen) **16** 70 ff.; **22** 8
Beeinträchtigung **14** 5; *siehe auch:* Nachteil
– für Gemeinschaft **22** 11
– der ordnungsgemäßen Verwaltung **18** 5
– durch Protokoll der Eigentümerversammlung **24** 46
– gemäß § 14 **5** 6
Beeinträchtigung Gemeinschaftseigentum
– Abdichtung **5** 5
– Abgasrohre **5** 5
– Aufzüge **5** 5
– Doppelkastenfenster, Austausch **5** 5
– Isolierglasfenster **5** 5
– Lichtkuppeln **5** 5
– Schaufenster **5** 5
Beeinträchtigungsschwelle **14** 50
Beendigung der Gemeinschaft (Übergang des Verwaltungsvermögens) **10** 56
Beendigung des Verwaltungsbeiratsamts **29** 8
Beendigung Verwaltervertrag **26** 50 ff.
Beeren von Sträuchern **13** 26; **16** 4
Befangenheit Vor **43** 10a
Befassung der Eigentümerversammlung vor Klage gegen andere Wohnungseigentümer **21** 39
Befristung
– Dauerwohnrecht **33** 3
– des Miteigentums **31** 9
Befugnisse
– als Teil des Verwaltungsvermögens **10** 51
– des Verwalters **27** *siehe dort Inhaltsübersicht*
Beginn der Verjährung (Ansprüche aus § 15 Abs. 3, § 1004 BGB) **15** 26

Begründetheit der Klage bei gebundenen Maßnahmen 21 42
Begründung eines Anspruchs 21 24
Begründung Sondernutzungsrecht durch Mehrheitsbeschluss 13 34 ff.
Begründung des Wohnungseigentums 2 1, 4
– vertragliche Einräumung 2 2
– Wirksamkeit, Vollzug im Grundbuch 2 4
Begründung
– Sondernutzungsrecht durch nachträgliche Vereinbarung 13 32
– Sondernutzungsrecht in Teilungserklärung 13 30 f.
Begrünter Dachgarten (Nutzung Teileigentum) 14 25
Behinderte 14 6; 22 12
Beiladung
– Absehen 48 8
– Absehen bei Mehrhausanlage 48 8
– bei Anspruch gegen Verwalter 48 6
– Anwendungsbereich 48 1
– Beitritt im Rechtsstreit 48 3
– Kosten 48 11
– notwendige 48 2
– Prozessführungsbefugnis 48 12
– rechtliche Interessen 48 8
– Rechtskraftwirkung 48 14
– Streit mit Verwalter 48 6
– Unterbleiben 48 16
– Urteilswirkungen 48 14
– Veräußerung Wohnungseigentum 48 12
– Verfahren 48 5
– Verjährung 48 1
– Verwalter 48 6
– Zustellung 48 11
– bei Gerichtsverfahren wegen Ansprüchen aus § 15 Abs. 3, § 1004 BGB 15 20
– bei Prozessstandschaft der Gemeinschaft 10 45
– Wohnungseigentümer 44 9

Beisitzer im Verwaltungsbeirat 29 9
Beispiele für zulässige und unzulässige Regelungsinhalte einer Hausordnung 21 49
Beistand in Eigentümerversammlung 24 7
Beiträge 27 10
– Beitragsanspruch 10 39; 28 62a; 43 16
– Beitragsforderung 28
– Beitragsrückstände 28
– Beitragsschulden 28 20
– zur Instandhaltungsrücklage/ Instandhaltungsrückstellung 28 14
Beitragsvorschüsse (Wohngelder) 28 12, 20 ff.
Beitritt
– Beiladung im Rechtsstreit 48 12
– Rechtsfolgen 48 14
Bekanntgabe des Beschlussergebnisses 23 25
Belastung 31 6; 41 4
– Dauerwohnrecht 31 6; 33 2
– Miteigentum 31 6
– ohne Miteigentumsanteil 6 2
– Sondereigentum 6 1
– Sondereigentum, eines ideellen Bruchteils 6 3
– Wohnungseigentumsgrundstück 7 5
Belastungsverbot 23 19; 21 24; 10 19; 16 22
Belegeinsicht 13 10; 28 80
Beleidigung
– (Abberufung Verwalter) 26 23
– durch Eigentümer 24 2
Beleuchtung (Betriebskosten) 16 37
Beliebige gewerbliche Zwecke (Nutzung Teileigentum) 14 24
Beliebige Nutzung des Sondereigentums 13 3
Benachrichtigung von Eigentümern 27 15
Benachteiligung Behinderter 22 12
Benachteiligung Einzelner bei Betriebskostenverteilung 16 49
Benutzung 14 63

Benutzungsregeln für Gemeinschaftseigentum (Regelung in Hausordnung) 21 49
Benutzungszwang 10 53, 54
Bepflanzung Gartenteil (bei Sondernutzungsrecht) 13 45
Berater bei Eigentümerversammlung 24 7
Beratungsorgan (Verwaltungsbeirat) 29 11
Berechnung der Beschlussfähigkeit 25 16 f.
Berechtigte (bei Lasten-/Kostentragung) 16 11
Berechtigte Geschäftsführung ohne Auftrag 21 17
Bereicherungsanspruch
– Dauerwohnrecht 34 3
– bei eigenmächtiger Instandsetzung 21 16 f.
– bei Wohngeldüberzahlung 28 20, 83
– gegen andere Gemeinschaft 10 45
Bereicherungsausgleich 21 17, 18, 36, 50
Berichtigung des Protokolls der Eigentümerversammlung 24 46 ff.
Berufsmusiker 14 44
Berufungseinlegung (Vertretungsmacht des Verwalters) 27 25
Beruhen (bei formellen Beschlussmängeln) 23 38
Beschädigungen von Sondereigentum dulden 14 63
Bescheinigung
– Baubehörde 7 10
– Nachweis der Zerstörung 9 3
Beschluss 23 19 ff.
– Änderung des Verteilungsschlüssels (Betriebskosten) 16 22
– als Anspruchsgrundlage 21 24
– Anfechtung *siehe* Anfechtungsklage
– Auslegung 15 10; 23 26; 24 51
– Außenwirkung 10 35
– bedingter Beschuss 23 19
– Bedingte Zustimmung 23 19

– Begriff 10 31; 23 19 ff.
– Beschlusskompetenz *siehe dort*
– des Verwaltungsbeirats über Wirtschaftsplan 28 17
– Entnahmen aus Instandhaltungsrücklage 21 65
– Feststellung des Abstimmungsergebnisses 23 23 f.
– für ungültig erklärt (durch rechtskräftiges Urteil) 23 34
– Gesamtakt 10 31
– gesetzesändernd/gesetzeswidrig 10 33; 25 25
– Gültigkeit von Beschlüssen 23 33 ff.; 43 26
– Haftung für unterlassene eschlüsse 10 69
– über „ob" und „wie" der Instandhaltung 27 42
– Mehrheitsbeschluss *siehe dort*
– nichtige Beschlüsse 23 27 ff.
– Prozessuales 23 36 ff.
– Prüfungsrecht des Verwalters 23 22
– schwebend unwirksamer 22 1; 23 19
– überflüssiger 21 23
– über Jahresabrechnung 28 77, 78
– über Sonderumlage 28 27
– über Wirtschaftsplan 28 17
– unbestimmter Beschluss 23 31
– vereinbarungsändernd/vereinbarungswidrig 10 15, 33
– Verkündung des Beschlussergebnisses 23 25; 43 26
– widersprüchlicher Beschluss 22 6; 23 31
– Wirkung gegen Sondernachfolger 10 31 ff.
– Zustandekommen 23 22 ff.; 43 26
– Feststellung des Abstimmungsergebnisses 43 26
Beschlussanfechtung *siehe auch:* Anfechtungsklage
– mehrere Prozesse 47 2
– Prozessverbindung 47 1
Beschlussauslegung 10 32; 15 10; 23 26; 24 48, 51

1283

Beschlussbestandteile bei Jahresabrechnung **28** 83a
Beschlüsse durchführen (Verwalteraufgabe) **27** 2 ff.
Beschlüsse zur Großsanierung (Tagesordnungspunkt) **23** 12
Beschlusserfordernis bei baulichen Veränderungen **22** 7
Beschlussergebnisberichtigungsklage 23 39
Beschlussergebnis in Beschluss-Sammlung **24** 59
Beschlussersetzungsklage 21 91, 39 ff. (42); **22** 7; **28** 29; **46** 12
Beschlussfähigkeit 25 15 ff.
– Streit über **43** 26
– einer Zweit- oder Wiederholungsversammlung **25** 22 ff.
Beschlussfassung 23 8 *(und dortige Verweise)*
– bei Duldungsanspruch aus § 15 Abs. 3, § 1004 BGB **15** 23
– bei Kostenverteilung im Einzelfall **16** 58
– in der Versammlung **23** 2 ff.
– ohne Versammlung **23** 13 ff.
– über Rechnungslegung **28** 92
– Streit **43** 26
Beschlussgegenstand
– Bezeichnung in der Einberufung **23** 11
– bei Jahresabrechnung **28** 83a
Beschlussgegenstände bei Zweitversammlung **25** 20
Beschlussgültigkeit 23 9 ff.
Beschlusskompetenz *siehe dazu auch bei denjeweiligen Paragraphen*
– Änderung einer Vereinbarung **10** 15
– Änderung Verteilungsschlüssel Betriebskosten **16** 20, 55
– Annexkompetenz **23** 4a; **25** 25
– aufgrund Gesetz oder Vereinbarung **10** 32; **23** 2 ff.
– aufgrund Öffnungsklausel **10** 16 ff., 33; **13** 32 ff.; **15** 9; **16** 20, 22; **23** 4; **21** 21
– für Auslegung der Teilungserklärung **23** 3

– Begriff **23** 2 ff.
– bei baulichen Veränderungen **22** 6
– bei Ermächtigungsbeschlüssen **22** 4a
– fehlende **10** 15; **21** 22; **23** 3, 23
– Geschäftsordnungsbeschlüsse **22** 4a
– kraft Sachzusammenhangs **22** 4a; **25** 25
– für Mehrheitsbeschluss **10** 15; **16** 63 ff.; **21** 22; **25** 2
– für Modernisierungsmaßnahmen **25** 23
– Gebrauchsregelung **15** 9 ff.
– in bestimmten Geldangelegenheiten **21** 75 ff.
– und Quorum **16** 62
– bezüglich Sondereigentum **23** 3
– Sondernutzungsrecht **13** 32 ff.
– Untergemeinschaft **23** 7
– und Verwalterentlastung **22** 4a
– zum Zeitpunkt der Abstimmung **16** 57
Beschlussmängel 23 19 ff.
Beschluss-Sammlung 6 9
– als Gegenstand und Teil des Verwaltungsvermögens **10** 50; **24** 49 f.
– Anlagen **24** 59
– Bedeutung bei Beschlussauslegung **24** 51
– Bindungswirkung **24** 51
– Einsichtsrecht **24** 72
– Führung **24** 73 ff.
– Inhalt **24** 54 ff.
– Korrektur **24** 52
– Löschung **24** 66 ff.
– Pflicht zur Führung **24** 53
– Pflichtverletzung bei Führung **24** 75 f.
– und Auslegung eines Beschlusses **16** 22a
Beschränkt persönliche Dienstbarkeit Dauerwohnrecht **31** 6
Beschränkung
– der Eigentumsrechte **14** 1
– der Rechte aus Sondereigentum **13** 16, 17

Stichwortverzeichnis **WEG**

- der Verfügung über Gelder **27** 48
- der Vertretungsmacht des Verwalters **27** 20, 32, 48
- der Verwalterabberufung **26** 26
- der Verwalterbestellung **26** 14
- Wohngeldanspruch durch Jahresabrechnung **28** 83
- des Mitgebrauchs (gemeinschaftliches Eigentum) **13** 21, 22
- des Miteigentums **7** 5

Beschreibung des Regelungsbedarf und des Rechtsschutzziels (bei unbestimmtem Klageantrag) **21** 41

Beseitigung der Störung **15** 19, 23

Beseitigung baulicher Maßnahme
- ordnungsgemäße Verwaltung **21** 26
- Prozessbeendigung durch Verband **10** 45

Beseitigung von Gemeinschaftseigentum **14** 6; **22** 3

Beseitigungsanspruch
- aus § 15 Abs. 3, § 1004 BGB **15** 19 ff.
- Ausübung durch Verband **10** 44
- gemeinschaftliches Eigentum **10** 45; **13** 23; **21** 18
- Sondereigentum **13** 13
- und Duldungsanspruch **15** 23

Beseitigungsbeschluss (als Anspruchsgrundlage) **14** 29

Beseitigungspflicht (aus Beschluss) **21** 24

Besitzschutz (gemeinschaftliches Eigentum) **13** 24

Besitzschutz (Sondereigentum) **13** 14

Besitzstörung (Sondereigentum) **13** 14

Besondere Dringlichkeit für Eigentümerversammlung **24** 27

Besondere Nutzung des gemeinschaftlichen Eigentums **21** 80 ff.

Besondere Verwalteraufgaben (Vergütung) **26** 43 f.

Besondere Voraussetzungen für Zustandekommen eines Beschlusses **23** 25

Besonderer Verwaltungsaufwand **21** 84

Besonderes Gepräge (Schallschutz) **14** 14, 15

Besonderes Informationsinteresse (bei Parabolantennen) **14** 35, 38

Bestandskraft
- eines Negativbeschlusses **21** 42
- fehlerhafter Beschlüsse **15** 16

Bestandskräftiger Beschluss **23** 34

Bestandsteilzuschreibung **6** 7

Bestandsverzeichnis **7** 2

Bestandteil des Gebäudes **5** 4
- Abwasser **5** 4
- Ausstattung **5** 4
- Balkon **5** 4
- Bodenbeläge **5** 4
- Etagenheizung **5** 4
- Fliesen **5** 4
- Gegensprechanlage **5** 4
- Heizanlage **5** 4
- Holzverkleidung an Innenwänden **5** 4
- Innenfenster **5** 4
- Markisen **5** 4
- Sondereigentum **5** 4
- Tapeten **5** 4
- Ventile **5** 4
- Ver- und Entsorgungsleitungen **5** 4
- Veränderung der äußeren Gestaltung, Mauer **5** 7

Bestandteil einer Sache
- Abweichung von § 93 BGB **3** 23

Bestandteile der Jahresabrechnung **28** 31

Bestandteile des Wirtschaftsplans **28** 10

Bestehender Zustand bei Begründung des Wohnungseigentums (Schallschutz) **14** 14

Bestelldauer bei Verwalterbestellung **26** 12 ff.

Bestelldauer bei Verwaltungsbeirat **29** 6

1285

Bestellung
- Anspruch auf Bestellung eines Verwalters **21** 30
- Dauerwohnrecht **31** 2, 7
- Wohnungseigentum **3; 8**
- des Verwalters **26** 7 ff.
- des Verwaltungsbeirats **29** 2 ff.

Bestellungsbeschluss (Verwalter) **26** 7

Bestimmbarkeit
- Zuordnung des Sondereigentums **7** 13

Bestimmter Klageantrag 21 40, 41

Bestimmtheit 7 9
- Gebäude **7** 9
- Inhalt **7** 9
- Schnitte, Aufrisse, Grundrisse **7** 9
- von Beschlüssen **23** 30
- dinglicher gutgläubiger Erwerb **2** 8
- Änderung des Verteilungsschlüssels **16** 13

Bestimmtheitsgrundsatz
- bei der Auslegung eines Beschlusses **10** 32; **23** 26; **16** 22; **15** 10
- bei der Auslegung einer Gemeinschaftsordnung **16** 13

Bestimmungen aufgehobene **51–58** 1, 2

Bestmögliche Anlageform (Instandhaltungsrücklage) **21** 62

Besucher (bei Sondereigentumsnutzung) **13** 4

Beteiligte des Verfahrens **Vor 43** 10

Beteiligungsverhältnis (an Nutzungen des gemeinschaftlichen Eigentums) **28** 8

Betreten 14 62

Betreutes Wohnen 8 5; **10** 12; **14** 21

Betreuungsverein (Nutzung von Wohnraum) **14** 21

Betriebskosten
- Abgrenzung **16** 24, 43
- Anspruch/Klage auf Vereinbarungsänderung **16** 20
- Begriff und Anwendungsbereich **16** 24 ff.
- Beschlusskompetenz **16** 20
- Erfassung und Verteilung **16** 46 ff.
- gemeinschaftliches oder Sondereigentum **16** 23
- keine unmittelbare Abrechnung gegenüber Dritten **16** 44
- Kosten der Verwaltung **16** 45
- Maßstab: ordnungsgemäße Verwaltung **16** 49 ff.
- Umlage auf Mieter **13** 10

Betriebskostenabrechnung gegenüber Mieter **13** 10

Betriebskostenverordnung (§§ 1, 2) **16** 25, 26

Beurkundungspflicht
- Dauerwohnrecht **32** 6

Beurteilungsspielraum siehe Ermessensspielraum

Beurteilungsspielraum bei Verwalterbestellung **26** 11

Bevollmächtigte bei Abstimmung siehe Stimmrecht von Bevollmächtigten

Bevollmächtigung des Verwalters **27** 41 ff.; siehe auch: Ermächtigung des Verwalters und gesetzliche Vertretungsmacht

Bewachungskosten 16 43

Bewährte Technik 21 54

Bewässerungskosten 16 13, 19

Bewegungsmelder (gemeinschaftliches Eigentum) **14** 50

Beweisaufnahme Vor 43 15

Beweislast
- bei Abstimmungsergebnis **16** 67; **23** 23, 38; **24** 11, 28; **37**; **25** 18; **Vor 43** 15
- bei Klage auf Änderung einer Vereinbarung **10** 24
- bei Feststellung des Beschlussinhalts **23** 39; **Vor 43** 15
- sekundäre **Vor 43** 15

Beweisverfahren selbständiges **Vor 43** 27

Bewertungsfaktor 41 4

Bewirtschaftung
- objektiver Maßstab **34** 3

Bewohnen des Sondereigentums **13** 4

Bewusste Überlassung 14 52
Bezeichnung der Eigentümer
– Zeitpunkt der Vorlage 44 7
– der Gemeinschaft 10 45
– des Gegenstandes in der Einberufung 23 11
– des Verbandes 44 4
– Verweis Eigentümerliste 44 1
– einstweiliger Rechtsschutz 44 2
– Absehen 44 9
BGB-Gesellschaft *siehe* Gesellschaft bürgerlichen Rechts
Bilanz und Jahresabrechnung 28 32
Bildung von Sondereigentum 3 10
– Abschlussmängel 3 10
– Inhaltsmängel 3 11
Billiges Ermessen (bei Gerichtsentscheidung) 21 86
Billigung der Jahresabrechnung 28 77, 78
Bindung an gerichtliche Entscheidung 10 34
Bindung des Mieters an Änderung im zulässigen Gebrauch 13 9
Bindung des Mieters an Hausordnung 13 8
Bindung des Sondernachfolgers an im Grundbuch eingetragene Vereinbarung 10 29
Bindungswirkung
– eines Beschlusses 23 19 ff.
– der Beschluss-Sammlung 24 51
– der Hausordnung 21 48
– einer Vereinbarung ohne Grundbucheintragung 10 11
– eines Negativbeschlusses 21 42
– Kostenverteilungsbeschluss für Folgebeschluss 16 13
– für Zweitbeschluss 16 13
Binnenrechtsstreitigkeiten
– Anfechtungsklagen 46 1
Bistro 14 24
Blankettanfechtung von Eigentümerbeschlüssen 24 40
Blockabstimmung 23 24; 29 4
Blockheizkraftwerk 22 19

Blumen 13 26; 16 4
Blumenkästen auf Dachterrasse 15 15
Blumentröge (optische Beeinträchtigung) 14 43
Boarding-House
– Nutzung von Wohnraum 14 22
– Sondereigentum 13 6
Bodenbeläge (Schallschutz) 14 12
Bodenwert
– Dauerwohnrecht 41 4
Bolzplatz 15 15
Bordell (Nutzung von Wohnraum) 14 22, 25
Brandsicherheit (bei baulichen Veränderung) 14 11
Breitbandkabel 21 69; 22 20
– Betriebskosten 16 41, 53; 28 67
Bruchteilsbeteiligung (an Nutzungen des gemeinschaftlichen Eigentums) 16 7
Bruchteilsgemeinschaft der Wohnungseigentümer 10 2, 6, 37
Bruchteilsregelungen 1 1
Bucheigentümer 10 3
Bügelautomat (Betriebskosten) 16 42
Büro (Nutzung Teileigentum) 14 24

Café mit Schnellimbiss (Nutzung Teileigentum) 14 25
Chemische Reinigung (Nutzung Teileigentum) 14 25
Clubmitgliedschaft – EuGH 31 2

Dach als Gegenstand des Sondernutzungsrechts 13 27
Dachboden 15 15
Dachgarten (bauliche Veränderung) 22 5
Dachgauben (bauliche Veränderung) 14 58; 22 5, 21
Dachgemeinschaft 28 17, 56, 77
Dachgeschossausbau (bauliche Veränderung) 22 5
Dachsanierung (Kosten) 16 17
Dachterrasse 14 45
– Sondernutzungsrecht 13 45
Darlegungslast und Beweislast Vor 43 15

Darlegungs- und Beweislast für die Unrichtigkeit des Abstimmungsergebnisses **16** 67; **23** 23, 38; **24** 11, 28, 37; **25** 18
Darlehensaufnahme siehe Kreditaufnahme
Daseinsfürsorge (Nutzung von Wohnraum) **14** 21, 25
Datumsangabe in Beschluss-Sammlung **24** 71
Dauernutzungsrecht siehe auch: Dauerwohnrecht **31** ff.
Dauerschuldverhältnisse (Wirkung von Mehrheitsbeschlüssen) **10** 35
Dauerwohnrecht **32** 1; **37** 1
– Abgeschlossenheit **31** 6
– Abtretbarkeit des Heimfallanspruchs **36** 6
– abweichende Vereinbarung zu § 44 ZVG **39** 2
– Anwendungsmöglichkeiten **31** 2
– Art und Umfang der Nutzung **33** 7
– Aufbauverpflichtung **31** 8
– Aufhebung des Dauerwohnrechts **31** 8
– Aufteilung eines Grundstücks **31** 7
– außerhalb des Gebäudes liegender Teil **31** 7
– Baukostenzuschuss **31** 2, 6
– bedingtes Recht § 51, 50 ZVG **39** 6
– Bedingung, aufschiebend/auflösend **33** 3
– bedingungsfeindlich **33** 3
– Beeinträchtigung **34** 5
– Beendigung des Dauerwohnrechts **31** 8
– Befristung **31** 9; **33** 3
– Belastung **33** 2
– Belastungsgegenstand **31** 6
– Berechtigte **31** 5
– Bereicherungsanspruch **34** 3
– beschränkt persönliche Dienstbarkeit **31** 6
– Bestellung **31** 2, 7

– Bewirtschaftung – objektiver Maßstab **34** 3
– Bodenwert **41** 1
– Clubmitgliedschaft – EuGH **31** 2
– Dauernutzungsrecht, Unterscheidung zum Dauerwohnrecht **31** 10
– dingliche Bestellung **31** 4
– dinglicher Inhalt **33** 1
– eigentumsähnliches Dauerwohnrecht **31** 7; **41** 2
– eigentumsähnliches Dauerwohnrecht, langfristig **31** 7
– eigentumsähnliches Dauerwohnrecht, unbefristet **31** 7
– Einbringung in eine Gesellschaft **31** 2
– Eintragung **35** 3
– Eintragungsbewilligung, unzulässig **35** 3
– Eintritt in das Rechtsverhältnis **38** 2
– Eintritt in die Verpflichtungen **38** 2
– Eintritt in Mietverhältnis **38** 2
– Entgelt **33** 1
– Entschädigung bei Heimfall **36** 6
– Erbbaurecht **42** 1
– Erlöschen **31** 9
– Ersatzansprüche **34** 1
– Fälligkeit des Rückübertragungsanspruch bei Heimfall **36** 2
– Ferienwohnpark **31** 2
– Garagen **31** 10
– Gartennutzung **31** 7
– Genossenschaftsmodell **31** 2; **35** 1
– Gesamtdauerwohnrecht **31** 7
– gesetzlicher Entschädigungsanspruch **41** 4
– Gewerberäume **31** 10
– Gleichstellung gemäß § 1123 Abs. 1 BGB **40** 1
– Grundbuch – Eintragung **33** 6
– Grundbuchrechtliches **35** 3
– Grundpfandrecht **33** 2
– Grundsteuer **33** 8

- Haftung des Entgelts **40** 1
- Haftung des Entgelts wie Mietforderungen **40** 1
- Heimfall **34** 2; **41** 4
- Heimfall und Mieterschutz **36** 4
- Heimfall und Mieterschutz, bei Eigenbedarfskündigung **36** 4
- Heimfallgründe **36** 2
- Heimfallrecht **31** 8
- Herausgabeanspruch **34** 5
- Herausgabeanspruch bei Beendigung des Mietverhältnisses **37** 3
- Hotelzimmer **31** 10
- Inhalt **33** 6
- Instandhaltung/Instandsetzung **32** 6
- Kündigung Dauerwohnrecht/ Mietrecht des Erwerbers **37** 4
- Kündigungsschutzrecht **31** 2
- Läden **31** 10
- Lagerräume **31** 10
- langfristig **41** 1
- Legalzession **38** 2
- Mehrheit von Berechtigten **31** 6
- Mehrheit von Berechtigten, Erbengemeinschaft **31** 6
- Miet-, Pachtverhältnisse **37** 2
- mietähnlicher Vertrag **31** 2
- mietähnliches Dauerwohnrecht **31** 7
- Mietverhältnis und Vermietung **37** 3
- Müllabfuhr-Gebühren **33** 9
- neuer Berechtigter in Miet-/ Pachtverhältnis **37** 4
- Nichtausübung des Heimfallanspruchs **36** 2
- Nießbrauch **33** 2
- notwendiger Inhalt des Dauerwohnrechts **36** 2
- öffentliche Lasten, Rückstand **36** 3
- PKW-Stellplatz **31** 7
- possessorische Ansprüche **34** 5
- private Lasten Rückstand **36** 3
- Rechtskauf **31** 2
- Reklamezwecke **33** 5
- Schenkung **31** 2
- Schiedsklausel **33** 7
- schuldrechtlicher Inhalt **33** 1
- schuldrechtlicher Vertrag **31** 2
- Sicherheitsleistung **33** 11
- Stockwerksplan **32** 4
- Tausch **31** 2
- Teileigentum **31** 4
- Teilzeitwohnrechtsverträge **31** 2
- Time-Sharing-Modell **31** 2; **35** 1
- Tragung öffentlicher oder privater Lasten **33** 8
- Treuhandmodell **31** 2
- Überbau einschl. Notwegerenten **33** 9
- Übertragung auf neuen Eigentümer im Falle eines Baukostenzuschusses **36** 6
- Übertragung, unzulässige **36** 3
- Veräußerung **33** 2; **38** 1
- Veräußerung bei Vermietung **37** 5
- Veräußerung des Grundstücks **38** 3
- Veräußerung im Wege der Zwangsversteigerung **38** 4
- Veräußerung, Ausschließung **33** 2
- Veräußerung, Vererblichkeit **33** 2
- Veräußerungsbeschränkungen **35** 2
- Veräußerungsbeschränkungen, gesetzliche **35** 2
- Veräußerungsbeschränkungen, Verweisung auf § 12 **35** 1
- Vererblichkeit **33** 3
- Verjährung **36** 4
- Vermächtnis **31** 2
- Verpflichtungsgeschäft **31** 2
- Versicherung **33** 9, 10
- Verweis auf Nießbrauchsrecht § 1065 BGB **34** 5
- Vorausverfügungen **36** 6
- Vorkaufsrecht **33** 2
- Wegfall **33** 3
- Wegnahme von Einrichtungen **34** 3

- Wertminderungen **34** 2
- Wettbewerbsverbote **33** 7
- Wiederaufbau **33** 9, 10
- wiederkehrende Leistungen **31** 2
- Wirksamkeitsvoraussetzung **31** 2
- Wohnrecht **31** 6
- Wohnungseigentum **31** 4
- Zeitpunkt der Fälligkeit **41** 4
- Zerstörung des Gebäudes **31** 8
- Zustimmung Grundbuchgläubiger **39** 3
- Zustimmungsvorbehalt **35** 2
- Zustimmungsvorbehalt, Belastungen **35** 2
- Zustimmungsvorbehalt, entsprechende Anwendung § 12 **35** 2
- Zustimmungsvorbehalt, Vorkaufsberechtigter **35** 2
- Zwangsversteigerung **31** 9; **36** 2; **37** 5
- Zwangsversteigerung, Bedingungen der Zwangsversteigerung **39** 1
- Zwangsversteigerung, Bestehenbleiben des Dauerwohnrechts **39** 1
- Zwangsversteigerung, Bestehenbleiben von Rechten aus Grundschuld, Rentenschuld, Reallast **39** 1
- Zwangsversteigerung, Bestehenbleiben von Rechten aus Hypothek etc. **39** 1
- Zwangsversteigerung, Sicherheitsleistungen **39** 5
- Zwangsversteigerung, vereinbarte Bedingungen **39** 5
- Zwangsversteigerung, weitergehende Vereinbarungen **39** 4, 5
- Zwangsversteigerung, Zahlungsverpflichtung des Berechtigten **39** 4
- Zwangsversteigerung, Zahlungsverpflichtungen **39** 2
- Zwangsversteigerung, Zeitpunkt des Versteigerungstermins § 66 ZVG **39** 4

Dauerwohnrecht, Gleichstellung gemäß § 1123 Abs. 1 BGB
- abweichende Vereinbarungen **40** 1
- Ausschluss des Mietrechts **40** 1
- Bestehenbleiben von Grundpfandrechten **40** 1
- Vorrang des Dauerwohnrechts **40** 4

Dauerwohnrecht, Instandhaltungspflicht
- Einwirkungen **33** 3
- Nachteile **33** 3
- Umfang **33** 3
- Vereinbarung **33** 8

Dauerwohnrecht, Mitbenutzungsrechte **33** 5
- Fahrstuhl **33** 5
- für alle im gemeinschaftlichen Gebrauch bestimmten Teile **33** 5
- Treppenhaus **33** 5
- Waschkeller **33** 5

Dauerwohnrecht, Veränderungen der Räume **34** 1
- Ersatz von Verwendungen **34** 1
- Gestattung der Wegnahme **34** 1
- Verschlechterung **34** 1

Dauerwohnrecht/Dauernutzungsrecht **31** 11
Deckelung der Wohngeldansprüche **28** 22, 69, 82
Delegation von Eigentümerbefugnissen
- auf Verwalter **26** 40; **27** 29, 41 ff.
- auf Verwaltungsbeirat **29** 13

Delegation von Instandhaltungspflichten **21** 5
Denkmalschutz (Sondereigentum) **13** 16
Deutsche Staatsangehörige und Parabolantennen **14** 37
Dienstbarkeiten **1** 2

Dinglich Berechtigter
– Zustimmung, Wohnungserbbaurecht **30** 2
Dingliche Bauverpflichtung **2** 5
Dingliche Bestellung
– Dauerwohnrecht **31** 4
Dingliche Grundstruktur
– Veränderung bei Beschlussfassung **10** 10, 17; **23** 30
– und Öffnungsklausel **10** 17
Dingliche Vereinbarungen **33** 6
– Art und Umfang der Nutzung **33** 6
– Instandhaltung/Instandsetzung **33** 6
Dinglicher Gründungsakt **1** 3
Dinglicher Inhalt
– bei Zustimmung zur Veräußerung **12** 2
– Dauerwohnrecht **33** 1
Dingliches Sondernutzungsrecht **13** 33
DIN-Vorschriften **14** 12–16; **21** 23
Dispositionskredit **27** 38
Dispositiv *siehe* Abdingbarkeit
Doppelfunktion und Unterschrift Versammlungsprotokoll **24** 42
Doppelstockgaragen **14** 50; **15** 8; **16** 13, 53, 62; **21** 50; **23** 3
– sondereigentumsfähig **3** 33
Doppelt qualifiziert Mehrheit bei Modernisierungsmaßnahmen **22** 24
Drei Viertel aller Miteigentümer (bei qualifiziertem Mehrheitsbeschluss) **16** 66
Drittschützende Normen bei Nutzung des Sondereigentums **13** 3
Duftkerze **14** 44
Dulden **14** 60
Duldung Mitbenutzung bei Sondernutzungsrecht **13** 43
Duldung von Maßnahmen (Energieversorgung, Fernspracheinrichtung, Rundfunkempfang) **21** 67 ff.
Duldungsanspruch
– aus § 15 Abs. 3, § 1004 BGB **15** 23 ff.

– und Beseitigungsanspruch **15** 23
Duldungspflicht
– Überbau **1** 10
Duldungspflichten (§ 14 Nr. 3) **14** 56 ff.
Duldungspflichtige Wohnungseigentümer **23** 40
Duldungsschwelle Gebrauch **14** 8, 45
Duldungsverpflichtung des Mieters **13** 7
Duplex-Garagen **5** 3; **15** 8, 14; **16** 13, 53, 62; **21** 50; **23** 3
Durchführung von Beschlüssen (Verwalteraufgabe) **27** 2 ff.
Durchführung der Hausordnung (Verwalteraufgabe) **27** 2 ff.
Durchschnittsvergütung (Verwalter) **26** 41
Durchsetzung von Gemeinschaftsansprüchen **21** 23

Eckventil an Waschbecken **14** 4
Ehegatte **14** 52
Ehegatten (Stimmrecht) **25** 5
Ehewohnung **60** 1
Eidesstattliche Versicherung
– des Verwalters (Abberufung Verwalter) **26** 23
– für Verband **27** 34
Eigenart der Wohnanlage **22** 21
Eigenmächtige Entnahmen (Abberufung Verwalter) **26** 23
Eigenmächtige bauliche Veränderungen **22** 1
Eigenmächtige Beseitigung von Gemeinschaftseigentum **14** 6; **22** 3
Eigenmächtige Instandsetzung **21** 16 f.
– **Eigentum** (im Sinne von § 903 BGB) **13** 1
– **Eigentümer** *siehe* Wohnungseigentümer
Eigentümer-Erbbaurecht **30** 3
Eigentümererklärung **27** 17
Eigentümerliste **27** 15; **44** 1, 3
– Absehen von vollständiger Vorlage **44** 9

1291

– Nichtvorlage **44** 7
– unvollständige Vorlage: Rechtsfolge **44** 8
– Vorlage Zeitpunkt **44** 7
Eigentümerversammlung 23 5 ff.
– außerordentliche **24** 12 ff.
– Ausschluss eines Eigentümers **15** 6; **24** 5, 32
– Beendigung **24** 29
– Begriff und Bedeutung **24** 2
– Beschlussfassung **23** 2 ff., 19 ff.; **46** 8
– Beschluss-Sammlung **24** 49 ff.
– Einberufung **23** 9 ff., 30, 38; **24** 12 ff., 18 ff., 24 ff.; **46** 9
– einstweilige Verfügung **24** 11
– Gültigkeit von Beschlüssen **23** 19 ff.
– Niederschrift (Protokoll) **24** 33 ff.
– ordentliche **24** 2 ff.
– Ort und Zeit **24** 3 f.
– Teilversammlung bei Untergemeinschaft **23** 6; **28** 17
– Unterbindung **24** 11
– Unterbrechung **24** 29
– Vorsitz **24** 29 ff.
Eigentümerwechsel
– Erlöschen schuldrechtlichen Sondernutzungsrechts **13** 32
– und Jahresabrechnung **28** 34, 63
– und Sonderumlage **28** 28
– und Wohngeld **28** 21
Eigentumsansprüche gemäß § 985 BGB
– Dauerwohnrecht **34** 2
Eigentumsfähigkeit der Gemeinschaft **6** 7; **10** 50
Eigentumsschutz
– gemeinschaftliches Eigentum **13** 23
– Sondereigentum **13** 13
Eignung des Verwaltungsbeirats **29** 4
Eilbedürftigkeit bei Notmaßnahme **21** 11
Eilmaßnahmen (Verwalter) **27** 22
Eilverfahren Vor 43 22 ff.

Einbau Entlüftungsschacht (Notmaßnahme) **21** 13
Einberufender bei Eigentümerversammlung **24** 9, 18 ff.
Einberufung
– der Eigentümerversammlung **23** 10; **24** 8 ff., 12 ff., 18 ff.; **46** 8
– Einberufung einer Zweitversammlung **25** 19 ff.
– Versendung von Unterlagen **21** 23
Einberufungsfrist bei Eigentümerversammlung **24** 26 ff.
Einberufungsmängel
– bei Eigentümerversammlung **24** 11
– bei Erst- und Wiederholungsversammlung **25** 14, 24, 25
Einberufungsverlangen für Eigentümerversammlung **24** 14 ff.
Einfache Mehrheit bei Abstimmung **23** 23
Einfacher Mehrheitsbeschluss bei Modernisierungsmaßnahmen **22** 26
Einfrieren von Leitungen 14 44
Eingenommene Gelder 10 51; **27** 12, 47, 48
Eingeschränkter Gebrauch 14 8
Eingetragene Miteigentumsanteile 16 8
Eingriff in Gemeinschaftseigentum
– Ansprüche aus § 15 Abs. 3, § 1004 BGB **15** 24
– Eingriff in den Kernbereich der Mitgliedschaftsrechte **23** 28, 30, 36
Eingriffe in Substanz 14 63; **22** 3
Einheitliche Ausübung des Stimmrechts **25** 13
Einheitliche Rücklage bei Mehrhausanlagen **21** 60
Einkaufszentrum (Nutzung Teileigentum) **14** 24
Einladung zur Eigentümerversammlung *siehe* Einberufung
Einladungsfrist 24 28
Einleitung eines Rechtsstreits (Stimmrechtsverbot) **25** 30

Ein-Mann-Beschluss des teilenden Eigentümers **23** 20
Einmannversammlung 25 17
Einnahmen und Ausgaben (Wirtschaftsplan) **28** 11 ff.
– zu verteilende Einnahmen und Ausgaben **28** 61
Einrede der Aufrechenbarkeit (Außenhaftung der Wohnungseigentümer) **10** 66
Einrede der Verjährung 15 26
Einrede der Vorausklage (Außenhaftung der Wohnungseigentümer) **10** 66
Einreden
– aus dem Innenverhältnis (Außenhaftung der Wohnungseigentümer) **10** 67
– des Eigentümers (Außenhaftung der Wohnungseigentümer) **10** 63 ff.
Einrichtungen der Wäschepflege (Betriebskosten) **16** 42
Einrohrheizung 16 49
Einschränkung der Beschlusskompetenz bei Modernisierungsmaßnahmen **22** 25
Einschränkung von Rechten und Pflichten durch Vereinbarung **10** 12
Einsicht
– in Abrechnungsunterlagen **28** 15, 79–81
– in fremde Einzelabrechnungen **28** 79
– in Verwaltungsunterlagen **27** 1
– in Vollmachten **25** 5
Einsichtsrecht
– in Beschluss-Sammlung **24** 72
– in Protokoll der Eigentümerversammlung **24** 44 ff.
– in Unterlagen des Verwaltungsbeirats **29** 15
Einsparung von Energie und Wasser **22** 19
Einstimmiger Beschluss (Abgrenzung Vereinbarung) **10** 9
Einstimmigkeit bei schriftlichen Beschlüssen **23** 15
Einstimmigkeitsprinzip 10 13

Einstweilige Verfügung 21 90, 91; **23** 40; **24** 11, 17, 22, 28; **Vor 43** 23
– Schadensersatz **Vor 43** 24a
– und Durchführung von Beschlüssen **23** 40; **27** 5
– wegen Verwalterbestellung **21** 30; **26** 11
Einstweiliger Rechtsschutz
– Kurzbezeichnung Parteien **44** 2
– *siehe auch:* Eilverfahren und vorläufiger Rechtsschutz **Vor 43** 22
Eintragung
– einer Vormerkung **19** 4
– Miteigentumsanteile ins Grundbuch **2** 5
– Wirksamkeit **8** 4
– Änderung Teilungserklärung, Grundbuch **8** 5
– Sondernutzungsrecht in Grundbuch **13** 31
Eintragungsbewilligung 7 8
– Bezugnahme **7** 8
– Inhalt des Grundbuchs **7** 8
– inhaltliche Bestimmtheit **7** 8
– unzulässige **35** 3
– Zeitpunkt der Vorlage **7** 8
– des verurteilten Wohnungseigentümers **19** 4
– Erledigung der Hauptsache **19** 4
Eintragungsvoraussetzungen, Grundbuch **7** 16
Eintretender Eigentümer (Außenhaftung der Wohnungseigentümer) **10** 59
Einwendung
– der Verwirkung **15** 27
– gegen Zahlungsverpflichtung aus Jahresabrechnung **28** 82
Einwendungen
– aus dem Innenverhältnis (Außenhaftung der Wohnungseigentümer) **10** 67
– des Eigentümers (Außenhaftung der Wohnungseigentümer) **10** 63 ff.
Einwirkungen
– (§ 14 Nr. 3) **14** 56
– i.S.d. § 906 BGB **13** 16

1293

Einzelabrechnung 28 62 ff. *und* Anhang 5
Einzelabrechnung Anfechtung 28 18, 85
Einzelbelastung
– Änderung Teilungsvereinbarung 3 9
Einzelermächtigung des Verwalters 27 29
Einzelfall
– Änderung Verteilungsschlüssel 16 58
– Maßstabskontinuität 16 58
– Umstände des Einzelfalls 10 19
Einzelwirtschaftspläne 28 16 und Anhang 2
Einzugsermächtigung im Lastschriftverfahren 21 77; 27 11
Einzuhaltende Pflichten 14 53
Eis entfernen *siehe* Winterdienst
Eiserne Reserve 21 63, 64
Elektroauto 21 70
Elektrogrill 21 47
Elektronische Form bei Einberufung der Eigentümerversammlung 24 24
Elementare Mitgliedschaftsrechte 15 6; 23 1; 24 32; 25 1
Elemente des Verwaltervertrags 26 15
Empfangszuständigkeit (für Geld) 27 10
Ende des Verwalteramtes 26 5
Endenergie 22 18
Endsaldo (in der Jahresabrechnung) 28 34
Energetische Modernisierung 22 18
Energieeinsparung 22 19
Energieversorgung 14 61; 21 70; 27 17, 67
Energieversorgungsanschluss 21 70
Entgegennahme von Willenserklärungen und Zustellungen (Verwalter) 27 21, 33
Enthaltungen bei Abstimmung 23 23

Entlastung
– des Verwalters 26 46 ff.
– des **Verwaltungsbeirats** 29 20
Entnahmen aus Instandhaltungsrücklage 21 64, 65
Entschädigung des Verwaltungsbeirats 16 18; 29 7
Entscheidungsgrundlage bei Beschlussfassung 21 27
Entstandene Verbindlichkeit (Außenhaftung der Wohnungseigentümer) 10 59
Entstehung des Wohnungseigentums 8 13
Entwässerung (Betriebskosten) 16 29
Entwicklung der Konten, des Vermögens und der Instandhaltungsrücklage in Jahresabrechnung 28 32, 58 *und* Anhänge 4 bis 6
Entziehungsklage 19 1 ff.; 43 12
Entziehungsrecht (als Gegenstand des Verwaltungsvermögens) 10 55
Entziehungsrecht § 18 62 4
Entzug von Luft und Licht 13 16
Erbbaurecht
– Dauerwohnrecht 42 1
Erbengemeinschaft 3 2
Erfassung
– Betriebskosten nach Verbrauch 16 46, 50
– Betriebskosten nach Verursachung 16 46, 50
Erfassungsmaßstab (Betriebskosten) 16 46
Erforderliche Maßnahmen 14 54; 21 88
Erforderliche Stimmenzahl (bauliche Veränderung) 22 8
Erforderliche Zustimmung (Eigentümer bei baulichen Veränderungen) 16 71
Erfüllung von Ansprüche durch Gemeinschaft 21 30
Erfüllungsansprüche (gegen Bauträger) 10 44
Erfüllungseinwand (Außenhaftung der Wohnungseigentümer) 10 64, 65

Erfüllungsgehilfe (nicht: Verwalter im Innenverhältnis) **21** 34
Erfüllungsgehilfen des Verwalters **26** 4, 45; **27** 3, 8
Erfüllungswirkung bei Wohngeld **27** 11; **28** 23, 48 *siehe auch:* Tilgungswirkung
Ergänzende Auslegung
– einer Vereinbarung **10** 23, 29
Ergänzung
– der Jahresabrechnung **28** 58, 86; *siehe auch:* Ungültigerklärung der Jahresabrechnung
– von Gebrauchs- und Verwaltungsregelungen durch Gericht **21** 88
Ergänzungsanspruch (Jahresabrechnung) **28** 58, 86; *siehe auch:* Ungültigerklärung der Jahresabrechnung
– Wirtschaftsplan **28** 18
Ergebniszusammenstellung (in der Jahresabrechnung) **28** 34, 63
Erhalt der Wohnanlage **21** 51
Erhöhung des Gebrauchswerts **22** 17
Erhöhung Verwaltervergütung **26** 41
Erholungsfläche **22** 18
Erkenntnisverfahren (Verwalteraufgabe) **27** 25, 34
Erklärung Grundbuchamt **8** 4
Erklärungen des Verwalters zu
– Energieversorgung **21** 70; **27** 17;
– Fernsprecheinrichtungen **21** 68; **27** 17
– Rundfunkempfangsanlagen **21** 69; **27** 17
Erlass einer einstweiligen Verfügung
– Vormerkung **8** 14
– Vorratsteilung **8** 14
Erledigung der Hauptsache *siehe* Hauptsacheerledigung
Erledigung des Rechtsstreits (Stimmrechtsverbot) **25** 30
Erlöschen des Verwalteramtes **26** 5

Erlöschen eines schuldrechtlichen Sondernutzungsrechts bei Eigentümerwechsel **13** 32
Erlöschen
– Mietverhältnisse **37** 3
– Sondernutzungsrechte **9** 7; **13** 39
Erlöschensgründe **37** 2
– Zwangsversteigerung **37** 3
Ermächtigung
– bei Ansprüchen aus § 15 Abs. 3, § 1004 BGB **15** 20
– des Verwalters **27** 41 ff.; *siehe auch:* Bevollmächtigung des Verwalters und gesetzliche Vertretungsmacht
Ermächtigungsbeschlüsse und Beschlusskompetenz **22** 4a
Ermächtigungsurkunde (für Verwalter) **27** 49
Ermessen bei Sonderumlage **28** 25
Ermessen, billiges
– Kostenentscheidung **49** 5
Ermessensentscheidung durch das Gericht **21** 86 ff.
Ermessensreduzierung (auf null) **22** 7; **23** 23, 29, 91
Ermessensspielraum *siehe auch:* Gestaltungsspielraum
– Abberufung des Verwaltungsbeirats **29** 8
– Änderung Verteilungsschlüssel für Betriebskosten **16** 22b
– Anspruch auf Gebrauchsregelung **15** 35
– bei Baumaßnahmen **22** 7
– bei Instandhaltung **21** 54
– Begriff **23** 4
– Beschlussfassung **15** 35; **21** 21, 23; **23** 33, 37
– Entscheidung durch Gericht (statt Eigentümer) **21** 88
– Erstellung des Wirtschaftsplans **28** 15
– Instandhaltungsrücklage (Höhe, Entnahmen) **21** 61
– Klage gegen andere Wohnungseigentümer **11** 39
– Maßnahme der ordnungsgemäßen Verwaltung **21** 54

1295

– und Klageantrag **21** 41
– und materieller Fehler **23** 37
– Vereinbarung **10** 23
– Verwalterbestellung **26** 11
Ersatz von Aufwendungen für Verwalter **26** 7
Ersatzansprüche 28 65
Ersatzbeschaffung (Zahlung aus Instandhaltungsrücklage) **21** 64
Ersatzbeschaffungen durch Verwalter **27** 35
Ersatzzustellungsvertreter 27 21; **44** 6; **45** 9 ff.
– Anfechtungsfrist **44** 6
– Aufforderung durch Gericht **44** 6
– Aufgaben **45** 13
– Auswahl durch Gericht **44** 3; **45** 15
– Bestellung **45** 9
– Bestellung durch Gericht **45** 15
– Bestellung, Zeitpunkt **45** 12
– Bestellung, Ermessen **45** 15
– Bezeichnung Klageschrift **44** 6
– Entschädigung **45** 15
– Fehlen in Klage **44** 6
– fehlende Angaben **44** 6
– Person, Vertreter **45** 11
– Verfahren der Bestellung **45** 10
– Vergütung **45** 15
Ersetzung der Auflassungserklärung **19** 4
Ersitzung 10 52
Erstbeschluss (Aussetzung des Gerichtsverfahrens bis Bestandskraft des Zweitbeschlusses) **21** 92
Erstbestellung des Verwalters **26** 13
Ersterwerber
– Auflassungsvormerkung **8** 12
Erstkäufer
– Teilungserklärung **8** 5
Erstmalige Herstellung 14 4; **16** 13, 17, 59; **21** 30, 33, 52
Erstreckung von Rechten auf Sondereigentum **6** 9
Erstversammlung (Beschlussfähigkeit) **25** 15 ff.
Erstverwalter 26 13

Erträge (gemeinschaftliches Eigentum) **16** 4
Erweiterung
– der Mehrheitsrechte bei Modernisierungsmaßnahmen **22** 25
– der Vertretungsmacht des Verwalters **27** 20
– der Verwalterbefugnisse **27** 46
– von Rechten und Pflichten durch Vereinbarung **10** 12
Erwerb von Grundstücken durch die Gemeinschaft **10** 50; **16** 3, 18; **21** 83
Erwerber
– Außenhaftung der Wohnungseigentümer **10** 59
– Ersterwerber **8** 12
– Zweiterwerber **10** 3
Erwerberhaftung für Wohngeld aufgrund Vereinbarung **10** 12
Erzeugnisse 10 52
Etagenheizungen (Betriebskosten) **16** 30
Eventualeinberufung einer Zweitversammlung **25** 21

Fachgerechte Installation (bei Parabolantennen) **14** 41
Fahrbleche bei Duplexparkern **21** 50
Fahrlässigkeit 29 19; **49** 7
Fahrradständer 22 18
Faktische Sondernutzung 13 28
Faktische Wohnungseigentümergemeinschaft 2 7, 10; **8** 5
Faktisches Sondereigentum 2 5
Fällige Verbindlichkeit (Außenhaftung der Wohnungseigentümer) **10** 59
Fälligkeit
– Sonderumlage **21** 78; **28** 28
– von Zahlungen und Forderungen **21** 78
– Wohngelder **21** 78; **28** 21
Fälligkeit des Rückforderungsanspruchs
– bei Baukostenzuschuss **36** 6
– bei Heimfall **36** 2
Fälligkeitstheorie 28 20, 63

Familienähnliche Wohngruppen
(Nutzung von Wohnraum) **14** 21
Familienangehörige 14 52
Farbanstrich
– Sondereigentum **5** 7
Fassadenänderung
– bauliche Veränderung **22** 5
– optische Beeinträchtigung
14 43, 46
Fassadenbegrünung (optische Beeinträchtigung) **14** 43
Fassadenreparatur (ordnungsgemäße Verwaltung) **21** 26
Fassadensanierung 16 17; **21** 14, 55
Fehlen eines Verwalters 27 44
Fehlen Verwaltervertrag 26 7
Fehlende Beschlusskompetenz
10 15; **21** 22; **23** 23, 29
Fehlerhafte Beschlussverkündung
23 39
Fehlerhafte Wohnungseigentümergemeinschaft 2 10
Fehlerhafter Beschluss 15 16; **22** 6; **23** 33
Fehlerhafter Eintrag
– Grundbucheintragung **2** 7
Fenster
– optische Beeinträchtigung
14 43
– Kostentragungsregelung in Gemeinschaftsordnung **16** 13
Fensteraustausch 21 14, 55
Fenstersanierung (Kostentragungsregelung) **16** 62
Ferienappartement (Zweckbestimmung) **14** 22
Feriengäste
– (Nutzung von Wohnraum)
13 6; **14** 21
– Überbelegung **14** 44
Ferienwohnpark 31 2
Ferienwohnung (Zweckbestimmung) **14** 22
Fernsehen 21 68
Fernsprecheinrichtungen 14 61; **21** 68; **27** 17, 67
Fernwärme 15 15; **16** 30; **21** 26, 55; **28** 75; *siehe auch:* Wärmecontracting

Fertigstellung
– Gebäude **2** 6
Festgeldkonto (und Jahresabrechnung) **28** 34
Festlegung des Verteilungsschlüssels in Jahreseinzelabrechnung
16 13
Festsetzung Haus-/Wohngeld
(Tagesordnungspunkt) **23** 12
Feststellung des Abstimmungsergebnisses **23** 23
Feststellung des Beschlussergebnisses bei schriftlichen Beschlüssen **23** 18
Feststellung des Beschlussinhalts
23 39; **Vor 43** 15
Feststellung des geringsten Gebots **45 ZVG** 1
Feststellung von Einnahmen und Ausgaben **28** 34
Feststellungsklage
– Nichtigkeit von Beschlüssen
15 17
– Auslegung Gemeinschaftsordnung **23** 3
Feststellungslast bei Beschlussanfechtung **23** 38; **24** 11, 28
Feuerversicherung 21 57
Finanzielle Reserve 21 59
Finanzierungslücke in Wirtschaftsplan **28** 18
Fitnessraum (Betriebskosten) **16** 43
Fläche Sondernutzungsrecht 7 9
Flächen bestimmbar bei Begründung Sondernutzungsrecht
13 31
Fluchtweg und Sondernutzungsrecht **14** 50
Folgekosten (bauliche Maßnahmen) **16** 73
Folgekostenfreistellung
– (bei Parabolantennen) **14** 41
– bei Zustimmung zu baulicher Veränderung **22** 7, 8; **23** 17, 19
Folgemaßnahme und Beschlusskompetenz **22** 4a
Folgemaßnahmen bei baulichen Veränderungen **16** 73

Folgen
- bei Pflichtverletzung (§ 14 Nr. 1 bis 4) **14** 76
- der Nichtigkeit von Beschlüssen **23** 32
- des Verzugs **21** 79
- einer Verletzung der Pflicht zur ordnungsgemäßen Verwaltung **21** 34 ff.

Folgenbeseitigungsanspruch (wenn für ungültig erklärter Beschluss vollzogen ist) **21** 65; **23** 34

Forderungen
- in Jahresabrechnung **28** 32, 35
- in Wirtschaftsplan **28** 15

Form der Beschluss-Sammlung **24** 53

Form der Einberufung zur Eigentümerversammlung **24** 24 ff.

Form der Unterrichtung (schriftlicher Beschluss) **23** 18

Form des Wirtschaftsplans **28** 3

Förmelei (unnötige) **21** 39

Formelle Fehler/Mängel
- bei Beschlüssen **23** 38
- bei Beschlussfassung **23** 30, 32, 33, 37, 39

Formfreie Vereinbarung **10** 9

Formularvertrag (Verwaltervertrag) **26** 40

Fortbestand des Grundstückes **7** 5

Fortgeltung des Wirtschaftsplans **21** 78; **28** 3, 7, 8

Fortlaufende Eintragung in Beschluss-Sammlung **24** 65

Fortsetzung
- der Eigentümerversammlung **24** 29
- des Verwaltervertrages **26** 7

Fotokopien durch Verwalter **24** 45

Fotokopiekosten **24** 45; **26** 44; **28** 81

Freiberufliche Nutzung (Sondereigentum) **13** 12

Freiberufliche Tätigkeit (Nutzung von Wohnraum) **14** 21

Freistellung von Kosten und Folgekosten (bei Parabolantennen) **14** 41

Freiwillige Aufopferung (Aufwendungen) **22** 4

Freiwillige Erfüllung **21** 30; **27** 11
siehe auch: Anerkennung durch Verwalter

Fremde Einzelabrechnungen **28** 79

Fremdkonto **27** 47

Frist
- bei Verwalterabberufung aus wichtigem Grund **26** 25
- zur Aufstellung der Jahresabrechnung **28** 30
- zur Einberufung der Eigentümerversammlung **24** 26 ff.
- zur Erstellung des Protokolls der Eigentümerversammlung **24** 39 ff.

Fristenwahrung (Verwalteraufgabe) **27** 24, 34

Fristlose Kündigung des Verwaltervertrages **26** 51

Fristversäumung
- Anfechtungsklage **46** 30

Früchte (gemeinschaftliches Eigentum) **13** 26; **16** 4, 72

Führung der Beschluss-Sammlung **24** 73 ff.
- (Abberufung Verwalter) **26** 24

Fund **10** 52

Funkantenne (gemeinschaftliches Eigentum) **14** 50

Fürsorgepflichten der Wohnungseigentümer **10** 6; **13** 17

Gang (Zweckbestimmung) **14** 18

Garagen
- Abgeschlossenheit **3** 33
- Dauerwohnrecht **31** 10
- Sondernutzung **31** 10
- Teileigentum **31** 10
- Wohnungseigentum **31** 10

Gartenhaus
- bauliche Veränderung **22** 5
- bei Sondernutzungsrecht **13** 45; **15** 13
- optische Beeinträchtigung **14** 43; **15** 13

Gartennutzung
- Dauerwohnrecht **31** 7

Gartenpflege (Betriebskosten) **16** 36
Gartenpflegekosten 16 19
Gartenteich (bauliche Veränderung) **22** 5
Gartentoreinbau (bauliche Veränderung) **22** 3
Gartenumgestaltung (bauliche Veränderung) **22** 3
Gas (Anschluss) **21** 70
Gasfeuerstätten (Betriebskosten) **16** 30
Gasheizung (Instandhaltung, -setzung) **21** 55
Gasleitung (bauliche Veränderung) **22** 5
Gäste (bei Sondereigentumsnutzung) **13** 4
Gaststätte (Nutzung Teileigentum) **14** 24, 25
Gaststättenpachtvertrag 13 11
Gaszentralheizung 22 19
GbR *siehe* Gesellschaft bürgerlichen Rechts
Gebäude
– zu errichtendes **3** 28
Gebäudeaufstockung 21 55
Gebäudebestandteil
– wesentlicher Bestandteil **5** 4
– Zweckbestimmung **5** 4
– Beseitigung **5** 5
– nichttragende Innenwand **5** 5
– Veränderung **5** 5
Gebäudeheizung 21 55
Gebäudereinigung (Betriebskosten) **16** 35
Gebäudeteile
– Sicherheit **5** 10
– Sicherheit Außenmauern **5** 10
– Sicherheit Geschossdecken **5** 10
– Sicherheit Trägerkonstruktion **5** 10
– Sicherheit Untermauerungen **5** 10
– Sondereigentum an bestimmten Räumen **13** 2
Gebäudezuführungsrücklage 16 59
siehe auch: Instandhaltungsrücklage

geborene (gemeinschaftsbezogene) Rechte **10** 43
Gebrauch 14 8
– des gemeinschaftlichen Eigentums (Sondernutzungsrecht) **13** 27; **15** 15
– (Betriebskosten) **16** 62
– des Sondereigentums und des gemeinschaftlichen Eigentums **15** 3
Gebrauchsbeschränkungen 14 8
Gebrauchsmöglichkeit (Betriebskosten) **16** 51, 62
Gebrauchspflicht 15 7
Gebrauchsregelung 15 1; **21** 3
– Anspruch der Wohnungseigentümer **15** 35
– bei Sondernutzungsrecht **13** 42
– durch Mehrheitsbeschluss **15** 9 ff.
– durch Vereinbarung **15** 2 ff.
– Ergänzung durch Gericht **21** 88
Gebrauchsregelungen
– als Nutzungsbeschränkung bei Sondereigentum **13** 17
Gebrauchswerterhöhung 22 17, 19a
Gebundene Maßnahmen (Begründetheit der Klage) **21** 42
Gebundene Vollmacht 25 27
Gefahr (für Gemeinschaft) **14** 5; **22** 11
Gefährdung 14 44
Gefahrenlage
– bei Notmaßnahme **21** 11
– beseitigen als Notmaßnahme **27** 9
Gefahrenquelle 10 43
Gegensprechanlage 22 17
Gegenstand
– Bezeichnung in der Einberufung **23** 11
– des Jahresabrechnungsbeschlusses **28** 83a
– der Zweitversammlung **25** 20
– des Gemeinschaftseigentums **5** 8
– des Sondereigentums **5** 1

1299

WEG Stichwortverzeichnis

– des Sondernutzungsrechts **13** 27
– des Verwaltungsvermögens **10** 49 ff.
Gehörsrüge bei Klage nach § 21 Abs. 8 **21** 92
Gekorene (gemeinschaftsbezogene) Rechte **10** 43
Geld in Empfang nehmen **27** 10
Geldangelegenheiten (Beschlusskompetenz) **21** 75 ff.
Geldanlage durch Verwalter **27** 12, 47
Geldbewegungen in Jahresabrechnung **28** 33
Gelder (als Gegenstand des Verwaltungsvermögens) **10** 51
Geltende Rechtsvorschriften **42** 2
Geltendmachen von Ansprüchen **27** 26, 36
Geltendmachen von Ansprüchen als Verwaltungsmaßnahme **21** 2
Geltungsdauer des Wirtschaftsplans **28** 5 ff.
GEMA-Gebühren **10** 37
Gemeinsame Verwaltung mehrerer Wohnanlagen **26** 4
Gemeinschaft
– Aufhebung **17** 2
– Bezeichnung **10** 46
– als Inhaber von Rechten und Pflichten **10** 42
– der Wohnungseigentümer **10** 36 ff.
– nicht Miteigentümer des Grundstücks **10** 4
– Parteifähigkeit **10** 47
– Regelungen des BGB **10** 8
– unauflöslich **11** 11
– zustehende Einwendungen und Einreden (Außenhaftung der Wohnungseigentümer) **10** 65 ff.
Gemeinschaftliche Ansprüche (Konkurrenz mit Individualansprüchen) **10** 45
Gemeinschaftlichem Gebrauch dienend **5** 13

Gemeinschaftlicher Gebrauch
– ungestörter Gebrauch zu ermöglichen **5** 13
Gemeinschaftlicher Gebrauch (Kosten) **16** 19
Gemeinschaftliches Eigentum **1** 11; **10** 40; **13** 18
– Anlagen **1** 11
– Einrichtungen **1** 11
– Rechte daraus **13** 18
– Teile **1** 11
– Umfang **1** 11
– Vereinbarung **5** 15
– Zuständigkeit bei Streitigkeiten **43** 32
Gemeinschaftliches Grundstück **7** 7
Gemeinschaftliches Stimmrecht **25** 12, 13
Gemeinschaftsanlage **22** 18
Gemeinschaftsantenne **16** 41; **21** 68
keine GEMA-Gebühren **10** 37
Gemeinschaftsbezogene Rechte und Pflichten der Wohnungseigentümer
– Ausübung durch Verband **10** 43; **21** 3
– Ermessensspielraum bei „Ansichziehen" **21** 23
Gemeinschaftseigentum *siehe* Verwaltungsvermögen
Gemeinschaftseigentum **6** 5
– Änderung in Sondereigentum **6** 5
– Abnahme durch Verwalter **27** 1
– Anlagen und Einrichtungen **5** 11
– für die Sicherheit erforderliche Teile **5** 10
– Geschossdecken einer Tiefgarage **1** 4
– schutzwürdige Belange **5** 11
– Vereinbarung der Miteigentümer ausgeschlossen **5** 8
– Vereinbarung von sondereigentumsfähigen Gebäudeteilen **5** 15
Gemeinschaftseigentum, Anlagen und Einrichtungen
– Abwasser-Hebeanlagen **5** 12

- Abwasserleitungen **5** 12
- Antennenanlagen **5** 12
- Duplexgaragen **5** 12
- Heizungsanlagen **5** 12
- Schließanlagen **5** 12
- Verbrauchserfassungsgeräte der Versorgungsanlage **5** 12
- zuganggewährende Einrichtungen **5** 12

Gemeinschaftseigentum für im Bereich des Sondereigentums stehende Räume **5** 14
- tragende Teile eines Gebäudes **5** 14

Gemeinschaftseinrichtungen 13 6
Gemeinschaftsordnung 3 4; **5** 16; **10** 10
- Auslegung **10** 9, 29; **16** 13
- Inhaltskontrolle **10** 13
- Lasten- und Kostentragung **5** 16
- Öffnungsklauseln **5** 16
- als „Satzung" **10** 10
- Sondernutzungsrecht **5** 16
- Zustimmungsverpflichtung **5** 16

Gemeinschaftsparabolantenne 14 40
Gemüse 16 4
Genehmigung von Wirtschaftsplan und Jahresabrechnung durch Verwaltungsbeirat **29** 13
Genehmigung der Jahresabrechnung 28 77, 78
Genehmigungsfiktion
- bei Einzugsermächtigung **21** 77
- für Jahresabrechnung **28** 78

Generalisierende Betrachtungsweise (beeinträchtigende Nutzung) **14** 19
Generelle Regelung für Zukunft (Vereinbarung) **10** 9, 23
Generelles Verbot von Parabolantennen **14** 30
Gepräge (Schallschutz) **14** 14, 15
Geräteschuppen (optische Beeinträchtigung) **14** 43
Geregelte Untergemeinschaft 23 6

Gerichtliche Aufstellung des Wirtschaftsplans **28** 19
Gerichtliche Bestellung des Verwaltungsbeirats **29** 2
Gerichtliche Entscheidungen (Wirkung gegen Sondernachfolger) **10** 34
Gerichtliche Entscheidungen in Beschluss-Sammlung **24** 61 ff.
Gerichtliche Ergänzung von Gebrauchs- und Verwaltungsregelungen **21** 88
Gerichtliche Festsetzung Verwaltervergütung **26** 42
Gerichtliche Geltendmachung von Ansprüchen (ordnungsgemäße Verwaltung) **21** 26, 27
Gerichtliche Kostenentscheidung und Kostenverteilung **16** 81
Gerichtliche Verwalterbestellung **26** 11
Gerichtlicher Vergleich **19** 10
Gerichtskosten
- Jahresabrechnung **28** 50, 69
- bei Rechtsstreit nach § 18 **16** 76
- Vorschuss Jahresabrechnung **28** 50, 69

Gerichtsstand
- ausschließliche Zuständigkeit **43** 4
- Wohnungseigentümer **43** 4
- Wohnungseigentumssachen **43** 1 ff.

Geringstes Gebot 45 ZVG 1
- Mindestinhalt der Anmeldung **45** ZVG 3
- Nachweis der Ansprüche Wohnungseigentümer **45** ZVG 2, 4

Geringfügiger Fehler im Wirtschaftsplan/in Jahresabrechnung **28** 18
Geruchsbelästigungen 14 44, 50
Gesamtabrechnung 28 32 ff. *und* Anhang 4
- zu verteilende Ausgaben und Einnahmen **28** 61

Gesamtabwägung (Umstände des Einzelfalls) **10** 19
Gesamtakt (Beschluss) **10** 31; **23** 14

Gesamtbild der Anlage 22 5, 21
Gesamteinnahmen 28 35
Gesamterbbaurecht 30 2
Gesamthandeigentum 3 2
Gesamthypothek 27 10
Gesamtsanierungskonzept 21 23
Gesamtschuldner (Verwaltungsbeirat) 29 18
Gesamtschuldnerische Haftung der Wohnungseigentümer 10 61
Gesamtwirtschaftsplan 28 11 ff. und Anhang 1
Geschäftsbesorgung (Verwalter) 26 36
Geschäftsführung der Gemeinschaft 10 40
Geschäftsführung ohne Auftrag 26 7
Geschäftsführungsbefugnis des Verwalters (Innenverhältnis) 27 3
Geschäftskonto des Verwalters 27 11
Geschäftsordnungsbeschluss 23 21; 24 29, 31
Geschäftsordnungsbeschlüsse und Beschlusskompetenz 22 4a
Geschäftsordnungsbeschlüsse und Beschluss-Sammlung 24 70
Geschäftsräume (Nutzung Teileigentum) 14 24
Geschäftswert 49a GKG 1
Gesellschaft bürgerlichen Rechts
– als Eigentümer 10 3
– als Verwalter 26 3
Gesellschaften als Verwalter 26 3
Gesetzesabweichende Vereinbarung 10 12
Gesetzesändernder/gesetzeswidriger Beschluss 10 33; 25 25
Gesetzlich begründete Sachen und Rechte (als Gegenstand des Verwaltungsvermögens) 10 52
Gesetzliche Ansprüche (der Gemeinschaft) 10 52
Gesetzliche Beschlusskompetenz 23 3
Gesetzliche Beschränkung der Rechte aus Sondereigentum 13 16

Gesetzliche Treuhandschaft (des Verbandes) 10 45
Gesetzliche Vertretungsmacht des Verwalters siehe auch: Ermächtigung und Bevollmächtigung
– hinsichtlich der Gemeinschaft (Verband) 27 29 ff.
– hinsichtlich der Wohnungseigentümer (Bruchteilsgemeinschaft) 27 20 ff.
Gesetzlicher Entschädigungsanspruch Zeitpunkt der Fälligkeit 41 4
Gesetzlicher Heimfallanspruch 36 2
Gesetzlicher Verteilungsschlüssel 16 12
– abweichende Regelungen 16 18, 55 ff.
– Anspruch auf Änderung 10 18; 16 14
Gesetzliches Verbot 10 13
Gestaltungsspielraum 10 11; 16 57 siehe auch: Ermessensspielraum
Gestaltungsurteil bei Verwalterbestellung durch Gericht 26 11
Gestattung
– einer baulichen Maßnahme 22 8
– von Betreten und Benutzung 14 62 ff.
Gesteigerte Inanspruchnahme von Gemeinschaftseigentum 21 81
Getrennte Konten bei Rücklage von Mehrhausanlagen 21 60
Gewährleistungsansprüche siehe Mängelansprüche
Gewerbebetrieb 14 52
Gewerberäume (Nutzung Teileigentum) 14 24
Gewerbliche Nutzung
– Beschränkung) 15 14
– (Sondereigentum) 13 12
Gewinn- und Verlustrechnung und Jahresabrechnung 28 32
Gewöhnlicher Gebrauch des gemeinschaftlichen Eigentums 21 81
Gießen von Balkonblumen 14 44

Stichwortverzeichnis WEG

Girokonte und Jahresabrechnung 28 35
Gläubiger von Geldforderungen 19 5
Gleichbehandlung bei Kostenverteilung 16 58
Gleicher Umfang des Mitgebrauchs (gemeinschaftliches Eigentum) 13 18
Gleichheitsgrundsatz (bei Parabolantennen) 14 42
Gleichlauf der Haftung (im Innen- und Außenverhältnis) 10 68
Gleichstellung gemäß § 1123 Abs. 1 BGB 40 1
– abweichende Vereinbarungen 40 1
– Ausschluss des Mietrechts 40 1
– Vorrang des Dauerwohnrechts 40 4
– Bestehenbleiben von Grundpfandrechten 40 1
Gleichzeitige Beschlussfassung bei Kostenverteilung im Einzelfall 16 58
Gleitende Neuwertversicherung 21 57
Globalbelastungen 8 4
– Änderung Teilungsvereinbarung 3 9
Grillen 14 44
Grillkamin 14 44
Grob fahrlässige Pflichtverletzung
– des Verwalters 49 7
– des Verwaltungsbeirats 29 19
Großhandel (Nutzung Teileigentum) 14 25
Grünanlage 22 18
Grundbesitzerhaftpflicht 16 39; 21 58
Grundbuch 7
– Abgeschlossenheit 7 10
– Auslegung objektiv-normativ 10 29, 32; 23 26
– Eintragung 33 6
– Eintragung, Inhalt 7 3
– Eintragungsvoraussetzung 7 16
– Ermittlungsumfang 7 16

– Größe Miteigentumsanteil 7 2
– Löschung Zustimmungsvereinbarung 12 13
– Miteigentumsanteil 7 1
– Prüfung, Abgeschlossenheit 7 10
– Prüfungsmaßstab 7 16
– Sachverständiger 7 12
– Schließung 7 4
– Sondernutzungsrechte 7 2
– Teilungsvereinbarung 7 3
– Verwirrung 7 1, 7
– Vorratsteilung 7 1
– Wiedergabe Bauzustand 7 9
– Wohnung Teileigentum 7 2
– Zeitpunkt der Vorlage 7 8
– Zurückweisung der Eintragung 7 13
– Zwischenverfügung 7 16
Grundbuch- und Veräußerungsbeschränkung 7 2
Grundbuchamt 36 2
– Dauerwohnrecht/Heimfall 36 2
– Prüfungsumfang 7 16; 36 2
– Prüfungsumfang Begründung § 3 32 6
– Prüfungsumfang Begründung § 8 32 6
– Prüfungsumfang Dauerwohnrecht 32 6
Grundbuchblatt 30 4
Grundlagenbeschluss 21 91
Grundordnung der Wohnungseigentümer 10 10
Grundpfandrecht 6 9; 33 2
Grundrechte (bei Nachteil) 14 6
Grundrechtlich geschützte Interessen 14 6, 8; 22 11, 12
Grundrechtsabwägung 22 11, 12
Grundrechtsabwägung (bei Parabolantennen) 14 28, 33
Grundsatz ordnungsgemäßer Verwaltung siehe ordnungsgemäße Verwaltung
Grundsatzbeschluss 16 58
Grundsteuer 16 15, 27, 44; 27 10
– Dauerwohnrecht 33 8
Grundstruktur (dingliche) 10 10, 17

1303

Grundstück
– im Eigentum der Wohnungseigentümer (nicht des Verbandes)   10 41
– Teilveräußerung   3 3
Grundstücke (als Gegenstand des Verwaltungsvermögens)   10 50; 16 18; 21 83
Grundstückzuschreibung   1 9
Gründungsmangel   7 17
Grundvergütung (Verwalter)   26 41
Grünfläche (asphaltieren)   22 21
Gültigkeit von Beschlüssen   23 9 ff., 33 ff.
Gültigkeit von schriftlichen Beschlüssen   23 18
Günstigster Anbieter   27 43
Gute Sitten   10 13
Guter Glaube
– Gründungsmiteigentümer   2 8
– sondereigentumsloser Miteigentumsanteil   2 9
– Sondernutzungsrecht   2 8
Güterabwägung bei vorbestraftem Verwalter   26 3
Gütestelle: Vergleich   19 10
Gutglaubensschutz des Sondernachfolgers   10 30
Gutgläubiger Erwerb   2 7; 7 17
Gutgläubiger Erwerb eines Sondernutzungsrechts   13 36
GuV und Jahresabrechnung   28 32

Haftpflichtversicherung (14 Nr. 4)   14 75
Haftpflichtversicherung (Betriebskosten)   16 39
Haftpflichtversicherung für Verwaltungsbeirat   29 7, 19
Haftung des Entgelts Einschränkungen, wie Mietforderungen   40 1
Haftung
– des Verwalters für Pflichtverletzungen   26 45 ff.
– des Verbandes   21 29, 34, 36
Haftung des Verwaltungsbeirats   29 18 ff.
– gegenüber Dritten   29 22
– gegenüber Verband und Eigentümer   29 18 f.

Haftung für sonstige Personen   14 51 ff.
Haftung im Innenverhältnis   10 68 ff.
Haftung der Wohnungseigentümer für unterlassene Beschlüsse   10 69; 21 29, 34
Haftungsbegrenzung des Veräußerers (Außenhaftung der Wohnungseigentümer)   10 60
Haftungsbeschränkung
– auf Nachlass   16 10
– bei Verwalterhaftung   26 48, 49; 27 3
– bei Verwaltungsbeirat   29 19
Haftungsbeschränkung Verwalter auf zwei Jahre (keine ordnungsgemäße Verwaltung)   21 27
Haftungsbeschränkungsklausel bei Verwalterhaftung   26 48
Haftungsgleichlauf (im Innen- und Außenverhältnis)   10 68
Haftungsquote (bei Außenhaftung der Wohnungseigentümer)   10 62
Hälfte aller Miteigentumsanteile (bei qualifiziertem Mehrheitsbeschluss)   16 67
Hälfte des Wertes (bei Zerstörung eines Gebäudes)   22 27
Handlungspflichten originäre Begründung   21 24
Handlungsstörer   15 20 ff.
Handwerkerbeauftragung für Notreparatur (Notmaßnahme)   21 13
Hauptleitung (Anschluss)   21 67
Hauptsacheerledigung
– beidseitig   Vor 43 17
– einseitig   Vor 43 17
– Kostenentscheidung   Vor 43 17
– bei Anfechtungsklage wegen Verwalterabberufung   26 29
Hausgeld siehe Wohngeld
Hausgeldabrechnung (Tagesordnungspunkt)   23 12
Hausgeldkonto   27 11
Hausgeldrückstände (Entnahme aus Instandhaltungsrücklage)   21 64
Haushaltsgehilfen   14 52

Haushaltsgeräte in Sondereigentum nutzen **13** 5
Haushaltsnahe Dienstleistungen 28 36
Hausmeisterraum 15 15
Hausmeistervergütung 16 18, 40
Hausmeisterwohnung 6 5
Hausordnung 15 9; **21** 44 ff.
– Änderung **15** 9; **21** 47
– Aufstellung **21** 46
– Begriff **21** 45
– Bindung des Mieters **13** 8
– durchführen (Verwalteraufgabe) **27** 2 ff.
– Regelungsinhalte (zulässige und unzulässige) **21** 49
– als Teil der Gemeinschaftsordnung **15** 9
– Wirkung **21** 48
Hausrecht in Eigentümerversammlung **24** 29
Hausstand 14 52
Haustierhaltung 14 44; **15** 14; **21** 49
Haustierhaltung
– Klagen **43** 12
Haustürgeschäfte
– Clubmitgliedschaft **31** 2
– Teilzeitwohnrechtsverträge **31** 2
– Timesharing-Modell **31** 2
Hauswartvergütung siehe Hausmeistervergütung
Hebeanlage 14 7
Hebebühnen (Kostentragung) **16** 13, 53
Hecke und Störungsbeseitigung **15** 25
Heilung
– Unwirksamkeit eines Teilungsvertrages **2** 8
Heilungsmöglichkeiten
– Ausgleich rückständiger Kosten **19** 9
– Zahlungsverzug **19** 9
– Zuschlag in der Zwangsversteigerung **19** 9
Heimatprogramme (bei Parabolantennen) **14** 35
Heimfall 30 9; **41** 4; **42** 3
– Dauerwohnrecht **34** 2

– Gesamtheimfall **30** 9
– Heimfallgrund **30** 9
– im Todesfall **36** 2
– Löschungsverpflichtung **41** 3
Heimfall und Mieterschutz
– bei Eigenbedarfskündigung **36** 4
Heimfallanspruch
– 2 Jahre: Anwendung des BGB **36** 4
– 6 Monate **36** 4
– Abtretbarkeit **36** 6
– Dauerwohnrecht **32** 6
– Entschädigung bei Heimfall **36** 6
– Fälligkeit des Rückforderungsanspruchs **36** 2
– Grundbuchamt **36** 2
– Nichtausübung **36** 2
– notwendiger Inhalt des Dauerwohnrechts (?) **36** 2
– Übertragung auf neuen Eigentümer im Falle eines Baukostenzuschusses **36** 6
– Übertragung, unzulässige auf Dritte **36** 3
– Verjährung **36** 4
Heimfallgründe 36 2
– Eigenbedarf **36** 3
– Eröffnung Insolvenz **36** 3
– Vorausverfügungen **36** 6
– Zweckentfremdung **36** 3
Heimfallrecht
– Dauerwohnrecht **31** 10
Heizkörper 5 12; **14** 7; **15** 15
– demontieren **14** 63
– eigenmächtig entfernt **15** 14
Heizkosten
– für Gemeinschaftsräume **16** 19, 53
– und Jahresabrechnung **28** 37, 38, 64, 65
– und Wirtschaftsplan **28** 18
Heizkostenverordnung 28 37, 64, 65; **16** 30
– Anwendbarkeit **16** 13
– Heizölkosten **28** 38, 65
– Einzelabrechnung **28** 65
– Gesamtabrechnung **28** 38

1305

Heizung (bauliche Veränderung) **14** 11
Heizungs- und Warmwasserversorgungsanlagen (Betriebskosten) **16** 32
Heizungsausfall (Notmaßnahme) **27** 9
Heizungskosten
– Dauerwohnrecht **33** 9
Heizungsraum 3 6
Heizungssperrung 15 15
Hemmung der Verjährung 48 1
– durch Beiladung **48** 1
– durch Klageerhebung **48** 1
Herausgabeanspruch
– Dauerwohnrecht **34** 5
– Duldungsanspruch **15** 23
– gegen (aktiven) Verwalter **26** 53
– gegen ausgeschiedenen Verwalter **26** 52
– gegen Verwaltungsbeirat **29** 15
– hinsichtlich des gemeinschaftlichen Eigentums **10** 45; **13** 23
– hinsichtlich überlassener Verwaltungsunterlagen **27** 42
– nach § 985 BGB **15** 31, 32
– Sondereigentum **13** 13
Herstellung siehe erstmalige plangerechte Herstellung
Hinreichende Bestimmtheit von Beschlüssen **23** 30
Hinweise bei Einberufung Zweitversammlung **25** 23
Hinweisschilder 14 43; **21** 81
Hobbyraum 1 4
Hobbyräume (Nutzung Teileigentum) **13** 4; **14** 24, 25
Höchstfrist bei Verwalterbestellung **26** 12
Höfeordnung 1 4
Hofnutzung (gemeinschaftliches Eigentum) **14** 50
– **Hofstelle 1** 4
Höhe der Instandhaltungsrücklage **21** 61, 62
Höhe der Sicherheit **33** 11
Höhe Verwaltervergütung **26** 41

Holschuld bei Lastschriftabrede **21** 77
Holzkohlenfeuer 14 44
Holzterrasse 14 43; **15** 11
Honorarabbuchung (eigenmächtige durch Verwalter) **26** 23
Hotelnutzung (Sondereigentum) **13** 6; **14** 22
Hotelzimmer 1 4
– Dauerwohnrecht **31** 10
Humanmedizin-Praxis (Nutzung von Wohnraum) **14** 21
Hundehaltung 14 44, 50; **15** 11; **21** 49
Hydraulik (Hebebühnen) **5** 12; **16** 13
Hypothekenzinsen 27 10

Immanente Schranken
– aus Gemeinschaftsverhältnis **13** 17
– bei Sondernutzungsrecht **13** 43
In Person begründete Einrede und Einwendung (Außenhaftung der Wohnungseigentümer) **10** 64
Individualanspruch
– auf Änderung Vereinbarung **10** 22
– Aufnahme in Tagesordnung **24** 25
– auf Beseitigung von Parabolantennen **14** 42
– aus dem Eigentum **10** 4, 41
– auf Erstellung der Jahresabrechnung **28** 30
– auf modernisierende Instandsetzung **22** 26
– auf ordnungsgemäße Verwaltung **21** 28
– aus § 15 Abs. 3, § 1004 BGB **15** 20, 24
– bei Eigentumsschutz (gemeinschaftliches Eigentum) **13** 23
– Konkurrenz mit gemeinschaftlichen Ansprüchen **10** 45
Individuelle Rechtsverfolgungskompetenz 10 45
Informationsbedürfnis 27 16

Stichwortverzeichnis WEG

Informationsfreiheit 14 6
– (bei Parabolantennen) 14 33
Informationsinteresse 14 6
Inhaber (von Rechten und Pflichten) 10 4, 42
Inhalt
– Beschluss-Sammlung 24 54 ff.
– des Sondereigentums (im Grundbuch eingetragene Vereinbarung) 10 28
– Einberufung der Eigentümerversammlung 23 9 ff.; **24** 25
– Hausordnung (Beispiele) 21 49
– Jahresabrechnung 28 31 ff.
– Protokoll der Eigentümerversammlung 24 34 ff.
– Rechnungslegung 28 91
– Sonderumlage 28 26
– Verwaltervertrag 26 40
– Wirtschaftsplan 28 10 ff.
Inhalt des Sondereigentums 5 16
– schuldrechtliche Vereinbarungen 5 1
Inhalt des Urteils 19 4
Inhaltsänderung eines Sondernutzungsrechts 13 42
Inhaltskontrolle
– bei Gemeinschaftsordnung 10 13
– bei Verwaltervertrag 26 40
Inhaltsmängel
– Bildung von Sondereigentum 3 11
Initiative zu Umlaufbeschluss 23 14
Inkrafttreten 64 1
Innenausgleich (Vorrang vor Bereicherung) 21 17, 18, 39; **28** 20, 29, 83
Innenverhältnis (Einreden und Einwendungen bei Außenhaftung der Wohnungseigentümer) 10 67
Innenverhältnis der Gemeinschaft 2 10; **10** 39, 53; **27** 2
Innerer Bestand der Wohnanlage 22 21
In-sich-Geschäft 27 20, 32
Insolvenz und Jahresabrechnung 28 65

Insolvenzfähigkeit
– Verwaltungsvermögen 11 6
Installationsgeräusche 14 14, 44
Instandhaltung 14 4; **16** 17, 55 ff.; **21** 51 ff.; **27** 7, 35
– Begriff 16 17
Instandhaltung/Instandsetzung
– Dauerwohnrecht 32 6
– Sondereigentum 32 6
Instandhaltungskosten (bei Sondernutzungsrecht) 13 45
Instandhaltungsmaßnahmen (bei Sondernutzungsrecht) 13 45
Instandhaltungspauschale 16 17, 53; **21** 51
Instandhaltungspflicht
– Dauerwohnrecht 33 3, 8
– Einwirkungen 33 3
– Nachteile 33 3
– Umfang 33 3
Instandhaltungspflicht für Sondereigentum 14 2 ff.
Instandhaltungsrücklage
– als Gegenstand des Verwaltungsvermögens 10 55
– angemessen 21 61
– Ansammlung 16 5; **21** 62
– Auflösung, Entnahmen, Verwendung 21 63
– Begriff 21 59
– Beiträge dazu 28 14
– in Jahresabrechnung 28 32, 39, 40 und Anhänge 4 bis 6
– und Wirtschaftsplan (Beiträge dazu) 28 14
– Verteilungsschlüssel 16 59
Instandhaltungsrückstellung siehe Instandhaltungsrücklage
Instandsetzung 21 51 ff.; **27** 7, 35
– Begriff 14 4; **16** 17; **21** 52
– eigenmächtige durch Eigentümer 21 16 f.
– Kostenverteilung im Einzelfall 16 55 ff.
– modernisierende 22 26
– von Sondereigentum durch Gemeinschaft 21 17, 50
Instandsetzungskosten (bei Sondernutzungsrecht) 13 45

1307

Interessenkollision
 – Verwalter, Kostenentscheidung 49 9
Interessenkollision (Abberufung Verwalter) 26 23
Interessenkollision bei Vertretungsmacht des Verwalters 27 21, 24, 32, 41
Internet und Parabolantennen 14 34, 36
Irreversible Schäden (und einstweilige Verfügung) 23 40
Isolierfenster 22 17, 19
Isolierte Feuerversicherung 21 57
Isolierter Miteigentumsanteil 3 15, 20; 6 1
 – Klageverfahren 43 12
Isoliertes Sondereigentum 3 22; 6 1
Ist-Abrechnung 28 40a
Ist-Einnahmen und Ausgaben 28 32, 33

Jahresabrechnung siehe dazu ausführlich 28 Inhalt Rn. 29–88
 – Aufstellung 28 29, 30
 – Begriff 28 29 ff.
 – Beschluss der Eigentümer 28 77 ff.
 – Bestandteile 28 31
 – Einzelabrechnungen 28 62 ff.
 – durch das Gericht 21 91; 28 29, 87
 – Gesamtabrechnung 28 32 ff.
 – Inhalt 28 31 ff.
 – Klage nach § 21 Abs. 8 21 91
 – Muster 28 Anhang 4 bis 6
 – objektbezogen 28 62
 – Prüfungsmöglichkeit 28 79 f f.
 – Rechtswirkungen 28 82 f.
 – und Verwalterwechsel 28 29
 – verständliche Darstellung 28 31, 32, 33
 – zu verteilende Ausgaben und Einnahmen 28 61
 – in Zweier-WEG 28 29
Jahreseinzelabrechnung 28 62 ff.
 und Anhang 5
 – Gegenstand der Beschlussfassung 28 83a
Jahresendsaldo 28 40a, 65

Jahresgesamtabrechnung 28 32 ff. und Anhang 4
Juristische Person als Verwalter 26 3

Kabel(kosten) siehe Breitbandkabel
Kabelnutzung (und Jahresabrechnung) 28 67
Kaltwasser (Jahresabrechnung) 28 41, 66
Kaltwasserversorgung 16 44
Kaltwasserzähler 16 19; 21 26; 22 4a, 19
Kameraüberwachung siehe Videoüberwachung
Kamin 14 46
Kaminbeseitigung/-zerstörung 14 6; 22 3
Kaminreinigung (Betriebskosten) 16 38
Kapitalertragssteuer (Jahresabrechnung) 28 61
Katzennetz (optische Beeinträchtigung) 14 43
Käufer 14 52
Kausalität bei formellen Fehlern von Beschlüssen 23 37; 24 11, 32
Kein Gutglaubensschutz trotz Grundbucheintragung 10 30
Keller (Nutzung Teileigentum) 14 24, 25
Kellerausbau 22 21
Kellermodell 5 3
Kellerräume 1 5
Kellerraumnutzung 15 15
Kennenmüssen bei Verwalterentlastung 26 47
Kenntnis
 – bei Verwirkung 15 28
 – Zurechnung bei Verwalterentlastung 26 47
Kernbereich des Eigentums 10 13, 17; 15 6, 11; 23 17, 28, 30
Kernbereich der Mitgliedschaftsrechte 23 28, 30, 36
Kernbereichstheorie 13 35
Kfz-Stellplatz 15 15
Kinder 14 52
Kinderlärm 14 44

Kinderspiel (gemeinschaftliches Eigentum) **13** 18
Kinderspielen auf Zufahrtsfläche (Regelung in Hausordnung) **21** 49
Kinderspielplatz 14 48; **22** 3, 18
Kinderzimmer (Zweckbestimmung) **14** 18
Klage
– auf Abberufung des Verwaltungsbeirats **29** 8
– auf Änderung des Verteilungsschlüssels (Betriebskosten) **16** 20
– auf Aufstellung eines Wirtschaftsplans **21** 41
– auf Beschlussfassung **16** 22c
– auf Verwalterabberufung **26** 27
– auf Verwalterbestellung **26** 11; **43** 14
– auf Vereinbarungsänderung **10** 15; **16** 22c
– gegen andere Wohnungseigentümer (Anspruch auf ordnungsgemäße Verwaltung) **21** 39
– gegen Verwaltungsorgan (Anspruch auf ordnungsgemäße Verwaltung) **21** 38
– Ablauf des Verfahrens **Vor 43** 12
– Arrest **Vor 43** 22, 24
– Aussetzung des Verfahrens **Vor 43** 16
– Beteiligte des Verfahrens **Vor 43** 10
– Beweisaufnahme **Vor 43** 15
– Eilverfahren **Vor 43** 22
– Eilverfahren, einstweilige Verfügung, Arrest **Vor 43** 24
– einstweilige Verfügung **Vor 43** 22, 23
– einstweilige Verfügung, Leistungsverfügung **Vor 43** 23
– einstweilige Verfügung, Regelungsverfügung **Vor 43** 23
– einstweilige Verfügung, Sicherungsverfügung **Vor 43** 23
– einstweilige Verfügung, Widerspruch **Vor 43** 23
– einstweiliger Rechtsschutz, Verfügungsanspruch **Vor 43** 23
– einstweiliger Rechtsschutz, Verfügungsgrund **Vor 43** 23
– Hauptsacheerledigung **Vor 43** 17
– mündliche Verhandlung **Vor 43** 13
– Parteimaxime **Vor 43** 12
– Postulationsfähigkeit **Vor 43** 8
– Prozessstandschaft **Vor 43** 11
– Prozessverbindung/-trennung **Vor 43** 14
– Prozessvergleich **Vor 43** 19
– Rechtshängigkeit **Vor 43** 5
– Rechtskraft **48** 14
– Rechtsmittel **Vor 43** 20
– Rechtsschutzbedürfnis **Vor 43** 9
– Ruhen des Verfahrens **Vor 43** 16
– Schiedsverfahren **Vor 43** 4
– Schlichtungsverfahren **Vor 43** 3
– Unterbrechung des Verfahrens **Vor 43** 16
– Unzulässigkeit **Vor 43** 3 ff.; **48** 16
– Urteil **Vor 43** 18
– Wohnungseigentümer, örtliche Zuständigkeit **43** 1 ff.
– Wohnungseigentümer, zuständiges Gericht **43** 2
– Zulässigkeit **Vor 43** 1
– Zustellungen **Vor 43** 7
– Zwangsvollstreckung **Vor 43** 21
Klage auf Auflassung **8** 14
Klage gegen Wohnungseigentümer
– Streitwert Obergrenze **49a GKG** 24
Klage nach § 21 Abs. 8 **21** 92
Klageänderung bei Klage nach § 21 Abs. 8 **21** 91
Klageantrag 19 3
Klageantrag
– (bestimmter) **21** 40, 41
– bei Lärmbeeinträchtigung **14** 44; **15** 19

Klagebefugnis 19 8
– *siehe* Rechtsschutzbedürfnis
Klagebefugnis Wohnungseigentümer 43 6
Klageerhebung Angabe Grundstück 44 5
– Eindeutigkeit 44 5
– Rubrumsberichtung 44 7, 46 23
– Sammelbezeichnung 44 2
Klagefrist
– Anfechtungsklage 46 22
Klagefrist bei Protokollberichtigung 24 48
Klagemöglichkeit bei Vereinbarung (Abschluss oder Änderung) 10 24 ff.
Klagerücknahme Vor 43 16a
Klageschrift
– (Kurz-)Bezeichnung Wohnungseigentümer 44 2 ff.
Klageweg 27 26, 36; 43 5 ff.
Kleinbetrag bei Fehler in Abrechnung 28 85
Kleinere Reparaturen 27 7, 25 ff., 35
Kleintiere 13 5; 14 44
Klimaanlage 21 55
Klimaanlage (Lärm) 14 44; 15 14
Klimagerät 22 11
Klimaschutz 22 18a
Kombination Anfechtungs- und Verpflichtungsklage (bei Beschlussmängeln) 23 39
Kombinierte Jahresabrechnung 28 31 *und* Anhang 6
Kombinierte Versicherung 21 57
Kombinierter Wirtschaftsplan 28 10 *und* Anhang 3
Kommunalabgaben 10 43
Kompetenzbegründend (bei Beschluss) 22 6, 9
Kompetenzverlagerung von Eigentümern auf Verwalter 26 40; 27 7 ff., 29, 35, 43
Kompetenzzuweisung für Mehrheitsbeschluss 23 2
Konkludent zustande gekommene Vereinbarung 10 9

Konkludente Abberufung des Verwalters 26 18
Konkludente Änderung eines Verteilungsschlüssels 16 13
Konkludente Beschlussfeststellung 23 26
Konkludente Bevollmächtigung des Verwalters 27 43
Konkludente Entlastung des Verwalters 26 46
Konkludente Genehmigung der Jahresabrechnung 28 77, 78
Konkludente Verkündung des Beschlussergebnisses 23 25
Konkludente Verkündung von Beschlüssen 23 26
Konkludente Willenskundgabe 10 9
Konkludenter Abschluss des Verwaltervertrags 26 39
Konkrete Beeinträchtigung 14 5
Konkrete Installation (bei Parabolantennen) 14 39
Konkrete Nutzungsart (Zweckbestimmung) 14 18
Konkrete Öffnungsklausel 10 17
Konkrete Umstände des Einzelfalls (bei typisierender Betrachtungsweise) 14 19
Konkurrentenschutz 15 7
Konkurrenz
von Individual- und gemeinschaftlichen Ansprüchen 10 45
von Schadensersatz- und Bereicherungsanspruch 15 20
Konkurrenzangebote bei größeren Maßnahmen 21 23
Konkurrenzangebote bei Verwalterbestellung 26 15, 30, 33
Konkurrenzverbot (Nutzung Teileigentum) 14 24
Konstitutive Beschlussteile
– allgemein 23 18, 22
– bei Jahresabrechnung 28 31, 83a, 86
Konstruktive Gebäudeteile 5 9
– Abdichtungsanschluss 5 9
– Ausschachtungen 5 9
– Außenfenster 5 9
– Balkon 5 9

Stichwortverzeichnis **WEG**

- Balkonisolierung **5** 9
- Balkonstützen **5** 9
- Balkontüren **5** 9
- Bodenplatte **5** 9
- Dach **5** 9
- Dichtungsanschluss **5** 9
- erforderliche Balken **5** 9
- Fundamente **5** 9
- Garagendach **5** 9
- Geschossdecken **5** 9
- Trägerkonstruktion **5** 9
- Trennwand zwischen zwei Balkonen **5** 9
- Wärmedämmung **5** 9
- Wohnungseingangstüren **5** 9

Kontenentwicklung in Jahresabrechnung **28** 32, 58 und Anhänge 4 bis 6

Kontoführung durch Verwalter **27** 37, 38, 47

Kontokorrentkredit **27** 38

Kontostände bei Jahresabrechnung **28** 42

Kontrollfunktion **28** 41

Kontrollorgan
- Verwaltungsbeirat **29** 11
- andere **29** 1

Kopfstimmrecht **16** 66; **25** 8, 14

Kopfprinzip *siehe* Kopfstimmrecht

Kopierkosten **24** 45; **26** 44; **28** 81

Koppelung Verwaltervertrag und Verwalterbestellung **26** 50

Korrektur der Beschluss-Sammlung **24** 52

Kosten *siehe auch:* Betriebskosten und jeweiliges Schlagwort (Aufzugskosten, Beleuchtungskosten etc.)
- der Eigentümerunterrichtung **27** 16
- der Instandhaltung und Instandsetzung **16** 17
- der Verwaltung **16** 45, 75 ff.
- des gemeinschaftlichen Gebrauchs **16** 19
- des Sondereigentums **16** 15, 19
- einer Modernisierungsmaßnahme **16** 55 ff.; **22** 22
- eines Rechtsstreits (Jahresabrechnung) **28** 42, 67
- eines Rechtsstreits gem. § 43 **16** 78
- eines Rechtsstreits nach § 18 **16** 76
- für (Foto-) Kopien **24** 45; **26** 44; **28** 21, 81
- für besondere Nutzung gemeinschaftlichen Eigentums **21** 80 ff.
- für besonderen Verwaltungsaufwand **21** 83 ff.
- sonstiger Verwaltung **16** 18
- notwendige Kostenerstattung **50** 3

Kosten der Beiladung **48** 11

Kostenangebote **21** 23

Kostenanschläge (Prüfung durch den Verwaltungsbeirat) **29** 16

Kostenbeiträge **27** 10

Kostenentscheidung **49** 1 ff.
- Beteiligung Verwalter **49** 8
- billiges Ermessen **49** 2, 5
- Entscheidung nach § 21 Abs. 8 **49** 3
- Ermessen **49** 10
- Ermessen, Prozesskosten Verwalter **49** 10
- gebundene Entscheidung **49** 4
- Nebenintervention **49** 8
- Quotelung der Kosten **49** 5
- Rechtsmittel **49** 11
- Verhältnis Obsiegen/Unterliegen **49** 2, 5
- Verhältnismäßigkeitsgrundsatz **49** 5
- Verwalter Beteiligung **49** 8
- Verwalter, Interessenkollision **49** 9
- Verwalter, ohne Parteistellung **49** 8
- Verwalter, persönliche Beteiligung **49** 9
- Verwalter, rechtliches Gehör **49** 8
- Verwalter, Verschulden **49** 7
- Verwaltungsmaßnahmen, § 21 Abs. 8 **49** 3
- Voraussetzung für billiges Ermessen **49** 3
- Zweitbeschluss **49** 5

1311

Kostenerstattung 49 1; 50 1 ff.
- Begrenzung Kostenrisiko 50 1
- Beschränkung auf einen Rechtsanwalt 50 3
- Kostenfestsetzung 50 5
- kostengünstiges Vorgehen 50 3
- mehrere Rechtsanwälte 50 4
- Mehrfachvertretung 50 4
- notwendige Kosten 50 3
- objektiv erforderliche Handlungen 50 3
- Prozess, § 91 ZPO 49 1
- Rechtsverteidigung 50 2
- Schlechtleistung Anwaltsvertrag 50 4
- unübersehbare Kosten 50 1
- Verbindung § 47 50 3
- verständige Partei 50 3
- zweckentsprechende Rechtsverfolgung 50 2

Kostenerstattungsanspruch bei Rechtsstreit nach § 18 16 76

Kostenfestsetzung 50 5

Kostenfreistellung bei baulichen Veränderungen 16 71; 22 78

Kostenmehrbelastung (unbillige) 10 19

Kosten-Nutzen-Analyse 21 54; 22 16

Kosten-Nutzen-Verhältnis 22 20

Kostenpauschalen 21 82

Kostenregelung im Einzelfall 16 58

Kostenrisiko
- Begrenzung 50 1

Kostentragung
- Verwalter, grobes Verschulden 49 6, 7

Kostentragung (gemeinschaftliches Eigentum) 16 10 ff., 73

Kostentragung bei **Sondernutzungsrecht** 16 13

Kostentragungspflicht Verwalter 49 6

Kostentragungsregelung in nichtiger Sondereigentumszuweisung 16 13

Kostenverteilung
- im Einzelfall (Instandhaltungs-, Instandsetzungsmaßnahmen, bauliche Veränderungen) 16 55 ff.
- abweichende Regelung 16 13

Kostenverteilung soweit keine Verwaltungskosten vorliegen 16 81

Kostenverteilungsschlüssel *siehe* gesetzlicher Verteilungsschlüssel

Kraftloserklärung 7 12

Kreditaufnahme
- Aufnahme im Wirtschaftsplan 28 12
- ordnungsgemäße Verwaltung 21 26, 27
- unzulässige Notmaßnahme 21 14
- durch Verwalter 27 13, 38

Kreditvolumen 27 38

Kreditzinsen (Jahresabrechnung) 28 61

Kritische Äußerungen der Eigentümer 24 2

Küche (Zweckbestimmung) 14 18

Küchengerüche 14 44

Kündigung des Verwaltervertrages 26 50 f.

Kündigung des Verwaltervertrages aus **wichtigem Grund** 26 51

Kündigungsfrist bei Kündigung aus wichtigem Grund (Verwalter) 26 51

Kündigungsrecht des Erstehers 19 2

Kündigungsschutzrecht
- Dauerwohnrecht *siehe auch:* Mieterschutz 31 2

Kunststoffkanal (optische Beeinträchtigung) 14 43

Kurzbezeichnung
- Sammelbezeichnung 44 2

Laden
- Dauernutzungsrecht 31 10
- Nutzung Teileigentum 14 24, 25
- Zweckbestimmung 14 18

Ladenkeller (Nutzung Teileigentum) 14 25

Ladestation für Elektroauto 21 70

Ladungsfrist 24 11, 25, 28

Stichwortverzeichnis WEG

Ladungsmangel (fehlerhafter Beschluss) **23** 30, 38; **24** 5, 11
Ladungsschreiben zur Eigentümerversammlung **24** 26, 28
– **Lageplan 7** 9
Lagerräume
– Dauernutzungsrecht **31** 10
Langfristige Dauerwohnrechte 41 1
Lärm 14 44
Lärmbelästigung
– Zuständigkeit für Klagen **43** 13
Lärmbelästigungen (Schallschutz) **14** 12
Lärmimmissionsrichtwerte 14 44
Lasten 16 16
Lasten (-beiträge) 16 27; **27** 10
Lastentragung (gemeinschaftliches Eigentum) **16** 10 ff.
Lästigkeit (Geräusche) **14** 14
Lastschriftverfahren (bei Einzug von Geldern) **21** 77; **27** 11
Lastschriftverfahren (Sondervergütung Verwalter bei Nichtteilnahme) **26** 44
Laufende Maßnahmen (der Instandhaltung und Instandsetzung) **27** 35
Laufende Reparaturen 27 7, 25 ff., 35
Laufzeit bei Verwalterbestellung **26** 12
Laufzeit Verwaltervertrag **26** 40
Lebenspartner 14 52
Leer stehen lassen von Sondereigentum **13** 12
Leinenzwang 15 11
Leistungen (bei Verwaltung gemeinschaftlichen Eigentums) **27** 11
Leistungen des Berechtigten **41** 4
Leistungsklage siehe Klage
Leistungspflicht (Begründung durch Beschluss) **14** 30; **22** 1; **23** 4
Leistungsstörung bei Verwaltervertrag **26** 45; **27** 3
Leistungsverfügung Vor **43** 23
Leitungen (baulichen Veränderung) **14** 11

Letztwillige Verfügung
– Einräumung Wohnungseigentum **2** 2, 3
Leuchtreklame 21 81; **14** 43
Lichteinfall von Reklametafel **14** 58
Lieferanten 13 6
Lieferung von Wärme (Betriebskosten) **16** 30
Lift siehe Aufzug
Liquiditätsengpass (Entnahme aus Instandhaltungsrücklage) **21** 64
Liquiditätsengpass (Kreditaufnahme als ordnungsgemäße Verwaltung) **21** 26
Löschung in Beschluss-Sammlung **24** 68 ff.
Löschungsbewilligung 27 42
Löschungsfähige Quittung 27 10
Löschungsverpflichtung 41 3
Lösung Sondereigentum vom Miteigentum **6** 1
Loggia 5 4
Losverfahren bei Nutzung gemeinschaftlichen Eigentums **13** 29; **15** 15
Luxusmaßnahmen 22 17

Mahnkosten 16 53; **26** 44
Mahnung 27 10, 26, 36
Mahnverfahren 16 78; **27** 26, 36; **43** 28, 35
Majorisierung 12 12; **23** 23; **25** 32; **26** 15
Mängel bei Beschlüssen **23** 19 ff.
Mängel feststellen (Verwalteraufgabe) **27** 7
Mängelansprüche (Ausübung durch Verband) **10** 43
Mängelberichtigung Aufteilungsplan **3** 15
Mängelgewährleistungsansprüche (Geltendmachung durch Verwaltungsbeirat) **29** 13
Mangel am Gemeinschaftseigentum/Sondereigentum (siehe auch: nachbarlicher Ausgleichsanspruch) **13** 16; **14** 74
Manipulation 19 2
Markise (optische Beeinträchtigung) **14** 43

1313

Massagepraxis 14 22
Maßstabskontinuität 16 58
Materielle Fehler bei Beschlüssen 23 37, 39
Mauern als Gegenstand des Sondernutzungsrechts 13 27
Medienversorgung (Instandhaltung, -setzung) 21 55
Medizintouristen 13 6
Mehrere Personen
– als Verwalter 26 3, 18
Mehrfachparker siehe Duplexparker
Mehrfachvertretung 50 4
– Kostenerstattung 50 4
– Notwendigkeit 50 3
Mehrhausanlage siehe auch: Untergemeinschaften
– Absehen von Beiladung 48 8
– Aufteilung 6 8
– Betriebskosten 16 33, 53, 62
– im Wirtschaftsplan 28 17
– Instandhaltungsrücklage 21 60, 63
– keine Rechtsfähigkeit 10 37
– Mitgebrauchsrechte 13 20
– Teilversammlung 23 26
– und Jahresabrechnung 28 43, 68, 77
– Wiederaufbau zerstörter Gebäude 22 27
– Wirtschaftsplan 28 17
Mehrheit bei Abstimmung 23 23, 24
Mehrheit relative 26 10, 23
Mehrheit von Berechtigten
– Dauerwohnrecht 31 6,
– Erbengemeinschaft 31 6
Mehrheitsbeschluss 10 15, 25, 35; 21 3, 20 ff.; 22 6, 23; 25 2 ff.; 26 10, 20; siehe auch: Beschluss
– auf Rechnungslegung 28 89 ff.
– qualifizierter 16 63
– über Jahresabrechnung 28 77, 78
– über Sonderumlage 28 27
– zur Geltendmachung von Ansprüchen durch Verband 10 44
– zur Änderung des Kostenverteilungsschlüssels 16 22

Mehrkosten
– bei Parabolantennen 14 36
– bei Streitwertvereinbarungen 16 79; 27 28, 36
– eines Rechtsanwalts 16 79
– eines Rechtsstreits gem. § 43 16 78
Mehrzahl von Personen als Verwalter 26 3
Meinungsäußerung 24 2, 35
Meistbegünstigung 62 7
Messgeräte aufstellen 14 63
Miet- und Pachteinnahmen 28 12
Mietausfallschaden (14 Nr. 4) 14 73
Miete
– mietähnlicher Vertrag 31 2
– mietähnliches Dauerwohnrecht 31 7
Mieteinnahmen als Nutzung des gemeinschaftlichen Eigentums 13 19
Mieteinnahmen für gemeinschaftliches Eigentum 13 26; 16 7
Mieteinnahmen im Wirtschaftsplan 28 12
Mieteinzug für Sondereigentum 15 14
Mieter 14 52
Mieter (Mitgebrauch gemeinschaftlicher Räume und Einrichtungen) 13 3
Mieter als Störer 15 22, 25
Mieter auswählen 14 54
Mieter keine weitergehenden Rechte gewähren 14 54
Mieterschutzbestimmungen
– keine entsprechende Anwendung 36 4
Mietsache 13 6
Minderheitenschutz 23 1
Minderjähriger (Erwerb einer Eigentumswohnung) 10 61
Mindestanzahl von Heimatsendern 14 36
Mindestausstattung
– Wohnung 3 32
Mindestbeheizung 15 14
Mindestbeheizung (Regelung in Hausordnung) 21 49
Mindestfläche je Person 14 44

Stichwortverzeichnis WEG

Mindestfrist bei Verwalterbestellung 26 12
Mindestversicherungsschutz 21 56
Mitbenutzungsrechte
– Fahrstuhl 33 5
– für alle im gemeinschaftlichen Gebrauch bestimmten Teile 33 5
– Treppenhaus 33 5
– Waschkeller 33 5
Mitbestimmungsrecht der Wohnungseigentümer (bei Parabolantennen) 14 40
Miteigentum 3 2
– Bruchteil am Grundstück 3 1
– nach Bruchteilen 3 1
Miteigentumsanteil 6 2
– Abtrennung 6 2
– Änderung 3 6; 6 2; 10 62
– Aufteilung 3 7
– Eintragung im Grundbuch 2 5
– isoliert 3 15, 20
– Quote 3 7
– Quoten 6 2
– Quotenänderung 3 7
– Veränderung der Größe 6 2
– Veränderung der Miteigentumsanteile 6 2
– Verbindung mit Sondereigentum 6 2, 3
– Zubuchung 6 3
Miteigentumsanteile 6 2
– Abtrennung 6 2
– Änderung 6 2
– Quoten 6 2
– Veränderung der Größe 6 2
– Veränderung der Miteigentumsanteile 6 2
– Verbindung mit Sondereigentum 6 2, 3
– Zubuchung 6 3
Miteigentümer Prozesskostenhilfe Vor 43 11a
Miteigentumsquoten Änderung 6 2; 43 12
Mitgebrauch und Beeinträchtigung anderer 13 21
Mitgebrauch bei Mehrhausanlagen 13 20

Mitgebrauch des gemeinschaftlichen Eigentums 13 18 ff.; 16 72
Mitgebrauch des Mieters von Gemeinschaftseigentum 13 6
Mitgebrauch im Rahmen geordneten Zusammenlebens (gemeinschaftliches Eigentum) 13 21
Mitgebrauchsrechte (gemeinschaftliches Eigentum) 13 18 ff.
Mitgliedschaftliche Angelegenheiten und Stimmrechtsausschluss 15 6; 25 28
Mitgliedschaftsrechte 15 6; 23 28, 30, 36
Mithilfe (Regelung in Hausordnung) 21 49
Mitsondereigentum 3 6
– Heizungsraum 3 6
– unzulässig an Liftanlage 3 6
– Wasserhebeanlage 3 6
Mittelbare Früchte (gemeinschaftliches Eigentum) 13 26; 16 4
Mittelbarer Handlungsstörer 15 21
Mitverschulden bei Anspruch gegen andere Wohnungseigentümer 21 34
Mitwirkungsrechte des Eigentümers 23 28, 30, 36
Mobile Holzterrasse 15 11
Mobilfunkanlage 22 5
Modernisierende Instandsetzung 21 53; 22 26; *siehe auch:* Modernisierung
Modernisierende Instandsetzung und Anpassung an Stand der Technik 22 20
Modernisierung 22 15 ff.
– Abgrenzung zu ordnungsgemäßer Instandhaltung 22 15
– Anpassung an Stand der Technik 22 20
– Begriff 22 16
– Beschlusskompetenz 22 23
– Eigenart der Wohnanlage 22 21
– Einsparung von Energie und Wasser 22 19
– energetische 22 18
– Erhöhung des Gebrauchswerts 22 17

1315

– keine unbillige Beeinträchtigung **22** 22
– Kostenverteilung im Einzelfall **16** 55 ff.
– qualifizierte Mehrheit **22** 24
– Verbesserung der Wohnverhältnisse **22** 18
– Verhältnis von Abs. 1 zu Abs. 2 **22** 5
Modernisierungsmaßnahme (bauliche Veränderung) **22** 5
Müllabfuhr-Gebühren **33** 9
Müllbeseitigung (Betriebskosten) **16** 34, 53
Müllplatz **14** 46
Müllschlucker **15** 15
Mülltonnenanlage (bauliche Veränderung) **22** 5
Mündliche Verhandlung Vor **43** 13
– Beweisaufnahme Vor **43** 13
– Haupttermin Vor **43** 13
– Klageantrag Vor **43** 13
– Mündlichkeitsprinzip Vor **43** 13
Mündlichkeitsprinzip Vor **43** 13
Musizieren **13** 5; **14** 44; **15** 11
Musizieren (Regelung in Hausordnung) **21** 49
Musizierverbot **14** 44
Muster einer Beschluss-Sammlung **24** 66 ff.

Nachbareigentum **3** 6
Nachbargrundstück (als Gegenstand des Verwaltungsvermögens) **10** 50
Nachbarrechte (gemeinschaftliches Eigentum) **13** 25
Nachbarrechte (Sondereigentum) **13** 15
Nachbarrechtlicher Ausgleichsanspruch (Sondereigentum) **13** 16
Nachbarschützende Vorschriften (Sondereigentum) **13** 16
Nacherfüllungsansprüche (gegen Bauträger) **10** 44
Nachhaltig (Begriff) **22** 17, 19
Nachhaltige Einsparung von Energie und Wasser **22** 19
Nachhaltige Erhöhung des Gebrauchswerts **22** 17

Nachschieben von Gründen bei Anfechtungsklage **14** 5
Nachteil **14** 5
Nachteil (bei optischer Beeinträchtigung) **14** 27
Nachteile abwenden (Verwalteraufgabe) **27** 22, 34
Nachtlokal (Nutzung Teileigentum) **14** 25
Nachtrag zur Teilungserklärung
– Änderung der sachenrechtlichen Zuordnung **10** 10
– Begründung Sondernutzungsrecht **13** 30
Nachträgliche Vereinbarung **10** 10
Nachvertragliche Pflichten des Verwalters **26** 52
Nachvollziehbarkeit der Jahresabrechnung **28** 43
Nachweis der Verwalterstellung **26** 34 f.
Nachweis der Zerstörung **9** 3
Nachweis gemäß § 29 GBO **30** 7
Nachzahlungsansprüche (und Jahresabrechnung) **28** 68
Nachzahlungen Vorjahr (und Jahresabrechnung) **28** 43
Naturalrestitution (14 Nr. 4) **14** 72
Nebenintervention **48** 1 ff., 11
– Kostenentscheidung **49** 8
– Prozessverbindung **47** 4
Negativbeschluss
– Anfechtung **21** 19, 39, 40, 87
– Anfechtungsklage **46** 12
– Bindungswirkung **21** 42, 89
– und Beschluss-Sammlung **24** 70
– und Klage nach § 21 Abs. 8 **21** 91
Negative Abrechnungsspitze **28** 69
Negative Rechte (bei Sondereigentum) **13** 12
Negatives Schuldanerkenntnis bei Verwalterentlastung **26** 47
Neubestellung des Verwalters **26** 7, 30 ff.
Neuwahl Verwalter (Tagesordnungspunkt) **23** 12
Neuwahl Verwaltungsbeirat **29** 8
Neuwertversicherung **21** 57

Nicht eindeutige Regelung in Gemeinschaftsordnung **16** 13
Nicht erforderliche Zustimmung (Eigentümer bei baulichen Veränderungen) **16** 71
Nichtladung zur Eigentümerversammlung *siehe* Ladungsmangel
Nicht ordnungsgemäße Verwaltung (Folgen) **21** 34 ff.
Nicht sichtbare Parabolantennen 14 33, 34
Nicht unerhebliche Beeinträchtigung 14 5
Nicht zu Wohnzwecken dienender Raum **14** 23
Nicht zugestimmt (Eigentümer bei baulichen Veränderungen) **16** 70 ff.
Nichtbeschluss
- Begriff **23** 9, 19
- Anfechtung **46** 15
- Anfechtungsklage **46** 15
Nichtigkeit
- Anfechtungsklage, Hinweispflicht **46** 37
Nichtigkeit von **Beschlüssen 23** 32; **24** 11, 32
Nichtigkeitsgründe
- Prozess, Rechtskrafterstreckung **48** 18
Nichtigkeitsklage
- keine Klagefrist **23** 32, 36 ff.
- Rechtskraft **48** 19
Nichtöffentlichkeit der Eigentümerversammlung **24** 3, 6
Nichtzustimmung zu baulicher Maßnahme und Kostentragung **16** 70
Niederlegung des Verwalteramtes **26** 19, 51
Niederschrift über Eigentümerversammlung **24** 34 ff.
Niederschrift über Eigentümerversammlung einsehen **24** 44 ff.
Nießbrauch
- Dauerwohnrecht **33** 2
Nießbraucher Stimmrecht **25** 7
Normative Beschlussauslegung **23** 26

Notgeschäftsführung *siehe* Notmaßnahme und Notverwalter
Notmaßnahmen 21 6 ff.
Notmaßnahmen (Verwalteraufgabe) **27** 9
Notreparatur (Notmaßnahme) **21** 13
Notverwalter 21 90; **26** 11
Notwendigkeit der Notmaßnahme **21** 12
Notwirtschaftsplan 21 91; **28** 4, 18, 19
Novation bei Wohngeld und Jahresabrechnung **28** 22, 83
Nummerierung in Beschluss-Sammlung **24** 65
Nutzung Kellerraum 15 15
Nutzung von Gemeinschaftseigentum zu gemeinsamen Zwecken **14** 6
Nutzung des **Sondereigentums 13** 3 ff.
Nutzung von Wohnraum 14 21
Nutzung zu Wohnzwecken (Sondereigentum) **13** 4
Nutzungen aus dem Verwaltungsvermögen **16** 5
Nutzungen bei Sondernutzungsrecht **16** 6
Nutzungen des gemeinschaftlichen Eigentums **13** 26; **16** 2 ff., 72
Nutzungsbeschränkungen durch Vereinbarung **10** 12
Nutzungsentgelt bei gemeinschaftlichem Eigentum **16** 7; *siehe auch:* Nutzungsgebühren
Nutzungsgebühren bei gemeinschaftlichem Eigentum **16** 53; *siehe auch:* Nutzungsentgelt
Nutzungspflicht 15 7
Nutzungsrecht Sondereigentum **13** 3 ff.
Nutzungsregelung durch Beschluss (gemeinschaftliches Eigentum) **13** 19
Nutzungszweck 1 4

„**Ob**" und „**Wie**" der Instandhaltung **21** 91; **27** 43

Objektbezogen
- Einzelwirtschaftsplan 28 20
- Einzeljahresabrechnung 28 62

Objektive Beeinträchtigung 14 5

Objektiv-normative Auslegung 10 29, 32; 13 41; 23 26; 24 48

Objektstimmrecht 25 10

Obst von Bäumen 13 26; 16 4

Offenlegung Prozessstandschaft bei Anfechtungsklage 46 4

Öffentlicher Glaube
- Grundbucheintragung 2 7

Öffentlicher Glaube der Beschluss-Sammlung 24 51

Öffentliches Recht (Nachbarrecht bei gemeinschaftlichem Eigentum) 13 25

Öffentlichkeit der Eigentümerversammlung 24 3, 6

Öffentlich-rechtliche Genehmigung 19 4

Öffentlich-rechtliche Lasten 16 27

Öffentlich-rechtliche Nachbarschutzansprüche (Sondereigentum) 13 15

Öffentlich-rechtliche Vorschriften bei Nutzung des Sondereigentums 13 3, 15, 16, 41

Öffentlich-rechtliche Vorschriften einhalten (ordnungsgemäße Verwaltung) 21 26

Öffnungsklausel 10 16 ff., 33; 16 9; 21 5; 23 4

Öffnungsklausel und Begründung Sondernutzungsrecht durch Mehrheitsbeschluss 13 34 ff.

Öffnungsklauseln 5 16

Öffnungszeiten (bei Nutzung Teileigentum) 14 24

Ölkosten
- Gesamtabrechnung 28 38
- Einzelabrechnung 28 65

Öltank 14 2, 3

Optik 14 26, 46

Optik der Gesamtanlage (bauliche Veränderung) 22 5, 21

Optikveränderung (bauliche Veränderung) 22 3

Optisch-architektonisches Erscheinungsbild 14 27

Optische Beeinträchtigung 14 7, 26 ff.

Optische Veränderung (und bauliche Veränderung) 22 3, 21

Ordentliche Abberufung des Verwalters 26 20

Ordentliche Eigentümerversammlung 24 9

Ordentliche Kündigung des Verwaltervertrages 26 50

Ordnungsgemäße Instandhaltung 21 51 ff.; 27 7

Ordnungsgemäße Instandsetzung 21 51 ff.; 27 7

Ordnungsgemäße Verwaltung
- Anspruch auf ordnungsgemäße Verwaltung 21 28 ff. (siehe auch: unter „Anspruch")
- Begriff 21 23
- Beispiele 21 26, 44 ff.
- bei Änderungen aufgrund Öffnungsklausel 10 16
- und Verteilungsmaßstab bei Betriebskosten 16 49, 57

Ordnungsgemäßer Gebrauch
- Begriff 15 14
- Regelung für Gemeinschaftseigentum 15 15
- Regelung für Sondereigentum 15 14

Organ der Gemeinschaft 10 37; siehe auch: Verwaltungsorgane

Organhaftung 21 34

Organisationsakt (Bestellung Verwalter und Verwaltungsbeirat) 26 7, 39; 29 4

Organisationsstruktur der Wohnungseigentümergemeinschaft 20 1; 21 5

Originäre Begründung von Pflichten 21 24

Ort der Eigentümerversammlung 24 3

Ort der Einsicht in Abrechnungsunterlagen 28 80

Ortsübliche Beeinträchtigung (Sondereigentum) 13 16

Ortsüblichkeit (optische Beeinträchtigung) 14 43

Stichwortverzeichnis WEG

Pacht *siehe auch:* Verpachten
- Abgrenzung zu Sondernutzung **13** 29

Pachteinnahmen im Wirtschaftsplan **28** 12

Pächter 14 52

Pachtverhältnis (Sondereigentum) **13** 11

Parabolantenne 10 18; **14** 28 ff.; **21** 69; **23** 19

Parabolantennen, Prüfungsreihenfolge 14 29 ff.

Parken (gemeinschaftliches Eigentum) **13** 18; **14** 50

Parkplatz 15 15

Parkplatzbenutzung (Regelung in Hausordnung) **21** 49

Parteiänderung Vor **43** 10

Parteibezeichnung
- Klageschrift **44** 1
- Kurzbezeichnung **44** 2

Parteienstellung
- Änderung durch Prozessverbindung **47** 5

Parteifähigkeit der Gemeinschaft im Gerichtsverfahren **10** 47

Parteimaxime Vor **43** 12
- Antragstellung Vor **43** 12
- Hinweispflicht, Gericht Vor **43** 12
- Tatsachenvortrag Vor **43** 12

Parteiwechsel (nach Vergemeinschaftung) **10** 45

Passiva (als Gegenstand des Verwaltungsvermögens) **10** 54

Passivlegitimation 24 22

Passivprozesse (Unterrichtung der Eigentümer) **27** 16

Passivvertretung
- durch Verwalter **27** 20, 21, 32, 33, 44
- durch alle Eigentümer **21** 4

Pauschale für Mahnkosten **16** 53 (Mahnkosten)

Pauschalierter Schadensersatz 21 79

Pauschalvergütung Verwalter für Veräußerungszustimmung **26** 43

Pension (Nutzung von Wohnraum) **14** 22

Pergola 14 11, 43
siehe auch: Terrassenüberdachung

Periodenfremde Zahlungen *siehe* Rechnungsabgrenzung

Permanente Einzelfallentscheidungen bei Kostenverteilung **16** 58

Person des Verwalters **26** 3 ff.

Person des Zustimmungsberechtigten **12** 6

Personal 14 52

Personenaufzug 22 18

Personenhandelsgesellschaft (als Eigentümer) **10** 3

Persönliche Gebrauchsvorteile (gemeinschaftliches Eigentum) **13** 18

Persönliche Nutzung (gemeinschaftliches Eigentum) **13** 19

Persönlichkeitsschutz und Protokoll der Eigentümerversammlung **24** 46

Pfandrecht
- Dauerwohnrecht **33** 2

Pflanztröge bei Dachterrasse (bei Sondernutzungsrecht) **13** 45

Pflanztröge vor Balkongeländer **15** 15

Pflastern eines Weges (bauliche Veränderung) **22** 3

Pflege der Wohnanlage **21** 51

Pflegepersonen 14 52

Pflicht zur Einberufung der Eigentümerversammlung **24** 9, 12

Pflicht zur Nutzung des Eigentums **15** 7

Pflichten der **Gemeinschaft 10** 42

Pflichten der **Wohnungseigentümer 10** 4

Pflichten der Wohnungseigentümer (Ausübung durch Verband) **10** 43

Pflichten des Verwalters im Innenverhältnis **27** 2 ff.

Pflichtverletzung bei Führung der Beschluss-Sammlung **24** 75 f.

Pflichtverletzung des Verwalters (Haftung) **26** 45 ff.; **27** 3

Pflichtverletzung durch Mieter oder Pächter **14** 55

1319

Pförtnerdienst (Betriebskosten) 16 43
Pizzeria (Nutzung Teileigentum) 14 24
PKW-Stellplatz
– Dauernutzungsrecht 31 7
Plangerechte Erstherstellung 21 30, 33, 52 *siehe auch:* erstmalige Herstellung
Plausibilitätskontrolle bei Kostenanschlägen 29 16
Plausibilitätsprüfung der Jahresabrechnung 28 32, 43 *und* Anhänge 4 bis 6
Positive Rechte aus dem Sondereigentum 13 3 ff.
Possessorische Ansprüche
– Dauerwohnrecht 34 5
Postulationsfähigkeit Vor 43 8
Prägende Umstände (Schallschutz) 14 14
Praktische Konkordanz bei § 14 Nr. 1 WEG 14 6
Praxis (Nutzung Teileigentum) 14 24
Primäransprüche aus Verwaltervertrag 26 38
Primärenergie 22 18a
Prioritätenliste 21 23
Privatautonomie 21 23; 22 7
Probeabstimmung 23 22
Professioneller Verwalter 26 7
Prognoseentscheidung 28 15
Prostituierte (Nutzung von Wohnraum) 14 22, 25
Prostitutionsausübung in Wohnung 13 12; 14 22
Protokoll der Eigentümerversammlung 24 34 ff.
Protokoll der Eigentümerversammlung einsehen 24 44 ff.
Protokollberichtigung (Eigentümerversammlung) 24 46 ff.
Protokollersteller bei Eigentümerversammlung 24 38
Protokollerstellungsfrist bei Eigentümerversammlung 24 39 ff.
Protokollierungsklausel 24 41, 42
Protokollunterzeichnung bei Eigentümerversammlung 24 41 ff.

Prozess
– Rechtskraftwirkung Beiladung 48 14
Prozessbeendigung (durch Verband) 10 45
Prozesse
– Trennung Vor 43 14; 47 2
– Verbindung 47 2
Prozessführung durch Verwalter (Verwalteraufgabe) 27 24, 34
Prozessführungsbefugnis (des Verbandes) 10 45
Prozesskosten
– Entscheidung nach § 21 Abs. 8 49 3
– Jahresabrechnung 28 44,
– materiellrechtliche Kostenerstattungsansprüche 49 10
– materielle Rechtskraft 49 10
– nach billigem Ermessen 49 2
– ohne Ermessen 21 Abs. 8 49 10
– Veranlassung durch Verwalter 49 6
Prozesskostenhilfe Vor 43 11a; 46 23
– Bedürftigkeitsprüfung bei Gemeinschaft Vor 43 11a
– einzelner Miteigentümer Vor 43 11a
Prozessstandschaft Vor 43 11; 27 42
– Abtretung, Pfändung, Verpfändung Vor 43 11
– Anfechtungsklage 46 4
– gewillkürte Vor 43 11
– nach WEG-Reform Vor 43 11
– Rechtskraft Vor 43 11
– bei Ansprüchen aus § 15 Abs. 3, § 1004 BGB 15 20, 24
– der Gemeinschaft 10 45
– des Verwalters Vor 43 11; 27 27, 42
– des Verwaltungsbeirats 29 13
Prozesstrennung Vor 43 14
Prozessuales *siehe dazu jeweils Inhaltsübersicht bei den materiellen Vorschriften*
Prozessuales bei Angriff fehlerhafter Beschlüsse 23 36 ff.
Prozessuales bei Anspruch auf ordnungsgemäße Verwaltung 21 38 ff.

Prozessuales bei Jahresabrechnung 28 84 ff.
Prozessuales bei Nichtigkeit von Beschlüssen 23 32
Prozessuales bei Notmaßnahmen 21 19
Prozessverbindung Vor 43 14; 47 1 ff.
– bei formellen Fehlern eines Beschlusses 47 3
– bei materiellen Fehlern eines Beschlusses 47 3
– bei Nichtbeschluss 47 3
– Beschlussanfechtung 47 1
– Beteiligung Wohnungseigentümer 47 2
– Einzelfälle 47 3
– Entscheidung des Gerichts 47 4
– Ermessen des Gerichts 47 4
– Folgen 47 5
– keine Klagerücknahme 47 5
– Nebenintervention 47 5
– Nichtigkeit eines Beschlusses 47 3
– Pflicht zur 47 1, 2
– Streitgenossenschaft 47 5
– Ungültigkeit eines Beschlusses 47 2, 3
– Verfahren 47 4
Prozessvergleich 10 10, 11, 34; Vor 43 19
– Anfechtungsklage Vor 43 19
– Beigeladene Vor 43 19
– durch Verband 10 45
– Wirkung gegen Rechtsnachfolger 10 34
Prozessvergleich in Beschluss-Sammlung 24 64
Prüfungsaufgaben des Verwaltungsbeirats 29 16, 17
Prüfungsmaßstab 7 16
– Anfechtungsklage 46 6
– Ermittlungsumfang Grundbuchamt 7 16
– formelle Voraussetzungen 7 16
– Inhaltskontrolle 7 16
– unabdingbare Vorschriften 7 16

– Zwischenverfügung Grundbuchamt 7 16
Prüfungsmöglichkeit der Jahresabrechnung 28 79 ff.
Prüfungsrecht, -pflicht 7 12
Prüfungsreihenfolge
– bauliche Veränderungen 22 1
– Parabolantennen 14 29 ff.
– Trittschall 14 16
Prüfungsreihenfolge (Schallschutz) 14 16
Prüfungsumfang Grundbuchamt, Dauerwohnrecht 32 6

Qualifizierte Mehrheit bei Modernisierungsmaßnahmen 22 24
Qualifizierte Mehrheit 16 63 ff.; 23 24, 32, 39
Qualifizierte Protokollierungsklausel 24 41, 42
Qualifizierter Mehrheitsbeschluss 10 15; 16 63 ff.
Quartalsabrechnung 28 45
Quittung 27 10, 11
Quorum
– für Einberufungsverlangen zur Eigentümerversammlung 24 16
– Nichterreichen 23 25, 39
– und Beschlusskompetenz 16 65
– und Öffnungsklausel 10 17
Quotenbelastung 6 2
Quotenberichtigung
– Anspruch 6 2

Rangfolge Vereinbarung, Gesetz, Beschluss 10 5
Rasenflächen (Nutzung als Kinderspielplatz) 15 15
Rauchen 14 44; 21 45
Rauchwarnmelder 5 14; 10 43; 21 23
Raum
– Dachspeicher 5 3
– Dachspeicherräume 5 3
– Definition 5 2
– Doppelstockgarage 5 3
– Fertiggaragen 5 3
– Gewächshaus 5 3
– Nebenräume 5 3

1321

– Sauna **5** 3
– Schwimmbad **5** 3
– Stellplatz **5** 3
Räume
– Definition **3** 27
– im Bereich des Sondereigentums **5** 14
– nicht zu Wohnzwecken dienende **1** 5
Räumung (bei Gemeinschaftseigentum) **13** 23
Räumungsvollstreckung **19** 7
Rauschgifthändler (Nutzung von Wohnraum) **14** 22, 25
Reallast/Zins
– Dauerwohnrecht **33** 1
Rechenschaftslegung des Verwaltungsbeirats **29** 15
Rechnerische Schlüssigkeit der Jahresabrechnung **28** 32, 45, 58 und Anhänge **4** bis 6
Rechnungsabgrenzung (Jahresabrechnung) **28** 46 ff.
Rechnungsabgrenzung bei Heizkosten **28** 38
Rechnungsabgrenzung in Jahresabrechnung **28** 32 und Anhänge **4** bis 6
Rechnungslegung (Begriff) **28** 89 ff.
Rechnungslegung (Prüfung durch Verwaltungsbeirat) **29** 16
Rechte (als Gegenstand des Verwaltungsvermögens) **10** 51
Rechte der Gemeinschaft **10** 42
Rechte aus dem gemeinschaftlichen Eigentum
– Beschränkungen **13** 21, 22
– Besitzschutz **13** 24
– Eigentumsschutz **13** 23
– Mehrhausanlagen **13** 20
– Mitgebrauchsrechte **13** 18 ff.
– Nachbarrechte **13** 25
– sonstige Nutzung **13** 26
Rechte aus dem Sondereigentum
– Beschränkung der Rechte **13** 16, 17
– Gegenstand des Sondereigentum **13** 2
– negative Rechte **13** 13 ff.
– positive Rechte **13** 3 ff.

Rechte der Wohnungseigentümer **10** 4
Rechte der Wohnungseigentümer (Ausübung durch Verband) **10** 43
Rechte des Verwalters im Innenverhältnis **27** 2 ff.
Rechte des **Wohnungseigentümers** **13** 1 ff.
– aus gemeinschaftlichem Eigentum **13** 18 ff.
– aus Sondereigentum **13** 2 ff.
– Sondernutzungsrechte **13** 27 ff.
Rechte Dritter (Sondereigentum) **13** 17
Rechtsänderung bei Gestaltungsurteil (Verwalterbestellung) **26** 11
Rechtsangelegenheiten (Erledigung durch Verwalter) **27** 1, 42
Rechtsanspruch Aufhebung der Gemeinschaft **11** 4
Rechtsanwalt beauftragen **21** 26; **27** 25, 34
Rechtsanwaltskosten (Jahresabrechnung) **28** 13, 50, 69; **50** 1 ff.; **49a GKG**
Rechtsanwaltsvergütung (Vereinbarung durch Verwalter) **16** 79; **27** 39, 28, 24, 25; **49a GKG**
Rechtsberatungsgesetz (siehe Rechtsdienstleistungsgesetz)
– **Rechtsbeschwerde** **49** 12
Rechtsdienstleistungsgesetz **27** 1, 25, 27, 34, 42
Rechtsfähiger Verband siehe Gemeinschaft der Wohnungseigentümer
Rechtsfähigkeit der **Gemeinschaft**
– Ausübung der Rechte und Pflichten der Wohnungseigentümer **10** 43 ff.
– Bezeichnung der Gemeinschaft **10** 46
– Erwerb von Rechten und Pflichten **10** 36 ff.
– Inhaber der Rechte und Pflichten **10** 42
– Parteifähigkeit in Gerichtsverfahren **10** 47

– Verwalter als Organ **10** 37
– Verwaltungsvermögen *siehe* Verwaltungsvermögen
Rechtsfolgen der Schließung der Wohnungsgrundbücher **9** 7
Rechtsgeschäfte mit Dritten (Erwerb von Rechten (als Gegenstand des Verwaltungsvermögens) **10** 53
Rechtsgeschäfte sonstige (als Verwalteraufgabe) **27** 40 ff.
Rechtsgeschäftlich erworbene Rechte und Ansprüche (als Gegenstand des Verwaltungsvermögens) **10** 53
Rechtsgeschäftsähnliche Handlung 27 4
Rechtshandlungen aufgrund von Mehrheitsbeschlüssen **10** 35
Rechtshandlungen sonstige (als Verwalteraufgabe) **27** 40 ff.
Rechtshängigkeit Vor 43 5
 – anderweitige **Vor 43** 4a
 – doppelte **Vor 43** 4a
Rechtskauf 31 2
Rechtskraft
 – Anfechtungsklage, Nichtigkeit **46** 36; **48** 17
 – Ausschlussfrist **48** 16
 – entgegenstehende **Vor 43** 4a
 – Kostenentscheidung **49** 10
 – Nichteintreten der Wirkung **48** 16
 – Nichtigkeitsgründe **48** 13
 – Verwalter **48** 16
 – Zulässigkeitsgründe **48** 16
Rechtskrafterstreckung
 – Prozess **48** 15
Rechtskraftwirkung
 – Beiladung **46** 36
 – Beiladung **48** 15
 – im Falle einer Kostenentscheidung **49** 10
 – rechtliches Gehör **48** 14
 – Rechtsnachfolger **48** 14
Rechtsmissbrauch
 – bei baulichen Veränderungen **22** 7
 – bei Beseitigungsverlangen **15** 19
 – (Stimmrechtsausschluss) **25** 32

– bei Stimmrechtsmehrheit (keine ordnungsgemäße Verwaltung) **21** 27
Rechtsmittel Vor 43 20
– Anhörungsrüge **Vor 43** 20
– Berufung **Vor 43** 20
– Entscheidung nach § 49 Abs. 1 **49** 11
– Entscheidung nach § 49 Abs. 2 **49** 12
– isolierte Anfechtung **49** 11
– Kostenentscheidung **49** 11
– Nichtzulassungsbeschwerde **Vor 43** 20
– Prüfungsmaßstab **49** 12
– Revision **Vor 43** 20
– Stimmrechtsverbot in Versammlung **25** 30
Rechtsnachteile abwenden (Verwalteraufgabe) **27** 22, 34
Rechtsschutzbedürfnis Vor 43 9
– Abänderung gemäß § 16 Abs. 3 **Vor 43** 12
– Anfechtungsklage **46** 11
– bei Anfechtung des Wirtschaftsplans **28** 19
– bei Anspruch auf ordnungsgemäße Verwaltung **21** 39
– bei Duldungsklage aus § 15 Abs. 3, § 1004 BGB **15** 24
– bei Klage auf Abberufung des Verwaltungsbeirats **29** 8
– bei Klage auf Abschluss oder Änderung einer Vereinbarung **10** 24 ff.
– bei Klage gegen Negativbeschluss **21** 39
– bei Klage gegen übrige Wohnungseigentümer **21** 39
– bei Klage nach § 21 Abs. 8 **21** 91
– bei Protokollberichtigung (Eigentümerversammlung) **24** 46
– bei unmittelbarer Zahlungsklage bei Notmaßnahmen **21** 19
– bei unmittelbaren Zahlungsklagen gegen Gemeinschaft (we-

gen Rückgriff bei
Außenhaftung) **10** 70
– konkrete Rechtsbeeinträchtigung **43** 8
– Negativbeschlüsse **Vor 43** 10; **46** 12
– Nichtbeschlüsse **Vor 43** 13; **46** 15
– Streitigkeiten Wohnungseigentümer untereinander **43** 7
– Zweitbeschlüsse **Vor 43** 11–12; **46** 13
Rechtsstreitigkeiten (Unterrichtung der Eigentümer) **27** 15, 16
Rechtsstreitskosten
– und Jahresabrechnung **28** 50, 69
– Verteilung **16** 76, 78 ff.
Rechtsverfolgung
– Kostenerstattung **50** 2
– zweckentsprechende **50** 2
Rechtsverfolgungskosten (Verteilung vor Gerichtsentscheidung) **16** 81
Rechtsverhältnisse
– Überleitung, bestehender **63** 1
Rechtsverstärkende Wirkung der Jahresabrechnung **28** 83
Rechtsverteidigung
– Kostenerstattung **50** 2
Rechtsweg Verwaltungsgericht **7** 12
Rechtswirkung des Genehmigungsbeschlusses über Jahresabrechnung **28** 82 f.
Rederecht in Versammlung **25** 28
Redezeitbeschränkung **24** 29
Reduzierung Wasserverbrauch **22** 18b
Regelbeispiel für wichtigen Grund bei Verwalterabberufung **26** 24
Regelmäßige Verjährung (Ansprüche aus § 15 Abs. 3, § 1004 BGB) **15** 26, 29
Regelung des Gebrauchs **15** 6
Regelung des Mitgebrauchs durch Mehrheitsbeschluss (gemeinschaftliches Eigentum) **13** 19, 22
Regelungsinhalt bei Gebrauchsregelungen **15** 6

Regelungskompetenz bei Teilversammlung **23** 7
Regelverjährung und Verwirkung **15** 29
Regenwassersammelbehälter **22** 19
Regress siehe Rückgriff
Reinigung des Treppenhauses **15** 16
Reinigungskosten (z. B. Treppenhaus) **16** 19
Reklametafel **14** 43; **22** 5
Reklamezwecke
– Dauerwohnrecht **33** 5
Relative Mehrheit **26** 10, 23
Renovierungsarbeiten siehe Instandhaltung und Instandsetzung
Reparaturen **27** 7, 25 ff.
Reparaturen (Zahlung aus Instandhaltungsrücklage) **21** 64
Richtlinien für Verwalter **27** 46
Risikobereich (Anspruch auf Änderung Vereinbarung) **10** 20
Rollladenkasten (optische Beeinträchtigung) **14** 43
Rollstuhlgerechter Zugang **22** 12
Rollstuhlrampe (bauliche Veränderung) **22** 3, 12
Rubrumsberichtigung **Vor 43** 10
Rückerstattungsansprüche **28** 69
Rückerstattungsbetrag (Jahresabrechnung) **28** 43
Rückforderung von Wohngeldern **28** 20
Rückgewinnung von Wärme **22** 19
Rückgriff des Wohnungseigentümers (bei Außenhaftung der Wohnungseigentümer) **10** 70
Rücklage siehe Instandhaltungsrücklage
Rücklagen (Jahresabrechnung) **28** 51
Rücksichtnahmegebot **14** 8, 76
Rücksichtnamepflicht der Wohnungseigentümer **10** 6
Rückstände bei Wohngeld **28** 60, 76
Rückstände aus früheren Jahresabrechnungen (in Jahresabrechnung **28** 48, 52, 70

Rückstände der Eigentümer mit Zahlungen zur Instandhaltungsrücklage **28** 52
Rückwirkende Änderung
– des Verteilungsschlüssels **16** 13, 22a, 49, 57
– Regelung von Geldangelegenheiten **21** 76
Rückwirkender Wirtschaftsplan 28 9
Ruhen des Stimmrechts siehe Stimmrechtsausschluss
Ruhen des Verfahrens Vor **43** 16
Ruhezeiten 15 14
Ruhezeiten (Regelung in Hausordnung) **14** 44; **21** 49
Rumpfwirtschaftsplan 28 6
Rundfunk 21 68
Rundfunkempfangsanlagen 14 61; **21** 69; **27** 17, 67

Sachen (als Gegenstand des Verwaltungsvermögens) **10** 50
Sachenrechtliche Grundlagen 10 4, 49
Sachenrechtliche Zuordnung 10 10, 18
Sachlicher Grund
– für Betriebskostenverteilung **16** 49
– bei Öffnungsklausel **10** 16
– für Sonderumlage **28** 25
– für Betreten des Sondereigentums **14** 62 ff.
Sachversicherung (Betriebskosten) **16** 39
Sachverständigen beauftragen (ordnungsgemäße Verwaltung) **21** 26
Sachverständigenbestätigung 7 14
– Dauerwohnrecht **32** 1
Sachverständigenkosten (Notmaßnahme) **21** 13
Sachzusammenhang (Beschlusskompetenz) **22** 4a; **25** 25
Sammelbezeichnung 44 2
Sammelüberweisung 21 77
Sammelzahlungen 21 77
Sandkasten errichten **14** 43

Sanierungsmaßnahme (Klageantrag) **21** 41
Sanierungsplan 21 3; **22** 7
Sanitäreinrichtungen (bauliche Veränderung) **14** 10
Sanitärinstallationsleitungen 14 12
Sanktionsgedanke bei Kostenpauschalierung **21** 85
Satellitenschüssel 14 28 siehe auch: Parabolantenne
Satzung (Gemeinschaftsordnung) **10** 10; **15** 5
Sauna (Betriebskosten) **16** 43, 53, 62
Schaden (für Gemeinschaft) **14** 5; **22** 11
Schadensdeckung durch Versicherung **22** 28
Schadensdeckung in anderer Weise **22** 28
Schadensersatz (§ 14 Nr. 4) **14** 72 ff.; **16** 77
Schadensersatz (pauschaliert) **21** 79
Schadensersatzanspruch siehe auch: Folgen bei Pflichtverletzung
– bei Anschluss an Telefon, Rundfunk, Energieversorgung) **21** 72 ff.
– bei Beeinträchtigung des gemeinschaftlichen Eigentums **21** 4
– bei Vernachlässigung des Sondereigentums **14** 4
– der Gemeinschaft gegen Wohnungseigentümer **10** 69
– eines Wohnungseigentümers bei nicht ordnungsgemäßer Verwaltung **21** 34 ff.
– gemeinschaftliches Eigentum **13** 23
– verschuldensunabhängiger **14** 71 ff.; **16** 77; **21** 74
Schadensersatzansprüche
– als Gegenstand des Verwaltungsvermögens **10** 55
– aus Sondereigentum **13** 13
– der Wohnungseigentümer **13** 23, 24
– des Verbandes gegen Eigentümer **21** 34

- gegen Dritte (Ausübung durch Verband) 10 43
- gegen andere Eigentümer 21 34
- gegen Verband 21 36
- gegen Verwalter 26 45 ff.; 27 3, 11, 14, 25, 34
- gegen Verwalter (Ausübung durch Verband) 10 43
- gegen Verwaltungsbeirat 29 18
- Jahresabrechnung 28 71
- Rechtsschutzbedürfnis bei Binnenklagen 21 43
- Verfolgung durch die Gemeinschaft 10 41
- Zuständigkeit 43 13
Schadensursache ergründen (Verwalteraufgabe) 27 7
Schädigung 14 44
Schaffen einer selbständigen Anspruchsgrundlage (durch Beschluss) 21 24
Schallbrücken 14 12
Schallschutz 14 12 ff.
Schaukästen 21 81
Schaukel errichten 14 43
Schenkung 31 2
Schiedsklausel
- Dauerwohnrecht 33 7
Schiedsverfahren Vor 43 4
Schilder 14 43; 21 81
Schlagwortartige Bezeichnung des Beschlussgegenstandes bei Einberufung 23 11
Schlangen 14 44
Schlichtungsverfahren Vor 43 3
Schließung Wohnungs-/Teilerbbaugrundbücher 30 10
Schließung der Wohnungsgrundbücher 9 1
- Zerstörung des Gebäudes 9 3
- Eintragung im Grundbuch 9 2
- Globalbelastung 9 5
- Grundbuchvorschriften 9 6
- Rechte Dritter 9 5
- Rechtsfolgen 9 7
- Wirken des Erlöschens 9 6
Schluss der Eigentümerversammlung 24 29

Schlüsselverlust (Notmaßnahme) 27 9
Schlüssigkeit der Jahresabrechnung 28 32, 58, 85 und Anhänge 4 bis 6
Schlüssigkeitsprüfung der Jahresabrechnung (durch Verwaltungsbeirat) 29 16
Schnee räumen siehe Winterdienst
Schnell-Imbiss (Nutzung Teileigentum) 14 25
Schornsteinanschluss 14 46
Schornsteinreinigung (Betriebskosten) 16 38
Schranken bei Sondereigentum 13 16 ff.
Schriftliche Beschlüsse in Beschluss-Sammlung 24 60
Schriftliche Beschlussfassung 23 13 ff.
Schriftliche Zustimmung zu Beschlüssen 23 16 f.
Schriftliches Einberufungsverlangen zur Eigentümerversammlung 24 15
Schuldrechtliche Sonderverbindung 14 1
Schuldrechtliche Vereinbarung 10 4, 9 ff., 23
Schuldrechtliche Verpflichtung auf Auflassung und Eintragung 8 13
Schuldrechtlicher Vertrag
- Dauerwohnrecht 31 2
Schuldrechtliches Sondernutzungsrecht 13 32
Schuldumschaffung durch Jahresabrechnung (bei Wohngeld) 28 22, 83
Schutzgitter 14 59
Schwebend unwirksame Beschlüsse 13 35; 22 1; 23 19
Schwellenwert bei Änderung eines Umlagebeschlusses 10 21; 16 14
Schwerwiegende Gründe für Änderung Vereinbarung 10 19 ff.
Schwimmbad (Betriebskosten) 16 43, 53, 62
Schwimmbecken (bauliche Veränderung) 22 3
Selbständige Anspruchsgrundlage (durch Beschluss) 21 24

Selbständiges Beweisverfahren 16 18; 21 14, **Vor 43** 25
Selbständiges Beweisverfahren (14 Nr. 4) **14** 73
Selbstanzeige gemäß § 48 ZPO **Vor 43** 10a
Selbsthilferecht (bei Sondernutzungsrecht) **13** 45
Selbstkontrahieren des Verwalters **27** 32
Selbstorganisationsrecht der Wohnungseigentümer **15** 2; **21** 19
Seminarraum (Nutzung von Wohnraum) **14** 22
Seniorenresidenz **10** 12; **15** 14
Seniorenstift **21** 5
Sex-Shop (Nutzung von Wohnraum) **13** 1; **14** 22, 25
Sicherheit
– Gebäudeteile **5** 10
Sicherheitsleistung
– Dauerwohnrecht **33** 11
– bei Errichtung von Parabolantennen **14** 41
Sicherung des Erwerbers
– Vormerkung **8** 12
Sicherungshypothek (Außenhaftung der Wohnungseigentümer) **10** 61
Sicherungsmaßnahmen als Notmaßnahme **27** 9
Sichtbare Parabolantennen **14** 33, 34
Sitzungen des Verwaltungsbeirats **29** 17
Solaranlagen **21** 55; **22** 19, 21
Solidaritätszuschlag (Jahresabrechnung) **28** 61
Soll-Posten (Jahresabrechnung) **28** 53
Soll-Zuführung zur Instandhaltungsrücklage **28** 39, 40
Sondereigentum
– Abgeschlossenheit **8** 7
– Abgrenzung Gemeinschaftseigentum **3** 4
– Alleineigentum **13** 3
– Alleinveräußerung: unzulässig **6** 6
– an sonstigen Räumen **1** 8
– Änderung von Sondereigentum **6** 4
– Anhängsel des Miteigentums **6** 3
– auf Grundstück **3** 28
– äußeres Erscheinungsbild **5** 7
– Bestandteil des Gebäudes **5** 4
– Bildung von Miteigentumsanteilen **3** 2
– eigentumsrechtlich geschützter Gebrauch **1** 7
– Einräumung **3** 24
– Einräumung nicht zu Wohnzwecken **3** 26
– Erweiterung **6** 4
– Farbanstrich **5** 7
– Gegenstand **13** 2; **14** 2, 9
– Instandhaltung durch Gemeinschaft **21** 17
– isoliert **3** 22
– Mängel bei der Bildung **3** 10
– Veränderung der äußeren Gestalt **5** 7
– Veränderung, Beseitigung, Einfügung **5** 2
– Vereinbarung, Inhalt **3** 5; **10** 28
– Verhältnis Miteigentumsanteil **3** 7
– vertragliche Einräumung **3** 2
– Zuständigkeit bei Streitigkeiten aus **43** 34
Sondereigentum (Kosten) **16** 15, 19
Sondereigentum an Teilen des Gebäudes **1** 7
Sondereigentum an Wohnungen **1** 7
Sondereigentum
– Beschränkung der Rechte **13** 16
– Umfassende Rechte des Alleineigentümers **13** 3
Sondereigentumsfähig
– Doppelstockgarage **3** 33
Sondereigentumsrecht
– gegenstandslos **9** 3
Sonderkündigungsrecht **19** 2
Sondernachfolger
– Begriff **10** 11
– Bindung an Beschlüsse **10** 11, 31

1327

- Bindung an gerichtliche Entscheidung 10 34
- Bindung an im Grundbuch eingetragene Vereinbarung 10 29
- Bindung an schuldrechtliches Sondernutzungsrecht 13 32
- Bindung an Vereinbarung, die nicht ins Grundbuch eingetragen ist 10 11
- Gutglaubensschutz 10 30
- und Verwirkung 15 28
- Zustandsstörer 15 25

Sondernutzung (faktische) 13 28

Sondernutzungsfläche vergrößern (bauliche Veränderung) 22 5

Sondernutzungsrecht
- Abgrenzung (Miete, Pacht) 13 29
- Ansprüche bei Störungen 13 44
- Aufhebung/Erlöschen 13 39
- bauliche Veränderung 13 41; 14 46; 22 2
- Begriff 13 28
- Begründung durch Beschluss (Öffnungsklausel) 13 34 ff.; 23 29, 30
- Begründung durch nachträgliche Vereinbarung 13 32 f.
- Begründung in Teilungserklärung 5 19; 13 30 f.
- Beispiele aus der Rechtsprechung 13 45
- Eintragung in Grundbuch 13 31
- Erlöschen mangels Bindung des Sondernachfolgers 10 11
- faktische Sondernutzung 13 28
- Gebrauchsregelung in Hausordnung 21 49
- gemeinschaftliches Eigentum 14 50; 22 2
- Gutglaubensschutz 10 30
- gutgläubiger Erwerb 10 36
- immanenten Schranken 10 39
- Inhalt, Inhaltsänderung, Gebrauchsregelung 13 40 ff.
- Instandhaltungspflicht 14 3
- konkreter Gebrauch 15 15
- Kostentragung 16 13, 53, 62

- Nutzungen 16 6
- optische Beeinträchtigung (von Maßnahmen) 13 39
- Übertragung 13 38
- Vereinbarung/Änderung 5 16
- Zustimmung Grundpfandgläubiger 5 17

Sondernutzungsrecht/Teilungsvereinbarung 7 8

Sonderrechtsfähigkeit 3 4

Sonderrechtsnachfolger siehe Sondernachfolger

Sonderrechtsunfähigkeit 6 1

Sonderumlage
- Anlass 28 25
- Begriff 28 24
- Beschluss der Eigentümer 28 27
- Fälligkeit 28 28
- in Jahresabrechnung 28 54, 72
- Inhalt 28 26
- ordnungsgemäße Verwaltung 21 26
- und Wirtschaftsplan 21 91

Sondervergütung Verwalter 21 26, 85; 26 43 f.

Sonnenstudio (Nutzung Teileigentum) 14 25

Sonstige Betriebskosten 16 43

Sonstige Nutzung (gemeinschaftliches Eigentum) 13 26; 16 72

Sonstige Nutzung (Sondereigentum) 13 12

Sonstige Rechte der Wohnungseigentümer (Ausübung durch Verband) 10 44

Sonstige Rechtsgeschäfte 27 40 ff.

Sonstige Rechtshandlungen 27 40 ff.

Sonstige Verwaltung (Kosten) 16 18

Sonstiger Ausschluss der Ansprüche aus § 15 Abs. 3, § 1004 BGB 15 30

Sonstiger Gebrauch (optische Beeinträchtigung) 14 44

Sorgfaltsmaßstab (bei Verwaltungsbeirat) 29 19

Sorgfaltspflichten (Regelung in Hausordnung) 21 49

Sozial übliche Grenzen bei Nutzung gemeinschaftlichen Eigentums **13** 18
Soziale Daseinsfürsorge (Nutzung von Wohnraum) **14** 21, 25
Sparschalter 22 19
Späterer Beschluss bei Kostenverteilung im Einzelfall **16** 58
Speicher bei Mehrhausanlage **13** 20
Speicherausbau 14 25; **22** 21
Speicherraum (Nutzung Teileigentum) **14** 25, 48
Speiselokal (Nutzung Teileigentum) **14** 24
Sperre von Gas, Strom, Heizung **14** 63, 67; **15** 15; **21** 26
Sperrwirkung eines Negativbeschlusses **21** 42
Spielothek (Spielhalle) 14 19, 24, 25
Spielplätze (Betriebskosten) **16** 36
Spitzboden 14 48
Spontanes Zusammentreffen der Eigentümer **23** 5
Spruchbänder (gemeinschaftliches Eigentum) **14** 50
Ständer-Balkone 22 11
Stand der Technik 22 20
Stand der Technik 14 16; **22** 20
Standards (Schallschutz) **14** 12 ff.
Standort (bei Parabolantennen) **14** 40
Statik
– bei baulichen Veränderung **14** 11
– und Kostentragungsregelung **16** 62
Steckengebliebener Bau 22 30
Stellplätze 22 18
– abgeschlossene Räume **3** 33
Stellplatznutzung 14 50
Steuerberaterpraxis (Nutzung von Wohnraum) **14** 21
Stichprobenhafte Prüfung der Jahresabrechnung durch Verwaltungsbeirat **29** 16
Stillschweigende Ermächtigung des Verwalters **27** 43
Stimmabgabe (unbedingte) **23** 19

Stimmberechtigte bei Beschlussfassung **25** 7
Stimme unwirksam (bei Stimmrechtsausschluss) **25** 33
Stimmengleichheit 23 23
Stimmenmissbrauch 25 32; **26** 15
Stimmkraft 23 23; **25** 8 ff.
Stimmrecht 19 6; **25** 4 ff.
– von Bevollmächtigen **25** 5, 6
– der Wohnungseigentümer **25** 4
– gemeinschaftliches **25** 12, 13
– von Inhabern dinglicher Rechte **25** 7
– von Nießbrauchern **25** 7
Stimmrechtsausschluss 25 4 ff., 11, 26 ff.; **26** 15
Stimmrechtsausschluss bei mitgliedschaftlichen Angelegenheiten **23** 28, 30, 36; **25** 28
Stimmrechtsausschluss bei Rechtsgeschäften **25** 29
Stimmrechtsausschluss bei Rechtsstreit **25** 30
Stimmrechtsausschluss bei Verurteilung nach § 18 **25** 3
Stimmrechtsmehrung 25 8
Stimmrechtsvollmacht siehe Stimmrecht von Bevollmächtigten
Stimmverhalten im Protokoll festhalten **24** 36
Stockwerkseigentum 1 1, 3
Stockwerksplan 32 4
Störer siehe Handlungsstörer und Zustandsstörer
Störung bei der Errichtung des Gebäudes **2** 6
Störung eines Sondernutzungsberechtigten **13** 44
Strafvorschriften (Verstoß bei Beschlussfassung) **23** 26
Straßenreinigung (Betriebskosten) **16** 34
– **Streitgegenstand** entgegenstehende Rechtskraft **43** 4a
– beigeladener Wohnungseigentümer **48** 3
– von Anfechtungs- und Nichtigkeitsklage **23** 36
Streitgenossenschaft
– Prozessverbindung **47** 4

Streithelfer 48 1 ff., 7
Streitigkeiten Gemeinschaft der Wohnungseigentümer
– Anspruch auf Änderung der Miteigentumsquoten 43 12
– Anspruch auf Beseitigung isolierten Miteigentumsanteils 43 12
– Anspruch auf Vereinbarung 43 12
– Aufhebung der Gemeinschaft 43 12
– Baukostenbeiträge 43 12
– Beeinträchtigung des Sondernutzungsrechts 43 12
– Entziehungsklage 43 12
– Haustierhaltung 43 12
– Insolvenzverwalter 43 12
– Lärmbelästigung 43 13
– Schadensersatzansprüche 43 13
Streitigkeiten, Zivilgericht
– Ansprüche gegen Dritte 43 25
– Ansprüche gegen Haftpflichtversicherer 43 25
– Ehrverletzende Äußerungen 43 25
– Herausgabe des Mietzinses 43 25
– schuldrechtliche Verträge 43 25
– Sonderrechtsbeziehung 43 25
– Treuhandverhältnis 43 25
– Zwischenvermietung 43 25
Streitwert **49a GKG** 1 ff.
– 50 % des Interesses aller Beteiligten **49a GKG** 2
– absolute Obergrenze **49a GKG** 23
– Begrenzung nach oben **49a GKG** 22
– Begrenzung nach unten **49a GKG** 21
– Interesse an Entscheidung **49a GKG** 6
– Interesse der am Verfahren Beteiligten **49a GKG** 3
– Interesse der Parteien **49a GKG** 3, 4

– Klage gegen Wohnungseigentümer **49a GKG** 24
– Klage gegen Wohnungseigentümer, 5facher Wert **49a GKG** 25
– Klage gegen Wohnungseigentümer, absolute Obergrenze **49a GKG** 26
– Klage gegen Wohnungseigentümer, Obergrenze **49a GKG** 24
– Obergrenze **49a GKG** 21
– Wohnungseigentümer als Beklagter **49a GKG** 24–26
– Wohnungseigentümer als Kläger **49a GKG** 4
– Zuständigkeit der Gerichte **49a GKG** 2
Streitwert, absolute Obergrenze
– Klage gegen Wohnungseigentümer **49a GKG** 26
Streitwert, Einzelfälle **49a GKG** 8
– Baumaßnahme, Sondereigentum **49a GKG** 9
– Eigentümerversammlung **49a GKG** 10
– einstweilige Verfügung **49a GKG** 11
– Einzelabrechnung **49a GKG** 13
– Instandhaltung, Instandsetzung **49a GKG** 12
– Jahresabrechnung **49a GKG** 13
– nichtiger Beschluss **49a GKG** 15
– selbständiges Beweisverfahren **49a GKG** 16
– Verwaltung des Wohnungseigentums **49a GKG** 17
– Verwaltungsbeirat **49a GKG** 18
– Wirtschaftsplan **49a GKG** 13
– Wohnungseigentümer, Verhältnis untereinander **49a GKG** 19
– Zahlungsanträge **49a GKG** 20
Streitwert, Obergrenze
– Klage gegen Wohnungseigentümer **49a GKG** 24
Streitwertfestsetzung **49a GKG** 1

Streitwertgrundsätze 49a GKG 2
Streitwertvereinbarungen 27 28, 36
Strom (Anschluss) 21 70
Stromkosten (Gemeinschaftsräume) 16 19
Stromleitungen 5 12; 22 17
Stromsperrung 15 15
Stundensatz bei Sondervergütung Verwalter 26 44
Stundungseinrede (Außenhaftung der Wohnungseigentümer) 10 64, 65
Subsidiäre Ermessensentscheidung durch das Gericht 21 89
Subsidiäre Klage gegen andere Wohnungseigentümer 21 39
Substanzeingriff (baulichen Veränderung) 14 10
Subtraktionsmethode 23 23
Sukzessivbeschluss 23 13
Swinger-Club (Nutzung von Wohnraum) 14 22, 25

Tagesordnung der Eigentümerversammlung 24 25
Tagesordnungspunkte 23 12
Anspruch auch Aufnahme in Tagesordnung 24 25
Tagespflege Kleinkinder 14 22
Tagesstätte für psychisch Kranke (Nutzung Teileigentum) 14 24
TA-Lärm 14 44
Tätige Mithilfe (Regelung in Hausordnung) 15 17; 21 46; 23 4
Tatrichterliche Würdigung (bei optischer Beeinträchtigung) 14 27
Tatsächliche Kosten 21 82, 85
Tatsächliche Zu- und Abflüsse 28 32, 33
Tatsächlicher Zustand bei Errichtung des Gebäudes (Schallschutz) 14 16
Tausch
– Dauerwohnrecht 31 2
– von Kellern 6 4
Technische Geräte (Lärm) 14 44
Teeküche (Zweckbestimmung) 14 18

Teilanfechtung von Wirtschaftsplan und Jahresabrechnugn 28 17, 85
Teilauflösung der Instandhaltungsrücklage 21 63
Teileigentum
– Erwerb durch Gemeinschaft 10 50
– Kellerräume 1 5
– Nutzung 14 23, 24
– Struktur 1 8, 12
– Zweckbestimmung 13 6
Teileigentümer *siehe* Wohnungseigentümer
Teileigentümerversammlung und Wirtschaftsplan 28 17
Teileigentumsgrundbuch 7 15
Teilerbbaurecht 30 1
Teilfläche Grundstück
– Abtrennung 9 2
Teilnahme am Abbuchungsverfahren 21 77
Teilnahmeberechtigte an Eigentümerversammlung 24 5 ff.
Teilnahmerecht an Versammlung 25 28
Teilrechtsfähigkeit der Gemeinschaft *siehe* Rechtsfähigkeit der Gemeinschaft
Teilung
– Alleineigentum 6 2
– des Wohnungseigentumsgrundstücks 6 8
– durch den Eigentümer 8 2
– Grundstück 7 5
– in Miteigentumsanteile 8 5
Teilungserklärung 3 4; 10 10
– Auslegung 10 9, 29
– des Eigentümers 8 2, 3, 7
– Veräußerungsbeschränkung 12 2
– zu errichtendes Gebäudes 8 6
Teilungserklärung (Begründung Sondernutzungsrecht) 13 30 f.
Teilungsvereinbarung 1 4; 3 4
– Änderung 3 8
– Änderung Formvorschrift 3 8
– Änderung Zustimmung dinglich Berechtigter 3 9
– Änderung, Zustimmung aller Miteigentümer 3 8

1331

– Eintragung Grundbuch **7** 3
– Umwandlung Teileigentum **3** 8
Teilversammlung 23 6
Teilverwalter 26 2
Teilweise Ungültigerklärung der Jahresabrechnung **28** 85
Teilzeitwohnrechtsverträge 31 2
Telefax 21 68
Telefon 21 68
Teppichboden 14 12
Teppichböden entfernen **14** 63
Terrasse reparieren **14** 7
Terrassentür (optische Beeinträchtigung) **14** 43
Terrassenüberdachung
– (bauliche Veränderung) **22** 3
– Beeinträchtigung **14** 11
Terrassenvergrößerung 14 46; **22** 5
Textform bei Einberufung der Eigentümerversammlung **24** 24 f.
Thermostatventil 5 12
Tiefgarage (Betriebskosten) **16** 53, 62
Tiefgarage im Wirtschaftsplan **28** 17
Tiefgaragenboxen 15 8
Tiefgaragenmodell 5 3
Tiefgaragensanierung (Kosten) **16** 17
Tierarztpraxis (Nutzung von Wohnraum) **14** 22
Tiere in Sondereigentum **13** 5
Tierhaltung 14 44; **15** 11, 14; **21** 49
Tilgungsbeiträge 27 10
Tilgungsbestimmung bei Wohngeldzahlung **28** 12, 23, 48, 83
Tilgungswirkung bei Wohngeldzahlungen **27** 11; **28** 23, 48
Time-Sharing-Modell 31 2
Tod des Verwalter **26** 5
Tod eines Eigentümers
– Aufhebung der Gemeinschaft **11** 2
TOP (Tagesordnungspunkt) **23** 12
Tragende Wand (baulichen Veränderung) **14** 10
Träger des Verwaltungsvermögens **10** 48

Tragung öffentlicher und privater **Lasten**
– Dauerwohnrecht **32** 6; **33** 8
Transparenzgebot bei allgemeinen Geschäftsbedingungen **26** 40
Trennungstheorie 26 7, 18, 39; **29** 4
Treppen 22 18
Treppenhausreinigung (Regelung in Hausordnung) **15** 16; **21** 49
Treppenlift 22 12
Treu und Glauben
– bei Beseitigung von Parabolantennen **14** 31
– Teilungserklärung **8** 5
Treuepflichten der Wohnungseigentümer **10** 6; **13** 17
Treuhandkonto 27 11, 47
Treuhandmodell 31 2
Trittschall(schutz) 14 6, 12
Trockenplätze 15 15
Trockenraum (gemeinschaftliches Eigentum) **14** 50
Trockensauna in Keller (Sondereigentum) **13** 12; **14** 24
Turnusnutzung (gemeinschaftliches Eigentum) **13** 22, 29; **15** 15
TV-Satellitenschüssel *siehe* Parabolantennen
Typisierende Betrachtungsweise
– beeinträchtigende Nutzung **14** 19, 20
– bei Änderung des Umlageschlüssels **16** 13

Überbau 1 10; **10** 43
Überbau einschl. Notwegerenten
– Dauerwohnrecht **33** 9
Überbelegung 14 44
Übereinstimmung Bezeichnung im Aufteilungsplan 7 13
Überflüssiger Beschluss 21 23
Übergang des Verwaltungsvermögens **10** 56
Übergangsvorschrift 62 1 ff.
– Alttitel **62** 5
– anhängige Verfahren **62** 2, 3
– Beschlüsse der Wohnungseigentümer **62** 4
– Beschlusssammlung **62** 4
– Entziehungsrecht **62** 4

- Mahnverfahren **62** 3
- materielle Vorschriften **62** 4
- Meistbegünstigung **62** 7
- Nichtzulassungsbeschwerde **62** 6
- Rechtsmittel **62** 6
- Rechtsmittelinstanz **62** 2
- Teilrechtsfähigkeit **62** 5
- Verband der Wohnungseigentümer **62** 5
- Verwalterbestellungen **62** 4
- Wirkung rechtskräftige Entscheidung **62** 5
- Zwangsversteigerungssachen **62** 2

Überleitung bestehender Rechtsverhältnisse 63 1
Übernachtung in Teileigentumsräumen **13** 4
Übersendung von Unterlagen **21** 23
Übersicht über Konten bei Jahresabrechnung **28** 32 *und* Anhänge 4 bis 6
Übersichtlichkeit der Beschluss-Sammlung **24** 55
Übersichtlichkeit der Jahresabrechnung **28** 32, 54, 58 *und* Anhänge 4 bis 6
Überstimmter Wohnungseigentümer (Wirkung von Mehrheitsbeschlüssen) **10** 35
Übertragung
- unzulässige auf Dritte **36** 3

Übertragung Verwalteramt (Abberufung Verwalter) **26** 4, 23
Übertragung auf neuen Eigentümer im Falle eines Baukostenzuschusses **36** 6
Übertragung der Verkehrssicherungspflicht **27** 8
Übertragung eines Sondernutzungsrechts **13** 38
Übertragung von Aufgaben auf Verwaltungsbeirat **29** 12
Übertragung von Aufgaben und Kompetenzen *siehe* Delegation
Überwachende Zweige (bei Sondernutzungsrecht) **13** 45
Überwachung des Verwalters **29** 11
Überweisung des Wohngelds **28** 23

Überweisungen 27 11
Überzahlung von Wohngeld **28** 20, 82
Übliche Abnutzung 14 6
Übliche Kontonutzung 27 37
Übliche Ladenöffnungszeiten (Nutzung Teileigentum) **14** 25
Übliche Vergütung des Verwalters **26** 7
Umbau Hofeinfahrt (unzulässige Notmaßnahme) **21** 14
Umbauten (baulichen Veränderung) **14** 10
Umdeutung 10 9; **16** 13
Umfang des guten Glaubens 2 8
Umfassende Rechte des Alleineigentümers (Sondereigentum) **13** 3
Umgehung des § 33 Abs. 1
- Bedingung **36** 2

Umgestaltung des äußeren und inneren Bestandes der Wohnanlage **22** 21
Umlage Betriebskosten auf Mieter **13** 10
Umlageschlüssel *siehe* gesetzlicher Verteilungsschlüssel
Umlaufbeschluss 23 13
Umlaufverfahren 23 13
Umschreibung im Grundbuch 19 7
Umstände des Einzelfalls bei Anspruch auf Vereinbarungsänderung **10** 19ff.
Umstandsmoment (Verwirkung) **15** 27
Umstrukturierung der Verwaltergesellschaft **26** 6
Umswitchen bei Baumaßnahmen **22** 5, 25
Umwandlung 7 6
- des Erbbaurechts in Wohnungserbbaurecht **30** 2
- Sondereigentum in Gemeinschaftseigentum **6** 5
- Teileigentum, Verpflichtung? **3** 8
- Wohnungseigentum in Teileigentum **1** 8
- Wohnungserbbaurechte in Wohnungseigentum **30** 10

1333

Umwandlung der Verwaltergesellschaft **26** 6
Umzugskostenpauschale 16 53, 62; **21** 81, 82
Unabdingbarkeit 27 46;
siehe auch: Abdingbarkeit
Unabhängigkeit von Verwalterbestellung und Verwaltervertrag **26** 7
Unangemesse Benachteiligung 10 16
Unauflöslichkeit der Gemeinschaft 11 2
– wichtiger Grund **11** 3
– Zerstörung des Gebäudes **11** 4
– Zerstrittenheit **11** 3
Unbarer Zahlungsverkehr 21 77
Unbefristete Verwalterbestellung **26** 12
Unberechtigte Ausgaben in Jahresabrechnung **16** 12; **28** 33, 55, 73
Unberechtigte Geschäftsführung ohne Auftrag 21 18
Unbestimmter Beschluss bei baulichen Veränderungen **22** 6
Unbestimmter Klageantrag 15 19; **21** 41
Unbestimmtheit von Beschlüssen **23** 31
Unbewegliche Sachen (als Gegenstand des Verwaltungsvermögens) **10** 50
Unbillige Beeinträchtigung 22 22
Unbillige Kostenmehrbelastung 10 19
Unbillige Vereinbarung (Anspruch auf Änderung) **10** 19 ff.
Unentgeltliche Tätigkeit des Verwaltungsbeirats **29** 7
Unerhebliche Beeinträchtigung 14 5; **22** 11
Unerlaubte Handlung (Haftung des Verwalters) **26** 45; **27** 3
Unerlaubte Handlung (Haftung des Verwaltungsbeirats) **29** 18
Ungebundene Vollmacht 25 27
Ungerechtfertigte Bereicherung 16 72; **21** 18
Ungeregelte Untergemeinschaft 23 6

Ungezieferbekämpfung (Betriebskosten) **16** 35
Ungleichbehandlung 22 22
Ungültigerklärung aller Einzelabrechnungen **28** 85;
siehe auch: Ergänzung der Jahresabrechnung
Ungültigerklärung der Jahresabrechnung **28** 85;
siehe auch: Ergänzung der Jahresabrechnung
Ungültigerklärung von Beschlüssen **23** 34
Universalversammlung 23 5
Unkostenpauschale für Verwalterzustimmung **16** 18, 53
Unmittelbare Abrechnung von Betriebskosten gegenüber Dritten **16** 44
Unmittelbare Früchte (gemeinschaftliches Eigentum) **16** 4
Unmittelbare Haftung (Außenhaftung der Wohnungseigentümer) **10** 61 ff.
Unmittelbarer Anspruch gegen Mieter (aus § 15 Abs. 3, § 1004 BGB) **15** 22
Unterbrechung des Dauerwohnrechts 36 3
Unterbrechung des Verfahrens Vor 43 16
Untererbbaurecht 30 8
Unterbindung einer Eigentümerversammlung **24** 11
Untergemeinschaft siehe auch: Mehrhausanlage
– Anfechtungsklage **23** 7
– Beschlusskompetenz **23** 7
– geregelte **23** 6
– Jahresabrechnung **28** 56, 73
– keine Rechtsfähigkeit **10** 37
– ungeregelte **23** 6
– Teilversammlung **23** 6
– Wirtschaftsplan **28** 17
Unterlagen übersenden **21** 33
Unterlassene Beschlüsse (Entscheidung durch Gericht) **21** 87
Unterlassung der Störung **14** 6; **15** 19

Unterlassungsanspruch
- aus § 15 Abs. 3, § 1004 BGB 15 19 ff.
- Ausübung durch Verband 10 44
- Sondereigentum 13 13
- Verfolgung durch die Gemeinschaft 10 41

Unterrichtung (schriftlicher Beschluss) 23 18

Unterrichtung über Rechtsstreitigkeiten (Verwalterpflichten) 27 15, 16

Unterrichtung von Mängeln (Verwalteraufgabe) 27 7

Unterschriften bei Protokoll über Eigentümerversammlung 24 41 ff.
- Wohnungseigentum 3 6

Unterteilung eines Miteigentumsanteils 8 5

Unterteilung von Wohnungseigentum
- neues Gemeinschaftseigentum 6 6

Unterverwalter 25 2

Untervollmacht 25 5

Unterzeichnung des Verwaltervertrages 26 40

Untrennbarer Bestandteil des Grundstücks 36 2

Unverhältnismäßige Aufwendungen bei Verbrauchserfassung 16 50

Unverjährbare Ansprüche 15 26, 31

Unverjährbarer Herausgabeanspruch nach § 985 BGB 15 32

Unvermeidlicher Nachteil 14 5 ff.

Unverzichtbare Rechtsvorschriften (Verstoß bei Beschlussfassung) 23 26

Unverzügliche Eintragung in Beschluss-Sammlung 24 71

Unverzügliche Unterrichtung der Eigentümer 27 15

Unzulässige Notmaßnahmen 21 14

Unzulässige Rechtsausübung 19 11

Unzulässige Vereinbarungen 10 13

Unzulässiger Inhalt einer Hausordnung 21 49

Urteil
- Rechtskraft **Vor 43** 4a
- Wirkung des Urteils **Vor 43** 18

Urteilsformel in Beschluss-Sammlung 24 61 ff.

Urteilsverfahren 19 3

Veränderung
- Ersatz von Verwendungen 34 1
- Gestattung der Wegnahme 34 1
- Verschlechterung 34 1

Veränderung der äußeren Gestalt 5 7

Veranstaltungsraum (Nutzung von Wohnraum) 14 22

Veräußerer (Außenhaftung der Wohnungseigentümer) 10 59, 60

Veräußerung 33 2
- Ausschließung 33 2
- Beschränkung 12 1
- Dauerwohnrecht 38 1
- Grundstück 38 3
- im Wege der Zwangsversteigerung 38 4
- keine Zustimmungspflicht 12 5
- Sondereigentum ohne Miteigentumsanteil 6 2
- Vererblichkeit 33 2
- Wohnungseigentum, Beiladung 48 8

Veräußerung an Dritte bei Heimfall 36 2

Veräußerung des Dauerwohnrechts
- rechtsgeschäftliche 37 5
- Zwangsversteigerung 37 5

Veräußerung Wohnungseigentum
- Altfall 61 1

Veräußerungsbeschränkung
- Anspruch auf Zustimmung 12 9
- Dauerwohnrecht 35 2
- gesetzliche 35 2
- Vereinbarung, Teilungserklärung 12 2
- Verweisung auf § 12 35 1
- Zustimmung 12 1

Veräußerungsverbot 19 2, 5

1335

Veräußerungszustimmung (Sondervergütung Verwalter) **26** 43, 44
Verband als Prozessstandschafter (bei Ansprüchen aus § 15 Abs. 3, § 1004 BGB) **15** 20, 24
Verband der Wohnungseigentümer *siehe* Gemeinschaft der Wohnungseigentümer
Verbesserung der Wohnverhältnisse **22** 18
Verbindliche
– Auslegung der Teilungserklärung/Gemeinschaftsordnung durch Beschluss **23** 3
– Feststellung von Ausgaben und Einnahmen **28** 31, 71
Verbindlichkeit des Abrechnungsinhalts **28** 57
Verbindlichkeit entstanden (Außenhaftung der Wohnungseigentümer) **10** 59
Verbindlichkeit fällig (Außenhaftung der Wohnungseigentümer) **10** 59
Verbindlichkeiten (als Gegenstand des Verwaltungsvermögens) **10** 54
Verbindlichkeiten der Gemeinschaft (Außenhaftung der Wohnungseigentümer) **10** 58
Verbindlichkeiten in Jahresabrechnung **28** 32, 57
Verbindlichkeiten in Wirtschaftsplan **28** 15
Verbindung
– Eigentumserwerb **10** 52
– Sondereigentum/Miteigentum **6** 3
– Wohnungseigentum und Teileigentum **1** 8
– zweier Sondereigentumseinheiten **6** 7
Verbraucher (Wohnungseigentümergemeinschaft) **10** 37; **26** 40
Verbrauchserfassung (Betriebskosten) **16** 46, 50
Verbundene Heizungs- und Warmwasserversorgungsanlagen (Betriebskosten) **16** 32

Vereinbarung
– Bindungswirkung für Rechtsnachfolger **5** 16
Vereinbarung
– Gemeinschaftseigentum als Sondereigentum unzulässig **5** 16
Vereinbarung
– als im Grundbuch eingetragener Inhalt des Sondereigentums **10** 28
– Abgrenzung zu Beschluss **10** 9
– Auslegung **10** 9, 29; **16** 13
– bei Sondernachfolge **10** 11
Vereinbarung einer Rechtsanwaltsvergütung **16** 79; **27** 39, 28, 24, 25
Vereinbarung über Sondereigentum
– Grundbuch **5** 16
– Verdinglichung **5** 16
Vereinbarung und möglicher Mehrheitsbeschluss **10** 25
Vereinbarung untereinander
– Gemeinschaftsordnung **5** 16
Vereinbarung zur Instandhaltung/ Instandsetzung **33** 8
Vereinbarungen
– Änderung **10** 15 ff.
– Anspruch auf Abschluss oder Änderung **10** 18 ff.
– **Auslegung** **7** 8a; **10** 9, 29; **16** 13
– Begriff und Zustandekommen **10** 9, 10; **15** 4, 5
– Bindungswirkung **10** 11, 27 ff.; **15** 4
– gesetzesändernde **10** 12 ff.
– Bindungswirkung **5** 16
– Bei Sondernachfolge **10** 11
Vereinbarungen über Gemeinschaftseigentum **5** 15
Vereinbarungsänderung (Klage auf) **16** 22c
Vereinbarungsändernde Beschlüsse **10** 15,16, 33; **15** 9, 10; **23** 29
Vereinbarungswidriger Beschluss **10** 15; **15** 13; **23** 25, 33
Vereinigung **6** 7
– aller Eigentumsrechte **9** 4

- von Grundstücken **1** 10
- zweier Eigentumsrechte **6** 7

Vereinigung aller Wohnungseigentumsrechte in einer Person **10** 56

Vereinigungserklärung, Zuschreibung **7** 6

Vererblichkeit
- Dauerwohnrecht **33** 3

Verfahren
- anhängige, Übergangsvorschrift **62** 2
- Aussetzung, Ruhen, Unterbrechung **Vor 43** 16

Verfahrensführung (Verwalteraufgabe) **27** 25, 34

Verfahrensgegenstand bei Duldungs- und Beseitigungsanspruch **15** 23

Verfahrenskosten (als Gegenstand des Verwaltungsvermögens) **10** 55

Verfahrensstandschaft des Verwalters **27** 27

Verfahrensvorschriften Vor 43 1
- Zivilprozessordnung **Vor 43** 1
- Zivilprozessverfahren **Vor 43** 2

Verfallklauseln (Wohngeld) **21** 78; **28** 21

Verfügung über Gelder (Beschränkung) **27** 48

Verfügungen 33 2

Verfügungsgegner (einstweilige Verfügung) **23** 40

Vergemeinschaftung (von Ansprüchen) **10** 43–45; **21** 23

Verglasungen an Balkonen **14** 43

Verglasungen für Loggia **5** 7

Vergleich durch Verwalter **27** 25, 34

Vergleich in Beschluss-Sammlung **24** 64

Vergleichsangebote bei größeren Maßnahmen **21** 23

Vergleichsangebote bei Verwalterbestellung **26** 15, 33

Vergütung des Verwalters **26** 36, 41 ff.

Vergütung des Verwaltungsbeirats **16** 18; **29** 7

Vergütung Verwalter für besondere Aufgaben **26** 43 f.

Vergütungsvereinbarung mit Rechtsanwalt **16** 79; **27** 28, 36

Verhältnis von § 10 Abs. 2 Satz 3 und § 16 Abs. 3 und Abs. 4 **10** 25

Verhältnis der eingetragenen Miteigentumsanteile (Außenhaftung der Wohnungseigentümer) **10** 62

Verhältnis der Wohnungseigentümer untereinander **10** 5 ff.

Verhältnis Vereinbarung, Gesetz, Beschluss **10** 5

Verhältnis Jahresabrechnung und Wirtschaftsplan **28** 57, 73

Verhältnis zum Dauerwohnrecht **35** 1

Verhältnismäßigkeitsgrundsatz (bei erforderlichen Maßnahmen) **14** 68 ff.

Verhinderung eines Verwalters **27** 44

Verjährung
- Ansprüche aus § 15 Abs. 3, § 1004 BGB **15** 26
- des Anspruch auf Aufstellen der Jahresabrechnung **28** 30
- eines Anspruchs auf eine Verwaltungsmaßnahme **21** 31
- Hemmung durch Beiladung **48** 1
- und Herausgabeanspruch nach § 985 BGB **15** 32
- von Schadensersatzansprüchen **26** 45, 49
- sechs Monate **34** 3
- Beginn **34** 2
- bei Unterlassung **36** 4
- Ersatz von Verwendungen **34** 4
- Gestattung der Wegnahme **34** 4
- kurze Verjährung **34** 2
- von Wohngeld **28** 20

Verjährungsbeginn 15 26; **28** 20

Verjährungseinrede (Außenhaftung der Wohnungseigentümer) **10** 65

Verjährungshemmung 48 1
Verkauf von Wohnungseigentum
– Belastbarkeit 1 2
– Dienstbarkeit 1 2
– Grunddienstbarkeit 1 2
– subjektiv dingliches Recht 1 2
Verkaufseinrichtungen (bei Sondernutzungsrecht) 13 45
Verkaufsstätte (Nutzung Teileigentum) 14 24
Verkehrsanlagen 22 18
Verkehrsanschauung (bei Nachteil) 14 5
Verkehrssicherungspflicht siehe auch: Winterdienst
– als Aufgabe der Wohnungseigentümer 10 55
– als Gegenstand des Verwaltungsvermögens 10 55
– als gemeinschaftsbezogene Pflicht 10 43
– als Verwalteraufgabe 27 8
– Anspruch des Einzelnen auf Maßnahme 21 30
– Erfüllung durch Verband 10 44, 55
– Instandsetzung 21 52
– Kostentragung 16 53
Verkündung des Beschlussergebnisses 23 25
Verlangen von baulichen Veränderungen 22 7
Verlängerungsklausel bei Verwaltervertrag 26 31
Verletzung der Pflicht zur ordnungsgemäßen Verwaltung (Folgen) 21 34 ff.
Verlust der Verwalterstellung 26 17
Verlustrisiko bei Geldanlage 27 12
Vermächtnis
– Dauerwohnrecht 31 2
Vermeintlicher Verwalter 26 7
Vermieten von Sondereigentum 10 12; 13 6 ff.
Vermietung 15 15
– Dauerwohnrecht 37 4
– Erlöschen des Dauerwohnrechts 37 2

– Herausgabeanspruch bei Beendigung des Mietverhältnisses 37 3
Vermietung (Abgrenzung zu Sondernutzung) 13 29
Vermietung von gemeinschaftlichem Eigentum 10 43; 13 19
Vermietung von Gemeinschaftseigentum durch Verband 10 43
Vermietungsbeschränkung 10 12; 15 14
Vermögensentwicklung in der Jahresabrechnung 28 32, 58 und Anhänge 4 bis 6
Vermögensschadenshaftpflichtversicherung für Verwaltungsbeirat 29 7, 19
Vermögensstatus siehe Vermögensentwicklung
Vermögenstrennung 27 37, 47
Vermögensübersicht in Jahresabrechnung siehe Vermögensentwicklung
Vermögensverfall (Abberufung Verwalter) 26 23
Vernachlässigen des Sondereigentums 14 4
Vernünftiger Hauseigentümer 21 54
Verpachten 13 11; 15 15
Verpachtung einer gesamten Wohnanlage 16 3
Verpflichtung zur Instandhaltung des Sondereigentums 14 2
Verpflichtung zur Kostentragung (bauliche Maßnahmen) 16 73
Verpflichtung eines Eigentümers zum Schadensersatz (ordnungsgemäße Verwaltung) 21 26
Verpflichtung zur (anteiligen) Zahlung 16 11
Verpflichtung zur Aufstellung der Jahresabrechnung 28 29
Verpflichtung zur Aufstellung des Wirtschaftsplans 28 3
Verpflichtungsgeschäft 31 2
Verpflichtungsklage bei Jahresabrechnung 28 87 ff.

Versammlung der Wohnungseigentümer *siehe* Eigentümerversammlung
Versammlungsleitung bei Eigentümerversammlung 24 29 ff.
Versäumnisurteil Vor 43 9; 47 5
Verschiedenes (Tagesordnungspunkt) 23 12
Verschmelzung der Verwaltergesellschaft 26 6
Verschönerungsmaßnahmen 22 17
Verschulden Verwalter
– grobe Fahrlässigkeit 49 7
Verschuldensunabhängiger nachbarrechtlicher Ausgleichsanspruch (Sondereigentum) 13 16
Verschuldensunabhängiger Schadensersatz 14 72; 21 74
Verschuldensmaßstab bei Verwalter 26 45
Versendung von Verwaltungsunterlagen 21 23
Versicherung
– bei Dauerwohnrecht 33 9, 10
Versicherung und Zerstörung eines Gebäudes 22 28
Versicherungen 16 18, 39; 21 56 ff.
Versicherungsleistungen (Aufnahme in Wirtschaftsplan) 28 12
Versicherungspflicht 21 58
Versorgungsleitungen
– (Anschluss) 21 67 ff.
– Sondereigentum 5 12
– Veränderungen 14 12
Versorgungssperre 14 63, 67; 15 15; 21 26
Versorgungsunternehmen (unmittelbare Abrechnung der Betriebskosten) 16 44
Verständlichkeit der Jahresabrechnung 28 58, 73
Verstoß gegen wesentliche Grundsätze (bei Beschlussfassung) 23 30
Verteilung Betriebskosten nach anderem Maßstab 16 49, 51 ff.
Verteilung von Rechtsverfolgungskosten 16 81
Verteilung nach **Verbrauch** (Betriebskosten) 16 47, 51 ff.

Verteilung nach **Verursachung** (Betriebskosten) 16 7, 51 ff.
Verteilungsgerechtigkeit bei Betriebskostenverteilung 16 51
Verteilungsmaßstab (Betriebskosten) 16 47 ff.
Verteilungsschlüssel 16 12; *siehe auch:* gesetzlicher Verteilungsschlüssel
Verteilungsschlüssel
– (Jahresabrechnung) 28 74, 82
– in Wirtschaftsplan 28 16, 18
– abweichende Regelung 16 13
Vertrag mit Schutzwirkung zugunsten Dritter 26 37; 29 18
Vertrag zugunsten Dritter 26 38; 29 18
Vertrag zu Lasten Dritter 13 7
Vertragliche Ansprüche aus Verwaltervertrag 26 38
Vertragliche Einräumung
– dinglicher Vertrag 2 1
– keine letztwillige Verfügung 2 2, 3
– Mindestinhalt 2 2
Vertragliche Regelung bei Heimfall 36 6
Vertragliche Schadensersatzansprüche gegen Verwaltungsbeirat 29 18
Vertragsparteien bei Verwaltervertrag 26 37
Vertragsstrafe 21 79
Vertrauensschutz bei Verwirkung 15 28
Vertrauensverhältnis (Verwaltungsbeirat – Wohnungseigentümer) 29 5
Vertretung
– Verwalter – Ausnahme 45 7
– Wohnungseigentümer 45 3
– Wohnungseigentümer untereinander 45 4
– Wohnungseigentümergemeinschaft 45 4
Vertretung aufgrund Mehrheitsbeschluss 27 45
Vertretung bei Fehlen oder Verhinderung eines Verwalters 27 44

Vertretung der **Gemeinschaft** (des Verbandes) **27** 29 ff.
Vertretung der **Wohnungseigentümer** (durch Verwalter) **27** 18 ff.
Vertretungsbeschränkungen bei Stimmrecht **25** 6
Vertretungsmacht des Verwalters (Ermächtigung durch Vereinbarung oder Beschluss) **27** 20 ff., 41 ff.; *siehe auch:* gesetzliche Vertretungsmacht
Verursachungserfassung (Betriebskosten) **16** 46, 50
Verursachungsprinzip bei Betriebskostenverteilung **16** 51
Verwalter
– Abberufung **26** 18 ff.
– Abnahme Gemeinschaftseigentum **27** 1
– Anspruch auf Abberufung/ Bestellung **21** 30
– Anwesenheitsrecht bei Eigentümerversammlung **24** 6
– als Handlungsstörer **15** 22
– Aufgaben und Begriff **26** 2 ff.
– ausführendes Organ **20** 1, 6
– Bestellung **20** 8; **26** 7 ff.
– Haftung **26** 45 ff.
– im Innenverhältnis kein Erfüllungsgehilfe **21** 34
– Maßstab bei Verschulden **26** 45
– nachvertragliche Pflichten **26** 52 f.
– Nachweis der Verwalterstellung **26** 34 f.
– Niederlegung des Amtes **26** 19, 51
– Primäransprüche aus Verwaltervertrag **26** 38
– Rechte und Pflichten im Innenverhältnis **29** 2 ff.
– Unabdingbarkeit der Aufgaben und Befugnisse **29** 46
– Untergemeinschaft **25** 10
– Verfügungsbeschränkungen über Gelder **29** 48
– Vergütung **16** 18; **26** 36, 41
– Vermögenstrennung **27** 47 f.
– Verschuldensmaßstab **26** 45

– Vertretung der Gemeinschaft **29** 29 ff.
– Vertretung der Wohnungseigentümer **29** 18 ff.
– Verwaltervertrag **26** 36 ff.
– Vollmachtsurkunde **29** 49
– Vollzugsorgan **20** 6
– wiederholte Bestellung **26** 30 ff.
– Gegner der Wohnungseigentümer **45** 7
– grobes Verschulden, Kostenentscheidung **49** 7
– Interessenkollision **45** 7
– Interessenkollision, Kostenentscheidung **49** 9
– Kostentragungspflicht Prozess **49** 6
– Prozess, Rechtskraft **48** 16
– Prozesskosten, Ermessen **49** 10
– sachwidrige Unterrichtung **45** 8
– Veranlassung gerichtlicher Tätigkeit **49** 6
– Vertreter Wohnungseigentümer **48** 8
– Vertretung Ausschluss: sachwidrige Unterrichtung **45** 8
– Zurechnung des Verwalterwissens **10** 45
– Zurückbehaltungsrecht des ausgeschiedenen Verwalters **26** 52
– Zustellungsvertreter **45** 6
Verwalterabberufung **26** 4; *siehe auch:* Abberufung des Verwalters
Verwalteramt
– (Übertragung) **26** 4
– Niederlegung **26** 19, 51
Verwalterbestellung **26** 7 ff.
– Beschränkungen **20** 8; **26** 14
– durch das Gericht **26** 11
– durch Mehrheitsbeschluss **26** 10
– in Gemeinschaftsordnung **26** 9
– Übergangsvorschrift **62** 4
Verwalterentlastung (ordnungsgemäße Verwaltung) **21** 26

Verwalterentlastung als Genehmigung der Jahresabrechnung **28** 77, 78
Verwalterhonorar 26 14,
siehe auch: Verwaltervergütung
Verwalterpflicht (Versicherungen abschließen) **21** 57
Verwalterstellung (Nachweis) **26** 34 ff.
Verwaltervergütung 16 18; **26** 41 ff.
Verwaltervergütung (keine Entnahme aus Instandhaltungsrücklage) **26** 42
Verwaltervergütung bei Aufhebung der Bestellung **26** 42
Verwaltervergütung bei Nichtteilnahme am Lastschriftverfahren **26** 44
Verwaltervergütung für weitere Eigentümerversammlung **26** 44
Verwaltervertrag
– Beendigung **26** 50 f.
– Begriff **26** 36 ff.
– Elemente des Vertrags **26** 15
– Geltendmachung von vertraglichen Ansprüchen **26** 38
– Haftung **26** 45 ff.
– nachvertragliche Pflichten **26** 52 f.
– Rechte und Pflichten als Gegenstand des Verwaltungsvermögens **10** 55
– Rechtsnatur und Vertragsparteien **26** 36 ff.
– Vergütung **26** 41 ff.
– Zustandekommen **26** 39 f.
Verwalterwechsel und Jahresabrechnung **28** 29
Verwalterwiederbestellung (ordnungsgemäße Verwaltung) **21** 27
Verwalterwissen (Zurechnung) **10** 45
Verwalterzustimmung
– als materiell-rechtliche Frage **15** 7
– bei Parabolantennen **14** 32
– Kontrolle durch Wohnungseigentümer **15** 7

– Überprüfung durch Gericht **15** 7
– Verweigerung **15** 7
Verwaltung
– Rechtsschutzbedürfnis **43** 20
– Streit über Abrechnung **43** 24
– Streit über Aufgaben **43** 24, 27, 28
– Streit über Ausführung von Beschlüssen **43** 24
– Streit über bauliche Veränderung **43** 24
– Streit über Berichtigung des Protokolls **43** 24
– Streit über Einberufung einer Versammlung **43** 24
– Streit über Notmaßnahmen **43** 24
– Streit über Protokollführung **43** 24
– Streit über Tierhaltung **43** 24
– Streit über Umfang der Abrechnung **43** 24
– Streit über Vergütungsanspruch **43** 24
– Streit über Verwaltungsunterlagen **43** 24
– Streit über Wirtschaftsplan **43** 24
– Streit wegen Abberufung Verwalter **43** 14, 20
– Streit wegen Auskunft Verwaltungsbeirat **43** 14
– Streit wegen Bestellung Notverwalter **43** 14
– Streit wegen Bestellung Verwalter **43** 14, 20
– Streit wegen Instandhaltungsrückstellung **43** 14
– Streit wegen Kosten- und Lastentragung **43** 14
– Streit wegen Kostenverteilungsschlüssel **43** 14
– Streit wegen Rechten des Verwalters **43** 22
– Streit, Zuständigkeit **43** 21
Verwaltung (Begriff) **21** 2
Verwaltung der Gelder 27 12
Verwaltung des gemeinschaftlichen Eigentums 20 2; **21** 2 ff.

Verwaltung des gemeinschaftlichen Eigentums durch Gemeinschaft **10** 40, 41
Verwaltung des Sondereigentums
– Alleineigentümer **8** 5
Verwaltung durch Mehrheitsbeschluss 21 20 ff.
Verwaltung durch Wohnungseigentümer 21 siehe dort Inhaltsübersicht
Verwaltungsbeirat
– Aufgaben **29** 11 ff.
– Begriff **29** 3
– Bestellung **29** 2, 4 ff.
– Haftung **29** 18 ff.
– Organ **29** 7
– Sitzungen **29** 17
– Zusammensetzung **29** 9 f.
Verwaltungsbeiratsbestellung 29 2 ff.
Verwaltungsbeiratsentlastung (ordnungsgemäße Verwaltung) **21** 27
Verwaltungsbeiratsentschädigung 16 18; **29** 7
Verwaltungsbeiratswahl 29 4
Verwaltungskosten 16 45, 75 ff.
Verwaltungsmaßnahme
– Ersetzen nach billigem Ermessen **49** 4
– Zuständigkeit bei Streitigkeiten über **43** 43
Verwaltungsmaßnahmen 21 2
Verwaltungsorgane 20 1 ff.; **26** 2; **29** 1; siehe auch: Organ
Verwaltungsregelungen (Ergänzung durch Gericht) **21** 88
Verwaltungsschuld 10 38
Verwaltungsvermögen 10 48 ff.; **20** 3; **21** 2
– Gegenstand **10** 49 ff.
– Träger **10** 48
– Übergang **10** 56
– Insolvenzfähigkeit **11** 6
Verwaltungszuständigkeit 21 5
Verwandte 14 52
Verweigerung der Abgeschlossenheitsbescheinigung 7 9
Verweigerung der Verwalterzustimmung **15** 7

Verweisung des Rechtsstreits **43** 4
Verwendungen
– Ersatz bei Dauerwohnrecht **34** 3
Verwirkung 15 27 ff.
Verwirkung des Vollzugs eines Urteils **19** 11
Verwirkung eines Anspruchs auf eine Verwaltungsmaßnahme **21** 32; **15** 27 f.
Verwirkung und Herausgabeanspruch nach § 985 BGB **15** 32
Verwirkung und Kenntnis (von dem Recht) **15** 28
Verwirkung und Sondernachfolge 15 28
Verwirkung und Verjährung 15 28
Verwirkungseinwand (Außenhaftung der Wohnungseigentümer) **10** 65
Verwirrung Grundbuch **7** 7
Verzicht auf Schadensersatzansprüche (keine ordnungsgemäße Verwaltung) **21** 27
Verzicht auf Schadensersatzansprüche bei Verwalterentlastung **26** 47
Verzicht auf Wohnungseigentum **10** 3
Verzugsfolgen 21 79
Verzugszinsen 16 53; **21** 79
Videoanlage im gemeinschaftlichen Klingeltableau **22** 11
Videoüberwachung 13 21; **14** 44, 50; **21** 26, 27
vollendete Tatsachen schaffen bei baulichen Veränderungen **22** 7
Vollmacht siehe Stimmrecht von Bevollmächtigten
Vollmacht Einsichtsrecht **25** 5
Vollmachtsmissbrauch (Abberufung Verwalter) **26** 23
Vollmachtsmissbrauch bei Begründung eines Sondernutzungsrechts **13** 30
Vollmachtsüberschreitung des Verwaltungsbeirats **29** 22
Vollmachtsurkunde (für Verwalter) **27** 49

Vollstreckung gegen Wohnungseigentümer (infolge Außenhaftung) **10** 61
Vollstreckungstitel 19 10
Vollstreckungsverfahren führen (Verwalteraufgabe) **27** 25, 34
Vollübertragung des Verwalteramts **26** 6
Vollversammlung 23 5
Vollzugsorgan (Verwalter) **20** 6
Von außen sichtbar (optische Beeinträchtigung) **14** 27
Vorausklage (Einrede der) **10** 66
Voraussetzung des Heimfallanspruchs
– Entziehung des Wohnungseigentums **36** 3
– grobe Pflichtverletzung **36** 3
– wichtiger Grund zur Verweigerung der Übertragung **36** 3
Voraussetzung Schließung Wohnungsgrundbücher 9 1
Vorausverfügungen 36 6
Vorauswahl des Verwaltungsbeirats bei Verwalterwahl **26** 3
Vorbefassung der Eigentümerversammlung
– als Zulässigkeitsvoraussetzung einer Gestaltungsklage nach § 21 Absatz 8 **10** 25; **21** 91
– bei Anspruch auf ordnungsgemäße Verwaltung **21** 39
– bei Aufwendungsersatz bei Notmaßnahmen **21** 19
– bei Anspruch auf Gebrauchsregelung **15** 36
– bei baulichen Veränderungen **22** 7, 12
– Klage auf Verwalterabberufung **26** 27
– Klage auf Änderung einer Vereinbarung **10** 24
– Klage auf Beschlussfassung **16** 22c
– Klage gegen andere Wohnungseigentümer **21** 39
– Schadensersatzklage im Binnenverhältnis **21** 43
– bei Parabolantennen **14** 40
– bei Vereinbarungsänderung **10** 15
– bei Zweiergemeinschaft **16** 11; **21** 39
Vorbehaltsurteil Vor 43 18
Vorbereitung der Eigentümerversammlung **29** 11
Vorbestrafter Verwalter **26** 3
Vorfälligkeitsregelung (Wohngeld) **21** 78; **28** 21
Vorhandenes Verwaltungsvermögen 10 53
Vorjahresrückstände 28 74, 70
Vorkaufsrecht 33 2
– am Miteigentumsanteil **6** 9
Vorläufige Vollstreckbarkeit bei Gestaltungsurteil (Verwalterbestellung) **26** 11
vorläufiger Rechtsschutz Vor 43 22 ff.
Vormerkung 19 4
Vormundschaftliche Genehmigung 19 4
Vorrang der Teilungsvereinbarung 7 17
Vorrang des Innenausgleichs (kein Bereicherungsanspruch bei Wohngeldüberzahlung) **21** 17, 18, 39; **28** 20, 29, 83
Vorrang gerichtlicher Kostenentscheidung **16** 81
Vorratsbeschluss 16 14
Vorratsteilung 2 4; **3** 1; **8** 1; **13** 30, 31
– Abänderung der Teilungserklärung **8** 13
– Abgeschlossenheit **8** 7
– Alleineigentümer **8** 2
– anwendbare Vorschriften **8** 7–11
– Auflassung **8** 4
– Erklärung Grundbuchamt **8** 4
– Wirksamwerden **8** 12
Vorratsteilung Quotenbelastung 8 1
Vorsatz 29 19
Vorschaltverfahren Vor 43 4; **46** 2
Vorschuss für Rechtsstreit **28** 13
Vorschusspflicht aus Wirtschaftsplan **28** 20 ff.

Vorsitz in Eigentümerversammlung 24 29 ff.
Vorsitzender des Verwaltungsbeirats 29 9
Vorsorgliche Anfechtungsklage 24 40
Vorstellung des Abstimmenden (bei Beschlussauslegung) 23 26
Vorstrafe des Verwalters 26 3, 15

Wahl des Verwaltungsbeirats 29 4
Wahlrecht nach § 35 ZPO 43 4
Während Zugehörigkeit zur Gemeinschaft (Außenhaftung der Wohnungseigentümer für Verbindlichkeiten) 10 59
Walmdach 21 55
Wanddurchbruch (bauliche Veränderung) 22 5
Wärmecontracting 15 15; 16 30, 53; 21 26; 28 75
siehe auch: Wärmelieferung und Fernwärme
Wärmecontracting bei Vermietung 13 10
Wärmedämmungsmaßnahmen 22 19
Wärmelieferung 15 15; 16 30, 53; 21 26; 28 75
Wärmerückgewinnung 22 19
Warmwasser (Jahresabrechnung) 28 59, 37 ff.
Warmwasserversorgung 16 31; 21 55
Wartungsvertrag (Abschluss durch Verwalter) 27 35
Wäschepflegeeinrichtungen (Betriebskosten) 16 42
Wäschetrockner (Betriebskosten) 16 42, 53
Waschgelder (Wirtschaftsplan) 28 12
Waschmaschine (Betriebskosten) 16 42, 53
Waschmaschine in Sondereigentum 13 5
Waschraum (gemeinschaftliches Eigentum) 14 50; 15 15
Wasser (Anschluss) 21 70

Wasseranschlüsse (bei Sondernutzungsrecht) 13 45
Wasserdurchlaufbegrenzer 22 19
Wassereinsparung 22 19
Wasserhebeanlage 3 6
Wasserinstallation 14 7
Wasserschaden (Haftung des Verwalters) 26 45
Wassersperrung 15 15
Wasserversorgung (Betriebskosten) 16 28
Wasserzähler verplomben 15 15
Web-Radio/TV 14 36
Wechselwirkung Umstands- und Zeitmoment bei Verwirkung 15 27
WEG (zwingendes Recht) 10 7
Weg anlegen (bauliche Veränderung) 22 3
Wegfall des Dauerwohnrechts 33 3
Weihrauch 14 44
Weisungen an Verwalter 27 46
Werbeanlagen (optische Beeinträchtigung) 14 43
Werbeanlagen (Regelung in Hausordnung) 21 49
Werbeschilder 14 50; 21 81
Werdende Wohnungseigentümergemeinschaft 2 10; 26 9
Werdender Eigentümer 8 13; 10 3; 27 15
Werkstatt 14 22
Wertermittlung
– Aufhebung der Gemeinschaft 17 4
– Aufhebung der Gemeinschaft, bauliche Veränderung 17 5
– Aufhebung der Gemeinschaft, berücksichtigungsfähige Veränderungen 17 5
– berücksichtigungsfähige Rechte 17 4
– berücksichtigungsfähige Wertverbesserungen 17 4
– nichtberücksichtigungsfähige bauliche Veränderungen 17 5
– Verhältnis zum Verkehrswert 17 3
– Zeitpunkt der Aufhebung 17 4
Wertminderungen 34 2

Wertpapierdepot 27 38
Wertstimmrecht 25 9
Wertverlust 7 5
Wertverlust (als Nachteil) 14 5
Wesentliche Grundsätze (Verstoß bei Beschlussfassung) 23 30
Wesentlicher Bestandteil eines Grundstücks 1 1
Wesentlicher Kern des Lebenssachverhalts (Angabe bei Anfechtungsklage) 14 5
Wettbewerbsverbote 33 7
Wichtiger Grund
  – bei Aufhebung der Verwalterbestellung 26 16
  – bei Bestellung und Abberufung des Verwaltungsbeirats 29 5, 8
  – bei Kündigung des Verwaltervertrages 26 51
  – bei Verwalterabberufung 26 4, 21 ff.
Wichtiger Grund bei Verwalterabberufung (Beispiele) 26 23
Widerklage
  – bei Klage nach § 21 Abs. 8 21 91
  – durch Verwalter 27 25, 34
Widerruf der Zustimmung zu Beschluss 23 17
Widerspruch Aufteilungsplan und Teilungserklärung 7 9, 13; 14 18
Widerspruch von Eintragungsbewilligung und Aufteilungsplan (Begründung Sondernutzungsrecht) 13 31
Widerspruch von Teilungserklärung und Gemeinschaftsordnung 14 18
Widersprüchlichkeit bei Beschlüssen 23 30
Wiederaufbau 33 9, 10
Wiederaufbau zerstörter Gebäude 21 26, 30; 22 27, 29
Wiederbestellung des Verwalters 26 32; *siehe auch:* wiederholte Bestellung
Wiedereinsetzung
  – Anfechtungsfrist 46 31
  – Frist 46 32
  – Verfahren 46 35

  – Verschulden Bevollmächtigter 46 30
  – Wiedereinsetzungsantrag 46 33
  – Zuständigkeit 46 34
Wiedereinsetzung bei Anfechtungsklage wegen Fehlens des Versammlungsprotokolls 24 39 f.
Wiederherstellung des ursprünglichen Zustands (bei Störung) 15 19, 23
Wiederherstellungsanspruch aus § 15 Abs. 3, § 1004 BGB 15 19 ff.
Wiederholte Störung (Verjährungsbeginn) 15 26
Wiederholte Verwalterbestellung 26 7, 30 ff.
Wiederholungsversammlung 25 19 ff.
Wiederkehrende Leistungen 31 2
Willensbildung des Verwaltungsbeirats 29 13, 17
Willenserklärungen (Entgegennahme durch Verwalter) 27 21, 33
Willkür bei Änderung aufgrund Öffnungsklausel 10 16
Willkürliche Betriebskostenverteilung 16 49, 57
Winterdienst 15 16; 16 11, 36, 53; 21 46, 49; *siehe auch:* Verkehrssicherungspflicht
Wintergarten (bauliche Veränderung) 14 50; 22 5, 21
Wirkung des Urteils 19 3, **Vor 43** 18
Wirkung von Beschlüssen 10 31 ff.
Wirkung von im Grundbuch eingetragener Vereinbarungen 10 27 ff.
Wirkung von Rechtshandlungen aufgrund Mehrheitsbeschluss (im Außenverhältnis) 10 35
Wirkungen der Hausordnung 21 48
Wirtschaftliche Gesichtspunkte 22 20
Wirtschaftsplan
  – Anspruchsgrundlage 28 17, 20, 22
  – Aufstellung allgemein 28 3 ff.

- Aufstellung durch Gericht **21** 91; **28** 19
- Aufstellung durch Verwaltungsbeirat **28** 17
- Beschluss der Eigentümer **28** 17 ff.
- Bestandteile **28** 10
- Einnahmen und Ausgaben **28** 11 ff.
- Einzelpläne **28** 16
- Ermessen **21** 91; **28** 15, 19
- Gesamtwirtschaftsplan **28** 11 ff.
- Inhalt **28** 10 ff.
- Instandhaltungsrückstellung **28** 14
- und Jahresabrechnung **28** 57, 59
- Klage auf Aufstellung **21** 41
- Klage nach § 21 Abs. 8 **21** 91
- Muster **28** Anhang 1 bis 3
- Notwirtschaftsplan **21** 91; **28** 18
- objektbezogen **28** 20
- Prüfung durch Verwaltungsbeirat **29** 16
- Sonderumlage als Nachtrag oder Ergänzung **28** 24 ff.
- Tagesordnungspunkt **23** 12
- unrichtiger Verteilungsschlüssel **28** 17
- Vorschusspflicht aus Wirtschaftsplan **28** 20 ff.
- und Zwangsversteigerung **28** 20
- Zweiergemeinschaft **28** 17
- Zweitbeschluss **28** 4

Wissenszurechnung (Verwalter-Eigentümer) **10** 45

Wohn- und Nutzfläche als Verteilungsschlüssel **16** 13

Wohnanlage (Eigenart) **22** 21

Wohnen (Begriff) **13** 4

Wohnen stört anders als Gewerbe **14** 19

Wohngeld
- als Gegenstand des Verwaltungsvermögens **10** 55
- Begriff **28** 12
- bei Zwangsverwaltung **28** 21
- Beitragsvorschüsse **28** 12, 20 ff.
- einheitliche Forderung **28** 12, 17, 20
- Erfüllungswirkung **28** 23, 48
- Rückstände **28** 60, 76
- Überzahlung **28** 20, 82
- und Aufrechnung **28** 23
- und Eigentümerwechsel **28** 21
- und Jahresabrechnung **28** 22, 60
- Verjährung **28** 20

Wohngeldanspruch beschränkt durch Jahresabrechnung **28** 22, 69, 82

Wohngeldrückstände (Jahresabrechnung) **28** 48, 49, 52, 60, 70, 76

Wohngeldvorauszahlungen in Wirtschaftsplan **28** 16, 20 ff.

Wohngemeinschaftsmitglieder **14** 52

Wohngruppen (Nutzung von Wohnraum) **14** 21

Wohnheim (Nutzung Teileigentum) **14** 25

Wohnnutzung **13** 4

Wohnraum (Nutzung) **14** 21

Wohnrecht **31** 6

Wohnung **1** 4
- Mindestausstattung **1** 4; **3** 32
- Wasserversorgung/Ausguss, WC **1** 3
- Wohnzwecken dienend **1** 4; **5** 2
- Zugang **3** 31

Wohnung (Zweckbestimmung) **14** 18, 20

Wohnungen
- zusätzliche **3** 14

Wohnungseigentum
- Begründung durch Vertrag **1** 6
- Beiladung, Veräußerung **48** 13
- Beschränkung auf Grundstück **1** 9
- Bestandteil einer Sache **1** 1
- als „echtes" Eigentum **13** 1
- Eintragung Grundbuch **7** 3
- Entstehung **8** 13
- Gegenstand des Verwaltungsvermögens **10** 50
- Grundstück **3** 3

- Miteigentum am Grundstück **1** 2
- Prozeßstandschaft, Gerichtsstand **43** 4
- Teilung **6** 8
- Teilveräußerung Grundstück **3** 3
- Unterteilung **3** 6; **6** 6
- Verzicht **10** 3
- Zustimmung zur Veräußerung, Altfall **61** 1
- Zweckbestimmung **14** 20 ff.

Wohnungseigentümer
- Außenhaftung **10** 57 ff.
- Begriff **10** 3
- Haftung im Innenverhältnis **10** 68 ff.
- Rechtsstellung **10** 2 ff.
- Verhältnis der Eigentümer untereinander **10** 5 ff.
- Verwaltungsorgan **20** 5
- Aktivstreitigkeiten Vertretung **45** 6
- Außenstreitigkeiten **43** 28
- Beiladung **44** 8, **48** 2, 5
- Beiladung Eilverfahren **44** 2
- Beiladung Kosten **48** 11
- Beiladung, rechtliche Interessen **48** 3
- Bezeichnung Klageschrift **44** 2 ff.
- Eigentümerliste **27** 15; **44** 7
- Ermittlung Grundbuch **44** 4
- Klage **43** 29; **48** 2
- Klage, Beiladung **48** 3
- namentliche Bezeichnung in Klage **44** 7
- Rechtskrafterstreckung **48** 15
- Rechtsstreit einzelner **44** 8
- Streit über Abrechnung **43** 24
- Streit über Abstimmungsergebnis **43** 26
- Streit über Aufgaben **43** 24
- Streit über Ausführung von Beschlüssen **43** 24
- Streit über bauliche Veränderung **43** 24
- Streit über Berichtigung des Protokolls **43** 24
- Streit über Einberufung einer Versammlung **43** 24
- Streit über Gültigkeit von Beschlüssen **43** 26
- Streit über Gültigkeit von Beschlüssen, Rechtsschutzbedürfnis **43** 26
- Streit über Inhalt Beschluss **43** 26
- Streit über Notmaßnahmen **43** 24
- Streit über Protokollführung **43** 24
- Streit über Tierhaltung **43** 24
- Streit über Umfang der Abrechnung **43** 24
- Streit über Vergütungsanspruch **43** 24
- Streit über Verwaltungsunterlagen **43** 24
- Streit über Wirtschaftsplan **43** 24
- Streit über Zustandekommen Beschluss **43** 26
- Streitigkeiten aus Abberufung Verwalter **43** 14, 20
- Streitigkeiten aus Verwaltung **43** 14, 19
- Streitigkeiten aus Verwaltung, Auskunft Verwaltungsbeirat **43** 14
- Streitigkeiten aus Verwaltung, Bestellung Notverwalter **43** 14
- Streitigkeiten aus Verwaltung, Bestellung Verwalter **43** 14
- Streitigkeiten aus Verwaltung, Instandhaltungsrückstellung **43** 14
- Streitigkeiten aus Verwaltung, Kostenverteilungsschlüssel **43** 14
- Streitigkeiten aus Verwaltung, Rechte des Verwalters, Streit **43** 22
- Streitigkeiten aus Verwaltung, Rechtsschutzbedürfnis **43** 20
- Streitigkeiten aus Verwaltung, Zuständigkeit **43** 21
- Streitigkeiten aus Verwaltung. Kosten und Lastentragung **43** 14
- Streitigkeiten über Aufhebung der Gemeinschaft **43** 10

- Streitigkeiten über Begründung von Sondereigentum 43 10
- Streitigkeiten über Grundbuchberichtigung 43 10
- Streitigkeiten über Gründungsmängel 43 10
- Streitigkeiten über Mietrecht 43 10
- Streitigkeiten über Rechtsberatung 43 10
- Streitigkeiten über Sondernutzungsrechte 43 10
- Streitigkeiten über Verwaltung des Sondereigentums 43 10
- Streitigkeiten über Wettbewerbsrecht 43 10
- Streitigkeiten untereinander 43 16
- Streitigkeiten untereinander, Zuständigkeit 43 5
- Streitigkeiten Verband 43 17
- Streitigkeiten Verwalter, Rechtsstellung 43 21
- Streitigkeiten, Bauherrengemeinschaft 43 10
- Vertretung – Ausschluss Verwalter 45 7
- Vertretung als Beklagte 45 6
- Vertretung Binnenrechtsstreitigkeiten 45 6
- Vertretung untereinander 45 5
- Vertretung Verwalter 45 6

Wohnungseigentümergemeinschaft
- Außenstreitigkeiten WEG-Bezug 43 31
- Beklagte 43 30
- faktische 8 5
- Prozess, Rechtskraftwirkung 48 17
- Verbraucher 26 40
- Vertretung 45 5

Wohnungseigentümergemeinschaft (Bezeichnung) 10 46

Wohnungseigentümerversammlung siehe Eigentümerversammlung

Wohnungseigentumsanlage
- Verzögerung Errichtung 3 19

Wohnungseigentumsgericht
- Rechte des Verwalters 43 23
- Rechte des Verwalters, Aberufung 43 23
- Rechte des Verwalters, Amtszeit 43 23
- Rechte des Verwalters, Bestellung 43 23
- Rechte des Verwalters, Entlastung 43 23
- Rechte des Verwalters, Pflichten 43 23
- Rechte des Verwalters, Vergütung 43 23
- Rechte des Verwalters, Vertretungsumfang 43 23
- Rechte des Verwalters, Vertretungsumfang 43 23
- Rechte des Verwalters, Verwaltervertrag 43 23

Wohnungseigentumsrecht
- Rückerwerb 8 12
- Vereinigung in einer Hand 3 7

Wohnungseingangstür (optische Beeinträchtigung) 14 43

Wohnungseinheit und Grundstück 6 7

Wohnungserbbaurecht 30 1 ff.
- Anlegung der Grundbuchblätter 30 4
- Aufhebung 30 10
- Begründung durch Vertrag 30 2
- Begründung entsprechend § 8 Abs. 2 30 3
- Belastbarkeit 30 5
- Bruchteilerbbaurecht 30 2
- Dingliche Wirkung 30 5
- Eintragung im Grundbuch 30 4
- Entstehung von Erbbaurecht 30 4
- Erbbauzinsreallast 30 3
- Erlöschen 30 10
- Erlöschen, Mitwirkungspflicht aller Wohnungserbbauberechtigten 30 10
- Erlöschen, Zeitablauf 30 10
- Formerfordernis gemäß § 925a BGB 30 7
- Gesamtheimfall 30 10
- Heimfall 30 9
- Heimfallgrund 30 10
- Laufzeit des Erbbaurechts 30 10

Stichwortverzeichnis WEG

- Reallast 30 3
- Rechtsübergang bei Erbbaurecht 30 3
- Schließung Wohnungs-/Teilerbbaugrundbücher 30 10
- Teilerbbaurecht 30 1
- Umwandlung des Erbbaurechts in Wohnungserbbaurecht 30 2
- Umwandlung Wohnungserbbaurechte in Wohnungseigentum 30 10
- Untererbbaurecht 30 8
- Veräußerlichkeit 30 4
- Vorkaufsrecht 30 4, 8
- Vorratsteilung 30 3
- Zustimmung dinglich Berechtigter 30 2
- Zustimmung Versagung, ausreichender Grund 30 6
- Zustimmung zur Veräußerung gemäß § 5 ErbbauVO 30 3

Wohnungsgrundbuch (eingetragener Eigentümer) 10 3
Wohnungsgrundbücher Schließung
- dingliche Rechte Dritter 9 1

Wohnungsgrundbuchverfügung 35 3

Wohnungsumwandlung 22 21
Wohnverhältnisse (Verbesserung) 22 18
Wohnzimmer-Anbau auf Dachterrasse (bauliche Veränderung) 22 5

Zählereinrichtungen (Zugang) 15 15
Zahlung des Haftungsanteils bei Außenhaftung der Wohnungseigentümer 10 70
Zahlung von Gas, Wasser, Strom, Müllabfuhr (Notmaßnahme) 21 13
Zahlungen 27 11
Zahlungen (Art und Weise) 21 77
Zahlungsklage bei Notmaßnahme (Rechtsschutzbedürfnis) 21 19
Zahlungspflicht originäre Begründung 21 24
Zahlungsverkehr 21 77
Zahlungsverpflichtung
- aus Einzelabrechnung 28 82
- als Holschuld bei Lastschriftabrede 21 77

Zehnjahresvergleich bei Verbrauchserfassung 16 50
Zeit der Eigentümerversammlung 24 4
Zeitgeschmack und optische Beeinträchtigung 14 27
Zeitliche Grenze bei Beschluss-Sammlung 24 54
Zeitmoment (Verwirkung) 15 27
Zeitpunkt Beschlussfassung bei Kostenverteilung im Einzelfall 16 58
Zeitraum für Außenhaftung der Wohnungseigentümer 10 59
Zentrale Brennstoffversorgungsanlage (Betriebskosten) 16 30
Zentrale Heizungsanlage (Betriebskosten) 16 30
Zerstörte Gebäude (Wiederaufbau) 22 27
Zerstörung des Gebäudes 9 3; 11 4; 31 8
- Dauerwohnrecht 31 8
- Unauflöslichkeit der Gemeinschaft 11 4
- Verpflichtung zum Wiederaufbau 11 4

Zerstörung eines Gebäudes 22 27
Zerstörung von Gemeinschaftseigentum 14 6; 22 3
Zinsabschlagsteuer (Jahresabrechnung) 28 61
Zinseinnahmen 16 7; 28 12
Zinsen (Jahresabrechnung) 28 61
Zinsen für Instandhaltungsrücklage 28 40
Zitterbeschlüsse 15 9, 28
Zubuchung eines **Miteigentumsanteils** 6 3
Zufahrtsweg (gemeinschaftliches Eigentum) 14 50
Zufahrtsweg nutzen (gemeinschaftliches Eigentum) 13 18
Zufallsausstattung (Schallschutz) 14 14
Zuflussprinzip (bei Jahresabrechnung) 28 60
Zuführung unwägbarer Stoffe (Sondereigentum) 13 16

1349

Zuführungen zur Instandhaltungsrücklage **16** 17
Zugang
- Abgeschlossenheit **3** 31
- abschließbarer **3** 31

Zugang des Abberufungsbeschlusses (Verwalter) **26** 18
Zugang für Publikumsverkehr (bei Sondernutzungsrecht) **13** 45
Zugang zu Zählereinrichtungen **15** 15
Zugänge **22** 18
Zugriffsermessen **10** 43; **21** 23
Zulässige Notmaßnahmen **21** 13
Zulässiger Gebrauch (14 Nr. 3) **14** 58
Zulässiger Heimfallgrund
- Eigenbedarf **36** 3
- Eröffnung Insolvenz **36** 3
- Zweckentfremdung **36** 3

Zulässiger Inhalt der Beschluss-Sammlung **24** 54 ff.
Zulässiger Inhalt einer Hausordnung **21** 49
Zulässigkeit
- einer Klage **Vor 43** 3
- Klage, Vorschaltverfahren **Vor 43** 4
- Schiedsverfahren **Vor 43** 4
- Schlichtungsverfahren **Vor 43** 3

Zuordnung der Räume **7** 9
Zuordnung im Grundbuch **6** 4
Zuordnung zu Sondereigentum (Begründung Sondernutzungsrecht) **13** 31
Zurechnung des Verschuldens des Verwaltungsbeirats **29** 18
Zurechnung von Rechtshandlungen aufgrund Mehrheitsbeschluss im Außenverhältnis **10** 35
Zurechnung von Verwalterwissen **10** 45
Zurückbehaltungsrecht (Einrede bei Außenhaftung der Wohnungseigentümer) **10** 65
Zurückbehaltungsrecht und ausgeschiedener Verwalter **26** 52
Zurückbehaltungsrecht und Jahresabrechnung **28** 76

Zurückbehaltungsrecht und Wohngeld **21** 77; **28** 23
Zurückweisung der Grundbucheintragung **7** 12, 13
Zusammensetzung des Verwaltungsbeirats **29** 9
Zusatzkosten (bei Parabolantennen) **14** 35
Zusätzliche Wohnungen
- Bauabweichung **3** 14

Zusatzvergütung für Verwalter **26** 15, 43 f.
Zuschlag im Rahmen der Zwangsversteigerung **19** 4, 5
Zuschreibung
- Vereinigungserklärung **7** 6

Zuschreibung/Abschreibung eines Teilgrundstücks **6** 7
Zustandekommen des Verwaltervertrags **26** 39 ff.
Zustandekommen einer Vereinbarung **10** 9
Zustandekommen eines Beschlusses **23** 22, 25
Zuständigkeit
- ausschließliche **43** 4
- örtliche **43** 2
- sachliche **43** 3
- Verweisung, fehlerhafte **43** 4
- weite Auslegung **43** 4

Zuständigkeit, Abgeschlossenheitsbescheinigung
- Ablehnung der Eintragung **32** 6
- Baubehörde **32** 3–7

Zustandsstörer **15** 22
Zustandsstörung bei Sondereigentum und Sondernutzungsrecht **15** 25
Zustellung
- Klagen **Vor 43** 7; **45** 1
- Vertretung, Ausschluss Verwalter **45** 7, 8

Zustellungen an Verwalter **27** 21, 33
Zustimmung **30** 2
- bedingte **22** 7; **23** 17, 19
- bei Belastung mit Grundschulden etc. **5** 18
- dinglich Berechtigter, Wohnungserbbaurecht **30** 2

- Entbehrlichkeit **5** 18, 21
- Gegenzug für Einräumung eines Rechts **5** 21
- gemeinschaftswidrige Gefahr **12** 9
- Rückabwicklung Veräußerung **12** 4
- Umgehungsstrategien **5** 21
- Veräußerung an Wohnungseigentümer **12** 3
- Veräußerung Zwangsversteigerung **12** 11
- Veräußerung, Anspruch **12** 9
- Widerruf **23** 17
- zu Begründung Sondernutzungsrecht, dinglich Berechtigter **5** 19
- zu dinglicher Bestellung **5** 17
- zu Veräußerung **5** 16; **12** 2

Zustimmung im förmlichen Beschlussverfahren bei baulichen Veränderungen **22** 7, 13

Zustimmung nicht beeinträchtigter Eigentümer zu baulichen Veränderungen und Kostentragung **16** 71

Zustimmung (Eigentümer bei baulichen Veränderungen) **16** 70 ff.

Zustimmung gegen Kostenfreistellung **22** 7, 8

Zustimmung des Auflassungsempfängers **8** 5

Zustimmung des Verwalters
- allgemein **15** 7a
- bei baulichen Veränderungen **22** 6

Zustimmung dinglich Berechtigter **8** 4

Zustimmung dinglich Berechtigter (Begründung Sondernutzungsrecht) **13** 30

Zustimmung Grundbuchgläubiger **39** 3
- Sicherheitsleistungen **39** 5
- vereinbarte Bedingungen **39** 5
- weitergehende Vereinbarungen **39** 4, 5
- Zahlungsverpflichtung des Berechtigten **39** 4
- Zahlungsverpflichtungen **39** 2

- Zeitpunkt des Versteigerungstermins § 66 ZVG **39** 4

Zustimmung unter einer Bedingung bei baulichen Veränderungen **16** 71; **22** 7, 8, 13

Zustimmung von Dritten **5** 16

Zustimmung Wohnungseigentümer
- Unterteilung **3** 6

Zustimmung zu
- Bestellung des Verwalters **26** 7
- Bestellung Verwaltungsbeirat **29** 4
- Übertragung des Verwalteramts **26** 6
- Verfügung über Gelder **27** 48

Zustimmung, fehlende
- schwebende Unwirksamkeit **12** 10

Zustimmungsberechtigter
- Dritter **12** 7
- Veräußerung **12** 6
- Verwalter **12** 7
- Wohnungseigentümer **12** 6

Zustimmungsberechtigung
- Erbbauzins Reallast **30** 3

Zustimmungserfordernis **19** 4, 5; **30** 5
- Abgrenzung zu § 5 ErbbauVO **30** 6
- Aufhebung des Zustimmungserfordernisses **30** 6
- ausreichender Grund **30** 6
- Dauerwohnrecht, Vermietung **33** 7
- entfällt **5** 22
- Inhaltsänderung der Reallast **30** 6
- Veräußerung gemäß § 5 ErbbauVO **30** 3
- Versagung der Zustimmung **30** 6
- wichtiger Grund **30** 6

Zustimmungserklärung bei baulichen Veränderungen **22** 7, 13

Zustimmungspflicht
- Unterteilung des Wohnungseigentums **12** 5

Zustimmungsrecht
- dinglicher Gläubiger **5** 1

Zustimmungsvereinbarung
- Aufhebung **12** 11

1351

– Aufhebung seit 1.7.2007 **12** 12
– Löschung im Grundbuch **12** 13
Zustimmungsvorbehalt
– Dauerwohnrecht **35** 2
Zuteilung aufgehobenes Sondereigentum **7** 5
Zutreffender Verteilungsschlüssel (Jahresabrechnung) **28** 74, 82
Zu verteilende Ausgaben und Einnahmen (Jahresabrechnung) **28** 61
Zuweisung des Verwaltungsvermögens **10** 48
Zwangsversteigerung 36 2
– Anmeldung Vorrecht **10 ZVG** 9
– anteilige Lasten und Kosten **10 ZVG** 5
– Bedingungen der Zwangsversteigerung **39** 1
– bestehen bleibende Rechte **52 ZVG** 1
– bestehen bleibende Rechte, Erbbauzins **52 ZVG** 1
– bestehen bleibende Rechte, Grunddienstbarkeiten **52 ZVG** 1
– Bestehenbleiben des Dauerwohnrechts **39** 1
– Bestehenbleiben von Rechten aus der Grundschuld, Rentenschuld, Reallast **39** 1
– Bestehenbleiben von Rechten aus Hypothek etc. **39** 1
– Dauerwohnrecht **31** 9
– durch die Wohnungseigentümergemeinschaft **10 ZVG** 11
– fällige Ansprüche auf Zahlung **10 ZVG** 4
– Umfang der Vorrechte **10 ZVG** 7–8
– und Jahresabrechnung **28** 61, 76
– Voraussetzungen **10 ZVG** 11–13
– Vorrang Wohngeld **10 ZVG** 2–6
– Vorschüsse Rückstellungen **10 ZVG** 6
– Wohngeld **10 ZVG** 1
– Wohnungseigentum **10 ZVG** 3

Zwangsversteigerungsverfahren **19** 2, 5, 8; **39** 6
Zwangsverwalter und Jahresabrechnung **28** 83
Zwangsverwaltung
– öffentliche Lasten **156 ZVG** 1
– Verteilungstermin **156 ZVG** 1
Zwangsverwaltung und Jahresabrechnung **28** 61, 76
Zwangsverwaltung und Wohngeld **28** 21
Zwangsvollstreckung Vor 43 21
Zwangsvollstreckung in Verwaltungsvermögen **10** 48
Zweckbestimmung der Instandhaltungsrücklage **21** 63
Zweckbestimmung mit Vereinbarungscharakter 10 10, 29; **13** 17, 22, 41; **14** 17, 18, 23; **15** 5, 7
Zweckbestimmung des Sondereigentums 10 29; **13** 6
Zweckbestimmungswidrige Nutzung 14 17ff., 48ff.; **15** 14
Zweckentsprechende Rechtsverfolgung 50 2
Zweiergemeinschaft
– und Eigentümerversammlung **24** 12
– und Jahresabrechnung **28** 29
– und Vorbefassung **16** 11; **21** 39
– und Wirtschaftsplan **28** 17
Zweitanschluss (Versorgungsleitungen) **21** 67
Zweitbeschluss 21 23, 25, 30; **Vor 43** 9; **46** 14
Zweitbeschluss
– Anspruch auf Zweitbeschluss **21** 30, 42
– und gerichtliche Entscheidung anstatt der Eigentümer (Klage nach § 21 Abs. 8) **21** 92
– keine Bindung aus vorangegangenem Beschluss **16** 13
– bei Wirtschaftsplan **28** 4
Zweitbeschlüsse
– Anfechtungsklage **46** 13
Zweiterwerber 10 3
Zweitversammlung 25 19ff.
Zwingendes Recht **10** 7
Zwischenabrechnung 28 76
Zwischendecken entfernen **14** 63